# Kriegstagebuch des Oberkommandos der Wehrmacht

(Wehrmachtführungsstab)

1940–1945

Geführt von Helmuth Greiner und Percy E. Schramm

Im Auftrag des Arbeitskreises für Wehrforschung
herausgegeben von Percy Ernst Schramm

Es wurden bearbeitet von
Hans-Adolf Jacobsen: Band 1: 1940/41; Band 2: 1940/41
Andreas Hillgruber: Band 3: 1942; Band 4: 1942
Walther Hubatsch: Band 5: 1943; Band 6: 1943
Percy Ernst Schramm: Band 7: 1944/45; Band 8: 1944/45
Andreas Hillgruber/Donald S. Detwiler:
Nachträge u. Band 9: 1940/45

PERCY E. SCHRAMM (Hrsg.)

# Kriegstagebuch des Oberkommandos der Wehrmacht

(Wehrmachtführungsstab)

1940 – 1945

Geführt von Helmuth Greiner und Percy E. Schramm

Im Auftrag des Arbeitskreises für Wehrforschung
herausgegeben von Percy Ernst Schramm

Es wurde bearbeitet von
Hans-Adolf Jacobsen · Band 1: 1940/41; Band 2: 1940/41
Andreas Hillgruber · Band 3: 1942; Band 4: 1942
Walther Hubatsch · Band 5: 1943; Band 6: 1943
Percy Ernst Schramm · Band 7: 1944/45; Band 8: 1944/45
Andreas Hillgruber/Donald S. Detwiler ·
Nachträge in Band 8: 1944/45

PERCY E. SCHRAMM (Hrsg.)

# Kriegstagebuch des Oberkommandos der Wehrmacht

## (Wehrmachtführungsstab)

1. Januar 1944 – 22. Mai 1945

Zweiter Halbband

Band 4

Zusammengestellt und erläutert
von Percy E. Schramm

Aus technischen Gründen wurde bei der Studienausgabe der Band I in zwei Teilbände aufgeteilt. Die Nachträge wurden in Band 8 integriert.
Dabei wurde die Paginierung der Originalausgabe beibehalten.
Originalausgabe Band I: 1940/41, Studienausgabe Band 1 und 2
Originalausgabe Band II/1: 1942, Studienausgabe Band 3
Originalausgabe Band II/2: 1942, Studienausgabe Band 4
Originalausgabe Band III/1: 1943, Studienausgabe Band 5
Originalausgabe Band III/2: 1943, Studienausgabe Band 6
Originalausgabe Band IV/1: 1944/45, Studienausgabe Band 7
Originalausgabe Band IV/2: 1944/45, Studienausgabe Band 8
Nachtrag Originalausgabe: zu Band IV/1, Der Krieg in Finnland, Norwegen und Dänemark bei Studienausgabe in Band 8
Nachtrag Originalausgabe: zu Band IV/1, Der Krieg in Italien und im Heimatkriegsgebiet bei Studienausgabe in Band 8

Sonderausgabe

Umschlag- und Kassettengestaltung: Adolf Bachmann, Reischach
Umschlagbild: Archiv für Kunst und Geschichte, Berlin
Gesamtherstellung: Elsnerdruck, Berlin
Printed in Germany
ISBN 3-7637-5933-6

# C. Kriegstagebuch 1945

# 1. Abschnitt

# Der Ablauf der Ereignisse bis zur Aufspaltung des Wehrmachtführungsstabs in die Führungsgruppen Nord (A) und Süd (B) (1. Januar - 20. April 1945) nach dem „Lagebuch" des WFStabs

Inhalt des 1. Abschnitts

# I. Lagebuch 1. Januar - 31. Januar 1945 *

Eingeschoben:

1. *Zum 3. 1.:* Mitteilungen des Oberst d. G. *Poleck* (Quartiermeister);
2. *Zum 4. 1.:* Mitteilungen des Oberst d. G. *Meyer-Detring* (Abt.-Leiter Op H);
3. *Zum 15. 1.:* Ergänzungen des Oberstleutnants d. G. *Kleyser* zur Lage;
4. *Zum 26. 1.:* Mitteilungen des Oberst d. G. *Poleck* (Quartiermeister);
5. *Zum 29. 1.:* Zusammenfassung der Ereignisse in der 2. Januarhälfte, gegeben von Oberst d. G. *Meyer-Detring.*

**Lagebuch 1. 1. 45** [1]

*Osten:*

*Heeresgr. Süd:* Auf der eigenen Seite werden jetzt die schnellen Verbände herausgezogen sowie die an der Gran-Front eingesetzte 357. Inf.-Div., um einen Rückhalt zu gewinnen. Zwischen Plattensee und Donau wurden weitere Angriffe abgewiesen. Budapest wurde von den Russen konzentrisch angegriffen. Die Versorgungslage ist gespannt. 100 Versorgungsflugzeuge wurden eingesetzt. Angriffe gegen die Front an der slowakischen Grenze wurden im wesentlichen abgewiesen.

Vor der *Heeresgr. Nord* nur Angriffe gegen die Ostfront, gegen die Gegenstöße laufen. Die Heeresgruppe sieht die 3. kurländische Schlacht als überstanden an und vermutet, daß die feindl. Verbände schwer gelitten haben.

*Nordraum* . . . . .

*Westen — Reich*

1 300 4-mot. Bomber aus dem Westen. Angriff gegen Verkehrsanlagen und den Hafen in Hamburg, wo 3 U-Boote vernichtet, 5 beschädigt und 2 Werften getroffen wurden. Ferner Angriff gegen Flugplätze, dabei 39 Abschüsse bei 49 eigenen Verlusten. Weitere Angriffe gegen Verkehrsziele in Düsseldorf, 250 gegen Neuwied, Koblenz und den Frontbereich.

Angriffe von 200 brit. Bombern gegen Düsseldorf—Solingen, 50 2-mot. und 900 Jäger. Auf der eigenen Seite waren 305 Jäger zur freien Jagd eingesetzt, besonders bei Bastogne. Heute sind 600 Jäger einsatzbereit. OB Luftwaffe meldet auf Grund eines Frontbesuches, daß trotz der hohen Verluste die Stimmung der eigenen Mannschaften ungebrochen ist und daß 50—100 RM für Einsätze geboten werden, um das Personal zur Abtretung des Einsatzes zu bewegen.

* Auf dem Deckblatt von mir handschriftlich zugesetzt: „1945 Nr. 1: Merkbuch WFStab/KTB (Duplikat für WKr.-Gesch.) 1. 1. — 6. 3. 1945". An diesen Teil (PS — 1797) schließt nahtlos an der die Tage vom 6. 3. (Schluß) — 31. 3. betreffende Teil (PS — 1798).

1 Dieser Tag fehlt in PS—1797; er kann zur Hälfte aus PS—1798 rekonstruiert werden.

In der Nacht 57 eigene Flugzeuge gegen Bastogne, 155 gegen den Nachschub, dabei wieder Vernichtung von Lokomotiven. Der Gegner setzte 300 Flugzeuge gegen Oberhausen, 30 gegen Wiesbaden, 70 gegen Berlin ein.

*Südosten*

Weitere Angriffe im Küstenbereich. Der Angriff der Kroaten machte Fortschritte.

*Südwesten* . . . . .

*Westen* . . . . .

**Lagebuch 2. 1. 45**

*Osten*

Angriffe bei der 2. Pz.=Armee wurden abgewiesen. Zwischen Plattensee und Donau wurden stärkere Angriffe von 2 Div.en durch die 4. Kav.=Brig. abgewiesen. Es begann der eigene *Angriff zum Entsatz von Budapest* durch das IV. SS=Pz.=Korps, das mit der 3. SS „T" und der 5. SS=Div. von der Heeresgr. Mitte nach Preßburg herangeführt wurde und nun durch die über die Donau angreifende 96. Inf.=Div. unterstützt wird. Der Angriff begann um 20,30 Uhr und hatte Erfolg. Vorstöße gegen Budapest an der Ost= und Westfront wurden abgewiesen. Dabei örtliche Einbrüche. Die Artl. ist zum Teil schon im Nahkampf eingesetzt. Ein Versorgungsschiff mit 4000 to Munition ist unterwegs. Die Front am Gran=Fluß hielt. Weitere Kämpfe bei der 8. Armee. Luftwaffen=Einsätze nur in Ungarn, dabei 90 zur Versorgung von Budapest. Die Russen behaupten, es seien Parlamentäre erschossen worden, und sie würden Gegenmaßnahmen ergreifen (in Wirklichkeit gepreßte deutsche Soldaten, die weiterkämpfen wollten).

*Nordraum*

Absetzen an der Karesuando=Stellung. Schneestürme machen sich geltend; ein Dampfer gesunken, einer beschädigt.

*Westen — Reich*

Großangriff gegen die feindl. Bodenorganisation im holländisch=belgischen Raum durch 1035 eigene Flugzeuge. Am Boden wurden zerstört außer Baracken, Kfz.en usw. 463 Flugzeuge, durch Flak abgeschossen 44, zusammen 507. Auf der eigenen Seite werden rund 300 Flugzeuge vermißt; da es sich um Einsatz über dem feindl. Gebiet handelt, ist mit Rückkehr der Vermißten nicht zu rechnen. Allgemeine Beurteilung: Die Überraschung ist gelungen. Im frontnahen Raum war die Abwehr stark, im zurückliegenden sehr gering. Ein Feindgeschwader, das im Alarmstart sich den angreifenden eigenen Flugzeugen entgegenwarf, fügte diesen schwere Schäden zu. Nach der Meldung der Alliierten wurden 193 deutsche Flugzeuge abgeschossen.

Außerdem Angriff von 1200 amerikan. Bombern in 3 Div.en, und zwar in einem Bogen an Berlin vorbei nach Kassel. Dagegen die Berliner Div. (16 Abschüsse, 27 Verluste), ferner gegen den Raum Neuwied — Koblenz, wo eine

Moselbrücke ausgefallen ist, und Trier. Ferner brit. Bomber gegen den Dortmund-Ems-Kanal, von dem erneut ein Stück ausgelaufen ist, ferner 1400 Jäger und Einsatz von 2-mot. Bombern. In der Nacht ein Angriff gegen Wuppertal in 2 Zangen nach Vortäuschung eines Angriffs gegen Hamburg. Eigener Einsatz gegen Brüssel und Bastogne.

Ab 15. 1. werden 3 Fernaufkl.-Staffeln fertig mit Radius bis Island und 1 000 km vor Westirland.

*Südosten*

Der Rückmarsch der 181. Inf.-Div. verzögert sich durch Vereisung. Die 41. Fest.-Div. wird ab 3. 1. einen Frontabschnitt südlich der Save übernehmen. Dort örtliche Kämpfe; ostwärts Agram 80 neue Sprengstellen. Die Säuberung im Raum von Travnik ging weiter (der General von Ludwiger hat wieder die Führung der 104. Jg.-Div. übernommen, die hier mit 1 Rgt. eingesetzt ist). Bei Bihać verschärfte sich die Lage durch Druck des Feineds von Norden und Süden. Die Reste der 264. und 373. Inf.-Div. sollen sich durchkämpfen, da ihr Angriff nicht durchschlug. Auch nördlich dieses Raumes hat sich die Lage verschärft; von der 373. Inf.-Div. sind wieder 2 Kp.en weggelaufen. Es wird eine Sicherungslinie durch Kanonier-Btl.e aufgebaut; dazu Teile der 392. Inf.-Div. Der Feind hat zwei Zangen angesetzt, um die eigenen Kräfte in diesem Raum zu zerschlagen. 2 Fest.-Btl.e sollen nun zugeführt werden. Die 1. Geb.-Div. soll als OKW-Reserve hinter der Front des 2. Pz.-AOK in Südwestungarn aufgefrischt werden.

Dem OB Südost ist die Aussicht eröffnet worden, daß er die Div. später zurückerhält. Um die Reste alle freizumachen, muß er außer der 118. Jg.-Div. auch noch eine Fest.-Brigade an der Front einsetzen. Die Kosaken haben im Raum von Virovitica 3 Orte genommen.

*Südwesten*

580 Jäger, keine 4-mot. Bomber. Die Aufklärungs-Tätigkeit nahm zu. Beim Feinde scheinen Ablösungen im Gange zu sein. Die 85. Inf.-Div. ist seit 10 Tagen nicht mehr bestätigt worden.

Bei Faenza drang der Gegner 1 km vor. Sein Ziel ist, den eigenen Brückenkopf über den Senio einzudrücken. Die 157. Geb.-Div., die in den Alpen eingesetzt war, muß noch aufgefrischt werden; sie ist daher erst in 14 Tagen einsatzfähig, ebenso die 1. ital. Div.

Die Streckenlage ist durch die Luftwaffen-Angriffe ungünstig geworden; im Dezember zusammen 900 größere Störungen, davon 50 bis zum 1. 1. nicht beseitigt.

*Westen*

Nach einer feindl. Meldung soll zu Weihnachten eine neue Fallschirm-Jg.-Landung geplant gewesen sein. Gegen die Scheldemündung werden jetzt „Seehunde", d. h. 2-Mann-U-Boote angesetzt, bei denen die Möglichkeit besteht, daß sie zurückkommen und über die erzielten Erfolge melden können.

Vor der Heeresgr. H, wo die Aufklärung auflebte, das bisherige Feindbild; anscheinend rechnet der Feind mit eigenen Angriffen. Im Großraum Aachen eigene Ablösungen. An der Nordwestfront ist nun das LXVI. AK. eingesetzt worden. Westlich Bastogne wurde der Eckpfeiler so zurückgenommen, daß eine Begradigung der Front eintrat. 42 Panzer wurden hier abgeschossen. An der Ostfront des Kessels, an der der Gegner nach Osten Gelände gewann, steht jetzt das I. Pz.=Korps mit der 26., 340. und 12. SS=Div. (die 9. SS=Div. wird noch nachgeführt), das XXXIX. AK., das LXXXV. AK. südostwärts Bastogne. Die Führer=Begleit=Brig. wird zum Angriff jetzt herausgezogen.

*Heeresgr. G.* Nach Gefangenenaussagen erwartete der Gegner den Angriff ab 29. 12. Der 347. Inf.=Div. gelang die Eroberung von Schafhausen. Die 12. VGD. mußte wieder zurückgenommen werden. In Frauenberg drangen eigene Kräfte ein; die 17. SS=Pz.=Gren.=Div. kam nicht weiter voran; die 559. Inf.=Div. stand in schweren örtlichen Kämpfen. Jedoch gelang es der 257. und 256. Inf.=Div. weiter voranzukommen in Richtung Götzenbrück—Bärenthal—Philippsburg. Eine Kampfgruppe aus Dänemark der 6. SS.=Geb.=Div. ist bereits eingesetzt.

Der OB West hat eine Vorwarnung des OB Oberrhein erbeten. Diese erfolgt am Nachmittag.

Nach Gironde=Nord stieß ein von Spanien aus abgesandtes Versorgungs=schiff durch.

De Gaulle sprach von weiteren Waffenlieferungen der Alliierten.

*Politik*

Die USA sowie die Londoner Regierung erkennen nicht die provisorische polnische Regierung in Lublin an, sondern die bisherige Exilregierung in London.

**Lagebuch 3. 1. 45**

*Osten*

Das IV. SS=Pz.=Korps kam weiter vor und setzte heute morgen 3 Uhr den Angriff fort. Am südlichen Donauufer gelang die Vereinigung mit dem von der 96. Inf.=Div. gebildeten Brückenkopf. Budapest wurde von allen Seiten angegriffen; jedoch wurden die Angriffe abgewiesen. Das Versorgungsschiff ist 15 km nördlich von Budapest auf eine Untiefe geraten und liegt fest. 81 Flugzeuge zur Versorgung.

Über den Gran=Fluß bildete der Gegner 2 Brückenköpfe, gegen die Gegenangriffe laufen. An der slowakischen Grenze errang der Gegner einiges Gelände. Luftwaffen=Einsätze nur in Ungarn: 300 : 400 eigenen (18 : 4 Verluste).

*Nordraum*

Trotz Schnees planmäßige Fortsetzung der Märsche. Von der 6. SS=Geb.=Div. sind nun 33 Züge aus Kolding abgefahren.

Im Dezember wurden im Osten 588 Flugzeuge bei 137 eigenen Verlusten abgeschossen.

*Südosten*

Schnee und Vereisung hemmen den Rückmarsch des LXXXXI. AK. Eine Gruppe der 7. SS=Geb.=Div. begann heute früh einen Angriff im Raum von Otoc, um die alte HKL wiederherzustellen. Von der 118. Jäg.=Div. sind nun 18 Züge abgefahren. Südlich der Save, ostwärts des kroatischen Raumes, ein Stoß in westlicher Richtung. Der Angriff der Kosaken blieb vor Virovitica vorläufig liegen, da er auf Befestigungen stieß. Ein Stoß vom rechten Flügel des 2. Pz.=AOK kommt diesen Unternehmungen zu Hilfe. Bei Mostar und bei Travnik erfolgten an der Strecke Serajewo – Brod erneute Bandenangriffe. Aus dem Raum von Zvornik wurde der Angriff begonnen. Der Zulauf nach Kroatien nahm wieder zu; doch machen sich die Schäden im Südostgebiet des Reiches bemerkbar.

*Südwesten*

38 Abschüsse (meist durch Flak) im Laufe des Dezember bei 13 eigenen Verlusten (meist Aufklärung).

Südlich Bologna Bewegungen, zum Teil unter Nebelschutz. Nördlich Faenza, bei Bagnacavallo und westlich Ravenna feindl. Angriffe mit nur geringem Geländeverlust. Es besteht die Tendenz, die eigenen Pz.=Verbände herauszulösen und die Fallsch.=Div.en nach Westen zu verschieben.

*Westen*

Im Dezember 611 Abschüsse, darunter 326 durch Flak, bei 795 eigenen Verlusten. Die 53. brit. Div. wurde südlich Marche bestätigt. Westlich Bastogne griff der Gegner weiter an, erzielte jedoch nur geringe Erfolge. Schwerpunkt wiederum ostwärts Bastogne. Das I. Pz.=Korps trat heute früh bei diesigem Wetter zum Angriff an.

*Heeresgr. G:* Die Amerikaner haben jetzt ihre 36. Inf.=Div., die aus dem Elsaß weggezogen war, im Angriffsraum eingesetzt, außerdem auch Teile von einer Div. im Raum von Hagenau herausgezogen und an der Front eingesetzt. Die 14. amerikan. Pz.=Div. und die 12. amerikan. Pz.=Div. sind noch zu erwarten. Die 347. Inf.=Div. hat nunmehr nach Einnahme einer beherrschenden Höhe ihr Ziel erreicht und setzte ihre Angriffe nicht weiter fort. Beim XIII. SS=Korps stießen die eigenen Kräfte auf starken Widerstand, gewannen jedoch weiter Gelände. Das LXXXX. AK. (früher IV. Luftw.=Feld=Korps) wies beim Lem=Berg Gegenangriffe ab. Bei den Kämpfen im Raum von Götzenbrück und Philippsburg 281 Gefangene.

Das Feindbild am Oberrhein ist unklar.

In der feindl. Presse wird davon gesprochen, daß die Verluste bei dem Angriff gegen die Bodenorganisation vielleicht den Schluß auf eine neue Offensive zulassen.

Bei der Offensive ist mit 24 000 Gefangenen, 50 000 blutigen Verlusten des Feindes, 1 000 zerstörten oder vernichteten Panzern sowie 400 Geschützen zu rechnen.

*Westen — Reich*

Angriffe von 1 000 Bombern gegen das rheinische Gebiet, ferner 1 400 Jäger und 400 2-mot. Flugzeugen. 300 eigene gegen Bastogne, 100 im Südabschnitt, 50 zur Abschirmung des Angriffs; ferner 16 Blitzbomber.

In der Nacht 70 Flugzeuge gegen Mannheim — Nürnberg, 70 gegen Berlin.

Verluste im Dezember

| | Feindverluste | eigene Verluste |
|---|---|---|
| Osten | 588 | 173 |
| Italien | 68 | 13 |
| Westen | 611 | 795 |
| Reich | 445 | 588 |
| zusammen | 1712[1] | 1533[1] |

(davon Alliierte 1124).

Auch im Reichsgebiet sind Vermißte zu verzeichnen, d. h. Flugzeuge, die in zerstörtes Gebiet fielen und deshalb nicht aufgefunden wurden.

Am gestrigen Tage waren stellenweise alle telefonischen Verbindungen nach dem Westen unterbrochen. Durch neue Kabel tritt jetzt eine Besserung ein.

*Politik*

Roosevelt und Churchill sollen sich in London treffen und streben dann eine gemeinsame Begegnung mit Stalin an. Es wird bekannt, daß Churchill von Athen aus einen Brief an beide richtete, wonach die dortige Situation symptomatisch für die Lage in den „befreiten" Gebieten sei und dies einer grundsätzlichen Klärung bedürfe.

**WFStab/KTB** **den 4. 1. 45**

**Mitteilungen des Oberst d. G. Poleck (Qu) am 3. 1. 1945**

1. *Westen*

a) *Vorbereitungen der „Wacht am Rhein"*

Sie erfolgte unter strengster Geheimhaltung und daher mit einem denkbar klein gehaltenen Kreis der Eingewiesenen. Beim Gen.-Quartiermeister sind nur dieser selbst (der General Toppe) sowie der Chef der Abt. Versorgung (Oberst von Rücker) ins Bild gesetzt worden. Da die übrigen Sachbearbeiter die Gründe der von diesen angeordneten Maßnahmen nicht durchschauen konnten, wird es hier und dort an Verständnis und an Nachdruck bei der Ausführung gefehlt haben. Auch würden dann wohl die Rückgriffe auf die für die Offensive bereitgestellten Reserven herabgesetzt worden sein. Auf Grund gemachter Erfahrungen sind bei dem neuen Unternehmen gleich auch die Sacharbeiter für Geräte, Munition und Betriebsstoff eingewiesen worden. Das Problem liegt also so,

1 in der 2. Spalte: 1569 (oder Fehler in den Einzelangaben).

einerseits nicht zu viele, andererseits aber auch nicht zu wenige ins Bild zu setzen. Für die getroffenen Maßnahmen spricht, daß auf dem Qu-Wege, auf dem sonst leicht etwas durchsickert bzw. sich Rückschlüsse ergeben, nichts für den Feind erkennbar geworden ist. Um das zu vermeiden, sind auch Maßnahmen, die in ähnlichen Fällen sonst vorgesehen wurden (Sicherung, Einrichtung von Kommandanturen) vorher nicht geklärt worden.

b) Das Gelingen des Angriffs war zu einem guten Teil eine Frage der *Versorgung* und der *Bereitstellung von ausreichendem Betriebsstoff*. Die Lösung der Munitions-Frage wurde dadurch möglich, daß bereits vor Einweisung der Abt. Qu von dieser das Aufstocken einer Führer-Mun.-Reserve angeregt worden war. Auf diese Weise war ein Grundstock bereits geschaffen, und so wurde es dann möglich, 100 Züge Mun.-Reserve anzusammeln. Dies geschah in der Weise, daß die gesamte Führerreserve für den Westen zur Verfügung gestellt wurde. Es ist erreicht worden, daß bis auf einzelne Spezialarten zwei volle Mun.-Ausstattungen für alle angreifenden Verbände zur Verfügung standen. Der Mun.-Bedarf war und ist auch noch jetzt 100%ig sichergestellt. Dabei haben sich die Vorausschätzungen des Gen.-Quartiermeisters, der über große Erfahrungen verfügt, bestätigt, während sich erwiesen hat, daß die Anforderungen des OB West und der Heeresgr. B zu hoch waren (Beim Angriff wird eben wesentlich weniger verschossen als in Abwehrschlachten).

Der Betriebsstoff ist durch rigorose Drosselung auf den anderen Kriegsschauplätzen und die Mobilisierung von Reserven beschafft worden, und zwar in dem erforderlichen Umfang, der schließlich wesentlich höher lag als die anfangs veranschlagten 17 000 cbm. Allerdings ist wegen des Betriebsstoffs der Angriffstermin schließlich um ein paar Tage herausgeschoben worden. Dies ergab sich dadurch, daß der Betriebsstoff an und für sich da war, aber nach dem vorgesehenen Plan erst in Schüben möglichst spät an die Angriffsfront herangebracht wurde. Im Zuge der Abwehrschlacht hat dann jedoch die Heeresgr. B auf diese Bestände zurückgegriffen und auf diese Weise das Programm durcheinandergebracht. Die Wiederauffüllung bedingte dann ein Verschieben des Angriffstermins. Dazu kam, daß wegen des schlechten Wetters die Versammlung der Verbände einen besonders hohen Verbrauch bedingte. Während der Operation war der Betriebsstoffverbrauch höher als vorgesehen, obwohl das Endziel des Angriffs nicht erreicht wurde. Die Gründe dafür liegen darin, daß die schnellen Verbände zu viel motorisierte Fahrzeuge haben, daß die Wegeverhältnisse im Angriffsraum ungünstig sind, und vor allem darin, daß die Eisenbahn-Verkehrsspitzen praktisch bereits in der Höhe des Rheins liegen, da das Netz links des Rheins meist nur inselförmig befahren werden kann. Spannungen dieser Art werden sich jetzt laufend ergeben.

c) *Kw=Transportraum*

Dazu wird sich ein Mangel an Kw=Transportraum bemerkbar machen, da für einen Gang (von der Bahnausladestelle zum Truppenlager und zurück) jetzt 4 Tage benötigt werden. Um hier Aushilfe zu schaffen, ist Transportraum von anderen Fronten abgezogen worden; unter anderem werden 1 000 to aus dem Nordraum herangebracht. Jedoch braucht dies geraume Zeit. An die Ostfront wurde ein Appell zu freiwilligen Abgaben gerichtet. Die Heeresgr. Nord hat darauf z. B. 200 to zur Verfügung gestellt. Jetzt sind jedoch keine Reserven mehr vorhanden.

Als weitere Hilfe wird eine straffere Organisation des Kw=Transportraumes beim OB West versucht. Unter Führung des Generals Lindrisch sind Sachverständige beim OB West eingesetzt, unter anderem solche aus Italien, die ihm Vorschläge machen werden.

Auch der Reichsminister Speer hat sich bemüht, der Heeresgr. B durch eine „Ruhr=Hilfe" zu Hilfe zu kommen. Auf diese Weise ist jedoch das Programm durcheinander gekommen. Es fehlten plötzlich an bestimmten Stellen die Mischkomponenten, während 3 000 to Benzol, die zur Heeresgr. B bereits gefahren waren, so nicht benutzbar waren. Daher beläuft sich der Enderfolg dieses Zuschusses auch nur auf 5 000 to. Der Chef OKW hat daher den Reichsminister gebeten, nichts an die Heeresgruppen, sondern nur an das OKW zu geben (Für etwa 8 Tage hatte der WFStab die Übersicht über die Bestände verloren).

d) *Verwaltungsfragen*

Betreffs Vorbereitung des Angriffs wurde im Absatz a) bereits angeführt, daß unter anderem auch darauf verzichtet wurde, Maßnahmen für die Sicherung und die Ausnutzung des zu besetzenden Gebietes sowie für das Verhalten der Truppe, Geldfragen usw. zu erlassen. Die Nachteile wurden in Kauf genommen, um das Geheimnis zu bewahren. Vorbereitet worden ist nunmehr ein Merkblatt, das Richtlinien gibt, um ein Etappenleben zu verhindern, und sich an Verfügungen des Generals Eisenhower anschließt, so daß Vorwürfe wegen Strenge usw. von vornherein abgebogen werden. Jedoch ist — da das besetzte Gebiet nicht sehr umfangreich ist — dieses Merkblatt noch nicht ausgegeben.

Am 29. 12. hat eine Chef=Besprechung beim Reichsminister Lammers stattgefunden, bei der die Reichskanzlei, das Auswärtige Amt, der Reichsführer SS vertreten waren und für den WFStab der Stellv. Chef, General Winter, teilnahm. Hier ist festgelegt worden, daß das wieder freigekämpfte Gebiet nicht als „besetztes Gebiet" behandelt werden soll, also nicht einem Reichskommissar unterstellt wird, sondern — soweit flämisch — dem Flamenführer Vandewile und — soweit wallonisch — dem Wal=

lonenführer Degrelle übergeben wird. Zugrunde liegt hier eine Denkschrift, die Degrelle dem Reichsführer SS übergeben hat und die von diesem gebilligt worden ist. Ihnen zur Seite treten wird dann — wie z. B. in Ungarn — ein Reichsbevollmächtigter; als solcher ist der Gauleiter Grohé, der letzte Reichskommissar in Belgien, ausersehen. Das heißt: das wieder zu erobernde Gebiet wird nicht von uns regiert, sondern als ein Land betrachtet, das von den Anglo-Amerikanern befreit wurde und nun sich selbst regiert.

Ein Vortrag beim Führer über diese Absichten steht noch aus. Außerdem wird vorerst von ihnen noch nicht Gebrauch gemacht werden, da der bisher zurückeroberte Raum zu gering ist. In ihm verfährt die Truppe daher nach Kriegsrecht. Daher ist dann auch die Absicht, daß die belgische Fahne gezeigt werden soll, zurückgestellt worden.

e) *Unternehmen „Nordwind":*

Es ist nochmals gelungen, den Betriebsstoff für den Angriff an der Saar-Front zusammenzubringen: es handelte sich um 5 000 to. Die Munition war ohne weiteres vorhanden, so daß hier nur die Transportschwierigkeit bestand. Dies gilt auch für den Fall, daß weitere Unternehmungen stattfinden.

f) *Festungen:*

Diese werden laufend durch 1 — 2 Flugzeuge versorgt, was nur eine geringe Hilfe bedeutet, aber sich psychologisch stark auswirkt. Nachdem das Schiff des Roten Kreuzes auf den Kanalinseln angekommen ist, ist es jetzt auch möglich geworden, nach der Gironde von Spanien aus ein Schmuggelschiff durchzubringen. Zugeleitet werden nicht nur Feldpost und Betreuungsmaterial, sondern es sind auch Päckchen zu Weihnachten durchgekommen.

g) *Holland:*

Die Evakuierung der festen Plätze ist fortgeschritten. Rotterdam und Amsterdam sind jedoch nicht zu Festungen erklärt worden. Wie weit hier das Wegbringen der wehrfähigen Bevölkerung fortgeschritten ist, ist dem WFStab zur Zeit nicht bekannt.

Die Heeresgr. H hatte sich wegen der schwierigen Kohlenfrage an den WFStab gewandt, da sie besorgt, daß die Kraftwerke stillgelegt werden müßten und daher die Pumpen für die unter dem Meeresspiegel liegenden Gebiete ausfallen könnten. Jetzt ist jedoch sichergestellt — unter anderem durch eine Einschränkung der Stromversorgung —, daß die Pumpen in Tätigkeit bleiben können.

h) *Linksrheinisches Gebiet:*

Dem Vorschlag, linksrheinisches Gebiet zum Operationsgebiet zu erklären, haben alle beteiligten Stellen zugestimmt. Der Vorschlag liegt jedoch noch beim Reichsminister Lammers zum Vortrag beim Führer. Durch das Vorschieben der eigenen Front hat die Entscheidung an Aktualität verloren; sie ist jedoch deshalb wichtig, weil nach Klärung der Lage im Westen analoge Vorschläge für Ostpreußen gemacht werden sollen.

2. *Italien:*

Die zahlreichen *Bahnzerstörungen* machen sich natürlich bemerkbar. Aber größere Versorgungsspannungen sind bisher noch nicht aufgetreten. Einen Teil des Verdienstes daran trägt der OB Südwest mit der vorbildlichen Organisation des Kraftfahrwesens und den rigoros durchgeführten Sparmaßnahmen.

Die Frage, wie eine *Inflation* zu verhindern sei, wird weiter behandelt. Diese Frage, wie Italien zweckmäßig für die gesamte Kriegführung ausgenutzt werden könne, ohne das Preisniveau zu gefährden, wurde von der Abt. Qu auf Grund der Erfahrungen in Griechenland angeschnitten. Es war so, daß alle Beteiligten (vor allem RuK) Aufkäufe machten, ohne die Gewißheit zu haben, daß diese auch abtransportiert werden könnten. Die Forderung geht dahin, daß in erster Linie das Geld für den Bedarf des OB Südwest bereitgestellt wird, der nach Möglichkeit autark gemacht werden soll (Bisher werden noch monatlich 50 000 to nach Italien hereingeführt). Ferner sollen dann die Programme der beteiligten Stellen auf das abgestellt werden, was tatsächlich abfahrbar ist. Die Erledigung dieser Frage hat der Chef OKW in die Hand des Feld-Wi-Amtes gelegt. Am 5. 1. findet eine Besprechung in Fasano statt, wo der WFStab durch Hptm. Dr. Dieckmann vertreten ist. In diese Verhandlungen ist auch der Botschafter Rahn eingeschaltet.

Über die *Verwaltungsfragen* hat der SS-Gruppenführer Wächter, der vor einigen Monaten den bisherigen Milit. Verwaltungschef ersetzt hat, eine Abhandlung vorgelegt, in der erst offene Kritik an den bisherigen Maßnahmen geübt wird und dann Vorschläge zur Besserung gemacht werden, unter anderem der, daß zu den einzelnen Provinzen deutsche Bevollmächtigte treten sollen, da durch den Insel-Betrieb der Eisenbahnen die einzelnen Provinzen mehr oder weniger auf sich selbst gestellt sind. Der Reichsführer hat diese Abhandlung, der auch der WFStab zustimmt, gebilligt.

3. *Südosten:*

Auch hier bestehen manche Schwierigkeiten, die sich aus der Transportlage ergeben. Das betrifft auch die *Verpflegungslage* der rückmarschierenden Verbände, bei denen es besonders an Pferdefutter fehlt. Die Munitions-Lage ist dagegen befriedigend, da die Kampfhandlungen nicht viel verbrauchen.

Innerhalb des WFStabs werden jetzt Erwägungen angestellt, wie die *Befehlsgliederung* im Südosten sein soll, falls nach Abschluß des Rückmarsches die Entscheidung dahin fällt, daß auch noch Teile von Kroatien geräumt werden. In diesem Fall erscheinen zwei Heeresgruppen als zu viel; jedoch wird nach wie vor eine als erforderlich angesehen. Für diese soll dann allerdings vorgeschlagen werden, daß sie — über den bisherigen Bereich des OB Südost[1] hinaus – nach Westen hin das Gebiet bis zum Tagliamento (also einschließlich Adriatisches Küstenland) und nach Norden Südostungarn (bis zur Südspitze des Plattensees) übernimmt. Für diese Absicht spricht, daß der OB Südwest vom Frühjahr an auch an seiner Westfront gebunden sein wird, ferner, daß eine feindl. Landung in Istrien die Stoßrichtung nach Klagenfurt — Graz und nicht zur Po-Ebene haben wird, schließlich, daß an dem Gebiet südlich des Plattensees, das wegen des Öl-Vorkommens für die Gesamtkriegführung die größte Bedeutung hat, vor allem der OB Südost und erst in zweiter Linie die Heeresgr. Süd interessiert sind. Deren Aufgabe wird dann die Verteidigung der Wiener Pforte bleiben, die in einer Hand sein muß. Deshalb kommt eine Erweiterung des Bereiches des OB Südost über die Südecke des Plattensees hinaus nicht in Frage.

4. *Ungarn:*

Hier ist wenig zu verzeichnen, da der GenStdH zuständig ist. Es ist jetzt eine Öl-Leitung von Südostungarn an die Einladebahnhöfe gebaut, um die bisherige Leitung zu ersetzen, die südlich des Plattensees nach Budapest verlief und außerdem noch eine Abzweigung nach Komorn besaß. Bis zu deren Fertigstellung muß das Rohöl gelagert werden. Unangenehm bemerkbar macht sich der Ausfall der Raffinerien in Budapest und Komorn, der sich aus den Kampfhandlungen ergibt.

5. *Osten und Norden:*

Nichts Neues.

6. *Allgemeines:*

a) *Betriebsstofflage*

Diese hat sich weiter verschlechtert. Außer Pölitz sind die großen Werke im Augenblick stillgelegt. Bei den Angriffen am 29. und 31. 12. gegen Harburg usw. sind zur Zeit wiederum 20% der kleineren Werke ausgefallen. Die Lage bei dem Otto-Betriebsstoff muß daher als sehr besorgniserregend bezeichnet werden. Es wird wohl die Folgerung gezogen werden müssen, daß das Heer weitgehend entmotorisiert wird, daß also die Pz.-Grenadiere zu Fuß oder mit Rad bewegt werden und nur die Pz.-Brigaden voll motorisiert bleiben. Anregungen in dieser Richtung sind bereits seit längerem gegeben worden. Erwägungen sind beim GenStdH im Gange.

1 Ms.: Südwest.

b) *Munitionslage*

Wenn auch die Lieferungen für den Westen voll befriedigend waren, so sinkt doch jetzt der Munitions=Ausstoß, so daß Spannungen zu erwarten sind. Auf diese Entwicklung hat der Reichsminister Speer bereits vor 4 Wochen hingewiesen.

c) *Kriegsmarine*

Auf Grund der Besprechung „Koralle" (s. frühere Aufzeichnung) hat der OBdM jetzt eine Denkschrift vorgelegt, um durch Maßnahmen auf dem Gebiet der Reparaturen usw. die Seetransportlage zu verbessern. (Weitere Behandlung durch die Abt. Org.).

d) In Ergänzung des Befehls für die *abgeschnittenen Truppenteile* sind jetzt alle Befehle für Festungen zusammengefaßt worden. Die Ausarbeitung liegt zur Zeit dem Chef OKW vor.

e) Die Frage über die weitere Stellung des *Feld=Wi=Amtes* ist noch offen. Die Abt. Qu hält eine weitgehende Auflösung des Amtes für richtig.

gez. Schramm

**Lagebuch 4. 1. 45**

*Osten*

*Heeresgr. Süd:*

Der Angriff zum Entsatz von Budapest drang weiter vor. Das Industriegelände wurde erreicht, und auch der Stoß von Norden gewann Gelände, trotz feindl. Gegenangriffe. Ferner sind über die Donau 2 Btl.e der 711. Inf.=Div. übergesetzt worden. In Budapest im Westen schwächere Angriffe, im Nordosten ein Einbruch. Es bestätigt sich, daß der Gegner dem IV. SS=Pz.=Korps das XVIII. Pz.=Korps und das II. Garde=(mech.)Korps entgegenwirft; vielleicht zieht er von Süden auch noch das XVII. mech.Korps heran. Am Gran=Fluß Ruhe.

*Heeresgr. A und Mitte:*

Nach Gefangenenaussage soll der Angriff, der bisher für Anfang Januar vorausgesagt wurde, in der Mitte des Monats beginnen.

Einsatz der Luftwaffe fast nur in Ungarn, dabei 37 Abschüsse bei 11 eigenen Verlusten; 360 feindl., 300 eigene Einsätze, 80 in der Nacht, dabei 25 Panzer und 125 Kfz.e vernichtet.

*Nordraum*

Nach Räumen der Schutzstellung wurde jetzt der Nordflügel der Karesiando=Stellung erreicht. Der Alta=Flugplatz wurde geräumt, der Schneetunnel zerstört.

Von 115 Zügen der 2. Geb.=Div. sind nunmehr 46 abgefahren (nach Oslo), von 60 Zügen der 6. SS=Geb.=Div. 44; von diesem Transport 37 Züge in Pirmasens eingetroffen.

*Südosten*

Die Kosaken stießen auf einen Feind, der sich verstärkt hatte und vor dem sie zurückweichen mußten. Eine Div. ist südlich, eine nördlich des Flusses anzunehmen. Die Absichten des OB Südost wurden eingefordert. Es scheint, als wenn die Lage hier und weiter ostwärts mit fremden Kräften nicht mehr zu bereinigen ist.

*Südwesten*

950 Jäger, 100 2-mot. Bomber gegen Verkehrsziele, ferner 100 4-mot. Bomber gegen Görz — Udine. Am Serchio wurden die Gefechtsvorposten auf 2 — 4 km vor der HKL zurückgenommen. Beim Feind wurde neu festgestellt die 21. engl. Inf.-Brig., die vielleicht zum Abschützen gegen den eigenen Vorstoß eingesetzt wurde. Nach Gefangenen-Aussagen wird die 85. amerikan. Div. in Lucca bereitgestellt; vielleicht hängt das gleichfalls damit zusammen. Bei Faenza wurden Angriffe abgewiesen. Nordostwärts davon kam der Gegner 2 — 3 km voran. Nordostwärts Ravenna verschärft sich die Lage, da wegen starker Jabo-Tätigkeit die eigenen Kräfte nicht am Tage herankamen und der Gegner mit Panzern vorstieß. Alle Senio-Brücken sind nun zerstört. Heute früh begann der Gegenangriff, der bisher gut vorankam. Es handelt sich wohl nicht um stärkere feindl. Kräfte.

Die 710. Inf.-Div. ist nunmehr aus Dänemark vollzählig eingetroffen; an den OB West werden Geb.-Kp.en abgegeben.

*Westen — Reich*

Da im Westen Nebel herrscht, nur Einsatz von 4-mot. Bombern von England aus (durch Wärmeerzeugung beiderseits der Startbahnen, die den Nebel bis zu 100 m hebt, ist jetzt auf 17 Flugplätzen der Start auch bei Nebel möglich).

1 000 Amerikaner gegen Köln — Fulda — Aschaffenburg sowie im Hintergelände des Saar-Angriffsraums. Ferner 480 Briten gegen Dortmund. Eigener Einsatz wegen schlechten Wetters nur 9 in der Nacht sowie 87 V1-Abschüsse gegen England.

Der Gegner verfügt jetzt mit Hilfe von 2 Sendern in Afrika und einem dritten in Schottland über eine Großraum-Hyperbel-Navigation mit einer Genauigkeit von plus/minus 5 km.

*Westen*

5 Kleinst-U-Boote von der Schelde zurück. Schlechtes Wetter behinderte den Einsatz.

*Feindlage:* An der Nordwestfront des neuen Keils sind mehrere Div.en in den letzten Tagen nicht mehr bestätigt worden, und zwar zum Teil abgekämpfte, zum Teil bessere. Möglich ist die Bildung eines Angriffsverbandes mit 4 Div.en unter dem VII. AK. zum Angriff von Norden aus. An der Südfront wurden ostwärts der Sauer Teile der 2. französ. Pz.-Div. gegenüber dem

XIII. AK. festgestellt, weiter ostwärts der Einsatz der 36. amerikan. Inf.=Div. Der Gegner scheint also einen Zangenangriff zum Herausbrechen der dazwischen liegenden Front zu erwarten. Bereits unabhängig von diesem neuen Angriff war die aus den USA kommende 70. Inf.=Div. herangeführt worden.

Im Elsaß ist dem Gegner nach Herauslösen der französ. Pz.=Div. ein Angriff nicht möglich.

An der Nordfront stärkere Angriffe des Feindes, besonders gegen die 12. VGD., stellenweise 80 — 90 Panzer. Einiges Gelände mußte preisgegeben werden. — Bei Bastogne weitere Angriffe des Feindes, die im wesentlichen abgewiesen wurden. Der eigene Angriff kam nur langsam voran, da er auf Gegenangriffe stieß. In der Nacht wurde der Angriff wieder aufgenommen, ostwärts davon Bereinigung. Die Führer=Gren.=Brig. wird als Reserve bereitgestellt.

Beim XIII. SS=Korps gelang die Überraschung des Feindes; jedoch konnte der tiefe Vorstoß nicht ausgenutzt werden, da die Verbindung abriß. Die Spitze mußte daher wieder zurückgenommen werden; jedoch blieb einiges Gelände in unserer Hand. Beim LXXXX. und LXXXIX. AK. weitere Erfolge, bei der 257. und 361. Inf.=Div. werden jetzt auf Waldwegen neue Kräfte vorgeführt. Reipertsweiler wurde umkämpft, Dambach wurde genommen, wechselnde Lage bei Philippsburg; bei der Gruppe Räsler (2 Div.en) schoben sich die Gefechtsvorposten vor. Sobald der Ausgang aus den Ostvogesen erreicht ist, werden Pz.=Kräfte vorgeschoben werden.

Gegenüber dem AOK 19 schanzte der Feind in den Vogesen. Als Reserve wird jetzt die 329. Inf.=Div. herausgezogen. Der Feind behauptet, in 16 Tagen 20 000 Gefangene gemacht und 400 Panzer vernichtet zu haben. In Wirklichkeit handelt es sich um 17 000 Gesamtverluste.

*Politik*

In Athen wurde unter dem General Plastiras eine liberale Regierung eingesetzt, die den Radikalen keine Konzessionen machen soll.

Die Türkei brach die Beziehungen zu Japan ab und motivierte dies mit Bitten der USA und England.

Stettinus [1] lehnte es ab, auf die Pressepolemik in England einzugehen.

Es wird von einem neuen Druck auf die Schweiz wegen Lieferungen an Deutschland und Durchführen von Kohle nach Italien geredet.

In einer Aufstellung der Schwierigkeiten zwischen den Westmächten und der Sowjetunion werden die Verhältnisse in Ungarn, Bulgarien und Rumänien gewürdigt.

1 Seit 27. 11. 1944 Staatssekretär der USA.

**Mitteilung des Oberst d. G. Meyer=Detring (Abt.=Leiter Op H) am 4. 1. 45, 18 Uhr**

1. *Westen*

a) *Die allgemeine Lage*

Die Lage ist dadurch gekennzeichnet, daß nun ein Entschluß über die weitere Kampfführung der Heeresgr. B zu fassen ist. Sie hat nunmehr die Kräfte der Anglo=Amerikaner auf sich gezogen (rund 39 von 79 Verbänden) und steht sowohl an ihrer Nord= als auch an ihrer Südfront in schwerer Abwehr. Das offensichtliche Ziel des Feindes besteht darin, die Spitze des Angriffskeils abzukneifen. Der Führer hat bereits ausgesprochen, daß dadurch der ursprüngliche Auftrag der Heeresgruppe hinfällig geworden ist; jedoch ist dies bisher noch nicht formuliert worden. Zur Zeit hat die Heeresgruppe den Auftrag, die Schlacht von Bastogne durchzuschlagen und dann die Nordfront abzusteifen; für diesen Auftrag erhält sie keine neuen Kräfte.

Inzwischen ist durch das Unternehmen *„Nordwind"* dafür gesorgt, daß der OB West weiterhin die Initiative in der Hand behält. Es bleibt bei dem Ziel, die feindl. Armeen dort, wo sich eine Gelegenheit bietet, stückweise zu vernichten.

Die taktische Lage hat sich bei der Heeresgr. H nicht verändert. Bei der Heeresgr. B wogt die Schlacht um Bastogne mit bisher gleichen Aussichten für beide Seiten hin und her; keiner von ihnen ist es bisher gelungen, etwas Entscheidendes zu erreichen. Den eigenen Verbänden stehen genügend Menschen, Artillerie und Panzer zur Verfügung; jedoch kann sich dies wegen des Mangels an Munition und Betriebsstoff nicht auswirken. Dieser Mangel ist wieder eine Folgeerscheinung der Eisenbahnzerstörungen, die die feindl. Luftangriffe im rückwärtigen Gelände bewirkt haben. Da der Gegner auch den Nachschub auf den Straßen behindert, wirkt sich dies verstärkt aus. Es ist nunmehr befohlen worden, alle Flak=Artillerie nicht mehr im Kampf, sondern zur Sicherung der Straßen und Versorgungsbasen einzusetzen.

b) *Operation „Nordwind"*

In langsamem und zähem Kampf ist es gelungen, in den Nordvogesen nach Süden bis fast an den Ausgang des Gebirges vorzudringen. Dabei hat sich die unzulängliche Ausbildung der Truppen geltend gemacht, besonders im Zusammenspiel der Waffen. Außer der physischen Abnutzung der eingesetzten Kräfte durch vorausgehende Kämpfe wirkt sich aus, daß die eigenen Kräfte von der mittleren Führung bis zum einfachen Mann nicht ausreichend ausgebildet sind.

Die Operation war so aufgebaut, daß der Hauptstoß mit dem rechten Flügel an der Saar geführt werden sollte, um dann den Raum nach Osten aufzuräumen. Dieser Stoßflügel ist jedoch hängengeblieben; dagegen kam die im Waldflügel eingesetzte Kampfgruppe gut voran. Daraufhin ist das Schwergewicht des Angriffs nach Osten verlegt worden, um hier die Entscheidung zu suchen. Dazu sollte der Reichsführer SS mit einer schwachen, ihm zur Verfügung stehenden Div. einen Nebenstoß ausführen. Seit vorgestern (2. 1.) zeichnete sich ab, daß der Gegner Kräfte in den westlichen Angriffsraum verschob, indem er die Front nördlich Hagenau und am Rhein entblößte. Die heute übergesetzten Kräfte der 553. VGD. sind auf keinen Widerstand gestoßen. Aus dem Raum von Schlettstadt wird nun auch die 269. Inf.-Div. zum Stoß nach Norden antreten. Sowie dann der Austritt aus dem Gebirge erkämpft ist, können die 25. und 21. Pz.-Div. zum Vorstoß nach Süden antreten mit dem Ziel, die Zaberner Senke zu erreichen. Ziel der Operation ist also, wieder eine Stellung entlang den Vogesen aufzurichten und damit die noch im Nordelsaß stehenden Feindkräfte nach Möglichkeit abzuschneiden. Damit ist dann wieder eine neue Operationsbasis gewonnen.

c) *Gliederung des Westheeres*

Durch die Entwicklung hat sich eine sehr ungleiche Stärke der einzelnen Heeresgruppen ergeben. Den rechten Flügel hält die Heeresgr. H mit nur 9 Div.en; auf sie folgt die Heeresgr. B mit 4 Armeen, dann die Heeresgr. G, die nur die 1. Armee zu führen hat, und dann der Reichsführer SS als Befehlshaber Oberrhein unter dem Befehl des OKW mit dem XIV. und XVIII. SS-Korps, der 19. Armee und dem Wehrkreis V.

2. *Italien*

Das Unternehmen am Serchio ist zwar gelungen, hat aber nicht die Billigung des Führers gefunden, da dieses Unternehmen bestimmten Absichten zuwiderlief. Es konnte nicht mehr abgeblasen werden, da die Absichten erst am Vortage gemeldet wurden. Der Auftrag des OB Südwest ging dahin, Spähtruppunternehmen durchzuführen, um den Feind an dem bisher ruhigen rechten Flügel zu beschäftigen; praktisch ist sein Unternehmen auf den Einsatz einer schwachen Division hinausgelaufen. — Bei Bologna ist es, wie im WFStab angenommen wurde, bisher nicht zu einem feindl. Angriff gekommen. Im Raum von Bagnacavallo hat sich am Senio eine kritische Lage ergeben. Der Führer drängt darauf, daß die Lage bereinigt wird, damit dem Gegner der Vorstoß zum Comacchio-See verwehrt wird, wo er voraussichtlich Gelegenheit zum Einsatz leichter Seestreitkräfte usw. finden würde.

Die Zerstörungen im Bahnnetz machen sich sehr nachteilig geltend.

3. *Südosten*

Der Rückmarsch ist weiterhin ganz gut verlaufen, und der bei Otok erzielte Erfolg ist erfreulich. Dagegen muß die Entwicklung südlich der

Naht zum Pz.=AOK 2 mit Besorgnis betrachtet werden. Es ist dem Gegner trotz der Stromverhältnisse gelungen, eine ganze russ. Div. auf das Südufer der Drau herüberzuführen. — Eine weitere wunde Stelle liegt im Raum von Bihać, wo nicht nur die Banden lebhaft tätig sind, sondern sich auch die Verbände auf der eigenen Seite als nicht völlig zuverlässig erweisen.

Auch im Südosten macht die Versorgungslage große Schwierigkeiten.

4. *Osten*

Südlich des Plattensees hat sich die Lage gefestigt. Zwischen dem Plattensee und Budapest ist nicht nur der Feindvorstoß aufgehalten, sondern auch durch das IV. SS=Korps ein Gegenstoß eingeleitet worden. Es bestehen nun gewisse Hoffnungen zum Freikämpfen von Budapest; allerdings stehen sie auf schwachen Füßen. Nördlich der Donau bleibt die Lage entlang der slowakischen Grenze bis in den Raum nördlich Miskolcz gespannt.

Die 3. Kurländische Schlacht hat wiederum einen klaren Abwehrerfolg der Heeresgr. Nord gezeigt.

5. *Nordraum*

a) Es fährt nunmehr von Mo die 2. *Geb.=Div.* ab, die im Gegensatz zu der vorausabtransportierten 6. SS=Geb.=Div. bereits vor dem Einladen geordnet werden konnte, also aus Dänemark schneller wird abtransportiert werden können als ihre Vorgängerin. Geplant ist ihre Zuführung zur Heeresgr. G, die sie zur Fortsetzung des Unternehmens „Nordwind" einsetzen wird.

b) *Schweden*

Dafür, daß Schweden in den Krieg eintreten will, liegen keine neuen Anzeichen vor. Jedoch muß ins Auge gefaßt werden, daß die Anglo-Amerikaner eine Operation gegen den Nordraum beabsichtigen könnten, wenn sie einsehen, daß sie an der Westfront keine Aussichten haben. Unter diesem Gesichtspunkt bereitet der WFStab auf der Grundlage einer von der Kriegsmarine ausgearbeiteten Studie eine Weisung für den Fall des Eintritts Schwedens in den Krieg vor.

Gesehen: gez. Schramm

.....[1]

**Lagebuch 5. 1. 45**

*Osten*

*Heeresgr. Süd:*

Das Eis des Plattensees ist jetzt tragfest. Der feindl. Widerstand gegen den eigenen Vorstoß, der durch 4 schnelle Korps (XVIII. Pz.=, II. Garde(mech.)= und

1 Der befragte Oberst hat die Aufzeichnung nicht mehr gegengezeichnet.

VII. Garde(mech.)=Korps sowie V. Garde=Korps) geleistet wird, verschärft sich. Ein eigener Stoß von Norden gegen das Industriegelände blieb liegen; jedoch gelang es, wieder 5 — 10 km Gelände zu gewinnen, die Linie Uj Barok — Many — Szomor zu erreichen und damit bis auf 27 km an Budapest heran=zukommen. Die Hälfte der zu überwindenden Strecke ist damit durchmessen. Noch herangeführt werden die 711. Div. sowie die 6. Pz.=Div., die vom Nord=ufer herumgezogen wird. An der Nordfront von Budapest wurden 40 Panzer abgeschossen, Angriffe wurden abgewiesen. Im Raum der 8. Armee weitere örtliche Kämpfe. Es ist möglich, daß der Gegner aus dem Raum von Leva Kräfte nach Süden abzieht — vielleicht, um den eigenen Angriff aufzufangen.

In Galizien scheint sich ein neuer Schwerpunkt zu bilden. Im Brückenkopf von Baranow örtliche Kampfhandlungen; an der ostpreußischen Grenze be=stätigte gewaltsame Erkundung das Feindbild. Bei der Heeresgr. Nord örtliche Kampfhandlungen. Eine amerikan. Pressestimme spricht von dem Sitzstreik der Russen, um die Anerkennung des Lubliner Comités zu erzwingen.

Luftwaffen=Einsatz nur in Ungarn: 700 feindl., 500 eigene.

*Slowakei*

Die Bandentätigkeit hat wieder abgenommen, doch verhält sich die Bevölke=rung angesichts der herankommenden Front passiv.

*Nordraum*

Ein Sperrbrecher ging im Kattegat verloren.

*Südosten*

Die Spitzen der zurückmarschierenden Verbände erreichten Višegrad. Beim Durchstoß der Festungs=Brig. zur Drina wurde Vlasenica erreicht. Bei Otoc konnte der Gegner den eigenen Brückenkopf eindrücken. Zur Ablösung in dieser Front kommen jetzt 9 Btl.e heran. Die 297. Inf.=Div. soll an die Donau herumgezogen werden. Die 11. Luftw.=Div. leitete einen Angriff südlich der Save in westlicher Richtung ein; er soll bis in den Raum der Kosaken fortge=führt werden, die von Norden und Süden angesetzt werden. Das Ziel ist, dem Feinde eine Erweiterung seines Raumes unmöglich zu machen.

Aus dem Raum von Travnik soll ab 6. 1. mit Teilen der 104. Jäg.=Div. ein Angriff durchgeführt werden. Bei der ganzen Heeresgr. F[1] bedingte die Ver=pflegungslage eine Kürzung des Verpflegungssatzes III um 25%; demnach werden jetzt 400 gr Brot ausgeteilt. Die vorhandenen Lager sind aufgezehrt. Eine Besserung wird in Kürze erhofft.

*Südwesten*

1100 Jäger sowie 400 4=mot. Bomber gegen die Brenner=Strecke, besonders Verona, ferner 700 nachts gegen Udine. Südlich Bologna nur noch 2 amerikan. Div.en in Front. Nördlich Faenza weitere Angriffe, die am Ostufer des Senio

1 Oder: E; Ms.: C (= Südwest).

aufgefangen wurden. Südlich des Comacchio=Sees gelang dem Gegner der Durchstoß durch die 15. Jäg.=Div. bis zum See, da Gegenangriff wegen der feindl. Luftwaffe nicht durchschlug. Herangezogen wird die 42. Jäg.=Div., von der bereits 3 Btl.e da sind.

Die Kriegsmarine wird voraussichtlich bei der Verteidigung des Seengebietes nicht helfen können, da sie sonst Kräfte von anderen Fronten abziehen muß.

*Westen*

*Feindlage:* Die 8. amerikan. Inf.=Div. ist doch bei Vossenack geblieben. Die Angriffsgruppen an der Nordwestfront setzen sich wahrscheinlich zusammen aus der 75. Inf.=Div., 82. LL=Div. sowie der 3. und 7. Pz.=Div. In Reserve hat der Gegner hier noch die 5. amerikan. Pz.=Div. Da er im Süden die 10. Pz.=Div. bei Bastogne einsetzte, verfügt er hier noch über die 12. Pz.=Div. als Reserve. Es tauchten aus den bisher noch nicht eingesetzten LL=Div.en auf: 1 Btl. der 6. brit. und 1 Rgt. der 17. amerikan. LL=Div. Bei Bitsch ist jetzt außer der 70. amerikan. Div. auch die gleichfalls aus den USA herangeführte 63. amerikan. Inf.=Div. nachgewiesen worden.

Im Elsaß wurde die 2. französ. Pz.=Div. durch die 1. französ. Inf.=Div. ersetzt. Es ist anzunehmen, daß dem Gegner monatlich 4–6 Div.en zufließen; bisher wurden sie sofort von den Häfen in die Front hineingeworfen. Da die Januar=Verbände zum Teil bereits aufgebraucht sind, ist noch mit etwa 2—3 Inf.=Div.en und 1 Pz.=Div. zu rechnen (Bei den zugeführten Verbänden handelt es sich vorwiegend um Inf.=Div.en).

Trotz des schlechten Wetters starke Angriffe des Feindes an der Nordfront, wo Gelände verlorenging, aber die Angriffe im wesentlichen abgewiesen wurden. An der ganzen Front westlich, bei und ostwärts Bastogne heftige Kämpfe des Feindes, die auf einen Gegenangriff stießen. Dadurch wurde der Durchbruch verhindert. Die eigenen Kräfte sind nun in die Verteidigung gedrängt. Nach Einsatz der bisher als Reserve bereitgehaltenen Führer=Gren.=Brig. wird jetzt je eine Volks=Gren.=Div. als Reserve hinter der Nord= und der Südfront bereitgestellt.

*Heeresgr. G:* Das XIII. SS=Korps, gegen das neue Div.en (s. oben: die 63. amerikan. Inf.=Div. und die 2. französ. Pz.=Div.) eingesetzt sind, ging zur Verteidigung über. An den Vogesen versteift der Gegner den Widerstand vor der Spitze und setzte zum Angriff gegen die Flanken an. Dieser wurde abgewiesen. Eigene Kräfte drangen bis Winden vor. Reipertsweiler fiel an den Feind zurück. Bei Zinsweiler verstärken sich die eigenen Kräfte; aber es steht noch keine benutzbare Straße zur Verfügung. Das Bild im Raum von Weißenburg ist lückenhaft. Die Gefechtsvorposten sind gut vorangekommen. Seltz wurde besetzt. Am Oberrhein ging die 553. VGD. mit Teilen eines Rgt.s über den Rhein, und zwar bis 10,30 Uhr mit der Inf. und den leichten Waffen; im Fährbetrieb folgen jetzt die schweren Waffen. Der Feindwiderstand war ganz gering. Auch nördlich Straßburg drang ein eigener Spähtrupp vor. Aus der Stadt war der Schall von Detonationen zu hören.

Bei AOK 19 Ruhe.

*Westen — Reich*

Schlechtes Wetter hinderte die Luftwaffen=Tätigkeit. 350 Jäger, auf der eigenen Seite etwa 100. Nachts mit feindl. Gruppen von je 60 Mosquitos gegen Berlin; es war ein stärkerer Einsatz als bisher.

Nachtrag zum Angriff auf die feindl. Bodenformationen: Es ist mit der Vernichtung von mindestens 500 Flugzeugen zu rechnen. Auf der eigenen Seite wurden 34 abgeschossen und 31 vermißt; Gesamtverlust also 277.

U=Boot=Kampf: Im Dezember wurden versenkt:

17 Dampfer mit 186 000 BRT,
6 Zerstörer und 8 Bewacher;
ferner wurden torpediert 7 Dampfer, 1 Zerstörer, 1 Bewacher.

**Lagebuch 6. 1. 45**

*Osten*

*Heeresgr. Süd:*

Das IV. SS=Korps vernichtete bisher 79 Panzer, 160 Geschütze, 107 Pak. Der Zuzug der feindl. Kräfte hat sich bestätigt. Zu rechnen ist damit, daß von der Nordfront auch noch das V. Pz.=Korps herangezogen wird. Ferner werden von nördlich der Donau Schützen=Div.en herangezogen. Die slowakische Front wird dadurch entlastet. Südlich des Plattensees wurden Vorstöße abgewiesen. Das Herausziehen der 1. Geb.=Div. hat der Führer in der Nacht im Hinblick auf die Wichtigkeit des Ölgebietes abgelehnt. Es bestand die Absicht, daß nördlich des Plattensees auch die 4. Kav.=Brig. mit unterstellten Teilen angreifen sollte; jedoch ist es nicht zu diesem Angriff gekommen. Das IV. SS=Korps hat nicht viel Gelände gewonnen. Es kam vor bis Bicske und Zambek. Dagegen führte der Gegner einen Stoß aus dem Industriegebiet. Die 96. Inf.=Div. stieß nach Südwesten, die 711. Inf.=Div. in Richtung Gran vor. Aus Budapest fehlen neuere Meldungen. Ein neuer Flugplatz wird angelegt. Nördlich der Donau Druck der 6. Garde=Armee im südlichen Gran=Abschnitt.

An der übrigen Front Ruhe. An der Südfront, wo russische Kav. vordrang, ging Bujanec verloren. Banden machen sich wieder bemerkbar. Lage bei der 8. Armee wie bisher.

Bei der *Heeresgr. Nord* wurde an der Ostfront nördlich Doblen ein eigener Angriff zur Bereinigung einer Einbruchsstelle geführt, der im Nordabschnitt 2 km vorkam.

Die Tätigkeit der Luftwaffe war in Ungarn etwas geringer, im gesamt jedoch 2 000 feindl., 354 eigene Einsätze.

*Nordraum*

Gegen das Nordgeleit können zur Zeit nur wenige U=Boote eingesetzt wer=den, da die Masse zur Überholung zurückgezogen wird. In Norwegen sind die Temperaturen bis auf —34 Grad abgesunken. Am Alta=Fjord stehen noch 4 Jagd=Kdo.s, die bis Mitte Januar zurückgezogen werden sollen. Dann wird auch die Karesiando=Stellung geräumt werden. In Oslo Stau wegen der feindl. Verminung. Von der 2. Geb.=Div. sind dort nunmehr 47 Züge (also fast die Hälfte) eingetroffen. Von der 6. SS=Geb.=Div. sind aus Kolding 49 von 60 ab=gefahren.

*Südosten*

Ostwärts Otoc wurde der Gegner abgewiesen.

Heute wird die Masse der 41. Fest.=Div. in Front eingesetzt. Eine dadurch frei werdende Kampfgruppe der 11. Luftw.=Feld=Div. wird nach Westen ge=zogen. Die Kampfgruppe Fischer stieß nach Westen vor; da sich der Feind ihr gegenüber verstärkt hat, muß noch Verstärkung abgewartet werden. Auf=klärung der Kosaken=Brig. stieß auf feindl. Stellungsbau. Durch Luftangriff fielen Lokomotiven auf der Bauxit=Strecke und anderen Bahnen aus.

*Südwesten*

270 feindl. Jäger. Nördlich Faenza kam der Gegner voran und drückte die eigenen Kräfte auf das Nordufer des Senio zurück. Nördlich Bologna griff der Gegner die neue HKL mit Panzern an und drang in der Nacht weiter vor. Zur Stärkung des Ostflügels wird jetzt die 114. Jäg.=Div. an den Comacchio=See verlegt. An dessen Nordufer ist eine Rgt.s=Gruppe der 26. Pz.=Div. herange=zogen. Am Nordufer sind gleichfalls Kräfte versammelt. Die 362. Inf.=Div. wird südlich Bologna bereitgestellt.

*Westen — Reich*

1 000 amerikan. 4=mot. Bomber mit 550 Jägern, davon 1 Div. im Raum von Bastogne; eine weitere im Raum Frankfurt — Hanau usw., eine dritte gegen Neustadt, ferner 320 2=mot. Bomber im Raum der Heeresgr. G und 1 400 Jäger meist in demselben Raum. Dagegen 200 eigene Jäger. Nachts 200 feindl. Flug=zeuge gegen Hannover, 100 weitere gegen Berlin, dagegen 147 Jäger. Im ge=samt 40 Feindverluste.

17 V1 gegen London; die Humber=Mündung soll jetzt aufgeklärt werden.

Die Luftwaffe hat erklärt, daß der Gegner mit dem „Bumerang"=Verfahren bis in Höhe von Braunschweig wirken kann, daß es aber noch nicht möglich ist, darüber hinaus zu wirken; sie wünscht deshalb Fortsetzung der Verneblung. Die Streckenlage ist im wesentlichen gleichgeblieben.

*Westen*

Der geplante Vorstoß mit Schnellbooten gegen die Themse mußte wegen des Wetters abgebrochen werden. Von der Schelde=Mündung sind nun 8 Kleinst=U=Boote zurückgekommen; jedoch liegen noch keine Erfolgsmeldungen vor.

Die Atlantik=Festungen wurden von 200 feindl. Flugzeugen angegriffen.

*Beim Feind* ist die Befehlsführung neu gegliedert worden. Der General Mont=gomery als OB der 21. brit. Heeresgr. hat den Befehl über die 1. und 9. ameri=kan. Armee übernommen, also bis zum Einbruchsbogen hin. Dies läuft auf eine Kaltstellung des Generals Bradley hinaus. Wo die Trennungslinie zur amerikan. Heeresgr. liegt, ist noch nicht genau bekannt. Dem brit. XII. AK. stehen 3 Inf.=Div.en, 1 Pz.=Div. und 1 Pz.=Brig. zur Verfügung. Die Entwick=lung hat dazu geführt, daß die Briten den ruhigsten Abschnitt übernommen haben und es jetzt den Amerikanern überlassen, den Angriffskeil von Norden und Süden anzugreifen. Ostwärts Bastogne ist nunmehr die im Lufttransport aus England herangeholte 17. amerikan. LL=Div. eingesetzt, die von Reims aus im Landmarsch herankam. Der Gegner verbraucht jetzt also 3 seiner LL=Verbände im Erdkampf und verfügt in England nur noch über 1 amerikan. und 2 brit. LL=Div.en.

In den westl. Vogesen führte der Feind die 14. amerikan. Pz.=Div. heran, woraus erkennbar wird, daß er weiter ostwärts nicht mehr versucht, einen Schwerpunkt zu bilden.

*Kampfhandlungen:* Weitere Luftangriffe gegen die holl. Inseln. Beim Ein=bruchskeil griff der Gegner die Nordfront weiter in fast ganzer Breite an. Es gelang ihm nicht, die Front aufzureißen; jedoch ist die nördliche Versorgungs=straße bedroht. An der Südfront gingen die Angriffe gleichfalls weiter. Nach Umgruppierung griffen die eigenen Kräfte wiederum an; dabei wurde einiges Gelände gewonnen. Westlich Bastogne wurde die Lage stabilisiert. Aus dem Raum von Bastogne wurden an den linken Flügel der Heeresgr. G das XXXIX. Pz.=Korps verlegt, das der Heeresgruppe untersteht und die hier eingesetzten Kräfte mit der 21. Pz.=Div. führt. Diese wurde in der Nacht in Richtung Seltz vorgeführt. Da eine Brücke zerstört war, zögerte sich der Vormarsch hinaus; jedoch gelang ein Vorkommen bis an die Maginot=Linie. Von der Masse der Div. wurde der Raum von Weißenburg erreicht. Das XIII. SS=Korps erhält zur Zeit keine neuen Aufgaben. Die 36. Inf.=Div. wird herausgezogen, um in den Raum von Dambach zugeführt zu werden. Die Vogesen=Front wurde weiter stabilisiert, und Zinsweiler konnte gehalten werden. Westlich davon weiterer Feinddruck. Wo die 25. Pz.=Div. eingesetzt werden soll, ist noch nicht ent=schieden. An der Oberrhein=Front gelang der 553. VGD. ein überraschender Vorstoß. Sie ist jetzt über das Altwasser des Rheins hinüber und konnte den Brückenkopf erweitern; jedoch konnte Drusenheim noch nicht genommen wer=den. Heute früh erfolgten feindl. Gegenstöße. Es besteht die Absicht, nach Übersetzen der letzten Teile heute abend zum Angriff anzutreten. Auf die Vorstadt[1] von Kehl links des Rheins eigenes Artl.=Feuer. Bewegungen aus Straßburg in westlicher, nicht nördlicher Richtung. Genauere Meldungen über die Lage in der Stadt fehlen.

1 Ms.: Teile.

*Osten*

*Heeresgr. Süd:*

Der Gegner hat nun gegen die Angriffsfront zwischen Plattensee und Donau 3 Pz.=Korps, 1 Kav.=Korps und 19 Schützen=Div.en eingesetzt, ferner gegen Budapest 1 Pz.=Korps, 15 Schützen=Div.en, 1 Brig. sowie 4 rumän. Inf.=Div.en und 1 rumän. Kav.=Div. Bei dem Angriff kam der eigene rechte Flügel nur wenig voran; dagegen gelang es dem linken Flügel, 5 km voranzukommen. An der Donau=Front konnten die eigenen Kräfte Gran besetzen. An der Ostfront von Budapest ein größerer Einbruch. Die Lage ist gespannt; auch die Versorgungslage nördlich der Donau ist schwierig. Eine neue Krise entstand dadurch, daß es feindl. Panzer gelang, durch die abgekämpfte ungar. Div. „St. László" durchzustoßen. 20 Panzer brachen durch die Front und bedrohen Komorn von Nordosten. Von der Heeresgr. Mitte wird jetzt über Preßburg die 20. Pz.=Div. herangeführt. An der übrigen Gran=Front keine besonderen Ereignisse. Schwächere Kräfte des Feindes südlich Königsberg; die 8. Armee begradigte ihre Front.

Kleinere Vorstöße an den Brückenköpfen von Baranow und Magnuszew wurden abgewiesen.

Bei der *Heeresgr. Nord* wurde der eigene Gegenangriff weiter geführt, den der Feind mit einem Angriff erwiderte.

1 700 feindl., 193 eigene Einsätze. 11 Abschüsse, 3 Verluste.

*Nordraum*

In Norwegen neue Eisenbahn=Sabotagen, die jedoch den Transport nicht störten. Die 6. SS=Geb.=Div. ist nun völlig abgefahren.

Ein Sender der Luftwaffe in Dänemark wurde durch Saboteure ausgehoben. Vor der norwegischen Küste ging ein Erzdampfer von 7 000 BRT mit 11 000 to Erz verloren.

*Südosten*

Der Frost nahm wieder ab. Die Nachhuten des LXXXXI. AK. jetzt bei Buranovo. Im Save=Drina=Dreieck ein eigener Vorstoß. Südlich der Donau Fortgang der eigenen Operationen; jedoch sind die eigenen Truppen noch nicht winterbeweglich, und es fehlt auch noch an Versorgung. Ein Rgt. der 7. SS=Geb.=Div. wird jetzt in den Raum südlich verlegt. An der Save–Drina=Front wartet die Kampfgruppe Fischer weitere Verstärkung ab. Die 161. Inf.=Div. sichert die Straße nach Serajewo. Sie ist abgekämpft und wird jetzt in den Raum Višegrad überführt.

An der Donau=Front stießen 200 Rumänen gegen die eigene Sicherung vor, die sich auf die HKL zurückzog.

Ab 8. 1. soll dann ein Angriff von Norden, Westen und Süden durch die Kosaken erfolgen. Die Hauptstrecke ist zur Zeit befahrbar.

*Südwesten*

Nachlassen der Kampfhandlungen wegen Regens. Von See aus wurde der Westflügel der Apennin-Front beschossen. Nördlich Faenza wurden schwächere Angriffe des Feindes abgewiesen. Die HKL ist bis südlich der Senio-Mündung zurückgenommen worden. Umgliederung der 10. Armee. Das Gen.-Kdo. XIV. Pz.-Korps übernimmt jetzt den rechts anschließenden Abschnitt des I. Fallsch.-Korps, das ostwärts von ihm in den voraussichtlich ruhigeren Abschnitt eingeschoben wird.

Bis 10. 1. wird dann das Gen.-Kdo. LXXV. Pz.-Korps den Abschnitt von Faenza bis zum Comacchio-See übernehmen. Darauf wird ab 11. 1. das Gen.-Kdo. LXXIII. AK die Verteidigung des Nordufers des Sees übernehmen. Die 157. Geb.-Div. bleibt im Raum von Bologna. Bei Neapel ist ein feindl. Dampfer auf eine Mine gelaufen.

*Westen*

An der Nordwestfront des Einbruchsraums greift der Gegner mit 3—4 Inf.- und 2 Pz.-Div.en an. Die 5. Pz.-Div. hält er noch in Reserve. Am Oberrhein hat der Gegner 3 Sich.-Rgt.er, die erst aus den USA herangezogen wurden und die ohne Artl. und schwere Waffen sind und wohl als Ersatzeinheiten benutzt werden sollen, eingesetzt (also die 42zigste Inf.-Div.).

Wiederum Angriff gegen die Nordwestfront des eigenen Keils, besonders gegen die 12. VGD., in deren Abschnitt die 326. Inf.-Div. eingeschoben wurde und die 9. SS-Div. als Reserve bereitgestellt wird (Raum von Baragne le Fréture). Die Versorgung muß jetzt über Houffalize geleitet werden. Der Führer hat darauf hingewiesen, daß die Räumung der Spitze des Keils dazu führen würde, daß der Gegner wieder Kräfte freibekäme. Bei Bastogne keine eigenen Angriffe mehr; dagegen an mehreren Stellen feindl. Angriffe, die abgewiesen wurden.

Heeresgr. G: Beim XIII. SS-Korps wurde ein vorspringender Frontbogen zurückgenommen. Trotz kleinerer Einbrüche des Feindes ist das Korps Herr der Lage. An der Vogesen-Front Ruhe. Das bis Zinsweiler vorgegangene Btl. ist wieder zurückgenommen worden; der Grund ist nicht bekannt. Beim XXXIX. Pz.-Korps fühlt die 245. Inf.-Div. vor. Heute um 2 Uhr stellte sich die 21. Pz.-Div. zum Angriff in 2 Gruppen bereit; die erste erreichte um 10 Uhr Ingolsheim (d. h. das Vorfeld der Maginotlinie), die zweite kam bis Hundsbach. Zum Nähren des Angriffs wird die 25. Pz.-Div. bereitgestellt.

*Westen — Reich*

Wiederum Angriffe von 1 000 amerikan. 4-mot. Bombern, und zwar gegen den Raum Düsseldorf — Mannheim, vornehmlich gegen Verkehrsziele. Wegen der Witterung jedoch nur wenige feindl. Jäger. In Köln ist die Eisenbahnbrücke zerstört worden; 2 Straßenbrücken wurden beschädigt. Schwerer Terrorangriff gegen Mannheim. In der Nacht 50 Briten gegen Hanau und Neuß. 200 zur Verminung der Stettiner und der Danziger Bucht.

*WFStab*

Der Stellv. Chef hat sich am 6. und 7. 1. zu einer Besprechung bei der Heeresgruppe G begeben.

**Lagebuch 8. 1. 45**

*Osten*

*Heeresgr. Süd:*

Beginn des Angriffs der Gruppe Breith (I. Kav.=Korps) in ostw. Richtung, wodurch 6—10 km Gelände erobert und 30 Panzer abgeschossen wurden. Das IV. SS=Korps kam bis in den Raum Bicske—Zambek, die 711. Inf.=Div. bis 10 km südostwärts Gran. Im Süden und Südosten von Budapest griff der Feind an und riß die Front an einzelnen Stellen auf. Von Osten ist er jetzt 2,5 km an die Donau herangekommen. Nördlich der Donau konnte er seinen Einbruchsraum erweitern und die Bahn von Komorn nach Neuhäusel überschreiten.

Preßburg wird durch Sich.=Btl.e verstärkt. Um Komorn werden Brückenköpfe aufgebaut. Entlang der Bahn nach Südosten halten noch eigene Kräfte (unter anderem die 9. Pz.=Div.). Auch die Gran=Front nördlich der Durchbruchsstelle steht noch. Ein Brückenkopf wurde zerschlagen, und in der Slowakei konnte Bujanec zurückgewonnen werden.

Bei der *Heeresgr. Nord* wurden die eigenen Angriffe fortgesetzt. Jedoch nur geringe Geländegewinne. 58 Panzer abgeschossen. Nur geringer Luftwaffen=Einsatz.

*Nordraum*

Artl.=Feuer in der Karesiando=Stellung, wobei 10 Granaten auf schwedischen Boden fielen (es handelt sich um die 11. finn.=Div.).

Es besteht die Absicht, die Kola=Bucht mit Kleinst=U=Booten anzugreifen. 6 Transporter in Zufahrt nach Oslo, d. h. Raum für 6 000 Mann.

*Südosten*

Südlich der Donau eigene Umgruppierung. Die 7. SS=Geb.=Div. wird versammelt, ist aber wegen fehlender Ausrüstung noch nicht bereit zum Angriff. Südlich des Kosakenraums steht das VI. Banden=Korps, unterstützt von Flugzeugen.

Das Lazarettschiff „Gradisca" fuhr in die *Ägäis*.

*Südwesten*

Nur örtliche Kämpfe, auch nördlich Bologna. Mit frontnahen Landungen ist jetzt zu rechnen. In das Mittelmeer wurden erstmalig wieder 30 Landungsfahrzeuge eingeführt.

*Westen — Reich*

Wegen des Wetters nur geringer Einsatz von 1= und 2=mot. Bombern, jedoch 1 000 amerikan. 4=mot. Bomber gegen Verkehrsziele im Raum Paderborn —

Bielefeld — Koblenz — Mannheim. Dabei mittlere Schäden. Über 100 eigene Jäger, die ab Berlin starteten, hatten keine Feindberührung. Nachts wurde München von 250 bzw. 450 brit. Bombern schwer angegriffen. Ferner 40 gegen Hannover.

*Westen*

*Feindlage:* Die 45. Pz.=Inf.=Div. (amerikan.) ist in den unteren Vogesen eingesetzt, die 70. und 79. Inf.=Div. noch an der alten Stelle. Am Oberrhein 2 Rgt.er, unterstützt von Panzern.

*Kampfhandlungen:* Der Vorstoß der 198. Inf.=Div. aus der Nordostecke der 19. Armee hinaus erfolgte völlig überraschend. Die 1. französ. Inf.=Div. scheint vornehmlich den Ill=Abschnitt zu sichern und am Rhein nur Vorposten zu haben. Die Pz.=Brig. 106 hat ihr Ziel (westlich Erstein) erreicht. Die 556. VGD. konnte ihren Brückenkopf stabilisieren und in den Südteil von Drusenheim eindringen. Auch Buschweiler wurde erreicht; Gegenangriffe wurden abgewiesen. Nachdem die 21. Pz.=Div. sich am Vormittag ab 10 Uhr umgruppiert hatte, ist sie heute früh 4 Uhr erneut angetreten. Die 25. Pz.=Gren.=Div. wird bereitgehalten. In den unteren Vogesen nur geringe Kampfhandlungen. Der Feind führte Kräfte heran.

Bei der Heeresgr. B verschärft sich die Lage an der Nordfront. Trotz Widerstandes erzielte der Gegner Einbrüche. Bei Vilsalm wechselvolle Kämpfe. Beim II. SS=Korps schwächere Angriffe und Begradigung der Front. Bei Bastogne Abnahme der Kampfhandlungen.

*Allgemein*

Durch Führer=Erlaß ist die bisher mit dem BdE verbundene Dienststelle des *Chef H Rüst* aufgelöst worden. Ihre Restteile sind dem Chef des Heeresstabes, General Buhle, übertragen worden, der in dieser Eigenschaft dem Führer unmittelbar unterstellt wird. Es besteht die Absicht, unter ihm die *Wirtschaftsrüstung* noch weiter zusammenzufassen.

**Lagebuch 9. 1. 45**

*Osten*

*Heeresgr. Süd:*

Den eigenen Angriff hemmten feindl. Pak. Außerdem führte der Gegner neue Verbände heran. Die Gruppe Breith kam mit der 3. Pz.=Div. und der 4. Kav.=Brig. wieder etwas voran, und zwar bis in den Raum von Zamoly. Das IV. SS=Pz.=Korps wies Angriffe ab, ebenso die 711. Inf.=Div., die wiederum einiges Gelände gewann. Es fehlen jetzt bis Budapest noch 20 km. In der Feindpresse werden die Kämpfe als die schwersten seit Stalingrad bezeichnet. In Budapest weitere Angriffe und Geländeverluste im Osten und Süden. Nördlich der Donau griff der Feind den eigenen Brückenkopf von Komorn an. Erfolgreiche Abwehr, ebenso bei Neuhäusel und entlang der Bahn. Die 211. VGD. baut eine Widerstandslinie an der Gran=Front auf. Die 20. Pz.=

Div. kommt planmäßig heran. In den Raum südlich der Donau wird vom Südwesten die 3. Kav.=Brig. herangeführt.

An der *Nordfront* nur örtliche Kämpfe.

*Feindl. Angriffsabsichten an der gesamten Ostfront:*

Außer Ungarn zeichnen sich Schwerpunkte ab bei: *Baranow, Puławy, Magnuszew* und *Ostpreußen,* also Schwerpunkte, die im wesentlichen bereits seit langem erkannt sind. Daß der Gegner in dem Raum zwischen Karpaten und der Ostfront sich bereits seit rund 2 Monaten bereithält, aber noch nicht angreift, ist zum Teil bedingt durch das *Wetter,* da der Gegner Frost braucht und außerdem geeignete Sicht, um seine Luftwaffe voll ausnutzen zu können. Dazu kommen noch *politische Gründe* (Polen, Griechenland, Iran usw.). Die Sowjet-Union handelt durch Verzögerung des Angriffs ihre politischen Ziele aus gegenüber den Alliierten.

Den Hauptschwerpunkt erwartet der GenStdH gegen die Heeresgr. A mit der Stoßrichtung *Baranow–Tschenstochow,* vielleicht verbunden mit einer Warschau umfassenden Bewegung. Im ostpreußischen Raum wird gerechnet mit einem Stoß über den Narew in Richtung Thorn und einem weiteren von der Ostgrenze in westlicher und südwestlicher Richtung. Den ungar. Raum sieht der Gegner vermutlich als einen Nebenschauplatz an, in dem er seine Südflanke abdeckt und nur begrenzte Kräfte einsetzt. Die ursprünglich angenommene Absicht einer Zangenbewegung um die Karpaten scheint er aufgegeben zu haben, um nun nördlich derselben frontal anzugreifen. Es wurden Zuführungen von der Heeresgr. Nord zur Front gegenüber der Heeresgr. Mitte festgestellt. Da jedoch die bei der 3. kurländischen Schlacht eingesetzten Kräfte noch da sind, ist anzunehmen, daß der Gegner auch hier wieder angreifen wird.

*Nordraum*

Von der 2. Geb.=Div. sind nun 82 Züge aus Mo abgefahren, d. h. etwa 2/3, und von ihrer 1. Kampfgruppe der 1. Zug aus Dänemark in Richtung Saarbrücken. 3 Schiffe fuhren aus Oslo ab. Von der 6. SS=Geb.=Div. fährt nun heute der endgültig letzte Zug ab.

*Südosten*

Angriffe gegen den Brückenkopf Prjepolje wurden abgewiesen. Größere Teile des XXI. Geb.=Korps wurden über die dortige Lim=Brücke herübergezogen, so daß nun die 21. Inf.=Div. die Nachhut hat. Auf den Brückenkopf von Višegrad feindl. Druck. An der Syrmischen Front wurden schwächere Angriffe abgewiesen. Das 2. Rgt. der 41. Fest.=Div. ist jetzt eingesetzt worden. An der dortigen Nordfront stehen nun statt der Bulgaren Tito=Kräfte; der Grund ist noch nicht erkennbar. An der Drau=Front Bandenkämpfe. Vorstöße gegen die Kosaken wurden abgewiesen. Der eigene Angriff verzögert sich noch. Auch hier sind in der letzten Zeit erhebliche Ausfälle eingetreten, so z. B. von 15 000

Mann 700. In dem Raum Marburg—Cilli wird im Fußmarsch die 31. SS-Div. herangezogen.

*Südwesten*

Nur geringe Kampfhandlungen. Südlich des Comacchio-Sees wird ein Angriff erwartet, jedoch nicht unmittelbar, da das Gelände völlig verschlammt ist. Die Streckenlage ist schlecht.

Einsatz von 80 feindl. Jägern.

*Westen — Reich*

Wiederum wegen des Wetters nur geringer Einsatz von 2-mot. Bombern. Von Süden aus 250 4-mot. Bomber, davon 150 gegen Linz. Von Westen aus wiederum 1 000 4-mot. Bomber gegen Verkehrsziele im Raum Koblenz — Trier — Mainz, ferner 120 gegen den Raum von Straßburg.

Nach Gefangenenaussage werden wegen des eigenen Einsatzes die unbewaffneten Aufklärer jetzt durch Jagdschutz gesichert. In der Nacht keine Tätigkeit.

*Westen*

Der Kräftemangel des Feindes wird dadurch ersichtlich, daß er aus England noch eine weitere brit. LL-Div. zum Erdeinsatz herangeführt hat. Für große Landungen stehen ihm nun nur noch die bei Arnheim stark mitgenommene 1. LL-Div. und eine amerikan. LL-Div. mit kleineren (norwegischen) Einheiten zur Verfügung, zusammen also 2½ Verbände, die nicht ausreichend sind. Ein Nebenerfolg der Offensive ist also, daß sie die Gefahr von Großlandungen hinter der Front gebannt hat.

Im Nordelsaß sind die feindl. Verbände vermischt worden, was die Aushilfetechnik des Gegners beleuchtet. In der Vogesenfront ist die 3. amerikan. Inf.-Div. nachgewiesen. Im Raum von Straßburg, das in den französ. Abschnitt einbezogen wurde, wurde die 3. algerische Div. aufgestellt.

Wiederum feindl. Angriffe gegen die Nordfront der Heeresgr. B, besonders im Salm-Abschnitt. Der Gegner erzielte nur örtliche Einbrüche, konnte aber seine eigene Absicht, durchzubrechen, nicht verwirklichen. Die Lage bleibt allerdings gespannt, obwohl die Reserven herankommen. Der Frontbogen wurde zurückgezogen, um Kräfte einzusparen. Im Raum von Bastogne nur noch örtliche Kampfhandlungen. An der Mosel zieht der Gegner wegen der regen eigenen Aufklärungs-Tätigkeit seine Kräfte näher heran.

*Heeresgr. G:* Das XIII. Volks-Artl.-Korps verbesserte seine Stellungen an den unteren Vogesen. Lage im allgemeinen gleich, nachdem das XXXIX. Pz.-Korps sich umgruppiert hatte. Heute früh um 2 Uhr Beginn des Angriffes gegen Hatten. Die 25. VGD. trat um 8 Uhr in den Kampf bei Hatten ein. Eine Kampfgruppe drang durch und erreichte den Westrand des Ortes. Sie hat jetzt den Auftrag, schnell nach Westen vorzustoßen. Die 21. Pz.-Div. wird nachgezogen. Damit ist der Durchstoß durch die Maginot=Linie an dieser Stelle gelungen.

Der Angriff der 198. VGD. im Rhein=Ill=Dreieck ging weiter.

*Festungen:*

Wiederum starke Luftangriffe gegen Gironde=Nord, wodurch etwa 1 000 Zivilisten umkamen, die Festung selbst jedoch nicht berührt wurde (Vom Feinde erhält die Zivilbevölkerung noch Strom und Heizung). Nach Meldungen ist angeblich ein feindl. Großangriff noch im Laufe des Januar zu erwarten, der durch Marokkaner und Schwarze geführt werden soll. Diese Nachricht ist mit Zweifel aufzunehmen.

*Politik*

Eine Note der USA an die *Schweiz* erklärt, daß es bei den bisherigen Beziehungen bleiben soll, daß jedoch gehofft werde, die Schweiz würde die Lieferungen an Deutschland einstellen. Dem Druck ist also eine gemilderte Form gegeben worden.

## Lagebuch 10. 1. 45

*Osten*

Der Feind führt weitere Kräfte in den Raum zwischen Plattensee und Gran (I. Garde=(mech.)Korps sowie Schützen=Div.en von Nordosten aus). Die Frage ist, ob die Bulgaren jetzt auf südwestungarischem Boden eingesetzt werden sollen, da sie aus der Syrmischen Front zurückgezogen werden. Bei Beginn der Kämpfe wurde im Raum zwischen Plattensee und Donau mit 720 Panzern gerechnet; in der Zeit vom 1. — 8. 1. wurden 460 Panzer vernichtet.

Die Gruppe Breith kam bei ihrem Angriff wenig voran, da sie ebenso wie die Div.en „Wiking" und „Totenkopf" auf Gegenangriffe stieß; dabei wurden bei der Gruppe Breith 68 von 80 Panzern abgeschossen.

Budapest wurde durch 39 Flugzeuge versorgt; Munitionsmangel macht sich geltend. An der Ostfront neue Einbrüche. Dabei setzte der Gegner Flammenpanzer ein. Nördlich der Donau kam der Gegner nach Westen nicht weiter vor. Er verstärkte jedoch seinen Druck gegen die Nordfront. Herangezogen werden jetzt das Volks=Artl.=Korps 403, die 3. Kav.=Brig. und die 20. Pz.=Div., von der 47 Züge eingetroffen sind. Dagegen wird die 24. Pz.=Div. zum Ersatz der 20. Pz.=Div. an die Ostfront abgegeben (nach Ostpreußen).

Bei der *Heeresgr. Nord* Gegenstoß der 12. SS=Pz.=Div. (Letten); dagegen ein feindlicher Stoß. Die 31. Volks=Gren.=Div. ist jetzt ins Reich abgefahren worden. Nur geringer Luftwaffeneinsatz wegen des Wetters.

*Nordraum*

Eine Auflockerung der russischen Kräfte ist bisher nicht nachweisbar. Es wurde wieder ein Dampfer versenkt; ein anderer geriet in Brand.

*Südosten*

Eine angebliche Landung auf den Inseln westlich Rhodos erweist sich nachträglich als eine Evakuierung.

Die 247. Inf.=Div. hat jetzt Višegrad erreicht. Die Gruppe Steyrer (2 Fest.=Brig.en) befindet sich auf dem Wege nach Serajewo, wo sie aufgelöst werden soll; die eine Brigade tritt dann zum XV. Geb.=Korps, über die andere ist noch nicht entschieden.

Im Raum der Kosaken wurden feindliche Angriffe abgewiesen.

*Südwesten*

800 Jäger und 80 4=mot. Bomber. 20 Flugzeuge wurden für die Versorgung der Banden eingesetzt. Die Kampfhandlungen nur gering.

Nach einer Lagebeurteilung des OB Südwest stehen südlich Bologna nur 2 amerikan. Div.en in Front. Dafür, daß die anderen nach Frankreich abtransportiert wurden, fehlen sichere Anhalte; dafür, daß mit ihnen ein Angriff an dem jetzt schwach besetzten rechten Flügel geplant sein könnte, werden angeführt: die Verlegung der 85. amerikan. Inf.=Div. nach Lucca, das Beschießen der Küste von See aus sowie Gefangenenaussagen. Denkbar wäre ein Teilunternehmen zur Wegnahme von La Spezia.

*Westen*

Der Gegner zieht weitere Div.en zur Auffrischung heraus (2 Inf.=Div.en und wohl 4 Pz.= Div.en), die nach dem amerikanischen Prinzip wohl bald wieder in Front auftauchen werden. Gen. Bradley wird wohl nicht ersetzt.

Die Vermischung im Unter[1]=Elsaß erklärt sich dadurch, daß die 42. und 79. Inf.=Div. gerade im Austausch waren. Unklar ist, ob die 3. Algerische Div. zum Schutz von Straßburg eingesetzt oder nach Norden weitergeführt wird. Im Elsaß scheint jetzt der Raum der 3. amerikan. Div. überdehnt zu sein.

*Heeresgruppe B:* Das Wetter entlastete die Nordfront gegen Angriffe aus der Luft, macht aber die Bewegungen schwierig. Die alte HKL konnte im wesentlichen gehalten werden, obwohl bereits Alarmeinheiten eingesetzt werden müssen. An der Südfront wurde der Gegner gleichfalls im wesentlichen abgewiesen, doch mußten auch hier schon Heerestruppen eingesetzt werden. Auch bei Mottun entspannte sich die Lage.

*Heeresgruppe G:* Beim XIII. SS=Korps örtliche Kampfhandlungen. Beim LXXXX. AK. Ruhe; doch wird ein Angriff gegen Bitsch erwartet. Beim LXIX. AK. kommt die 6. SS=Geb.=Div. aus Dänemark heran, so daß die Front abgesteift wird. Beim XXXIX. Pz.=Korps drang die 25. Pz.=Gren.=Div., gefolgt von der 21. Pz.=Div., bis Hatten durch. Es wurden Werke der Maginot=Linie besetzt und 300 Gefangene gemacht. Feindliche Gegenangriffe wurden abgewiesen; ein neuer Angriff soll beginnen.

Auch den Brückenkopf nördlich Straßburg griff der Gegner an. Dabei wurden von 40 — 50 Panzern 21 abgeschossen. Am rechten Flügel des AOK 19

1 Ms.: Ober=

wurden die Ziele erreicht; die HKL ist nunmehr an die Ill vorgeschoben, wo der Feind abgewiesen wurde; jedoch befinden sich noch Reste hinter der Front.

Nach feindlichen Meldungen soll jetzt der französ. Gen.=Stab wegen seiner Landeskenntnisse bei den Beratungen der Alliierten stärker beteiligt werden.

*Westen — Reich*

Geringe Lufttätigkeit. Aus Gefangenenaussagen ergibt sich, daß bei Bombenangriffen grundsätzlich der Jagdschutz entscheidend ist. Falls die Verbindung mit ihm abreißt, werden andere Ziele aufgesucht, oder der Angriff wird abgebrochen.

Der Mittelland=Kanal ist zur Zeit zweimal beschädigt und zwar ostwärts Rheine für noch 2 Monate, ferner zwischen Münster und Rheine, wo mehrere Wochen Reparatur erforderlich sind, auf eine Länge von 11 km. Die Rhein=Schiffahrt wird für einige Tage durch eine Brücke bei Mühlheim behindert. Die Brücke bei Köln kann umfahren werden. Eine Sperrung der Mosel bei Kochem wirkt sich nicht stärker aus.

*U=Boot=Krieg*

Der Gegner gibt die Zunahme des U=Boot=Krieges zu.

*Politik*

*Roosevelt* will sich etwa am 20. 1. zum Besuch nach England begeben. Es wird darauf hingewiesen, daß die augenblickliche Spannung die russische Offensive verzögert; möglicherweise werde sich der Krieg bis 1946 hinausziehen.

**Lagebuch 11. 1. 45**

*Osten*

*Heeresgruppe Süd:*

Die[1] Gruppe Breith wies den Feind ab und schoß dabei 9 von 25 Panzern ab. Auch im Raum von Zsámbék wurden örtliche Gegenangriffe gleichfalls abgewiesen. Nur die 711. Inf.=Div. kam südostwärts Gran 6 km vor. Nachgeschoben wird jetzt eine Kampfgruppe der 3. SS=Div. „Totenkopf".

In Budapest ist, obwohl dem Gegner weitere Einbrüche gelangen, die Stimmung noch gut. 41 Flugzeuge zur Versorgung. Der Führer befahl, alle greifbaren Segelflugzeuge heranzuholen, und der OB.d.M. läßt die Versorgung über die Donau prüfen. Zum Landen steht noch der Platz westlich der Burg zur Verfügung.

Nördlich der Donau griff die 20. Pz.=Div. von Neuhäusel nach Süden an und gewann dabei Gelände. Zugleich wurde von Komorn aus nach Nordosten vorgestoßen. Der Feind drückte wiederum weiter gegen die Nordfront, wurde jedoch abgewiesen. Weiter ostwärts entlang der Slowakischen Grenze ist eine Entlastung eingetreten.

An der Ostfront wird von Gefangenen jetzt wieder die Zeit vom 11. — 16. 1.

1 (Wohl von mir) getilgt davor: „Vor der 2. Pz.=Armee sind nunmehr Bulgaren aufgetaucht." — Vgl. dazu unten: 13. 1. Südosten.

als Angriffstermin genannt. Vor der *Heeresgruppe Nord* bildet der Gegner anscheinend einen neuen Schwerpunkt.

Nur geringer Luftwaffeneinsatz. Der Feind erteilte seinen Aufklärern Aufträge betr. Flugplätze im Südosten des Reiches bis Fiume (soweit liefen seine Aufträge bisher nicht).

*Nordraum*

Ab Mo beginnt jetzt der Abtransport der 163. Inf.=Div. und des Gen.=Kdo.s XVIII. AK. In Oslo wird heute der letzte Zug der 2. Geb.=Div. erwartet. Die letzten 3 Schiffe sind in Dänemark eingetroffen; weitere sind bereits wieder im Rückfluß, so daß der Abtransport sich viel schneller abwickeln wird, als vor einigen Tagen angenommen werden mußte.

Wiederum Angriffe gegen eigene Ziele. Der Versuch, mit U=Booten Kleinst=U=Boote vor die Murmansk=Front zu transportieren, mußte aus technischen Gründen abgebrochen werden. Nach Behebung der Vibrationsschwierigkeiten, unter denen die Ölleitungen litten, soll der Versuch erneuert werden.

*Südosten*

Da das Wetter besser war, planmäßige Fortsetzung der Absetzbewegung, der der Gegner nachdrängt. Der Brückenkopf Prjepolje wurde geräumt. Nächstes größeres Marschziel nun Banja.

Vor der Syrmien=Front sind die nunmehr eingesetzten Bandenverbände ausgemacht. Mit Bulgaren ist hier nicht mehr zu rechnen. Es wird von einem Großangriff ab 15. 1., womöglich im Zusammenhang mit dem russischen Angriff an der Ostfront, gesprochen.

An der Fluß=Front, in der jetzt das im Süden freiwerdende Gen.=Kdo. LXXXXI. AK. eingesetzt werden soll, nur geringe Kampfhandlungen.

*Südwesten*

Einsatz von über 600 Jägern. Ein von der Marine abgesetzter Stoßtrupp zerstörte Brücken südlich Ancona und kam heil zurück. Nur wenig Kampfhandlungen.

Meldung über den Comacchio=See: Schiffsverbindung zur See hin nur durch einen Kanal, der noch innerhalb des deutschen Bereiches liegt. Der Ostteil der Lagune ist nur 1 — 2 m und weniger tief, der Westteil 1 — 2 m; jedoch ist das Südufer verschlammt. Der Gegner könnte also nur mit Sturmbooten usw. kleinere Unternehmungen über den See ausführen.

Bei Gibraltar Austritt von Transportern in den Atlantik, jedoch gleichzeitig Einfahrt eines Trägers und eines Truppentransporters.

*Westen — Reich*

Wegen des Wetters kein Einsatz von 1= und 2=mot. Flugzeugen, jedoch wiederum aller 4=mot. Kräfte, und zwar gegen Verkehrsziele und Flugplätze im Raum Köln, Düsseldorf, Karlsruhe sowie Bastogne. An den Rheinbrücken nur Beschädigungen; jedoch ist die Durchfahrt zur Zeit sowohl in Köln als auch in Karlsruhe gesperrt.

Eigener Einsatz bei Bastogne (100) und bei der Heeresgruppe G (100 Flugzeuge), ferner 22 Blitzbomber im Raum von Straßburg. Verwundetenabtransport von Bastogne kann wegen Schwierigkeiten, die der Landeplatz bietet, nicht fortgeführt werden. Nachts 60 Moskitos gegen Hamburg.

*Westen*

Bei der *Heeresgr. B* weitere Angriffe gegen die Nord= und die Südfront, jedoch nicht mehr mit der gleichen Kraft, offensichtlich wegen der Verluste des Feindes an den vorausgehenden Tagen; dabei nur kleinere Einbrüche. Das Absetzen des Frontbogens erfolgt planmäßig. St. Hubert ist zur Zeit noch in eigener Hand. Das Herauslösen der Pz.=Div. vollzieht sich wie befohlen.

*Heeresgr. G:* Örtliche Kämpfe in den unteren Vogesen; beim XXXIX. Pz.=Korps griff der Feind an. Dadurch wurde die 21. Pz.=Div. festgehalten. Heute um 5 Uhr trat sie zum neuen Angriff an. Rittershofen wird umkämpft. Die 25. Pz.=Gren.=Div. ist noch nicht angetreten.

Im Brückenkopf nördlich Straßburg wird Herrlishofen[1] umkämpft; dabei 6 Panzer abgeschossen.

Die Ill=Front befestigte sich. Eine von den drei noch haltenden Kampfgruppen hinter der HKL wurde bereinigt.

Bei den Atlantik=Festungen Waffenruhe, um französ. Hilfe für die Zivilbevölkerung durchzuführen.

*Allgemeines*

Der Auftrag des Gen. Windisch (Zusammenfassung des Kfz.=Raumes im Westen) ist beendet. Die Aufstellung von 2 Volks=Artl.=Korps für den Osten wurde befohlen.

*Politik*

Für das erste Halbjahr 1945 werden in den USA 900 000[2] Mann für die Armee, 700 000 Mann für die Rüstung eingezogen.

**Lagebuch 12. 1. 45**

*Osten*

Nordostwärts des Plattensees sowie nördlich der Drau nur geringer eigener Geländegewinn. In Budapest unveränderte Lage. Sonst keine besonderen Ereignisse.

890 feindl., 135 eigene Einsätze.

*Nordraum*

Luftwaffen=Angriffe auf Seestreitkräfte, dabei ein Dampfer von 4 000 BRT vernichtet, ein Kohlendampfer von 8 500 BRT in Brand geworfen. Störend macht sich bemerkbar, daß der Gegner die eigenen Ortungsgeräte unterfliegt.

1 Ms.: Herrlisheim. 2 Ms.: „900".

*Südosten*

Der Anfang der 22. Inf.-Div. bei Višegrad. Zwischen Save und Drau verstärken sich die Banden. Die Räumung der Straße Brod–Serajewo wird eingeleitet. Bei Virovitica begann der Angriff von Westen und Süden.

In der Ägäis sind wieder feindl. Kreuzer aufgetaucht.

Ein Feindbericht bespricht die Lage der Deutschen auf Kreta; diese Fakten sind vielleicht als Anzeichen für einen bevorstehenden Angriff zu werten.

*Südwesten*

680 Jäger und 40 2-mot. Bomber. Auf dem Lande keine neuen Ereignisse. Statt 7 sind jetzt nur 5 Div.en als Feindreserve anzunehmen, nämlich 4 ital. ohne Wert und vielleicht 1 brit. LL-Div.

*Westen*

In der Feindpresse wird die Kaltstellung von Bradley erörtert. Die 4. amerikan. Pz.-Div. ist jetzt in breiter Front an der unteren Maas verteilt worden. An der Nordflanke der Heeresgr. B Auflockerung der amerikan. Kräfte und Bildung einer neuen Gruppe im Raum Verviers–Lüttich aus 2 Pz.-Div.en und 1 Inf.-Div. Die brit. 53. Inf.-Div. wurde wieder in den Raum von Hassel verlegt, wodurch der Feind jetzt im Abschnitt von Roermond wieder eine Reserve besitzt. Gegenüber der Heeresgr. G verlagert der Feind seine Kräfte in den Raum von Hagenau. Die 14. Pz.-Div. ist bei Hatten neu aufgetreten. Die bisher im Raum von Bastogne als Reserve eingesetzte 12. Pz.-Div. ist herausgezogen worden und bei Hagenau eingesetzt; ferner stehen hier die 70. und 79. amerikan. Inf.-Div. sowie 3 Rgt.er der 42. Inf.-Div.; die 3. Algerische Div. ist noch nicht in Front aufgetreten.

Bei der Heeresgr. B Fortdauer des Druckes gegen die Nord-Südfront, der sich bei Bastogne wieder zum Großkampf steigerte. Es gelang dem Gegner, den dortigen Frontbogen einzudrücken. Die 2. SS[1]-Pz.-Div. mußte vorübergehend wieder eingesetzt werden. Sie wird durch die Führer-Begleit-Brigade wieder herausgelöst werden. An der Nordfront waren die Angriffe schwächer; jedoch bleibt die Lage gespannt.

*Heeresgr. G:* Abklingen der Kämpfe beim XIII. SS-Korps. Das XXXIX. Pz.-Korps nahm Rittershofen und wehrte Gegenangriffe ab. In Hatten noch Ortskämpfe. Westlich des Rheins wurde der Sicherungsschleier bis zum Brückenkopf ausgedehnt. Der Feind verhält sich hier passiv.

An der Ill-Front befestigten Angriffe die eigene HKL.

**Lagebuch 13. 1. 45**

*Osten*

*Heeresgr. Süd:* Der Gegner zieht anscheinend schnelle Verbände zur Auffrischung heraus. Auf der eigenen Seite Umgruppierungen. Der Kampfgruppe

1 2. oder 9. SS.-Pz.-Div. (Ms.: 1. Pz.-Div.); vgl. S. 1012.

der 5. SS-Div. „Wiking" gelang es, Gelände südostwärts von Gran zu nehmen. In Budapest Versorgung durch 46 Flugzeuge. Schwere Kämpfe im Südosten. Nördlich der Donau kamen die eigenen Kräfte ostwärts von Komorn und südostwärts von Neuhäusel voran. Dagegen gewann der Gegner wieder Gelände bei seinen Stößen nach Norden. Bei der 8. Armee Steigerung der Kampftätigkeit; dabei westlich Groß-Steffelsdorf ein Einbruch von 7 km Tiefe. Auch bei der Armeegruppe Heinrici vermehrte Kampftätigkeit.

*Heeresgr. A:* Nach Artl.-Feuer von 3 bis 4 und 7 bis 8 Uhr begann am 12. 1. 8 Uhr der seit langem erwartete *Großangriff des Feindes aus dem Brückenkopf von Baranow,* und zwar in zwei Gruppen, die durch Panzer unterstützt wurden (78 abgeschossen). Bisher wurden im Einsatz erkannt 14 Schützen-Div.en, 2 Pz.-Korps, Teile der 4. Pz.-Armee. Es fehlen noch deren Reste sowie die 3 Garde-Pz.-Armeen. Es gelangen dem Feind bis zu 15 km Tiefe Einbrüche, mit mehreren Panzern konnte er die „Irene"-Stellung überschreiten. Bereitgestellt zum Gegenangriff sind: 1.) das XXIV. Pz.-Korps mit der 16. und 17. Pz.-Div. und der 20. Pz.-Gren.-Div. sowie der Werfer-Brig. 3, die sich im Raum von Chmjelnik versammelte. Ferner werden eingesetzt die Kampfgruppe Hohn, 2 Sturm-Rgt.er des Pz.-AOK 4, 1 Rgt. der 168. Inf.-Div. Im nördlichen Angriffsraum von Puławy gleichfalls Angriffsvorbereitungen. Ferner heute (13. 1.) kleinere Angriffe im Südosten der ostpreußischen Front sowie regimentsstarke Angriffe gegen Memel.

Bei der *Heeresgr. Nord* sind 2 Schützen-Korps aus der Front verschwunden — vermutlich, um einen neuen Schwerpunkt zu bilden. Im Raum von Lemberg sind Truppen aufgetreten, die vor ¼ Jahr aus Finnland verschwanden.

Die Luftwaffe konnte in Ungarn und bei der Heeresgr. A nur wenig eingreifen; jedoch lebhafte Tätigkeit in Ostpreußen, insgesamt 2 700 feindl. Einsätze und 357 eigene; 13 Abschüsse und 8 Verluste.

In der Ostsee werden 7 feindl. U-Boote vermutet.

Der Stellv. Chef weist darauf hin, daß mit Beginn des Angriffs im Osten eine neue Phase in dem Kampf um Großdeutschland begonnen hat. Zu überlegen sei, ob dies eine letzte Anstrengung der Russen sei oder ob er noch imstande sein werde, weitere Angriffe zu führen. Für die eigene Seite gehe es jetzt ums Ganze.

*Nordraum*

Das *Absetzen aus der Karesuando-Stellung* hat begonnen. Der Alta-Fjord soll voraussichtlich noch bis Ende Januar gehalten werden; der Feind ist weit ostwärts stehengeblieben. Für das XVIII. Geb.-AOK ist Verlegung an die Vogesen vorgesehen. Wohin das XXXVI. AK. kommen soll, steht noch offen. Durch Saboteure Vernichtung einer 35 m hohen Eisenbahnbrücke, dabei eigene Verluste. Angriff von 50 Flugzeugen gegen Bergen. U-Boote wurden nicht beschädigt.

*Südosten*

Die bisher dem LXXXXI. AK. unterstehenden Truppen treten unter den Befehl des XXI. Geb.=Korps. Die eigenen Kräfte setzen sich jetzt von Višegrad ab, das gehalten werden soll. Vor der Syrmischen Front ist der Abzug der Bulgaren jetzt festgestellt. Sie wurden bei Neusatz[1] über die Donau geführt. Die Annahme, daß sie gegen die 2. Pz.=Armee eingesetzt werden sollen, verstärkt sich also. Die Gruppe Fischer wird von Osten vordringen, sowie sie verstärkt worden ist.

Wegen des Schnees müssen die Züge nach Agram zum Teil mit 3 Lokomotiven fahren.

Das Lazarettschiff „Gradisca" ist in Milos eingetroffen.

*Südwesten*

300 Jäger. Nur geringe Kampfhandlungen. Es steht jetzt fest, daß die 34. amerikan. Inf.=Div. in Frontnähe geblieben ist; das gleiche gilt von der 30. amerikan. Inf.=Div.

Die Brenner=Strecke ist wieder befahrbar.

*Westen*

Da die 76. amerikan. Pz.=Inf.=Div. in England weilt und die 66. Pz.=Inf.=Div. zusammen mit der 3.[2] Pz.=Inf.=Div. gegen die Atlantikfestungen eingesetzt ist, können die Amerikaner in ihrer operativen Reserve in Frankreich jetzt also nur eine Pz.=Div. haben. Vor der Südfront der Heeresgr. B bildete der Gegner gleichfalls aus der 35., 28. und 9. Pz.=Div. eine Reserve, von der nicht klar ist, wohin er sie verlegt. Eine von ihnen wird er für die dünne Besatzung südöstlich[3] von Metz benötigen. Die 14. Pz.=Div. ist jetzt schon in dem Kampf bei Hatten eingesetzt.

*Heeresgr. H:* Die 6. Fallsch.=Jäg.=Div. übernahm den Abschnitt der 712. Inf.=Div., die auf dem linken Flügel der Heeresgruppe die 65. und 353. Inf.=Div. freimachen soll. Die 6. Fallsch.=Jäg.=Div. sichert jetzt also eine Front von 70 km (davon 40 km Maas).

Bei der *Heeresgr. B* ließ nach 2 Tagen Großkampf der feindl. Angriff an Stärke nach. An der Nordfront kleinere Einbrüche. Gegen die neue Absetzfront, die nunmehr bezogen ist, nur geringer Druck. Dabei setzte der Gegner Soldaten in deutscher Uniform mit deutscher Bewaffnung ein.

*Heeresgr. G:* Örtliches Absteifen der Front in den unteren Vogesen. Rittershofen wurde gegen Angriffe von Norden und Süden gehalten. Die Verbindung von den Sicherungen bis zu den eigenen Brückenköpfen wurde hergestellt. Hinter der Ill=Front wurden die letzten feindl. Truppen vernichtet und dabei 700 Gefangene gemacht.

Umgruppierung der Volks=Artl.=Korps.

1 Ms.: Neuhäusel
2 Die Zahl unsicher
3 Ms.: südwestlich

*Westen — Reich*

Wegen des Wetters nur 75 Moskitos gegen das Industrie=Gebiet, 250 zur Verminung der Kieler Bucht. Auf der eigenen Seite nur geringer Einsatz.

*Politik*

Ein Erlaß des Präsidenten der USA verbietet amtlichen Stellen, vom Kriegs=ende zu reden.

**Lagebuch 14. 1. 45**

*Osten*

Bis zur *Donau* keine wesentlichen Kampfhandlungen. Der Gegner führte ein neues Pz.=Korps, das aufgefrischt wurde, wieder zu. In Budapest ein 2 km tiefer Einbruch an der Ostfront. Schlechtes Wetter machte Versorgung unmöglich; jedoch konnte der Feind starten und die Brücken angreifen. Nördlich der Donau gelang die Verbindung der eigenen Kräfte zwischen Komorn und Neu=häusel. Außerdem konnte die 20. Pz.=Div. Gelände nach Südosten gewinnen. Entlang der Front der 8. Armee weiter Kämpfe. Westlich Groß=Steffelsdorf weitere Einbrüche.

*Großangriff bei Baranow:* Der Feind stößt mit einer Gruppe nach Südwesten in Richtung Krakau, mit einer zweiten nordwestlich, vielleicht auch nach Nor=den. Eingesetzt hat der Gegner 32 Schützen=Div.en und 8 Pz.=Korps. Der Feind stieß über die Weichsel vor und drängte die 304. Inf.=Div. über die A1=Stel=lung hinweg. Die 68. Inf.=Div. kämpft sich auf das Westufer der Nidda zurück. Bei Chmjelnik stieß der Feind in die eigenen Bereitstellungen hinein. Die 16. und 17. Pz.=Div., die dadurch getrennt wurden, suchten sich wieder zu vereini=gen. Von der 168. Inf.=Div. kämpfen noch Teile vorn. Gleichzeitig eigene Stöße von Norden nach Süden. Die Armeegrenze zwischen 4. und 17. Armee wurde so verlegt, daß die 17. Armee im westlichen Teil des Kampffeldes führt. Nach den vorliegenden Meldungen wird stufenweise Fortführung des Angriffs erwartet. Als nächster am 13. oder 14. ein Angriff bei Magnuszew.

Als zweite Phase des Großangriffs begann der Gegner den Kampf im Raum Ebenrode — Schloßberg, wo er 12 bis 15 Schützen=Div.en und 2 Pz.=Brig.en einsetzte. Es gelang ihm hier jedoch nur ein größerer Einbruch. 49 Panzer abge=schossen. Die 5. Pz.=Div. wird herangeführt. Ein Angriff bei Tilsit wird er=wartet. Bei Memel wurden regimentsstarke Angriffe abgewiesen. Bei der Heeresgr. Nord Ruhe.

118 feindl., 153 eigene Einsätze. 14 Abschüsse, 6 eigene Verluste. Die Luft=flotte 6 wurde verstärkt.

*Nordraum*

Der finnische General Heinrichs wurde OB der finn. Armee.

Gegen die Westküste wieder Einsatz, anscheinend von Trägern aus. Die Bahn Mo—Oslo fährt wieder. Bezogen wird jetzt die *Kilpisjärvi=Stellung,* die ab 14. 1. kampfbereit ist.

*Südosten*

Es ist nunmehr der *Brückenkopf Višegrad* erreicht, der gehalten werden soll. *Damit hat die Absetzbewegung im Süden ihr Ziel erreicht.* Der OB Südcst sandte aus diesem Anlaß am 13. 1. ein Fernschreiben, in dem das Geleistete sammengefaßt worden ist:[1]

Anfang der Bewegung im September 44 mit Auflösung und Zurückführung der Kräfte in der Ägäis und in Griechenland. Dauer 4½ Monate. Länge des Weges zum Teil 1 500 km mit über 20 Pässen bis zu 1 400 Metern[2]. Beginn bei tropischer Hitze, Ende nach Herbststürmen und Frost in schwerstem Winterwetter. Schwerpunkt an der alten bulgarischen Westgrenze im Amselfeld, bei Kraljevo und Čatčak. Dort Abwehr mit rasch zusammengefaßten Kräften in Stützpunkt-artigen Fronten gegen 3 bulgarische Armeen, 1 Pz.-Brig. sowie 3 russ. Div.en mit Bandenkräften. Weiterer Schwerpunkt in Montenegro, wo das XXI. Geb.-Korps erst den Durchzug erzwingen mußte. Gesamtverlust: 20 440 Tote, 7 075 Gefangene (darunter 5 480 Bulgaren, 164 Russen). Kein wertvolles Gut fiel dem Gegner in die Hand. Gebaut werden mußten 1 403 Behelfsbrücken mit einer Gesamtlänge von 2 767 m, 23 Eisenbahnbrücken bis zu 130 m Länge sowie 20 km Gleise. Gesprengt wurden 223 Straßenbrücken, 281 Eisenbahnbrücken, 95 Tunnel, 598 km freie Strecke, 9 776 Waggons und Lokomotiven.

Die Gruppe Steyrer wurde nunmehr aufgelöst. Der Gruppe Fischer werden 6 Btl.e zugeführt, so daß sie am 16. 1. antreten kann. Bei Virovitica kamen die eigenen Kräfte von Süden und Westen gut voran.

Feindlage in *Kroatien:* Die albanischen Verbände blieben zurück. Der Gegner versucht jetzt, serbische Verbände in nordöstlicher Richtung in den Raum südlich Syrmien vorbei nach Slawonien vorzuziehen, wo er zur Zeit keine wesentlichen Kräfte stehen hat. Südlich davon stehen noch Mihajlović-Verbände, bei denen noch eine amerikan., aber nicht mehr eine britische Mission anzunehmen ist.

König Peter erklärte sich gegen Tito und verlangte eine Volksabstimmung.

*Südwesten*

Keine feindl. Tätigkeit in der Luft und auf der Erde. Nordostwärts Faenza wurde ein R.Air-Force-Verband eingesetzt, was die Knappheit der feindl. Verbände beleuchtet.

*Westen*

Von den brit. Kräften vor der Angriffszone bei Verviers ist nur noch die 51. brit. Div. nachgewiesen.

Bei der *Heeresgr. B* wieder Großkampf an der Nordfront und Südfront, was vom Gegner als Generaloffensive herausgestellt wird. Sie begann an der Nordfront, wo der Gegner Einbrüche erzielte, da die VGD.en stark ermüdet sind. Da im Nordwestbogen eine Krise entstand, mußten die gerade herausgezoge-

1 Vgl. oben S. 812 ff. den Bericht der Heeresgruppe.
2 Ms.: „km".

nen 2. und 9. SS=Pz.=Div. wieder eingesetzt werden. Im Raum von Bastogne wieder ein starker Angriff.

*Heeresgr. G:* Der Gegner griff bei Rittershofen vielfach an, jedoch klarer Abwehrerfolg. Die Sicherung nördlich davon wurde durch 1 Pi.=Rgt. verstärkt. Die Kämpfe an der Ill sind nun abgeschlossen; insgesamt über 1 000 Gefangene und 1 000 Tote.

Von der Schelde sind 10 Kleinst=U=Boote zurückgekehrt, hatten jedoch keinen Erfolg, da das Wetter schlecht war und eine sichere Wettervoraussage vorher nicht vorgelegen hatte.

*Westen — Reich*

Wieder Einsatz von 1 100 amerikan. 4=mot. Bombern mit 600 Jägern gegen Verkehrsziele am Mittelrhein, ferner 150 Briten gegen das rückwärtige Gebiet. Eigener Einsatz gegen Bastogne. Nachts 200 Briten gegen den Raum von Trier; 35 gegen Frankfurt — Mannheim. Ferner griff der Gegner mit 250 4=mot. Bombern über Südschweden Pölitz und die Pommersche Bucht an, mit anderen Kräften die Deutsche Bucht. In Pölitz wurden die Hauptwerke nicht getroffen; durch Zeitzünder nur kurze Unterbrechung des Betriebs. Die Flak erzielte keine Erfolge.

Durch den amerikan. Angriff sind im Süden und Mittelrhein zur Zeit 5 von den Eisenbahnbrücken nicht in Betrieb, und zwar Rüdesheim, Mainz, Worms, Mannheim, Karlsruhe. Es bleiben noch eine Brücke bei Mainz und eine bei Speyer.

*Politik*

Schweden protestierte gegen die von Deutschland durchgeführte Absperrung im Skagerrak=Gebiet, da dadurch die Fischversorgung von Schweden leide.

**Lagebuch 15. 1. 45**

*Osten*

Bis zur *Donau* gleiche Lage; nördlich davon kam ein eigener Angriff voran. Die 20. Pz.=Div. stellte die Verbindung zur 8. Pz.=Div. her. Der Gegner will anscheinend seinen Brückenkopf über den Gran halten. In Budapest gleiche Lage; trotz schlechten Wetters wurde die Versorgung durchgeführt. Sie verschluckt einen wesentlichen Anteil der der Luftwaffe am rechten Flügel der Ostfront zur Verfügung stehenden Betriebsstoffmenge. Bei der 8. Armee Fortgang der Kämpfe; auf dem linken Flügel ging Lucenec verloren. Der Feind drang in Richtung Kalinec vor. Entsprechende Kampfhandlungen auf dem rechten Flügel der 8. Armee.

*Großangriff:* Südlich des Angriffsraums gehen die Vorbereitungen weiter. Im bisherigen Raum greift der Feind mit 2 Pz.=Korps in Richtung Krakau an. Mit einer ungefähr gleich starken Gruppe setzte er zum Stoß weiter nördlich an. Bis zur Weichsel hin wurde der Gegner abgewiesen; jedoch drang er an=

schließend mit Pz.=Spitzen über die A1=Stellung in Richtung Krakau vor, ebenso auch nach Osten. Die 17. Pz.=Div. kämpfte sich zur 16. Pz.=Div. nach Norden durch. Die Rgt.s=Gruppe Hohn setzte sich nach Nordwesten ab. In diesem Raum hat der Gegner wesentliche Erfolge erzielt. Im nördlich anschließenden Raum begann am 14. 1. der Angriff bei Puławy und Magnuszew. Dabei trat eine neue Armee auf. Im wesentlichen wurde der Angriff aufgefangen. Gegen einen Durchstoß wurde die 10. Pz.=Gren.=Div. angesetzt. Angriffe in dem „Nassen Dreieck" wurden abgewiesen.

*Ostpreußen:* Der Feind griff zwischen Ostenburg und Scharfenwiese an. Auf dem rechten Flügel wurde er aufgefangen; doch gelangen ihm an 2 Stellen Durchbrüche. Zum Gegenangriff wird das XXIII. AK. mit der 7. Pz.=Div. usw. angesetzt. Der Gegner führt hier 21 Schützen=Div.en (zum Teil solche aus der Karelischen Front) zum Angriff vor.

Vorbereitungen im Raum Goldap — Rominten. Im bisherigen Raum wurde der Gegner im wesentlichen abgewiesen. Memel wurde aus der Luft angegriffen. Bei der Heeresgr. Mitte wurden bisher 133 Panzer abgeschossen.

Bei der *Heeresgr. Nord* keine Kampfhandlungen.

In *Ungarn* nur geringe Luftwaffen=Tätigkeit, insgesamt aber 2 500 (vornehmlich in Ostpreußen) und 565 eigene. Feindl. Flugzeugen gelang die Vernichtung eines eigenen Dampfers in der Danziger Bucht.

*Nordraum*

Neue Verminung des Oslo=Fjords.

*Südosten*

Die 297. Inf.=Div. erreichte Serajewo. Die Straße Serajewo—Brod ist freigekämpft, so daß der Abmarsch flüssig verläuft. Zu eigenen Unternehmungen an der Syrmischen Front werden die Rgt.er 15 und 14 herangeführt. Das Überschreiten der Bulgaren über die Donau ist nunmehr bestätigt. Ihr Einsatz gegen das Pz.=AOK 2 ist wahrscheinlicher als der an der Drau=Front. Bei Virovitica gehen die eigenen Angriffe gegen sich verstärkenden feindl. Widerstand weiter.

In Triest Sabotage an einem Schiff. Ein Geleit nach Leros kam durch.

*Südwesten*

In der Luft und auf der Erde geringe Kampftätigkeit. Die 157. Res.=Div. wird jetzt nach der Auffrischung an den Tagliamento verschoben.

*Westen — Reich*

Wieder 1 000 4=mot. Bomber, davon 600 gegen Industrieanlagen in Mitteldeutschland; dabei Vernichtung eines Truppenbenzinlagers und Angriffe auf Fallersleben, Magdeburg usw. 40 Abschüsse, davon 37 in der Luft durch die Berliner Division (189 Einsätze), 78 Verluste. Eine amerikan. Div. griff Köln an. Die Hohe Zeile[1] ist eingleisig befahrbar. 200 Briten gegen den Raum

1 Über „Zeile" handschriftlich unleserliche Verbesserung, wohl: „Straße", d. h. die Hauptverkehrsachse der Kölner Innenstadt.

westlich von Saarbrücken, ferner 1 000 Jäger. 215 eigene Einsätze vor Bastogne und bei der Heeresgr. G. Erfolgreicher Einsatz von Blitzbombern.

Nachts ein stärker ausgeklügelter Angriff als bisher mit 4=mot. Bombern und Moskitos sowie Tarnflugzeugen gegen Leuna, mit Teilen gegen Berlin und andere Orte. Dagegen 250 Nachtjäger, die 12 feindl. Flugzeuge abschossen und 6 eigene Verluste hatten.

*Westen*

Feindlage: Die 7. amerikan. Pz.=Div. wird wahrscheinlich nach Malmedy verschoben, vermutlich um den dortigen Angriff zu verstärken und damit die tiefe Flanke des Aachener Raums auszuschalten. Im Orscholzer Riegel hat der Gegner sich anscheinend verstärkt.

Gegen die Gironde=Festungen sollen 15 000 Mann französiche Kolonial=Truppen eingesetzt werden. Es fragt sich, ob der Gegner jetzt Ernst mit seinem Angriff machen wird, der nur Erfolg verspricht, wenn er starke Luftwaffen=Einsätze durchführt und starke Heerestruppen einsetzt.

Bei der Heeresgr. B weiter starke Angriffe gegen die Nordfront. Dabei Einbrüche südlich Malmedy, wo eine neue HKL aufgebaut wird. Bei Vilsalm wurden Angriffe abgewehrt. Es entstand eine Krise auf dem linken Flügel der 6. Pz.=Armee (116. Pz.=Div. und 560. VGD.). Die 2. SS=Pz.=Div. mußte hier wieder eingesetzt werden; eine durchgehende HKL besteht nicht überall. An der Südfront entspannt sich die Lage durch eigene Vorstöße. Die Führer=Begleit=Brig. ist wieder herausgezogen. Bei der 7. Armee nur örtliche Kampfhandlungen.

*Heeresgr. G:* Gegen feindl. Angriffe konnte Rittershofen gehalten werden. Sonst keine wesentlichen Ereignisse.

**WFStab/KTB** **den 16. 1. 45**

**Ergänzungen des Oberstleutnants d. G. Kleyser 15. 1., 18 Uhr, zur Lage**

1. *Norden*

Trotz der Angriffe von See aus und aus der Luft ist der Abtransport aus dem Norden über Erwarten gut gegangen. Entschieden ist bereits, daß das XVIII. Geb.=Korps in die Vogesen kommt. Die Entscheidung über den Einsatz des XXXVI. AK. ist noch offen. Die weiter abzutransportierenden 161. und 169. Inf.=Div. waren ursprünglich für den Osten vorgesehen, kommen jetzt jedoch als Ersatz für die 712. und 269. Inf.=Div. (s. S. 1017) in den Westen. Es fragt sich, ob die Entwicklung der Lage im Osten diese Entscheidung noch abändern wird.

2. *Dänemark*

Abzug aus Dänemark kommt nicht in Frage, da es sich nur um Ausbildungseinheiten handelt. Weitgreifende Operationen des Gegners werden im Augenblick nicht für wahrscheinlich angesehen.

3. *Westen*

Beiderseits der Maas ist eine weitgehende Auflockerung erfolgt. Deutlich tritt heraus, daß die Engländer sich vor allem für Holland interessieren, während die Amerikaner nach Osten ausgerichtet sind.

Wenn auch der Angriffskeil abgestumpft wurde, um eine Gefährdung der Spitze zu verhindern, so besteht doch nach wie vor das Bestreben, die operative Initiative in der Hand zu behalten und durch kleinere und größere Unternehmungen die feindl. Kräfte zu zersplittern und zu stören. An den Osten werden abgegeben: die bisher an der unteren Maas eingesetzte 712. Inf.-Div., die bisher als Reserve des AOK 19 eingesetzte 269. Inf.-Div., die beiden Volks-Artl.-Korps 405 und 408, die Volks-Werfer-Brig. 18 und die radfahrbewegliche Heeres-Pionier-Brig. 655. Dafür erhält der OB West die beiden Div.en, die noch aus dem Nordraum heruntergeführt werden (s. S. 1016).

4. *Italien*

Am 14. 1. ist die 356. Inf.-Div. in den Osten befohlen worden.

**Lagebuch 16. 1. 45**

*Osten*

*Heeresgr. Süd:*

Die 711. Inf.-Div. südlich Gran wurde etwas zurückgedrängt. Die 44. Inf.-Div. löste die 2. Pz.-Div. heraus, die zur Heeresgr. A kommen soll. Für sie wird aus Italien die 356. Inf.-Div. herangeführt. Der Feind hat die Verlegung der eigenen Schwerpunkte zwischen Donau und Plattensee nach Süden anscheinend erkannt und richtet sich darauf ein. Fortgang der Kämpfe an der Slowakischen Grenze.

*Heeresgr. A:* Nun hat der Feind mit 3 Schützen- und 2 Pz.-Div.en auch bei Jasło angegriffen und dabei einen 10—12 km tiefen Einbruch erzielt. An der Weichsel Kämpfe; nördlich davon kam der Gegner bis an und über die Piliza vor, d. h. er steht jetzt nördlich *Krakau*. Die 17. Pz.-Div., die ihre Panzer eingebüßt hat, kämpft sich jetzt nach Kielce durch. Der Gegner drang mit 100 Panzern in die Stadt ein; ihr Nordrand wird noch gehalten. Die Gruppe Hohn wies alle Angriffe ab und schoß dabei 12 Panzer ab. Die noch an der Weichsel stehenden Kräfte werden jetzt auf die „Irene"-Stellung zurückgenommen. Im Raum von Pulawy kam der Gegner bis Radom vor; in der Stadt Kämpfe. Im Abschnitt von Magnuszew kam der Gegner nach Westen bis an die Piliza heran.

An der Heeresgruppennaht bei Nawidrow wurde der Gegner durch die Div. „Großdeutschland" aufgehalten. Im anschließenden Abschnitt wurde die HKL gleichfalls im wesentlichen behauptet. An der Ostpreußen-Front, wo jetzt die 2. Stellung besetzt ist, wurden alle Angriffe abgewiesen. Bei der *Heeresgr. Nord* keine Kampfhandlungen. Schwerpunkt des Luftwaffen-Einsatzes wiederum in Ostpreußen, und zwar rund 2 000 Einsätze. Ferner Luftwaffen-Angriffe über der Danziger Bucht. Memel wurde mit Artl. beschossen. Wegen der Verminung der Ostsee liegen im Augenblick 89 Schiffe fest.

*Südosten*

Die Bewegungen auf der Straße Višegrad–Serajewo gehen flüssig weiter. Es besteht die Absicht, entlang der Donau einen Stoß mit der 7. SS-Div. zu führen, der durch die 41. Inf.-Div. unterstützt werden soll. Im Kosaken-Raum gingen die Kampfhandlungen weiter. Durch eine Gewaltaktion wird jetzt versucht, den Zugstau bei Wien und die Gefährdung der Strecke aufzulockern, um die Verpflegung der Heeresgr. E, die sich noch immer nicht gebessert hat, in Ordnung zu bringen.

Vom Feinde wird bekannt, daß er reguläre Kräfte von einer Drina-Brücke in den Slawonischen Raum abzieht, in dem sich bereits Bandenkräfte befinden. Jedoch ist noch nicht bekannt, um wen es sich handelt (Bulgaren? Panzer dabei?). Bestätigt sich diese Nachricht, so könnte es sich um einen Versuch handeln, durch einen Angriff hier und an der Donau die Syrmische Front zu umfassen und zum Einsturz zu bringen.

*Südwesten*

Keine wesentlichen Ereignisse. Bei Gibraltar reger Verkehr.

*Westen*

Der Abzug der Briten nach Norden bestätigt sich. An der Mosel haben die Amerikaner jetzt die bisher vor Lorient benutzte 94. Inf.-Div. eingesetzt; dadurch erklärt sich der im Orscholzer Riegel erzielte Überraschungserfolg. Ein Versuch der Kriegsmarine, die Brücke bei Nimwegen zu sprengen, ist gescheitert. Der linke Flügel des AOK 15 wurde in die Angriffe des Feindes gegen die 6. Pz.-Armee mit einbezogen, deren Front wiederum sehr schweren Angriffen ausgesetzt war. Trotz des Wetters, trotz Ermüdung und der Betriebsstoffknappheit haben sich die eigenen Truppen jetzt wieder gefangen. Der eigene Widerstand versteift sich, wofür auch die Zahl der abgeschossenen Panzer spricht, nämlich 75. Die befohlene HKL ist jetzt im wesentlichen eingenommen (Tonglaize–Houffalize und von dort in südlicher Richtung und nach Südosten bis Longwy). Nur an einzelnen Stellen wird noch Vorgelände gehalten. Die Heftigkeit der Kämpfe bindet einen beträchtlichen Teil der eigenen Reserven oder zwang zu deren Wiedereinsetzung.

*Heeresgr. G:* Im Orscholzer Riegel bei Tattingen erweiterte der Gegner mit der neu eingeschobenen Div. (s. oben) seinen Einbruch. Zur Abgabe wurde die 11. Pz.-Div., die zur Zeit in Auffrischung ist, freigegeben. An den unteren Vogesen örtliche Kämpfe; die 6. SS-Geb.-Div. wird jetzt herausgezogen. Heftige Angriffe des Feindes bei Rittershofen und Hatten, wo der Feind wieder herausgeworfen wurde. Die 45. Inf.-Div. kommt schnell voran. Am Oberrhein entspannte Lage.

Bei La Rochelle schlug ein eigener Angriff durch.

*Westen — Reich*

Angriff von 400 4=mot. Bombern, vornehmlich gegen Wien. Aus dem Westen 600 4=mot. Bomber gegen Augsburg, Reutlingen, Tübingen; schwere Schäden in *Augsburg*, ferner 200 Briten gegen Bochum und Umgebung. Nachts nur geringe Tätigkeit. Am letzten Tage fielen 55 Lokomotiven aus.

*Allgemeines*

Das Verbot des Führers, *Hiwis*[1] slawischer Herkunft in das Protektorat zu verlegen, wird aufrechterhalten. Soweit vorhanden, werden sie durch Hiwis nicht=slawischer Herkunft, Turkmenen usw., ersetzt werden.

**Lagebuch 17. 1. 45**

Keine Lagebesprechung

Auszug aus den Lageberichten:

*Osten*

Die 711. Inf.=Div. nahm vor überlegenem Feind einen Frontbogen zurück. Nördlich der Donau rückten die eigenen Kräfte 8 km vor. Gegen Budapest rollende Luftangriffe des Feindes; äußerste Anspannung der Mun.= und Betriebsstofflage.

*Heeresgr. A:* Abwehr bei der Armeegruppe Heinrici. An der übrigen Front Fortgang des Großangriffs. Von Jaslo vorgehend, erreichte der Gegner die Straße Gorlice—Bielitz. Feindl. Panzerspitzen überschritten an mehreren Stellen die A2=Stellung und erreichten den Ostrand von Tschenstochow. Im Bereich der 9. Armee erweitert der Feind die Frontlücke nördlich Radom und erreichte die A2=Stellung bei Sochaczew. Grodziec und Pruszków (südwestlich Warschau) gingen verloren.

*Heeresgr. Mitte:* In beiden Großkampfräumen schwere Panzerschlachten, geführt von den erstmalig in den Kampf geworfenen großen feindl. Pz.=Verbänden und unterstützt durch die Luftwaffe. Große Einbrüche bei Nowo=Mjesto und bei Zichenau[2]. Dagegen erfolgreiche Abwehr an der ostpreußischen Front.

*Westen*

Fortdauer der Ardennen=Abwehrschlacht, wodurch erneut der Einsatz der 2. Pz.=Div. und der Führer=Gren.=Brig. erforderlich wird. Mehrere Einbrüche auf der Naht der 15. Armee zur 6. Pz.=Armee, die der Befehlshaber des LXVII. AK. übernimmt. Schwerpunkt im Raum zwischen Noville und Oberwambach an der Südfront.

*Heeresgr. G:* In den unteren Vogesen wurde durch die 6. SS=Geb.=Div. eine amerikan. Kampfgruppe eingeschlossen. Bei Rittershofen — Hatten wechselvolle Kämpfe und feindl. Umgruppierungen, erfolgreiche Abwehr im Brückenkopf.

1 D. h. „Hilfswillige" Kriegsgefangene.
2 D. h. bei Zjechanow.

*Westen — Reich*

500 — 600 amerikan. 4=mot. Bomber gegen Magdeburg — Dessau — Dresden — Bitterfeld (Hydrierwerk Schwarzheide nicht getroffen), ferner 330 mittlere zwischen Saar und Mosel, 1 000 Jäger über Westdeutschland. In der Nacht Angriff von 250 Flugzeugen erneut gegen Magdeburg und 250 gegen Brüx, 250 gegen Bochum und Wanne=Eickel. Eigener Einsatz in der Nacht 128, ferner Abschirmung bei Weißenburg.

*Südosten*

Die 297. Inf.=Div. beginnt den Weitermarsch von Serajewo. Am 17. 1. Beginn des Angriffs in Syrmien mit der 7. SS=Geb.=Div. und der 117. Jäg.=Div. entlang des Südufers der Donau; weiteres Vordringen der Kampfgruppe Fischer; im Kosaken=Raum nur örtliche Fortschritte.

*Südwesten*

Geringe Kampf= und Lufttätigkeit.

**Lagebuch 18. 1. 54**

Keine Lagebesprechung

Auszug aus den „Lageberichten":

*Osten*

*Heeresgr. Süd:* Am 18. 1. 5 Uhr Beginn des Angriffs des IV. SS=Pz.=Korps aus der Nordostecke des Plattensees, der die tiefgegliederte Front des Feindes durchstieß. Abschirmung nach Westen, Bildung eines Brückenkopfes über den W=Kanal bei Kaloz und den Malew=Kanal. Der Angriff der 23. Pz.=Div. in Richtung Stuhlweißenburg blieb jedoch liegen. Nördlich der Donau wurden abermals 5 km zurückgewonnen. Bei der 8. Armee Ruhe.

*Heeresgr. A:* Gegen Armeegruppe Heinrici zahlreiche Angriffe, die abgewiesen wurden. Das XXXXIX. Geb.=Korps setzt sich ab. Nach Sammeln und Aufschließen der Verbände trat der Feind aus dem Raum westlich Litzmannstadt [1] erneut nach Westen und Nordwesten an. Der Feind errang wieder breites Gelände. 17. *Armee:* Der Feind überschritt den Dunajez; der Brückenkopf Tarnow wurde geräumt. Einbrüche bei der NO eingesetzten 359. Inf.=Div. Absetzen des IX. AK. in die A2=Stellung. In Krakau selbst schwere Kämpfe; westlich der Stadt erreichte der Feind die Weichsel. 9. *Armee:* Ostwärts Litzmannstadt halten noch eigene Kräfte. Die Verwendung des Pz.=Korps „Großdeutschland" verzögerte sich durch feindl. Angriffe. An Litzmannstadt vorbeistoßend, erreichte der Feind Bruckstadt und den Raum ostwärts Kutno. Sochaczew wurde zurückgenommen; doch wurden die eigenen Kräfte dann nach Gombin abgedrängt.

*Heeresgr. Mitte:* Erneut Krisen in den Angriffsräumen. Der Zusammenhang der 2. Armee ist gefährdet, da der Feind die Front zwischen Modlin und So=

1 D. h. Łodz.

chaczew an zahlreichen Stellen tief durchbrach und – westlich Mielau ausholend – über Soldau nach Nordwesten und ostwärts Mielau über Praschnitz nach Norden vorstieß. Bei der 4. Armee griff der Feind den Abschnitt des Fallsch.-Pz.-Korps „Hermann Göring" an; doch konnte er zum Teil im zweiten Graben aufgefangen werden. Bei der 3. Pz.-Armee stieß der Gegner bis zur Inster vor. An der Inster-Stellung wurde er abgewiesen. Durch Zurücknahme der Front auf diese wird der Durchbruch voraussichtlich vermieden werden.

*Nordraum*

Keine besonderen Ereignisse.

*Westen*

*Heeresgr. H:* Kdo.-Unternehmen gegen die Insel Schouwen. Beginn eines brit. Angriffs aus einem am 16. 1. erzielten kleinen Einbruch nördlich Sittard, um den Roer-Brückenkopf in Besitz zu nehmen (7. Pz.-Div., 43. und 52. Inf.-Div. sowie 8. Pz.-Brig., wohl auch Garde-Pz.-Div.).

*Heeresgr. B:* Fortdauer der Angriffe im Raume Houffalize — Oberwampach. Houffalize wurde geräumt. Ein Gegenangriff bei Oberwambach und Schaupach wurde zurückgewiesen.

Die Einbruchsstelle bei Orscholz-Riegel (Tettingen) konnte der Gegner nicht erweitern. Erfolgreiche Abwehr zahlreicher Angriffe bei Rittershofen — Hatten. Am Oberrhein Durchstoß der 7. Fallsch.-Jäg.-Div. bei Dengolsheim; in Sesenheim Ortskämpfe.

*Westen — Reich*

750 4-mot. Bomber gegen Hamburg, Paderborn und Bielefeld. 100 Jäger gegen das westfälische Industriegebiet. Nachts 60—80 Moskitos gegen Magdeburg und 130 im Westraum. Geringer eigener Einsatz.

*Südosten*

Südlich Mostar lebhaftere Tätigkeit. Im Drina-Save-Dreieck verschärfte Lage durch die Banden. Angriff der 41. Inf.-Div. nördlich anschließend; weitere Erfolge der eigenen Kräfte südlich der Donau gegen 5., 6., 1. und 21. Tito-Div. An der Drau-Front wurden bulgar. Gefangene eingebracht. Im Kosakenraum feindl. Gegenangriffe.

*Südwesten*

Den Engländern stehen für einen neuen Schwerpunkt 3 Inf.-Div.en und 2 Pz.-Div.en zur Verfügung. Am Ostflügel Schwächung der Front durch Einsatz von Italienern und Sicherungskräften; also kein Angriff geplant. Keine besonderen Kampfhandlungen.

**Lagebuch 19. 1. 45**

*Wehrmachtführungsstab*

Verlegung des WFStabs von Friedberg nach Zossen (Lager „Maybach I"):

1. Stellvertr. Chef am 15. 1., 21.20 Uhr,

2. 1. Staffel mit dem Zug „Franken I“ am 16. 1., 24 Uhr,

3. 2. Staffel, Abt. Qu usw. mit dem Zug „Franken II“ am 17. 1., 11 Uhr.

Eintreffen am 16. bzw. 17. bzw. 18. 1. Die Abfahrt verzögerte sich bis zu 14 Stunden, da durch feindl. Luftangriffe Störungen im Eisenbahnbetrieb eingetreten waren.

*Osten*

Ab 25. 1. werden die *Heeresgruppen* umbenannt:
Heeresgr. Süd = Heeresgr. *Süd* (wie bisher Gen.-Oberst Frießner[1]),
Heeresgr. A = Heeresgr. *Mitte* (jetzt Gen.-Oberst Schörner),
Heeresgr. Mitte = Heeresgr. *Nord* (wie bisher Gen.-Oberst Reinhardt),
Heeresgr. Nord = Heeresgr. *Kurland* (jetzt Gen.-Oberst Rendulic).

*Heeresgr. Süd:*

Beim Angriff der Gruppe Breith stießen die 3 Pz.-Divisionen weiter nach Süden vor, die Div. „Wiking“ und „Totenkopf“ nach Osten, nördlich von ihnen die 1. Pz.-Div. Aus dem anschließenden Bogen stieß die 23. Pz.-Div. nach Süden vor, kam jedoch nur gering voran. 135 Flugzeuge unterstützten den Angriff. In Budapest, das durch 132 Flugzeuge versorgt wurde, mußte der Brückenkopf ostwärts der Donau geräumt werden. Nördlich der Donau kamen die eigenen Kräfte weiter voran. Bei der 8. Armee nur örtliche Kampfhandlungen. Bei Malinez griff der Feind weiter an.

*Heeresgr. A:* Der Feind erreichte die Dunajez-Talsperre; nördlich davon gleichfalls Absetzbewegungen. Nordostwärts *Krakau* wird noch ein Brückenkopf gehalten. Jedoch steht der Feind in der Stadt und ist westlich von ihr mit Panzern vorgedrungen. Pz.-Stöße an der Reichsgrenze wurden abgewiesen. Jedoch gelang es Panzern, in das Industriegebiet vorzustoßen. Bei Tschenstochow feindl. Bereitstellungen. An der Straße nach Wielun stieß der Feind nordwestlich vor. Von den vorn eingesetzten Verbänden fehlen Meldungen. Nordostwärts anschließend stieß der Feind in Bereitstellungen der Div. „Großdeutschland“. Er umfaßt Litzmannstadt. Kutno wird von dem Pz.-Korps „Hermann Göring“ gehalten. Kämpfe im Raum von Sochaczew und Gombin.

*Heeresgr. Mitte:* Vordringen des Feindes im Raum Zichenau und südostwärts Soldau. Das XX. AK. setzte sich ab.

In *Ostpreußen* kleinere Einbrüche. Im Raum von Gumbinnen und nördlich davon gelang es dem Gegner, mit Teilen die Inster zu überschreiten.

4 500 Lufteinsätze, 23 Abschüsse, 3 Verluste. Erstmalig 60 russ. Flugzeuge in dem Raum von Breslau.

*Aus den Erfahrungen der letzten Angriffe:*

Dem Gegner gelangen am ersten Tage Einbrüche bis zu 25 km Tiefe. Er umging eigene Stützpunkte und erwies sich als sehr wendig in der Führung.

1 Richtig: ab 24. 12. 1944 Gen. d. Inf. Wöhler.

Gute Karten der eigenen Stellungen halfen ihm weiter. Eigene Pz.=Reserven sind nicht überall zum Tragen gekommen; ihr frontaler Einsatz scheint besser zu sein als der aus den Flanken heraus. Die Bildung einer 2. HKL zwei km hinter der ersten scheint sich zu empfehlen. Im Brückenkopf von Baranow standen 227 Battr.en 169 eigenen gegenüber, und zwar mit Schwerpunkt an der vom Gegner durchstoßenen Westfront.

*Nordraum*

An Stelle des Gen.=Oberst Rendulic, der die Führung der Heeresgr. Nord übernehmen wird, wird der General der Geb.=Truppen Böhme als OB der 20. Geb.=Armee und als Wehrm.=Befh. Norwegen treten. Die Kilpisjärvi=Stellung („Semmering"=Stellung) soll bis Frühjahr gehalten werden. Dadurch wird noch ein ganz kleiner Streifen von Finnland besetzt gehalten. Die endgültige Stellung ist die „Tauern"=Stellung.

Das Gen.=Kdo. XVIII. AK. ist mit der Eisenbahn zum größten Teil abgefahren und kann bis Ende des Monats in den Vogesen eintreffen. Die 163. Inf.=Div. ist bereits zur Hälfte abgefahren. Um Kräfte gegen Sabotage und Unruhen zur Hand zu haben, werden Teile aus Nordnorwegen nach Süden verlegt.

*Südosten*

Die Engländer sollen in Saloniki Kräfte gelandet haben. Die Spitze der 22. Inf.=Div. erreichte Vlasenica; die 297. Inf.=Div. im Vormarsch über Serajewo an die Drau=Front. In Syrmien wurde der Angriff fortgesetzt und ist bisher bereits 5—8 km über das Ziel hinausgestoßen, da der feindl. Widerstand sich als mürbe erwies. Die eigenen Kräfte sind jetzt durch den OB angehalten worden. Die Gruppe Fischer kam weiter nach Westen und Süden vor, wird jetzt jedoch auf das Eintreffen der 297. Inf.=Div. warten. Deshalb ist keine unmittelbare Entspannung für den Angriff im Kosakenraum zu erwarten. In diesem feindl. Gegenangriffe.

*Südwesten*

Umgruppierungen wurden eingeleitet. Die 157. Res.=Div. übernahm den Abschnitt der 4. Fallsch.=Jäg.=Div., die nach Osten verschoben wird, um als Reserve eine Pz.=Div. freizumachen. Die 98. Inf.=Div. wird eingeschoben, um Auffrischung zu ermöglichen. Die 710. Inf.=Div. wird durch die 111. Jäg.=Div. abgelöst und dann an das Adriatische Küstengebiet verlegt. Die 356. Inf.=Div. wird ab 22. 1. in den Osten abtransportiert, und zwar über den Brenner und über Tarvis im Tempo 4+4.

Vorstoß nach Nizza durch 2 Kleinst=U=Boote, von denen eines zurückkehrte (geringe Belegung). Im Süden von Livorno Erfolge durch Kleinst=U=Boote. In Ancona nur geringe Belegung mit Landebooten.

*Westen — Reich*

Im Hafengebiet von Hamburg schwere Schäden (davon 4 neue U=Boote, ferner 13 beschädigt). Die Verteidigung durch 2—300 Flakrohre ist nicht aus=

reichend für ein so großes Gebiet. — Der Gegner versuchte wieder einen Großanflug, wurde aber durch schlechtes Wetter behindert, d. h. nur 150 gegen Kaiserslautern. Nachts 80 Moskitos. Zwischen Hamburg und Berlin trieben 8 Ballone mit Störkabeln an, die die Hochspannungsleitungen beschädigen sollen, ohne Schaden angerichtet zu haben. Eigener Einsatz nur gering.

*Westen*

Der General Bradley hat wieder die Führung der 1. und 9. amerikan. Armee übernommen. In einer Rede im Unterhaus unterstrich Churchill den Großeinsatz der Amerikaner und ihre Opfer.

Die Amerikaner haben, nachdem sie an der Nordfront eine Div. aus der Reserve im Raum Verviers eingesetzt haben, noch 7 operative Verbände bereit. Aus den unteren Vogesen wurde die 36. amerikan. Inf.=Div. nach Osten verschoben. Unklar ist die Feindlage im Raum von Straßburg (3. algerische und 2.[1] französ. Pz.=Div.).

Bei der *Heeresgr. H* im Bogen von Arnheim ein eigener Vorstoß. Bei dem Vorstoß nördlich Sittard scheint es sich um einen Angriff zu handeln, der geplant war, als die eigene Offensive begann. Die Briten stellen ihr Unternehmen als Großoffensive heraus, um ihre Tätigkeit gegenüber den Amerikanern zur Geltung zu bringen. Sie führen ihre Angriffe langsam, aber stetig in nordwestlicher Richtung vor. 3 Div.en stehen hier einer eigenen gegenüber. Herangeführt werden die 12. VGD. und die 116. Pz.=Div. Die Wege sind, da die Temperatur um 0 Grad liegt, schlecht. Dadurch verzögert sich auch die Zuführung der (an sich bereitstehenden, starken) Benzinbestände.

*Heeresgr. B:* Der Druck gegen die Nordostfront ist so stark wie bisher. Nur geringe Einbrüche. An der Südfront bei Diekirch konnte der Gegner einen Überraschungserfolg erzielen. Er überschritt die Sauer in breiter Front. Eigene Kräfte wurden abgeschnitten. Neue Kräfte sind im Herankommen. Der OB West ist nicht sicher, ob diese genügen werden.

*Heeresgr. G:* Beim Gegenstoß im Orscholz=Riegel erzielte die 11. Pz.=Div. Erfolge, wurde jedoch aus Tattingen wieder herausgedrückt. In den unteren Vogesen wehrt sich die eingeschlossene amerikan. Gruppe; sie soll nicht mehr angegriffen, sondern ausgehungert werden. Am 20. 1. wird die 25. Pz.=Div. durch die 47. VGD. herausgelöst. Die 10. SS=Pz.=Div. im Stoß nach Süden. Ferner Vorstöße aus dem Brückenkopf nach Westen[2].

*Politik*

In seiner Rede vor dem Unterhaus trat Churchill für *Tito* ein auf Kosten von König Peter und erklärte, die Alliierten bedürften der ital. Hilfe nicht.

Die Gegenregierung von *Lublin* hat ihren Sitz nach Warschau verlegt.

1 Ms.: 5.
2 Ms.: Osten

*Osten*

*Heeresgr. Süd:*

Der Angriff der Gruppe Breith stieß in südostwärtiger Richtung bis zur Donau vor. Angriffe des Gegners in die Flanke waren noch nicht stark. Die nördlich anschließenden Kräfte kamen bis in den Raum von Stuhlweißenburg vor. Der Gegner zieht 2 mech. Korps von Norden heran. Eigene Gegenangriffe, um den Gegner zu fesseln. 57 Flugzeuge zur Versorgung von Budapest.

Nach Oberschlesien ist das Gen.=Kdo. LXXII. AK. verlegt, um die bereits abtransportierte 20. und die nachfolgende 8. Pz.=Div. zu führen. Die 271. Inf.=Div. wird nach Nordosten in die Slowakei verschoben. Die Gruppe Heinrici setzte sich weiter ab. Nachdrängender Gegner wurde abgewiesen.

*Heeresgr. Mitte:*

*Allgemein:* Es gelang dem Gegner erneut, die HKL vor Oberschlesien zu durchbrechen.

Litzmannstadt ging verloren. Über Kutno drang der Gegner nach Westen vor; außerdem stieß er in nördlicher Richtung über Leslau[1] vor. An der Süd=front erreichte er Soldau.

Die ostpreußische Front hielt bis auf einen größeren Einbruch im Raum von Hohensalza.[2]

*Im Einzelnen:* Bei Neusandec wurde der Gegner abgewiesen; nur bei der Dunajez=Talsperre drang er weiter vor. *Krakau* ging verloren. Südlich der Stadt halten sich eigene Kräfte. Nordwestlich davon hielt die 75. Inf.=Div. ihren Abschnitt; nördlich davon stieß der Gegner bis *Oberschlesien* heran. An Div.en sind im Zulauf unter anderem: 712. Inf.=Div. von der unteren Maas, die mit Teilen schon eingesetzt ist. Über Tschenstochow drang der Gegner bis an den Wald westlich der Stadt vor. Bei Landsberg wurde er abgewiesen. Es kämpfen sich zurück die 342., die 16. Pz.= und die 10. Pz.=Gren.=Div. Von den übrigen Verbänden fehlen Meldungen. Der General Hohn, Führer der Gruppe Hohn, ist gefallen. Südlich *Litzmannstadt*[3] hielten die eigenen Kräfte; die Stadt selbst ging verloren. Über Kutno stieß der Gegner gegen Leslau[1] vor, wo ein eigener Brückenkopf gebildet worden ist.

*Heeresgr. Mitte:* Das XXVIII. und XXIII. AK. setzte sich, da der Feind in ihre Front einbrach, nach Osten ab. Pz.=Spitzen des Feindes erreichten Soldau und stießen in Richtung Gilgenberg vor. Die ostwärts anschließende Front setzte sich in nordostwärtiger Richtung ab. Die 3. Pz.=Armee schloß sich mit dem rechten Flügel dieser Bewegung an. In *Ostpreußen* erweiterte der Gegner seinen Einbruch bei Hohensalza[2] nach Osten zu einem tiefen Keil. Ragnit ging verloren; doch konnte der Feind hier abgeriegelt werden. Bei Tilsit wurde er abgewiesen.

1 D. h. Włocławek
2 Ms.: Hohensalzburg
3 D. h. Łodz

Bei der *Heeresgr. Nord* keine besonderen Kampfhandlungen. 2 Inf.=Div.en jetzt auf dem Marsch zum Abtransport, eine weitere soll folgen. Aus Memel wird eine Panther=Abt. abgezogen. Wegen der Verminungen zwischen Lübeck und Danzig ein Stopp von noch 62 Schiffen.

1 900 feindl. und 408 eigene Einsätze. Die Luftflotte 5[1] erhält außer den schon zugeführten 2 Jagdgeschwadern jetzt noch ein drittes aus dem Westen.

*Nordraum*

Nach feindl. Nachrichten ist jetzt eine norweg. Kompanie, die von Schweden aus in amerikan. Flugzeugen überflogen wurde, am Porsanger=Fjord eingesetzt. Das Wetter verzögerte die eigenen Übersetzbewegungen. Da Sabotage in Oslo droht, wird erwogen, ob die Einladungen in kleineren Häfen erfolgen sollen.

*Südosten*

Die 22. Inf.=Div. im Vormarsch über Vlasenica zum Vorstoß entlang der Drina. Am 19. 1. Beginn eines Unternehmens der 114. Jäg.=Div. im Raum von Travnik. Im Drina=Save=Dreieck hat der Gegner seine Kräfte unter der 2. Tito=Armee zusammengefaßt. Bei dem eigenen Unternehmen in Syrmien wurden 12 000 feindl. Tote gezählt. Die 7. SS=Geb.=Div. wird jetzt herausgelöst. Über ihre weitere Verwendung ist noch nicht entschieden. In Syrmien wird eine neue HKL vorbereitet, hinter der die Nachhuten zurückgenommen werden sollen. Die Kampfgruppe Fischer kam wieder etwas voran. Bei Virovitica stieß der Gegner vor, wurde jedoch abgewiesen. Der Einsatz der Bulgaren an der Drau ist zur Zeit[2] unklar; unklar ist ferner, ob bulgar. Kräfte auch an die Front der 2. Pz.=Armee geführt werden. Angriffe von 350 4=mot. Bombern gegen den Raum von Budapest.

Das Lazarettschiff „Gradisca" ist in Leros eingetroffen.

*Südwesten*

Nichts Besonderes. Vor Gibraltar eigene U=Boot=Erfolge.

*Westen*

Der engl. Angriff bezweckt wohl Fesselung eigener Kräfte. Die brit. Reserven sind vorläufig so aufgelockert aufgestellt, daß die Bildung eines neuen Schwerpunktes nicht erkennbar ist. Die eigenen Vorstöße im Raum von Arnheim wurden fortgesetzt. Bei Roermond keine Angriffe. Nördlich Sittard setzte der Gegner seine Angriffe fort, wodurch einige Orte verlorengingen. Durch den Einsatz einer Sturm=Geschütz=Brig. konnte der Durchbruch verhindert werden. Außerdem sind schon Teile der 12. VGD. da.

*Heeresgr. B:* Gegen die 6. Pz.=Armee wieder Angriffe mit Schwerpunkt bei St. Vith und ostwärts Vilsalm. Die 1., 12. und 2. SS=Pz.=Div. mit den beiden

1 Ms.: 7 2 Ms.: gewiß

Pz.=Gen.=Kdo.s sind jetzt herausgelöst. Schneeverwehungen hemmen die Bewegungen. Von der 5. Pz.=Armee wird die Pz.=Lehr=Div. zur 7. Armee verlegt. Bei Diekirch, wo der Gegner anscheinend Panzer zuführt, konnte ein Durchbruch verhindert werden. Aber der Feind errang doch wieder neues Gelände.

*Heeresgr. G:* Im Orscholz=Riegel ist jetzt die aus den USA neu zugeführte 8. Pz.=Div. aufgetaucht. Der Angriff der 11. Pz.=Div. gegen Nenniz schlug nicht durch. Ein Angriff gegen den in Hatten eingedrungenen Feind schlug nicht durch. Aus dem Brückenkopf stieß die 10. SS=Pz.=Div. nach Westen vor. Die 7. Fallsch.=Jäg.=Div. stellte bei Drusenheim die Verbindung her.

*Westen — Reich*

Wegen schlechten Wetters nur ganz geringe Lufttätigkeit.

**Lagebuch 21. 1. 45**

*Osten*

*Heeresgr. Süd:* Die 3. Pz.=Div. kam an der Donau weiter vor; auch die Div.en „Wiking" und „Totenkopf" gewannen Gelände; letztere steht jetzt südlich des Ostrandes des Velencze=Sees. Feindl. Vorstöße gegen die Front bis Gran wurden abgewiesen. Eigene Vorstöße über den Plattensee erwiesen sich wegen der Eisverhältnisse als unmöglich. 150 Flugzeuge zur Versorgung von Budapest, dazu 13 Störche sowie Lastensegler. Auf diese Weise wurden 100 to Munition, Sanitätsmaterial und Betriebsstoff überführt. Südlich Budapest 150 Schlachtflugzeuge. Nördlich der Donau kamen die eigenen Kräfte wieder etwas voran. Bei der 8. Armee wieder Ruhe.

Am 20. 1. hat die Delegation der *ungar. Gegenregierung* in Debrecen in Moskau einen *Waffenstillstand* unterzeichnet, wobei Woroschilow die Sowjetunion vertrat.

*Heeresgr. A:* Dem Absetzen des rechten Flügels folgt der Feind nach. In Galizien ging Neusandez verloren. Südlich Krakau eigene Gegenstöße. Ostwärts Kattowitz wurde der Gegner abgewiesen. Nördlich Beuthen drang er in das Forstgelände ein. Mit Pz.=Rudeln steht der Gegner in der Gegend von Groß=Strehlitz. Ostwärts Bromberg und Landsberg wurde er abgewiesen. Pitschen ging verloren. Die Gruppe Nehring kämpft sich bis Petrikau zurück. Sie wurde von 11 Flugzeugen versorgt. Die Div. „Groß=Deutschland" versucht, ihr durch Stoß nach Südosten den Weg freizumachen. Der Gegner kam in den Raum von Sieradz und über Bruchstädt in den Raum von Konin. Die Weichsel=Linie wurde gehalten. Dort konnte der Gegner nach Schröttersburg[1] hineinstoßen. Sichelberg ging verloren. Auch stieß der Gegner durch die Skewa=Stellung hindurch und gelangte in den Raum von Gilgenburg und Tannenberg.

1 D. h. Plock

In Neidenburg traten 31 Panzer auf; dagegen ein Stoß der Div. „Groß=Deutschland".

In *Ostpreußen* gehen die Kämpfe im Nordosten weiter. Panzer drangen in *Gumbinnen* ein und stießen über die Rominte vor. Lauterbach ging verloren, ebenso *Tilsit*. Südlich des Haffs gewann der Gegner gleichfalls Gelände. Es wurde befohlen, in dem bedrohten Raum Pz.=Sperren einzurichten und die Transporte gegen Panzer zu sichern.

3 000 feindl. Einsätze gegen 1 200 eigene, dabei 30 Abschüsse und 19 Verluste. Im Raum von Krakau 300 feindl. gegen 280 eigene, die 15 Lokomotiven und 23 Panzer vernichteten. Rund 1 000 Einsätze in Ostpreußen.

Nach feindl. Nachrichten werden die 344., 559. und 712. Inf.=Div. sowie die 11. Pz.=Div. vom Westen in den Osten verlegt. Bis auf die letzte Angabe sind sie richtig.

*Laufende Verlegungen:* Die 118. Jäg.=Div. ist nun aus dem Südosten nach Ungarn verlegt; die 44. Inf.=Div. (bisher Pz.=AOK) wird nach Nordosten verschoben. Die 20. Pz.=Div. wurde aus der Front nördlich der Donau nach Oberschlesien abgefahren; die 18. Pz.=Div. folgt heute. Aus der Slowakei wird in den Raum Heidebreck die 100. Jäg.=Div. zugeführt. Der Abtransport der 712. Inf.=Div. von der unteren Maas ist abgeschlossen. Die 269. Inf.=Div. (bisher 19. Armee) wird nach Öls gebracht; dorthin kommt auch das Volks=Artl.=Korps 405. In den Raum westlich Litzmannstadt nach Sieradz wird das Korps „Hermann Göring" zugeführt. In Verlegung auch das Pz.=Korps „Großdeutschland". Die 24. Pz.=Div., die aus Ungarn herausgezogen wurde, in langsamem Zulauf nach Korschen. Ferner Abtransporte von der Heeresgr. Nord nach Danzig.

Es begann die Verlegung von der Heeresgr. B in den Osten von: Gen.=Kdo. I. SS=Korps mit der 1. SS=Pz.=Div.

*Nordraum*

An norwegischen Kräften sind jetzt angekommen ein aus England überführtes Batl. und einige 100 Mann aus Schweden, die in Kirkenes und am Porsanger=Fjord gelandet worden sind. Nach feindl. Nachrichten wurde das Gelände vom Feinde gesäubert; in Wirklichkeit handelt es sich nur um Kugelwechsel mit norwegischen V=Leuten. Der Alta=Fjord wird jetzt völlig geräumt. In Oslo zur Zeit ein erheblicher Stau. Das Gen.Kdo. XVIII. AK. ist aus Mo abgefahren. Der Abtransport der 21. Inf.=Div. aus Dänemark wird voraussichtlich ab 24. 1. oder schon früher abgeschlossen sein.

Der Gegner hat in der letzten Zeit die mittelnorwegische Küste von Trägern aus angegriffen. Der Einsatz von Überwasserstreitkräften ist erstaunlich gering geblieben: im November und Dezember 1 Raid. In der letzten Zeit sind wieder 3 Handelsschiffe nach Göteborg durchgestoßen, was sich kaum vermeiden läßt.

Der Wehrm.=Befehlsh. Dänemark soll erneut 20 000 Mann abgeben, die durch Rekruten ersetzt werden.

*Südosten*

Das Unternehmen bei Travnik geht gut voran, trotz der schlechten Wege=verhältnisse und des feindl. Widerstandes. In Syrmien, wo allein die 7. SS=Geb.=Div. 1 232 tote Feinde zählte und 154 Gefangene einbrachte, feindl. Auf=klärung. Bei Brod sind die Brücken zerstört; es sind einige Fähren im Bau, so daß ab 21. 1. der Weg fortgesetzt werden kann. Das Gen.=Kdo. LXXXXI. AK. wird jetzt mit der Eisenbahn abtransportiert.

*Südwesten*

Keine Kampfhandlungen. Kohlennot macht sich bemerkbar. Ein Unterneh=men gegen Banden im Raum von Parma, bei dem die 1. ital. Div. beteiligt war, erzielte 446 Gefangene; dabei wurden deutsche und ital. Soldaten befreit. Vor Gibraltar wurden durch 1 U=Boot etwa 25 000 BRT versenkt.

*Westen — Reich*

Angriffe von Süden gegen Regensburg, Linz, Salzburg; dabei erstmalig 30 Bomben (ohne wesentliche Schäden) gegen Berchtesgaden. Ferner wurde die Brenner=Strecke angegriffen. Von Westen aus Angriffe von 2 amerikan. Div.en gegen Rheine und das Industriegebiet; ferner ein schwerer Terrorangriff gegen Mannheim; ferner 400 gegen die Eifel und die Ardennen.

Der Zugstau ist auf 2 100 angestiegen, wobei sich die Lageverschlechterung im Osten besonders bemerkbar macht. Der Wegfall der *(oberschlesischen)* Kohlenzentrale bedingt eine Herabsetzung des Kohlenverbrauchs von 35 %. Ab 22. 1. fahren keine D=Züge mehr.

Von den Rheinbrücken sind zur Zeit nur 4 nicht befahrbar. Die übrigen Brücken sind zum mindesten behelfsmäßig benutzbar.

*Westen*

Die 9. amerikan. Armee verfügt als Reserve zur Zeit über 3 Pz.=Div.en, 1 Inf.= und 1 LL=Div.

Nördlich Sittard setzte der Feind seine Angriffe fort, ebenso gegen die Front der 6. Pz.=Armee; dabei erzielte er wiederum Einbrüche, so daß die HKL ab=gesetzt werden mußte. Der Frontbogen wurde weiter eingeengt, um Kräfte freizumachen. Bei Diekirch Fortgang der Kämpfe. Das Eingreifen der Pz.=Lehr=Div. und der 9. Volks=Gren.=Div. verzögert sich wegen des Wetters und der Unmöglichkeit von Bewegungen am Tage. Örtliche Kämpfe der 11. Pz.=Div. sowie in den unteren Vogesen und bei Hatten. Um 20 Uhr trat die 10. SS=Pz.=Div. erneut zum Angriff an. In Drusenheim wurden 500 Gefangene ge=macht.

Im Raum von Thann — Mülhausen Beginn eines Pz.=Angriffs gegen die Front des LXIII. Korps nach 2=stündiger Artl.=Feuervorbereitung; dabei ein=gesetzt die 4. Marokk. Geb.=Div., die gut ist. Der Angriff wurde bis auf 2 grö=ßere Einbrüche abgewiesen. Zugeführt werden die Pz.=Brig. 106, die 2. Geb.=Div. usw.

Nach feindl. Pressenachrichten will Eisenhower die Offensive so steigern, bis die Initiative wieder auf ihn übergeht.

Von den 16 000 Kanadiern, die zum Abtransport bereitgestellt wurden, ist die Hälfte desertiert.

**Lagebuch 22. 1. 45**

*Osten*

*Heeresgr. Süd:* Angriffe gegen die eigene Abriegelung südostwärts der Plattensee=Spitze wurden abgewiesen. Dagegen gelang es dem eingeschlossenen Feind, auszubrechen und die rückwärtigen Verbindungen der Pz.=Kräfte zu stören durch Angriffe von Südosten aus. Zum Gegenstoß wurde an der Donau die 3. Pz.=Div. zum Stoß nach Südwesten freigemacht. 126 Flugzeuge zur Versorgung von Budapest. Die Störche sind bei der Landung meist zerbrochen, so daß es fraglich ist, ob welche zurückkommen und Meldungen überbringen werden. Angriffe gegen die Gran=Front und gegen die Margarethen=Insel wurden abgewiesen. Die 8. Pz.=Div. kam nördlich der Donau etwas vor. Die 20. Pz.=Div. ist bereits herausgelöst. Den Abschnitt übernimmt jetzt die 44. Inf.=Div. (bisher 2. Pz.=Armee). Herausgelöst wird das Gen.=Kdo. LVII. AK. für die Heeresgr. A; zur Gruppe Balck wird verlegt das Gen.=Kdo. IV. AK.; dessen Abschnitt übernimmt das Gen.=Kdo. LXXII. AK.

In dem Waffenstillstand der ungar. Gegenregierung hat sich diese zur Aufstellung von 8 Div.en gegen Deutschland verpflichtet, ferner zur Zahlung einer Kriegsentschädigung von 300 Mill. USA=Dollar, von denen 100 an die Tschechei fließen sollen.

*Heeresgr. A:* Angriffe gegen die Südfront der Armeegruppe Heinrici abgewiesen. Vorgesehen ist eine neue HKL, die von Nordosten nach Südwesten verläuft. Bei Neusandez eigene Absetzbewegungen; nördlich davon ein Einbruch bis auf die Höhe der südlich Krakau noch haltenden Kräfte. Angriffe gegen Oberschlesien wurden abgewiesen. Ein Einbruch bei der 712. Inf.=Div. führte den Gegner bis Georgenberg. Der Gegner erreichte den Stausee bei Turawa. Die Heeresgr. A wird nach Salzbrunn verlegt. Der Gegner in Rosenberg und Kreuzberg sowie bei Kronstadt. Mit Panzern drang er bis Karlsruhe vor. Kämpfe bei Groß=Wartenberg. Die Gruppe Nehring kämpft sich weiter zurück. Von den übrigen Verbänden keine Meldungen. Nördlich Sieradz ist die Lage unklar. Der Gegner drang mit 40 Panzer in *Gnesen* ein. Anscheinend ein Loch in der Front. Aus dem Raum der unteren Weichsel Nachrichten, die zum Teil Alarmnachrichten[1] sein werden. Der Gegner soll südlich Bromberg stehen.

Offensichtlich verfolgt er das Ziel, die 2. Armee zurückzuwerfen und den Durchbruch zum Meer zu erzwingen, um auf diese Weise in Zusammenhang mit den aus dem Raum von Tilsit geführten Vorstößen die in Ostpreußen ein=

1 Ms.: alarmierend

gesetzten Kräfte einzukesseln. Der Gegner überschritt die Drewenz=Stellung und trat bei Löbau und Osterode auf. Ob bei Deutsch=Eylau feindl. Kolonnen aufgetaucht sind, bedarf der Bestätigung. Durch Vordringen über Hohenstein und Willenberg bedroht der Gegner *Allenstein.* Willenberg hielt jedoch noch. An der Nordostfront kam der Gegner bis an den Pregel heran. Am Haff setzten sich die eigenen Kräfte ab. Die 3. Pz.=Armee nach Königsberg verlegt.

Bei der *Heeresgr. Nord* tastet der Feind die Front ab. Die 4. Pz.=Div. ist jetzt abgefahren. Die Frage, ob mit der Heeresgr. Nord ein Angriff zur Entlastung von Ostpreußen geführt werden kann, ist geprüft worden, hat jedoch wegen der ungleichen Kräfteverhältnisse die Unmöglichkeit ergeben.

Für Ostpreußen ist ein Luftw.=Kdo. neu gebildet worden.

*Nordraum*

Es bestätigt sich, daß der Feind seine Kräfte in Nordfinnland aufgelockert hat. Im Zulauf nach Mo die 169. Inf.=Div., die 199. ist noch eingesetzt. Temperaturen bis —32 Grad.

*Westen — Reich*

Angriffe von Süden durch 200 4=mot. Bomber und 200 Jäger gegen Wien, wo schwere Verkehrsschäden eintraten. Nachts ein kleinerer Angriff gegen Kassel. 40—50 Flugzeuge, die bisher zum Kampf eingesetzt waren, werden jetzt ausschließlich für die Verminung der unteren Schelde benutzt. Wegen Betriebsstoffmangel kann das KG. 3 den V1=Einsatz gegen London nicht durchführen.

*Südosten*

Zwischen den ELAS=Verbänden und den Engländern ist eine Aufteilung der Interessensphären erfolgt, durch die den Engländern der Raum ostwärts der Linie Nauplia—Lamia—Farsala sowie Saloniki und Umgebung eingeräumt worden ist.

Bei Vlasenica Kämpfe. Im Raum von Travnik Fortschritte. Ziel ist, Travnik in die Hand zu nehmen. In Syrmien wird die neue HKL bezogen. An dieser Front bildet jetzt der Feind die 1. Armee. Bei der Kampfgruppe Fischer Abwehr. Im Kosaken=Raum wechselnde Kämpfe.

*Südwesten*

Einsatz von 500 und 200 Flugzeugen. Keine Kampfhandlungen. Unter dem Befehl der 8. brit. Armee sind nunmehr fast alle brit. Verbände zusammengefaßt worden.

Bei Gibraltar 7 Transporter in den Atlantik, was dem Urlaubsverkehr entspricht.

*Westen*

In den Raum von Roermond jetzt brit. Zuführungen. Unklar ist noch die Verwendung der 51. Inf.=Div.; die Ziele der übrigen frei gewordenen Div.en sind nun bekannt. Den Amerikanern stehen südostwärts Lüttich 5 — 6 Ver=

bände, davon 4 Pz.=Div.en, zur Verfügung. Die 82. LL=Div. steht so nahe an der Front, daß sie vermutlich noch als Armeereserve anzusprechen ist. Die 28. Inf.=Div. wurde nach den Vogesen verlegt.

*Kampfhandlungen:*

Gegen die Insel Schouwen Artl.=Feuer. Nördlich Sittard wurden die eigenen Kräfte nach wechselnden Kämpfen auf eine vorbereitete Linie zurückgenommen. Dadurch ist wieder eine durchlaufende HKL hergestellt worden.

An der Nordfront der *Heeresgr. B* wurden einzelne Einbrüche aufgefangen. Im Raum von Diekirch erzielte der Gegner einen tiefen Einbruch in Richtung Lippenscheidt. Bereit stehen jetzt die Pz.=Lehr=Div. und die 71. VGD. Bei Vianden wurde der Gegner abgewiesen. Durch Betriebsstoffknappheit ist die Schlachtführung sehr erschwert. Um weitere Kräfte freizumachen, wurde im Bogen die HKL etwas zurückgenommen. Herausgezogen wird jetzt das Pz.=AOK 6; dessen Abschnitt wird die 5. Pz.=Armee und die 7. Armee übernehmen.

*Heeresgr. G:* Nennig (im Orscholz=Riegel) konnte von der 11. Pz.=Div. genommen werden.

Durch Aufklärung von den unteren Vogesen bis zum Rhein wurde festgestellt, daß der Gegner sich weiter absetzt. Daher stießen die eigenen Kräfte sofort nach, erreichten an den unteren Vogesen den Winterberg und überschritten ostwärts anschließend die Maginot=Linie. Die 7. Fallsch.=Jäg.=Div. konnte mehrere Orte nehmen. Der OB West hat den 3 Gen.=Kdo.s den Befehl gegeben, dem Feind zu folgen und zu verhindern, daß er sich wieder setzt. Bei Mülhausen ist die Lage günstig.

Ein Beutezug aus La Rochelle verlief erfolgreich. Einsatz von 10 Kleinst=U=Booten gegen die Gironde=Mündung.

**Lagebuch 23. 1. 45**

*Osten*

*Heeresgr. Süd:* Versteifung des feindl. Widerstandes. Bei dem Vorstoß der Gruppe Breith wurde Gelände nach Süden gewonnen, Angriffe über die Donau abgewiesen. Es konnte jedoch nicht die Masse über den Vali=Abschnitt herübergenommen werden. Ziel: Antreten zum Angriff von Südwesten und Norden gegen Budapest. In der Hauptstadt wurden Angriffe von Osten abgewiesen. Ebenso ostwärts von Komorn. Bei der 8. Armee geringe Kampftätigkeit.

*Heeresgr. A:* Die Armeegruppe Heinrici setzt sich planmäßig ab. Südlich Krakau kam der Gegner weiter voran. Die eigenen Kräfte im Absetzen. An der oberschlesischen Grenze wurde der Gegner abgewiesen; ferner wurden eigene Stöße geführt. Ein Angriff gegen Tarnowitz, wo der Gegner eindrang, im Anlaufen. In Namslau Feind. Aus Öls heraus eigene Stöße nach Osten. Über Ostrowo kam der Gegner vor in Richtung von Krotoschin. Die Kampfgruppe Nehring hat mit Spähtrupps von „Groß=Deutschland" Verbindung aufgenommen, ist also näher herangekommen.

*Heeresgr. Mitte:* In der Provinz Posen kam der Feind über Schrodaa hinaus und nähert sich mit 10 Panzern *Posen,* wo eine Besatzung von 10 000 Mann liegt. In der großen Frontlücke stehen zur Zeit 7 feindl. Pz.=Korps. Kampf um die Drewenz=Stellung. Der Feind drang in Straßburg ein, Freystadt und Deutsch=Eylau. Gegenangriffe der 7. Pz.=Div. Bei Saalfeld wurde der Gegner abgewiesen. In *Ostpreußen* drang er ein in Osterode, Hohenstein und Allenstein. Nach Bergung der Gebeine des Feldmarschalls von Hindenburg und der Fahnen wurde das Denkmal von Tannenberg gesprengt. Ostwärts davon Widerstand in der Seen=Enge. Abwehr an der Südostfront. Beziehen der Stellung Lötzen — Angerapp — Labiau. Der Feind drang in *Insterburg* ein; jedoch konnte die Pregel=Stellung im wesentlichen gehalten werden, ebenso Wehlau. Die Räumung von *Memel* ist angelaufen. Die Kurländische Nehrung soll gehalten werden; einzelne Kräfte sollen über das Eis dorthin überführt werden. Die Kriegsschiffe werden mit für den Transport von Zivilisten eingesetzt.

Meldungen der Luftwaffe unvollständig. In Ungarn 200 feindl. gegen 152 eigene, ferner 159 zur Versorgung von Budapest. 31 feindl. abgeschossen bei 9 eigenen Verlusten.

*Südosten*

*Travnik* wurde genommen. Im Save=Drina=Dreieck noch gespannte Lage; Abwehr in Syrmien (der eigene Vorstoß kostete 188 Tote und 1 047 Verwundete). Fortgang der Kämpfe im Raum von Virovitica. Vor dem Südflügel der 2. Pz.=Armee ist nun die bisher bei Belgrad eingesetzte 10. bulgar. Div. nachgewiesen. Eine weitere folgt ihr. Die 7. Div. wird über Neusatz vorgezogen.

*Südwesten*

600 u. 200 feindl. Einsätze gegen die Brenner=Strecke, Udine und Brescia. Sonst geringe Kampfhandlungen.

*Westen — Reich*

Wegen des Wetters nur geringe Tätigkeit. 100 4=mot. Bomber über Holland drehten ab. 250 gegen Oberhausen, wo mittelschwere Schäden entstanden; ferner 500 2=mot. Bomber und 1 100 Jäger. Nur geringe eigene Tätigkeit. Nachts 250 4=mot. Bomber gegen Gelsenkirchen und Duisburg. Ferner gegen Hannover 60 Flugzeuge. Eigene Kräfte im Raum ostwärts Sittard und Verminung der Schelde=Mündung. Von der Flak wurden für den Osten 110 schwere und 58 mittlere und leichtere, meist voll motorisierte Battr.en freigemacht, davon 30 schwere und 13 andere aus dem Raum von Berlin.

*Westen*

Von den 12 Volks=Artl.=Korps liegen noch 8 — 9 im Westen, die übrigen wurden an den Osten abgegeben. Der Feind setzte bei Sittard 2 Pz.=Brig.en ein. Die vorher dort kämpfende Pz.=Div. muß also stark mitgenommen sein. Nach Straßburg wurde die 2. französ. Pz.=Div. verlegt. Das Absetzen im nordelsässischen Knie kann nur aus milit. Gründen erfolgt sein und hat voraussichtlich nur ein begrenztes Ziel. Anscheinend ist der Eindruck entstanden, daß es sich hier um einen deutschen Großangriff handelte. Ein feindl. Angriff an der Ill-Front ist als Fesselung zu bewerten.

Ein Stoßunternehmen von der Insel Schouwen aus war erfolgreich. Im Brückenkopf von Heinsberg (im Raum von Roermond) hatte der Gegner nur örtliche Erfolge, da die 176. Inf.-Div. sich weiterhin gut hält.

An der Nordfront der *Heeresgr. B* wieder lebhafte Angriffe. Die 9. SS-Pz.-Div. wird durch die 9. Pz.-Div. abgelöst; damit sind jetzt alle SS-Verbände herausgelöst worden. Klares Wetter macht eigene Bewegungen am Tage unmöglich. Nachts ist der Zustand der Straßen sehr schlecht; Betriebsstoffmangel macht sich bemerkbar. An der Südfront der Heeresgr. B weniger heftige Kämpfe.

*Heeresgr. G:* Den dem Feinde folgenden Kräften gelang es, über Zinsweiler bis Rothbach vorzustoßen. Gumbrechtshofen wurde genommen. Der Feind war in diesem Raum nur schwach; hier wird heute die Entscheidung fallen, ob es gelingt, die eingeschlossene Gruppe bei Hagenau durch Vorstöße zu gefährden[1]. Der Abschnitt des LXXXIX. Korps engt[2] sich durch den Angriff ein. Der Hagenauer Forst ist jetzt zu einem guten Teil gesäubert. Die Spitze erreichte hier das Modertal. Das XXXIX. Korps kam nicht viel weiter vor, da die 7. Fallsch.-Jäg.-Div. durch Artl.-Feuer aufgehalten wurde. Vorübergehend konnte der Nordteil von Hagenau besetzt werden. Beim AOK 19 Bewegungen im Raum von Schlettstadt. An der Südfront wurden Angriffe bei Thann abgewiesen. Bei Mülhausen ging ein Ort verloren. Der OB West zieht jetzt die 2. Geb.-Div. an die Nordwestfront des AOK 19, um hier einen Angriff zu führen.

Von den 10 Kleinst-U-Booten kehrten von der Themse-Mündung nur 3 ohne Erfolg zurück. In der letzten Nacht Vorstoß von 16 Kleinst-U-Booten.

*Nachmeldung zum 16. 1.:*

Es wurden 3 Dampfer mit 9 000 BRT versenkt. Ferner kehrte ein U-Boot zurück, das 6 Schiffe (darunter 3 Tanker) mit 43 000 BRT vor der Kanadischen Küste versenkte.

*Osten* **Lagebuch 24. 1. 45**

*Feindlage:*

Gegen Schlesien führte der Feind den Kampf[3] mit 4 Pz.-Korps und 85 Schützen-Div.en, gegen Posen mit 7 Pz.-Korps und 65 Schützen-Div.en, dazu Brigaden, Kav. usw. Am 23. standen 88 Pz.-Div.en und 599 Schützen-Div.en 18 eigenen Pz.-Div.en und ...[4] Inf.-Div.en gegenüber. D. h.: das Kräfteverhältnis ist 5 : 1.

1 So im Ms.
2 Ms.: hängt
3 Im Ms. fehlt: den Kampf.
4 Im Ms. unausgefüllt gelassen.

Die neu gebildete *Heresgr. Weichsel,* zu deren OB der Reichsführer SS ernannt worden ist, übernimmt den Abschnitt von Glogau bis Elbing mit dem Hauptquartier in Deutsch-Krone. Befehlsübernahme voraussichtlich 25. 1., 0.00 Uhr.

*Heeresgr. Süd:* Die Div. „Wiking" meldet, daß sich in den befreiten Gebieten die Bevölkerung spontan erhebt und die Männer sich zu den Waffen drängen. Im Süden wurde der Feind auf Hercegfalva zurückgeworfen, so daß er von seiner über Dunavöldvar geleiteten Versorgung abgeschnitten ist. Über den Vali konnte ein Brückenkopf gebildet werden. Es ist jetzt beabsichtigt, den Stoß nach Nordwesten weiterzuführen, um dem Feind in den Rücken zu fallen. Im Gebirge kamen die eigenen Kräfte in Richtung Bicske vor. In Budapest erzielte der Gegner einen Einbruch nach Nordwesten.

*Heeresgr. A:* Die Armeegruppe Heinrici setzte sich weiter ab in eine Linie, die auf die Weichsel zuführt. Die oberschlesische Front wurde gehalten; jedoch stieß der Gegner nach *Gleiwitz* und *Oppeln* hinein. Gegenstöße sind im Gange. Auf dem linken Oder-Ufer befindet sich kein Feind. Südostwärts Brieg und ostwärts Breslau wurde der Gegner abgewiesen. Bei Öls wurden Fortschritte gemacht. Der Gegner stieß bei Trachenberg und Militsch–Asch vor. Der Kampfgruppe Nehring ist die Vereinigung mit den bei Kalisch stehenden Kräften noch nicht gelungen. Kalisch selbst wurde angegriffen. In Schrimm drang der Feind ein; Posen griff er von 3 Seiten an. 30 Panzer nördlich von Posen (südlich von Schneidemühl). Ob *Bromberg* bereits genommen wurde, ist unklar. Angriffe gegen die Drewenz-Stellung wurden abgewiesen. Über Freystadt stieß der Gegner in Richtung Graudenz vor. Bei Deutsch-Eylau setzten sich die eigenen Kräfte ab. Rosenberg ist durch den Feind umfaßt. Elbing ist noch in eigener Hand. Von Allenstein stieß der Feind nach Norden und Nordosten vor. Ortelsburg ist in eigener Hand.

Die Front verläuft jetzt am Spirding-See nach Lötzen. Angriffe gegen die Nordfront von *Ostpreußen* wurden abgewiesen. Wehlau und Tapiau halten. An der Deime-Stellung nur kleinere Einbrüche.

Bei der *Heeresgr. Nord* begann ein Großangriff im Abschnitt von Libau. Dagegen die 14. Pz.-Div. (101 Pz. abgeschossen); außerdem griff der Gegner bei Frauenberg und gegen die Mitte der 16. Armee an — offensichtlich, um die eigenen Kräfte zu fesseln. Die ostpreußischen Häfen werden geräumt, die Schiffe nach Swinemünde verlegt. Die Räumung von *Königsberg* ist angelaufen, die Räumung von *Memel* läuft. Der Transport der 31. VGD. von Libau nach Danzig hat 14 Tage erfordert.

Von der Luftwaffe unvollständige Meldungen. In Ungarn war die Tätigkeit auf beiden Seiten lebhaft. Am Tage und in der Nacht je 200 Einsätze, ferner 122 Versorgungsflugzeuge und 11 Lastensegler für Budapest, das in den letzten 3 Tagen über 100 to Mun. erhielt. — Um die Luftflotte 6, die den Mittelabschnitt behält, zu entlasten, wird außer dem bereits gebildeten Luftwaffenkdo. „Ostpreußen" auch noch ein Luftwaffenkdo. „Schlesien" aufgestellt; dafür wird das VIII. Fliegerkorps eingesetzt. Die rückwärtige Grenze der Luftflotte 6 liegt in einer Linie in der Höhe von Frankfurt a. d. Oder; dadurch wird die Reichsverteidigung auf ihre eigentlichen Aufgaben beschränkt.

*Nordraum*

Von der 163. Inf.-Div. sind bisher 64 Züge in Oslo eingetroffen. Dort ein Sabotageakt in einem Öllager. Aus Dänemark ist nunmehr der Rest der 2. Geb.-Div. abgefahren.

*Südosten*

Eine brit. Landung in Dalmatien ist nicht zu erwarten. Tito mobilisiert neue Banden. Die 22. Inf.-Div. durchbrach einen Riegel bei Vlasenica. Bei Travnik konnten sich die eigenen Kräftegruppen vereinigen. Im Save-Drina-Dreieck hat sich die Lage entspannt. In Syrmien griffen stärkere feindl. Kräfte an, wurden jedoch abgewiesen. Im Kosaken-Raum eigene Fortschritte; der Zulauf nach Kroatien hat sich gebessert.

*Südwesten*

Geringe Kampfhandlungen. Eine am 20. 1. begonnene Funkstille könnte ein Anzeichen für einen bevorstehenden Großangriff sein. 500 Jäger. Der Flakschutz wird konzentriert an den beiden Strecken vom Brenner und von Klagenfurt (auf Kosten der Strecke nach Marburg, der Po-Brücken und der Front).

Die Kohlenfrage wird aktuell.

Bei der 5. Armee wird vielleicht die 1. amerikan. Pz.-Div. eingesetzt, dazu noch weitere amerikan. Div.en.

*Westen*

Die Kriegsmarine erzielte weitere Erfolge.

An der unteren Maas hat der Feind nach wie vor geringe Kräfte eingesetzt. Wo die 53. Geb.-Jäg.-Div. hingekommen ist, ist noch unklar. Bei Sittard wurde eine dritte Pz.-Div. eingesetzt. Über die Res.-Gruppe bei Verviers besteht zur Zeit noch Unklarheit. Die 82. LL-Div. ist jetzt in Front eingesetzt. Im Elsaß verstärkt sich der feindl. Widerstand. Der Gegner will anscheinend am Moderbach zur Verteidigung weitere Kräfte heranziehen. In den Abschnitt der 3. amerikan. Inf.-Div. gegenüber der Nordfront der 19. Armee wird die 28. amerikan. Inf.-Div. zugeführt.

*Kampfhandlungen:* Im Raum von Heinsberg (Sittard) kämpft der Gegner vorsichtig und methodisch weiter. Daher hat er trotz seiner Überlegenheit keinen Durchstoß erreicht. Er drang in Heinsberg ein und teilte dadurch den eigenen Brückenkopf in 2 Teile auf. Am 5. Kampftage wurden bisher 150 Panzer vernichtet. Den eigenen Kräften wird ein Rgt. zugeführt. Bei Jülich Zunahme der Kampftätigkeit. Gegen den Bogen der Heeresgruppe B Angriffe. *St. Vith*, das bereits in der HKL lag, ging verloren. Im Raum von Diekirch errang der Gegner weiteres Gelände.

Vor der *Heeresgr. G* ging Nennig verloren. Bei Rothbach feindl. Widerstand. Reipertsweiler wurde genommen. Heute früh konnte Bischholz genommen werden; d. h.: an dieser Stelle ist der Moder-Abschnitt durchstoßen. Westlich davon schanzte der Feind. Der Nordteil von Hagenau ist in eigener Hand. Die 25. Pz.-Div. wird jetzt zu neuem Einsatz herausgezogen.

An der Ill-Front wurden Fortschritte erzielt; jedoch gelangen auch dem Gegner Einbrüche. Im Raum von Colmar werden jetzt die 198. Inf.-Div., die 2. Geb.-Div. und 1 Pz.-Brig. zusammengezogen. Bei Mühlhausen wurde der Feind weiterhin abgedrängt.

*Westen — Reich*

Mehrere 100 Bomber gegen Düsseldorf und Neuß. 1 450 Jäger. Eigene Einsätze: 54 bei Rheine, 70 im rheinischen Industriegebiet, im Süden 65, dazu 30 Blitzbomber. Nachts wiederum Verminung der unteren Schelde durch 40 Flugzeuge.

**Lagebuch 25. 1. 45**

*Osten*

Um 0.00 Uhr sind, wie vorgesehen, die Umbenennungen in Kraft getreten:

Heeresgr. Süd = *Heeresgr. Süd,*
Heeresgr. A = *Heeresgr. Mitte;* eingeschoben: *Heeresgr. Weichsel,*
Heeresgr. Mitte = *Heeresgr. Nord,*
Heeresgr. Nord = *Heeresgr. Kurland.*

*Heeresgr. Süd:* Ein Angriff der 2. Pz.-Armee ist vorgesehen. Nördlich Simontornya an der Südflanke wurde der Feind abgewiesen, ebenso an der Donau. Am Vali-Abschnitt wurden rechts einige Kilometer gewonnen; links schob sich die SS-Div. „Totenkopf" bis an den Fluß heran. Die 1. Pz.-Div. stieß von der Nordostecke des Sees nach Norden. Im Waldgebiet ist jetzt durch das Vorrücken der deutschen und ungar. Truppen der Kamm erreicht. Von Norden Vorstoß in Richtung Wiczka. Stoß nach Süden. Aus Budapest nichts Neues. Gruppe Heinrici im Absetzen von der Linie Karpfen — Petva ostwärts Rosenberg — Sucha (südwestlich Krakau). Dadurch ist bedingt, daß auch der linke Flügel der 8. Armee zurückgebogen wird.

*Heeresgr. A, jetzt Mitte:* Nördlich Sucha gingen die eigenen Kräfte vor und warfen die bei Dunajez durchgebrochenen feindl. Kräfte zurück. An der Ostfront von Oberschlesien verschärfte sich die Lage durch Einbrüche; an der Nordfront wurde der Gegner abgewiesen. Von Gleiwitz stieß er in Richtung Hindenburg mit 60 Panzern vor; dagegen die 20. Pz.-Div. im Gegenangriff. Im Raum von Kosel kam der Gegner südlich Bergstädt nicht durch. Im Raum von Oppeln wurden die Versuche, über den Fluß zu gehen, zu einem Teil wieder vereitelt. Bei Brieg und Ohlau nur kleinere Einbrüche. Südlich Breslau schloß der Gegner auf. Bei Öls ging einiges Gelände verloren. Angriffe schlugen nicht durch. Der Gruppe Nehring gelang die Vereinigung mit „Großdeutschland"; beide Verbände schlagen sich jetzt südlich Kalisch in Richtung Ostrowo nach Schlesien zurück. *Kalisch* in Feindeshand. Feindl. Angriffe in Gegend Schrimm und westlich Schrodau. Posen wurde von Süden angegriffen. Der Gegner besetzte den nördlich der Stadt gelegenen Truppenübungsplatz Warthelager. Bei Posen traten russische deutschsprechende Offiziere in deutscher Uniform auf und überrumpelten dadurch Posten.

*Heeresgr. Weichsel:* Ob bei Schneidemühl einzelne Panzer auftauchten, ist fraglich. Panikmeldungen verwirren vielfach die Lage. Aus dem Raum Nagel — Bromberg keine neuen Meldungen. *Thorn*, das gehalten werden soll, ist umschlossen. Briesen und Bischofsweiler gingen verloren; Freystadt wurde wieder befreit. Der Feind ist im Vorgehen über Marienwerder auf die *Marienburg*. Er verstärkt sich bei Elbing. Nördlich Allenstein mußten die eigenen Kräfte, die nur aus Sicherungen bestehen, etwas zurückgenommen werden.

In Südostpreußen Fortsetzung der Absetzbewegungen. Wehlau ging verloren. Einzelne Panzer kamen bis 15 km an den Ostrand von Königsberg heran. Die Räumung von Memel vollzieht sich planmäßig. Von der Nehrung soll bis auf den Preil=Riegel zurückgegangen werden. *Pillau* wurde zur Festung erklärt.

*Heeresgr. Kurland:* Der Feind setzte seine Angriffe in Richtung Libau fort. Einbrüche konnten abgeriegelt werden. Die 14. Pz.=Div. kam nur wenig voran. Die Transporte nach Libau, die jetzt ohne Sicherung fahren, laufen flüssig.

Die Luftw.=Meldungen sind unvollständig. In Schlesien 280 eigene, im Posenschen Raum 160 Einsätze. In der Nacht Versorgung der Gruppe Nehring. 21 Panzer wurden abgeschossen. 23 feindl., 18 eigene Verluste.

*Nordraum*

Alle abtransportierten Kräfte kommen in den Osten, und zwar als OKW=Reserve. Aus Oslo, wo 6 000 Mann zur Verschiffung bereitstehen, fuhren 2 Transporter ab.

*Südwesten*

Die Heeresgr. E in Verlegung nach Agram. Bei Višegrad Druck. Bei Travnik wird jetzt die 104. Jäg.=Div. herausgezogen. Der Vormarsch der 297. Div. nördlich Travnik geht gut voran. Im Drina=Save=Dreieck bessert sich die Lage. In Syrmien wurden Angriffe abgewiesen. Im Kosaken=Raum feindl. Widerstand.

Wegen des Wetters geringe feindl. Luftw.=Einsätze. Die Funkstille geht weiter; doch rechnet der OB Südwest nicht mit einem Angriff in den nächsten 8 Tagen, da das Wetter und die allgemeine Lage dagegen sprechen. Der Duce drängt auf den Einsatz der ital. Div.en. Sie sind bereits an ruhigen Fronten eingesetzt und kommen für übrige Frontabschnitte nicht in Betracht.

*Westen — Reich*

Wegen schlechten Wetters nur 100 2=mot. Bomber gegen den Mittelabschnitt, dazu 1 300 Jäger. 4 Arado=Flugzeuge, die durch 22 Jäger geschützt waren, griffen aus einer Höhe von 15 — 18 000 m Schiffsziele in Antwerpen an mit 500 kg=Bomben. Gute Trefferlage.

*Westen*

Die engl. Reserve=Bildung ist jetzt soweit klar, daß Montgomery über 5 Div.en verfügt. Von diesen stehen 2 Pz.=Div.en und 1 Inf.=Div. im Raum von Heinsberg. Bei Eindhoven ist nur der Verbleib der 51. Inf.=Div. (brit.) unklar. Der amerikan. Kräftegruppe bei Verviers wird die Korps=Artl. zugeführt.

Die Verminung des Themse=Gebietes wurde fortgeführt, obgleich die Seestreitkräfte vorher umkehren mußten. Von den 10 Kleinst=U=Booten gegen die Schelde=Mündung kehrten 9 ohne Erfolg zurück. Der Grund liegt unter anderem darin, daß das Wetter schlecht war und diese Operation sich bis auf 3 Tage erstreckt (was eine große körperliche Anstrengung bedeutet).

Bei der *Heeresgr. H* nur örtliche Kampfhandlungen. Bei Heinsberg drangen die Briten langsam vor, wobei der Angriffsraum sich bis zum linken Flügel der 1. Fallsch.=Div. ausdehnte.

Bei der *Heeresgr. B* Fortgang der Angriffe. Keine wesentliche Veränderung. Auch im Raum von Vianden im wesentlichen gleiche Lage.

*Heeresgr. G:* Bei Nennig weiterhin örtliche Kämpfe; bei Reipertsweiler ein feindl. Gegenstoß. Im Moderbach=Abschnitt griffen 3 eigene Div.en sowie die 6. SS=Geb.=Div. an. Dabei wurden einzelne Brückenköpfe gewonnen. Von Westen stieß die 10. SS=Pz.=Div. über den Moderbach=Abschnitt vor. Bei der 19. Armee nördlich Colmar Angriffe des Gegners; Gegenangriffe stellten die Lage wieder her. Bei Mühlhausen Fortgang der Kämpfe.

In den USA sinkt, da in Kürze ein deutscher Zusammenbruch erwartet wird, die Börse ab, und die Appelle für Steigerung der Produktion hatten nur geringen Erfolg.

*Allgemein*

*Kohlenlage:* Da der Transport der oberschlesischen Kohle erschwert bzw. gefährdet ist, muß auf die Ruhr=Kohle zurückgegriffen werden, was möglich ist, falls die Eisenbahn auf ihren bisherigen Stand gehalten werden kann. Der Flakschutz des Ruhrgebietes darf daher nicht verringert werden (Es handelt sich um das Abfahren von 13 000 Waggons täglich). Es ist möglich, daß die für die Operationen erforderliche Kohle lieferbar ist. Um die Forderungen der Wehrmacht gegenüber der Reichskohlenstelle zu vertreten, ist der General Stapf beauftragt worden.

*Kw=Raum:* Es ist erforderlich, für die Heeresgr. Weichsel Lkw=Raum zu beschaffen. Es laufen Erwägungen, ob solcher noch herausgeholt werden kann (bei den schnellen Verbänden?).

*Osten*

*Heeresgr. Süd:* An der Abschirmungsfront kleinere Einbrüche oder Abwehr von Angriffen. Der Feind scheint jetzt ein mech. Korps herumzuziehen, um seinen Nachschubweg wieder zu öffnen. Am Vali=Abschnitt Abwehr, jedoch keine eigenen Fortschritte. Im Gebirgs=Raum und südlich Fortschritte bis zu den letzten Ausläufern des Gebirges nach Osten hin. In Budapest sind innerhalb eines Monats 64 Flugzeuge, 71 Panzer und 12 Geschütze usw. vernichtet worden. An der Gran=Front nichts Neues. Bei Leva lebhafte feindl. Bewegung.

300 feindl. Einsätze am Tage und in der Nacht, je 35 eigene; dazu Versorgung von Budapest.

*Heeresgr. Mitte* (bisher A): Der eigene Angriff bei Sucha mußte angehalten werden, da der Gegner eine andere Lücke aufriß. In Oberschlesien an der Ostfront Abwehr der Angriffe bis auf Einbrüche bei der 371. Inf.=Div. An der Nordfront weitere Kämpfe. Feindl. Panzer in und bei Hindenburg und im Vorstoß nach Südwesten. Dagegen die 8. Pz.=Div. Im schlesischen Raum 240 eigene Einsätze, darunter die Gruppe Rudel, die 28 Panzer, 300 Flugzeuge und 18 Geschütze abschoß. Nachts 40 feindl. Einsätze bis Ostrowo. Über die Oder zwischen Kosel und Breslau konnte der Gegner 4 kleine Brückenköpfe bilden, gegen die Gegenmaßnahmen laufen. Der Feind schob sich an *Breslau* heran; doch ist dieses zur Zeit nicht als bedroht anzusehen. In Öls ruhige Lage. Steinau wird gehalten. Seit dem 12. 1. hat die Heeresgruppe 1 356 Panzer abgeschossen. Die Gruppe Nehring, deren Führung Gen.=Lt. Jauer übernahm, im Zuge nach Westen auf Glogau zu (also nicht nach Schlesien). Der Stab der 9. Armee verlegt von Lissa aus in den Abschnitt der Heeresgr. Weichsel.

*Heeresgr. Weichsel:* Feind südlich *Posen* und um Posen herum. Schwächere Kräfte bei Tirschtiegel und bei Konitz. Bei Nagel überschritt der Feind an 2 Stellen die Netze. Bei Nagel selbst wurde er abgewiesen. *Bromberg* ist abgeriegelt, ebenso *Thorn*. Die eigenen Kräfte setzen sich bei Kulmsee ab. Bei Marienwerder bildet sich ein feindl. Schwerpunkt; der Feind wurde am Außenring abgewiesen. An Marienburg vorbei stieß er mit 60 Panzern (von denen 8 abgeschossen wurden) vor und drang über die Nogat. Kämpfe am Südrand von *Elbing*.

In *Ostpreußen* erreichte der Gegner Wormditt und Wartenburg. An der Südfront nur wenig Kampfhandlungen. Kampf im Mauerwald. Die Deime=Stellung ist vom Gegner durchbrochen; er steht 20 km ostwärts Königsberg. Aus Memel nichts Neues. Bisher transportierte die Kriegsmarine 22 000 Personen ab. Die Heeresgr. hat seit dem 13. 1. 1355 Panzer abgeschossen.

In *Kurland* weitere Angriffe von 11 Schützen=Div.en. Erfolgreiche Abwehr. An der übrigen Front weitere Aufklärungs=Vorstöße. Der Transport verläuft planmäßig.

Zur Heeresgr. Weichsel kommt aus Ungarn die 4. SS=Pol.=Pz.=Gren.=Div.; das III. SS=Korps (Niederländer und Nordländer) wird von der Heeresgr. Kurland zugeführt.

728 eigene Luftwaffen=Einsätze; dabei 7 Abschüsse und 12 Verluste.

*Nordraum*

Im Seetransport jetzt das Gen.=Kdo. XVIII. AK. Das Gen.=Kdo. XXXVI. AK. bleibt entgegen der ursprünglichen Absicht in Norwegen. 2 Schiffe versenkt, darunter 1 Kohlendampfer mit 4 500 BRT.

*Westen — Reich*

Wegen schlechten Wetters nur Einsätze von 2=mot. Bombern und 6 — 700 Jägern im Raum Köln–Neuß. Nachts Einflug von 60 Jägern.

*Südosten*

Das Lazarett=Schiff „Gradisca", das Alexandrien anlaufen und dort einen Teil der Verwundeten abgeben mußte, wird am 30. 1. in Triest erwartet.

Beabsichtigt werden 2 Unternehmungen am 27. 1. von Mostar aus in südwestlicher Richtung und von Serajewo aus nach Süden. Die 22. Inf.=Div. kommt wegen feindl. Widerstandes nur langsam voran. Da der Gegner von Užice eine Div. nach Syrmien heranzog, stehen dort jetzt 6 Verbände, die allerdings abgekämpft sind. Das Gen.=Kdo. LXXXXI. AK. übernahm den Befehl über die 11. Luftw.=Feld=Div. und die Kampfgruppe Fischer. Im Kosaken=Raum weitere Kämpfe. Die russ. 233. Schützen=Div. scheint im Abrücken.

*Südwesten*

400 und 20 Luftw.=Einsätze entsprechend der Wetterverbesserung. Die 1. ital. Pz.=Div. ist nun in Front nachgewiesen. Aus dem ital. Abschnitt sind jetzt wohl die letzten brit. Verbände herausgezogen worden. Die Spitze der an die Ostfront abgehenden 356. Inf.=Div. erreichte Wien.

*Westen*

Bei Heinsberg mußten die eigenen Kräfte hinter den Roer=Abschnitt zurückgezogen werden. Damit hat der Roer=Brückenkopf zu bestehen aufgehört, der durch die 176. und die 183. Inf.=Div. mit einem Teil des Div.=Stabes 606 verteidigt worden war. Die nahenden Verstärkungen kamen zu spät. Bei Düren und bei Monschau feindl. Bewegungen. Bei der 5. Pz.=Armee wiederum Angriffe, die die eigenen Kräfte auf den Clerf=Abschnitt zurückdrängten. Bei Wambach gespannte Lage. Am rechten Flügel der 7. Armee geringere feindl. Tätigkeit. Einiges Gelände mußte freigegeben werden. 2 Div.en stehen jetzt zum Schutz des bedrohten Abschnittes bereit.

*Heeresgr. G:* Die 6. SS=Geb.=Div. kam über den Rothbach voran. Aber der Gegner wehrte sich sehr, und weiter ostwärts drückte er die eigenen Brückenköpfe über den Moderbach zum Teil zurück. Angriffe werden nun eingestellt: sie haben vor dem Westwall ein Vorfeld von 35 km geschafft und dem Feind den rechten Flügel der Maginot=Linie aus der Hand gewunden. Außerdem ist nun auch das Ölgebiet nördlich des Hagenauer Forstes wieder in eigener Hand, das 4% der Reichsproduktion liefert (im wesentlichen Heizöl). Bei der 19. Armee griff der Feind in Gegend Colmar weiter an, ohne wesentliche Erfolge zu erzielen.

*Allgemein*

a) Im Januar stehen an Otto=*Betriebsstoff* 50 000 to zur Verfügung gegen=über 185 000 to im August, d. h. nur noch 28 %. An Flugzeug=Betriebsstoff stehen zur Verfügung 12 000 to gegenüber 198 000 to im Mai des Vorjahres, d. h. nur noch 6%.

b) Der Führer befahl die Aufstellung einer *Pz.=Jagd=Div.* mit 6 Abt.en. Die Div. soll nicht geschlossen, sondern in kleinen Rudeln eingesetzt werden, um die feindl. Pz.=Kräfte zu bekämpfen. Dabei sollen sie unterstützt werden durch die in Bildung begriffenen Radfahr=Kdo.s unter Führung von Leutnanten, die mit panzerbrechenden Mitteln ausgerüstet sind.

**WFStab/KTB** **den 26. 1. 45**

**Mitteilungen des Oberst d. G. Poleck (Qu) am 26. 1. 45, 10 Uhr [1]**

Durch die Zurückverlegung der Fronten betreffen jetzt die Qu=Fragen mehr oder minder alle Fronten gleichmäßig.

I. *Fragen der Versorgung.*

1. *Munitions= und Geschützfertigung.*

Die Munitions=Fertigung, besonders die der Artl.=Mun., ist durch den Produktionsrückgang kritisch geworden. Dieser ist wiederum durch den Mangel an Kohle und durch die Transportfrage bedingt. Die Fertigung von Waffen ist dagegen noch weiterhin gut, da bei ihr ein längerer Weg vom Roheisen bis zum Ausstoß zurückgelegt wird. Ein Absinken ist daher erst später zu erwarten. Es werden deshalb Erwägungen vom GenStdH angestellt, die neu anfallenden Geschütze dazu zu benutzen, die umgebauten Beutegeschütze herauszuziehen, für die keine ausrei=chende Mun. zur Verfügung steht. Ferner ist der Mun.=Verbrauch jetzt straff geregelt worden. GenQu hat den Höchstverschuß pro Rohr fest=gelegt, und auch der WFStab hat entsprechende Befehle herausgegeben. Trotz dieser Schwierigkeiten ist es gelungen, die Mun.=Reserve, die durch das Unternehmen „Wacht am Rhein" [2] aufgezehrt worden war, von neuem wieder aufzustocken und damit einen Rückhalt für Groß=kämpfe zu schaffen. (Im Osten wird im Augenblick wie auch sonst bei Bewegungsfeldzügen verhältnismäßig wenig Munition verbraucht).

1 Handschriftlich eingehend durchkorrigiert von diesem.
2 D. h. die am 16. 12. 44 begonnene Ardennen=Offensive.

2. Allgemein sind die Klagen, daß die *Bekleidung* der Angehörigen der Luftwaffe und der Kriegsmarine besser[1] sei als die beim Heer, daß dies besonders auch auf die Winterausstattung zutrifft. Die Luftwaffe hat viele Leute abgegeben, aber keine Uniformen und besitzt daher große Vorräte. Deshalb soll jetzt die vorhandene Bekleidung drch das V.A.[2] wehrmachtmäßig zusammengefaßt und verteilt werden.

3. An *Kw=Transportraum* besteht ein großer Bedarf an allen Fronten, besonders jetzt im Osten (mit Ausnahme in Norwegen und bei der Heeresgruppe Kurland, wo zu viel Lkw=Raum vorhanden ist). Doch kann dieser wegen der Transportschwierigkeiten nicht in dem erforderlichen Umfang und Tempo ins Reich zugeführt werden. Reserven sind keine mehr vorhanden. Der erforderliche Raum muß deshalb durch die im Gange befindliche Entmotorisierung gewonnen werden.

4. Die *Betriebsstofflage* ist nach wie vor angespannt. Die nicht zu vermeidenden Spannungen führen auch zu taktischen Auswirkungen, so z. B. bei der Verlegung des Pz.=AOK 6 in den Osten, die dadurch verzögert wird, daß der Betriebsstoff nicht immer rechtzeitig und in ausreichendem Maße zur Stelle ist. Auch beim Diesel=Betriebsstoff hat sich ein Engpaß ergeben, der bisher nicht bestand. Nötig ist, die für den neuen U=Boot=Kampf erforderlichen Mengen bereitzustellen. Geringere Schwierigkeiten bestehen auf dem Gebiet des Heizöls, das von Zerstörern usw. verfeuert wird und keiner umständlichen Raffinierung bedarf. Besonders angespannt ist die Lage auf dem Gebiet des Flugzeug=Betriebsstoffs, der allein aus den Hydrier=Werken bezogen wird. Hier wirkt sich aus, daß Pölitz beschädigt wurde. Eine Sonderfrage bedeutet die Beschaffung von „Joseph II" für die neuen Flugzeuge.

Das Planen kann auf allen Gebieten des Betriebsstoffes immer nur von 10 zu 10 Tagen erfolgen.

5. Auf dem Gebiet der *Kohle* (Zahlen s. S. 1039: 25. 1.) ist plötzlich eine sehr kritische Lage dadurch entstanden, daß die oberschlesische Kohle zur Zeit nicht abtransportiert werden kann. Die Verteilungsstellen haben zu Notmaßnahmen gegriffen; dabei ist es z. B. zur Beschlagnahme der Marine=Bestände in Danzig und Gotenhafen durch den Gauleiter und Reichsverteidigungskommissar gekommen, so daß die Transporte zur Heeresgr. Kurland, nach Memel und Ostpreußen gefährdet wurden. Der Großadmiral Dönitz hat deshalb vorübergehend das alleinige Verfügungsrecht über alle Kohle erhalten, die in den Nord= und Ostseehäfen sowie auf Schiffen vorhanden ist. Um die Verteilung zu regeln, hat am 22. 1. in Hamburg eine Besprechung stattgefunden, bei der der WFStab durch Oberst d. G. Poleck vertreten war. Auf dieser Sitzung wurde die

1 Darüber eine nicht lesbare Verbesserung.    2 d. h. Versorgungs=Amt.

Kohle so verteilt, daß sowohl die Kriegsmarine als auch der Reichskommissar für die Seefahrt, die Werften und die Reichsbahn für die nächsten 12 Tage mit Kohle versehen wurden. Die Zuführungen von Kohle nach Norwegen wurden für diesen Zweck herangezogen. Stattdessen genehmigte der Führer, daß aus dem in Dänemark vorhandenen Vorrat von 300 000 to 10% für Norwegen freigegeben werden. Damit ist nun die dem OBdM erteilte Vollmacht erloschen. Die Forderungen der operativen Kriegführung gegenüber der Reichsstelle für Kohle vertritt jetzt General Stapf als der Exponent des WFStabs, der ihm die erforderlichen Unterlagen beschafft. Hierzu werden in erster Linie gerechnet die Reichsbahn, die Schiffahrt, die Werften und die Kraftspender.

Auf diese Weise ergibt sich eine enge Zusammenarbeit mit der Reichsstelle Kohle, die von dem bereits durch frühere Aufträge (Donez-Gebiet usw.) mit der Aufgabe vertrauten Staatsrat Pleyger geleitet wird. Der Eindruck ist, daß die Reichsstelle ausgezeichnet arbeitet und elastisch führt. Am 24. 1. hat in Berlin eine Besprechung stattgefunden, bei der sich ergab, daß für die Reichsbahn und die Schiffahrt die erforderliche Kohle zur Verfügung steht – unter der Voraussetzung, daß der Transport aus dem Ruhrgebiet möglich bleibt. Erforderlich ist das Abfahren von 13 000 Waggons täglich. In bezug auf Menge, Lokomotiven und Wagen ist die Erfüllung dieser Forderung möglich. Falls jedoch die entscheidenden Bahnhöfe durch Luftangriffe auch nur für einige Zeit wieder ausfallen, müssen Krisen entstehen. Aus diesem Grund wird auch aus dem Ruhrgebiet keine Flak abgezogen. Außerdem werden die Instandsetzungskräfte verstärkt; die bisher im Bereich des OB West eingesetzte Front-Org. Todt wird in das Ruhrgebiet verlegt. Ferner wird durch Beimischung von Braunkohle versucht, die Bestände zu strecken. Unvermeidlich ist, daß die Zuweisung von Kohle an Industrie und Bevölkerung stark eingeschränkt wird. Der Grundgedanke ist, daß es zuerst darauf ankommen muß, die Front zum Halten zu bringen.

II. *Fragen der Verwaltung usw.*

1. Im Anschluß an den Befehl für das Verhalten abgesprengter Kräfte ist eine Zusammenstellung aller für die *Verteidigung von Festungen* gegebenen Befehle angefertigt worden. Gegen diese hatte die Parteikanzlei den Einwand erhoben, daß der Vertreter der Partei nicht dem militär. Festungs-Kommandanten unterstellt werden könne. Der Chef OKW ist auf diese Forderung eingegangen, und der Befehl geht nun mit entsprechender Änderung heraus.
2. Die vorbereitenden Maßnahmen für *Räumung und Zerstörung im Osten* reichten nicht aus, da die Entwicklung viel schneller ablief und weiter nach Westen griff, als erwartet werden konnte. Es hat sich daher eine Fülle von Rückfragen ergeben, da allgemeine Richtlinien fehlten.

Der WFStab hat deshalb der Parteikanzlei einen Vorschlag für Richtlinien zugeleitet, der in den Besprechungen mit den Ministerien abgeändert wurde, dann jedoch liegenblieb. Daher hat der Chef OKW ihn von sich aus, nach Vortrag beim Führer, unterzeichnet. Es sind nun Zonen gebildet: Die Räumung soll dort, wo eine einigermaßen feste Front besteht, in einer Tiefe von 30 km eingeleitet werden, wo nur eine stützpunktähnliche oder keine Front besteht, in einer Tiefe von 60 km von den feindl. Pz.-Spitzen.

Bei den Räumungen haben sich erschütternde Bilder ergeben; jedoch ist daraus kein Vorwurf für die Zivilstellen abzuleiten, denn es ist einfach unmöglich gewesen, die Räumung in diesem Tempo planmäßig durchzuführen. Der Abtransport von Vieh wird schon durch die glatten Straßen unmöglich gemacht; es muß also an Ort und Stelle bleiben. Laut Weisung werden die Betriebe nur gelähmt; die Rüstungsbetriebe arbeiten nach Möglichkeit bis zum letzten Augenblick.

3. Auf Veranlassung des Chefs OKW ist auch die von dem Reichsminister Speer erteilte Anweisung, die *Raffinerien in Ungarn* zu zerstören, wieder aufgehoben worden.

4. Die in früheren Aufzeichnungen behandelte Frage der *Zuweisung von Lire* zum Aufkauf italienischer Produkte ist nunmehr geregelt worden. Der Chefintendant ist zuständig für die in Italien eingesetzten Verbände; die übrigen Aufkäufe steuert in Zusammenarbeit mit dem Heeres-Vers.-Amt der Botschafter Rahn. Zur Verfügung stehende Geldbeträge reichen für die Erfordernisse einigermaßen aus.

Gesehen: . . . . .[1]

**Lagebuch 27. 1. 45**

*Osten*

*Heeresgr. Süd:* Angriffe der SS-Div. „Totenkopf" und der 1. Pz.-Div. nach Nordwesten kamen gut voran. Der Gegenstoß von Westen aus blieb jedoch liegen. Dafür erreichte die ungar. Kav.-Div. den Ausgang des Velencze-Gebirges. In Budapest ein Einbruch im Nordteil. In der Nacht 15 Flugzeuge zur Versorgung, die durch das Wetter behindert wurden. Nördlich der Donau weitere Ansammlungen. Bei der 8. Armee Ruhe.

*Heeresgr. Mitte:* Der rechte Flügel der Armeegruppe Heinrici und der linke der 17. Armee mußten zurückgenommen werden, wodurch nun auch die vorgesehene Absetzung bis Sucha bei der Armeegruppe Heinrici zurückgebogen werden mußte. Grund ist: weitere Verschärfung der Lage in Oberschlesien. Bei Mislowitz stießen Panzer nach *Kattowitz* vor. An der Nordfront kam der Feind 4 km voran. Nach Hindenburg stieß er von Osten vor. Etwa 500 feindl. Ein-

1 Vgl. S. 992 Anm. 1

sätze über Schlesien. Die Brückenköpfe an der Oder wurden umkämpft. An der Ost- und Nordfront von Breslau wurden Angriffe zurückgewiesen. Die Stellung wurde auf eine innere Linie des Brückenkopfes zurückgenommen. Ob Öls noch besetzt ist, ist fraglich. Südlich Steinau setzte der Feind über die Oder. 30 Panzer stießen über Dieban vor. Der Stab Nehring wurde nach Glogau verlegt. Die von Gen. Jauer übernommene Gruppe soll sich jetzt doch nach Breslau durchschlagen. Der Feind im Vordringen in Richtung Bomst. Die Tirschtiegel-Stellung wurde bezogen, d. h. die letzte vor der Oder-Warthe-Stellung. *Posen* wurde vom Feinde stark angegriffen; seine Inf. hat bereits aufgeschlossen. In Posen stehen 12 000 Mann von sehr unterschiedlichem Wert, die über kein halbes Dutzend Panzer verfügen. An der Netze steht der Feind bei Czarnikau und Schönlanke. An *Schneidemühl* kamen 14 Panzer heran.

Die *Heeresgr. Weichsel* verfügt über die 4. Pz.-Div., die 32. Inf.-Div. und die erst von der Heeresgr. Kurland ankommende 227. Inf.-Div. Nakel ging verloren. Der Feind versorgte seine Truppen in diesem Raum aus der Luft. *Bromberg* ist eingeschlossen; bei Thorn gleiche Lage. Der eigene Brückenkopf bei Kulm wurde verengert, um 2 Div.en zum Gegenstoß nach Westen herauszuziehen. Bei Graudenz besteht ein eigener Brückenkopf. Die 7. Pz.-Div. wurde zum Stoß nach Norden angesetzt. In Marienburg drang der Feind ein. Er setzte auch über die Nogat und wandte sich von Elbing aus nach Nordosten.

*Ostpreußen (Heeresgr. Nord):* Abwehr bei Wormditt. Nördlich Allenstein weiterhin Druck. Im Süden weitere Absetzung geplant, um „Großdeutschland" zum Schutz von Königsberg herausziehen zu können. An der Ostfront drang der Gegner von Lötzen über die Seen und schob sich in Richtung der Anlage *„Wolfsschanze"* [1] vor, die bereits gesprengt ist. Im Nordosten ist die Front in Bewegung geraten. Der Feind kam bis an die Forts von *Königsberg* heran.

*Heeresgr. Kurland:* Weitere Angriffe wurden abgewiesen. Die Lage hat sich entspannt. Die Transporte wurden vom Feinde nicht gestört.

Insgesamt 1 300 feindl. und 778 eigene Einsätze; 4 Abschüsse und 18 Verluste (zum großen Teil Vermißte). In Ungarn geringe Tätigkeit. Schwerpunkt bei Breslau und Marienburg. Vernichtet wurden 5 Panzer und 29 Geschütze. Da der Gegner bei Auftauchen von Schlachtflugzeugen seine Panzer sofort zum Halten bringt und sie gut tarnt, ist ihre Bekämpfung aus der Luft sehr schwer; außerdem fehlen den meisten Flugzeugen die Mittel, panzerbrechende Munition zu verschießen.

*Nordraum*

Der Alta-Fjord ist jetzt im wesentlichen geräumt. Hammerfest ist noch besetzt.

*Westen — Reich*

Nur geringe Tätigkeit des Feindes; daß die 4-mot. Verbände seit Tagen nicht

1 D. h. das ehemalige, von 1941—1944 benutzte Führerhauptquartier (s. den I. Teil der „Erläuterungen").

eingeflogen sind, erklärt sich durch das Wetter. Zweifellos bedeuteten die Angriffe der vorausgehenden Zeit eine Überanstrengung, weshalb jetzt wahrscheinlich das schlechte Wetter als Anlaß zum Auffrischen genommen wurde. Politische Gründe sind nicht dahinter anzunehmen, obwohl die feindl. Presse weiterhin mit unverkennbarer Besorgnis das Vordringen der Russen verzeichnet und dazu bemerkt, daß jede Offensive ihren Höhepunkt erreicht und die Deutschen noch über Reserven verfügen.

Auf Grund der Luftlage hat sich sowohl die Betriebsstofflage als auch die Kohlenzufuhr in den letzten Tagen spürbar gebessert. Im Ruhrgebiet wurden 12 000 Waggons statt 9 000 abgefahren. Aus Oberschlesien sind in Richtung Wien noch 1 600 Waggons abgefahren worden.

*Südosten*

Das Unternehmen bei Travnik kostete dem Feinde 307 Tote bei 33 eigenen Verlusten. Der OB Südost beantragte die Preisgabe des Brückenkopfes von Višegrad. Die Straße nach Bjelina ist freigekämpft. Bjelina selbst wurde wieder versorgt. Bei Brod ist eine neue Brücke fertiggestellt. Bei der Kampfgruppe Fischer Abwehr. Im Kosaken=Raum Aufklärung.

*Südwesten*

Geringe Tätigkeit in der Luft und auf der Erde. An der Ostfront ist nun die 2. brit. Pz.=Brig. eingesetzt. Die Kampfstaffel der 356. Inf.=Div. ist in den Osten abgefahren. Die Funkstille ist wieder aufgehoben. Der Schnee stört die Verbindungen.

*Westen*

Der Feind verstärkte seine Front im Abschnitt von Roermond. Seine weitere Absicht ist noch nicht deutlich. Im Raum von Diedenhofen — Saarburg gleichfalls Bewegungen, die bei Saargemünd auch an der Front beobachtet wurden; hier scheint sich also ein neuer Schwerpunkt zu bilden.

Bei der *Heeresgr. H* Vorstoß; im Wurm=Abschnitt gingen die eigenen Truppen auf eine neue Stellung zurück. Die 366. Inf.=Div. wurde als Reserve bereitgestellt. Die 3. Pz.=Gren.=Div. wird herangezogen.

Bei der *Heeresgr. B* ließen die feindl. Angriffe nach. Die HKL wurde planmäßig weiter zurückgenommen.

Bei der *Heeresgr. G* gingen die Kämpfe bei Nennig weiter. Einiger Boden wurde aufgegeben. Über Saargemünd s. oben. Bei Merzweiler wurde eine Brücke geschlagen. Ostwärts Kämpfe an der Ill=Front, bei Colmar und an der Südfront der 19. Armee.

**Lagebuch 28. 1. 45**

*Osten*

*Heeresgr. Süd:* Starke Gegenangriffe des Feindes gegen die Südfront zwischen Plattensee und Donau, bei denen Hercegvalva verlorenging. Die 5. SS=

Div. stieß nach Westen vor und wehrte Gegenangriffe ab. Gegen die nach Nordwesten vorgeschobene Spitze gleichfalls Gegenangriffe; die eigenen Kräfte gingen hier zur Verteidigung über. Für die Verteidigung von Stuhlweißenburg werden jetzt Inf.=Kräfte eingesetzt, um die Pz.=Kräfte zu einem Stoß nach Süden freizumachen. 260 feindl. Einsätze, in der Nacht fast 200 eigene zur Versorgung von Budapest. Zugeführt wurden über 100 to. In Komorn läuft die Arbeit in den Raffinerien wohl weiter. Zum Schutz wird Flak aufgestellt.

*Heeresgr. Mitte:* Bei der Armeegruppe Heinrici verläuft das Absetzen weiterhin ohne Störungen; nur auf dem linken Flügel Einbrüche. In Oberschlesien sind nun im Raum von *Königshütte* die eigenen Kräfte von allen Seiten umgangen. In *Beuthen* Kämpfe. Bei *Gleiwitz* holte der Feind von Westen nach Süden herum. 60 Panzer wurden abgeschossen. Dagegen wurde ein eigener Angriff angesetzt. Bei Rybnik wehrte die Schi=Div. Angriffe ab. Vorstöße bei Breslau wurden wiederum abgewiesen. Der Gegner hat also seine Kräfte mit Schwerpunkt nach Oberschlesien abgedreht. Bei Steinau vergrößerte er seinen Brückenkopf. Die Gruppe Saucken setzte ihren Marsch fort. Lossen wurde gehalten, ebenso Gostin und Grätz.

Am Tirschtiegel=Riegel keine Angriffe. Den Befehl hat hier das stellv. XXI. AK. übernommen. In *Posen* verschärfte sich die Lage, da der Feind mit 2—3 Div.en angreift und sich Banden bilden. Die Gruppe Scherer ging ostwärts Birnbaum weiter zurück. Feindl. Panzer drangen bei Filehne über die Netze. Bei *Schneidemühl* wurde der Gegner abgewiesen. Vom Netze=Ufer zogen sich die eigenen Truppen zurück. Auf der Straße Schneidemühl — Nakel feindliche mot. Bewegung. Im Nordteil von Bromberg halten sich noch eigene Kräfte. Der eigene Stoß von Nordosten kam nur anfangs gut voran. Zwischen Kulm und Graudenz ging der Gegner über die Warthe, wurde aber wieder zurückgeworfen; bei Graudenz und Marienwerder wurde er abgewiesen, bei Mewe zurückgeworfen. Bei *Marienburg* Kämpfe um das Schloß. *Elbing* ist eingeschlossen.

*Ostpreußen (Heeresgr. Nord):* Der eigene Angriff auf dem rechten Flügel nach Südosten kam bis halbwegs Frauenburg — Elbing und halbwegs Preußisch=Holland voran. Eingesetzt sind Inf. und eine Kampfgruppe der 24. Pz.=Div. Doch besteht Betriebsstoffmangel. An der Südfront gleiche Lage. Ostwärts wurde die eigene Front ohne Feinddruck zurückgenommen. Südlich Königsberg hat sich die Lage verschärft. Der Gegner erreichte den inneren Ring der Festung. Nördlich der Stadt drang der Gegner in die Haff=Anschlußstellung ein. Von Königsberg sind noch 24 000 Verwundete abzutransportieren. 7 000 Verwundete und 2 000 Flüchtlinge wurden abtransportiert; insgesamt jetzt 46 000 Flüchtlinge aus Ostpreußen. Der Transport von Memel wurde durch das Wetter gestört, da Nordostwind in Stärke 7 — 8 herrscht und daher das Auslaufen aus Gotenhafen so gehindert wird, daß selbst die Kreuzer mit ihren Begleitschiffen den Hafen nicht verlassen können.

*Heeresgr. Kurland:* Abnahme der Kampftätigkeit. 1 403 eigene Einsätze, meist in der Mitte, dabei 8 Abschüsse und 30 eigene Verluste (zum Teil Vermißte). 8 Panzer, 300 Kfz.e und 20 Geschütze wurden zerstört.

*Nordraum*

Da von 17 eingesetzten Schiffen 11 zurückkehren mußten, sind im Augenblick nur wenige eingesetzt. Die 197. Inf.-Div., die jetzt abtransportiert werden soll, wird durch die 230. Inf.-Div. abgelöst. An der Südwestküste ein Gefecht mit 2 Kreuzern, von denen der eine nach schweren Treffern mit geringer Fahrt abdrehte (ein eigener Zerstörer beschädigt); die anderen fuhren weiter. Im Skagerrak wurde der Verkehr durch das Wetter gestört.

*Westen — Reich*

Wegen des Wetters nur geringe Tätigkeit. Abends ein Vorstoß von Moskitos bis Berlin.

*Südosten*

Der Führer hat sich damit einverstanden erklärt, daß der Brückenkopf Višegrad zurückgenommen wird. Die 22. Inf.-Div. kommt weiterhin langsam voran. Bei Travnik verstärkte sich der Feind wieder; in dem dortigen Gebirgs-Riegel bleiben Landesschützen und Teile des russ. Korps. Die 297. Inf.-Div. wird jetzt westlich Bjelina in Slawonien versammelt. Im Kosaken-Raum verstärkte sich der Abzug der Russen.

*Südwesten*

100 eigene und 184 feindl. Einsätze. Von der 356. Inf.-Div. sind jetzt 16 Züge über die Grenze gefahren.

*Westen*

Verstärkung der Kräftegruppe bei Verviers. Bei der 9. Armee keine Umgruppierungen. In der Front eine Div. mehr, also bei den Reserven eine weniger. An der Naht der Heeresgr. H und B geringere Tätigkeit. St. Odilienberg wurde umkämpft.

Bei der *Heeresgr. B* wurden durch Absetzen in eine Sehnenstellung weitere Reserven gewonnen (3. und 15. Pz.-Gren.-Div., 340. und 79. Inf.-Div.). Im Süden wird die 2. Pz.-Div. bereitgehalten, weiter nördlich die 9. Pz.-Div. Die 3. Pz.-Gren.-Div. wird auf den rechten Flügel der Heeresgruppe verschoben. Die Führer-Begleit-Brig. und die Führer-Gren.-Brig. liegen noch fest.

Bei der *Heeresgr. G* weitere Kämpfe; bei Nennig dagegen Ruhe. Im nördlichen Elsaß legte die 25. Pz.-Gren.-Div., die heute in den Osten abtransportiert wird, am letzten Tage in Richtung Germersheim 15 km zurück. Herausgezogen wird auch die 7. Fallsch.-Jäg.-Div., die zur Heeresgr. H kommt. Bei der 19. Armee wurde der Nordflügel abgesetzt. Fortgang der Kämpfe bei Colmar. An der Südfront nur örtliche Kampfhandlungen.

*Allgemein*

Neue U=Boot=Erfolge.

Die britische Presse dämpft die russischen Erfolge.

Aus dem Ruhr=Gebiet wurden 13 100 Waggons abgefahren. Die Höchstleistung im Jahre 1944 lag bei 20 000.

**Lagebuch 29. 1. 45**

*Osten*

*Heeresgr. Süd:* Südlich des Plattensees wurden Einbrüche bereinigt. An der Front zur Donau kam der Gegner weiter vor, 25 Panzer wurden vernichtet. Die 1. Pz.= und die 3. SS=Pz.=Div. stehen zum Gegenangriff bereit. Am Nordostrand des Velencze=Sees wurde der eigene Frontbogen zurückgenommen. In Budapest verschärfte sich die Lage. Entweder muß die Front im Nordwesten zurückgenommen oder der Brückenkopf in 2 Teile aufgespalten werden. 81 Flugzeuge zur Versorgung .

Sonst 200 feindl. und 100 eigene Einsätze, bei denen es gelang, die Brücke bei Dunavöldvar zweimal zu treffen und 6 Lokomotiven zu vernichten. Die in Budapest gelandeten Störche können nicht zurückkehren, so daß die Erwartung auf die Meldung von Augenzeugen wegfällt.

*Heeresgr. Mitte:* Weiteres Absetzen der Armeegruppe Heinrici sowie der 17. Armee, die nunmehr *Oberschlesien preisgegeben* haben. Welche Kräfte sich noch halten, ist nicht klar. Von Rybnik ein Stoß nach Nordosten, um Anschluß an sich zurückkämpfende Kräfte zu gewinnen. Nördlich Ratibor 30 feindl. Panzer. Bei Ohlau gespannte Lage; bei Breslau keine Veränderung. Bei Steinau konnte der Feind seinen Brückenkopf mit dem bei Löben gebildeten vereinigen. Stöße von Norden und Süden dagegen drangen nur wenig vor. In diese Frontlücke sollen jetzt die Gruppen Saucken und Jauer zurückgeführt werden. Zu ihrer Versorgung 67 Flugzeuge, die 50 cbm Betriebsstoff zuführten.

*Heeresgr. Weichsel:* Bei Lissa wurden heftige Angriffe abgewiesen. In *Posen* verschärfte sich die Lage, da nun die panzerbrechenden Mittel zu 40% weggefallen sind. Nach vorliegenden Meldungen soll der Kampfwert der Besatzung sehr schlecht sein, so daß ein Widerstand nur bis heute möglich scheint. Im Raum von Tirschtiegel feind.. Bereitstellungen. Kreuz ist in der Hand des Feindes, der nun an die Pommern=Stellung herankommt. Weiteres Absetzen an der Warthe. Nördlich Nakel stieß der Feind auf Wanzenburg vor. In stützpunktartiger Aufstellung hält hier eine lettische SS=Div. Bei *Thorn* wurde der Gegner abgewiesen; er scheint hier Kräfte nach Bromberg abgezogen zu haben. Feind bei Karpfen. Teile, die über die Weichsel vorgedrungen waren, wurden zurückgeworfen. Der eigene Gegenstoß nach Südosten stieß auf feindl. Kräfte und wurde dadurch angehalten. Bei Graudenz und Marienwerder jetzt eigene Brückenköpfe. Fortgang des Kampfes um die Marienburg. Der Feind wurde wieder hinter die Nogat zurückgeworfen. *Elbing* ist eingeschlossen.

*Ostpreußen (Heeresgr. Nord):* Der Angriff auf dem rechten Flügel wurde wieder gestoppt; nur die Panzer konnten bis Elbing durchstoßen. Dagegen kam der linke Flügel voran. Bei Liebstadt feindl. Kräfte. Im Südosten und Osten weiteres Absetzen. *Korschen* wurde preisgegeben. Bei Königsberg verschärfte sich die Lage, da der Gegner die Straße nach Süden überschritt und bis zur Autobahn vorankam. Die Div. „Groß=Deutschland" ist noch nicht zur Stelle. Verschlechterung auch an der Haff=Anschlußstellung. *Memel* ist nunmehr geräumt; die Nehrung wird zu 2/3 weiter gehalten.

*Heeresgr. Kurland:* Ruhe, jedoch wird ein neuer Angriff erwartet. Am 26. und 27. 1. wurden weitere 15 000 Flüchtlinge zurückgeführt. Sehr schlechtes Wetter erschwerte den Seeverkehr. Der Kreuzer „Prinz Eugen" ist um 0.00 Uhr nach Cranz ausgefahren. Der Kreuzer „Scheer" hält sich zum Schutz von Elbing bereit; durch 2 Torpedoboote Nachschub nach Pillau. Von Libau wurden 14 000 Mann zurückgefahren. Bisher sind trotz des schlechten Wetters 22 000 Mann von Libau abtransportiert worden.

Für die Weichsel= und Oder=Brücken ist je ein Kommandant bestimmt worden. Den Befehl zur Sprengung gibt das AOK 2. An den Oder=Brücken werden je 5 Flak=Battr.en aufgestellt.

608 eigene Einsätze. Vernichtet wurden 14 Panzer, 40 Geschütze und über 800 Fahrzeuge.

*Nordraum*

Temperatur — 30 Grad. Die 169. Inf.=Div. ist zu 2/3 in Oslo eingetroffen. Die 197. Inf.=Div. auf dem Marsch, zum Teil im Fußmarsch (1 Batl. bereits vor Drontheim).

*Westen — Reich*

Nach mehreren Tagen wieder Einflug von 1 000 4=mot. Bombern, und zwar in den Raum Dortmund — Düren; ferner 150 Briten im frontnahen Raum. Dabei schwere Schäden am Kölner Dom und am Kölner Hauptbahnhof. Nachts 2 kleinere Angriffe gegen Stuttgart, dabei Abschuß von 10 Flugzeugen durch 14 Nachtjäger. Ferner 60 Moskitos gegen Berlin und 30 zur Verminung des Kattegat. Durch die neuen Angriffe sind wiederum 2 Eisenbahnbrücken ausgefallen, nämlich bei Duisburg und Remagen, insgesamt also 6 (Köln=Süd, Worms, Mannheim und Maxau).

*Südosten*

Bei Mostar gelang den beiden nach Süden vorstoßenden Gruppen die Vereinigung. Die 22. Inf.=Div. hat nun die Drina, also die kroatisch=serbische Grenze erreicht. Bei Bjelina wiederum Kämpfe. Im Kosaken=Raum kamen eigene Kräfte von Süden aus weiter vor. Es ist jetzt nachgewiesen, daß die abgezogene russ. Div. in den Raum von Dunavöldvar gekommen ist.

*Südwesten*

260 u. 120 Einsätze. Geringe Kampfhandlungen.

*Westen*

Nachdem der Feind nun die Rur (Roer), sein erstes Ziel, erreicht hat, wird er wohl erst einmal verhalten. Zu rechnen ist dann mit einem kombinierten brit.-amerikan. Großangriff, der wegen der Entwicklung im Osten auf die erste Hälfte des Februar vorverlegt wird.

*Heeresgr. H:* Ein eigener Brückenkopf an der unteren Maas, den der Gegner ständig angreift, hält sich weiter.

Bei der *Heeresgr. B* Abnahme der Kampfhandlungen. Auf dem rechten Flügel des früheren Angriffsraums ist die endgültige Linie noch nicht erreicht. Die endgültige Linie deckt sich ungefähr mit der Reichsgrenze.

In amerikan. Verlautbarungen wird hervorgehoben, daß nun der Erfolg der Offensive wettgemacht sei. Es soll deshalb im Wehrm.-Bericht hervorgehoben werden, daß der Feind 26 000 Gefangene verlor und gegen 100 000 blutige Verluste davon trug, was auf den Verlust von 10 Div.en hinausläuft.

*Heeresgr. G:* Fortgang der Kämpfe bei Nennig und Colmar. Drusenheim wird umkämpft.

*Allgemein*

Die russ. Presse weist darauf hin, daß dies der geeignete Augenblick für die Engländer und Amerikaner zum Angriff sei, daß sie aber bisher noch nichts unternommen hätten.

Der Führer hat am 28. 1. den Gen. *Wlassow* zum OB der russ. Streitkräfte mit den Befugnissen eines OB ernannt. Er hat das Recht, Offiziere bis zum Oberleutnant zu ernennen. Gen. Wlassow wollte auch das Comité einspannen; jedoch wurde mit Rücksicht auf die Ukrainer dieser Vorschlag abgelehnt.

Der *Reichsminister Speer* hat darauf hingewiesen, daß durch den Wegfall von Oberschlesien die Leistung der Wehrwirtschaft gegenüber der Leistung im Dezember auf 1/4 absinken würde, daß sich dies jedoch in den einzelnen Zweigen zeitlich ganz verschieden auswirke.

**WFStab/KTB** **den 29. 1. 45**

**Zusammenfassung der Ereignisse in der 2. Januarhälfte, gegeben von Oberst d. G. Meyer-Detring am 29. 1., 19 Uhr.**

1. *Westen*

Die Winterschlacht in den Ardennen, die am 16. 12. begonnen wurde und in ihrer zweiten Phase dazu führte, daß das gewonnene Gelände schrittweise dem Feinde wieder überlassen wurde, ist am 28. 1. zu Ende gegangen.

Bei dem Kampf um die Initiative an der Westfront bereitete der Gegner der eigenen Führung dadurch eine Überraschung, daß er im nördlichen Elsaß freiwillig aus der Maginot-Linie in den Moderbach-Abschnitt zurückging. Dadurch ergab sich der Versuch, nachzustoßen und den Feind aus seiner neuen Stellung zu werfen, bevor er sich dort gesetzt hatte. Dabei wurden örtliche Erfolge erzielt; aber um zu einem größeren zu gelangen, wäre der Einsatz stärkerer Kräfte notwendig gewesen. Der Führer befahl deshalb im Hinblick auf die Ostlage, im Westen zur Verteidigung überzugehen. Der OB West erhielt die Weisung, sich im Westwall (einschließlich der vor ihm besetzten Gebiete) einzurichten und seine Reserven so zu gliedern, daß er mit ihnen Feindstöße auffangen könne:

1. an der Maas (entweder in Richtung Venlo oder im holländischen Raum),
2. im Raum von Aachen,
3. gegen die Saarpfalz.

Anschließend wurde dem OB West auch die Genehmigung erteilt, den rechten Flügel der 19. Armee, der am Ill-Abschnitt steht, zurückzunehmen, wenn der Druck von Colmar dies erforderlich mache. Der Elsaß-Brückenkopf soll jedoch nach wie vor gehalten werden.

Herausgezogen aus dem Westen werden nunmehr die 6. Pz.-Armee, die beiden Führer-Brigaden, die 25. Pz.-Gren.-Div., die 21. Pz.-Div. und Heerestruppen.

Das Herausziehen ist erschwert durch

1. die Betriebsstofflage,
2. die Lage an den Rheinbrücken, von denen zur Zeit 6 Eisenbahnbrükken ausgefallen sind,
3. durch den starken Schneefall,
4. durch den Druck der Amerikaner auf die vordersten Verbände an der Ardennen-Front, wo die dort eingesetzten Div.en so abgekämpft sind, daß sie durch die Pz.-Verbände abgestützt werden mußten.

Deshalb kommt der Abtransport der 6. Pz.-Armee, der bereits am 20. 1. befohlen wurde, erst ab 30. 1. ins Laufen. Dagegen kann der der 25. Pz.-Gren.-Div., deren Abtransport erst am 26. 1. befohlen wurde, bereits heute (29. 1.) durchgeführt werden.

Anstelle dieser Abgaben werden dem OB West nur noch die Reste der ihm aus Norwegen zugeleiteten 2. Geb.-Div. zugeführt, und zwar zum Einsatz beim AOK 19.

Im allgemeinen ist die Lage an der Westfront dadurch gekennzeichnet, daß Eisenhower im Hinblick auf die Entwicklung der Lage im Osten früher angreifen wird, als er dies nach den sonstigen britisch-amerikan. Prinzipien wohl getan hätte. Es wird jetzt damit gerechnet, daß der anglo-amerikan. Angriff in der ersten Hälfte des Februar (etwa am 10. 2.) einsetzen wird. Im Zusammenhang damit sind auch wieder die holländ. Küste und deren Hinterland mehr in das Blickfeld getreten. Die Küste wurde durch Fest.-Artl., das Hintergelände durch stärkere Belegung besser gesichert.

2. *Südwesten*

An der ital. Front herrscht Ruhe, wobei der Schneefall der letzten Zeit eine Wirkung hat. Den eigenen Truppen ist dadurch eine Erholung ermöglicht. Der Abtransport der 356. Inf.=Div. nach Ungarn verläuft verhältnismäßig glatt (bis jetzt 16 Züge über die Grenze trotz Insel=Verkehr).

3. *Südosten*

Dem OB Südost ist aufgegeben worden, Ermittlungen anzustellen, wie er sich an der geplanten Vernichtung des russ. Südflügels beteiligen kann. Es wird gedacht an den Vorstoß von 4 Div.en (11. Luftw.=Feld=Div., 297. Inf.=Div., 104. Jäg.=Div. und 7. SS=Geb.=Div.) von Esseg nach Norden. Die Bereitstellung dafür kann bis 6. 2. abgeschlossen sein. In diesem Zusammenhang wurde die Frage neu erörtert, ob der kroatische Raum verengert werden solle. Der Führer hat dies abgelehnt, da eine solche Bewegung das Signal für eine gesteigerte Aktivität der Tito=Banden bedeuten werde. Deshalb bleibt es bei dem bisherigen Auftrag zur Verteidigung des kroatischen Raumes. Nur die Zurücknahme des Brückenkopfes von Višegrad ist vom Führer genehmigt worden.

An Einzelheiten ist hervorzuheben, daß die Russen ihre einzige Div., die sie an der Drau=Front eingesetzt hatten, jetzt in den Raum von Dunaföldvar verschoben haben; ferner, daß die Cetnik=Verbände nach Serbien hineinstreben, was auf einen Druck gegen die Tito=Kräfte und dadurch auf eine Erleichterung für die eigenen Truppen hinausläuft. Der Aufbau der Drina=Front schreitet nur langsam voran, da die 22. Inf.=Div. auf ihrem Marsch aufgehalten wurde. An der Syrmischen Front ist es — zweifellos unter dem Eindruck der dem Feinde bei dem eigenen Vorstoß zugefügten Verluste — zur Zeit ruhig.

Die Heeresgr. F soll bis 31. 1. den Befehl im Südosten an die Heeresgr. E abgeben. Über ihre weitere Verwendung ist noch keine Entscheidung gefallen.

4. *Osten*

Bei der *Heeresgr. Süd* ist die Lage durch den erfolgreichen Vorstoß der eigenen Truppen aus dem Raum nordostwärts des Plattensees gekennzeichnet. Gestern (28. 1.) hat die Offensive gegen die Südfront begonnen. Möglich ist die Zusammenballung feindl. Kräfte nördlich der Donau in Richtung Preßburg. In den ungar. Raum werden zugeführt die beiden Pz.=Korps aus dem Westen und die zum Teil schon eingetroffene 356. Inf.=Div. aus dem Südwesten. Es besteht die Absicht, mit diesen Kräften die Kräfte des russ. Südflügels zu zerschlagen, die eigenen Kräfte in Budapest freizukämpfen und auf diese Weise etwa ein Dutzend Div.en für den Kampf an der Ostfront freizumachen.

*Heeresgr. Mitte:* Die Armeegruppe Heinrici ist bei der Zurücknahme in die Slowakei. Am gestrigen Tage ist das Industriegebiet verlorengegangen.

Von den über die Oder gebildeten Brückenköpfen ist der bei Steinau und Köben der gefährlichste. Heute ist es gelungen, ihn einzuengen, und es ist jetzt die Frage, ob es gelingen wird, ihn durch Eindrehen der Gruppe von Saucken ganz zu vernichten, die jetzt mit ihrer Spitze die Oder erreicht hat. Der Gegner hat offensichtlich die Absicht, durch einen Stoß über Glogau den Raum von Berlin zu erreichen. Mit schwächeren Teilen fühlte er gleichzeitig über Kreuz und Landsberg vor. Es hält noch der Tirschtiegel-Riegel.

An der *Weichsel* ist die Lage gespannt. Heute ist es gelungen, durch Stoß der 7. Pz.-Div. von Elbing aus wieder eine Verbindung nach Ostpreußen herzustellen.

In *Ostpreußen* ist die Lage durch die Zurücknahme an allen Fronten gekennzeichnet. Nicht ersichtlich ist bisher, weshalb der starke Sehnenriegel bei Lötzen so schnell aufgegeben worden ist. Im Norden ist die Deime-Stellung durchbrochen. Memel ist geräumt.

Aus *Kurland* sollen 4 Div.en abtransportiert werden. Der Heeresgruppe ist es gelungen, durch gute Abwehr den Versuch des Feindes, nach Libau durchzubrechen, zu vereiteln.

Außer den bei der Heeresgr. Süd angeführten Zuführungen (die beiden Pz.-Korps aus dem Westen und die 356. Inf.-Div. aus dem Südwesten) werden der Ostfront noch zugeführt: aus dem Westen die 25. Pz.-Gren.-Div., die 21. Pz.-Div., die Führer-Begleit-Brig. und die Führer-Gren.-Brig., die in den Raum Frankfurt a. O. und Cottbus kommen, ferner aus Norwegen die 163. Inf.-Div., die in der Überführung nach Dänemark begriffen ist, die 169. Inf.-Div., die jetzt auf dem Marsch sich befindet, und schließlich die 199. Inf.-Div., deren Abtransport jetzt befohlen worden ist.

Den Befehl über die Heeresgr. Süd übernahm vor einiger Zeit der bisherige OB der 8. Armee, General Wöhler. Bei der Führung der Heeresgr. Nord wurde der Gen.-Oberst Reinhardt durch den Gen.-Oberst Rendulic abgelöst, der bisher die Heeresgr. Nord (= Kurland) führte. Für diese ist noch kein neuer OB bestimmt worden. Die Heeresgr. Mitte wird durch den Gen.-Oberst Schörner geführt.

5. *Nordraum*

Die Marschbewegungen verlaufen planmäßig. Als 5. Div. soll aus Norwegen jetzt auch noch die 199. Inf.-Div. abgezogen werden. Dadurch ergeben sich Umgruppierungen. Nach Süden wird als bewegliche Reserve und Schutz gegen Sabotage die MG-Schi-Brig. verlegt, ferner das Gen.-Kdo. XXXVI. AK. Innerhalb des Bereichs des Wehrm.-Befehlsh.s wird der Schwerpunkt also vom Norden mehr nach Süden verlegt. Die Überführungen von Oslo sind durch das Wetter in den letzten Tagen verzögert worden, so daß in Oslo ein größerer Stau entstanden ist.

Aus Dänemark wird jetzt eine verstärkte Rgt.s=Gruppe aus Nordjütland in den Osten verlegt. Geprüft wird, ob noch mehr Kräfte sich abziehen lassen. Die 20 000 Mann, die der OBdM aus dem Ostseegebiet in das Heer abgeben will, sollen nach Dänemark gelegt und dort ausgebildet werden. Dafür werden von dort 16 Marsch=Btl.e von bereits Ausgebildeten ab=gezogen.

Der bisherige Befehlshaber, Gen. von Hannecken, ist durch den Gen.=Oberst Lindemann, den früheren OB der 18. Armee, ersetzt worden.

6. *Heimatgebiet*

In allen Wehrkreisen sind jetzt die Gneisenau=Verbände (ausschließlich der Schulen) aufgeboten worden.

gez.: Schramm

gesehen: . . . . .[1]

**Lagebuch 30. 1. 45**

*Osten*

*Heeresgr. Süd:* Auf ungar. Gebiet sind 14 Züge der 356. Inf.=Div. einge=schneit, deren Zuführung sich dadurch verzögert. Südlich des Plattensees be=reinigte die 25. ungar. Inf.=Div. den Einbruch in ihrem Abschnitt. Die 3. Pz.=Div. stieß nach Süden in Richtung Dunapentele vor, um die Nachschubstraßen freizukämpfen. 40 Panzer wurden abgeschossen. An der Nordfront wurde wegen der feindl. Angriffe eine Sehnenstellung bezogen. Es hat sich ergeben, daß es sich bei der beschädigten Brücke bei Dunavöldvar um eine feste Holz=brücke handelte.

In *Budapest* hat sich die Lage sehr ernst gestaltet. Feindl. Druck an der West=front, so daß die Front unmittelbar an der Burg liegt. Nach vorliegender Mel=dung ist die Versorgungslage erschütternd geworden. Es geht ums Letzte. Bei der 8. Armee keine besonderen Ereignisse. 79 Flugzeuge zur Versorgung, 460 feindl. Einsätze.

*Heeresgr. Mitte:* Die ungar. Verbände werden zurückgezogen, um sie auf=zufrischen. Der linke Flügel der Armegruppe Heinrici und der rechte der 17. Armee wiesen starke Angriffe ab. Über die Lage in Oberschlesien liegen keine genaueren Meldungen vor. Rybnik wird gehalten. Nördlich Ratibor kam der Gegner etwas vor. Ratibor — Hamm gingen verloren. Die Hydrierwerke Heydebreck — Blechhammer sind verloren oder bereits gefährdet. Sie arbeite=ten in der letzten Zeit nicht mehr. An der Oder verhältnismäßig ruhig. Bei Ohlau konnte der Feind bis zur Oder durchstoßen, wurde dann aber abge=riegelt. Bei Breslau Ruhe. Von Südosten Vorstöße gegen Steinau, die abge=wiesen wurden. Lüben wurde gehalten. Bei Roben konnte der Gegner seinen Brückenkopf erweitern. Die Gruppen Saucken und Jauer gewannen Anschluß

1 Vom Auskunfterteilenden nicht mehr abgezeichnet.

an das linke Oderufer; wegen der Versorgungslage veränderte sich ihre Richtung. Vor Glogau wurde der Feind abgewiesen.

*Heeresgr. Weichsel:* Schnellerer Fortgang der Ereignisse als in den letzten Tagen. Bei Deutsch=Wartenberg hat der Gegner einen Brückenkopf gebildet, gegen den ein Gegenangriff geführt wird. Den Tirschtiegel=Riegel hat er durchstoßen. Ein Gegenangriff schlug nicht durch. Kämpfe bei Züllichau und Schwiebus. Aufgesessene Inf. ist bereits zur Stelle. Der Feind steht jetzt vor der *Oder=Warthe=Stellung*, bei der unklar ist, ob Kräfte zu ihrer Besetzung bereits herangeführt wurden. Nördlich des Riegels stieß der Feind gleichfalls vor bei Meseritz. Spitzen von ihm erreichten Berlinchen. In *Posen* verschärfte sich die Lage besonders an der Südfront; Brände in der Stadt, dazu Kampf mit Banden. Eine Landung ist unmöglich. Bei Deutsch=Krone ein feindl. Angriff; Angriffe bei Schneidemühl, wo der Feind in den letzten Tagen 26 Panzer verloren hatte, wurden abgewiesen. Bei Tempelburg verstärkte er sich. Vorstöße bei Schlochau und Kreuz. Von Norden kommt die 33. Inf.=Div. heran. Nördlich Bromberg besetzte der Feind das Eisenbahnkreuz. Bei Kulm setzte der Gegner über die Weichsel; bei Marienwerder wurde er abgeriegelt. Die Besatzung des Schlosses Marienburg machte einen Ausfall in die Stadt. *Elbing* hat noch Verbindung mit dem Westen. Im Norden der Stadt ging das Kasernengelände verloren. Ostwärts der Stadt stehen die Angriffsspitzen bei Neuburg und Preußisch=Holland.

*Ostpreußen:* Eine Schwadron konnte bis Elbing vorstoßen; dann schnitt der Gegner die Verbindung wieder ab. Bei Liebstadt und an der Südfront wurde der Gegner abgewiesen. Trecks erschweren die eigenen Truppenbewegungen. Der Feind kam bis Bartenstein und Bischofswerder vor. Nach tagelanger Abwehr konnte er auch südlich Friedland Gelände gewinnen. Er überschritt die Straße Preußisch=Holland — Königsberg und sperrte die Haff=Straße. Von Pillau sind bis jetzt 67 000 Menschen abgefahren worden. Im Süden von Königsberg wurden Angriffe abgewiesen. Nördlich der Stadt drang er durch die neu aufgebaute Linie durch und erreichte den Forst Grünberg. Einsatz des Kreuzers „Prinz Eugen" gegen den Raum von Cranz erleichterte die Lage. Für Pillau wird der Kreuzer „Scheer" bereitgehalten.

*Heeresgr. Kurland:* Nur Aufklärungs=Vorstöße. Es sollen noch 2 Div.en abgefahren werden, nämlich die 389. und nach Möglichkeit eine pommersche.

Insgesamt 516 eigene Einsätze, 11 Abschüsse, 12 eigene Verluste. 9 Schiffe im Zulauf nach Libau, weitere werden folgen. Wetter behindert die Kriegsmarine und die Luftwaffe.

*Nordraum*

Der Skagerrak=Verkehr ist wieder angelaufen; die 2. Geb.=Div. ist jetzt vollständig aus Jütland abgefahren.

*Westen — Reich*

Einflug von 1 000 — 1 100 amerikan. 4=mot. Bombern gegen Bielefeld —

Kassel — Hamm — Soest. Geringere Schäden unter anderem bei Hamm, ferner Briten gegen Krefeld; ferner 350 Tiefflieger im Raum Münster-Rheine.

80 eigene Einsätze, 8 davon im Raum von Schlettstadt. Nachts geringere Tätigkeit. 70 Moskitos gegen Berlin und 70 Fernjagdjäger über dem Wasser. Aus dem Ruhrgebiet wurden 13 000 Wagen abgefahren. Die Hohenzollern-Brücke in Köln ist wieder behelfsmäßig befahrbar.

*Südosten*

Südlich Mostar drangen die eigenen Kräfte weiter vor. Auf der Straße Serajewo-Brod kam die 104. Jäg.-Div. voran. Fortdauer des Druckes im Drina-Drau-Dreieck. In Syrmien baute der Gegner Stellungen, scheint also keinen weiteren Angriff zu planen. Das Lazarettschiff „Gradisca" ist in Triest eingetroffen. Der Eisenbahnverkehr ostwärts Agram ist angelaufen. Der Zulauf aus dem Reich hat sich gebessert.

*Südwesten*

600 und 200 Einflüge sowie eigene Nachteinsätze. Schäden an der Brenner-Strecke und in Ostoberitalien.

*Westen*

Die Bildung der feindl. Reserve geht weiter. Bei den Briten sind 2 Pz.- und 2—3 Inf.-Div.en anzunehmen. Bei Aachen stehen dem Feinde in erster Welle 5 Pz.- und 2 Inf.-Div.en zur Verfügung. Auf dem linken Flügel der 3. amerikan. Armee 2 Pz.- und 2 Inf.-Div.en.

Wiederum Einsatz gegen die Schelde-Mündung von Kleinst-U-Booten. Ein Vorstoß von 2 Schnellboot-Flottillen gegen die Humber-Mündung litt unter dem starken Seegang. In der Irischen See wurden 3 Schiffe mit 25 000 BRT versenkt.

An der unteren Maas weitere Angriffe gegen den eigenen Brückenkopf.

Auf der *Heeresgruppen-Naht* wurde St. Odilienberg besetzt, dann mußte es aber wieder preisgegeben werden. In den letzten Tagen waren die Angriffe gegen die 5. Pz.-Armee wieder stark. Im Raum von Walldorf kam der Feind über den Höhenzug vor bis zur Oure, und an deren Oberlauf (nördlich davon) konnte er die Oure überschreiten. Der Gegner drang südostwärts Billing über die neue HKL hinaus. Als Reserve werden die 276. und die Pz.-Lehr-Div. freigemacht. Die Führer-Begleit-Brig. fuhr heute ab.

*Heeresgr. G:* Ruhige Lage bei der 1. Armee. An der Rhein-Ecke der eigenen Front wurden die Stellungen auf eine Sehnenstellung zurückgenommen, Vorposten jedoch vorn belassen. Bei der 19. Armee dauerte der starke Druck im Raum von Colmar an. Bei Drusenheim ging Gelände verloren. An der Südfront erzielte der Feind dagegen keine Erfolge. Der Armee wurde freigestellt, den Nordbogen hinter eine Linie in Höhe von Colmar zurückzunehmen. Die Rhein-Front wird jetzt durch Volkssturm-Abt.en, Landesschützen, Zollbeamte, VGAD unter dem Befehl des Gen.-Kdo.s des XVIII. SS-Korps gesichert und durch Pak und Artl. abgestützt.

*Festungen:* Nach einer neuen Meldung ist die Reichweite der Verpflegung befriedigend. Von Rochelle aus wurde die Gironde=Mündung materiell und personell verstärkt.

**Lagebuch 31. 1. 45**

*Osten*

*Heeresgr. Süd:* Der Feind stieß von Süden gegen die eigene Spitze und auch gegen die Nordfront des Einbruchs vor, so daß einiges Gelände preisgegeben werden mußte. Aus Budapest keine neuen Meldungen. 152 Flugzeuge zur Versorgung mit 6 Lastenseglern, wodurch 100 to Mun. und 7 to Verpflegung und 3 to Betriebsstoff zugeführt wurden. Ferner Einsatz von 215 Schlacht=fliegern gegen 400 feindliche.

Die 8. Armee setzt sich auf die „Büffel"=Linie ab.

*Heeresgr. Mitte:* Fortgang des Absetzens bei der Armeegruppe Heinrici. Die 17. Armee hat jetzt eine durchgehende HKL, an der der Feind abgewiesen wurde, eingerichtet in der Linie Bielitz — Pleß — Ratibor. Ob noch Kräfte aus Oberschlesien zu erwarten sind, ist eine offene Frage. Bei Ratibor bildete der Gegner einen Brückenkopf; gegen den Kopf von Ohlau Gegenstöße. Bei Bres=lau unveränderte Lage. Im Raum von Steinau eine nicht völlig klare Lage. Süd=lich Lübben wurden 10 Panzer abgeschossen. Die Gruppe Saucken ostwärts der Oder im Angriff.

*Heeresgr. Weichsel:* Nach Durchbrechen des Tirschtiegel=Riegels schob sich der Gegner an Züllichau heran. Er gelangte bei Meseritz bis zum Truppen=übungsplatz. Kämpfe bei Landsberg und vor Berlinchen; er drang weiter in Richtung Soldau vor. Der Feind hat also die Absicht, Pommern durch einen Stoß in Richtung Stettin abzuschneiden. Eine Auswirkung der vorbereiteten Jagd=Kdo.s gegen die feindl. Panzer ist noch nicht erkennbar. In Posen hat sich die Lage weiter verschärft. Bei Schlochau und Deutsch=Krone sowie bei Schneide=mühl wurde der Gegner abgewiesen. Die 22. Inf.=Div. ist nunmehr zum Stoß nach Südwesten eingesetzt. Nördlich Bromberg stieß der Feind vor. Bei Grau=denz wurde er abgewiesen. Bei Elbing Angriffe von Norden und Süden. Die Angriffsspitze gegen Ostpreußen kam nicht weiter vor.

Bei Swinemünde ist durch die starke Ausladung von Flüchtlingen ein großer Stau entstanden. Die Eislage erschwert die Lage; nur 1 Zug konnte abgefahren werden. Für die Heeresgr. Weichsel werden dreimal 5 Störche (später weitere) eingesetzt, um die Pz.=Vernichtungstrupps zu steuern.

*Ostpreußen:* Bei Mühlhausen Abschuß von 46 Panzern. Bei Wormditt kam der Gegner vor. Die 4. Armee zieht sich jetzt in die Heilsberg=Stellung zurück. Starke feindl. Angriffe südlich Königsberg, die jedoch meist abgewiesen wur=den. „Groß=Deutschland" ist jetzt bei Königsberg eingetroffen. Bei Angriffen südlich der Stadt wurden 26 Panzer abgeschossen. Nördlich Königsberg stieß der Gegner vor. Neuer Einsatz des Kreuzers „Prinz Eugen" vor Cranz wurde durch Schnee behindert. Für Königsberg hat die Kriegsmarine stark bestückte Artl.=Träger bereitgestellt. Wegen des schlechten Wetters Stau bei Pillau und Königsberg. Über See wurden zur Zeit 20 000 Flüchtlinge transportiert. Es ist nicht möglich, alle Schiffe ausreichend zu sichern. Daher gelang es einem feindl. U=Boot, das KdF=Schiff „Wilhelm Gustloff" mit 5 500 Menschen (darunter 3 300 Flüchtlingen) zu versenken. 200 Menschen konnten gerettet werden.

*Heeresgr. Kurland:* Nur geringe Tätigkeit. Befriedigender Zulauf von Transportern.

1 507 eigene Einsätze, 18 Abschüsse, 25 Verluste. Vernichtet wurden 11 Panzer und 350 Fahrzeuge.

*Nordraum*

Der Rückmarsch in die Lyngen=Stellung ist abgeschlossen. Vor der Stellung befinden sich außer Sicherungen noch ein Räumungs=Kdo. am Alta=Fjord und die Besatzung von Hammerfest, die in Kürze zurückgezogen werden soll.

*Westen — Reich*

Wegen Nebels ganz geringe Tätigkeit. Die Eisenbahnlage hat sich gebessert.

*Südosten*

Das Unternehmen bei Mostar hat nun sein Ziel erreicht. 4 Panzer wurden abgeschossen. Die eigenen Truppen werden jetzt wieder zurückgenommen. Das Herauslösen der Verbände südlich der Drau macht Fortschritte. Diese ist jetzt vor ihrer Mündung gefroren.

*Südwesten*

Seit den letzten Tagen verstärkte Aufklärungs=Tätigkeit, vermutlich um festzustellen, ob eigene Truppen abgezogen werden. Die Umgruppierungen im Ostabschnitt der Apennin=Front sind abgeschlossen.

*Westen*

Die Vorbereitungen einer feindl. Offensive im Raum zwischen St. Vith und Venlo sind weiter erkennbar. Der OB West dringt auf Zuweisung von Betriebsstoff, um seine Reserven rechtzeitig hinter die bedrohte Front verschieben zu können. Erwogen wird eine Zuführung aus der Führer=Reserve, da andere Bestände nicht zur Verfügung stehen.

Seine Angriffe führte der Feind noch mit Front=Div.en. Da dabei auch LL=Verbände eingesetzt werden, wird die Gefahr von Luftlandungen immer geringer. Was der Feind mit seinen Umgruppierungen im Raum von Saarburg bezweckt, ist noch nicht erkannt. Es besteht hier für ihn die Möglichkeit, eine Kräftegruppe aus etwa 3 Pz.= und 3—4 Inf.=Div.en zu bilden.

An der unteren Maas haben sich die eigenen Brückenköpfe trotz der starken Angriffe doch noch halten können. An der Heeresgruppen=Naht starkes Artl.=Feuer, jedoch Abklingen der Kämpfe.

Bei der *Heeresgr. B* weiter starke Angriffe, die auf den linken Flügel der 15. Armee übergreifen. Nach bedrohlicher Entwicklung entspannte sich am

Abend die Lage. Jedoch sind die eigenen Reserven (12. VGD., 3. Pz.=Gren.= und 9. SS=Pz.=Div.) dadurch gefesselt worden. Der vom Feinde über die Oure gebildete Brückenkopf konnte abgeriegelt werden. Die Führer=Begleit=Div. ist in Kochem eingetroffen. Die Führer=Gren.=Div. in der Versammlung.

*Heeresgr. G:* Angriffe des Feindes in südlicher Richtung auf Breisach zu; Gegenangriffe konnten nicht verhindern, daß Gelände verlorenging. An der Südfront bataillonsstarke Angriffe, die nur ganz geringe Erfolge erzielten. Von der 25. Pz.=Gren.=Div., die in den Osten kommt, ist jetzt der letzte Zug abgefahren.

*Politik*

Roosevelt hat die USA verlassen. Die Drei=Mächte=Konferenz kommt also in Gang.

## II. Lagebuch 1. Februar — 28. Februar 1945

(eingeschoben zum 9. Februar: Mitteilungen über die Ereignisse der letzten Zeit von Oberst d. G. *Meyer=Detring* [Abt.=Leiter Op H]).

### Lagebuch 1. 2. 45

*Osten*

*Heeresgr. Süd:* Südlich des Plattensees wurde die eigene Stellung weiter gefestigt. Sonstige Angriffe gegen die Südfront abgewiesen. Die Besatzung von Dunapentele, die abgeschnitten war, wird zurückgezogen. Am Vali=Abschnitt, wo keine Brückenköpfe mehr bestehen, wurde der Feind abgewiesen. Vorstöße des Feindes nach Westen wurden gleichfalls vereitelt. In Budapest schwere Lage. Die 8. Armee hatte das Absetzen im wesentlichen abgeschlossen.

*Heeresgr. Mitte:* Die Armeegruppe Heinrici im Marsch in die „Büffel"=Stellung, in die der Feind bereits hineinstoßen konnte. Dagegen Gegenstöße im Abschnitt Pleß—Rybnik. Bei Ratibor 20 Panzer. Der Feind verstärkte seinen dortigen Brückenkopf. Dagegen eingesetzt die 20. Pz.=Div. Bei Kulm und südlich Oppeln wurde der feindl. Brückenkopf eingeengt. Nordwestlich Oppeln besteht noch ein langgestreckter Brückenkopf. Bei Ohlau konnte der Gegner seinen Kopf etwas erweitern. Bei Parchwitz kam der Gegner vor; Gegenstöße laufen. Im Brückenkopf von Steinau verschärfte sich die Lage. In Steinau selbst Kämpfe: Der bei Kulm aufgerichtete Riegel hält; 27 Panzer abgeschossen. Die Gruppe Saucken kam nicht weiter vor; es ist beabsichtigt, mit Masse auf das andere Ufer überzusetzen und dann westlich der Oder anzugreifen.

*Heeresgr. Weichsel:* Angriffe gegen Posen von allen Seiten wurden abgewiesen. In der Zeit vom 23. — 28. 1. wurden 45 Panzer abgeschossen. In den Lazaretten liegen noch 2 000 Verwundete, darunter 600 schwere Fälle. Die Er=

nährungslage ist schwer. Anstelle des Generals Mattern ernannte der Reichsführer SS den über Osterfahrungen verfügenden Obersten Gonell zum Kommandanten von Posen und gab ihm den Auftrag, den Vormarsch der Russen über Posen weiterhin zu blockieren. Südostwärts Odereck konnte der Feind zurückgeworfen werden. Es gelang ihm aber, den Tirschtiegel-Riegel zu durchstoßen; er kam bis zum Oder-Warthe-Riegel vor. Schwiebus wurde abgeschnitten. Der Gegner drang in den Sternberger Forst ein und besetzte Meseritz und Schwerin. Kämpfe bei Küstrin. Nördlich davon kam er bis an die Oder. Nachrichten, daß er bis Freienwalde gekommen sei, sind falsch oder übertrieben. Er steht vor Königsberg in der Neumark. Einige Panzer stießen bei Neuwedel vor. Bei Deutsch-Krone wurde der Feind abgewiesen. Schneidemühl ist abgeschnitten. Der Feind bei Jastrow und Landeck, wo ein eigener Angriff vorankam. Südwestlich Schwetz kam der Gegner voran. Befehlsgemäß brach die Besatzung von Thorn nach Nordosten aus und kam bis Schulitz vor. Bei Elbing wurde die Verbindung nach Westen wiederhergestellt.

*Ostpreußen:* Der eigene Angriff liegt fest. Bei Wormditt ging Gelände verloren. Heilsberg fiel in feindl. Hand, ebenso an der Ostfront Friedland. Südwestlich Königsberg, wo der der Feind noch die Haff-Straße sperrt, Kämpfe. Die Div. „Groß-Deutschland" im Kampf. Nördlich Königsberg kam der Feind voran.

*Heeresgr. Kurland:* Keine besonderen Kampfhandlungen. 6 Transporter auf dem Wege nach Swinemünde.

Von Westen schiebt sich Tauwetter nach dem Osten vor. Dabei Temperaturen von + 8 Grad. — Die Waffen-SS stellt eine neue Div. „30. Januar" auf. Aus der Ers.-Brig. „Groß-Deutschland" wird die Div. „Kurmark" gebildet, die im Kampfe liegt. Aus der Schule Döberitz wird eine Div. „Berlin" aufgestellt. Der Reichsführer übernahm einen Befehl der Heeresgr. Mitte, wonach durch Vernichtungsgruppen in Partisanenart, die sich aus dem Lande versorgen, der Kampf in der Flanke und im Rücken des Feindes geführt werden soll.

780 eigene Einsätze, dabei 24 Verluste. In Ungarn wegen der Kälte nur geringe Tätigkeit. Schwerpunkt in Schlesien. Abschuß von 16 Panzern usw. Alle Schulen usw. sowie Jagddiv.en werden gegen den Feind im Osten ausgenutzt. Der Kreuzer „Prinz Eugen" griff weiter in die Kämpfe ein. Auf dem Wege von Libau nach Swinemünde 12 Transporter, darunter 6 mit dem III. SS-Korps. Von dem Dampfer „Wilhelm Gustloff" sind 800 Menschen gerettet worden. Nach Kiel ist der Kreuzer „Hipper" unterwegs. In Kiel ist der Stau noch größer geworden.

*Nordraum*

Das Gen.-Kdo. XVIII. AK., auf das der OB West verzichtet hat, ist jetzt abgefahren. Es wird dem GenStdH angeboten. Es soll im Raum ostwärts Berlin eingesetzt werden.

*Westen — Reich*

350 4-mot. Bomber in dem Raum von Wien, dabei wenig Schäden. Im Westen Einflug der 3 Div.en der 4-mot. Bomber; jedoch kam nur eine bis nach Osnabrück (ohne Bomben abzuwerfen). Nachts 50 Moskitos im Westen, ferner 70 Ballone mit Seilen und Sprengladungen, die einige Schäden an Kraftleitungen verursachen. Wegen Betriebsstoffmangels kann der Angriff gegen Antwerpen nur noch durch 1-mot. Bomber durchgeführt werden.

*Südosten*

In Agram zur Zeit die Heeresgruppe E und F. Gen.-Oberst Löhr drängte auf Behebung dieses Zustandes und kehrte dann auf seinen Gefechtsstand[1] in Serajewo zurück. Die 22. Inf.-Div. kam weiterhin voran. Die Cetniks scheinen sich südlich gegen Tuzla wenden zu wollen, was die 22. Inf.-Div. entlasten würde.

*Südwesten*

450 und 70 Einsätze, dabei Eisenbahnschäden. Für eventuellen Abtransport wird jetzt die 16. SS-Pz.-Gren.-Div. versammelt. Sie soll durch Fallsch.-Batl.e aus dem Westen ersetzt werden. Die Brenner-Straße fällt für 5—6 Tage aus.

*Westen*

Bei der Armee Patton ist nicht mit der Bildung einer Reserve zu rechnen. Es scheint sich vielmehr nur um ein Durchgangsreservoir zu handeln.

*Heeresgr. B:* Weitere Angriffe gegen den linken Flügel der 15. und 5. Pz.-Armee, die zwar stark waren, aber nicht mehr mit der Wucht des Vortages geführt wurden. Die 5. Pz.-Armee ist dagegen in das Vorfeld des Westwalls zurückgedrängt. Die Verlegung der Reserven geht weiter, zum Teil nur schleppend. Die Führer-Gren.-Brig. hat jedoch den Rhein bereits erreicht.

Bei der *Heeresgr. G* konnte der Gegner seine Ausbeulung der Front in Richtung Breisach ausweiten. Der kleine eigene Bogen am Rhein wurde deshalb zurückverlegt. Der große Bogen hat jetzt noch einen Durchmesser von 32 km. An der Südfront nur örtliche Kämpfe.

*Politik*

Churchill und Roosevelt haben sich auf die Reise begeben. Über den Ort des Treffens besteht noch Unklarheit. Die Russen ernannten für Athen einen Sowjet-Botschafter: eine Maßnahme, die sie ihrerseits für Bulgarien und Rumänien nicht zugelassen haben.

**Lagebuch 2. 2. 45**

*Osten*

*Heeresgr. Süd:* Die Südfront wurde zurückverlegt. Es besteht die Absicht, die Panzer-Verbände nach Stuhlweißenburg zu ziehen und dann einen Stoß nach Norden zu führen. Angriffe an der Nordfront wurden abgewiesen. Nörd-

1 Handschriftlich verbessert; Lesung nicht eindeutig.

lich Stuhlweißenburg ist die Lage zur Zeit unübersichtlich. — 6 Flugzeuge zur Versorgung von Budapest.

*Heeresgr. Mitte:* Weiteres Absetzen der Armeegr. Heinrici. Eingreifen von Banden. Die endgültige Linie ist nunmehr eingerichtet. Bei Bielitz kleinere Einbrüche. Im übrigen wurden die HKL südlich Oberschlesien gehalten und Bereitstellungen des Feindes bekämpft. Nördlich Ratibor wurde er abgewiesen. Bei Kosel weitere Kämpfe. Bei Meseritz Kämpfe. Abwehr des Feindes bei Mollwitz. Bei Malsch Verkleinerung des feindl. Brückenkopfes. Bei Steinau Zurückdrängen des Feindes. Das Korps Saucken steht jetzt mit Masse links des Flusses. Die 20. Pz.-Gren.-Div. hält noch einen Brückenkopf rechts der Oder.

*Heeresgr. Weichsel:* Ostwärts Glogau Absetzen. Aus Posen keine Meldungen. Der Feind versuchte, die Bevölkerung durch Lautsprecher aufzuhetzen; doch sitzt diese in den Kellern. Nordostwärts Frankfurt a. d. O. kam der Gegner bis Bischofssee. Sonnenburg ging verloren. Bei Küstrin wurde der Feind abgewiesen. Nördlich anschließend ist die Kampfführung dadurch erschwert, daß hier das Ostufer das Westufer überhöht. Nordwestlich Küstrin drang der Gegner bei Zielenzig über die Oder. Die Verteidigung in diesem Raum wird geführt durch das AOK 9, durch die Gruppe General Berlin (zugleich weiter General d. Artl. beim GenStdH), durch das AOK 2 und die Armee-Abt. General Steiner (bisher am Oberrhein eingesetzt). Für die Verteidigung von Berlin ist der General von Hauenschildt eingesetzt, der dem Führer unmittelbar untersteht und deshalb an der Führerlage teilnimmt. Unterstellt ist ihm auch die Flak von Berlin. Eingesetzt sind nunmehr bei den Heeresgruppen Weichsel und Mitte je 270 Pz.-Bekämpfungsgruppen mit zusammen 3 000 Mann, die sich bereits bewährt haben. Die Luftwaffe ist bei der Aufstellung von Pz.-Zerstörungs-Btl.en, braucht dafür jedoch noch Zeit.

In Pommern Kämpfe bei Kienitz, Neudamm und Freienwalde. Der Gegner hat nun nach Nordwesten in Richtung Pyritz eingedreht. Außerdem schiebt er sich an Arnswalde heran. Im Herankommen die 4. SS-Pol.-Pz.-Gren.-Div. aus Ungarn. Ferner wird für Stettin eine Marine-Geschütz-Brig. erwartet. Jastrow ist von allen Seiten eingeengt. Von Thorn keine neuen Meldungen. Landeck wurde eingeschlossen. Kämpfe um das Schloß Marienburg.

*Ostpreußen:* Heftige Angriffe gegen die eigenen Angriffsfronten. Kämpfe in der Heilsberg-Stellung. Der Feind überschritt die Alle und erzielte im Osten Einbrüche. Südlich Königsberg konnte er abgewiesen werden, ebenso im Samland.

*Heeresgr. Kurland:* Kleinere Angriffe wurden abgewiesen. Nach dem laufenden Abtransport des III. SS-Korps und der Reste der 4. Pz.-Div. sowie der 32. Inf.-Div. werden abtransportiert die 389. und dann die 281. Inf.-Div. Nach Stettin sind zur Zeit 14 Schiffe unterwegs, ferner aus dem Raum Gotenhafen[1] — Pillau 28 Schiffe. Bisher wurden von der Kriegsmarine abgefahren: 140 000

1 D. h. Gdingen (Gdynia).

Flüchtlinge und 18 000 Verwundete. Der Kreuzer „Prinz Eugen" griff weiter ein; jedoch wird die Munition für 28 cm knapp. Die Kreuzer „Lützow" und Kreuzer „Scheer" gefechtsklar.

1 053 Einsätze, dabei 49 Verluste (einschließlich Vermißte); davon in Ungarn nur geringer Einsatz. Russischer Schwerpunkt in Schlesien. Der eigene Einsatz hat sich durch die Beteiligung des 1. Jagd-Kdo.s stark erhöht. 20 Panzer, 600 Fahrzeuge wurden vernichtet. Die Luftflotte hat jetzt die Aufgabe, die feindl. Panzer und Inf.-Geschütze zu bekämpfen; die Flotte „Reich" ist ausschließlich bestimmt für die Bekämpfung der Oder-Brückenköpfe und feindl. Kräfteansammlungen am Flusse sowie zum Schutz von Berlin.

*Westen — Reich*

450 4-mot. Bomber im Raum von Wien. Im Westen Angriffe von 600 4-mot. Bombern gegen Ludwigshafen — Mannheim — Düsseldorf. Ferner 150 Briten gegen Deutz. 350 und 200 1- und 2-mot. Bomber. In der Nacht Terrorangriff von 900 Briten gegen Mainz — Ludwigshafen. Ferner 70 Moskitos gegen Berlin, später noch einmal 40, von denen 10 abgeschossen wurden. Eigener Einsatz; 38 Schlachtflieger bei Monschau.

*Nordraum*

Nichts Besonderes.

*Slowakei*

Der GenStdH übernahm die Slowakei bis zum Waag-Tal, also den Raum, der bisher dem BdE unterstand. Zur Sicherung des Raumes Preßburg — Waag stehen die 153.[1] Feld-Ausb.-Div. zur Verfügung, für die übrige Slowakei noch Landes-Schützen-Btl.e und zuverlässige Osteinheiten usw. Die 14. SS-Div. („Galizien") wird nach Wien verlegt. Die Gruppe Dirlewanger wird herausgezogen. Die 8. SS-Kav.[2]-Div. kommt nach dem Osten.

*Südosten*

Der OB Südost meldete, daß 6—7 Banden-Div.en mit 20 — 25 000 Mann nach Slawonien eingedrungen seien. Er beabsichtigt daher, mit einem Rgt. der 114. Jäg.-Div. zur Entlastung der 22. Inf.-Div. einen Stoß in Richtung Tuzla[3] zu führen. Diese käme zu dem Vorstoß in das Papuk-Geb. zu spät, würde dann aber für die Großaktion zur Stelle sein.

*Südwesten*

Keine besonderen Ereignisse.

*Westen*

Die Amerikaner verlegten eine weitere Div. ins Elsaß, was die dortigen Ziele unterstreicht. — Die Kleinst-U-Boote kehrten alle zurück, jedoch ohne Erfolg. — Zwischen Waal und Maas stieß jetzt der Feind voran. Die Kämpfe bei der *Heeresgr. B* wurden durch die starken feindl. Luftwaffen-Einsätze erschwert.

1 Ms.: 53. 2 Ms.: -Pz.-Gren. 3 Ms.: Pußlar.

Die Angriffe gegen den linken Flügel der 15. Armee und die 5. Pz.=Armee gingen weiter. Bei Monschau mußten die eigenen Kräfte sich absetzen. Auch sonst ging Gelände verloren. Der Feind steht nun überall im Vorfeld des Westwalls. Es fragt sich nun, ob der Gegner halt macht oder versuchen wird, in den Westwall einzubrechen.

Bei der *Heeresgr. G* hat der Gegner nunmehr ostwärts von Colmar eine tiefe Beule in die Front hineingestoßen, so daß er bis an Neu=Breisach herankommt. Ostwärts davon ein eigener Vorsprung, in dem die 708. Inf.=Div., weiter rückwärts die 2. Geb.=Div. eingesetzt werden.

*Politik*

Auf engl. Seite wird hervorgehoben, daß keine Differenz der milit. Absichten zwischen den Russen und Anglo=Amerikanern bestehe. Die „Yorkshire Post" hebt hervor, daß jeder der Alliierten auf eigene Rechnung erobere und die Russen auf diese Weise Berlin besetzen werden. Die „Times" erklärt, es könnten nicht alle Ansprüche der Polen usw. erfüllt werden (was eine Umstellung der bisherigen Auffassung bedeutet). Auf amerikan. Seite wird hervorgehoben, es sei Zeit, die politische Bedeutung der russ. Erfolge zu diskutieren. Wegen der starken Kälte wurden in New York Ausnahmezustands=Maßnahmen ergriffen.

**Lagebuch 3. 2. 45**

*Osten*

*Südfront:* Die eigenen Kräfte haben sich nunmehr von der Donau auf eine Linie abgesetzt, die von Süden auf den Velencze=See zuläuft. Damit wird dem Feinde sein Versorgungsweg wieder freigegeben. Angriffe gegen Budapest von Norden wurden abgewiesen; an der Westfront gelang dem Feind ein Einbruch von 1 km Tiefe.

Tätigkeit der Luftwaffe gering. Die 8. Armee hat sich nunmehr abgesetzt und wies Angriffe ab.

*Heeresgr. Mitte:* Die Armeegruppe Heinrici bereinigte Einbrüche. Kämpfe bei Bielitz. An der Front vor Pleß, ebenso nördlich Ratibor, bei Brieg und bei Ohlau wurden Einbrüche bereinigt. Bei Breslau gleiche Lage. In Steinau Kämpfe; die eigene Besatzung kämpft in 2 Teilen weiter. Die Gruppe Saucken kam nur ein Stück voran. Kämpfe bei Lüben und Rauten. An Glogau schob sich der Feind näher heran. Teile sollen über die Oder gedrungen sein.

*Heeresgr. Weichsel:* Kämpfe bei Benzig. Bei Krossen Ruhe. Nördlich davon setzte der Feind über, der jetzt auch ostwärts Frankfurt a. d. O. steht. Die Div. „Kurland" stieß auf Widerstand. Bei Küstrin wurde der Feind abgewiesen. Nordostwärts Küstrin konnte der Feind abgefangen werden. Bei Kienitz hat der Feind einen weiteren Brückenkopf gebildet. An der unteren Oder nichts Neues. Pyritz wurde von 3 Seiten angegriffen. Bei Stargard und in Südpommern gleiche Lage. Schneidemühl hält sich weiter. In Posen, das vom Westen angegriffen wurde, gespannte Lage. Jastrow hielt, Landeck in eigener Hand.

Südlich Friedland wurde der Feind abgewiesen. Die 4. Pz.=Div. kam weiter; Stoß aus Schwetz nach Südosten (6–8 km). Von Schwetz Stoß nach Norden. Ein Brückenkopf südlich Graudenz wurde abgeriegelt. Nördlich davon wurde der Feind abgewiesen. Kämpfe in der Marienburg; Elbing von allen Seiten angegriffen. In Stettin werden bis zum Abend 9 Transportschiffe mit Teilen des III. SS=Korps eingetroffen sein.

Im gesamt kommt der Gegner nicht mehr so schnell voran wie bisher.

*Ostpreußen:* Vorstoß an der Küste und Kämpfe an der Südwestfront. Bei Wormditt kam der Gegner vor. Nördlich Heilsberg wurden Fortschritte bei einem eigenen Stoß nach Süden erzielt, ebenso bei Bartenstein, ferner am Haff. Angriffe des Feindes von Süden gegen Königsberg. Im Samland wurden Angriffe abgewiesen. Die schweren Schiffe werden für Angriffe aufgespart. Stattdessen werden Zerstörer eingesetzt, die bei Cranz in den Kampf eingreifen. Von Königsberg und Gotenhafen sind nun 184 780 Flüchtlinge abgefahren.

*Heeresgr. Kurland:* Weitere Angriffe in Richtung Libau und bis zum rechten Flügel der 16. Armee, die im wesentlichen abgewiesen wurden.

Es sind nunmehr 2 Sperrzonen eingerichtet worden, die bis in Höhe von Berlin reichen:

1. Neiße,
2. Freienwalde und ostwärts Stettin.

Ferner ist befohlen worden, daß der Reichsarbeitsdienst, die Hitler=Jugend und die Org. Todt ihre Waffen abgeben.

1 521 eigene Einsätze, dabei 34 Verluste. Abschuß von 15 Panzern und 840 Fahrzeugen.

In Swinemünde Abtransport von 40 — 45 000 Flüchtlingen, also 6 000 täglich; 30 000 noch auf der Reede, da erst die Verwundeten ausgeladen werden müssen; deren Abtransport vollzieht sich flüssig, da Lazarettzüge da sind.

*Nordraum*

Erstmalig ein Gefecht am Porsanger=Fjord, dabei Gefangene aus den von England antransportierten norweg. Kräften. Die Masse der 163. Inf.=Div. jetzt in Oslo. In Dänemark Sabotagefälle.

*Westen — Reich*

1 000 Jäger und 300 1=mot. Bomber, dagegen 36 eigene Einsätze, ferner 35 im Raum von Colmar. Nachts 7 zur Versorgung von Posen. Ferner 1 000 Briten in 3 Nachtstößen gegen Duisburg, Mainz, Mannheim sowie Bruchsal und Karlsruhe. 15 Abschüsse.

Nach der feindl. Presse wird der Gegner die Abzüge nach dem Osten verhindern und Berlin als Hauptziel wählen.

*Südosten*

Die 22. Inf.=Div. drang bis in den Raum von Zvornik vor, fand dort jedoch Widerstand. Das Eingreifen eines Rgt.s der 7. SS=Geb.=Div. ist genehmigt worden. Der Rest der 104. Jäg.=Div. hat Zenice verlassen. Das Donau=Eis ist wieder aufgebrochen. Die Führungsabteilung der Heeresgr. E traf wieder in Novo Gradiska ein.

*Südweste*

130 Luftwaffen=Einsätze.

*Westen*

Nach einem brit. Funkspruch werden alle Fahrzeuge zur Munitions=Versorgung benutzt. Vom Orscholz=Riegel holten die Amerikaner die 8. Pz.=Div. in den Raum von Lüttich.

Bei der *Heeresgr. H* weiterhin lebhafte Artl., wobei sich fragt, ob es sich um Täuschung oder Angriffsvorbereitungen handelt. Im Raum Rur — Düren — Jülich feindl. Bewegungen. Weitere Kämpfe um den Westwall; dabei einzelne Einbrüche, begünstigt durch schönes Wetter und starken Luftwaffen=Einsatz. 1 Rgt. der 12. VGD. mußte eingeschoben werden. Heftige Kämpfe bei Hollerath und südlich. Um Kräfte zu sparen, werden die Kräfte von dem Westwall abgesetzt; als Reserve wird die 3. Fallsch.=Jäg.=Div. herausgezogen.

*Heeresgr. G:* Bei der 1. Armee örtliche Kämpfe, stärkere nur in dem Frontknick am Rhein. Bei der 19. Armee gingen die schweren Kämpfe weiter. Colmar ging verloren. Die HKL verläuft nun in ostwärtiger Richtung entlang der Bahn südwestlich des Rheins auf Istein zu. Am Isteiner[1] Klotz wurde der Gegner abgewiesen (die Stärke der 19. Armee beträgt jetzt 74 500 Köpfe).

An der Südfront schwächere Kampfhandlungen.

Die feindl. Presse kündigt einen Großangriff in das Herz von Deutschland an, für den vorerst die Breschen geschlagen würden.

*Politik*

Die Dreier=Konferenz tagt seit 1. 2. Ein Aufruf an das deutsche Volk ist zu erwarten.

Die Regierung Pierlot trat zurück, da 15 Sozialdemokraten ausgetreten sind. Pierlot bildet ein neues Kabinett.

Die poln. Exilregierung hat die Beziehungen zu der tschechischen Exilregierung abgebrochen, da diese sich für das Lubliner Comité aussprach.

**Lagebuch 4. 2. 45**

*Osten*

*Feindlage:* Die 6. Garde=Pz.=Armee wird aufgefrischt.

An den Beskiden und der Oder=Front massiert sich der Feind zum Stoß nach Mährisch=Ostrau. An der Oder steht die 6. russ. Armee in breiter Front von Gleiwitz bis Waldenburg. Die 3. Garde=Pz.=Armee wurde weiter nach Norden herumgezogen. Gegen Breslau ist die Bildung einer Zange über Ohlau — Malsch zu erwarten. Bei Steinau scheint der Feind einen Stoß in westlicher und südwestlicher Richtung nach Ostsachsen vorzuhaben. Vor Steinau sind jetzt 3

1 Ms.: Bei Klotz.

Inf.= und 3 Pz.=Korps versammelt. An der Warthe stieß der Feind weiter vor; jedoch ist unklar, ob er zum Hauptstoß nach Westen oder Norden ansetzen wird. Jedenfalls wird er versuchen, Pommern von Stettin abzutrennen. Gegen die Südfront feindl. Druck. Südlich Elbing Umgruppierungen. Von der Ost=front hat der Gegner Kräfte in den Süden von Ostpreußen herumgezogen. Er hat anscheinend die Absicht, durch Stoß nach Südwesten die eigenen Kräfte vom Haff abzutrennen und die Masse der Kräfte durch Stoß von Südosten aufzuspalten. Ebenso versucht er, die Heeresgr. Kurland von Libau abzu=schneiden und sie aufzuspalten.

*Heeresgr. Süd:* Im Süden wurde der Feind abgewiesen. Südlich vom Velencze=See ein tiefer Einbruch bis in Gegend Serégélyes. Nördlich Stuhlweißenburg wurden eigene Vorstöße vom Feinde aufgefangen. Bei Rybnik wurde er abge=wiesen. Der Brückenkopf von Meschwitz ist fast bereinigt. Bei Schurgatz drang der Feind über die Oder, die hier gefroren ist. Bei Ohlau Fortdauer des Druckes. Bei Steinau ging ein weiterer Ort verloren. In der Stadt selbst gingen die Kämpfe weiter. Die Gruppe Saucken drang etwas vor. Bei Glogau wurden 21 Panzer abgeschossen und der Feind zurückgedrängt.

*Heeresgr. Weichsel:* Kämpfe bei Odereck. In Posen Verschärfung der Lage. Abwehr des Feindes bei Fürstenberg. Bei Aurith drang der Feind über die Oder. Am Ostrand von Frankfurt a. d. O. wurde er abgewiesen. Nördlich von Küstrin gelang dem Feind die Vereinigung von 3 kleineren Brückenköpfen; er ver=stärkte sie. Den Befehl hat hier der Gen.=Oberst Strauß unter dem GenStdH übernommen. Der Feind drang in Richtung Pyritz vor. Landeck noch in eigener Hand. Ein eigener Vorstoß drang bis Flatow vor. Eigene Kräfte drangen bis halbwegs Schwetz vor. Die aus Thorn ausgebrochene Gruppe konnte sich mit Teilen in Schwetz vereinigen. Bei Graudenz wurde der Feind abgewiesen. Elbing wurde weiter angegriffen; die Verbindung nach Westen ist abgerissen.

*Ostpreußen:* Starke Angriffe an der Südwestfront. Der eigene Vorsprung mußte zurückgenommen werden. Eigene Kräfte stießen gegen Heilsberg vor, blieben dann aber liegen. Südostwärts Heilsberg mußten die eigenen Kräfte ausweichen. Vorstöße gegen den in Bartenstein eingedrungenen Feind. Am Haff gelang die Vereinigung der eigenen Kräfte nicht. In Königsberg gleiche Lage. Bei Fischhausen wurde der Feind abgewiesen; aber er durchbrach die Front im Samland. Die Zerstörer helfen weiter.

*Heeresgr. Kurland:* Schwerpunkt der Angriffe südostwärts Libau, besonders bei Prekuln; 35 Panzer abgeschossen. Auch südlich von Frauenberg wurde der Feind abgewiesen.

In Stettin sind 6 Dampfer eingetroffen. Das Wetter ist besser geworden, und der Schiffsverkehr läuft flüssig.

2 140 gegen 1 353 eigene Einsätze. Beiderseits 14 Verluste. Schwerpunkt in Schlesien und Ostpreußen. 700 eigene Tiefflieger vernichteten 16 Panzer und 500 Fahrzeuge.

*Nordraum*

Ein Sabotageversuch in Kopenhagen, der auf 5 Lkw versucht wurde, wurde von Dänen abgewiesen.

*Westen — Reich*

Einflug von 1 000 4=mot. Bombern, davon 800 gegen Berlin, 200 gegen Magdeburg; Terrorangriff gegen das Stadtinnere von Berlin. Erhebliche Per=sonalverluste. Nach feindl. Nachrichten war der Zweck, den Nachschub nach dem Osten zu stören. Nachts 50 Flugzeuge gegen Oberhausen — Dortmund. Der Feind erzielte erhebliche Ausfälle in der Nachrichtenverbindung.

*Südosten*

Weitere Kämpfe bei Bjelina. Im Kosakenraum verlegte der Feind seinen Schwerpunkt nach Süden; es sickerten Teile nach Westen durch.

*Südwesten*

In der Luft und auf der Erde Ruhe. Von der 356. Inf.=Div. (52 Züge) sind 44 abgefahren.

Die Republik San Marino hat ihre Neutralität (nicht den Krieg) erklärt.

In Gibraltar wurden im Januar mehr Tanker durchgefahren als bisher. Er=hebliche Ausladungen für die Pipe=Linie entlang der Rhone.

*Westen*

Der amerikan. Aufmarsch geht schnell voran. Da die Rur=Urft=Talsperren wichtig sind, wird der Gedanke des Gegenangriffs erwogen, da sonst der Feind eine Wasserwelle auszulösen vermag, die jedoch ihn sehr stören kann, wenn sie von uns ausgelöst wird. Am Westwall=Riegel weiter Angriffe. Auf dem Südflügel nur örtliche Kämpfe.

Die Brückenlage ist trotz der feindl. Angriffe gleich geblieben. Die Mann=heimer Brücke ist sogar wieder befahrbar. Das schlechte Wetter wird voraus=sichtlich noch andauern.

*Heeresgr. G:* Weitere Kämpfe im Frontknie am Rhein, wo jetzt ein eigener Gegenstoß aufgenommen wurde. Bei der 19. Armee gespannte Lage, die einiges Gelände preiszugeben zwang. In den Hochvogesen besteht nach dem Kräfte=abzug nur noch eine ganz dünne Linie. Nördlich Mühlhausen feindl. Einbrüche.

**Lagebuch 5. 2. 45**

*Osten*

*Südfront:* Nördlich des Velencze=Sees, wo die eigene Front jetzt bis zur Süd=ostecke des Sees zurückgenommen ist, eigene Vorstöße. Der Feind hat in den Raum südlich Budapest Kräfte aus dem Raum nördlich des Donauknies ge=zogen.

150 feindl. Einsätze, 50 eigene gegen Panzer=Ansammlungen, die Budapest eine spürbare Entlastung brachten. 200 Flugzeuge zur Versorgung. Bei der 8. Armee nur örtliche Kämpfe.

*Heeresgr. Mitte:* Bei Schurgatz konnte der Feind den Brückenkopf so erweitern, daß er mit dem bei Ohlau gebildeten zusammenstößt. Grottkau wird noch gehalten. Die 208. Inf.-Div. im Angriff. Die Oder ist hier offen. Die Gruppe Saucken mußte zur Abwehr übergehen. Vor Glogau wurden feindl. Angriffe abgewiesen.

*Heeresgr. Weichsel:* Abwehr bei Neusatz. Angriffe gegen Krossen, bei Fürstenberg sowie ostwärts Frankfurt a. d. O. Bei Lebus drang der Gegner über die Oder, ferner südwestlich von Küstrin. Nördlich Küstrin weitere Versuche, über die Oder zu dringen.

Bahn und Pyritz wurden angegriffen; Arnswalde wurde eingeschlossen. Der Gegner steht nördlich Deutsch-Krone; Landeck in eigener Hand. In Breslau verschärfte Lage. In Posen, wo Forts verlorengingen und die eigenen Kräfte zusammengedrängt wurden, ging die Stärke der Besatzung von 12 000 auf 3 000 Mann zurück. Die Weichsel ist bis Marienwerder offen. Oberhalb Marienwerder können leichte Fahrzeuge den Fluß passieren.

*Ostpreußen:* An der Küste und südwestlich ...[1] Angriffe, so daß die HKL zurückgenommen werden mußte. Bei Landsberg eigene Fortschritte. Bartenstein weiter in feindl. Hand. Im Osten neue Einbrüche. Südlich Königsberg wurden 12 Panzer abgeschossen. Die Verbindung nach Königsberg ist jetzt hergestellt. Im Samland eigene Gegenangriffe und Zurücknahme des linken Flügels. Ab 13 Uhr wird der Kreuzer „Scheer" bei Cranz eingreifen.

*Heeresgr. Kurland:* Nur geringe Kampfhandlungen. Planmäßiger Fortgang der Transporte, die nicht gestört wurden. Vom III. SS-Korps ist jetzt 1/3 in Stettin entladen; 1/3 steht vor der Entladung. Aus Norwegen werden Marine-Fährpräme überführt.

1 700 eigene Luftwaffen-Einsätze. Wiederum Tieffliegerangriffe in Schlesien und Ostpreußen, dabei gute Erfolge.

In Swinemünde und den westlich gelegenen Häfen sind bisher 12 000 Flüchtlinge ausgeladen worden. 15 000 auf dem Marsch. Der Führer hat den Vorschlag genehmigt, größere Teile der Flüchtlinge nach Schleswig-Holstein und Dänemark zu verlegen.

*Nordraum*

Weitere Sabotagefälle, unter anderem auch gegen die Eisenbahnen. Außer der 163. Inf.-Div., die in den Osten kommt, wird auch die 233. Res.-Pz.-Div., deren Verlegung vor mehreren Tagen befohlen wurde, in den Raum von Stettin verlegt.

*Westen — Reich*

500 4-mot. Bomber gegen Villach und St. Veit. Im Westen dagegen schlechtes Wetter; auch bei den 1- und 2-mot. Bombern nur geringer Einsatz. Auf der eigenen Seite 19 Jäger.

1 Offensichtlich ein Ortsname ausgefallen.

*Südosten*

In der Nacht vom 5./6. 2. begann das Übersetzen des IX. AK. und der 297. Inf.=Div., ferner der 7. SS=Geb.=Div. zum Abschirmen (die Kampfgruppe Fischer mit mehreren Btl.en der 11. Luftw.=Feld=Div. soll im gegebenen Augenblick folgen) südlich Barcs. In der Nacht vom 6./7. 2. folgen die 1. Kosaken=Div. und 2 Kosaken=Brig.en sowie die Kampfgruppen Moskoff und Engelbrecht. In Reserve gehalten wird die 104. Jäg.=Div.

*Südwesten*

620 feindl. Einsätze. Die 16. SS=Pz.=Gren.=Div., die in den Osten verlegt wird, ist jetzt herausgezogen. Die Brenner=Strecke wird bis 7. 2., die Bahn nach Nordosten bis Mitte Februar gestört sein.

*Westen*

Beim Abwurf von Schwerstbomben auf Ijmuiden nur geringe Schäden. Fernspähtrupps drangen 8 bis 10 km tief in die brit. Linien vor und stellten dort keine Angriffsvorbereitungen fest. Demnach ist kein Angriff in Holland zu erwarten. Im Raum von Aachen weitere Zuführung amerikan. Verbände. Vor der Front der eigenen 1. Armee wird die 85. amerikan. Inf.=Div. herangeführt. Insgesamt ist mit 40 brit. und amerikan. Verbänden zum Angriff zu rechnen. Dem Gegner gelang es, bis an die Urft=Talsperre heranzukommen und den Stadtrand von Schleiden zu erreichen. Die Ordensburg Vogelsang ist verlorengegangen. Sonst nur örtliche Kämpfe. Die eigenen Reserven sind in Bewegung. Die 116. Pz.=Div. kommt näher an die Heeresgruppen=Naht; die 15. Pz.=Gren.=Div. ist 40 km nach Süden zurückverlegt worden. Als Führungsstab für die Heeresgruppe wird das Gen.=Kdo. LVIII. AK. bereitgestellt, anschließend nach Süden das Gen.=Kdo. XXXXVII. AK. mit der Pz.=Lehr=Div. (die von Bitburg nach Blankenheim auf dem Marsche ist), der 2. Pz.=Div. und der 9. Pz.=Div. (die bei Schleiden steht). Die 3. und 5. Pz.=Gren.=Div. schließen auf.

*Heeresgr. G:* Nach weiteren Angriffen wurden die eigenen Kräfte zurückgenommen. Gegen die 19. Armee hat jetzt der Feind die 12. amerikan. Pz.=Div. herangeholt, was sein Interesse an der Südfront unterstreicht. Bei Neu=Breisach Einbrüche. Südlich Colmar gingen 2 Orte verloren. Aus den Vogesen wird jetzt die 16. VGD. herausgezogen. Auch die südwestliche Front des Bogens wird verkürzt. Der Feind folgt.

Feindl. Feuer auf Dünkirchen und Lorient.

Die beiden Führer=Brigaden werden in Div.en umgebildet, denen zugeteilte Einheiten eingegliedert werden. Der Heeresgr. B werden 2 schwere Pz.=Jäg.=Abt.en, die fertig geworden sind, zugeführt.

**Lagebuch 6. 2. 45**

*Osten*

Wie an den Vortagen keine wesentlichen Veränderungen der Lage.

*Heeresgr. Süd:* Dem eigenen Absetzen an der Donau drückte der Feind nach

Westen nach, besonders hart südlich des Velencze=Sees; aber auch nördlich von Budapest verschärfte sich die Lage weiter; der Feind kam bis an die Artl.=Stellungen heran. Das Wetter ist schlecht. Bei der 8. Armee nur örtliche Kampfhandlungen. Am 5. 2., 20 Uhr, ist die Heeresgruppe nach Norden auf den Kamm des Tatra=Gebirges verlegt worden.

*Heeresgr. Mitte:* Kleinere Einbrüche bei der Armeegruppe Heinrici. Bei Bielitz wurde der Gegner abgewiesen. Ostwärts Ratibor kamen eigene Kräfte etwas voran, nördlich Ratibor der Feind. Zwischen Ratibor und Kosel griff der Feind an; dabei wurden von 10 angreifenden Panzern 10 abgeschossen. Bei *Brieg,* wo im Augenblick einer der Gefahrenpunkte liegt, kam der Feind über Grottkau vor, wurde dann aber angehalten. Die Besatzung von Brieg erhielt den Befehl, sich nach Westen durchzuschlagen. Bei Breslau gleiche Lage. Durch ein Sonderunternehmen wurde eine Spezialfabrik, wie beabsichtigt, völlig zerstört. Bei der Gruppe Saucken nichts Neues. Der Feind verstärkte sich im Raum von Steinau und Glogau, wo ein weiterer Gefahrenpunkt besteht. Hier werden 5 — 6 Armeen angenommen.

*Heeresgr. Weichsel:* Bei Odereck verstärkte sich der Feind. Bei Krossen wurde er abgewiesen. Bei Fürstenberg setzte er über. Gespannte Lage weiter vor Aurith. Bei Döldenberg drang der Feind auch über den Fluß. Bei Frankfurt wurde die HKL zurückgenommen. Nördlich Freienwalde wurden Panzer abgewiesen. — *Pommern:* Zwischen Bahn und Pyritz gingen eigene Kräfte vor; die 4. SS=Pol.=Pz.=Gren.=Div. ist jetzt in Front. Der Feind hat hier anscheinend 2 Div.en. Bei Arnswalde wurde er abgewiesen. Zwischen Deutsch=Krone und Pytz kleine Einbrüche. Die Pommern=Stellung hält. Bei Landeck eigene und feindl. Angriffe. Nordwestlich Schwetz Kämpfe; südwestlich von Graudenz ein eigener Angriff. Die Lage in Posen wie bisher. Marienburg ist in eigener Hand. Die Verteidiger von Elbing sind in mehreren Gruppen aufgespalten. Die Neubauten der Marine konnten im wesentlichen in Sicherheit gebracht werden. Die Lage ist sehr gespannt.

*Ostpreußen:* An der Küste und an der Südwestfront ging weiter Gelände verloren. Bei Wormditt wurde der Feind abgewiesen, an der Südfront ein kleinerer Einbruch. Bei Landsberg gingen die eigenen Kräfte etwas vor. Südwestlich Königsberg ist die Verbindung wieder gefährdet. Gegen die Stadt setzte der Feind Schlachtflieger ein, von hinten führte er 1 200 Kfz. zu. Im Samland ist die Stellung wieder verbessert. Der Führer befahl Unterstützung des Kampfes bei Frauenburg durch den Kreuzer „Scheer", der über das Haff wegfeuert. Im Kampf bei Pillau waren Torpedoboote beteiligt. Feindl. U=Boote verminten die ostpreußische Küste und versuchten, an Geleite heranzukommen, wurden jedoch abgewehrt. Verluste durch feindl. Luftwaffen=Angriffe auf den Hafen von Pillau.

*Heeresgr. Kurland:* Nur geringe Tätigkeit. Die Kampfstaffeln des III. SS=Korps sind nun abgefahren; die Hälfte davon ist bereits in Stettin ausgeladen.

1 650 feindl., 250 eigene Einsätze, beiderseits je 6 Verluste (wegen schlechten Wetters nur größere Einsätze im Norden, die auf der eigenen Seite fast ganz behindert waren).

In Swinemünde jetzt ein Stau von 47 000 Flüchtlingen und 5 000 Verwundeten, dabei Abfahren von täglich 2 — 3 Zügen. Bei Saßnitz hat sich die Lage entspannt. 9 000 Flüchtlinge sind abgefahren worden. Schlechte Lage im Raum von Stettin und Hinterland, wo die Strecke blockiert ist.

*Nordraum*

Fortgang der Transporte.

*Westen — Reich*

Vom Süden Angriffe von 4-mot. Bombern gegen Regensburg — Rosenheim — Salzburg — Villach, wodurch schwere Verkehrsschäden eintraten. Im Westen wegen schlechten Wetters nur geringe Tätigkeit, 40 Moskitos gegen Berlin (wo bei dem letzten Angriff 500 Verwundete und 1 500 Vermißte zu verzeichnen sind).

*Südosten*

Nördlich Mostar wich der Feind aus. Die 22. Inf.-Div. jetzt in Zvornik. Der Raum des Gen.-Kdo.s LXXXXI. AK. wurde erweitert. Im Raum von Virovitica Angriff des Feindes. Nach einer Beurteilung der Abt. Fremde Heere-Ost, die von OB Südost geteilt wird, Zusammenziehungen in Syrmien und russ.-bulgar. Verstärkung im Raum Drau—Plattensee—Donau. Im Papuk-Gebirge bereits Frühling und aufgeweichte Wege.

*Südwesten*

Nach längerer Zeit wieder Angriffe im Serchio-Tal, dabei Einbrüche bei der ital. 1. Div., die beim ersten Einsatz versagte. Südlich Bologna starke Artl.-Tätigkeit. Ferner Angriffe an der Furka-Paß-Strecke, die abgewiesen wurden.

*Westen*

Einsätze der Kriegsmarine kamen wegen des schlechten Wetters nicht zur Auswirkung. Der Feind ist zum Angriff noch nicht fertig. Dem Gen. Montgomery wurde die 9. amerikan. Armee unterstellt; der Sinn dieser Maßnahme ist noch nicht erkennbar. Die 101. LL-Div. scheint in den unteren Vogesen eingesetzt zu sein. Seit dem 5. 2. gefährliche Lautsprecher-Propaganda im Saargebiet mit dem Inhalt, die Deutschen sollten sich jetzt um die Russen kümmern und mit den Anglo-Amerikanern gemeinsame Sache machen und den gemeinsamen Feind bekämpfen.

Bei der *Heeresgr. B* griff der Feind im alten Angriffsraum weiter an und drängte die eigenen Kräfte auf den Westrand von Gmünd und Schleiden zurück. Die Bewegungen der Reserven machen gute Fortschritte; die für die Heeresgr. H sind an Ort und Stelle, die für die Heeresgr. B noch nicht.

*Heeresgr. G:* Im Frontknie am Rhein ist jetzt die neue HKL erreicht worden. Der Abtransport nach dem Osten geht weiter. Bei der 19. Armee konnte der

Feind durch Stoß von südlich Colmar nach Süden und von westlich Mühlhausen nach Norden seine Pz.-Spitzen vereinigen; jedoch gelang es der 16. Inf.-Div., mit Masse noch über die Ill überzusetzen. Von dieser soll die HKL auf den Rhein-Rhone-Kanal zurückgenommen werden. Die Brücke bei Breisach ist jetzt ganz gesprengt worden.

**Lagebuch 7. 2. 45**

*Osten*

*Südfront:* Im Süden wurden Angriffe in Richtung Westen abgewiesen. Kämpfe im Raum von Stuhlweißenburg (der Gegner ist hier wieder durch die Margarethen-Stellung hindurchgekommen). In Budapest erzielte er gleichfalls tiefe Einbrüche an der Westfront; der Südbahnhof ist in seiner Hand. 16 Flugzeuge zur Versorgung. Bei der 8. Armee nur örtliche Kämpfe. Südlich Petva ging Gelände verloren.

*Heeresgr. Mitte:* Absteifung der Front bei der Armeegruppe Heinrici. Zwischen Rybnik und Ratibor wurde der Feind abgewiesen. Nördlich Ratibor ging ein Ort verloren. Bei Brieg konnte der Feind beim Vorstoß gegen Grottkau nach Süden aufgefangen werden. Die Lage beginnt sich zu bessern; jedoch starke Einbrüche westlich *Brieg;* die Besatzung hat sich zum Teil bereits durchgeschlagen. Bei Breslau Ruhe. Bei Lüben und Rauten wurde die Front gehalten. Nördlich Glogau wiederum Angriffe; doch wurde auch hier die Front meist gehalten. In Zuführung in diesen Raum anscheinend die 3. Garde-Pz.-Armee.

*Heeresgr. Weichsel:* Bei Fürstenberg und südlich Frankfurt a. d. O. ging der Feind über die Oder. In Richtung Küstrin wurden eigene Panzer eingesetzt. Im Oderbruch hält sich der Gegner hartnäckig in einzelnen Gefechtsstreifen, in denen er mit Inf.-Waffen nicht zu fassen ist. Der Angriff der Div. „Döberitz" schlug nicht durch. — In *Pommern* kam der Gegner zwischen Bahn und Pyritz vor. Arnswalde wurde von Norden angegriffen. Ostwärts davon drang er in die Front westlich Pytz ein; ferner stieß er durch die Pommern-Stellung durch bis zur Straße Deutsch-Krone — Tempelburg. Schneidemühl wurde wieder angegriffen. — Gegen *Posen* eine neue feindl. Div. Bisher 4 500 Verwundete, geschätzte Tote 1 830. Munition ist noch für 2 Tage vorhanden. Bei Schwetz und Graudenz wurde der Feind abgewiesen. — In *Elbing* wurde die Übergabe gefordert, jedoch abgelehnt. Einzelne Gruppen kämpfen noch weiter. Von Nordwesten griff die 7. Pz.-Div., die über keine Panzer mehr verfügt, ein; von See aus half der Kreuzer „Scheer". Der Feind gruppiert sich an der Oder um.

*Heeresgr. Nord:* Bei Frauenburg wurde der Gegner zurückgewiesen. Südwestlich davon gelang ihm ein kleiner Einbruch. Bei Wormditt wurde der Gegner abgewiesen. An der Südfront Gegenangriffe gegen den feindl. Einbruch. Bei Landsberg konnte der Feind eingeengt werden. Die Haff-Straße wurde wiederum unterbunden. Im Samland verbesserte sich die Lage. Der

Feind führte Kräfte von der nordostpreuß. Front in den Süden heran. In der Ostsee Nebel, der den Transport behindert. In Gotenhafen sind nunmehr ausgeladen vom IV. Pz.-Korps 9 693 Mann, von der 32. Inf.-Div. 7 149, ferner kleinere Teile der 289. und 390. Inf.-Div. — In *Kurland* nichts Besonderes.

*Zur Feindlage:* Nach dem Durchbruch an der Weichsel gelang es der 1. ukrainischen Front, schnell bis zur Oder vorzudringen; die nördlich anschließende 1. weißruss. Front, die nicht so schnell vorankam, hing daher ab. Der 1. ukrain. Front ist es dann mißlungen, im Handstreich noch Breslau zu nehmen. Daher wurden Kräfte von ihr (3. Garde-Pz.-Armee) nach Oberschlesien abgedreht, um dort die Bereinigung zu Ende zu führen. Eingesetzt waren in Oberschlesien 6 Pz.-Korps und 35 Schützen-Div.en. Inzwischen kam auch die 1. weißruss. Front voran, und zwar gelang es ihr, den Tirschtiegel-Riegel zu durchstoßen und wider Erwarten schnell bis an den Oderknick heranzukommen. Jetzt ist das Bestreben der russ. Führung, zu einem Einsatzhafen[1] zu kommen. Zu diesem Zweck wird der Schwerpunkt wieder nach Norden verlegt, was sich unter anderem in dem Herausziehen der 3. Garde-Pz.-Armee in den Raum nördlich Breslau auswirkt. Es ist dem Feinde nicht gelungen, aus der Bewegung heraus noch über die Oder vorzustoßen. Daß der Gegner im Augenblick verharrt, ist nicht als eine operative Pause anzusehen, sondern nur als ein Atemholen, das durch die Gegebenheiten erzwungen ist. Nach dem Tauen ist die Oder wieder ein schwierigeres Hindernis geworden; auch hat sich inzwischen die eigene Verteidigung verbessert; andererseits muß der Nachschub neu geregelt werden. Als Schwerpunkt ist jetzt die 1. ukrain. Front im Raum von Steinau anzusehen; anzunehmen ist die Stoßrichtung in den Raum südlich Berlin mit einem Nebenstoß in Richtung Dresden. Die 1. Garde-Pz.-Armee ist in der Umgruppierung. Ihr Einsatz ist nicht völlig geklärt. Die Masse einer Pz.-Armee scheint gegen Stettin angesetzt zu sein. Der rechte Flügel der 1. weißruss. Front ist mehr nach Norden verschoben worden, da weitere Kräfte an der Weichsel hängen blieben. Das Aufrollen derselben wird der 2. weißruss. Front überlassen. Gegen Ostpreußen wird die 3. weißruss. Front angesetzt mit dem Ziel, durch einen Pz.-Stoß von Südwesten und einen entsprechenden von Nordosten die eigenen Kräfte zum Haff abzudrängen und dadurch völlig einzuschließen.

In Kurland werden die Schwerpunkte schnell verlegt; Hauptziel ist Libau. — Ein weiterer Stoß, geführt von der 4. ukrain. Front, ist zu erwarten in Richtung Mährisch-Ostrau. Aus Ungarn mehren sich die Meldungen von Zuführungen aus der Tiefe, unter anderem Bulgaren. Aus dem Raum Lemberg scheinen Reserven in südwestlicher Richtung verlegt worden zu sein. Es ist anzunehmen, daß der Gegner bestrebt ist, sich wieder eine Ausgangsstellung für den Stoß in Richtung Wien zu schaffen.

1 So Ms., etwa: Einsatzraum?

Die Kampfstärken der feindl. Verbände sind sehr verschieden; zum Teil sind sie stark mitgenommen, zum Teil noch nicht angeschlagen. Jedenfalls wirkt eine Minderung der Kampfkraft bisher noch nicht auf den Fortgang der Offensive. Bei den Panzern ist anzunehmen, daß die Ausfälle aus der Reserve schnell ersetzt werden. Die Eisenbahn ist bis zur alten Front umgenagelt; beobachtet wurde, daß einzelne Strecken vorwärts bereits benutzt werden, z. B. die nach Breslau[1]. Die Soll=Stärke einer Schützen=Div. beträgt (wie bereits 1942) 9 000 Mann. Den vorgesetzten Kdo.=Stellen ist es überlassen, die Div. jeweils nach der Ist=Stärke in sich umzugliedern. Im Vergleich mit den eigenen Div.en ist die Kampfstärke höher, da die Versorgungstruppen nicht zum Div.=Verband gehören.

Wegen schlechten Wetters war der Lufteinsatz im wesentlichen gering.

*Nordraum*

In Dänemark werden weitere Maßnahmen wegen der Zunahme der Sabotage erfolgen. Der Nebel stört den Transport.

*Westen — Reich*

Angriff von 1 100 4=mot. Bombern gegen Verkehrsziele in Mitteldeutschland. Das Wetter behinderte den Gegner und zwang ihn zum Angreifen von Ausweichzielen. Gleichfalls Anflug von 40 brit. Spezialflugzeugen, wie sie gegen die Talsperren und das Schlachtschiff „Tirpitz" eingesetzt worden sind; sie kehrten jedoch ohne Abwurf aus dem Raum von Kassel zurück. Ferner 700 2=mot. Bomber und 1000 Jäger. Dagegen 85 eigene gegen Artl.=Feuer und 32 bei der Heeresgr. G. In der Nacht keine wesentliche Tätigkeit. Das Wetter ist bis 10. 2. wahrscheinlich noch schlecht. Nach brit. Meldungen vom 5. 2. sind vom Gegner nördlich Danzig 3 U=Boote versenkt worden. Da es sich nicht um eigene handeln kann, müssen die Briten 3 russische versenkt haben.

*Südosten*

Bei Mostar wurde die endgültige Linie eingenommen. Bei Angriffen des Gegners gegen den westlichen Flügel wurden 2 Panzer abgeschossen. Bei Višegrad, das in 6 Tagen geräumt werden soll, feindl. Angriffe. Die 22. Inf.=Div. gruppiert sich um. Bei dem Unternehmen „Werwolf" kamen die eigenen Kräfte etwas voran. Die 7. SS=Geb.=Div. stieß auf feindl. Widerstand.

*Südwesten*

Weitere Vorstöße des Feindes am Serchio. Die 148. Inf.=Div., die hinter den Italienern liegt, ging zum Gegenangriff über. Von der 16. SS=Pz.=Div. sind 8 Züge abgefahren.

*Westen*

Vorgesehen ist, daß der Gen.=Admiral Marschall die Aufsicht über den Gesamtverkehr im Westen übernimmt; doch ist ein Befehl des Chefs OKW, der seine Unterschrift bereits gegeben hatte, noch angehalten worden, da der OBdM persönliche Bedenken hat.

1 Ms.: Breschen

Die Naht der 9. amerikan. Armee wurde weiter nach Norden verlegt, wodurch der kommende Stoß noch deutlicher heraustritt. Die Aufgabe der Heeresgr. Bradley ist also, die Abschirmung zu übernehmen. Südlich der Armee=Naht ein Angriff. Fortgang der Kämpfe bei Schmidt (d. h. nördlich der Rur=Talsperre). Die Pz.=Lehr=Div. im Abschnitt bei Schleiden. Der Gegner wurde dort abgewiesen. In der Schnee=Eifel drückte er weiter vor. Eine neue HKL wurde bezogen. Die Lage ist ungünstig. Die eigenen Kräfte sind gering. Nach Prüm wurde die 5. Fallsch.=Jäg.=Div. abgedreht. Die Absicht des Feindes, eigene Reserven zu fesseln, ist also erreicht. Die Zuführung der Reserven in den Raum Jülich — Düren verzögert sich. Das schlechte Wetter ermöglicht die Fortführung der Transporte auch am Tage.

*Heeresgr. G:* Nach langer Zeit wieder ein Angriff im unteren Elsaß. Bei Forbach Kämpfe. Die 19. Armee setzte sich auf die Kanalfront ab, was verhältnismäßig glatt ablief. Gefechtsposten blieben noch vorn. Angriffe bei Neu=Breisach wurden abgewiesen. Brückengerät ist genug vorhanden.

*Festungen:* Starkes Artl.=Feuer auf Lorient.

*Allgemein*

Ein neuer Befehl des Heeres=Personalamtes regelt die Verwendung der Offiziere. Entlassungen sind nicht mehr möglich. Falls keine Eignung für den Dienstgrad vorhanden ist, müssen Stellungen unterhalb des Dienstgrades angenommen werden (falls diese vorliegt, im gleichen Dienstgrad). Bei Nichteignung: Entlassung und Wiedereinziehung zu einem niederen Dienstgrad, bei Verschulden in Uffz.=Stellungen.

**Lagebuch 8. 2. 45**

*Osten*

*Südfront:* Die eigene Front wurde jetzt auf eine Linie abgesetzt, die etwa gegenüber der Halbinsel Tihany nach Osten verläuft, dann einknickt und nach Norden auf die Südwestecke des Velencze=Sees zuläuft. Südlich des Sees kamen die eigenen Kräfte wieder etwas voran. Zahlreiche Gefechte und heftiges Artl.=Feuer. Bei der 8. Armee nur kleinere Vorstöße.

*Heeresgr. Mitte:* Nördlich Bielitz erzielte der Feind einen tiefen Einbruch, der zum Teil bereinigt wurde. Zwischen Pleß und Ratibor verhältnismäßig ruhig. Bei Brieg hat er seinen Brückenkopf erweitert. Südlich Grottkau wurde er jedoch zurückgewiesen. Nördlich Breslau wurde Malsch zurückgenommen. Der dortige Brückenkopf wurde bereinigt. Bei Glogau wurde der Gegner abgewiesen. Südlich Glogau hat ein eigener Angriff begonnen.

*Heeresgr. Weichsel:* Der feindl. Brückenkopf bei Odereck konnte bereinigt werden. Südlich Frankfurt wurde Fürstenberg von Norden und Süden angegriffen. Es gelang dem Gegner, die diesseitige Höhe zu gewinnen. Südwestlich

Küstrin stieß die 21. Pz.=Div. nicht durch. Nordwestlich Küstrin gelang die Vereinigung mit der Stadt. Ein neuer Angriff hat begonnen. Bei Kienitz sind jetzt feindl. Panzer aufgetreten. Im Raum von Pytz drang der Gegner vor; weitere Kämpfe bei Arnswalde. Der Gegner drang in Reetz ein. Bei Deutsch=Krone ist noch eine Lücke in der Front. Bei Schneidemühl traten feindl. Panzer auf. Der Feind wurde abgewiesen. In Posen Aufforderung zur Übergabe, die abgelehnt wurde. Das Posener Schloß, das als Lazarett belegt war, mußte preisgegeben werden. In Südpommern Ruhe. In Graudenz wurde die Brücke gesprengt. An der unteren Nogat Angriffe der 7. Pz.=Div., die nicht durchdrangen. In Elbing halten sich noch Teile.

*Ostpreußen:* Weitere Kämpfe bei Frauenberg, Wormditt und Bartenstein. Bei Königsberg keine wesentliche Veränderung. Bei Heilsberg wurde die HKL bis Petershagen zurückgenommen. Im Samland wurde ein Einbruch abgeriegelt. Der Kreuzer „Scheer" griff bei Elbing und Frauenburg ein. Heute früh wird auch der Kreuzer „Lützow" eingesetzt.

Von dem III. Pz.=Korps in Stettin sind 19 Schiffe eingetroffen, 15 liegen noch im Nebel vor Swinemünde fest.

929 eigene Einsätze, 9 Abschüsse und 19 Verluste. Schwerpunkt bei Frankfurt (845 eigene Einsätze). Mit Tieffliegern Angriff gegen feindl. Kolonnen, dabei 9 Panzer und 350 Fahrzeuge vernichtet, eine Brücke über die Oder und ein Steg beseitigt. Alle Flak=Kräfte ostwärts der Linie Greifswald — Berlin wurden der Luftflotte 6 unterstellt. Diese hat in der letzten Zeit 65 schwere und 50 mittlere und leichte Flak=Batterien eingebüßt.

In der Zeit vom 12. 1. bis 4. 2. hat der Feind die Gefangennahme von 3 Div.=Kdr.en und 2 Obersten gemeldet; ferner sind mehrere Generale gefallen.

*Nordraum*

In Dänemark gegen 2 Züge Sabotage. Hammerfest wurde nunmehr geräumt. Die eigene Luftwaffe versuchte, ein Geleit westlich Drontheim anzugreifen, und erzielte dabei einen Brand auf einem 6 000 to=Dampfer. U=Boote stellen sich auf. Im Skagerrak hindert Nebel die Bewegungen, besonders bei Aarhus.

*Westen — Reich*

Großangriff von Süden gegen Wien, wo die Innenstadt Schäden erlitt. Von Westen ein Angriff von 250 Briten gegen Essen. Nachts ein Angriff mit großangelegter Täuschung mit 80 4=mot. Bombern im Raum von Emmerich und Venlo; 200 zur Verminung der Kieler Buch und des Kleinen Belt.

*Südosten*

Bei Mostar weiter Kämpfe. Die 104. Jäg.=Div. wird bis 8. 2. bereitgestellt sein. Die Bereitstellungen zum Angriff sollen bis zum 15. 2. abgeschlossen sein. Beim Unternehmen „Werwolf" kam der Angriff im Süden gut voran, fand im Norden erst Widerstand und gewann dann doch noch 12 km. Die Kosaken blieben liegen.

*Südwesten*

Fortgang der Kämpfe am Serchio. Die Brenner-Strecke ist bis 12. 2. unterbrochen, so daß sich der Abfluß der 16. SS-Pz.-Div. nur langsam vollzieht.

*Westen*

Die Überwachung des Funknetzes ergibt bei den Amerikanern eindeutig die Schwerpunktbildung bei Düren — Jülich. Da die Briten Funkdisziplin halten, fehlt bei ihnen entsprechende Folgerung. Ein Unternehmen, das von den Kanalinseln auslief, konnte wegen des Wetters nicht zu Ende geführt werden.

In England Aufstellung neuer Verbände aus den 250 000 Mann, die eingezogen werden und zu den 14 Verbänden hinzuzuzählen sind, die dort noch bereitliegen. Fertigstellung jedoch erst ab Juni (6 Verbände?).

Die 9. amerikan. Armee ist jetzt aufmarschiert; aber ihr fehlen noch einzelne Teile. Im Nordelsaß sind die örtlichen Reserven jetzt aufgetaucht, so daß mit einem größeren Unternehmen zu rechnen ist. Die im Elsaß frei werdenden Kräfte sind vermutlich schon im Abziehen.

*Heeresgr. B:* Bei Schmidt Fortgang der Kämpfe. In der Schnee-Eifel, wo die HKL jetzt auf die 2. Westwall-Linie zurückgedrängt ist, schwere Kämpfe. Verstärkungen sind im Anmarsch. Dadurch wird allerdings die 2. Pz.-Div. gebunden.

*Heeresgr. G:* Bei Forbach wurde die Lage wieder bereinigt. Im Frontknick am Rhein gingen die Kämpfe weiter. Die 19. Armee setzte sich auf den Hardt-Kanal ab. Der Feind folgt nur zögernd nach. Der Verkehr über die Neuburger Brücke vollzieht sich reibungslos.

*Politik*

Daß die Dreier-Konferenz im Gebiet des Schwarzen Meeres stattfand, wird jetzt offiziell zugegeben.[1]

**Lagebuch 9. 2. 45**

*Osten*

*Südfront:* Der Bogen zwischen den Seen wurde verkürzt. In Budapest verschärfte sich die Lage. Wegen des Einbruchs an der Westfront mußte die Donau-Front geschwächt werden; Ungarn sind übergelaufen. Bei der 8. Armee nur örtliche Kampfhandlungen. In Kürze wird ein Vorstoß aus dem Raum Preßburg in Richtung Wien erwartet; jedoch ist noch unklar, ob er mit Schwerpunkt Budapest oder nördlich Gran angreifen wird. Ein Nebenstoß gegen die 2. Pz.-Armee wird vermutet.

*Heeresgr. Mitte:* Bei Bielitz wurde der feindl. Einbruch eingeengt. Bei Schurgast kam der Gegner vor. Südlich Grottkau stießen 20 Panzer vor. Im Nordwesten wurde der Gegner durch Gegenangriffe zurückgedrückt. Nordöstlich hat sich die Lage verschärft. Dem Feinde gelangen schmale, tiefe Einbrüche. Südlich Lüben gelang dem Feind ein Vorstoß, bei Lüben und nördlich Her-

1 D. h. die „Jalta-Konferenz" in Livadia (4.—11. 2.).

wegen tiefe Einbrüche; nördlich davon bis Glogau wurde die eigene HKL zurückgenommen. Das Korps „Groß=Deutschland" hält seine Front. Eingesetzt in diesem Raum ist jetzt die Gruppe Rudel. Der Kommandeur wurde bei einer Notlandung verletzt und mußte operiert werden. Abschuß von 80 Panzern. Ab 12. 1. hat die Heeresgruppe 2 035 Panzer vernichtet.

Bei der *Heeresgr. Weichsel* nichts Neues. Eigener Fortschritt bei Fürstenberg. Kämpfe bei Güldendorf. Der Gegner drang bis südlich *Frankfurt* vor; vor der Stadt selbst wurde er abgewiesen. Lübben ist jetzt in Feindes Hand. Die 21. Pz.=Div. kam vor. Weitere Kämpfe im Oderbruch. In *Pommern* wurde der Feind nordostwärts Pytz gestellt. Südlich Stargard wird ein Riegel aufgebaut. *Arnswalde* ist jetzt vom Feinde umschlossen. Bei Reetz stieß der Feind nach Nordosten vor. Der Großteil der 2. Pz.=Armee scheint sich jetzt nach Norden zu richten. Lage in Posen wie bisher, in Schneidemühl gespannt. Ein Parlamentär der „Freien deutschen Bewegung" wurde verhaftet. In Elbing haben sich die beiden Gruppen wieder vereinigen können; jedoch gelang der 7. Pz.=Div. die Aufnahme der Verbindung nicht.

Der Feind hat offensichtlich die Absicht, aus seinem Brückenkopf von Brieg und südlich Glogau durch eine Zangenbewegung Breslau herauszubrechen.

*Ostpreußen:* Der Feind bildete durch die 5. Garde=Pz.=Armee einen Schwerpunkt südlich des Haffs. Weiterer Druck von Südwesten und Süden. Von Norden brachen 20 Panzer durch. Die Haff=Straße ist befahrbar. Im Samland weitere Kämpfe.

Im *Kurland* keine besonderen Ereignisse. Die 93. Inf.=Div. wird jetzt verladen. In der Ostsee hemmen Minen die Transporte. In Gotenhafen und Danzig wurden 10 Schiffe mit Teilen der 389. und 281. Inf.=Div. ausgeladen; in Stettin — Swinemünde wurden 27 Schiffe ausgeladen, 8 auf der Reede. Abtransportiert sind nunmehr 260 000 Flüchtlinge. Der Kreuzer „Lützow" griff in den Kampf ein. In Stettin=Saßnitz ging der Stau stark zurück; in Kiel entsteht ein neuer.

Rege Tätigkeit der feindl. Luftwaffe; 1 654 eigene Einsätze. Schwerpunkt bei Frankfurt. 8 Abschüsse, 43 Verluste (einschließlich Vermißte). Abschuß von 27 Panzern und 500 Fahrzeugen. Von Italien aus griffen 10 4=mot.[1] Bomber in den Kampf bei Liegnitz ein. Luftversorgung von Posen, Arnswalde und Schneidemühl.

*Nordraum*

Im Hafen von Kirkenes wurde ein 6000 to=Dampfer von eigenen Torpedos getroffen.

*Westen — Reich*

Wiederum Großeinflug von Süden gegen Wien, wo mittelschwere Schäden

1 Ms.: 1=mot.

eintraten. Im Westen starteten die 3 amerikan. Div.en, mußten jedoch umkehren. Aufklärung gegen London mußte abgebrochen werden. Nachts 500 Briten gegen Mörs — Rheinhausen und 50 Moskitos gegen Berlin. Ferner 400 gegen das Werk Pölitz unter Einsatz starker Leuchtmittel; ferner 70 zur Verminung der Ostsee. Es starteten 65 Nachtjäger, die 14 Bomber abschossen.

*Südosten*

Bei Mostar hat sich durch überholende Bewegung des Feindes die Lage verschärft. Von Nordosten werden 2 eigene Festungs-Btl.e zugeführt. Die 22. Inf.-Div. kam an der Drina weiter voran. Nordöstlich dieses Flusses sollen nur schwache Kräfte eingesetzt sein. Die Bewegung „Werwolf" machte Fortschritte nach Westen; auch an der Westfront wurden Fortschritte erzielt; im Januar wurden 10 000 Tote gezählt, 1 700 Gefangene und Überläufer gemacht.

*Südwesten*

An der Westküste erzielte der Feind einen überraschenden örtlichen Erfolg. Fortgang der Kämpfe am Serchio. Einsatz von 50 Flugzeugen gegen Verona. Die 16. SS-Pz.-Div. kann bis Ende des Monats transportiert werden. In der Adria ist der Gegner in der letzten Zeit wieder aktiver geworden.

*Westen*

Der Angriff des II. amerikan. Korps wird von diesem allein geführt. Die Briten traten den Abschnitt ostwärts Roermond an die Amerikaner ab und machten dadurch ihr XII. AK. frei. Sie haben jetzt in Front 1 Korps. Offensichtlich wird der Großangriff beiderseits Venlo erfolgen. Weitere Einsätze der LL-Verbände in Front machen eine Luftlandung unwahrscheinlich.

Bei der Heeresgr. G ist das IV. amerikan. AK. mit 4 Verbänden bei der Herauslösung. Da die örtlichen Reserven bei der 1. Armee eingesetzt wurden, ist es möglich, daß das XXI. AK. im Raum von Hagenau bereitgestellt wird. Möglich ist auch, daß die französ. Verbände zum Angriff gegen die Gironde-Festungen eingesetzt werden. Die 19. Armee übernimmt den Befehl am Oberrhein, nachdem ihr das Gen.-Kdo. XVIII. SS-Korps bereits unterstellt wurde.

Bei Ijmuiden wieder Einsatz von Spezialbombern; dabei wurden die Bunker durchschlagen. Über Schiffsschäden liegen keine Meldungen vor.

Ostwärts[1] Nimwegen bei Kranenburg traten die Amerikaner zum Angriff zwischen Maas und Waal an und erzielten dabei einen spitzen Einbruch von 5 km Tiefe. Darauf wurde die 84. Inf.-Div. angegriffen. Da ein Rgt. der 6. Fallsch.-Jäg.-Div. zugeführt wird, stehen Reserven zur Verfügung. Bei der 15. Armee Ruhe.

*Heeresgr. B:* Schmidt ging verloren. Der Gegner kam 2 km weiter vor. Darauf wurde heute um 8 Uhr die Sprengung der *Rur-Talsperre* befohlen, die für 10—12 Tage eine Flutwelle erzeugen wird.

1 Ms.: südlich

In der Schnee=Eifel erzielte der Gegner dort, wo er bis zur 2. Westwall=Linie kam, Einbrüche. Dagegen eingesetzt wird die 2. Pz.=Div. Freigemacht wird die 326. Inf.=Div., um sie im Süden einzusetzen. Dort (bei Habscheid) gleiche Lage.

*Heeresgr. G:* Die Rücknahme über den Rhein ist jetzt genehmigt, mit der Masse des schweren Geräts bereits durchgeführt.

In Toulon wurde die französ. Flotte festgestellt.

*Politik*

*Schweden* macht eine Mitteilung über die Verlegung des finn. Schiffsver=kehrs aus dem Bottnischen Meerbusen in den Raum der Aaland=Inseln. Die Verhandlungen wurden auf den diplomatischen Weg verwiesen.

Betreffend die Dreier=Konferenz wird hervorgehoben, daß erstmalig Ver=handlungen der drei Generalstäbe stattfanden.

**WFStab/KTB** **den 10. 2. 45**

**Die Ereignisse der letzten Zeit**
**nach Oberst d. G. Meyer=Detring (Abt.=Leiter Op H), 9. 2., 20 Uhr.**

1. *Westen*

Nachdem der eigene Frontbogen zurückgenommen worden ist, ist der Feind offensiv gegen die Nordeifel vorgegangen, wo er seinen Druck noch fortsetzt. Seine Absicht wird sein, eigene Reserven festzuhalten. Aber in diesen Kämpfen ist doch zugleich auch der Beginn der Großoffensive zu sehen, für die durch den Vorstoß in Richtung Schleiden — Gmünd gleich=sam die rechte Schulter herausgekehrt wird.

Ferner ist es notwendig gewesen, den Brückenkopf Elsaß, gegen den 8 feindl. Div.en und von Süden aus 2 — 3 weitere angesetzt waren, zurück=zunehmen. Diese Bewegung findet heute ihren Abschluß. Die 19. Armee ist jetzt wieder unmittelbar der Heeresgr. G unterstellt und übernimmt den Befehl am Oberrhein (sie tritt damit an die bereits aufgelöste Stelle des OB Oberrhein).

Seit gestern (9. 2.) hat ferner ein Angriff der Kanadier begonnen, der gleich zu einem störenden Einbruch führte. Die Folgen können gegebenen=falls ernst sein. Trotzdem steht der OB West auf dem Standpunkt, daß der Kampf im Raum von Venlo, wo der Hauptangriff zu erwarten ist, die Hauptsache sei und deshalb die Masse seiner Reserven in diesem Raum zusammengehalten werden soll.

Da sich die Zeichen für die bevorstehende Offensive so verdichtet haben, beginnt heute das Ablassen der Urft=Talsperre und der Rur=Talsperre, das zur Zeit ein Steigen des Wasserstandes um 60 cm in der Stunde bewirkt und die feindl. Kampfhandlungen für 11 Tage herauszögern wird. Man nimmt an, daß die Auswirkung bis Roermond spürbar ist. Ob in Holland noch neue Überschwemmungen durchgeführt werden können, ist nicht bekannt.

2. *Italien*

Außer den im Lagebuch vermerkten kleineren Kampfhandlungen ist nichts Wesentliches zu verzeichnen.

3. *Südosten*

Nachdem bei Mostar ein eigenes Unternehmen erfolgreich durchgeführt wurde, hat der Gegner, der anscheinend nach Westen abgedrängt wurde, nun seinerseits zu einem Gegenstoß, der die rechte Flanke umholt, angesetzt. Es wird wohl erforderlich sein, Gelände preiszugeben. Inzwischen ist das Unternehmen für das Freikämpfen des Raumes von Virovitica angelaufen, nachdem die beteiligten Truppen gute Marschleistungen erzielt hatten. Der Anfang des Unternehmens verläuft erfolgversprechend. Heute wird voraussichtlich entschieden, daß dieses Unternehmen erst am 19. 2. und nicht schon am 15. 2. (wie ursprünglich vorgesehen war) abgeschlossen sein muß, da die Vorbereitung der weiteren Absichten so viel Zeit erfordert.

4. *Osten*

Bis Oberschlesien ist nichts Besonderes zu vermerken. Deutlich tritt die Absicht heraus, Breslau zangenförmig zu umfassen. Es fragt sich, ob damit eine Plattform für den Vorstoß nach dem Westen gewonnen werden soll. Im Mittelabschnitt hat der Feind noch einige Brückenköpfe bilden können. Der eigene Widerstand hat sich versteift; aber es ist doch nicht gelungen, diese Brückenköpfe völlig zu beseitigen. Bei Arnswalde hat sich die Lage verschärft; jedoch treffen jetzt in diesem Raum eigene Verbände ein. An der Weichsel-Front ist die Lage gleich geblieben. In Elbing und Posen scheint der eigene Widerstand zu Ende zu gehen. In Schneidemühl sieht es besser aus. Der von der Heeresgr. Nord gehaltene Raum schmilzt mehr und mehr zu dem erweiterten Gebiet der Festung Königsberg mit Teilen des Samlandes zusammen. Diesem Raum wird nun aus Kurland die 93. Inf.-Div. zugeführt. Kurland selbst soll trotz der Abgabe von Verbänden weiter gehalten werden.

5. *Nordraum*

Als bezeichnend ist die durch Gefangennahme bestätigte Anwesenheit von Norwegern in Lappland zu vermerken. Die eigenen Kräfte in Dänemark sind jetzt stark geschwächt, nachdem die Kräfte der Pz.-Div. „Holstein" abgezogen worden sind. Der Rahmen der Pz.-Res.-Div. 233 ist noch da geblieben und wird jetzt durch neue Kräfte wieder ausgefüllt. Von der 166. Inf.-Div. sind 2 Rgt.er abgezogen worden, die jetzt durch Abgabe der Marine ausgefüllt werden.

*Osten*

*Feindlage:* Die Vorbereitungen des Gegners im Raume westlich Budapest machen Fortschritte. Ein kleinerer Vorstoß scheint sich zwischen Alt= und Neusohl abzuzeichnen. In Nordschlesien hat die 4. Armee zum Stoß in nordwestlicher Richtung gegen Sagan, die 3. Armee zum Stoß entlang der Autobahn angesetzt. Dabei wird ein Pz.=Stoß zum Herausbrechen von Breslau geführt. Ferner machen die Vorbereitungen ostwärts Berlin Fortschritte. Anscheinend ist der Feind zum Antreten noch nicht bereit. Er wartet vermutlich das Aufschließen seiner Kräfte ab. Gegen Steinau sind 2 mech. Korps eingesetzt. Ferner drückt der Feind über Thorn auf Südostpommern und verfolgt nach wie vor die Absicht, über Frauenburg die eigenen Kräfte vom Haff abzudrängen.

*Heeresgr. Süd:* In Budapest ein Einbruch im Südteil; im Westen wurde der Gegner abgewiesen. Bei der 8. Armee nur örtliche Kämpfe.

*Heeresgr. Mitte:* Bei Saybusch gespannte Lage. Der Gegner drang in den Ostteil von *Liegnitz* ein. Bei Brieg kam er nicht weiter vor. Die 20. Pz.=Div. gewann Gelände in Richtung Grottkau. Nördlich Breslau stieß er bis an den Bober vor und setzte mit schwachen Kräften an 3 Stellen über. Die Div. „Groß=Deutschland" mußte zurückweichen, wahrte aber den Zusammenhalt. Der Feind kam bis Primkenau. Von Küstrin wird die 21. Pz.=Div. heruntergezogen. An der Weichsel nur geringe Tätigkeit. Kämpfe bei Stargard. *Arnswalde* lehnte die Kapitulation ab. Bei Reetz erweiterte der Gegner seinen Raum. Bei Deutsch=Krone verschlechterte sich die Lage. Bei Schneidemühl weitere Kämpfe. *Schwetz* ist jetzt fast umschlossen. In Elbing gelang die Vereinigung der beiden Kräftegruppen noch nicht. Der Kreuzer „Scheer" und die Luftwaffe griffen in die Kämpfe ein. In Stettin sind nun 1 000 Mann vom III. SS=Korps ausgeladen worden, in Gotenhafen die 389. Inf.=Div.

*Heeresgr. Nord: Preußisch=Eylau* ging verloren. Die Haff=Straße wurde unterbunden. Kämpfe im Samland.

1 425 eigene Einsätze, besonders in Schlesien und an der unteren Oder. Dabei 26 Panzer, 276 Fahrzeuge und 25 Geschütze vernichtet. Die eigenen Abschüsse bleiben weiterhin gering, da die Luftwaffe ausschließlich für den Erdkampf eingesetzt wird und nur im Fall der Verteidigung zum Abschuß kommt.

*Westen — Reich*

Vom Süden ein Einflug von 200 4=mot. Bombern gegen ein Hydrierwerk in Südostdeutschland ohne schwere Schäden.

Von Westen aus 1 200 4=mot. Bomber gegen Thüringen, Sachsen und Magdeburg. Die Masse der Bomben ging ins freie Feld. Dagegen gestartet 76 Jäger; 3 Abschüsse, 13 Verluste. Ferner im Westen 350 2=mot. Bomber. In der Nacht 72 eigene Flugzeuge. Der Aufmarsch der alliierten Luftwaffe im Raum Venlo

— Maastricht — Luxemburg[1] mit 3 500 Jabos muß als abgeschlossen angesehen werden.

*Südosten*

Angriff westlich Mostar wurde abgewiesen, dabei 2 Panzer abgeschossen. Ein Fest.-Batl. ist bereits eingetroffen. Es folgt noch ein Rgt. der 181. Inf.-Div. Die 22. Inf.-Div. setzte ihre Angriffe beiderseits der Drina fort. Guter Fortgang des Unternehmens „Werwolf" im Osten sowie im Westen, wo jetzt auch angetreten ist. Die Brücke über die Drau wurde unterbrochen.

*Südwesten*

An der Küste konnte der Gegner seinen Geländegewinn nicht erweitern. Aber Gegenangriffe schlugen auch nicht durch.

*Westen*

Ostwärts Nimwegen greifen 2 brit. Div.en an. Bei Venlo sind in Front 3 Div.en in Reserve. 3 weitere Inf.-Div.en und 3 Pz.-Div.en sind anzunehmen. Dem Raum Aachen wurden 15 Verbände zugeführt. Zwischen Rhein und Maas gingen die Kämpfe weiter, die der Gegner durch Bombenteppiche unterstützte. Dadurch sind schon schwere Geschütze ausgefallen. Westlich Kleve stießen 50 — 60 Panzer durch. Der Gegner drang in den Reichswald ein. Ein weiterer Kampf auch in der Schnee-Eifel und an der Sauer. Die eigenen Kräfte sind jetzt auf die Verteidigungsstellung zurückgedrängt. Bei Hellental ein Angriff. Nördlich Prüm Verschärfung der Lage, da der Gegner bis dicht an die Straße herankam. Heftige Kämpfe bei Echternach.

*Heeresgr. G:* Das XXI. amerikan. AK. in Verlegung in den Raum südlich Mühlhausen. Die eigenen Transporte wurden durch die Luftangriffe gestört.

*Politik*

Die polnische Exilregierung fordert zum Kampf gegen die Russen auf.

**Lagebuch 11. 2. 45**

*Osten*

*Feindlage:*

Aus seiner operativen Reserve hat der Gegner das VII. Garde-(mech.)Korps herangeführt, um in umfassender Bewegung Breslau von hinten zu fassen. Daraus kann geschlossen werden, daß die der Front folgenden Teile schon verwendet werden. Es bestätigt sich ferner, daß 6 Schützen-Div.en von der südostpreußischen Front gegen die pommersche geführt werden, vermutlich zu einem Stoß in Richtung Konitz.

*Südfront:* 27 Flugzeuge zur Versorgung von Budapest, wo die Lage gleichblieb. Ein eigener Angriff zwischen den Seen kam gut voran. Bei der 8. Armee nur örtliche Kämpfe.

1 Ms.: Lux

*Heeresgr. Mitte:* Bei Seibusch Fortgang der Kämpfe. Bei Bielitz Angriffe, bei Pleß eine Verbesserung der HKL. Bei Grottkau stieß die 20. Pz.=Div. bis zur Oder vor. Sie wird jetzt zusammen mit der 8. und 19. Pz.=Div. unter dem Gen.=Kdo. XXXXVIII. Pz.=Korps zum Stoß nach Nordwesten angesetzt. Aus dem Brückenkopf Brieg — Ohlau kam der Feind bis 15 km südlich Breslau heran. Von Norden stieß er nach Südwesten; jedoch besteht noch eine kleine Landbrücke. In Liegnitz und ostwärts Bunzlau im Raum bis Glogau keine wesentliche Veränderung. Das Korps „Groß=Deutschland" kämpft sich weiter zurück. Druck des Feindes gegen Sprottau.

*Heeresgr. Weichsel:* Frankfurt wurde von Stalin=Orgeln beschossen. Auf=klärung südlich Stargard. Im wesentlichen sonst gleiche Lage. An der Südfront in Pommern weitere Kämpfe, lebhaft besonders im Weichsel=Raum. *Schwetz* wurde aufgegeben. Von Elbing schlugen sich Kampfgruppen durch, dabei 900 Verwundete. In *Ostpreußen* eigene Vorstöße an der Küste. Im Süden und Osten im wesentlichen gleiche Lage. An der Haff=Straße wechselnde Kämpfe. Im Samland wurde die eigene Front wieder geschlossen.

In *Kurland* örtliche Kämpfe.

Vor Stettin Minen, jedoch Besserung der Transportlage. Eingesetzt wurde ein Wehrm.=Transportchef für die Flüchtlinge, neben dem ein Parteivertreter amtiert.

Mindestens 1 300 eigene Einsätze, über 700 im Raum von Breslau.

Der Kreuzer „Scheer" griff wieder in den Kampf ein. Der Lloyd=Dampfer „Steuben" ging unter. Von 2 500 Verwundeten und 1 000 Flüchtlingen wurden 600 gerettet. Täglich werden jetzt 4 — 5 000 Flüchtlinge transportiert.

*Nordraum*

Es wurden Saboteure gefangengenommen. Die beiden Schatten=Div.en sind jetzt nach Stettin und Berlin abgefahren. Die Luftwaffe griff mit 40 Flugzeugen (dabei 6 Verluste) ein feindl. Geleit an, wobei ein Liberty=Schiff sicher versenkt wurde, vielleicht noch 3 weitere, darunter ein Zerstörer. Ferner wurde ein Kreuzer beschädigt. U=Boote wurden vor dem Geleit aufgestellt.

*Westen — Reich*

Angriffe von 300 4=mot. Bombern gegen Dülmen — Lüdinghausen; im Westen 200 2=mot. Bomber im frontnahen Raum. 60 Moskitos gegen Han=nover. Dagegen Fernnachtjäger.

*Südosten*

Die 22. Inf.=Div. kam bisher nur 7 km über Zvornik heraus. Teile der 7. SS=Geb.=Div. werden von Bjelina aus zur Entlastung einen Stoß nach Süden führen. *Unternehmen Werwolf:* Am Nachmittag des 9. 2. ist noch Virovitica im Sturm genommen. Die 7. SS=Geb.=Div. konnte sich mit der 2. Kosaken=Div. vereinigen. Der Angriff wird nach Norden weitergeführt. Die Brücke bei Barcs, die zerstört war, wurde wiederhergestellt. Der Feind weicht aus. Von

Süden aus soll die 7. kroat. Div. nach Norden säubern. Südöstlich Agram hat sich die Lage entspannt durch das Herankommen von Polizei-Kräften.

*Südwesten*

500 Einsätze gegen Venetien und im Westen, ferner gegen Verkehrsziele. An der Küste Fortgang der Kämpfe, ebenso am Serchio, was wohl als Demonstration oder Fesselung anzusehen ist.

*Westen*

Neu festgestellt wurden im Angriffsraum am Waal die 53. brit. Inf.-Div. sowie die Garde-Pz.-Div. und 3 Pz.-Div.en. Die Kanadier sind am Angriff nicht beteiligt. Bei Venlo sind 2 Pz.- und 2 Inf.-Div.en sowie 1 Pz.-Brig. anzunehmen. Wegen Hochwassers bestehen an der Front der Heeresgr. H zur Zeit fast keine Angriffsmöglichkeiten. Feindl. Panzern gelang der Durchstoß nach *Kleve* und bis zur Straße im Reichswald. 13 Panzer wurden abgeschossen. In diesen Raum, wo die Fallsch.-Kräfte zum Teil eingesetzt sind, soll das Korps Lüttwitz kommen.

*Heeresgr. B:* Die Angriffsvorbereitungen gehen weiter. Die Rur trat über die Ufer; bis Jülich wurden dadurch die feindl. Stellungen zurückgedrückt. Schwerpunkt der Kämpfe wieder bei *Prüm*, wo der Feind in den Ort eindrang. Die 9. Pz.-Div. ist nunmehr eingesetzt. Auf der Gegenseite 4 Div.en.

*Heeresgr. G:* Örtliche Kämpfe. Der Hagenauer Forst wird jetzt durch Pioniere gesperrt. Es erging ein Befehl zur Auffrischung der 3 bisher im Elsaß eingesetzten Div.en.

*Politik*

In 8–10 Tagen soll eine Erklärung über die Dreier-Konferenz erfolgen.

*Allgemein*

Ein neues Verfahren zur Holzgas-Verschwelung ist nunmehr erprobt worden: Eine fahrbare Anlage wird in den Wald selbst gefahren, wo aus 1 cbm Holz, der bei Generatorenfahrzeugen für 300 km langt, Kohle für 200 km sowie flüssiger Treibstoff für 75 km gewonnen wird. Der Vorteil besteht darin, daß feucht gespaltenes Holz verwertet werden kann und ein flüssiger Betriebsstoff gewonnen wird.

**Lagebuch 12. 2. 45**

*Osten*

*Südfront:* Ein Angriff zwischen den Seen nach Süden und Südosten. *Aus Budapest eine Meldung, daß jetzt nach 50 Tagen Kampf der Widerstand zu Ende gehe;* am 10. 2. sei der Feind zwischen Gellertberg und Burg durchgestoßen. Die Zitadelle werde umkämpft; zwischen ihr und der Burg bestehe nur noch eine dünne Verbindung. Die Luftversorgung sei nun nicht mehr möglich.

*Heeresgr. Mitte:* Bei Schwarzwasser wurde ein feindl. Einbruch bereinigt. Im Raum von Breslau, das von 90 Flugzeugen angegriffen wurde, stieß die

20. Pz.=Div. nach Nordosten. Ein weiterer Stoß nach Nordwesten; dagegen wiederum feindl. Stöße, so daß die Gesamtlage im Augenblick unklar ist. In dem Raum südlich Glogau keine wesentliche Veränderung. Die 21. Pz.=Div. im Anmarsch. Glogau wurde von Süden aus angegriffen.

*Heeresgr. Weichsel:* Die Heeresgruppen=Naht wurde nach Norden verlegt. An der unteren Oder nur geringe Kampfhandlungen. Nach Küstrin wurde wieder eine Verbindung hergestellt. Bei Schwedt noch ein eigener Brückenkopf. Pyritz hält sich. Der Feind steht 5 km südlich Stargard. Die Div. „Wallonien" ist hier eingesetzt. Bei Märkisch=Friedberg und in dem Forst ostwärts davon kam der Gegner vor. Deutsch=Krone ist abgeschnitten. Weiterer Druck nord=westlich Schwetz. In Elbing halten Teile weiter. In Posen blieb eine Aufforderung zur Übergabe unbeantwortet. Die eigenen Kräfte wurden auf einem Raum von 4 — 6 km zusammengedrängt. Starke Ausfälle, bisher jedoch nur 32 Überläufer. Festgestellt wurden Ermüdungserscheinungen und Mun.=Mangel.

*Ostpreußen:* Eigene und feindl. Angriffe vor Frauenburg. Im Süden wurde der Feind abgewiesen. Südwestlich Königsberg ging Gelände verloren. Die Haff=Straße in russ. Hand. Im Samland festigt sich die Lage. Wegen Mun.s=Mangel sollen die Kreuzer jetzt nur noch in Notlagen eingesetzt werden.

In *Kurland* gleiche Lage. 1 500 feindl. gegen 1 133 eigene Einsätze, besonders bei Bunzlau und Küstrin.

Von Pillau sind in 3 Tagen 15 000 Verwundete abgefahren worden.

*Nordraum*

Das feindl. Geleit wurde von den U=Booten nicht wieder erfaßt. U=Boote halten sich vor Murmansk bereit. Die Ostflüchtlinge dürfen auch auf dänischen Inseln untergebracht werden.

*Westen — Reich*

250 4=mot. Bomber mit 150 Jägern gegen ein Lufttanklager bei Dülmen; Schäden noch unbekannt. Ferner 650 Jäger und 500 2=mot. Bomber.

*Festungen:* Im Westen wurden die Festungen versorgt; dabei konnten eigene Flugzeuge landen.

Es wird etwas kälteres Wetter mit Hochnebel erwartet, das jedoch nicht streng sein soll. In 10 Tagen wird sich die Lage im Dortmund=Ems=Kanal wieder gebessert haben.

*Südosten*

In der Ägäis ein eigenes Unternehmen gegen die Insel Nisiro[1].

Bei Mostar ging der Kampf an der Westfront weiter. Zu den beiden hier eingesetzten Banden=Div.en kommt noch von Nordwesten die 19. Banden=Div. Bei Višegrad sind die Zerstörungen durchgeführt. Die Räumung des Brückenkopfes nach Südwesten wurde eingeleitet. Die Gesamträumung steht bevor.

1 türkisch: Ingirli.

Bei der 22. Inf.=Div. wurden auf dem Ostufer der Drina Erfolge erzielt. Die 22. Banden=Div. hier in Verlegung nach Norden. *Unternehmen „Werwolf":* Fortführung der Säuberung. Der Gegner scheint nach Südosten auszuweichen. Vorgesehen ist, die Drau=Front mit der durch die Gruppe Engelbrecht verstärkten 1. Kosaken=Div. zu besetzen. Über 500 feindl. Tote (bei 33 eigenen Verlusten) wurden gezählt. Südostwärts Agram schlug der eigene Vorstoß noch nicht durch. Bei Bihać lief eine neue Säuberung an.

*Südwesten*

An der Küste ist die eigene HKL ganz in unserer Hand (die ital. Verbände sind nirgends geschlossen eingesetzt). Erwogen wird die im Frühjahr notwendig werdende Befestigung der Alpenfront. Vorgesehen dafür ist die 114. Jäger=Div.

*Westen*

Der Feind konnte den Nordteil von Kleve nehmen. Im Reichswald ist die Lage unklar. In Gennep gingen Häuser verloren. Das Gen.=Kdo. XXXXVII. Pz.=Korps mit 2 Batterien der 116. Pz.=Div. und (ab heute 12 Uhr) der 15. Pz.=Gren.=Div. beginnt den Gegenangriff. Die Überschwemmung bewirkt eine Verbreiterung der Rur von 300 m, dazu Versumpfung. In der Schnee=Eifel gelang es der 2. SS=Pz.=Div., *Prüm* zurückzunehmen und auf der ganzen Front die Lage wiederherzustellen. Dagegen konnte der Gegner seinen Brückenkopf bei Dillingen und Echternach erweitern, jedoch nicht so, daß sie vereinigt wurden.

*Heeresgr. G:* nur örtliche Kämpfe. Im Frontknick am Rhein wird Oberhofen[1] umkämpft.

*Allgemein*

Bis 26. 1. betrugen die Verluste der USA 676 000 Mann. In der Woche vom 21. — 28. 1. traten 26 450 blutige Verluste ein, davon $^1/_3$ Tote.

Die schwedische Presse spricht sich jetzt für Maßnahmen gegen Deutschland aus, die über den Rahmen der Neutralität weit hinausgehen.

Nunmehr wurden dem GenStdH der Wehrkreis II (ohne Mecklenburg), der Wehrkreis III (ohne Berlin) sowie der Wehrkreis VIII unterstellt. Taktisch kann dieser auf Mecklenburg, den Wehrkreis IV und das Protektorat übergreifen; da dem GenStdH auch die westlichen Wehrkreise unterstellt sind, bleibt jetzt nur noch ein schmaler Streifen dem BdE unterstellt.

**Lagebuch 13. 2. 45**

*Osten*

*Feindlage:* Der Feind verschiebt Kräfte aus dem Raum von Budapest nach Südwesten und führte neue Kräfte in ihn hinein. Im deutsch=polnischen Raum hat er die Eisenbahn bereits weitgehend wiederhergestellt. Die 3. Pz.=Armee

1 Ms.: Offenhofen

ist jetzt nach Süden zum Kampf gegen Breslau eingeschwenkt. An der unteren Oder fanden Umgruppierungen statt. Der Stoß gegen Stettin ist wahrscheinlich. Die 1. Garde-Pz.-Armee ist jetzt aufgefrischt. Entlang der Südgrenze Pommerns führte der Gegner 2 schnelle Verbände zu einem noch nicht bekannten Einsatz vor. Im Samland versuchte er, nach Pillau durchzustoßen.

*Heeresgr. Süd:* Eigener Vorstoß zwischen den Seen nach dem Osten. Die *Besatzung von Budapest,* die den Befehl zum Ausbruch bekam, stieß nach Norden in 4 Gruppen vor. Die Luftwaffe versorgte sie unterwegs durch Abwurf. Doch erschwerte Nebel diese Maßnahme. Aus Gegend Gran eigene Vorstöße, um sich den Ausbrechenden entgegenzuarbeiten. Bei der 8. Armee nur örtliche Kampfhandlungen.

*Heeresgr. Mitte:* Auf dem rechten Flügel gleiche Lage. Bei Sorau wurde der Feind abgeriegelt. Es besteht die Besorgnis, daß die 3 000 Waggons Kohle, die bisher noch aus dem Gebiet von Karwin (ostwärts Mährisch-Ostrau) abgefahren werden konnten, mit der Zeit wegfallen könnten. Die Heeresgruppe wird auf die Wichtigkeit der weiteren Verteidigung dieses Raumes hingewiesen. Südostwärts von Breslau setzte der Feind wieder starke Kräfte ein, wurde jedoch abgewiesen. Die Landbrücke ist noch fest in eigener Hand. Nordwestlich Breslau stieß die 8. und 19. Pz.-Div. vor. Doch gelang es dem Gegner, in *Jauer* einzudringen. Südwestlich Liegnitz wurde die 10. Pz.-Div. gegen schwächere Kräfte des Feindes, die vordrängten, eingesetzt. Südlich Glogau gewann der Feind Gelände. Das Korps „Groß-Deutschland" im weiteren Absetzen in Richtung Sprottau. *Glogau* ist jetzt abgeschnitten. Landung von Versorgungsflugzeugen auf einem See ist noch möglich; sie wird von den Berliner Seen aus eingeleitet. Nördlich Sagan gelangte der Gegner über den Bober.

*Heeresgr. Weichsel:* In den Brückenköpfen verstärkte sich der Feind. In Küstrin außer der Flak kaum eigene Artl. vorhanden. Südlich Stargard fühlte der Gegner vor. Deutsch-Krone soll verloren sein. Die Lage in Schneidemühl ist ernst. 16 Flugzeuge zur Versorgung. Südlich Konitz drang der Gegner vor. Er griff Kammin an. Druck auch bei Tuchel und nordwestlich Graudenz. Noch Abwehr in der Marienburg und in Elbing.

*Zusammenfassung:* Im allgemeinen gleiche Lage außer bei Breslau und Konitz. Bei Breslau hat der Gegner noch keine entscheidenden Erfolge errungen; nur nordwestlich der Stadt ist er weiter vorgekommen. Der Aufmarsch im Oder-Warthe-Bogen ist fertig und wird sich vermutlich gegen Stettin richten. Durch Druck von Konitz versucht er, die untere Weichsel freizukämpfen; doch ist ihm hier noch kein entscheidender Gewinn zugefallen. Er kommt nur langsam vor.

*Ostpreußen:* Lebhafte Tätigkeit des Feindes; bei Frauenburg wurde er abgewiesen. Mehr landeinwärts erzielte er Einbrüche. Die Haff-Straße war wieder geöffnet. Aus Ost- und Westpreußen sind bis zum 12. 2. 374 700 Flüchtlinge abtransportiert worden.

In *Kurland* geringe Tätigkeit. Der Abtransport der 93. Inf.-Div. von Kurland nach Ostpreußen ist nunmehr angelaufen (4 Transporter abgefahren). Vom III. SS-Korps sind 33 Schiffe in Stettin eingelaufen, jedoch noch nicht alle ausgeladen.

Die Luftwaffe wurde durch das Wetter behindert. 15 Flugzeuge zur Versorgung von der Gruppe Budapest; ihr Schwerpunkt bei Liegnitz und Breslau. 573 Einsätze (12 Abschüsse und 25 Verluste). Es ist jetzt festgelegt worden, daß der Schwerpunkt im Osten liegt; dementsprechend erfolgt die Benzinzuteilung.

*Nordraum*

Hammerfest ist auch vom Heer geräumt worden; der Feind meldete die Besetzung des Platzes. Aus Oslo fuhren wieder 4 Transporter ab. Der Wehrm.-Befehlsh. Dänemark hat beantragt, daß er die 264. Inf.-Div. weiter nördlich als vorgesehen aufstellt. Entschieden ist, daß die deutschen Arbeitskräfte, die bisher auf deutsches Gebiet zurückgefahren wurden, auch in Dänemark untergebracht werden. Das Innenministerium will erst 30 000 Flüchtlinge, dann 100 000 nach Dänemark verlagern, und zwar in öffentlichen Gebäuden, nicht in Privatquartieren.

*Westen — Reich*

Am Tage keine feindl. Einflüge. In der Nacht 50 Flugzeuge gegen Stuttgart, 15 gegen Mainz, 20 gegen Hannover. Für die eigenen Kräfte ist die Aufgabenstellung geklärt worden. Vordringlich ist der Einsatz von Schnellkampf-Verbänden im frontnahen Raum am Tage und Schlachtfliegern in der Nacht gegen die gleichen Ziele. Der Jagdeinsatz ist nachgeordnet wegen der Ausfälle in den Hydrierwerken.

Nach abschließender Feststellung waren es bei dem letzten Angriff auf Berlin doch nur 1 300 Tote und 1 600 Verwundete.

In der Ostsee ist nach Entminung der Verkehr wieder angelaufen.

*U-Boot-Krieg*

Im Januar wurden etwa 200 000 BRT versenkt.

*Südosten*

Auf der Insel Nisiro verstärkte sich der Feind. Bei Mostar nahm die Kampftätigkeit ab. An der Drina kam die 22. Inf.-Div. nur 1 km gegen zähen feindl. Widerstand voran. Sie nahm ihre Kräfte vom Ostufer zurück. Von Bjelina kam der eigene Entlastungsvorstoß 3 — 5 km voran, stieß dann aber auf feindl. Widerstand.

*Unternehmen „Werwolf"*: Weitere Säuberung nördlich der Drau. Die 7. kroat. Div. kommt nur langsam voran. Südöstlich Agram noch die gleiche Lage. Der Entsatz einer hier eingeschlossenen Gruppe ist noch nicht gelungen. Bei Bihać ging die Säuberung weiter.

*Südwesten*

100 Jäger und 60 2=mot. Bomber, dagegen 21 Italiener. Keine Kampfhand=lungen.

*Westen*

Antwerpen war mit 150 000 BRT weniger als bei der letzten Feststellung be=legt. Die Luftangriffe sind wegen Betriebsstoffmangels nunmehr eingestellt. Im Raum von Kleve Fortsetzung der feindl. Angriffe unter starkem Artl.=Feuer. Das XXXXVII. Pz.=Korps gewann etwas Boden und drang in den Reichswald ein; doch stieß der Gegner ostwärts Kleve bis Hasselt weiter vor. Auch auf dem linken Flügel traten örtliche Verluste ein. Südlich davon wirkt sich die Überschwemmung weiter aus. Bei Prüm ging die Schlacht weiter. Der Feind ist wieder in den Ort eingedrungen. Bei Pronsfeld wurde er abgewiesen. Ebenso Fortdauer der Kämpfe bei Echternach, wo der Feind gleichfalls keine Erfolge erzielte. Im Raum von Aachen wurde das Gen.=Kdo. LVIII. Pz.=Korps als Führungsstab eingesetzt.

*Heeresgr. G:* Das XXI. amerikan. AK. scheint jetzt gegen die 1. Armee ein=gesetzt zu werden. Unklar ist der Verbleib der 3 Pz.=Div.en, die bisher westlich Colmar angenommen worden sind.

*Politik*

Die Dreimächte=Konferenz hat in Livadia stattgefunden. Sie soll die Be=zeichnung *„Krim=Konferenz"* erhalten. Es wurde ein Communiqué herausge=geben. Vorher fand eine Aussprache Churchill — Roosevelt in *Malta* statt. Vorgesehen ist eine weitere Konferenz in *San Francisco,* in der die Frage Ost=asien behandelt werden soll.

*Auszug aus Mitteilungen von Op M an Op H/West am 11. 2.:*

Im Einbruchsraum von Kleve liegen von der Kriegsmarine noch 22 beladene Kähne mit 9 000 to Kohle und 10 leere Schiffe und Schlepper. Die Kriegs=marine bat um Räumung und Unterstützung des Heeres. Fernmündlich wurde erklärt, daß die örtlichen Dienststellen die Bergung der Schiffe unter Ab=schirmung durch Artl. und Nebel vorbereitet haben.

**Lagebuch 14. 2. 45**

*Osten*

*Südfront:* Zwischen den Seen wieder eigene Angriffe. Von der Besatzung von Budapest, die eine Stärke von 10 000 Mann gehabt haben soll, haben sich bisher 337 Mann durchgeschlagen. Nach russ. Meldung ist der Kommandant von Pfeffer=Wildenbruch gefangen worden. Die Verwundeten wurden der Obhut des päpstlichen Nuntius übergeben. An der Sehnenstellung der 8. Ar=mee wurde der Feind abgewiesen.

*Heeresgr. Mitte:* Abwehrerfolg bei der Armeegr. Heinrici. Verbesserung der Lage bei Schwarzwasser. Westlich Breslau konnte der Gegner seine beiden

Brückenköpfe vereinigen. Südlich der Brücke und im Umkreis der Stadt wurden Angriffe abgewiesen. Vom Westen ein eigener Vorstoß. Vom Feinde besetzt wurden *Striegau* und *Jauer* sowie *Goldberg*, wo der Gegner vom Westen eindrang. Ferner gelang es ihm, an mehreren Stellen die Queis zu überschreiten und in den Wald nördlich Bunzlau einzudringen. *Sprottau* in der Hand des Feindes, ebenso *Sorau;* jedoch wurde bei Sagan und Sommerfeld der Feind abgewiesen. Ferner unternahm er Stöße nach Norden in Richtung Neusalz. Von Glogau keine Meldung. Im Raum von Breslau und nördlich hat der Gegner also weitere Erfolge erzielt.

*Heeresgr. Weichsel:* Südlich Frankfurt örtliche Kämpfe. Nördlich Frankfurt wurden die Sicherungen auf das Westufer zurückgenommen. Bahn wurde gehalten. Angriffe gegen Pyritz abgewiesen. Südlich Stargard gleiche Lage. In Arnswalde, das abgeschlossen wurde, wurden Angriffe abgewiesen; jedoch kritische Lage. Im Raum von Deutsch-Krone verstärkte sich der Feind. Von *Schneidemühl* ab 13. 2. keine Meldung mehr. Feindl. Vorstoß im Raum von Konitz, wo der Feind von Süden bis zur Stadt vorstieß. Ein eigener Stoß von Nordosten in Vorbereitung. Ferner Kämpfe bei Tuchel.

*Ostpreußen:* Fortgang der Kämpfe bei Frauenburg. An der Südostfront eigene Gegenangriffe. Bei Landsberg wurden 11 Panzer abgeschossen. Bei Zinten südlich Königsberg kam der Gegner weiter vor.

In *Kurland* nichts Neues.

Da das Wetter schlecht war, nur 584 eigene Einsätze mit Schwerpunkt bei Sagan und Breslau. 5 Abschüsse, 21 Verluste.

*Nordraum:* Nichts Neues.

*Südosten*

Die Kampfgruppe auf der Insel *Nisiro* muß als verloren angesehen werden.

Bei Mostar verschärfte sich die Lage. Da der Feind bis zum Westrand der Stadt gelangte, tritt die 181. Inf.-Div. zum Gegenangriff an. Um weitere Kräfte freizumachen, wird der Ostflügel zurückgenommen. Nördlich Mostar konnte der Gegner die Straße abklemmen; südlich Serajewo Kämpfe. Bei Agram Fortgang der Auflockerung. An der Drina kam die 22. Inf.-Div. 2 km vor; sie wird durch stärkere feindl. Luftwaffen-Einsätze gehindert. Auch vom Westen und Norden kamen die eigenen Kräfte nur langsam voran. Die Cetniks verhalten sich abwartend. Im *„Werwolf"-Gebiet* weitere Säuberung und Abwehr von Durchbruchsversuchen. Die 297. Inf.-Div. wird jetzt südostwärts Barcs versammelt. Durch Luftangriffe auf Agram Verkehrsstörungen.

*Südwesten*

Die Kampfstaffel der 16. SS-Pz.-Gren.-Div. ist nun abgefahren. 500 — 550 feindl. Einsätze bis Udine und Villach mit Angriffen gegen die Verkehrsziele (der Feind hatte anscheinend die Transportbewegungen erkannt).

*Westen*

Beim Angriff bei Kleve sind auch Kanadier beteiligt. Jedoch zieht der Gegner keine weiteren Kräfte nach. Sein Schwerpunkt bei Venlo bleibt also bestehen. Die 99. amerikan. Inf.=Div. ist in den Raum von Verviers gezogen. Unklar ist im Augenblick, wo die 5 Pz.= und 4 Inf.=Div.en sind, die inzwischen vermutlich aufgefrischt wurden.

Beiderseits *Kleve* wurde ein Abwehrerfolg erzielt. Ein eigener Gegenstoß in den Reichswald wurde eingeleitet. Der feindl. Druck bis Gennep dauert an; dabei starke Beteiligung der feindl. Luftwaffe. Das Wasser der *Rur* steigt weiter; durch die Schneeschmelze ist der Rur=See trotz der Sprengung um 2 m noch gestiegen. Fortführung des Druckes bei Prüm und Echternach, offensichtlich mit der Absicht, den vorspringenden Flankenbogen zum Einsturz zu bringen. In *Prüm* gingen einige Häusergruppen verloren. Der Feind führte neue Kräfte zu (die HKL liegt jetzt im Prüm=Riegel). Bei Echternach verschärft sich die Lage.

Dadurch, daß bei Köln die Hohenzollern=Brücke wieder für 25=to=Fahrzeuge befahrbar ist und die Eisenbahnbrücke zweigleisig benutzt werden kann, hat sich die Brückenlage bei der Heeresgr. B wieder gebessert.

Bei der *Heeresgr. G* ist unklar, wo sich jetzt die 10. amerikan. Pz.=Div. befindet. Im Raum Forbach—Hagenau verstärkte der Feind seine Artl. Fortgang der Kämpfe im Frontknick am Rhein. Hier meldete der Gegner die Gefangennahme von 150 Mann; so hoch war die Zahl der Vermißten. Am Oberrhein Artl.=Feuer. In die 3 Elsaß=Div.en, die jetzt entlang der Rheinfront verteilt sind und hier aufgefrischt werden, soll der Volkssturm organisch eingegliedert werden.

*Westen — Reich*

Von Süden wieder Einflug von 450 Flugzeugen, ferner von 200 gegen Graz und Marburg, ferner gegen Agram; überall schwerere Verkehrsschäden. Im Westen am Tage 200 Flugzeuge, in der Nacht ein zweimaliger Angriff gegen *Dresden* mit je 200 Bombern und 80 Moskitos. In der Presse wird der Angriff gegen das bisher verschonte Dresden damit begründet, daß den Russen geholfen werden soll. Ferner 300 Flugzeuge gegen 2 Hydrier=Werke in Mitteldeutschland.

Kurze Unruhe schaffte die falsche Meldung vom Absprung von 1 000 Fallschirm=Jägern westlich Dresden. Kleinere Angriffe gegen Magdeburg und Hannover. Dagegen nur 27 eigene Nachtjäger.

In der westlichen Ostsee Verluste durch Minen. Bis heute früh waren 319 000 Flüchtlinge und 92 000 Verwundete transportiert worden.

Der Transport von Kohle aus dem Ruhrgebiet, der 13 000 Waggons betragen muß, ist in der letzten Zeit meist unter 10 000 Waggons geblieben. Dabei ist die Streckenlage zur Zeit nicht entscheidend.

Für die Heeresgr. Weichsel erließ der Reichsführer einen Befehl an die Offiziere, in dem er zum härtesten Widerstand aufruft.

Wegen der Oder=Schiffahrt ist entschieden worden, daß die Schleusen nur gelähmt und die Schiffe so versenkt werden sollen, daß sie später wieder gehoben werden können.

Nach Mitteilung des GenStdH haben sich die Pz.=Jagd=Kommandos gut bewährt.

**Lagebuch 15. 2. 45**

*Osten*

*Feindlage:*

Durch die eigenen Angriffe in Schlesien ist der Feind zu Umgruppierungen gezwungen worden. Er hat dadurch vor allem Kräfte vom Stoß nach Nordwesten und Südwesten abziehen müssen. Klar ist, daß die 2. Garde=(mech.) Armee gegen Stettin angesetzt ist. Gegen Südpommern führte der Feind weitere Kräfte zu. Die Ostpreußen=Front ist nun ganz der 3. weißruss. Front übertragen worden.

*Heeresgr. Süd:* Kämpfe zwischen den Seen. Es trafen weitere einzelne Kämpfer aus Budapest ein; die am Vortage gemeldete Zahl war zu hoch; es handelte sich nur um etwa 100. Als Gefangene meldete der Feind 12 700, diese meist verwundet, darunter auch der Kommandant. Es sollen noch 2 Gruppen nach Nordwesten unterwegs sein. Nach feindl. Meldung wurden 2 deutsche Div.=Kommandeure tot aufgefunden, ungar. Generale gefangengenommen. Bei Leva feindl. Bewegungen, bei der 8. Armee nur örtliche Kämpfe.

*Heeresgr. Mitte:* Bei Saybusch wurde der Gegner abgewiesen. Bei Weißwasser sind Kräfte von ihm eingeschlossen. Südlich Breslau wurde der Gegner bei Wanzen abgewiesen; doch konnte er einen Teil der eigenen Front aufrollen. Ob Abriegelung im Gange ist, wurde noch nicht gemeldet. Angriffe gegen Süd=Breslau wurden abgewiesen. Westlich Striegau kamen die eigenen Kräfte bis zur Straße vor, blieben dann jedoch liegen. Im gesamt ein Erfolg (s. oben). Die 17. Pz.=Div. ist nach Osten vorgestoßen; sie wird jetzt zur Säuberung westlich der Queis eingesetzt. Bei *Sagan* erreichte der Feind den Ostrand. Die Div. „Groß=Deutschland" und Teile der 24. Pz.=Div. vereinigten sich beim Stoß von Süden und Norden. Angestrebt wird jetzt eine Verteidigung am Bober. Westlich davon steht noch der Feind, der unter anderem in Sommerfeld eingebrochen ist. Ferner wird eine HKL in der Linie Grünberg — Nauenburg aufgerichtet. In Neusalz Kämpfe.

*Heeresgr. Weichsel:* Einige Brückenköpfe konnten eingeengt werden. Südlich Küstrin tauchten feindl. Panzer auf. Bei Kienitz wurde der Gegner abgewiesen. In den Schwedter Brückenkopf konnte er eindringen; bei Pyritz wurde er abgewiesen. Die Lage in Arnswalde ist sehr ernst geworden. Der Kommandant von *Schneidemühl*, wo der Gegner 9 000 Gefangene meldete, befahl nach 21=tägiger Verteidigung den Durchbruch nach Norden, da er seine Aufgabe, als Wellenbrecher zu dienen, jetzt nicht mehr aus der ihm noch übrig gebliebenen Vorstadt durchführen könne. Im Nordteil von *Posen* haben sich unter dem Eindruck der feindl. Propaganda nunmehr die Überläufer doch vermehrt. Er wird noch weiter gehalten. In der Linie Schlochau[1], wo der Feind bis auf 10 km herankam, erzielte der Feind weitere Einbrüche, setzte jedoch heute morgen seine Angriffe nicht fort. In *Konitz* selbst wird gekämpft. Die Marienburg hält noch.

*Heeresgr. Nord:* Weitere Kämpfe bei Frauenburg — Landsberg — Zinten. Nördlich Wormditt erzielte der Feind mit 4 Div.en eine Einbeulung. Ein Gegenstoß vor Zinten war vergeblich. Die Heeresgr. Nord hat bis jetzt 2 600 Panzer abgeschossen. In Pillau sind nun 6 Schiffe mit Teilen der 93. Inf.-Div. eingetroffen.

*Heeresgr. Kurland:* Lebhaftere Tätigkeit südostwärts Prekuln. Die feindl. Angriffe gegen Libau haben nachgelassen.

Eigene Luftwaffen-Einsätze in Ungarn, dazu Versorgung der Durchbruchsgruppe und Lokomotiven-Jagd. In Schlesien und Pommern über 1 000 Einsätze, davon 700 nördlich Bunzlau. Abgeschossen 25 Panzer, 350 Fahrzeuge und 12 Geschütze. Der Nachfolger von Rudel, der Schwertträger Lang, wurde gleichfalls verwundet.

*Nordraum*

2 eigenen U-Booten gelang es, vor Murmansk 3 Liberty-Schiffe zu versenken und 1 Dampfer schwer zu beschädigen; ferner wurden 2 Liberty-Schiffe getroffen. Die Meldung der übrigen U-Boote steht noch aus.

Von der 163. Inf.-Div. sind nach Aarhus 9 000 Mann überführt worden. Von Stettin werden nach Oslo noch 2 Dampfer zugeführt.

*Westen — Reich*

Von Italien Angriffe von 500 Bombern gegen Graz und Villach; ferner erstmalig Tagesangriff aller amerikan. 4-mot. Bomber vom Westen gegen *Dresden,* wo nach diesem und dem Nachtangriff Feuerstürme entstanden. Der Hauptbahnhof ist unbenutzbar. Bei einer Einwohnerschaft von 650 000 Köpfen, die durch Flüchtlinge stark erhöht war, zur Zeit 500 000 Obdachlose. Dagegen 146 Jäger, die jedoch durch die 700 begleitenden Jäger abgefangen wurden. 20 Verluste bei 2 Abschüssen. Ferner im Westen 1 200 1-mot. und 2-mot. Bomber eingesetzt. Bei Wesel wurde eine Brücke beschädigt. Bei Kleve 158 eigene Blitzbomber. Nachts 800 Bomber in 2 Anflügen gegen Chemnitz, dagegen 118 Jäger. 10 Abschüsse und 10 Verluste. Dazu breit angelegte Täuschung der Moskitos gegen Dessau und Berlin; ferner Verminung im Küstengebiet.

Über das weitere Absinken der Waggon-Ausfuhr aus dem Ruhr-Gebiet wird der Gen. Stapf heute dem Chef OKW Vortrag halten.

1 Hier fehlt vermutlich ein zweiter Ortsname.

*Südosten*

Der Feind spricht davon, daß er die eigenen Kräfte auf Nisiro (40 Mann) zum Teil getötet, zu $^3/_4$ gefangen habe. An der Adria ein neues Kommando-Unternehmen. 35 Flugzeuge, die am Tage Agram (Stadt und Flugplatz) angriffen und Banden versorgten. Bei Mostar hat sich die Lage verschärft. Der Gegner besetzte die Straße nach Norden. Eigene Gegenangriffe schlugen nicht durch. Der Führer hat daher am 14. 2. abends die *Räumung von Mostar* genehmigt. 30 Offiziere sind ausgefallen, und die Räumung ostwärts Mostar ist mißlungen. Es soll jetzt 50 km nördlich Mostar in Sprüngen eine neue Sperrlinie errichtet werden. Bei Trnovo weiter Druck. *Višegrad* ist, wie vorgesehen, *geräumt* worden. Die 22. Inf.-Div. steht 19 km nördlich Zvornik, ist also gut vorangekommen, obwohl russ. Widerstand wieder eintrat. Auch südlich der Save kamen die gegenwirkenden Kräfte weiter.

*Südwesten*

Austritt von Geleiten aus dem Mittelmeer, aber wohl nicht Transporte. Geringe Tätigkeit der feindl. Luftwaffe. Auf der feindl. Seite wird nun die ital. Div. „Friuli" eingesetzt; vielleicht wurden poln. Kräfte herausgezogen.

*Westen*

Von Colmar ist eine amerikan. Div. in den Raum der Aachener Front verlegt worden. Bei Echternach hat der Gegner die 80., 15. und Teile der 76. Inf.-Div. sowie der 6. Pz.-Div. eingesetzt. Bei den LL-Verbänden sind zur Zeit in Front oder hinter dieser eingesetzt die 6., 17. und 82., nicht dagegen die 101. LL-Div., die zuletzt im Raum von Hagenau stand und als stark angeschlagen gelten muß.

An der Westfront keine[1] entscheidende Veränderung. Bei Kleve gingen die Angriffe mit Schwerpunkt im linken Abschnitt weiter. Sie konnten meist abgewiesen werden. Es ist anzunehmen, daß der Gegner entlang der Straße weiter angreifen wird. Mehrere Ortschaften gingen verloren. Fortgang der Kämpfe bei Prüm und im Raum von Echternach.

Über eine — anscheinend kleinere — Landung auf der Insel Schouwen liegt noch keine neue Meldung vor.

*Heeresgr. G:* Die französ. Pz.-Kräfte werden anscheinend gegen die 1. Armee herangezogen.

*Politik*

Zu *Besprechungen in Athen* trafen Churchill, Eden und Gen. Alexander ein.

Die Haltung *Schwedens* gegenüber Deutschland hat sich weiterhin verschlechtert. Der Mil.-Attaché bezeichnet sie als labil.

1 Fehlt im Ms.

*Osten*

*Heeresgr. Süd:* Geringe Tätigkeit. Von Budapest haben sich 621 Mann durchgeschlagen. Bei der 8. Armee Kämpfe. Ostwärts Altsohl und bei Podkriwan in der Slowakei haben sich kleinere Banden gebildet, die zum Teil von Russen geführt werden und ins Protektorat einzudringen versuchen. Dabei ungar. und slowakische Versprengte. Der Feind versorgt die Banden aus der Luft; sie stören nicht wesentlich.

*Heeresgr. Mitte:* Gegner bei Bielitz. Bei Schwarzwasser hat sich der Feind wieder einen Schlauch geöffnet. Im Brückenkopf von Ratibor und Kosel feindliche Vorbereitungen.

*Raum von Breslau:* Bei Strehlen wurde die HKL zurückgenommen; 10 Panzer abgeschossen. Stark drückte der Feind auf die Front südwestlich gegenüber der „Insel" von Breslau, die von verschiedenen Seiten angegriffen wurde. Eine Aufforderung zur Übergabe blieb unbeantwortet.

Weitere Kämpfe nördlich Hirschberg und Löwenberg. Fortgang der Kämpfe an der Queis; bei Bunzlau wurde der Gegner abgewiesen. Zwischen der Autobahn und Sagan stieß er mit stärkeren Kräften nach Westen. *Sagan* ging verloren. Das Korps „Hermann Göring" mußte zurückgenommen werden. Bei Nauenburg wurde der Feind abgewiesen. Die Brig. Dirlewanger im Kampf bei Nauenburg. Muskau ist bedroht. Am Bober wird die HKL weiter aufgebaut. Von Glogau aus ein Angriff nach Süden. Nach dem Bericht des aus Schlesien zurückgekommenen Oberst d. G. Meyer-Detring gelingt es doch bei energischen Kommandanten, den Widerstand aufzubauen; so z. B. der Kommandant von Lauban, der 1 100 Mann zusammenraffte, darunter 900 Soldaten (davon 300 erprobte Kämpfer) sowie 200 verläßliche Volkssturmleute. Es ist ihm gelungen, mit 25[1] MG, 500 Pz.-Fäusten und 23 Pak den Feind abzuweisen. Das Ansehen der Wehrmacht ist zur Zeit angeschlagen. Bei den Treckbewegungen (es konnte ein Treck von 16 km Länge beobachtet werden) erschütternde Bilder und fehlende Organisation.

*Heeresgr. Weichsel:* Einige Brückenköpfe konnten eingeengt werden. Versuche, die eigenen Köpfe im Nordbogen zu erweitern, hatten keine Erfolge. Die Verbindung nach Bahn und Arnswalde konnte wiederhergestellt werden. An der südpommerschen Grenze sonst wenig Kampfhandlungen. Die Besatzung von Schneidemühl ist beim Sichdurchschlagen weiter vorangekommen. Der Führer hat diese Maßnahme nicht unwohlwollend aufgenommen. Im gesamt ist festzustellen, daß durch den Widerstand in Posen und in anderen Festungen der feindl. Vormarsch spürbar aufgehalten worden ist und noch weiter erschwert wird. An der Front Schlochau – Graudenz Fortgang der Kämpfe, besonders bei Konitz, wo der Feind eindrang. An der Weichsel wurden örtliche Angriffe abgewiesen.

1 Ms.: 250.

In *Ostpreußen* ist der Gegner jetzt bis hart südlich Frauenburg herangekommen. Im Süden Angriffe bei Mehlsack, wo die 21. Inf.-Div. wieder angriff. Ferner weiterer Druck bei Zinten.

*Kurland:* Fortdauer des Druckes bei Prekuln. Es soll Mun.s-Mangel bei der Heeresgruppe bestehen. Angriffe gegen die Transporte waren vergeblich; jedoch lief ein Lazarett-Schiff auf eine Mine und mußte aufgesetzt werden.

1 700 feindl. Luftwaffen-Einsätze gegen Ostpreußen; im gesamt 800 eigene, darunter 30 in Ungarn. Schwerpunkt bei Guben, Fortsetzung der Versorgung; 11 Abschüsse, 12 Verluste.

*Nordraum*

Ein drittes von den 9 U-Booten meldet die Versenkung von 1 Frachter, 1 Tanker, 1 Zerstörer, 1 Bewacher und vielleicht 1 weiteren Frachter. Damit sind jetzt 10 von den 17 Schiffen des Geleits vernichtet. Die beiden Tanker enthielten 20 000 to Benzin, vermutlich hochwertigen Betriebsstoff für Flugzeuge.

In Kopenhagen wurde in der Nähe des dort ankernden Kreuzers der Pier durch Sabotage 50 m breit aufgerissen, ohne den Kreuzer zu beschädigen. — Der OBdM erwartet zur Zeit keine Landung in Dänemark, so daß die dortigen Schwächungen in Kauf genommen werden können.

*Westen — Reich*

Von Italien aus 500 Flugzeuge gegen Wien, ferner gegen Wiener Neustadt und Klagenfurt; dabei mittelschwere Schäden. Von Westen aus alle amerikan. 4-mot. Bomber zum nochmaligen Angriff gegen *Dresden;* Teile gegen Kottbus und Spremberg, ferner schwere Schäden in Magdeburg. Außerdem 70 Briten gegen Verkehrsziele im Gebiet Rheine — Münster; dabei wurde der Dortmund-Ems-Kanal (der vor der Wiederherstellung steht) nicht getroffen (diese Tatsache muß den Briten bekannt sein). An der Westfront 1 200 Jabos und 46 eigene Einsätze. Nachts nur geringe Tätigkeit, jedoch Verminung.

Im *Transportwesen* sind durch den Ausfall von Kottbus und Dresden neue Schwierigkeiten zu verzeichnen. Hier sind noch mehrere 100 000 Flüchtlinge abzutransportieren. Verschärft hat sich die Lok.-Lage. Erforderlich sind, um die operativen Zwecke (25% für die Industrie und 80% für die Versorgungsbetriebe[1]) aufrechtzuerhalten, 36 000 Waggons. Bei nur 28 000 Waggons sinkt die Leistung der Industrie auf 10% ab, was auf deren Erliegen hinauskommt. In der letzten Zeit ist nicht einmal diese Zahl erreicht worden. Der Gen. Stapf wird heute seinen Vortrag beim Chef OKW fortsetzen. An ausgefallenen Lokomotiven wurden am 14. Febr. 102 gemeldet.

*Südosten*

Das Absetzen aus Mostar ist nur teilweise gelungen. Die beiden kroat. Div.en (darunter die 369. Inf.-Div.) müssen als zersprengt angesehen werden, nachdem starke Offz.-Verluste die Führung geschwächt hatten. Das Rahmen-

1 Zu verbessern in: 20 und 80 oder 25 und 75 %.

personal hat sich dagegen gut bewährt. Gegen Serajewo und Višegrad schiebt sich der Feind näher heran. Die 22. Inf.=Div. wies Angriffe ab. Fortgang der Säuberung im „Werwolf"=Gebiet. Die 292. Inf.=Div. ist nunmehr versammelt. In Bihać wurde die Säuberung abgeschlossen.

*Südwesten*

In der Luft und auf der Erde nur geringe Tätigkeit. Von der 16. SS=Pz.=Gren.=Div. sind nun 31 Züge eingetroffen. Der Gen. Röttiger hat dem Chef WFStab neue Gedanken übermittelt.

Die Kohlenlage hat sich verschärft. Die *Schweiz* soll den Kohlen=Transit eingestellt haben. Damit entsteht die Gefahr, daß die ital. Industrie zum Erliegen kommt und das Kesselring=Programm nicht durchgeführt werden kann.

*Westen*

Es wird von einer Landung in der Nordsee und außerdem im Nordraum gesprochen. Da diplomatische Kreise bei der Verbreitung[1] beteiligt sind, handelt es sich vielleicht um ein Täuschungsmanöver. Schiffsraum=Ansammlungen sind nicht bekanntgeworden. In England liegen noch 24 Verbände (davon 3 amerikan.), mit deren Zuführung nach Frankreich gerechnet wird. Das OKL rechnet nicht mit feindl. Landungen. Doch bleiben solche im taktischen Rahmen möglich; Aufklärung wurde befohlen.

Bei Kleve wurde die 15. brit. Inf.=Div. und die 34. brit. Inf.=Div. bestätigt. Vorhanden sind also 4 Inf.=Div.en, 1 Pz.=Div. und 2 Pz.=Brigaden. In den Raum von Echternach wurde die 4. Pz.=Div. zugeführt. Aus dem im Augenblick durch das Wetter geschützten Abschnitt wird die 8. Fallsch.=Jäg.=Div. herausgezogen und in den Raum von Kleve verlegt. Sie wird ersetzt durch Kräfte des BdE. Ferner befahl der Führer, der den Gen.=Feldm. Model zum Vortrag empfing, gegen die Auffassung des OB West die Verlegung der 11. Pz.=Div. in den Raum von Köln. Besprochen wurde die Bildung von Korpsgruppen wie im Osten. Der Führer ist grundsätzlich dagegen, weil das Aufrechterhalten der Div.en den Feind täuscht und der eigenen Seite die tatsächlichen Kräfteverhältnisse durchschaubar sind.

Der Vorstoß gegen Schouwen, der abgewiesen wurde, hat sich als unbedeutend erwiesen. Bei Kleve griff der Feind weiter an, wurde aber unter hohen Verlusten abgewiesen. 560 feindl. Tote wurden gezählt. Die eigenen Truppen haben sehr gut gekämpft. Eine Gefahr für das Abreißen zwischen den Armeeflügeln wird nicht als gegeben angesehen, da der Rhein als starkes Fronthindernis gilt und einen Vorstoß nach Osten unmöglich macht. Bei Prüm geringe Tätigkeit. Bei Echternach wurde der Feind abgewiesen. Nach Ansicht des Gen.=Feldm. Model wird sich der erhöhte Wasserstand noch bis zum 20. 2. auswirken, nach anderen Nachrichten noch 10 — 14 Tage. Auch der Rhein wird noch 14 Tage Hochwasser führen.

1 D. h. der Nachricht

*Heeresgr: G:* Im Orscholz=Riegel lebte die Kampftätigkeit auf. In der Mitte der 1. Armee erzielte der Feind einen überraschenden örtlichen Einbruch.

**Lagebuch 17. 2. 45**

*Osten*

*Feindlage:*

Im Raum von Budapest verschiebt der Feind seine Kräfte nach Südwesten. Nachdem er bei Breslau Kräfte freimachen konnte und im ostpommerschen Raum Erfolge erzielte, wird nun ein Angriff gegen Berlin im Raum Frankfurt — Freienwalde erwartet. Schwere Artl. ist eingetroffen. Es fragt sich, ob der eigene Angriff im Norden diese Absicht verhindert. Bei Konitz dauert der feindl. Druck an, ebenso an den 3 Schwerpunkten in Ostpreußen (Brauns= berg, Mehlsack, Zinten); ferner scheint der Feind die Eroberung von Pillau anzustreben.

*Südfront:* Aus Budapest sind nur noch wenige Gruppen eingetroffen. Der Gegner scheint andere Gruppen unterwegs vernichtet zu haben. Er meldet 3 500 Gefangene (der Ausbruch erfolgte auf Befehl).

4 000 feindl., 100 eigene Einsätze. Aus dem Gran=Brückenkopf ein eigener Angriff nach Westen auf breiter Front, der ganz gute Fortschritte machte, fer= ner nördlich Leva ein örtlicher Angriff. Bei der 8. Armee wurden im allgemei= nen die Vorstöße abgewiesen.

*Heeresgr. Mitte:* Westlich Bielitz und Schwarzwasser weitere Kämpfe. Süd= lich Breslau drang der Gegner bis zur Straße Ratibor — Kosel vor. *Kampf= raum Breslau:* Nördlich Strehlen wurde die Front etwas zurückgenommen. Südwestlich Breslau erzielte der Feind Einbrüche; obwohl der Flugplatz ver= lorengegangen ist, kann auf eine freie Strecke und auf einen Behelfsflugplatz abgeworfen werden.

Ostwärts Landsberg kam der Feind auf 6 km an die Stadt heran. Naumburg wurde angegriffen. Angriffe gegen Sorau wurden abgewiesen. *Sagan* ging verloren. Allgemeiner Verlauf der Linie jetzt: Goldberg — Löwenberg — Naumburg — ostwärts Lauban[1] — Sagan. Der eigene Vorstoß von Norden blieb liegen. Sommerfeld wurde von der Gruppe Dirlewanger zurückgewonnen. Bei Krossen vergrößerte der Gegner seinen Brückenkopf. Aus Glogau keine Mel= dung. Der Heeresgr. Mitte wird die 31. SS=Div. aus Ungarn, die sich im we= sentlichen aus Volksdeutschen zusammensetzt, zugeführt.

*Heeresgr. Weichsel:* Nördlich Küstrin verstärkt sich der Druck. Im Raum von Bahn und Stargard wurde der am 15. 2. begonnene Angriff auf breiter Front fortgesetzt, erzielte jedoch keine wesentlichen Fortschritte. Von der Be= satzung Schneidemühl haben sich jetzt 1 000 Mann durchgeschlagen. Bei Konitz erweiterte der Feind seinen Einbruch. Auch zwischen Tuchel und *Graudenz,*

1 richtiger umgestellt: ostw. Lauban—Naumburg.

das jetzt eingeschlossen ist, kam der Gegner weiter vor. Bei Graudenz wurden 19 Flugzeuge abgeschossen. Artl.=Munition fehlt. In Posen vermehren sich die Überläufer, da es sich um viele Schreiber und sonstige Etappendienste handelt. Vor Stettin wurde 1 Transporter von 9 000 BRT durch eine Mine beschädigt, konnte aber aufgesetzt werden, so daß Ladung und die überführten Truppen gerettet werden konnten. Ferner lief ein unbeladener Dampfer auf eine Mine. Die feindl. Luftangriffe nehmen jetzt zu; ein Dampfer wurde in Brand geworfen.

*Heeresgr. Nord:* Weitere Angriffe bei Braunsberg und Mehlsack. Bei Zinten wechselvolle Kämpfe. In Königsberg gleiche Lage.

*Kurland:* Örtliche Kämpfe bei Prekuln. An der Ostfront wurde ein Einbruch bereinigt.

Gegen die Luftflotte 6 wurden 1 300 feindl. Einsätze erfaßt. Im gesamt 800 eigene, besonders bei Bunzlau und Breslau; Abschuß von 35 Flugzeugen, bei 16 eigenen Verlusten. Die feindl. Luftwaffe rückt jetzt schnell der Front nach, so daß zunehmender Einsatz zu erwarten ist.

*Nordraum*

Aus dem Geleit wurde ein weiterer Dampfer von 3 000 to versenkt, ferner 1 Bewacher. Die im Oslo=Fjord abgeworfenen Minen haben wie bisher eine Wirkungsdauer von 14 Tagen.

2 Angriffe gegen Geleite wurden abgewiesen. Erstmalig griff der Feind bei Dombas die Eisenbahnanlagen an.

*Westen — Reich*

Von Italien Angriffe gegen bayerische Flugplätze, bei denen durch Bombenteppiche auf 2 Flugplätzen je 20 neue Flugzeuge verlorengingen. Ferner Angriffe gegen Verkehrsziele in Innsbruck und Rosenheim.

Von Westen die 3 amerikan. Div.en gegen Osnabrück — Hamm — Duisburg, dazu 50 Briten gegen Wesel. Ferner im Westen 800 2=mot. Bomber und 700 Jäger; dagegen 18 eigene. Die Verkehrsschäden werden in der Mehrzahl binnen 24 Stunden wieder behoben sein. In Dresden, wo keine Flak stand, schwerste Schäden.

*Südosten*

Nördlich Mostar wurde die eigene Linie weitere 5 km zurückgenommen. Der Feind setzte Panzer ein. Auch südlich Serajewo feindl. Druck und Bereitstellungen. Ferner Aufleben der Kampftätigkeit bei Travnik. Die 22. Inf.=Div. mußte zur Abwehr übergehen; jedoch kam die Kampfgruppe von Bjelina bis Janja vor. Im Westen wird der Feind weiter gebunden. Um nach Korden[1] weiter vorzustoßen, wird die 22. Inf.=Div. vorübergehend Zvornik preisgeben. Südlich Barcs versuchte der Feind, mit 50 Fahrzeugen über die Drau überzusetzen, wurde jedoch abgewiesen. Die 1. Kosaken=Brig. wurde zum weiteren Stoß nach Süden freigemacht.

1 So Ms.; wohl Hör= oder Schreibfehler.

*Südwesten*

Geringe Tätigkeit in der Luft und auf der Erde. Aufklärung bestätigte das bisherige Feindbild. Die Kanadier sind noch im Einsatz. Nördlich des Commacchio-Ses wird jetzt die 162. (Turk)-Div. versammelt.

*Westen*

*Meldung der Luftwaffe:* Im Großraum von Paris ist der Transportraum verstärkt worden, aber ohne Lastensegler und offensichtlich zur Verstärkung der Versorgung. LL-Kräfte wurden nicht neu zugeführt. In England ist noch Transportraum vorhanden. Aber es fehlen Kräfte; denn außer einer brit. LL-Div. ist in England nur noch 1 amerikan. LL-Div. anzunehmen. Eine größere Luftlandeoperation ist daher unwahrscheinlich.

Weitere Einsätze der Kleinst-U-Boote. Vor der belg. Küste wurde 1 Dampfer von 6 000 BRT versenkt, ein weiterer von gleicher Größe torpediert. Im Kanal wurden 1 200 to versenkt, 7 000 torpediert, was ein außerordentlicher Erfolg ist. Zusammen wurden also 24 000 to versenkt oder beschädigt.

Bei *Kleve* hat sich der Einsatz der 11. Pz.-Div. noch nicht bestätigt. Von Colmar aus wird die 79. amerikan. Div. in den Raum westlich Lüttich verlegt. Bei Kleve griff der Feind unter starker Zusammenfassung seiner Kräfte auf engem Raum und unter Einsatz starker Artl. und 150 Panzern in Richtung *Kalkar* weiter an. Die eigene Stellung mußte etwas zurückgenommen werden. Im gesamt war der Verlauf des Tages jedoch noch günstig. Südlich des Reichswaldes wurde der Gegner abgewiesen. Der Maas-Front wird jetzt eine Panther-Abt. zugeführt, ferner die Pz.-Lehr-Div. in den Raum der Heeresgr. G. Bei Echternach griff der Feind weiter stark an; die eigenen Linien mußten etwas zurückgenommen werden.

*Heeresgr. G:* An der Front der 1. Armee örtliche Kämpfe. Fortgang der Kämpfe bei der 17. SS-Div.; herumgezogen aus dem Elsaß-Brückenkopf ist nunmehr die 2. Geb.-Div., deren erste Teile angreifen.

*Politik*

Mit einer Stellungsänderung der *Neutralen* ist zu rechnen.

In Ostasien hat sich die Lage der *Japaner* in der letzten Zeit zusehends verschlechtert.

**Lagebuch 18. 2. 45**

*Osten*

*Heeresgr. Süd:* Der eigene Angriff im Gran-Abschnitt, der durch die 44., 46. und 211. Inf.-Div. geführt und ab heute durch die 1. und 12. SS-Pz.-Div. verstärkt wird, kam flüssig voran. Ein Regiment stieß von Süden aus über die Donau. Bei Leva schanzte der Feind. Bei der 8. Armee ist durch das Ausbluten der eigenen Divisionen die Lage ernster geworden.

*Heeresgr. Mitte:* Westlich Bielitz, bei Schwarzwasser weitere Kämpfe. Nördlich Ratibor wurde der Feind abgewiesen. Starke feindliche Angriffe gegen die

Front von Strehlen, wo der bisher noch gehaltene Eckpfeiler verlorenging. Südlich Breslau wurde der Feind abgewiesen. Nordwestlich der Stadt kamen die 17. und 8. Pz.=Div. voran. Bei Lauban feindliche Angriffe; westlich Bunzlau Abwehr. Bei Neuhammer Beziehen einer neuen HKL. Im Waldgebiet ist die Lage unklar. Im Raume westlich Sagan wurde der Feind aufgehalten. Der Korridor bei Sorau ist noch unterbrochen. Bei Sommerfeld kam der Feind nicht weiter voran. Westlich Krossen kam der Gegner bis 6 km an Guben heran; 6 Angriffe wurden abgewiesen. Von der 9. Armee werden der Heeresgruppe Mitte Kräfte zur Bereinigung in diesem Abschnitt zugeführt.

*Heeresgr. Weichsel:* An der Oder verstärkt sich der Feind. Der eigene Angriff kam nordwestlich von Arnswalde voran. Bei der Stadt selbst wurden starke Angriffe abgewiesen. Bei Grätz konnte kein Gelände mehr gewonnen werden. Südostwärts und weiter ostwärts kam der Feind voran. Ebenso bei *Konitz,* wo der Feind sich umgruppiert und mehr Artillerie heranführt. Auch im Waldgebiet nordostwärts Tuchel gewann er Gelände und drückte die eigene Front von dem abgeschnürten Graudenz weiter ab. Der Kommandant von Posen gab den Befehl zum Ausbruch aus dem Ostteil, da er dessen Besatzung wegen des Fehlens von Übersetzmitteln nicht in das Kernwerk heranziehen und hier auch nicht versorgen konnte. Angegriffen haben hier gegen Posen 4 Schützen=Div.en, 1 Artl.=Div. und 2 Pz.=Brigaden. Festgestellt wurde, daß der Feind sehr schwere Verluste erlitt. In der Meldung des Kommandanten wird hervorgehoben, daß keine Flak vorhanden sei sowie nur ein geringer Munitionsbestand und daß die Versorgung aus der Luft unzureichend sei.

*Ostpreußen:* Fortgang der Kämpfe wie bisher. Die Südostecke wurde verkürzt. Erstmalig feindliches Feuer auf Pillau. Die 93. Inf.=Div. ist mit 19 Schiffen abgefahren. Bis 17. 2. waren 5 400 Mann in Pillau ausgeladen.

*Kurland:* Erstmalig Artl.=Feuer auf Libau sowie westlich des Hafens feindliche Schnell=Boote.

Insgesamt 1 700 feindliche und rund 1 000 eigene Einsätze, davon 800 im Raume von Sagan und Frankfurt a. d. O. sowie gegen den Nachschub. Dabei 23 Panzer und 186 Fahrzeuge vernichtet. 98 Flugzeuge zur Versorgung von Breslau, 15 für Posen, 4 für Glogau.

*Nordraum*

Der Eisenbahntransport der 199. Inf.=Div. ist angelaufen. Von der 163. Inf.=Div. sind nunmehr 10 Züge in Freienwalde eingetroffen. Aus einem von Murmansk zurückkehrenden Geleit wurden 3 Zerstörer und 1 Frachter herausgeschossen; neuer Einsatz wird vorbereitet.

*Westen — Reich*

Angriff von 4=mot. Bomber von Süden aus gegen Linz und Wels (mittelschwere Schäden); Teile gegen Graz und Villach, davon 170 gegen Verkehrsziele in Istrien. Aus dem Westen Einflug einer amerikan. Div. (die beiden anderen mußten zurückkehren) gegen Verkehrs= und Industrie=Ziele im Raum Frank=furt — Aschaffenburg; ferner 50 im Raum von Kleve und Wesel. Nur geringer Einsatz von 1= und 2=mot. Flugzeugen.

*Südosten*

Die Verpflegung von Milos ist bis 15. 4. sichergestellt. Bei Mostar wurde der Gegner abgewiesen, ebenso westlich Višegrad. Weitere Kämpfe bei Travnik. Die 22. Inf.=Div. kam nicht weiter voran, wies jedoch den Feind, der sich weiter über die Fähren verstärkt, ab. Das Regiment der 104. Jäg.=Div. umging Janja, das stark vom Feind besetzt ist. Die Vereinigung der von Norden und Süden sich vorkämpfenden Kräfte steht bevor. Das Papuk=Gebirge wird weiter ge=säubert. Die Verbindung mit der 7. kroat. Inf.=Div. wurde hergestellt. Südost=wärts Agram Säuberung, bei der im Raum von Bihać 210 Tote gezählt wurden (88 eigene Verluste).

*Südwesten*

Südlich Bologna ist die 88. brit. Inf.=Div. durch die 7. engl. Inf.=Div. abge=löst worden. In Verfolg der Krim=Konferenz erging ein polnischer Tagesbefehl. Auf dem linken Flügel wird ein Unternehmen gegen die dort eingesetzte Divi=sion „Cremona" vorbereitet. Bei dem feindlichen Luftangriff gegen Istrien traten Schäden in den Werften von Pola, Triest und Fiume ein. Zu beachten ist, daß der Feind in den letzten Tagen die Banden in Nordwestkroatien verstärkt versorgt. Ferner Angriffe gegen die nordost=italienischen Bahnen — vermutlich, weil deren Benutzung für Transporte erkannt wurde.

In Gibraltar wurden Landungsboote in das Mittelmeer eingefahren.

*Westen*

Verminung der Humber=Mündung. 1 Frachter wurde durch ein Kleinst=U=Boot versenkt.

Bei dem Angriff im Raum von Kleve sind beteiligt die 22. brit. Div. und die 1. kanad. Brigade. Bei der 1. amerikan. Armee werden Luftlandeverbände herausgelöst. Da sie zum Teil jedoch noch frontnah aufgestellt sind und auf=gefrischt werden müssen, ist daraus nicht auf eine größere Aktion zu schließen. Bei Kleve drehte der Feind scharf gegen Goch ein, bis an dessen Rand er sich heranschob (d. h. gegen den Nordflügel des hier nur schlecht ausgebauten Westwalls). Der Feind wurde aufgehalten; ab morgen werden Reserven zur Stelle sein.

Bei der *Heeresgruppe B* sinkt das Wasser. Am linken Flügel der 5. Pz.=Armee Fortgang des Angriffes. Bei Echternach kam der Gegner wieder voran, dagegen ein Gegenstoß.

Bei der *Heeresgruppe G* Fortgang der Kämpfe südostwärts Saarbrücken, wo der Feind schließlich mit 6—7 Btl.en, also wohl mit 2 Div.en, angriff. Es wurde eine neue Abriegelung durchgeführt. Durch das Heranführen von Re=serven ist die Krise beschworen.

*Allgemein*

Es erging ein Befehl für die Wehrmacht=Ordnungstruppen, die neu zusammengefaßt werden.

**Lagebuch 19. 2. 45**

*Osten*

*Heeresgr. Süd:* Der eigene Angriff, unterstützt von der eigenen Luftwaffe, drang bis zur Eisenbahn vor; die Vereinigung mit den über die Donau übergesetzten Kräften steht bevor. Die Kämpfe bei der 8. Armee ließen nach.

*Heeresgr. Mitte:* Örtliche Kämpfe bei Bielitz, Schwarzwasser und nördlich Ratibor. Die Front von Strehlen wurde wieder etwas zurückgedrückt; jedoch gelang in der Hauptsache die Abwehr. Die HKL um Breslau wurde stärker an die Stadt herangenommen; 21 to Munition wurden zugeflogen.

Die 8. Pz.=Div. im Kampf nordostwärts *Lauban*, wo der Feind nunmehr vor der Stadt erschienen ist. Ferner Kämpfe bei Nauenburg und im Queis=Gebiet. Weiterer Druck bei Sagan, wo eine eigene Gruppe eingeschlossen ist. Jedoch ist es gelungen, den anfangs flüssigen Stoß des Feindes abzubremsen. Bei Krossen stieß der Feind nach Südwesten vor, weshalb der eigene Flügel zurückgebogen wurde. Von Norden stößt die Brigade Dirlewanger dagegen. Insgesamt also keine wesentliche Veränderung der Lage.

*Heeresgr. Weichsel:* Hier gilt das gleiche. Der eigene Angriff liegt jetzt fest. Die 10. Pz.=Div. soll herausgezogen werden. Feindliche Gegenangriffe, unter anderem gegen Arnswalde. Zwischen Konitz und Graudenz verstärkter Druck des Feindes, der einzelne Fortschritte erzielte. Graudenz wurde weiter isoliert. In Posen benutzt der Gegner schon wieder einzelne Bahnhöfe und verstärkt seine Propaganda.

*Ostpreußen:* Angriff von 6 — 8 Schützen=Div.en und 2 Pz.=Korps im Raume von Braunsberg, der jedoch aufgefangen wurde. Ferner 900 Einsätze der Luftwaffe über Ostpreußen. Bei Mehlsack, wo der Gegner mit 7 Schützen=Div.en und 1 Pz.=Brig. angreift, konnte die Front gewahrt werden. Südlich Königsberg führt er Kräfte zu.

*Kurland:* Geringe Tätigkeit.

Insgesamt 2 700 feindliche und 1 200 eigene Einsätze, dabei 45 Abschüsse und 25 Verluste. Die feindliche Flak macht sich stark bemerkbar. Eigener Schwerpunkt bei Lauban (370) und Stargard (700). Ein beschädigter Dampfer von 9 000 to konnte eingeschleppt werden. Die feindlichen Luftangriffe gehen weiter. Neuer Einsatz der Pz.=Gruppe Schwehr gegen das Samland

Im allgemeinen sind die feindlichen U=Boote wenig aktiv, und von den Schnell=Booten ist nach den Erfahrungen im Schwarzen Meer keine besondere Gefährdung zu erwarten. Aus dem norwegischen Verkehr werden nach Pillau 2 Schiffe zum schnellen Transport abgezogen. Bedrohlich bleibt die feindliche Luftwaffe, besonders die feindlichen Torpedoflieger.

*Nordraum*

Es führt jetzt hier die Armeeabt. Narvik (= Gen.=Kdo. XIX. AK., das im Norden eingesetzt ist). Ihm untersteht das südlich davon eingesetzte Gen.=Kdo. LXX. AK.

*Westen — Reich*

Einflug von Süden (wobei Teile zurückkehren mußten) gegen Linz, wo mittelschwere Schäden eintraten, und nach Kroatien. Von Westen 150 brit. Bomber gegen Verkehrsziele im Raum von Wesel. Einsatz von 1= und 2=mot. Flugzeugen nur gering. Nachts einzelne Moskito=Pulks. Ferner Verminung der Deutschen Bucht und des Kattegats.

*Südosten*

Bei Mostar wurde der Feind, der sich an die Straße heranschiebt, abgewiesen. Bei Serajewo ist die Versammlung eigener Kräfte beabsichtigt. Bei Travnik griff der Feind von Westen an. Ein Gegenstoß wurde angesetzt. Die 22. Inf.=Div. wies den Feind weiter ab; um sich zu verstärken, war sie gezwungen, ihre Nachhuten heranzuziehen. Dadurch ist Zvornik dem Feind wieder preisgegeben worden. Jedoch gelang es, von Norden aus Janja zu besetzen. Das von Westen gegen das Feindgebiet eingesetzte Regiment der 114. Div. ist jetzt abgezogen worden.

Versuche, über die Drau zu setzen, wurden bis auf einen abgewiesen. Fortgang der Säuberung im Papuk=Gebirge. Bestätigt wurde jetzt der Einsatz von 3 Divisionen der 1. bulgar. Armee; die übrigen 5 Divisionen sind vor dem gleichen Raum zu vermuten.

*Südwesten*

120 Lufteinsätze. Das Stoßtruppunternehmen auf dem linken Flügel kam nicht voran, da es auf Kanadier und Briten stieß. Außer der 7. indischen Div. wird jetzt auch die 8. indische Div. herangeführt. Damit sind nun bis auf die 6. Pz.=Div. alle brit. Einheiten herausgezogen (1., 4., 46., 56. und 78.). Die 278. Inf.=Div. wird herausgezogen; die 162. (Turk)=Inf.=Div. löst eine Frontdivision ab.

Da 90 Landungsboote abgezogen wurden und der Schiffsraum in der Adria geringer geworden ist, braucht wohl mit einer größeren Unternehmung nicht gerechnet zu werden.

*Westen*

Die Angriffe am Orscholz=Riegel und südlich Saarbrücken werden durch örtliche Kräfte geführt. Die 1. französ. Pz.=Div. wird anscheinend nach Gebweiler verlegt.

Die Kämpfe im Raum von Kleve und Goch gingen vom Mittag an mit Stärke weiter; jedoch konnte die eigene HKL gehalten werden bis auf den Raum von Goch, wo örtliche Spannungen entstanden. Die eigenen Kräfte werden umgruppiert. Ab morgen abend wird die Masse der Pz.=Lehr=Div. zur Stelle sein.

Fortgang der Kämpfe gegen die 7. *Armee* von Norden und Süden; doch hat der Feind noch keine Pz.=Div. eingesetzt, so daß noch nicht von einem kombinierten Zangenangriff zu sprechen ist.

Im *Nordabschnitt* gingen 2 Orte verloren. Die HKL wurde 2 — 3 km zurückgenommen. Dadurch werden die eigenen Reserven zum Teil festgehalten (die 2. Pz.=Div. wird nach Süden verschoben). Im Raum von Echternach nahm der Gegner eine Reihe von Befestigungen, wurde dann aber aufgefangen.

*Heeresgr. G:* Seit heute früh Angriff gegen den Orscholz=Riegel, wo Einbrüche erzielt wurden. Südlich Saarbrücken wurde eine Stabilisierung und eine durchlaufende HKL erzielt.

*Neuaufstellungen* usw.:

Die am Oberrhein eingesetzte 708. VGD. wird in die 106. Inf.=Div. umgebildet. Neuaufgestellt werden aus der 32. Welle (Jahrgang 28) am Oberrhein 4 Divisionen, in Wildflecken 1, in Holland 1, in Dänemark 1, in der Slowakei 1.

Aufgefrischt usw. werden in Holstein 1, in Dänemark 2 Divisionen. Neuaufgestellt wird 1 Marine=Div. in Holstein; umgebildet werden aus Brigaden in Divisionen die beiden Führerbrigaden.

**Lagebuch 20. 2. 45**

*Osten*

*Feindlage:* Im Gran=Brückenkopf sind die feindlichen Verstärkungen nicht mehr rechtzeitig eingetroffen. In Schlesien drückt das Kav.=Korps in Richtung auf das Waldenburger Industriegebiet. Durch den eigenen Angriff wurde die 3. Garde=Pz.=Armee abgezogen und die 4. Garde=Pz.=Armee im Gebiet des Korridors gebunden. Dadurch ist der feindliche Stoß abgestoppt worden.

An der Oder gehen die feindlichen Vorbereitungen weiter. Durch den eigenen Angriff von Norden sind die Vorbereitungen der 2. und 1. Pz.=Armee nicht gestört worden, da der Feind dem Angriff neue Kräfte entgegenwarf.

Bei Königsberg ist der eigene Angriff (siehe unten) in die feindliche Bereitstellung zum Angriff gegen Pillau hineingestoßen.

Im gesamt ist festzustellen, daß bei der Heeresgruppe Mitte in den letzten 14 Tagen beachtliche Erfolge erzielt wurden, obwohl die eigenen Kräfte erst ein Gerippe darstellen. Dies ist unter anderem der wendigen Führung zu danken, die die Panzerverbände schnell herumgeworfen und Schwerpunkte gebildet hat. Dadurch ist der Gegner bei Bunzlau und Forst aufgehalten worden. Nicht gelungen ist es dagegen, durch eigenen Stoß die Lage in Breslau rechtzeitig zu festigen.

*Heeresgr. Süd:* Es ist nunmehr gelungen, den Graner Brückenkopf zu beseitigen. Bisher wurden 138 Pak gemeldet. Es handelt sich also wohl um 3 Stellungs=Divisionen. 540 Einsätze der feindlichen Luftwaffe, vor allem gegen den Angriff bei Gran; 200 eigene, unter anderem wieder Lokomotivjagd. Von Waitzen führt der Feind Kräfte zu. Bei der 8. Armee örtliche Kämpfe.

*Heeresgr. Mitte:* Örtliche Kämpfe an den bisherigen Druckstellen. Bei Strehlen wurde ein Abwehrerfolg erzielt, wenn auch einiges Gelände preisgegeben wurde. Von Süden und Westen schob sich der Gegner stärker an Breslau heran.

Die 4. Armee bereitet ein Absetzen auf die Linie westlich Löwenberg — nordostwärts Lauban — Rothenburg — westlich Sorau — Sommerfeld — Guben — Neiße — Oder vor. Kämpfe bei Seifersdorf an der Straße Görlitz — Rothenburg. Die 21. Pz.=Div. mußte ausweichen. Abwehr im Raum von *Sagan*. Die eingeschlossenen Teile, deren Kampfstärke stark abgesunken ist, konnten fast freigekämpft werden. Die Brigade Dirlewanger im weiteren Vorgehen nach Südwesten. Abwehr bei Guben. In Glogau nichts Neues. Bis zur Linie Zittau — Bautzen — Lauban soll die Bevölkerung aufgelockert werden.

*Heeresgr. Weichsel:* Nordwestlich Pyritz Abwehr. Südlich Stargard und Neuwedel wurden feindliche Angriffe abgewiesen. In Arnswalde hat sich die Lage verschärft. Bei Märk.=Friedland, wo Polen angriffen, wurden von 30 Panzern 15 abgeschossen. Bei Konitz verstärkt sich der Feind. In der Tucheler Heide wurde weiteres Gelände preisgegeben, und am westlichen Oderufer gelang es dem Gegner, mit Panzern bis Mewe durchzustoßen. Für *Danzig* wurde Festungsalarm gegeben. In Graudenz Abwehr. In Posen weitere Einbrüche. Die feindliche Luftwaffe stark bei Lauban und Guben, ferner bei Stargard und gegen Ostpreußen. Dagegen 1 000 eigene Einsätze, besonders bei Lauban und Stargard.

*Heeresgr. Nord:* Bei Braunsberg wurden 25 bataillons=starke Angriffe abgewiesen. Bei Mehlsack drang der Feind vor, wurde dann aber aufgehalten; ebenso westlich Landsberg und nördlich Zinten. Von Königsberg ein eigener Angriff nach Westen, dem andere Kräfte von Fischhausen aus 3 km entgegenkamen. Von Königsberg aus wurden 6 km zurückgelegt; die Kriegsmarine half. Dabei der Kreuzer „Scheer", der heute wieder eingreifen soll.

*Kurland:* Kämpfe am linken Flügel der 16. Armee.

Im gesamt 2 350 feindliche und 1 072 eigene Einsätze, dabei 44 Abschüsse und 21 Verluste. Auf Veranlassung des Stellv. Chefs WFStab wird die Luftwaffe vorübergehend Jagdeinsatz vornehmen, um den feindlichen Jägern einen Schlag zu versetzen. In der Nacht wiederum Versorgung.

Da der befristet zum OB der Heeresgr. Weichsel getretene General Wenck (Chef der Operationsgruppe des GenStdH) zeitweise durch einen Autounfall ausfällt, hat der General Krebs (Chef des Gen.=Stabs der Heeresgr. B) seine Vertretung übernommen.

*Nordraum*

An Stelle der 199. Inf.=Div. übernahm die 230. Inf.=Div. den Raum südlich Narvik. Die Briten sprechen von der größten Geleitschlacht, die bisher durchgeführt worden sei. In Wirklichkeit handelt es sich um Gefechte, wie sie bisher auch durchgeführt worden sind.

*Westen — Reich*

Von Süden wieder Angriffe gegen Verkehrsziele, 700 gegen Wien, 80 gegen Bruck, Graz und Klagenfurt. Da in der feindlichen Presse von Truppenverschiebungen aus dem Südwesten nach Osten die Rede ist, wird das Ziel dieser Angriffe die Unterbindung der Transporte sein. Ferner wieder 250 Einsätze gegen Istrien, vornehmlich gegen Pola.

Im Westen Einsatz der 3 amerikan. Divisionen gegen Verkehrs- und Industrie-Ziele, besonders Osnabrück, Siegen, Meschede usw. Ferner 180 gegen den Raum Rheine — Wesel. Ferner 1 000 Jabos, dagegen 10 eigene. 2 Abschüsse, 3 Verluste. Nachts 200 Briten mit 60 Moskitos gegen das zur Zeit nicht in Betrieb befindliche Hydrierwerk Böhlen; anschließend ein Täuschungsmanöver mit angeblichem Anflug gegen Magdeburg. Dazu einzelne Moskito-Pulks.

In der Deutschen Bucht wirft der Feind nach wie vor Minen mit 14tägiger Wirkungsdauer.

Aufklärung gegen die ostbritischen Häfen ist angesetzt; jedoch hat das Wetter noch keine Einsicht in sie ermöglicht, um festzustellen, ob hier etwa doch Vorbereitungen getroffen werden.

In der westlichen Ostsee ist der Schiffsverkehr wieder angelaufen.

*Südosten*

Die Insel Milos wurde zum 2. Mal trotz der Blockade von Kreta aus versorgt.

Weiterer Druck bei Mostar und von Mostar bis Serajewo, von dort bis Višegrad jedoch weniger. Bei *Travnik* verschärfte sich die Lage, da der Gegner den Westrand erreichte. Er soll das VIII. Bandenkorps, zu dem die besten Kräfte Titos gehören, von Süden heranführen. Die 22. Inf.-Div. hat sich mit den von Norden kommenden Kräften vereinigen können, wobei sie ihre Nachhuten weiter heranzogen. Meldung über die weiteren Absichten ist angefordert. Außerdem werden nacheinander die Oberbefehlshaber der Heeresgruppen E und F zum Empfang des Eichenlaubs und Besprechungen erwartet.

Weitere bulgarische Divisionen wurden geortet. Im Papuk-Gebirge weitere Säuberung. Es besteht die Absicht, an der Dalmatinischen Küste bis Knin ein Unternehmen durchzuführen.

*Südwesten*

Angriff von 40 Spezialflugzeugen gegen eine Brücke bei Treviso. Der Abtransport der 16. SS-Pz.-Div. hat 5 000 to Kohle beansprucht. An der Front Ruhe bis auf einen überraschenden Vorstoß gegen die 232. (bodenständige) Inf.-Div. im ruhigen Abschnitt des Gebirges. Es besteht die Absicht, die 114. Jäg.-Div. vom linken Flügel heranzuholen und sie bis 28. 2. neben der 232. (bodenständigen) Inf.-Div. einzusetzen. Bis zum Ende der Schneeschmelze müssen die Abschnitte verkleinert werden; deshalb soll die 148. Inf.-Div. eingesetzt und 2 ihrer Btl.e sollen als örtliche Reserve bereitgehalten werden. Von den Westalpen werden die Hochgebirgs-Btl.e herangeholt.

Die Engländer haben 4 Divisionen (1., 4., 48., 56.) und die 5. kanad. Pz.=Div. in Reserve bereit (diese in Rimini). Für eine Landung gibt es keine Anzeichen.

Ins Reich abgegeben wird die 715. Inf.=Div.; dafür wird die 278. Inf.=Div. eingesetzt. Die 29. Pz.=Gren.=Div. soll in die Reserve genommen werden.

*Westen*

Ein U=Boot meldet, daß der Feind auf der Strecke Schelde=Themse keine großen Schiffe einsetzt, sondern solche von 2 — 3 000 BRT.

Bei Kleve wurden die Kanadier stärker in den Kampf hineingezogen, vermutlich wegen der eingetretenen Ausfälle. Die Frage, ob LL=Verbände bereitgestellt werden oder nicht, ist noch offen. Eisenhower scheint sein Hauptquartier in den Raum Reims — Rethel zu verlegen; das wäre das Signal zur bevorstehenden Offensive.

Bei Kleve gehen die schweren Kämpfe weiter auf der Linie zwischen Kalkar und Goch, das weiterhin den Schwerpunkt bildete. Die eigenen Kräfte wurden auf die Straße zwischen den beiden Städten zurückgedrückt; jedoch drang die Pz.=Lehr=Div. wieder über sie vor. Verlustreiche Kämpfe, besonders beiderseits Goch; jedoch kann die Gesamtlage als gefestigt angesehen werden. Weitere Reserven in Koblenz. Die Verlegung der 8. Fallsch.=Jäg.=Div. beginnt morgen. Die 11. Pz.=Div. trifft als Reserve bei der Heeresgr. B ein. Die 9. Pz.=Div. ist bereits mit Masse eingetroffen. Weiter südlich die 98. Inf.=Div., ferner bei der Heeresgr. B noch die Pz.=Brigade 106, so daß nunmehr 3 große Verbände da sind. Der Wasserstand noch erheblich. Bei der 7. Armee Fortgang der Kämpfe von Norden und Süden, wobei jeden Tag einzelne Bunker verlorengehen (zum guten Teil nur Wohnbunker; darunter auch solche, die wegen Kräftemangels nicht besetzt waren). Bei Echternach drückt der Feind jetzt auch in nordostwärtiger Richtung.

*Heeresgr.G:* Im Orscholz=Riegel stieß der Feind durch die Lücken durch und nahm 4 Ortschaften. Durch Gegenangriffe wurde die Verbindung zwischen den eigenen Divisionen wiederhergestellt. Eine neue, wenn auch dünne HKL im Aufbau. Zwischen Tettingen und Oberleuten ist der Orscholz=Riegel jetzt durchstoßen. Südlich Saarbrücken[1] ging Auerbach verloren, womit der Gegner sich jetzt dicht an die Spicherer Höhen herangeschoben hat. Es besteht jedoch keine besondere Spannung.

Die 2. Geb.=Div. ist jetzt hinter der 1. Armee eingetroffen. Von Baden=Baden wird jetzt die 16. Inf.=Div., die mit der 905. Inf.=Div. vereinigt werden soll, herangezogen.

*Politik*

De Gaulle lehnt die Einladung nach Kairo ab, Roosevelt die nach Paris, womit die Spannung zwischen *Frankreich* und den *Alliierten* zutage getreten

1 Ms.: Saarlautern

ist. Andererseits sind die Franzosen auch über Zugeständnisse Stalins ohne ihr Einverständnis verärgert.

In den Vereinigten Staaten ist nach der ersten Freude über das Communiqué eine Krise aufgetreten, da sich die bestürzten Stimmen über die Festlegung der USA in den anderen Kontinenten vermehren.

## Lagebuch 21. 2. 45

*Osten*

Im gesamt wurden jetzt 6–8 000 Panzer abgeschossen.

*Heeresgr. Süd:* Im Gran=Kopf verstärkt sich der bisher schwache Wider=stand. Der Angriff auf einen Ort diesseits des Flusses schlug nicht durch. Heute neuer Angriff mit Flammenwerfern usw. Bei der 8. Armee örtliche Kämpfe; starker Luftwaffeneinsatz des Feindes, 200 eigene.

*Heeresgr. Mitte:* Nach zuverlässiger Nachricht ist aus Litzmannstadt noch ein Telefonanruf eingelaufen, in dem um Verhaltungsmaßregeln gebeten wur=de. Diese Nachricht bestätigt die auch sonst gegebene Gewißheit, daß die Rus=sen im Hintergelände keine regelrechte Besetzung durchgeführt, geschweige denn eine Verwaltung aufgebaut haben.

Örtliche Kämpfe in Südostschlesien. Bei Strehlen Fortgang des Kampfes; jedoch wurde die alte Linie im wesentlichen behauptet; 20 Panzer abgeschossen. In Breslau weiterer Kampf um den Südpark. Kämpfe bei Löwenburg und bei Lauban, wo die 8. Pz.=Div. in Richtung Görlitz zurückweichen mußte. An=schließend die vorgesehene Absetzbewegung, der der Feind bei Sorau und südlich Krossen folgte. Bei Guben wurde der Feind abgewehrt. In Glogau be=steht die Besatzung aus 9 000 Mann (von diesen jedoch nur 1 500 grabensicher; 1 200 Verwundete). In der Stadt befinden sich noch 1 000 alte Menschen usw., ferner 560 Ausländer.

*Heeresgr. Weichsel:* An der Oder nichts besonderes. Bei Kienitz (nordost=wärts Küstrin) ein feindlicher Einbruch. Bahn ist jetzt abgeschnitten. Ostwärts davon feindliche Angriffe. In Arnswalde wurde ein Einbruch beseitigt; doch bleibt die Lage gespannt. Bei Reetz stellt sich der Feind bereit, ebenso bei Ko=nitz. In der Tucheler Heide schob er sich weiter vor. Auf der eigenen Seite noch keine feste Front. An der Weichsel schob sich der Feind näher an *Mewe* heran. Westlich Graudenz wurde der Feind abgewiesen. Aus *Posen* Meldung des Kommandanten, daß er weiter halten werde, daß dies jedoch nur noch einige Tage möglich sei. Die Besatzung ist auf einen Raum von 2 x 2 km zusammen=gedrängt. Der Feind griff mit 21=cm=Mörsern, Fliegern usw. an. Die Verluste sind hoch; der Abwurf genügt nicht für den Bedarf. Es besteht Wassermangel.

*Heeresgr. Nord:* Weitere Kämpfe bei Braunsberg, Mehlsack, an der Ostfront und der Haff=Straße. Bei dem Angriff westlich Königsberg konnten sich die von Osten und Westen vorkämpfenden Teile vereinigen. Der Feind drückt dagegen von Norden. Hier sind die Haff=Straße und der Schiffskanal nunmehr wieder benutzbar. Der Kreuzer „Scheer" und 4 Artl.-Träger sowie ein Schulschiff griffen in den Kampf ein. Feindliche Jabo-Angriffe waren erheblich. Im gesamt 250 feindliche Einsätze gegen Ostpreußen.

*Kurland:* Wieder starke Angriffe bei Prekuln. Der Südteil des Ortes ging verloren. Ein Gegenangriff schlug nicht durch. Falls erforderlich, darf das L. AK.[1] die Südostecke auf eine Sehnenstellung zurücknehmen.

*Luftwaffe:* Im gesamt 4 300 Einsätze gegen 965 eigene; dabei 54 Abschüsse bei 11 eigenen Verlusten. Die Steigerung erklärt sich durch die Aufnahme der freien Jagd. Der Feind griff unter anderem einzelne Brücken und Bahnhöfe bei Stettin an. In Saßnitz ist der Dampfer „Deutschland" mit 8 000 Menschen eingetroffen; der Dampfer „Hamburg" folgt mit ebenso vielen. In Pillau ist nunmehr die 93. Inf.-Div. ausgeladen.

*Nordraum*

Im Raum nördlich Narvik führt das Gen.-Kdo. XIX. AK. (gleichzeitig Befehlsh. Narvik). Die „Semmering"-Stellung und die schwedischen Pässe werden von der 6. Geb.-Div. (die durch eine Gren.-Brigade verstärkt ist) mit Front nach Südosten verteidigt, die Seefront durch die gleichfalls verstärkte 270. Inf.-Div. Vorwärts der Stellung liegt noch ein Regiment, vor diesem noch ein Btl.s-Stab mit den 4 ski-beweglichen Gruppen, die bis zum Porsanger-Fjord aufgestellt sind. Der Flugplatz Bardufoss soll gehalten werden, da er dem Feind eine gute Basis bieten würde. Südlich Narvik führt das Gen.-Kdo. LI. AK. mit der 140. Inf.-Div. (verstärkt durch die Brigaden 503 und 139), der 210. (bodenständigen) Inf.-Div. und der Festungs-Brigade auf den Lofoten, südlich davon mit der 230. Inf.-Div., welche die 199. Inf.-Div. abgelöst hat. Insgesamt also 2 — 3 Divisionen.

Das rückkehrende Geleit wurde durch Torpedoflieger angegriffen, die einen Kreuzer, mehrere Zerstörer und Schiffe versenkten sowie eine Reihe von Schiffen torpedierten. Die U-Boote wurden unter Wasser gedrückt und können sich höchstens noch anhängen.

*Westen — Reich*

Gegen Wien wieder 120 Flieger aus dem Süden (mittelschwere Schäden). Außerdem jetzt erhebliche Zerstörungen in den Eisenbahn- und Nachrichtenverbindungen. Ferner Angriff gegen Triest und Pola, wo schwere Schäden zu verzeichnen sind. Ferner 150 Flugzeuge gegen Kroatien, die den Angriff abbrachen. Von Westen die 3 amerikan. Divisionen, von denen 150 über Holland zurückkehrten, die übrigen 1 100 einen schweren Angriff gegen *Nürnberg* durchführten. Dagegen keine Jäger; 5 durch Flak abgeschossen.

Den Schwerpunkt hat die feindliche Luftwaffe jetzt im Abschnitt Arnheim—St. Vith gebildet, wo 2 800 Jagdbomber anzunehmen sind; demgegenüber im breiteren, 300 km langen Abschnitt von St. Vith bis Mühlhausen nur

1 Ms.: LAK.

1 500. Nachts Angriff gegen Dortmund; dagegen sofortige Nachtjagd; da jetzt dafür nur Spitzenkräfte eingesetzt werden: 25 Abschüsse. Ferner zweimaliger Moskito=Angriff gegen Berlin. Verminung der Deutschen Bucht und des Oslo=Fjords.

*Südosten*

Feindlicher Druck gegen die Sperrstellung nördlich Mostar. Eigene Kräfte werden von hier über Serajewo nach Travnik gezogen, wo der Rückschlag gleichfalls durch das Versagen der kroatischen Kräfte erfolgt ist. Die 22. Inf.=Div. hatte Angriffe von Westen, die durch russische Jabos unterstützt wurden, abzuwehren; dazu auch Druck von Osten. Die Gruppe der 114. Jäg.=Div., die von Bjelina entgegenkam, sowie die weitere, die von Westen aus bei Gračanica drückte, werden jetzt abgezogen.

Die Donau ist 3,3 m, die Drau 2,3 m gestiegen.

Dem OB Südost wurde freies Handeln im Raum von Serajewo eingeräumt und die 7. SS=Geb.=Div. freigegeben. Das an der Dalmatinischen Küste geplante Unternehmen, das vom Führer genehmigt worden war, soll jetzt doch nicht durchgeführt werden. Bei Bihać sollen neue Säuberungen anlaufen.

*Südwesten*

Wiederum örtliche Angriffe bei der 232. (bo.) Inf.=Div., wobei der Monte Belvedere verlorenging. Dabei starker Jabo=Einsatz, im gesamt 1 000, dazu 250 2=mot., die bis zur Brenner=Strecke hin angriffen. Diese wird ab 25. 2. wieder befahrbar sein.

*Westen*

21 S=Boote liefen aus. Ein Teil konnte nach Kampf durchbrechen.

Im Raum von Kleve führt der Feind weitere Kräfte zu. Unklar ist, wo die 3 großen britischen Verbände zur Zeit stehen. Die Kämpfe in diesem Raum, die dem Gegner 20 km eingetragen haben, dauern nunmehr 14 Tage. Bei der 9. und 1. amerikan. Armee wurde festgestellt, daß hinter die Front Panzer vorgeschoben wurden. Diese können nur aus der operativen Reserve stammen.

Die Kämpfe bei Kalkar und Goch bedeuteten den bisher schwersten Tag; jedoch konnte der Feind im wesentlichen aufgehalten werden, und die Pz.=Lehr=Div. vermochte ihn sogar wieder zurückzudrängen. Gelände ging nur vor Kalkar verloren. 28 Panzer wurden abgeschossen, und trotz Abwehr wurden 142 Gefangene gemacht. Eingeschoben ist zur einheitlichen Kampfführung hier das II. Fallsch.=Jäg.=Korps. An der Maas=Front führt das LXXXVI. AK. Südlich davon wird jetzt die 8. Fallsch.=Jäg.=Div. herausgezogen.

Bei der 7. Armee setzte der Gegner seinen Kampf gegen die Flügel fort. Im Norden hat er jetzt die Linie Pronsfeld — Stalbach — Binscheid — Fischfeld erreicht. Er ist hier durch den Westwall durchgestoßen, der nach Westen hin noch gehalten wird. Im Süden schwenkte der Feind nach Westen ein und schnitt dadurch eine Rgt.s=Gruppe ab. Da die Bunker nur zur Hälfte besetzt sind, gelingt es dem Gegner immer wieder, einzelne zu besetzen. Es werden jetzt eigene Kräfte herangeführt, dabei auch Panzer und Sturmgeschütze.

*Heeresgr. G:* Am Orscholz=Riegel gleichfalls kritische Lage. Der Bogen bei Tettingen ist nunmehr verlorengegangen. Der Feind stieß in die neue Front, die noch im Aufbau war, hinein. Der OB befahl, daß Feld=Ersatz=Btl.e in den Sperraum einrückten. Saarburg soll gehalten werden. Es kommt alles darauf an, den Westwall dicht zu machen. Südlich Saarbrücken gleichfalls heftige Kämpfe. Der Ort *Spichern* ging verloren; doch werden die Höhen, die den Einblick nach Saarbrücken freigeben, noch gehalten.

*Allgemein:*

Der Dortmund=Ems=Kanal kann noch befahren bzw. umfahren werden. Eine weitere Kanal=Störung im Mittellandkanal südlich Magdeburg.

Da die Eisenbahnen jetzt mit 50% Braunkohle fahren, muß nach 70 — 80 km statt 200 km neu gekohlt werden. Dadurch ergibt sich auch Funkenflug.

Der Reichsminister Speer hat vom Führer den Auftrag erhalten, allen Transportraum zu verteilen und die Rangfolge festzulegen (dabei Vorrang für operative Bewegungen). Er soll (2.) Maßnahmen für die Erhöhung der Leistung, die Beseitigung der Schäden und die Abschaffung von Belastungen ergreifen.

Aus dem Ruhrgebiet sind in der letzten Zeit statt 13 000 8 000 Waggons täglich abgefahren. Aus Oberschlesien werden noch 3 — 4 000 Waggons abgefahren, im gesamt 26—28 000 (erforderlich sind 36 000; siehe frühere Aufzeichnung).

**Lagebuch 22. 2. 45**

*Osten*

*Heeresgr. Süd:* Am Gran wurde jetzt die am Vortage angegriffene Ortschaft genommen und darauf ein weiter nördlich gelegener Ort auf dem diesseitigen Ufer angegriffen. Auf beiden Seiten über 200 Einsätze. Bei der 8. Armee entspannte Lage.

*Heeresgr. Mitte:* Ruhe auf dem rechten Flügel. Schwächere Angriffe im Abschnitt Strehlen als bisher. Nur geringe Geländepreisgabe. Fortgang des Kampfes in Breslau=Süd, unterstützt beim Gegner durch Artillerie und Luftwaffe. Nordwestlich Breslau drängte die 8. Pz.=Div. den Gegner zurück und fiel ihm ostwärts Lauban in die Flanke. Nordwestlich davon kam ein eigener Angriff voran. Die Luftwaffe erhielt einen Befehl, den Schutz von Breslau in der Luft durchzuführen. An der Neiße Abwehr. Südostwärts Guben wurde die eigene Linie zurückgenommen. In *Guben* drang der Feind ein.

*Heeresgr. Weichsel:* Es ist nunmehr anzunehmen, daß der Feind gleichzeitig gegen Westen, über die Oder und in Richtung Stettin angreifen wird. In der Tucheler Heide ging weiterer Boden verloren. Der Feind erreichte die *Bahnlinie Konitz — Dirschau.* Bei Mewe wurde er abgewiesen. In *Graudenz,* das von allen Seiten angegriffen wurde, ernste Lage. Auch hier starke feindliche Propaganda. In Posen Fortgang des Kampfes.

*Heeresgr. Nord:* Südlich Braunsberg wurde der Feind aufgefangen, im Süden und Osten abgewiesen; jedoch ging Zinten verloren. Westlich Königsberg wurden Angriffe des Feindes gegen die neue Landebrücke abgewiesen. 1 300 feindliche Einsätze allein gegen Ostpreußen. Zurückgeführt sind nunmehr 124 000 Verwundete und 403 000 Flüchtlinge.

In Stettin und Danzig weiterer Zulauf. Am Tage sind jeweils etwa 30 — 35 Schiffe unterwegs. In Libau sind die Verladungen durch das feindliche Artl.-Feuer gestört worden.

*Kurland:* Bei Prekuln griff der Feind auf 20 km Breite mit 16 Schützen-Div.en an. Auf einer inzwischen bezogenen Sehnenstellung wurde er abgewiesen.

An der Ostfront Feindangriff. Nach dem Abtransport von 2 Sturmgesch.-Brigaden nach Danzig wird jetzt eben dorthin die 215. Inf.-Div. abgefahren. Im gesamt 3 150 feindliche und (wegen schlechten Wetters) 590 eigene Einsätze; 20 Abschüsse und 7 eigene Verluste.

*Nordraum*

Die Luftwaffe hat bei dem Angriff auf das Geleit, das von den U-Booten nicht mehr eingeholt werden konnte, sicher vernichtet: 1 Kreuzer, 1 Zerstörer, 1 Frachter (8000 BRT), wahrscheinlich: 1 Kreuzer, 1 Zerstörer und 45 000 BRT. Schwer beschädigt wurden 2 Frachter mit 13 000 und getroffen 1 Frachter mit 7 000 BRT. Im Kattegat ging ein eigener Dampfer (ohne Truppentransport) von 6 000 BRT unter. In ...[1] trafen 5 Schiffe ein, die wegen Nebels längere Zeit unterwegs waren.

*Südosten*

Nördlich Mostar wichen die eigenen Kräfte weiter aus. Bei Travnik, wo der Gegner konzentrisch angreift, verschärft sich die Lage. Auch im Raum von Višegrad nimmt der feindliche Druck zu. Die 22. Inf.-Div., die nach Norden durchgezogen und dann im Raum von Bjelina eingesetzt werden soll, wurde wieder von Westen angegriffen. Am 21. 2. kam das Unternehmen „Werwolf" zum Ende.

Die 7. SS-Geb.-Div. soll nunmehr im rückwärtigen Gebiet eingesetzt werden. Die Division „Skanderbeg" soll aufgelöst und auf 3 Verbände verteilt werden. Der OB Südost wird am 25. 2. dem Führer Vortrag halten.

*Südwesten*

Einsatz der Luftwaffe wie bisher. Fortgang der Kämpfe bei Monte Belvedere unter starkem feindlichen Luftschutz. Ostwärts von ihm verschärfte sich die Lage; jedoch ist ein Rgt. der 114. Jäg.-Div. im Herankommen (auf der Gegenseite greift die 10. amerik. Inf.-Div. an). Eingesetzt sind nunmehr an der Westküste die 1. ital., dann die 4. ital. Div.; dahinter die 148. Inf.-Div., dann die 232. (bo.) Inf.-Div. (dann Naht), 94. Inf.-Div., 157. Geb.-Div., 65. Inf.-Div.,

1 Lücke im Ms.

305. Inf.=Div., 1. Fallsch.=Jäg.=Div., 334. Inf.=Div., 715. Inf.=Div. (wird durch die 270. Inf.=Div. ersetzt), 90. Pz.=Gren.=Div., 4. Fallsch.=Jäg.=Div., 26. Pz.=Div., 98. Inf.=Div., 362. Inf.=Div., 42. Jäg.=Div., 162. (Turk)=Inf.=Div.

Bei den Angriffen gegen Pola und Triest gingen 2 Torpedoboote verloren; 1 wurde beschädigt. Ferner sonstige Ausfälle und Schäden in den Werften. Der OBdM hatte in der Führerlage darauf hingewiesen, daß das weitere Verhalten des Feindes in diesem Raum beobachtet werden müsse. Auf der Feindseite sind 2 neue ital. Divisonen fertiggeworden. Im Raum von Rom ist die 2. brit. LL=Brigade, die bisher in Griechenland angenommen wurde, festgestellt worden. Die 5. LL=Div. verfügt also jetzt über 3 Brigaden in Italien und wird nicht als Ersatz=Verband benutzt. Wo die 4. Brigade liegt, ist unklar. Im Hinblick auf den Frühling verlangt auch diese Tatsache weitere Aufmerksamkeit.

*Westen — Reich*

Von Süden wiederum ein Einflug in den Raum von Wien, dabei 20 Flugzeuge gegen Pola (Daß der Feind seit dem 13. 2. ununterbrochen die Einsätze fortsetzt, bedeutet eine Leistung, wird aber die Kräfte abgenutzt haben). Von Westen über 1 000 amerik. Bomber zum abermaligen schweren *Terrorangriff gegen Nürnberg*. Im Westen je 1000 1= und 2=mot. Flugzeuge.

Eigene Einsätze: 48 Blitzbomber und 87 zu freier Jagd, ferner 24 Jäger gegen 31 Aufklärer, wobei 3 Abschüsse erzielt wurden, was als ein Erfolg anzusprechen ist. Am Tage 16 Abschüsse bei 4 eigenen Verlusten. In der Nacht 800 brit. Bomber in 2 Gruppen gegen das Industriegebiet und Verkehrsziele. Davon 350 gegen Worms. Dagegen 129 Jäger, die 62 Abschüsse erzielten. Ferner zweimaliger Angriff von 60, dann 40 Moskitos gegen Berlin. Dabei 3 Abschüsse durch Me=Flugzeuge, was eine vielversprechende Leistung bedeutet, da es sich um einen Kampf bei einer Geschwindigkeit von 650 km handelt. Ferner Störflüge, Verminung im Skagerrak und abermals Versorgung in Norwegen, was sich in der letzten Zeit öfters ereignet hat. In der Nacht 66 Abschüsse bei nur 3 Verlusten. In der Ostsee keine Ausfälle.

*Westen*

Die durchgebrochenen Schnell=Boote fanden kein feindliches Geleit. Die Vorstöße werden fortgesetzt. Ferner Ausfahrt von 20 Kleinst=U=Booten.

Der Verdacht, daß die feindlichen LL=Verbände bereitgestellt werden, ist durch neue Anzeichen wieder gesteigert worden.

Bei Echternach hat der Gegner die 6. Pz.=Div. (vielleicht auch die 4.) eingesetzt. Jedenfalls verfolgt er hier keine operativen Absichten, da noch nicht mehr Verbände aufgetaucht sind. Der starke Druck im Orscholz=Riegel erklärt sich durch den Einsatz einer weiteren amerikanischen Division.

Bei *Kalkar und Goch* flauten die Kämpfe ab. Bei Goch setzte der Feind nur Panzerkräfte ein, die abgewiesen wurden. Nordostwärts davon folgte der Gegner der eigenen Absetzbewegung, wurde aber gleichfalls abgewiesen. Die

Pz.=Lehr=Div. ist wieder als Reserve herausgezogen worden. Fallschirmjäger sowie 238. Inf.=Div. im Zulauf. Bei ....[1] und weiter südlich begann die schwere feindliche Artillerie sich einzuschießen. Bei der 7. *Armee* Fortdauer des Druckes von Norden und Süden mit weiteren Geländeverlusten. Auf der eigenen Seite wird mit Aushilfen gearbeitet. Im Süden gelang es, die Verbindung mit dem Inf.=Regt. 79 wieder herzustellen; doch ging sie dann wieder verloren. Es werden jetzt aus der Front schwache Teile herausgezogen, um den rückwärtigen Riegel zu besetzen. Im *Orscholz=Riegel* Fortdauer der Kämpfe. Die 256. Inf.=Div. und der rechte Flügel der 426. Inf.=Div. sind nunmehr hinter die Saar zurückgedrängt. Die eigenen Brückenköpfe gingen verloren, und der Gegner konnte in *Saarburg* eindringen. Bei Serrig stieß er örtlich auf die Saar vor. Die noch nicht abtransportierten Teile der 11. Pz.=Div., deren Abtransport fortgesetzt wird, werden zum Gegenstoß eingesetzt. Bei *Forbach* gelang es dem Gegner, in den Ort einzudringen und zwischen ihm und den Spicherer Höhen auf die Höhe zu gelangen und einzelne Bunker zu nehmen. Ostwärts davon konnte er bei Schönbach zurückgedrängt werden; jedoch besitzt er jetzt von 2 Stellen aus Einblick in das Tal von Saarbrücken und Völklingen. Der OB West führt die bereits herausgelöste 559. Inf.=Div. sowie Sturm=Geschütze der 17. SS=Pz.=Div. heran.

**Lagebuch 23. 2. 45**

*Osten*

*Heeresgr. Süd:* Im Gran=Abschnitt Fortschritte bei der Bekämpfung des zweiten Brückenkopfes. Bei Barcs 200 feindliche Einsätze.

*Heeresgr. Mitte:* Abnahme der Kämpfe bei Strehlen. Angriff gegen Breslau von Süden und Westen. In der Nacht Versorgung. Ob der vorgesehene Einflug von 1 Batl. Fallsch.=Springer in der Nacht durchgeführt wurde, ist noch nicht bekannt. Bei Goldberg wurden 5 — 6 km freigegeben. Bei Lauban eigene Angriffe; im Waldgebiet weiterer Druck des Feindes, der jedoch abgewiesen wurde. In Forst drang der Feind ein, wurde jedoch wieder zurückgeworfen. Nördlich davon versuchte er über die Neiße vorzudringen. Bei Guben wurde er zurückgeworfen.

*Heeresgr. Weichsel:* Die Oder führt Hochwasser. Von 5 Brücken, die im Bau sind, wurde 1 zerstört, 1 beschädigt. Ferner sind 5 Fähren vorhanden.

Nördlich Arnswalde setzten sich die eigenen Truppen ab. Zwischen Konitz und Weichsel gleiche Lage. *Graudenz* wurde von allen Seiten angegriffen. In *Posen* morgens früh Meldung, daß der *Widerstand des Kernwerks zu Ende gehe,* da neue, tiefe Einbrüche erfolgt seien. Ab 14.40 Uhr keine Meldung mehr.

Westlich der Oder wird die Division „Holstein" eingesetzt. In den Raum westlich Küstrin kommt die 10. SS=Pz.=Div. Die Führer=Divisionen kommen

1 Lücke im Ms.

jedoch zur Heeresgr. Mitte. In Danzig Ausladung der 281., 389. und der ersten Teile der 215. Inf.=Div. Die Transporte verlaufen weiter ohne Verluste.

*Heeresgr. Nord:* Alle Fronten weiter angegriffen. Einbrüche im Südwesten. 20 Angriffe von Süden. Heute früh 4.15 Uhr begann ein eigener Angriff vom Samland aus in nordostwärtiger Richtung. Die Kriegsmarine unterstützte weiter.

*Kurland:* Abnahme der Kämpfe bei Prekuln. Abwehr auf der Armee=Naht. Zurücknahme des Südostbogens. Rückgang der Lufteinsätze wegen des Wetters: 600 feindliche und 273 eigene, ferner nachts 100 eigene Einsätze für Versorgung usw. 7 Abschüsse, 1 Verlust.

*Nordraum*

Aus Oslo fuhren 3 Transporter aus. Die 163. Inf.=Div. ist nunmehr übergesetzt.

*Westen — Reich*

Wieder Einsatz von Süden, diesmal gegen Eisenbahnziele in Südbayern (darunter auch kleine Ortschaften) sowie 2 Elektrizitätswerke. Von Westen gleichfalls Einsatz der 3 Divisionen gegen Eisenbahnziele (darunter auch gegen kleine Ortschaften): 1.) im Raum Salzwedel – Lüneburg – Ludwigslust, 2.) im Raum Halberstadt — Hildesheim, 3.) nach weitausholendem Einflug über Süddeutschland nach Nordwesten Rückkehr nach Schwaben, wo wolkenlose Ausweichziele beworfen wurden. Dagegen 34 Me: 5 Abschüsse, 5 Verluste. Ferner Einsatz von 34 Blitzbombern, die durch 109 Jäger über den Plätzen geschützt wurden. Ferner bei Rheine usw. 113 Tiefflieger. Im Süden eine weitere Gruppe. Beim Feind außerdem 200 britische Einsätze gegen das Industriegebiet, davon 50 gegen Viadukte; der bei Altenbeken wurde beschädigt. Zusammen 38 Abschüsse, 32 Verluste. Beschädigt wurden 3 Weserbrücken. Nachts 60 Russen im Raum von Wien, 80 Moskitos gegen Berlin usw. Das feindliche Lw.=Obkdo. verlegte von Paris nach Reims, was die erkannte Schwerpunktbildung unterstreicht.

*Südosten*

Weiterer Druck bei Serajewo. Die 26. Bandendivision wird gegen Travnik geführt, wo die Lage kritisch geworden ist, da die Sperrstellung aufgespalten wurde. Aus dem 3 km tiefen Brückenkopf bei Zenica stößt das dortige eigene Regiment nach Süden vor. Beim Gegner tauchten erstmalig Panzer und Artillerie auf. Gegenüber der 22. Inf.=Div. ließ der Feinddruck nach. Sie hat vom 14. 1. — 20. 2. über 900 blutige Ausfälle gehabt.

An der Drau, hinter der Panzer (bulgarische oder rumänische?) stehen sollen, nahm das Störungsfeuer zu. 1 bulgarischer Übersetzversuch wurde abgewiesen.

*Südwesten*

In der Luft geringere Tätigkeit auch im Abschnitt der 232. Inf.=Div. Der Feind wurde abgewiesen. Ein Gegenangriff westlich des Monte Belvedere schlug nicht durch. Wieder Unterstützung durch feindliche Jabos und starke Artillerie. In Ancona sind erstmalig wieder Landungsmittel aufgetaucht, jedoch bisher nur in geringem Umfang. Die Heeresgruppe soll dazu Stellung nehmen, ob sie mit ihren eigenen Munitionsvorräten ein Unternehmen gegen die auf der feindlichen Seite eingesetzten italienischen Divisionen durchführen kann.

*Westen*

*Beginn der feindlichen Großoffensive.*

*Nachtrag* zum 21. 2.: 22 Schnell=Boote kamen an ein feindliches Geleit heran und versenkten vermutlich 7, vielleicht noch 2 weitere; ferner Beschädigung von 2 Dampfern. Auf der eigenen Seite nur leichte Schäden. Auch die gegen die Schelde eingesetzten Kräfte kamen zurück, die Kleinstkampfmittel jedoch ohne Erfolg.

In der Irischen See versenkte ein U=Boot wahrscheinlich 2 Schiffe. Es torpedierte noch 2 weitere.

*Heeresgr. H:*

Bei Goch verstärkte der Gegner den Schwerpunkt durch den Einsatz der 15. brit. Inf.=Div. Wie erwartet, hat das XII. AK. den Befehl übernommen. Bei Monschau wurde die 28. Inf.=Div. bestätigt; bei Hagenau ist die 42. amerik. Inf.=Div. nach Westen verschoben; dort ist die 45. Inf.=Div. als Reserve herausgelöst worden.

Im Elsaß ist neu festgestellt die aus der Bretagne gekommene 19. französ. Inf.=Div., die jedoch noch nicht voll aufgestellt ist.

Bei Goch ließ der Kampf nach. Gegen Einbrüche eigene Gegenstöße.

Bei der *Heeresgr. B* begann heute um 2.45 Uhr nach Artl.=Vorbereitung der *erwartete Großangriff*, auf dem rechten Flügel wegen der Überschwemmungen bisher noch weniger. Schwerpunkt bisher bei Linnich, wo für den Feind die Wasserverhältnisse günstiger sind. Dort traten auch Panzer auf. Der Feind bildete einen Brückenkopf von 2 x 2 km; weitere errang er bei Jülich und Altenburg, die jedoch nur örtlich sind. Weitere Köpfe beiderseits *Düren* im Abschnitt des XXXXVIII. Pz.=Korps.

Ferner Angriffe gegen die noch auf dem Westufer stehende 353. Inf.=Div. Wo die Schwerpunkte liegen werden, wird erst nach Wegzug des Nebels und Einsatz der Bombenteppiche zu erkennen sein. Als OB West=Reserven sind nunmehr die Pz.=Lehr=Div. und die 8. Fallsch.=Jäg.=Div. bereitgestellt, die durch Zuweisung von Kolonnenraum und Betriebsstoff verstärkt wurden. Die 9. Pz.=Div. ist voll da, die Pz.=Brigade 106 und Teile der 3 Volks=Artl.=Korps fehlen noch.

Bei der 7. Armee erneut schwere Kämpfe auf dem Nord= und dem Südflügel, bei denen wieder Gelände verlorenging. Durch das Abschneiden weiterer Teile ist die infanteristische Stärke weiterhin gesunken. Es kommt die 5. Fallsch.=Jäg.=Div. in Teilen heran.

*Heeresgr. G:* Südwestlich Trier kam der Feind bei Ockfen voran. Bei Serrich und Hamm verschlechterte sich die Lage, weil es dem Feind gelang, seine Köpfe zu vereinigen und sich auf die Saarhöhen vorzuarbeiten. 1 Wehrkreis=Btl.

kommt heran. Bei Saarbrücken konnte der Feind Bunker auf den Spicherer Höhen einnehmen; jedoch ist die Aufkl.=Abt. der 2. Geb.=Div. herangekommen, welche die Höhen selbst zurückgewann. Es besteht die Aussicht, bis heute Nachmittag die Lage wieder stabilisieren zu können. Die 2. Geb.=Div. wird jetzt bei Pirmasens heraus= und nach Nordwesten herumgezogen.

**Lagebuch 24. 2. 45**

*Osten*

*Heeresgr. Süd:* Bei dem Kampf gegen die letzten Brückenköpfe über den Gran kamen die eigenen Kräfte im Süden wenig, im Norden besser voran. Gezählt wurden über 2 000 Tote; jedoch wurden nur 500 Gefangene gemacht. 71 Panzer und 64 Geschütze wurden erbeutet; es ist strittig, wieviel Divisionen nun zerschlagen worden sind.

*Heeresgr. Mitte:* Bei Ratibor kamen die eigenen Kräfte etwas vor; in der Front von Strehlen feindliche Angriffe gegen den Zobten als Pfeiler der eigenen Stellung. An der Nordostfront mußte die Linie etwas zurückgenommen wer=den. – Im Südteil von *Breslau* wurden einige Straßenzüge preisgegeben. Bei Goldberg drückte die 10. Pz.=Div. den Feind zurück. Zwischen Löwenburg und Lauban feindlicher Druck. Nördlich davon kam der eigene Angriff nicht vor. Bei Muskau wurde der Feind abgewiesen. In *Forst* drang der Feind ein; wurde dann aber wieder herausgedrängt. Zwischen Forst und Guben besteht noch ein feindlicher Brückenkopf. Bei Guben wurde der Feind abgewiesen, ebenso bei Glogau.

*Heeresgr. Weichsel:* An der Oder Ruhe; bei Konitz eigene Fortschritte. In der Tucheler Heide mußte bis zu 10 km Gelände preisgegeben werden. Gegen=angriffe sind geplant. Fortdauer des Druckes bis zur Weichsel hin. In *Graudenz geht der Widerstand weiter, in Posen ist er erloschen.* — Anstelle des AOK 11, das einen Sonderauftrag (Auskämmung im Heimatgebiet) antrat, über=nahm das Pz.=AOK 3 den Befehl in Westpommern (zwischen dem AOK 9 und dem AOK 2). Der Feind behauptet, in Posen 20 000 Mann und den Komman=danten, General Mattern, gefangen zu haben; jedoch führte dieser nicht mehr das Kommando, und die Zahl ist offensichtlich zu hoch.

*Heeresgr. Nord:* 700 feindliche Luftwaffeneinsätze und Angriffe wiederum gegen alle Fronten, die jedoch meist abgewiesen wurden. Karschau (südlich Königsberg) ging wiederum verloren. Die 5. Pz.=Div. und andere Kräfte stießen in Samland nach Nordosten vor. — In *Kurland* wiederum Angriffe auf 20 km Breite bei Prekuln sowie Vorstöße an der Ostfront.

In Potsdam ist ein *Lettisches Freiheitskomitee* zusammengetreten, dessen Vorsitzender, ein Lette und Höherer SS=Offizier, jetzt Chef der Zivilverwaltung in Kurland geworden ist.

1 300 Einsätze der feindlichen Luftwaffe. Auf dem Rückmarsch ging der Dampfer „Göttingen" durch U=Boot=Torpedo unter. — Erwogen wird die Zu=

führung von 1 — 2 Transportern aus dem Skagerrak. — Insgesamt 2 400 feindliche und 176 eigene Einsätze, dabei 1 Abschuß und 6 Verluste. Der Gegner hat die frontnahen Plätze stark belegt.

*Nordraum*

Bei den Angriffen gegen die beiden Geleite haben die eigenen U-Boote 8 Dampfer mit 52 000 BRT, 2 Zerstörer und 1 Bewacher versenkt sowie 2 Dampfer mit 14 000 BRT torpediert. Die Luftwaffe setzte gegen das Geleit noch 26 Torpedoflieger ein, traf jedoch nur noch einen 7 000 to-Dampfer, der vernichtet wurde. — Der Abtransport der 199. Inf.-Div. geht flüssig; von der 169. sind jetzt Teile in Dänemark eingetroffen; von der 163. ist nur noch ein Rest vorhanden. Die Sabotage geht weiter. In der Nacht 90 Feindflugzeuge gegen die Werften, zur Versorgung im Hinterland und zur Verminung (von einer Widerstandsbewegung ist bisher noch kein organisierter Widerstand zu spüren; jedoch verlangt die in der letzten Zeit fortgesetzte Versorgung Aufmerksamkeit).

*Westen — Reich*

Wiederum von Süden 550 Einflüge, die zu Angriffen gegen kleinere Bahnhöfe im Raum Salzburg — Linz mit Teilen gegen Udine — Verona aufgesplittert wurden.

Aus dem Westen gleichfalls wieder die 3 amerik. Div.en in aufgeteiltem Angriff gegen Verkehrsziele im Raum Jena – Zeitz – Gera sowie Crailsheim — Nürnberg und Kitzingen. Ferner 2 500 Jabos und 400 brit. Bomber gegen das Industriegebiet. Auf dem linken Rheinufer werden jetzt alle Flugplätze — außer 5 — unbrauchbar gemacht.

In der Nacht 280 Bomber, zum Teil gegen Pforzheim, zum Teil gegen Düsseldorf usw. Durch 14 Nachtjäger wurden 6 feindliche Flugzeuge abgeschossen. Gegen Berlin und Frankfurt a. d. O. 60 Moskitos.

*Südosten*

Kriegserklärung der Türkei; s. S. 1125. — In Rhodos traf ein Dampfer des Roten Kreuzes zur Versorgung der Zivilbevölkerung ein. Teile von ihr wichen in die Türkei aus.

Fortdauer des Druckes bei *Serajewo*. Bei Travnik konnte die Lücke noch nicht geschlossen werden, jedoch besetzte der Feind noch nicht die Straße. Es handelt sich offensichtlich um eine konzentrische Operation, um die deutschen Kräfte im Raum Serajewo herauszudrücken, für die sich der Feind verstärkt. Falls die Divisionen an der Drina nicht gebunden werden, könnte der Gegner auch hier 5 Verbände heranziehen.

An der Drau Einsatz von Salvengeschützen und Ortung weiterer bulgarischer Divisionen.

Abschlußmeldung des Unternehmens „Werwolf": 1 988 Tote, 30 Geschütze; also ungefähr soviel wie bei dem Vorstoß im Gran-Bogen.

*Südwesten*

Es soll ein Befehl herausgehen, um sofort den Kartoffelzufluß nach Italien zu unterbinden, der durch Reislieferungen an die Truppe ersetzt werden soll. 220 Einsätze gegen die Brenner-Strecke; ferner 800 Jäger und 70 Flugzeuge gegen Verona.

Ab 25. 2. wird die 715. Inf.-Div. von Verona aus abgefahren.

*Westen*

8 von den 14 Kleinst-U-Booten kehrten zurück, ohne auf Feind gestoßen zu sein. Jedoch wurde der Untergang von einem Zerstörer und 2—3 Dampfern beobachtet. – Bei dem erfolgreichen Schnellboot-Angriff von 22 Booten haben 3 Flottillen bei schlechter Sicht zusammen operiert; dabei ist ein voller Erfolg erzielt und die Durchführung solcher Maßnahmen als möglich erwiesen worden.

*Feindlage:*

Die Briten gruppieren sich um und griffen nur mit 2 Div.en an.

Bei den Amerikanern sind noch nicht alle Verbände erfaßt. Die 9. amerik. Armee verbreiterte ihren Abschnitt nach Süden. Ihr Ziel wird der Durchbruch nach Düsseldorf — Köln sein. Demnach hat die 1. Armee die Aufgabe der Abdeckung in der Flanke. Das Herausziehen der 3 LL-Verbände wird weiter wahrscheinlich.

Bei *Goch* erzielten die Briten einen Einbruch, gegen den jetzt wieder die Pz.-Lehr-Div. sowie die 15. Pz.-Gren.-Div. und 2 Btl.e der 8. Fallsch.-Jäg.-Div. eingesetzt werden können.

*Westlich Köln:* Im Abschnitt des XII. SS-Korps wurde der Feind aufgehalten. Auf der Naht drang er bis Baal vor. Beim LXXXI. und LVIII. AK. drang der Feind an vielen Stellen über die Rur (besonders bei Linnich, Jülich und Düren) vor. Die eigenen Kräfte wurden in die Artl.-Schutzstellung zurückgedrängt. Kämpfe in Jülich und Düren. Bei der 353. Inf.-Div. nur schwächere Kämpfe; jedoch ein feindlicher Brückenkopf bei Krauthausen. Die Rur-Talsperre wurde erneut gesprengt, wodurch binnen 6 Tagen 4 Millionen cbm Wasser ablaufen werden.

Eine Kampfgruppe der 11. Pz.-Div. wurde vorgeschoben, ebenso die 9. Pz.-Div., die auf der Korpsnaht steht. Die 3. Pz.-Gren.-Div. ist im Herauslösen. Die sonstigen Zuführungen von hinten sind durch die Eisenbahnschäden blokkiert. Wiederum sehr starker Einsatz der feindlichen Luftwaffe.

*7. Armee:* Wieder schwere Kämpfe bei der Prüm-Stellung. Neue Einbrüche führten zu dem Entschluß, in sie zurück auszuweichen. Dadurch werden die 2 eingeschlossenen Rgt.s-Gruppen preisgegeben. Das Absetzen ist gelungen. In der Südecke Fortgang der feindlichen Angriffe.

*Heeresgr. G:* An der Saar besitzen die Amerikaner 2 Brückenköpfe. Ockfen ging verloren. 7 Btl.e werden jetzt übergesetzt sein. Es ist gelungen, den Vorstoß bisher zu lokalisieren. Nach Eintreffen der 2. Geb.-Div. ist eine Besserung zu erhoffen.

Ferner wechselnde Kämpfe auf den Spicherer Höhen, auf deren Höhe die eigenen Kräfte stehen, der Feind jedoch noch in Bunkern sitzt.

*Politik*

Im Zuge des feindlichen Druckes auf die Neutralen, denen im Falle der Weigerung der Zutritt zur Konferenz von San Francisco versperrt wird, erklärte die *türkische Nationalversammlung* dem Deutschen Reich den Krieg.

**Lagebuch 25. 2. 45**

*Osten*

*Heeresgr. Süd:* Am Gran wurden die feindlichen Brückenköpfe beseitigt. Eingesetzt gewesen sind beim Feind 9 Verbände (diese jedoch nur teilweise in Front).

Bei der 8. Armee nur geringe Tätigkeit.

*Heeresgr. Mitte:* Bei Strehlen geringe Tätigkeit, dabei Einbrüche des Feindes, ebenso zwischen Jauer und Goldberg. Die 10. Pz.-Gren.-Div. drang nicht durch. Bei Lauban führte der Feind einen Gegenangriff nach Süden. In Lauban selbst Kämpfe. Nach neuerer Meldung soll die Stadt wieder feindfrei sein. Bei Muskau wurde der Feind abgewiesen; bei Forst Kämpfe am Stadtrand. Zwischen Forst und Guben kamen eigene Angriffe voran. *Breslau* wurde in der Nacht durch 18 Flugzeuge versorgt. Die HKL wurde weiter zurückgedrückt. Angriffe gegen den Flugplatz wurden abgewiesen. Im Osten wird ein neuer Flugplatz hergerichtet.

*Heeresgr. Weichsel:* Der Weg nach Wahn konnte wieder geöffnet und die Stadt versorgt werden. Bei Pyritz wurden Angriffe abgewiesen. Den Befehl in diesem Abschnitt hat der Korpsstab Munzel übernommen. — Im Raum von Schlochau griff der Feind mit 5 Div.en an und errang Gelände. Westlich Konitz erzielte er eine Einbeulung.

In der Tucheler Heide hat sich die Lage entspannt. Angriffe in Graudenz, wo Munitions-Mangel herrscht, wurden abgewiesen.

*Heeresgr. Nord:* Wieder Angriffe von allen Seiten, dabei gegen Süden Gelände verloren. Der eigene Angriff in Samland kam gut voran. Auf dem Nordflügel eigene Angriffe zur Fesselung.

*Heeresgr. Kurland:* Eigene Gegenangriffe. Es ist nicht möglich, die feindliche Marinebasis in Memel durch Luftangriffe zu zerschlagen, da Betriebsstoff fehlt; jedoch wird sie durch Verminung nach Möglichkeit lahmgelegt.

Die aus Dänemark herangeführte 169. Inf.-Div. wird nach Jüterbog verlegt.

Die Heeresgr. Nord hat in der letzten Zeit 100 000 Mann Ausfälle gehabt.

Wegen schlechten Wetters nur 680 feindliche und 66 eigene Einsätze.

*Nordraum*

Die Schweden haben ihren Verkehr auf der Narvik=Strecke eingestellt; jedoch verkehrte auf dieser nur noch ein Zug täglich.

Schneeverwehungen hemmen die eigenen Marschbewegungen. Wiederum Verminung und Versorgung der Widerstandsbewegung.

*Westen — Reich*

250 Einflüge gegen Graz und Klagenfurt, ferner gegen Kroatien und Norditalien.

Wiederum die 3. amerik. Div. gegen Verkehrsziele im Raum Hamburg — Hannover — Bremen — Bielefeld (mit Teilen gegen Wesel), ferner 400 brit. Bomber gegen Dortmund — Rheine. Ferner 1 500 Jabos. 8 eigene Blitzbomber bei Linnich, ferner 200 Jäger gegen Tiefflieger; dabei 6 Abschüsse und 21 eigene Verluste. — Der Raum Antwerpen — Dover — Hull wurde aufgeklärt. Nachts Angriffe gegen Düsseldorf, Neuß und Siegen. Ferner 80 gegen Berlin. Eigener Nachteinsatz gegen Jülich.

Die Verkehrslage ist durch die letzten Angriffe sehr erschwert worden. Im Augenblick hat das Reichsverkehrs=Ministerium mit 16 Eisenbahndirektionen keine Verbindung.

*Südosten*

Weiterer Druck auf Serajewo. Fortgang der Kämpfe bei Goražda. Bei Zenica Verschärfung der Lage. Angriffe von Westen wurden abgewiesen. Ostwärts der Stadt versammelten sich feindliche Kräfte. Die 22. Inf.=Div. zog ihre Nachhuten weiter nach Norden. Durch Versagen der Ustascha ging *Gračanica* verloren. Vom Einsatz der 7. SS=Geb.=Div. ist ein Wechsel der Lage zu erhoffen. An der Drau Störungsfeuer. Der Termin ist vom 25. auf den 27. 2. verschoben worden. Die Kosaken=Brigade schließt im Papuk=Gebirge zusammen. Es werden Vorbereitungen für die Aufstellung einer bulgar. Armee auf eigener Seite getroffen.

*Südwesten*

250 feindliche 4=mot. Bomber über Kroatien gegen Udine und Ferrara. 250 gegen die Brenner=Strecke; nachts 70 gegen Brescia. Fortgang der Kämpfe bei der 232. Inf.=Div., die zum Zurückweichen von 1 km zwangen. Außer der 10. amerik. Geb.=Div. ist auch die brasilianische Div. beteiligt. Die feindliche Luftwaffe erschwert die eigene Kampfführung. Die 90. Pz.=Gren.=Div. wird jetzt hinter der 5. Pz.=Jäg.=Div. bereitgestellt. Ab morgen wird die „Armeeabteilung Ligurien" wieder zu einer Armee zurückgebildet, welche die Führung des LXXV. AK. und des Korps „Lombardia" übernimmt. Das AOK 14 tritt wieder unmittelbar unter die Heeresgruppe und führt jetzt auch das XIV. Pz.=Korps. Dafür übernimmt die 10. Armee außer der Führung des I. Fallsch.=Korps, des LXXVI. Korps und des LXXIII. Korps auch den Befehl über die Operationszone „Adriatisches Küstenland".

*Westen*

*Feindlage:*

Es soll die kampferprobte 50. brit. Inf.=Div. als Ersatz aufgelöst worden sein. Das Bild des amerik. Abschnittes ist noch nicht klar. Aus der Reserve ist zu mindesten eine Pz.=Div. eingesetzt worden. Von der operativen Reserve (11 Div.en) sind die 3 LL=Verbände abzuziehen, mit deren Versammlung vermutlich das Z=Lager in Sisonne[1] zusammenhängt. Von den restlichen 8 Div.en sind bisher 2 an die Front herangezogen; bei dem Rest handelt es sich um 3 Inf.=Div.en und 3 — 4 Pz.=Div.en Die 4. amerik. Pz.=Div. ist bei der Heeresgruppe G eingesetzt, die 12. Pz.=Div. bei Spichern. Bei der Heeresgruppe G sind die operativen Reserven also auch zusammengeschrumpft.

Bei den Briten wieder Schwerpunkt bei Goch und ostwärts. Jedoch erzielte der Feind nur örtliche Einbrüche. Die Pz.=Lehr=Div. wird hinter Venlo bereitgestellt, so daß sie in diesem Abschnitt und auch nach Norden und Süden verwandt werden kann.

*Westlich Köln:* Schwerpunkt bei Erkelenz und an den Straßen nach Köln. Der Kampf wird in der Artl.=Schutzstellung geführt; an einzelnen Stellen ist der Feind durch sie durchgedrungen. Es wird versucht, sie mit Hilfe der operativen Reserven (9. Pz.=, 11. Pz. und 3. Pz.=Gren.=Div.) aufzuhalten. Die Lage ist jedoch ernst. Von der Pz.=Brig. 106 hängen die Gleisteile noch in Süddeutschland fest, ebenso die Abt. 654.

Bei der 7. Armee Fortgang der Kämpfe in der Prüm=Stellung, durch die der Gegner an einer Stelle durchstieß.

*Heeresgr. G:* Bei Ockfen zog der Feind Kräfte nach und versuchte, sich weiter durchzuboxen; jedoch konnte er hier und bei Serrig lokalisiert werden. Die 2. Geb.=Div. ist noch nicht eingetroffen. — Auch bei Saarbrücken gingen die Kämpfe weiter. Der wichtige Bunker 4 in der Straßenschleife ist in eigener Hand. Auch sonst wurden örtliche Erfolge erzielt. Kämpfe auch in der Blies=Saar=Schleife.

*Politik*

Ägypten erklärte dem Reich den Krieg. In der Parlaments=[2] Sitzung wurde der Ministerpräsident[3] erschossen.

## Lagebuch 26. 2. 45

*Osten*

*Heeresgr. Süd:* Angriffe entlang dem slowakischen Erzgebirge, die südlich und östlich Altsohl dem Gegner geringen Geländegewinn einbrachten.

*Heeresgr. Mitte:* Fortgang der Kämpfe an den bisherigen Brennpunkten (nördlich Zobten, südlich Goldberg und bei Lauban) ohne wesentlichen Erfolg

1 So? Handschriftl. undeutlich verbessert aus: Soissons.
2 So zu ergänzen?
3 Achmed Macher Pascha.

des Feindes. Auf dem Westufer der Lausitzer Neiße Vernichtung zweier feindlicher Brückenköpfe. Abwehr an den Stadträndern von Forst und Guben. In Breslau und Glogau Fortgang der Abwehr.

*Heeresgr. Weichsel:* Abwehr von Aufklärungsvorstößen. Zwischen Neustettin und Konitz Durchstoß des Feindes auf schmalem Raum. In der Tucheler Heide und westlich der unteren Weichsel erfolgreiche Abwehr.

*Heeresgr.Nord:* Erfolgreiche Abwehr an allen Fronten. Fortgang der Angriffe im Samland. Die Kriegsmarine half der Heeresgr. Kurland im Abwehrkampf bei Prekuln.

Rund 2 000 feindliche Einsätze gegenüber 500 eigenen. Bisher wurden 441 389 Flüchtlinge abgefahren. Ein Kohlendampfer von 4 800 BRT lief auf eine Mine. Bei dem Angriff sind 2 Schiffe von je 600 BRT vernichtet worden.

*Westen — Reich*

Wieder Einflug von Süden in den Raum Wien. Ferner Angriff der 3 amerik. Div.en von Westen gegen München (vornehmlich Verkehrsziele), ferner Aschaffenburg und Flugplätze mit Fertigung des Typs 262. Eigene Blitzbomber bei Jülich sowie 136 Jäger. Nachts 60 Russen gegen Mährisch-Ostrau. Ferner 60 Moskitos gegen Erfurt und 20 gegen Berlin.

*Nordraum*

Wieder Versorgung der Widerstandsbewegung.

*Südosten*

Abnahme des Druckes bei Serajewo; Abwehr bei Goražda. Zum Freikämpfen der Straße von Serajewo nach Nordwesten werden 2 Btl.e eingesetzt. Bei Zenica wurden Angriffe abgewiesen. Bei Busovača wurden die eigenen Kräfte aufgespalten. Bei Gračanica sind die Kroaten fluchtartig davongelaufen. An der Drau wurden Übersetzversuche abgewiesen. Die Bahn von Süden nach Esseg ist wieder befahrbar.

Am 25. 2. hat der OB Südost, Gen.-Feldmarschall Freiherr von Weichs, dem Führer Vortrag gehalten. Darauf erging eine neue Weisung für die Kampfführung.

*Südwesten*

Ancona und Neapel normal belegt. Ein Unternehmen im Raum Krk wird beabsichtigt. Einsatz der Luftwaffe wie bisher. Abnahme der Kämpfe bei der 232. Inf.-Div. Auf der Feindseite Verschiebungen, dabei Ablösung der südafrikanischen Inf.-Div. durch eine amerik. Inf.-Div.

In den Westalpen sind jetzt außer der 29. französ. Jäg.-Div. 2 neue Rgt.er festgestellt, nämlich ein amerik.-japanisches und das Inf.-Rgt. 65 aus Puerto Rico.

In Gibraltar lief ein Geleit von 32 Schiffen aus.

Die Armee „Ligurien" hat einen ital. Befehlshaber und einen deutschen Chef.

Das Korps „Lombardia“ wird durch den Gen. Nagel und einen ital. Chef geführt.

*Westen*

Vorübergehend werden für die Festungen 10 He und eine 4-mot. Maschine eingesetzt. Die Aufklärung über Ostengland ergab eine durchschnittliche Belegung und einen starken Handelsverkehr: in der Themsemündung allein 7 800[1] BRT in See. Landungsvorbereitungen sind nicht festgestellt worden.

An der *unteren Maas* ist die holländische Brigade eingesetzt. Im brit. Kampfraum sind die Inf.-Div.en mit Pz.-Brigaden gekoppelt. Die brit. Reserven sind jetzt gebunden. Die Amerikaner führen Pionier-Btl.e heran. Es ist anzunehmen, daß die 1. amerik. Armee bald zum Angriff antritt. Aus der operativen Reserve ist die 23. Inf.-Div. herangeführt worden. Demnach beträgt diese noch 2 Inf.-Div.en und 3 — 4 Pz.-Div.en. Gegen die 7. Armee griffen 3 Pz.-Div.en und 2 Inf.-Div.en an. Es besteht wohl die Absicht, von Ockfen und Serrig und von Saarbrücken aus eine Klammer zu bilden, um die dazwischen liegende Front herauszubrechen.

Bei *Goch* (18. Kampftag) wurden 100 000 Schuß verfeuert. Im heldenhaften Widerstand wurde der Feind bis auf kleine Einbrüche aufgefangen. Von Norden kommt die 6. Fallsch.-Jäg.-Div. heran; die 338. Inf.-Div. wird nach Süden verschoben. Westlich *Köln* (3. Tag) stieß der Feind bei Erkelenz nach Norden vor. Weiter Druck an den Straßen von Jülich und Düren nach Köln. Der Feind erreichte die 2. Stellung, die gehalten wurde; nur bei Holzweiler und Rödingen stieß er durch sie durch. Der Wald südlich Düren hemmt die Panzer. Auch die 353. Inf.-Div. ist jetzt von der Rur abgedrückt. Die 5. Pz.-Armee riegelt deshalb an diesem rechten Flügel ab. Wiederum starker Einsatz der Luftwaffe. An Reserven stehen die 1. Pz.-Div. und die Pz.-Brig. 106 zur Verfügung; die übrigen hängen wegen der Eisenbahnlage ab.

Bei der *5. Pz.-Armee* nur örtliche Kämpfe; jedoch wird ein Angriff erwartet.

Bei der *7. Armee*, deren infanteristische Kräfte ausgebrannt sind, konnte der Gegner durch die Prüm-Stellung bis Bitburg durchstoßen. Örtliche Maßnahmen zur Abriegelung. Auch die feindlichen Verluste sind hoch.

Der OB drängt auf Zuführung von personellem Ersatz; jedoch erlaubt die Eisenbahnlage nicht die beschleunigte Heranführung.

*Heeresgr. G:* Es gelang dem Feind, seine Brückenköpfe bei Ockfen und Serrig zu vereinigen und sich an Saarburg heranzuschieben. Einzelne Bunker noch in eigenen Händen. Die ersten Teile der 2. Geb.-Div. sind nach Westen angetreten, dazu Kräfte des Wehrkreises XII, wobei Erfolge errungen wurden. Nach unbestätigter Meldung ist die Auftrennung der beiden Brückenköpfe wieder gelungen. Jedoch hat der Feind bereits 100 Panzer über die Saar herangebracht. Die Lage in diesem Abschnitt erweckt Bedenken.

Bei *Saarbrücken* (8. Kampftag) einzelne eigene Vorstöße mit Gewinnen.

1 So das Ms.; eine Null weggefallen?

*Allgemein*

Der Dortmund=Ems=Kanal ist an einzelnen Tagen befahrbar, so daß 40—50 Kähne mit 40—50 000 to Kohle durchgeschleust werden können.

**Lagebuch 27. 2. 45**

*Osten*

*Heeresgr. Süd:* Bei der 8. Armee wiederum Geländeverlust. Der Feind verfügt jetzt über eine Querverbindung hinter der Front.

*Heeresgr. Mitte:* Bei Schwarzwasser wurde der feindliche Brückenkopf eingeengt. Am Zobten=Massiv wurde der Feind abgewiesen. Südlich *Breslau,* dessen Innenstadt mit Artl.=Feuer belegt wird, frißt sich der Gegner in den Straßenzügen vor. Im Südosten wurde die Front zurückgebogen. Die feindl. 4. Pz.=Armee, die nach Westen durchzustoßen versuchte, ist nunmehr zum Stoß nach Südwesten eingesetzt, da sie nach Westen nicht durchkam. An der Front vom Zobten an nach Nordwesten weitere Abwehr; dabei Kämpfe in *Lauban.* In Forst wurde die HKL verbessert; in Glogau gleiche Lage.

*Heeresgr. Weichsel:* Angriffe gegen den eigenen Brückenkopf Schwedt wurden abgewiesen. Bei Schlochau gelang dem Feind (anscheinend 1 Garde=Pz.= und 1 Garde=(mech.)Korps) der Durchbruch bei Schlochau bis *Bollnow.* Die Gruppe Ax wich in die Pommern=Stellung aus. Heran kommt von Westen die Pz.=Div. „Holstein", von Osten die 4. SS.=Pol.=Pz.=Gren.=Div., ferner die Sturm=Gesch.=Abt. 226. Nach Rummelsburg wurde das Gen.=Kdo. VII. Pz.=Korps verlegt, das durch das XXXXVI. Pz.=Korps ersetzt wird. Dem Gegner ist hier eine Überraschung gelungen, und nachdem er nun durch die Seenenge durchgestoßen ist, wird für ihn das Gelände günstiger. Er versuchte gleichzeitig, die Pfeiler rechts und links vom Durchbruch einzustoßen. An der Weichsel wurde er abgewiesen.

*Heeresgr. Nord:* Ruhigere Lage. Abwehr in Samland. In Kurland wurden Angriffe abgewiesen. Die Kampfstaffel der 215. Inf.=Div. ist nunmehr aus Libau abgefahren.

Nur geringe Tätigkeit der Luftwaffe wegen des Wetters. Zugeführt wurden dem Osten an Flakbatterien 456 schwere und 186 leichte und mittlere Batterien, die jedoch meist unbeweglich sind.

*Nordraum*

Die 163. Inf.=Div. ist jetzt bis auf das Ersatz=Btl. ganz abgefahren. 8 Dampfer sollen im Oslo=Fjord bereit liegen, ohne daß ausreichende Beladung zur Verfügung steht. Ein Dampfer von 3 300 to wurde durch die feindliche Luftwaffe versenkt[1]. Nachts wiederum 30 Einflüge nach Südnorwegen sowie nach Jütland.

*Westen — Reich*

Der Gegner versuchte, von Süden einzufliegen, mußte jedoch umkehren. Von Westen Angriff der 3 amerik. Div.en mit 750 Jägern zu einem schweren

1 Vgl. dazu unten S. 1132.

Terrorangriff gegen *Berlin,* besonders das Zentrum. Ferner 150 Briten gegen Dortmund. An der Front wegen des schlechten Wetters schwächerer Einsatz. In der Nacht wiederum 60 Moskitos gegen Berlin, 20 gegen Nürnberg sowie 100 Nachtjäger im Westen. Die Eisenbahnlage hat sich weiter verschärft.

*Südosten*

Bei Serajewo Abnahme der Kampftätigkeit. Die Straße nach Nordwesten ist freigekämpft. Der Oberst Ritter von Eberlein wird vermißt. Die Masse der 104. Jäg.=Div. ist nunmehr bei Brod versammelt. — An der Drau wieder Übersetzversuche von Spähtrupps. – Polizei=Btl.e und Kroaten säuberten das Papuk=Gebirge weiter. Bei Bihać eigene Vorstöße. Kommando=Unternehmen gegen die Dalmatinischen Inseln werden erwartet; deshalb Bereitstellung der Kriegsmarine bei Pag. Der General Alexander, brit. OB in Italien, suchte in Belgrad Tito auf und verständigte sich mit ihm angeblich über die Istrische Frage.

*Südwesten*

700 Einsätze. Ferner Angriffe gegen die Brenner=Strecke. Mit Herannahen des Frühlings nimmt die Bandentätigkeit wieder zu, vornehmlich in Ligurien und im Raum Modena – Piacenza. In Senigaglia wurden 33 Landeboote fest=gestellt; möglich ist daher ein Unternehmen im Raume des Comacchio=Sees. In Zara dagegen nur wenige Boote.

*Westen*

Bei *Goch* ist die Lage befriedigend. 75 Panzer wurden abgeschossen, und die eigene Truppe kämpft nach wie vor ausgezeichnet. Im amerik. Raum gelang es 100 — 120 Panzern, von Erkelenz aus nach Norden vorzustoßen. Die Pz.=Lehr=Div. ist zum Stoß von Osten in die Flanke angesetzt. In Erkelenz Kämpfe: 338. Inf.=Div.; von der 11. Pz.=Div. sind Teile da. Die Durchbrüche des Feindes durch die 2. Stellung haben bisher nur örtliche Bedeutung gewonnen. Sie wur=den durch Gegenangriffe aufgefangen. Es ist gelungen, die Front geschlossen zu halten; jedoch ist ein Zurückgehen auf die Erft=Stellung erforderlich. Auch der Südflügel ging weiter zurück; dabei wurde Soller[1] aufgegeben. Der Feind hat offensichtlich Pz.=Div.en aus seiner operativen Reserve herangezogen. In seinen Rundfunknachrichten ist von der Durchbruchstimmung die Rede, die ähnlich sei wie in den Tagen von Avranches[2]. Bei der 7. Armee wurde Bitburg behauptet. Im Süden erzielte der Feind einige Erfolge. Aus der Front wird die 246. Inf.=Div. nach Süden herangezogen.

*Heeresgr. G:* Aus dem Brückenkopf Saarburg, der doch nicht wieder auf=geteilt werden konnte, gelang dem Gegner entlang der Straße nach Osten ein schmaler Durchbruch bis Zerf; jedoch hat die 2. Geb.=Div. den Einbruchsraum zu einem schmalen Flaschenhals verengert. Aus der alten Kampffront haben sich Teile nach Osten durchgeschlagen; fraglich ist es, ob es sich um Bunker=

1 Ms.: Solien. 2 D. h. Ende Juli 1944.

Besatzungen handelt, was nicht beabsichtigt ist. Auf den Spicherer Höhen besteht eine Lage, die für das FHQu. nicht völlig durchsichtig ist.

**Lagebuch 28. 2. 45**

*Osten*

*Heeresgr. Süd:* Nur örtliche Kampfhandlungen. Im Raum von Sillein hat die Bandentätigkeit wieder zugenommen.

*Heeresgr. Mitte:* Bei Schwarzwasser Verbesserung der eigenen Stellung. Fortgang der Kämpfe am Zobten und am Südrand von Breslau. Verbesserung der eigenen Stellung bei Goldberg. Kämpfe in Lauban und in Forst. Zwischen Forst und Guben bildete der Feind wieder einen Brückenkopf.

*Heeresgr. Weichsel:* Nördlich Frankfurt lebt die Tätigkeit auf; der Gegner strebt an, auf die Höhenstellung hinaufzukommen. Teilweise Bereinigungen. Erörtert wird der Einsatz der beiden Marine-Div.en, von der die erste bereits hinter der Oder steht, die 2. noch in Nordwestdeutschland. Abwehr bei Pyritz.

*Durchbruchsraum in Mittel-Hinterpommern:* Der Feind nahm Neustettin; Bublitz und Rummelsburg werden noch gehalten. Wo die feindliche Spitze steht, ist unklar. Jedenfalls nicht mehr weit von der Küste. — Ostwärts des Einbruchsraums wurden Vorstöße abgewiesen. Südlich Mewe wurden 19 von 30 Panzern abgeschossen. – Im Südteil von *Graudenz* Kämpfe. Ein feindlicher Stoßtrupp stieß über die Nogat und setzte sich am diesseitigen Ufer fest. Aus Schneidemühl sind von rund 1 000 Mann, die ausbrachen, 184 durchgekommen. Der Kommandant wurde gefangen.

*Ostpreußen:* Abnahme der Kämpfe. Bei Zinten Einbrüche. Die Evakuierung Königsbergs durch den Reikosee ist angelaufen.

*Heeresgr. Kurland:* Angriffe bei Prekuln ohne Zusammenhang. Insgesamt 1 550 feindliche und 250 eigene Einsätze; dabei 8 Abschüsse, keine Verluste. Das Wetter behinderte die weiteren Transporte.

*Nordraum*

Die Verzögerung der Transporte bis Oslo, wo Dampfer warten, ist durch Kohlenknappheit bedingt. Der OB sandte eine Meldung über die Versorgung der Widerstandsbewegung, die in der letzten Zeit zugenommen hatte. Aus den Kriegsgefangenen in Norwegen sollen 15 000 Mann für die Wlassow-Bewegung bereitgestellt werden; sie werden je nach überschüssigem Schiffsraum abtransportiert werden. Der verlorene Dampfer, der Minen geladen hatte, ist kleiner, als gestern gemeldet wurde (vgl. oben S. 1130).

*Westen — Reich*

Starke Tätigkeit wie an den Vortagen. Von Süden 600 Bomber mit 250 Jägern gegen Augsburg, wo erhebliche Schäden eintraten, daneben gegen Salzburg und Linz. Von Westen die 3 Div.en mit 800 Jägern gegen Mitteldeutschland, dabei erhebliche Schäden in Halle und Leipzig, ferner gegen Bitterfeld und Flugplätze bei Weimar, Teile gegen Eichenberg. Am Boden wurden 23 Flugzeuge zerstört. Kein Jägereinsatz. Ferner 150 Briten gegen Recklinghausen — Dortmund und 300 Briten gegen Mainz, wo die Brücke nicht beschädigt wurde. Außerdem 1 200 1= und 2=mot. Flugzeuge im Westen. Im Großkampf=raum wegen des Wetters geringerer Einsatz. In der Nacht zweimal 70 Flugzeuge gegen Berlin; gegen ein Täuschungsmanöver in Norddeutschland 34 Nacht=jäger. Dabei 1 Abschuß. Ferner Verminung bei Helgoland.

*Südosten*

Weiterer Druck bei Serajewo. Bei Goražda wurden feindliche Bereitstellun=gen zerschlagen. Bei Zenica wurden die eigenen Kräfte verstärkt. Es ist anzu=nehmen, daß die feindlichen Kräfte hinter der Drau vermehrt wurden. Die im Raum Virovitica zerschlagenen Teile versuchten, sich nach Osten und Westen wieder neu zu organisieren. Insel Pag: Gegenangriffe gegen den gelandeten Feind (etwa 500 Banditen), die nach eingetroffener[1] Meldung die Insel wieder geräumt haben.

*Südwesten*

In Gibraltar traten in das Mittelmeer 4 Tanker und eine Reihe von Trans=portern (darunter 1 großer) ein. 130 Einsätze gegen die Brenner=Strecke und den Raum von Udine, ferner Jäger. Sonst nur Stoßtrupps gegen den linken Flügel.

*Westen*

*Allgemein:*

Der Tag bedeutet einen *großen Krisentag,* kann im gesamt aber doch als Abwehrerfolg angesprochen werden. Das Entscheidende ist, daß sowohl die Briten als auch die Amerikaner die operativen Reserven eingesetzt oder bereits hinter die Front geführt haben. Die Amerikaner übernahmen die Maas=Front bis mindestens nördlich Venlo. Da die Briten neue Divisionen nachziehen, ist mit dem Fortgang ihres Angriffes zu rechnen.

*Feindlage:*

Bei Roermund jetzt die 8. amerik. Pz.=Div.; bei Erkelenz im Vorstoß nach Norden mit der 84. amerik. Inf.=Div. die 2. und 15. Pz.=Div.; gegen die 1. Armee die 5. und 7. Pz.=Div. Als Rest stehen nunmehr noch die LL=Verbände, ferner möglicherweise aus USA neu eingetroffene Divisionen sowie Teile, die im Raum Hagenau freigemacht werden können, zur Verfügung.

*Heeresgr. H:*

Bei *Goch* gelang es, die eigene HKL durch eigene Angriffe wieder zusam=menzuflicken. Der Feind wurde bei Üdem aufgefangen. Herausgezogen wurde die 180. Inf.=Div., deren Abschnitt die 190. VGD. übernimmt. Außerdem wird noch eine weitere Div. als Reserve bereitgestellt. Abgeschossen wurden 65 Panzer.

1 Danach unleserlich korrigiertes Wort (statt: Reuter).

Bei der *Heeresgr. B* bedeutete die Hauptkrise der Durchbruch bei Erkelenz nach Norden. Die Pz.=Lehr=Div. wurde im rechten Augenblick zur rechten Zeit eingesetzt. Über 100 Panzer wurden abgeschossen; doch wurde die Pz.=Lehr=Div. in die Verteidigung gedrängt, so daß die Lage noch nicht als gefestigt verzeichnet werden kann. Es besteht eine Frontspanne auf der Naht der beiden Heeresgruppen. Bei Rheydt steht dann ein Block, gebildet aus der 183. Inf.=Div. und der Pz.=Lehr=Div. Um die 176. Inf.=Div. herauszuziehen, ist nunmehr genehmigt worden, den noch westlich anschließenden Frontbogen zurückzunehmen auf eine Sehnenstellung. Der Feind spricht bereits von einer Räumung von *Mönchen=Gladbach*. Von dieser ist nicht die Rede.

Im übrigen Kampfraum gelang es, den Zusammenhalt der Front aufrechtzuerhalten. In der Mitte verläuft die eigene Linie noch vor der *Erft=Stellung*. Nur bei Kerpen gelang es dem Gegner, über diese vorzudringen. Es besteht Aussicht, diesen örtlichen Rückschlag wieder zu bereinigen. — Beim LVIII. Pz.=Korps waren die Angriffe weniger stark. Einbrüche im Raum von Schleiden. Bei der 7. Arme wurde Bitburg gehalten. Der Gegner verlegte den Schwerpunkt auf die Höhen südlich der Stadt in Richtung auf Trier; jedoch gelang eine Abriegelung. Wieder Einbrüche in die neue HKL.

Bei der *Heeresgr. G* gelang es der 2. Geb.=Div. nicht, den Flaschenhals zu schließen; die feindliche Kräftegruppe in Stärke einer Div. bog nach Norden in Richtung Trier ein. Dazu eine Flankendeckung nach Osten auf der Straße nach Lampaden. Eine schwache Abriegelung südlich Trier wird aufgebaut. Die 6. SS=Geb.=Div., die herausgezogen wurde, kann bis morgen abend da sein. Sonst bei der 1. und 19. Armee nur örtliche Kampfhandlungen.

Von St. Nazaire aus ein erfolgreiches Versorgungsunternehmen.

Der Tagesverschuß des OB West betrug 610 to leichte FH.=Mun. und 267 to schwere FH.=Mun. Verbraucht wurden 370 cbm Betriebsstoff. Bei diesem besteht keine akute Sorge. Es soll auf den verschiedenen Gebieten alles getan werden, um dem Bedarf des OB West zu entsprechen.

*Politik*[1]

Die Schweiz hat Kohlenzüge nach Italien und Züge nach Deutschland angehalten; jedoch besteht keine Transitsperre. Eine Entscheidung wird erst Anfang März fallen. Der Gesandte hofft, daß die Sperre sich nur auf die Kohlen beziehen wird.

Churchill hielt eine Rede, in der er auf die Schwierigkeiten vor der Konferenz von Jalta, auf die Verzögerung der Erwartungen und auf die Verhandlungen mit Frankreich zu sprechen kam.

1 Am Rand: 25. 2., vor dem nächsten Abschnitt jedoch wieder: „28. 2."; wahrscheinlich Abschreibversehen.

## III. Lagebuch 1. März — 31. März 1945

(eingeschoben: Auszug aus einer Denkschrift des Feldwirtschaftsamtes über die Kriegswirtschaft der Feindmächte vom 7. März)[1]

### Lagebuch 1. 3. 45

*Osten*

*Heeresgr. Süd:* Keine besonderen Ereignisse.

*Heeresgr. Mitte:* Bis zum Mittelabschnitt Ruhe. Weiterer Druck im Raum von Lauban und Guben. Der Kommandant in Glogau hat 3 Kampfschulen eingerichtet.

*Heeresgr. Weichsel:* Angriffe von Südosten und Südwesten gegen Pyritz wurden abgewiesen. Im Abschnitt ostwärts der Stadt gewann der Gegner Gelände. Im Raum vom Rummelsburg konnte er seinen Angriffsraum erweitern. Die 7. Pz.=Div. mußte den Angriff abbrechen. Die 4. SS=Pol.=Pz.=Gren.=Div. kam von Nordosten heran. Die Div. „Holstein" ist eingetroffen. Nach Meldung des Gauleiters feindl. Panzer bereits vor Köslin.

Bei der *Heeresgr. Nord* Großangriff an der ganzen Front.

In Kurland keine besonderen Ereignisse. Die Transporte laufen planmäßig.

1 200 feindl. gegenüber 355 eigenen Einsätzen.

*Nordraum*

Nach Norwegen kann im Februar und März keine Kohle geliefert werden; nur für operative Zwecke kann sie daher benutzt werden. Beim Minenräumen wurden Erfolge erzielt.

*Westen — Reich*

400 Einsätze von Süden gegen die Brenner=Strecke. Von Westen aus die 3 amerik. Div.en gegen Verkehrsziele im Raum Kassel — Bielefeld. Dagegen 216 Jäger ohne Feindberührung. Brit. Flugzeuge gegen das Rheinland. In der Nacht nur geringe Tätigkeit.

*Südosten*

Im Raum von Serajewo Abnahme des Druckes. Auch bei Zenica keine Verschärfung der Lage. Die Verbindung nach Busorača[1] wurde wiederhergestellt; die Bahn Serajewo — Zenica ist in Betrieb. Bei Duboj ist jetzt der Div.=Stab z.b.V. Stephan eingesetzt. Die Save und Drau steigen, die Donau fällt.

*Südwesten*

In Corsica wurde kein Landungsraum festgestellt. Die Luftlage verschärft sich weiter: s. oben: Angriff auf die Brenner=Strecke; diese ist nun an 25 Stellen unterbrochen. Verona wurde 16mal angegriffen. Der gestrige Tag be=

1 Vgl. hier S. 976 Anmerkung * über die fugenlose Naht zwischen den gesondert überlieferten Teilen bis 6. März und ab 7. März.

2 Vgl. S. 1128; Ms.: Bujowcka.

deutete einen Höhepunkt des feindl. Einsatzes. Der Transport der 715. Div., die ihre Waffen in Italien läßt und erst nach Prag zur Neuausstattung überführt wird, vollzieht sich nur tropfenweise. Die eigenen Vorräte müssen angegriffen werden, da der Nachschub nicht ausreichend herangeführt werden kann.

*Westen*

*Feindlage:*

Die 2. brit. Armee ist noch nicht erfaßt. Unklar ist, ob die beiden brit. Pz.-Div.en in Reserve gehalten werden.

Der Schwerpunkt der 1. amerik. Armee liegt bei Düren; bei der 3. Armee ist die 11. Pz.-Div. in Front nachgewiesen worden. Das II. Pz.-Korps hat den Abschnitt beiderseits Straßburg übernommen. 1 Pz.-Div. steht in Front; 2 andere liegen in Reserve. Unklar ist, wo das[1] amerik. AK. mit seinen beiden Div.en sich befindet. Für Weißenburg besteht keine akute Gefahr.

Bei *Goch* wurden Einbrüche in den Hochwald abgeriegelt. Örtliche Kämpfe am Üdemer Bruch.

Die 15. Pz.-Gren.-Div. wurde herausgezogen und nach Süden verlegt. Als neue Reserve wird die 180. Inf.-Div. bereitgestellt. Schwerpunkt der Kämpfe im *Raum von Köln* auf dem Nordflügel, wo die Panzer-Spitzen durch die eigenen Linien durchbrachen und den Westrand von Mönchen-Gladbach erreichten. Kämpfe bei Rheydt und Odenkirchen. Die Pz.-Lehr-Div. ist durch eine Inf.-Div. wieder freigemacht worden. Es besteht nur noch zwischen Grevenbroich und Odenkirchen eine Lücke, was gegenüber dem Vortage eine Verbesserung bedeutet. Es besteht die Hoffnung, den Feind hier durch die Pz.-Lehr.-Div. und Teile der 11. Pz.-Div. zum Stehen zu bringen. An dem Erft-Übergang hat der Feind das Westufer erreicht. Nur bei Bedburg[2] und Horrem ist es einzelnen Panzern gelungen, herüberzukommen. Auch auf dem linken Ufer wurde in der letzten Nacht auf die Erft zurückgewichen. Abschuß von 59 Panzern.

Die 7. *Armee* (11. Kampftag) wich auf die Kyll-Stellung aus und räumt den Bogen bei der Irl. Zwischen Kyll-Stellung und Sauer wird eine neue Stellung aufgebaut. Feindl. Panzer-Spitzen kamen bis 9 km nördlich Trier.

*Heeresgr. G:* Bei Trier hat der Gegner den Durchbruchsraum erweitert. Der Feind zieht Kräfte nach. Bei der 1. und 19. Armee keine besonderen Ereignisse.

**Lagebuch 2. 3. 45**

*Osten*

*Feindlage:* Gegenüber der 8. Armee wird vom Feind ein Schwerpunkt gebildet — vielleicht, um sich die Flanken zum Angriff gegen Preßburg freizumachen. An der Oder verhält sich der Feind passiv. Er zieht seine großen Pz.-

1 Dahinter die Nummer ausgefallen.
2 Ms.: Bittburg

Verbände heraus — vermutlich, um sie aufzufrischen. Polit. Gründe sind unwahrscheinlich. Schwerpunkte bildete der Gegner gegen Mährisch-Ostrau und Breslau. Die weiteren Absichten nach dem Durchbruch bei Rummelsburg sind noch nicht erkennbar.

Im gesamt ist festzustellen, daß die Stabilisierung der Lage gelang und daß eine Abwehr hergestellt wurde, die allerdings in mehreren Abschnitten nur schwach ist. Durch eine aktive Kampfführung war es besonders in *Niederschlesien* gelungen, den Feind abzufangen. Hier setzte er dreimal zum Angriff an und wurde jedesmal abgedreht, was als Verdienst der Führung anzusprechen ist. Trotzdem hält der Gegner an der Absicht des Angriffs gegen *Berlin* fest. Er hat anscheinend jedoch vorerst das Bestreben, seine Flanken freizukämpfen, indem er die eigenen Kräfte in Schlesien auf das Gebirge zurückdrängt und in *Pommern* zum Meer vorstößt. Um ihm bei Rummelsburg entgegenzutreten, sind Gegenmaßnahmen angelaufen. Es fragt sich, ob es hier noch gelingt, den hier erzielten Überraschungserfolg wieder auszubügeln. Besonderer Nachdruck wird auf die Sicherstellung des Kohlenreviers von Karwin und Mährisch-Ostrau sowie des Industriegebietes von Waldenburg gelegt.

*Heeresgr. Süd:* Geringe Tätigkeit bei der 8. Armee.

*Heeresgr. Mitte:* Ein voller Abwehrerfolg im Raum von Strehlen. Im Raum von Lauban eigene Pz.-Vorstöße in Richtung Lauenburg, um die Eisenbahn-Transversale in Schlesien freizukämpfen und in den feindl. Schwerpunkt hineinzustoßen. Gegenangriffe heute früh wurden abgewiesen. Im Nordostteil von Guben Kämpfe. Westlich Breslau legt der Feind einen Flugplatz an, was von der Besatzung als bedenklich gewertet wird.

*Heeresgr. Weichsel:* Der eigene Brückenkopf bei Schwedt hat keine Bedeutung mehr und ist geräumt worden. Pyritz ging verloren. Bei Stargard wurde eine Sehnenstellung bezogen. Bei Arnswalde und Reetz eine Abriegelung in Richtung Dramburg. Der westliche Eckpfeiler im Einbruchsraum ist in Richtung Tempelburg zurückgedrückt worden. Bei Beerenburg Vorstöße der Div. „Holstein" in südostwärtiger Richtung. Von Küstrin kommt die 10. SS-Div. heran. Nördlich Köslin ist der Feind an die Bahn herangelangt. Die 4. SS-Pol.-Pz.-Gren.-Div. kam in Richtung Waldenburg nach Südosten voran.

Die 7. Pz.-Div. stieß wiederum auf starken Widerstand. Einbrüche bei der 32. Inf.-Div. im Raum von Briesen. In Graudenz Kämpfe.

In *Ostpreußen* wiederum Angriffe an allen Fronten, dabei Geländeverluste im Süden und bei Zinten. Die Absicht des Feindes ist, die 4. Armee von Königsberg abzutrennen. Im Samland wurden 5 500 Tote gezählt und 6 000 Gefangene gemacht. Vernichtet und erbeutet wurden 60 Panzer, Sturmgeschütze usw.

In *Kurland* keine besonderen Ereignisse.

3 000 feindl. Einsätze gegenüber 500 eigenen.

*Nordraum*

Am 5. 3. wird im FHQu. der Reichsbevollm. Dr. Best zum Vortrag beim Führer über die Fragen der Flüchtlinge in Dänemark erwartet.

Von der 169. Inf.=Div. ist jetzt die 1. Kampfgruppe abgefahren worden. Zum Vortrag trifft heute der Befehlshaber der Armeegruppe Narvik, Gen. Jodl [1], ein.

*Westen — Reich*

Von Süden aus 600 Bomber gegen das nur teilweise arbeitende Werk Mors=Bierbaum, bei dem die Nebeldecke sich am Schlusse lichtete. Es fällt nunmehr völlig aus.

Die 3 amerik. Div.en gegen Verkehrsziele im Raum Mainz — Duisburg, wo zum Teil schwere Schäden eintraten. Ferner 300 Briten zum Angriff gegen Mannheim, wo ein Feuersturm entstand und der Rest des Wohnraums vernichtet wurde. Ferner 120 gegen Dortmund. Im Westen 1 000 2=mot. und 700 1=mot. Bomber. Dagegen 98 eigene Jäger. Insgesamt 15 Abschüsse und 37 Verluste. Nachts 70 Moskitos gegen Berlin sowie Angriffe gegen Erfurt und Täuschungsanflüge im Süden.

*Südosten*

Der OB der Heeresgr. E, Gen.=Oberst Löhr, nimmt an der Lagebesprechung des WFStabs teil und hält am Nachmittag dem Führer Vortrag. Auf dem Nordostteil von Piskopi eine feindl. Landung. Dagegen eigene Gegenstöße. Bei Duboj sperrt der Gegner die Straße. Die Fest.=Batl.e 1004 und 1005 wurden zur 104. Jäg.=Div. in Marsch gesetzt, um in diese eingegliedert zu werden. Bei Barcs Abwehr des Feindes. Bei Bihać läuft eine allgemeine Säuberung an.

*Südwesten*

Geringe Tätigkeit in der Luft und auf der Erde. Die Briten haben jetzt in Reserve die 1., 4., 46. und 78. Inf.=Div. sowie eine französ. Pz.=Div., also 5 Verbände. Auf die Vorstellung des OB Südwest hin, daß der befohlene Kampf gegen die auf der Feindseite eingesetzte ital. Div.en bei der Munitions=Lage nicht möglich sei, hat der Führer entschieden, daß dieses Unternehmen wegfallen soll.

*Westen*

Versenkt wurden um England 25 000 BRT.

*Allgemeine Entwicklung der Lage:* Bis zum 28. 2. ist es gelungen, den Zusammenhang der Westfront aufrechtzuerhalten, obwohl der Gegner an 3 Stellen im Großkampf angriff. Dabei ist allerdings der Kampfwert der eigenen Truppen durch personelle Verluste und physische Erschöpfung gemindert worden. Außer einzelnen Ersatzpaketen konnten die Kräfte des OB West nicht aufgefüllt werden. Als Erfolg dieser Abwehr war anzunehmen, daß der Gegner alle seine operativen Reserven (mit Ausnahme der 3 LL=Verbände und der beiden in der letzten Zeit nicht bestätigten beiden brit. Pz.=Div.en) an der Front einsetzen mußte.

Dann gelang es dem Gegner, bei Erkelenz durchzubrechen, wobei er müh=selig abgefangen wurde. Dadurch wurde jedoch das Absetzen von der Maas notwendig. Am 1. 3. ist es nun dem Gegner gelungen, mit Spitzen bei Neuß an den Rhein heranzukommen und in Trier einzudringen. Dies bedingt, daß die 1. Fallsch.=Jäg.=Div. sich noch weiter absetzen muß. Dagegen ist zu hoffen, daß das bei Trier geschlagene Loch keine operative Ausweitung nach sich ziehen wird. Bis zum 28. 2. konnte also von einer großen Abwehrschlacht ge=sprochen werden. Seitdem hat sich trotz guter Haltung der Truppe und der eigenen Führung eine unbefriedigende Lage ergeben.

*Im einzelnen:*

An der holländischen Küste werden Kommando=Unternehmen erwartet. Die 346. Inf.=Div. wird in den Raum von *Goch* herangezogen. Hier griff der Geg=ner weiter bei Marienbaum und Hochwald an. Feindl. Angriffsschwerpunkt auf dem linken Flügel; doch konnte hier trotz stärksten feindl. Artl.=Aufwandes durch Gegenstoß der Zusammenhang der Front wiederhergestellt werden. Nach Genehmigung durch den Führer wurde dann die Front auf eine neue Linie zurückgenommen. Trotz 14=stündigen Artl.=Feuers erfolgte hier also kein Durchburch. Beim Feinde lebhafte Umgruppierungen; anscheinend ist hier die 2. brit. Armee eingesetzt, so daß Überraschungen zu erwarten sind. An der Naht stärkster Druck; dabei Stöße des XVI. amerik. AK. nach Norden, des XIII. AK. nach Osten. Nach Norden konnte der Feind die eigene Linie durchstoßen. Kämpfe im Raum von Venlo. Nach Westen stieß das XIII. AK. über *Mönchen=Gladbach* und *Rheydt* vor. Die Pz.=Lehr=Div. versuchte, den Feind aufzuhalten; jedoch kamen Spitzen bis zum Bahnhof von Neuß. Die 11. Pz.=Div. kam bis zur Straße vor und blieb dann liegen. An der *Erft* Fortgang der Kämpfe; die vom Feinde gebildeten Brückenköpfe wurden abgeriegelt. Kritische Lage beim LVIII. Pz.=Korps. Auf dem rechten Flügel der 5. Pz.=Armee schwä=chere Angriffe; jedoch sehr starker Artl.=Aufwand. Am linken Flügel der 15. Armee örtliche Verluste im Westwall. Bei der *7. Armee* werden Kräfte für Trier freigemacht. Deshalb wurde eine neue Linie zwischen Prüm und Mahl=berg bezogen. Antransport der neuen Kräfte im Lkw.

Bei *Köln* stürzte eine der Brücken ab. In der brit. Presse wird die Tapferkeit und die Abwehr im Raum von Goch gerühmt.

*Heeresgr. G:* Von Süden aus ist der Gegner mit 2 Pz.=Div.en nach Norden durchgestoßen. Er erreichte den Ostrand von *Trier* und ist heute in den Südteil eingebrochen. Die Südbrücke wurde bereits gesprengt. Die feindl. Spitzen=Div. funkte, daß sie starke Verluste habe, worauf sie vom Komm. General den Be=fehl erhielt, weiter vorzustoßen, da das Ausweichen auch Verluste bringen würde. Die eigene Linie ist im Augenblick nicht geschlossen. Es fragt sich, ob die 6. SS=Geb.=Div. die Lage im Südabschnitt verbessern kann und ob die Sicherungs=Linie an der Rouwe rechtzeitig aufgebaut wird. An der Südfront nichts Besonderes.

Heute früh übernimmt die Heeresgr. G den Befehl über die 7. und die 1. Armee. Die Oberrhein=Front tritt unmittelbar unter den Befehl des OB West.

**Lagebuch 3. 3. 45**

Keine Besprechung; daher nach Lagemeldungen und OKW=Bericht.

*Osten*

*Heeresgr. Süd:* Geringe Einbrüche südlich Schemnitz und Karpfen.

*Heeresgr. Mitte:* Erfolgreiche Abwehr beiderseits des Zobten. Bei Lauban eigener Geländegewinn.

*Heeresgr. Weichsel:* Erweiterung des feindl. Einbruchsraums östlich Stargard bis nordwestlich Dramburg. Nach Westen eindrehende Teilkräfte wurden auf= gefangen. An der Ostfront erfolgreiche Abwehr. 40 Panzer durch die Luft= waffe vernichtet, 29 außer Gefecht gesetzt.

*Heeresgr. Nord:* Fortgang des Großkampfes mit dem vergeblichen Versuch der 5. Armee, bei Lichtenfeld und bei Zinten durchzubrechen; nur geringe Ge= ländeverluste.

*Heeresgr. Kurland:* Nur geringe Geländeverluste. Schlechtes Wetter behin= derte die Luftwaffe in Ostpreußen (10 Abschüsse, 12 Verluste) und die Trans= porte. Im Februar 100 Flugzeuge durch Marine=Flak abgeschossen.

*Nordraum:* — — — —

*Westen — Reich*

Vom Süden 300 amerik. Bomber gegen Linz, Villach, Graz. — 1 250 Ein= flüge vom Westen gegen Dresden, Magdeburg, Chemnitz sowie Industrieziele; ferner 350 Briten gegen Köln, 150 gegen Neuwied und Andernach; dazu 500 mittlere und 1 500 Jagdflugzeuge.

Nachts 50 Moskitos gegen Kassel, 40 gegen Berlin.

Am Tage 200 eigene Jäger: 15 Abschüsse, 43 Verluste.

*Südosten*

Bei Krajić (Raum von Serajewo) neue Sicherungslinie. Südlich Serajewo Rückeroberung der am 1. 3. verlorenen Höhe südlich Serajewo. Bei Zenica — Busevace Fortschreiten des Angriffs der 7. SS=Geb.=Div.; dadurch wieder durchgehende Front. An der Drina hat die 22. Inf.=Div. jetzt wieder Verbin= dung mit dem XXXIV. AK. Feindl. Verluste in der letzten Zeit: 1 787 Tote, 125 Gefangene; eigene Verluste: 466 Gefallene, 1 189 Verwundete, 44 Ver= mißte.

An der Drau=Front sind 3 bulgar. und 3 Tito=Div.en anzunehmen.

Durch Teilung der 1. Kosaken=Div. wurde die 1. und 2. Kosaken=Div. unter dem XV. Kosaken=Kavallerie=Korps gebildet.

Westlich Bihać Säuberung durch die 392. und die 373. (kroat.) Inf.=Div. Doch ist ein Angriff zu erwarten, verstärkt durch eine neue Übersee=Brigade, die in Dalmatien gelandet sein soll.

Neuer Luftangriff auf die Insel Rab.

*Südwesten*

Verringerung der feindl. Luftwaffen=Kdostellen entsprechend der vermin=derten Bedeutung Italiens; Operationen gegen den Balkan von Italien aus sind auch nicht mehr wahrscheinlich. Anzeichen für den Abzug britischer Kräfte aus Italien bedürfen der Bestätigung.

Die 114. Jäg.=Div. übernahm den Befehl im rechten und mittleren Abschnitt der 232. Inf.=Div.

*Westen*

Die 11. brit. Pz.=Div. jetzt bei Üdem festgestellt. Die Absicht, durch Angriff von Norden und Süden die noch westlich des Rheins stehenden Teile zu ver=nichten, ist klar erkennbar. Angriff über den Rhein bei Wesel und Emmerich wohl erst nach Erreichen dieses Zieles, zumindest nach Gewinn der Straße Wesel — Geldern; nach guter Quelle weitere Absicht, nördlich des Industrie=gebietes in die nördliche Tiefebene vorzustoßen; dabei Unterstützung des Flußüberganges durch die 6. brit. LL=Div., 2 kanad. Fallsch.=Jäg.=Btl.e und die poln. Fallsch.=Jäg.=Brig.

Bei der 1. amerik. Armee bereits 8 Verbände nördlich der Urft=Talsperre in dem Raum Köln — Bonn eingesetzt. Mit einem entscheidenden Angriff der restlichen 4 Verbände südlich der Talsperre ist kaum noch zu rechnen.

Schwerpunktbildung am rechten Flügel der 3.[1] amerik. Armee ist wahrschein=licher. An der Rheinfront 4 französ. Div.en in breiter Aufstellung.

*Heeresgr. H:*

Bei Goch nach stärkerem Artl.=Feuer Angriff bei Bahnhof Labbeck, aufge=fangen im Gegenstoß. Südlich des Üdemer Bruchs stießen feindl. Panzer bis 3 km westsüdwestlich Sonsbeck vor; Einbruch im Gegenstoß abgeriegelt. West=lich davon nahm der Gegner Winnekendonk und (im Raum von Venlo) Strae=len[2], von wo er bis Stenen[3] vordrang. Kevelaer[4] wurde dagegen gehalten. Aus Kempen wurde der Feind wieder herausgeworfen. In Krefeld setzte er sich fest.

*Heeresgr. B:* Fortgang der Schlacht im größten Ausmaß. Der Feind soll in Mönchen=Gladbach eingedrungen sein. Gegenangriff der Pz.=Lehr=Div. bei Schiefbelm[5] dann zurückgedrückt. Bei Neuß wurde die äußere Sicherungslinie eingedrückt. In Grevenbroich wurde der Feind wieder geworfen. Bei Wieden=feld wechselvolle Kämpfe. Mödrath wurde zurückgenommen; Gymnich, Her=zig, Erp, Friesheim gingen verloren.

1 Ms.: 8. 2 Ms.: Straelen=Stadt. 3 Ms.: Sevelen. 4 Karelac.
5 Ms.: Schieflaken.

Beim Pz.=AOK 5 ging Zülpich verloren. Bunkerkämpfe bei Ormont. Bei Metternich stieß der Feind über den Kyll vor. Nördlich Trier durchstieß der Feind die Abriegelung. Durch Angriff von Osten ging *Trier* verloren.

*Heeresgr. G:* Ostwärts Hamm Abwehr.

**Lagebuch 4. 3. 45**

*Osten*

Im Raum von Mährisch=Ostrau anscheinend Vorbereitung eines stärkeren Feind=Angriffs. Die 3. Garde=Pz.=Armee in Niederschlesien wurde durch andere Teile verstärkt; dadurch Auflockerung im Raum von Guben. Der Gegner scheint erst Küstrin als Ausgangsbasis für seine Angriffe nach Westen gewinnen zu wollen. Die 1. und 2. Pz.=Armee im Stoß nach Norden. Bei Schlawe ein weiterer Schwerpunkt; ferner Vermehrung des Druckes bei Zinten (Ostpreußen).

*Heeresgr. Süd:* Karpfen wurde preisgegeben. Ostwärts Zobten Abwehr des Feindes, ferner Abwehr am Zobten. In Breslau gleiche Lage; auf die Innenstadt schweres Artl.=Feuer (dabei 40 cm). Die Feind=Propaganda versucht, durch anscheinend günstige Meldungen Enttäuschung zu erwecken und die Zivilbevölkerung zum Ausweichen nach Süden, d. h. zum Hineinlaufen in das feindl. Feuer anzustacheln. Bei Lauban Verbesserung der eigenen Lage. Der feindl. Brückenkopf nördlich Forst wurde bereinigt.

*Heeresgr. Weichsel:* Bei Vogelsang konnte der Feind seinen Brückenkopf mit dem Nachbarbrückenkopf vereinigen. Bei Stargard erzielte der Feind jetzt gleichfalls einen Durchbruch, so daß er bis Regenwalde über Freienwalde vordrang. Eigener Stoß von Schievelbein nach Belgard. Das X. SS=Korps wurde von 3 Schützen=Div.en angegriffen. Es sammelte zum Durchbruch nach Nordosten. Köslin griff der Feind von Süden und Osten mit starken Kräften an. Rummelsburg ging verloren. Kämpfe in Graudenz=Süd.

*Ostpreußen:* Fortgang der Kämpfe, wobei der Feind abgewiesen wurde; nur bei Zinten Geländeverlust. Erstmalig griff der Feind *Königsberg* von Norden an.

*Heeresgr. Nord:* Fortgang der Angriffe bei Prekuln ohne wesentliche Einbuße. Nach Danzig kommt die 12. Lw.=Feld=Div., zur Heeresgr. Weichsel die 169. Inf.=Div., die aus Dänemark herangeführt wird. Die 25. Pz.=Gren.=Div. wird OKW=Reserve im Raum von Stettin; ferner wird an die Weichsel herangeführt die 600. (russ.) Inf.=Div. (Wlassow=Verband). Wegen Sturms waren keine Transporte möglich.

1 100 feindl. und 621 eigene Einsätze; 15 Abschüsse, keine Verluste.

*Nordraum*

Die 7. Geb.=Div. hat den Marsch nach Süden angetreten. Die 199. Inf.=Div. wird durch Schneeverwehungen stark behindert. Auch der Eisenbahnverkehr ist gehemmt. Ein Transportschiff, das durch eine Bombe getroffen wurde, mußte zurückkehren (erstmalig Verlust eines eigenen Truppentransporters). Ferner erstmalig Angriff mit Lufttorpedos auf eine Werft bei Oslo.

*Westen — Reich*

Der Kaiser-Wilhelm-Kanal mußte wegen Verminung gesperrt werden. Aus Süden keine Angriffe. Aus dem Westen die 3 amerik. Div.en in 2 Gruppen; die eine in den Raum Magdeburg — Braunschweig — Peine — Hildesheim — Nienburg, die 2. Gruppe gegen Chemnitz, Schwarzheide und Plauen; dagegen erstmalig Me 262 (8 Abschüsse, 1 Verlust). Ferner im Westen 600 2-mot. Flugzeuge und 1 450 Jäger. Nachts Verminung des Kattegats. 70 Moskitos gegen Berlin, die Masse jedoch abgedreht. 400 Briten gegen den Mittellandkanal und das Industriegebiet bei Dortmund. Geringer eigener Einsatz.

*Südosten*

Die Insel Piskopi muß als verloren angesehen werden. Bei Višegrad wurde der Feind abgewiesen. Bei Zenica weitere Angriffe der 7. SS-Geb.-Div. Bei Doboj Auflockerung des Feindes. An der Drina Abwehr. Das Unternehmen „Waldteufel" lief an. Die 1. Kos.-Div. wird nach Osten verlegt. Das Großunternehmen nach Süden hat noch nicht begonnen. Außer der Strecke von Agram nach Belgrad ist jetzt auch noch die Nordstrecke südlich der Save befahrbar. Dadurch wird Marburg a. d. Drau entlastet. Das Grenz-Soll von 4½ Zügen täglich wird erfüllt. Kohle ist noch für 8 Tage vorhanden.

*Südwesten*

800 feindl. Jäger, davon 240 Flugzeuge gegen die Brenner-Strecke.

Angriffe bei Montesa, dabei Einbrüche bis 3 km Tiefe. Die 29. Pz.-Gren.-Div. wird herangezogen.

*Westen*

Die Briten setzen ihre Einheiten immer nur wenige Tage ein. Nicht erkennbar ist, ob sie sich zum Ansatz in neuer Stoßrichtung bereitstellen. Die Masse der Amerikaner im Stoß nach Westen. Bei der Heeresgr. G ist die 11. Pz.-Div. nicht in Reserve, sondern am Kyll eingesetzt. Verschärfung der Lage bei der 1. Fallsch.-Jäg.-Armee. Schwerpunkt an der Nordfront, wo mit Verlusten alle Angriffe aufgefangen wurden. Jedoch mußte wegen der Einbrüche an der Südfront zurückgegangen werden, da die Verschiebung von Kräften von der Nordfront zur Südfront nicht mehr möglich war. Der so entstandene Brückenkopf ist mit eigenen Kräften vollgestopft. Die Brücken liegen unter Artl.-Feuer. Ihre Sprengung ist befohlen worden. Kämpfe bei Neuß, die 15. Armee nahm ihre Front zurück und setzte sich auf die Erft ab. Es besteht ein Brückenkopf bei Köln. Bei der 15. Armee hat sich die Lage nicht verschärft. Bei Metternich ist der Gegner über den Kyll vorgedrungen. In Trier gleiche Lage, da der Gegner nur wenig Kräfte zur Verfügung hat. Am 2. 3. abends wurden im Westwall noch 33 Werke gehalten.

*Heeresgr. G:* Bei Forbach Kämpfe, dabei Verluste. Weiterer Druck.

*Politik*

Es soll eine Generalstabs=Kommission mit Montgomery, Bradley und Shu=kow in den USA zusammentreten.

**Lagebuch 5. 3. 45**

*Osten*

*Heeresgr. Süd:* Feind scheint sich südlich des Plattensees zu verstärken. Bei der 8. Armee Kämpfe. Südlich Schemnitz, bei Karpfen und Altsohl feindl. Druck. Der Front werden freigemachte Btl.e zugeführt.

*Heeresgr. Mitte:* Bei Rosenberg eine Verbesserung der eigenen Linie, so daß der Einbruch fast ganz bereinigt ist. An der Nordfront von Breslau verstärkte sich der Feind; das Landen von Transportmaschinen wurde beobachtet. Im Raum von Lauban wurden weitere Fortschritte gemacht, ebenso an der Straße nach Bunzlau. Auch nördlich Guben hat sich die Lage verbessert. In Glogau wurden Einbrüche bereinigt.

*Heeresgr. Weichsel:* Stargard ging verloren, ebenso Naugard. Dazwischen noch ein Riegel der Div. „Nederland". Bei Plathe wurde der Feind abgewiesen; jedoch drangen Panzer bis Greifenberg vor. Vor Kolberg 2 — 3 Schützen=Rgt.er und 90 Panzer (die Festung ist nur schwach besetzt). Kämpfe vor Bel=gard. Die eigenen Kräfte, die noch an der ehemaligen Front stehen, wurden unter dem Befehl des Gen. Krappe zusammengeschlossen und versuchen, sich in westlicher Richtung nach Labes durchzuschlagen. Bei Tempelburg stieß der Feind nach Norden vor. Er erreichte auch die Persante. Von der 2. Armee un=vollständige Meldungen. Kämpfe bei Hüthen und links der Weichsel Beziehen einer Sicherungslinie. Die Heeresgr. hat bisher 1 800 Panzer abgeschossen.

*Heeresgr. Nord:* Nicht so starke Angriffe wie an den Vortagen. Das AOK verlegte nach Pillau.

*Kurland:* An der Südostecke kamen 6 Schützen=Div.en im Angriff von 6 km Breite 2 km vor. In der 1. Phase der 5. „Kurland=Schlacht", die bei der 18. Armee vom 20. — 28. 2., bei der 16. Armee vom 15. — 24. 2. dauerte, verlor der Feind 19 000 Mann, die eigenen Truppen 15 000; der Feind verlor 361 Panzer, die eigenen Verbände 72 (Temperatur – 4 Grad).

Im gesamt 2 000 feindl. Einsätze gegenüber 285 eigenen.

*Nordraum*

Der Reichskommissar Terboven hat wieder einen Vorstoß unternommen, damit ihm der Befehl über ein eigenes Gebiet eingeräumt wird. Der WFStab ist wie bisher dagegen. — Die Transporte sind wieder angelaufen. Am 21. 2. hat der Gegner (mit Ausnahme von 2 Tagen mit schlechtem Wetter) die nor=wegische Widerstandsbewegung mit durchschnittlich 16 Maschinen unterstützt, und zwar mit je 2½ to je Maschine, zusammen also Abwurf von 500 to, d. h. ein planmäßiges Vorgehen, das jetzt genau beobachtet wird.

*Westen — Reich*

Es wurden folgende Dringlichkeitsstufen befohlen im Hinblick auf den Betriebsstoffmangel:

1.) Luftversorgung von Breslau, Glogau und Graudenz. Dann 2.) Angriffe auf die Oder=Brücken; schließlich 3.) Unterstützung des Erdkampfes mit Vorrang des Kampfes in Pommern.

Vom Süden Einflug von 500 Bombern gegen Wiener=Neustadt und Graz (mittelschwere Schäden), ferner vom Westen die 3 amerik. Div.en gegen Ulm und Ingolstadt (besonders gegen Ulm). Ferner brit. Bomber gegen den Raum Dortmund — Bochum. Wegen des Wetters geringer Jäger=Einsatz. Nachts gegen Berlin Moskitos und Verminung der Deutschen Bucht. Es wurde befohlen, die Otto=Flugzeuge vorübergehend nicht einzusetzen zugunsten der Strahler. In der Nacht nur Einsatz von Spitzenbesatzungen. Es ist eine völlige Umstellung auf die Strahler im Gange. Der Kaiser=Wilhelm=Kanal ist für Pendelverkehr wieder freigegeben.

*Südosten*

Die Reste der Besatzung von Piskopi, die sich auf Schiffen zu entfernen versuchten, wurden vom Feinde vernichtet. Bei Serajewo verschärft sich die Lage. Bei Doboj Angriffe der Cetniks nach Südosten.

*Südwesten*

Am 6. 3. fährt der Gen.=Oberst Student zum OB Südwest, um die Aufstellung der beiden neuen Fallsch.=Jäg.=Div.en zu besprechen. In Ancona 35 mittlere Landungsboote und 5 Hilfslandungsboote, also mehr als bisher; ferner bei Gibraltar Eintritt von 25 Frachtern in das Mittelmeer.

Angriff von 250 Flugzeugen gegen die Brenner=Strecke und Udine. Fortgang der Kämpfe bei Montesa; dabei Verwendung von Phosphorgranaten. Im Gegenstoß wurde der Feind abgeriegelt.

*Westen*

Nach V=Mann=Meldung Zusammenziehung von 300 Landungsbooten im Raum von Grimsby und Zuführung; jedoch noch keine Zusammenziehung im größeren Umfang. Möglich ist auch, daß es sich um Zubringerverkehr handelt. Nach U=Boot=Meldungen nachts lebhafter Verkehr an der Seine=Bucht und nach Cherbourg. Vor England wurde ein Dampfer mit 7 000 BRT versenkt, ferner ein 6 000 to=Dampfer, und zwar durch eins der neuen U=Boote, die von Norwegen aus abfahren, sehr schnell, aber nur mit 2 Torpedos versehen sind. Am 6. 3. wird der Gen. Westphal bei der Führerlage Vortrag halten.

Nachdem alle Fallsch.=Jg.=Einheiten von der unteren Maas zurückgezogen wurden, ist diese jetzt durch Polizei, Lehrgänge usw. besetzt unter dem Befehl des Pol.=Führers Niederland, Rauter (als Korpsgruppe Rauter). Die 349. Inf.=Div. wird bis 25. 3. von der Insel[1] weggezogen sein. Der Feind benutzt die

1 Der Name dahinter ausgefallen.

Brücke bei Nimwegen stark. Es soll erneut geprüft werden, ob die Luftwaffe oder die Kriegsmarine gegen sie etwas unternehmen kann.

*Brückenlage:* Bei Köln steht noch die Kaiser=Wilhelm=Brücke (16 to). Bei Düsseldorf wurden am 3. 3. alle Brücken gesprengt. Bei Krefeld wurde erst die Vorfeldbrücke, dann am 4. 3. die Hauptbrücke gesprengt, ferner die beiden Brücken bei Homberg[1] und die beiden Brücken westlich Hamborn. Bei Wesel wurde durch feindl. Artl.=Feuer die Straßenbahnbrücke zerstört; die Eisenbahn=brücke ist nur noch für Fußgänger begehbar. Demnach ist es gelungen, im Angriffsraum alle Rhein=Brücken rechtzeitig zu beseitigen.

Die *1. Fallsch.=Armee* steht noch in einem Brückenkopf westlich des Rheins, der vom Westen und Süden schwer angegriffen wurde, sich jedoch behauptete. Da die Verbindung zu den Korps unterbrochen war, wurden Ordonnanz=Offiziere entsandt. In den eigenen Brückenköpfen südlich davon gleiche Lage. Das XII. SS=Korps im Stoß nach Süden. Die *Heeresgr. B* gleichfalls im schweren Kampf. Westlich Köln ein Einbruch, der aufgefangen wurde; jedoch konnte der Gegner bei Worringen die 15. Armee aufspalten; dagegen Angriffe von Norden. Bei Köln ging Gelände verloren; jedoch wurde der Gegner aufgefangen. Bei der 5. Pz.=Armee wurde der Feind gleichfalls zum Stehen gebracht; jedoch ging Euskirchen verloren. Bei der 7. Armee wurden weitere Bunker eingeschlossen. Vor Ormont wurde der Feind im wesentlichen abgewiesen. Auf der Heeresgruppen=Naht ist noch eine Lücke zu schließen. Über die Kyll=Stellung stieß von Osten die 10. amerik. Pz.=Div. vor — vermutlich über die Südbrücke nach Trier, die nicht gesprengt werden konnte.

*Heeresgr. G:* Der Feind konnte Brückenköpfe zusammenschließen und auch über die Rouwe einige Brückenköpfe bilden. Heute Abend beginnt der Angriff der 6. SS=Geb.=Div., unterstützt durch ein Volks=Artl.=Korps, nach Westen in Richtung Oberemmel. Im Raum von Niederemmel[2] gingen 2 Bunker verloren; ostwärts davon wurden die Gefechtsvorposten zurückgenommen. Sonst örtliche Kämpfe.

**Lagebuch 6. 3. 45**

*Osten*

*Heeresgr. Süd:* Beginn des Angriffs (s. unten: Südost). Bei der 8. Armee weiterer Feinddruck.

*Heeresgr. Mitte:* Der Einbruch an der Straße Rosenberg[3] wurde bereinigt. Nördlich Breslau weitere Verstärkung des Feindes. In der Nacht 50 Versorgungsflugzeuge. Am Zobten Ruhe. Im Raum von Goldberg Umgruppierung; feindl. Gegenangriffe gegen die eigenen Flanken; durch Eingreifen weiterer Verbände Fortschritte. Dabei gelang die Umklammerung einer feindl. Kräftegruppe der 3. Garde=Pz.=Armee, in der noch 40 — 60 Panzer angenommen

1 Ms.: Haukam.
2 Handschriftlich verbessert aus: Stieringemmel; Lesung unsicher.
3 Dahinter wohl ein zweiter Name ausgefallen.

werden. In Lauban selbst Kämpfe; nördlich Forst bildete der Gegner einen Brückenkopf.

*Heeresgr. Weichsel:* Gegen Küstrin 3 000 Schuß und feindl. Luftwaffen=Einsätze an der unteren Weichsel. Die 9. Fallsch.=Jäg.=Div., die bei Gollnow eingesetzt wurde, wird durch die 1. Marine=Div. (bisher Marine=Schützen=Div.) ersetzt. Nach Stettin kommt ab 6. 3. die Pz.=Div. „Schlesien". Nördlich Gollnow stehen Marineeinheiten. Durch Stöße nach Osten soll der Gruppe Kappe der Weg geöffnet werden. Feindl. Panzer südlich Stettin. Abwehr bei Stargard; in diesem Raum 72 Panzer vernichtet. Dem Gegner gelang es, mit wenigen Panzern bis in Gegend Wollin zu kommen. Massow ging verloren. Bei Kolberg nur noch 50 Panzer. Belgard scheint sich zu halten. Bei Schlawe wurde die eigene Front zurückgenommen. Bei Bütow und Stolp weiterhin Schwerpunkte. Die 2. Armee hat in den letzten Tagen 200 Panzer abgeschossen. Die Schlachtgruppe „Lützow" wurde von Gotenhafen nach Swinemünde verlegt. Der Abtransport der Flüchtlinge von Kolberg ist angelaufen. Da in Danzig sich 1 000 000 Flüchtlinge in Bewegung gesetzt haben, ist die Gesamtsumme der Flüchtlinge nun auf 10 Millionen angestiegen. Aus der Reserve an Luftwaffen=Betriebsstoff wurden für Pommern 1 000 cbm zur Verfügung gestellt.

Gegen Graudenz Beginn des Großangriffs. Die Besatzung ist in einem engen Raum, in der Festung Courbières, zusammengedrängt. Das Ende des Widerstandes steht bevor.

Angriffe gegen Königsberg von Süden und Norden. 100 Bomber gegen die Stadt.

*Kurland:* Geringe Tätigkeit, jedoch im Südosten (nordwestlich Autz) weiteres Vordringen des Gegners, dagegen Gegenangriffe. — In der Zeit vom 1. — 28. 2. im Kurland=Verkehr 181 Schiffe, die 64 000 Mann und 14 000 Fahrzeuge abfuhren. Nach Kurland wurden 29 000 Mann transportiert auf 62 Schiffen.

Feindl. Luftwaffen=Einsätze 2 900, darunter 1 000 gegen Pommern und 1 300 gegen Ostpreußen. Dagegen 429 eigene, darunter rund 200 in Pommern. 10 Abschüsse, 13 Verluste.

*Nordraum*

Es lief ein eine Meldung des OB Norwegen zur Kohlenfrage. Im Februar wurden 22 000 Mann nach Süden und 6 000 nach Norden transportiert. Die Transporte sind wiederum angelaufen (2 nach Süden, einer nach Norden). Nach Dänemark wird eine Reihe von Schulen verlegt, unter anderem Kav.=Schule Krampnitz, Fahnenjunker=Uffz.=Schule Thorn, Heeres=Uffz.=Schule usw. Damit erhöht sich die Belegung Dänemarks, jedoch nur durch Menschen ohne Rahmen; bis 1. 4. werden die 166. und 160. Inf.=Div., vielleicht auch die 233. Pz.=Res.=Div., wieder aufgefüllt sein. Diese verfügt jedoch nur über 20 Panzer I und III, die fahrbereit sind; ferner liegt in Dänemark 1 Ost=Rgt. mit 4—5 Btl.en, das vielleicht zur Brigade ausgebaut wird. Bis 15. 5. soll die 264. Inf.=Div. wieder aufgestellt sein.

*Westen — Reich*

Aus dem Süden keine Einflüge. Von den amerik. Div.en eine gegen Hamburg=Harburg (dabei keine Schäden in den Werften und nur kleine Schiffsverluste), die beiden anderen zu schwerem Terrorangriff gegen Chemnitz, ferner gegen Plauen und Pilsen. Ferner 120 Briten gegen Gelsenkirchen. Im Westen 1 500 1= und 2=mot. Bomber. In der Nacht Fortsetzung des Angriffs gegen Chemnitz durch die Briten; dabei Einsatz eigener Nachtjäger, die 19 Abschüsse und 12 Verluste zu verzeichnen hatten. Gegen Graz 60 Briten; sonst die üblichen Moskitos gegen Berlin.

*Nachtrag* zur Nacht vom 4./5.: Über 100 eigene Nachtjäger, die sich dem feindl. Bomberstrom anschlossen. 39 Flugzeuge wurden vernichtet, 17 am Boden zerstört, 12 in Brand geschossen und 3 zur Explosion gebracht, ferner Angriff gegen 3 Fabriken und 9 Züge. Der Erfolg ist geringer, als erhofft wurde; jedoch reagiert die engl. Presse stark darauf und spricht von der Notwendigkeit, die Verdunklung wieder einzuführen. Außerdem ist der V1=Beschuß mit verbesserter Methode vom Lande wieder aufgenommen.

*Südosten*

Die Besatzung von Simi[1] wurde auf Grund der Erfahrungen in Piskopi zurückgenommen; bei Višegrad Absetzen in die 2. Stellung. Bei Serajewo wurde der Ivan=Sattel geräumt.

*Drau=Front: Es begann das Unternehmen „Waldteufel"*, d. h. Angriff in das Donau=Save=Dreieck. In der 1. Welle in Richtung Mohács die 297. Inf.=Div.; nach Osten abschirmend die 11. Lw.=Feld=Div.; nachgeführt werden die 104. Jäg.=Div. und die 1. Kos.=Div. Erstes Ziel: Erreichen des Höhengeländes, dann Fortführung des Angriffs in Richtung Mohács. Seit 5.00 Uhr Einrichtung des Fährbetriebs; dagegen Einsatz russischer Schlachtflieger. Um 4.00 Uhr begann auch der Angriff der 2. Pz.=Armee, die 2—3 km beiderseits Nagybajom vorkam; noch keine näheren Einzelheiten über den Angriff der Gruppe Sepp Dietrich (Tarnname: „Höherer Pionier=Führer der Heeresgr. Süd"). Im Papuk=Gebirge haben sich Teile des Feindes gesammelt und greifen an.

*Südwesten*

Einsatz von 500 feindl. Jägern im Angriffsraum. Fortsetzung der Angriffe und Erweiterung nach Westen zur Fesselung nach Osten, um die Paß=Straße weiter zu öffnen. Dabei Abwehr von 5 Angriffen durch die 29. Pz.=Gren.=Div.; auch die 232. (bodenst.) Inf.=Div. hat sich gut geschlagen. Es war jedoch notwendig, die HKL in die Bergatello=Stellung zurückzunehmen. Es fragt sich, ob die 10. amerik. und die 1. brasil. Inf.=Div. durch die 1. amerik. Pz.=Div. unterstützt werden.

Aus dem Raum von Rimini soll die 5. kanad. Div. nach Lucca verlegt sein; trifft dies zu, dann käme Einladung in Livorno oder Einsatz im Angriffsraum

1 Ms.: Shalki

in Betracht. Südlich Imola soll die 6. brit. Pz.-Div. durch eine italienische abgelöst worden sein. In Livorno Abnahme des Transportraums; in Gibraltar Einlaufen von 3 Kreuzern in das Mittelmeer und Herauslaufen eines größeres Geleits.

*Westen*

Aus England sollen 2 Inf.-Div.en und 1 Pz.-Div. zugeführt worden sein. In den Osthäfen noch immer keine Anzeichen für eine größere Landung. Bei den Kanadiern ist wegen gesteigerten Nachschubs im Januar und Februar der Zulauf von 3 Inf.-Div.en und 2 Pz.-Div.en anzunehmen, d. h. also 8 Div.en. Außerdem haben die Briten jetzt durch Verengung des Angriffsraums 4 Inf.-Div.en und 3 Pz.-Div.en freibekommen, zusammen mit der noch nicht eingesetzten 7. Pz.-Div. also weitere 8 Verbände. Auch die 9. amerik. Armee hat jetzt Kräfte frei. Der OB West rechnet mit einem vorgestaffelten Angriff der Briten. Bei Trier sind die feindl. Kräfte nicht verstärkt.

Im Brückenkopf der 1. *Fallsch.-Jäg.-Armee* (26. Kampftag) hat sich die Lage weiter verschärft, besonders an der Südfront, an der eine eigene Kräftegruppe vernichtet wurde.

Es muß mit der mehr oder minder weitgehenden Zerschlagung der Pz.-Lehr-Div. und 116. Pz.-Div., der 84. und 406. Inf.-Div., der Werfer-Brig. 16 und 2 Sturm-Geschütz-Abt.en gerechnet werden. Die Munitionslage ist kritisch. Die Härte der Kämpfe zeigt der Abschuß von 302 Panzern innerhalb von 4 Tagen bei der *Heeresgr. H.* Ein erster Versuch, über den Rhein überzusetzen, wurde abgewiesen. Die eigenen Brückenköpfe am Westufer sind alle zerschlagen.

*Heeresgr. B* (11. Kampftag): Die 2 OB.er der 5. Pz.-Armee und der 15. Armee sind ausgewechselt. Der Chef des Gen.-Stabs des OB West, Gen. Westphal, ist heute bei der Führerlage. Vom OB der Heeresgr. B liegt ein Antrag wegen Luftlandung vor; zu entscheiden ist der Einsatz des Wehrkreises VI. Der nordwestlich von Köln gehaltene Brückenkopf wurde zusammengedrängt und in zwei Teile aufgespalten. Auch nördlich und nordwestlich Köln drang der Feind durch die eigene Linie durch. Er kam bis in die Innenstadt heran, wo Infanterie fehlte. An der Südflanke und an der Naht des V. Fallsch.-Korps kritische Lage. Die Linie verläuft jetzt nördlich Bonn nach Südwesten. Am rechten Flügel der 15. Armee weiterer Geländeverlust. Der Gegner macht am Tage 1—2 km frei und setzt dann am nächsten Tag den Kampf fort. Kämpfe bei Gmünd um Bunker. In die Stadt Kyll drang der Gegner ein. Ostwärts von Kyll stießen feindl. Panzer weiter nach Norden durch, die von Alarmeinheiten abgeriegelt wurden. Es wird jedoch gehofft, die Lücke schließen zu können. Der Antrag des Gen.-Obersten Hausser, auf eine Sehnenstellung zurückzugehen, hat der OB West abgelehnt, um den Zusammenhang mit dem Westwall aufrechtzuerhalten. Der Angriff der 6. SS-Geb.-Div. begann um 23.00 Uhr planmäßig und kam über Kampnaden[1] trotz zähen Widerstandes voran.

1 Etwa: Lampaden (vgl. S. 1161).

*Heeresgr. G:* Forbach ist nunmehr verloren. Eine neue HKL wurde aufgebaut. Bei Spichern gleiche Lage.

Die Munitions- und Betriebsstoff-Lage hat sich weiter verschärft. Der Chef OKW gab 500 cbm frei; der Rest der OKW-Reserve beträgt noch 500 cbm.

*Reich*

Es wurden folgende Dringlichkeitsstufen für Eisenbahntransporte festgelegt:

1. Wehrm.-Transporte (Operation und Nachschub),
2. Kohle,
3. Ernährung,
4. Notprogramm von RuK,
5. Flüchtlinge (praktisch also keine Flüchtlingszüge mehr).

Ein Führerbefehl soll herausgehen. Die Wehrwirtschaft komplementiert nur noch; allein bei der Munition wird neu gefertigt.

**Lagebuch 7. 3.[1] 45**

*Osten*

*Zuführungen in den Osten vom 12. 1.–1. 3.:*

*Endziel: 42 Verbände* (vom 1. 3. noch weitere Verbände vorgesehen). Bis 12. 2. zugeführt 33 Verbände, und zwar

1. von der Heeresgr. Kurland: 10 Verbände, davon 9 zur Heeresgr. Weichsel: 83. Inf.-Div., 4. Pz.-Div., 32. Inf.-Div., 227. Inf.-Div., SS-Pz.-Div. „Nordland", SS-Pz.-Div. „Nederland", 389. Inf.-Div., 281. Inf.-Div., 93. Inf.-Div. (zur Heeresgr. Nord), 215. Inf.-Div.,
2. vom AOK 20 aus Norwegen 3 Verbände, nämlich 163. Inf.-Div., 199. Inf.-Div., 169. Inf.-Div.,
3. vom OKM von der Nordseeküste 1 Verband: 1. Marine-Div. (früher Mar.-Schütz.-Div.),
4. vom SS-Führungs-Hauptamt 4 Verbände: 18. SS-Pz.-Gren.-Div., SS-Div. „30. Januar", 31. SS-Freiw.-Gren.-Div. und 37. SS-Kav.-Div. (diese zur Heeresgr. Süd),
5. vom BdE 6 Verbände: Div. „Kurmark", „Döberitz" und „Berlin", 275. Inf.-Div., Pz.-Div. „Jüterbog" und Pz.-Div. „Schlesien". Ferner nach dem 1. 3. befohlen: 600. Inf.-Div. (russ.) und Pz.-Div. „Müncheberg",
6. vom OB West 10 Verbände; zur Heeresgr. Weichsel: 712. und 711. Inf.-Div., 269. VGD., 25. Pz.-Gren.-Div., 21. Pz.-Div., 10. SS-Pz.-Div., Führer-Gren.- und Führer-Begleit-Div., 27. und 28. SS-Freiw.-Div.; ferner zur Heeresgr. Süd: 4 Verbände (1., 2., 9. und 12. SS-Pz.-Div.),
7. vom OB Südwest: 3 Verbände zur Heeresgr. Süd (356. Inf.-Div., 16. SS-Pz.-Gren.-Div., ferner nach dem 1. 3. befohlen: 715. Inf.-Div.).

1 Ms.: 6. 3.

*Heeresgr. Süd: Angriff in Ungarn.*

Bei den über die Drau vorgestoßenen Kräften, die 2 Brückenköpfe bildeten, mußte die Spitze wieder zurückgenommen werden. Erreicht ist eine Tiefe von 4—6 km. Die 104. Jäger=Div. seit Nachmittag beim Uferwechsel. Feindl. Feuer gegen die Brücken, ferner Luftwaffen=Einsätze. Gegen Esseg wurde die 36. Tito=Div. erkannt, gegenüber der 11. Lw.=Feld=Div. die 16. Tito=Div. Die 2. Pz.=Armee greift an mit 4 Div.en, nämlich der 71. Inf.=Div. und der 13. SS=Div. (Tarnbezeichnung für die 16. SS=Pz.=Gren.=Div. aus Italien), der 1. Volks=Geb.=Div. und der 118. Inf.=Div. Fortschritte am Südflügel trotz stärkeren Widerstan=des. Heute früh Fortsetzung des Angriffs, wegen des Wetters geringe Tätigkeit der Luftwaffe. Zwischen den Seen kam das Kav.=Korps gut voran, südlich des Ve=lencze=Sees Stoß nach Südosten. Das Gelände ist noch sehr schlecht; die Panzer bleiben stecken. Besserung der Wegeverhältnisse wird erwartet. Bei der 8. Ar=mee weiter Druck und neue Einbrüche.

*Heeresgr. Mitte:* In Breslau gleiche Lage. Anstelle des bisherigen Komman=danten, Gen. v. Ahlfen, trat der Gen. Niehoff[1]. Der Stellvertretende Kommandant, Gen. Koch=Erpach, führt die neue Gruppe Schlesien. Sein bisheriger Chef, Gen. v. Loßberg, wurde durch einen jüngeren Gen.=Stabs=Offz. ersetzt. Der Gau=leiter Hanke sprach über den Rundfunk zur Öffentlichkeit. Bei Lauban sind die eigenen Kämpfe zum Abschluß gekommen. Der Frontbogen konnte geschlos=sen werden; jedoch konnte der Feind vorher im wesentlichen ausweichen. Es ist gelungen, die Bahn wieder freizukämpfen. Herausgezogen wird wegen seiner Geländekenntnis dieses Raums von Stettin das Gen.=Kommando des XXXIX. AK.

*Heeresgr. Weichsel:* 1 feindl. Oderbrücke durch die Luftwaffe zerstört. Nächt=licher Handstreich gegen Küstrin wurde abgewiesen. Nordwestlich Stargard Einbrüche. An der Persante bis zur See, ebenso in Gollnow und ostwärts Pö=litz starker feindl. Druck. Unklar ist, ob der Gegner bereits die Stettiner Bucht erreichte. Ostwärts Wollin feindl. Panzerspitzen. Die Brücke wurde gesprengt. Von Kolberg keine neuen Meldungen. Die Gruppe Tettau, die in der Nacht aus der Luft versorgt wurde, steht zur Zeit südostwärts Greifenberg; eine weitere Gruppe ostwärts Schivelbein; die Gruppe Krappe meldet sich nicht mehr, da der Feind den Funkweg zur Täuschung benutzte. Gegen die Westfront 2 Ar=meen. Feindl. Druck bei Stolp, Bütow und jetzt auch bei Heidenwald. In *Grau=denz* ist der eigene Widerstand zu Ende gegangen. Der Feind meldet die Ge=fangennahme von einem General und 5 000 Mann.

In *Ostpreußen* Angriffe bei Zinten. Die Div. „Großdeutschland" schoß 20 Panzer ab.

*Kurland*

Weitere Angriffe ostwärts Libau ohne größere Geländeverluste; jedoch ist die Front jetzt in die Nähe der Quereisenbahn gerückt, die hinter der Front noch benutzt wird.

2 Ms.: Miewe

Insgesamt 2 000 feindl. und 437 eigene Luftwaffen-Einsätze, dabei 25 Abschüsse und 8 Verluste.

Feindl. Schwerpunkte bei Breslau — Frankfurt a. d. O. — Königsberg, der eigene ostwärts Wollin.

*Nordraum*

Erstmalig wieder Luftaufklärung in Lappland; dabei ein Flugplatz bei Kirkenes belegt festgestellt. Die Transporte fließen seit 8 Tagen nur langsam; 3 Schiffe sind mit 1 700 Mann der 169. Inf.-Div. abgefahren. Ein Luftangriff auf einen Dampfer ohne Erfolg. Es werden jetzt auch Soldaten der Luftwaffe abgefahren, die an das Heer abgegeben werden.

*Westen — Reich*

Wegen des Wetters keine Einflüge von 4-mot. Bombern aus dem Süden und Westen. Nur 150 Briten gegen Salzbergen. In der Nacht 150 Flugzeuge gegen den Hafen Saßnitz, der ohne milit. Bedeutung, aber mit Flüchtlingen stark belegt ist. Dabei schwere Schäden, ein Lazarett-Schiff ausgebrannt; anscheinend keine Ausfälle bei den Schiffen auf der Reede. In der Nacht 80 Moskitos gegen Berlin, 50 gegen Wesel.

Seit Beginn der feindl. Offensive sind 41 schwere und 35 mittlere und leichte Flak-Battr.en verlorengegangen. Sie schossen 135 Panzer und 100 Flugzeuge ab. (Insgesamt sind in den letzten 10 Monaten 3,5 Millionen Gewehre verlorengegangen.)

*Südosten*

In Zenica gleiche Lage. Am Ivan-Sattel wurden Angriffe abgewiesen. Die 7. SS-Geb.-Div. hat einen Vorstoß von Norden gegen Travnik unternommen und soll dann wieder zurückgeholt werden. Die Reste der Div. „Skanderbeg" in Verlegung von Brod nach Doboj. Das Westufer der Drina ist jetzt feindfrei. Bei Bihać Fortgang der Kämpfe.

*Südwesten*

200 Angriffe gegen die Brenner-Strecke und gegen Padua. Am 4. 3. 2 Geleite mit 46 Schiffen, ferner 1 Flugzeugträger und 1 Kriegsschiff, anscheinend ein Schlachtschiff. Diese Bewegung verdient starke Beachtung. In Salerno normale Bewegung. In Pola durch Luftangriffe wieder Werftschäden.

Am linken Flügel des LI. Geb.-Korps setzte der Gegner seine Angriffe nicht fort. Durch Gegenangriffe konnten seine Gewinne beträchtlich eingeengt werden. Ein Angriff südostwärts des Comacchio-Sees wurde abgewiesen. Von der 715. Inf.-Div. konnten bis jetzt 18 Züge abgefahren werden.

*Westen*

Durch die restlichen Einheiten der Fallsch.-Jg.-Armee war bisher Nordholland belegt. In der Nachtlage ist befohlen worden, vornehmlich den Raum um Ijssel zu belegen und außerdem dazu die Einheiten des Wehrkreises VI heranzuziehen, da mit einer taktischen Luftlandung über den Rhein entweder im Raum Emmerich — Wesel oder im Ruhrgebiet gerechnet wird, welche dem Feinde das operative Antreten ermöglichen soll. Bei der Eisenbahn ist in den letzten Tagen eine Entlastung eingetreten.

Der Feind ist mit Vorbereitungen zum Rhein=Übergang befaßt, der jederzeit möglich sein wird. Die 101. LL=Div. bei Sedan, die 82. LL=Div. bei Sissonne; die 17. LL=Div. ist zur Zeit nicht geortet.

*Heeresgr. H:* Der eigene Brückenkopf bei Wesel wurde in harten Kämpfen trotz eines Gegenangriffes weiter eingeengt. Die Front ist nur stützpunktartig besetzt. Der OB West meldet, daß der Gegner im Raum von Xanten Vernebelung zu unbekanntem Zweck durchführt. Durch Wiederherstellung der beschädigten Straßenbrücke und der Eisenbahn=Brücke für 30 to=Verkehr ist der Brückenkopf noch mit dem Ostufer verbunden. Als Reserve im Raum von Emmerich wird die 15. Pz.=Gren.=Div. bereitgestellt. Die Verlegung der Pz.=Lehr=Div. in den Raum von Köln wurde angehalten, um sie weiter nördlich als Reserve bereitzuhalten. Beide Div.en haben jedoch im wesentlichen keine Panzer mehr. Im Raum von *Köln* Fortgang des Großkampfes. Der Gegner drang von Westen in die Stadt ein und erreichte das Ufer. Nur einzelne Stützpunkte hielten noch. Nördlich der Stadt wurde die 9. Pz.=Div. zusammengedrückt. Der Kommandeur fiel. Die Hohenzollern=Brücke ist gesprengt worden. Südlich von Köln wurde die HKL bis an die Autostraße zurückgedrängt. In Brühl Kämpfe.

Die Amerikaner verlegen jetzt ihren Schwerpunkt in den Angriff nach Süden und Südosten und erzielten dabei Einbrüche, zum Teil tiefe; am weitesten kam ein Vorstoß bis Neuenahr, ein weiterer gegen Thohendorf[1]. Die eigene Besatzung besteht nur aus Stützpunkten, die zum Teil schon umschlossen sind. Auf dem linken Flügel der 15. Armee konnte der Feind am Kyll angehalten werden.

*Heeresgr. G:* Gefährdung der Lage entlang der Naht der Heeresgruppen. Die schwachen, aber sehr aktiven Kräfte des Feindes wurden bei Lauterbach angehalten. 30 Panzer im Vorstoß von Daun nach Südosten. Bei Herforst ein weiterer Einbruch. Von der 352. Inf.=Div. fehlen Meldungen. Zum Stoß von Lauterbach nach Kochem an der Mosel wird die 179. Inf.=Div. angesetzt. Der Angriff der 6. SS=Geb.=Div. wurde angehalten, um sie nördlich der Mosel anzusetzen; südlich der Mosel feindl. Gegenangriffe. Die 256. Inf.=Div. wurde auf die Rouwe zurückgedrängt. Die 6. SS=Geb.=Div. mußte die Hälfte des gewonnenen Geländes wieder preisgeben.

Fortgang der örtlichen Kämpfe bei Forbach und zwischen Saar und Blies.

In der Feindpresse wird darauf hingewiesen, daß das Hauptziel gewesen sei, die 1. Fallsch.=Jäg.= und die 15. Armee zu vernichten; erst das weitere Ziel sei das Erreichen des Rheins gewesen. Dies sei erreicht, das andere jedoch nicht. Außerdem ist von dem erneuerten V=1 Beschuß, der Fliegertätigkeit und der

1 So Ms.; etwa: Adendorf?

Schiffsraumnot die Rede. Am 4. und 5. 3. weilte Churchill im Westen. Er besuchte dabei Aachen und Jülich.

*Politik*

Tito bildete ein neues Kabinett, in dem er den Vorsitz und das Kriegsministerium übernahm.

Der Führer hat entschieden, daß für den Abschuß von 6 Panzern mit Pz.-Faust oder Pz.-Schreck das Ritterkreuz verliehen werden soll. Der Führer hat ferner befohlen, daß die Ist- und die Kampfstärken nach den jeweiligen Verhältnissen gleichlautend in Übereinstimmung gebracht werden sollen. Ferner werden die Versorgungseinheiten auf die Korps übertragen; die Div.en werden also keine Ib mehr haben. Zu klären ist, welche Stellung der Ib[1] fortan haben wird.

**Auszug aus Feld-Wirtschaftsamt, Amtsgruppe W, 2. Abt. (Ausland)**
**Kriegsberichte über die Kriegswirtschaft der Feindmächte vom 7. 3. 45**

*Sowjetunion*

a) Da in Oberschlesien nach kurzer Unterbrechung der Bergwerks- und Hüttenbetriebe die Arbeit wieder aufgenommen wurde, erzielte die Sowjetunion eine starke Steigerung ihrer Kohlen- und Rohstahlproduktion.

Der besetzte Teil von Oberschlesien förderte 85 Millionen Tonnen *Steinkohle* im Jahr (etwa 80% der oberschlesischen Gesamtförderung 1943) gegenüber 100 Millionen der sowjetischen Kriegswirtschaft (70% der Friedensförderung), die trotz der 1944 erzielten Steigerung immer noch ungenügend war. Ein starker Abtransport wurde beobachtet. Ein Teil verblieb offensichtlich in Polen, das auch die Verwaltung stellte. Wie weit es gelang, die erheblichen Transportschwierigkeiten zu überwinden, war noch nicht erkennbar.

An *Rohstahl* erzeugte Oberschlesien 1944 etwa 300 000 to im Monat; dadurch erhöht sich das gesamtrussische Jahresaufkommen, das für 1945 mit 25 Mill. to angenommen wurde, auf 28 Mill. Da gleichzeitig mit einer Steigerung in der Ukraine zu rechnen war, mußte für 1945 mit einer Gesamtzunahme um 10 Mill. to gerechnet werden.

Da die Walzwerk-Kapazität von Oberschlesien sich auf 2,5 Mill. to jährlich belief, war die Sowjetunion nicht mehr auf die Einfuhr von Walzwerkerzeugnissen aus den USA (1943: 3,5 Mill. to) angewiesen. Ferner schlossen sich die Versorgungslücken bei Blei und Zink; bis heute trat sogar ein Überschuß ein.

In Rumänien war die *Erdölproduktion* nach Pressemeldungen wieder auf eine Jahresleistung von 3,5 Mill. to angestiegen, was derjenigen vor der Besetzung Rumäniens entsprach. Daß ein Teil in die Sowjetunion abtransportiert wurde, zeigte, daß die Raffinerien nicht ausreichten; deren nunmehrige Leistungsfähigkeit wurde auf 2 Mill. to veranschlagt (vor der

1 D. h. der für die Versorgung zuständige Generalstabsoffizier.

Besetzung durch Luftangriffe abgesunken auf 0,5 Mill. to). Diese Produktion machte zwar nur 10% der sowjetischen aus, entlastete aber doch die Versorgung im Südosten und in Schlesien.

b) Die *Panzerproduktion* war bis Ende 1944 auf etwa 2 300 Panzer- und Sturmgeschütze monatlich hochgezogen worden, und zwar 1 300 T 34/85, 250 schwere Panzer, 200 mittlere und 550 leichte Sturmgeschütze. Dazu kamen noch 175—200 USA-Panzer (meist Sherman) im Monat. Die Verluste bis Ende Februar wurden auf 8 500, davon 4 600 im Februar geschätzt. Vor Beginn der Offensive wurde mit einem Bestand von 11 000 gerechnet, am 28. 2. mit einem Bestand von 8 500. Zum Ausgleich der Verluste standen anscheinend 7 300 zur Verfügung (Produktion und Einfuhr von 1½ Monaten und Vorrat von 3 500). Der Vorrat war offensichtlich noch nicht aufgebraucht, vielmehr mit 1 200 anzusetzen. Demnach waren die Panzerbestände bei den Verbänden um ¾, die Reserven auf ⅓ gegenüber dem 12. 1. abgesunken. Bei Anhalten der Verluste in gleicher Höhe müßte Ende März die Reserve aus Produktion und Einfuhr aufgebraucht und dann ein Absinken zu erwarten sein.

Die Nachrichten über das Auftreten des neuen schweren Panzers „Schtschuka" (Recht), der gegen alle deutschen Pz.-Bekämpfungsmittel unempfindlich sein solle, hatten sich inzwischen verdichtet. An der Front aufgetreten waren ein neues 12,2 cm-Sturmgeschütz und ein neues mittleres 10 cm-Sturmgeschütz.

c) Bei den *Kraftfahrzeugen* waren über 50% amerik. Ursprungs. Durch Wiederaufnahme der Produktion in Moskau und das Anlaufen eines großen Werkes im Ural erhöhte sich nunmehr auch die Eigenproduktion.

d) Die Frage der *Einfuhr* vereinfachte sich wieder, da nach fast einjährigen Verhandlungen das 4. Pacht-Leih-Abkommen mit den USA, Großbritannien und Kanada für die Zeit vom 1. 6. 44—30. 6. 45 abgeschlossen wurde. Inzwischen hatten die Westmächte weiter geliefert, was sie als notwendig ansahen. Ein Rückgang war nur bei den Flugzeugen erkennbar geworden: in 11 Monaten des Jahres 1944 wurden 4 400 gegenüber 5 200 im Jahre 1943 geliefert. Bei den Kraftfahrzeugen war sogar eine Steigerung anzunehmen: 1943 105 000 Kfz.e, elf Monate 1944 100 000. An Pz.-Kampfwagen wurden 1943 900, bis 1. 12. 44 1 900 geschickt.

## Lagebuch 8. 3. 45

*Osten*

*Feindlage:* Die Auswirkung des eigenen Angriffs ist noch nicht erkennbar. Mit Einsatz der feindl. Pz.-Reserven wird heute oder morgen gerechnet. Bei der 8. Armee ist die Lage unverändert.

In Schlesien 4 feindl. Schwerpunkte: Bielitz, Ratibor (wo am 10. 3. ein Angriff erwartet wird), Grottkau (wo Panzer festgestellt wurden und gleichfalls ein Angriff bevorsteht) sowie im Raum Zobten—Striegau. Die 4. Garde=Pz.=Armee noch im Raum von Liegnitz mit unbekanntem Auftrag. Die 3. Pz.=Armee im Raum von Lauban. Im Raum von Guben durch Verlegung nach Süden Auflockerung. Der Feind hat weiter die Absicht, Küstrin als Basis für den Angriff herauszubrechen. Südlich Stettin wurden 50 Panzer festgestellt. Ostwärts der Stadt 1 Schützen= und 1 Pz.=Korps. Die 2. Pz.=Armee im Einsatz nach Westen und Südwesten. Die 1. Pz.=Armee südlich Kolberg. Ähnlich wie die 2. Armee hat die weißrussische Front alle Kräfte herausgezogen, um den Brükkenkopf Danzig zu nehmen; dazu wurden auch Kräfte von Ostpreußen weggezogen. Im Samland Verlegung des I. Pz.=Korps, vielleicht im Hinblick auf die eigenen Absichten.

*Heeresgr. Süd:* Keine wesentlichen Veränderungen. Gegenangriffe gegen die 2. Pz.=Armee. An der Drau=Front konnte die 11. Lw.=Feld=Div. vor Valpovo etwa 2 km Gelände gewinnen. Jedoch greift der Feind an. Das Übersetzen geht auf beiden 8 to=Fähren flüssig vor sich. Den Übersetzverkehr bedrohende Batterien konnten ausgeschaltet werden; jedoch ist noch keine Entscheidung der Lage eingetreten. Festgestellt wurden das XII. Banden=Korps und die 13. und 11. bulgar. Div. (die 12. Div. soll vor 14 Tagen weggezogen sein; sie ist jetzt vor der 2. Pz.=Armee aufgetreten). An ihre Stelle trat die 16. Tito=Div. Bei der 8. Armee ging Schemnitz [1] verloren. Ostwärts der Stadt kam der Gegner weiter vor. Angriffe vor Altsohl wurden abgewiesen.

*Heeresgr. Mitte:* In Breslau kam der Gegner, der die Südviertel systematisch in Brand schoß und sich dann vorschob bis zur Augustastraße (4. Straßenzug vor der Einsenbahnlinie) voran. Ferner Luftangriffe auf das Stadtgebiet. Bei Jablunka Angriffe von 2 Div.en, gegen Einbrüche Gegenstöße.

Bei Ratibor ist heute ein eigener Angriff angelaufen. Bei Lauban ist die Front nun geschlossen; 162 Panzer vernichtet, 10 eigene gingen verloren. Es wurden jedoch nur 176 Gefangene gemacht. Die Führer=Gren.=Div. wird nach Stettin verlegt. Die Führer=Begleit=Brig. bleibt im Raum von Görlitz.

*Heeresgr. Weichsel:* An der Oder nur örtliche Kämpfe. Durch die Luftwaffe wurden 2 Brücken zerstört. Südlich Stettin kam der Gegner weiter vor; im Osten nähert er sich bis auf 9 km Altdamm. Gollnow ist zum guten Teil verlorengegangen. Im Stettiner Haff keine eigenen Kräfte mehr. Rückzug der eigenen Kräfte bis Wollin; die eigenen Schiffe wurden aus Stettin ausgefahren, so daß in Swinemünde ein bedrohlicher Stau von Schiffsraum besteht. Der Ausfall von Stettin ist empfindlich. Der Durchbruch der Gruppe Tettau ist bisher gescheitert.

Der General Krappe ist mit 8 000 Mann (lt. feindl. Meldung) gefangengenommen. Weitere Angriffe bei Kolberg. Ein Ausbruchsversuch scheiterte. Gegenüber der 2. Armee weiterer Druck. Die 4. Pz.=Div. wird nach Norden herum=

1 Štiavnica

gezogen. Heute früh trat der Feind an dem Ostverteidigungsring von Danzig auf. Ferner hat er südlich der Marienburg den Übergang über die Nogat vollzogen und ist in die Niederung eingebrochen.

In *Ostpreußen* nur geringe Tätigkeit.

*Kurland:* In der Südostecke ging einiges Gelände verloren. Der Führer hat die beantragte Zurücknahme nicht gebilligt.

2 900 feindl. und 367 eigene Luftwaffen-Einsätze, 10 Abschüsse und 4 Verluste. Schwerpunkte wie bisher.

*Nordraum*

Unternehmen gegen die seit 14 Tagen vom Feinde besetzte Insel Sörö, dabei Vernichtung von 7 feindl. Flugzeugen. Die 7. Geb.-Div. hat jetzt die Armeegruppe Narvik erreicht; sie soll im Fußmarsch nach Süden und dann nach Dänemark geführt werden. Die 194. Inf.-Div. mit Spitze bei Mo. Der Reichskommissar für die Seefahrt will ab 9. 3. den Schiffsraum aus Norwegen wegen Kohlenmangels abziehen. Das OKW ist noch gegen diese Absicht, da es gelang, einmal 2 000 to über den Dortmund-Ems-Kanal heranzuführen; jedoch reichen diese nur für 4—5 Wochen. Eine endgültige Entscheidung steht noch aus. — Angriff von 50—60 Flugzeugen gegen ein Geleit bei Bergen; dabei gingen Prähme unter.

*Westen — Reich*

Keine Einflüge von Süden. Die 3 amerikan. Div.en vom Westen mit Schwerpunkt gegen Bielefeld. Im Westen wegen des Wetters nur 600 1- und 2-mot. Bomber, von denen 2 durch Strahler abgeschossen wurden. In der Nacht 300 brit. Bomber gegen Dessau, Hamburg und 150 gegen das Werk Hemmingstedt. Außerdem 60 Moskitos gegen Berlin.

*Südosten*

Ostwärts Serajewo wird die Zwischenstellung bezogen, am 8. 3. voraussichtlich die letzte. Der Feind versuchte, diese Bewegung zu stören. Im Ivan-Sattel erfolgreiche eigene Gegenangriffe. Es besteht die Absicht, weiter nach Südosten vorzustoßen und dann durch Einschwenken nach Norden den Feind von hinten zu packen. Bei Zenica Kämpfe.

*Südwesten*

Bei Gibraltar normaler Verkehr.

An der Südfront nur örtliche Kämpfe. Der Feind hat sich durch Einsatz seiner 3 ital. Div.en verstärkt. Die 29. Pz.-Gren.-Div. soll herausgezogen werden. Der OB Südwest ist am 8. 3. im FHQu. eingetroffen. An dem Westflügel nimmt nach Beginn der Schneeschmelze die Kampftätigkeit zu.

*Westen*

Nach Meldung der Luftwaffe rechnet auch diese mit einer taktischen Luftlandung. Eine Zusammenfassung des Transportraums ist noch nicht beobachtet worden, ist jedoch kurzfristig möglich. Der Führer verlangt, daß die Ausb.-

Einheiten aller 3 Wehrmachtteile, soweit dies technisch möglich ist, hinter die Westfront verlegt werden mit Ausnahme der Flak, weil diese ortsgebunden ist. Die Ersatz=Einheiten verbleiben dagegen. Ein entsprechender Befehl soll heraus=gehen. Der Zulauf der Fallsch.=Jäg.=Einheiten ist im Gange.

Der Führer rechnet mit einem Unternehmen im Raum von Arnheim. Über die Briten besteht im Augenblick keine Klarheit. Zwischen Emmerich und We=sel, wo der Feind weiter vernebelt (vielleicht wegen Verschleierung des Nach=schubs), Kampfruhe. Auf 20 km sind 500 Mann Sich.=Einheiten und 7 Sturm=Geschütz=Einheiten verteilt. Es besteht Mun.=Mangel. Die Rhein=Stellung ist erst im Ausbau begriffen, besitzt keine Tiefe und keinen Draht. Im Brücken=kopf Wesel ist eine Stabilisierung eingetreten, da der Feind Kräfte abgezogen hat (vielleicht in den Raum Emmerich — Wesel?). Das Übersetzen der schweren Waffen über den Rhein ist gut gelungen. Sparen mit Munition ist notwendig. Großkampfraum Köln (3. Schlachttag): zwischen Dinslaken und Köln keine Einbrüche; lebhaftes Artl.=Feuer. Nördlich Köln konnten die Reste der 9. Pz.=Div. zurückgeführt werden. *In Köln ist der Widerstand erloschen.* Südlich Köln hält sich noch ein Rest. Um Bonn ein Bogen am Stadtrand. Zur Verfügung steht die Sturm=Gesch.=Brig. 106. Bei der 15. Armee ist die Lage sehr kritisch geworden, da der Gegner auf beiden Flügeln den Rhein erreichte und das Gen.=Kdo. LIII. AK. überrollte. Eine einheitliche Führung ist wohl nicht mehr vor=handen. Der Feind gelangte bis Kreuzberg und gelangte bis zur *Brücke bei Remagen*, die anscheinend mit Flüchtlingen verstopft war. Er überschritt sie und konnte am Ostufer einen Brückenkopf bilden. Ein Gegenangriff heute früh. Die 11. Pz.=Div. wird von Bonn geholt, jedoch fehlt Betriebsstoff. An der Westfront der 15. Armee nur örtliche Einbrüche. Auf dem linken Flügel gleich=falls Einbrüche und Aufspaltung der eigenen Kräfte. Der Feind besetzte Kochem und drang bis 5 km westlich Koblenz vor. Der Vorstoß erfolgte also gerade auf der verlegten Naht. Bei Herforst weitere Angriffe. Der linke Flügel hält trotz Verlust von Quint noch an der Mosel fest.

Bei der Heeresgr. G nur örtliche Kämpfe.

**Lagebuch 9. 3. 45**

*Osten*

*Gliederung zur Zeit:*

*Heeresgr. Süd:* Pz.=AOK 2, Armeegruppe Balck (SS=Pz.=AOK 6 und AOK 6), AOK 8,

*Heeresgr. Mitte:* Armeegruppe Heinrici (AOK 17 und Pz.=AOK 1), Pz.=AOK 4,

*Heeresgr. Weichsel:* AOK 9, Pz.=AOK 3, AOK 2,

*Heeresgr. Nord:* AOK 4, Armee=Abt. Samland,

*Kurland:* AOK 18, AOK 16 (OB jetzt Gen. v. Vietinghoff).

*Heeresgr. Süd:* Angriffe gegen den Brückenkopf von Valpovo wurden ab=gewiesen. Dagegen hat sich die Lage im westlichen Brückenkopf verschärft. Der

Feind engte den Brückenkopf ein (dabei die 84. russ. Schütz.=Div. sowie Panzer, ferner die 16. bulgar. Div., bisher Armee=Reserve, sowie die 22. bulgar. Inf.=Div., ferner deutsche Panzer IV, vielleicht Teile der bulgar. Pz.=Div.). Verstärkungen im Hintergelände und an den Drau=Übergängen machen Fortsetzung der Angriffe gewiß. Der eigene Angriff wird fortgesetzt, um den Gegner zu binden, falls nicht in den nächsten 48 Stunden durch die Angriffe von Norden eine Wendung der Lage eintreten wird. Durch heftige Luftangriffe (500 russ. Einsätze in Ungarn) Ausfälle an Übersetzmitteln. Die 2. Pz.=Armee kam mehrere km voran. Bei Schemnitz weiter Kämpfe. Bei Altsohl und Briesen Abwehr des Feindes.

*Heeresgr. Mitte:* Im Brückenkopf von Ratibor Geländegewinn bis zu 4—5 km. In Breslau gleiche Lage.

*Heeresgr. Weichsel:* Dagegen hat sich die Lage in Küstrin sehr verschärft. Der Feind ist bis in die Stadt eingedrungen. Weitere Einbrüche bei Greifenberg. Dagegen eigene Erfolge ostwärts Altdamm. Feindl. Fliegerangriffe gegen Stettin. Bei Kolberg gleiche Lage. Die Gruppe Tettau konnte sich nach Horst (Ostsee) durchschlagen. Schwerpunkt des Feindes bei Danzig. Karthaus und Schöneck gingen verloren.

*Ostpreußen:* Lage wie bisher.

*Kurland:* Erfolgreiche Abwehr in der Südecke. Im gesamt 2 270 feindl. und 625 eigene Einsätze, dabei 32 Abschüsse und 8 Verluste. Feindl. Schwerpunkte bei Küstrin und Königsberg.

*Westen — Reich*

Einflug von 400 Bombern aus Italien gegen Verkehrsziele in Südostdeutschland, Ungarn und der Slowakei, davon 120 gegen Verona abgezweigt. Im Westen Angriff der 3 amerikan. Div.en gegen Verkehrsziele im Raum Ludwigshafen, Siegen und das Industriegebiet. Eingesetzt wurden 10 eigene Flugzeuge gegen die Brücke von Remagen; nur 2 Treffer wurden erzielt. Die Luftwaffe und Marine sollen prüfen, was sie noch erreichen können, da die Bildung dieses Brückenkopfes unabsehbare Folgen haben kann. Nachts 300 Briten gegen Kassel, 100 gegen Hamburg, wo das Lazarettschiff „Robert Ley" ausbrannte, 60 gegen Berlin, ferner 200 russ. Einsätze.

Die Rangierkapazität ist auf 40% gesunken. Durch eine Gewaltaktion des Reichsministers Speer werden jetzt 2 Millionen Arbeitskräfte (darunter auch Ausländer) eingesetzt. Der Kohlentransport aus Oberschlesien und Mährisch=Ostrau ist von 2 300 auf 3 500 hochgezogen, der aus dem Ruhrgebiet von 8 000 auf 700 abgesunken. Der BdE gibt 6 Feld=Ausb.=Div.en ab, an die Front im Westen 4, in den Osten 2 (dadurch Ausfall von Marsch=Batl.en).

Im Februar wurden an Sturm=Geschützen usw. an den Osten gegeben: 1 555, an den Westen: 67, an den Südwesten: 20.

Der Befehl des Führers für die Umgliederung der Div.en (siehe vorige Aufzeichnung) wird erst heute unterschrieben (s. S. 1154).

*Südosten*

Am Ivan=Sattel griff der Feind an; bei Zenica setzte er sich ab. Bei Doboj Vorgehen der Cetniks. Bei Barcs Störungsfeuer und feindl. Bewegungen (etwa Abzug von Kräften?). Bei Bjelina Säuberung.

*Südwesten*

Die 232. (bodenständige) Div. wird herausgezogen; Zusammenlegungen werden notwendig sein. Ferner wird bis 15. 3. die 334. Inf.=Div. als Heeres=gruppen=Reserve westlich Bologna herausgezogen.

*Westen*

Durch Funkaufklärung ist jetzt gewiß, daß die Briten im Raum Kleve–Kal=kar[1] 6–7 Verbände versammeln. Diesen gegenüber steht das Gen.=Kdo. XLVII. Pz.=AK. mit der 84. und 245. Inf.=Div., dahinter die Reste der 15. Pz.=Gren.=Div. als Reserve. Der OB West soll gefragt werden, was er beab=sichtigt, die Luftwaffe und Kriegsmarine, ob sie Treibminen und andere Mittel einsetzen können. An der Flußfront südlich ist noch kein Schwerpunkt zu er=kennen. Gegen Bonn dagegen stärkerer Einsatz. Bei Remagen hat der Gegner die 78. Inf.=Div. und Teile der 9. Inf.=Div. und der 9. Pz.=Div. herübergeworfen. Dagegen wird die Gruppe Gen. v. Kortzfleisch angesetzt. Den Durchbruch bei der 15. Armee vollzog die 11. amerikan. Pz.=Div., die sich einen schmalen Schlauch schaffte. An der Naht verstärkt sich der Gegner weiter. In den unte=ren Vogesen ist die 45. Inf.=Div. noch geblieben. Möglich ist eine Ansammlung von Kräften in der Weißenburger Senke. Das würde auf die Absicht hinaus=laufen, die noch westlich des Rheins stehenden Kräfte in eine Zange zu neh=men, um sie zu vernichten, worauf dann die Besetzung des Ostrheins erfol=gen soll.

Von der 346. Inf.=Div., die von den holländ. Inseln abgezogen wird, ist ein Teil abgefahren. Im Brückenkopf von Wesel sind jetzt noch eingesetzt: die 3. Fest.[2]=Div., die 116. Pz.=Div. Der Feind engt den Brückenkopf weiter ein. Er erreichte die Höhen von Xanten, die ihm einen Einblick ermöglichten. Die Stäbe werden herausgezogen, um die Verteidigung beiderseits am Rhein zu über=nehmen. Die Div. „Hamburg" kommt an den Südflügel. Südlich Köln wurden die eigenen Reste auf das Ostufer übergesetzt. Auf Bonn starker Druck; die Brücke konnte noch gesprengt werden. Seit 2 Uhr fehlt die Verbindung. Die Panzer wurden vorher auf das Ostufer zurückgenommen. Bei Remagen griff die 11. Pz.=Gren.=Div. an und konnte einen Ort zurückgewinnen; jedoch er=weiterte der Feind seinen Brückenkopf nach Nordosten. Heerestruppen kamen heran.

Die 15. Armee ist in die allerschwierigste Lage gekommen. Auf den südlichen Ahr=Höhen konnte der Gegner aufgefangen werden. Durch den Einbruch ist die einheitliche Führung verlorengegangen. Im Raum Koblenz und an der Mosel

1 oder: Kevelaer; Ms.: Celvar. 2 So Ms.

stieß der Feind weiter vor. Von Weißenburg wird das LXXXIX. AK. zugeführt; die 6. SS-Geb.-Div. wird jetzt versammelt.

An der Nordfront der 7. Armee Ruhe. An der Westfront starke Angriffe. Deshalb Zurücknahme der HKL in den Salm-Abschnitt. Bei Lampaden[1] setzten sich die eigenen Kräfte nach Südosten ab.

**Lagebuch 10. 3. 45**

*Osten*

*Heeresgr. Süd:* Im ostwärtigen Drau-Bogen konnte ein Ort genommen werden. Im westlichen Drau-Abschnitt hat sich die Lage verschärft, da der Feind durch einen Einbruch unsere Verbände aufspalten konnte. Er hat Einsicht auf die Übersetzstellen, so daß der Nachschub erschwert ist. Der OB Südost rechnet mit einer weiteren Verschärfung der Lage. Er will den Schwerpunkt auf den ostwärtigen Brückenkopf verlegen, wo jedoch nur die 1. Kos.-Div. zur Verfügung steht, von der keine wesentliche Änderung der Lage zu erwarten ist.

Bei der 2. Pz.-Armee gleiche Lage. Bei der Armeegruppe Balck kam das Kav.-Korps vor. Im Südwesten drang die SS-Div. „Totenkopf" vor. Hier wird die 23. Pz.-Div. nachgezogen. Südlich des Velencze-Sees gleiche Lage. Bei der 8. Armee örtliche Kämpfe.

*Heeresgr. Mitte:* Bei Schwarzwasser seit heute früh Trommelfeuer. Bei Grottkau feindl. Aufklärung. Der Kern der Stadt Striegau gesäubert; die Strecke bei Lauban wieder befahrbar. An der Südfront von Breslau wiederum heftige Kämpfe. Bei Guben örtliche Kämpfe. Südlich Küstrin wurden in der Vorstadt Kietz Angriffe abgewehrt. Sonst weiter kritische Lage. Abwehr bei Stettin, wohin die 24. Pz.-Div. gezogen wird. Über die Gruppe Tettau liegen keine neuen Meldungen vor. Kolberg weiter von allen Seiten angegriffen, dabei auf beiden Seiten hohe Verluste. Aus Kolberg wurden abtransportiert 25 000 Menschen; 40 000 müssen noch abtransportiert werden. Die in Swinemünde liegenden Kräfte sind für Einsatz an der pommerschen Küste freigegeben, darunter die Kreuzer „Lützow" und „Scheer".

Verbindung über Königsberg ist möglich; ferner wird ein Funkverkehr über Bornholm eingerichtet. Bei Karthaus brach der Feind mit 10 Panzern in den Raum westlich Zoppot durch; 5 wurden abgeschossen. An der Nogat gleiche Lage.

In *Ostpreußen* mußte der Kanal durch Eisbrecher aufgebrochen werden. Bei Zinten örtliche Kämpfe.

In *Kurland* gleiche Lage.

3 430 feindl. und 1 718 eigene Luftwaffen-Einsätze, 39 Abschüsse (19 davon in Ungarn) und 11 Verluste.

*Nordraum*

Auf der Insel Sörö wurden 3 Norweger gefangengenommen. Der Wehrm.-Befehlshaber beantragte, die 1 300 Mann Luftwaffe, die zum Heer abgegeben

1 Ms.: Lamphagen

werden sollen, ihm noch weiter zur Bewachung zu belassen, da sonst die Sabotage ansteigen würde.

*Westen — Reich*

Von Süden 400 Bomber gegen Klagenfurt und Graz. Im Westen die 1 100 amerikan. Bomber gegen Verkehrsziele und Industrieziele im Raum von Kassel, Frankfurt a. M. usw., ferner 150 Briten gegen Dortmund, ferner 50 gegen den Dortmund=Ems=Kanal; sie mußten jedoch vorher abdrehen. Im Westen 2 000 Einsätze. Gegen die Brücke von Remagen 32 eigene Einsätze, dabei 2 Treffer. Der Verkehr läuft jedoch weiter.

In der Nacht 70 gegen Berlin. Ferner Verminung des Skagerrak und der Deutschen Bucht.

*Südosten*

Am Ivan=Sattel geht der eigene Angriff nicht weiter. Einsatz von Norden ist geplant. Die 36. Inf.=Div. wird herangezogen. Bei Doboj Entspannung der Lage durch das Herankommen der ersten Teile der „Skanderbeg"=Div. und der Feld=Ersatz=Div. und der 7. SS=Geb.=Div. Bei Virovitica Übersetzversuch von 80 Mann, wodurch die Sturm=Div. des OB Südost gebunden ist. Im westlichen Papuk=Gebirge Säuberung durch die Kroaten. Bei Bihać geht die Säuberung weiter.

*Südwesten*

Angriff von 2mot. Bombern gegen Turin und Udine.

Die feindl. Lage hat sich wie folgt verändert:

Die 2. neuseeländ. Div., deren Verbleib jetzt unbekannt ist, wurde durch die 5. engl. Inf.=Div. abgelöst. Dadurch ist die poln. Korpsgrenze nach Nordosten verschoben worden. An der Küste ist die 1. kanad. Inf.=Div. durch die 8. amerikan. Inf.=Div. ersetzt worden; sie scheint jetzt mit dem kanad. Korps bei Ancona zu liegen. Wo die 5. kanad. Inf.=Div. steht, ist zur Zeit unbekannt. Das V. brit. Korps hat also den Abschnitt bis zur Küste übernommen.

Der Generalfeldmarschall Kesselring hat am 9. 3. dem Führer Vortrag gehalten. Über die Verteidigung von Pola soll ein neuer Befehl herausgehen.

*Westen*

Neue Verminung der Schelde. In der Nacht vom 8./9. 3. wurde von den Kanalinseln aus ein Überfall gegen den Hafen Granville durch 11 Fahrzeuge unternommen; dabei wurden 5 Schiffe mit 4 800 BRT versenkt, ein größerer Dampfer zurückgeführt, 55 Gefangene gemacht und 60 Mann getötet. Außerdem wurde ein Leuchtturm beschädigt.

Funkverkehr zwischen London und Frankreich macht es noch weiter wahrscheinlich, daß eine Luftlandung bevorsteht.

In den Brückenkopf von Remagen, in dem bisher die 9. Pz.=Div. mit Teilen der 9. Inf.=Div. und der 76. Inf.=Div. eingesetzt war, wird anscheinend noch die 7. Inf.=Div. herangeführt.

Was der Feind mit den freigewordenen Verbänden (V. amerik. AK. usw.) vorhat, ist noch nicht zu durchschauen. Das XXI. AK. ist jetzt gegenüber der 1. Armee eingesetzt, die 3. engl. Inf.=Div. im Abschnitt von Weißenburg.

Im Brückenkopf von Wesel konnte der Feind 2 tiefe Einbrüche erzielen, wurde dann jedoch aufgefangen; dabei wurden 100 Gefangene gemacht und 42 Panzer abgeschossen. In der Nacht sind die Kräfte bis auf die Nachhuten, die auf Fähren nachgeführt werden sollen, herausgezogen worden. Die beiden Brücken wurden gesprengt. Die Fußgänger= und die Eisenbahnbrücke werden noch gesprengt. Fähren stehen bereit. Dadurch bekommt der Gegner die 6. und 9. Inf.=Div. frei; aber dabei sind gute Truppen für die Auffüllung des leeren Raumes in Sicherheit gebracht. An der Rhein=Front keine Kämpfe. In *Bonn* sind die Kämpfe zu Ende gegangen. In einem Kriegsgerichtsverfahren wurde der Kommandant, General von Bothmer, zu 5 Jahren Gefängnis und Rangverlust verurteilt, worauf er sich erschoß.

Bei Remagen versucht der Gegner, seinen Raum auszuweiten, dagegen Angriffe der 11. Pz.=Div.; Honnef wechselte den Besitzer.

Beim LXVII. AK. drängt der Feind weiter nach Süden, bildete einen Brükkenkopf und schloß Andernach ein. Westlich des Laacher=Sees ist nunmehr die Masse der 15. Armee umschlossen. Sie hat den Befehl zum Durchbruch nach Süden, dem die dortigen Kräfte entgegenarbeiten sollen, erhalten; doch wurde über die nähere Durchführung nichts gesagt. Der Komm. General des LXVI. AK., General Lucht, wird vermißt.

Bei Koblenz keine Änderung. Der Feind macht sich bereit zum Übersetzen über die Mosel nach Süden.

An der Nordfront kein Druck. An der Westfront neue Einbrüche; deshalb wurde eine neue HKL bezogen. Krise auf dem linken Flügel, weshalb eine Sehnenstellung eingenommen wurde. An der Südfront keine Kämpfe.

## Lagebuch 11. 3. 45

*Osten*

*Heeresgr. Süd:* Die Lage im Brückenkopf von Valpovo festigt sich durch das Heranführen der Kosaken. Angriffe wurden abgewiesen. Dagegen hat sich die Lage im Kopf von Miholjac verschärft; ein Ort ging verloren. Die Übergänge über die Drau liegen unter feindl. Feuer. Vor allem Druck von Westen; im Norden feindl. Bewegungen. Neu aufgetaucht sind 2 bulgar. Kav.=Rgt.er. Die 2. Pz.=Armee kam nur etwas voran. Südlich der Seen kamen die eigenen Kräfte bis zum Kanal vor. Auch nach Osten hinein wurden Fortschritte erzielt. Die 8. Armee wies erneut Angriffe ab.

*Heeresgr. Mitte:* Ab heute morgen Angriff von 5 Schützen=Div.en im Raum von Schwarzwasser. Im Raum von Ratibor wurden 60 Panzer vernichtet und starke Angriffe abgewiesen. In Breslau gleiche Lage. Bei Striegau Angriffe gegen die feindl. Restgruppen. Sonst nur örtliche Kämpfe.

*Heeresgr. Weichsel:* An der Oder gleichfalls nur örtliche Kämpfe. Die Vorstadt Kietz (Küstrin) ging verloren. In Küstrin eigener Widerstand. Südlich von Stettin Abwehr bei Greifenhagen. Feindliche Panzer drangen über die Autobahn Stettin—Altdamm. Im Norden wurden die eigenen Kräfte zurückgedrängt. Bei Wollin gleiche Lage. Von der Gruppe Tettau, die von 16 Flugzeugen aus der Luft versorgt wurde, haben sich 140 Mann nach Westen durchgeschlagen. Der Rest hält sich an der Küste zwischen Kolberg — Wollin. Starkes Artl.-Feuer auf *Kolberg,* das brennt. Unterstützung der Landkämpfe durch einen Zerstörer. Der Feind kam bis 2 km südlich Neustadt vor. Falls es dem Gegner gelingt, die Halbinsel Hela abzuschneiden, würde dies eine wesentliche Verschärfung für die Kriegsmarine und die Flüchtlinge bedeuten. Von Süden ist der Gegner bis in den Raum westlich Gotenhafen vorgedrungen. Der GenStdH hat einen Befehl herausgegeben, um die Flüchtlingsbewegung zum Halten zu bringen, da diese die milit. Operationen hindern. Es handelt sich in diesem Raum um 600 000 Menschen. Fortgang der Kämpfe in der Niederung.

In *Ostpreußen* nur geringe Tätigkeit.

*Nordraum*[1]

Die Bahn nach Narvik fährt jetzt doch weiter, was Deutschland nichts nützt, jedoch für Zuführungen des Roten Kreuzes nach Norwegen ausgenutzt wird. Nach Besserung des Wetters gehen die Bewegungen wieder flüssiger voran; in 3 Tagen sind 18 Züge abgefahren worden. In Dänemark ist jetzt ein Teil der Schulen bereits angekommen. Ein Befehlshaber Oslo-Fjord hat den Befehl übernommen zum Schutz von Ost-Norwegen. Gegen Schweden wird das Gen.-Kdo. XXXVI. AK. eingesetzt.

*Westen — Reich*

Keine Einflüge aus dem Süden; jedoch die 3 amerik. Div.en gegen das Industriegebiet sowie Paderborn, Bielefeld usw. Angriffe von 20 eigenen Flugzeugen gegen die Brücke von Remagen, wo 3 Treffer erzielt wurden; es gingen 5 Flugzeuge verloren. In der Nacht 60 Moskitos gegen Berlin und Gotha — Weimar.

*U-Boot-Krieg*

Nachträglich wird die Versenkung eines Schiffes von 10 000 BRT bekanntgegeben. Es ist mit Sicherheit anzunehmen, daß jedes U-Boot mehr versenkt, als es melden kann; dazu sind noch die Abschüsse der nicht zurückkommenden Boote hinzuzuzählen.

*Südosten*

An einer Stelle kam der Gegner bis 9 km südlich Serajewo heran. Westlich der Stadt ist der Straßenverkehr behindert.

1 Im Ms.: „Heeresgr. Kurland"; also vielleicht ein Absatz ausgefallen.

*Südwesten*

Der Gen.=Feldm. Kesselring, der beim Führer weilte, folgt dem Gen.=Feldm. v. Rundstedt als OB West, der auf Grund seines Alters seinen Posten verläßt und sich nach wie vor der Wertschätzung des Führers erfreut. Kesselring wird als OB Südwest ersetzt durch den Gen. v. Vietinghoff gen. v. Scheel, der ihn Ende des Jahres 1944 in der Zeit seiner Genesung vertreten hatte. Den Gen. v. Vietinghoff ersetzt als OB Kurland der Gen.=Oberst Rendulic, für den die Führung in Ostpreußen die 4. Armee (Gen. Müller) übernimmt[1].

*Feindlage:* Die Anzeichen mehren sich, daß der Gegner Italien als Neben=front behandelt und hier nicht mehr die Entscheidung sucht. Rein englische Div.en sind weggezogen und in Front durch 2 indische, 1 wieder eingesetzte polnische Div. und 3 ital. Verbände ohne Kampfwert ersetzt worden. Bereits Mitte Februar wurde die 1. brit. Div. in den Vorderen Orient, die 46. brit. Inf.=Div. nach Griechenland verlegt. Die aus Amerika herangeführte 10. kanad. Geb.=Div. wird nicht aufgespart, sondern in einem für den Großangriff nicht in Betracht kommenden Abschnitt eingesetzt werden.

In der Adria ist nach wie vor mit örtlichen Landungsunternehmungen zu rechnen, wobei die politische Frage eine Rolle spielt; die in Betracht kommen=den Kräfte sind begrenzt.

*Westen*

Den Gen.=Feldm. v. Rundstedt löst als OB West der Gen.=Feldm. Kessel=ring ab (s. oben), der nun wieder mit seinem früheren Chef des Gen.=Stabs, Gen. Westphal, zusammenarbeitet. Den Befehl über die 5. Panzer=Armee hat der Gen.=Oberst Harpe erhalten.

Im Raum Kleve—Kalkar nimmt der Gegner Verstärkungen vor, wodurch die Absicht des Angriffes in Richtung Emmerich unterstrichen wird. Bei den Ame=rikanern zieht der Raum von Remagen magnetisch weitere Kräfte an; prak=tisch steht die ganze amerik. Armee im Heranführen. An der Mosel vollzieht der Gegner eine Veränderung seines Stoßes von Osten nach Süden. Der Feind hat anscheinend eine neue Armee, das AOK 15, gebildet.

Der Brückenkopf der Fallsch.=Jäg.=Armee ist jetzt ganz geräumt worden; beide Brücken wurden nachhaltig zerstört. Seit Beginn der Schlacht (8. 2.) hat die Heeresgr. H über 700 Panzer vernichtet und 760 Gefangene gemacht. Ent=lang des Rheins erhebliches Artl.=Feuer, jedoch keine besonderen Kampfhand=lungen. Auf der eigenen Seite fehlt Infanterie. Durch die Eingliederung von Volkssturm und Sich.=Btl.en wird die Kampfkraft zwar wieder erhöht, aber auch verwässert. Bei Remagen führt der Feind Kräfte nach und stieß nach Osten und Südosten. Er hat bereits 3 Kriegsbrücken fertiggestellt. Bei Honnef wurde der Feind 2 km zurückgedrängt. Eigene Verstärkungen kommen heran,

1 Genauer: OB der Heeresgr. Nord wurde an Stelle des Gen.=Obersten Rendulic der Gen.=Oberst Weiß, bisher OB der 2. Armee. Im April 1945 wurden die Heeresgr. Nord aufgelöst und das AOK 4 mit dem AOK 2 zum AOK „Ostpreußen" zusam=mengelegt.

unter anderem die 106. Sturm=Geschütz=Brig. aus Bonn. Ferner stehen zur Verfügung die 9. und 11. Pz.=Div. sowie eine Fahnenjunker=Schule. Der eigene Brückenkopf wurde eingeengt. Der Führer hat die Räumung genehmigt. Andernach ging bereits verloren. Über die Reste der 7. Armee fehlen nähere Meldungen. Im Raum von Koblenz Ruhe. Heute früh wurde die Brücke gesprengt, ebenso weitere Brücken über die Mosel, über die sich der Feind in breiter Front heranschiebt. Bei Kochem bereits Panzer. Die eigene Westfront wird auf die Mosel zurückgenommen. Den Befehl über den Unterlauf der Mosel übernimmt das Gen.=Kdo. LXXXIX. AK.

*Allgemein*

Trotz der erschwerten Lage sind im Vormonat noch 1 200 Panzer, 25 000 Maschinengewehre und 200 — 250 000 Gewehre fertiggestellt worden. Bedrohlich wird jetzt das Absinken der Munitions=Produktion (im letzten Quartal 1944 18 Züge, jetzt 8 — 9).

**Lagebuch 12. 3. 45**

*Osten*

*Feindlage:* Im Süden sind auf Grund der eigenen Angriffe noch keine größeren Zuführungen erkennbar geworden. Gegenüber der 8. Armee unklares Bild; der Verbleib der 6. Garde=Pz.=Armee und der Armee Kiew ist zur Zeit nicht bekannt. Südlich von Küstrin griffen 4 Schützen=Div.en an; jedoch betrachtet der GenStdH dies vorerst nur als örtliche Kampfhandlung. Die 1. Garde=Pz.=Armee ist in Richtung Danzig abgedreht worden. Bei Kolberg ist das polnische Korps eingesetzt.

*Heeresgr. Süd:* An der Drau im wesentlichen gleiche Lage. Angriffe auf den Brückenkopf Valpovo konnten abgewiesen werden. Übergesetzt werden jetzt 1 Rgt. der Kos.=Div., 1 Artl.=Abt. sowie 1 Batl. Der OB Südwest will die Kosaken noch zurückhalten, da er sich von ihrem Einsatz erst in einem späteren Augenblick – wenn freies Gelände offenliegt – etwas verspricht. Angestrebt wird Druck nach Nordwesten, um den 2. Brückenkopf zu entlasten. Im Kopf von Miholjac weitere Verschärfung der Lage. Schlachtflieger behindern die eigenen Kämpfe. Die 2. Pz.=Armee weitete ihren Frontvorsprung aus und beabsichtigt, zum Stoß nach Nordosten anzutreten, um den über den Kanal vordringenden eigenen Kräften entgegenzuarbeiten. Südlich der Seen schoben sich die eigenen Kräfte weiter an den Kanal heran und überschritten ihn an einigen Stellen. Jedoch war das Gesamtergebnis begrenzt. Am 9. 3. fielen in den beiden Brückenköpfen 183 Mann, darunter 40 Offiziere; ferner 86 Vermißte und 477 Verwundete. Der Gegner setzte in Ungarn 600 Flugzeuge ein, dagegen 300 eigene. – Bei der 8. Armee zahlreiche örtliche Angriffe ohne wesentliche Ergebnisse. Bei Altsohl ist die Lage jedoch kritisch geworden, da der Gegner in den Südosten der Stadt eindrang.

*Heeresgr. Mitte:* Erfolgreiche Abwehr sowohl bei Schwarzwasser als auch bei Ratibor. In Breslau gleiche Lage. 220 Einflüge in Schlesien, im gesamt über 1 000. Der Nordrand von Guben ist wieder in eigener Hand. Südlich Küstrin im Raum von Lebus wurde der Feind angegriffen (s. oben). Die Brücke Göritz=Nord wurde durch die Luftwaffe 3mal getroffen. Ein Angriff gegen Kietz soll am 13. 3. beginnen.

Vor Stettin wurde wieder Gelände zurückgenommen und der feindl. Angriff erfolgreich abgewehrt; nur im Nordosten Geländeverlust. Von der Gruppe Tettau haben sich trotz Angriffen von Süden weitere Kräfte entlang der Küste nach Westen durchgeschlagen. Sie umfassen anscheinend die Reste von 5 Div.en. Auf Kolberg weiter Artl.=Feuer. Der Feind (im Westen das polnische Korps) wird durch Artl. verstärkt.

Eigene Einheiten griffen von See aus ein. Es soll die Frage besprochen werden, ob sich nicht der geschlossene Einsatz der Kriegsmarine mehr lohnt als der im Augenblick aufgeteilte. Im Raum von Danzig weiter starker feindl. Druck. Dirschau ging verloren. Die Hälfte der Niederung ist nunmehr preisgegeben. Am 13. 3., 0.00 Uhr, wird die 2. Armee der 4. Armee (Pillau) (OB Gen. Müller) unterstellt, der zugleich die Nachfolge des Gen.=Oberst Rendulic antritt [1]. Damit fällt die Heeresgr. Nord weg. Bei Zinten Fortgang des Kampfes. Luftangriffe auf Königsberg.

*Heeresgr. Kurland:* Fortgang der Kämpfe bei Prekuln und im Raum von Frauenburg, wo der Gegner sich nun an die Eisenbahn heranarbeitete.

Bisher stärkster Einsatz der feindl. Luftwaffe, nämlich 5 300 gegenüber (Teilmeldung) 452 eigenen. Die Russen fliegen auch erbeutete Me 109.

*Nordraum*

Nichts Besonderes.

*Westen — Reich*

Vorgesehen ist eine Elbe=Linie mit zahlreichen Brückenköpfen, deren Ausbau im böhmischen Raum durch Sich.=Truppen des OB des Ersatzheeres eingeleitet werden soll. Eine Moldau=Linie wird erkundet. — Die Meldungen über Bandenbildung im Protektorat mehren sich; jedoch ist nicht festgestellt, ob es sich um eine ernste Bedrohung handelt.

Einflüge von Süden gegen Linz. Von Westen die 3 amerik. Div.en gegen die Häfen Kiel, Hamburg, Bremen sowie Delmenhorst. In Hamburg wurde 1 Dampfer von 1 000 BRT und 1 mit 6 000 BRT versenkt, 1 U=Boot schwer beschädigt, 5 weitere leicht; außerdem fielen ein Dock und ein Kran aus. Ferner 500 Briten gegen Oberhausen — Essen. Bei Emmerich eigene Einsätze, ferner gegen die Brücke von Remagen; es liegen noch keine genauen Feststellungen über das Ergebnis vor. Nachts 60 Moskitos gegen Berlin usw. Ferner Russen gegen den Raum von Danzig.

1 Genauer: Die 2. Armee wurde der Heeresgr. Nord (s. S. 1165 Anm. 1) unterstellt, der bereits die 4. Armee (Gen. F. W. Müller) und die Armee=Abt. Samland unterstanden.

*Südosten*

Weitere Verschärfung der Lage bei Serajewo. Ostwärts der Stadt sind die Banden bis 4 km an sie herangekommen. Im Süden und Westen weitere Kämpfe; jedoch ist die Straße von Serajewo nach dem Ivan=Sattel wieder frei=gekämpft.

*Südwesten*

Nach den Feststellungen der Kriegsmarine ist der Geleitverkehr seit dem 20. 2. doch nur als normal anzusprechen. Jedoch ist festgestellt, daß mehr Transporter ausgelaufen als hereingekommen sind. An Landungsbooten sind 30 Schiffe mehr hereingeführt worden.

Die 334. Inf.=Div. wird herausgezogen, die 1. ital. Div. in Front eingesetzt. An der Westfront wurde auf der Feindseite die 1. ital. Div. „Friuli" dem pol=nischen Korps unterstellt. Die Annahme, daß die 5. amerik. Inf.=Div. an der Westküste liegt, scheint sich nicht zu bestätigen. Abgezogen ist seit Februar ferner noch die 14. brit. Div., und zwar gleichfalls nach Griechenland. Dies bestä=tigt die gestern vorgetragene Ansicht, daß Italien als Nebenkriegsschauplatz zu werten ist; dieser Ansicht hat sich der OB Südwest noch nicht angeschlossen.

*Westen*

Herausgezogen wurde das XXX. brit. AK., an dessen Stelle das II. kanad. AK. getreten ist; es soll anscheinend die Reserven führen. Bei Remagen ist das neue amerik. AOK 15 eingesetzt. Neu eingetroffen aus Amerika ist die 89. leichte Inf.=Div.

Herauslösen der 346. Inf.=Div. von den holländ. Inseln gegen den Brücken=kopf bei Wesel. Fortdauer der feindl. Bewegungen; am Rhein nichts Beson=deres. Bei Remagen konnte der Feind seinen Brückenkopf nicht erweitern. Die Pz.=Lehr=Div. griff von Südosten mit Erfolg an. Vorstöße des Feindes nach Osten wurden abgewiesen. Die feindl. Artl. ist sehr lebhaft.

Durchgeschlagen hat sich der Kommand. General des LXVI. AK., Gen. Lucht, ferner der General Botlich[1] mit 150 Mann. Bisher durchgekommen 700 Mann. Die Nachricht, daß der Feind bei Neuwied übergesetzt hat, hat sich nicht be=stätigt. Die eigenen Kräfte werden gesammelt und neu gegliedert. An der unte=ren Mosel werden noch 2 Brücken (bei Traben=Trarbach und nördlich) gehalten.

*Politik*

Das polnische AK. in Italien gab die Offiziere und Mannschaften, die zur Lubliner Regierung übertreten wollen, frei. Dadurch erfolgte eine Schwächung dieses Korps.

**Lagebuch 13. 3. 45**

*Osten*

*Heeresgr. Süd:* In dem Drau=Brückenkopf gleiche Lage. Vom 6. — 10. 3. wurden 1 300 tote Feinde gezählt und über 400 Gefangene gemacht, ferner

1 So Ms.; wohl zu verbessern.

5 Panzer abgeschossen. Die eigenen Verluste betragen 419 Tote und rund 1 400 Verwundete. Dem Brückenkopf Valpovo wurde eine Heeres=Artl.=Abt. zugeführt. Angriffe, die durch Panzer unterstützt wurden, gegen den Brückenkopf Miholjac blieben ohne Erfolg.

Bei der 2. Pz.=Armee gleiche Lage. Zwischen den Seen greifen an: die 25. ungar. Inf.=Div., 3. und 4. Kav.=Div., die bis zum Sió=Kanal vorkamen, das I. SS=Pz.=Korps mit der 12. und 1. SS= und der 23. Pz.=Div., von denen die 1. SS=Pz.=Div. den Kanal überschritten hat, ferner das II. SS=Pz.=Korps mit der 2. und 9. SS=Pz.=Div. und der 3. und 1. Pz.=Div., die gleichfalls Gelände gewannen. Das Ziel ist der Kapos=Kanal. Bei der 8. Armee Einbrüche nordwestlich Schemnitz. In Altsohl Kämpfe.

*Heeresgr. Mitte:* Bei Schwarzwasser drängte der Gegner die eigene Front in heftigen Kämpfen zurück; Geländeverlust (6—7 km, besonders bei der 75. Inf.=Div.). Hinter dieser steht jedoch das LXV. Pz.=Korps mit der 8. Pz.=Div. usw. Erfolgreiche Abwehr bei Ratibor, Breslau und Striegau.

*Heeresgr. Weichsel:* Der Gegner meldete die Einnahme von *Küstrin*, was im wesentlichen richtig ist. Der eigene Angriff gegen Kietz läuft. Südlich und südostwärts von Stettin wechselnde Kämpfe. Der Durchbruch der Gruppe Tettau ist abgeschlossen. Dievenow ging verloren. Südlich Kolberg ein Einbruch; 2/5 der Besatzung sind ausgefallen. Durch Fortsetzung des Druckes gegen die 2. Armee gelang dem Gegner eine Aufspaltung, durch die ein eigener Brückenkopf um die Wurzel der Halbinsel Hela entstanden ist. Feindl. Panzer drangen bis Putzig vor. Die Hauptstellung von Gotenhafen und Danzig wird noch gehalten. In die Kämpfe griffen (außer dem Kreuzer „Scheer", der bei Dievenow eingesetzt war) aus der Bucht nach Westen 3 Einheiten ein.

Lebhafter Einsatz feindl. Flieger, dadurch 1 Dampfer von 1 700 BRT versenkt.

In *Ostpreußen* und *Kurland* gleiche Lage.

Memel ist bereits durch 13 Schnell=Boote belegt.

Im gesamt 1 200 feindl. und 32 eigene Einsätze; 2 Abschüsse, 1 Verlust. Nachts Versorgung der eingeschlossenen Städte, ferner vom Westen durch 800 Briten ein schwerer Angriff gegen Swinemünde, wo hohe Schäden entstanden: auf der Reede 2 Schiffe gesunken; 20 weitere Schiffe sind beschädigt.

*Nordraum*

Die 169. Inf.=Div. ist jetzt zu 3/5 in Dänemark eingetroffen. Angelaufen ist die Aufstellung der 328. Res.=Div. in Nordjütland und der 325. Res.=Div. auf Seeland.

*Südosten*

Fortgang der Kämpfe bei Serajewo. Den Befehl in Zenica übernahm die Fest.=Brig. 969 mit 1 Rgt. der 181. Inf.=Div. und anderen Teilen. Aus dem eigenen Beutel an der Drina Stöße nach Südwesten. In Dalmatien hat der

Feind jetzt sein VIII. AK. mit der 1.[1], 19. und 26. Banden=Div. eingesetzt. Dagegen die 392. kroat. Div. und 1 Fest.=Stab, so daß eine fortlaufende Sperr=linie besteht.

*Südwesten*

Ein= und Ausfuhr eines Geleites in Gibraltar. Sonst keine besonderen Ereig=nisse.

*Westen — Reich*

In Hamburg ist der Dampfer „Orion" (8 000 BRT) vernichtet; ferner 4 Schiffe mit 8 000 BRT beschädigt. Von Süden ein Terrorangriff gegen Wien durch 550 Flugzeuge. Von Westen die 3 amerik. Div.en, darunter 600 gegen Swinemünde (s. oben), 500 gegen Frankfurt a. M. und Friedberg, ferner brit. Angriffe gegen Dortmund und das Industriegebiet. Gegen die Brücke von Re=magen 360 Jäger, darunter Blitzjäger; 4 Verluste, 4 Abschüsse, zahlreiche Tref=fer, jedoch anscheinend nicht auf der Brücke. Ein Flugzeug ging auf[2] 450 m herunter und warf eine 1 000 kg Bombe, die sich auf der Brücke nicht entzün=dete und von dem Pfeiler ins Wasser absprang. Fortgang eigener Einsätze im Raum von Emmerich. Nachts 80 gegen Berlin, 40 zur Verminung, 10 für Agen=tenversorgung in Dänemark.

*Westen*

Die beste der Fallsch.=Jäg.=Div.en soll beschleunigt aufgefrischt werden. Die Entscheidung über den Einsatz der 10. Pz.=Div. ist noch nicht gefallen.

Nach der Überführung einer weiteren LL=Div. von England nach Frankreich kann die Zusammenziehung als abgeschlossen betrachtet werden; mit weiteren LL=Div.en[3] ist nunmehr nicht mehr zu rechnen. Versammelt sind: die brit. LL=Div. mit der 1. LL=Brig. in Holland, dazu vielleicht noch die poln. Brig. und 2 kanad. Btl.e aus England, also rund 1½ Verbände, ferner die 82. amerik. LL=Div. im Raume um Arras, die 102. amerik. LL=Div. mit einer Brig. im Raum von Sissonne, ferner die 17. LL=Brig. mit unbekanntem Aufenthalt. Bei Remagen schiebt sich der Feind weiter vor. Unklar ist noch, wohin die 3. Ar=mee, zu der die 6. Pz.=Div. gehört, ihren Schwerpunkt verlegt, gegen die Mosel oder gegen Koblenz. Nördlich Trier versammelt sich der Feind. Aus den USA scheint die 65. Inf.=Div. herangekommen zu sein.

Daß die engl. LL=Div.en im Raum von Emmerich landen, ist klar; unklar ist nur, ob die Amerikaner gleich südlich anschließend landen wollen oder im Raum der 15. Armee. Der eng bebaute Raum von Düsseldorf kann nicht zur Landung einladen. In Betracht kommt dann wieder der Raum von Bonn und Frankfurt.

1 Handschriftlich eingefügt; vielleicht: „9."
2 Die Zeile von „anscheinend" bis „auf" versehentlich doppelt beschrieben; zum Teil wohl zu tilgen. Der Text nach dem Sinn rekonstruiert.
3 Darunter 1—2 Wörter (unleserlich) mit Bleistift zugefügt.

*Heeresgr. H:* Die holländ. Inseln werden von Marine-Einheiten besetzt, die unter der Tarnbezeichnung „11. Marine-Div." zusammengefaßt werden.

Der Führer hat die Aufteilung der Div. „Hamburg" genehmigt. Bis 15. 3. wird die Umgliederung erfolgt sein. Südlich Düsseldorf ein eigener Vorstoß über den Rhein. Bei Remagen hat sich die Lage verschärft, da der Gegner nach Norden Gelände gewann und auch nach Osten Fortschritte erzielte. 5 Panzer wurden abgeschossen; jedoch ist die eigene Infanterie schwach. Nur südlich konnte die Lage gebessert werden.

An dem Moselstreifen sind Sehnenstellungen nordostwärts des Flusses bezogen worden. Bei Cröw ist der Feind bis an den Fluß herangekommen. Sonst nur geringe Kampfhandlungen. Südlich Völklingen werden im Vorfeld Bunker gesprengt, da die Nachhuten nicht mehr alle besetzen können.

*Politik*

In den USA ist auf die Falschmeldung, daß der Führer nach dem Verlust von Remagen zum Frieden bereit sei, ein starker Kurssturz eingetreten.

*Allgemein*

Der Reichsleiter Bormann hat an die Gauleiter einen Befehl herausgegeben, daß der Volksturm — soweit er nicht in die Wehrmacht eingegliedert ist — seine Waffen an diese abgeben muß.

**Lagebuch 14. 3. 45**

*Osten*

*Heeresgr. Süd:* An der Drau-Front gleiche Lage. Vom Brückenkopf Miholjac wird im Zuge der Verlegung eine Heeres-Artl.-Abt. zum Brückenkopf Valpovo herangeschoben. Bei der Versorgung sind noch keine Schwierigkeiten aufgetreten. Der Vorstoß bei Barcs, der durch die 8. bulgar. Inf.-Div. und Tito-Kräfte unternommen wurde, ist bereinigt worden. Bei der 2. Pz.-Armee keine Veränderung der Lage. Bei der 6. Pz.-Armee feindl. Gegenangriffe, durch die die eigenen Brückenköpfe verengt wurden; keine wesentlichen eigenen Geländeverluste. Bei der 8. Armee Fortgang der Kämpfe. *Altsohl* ist nun verlorengegangen. An der Straße Karpfen—Altsohl ist die Lage gespannt, da der Gegner einen wichtigen Höhenzug nördlich Schemnitz in die Hand bekommen hat.

*Heeresgr. Mitte:* Bei Schwarzwasser stießen die eigenen Pz.-Kräfte auf den feindl. Durchbruchsversuch, der durch diesen Gegenstoß verhindert worden ist. Bei Breslau gleiche Lage.

*Heeresgr. Weichsel:* Die Brücke bei Göritz wurde vernichtet. Das Hydrierwerk Pölitz soll wieder anlaufen und wird deshalb nach Osten geschützt. Bei Kolberg weitere Kämpfe.

*Heeresgr. Nord:* Der Brückenkopf bei Putzig wurde bis auf die Wurzel der Nehrung zurückgedrängt. Westlich Zoppot kam der Gegner gleichfalls vor. In der Niederung gleiche Lage wie bisher. Bei der 4. Armee Großangriff auf der gesamten Front; dabei Einbrüche an der Ostfront und Unterbrechung der Verbindung nach Königsberg.

Bei der *Heeresgr. Kurland* nur örtliche Kämpfe.

Bei Swinemünde ist durch den Luftangriff ein Eisenbahnstopp entstanden. Durch Häuserschäden ist die Unterbringung der Flüchtlinge schwierig geworden. Bei der 2. Armee ist eine Mun.-Ausstattung vorhanden.

Durch den Stau von 1 Mill. Flüchtlingen und 30 000 Verwundeten ist in Danzig eine schwere Lage entstanden. Die Heizölbestände sind gering. 3 Schiffe zum Abtransport von Flüchtlingen im Zulauf. Jedoch können diese nur jeweils 10 000 Menschen abtransportieren.

1 300 feindl. und 453 eigene Einsätze.

*Nordraum*

Ein Schiff mit Teilen der 169. Inf.-Div. sank. Jedoch wurden von den 827 Mann alle bis auf 4 gerettet.

*Südosten*

Bei Serajewo noch gespannte Lage. Weitere Angriffe der 38. Tito-Div. von Nordosten. Westlich der Stadt Absetzung. Die 7. SS-Geb.-Div. kommt flüssig heran. Südlich Doboj ein eigener Angriff. In diesem Raum Kämpfe der Cetniks mit den Banden. In dem Beutel an der Drina ein Vorstoß nach Westen, dem die Gruppe Stephan von Osten entgegenarbeitet. Bei Bihać verlor der Feind 500 Tote, 10[1] Geschütze, 50 MG usw., auf der eigenen Seite 34 Tote, 130 Verwundete, also ein guter Erfolg.

*Südwesten*

Auf der Feindseite jetzt anscheinend eine vierte ital. Div. in Front (Div. „Legnano"). Von der 712. Inf.-Div. sind jetzt 18 Züge in Prag eingetroffen. Dem Feind ist diese Bewegung genau bekannt. Die Brenner-Strecke ist an 17 Stellen unterbrochen. Der Bahnhof von Verona ist noch sehr gestört. Auf der Nordoststrecke sind mehrere Umschläge erforderlich.

*Westen — Reich*

Von Süden ein schwerer Angriff von 500 Bombern gegen Regensburg und Städte auf der Anflugstrecke. Im Westen behinderte das Wetter den Einsatz der 1- und 2-mot. Bomber. Kein Einsatz der Amerikaner; jedoch 400 Briten zum schweren Angriff gegen Wuppertal. 261 Einsätze, davon 35 Blitzbomber. 100 gegen die Brücke von Remagen, 24 Verluste, 3 Abschüsse. Die Wirkung konnte wegen der starken Abwehr nicht verfolgt werden. Auch Marine-Einsatz wird versucht. In der Nacht Angriff gegen Dortmund und 80 Flugzeuge gegen Berlin.

*Westen*

Die Luftwaffe hat ihre Auffassung über die kommende Luftlandung gemeldet. Der Führer erwartet nach wie vor einen Angriff des Feindes gegen

1 Ms.: „1§"

Holland. Die Ansichten des WFStabs und die des OB West über Luftlandungen stimmen im wesentlichen überein. Im Brückenkopf von Remagen hat der Gegner eingesetzt: die 7. Pz.-Div., die 9., 99. und 18. Inf.-Div. und die 9. Pz.-Div., d. h. also 5 Verbände. Auf dem Westufer steht noch die 2. Inf.-Div. Das V. AK. ist noch weiter rückwärts mit Säuberungen beschäftigt. Im Raum des Laacher Sees Fortgang der Kämpfe, unter anderem durch die 5. Fallsch.-Jäg.-Div. An der Mosel Fortgang der Umgruppierungen.

Nach einer Meldung von heute morgen ist der Gegner bereits über die Mosel herübergekommen; jedoch ist unklar, ob es sich um starke Kräfte handelt. Jedenfalls bahnt sich eine neue Krise an. Herangezogen werden jetzt die ganze 6. SS-Div. und die 559. Div. Als Heeresgr.-Reserve wird nach Bingen vom Oberrhein die 198. Inf.-Div. herangezogen. Ferner kommt noch eine Sturm-Geschütz-Abt. Jedoch werden diese Bewegungen Zeit erfordern.

Bis auf Remagen keine besonderen Kampfhandlungen.

Nach neuester Meldung sollen Panzer bereits die Autobahn erreicht haben. Nach Norden kam der Gegner nicht voran. Eigene Stöße stießen nicht durch.

Zwischen der Mosel und der Saar hat sich die Lage durch Angriffe auf der ganzen Front verschärft. Auf der Südfront Ruhe. Die 563. Inf.-Div. wird nach Simmern gezogen.

**Lagebuch 15. 3. 45**

*Osten*

*Heeresgr. Süd:* Der Gegner führte von Budapest nach Stuhlweißenburg neue Kräfte heran. Der OB Südost soll Meldung darüber erstatten, welche Aussicht er im allgemeinen dem Kampf aus den Brückenköpfen zuspricht und welche Möglichkeiten für die Vereinigung der beiden Brückenköpfe er sieht. Die Kämpfe bei der 8. Armee werden noch durch die gleichen Kräfte geführt. An der oberen Oder sind jetzt 2 große Pz.-Verbände eingesetzt. Die 3. Garde-(mech.)-Armee ist zur Zeit wieder herausgezogen.

An der Drau gleiche Lage. Bei Valpovo löste der Gegner ab und griff deshalb nicht an. Bei Miholjac dagegen weitere Angriffe. Für die 3. bulgar. Div. ist jetzt die 16. eingesetzt. Die 2. Pz.-Armee kam auf ihrem[1] Flügel 6 km vor. — Durch Angriffe auf die Raffinerie von Komorn ist ein Ausfall von 70% der ungar. Kapazität erfolgt, die ebenso stark ist wie die des Reiches. Da von hier die Heeresgr. Süd und Mitte versorgt werden, wird die Auswirkung auch auf operative Entschlüsse spürbar sein. Bei der 8. Armee weiterer Druck auf dem linken Flügel; da der Gegner bis Heiligenkreuz vordrang, hat sich die Lage weiter verschärft.

*Heeresgr. Mitte:* Die Kampfgruppe Nehring mit der 8. und 16. Pz.-Div. ist mit ihren Angriffen nicht durchgedrungen, hat aber den feindl. Stoß aufge-

1 Ms.: „deren ihrem" („ihrem" verbessert).

fangen. Auch gegen den Brückenkopf von Cosel feindl. Angriffe. Ferner ist der Gegner heute früh bei Grottkau angetreten, hat bisher jedoch noch keine wesentlichen Erfolge erzielt. Bei Breslau Abwehr der Angriffe. Bis 20. 3. wird der Flugplatz brauchbar sein. Abwehr bei Striegau und Guben.

*Heeresgr. Weichsel:* Örtliche Kämpfe an der Oder. Druck bei *Stettin,* ab heute früh starkes Artl.=Feuer. Da der Hafen beschossen wurde, sind die Schiffe ausgelaufen. Die Leuchtfeuer sind wieder in Gang gebracht worden. Bei Wollin gleiche Lage. Nach Kolberg soll ein Marine=Batl. herangeführt werden. Die Zivilisten werden in kleinen Fahrzeugen abgefahren. Ein Rest von 15 000 ist noch da. Die Aufforderung zur Übergabe blieb zweimal unbeantwortet. Der Feind setzte seine Trosse ein.

*Heeresgr. Nord:* Weitere Angriffe bei Putzig und westlich Zoppot sowie Zuckau. Dagegen eigene Gegenangriffe. — In Ostpreußen Fortgang der Kämpfe. Das XX. AK. schoß in 2 Tagen 63 Panzer ab. Bei Zinten erweiterte der Gegner seinen Einbruchsraum und drang bis zur Autobahn vor. Die Verbindung nach Königsberg ist abgerissen.

In *Kurland* nur Aufklärung.

580 feindl. gegenüber 462 eigenen Einsätzen. Dabei 37 Abschüsse und 11 Verluste; Einsatz fast nur in Ungarn, wo zahlreiche Fahrzeuge zerstört wurden. — 55 Versorgungsflugzeuge für Breslau, von denen die Hälfte landete. 180 Verwundete wurden zurückgeführt. Der Führer verlangt, daß nach Möglichkeit gelandet wird, da die Flugzeuge auf diese Weise besser ausgenutzt werden.

*Nordraum*

Wieder ein Geleit auf der Fahrt ins Weiße Meer. Ein nach Oslo fahrendes Schiff mit 420 Mann mußte aufgesetzt werden. Den Befehl über den Führungsstab Nordküste hat der Gen.=Feldm. Busch übernommen, der auf enge Verbindung mit dem Führungsstab Ostseeküste (Gen.=Oberst Lindemann) und dem OB West angewiesen wird.

Dänemark ist im Westen noch belegt mit der 166. (rechts) und der 160. (links) Inf.=Div., im Nordosten mit der 233. Pz.=Res.=Div. In Aufstellung befinden sich im Norden die 328. und die 264. Inf.=Div., im Südosten die 1044. Div., ferner auf Seeland die 375. Inf.=Div.

*Westen — Reich*

Von Italien 300 Flugzeuge gegen Wiener=Neustadt und Graz. Ferner 200 gegen Komorn und Raab, wo schwere Schäden entstanden (s. oben). Die 3 amerik. Div.en gegen Industrie= und Verkehrsziele bei Hamm, Osnabrück, Hildesheim, Hameln, Teile gegen Rotterdam. 150 Briten gegen den Raum Recklinghausen, Dortmund usw. — Gegen die Brücke von Remagen 21 Blitzbomber, von denen 6 verlorengingen, ferner über 100 eigene Tiefflieger im Westen.

*(Nachtrag):* Das Werk Pölitz kann erst ab Mai hochwertigen Flugzeugtriebsstoff herstellen, soll jedoch in Kürze geringwertigen Flugzeugbetriebsstoff

herstellen. In der Nacht Angriff gegen Hamburg — Zweibrücken — Wiesbaden, 200 gegen Leuna, dabei 16 Abschüsse. Ferner 80 Moskitos gegen Berlin.

Das Wetter wird in den nächsten Tagen für Luftlandungen nicht günstig sein.

*Südosten*

Am 16. 3. wird der Bevollm. General in Ungarn, Gen. v. Greiffenberg, im FHQu. mit dem Honvedminister eintreffen. Auf dem türkischen Gebiet gegenüber Rhodos keine Veränderungen. Gleiche Lage bei Serajewo. Bei Kiseljać Ausweichen der Banden. Bei Doboj wurde die Verbindung mit den Cetniks hergestellt. Bei Bjelovar und Bihać wurde der Gegner abgewiesen. Die Frage, wie Pola weiter behandelt werden soll, nachdem die Bezeichnung „Fester Platz" allgemein in Ausfall gekommen ist, ist noch nicht entschieden. Die Kriegsmarine ist an dem Hafen nicht mehr interessiert.

*Südwesten*

Nur örtliche Kämpfe.

*Westen*

Eine Reuter-Meldung über eine neue Ordnung des Kommandos zwischen Montgomery und Bradley wurde zurückgezogen. Möglich ist, daß die Briten zum Stoß nach Norden und Osten ansetzen. In der Presse wird davon gesprochen, Remagen liege an der falschen Stelle und es bestünden Schwierigkeiten. Diese Nachricht könnte den Zweck haben, die Hoffnung auf einen schnellen Vormarsch nach Deutschland hinein zu dämpfen, da die Oberste Führung vorerst vorhat, die deutschen Kräfte zu vernichten und dann erst den Rhein zu überschreiten. Auf der milit. Seite wird davon geredet, daß in Holland keine deutschen Kräfte mehr stehen. Eine Landung von See ist allerdings auch jetzt noch für den Gegner sehr schwierig, da die Überflutungen schützen und auch noch Kräfte an der Küste stehen.

Bei der *Heeresgr. H* nur Bewegungen. Von der 346. Inf.-Div. sind nun 2 Rgt.er eingesetzt. Die Div. „Hamburg" wird auf die 180. Inf.-Div. und die 187. Inf.-Div. verteilt. Die 90. VGD. ist herausgelöst worden. Remagen: Fortgang der Angriffe nach Norden und Nordosten, wobei der Gegner 2 km weiter vordrang. Dadurch kam er bei Ägidienberg in die Nähe der Autobahn. An der Ostfront, wo der Gen. Bayerlein führt, kam er gleichfalls etwas vor; im Süden wurde der Gegner jedoch abgewiesen. Die Meldung über die Stärken liegt nun vor: 3 Div.en werden aufgelöst, die Div.-Stäbe werden als Führungsstäbe eingesetzt.

*Heeresgr. G:* Am 14. 3. geringe Tätigkeit. Heute (15. 3.) jedoch Angriffe auf der ganzen Front. Am Rhein wird Boppard umkämpft. Bei Karden feindl. Brückenschlag. Die 559. und die 198. Div. erst im Heranrücken. Bei Bernkastel wurde der Feind wieder zurückgeworfen. Im Süden weitere Kämpfe. Der Gegner ist durch den Hunsrücker[1] Hochwald hindurchgedrungen. Bei

1 Ms. (so auch weiter): Schwarzwälder.

Saarbrücken Ruhe. Fesselungsangriffe beiderseits des Westwalls. Ostwärts Saarbrücken, wo gerade Ablösung im Gange war, drang der Gegner dadurch 12 km tief ein; jedoch steht er noch vor dem Westwall.

*Heimatkriegsgebiet*

Bei der letzten Sitzung des Verkehrsstabs wurde mitgeteilt, daß vorerst von den 2 Mill. vorgesehener Kräfte zur Wiederherstellung des Verkehrs zuerst 100 000 Kriegsgefangene im Fußmarsch vorgezogen werden. Ferner stehen 180 000 Reichsbahner und die Technische Nothilfe zur Verfügung.

**Lagebuch 16. 3. 45**

*Osten*

*Heeresgr. Süd:* Gegen den Kopf von Valpovo Zuführung, und zwar von regulären Truppen; bei Miholjac starke Angriffe des Feindes, wodurch die Gefahr besteht, daß der eigene Brückenkopf aufgespalten und die 104. Jäg.-Div. auf dem rechten Flügel isoliert wird. Die vom OB Südost angeforderte Beurteilung ist eingelaufen. Er soll, da im gegebenen Fall die Befehlsübermittlung zu viel Zeit beansprucht, freie Hand zur Räumung des Brückenkopfes erhalten, falls diese erforderlich wird. Bei der 6. SS-Pz.-Armee wurde nichts Wesentliches erreicht. Bei der 8. Armee weitere Einbrüche bei Heiligenkreuz und Altsohl.

*Heeresgr. Mitte:* Feindl. Großangriff bei Schwarzwasser, der im wesentlichen abgewehrt wurde; jedoch ist das Kohlenrevier von Karwin bedroht. Fern er ein Großangriff bei Ratibor, wo der Gegner bis an die Straße Leobschütz—Cosel herankam; er ist dort jedoch abgefangen worden. Südlich Grottkau ein tiefer Einbruch. Aufgetaucht ist hier nun die 4. Pz.-Armee, deren Verbleib unbekannt gewesen war. Bei Breslau gleiche Lage.

*Heeresgr. Weichsel:* Bei Swinemünde ist die Bahn wieder zu 80% leistungsfähig. Bei Stettin, wo jetzt keine neuen Großangriffe erfolgen, ist jetzt eine neue HKL aufgebaut. 46 Panzer wurden abgeschossen.

Von der Gruppe Tettau haben sich 10 700 Mann durchgeschlagen. Das Verhalten der 5. Jäg.-Div. wird sehr gelobt. In Kolberg noch Widerstand. Die Marine-Abt. ist noch nicht eingetroffen. Westlich Gotenhafen neue Einbrüche; jedoch im gesamt schwächere Angriffe.

In *Ostpreußen* gehen die Angriffe gegen die Süd- und Ostfront weiter, ohne daß dem Gegner besondere Erfolge beschieden waren.

In *Kurland* nur Aufklärung.

Die „Schlesien" und „Prinz Eugen" griffen in den Kampf ein. Der Artl.-Beschuß auf die eigenen Häfen geht weiter. Der Führer forderte aktivere Kampfführung in Kurland.

1000 feindl. Einsätze gegenüber 259 eigenen, dabei 30 Abschüsse und 8 Verluste. 49 Versorgungsflugzeuge, dabei 50 Tonnen Munition nach Breslau.

*Nordraum*

Auf Sörö wurden 11 Norweger gefangengenommen, wodurch sich ergab, daß es sich um Zivilisten, die bei der Evakuierung auswichen, und einige aus England herangeführte norweg. Soldaten handelte, also nicht um ein planmäßiges Unternehmen. Im Oslo-Gebiet schlagartige Streckensprengungen, die als Folge der in der letzten Zeit beobachteten Abwürfe anzusehen sind. Durch Inselverkehr läßt sich der Schaden wieder auffangen. In 2 Tagen wird der Abtransport der 191. Inf.-Div. abgeschlossen sein, die dann in 10—14 Tagen mit 2 Kampfstaffeln, in weiteren 8 Tagen mit den Versorgungsteilen nach Aarhus überführt sein wird.

*Westen — Reich*

500 Einflüge gegen Wien, Wiener Neustadt und Schwarzheide.

Von 14.30—15.00 Uhr[1] Angriff von 675 Bombern, begleitet von Jägern gegen das Lager Zossen, was der Gegner sogleich bekanntgab mit Mitteilung über die abgeworfenen Mengen: 6 000 Sprengbomben, darunter zahlreiche 1 000 kg-Bomben und 325 to Brandbomben. Im Lager „Maybach I" wurden durch Volltreffer in ein Sicherungsloch 3 Mann der Wache getötet. Im Lager des GenStdH wurde der Stellv. Chef der Op.-Abt., Gen. Krebs, leicht verletzt, konnte jedoch am nächsten Tag wieder Dienst tun. Seine Stabshelferin verlor ein Auge. Die übrigen Verluste blieben auch sonst in niedrigen Grenzen. Im Lager „Maybach I" brannten etwa 10 Baracken ab. In den Steinhäusern zerbrachen, obwohl die Bomben in die Nähe fielen, nur Fensterscheiben. Getroffen wurde ferner die nähere Umgebung und auch Wünsdorf. Der Sandboden verschluckte einen guten Teil der Wirkung. Zu Waldbränden kam es nicht. Im gesamt ist also der Ausfall im Hinblick auf die Schwere des Angriffs außerordentlich gering gewesen.

Außerdem Angriff von 300 weiteren Flugzeugen gegen Industrieanlagen nördlich Berlin.

150 gegen Remagen und Klausdorf bei Berlin.

Ferner 350 Briten gegen Bochum, davon 20 gegen ein Sonderziel. Gegen die Brücke von Remagen 3 Blitzbomber, ferner 1200 eigene Jäger zur freien Jagd.

*Südosten*

Ostwärts Serajewo Abwehr. Südlich der Stadt gingen 2 Höhen verloren. Bei Kisel ist das eigene Unternehmen abgeschlossen. Die 7. SS-Geb.-Div. sammelt nun; sie wird jetzt erst einmal an der Südfront eingesetzt werden.

Bei Zenica wurde der Gegner abgewiesen. Bei Janja drangen eigene Truppen vor. Die 21. Tito-Div. wurde von der Syrmien-Front nach Norden gezogen. Die beiden Strecken zwischen Varaždin und Agram sind zur Zeit frei.

*Südwesten*

Die Aufstellung von 2 Fallsch.-Jäg.-Div.en wird fortgesetzt.

1 D. h. also: am 15. 3. 1945.

*Allgemein*

In der letzten Nacht eine Führerbesprechung über die Verteilung von Panzern usw.

*Westen*

Die Lage bei den Briten hat sich jetzt geklärt. Auf dem rechten Flügel ist die 2. brit. Armee, auf dem linken die 1. kanad. Armee eingesetzt; deren Luftaufklärungsaufträge beziehen sich fast nur auf den holländ. Raum. Falls der Abschnitt der 2. brit. Armee nicht nach Süden verbreitert wird, ist sie auf engem Raum zusammengedrängt, was die Angriffsabsichten unterstreichen würde.

Die 9. amerik. Armee verfügt über 9 Inf.-Div.en und 3 Pz.-Div.en, ist also zum Angriff bereit. Auch die 1. amerik. Armee hält jetzt Funkstille, was gleichfalls auf Angriff deutet. Bei dem Angriff gegen die 1. Armee bildet sich ein neuer Schwerpunkt westlich Bitsch. Bei Hagenau die bekannten Verbände. Die Franzosen sind nicht beteiligt, was die Möglichkeit offenläßt, daß sie über den Oberrhein vorstoßen wollen. Bisher ist bei den Angriffen gegen die 1. Armee anzunehmen, daß es sich um die Fesselung und noch nicht um operative Absichten handelt.

In Holland wurde im Zuge der Täuschung unter der 25. Armee die „Armee-Abt. Kleffel" gebildet. Die eigenen Umgruppierungen am Rhein sind nun im wesentlichen abgeschlossen. Bei Remagen Fortgang der Kämpfe; nach Norden und Osten Verbreiterung des Brückenkopfes. Der Drachenfels ging verloren. Kämpfe bei Königswinter. Der Gegner ist nur noch 1 000 m von der Autobahn entfernt. Im Osten kam er 3 km voran (Redenscheidt in feindl. Besitz, nur Vettelschoß im eigenen). Im Süden nur schwache Kämpfe. Die 3. Pz.-Gren.-Div. im Herankommen.

*Heeresgr. G:* Verschärfung der Lage auf dem rechten Flügel, da dem Gegner der Übergang über die Mosel und tiefe Pz.-Einbrüche gelangen. Kämpfe bei St. Goar und Simmern sowie südostwärts von Kochem. Alle Kräfte westlich des bedrohten Raumes führt das Gen.-Kdo. XIII. SS-Korps; ostwärts davon das Gen.-Kdo. LXXXIX. AK. Wo die 6. SS-Geb.-Div. im Augenblick steht, ist unklar. Vor dem Feind liegen nun der Soonwald und der Binger Wald. Außerdem brach er nach Westen durch, wo weitere Kämpfe im Hunsrücker Hochwald stattfinden.

Bei Bitsch ist keine weitere Verschärfung eingetreten. In den unteren Vogesen wurde eine Sehnenstellung bezogen.

Der OB West hat beantragt, daß der OB des Ersatzheeres Kräfte des IX. und XIII. Wehrkreises vorzieht; jedoch liegen die Kräfte des XIII. Korps im wesentlichen im Protektorat, und bei denen des IX. Korps handelt es sich um Pz.-Kräfte.

(Lagebesprechung in Gegenwart von Gen.=Oberst Jodl).

*Osten*

*Heeresgr. Süd:* Der Brückenkopf Valpovo soll nicht mehr verstärkt werden. Der Führer hat die Genehmigung zur Räumung des Brückenkopfes von Mihol=jac gegeben. Bei der 2. Pz.=Armee gleiche Lage. Zwischen dem Velencze=See und der Donau ging der Gegner zu Gegenangriffen über. Bei Schemnitz und Alt=sohl ging weiteres Gelände verloren.

*Heeresgr. Mitte:* Bei Schwarzwasser erzielte der Feind Einbrüche. Ferner konnte er bei Ratibor seinen Raum etwas erweitern, und bei Grottkau kam er 8—10 km voran. In Breslau gleiche Lage.

*Heeresgr. Weichsel:* An der Oder nichts Besonderes. Bei Stettin wurde die eigene Kräftegruppe zusammengedrängt. Der Gegner kam mit Stößen von Südosten und Osten weiter an die Autobahn heran. In Kolberg wird noch der Hafen gehalten. Bei der 2. Armee Lage wie bisher.

In *Ostpreußen* Einbrüche an der Süd= und Ostfront.

In *Kurland* keine besonderen Ereignisse.

*Nordraum*

Die Bahnsprengungen in Südnorwegen richteten sich vorwiegend gegen eine für die Wehrmacht gleichgültige Kleinbahn. Die Hauptstrecke wird nach Wie=derherstellung einer Brücke in etwa 8 Tagen wieder brauchbar sein. Beim Durch=kämmen des verseuchten Gebietes kam es zu Verhaftungen. 14 Todesurteile wurden ausgesprochen. Als Gegenmaßnahme wurden Lkw.en beschlagnahmt.

*Südosten*

Von der Türkei gelangte ein Rotes=Kreuz=Schiff nach Rhodos. Bei Serajewo wurden Angriffe abgewiesen. Über die Drina scheinen neue Banden=Kräfte in Richtung Vlasenica nach Westen vorgedrungen zu sein. Die 7. SS=Geb.=Div. wird nach Westen vorgezogen. 2 Btl.e sind jedoch noch im Raum von Doboj.

*Südwesten*

Der Vorschlag des OB, die 162. (Turk.)=Div. aufzulösen, ist mit Abänderun=gen genehmigt worden.

*Westen*

Die linke Grenze der 2. brit. Armee konnte klargestellt werden. Ihre Stoß=richtung ist demnach Emmerich und der Raum südostwärts. Offen ist die Frage, ob das 1. kanad. AOK die brit. Armee an der Flanke abdecken soll oder ob es einen eigenen Angriff in nördlicher Richtung, wie ihn der Führer ver=mutet, führen soll. Als bedroht ist jedenfalls der Abschnitt vom unteren[1] Rhein bis Wesel anzusehen. Die brit. Aufklärung in die Tiefe ist sehr rege.

Im Raum von Kreuznach ein Vorstoß nach Süden. Die 4. amerik. Pz.= und

1 Ms.: oberen

die 90. und 75. amerik. Inf.=Div. an der Südfront. Der Einsatz der 12. und 14. Jäg.=Div. ist zur Zeit fraglich.

Bei der *Heeresgr. H* nur Spähtrupptätigkeit. Bei Duisburg wurde ein Schacht, der unter dem Rhein hindurchführt, ersäuft.

An der Brücke von Remagen führte der Gegner weitere Kräfte zu. Im Nordosten Geländeverlust. Königswinter ging verloren. Der Ölberg konnte jedoch zurückgewonnen werden. Weitere Kämpfe bei Ägidienberg, wo der Gegner an die Autobahn drängt und die 3. Pz.=Gren.=Div. dagegen stößt. An der Südfront unklare Lage.

An der Mosel ist der Feind auf dem rechten Flügel westlich Kreuznach, das noch in eigener Hand ist, über die Nahe vorgestoßen. Das ganz rechts stehende LXXXIX. AK. wird über den Rhein zurückgezogen. Die Masse des XIII. SS=Korps ist herausgezogen zum Angriff nach Osten. Die 559. Inf.=Div. im Anmarsch in den Soonwald. An der übrigen Mosel=Front wurde der Gegner abgewiesen. Im Hunsrücker Hochwald weiter Kämpfe. Einbrüche bei Weißkirchen. An der Südfront starke Angriffe. Im Raum von Bitsch, auch in den unteren Vogesen, wurden die eigenen Kräfte zurückgeführt. Nordostwärts Hagenau wurde der Gegner aufgefangen.

**Lagebuch 18. 3. 45**

*Osten*

*Heeresgr. Süd:* Das am Vortage herausgegangene Fernschreiben, das am Nachmittag fernmündlich abgeändert wurde, bleibt doch in Kraft (betr. Räumung der Brückenköpfe). Bei Valpovo stieß ein Angriff der 11. Lw.=Feld=Div. nach Nordosten nicht durch. Im übrigen gleiche Lage. Bei Miholjac Angriffe von Norden und Westen. Eigene Angriffe schlugen nicht durch. Eine russ. Div. wurde auf der Gegenseite festgestellt. Die Räumung ist nun eingeleitet.

Die 2. Pz.=Armee erzielte nur örtliche Erfolge. Bei der 6. SS=Pz.=Armee einige Kämpfe südlich des Velencze=Sees. Stuhlweißenburg ist erneut bedroht. Im Abschnitt der 1. ungar. Kav.=Div., die überrollt wurde, ist eine Lücke entstanden. Bei der 8. Armee Fortdauer des Druckes.

*Heeresgr. Mitte:* Weitere Abwehr bei Schwarzwasser; jedoch kam der Gegner im Raum Ratibor—Cosel vor bis in den Raum nördlich Leobschütz. Cosel soll geräumt sein. Vor Grottkau wurde der Gegner aufgefangen; jedoch stieß er nach Süden durch, wodurch sich die Lage erheblich verschärft hat. Der Gegner greift jetzt mit 2 Zangen von Ratibor und südlich Grottkau in die Verteidigung Schlesiens tief hinein.

*Heeresgr. Weichsel:* Bei Stettin Verschärfung der Lage. Der Brückenkopf wurde verengert. Sprengung der Brücken begann. Bei Kolberg, wo die Kriegsmarine mit kleineren Einheiten half, noch Kämpfe im Seebad.

*Heeresgr. Nord:* Weiterer Druck gegen die 2. Armee an den alten Stellen; dabei Angriffe des Kreuzers „Prinz Eugen". In Ostpreußen wechselvolle

Kämpfe an der Süd- und Ostfront. Durch den Verlust von *Brandenburg* ist der Abstand zwischen dem Raum der 4. Armee und Königsberg noch vergrößert worden.

*Kurland:* Nur Einbrüche an der Naht und im Raum von Frauenburg, wo der Gegner jetzt die Bahn erreicht hat.

Insgesamt 1 630 feindl. Einsätze gegenüber 338 eigenen, dabei 10 Abschüsse und 8 Verluste. Schwerpunkt in Ungarn und an der oberen Oder. 52 Flugzeuge zur Versorgung.

*Nordraum*

Die 7. Geb.-Div. jetzt 20 km vor Mo. Die Bekämpfung der Saboteure erzielte weitere Erfolge. — 40 Flugzeuge gegen den Hafen Aalesund, wo 2 Dampfer mit 8 000 BRT verlorengingen und 2 weitere beschädigt wurden.

*Westen — Reich*

Von Italien keine Einflüge. Die 3 amerik. Div.en von Westen, und zwar eine gegen Regensburg und München, die beiden anderen gegen Mitteldeutschland, aufgeteilt in kleinste Gruppen. Das schlechte Wetter hinderte den Feind am gezielten Bombenwurf, und viele Bomben fielen ins freie Feld. Die Hydrierwerke wurden nicht wesentlich getroffen. In der Nacht wieder Moskitos gegen Berlin und Nürnberg.

*Südosten*

Weitere Rote-Kreuz-Schiffe nach Rhodos abgefahren. Fortgang der Kämpfe bei Serajewo. Nachdem von der 9. kroat. Div. 120 Mann überliefen, ist der Rest entwaffnet worden. Bei Doboj verstärkt sich der Feind. Bei Bihać wieder Aufleben der Banden.

*Südwesten*

Es scheint, als wenn auch die 56. brit. Inf.-Div. weggezogen ist. Die 1. brit. Inf.-Div. ist in Kairo, die 4. in Griechenland.

*Westen*

Der Feind klärt auf und schießt sich ein. Außer dem Artl.-Feuer jetzt auch Inf.-Feuer, d. h. Verstärkung der Kräfte in vorderster Linie. Bei Remagen stieß die 3. Pz.-Gren.-Div. in südwestlicher Richtung vor, wurde jedoch aufgehalten. Ein Ort wurde zurückgewonnen. An der Ostfront ist es ruhig; die Lage hat sich nicht verschlechtert. Jedoch ging im Süden Gelände verloren. Die Reste der 18. und 167. VGD. werden von Süden herangezogen.

An der Mosel hat sich die Lage auf dem rechten Flügel der Heeresgr. G nicht weiter verschärft. Über die Nahe ging der Gegner nur mit schwachen Kräften vor. Die 198. Inf.-Div. im Herankommen.

In Boppard ist der Gegner eingedrungen. Um Bingen wird ein eigener Brükkenkopf eingerichtet. Das XIII. SS-Korps ist nun der 1. Armee unterstellt worden. Eigene Angriffe kamen zum Stehen. Die 559. Inf.-Div. im Soonwald.

An der Westfront der Heeresgruppe weiter schwere Kämpfe. Der Feind kam bis Birkenfeld vor. Die Übergänge werden gehalten; aber es fehlt an Infanterie, so daß nur Stützpunkte aufgebaut sind. An der Südfront hat der Gegner eine Lücke von 700 m in den vorderen Westwall gerissen. Bei Remagen schoben sich die feindl. Panzer vor.

**Lagebuch 19. 3. 45**

*Osten*

*Heeresgr. Süd:* Starke Angriffe gegen den Brückenkopf von Valpovo wurden abgewiesen. Ein eigener Stoß nach Nordwesten drang nicht durch. Der Brückenkopf Miholjac wurde verkürzt; ein Teil ist bereits herausgezogen. An der Ostfront Angriffe ohne Geländeverlust. Das Beziehen von Sehnenstellungen südlich des Velencze-Sees wurde befohlen, um Kräfte freizumachen. Die 2. SS-Pz.-Div. für den Raum von Stuhlweißenburg, 2 weitere für den nördlich anschließenden Raum. Stuhlweißenburg in der Kampflinie. Nördlich davon drang der Gegner etwas über das Gebirge vor. Die Lücke besteht noch. Es scheint sich um das II. Garde-(mech.)Korps zu handeln. In der Slowakei weitere örtliche Kämpfe.

*Heeresgr. Mitte:* Abwehr feindl.er Angriffe und eigene Gegenstöße, ebenso bei Grottkau, wo es dem Gegner gelang, aus der Südecke mit Panzern bis zum Brückenkopf von Cosel durchzustoßen. Dabei fiel ihm Neustadt in die Hand. Neiße wird noch gehalten. Dagegen eigene Stöße aus dem Brückenkopf von Cosel und bei Grottkau. Bei Breslau weiter schwere Lage. Die Führer-Begleit-Div. soll jetzt herausgezogen werden, vielleicht zur Heeresgr. Weichsel.

*Heeresgr. Weichsel:* Nachts 50 Flugzeuge gegen Stettin. Im Brückenkopf ging im Süden ein Ort verloren. *Kolberg* wurde geräumt. Weggeführt wurden 68 000 Zivilisten, 1 223 Verwundete und 5 213 Mann. Der Kommandant verließ auf einem Zerstörer das Kampfgebiet. Eine Untersuchung läuft.

*Heeresgr. Nord:* Weiter Druck gegen die 2. Armee. 3 Kriegsschiffe griffen ein. In Ostpreußen wurde der Raum weiter verengert.

*Kurland:* Wieder Angriffe bei Prekuln. Kampf im Raum von Frauenburg, wo der Feind die Bahn doch noch nicht ganz erreicht hat.

4 300 Einsätze, also mehr als an den Vortagen, gegenüber 756 eigenen; dabei 45 Abschüsse, 10 Verluste. Feindl. Schwerpunkte: Ungarn und Ostpreußen.

*Nordraum*

Die Kampfteile der 169. Inf.-Div. werden erst bis 31. 3. in Oslo versammelt sein. Die Einteilung in Südnorwegen und Nordnorwegen: Der Div.-Stab z. b. V. 613 hat den Südabschnitt bis zur schwedischen Grenze übernommen; anschließend das Gen.-Kdo. XXXVI. AK. in dem Territorialbereich Südnorwegen.

*Westen — Reich*

Keine Einflüge aus dem Süden. Von Westen 200 Amerikaner, begleitet von

700 Jägern, zum Terrorangriff gegen Berlin. Beworfen wurde das ganze Stadtgebiet, besonders die Mitte und der Osten. 38 Jäger schossen 13 Bomber ab, in der Mehrzahl 4=mot. Bomber. 150 Briten gegen Dortmund usw. Im Westen 1 800 Jäger und 500 2=mot. Bomber. Gegen die Brücke von Remagen 5 Blitzbomber. Ferner 70 im Raum von Kreuznach. Alle Verbände der Luftflotte Reich sollen jetzt vordringlich in dem westrheinischen Bogen eingesetzt werden. Daher werden von Rheine in die Rhein=Main=Gegend 79 Me 262 verlegt. Auftrag ist, den Feind am Vorrücken zu hindern und Zeit für den Aufbau von Riegeln zu gewinnen. Der Brückenkopf ist in zweiter Dringlichkeitsstufe [1] geführt. Dieser Befehl wird dahin abgeändert, daß Spezialbomber doch weiterhin gegen Remagen eingesetzt werden sollen. Nachts 150 Bomber gegen das Industriegebiet, 250 gegen Hanau, ein Teil davon gegen Kassel. Dagegen 50 Nachtjäger. Die Skl. wies darauf hin, daß der Feind bei der Verminung der Deutschen Bucht die Ems=Mündung ausläßt. Auch V=Leute sprechen von einer entsprechenden Absicht; jedoch ist die Durchführung noch nicht akut.

*Südosten*

Bei Serajewo Abwehr im Osten und erfolgreiche Vorstöße der 7. SS=Geb.=Div. nach Süden, vor denen der Feind fluchtartig auswich. Geplant ist ein Vorstoß von Doboj nach Nordwesten mit Gegenstoß von Nordosten. Nördlich Varaždin wurde eine Brücke gesprengt. Umfahren ist möglich.

*Südwesten*

Nachdem die 88. amerik. Inf.=Div. herausgezogen wurde, scheint jetzt auch die 85. Inf.=Div. herausgelöst zu sein. Nach Wiederherstellung der Brücke bei Franzensfeste liegt die Betriebsspitze der Brenner=Strecke wieder nördlich Trient.

*Westen*

Im Abschnitt Düsseldorf—Köln haben die Amerikaner nur 3 Div.en auf breiter Front eingesetzt. Bei Remagen wartet das V. amerik. AK. auf das Übersetzen. Bei der Heeresgr. G sind zur Zeit alle feindl. Kräfte geortet.

Bei der *Heeresgr. H* lebhafte Bewegungen. Bei Remagen gewann der Feind erneut Gelände nach Norden und Nordosten. Dagegen wieder Angriffe der 3. Pz.=Gren.=Div. Die eigenen Verluste sind empfindlich, die des Feindes jedoch auch. Im Osten nur einzelne Einbrüche. Im Süden nur schwächere Angriffe. Nach englischer Meldung ist *die Brücke von Remagen* infolge der deutschen Angriffe *völlig abgesunken*. In *Koblenz*, das von 2 000 Mann verteidigt wurde, ist der Widerstand zu Ende gegangen. Der Brückenkopf Rhens [2] wird geräumt. Die neue Linie wird von dem Gen.=Kdo. LXXXIX. AK. und dem Wehrkreis=Kdo. XII aufgebaut. In Bingen ein eigener Kopf, der von einer Aufkl.=Abt.

1 Ms.: Linie
2 Ms.: Remmsy

und 1 Btl. gehalten wird. Bingerbrück ging verloren. In Mainz ist die Brücke gesprengt worden. Westlich der Stadt noch eine Abriegelung.

Der Westwall ist jetzt überall besetzt; nur bei Weißenburg wird noch Vorfeld gehalten. Die 47. VGD. wird nach Alzey gezogen.

Die eigenen Kräfte sind jetzt überall von der Mosel abgedrängt, und auf dem rechten Flügel der Heeresgruppe hat sich der Gegner zum Einbruch in die Pfalz bereitgestellt. Am Oberrhein ist der Feind jetzt reger als bisher.

*Politik*

Die Engländer haben einen Vertreter nach Albanien geschickt und Tito gebeten, seine Truppen wegzuziehen.

**Lagebuch 20. 3. 45**

*Osten*

*Heeresgr. Süd:* Der Brückenkopf bei Valpovo wird bis zum 22. 3. geräumt werden. Die Maßnahmen sind bereits angelaufen. Der Brückenkopf bei Miholjac wurde in der Nacht vom 18./19. 3. geräumt, was dadurch erleichtert wurde, daß die feindl. Luftwaffe die Übersetzstellen in den letzten Tagen nicht mehr angriff. Nördlich des Velencze-Sees bis zum Gebirge kam der Gegner weiter vor; er kam bis an den Ostteil von Stuhlweißenburg, wo er von dort die Straße nach Westen überschritt. Dagegen eingesetzt die 1. und 12. SS-Pz.-Div. in dem Raum westlich Stuhlweißenburg; die 9. SS-Pz.-Div. wird herumgezogen. Auch südlich Komorn werden Pz.-Kräfte bereitgestellt. Eine neue Abwehrfront ist aufgebaut.

*Heeresgr. Mitte:* Bei Leobschütz festigte sich die Lage. Die zwischen den beiden Brückenköpfen abgeschnittenen Teile im Zurückgehen. Vorstöße der Div. „Hermann Göring" schlugen nicht durch. Dem Gegner ist es nun also gelungen, die Köpfe endgültig zu vereinigen und dadurch einen großen Brückenkopf auf dem Westufer zu bilden. Bei Breslau weiter Kämpfe. Dabei anscheinend Verwendung eines neuen Sprengstoffes. Gegen Glogau erstmalig Großangriffe, bei denen 19 Panzer abgeschossen wurden.

*Heeresgr. Weichsel:* Der Brückenkopf bei Stettin mußte auf die Ost-Oder abgesetzt werden. Dort wurde der Feind abgewiesen. Kampfkommandant ist der Gen.-Lt. Hühner. Zum Schutz von Stettin ist die 10. SS-Pz.-Div. eingesetzt. Bei der 2. Armee gelang dem Gegner trotz Einsatzes der schweren Marineeinheiten die Besetzung des Dohnas-Berges. Auch sonst ging Gelände verloren.

In *Ostpreußen* ist das am Vortage zusammengeschrumpfte Gelände abermals stark zusammengeschrumpft. Dabei ging Braunsberg verloren. Es besteht jetzt nur noch eine schmale Sichelstellung um Heiligenbeil herum.

Ein Mun.-Dampfer von 2 000 BRT nach dem Osten ging verloren.

*Kurland:* Abwehr bei Prekuln. An der Naht hat sich die Lage gebessert, da der Gegner aufgefangen wurde.

Beim Feinde 3 900 Einsätze, besonders in Ungarn und im Raum von Danzig. Von der eigenen Seite keine zusammenfassenden Meldungen.

*Nordraum*

Die 7. Geb.=Div. beginnt mit dem Verladen. In Oslo ist ein Stopp durch die Verminung eingetreten. Da in den letzten Tagen 3 Schiffe untergegangen sind, stehen jetzt zum Abtransport nur noch 4 Schiffe zur Verfügung.

*Westen — Reich*

An allen Fronten zusammen etwa 9 000 Einsätze gegen das Reich. Dabei 600 Bomber mit Jägern gegen Mühldorf usw. Ferner die 3 amerik. Div.en gegen Mitteldeutschland, wobei die Hydrierwerke usw. nicht getroffen wurden. Ein Teil gegen Ingolstadt und schwäbische Flugplätze, wo jedoch keine Flugzeugschäden eintraten. (Diese Angriffe sind ein Anzeichen, daß dem Gegner die Produktion der Blitzbomber bedrohlich ist). Ferner 40 Briten gegen Brücken im Raum von Minden und Lage (hier wurden 2 Straßenbrücken zerstört). Ferner 50 Briten im Raum von Arnsberg, dabei anscheinend Einsatz von 10 000=kg=Bomben gegen einen Viadukt. Außerdem noch 50 gegen das Gebiet von Recklinghausen und Bochum. 1 700 Jäger und 700 2=mot. Bomber im Westen. Eigener Einsatz nur gering. Nachts ein Angriff von Süden gegen Bruck und vom Westen die üblichen Moskitos gegen Berlin.

*Südosten*

Fortgang der Kämpfe bei Serajewo und bei Doboj. Die 117. Jäg.=Div. wird jetzt ganz an der unteren Bosna zum Schutz von Brod versammelt.

*Südwesten*

Bei Gibraltar traten 3 Träger in das Mittelmeer ein.

Durch neue Angriffe hat sich die Streckenlage wieder verschlechtert. Das Ende der Betriebsstrecke der Brenner=Strecke liegt jetzt wieder bei Bozen.

*Westen*

Im Gebiet um England wurden 2 Dampfer versenkt, wahrscheinlich noch 5 weitere mit 17 000 BRT. Die 9. amerik. Armee untersteht weiter Montgomery. Die 3. amerik. Pz.=Div. wurde aus dem Raum von Köln nach Remagen verschoben. Dort sind jetzt 4 Inf.=Div.en und 2 Pz.=Div.en eingesetzt. An der Mosel hat der Gegner auf dem eigenen rechten Flügel eine starke Kampfgruppe gebildet. Es scheint, daß die Franzosen sich für den Übergang am Oberrhein bereitstellen.

Meldung des Luftw.=Führungsstabes über die bevorstehenden Luftlandungen: An das I. brit. LL=Korps ist das II. LL=Korps vom Westen herangezogen worden; in dessen Raum wurden Teile der 9. amerik. LL=Div. verlegt (Raum von Nimwegen–Venlo–Eindhoven). Die Vorbereitungen werden abgeschlossen sein, und es ist mit dem Beginn zu rechnen. Bei Reims sind bereitgestellt die amerik. 82., 17. und 101. LL=Div. Daß auch hier die Vorbereitungen sich dem Ende nähern, unterstreicht eine Parade der 101. LL=Div. vor Eisenhower. Durch

Luftbilder wurden außerdem Transport= und Lastensegler vor Reims festgestellt. Die feindl. Absichten werden durch Aufklärung in Richtung Westfalen bis Bremen, Hannover und Hamburg unterstrichen, ferner durch die Spezialangriffe gegen Viadukte, die 2=mot. Nachtangriffe gegen Mitteldeutschland und die Abriegelung des rückwärtigen Raumes. Mit dem amerik. Angriff wird in der Rhein=Main=Gegend gerechnet. Im gesamt also ein klares Feindbild. Nach V=Mann=Meldung laufen in Südostengland Vorbereitungen zu einer Landung im Raum Holland und Ems=Mündung an.

Bei der *Heeresgr. H* keine besonderen Ereignisse.

Im Kopf von Remagen wieder starke Angriffe nach Norden. Es ging jedoch wenig Gelände verloren, da die 3. Pz.=Gren.=Div. den Feind aufhielt. An der Ostfront Angriffe und Gegenangriffe. An der Südfront erstmalig starke Angriffe; dabei gelangte der Gegner mit Panzern in die Gegend hart nördlich Andernach. Das Karl=Geschütz gab 14 Schuß ab.

Die *Heeresgr. G* steht im schwersten Abwehrkampf. Der Feind griff auf dem rechten Flügel nach Südosten an. In *Koblenz* hält sich noch ein Rest. Bingen wurde angegriffen. Der Brückenkopf von Mainz wurde verengert. Feindl. Kräfte tauchten bei Mainz auf. Das LXXX. AK. baute einen Riegel auf, dessen rechte Flanke offen ist. Die 7. Armee versucht, Widerstand zu leisten in einer Linie, die von Worms nach Westen verläuft und dann zurückbiegt. Auf dem rechten Flügel der 1. Armee undurchsichtige Lage. Das XIII. und das LXXXVI. AK. beim Absetzen. Der Gegner im Vordringen in Richtung Landstuhl. An der Südfront ist jetzt der Westwall durchgehend besetzt.

*Allgemein*

Der Führer hat den Führerbefehl zur Lähmung der Versorgungsindustrie und Verkehrsanlagen[1] dahin abgeändert, daß sie zu zerstören sind, wenn sie dem Feinde zugute kommen können.

**Lagebuch 21. 3. 45**

*Osten*

*Feindlage:* Westlich Budapest hat der Gegner die 6. Pz.=Armee, deren Verbleib in der letzten Zeit unklar war, wieder eingesetzt. Nördlich der Donau hat er also zur Zeit keine stärkeren Kräfte. In Schlesien gruppiert er seine Kräfte nach Norden um. Unklar ist, wohin die zur Zeit angeschlagene 3. Garde=Pz.=Armee verlegt wird. In Pommern wurden Kräfte herausgezogen. Jedoch ist die 1. Garde=Pz.=Armee noch gegen die 2. Armee eingesetzt. Vor der Kurland=Front hat der Gegner die 10. Garde=Pz.=Armee nach Osten verschoben — vielleicht, um dadurch den Abzug deutscher Kräfte aus dem Raum von Prekuln zu veranlassen.

1 Befehl „Verbrannte Erde" vom 19. 3. 1945 (4. Abschnitt „Ausgewählte Dokumente", A III 1.).

*Heeresgr. Süd:* Aus dem Brückenkopf von Valpovo wurden die 1. Kosaken=Div., die Fahrzeuge der 11. Lw.=Feld=Div. und die Heeres=Artl.=Abt. bereits zurückgezogen. Angriffe wurden abgewiesen. Südlich der beiden Seen wurde der eigene Beutel verkürzt, um das I. Kav.=Korps herausziehen zu können. *Stuhlweißenburg* ist zu 1/5 verloren. Westlich der Stadt weiter starker Druck. Nördlich davon vertieft der Gegner seinen Durchbruch. Von Komorn in süd=westlicher Richtung wird ein Riegel aufgebaut. Zwischen ihm und den Kräften bei Stuhlweißenburg weiterhin eine Lücke, da es dem Gegner gelang, südost=wärts Komorn bis an die Donau durchzustoßen. Ostwärts davon ein eigener Beutel. Das Industriegebiet von Tata usw. ist bereits verlorengegangen. Der mit Schiffen die Donau aufwärts unternommene Vorstoß hat sich bestätigt.

Bei der 8. Armee örtliche Einbrüche.

*Heeresgr. Mitte:* Bei Schwarzwasser wurden örtliche Angriffe abermals ab=gewiesen. Herangezogen wird die 715. Inf.=Div., um Pz.=Kräfte herauszulösen. In dem Raum Ratibor—Grottkau setzte der Feind die frontalen Angriffe gegen die alten Flanken fort. Bei Leobschütz wurde er aufgefangen. Von den abge=schnittenen Teilen hat sich der größte Teil zurückgekämpft: die 254. Inf.=Div. mit der Masse ihrer Geräte, die 344. Inf.=Div. mit Teilen derselben. Nordost=wärts Neiße, wo eine Gruppe eingeschlossen wurde, versuchte der Gegner, sie zu befreien. In Breslau Angriffe von Norden und Süden. Bei dem neuen Spreng=stoff handelt es sich anscheinend um ein Raketengeschoß, dessen Abschuß nicht zu hören ist und bläulich leuchtet. Es entsteht ein starker Luftdruck mit starker Detonation, durch die 4= bis 5=stöckige Häuser zerstört werden.

*Heeresgr. Weichsel:* Nördlich Lebus stieß ein eigener Vorstoß nicht durch Die dortige Brücke wurde zerstört.

*Heeresgr. Nord:* Die eigenen Kräfte wurden im Raum von Danzig weiter zusammengedrückt. Der Gegner schob sich an Zoppot heran, wo 30 000 Flücht=linge sich angestaut haben. Erstmalig Angriff des Feindes auf die eigenen Schiffe. Auch bei der 4. Armee neue Einbrüche, so daß die eigene Sichelstellung abermals verkleinert wurde.

*Kurland:* Geringe Tätigkeit. Bei Frauenburg wurde die eigene Stellung ver=bessert.

Über 1 000 feindl. Einsätze, besonders bei Stuhlweißenburg und Tata, fer=ner bei Neiße. In der Nacht 153 eigene, dabei 14 zur Versorgung von Breslau.

*Nordraum*

Es gelang 2 U=Booten, das Nordgeleit noch kurz vor dem Einfahren in Mur=mansk zu stellen. Von 19 Fahrzeugen wurden 1 Zerstörer und 1 Liberty=Schiff versenkt. Torpediert wurden 4 weitere Liberty=Schiffe.

Nordwestdeutschland und Holstein sind zur Zeit belegt durch die 480. und 490. Inf.=Div. und die 2. Marine=Div. In Aufstellung befinden sich die Pz.=Ersatz=Brig.en „Großdeutschland" und „Feldherrnhalle".

Von Dänemark wird die 325. Inf.=Div. (Tarnbezeichnung für diese Res.=

Div.) herangezogen; da deren Stämme noch in Zuführung begriffen sind, hat der Wehrm.=Befehlshaber um Verschiebung des Abtransportes um 8 Tage gebeten.

*Westen — Reich*

Geringere Tätigkeit als am Vortage. Von Süden aus 600 Bomber gegen Wien, Wels, St. Valentin und St. Pölten. Erdölschäden sind nicht eingetreten. Teile der Angreifer zweigten nach Komorn und Raab ab. Vom Westen nur die Kräfte der Amerikaner (650), und zwar gegen Hamburg (wo 2 Dampfer verlorengingen, ein Dock schwer getroffen wurde) sowie gegen das Werk Hemmingstedt. Bomben gegen Helgoland fielen ins Wasser. Dagegen 29 Jäger; 8 Abschüsse, 2 Verluste. Ferner ein Angriff gegen die Weser=Brücke bei Nienburg. Es bestätigt sich, daß bei Arnsberg 10 000=kg=Bomben gegen einen Viadukt geworfen wurden; jedoch lag der Treffer daneben, so daß der Verkehr wieder aufgenommen werden konnte. Die Bomben haben eine Länge von 8 m und einen Durchmesser von 1,5 m. Außerdem Briten gegen das Industriegebiet und 500 1= und 2=mot. Bomber im Westen. 23 eigene Einsätze gegen den Raum von Kreuznach. In der Nacht 70 Bomber gegen Marburg a. d. Drau und 70 gegen Berlin, 30 gegen Bremen. Ferner 400 gegen Böhlen—Altenburg. Hydrierwerke wurden nicht beschädigt. Dagegen 89 Nachtjäger; 17 Abschüsse, 7 Verluste.

*Südosten*

Bei dem Angriff südlich Serajewo wird die 7. SS=Geb.=Div. jetzt nach Osten gezogen. Am Ivan=Sattel Verbesserung der eigenen Stellung. Angriffe von Doboj gegen Südwesten wurden abgewiesen; die Korpsgrenze wurde an die Save verlegt. Bei Brod wurden Brücken durch Luftangriffe beschädigt. Bei Barcs wurden feindl. Aufklärer abgewiesen. Der Feind verstärkt sich auch bei Bihać. Dabei Einsatz von Panzern und Unterstützung der Luftwaffe.

Eine Entscheidung über die *Heresgr. F*, die dem GenStdH zum Einsatz im Osten angeboten wurde, ist noch nicht gefällt.

Die Tauern=Bahn ist durch Beschädigung eines Viadukts unterbrochen worden. An der Strecke von Agram nach Osten stört wieder Bandentätigkeit.

*Südwesten*

Keine besonderen Ereignisse.

*Westen*

Nach V=Mann=Meldung besteht seit 9. 3. Ausgehverbot für die Luftlande=Verbände. Die leichten Panzer sind bereits verladen. Die Meldung spricht von 6 Div.en, was auf die Kräfte in Frankreich und England zutrifft. Die Frage ist, ob diese zusammen zu konzentriertem Angriff eingesetzt werden oder ob die Amerikaner in dem Raum Frankfurt a. M. abspringen. Der Führer erwartet nach wie vor einen Angriff gegen Holland. Die 25. Armee hat jetzt eine Nachricht aufgefangen, wonach Montgomery zum Angriff antreten will.

Bei der *Heeresg H* keine besonderen Ereignisse. Im Brückenkopf von Bingen Fortsetzung der Angriffe nach Norden und Nordosten, wodurch der Gegner erreichte, daß er bis an die Ausgänge des Gebirges vorkam. Kämpfe bei Beuel und an der Straße nach Siegburg. Im Nordosten ist durch Einbrüche von Teilen der 363. Inf.=Div. und der 3. Pz.=Gren.=Div. die Lage gefestigt. An der Ost=front örtliche Kampfhandlungen. Im Süden hat sich die Lage bei Andernach weiter ungünstig entwickelt. Ein Gegenangriff, den der Kommand. General des LX. AK., Gen. Hitzfeld, führte, bieb bei Hammerstein liegen. Leudersdorf wird umkämpft.

Bei der *Heeresgr. G* ist die Entwicklung schnell weiter gegangen. Die Be=drohung der 1. Armee hat zugenommen. In *Koblenz* ist der Widerstand er=loschen. Der Feind ist in *Bingen* eingedrungen. An Mainz schob sich der Geg=ner heran. Die 24. amerik. Pz.=Div. wurde nach Süden abgedreht und erschien vor Worms und in dem Gebiet südlich davon. Um Worms wird ein bisher nicht vorgesehener Brückenkopf gebildet. Die Führung auf der eigenen Seite durch den Kommandeur der 47. Inf.=Div. Im Raum von Lüdinghoff und Dürk=heim Kämpfe. Von dem LXXX. und XIII. SS=Korps keine Meldungen. Auf dem rechten Flügel der 1. Armee drang der Gegner in den Raum von Neu=stadt a. d. Hardt vor. Das Gen.=Kdo. LXXXII. AK. muß als zerschlagen ange=sehen werden. Das LXXXV. AK. und 3 Div.en setzen sich in ostwärtiger Rich=tung in Richtung Kaiserslautern ab. Dabei macht sich Benzinmangel geltend. An der Südfront wurden Angriffe abgewiesen.

*Allgemein*

Der Heimatstab Skandinavien ist nun unter den Befehl des OBdM getreten. Der Chef OKW sprach dem Oberstlt. v. Loebell Dank und Anerkennung aus.

Dem SS=Obergruppenführer Frank wurde die Steuerung von Bekleidung, Versorgung usw. (einschließlich der Rohstoff=Wirtschaft, =Planung und =Ver=teilung) übertragen.

**Lagebuch 22. 3. 45**

*Osten*

*Heeresgr. Süd:* Angriffe gegen den Brückenkopf von Valpovo wurden ab=gewiesen. In diesem standen am 21. 3. noch 4 Btl.e. Es liegt noch keine Mel=dung vor, ob die für die Nacht vorgesehene, endgültige Räumung schon abge=schlossen ist.

Zwischen den Seen wurde die kürzeste Linie (Margarethen=Stellung) einge=nommen, da der Gegner nun *Stuhlweißenburg* ganz in seiner Hand hat. Auch westlich der Stadt drang er vor, so daß er hier im Rücken der südlich der Seen kämpfenden Verbände steht. Gegen ihn eingesetzt die 9. und die 15. Pz.=Div., die den Feind zurückdrückten. Auf der Front nach Osten kam er jedoch weiter vor. Südlich Komorn stießen die 2. SS=Pz.= und die 356. Inf.=Div. vor, wobei ihnen

Geländegewinn gelang. Jedoch liegen die Hydrierwerke nun in der Nähe der HKL. An der Donau verbreiterte der Gegner seinen Raum. Außerdem griff er bei Gran und an der Gran-Mündung heftig an.

Im Raum von Leva Bewegungen nach Nordwesten. Nördlich Altsohl kam der Gegner in Richtung Neusohl vor. Ostwärts davon wurde der Frontbogen auf eine Sehnenstellung zurückgenommen.

*Heeresgr. Mitte:* In Schlesien Abflauen der Kämpfe. Eigene Stellungsverbesserung bei Hotzenplotz und Ziegenhals. Bei Breslau gleiche Lage. Als Außenverteidigungslinie war vorgesehen die Umgehungsbahn und im Norden die Alte Oder. Im Süden kam der Gegner weiter voran und steht jetzt 3—4 Straßenzüge südlich der Bahn. Als letzter Verteidigungsring ist der Außenring der Altstadt vorgesehen. Der in der Stadt in Bau befindliche Flugplatz ist erst Ende April fertig.

*Heeresgr. Weichsel:* Aus Kolberg sind nur noch 800 Soldaten abtransportiert worden. Die übrigen rund 4 000 Mann setzten sich aus Eisenbahnern, Org. Todt usw. zusammen.

*Heeresgr. Nord:* Fortgang der Kämpfe im Raum Gotenhafen und Zoppot. Weitere Einbrüche bei der 4. Armee.

In *Kurland* gleichfalls wieder Kämpfe an der Armeenaht und bei Frauenburg.

Insgesamt 2 350 feindl. Einsätze gegenüber 517 eigenen. Auf beiden Seiten 12 Verluste. Schwerpunkt in Ungarn.

*Nordraum — Nordwestdeutschland*

Die Grenze zwischen dem OB West und dem Befehlshaber Nordküste wurde festgelegt.

Auf Kopenhagen wurden Bomben geworfen.

*Westen — Reich*

Von Süden 600 Bomber in 2 Gruppen gegen Wien, Bruck, Villach, Graz sowie gegen das bayerisch-schwäbische Gebiet, wo Flugplätze schwer getroffen wurden. Über die Zahl der beschädigten Flugzeuge liegt noch keine Meldung vor (bei Angriffen am 20. 3. wurden 28 Me zerstört).

Vom Westen 1 100 amerik. Bomber gegen die nordwestdeutschen Bodenorganisationen: von 15 sind 5 Flugplätze ausgefallen. Ein Teil der Bomber gegen Mitteldeutschland (Plauen, Chemnitz). Ferner 150 Briten gegen den Hafen von Bremen, weitere gegen Münster. Im Westen 500 2-mot. Bomber und 1 900 Jäger. 88 eigene Flugzeuge in der Pfalz (der OB West hat beantragt, doch Flugkräfte für den Brückenkopf von Remagen freizugeben).

In der Nacht 50 Russen gegen Frankfurt. 80 und 40 Moskitos gegen Berlin. Ferner 4-mot. Bomber gegen Kiel und den Hafen von Hamburg, ferner 150 Briten gegen Bochum usw.

Eigene Einsätze im Brückenkopf von Remagen.

Insgesamt also wieder rund 9 000 feindl. Einsätze.

*Südosten*

Das Unternehmen der 7. SS=Geb.=Div. ist abgeschlossen worden. Da der Gegner die 29. Tito=Div. herangeführt hat, ist mit Verstärkung des Druckes zu rechnen. Eigene Kräfte drangen westlich von Zenica vor. Bei Doboj stieß der Gegner von Westen vor. Es sollen 2 Rgt.er gegen Gračanica und nach Südosten in Richtung Tuzla eingesetzt werden.

An der Nordfront übernahm die 11. Lw.=Feld=Div. die Sicherung an der Drau von Esseg bis Valpovo, anschließend die 297. Inf.=Div., dann die Gruppe General Fischer. Die 104. Jäg.=Div. wird nach Bihać gezogen, wo durch weiteres Zurückgehen der Kroaten eine Verschärfung der Lage eingetreten ist. Der auf=gebaute Sperriegel konnte nicht gehalten werden; ein neuer wird jetzt südlich Bihać aufgebaut. Durch Räumung eines Stützpunktes werden Kräfte dafür freigemacht. Es wird geprüft, ob noch Teile der 117. Jäg.=Div. herangezogen werden sollen.

Am 23. 3., 12.00 Uhr, Übergabe des Befehls von der Heeresgr. F an die Heeresgr. E.

*Südwesten*

Die Belegung von Livorno war am 19. 3. normal.

Die 5. kanad. Div., die vor einiger Zeit im Raum von Lucca gemeldet worden war, ist jetzt im Westen aufgetaucht. Am rechten Flügel des Gegners ist jetzt die aus Palästina herangeführte, aus Juden und Emigranten aufgebaute „Jü=dische Brigade" eingereiht. Aus Griechenland wird die 34. brit. Inf.=Div. nach Italien verlegt. An der eigenen Front ist jetzt die 334. Inf.=Div. für die 29. Pz.=Gren.=Div. eingesetzt, die nördlich Modena aufgefrischt wird. Eingesetzt sind nun bei der 10. Armee: das LI. AK. mit der 148. Inf.=Div., der 1. ital. Div., der 114. und 334. Div.; ferner das XIV. Pz.=Korps mit der 94. Div., der 8. Geb.=Div., der 65. und 305. Inf.=Div.; bei der 14. Armee: I. Fallsch.=Jäg.=Korps mit der 1. Geb.=Jäg.=Div., der 278. Div., der 4. Fallsch.=Jäg.=Div. und der 26. Pz.=Div., ferner das LXXVI. Pz.=AK. mit der 98., der 362., der 42. und der 162. Div. Die Auflösung der 162. (Turk=) Div., die bereits genehmigt war, wird nun doch nicht durchgeführt

Der OB Südwest gibt 6 000 Fallschirmspringer an den Gen.=Oberst Student nach Deutschland zur Aufstellung von 2 neuen Div.en ab.

Die südfranzösische Küste ist wenig belegt. In Ancona ist der Bestand von 43 Schnell=Booten auf 31 zurückgegangen.

*Westen*

Aus Italien wird zugeführt die 5. kanad. Div. Da sie mit den anderen kanad. Verbänden bisher eng gekoppelt war, ist deren Auftreten möglich.[1]

Bei der *Heeresgr. G* an der Rheinfront die 78. Inf.=Div., 76. und 2. Div. Gegen Worms die 4. Pz.=Div. und die 5. Inf.=Div. Im Pfälzerwald die 11. und

1 Dahinter gestrichen: „Im Norden von Arnheim weiter 8 amerik. Div.en."

12. amerik. Div. mit der 89. Inf.-Div. Gegen Annweiler die 10. Pz.-Div. Nachgeführt werden die 94. und die 46. Inf.-Div.

Bewegungen auch im Raum von Arnheim.

*Heeresgr. B:* Ein kleiner Vorstoß bei Düsseldorf wurde abgewiesen. Bei Remagen gingen die Kämpfe an der Nord- und Nordostfront weiter. Der Gegner drang bis an die Sieg vor, wurde jedoch vor Siegburg angehalten. Dort muß noch ein Gefängnis mit 2 000 Insassen geräumt werden. Die Front wird abgestützt durch die 363. Inf.-Div., die der OB als nicht angriffsfähig bezeichnet, da sich ihre Infanterie fast nur aus Volkssturm und ungeschulten Soldaten zusammensetzt. An der Nordfront Einbrüche bis zu 1 km; jedoch wurde der Gegner beim Vordringen über die Autobahn abgehalten. Nach Süden setzte der Gegner seine Angriffe nicht fort. Die Gruppe Bayerlein wurde aufgelöst. Der General Bayerlein übernimmt die Führung des Gen.-Kdo.s LIII. AK., dessen Kommand. General gefangengenommen worden ist.

*Heeresgr. G:* Bei Worms ist der Gegner sehr rege. Eigene Brückenköpfe über den Rhein bestehen in diesem Abschnitt nicht mehr.

In Neustadt Kämpfe. Die Lage im Waldgebiet ist unklar. Das LXXXV., LXXXII. und XIII. SS-Korps müssen als überrollt angesehen werden. Das LXXXV. Korps versucht, sich nach Osten durchzuschlagen, ebenso die 17. SS-Pz.-Gren.-Div., der Betriebsstoff zugeführt werden sollte.

Es gelang dem Gegner der Durchstoß bei Annweiler durch den Westwall; dagegen Gegenangriffe von Süden. Der Gegner hält Panzer bereit, vermutlich die 14. Pz.-Div.

**Lagebuch 23. 3. 45**

*Osten*

*Heeresgr. Süd:* Der Brückenkopf von Valpovo ist nunmehr geräumt. Zwischen den Seen mußte die Margarethen-Stellung preisgegeben werden. Die Lücke an der Donau hat sich vergrößert, und der eigene Brückenkopf bei Gran wurde verengert. Bei Altsohl kam der Gegner weiter vor.

*Heeresgr. Mitte:* Abwehr bei Schwarzwasser. Bei Leobschütz ein klarer Abwehrerfolg: von 100 Panzern wurden 75 abgeschossen. Vom Südosten wird die 8. Pz.-Div. herangezogen, die 7. Pz.-Div. stößt von Westen vor. Ein ähnlicher Erfolg bei Hotzenplotz, wo von 25 Panzern 20 Panzer abgeschossen wurden. Hier ist die 16. Pz.-Div. eingesetzt. Auch westlich Neustadt wurden die Angriffe im allgemeinen abgewiesen. Bei Glogau verstärkt sich der Feind.

*Heeresgr. Weichsel:* An der Odermündung wird das Schulschiff „Schlesien" mit 1 000 Flüchtlingen an Bord erwartet. Zwischen Lebus und Küstrin griff der Feind mit 6 Schützen-Div.en an. Er wurde im wesentlichen abgewiesen. Eingesetzt die 25. Pz.-Gren.-Div., freigegeben die bei Stettin aufgefrischte 20. Pz.-Gren.-Div., sonst nur örtliche Kampfhandlungen.

*Heeresgr. Nord:* Nordwestlich Zoppot hat sich der Gegner so weit an die

Küste herangeschoben, daß eine Abschnürung des nördlich davon gelegenen Geländes zu befürchten ist. 2 Kriegsschiffe und 3 Zerstörer griffen in den Kampf ein. Die 4. Armee konnte den Durchbruch des Feindes verhindern, jedoch nicht Einbrüche von den Flanken.

*Kurland:* Schwächere Angriffe an der Naht. Fortgang der Kämpfe bei Frauenburg und Durchstoß von 2 Div.en an der Südostecke.

821 eigene Einsätze, 35 Abschüsse, 15 Verluste. Feindl. Schwerpunkte bei Küstrin und in Ungarn. 2 Oder-Brücken wurden zerstört. — Die Führer-Begleit-Div. ist der Heeresgr. Mitte zur Verfügung gestellt.

*Nordraum — Nordwestdeutschland*

Flugzeuge gegen die „Semmering-Stellung". — In Dänemark auch Sabotageakte gegen Dänen, die in deutschen Diensten stehen. Von den in Dänemark untergebrachten Div.en soll je 1 Rgt. nach Süden in das dort bestehende Vakuum gezogen werden.

Bei Nienburg ist die Weserbrücke durch Luftangriff zerstört.

*Südosten*

Südlich von Serajewo Abwehr. Die Pz.-Div. hat bei ihrem Unternehmen 211 Feindtote gezählt; sie wird jetzt gegen den Raum von Tuzla angesetzt. Bei Doboj Abwehr. Die Straße nach Kroatien ist frei.

Die Heeresgr. F soll im Raum der Heeresgr. Weichsel eingesetzt werden. Die Heeresgr. E hatte bei der Verlegung des VP[1] Verluste durch Fliegerangriff.

*Südwesten*

Im Raum Pistoia—Lucca jetzt die 6. südafrikan. Pz.-Div. in Auffrischung. In Venedig durch Luftangriffe schwere Verluste.

*Westen — Reich*

Aus dem Süden 600 Bomber gegen Wien und Schwarzheide. Dabei Zerstörung von 2 Brücken nach Innsbruck. Von Westen die 3 amerik. Div.en gegen Flugplätze und das Industriegebiet. 300 Briten gegen Hildesheim, 200 weitere gegen das Ruhrgebiet. 20 Spezialflugzeuge gegen die Weserbrücke bei Nienburg, die zerstört wurde. 21 eigene Jäger mit 2 Verlusten bei 12 Abschüssen. Der Feind setzte im Raum von Frankfurt und bei Mainz zusammen 2 500 4-mot. Bomber ein.

In der Nacht wieder Moskitos gegen Berlin und 50 weitere gegen Paderborn, 100 gegen Villach.

*Westen*

Die 1. amerik. Armee ist jetzt im Raum von Remagen. Im Rheinknie zog der Feind seine Kräfte nach Süden herunter. Die 16. Pz.-Div. mit 2 Inf.-Rgt.ern in 2 Gruppen im Stoß nach Süden. Was der Gegner mit seinen südlich des Westwalls freigewordenen Kräften unternimmt, ist nicht erkennbar.

1 D. h.: Vorauszubeförderndes Personal.

Bei der *Heeresgr. H* keine besonderen Kampfhandlungen. Bei Remagen schwenkt der Feind südlich der Sieg nach Osten ein; Honnef wird umkämpft. Die Lage konnte repariert werden. Auf dem rechten Flügel der 15. amerik. Armee kam der Gegner 3 km weiter vor. Die 15. Pz.=Div. und andere Kräfte werden herangeführt. An der Ostfront nur schwächere Kräfte; dabei jedoch Einbrüche über die Wied. Am empfindlichsten ist, daß der Gegner im Süden die eigenen Kräfte bis auf die untere Wied zurückdrückt und in Neuwied ein=dringen konnte.

Bei der *Heeresgr. G* Ruhe. Zwischen Koblenz und *Mainz*, wo der Wider=stand erloschen ist, entstand dadurch eine kritische Lage, daß 200 Mann mit Panzern bei Oppenheim übersetzten und bis Groß=Gerau unter dem Schutz von Nebel und Artillerie vorstießen. Inzwischen sind Kräfte nachgezogen, ver=mutlich die 4. Pz.=Div. Ständiger Jagdschutz macht die Aufklärung unmöglich. Eine Pontonbrücke ist bereits zur Hälfte fertig. Eigene Kräfte werden heran=gezogen, unter anderem von der 19. Armee ein teil=mot. Rgt., von Frankfurt örtliche Flak=Kräfte.

Bei der 1. Armee hat sich die Lage weiter verschärft. Der nach Nordwesten aufgebaute Riegel hält. Südlich Landau kämpft die 12. SS=Pz.=Div. Angriffe von Süden hatten keinen Erfolg. Unklar ist das Schicksal von 14 Div.en, von denen zumindest noch Gruppen vorhanden sind.

Der OB West beantragte, ihm die Ausstattung von 5 Div.en zuzustellen.

Dem Gegner ist nunmehr die Übernahme des Kommandos durch den Gen.=Feldm. Kesselring bekannt.

*Politik*

Die Russen haben den Vertrag mit der Türkei gekündigt.[1]

*Allgemein*

Nach dem Wegfall des Saargebiets hat sich die Kohlenlage abermals ver=schärft. Die Gestellung von Steinkohle ist von 9 500 auf 6 000 to abgesunken.

Geklärt wurde die Evakuierung der Kampfzone ostwärts des Rheins, die abschnittsweise erfolgen soll. Von den im Westen eingesetzten 8 Eisenbahn=Geschützen ist nur eins ausgefallen.

**Lagebuch 24. 3. 45**

*Osten*

*Heeresgr. Süd:* Beim Pz.=AOK 2 wird die 1. Volks=Geb.=Div. in den Raum nördlich des Plattensees verlegt. Dafür wird aus dem geräumten Brückenkopf die 297. Inf.=Div. herangezogen. Zwischen den Seen sind die eigenen Kräfte weggezogen. Der Gegner drang über Vezprém nach Südwesten vor. Dagegen Panzer und Teile der 44. Inf.=Div. Bei Kisbér wechselnde Kämpfe. Der Brük=kenkopf bei Komorn wurde aufgespalten. Die 711. Inf.=Div. soll sich jetzt

1 D. h. den Neutralitäts= und Nichtangriffspakt vom 17. 12. 1925 (19. 3. 45).

nach Komorn durchschlagen. Bei Leva wird ein Angriff erwartet. Der Einsatz der 6. Garde=Pz.=Armee hat sich bestätigt. Bei Neusohl geht der Druck weiter.

*Heeresgr. Mitte:* Bei Schwarzwasser wurden Angriffe abgewiesen; von 55 Panzern wurden 25 abgeschossen. Bei Neiße ein Angriff von 100 Panzern, von denen 32 abgeschossen wurden. Jedoch gelang es dem Gegner, in *Neiße* ein=zudringen. Die 3. Garde=Pz.=Armee ist noch gebunden. Bei Strehlen starke feindl. Artl. In Breslau gleiche Lage. Bei der neuen Schußwaffe handelt es sich anscheinend um eine Kopie des deutschen Werfers.

*Heeresgr. Weichsel:* Plessin ging verloren. Bei Küstrin gleiche Lage. Die Stadt selbst ist eingeschlossen. An der Front erfolgreiche Vorstöße der 20. und 25. Pz.=Gren.=Div. nach Osten. In 2 Tagen wurden 150 Panzer abgeschossen. Eingesetzt ist hier die 8. Garde=Armee und nördlich von ihr die 5. Garde=[1] Armee. Nördlich Stettin sind noch 500 Mann der Kampfgruppe Krappe ein=getroffen.

*Heeresgr. Nord:* Der Feind konnte in *Zoppot* eindringen und dadurch den eigenen Brückenkopf spalten. Feindl. Druck von Südosten und Angriffe in der Niederung.

Die Streitkräfte der Kriegsmarine wurden durch den Kreuzer „Lützow" ver=stärkt. Die Zusammenarbeit der Wehrmachtteile befriedigt beiderseits. In Stolp=münde wurden 3 feindl. U=Boote festgestellt. Ein zweiter Mun.=Dampfer ging auf der Fahrt nach Osten verloren. Die 1. Garde=Pz.=Armee, die bisher gegen Danzig angriff, ist abgezogen worden. Ihre Auffrischung wird voraussichtlich 8—10 Tage erfordern. Vorher ist ein Großangriff in Richtung Berlin nicht zu erwarten. Die 4. Armee wies alle Angriffe ab.

*Kurland:* Die Kämpfe sind abgeflaut; nur an der Südostecke gelangen dem Gegner weitere Durchbrüche von Süden und Osten, wobei hier die Gefahr akut ist, daß die eigenen Truppen abgeschnitten werden.

*Im gesamt* ist festzustellen, daß sich jetzt durch eine Zange in Ungarn und Schlesien ein operativer Stoß auf Mähren abzeichnet und im Vorfeld von Berlin der Gegner sich die Ausgangsposition für den entscheidungsuchenden Angriff zu sichern strebt. Die eigenen Brückenköpfe entlang der Ostsee haben ihre Aufgabe erfüllt, feindl. Kräfte möglichst lange zu binden. Es fragt sich, ob die schnelle Entwicklung am Rhein die Russen dazu führt, das Tempo ihrer Aktionen über das vorgesehene Tempo hinaus zu beschleunigen.

2 300 Einsätze gegenüber 860 eigenen; 41 Abschüsse und 14 Verluste. Es wurden weitere Oder=Brücken zerstört. Die Versorgung von Breslau ist er=schwert durch die feindl. Scheinwerfer. Bisher sind 64 Ju verlorengegangen, was um so empfindlicher ist, weil die Produktion eingestellt wurde.

*Nordraum*

Am 25./26. 3. wird der Befehlshaber der Armee=Abt. Narvik, Gen. Jodl[2], im FHQu. weilen; dazu soll ein neuer Befehl ergehen. Der Abtransport wurde

1 Handschriftlich nachgetragen, Lesung unsicher.

2 Vgl. S. 1138 Anm. 1.

durch Verminung und Nebel in den letzten Tagen behindert. Erwogen wird jetzt, ob nicht Einzelfahrten gewagt werden müssen, um den Schwerpunkt auf die Minenfreiheit zu legen. Die feindl. Luftwaffe war rege; ein Dampfer ging verloren.

Entlang der Nordseeküste Alarm.

*Südosten*

Bei dem Vorstoß nach Chalki wurden Gefangene gemacht. Bei Serajewo nichts Besonderes. Die Straße Doboj–Brod ist wieder durch Banden gestört. In Bihać hat sich die Lage durch Vordringen des Feindes nach Süden und Umgehung nach Osten verschärft. Es wurde deshalb um die Stadt ein Igel gebildet. Beim Feinde eingesetzt sind die 7. und 8. Tito-Div.

*Südwesten*

Örtliche Kämpfe. Am Kleinen St. Bernard gingen 2 Bunker verloren. Von der 29. Pz.-Div. wird eine Rgt.s-Gruppe in den Raum südostwärts Venedig verlegt.

*Westen — Reich*

Vom Süden 600 Bomber gegen Verkehrsziele bei St. Valentin und Teile gegen Wien sowie gegen Schwarzheide, wo das Hydrierwerk zu 100% ausfiel (es arbeitete im wesentlichen für die Heeresgr. Mitte). Vom Westen die 3 amerik. Div.en gegen Verkehrsziele im Industrieraum. 20 Briten gegen die Brücke bei Reme[1], die zerstört wurde. Eigene Einsätze gegen Oppenheim, wo die Luftwaffe jetzt alle verfügbaren Kräfte einsetzen soll. In der Nacht Moskitos gegen Berlin.

*Westen*

*Feindlage:* Die 9. amerik. Armee steht zum Angriff bereit. Im Brückenkopf Remagen ist jetzt auch die 2. amerik. Inf.-Div. eingesetzt. Jenseits des Flusses wartet noch das V. AK. mit 3 Verbänden. Gegenüber der Heeresgr. G bis Mainz nur geringe Kämpfe. Ferner die 5. Inf.-Div. sowie die 4. und 6. Pz.-Div. zum Vorstoß über den Rhein, wobei die Taktik des Gen. Patton zu beachten ist. Bei Ludwigshafen die 12. und die 94. Inf.-Div., nördlich davon die 11. Pz.-Div. Wie weit der Feind sonst noch freie Kräfte zur Verfügung hat, ist noch nicht zu übersehen.

*Der Großangriff über den Rhein hat begonnen*, und zwar bei Wesel, wo er vermutet wurde, in Verbindung mit der gleichfalls erwarteten Luftlandung. Der Gegner erreichte mit Schwimmpanzern und Infanterie bei Rees und westlich davon das Ostufer um 22 Uhr. Gegenangriffe schlugen nicht durch. Um 0.15 Uhr ging er südlich Wesel zum Angriff über, nahm dort mehrere Orte und drang von Nordwesten in die Stadt ein. Um 9.05 Uhr wurde Dünkirchen von Flugzeugen mit Lastenseglern überflogen; um 10.20 erfolgte die Landung

1 Wohl: Rhens

südlich Bocholt. Um 11.25 Uhr ging eine Meldung ein, daß 30 Lastensegler abgeschossen seien und das Rgt. Carst, in dessen Gebiet der Absprung er= folgte, den Kampf begonnen habe. Es scheint sich um die 1. engl. LL=Div. zu handeln.

Am Rhein keine besonderen Ereignisse.

Im Brückenkopf von Remagen stieß der Feind südlich der Sieg nach Osten vor, errang jedoch nur geringe Fortschritte. Dagegen eigene Vorstöße. Die Pz.= Lehr=Div. wird noch in Reserve gehalten, ebenso die 11. Pz.=Div. Gegen Sieg= burg unternahm der Feind nichts mehr. Bei Neuwied konnte der Gegner bis Kaltenwengers vorkommen. Er überquerte die untere Wied und kam 3 km vor. Herangezogen werden die Pz.=Brig. 106 und die 11. Pz.=Div.

Bei der *Heeresgr. G* Ruhe zwischen Koblenz und Mainz. Im Brückenkopf von Oppenheim drang der Feind weiter vor. Ein um 23 Uhr eingesetzter Ge= genangriff hatte Erfolge. Jedoch gingen Trebur und Wallerstädten heute ver= loren.[1]

Wieder aufgetaucht ist jetzt das Gen.=Kdo. XIII. SS=Korps mit 3 Div.en, so daß nur noch der Verbleib von 9 Div.en unbekannt ist.

In *Ludwigshafen* drang der Feind ein. Häuserkämpfe finden statt. Es sind noch 70 000 Zivilisten vorhanden.

Die Brücke von Germersheim ist noch in eigener Hand. Der Feind meldet die Besetzung von *Speyer*.

**Lagebuch 25. 3. 45**

*Südosten*

Wegen Versagens der Kroaten weiteres Ausweichen bei Bihać auf das Ost= ufer der Una. Beschleunigte Verlegung der 104. Inf.=Div.

Übernahme des Befehls durch die Heeresgr. E (Gen.=Oberst Löhr nunmeh= riger OB Südost).

*Südwesten*

In den Westalpen anscheinend eine neue französ. Div. an Stelle einer ameri= kanischen. Die Verlegung der 34. brit. Inf.=Div. von Griechenland nach Italien bestätigt sich.

*Westen*

Bei der 1. kanad. Armee die 1. poln. Pz.=Div. und die 49. brit. Div. bestätigt. Bei Rees anscheinend auch eine kanad. Div. und wohl auch die 7. brit. Pz.=Div. Südlich Bocholt wurde mit Sicherheit nur die 6. brit. LL=Div. ausgemacht. Auf dem linken Flügel der 9. amerik. Armee die 30. amerik. Inf.=Div. und wohl auch die 8. kanad. Pz.=Div. Bei Remagen jetzt auch nördlich Neuwied die 9. amerik. Pz.=Div. Im Kopf von Oppenheim die 4. Pz.=, 5. Inf.=Div., Teile der

1 Davor handschriftl. ein unleserliches Wort zugesetzt.

90. Inf.-Div. (südlich Mainz abgelöst durch die 26. Inf.-Div.), vermutlich auch noch die 6. Pz.-Div. und aus der Saarpfalz freigewordene Kräfte. Grenze zwischen der 3. und der 7. amerik. Armee jetzt bei Worms; bei dieser die 42. Inf.-Div., 10. und 14. Pz.-Div., 36. Inf.-Div.

*Heeresgr. H:* Starkes Artl.-Feuer auf dem linken Flügel.

*Fallsch.-Jäg.-AOK 1:* Rund 1 200 Mann bei Dingden—Hamminkeln gelandet; eigener Gegenangriff bis südlich Ringsberg. Von 121 Lastenseglern 50 abgeschossen. Um 13.25 eine zweite, amerik. Landung im Rücken der 34. Inf.-Div. Teile wurden vernichtet.

Während der Nacht Angriffe aus dem Kopf Rees nach Norden und Nordosten. Groin wurde vom Feind genommen. Bei Speldrop Abwehr. Rees noch in eigener Hand. Pz.-Angriff in Richtung . . .?[1] *Wesel* ging verloren. Südlich des Lippe-Kanals stieß der Feind über Friedrichsfeld 4 km ostwärts vor.

Über Dinslaken stieß der Feind nach Wesel vor. Südlich Dinslaken vereinigten sich Springer aus 40 Flugzeugen mit dem vom Westen vordringenden Gegner.

Am 24. 3. wurden 60 Lastensegler vernichtet. 38 Flugzeuge abgeschossen, 23 Panzer zerstört.

*Heeresgr. B:* Ostwärts Honnef starke Angriffe nach Nordosten. Beim AOK 15 ging eine Reihe von Ortschaften verloren.

*Heeresgr. G:* Übergang über den Rhein zwischen Braubach und St. Goarshausen. Den Oppenheimer Kopf erweiterte der Feind nach Nordosten und Südosten; er nahm Astheim, Trebur, Gr.-Gerau und drang in Nieder-Ramstadt und Hähnlein ein.

Der Kopf Ludwigshafen wurde geräumt. Speyer ging verloren. Der Kopf Karlsruhe wurde von Norden und Süden stark angegriffen. Feind vor *Wörth*.

Beim AOK 19 Ruhe.

## Lagebuch 26. 3. 45

*Osten*

*Heeresgr. Süd:* Nördlich des Plattensees gelang es dem Gegner, weiter in südwestlicher[2] Richtung vorzustoßen. Der Aufbau einer neuen HKL wird versucht. Es bestehen jedoch zwischen Plattensee und Pápa 2 große Lücken. Weitere Angriffe in Richtung Komorn. Der Gegner ist bis an die Stadt herangekommen. Bei Leva hat der erwartete Großangriff eingesetzt, mit Schwerpunkt im Südwesten und Westen. Hierbei eingesetzt der Kav.-Verband Plijew. Dazu am unteren Gran Fesselungsangriffe. Der Gegner ist in Neusohl eingedrungen.

*Heeresgr. Mitte:* Bei Schwarzwasser wurde der Gegner abgewiesen. Bei Sohrau (nicht Sorau) besteh eine Lücke in Richtung Loslau. Zwischen Leobschütz und Neiße erzielte der Gegner örtliche Einbrüche. Er konnte in Strehlen ein-

1 Sh im Ms.
2 Ms.: südostwärtiger.

dringen, wo der eigene Frontbogen zurückgenommen wurde. Weitere Angriffe gegen die Südfront von Breslau. Fortgang des Großangriffes von Glogau.

*Heeresgr. Weichsel:* Aufklärung im Raum von Küstrin und lebhafte Bewegungen. Die 1. Garde-Pz.-Armee (bisher in Ostpommern) steht in Funkverbindung mit der 1. weiß-russ. Front, was auf das erwartete Zusammenwirken beim Angriff auf Berlin hindeutet. Gegenangriffe aus dem Brückenkopf Pölitz durch die 5. Jäg.-Div., die mit der Gruppe Tettau heil herauskam. Durch die Energie des Direktors des Kraftwerkes wird der Betrieb fortgeführt.

*Heeresgr. Nord:* Einzelheiten fehlen. Der Gegner steht hart südwestlich Gotenhafen und drang in das Weichbild von Danzig ein, wo er aufgefangen wurde. Die Sehnenstellung der 4. Armee wird weiter verkürzt.

*Kurland:* Fortgang der Kämpfe im Bereich der 24. Inf.-Div. Die Kriegsschiffe haben bisher 125 Schuß 28 cm im Raum von Gotenhafen abgegeben. In Memel jetzt 32 feindl. Schnellboote, von deren Auswirkung jedoch bisher noch nichts zu spüren ist. In den beiden letzten Tagen sind 7 Schiffe mit Flüchtlingen aus dem Raum von Danzig nach Kopenhagen abgefahren.

Insgesamt 3 400 feindl. Einsätze gegenüber 480 eigenen; dabei 41 Abschüsse und 13 Verluste. Feindl. Schwerpunkt in Ungarn, bei Breslau und 1 800 gegen die Heeresgr. Nord. Nachts 130 feindl. Einsätze. 37 eigene Schlachtflieger gegen Göritz, wo die Nord- und Südbrücke zerstört wurden.

*Westen — Reich*

Von Süden Angriffe gegen das Industriegebiet und einen Flugplatz bei Prag und gegen Eger, wo schwere Schäden entstanden. Im Westen mußten 2 amerik. Div.en zurückkehren, die dritte Div. mit 750 Jägern gegen Verkehrsziele im Mitteldeutschland. 7 Abschüsse durch 25 schnelle Jäger (dabei 5 eigene Verluste). Brit. Angriff gegen Hannover und Eisenbahnanlagen in Osnabrück. 62 eigene Einsätze gegen den Brückenkopf von Oppenheim. Die 4 Geschwader in Nordwestdeutschland, die auf 18 Flugplätzen versammelt liegen, haben die größten Schwierigkeiten bei der Versammlung, da die Staubwolken beim Anlaufen eines Motors sofort feindl. Jäger anziehen. Nur durch schlechtes Wetter ist eine Erleichterung zu erwarten. — Das IV. Flak-Korps hat bei der Luftlandung 149 Flugzeuge abgeschossen, darunter 75 Lastensegler. Da schätzungsweise mit 2 000 Flugzeugen insgesamt zu rechnen ist und durch Bruchlandung noch weitere abgezogen werden können, kann ein Verlust von etwa 10% eingetreten sein.

In der Nacht nur 30 Moskitos gegen Berlin, 50 Bomber gegen Villach. Gegen die Rhein-Brücken wurden 4 Mistel-Flugzeuge eingesetzt; der Erfolg ist unsicher.

Die Luftwaffe soll alle Kräfte auf die Bekämpfung der Rhein-Brücken abstellen. Ein Schwanken trat dadurch ein, daß das Luftkdo. West die Bekämpfung der nicht rechtzeitig gesprengten Brücken bei Hanau und Aschaffenburg verlangte.

*Nordraum*

Das feindl. Geleit auf der Rückfahrt. Ein neuer U=Boot=Riegel ist gelegt. Angriffe gegen Egersund, wo ein Dampfer mit Schwefelkies verlorenging, ein weiterer aufgesetzt werden mußte. Dabei Abschüsse. Dem Kattegat=Transport werden 6 Schiffe aus dem Osten zugeführt.

*Südosten*

Die Kriegsmarine führte einen erfolgreichen Schlag gegen Banden=Schiffsverkehr bei den Dalmatinischen Inseln. Fortgang der örtlichen Kämpfe.

*Südwesten*

Nichts Besonderes.

*Westen*

In der Schelde=Mündung gingen durch Minen dem Gegner 2 Dampfer mit 10 000 BRT verloren. In der Humber=Mündung Schiffsraum für 1—2 Verbände.

Im Raum von Wesel–Rees sind nach gewiesen die 17. amerik. Div.[1] und die 6. brit. LL=Div., ferner die 79. Pz.=Div. die wohl für diesen Zweck umgegliedert wurde. Südlich Koblenz ist jetzt noch die 89. Inf.=Div., die vor kurzem aus den USA zugeführt wurde, aufgetaucht. Den Vorstoß zum Main hin führt[2] die 4. amerik. Pz.=Div., die durch die 9. und 5. Pz.=Div. in den Flanken geschützt wird. Aus dem Elsaß wurde eine französ. Div. an die Westalpen herumgezogen, die durch Zufluß wieder ersetzt worden ist.

Der Gegner greift von Rees aus nach Norden, von Wesel nach Nordosten und mit der amerik. Gruppe südlich des Lippe=Kanals nach Osten an. Da dem Gegner genug Kräfte zur Verfügung stehen, kann er sich diese exzentrische Kampfesweise erlauben. Es gelang ihm, Rees zu nehmen. Die eigenen Kräfte halten am Alten Rhein. Die Masse der nordostwärts von Wesel eingesetzten 84. Inf.=Div. muß als zerschlagen angesehen werden.

*Heeresgr. B:* Die amerik. 1. Armee ist nun in breiter Front angetreten. In der Mitte drückt sie die eigenen Kräfte auf 4—6 km zurück. Aufbau einer neuen Linie ist im Gange. Schwerpunkt des Rückhalts bei der Pz.=Lehr=Div. und bei der schweren Kampfgruppe. Besonders kritisch hat sich die Lage nordostwärts Koblenz gestaltet, wo der Gegner bis Grenzhausen vorkam. Südlich davon konnte der Gegner Brückenköpfe bilden. Erst südlich der Lahn wird ein Riegel gebildet. Teile des Wehrkreises XII kommen heran.

Bei der *Heeresgr. G* konnte der Gegner südlich Frankfurt seinen Vorstoß beträchtlich erweitern. Er drückte die eigenen Kräfte auf das Waldgebiet zurück und nahm *Darmstadt,* das nur noch von 200 Mann gehalten wurde. Bei Hanau eine Brücke nur halb gesprengt. Bei Aschaffenburg, wo die Eisenbahnbrücke nicht mehr gesprengt wurde, heftige Kämpfe. Es wird ein Riegel von hier in südwestlicher Richtung durch die 36. VGD. aufgebaut. Ferner Angriffe

1 Ms.: Armee
2 Ms.: „für"

in breiter Front zwischen Ludwigshafen und Speyer. Der Gegner konnte Brükkenköpfe bilden und bis zur Rhein=Uferstraße vordringen. Bei Speyer wurde er jedoch abgewiesen. Die Rhein=Front ist hier auf 30—40 km aufgebrochen. An der Südfront keine besonderen Kampfhandlungen.

Vor der Festung Gironde=Süd Bereitstellungen.

Nach der Feindpresse finden im Westwall noch Kämpfe statt.

Churchill hat sich die Kämpfe von Wesel aus angesehen.

Das Gebiet des OB West wurde erneut erweitert. Von der Weichsel werden dem Westen 200 Kesselwagen zugeführt. Von Amberg werden 5 000 Mann der SS=Ers.=Brig., der 1. Fallsch.=Armee die 17. SS=Div. zugeführt. Ferner werden heute 5.30 Uhr im Lkw=Transport herangeführt 2 Ersatz=Brigaden.

*Allgemein*

Nach einem Führerbefehl sollen jetzt alle Heimatkräfte an die Front geworfen werden: „Westgoten"= und „Ostgoten"=Bewegung.

Der Reichsführer SS, der die Heeresgr. Weichsel abgegeben hat, nimmt jetzt wieder seine Zivilaufgaben mit Schwerpunkt auf.

Es wurde befohlen, gegen das Zeigen weißer Tücher, das Öffnen von Pz.=Sperren energisch vorzugehen.

Aufgestellt wird eine 3. Marine=Div., so daß die 2. Marine=Div. vielleicht im Raum von Glückstadt belassen wird.

Die Amerikaner schossen über dem böhmischen Gebiet russ. Jäger ab, was jetzt in der Propaganda ausgewertet wird.

**Lagebuch 27. 3. 45**

*Osten*

*Heeresgr. Süd:* Vordringen des Feindes nach Westen nördlich des Plattensees und Erweiterung des Einbruchsraums bei Leva. Im einzelnen: Nördlich des Plattensees sind die eigenen Kräfte auf die Hälfte des Sees zurückgegangen. Von der 1. Volks=Geb.=Div. sind bereits Teile in den Kampf getreten. Der Gegner erreichte den Raab=Abschnitt und den Rand der Stadt. Der Brückenkopf der 3. ungar. Armee bei Gran ist nunmehr geräumt worden. Über den unteren Gran hat der Gegner weitere Brückenköpfe gebildet. Bei Leva kam er nach Westen weiter vor. Westlich Altsohl errang er örtliche Erfolge. Nördlich Neusohl hat sich die Lage weiter verschärft, da hier stehende ungar. Kräfte auswichen und Banden in den Kampf eintraten.

*Heeresgr. Mitte:* Fortgang der Kämpfe bei Rybnik, Leobschütz und Strehlen. Im einzelnen: Bei Rybnik stieß die 8. Pz.=Div. gegen den angreifenden Feind vor; bei Leobschütz wurde der Gegner abgewiesen, doch kam er in Richtung Jägerndorf vor. Eigene Panzer stehen hier im Kampf mit der 4. Pz.=Armee. Strehlen wurde beiderseits angegriffen. Bei Breslau ging Gelände verloren. Fortgang heftiger Kämpfe im Südosten und Süden von Glogau, wo die Lage gespannt ist und der Gegner weitere Kräfte zuführt.

*Heeresgr. Weichsel:* Heute früh begann der eigene Angriff in Richtung Küstrin, der nach 3 km zum Halten kam. Eingesetzt sind die 25. und 20. Pz.=Gren.=Div., die Führer=Begleit=Div. und die Div. „Müncheberg". Küstrin wurde stark beschossen (in der Stunde bis zu 1 000 Schuß). Bei Angermünde konnte der Gegner einen kleinen Kopf bilden, und vor Pölitz ging Gelände verloren. Schleppkähne, die von Stettin nach Norden durchzubrechen versuchten, kamen nur zum Teil durch.

*Heeresgr. Nord:* Fortgang der Kämpfe südlich Gotenhafen und Danzig. Fortgang der Angriffe gegen die Putziger Nehrung. Die Werft in Gotenhafen kam wegen Strommangels zum Erliegen. Es gingen wieder 2 Mun.=Dampfer verloren.

Die 4. Armee konnte trotz weiterer Einbrüche ihren Zusammenhalt aufrecht erhalten. Der Transport der Flüchtlinge geht weiter.

*Heeresgr. Kurland:* Die Angriffe bei Prekuln wurden abgewiesen. Fortgang örtlicher Kämpfe in der Südostecke.

4 400 feindl. Einsätze, in Ungarn weniger, in Ostpreußen 2 300. Die Nord= und Südbrücke bei Göritz wurde abermals getroffen.

In der Zeit vom 1.—22. 3. wurden 5 452 Panzer abgeschossen, d. h. mehr als im Vormonat, so daß nun die Reserven des Gegners in Kürze aufgebraucht sein werden.

*Nordraum*

Von der 166. Inf.=Div. sind aus Dänemark in Richtung Hannover 8 Züge abgefahren. Sie wird der Heeresgr. G zugeführt. Die 94. Inf.=Div. hat den Raum Aurich=Delmenhorst erreicht; 22 von 37 Zügen sind abgefahren.

*Südosten*

Angriffe bei Serajewo von Süden und Osten wurden abgewiesen. Nördlich der Stadt feindl. Bewegungen, die auf einen bevorstehenden Angriff hinweisen. Die 297. Inf.=Div., die jetzt Teile im Eisenbahn=Transport heranführt, wird zum Pz.=AOK 2 verlegt. Bei Bihać eine Entspannung durch Angriffe nach Süden. Feindl. Angriffe von Westen und Osten wurden abgewiesen, eigene Kräfte blieben liegen. Die von Norden herankommenden Kräfte ziehen bereits feindl. Kräfte ab. Die 104. Jäg.=Div. im Zufluß.

*Südwesten*

Da für den Transport der Fallsch.=Jäger Kolonnen zur Verfügung stehen, wird dieser bis 30. 3. abgeschlossen sein. In Livorno und Ancona Abnahme des feindl. Schiffsraums.

*Westen — Reich*

Von Süden Angriffe gegen Wien und Wiener=Neustadt und das Ölgebiet von Zistersdorf, dabei schwere Verkehrsschäden. Vom Westen nur 1 amerik. Div., deren Versammlung erst über Belgien abgeschlossen war; dabei schwerer Angriff gegen Plauen, ferner gegen Zeitz, Gera, Fulda usw. Geringerer Einsatz von 1- und 2-mot. Bombern. Ein eigener Einsatz gegen die Brücke bei Hanau hatte keinen Erfolg. Ferner 50 zur freien Jagd bei Wesel.

In der Nacht 70 Moskitos gegen Berlin. Eigener Einsatz gegen den Brückenkopf bei Oppenheim.

*Westen*

Der Lippe-Seitenkanal bildet die Grenze zwischen den Briten und Amerikanern. Bei diesen die 30. und 79. Inf.-Div., ferner Pz., vielleicht die 8. Pz.-Div. Im Brückenkopf von Remagen ist nunmehr die 3. Pz.-Div. bestätigt; unklar ist noch der Einsatz des V. AK. mit seinen 3 Div.en. Im Raum Frankfurt griff der Feind mit 3 Div.en nach Norden an; nach Osten stößt er mit der 4. Pz.-Div. vor; die 26. Div. wird nachgezogen. Unklar ist noch der Verbleib von 4 Verbänden im Raum südlich.[1] Die Franzosen verfügen im Raum Straßburg über 3 Verbände.

Bei Wesel erreichte der Feind nur örtliche Erfolge. Aus dem Fallschirm-Raum von Bocholt stieß der Gegner nach Norden vor; dagegen das Carst-Rgt. Am Lippe-Seitenkanal konnte der Gegner aufgehalten werden.

An der Heeresgruppen-Naht Ruhe. Als Reserve stehen noch zur Verfügung die 2. Fallsch.-Jäg.-Div. und die 190. VGD.

Aus dem Brückenkopf von Remagen gelang den Amerikanern der Durchbruch. Das LXVII. AK. wurde überrollt; feindl. Spitzen kamen bis in den Raum Limburg. Dagegen eingesetzt die Pz.-Lehr-Div., zu der noch die 2. VGD. herangezogen wird. Von Süden wird die 11. Pz.-Div. und die 6. SS-Geb.-Div. herangeholt. Versucht wird ein Widerstand in der Linie Dill — Lahn — Sieg.

*Heeresgr. G:* Nach Norden war der Gegner nicht besonders tätig. Über den Main konnte er einige kleine Brückenköpfe bilden. Nach Osten stieß er bis Aschaffenburg durch und erreichte heute um 6.05 Lohr am Main mit 30—50 Panzern. Bei Hanau, wo eine Besatzung von 2 700 Mann steht, herrscht Ruhe.

Durch falsche Funkmeldungen versucht der Gegner, die Bevölkerung in Unruhe zu versetzen. Von Worms aus ist der Gegner bis zur Bergstraße vorgestoßen und hat die eigenen Kräfte bei Mannheim zurückgedrängt. Die Heidelberger Brücken wurden gesprengt. Von Süden wird die 36. VGD. herangezogen; doch ist fraglich, ob sie noch rechtzeitig herankommt.

*Politik*

Es starben Lloyd George und der Marschall Schaposchnikow.

**Lagebuch 28. 3. 45**

*Osten*

*Heeresgr. Süd:* Die 297. Inf.-Div., die von der Drau-Front herangezogen wird, soll auf dem rechten Flügel der 2. Pz.-Armee eingesetzt werden, um hier

1 Handschriftlich nachgetragen, Lesung fraglich; wohl Ortsname ausgefallen.

die 16. SS=Pz.=Gren.=Div. für den Raum nördlich des Plattensees freizumachen. Nördlich von dieser ist die eigene Linie bis auf das letzte Drittel zurückverlegt worden. Der Gegner ist bereits mit dem Bau einer Brücke über die Raab beschäftigt. Die eigenen Brückenköpfe gingen verloren. Vor der Stadt Raab wurde gekämpft. Ferner erreichte er den Stadtrand von Komorn. Der Führer hat das Absetzen der eigenen Kräfte nördlich der Donau vom Gran in die Dorotheen=Stellung genehmigt. In dem Raum ostwärts von Preßburg werden Ersatzkräfte der Waffen=SS bereitgestellt. Der linke Flügel der 8. Armee wurde wegen der Gefahr des Abreißens nordostwärts Neusohl, wo Ungarn stehen, zurückgenommen. Nördlich der Heeresgruppen=Naht (südlich Rosenberg) wurden eigene Reserven bereitgestellt. Es ist nunmehr eine von Süden nach Norden in der Linie Kremnitz – Tatra – Saybusch nach Norden verlaufende Linie bezogen.

*Heeresgr. Mitte:* Fortgang der Kämpfe bei Schwarzwasser, Leobschütz und Strehlen. Bei Loslau (Raum von Leobschütz) ging zwar Gelände verloren, aber der Feind wurde dort aufgefangen. Bei Leobschütz ein klarer Abwehrerfolg. Gebunden sind hier noch die Garde=Pz.=Armee und 2 Pz.=Korps. Von 135 Panzern wurden 49 abgeschossen. Bei Strehlen geringe Tätigkeit. In Breslau und Glogau (Kommandant Graf Eulenburg) gleiche Lage.

*Heeresgr. Weichsel:* Der eigene Angriff bei Küstrin blieb liegen. In Küstrin selbst weiter starke Angriffe. Bei Zehden Fortgang der feindl. Angriffe. Entlang der unteren Oder verstärkte Aufklärung. Bei Stettin besteht noch ein schmaler Brückenkopf. Es gelang abermals die Zerstörung einer Brücke.

*Heeresgr. Nord:* Gotenhafen ging verloren. Es besteht nördlich davon noch ein eigener Brückenkopf. Bei *Danzig* wird noch die *Westerplatte* gehalten. In der Stadt wurden die eigenen Kräfte bis auf die Stadtmitte zurückgedrängt. Bei der 4. Armee Verlegung des Armeestabes und der Masse der Korps auf die Nehrung. Ein Rest muß noch überführt werden.

*Heeresgr. Kurland:* Fortgang der Angriffe in der Südostecke, die abgewiesen wurden.

Es soll jetzt ein Befehl erwogen werden, in dem das Reichsgebiet taktisch zwischen dem OB West und dem GenStH aufgeteilt wird.

3 650 feindl. Einsätze und 626 eigene. Dabei 26 Abschüsse und 1 Verlust. Es wurden 3 Brücken getroffen. In der Nacht 325 russ. Einsätze.

*Nordraum*

Die Verzögerung der Transporte dauert an. Doch ist jetzt eine Auflockerung zu erkennen, da für die 3 verlorengegangenen Transporter 6 weitere zugeführt werden, und zwar 2 aus der Ostsee, 2 aus Reparaturen und 2 vom Reichskommissar für die Seefahrt. Die 325. und 328. Inf.=Div. in Dänemark stehen jetzt zum Abtransport bereit. Die 84. Inf.=Div. überschritt die Ems, der Rest die Weser; die 94. Inf.=Div. wird mit Masse abgefahren.

*Südosten*

Die 7. SS-Geb.-Div. im Angriff nach Norden und Nordosten. Auf der Donau ein erfolgreiches Unternehmen gegen den feindl. Schiffsverkehr flußabwärts. Im Papuk-Gebirge neue Angriffe gegen Gospić. Die Lage scheint sich aber zu entspannen, da der Gegner Kräfte nach Norden abgezogen hat gegen die dort herankommenden eigenen Truppen.

(Nachtrag: Nach der Lage[1] läuft die Meldung ein, daß der Feind in *Bihać* eingedrungen ist).

*Südwesten*

Die 56. Inf.-Div. wird durch die 78. brit. Inf.-Div. abgelöst, also nicht durch die ital. Div. „Legnano". Die Briten lassen also eine „Korsettstange" zwischen den fremdländischen Verbänden stehen. Beim Kleinen St. Bernard wurden 10 bataillonsstarke Angriffe abgewiesen. Bei Gibraltar Austritt von 5 Transportern. Der General Clark erließ einen Aufruf an die Partisanen usw., in dem eine baldige Offensive angekündigt wurde.

*Westen — Reich*

Wegen schlechten Wetters geringe Tätigkeit. Von Süden kein Einflug. Von Westen nur Briten, und zwar 180 gegen ein Tanklager bei Bremen (meist Fehlwürfe), 450 gegen Paderborn, wo schwere Schäden entstanden. Ferner 120 gegen Unna, wo schwere Schäden entstanden. Geringe eigene Einsätze.

In der Nacht 40 Moskitos gegen Berlin.

*Westen*

*Gotenbewegung:* Der Verband „Thüringen" ist nach Westen abgefahren. Der Pz.-Verband „Franken" fährt heute oder morgen von Stuttgart ab. Der Pz.-Verband „Westfalen" ist zum Abtransport bereit. Zur Steuerung dieser Bewegung ist vom GenStH der Oberst Freier und vom OB des Ersatzheeres der Oberstlt. d. G. Fellmer zum OB West abgefahren.

Aus der Stamm-Mannschaft des RAD werden 3 Div.en, aus den Schulen 3 weitere Div.en, im gesamt also 6 aufgestellt. 43 Züge fuhren ab, 12 sind beim OB West eingetroffen. Weiter werden im Fußmarsch aus den Ausbildungstruppen (ohne Panzer) nach Westen 72 000 Mann, nach Osten 96 000 Mann in Bewegung gesetzt, mit den weiteren Kräften also rund 200 000 Mann. Über die Aufstellung eines Freiwilligen-Korps „Robert Ley" liegen noch keine Einzelheiten vor.

Eisenhower erklärte, daß Nordholland nicht angegriffen werden soll, da es vorerst auf die Verfolgung strategischer Ziele ankomme und durch Unterbindung der Verkehrswege der V 1-Beschuß von selbst erliegen werde.

Im Raum von Wesel griff der Gegner weiter nach Norden und Osten an und errang Gelände (Dorsten[2] ging verloren). Er kam bis in das Waldgebiet nach

1 D. h. Lagebesprechung
2 Ms.: Dirkten

Osten vor und erreichte den Westteil von Gladbeck. Er überschritt die Autobahn; Reserven, um ihn aufzuhalten, fehlen. Da die 15. Pz.=Gren.=Div.[1] nach dem Abzug der 12. VGD. und der 95. Inf.=Div. sowie von weiteren Kräften nur noch einen geringen Kampfwert hat, vermag sie jetzt nicht mehr als eine Sicherung durchzuführen.

Bei der 15. *Armee* weitere schwere Angriffe mit Schwerpunkt Richtung Osten. Dadurch ist sie in 2 Teile aufgespalten: eine größere Nordgruppe und eine schwache Südgruppe. Es wird versucht, eine neue Front Siegen—Marburg—Gießen—Frankfurt zu halten. Der Abschnitt zwischen Lahn und Main ist der Heeresgr. G zugewiesen worden.

Die 12. Pz.=Div. leidet an Betriebstoffmangel. *Wetzlar* wurde gehalten; *Limburg* ging verloren. Der Gegner kam auf der Autobahn bis Esch vor, wo Alarmeinheiten aufgestellt sind. Das LXXXIX. AK. ist nunmehr im Raum von Ems im Rücken gefaßt.

*Heeresgr. G:* Im Raum Frankfurt—Aschaffenburg schärfste Angriffe. In *Frankfurt* kam der Gegner bis zum Opernplatz vor. Im Raum von Hanau Kämpfe; jedoch wurde der Gegner hier meist aufgehalten. Aus Aschaffenburg wurde der Gegner wieder herausgeworfen; hier stehen Kräfte des XIII. SS=Korps. Die nach Osten vorgestoßenen Panzer wurden abgekniffen. Der Gegner griff Hammelburg an, wo ein Lager von 6 000 Kriegsgefangenen war. Der größte Teil konnte rechtzeitig abgeführt werden. 13 von 50 Panzern wurden abgeschossen. Die Reste wurden nach Westen abgedrängt. Im Augenblick hält daher der aufgebaute Riegel.

Südlich Darmstadt stieß der Gegner durch den eigenen Riegel. Es wird jetzt eine neue Front in der Linie Miltenberg–Eberbach–Neckar–Mannheim aufgebaut.

*Politik*

Argentinien erklärte dem Reich den Krieg.

**Lagebuch 29. 3. 45**

*Osten*

*Heeresgr. Süd:* Der Führer hat das Zurückgehen der 2. Pz.=Armee in die Margarethen=Stellung nicht genehmigt. Nachdem vorher Bewegungen beobachtet waren, hat nun bei Nagybajom heute früh ein Großangriff begonnen, der bisher nur einen kleinen Einbruch erzielte.

Bei der 6. SS=Pz.=Armee verschärfte sich die Lage weiter, da dem Gegner Einbrüche nördlich des Plattensees gelangen und er die 3. Kav.=Div. umflügeln konnte. Der Feind stieß durch bis Steinamanger (Szombathely). Dagegen wird ein Rgt. der 1. Volks=Geb.=Div. eingesetzt. Ferner ist der Gegner im Vor=

1 Ms.: 5. Pz.=Div.

marsch auf das Ödenburger Gebiet. Raab ging verloren. Nordostwärts davon setzte der Gegner bei Bakscha über die Donau. Nördlich der Donau ist das Absetzen in die Susannen=Stellung genehmigt worden. Das Gebiet südlich Komorn ist preisgegeben worden. Damit sind auch die Erdölraffinerien ver=lorengegangen (Möglich ist noch der Eisenbahntransport in das Reich, wo Raffinerien=Kapazität frei ist; doch fragt es sich, wieweit sich die Transport=schwierigkeiten überwinden lassen). Der Ersatz der Wehrkreise wird in eine Zone 10 km hinter der Front herangeführt. Über die Neutra konnte der Gegner Brückenköpfe bilden und die Stadt selbst bedrohen.

Fortgang des feindl. Druckes bei Alt= und Neusohl.

*Heeresgr. Mitte:* Auf dem rechten Flügel der 1. Pz.=Armee, wo Ungarn stehen, tiefere Einbrüche. Bei Ratibor ging Gelände auf den Flügeln verloren. Jedoch wurde der Angriff im wesentlichen aufgefangen. Nordwestlich der Stadt Einbrüche und Zurücknahme des nach Norden vorspringenden Bogens auf eine westostwärts verlaufende Linie. Bei Breslau nur geringe Kampfhandlungen. Bei Glogau Fortgang der Angriffe.

*Heeresgr. Weichsel:* Abwehr bei Frankfurt a. d. O. Verschärfung der Lage in *Küstrin,* wo der Feind bis in die Altstadt vorkam. Bei Stettin wurde der Brük=kenkopf von Langenberg geräumt.

*Heeresgr. Nord:* Gotenhafen ist nun fast verloren. In Danzig drang der Feind weiter vor. Bei der 4. Armee wurden die letzten Teile auf die Nehrung zurückgenommen. Vom 18. 3. an sind 60 285 Verwundete, 10 170 Soldaten, 4 838 Zivilisten, 86 Geschütze, 303 Lkw.en, 11 079 to Gerät und 1 Panzer über=führt worden, davon am 26. und 27. 3.: 5 643 Verwundete.

*Heeresgr. Kurland:* Nach Feindmeldung liegen in Memel nur 9 Schnell=Boote. An der Front gleiche Lage.

*Feindlage:* In Ungarn war der Feind mit seinem Aufmarsch noch nicht fertig, als der eigene Angriff begann. Aus dem Gegenangriff ist er zur Großoffensive nach Westen vorgegangen, und zwar mit Stößen der 3. ukrain. Front nach Westen und südlich davon eingesetzten Teilen nach Südwesten. An der Donau und nördlich die 2. ukrain. Front mit der Armee=Abt. Pijew in nordwestlicher Richtung auf Tyrnau und die kleinen Karpaten. Südlich der Donau noch eine weitere Armee.

Bei der Heeresgr. Mitte ist durch die 4. und 1. ukrain. Front ein Schwerpunkt gebildet; sie drücken mit ihren inneren Flügeln in die Richtung Mährische Senke vor. Möglich ist jetzt auch ein Stoß in Richtung Glatz.

Bei der Heeresgr. Weichsel weitere Vorbereitungen.

Bei der Heeresgr. Nord sind nunmehr 2 Fronten freigeworden. Anzunehmen ist, daß die 2. weiß=russ. Front in westlicher, die 3. in südwestlicher Richtung angesetzt werden. Außerdem ist die 5. Garde=Pz.=Armee verfügbar; ferner ist auch die 19. Pz.=Armee frei.

Gegen Königsberg sind 4 Armeen versammelt; ein Angriff ist zu erwarten.

In Kurland handelt es sich um die gleichen Kräfte, die der Gegner mit wechselndem Schwerpunkt einsetzt.

Außerdem ist noch mit rückwärtigen Reserven zu rechnen.

Die Eisenbahnen sind verhältnismäßig weit nach vorn wieder in Gang gebracht, zum Teil unmittelbar bis an die Front im Oderbereich. In Pommern hinkt die Wiederinbetriebnahme nach, und im gesamt ist die Eisenbahn noch nicht als besonders leistungsfähig anzusehen.

Insgesamt 2 070 feindl. und 279 eigene Einsätze. 18 Abschüsse und 1 Verlust. Feindl. Schwerpunkt in Ungarn (auch bei Nacht) und 1 200 bei Ratibor.

*Nordraum*

Das feindl. Geleit ist nicht mehr erfaßt worden. Bei Aalesund wiederum Schäden durch Luftangriffe. 3 Schiffe im Zufluß, 6 Schiffe heute abgefahren. Die 94. Inf.-Div. wurde zur Heeresgr. H verlegt.

*Westen — Reich*

Vom Süden kein Einflug. Von Westen 900 Amerikaner in 2 Gruppen, davon 500 gegen Berlin, vornehmlich im Südosten und Norden, der Rest gegen Hannover, wo mittelschwere Schäden entstanden. Eigener Einsatz gering. In der Nacht geringe Tätigkeit wegen Nebels bei der Landung.

An eigenen Flak-Kräften sind nunmehr eingesetzt im Raum Düsseldorf die 1. Flak-Brig. mit 23 schweren und 22 leichten Battr.en, bei Köln die 7. Flak-Brig. mit 47 schweren und 43 leichten Battr.en, bei Siegen die 2. Flak-Brig. mit 2 Abt.en und die 19. Flak-Brig. bei Frankfurt. Ferner weitere Abteilungen im Raum Lindenfels—Michelstadt. Bei Mannheim 9 schwere Battr.en und Kampfgruppen bei Heidelberg—Schwetzingen.

*U-Boot-Krieg*

Eingesetzt ist nun ein großes der neuen U-Boote; die weiteren können erst im April und später folgen.

*Südosten*

Bei Serajewo wurden Angriffe im Norden abgewiesen. Vor Tuzla wurden gute Erfolge erzielt.

Bei Bihać wurde nördlich der Stadt eine neue Stellung bezogen. Bei Gospić hat sich die Lage entspannt.

*Südwesten*

Ein- und Ausladen von Geleiten aus Gibraltar. Südlich Bologna hat der Gegner die 88. amerik. Inf.-Div. eingeschoben. Bei Forlì ist jetzt das Gen.-Kdo. V. AK. (brit.).

*Westen*

Über die Briten besteht Unklarheit. Die 1. amerik. Armee stößt nach Norden und Nordosten; daher sind die 3. und 7. Div. nach Norden eingedreht, die 99. Inf.-Div. folgt. Anscheinend werden noch 2 weitere Inf.-Div.en nachgeführt. Die 3. amerik. Armee (Patton) hat ihren Stoß nach Osten nicht fortgesetzt, sondern gleichfalls nach Norden eingedreht. Außerdem führen die Amerikaner einen Stoß gegen die Kräfte im Rheinbogen. Die Naht nach Süden ist südlich Aschaffenburg anzunehmen.

In England soll nach Meldung die 1. LL=Div. für eine Luftlandung gegen Emden, das gleichzeitig von See angegriffen werden soll, bereitgehalten werden.

Bei der 1. Fallsch.=Jäg.=Armee erzielte der Gegner jetzt gleichfalls einen Durchbruch. Bocholt ging verloren, worauf der Gegner nach Emmerich eindrehte. Der eigene Zusammenhalt ist auseinandergerissen worden. Bei Vorstoß nach Osten ging Dorsten verloren. Der Gegner überschritt die Bahn nach Koesfeld. Südlich des Lippe=Seitenkanals nahm er Gladbeck und Hamborn. Wo die 2. Fallsch.=Jäg.=Div. eingesetzt wird, ist unklar. Auf dem linken Flügel der 5. Pz.=Armee nur geringe Tätigkeit. An der Sieg wurde ein Riegel aufgebaut. Herausgelöst sind die 3. Pz.=Gren.= und die Pz.=Lehr=Div., die bei Siegen versammelt werden sollen, um die Lücke zu schließen. Der Feind stieß über Marburg nach Norden vor und erreichte 10.25 Uhr Battenberg[1]. Die Besetzung von Frankenberg ist noch nicht bestätigt. Das Gen.=Kdo. LXVII. AK. verlegt nach Waldeck. Wo das Gen.=Kdo. LXXXV. AK. liegt, ist nicht bekannt.

*Heeresgr. G:* (6. Tag nach dem Übergang bei Oppenheim). Die 4. amerik. Pz.=Div. jetzt im Stoß nach Norden. Erreicht wurden Nidda—Münzenberg: in diesem Raum bereits die Vereinigung von Teilen der 1. und 3. Armee durch Vorstoß über Wetzlar. Gefechtslärm bei Lauterbach.

Bei Hanau wurden die eigenen Kräfte vom Main abgedrängt, aber der Anschluß an den alten Brückenkopf ist gewahrt worden. Bei Aschaffenburg Ruhe. Bei Hammelburg wurden 3 Panzer vernichtet, deren Besatzung betrunken war. Im Odenwald stieß der Gegner in südostwärtiger Richtung weiter durch die dort aufgebaute Sperrlinie. Michelstadt ging verloren.

**Lagebuch 30. 3. 45**

*Osten*

*Heeresgr. Süd:* Bei der 2. Pz.=Armee drückte der Gegner die vorspringende Frontnase zum Teil ein. Ferner kam er vor bis Günz und erreichte damit die ungar.=steierische Grenze. Ferner schob er sich näher an Ödenburg heran. Bei Raab verläuft die HKL hart westlich der Stadt; bei Komorn wird die Stadt mit eingeschlossen; dann biegt die Front nach Nordosten um, so daß Königsberg bereits im feindl. Gebiet liegt. Im Waldgebiet weiterer Druck des Feindes.

*Heeresgr. Mitte:* In Schlesien Fortgang der Abwehrkämpfe, besonders westlich Lauban, wo dem Gegner Geländegewinn gelang.

*Heeresgr. Weichsel:* Die Besatzung von Küstrin hat sich jetzt durchgeschla=

1 Oder Hallenberg; Ms.: Hattenberg.

gen; ihre Stärke ist noch nicht bekannt. Nordostwärts Stettin wurde der eigene Brückenkopf geräumt.

*Heeresgr. Nord: Gotenhafen* ist jetzt ganz verlorengegangen. Im Raum von Danzig hatte ein eigener Stoß Erfolge; auch sonst Fortsetzung der Abwehr. Bei der 4. Armee ist jetzt alles auf die Nehrung, auf der ein neuer Einsatz erfolgt, übergesetzt worden. Fast alle Geschütze und Kfz.e mußten preisgegeben werden. Artl.=Träger waren als Schutz aufgestellt. Der Feind setzte in der Danziger Bucht U=Boote ein. Am 28. 3. wurden aus Pillau und Danzig 8 188 Verwundete abtransportiert. Der Abtransport verläuft im gesamt flüssig.

Die 4. Armee steht jetzt im Raum Königsberg—Samland.

*Heeresgr. Kurland:* Schwerpunkt wieder bei der Gruppe Barth, im wesentlichen erfolgreiche Abwehr.

Im gesamt 1 430 feindl. und 327 eigene Einsätze; 6 Abschüsse, 7 Verluste. Schwerpunkt des Feindes in Ungarn. Nachts auch feindl. Einsätze in Schlesien.

*Nordraum*

In Norwegen wurde ein Rundfunksender zerstört.

*Südosten*

Im Norden von Serajewo wurde der Feind abgewiesen. Für den Fall einer Verschärfung hat das XXX. Geb.=Korps Freiheit zum Absetzen bekommen, d. h. Serajewo preiszugeben. Auf diese Maßnahme werden jetzt die Kroaten auf diplomatischem Wege vorbereitet werden. Abwehr am Ivan=Sattel und bei Zenica. Bei Tuzla Fortsetzung des Unternehmens „Maigewitter", wo der feindl. Widerstand sich verschärft. In Slawonien soll jetzt das XV. Kos.=Kav.=Korps säubern. Im Papuk=Gebirge sollen die Kroaten vorgehen. Bei Bihać gleiche Lage. 20 feindl. Panzer wurden festgestellt. Die eigenen Verluste betrugen bisher 100 Tote; gezählt wurden 130 feindl. Tote. Eingesetzt ist jetzt auch die Kampfgruppe Moskoff, jetzt Kampfgruppe Nardelli. Von der 297. Inf.=Div. sind 3 weitere Züge im Zulauf. Das Ende der Fußteile bei Virovitica.

*Südwesten*

Auf dem britischen rechten Flügel führt das V. brit. AK. Die Verwendung des X. AK. ist zur Zeit unklar. In einer Rede von Smuts ist von einem bevorstehenden Angriff in Italien die Rede. Die Fallsch.=Jäg.=Stämme sind bis auf Reste abtransportiert. Die Spitzen sind bereits über den Brenner und werden jetzt nach Varaždin abgefahren. Zwischen Ostiglia und dem Brenner zur Zeit nur ein Umschlag.

*Westen — Reich*

Wegen des Wetters geringere Tätigkeit. 400 Briten gegen Salzgitter. An beweglichen Flak=Kräften stehen 24 Battr.en, davon 14 schnelle, zur Verfügung. In der Nacht 50 Moskitos gegen Berlin.

2 Klein-U-Boote stießen nach Dünkirchen durch, ein drittes folgt. Der Einsatz der Masse der brit. Inf.-Div.en ist jetzt klar, dagegen noch nicht der der Pz.-Verbände. Die Amerikaner haben im Raum bei Gladbeck—Duisburg—Hamborn 3 Inf.-Div.en zusammengezogen, dabei vermutlich auch die 5. und 8. Pz.-Div. An der Spitze der vorstoßenden Teile die 3. und 7. Pz.-Div. unter der Führung des III. AK.

Während die Masse nach Osten stößt, schiebt sich nach Norden die 75. Inf.-Div. vor. Aus verschiedenen Nachrichten ist ersichtlich, daß durch Fortsetzung des Widerstandes noch starke feindl. Kräfte im rückwärtigen Gebiet gebunden sind. Die 3. amerik. Inf.-Div. hat jetzt ihre Spitze wieder nach Osten gedreht in Richtung Fulda—Kassel.

Im Kampfraum Wesel stieß der Feind nach Norden und Nordosten vor. Koesfeld und Stadtlohn gingen verloren. Der Gegner kam bis zum Sperriegel von Emmerich vor. 4 Btl.e werden zum Flankenangriff in südostwärtiger Richtung bereitgestellt. Die Spitze des Feindes hat den Raum nordostwärts Münster erreicht. Südlich Kassel wird ein Riegel aufgebaut.

Auf eine Lagebeurteilung des OB der Heeresgr. H, des Gen.-Obersten Blaskowitz, hin ist befohlen worden, daß der Zusammenhang zwischen der 25. Armee und der 1. Fallsch.-Jäg.-Armee nicht am Rhein, sondern weiter nördlich zu suchen ist. Vorgesehen soll werden, Westholland als selbständige Festung zu behaupten. Am Dortmund-Ems-Kanal werden aufgebaut die 490. Inf.-Div. und Flakkräfte aus dem Ruhrgebiet. An der Naht von der 15. zur 5. Pz.-Armee mußte die 15. Armee nach Norden ausweichen. Das AOK 15 selbst ist im Augenblick abgeschnitten worden, will aber versuchen, sich durchzukämpfen. Das LIII. Korps beim Sammeln. Die Edertal-Sperre soll abgeriegelt werden. Der Feind kam über Brilon bis südwestlich Paderborn vor und bog dann nach Nordosten ein. Über Homberg stieß der Feind nach Osten weiter. Dagegen eigene Panzer und Flak.

*Heeresgr. G:* Beim Vogelsberg westlich Fulda Kämpfe. In *Frankfurt* Erlöschen des eigenen Widerstandes. Auch Nidda ist verlorengegangen. Bei Hanau stieß der Gegner in nordostwärtiger Richtung vor. Dort konnte er dann aufgehalten werden. Südostwärts von Hanau brauchte nur wenig zurückgegangen zu werden. Bei Aschaffenburg stieß die 30. VGD. nach Osten gegen den feindl. Brükkenkopf vor, blieb dann aber liegen. Bei Miltenberg örtliche Kämpfe. Die neue HKL ist zum Teil eingedrückt worden. Die eigenen Kräfte klammern sich jetzt an den Neckar an. Südlich Mannheim wurde der Gegner abgewiesen. Hier griff die 17. SS-Div. ein. Südlich Mannheim stellt der Gegner Brückengerät bereit. Mot.-Bewegungen sind erkannt; anscheinend will er seine Kräfte nordostwärts herumziehen. Bei Straßburg gleichfalls Bewegungen.

*Osten*

*Heeresgr. Süd:* Es erging eine Weisung, die zum Teil bereits durch die Ereignisse überholt ist. Danach sollte es gelingen, das Erdölgebiet und eine Front zu behaupten von der Südwestecke des Plattensees bis zur Reichsgrenze südlich Steinamanger, dann entlang der Grenzstellung Donau bis Preßburg, von dort nach Neutra mit dem Bestreben, noch möglichst viel Boden vorwärts festzuhalten.

Die 2. Pz.=Armee setzte sich auf die Margarethen=Stellung zurück ab. Von der Südwestecke des Plattensees wird in westlicher Richtung im freien Feld gekämpft. Bedroht ist nun die Bahn nach Marburg und damit die Versorgung des OB Südost. Fortgang der Kämpfe südlich Ödenburg, wo der Gegner auf das Reichsgebiet übertrat; 60 Panzer wurden beobachtet. Aus dem Protektorat wird der Pz.=Verband „Donau" herangeführt. Heute früh erreichte der Feind die Gegend 6 km südlich Ödenburg. Das I. SS=Korps setzt sich ab. An der Donau=Front weiterer Druck des Feindes bei der 8. Armee. Südlich Neuhäusel und Neutra wurden die eigenen Kräfte auf die Waag zurückgenommen. Die Verbindung zum linken Flügel der Armee ist nicht überall gesichert.

*Heeresgr. Mitte:* Angriffe auf dem rechten Flügel der 1. Pz.=Armee; infolge deutscher Gegenangriffe wichen die Tschechen wieder zurück. Schwerpunkt bei Ratibor. Bei Loslau Abwehr, in die Stadt *Ratibor* drang der Gegner ein; ferner schob er sich vor an der Straße nach Troppau und Leobschütz. Im übrigen wurde die Front gehalten. Schwächere Angriffe bei Neustadt und Neiße. Bei Breslau gleiche Lage. In Glogau ist sie angespannt. Der Ausbruch der Besatzung wurde genehmigt. In den Raum nordostwärts Görlitz wurde von der Heeresgr. Weichsel die 10. SS=Pz.=Div. verlegt.

*Heeresgr. Weichsel:* Erfolgreiche Bombenreihenwürfe auf die Brücken bei Göritz. Aus Küstrin haben sich 1 000 Mann durchgeschlagen. Der Kommandant wurde festgesetzt, eine Untersuchung eingeleitet.

*Heeresgr. Nord:* Bei Gotenhafen Gegenangriffe, die den Feind zurückwarfen. Feindl. Feuer auf Hela und Pillau. Die Brotversorgung im Danziger Raum ist kritisch durch Ausfall einer Großmühle. Der Feind hat den Großteil von Danzig und die Westerplatte besetzt. Im übrigen wurde die Abwehr fortgeführt. Im Samland Aufklärung.

*Heeresgr. Kurland:* Einbrüche im Südosten.

Der Reichsminister Speer hat eine Führerweisung herbeigeführt, wonach bei Oderberg die Brücke nur unterbrochen und die Rüstungsanlagen nur gelähmt werden sollen.

1 800 feindl. Einsätze (meist in Ungarn und Ratibor) und 436 eigene. 13 Abschüsse, 10 Verluste.

*Nordraum — Nordküste*

Die Grenze zwischen dem Führungsstab Nordküste und der Heeresgr. H wurde in ost=westlicher Richtung von Kloppenburg nach Verden gezogen. Die

490. Inf.=Div. ist nach Süden abgedreht worden. Angriffe von 60 feindl. Flugzeugen auf die norwegische Küste. 2 Dampfer gingen verloren, 2 mußten auf Strand gesetzt werden (keine Transporter dabei).

*Südosten*

Die Kämpfe bei Serajewo nahmen ab. Die Straße nach Zenica ist durch Banden gesperrt und soll jetzt durch 1 Rgt. der 7. SS=Geb.=Div. freigekämpft werden. Bei Tuzla wurde das Unternehmen „Maigewitter" abgebrochen. Die 117. Jäg.=Div. wird jetzt dem Pz.=AOK 2 zugeführt. Die Drau=Sicherung übernimmt das Kos.=Kav.=Korps.

Bei Bihać gleiche Lage. Bei Gospić erfolgreiche Gegenstöße. Die Kampfgruppe Nardelli im Vordringen nach Süden. Der Gegner gruppiert wohl um. Da der OB Südost Kräfte an das Pz.=AOK 2 abgeben muß, ist eine Beendigung der bisherigen Führung[1] erforderlich geworden. *Serajewo* wird preisgegeben. Zuerst soll ein Halt bei Zenica, dann bei Doboj gemacht werden. Ferner wird Bjelina preisgegeben. Gleichzeitig wird die Syrmien=Front in die Linie Brod—Miholjac zurückgenommen werden. Abschließend wird eine Linie bezogen: Bihać—Una—Bjelovar—Front des Pz.=AOK 2. Es kommt dann vor allem darauf an, die Verbindung zwischen Bihać und Agram zu behaupten. Ein Fernschreiben an das Auswärtige Amt ist unterwegs (s. S. 1210).

*Südwesten*

Abermals Ablösung bei den Amerikanern; der Sinn dieser Maßnahmen ist nicht durchschaubar.

*Westen — Reich*

Von Süden 500 Bomber gegen den Raum von Wien. Von Westen die 3 amerik. Div.en gegen Wilhelmshaven, Bremen und Hamburg. In Bremen gingen 7 U=Boote (zum Teil neue) verloren. Ferner sank der Kreuzer „Köln" nach 6 Bombentreffern. Außerdem gingen 3 Minensuchboote verloren. In Hamburg wurden Kanonenboote vernichtet und 5 U=Boote beschädigt. Das Torpedo=Arsenal ist so gut wie vernichtet.

33 eigene Jagdbomber gegen das Übersetzen am Dortmund=Ems=Kanal ohne wesentliche Erfolge; ferner eigener Einsatz gegen die Pz.=Spitze bei Korbach und Fulda. Nachts wieder Moskitos gegen Berlin sowie gegen Erfurt, ferner zur Verminung der Elbe, 19 zur Agentenversorgung in Dänemark und Norwegen.

*Westen*

Gleiche Lage in den ostenglischen Häfen; zusammen nur 54 Landungsfahrzeuge. 2 Versenkungen an der Südküste.

Die Teilnahme des rechten Flügels der 1. kanad. Armee im Kampf bestätigt sich. Anzunehmen ist der Einsatz der 11. amerik. Pz.=Div. auf dem linken Flügel der 9. amerik. Armee; die 8. und vermutlich die 5. Pz.=Div. im Zulauf.

1 Davor ein verbessertes Wort.

Nachgezogen werden den nach Osten vorgeprellten Pz.=Div.en (3. und 7.) je eine Inf.=Div.

*Kampfhandlungen*

Bei der *Heeresgr. H* drehte der Gegner mit seinem linken Flügel nach Westen und erreichte den Westrand von Emmerich. Die 6. Fallsch.=Jäg.=Div. ist nunmehr von der Fallsch.=Jäg.=Armee abgetrennt. Die eigene Front ist überdehnt, da der Gegner bis in den Raum westlich Münster und südwestlich Rheine vordrang. Störend macht sich bemerkbar, daß die Heeresgr. H schlecht oder gar nicht zu erreichen ist. Südlich des Lippe=Seitenkanals errangen die Amerikaner nicht viel Gelände. Nach der Beurteilung der Heeresgruppe liegt der operative Durchbruch schon fest in engl. Hand, so daß die Kräfte, die sich bei Wesel nach Osten und aus dem Brückenkopf von Remagen nach Nordosten vorgeschoben haben, sich jetzt zusammenschließen und dann die Heeresgr. B einkesseln würden. Ein Schwerpunkt bei Siegen, wo der Gegner ostwärts der Stadt mehrere Orte nahm. Ob das AOK 15 zum Ausbruch angetreten ist, ist noch nicht bekannt. Im Lkw=Transport wird die 176. Inf.=Div. herangeführt. Die südlich Paderborn eingesetzte SS=Brig. „Westfalen" schoß 18 Panzer ab. Die Brigade steht zur Verfügung der Heeresgruppe. Bei Kassel wird eine neue Linie aufgebaut. An der Heeresgruppen=Naht drang der Gegner bis Hersfeld vor. Eine kleinere Gruppe stieß südlich bis Kaltnersheim vor. Es besteht eine Lücke südlich Kassel bis Fulda und bis Gelnhausen. Bei Hanau nur örtliche Kämpfe. Bei Aschaffenburg nur geringe Verluste. Der Gegner konnte sich südlich davon bis Wertheim vorschieben.

Ostwärts des Odenwaldes stieß der Gegner über Buchen nach Nordosten und Südosten. Die 17. SS=Pz.=Gren.=Div., die nach Eingliederung der 4 000 Mann aus Amberg eine Stärke von 12—13 000 Mann gewinnen wird und mit Teilen seit dem 28. 3. bereitsteht, ist noch nicht zur Auswirkung gelangt. Südlich Heidelberg gewann der Gegner Boden. In Schwetzingen konnte er eindringen, wurde jedoch geworfen.

*Allgemein*

Die Befehlsgliederung ist jetzt so durchgeführt, daß im Osten die taktische und die territoriale Unterstellung sich nicht decken, während sie es im Westen tun. Ferner erhält die Heeresgr. Süd einen eigenen Bereich. Von der vorübergehend vorgesehenen Aufteilung des gesamten Reichsgebiets zwischen dem OB West und dem GenStdH ist abgesehen worden, da dies zu viele Ausnahmen bedingen würde (Protektorat, wo noch die Mehrheit der Wehrm.=Verpflegung untergebracht ist usw.). Die territoriale Unterstellung soll entsprechend der taktischen Gliederung abgeändert werden.[1]

1 Der hier in Ps—1798 folgende, im März 1945 aufgezeichnete „Nachtrag zur Ausarbeitung Südost: Mitteilungen des ehemaligen Chefs des Generalstabs des Wehrmachtbefehlshabers Serbien, Generalmajor Ritter v. Geitner" ist hinter: „1944, Abschnitt 5: Südost" als 1. Anhang angefügt, also an die Stelle gerückt, für die dieser Nachtrag bestimmt war (s. oben S. 728 Anm. 1).

## IV. Lagebuch 1. 4. – 19. 4. 1945

(unvollständig)[1]

### Lagebuch 1. 4. 45

*Osten*

*Heeresgr. Süd:* Die Verbindung des Pz.=AOK 2 zum Plattensee ist abgerissen. Der Feind brach an 5 Stellen in die eigene Front ein; Brennpunkt auf dem linken Flügel, wo der Gegner in den Rücken der eigenen Kräfte stieß. Auf der Armee=Naht stieß er nach Westen durch. Über Feldberg sollen 20 Panzer nach Westen rollen. Die eigenen Kräfte wurden zurückgedrängt; Ungarn liefen auf die Feindseite über und kämpften auf dieser gleich weiter. Der Neusiedler See wurde preisgegeben. Westlich bedroht der Gegner Wien von Süden. In Ödenburg Straßenkämpfe. Nördlich der Donau wurde der Feind abgewiesen. Ferner Kämpfe in der Linie Hochwiesen – südlich Kremnitz. Der Deutsche Befehlshaber hat sich in den Westzipfel der Slowakei begeben.

*Heeresgr. Mitte:* Schwächere Angriffe des Feindes, die im wesentlichen abgewehrt wurden. In der Zeit vom 19. 3. bis 30. 3. sind von der Heeresgruppe 1 002 Panzer abgeschossen worden. Der OB meldet, daß Spannung bestehe, aber die Abwehr doch wohl möglich sein werde, da die Kampfkraft des Gegners nachlasse. Es erging eine Weisung des Führers, wodurch die 3. Pz.=Div. nach Zittau kommt und im Raum von Görlitz eine tiefe Gliederung durchzuführen ist. Der Heeresgr. Mitte wird als OKW=Reserve die 10. SS=Pz.=Div. zugeführt. In Breslau Kämpfe, besonders im Westen. Die Besatzung von Glogau hat den Befehl zum Durchbruch.

*Heeresgr. Weichsel:* Keine besonderen Ereignisse.

*Heeresgr. Nord:* Nichts Besonderes. Ab 18. 3. sind überführt worden 70 535 Verwundete, 10 170 Soldaten und 4 838 Zivilisten. Die Kreuzer griffen wieder ein. Der Kreuzer „Prinz Eugen" erhielt 2 leichte Treffer. Zur Verfügung stehen noch: „Leipzig" (wiederhergestellt), „Emden" sowie „Scheer", „Lützow", „Hipper" und „Prinz Eugen".

Die 2. Armee ist nunmehr dem GenStdH unmittelbar unterstellt; die 4. Armee wird von dem Gen. Müller geführt.

*Westen — Reich*

500 Flugzeuge von Süden gegen Linz—Villach. Von Westen 1 200 amerik. Bomber. 2 Div.en gegen ein Hydrierwerk und den Raum Weimar—Gotha; die dritte Div. gegen Brandenburg. Dagegen 32 Strahler; 4 Verluste, 15 Abschüsse. Gegen Hamburg 300 Briten, dabei weitere Abschüsse. Gegen die feindl. Panzer-Spitzen 90 Flugzeuge. Ferner wurde die stark vernebelte Brücke bei Hanau angegriffen. Nachts wegen schlechten Wetters nur 80 Flugzeuge gegen Graz.

1 Der Monat April ist wieder zusammengesetzt (wie ursprünglich im „Lagebuch" des KTB vorhanden) aus meiner 1948 angefertigten „Ausarbeitung" (vgl. den folgenden Teil). Doch fehlen in dieser die Notizen betr.: „Nordraum", „Südwesten" (d. h. Italien) und „Politik".

Es wurde befohlen, daß die RV=Stationen weiter Dienst tun, wenn auch der Feind vordringt.

Die Heeresgr. B beantragte Luftversorgung; dann müßte der zugunsten des Ostens ergangene Befehl geändert werden. Auch muß geprüft werden, ob die 6 000 to OKW=Reserve anzugreifen sind. Für die Weser hat die Luftwaffe 25 schwere Battr.en und 8 einzelne Geschütze freigemacht, zum Teil durch Entblößung von Hamburg, Hamm, Leuna usw. Zur Motorisierung wurden 360 Lkw.en angeboten; doch hat sich der SS=Gruppenführer Kammler wegen des Fernkampfes dagegen ausgesprochen. Dieser zieht seine Kräfte aus Holland weg.

*Südosten*

Ostwärts von Serajewo wieder lebhafte Tätigkeit. Eine Rgt.s=Gruppe der 7. SS=Geb.=Div. wurde eingesetzt; ein weiteres Rgt. stößt nach Osten gegen Zenica vor. Stärkere Angriffe am Ivan=Sattel wurden abgewiesen. Gleichfalls regere Tätigkeit bei Tuzla—Gračanica; daher verzögerte sich Herauslösung der 117. Jäg.=Div., die ab 2. 4. von Brod mit der Kampfstaffel im Tempo 4 ab=fahren wird. Die 22. Jäg.=Div. kommt bei ihren Vorstößen zur Entlastung von Norden gut voran. Teile werden nach Westen verschoben, um dem Vorstoß des Feindes nach Norden vorzubeugen. Der Abschnitt der 11. Lw.=Feld.=Div. wurde verbreitert. Links von ihr das XV. Kosaken=Korps bis zum rechten Flügel des Pz.=AOK 2. Die 297. Inf.=Div. wird bis heute früh vom Pz.=AOK 2 übernommen sein. — Bei Bihać gleiche Lage. Der Feind scheint sich nach Nord=osten und Nordwesten abzusetzen.

Der Gauleiter Rainer[1] machte einen neuen Vorschlag für die Sicherung des Grenzraumes, der im Augenblick mit OB Südwest und dem WFStab bespro=chen wird. Zur Verfügung stehen noch 5 deutsche Div.en in Kroatien und 3 weitere in Istrien.

*Westen*

Westlich England wurden 2 Schiffe mit 14 000 BRT versenkt. Nach Holland wurden zugeführt 8 Züge mit Truppen, 6 mit Munition, 2 mit Betriebsstoff im Blitztransport. Der Befehlshaber braucht täglich 400 to Betriebsstoff und 600 to Kohle.

Die Kanadier drücken stark nach Norden, die Panzer nach Osten. Dabei Stoß auf Loccum. Kämpfe bei Enschede, von wo die Heeresgr. H rechtzeitig wegverlegte. Feindl. Panzer scheinen in Richtung Münster vorzustoßen. Auf der Südflanke der Heeresgr. H gelang dem Gegner der operative Durchbruch; amerik. oder engl. Kräfte im Vorgehen auf den Raum von Bielefeld. Auf der Autobahn feindl. Vorstoß nach Lippstadt von Soest aus. Damit ist die *Um=zingelung der Heeresgr. B vollzogen.* Der Gegner kam bis Hamm und bog nach

1 Gauleiter von Kärnten.

Süden — anscheinend mit 150 Panzern — ab. Das eine Pivot bei Haltern hielt noch.

Im Süden Fortsetzung der Kämpfe ohne wesentliche Einbußen. Das LXXXIV. AK. wurde der 5. Pz.=Armee unterstellt. Auf dem linken Flügel der 1. amerik. Armee stieß die 7. Pz.=Div. über Brilon nach Norden. Nachdem sie am Vortage beim Vorstoß nach Osten aufklärte, kam die 5. Pz.=Div. über Warburg in den Raum südostwärts Paderborn; also exzentrische Bewegungen des Feindes. Bei Kassel weiter feindl. Panzer. Die 6. Pz.=Div. im Vorstoß in Richtung Eisenach. Dadurch ist es notwendig, eigene Kräfte vom Rhein abzuziehen.

Von der Grenze der Heeresgruppen B und G sind Panzer bis hart westlich Eisenach gelangt. Vacha ist noch in eigener Hand. Am rechten Flügel wird ein Riegel aufgebaut; jedoch ging Schlitz verloren, ebenso Gelnhausen. Auf dem linken Flügel gleiche Lage. Der Gegner kam bei Frauenburg über den Main. Wertheim ging verloren; aber der anschließende Raum wurde gehalten. Einbrüche zwischen Main und Neckar. Der Gegner hat seinen Schwerpunkt anscheinend weiter nach Norden verlagert. — Die Franzosen ziehen ihre Kräfte nach Norden und bildeten 2 (bisher noch passive) Brückenköpfe. Die 17. SS=Pz.=Gren.=Div. ist jetzt eingesetzt, aber sie wird durch feindl. Panzer gebunden. Bei Schwetzingen ist der Feind im Vorgehen auf Bruchsal. Der Schwarzwald wird durch Alarmeinheiten besetzt. Gesteigerte Teilnahme der Bevölkerung wird gemeldet. Bei Schweinheim griffen Frauen in den Kampf. Nach Würzburg kommen noch 10 schwere Battr.en.

Die eigenen Befehle gehen erforderlichenfalls an den OB West und die Heeresgruppe direkt.

**Lagebuch 2. 4. 45**

*Osten*

*Heeresgr. Süd:* Scharfes Nachdrängen des Feindes zwischen Drau und Raab. Druck auf den Raum beiderseits Wien=Neustadt und Abdrängen der eigenen Kräfte von der Leitha. Nördlich der Donau stieß der Gegner bis zur Grenzschutzstellung vor.

*Heeresgr. Mitte:* Südostwärts Ratibor sehr starke Angriffe, aber doch nicht bis zu den Olsa= und Oder=Brücken. Auch sonst erfolgreiche Abwehr.

*Heeresgr. Weichsel:* Nichts Besonderes.

*Heeresgr. Nord:* Weiter Druck gegen die 2. Armee, dabei weiterer Geländeverlust in mehreren Abschnitten.

In Ostpreußen gleiche Lage.

*Heeresgr. Kurland:* Weiter Großangriff gegen die 16. Armee; deshalb Zurückgehen auf die Burgstellung.

12 Abschüsse, 2 Verluste.

*Westen — Reich*

Von Süden 500 Bomber gegen Graz, St. Pölten, Marburg. Im Westen wegen des Wetters nur geringe Tätigkeit.

17 Abschüsse, 37 Verluste.

*Südosten*

Bei Serajewo geringere Tätigkeit, im Osten Besetzen der neuen Linie. Südostwärts Zenica zäher Widerstand des Feindes. Bei Bihać gleiche Lage.

*Westen*

*Feindlage:* Ab 1. 4. die 1. LL=Div. in England einsatzbereit. Zum II. Kav.=AK. sollen die 1., 2. und 3. Inf.=Div. und die 4. und 5. Pz.=Div. gehören. Bei Rheine anscheinend die 7. brit. Pz.=Div., nördlich Münster die brit. Garde=Pz.=Div. mit der 7. amerik. LL=Div., westlich Münster die 11. brit. Pz.=Div. mit der 6. brit. LL=Div. und der 6. Garde=Pz.=Brig. Grenze zu den Amerikanern in der Linie Dorsten — 6 km südlich Münster. Anscheinend werden stärkere Teile der 9. amerik. Armee hinter den rechten Flügel der 2. brit. Armee zum Angriff nordostwärts Münster nachgezogen.

Die 7. amerik. Pz.=Div. über Lippstadt an die Autobahn südlich Bielefeld, auch die 3. amerik. Pz.=Div. nach Norden in Richtung Paderborn—Lippstadt verschoben; nachgeführt nach Brilon die 104. Inf.=Div.; südwestlich Kassel die 9. Pz.= und die 9. und 80. Inf.=Div., wohl zum Stoß gegen Göttingen. Bei Siegen außer der 1. Inf.=Div. auch die 8. Inf.=Div. (bisher bei Bonn).

Am 1. Flügel der 3. amerik. Armee Verstärkungen zum Stoß nach Nord=Nordost (Richtung Melsungen).

Zwischen Bruchsal—Germersheim außer der bis Bruchsal vorgestoßenen 10. Pz.=Div. auch die 2. marokkan. Inf.=Div. und die 3. alger. Inf.=Div. Bei Haltern stärkstes Artl.=Feuer. Der Brückenkopf Loccum [1] wurde eingedrückt. Im Abschnitt des II. Fallsch.=Jäg.=Korps nahm der Feind Enschede und Gronau. In der Nacht setzte der Feind bei Greven über den Dortmund=Ems=Kanal. Angriffe südwestlich Bielefeld wurden abgewiesen. Feindl. Druck gegen Hamm. Recklinghausen wurde vom Feinde durchschritten.

*Heeresgr. B:* Am Rhein gleiche Lage. Westlich Siegen Kämpfe, ebenso in der Stadt. Angriffe auf Hamm sowie auf Kassel.

*Heeresgr. G:* Weiteres Vordringen nach Osten, Kämpfe bei Geisa. Bei Schlüchtern wurde der Feind abgewiesen, Bad Orb ging verloren. In Ochsenfurt schob sich der Feind heran; nördlich Moosbach Geländeverluste. Vordringen des Feindes in Richtung Neckarbischofsheim, Kämpfe um Wiesloch. Nördlich Bruchsal Abwehr.

1 Ms.: Lochen

*Osten*

*Heeresgr. Süd:* Kämpfe des Pz.=AOK 2 bei Nagykanizsa. Der Feind hat nunmehr auf breiter Front den Durchbruch erzwungen. Die Pz.=Armee setzte sich ab und baut eine Front von Nordwesten nach Südosten auf. Angriffe gegen ihren linken Flügel, wobei eigene Gegenstöße nicht durchschlugen. Darauf die Lücke; die 6. Armee entlang der Grenze. Diese wies Angriffe auf ihrem rechten Flügel ab und führte Angriffe im Raum St. Gotthard und im Raab=Tal. Südlich von ihr abermals eine Lücke zur 6. SS=Pz.=Armee. Nördlich von Wien nur noch geringe Kampfgruppen; große Teile im Zurückfluten auf die Wiener Vorstädte. In diesen Raum wird die bisher für Görlitz vorgesehene Führer=Gren.=Div. abgedreht. Scharfes Durchgreifen ist befohlen. Zwischen Wiener=Neustadt und dem Neusiedler See wiederum eine Lücke. Von dort bis zur Donau wurde der Feind abgewiesen. Bei Preßburg kam er bis an den äußeren Verteidungsring heran. In der von dort nach Nordosten verlaufenden Front erzielte er Einbrüche. Vorstöße im Waagtal wurden aufgehalten, ebenso solche bei Kremnitz und Neusohl. In der Mitte Absetzen auf dem rechten Flügel in eine Linie ostwärts Rosenberg—Saybusch.

*Heeresgr. Mitte:* Brennpunkte der Angriffe wieder bei Oderberg und südwestlich Ratibor. Eine Lücke konnte wieder geschlossen werden. Die Mehrzahl der Angriff wurde abgewiesen. An der Straße Leobschütz—Troppau ein kleinerer Einbruch. Fortgang der Kämpfe um Breslau. Noch keine Meldung über das Durchschlagen der Besatzung von Glogau.

*Heeresgr. Weichsel:* Keine besonderen Ereignisse.

2. *Armee:* Fortgang der Kämpfe ostwärts Danzig.

4. *Armee:* Nordostwärts Königsberg stellte der Gegner Panzer bereit. 50 000 Verwundete wurden in den Häfen westlich der Odermündung gelandet.

*Heeresgr. Kurland:* Kämpfe wie bisher.

Der Führer befahl, *Wien zu halten.* Wiederherstellung der Ordnung durch den SS=Obergruppen=Führer Steiner. Der Gegner hat die Flugplätze von Schlesien bis Krakau noch nicht voll belegt. Die Bodenorganisation im Raum Sagan—Liegnitz wurde in Richtung Oppeln verschoben. Dies deutet wieder auf eine Zangenbewegung gegen Mähren.

Insgesamt 2 190 feindl. und 299 eigene Einsätze. 12 Abschüsse, 5 Verluste. Feindl. Schwerpunkt in Ungarn sowie bei Ratibor (600).

*Westen — Reich*

Von Süden Angriffe gegen Verkehrsziele von Marburg, St. Pölten usw. Weitere Angriffe bis in den Raum von Innsbruck. Vom Westen 800 Amerikaner über die Nordsee bis Jütland, kehrten dann aber um (ohne Bomben geworfen zu haben) wegen des schlechten Wetters. — Im Westen nur 600 Jäger; 331 eigene Jäger (von denen 55 verlorengingen) griffen den Raum Eisenach—Fulda an, 91 weitere im Südwesten und Nordwesten.

In der Nacht die üblichen Moskitos gegen Berlin und Störangriffe. 33 eigene Flugzeuge über dem Dortmund-Ems-Kanal. Die Gruppe Bayerlein soll nachts aus der Luft versorgt werden. Dafür kommt ein Platz bei Iserlohn, der Abwurf bei Lüdenscheid in Frage.

*Südosten*

Bei Serajewo wurde die Räumung eingeleitet. Geringe Kampfhandlungen. Von den 1 500 Verwundeten sind bereits 1 050 abtransportiert worden. Vorgesehen ist die Räumung für die Nacht vom 7./8. 4., für Zenica am 12. 4., das Einrücken in die neue Linie am 20. 4. — In Bjelina ist die endgültige Räumung bereits eingeleitet. Die Gruppe Nardelli (Ustascha-Verband) kam zeitweise vor, mußte dann aber wegen Munitionsmangels wieder ausweichen. Dieses Vorgehen soll im Heeresbericht herausgestrichen werden.

*Westen*

*Feindlage:* Trennungslinie zwischen den Briten und Amerikanern nördlich Münster. Südlich davon die 2. und 5. amerik. Pz.-Div.; die 6. Pz.-Div. jetzt nördlich Bad Melsungen. An der Werra die 11. Pz.- und die 6. und 71. Div.; die 1., 2. und 3. amerik. Div. jetzt in nordöstlicher Richtung angesetzt mit Richtung Mitteldeutschland. Südwestdeutschland ist also im Augenblick weniger bedroht. Die Franzosen holen noch die 9. Kolonial-Div. zu ihren 3 Verbänden heran.

Im holländ.-deutschen Grenzraum griff der Gegner weiter nach Westen und Norden an; er scheint in Nordhorn eingedrungen zu sein, was ihm die Stoßrichtung auf Lingen und Bremen freigibt. Ferner kam er bis zum Teutoburger Wald und nähert sich Osnabrück. Nordwestlich Bielefeld erzielte er Durchbrüche und kam bis an Herford heran.

*Heeresgr. B:* Aus Versorgungsgründen ist der Nordteil des abgeriegelten Schlachtgebietes noch der Heeresgr. H belassen worden. Das führte zu Befehlsfriktionen, da die Heeresgr. B die 116. Pz.-Div. in ostwärtiger Richtung ansetzte, wo sie nach 4 km liegenblieb. An der Rhein-Front Ruhe, an der Sieg-Front gleiche Lage. In Kassel drang der Feind ein; von da Vorstöße gegen den nach Südosten verlaufenden Riegel, wobei der Gegner bis 2 km an Eisenach herankam. An der oberen Fulda bildete der Gegner 2 Brückenköpfe. Suhl ist noch in eigener Hand. General Ritter von Geitner sorgt noch für den Waffenabtransport. In Fulda scheint der Feind eingedrungen zu sein. Im Spessart gleiche Lage. Von Bad Orb stieß der Feind auf Lohr vor, wo von Kampfschwimmern die Brücke gesprengt wurde. An Würzburg schob sich der Feind heran, Aschaffenburg ging verloren. Südostwärts davon 80 Panzer, gegen die 1 Batl. angesetzt wurde.

Mergentheim wird noch gehalten. In diesem Raum führt das XIII. SS-Korps. Südwestlich des Odenwaldes splitterte der Gegner durch Vorstöße nach Süden die eigenen Kräfte auf. Kämpfe bei Neckarsulm und Heilbronn.

Reuter meldet, daß Partisanen gegen die rückwärtigen Straßen vorgingen.

Von einer Begrüßung der Eindringlinge durch die Bevölkerung ist bisher nur einmal (im Fall Limburg a. d. Lahn) die Rede gewesen. Fälle, in denen von solchen in eigenen Meldungen die Rede ist, werden zum Teil auf die Ausländer zurückzuführen sein, die sich nun als befreit ansehen.

Die 6. SS-Geb.-Div. hat nach dem anfänglichen Befehl zum Durchschlagen den neuen bekommen, sich in dem Waldgebiet zu halten und den Gegner von hinten zu stören. In dem jetzt bedrohten Raum Saalfeld—Rudolstadt verliert die Marine ihr Hauptfertigungsgebiet für die Torpedos.

Der OB West verlegte von Ohrdruf nach Blankenburg.

**Lagebuch 4. 4. 45**

*Osten*

In Ungarn führte der Gegner motorisierte Kräfte in südostwärtiger Richtung vor. In Schlesien eine Auflockerung, da Teile der 4. Garde-(mech.)Armee weggezogen sind. Tendenz dieser Bewegungen nach Nordwesten.

An der Weichsel die gleiche Lage.

Die Bewegungen von Ostpreußen nach Westen halten an. Inf.-Kräfte jetzt bis in der Höhe von Landsberg. Bei Gotenhafen und Danzig jetzt wohl nur noch die 2. Stoßarmee und die 19. Armee. Für die in Ostpreußen freiwerdenden Teile werden Eisenbahnzüge bereitgehalten; Teile gegen das Samland.

*Heeresgr. Süd:* Beim Pz.-AOK 2 gleiche Lage. Am rechten Flügel wurden Angriffe abgewiesen. Den linken Flügel überrollte der Gegner weiter und kam bis Murska-Sobota. Der rechte Flügel der 6. Armee schob sich wieder etwas vor und wies Vorstöße ab. Brennpunkt der Kämpfe bei der 6. Armee, wo der Gegner sich auf 10 bis 15 km an Wien heranschob. Baden ging verloren. Nach Westen zu Einbrüche; zwischen dem Neusiedler See und der Donau kam der Gegner gleichfalls vor und drang in Preßburg ein. Die Pässe der Kleinen Karpaten werden umkämpft. Der Feind steht bereits vor Pistyan. Weitere Kämpfe im Raum Neutra-Tal und bei Kremnitz.

Es erging eine neue Weisung an die Heeresgr. Süd, in der gefordert wird, daß die 6. SS-Pz.-Armee nicht weiter zurückgehe und an dem geplanten Angriff festzuhalten habe (siehe S. 1222). Jedoch ist diese Weisung durch die Entwicklung zum Teil bereits überholt. Die 8. Armee setzt sich in die Pripina-Wisent-Stellung ab.

An der Ostfront nur geringe Kampfhandlungen.

Bei Wollin wurde die Eisenbahn- und Straßenbrücke nachhaltig durch die Kriegsmarine zerstört. In Swinemünde wird die Kampfgruppe Schlesien gebildet.

OB der Heeresgr. Weichsel ist jetzt der Gen.-Oberst Heinrici, der Teile des Stabs der Heeresgr. F (bisher Agram) übernommen hat. Bei Danzig örtliche Kämpfe.

1 790 feindl. Einsätze, darunter 530 im Raum von Wien.

Im ganzen wurden auf der Ostsee von Osten nach Westen transportiert: 39 959 Mann, 6 951 Pferde. Nach der Heeresgr. Kurland wurden 28 045 Mann transportiert; von Norden nach Süden 10 524 Mann, 1 960 Pferde und 7 016 Fahrzeuge.

Inhalt der *Weisung an die Heeresgr. Süd* vom 3. 4., 12.45 Uhr (siehe S. 1221): Der Feind solle durch Stöße gegen seine Flanken aufgefangen werden. Ein Vorlegen vor seine Spitze verspreche keinen Erfolg. Die 2. Pz.=Armee dürfe sich nicht weiter absetzen. Sie habe das Ziel zu haben, sich wieder mit der 6. Armee zusammenzuschließen. Die 6. Armee solle ihren rechten Flügel so vorführen, daß dieser den Kräften der 2. Pz.=Armee entgegenkomme. Die 6. SS=Pz.=Armee solle gleichfalls stehenbleiben, das Gebiet bis zur Leitha freikämpffen und einen Angriff in Richtung Ödenburg führen, um die hier entstandene Lücke zu schließen. Preßburg solle am äußersten Ring gehalten werden. Der linke Flügel der 8. Armee darf ab 4. 4. in die Pripina=Stellung zurückgehen. Südlich Pistyan sollten Eingreifreserven bereitgestellt werden.

*Westen — Reich*

Vom Westen Einflug von 700 Amerikanern gegen Kiel. Es war der bisher stärkste Angriff, besonders gegen die Werften auf dem Ostufer. Ferner 150 Briten gegen Nordhausen. Eigene Angriffe südlich des Dortmund=Ems=Kanals, bei Höxter und bei Lingen. Ein Geschwader von 150 Flugzeugen im Raum von Stendal ist für zweiteiligen Einsatz im Westen freigegeben worden. Nachts 40, dann 70 Moskitos zum zweimaligen Angriff auf Berlin.

*Südosten*

Die 7. SS=Geb.=Div. fand im Raum von Tuzla Widerstand. Ostwärts Serajewo setzten sich die eigenen Kräfte planmäßig ab. Alle Verwundeten aus der Stadt sind nunmehr abtransportiert. Der Gegner schiebt sich von Westen heran. Bjelina wurde geräumt. Von der 117. Jäg.=Div. sind nunmehr 7 Züge abgefahren. Die Spitzen durchfuhren bereits Agram. Im Raum von Varaždin sind an der Drau=Front, die sich durch das Zurückweichen des Pz.=AOK 2 verlängert hat, Pz.=Jäger, Polizei, Pi=Kräfte usw. eingesetzt. Das Gebiet ostwärts von Bihać ist feindfrei. Die Gruppe Nardelli stößt nicht weiter vor, da sie an Stelle der Kosaken die Bahnsicherung übernehmen muß.

*Westen*

Die brit. Kräfte haben nach Beute=Unterlagen das Ziel Hamburg. Auch die 11. Pz.=Div. ist in der gleichen Richtung (also jetzt nach Norden eindrehend) angesetzt. Zwischen den Briten und den Amerikanern jetzt wieder eine klare Scheidung, nachdem die 7. amerik. LL=Div. zur 9. Armee getreten ist. Den Pz.=Div.en folgen jeweils Inf.=Div.en.

Im Raum von Eisenach folgt die 90. Inf.=Div. der 4. Pz.=Div. Damit ist also die Tendenz nach Nordosten unterstrichen. Die Franzosen im Vordringen in

Richtung Mannheim—Karlsruhe. Wohin die sonst freigewordenen Verbände kommen sollen, ist noch nicht ersichtlich.

Bei der *Heeresgr. H* gleiche Lage. Der Feind besetzte Lingen und stieß darüber hinaus vor. *Osnabrück* ging verloren. Der Gen.-Oberst Student erhielt den Befehl, nicht anzugreifen. 3 für ihn bestimmte Btl.e werden in die Lücke geworfen. Um den Teutoburger Wald Kämpfe. Bei Oeynhausen an der Weser wird eine neue Linie aufgebaut.

*Heeresgr. B:* Am Rhein Ruhe. An der Südfront (Sieg) konnten die eigenen Kräfte halten; jedoch erzielte der Gegner bei Siegen 2 Einbeulungen.

An der Ostfront gelangen ihm tiefere Einbrüche. Dann wurde er von der Gruppe Bayerlein aufgehalten. Das LXVI. und LXVII. AK. bauen aus Splittergruppen eine neue Front auf; doch fehlt es an schweren Waffen. Kämpfe bei Hessisch-Lichtenau.

Auf der Naht zur *Heeresgr. G* verschärft sich die Lage im Thüringer Wald; *Gotha,* das der Feind auf der Autobahn erreichte, ging verloren. 300 Panzer gegen Eisenach. Langensalza noch feindfrei. Vacha und Schmalkalden gingen verloren. *Meiningen* ist eingeschlossen. In Suhl Kämpfe. Bei Ohrdruf erzielte der Gegner einen Durchbruch durch den Thüringer Wald und stieß in südwestlicher Richtung weiter vor. Die 6. SS-Geb.-Div., die den Befehl erhalten sollte, im Waldgebiet hinter dem vordringenden Feind weiter zu kämpfen, diesen aber nicht erhielt, kommt nunmehr in die eigenen Linie zurück.

Kämpfe im Raum Würzburg und Ochsenfurt. Es kommt darauf an, die letzte Produktionsstätte für Kugellager zu behaupten. Weitere Kämpfe bei Neckarsulm und Heilbronn. Die 19. Armee wurde dem OB West unmittelbar unterstellt (bisher der Heeresgr. G). Die Linie verläuft jetzt im großen: Suhl—Schlüchtern — Karlstadt — Würzburg — westlich Marktbreit — Königshofen — Heilbronn — Karlsruhe.

Die Neuaufstellungen sollen beschleunigt beendet werden.

### Lagebuch 5. 4. 45

*Osten*

*Heeresgr. Süd:* Das Pz.-AOK 2 wurde auf die Mur zurückgedrängt. Ihr rechter Flügel hält noch an der Drau fest. Kämpfe im Raum von Radkersburg, wo Volkssturm und Teile der 44. Inf.-Div. eingesetzt waren. Der Gegner kam weiter nach Westen vor. Die 6. Armee stieß über die Raab mit Erfolg nach Süden vor; sie wies Angriffe gegen die Hohe Wand ab. Südlich Wien und südostwärts der Stadt wurde der Feind aufgehalten. Zwischen dem Neusiedler See und der Donau kam der Feind weiter vor. Bruck an der Leitha ging verloren, ebenso Engerau südlich Preßburg und weitere Teile von Preßburg. Nordostwärts Preßburg erreichte der Gegner die Westausgänge der Kleinen Karpaten. Der feindl. Druck auf Pistyan verstärkt sich. Bei Neusohl geringere Einbrüche. *Wien* wurde zum *Verteidigungsbereich,* also nicht zur Festung erklärt. Den Befehl übernahm der General von Bünau. 11 Züge der Führer-Gren.-Brig. sind bereits eingetroffen.

*Heeresgr. Mitte:* Geringere Tätigkeit südlich Ratibor. Weitere Abwehr bei Breslau.

*Heeresgr. Weichsel:* Die 15. SS-Div. (Letten) wird nach Kurland abgefahren. Ungar. und rumän. Teile liefen an der unteren Oder über; die Reste wurden darauf entwaffnet.

80% der aus dem Osten abgefahrenen Flüchtlinge werden jetzt nach Kopenhagen verlegt, wo sich noch keine politischen Schwierigkeiten ergeben haben. Jedoch muß die Versorgung durch die Wehrmacht geschehen, da der deutsche Bevollmächtigte über keine entsprechende Organisation verfügt.

Insgesamt 1 480 feindl. und 304 eigene Einsätze. Schwerpunkt in Ungarn und Schlesien. Ferner Angriffe gegen Ostpreußen in der Nacht. 8 Abschüsse, 5 Verluste.

*Westen — Reich*

Gegen Kiel abermals 450 Bomber, dadurch schwere Schäden, unter anderem auf den Kreuzern „Hipper" und „Emden". Die „New York" (22 000 BRT) brannte aus. Ein Schiff von 14 000 BRT kenterte. Ferner 800 Amerikaner gegen Flugplätze im norddeutschen Raum, jedoch anscheinend zum Teil ohne Bombenabwurf zurückgekehrt. 150 Briten gegen Verkehrsziele im Raum Erfurt — Nordhausen. Insgesamt 24 Abschüsse, 67 Verluste. Nachts 250, dann 400 Bomber gegen die Hydrierwerke Leuna und Lützkendorf; Teile bis Hamburg und Berlin, Verminung der Deutschen Bucht.

*Südosten*

Es bestehen jetzt noch an deutsch-kroat. Div.en die 369. Inf.-Div. bei Serajewo, die 373. auf dem Marsch nach Bihać, die 392. nordwestlich Bihać. Von den kroat. Kräften sind eingesetzt das I. AK., die 2. kroat. Inf.-Div., die 16. kroat. Ersatz-Div. und die Leibgarde im Raum von Serajewo, das II. kroat. AK. mit der 7. und 14. Inf.-Div. im Raum von Brod, die 15. und 12. Inf.-Div. im Raum von Doboj, die 3. Inf.-Div. hinter der Syrmischen Front, die 11. Inf.-Div. in Dalmatien. Insgesamt handelt es sich um 12 Div.en, die alle nur geringen Kampfwert haben.

*Westen*

*Feindlage:* Weitere Angriffe des Feindes in nordostwärtiger Richtung gegen die Ijssel, so daß in Kürze mit einem Zurückbiegen des Flügels zur Zuidersee und damit zum Beginn der Verteidigung der Festung Holland zu rechnen ist. Die Briten nach wie vor schmal gegliedert zum Stoß in nordostwärtiger Richtung. Über die Kräfte der 9. Armee keine volle Klarheit; Bildung eines Schwerpunktes gegen die Gruppe Bayerlein (Ostfront der Heeresgr. B). Gegen Thüringen von der Armee Patton die 6., 4. und 11. Pz.-Div., dahinter die 90. und 25. Inf.-Div. Schwerpunkt der 7. Armee im Raum Würzburg–Ochsenfurt. Dazu die 14.

und 12. Pz.=Div. Im Süden übernehmen die Franzosen weiteres Gelände (Über Umgruppierungen in Nordwestdeutschland siehe: Nordraum).

*Heeresgr. H:* Fortgang der Kämpfe im holländ. Grenzraum; über Lingen stieß der Feind nach Nordosten weiter vor, ebenso über das von ihm genommene *Rheine,* wohin bereits ein Flugplatz verlegt ist. Der Weser=Ems=Kanal wurde vom Gegner mehrfach nach Norden überschritten. Zwischen Osnabrück und Minden kam der Feind voran. Die Weser=Front steht dagegen noch (Vorfühlen des Feindes bei Hameln).

*Heeresgr. B:* Angriffe von Norden und Nordosten gegen Soest und die Autobahn. Nordwestlich Dortmund erzielte der Gegner tiefe Einbrüche.

An der Rheinfront wurden Einbrüche aufgefangen.

Bei der Heeresgr. B sollen noch 2 weitere Flugplätze eingerichtet werden. An der neu aufgebauten Front südlich der Weser übernahm die 11. Armee den Befehl. *Mühlhausen* ging verloren. Südlich davon Ruhe. Langensalza noch in eigener Hand. Eisenach wurde beschossen. Südlich Gotha weitere Kämpfe. Über Ohrdruf kam der Gegner bis an Arnstadt heran. *Suhl* ging verloren. Im Spessart hielten sich eigene Kräfte im wesentlichen. Bei Würzburg gelang es den feindl. Kräften, über den Main überzusetzen. Bei Ochsenfurt wechselnde Kämpfe.

Insgesamt wurden 48 Panzer abgeschossen. Bei Heilbronn—Karlsruhe weitere Kämpfe. *Karlsruhe ging verloren.* Vordringen der Franzosen nach Osten. Der OB West übersandte eine neue Lagebeurteilung. Gehalten werden muß Schweinfurt und ferner der Raum von Nordhausen, mit dessen Verteidigung der SS=Gruppenführer Kammler beauftragt wurde.

**Lagebuch 6. 4. 45**

*Osten*

*Heeresgr. Süd:* Vor dem Mur=Dreieck wurde der letzte Brückenkopf zurückgenommen. Die Flügel des Pz.=AOK 2 und des SS=Pz.=AOK 6 haben sich genähert. Weiterer Druck gegen den Flügel der 6. Armee. Im Abschnitt der 6. SS=Pz.=Armee drang der Gegner weiter im Wiener Wald vor und stieß in nordwestlicher Richtung gegen Klosterneuburg vor. Ob seine Spitzen den Raum südlich der Donau erreicht haben, ist unklar. Bei Tulln wird ein eigener Brükkenkopf eingerichtet. Südwestlich von Wien schob sich der Gegner näher heran; außerdem stieß er über *Preßburg* (das als Festung vorgesehen und dementsprechend seit Herbst versorgt worden war, auch über 60 Rohre Festungs=Artl. verfügte) in Richtung Heimberg weiter nach Westen vor. Eine neue HKL wird westlich der Kleinen Karpaten eingerichtet. An der übrigen Front Einbrüche.

*Heeresgr. Mitte:* Örtliche Kämpfe bei Oderberg. Bei Breslau wurden an der Westfront die Angriffe von 3 Rgt.ern abgewiesen.

*Heeresgr. Weichsel:* Wieder Zerstörung von Oder=Brücken; diesmal durch die Kriegsmarine und Luftwaffe.

2. *Armee:* Weitere Einbrüche und Kämpfe im Raum von Danzig. Nach einer neuen Weisung sollte die Oxhöfter Kempe noch weiter verteidigt werden mit Rücksicht auf die Halbinsel Hela. Jedoch ist der Brückenkopf in der Nacht geräumt worden. Nach der Weisung soll die Verbindung zwischen der Danziger Niederung und der Frischen Nehrung aufrechterhalten werden. Aufgabe der Truppen bleibt es, weiterhin den Feind zu fesseln.

In *Ostpreußen* und *Kurland* nur geringe Kampftätigkeit.

9 Abschüsse, 6 Verluste. Schwerpunkt bei Wien und bei Frankfurt. 100 eigene Einsätze gegen Brücken. Die Flugplätze auf der Feindseite sind nördlich von Schlesien zu 30 %, südlich davon zu 20 % belegt [1].

*Westen — Reich*

Angriffe der 3 amerik. Div.en gegen den Raum von Plauen—Fürth—Nürnberg—Ingolstadt. Ferner im Westen 700 Flugzeuge. Eigener Einsatz im Norden 225, im Raum von Erfurt 88, im Süden 56; dabei 19 Abschüsse, 42 eigene Verluste. Die für die Nacht vorgesehene Versorgung der 6. SS-Geb.-Div. konnte nicht durchgeführt werden. In der Nacht nur geringe Tätigkeit.

*Südosten*

Bei Serajewo weiter Absetzen auf die Stadt und Räumung des Ivan-Sattels. Der Marsch nach Zenica weiterhin planmäßig. Dorthin verlegt wird das XXI. Geb.-AK. Von der 117. Jäg.-Div. sind 9 Züge in Varaždin ausgeladen worden; dort Übergabe an das Pz.-AOK 2. Daß die Bulgaren im Mur-Abschnitt eingesetzt sind, bestätigt sich. Bei Varaždin wird ein eigener Brückenkopf eingerichtet. An der Dalmatinischen Küste hat sich die Lage verschärft, da der Feind seine Kräfte nach Westen verschob. Auf Pag Landung von 800—1000 Mann; die dort eingeschlossenen Kräfte der Div. „Brandenburg" setzen sich zur Küste ab. Die Fest.-Brigade 1017 zieht sich nach Norden zurück. Karlopag wurde geräumt. Bei Gospić wurde der Feind abgewiesen. Die 104. Jäg.-Div. nahm Privoj und setzte den Marsch nach Westen fort. Auffallend ist, daß der Gegner die Tito-Kräfte im Raum von Laibach in den letzten Tagen lebhaft versorgte. Eingesetzt sind in Kroatien 5 deutsche Gen.-Kdo.s, nämlich in Dalmatien das XV. AK., in Zenica das XXI. Geb.-AK., im Ostteil das XXXIV. und LXXXXI. AK., ferner das LXIX. AK., außerdem noch das Gen.-Kdo. XV (Kosaken-AK.) an der Drau. Es werden 1—2 Gen.-Kdo.s freiwerden.

*Westen*

*Feindlage:* Der bisherige schmale brit. Abschnitt ist jetzt dadurch erweitert worden, daß die brit. Kräfte zum Teil bis nach Minden heruntergezogen wurden. Die 9. amerik. Armee wird wieder von der 12. amerik. Heeresgr. geführt. Die Briten haben jetzt also die Möglichkeit zu selbständigen Operationen. Die Amerikaner sind mit der *Umzingelung der Heeresgr. B* und den Vorstößen

1 wohl so zu verbessern; Ms.: 36 % ... 21 %

nach Osten beschäftigt. An der unteren Weser steht die 9. Pz.-Div. mit 3—4, in Kürze 5 Inf.-Div.en; die 3. Armee (amerik.) schiebt Kräfte nach Thüringen. Zur 7. amerik. Armee kommen neue Kräfte heran.

Bei der *Heeresgr. H* wurden die Angriffe gegen die Ostfront der Festung Holland nicht stärker. Zwischen dem LXXXVIII. AK. und dem II. Fallsch.-Korps schob sich der Gegner weiter nach Norden vor; doch konnte *Lingen* wieder zurückgewonnen werden. Die Fallsch.-Jäg.-Armee ist dadurch in eine kritische Lage gekommen, daß der Gegner die Front bei Minden und Nienburg aufgerissen hat. Er hat 4 Köpfe über die Weser gebildet. Er stieß an Minden vorbei in Richtung *Bückeburg*.

Im Norden führt die Gruppe Lüttwitz, nach Süden die 5. Pz.-Armee, nach Osten die 15. Armee. Für jede von ihnen ist ein schneller Verband bereitgestellt, ferner als Zentralreserve die Pz.-Lehr-Div.

Bei der 11. Armee keine besonderen Ereignisse. Im Raum Mühlhausen—Langensalza scheint der Gegner nicht weiter vorgekommen zu sein. Weitere Angriffe im Thüringer Wald, besonders gegen Eisenach. Auf der Autobahn fuhr er südlich an Gotha vorbei auf *Erfurt*. Dort wurden die Spitzen angehalten. Auch über Suhl dringen feindl. Panzer vor, konnten sich jedoch nicht mit der Gruppe Erfurt vereinigen. Arnstadt noch in eigener Hand. An der nach Südwesten verlaufenden Front nur geringe Tätigkeit. Die Heeresgr. G macht den Vorschlag, daß die 7. Armee aus dem Raum von Jena, die 1. Armee aus dem Raum von Bamberg führen soll und der Abschnitt südlich Schwäbisch-Hall vom AOK 19 übernommen wird. Sie wies dabei darauf hin, daß die Führung des Südabschnittes durch den OB West unmittelbar sich nicht durchführen lasse.

Vor dem Bogen der 7. Armee im Spessart wurde die Spitze vom Feinde abgekniffen.

Im Raum von Mannheim und Ochsenfurt verschärft sich die Lage. Marktbreit ging verloren. Jedoch konnte der Gegner keinen Kessel bilden, wie er wohl anstrebte. Südlich Karlsruhe waren die Franzosen rege. Ettlingen und Bretten gingen verloren. Die 16. VGD. wurde überrollt.

Es werden Notmaßnahmen für die Zufuhr von Munition, Betriebsstoff usw. ergriffen.

**Lagebuch 7. 4. 45**

*Osten*

*Heeresgr. Süd:* Die Lücke zwischen dem Pz.-AOK 2 und 6. SS-Pz.-Armee wurde verkleinert; jedoch Vorkommen des Feindes am Pimka-Abschnitt beiderseits Warth. Bei der 6. SS-Pz.-Armee weiteres Vordringen des Feindes gegen St. Pölten und die Südfront von Wien. Bei der 8. Armee Bildung von Brückenköpfen und Einbrüche.

*Heeresgr. Mitte:* Weitere Kämpfe um die Oder=Brückenköpfe; Fortgang des Kampfes bei Breslau.

*Heeresgr. Weichsel:* Nichts Besonderes.

2. *Armee:* Meldung fehlt.

4. *Armee:* Beginn des erwarteten Großangriffes gegen Königsberg, dabei 1—2 km tiefe Einbrüche; jedoch Frontzusammenhang besteht.

*Heeresgr. Kurland:* Nichts Besonderes. 4 Abschüsse, 3 Verluste.

*Südosten*

*Serajewo* wurde in der Nacht vom 5./6. 4. geräumt. Dabei Kämpfe, ebenso im Raum Tuzla. In Dalmatien nach Aufsplitterung der eigenen Kräfte im Raum Karlopag–Gospić Angriffe gegen Senj–Ottočac. Die Besatzung von Gospić schlug sich durch. Ottočac ging verloren.

*Westen — Reich*

950 amerik. Bomber gegen Halle, Leipzig, Gera usw. Nachts geringere Tätig=keit.

*Westen*

Kämpfe auf Texel gegen die meuternden Russen, die durch die Bevölkerung unterstützt wurden. Feind in Zutphen=Nord.

Das Fallsch.=Jäg.=AOK übernimmt den Befehl über den bisherigen Abschnitt der Armeegruppe Student (ohne LXXXVIII. AK.), diese den Befehl über die im Bereich der Heeresgr. H eingesetzten Teile der Wehrkreise X und XI sowie die 2. Marine=Inf.=Div. Abwehr von Angriffen aus Lingen und Rheine. Kämp=fe in Bramsche und in einem Kopf bei Stolzenau (Weser).

*Armeegruppe Student* (s. oben): Vorstöße gegen Bückeburg und südlich Hameln.

*Heeresgr. B:* Nachrichten noch nicht eingegangen.

Beim *AOK 11* Angriffe gegen den Weser=Werra=Brückenkopf. Bodenwerder vom Feinde erreicht, *Hameln* verloren.

*Heeresgr. G:* Eisenach preisgegeben. Angriffe von Langensalza aus; Feind auf *Erfurt*. Wechselnde Kämpfe um Friedrichroda. Meiningen, Gersfeld und Wildflecken verloren. Kissingen bedroht.

*AOK 1:* Kitzingen verloren, bei Heilbronn Kämpfe, ebenso südlich Bretten.

**Lagebuch 8. 4. 45**

*Osten*

*Heeresgr. Süd:* Das Pz.=AOK 2 wurde auf die Grenzstellung zurückgedrückt Der rechte Flügel hält noch an der Drau. Die Verbindung mit der 6. SS=Pz.= Armee ist wiederhergestellt. Bei ihr starker feindl. Druck, dabei auch eigene Gegenstöße.

Westlich *Wien* weiteres Fortschreiten des Feindes, der den Kahlenberg erreichte. Die Wiener Bahnhöfe werden umkämpft. Ein Teil der Wiener Bevölkerung hat seine Haltung verloren. Die Versorgung macht Schwierigkeiten. Die Führer-Gren.-Div. ist eingesetzt.

Weiterer Druck gegen die 8. Armee. Der Gegner konnte 4 Brückenköpfe über die March bilden. Bei Lundenburg wurde er abgewiesen. Im Waag-Tal örtliche Kämpfe.

*Heeresgr. Mitte:* Der OB, Gen.-Oberst Schörner, wurde zum Gen.-Feldmarschall befördert. Örtliche Kampfhandlungen und Andauer der feindl. Tendenz, Kräfte nach Nordwesten zu verlagern. Nach Görlitz in Zuführung die Führer-Gren.-Div. und eine weitere Div.

*Heeresgr. Weichsel:* Nur örtliche Kämpfe.

*4. Armee:* 2. Tag des Angriffs gegen *Königsberg*, wo der Gegner bis zum Pregel und zum äußeren Ring vorkam. Eingesetzt hat der Gegner 3 Armeen.

In *Kurland* keine besonderen Ereignisse. Der bisherige Chef des russ. Gen.-Stabs, Wassilewski, übernahm ein Front-Kommando. Er wurde durch den General Antonow ersetzt.

2 325 feindl. und 425 eigene Einsätze. 18 Abschüsse und 6 Verluste (350 Einsätze gegen Königsberg).

*Westen — Reich*

Einflug von 500 Flugzeugen von Süden aus. Von Westen 1 200. Eigene Einsätze etwa 300. In der Nacht etwa 250 feindliche.

*Südosten*

Bei Serajewo weiteres Absetzen. Der Feind greift stärker an. Auch bei Zenica lebhaftere Tätigkeit; hier hat der Gegner von Banja Luka die 39. Tito-Div. herangezogen, was von der eigenen Seite aus als taktischer Erfolg anzusprechen ist. Im Raum von Tuzla ging Gračanica verloren, da die Kroaten nicht standhielten. Am Stadtrand von Brčka wurde der Gegner angehalten. An der Dalmatinischen Küste weiter eine angespannte Lage. Die 392. (kroat.) Div. kann als vernichtet angesehen werden. Ostwärts Senj kam der Gegner voran. Von Gospić keine Meldungen mehr.

Eine neue Grenzziehung zwischen dem OB Südwest und OB Südost ist nunmehr geplant.

*Westen*

Südlich Hannover ist mit 3 amerik. Div.en zu rechnen. Bei der Heeresgr. B verstärkte sich der Feind; dabei anscheinend die aus den USA neu herangeführte 20. Pz.-Div. sowie eine bisher in Orléans angenommene Division.

In Thüringen hat der Gegner angehalten, wohl um seine Inf.-Div.en abzuwarten. Neu trat hier die 87. Inf.-Div. auf. Bei der 7. Armee gleiche Lage. Möglich ist, daß der Feind vor dem Stoß gegen Nürnberg erst Schweinfurt nehmen will.

Auf der Insel Texel ist ein Aufstand ausgebrochen. Die Aufständischen wurden zusammengedrückt; jedoch ist das Rahmenpersonal getötet worden. Trotz starken Artl.=Feuers kam der Gegner von Süden nicht viel vor. Die Tätigkeit der Terroristen nimmt zu.

Über Lingen stieß der Gegner nach Nordosten vor, ferner über Rheine. Kämpfe südlich von Bassum und bei Verden. Zwischen Stolzenau[1] und Peters=hagen hat der Gegner nun 20 km tief die Weser überschritten. Er gelangte bis Wunstorf und Neustadt, d. h. in Richtung *Hannover*. Westlich der Stadt wird ein Sperriegel aufgebaut. Die Führung in diesem Raum übernimmt Gen.=Oberst Student. Über Hameln ist der Feind heute früh mit 100 Panzern in Richtung Bennigsen vorgestoßen. Ferner erreichte er den Westrand von *Hil=desheim*.

Bei der *Heeresgr. B* gelangte der Gegner bis zum Möhnetal. Im Südwesten wurde er abgewiesen. Die Munition reicht noch für 14 Tage. Es wird versucht, in dem gehaltenen Raum die Produktion anlaufen zu lassen.

Langensalza ist nun vom Feinde besetzt. Im Thüringer Wald nur geringere Tätigkeit. Von Ohrdruf stieß der Feind nach Osten vor. *Hildburghausen* ging verloren. Vorstöße des Gegners gegen Bad Neustadt. Vor Schweinfurt wurden die Angriffe abgewiesen. In *Mergentheim* drang der Gegner ein. Kämpfe im Raum von Dinkelsbühl und Crailsheim, wo der Gegner in Richtung Schwäbisch=Hall einbog. Hier wurden Pz.=Vernichtungstrupps eingesetzt. Der Gegner ist in *Pforzheim* eingedrungen.

**Lagebuch 9. 4. 45**

*Osten*

*Heeresgr. Süd:* Örtliche Kämpfe beiderseits Radkersburg. Am linken Flügel der 6. Armee Versuch des Feindes, den Zugang zum Semmering zu gewinnen; eigene Vorstöße gegen seine Verbindungen. Am rechten Flügel der 6. SS=Pz.=Armee vergebliche Angriffe, ebenso im westlichen Wien, jedoch Eindringen des Gegners in die Nordwest= und Südteile der Stadt. Nördlich der Donau Er=weiterung des March=Kopfes nach Westen.

*Heeresgr. Mitte:* Ein eigener Angriff 15 km südlich Ratibor gegen die feindl. Brückenköpfe kam voran.

2. *Armee:* Kämpfe um Hela.

4. *Armee:* Schwerstes Artl.=Feuer mit Bombenangriffen gegen *Königsberg.* Ost= und Nordfront zurückgenommen zur Stadtrandstellung. Vereinigung des Feindes von Nord und Süd entlang der Bahn. Durchbruch auf Groß=Heydekrug verhindert.

*Kurland:* Nichts Besonderes. 5 feindl., 21 eigene Verluste.

1 Ms.: Stolpe

*Westen — Reich*

1 200 amerik. Bomber gegen Halberstadt, Stendal, Plauen, Zerbst usw. Nachts 300 brit. Bomber gegen Hamburg und Travemünde sowie Lützkendorf; Moskitos gegen Berlin, Dessau und München.

*Südosten*

Absetzen auf eine Zwischenstelle 10 km südostwärts Busaveca, dabei Kämpfe. Gračanica und Brčka geräumt. In Dalmatien völliges Versagen der kampfunfähigen Legionäre. Eindringen des Feindes in Jatlanac. Die Kampfgruppe Hammerschmidt wurde in Slunj eingeschlossen; die 104. Jäg.-Div. im Angriff nördlich Bihać nach Nordwesten.

*Westen*

Am Oberrhein nichts Neues.

Einengung der Aufständischen auf Texel-Nord. Zutphen und Holten gingen verloren; seinen Einbruch bei Deventer vergrößerte der Feind. Beim Fallsch.-AOK wurden Angriffe bei Fürstenau abgewiesen. Bassum, Syke usw. gingen verloren. Pz.-Spitzen bei Lehrte und Verden. Bei der Armeegruppe Student drang der Feind beiderseits des Steinhuder Meeres vor. *Stadthagen, Bückeburg* und *Rinteln* wurden besetzt. Von Hildesheim Vorstöße nach Nord und Südost sowie gegen Salzgitter. Bei Höxter Vorstoß über die Weser.

*Heeresgr. B:* Weitere Geländeverluste. Beim *AOK 11* bildete der Feind einen Kopf bei Beverungen; aus dem Kopf Veckerhagen stieß er über *Göttingen* nach Landolfshausen vor, ferner von Witzenhausen nach Hohengandern. Bei Sooden öffneten Fallschirm-Springer den Werra-Übergang; Vorstoß über Heiligenstadt.

*Heeresgr. G:* Bei Friedrichroda ein eigener Igel. Angriffe von Suhl nach Osten. Hildburghausen ging verloren. Weitere Angriffe von Arnheim gegen Schweinfurt. Bei Volkach Übergang über den Main. Crailsheim in eigener Hand; der Gegner eingeengt. Die Jagst-Front gehalten. In Pforzheim Zurückdrücken des Feindes.

**Lagebuch 10. 4. 45**

*Osten*

*Heeresgr. Süd:* Beim Pz.-AOK 2 nur kleinere Angriffe. Bei der 6. SS-Pz.-Armee wurden Angriffe abgewiesen. In der Lücke kam der Gegner in unbekannter Stärke weiter vor, wobei es sich um Höhen von 600—1100 m handelt. Bei Wiener-Neustadt und westlich Baden wurde er abgewiesen. Nordostwärts Wien wurden die eigenen Kräfte zurückgedrückt. — Die 8. Armee wurde zurückgenommen in eine Sehnenstellung. Von Wien bis zur March Kämpfe im Brückenkopf Lundenburg.

*Heeresgr. Mitte:* Fortgang der Kämpfe bei Breslau. 19 Mann der Besatzung von Glogau haben sich durchgeschlagen. Sie melden, den Kommandanten Graf Eulenburg in Primkenau gesehen zu haben.

*Heeresgr. Weichsel:* Ein Bombenlager wurde zur Explosion gebracht.

2\. *Armee:* Örtliche Kämpfe.

4\. *Armee: Widerstand in Königsberg ist zum Erliegen gekommen.* Der Gegner spricht von einer Kapitulation. Der Kommandant der Festung war der General d. Inf. Lasch. Ihm standen 27 000 Mann Besatzung zur Verfügung. In Pillau wurden 3 Dampfer beschädigt. In Kurland gleiche Lage.

2 960 feindl., 359 eigene Einsätze. 4 Abschüsse, 7 Verluste.

*Westen — Reich*

600 amerik. Bomber aus Foggia jetzt gegen ital. Front. Ferner Angriffe gegen die Strecke von Innsbruck. Briten (50 Flugzeuge) gegen die Werften und den Hafen von Hamburg. Dagegen 25 Strahler. 5 Abschüsse, kein Verlust. Ferner 900 amerik. Bomber gegen die Flugbasen im Raum von München — Ulm — Augsburg. Eigener Einsatz wie sonst gegen Pz.=Spitzen und Bereitstellungen. Nachts Versorgung der Heeresgr. B durch 4 gelandete Flugzeuge und Abwurf aus 6 weiteren. 250 Briten griffen die Werften in Kiel, Hamburg und Swinemünde an. Dadurch wurden der Kreuzer „Scheer" zum Kentern gebracht und der Kreuzer „Emden" leicht beschädigt. Ferner Störangriffe gegen Berlin und Plauen. Dagegen 40 Nachtjäger.

*Südosten*

Absetzen von Serajewo nach Zenica. Die 181. Inf.=Div. hatte stärkere Verluste. Einige Kroaten haben sich wieder eingefunden. Wo Zweifel auftauchen, sollen sie — falls sie nicht zuverlässig sind — sofort entwaffnet werden. Bei Doboj verstärkte sich der Feind. In Syrmien wurde eine neue Frontlinie aufgebaut. Die 22. Inf.=Div. hat in der letzten Zeit stärkere Verluste gehabt. Die serbischen Cetniks gingen in Stärke von 800—1000 Mann bei Brod über die Save. Die Hintergründe dieser Maßnahme sind noch nicht bekannt.

In Nordwest=Dalmatien hat sich die Lage weiter verschärft. Senj ging verloren. Bihać ist zur Zeit feindfrei. Der Gegner hat also seine Kräfte nach Westen abgezogen. Die 104. Jäg.=Div. kam wieder etwas vor; sie hat das Ziel, sich mit der Gruppe Hammerschmidt zu vereinigen. Zum OB Südost wird entsandt der Maj. d. G. von Brauchitsch. Auftrag: Bericht über die milit. und polit. Lage, über die Befehlsgliederung und die Kampfaufträge, über die Cetniks und über das Tempo des Absetzens.

*Westen*

Betreffend Feind gegenüber der Heeresgr. H noch ein unzureichendes Bild. Das Auftreten bisher in Italien eingesetzter Div.en hat sich noch nicht bestätigt. Die Tendenz der Briten nach Norden bleibt. Die amerik. Bewegung weiter exzentrisch. Gen.=Oberst Blaskowitz übernahm den Befehl über die *„Festung Holland"*. Angriffe gegen die Insel Texel. Eigenes Absetzen bei Zwolle. Bei Meppen stieß der Feind weiter nach Norden. Auf dem linken Flügel des II. Fallsch.=Korps starker Druck. Die 15. Pz.=Gren.=Div. kam bis Syke vor, wurde dann jedoch angehalten. Im Raum von Bremen geringe Tätigkeit. Bei *Verden* hat der Gegner das Westufer besetzt. Kämpfe bei Schwarmstedt. Vorgehen in Richtung Celle. Artl.=Feuer auf das Zentrum von Hannover. Vordringen des Gegners bis zum *Harz*. Von Hildesheim Vorstöße nach Osten. Der Gen.=Oberst Student übernahm seinen neuen Abschnitt.

*Heeresgr. B:* Weiterer starker Druck auf die Nord= und Ostfront. *Soest* ging verloren. Ein Übersetzversuch bei Leverkusen wurde abgewiesen. An der Süd=front nichts Besonderes.

Bei der 11. Armee Kämpfe bei Seesen und Duderstadt. Von Hildesheim aus erreichte der Gegner den Raum von Salzgitter; *Gandersheim* ging verloren, ebenso *Einbeck*. Ostwärts Göttingen kam er schnell voran und stieß von Hei=ligenstadt nach Duderstadt vor. Westlich Eisenach stellte sich der Gegner bereit. Er erreichte die Straße Arnstadt—Ilmenau.

Am bedrohlichsten ist ein Vorstoß von Königshofen nach Südosten in Rich=tung Bamberg. Auch nördlich Schweinfurt ging Gelände verloren. Schweinfurt soll so lange wie möglich gehalten werden. Die Kugellager=Produktion soll nicht vernichtet werden. In *Würzburg* ist der Widerstand der letzten Teile er=loschen. Ostwärts Ochsenfurt kam der Gegner nach Osten vor. Die bei Imers=hofen eingeschlossenen Teile befreiten sich wieder. Bei Neckarsulm eigene Fortschritte. Kämpfe westlich *Pforzheim*, das meist in eigener Hand ist.

Am rechten Flügel der 19. Armee hat sich also die Lage wieder verschärft. Bedrohlich ist die bei Bamberg entstandene Krise. Hier ist mit der 14. amerik. Pz.=Div. und mit 2 Inf.=Div.en zu rechnen. Von der 6. SS=Geb.=Div. liegen keine neuen Meldungen vor; es ist also möglich, daß sie nach dem unlängst erteilten Befehl doch — aufgelöst in kleine Gruppen — den Kampf aufge=nommen hat. Die Div. „Potsdam" wird im Tempo 24 nach Halberstadt ge=fahren. Das AOK 12 kommt nach Blankenburg.

Erbeutet wurde die brit. Druckschrift für die Verwaltung des Reiches nach der Besetzung einschl. der zugehörigen Karten *(Denkschrift „Eclipse")*. Danach wird Berlin eine Exklave innerhalb des russ. Raumes, die wieder zwischen den drei Besatzungsmächten aufgeteilt wird. Den Amerikanern wird eine weitere Exklave an der Weser (einschließlich Bremerhaven) eingeräumt [1].

**Lagebuch 11. 4. 45**

*Osten*

*Heeresgr. Süd:* Schwerpunkte am linken Flügel der 2. Pz.=Armee und bei Wien. Beim Pz.=AOK 2 zahlreiche Angriffe zwischen Mur und Raab, die im Gegenstoß bereinigt werden. Bei der 6. Armee Vorstöße des Gegners bei Feld=bartel. Der linke Flügel schob sich vor. Westlich Neuenkirchen ein tieferer Einbruch. Bei der Hohen Wand wurde der Gegner abgewiesen. Jedoch konnte

1 Vgl. dazu unten S. 1494 Anm. 1 und den II. Teil der „Erläuterungen".

er seinen Einbruch zur Donau hin nach Westen erweitern. In *Wien* ist der Gegner jetzt bis zum inneren Ring vorgedrungen; er meldet die Einnahme des Parlamentes und des Rathauses. Verteidigt wird noch der Innenkern der Stadt. Zwischen Wien und March tiefere Einbrüche. Die eigene Front ist nunmehr von der March abgerückt. Bei Lundenburg wurde der feindl. Brückenkopf ver=kleinert. Es besteht die Absicht zu Gegenstößen im österreichischen Raum. Die nunmehr bedrohte schwere FH.=Produktion hinter der Front beträgt im Augen=blick 100% der jetzigen Fertigung. Die bisherige Fertigung war doppelt so hoch wie die des Jahres 1941.

*Heeresgr. Mitte:* Südlich und nördlich der Naht gingen Skalitz und Trent=schin verloren. Der rechte Flügel der Heeresgruppe wurde bis auf den Rand der Kleinen Tatra zurückgenommen. Der Gegner kam bis an die Straße nach Sillein. Die Heeresgruppen=Grenze wurde um 12 Uhr nach Süden umgebogen, da das linke Flügelkorps nunmehr zur Heeresgruppe Mitte gekommen ist. Die 8. Pz.=Div. wird von Mährisch=Ostrau nach Südwesten vorgezogen.

Bei Oderberg noch Kämpfe gegen feindl. Reste. Fortgang des Kampfes bei Breslau. Die 20. Pz.=Div. wird bei Neiße für den Raum Hirschberg heraus=gezogen.

*Heeresgr. Weichsel:* Gleiche Lage.

*AOK Ostpreußen:* Dieses wurde nunmehr gebildet unter dem Gen. d. Pz.=Truppen von Saucken. Das AOK 4 wird ins Reich verlegt. Der Gen. Müller befindet sich bereits im OKH. — Der Gegner behauptet, daß er in der Zeit vom 6. 4. bis 10. 4. 142 000 Gefangene (darunter 4 Generale und 1 819 Offz.e) gemacht habe, davon am 9. und 10. 4. 50 000 (vgl. Königsberg).

Den Marine=Kräften in Swinemünde fehlt im Augenblick Heizöl. Die Kämp=fe wurden weiter unterstützt durch 2 Torpedoboote, 2 Artl.=Träger und 2 wei=tere Kriegsschiffe. Von Stettin konnte ein Dock nach Swinemünde durchge=bracht werden.

2 570 feindl. und 248 eigene Einsätze, dabei 9 Abschüsse, 17 Verluste.

*Westen — Reich*

1 200 Amerikaner gegen die Bodenorganisationen in Norddeutschland, am Vortag gegen den südlich anschließenden Raum. Dabei rund 100 Flugzeuge am Boden zerstört. Dagegen 65 eigene Jäger, 12 Abschüsse, 32 Verluste (davon 24 Vermißte). Ferner 120 Briten gegen Leipzig, wo erhebliche Schäden ent=standen. 73 eigene im Raum von Mühlhausen, 46 im Raum von Würzburg und 41 im Raum von Crailsheim usw. — In der Nacht Störflüge von Süden, 3=maliger Angriff mit je 30 Moskitos gegen Berlin. Weitere Angriffe gegen Leipzig — Dessau und Plauen. Dagegen 20 Jäger.

*Südosten*

In der Nacht vom 8./9. 4. ein Kommando=Unternehmen gegen die Insel Kalino. In Kroatien Befehlsumgliederung im Raum des XVII. AK.s. Das LXXXIX. AK. übernahm den Befehl in Nordwestkroatien; dessen Raum übernahm zu=

züglich das Gen.=Kdo. XXXIV. AK. z. b. V.; einen neuen Abschnitt erhielt das LXXXIV. AK. z. b. V. — Bei Zenica wurde ein Sperriegel bezogen. An der Westfront nur geringe Tätigkeit. Beim Feinde ist jetzt zu rechnen mit der 1. und 2. bulg. und der 37. und 38. Tito=Div.; bei Doboj wurden Fortschritte nach Süden erzielt. Da der Raum zusammengeschrumpft ist, reichen die Kohlenbe=stände des OB Südost zur Zeit aus. In Syrmien lebhafte Tätigkeit der feindl. Luftwaffe. Dazu Übersetzen über die Drau von Norden. In Dalmatien ver=suchen eigene Kräfte, die eingeschlossen waren, durchzubrechen; einige kamen durch. Die 104. Jäg.=Div. weiter in Bewegung. Aus dem Raum ostwärts Istrien Antreten eigener Kräfte nach Süden, um den Feind aufzuhalten.

*Westen*

3 Dampfer mit 22 000 BRT um England versenkt. Durch Vorstöße aus Dün=kirchen und Lorient Erfolge.

Bei der Heeresgr. B weitere Flugplätze zum Landen und zum Abwurf vor=bereitet bzw. eingerichtet. In der Nacht 13 Flugzeuge zur Versorgung.

*Feindlage:* Die 3. kanad. Div. ist nach Deventer eingeschwenkt; die 4. Pz.=Div. stößt nach Osten vor. Die brit. 53. Inf.=Div. an der Weser. Die 6. LL=Div. vereinigte sich in Hannover mit den Amerikanern. Gegen Braunschweig scheint die 2. Pz.=Div. mit der 30. Inf.=Div. eingesetzt zu sein. Die Heeresgr. B bindet im Augenblick 20 Inf.=Div.en, d. h. 1/3 der vorhandenen, ferner 1/10 der Pz.=Div.en. Der Gegner war gezwungen, einzelne Div.en vom Osten zurückzu=holen gegen die Ostfront der Heeresgruppe. — Südlich des Thüringer Waldes scheint der Gegner 3 Pz.=Div.en bereitzuhalten. Er scheint also den Thüringer Wald auszusparen und in Richtung Leipzig und in südostwärtiger Richtung nach Mittelfranken vorzustoßen.

Fortgang der Abwehrschlacht in Holland. Das Fallsch.=AOK wehrte Angriffe ab, leidet aber Mangel an Artl. usw.

Druck in Richtung Celle und Kämpfe bei Verden.

*Festung Holland:* Da der letzte Kanal durch Nordostholland bedroht und das Herumfahren in die Zuider=See nicht möglich ist, ist damit zu rechnen, daß die Versorgung der „Festung Holland" abreißt. Auf der Insel Texel kam der Feind nicht weiter vor. An der Südfront keine besonderen Ereignisse. Bei Deventer wurde der innere Ring der Verteidigung durch Terroristen gesprengt. Am Westrand der Stadt wird eine neue Abriegelung aufgebaut. Der Ijssel=Kanal wird noch gehalten. Am Oranje=Kanal schwache Pz.=Spitzen. Südlich Groningen Pz.=Aufklärung. Auch westlich der Ems Terroristen.

Beim Fallsch.=AOK kam der Feind etwas vor, wurde dann jedoch zurück=gedrückt. Nordostwärts Fürstenau feindl. Druck. Südlich *Bremen* Kämpfe. Feindl. Artl.=Feuer auf die Straßenbrücke in Bremen. Die 15. Pz.=Gren.=Div. kam beim Gegenangriff nicht weiter voran. Bei Buchholz wurde der Gegner abgewiesen. Von Peine aus Vorstöße nach Norden und Osten bis nach Uchte=Fallersleben, das im Augenblick feindfrei ist. Im Raum von *Wolfenbüttel* gingen Orte verloren. Angriffe gegen Salzgitter; 24 Panzer sollen abgeschossen sein.

*Heeresgr. B:* An der Nordostfront örtliche Verluste. Im Ruhrgebiet schwere Einbrüche zwischen Essen und Dortmund. In *Bochum* Häuserkämpfe. An der Südfront keine besondere Änderung, jedoch an der Südostecke an der Armee=naht ein 15 km tiefer Einbruch des Feindes nach Nordosten bei Olpe. Da die eigenen Kräfte hier schwach sind, ist dies als ernst zu betrachten.

Es gelang dem Gegner, bis in den Harz=Raum vorzudringen und *Goslar* sowie Bad Harzburg zu nehmen. Von der 11. Armee wegen Stellungswechsels keine vollständigen Meldungen. Von Mühlhausen kam der Feind bis in den Raum von Nordhausen vor. Im Thüringer Wald Abklingen der Kämpfe. Ein=brüche bis ins Eichsfeld. Bei *Coburg* ein neuer Schwerpunkt. Der Gegner kam bis nördlich der Stadt und stieß von hier nach Süden und Nordwesten vor. Um Schweinfurt noch ein eigener Bogen. Ostwärts und südlich Würzburg örtliche Kämpfe. Crailsheim wieder in eigener Hand. Es besteht die Absicht, einen Gegenstoß gegen die Panzer des feindl. Einbruchkanals mit der 2. Geb.=Div., dem Ersatz=Verband „Alpen" und der 19. VGD. zu führen.

Bei Heilbronn (19. Armee) örtliche Kämpfe. Am Oberrhein Ruhe. Hier ist die 98. Inf.=Div. als Reserve herausgezogen.

**Lagebuch 12. 4. 45**

*Osten*

*Heeresgr. Süd:* Einbrüche in Richtung Graz. Gegenstöße der 16. SS=Pz.=Gren.=Div. und der 41. Inf.=Div. Im Abschnitt Güssing Zurücknahme der Front gemäß Weisung nach erfolgtem feindl. Stoß. Am rechten Flügel der 6. Pz.=Armee und bei Baden örtliche Kämpfe. Westlich Wien weiterer Druck. In *Wien* wurden Angriffe im allgemeinen abgewiesen. Von 6 Kanonenbooten wurden 4 vernichtet und die Inf. abgeriegelt. Bei Tulln ist jetzt das VIII. russ. Pz.=Korps nachgewiesen. Bei der 8. Armee verschärfte sich die Lage; der Feind kam bis zur Straße Wien — Lundenburg. Von der March setzten sich die eigenen Kräfte weiter ab, ebenso bei Lundenburg.

*Heeresgr. Mitte:* Gegen Breslau weiter starke Angriffe.

*Heeresgr. Weichsel:* Es wird heute oder morgen mit Beginn des feindl. Groß=angriffs gerechnet.

Starke Luftangriffe gegen die Halbinsel Hela. Ein Lazarett=Schiff wurde vernichtet; 3 Schiffe beschädigt. Im Samland sind die feindl. Angriffsvorbe=reitungen abgeschlossen. In Königsberg halten sich noch eigene Kräfte (Der Wehrm.=Bericht teilte mit, daß der Kommandant von Königsberg wegen der ohne Erlaubnis vollzogenen Kapitulation zum Tode durch den Strang ver=urteilt wurde).

In Kurland keine besonderen Ereignisse.

In Ungarn 1 200 feindl. Einsätze, dagegen 77 eigene. Sonst geringe Luftwaffen-Tätigkeit. Die Brücke bei Göritz wurde erneut getroffen.

*Westen — Reich*

600 Bomber gegen die ital. Ostfront und den Brenner. 1 200 Amerikaner vom Westen gegen München, Regensburg und Lufthorste. 200 Briten gegen Bayreuth usw. Hier starker Einsatz von 1- und 2-mot. Jagdbombern. In der Nacht 100 Moskitos gegen Berlin. 17 Ju zur Heeresgr. B. Eine Reihe von Flugzeugen wird bereits vermißt.

Seit Februar sind nunmehr durch Luftangriffe 29 U-Boote verlorengegangen.

*Südosten*

In der letzten Nacht (11./12. 4.) wurde *Zenica* geräumt. Angriffe gegen Doboj wurden abgewiesen. Die Syrmien-Front wurde von der unteren Save gelöst. Der Feind drückt stark nach. Westlich davon bildet die 22. Inf.-Div. einen Brückenkopf nach Süden über die Save. Weitere Angriffe von Osten; südlich der Drau ein tieferer Einbruch. Ferner 3 Übersetzunternehmungen bei Esseg, Valpovo und Miholjac. Der Feind geht also zu einer geschlossenen Operation gegen die deutsche Ostfront vor. In Dalmatien hat die 104. Jäg.-Div. zähen Widerstand bei Slunj gebrochen. Die Gruppe Hammerschmidt ist zum Stoß nach Süden angetreten. Ferner Kräfte von Istrien und in Richtung Novi. Teile der Besatzung von Senj haben sich durchgeschlagen. Auf der Insel Rab eine Landung; Kräfte noch unbekannt. Bei den nach Kroatien übergetretenen und von den Kroaten entwaffneten Cetniks (nach kroat. Meldung 5 500 Mann), die dort bleiben sollen, handelt es sich um das montenegrische Freiw.-Korps Djurišić. Die Draža Mihajlović-Kräfte stehen noch südlich Brod. Sie wollen sich — nachdem ihnen zugesagt wurde, sie mit Waffen usw. zu versorgen — noch weiter halten. Unklarheit besteht noch über einen Zwischenfall bei der Räumung von Serajewo, wo sich Ustascha der Sprengung einer Brücke widersetzten. Die Bevölkerung ist in Kroatien pessimistisch.

*Westen*

Bei Magdeburg handelt es sich um die 2. und 5. amerik. Pz.-Div. Die 3. amerik. Armee stößt nördlich des Thüringer Waldes nach Osten, südlich von ihm nach Südosten vor. Bei Coburg die 11. und 14. Pz.-Div. Neu aufgetreten ist an der Südwestecke der Heeresgr. B die 13. Pz.-Div.

Auf Texel eigene Fortschritte. Südlich Deventer bildete der Gegner einen kleinen Kopf über die Ijssel. Ostwärts Zwolle wurde er abgewiesen. Nach Nordostholland kam er weiter vor.

Weiter lebhafte Kämpfe im Abschnitt des Fallsch.-AOK 1 am rechten Flügel, wo der Feind jedoch aufgefangen wurde. Vor der eigenen Front kämpfen noch Reste. Kämpfe bei Quackenbrück. Südlich Bremen geringe Tätigkeit. Bei Schwarmstedt wechselvolle Kämpfe. Der Gegner konnte über die Aller einen Kopf bilden. Heute früh ging *Celle* verloren. Gegen Braunschweig eine Pz.-

und eine Inf.-Div. Die Gauleiter-Meldung von einer vollzogenen Übergabe muß falsch sein. Über Gifhorn drang der Gegner nach Norden vor. Bei Gardelegen 200 Fahrzeuge, die nach Norden in Richtung Salzwedel einbogen und sich bis Kalbe vorschoben. Ferner erschien der Gegner bei Schönebeck a. d. Elbe.

Der Abschnitt von Magdeburg wurde zum Fallsch.-AOK herangezogen.

*Heeresgr. B:* Von Norden und Süden weiter Druck. Der größte Teil des Industrieraums ist nun verloren, darunter *Mülheim*. Vom Rhein werden die eigenen Kräfte bald abgedrückt sein. Als Rest verbleibt noch das Industriegebiet von Hagen und Witten. Bedrohlich ist der feindl. Vorstoß bei Olpe in Richtung Lüdenscheidt; dagegen die Pz.-Lehr-Div.

**Lagebuch 13. 4. 45**

*Osten*

*Heeresgr. Süd:* Das Pz.-AOK 2 wurde weiter zurückgedrückt. Westlich *Wien* neue Einbrüche. In der Stadt selbst wird noch ein kleiner Brückenkopf gehalten. Nordostwärts von ihr eine Lücke. Bei der 8. Armee keine wesentlichen Veränderungen.

*Heeresgr. Mitte:* Der Feind hat zwischen Bunzlau und Triebel—Porst 3 Schwerpunkte gebildet.

*Heeresgr. Weichsel:* Weitere Schwerpunkte bei Frankfurt, Küstrin und Zehden (südlich Stettin).

1 670 feindl. und etwa 400 eigene Einsätze. Schwerpunkte in Österreich und Ostpreußen.

*Westen — Reich*

Angriffe von 350 Bombern gegen den Raum Venedig—Villach—Linz usw. Vom Westen aus wegen des Wetters kein Großeinsatz, jedoch starke Jäger-Tätigkeit. Der eigene Einsatz nur gering. Nachts dreimaliger Angriff auf Berlin.

*Südosten*

Planmäßiges Absetzen bei Zenica und an der Syrmien-Front, an der 65 Panzer angriffen und 14 abgeschossen wurden. Die 11. Lw.-Feld-Div. ist jetzt bis auf 2 Züge abgefahren worden. Die Drau-Köpfe wurden eingeengt oder abgeriegelt. Nur bei Valpovo sind größere Kräfte über die Drau getreten. Die Gruppe Hammerschmidt hat sich mit der 104. Jäg.-Div. vereinigt. Auf der Insel Arbe landete der Feind. Nordostwärts Istrien hat sich ein Bandenkorps versammelt.

*Westen*

In Ostengland keine unmittelbaren Vorbereitungen für eine Großlandung.

Die Versorgung der Heeresgr. B scheint jetzt in Ordnung gekommen zu sein. Starker Druck an dem rechten Flügel der Armeegruppe Student, bei der anzunehmen ist, daß sie in Kürze auf die Küste zurückgedrängt wird. Gehalten wird noch die Linie Kloppenburg — Bremen. Im Abschnitt Bremen — Celle gleiche Lage. Von Celle aus feindl. Druck; ein Rgt. nördlich der Stadt aufgestellt. Weiter Druck gegen Halberstadt. Ein Combat-Command kam bis *Wittenberg* vor, wo die Brücke gesprengt wurde. Feind auch in *Stendal* und bei *Tangermünde*. Westlich Magdeburg nahm der Gegner den Flugplatz weg. Zwischen Magdeburg und Schönebeck gelang es einer kleinen Gruppe, nachts über die Elbe zu setzen, worauf der Brückenbau eingeleitet wurde. Der OB der 12. Armee unterstellt sich den Kommandanten von Magdeburg. Kräfte gegen den Übersetzversuch wurden eingesetzt. Da die Div.en „Scharnhorst" und „Hutten" fast fertig sind, ist ein Rückhalt gegeben. Im Harz-Raum kam der Gegner bis Hettstedt und südlich desselben bis Schafstädt in Gegend Merseburg. Der *Harz* ist nun also von drei Seiten eingeklammert; er wird durch die 11. Armee verteidigt. Ob Weißenfels besetzt ist, ist unklar. Jedoch befinden sich im Raum von Leipzig schwächere Kräfte des Feindes.

Bei einem Stoß gegen Bamberg kam der Gegner weiter voran. Bei Schweinfurt Angriffe, dabei ein Durchbruch bis zur Straße, so daß sich nunmehr um Schweinfurt fast ein Igel gebildet hat. Bis Rothenburg keine besonderen Kampfhandlungen. — Die Lage bei Crailsheim hat sich gut entwickelt.

Die Heeresgr. B verfügt noch über 17 Verbände, jedoch nur mit einer Stärke von je 3 000 Mann, so daß es sich in Wirklichkeit um 5–6 Verbände handelt. Nördlich des Harzes drehte der Feind gegen Blankenburg ein und kam in Richtung Dessau vor.

Bei der 11. Armee feindl. Druck, aber keine wesentlichen Veränderungen. Die Nordwestecke wurde verkleinert. Die Lage im Raum von Nordhausen ist unklar. Südlich des Harzes hat sich die Lage verschärft. *Erfurt* und *Weimar* sind heute morgen verlorengegangen. Druck in Richtung von Naumburg, da der Gegner bei Kannenberg über die Saale gehen konnte. Er steht vor Jena. Im Thüringer Wald gleiche Lage. Bei Coburg verhält sich der Feind ruhig. Eine neue Gefahr jedoch durch einen Vorstoß vom Norden bis 8 km vor Bamberg. Dadurch ist wieder die 1. Armee im Rücken bedroht. Im Raum Crailsheim Vorstöße. Die Annahme des OB West, daß es sich um den Beginn eines größeren Angriffs handelt, hat sich nicht bestätigt; jedoch ist die Absicht des Feindes, in südlicher Richtung vorzustoßen, erkennbar. Vorstöße gegen Nürnberg und Marburg [1], die bedrohlich sind. Südlich davon wurde der Feind aufgehalten. Bei Heilbronn konnte der Gegner seinen Brückenkopf erweitern, da die 2. Inf.-Div. weggezogen ist. Ein Pz.-Einbruch ostwärts Baden.

Von der 19. Armee wird die 17. SS-Div. nach Nürnberg, die 189. nach Regensburg abgegeben. Die 98. Inf.-Div. ersetzt an der Front die 17. Freiw.-Div.

Es besteht der Befehl, den Harz zu halten. Unklar ist ein angeblicher Befehl des Reichsführers SS an das AOK 11 im gegenteiligen Sinne, den ein Offizier

1 Wohl Hör- oder Schreibfehler.

überbrachte. Die 12. Armee führt der Gen. Wenck, früher Chef der Op.=Abt. im GenStdH. Daß keine Stadt zur offenen Stadt erklärt werden soll, hat der Reichsführer SS als Reichsinnenminister bekanntgegeben.

**Lagebuch 14. 4. 45**

*Osten*

Der feindl. Luftaufmarsch ist beendet. Lebhafte feindl. Aufklärung, jedoch Zurückhalten der Kampfstärke.

*Heeresgr. Süd:* Abwehr bei Radkersburg. An der Front von Norden nach Süden nur örtliche Kämpfe. Bei Friedberg sind 20 Panzer durchgebrochen, die sich trotz des Gebirges vorarbeiten konnten; dagegen wird ein SS=Polizei=Rgt. angesetzt. In Mürz=Zuschlag sind die ersten Züge der 117. Jäg.=Div., die der OB Südost von der Istrien=Front herausgezogen hat, eingetroffen. Im Donau=Raum ist der Gegner bis 6 km an *St. Pölten* herangekommen. Am Fluß wird noch St. Andrä gehalten. In *Wien* noch ein kleiner Kopf vor der Reichsbrücke, die jetzt gesprengt werden soll.

Entlang der 8. Armee zahlreiche Angriffe bis zur March heran.

*Heeresgr. Mitte:* Auf dem rechten Flügel Kämpfe, die keine Veränderung brachten, unter anderem bei Trentschin und Sillein. In Schlesien nur wenig Kampfhandlungen. Angriffe gegen die West= und Südfront von Breslau wurden abgewiesen. Die feindl. Bewegungen dauern an.

*Heeresgr. Weichsel:* Von dem Korps „Hermann Göring", das von der Nehrung zugeführt wird, trafen bisher in Swinemünde über 3 000 Mann ein. Das Korps muß erst aufgefrischt werden. Örtliche Angriffe der auf eigener Seite eingesetzten russischen Kräfte blieben liegen, zeigten aber, daß diese zum Angriff bereit sind. Heute von 6.30 bis 7.00 Uhr feindl. Artl.=Feuer, dann Angriff bis zu Rgt.s=Stärke mit kleinen Einbrüchen — vermutlich, um das deutsche Feuer herauszulocken und um Klarheit über die deutsche Abwehr zu gewinnen.

*AOK Ostpreußen:* Im Samland wurde der feindl. Großangriff weiter fortgeführt.

Bei der *Heeresgr. Kurland* keine besonderen Ereignisse.

Ein Flüchtlingsdampfer ging unter (bei Pillau). 2 Dampfer wurden beschädigt.

Etwa 730 feindl. Einsätze gegenüber 269 eigenen; dabei 9 Abschüsse und 4 Verluste. Schwerpunkte im Süden. Nach Aussage eines gefangenen russ. Fliegeroffiziers will der Feind die Angriffe am 15. 4. beginnen; diese Aussage wurde nicht geglaubt; vielmehr wurde angenommen, daß der Feind schon vorher angreifen werde.

*Westen — Reich*

350 amerik. Bomber gegen den Raum von Neumünster, Oldenburg und Flugplätze in Norddeutschland. Ferner 150 Briten bis in den Raum von Stettin, wo sie jedoch — ohne Bomben zu werfen — kehrtmachten. Starker Einsatz von

Jagd= und Schlachtfliegern. Der eigene Einsatz nur gering. 350 4=mot. Bomber gegen Kiel, Lübeck, Boitzenburg und Moskitos gegen Berlin, Hamburg, Stral= sund usw. Lebhafte eigene Tätigkeit, unter anderem 88 gegen die Pontonbrücke bei Schönebeck, die unterbochen wurde. 8 Versorgungsflugzeuge für die Hee= resgruppe B.

*Südosten*

Die Absetzbewegung bei Zenica wird durch Banden und Flieger gestört. Planmäßiger Fortgang der Bewegung an der Syrmien=Front; jedoch ungünstige Entwicklung bei Valpovo, wo der Gegner seinen Kopf zu einer Breite von 25 und zu einer Tiefe von 8 km ausweitete. Es besteht jetzt die Absicht, in eine Linie zurückzugehen, die von Miholjac zu den Südostausläufern des Papuk= Gebirges verläuft. Neu aufgetreten ist die 22. Tito=Div., ferner bei Esseg die 51. (nebst bulg. Kräften). — Die 104. Jäg.=Div. hat die Absicht, den nach Westen vorgehenden Feind aufzuhalten. Auf der Insel Arbe drang der Gegner weiter vor. Die Kriegsmarine hat das Unternehmen gegen Senj abgebrochen.

*Westen*

*Feindlage:* Die aus Italien herangeführte 1. kanad. Div. ist bei Deventer aufgetaucht. Bei Verden hat der Gegner durch die 7. Pz.=Div., die 52. sowie 53. Inf.=Div. einen Schwerpunkt gebildet; ein Angriff in Richtung *Hamburg* ist also zu erwarten. Im Raum von Stendal handelt es sich um etwa 60 Panzer. Die 1. amerik. Armee operiert jetzt nur südlich des Harzes. Gegen den Harz zwei Inf.=Div.en. Bis Leipzig stieß die 69. Div. vor; die Armeegrenze verläuft also südlich Leipzig. Gegen Sachsen operiert die 4. Pz.=Div., vielleicht zusammen mit der 4. Inf.=Div. Dem bei Kulmbach stehenden Feind ist als Ziel Hof ge= geben. Der Feind schließt also nach der durch den Thüringer Wald bedingten exzentrischen Bewegung wieder zusammen.

Auf Texel gleiche Lage. Die Nachrichten=Verbindung nach Holland ist er= schwert. Auf Groningen liegt bereits feindl. Artl.=Feuer. Fortgang des Kamp= fes gegen das Fallsch.=AOK. Kloppenburg ging verloren. Nördlich davon hal= ten noch Reste von der Div. „Groß=Deutschland". Im Abschnitt von Bremen Ruhe. Über die Aller griff der Feind bei Ottensen an und bildete einen Brük= kenkopf; auch Fortgang des Kampfes bei Schwarmstedt. Ein eigener Angriff ist ostwärts davon vorgesehen; jedoch ist der derzeitige Aufenthalt der Pz.= Jäg.=Abt. 230, die teilnehmen soll, nicht bekannt. Angriffe gegen den eigenen Brückenkopf wurden abgewiesen. 30 Panzer bei Seehausen.

Bei der *Heeresgr. B* hat sich die Lage verschärft. Der Gegner erweiterte seinen Einbruchsraum bei *Lüdenscheidt* und südostwärts Hagen. *Dadurch be= steht zwischen dem Osten und Westen nur noch ein 12 km breiter Schlauch.* Munition und Betriebsstoff sind noch bis zum 14. bzw. 16. 4. vorhanden. Die Verpflegung langt noch weiter. Der Anschluß an die Produktion ist zweifelhaft geworden.

Am *Harz* einzelne Einbrüche. Südlich Magdeburg wurden die übergesetzten Kräfte angegriffen; doch ist der Erfolg noch nicht bekannt. Auch bei Barby setzte der Feind in Richtung Zerbst über, wurde dann jedoch wieder zurückgedrückt. An der Saale verfügt die 12. Armee nur über schwache Kräfte. Der Gegner dringt nach Südosten in Richtung Halle vor. Bis heute kann die Div. „Scharnhorst" eingetroffen sein. Im Raum von *Leipzig* gleiche Lage. Jedoch Verschärfung auf dem rechten Flügel der Heeresgr. G, da der Gegner Zeitz nehmen konnte und mit Kommandos bis in den Raum von Chemnitz kam. Auch besetzte er *Gera* und Weida. An dem Saale-Bogen nach Nordwesten weitere Angriffe. Kämpfe bei Lichtenberg. Ein neuer Schwerpunkt südlich davon.

Verschärfung der Lage an der *Südfront*. Der Gegner steht jetzt 12 km vor *Bayreuth*. Über den Einsatz der 189. Inf.-Div. und der 17. SS-Div. liegen noch keine Meldungen vor, ebenso über die Lage im Raum von Schweinfurt, wo die 1. Armee bis nach Heilbronn vorkam. Bei der 19. Armee nur örtliche Kämpfe. Jedoch Fortgang der Kämpfe im nördlichen Schwarzwald. Am Rhein keine wesentlichen Veränderungen.

*Feindlage:* Gegen die „Festung Holland" ist jetzt auch die 1. poln. Pz.-Div. nachgewiesen, ferner die 5. kanad. Pz.-Div. Bei Ülzen handelt es sich um die 11. amerik. Pz.-Div. Der eigene Angriff hier kam 10 km weit durch leeren Raum vor. Jedoch sind noch nicht alle Kräfte heran, die es erlauben, den Angriff zu nähren. Unklar ist, wo der Gegner die 6. Pz.-Div. eingesetzt hat; bei Tangermünde handelt es sich um die 5. Pz.-Div., in Sachsen um die 4. Pz.-Div. Die 3. amerik. Armee hat jetzt wieder die Richtung Nordost. Da vor der Heeresgruppe B die 101. LL-Div. eingesetzt ist, ist dies jetzt bei allen 3 amerik. LL-Div.en der Fall, so daß für Luftlandungen nur noch Reste in England in Betracht kommen.

**Lagebuch 15. 4. 45**

*Osten*

*Heeresgr. Süd:* Bei der 2. Pz.-Armee wurden stärkere Angriffe abgewiesen. Der eigene Kopf bei Radkersburg ging verloren. Der Feind drang in die Stadt ein. Die von Norden nach Süden verlaufende Front wurde erneut zurückgenommen. Im Einsatzraum von Mürz-Zuschlag wurde der Feind teilweise zurückgedrängt. Angriffe gegen den rechten Flügel der 6. Pz.-Armee wurden abgewiesen. Südwestlich St. Pölten drang der Gegner über den Fluß, so daß er sowohl nördlich als südlich der Stadt steht. 20 Panzer wurden abgeschossen. Im Raum von Wien Absetzen bis zum Bisamberg bei Neuburg. Zwischen der Donau und der March weitere Angriffe. Bei Lundenburg tiefe Einbrüche in Richtung Norden (Brünn). *Lundenburg* ging verloren.

Der linke Abschnitt der Heeresgr. Süd wurde mit zur Heeresgr. Mitte verlegt, so daß die Grenze jetzt scharf nach Süden abbiegt. Die 8. Pz.=Div. wird herangezogen.

*Heeresgr. Mitte:* Keine besonderen Ereignisse.

*Heeresgr. Weichsel:* Am 14. 4. nur geringe Einbrüche, dabei wurden 98 Panzer abgeschossen von 200 Panzern. Am heutigen Tage hat der Gegner wider Erwarten die Angriffe noch nicht fortgesetzt.

*AOK Ostpreußen:* Einbrüche im Samland. Vorbereitet ist ein Tagesbefehl des Führers: Appell an die im Osten kämpfenden Streitkräfte: „Berlin bleibt deutsch, Wien wird wieder deutsch!"

650 gegen 131 eigenen Einsätzen, dabei 7 Abschüsse. Schwerpunkt bei Küstrin, außerdem bei Schwedt. Eine feindl. Brücke wurde zerstört.

*Westen — Reich*

Von Süden 150 Bomber gegen Villach — Klagenfurt. Im Westen die 3 amerik. Div.en nicht gegen das Reich, sondern gegen die Gironde=Mündung (s. Westen). Die Jagd=Div. Berlin fliegt jetzt Aufklärung; es wurde festgestellt, daß die Brücke bei Schönebeck zerstört ist. In den Abendstunden ein Terrorangriff von 200 brit. Bombern gegen *Potsdam;* dabei wurden die historischen Gebäude zerstört (Garnisonskirche), 50 Moskitos gegen Berlin.

*Südosten*

Im Raum von Brod Kampf zwischen Cetniks und den Ustaschen. Es wurde befohlen, daß die Truppen den Ustaschen helfen sollen. Das Absetzen auf die Linie Save—Papuk=Gebirge ist trotz des feindl. Druckes im wesentlichen gelungen. Die 1. Kosaken=Div. hat sich gut geschlagen. Die Bulgaren versuchten, von Norden vorzustoßen. Im Rücken der eigenen Truppen regt sich das VI. Banden=Korps. Das Hauptquartier der 1. bulgar. Armee wird jetzt im Raum von Varaždin vermutet.

Der Widerstand auf der Insel Arbe scheint erloschen zu sein. Teile der 392. (kroat.) Div. sind zerschlagen.

*Westen*

Nach Kündigung des Vertrages Angriff der Franzosen gegen die Festung *Gironde=Nord und =Süd*, getragen durch den Angriff der 1200 amerik. Bomber. Dazu eine französ. kasuistische Erklärung, wonach Zerstörungen infolge dieses Kampfes als Sabotage angesehen werden, weil das Ergebnis des Krieges bereits feststehe.

Auf Texel ist die Lage noch nicht bereinigt; *Arnheim* ging verloren. Von hier aus weitere Stöße nach Norden und Nordosten. Im Brückenkopf bei Deventer gleiche Lage. Hier verstärkt sich der Feind; bei Zwolle stellt er sich bereit. Das Westufer der Insel wird noch gehalten. In Groningen drang der Feind ein; Terroristen beteiligten sich. 20 Panzer wurden abgeschossen. Teilkräfte des Feindes schwenkten nach Osten zur Ems ein. Friesoythe wird umkämpft. Weitere Kämpfe bei Kloppenburg; gleiche Lage bei *Bremen*. Über die

Aller bildete der Feind einen neuen Brückenkopf. Außerdem vergrößerte er den weiteren bei Schwarmstedt. Bei Ülzen wurden 20 Panzer abgewiesen. Beginn des eigenen Angriffs heute früh um 5 Uhr, der auf Widerstand bei Nettelkamp stieß. Zur Zeit Umgruppierung. Salzwedel und Arendsee gingen verloren.

Bei der *Heeresgr. B* erhebliche Verschärfung der Lage. Der Munitionsverbrauch ist höher als veranschlagt. Den Trossen fehlen die Waffen. Weiteres Gelände ging verloren. Ebenso verschärfte sich die Lage bei der 11. Armee im *Harz*, der von Westen und Süden angegriffen wurde. Bei Stolberg Kämpfe. Angriff bei Blankenburg nach Süden. Jedoch festigte sich dort die Lage. Es besteht keine Verbindung mehr nach dem Osten. Bei der 12. Armee an der Elbe hat sich die Lage gefestigt. Der feindl. Brückenkopf südlich Magdeburg wurde eingeengt und die Brücke zerstört. Jedoch konnte der Feind seinen Kopf bei Barby erweitern. Doch besteht hier noch keine Brücke, und daher sind auch noch keine Panzer eingesetzt. Bei Bernburg keine besonderen Kampfhandlungen. Über Bitterfeld stieß der Gegner gegen Dessau vor. 4 Btl.e „Scharnhorst" werden hier eingesetzt. Die Div. „Hutten" folgt zum Einsatz an der Mulde. Zwischen Halle und Leipzig gleiche Lage. Westlich der Saale gingen die eigenen Kräfte zurück, nachdem die Brücke zerstört war. Teile von Merseburg noch in eigener Hand. Lützen ging verloren. Es besteht noch eine Verbindung mit Leipzig.

*Heeresgr. G:* Südlich von Leipzig hat sich die Lage verschärft, da der Gegner von Chemnitz aus nach Nordosten auf Kolditz zustieß. Im Westteil von Chemnitz Panzer. Glauchau wird umkämpft. An der nördlichen Saale gleiche Lage. Von Hof aus Vorstöße nach Hirschberg. Bayreuth ging verloren. Südlich Bamberg drang der Feind weiter vor bis Heilbronn. Dann gleiche Lage. In der Rhein=Ebene gelangte der Gegner 15—20 km weiter nach Süden.

**Lagebuch 16. 4. 45**

*Osten*

*Heeresgr. Süd:* Im wesentlichen gleiche Lage. Der Einbruchsraum bei der 6. Armee wurde weiter verengert; dazu eigene Stöße von Süden nach Norden. *St. Pölten* ging verloren. Entlang der 8. Armee weiter zahlreiche Angriffe.

*Heeresgr. Mitte:* Starke Angriffe des Feindes südwestlich Ratibor und südwestlich Loslau; dabei 1 000 Flugzeuge. Die 97. Inf.=Div. wurde 6 km zurückgedrängt; jedoch konnte der Feind aufgefangen werden. Eingesetzt wurden die 19. und 17. Pz.=Div. Bei der 4. Pz.=Armee begann heute um 5.00 Uhr starkes Artl.=Feuer und um 7.30 Uhr der erwartete Großangriff im Raum von Muskau — Forst. Bisher einzelne Einbrüche. Herangeführt wird die 600. (russ.) Div. Eine weitere Div. von Guben aus und vom Süden die 21. Pz.=Div.

*Heeresgr. Weichsel:* Ferner trat der *Feind zum Großangriff an der Oder an.* 3.50 — 6.30 Uhr Artl.=Feuer und Bomben, dann Antreten des Gegners, und zwar südlich und nördlich *Frankfurt*, wo er mehrere Kilometer vorankam; zweitens an der Straße Küstrin — Berlin, wo er bis zur Höhenstufe gelangte (dagegen die Div. „Kurmark"), drittens nördlich davon mit Stoßrichtung nach Südwesten.

*AOK Ostpreußen:* Im Samland wurden die eigenen Kräfte zurückgedrängt. Die 7. Pz.=Div. (4 Dampfer) ist nunmehr aus dem Danziger Raum nach Swinemünde abgefahren.

Etwa 2000 feindl. Einsätze. 4 eigene Treffer auf der Brücke bei Kietz.

*Westen — Reich*

Von Süden Einbrüche in den Raum Udine — Brescia. Von Westen Angriffe gegen die Festungen an der Gironde (s. unten). Nachts dreimaliger Angriff von je 30 Moskitos gegen Berlin, dazu lebhafte Jäger=Tätigkeit.

*Südosten*

Die Nachhuten des XXI. Geb.=AK. stehen jetzt nördlich Maglaj. Die Bewegung wird innerhalb der bis Brod vorgesehenen Zwischenstellung durchgeführt. Bei Potsega wurde eine neue Front nach Osten eingerichtet.

Im Syrmien=Raum Einbrüche im Raum der 11. Lw.=Feld.=Div.; dadurch eine Lücke von 8 km. Im rückwärtigen Raum Banden.

Nördlich der Drau feindl. Vorbereitungen.

Die 104. Jäg.=Div. in Verteidigung, jedoch weiter mit der Absicht, nach Westen anzugreifen.

*Westen*

Zum zweiten Mal 1200 Amerikaner gegen *Gironde=Nord und =Süd*, dabei Einbrüche in die HKL. Gleichzeitig Feuer von See aus. Um 23.30 Uhr setzte der Kommandant, Konteradmiral Michahelles, einen Funkspruch ab, wonach feindl. Panzer bereits vor seinem Gefechtsstand kämpften. Der Endkampf hat begonnen. An Truppen sind Franzosen eingesetzt.

Fortgang der Kämpfe um die *„Festung Holland"* und in *Nordwestdeutschland*. Bei Seehausen wurde die Bereitstellung stärkerer Kräfte erkannt. Südlich Magdeburg wurde der feindl. Brückenkopf bereinigt. Südostwärts Barby ist der Gegner bis hart westlich *Zerbst* herangekommen. Gegen den eigenen, noch großen Brückenkopf zwischen Bernburg-Dessau-Bitterfeld starker feindl. Druck. Gegenangriffe brachten örtlichen Gewinn. Der Feind stieß gegen *Halle* vor, wo er bis zum Dom gelangte. Südlich Halle hat er seinen Kopf erweitert. In Merseburg ist noch der Nordteil in eigener Hand. Im Raum von *Leipzig* Ruhe. Jedoch stieß der Gegner über Grimma bis Mutzschen vor.

Der *Harz* wurde weiter von Westen und Süden angegriffen.

Bei der *Heeresgr. B* verschärft sich die Lage schnell weiter. Der Gegner hat nunmehr die *Kräfte aufgespalten.* Ostwärts ein kleinerer Kessel mit dem AOK 15, der von Süden und Osten angegriffen wurde, und ein größerer, westlicher Kessel mit dem Pz.=AOK 5, der gleichfalls von Süden und Osten angegriffen wurde. An der Rheinfront noch Ruhe.

*Heeresgr. G:* Feindl. Vorstöße auf *Nürnberg;* Formbach ging verloren. Bei Heilbronn konnte der Gegner seinen eigenen Brückenkopf erweitern. Am Oberrhein drangen die feindl. Panzer weiter stark nach Süden. Im Raum von Lahr wurde die Schwarzwald=Randstellung bezogen. Der Feind meldet, daß ihm der Feldmarschall von Mackensen und der Prinz August Wilhelm in die Hände gefallen seien. Am Vortage hatte er bereits dasselbe vom Botschafter von Papen gemeldet.

**Lagebuch 17. 4. 45**

*Osten*

*Heeresgr. Süd:* Bei der 2. Pz.=Armee stabile Lage. Im Bereich der 6. Armee wurde bei Fürstenfeld der Feind abgewiesen. Im Einbruchsraum, in dem der Feind sich verstärkte, wurde etwas Gelände zurückgewonnen. Bei der 6. SS=Pz.=Armee hat sich die Lage südlich St. Pölten verschärft. Wilhelmsburg ging verloren. Westlich St. Pölten Fortgang der Angriffe. Ein Versuch, über die Donau zu setzen, wurde abgewiesen. Nordwestlich Wien gleichfalls lebhafte Kämpfe, dabei Einbrüche von 3—4 km Tiefe. Zistersdorf ging verloren. Bei Lundenburg weitere Angriffe.

*Heeresgr. Mitte:* Auf der Naht hat der Feind jetzt den halben Weg bis *Brünn* zurückgelegt. Bei Ratibor wurden die Angriffe im allgemeinen abgewiesen. Ebenso bei Loslau. Die 1. Ski=Jäg.=Div. schlug 6 feindl. Div.en zurück. Fortgang der Offensive in den alten Schwerpunkten. Im Raum von Forst 1 000 Luftwaffen=Einsätze und Angriffe auf 2 Brücken. Jedoch wurden die eigenen Linien im wesentlichen gehalten.

*Heeresgr. Weichsel:* Gleichfalls Fortgang der Angriffe südlich Frankfurt. Gleiche Lage auf der Höhenstufe. Die Div. „Kurmark" gewann etwas Gelände zurück. Jedoch kritische Lage bei der 9. Fallsch.=Jäg.=Div.; ostwärts Wriezen noch Lücken. Im allgemeinen wird die Lage als befriedigend angesehen; jedoch erscheint im Augenblick der Abschnitt südlich Frankfurt als der gefährdetste. Am 15. 4. wurden 108, am 16. 4. 211 Panzer abgeschossen.

*AOK Ostpreußen:* Die eigenen Kräfte im Samland sind fast ganz auf Pillau zurückgedrängt. Die feindl. Luftwaffe macht alle Bewegungen unmöglich. 2 Offiziere, die durch das Haff schwammen, haben mitgeteilt, daß entgegen den vorliegenden Nachrichten der Kommandant von Königsberg, General Lasch, noch gekämpft habe, als feindl. Panzer bereits vor seinem Gefechtsstand erschienen waren (aber wohl falsch).

Insgesamt rund 2 000 feindl. und 891 eigene Einsätze; 125 Abschüsse, 34 eigene Verluste.

Durch den Totaleinsatz von 60 Flugzeugen wurden 2 Oderbrücken vernichtet. In der Zeit vom 1. — 15. 4. wurden von der Halbinsel Hela 245 000 Menschen abtransportiert, nämlich 96 000 Verwundete, 81 000 Flüchtlinge und 66 000 Mann.

*Westen — Reich*

Eine Div. von Westen gegen Verkehrsziele im Raum von Nürnberg — Ingolstadt; dabei nach feindl. Meldung 8 Bomber und 32 Jäger abgeschossen. Ferner 20 4=mot. Bomber gegen Swinemünde, wo der Kreuzer „Lützow" 3 Treffer erhielt und (mit Schlagseite) mit dem Heck auf Grund geriet. Das Schulschiff „Schlesien" erlitt keine Beschädigungen.

Gegen die *Festung Gironde* zum 3. Mal Großangriff, jedoch nur von einer Div. Eigene Einsätze in 3 Gruppen gegen die Bereitstellungen von Seehausen und Ülzen. Die Brücke bei Barby soll bekämpft werden. Der OB der feindl. Luftstreitkräfte, General Spaatz, meldet, daß seine Verbände jetzt mit dem Heer taktisch zusammenarbeiten würden, da die operativen Ziele erreicht seien.

*Südosten*

Nach Durchführung der Absetzbewegung wurde nunmehr das Gen.=Kdo. XXI. Geb.=Korps nach Agram zur besonderen Verfügung des OB Südost verlegt. In Syrmien sind jetzt 12 Tito=Div.en eingesetzt, nachdem von Belgrad das XV. Korps herangeführt wurde und über die Drau die 21. Div. vorstieß. Es wurden wieder 4 Panzer abgeschossen. Die 11. Lw.=Feld.=Div. und die 1. Kosaken=Div. setzten die Abwehr fort. Jedoch konnte der Feind in die eigenen Bereitstellungen hineinstoßen. Die 369. Inf.=Div. ist jetzt nördlich Brod eingetroffen. Es besteht die Absicht, das Absetzen fortzusetzen und dabei die 22. Inf.=Div. herauszulösen.

Auch in Nordwest=Dalmatien hat sich die feindl. Lage jetzt geklärt. Der Feind zog seine Kräfte aus Bihać weiter nach Westen und stößt dafür nach Norden. Ein zweiter Schwerpunkt ostwärts Istrien. Die eigenen Kräfte setzten sich von Novi ab.

*Westen*

Fortgang der Kämpfe in *Gironde=Nord,* wo eine zweite Linie aufgerichtet wird. Ferner gegen *Gironde=Süd,* gegen das der Kampf jetzt auch begonnen hat. Durch Kampf von See aus verstärkt der Gegner die Angriffe von Land und aus der Luft.

*Feindlage:* In Holland sind zum Angriff für die Ems Kräfte freigeworden. Südlich Bremen verhält der Gegner weiter. Schwerpunkt bei Ülzen durch das VIII. brit. Korps. Bei Barby handelt es sich um die 83. Inf.=Div., vielleicht auch um die . . .[1] Pz.=Div. Unklar ist, welche Kräfte der Gegner am Nordharz einsetzt und ob er freigewordene Kräfte nachzieht. Im Raum Halle und Leipzig 2 Pz.=Div.en. Ein amerik. Verband forderte Karten vom Raum Eger=Karlsbad an. Die 7. Armee weiter im Stoß nach Süden und Südosten. Nach Pressenachrichten stellte ein amerik. Verband mit der Roten Armee Funkverbindung her.

1 Lücke im Ms.

*Nordwesten:* Bei Arnheim erweiterte der Gegner seinen Brückenkopf und gelangte über die Straße nach Appeldoorn. Ostwärts der Zuidersee wird ein Stoß gegen den Feind nach Süden geführt, um dann die Grebbe=Linie zu halten. Am Ostrand des großen Staudammes wird noch ein eigener Brückenkopf ge= halten; in Groningen noch Kämpfe. An der Ems schob sich der Gegner weiter nach Norden. Bei Friesoythe wurde er erneut abgewiesen. Südlich Bremen kam er nur wenig vor. Der Gegner stieß an Soltau vorbei bis Schneverdingen. Druck westlich *Ülzen.* Unklar ist, wie weit der Gegner bereits in den Raum südlich Lüneburg gelangt ist. Die Div. „Clausewitz" kam weiter voran. Über Salzwedel und den Raum südlich liegen keine neuen Ergebnisse vor. Die Ansammlungen bei Seehausen scheinen sich nicht zu bestätigen.

*Heeresgr. B:* Der *Endkampf hat begonnen.* Von der 15. Armee liegen keine Meldungen mehr vor. Der OB der Heeresgruppe meldet 2 tiefe Einbrüche. Einzelne Teile sind bereits überrollt. Waffen und Munition fehlen. Gehalten wird noch die Ecke um Düsseldorf. Der Stab des OB dient als Eingreifreserve. Die Aufforderung zur Übergabe wurde abgelehnt. Die Funkverbindung funk= tioniert noch.

Im *Harz* hat sich die Lage gleichfalls verschärft. Südlich des Brocken Ein= brüche. Kämpfe bei Braunlage sowie bei Wernigerode. Nach Osten Aufklärung.

12. *Armee:* Die Aufforderung zur Übergabe von *Magdeburg,* das von Artl. und Bomben angegriffen wurde, wurde abgelehnt. Bei Barby beiderseitig Ver= luste. Der Feind schiebt nach. Die Div. „Scharnhorst" soll ihn einengen. Bei Bernburg zur Zeit Ruhe. Bei Dessau soll eine geschlossene HKL aufgebaut werden. Die Div. „Hutten" kämpft nördlich von Bitterfeld. In *Halle* hält sich noch eine kleine Gruppe tapfer weiter, ebenso in Merseburg. Nach *Leipzig* besteht noch Verbindung von Norden und Nordosten aus; der Feind schob sich an den Osten heran.

*Heeresgr. G:* An der Mulde im Raum von Chemnitz schließt der Feind auf. Die Bevölkerung macht Schwierigkeiten. Südlich Plauen feindl. Spitzen. *Hof* ging verloren. Gegen Nürnberg stieß der Feind weiter nach Norden heran. Um 3.00 Uhr begann ein eigener Stoß nach Westen, geführt durch die Kampfgruppe „Grafenwöhr". Auch bei Altdorf kamen eigene Kräfte voran; jedoch schob sich der Gegner westlich Nürnberg vor. Bei der 1. Armee Einbrüche, die nach 5—10 km Tiefe aufgehalten wurden. Im Schwarzwald und bei Offenburg wei= tere Kämpfe. Bei Kehl wird noch ein Brückenkopf gehalten.

**Lagebuch 18. 4. 45**

*Osten*

*Heeresgr. Süd:* Beim Pz.=AOK 2 und bei der 6. Armee gleiche Lage. Im Mürzer Einbruchsraum weiterer Geländegewinn. Bei der 6. SS=Pz.=Armee Gegen= angriffe, so daß sich die Lage im Raum von St. Pölten festigt. Die 8. Armee wurde wieder angegriffen. Bei Mistelbach Zurücknahme der Linie. Bei Lundenburg weitere Kämpfe.

*Heeresgr. Mitte:* Südlich Brünn kam der Gegner bis über die Höhe vor, so daß er den linken Flügel der 8. Armee bedroht; zur Verteidigung der *„Festung Brünn"* stehen 6 000 Mann bereit. Bei Rybnik und Ratibor weitere Angriffe ohne wesentliche Erfolge des Feindes. Auf dem linken Flügel der 3. Tag des Großangriffs, dabei einzelne Einbrüche. Weißwasser ging verloren. Bei Forst kam der Gegner vor. Um Forst selbst wird gekämpft. Insgesamt wurden 140 Panzer abgeschossen.

*Heeresgr. Weichsel:* Gleichfalls Fortgang des Großangriffs, dabei auch eigene Gegenstöße. Hauptdruck bei Seelow, wo der Gegner 6 km vorkam. Bei Wriezen gelangte er bis zur Höhenstufe. Abgeschossen wurden 106 Panzer. Bei Seelow ist die 1. Garde=Pz.=, bei Brietzen die 3. Garde=Pz.=Armee eingesetzt.

*Nachtrag:* Am 1. Tag waren gegen die 9. Armee eingesetzt 2 500 Rohre, die 450 000 Schuß abgaben, dazu 450 Panzer. Angestrebt wird Tiefenbildung. Wieder 5 Totaleinsätze gegen die Brücken.

*AOK Ostpreußen:* Die Kräfte im Samland sind jetzt auf Riegel westlich Fischhausen zusammengedrückt. Artl.=Feuer und Luftangriffe gegen den Raum von Pillau.

*Kurland:* Keine besonderen Ereignisse.

In der Ostsee 5 feindl. U=Boote; ein Dampfer mit 5(?) 000 BRT[1] ging verloren. Wegen des Wetters geringer Einsatz eigener Schiffe. Bei Forst und Küstrin 22 Abschüsse. Die Luftflotte 1 ist zum „Luftwaffen=Kdo. Kurland", die Luftflotte 4 zum „Luftwaffen=Kdo. 4" umgebildet worden, diese in Personalunion mit der Luftflotte 6 (Generaloberst Deßloch).

*Westen — Reich*

Die 3 amerik. Div.en gegen Dresden, Pilsen und Nürnberg. Nachtrag: Am Vortage wurden durch Bombenabwurf am Boden 260 Flugzeuge zerstört; dadurch erklärt sich der Abschuß von 32 Flugzeugen. Ferner 1 400 feindl. Jäger.

Gegen die Ansammlung bei Seehausen 69 eigene Einsätze. 50 Moskitos gegen Berlin. 2 weitere Gruppen machten wegen des Gewitters kehrt. *Von Osten die Russen bis in das Vorfeld von Berlin.*

*Südosten*

Bis 20. 4. soll die Nachhut Brod erreicht haben. Im Syrmien=Raum weitere Zurücknahme. Im Raum von Brod stieß eine Banden=Div. durch eine Frontlücke vor. In der letzten Nacht sollte der Nordflügel gleichfalls zurückgenommen werden. In Dalmatien werden die Stützpunkte eng zusammengefaßt. Auf der Insel Krk eine feindl. Landung.

1 Ms.: 53 000 BRT

*Feindlage:* Die 5. amerik. Pz.=Div. bei Arnheim; die 9. amerik. Armee schließt auf. Bei Seehausen ist jetzt die bisher bei Hannover angenommene 84. Inf.=Div. nachgewiesen. Von der Ruhr wurde über Hannover nach Köthen die 35. Inf.=Div. vorgezogen. Schwerpunkt des Gegners zwischen Schönebeck und Bitterfeld, offensichtlich zum Hauptstoß gegen Berlin. Südlich Leipzig gegen die Mulde die 9. Pz.=Div.; weitere Kräfte zum konzentrischen Angriff gegen Leipzig, dagegen Verhalten bei Chemnitz, um die eigenen Inf.=Div.en nachzuziehen. Bei Plauen die 87. Inf.=Div. Nördlich Nürnberg schließt die 14. amerik. Div. auf, bei Freudenstadt die 2. marokkan. Div., bei Pforzheim die 3. algerische Div.

In der Festung *Gironde=Nord* sind die eigenen Rohre zum guten Teil ausgefallen. Gegen Gironde=Süd 650 Flugzeuge sowie Feuer von See und Land. Beide Festungen halten noch.

*Holland:* Nachdem ein weiterer Stützpunkt auf Texel genommen wurde, handelt es sich noch um fünf. Überflutungen zum Schutz der Festung sind möglich. Die Groningen=Ecke hält sich noch unter dem Befehl des Fallsch.=AOK. An der unteren Ems nur geringe Tätigkeit. Über den Hunte=Kanal bildete der Gegner einen Brückenkopf.

Südwestlich Lüneburg kam der Gegner bis an die Straße nach Soltau heran. Ülzen ist noch von Nordosten zugänglich. Unter dem Befehl des XXXIX. Pz.=Korps griff die Div. „Clausewitz" an, wurde dabei jedoch durch 50 Panzer aufgehalten. Ihre Absicht zum neuen Angriff in Richtung Fallersleben ist anscheinend noch nicht durchgeführt worden. Es wird geprüft, ob die Ausladung der 160. und 194. Inf.=Div. bis Lüneburg vorverlegt werden kann.

Im Raum von Seehausen hat sich der Gegner doch verstärkt. Artl.=Feuer auf Wittenberg und auf die südlich anschließenden Brückenköpfe. Die Luftversorgung der 11. Armee, von der im Augenblick Meldungen fehlen, ist angelaufen.

*Der geschlossene Widerstand der Heeresgr. B ist am 17. 4. zu Ende gegangen*[1]. Kleinere Gruppen kämpfen noch weiter.

Gegen *Magdeburg* kam der Feind weiter vor. Mit der Einnahme des westelbischen Teils ist zu rechnen. Ebenso mit Beginn des Angriffs von Barby aus. Da das Zerschlagen dieses Kopfes nicht möglich war, soll er nach Möglichkeit in kleineren Schlägen eingeengt werden.

Westlich Dessau weiter Druck, dabei schlechte Haltung der Bevölkerung. Südlich Dessau muß die Verbindung mit der Div. „Hutten" wiederhergestellt werden. Diese hat einen Kopf gegen Bitterfeld gebildet. Im Südosten von Halle noch eigene Kräfte. Der Feind griff *Leipzig* wider Erwarten von Westen an, dagegen noch nicht von Osten. Druck auf Eilenburg und die Mulde. Bei Chemnitz Ruhe. Plauen und Zwickau gingen verloren. Bei *Nürnberg* erzielte der Gegner einen tiefen Einbruch und stieß bei Altdorf nach Osten vor. Weitere

1 Der OB, Gen.=Feldm. *Walter Model*, machte am 21. 4. bei Duisburg seinem Leben ein Ende.

Kämpfe um Weichbild der Stadt. Die Kongreßhalle geriet in Brand; die Verbindung nach Ansbach ist unterbrochen. Bei Ansbach selbst Kämpfe. Andererseits kam die Kampfgruppe „Grafenwöhr" weiter nach Südwesten voran, da nordostwärts von Nürnberg nur die 14. amerik. Pz.-Div. abschirmt. Von Süden stoßen ihr die 17. SS-Pz.-Gren.-Div. und die Div. „Nibelungen" entgegen. Die Besatzung von Nürnberg soll dies noch durch Ausfälle unterstützen. Weitere Kämpfe an den Ostausgängen des Schwarzwaldes bei Horb usw.

**Lagebuch 19. 4. 45**

*Osten*

*Heeresgr. Süd:* Bei der 2. Pz.- und der 6. Armee im wesentlichen gleiche Lage; der Feind scheint vor der 6. Armee Kräfte herauszuziehen. Bei St. Pölten mußten die eigenen Kräfte wiederum etwas zurückgehen. Bei der 8. Armee eine Reihe von Einbrüchen, besonders bei Mistelbach; auch bei Lundenburg kam der Gegner weiter vor.

*Heeresgr. Mitte:* Der Gegner kam jetzt bis an den Südwesten von Brünn und steht damit tief in der Flanke der 8. Armee. Bei Loslau und Ratibor Fortgang der Kämpfe, jedoch nur geringe Geländeverluste, unter anderem bei Troppau. Bei *Breslau* weiter schwere Kämpfe. Die Munition ist knapp geworden; dadurch ist eine ernste Lage entstanden. Im Großkampfraum erreichten Pz.-Spitzen heute früh 6.20 Uhr Bautzen. Stützpunkte in der Tiefe werden noch gehalten, so daß die Hoffnung besteht, die bisher durchgebrochenen, noch nicht starken Pz.-Kräfte abzuriegeln. (Es handelt sich um das VII. Garde-(mech.) Korps). Bei Spremberg überschritt der Gegner die Spree. Die eigenen Panzer in diesem Raum (180) kamen nicht weit voran. Forst ging ganz verloren.

*Heeresgr. Weichsel:* Durch Überraschung konnte der Gegner 5 km zwischen Fürstenberg und Forst vorankommen; dann wurde er abgewiesen. Südlich Forst Fortgang der Angriffe; jedoch wird der Zusammenhang der eigenen Front bewahrt. Ein noch bestehender eigener Brückenkopf wurde geräumt. Zwischen Frankfurt und Wriezen wurden die eigenen Kräfte etwas zurückgedrängt. An der Straße Küstrin – Berlin kam der Gegner bis Jahnsfelde. An Müncheberg kam er bis auf 3 km voran. Nördlich Buckow brachen 150 Panzer durch. Dagegen wurde die Div. „Nordland" angesetzt. Wriezen ist verlorengegangen. Am 17. 4. wurden 256, am 18. 4. 211 Panzer abgeschossen. Vor dem Pz.-AOK 3 Vorbereitungen zum Angriff.

*AOK Ostpreußen:* Die Halbinsel Hela wurde wieder stark aus der Luft angegriffen, wodurch ein Schiff versenkt, drei weitere beschädigt wurden. Im Samland Einbruch in den Riegel. Starkes Feuer auf den Raum von Pillau, dadurch starke Verluste (4 Div.-Kommandeure fielen aus). Ein Landungsversuch auf der Nehrung wurde abgewiesen. Auf einer Halbinsel vor Pillau fuhren die Kriegsmarine . . . . .[1]

1 Der Schluß und die Notizen über die übrigen Kriegsschauplätze sind nicht erhalten. Am 20. 4. trat die Aufspaltung des Wehrmachtführungsstabes in die Führungsgruppen Nord (A) und Süd (B) in Kraft (s. unten den II. Teil der „Erläuterungen").

# V. Anhang

## Die letzten Wehrmachtberichte (18. April – 9. Mai 1945, d. h. bis zum Ende)

*Als Ersatz für das von mir geführte, am 20. April 1945 abreißende „Lagebuch" folgen hier die letzten Wehrmachtberichte. Für Photokopien habe ich dem Bundesarchiv in Koblenz zu danken, das die Texte aus Zeitungen zusammensuchen mußte (zum Teil aus deutschsprachigen des Auslandes), da keine amtlichen Unterlagen zur Verfügung standen. Da jedoch im Zuge der Besetzung viele Zeitungen schon vor der Katastrophe den Druck einstellten, hat das Bundesarchiv deshalb auf eine Reihe verschiedener Zeitungen zurückgreifen müssen, aber es ist gelungen, die vollständige Reihe wiederherzustellen.*

*Das „Institut für Zeitgeschichte" in München (Dr. H. Heiber) verglich die Fahnen mit dem Abdruck des Wehrmachtberichts in der Münchener Ausgabe des „Völkischen Beobachters", die im Besitz des Instituts ist. Leider reicht sie nur bis zum 30. April. Außerdem konnte ich mit Gewinn (bes. betr. 25., 29. und 30. 4.) die Sammlung von Dr. Wolfgang Herda, die bis zum Schluß vollständig ist, zur Kontrolle heranziehen (Leiter der „Brücke der Nationen" in Oldenburg, Gartenstraße 5).*

*Vermerkt sei hier, daß die Wehrmachtberichte bis Ende 1942 bereits im Kriege gedruckt wurden: Die Berichte des Oberkommandos der Wehrmacht. Nur für den Dienstgebrauch. Wiking-Verlag, Berlin, W 35. I: 1. 9. 1939 bis 31. Dez. 1940 (1940, 516 S.); II: 1. 1. 1941 bis 31. Dez. 1941 (1942; 497 S.); III: 1. Jan. 1942 bis 31. Dez. 1942 (1943; 503 S.). Die nicht mehr gesammelt abgedruckten Berichte wird Oberarchivrat a. D. Erich Murawski (bisher im Bundesarchiv) publizieren in seinem Buch „Der Deutsche Wehrmachtbericht" (Verlag Harald Boldt, Boppard; für 1961 angekündigt).*

*Verfaßt wurde der Wehrmachtbericht in den letzten Jahren des Krieges unter Verantwortung des Generalobersten Jodl von dem Major Dr. Wilhelm Ritter v. Schramm.*

*Die Wehrmachtberichte erschienen vom Beginn des Krieges bis zum 5. 5. 1945 unter der Überschrift: „Aus dem Führerhauptquartier (Datum). Das Oberkommando der Wehrmacht gibt bekannt: . . ." In den Berichten vom 6.–9. 5. 1945 ist die Überschrift abgeändert in: „Aus dem Hauptquartier des Großadmirals" (d. h. Mürwik bei Flensburg). Mit dem Bericht vom 9. 5. 1945, der noch durch den Rundfunk verbreitet werden konnte, wurden die Verlautbarungen der Wehrmacht eingestellt.*[1]

1 Zu beachten ist, daß bis zum Schluß noch ergänzende Verlautbarungen herausgingen unter der Überschrift: „Amtlich wird bekanntgegeben" (und ähnlich) sowie: „Zur militärischen Lage wird ergänzend gemeldet" (und ähnlich).

Im ostmärkischen Grenzgebiet wurden beiderseits Fürstenfeld, südöstlich Mürzzuschlag und bei St. Pölten wiederholte Angriffe der Bolschewisten abgewiesen, verlorengegangene Abschnitte zum Teil durch Gegenangriffe wieder zurückgewonnen. Westlich der March vereitelten unsere Truppen nächtliche Durchbruchsversuche des Gegners bei Mistelbach und Zistersdorf. Die beiderseits der Straße *Lundenburg–Brünn* vordringenden feindlichen Kräfte wurden im Raum Seelowitz zum Stehen gebracht. Im Kampfraum *Ratibor* wurden starke sowjetische Angriffe unter Abschuß von 22 Panzern im Hauptkampffeld aufgefangen. Die 1. Schi-Jäger-Division unter Führung von Generalleutnant Hundt hat sich in diesen Kämpfen durch vorbildliche Standhaftigkeit hervorragend bewährt.

An der Westfront von *Breslau* dauern erbitterte Abwehrkämpfe an.

In der Schlacht *zwischen Görlitz* und *Cottbus* zerbrach der bolschewistische Ansturm nach geringfügigem Geländegewinn am zähen Widerstand unserer Infanterie. In dem dichten Waldgelände südöstlich von *Cottbus* sind unsere Reserven mit Panzern zum Gegenangriff angetreten und schwere Kämpfe im Gange. In den beiden letzten Tagen wurden allein in diesem Abschnitt 233 Panzer abgeschossen.

Auch an der *Oder* tobt die Abwehrschlacht mit großer Heftigkeit. Auf 100 Kilometer Breite schlugen unsere tapferen Divisionen, durch Artillerie und im Erdkampf eingesetzte Teile der Flak-Artillerie wirksam unterstützt, die an Menschen und Material weit überlegenen Bolschewisten ab. Feindliche Einbrüche südlich Frankfurt, beiderseits Seelow und südlich Wriezen wurden in Gegenangriffen abgeriegelt. Nach bisherigen Meldungen wurden gestern erneut 257 Panzer vernichtet.

Am *Frischen Haff* drangen die Sowjets unter starker Artillerie- und Schlachtflieger-Unterstützung in schweren Kämpfen bis in den Raum nordöstlich Pillau vor. Jagd- und Schlachtflugzeuge unterstützten auch gestern die schwer ringenden Erdtruppen. Sie vernichteten weitere 23 Kampfwagen und schossen in Luftkämpfen 43 Flugzeuge ab.

Am *Atlantik* ist nach schwersten Luftangriffen und gleichzeitigem Beschuß von See her der *Kampf um unsere Festungen* an der Gironde-Mündung entbrannt. In den brennenden Hafenstädten sind erbitterte Nahkämpfe mit überlegenen Infanterie- und Panzerkräften im Gange.

Zwischen *Ems* und unterer *Weser* beschränkte sich der Gegner auf örtliche Angriffe. Ein britischer Brückenkopf über den Küstenkanal nördlich Friesoythe wurde im Gegenangriff zerschlagen.

An der unteren *Aller* und im Raum von Uelzen setzte der Feind seine Angriffe mit überlegenen Kräften fort. Verden ging nach mehrstündigem, hartem Kampf verloren. Nordwestlich Uelzen stießen starke Angriffsgruppen des Gegners nach Norden in die Lüneburger Heide vor.

In den Mittagstunden des gestrigen Tages traten die Amerikaner zum Angriff auf *Magdeburg* an. Die Kämpfe sind in vollem Gange.

Von der Saale=Mündung bis in den Raum beiderseits Bitterfeld hielt der starke Druck des Gegners an. In schweren Kämpfen konnte der Feind in Richtung auf die Elbe und auf Dessau Raum gewinnen. Gegen die Mulde südlich Dessau wurde er jedoch in schwungvollen Gegenangriffen zurückgeworfen.

Tapferer Widerstand der Besatzung von *Halle* und entschlossene Abwehr unserer Truppen im Raum von *Leipzig* verhinderten den Gegner am weiteren Vorstoß nach Osten. Im Vorfeld von Leipzig kam es zu heftigen Kämpfen mit dem von Westen, Süden und Osten angreifenden Feind, der nur wenig vorwärts kommen konnte.

Auf der Linie *Zwickau—Hof* ging der Feind auf breiter Front gegen das Gebirge nach Südosten vor. Südwestlich *Bayreuth* warfen unsere Truppen den vorgedrungenen Gegner zurück, konnten jedoch den Vorstoß amerikanischer Panzer in den Raum *Nürnberg* nicht verhindern. In der Stadt wird gekämpft.

Im *Schwarzwald* greifen gaullistische Verbände aus dem Nagold=Tal nach Osten und Westen an. Nach Süden vorstoßend, drang der Feind in *Freudenstadt* ein, lief sich jedoch vor den Höhen nordwestlich davon sowie beiderseits Offenburg fest.

Die Abwehrschlacht an der *mittel=italienischen Front* stand gestern im Zeichen des bisher stärksten feindlichen Materialeinsatzes. Durch langes Trommelfeuer und rollende Luftangriffe versuchten die Anglo=Amerikaner, unsere Stellungen zu zerschlagen. An der Standhaftigkeit und dem unbeugsamen Kampfeswillen unserer bewährten Italienkämpfer brach der Ansturm abermals verlustreich zusammen. Nur in einzelnen Abschnitten konnte der Gegner örtlich Boden gewinnen. Im Golf von Genua torpedierten italienische Sturmboote einen britischen Zerstörer.

Amerikanische Kampfverbände flogen am Tage nach Mittel= und Süddeutschland ein und griffen besonders das Stadtgebiet von *Dresden* an. In der Nacht wurden Bomben auf Groß=Berlin und die weitere Umgebung geworfen. Nachtjäger schossen sieben sowjetische Flugzeuge ab. Kampfmittel der Kriegsmarine versenkten im Kanal zwei feindliche Dampfer mit 4200 BRT, darunter ein Spezialschiff.

**19. April**

Am dritten Tag der großen Abwehrschlacht von Berlin warfen die Bolschewisten Menschen und Material in bisher nicht gekanntem Ausmaß in den Kampf. Unsere tapferen Truppen hielten, durch das Beispiel ihrer Offiziere mitgerissen, dem feindlichen Massenansturm stand und vereitelten alle Durchbruchsversuche.

*Südlich Frankfurt=Oder* behaupteten unsere Verbände ihre Stellungen gegen weit überlegene sowjetische Kräfte. Die beiderseits Seelow bis östlich

Müncheberg vorgedrungenen Bolschewisten wurden durch sofortige Gegen=stöße abgeriegelt. Südlich Wriezen brachten unsere Panzer den angreifenden Gegner nach hartem Kampf zum Stehen. Nach unvollständigen Meldungen wurden gestern erneut *218 Panzer vernichtet.*

Auch westlich der *Lausitzer Neiße* griffen die Bolschewisten mit allen ver=fügbaren Kräften an. Trotz des erbitterten Widerstandes unserer Divisionen konnte der Gegner nach schweren Kämpfen und Verlust zahlreicher Panzer nördlich Görlitz und Weißwasser schmale Angriffskeile zwischen den Raum östlich Bautzen und an die Spree beiderseits Spremberg vortreiben. Gegen=angriffe sind im Gange.

Starke *Jagd= und Schlachtfliegerkräfte* griffen auch gestern in die Abwehr=schlacht ein und brachten der schwer ringenden Erdtruppe fühlbare Entlastung. Sie vernichteten trotz starker Abwehr 95 *weitere Panzer* und Sturmgeschütze, schossen außerdem 20 bewegungsunfähig und brachten *169 Flugzeuge zum Absturz.*

Im *Süden der Ostfront* lag das Schwergewicht der Kämpfe beiderseits Mistel=bach, südlich Brünn und nördlich Mährisch=Ostrau. Die mit starken Kräften bei Mistelbach angreifenden Sowjets wurden nach geringem Geländegewinn aufgefangen. Im Raum südlich Brünn stehen unsere Verbände in schwerem Abwehrkampf, in dessen Verlauf der Feind bisher über 30 Panzer verlor.

Im Kampfabschnitt nördlich *Mährisch=Ostrau* scheiterten erneute Durch=bruchsversuche des Gegners an dem entschlossenen Widerstand unserer Trup=pen. Östlich *Troppau* eingebrochene Kräfte wurden im Gegenangriff nach Norden zurückgeworfen.

Die tapfere Besatzung von *Breslau* schlug an der Süd= und Westfront er=neute starke Angriffe der Bolschewisten ab.

Bei *Pillau* setzte der Feind seine Angriffe fort. Sie wurden größtenteils schon in den Bereitstellungen, durch schwere Artillerieträger der Kriegsmarine wirk=sam unterstützt, zerschlagen oder abgewiesen.

An der Ostküste des *Stettiner Haffs* vernichteten Kampffähren der Kriegs=marine ein großes sowjetisches Munitionslager.

Im inneren Verteidigungsring der *Gironde=Festung* brachen starke An=griffe des Gegners in erbittertem Kampf erneut zusammen. Auch die Be=satzung von *Dünkirchen* behauptete sich gegen den mit Panzern und Schlacht=fliegern angreifenden Feind und fügte ihm hohe blutige Verluste zu.

In den letzten Tagen nahmen schwere Küstenbatterien der Kriegsmarine von der Kanalinsel *Alderney* aus die von Kommandotruppen in kühnen nächtlichen Unternehmen ausgekundschafteten *Panzer= und Brennstofflager* im Nordwest=teil der Halbinsel *Cotentin unter vernichtendes Feuer.* Umfangreiche Zer=störungen wurden beobachtet.

In *Holland* haben unsere Truppen nach schweren Kämpfen am Ijsselbogen, in deren Verlauf 38 Panzer und Panzerspähwagen vernichtet oder erbeutet wurden, weiter westlich neue Stellungen bezogen.

Während sich die Briten zwischen *Ems und Weser* im allgemeinen ruhig verhielten, griffen sie in der *Lüneburger Heide* weiter stark an. Soltau fiel nach hartem Kampf unter Abschuß von 19 Panzern in Feindeshand. Auf schmalem Raum stößt hier der Gegner nach Norden vor. Um Lüneburg und Uelzen sind heftige Kämpfe entbrannt.

*Der Kampf zwischen Ruhr und Rhein ist beendet.* In wochenlangem schwerstem Ringen haben Truppen aller Waffengattungen unter dem Oberbefehl des Generalfeldmarschalls Model überlegene Kräfte von zwei amerikanischen Armeen gebunden und ihnen in vorbildlicher Pflichterfüllung bis zum letzten Atemzug Widerstand geleistet. Der Gegner erlitt hierbei schwere Verluste an Menschen und Material.

Im mittleren und unteren *Harz* halten unsere Kampfgruppen dem starken Druck der Amerikaner stand. In einigen Abschnitten eingebrochener Feind wurde in Gegenangriffen aufgefangen oder geworfen.

Die Besatzung von *Magdeburg* leistet, in einzelne Kampfgruppen aufgespalten, im Westteil der Stadt noch tapferen Widerstand.

Im Kampfabschnitt *Dessau–Bitterfeld* blieb die Lage bei wechselvollen Kämpfen im wesentlichen unverändert. Der zähe Kampf um *Halle und Leipzig* hat den Gegner hohe Verluste gekostet und hat ihn zum Abziehen starker Kräfte von anderen Frontabschnitten gezwungen. Die im Südteil von Halle auf engem Raum zusammengedrängte Besatzung behauptet sich weiter gegen alle Angriffe überlegener Kräfte. Unsere im westlichen und östlichen Vorfeld von Leipzig stehenden Truppen wurden vom Feind auf die Elster und den südlichen Stadtrand zurückgedrängt. Von Norden erzwangen die Amerikaner einen tieferen Einbruch, der zu heftigen, noch andauernden Straßenkämpfen führte.

An der Front beiderseits *Chemnitz* und im Raum von *Hof* verlief der Tag bei vereinzelten feindlichen Aufklärungsvorstößen ohne besondere Ereignisse. Östlich *Plauen* vernichtete ein Stroßtrupp elf Panzer, mehrere motorisierte Fahrzeuge und fügte dem Gegner hohe blutige Verluste zu.

Um *Nürnberg* wurde den ganzen Tag über von der tapferen Besatzung am Burggraben, in der östlichen Vorstadt und an der Pegnitz gekämpft. Der nach Südosten vordringende *Feind wurde aufgefangen* und durch Gegenangriffe in der Flanke gefaßt. Westlich davon schob sich der Gegner von Norden und Westen an Ansbach heran.

Die aus dem *Nagold-Tal* nach Osten angreifenden feindlichen Bataillone wurden *von den Höhen östlich Bad Liebenzell im Gegenangriff geworfen,* beiderseits Calw bis zu achtmal wiederholte Angriffe verlustreich abgewiesen. Weiter südlich erzielte der Gegner dagegen mehrere Einbrüche.

Die Abwehrschlacht in *Mittelitalien* nahm unter gleichbleibendem starken Materialaufwand des Feindes und beiderseits hohen Verlusten ihren Fortgang. Hierbei gelangen den Amerikanern an der Ligurischen Küste und südwestlich Bologna wiederum nur örtliche Einbrüche. Im Abschnitt Medicina blieben die feindlichen Regimenter trotz stärkster Artillerie- und Fliegerunterstützung vor unseren Stellungen liegen. Südwestlich des Comacchio-Sees hat sich die Lage durch einen tiefen Einbruch nordwestlich Argenta verschärft. Gegenmaßnahmen sind im Gange.

Das Reichsgebiet wurde bei Tag von stärkeren Kampfverbänden angeflogen, die vor allem die Insel *Helgoland* und mehrere kleine Städte in *Süddeutschland* angriffen. In der Nacht warfen Kampfflugzeuge Bomben auf die Reichshauptstadt.

In norwegischen Gewässern versenkte ein Vorpostenboot ein britisches Unterseeboot.

**20. April**

Zwischen den *Sudeten* und dem *Oderbruch* tobt die Schlacht gegen den russischen Massenansturm mit äußerster Erbitterung. Westlich der Lausitzer Neiße griff der Feind mit zahlreichen Schützendivisionen und acht Panzerkorps an. Im Einbruchsraum Görlitz—Bautzen—Weißwasser warfen unsere Verbände nach Westen vorgedrungene Kräfte der Russen zurück. Während heftige Angriffe beiderseits *Spremberg* unter hohen Verlusten für den Gegner abgewehrt wurden, konnten die Sowjets durch eine Frontlücke südlich *Cottbus* weiter nach Norden vorstoßen und in *Calau* eindringen.

In der Schlacht *vor Berlin* errangen unsere tapferen Divisionen beiderseits Frankfurt einen vollen *Abwehrerfolg* und stellten im Gegenangriff die alte Hauptkampflinie wieder her. Bei *Müncheberg* und *Wriezen* hat sich die Lage verschärft. Trotz zäher Gegenwehr gelang es starken feindlichen Panzerkräften, aus dem Raum Müncheberg weiter nach Südwesten und Süden bis in den Raum von *Tempelberg* und *Buchholz vorzustoßen*. Gegenangriffe sind angesetzt. Bei Wriezen warfen die Sowjets neu herangeführte Verbände in den Kampf. Im Raum von *Sternebeck* und *Prötzel* wird erbittert gekämpft. Nach unvollständigen Meldungen wurden in der Schlacht vor Berlin gestern erneut 226 Panzer vernichtet.

Im Süden der Ostfront gewannen Gegenangriffe südlich des *Semmering* gegen zähen Widerstand weiteres Gelände zurück. Russische Angriffe südöstlich *St. Pölten* brachten dem Gegner nur geringen Geländegewinn.

Südlich *Brünn* brachen schwächere Angriffe des Feindes zusammen. Der verstärkte Druck gegen das Industriegebiet von *Mährisch-Ostrau* blieb dank der tapferen Haltung unserer Divisionen ohne nennenswerten Bodengewinn für den Gegner.

Infolge seiner hohen Verluste griff der Feind gegen die Süd- und Westfront von *Breslau* gestern nur mit schwächeren Kräften an.

Bei *Pillau* hielten unsere Truppen auch gestern den Angriffen der Russen stand, nahmen eine Höhe wieder und brachten Gefangene und Beute ein.

Jagd- und Schlachtflieger vernichteten an der Ostfront weitere 83 Panzer,

20 Salvengeschütze und zahlreiche Fahrzeuge. In Luftkämpfen wurden 51 Flugzeuge abgeschossen. Nach bisher noch unvollständigen Meldungen verloren die Sowjets in der Zeit vom 1. bis 19. April 2807 Panzer.

Am *Atlantik* trat der Feind nach mehrstündigem Trommelfeuer und rollenden Schlachtfliegerangriffen erneut gegen die Festung *Gironde-Süd* an. Die erbitterten Abwehrkämpfe dauern an. Die tapfere Besatzung von Gironde-Nord wurde nach mehrtägigem, heldenhaftem Kampf von starken Kräften *überwältigt.*

In den schweren Kämpfen am *Ijsselbogen* wurden nach jetzt vorliegenden Meldungen in der Zeit vom 11. bis 18. April 134 Panzer und gepanzerte Fahrzeuge vernichtet.

Zwischen *Ems* und unterer *Weser*, nahm der Gegner seine Angriffe wieder auf. In schweren, den ganzen Tag andauernden Kämpfen erzielte er einige Einbrüche und drückte unsere Truppen in den Raum südlich Delmenhorst zurück. Auch in der Lüneburger Heide setzten die Briten ihre Angriffe auf breiter Front nach Norden fort und stießen mit Panzerrudeln bis in die Elbe-Niederung nördlich Lüneburg vor.

An der Elbe eroberten unsere Grenadiere einige Ortschaften östlich *Barby* zurück und warfen südlich davon eine über den Fluß gesetzte Kampfgruppe auf das Westufer zurück. Im *Harz* leisten unsere Truppen überlegenen feindlichen Kräften verbissenen Widerstand. Während die auf engstem Raum zusammengedrängte Besatzung von *Halle* der Übermacht erlegen ist, hielten die in einzelne Kampfgruppen aufgespaltenen Verteidiger von *Leipzig* weiterhin starken Angriffen stand. Dordöstlich davon wurden an einzelnen Stellen auf das Ostufer der Mulde vorgedrungene feindliche Kräfte über den Fluß zurückgeworfen. Aus dem Raum von *Zwickau* stießen gepanzerte Kampfgruppen der Amerikaner gegen das *Erzgebirge* nach Süden vor. Sie wurden, wie die aus dem Raum von Hof nach Osten und Süden vorgedrungenen Kräfte, von Jagdkommandos und Eingreifreserven aufgefangen.

Unsere Angriffe in die Flanken der von Hersbruck bis Neumarkt in der *Oberpfalz* durchgebrochenen Amerikaner sind in gutem Fortschreiten. Auch zwischen *Nürnberg* und *Ansbach* sind Gegenangriffe gegen den nach Süden vordringenden Feind im Gange. Weit vorgetriebene Panzerspitzen wurden unter Abschuß von siebzehn Kampfwagen zurückgeschlagen. Die Besatzung von Nürnberg steht im Stadtkern in schwerem Abwehrkampf.

Zwischen Crailsheim und dem Neckar südlich Heilbronn angreifende Infanterie- und Panzerverbände blieben kurz nach Verlassen ihrer Ausgangsstellung liegen. Lediglich westlich *Schwäbisch-Hall* erzwang der Gegner einen tieferen Einbruch in den Mainhardter Wald. Nach erbitterten Kämpfen, in denen eine größere Anzahl Panzer abgeschossen wurde, brach eine starke feindliche Kampfgruppe in den Raum südöstlich Nagold ein und drang bis an den Neckar bei *Tübingen* und *Rottenburg* vor. Übersetzversuche über den Fluß bei Horb scheiterten. Weiter westlich drängt der Gegner auf den Gebirgsstraßen des

Schwarzwaldes, im Kinzig=Tal und in der Rhein=Ebene südwestlich Lahr nach Süden.

An der Westfront wurden nach unvollständigen Meldungen in der Zeit vom 1. bis 18. April 1079 feindliche Panzer abgeschossen.

An der mittelitalienischen Front lag der Schwerpunkt der Kämpfe gestern an unserem Frontbogen südlich *Bologna,* beiderseits der Via Emilia und nord=westlich Argenta. Den mit starken Kräften angreifenden Amerikanern blieben trotz stärkster Artillerie= und Fliegerunterstützung wesentliche Erfolge versagt. Örtliche Einbrüche wurden in schneidigen Gegenstößen unter Abschuß zahl=reicher Panzer abgeriegelt. Eine nordwestlich Medicina durchgebrochene Kampf=gruppe wurde auf ihre Ausgangsstellungen zurückgeworfen.

Die Insel *Helgoland* wurde gestern erneut von britischen Bombenflugzeugen angegriffen. Amerikanische Kampfverbände warfen Bomben auf süddeutsches Gebiet. In der Nacht waren Orte in Schleswig und die Reichshauptstadt das Angriffsziel britischer Bomber.

**21. April**

In der großen Schlacht zwischen den *Sudeten* und dem *Stettiner Haff* wehren sich unsere Truppen mit verbissener Entschlossenheit gegen den massierten Ansturm der Bolschewisten. Auf engem Raum zusammengefaßte Panzer=Armeen des Feindes haben die Front an mehreren Stellen aufgerissen. An stehengeblie=benen Frontteilen und in der Tiefe des Schlachtfeldes leisten eigene Kampf=gruppen hartnäckigen Widerstand und fesseln starke Kräfte der Sowjets. Nord=westlich Görlitz stehen unsere Panzer in der Abwehr heftiger Angriffe. Gegen=angriffe gewannen an einzelnen Stellen Boden. Aus der Einbruchslücke südlich *Spremberg* trieb der Feind seine Panzerspitzen bis in den Raum *Kamenz* vor. Die tapferen Besatzungen von Bautzen und Spremberg zerschlugen alle An=griffe. Zwischen Spremberg und Cottbus führten die Bolschewisten starke Pan=zerkräfte nach. Vorgeworfene Teile drangen bis in die Räume *Jüterbog* und südlich *Wünsdorf* vor, wo Kämpfe im Gange sind. Im Abschnitt *Görlitz—Cott=bus* wurden in den beiden letzten Tagen 311 [1] Panzer vernichtet.

Bei *Frankfurt* schlugen unsere Verbände alle Angriffe zurück. Im Raum östlich *Berlin* wird in der Linie *Fürstenwalde—Strausberg—Bernau* erbittert ge=kämpft. Angriffe gegen diese Orte brachen verlustreich für den Feind zusam=men. Die Bolschewisten dehnten ihre Angriffe auch auf die nördliche Oder=Front aus, wo zwischen *Schwedt* und *Stettin* zahlreiche Übersetzversuche ver=eitelt wurden. Zwei örtliche Brückenköpfe sind abgeriegelt.

Fliegende Verbände und im Erdkampf eingesetzte Flakartillerie der Luft=waffe griffen wirksam in die Erdkämpfe ein und vernichteten 75 Panzerkampf=wagen und mehrere 100 Kraftfahrzeuge; 42 Flugzeuge wurden abgeschossen.

Im Süden der *Ostfront* scheiterten erneute Durchbruchsversuche der Sowjets

1 Oder: 211

südlich St. Pölten, nördlich Mistelbach und nordwestlich Mährisch=Ostrau. Zahlreiche Panzer wurden vernichtet. Gegen die Westfront der Festung *Breslau* geführte Angriffe in Divisionsstärke blieben bis auf einen geringen Einbruch erfolglos.

Gegen die Festung *Pillau* nahm der Feind seine Angriffe mit starkem Materialeinsatz wieder auf. Der erstrebte Durchbruch blieb ihm jedoch versagt.

Die Seefestung *Gironde=Süd* wurde gestern nach Verschuß der letzten Munition und nachhaltiger Zerstörung der Hafenanlagen vom Gegner überwältigt.

An der unteren Ems drängte der Gegner unsere Truppen nach heftigen Kämpfen um *Aschendorf* in den Raum beiderseits Papenburg zurück. Nördlich Friesoythe sind heftige Kämpfe um einen feindlichen Brückenkopf am *Küstenkanal* im Gange. Beiderseits *Delmenhorst,* in dessen Südteil der Gegner eindringen konnte, und südlich *Bremen* hat sich die Lage bei wechselvollen Kämpfen nicht verändert.

Die aus der *Lüneburger Heide* nach Norden angreifenden britischen Divisionen erreichten auf breiter Front die *Elbe,* wurden jedoch an unseren Brückenköpfen bei Artlenburg und Bleckede verlustreich abgeschlagen.

Im *Harz* dauern die schweren Abwehrkämpfe um den Brocken, im Abschnitt Elbingerode und mit den von Osten gegen den Unterharz angreifenden feindlichen Kräften an.

Am Brückenkopf von *Dessau* brachen starke Angriffe amerikanischer Infanterie= und Panzerverbände unter hohen Verlusten zusammen.

Weiter südlich toben erbitterte Kämpfe mit dem in *Bitterfeld* und *Delitzsch* eingedrungenen Feind.

Während sich der Gegner im Großraum *Chemnitz—Plauen* auf örtliche Aufklärungsvorstöße beschränkte, erzwang er im *Elster= und Fichtelgebirge* trotz zäher Gegenwehr unserer Truppen tiefere Einbrüche.

Südöstlich und südlich von *Nürnberg,* dessen tapfere Besatzung, auf engem Raum zusammengedrängt, dem Feind weiterhin zähen Widerstand leistet, verhinderten unsere Verbände größeren Bodengewinn der mit starken *Kräften* nach Süden angreifenden Amerikaner.

Die in den *Mainhardter Wald* vorgestoßenen feindlichen Kräfte konnten den Einbruch nach Süden erweitern und erreichten mit vorgeworfenen Aufklärungsverbänden den Raum von *Göppingen.* Gleichzeitig verstärkte sich der Druck gegen die Linie Heilbronn—Pforzheim. Aus seinem Einbruchsraum bei Tübingen gewann der Gegner in schweren Wald= und Ortskämpfen nach Nordosten Raum.

Die schweren Abwehrkämpfe an der *italienischen Südfront* nahmen in den bisherigen Schwerpunkträumen mit gleichbleibender Heftigkeit ihren Fortgang. In schweren, äußerst harten Kämpfen, die vom Feind weiterhin mit hohem Materialeinsatz geführt wurden, verhinderten unsere tapferen Divisionen alle Durchbruchsversuche des Gegners.

Der Großraum *Berlin* war gestern das Angriffsziel amerikanischer Bomber=

verbände. Außerdem wurden zahlreiche süddeutsche Orte durch schwächere Verbände mit Bomben belegt. In der Nacht wurden wiederum Wohnviertel der Reichshauptstadt durch Terrorflieger bombardiert.

## 22. April

Im Süden der *Ostfront* sind unsere Gegenangriffe südlich des Semmering in gutem Fortschreiten. Die Bolschewisten versuchten südöstlich St. Pölten vergeblich, nach Süden Boden zu gewinnen. Nordwestlich Mährisch-Ostrau vereitelten unsere Verbände in harten Kämpfen wiederholte Durchbruchsversuche des Gegners. Einige Einbrüche wurden abgeriegelt.

In der *Doppelschlacht* zwischen den Sudeten und dem Stettiner Haff stehen unsere Truppen weiter in schwerem Kampf. Nordwestlich Görlitz wurde die Frontlücke durch erfolgreiche Gegenangriffe geschlossen. Die Besatzung von Bautzen verteidigte sich hartnäckig gegen den mit starken Kräften angreifenden Feind. Nach Westen vorstoßend, drangen die Sowjets in Bischofswerda und Königsbrück ein.

Südlich *Cottbus* ziehen die Bolschewisten weitere Kräfte zur Nährung ihrer Angriffe gegen den Raum südlich Berlin nach und erreichten mit ihren Angriffsspitzen die Linie *Treuenbrietzen – Zossen –* südlich *Königswusterhausen.* In *Cottbus* und *Fürstenwalde* sind Straßenkämpfe im Gange.

Östlich und nördlich *Berlin* schob sich der Feind in schweren Kämpfen bis an die äußere Verteidigungszone der Reichshauptstadt heran. In der Linie *Lichtenberg–Niederschönhausen–Frohnau* wird erbittert gekämpft.

An der *Oderfront* konnte der Gegner seine Brückenköpfe zwischen *Greifenhagen* und *Stettin* zunächst ausweiten, wurde aber durch unsere Gegenangriffe wieder zurückgeworfen.

Auf der Landzunge nordöstlich *Pillau* hielten unsere Truppen die Sperrlinie gegen erneute feindliche Angriffe. 21 Panzer wurden vernichtet.

Zwischen *Ems* und unterer *Elbe* setzte der Feind seine Angriffe mit starken Kräften fort. Nach mehrmaligem Besitzerwechsel fiel *Papenburg* in die Hand des Gegners. Versuche der Kanadier, ihren Brückenkopf nördlich *Friesoythe* auszuweiten, brachen unter hohen Verlusten für den Feind zusammen. Auch südwestlich *Delmenhorst* blieben wiederholte Angriffe der Briten erfolglos. Gegenangriffe unserer Panzergrenadiere faßten die bis *Harburg* vorgestoßenen feindlichen Kräfte in der Flanke und fügten ihnen hohe Verluste zu. Übersetzversuche über die Elbe bei *Wittenberge* und *Tangermünde* wurden zerschlagen.

Im Abschnitt *Dessau–Bitterfeld* hielten die wechselvollen Kämpfe an. Die mit mehreren Divisionen angreifenden Amerikaner konnten nur schrittweise Boden gewinnen. In *Dessau* und weiter südlich war das erbitterte Ringen um die *Mulde-Übergänge* in den Abendstunden noch im Gange. *Bitterfeld* ging nach hartem Kampf verloren.

Im Kampfraum nördlich *Chemnitz* führten wiederholte Angriffe und Aufklärungsvorstöße der Amerikaner zu örtlichen Einbrüchen. Die in das *Elster-* und *Fichtelgebirge* eingedrungenen Kräfte wurden von unseren Sperrgruppen in der Linie *Asch—Marktredwitz* aufgefangen.

Zwischen *Neumarkt* in der *Fränkischen Alb* und dem Raum von *Crailsheim* scheiterten erneute Durchbruchsversuche der Amerikaner nach einigen Kilometern Bodengewinn am tapferen Widerstand unserer Truppen. Der Zusammenhang der Front blieb gewahrt.

Im *Großraum Stuttgart* nahmen die heftigen Kämpfe mit den zur Umfassung der Stadt angesetzten feindlichen Divisionen ihren Fortgang. Die von *Göppingen* und aus dem Raum nördlich Tübingen angreifenden amerikanischen Stoßgruppen konnten weiter Boden gewinnen. Auch im *Schwarzwald* und in der Rheinebene südwestlich *Lahr* dauern schwere Kämpfe mit den auf *Rottweil* und gegen den *Kaiserstuhl* vordringenden gaullistischen Verbänden an.

In Italien tobt die Materialschlacht weiter mit großer Heftigkeit. Auch gestern blieben den mit massierten Kräften anrennenden Anglo-Amerikanern wesentliche Erfolge versagt.

Nordamerikanische Bomberverbände führten bei Tage einen *Terrorangriff auf München*. Außerdem wurden zahlreiche weitere Orte im bayerischen Raum mit Bomben belegt. In der Nacht griffen britische Kampfflugzeuge Orte in *Norddeutschland* an.

**23. April**

Berlin, 23. April[1]

Der Führer hat, wie in einer Erklärung des Gauleiters und Reichsverteidigungskommissars Dr. *Goebbels* bekanntgegeben wurde, den Befehl über alle zur Verteidigung Berlins angetretenen Kräfte übernommen. Der *Führer* weilt in der Reichshauptstadt. Diese Tatsache gibt dem Ringen um Berlin das Gepräge eines Kampfes von europäischer Bedeutung. Alle Verteidiger der Reichshauptstadt sind jetzt nur noch von dem Willen beseelt, den bolschewistischen Todfeind, wo er immer auftaucht, vernichtend zu schlagen.

In die Verteidigungsfront hat sich neben Wehrmacht und Volkssturm die *Zivilbevölkerung eingereiht.* Männer, Frauen und Jugend geben der kämpfenden Front Hilfe und Unterstützung, wo sie nur können. In den bedrohten Bezirken der Reichshauptstadt hat die Partei eine neue Feuerprobe bestanden. Amtsträger und Parteigenossen haben mit Panzerfaust, Maschinenpistolen und Karabinern an Straßenkreuzungen Aufstellung genommen, um den Feind bei seinem Erscheinen sofort zu bekämpfen. Weder schwere Verluste noch stärkster Materialeinsatz der Bolschewisten haben die Männer der Partei zu erschüttern vermocht. Zusammen mit den Kameraden der Wehrmacht und des Volkssturms haben sie sich in schwierigster Lage gewappnet gezeigt.

1 Zusammenfassung einer Verlautbarung: „Amtlich wird gemeldet:"

Das Oberkommando der Wehrmacht gibt bekannt:

Im *ostmärkischen Grenzgebiet* gewannen unsere Gegenangriffe im Frontbogen südlich des *Semmering* weiter Boden. Südöstlich *St. Pölten* drückte der Gegner *vergeblich* gegen den Gölsen[1]-Abschnitt nach Süden. In den Kampfabschnitten nordwestlich *Mistelbach* und *südlich Brünn* scheiterten erneute[2] Durchbruchsversuche der Bolschewisten nach harten Kämpfen.

*Nordöstlich Mährisch-Ostrau* konnte der vorübergehend verlorengegangene Zusammenhang der Front wiederhergestellt werden. Zwischen den *Sudeten* und dem *Stettiner Haff* wird schwer gekämpft.

Starke Feindkräfte sind durch schwungvoll geführte Gegenangriffe nordwestlich *Görlitz* von ihren rückwärtigen Verbindungen abgeschnitten und dadurch am weiteren Vordringen nach Westen behindert. Die tapfere Besatzung von *Bautzen* hielt auch gestern zahlreichen bolschewistischen Angriffen stand. Auch bei *Spremberg* leisten unsere Truppen den anstürmenden Sowjets *erbitterten Widerstand*. Dagegen ging *Cottbus* nach zäher Verteidigung verloren.

Die Schlacht *um die Reichshauptstadt* ist in voller Heftigkeit entbrannt. *Südlich* der Stadt fingen unsere Truppen starke Panzerkräfte der Bolschewisten an der Linie *Beelitz–Trebbin–Teltow–Dahlewitz* auf. Der verlorengegangene Bahnhof *Köpenick* wurde im Gegenstoß wieder genommen. Ein Feindeinbruch entlang der *Prenzlauer Allee* wurde abgeriegelt. Nördlich der Stadt drangen sowjetische Angriffsspitzen bis zur *Havel* vor, die sie vergeblich zu überschreiten suchen. Im Raum von Frankfurt und an der nördlichen Oderfront dauern wechselvolle Kämpfe an.

Auf der Landzunge von *Pillau* wurden die mit starker Schlachtfliegerunterstützung gegen unsere Sperrlinie vorgetragenen Angriffe im wesentlichen abgeschlagen. Um eine Einbruchstelle wird noch gekämpft.

Die Besatzung des Atlantik-Stützpunktes *St. Nazaire* wies wiederholte Angriffe der Amerikaner – zum Teil im Nahkampf – ab. Durch unser zusammengefaßtes Abwehrfeuer hatte der Feind hohe blutige Verluste. Mehrere Panzer, Maschinengewehre und Gefangene wurden eingebracht.

In *Nordwestdeutschland* blieb die Lage trotz fortgesetzter Angriffe des Gegners an den bisherigen Schwerpunkten *unverändert*. Zwischen *Dessau* und *Eilenburg* haben unsere Truppen nach schweren Kämpfen neue Sicherungslinien auf dem *Ostufer der Mulde* aufgebaut.

Im *sächsischen Kampfraum* und im *Vogtland* beschränkten sich die Amerikaner auch gestern auf *örtliche* Aufklärungsvorstöße. Dagegen verstärkten sie ihren Druck aus dem *Elster-* und *Fichtelgebirge* gegen die Linie *Eger–Tirschenreuth*. Aus der *Fränkischen Alb* und nordöstlich davon drängen einzelne amerikanische Kampfgruppen nach Osten vor. Panzerspitzen überschritten die

1 So richtig; auch: denselben. 2 Oder: örtliche.

*Nab bei Weiden. Südlich* und *südöstlich Nürnberg* warfen Truppen des Heeres und der Waffen-SS vorgeprellte amerikanische Abteilungen *zurück,* nahmen die Stadt *Neumarkt wieder* und hielten sie gegen alle Angriffe.

Im *württembergisch-bayerischen* Raum hat sich die Lage gestern verschärft. Überlegene Panzerkräfte der 7. amerikanischen Armee und gaullistische Verbände haben unsere Front nach heftigen Kämpfen in mehreren Abschnitten aufgerissen und im Vorstoß nach Süden die Donau zwischen *Villingen* und *Donaueschingen* an einigen Stellen erreicht. Gegenangriffe in die Flanken der durchbrochenen Angriffskeile sind im Gange.

Die Abwehrschlacht um *Italien* nimmt unter schwersten, für beide Teile verlustreichen Kämpfen ihren Fortgang.

Während der Feind im *Ligurischen Küstenabschnitt* und im *west-etruskischen Appenin* nach mehreren Kilometern Bodengewinn aufgefangen wurde, erzielten überlegene feindliche Panzerkräfte im Abschnitt *Vignola—Bologna* mehrere tiefe Einbrüche, die erst beiderseits *Modena* und nördlich *Bologna* abgeriegelt werden konnten. Auch zwischen Bologna und dem *Comacchio-See* gelang es dem Feind, mit starken zusammengefaßten Kräften unter verstärktem Artillerie- und Fliegereinsatz an mehreren Stellen in unser Hauptkampffeld einzubrechen. Seine Angriffsspitzen wurden an der Straße *Bologna—Ferrara* unter Abschuß zahlreicher Panzer durch Gegenstöße zum Stehen gebracht. Auf der Landenge östlich des *Comacchio-Sees* brachen alle Angriffe verlustreich zusammen.

Über *Süddeutschland* herrschte den ganzen Tag starke feindliche Schlachtfliegertätigkeit. Mehrere schwere Kampfverbände griffen wiederum mehrere Orte im *bayerischen* Raum an.

**24. April**[1]

Im Frontbogen *südlich des Semmering* warfen unsere Truppen die Sowjets noch weiter zurück und wiesen Angriffe bei *Altmark* und *Draisen*[2] ab. Zwischen *Lahr* an der *Thaya* und *Nikolsburg* sowie *südlich Brünn* konnte der Feind keine nennenswerten Erfolge erzielen. In diesem Kampfraum wurden 52 Panzer abgeschossen.

Im *Südabschnitt* der großen Schlacht zwischen den *Sudeten* und der *Pommerschen Bucht* drangen unsere Truppen in *schwungvollen Gegenangriffen* bis in den Raum hart westlich *Bautzen* vor. In der Stadt verteidigte sich die Besatzung weiter gegen starke Angriffe. Durch die Unterbrechung seiner rückwärtigen Verbindungen nordwestlich Görlitz wurde der Gegner gezwungen, seine auf Dresden vorgetriebenen Angriffsspitzen zurückzunehmen. Pulsnitz

1 Beste Überlieferung in der Sammlung *Herda.*
2 Oder: Greisen (Sammlung Herda).

und Kamenz sind wieder in unserer Hand. Im Raum *südlich Spremberg* binden eigene Kampfgruppen in harten Kämpfen starke Kräfte der Bolschewisten. Von *Jüterbog* stieß der Feind auf Wittenberg vor. In der Linie Lübben–Guben–Frankfurt–Fürstenwalde wurden heftige Angriffe abgewehrt oder aufgefangen.

In der Schlacht um die *Reichshauptstadt* stießen die Bolschewisten trotz erbitterten Widerstandes unserer Truppen und Volkssturmeinheiten bis in die Räume *südöstlich Brandenburg, südlich Potsdam, nördlich Königswusterhausen* und in die Randgebiete der östlichen und westlichen Stadtteile vor. An der *nördlichen Oderfront* griff der Feind bei *Schwedt* vergeblich an, konnte seine Brückenköpfe zwischen *Gartz* und *Stettin* dagegen erweitern.

*Nordwestlich Pillau* vereitelten unsere Verbände in schweren Waldkämpfen nächtliche Durchbruchsversuche.

Beiderseits der *unteren Ems* wurden wiederholte Angriffe abgewiesen, dabei eine größere Anzahl Panzer abgeschossen und Gefangene eingebracht.

Der Schwerpunkt der Kampfhandlungen in *Nordwestdeutschland* lag gestern zwischen der *Aller* nordwestlich *Verden* und der *Elbe bei Stade.* In schweren, wechselvollen Kämpfen gelang es dem Gegner trotz vielfacher Überlegenheit nicht, unsere Front zu durchbrechen.

Während im *sächsischen* Raum und im *Vogtland* weiterhin Kampfruhe herrschte, hielten die feindlichen Angriffe gegen den *Raum Eger–Weiden* an.

In *Süddeutschland* richtete sich der Hauptdruck der Amerikaner nach Südosten gegen den *Nordteil des Bayerischen Waldes* und den *Großraum Regensburg.* Unsere *Gegenangriffe* gegen die beiden tiefen Flanken der auf die Donau durchgebrochenen Kräfte sind zwischen *Ehingen* und *Regensburg* in gutem Fortschreiten. Versuche der Amerikaner, ihre Brückenköpfe südlich *Dillingen* zu erweitern, brachen verlustreich zusammen. Aus dem Raum *Sigmaringen* drang der Feind weiter nach Südosten vor. Mit den westlich davon durchgestoßenen Panzern sind heftige Kämpfe im Abschnitt *Tuttlingen–Donaueschingen* und weiter südlich im Gange.

In *Italien* hält das erbitterte Ringen mit unverminderter Härte an, ohne daß sich die Gesamtlage wesentlich veränderte.

**25. April**

Beiderseits der *unteren Weser* und im Einbruchsraum [1] zwischen Küstenkanal und Delmenhorst behaupteten sich unsere Divisionen bei geringen Geländeverlusten gegen alle Durchbruchsversuche der Engländer und Kanadier. Von der Weser östlich Bremen bis zur *Elbe* bei Horneburg hielten die Abwehrkämpfe mit gleicher Stärke an. Unsere Verbände behaupteten dank ihrer zähen Abwehr ihre Stellungen. Die Stadt *Horneburg* wurde wieder genommen.

In der Schlacht um *Berlin* wird um jeden Fußbreit Bodens gerungen. Im

1 Oder: Frontbogen.

Süden drangen die Sowjets bis in die Linie Neubabelsberg—Zehlendorf—Neukölln vor. Im östlichen und nördlichen Stadtgebiet dauern die Kämpfe[1] an. Westlich der Stadt erreichten sowjetische Panzerspitzen den Raum von *Nauen* und *Ketzin.* Bei *Oranienburg* wurde das Nordufer des Stettiner Kanals gegen heftige Angriffe gehalten. Wiederholte Angriffe auf Eberswalde führten zu Einbrüchen in südliche Stadtteile.

Während die Amerikaner an der Mulde im sächsischen Raum weiterhin schwere Opfer bringen mußten[2], erreichten sowjetische Angriffsspitzen die Elbe zwischen *Riesa* und *Torgau.*

Die in den Nordteil des Bayerischen Waldes durchgebrochene amerikanische Panzer-Kampfgruppe erreichte *Cham* und stieß weiter nach Süden vor.

In *Italien* hat sich der Schwerpunkt der Schlacht durch den Vorstoß starker feindlicher Infanterie- und Panzerkräfte zwischen Reggio und Ferrara an den Po verlagert. Die Angriffe der amerikanischen 5. Armee blieben im Ligurischen Küstenabschnitt und im west-etruskischen Apennin in der Masse vor unseren Gebirgsstellungen liegen.

Starke kommunistische Bandenkräfte haben sich in dem Gebirgsgelände Nordwest-Dalmatiens bis in den Raum von *Fiume* vorgeschoben und stehen am Stadtrand im Kampfe mit unserer Besatzung.

Im *Südabschnitt* der Ostfront hat sich die Lage weiterhin gebessert. Der Schwerpunkt der Kämpfe lag gestern bei *Brünn,* wo die Sowjets einen tiefen Einbruch erzielten. Nordwestlich Mährisch-Ostrau wurden die verlustreichen Durchbruchsversuche des Feindes zerschlagen.

Die tapfere Besatzung von *Breslau* wies alle Angriffe ab. In vorbildlicher Kampfgemeinschaft von Verbänden der Wehrmacht, des Volkssturmes und der zivilen Verwaltung wird die Festung seit dem 17. Februar gegen den unaufhörlichen Ansturm der an Zahl und Material weit überlegenen Sowjets behauptet.

Unser Gegenangriff im Raume Görlitz—Bautzen—Kamenz macht weiter gute Fortschritte. Weißenburg wurde wieder vom Feinde befreit. Die Bolschewisten hatten in diesen Kämpfen sehr hohe blutige Verluste. Umfangreiche Beute wurde eingebracht.

An der *Oder-Front* griff der Gegner unter starkem Artillerie- und Schlachtfliegereinsatz aus seinem Brückenkopf bei Gartz an und konnte bis in den Raum westlich Tantow und Kasekow vorstoßen. Weiter nördlich wurden wiederholte Angriffe in gutem Zusammenwirken mit unserer Artillerie zerschlagen.

Auf der Landenge von *Pillau* errangen unsere Truppen in schweren Waldkämpfen erneute Abwehrerfolge.

Vor der west-norwegischen Küste brachten Sicherungsfahrzeuge der Kriegsmarine neun britische Jagdbomber zum Absturz.

1 Oder: heftige Straßenkämpfe.
2 Oder: weiterhin verhielten.

Am Tage warfen schwächere Kampfverbände Bomben im süddeutschen Raum.

Anglo=amerikanische Tiefflieger setzten den Terror gegen die Bevölkerung mit Bomben und Bordwaffen fort.

In der Nacht war *Kiel* das Ziel britischer Kampfflugzeuge.

**26. April**

In *Nordwestdeutschland* wiesen unsere Truppen beiderseits der unteren Ems zahlreiche von Panzern unterstützte Angriffe der Kanadier ab. Nach mehr=stündiger Artillerievorbereitung traten die Engländer zum Angriff auf *Bremen* an. In schweren und wechselvollen Kämpfen drangen sie in die südlichen und südöstlichen Vorstädte ein, wo erbittert gekämpft wird.

Amerikanische Vorstöße aus dem Elbe=Brückenkopf bei *Barby* führten trotz zäher Gegenwehr zum Verlust einiger Ortschaften.

Bei dem für die Zukunft des Reiches und für das Leben Europas entschei=denden Kampf um *Berlin* wurden gestern von beiden Seiten Reserven in die Schlacht geworfen. Im Südteil der Reichshauptstadt toben schwere Straßen=kämpfe in Zehlendorf, Steglitz und am Südrand des Tempelhofer Feldes. Im Osten und Norden leisten unsere Truppen, tapfer unterstützt von Einheiten der Hitler=Jugend, der Partei und des Volkssturms, am Schlesischen und Gör=litzer Bahnhof sowie zwischen Tegel und Siemensstadt erbitterten Widerstand. Auch in Charlottenburg ist der Kampf entbrannt. Zahlreiche Panzer der Sowjets wurden in diesen Kämpfen vernichtet. Aus Ketzin vorgestoßene So=wjetpanzer drangen in *Brandenburg* ein. Auf *Rathenow* vorgehender Feind wurde durch Gegenangriffe noch vor der Stadt aufgefangen. Bei *Fehrbellin* ge=führte Vorstöße blieben für den Gegner erfolglos. Südlich der Stadt wurden einige Ortschaften wieder von unseren Truppen genommen.

An der *Oderfront* wurden starke Angriffe aus dem Brückenkopf zwischen *Gartz* und *Stettin* in wechselvollen Kämpfen, in denen der Gegner besonders am Südrand von Stettin hohe blutige Verluste erlitten hat, nach einigen Kilo=metern Geländeverlust aufgefangen. Starke Jagd= und Schlachtfliegerkräfte griffen in die Abwehrschlacht ein und vernichteten zahlreiche Panzer, moto=risierte Fahrzeuge und Geschütze.

Im Bayerischen Wald entwickeln sich Kämpfe im Raum *Zwiesel.*

Die Bewegungskämpfe im *württembergisch=badischen Raum* dauern an. Unsere Kampfgruppen setzten ihre Angriffe gegen die im Süden durchge=brochenen amerikanischen Panzerverbände und deren Nachschubverbindungen erfolgreich fort. Nachfolgende feindliche Infanterie wurde vor allem südwest=lich *Ulm* und im Raum *Tuttlingen* zum Kampf gestellt und erlitt schwere Ver=luste.

In *Italien* führten die Anglo=Amerikaner gegen den *Po* nordwestlich Ferrara starke Kräfte aus der Tiefe nach und erzwangen an mehreren Stellen unter stärkstem Artillerie= und Schlachtfliegereinsatz den Flußübergang.

Im Südabschnitt der Ostfront beschränkte sich der Feind auf örtliche Angriffe. Beiderseits *Brünn*, das von unseren Truppen gehalten wird, trafen starke Kräfte der nach Norden drängenden Bolschewisten auf unsere Gegenangriffe. Heftige Kämpfe sind im Gange.

Nach mehrmaligem Ansatz drangen die Sowjets unter empfindlichen Verlusten in *Troppau* ein. Ein weiteres Vordringen scheiterte am zähen Widerstand unserer Truppen. Angriffe gegen die Westfront von *Breslau* brachen bis auf geringe örtliche Einbrüche zusammen. In schwungvollem Angriff vernichteten unsere Verbände die im Raum Weißenberg—Bautzen operierenden Bolschewisten und brachten zahlreiche Gefangene und große Beute ein. Die tapfere Besatzung von *Bautzen* wurde freigekämpft.

Ein nächtlicher Landungsversuch der Sowjets im Westteil des *Frischen Haffs* wurde vereitelt.

Bei *Pillau* halten die schweren Kämpfe mit dem in die Stadt eingedrungenen Feind an. Sicherungsfahrzeuge eigener Geleite und Jagdschutz schossen über der Ostsee sieben sowjetische Bomber ab.

Nordamerikanische Bomberverbände griffen wiederum Orte im *bayerischen* Raum und in der *Ostmark* an.

Im Kampf gegen den feindlichen Nachschub versenkten *Unterseeboote* vor der englischen Küste *fünf beladene Schiffe* mit 32 000 BRT und einen Bewacher. Außerdem wurde im Atlantik ein stark gesicherter *Flugzeugträger* der „Illustrious"=Klasse von einem unserer Unterseeboote torpediert und schwer beschädigt.

Ergänzend zum Wehrmachtbericht wird gemeldet:

Einzelkämpfer der 2. Marine=Infanteriedivision vernichteten östlich Bremen innerhalb von 48 Stunden 18 Panzer. Im schlesischen Kampfraum hat das Panzerregiment 27 der 19. Panzerdivision in der Zeit vom 15. März bis 10. April 103 Panzer und Sturmgeschütze sowie 104 Geschütze vernichtet oder erbeutet. Diese Erfolge sind vor allem der I. Abteilung dieses Regiments unter der Führung ihres Kommandeur, Hauptmann *Büchl*[1], zu verdanken.

**27. April**

Der Schwerpunkt der Kampfhandlungen in Nordwestdeutschland lag auch gestern in *Bremen*. In schweren und verlustreichen, scharfen Kämpfen konnten die Engländer ihre Einbrüche im Stadtgebiet erweitern.

An der *Elbefront* verhielten sich die Anglo=Amerikaner weiterhin ruhig. Lediglich südlich *Tangermünde* setzten schwächere Abteilungen über den Fluß.

Im Mittelpunkt der Kämpfe stand auch gestern die Schlacht im Raum *Berlin*. Schulter an Schulter mit allen waffenfähigen Männern führten unsere Truppen einen heldischen Kampf gegen den bolschewistischen Massenansturm, verteidigten jedes Haus und warfen den Feind durch Gegenangriffe aus dem

1 Oder: Büchen.

inneren Verteidigungsring der Stadt wieder zurück. Aus dem Raum südlich *Fürstenwalde* stießen unsere Verbände im Angriff nach Westen in die tiefe Flanke der im Süden von Berlin operierenden Bolschewisten und durchbrachen deren Hauptnachschubverbindungen auf der Straße *Baruth–Zossen*. Unsere von Westen schwungvoll angreifenden jungen Divisionen erreichten den Raum von *Beelitz* und stehen dort in schweren Waldkämpfen mit den Sowjets.

Angriffe auf *Brandenburg* und *Rathenow* wurden verlustreich abgewiesen. Beiderseits *Oranienburg* brachen Übersetzversuche der Bolschewisten über den Rhin- und Hohenzollernkanal verlustreich für den Feind zusammen. Dagegen konnten die Sowjets südwestlich Stettin auf *Prenzlau* weiter vorstoßen[2].

In *Süddeutschland* hielt der starke feindliche Druck gegen die Donau-Linie von *Deggendorf* bis *Ulm* an. Bei *Dillingen* konnten die Amerikaner ihren Brückenkopf nach Südwesten erweitern und nach heftigen Kämpfen in den Nordteil von *Ulm* eindringen.

In der *Schwäbischen Alb* und nordwestlich des *Bodensees* kämpften sich eigene Kampfgruppen durch die feindlichen Angriffskolonnen mit Erfolg nach Osten durch.

In *Italien* gelang es, aus dem west-Etruskischen Apennin, vom Feinde unbemerkt, auf neue Linien nach Norden abzusetzen. Der Gegner faßte seine Kräfte in der *Po-Ebene* zum Stoß nach Norden zusammen und bildete größere Brückenköpfe auf dem Nordufer des Flusses. Feindliche Angriffsgruppen durchbrachen unsere Sicherungen bei Reggio und stießen bis *Parma* vor.

Im Dalmatinischen Küstengebiet schlugen die Verteidiger von *Fiume* zahlreiche Angriffe stärkerer Bandenkräfte am Ostrand der Stadt ab.

Der Südabschnitt der Ostfront stand gestern im Zeichen eigener Gegenangriffe, welche die Bolschewisten aus dem Frontbogen südöstlich *Mürzzuschlag* bis zum Lafnitz-Abschnitt zurückwarfen. Wiederholte Angriffe gegen *Brünn* wurden abgewiesen.

Nach harten Straßenkämpfen ging *Pillau* verloren.

In *Kurland* lebte die Kampftätigkeit nordwestlich *Perkuln* und südöstlich *Frauenburg* wieder auf.

*Vorpostenboote* versenkten vor der niederländischen Küste ein britisches Schnellboot und beschädigten ein weiteres schwer.

**28. April**

In dem heroischen Kampf der Stadt *Berlin* kommt noch einmal vor aller Welt der Schicksalskampf des deutschen Volkes gegen den Bolschewismus zum Ausdruck.

Während in einem in der neuen Geschichte einmaligen, grandiosen Ringen die Hauptstadt verteidigt wird, haben *unsere Truppen an der Elbe den Ameri-*

2 Oder: auf Prenzlau weiter Boden gewinnen und ihren Brückenkopf nach Südwesten erweitern.

*kanern den Rücken gekehrt,* um von außen her im Angriff die Verteidiger von Berlin zu entlasten.

In den inneren Verteidigungsring ist der Feind von Norden her in *Char=lottenburg* und von Süden her über das *Tempelhofer Feld* eingebrochen. Am *Halleschen Tor,* am *Schlesischen Bahnhof* und am *Alexanderplatz* hat der Kampf um den Stadtkern begonnen. Die Ost=West=Achse liegt unter schwerem Feuer.

Fliegende Verbände unterstützten die Kämpfe unter aufopferndem Einsatz der Besatzungen. Trotz stärkster Jagd= und Flakabwehr wurden bei Tag und Nacht Eingreifreserven gelandet und Munition abgeworfen.

Unsere Jagd= und Schlachtfliegerverbände vernichteten in den letzten vier Tagen 143 Flugzeuge, 58 Panzer und über 300 Fahrzeuge.

Im Raum südlich *Königswusterhausen* setzten die Divisionen der 9. Armee den Angriff nach Nordwesten fort und wehrten während des ganzen Tages konzentrische Angriffe der Sowjets gegen die Flanken ab. Die von Westen angesetzten Divisionen warfen den Feind in erbittertem Ringen auf breiter Front zurück und haben *Ferch* erreicht.

Westlich Berlin wurde der Raum *Brandenburg—Rathenow—Kremmen* gegen alle feindlichen Angriffe behauptet.

Im Raum von *Prenzlau* warfen die Sowjets neue Panzer= und Infanterie=Ver=bände in den Kampf und erzwangen unter starkem Schlachtfliegereinsatz tiefe Einbrüche.

Im nordwestdeutschen Raum kam es gestern nur zu örtlichen Kämpfen. In *Bremen* hält der Kampfkommandant mit den Resten der tapferen Besatzung den Nordostteil der Stadt.

An der *Donau* drang der Feind in *Regensburg* und *Ingolstadt* ein. Zwischen Dillingen und Ulm setzten die Amerikaner ihren Vorstoß nach Süden fort. Kämpfe sind im Mindel= und Günztal im Gange.

Die Armeen in *Italien* setzten sich hinter den Po und Tessin ab.

Während sich die Sowjets im Südabschnitt der Ostfront auf starke örtliche Vorstöße beschränkten, setzten sie ihre Angriffe im Raum *Brünn* mit starken Kräften fort und konnten trotz zäher Gegenwehr der Besatzung in die Stadt eindringen.

Nordwestlich *Bautzen,* wo bei Meißen die Verbindung mit der Westfront an der Elbe hergestellt wurde, sind unsere Truppen zum Angriff nach Norden angetreten.

Sicherungsfahrzeuge der Kriegsmarine versenkten östlich Gotenhafen ein sowjetisches Schnellboot und schossen ein weiteres in Brand.

Schwächere amerikanische Kampfverbände führten am Tage Angriffe gegen Orte in Süddeutschland. In der Nacht herrschte über dem Reichsgebiet nur geringe feindliche Kampftätigkeit.

Kleinstunterseeboote versenkten aus dem stark bewachten feindlichen Nach=schubverkehr zwischen Themse und Schelde zwei vollbeladene Schiffe mit 8000 BRT.

Tag und Nacht tobte der fanatische Häuserkampf um den Stadtkern von *Berlin.* Die tapfere Besatzung verteidigte sich in schwerem Ringen gegen die unaufhörlich angreifenden bolschewistischen Massen. Trotzdem konnte ein weiteres Vordringen des Feindes in einzelnen Stadtteilen nicht verhindert werden. Längs der Potsdamer Straße und am Belle=Alliance=Platz sind heftige Straßenkämpfe im Gange. Von Plötzensee aus zwängte sich der Gegner bis zur Spree durch.

*Südlich Berlin* führten die Sowjets neue Verbände gegen unsere im Angriff befindlichen Divisionen heran, mit denen wechselvolle Kämpfe im Gange sind. Beelitz wurde genommen und östlich Werder die Verbindung mit dem Verteidigungsbereich von Potsdam hergestellt. Angriffe gegen die Ostflanke dieses Vorstoßes wurde nordwestlich und südwestlich Treuenbrietzen blutig abgewiesen.

Im *mecklenburgisch=pommerschen Raume* wurde die sowjetische 5. Garde=Division neu herangeführt und drängte unsere Verbände auf Templin und die Seen=Kette zwischen Lychen–Neubrandenburg und Anklam zurück.

In *Nordwestdeutschland* kam es an der unteren Ems zu heftigen örtlichen Kämpfen, in deren Verlauf Leer verloren ging.

An der Elbe südöstlich Hamburg bildeten die Engländer unter starkem Artillerieschutz einen kleinen Brückenkopf auf dem Nordufer des Flusses bei Lauenburg. Reserven sind zum Gegenangriff angetreten.

In *Oberschwaben* drückt der Feind gegen die Linie Memmingen–Augsburg.

In *Italien* versucht der Gegner, sich den Absetzbewegungen unserer Divisionen durch starke Vorstöße aus dem Raume Parma nach Nordwesten und aus seinen Po=Brückenköpfen nach Norden vorzulegen. Bei Piacenza und Verona sind heftige Kämpfe mit vorgeworfenen feindlichen Abteilungen im Gange.

Auch gestern beschränkten sich die Bolschewisten im Südabschnitt der *Ostfront* auf örtliche Vorstöße. Aus dem Raume Brünn setzten sie ihre Durchbruchsversuche fort und traten westlich Mährisch=Ostrau zu dem erwarteten Angriff an. Austerlitz fiel in Feindeshand. Schwere Kämpfe mit eingebrochenen sowjetischen Angriffsgruppen sind entbrannt.

Die tapferen Verteidiger von Breslau schlugen starke Angriffe an ihrer Westfront unter Verlusten für den Gegner ab.

Im Kampfraum *Bautzen–Meißen* drang unser Angriff weiter nach Norden vor. Kamenz und Königsbrück wurden wieder genommen. Die Sowjets wurden unter hohen Verlusten zurückgeworfen.

Der Feind konnte gestern nach starker Artillerievorbereitung vom Festland her auf der Ostspitze der Frischen Nehrung Fuß fassen. In beiderseits verlustreichen Kämpfen mußten unsere Truppen dem Gegner geringfügig Raum geben.

Über dem gesamten Reichsgebiet herrschte gestern schwache feindliche Jagdfliegertätigkeit.

In Fortsetzung ihres Kampfes gegen den feindlichen Nachschubverkehr versenkten unsere Unterseeboote erneut acht vollbeladene Dampfer mit 45 000 BRT., drei Zerstörer und zwei Korvetten.

**30. April**

Das heroische Ringen um das Zentrum der *Reichshauptstadt* hält mit unverminderter Heftigkeit an. In erbitterten Häuser= und Straßenkämpfen halten Truppen aller Wehrmachtteile, Hitler=Jugend und Volkssturm den Stadtkern, leuchtendes Sinnbild deutschen Heldentums. Am Anhalter Bahnhof, entlang der Potsdamer Straße und in Schöneberg eingebrochener Feind wurde von den tapferen Verteidigern zum Stehen gebracht.

Fliegende Verbände warfen unter aufopferungsvollem Einsatz den Besatzungen erneut Munition über der Reichshauptstadt ab.

Südlich der Stadt stehen unsere zum Entsatz herangeführten Verbände im Kampf mit starken bolschewistischen Verbänden, die unter hohen blutigen Verlusten abgewiesen wurden.

Zwischen *Berlin und der Ostsee* hat sich die Front in der Linie Kremmen—Neustrelitz—Neubrandenburg—Anklam zusammengeschlossen.

In *Nordwestdeutschland* brachen alle Anstrengungen des Gegners, seinen Brückenkopf bei Leer zu erweitern, verlustreich zusammen. Auch westlich Oldenburg und nordwestlich Delmenhorst wurden die Briten abgewiesen.

Südwestlich Hamburg warfen die Engländer weitere Kräfte in den Kampf. Alle Versuche, ihren Brückenkopf bei Lauenburg in Richtung Lübeck auszuweiten, wurden verhindert.

In *Niederbayern* konnte der Feind zwischen Isar und Donau weiter nach Süden Raum gewinnen. Panzerspitzen stehen nördlich Landshut zwischen Freising und Dachau.

In Oberschwaben gingen Augsburg und Kempten verloren.

Um die Gebirgseingänge beiderseits des Garda=Sees und östlich Verona sind schwere Kämpfe im Gange.

Die Besatzung von Fiume verteidigt sich weiter tapfer gegen Angriffe von Land und von See her.

Im Südabschnitt der *Ostfront* hat sich die Lage gefestigt. Im Raume von Brünn stellte der Gegner infolge schwerer Verluste seine Angriffe ein. Nordwestlich Mährisch=Ostrau scheiterten Durchbruchsversuche der Sowjets bei geringem Geländeverlust in heftigen Kämpfen.

Die tapfere Besatzung von *Breslau* hielt auch gestern stand gegen die von den bolschewistischen Verbänden gegen ihre Westfront geführten Angriffe.

Im sächsischen Raume wurde westlich von Bautzen eine feindliche Kampfgruppe eingeschlossen und vernichtet.

Auf der Frischen Nehrung dauern die wechselvollen Kämpfe an.

Am gestrigen Tage beschränkten sich die Anglo=Amerikaner auf vereinzelte Bomben= und Bordwaffenangriffe über dem Reichsgebiet.

Im Stadtkern von *Berlin* verteidigte sich die tapfere Besatzung, um unseren Führer geschart, auf engstem Raum gegen die bolschewistische Übermacht. Unter schwerstem feindlichen Artilleriefeuer und rollenden Luftangriffen dauert das heroische Ringen an. Südlich der Reichshauptstadt haben die Verbände unserer 9. Armee den Anschluß an die Hauptkräfte gefunden und stehen mit diesen in der Linie Niemegk—Beelitz—Werder in harter Abwehr gegen die pau=senlos anrennenden Sowjets. Auch zwischen *Rathenow* und Fehrbellin be=haupten sich unsere Truppen gegen starke feindliche Angriffe. In Mecklenburg richtet sich der Hauptstoß der Bolschewisten gegen den Raum zwischen Müritz und *Demmin*. Heftige Kämpfe sind hier im Gange. Teilkräfte des Gegners drehten nach Nordosten ab und versuchten vergeblich, über die Peene=Enge westlich Anklam überzusetzen. Nördlich davon behauptete sich der Stützpunkt *Wolgast* gegen alle Angriffe. Von Osten her gegen die Dievenow=Enge geführte Durchbruchsversuche brachen verlustreich für die Bolschewisten zusammen.

In Nordwestdeutschland lag der Schwerpunkt der Kampfhandlungen gestern zwischen der Weser und Elbe, wo es den Engländern im schweren Kampf ge=lang, unsere Truppen über die Eisenbahnlinie Bremervörde—Stade zurückzu=drängen. Zu heftigen Kämpfen kam es wiederum in dem feindlichen Elbe=Brückenkopf westlich *Lauenburg*, den der Gegner nach wechselvollem Ringen nur wenig erweitern konnte. Südlich *Boitzenburg* gelang es dem Feind, unter starkem Feuerschutz mit schwächeren Kräften auf das Nordufer der Elbe über=zusetzen.

Aus dem Bayerischen Wald stießen amerikanische Panzerverbände an *Passau* vorbei und erreichten die Donau östlich der Stadt. In Niederbayern dringt der Feind von Regensburg weiter nach Süden vor. Überlegene feindliche Kräfte sind von Nordwesten und Westen in *München* eingedrungen, wo im Stadtkern erbittert gekämpft wird. Aus dem Allgäu erreichte der Gegner Garmisch=Par=tenkirchen und ist im Vorstoß auf *Mittenwald*.

In *Oberitalien* kämpften sich unsere Divisonen weiter nach Norden zurück, erwehrten sich fortgesetzter Angriffe überlegener feindlicher Kräfte und zerschlugen kommunistisch=terroristische Gruppen, die ihnen den Rückzug ab=zuschneiden versuchten.

Aus dem Südabschnitt der Ostfront werden nur örtliche Kämpfe gemeldet. Im Raum von *Brünn*, wo die Sowjets durch ihre hohen Verluste zu weiteren Umgruppierungen gezwungen sind, dauert die Kampfpause an. Dagegen nah=men die Kämpfe westlich Mährisch=Ostrau mit unverminderter Heftigkeit ihren Fortgang. Der vom Feind erstrebte Durchbruch wurde abermals nach geringem Geländeverlust vereitelt.

Die heldenhaften Verteidiger von Breslau schlugen wiederum alle Angriffe der Bolschewisten ab. Die Säuberungskämpfe in dem wieder befreiten Gebiet von Bautzen, Kamenz und Königsbrück wurden abgeschlossen. Der Feind hatte hohe blutige Verluste. Zahlreiche Gefangene und umfangreiche Beute wurden eingebracht.

Über Norddeutschland herrschte während des ganzen Tages lebhafte Jagd- und Schlachtfliegertätigkeit.

Im Kampf gegen den feindlichen Nachschub und dessen Sicherung versenkte die Kriegsmarine im Monat April 29 Schiffe mit zusammen 159 200 BRT, vier Zerstörer, ein Unterseeboot, sechs Sicherungsfahrzeuge und fünf Schnellboote; ein Flugzeugträger, zwei Zerstörer und sieben Schnellboote wurden schwer beschädigt.

## 2. Mai

An der Spitze der heldenmütigen Verteidiger der Reichshauptstadt ist der Führer gefallen. Von dem Willen beseelt, sein Volk und Europa vor der Vernichtung durch den Bolschewismus zu erretten, hat er sein Leben geopfert[1]. Dieses Vorbild, getreu bis zum Tod, ist für alle Soldaten verpflichtend. Die Reste der tapferen Besatzung von Berlin kämpfen im Regierungsviertel, in einzelne Kampfgruppen aufgespalten, erbittert weiter.

In Mecklenburg drängte der Feind unsere Truppen bis zur Linie Neuruppin—Müritzsee—*Rostock* zurück. Jagd- und Schlachtfliegerverbände griffen mit guter Wirkung in die Kämpfe in Mecklenburg ein. In Nordwestdeutschland halten die Kämpfe mit den Engländern und Kanadiern in den bisherigen Schwerpunkten an. Unter Einsatz weiterer Verbände griff der Gegner aus seinem Brückenkopf nordwestlich Lauenburg an und gewann mit vorausgeworfenen Abteilungen den Raum nordwestlich *Mölln*. Aus dem Brückenkopf südöstlich *Boitzenburg* stießen amerikanische Panzer bis *Schwerin* vor.

In Sachsen verhielten sich die Amerikaner weiterhin ruhig und setzten sich im Fichtelgebirge einige Kilometer nach Westen ab.

Die 7. amerikanische Armee trat im oberbayrischen Raum zwischen *Plattling* und *Freising* zum Angriff nach Süden an. Im Stadtkern von München halten erbitterte Straßenkämpfe an. Aus dem Raum *Füssen* vorgehende Kräfte wurden östlich Garmisch-Partenkirchen und bei Lermoos abgewiesen.

In *Oberitalien* drängt der Feind beiderseits des Garda-Sees weiter nach Norden. In den Gebirgsausläufern nördlich Verona wurde er verlustreich abgewiesen. Die Besatzungen von Mailand und Novara verteidigten sich gegen konzentrische Angriffe des Gegners.

Sprengboote der Kriegsmarine versenkten an der südfranzösischen Küste einen feindlichen Kreuzer und einen Bewacher.

1 D. h. bereits am 30. 4., 15.30 Uhr. Da in den nach Mürwik gesandten Nachrichten verschwiegen worden war, daß es sich um Selbstmord handelte, wurde vorschnell angenommen, Hitler sei gefallen (vgl. *Karl Dönitz*, 10 Jahre und 20 Tage, Bonn 1958, S. 445).

Zwischen Mur und Donau in der Ostmark hielt auch gestern die Kampfpause an. Dagegen lebten die Kämpfe im Abschnitt Nikolsburg und Brünn, wo wiederholte Angriffe der Sowjets zerschlagen wurden, wieder auf. Östlich Brünn erzwang der Feind einen tieferen Einbruch auf Wischau.

Im Kampfraum Mährisch=Ostrau trieben die Sowjets einen starken Angriffskeil nach Südwesten vor und erreichten nach Inbesitznahme von Mährisch=Ostrau mit Panzerspitzen Wagstadt.

Nordwestlich Dresden durchbrach unser Angriff nach Norden die feindlichen Stellungen und drang tief in das sowjetische Hauptkampffeld ein.

Auf der Frischen Nehrung vernichteten unsere Truppen sechs Amphibien=Fahrzeuge aus einem sowjetischen Landungsverband.

Bei Tage beschränkten sich die Anglo=Amerikaner auf Jagdvorstöße und Tiefangriffe im norddeutschen Raum.

**3. Mai**

In der *Reichshauptstadt* setzen Reste der tapferen Besatzung in einzelnen Häuserblocks und im Regierungsviertel ihren heroischen Widerstand gegen die Bolschewisten immer noch fort.

Bei heftigen örtlichen Kämpfen blieb die Lage in Nordwestdeutschland zwischen Ems und unterer Weser im allgemeinen unverändert. Beiderseits des Elbe=Trave=Kanals stießen die Engländer aus dem Raum Mölln auf *Lübeck* vor und nahmen die Stadt. Vorgeworfene feindliche Abteilungen erreichten *Bad Segeberg* und den Raum nordwestlich *Plön*. Die von Schwerin nach Norden und Nordwesten angreifenden Amerikaner drangen bis zur Küste bei *Wismar* und in den Raum *Gadebusch* vor.

In Mecklenburg haben unsere Truppen die Linie vom Plauer See bis Rostock gegen starke Angriffe der Bolschewisten im wesentlichen gehalten.

In Bayern wurden unsere zusammengeschmolzenen Kräfte von den Amerikanern auf den Inn zurückgedrängt. Die Verteidiger von *München* sind der feindlichen Übermacht erlegen. Beiderseits des Würmsees erzielte der Gegner tiefe Einbrüche und bildete südlich Rosenheim einen Brückenkopf auf dem Ostufer des Inn. Am Bodensee sind Straßenkämpfe in *Bregenz* im Gange.

Von der *Westalpen*=Front kämpften sich unsere Truppen unter schwierigsten Bedingungen weiter nach Nordosten zurück. Am Nordteil des Garda=Sees hält der feindliche Druck an. Die gegen die Voralpen angreifenden feindlichen Kräfte drangen im Castelfranco und in Bassano ein. In Istrien behauptet sich die Besatzung von Fiume gegen konzentrische Angriffe des Gegners. Auch an der kroatischen Ostfront hielten unsere Truppen ihre Stellungen trotz zahlreicher Angriffe starker Bandenkräfte.

An der Ostfront setzten die Bolschewisten ihre Durchbruchsversuche im Abschnitt Nikolsburg fort. Sie blieben bis auf örtliche Einbrüche erfolglos. Nordöstlich Brünn konnte der Feind seinen Einbrauchsraum erweitern und nach harten Kämpfen Wischau nehmen. Südwestlich Mährisch=Ostrau wurden die Sowjets nach einigen Kilometern Bodengewinn durch sofort angesetzte Gegenstöße aufgefangen.

Auf der Frischen Nehrung halten die schweren Abwehrkämpfe an. Aus Kurland wird nur örtliche Kampftätigkeit gemeldet.

Die feindliche Luftwaffe führte vor allem im norddeutschen Raum zahlreiche Tiefangriffe und setzte den Terror gegen die Zivilbevölkerung fort.

Das Oberkommando der Wehrmacht gibt ferner bekannt: Das Oberkommando der Wehrmacht hat die Marinestützpunkte *Kiel* und *Flensburg* zu offenen Städten erklärt und angeordnet, daß sie nicht zu verteidigen sind.

Ergänzend zum Wehrmachtbericht erfahren wir von militärischer Seite:

In der *Reichshauptstadt* brachten die Sowjets am Mittwoch noch einmal die ganze Fülle ihres Kriegsmaterials zur Anwendung, um den Widerstand der fanatisch kämpfenden Besatzung zu zerbrechen. Fortgesetzt rollten die Salven der Geschütze und Werfer; ununterbrochen gingen Bomben nieder, und pausenlos ratterten die Maschinengewehre. Durch die zusammenstürzenden Häuser der Altstadt schoben sich die feindlichen Panzer und Sturmbataillone schrittweise vorwärts. Hochgehende Sprengungen zerrissen Bunker und Untergrundbahnschächte. Ihre Trümmer begruben Verteidiger und Angreifer. Im Regierungsviertel erfüllen die Helden von Berlin mit letzter Kraft das Vermächtnis des Führers. Die zahlreichen, auf sich selbst gestellten Widerstandsnester machen dem Feind immer noch schwer zu schaffen.

Südwestlich und westlich Berlin kämpfen sich unsere Truppen nach Aufnahme der aus der feindlichen Umklammerung ausgebrochenen 9. Armee nach Nordwesten zurück. Sie schlugen schwere Flankenangriffe ab und hielten den Verbindungskorridor durch zähen Widerstand bei Brandenburg und Rathenow offen.

Das Schwergewicht der bolschewistischen Angriffe lag in *Mecklenburg*. Hier drängt der Feind zwischen dem Plauer=See und der Mecklenburger Bucht mit mehreren starken Stoßkeilen nach Westen. Seine Angriffe brachen im wesentlichen zusammen. Den in breiter Front anstürmenden Sowjets stoßen aus dem Raum Mölln-Lübeck starke britische Kräfte entgegen. Vorgeworfene Panzergruppen nahmen bei Grabow und Wismar die Fühlung mit den Bolschewisten auf. Ein zweiter, im oberen Trave=Gebiet nach Norden vorstoßender britischer Keil erreichte die Linie Bad Segeberg–Plön und schob sich im Laufe des Donnerstags durch das unverteidigte Gebiet von Kiel mit Spitzen bis in die Gegend von Eckernförde vor. Unsere Flieger sicherten die eigenen Absetzbewegungen gegen fortgesetzte britische Tieffliegerangriffe. Zwischen Hamburg und Leer führten die Briten nur örtliche Angriffe bei Stade, Oldenburg und dem Mündungsgebiet der Ems; ins Gewicht fallende Fortschritte blieben ihnen versagt.

Im südlichen Widerstandsraum zwischen München und Brünn, Dresden und St. Pölten drängte der Gegner unsere zusammengeschmolzenen Kräfte im Alpenvorland und Niederbayern weiter zurück. Im Bodenseegebiet sind bei

Bregenz harte Kämpfe mit dem in Richtung auf die Schweizer Grenze und gegen den Arlberg=Paß drängenden Feind entbrannt. Versuche der Anglo=Amerikaner, von Füssen und Partenkirchen aus die Wasserscheide zwischen Isar und Inn zu überschreiten, scheiterten, während östlich München feindliche Panzerspitzen bei Rosenheim einen Brückenkopf bildeten. Die nach schweren Straßenkämpfen in München nunmehr freigewordenen Teile der 7. amerikanischen Armee haben sich ebenfalls den Angriffen gegen die Inn=Linie angeschlossen. Im Raum von Passau sind jedoch immer noch starke feindliche Kräfte gefesselt, so daß nur Teilkräfte im Donau=Tal abwärts vorfühlen konnten.

Im Böhmerwald, in der Lausitz, längs den Sudeten und bei Brünn kam es nur zu räumlich begrenzten Kämpfen. In der Lausitz vertieften unsere Truppen am Vortage erzielte Einbrüche im feindlichen Hauptkampffeld. Die Besatzung von Breslau wies abermals stärkere sowjetische Angriffe ab. In Mährisch=Ostrau und beiderseits Brünn vereitelten unsere Verbände die Durchbruchsversuche der bei Wittkowitz, Wischen, Brünn, Nikolsburg mit erheblichen Kräften angreifenden Bolschewisten.

### 4. Mai

Der Kampf um die Reichshauptstadt ist beendet. In einem einmaligen, heroischen Ringen haben Truppen aller Wehrmachtteile und Volkssturmeinheiten, ihrem Fahneneid getreu, bis zum letzten Atemzug Widerstand geleistet und ein Beispiel besten deutschen Soldatentums gegeben.

In Ostfriesland und in Holstein setzten sich unsere Divisionen befehlsgemäß auf die Linie *Emden—Brake—Bremen—Glückstadt* bis zur *Kieler Förde* ab. Hamburg und Neumünster wurden von britischen Truppen besetzt, nachdem sie vom Oberkommando der Wehrmacht vorher zu offenen Städten erklärt worden waren.

Die Masse unserer Truppen im mecklenburgischen Raum hat sich in schweren Kämpfen gegen die Sowjets auf das Westufer der Elbe und hinter die Linie *Schwerin—Wismar* auf das von angelsächsischen Truppen besetzte Gebiet zurückgeschlagen und dort die Waffen gestreckt.

Im Raum südlich der Donau stießen die Amerikaner auf *Linz* und weiter südlich an und über den Inn nach Osten vor. Unsere von ihren rückwärtigen Verbindungen abgeschnittenen Truppen in der Lombardei und im Gebiet nördlich der Etsch sind gruppenweise im Zurückgehen auf die Alpen. In *Fiume* drang der Feind an einigen Stellen in die Stadt ein. An der Südspitze von Istrien und um *Pola* wird gekämpft. An der Front zwischen Mur und Donau sind bei *Mürzzuschlag* und im Abschnitt *St. Pölten* erneut heftige Kämpfe im Gange. Gegen die Flanken unseres Frontbogens südöstlich Mährisch=Ostrau warfen die Bolschewisten neue Kräfte in den Kampf und konnten nordöstlich *Wischau* und bei *Wagstadt* Boden gewinnen.

Auf der *Frischen Nehrung* halten die Kämpfe an.

In *Holland, Kurland, Dänemark* und *Norwegen* fanden keine Kampfhandlungen statt. Die holländische Bevölkerung wird im Einvernehmen mit dem deutschen Oberbefehlshaber in den Niederlanden von englischen Flugzeugen durch Abwurf von Lebensmitteln versorgt.

**5. Mai**

Nach Vereinbarung mit dem Oberbefehlshaber der 21. britischen Heeresgruppe, Feldmarschall Montgomery, besteht seit heute früh acht Uhr in Holland, in Nordwestdeutschland von der Ems-Mündung bis zur Kieler Förde sowie in Dänemark (einschließlich der diesen Gebieten vorgelagerten Inseln) Waffenruhe. Hiervon werden auch die gegen England gerichteten Operationen der Kriegsmarine und Handelsmarine aus und nach den Häfen der genannten Räume betroffen. Diese Waffenruhe wurde nach fast sechsjährigen, ehrenvollen Kämpfen auf Befehl des Großadmirals Dönitz vereinbart, da der Krieg gegen die Westmächte seinen Sinn verloren hat und nur zum Verlust kostbaren deutschen Blutes, vor allem durch den Bombenkrieg, führt. Der Widerstand gegen die Sowjets aber wird fortgesetzt, um möglichst viele deutsche Menschen vor dem bolschewistischen Terror zu bewahren. Alle nicht von der Waffenruhe betroffenen Streitkräfte der Wehrmacht setzen den Kampf gegen jeden Angreifer fort.

Unsere Seefestungen am Atlantik melden beiderseitige Aufklärungs- und Artillerietätigkeit. In Nordwestdeutschland tasteten die Kanadier gestern unsere Linien in Osfriesland ab. Britische Verbände griffen westlich *Bremervörde* an und nahmen mehrere Ortschaften. In *Holstein* besetzte der Gegner *Kiel.*

Weitere Teile unserer 9. und 12. Armee haben sich aus dem Raum östlich *Magdeburg* auf das von den Amerikanern besetzte Gebiet westlich der Elbe zurückgekämpft.

An der Donau nahmen amerikanische Verbände *Linz* in Besitz. Weiter südwestlich schieben sich feindliche Kräfte auf *Salzburg* vor.

Der Oberbefehlshaber unserer Streitkräfte in *Italien* hat nach heldenhaften Kämpfen Verhandlungen mit General Alexander, dem Befehlshaber der anglo-amerikanischen Truppen, aufgenommen. An der deutsch-italienischen Grenze nähern sich feindliche Abteilungen von beiden Seiten dem *Brenner,* um die Verbindung herzustellen.

In *Istrien* wird um unsere Stützpunkte Triest, Abbazia und Fiume heftig gekämpft.

Unsere Heeresgruppe in *Kroatien* setzt sich unter fortgesetzten Gefechten mit starken Bandenkräften zwischen Save und Drau nach Westen ab.

Die Inselstützpunkte in der *Ägäis* erfüllen auf vorgeschobenen Bastionen ihre Pflicht für Deutschland.

Die Rücknahme des Frontbogens südöstlich *Mährisch-Ostrau* verläuft planmäßig. Nordöstlich *Wischau* und aus dem Raum *Wagstadt–Königsberg* setzen die Bolschewisten ihre Durchbruchversuche fort. Bei *Olmütz* sind erbitterte Kämpfe im Gange.

Auf der *Frischen Nehrung* wurden die Sowjets in fortgesetzten Gegenstößen nach geringem Geländeverlust aufgefangen. In *Kurland* hält die Kampfpause an.

## 6. Mai

6. Mai 1945. Das Oberkommando der Wehrmacht gibt bekannt:[1]

Gemäß Vereinbarung mit dem britischen Oberbefehlshaber, Feldmarschall Montgomery, landeten die Engländer im Raum *Kopenhagen* schwächere Besatzungstruppen aus der Luft.

An den übrigen Fronten in *Nordwestdeutschland* herrscht Kampfruhe. Die Amerikaner setzten in *Oberbayern* und in den Alpen ihren Vormarsch nach Süden und Osten fort.

In *Italien* ist nach gegenseitigem Einvernehmen des deutschen und des anglo-amerikanischen Oberbefehlshabers Waffenruhe eingetreten.

Die Kämpfe um einige Stützpunkte in *Istrien* halten noch an. Unsere Absetzbewegungen in *Kroatien* verlaufen unter Nachdrängen starker Tito-Kräfte planmäßig.

Während im Südabschnitt der Ostfront keine Kampfhandlungen von Bedeutung stattfanden, dauern die schweren Kämpfe im Raum von *Olmütz* an, wo die Sowjets nur geringfügig Gelände gewinnen konnten. Westlich Wagstadt drang der Feind in unser Hauptkampffeld nördlich der oberen Oder ein.

An der Front in *Schlesien* und in *Sachsen* verhielt sich der Gegner wie bisher ruhig.

Auf der *Frischen Nehrung* sind wechselvolle Kämpfe, insbesondere um den Ort Schottland, im Gange. Aus *Kurland* werden mehrere vergebliche Aufklärungsvorstöße gemeldet.

## 7. Mai

Aus dem Hauptquartier des Großadmirals, 7. Mai. Das Oberkommando der Wehrmacht gibt bekannt[2].

Die Amerikaner setzten im bayerischen Raum ihre Bewegungen fort, ohne daß es zu besonderen Ereignissen kam.

In Kroatien setzen sich unsere Divisionen weiter nach Nordwesten ab.

Vor dem Südabschnitt der Ostfront beschränkten sich die Sowjets auch gestern auf vereinzelte Aufklärungsvorstöße.

1 Diese hier zum letzten Mal benutzte Formel wurde ab 7. 5. abgeändert.
2 Vgl. die vorige Anm.

Gegen den Raum von *Olmütz* und nördlich davon greifen sie ununterbrochen stark an. In schweren Kämpfen konnte der Feind einen tiefen Einbruch bis zur Straße Olmütz—Freudenthal erzwingen. Von Westen stoßen amerikanische Abteilungen von *Pilsen* auf Prag vor.

Im schlesisch=sächsischen Raum hält die Kampfpause an.

Auf der *Frischen Nehrung* drängten die Bolschewisten unsere Sperrverbände in beiderseits verlustreichen Kämpfen bis an den Ort *Vogelsang* zurück.

Aus *Kurland* werden keine Kampfhandlungen von Bedeutung gemeldet.

**8. Mai**

Aus dem Hauptquartier des Großadmirals, 8. Mai. Das Oberkommando der Wehrmacht gibt bekannt:

Artillerie der Atlantik=Festungen bekämpfte feindliche Batterien und Truppenbewegungen. Schwächere Aufklärungsvorstöße des Gegners wurden abgewiesen.

In *Norwegen* verlief der Tag ruhig.

In *Kroatien* haben unsere Truppen die Linie Koprivnica—Slunj nach Westen überschritten.

Während die Sowjets im Südabschnitt der Ostfront weiterhin verhalten, sind amerikanische Verbände aus dem Raum *Linz* im Vorgehen nach Osten. In *Mähren* nahmen die heftigen Abwehrkämpfe südöstlich *Brünn* und im Großraum *Olmütz* ihren Fortgang. Die Städte Olmütz und *Sternberg* gingen verloren. Amerikanische Abteilungen erreichten Beraun.

Auf der *Frischen Nehrung* hat sich die Lage trotz anhaltender starker Angriffe des Feindes nicht verändert.

In *Kurland* beschränkten sich die Sowjets auch gestern auf örtliche Vorstöße.

Das Oberkommando der Wehrmacht gibt bekannt:

Sondermeldung:

Am *9. Mai 1945, 0.00 Uhr,* sind auf allen Kriegsschauplätzen von allen Wehrmachtteilen und von allen bewaffneten Organisationen oder Einzelpersonen die Feindseligkeiten gegen alle bisherigen Gegner einzustellen.

Jede Zerstörung oder Beschädigung von Waffen und Munition, Flugzeugen, Ausrüstung, Gerät jeder Art sowie jede Beschädigung oder Versenkung von Schiffen widerspricht den vom Oberkommando der Wehrmacht angenommenen und unterzeichneten Bedingungen und ist im Gesamtinteresse des deutschen Volkes mit allen Mitteln zu verhindern. Diese Bekanntmachung gilt für jedermann als Befehl, der auf dem militärischen Dienstwege einen solchen nicht erhalten haben sollte.

Vom 9. Mai 1945, 0.00 Uhr, ab ist ferner auf sämtlichen Funklinien aller Wehrmachtteile nur mehr offen zu funken.

Im Auftrag des Großadmirals
gez.: Jodl
Generaloberst

## 9. Mai

**(Abschlußmeldung[1]:)**

In *Ostpreußen* haben deutsche Divisionen noch gestern die Weichsel-Mündung und den Westteil der Frischen Nehrung tapfer verteidigt, wobei sich die 7. Division besonders auszeichnete. Dem Oberbefehlshaber, General der Panzertruppen von Saucken, wurden in Anerkennung der vorbildlichen Haltung seiner Soldaten das Eichenlaub mit Schwertern und Brillanten zum Ritterkreuz des Eisernen Kreuzes verliehen.

Als vorgeschobenes Bollwerk fesselten unsere Armeen in *Kurland* unter dem bewährten Oberbefehl des Generalobersten Hilpert monatelang überlegene sowjetische Schützen- und Panzer-Verbände und erwarben sich in sechs großen Schlachten unvergänglichen Ruhm. Sie haben jede vorzeitige Übergabe abgelehnt. In voller Ordnung wurden mit den nach Westen noch ausfliegenden Flugzeugen nur Versehrte und Väter kinderreicher Familien abtransportiert. Die Stäbe und Offiziere verblieben bei ihren Truppen. Um Mitternacht wurden von der deutschen Seite, entsprechend den unterzeichneten Bedingungen, der Kampf und jede Bewegung eingestellt.

Die Verteidiger von *Breslau*, die über zwei Monate lang den Angriffen der Sowjets standhielten, erlagen in letzter Stunde nach heldenhaftem Kampf der feindlichen Übermacht.

Auch an der *Südost- und Ostfront*, von Brünn bis an die Elbe, haben alle höheren Kommando-Behörden den Befehl zum Einstellen des Kampfes erhalten. Eine tschechische Aufstandsbewegung — sie umfaßt ganz Böhmen und Mähren — kann die Durchführung der Kapitulationsbedingungen in diesem Raum gefährden.

Meldungen über die Lage bei den Heeresgruppen Löhr, Rendulic und Schörner liegen beim Oberkommando zur Stunde noch nicht vor.

Weitab vom Vaterland haben die Verteidiger der *Atlantikstützpunkte*, die Truppen in *Norwegen* und die Garnisonen der Inseln in der *Ägäis* in Gehorsam und Disziplin die Ehre des deutschen Soldaten gewahrt.

Seit Mitternacht schweigen nun an den Fronten die Waffen. Auf Befehl des Großadmirals hat die Wehrmacht den aussichtslos gewordenen Kampf eingestellt. Damit ist das fast sechsjährige, ehrenhafte Ringen zu Ende. Es hat uns große Siege, aber auch schwere Niederlagen gebracht. Die deutsche Wehrmacht ist am Ende einer gewaltigen Übermacht ehrenvoll unterlegen.

Der deutsche Soldat hat, getreu seinem Eid, im besten Einsatz für sein Volk für immer Unvergeßliches geleistet. Die Heimat hat ihn bis zuletzt mit allen Kräften unter schwersten Opfern unterstützt. Die einmalige Leistung von

1 Hier nach Sammlung *Herda;* ähnlich die mir durch A. *Hillgruber* zugänglich gemachte Originalfassung im „Deutschen Soldatenkalender", 1955 S. 160 (bei *Jacobsen,* a.a.O., S. 384 f.: Nr. 133 nach einer Rückübersetzung aus dem Englischen).

Front und Heimat wird in einem späteren Urteil der Geschichte ihre endgültige Würdigung finden.

Den Leistungen und Opfern der deutschen Soldaten zu Wasser, zu Lande und in der Luft wird auch der Gegner die Achtung nicht versagen. Jeder Soldat kann deshalb die Waffen aufrecht und stolz aus der Hand legen und in der schwersten Stunde unserer Geschichte tapfer und zuversichtlich an die Arbeit gehen für das ewige Leben unseres Volkes.

Die Wehrmacht gedenkt in dieser schweren Stunde ihrer vor dem Feind gebliebenen Kameraden. Die Toten verpflichten zu bedingungsloser Treue, zu Gehorsam und Disziplin gegenüber dem aus zahllosen Wunden blutenden Vaterland.

# 2. Abschnitt

# Maßnahmen, Berichte usw. vom 1. Januar – 20. April 1945 (unvollständig)

INHALT DES 2. ABSCHNITTS

## II. Teil
## Die einzelnen Kriegsschauplätze

### A. Der Nordraum (Norwegen — Dänemark)



### B. Der Westen

# Vorbemerkung

## 1. Die Unterlagen und ihre Entstehung

*Der 2. Abschnitt meiner das Jahr 1945 betreffenden Aufzeichnungen beruht auf zwei Aktenheftern, die ich nach der Kapitulation der US-Army zusammen mit „Ausarbeitungen" über 1944 aushändigte (über die näheren Umstände vgl. den II. Teil der „Erläuterungen" am Schluß dieses Bandes).*

*Die beiden Hefter wurden mir im Frühjahr 1948 in Göttingen von einem Offizier der Historical Division der US-Army mit der Bitte vorgelegt, über die Entstehung meiner Niederschrift Auskunft zu geben und den Inhalt zu erläutern. Ich machte den Gegenvorschlag, daß ich den Inhalt so anordnen wolle, wie ich es getan hätte, wenn mir die Möglichkeit gelassen worden wäre, das Kriegstagebuch noch in der Anordnung fortzusetzen, wie ich das im Jahre 1944 hatte tun dürfen: also getrennt nach Kriegsschauplätzen bzw. Sachgruppen und mit Trennung des Wichtigen von dem weniger Wichtigen.*

*Die Historical Division griff diesen Vorschlag auf, und ich fertigte darauf in den Monaten April–Juni 1948 eine „Ausarbeitung" an, die 449 Seiten in Schreibmaschinenschrift stark ausfiel[1].*

*In der „Vorbemerkung des Bearbeiters", die ich diesem Bande vorausschickte, gab ich zunächst Auskunft darüber, wie das von mir geführte „Lagebuch" sowie mein „Merkbuch" zustande gekommen waren (vgl. dazu jetzt noch genauer den II. Teil der „Erläuterungen"). Dann heißt es weiter:*

„Da gemäß der mir erteilten Weisung ab 1. 1. 1945 das bisher befolgte Prinzip der sogenannten Ausarbeitungen eingestellt werden mußte, blieb nur übrig, die wichtigsten Aktenstücke, getrennt nach Kriegsschauplätzen bzw. Sachgebieten, zu registrieren und dabei das Wichtigste auszuziehen und das Allerwichtigste im Anschluß an den Originalwortlaut wiederzugeben. Ich teilte diese Arbeit zwischen mir und meinen Mitarbeitern auf, die durchweg akademisch gebildet waren, kontrollierte aber auch das von ihnen Fertiggestellte. Auf diese Weise entstand der Inhalt des blauen Hefters ‚*Kriegs-Tagebuch*' Januar–Februar 45, ohne Signatur (im folgenden Abschnitt zitiert als: Aktenauszüge)."

„Über die *letzten Tage* (20. 4.–3. 5. 1945) habe ich noch Aufzeichnungen gemacht: z. T. ein Bericht über das Schicksal der nach Süden verlegten Hälfte des WFStabs, z. T. Auszüge aus den letzten Akten, die kurz vor der Kapitulation unter meiner Aufsicht verbrannt wurden. Meine Aufzeichnungen über die letzten Tage ab 20. 4. sind schon deshalb fragmentarisch, weil der Führungsstab Süd nur noch über unzulängliche Nachrichtenverbindungen verfügte. Lagebesprechungen fanden wohl noch statt; doch habe ich meine Aufzeichnungen darüber noch selbst vernichtet."

1 Sie trägt die Überschrift:

„*Die Deutsche Wehrmacht in der letzten Phase des Krieges*"
(1. Januar 1945 bis zur Kapitulation am 7. Mai 1945)
*Ausarbeitung*
von Prof. Dr. phil. *Percy Ernst Schramm*, Major der Reserve, ehemals Führer des Kriegstagebuches des Wehrmachtführungsstabes, auf Grund der von ihm der US-Army übergebenen Akten, nämlich des „*Lagebuchs*" (Aufzeichnungen über die tägliche Lagebesprechung) sowie der Auszüge aus den Akten des WFStabs (nur unvollständig erhalten), angefertigt April–Juni 1948 in Göttingen."
Durchschläge überließ ich bereits damals dem Bundesarchiv und anderen Stellen.

*Anschließend stellte ich zusammen, welche Tage in dem Hefter mit dem „Lagebuch" nicht vorhanden waren. Diese Angaben zu wiederholen, erübrigt sich erfreulicherweise, da sich das von mir an die Abteilung „Wehrmacht / Kriegsgeschichte" abgelieferte Exemplar erhalten hat, das bis zum 31. 3. läuft und bis dahin vollständig ist. Daran schließen dann lückenlos wieder die in dem Exemplar der US-Army erhaltenen Teile des „Lagebuchs" an, das bis zum 19. 4. 45 reicht, allerdings ab 1. 4. einige Kriegsschauplätze nicht verzeichnet (vorstehend abgedruckt als 1. Abschnitt).*

*Das „Kriegstagebuch", d. h. die „Aktenauszüge", reichen leider nur bis zum 28. 2. 45*[1]*. Vielleicht befand sich ein Durchschlag in dem Zweitexemplar des Kriegstagebuchs, das zugrunde ging (vgl. den II. Teil der „Erläuterungen"); vielleicht gehörten diese Notizen auch zu dem Bestand, den ich verbrennen mußte, um das übrige sicherzustellen. Daß ich der Abteilung „Wehrmacht/Kriegsgeschichte" auch noch von diesen Aufzeichnungen einen Durchschlag ablieferte, ist im Hinblick auf den März möglich. Doch muß wohl mit dem endgültigen Verlust gerechnet werden. Er läßt sich insofern verschmerzen, als es sich ja nur noch um Maßnahmen in einer völlig ausweglos gewordenen Lage handelte, die sich angesichts der tatsächlichen Situation rückschauend gespenstisch ausnehmen.*

## 2. Methode der Bearbeitung

*Über die bei der sachgemäßen Gruppierung des Rohmaterials im April–Juni 1948 befolgte „Methode der Bearbeitung" schickte ich meiner Bearbeitung folgende Angaben voraus:*

„Die Frage, ob ich als Historiker vorgehen sollte oder nur als Registrator von Fakten, habe ich mir dahin beantwortet, daß nur die zweite Möglichkeit in Frage kommen dürfe. Die befolgte Methode richtet sich in jedem Einzelabschnitt nach dem Umfang und dem Gewicht der Unterlagen. *Hauptgrundsatz war, nichts Eigenes hinzuzufügen*, also die Darstellung nicht aus der klareren Einsicht, die sich durch den weiteren Ablauf und erst recht durch das aus anderen Quellen Bekanntgewordene ergab, zu ergänzen oder zu berichtigen. Das Ziel ist also, aus einer Fülle von Mosaiksteinchen, von denen jedes einzelne ein verbranntes Dokument ersetzt, das Mosaik zusammenzusetzen, das entstanden wäre, wenn nicht ab 1. 1. 1945 die vereinfachte Bearbeitung hätte eingeführt werden müssen. Aus diesem Grunde ist daher auch die damals übliche militärische Ausdrucksweise beibehalten worden, obwohl es das Verständnis vereinfacht hätte, wenn kurz von Hitler, Himmler, Göring usw. gesprochen würde. Denn nur auf diese Weise ließ sich der dokumentarische Wert erhalten, der den Unterlagen zukommt. Die nachfolgende Darstellung kann daher beanspruchen, gleichfalls noch ein Dokumentenwerk darzustellen, bei dem die Person des Bearbeiters ohne Belang ist."

„Die Nachteile, die sich dadurch ergeben (Ungleichheit der Einzelabschnitte, Verzicht auf leichte Lesbarkeit, fehlende Wertung, keine Abrundung durch sonst greifbares Material) liegen auf der Hand, aber sie sind bewußt in Kauf genommen worden, da das Innehalten des Hauptgrundsatzes dem Bearbeiter wichtiger dünkte."

1 Einige Ausnahmen (März–April) in den Anhangsabschnitten.

*Der 1948 hergestellte Text ist hier wörtlich wiederholt*[1]. *Doch sind hier die in ihn eingefügten Angaben aus dem „Lagebuch" wieder herausgelöst worden, da sie dem Leser bereits im 1. Abschnitt vorgelegt worden sind. Einzelne Angaben von Wichtigkeit sind hier wiederholt, aber durch Kleindruck und Hinweise auf den 1. Abschnitt kenntlich gemacht.*

*Aus diesen Angaben entnehme der Benutzer, daß es sich beim 2. Abschnitt genauso um ein unverändertes „Dokument" handelt wie bei den anderen Teilen meines Kriegstagebuchs.*

*In die Bearbeitung von 1948 sind an den sachgemäßen Stellen noch Auszüge aus den OKW-Akten eingefügt, die sich in dem (nicht verbrannten und von den Engländern nach London gebrachten) Archiv der Kriegsmarine erhalten haben (jeweils kenntlich gemacht in Anmerkungen). Ein Verzeichnis dieser Akten (66 Nummern) wird dem Benutzer im 1. Anhang zum III. Teil der „Erläuterungen" geboten.*

1 Die Abkürzungen sind — wie in den anderen Teilen des KTB — aufgelockert und normalisiert. Außerdem ist überall Imperfekt eingesetzt (im Ms. zum Teil: Präsens).

# I. Teil

## Oberste Führung, Wehrmachtgefüge und Wehrwirtschaft

## I. Die Oberste Führung und das Heimatkriegsgebiet

### 1. Allgemeines

Auch noch die letzte Phase des Krieges war dadurch gekennzeichnet, daß Adolf Hitler versuchte, alle Zügel fest in seiner Hand zu behalten. Ausdruck dafür ist unter anderem ein am 19. 1. an alle Oberbefehlshaber ergangener Führerbefehl über das rechtzeitige Erstatten von Meldungen, in dem die Kommandeure bis zu den Div.-Kommandeuren persönlich für das so rechtzeitige Melden verantwortlich gemacht wurden, daß gegebenenfalls noch ein Gegenbefehl erfolgen konnte, und zwar betreffend jeden Entschluß zu einer operativen Bewegung, jeden Angriff vom Div.-Verband an aufwärts, jeden Angriff an ruhigen Fronten, der mehr als ein Stoßtruppunternehmen war, jede Absetz- und Rückzugsbewegung, jede Freigabe einer Stellung, eines Ortsstützpunktes oder einer Festung. Verlangt wurde ungeschminkte Wahrheit; Verschleierung wurde mit drakonischen Strafen bedroht. Jeder Führer wurde persönlich verantwortlich gemacht, daß seine Nachrichtenverbindung zur vorgesetzten Kommandostelle nicht abriß.

### 2. Standorte des Führerhauptquartiers

Das FHQu. war zu Beginn der Ardennenoffensive (16. 12.) in den Raum von Ziegenberg (Hessen), der WFStab in die Kaserne bei Friedberg verlegt worden. Mitte Januar wurde das FHQu. angesichts der Entwicklung im Osten nach Berlin zurückverlegt, und zwar:

Führer mit Chefadj., Leiter der Parteikanzlei usw. in die Reichskanzlei,
Chef OKW und Chef WFStab in ihre Dienstwohnungen in Berlin-Dahlem,
Stellv. Chef mit Rest des WFStabs in Zossen bei Berlin: Lager „Maybach I".

Das Lager Zossen wurde am 15. 3. von 14.30—15.00 Uhr von 675 Bombern, die durch Jäger begleitet wurden, angegriffen. Nach feindlichen Funknachrichten wurden 6000 Sprengbomben, darunter solche mit 1000 kg Gewicht, und 325 Tonnen Brandbomben abgeworfen. Im Lager „Maybach I" wurden 3 Mann getötet; im Lager „Maybach II", in dem der GenStdH untergebracht war, waren die Verluste an Menschenleben etwas höher. Eine Reihe von Baracken brannte ab; die Bunkeranlagen bewährten sich. Daher funktionierten auch die Nachrichtenverbindungen weiter. Der Dienstbetrieb erfuhr keine Unterbrechung. Der leicht verwundete Chef der Operationsabt., General Krebs, trat am nächsten Tag seinen Dienst wieder an (vgl. S. 1177, Eintrag im Lagebuch: 16. 3. Westen — Reich).

Diese Unterbringung wurde bis zum 20. 4. beibehalten.

Am 20. 4. wurden Teile des WFStabs mit dem Stellv. Chef in Pkw.s und Lkw.s in Marsch gesetzt. Am 22. 4. entschloß sich Hitler, das Ende in Berlin zu finden. Die nachgebliebenen Reste des WFStabs mit Chef OKW sowie Chef WFStab erreichten am 3. 5. früh Mürwik (s. unten S. 1471: KTB des Führungsstabs A (Nord)).

### 3. Befehlsführung im Heimatkriegsgebiet

Große Schwierigkeiten ergaben sich durch das Zurückweichen der Fronten im Osten und Westen, wodurch Teile des Heimatkriegsgebietes Operationsgebiet wurden, die angrenzenden in dessen Nähe rückten. Der GenStdH drängte darauf, daß ihm vorausschauend die bedrohten Wehrkreise unterstellt wurden; dem stand der Wunsch entgegen, der Bevölkerung so lange wie irgend möglich die unmittelbare Not des Landkrieges zu ersparen.

#### *a) Maßnahmen im Osten und an der Ostseeküste bis Ende Februar*

Am 14. 1. erhielt der GenStdH Weisungsrechte in den Wehrkreisen II und III für die Aufgaben des Stellungsbaues und die Vorbereitung der Kampfführung; beantragt hatte er das gleiche für die Wehrkreise I, VIII, XX und XXI.

Die Befugnisse und Aufgaben der Gauleiter und Reichsverteidigungskommissare blieben von der militärischen Neuregelung unberührt.

Am 18. 1. wurde eine Anzahl Kreise der Wehrkreise I und XX dem *Feldheer* unterstellt.

Am 19. 1. wurden die Befehlsbefugnisse zwischen dem GenStdH und dem *Führungsstab Ostküste,* der bereits am 10. 12. 1944 eine Kampfanweisung erhalten hatte, geregelt:

1. Für den Stellungsbau und die Vorbereitung der Kampfführung in der 30 km tiefen Küstenverteidigungszone des Führungsstabes Ostküste wurde Führungsstab Ostküste verantwortlich.
2. Für den in der Küstenverteidigungszone liegenden Abschnitt des Stellungssystems des GenStdH (Pommern-Stellung, Nibelungen-Stellung) wurde Führungsstab Ostküste an die Weisungen des GenStdH gebunden.

Änderungen in der Abgrenzung der Befehlsgebung sollten nach der operativen Lage durch OKW befohlen werden.

Am 20. 1. unterstellte der *Chef OKW* die Befehlshaber der Wehrkreise I und XX dem Oberkdo. der bisherigen Heeresgr. Mitte (Gen.-Oberst Reinhardt). Für die Neuregelung der Befehlsverhältnisse galt die am 18. 1. erlassene Befehlsgliederung im Wehrkreis I. Bei Eingriffen des GenStdH (Heeresgr. Mitte) in Einsatz und Unterbringung der in den Wehrkreisen vorhandenen Ersatz- und Ausbildungstruppenteile war das Einverständnis des Oberbefehlshabers des Ersatzheeres herbeizuführen.

Am 25. 1. wurde Wehrkreis XX dem Oberkdo. Heeresgr. Weichsel in jeder Beziehung unterstellt.

Der *Chef OKW* unterstellte ferner am 30. 1. den Befh. im Wehrkreis VIII dem Oberkdo. der Heeresgr. Mitte (Gen.-Oberst Schörner). Regelung der Befehlsverhältnisse vgl. Befehlsgliederung Wehrkreis I; aber für Einsatz und Unterbringung der im Wehrkreis VIII vorhandenen Ersatz- und Ausbildungstruppenteile blieb das Einverständnis des OBdE nötig.

Am 1. 2. regelte der *Chef OKW* auf Vorschlag des Wehrm.-Befehlshabers für *Böhmen und Mähren* vom 26. 1. die territorialen Befehlsbefugnisse zwischen dem Oberkdo. Heeresgr. Mitte und dem Wehrmachtsbevollmächtigten beim Staatsminister für Böhmen und Mähren im Hinblick auf die Entwicklung der Lage und die besonderen Verhältnisse im Protektorat.

Am 2. 2. faßte der *Chef OKW* die über die Befehlsverhältnisse im *Wehrkreis III* schriftlich (vgl. 14. 1.) und mündlich gegebenen Befehle zusammen:

1. Unterstellung des Befehlshabers im Wehrkreis III in Fragen der Kampfführung vgl. 14. 1.
2. Der Befehlshaber des Wehrkreises III ist für die *Verteidigung der Reichshauptstadt* dem Führer unmittelbar verantwortlich; er darf für andere Führungsaufgaben vom GenStdH nicht herangezogen werden.
3. Dem Befh. des Wehrkreises III unterstehen territorial alle Truppenteile, Dienststellen und Einrichtungen des Feldheeres, die in den Wehrkreis verlegt werden.
4. Der Wehrm.-Befh. übernimmt als oberster Territorialbefehlshaber gegenüber den anderen Wehrm.-Teilen und der Waffen-SS alle sich hieraus ergebenden wehrmachtmäßigen Pflichten und Rechte.
5. Die Ersatz- und Ausbildungstruppenteile und die Neuaufstellungen des OBdE im Wehrkreis bleiben dem OBdE unterstellt. Für diese erhält der Stellv. Kommand. General Befehle weiterhin durch den OBdE. Die Befehlsführung für Bereitstellung und Einsatz von Kampfgruppen und Alarmeinheiten aus Dienststellen und Truppenteilen des Ersatzheeres ist zwischen GenStdH und OBdE unmittelbar zu regeln.
6. Die 1. Flak-Div. ist vom Befh. Wehrkreis III in die Verteidigung Berlins einzubeziehen. Sie tritt für den Erdkampf unter seinen Befehl. Unberührt bleibt hiervon die Unterstellung unter die Kdo.-Behörden der Luftwaffe in allen Fragen der Luftverteidigung.

4. 2. Die Entwicklung der Lage machte am 4. 2. die völlige *Übereinstimmung* aller organisatorischen und taktischen Maßnahmen der *Befehlshaber der Wehrkreise* mit den entsprechenden Maßnahmen der an der Front führenden *Feldkommandobehörden* notwendig.

*Chef OKW* forderte daher von den Befehlshabern der frontnahen Wehrkreise,

1. daß sie durch Entsendung von Verbindungsoffizieren ständige Verbindung mit den Feld-Kdo.-Behörden hielten,

2. daß sie auch ständig mit den Nachbarwehrkreisen zur Unterrichtung und Abstimmung ihrer Maßnahmen Verbindung hielten,

3. daß sie selbständig sich über die tatsächliche Entwicklung der Lage zu unterrichten suchten. Unberührt blieb davon die Unterrichtung der Stellv. Kommand. Generale über die taktische Lage durch den OBdE.

12. 2. *Befehlsgliederung* im *Osten* des Reichsgebietes.

Am 14. 2. wurde ergänzend befohlen, daß der Befehlshaber im Wehrkreis XI hinsichtlich aller Maßnahmen zur Vorbereitung der Verteidigung der *Elbe-Linie* an die Weisungen des OKH/GenStdH gebunden war.

Am 15. 2. wurde der *Führungsstab Ostküste* dem GenStdH taktisch unterstellt.

27. 2. Auf Antrag des Befehlshabers im Wehrkreis III wurde vom *Chef OKW* am 27. 2. eine geringe Grenzverschiebung der Befehlsbereiche des OB Heeresgr. Weichsel und des Befehlshabers des Wehrkreises III befohlen. Die Grenzen des Befehlsbereiches des Wehrm.-Befehlshabers Wehrkreis III wurden an den Verlauf des Südost-, Ost- und Nordostteiles des Berliner Autobahnringes angepaßt.

28. 2. Auf Anfrage des *WFStabs* meldete *GenStdH/Org.Abt./Landesbefestigung* am 28. 2. über den Ausbau von Sperren an Straßen und Wegen im Raum südlich *Berlin.* Verantwortlich war für den Ausbau der Sperrzone Berlin der Befehlshaber im Wehrkreis III, Gen. v. Hauenschildt, nach den Weisungen der Heeresgr. Weichsel. Der Ausbau sollte auf Befehle der örtlichen milit. Kdo.-Behörden und unter milit. Anleitung durchgeführt werden.

### *b) Maßnahmen im Westen und an der Nordseeküste bis Ende Februar*

Am 20. 2. wurde eine Erweiterung des *Befehlsbereiches des OB West* vom *Chef OKW* befohlen: Gau Baden (soweit im Wehrkreis V), die Landkreise Calw, Freudenstadt, Rottweil, Tuttlingen des Gaues Württemberg.

Am 25. 2. legte der Stellv. Chef WFStab eine Vortragnotiz über die Führung im Bereich der *Deutschen Bucht* im Falle eines feindl. Angriffes vor:

Die gesamte Verteidigung war durch die Aufstellung und den Einsatz des „Führungsstabs Nordküste“ einheitlich geregelt. Unter dem „Stab Nordküste“ führten nebeneinander Marine-Oberkdo. Nordsee und ein aus dem Stellv. Gen.-Kdo. X. AK. aufzustellender Korpsstab.

Da der vom Führer befohlene OB des „Führungsstabs Nordküste“, der Reichsführer SS, als OB Heeresgr. Weichsel gebunden war, mußte die Frage des Oberbefehls geklärt werden. Schwierige Befehlsverhältnisse ergaben sich wegen der Führungsansprüche der Marine. Der Stellv. Chef WFStab schlug vor, einen früheren Armee-Oberbefehlshaber zum OB des Führungs-Stabs Nordküste zu ernennen.

Am 11. 3., 02.50 Uhr, wurden dem Befehlsbereich des OB West ab sofort die Wehrkreise VI und XII (mit Einschränkungen) auch territorial unterstellt. Die ostwärtige Begrenzung seines Befehlsbereichs verlief nunmehr wie folgt:

Insel Rottumeroog (zum MOK Nord) – Usquert – Scheemda – Winschoten – Schnittpunkt Reichsgrenze mit Kreisgrenze Leer (6,5 km südl. Neuschanz) – Verlauf der Reichsgrenze bis Schnittpunkt mit Grenze Wehrkreis VI (nordwestl. Enschede) – Nordgrenze des Wehrkreises VI bis nordostwärts Münster – Kreisgrenzen (gemäß Ziff. 1, 1. Abs.) – Ostgrenze Wehrkreis XII bis Gochsheim, von Gochsheim bis nördlich Bad Liebenzell – Gaugrenze zwischen Baden und Württemberg – dann die ostwärtigen Kreisgrenzen der Landkreise Calw, Horb, Rottweil und Tuttlingen – südlich Tuttlingen bis ostwärts Meersburg–Bodensee–Verlauf der Gaugrenze zwischen Baden und Württemberg.

Das ostwärtige Gebiet der Wehrkreise V und VI, das dem OB territorial nicht unterstellt wurde, blieb ihm jedoch in allen Fragen der Kampfführung gemäß dem am 29. 9. 1944 gegebenen Befehl unterstellt[1].

Am 14. 3. wurde der am 26. 2. erlassene Befehl über Rückverlegungen aus den vom Feind bedrohten Gebieten des Reiches (neugefaßt am 9. 3.) dahin abgeändert, daß er nicht für die fechtende Truppe galt, die im Rahmen operativer und taktischer Führungsmaßnahmen verlegt werden mußte.[2]

Am 18. 3. wurden die am 21. 2. erlassenen Grundsätze über die personelle Auflockerung und Räumung im Westen vom Führer dahin geklärt, daß diese Maßnahmen in den unmittelbar bedrohten Gebieten des Westens durchzuführen und daß in erster Linie alle Wehrpflichtigen vom 14. bis zum 55. Lebensjahre zurückzuführen seien; in den unter Artilleriebeschuß liegenden rechtsrheinischen Gebieten sei lediglich örtlich auszuweichen. Durch diese Maßnahmen dürften die militärischen Maßnahmen, die Rückführung von Ernährungsgütern und der Abtransport der Kohle nicht beeinträchtigt werden.

Am gleichen Tage (18. 3.) wurde für den Großkampfraum westlich des Rheins befohlen, daß (entgegen den bisherigen Weisungen, wonach nur der Raum bis zur Reichweite der feindlichen Artillerie zu räumen war) die vom Kampf bedrohte Zone sofort von sämtlichen Bewohnern zu räumen sei; bei der Dringlichkeitsfolge seien Wehrpflichtige, jüngste Jahrgänge und hochwertige Rüstungsfachkräfte zu bevorzugen. Die Rückführung solle in allgemeiner Richtung nach Südosten auf und südlich der Linie St. Wendel–Kaiserslautern–Ludwigshafen erfolgen. Einzelheiten habe die Heeresgr. G mit den Gauleitern festzulegen[3].

Am 22. 3. wurde der territoriale Befehlsbereich des OB West erweitert durch Einbeziehung von Teilen der Wehrkreise VI, IX und XIII; am 27. 3. erfolgte

1 Nachgetragen nach dem Originalbefehl (erhalten im Archiv der Kriegsmarine; Photographien stellte das Bundesarchiv zur Verfügung).
2 Ebenso.
3 Ebenso.

eine abermalige Erweiterung im Raum dieser Wehrkreise (dazu der Wehrkreis V ganz)[1].

Am 1. 4. wurden dem OB West Teile der Wehrkreise X und XI territorial und taktisch unterstellt; als taktische Trennungslinie zwischen dem Führungsstab Nordküste und dem OB West wurde die Linie festgelegt: Hütenbrook—Kloppenburg—Verden—Aller (alle Orte zur Heeresgr. H). Am gleichen Tage erhielt der OB West Wehrmachtbefugnisse (einschl. Waffen-SS sowie Gliederungen und Verbände außerhalb der Wehrmacht) in seinem Befehlsbereich sowie die Vollmacht, diese auf die Oberbefehlshaber der Heeresgruppen zu übertragen[2].

### *c) Die zusammenfassende Regelung und ihre Ergänzung*

1. Ein *Operationsgebiet* im Sinne der Heeresdienstvorschrift 90 gab es auf dem Reichsgebiet nicht. Die Wehrmacht war hier nur auf milit. Aufgaben beschränkt. Die staatlichen Hoheitsrechte und sämtliche Verwaltungs-Befugnisse bis zur Front waren Aufgaben der Gauleiter und Reichsverteidigungskommissare nach den Weisungen des Leiters der Parteikanzlei bzw. des Reichsministers des Innern[3].

   Nur in einer Kampfzone von etwa 20 km Tiefe war die Wehrmacht gegenüber den Dienststellen der Gauleiter und Reichsverteidigungskommissare weisungsberechtigt.

   Das Verhältnis der Wehrmacht zur NSDAP und zivilen Verwaltung war durch den 2. Erlaß des Führers über die Zusammenarbeit von Partei und Wehrmacht in einem Op.-Gebiet innerhalb des Reiches vom 19. 9. 1944 und über die Befehlsgewalt in einem Op.-Gebiet innerhalb des Reiches vom 20. 9. 1944 (vgl. OKW/WFStab/Qu [Verw. 1] Qu 2 Nr. 0011668/44 geh. Kdos. vom 26. 9. 1944) geregelt.

2. Für die Wehrmacht *innerhalb des Reichsgebietes* war zu unterscheiden zwischen:
   a) *Befehlsbereich der Oberbefehlshaber der Kriegsschauplätze,* d. h. der Gebiete, die den Oberbefehlshabern der Kriegsschauplätze milit. voll unterstellt waren (zur Zeit nur der Chef GenStdH für den Osten und OB West für den Westen des Reiches) und
   b) Befehlsbereich des OBdE (Heimatkriegsgebiet).
   c) Sonderstellung von Marine-Festungsgebieten, d. h. die der Marine gehörenden Küstenbefestigungen und der durch sie zu schützenden Anlagen, Inseln der Nord- und Ostsee und die Seewasserstraßen.

3. Mit der Beibehaltung der Begriffe und Unterteilungen: Befehls- und Armee-Heeresgebiet waren zivile Befugnisse vollziehender Gewalt nicht mehr verbunden.

1 Ebenso.
2 Ebenso.
3 D. h. Himmlers.

Gleichzeitig wurde eine Übersicht über die *Befehlsverhältnisse im Reich* und über die Anordnung über *personelle Räumungsmaßnahmen* heraus=gegeben.

A. *Norden:*

*Führungsstab Nordküste:*

1. *Befehlsregelung:* Der OBdE war zugleich der Befehlsh. Führungs=Stab Nordküste (Personalunion)
   Taktische Unterstellung : OKW/WFStab,
   Territoriale Unterstellung : OBdE,
   Sonstige Unterstellung : OBdE,
   Wehrm.=Befugnisse : gemäß Führerweisung 40.
2. *Grenzen:*
   a) *Deutsche Bucht:*
   rechts (zu Wehrm.=Befehlsh. Dänemark): deutsch=dänische Grenze; links (zu OB West): Insel Rottumeroog (zu Führungs=Stab Nordküste) —Usquert—Scheemda—Winschoten — Schnittpunkt Reichsgrenze etwa 6 km südlich Neuschanz — anschließend West= bzw. Südgrenze Gau Weser—Ems (außer den Kreisen Osnabrück Stadt und Land, Wittlage und Melle).
   b) *Ostseeraum:*
   rechts (zu Wehrkreis II): WKr=Grenze II zu Wehrkreis X; links (zu Wehrm.=Befehlsh. Dänemark): deutsch=dänische Grenze.
3. Befehle: OKW/WFStab/Op. (H) Nr. 0011325/44 geh. Kdos. I. und II. Ang. vom 18. 9. und 10. 12. 44.
4. Personelle Räumungsmaßnahmen waren nicht vorgesehen. Das örtliche Ausweichen der Zivilbevölkerung im Falle von Kampfhandlungen regelte der Gauleiter nach den Richtlinien des Leiters der Parteikanzlei.

B. *Osten:*

Oberbefehlshaber der Kriegsschauplätze: Der Chef GenStdH (im Auftrag des Führers).

I. *Befehlsregelung:*

1. dem Chef des GenStdH waren

| | |
|---|---|
| a) voll unterstellt: | Wehrkreis I, VIII, XX, |
| vom Wehrkreis II: | Pommern, |
| vom Wehrkreis III: | Reg.=Bezirk Frankfurt a. O. und die Kreise Beeskow—Storkow, Ober= und Niederbarnim, Templin, Angermünde, |
| vom Wehrkreis IV: | die Kreise Gablonz, Reichenberg, Friedland, Zittau, Leuna, Bautzen, Kamenz, Hoyerswerda. |
| b) taktisch unterstellt: | die restlichen Gebiete der Wehrkreise II, III, IV. |

2. a) Befehlshaber im Wehrkreis Böhmen und Mähren war in allen Fragen, die für die Kampfführung von Bedeutung waren, an die Weisungen des Oberkdo.s der Heeresgr. Mitte gebunden.

b) Befh. im Wehrkreis XI war hinsichtlich aller Maßnahmen zur Vorbereitung der Verteidigung der Elbe=Linie an die Weisung des Chefs des GenStdH gebunden.

II. *Grenzen:*

Rechts: taktische Grenze zum OB Südost; nach rückwärts auf Reichsgebiet (nur für Aufnahme und Unterbringungsraum) Südgrenze: Gau Niederdonau, Westgrenze Gau Niederdonau bis zur Donau, Verlauf der Donau bis zur Westgrenze des Wehrkreises XVII.
Links Ostsee.

III. *Befehle:* OKW/WFStab/Qu 2 (II) Nr. 001338/45 geh. Kdos. v. 12. 2. 45,
Nr. 001299/45 geh. Kdos. v. 22. 2. 45,
Nr. 001093/45 geh. Kdos. v. 1. 2. 45,
Nr. 001338/45 geh. Kdos. v. 14. 2. 45.

IV. *Personelle Räumungsmaßnahmen:*

Verantwortlich Reichsführer SS als Beauftragter des Führers für die Organisation des nationalen Widerstandes im Osten; nach seinen Weisungen die Gauleiter. Auslösung durch OBdH. Waffen entsprechend der taktischen Lage nach Genehmigung durch den Reichsführer SS (sofern nicht selbständiges Handeln geboten).

C. *Süden:*

I. *Befehlsverhältnisse:* Wehrkreise XVIII und XVII unterstanden voll dem OBdE. Keine Befehlsbefugnis der OB Südwest und Südost.

II. *Rückwärtige Unterkunftsräume für OB Südwest und OB Südost.*

*OB Südwest:* Wehrkreis VII (München),
Wehrkreis XVIII (Salzburg) ohne Steiermark und Südsteiermark.
Nach Wehrkreis VII durfte OB Südwest vorerst nur dringend notwendige Verlegungen der Luftwaffe durchführen.

*OB Südost:* Vom Wehrkreis XVIII: Gau Steiermark (einschließlich Südsteiermark),
Vom Wehrkreis XVII: Gau Oberdonau südlich der Donau.

Verlegungen von Stäben, Versorgungseinrichtungen und sonstigen Dienststellen aus den Bereichen der OB Südwest und Südost in die zugewiesenen Unterkunftsräume durften nur mit Einverständnis des OB Südwest bzw. Südost durchgeführt werden.

*Befehle:* OKW/WFStab/Qu 2 (s) Nr. 06917/44 geheim, I. u. II. Ang. vom 12. 9. und 30. 10. 44.

D. *Westen:*

I. *Befehlsverhältnisse:*

a) *nur durch OKW/WFStab:* Alle Befehle an OB West in Führungsangelegenheiten, die auf operative Führung Einfluß hatten,
*durch GenStdH:* Durchführungsbestimmungen hierzu auf organisatorischem Gebiet,
*Chef GenStdH verantwortlich* für alle Fragen der Versorgung, des Transportwesens, des Nachrichten-Wesens, der Ausbildung des Feldheeres sowie Aufgaben der Waffengenerale. Befehle dieser Art, die sich auf die operative Kriegführung auswirkten, waren vorher mit OKW/WFStab abzustimmen.
(OKW/WFStab/Op (H) Qu 2 Nr. 09159/44 geheim, vom 5. 11. 44).

b) *Wehrmacht und Befehlsbefugnisse des OB West:*
OKW/WFStab/Qu 2 (West) Nr. 0010783/44 geh. Kdos. v. 7. 9. 44
Nr. 0011700/44 geh. Kdos. v. 29. 9. 44
Nr. 0011700/44 geh.Kdos. (II. u. IV. Ang.) vom 8. 10., 20. 10. 44 und 20. 2. 45.

c) *Befehlsbereich OB West:*
*Ostwärtige Grenze:* Insel Rottumeroog (zum Marine-Oberkdo. Nord) — Usquert — Scheemda — Winschoten — Schnittpunkt Reichsgrenze mit den Kreisgrenzen Leer (Reg.-Bezirk Aurich) und Aschendorf – Hümmling (Reg.-Bezirk Osnabrück), (etwa 6,5 km südl. Neuschanz) — Bocholt — Linie Bocholt-Wesel (Orte einschl.) — ab Wesel Verlauf des Rheins bis Speyer, von Speyer bis Gochsheim Grenze zwischen Wehrkreisen V und XII, von Gochsheim bis nördlich Bad Liebenzell Gaugrenze zwischen Baden und Württemberg, alsdann die ostwärtigen Kreisgrenzen der württemb. Landkreise Calw, Horb, Rottweil, Tuttlingen bis ostwärts Meersburg am Bodensee, Verlauf der Gaugrenze zwischen Baden und Württemberg.
Im übrigen Unterstellung des Gesamtbereiches der Wehrkreise VI, XII und V unter OB West in allen Fragen der Kampfführung. Hierzu für mob-mäßige Vorbereitung der Abwehr von Luftlandungen alle vorhandenen Kräfte der Polizei und Gendarmerie, des RAD, der Org. Todt, des Bahn- und Postschutzes sowie des Volkssturms den Wehrkreis-Kdos. unterstellt.
OKW/WFStab/Qu 2 (West) Nr. 0011700/44 geh. Kdos. I. u. IV Ang. vom 29. 9., 8. 10., 20. 10. 44, 20. 2. 45.

II. *Personelle Räumung:*

1. *Verantwortlich:* Gauleiter und Reichsverteidigungskommissar nach den Richtlinien des Reichsleiters der Parteikanzlei.

2. *Grundsätzlich:* jede weitere planmäßige Evakuierung auch aus der roten und grünen Zone verboten (Begriffe „rote" und „grüne" Zone: s. OKW/WFStab/Qu 2 (West) Nr. 001115/44 geh. Kdos. vom 13. 9. 44).

*Ausnahmen:*

a) örtliches, durch Kampfhandlungen bedingtes Ausweichen,
b) Rückführung der wehrfähigen Männer und Facharbeiter,
c) vorbehaltene Ausnahmeregelung durch Leiter der Parteikanzlei.

OKW/WFStab/Qu 2 (I) Nr. 001540/45 geh. Kdos. vom 21. 2. 45.

7. 1. Der *stellv. Chef WFStab* legte dem *Chef OKW* eine Vortragsnotiz vom 7. 1. über die *Unterstellungsverhältnisse in den Wehrkreisen des Ostens und Westens* des Reiches vor. Zugrunde lag ein Antrag des GenStdH beim Chef HRüst u. BdE, die Wehrkreise I, VIII, XX und XXI für Aufgaben des Stellungsbaues sowie Vorbereitung der Kampfführung dem GenStdH zu unterstellen. Für Wehrkreis II und III hatte der GenStdH bezüglich dieser Aufgabe Weisungsrechte. Am 14. 1. erließ der Chef OKW die Neuregelung in den Wehrkreisen II und III.

*Im besonderen: Der Osten*

14. 1. Der *Chef OKW* unterstellte die *Befehlshaber der Wehrkreise II und III* in allen Fragen der Kampfführung des Heeres, einschließlich der Vorbereitung der Kampfführung, insbesondere des Stellungs- und Befestigungs-Baues, dem OKH/GenStdH. In Fragen der Küstenverteidigung unterstand der Wehrkreis II dem Führungsstab Ostküste. Die Abgrenzung der Befugnis im Wehrkreis II war in einer Sonderregelung befohlen (vgl. 19. 1.). Die Befehlsführung für Bereitstellung und Einsatz von Kampfgruppen und Alarmeinheiten aus Dienststellen und Truppenteilen des Ersatz-Heeres wurde aber für Wehrkreis II zwischen GenStdH und OBdE unmittelbar vereinbart.

Die Befugnisse und Aufgaben der Gauleiter und Reichsverteidigungskommissare blieben von der milit. Neuregelung unberührt.

18. 1. Ausscheiden der Kreise Neidenburg, Ortelsburg, Sensburg aus dem Befehlsbereich Wehrkreis I und der Kreise Leipe, Ruppin, Strasburg aus Wehrkreis XX; sie wurden der Heeresgr. Mitte unterstellt.

Damit blieb nur noch ein schmaler Streifen dem OBdE unterstellt.

Ende März war die Befehlsgliederung so durchgeführt, daß sich im Osten die faktische und die territoriale Unterstellung nicht deckten, während sie das im Westen taten. Die Heeresgr. Süd erhielt einen eigenen Bereich. Von der vorübergehenden Aufteilung des gesamten Reichsgebiets zwischen dem OB

West und dem GenStdH wurde wieder abgesehen, da dies zu viele Ausnahmen bedingt haben würde – so z. B. im Falle des Protektorats, wo noch die Mehrheit der Wehrmachtverpflegung untergebracht war. Geplant wurde, nunmehr die territoriale Unterteilung entsprechend der faktischen Gliederung abzuändern.

Den Befehl über den *Führungsstab Nordküste* übernahm am 14. 3. an Stelle des Reichsführers SS Gen.-Feldm. Busch; er war angewiesen auf enge Verbindung mit dem Führungsstab Ostseeküste (zuerst: Generaloberst Lindemann, Ende Januar: Generaloberst Strauß) sowie mit dem OB West. Belegt waren Nordwestdeutschland und Holstein um den 20. 3. mit der 480. Inf.-Div. und der 2. Marine-Div. In Aufstellung begriffen waren die Pz.-Ersatz-Brigaden „Groß-Deutschland" und „Feldherrnhalle". Von Dänemark wurde die 325. Inf.-Div. (Tarnbezeichnung für eine Res.-Div.) herangezogen.

Die Grenze zwischen dem Führungsstab Nord und dem OB West wurde am 21. 3. festgelegt. Am 23. 3. wurde entlang der Nordseeküste alarmiert. Am 30. 3. wurde zwischen dem Führungsstab Nord und der Heeresgr. H eine Grenze in ostwestlicher Richtung von Kloppenburg nach Verden gezogen. Am 4. 4. wurde für den Raum westlich der Weser Alarm gegeben.

Um den 25. 3. lag die 480. Inf.-Div. mit Masse in Oldenburg; sie war im Marsch an die Ems-Mündung begriffen. Die 490. Inf.-Div. wurde im Eisenbahntransport gleichfalls dorthin geschafft. Die 94. Inf.-Div., die zur Heeresgr. H treten sollte, hatte den Raum Aurich-Delmenhorst erreicht. Am 28. 3. war sie mit Masse abgefahren. Die 84. Inf.-Div. hatte nunmehr die Ems überschritten.

Um den 4. 4. wurden die Kräfte des Div.-Stabes „Nordküste" an der unteren Weser versammelt. Die bereits an die Ems vorgezogenen Teile der 480. Inf.-Div. wurden zurückgeholt. Dagegen wurde die 2. Marine-Div. zur Heeresgr. H in Marsch gesetzt.

### *d) Vorbereitung für die Aufspaltung des Restraums in einen Nord- und einen Südteil.*

Am 11. 4. befahl der Führer im Hinblick auf die Erschwerung einer zentral geleiteten Führung die Bildung von 2 Außenkommando-Stellen, und zwar für den Gen.-Qu, den Wehrm.-Transport-Chef, den Wehrm.-Nachrichten-Chef usw. Deren Außenstellen sollten mit denen des OBdE so zusammengelegt werden, daß sie als Grundlagen für die bereits vorgesehenen Führungsstäbe A und B (Nord- und Südraum) dienen konnten. Die Einrichtung für die Führungsgruppe B (Süden) wurde am 12. 4. dem General Ritter v. Geitner übertragen.

## 4. Der totale Kriegseinsatz

### *a) Freimachen weiterer Kräfte für die Front*

(Vgl. dazu unten III/8: „Die Fragen der Räumung und Bergung" über die Frage der Erfassung der Wehrfähigen in den verlorengehenden Gebieten.)

Am 3. 1. erließ das *OKW/WFStab* Durchführungsbestimmungen zum Führererlaß v. 10. 12. 44 (Verfügung OKW/WFStab/Org (I) v. 15. 12. 44), nach dem die Wehrmacht, Waffen=SS und Polizei im Heimatkriegsgebiet zu überprüfen und Soldaten für die Front freizumachen waren.

Am 10. 1. wurden die Durchführungsbestimmungen zum Führererlaß vom 10. 12. 44 über Gemischte Kommissionen neugefaßt.

Am 12. 1. folgten neue Bestimmungen zur Durchführung des Führererlasses v. 10. 12. 44: über Einsatz der bedingt=kriegsverwendungsfähig geschriebenen Uffz.e und Mannschaften, am

13. 1. weitere Durchführungsbestimmungen zum Führererlaß über Kommissionen zur Überprüfung des OKW, der Oberkdo.s der Wehrm.=Teile und des Ersatzheeres (Einsatz des Reichsbevollmächtigten für den totalen Kriegseinsatz, Gauleiter Holz).

Am 20. 1. wurde der Führerbefehl vom 27. 11. 43 über Unabkömmlichkeitsbescheinigungen als Schlüssel= und Führungskräfte bei der Feldwehrmacht auf die Jahrgänge 1901—05, bei der Ersatzwehrmacht auf Jahrgänge 1897—05 ausgedehnt. Gleichzeitig sollte eine Überprüfung der Jahrgänge 1906 und jünger erfolgen. Die eingesetzten Kommissionen, Sonderkommissionen und Inspektionen wurden damit beauftragt.

Am 20. 1. erging Erlaß des *Chefs OKW*, daß der im Rahmen der Wehrmacht erfolgte Kampfeinsatz des RAD als Feldbewährung galt.

Am 24. 1. lag dem *Stellv. Chef WFStab* eine Meldung des *Chefs Org.* vom 23. 1. über eine Besprechung im Propaganda=Ministerium über den totalen Kriegseinsatz vor:

1. Die *Luftwaffe* gab 112 000 Mann bis zum 10. 2. frei. Zum Einsatz im Rahmen des Heeres wurden in den letzten Tagen 42 800 Mann (es folgten noch 7 400) freigegeben. Diese blieben organisatorisch in der Luftwaffe.

   Außerdem wurden an das Heer aus dem Westen 5 300 Luftnachrichtenleute abgegeben. Die Luftwaffe stellte kurzfristig 100 Pz.=Vernichtungstrupps auf.

2. Vom *Ersatzheer* wurden in den letzten Tagen aus der „Gneisenau"=Aktion mindestens 80 000 Mann an die Ostfront überführt. Über den normalen Ersatzplan hinaus und in Auffrischungen des Feldheeres wurden verbraucht 56 000 Mann.

   Bis 31. 1. und bis 10. 2. wurden je 13 600 Kriegsverwendungsfähige des Jahrgangs 1906 und jünger freigemacht; Anfang März waren beabsichtigt noch 13 600 Mann. Aus insgesamt 136 000 Mann Kriegsverwendungsfähigen des Jahrgangs 1906 und jünger hatte das Ersatzheer 30 % herausgelöst, ohne Ersatz abzuwarten.

3. Beim *Feldheer* waren der fechtenden Truppe durch die 10 %ige Kürzung ab Ende November 1944 100 000 Mann zugeführt worden. Durch erneute Kürzung wurden aus Versorgungs- und Eisenbahntruppen usw. 20 000 Mann freigemacht.

   Durch Zuführung entsprechenden Ersatzes alter Jahrgänge konnten im Februar und März zwei weitere Raten von je 40 000 (= 80 000) Mann freigemacht werden.

4. Die *Kriegsmarine* hatte bereits an das Heer abgegeben:

| | | | |
|---|---|---|---|
| a) Angebot des Großadmirals (Dänemark) | | | 20 000 |
| b) Marine-Ersatz-Regt. | 3 000 | | |
| 2 hierfür aufgest. Marine-Art.-Abteilungen | 1 000 | = | 4 000 |
| c) in Ostpreußen[1] zur Verfügung gestellter Ersatz | | | 1 000 |

5. Die Einsparungsmöglichkeiten aus dem Führerbefehl vom 20. 1. 45 (Ausdehnung der Unabkömmlichkeits-Bescheinigungen auf Jahrgang 1897 und jünger) konnten von den Wehrmachtteilen noch nicht übersehen werden. Es wurde wegen der zahlreichen Auskämmaktionen nur ein mageres Ergebnis erwartet.

6. Wegen des totalen Krieges wurde mit dem Rüstungs-Ministerium wegen Beschleunigung der Abgabe der drei Monatsraten von je 80 000 (die bereits vom Führer befohlen war) mit dem Ziel einer Abgabe von 160 000 Mann im Laufe des Februar verhandelt.

7. Das durch diese Zuführung entstehende *Handwaffenproblem* wurde vom Heer geprüft; WFStab/Org.-Abt. sollte hierzu Vorschläge machen.

   Der Personalbestand der *Luftwaffe* betrug nach den bisherigen und noch geplanten Abgaben an Soldaten:

| | | |
|---|---|---|
| | 417 000 | Jahrgang 1906 und jünger kriegsverwendungsfähig |
| | 200 000 | Jahrgang 1897 bis 1905 kriegsverwendungsfähig |
| rund | 333 000 | Jahrgang 1897 und jünger bedingt-kriegsverwendungsfähig, a. v.[2] |
| insgesamt | 950 000 | Mann. |

| | | |
|---|---|---|
| Davon waren eingesetzt: im | Westen | 26,3 %, |
| | Norwegen | 4,7 %, |
| | Italien | 6,7 %, |
| | Osten | 17,8 %, |
| | Südosten | 7,3 %, |
| | Kurland | 3,7 %, |
| | Reich | 33,5 %. |

Am 24. 1. erließ der *Chef OKW* Durchführungsbestimmungen zur 2. Anordnung für die Durchführung des totalen Kriegseinsatzes vom 29. 11. 44

1 Ms.: Ostgrenz—Ostpreußen; vielleicht: „Rest-Ostpreußen".
2 D. h. arbeitsverwendungsfähig.

*(Wehrm.-Helferinnen)* mit 2 Anlagen (1 und 4). Anlage 3 wurde am 2. 2., Anlage 2 am 16. 2. nachgereicht.

Am 25. 1. ordnete der *Chef OKW* an, daß die im Kampf an der Front, im Bandenkampf im rückwärtigen Gebiet und im Heimatkriegsgebiet zur Schadenbekämpfung eingesetzten *Polizei- und SD-Kräfte* im aktiven Wehrdienst stünden.

Am 20. 3. befahl der *Chef OKW,* alle zur Sicherung der Fronten geeigneten Kräfte des Ersatzheeres sowie der Ausbildungs- und Ersatzorganisation der Waffen-SS, der Kriegsmarine und der Luftwaffe (einschl. Schulen) als Sicherungsbesatzungen hinter die West- und Ostfront zu verlegen. Die Freigabe zum Kampf außerhalb des Unterbringungsraumes blieb dem WFStab vorbehalten; die Verlegung hatte im Landmarsch zu erfolgen. „Der Führer fordert, daß die Verlegungen mit größter Beschleunigung durchgeführt werden, um schon binnen kürzester Zeit in allen voraussichtlichen Schwerpunktabschnitten die Gewähr zu haben, daß feinliche Durchbrüche an den Fronten in der Tiefe aufgefangen und abgeriegelt werden"[1].

### *b) Die Verwendung des Jahrgangs 1928*

25. 1. Der *Chef OKW* befahl am 25. 1. im Einvernehmen mit dem OBdE, daß die im Wehrkreis I eingesetzten 6 000 unausgebildeten Männer des RAD (Jahrgang 1928) mit ihren Stäben beschleunigt auf dem Seewege abzutransportieren und dem OBdE zuzuführen waren.

28. 1. Ein Führerbefehl über die Heranziehung des Jahrganges 1928 für Neuaufstellung und Auffrischung schlagkräftiger Verbände wurde vom Chef OKW am 28. 1. herausgegeben. Die planmäßige Ausbildung sollte unter allen Umständen gesichert werden.

6. 2. Für den Ausnahmefall feindlicher Luftlandungen wurde am 6. 2. auch der Jahrgang 1928 des RAD zum Kampfeinsatz freigegeben.

14. 2. Der Abt.-Chef WFStab/Org. (Bezug Chef OKW Id Nr. 1345/45 vg. vom 11. 2. 45) teilte am 14. 2. OKM Skl/Adm. Qu mit, daß auf Anordnung des Führers der Anteil der Kriegsmarine am Geburtsjahrgang 1928 um 5 000 Dienstpflichtige und 10 000 Freiwillige herabgesetzt werde. Außerdem hatte sich der OBdM noch bereit erklärt, den Anteil an Freiwilligen dieses Jahrganges um weitere 10 000 zugunsten des Heeres herabzusetzen. Damit betrug der Anteil der Kriegsmarine am Jahrgang 1928 insgesamt 10 000 Freiwillige.

17. 2. Aktennotiz *WFStab/Org.* über den Jahrgang 1928:

| | |
|---|---|
| 1. Gesamtstärke: | 600 000, |
| 2. gemustert: | 452 000, |
| davon kriegsverwendungsfähig und bedingt kriegsverwendungsfähig | 285 000, |
| zeitlich untauglich: | 156 000. |

1 Nachgetragen nach dem Originalbefehl.

3. Freiwillige, die bereits eingestellt sind: 81 600, noch nicht gemustert: 70 000.

4. Das *Heer* erhält 380 000 + 32 500 (Neuanfall Luftwaffe und Kriegsmarine) = 412 500,

| | | |
|---|---|---|
| Kriegsmarine: | 35 000 — 22 500 | = 12 500, |
| Luftwaffe: | 40 000 — 10 000 | = 30 000, |
| Waffen=SS: | 95 000 | = 95 000 |
| | insgesamt | 550 000. |

5. Monatliche Zuführungen durch RAD=Entlassungen für alle Wehrmachtteile: 51 800 zum 8. 1., 47 300 zum 29. 1.; vorgesehen 33 500 zum 21. 2., 81 800 zum 10. 3., 52 000 zum 26. 3., insgesamt 266 400.

19. 2. Der Abt.=Chef WFStab/Org. gab am 19. 2. bekannt, daß der Führer die Verteilung des Jahrganges 1928 abgeändert habe:

| | | | |
|---|---|---|---|
| Heer | 412 500, | davon 237 500 | Freiwillige, |
| Kriegsmarine | 12 500, | davon 12 500 | Freiwillige (einschließlich 2500 Offizieranwärter), |
| Luftwaffe | 30 000, | davon 30 000 | Freiwillige, |
| Waffen=SS | 95 000, | davon 95 000 | Freiwillige, |
| insgesamt | 550 000, | davon 375 000 | Freiwillige. |

### *c) Der Volkssturm*

10. 1. Der *Chef OKW* erläuterte am 10. 1. den Oberbefehlshabern Wesen und Sinn des Volkssturmes.

15. 1. Aus den Gauen Baden — Elsaß waren am 15. 1. 22 Volkssturm=Btl.e, aus Westmark 9 und Moselland 6 eingesetzt. Der Chef OKW forderte vom OB West Meldung über Herauslösen der Volkssturm=Btl.e aus dem Einsatz.

19. 1. *OKW/WFStab/Org.* verwies am 19. 1. darauf, daß versprengte Volks=sturmsoldaten sofort nach Abschluß der Kampfhandlungen an die zuständigen Volkssturmeinheiten abzugeben waren.

26. 1. Der *WFStab* gab am 26. 1. einen Befehl des Führers über den Einsatz des Volkssturm heraus: Standen in einem Kampfabschnitt Volkssturm=, Alarm= und Ersatzeinheiten neben Truppenteilen des Feldheeres zur Verfügung, so waren gemischte Kampfgruppen (Brigaden) unter einheitlicher Führung zu bilden, die den Volkssturm=, Alarm= und Ersatzeinheiten Rückhalt und Anleh=nungsmöglichkeiten gaben.

Am 1. 2. erging eine Anordnung des *Abt.=Chefs WFStab/Org.* über Heran=ziehung von männlichen Gefolgschaftsmitgliedern der Wehrmacht zum Volks=sturm.

Am 21. 2. legte der *WFStab/Org.* dem *Stellv. Chef WFStab* ein Fernschreiben des OB Heeresgr. A vom 23. 1. über Einsatzmöglichkeiten für den Volkssturm vor: Aufstellung besonderer Vernichtungsgruppen, die die feindlichen Marsch=

gruppen an sich vorbeiließen und hinter ihnen den Kampf nach Partisanenart führten (Ihre Versorgung aus dem Lande).

Am 21. 2. legte der *Stellv. Chef WFStab* noch eine vom *OB Heeresgr. Mitte* am 10. 2. an OKH/GenStdH gesandte Beurteilung des Volkssturmes vor. Danach hatten sich selbständige Volkssturmeinheiten im Kampf wenig bewährt. Der OB Heeresgr. Mitte schlug Eingliederung in Truppenteile des Feldheeres, Einsatz in bekanntem Heimatgelände, in rückwärtigen Stellungen zur Bewachung und Sicherung und zum Stellungsbau sowie den Einsatz ortskundiger kleiner Volkssturmgruppen in Flanken und Rücken des Gegners vor.

### *d) Festungen und Stellungsbau*

Am 29. 12. 44 hatte der *Chef des GenStdH* den Leiter der Parteikanzlei, Reichsleiter Bormann, darauf hingewiesen, daß Überschwemmungen und Grundwasser die Verteidigungsfähigkeit der angelegten Festungs-Abschnitte verminderten und es an Arbeitskräften fehle, um sie wieder instandzusetzen. Er hatte den Reichsleiter gebeten, die laufende Verbesserung und Instandhaltung der ausgebauten Stellungen sicherzustellen. Gen.-Oberst Guderian schlug vor, die laufende Instandhaltung der von der Partei gebauten Stellungen den zuständigen Kreisleitern zu übertragen und dem Stabe jeden Gauleiters einen Pionier-Offizier als Berater zuzuteilen.

7. 1. Der *Chef WFStab* übermittelte am 7. 1. dieses Schreiben an den Reichsleiter und schlug vor, diese Regelung für alle Kriegsschauplätze vorzusehen.

25. 1. Im Auftrage des OKW befahl der *Stellv. Chef WFStab* die Bevorratung der am 4. 12. 44 vom WFStab/Op namhaft gemachten *Inseln* und *Marine-Festungs-Bereiche* (Durchführung bei GenStdH/Gen Qu).

30. 1. Vom *Chef OKW* wurde am 30. 1. in einer Anlage zur Durchführung des Führerbefehls über die Befehlsführung bei abgeschnittenen Truppenteilen (vgl. unten) eine Anordnung herausgegeben, die alle bisherigen Anordnungen über *Festungen*, Inselfestungen, Festungs-Bereiche, feste Plätze und Ortsstützpunkte zusammenfaßte und einheitlich regelte.

Sie enthielt:

1. *Begriffsbestimmung* von
   a) „Festung" unter Festungskommandanten,
   b) „Verteidigungsbereich": Sonderfall der nicht voll ausgebauten Festung unter einem „Kommandanten des Verteidigungsbereiches".
   c) „Ortsstützpunkt" unter einem „Kampfkommandanten".

30. 1. Die Bestimmung zu Festungen und Festungs-Kdt.en behielt sich der Führer (nach Vorschlag der Oberbefehlshaber der Kriegsschauplätze, im Osten nach Vorschlag des Chefs GenStdH, für das Heimatkriegsgebiet nach dem des OBdE) vor. Der Führer entschied ebenfalls, ob bei ungenügender Verteidigungsbereitschaft die besonderen Bestimmungen für den Festungskampf in Kraft treten sollten.

2. Aufgaben und Befugnisse der *Festungskommandanten* in der Vorbereitungs- und Festungs-Kampfzeit.

Die Festungskommandanten waren auf bedingungslose, unbeugsame Erfüllung ihrer Aufgabe bis zum letzten ausdrücklichst durch den OB der für die Festung zuständigen Heeresgruppe persönlich zu verpflichten. Sie konnten von ihren Pflichten nur vom OB des Kriegsschauplatzes sowie vom Chef GenStdH mit Genehmigung des Führers entbunden werden.

Einzelheiten waren von den Oberbefehlshabern der Kriegsschauplätze bzw. vom Chef GenStdH im Osten in Anlehnung an den Führerbefehl Nr. 11 unter Verwertung der neuesten Kampferfahrungen zu befehlen.

3. *Größe und Aufgabe der Sicherheits- und Kampfbesatzung.*

4. *Bevorratung der Festungen,* die nach den Richtlinien des GenStdH/GenQu für die Bevorratung der Ortsbefestigungen vom 26. 10. 44 sinngemäß geregelt werden sollte.

22. 2. Der *Chef WFStab* gab am 22. 2. für alle im Bau befindlichen *Stellungen* (einschließlich Ostraum) einen Führerbefehl heraus, der sofort zur Grundlage des gesamten Stellungsbaues gemacht werden sollte:

1. Stellungen waren dort, wo die Boden- und Grundwasserverhältnisse einen schnellen Verfall dieser Stellungen befürchten ließen, nur dann zu bauen, wenn sie voraussichtlich kurze Zeit danach durch eigene Verbände besetzt werden sollten. Verschalung mit Faschinen oder Holz war in jedem Fall anzustreben.

2. Der Umfang des Ausbaues nicht besetzter Stellungen hatte sich nach den für ihre laufende Erhaltung verfügbaren Arbeitskräften zu richten.

### *e) Einzelne Maßnahmen*

Am 7. 1. wurde durch Erlaß des Führers die bisher mit dem OBdE verbundene Dienststelle des Chefs der Heeresrüstung aufgelöst. Ihre Restteile wurden dem Chef des Heeresstabes, dem General Buhle, übertragen, der in dieser Eigenschaft dem Führer unmittelbar unterstellt wurde. Es bestand die Absicht, unter ihm die Wirtschaftsrüstung noch weiter zusammenzufassen (s. unten: 8. 4.).

Am 26. 1. verwies der Chef OKW auf die vom Führer geforderte Einhaltung der *Genfer Konvention* („Mit dem Roten Kreuz gezeichnete Fahrzeuge dürfen nicht für andere Zwecke verwendet werden").

Durch einen Befehl des Heerespersonalamts vom 6. 2. wurde bestimmt, daß Offiziere nicht mehr entlassen werden konnten. Falls sie sich in der neuen Verwendung für ihren Dienstgrad nicht eigneten, hatten sie Stellungen unter ihrem Dienstgrad zu übernehmen (in diesem Fall Entlassung und Wiedereinziehung zu einem niedrigeren Dienstgrad, bei Verschulden in Unteroffizierstellungen).

Am 24. 2. befahl der Chef OKW die Bildung einer *Auffangorganisation* unter Befehlshabern der Sperrlinie; die *Wehrmachtordnungstruppen* waren bereits am 15. 2. unter einem Chef der Wehrmacht-Ordnungstruppen zusammengefaßt worden.

Am 20. 3. wurde dem SS-Obergruppenführer Frank die *Steuerung von Bekleidung, Versorgung* usw. einschließlich der Bewirtschaftung und Verteilung der Rohstoffe übertragen.

Von Anfang April an kamen an Stelle der Kriegsgerichte nur noch *Standgerichte* in Frage, die bloß mit 1 Offizier besetzt zu sein brauchten und sowohl für Offiziere als auch für Mannschaften zuständig waren.

Am 8. 4. wurde der Heeresstab (vgl. oben 7. 1.) mit dem *Wehrmacht-Waffenamt* zusammengelegt, das für die Munitionsbeschaffung, die Steuerung der Produktion usw. zuständig war. Der bisherige Chef des Heeresstabes, General Buhle, erhielt in seiner neuen Eigenschaft die Bezeichnung „Chef der Wehrmacht-Rüstung".

Ferner waren zahlreiche Maßnahmen ergriffen worden, um alle überflüssig gewordenen Dienststellen aufzulösen und die dadurch freiwerdenden Kräfte nutzbringend zu verwenden.

Da das *Versprengten-Unwesen* trotz aller Gegenmaßnahmen einen Umfang angenommen hatte, der die Schlagkraft der Truppe ernsthaft gefährdete, war Anfang März dagegen im Osten mit ganz radikalen Mitteln angegangen worden. Fortan sollten auch im Westen — wie der OBdM. am 8. 3. den ihm unterstellten Dienststellen mitteilte — Versprengte standgerichtlich abgeurteilt und sofort erschossen werden: „Die Vollstreckung verhältnismäßig weniger Todesurteile hat im Osten Wunder gewirkt. Tausende Versprengter sind zur eigenen oder nächsten Truppe zurückzukehren gezwungen worden" [1].

Im Auftrage des Führers gab der Chef OKW am 8. 3. bekannt, daß jeder, der in *Gefangenschaft* gerate, ohne verwundet zu sein oder nachweisbar bis zum äußersten gekämpft zu haben, seine Ehre verwirkt habe und aus der Gemeinschaft der anständigen und tapferen Soldaten ausgeschlossen werde. Für ihn hafteten seine Angehörigen, die keinen Anspruch mehr auf Gebührnisse oder Unterstützungen hätten [2].

## II. Das Wehrmachtgefüge

### 1. Verschiebung von Kräften

*Vorbemerkung:* Die folgenden Angaben sind auf Grund der eingangs genannten Unterlagen zusammengetragen, daher unvollständig und gelegentlich auch korrektur- bzw. ergänzungsbedürftig. Wegen der Wichtigkeit dieser Vorgänge sind diese Angaben trotzdem aufgenommen.

#### *a) Der Osten*

*Verschiebungen innerhalb der Ostfront und Zuführung neuer Kräfte nach dem Durchbruch bei Baranow (12. 1.).*

Am 21. 1. war die 118. Jg.-Div. bereits innerhalb der Ostfront nach Ungarn verlegt; die 44. Inf.-Div. wurde nach Nordosten verschoben. Die 20. Pz.-Div. wurde aus der Front nördlich der Donau abgefahren und nach Oberschlesien verlegt, die 18. Pz.-Div. folgte ihr ab 21. 1. Aus der Slowakei wurde in den

1 Nach dem Originalbefehl nachgetragen.
2 Ebenso.

Raum Heidebreck (Schlesien) die 100. Jg.=Div. transportiert. Die Verlegung der 712. Inf.=Div., die von der unteren Maas herangezogen wurde, war abgeschlossen. Die 269. Inf.=Div., die bisher zur 19. Armee gehört hatte, wurde nach Öls (Schlesien) gebracht, wohin auch das Volks=Art.=Korps 405 kommen sollte. In dem Raum westlich Litzmannstadt[1] wurde das Korps „Hermann Göring" zugeführt. In Verlegung begriffen war auch bereits das Pz.=Korps „Groß=Deutschland". Die 24. Pz.=Div., die aus Ungarn herausgezogen wurde, war im langsamen Zulauf nach Korschen (Ostpreußen) begriffen. Ferner liefen Transporte von der Heeresgr. Nord in Kurland nach Danzig.

Angelaufen war schließlich auch schon der Abtransport der ersten Teile der 6. SS=Pz.=Armee nach Ungarn.

Am 25. 1. waren folgende *A b g a b e n  a n  d e n  O s t e n*

| | |
|---|---|
| 1. *beendet:* | 344. Inf.=Div., |
| | 712. Inf.=Div. (Eintreffen von der Maas im Raum von Krakau 16.–19. 1.), |
| | 711. Inf.=Div. (aus dem Westen), |
| | 269. Inf.=Div. (Eintreffen von der 19. Armee im Raum von Krakau 18.–23. 1.); |
| 2. *angelaufen:* | I. SS=Pz.=Korps (1. und 2. SS=Pz.=Div.), |
| (alle Verbände | II. SS=Pz.=Korps (9. und 12. SS=Pz.=Div.), |
| aus dem Westen) | XXXIX. Pz.=Korps (21. Pz.=Div. und 25. Pz.=Gren.=Div.; diese beendet), |
| | Führer=Begleitbrigade (aus dem Westen), |
| | Führer=Gren.=Brigade (aus dem Westen). |

Ferner an *Art., Werfern, Pionieren* usw.:

*beendet* bzw. *angelaufen:*

| | |
|---|---|
| 1. *beendet:* | Volks=Art.=Korps 403, 405, 408, 401, 402; |
| | Volks=Werfer=Brigaden 17 und 19, |
| | 2 Pi.=Sonderstäbe, |
| | 6 Einweisungsabteilungen; |
| 2. *angelaufen:* | 10 Brückenkolonnen, |
| | 1 Sturmbootkompanie, |
| | Feldjägerkdo. III. |

Das räumliche Bild ergibt sich aus folgender Zusammenstellung:

Bis *29. 1.* waren befohlen

1. zur Heeresgr. Süd: aus dem *Westen* die 6. SS=Pz.=Armee mit 2 Pz.=Korps, aus dem *Südwesten* die bis zum 29. 1. mit Teilen bereits eingetroffene 356. Inf.=Div.;

[1] Jetzt wieder Lodsch (Łódź).

2. in den Raum *Frankfurt a. O.–Kottbus:*

| | |
|---|---|
| aus dem *Westen:* | die Führer-Begleit-Brigade, die Führer-Gren.-Brigade; |
| ferner aus dem *Westen:* | die 25. Pz.-Gren.-Div., die 21. Pz.-Div. (befohlen am 31. 1.); |
| 3. aus *Norwegen:* | die bereits im Transport nach Dänemark begriffene *163. Inf.-Div.*, die auf dem Marsch befindliche 169. Inf.-Div. |

4. Aus *Kurland* war bis 29. 1. der Abtransport von 4 Divisionen vorgesehen. Bis 9. 2. waren aus *Dänemark* abgezogen:
   die Panzer-Div. „Holstein",
   starke Teile der Pz.-Res.-Div. 233,
   2 Rgt.er der 166. Inf.-Div.

Der *Ablauf der Zuführungen in den Osten* in der Zeit vom 12. 1. (Durchbruch der Russen bei Baranow) bis *1. 3.* ergibt sich aus folgender (im Lagebuch unter dem 7. 3. verzeichneten) Übersicht *(vgl. oben S. 1150):*

Das Endziel war, der Ostfront 42 Verbände zuzuführen (vom 1. 3. an wurden noch weitere vorgesehen, s. unten). Davon waren bis 12. 2. zugeführt:

33 Verbände, und zwar:

1. von der *Heeresgr. Kurland:* 10 Verbände, davon 9 zur *Heeresgr. Weichsel* (83. Inf.-Div., 4. Pz.-Div., 32. Inf.-Div., 227. Inf.-Div., SS-Pz.-Div. „Nordland", SS-Pz.-Div. „Nederland", 389. Inf.-Div., 281. Inf.-Div., 93. Inf.-Div. (zur Heeresgr. „Nord"), 215. Inf.-Div.),
2. vom AOK 20 aus *Norwegen:* 3 Verbände, nämlich 163. Inf.-Div., 199. Inf.-Div., 169. Inf.-Div.,
3. vom OKMarine von der *Nordseeküste:* 1 Verband (1. Marine-Div., früher: Marine-Schützen-Div.),
4. vom *SS-Führungs-Hauptamt:* 4 Verbände (18. SS-Pz.-Gren.-Div., SS-Div. „30. Januar", 31. SS-Freiw.-Gren.-Div. und 37. SS-Kav.-Div., diese zur Heeresgr. Süd),
5. vom OBdErsatzheeres: 6 Verbände (Div.en „Kurmark", „Döberitz" und „Berlin", 275. Inf.-Div. (Verlegung aus dem Raum von Flensburg befohlen am 11. 2.), Pz.-Div. „Jüterbog" und Pz.-Div. „Schlesien".
   Ferner nach dem 1. 3. befohlen: 600. Inf.-Div. und Pz.-Div. „Müncheberg",
6. vom *OB West* 10 Verbände zur Heeresgr. Weichsel: 712. und 711. Inf.-Div., 269. VGD., 25. Pz.-Gren.-Div., 21. Pz.-Div., 10. SS-Pz.-Div., Führer-Gren.- und Führer-Begl.-Div., 27. und 28. SS-Freiw.-Div.; ferner zur Heeresgr. Süd: 4 Verbände (1., 2., 9. und 12. SS-Pz.-Div.),
7. vom *OB Südwest:* 3 Verbände zur Heeresgr. Süd (356. Inf.-Div., 16. SS-Pz.-Gren.-Div., ferner nach dem 1. 3. befohlen: 715. Inf.-Div.).

Zusammen 42 Verbände, dazu ab 1. 3. 3 weitere Verbände, also 45.

*Darunter Zuführungen nach Ungarn:*

Um den 10. 1. wurden nach Ungarn herangezogen:
Volks=Art.=Korps 403,
3. Kav.=Brig.,
20. Pz.=Div. (47 Züge bereits eingetroffen).

Im Zulauf war die 24. Pz.=Div., für welche innerhalb der Ostfront die 20. Pz.=Div. ausgetauscht wurde.

Die Heeresgr. Süd verfügte am 22. 2. über 19 Divisionen (die 6. SS=Pz.=Armee nicht eingerechnet).

## *b) Der Nordraum*

### A. *Norwegen:*

Von *Juni bis Ende 1944* waren aus Norwegen—Finnland zurückgeholt worden:
89. Inf.=Div.,
196. Inf.=Div.,
269. Inf.=Div.,
560. VGD.,
710. Inf.=Div.,
Pz.=Div. Norwegen (als Personaleinheit abgegeben).

Um die *Jahreswende 1944/45* waren im Abtransport begriffen:
2. Geb.=Div. (Westen),
6. SS=Geb.=Div. (Westen).

Befohlen war bereits der Abtransport der
169. Inf.=Div. (Osten)
(Beginn des Schiffstransports 1. 4.).

Es folgten:
163. Inf.=Div. (Osten),
199. Inf.=Div. (nach Dänemark zwecks Umgliederung in die 45. Inf.=Div., Anfang März auf dem Marsch in den Osten).

Es standen noch in der *Narvik=Front* (Februar):
140. Inf.=Div.,
210. (60.) Inf.=Div.,
230. Inf.=Div. (an Stelle der abtransportierten 129. Inf.=Div.),
270. Inf.=Div.,
6. Geb.=Div.,
Festungsbrigade Lofoten.

Nach *Südnorwegen* wurden verlegt, bzw. lagen schon dort:

274. Inf.-Div.,
280. Inf.-Div.,
7. Geb.-Div.,
MG.-Ski-Brig.,
Pz.-Brig. Norwegen.

Im März–April wurden noch abgezogen:

7. Geb.-Div. (20. 3. Beginn der Verladung über See),
194. Inf.-Div. (am 7. 3. mit Spitze bis Mo).

B. *Dänemark:*

Abgaben (alle an den Osten) bis 9. 2.:

Pz.-Div. „Holstein" (ohne Rahmen),
starke Teile der Pz.-Res.-Div. 232,
2 Rgt.er der 166. Inf.-Div.

Ende März Verlegung der (wieder ergänzten) 166. Inf.-Div. an die Heeresgr. H (Abtransport beendet: 1. 4.). Gleichzeitig Abtransport der 325. Res.-Div. und Bereitstellung der 328. Res.-Div. zum Abtransport.

c) *Der Westen*

a) An den Osten wurden *abgegeben:*
befohlen vor dem 13. 1.:

712. Inf.-Div. (von der unteren Maas),
269. VGD. (von der 19. Armee);

befohlen vom 13.–29. 1.:

*6. Pz.-Armee* (mit
2 Pz.-Gren.-Kdo.s und der
1., 2., 9. und 12. SS-Pz.-Div.),
Führer-Begleit-Brigade,
Führer-Grenadier-Brigade,
21. Pz.-Div. (befohlen am 31. 1.;
dafür entfiel der vorgesehene Abtransport der
Pz.-Lehr-Div.),
25. Pz.-Gren.-Div.

Zu der Abgabe großer Verbände kam noch die Abgabe von Volks-Art.-Korps, von Spezialeinheiten aller Art, worüber der Abschnitt III (S. 1315 ff.) zu vergleichen ist.

Bis 1. 3. hatte der OB West 14 Verbände (davon 10 bis 12. 2.) an die Ost=front abgegeben, nämlich

zur Heeresgr. Süd: 1., 2., 9. und 12. SS=Pz.=Div. (s. oben);
zur Heeresgr. Weichsel: 711. Inf.=Div.,
712. Inf.=Div. (s. oben),
269. VGD. (s. oben),
25. Pz.=Gren.=Div. (s. oben),
21. Pz.=Div. (s. oben),
10. SS=Pz.=Div. (befohlen am 1. 2.),
die beiden inzwischen in Divisionen umgebildeten Führerbrigaden (s. oben),
27. und 28. SS=Freiw.=Div.

An die anderen Fronten gab der OB West keine Verbände ab.

b) Dem Westen wurden *zugeführt:*
aus *Norwegen:* 2. Geb.=Div.,
6. SS=Geb.=Div.
(beide zu Beginn des Jahres im Rollen);
aus *Dänemark:* 166. Inf.=Div. (zur Heeresgr. H, Abtransport beendet: 1. 4.).

### *d) Der Südwesten*

a) An den Osten wurden *abgegeben:*
(befohlen 24. 1.): 356. Inf.=Div.,
(befohlen 1. 2.): 16. Pz.=Div.,
(befohlen 1. 3.): 715. Inf.=Div.;

b) *zugeführt* wurden:
aus Dänemark die 710. Inf.=Div. (bis 3. 1. eingetroffen),
aus dem Westen Fallschirmjägerbataillone.
(Über die weitere Umgliederung der Fallsch.=Jäger s. unten).

### *e) Der Südosten*

An den Osten wurden nach dem Durchbruch bei Baranow zunächst keine Verbände abgegeben.

Am 10. 2. wurde an OB Südost mitgeteilt, daß er zu rechnen habe mit dem Ausscheiden der
297. Inf.=Div.,
11. Lw.=Feld=Div.,
104. Jäg.=Div.

Nach Möglichkeit sollten ihm belassen werden die
1. Geb.=Div.
und die 7. SS=Geb.=Div.

Durch Weisung vom 23. 2. wurde dem OB die 7. SS=Geb.=Div. für Bosnien belassen. Auch die drei vorstehend genannten Divisionen verblieben ihm zur Verteidigung von Kroatien. Dabei blieb es.

Ab Ende März wurde die 117. Jg.=Div. dem Pz.=AOK 2 (Heeresgr. Süd) zugeführt, dessen Kräfte verstärkt wurden.

Anfang April standen in Kroatien noch 5, in Istrien 3 deutsche Divisionen zur Verfügung. In Kroatien waren eingesetzt die Gen.=Kdo.s

XV. A. K. (in Dalmatien),
XXI. Geb.=A.K. (in Zenica),
XXXIV. A.K. (Ostteil),
XXX. A.K. (ebd.),
LXIX. A.K.,
XV. (Kosaken=) A.K. (an der Drau).

(Über die am 10. 4. durchgeführte Befehlsgliederung s. II. Teil D unter 11. 4.)

Am 13. 4. war die 11. Jg.=Div. bis auf 2 Züge abgefahren.

An *deutsch=kroatischen Verbänden* bestanden Anfang April noch:

369. Inf.=Div. (bei Serajewo),
373. Inf.=Div. (auf dem Marsch nach Bihać),
397. Inf.=Div. (nordwestlich Bihać).

An *kroatischen Kräften* waren eingesetzt:

| | |
|---|---|
| im Raum von Agram: | I. kroat. AK., |
| | 2. kroat. Inf.=Div., |
| | 16. kroat. Ers.=Div., |
| | Leibgarde; |
| im Raum von Serajewo: | III. kroat. AK., |
| | 9. kroat. Inf.=Div., |
| | 8. kroat. Inf.=Div.; |
| im Raum von Brod: | II. kroat. AK., |
| | 7. kroat. Inf.=Div., |
| | 14. kroat. Inf.=Div.; |
| im Raum von Doboj: | 15. kroat. Inf.=Div., |
| | 12. kroat. Inf.=Div.; |
| hinter der Front: | 3. kroat. Inf.=Div.; |
| in Dalmatien: | 11. kroat. Inf.=Div. |

Zusammen 12 Verbände, alle von sehr geringem Kampfwert.

## 2. Die Umgliederung alter und die Aufstellung neuer Verbände

Am 10. 1. wurde die Aufstellung von 2 neuen Volks=Art.=Korps für den Osten befohlen.

Um den 25. 1. befahl der Führer die Aufstellung einer Pz.=Jagd=Div. mit 6 Abteilungen. Diese sollte nicht geschlossen, sondern in kleinen Rudeln zur Bekämpfung feindlicher Panzer eingesetzt werden. Zu ihrer Unterstützung sollten die bereits in Bildung begriffenen Radfahr=Kommandos eingesetzt werden, die unter der Führung von Leutnanten standen und mit panzerbrechenden Mitteln ausgerüstet wurden.

Um die Wende Januar/Februar wurde aus der Schule Döberitz eine Div. „Berlin" aufgestellt.

Am 17. 2. befanden sich folgende Verbände des Heeres in der *Neuaufstellung bzw. Umgliederung:*

| | |
|---|---|
| 8 Divisionen 33. Welle: | 264. Inf.=Div. (Aufstellungsende 15. 5.), |
| | 361. Inf.=Div. (Aufstellungsende 5. 6.), |
| | 85. Inf.=Div. (Aufstellungsende 1. 6.), |
| | 189. Inf.=Div. (Aufstellungsende 15. 7.), |
| | 103. Inf.=Div. (Aufstellungsende 1. 7.), |
| | 553. Inf.=Div. (Aufstellungsende 1. 5.), |
| | 716. Inf.=Div. (Aufstellungsende 1. 6.), |
| | 48. Inf.=Div. (Aufstellungsende 1. 5.). |

Ferner waren in der Umgliederung bzw. Auffrischung begriffen:

| | |
|---|---|
| | 169. Inf.=Div. (unbestimmt), |
| | 163. Inf.=Div. (unbestimmt), |
| | 275. Inf.=Div. (Aufstellungsende 25. 2.). |
| Neu aufgestellt wurden: | 2. Kosaken=Div. (Aufstellungsende 15. 5.), |
| | Führer=Begleit=Division, |
| | Führer=Grenadier=Division. |

Von Januar an flossen dem Heer nennenswerte Kräfte der *Kriegsmarine* zu, die jedoch in eigenen Regimentern und Divisionen zusammengehalten wurden (von diesen gab es zuletzt 2).

Der Personalbestand der *Panzertruppen des Ersatzheeres* sank vom 1. 7. bis 16. 2. um 72 065 Mann. Er betrug

| | |
|---|---|
| Pz.=Grenadiere | 57 782 Mann |
| Panzer | 16 767 Mann |
| Pz.=Aufklärer | 10 112 Mann |
| Pz.=Jäger | 25 357 Mann |
| Schulen | 25 393 Mann |
| Personalbestand im Wehrkreis IX | 22 087 Mann |
| zusammen | 157 498 Mann. |

Mitte Februar wurde die am Oberrhein eingesetzte 708. VGD. in die 106. Inf.=Div. umgebildet.

Aus der 32. *Welle* (Jahrgang 1928) wurden zu dieser Zeit neu aufgestellt:

| | |
|---|---|
| am Oberrhein | 4 Divisionen |
| in Wildflecken | 1 Division |
| in Holland | 1 Division |
| in Dänemark | 1 Division |
| in der Slowakei | 1 Division |
| zusammen | 8 Divisionen. |

Aufgefrischt wurden in Holland 1, in Dänemark 2 Divisionen. Ferner wurde neu aufgestellt 1 Marine=Division in Holstein. Außerdem wurden die Führer=Gren.=Brig. und die Führer=Begleit=Brig. in Divisionen umgebildet.

Am 24. 2. erging ein Befehl des Führers, im Wehrkreis X (Hamburg) be=schleunigt 1 Div. aufzustellen und sie der Heeresgr. Weichsel zuzuführen. Der WFStab hatte dagegen das Bedenken, daß dadurch die Ausbildungskapazität des Ersatzheeres, die durch Abzug der 180. und 190. Inf.=Div. im Herbst 1944 schon stark eingeschnürt wurde, noch weiter eingeengt werde. So entstehe an der Deutschen Bucht ein luftleerer Raum, und der OB West könne auch die 2 ihm aus dem Wehrkreis X zugesagten Divisionen nicht mehr erhalten. Der Chef WFStab verwahrte sich in einem Schreiben vom 27. 2. an den Chef=adjutanten des Führers grundsätzlich dagegen, daß Befehle solcher Art ohne seine vorherige Befragung hinausgingen.

Um den 9. 3. gab der OB des Ersatzheeres 6 Feld=Ausbau=Divisionen ab, da=von an die Westfront 4, an die Ostfront 2; dadurch verringerte sich die Zahl der abgebbaren Marschbataillone.

Am 12. 3. wurde die Aufstellung der Division „Hamburg" genehmigt. Ihre Umgliederung sollte bis zum 15. 3. durchgeführt sein.

Am 25. 3. erging der Führerbefehl, alle *Heimatkräfte* an die Front zu werfen (Decknamen: „*West=*" und „*Ostgoten=Bewegung*").

Am 28. 3. war der Verband „Thüringen" bereits nach dem Westen abgefah=ren; der Pz.=Verband „Franken" fuhr ab 28. 3. von Stuttgart ab; der Pz.=Ver=band „Westfalen" stand zum Abtransport bereit.

Ferner wurden jetzt aufgestellt:

| | |
|---|---|
| aus der Stamm=Mannschaft des RAD | 3 Divisionen, |
| aus den Schulen | 3 Divisionen |
| zusammen | 6 Divisonen. |

Bis 28. 3. waren 43 Züge abgefahren, 12 beim OB West eingetroffen. Ferner waren im Fußmarsch aus den Ausbildungstruppen (ohne Panzer) in Bewegung gesetzt

| | |
|---|---|
| nach Westen | 72 000 Mann, |
| nach Osten | 96 000 Mann |
| zusammen | 168 000 Mann, |

mit den übrigen Kräften über 200 000 Mann.

Geplant wurde ein Freiwilligenkorps „Robert Ley". Anfang April wurde die Aufstellung nicht-deutscher Divisionen eingestellt. Die Fertigstellung der vorgesehenen 6 neuen Divisionen sollte beschleunigt durchgeführt werden. Als Raum dafür wurde der um Lüneburg vorgesehen.

## III. Wehrwirtschaft

*Allgemein:* Nach dem Wegfall Oberschlesiens wies der Reichsminister Speer darauf hin, daß nunmehr die Leistung der Wehrwirtschaft gegenüber der noch im Dezember erzielten auf 1/4 absinken, sich dies jedoch in ihren einzelnen Zweigen ganz verschieden auswirken werde (s. Lagebuch 29. 1.: Allgemein; s. oben S. 1052).

### 1. Waffen und Munition

Über die *Munitionslage* zu Anfang des Jahres gab der Leiter der Abt. Qu im WFStab am 3. 1. folgende Information (s. Lagebuch; s. oben S. 987):

Wenn auch die Lieferungen für den Westen voll befriedigend waren, so sinkt doch jetzt der Munitionsausstoß, so daß Spannungen zu erwarten sind. Auf diese Entwicklung hat der Reichsminister Speer bereits vor 4 Wochen hingewiesen.

Die *Geschütz-, Panzer- und Munitionsproduktion* belief sich im Januar 1945 auf:

leichte Feldhaubitzen: 591,
10-cm-Kanonen: 93,
schwere Feldhaubitzen: 266,
17-cm-Kanonen: 3,
21-cm-Mörser: 5,
21 cm K 52: 2,
Sturmgeschütze III (L 48): 379,
Sturmgeschütze IV (L 48): 43,
Sturmhaubitzen 42: 63,
Jagdpanzer 38 (L 48): 409,
Jagdpanther: 76,
Jagdtiger: 11.

*Munition:* leichte F.H.-Granaten: 1 284 (in 1000),
schwere F.H.-Granaten: 194,5 (in 1000).

Vom 1. 6. 44 bis 1. 3. 45 (10 Monate) gingen 3 1/2 Millionen *Gewehre* verloren. Der Mangel an Hand- und Maschinenwaffen führte im Februar dazu, die Vorräte der Reichsbehörden und nichtmilitärischen Organisationen auszuschöpfen. Luftwaffe und Kriegsmarine vermochten nichts mehr abzugeben, waren vielmehr nicht einmal imstande, die von ihnen aufgestellten Landverbände aus eigenen Beständen zu bewaffnen. Am 12. 3. gab der Reichsleiter

Bormann den Gauleitern den Befehl, daß der noch nicht in die Wehrmacht eingegliederte Volkssturm an diese seine Waffen abgeben solle.

Die *Munitionsforderung* für Pak 40, KWK 40 und KWK 42 betrug laut einer Aufstellung vom 18. 2. 1 593 000 Schuß; die Januar-Fertigung hatte betragen: 367 000 Schuß.

*Panzerverteilung im Februar:*

| | |
|---|---|
| Panzer IV | 142 |
| Panzer III 1g(1) | 49 |
| Panther | 118 |
| Tiger | 23 |
| Sturmgeschütze | 287 |
| Pz. IV 1g(v) | 157 |
| Jagdpanzer 38 | 235 |
| Jagdpanther | 58 |
| Jagdtiger | 6 |
| zusammen | 1 075. |

An Sturmgeschützen usw. wurden im Februar abgegeben:

| | |
|---|---|
| an den Osten | 1 555 |
| an den Westen | 67 |
| an den Südwesten | 20 |
| zusammen | 1 642. |

Trotz der erschwerten Lage wurden im Februar außer den rund 1200 Panzern noch 25 000 Maschinengewehre und 200 000—250 000 Gewehre fertiggestellt. Bedrohlich wurde jetzt das Absinken der Munitionsfertigung (im letzten Quartal 4 418 Züge, jetzt nur noch 8 bis 9 am Tag).

In der Nacht vom 15./16. 3. fand eine Führerbesprechung über die Verteilung von Panzern usw. statt.

### 2. Kraftfahrzeuge

Mit der Zusammenfassung des Kraftfahrzeug-Raumes im Westen wurde der General Windisch beauftragt; in der ersten Dekade des Januar hatte er seinen Auftrag durchgeführt.

Ende Januar wurde es nötig, für die Heeresgr. Weichsel LKW-Raum zu beschaffen; doch war fraglich, ob und wo er noch gewonnen werden konnte.

### 3. Pferde

Aus der allgemeinen Notlage ergab sich der Zwang, Pferde einzusparen. Am 12. 1. erging ein Befehl des Chefs OKW über die Herabsetzung der Planstellen und die Abgabe aller überplanmäßigen Pferde. Der noch vorhandene Bestand belief sich auf:

| | Ist=Bestand |
|---|---|
| OKMarine | 1 556 |
| OKLuftwaffe | 42 247 |
| OBdErsatzheeres | |
| | 923 679 (Feldheer) |
| | 43 897 (Verbündete, Feldheer) |
| | 134 840 Heimat |
| | 113 000 SS (18 000 Heimat) |
| | 36 319 Polizei (10 500 Heimat) |
| | 16 587 Org. Todt (2 061 Heimat) |
| | 1 405 Speer (1 155 Heimat) |
| | 2 800 RAD (2 800 Heimat) |
| insgesamt | 1 136 318 Pferde[1] |
| davon | 196 736 in der Heimat. |

*Einsparung*

OKMarine: 200

OKLuftwaffe: Im Heimatkriegsgebiet Pferdebedarf 1 600. Infolge Abgabe von Kfz.en Versorgung mit Pferdebespannung durchgeführt.

OBdErsatzheeres: Die Ereignisse an der Front und die laufenden Aufstellungen machten es dem ObdE unmöglich, die Pferdeplanstellen anzugeben.

### 4. Treibstoff[2]

Am schwierigsten war die *Treibstofflage.*

Über den zu Anfang des Jahres bestehenden Zustand gab der Leiter der Abt. Qu vom WFStab am 3. 1. folgende Information (s. Lagebuch; s. oben S. 986):

Die Betriebsstofflage hat sich weiter verschlechtert. Außer Pölitz sind die *großen Werke* im Augenblick stillgelegt. Bei den Angriffen am 29. und 31. 12. gegen Harburg usw. sind zur Zeit 20 % der kleineren Werke ausgefallen. Die Lage bei dem Otto=Betriebsstoff muß daher als sehr besorgniserregend bezeichnet werden. Es wird wohl die Folgerung gezogen werden müssen, daß das Heer weitgehend entmotorisiert wird, daß also die Pz.=Grenadiere zu Fuß oder mit Rad bewegt werden und nur die Pz.=Brigaden voll motorisiert bleiben. Anregungen in dieser Richtung sind bereits seit längerem gegeben worden; Erwägungen sind beim GenStdH im Gange.

Am 31. 12. 44 hatte das Feld=Wirtschafts=Amt in einer Vortragsnotiz für den Chef OKW festgestellt, daß die Versorgung der Wehrmacht mit Treibstoffen im Monat *Januar* davon abhängig sei, daß die Hydrierwerke planmäßig liefen. Die Flugkraftstoff=Erzeugung basierte vor allem auf der Produktion in Pölitz (Anteil 74 %). Das Aufkommen in Kfz.=Vergaser= und Dieselkraftstoffen lag mit 35 % bzw. 31 % vorwiegend bei den mitteldeutschen Werken Böhlen, Magdeburg, Zeitz, Lützkendorf und dem Werk Scholwen. Die ausreichende Sicherung dieser Werke war daher die Voraussetzung für die vom WFStab geforderte Bereitstellung von 27 000 cbm.

1 Die Gesamtsumme stimmt nicht; unklar ist, ob in ihr oder den Einzelangaben der Fehler steckt.

2 Für das voraufgehende Jahr siehe den 10. Abschnitt (oben S. 931 ff.).

I. An *Flugvergaser=Kraftstoff* war im Januar ein Aufkommen geplant von 34 000 t (davon Pölitz: 25 000 t).

II. *Kfz.=Vergaser=Kraftstoff* Aufkommenplanung: 76 000 t, davon für die Wehrmacht 63 000 t (= 80 000 cbm).
Vom WFStab wurde für die 1. Dekade eine Bereitstellung von 27 000 cbm gefordert; es standen aber nur 16 000 cbm zur Verfügung.

III. *Diesel=Kraftstoff*: geplantes Aufkommen 86 500 t, davon für die Wehrmacht 60 000 t. Der Schwerpunkt der Produktion auch hier bei der Hydrierung mit 27 000 t.

Nach einer Vortragsnotiz vom Feld=Wirtschaftsamt/Hauptabt. Öl (Kap. z. See Griebel) vom 6. 1. für den *Chef OKW* hatte sich die Deckungsmöglichkeit gegenüber dem 31. 12. wesentlich vermindert. Die Luftangriffe in der Zeit vom 29. 12.–1. 1. 45 sowie Betriebsstörungen in den Hydrierwerken Böhlen, Magdeburg hatten einen Ausfall bewirkt, der nur zum Teil ausgeglichen werden konnte. Bei *Kfz.=Vergaserkraftstoffen* war ein Rückgang von 13 000 t zu verzeichnen, so daß für die Wehrmacht ein Aufkommen von 50 000 t = 63 000 cbm zu veranschlagen war. Bei *Diesel=Kraftstoff* gelang es, das Fehl von 14 500 t auszugleichen.

Eine Vortragsnotiz des Feld=Wirtschaftsamts/Hauptabt. Mineralöl vom 19. 1. für den Chef OKW ergab, daß seit dem Ausfall des Hydrierwerkes von Pölitz am 13. 1. kein Hydrierwerk mehr auf Flugbenzin lief. Die Planung für *Flugvergaser=Kraftstoffe* für Januar war von 34 000 t auf 14 000 t abgesunken. Es konnte aber höchstens mit einer Produktion von 12 000 t gerechnet werden. Stand der OKW=Reserve am 1. 1. 45: 12 000 t. Bei *Kfz.=Vergaserkraftstoffen* waren durch Fliegerangriff auf Zeitz am 16. 1. 3 000 t ausgefallen; auch bei den anderen Werken war starker Produktionsrückgang auf Grund der häufigen Anflüge auf Mitteldeutschland zu verzeichnen. Die Fehlmengen konnten aber ausgeglichen werden.

Der Ausfall von Leuna und Zeitz zwang auch bei *Diesel=Kraftstoffen* zu Einschränkungen in der Zuteilung. Das Aufkommen für die Wehrmacht wurde jetzt für Januar auf 51 500 t veranschlagt. Der Stand der OKW=Reserve wurde am 1. 1. 45 mit 22 500 t, für den 1. 2. 45 mit 22 000 t angegeben.

In einer Vortragsnotiz vom *WFStab/Qu* vom 27. 1., die am 28. 1. dem Chef OKW vorlag, wurden die Ergebnisse FWi=Amt über die *Treibstofflage im Februar* niedergelegt:

I. Die *Flugbenzin=Lage* war durch den Ausfall des Werkes Pölitz gekennzeichnet. Bedarf für vordringliche Einsatz= und Ausbildungsaufgaben: 40 000 t. Die Produktion wurde vom Reichsminister Speer aber nur auf 9 000 t geschätzt. Stand der OKW=Reserve: 12 000 t, außerdem noch unerbleites Flugbenzin (als letzte Fahrkraftstoff=Reserve) 8 000 t. WFStab/Qu schlug vor, dem OKLuftwaffe die gesamte Flugbenzin=Produktion im Februar zur Verfügung zu stellen.

II. Auch bei der *Kw=Betriebsstoff=Erzeugung* war die Lage dadurch gekennzeichnet, daß fast sämtliche großen Werke ausgefallen waren und — falls keine weiteren Luftangriffe erfolgten — erst im Laufe des Februar wieder anlaufen konnten. Erschwerend kam noch hinzu, daß der Kesselwagen=Mangel lange Umlaufzeiten schuf.

1. Die *OKW=Reserve* an Otto=Kraftstoff sollte auf 2 400 cbm aufgefüllt werden.
   Das Aufkommen für Februar wurde für die Wehrmacht auf 39 000 t *Otto* geschätzt.
2. Als höchstmögliche Zuteilung von *Diesel=Kraftstoff* für die Wehrmacht wurden 50 500 t veranschlagt.

III. Für *Fahr=Kraftstoffe* konnte wegen der unsicheren Produktionslage nur eine Berechnung für die 1. Dekade Februar aufgestellt werden:

1. Einem Bedarf von 25 800 cbm *Otto=Kraftstoff* stand ein Aufkommen von nur 14 000 cbm in der 1. Februar=Dekade gegenüber. Die OKW=Reserve sollte auf 2 400 cbm erhöht werden.
2. Einem Bedarf von 60 000 t an *Diesel=Kraftstoff* stand eine Zuteilung von 50 500 t gegenüber.
   OKW=Reserve am 1. 1. 45: 22 500 t; 1. 2. 45 voraussichtlich 14 000 t.

Eine Steigerung des Aufkommens war nur zu erreichen durch Leistungssteigerung bei der „Arbeitsgemeinschaft Erdöl=Verarbeitung" (AEV) und Abtransport der ungarischen Produktion.

Die für den Chef OKW bestimmte Vortragsnotiz des Feld=Wirtschafts=Amtes vom 31. 1. sah *für die Treibstoff=Lage im Februar 45 folgende Planung* vor:

I. *Flugvergaser=Kraftstoffe:* Aufkommenplanung vom 26. 1. (Besprechung mit WFStab/Qu) 20 000 t. Durch inzwischen eingetretene Ausfälle war aber nur mit 9 500 t zu rechnen. Stand der *OKW=Reserve:* 20 000 t.

II. *Kfz.=Vergaser=Kraftstoffe:* Planung am 26. 1.: insgesamt für das Reich 47 000 t, davon für die Wehrmacht 39 000 t. Durch Aufkommensminderungen war nur mit 36 800 t = 48 800 cbm zu rechnen. Voraussichtlicher Stand der OKW=Reserve am 20. 2.: 2 100 cbm.

III. *Diesel=Kraftstoffe:* Aufkommensplanung: 69 000 t, davon für die Wehrmacht 50 500. *OKW=Reserve* am 1. 1. 22 500 t, am 1. 2. 14 000 t, Ende Februar 15 000 t.

Am 9. 2. legte WFStab/Qu eine Notiz über ein *neues Herstellungsverfahren für Flüssigkeitskraftstoff* vor. Eine Besprechung am 7. 2. beim Chef des Wehrmachtkraftfahrwesens (WKW) hatte ergeben, daß seit einem Jahr ein neuartiges Verfahren zur Gewinnung von Flüssig=Kraftstoff aus Holz bekannt war, ohne daß die praktische Verwirklichung ernstlich aufgegriffen wurde. 1 Festmeter Holz = 100 kg Retortenkohle für Generatorenbetrieb und 20—25 Liter Otto=Kraftstoff.

Am 8. 2. richtete der Chef OKW an Gauleiter Hofer ein Schreiben, den in seinen Bereich entsandten Beauftragten des Chefs OKW bei dem Aufbau einer Versuchsanlage, die täglich 1000 Liter Otto=Kraftstoff erzeugen sollte, zu unterstützen.

Am 11. 2. befahl der Chef WFStab im Auftrage des OKW wegen der *verschärften Flugbetriebsstoff=Lage* die rücksichtslose Beschränkung aller Luftwaffeneinsätze. Einsatz nur an den jeweils entscheidenden Schwerpunkten und nur da, wo andere Mittel keinen Erfolg versprachen. Luftversorgung war aufs äußerste einzuschränken. Die Heeres=Kdo.=Stellen hätten durch Zurückhaltung in der Lw.=Anforderung dazu beizutragen, daß der Flugbetriebsstoff=Verbrauch möglichst gering sei.

Am 27. 2. legte der Stellv. Chef WFStab dem OKW eine vom WFSt/Qu ausgearbeitete Vortragsnotiz über die *Treibstoff=Lage im März* vor. Die Lage wurde dadurch gekennzeichnet, daß durch die vorausgegangenen Luftangriffe sämtliche großen Werke ausgefallen waren. Wenn sie überhaupt im März anliefen, dann erst gegen Monatsende. Der größte Teil der Ausbringung würde also in die 3. Dekade fallen. Erfahrungsgemäß gelang es aber dem Gegner, ein Anlaufen der Werke zu verhindern oder sie kurz nach Beginn der Fertigung zu zerstören. Die erdölverarbeitenden Werke (AEV) waren in die Märzplanung nur mit 160 000 Moto eingesetzt. Die unter militärischer Leitung stehende ungarische Produktion verlief gut. In den 3 verbleibenden Raffinerien wurden täglich über 1000 cbm Otto produziert; aber es waren oft kurzfristige technische Störungen vorhanden. Besonders gering sei voraussichtlich die Aufbringung von Flug=Kraftstoff.

I. Die *Flugbenzin=Produktion* März: voraussichtlich 3 800 t. In der 1. Dekade gar keine Produktion. OKW=Reserve zur Zeit 9 500 t. Mit Anforderung von OKLuftwaffe an OKW=Reserve war zu rechnen.

II. *Kw=Betriebsstoff:*

1. *Otto=Kraftstoff:* Aufkommen Reich wurde auf 49 300 t geschätzt, davon Wehrmacht 43 800 t; 1. Märzdekade Wehrmacht=Zuteilung 15 000 t.
2. *Diesel=Kraftstoff:* Reich 63 000 t, für die Wehrmacht 48 500 t; 1. Märzdekade Wehrmacht=Zuteilung 14 600 t.

Eine besondere Erschwerung bedeutete es, daß spätestens in der 3. Märzdekade der *Betriebsstoff=Nachschub nach Norwegen* einsetzen mußte. Wenn es nicht gelang, im März Betriebsstoff freizumachen, dann mußte auf die OKW=Sperrmenge an Flugbetriebsstoff von 2 000 t, die in Norwegen lagerten, zurückgegriffen werden.

Der Bedarf der Wehrmacht für die 1. Dekade März verteilte sich auf

| | | |
|---|---|---|
| Feldheer | 15 000 cbm Otto, | 3 000 cbm Diesel |
| Gen.=Qu. für 1. Ausstattung | 700 cbm Otto, | 80 cbm Diesel |
| Heimatwehrmacht (einschließlich Sonderzuteilungen und „E 1") | 1 700 cbm Otto, | 1 450 cbm Diesel |
| insgesamt | 17 400 cbm Otto, | 4 530 cbm Diesel. |

III. Deckungsmöglichkeit bei *Fahr=Kraftstoffen.*

1. *Otto=Kraftstoff:* 1. Dekade März: Einem Bedarf von 17 400 cbm stand ein Aufkommen von 15 000 cbm gegenüber. WFStab/Qu schlug vor, vom Gesamtkontingent der Heimatwehrmacht von rund 7 000 cbm in der 1. Dekade nur 2 000 cbm wegen des langsamen Anlaufs der Produktion zuzuteilen. Die mögliche Zuteilung an Gen.=Qu. für das Feldheer betrug demnach 15 000 cbm – 2 000 cbm = 13 000 cbm.
   Im Einverständnis mit Gen.=Qu. war beabsichtigt (unter Beibehaltung der Dekaden=Zuteilungen für die Kriegsschauplätze Südosten, Südwesten und Westen) zunächst den Osten um die fehlenden 2 000 cbm zu kürzen. Mehrleistungen im Aufkommen sollten dann dem Osten zufließen.
2. *Diesel=Kraftstoff:* Wehrm.=Zuteilung 1. Dekade 12 300 t = 14 600 cbm. Bedarf: 23 700 cbm; Fehl: 9 100 cbm. An Kürzungen schlug WFStab/Qu. vor:
   *OKMarine* statt 47 000 t nur 30 000 t (in 1. Dekade 10 000 t),
   *Gen.=Qu.:* für

| | |
|---|---|
| Feldheer mindestens | 3 000 cbm, |
| Heimatkriegsgebiet 1. Dekade | 1 450 cbm, |
| für Produktion J 2 theoretisch | 150 cbm. |

Eine zusammenfassende Aufstellung über *Kraftstoff=Erzeugung im März* wurde mit Angaben der OKW=Reserve nach Klärung der Verbesserungsmöglichkeiten vom Feld=Wirtschafts=Amt gesondert vorgelegt. Außerdem war das FWi=Amt beauftragt, einen Bericht über die bisherigen Leistungen der erdölverarbeitenden Werke (AEV) sowie Vorschläge zur Produktionssteigerung dieser Gebiete vorzulegen.

### 5. Kohle

Kaum minder ernst war die *Kohlen=Lage* (vgl. dazu auch anschließend: Die Lage der Eisenbahn).
Da der Transport der *oberschlesischen Kohle* erschwert bzw. gefährdet war, mußte auf die Ruhr=Kohle zurückgegriffen werden, was möglich war, falls die Eisenbahn auf ihrem bisherigen Stand gehalten werden konnte und der Flakschutz des *Ruhrgebietes* daher nicht verringert wurde. (Es handelte sich um das Abfahren von 13 000 Waggons täglich. Die Höchstleistung 1944 betrug 20 000.) Es schien noch möglich, daß die für die Operationen erforderliche Kohle lieferbar war. Um die Forderungen der Wehrmacht gegenüber der Reichskohlenstelle zu vertreten, wurde der General Stapf beauftragt.

Die Verwendung aller Kohle in der *Nord= und Ostsee* wurde am 21. 1. dem OB.d.M. in seiner Eigenschaft als Seetransportchef übertragen. Als „Wehrmacht=Beauftragter Kohle" wurde am 23. 1. der Chef des Feldwirtschaftsamtes im OKW, der Gen. d. Inf. Stapf, eingesetzt.

Nach dem Wegfall des *Saargebiets* in der Mitte des März verschärfte sich die Kohlenlage abermals. Die Gestellung von Steinkohlen sank von 9 500 auf 6 000 Waggons.

### 6. Eisenbahnwesen

*a) Das Erlahmen des Eisenbahnverkehrs*[1]
(s. dazu auch vorstehend über die Kohlenlage):

Am 21. 1. war der *Zugstau* auf 2 100 Züge angestiegen, wobei sich die Verschlechterung der Lage im Osten besonders bemerkbar machte. Durch den Wegfall Oberschlesiens und die Bombenschäden im Ruhrgebiet wurde bedingt, daß der Kohlenverbrauch um 35 % herabgedrückt wurde. Vom 22. 1. an verkehrten daher keine D=Züge mehr.

Da in den folgenden Tagen wegen des Wetters die Luftangriffe nachließen, besserten sich bis zum 27. 1. sowohl die Kohlen=Gefahr als auch die Betriebsstofflage etwas. Vom Ruhrgebiet wurden 12 000 statt 9 000 Waggons abgefahren. Aus Oberschlesien konnten in Richtung Wien noch 1600 Waggons abgefahren werden. Am 31. 1. hatte sich die Eisenbahnlage weiter gebessert. Bis zur Mitte des Februar sank jedoch der Abtransport aus dem Ruhrgebiet, der täglich 13 000 Waggons hätte betragen müssen, auf meist unter 10 000. Dabei war die Streckenlage zur Zeit nicht entscheidend, sondern andere Faktoren. Darüber hielt der General Stapf am 15. und 16. 2. dem Chef OKW Vortrag.

Durch die Angriffe auf Dresden (14. 2. ff.) und Cottbus spannte sich die Lage noch stärker an. Schwierigkeit machte vor allem die Beschaffung noch intakter Lokomotiven: allein am 14. 2. wurde der Ausfall von 104 Lokomotiven gemeldet. Unter der Voraussetzung, daß die Operationen weitergeführt wurden und die Industrie 25 %, die Versorgungsbetriebe 80 % ihres Bedarfes erhielten, waren als Notbedarf 36 000 Waggons im Reichsrestgebiet erforderlich. Bei nur 28 000 Waggons mußte die Leistung der Industrie auf 10 % herabsinken, was praktisch auf deren Erliegen hinauslief. In der letzten Zeit war nicht einmal diese Zahl erreicht worden.

Da die Eisenbahnen jetzt mit 50 % Braunkohle fuhren, mußte nach 70—80 km statt 200 km neu gekohlt werden. Ein weiterer Nachteil der Braunkohle war der starke Funkenflug.

Um den 20. 2. wurden aus dem Ruhrgebiet nur noch 8 000, aus Oberschlesien 3 000—4 000, im gesamt 26 000—28 000 Waggons abgefahren.

Durch die starken Schäden in den Rangierbahnhöfen war die *Rangierfähigkeit* bis zum 9. 3. auf 40 % herabgesunken. Der Kohlentransport aus Rest=Oberschlesien und dem Raum von Mährisch=Ostrau war zwar von 2 500 auf 3 500 hochgezogen, der aus dem Ruhrgebiet jedoch von 8 000 auf 3 700 abgesunken.

1 Zum Teil sind hier Notizen aus dem „Lagebuch" wiederholt (s. oben S. 976 ff.).

### b) Gegenmaßnahmen

Der *Reichsminister Speer* erhielt am 10. 2. den Befehl des Führers, einen *Verkehrsstab* zu bilden, der ihm unterstehen sollte, um den gesamten Transportraum aufzuteilen und die Rangfolge der Transporte aufzustellen, wobei alle der operativen Kriegführung dienenden den Vorrang haben sollten. Ferner hatte der Stab alle Maßnahmen zur Erhöhung des Verkehrsvolumens zu treffen, Schäden zu beseitigen und unnötige Anforderungen fernzuhalten.

Am 20. 2. erhielt Speer den endgültigen Auftrag, allen Transportraum zu verteilen und die Rangfolge festzulegen, wobei den operativen Bewegungen der Vorrang einzuräumen war. Ferner sollte er Maßnahmen ergreifen, um die Leistungen zu erhöhen, die Schäden zu beseitigen und vermeidbare Belastungen abzuschaffen.

Es wurden darauf Anfang März folgende *Dringlichkeitstufen* festgelegt:

1. Wehrm.-Transporte (Operationen und Nachschub),
2. Kohle,
3. Ernährung,
4. Notprogramm des Ruk-Ministeriums,
5. Flüchtlinge (was praktisch auf den Ausfall aller Flüchtlingszüge hinauslief).

Die Wehrwirtschaft war nunmehr ausschließlich auf das Komplettieren angewiesen; nur die Neufertigung von Munition lief noch weiter.

Zur Wiederherstellung des Verkehrsnetzes war der Einsatz von 2 Millionen Arbeitskräften vorgesehen. Zuerst wurden 100 000 Kriegsgefangene im Fußmarsch herangezogen. Ferner standen 180 000 Reichsbahnleute und die Technische Nothilfe zur Verfügung.

## 7. Die Ernährungslage

In der Staatssekretär-Besprechung vom 15. 2., über die Oberst d. G. Poleck eine Vortragsnotiz vorlegte, wurde hinsichtlich der *Ernährungslage* eine Kürzung um 25 % nach dem Ablauf der Kartenperiode für unerläßlich gehalten. Es sollte nur ein Verpflegungssatz für alle gelten; lediglich Zuschläge für die kämpfende Truppe und Schwerstarbeiter wurden vorgesehen.

Die Ernährungslage in Sachsen und Niederschlesien war zur Zeit kritisch. Abnahme der Mühlenkapazität durch die Luftangriffe führte zur Ausgabe ungemahlenen Getreides; auch in Berlin war dies der Fall.

Am 14. 2. hatte der Chef Ag V III (VA), Generalstabsintendant Boesler, dem Stellv. Chef WFStab einen Vortrag über die Ernährungslage gehalten. Die grundsätzlichen Auffassungen, die der Stellv. Chef WFStab gegenüber dem Generalstabsintendanten vertreten hatte, wurden von ihm am 15. 2. mit einer Aktennotiz des Chefs AG und einer ergänzenden Notiz vom WFStab/Qu 1 am 15. 2. über den Chef WFStab dem Chef OKW vorgelegt.

Der Stellv. Chef WFStab war der Ansicht,

1. daß baldigst der Reichsminister für Ernährung und Landwirtschaft und der Chef des Heeresverwaltungs-Amtes dem Führer Vortrag über die Ernährungslage halten müßten;
2. daß die Verpflegungssätze für Wehrmacht (außer Frontkämpfer im Begriff „Kampfstärke") und arbeitende Bevölkerung anzugleichen seien;
3. den Frontkämpfern sei die physische Leistungsfähigkeit in den nächsten, kriegsentscheidenden Wochen und Monaten zu erhalten;
4. die physischen Kräfte der ausländischen Arbeiter seien nur in dem unumgänglich nötigen Ausmaß zu erhalten;
5. die noch besetzten Länder (Dänemark, Oberitalien, Kroatien insbesonders) seien mit allen Mitteln auszunutzen;
6. mindestens Angleichung der Verpflegungssätze der Bevölkerung der von Deutschen besetzten Länder an die der deutschen Bevölkerung.

### 8. Die Fragen der Räumung und Bergung

#### *a) Allgemeines*

Die Räumung der verlorengehenden Gebiete sowie die Bergung des dort zurückgelassenen Gutes waren zwar nicht Aufgabe der Wehrmacht; aber diese war doch mit der Bewältigung dieser schon nach kurzer Zeit unlösbar gewordenen Probleme eng verbunden.

Am 21. 1. lag eine Meldung vor, daß das Oberkdo. der Heeresgr. Mitte bei dem Gauleiter von Schlesien und bei der Parteikanzlei beantragt hatte, ein Gebiet westlich der Oder von 30 km Tiefe aufzulockern.

Über den derzeitigen Stand der *Flüchtlingsbewegung* legte der Stellv. Chef WFStab am 28. 1. eine Vortragsnotiz vor. Danach hatten sich im Osten bereits 3½ Millionen Menschen in Bewegung gesetzt. Ihre planmäßige Steuerung, Versorgung und Unterbringung seien das Äußerste, was durch die Weiterleitungsorganisation und die noch vorhandenen Aufnahmebereiche bewältigt werden könnte.

Am 28. 1. erging ein Befehl des Chefs OKW: Durch die personelle Räumung weiterer Gebiete in Schlesien, im Warthegau und in Westpreußen sei die Versorgungs- und Sicherheitslage der zur Zeit laufenden Trecks und sonstigen Räumungstransporte aufs äußerste angespannt. Jede Erschwerung der abrollenden Bewegungen durch Eingriffe der Truppe und jede weitere Räumungs- oder Auflockerungsmaßnahme müßten nicht nur zu schwersten Störungen der in Durchführung befindlichen und beabsichtigten Evakuierung, sondern auch zu einer ernsten Gefährdung der noch verbliebenen, schon jetzt weit überbelegten Aufnahmegebiete führen. Zusätzliche personelle Räumung bedeute für die Betroffenen Preisgabe an Hunger, Kälte und Gefahr des Überrolltwerdens durch feindliche Panzer.

Der Chef OKW befahl daher:

1. Eine Auflockerung oder Räumung westlich der *Tirschtiegel=Stellung* kam nicht in Frage.
2. In *Schlesien* sollte jede Auflockerungs= oder Räumungsmaßnahme über 30 km westlich der Oder unterbleiben.
3. Erst wenn völlige Freimachung befohlen war, sollte eine Auflockerung von ortsgebundenen Dienststellen im Befehlsbereich des OBdErsatzheeres er=folgen.
4. Beschlagnahme von zivilen Fahrzeugen durch die Feldtruppe, auch im Kampfgebiet, war verboten.
5. Die Festungs=Kdt.en hatten den planmäßigen Ablauf der Bewegungen zu unterstützen. Verweigerung der Aufnahme war nur dann erlaubt, wenn die Festung in unmittelbarer Feindberührung stand. Dies galt besonders für *Crossen* und *Küstrin*.

   Am 26. 2. wurden die Absätze 1., 2., 3. durch Verfügung Nr. 002005/45 aufgehoben.

Die Richtlinien des Leiters der Parteikanzlei für die *Bergung zurückgelasse=ner Habe in den geräumten Grenzgebieten* wurden am 3. 2. für die Wehrmacht für verbindlich erklärt (Mitteilung des Chefs OKW an die Befehlshaber der Wehrmachtteile und Reichsführer SS): „Grundsatz bei allen Bergungsmaß=nahmen ist, daß der militärische Kampfauftrag nicht beeinträchtigt werden darf und die Aufrechterhaltung von Moral und Zucht der Truppe wichtiger als die Erhaltung materieller Werte ist."

Nach einer Vortragsnotiz WFStab über eine Besprechung im RWM vom 3. 2. war das Ergebnis der *Volksopfer=Sammlung* durch Verluste im Osten von 80 000 t auf 60 000 t abgesunken. Bedarf der Wehrmacht für die laufende Aus=stattung: 200 000 t.

Das RWM machte in Erweiterung des Führerbefehls vom 2. 1. die *Lager des zivilen Sektors im gefährdeten Ostraum* der Truppe zugänglich. RWM hatte hierfür den MV=Vizechef Jehle zum Feld=Wirtschafts=Amt kommandiert.

Am 3. 2. erging ein Erlaß des Chefs OKW, daß die Rückführung des weib=lichen RAD, der Landjahrjugend und der Kinderlandverschickung von den Heeresgruppen unterstützt werden solle.

4. 2. Zu dem Befehl vom 28. 1., der alle Räumungsmaßnahmen in den be=drohten Ostgebieten durch militärische Dienststellen untersagte, befahl der Chef OKW am 4. 2., daß in den Fällen, in denen eine Verlegung erforderlich war, durch die Wehrmachtteile (einschl. Waffen=SS) in jedem Fall besondere Anträge dem OKW/WFStab/Op. vorgelegt werden müßten (vgl. 26. 2.).

Am 5. 2. erließen der Chef OKW, der Leiter der Parteikanzlei und der Gen.=Bevollmächtigte für den Arbeitseinsatz Anordnungen über die *Erfassung der wehrpflichtigen Männer* des zivilen Bereiches aus den geräumten Gebieten.

Am 5. 2. erging ein Erlaß des Chefs OKW über Bergung zurückgelassener

Güter in den geräumten Gebieten durch die Wehrmacht. Maßgebend waren die Richtlinien der Parteikanzlei vom 17. 1.

Am 15. 2. gab der Chef OKW eine Verfügung über ein *verkürztes Verfahren für Einberufungen zur Wehrmacht* heraus.

Am 15. 2. legte der Abt.-Chef WFStab/Qu, Oberst d. G. Poleck, eine Vortragsnotiz über eine Besprechung mit den Staatssekretären Klopfer, Riecke und Kritzinger, Vertretern des Reichsverkehrs- und Reichsjustizministeriums, RuK und NSV vor.

*b) Flüchtlingsbewegungen und Evakuierungsfragen*

1. Aus *Schlesien* waren noch 500 000 Flüchtlinge (um Hirschberg und Görlitz) abzutransportieren.
   *Ostpreußen* zählte vor der russischen Invasion etwa 2,3 Millionen Einwohner; davon befanden sich zur Zeit
   320 000 im Raum Danzig,
   500 000 in Pommern,
   200 000 in Sachsen,
   140 000 in Mecklenburg,
   100 000 in Schleswig-Holstein,
   100 000 im übrigen Reichsgebiet,
   insgesamt rund 1 400 000 Einwohner.
   Von den übrigen 900 000 waren ca. 500 000 wehrfähig in der Wehrmacht, im Volkssturm usw. Die restlichen 400 000 Bewohner mußten noch aus Ostpreußen abtransportiert werden. Davon waren in Königsberg 135 000, im Heilsberger Dreieck 200 000, im Samland 40 000. Die Kriegsmarine hatte aus Ostpreußen über See 320 000 Menschen abtransportiert.
2. Im Hinblick auf den *Westen* wurde trotz der Weisung des Reichsleiters Bormann, nicht mehr planmäßig zu evakuieren, sondern nur örtlich dem feindlichen Artl.-Feuer auszuweichen, die Frage erwogen, ob das Gebiet gegenüber der anglo-amerikanischen Großoffensive bis zum Rhein planmäßig geräumt werden solle. Davon würden etwa 800 000—1 Million Menschen betroffen. Ostwärts des Rheins bestünden trotz der Ostflüchtlinge noch Aufnahmemöglichkeiten für 1—2 Millionen Menschen. Die Bevölkerung sollte aber nur zur Räumung aufgefordert, nicht gezwungen werden. Erörtert wurden ferner die Ernährungslage, die Haltung der Bevölkerung u. a.
3. Besprochen wurden ferner die *Auflösung* von in den feindbesetzten Gebieten *freigewordenen Behörden, Dienststellen* usw. der Zivilverwaltung und Wehrmacht und die Zuführung der Wehrfähigen in die Wehrmacht. *WFStab/Org (I)* teilte dies am 27. 2. dem *Stellv. Chef WFStab* und den Wehrmachtteilen zur Überprüfung der Auflösung überflüssig gewordener Wehrmachtdienststellen mit.

20. 2. In einer neuen Besprechung der Staatssekretäre Klopfer, Dr. Stuk=
kart, Riecke, Ganzenmüller, Klemm, Kritzinger am 19. 2., an der als Ver=
treter des OKW/WFStab der Oberst d. G. Poleck teilnahm, stand wieder
die *Flüchtlingsbewegung,* die nunmehr 8 350 000 Menschen umfaßte, im
Vordergrund.

In *Ostpreußen* war die Räumung voraussichtlich in 14 Tagen beendet. In
Küstrin waren noch 6 000 Frauen, die am 19./20. 2. zurückgeführt werden
sollten.

In *Ober= und Niederschlesien* erfolgte geordneter Abfluß in den Sudetengau
und in das Protektorat.

Starke Stauung bestand in *Sachsen,* von wo 500 000 Schlesier weitergeleitet
wurden; hinzu kamen noch 500 000 aus den ostsächsischen Kreisen und
über 400 000 Obdachlose (durch die Luftangriffe auf Dresden und Chem=
nitz).

In *Dänemark* sollten außer in Nordschleswig und Jütland auch auf den
Inseln Ostflüchtlinge untergebracht werden. Vorgesehen waren insgesamt
150 000.

Besprochen wurde noch die Auslösung der personellen und materiellen Räu=
mung im *Osten* sowie die Erfassung der männlichen Flüchtlinge aus den
Ostgebieten für die Wehrmacht und den Arbeitseinsatz.

Die vom WFStab im Einvernehmen mit der Parteikanzlei aufgesetzte Wei=
sung für die Heeresgruppen im Osten über die weitere *Handhabung der Räu=
mung* erübrigte sich, da der Reichsführer SS eine zentrale Steuerung von Berlin
aus bei der rasch wechselnden Lage für nicht möglich hielt. Er steuerte als
OB der Heeresgr. Weichsel die Räumung in seinem Bereich. Die Heeresgr.
Mitte sollte ihre Auffassung über die Lage den verantwortlichen Gauleitern
geben, die dann die Räumung einleiteten. Mit der materiellen Räumung sollte
erst nach Abschluß der personellen Auflockerung (Abschub von Frauen und
Kindern) begonnen werden. Eine Referentenbesprechung in der Parteikanzlei
am 20. 2. regelte die Erfassung der männlichen Flüchtlinge. Gemäß Weisung
des Chefs OKW nahm WFStab/Org. daran teil.

20. 2. Zur Frage des *Verhaltens der Obersten Reichsbehörden* im Falle eines
*Kampfes um Berlin* wurde am 20. 2. von der Reichskanzlei festgestellt, daß
bisher lediglich angeordnet sei, daß die Obersten Reichsbehörden in Berlin zu
verbleiben hätten. Der mögliche Fall, daß Berlin in die Kämpfe einbezogen
oder gar eingeschlossen werde, habe „bisher noch nicht zur Debatte gestan=
den". Die Abreise von Frauen und Kindern sei erlaubt, werde aber nicht
öffentlich bekanntgegeben.

Am 21. 2. gab der Chef OKW Grundsätze für die personelle Auflockerung
und *Räumung im Westen* heraus. Verantwortlich waren allein die Gauleiter
und Reichsverteidigungskommissare nach den Richtlinien des Leiters der Par=
teikanzlei.

Die weitere planmäßige Evakuierung der Bevölkerung aus der roten und grünen Zone unterblieb. Die wehrfähigen Männer und Facharbeiter wurden auf jeden Fall zurückgeführt.

Dazu erging am 22. 2. eine *neue Regelung:*
Die angespannte personelle Ersatzlage erforderte für das gesamte Reichsgebiet schnelle und scharfe Maßnahmen zur Erfassung aller wehrpflichtigen Männer aus den geräumten Reichsgebieten sowie aus den Luftschädensgebieten für den Wehrdienst, soweit sie im zivilen Sektor entbehrlich wurden.

Der Erlaß vom 5. 2. (vgl. 5. 2.; s. oben S. 1325) wurde daher erweitert:

I. Sofortige Erfassung aller wehrpflichtigen Männer der Geburtsjahrgänge 1897–1929 durch die Ortsgruppenleiter, die den Wehrmeldeämtern zu melden hatten.

II. In den Befehlsbereichen der Heeresgruppen Erfassung durch die örtlichen Auffangstellen der Heeresgruppen.

III. Strenge Prüfung durch Wehrbezirkskommando bzw. Wehrmeldeamt über Unentbehrlichkeit für kriegsentscheidende Aufgaben in der Heimat. In den Befehlsbereichen der Heeresgruppen entschieden die Wehrkreis=Befehlshaber.
Die Männer aus den planmäßigen Rückwärtsbewegungen (Trecks) würden in den Auffangräumen erfaßt.

IV. Der Geburtsjahrgang 1928 werde dem RAD zur planmäßigen Ausbildung zugeführt, die übrigen den Ausbildungseinheiten der Heeresgruppen und dem Ersatzheer.

V. Der Geburtsjahrgang 1929 werde zum planmäßigen Zeitpunkt zugeführt.

24. 2. Zur Entscheidung über die *Unentbehrlichkeit im Heimatdienst* wurden am 24. 2. noch Richtlinien des Gen.=Bevollm. für den Arbeitseinsatz vom 6. 2. vom Abt.=Chef Org. übersandt (vgl. 7. 3.: Übersendung einer Mangelberufs=liste).

26. 2. Im Auftrage des OKW/WFStab gab der *Stellv. Chef WFStab* Befehle für die *Rückverlegung von Wehrmachtdienststellen* aus den feindbedrohten Gebieten des Reiches.

1. Im Osten sollte die Rückverlegung innerhalb des Territorialbereiches der Heeresgruppen an die Genehmigung der OB.er der Heeresgruppen als ober=sten Territorialbefehlshabern mit Wehrmachtbefugnissen gebunden sein.
Im *Westen* erteilte diese Genehmigung der OB West für seinen Territorial=befehlsbereich.
2. Außerhalb des Territorialbefehlsbereiches der Heeresgruppen war eine Verlegung nach rückwärts verboten.
3. Die Oberkdo.s der Wehrmachtteile und die Ämter des OKW waren allein berechtigt, die Genehmigung von Ausnahmen beim Chef OKW zu bean=tragen, der dann die Entscheidung des Führers herbeiführte. Anträge an OKW/WFStab. Die Entscheidung, die durch OKW/WFStab auch dem zu=

ständigen OB der Heeresgr. und den Befehlsh. im Westen mitgeteilt wurde, war für diese bindend.

4. Für das OKW und die Oberkdo.s der Wehrm.-Teile galten die vom Führer gegebenen besonderen Weisungen.

Für die *Rückverlegung von zivilen Dienststellen* im Osten bzw. im Westen galt die Verfügung des Reichsministers des Innern vom 7. 2. 45 bzw. 12. 10. 44.

Für die personellen Räumungsmaßnahmen des zivilen Bereiches im *Osten* war der Reichsführer SS als Beauftragter des Führers für die Organisation des nationalen Widerstandes im Osten verantwortlich. Er traf die erforderlichen Anordnungen mit dem Leiter der Parteikanzlei. Er erteilte die notwendigen Weisungen an die Oberkdo.s der Heeresgruppen. Für den *Westen* galt der *Befehl* des OKW/WFStabs vom 21. 1. 45.

Am 28. 2. legte der WFStab/Qu eine Vortragsnotiz über die Staatssekretär-Besprechung am 28. 2. vor.

1. Aus Ostpreußen waren noch *150 000 Flüchtlinge* herauszubringen, aus *Danzig—Westpreußen* noch 400 000.
2. Unterbringung von Flüchtlingen in *Dänemark* und im *Protektorat:* Der Reichsführer SS hatte entschieden, daß das Protektorat mindestens 300 000 Flüchtlinge aufnehmen müsse (in den Randgebieten in deutschen Familien oder in Sammelunterkünften).
3. Die Frage der Auflösung der *Trecks* aus dem Osten sollte zwischen 5. 3. und 10. 3. entschieden werden.
   Ab 1. 6. 45 war für alle im Reich vorhandenen Pferde kein Futter mehr vorhanden.
4. 25 %ige *Kürzung der Lebensmittel;* ab 9. 4. 35 %ige Kürzung.

### c) Der Abtransport über die Ostsee

Bis 28. 1.[1] waren 46 000 Flüchtlinge über See aus Ostpreußen abtransportiert. In Königsberg warteten in diesem Augenblick noch 24 000 Verwundete auf die Verschiffung; 7 000 waren bereits abtransportiert. Am 31. 1. befanden sich weitere 20 000 Flüchtlinge auf dem Seeweg.

Am 2. 2. waren durch die Kriegsmarine 140 000 Flüchtlinge und 18 000 Verwundete abgefahren. Diese Statistik stieg bis zum 3. 2. auf 184 780 Flüchtlinge ab Königsberg sowie Gotenhafen[2] an, bis zum 9. 2. auf 260 000, bis zum 13. 2. auf 374 700 Flüchtlinge. Dadurch entstand in Swinemünde ein starker Stau von ausgeladenen Flüchtlingen; am 6. 2. war er auf 47 000 angestiegen.

Der einzige große Verlust an Menschenleben trat bei der Versenkung des „Kraft durch Freude"-Schiffes „Wilhelm Gustloff" am 30. 1. ein, das mit 5 500 Menschen, darunter 3 300 Flüchtlingen, besetzt war; nur 800 Menschen wurden gerettet.

1 Die folgenden Angaben aus dem „Lagebuch" (s. oben S. 976 ff.) zusammengestellt.
2 jetzt wieder: Gdingen (Gdynia).

Vom 18. 3. bis Ende März wurden ferner überführt:

| | |
|---|---|
| | 70 535 Verwundete, |
| | 10 170 Soldaten, |
| | 4 838 Zivilisten |
| zusammen | 85 543 Menschen. |

An Wehrmachtsangehörigen wurden über die Ostsee von Osten nach Westen in der Zeit vom Januar bis 4. 4. transportiert:

39 959 Mann und 6 951 Pferde.

Nach der Heeresgr. Kurland wurden 28 045 Mann transportiert, von Norden nach Süden 10 524 Mann, 1 900 Pferde und 7 016 Fahrzeuge.

In der Zeit vom 1.–15. 4. wurden allein von der Halbinsel Hela abtransportiert:

96 000 Verwundete,
81 000 Flüchtlinge,
66 000 Soldaten

243 000 Menschen.

## Anhang

### 1. Tschechoslowakei

Mitte März wurde eine Elbe-Linie mit zahlreichen Brückenköpfen vorgesehen, deren Ausbau in Böhmen durch Sicherungstruppen des OBdErsatzheeres eingeleitet werden sollte; außerdem sollte eine Moldau-Linie erkundet werden.

Meldungen über Bildung von Banden im Protektorat mehrten sich; doch war Mitte März noch nicht erkennbar, ob es sich um eine ernstliche Bedrohung handelte (s. Lagebuch: 12. 3. ;s. oben S. 1167).

### 2. Die Beziehungen zu den Neutralen

a) *Deutschland und die Schweiz.*

Anfang 1945 war die Rede von einem Druck der Alliierten auf die Schweiz wegen der Lieferungen an Deutschland und der Durchfuhr von Kohlen nach Italien. Am 9. 1. wurde eine Note der USA an die Schweiz gerichtet, wonach es bei den bisherigen Beziehungen bleiben sollte; doch gaben sie der Hoffnung Ausdruck, die Schweiz werde die Lieferungen an Deutschland einstellen.

Weiteres s. unten im II. Teil, Abschnitt C: Der Südwesten.

b) *Deutschland und Schweden.*

S. den Anhang zum II. Teil (s. unten S. 1341 f.).

### 3. Außenpolitische Ereignisse: Die Konferenz von Jalta[1]

Zu Anfang des Jahres wurde bekanntgegeben, daß der Präsident Roosevelt sich mit Churchill treffen und sich dann mit ihm zu einer Konferenz mit Stalin begeben werde. In einem Brief an Roosevelt und Stalin hatte Churchill schon vorher von

1 Die folgenden Angaben aus dem „Lagebuch" (s. vorstehend S. 976 ff.).

Athen aus darauf hingewiesen, daß die Lage in den befreiten Gebieten einer grundsätzlichen Klärung bedürfe. Am 9. 1. war vom 20. 1. als Termin und England als Ort für das erste Zusammentreffen die Rede. Am 2. 2. wurde bekannt, daß die Dreierkonferenz seit dem 1. 2. tage. Am 8. 2. lag die offizielle Mitteilung vor, daß sie im Gebiet des Schwarzen Meeres stattfinde. Auch wurde verlautbart, daß bei dieser Gelegenheit erstmalig die drei Generalstäbe miteinander verhandelten. Am 13. 2. war außer dem Schlußcommuniqué bekannt, daß die Konferenz in *Jalta (Livadia)* stattgefunden hatte und ihr eine Aussprache Roosevelts mit Churchill in *Malta* vorausgegangen war. Anschließend hatten Churchill und Eden in Athen eine Aussprache mit dem General Alexander, dem britischen OB in Italien.

Da *de Gaulle* die Einladung, nach Kairo zu kommen, und Churchill die Gegeneinladung nach Paris abgelehnt hatten, trat eine Spannung zwischen den Anglo-Amerikanern und Frankreich deutlich heraus. Andererseits wurde bekannt, daß die Franzosen über Zugeständnisse an Stalin, die ohne ihre Zustimmung gegeben worden waren, verärgert waren.

# II. Teil
# Die einzelnen Kriegsschauplätze

## A. Der Nordraum (Norwegen - Dänemark)

*Vorbemerkung:* Für diesen Abschnitt standen betr. Januar—Februar das Lagebuch sowie Aktenauszüge zur Verfügung, für März—April nur das Lagebuch.[1]

## I. Norwegen

### 1. Die Ausgangslage

Nachdem der Rückmarsch des Gebirgs-AOK 20 aus Finnland sowie der Aufbau einer neuen, durch Kürze und natürliche Gegebenheiten begünstigten Front nördlich Narvik geglückt war, bestand die Tendenz, möglichst viele der jetzt in Norwegen massierten und nicht mehr benötigten Truppen über Dänemark zurückzuführen, um sie von dort — je nach Bedarf — der West- oder der Ostfront zur Verstärkung zuzuführen.

Bis zur Eisenbahn waren meist erst längere Fußmärsche zurückzulegen, die durch Schnee, Eis und Kälte behindert wurden. Der Fährbetrieb über die Fjorde brachte weitere Schwierigkeiten, und die anschließende Verlegung mit der Bahn wurde verzögert durch die schon an sich ungünstige Eisenbahnlage, den Kohlenmangel, auch durch gelegentliche Sabotage. Durch den Mangel an Schiffsraum stieg die Schwierigkeit des Seetransports unaufhaltsam an; sie vergrößerte sich noch durch die Gefahr der Verminung und von Luftangriffen. In Dänemark war die Eisenbahnlage wiederum an sich nicht günstig, und durch Sabotage wurde sie gleichfalls noch ungünstiger. Die Länge der zurückzulegenden Strecke und deren Zustand hätten also selbst bei ungestörten Verhältnissen sehr lange Zeiträume beansprucht; unter den obwaltenden Umständen verlängerten sie sich noch, so daß die getroffenen Dispositionen ihnen angepaßt werden mußten.

Immerhin war es möglich, doch eine ganze Reihe von Verbänden so zurückzuführen, daß sie an den Kämpfen der anderen Fronten noch aktiv teilnehmen konnten. Vom Juni bis Ende 1944 wurden aus Norwegen zurückgeholt: 89. Inf.-Div., 196. Inf.-Div., 560. VGD. und 710. Inf.-Div. sowie die als Personaleinheit (d. h. ohne Waffen und Gerät) abgegebene Pz.-Div. Norwegen. Um die Jahreswende waren im Abtransport begriffen: die 2. Geb.-Div. und die 6. SS-Geb.-Div.; befohlen war bereits, daß auch die 169. Inf.-Div. abzugeben sei.

Den *Oberbefehl* hatte am 18. 12. 44 an Stelle des bisherigen Befehlshabers Norwegen, Generaloberst v. Falkenhorst, der OB des Geb.-AOK. 20, Generaloberst Rendulic, übernommen, für den am 2. 1. die Bezeichnung: „Geb.-AOK. 20 (Befh. Norwegen)" festgelegt wurde. Dieser meldete am 2. 1. pflichtgemäß, daß er den ihm am 19. 12. befohlenen Schutz der Werften gegen Sabotage aus Mangel an Kräften nicht habe durchführen können; er erneuerte deshalb seine Bitte, ihm die 169. Inf.-Div. zu belassen. Dieser Antrag wurde am 6. 1. abgelehnt und der OB angewiesen, einen Verband aus der Armeeabt. Narvik nach Südnorwegen zu verlegen; von dort aus Flakkräfte für den Schutz des Oslo-Fjords abzugeben, war dem OB auf seinen Antrag hin bereits am 3. 1. zugestanden worden.

Die vom General Jodl[3] befehligte Narvik-Front konnte nunmehr weitere Kräfte abgeben, da Schnee und Kälte es den Russen aller Voraussicht nach unmöglich

1 Die in diesem über den Nordraum enthaltenen Nachrichten vgl. oben 1. Abschnitt (S. 976 ff.).
2 In Kleindruck die Absätze, die sich auf die im „Lagebuch" (s. vorstehend) berufen.
3 Bruder des Generalobersten Alfred Jodl

machten, auf der einzigen Straße, die (nördlich von Schweden) von Finnland nach Nordnorwegen führte, zu folgen. Der hier geschaffene Schneetunnel wurde Anfang Januar zerstört und damit die Straße auf eine größere Strecke unpassierbar gemacht. Zerstört wurde auch der jetzt vor der Front liegende Flugplatz Alta, der jedoch zunächst noch durch 4 Jagdkommandos besetzt blieb. Ferner lagerten dort am 9. 1. noch 12 000 cbm Räumungsgut sowie 300 Kfz.e; es wurde damit gerechnet, daß die völlige Räumung sich bis Ende des Januar durchführen ließ.

### 2. Das Zurückgehen auf die Lyngen-Stellung (Januar)

Am 1. 1. wurde die Preisgabe der Schutzstellung vor der Karesuando-Stellung begonnen, deren Nordflügel am 3. 1. erreicht wurde. Am 7. 1. eröffnete der Gegner (die 11. finnische Div.) das Artilleriefeuer auf die neue Stellung.

Die Absicht, im Rücken des Gegners die Kola-Bucht mit Kleinst-U-Booten anzugreifen, mußte am 10. 1. aus technischen Gründen aufgegeben werden (es stellten sich Vibrationsschwierigkeiten ein, unter denen die Ölleitungen litten).

Am 12. 1. begann das Absetzen aus der Karesuando-Stellung in die Kilpisjärvi-(„Semmering"-)Stellung, die ab 14. 1. kampfbereit war und bis zum Frühjahr gehalten werden sollte. Dadurch wurde noch ein ganz kleiner Streifen finnischen Gebiets besetzt gehalten; als endgültige Linie wurde die Lyngen-(„Tauern"-)Stellung vorbereitet. Diese war am 31. 1. bezogen.

Der Alta-Fjord war — wie geplant — am 26. 1. im wesentlichen geräumt. In das freigegebene Gebiet (Kirkenes, Porsanger Fjord) waren kurz vorher über See herangeführte, norwegische Bataillone sowie einige hundert Mann aus Schweden eingedrungen; sie trafen nur noch norwegische V-Leute, mit denen sie Kugeln wechselten. Im übrigen lagen Nachrichten vor, daß die Russen ihre Kräfte in Nordfinnland auflockerten. Am 3. 2. kam es erstmalig zu einem Gefecht mit den überführten Kräften am Porsanger Fjord.

### 3. Die Armee-Abteilung Narvik im Februar

Am 13. 2. war auch das noch vor der Front gehaltene Hammerfest geräumt. Im Raum nördlich Narvik führte jetzt die Armeeabt. Narvik (Gen.-Kdo. XIX. AK.), der zugleich das Gen.-Kdo. LXX. AK. unterstellt war. Die „Semmering"-Stellung und die Pässe nach Nordschweden wurden durch die 6. Geb.-Div., die durch eine Grenadier-Brigade verstärkt war, mit Front nach Südosten verteidigt; in der See-Stellung stand die gleichfalls verstärkte 270. Inf.-Div. Vorwärts der Lyngen-Stellung, welche nach dem Abtransport der 199. Inf.-Div. in der zweiten Hälfte des Februar die 230. Inf.-Div. übernahm, befand sich noch 1 Regiment, das bis zum Porsanger Fjord ski-bewegliche Gruppen und dahinter 1 Btl. aufgestellt hatte. Südlich Narvik führte das Gen.-Kdo LI. AK. mit der 140. Inf.-Div. (verstärkt durch 2 Brigaden), der 210. (60.) Inf.-Div. und der auf den Lofoten eingesetzten Festungsbrigade. Südlich davon stand die 230. Inf.-Div. Insgesamt waren also noch 5 Divisionen eingesetzt. Mitte März übernahm der Div.-Stab z. b. V. 613 den Südabschnitt bis zur schwedischen Grenze; anschließend führte im Territorialbereich Südnorwegen das Gen.-Kdo. XXXVI. AK.

### 4. Abtransport und Verschiebung von Kräften

*a) Januar—Februar*

1. 6. SS-Geb.-Div.: Wende 1944/45 zur Westfront, abgeschlossen 8. 1.

2. 2. Geb.-Div.: ebendorthin am 20. 1. mit Masse in Dänemark, 1. 2. Schiffstransport beendet.
3. 163. Inf.-Div.: für den Osten vorgesehen, Beginn 11. 1.; 27. 1. Befehl für beschleunigte Verlegung, Eintreffen im Raum Oslo bis Ende Januar.
4. 169. Inf.-Div.: für den Osten vorgesehen, Abtransport über See Ende Februar.
5. 199. Inf.-Div.: nach Dänemark zwecks Umgliederung in die 45. Inf.-Div., befohlen am 21. 1. (OKW-Reserve).

Ferner: Gen.-Kdo. XVIII. (Geb.-) AK.: Schiffstransport bis 1. 2. im wesentlichen beendet, für den Westen vorgesehen, dann in dem Raum Berlin.

Gen.-Kdo. XXXVI. (Geb.-) AK.: Befehl am 21. 1. rückgängig gemacht (s. unten).

Ferner wurden Flak- und Nachrichteneinheiten, Kraftfahrabteilungen, Erztransportstaffeln, Pioniere, Kriegsgefangenen-Arbeitsbtl.e und andere Spezialkräfte zurückgeführt. Die verbleibenden Dienststellen und Einheiten wurden entsprechend zusammengefaßt.

Geplant wurde Mitte Januar eine Orientierungsreise des Stellv. Chefs WFStab nach Norwegen; wegen der allgemeinen Lage wurde sie am 21. 1. abgesagt.

Zum Schutze von Südnorwegen wurden dorthin die 7. Geb.-Div. und die MG.-Ski-Brig. verlegt. Deshalb wurde am 25. 1. der Befehl zum Abtransport des XXXVI. (Geb.-) AK. aufgehoben. Vorgesehen wurde, daß dies sowie das Gen.-Kdo. LXX. AK. sich in die Führung der Kräfte in Südnorwegen (274. und 280. Inf.-Div., 7. Geb.-Div., Pz.-Brig. Norwegen und MG.-Ski-Brig. Finnland) teilen sollten.

Im Februar wurden 22 000 Mann nach Süden und 6 000 nach Norden transportiert. Der erste Verlust eines Truppentransporters trat am 3. 3. ein.

*b) März—April*

7. Geb.-Div.: Anfang März auf dem Marsch nach Süden, nunmehr zur Überführung nach Dänemark vorgesehen, 20. 3. Beginn der Verladung über See.

199. Inf.-Div.: Anfang März auf dem Marsch, durch Schneeverwehungen behindert.

169. Inf.-Div.: Anfang März auf dem Marsch, Kampfgruppe bis Monatsende in Oslo versammelt; Beginn des Schiffstransports am 1. 4., am 6. 4. noch unbestimmt, ob in den Osten oder Westen.

194. Inf.-Div.: am 7. 3. mit Spitze bei Mo, Mitte April Teile eingetroffen.

Wiederholt wurden Schiffe beschädigt oder sogar zum Sinken gebracht; doch traten keine größeren Verluste an Menschen ein. Auch die Sabotageakte gegen die Eisenbahn wiederholten sich, bewirkten jedoch keine Wandlung der Lage von Belang. Verminungen im Oslo-Fjord bedingten wiederum zeitweises

Anhalten der Schiffstransporte. Am 31. 3. hatte sich daher ein 15 000 Mann starker Stau ergeben.

### 5. Wechsel im Oberkommando

Da der Generaloberst Rendulic Ende Januar die Heeresgr. Nord übernahm, wurde er durch den General der Gebirgstruppen Böhme ersetzt. Dieser blieb bis zur Kapitulation OB der 20. Geb.-Armee (Wehrm.-Befehlshaber Norwegen).

Der Reichskommissar, Gauleiter Terboven, der schon früher angestrebt hatte, daß ihm ein eigener Verteidigungsbereich zugewiesen wurde, machte Anfang März einen neuen Vorstoß in dieser Richtung. Der WFStab sprach sich, wie schon früher, dagegen aus. Der Gauleiter erreichte seine Absicht nicht.

### 6. Weitere Überlegungen und Kampfhandlungen

Anfang Februar wurde innerhalb des WFStabs geklärt, welche Auffassung die Wehrmachtsteile hinsichtlich der weiteren Ziele in Norwegen hegten:

1. Die Kriegsmarine wünschte sich eine Verkleinerung des noch gehaltenen Gebietes wegen der Schwierigkeit des Nachschubs und des Mangels an Schiffsraum, sah jedoch einen Nachteil in dem Verlust der am wenigsten gefährdeten U-Boot-Stützpunkte Tromsö und Narvik und in der dadurch bewirkten Zusammendrängung auf die restlichen, ferner in der Möglichkeit für den Feind, seine Seepositionen vorzuschieben, und im Verlust von unersetzlichem Material. Werde sogar Mittel- und Südost-Norwegen aufgegeben, d. h. Bergen, Drontheim und die Skagerrak-Passage, so bedeute das praktisch den Verzicht auf die Fortführung des U-Bootkrieges.
2. WFStab/Qu befürwortete die Aufgabe Norwegens bis zum Polarkreis (d. h. von Narvik südlich halbwegs bis Drontheim), da die Kräfte in Bälde ohne Nachschub aus der Heimat zu leben gezwungen sein würden.

Zusammenfassend wurde vorgeschlagen, vorläufig nur die Preisgabe Nord-Norwegens ins Auge zu fassen und eine Entscheidung des Führers darüber herbeizuführen, ob der Raum Tromsö–Narvik–Bodö entscheidend geschwächt oder ganz geräumt werden sollte.

Daraus ergab sich am 8. 2. der Vorschlag des WFStabs, die Lyngen-Stellung sowie den Raum Rundhang sofort aufzugeben, die Gratangen-Stellung zu besetzen und ein weiteres Absetzen bis hinter die Folda-Stellung (nördlich Namsos) vorzubereiten, das unter Umständen anschließend anlaufen könne. In einer noch weiter greifenden Zurücknahme wurden jedoch nur Nachteile gesehen.

Ein am 9. 2. vorgelegtes Gutachten des RuK.-Min.s kam zu dem Ergebnis, daß bei der nunmehrigen Transportlage zwar nur noch bestimmte Stoffe verschifft werden könnten, daß deren Fortfall jedoch wesentliche Nachteile mit sich bringen würde. Wichtig sei vor allem das Gebiet südlich Bergen.

Unabhängig von diesen Erwägungen wurde am 12. 2. befohlen, den Nachschub nach Norwegen, soweit es sich um Verpflegung, Rauh= und Hartfutter sowie Munition handelte, einzustellen und einen Vorrat für 7 Monate von Mittel= und Südnorwegen aus nach dem Norden vorzuverlegen.

Am 16. 2. nahm der WFStab Stellung zu einer vom Geb.=AOK. 20 am 21. 2. abgesandten Studie über die Räumung Nordnorwegens (Operation „Birkhahn") bis 1. Mai. Wegen der Unmöglichkeit, größere Mengen nachzuschieben, und wegen des Kohlenmangels trat der WFStab für diesen Vorschlag ein, der für die deutsche Wirtschaft keine wesentlichen Nachteile bedingte (abgesehen vom Ausfall der Lofoten=Fischerei).

Diese drei Studien legte der Stellv. Chef am 17. 2. dem Chef WFStab vor und bezeichnete dabei ein Festhalten an Narvik aus politischen Gründen als unerläßlich. Er schlug deshalb ein Zurückgehen auf die Gratangen=Stellung vor, wodurch 1 Inf.=Div. sowie 3 Grenadierbrigaden für den Abtransport frei wurden. Er rechnete für diese Operation mit 2 Monaten.

Am 27. 2. billigte der Führer die Auffassung des Geb.=AOK. 20 über die Kampfführung gegen *Finnland.*

Am 2. 3. traf im FHQu. der Gen. Jodl, Befehlshaber der Armeeabt. Narvik, ein. Er wiederholte diesen Besuch am 25.–26. 3. Maßnahmen vor Beginn des Frühlings wurden nicht befohlen.

Am 6. 3. wurde *Lappland* erstmalig wieder aus der Luft erkundet; dabei wurde festgestellt, daß ein Flugplatz bei Kirkenes belegt war.

Am 7. 3. wurde ein Unternehmen gegen die *Insel Sörö* durchgeführt, die der Feind vor 14 Tagen besetzt hatte; dabei wurden 7 Flugzeuge vernichtet.

Im übrigen *keine Kampfhandlungen bis Mitte April.* Am 18. 4. wurden im Raum von Stavanger größere russische Einheiten ausgemacht; unklar war, ob es sich um Raids oder um Vorbereitungen zu einer Landung handelte.

Um den 10. 4. erfolgte in der bisher noch gehaltenen Nordwestecke Finnlands das vorgesehene Ausweichen auf die Karesuando=Stellung.[1]

Am 26. 4. wurde der am 26. 3. ergangene Befehl über die Auflockerung in Nordnorwegen für den Bereich der Luftwaffe und Kriegsmarine dahin erweitert, daß im einzelnen festgelegte Einheiten teils ins Reich, teils nach Mittel= und Süd=Norwegen verlegt werden sollten[2].

### 7. Verluste, Verzögerungen sowie Mangelerscheinungen

Der Bahntransport wurde vorübergehend durch die am 12. 1. erfolgte Sprengung einer Brücke bei Iverstad (35 m lang) aufgehalten.

Am 23. 1. wurden in einem Osloer Öllager 244 t Öle und Fett, davon 55 t Wehrmachtgut, vernichtet.

1 Richtig: Kilpisjärvi= (Semmering"=) Stellung; vgl. S. 1333.
2 Dieser Absatz nachgetragen nach dem Originalbefehl.

In der Zeit vom 8. 1.–5. 2. beliefen sich die Schiffsverluste auf:

| | |
|---|---|
| Totalverluste durch den Feind | 29 827 Br.=Reg.=Tonnen |
| beschädigt | 5 192 Br.=Reg.=Tonnen |
| Havarie | 10 453 Br.=Reg.=Tonnen |
| dabei versenkt: | |
| Heeresgüter | 5 300 Tonnen |
| Rauhfutter | 277 Tonnen |
| Heereskohle | 8 453 Tonnen. |

Am 7. 1. ging ein Erzdampfer (7 000 Br.=Reg.=Tonnen) mit 12 000 t Erz verloren.

Für den *Schutz der Werften* (s. auch schon oben) hatte die Luftwaffe auf Grund eines Befehls vom 20. 1. 1300 Mann abzugeben. Um die Gefahr der Sabotage in den Häfen herabzumindern, schlug das Geb.=AOK. 20 am 20. 1. vor, die Einschiffung zu dezentralisieren. Am 3. 3. wurden die Werften erstmalig mit Lufttorpedos angegriffen.

Um den *Kohlenmangel* auszugleichen, befahl das OKW am 24. 1., Bestände aus Nordnorwegen heranzuschaffen. Aus Dänemark waren 30 000 t in Aussicht gestellt. Zusagen über Zuführung aus dem Reich konnten nicht gemacht werden. Verlangt wurde, das bisherige Transportsystem aufrechtzuerhalten. Doch mußte am 31. 1. für Bereinigung des Rückstaus die Drosselung von Tempo 5 auf 2 befohlen werden.

Am 19. 2. meldete der OB, daß am 1. 2. 180 000 t Kohlen in Norwegen vorhanden gewesen seien. Diese Menge (einschließlich der zugesagten 30 000 t) werde bis Ende März verbraucht sein. Im April könnte noch „vegetiert" werden; aber im Mai werde eine völlige Lähmung eintreten. Gebraucht würden ab März 97 000 t (bisher waren 73 000 t pro Monat angefordert worden; diese Menge hielt der WFStab für ausreichend). Am 21. 2. erbat das Marine=Oberkdo. Norwegen Sofortmaßnahmen und machte dabei geltend, die befohlene Verlegung nach Norden sei bedenklich.

Anfang März wollte der Reichskommissar für die Seefahrt, Gauleiter Kaufmann, ab 9. 3. wegen Kohlenmangels den Schiffsraum aus Norwegen wegziehen. Das OKW wandte sich gegen diese Absicht. Es war nämlich gelungen, einmal 200[1] t über den Dortmund=Ems=Kanal heranzuführen, die allerdings nur für 4–5 Wochen reichten.

Da die zur Verfügung stehenden Schiffe durch eine Reihe von Verlusten vermindert waren, wurden Ende März 6 weitere Schiffe zugeführt. Am 30. 3. gingen 2 Schiffe verloren; 2 weitere mußten auf Strand gesetzt werden (keine Transporter dabei!). Am 2. 4. wurden im Oslo=Fjord 2 norwegische Schiffe versenkt, 2 Schiffe und 1 Tanker beschädigt. In der Nacht zum 4. 4. erfolgte ein Angriff auf ein Geleit durch 4 Zerstörer (darunter vielleicht 1 Kreuzer), wobei

1 So Ms.; eine Null ausgefallen?

1 Zerstörer vernichtet, 1 in Brand geschossen wurde, jedoch keine eigenen Ausfälle von Bedeutung eintraten.

### 8. Die Widerstandsbewegung

Von einer Widerstandsbewegung war bis Ende Februar noch kein organisierter Widerstand zu spüren.

Die feindlichen Einflüge gegen die Werften, zur Verminung und zur Versorgung der illegalen Bewegung stiegen gegen Ende des Monats bis auf 70 an.

Am 24. 2. erging ein Befehl zur Bekämpfung der illegalen Bewegung, die seit kurzem aus der Luft versorgt wurde. Der OB meldete darauf, er habe geeignete Maßnahmen bereits ergriffen, und am 22./23. 2. seien 119 Abwurfbehälter sichergestellt worden; aber solange Südnorwegen nicht dichter belegt sei, habe er keine weiteren Eingreifmöglichkeiten.

Am 5. 3. war beobachtet, daß der Gegner ab 21. 2. (mit Ausnahme der Schlechtwettertage) die Bewegung mit durchschnittlich nächtlich 16 Maschinen unterstützt hatte, von denen jede 2½ t abwarf, zusammen also 500 t, woraus sich die Planmäßigkeit des Vorgehens ergab.

### 9. Die Seekriegführung im hohen Norden und vor der norwegischen Küste

Gegen die feindlichen Geleite nach *Murmansk* konnten im Januar nur wenige U-Boote eingesetzt werden, da die Masse zur Überholung zurückgezogen werden mußte. In der Mitte Februar gelang es, ein Geleit zu erfassen, von dessen 17 Schiffen 10 vernichtet wurden (dabei 90 000 t Benzin). Anschließend wurde ein ausfahrendes Geleit mit Erfolg angefaßt. Als die U-Boote nichts mehr ausrichten konnten, griff die Luftwaffe ein. Sie vernichtete sicher: 1 Kreuzer, 1 Zerstörer, 1 kleinen Frachter, wahrscheinlich: 1 Kreuzer, 1 Zerstörer und 45 000 Br.-Reg.-Tonnen. Schwer beschädigt wurden 17 000, beschädigt 7 000 Br.-Reg.-Tonnen; die U-Boote versenkten 8 Dampfer mit 52 000 Br.-Reg.-Tonnen, ferner 2 Zerstörer und 1 Bewacher.

Am 26. 3. gelang es 2 U-Booten, ein feindliches Geleit von 19 Schiffen kurz vor der Einfahrt nach Murmansk zu fassen. Sie versenkten 1 Zerstörer und 1 Liberty-Schiff; vier weitere wurden torpediert.

Vor der *norwegischen Küste* gelang es wiederholt, dem Gegner Verluste beizufügen: Am 11. 1. wurde ein Dampfer (4 000 Br.-Reg.-Tonnen) vernichtet, ein Kohlendampfer (8 500 Br.-Reg.-Tonnen) in Brand geworfen. Am 7. 2. wurde ein Geleit angegriffen und ein Dampfer (6 000 Br.-Reg.-Tonnen) in Brand geworfen.

Der Einsatz feindlicher Überwasserstreitkräfte blieb erstaunlich gering (im November und Dezember je ein Vorstoß). Dagegen griff der Gegner von Flugzeugträgern aus an. Am 27. 1. hatten Zerstörer ein Gefecht mit 2 Kreuzern, von denen einer nach schweren Treffern abdrehte; ein eigener Zerstörer wurde beschädigt.

Störend machte sich bemerkbar, daß der Gegner die eigenen Ortungsgeräte unterflog. Die U-Boot-Basis Bergen war wiederholt Ziel von Luftangriffen; doch traten keine wesentlichen Schäden ein. Der Oslo-Fjord wurde durch gleichfalls wiederholte Verminungen vorübergehend unbenutzbar gemacht. Erneute Durchbrüche von Handelsschiffen nach Göteborg konnten nicht verhindert werden. Der erste Luftangriff gegen Eisenbahnen erfolgte am 16. 2.

## II. Dänemark [1]

### 1. Die Kampfkräfte

Solange der Invasionsraum nicht feststand, hatte auch mit einer Landung in Dänemark gerechnet werden müssen. Deshalb waren umfangreiche Befestigungen angelegt worden, die auch nach der erfolgten Invasion noch weiter ausgebaut wurden, um den Kräfteschwund durch Abtransporte auszugleichen. Denn Dänemark, das für die Fertigstellung neuer Verbände benutzt wurde, gab diese nicht nur laufend ab, sondern wurde nunmehr immer mehr geschwächt. Ein Abzug war schon deshalb möglich, da im Falle einer Gefahr nach dem Anlaufen der Abtransporte aus Norwegen (s. S. 1333 ff.) die jeweils Dänemark gerade passierenden Kräfte zur Verfügung gestanden hätten. Nachdem längere Zeit noch mit einer Gegenaktion gegen den Nordraum gerechnet worden war, wurde diese Annahme schließlich fallen gelassen: die Maßnahmen des Jahres 1945 nahmen auf sie keine Rücksicht mehr.

Für den Fall, daß doch eine Landung erfolgte, wurde am 27. 1. die Zuführung eines Gen.-Kdo.s in Aussicht gestellt. Gleichzeitig wurde befohlen, Kopenhagen bis zur letzten Patrone zu verteidigen. Da das Propaganda-Ministerium die Behauptung aufgestellt hatte, in Dänemark befänden sich noch 24 000 kriegsverwendungsfähige Soldaten, erstattete der Wehrm.-Befehlshaber Dänemark eine am 19. 1. an das Ministerium weitergeleitete Meldung, wonach die Verpflegungsstärke sich am 15. 1. belaufen hatte auf:

| | | |
|---|---|---|
| Heer | 122 000, | davon kv.: 94 800 Mann |
| Marine | 38 000 | |
| Luftwaffe | 20 800 | |
| Polizei | 3 300 | |
| Org. Todt | 1 200 | |
| Wehrm.-Gefolge | 2 400 | |
| | 187 700 | |

Bei den Kv.-Mannschaften (94 800) handelte es sich fast zur Hälfte um Rekruten, nämlich 39 800,

| | | |
|---|---|---|
| | also einsatzfähig: | 55 000 Mann |
| ferner: | 2 Geb.-Div.en (auf dem Durchtransport) | 15 400 Mann |
| | Heeres-Küsten-Art.-Div. | 11 200 Mann |
| | Genesende | 4 000 Mann |
| | Russen, Ukrainer und Bahnpersonal | 7 000 Mann |
| | Fahnenjunkerschule | 1 400 Mann |
| | Stammpersonal des Ersatzheeres | 14 500 Mann |
| | Magenkranke | 1 500 Mann |

1 Auch in diesem Abschnitt sind Angaben aus dem „Lagebuch" (s. S. 976 ff.) verarbeitet.

| | | | |
|---|---|---|---|
| Mitte Februar beliefen sich die Kopfstärken auf: | | | zusammen 172 000, |
| davon Heer (vor Abgabe an den Osten) | | | 107 000 |
| (davon kv. | | | 79 000) |
| | abgegeben | 38 000 | |
| | Zugänge | 15 000 | |
| | Also Schwächung | 23 000 | |

Gemäß Befehl vom 20. 1. wurden 20 000 Mann (16 Marschbtl.e) abgezogen, die durch 20 000 Angehörige der Kriegsmarine, die der OBdM abgab, ersetzt werden sollten.

### 2. Der Wehrmachtbefehlshaber

Im Januar wurde der Wehrmachtbefehlshaber v. Hanneken, der wegen Unregelmäßigkeiten in seinem Stabe kriegsgerichtlich verurteilt worden war, durch den früheren OB der 18. Armee, den Gen.=Obersten Lindemann, ersetzt, der daraufhin die Führung des von ihm aufgestellten „Führungsstabes Ostseeküste" abgab.

Am 5. 2. erhielt der Wehrm.=Befehlsh. eine neue Dienstanweisung, durch die ihm die Befugnisse eines Armee=OB übertragen wurden.

### 3. Abgaben an andere Fronten

Anfang März wurde nach Dänemark eine Reihe von Schulen verlegt, unter anderem die Kav.=Schule Krampnitz, die Fahnenjunker=Uffz.=Schule Thorn, die Heeres=Uffz.=Schule usw. Damit erhöhte sich die Belegung Dänemarks; die Kampfkraft stieg jedoch nicht im gleichen Maße. Es konnte zu dieser Zeit damit gerechnet werden, daß bis 1. 4. wieder aufgefüllt sein würden:

| | |
|---|---|
| | 160. Inf.=Div., |
| | 166. Inf.=Div., |
| vielleicht auch | 233. Pz.=Res.=Div. |
| | (sie besaß z. Z. nur 20 fahrbereite Pz. I und III). |

Bis 15. 5. sollte die 264. Inf.=Div wieder aufgestellt sein.

Erwogen wurde, das in Dänemark liegende Ostregiment, das sich bisher aus 4—5 Btl.en zusammensetzte, zu einer Brigade auszubauen.

Mitte März war Dänemark wie folgt belegt:

| | |
|---|---|
| Westküste | 166. Inf.=Div. (rechts), |
| | 160. Inf.=Div. (links); |
| Nordosten | 233. Pz.=Res.=Div. |

In Aufstellung begriffen waren:

| | |
|---|---|
| Norden | 325. Res.=Div., |
| | 264. Inf.=Div.; |
| Südosten | 1044. Inf.=Div.; |
| Seeland | 325. Res.=Div. |
| | (in der 2. Märzhälfte nach Süden gezogen). |

In der zweiten Märzhälfte wurde angestrebt, von den in Dänemark untergebrachten Divisionen je 1 Rgt. nach Süden in das dort bestehende Kräftevakuum zu ziehen. Die 166. Inf.-Div. wurde zur Heeresgr. H abtransportiert; am 27. 3. waren bereits 8 Züge abgefahren. Die 325. und die 328. Res.-Div. standen jetzt auch zum Abtransport bereit. Am 1. 4. war der Abtransport der 166. Inf.-Div. und der 325. Res.-Div. beendet.

#### 4. Kampfhandlungen und Sabotage

Am 21./22. 3. wurden vom Gegner Bomben auf Kopenhagen geworfen.

Die Sabotage, besonders die gegen die Eisenbahnen, störte, da sie u. a. die Transporte erschwerte; aber ihre Auswirkung blieb doch in begrenztem Rahmen. Am 6. 2. wurde dem Wehrm.-Befehlshaber mitgeteilt, der Führer erwarte, daß alle Maßnahmen ergriffen würden, um eine Verzögerung des Abtransports durch Sabotage zu verhindern.

#### 5. Verlegung deutscher Flüchtlinge nach Dänemark

Die katastrophale Entwicklung im Osten zwang dazu, einen Teil des Flüchtlingsstromes in die (noch nicht so wie die norddeutschen Häfen überlasteten) Häfen Dänemarks abzudrehen. Der Führer gab am 4. 2. entsprechenden Befehl. Am 13. 2. erfuhr der WFStab, daß das Innenministerium 30 000, dann 100 000 Menschen nach Dänemark schaffen wolle, wo öffentliche Baulichkeiten, nicht Privatquartiere benutzt werden sollten.

Am 5. 3. hielt der Reichsbevollmächtigte Dr. Best dem Führer Vortrag über diese Frage.

*Bis Kriegsende im Nordraum keine Kriegstätigkeit von Belang.*

*In die am 4. Mai bei Lüneburg im Hauptquartier des Feldmarschalls Montgomery unterzeichnete Kapitulation wurden auch die noch in Dänemark stehenden deutschen Kräfte einbezogen.*

## Anhang

## Die deutsch-schwedischen Beziehungen

Am Anfang des Jahres lagen keine Anzeichen dafür vor, daß Schweden beabsichtigte, in den Krieg einzutreten. Da der WFStab es jedoch für möglich hielt, daß die Gegner, falls sie infolge der Ardennen-Offensive keine weiteren Erfolge im Westen erzielten, eine groß angelegte, Schweden mitreißende Operation gegen den Nordraum unternehmen könnten, arbeitete die Kriegsmarine eine Studie über die sich in diesem Falle ergebende Lage aus. Auf ihr fußend, bereitete der WFStab eine Weisung für den Fall eines Eintritts Schwedens in den Krieg aus. Diese Arbeit wurde jedoch nicht fortgesetzt. Denn am 9. 2. wurde den drei Wehrmachtteilen mitgeteilt, daß der Eintritt Schwedens in den Krieg zur Zeit unwahrscheinlich und erst anzunehmen sei, falls ein bisher nicht wahrscheinlicher Großangriff auf den Nordraum erfolge. Der Führer wünsche daher nicht, daß Weisungen für den Fall eines Krieges mit Schweden erlassen würden; nur gedankliche Überlegungen könnten innerhalb der Wehrmachtteile vorgenommen werden.

In der Folgezeit verschlechterten sich die Beziehungen weiter. In der Mitte des Monats bezeichnete der deutsche Mil.-Attaché die Stellung Schwedens zu Deutschland als labil.

Mitte Januar protestierte Schweden gegen die von Deutschland durchgeführte Absperrung im Skagerrak-Gebiet, weil dadurch die Fischversorgung Schwedens Schaden litt. Anfang Februar teilte Schweden mit, daß der finnische Schiffsverkehr aus dem Bottnischen Meerbusen in den Raum der Aaland-Inseln verlegt worden sei. Die Verhandlungen, die sich daraus für Deutschland ergaben, wurden auf den diplomatischen Weg verwiesen [1].

## B. Der Westen

*Vorbemerkung:* Die Aktenauszüge reichen nur bis 28. 2.; sie sind ausführlicher gehalten als die, welche die anderen Kriegsschauplätze betreffen. Einen Ersatz für das Verlorene bietet bis 18. 4. 45 das „Lagebuch" (s. oben 1. Abschnitt: S. 976—1251).

Ich habe mich in diesem Absatz, im Gegensatz zu den übrigen, darauf beschränkt, den Wortlaut meiner Auszüge zu wiederholen.[2]

## I. Die Winterschlacht in den Ardennen und die gleichzeitigen Kämpfe (16. Dezember 1944 - 28. Januar 1945)

### 1. Das Unternehmen „Wacht am Rhein": die Ardennen-Offensive bis zum Beginn des Zurückweichens (16. Dezember 1944 bis 13. Januar 1945) [3]

Durch Kurier wurde dem OB West am 15. 12. mitgeteilt, welche schwersten Batterien ihm für die im Raume von Lüttich zu erwartenden schweren Abwehr-

1 Die beiden letzten Absätze nach dem „Lagebuch" (s. vorstehend).

2 Über die *Rolle der Obersten Führung beim Ablauf der Ardennen-Offensive* stellte ich bereits im Herbst 1945 für die US.-Histor.Div. eine Ausarbeitung von 15 Blatt fertig: „Der Verlauf der deutschen Offensive in den Ardennen (16. 12. 1944 bis 14. 1. 1945)."
Über die *Vorbereitung der Ardennen-Offensive* ist die (etwa 300 Seiten starke) *Sonderstudie* zu vergleichen, die ich Ende 1945 der US-Histor.-Division überreichte (angefertigt auf Grund meiner KTB-Abfzeichnungen sowie auf Grund von Aussagen, Niederschriften und mündlichen Auskünften der beteiligten Führer). Über den geplanten Druck vgl. den II. Teil der „Erläuterungen".

3 Die Vorbereitungen der Offensive sind dargestellt bis zum 16. 12. 1944 im Teil A, 4. Abschnitt (oben S. 430 ff.). — Für die Zeit ab 1. 1. 1945 vgl. ferner vorstehend den 1. Abschnitt: Lagebuch S. 976 ff.

kämpfe zugeführt würden (Am 16. 12.: OB West 11921 und 25/geh. Kdo.s betr. Untere Maas).

Am 18. 12. erhielt der OB West den Befehl des Führers, daß von jedem Angriff bei der 15. Armee abzusehen sei, da der Feind vor deren gesamter Front so massiert sei, daß erfahrungsgemäß selbst nach Abzug von Teilkräften kein Erfolg erwartet werden könne. Die 9. Pz.=Div. und die 15. Pz.=Gren.=Div. sollten unverzüglich zur Abwehr in der Nordflanke der 6. Pz.=Armee und zum Nachziehen hinter dieser in den Raum Blankenheim—Stadtkyll—Ahrdorf zur Verfügung des OKW verlegt werden. Das Abziehen von Heeres=Truppen aus dem Bereich des AOK 15 war vorzubereiten. Noch am gleichen Tage teilte der OB West dies der Heeresgr. B mit. Die 15. Armee erhielt den Auftrag, sich zu verteidigen; die 7. Armee sollte durch schnelles Mitgehen und tiefen Raumgewinn beim Eindrehen zum Flankenschutz nach Süden und Südwesten der 5. Pz.=Armee volle Bewegungsfreiheit sichern.

Am 18. 12. abends befahl der OB West auf Grund der Entwicklung bei der 21. brit. Heeresgr. der Heeresgr. H, sofort die am 16. 12. vorgesehenen Maßnahmen mit Nachdruck zu betreiben, so daß ihre Kräfte ab 22. 12. ohne weitere Vorwarnung binnen 24 Stunden zum Angriff über die untere Maas antreten könnten. Um völlige Überraschung zu sichern, wurden Bewegungen bei Tage und vorzeitige Bekanntgabe des Angriffs verboten. Dazu sollten Bewegungen nach Osten vorgetäuscht werden. Für den Fall des Erfolges war ein Nachziehen aller verfügbaren Kampfkräfte der 25. Armee über die Maas vorzubereiten; an Maas und Waal sollten nur Sicherungen verbleiben, die Küstenverteidigung jedoch nicht geschwächt werden.

Am 18. 12. wurden besondere Anordnungen für die Behandlung der Zivilbevölkerung, die Landesverwaltung und das Kriegsgefangenen=Wesen herausgegeben, in denen ein Merkblatt für die Truppe angekündigt wurde. Grundsatz sollte sein, daß sich das eigene Verhalten nach dem der Bevölkerung zu richten hatte und „Etappen"=Zustände mit Beziehungen zu Zivilisten verhindert werden sollten. In Holland, Belgien und Luxemburg übernahmen, soweit sie feindfrei gemacht wurden, wieder die früheren Dienststellen die Landesverwaltung, also die Reichskommissare Dr. Seyß=Inquart und Grohé sowie der Gauleiter Simon. Eine Mil.=Verwaltung wurde also nicht wieder errichtet.

Am 19. 12. wurde die Führer=Gren.=Brig. dem OB West für den Einsatz bei der 7. Armee freigegeben. Ferner befahl der Führer zu untersuchen, ob die 3. Pz.=Gren.=Div. über Elsenborn nachgeführt und dann zum Vorstoß nach Monschau eingedreht werden könnte, um die vor der 277. Inf.=Div. stehenden Kräfte herauszubrechen.

Aus den Kampferfahrungen der Heeresgr. B am ersten Tage ergab sich, daß der Feind keine fortlaufende HKL besaß, sondern den Abwehrkampf aus starken Stützpunkten in einer Tiefe von 4—5 km führte. Die Sicherungen sollten planmäßig ausweichen, was vielfach nicht gelang. Von Drahthindernissen und Minensperren war reichlich Gebrauch gemacht. In nächster Nähe der Stütz=

punkte waren Rudel von 4–5 Panzern als Gegenstoß=Reserve bereitgestellt; weiter hinten wurden vollmotorisierte Reserven bereitgehalten.

Um die Bewegungsfreiheit des rechten Flügels der 6. Pz.=Armee zurückzu=gewinnen, befahl der OB West am 21. 12. abends die schnellste Bereinigung der Lage bei Elsenborn, das Einreihen der 3. Pz.=Gren.=Div. und der 12. SS=Pz.=Div. in die Stoßbewegung der übrigen schnellen Verbände, die Wegnahme von St. Vith und die beschleunigte Bildung von Brückenköpfen zwischen Huy und Givet. (Der OB wies darauf hin, daß es darauf ankomme, die Abdeckungs=front im Norden so aufzubauen, daß die Rollstraße 15–20 km dahinter lag, und sie nach Süden vorzutreiben, um womöglich Anschluß an den Orscholz=Riegel zu gewinnen.)

Am 22. 12. erließ Eisenhower einen Aufruf, in dem er angab, die Deutschen setzten nunmehr alles aufs Spiel. Es genüge nicht, sie zurückzuschlagen, son=dern ihr großes Bridgespiel müsse in eine Niederlage verwandelt werden.

Am *23. 12.* wurden dem OB West aus der OKW=Reserve die 9. Pz.= und die 15. Pz.=Gren.=Div. freigegeben. Die 9. und 167. VGD. sollten vorverlegt, die 10. SS= und die 11. Pz.=Div. sollten versammelt und aufgefrischt werden (die Freigabe der beiden VGD.en erfolgte am 26. 12.).

Eine Beurteilung der Lage durch den WFStab vom *26. 12.*, die vom Führer und Chef WFStab gebilligt, auch vom OB West geteilt wurde, stellte fest, daß der Feind von Süden aus mit 4–5 Div.en einen einheitlich gelenkten Gegenangriff führe, zwischen Dinant und ostwärts Marche ganz einheitlich verfahre und sich mit seinem Gegenangriff zwischen Stavelot und Monschau festgefahren habe. Auf der eigenen Seite sei zu verzeichnen, daß der linke Flügel der 6. Pz.=Armee jetzt flüssig werde, die 5. Pz.=Armee mit ungenügender Flankensiche=rung nach Norden und Süden vorgeprellt sei und bei der 7. Armee eine örtliche Krise bestehe. Der vorgesehene Stoß über die Maas nach Nordwest erscheine daher noch möglich, hinge jedoch von der Wiederherstellung des Gleichge=wichts an der Sauer und der Vernichtung der zwischen Ourthe und Maas nörd=lich der Linie Marche–Dinant stehenden Kräfte ab.

Am 26. 12. befahl der OB West, daß die von der Heeresgr. B beabsichtigte Bildung eines Brückenkopfes bei Düren am 29. 12. nicht versucht werden solle, da dies nach seiner (auch vom Führer geteilten) Auffassung zu verlust=reich sein werde. Statt dessen ordnete er das Nachführen aller noch verfügbar zu machenden Kräfte an (340. VGD. als OB West=Reserve nach Manderfeld sowie Herauslösen von 2 weiteren Div.en). Mit der Abgabe des LXVII. AK. von der 6. Pz.=Armee an die 15. Pz.=Armee war der OB einverstanden, ebenso mit der Absicht, die 5. Pz.=Armee nach Nordosten in den Rücken der feindl. Kräfte ostwärts der Maas einzudrehen. Für die 7. Armee wurden die aus der OKW=Reserve freigegebenen 2 VGDiv.en zur Verfügung gestellt.

*Zuführungen, Auffrischungen usw.:*

19. 12.:
Zuführung von 2 Brückenbaukolonnen B (mot.) vom Oberhein zur Heeresgr. B.

20. 12.:
Pi-Kräfte für den OBdM.
21. 12.:
Ablehnung des Antrages, der Heeresgr. Oberrhein 1 Div. zuzuführen. Einsatz der 2. Fallsch.-Jg.-Div.
22. 12.:
Auffrischung der 21. Pz.-Div., der 25. Pz.-Gren.-Div. und der 17. SS-Pz.-Gren.-Div. Einsatz der Nachr.-Abt. der 20. Lw.-Feld-Div. beim OB West.
23. 12.:
Ablehnung der Aufstellung von 3 Geb.-Jg.-Btl.en für den Oberrhein.
24. 12.:
Auffrischung der 344. Inf.-Div.
Personeller Einsatz des OB West im Januar
(zum 20. 1.: 12 000; zum 15. 1.: 12 000 Mann, darunter je 3 000 Mann für Pz.-Truppen).
Verwendung der Sturmgesch.-Brig. 905.
Einsatz von 5 Wehrm.-Nachr.-Kompanien.
Einsatz von 22 Einweisungs-Kp.en zur Unterweisung des Volksaufgebots im Stellungsbau.
25. 12.:
Zuführung von 2 Marsch-Btl.en für die Fest.-Sturmorganisation. Auffrischung der 553. VGD.
26. 12.:
Aussetzen der Kürzung um 10 % bei der H.-Gr. B bis 1. 2. 45.

Zu *Beginn des neuen Jahres* war die Lage dadurch gekennzeichnet, daß der Feind durch den eigenen Angriff gezwungen worden war, seine Durchbruchsversuche bei Aachen und gegen die Saarpfalz einzustellen. Durch die Heeresgr. B wurde nunmehr die Hälfte seiner Kräfte gebunden. Auf diese Weise hatte es der Feind erreicht, eine zusammenhängende Abwehrfront zu schaffen, und seine Absicht, die Heeresgr. B durch Bekämpfung ihrer Versorgungslinien und durch konzentrierte Angriffe in die tiefen Flanken zu zerschlagen, zeichnete sich ab (vgl. Führerweisung vom 4. 1.).

Am *2. 1.*, 20.15 Uhr, wurde fernmündlich mitgeteilt, daß der OB West der Heeresgr. B die Forderung übermittelt habe, den Angriff gegen den Feind im Raum von Bastogne so fortzusetzen, daß nach Möglichkeit die Einschließung wiederhergestellt wurde, also entweder von Westen nach Südosten oder von Südosten nach Nordwesten anzugreifen. Darauf meldete die Heeresgr. B, daß der Feind inzwischen Einbrüche erzielt habe und versuche, den vorspringenden Frontbogen südostwärts Bastogne abzuschneiden. Dort sei der Raum so eng geworden, daß kein weiterer schneller Verband in ihn hineingeführt werden könne. Gen.-Feldm. Model, der an Ort und Stelle weile, ließe melden, daß der geforderte Ansatz nicht durchführbar sei: wegen der Stärke des Feindes südostwärts Bastogne und wegen des für Panzer ungünstigen Geländes. Besseres Gelände mit der Aussicht auf Überraschung sei nördlich, nordostwärts und ostwärts von Bastogne vorhanden. Gen.-Feldm. Model wolle deshalb mit der 9. SS-Pz.-Div. von Norden, der 12. Pz.-Div. von Nordosten und der Führer-Gren.-Brig. von Osten angreifen. Der Führer erklärte sich damit einverstanden.

Am *3. 1.* befahl der OB West auf Hinweis des Führers, daß die Fortsetzung der ursprünglich geplanten Operation keine Aussicht auf Erfolg mehr habe, nachdem die Heeresgr. B über die Hälfte aller feindl. Kräfte auf sich gezogen habe. Sie solle daher weiterhin möglichst starke feindliche Kräfte binden und zerschlagen, um dadurch die an anderen Fronten geplanten Operationen zu unterstützen. Deshalb habe sie die neue Aufgabe, den gewonnenen Raum im großen zu behaupten. Unverändert bleibe der Auftrag, die Lage bei Bastogne unter allen Umständen zu bereinigen. Da der Feind in Kürze auch die 6. Pz.=Armee angreifen werde, müsse deren Front verstärkt werden. Die langen Ab=wehrflanken bedürften jetzt besonderer Aufmerksamkeit, um eine konzen=trische Einwirkung des Feindes zu verhindern; daneben müsse die Verteidi=gungsfähigkeit des Westwalls dauernd verbessert werden.

Am *4. 1.* erging eine Weisung des Führers für die weitere Kampfführung. Dem OB West wurde befohlen, durch schnell aufeinanderfolgende Angriffs=schläge, deren Abschnitte sich der Führer vorbehielt, die anglo=amerikanischen Armeen nacheinander zu zerschlagen und so die Initiative unter allen Umstän=den in der Hand zu behalten:

Die *Heeresgr. Oberrhein* sollte sich zur gegebenen Zeit nicht nur nördlich Straßburg, sondern auch aus dem Bereich der 19. Armee in nördlicher und nordwestlicher Richtung den Angriffsoperationen anschließen.

Die *Heeresgr. B* habe als nächstes die Aufgabe, den vor ihrer Front zusam=mengezogenen Feind zu binden und zur Festigung ihrer Lage den Feind bei Bastogne zu zerschlagen, worauf sie eine starke Südfront aufzubauen habe.

Die *Heeresgr. G* führe die Operation „Nordwind" derart weiter, daß die feindl. Kräfte zwischen den unteren Vogesen und dem Rhein vernichtet und die Westausgänge derselben für die Fortsetzung der Offensive in Besitz ge=nommen würden. Der Durchstoß bis Zabern und das Sperren der Straße Za=bern-Saarburg seien eine wesentliche Voraussetzung für den Ansatz der nächsten Operation oder für das Abdrehen der jetzigen Angriffsrichtung nach Südwe=sten für den Fall, daß der Gegner das Gebiet Lauterburg–Bitsch–Hagenau räumen sollte.

Die *Heeresgr. Oberrhein* sollte nördlich Straßburg einen Brückenkopf bilden und gegebenenfalls die Verbindung der 19. Armee in nordwestlicher Richtung zur 1. Armee herstellen oder sogar die Westausgänge der mittleren Vogesen gewinnen, falls der Abzug der feindl. Kräfte das möglich mache.

Die der *Heeresgr. G* zuzuführenden Verbände sollten nördlich und ostwärts Saarbrücken versammelt werden.

Am *8. 1.*, 2.00 Uhr, erging eine neue Weisung des Führers für die Kampf=führung. Sie genehmigte — da die langsamen, aber stetigen Erfolge des Feindes gegen die 6. Pz.=Armee die Lage im westlichen Teil des Frontbogens auf die Dauer unhaltbar gemacht hatten —, diesen auf die Linie Donchamps–Long=champs (nordwestlich Bastogne) zurückzunehmen. Sobald der Gegner diese Be=wegung erkenne, werde sein bisheriges Angriffsziel nicht mehr lockend er=scheinen. Es sei anzunehmen, daß er seine Angriffsschwerpunkte weiter nach Osten verlege oder — was als wahrscheinlicher angenommen werden müsse — daß er 10–12 Div.en zum Einsatz gegen entblößte Fronten herausziehe. Um dieser Gefahr zu begegnen, müßten sofort starke Kräfte der Heeresgr. B frei=gemacht werden, um das Gesetz des Handelns nicht zu verlieren. Der Führer befahl daher das Herauslösen von 2 Pz.=Korps, 4 schnellen Verbänden, 2 VAK.s und 2 Werfer=Brig.en (im Endziel die Verbände der 6. Pz.=Armee) unter An=wendung weitgehender Täuschung. Vorläufig sollten diese Kräfte nordost=wärts St. Vith und ostwärts Wiltz verlegt werden, da dort mit feindl. Angriffen zu rechnen war. Die Aufgaben der Heeresgr. B blieben wie bisher bestehen.

Am 9. 1. befahl der Führer nochmals nachdrücklich, das I. und das II. SS=Pz.=Korps mit der 1., 2., 9. und 12. SS=Pz.=Div. sofort aus der Front zu ziehen und hinter der Heeresgr. G zu kurzfristiger Auffrischung zu versammeln. Der OB West solle durch schärfste Befehle sicherstellen, daß diese Verbände nicht gruppenweise in den Kampf geworfen und dadurch in ihrer Versammlung verzögert würden.

### 2. Das Unternehmen „Nordwind": das Freikämpfen des nördlichen Elsasses (21. Dezember 1944 bis 13. Januar 1945)

Da aus der Räumung der feindl. Brückenköpfe an der Saar zu schließen war, daß der Gegner sich in diesem Abschnitt weiter geschwächt hatte und wo=möglich noch weitere Kräfte abziehen werde, befahl der OB West am 21. 12. nachts der Heeresgr. G, diese Lage in jeder Weise auszunutzen, und zwar durch örtliches Nachstoßen und durch Vorbereitung eines überraschenden Angriffs zur Wiedergewinnung der Zaberner Steige. Besondere Geheimhaltung wurde befohlen; die Vorbereitungen sollten mit bevorstehendem Abtransport der Heeresgr. G[1] begründet werden.

Am 22. 12. befahl der Führer, die Möglichkeit eines Angriffs mit 2 Pz.=Div.en und 3 Inf.=Div.en aus dem Raum von Bitsch und nordwestlich in süd=licher Richtung zu versuchen mit dem Ziel, den im Raum von Weißenburg lie=genden amerikan. Verbänden in den Rücken zu stoßen. Der Führer versprach sich davon mehr Erfolg als von einem Vorstoß aus dem Vogesen=Brückenkopf, in den die dazu vorgesehenen Kräfte erst vorgeführt werden mußten. Daneben wurde verlangt, an der gesamten Front möglichst aktiv zu werden, um den Gegner zu täuschen und zu fesseln.

Der OB West, der in diesem Sinn angewiesen wurde, änderte daher am 22. 12. nachts seinen Befehl vom 21. 12. entsprechend ab. Außerdem ordnete er an, zu prüfen, ob mit örtlichen Kräften die Front aus dem Orscholz=Riegel vorver=legt werden könne, wenn der linke Flügel der 7. Armee vorankomme. An Kräf=ten zum Stoß gegen die Zaberner Steige wurden nunmehr 4 Inf.=Div.en und 3 schnelle Verbände vorgesehen, als Angriffsbeginn die erste Januarwoche. Der OB Oberrhein wurde am 23. 12. verständigt und gebeten, diesen Angriff durch Stoßtruppunternehmen und die Bildung von Brückenköpfen nördlich

1 Ms.: D.

und südlich von Straßburg zu unterstützen.

Am *24. 12.* fand eine Besprechung mit der Heeresgr. G statt.

In der am 25. 12. herausgegebenen Sprachregelung wurde für das neue Unternehmen die Deckbezeichnung *„Nordwind"* festgelegt. In ihrer Meldung über die Absichten bezeichnete die Heeresgr. G als Ziel der Operation das Gewinnen der Zaberner Steige im Abschnitt Pfalzburg—Zabern, um dann den Feind im Nordelsaß zu vernichten und Anschluß an die 19. Armee zu suchen. Dafür wollte sie 2 Angriffsgruppen bereitstellen:

1. *Gruppe* zum Angriff ostwärts der Blies nach Süden, um die Maginot-Linie bei Rohrbach zu durchbrechen und sich hier mit dem rechten Flügel der 2. Gruppe zum Vorstoß auf Pfalzburg zu vereinigen,
2. *Gruppe* zum Angriff ostwärts Bitsch in mehreren Stoßkeilen, um die Linie Enchenberg— . . .[1] zu gewinnen, sich dort mit der 1. Gruppe zu vereinigen und dann je nach Entwicklung der Lage westlich oder ostwärts der Vogesen auf Pfalzburg—Zabern vorzustoßen. Dafür sollte die 21. Pz.-Div. ostwärts Bitsch bereitgestellt und je nach Lage angesetzt werden; als Reserve wurde die 25. Pz.-Gren.-Div. südostwärts Zweibrücken vorgesehen, so daß sie entweder der 1. oder der 2. Angriffsgruppe nachgeschoben werden konnte. Zur Täuschung wurde ab 30. 12. ein Angriff im Orscholz-Riegel vorgesehen.

Hierauf teilte der OB West der Heeresgr. G am *26. 12.* die Forderung des Führers mit, den Angriff der rechten Angriffsgruppe so zu führen, daß er — unter Abdeckung gegen die Saar sowie gegen Zabern — schnell die große Straße nach Pfalzburg—Zabern erreiche. Deshalb sei es nötig, den rechten Flügel des XI. SS-AK. nach Westen an die Blies bei Bliesbrücken zu verlagern und von dort über Wölflingen schnell die von Rohrbach nach Süden führende große Straße zu gewinnen. Zu diesem Zweck wurde als Armee-Reserve außer der 25. Pz.-Gren.-Div. auch noch die 21. Pz.-Div. vorgesehen, die so nach Norden verlagert werden sollte, daß sie nach dem Durchbruch zügig nach Süden an der Westgruppe bei Rohrbach vorbei vorstoßen konnte. Auf Befehl des Führers wurde der Angriff über den Oberrhein erst 48 Stunden nach Angriffsbeginn vorgesehen und der zur Täuschung geplante Angriff am Orscholz-Riegel abgelehnt.

Da der Gegner weitere Kräfte abzog, befahl der Führer am *27. 12.* den Beginn des Angriffs am 31. 12., 23.00 Uhr. Die Heeresgr. Oberrhein sollte erst antreten, wenn die eigenen Panzerspitzen die Ostausgänge der Vogesen im Raum Ingweiler—Zabern erreicht hatten. Ihre Aufgabe war, nördlich Straßburg die feindl. Rheinfront zu durchbrechen und die Vereinigung mit den aus den Vogesen nach Osten eindrehenden eigenen Kräften im Raum Hagenau—Brumath zu suchen.

Am gleichen Tage meldete die Heeresgr. Oberrhein ihre Absichten, nämlich die Bildung eines erweiterten Brückenkopfes beiderseits Gambsheim durch die

1 Lücke im Ms.

553. VGD. mit örtlich begrenzten Angriffen an der Nordfront der 19. Armee sowie eines bataillonsstarken Vorstoßes an der Südfront zur Fesselung des Gegners. Ein Angriff mit weiteren Zielen an der Nordwestfront der Armee sei erst ab 3. 1. möglich, da noch 1 Inf.-Div. dafür herausgelöst werden müsse.

Am *3. 1.* stellte der WFStab den Entwurf für eine weitere Operation im Anschluß an das Unternehmen „Nordwind" fertig (Zerschlagen von 4–5 amerikanischen Div.en zwischen Forbach und Pfalzburg).

Am *4. 1.* erhielt der OB Oberrhein, der bereits am 2. 1., 13.50 Uhr, eine Vorwarnung erhalten hatte, den Befehl zum Angriff in der Nacht vom 5./6. 1., gegebenenfalls bereits am 5. 1., falls die Feindlage dies zuließ. Er wurde ferner angewiesen, sofort alle Vorbereitungen zu treffen, um mit allen greifbaren Kräften der 19. Armee in nördlicher und nordwestlicher Richtung vorstoßen und die Verbindung zur 1. Armee herstellen zu können.

Am *6. 1.* meldete der zur Heeresgr. G gefahrene Stellv. Chef WFStab, daß die eigenen infanteristischen Kräfte teilweise stark erschöpft seien und sich nördlich Wingen eine Überlegenheit des Feindes langsam durchsetze. Dieser sei nunmehr anscheinend doch gewillt, das Unterelsaß in Anlehnung an die Maginot-Linie zu halten. Daher sei es nicht möglich, den Offensivstoß aus dem unteren Elsaß ohne neue Kräfte fortzuführen. Der Erfolg hinge deshalb allein vom Gelingen des Stoßes des XXXIX. Pz.-Korps ab. Falls dieser nicht durchschlage, müsse erwogen werden, ob nicht mit allen noch verfügbaren Kräften im Raum von Hagenau die Entscheidung gesucht werden solle.

Am *7. 1.* erhielt der OB Oberrhein den Befehl des Führers, die Aufgabe der Heeresgr. G zu erleichtern durch anhaltenden Druck aus dem Brückenkopf Gambsheim und Ausnutzen des bei Rheinau erzielten Erfolges, indem die 269. Inf.-Div. nachgeführt und gegen Molsheim angesetzt wurde.

*7. 1.:* Notiz über das Eintreffen der großen Verbände bei der Heeresgr. G bei gleichbleibender Transportlage:

10. SS-Pz.-Div. bis 13./14. 1.,
7. Fallsch.-Jg.-Div. bis 12./13. 1.,
47. VGD. (noch nicht befohlen): möglich bis 15. 1.,
verst. Artl. bis 8./9. 1.,
11. Pz.-Div. auf Landmarsch angewiesen, daher sofort bereit,
2. Geb.-Div.: erste Rgt.s-Gruppe bis 12. 1.

Die Stimmung und Haltung der Truppe war nach den Eindrücken, die der Stellv. Chef WFStab am 6. und 7. 1. an Ort und Stelle gewann, trotz äußerster physischer Anspannung und der materiellen Überlegenheit des Gegners überall einwandfrei. Beim Feind waren jedoch nach Überwinden des ersten Schocks die Planmäßigkeit und Härte des Widerstandes gewachsen. Durch geschicktes Vorführen von Stoßtrupps durch die Lücken bedrohte er die eigenen Versorgungswege. Durch Ablösung konnte er immer wieder frische Truppen einsetzen, während die eigenen pausenlos kämpfen mußten. Das Gelände war für ein zügiges Vorgehen wegen seiner Unübersichtlichkeit ungünstig. Der Kampf um Höhen und Ortschaften zehrte an den eigenen Kräften, die durch Kampieren im Freien bis zum letzten angespannt wurden. Das sichtbar gewordene Nachlassen der Kampfkraft erkläre sich durch die Kürze und unzureichende Ausbildung im Ersatzheer, durch das Fehlen der alten bewährten Uffz.e und der guten Bataillonskommandeure und Kompaniechefs. Bei der 362. Inf.-Div. habe ein Btl. noch 15, ein weiteres noch 60 Mann.

Aus Mangel an Kräften seien die Angriffe exzentrisch gelaufen, so daß die Gefechtsstreifen sich verbreitert hätten. Das Zwischengelände habe nicht gesäubert werden können, so daß vorgedrungene Teile wieder zurückgenommen werden mußten. Vorbedingung für neue Angriffe sei personeller Ersatz. Auch die eigene Artl. reiche nicht aus; ihr fehle es ferner an VB und Funkgeräten. Die Versorgung sei vorhanden, aber schwer zuzuführen. Bei den Pz.-Verbänden fehlten die Ersatzteile; ihre Ordnung erfordere viel Zeit.

In der Weisung des Führers für die weitere Kampfführung vom *8. 1.* früh wurde noch einmal festgelegt, daß die Heeresgr. G die stärksten feindl. Kräfte in den unteren Vogesen und nordwestlich davon fesseln und den Durchbruch südlich Weißenburg erzwingen sollte. Nach wie vor war das Ziel, die Enge von Zabern zu gewinnen und die feindl. Kräfte zwischen den unteren Vogesen und dem Rhein zu vernichten.

Am *9. 1.* (1.45 Uhr) erteilte der Führer dem OB West, dem OB Oberrhein und dem OKLuftwaffe eine neue Weisung: die Voraussetzung für den Ansatz der nächsten Operation sei die erfolgreiche Beendigung der Schlacht um Hagenau und das Zerschlagen der zwischen den unteren Vogesen und dem Rhein stehenden Kräfte. Hierzu seien alle in den Bereich der Heeresgr. G zulaufenden Kräfte außer der 11. Pz.-Div. anzusetzen. Es komme darauf an, durch schnellen Vorstoß des XXXIX. Pz.-Korps über Sulz auf Merzweiler und durch gleichzeitigen Angriff der 256. Inf.-Div. in Richtung Zinsweiler den Zusammenbruch der feindl. Front nördlich Hagenau zu vollenden. Die 7. Fallsch.-Jg.-Div. sei entweder hinter dem XXXIX. Pz.-Korps nachzuziehen oder zum Öffnen der Südostausgänge der unteren Vogesen neben der 256. Inf.-Div. zu verwenden. Die Entscheidung darüber hinge vom morgigen Tage ab.

Durch Vorführen der 10. SS-Pz.-Div., ostwärts des Forstes von Hagenau, sei so bald wie möglich die Verbindung mit dem Brückenkopf des XIV. SS.-AK. herzustellen. Nächstes Ziel der schnellen Verbände der Heeresgr. G bleibe die Enge von Zabern. Um dann die Westausgänge der unteren Vogesen zu gewinnen, werde man die 2. Geb.- und die 6. SS-Geb.-Div. gemeinsam ansetzen müssen. Ob und wann der Nordflügel der 19. Armee gegen Molsheim antreten könne, werde gemäß der weiteren Lage entschieden werden.

Am *9. 1.* lief beim WFStab eine Meldung des OB.s der Heeresgr. B, Gen.-Oberst Blaskowitz, an den OB West ein, daß die Operation „Nordwind" sich nach anfänglichen Erfolgen festgelaufen habe, da trotz Entblößung aller anderen Abschnitte nicht genügend infanteristische Kräfte zur Verfügung standen, um das gewonnene Gelände zu bereinigen und die Angriffsspitzen entsprechend den Verlusten zu nähren. Solange die Initiative auf der eigenen Seite lag, habe der Feind fliehen müssen. Durch seine überlegene Beweglichkeit, den besseren Kräfte- und Ausrüstungsszutand seiner Truppe und die Luftüberlegenheit habe er nach Erholung von der Überraschung die Fronten erneut festigen und die Voraussetzungen dafür schaffen können, um bei gegebener Gelegenheit die Initiative an sich zu reißen.

Die sich aus der Lage ergebende Notlösung, das XXXIX. Pz.-Korps durch die Weißenburger Senke anzusetzen, habe bisher den angestrebten Erfolg nicht gehabt. Die Entblößung der anderen Fronten könne so lange in Kauf genommen werden, wie der Gegner von der Heeresgr. B neue Kräfte abziehe und die Heeresgr. G die Initiative behalte. Das könne nur erreicht werden durch den Ansatz aller verfügbaren Kräfte im kleinen Rahmen, so daß der taktische Erfolg sicher sei. Erst aus ihm lasse sich dann die operative Folgerung ziehen.

Von dem Augenblick an, in dem sich diese Voraussetzungen ändern würden, ergäben sich für den Feind im Raum Hagenau—Weißenburg derart günstige Voraussetzungen für den Angriff, daß sich schwere Folgen bei dessen Wiederaufnahme ergeben könnten. Die Heeresgr. vertrete deshalb den Standpunkt, daß die Operation „Zahnarzt" operativ und taktisch erst auf gesunde Füße gestellt werden könne, wenn die Schlacht von Hagenau geschlagen sei. Sie halte es deshalb für erforderlich, das Risiko im Abschnitt Trier—Bitsch beizubehalten und alle Inf.-Kräfte nach solider Bereitstellung im Vogesen-Raum zum Erzwingen der Ausgänge zwischen Ingweiler und Niederbronn einzusetzen, um den Stoß gegen die Linie Brumath—Hagenau zu führen, dem das XIV. SS-Korps gleichfalls mit neuen Kräften aus dem Brückenkopf Offendorf entgegenkommen müsse.

Um den Feind inzwischen nicht zur Ruhe kommen zu lassen, bleibe die Fortsetzung des Angriffs in Anlehnung an den Hagenauer Forst mit dem XXXIX. Pz.-Korps entlang dem Nordwestrand zu erwägen, um die Kräfte des Feindes dorthin abzuziehen. Darauf könnten dann durch einen geschlossenen Stoß der 256. Inf.-Div., der 47. VGD., der 7. Fallsch.-Jg.-Div., der 6. SS-Geb.-Div. und der Kampfgruppe der 2. Geb.-Div. die genannten Vogesen-Ausgänge gewonnen werden und die 10. und 11. SS-Pz.-Div. den Stoß aus den Vogesen auf Hagenau führen. Wenn genügend Brücken- usw. Material bereitgestellt werde, könnte das XXXIX. Pz.-Korps sogar über Seltz—Sufflenheim auf Hagenau angesetzt werden.

Wenn die Schlacht bei Hagenau geschlagen sei, stünden alle weiteren Operationsmöglichkeiten auf gesicherter Basis (sowohl ostwärts der Vogesen in Richtung Molsheim—Zabern als auch westlich der Vogesen) für die Operation „Zahnarzt" offen.

Die Heeresgr. G bat deshalb um Prüfung, ob die für diese bestimmten Kräfte nicht erst für die Beendigung der Operation „Nordwind" eingesetzt werden könnten, um dann nachher für die Operation „Zahnarzt" umgruppiert zu werden.

Diese Operation erfordere, wenn sie unabhängig vom Ausgang der Operation „Nordwind" angesetzt werde, für den Stoß auf Saaralben–Saarunion mindestens 4 frische Inf.-Div.en und eine weitere, die mit den abgekämpften Div.en 361 und 257 den Flankenschutz aufbaute. Ferner bedürfe dieser Stoß der Unterstützung durch 100 Sturm-Geschütze und Panzer, da er sich gegen die 2. franz. Pz.-Div. und die Heeres-Panzer-Verbände der 45. und 36. amerikanischen Div. durchsetzen müsse. Der Nordstoß der Operation „Zahnarzt" aus dem Raum südlich Saarbrücken erfordere mindestens 2–3 Pz.-Div.en und 2 Inf.-Div.en, von denen eine mit der 347. und 19. VGD. den Flankenschutz übernehmen müsse.

Daraus ergab sich ein Bedarf von 3 Inf.- und 2–3 Pz.-Div.en. Vollkampffähig stünden zur Verfügung: 10. SS-Pz.-Div., 11. Pz.-Div., 7. Fallsch.-Jg.-Div., ferner abgekämpft: 6. SS-Geb.-Div., 21. Pz.-Div., 25. Pz.-Gren.-Div. und 2. Geb.-Div. Daraus ergab sich ein Fehl von 4–5 Verbänden.

Der OB bemerkte dazu, daß der entscheidende Stoß aus den Vogesen gegen die Saar, der sekundäre aus dem Raum südlich Saarbrücken in südostwärtiger Richtung geführt werde. Dieser sei ohne Erfolg der Ostzange wirkungslos. Deshalb müßten zum Zusammenschluß der Zange von Saaralben die angeführten Kräfte angesetzt werden. Stünden diese nicht zur Verfügung, bleibe zu erwägen, den Hauptstoß von Saarbrücken gegen die Linie Saaralben–Wittringen mit Schwerpunkt rechts zu führen und eine kleine Gegenzange aus dem Abschnitt Bliesbrücken– . . .[1] gegen den Abschnitt Zettingen–Wittringen anzusetzen. Vielleicht ergebe sich dann die Möglichkeit, mit der Ostgruppe ostwärts bis Rahlingen auf die Vogesen vorzustoßen. Hierzu müßte gleichzeitig die Ostgruppe die Maginot-Linie bei Wittringen durchbrechen, um so die Verbindung herbeizuführen.

Der Chef WFStab machte hierzu einen zustimmenden Vermerk.

Am 11. 1. (ab 12. 1., 1.45) Befehl des Führers: Der Angriff des XXXIX. Pz.-Korps bei Rittershofen habe sich festgelaufen, und der Feind habe seinen Schwerpunkt dorthin verlagert. Deshalb wurde befohlen, daß die durch die Sturm-Geschütz-Brig. 667 und 384 verstärkte 7. Fallsch.-Jg.-Div. und die 10. SS-Pz.-Div. aus dem Raum von Forstfeld–Beinheim so bald wie möglich zum Angriff über Röschwoog in Richtung Drusenheim angesetzt werden sollten, um die Verbindung mit der 503. Inf.-Div. herzustellen. Ziel dieses Angriffs sei (den Hagenauer Forst südlich umgehend), über Bischweiler nach Westen durchzustoßen und in Verbindung mit dem Angriff der 1. Armee (6. SS-Geb.-Div. und 256. Inf.-Div.) in Richtung Zinsweiler und Niederbronn den nördlich des Hagenauer Forstes stehenden Gegner zu vernichten. Falls der Durchstoß in Richtung Drusenheim gelinge, sei auch die Masse des XXXIX. Pz.-Korps

1 Lücke im Ms.

dort nachzuziehen. Bis dahin solle das Korps durch Artl. und Stoßtrupps die Fortsetzung des Angriffs gegen Mitschdorf vortäuschen. Dazu könnten auch schwächere Teile der 7. Fsch.=Jg.=Div. eingesetzt werden, jedoch so, daß sie wieder für den Hauptangriff von Beinheim nach Süden zur Verfügung ständen.

Dieser Befehl wurde am 12. 1. dahin ergänzt, daß die Kräfte, die im Raum Forstfeld–Beinheim gegen Drusenheim antraten, dem XXXIX. Pz.=Korps zu unterstellen seien, das seinerseits unter den Befehl des OB.s Oberrhein trete. Dem Korps solle der OB West beschleunigt möglichst viele Jagdtiger und – sobald eine Ansatzmöglichkeit bestehe – die 25. Pz.=Gren.=Div. oder die 21. Pz.=Div. nachführen. Der Angriff solle erst dann begonnen werden, wenn ausreichende Kräfte da seien, um den Durchbruch sofort ausnutzen zu können. Es komme darauf an, den Angriff zügig vorwärts zu führen. Verhindert müsse werden, daß die Inf. der Stoß=Div.en im Stellungskampf[1] verbraucht werde.

### 3. Der Übergang der Initiative in den Angriffsräumen an den Gegner (14. bis 28. Januar 1945)

Am 8. 1. hatte der Führer die Weisung gegeben, die 6. Pz.=Armee herauszuziehen, um einem feindl. Gegenangriff begegnen zu können und die eigene HKL in die Linie Donchamps–Longchamps (nordwestlich Bastogne) zurückzunehmen. Am 14. 1. wurde dem OB West die Genehmigung des Führers zur Zurücknahme des Frontbogens mitgeteilt in die Linie Cherainart – ostwärts Houffalize (das unter dem Feuer der eigenen Artl. bleiben solle) – Bourcy – alte HKL südlich Longvilly, und zwar so rechtzeitig, daß keine weiteren empfindlichen Verluste bei der Heeresgr. B eintraten.

Am 15. 1. wurde befohlen, daß das I. und das II. SS=Pz.=Korps in der Zeit zwischen dem 20. und 30. 1. im Bereich des OB West kurzfristig aufzufrischen seien.

Am 17. 1. wurde das AOK 19 ab 19. 1. dem OB Oberrhein auch truppendienstlich unterstellt. Am 19. 1. forderte der Führer, daß der OB West nunmehr in kürzester Zeit das Pz.=AOK 6 und die Führer=Gren.= und die Führer=Begleit=Brigade zur Verfügung des Führers im Raum Euskirchen–Prüm–Bitburg–Adenau versammle, wo die Verbände nach Eintreffen OKW=Reserve würden. Dort sei die am 15. 1. befohlene Auffrischung durchzuführen. Die 11. Pz.=Div. sei nach Erfüllung ihres Auftrages südlich Saarburg zu versammeln.

Am 20. 1. (2.05) wurde dem OB West mitgeteilt, er solle sich darauf einstellen, daß die gesamte 6. Pz.=Armee mit 4 SS=Pz.=Div.en und den beiden Führer=Brig.en an die Ostfront abbefördert werde. Die Entscheidung werde am Nachmittag fallen.

1 „Stellung" im Ms. unsicher.

Am 20. 1. (18.55) wurde der schnellste Abtransport des I. SS=Pz.=Korps mit der 1. und der 12. SS=Pz.=Div. sowie den Korpstruppen nach Osten über Berlin befohlen.

Am gleichen Tage (20. 1.) legte die Abt. Fremde Heere=West eine Studie über die möglichen *Planungen der Westmächte* bis 1. 5. vor.

Feindlage: Durch den eigenen Angriff in den Ardennen seien die feindl. Ab=sichten mit den Angriffen ostwärts Aachen und zwischen Luxemburg und Rhein über den Haufen geworfen worden. Zunächst werde der Gegner ver=suchen, die alte Front wiederherzustellen, um die Flankierung des Raums von Aachen auszuschalten. Mit einem Nachstoßen in die für den Angriff ungünstige Eifel sei nicht zu rechnen. Möglich sei auch eine Bereinigung im saarpfälzischen Vorfeld und die Beseitigung von Rheinbrückenköpfen. Dann werde die Vor=bereitung für den die Entscheidung suchenden Angriff beginnen. Für den Be=ginn werde das Flugwetter entscheidend sein, ferner die Bodenverhältnisse, also etwa Mai. Die Briten verfügten über 22 große Verbände, im Mai wohl über 25, wenn nicht mehr, die Amerikaner über 51, bis 1. 5. über etwa 69—74 Div.en, die Franzosen über 8, am 1. 5. über 14, zusammen also über 108—113, statt der jetzt vorhandenen 79. Anzeichen für die gesteckten Ziele lägen noch nicht vor; sie könnten nur hypothetisch erschlossen werden.

Am *21. 1.* wurde der SS=Oberst=Gruppenführer Hausser mit der vertretungs=weisen Führung der Heeresgr. Oberrhein beauftragt, da der Reichsführer SS die der neuen Heeresgr. Weichsel übernahm.

Am 22. 1. erging eine neue Weisung:

Der britische Angriff südlich Roermond, die amerik. Angriffe im Ardennen=bogen, die zähen Kämpfe im Unterelsaß sowie der französische Angriff in den oberen Vogesen ließen die Absicht des Feindes erkennen, die deutsche Führung an der Verfügung über ihre Reserven zu hindern und dadurch die Erfolge der Sowjets bis zum Zusammenbruch der Reichsverteidigung auszuweiten. Dem=gegenüber habe sich der Führer entschlossen, die Voraussetzungen zum Auf=fangen der Russen zu schaffen und zum Gegenangriff überzugehen. Deshalb sei der Abtransport des Pz.=AOK 6, der beiden Führer=Brig.en, 1 Inf.=Div. oder VGD., zweier VAK. und mehrerer Brückenkolonnen befohlen worden. Der Führer beabsichtige, das Oberkdo. Oberrhein aufzulösen und dessen Ver=bände wieder der Heeresgr. G zu unterstellen; den geeigneten Zeitpunkt solle der OB West melden.

Der OB West erhielt den Befehl, seine Kräfte in der Mitte und im Norden der Westfront entsprechend den wohl auf das Ruhrgebiet und später auf Hol=land zielenden Absichten des Feindes umzugruppieren. Das Höhengelände west=lich der Oure solle nur unter Druck schrittweise aufgegeben werden. Ziehe der Feind noch stärkere Kräfte aus den Ardennen nach Norden, so sei auch das Pz.=AOK 5 aus der Front zu ziehen, um es dann im Schwerpunkt der Kämpfe einsetzen zu können.

In den unteren Vogesen und am Oberrhein solle der Angriff — zunächst mit dem schon befohlenen Ziel — so lange fortgeführt werden, wie Aussicht bestehe, den Feind nördlich der Linie Hagenau—Zabern zu zerschlagen oder zum Ausweichen hinter die Senke von Zabern zu zwingen, also den Anschluß an die 19. Armee auf dem Vogesen-Kamm wiederherzustellen.

Die Luftwaffe erhielt den Auftrag, den OB West durch den Einsatz moderner Flugzeuge mit Bomben über dem Feindgebiet mit Schwerpunkt Antwerpen zu unterstützen. Unmittelbar solle das Heer nur durch Verbände unterstützt werden, die für Antwerpen nicht geeignet waren, und dies nur im Rahmen der Betriebslage. Die Jagdverbände sollten die rückwärtigen Verbindungen bis zur Front schützen. 3 Jagdgeschwader waren in den Osten zu verlegen. Zum Schutz des Einladens der 6. Pz.-Armee sollten Teile des III. Flak-Korps eingesetzt und mit ihr nach dem Osten verlegt werden. Der Gegner müsse über die veränderten Absichten so lange wie möglich im unklaren gelassen werden. Jeder Tag sei ein Gewinn. Es müsse durch Täuschung der Eindruck erweckt werden, die abfließenden Kräfte würden in Holland und im Elsaß verwendet werden.

Am 23. 1. (12.30) meldete der OB West zu dieser Weisung:

Ein Angriff gegen die 25. Armee sei zur Zeit noch unwahrscheinlich; dagegen werde der Feind in Kürze den im Dezember unterbrochenen Angriff gegen Köln wieder aufnehmen, diesmal unter Beteiligung der 2. brit. Armee, also auch gegen die Westfront der Heeresgr. H. Dazu könne der Feind etwa 24 Verbände mit etwa 2500 Panzern einsetzen. Ferner sei ein Angriff gegen die Moselpforte mit etwa 5—6 Verbänden möglich, jedoch erst in der ersten Februar-Hälfte.

Im Unterelsaß setze sich der Feind zunächst auf den Nordteil, vielleicht sogar auf die Linie Zaberner Senke — Rhein nördlich Straßburg ab. Doch bestehe kein operativer Zwang dazu, falls er nicht Kräfte für eine andere Stelle, etwa bei Saarbrücken, einsparen wolle.

*Eigene Maßnahmen:*

a) *Heeresgr. H:* verstärkt durch die bei Zwolle aufzufrischende 361. VGD., eine von der Heeresgr. B heranzuführende Pz.-Gren.-Div. und die schw. Heeres-Pz.-Jg.-Abt. 655, ferner — wenn möglich — aus dem Elsaß eine Inf.-Div. oder VGD. (alle hinter der Front der 1. Fallsch.-Jg.-Armee).

b) *Heeresgr. B:* Nach Rückführung aller Verbände und Fahrzeuge Verteidigung der Linie: Rur bis Weiden — Kesternich — westlich Krinkelt — westlich Schönberg — Oure-Abschnitt — Westwall; Verschiebung der dadurch freiwerdenden Kräfte (etwa 3 VGD., 3 schnelle Verbände, Masse der VAK. und die Volkswerfer-Brig.en) in den Aachener Raum. Dazu folgende Befehlsgliederung:

Pz.-AOK 5 als Gruppe Rur von der rechten Heeresgr.-Grenze bis Düren ausschließlich, dahinter als Heeresgruppen-Reserve das XXXXVII. Pz.-Korps mit 3 schnellen Verbänden,

AOK 15 als Gruppe Eifel=Nord von Düren bis Burg Reuland (ausschließlich) mit Schwerpunkt Düren,

AOK 7 als Gruppe Eifel=Süd von Burg Reuland bis zur linken Heeresgruppen=Grenze mit Schwerpunkt Trier (dort die 2. Pz.=Div. als Reserve der Heeresgruppe).

c) *Heeresgr. G:* zunächst Fortsetzung des Angriffs im Unterelsaß, um mindestens die Linie Ingweiler—Kilstett zu gewinnen; falls möglich, Vordrücken bis Zabern. Zur Vereinigung mit der 19. Armee, die angestrebt werde, reichten die Kräfte voraussichtlich nicht aus. Nach Abschluß des Angriffs Herausziehen von 2 schnellen Verbänden als Eingreifreserve im Raum Saarbrücken; ferner Belassen eines schnellen Verbandes zwischen Trier und Orscholz.

d) *Heeresgr. Oberrhein:* Abstimmen der laufenden Kämpfe auf das Vorgehen der Heeresgr. G; Befehlsübernahme durch die Heeresgr. G nach Gewinn der genannten Linie.

Die erfolgreiche Abwehr in der 4. Schlacht bei Aachen sei abhängig von der beschleunigten Verlagerung der schnellen Verbände dorthin; diese könne wegen des Betriebsstoffes jedoch erst nach Eintreffen der Ostverbände in den Einladeraum erfolgen. Durch Schneeverwehungen und den Zwang, bei Nacht zu fahren, vermehrten sich die Schwierigkeiten, so daß eine Verzögerung der 6. Pz.=Armee sowie der Verlegungen zu befürchten sei.

Versorgungs= und Ersatzlage: Munition bis 3. 2. je Tag und Rohr nur 8 Schuß le. F. H. und 5 Schuß s. F. H., d. h. in der nächsten Schlacht bei Aachen nur ein Drittel des Verbrauchs im Dezember, wo der Artl.=Einsatz entscheidend war, aber stärkeren Geländeverlust doch nicht verhindern konnte. Betriebsstoff=Verbrauch für die Ostverbände rund 4 500 cbm, Verlagerung im Westen weitere 1 000 cbm, Kämpfe im Elsaß und anschließende Umgruppierungen mindestens 1 500 cbm. Erforderlich deshalb außer der 3. Januardekade (2 000 cbm) weitere 1 000 cbm Otto=Betriebsstoff.

Der Personalersatz sei ungenügend und führe zu gefährlicher Schrumpfung der Kriegsstärken. Eine örtliche Auffüllung erfolgte durch Übernahme von Sicherungs=Btl.en von der Eifel. Das Ausbleiben des Ersatzes sei jetzt jedoch für alle Div.en eine Lebensfrage geworden. Nachschub von Panzern und Sturmgeschützen sei angesichts 2 500 feindl. Panzer entscheidend. Gelinge nicht Abhilfe und rechtzeitige Verlegung, so sei ein Durchbruch zum Rhein zu befürchten.

Abgaben für den Osten: Bis auf die 9. SS=Pz.=Div. seien alle Verbände bereits herausgelöst. Das Gen.=Kdo. XXXIX. Pz.=Korps sei bis auf weiteres unentbehrlich; verfügbar sei das Gen.=Kdo. LVIII. Pz.=Korps. Die 11. Pz.=Div. sei gleichfalls nicht zu entbehren. Der OB schlug vor, die Pz.=Lehr=Div. und die 25. Pz.=Gren=Div. abzugeben. Als Inf.=Div. machte er die 189. Inf.=Div. namhaft (gleichfalls nach Abschluß der Kämpfe). Die Volks=Artl.=Korps wollte er nachmelden. Von den 10 Brückenkolonnen seien $5^1/_2$ bereits abbefördert.

Über die Täuschungsmaßnahmen meldete der OB Einzelheiten.

Nach Abzug von 3 Geschwadern sei die Luftwaffe noch weniger als bisher imstande, den rückwärtigen Raum zu schützen. Die Folge werde ein weiteres Zerschlagen der Nachschubverbindungen und damit ein erhöhter Betriebsstoff=verbrauch sein.

Abschließend bat der OB um sofortige Entscheidung.

Am 23. 1. erhielt der OB die Entscheidungen auf seine Meldung vom 22. 1. Die Befehlsgliederung wurde gebilligt, nur verlangt, daß die Grenze zwischen den Gruppen Rur und Eifel=Nord, die voraussichtlich im Brennpunkt der Ab=wehr liegen werde, nach Süden verlegt werde. Auch der Bildung von Reserven wurde zugestimmt. Der Abschnitt Moselpforte—Orscholz=Riegel sollte infante=ristisch noch verstärkt werden, und zwar durch Verschiebung innerhalb der Heeresgr. G. Wegen der Produktionseinbrüche könne die Munition nicht ver=stärkt werden. Durch rigoroses Einsparen in ruhigen Abschnitten müßten Reserven gebildet werden. Die Forderung von 4 500 cbm für die Ostverbände erscheine sehr hoch; durch Aushilfen (Anhängen, Einsatz von Bespannungs=staffeln usw.) müsse der Verbrauch gesenkt werden; das gleiche gelte für die Verlegungen im Westen. Eine neue Anforderung solle vorgelegt werden. Die angebotenen Abgaben an den Osten wurden gebilligt, nur nicht die der 189. Inf.=Div. Die geforderte Inf.=Div. müsse aus den Kräften der 1. Armee genommen werden.

Am 24. 1. erging ein neuer Befehl des Führers. Voraussetzung für die feindl. Offensive gegen Köln und das Ruhrgebiet sei die Beseitigung des deutschen Brückenkopfes über die Rur. Der rechte Flügel der Heeresgr. B habe sich daher so lange wie möglich vorwärts der Rur zu verteidigen. Auch durch kleine Brückenköpfe werde der Feind zu erneuten Umgruppierungen und Angriffen gezwungen. Jeder Tag Verzögerung sei Gewinn.

Ferner Befehl, das I. SS=Pz.=Korps ab 24. 1. abends in den Raum von Wien zu verlegen als OKW=Reserve; Versammlung im Raum Wien–Wiener=Neustadt —Ödenburg–Preßburg.

Am 25. 1. Antwort auf Anträge des OB West vom 24. 1.: Die Möglichkei=ten, Munition und Betriebsstoff nachzuführen, würden geprüft. Die sofortige Abgabe einer Inf.=Div. der Heeresgr. G entfalle. Ferner habe der Führer be=fohlen, die vorgeschlagene Linie nur vom Feinde gedrängt einzunehmen.

Da der Feind an Moder und Roth eine neue Abwehrfront aufgebaut hatte, so daß bei Fortsetzung des eigenen Angriffs die Kräfte in einer Zeit gebunden würden, in der sie als Reserve hinter die zukünftigen Abwehrschwerpunkte ge=führt werden müßten, befahl der Führer am 25. 1., die Angriffe an den unteren Vogesen und im Unterelsaß einzustellen. Gemäß den dem OB West gegebenen Befehlen sollten die notwendigen Umgruppierungen sofort durchgeführt wer=den. Vordringlich sei der Abtransport der 25. Pz.=Gren.=Div. in den Osten. Die 6. SS=Geb.=Div. solle im Gebirge eingesetzt werden.

Am *26. 1.* sollte eine Weisung an das Pz.-AOK 1[1], um das zu langsam vor sich gehende Herauslösen der Verbände zu beschleunigen, abgesandt werden; doch wurde sie nicht unterzeichnet.

Am 27. 1. nachmittags lief die Stellungnahme des OB West zu den Zustandsberichten ein. Die Winterschlacht habe den VGD.en durchschnittlich 3–4 000, den Pz.- und Pz.-Gren.-Div.en 2–3 000 Verluste verursacht und besonders die infant. Kraft stark gemindert. Nach Zuführung von etwa je 500 zu den VGD.en im Januar konnten nur 4–5 Gren.-Btl.e (je Div.) wieder voll hergestellt werden. Bei weiteren Verlusten sei mit mehreren Div.en zu rechnen, die nur einige 100 Mann, jedoch volle Artl., die in der Masse erhalten geblieben sei, und volle Versorgungstruppen besäßen. Einschneidende organisatorische Maßnahmen seien erforderlich. Ersatzzuführung bleibe trotz Auskämmens und Verlagerns die dringlichste Forderung. Die körperliche Höchstgrenze sei bei dem Ardennen-Einsatz erreicht worden; alle Maßnahmen zu kurzfristiger Auffrischung seien getroffen. Durch vermehrte Lehrgänge und Schulen werde dem Absinken der Ausbildung entgegengearbeitet. Der Bedarf an Handwaffen, MG-Sturmgewehren und schwerer Flak sei gestiegen. Nach Abdrehen des Zulaufs an Panzern und Sturmgeschützen nach[2] dem Osten sei die Lieferung von Ersatzteilen vordringlich. Der Zustand der Pferde habe gelitten, obwohl Rauhfutter ausreiche. Die Bekleidungslage sei gespannt.

Am *27. 1.* erfolgte der Befehl für den Abtransport der 25. Pz.-Gren.-Div. sowie der beiden Führer-Brig.en in den Raum Cottbus–Frankfurt a. Oder, der 27. und 28. SS-Freiw.-Gren.-Div. in das Protektorat (in dieser Reihenfolge). Der OB West wurde ermächtigt, die schwach besetzte Ill-Front in eine Sehnenstellung zwischen Ill und Rhein und hinter den Rhein zurückzunehmen, sobald die Verteidigung eingerichtet sei. Außer der Brücke bei Breisach sei Fährbetrieb sicherzustellen. Der Bau einer Seilbahn sei zu prüfen.

Durch einen weiteren Befehl wurden diese Verbände dem GenStdH unterstellt; jedoch behielt sich der Führer Versammlung und Einsatz vor.

Am gleichen Tage (27. 1.) wurde dem OB West die Genehmigung des Führers übermittelt, daß die Heeresgr. G den Befehl über den Abschnitt der Heeresgr. Oberrhein übernahm. Das Oberkdo. sollte der Heeresgr. Weichsel beschleunigt zugeführt werden. Außerdem habe der Führer die beantragte Zurücknahme des rechten Flügels der 19. Armee genehmigt; jedoch solle der OB West prüfen, inwieweit der Frontverlauf der 19. Armee durch das Vordrücken der HKL auf die Linie Schlettstadt–Markirch–Col du Bonhomme–Le Valtin verbessert werden könne (dazu Zuführung der 6. SS-Geb.-Div.).

Der OB meldete darauf am *28. 1.*, daß 3 eingebaute und 2 leichte Seilbahnen über den Rhein vorhanden und weitere Geräte zugewiesen seien.

Vortragsnotiz über den Abtransport der mot. Verbände: Befehl zum Abtransport am 20. 1., als bereits die 1., 12. und 2. SS-Pz.-Div. herausgelöst waren

1 Entweder Pz.-AOK 5 oder AOK 1.
2 Ms.: aus

und mit großen Teilen ostwärts der Ourc standen. Durch Betriebsstoffmangel, Luftangriffe, Wetter und Straßenschwierigkeiten sei der Marsch verzögert worden, vor allem aber durch kurzfristige Auffrischung. Nur der Marsch der 25. Pz.=Gren.=Div. sei flüssig. Der Zeitverlust müsse dadurch ausgeglichen werden, daß nach dem Ausladen keine Zeit zur Auffrischung gegeben werde.

### 4. Die Festungen im Westen und die Kanalinseln

Zu größeren Angriffen kam es im Januar=Februar nicht. Dagegen wurden eigene Ausfälle unternommen, um die Vorräte zu vergrößern.

Außerdem wurde die Evakuierung der Zivilbevölkerung fortgesetzt. Es befanden sich zu Anfang des Jahres noch

in *Lorient:* 8 500 (ab[1]: 5 500),
in *St. Nazaire:* weitere 15 000 durch Gebietserweiterung, deren Entfernung am 11. 1. anlaufen sollte,
in *La Rochelle:* 39 500 (ab[1]: 43 000); Strom, Holz und Verpflegungszuschuß wurden noch vom Gegner geliefert,
in *Gironde=Nord:* 6 500 (ab[1]: 21 000).

Es gelang gelegentlich, mit kleinen Schiffen von Spanien aus den Festungen Vorrat zuzuführen.

### Anhang: Sonstige Befehle usw. vom 1. — 13. Januar

a) *Wichtigere*

26. 12. Merkblatt für das Verhalten der deutschen Soldaten im wiederbesetzten Gebiet.
Unterstellung der 9. und 167. VGD. (bisher OKW=Reserve) unter die 7. Armee.
27. 12. Herauslösen der 711. Inf.=Div. für den Osten, Verlegung der 344. Inf.=Div. nach Bruck.
28. u. 30. 12. Pz.=Jg.=Kp.en.
29. 12. Kein Ausbau von Rotterdam und Amsterdam.
31. 12. Auffrischung der 411. Inf.=Div.
Feldgendarme.
1. 1. Befehl über die Zuführung der 2. Geb.=Div. aus Dänemark nach Beendigung der Auffrischung (vgl. 5. 1.).
2. 1. Vorwarnung für „Nordwind".
2. 1. Erfolgsübersicht über das Unternehmen „Bodenplatte" der Luftwaffe vom 1. 1.: 278 durch Luftbild bestätigt, 123 durch Augenbeobachtung; im Luftkampf abgeschossen 66, zusammen 467 Flugzeuge.
2. 1. Zuführung von 4 Brückenkolonnen=B (mot.) von der Heeresgr. B zum OB Oberrhein.
4. 1. Totalausfälle von Pz.=Fahrzeugen bei der Heeresgr. B (16.—31. 12.): 102 Sturmgeschütze, 77 Panzer IV, 132 Panzer V, 13 Panzer VI.
4. 1. Befehl für die Verwendung von Flak=Artl. und Heeresflak.
4. 1. Abgabe des Höheren Arko. 506 an den Osten.
5. 1. Zuführung einer Rgt.s=Gruppe der 2. Geb.=Div. (vgl. 1. 1.) bis 12. 1.

2 D. h.: abtransportiert

5. 1. Zusammenstellung der im Januar 45 zugeführten Heerestruppen (3 Artl.=Stäbe, 3 leichte Heeres=Flak=Artl.=Brig.en, 2 Heeres=Flak=Art.=Abt.en, 1 B=Abt. 21 cm, Granatwerfer=Abt., 10 Fest.=Battr.en usw.).
5. 1. Zuführung einer schweren Pz.=Brüko (mot.) zum OB Oberrhein.
5. 1. Freigabe des VAK 403 für den Osten.
6. 1. Aufstellung von 2 Div.en in Holland.
7. 1. Befehl zur Abgabe von Stämmen für Auffrischungsrgt.er.
9. 1. Verlegung der Pz.=Brig. 150 in das Reich.
9. 1. Verlegung der Pz.=Abt. 509 in den Osten.
10. 1. Befehl für die Aufstellung des Auffrischungsrgt.s der 346. Inf.=Div. in Nordost=Holland.
10. 1. Verlegung der Volks=Werfer=Brig. 19 in den Osten.
12. 1. Befehl, daß die zur Auffrischung beim OB West verbleibenden Div.en und Rgt.er (z. B. 85. und 353. Inf.=Div., Auffrischungsrgt.er der 346. und der 36. Inf.=Div.) OKW=Reserve blieben, die nur bei Luftlandungen ohne Befehl eingesetzt werden durften.
12. 1. Mitteilung an den OB, der Führer fordere, daß bei der Heeresgr. B neben den schnellen Verbänden in erster Linie die 12. VGD. so rasch wie möglich aufgefrischt werde.
12. 1. Befehl für Umbenennungen zur Täuschung (Fallsch.=Jg.=Rgt. 16: 10. Fallsch.=Jg.=Div.; Auffrischungs=Rgt. der 346. Inf.=Div.: 110. Inf.=Div.).
13. 1. Befehl für die beschleunigte Verlegung der 712. und der 269. Inf.=Div. nach Tschenstochau; ferner Befehl für die Zuführung der 2. Geb.=Div. (aus Norwegen) zum OB Oberrhein als Ersatz für die 269. Inf.=Div. nebst Mitteilung, daß dem OB West von der 20. Geb.=Armee als Ersatz für die 712. Inf.=Div. die 163. Inf.=Div. und an Stelle der 2. Geb.=Div. die 169. Inf.=Div. zugeführt würden (Notiz 15. 1.: 21 Züge von 29 der 712. Inf.=Div., 1 Zug von 35 Zügen der 269. Inf.=Div. abgefahren, Spitzen bei Liegnitz bzw. Freiburg i. Br.).
14. 1. Verlegung der Volksartl.=Korps 405 und 408 in den Osten.
15. 1. Verlegung der Heeres=Pi.=Brig. 655 in den Osten statt in den Westen.
15. 1. Befehl über den Auffrischungsturnus.
18. 1. Verlegung der 361. VGD. statt der 559. VGD. in Nordost=Holland.
19. 1. Verlegung des Pi=Brücken=Btl.s 683 in den Osten statt in den Westen.
19. 1. Befehl für die Verlegung von 2 Brücken=Kolonnen (mot.) und 6 Brückenkolonnen B (Geräteeinheiten) an die Oder (2 sollten von den 4 für den Oberrhein bestimmten Kolonnen abgezogen werden); dazu Befehl an den OB West vom 21. 1.: 2 Pz.=Brückenkolonnen, 1 leichte Sturmboot=Kp. und ein Gefechts=Stab des Pi=Lande=Btl.s 771 in den Osten zu verlegen.
19. 1. Befehl für die Zuführung der 163. Inf.=Div., die bisher für den Westen vorgesehen war, in den Osten (s. Akte: Osten).
21. 1. Befehl für die Zuführung der bisher für den Westen bestimmten 21 cm — GW=Abt. 1183 in den Osten statt in den Westen.
21. 1. Eingliederung der schweren Heeres=Pz.=Jg.=Abt. 655 und Verselbständigung der Sturmgeschütz=Brig. 243 und der schweren Heeres=Pz.=Jg.=Abt. 559 (bisher bei der Pz.=Lehr=Div.) als Heeres=Truppen unter Befehl des OB West. Dazu Notiz über die an den Osten abgegebenen Heeres=Truppen: schwere Pz.=Jg.=Abt. SS 501, Sturmgeschütz=Brig. 911, Pz.=Jg.=Abt. 673 und 560. Es verblieben im Westen: 7 Pz.=Jg.=Abt.en, 5 Pz.=Jg.=Abt.en, 10 Sturmgeschütz=Brig.en und 3 Heeres=Pz.=Abt.en.
22. 1. Befehl für die artilleristische Vorbereitung auf die neue Abwehrschlacht.
24. 1. Beschleunigte Verlegung von 2 Pi=Sonderstäben und 6 Einweisungsabt.en in den Osten.
24. 1. Verlegung der 27. SS=Freiw.=Gren.=Div. „Langemarck" und der 28. SS=Freiw.=Gren.=Div. „Wallonien" zur Verfügung des Reichsführers SS in das Protektorat im Anschluß an die motorisierten Verbände; bis dahin Verlegungen zur Täuschung.
24. 1. Regelung des LKW=Raums der in den Osten verlegten mot. Verbände.
25. 1. Befehl für die Verlegung der bisher für den Westen vorgesehenen 163., 169., 199. Inf.=Div. aus Dänemark in den Osten.

26. 1. Befehl für das Herauslösen der 553. VGD. zur Auffrischung bei Pforzheim.
26. 1. Verlegung der Div.=Stäbe z. b. V. 604 und 606 in den Osten, dafür Einsatz der Stäbe z. b. V. 132 und 526.
27. 1. Schreiben an den Chef Heeres=Stab wegen der Verstärkung der aktiven Luftabwehr im Westen.
27. 1. Ablehnung der Mun.=Anforderungen des OB West durch den Führer wegen der Lage im Osten und der Einbrüche in die Fertigung.
27. 1. Verlegung der schweren Pz.=Jg.=Abt. 682 in das Heimatkriegsgebiet zur Auffrischung.
28. 1. Befehl für die Verlegung der II./Pz.=Regt. 2 vom Westen in den Osten.
29. 1. Befehl für die Verlegung von 3 der 11 für den Westen in Aufstellung befindlichen Fest.=Artl.=Abt.en.
30. 1. Freigabe von 2 Org.Todt=Rgt.ern zur Sicherung der Rheinbrücken.
31. 1. Befehl zum Prüfen der Frage, unter welchen Voraussetzungen die 10. SS=Pz.=Div. an den Osten abgegeben werden könne. Unabhängig davon sei die Div. herauszuziehen, wobei der Führer davon ausgehe, daß ein Großangriff am Orscholz=Riegel oder an der Saarfront zunächst nicht zu erwarten sei.
31. 1. Zusammenfassung des Einsatzes von V 1 und V 2 unter dem SS=Obergruppenführer Kammler.
31. 1. Verlegung der 21. Pz.=Div. in den Osten.

b) *Einzelmaßnahmen usw.*

1. 1. Abgabe einer B=Abt. durch OB West an OB Oberrhein.
1. 1. Regelung des Einsatzes der neuen 12 Fest.=Artl.=Abt.en.
1. 1. Feindliche Irreführung über Bewegungen in Holland.
2. 1. Zuweisung von Betriebsstoff an die Org. Todt.
3. 1. Zuführung von 40 RSO.
4. 1. Erfassung amerikanischer Flieger über Frankreich und England.
6. 1. Einsatz der 12,8 cm=Kanone.
6. 1. Erfahrungen beim Einsatz der Nebeltruppen im Westen.
6. 1. Einzelheiten zur Reise des Majors d. G. Friedel.
7. 1. Ausfälle der Heeresgr. G.
7. 1. Verlegung des I. und II. Fallsch.=Jg.=Rgt.[1] z. b. V. in die Heimat.
7. 1. Verlegung der Pz.=Aufkl.=Abt. 2 nach Milowitz.
7. 1. Einsatz der Pz.=Jg.=Kp. bei der 416. Inf.=Div. und der 2. Geb.=Div.
7. 1. Ablehnung der Zuweisung von Fla=Waffen.
7. 1. Unterstellung von Pi=Einheiten.
9. 1. Bericht der Leitstelle III der Frontaufklärung für Dezember.
9. 1. Zustand der 269. Inf.=Div.
9. 1. Stand der Evakuierung der Festungen im Westen.
9. 1. Schreiben an den OB d. Ersatzheeres wegen des Einsatzes der Fallsch.=Ers.=Einheiten.
10. 1. Befehl wegen der Eingliederung der Luftwaffen=Btl.e 51 und 52.
10. 1. Regelung der Schiffsfahrten zu den Westfestungen.
10. 1. Ersatz für die 3. und 5. Fallsch.=Jg.=Div. (1 000—2 000 Mann).
10. 1. Bitte an den GenStdH um ein Merkblatt über die Zusammenarbeit des Heeres mit den Verbindungsoffizieren der Luftwaffe.
11. 1. Eingliederung der Kampfgruppe der 48. Inf.=Div. in die 559. VGD.
11. 1. Schreiben des Chefs OKW über den Einsatz der Uffz.=Schulen.
11. 1. Mitteilung an den Reichsführer SS über die schweren Waffen der 9. VGD.
12. 1. Mitteilung an den OB West, daß das Sich.=Rgt. 95 nicht zugeführt, sondern am Oberrhein eingesetzt werde.
12. 1. Eingliederungen in die 719. Inf.=Div.
12. 1. Einsatz von West=Arbeitskräften im Ruhrgebiet.
12. 1. Notiz über die Ausstattung der Führer=Begl.=Brig.
12. 1. Eingliederung von Unterführern beim OB Oberrhein.

1 So Ms.; zu verbessern in: Btl. des?, sonst: „1. und 2."

13. 1. Zurverfügungstellung der Pz.-Kp. 319 an den Gen.-Insp. d. Pz.-Truppen.
13. 1. Notiz über den Zustand der 2. Pz.-Div.
13. 1. Notiz über die Stärken der Div.en der 6. Pz.-Armee.
13. 1. Befehl für die Aufstellung des Wehrm.-Eisenbahn-Nachr.-Rgt.s West.
14. 1. Zustand der Rheinbrücken.
14. 1. Einsatz von Horch- und Pi.-Kp.en.
15. 1. Bericht des Reichsministers Speer über seine Reise in den Westen (Dezember 1944).
15. 1. Einsatz der Volkssturm-Btl.e.
15. 1. Eisenbahn-Bewegungen im Raum Speyer—Landau.
15. 1. Zuführung von Teilen der 2. Geb.-Div.
18. 1. Herauslösung der Heeres-Uffz.-Schulen.
18. 1. Notiz über die Div.-Stärken beim AOK 19 nebst Schreiben des Heerespersonalsamts vom 17. 1. mit dem Vorschlag des Reichsführers SS, die 708. Inf.-Div. aufzulösen.
18. 1. Befehl zum Herausziehen eines Div.-Stabes mit Versorgungstruppen aus einer Div. der 19. Armee, deren fechtende Truppe zur Auffüllung der anderen Div.en zu benutzen sei.
18. 1. Stellungnahme des OB West zu den Zustandsberichten.
19. 1. Notiz über Zunahme der Überläufer bei der 79. VGD.
19. 1. Abgabe von Gefangenen an die Org. Todt.
20. 1. Befürwortung der Aufstellung von Volkssturm-Pi-Kp.en.
20. 1. Abänderung des Befehls vom 12. 1. wegen Eingliederungen in die 719. Inf.-Div.: jetzt 353. Inf.-Div.
24. 1. Wieder-Vervollständigung der Sturmgeschütz-Brig. 243 und der schweren Heeres-Jg.-Abt. 559 sowie Auffrischung des 1. Pz.-Gren.-Rgt.s 130 (Pz.-Lehr-Div.).
24. 1. Ausstattung der Fallsch.-Jg.-Div.en mit Pz.-Abwehr-Waffen.
25. 1. Schreiben an das OKL wegen der Fallsch.-Armee-Waffenschule.
27. 1. Genehmigung der Bezeichnung „Kommandant der westfriesischen Inseln".
28. 1. Einsatz der neuen 11. Fest.-Artl.-Abt.en.

28. 1. Vergleich der feindlichen und der eigenen Verluste 16. 12.—25. 1.

| Feindliche Verluste: | | Eigene Verluste: | |
|---|---|---|---|
| Tote und Verwundete | rd. 100 000 | Tote | 12 652 |
| Gefangene | 26 438 | Verwundete | 38 600 |
| | | Vermißte | 30 582 |
| | rd. 126 000 | | 81 834 |
| | | (nach anderer Berechnung 98 024) | |

| | Beute: | Abschüsse |
|---|---|---|
| Panzer und Sturmgeschütze | 91 | 1 742 |
| Panzer-Spähwagen | 65 | 220 |
| Geschütze, Pak, Flak | 193 | 225 |
| Flugzeuge und Lastensegler | 22 | 125 |

d. h. Kampfkraft von mindestens 10, durch Heeres-Truppen verstärkte Divisionen.

31. 1. Meldung über Zustand der 361. Inf.-Div.
31. 1. Ausstattung mit leichten Feldhaubitzen.

# II. Die Zwischenphase und der Beginn des Zurückweichens (30. Januar - 28. Februar)

## 1. Die Operationen

### *a) Die Hauptfronten (Heeresgruppen B und G)*[1]

(Antrag OB West auf Zuführung der Elsaß=Div.en zur 1. Armee: vgl. S. 1376)

Am 1. 2. wurde dem OB West als *Entscheidung des Führers* mitgeteilt:

Die Front der 1. Armee sei zwar durch die Abgabe der 21. und 10. SS.=Pz.=Div. usw. erheblich geschwächt worden, aber immer noch stärker, als sie vor dem eigenen Angriff war. Durch Strecken der eng besetzten Abschnitte, Belassen von Heerestruppen und spätere Verlegung der 11. Pz.=Div. hinter den am meisten bedrohten Abschnitt müsse ein Ausgleich gefunden werden.

Im Abschnitt zwischen Monschau und Weißrampach stehe immer noch der Westwall als Rückhalt zur Verfügung; nördlich Monschau fehle er. Die Verschiebung von Reserven hinter den Abschnitt der 15. Armee sei daher unerläßlich und mit allen Mitteln zu betreiben, wobei Treibstoff nur für Pz. und Artl. zur Verfügung gestellt werden könne (Forderung des Führers bei der Führer=Lage laut Aufzeichnung des Chefs WFStab).

Am 2. 2. (13.25) meldete der OB West hierzu, daß bei der 1. Armee 14 vollen großen Feindverbänden (ohne die starken Heeres=Truppen) 13$^1/_2$ eigene, aber stark geschwächte Verbände mit (durch Abgaben an die Heeresgr. H) verminderten Heeres=Truppen giegenüberstünden. Die 11. Pz.=Div. könne daher erst hinter den am meisten bedrohten Abschnitt der 1. Armee verlegt werden, wenn die 256. VGD. voll im Orscholz=Riegel eingetroffen sei (d. h. nicht vor 10 Tagen). Weiteres „Strecken" der ohne jede Tiefe dünn besetzten Abschnitte sei nicht zu erreichen. — Bei der Verschiebung von Reserven hinter den Abschnitt der 15. Armee (die unter ununterbrochenem, persönlichem Einsatz des OB vordringlich betrieben werde) fehle gerade für Panzer und Artl. der nötige Betriebsstoff. Überhaupt hemme der Betriebsstoffmangel, der jetzt durch Abgaben für die Märsche der SS=Div.en noch verschärft werde, jede Maßnahme der Obersten Führung (Erster Teil des Befehls vgl. S. 1376).

Am 4. 2. wurde der OB West gebeten, zu den Möglichkeiten einer Operation zur Vorverlegung der eigenen HKL zwischen Beckingen—Forbach zwecks *Wiederinbetriebnahme der E=Werke Fenne und Wehrden und des Blechwalzwerks in Rillingen* (die Werke waren für die Kriegswirtschaft auf Grund der Lageentwicklung im Osten von großer Bedeutung) Stellung zu nehmen. 3 Div.en seien durch Aufgabe des Elsaß=Brückenkopfes verfügbar.

Am 7. 2. meldete der OB West dazu, daß ihm die Vorbedingungen für diese Operation wegen des bevorstehenden Großangriffs gegen die Rheinpfalz, für dessen Abwehr die aus dem Elsaß=Brückenkopf zuzuführenden Div.en

1 Hier sind die Lageberichte herausgelöst, da sie bereits im I. Teil zu finden sind.

und die 11. Pz.=Div. benötigt würden, nicht gegeben zu sein schienen. Auch Kommerzienrat Röchling und der Vorsitzende der Rüstungskommission, Oberbereichsleiter Kelchler, seien der Ansicht, daß es besser sei, die Lage in den betreffenden Frontabschnitten im jetzigen labilen Zustand zu erhalten, da die Arbeit in den genannten Werken in beschränktem Umfange möglich sei.

Am 8. 2. wurde daraufhin dem OB West mitgeteilt, daß der geplante Angriff bis auf weiteres zurückzustellen sei.

Am 6. 2. übermittelte der OB West eine Meldung des OB der Heeresgr. B über die *Gründe für den Verlust der Ordensburg Vogelsang und der Höhenstellung bei Dreiborn:* Es habe sich um einen besonders geschickt geführten Nachtangriff des Gegners gegen die dünne eigene Sicherungslinie gehandelt, bei dem er Artl.=Feuer und Pz.=Abwehr unterlief und in die Artl.=Aufstellung und die rückwärtigen Stützpunkte eindrang. Betriebsstoffmangel hatte auch hier wieder eine rechtzeitige Hilfeleistung durch die Eingreifreserve verhindert, die bei der dünn besetzten Heeresgr.=Front immer notwendig sei. Der OB West stimmte dieser Darstellung zu: es liege keine fahrlässige Verfehlung der Führung vor.

Am 7. 2. waren bei einer Zusammenkunft der Oberbefehlshaber der Heeresgruppen H, B, der 1. Fsch.=Jäger=Armee, der 15. und der 5. Pz.=Armee, wie der OB West meldete, *Lage und Vorbereitungen für die bevorstehende Abwehrschlacht* besprochen worden. Besonders behandelt wurden der Betriebsstoffmangel und die Folgen der Unmöglichkeit, Reserven schnell verschieben zu können, ferner die abgesunkenen Kampfstärken bei der Heeresgr. B, die Übermüdung und Überanstrengung der Truppe sowie ihr innerer Zustand („Der Soldat hat im allgemeinen die Schnauze voll"). Unabhängig davon seien sich jeder Offz., Uffz. und Mann darüber klar, daß angesichts der Lage in der Heimat und im Osten bis zum letzten durchgehalten werden müsse.

Am 9. 2. (23.15) meldete der OB West, daß es die *eigene Kräftelage bei dem unmittelbar bevorstehenden Großangriff* nicht erlauben werde, verlorengegangene Teile des Westwalls wiederzugewinnen. Der Feind werde verschiedentlich Boden gewinnen können. Hauptsache bleibe die Verhinderung eines feindl. Durchbruchs. Der OB West bat darum, *unbedingt notwendige örtliche Frontbegradigungen und geringe Zurücknahmen selbst entscheiden zu können,* um imstande zu sein, der entstandenen Lage schnell Rechnung zu tragen. Der Führer könne versichert sein, daß dieses nur dann geschehen werde, wenn es unbedingt notwendig sei, um den Zusammenhang der Front zu wahren. In allen Angelegenheiten, die operative Auswirkung haben könnten, werde selbstverständlich jedes Mal rechtzeitig die Genehmigung des Führers eingeholt werden.

Am 10. 2. abends wurde dem OB West geantwortet, daß der Führer örtliche Frontbegradigungen in geringem Ausmaß genehmige, jede Räumung einer Befestigungsanlage oder einer Stadt jedoch verboten habe: „Der Feind kann viel=

leicht die Trümmer einer Bunkerlinie und einer Stadt erstürmen, geräumt werden sie nie – es sei denn auf Befehl des Führers."

Darauf übersandte am 11. 2. der OB West einen entsprechenden, an die einzelnen Heeresgruppen usw. der Westfront erlassenen Befehl.

Am 9. 2. teilte der OB West mit, daß er den Antrag der Heeresgr. B auf *Räumung des Roer-Brückenkopfes zwischen Bergstein und Hasenfeld*, vor allem im Hinblick auf die Überflutung im Rücken der Truppe, genehmige.

*Auszug aus Mitteilungen von Op M an Op H West am 11. 2.:*

Im Einbruchsraum von Kleve lagen von der Kriegsmarine noch 22 beladene Kähne mit 9 000 t Kohle und 10 leere Schiffe und Schlepper. Die Kriegsmarine bat um Räumung und Unterstützung des Heeres. Fernmündlich wurde erklärt, daß die örtlichen Dienststellen die Bergung der Schiffe unter Abschirmung durch Artl. und Nebel vorbereitet hätten.

Am 11. 2. übersandte der Chef des Gen.-Stabs des OB West auf Befehl des Chefs des WFStabs einen Bericht des Gen.-Kdo.s LXVI. AK. über den *Feindeinbruch in den Westwall* nordostwärts Buchet (Wegnahme der Bunkergruppe von Brandscheid am 4. 2.), in dem auf den körperlich erschöpften Zustand und die mangelnde Kampferfahrung der eigenen Bunker-Besatzungen (326. VGD.), das Fehlen von Eingreifreserven und ausreichender Pz.-Abwehr hingewiesen wurde. Der OB West bemerkte hierzu, daß die täglichen Durchschnittsverluste in seinem Gesamtbereich rund 3 000 Mann betrügen (Masse: Infanterie), die tägliche Ersatzzuführung (einschließlich Genesende) dagegen nur rund 2 000 Mann.

Am 12. 2. meldete der OB West – im Hinblick auf den bevorstehenden, zum Teil schon im Gange befindlichen Großangriff auf das rheinisch-westfälische Industriegebiet – über die *Lage der Heeresgruppen B und H:*

Bei Heeresgr. B waren von 29 Div.en 7 voll einsatzfähig (davon 2 schnelle Verbände), 17 bedingt zu Abwehr geeignet, 5 abgekämpft und zum Teil nicht mehr einsatzfähig. Die Gesamtverluste seit 16. 12. betrugen 82 234 Mann, an Ersatz zugeführt wurden 29 708 Mann. Die Stärke der Inf. entsprach zum Teil insgesamt 45 Voll-Btl.en, d. h. der Inf. von 6½ Voll-Div.en Demgegenüber seien die Feindkräfte so stark, daß bei der 15. Armee einem eigenen Btl. etwa eine Feind-Div. gegenüberstehe (bei 5. Pz.- und 7. Armee 2-3 Feind-Div.en); 115 Pz.- und Sturmgeschützen der 15. Armee stünden 1000 Feindpanzer gegenüber, 185 der 5. Pz.-Armee: 400, 114 der 7. Armee: 800. Besonders ungünstig sei also das Zahlenverhältnis bei der 15. Armee. Die Verschiebung von Reserven hinter ihrem Abschnitt gehe längst nicht so schnell vor sich wie die feindl. Schwerpunktbildung im Großraum Aachen.

Das Bild bei der *Heeresgr. H* (9 Div.en, davon 4 Fsch.-Jg.-Div.en; die 15. Pz.-Gren.-Div. nicht voll einsatzfähig) sei stärkemäßig etwas günstiger, doch verfügten die Fsch.=Jg.=Div.en (außer der 7. und einzelnen Stämmen) nur über geringe Kampferfahrungen. Die dem Fsch.=AOK gegenüberstehenden Feindkräfte würden auf 10 Inf.= und 4 Pz.=Div.en geschätzt, dazu wahrscheinlich 6 Pz.=Brigaden. — Im künftigen Großkampfraum der 15. Armee sei das Kräfteverhältnis zur Zeit 2½ mal schlechter, als es seinerzeit in den erfolgreichen Abwehrkämpfen im Großraum Aachen der Fall war. Außerdem werde infolge der unzureichenden Munitions=Lage die für den damaligen Abwehrerfolg entscheidende starke Artl.=Unterstützung fehlen (hierauf hatte der OB West bereits am 10. 2. anläßlich eines Befehls des Gen.=Quartiermeisters, wonach die Neuzuweisung für die gesamte Westfront an leichter F. H.=Mun. im Februar nur noch 1,1, an schwerer F. H.=Mun. nur 0,25 betragen solle, hingewiesen). Die Aussichten für ein erfolgreiches Durchstehen der neuen Abwehrschlacht um Aachen und auch bei der Fs.=Jg.=Armee hätten sich infolgedessen verschlechtert. Der Schutz der Heeresgr. B durch das Roer=Hochwasser (der Führer hatte am 8. 2. nachm. den Antrag des OB West auf Öffnung der Roer= und Urft=Talsperren genehmigt), werde nur bis zum 16. 2. vorhalten; die Zeit bis dahin werde für Verschiebung weiterer Kräfte in den Raum der 15. Armee ausgenutzt. „Es liegt mir fern", so schloß der OB West, „... schwarz zu färben. Ich halte es aber für meine Pflicht, auf Grund der kriegsentscheidenden Bedeutung der kommenden Kämpfe die Lage ganz klar zu melden, wie ich sie sehe. Führung und Truppe sind sich ihrer Verantwortung voll bewußt ..."

Der OB West wiederholte dann noch einmal seine Bitte um schnelle Zuführung des zugesagten Ersatzes, Vermehrung des Betriebsstoff= und Mun.=Nachschubs usw.

Für den Fall, daß dem Feind trotz aller eigenen Gegenmaßnahmen der operative Durchbruch aus dem Raum Kleve heraus gelingen sollte, wurde eine Weisung gegeben: s. unten 15. 2. (S. 1368).

Am *12. 2.* wurden dem OKL *Richtlinien für den Einsatz der Luftwaffe* bei der auf dem linken Feindflügel bereits begonnenen Abwehrschlacht im Raum Nimwegen—Venlo—Schleiden übermittelt. Die Schwächung der eigenen Kräfte zugunsten des Ostens und die Betriebsstofflage bedingten klare Aufgabenbegrenzung. Schwerpunkt des eigenen Einsatzes müsse *im Kampf mit der Bombe über dem Feindgebiet liegen*, und zwar bei Tage durch alle Schnellstkampfverbände, bei Nacht durch alle Nachtschlachtgruppen gegen den frontnahen Raum zwischen Nimwegen und Schleiden.

Am *13. 2.* meldete der OB West (wie vorher angekündigt) über die *Munitions=Lage* und ihre voraussichtliche Auswirkung auf den Abwehrkampf der Gesamtwestfront. Die Meldung gipfelte in der Feststellung, daß auf dem Gebiet der leichten F. H.= und schweren F. H.=Mun. eine Abwehrschlacht von länger als einer Woche zur Zeit nicht durchgestanden werden könne. Die Aufrechnung sei zur Zeit noch theoretisch und solle als Grundlage für den ungünstigsten Fall gelten. Der OB West bat um baldige Entscheidung darüber, mit welcher Mehrzuweisung er im Laufe des Monats Februar rechnen könne.

Am 13. 2. (20.00 Uhr) übermittelte der OB West eine *Studie über die voraussichtlichen operativen Absichten des Feindes.* Der Angriff aus dem Raum Nimwegen solle als Tempo 1 der Generaloffensive nach Durchbruch zwischen Maas und Rhein die Maas=Front von rückwärts aufbrechen. Im Erfolgsfall werde der Feind dann zwischen Venlo und Roermond zum Frontalangriff antreten. Die 12. amerikanische Heeresgruppe werde im Zusammenhang mit dieser Operation — auch wenn sie nicht gelinge — zu einem starken Durchbruchsversuch in Richtung Köln antreten und bei Gelingen nach Inbesitznahme der Rhein=Übergänge mit starken Teilen nach Norden und Süden einschwenken; der Weg in das Industriegebiet liege ihr dann offen. Zeitlich etwas später gestaffelt werde die 7. amerikanische Armee zum Durchbruch in die Pfalz über Kaiserslautern und Landau ansetzen, um die Rhein=Main=Ebene zu gewinnen.

Die eigene Führung müsse demgegenüber darauf bedacht sein, unter allen Umständen den Zusammenhang der Front zu wahren. Unter keinen Umständen dürfe irgendwo der Gedanke auftauchen, etwa freiwillig in sogenannter „hinhaltender Kampfführung" auf den Rhein auszuweichen. Allerdings müsse im Falle eines Zerreißens des Zusammenhangs zwischen der 25. Armee und der Fsch.=Armee die Front auf die „Panther"=Stellung (Ijssel=See — westlich Arnheim) zurückgenommen werden, was die *Aufgabe von Nordwestholland* und der V 2=Basen sowie den Verzicht auf den Einsatz von Kleinkampfmitteln gegen die Schelde=Mündung und den Nordteil des Kanals bedeute. Ein derartig folgenschwerer Entschluß könne selbstverständlich nur vom Führer gefaßt und auf seinen ausdrücklichen Befehl durchgeführt werden. Die Heeresgr. H sei bis jetzt nicht veranlaßt worden, sich gedanklich auf eine derartige Möglichkeit vorzubereiten. Über Ort und Zeitpunkt feindl. *Luftlande=Unternehmen* ließen sich nur Mutmaßungen aussprechen; eine erfolgreiche *Großlandung in der Deutschen Bucht* würde die Westfront auf „kaltem Wege" außer Gefecht setzen.

Am 13. 2. übermittelte der OB West (19.30) ferner eine Beurteilung der *Lage bei der 7. Armee* durch den OB der Heeresgr. B, in der auf die Möglichkeit eines nahe bevorstehenden Durchbruchs durch die Westwallanlagen der Oure= und Sauer=Stellung hingewiesen und — falls nicht bald ausreichende Reserven (2—3 Div.en Ersatz für die Stellungsverbände, Betriebsstoff und Munition) zugeführt werden könnten — die *schrittweise Zurücknahme der Front* auf die endgültig zu haltende, kürzere *Prüm=Stellung* vorgeschlagen und außerdem die Zuführung je einer Volkssturm=Div. (als Rückhalt für die Kyll=Stellung und den festen Platz Trier) beantragt wurden. Der OB West hatte diesem Antrag, dessen Genehmigung den Beginn des Übergangs zu hinhaltendem Widerstand bedeuten würde, unter anderem auch wegen des Abzugs der 6. amerikanischen Pz.=Div. nach Norden seine Zustimmung versagt. Hinsichtlich der beantragten Volkssturmkräfte hatte er den OB auf den Gauleiter Simon verwiesen, da aus dem Reich keine Zuweisungen möglich seien.

Am 14. 2. wurde der OB West angewiesen zu prüfen, durch welche Kräfte der *Südflügel der 7. Armee* im Raum Echternach[1] verstärkt werden könne, falls eine Heranführung der 17. SS=Pz.=Gren.=Div. nicht möglich sei. In erster Linie komme die 2. Pz.=Div. in Frage.

(15. 2. Der *Führer* an den *OB West* s. oben nach dessen Meldung vom 12. 2.)

Am 15. 2. wurde dem OB West der Befehl des Führers mitgeteilt, die *11. Pz.=Div.* der Heeresgr. B in den Raum nordwestlich Köln zuzuführen.

Am 15. 2. wurden dem OB West auf die Meldungen vom 12. 2. und 13. 2. vom Führer persönlich (abgegangen 16. 2. abends) *Weisungen für den Fall*, daß den Anglo=Amerikanern trotz des entschlossenen Widerstandes der Truppe ein *Durchbruch* aus dem Reichswald oder über die Roer in Richtung *auf den Rhein* gelinge, erteilt. In einem solchen Fall sei die entscheidende Aufgabe des OB West die Verteidigung des Rheins zwischen Arnheim und Bonn (einschließlich der vorbereiteten Brückenköpfe auf dem Westufer). Er solle zu gegebener Zeit die entsprechenden Vorschläge vorlegen, jedoch keine „vorsorglichen Weisungen" an die unterstellten Oberkdo.s und Truppen ausgeben. Vor allem sei die Verbindung zwischen der Rhein=Verteidigung und dem Westwall (spätestens in der Linie von Neuß bis Bergheim—Roerstellung bei Düren) festzuhalten. Zur Festigung der Rhein=Verteidigung sei der Ausbau eines Stellungs=systems auf dem Ostufer zwischen Emmerich und Karlsruhe befohlen worden (vgl. Abschnitt: Stellungsbau). Falls sich nicht gleichzeitig mit einem feindl. Durchbruch eine unmittelbare Gefahr für die Deutsche Bucht abzeichne, könne der OB West mit Zuführung aller entbehrlichen Kräfte aus dem Bereich des Führungstabes Nordküste rechnen.

*17. 2.: Reisebericht Major d. G. Friedel* (WFStab) über die Reise zur *Heeresgr. H* (1. Fs.=Armee) und *Heeresgr. B* (15. Armee) in der Zeit vom 10.—16. 2. 45: „Thema eins[2] der Westfront ist das Durchstehen der bevorstehenden Abwehrschlacht im Raum westlich Köln".

Einzelne wichtige Ergebnisse: Es scheine sicher, daß der Gegner, namentlich der Brite, an seiner seit dem Beginn der Invasion beobachteten, methodischen Kampfführung festhalten werde: Festlegung eines bestimmten, meist eng begrenzten Angriffszieles. Darauf Artl.=Vorbereitungsfeuer mit hohem Mun.=Aufwand. Beim Angriff würden die Panzer weniger zum Durchbruch als zum örtlichen Niederkämpfen der Widerstandsnester verwendet; dann Abschirmung des zu erobernden Raumes (meistens einzelner Ortschaften, von denen der Anglo=Amerikaner immer wieder magisch angezogen werde) durch eine Artl.=Feuerglocke; langsam fahrende Panzer und Inf. besetzten schließlich diesen zu erobernden Raum; anschließend würden durch örtliches Eindrehen der Panzer aus der eroberten Ortschaft hinaus weitere Teile der HKL aus den Angeln gehoben. Die Truppe sei der Ansicht, daß dem Gegner das Erreichen seines Tagesziels nur in den seltensten Fällen verwehrt werden könne; es

1 Ms.: Eschweiler (mit Fragezeichen).

2 Ms.: 1.

könne darum in der erwarteten Abwehrschlacht günstigenfalls das Ergebnis erzielt werden, daß unter Preisgabe eines mehr oder weniger breiten Geländestreifens die feindl. Angriffskraft allmählich zum Erliegen komme. Auf Grund dieser Überlegungen sei eine Abwehrgliederung durchgeführt worden, bei der sich nur 4 [1] Btl.e der Div. in der HKL, 1 Rgt. mit 2 [2] Btl.en in der Artl.-Schutzstellung, in der dahinter verlaufenden 2. Stellung das Füs.-Btl., das Pi.-Btl. und das Feldersatz-Btl. befänden. Auch die Artl. stehe tief gestaffelt; nur die vordersten Battr.en befänden sich in der Art.-Schutzstellung; ebenso sei es bei der Pak.

Mit der vorhandenen eigenen Abwehrkraft der Stellungs-Div.en glaube die Truppenführung allgemein, die ersten drei Großkampftage durchstehen zu können. Danach werde der Einsatz von großen Reserve-Verbänden notwendig. Während der OB West und die Heeresgr. B gemäß den bisher ergangenen Führerbefehlen eine nachhaltige Verteidigung jedes Ortes, jedes Bunkers usw. anstrebten und die HKL durch Erklärung aller in ihrem Bereich liegenden Ortschaften zu Stützpunkten immer wieder „festnageln" wollten, dringe die Truppenführung (insbesondere bei den Div.en) auf eine elastische Verteidigung, bei der einzelne Ortschaften bis auf geringe Nachtruppen noch vor Einsatz des feindl. Vorbereitungsfeuers geräumt werden dürften usw. Die infanteristische Kraft der Div.en bleibe bei diesem Verfahren länger erhalten. Diese vorgeschlagene Kampfführung setze aber eine gut ausgebildete, fest in der Hand ihrer Führer befindliche Inf. voraus. Bei einer abgekämpften Inf.-Div., bei Alarmeinheiten usw. bestehe dagegen die große Gefahr, daß aus der taktisch richtigen Elastizität ein hinhaltender Widerstand werde und keine Stellung mehr gehalten werde.

Bezüglich des *Einsatzes von Pz.-Korps und -Div.en in der Abwehrschlacht* schlage die Truppenführung vor, von den geschlossenen Gegenangriffen, die doch meistens nach Anfangserfolgen steckenblieben, abzusehen und die Pz.-Verbände nur zum Auffangen feindl. Einbrüche einzusetzen. — Die einzige wirksame *Pz.-Abwehr* stelle das Sturmgeschütz sowie der Jagdpanzer dar, während die s. Pak (mot. Z) sich mehr und mehr als unzureichend erweise.

Der Bericht ging dann noch auf die angespannte *Mun.-Lage* — nur die ersten 7 Tage der Abwehrschlacht glaube der OB West mit den jetzigen Beständen durchstehen zu können — und auf den *Betriebsstoffmangel* ein, der sich nicht nur in dem schleppenden Heranführen der Volks-Artl.-Korps, Volks-Werfer-Brig.en und der großen Verbände bemerkbar mache, sondern sich auch auf die taktische Führung der Verteidigung auswirken werde. Die in ihrer Zahl schon nicht ausreichenden Panzer und Sturmgeschütze könnten wegen der geringen Betriebsstoff-Bestände nicht voll zum Einsatz kommen. Ferner wurde die Frage der *Ersatzzuführung* (der 15. Armee werde im Augenblick zugunsten der 5. Pz.- und der 7. Armee überhaupt kein Ersatz zugeführt), der mangelhafte *Waffennachschub* der 15. Armee, der Bau von *feldmäßigen Stellungen*

1 Ms.: 40    2 Ms.: 12

durch das Volksaufgebot (die meisten der zahlreichen Stellungen zwischen Front und Rhein seien unbrauchbar) usw. behandelt.

Am 17. 2. wurde der OB West angewiesen, die ihm noch zulaufenden *Heeres=Flak=Brig.en* so bereitzustellen, daß sie bei feindl. *Luftlandeunternehmen* im Bereich der Heeresgruppen B und H schnellstens eingreifen könnten.

Am 18. 2. übermittelte der OB West *Richtlinien für die Kampfführung der Heeresgr. G* zwischen Mosel und Rhein, die er im Anschluß an eine Rück=sprache mit dem Chef des Gen.=Stabs der Heeresgr. G am 18. 2. vormittags er=teilt hatte. Die größte operative Gefahr bestehe im Raum Hagenau. Eine Auf=gabe des Orscholz=Riegels sei nicht tragbar, weil dadurch das Vorfeld der Moselpforte bis Trier wegfiele. Der Saarbrückener Raum dürfe im Hinblick auf seine (durch die Ostlage gesteigerte) kriegswirtschaftliche Bedeutung nicht verlorengehen. Die Stärken der Verbände bei der Heeresgr. G lägen wesentlich günstiger als bei der Heeresgr. B.

Am 20. 2. wurde dem OB West und seinen 3 Heeresgruppen mitgeteilt, daß der Führer am 19. 2. den Eindruck geäußert habe, daß das geplante, von ihm abgelehnte Zurückgehen der 7. Armee in die Prüm=Stellung (vgl. 13. 2.) sich unheilvoll auf die Kampfführung dieser Armee auszuwirken beginne. Er hatte noch einmal in schärfster Form befohlen, daß die *7. Armee den Grenzwestwall halten müsse:* „Der Gedanke, daß die Verteidigung in der sogenannten Prüm=Stellung leichter sei, ist aus den Köpfen der Führer und Unterführer auszu=merzen."

Am 20. 2. (21.30 Uhr) übermittelte der OB West dem Chef des WFStabs seinen Gesamteindruck von der *augenblicklichen Lage an der Westfront.*

Eine geringe Festigung der Lage bei der *Fallsch.=Jg.=Armee;* keine akute Durchbruchsgefahr. Im *Großraum Aachen* außergewöhnlich starke Massierung feindlicher Pz.=Verbände. Die dortige Lage werde mit größter Sorge betrachtet. Die Verlegung der 3. Pz.=Gren.=Div. in den Raum westlich Köln werde ange=strebt. Bedrohlich sei auch der Erfolg des Feindes an der Südfront des *Eifel=Bogens,* der Rückwirkungen auf die *Mosel=Pforte* haben müsse. Die Kämpfe im Raum westlich *Saarburg* und um den Rest des *Orscholz=Riegels* müßten hiermit in Zusammenhang gebracht, ein Aufreißen der Naht zwischen linkem Flügel der 7. und rechtem Flügel der 1. Armee unter allen Umständen verhin=dert werden; dem letzteren Zwecke diene die vom OKW genehmigte Zurück=nahme der Front am rechten Flügel der 1. Armee. Ein weiterer Sorgenpunkt sei der *Hagenauer Forst;* dagegen sehe der OB West für die *Oberrhein=Front* und für die Front der 25. Armee in den *Niederlanden* keine akute Gefahr. Die Truppe kämpfe dort, wo sie noch frisch und kampfstark sei, tapfer; doch ließen einzelne Verbände, vor allem bei der Heeresgr. B, nach den vorange=gangenen schweren Kämpfen und Anstrengungen in ihrer Leistungsfähigkeit körperlich und moralisch erheblich nach. Am bedenklichsten sei der Zustand des *Ersatzes.* Der OB West bitte, dem Führer zu melden, daß er die Gefahr eines „Insrutschenkommens" durch Genehmigung von Anträgen auf Frontzurücknahmen von Anfang an und auf das schärfste bekämpft habe und seinerseits nur in Lagen, bei denen es darauf ankomme, wertvolle Kampfteile der Vernichtung zu entziehen, derartige Anträge stellen werde.

Am 21. 2. antwortete der Chef OKW dem OB West, daß der Führer seiner Auffassung von den zu erwartenden Angriffsschwerpunkten des Feindes (vor allem im Raum Roermond–Düren) beistimme. Er wiederholte, daß nur durch zähes Festhalten an jedem Meter deutschen Bodens, in jedem Bunker usw. einem immer schneller werdenden Zurückfallen auf den Rhein vorgebeugt werden könne. Die Genehmigung für die Räumung einzelner Teile des *Westwalls* – es kämen nur solche Teile in Frage, deren Besatzung bei Zurücknahme eine wesentliche infant. Verstärkung der neu zu bildenden HKL bedeute – behalte sich der Führer vor. Die Genehmigungserteilung für Frontbegradigungen innerhalb des Westwalls sei durch den Befehl vom 10. 2. geregelt (vgl. S. 1364 f.).

Am 22. 2. (16.00 Uhr) versicherte der OB West in seiner Antwort, daß die Befehle des Führers, jeden Meter deutschen Bodens zäh zu verteidigen usw., den Heeresgruppen mehrfach mit großem Nachdruck übermittelt worden seien. Er nannte dann die Gründe dafür, daß gerade Frontabschnitte mit starken Bunkerlinie in auffallend kurzer Zeit verlorengingen: schleppende Ersatzzuführung, mangelnde Ausbildung des Ersatzes und geringes Stehvermögen, zahlenmäßig nicht zur Besetzung aller Bunker ausreichende Truppenstärken. Die Bunker selbst seien als Stützpunkte in der Tiefe zur Unterbringung von Reserven usw. von großem Wert, da sie ausgezeichneten Schutz gegen indirekten Artl.-Beschuß und Bombenabwurf böten. Gegen direkten Artl.- oder Pz.-Beschuß seien sie jedoch sehr empfindlich (frontale Anlage der Scharten, mangelnde gegenseitige Flankierung der Bunker usw.). Entscheidend sei, daß die Kräfte nicht für die Besetzung aller vorhandenen Anlagen und die Kontrolle des Zwischengeländes, ohne die die Bunker rasch durch Umgehung ausgeschaltet würden, ausreichten.

Am 21. 2. wurde dem OB West ferner mitgeteilt, daß der Führer nochmals auf die Bedeutung, die einem sicheren Besitz der *Spicherer Höhen* zukomme, hingewiesen habe. Ihr Verlust müsse unbedingt vermieden werden. Der OB West forderte noch für den Abend desselben Tages eine Meldung der Heeresgr. G über die getroffenen Sofortmaßnahmen ein.

Am 21. 2. abends wurde der OB West außerdem darauf hingewiesen, daß die *Befestigungen an der Mosel-Pforte* zu den stärksten des Westwalls überhaupt gehörten und dementsprechend sofort so stark wie möglich zu besetzen seien, wenn nötig unter Schwächung des Vorfeldes.

Am 22. 2. meldete hierzu der OB West die zur Verstärkung des Westwalls südwestlich Trier herangeführten bzw. hierfür vorgesehenen Kräfte (leichte F. H.-Abt. der 212. VGD., schwere Pz.-Jg.-Abt. 519, Volks-Pi.-Brig. 47, eine gem. Flak-Abt. usw.). Die 212. VGD. und der Abschnitt Trier-Süd würden zur Gruppe Sennfuß vereinigt.

(Dazu am 23. 2. Meldung der Heeresgr. B über die Kopfstärken der Besatzungen der Kampfanlagen beiderseits der Moselpforte (879 Mann). Nach Einsatz der Volks-Pi.-Brig. würden sich die Zahlen erhöhen.)

Der OB West übermittelte am 22. 2. einen Befehl an die Heeresgr. B, in dem im Hinblick auf das Fortschreiten des feindl. Angriffs gegen den Westbogen der Front an der Süd-Eifel die Herstellung einer ausreichenden *Sicherheitsbesatzung der Prüm-Stellung* (Teile der 276. und 79. Div.) angeordnet wurde (vgl. 13., 20. 2.). Ihm wurde am selben Tage geantwortet, daß der Führer gegen die Sicherung der Prüm-Stellung keine Bedenken geäußert habe – vorausgesetzt, daß der Kampfwille vorwärts der Prüm-Stellung keinen Schaden erleide. Die Sicherungs-Kräfte dürften nicht von den beiden Flanken der 7. Armee abgezogen werden. Der OB West meldete daraufhin am 23. 2., daß er infolge der erneuten tiefen Feindeinbrüche an den Flanken des Eifel-Bogens ein kämpfendes Zurückweichen auf die Linie Krautscheid–Neuerburg–Mettendorf genehmigt habe.

Am 25. 2. ging eine *Lagebeurteilung des OB West* für den Chef des WFStabs ein:

Zwischen *Rhein und Maas* keine akute Durchbruchsgefahr. Bei der *15. Armee* habe der Feind dagegen die Roer überschritten und bis zu 7 km Raum gewinnen können; der Hauptstoß auf Köln und nördlich stehe noch bevor.

Hauptsorge des OB West sei die Entwicklung der Lage *beiderseits der Mosel:* wenn es nicht gelinge, den Feind wieder über die Prüm zurückzuwerfen, müsse auf die *Kyll-Stellung* zurückgegangen werden, was unter Umständen die *Preisgabe von Trier* bedeuten würde. Bei der 1. Armee reichten die Kräfte nicht aus, um den Feind über die Saar zurückzuwerfen. Hier bestehe die Gefahr eines Durchbruches auf die Hunsrück-Höhenstraße.

Der OB West sei sich bewußt, daß der *Zusammenhang zwischen den Heeresgruppen B und G* unter keinen Umständen abreißen dürfe. Kräfteabzug von den Heeresgruppen H und B in den Raum südlich der Mosel sowie weitere Verschiebungen innerhalb der Heeresgr. G, wo der Großangriff gegen die Weißenburger Senke bevorstehe, seien nicht möglich. Der OB West bitte um eine neue Weisung.

Der Führer antwortete dem OB West am 27. 2. (16.35 Uhr) in einem persönlich unterzeichneten Fernschreiben: Die amerikanischen Angriffe beiderseits der *Mosel-Pforte* trügen jetzt noch den Charakter von Fesselungsangriffen; die 3. amerikan. Armee verfüge nicht über die Kräfte, die zur Ausnutzung eines etwaigen Durchbruchs im Mosel-Tal erforderlich seien. Der Hauptschwerpunkt des Gegners liege an der *Roer-Front*, wo der Feind zum Rhein durchbrechen wolle. Daß im Hagenauer Raum ein Großangriff bevorstehe, stehe außer Frage.

Die *Maas-Roer-Front* betreffend werde dem OB West folgende Weisung erteilt: Der feindl. Durchbruch müsse auf jeden Fall verhindert werden. Gewinnung von Reserven solle notfalls und unter Inkaufnahme eines hohen

Risikos aus dem Bereich der 5. Pz.=Armee erfolgen. Eine Zurücknahme des Südflügels der Heeresgr. H komme trotz des Feindvorstoßes in den Raum Erkelenz noch nicht in Frage (s. unten). Die Spannung der Front der 15. Armee könne damit nicht[1] ausgeglichen werden, daß das Hindernis der Maas mehr als jede andere rückwärtige Stellung eine sparsame Besetzung erlaube. Falls dem Gegner fortan der Durchbruch gelinge, seien Vorschläge im Rahmen der Weisung vom 15. 2. (s. S. 1368) zu machen.

An der Front beiderseits der *Mosel=Pforte* sei eine Zurücknahme der Front der 7. Armee in die Kyll=Stellung noch verfrüht. Örtliche Frontbegradigungen könnten gemäß der Weisung des Führers vom 10. 2. (s. S. 1364 f.) durchgeführt werden; doch sei die feste Verbindung zur bisherigen Front an der Schnee=Eifel im Raum Prüm und an der Sauer sicherzustellen.

Eine Preisgabe von *Trier*, das selbst bei einer Einschließung dem Gegner äußerste Schwierigkeiten bereiten werde, komme keinesfalls in Frage. Südlich der Stadt müsse die 2. Geb.=Div. im schwierigsten Gelände angriffsweise eingesetzt werden, um eine Ausweitung des feindl. Brückenkopfes zu verhindern. Auf das Festhalten der Anschlüsse dieses Frontteils einerseits an den Befestigungen südwestl. Trier, andererseits an jenen bei Mettlach und Merzig müsse bestanden werden. Die Beseitigung des feindl. Brückenkopfes solle nach Zuführung der verstärkten 6. SS=Geb.=Div. durchgeführt werden.

Dieselben Grundsätze wurden in einer noch in der Nacht an den *OB West* ergehenden *Weisung* niedergelegt: Festhalten der Maas=Front, noch keine Zurücknahme auf den Kyll=Abschnitt, im Raum von Saarburg Aufhalten des Feindes durch die 2. Geb.=Div., Zuführung der 6. SS=Geb.=Div. (die Div. sollte, wie am folgenden Tag beim WFStab bekannt wurde, mit letzten fechtenden Teilen am 2. 3. im Raum Reinsfeld versammelt sein).

Am 27. 2. meldete im Anschluß an ein Ferngespräch mit dem Stellv. Chef WFStab der Chef des Gen.=Stabs des OB West den Ablauf der Kämpfe, die seit dem 21. 2. zum Verlust der Bunkerlinie im Zuge des *Spicherer Riegels* (vgl. 21. 2.) geführt hatten; beim OKW war er in den Einzelheiten nicht bekanntgeworden.

Am 27. 2. wurde dem OB West mitgeteilt, daß der Führer mit dem Abziehen der *346. Inf.=Div.*[2] aus dem Bereich des AOK einverstanden sei unter der Voraussetzung, daß durch geeignete Improvisationen die Verteidigung im bisherigen Abschnitt der Div. gewährleistet bleibe (vgl. 2. „sonstige Maßnahmen").

Am 26. 2. lehnte der Führer einen Antrag des OB West, im Hinblick auf die Entwicklung der Lage bei Erkelenz den *rechten Flügel des XII. SS=Korps* und damit auch den *linken Flügel der Heeresgr. H in die Gegend Nieder=Krüchten zurückzunehmen*, ab.

Am nächsten Tage *(27. 2.)* erneuerte der OB West (wie der Stellv. Chef WFStab dem Obstlt. Borgmann am Abend in einer Orientierung über die krisenhafte Lage=Entwicklung im Bereich von Erkelenz und nördlich mitteilte) seine Bitte, den Südflügel der Heeresgr. H in die allgemeine Linie Kessel an

1 So Ms.; wohl zu streichen.

2 S. 1375: 246. VGD.

der Maas – südlich Nieder-Krüchten zurückzunehmen. Er würde noch versuchen, die 176. Div. herauszuziehen, sie in das entstandene Loch zu verlegen und mit der Pz.-Lehr-Div. im Raum Rheindahlen in Zusammenhang zu bringen. – Der Stellv. Chef befürwortete unter diesen Umständen den Antrag des OB West.

Der Führer genehmigte „schweren Herzens" (Mitteilung Obstlt. Borgmann) die beantragte Zurücknahme. Der Chef Gen.-Stab des OB West wurde am selben Abend noch fernmündlich verständigt.

Am 27. 2. (13.15) meldete der OB West in einem an den Führer persönlich gerichteten Fernschreiben, daß er alle Schwierigkeiten, soweit es in seinen Kräften stehe, zu meistern entschlossen sei. Als eine wesentliche Aufgabe bezeichnete er es, die Gesamt-Westfront intakt und zusammenhängend zu erhalten, damit so lange wie möglich ein Feindangriff auf die kriegswichtige Ruhr- und Saarindustrie verhindert werde. Im Hinblick auf die verschiedenen sich abzeichnenden Möglichkeiten operativer feindl. Durchbrüche (Pz.-Einbruch über Erkelenz nach Norden, Einbrüche in Richtung Köln, Kyll-Stellung, Raum ostwärts Saarburg) bat er – unter Berufung auf die ihm persönlich erteilte streng geheime Weisung (vgl. 15. 2.) – um *eine gewisse Handlungsfreiheit,* um der schnell wechselnden Lagen Herr werden zu können. Es sei darum zu entscheiden, ob der etwaige, an sich sehr schmerzliche Verlust von Ortsstützpunkten (wie z. B. Trier) oder bestimmter, jetzt schon vor der Front liegender Westwall-Befestigungen (unter Einsparung ihrer für die weitere Kampfführung wichtigen Besatzungen) zu ertragen sei oder nicht. In diesem Zusammenhang bat der OB West um eine neue Weisung. Er wiederholte seine Auffassung, daß es nach seiner Ansicht in der augenblicklichen Lage wichtiger sei, den Zusammenhang der Front zu wahren, als ihn durch das Festhalten bestimmter Räume zu gefährden. Er bat um das Vertrauen, die hierfür notwendigen taktischen Maßnahmen unter Meldung an das OKW *selbst befehlen zu dürfen,* da durch Rückfragen oft kostbare Zeit verlorengehen könne. „Ich melde hierzu erneut, daß es mein ganzes Bestreben ist, ein Zurückklappen der Front auf den Rhein nach Kräften zu verhindern."

Am 28. 2. sprach der *Führer* dem OB West in einer kurzen Antwort abends sein Vertrauen aus und verwies auf die Weisung vom Vortage (s. oben) und, was die Naht der Heeresgruppen G und H betraf, auf die Beschleunigung der Zurücknahme des linken Flügels der Heeresgr. H.

Am gleichen Tage übersandte der OB West zu sofortiger Vorlage beim Führer und unter Bezugnahme auf die Führerweisung vom 27. 2. nachm. eine neue *Lagebeurteilung:* Durchbruch des Feindes mit anscheinend 2 Pz.-Div.en durch die Front des XII. SS-Korps bis in die Gegend Waldniel, schwere Abwehrkämpfe der Pz.-Lehr-Div. bei Rheindahlen. Die Gefahr, daß die Front der Fsch.-Armee von Süden her zu Fall gebracht werde, sei gestiegen. Gegenüber dem starken Druck des Feindes auf die Erft-Stellung seien Geländeverluste unvermeidlich. Ein Abzug von Kräften der 5. Pz.-Armee nach Norden sei nicht mehr möglich, da diese Armee auf ihrem rechten Flügel bereits selbst angegriffen werde. An der Mosel=Pforte, wo der Feind zunächst Trier herausbrechen wolle, bezwecke er zweifellos mehr als nur die Fesselung eigener Kräfte. Die stark abgekämpften Kräfte der 7. Armee seien unter rücksichtsloser Entblößung anderer Abschnitte am linken Flügel zusammengezogen worden. Ob die Zuführung der 246. VGD.[1] hier für die Stabilisierung ausreichen werde, erscheine zweifelhaft.

Ostwärts Saarburg habe der Angriff der 2. Geb.=Div. nicht durchgeschlagen. Ein Eingreifen der 6. SS=Geb.=Div. aus dem Raum Reinsfeld sei nicht vor dem 2. 3. möglich.

*Über den weiteren Ablauf der Kämpfe vgl. das bis zum 18. 4. 1945 reichende „Lagebuch" (s. vorstehend S. 1135 ff.).*

### *b) Die Preisgabe des Elsasses und die Oberrhein=Front*

Der *OB West*, der am *27. 1.* angewiesen worden war, die Möglichkeit einer Verbesserung des Frontverlaufs der 19. Armee durch Vordrücken der HKL auf die Linie Schlettstadt–Markirch–Col du Bonhomme–Le Valtin und die Zuführung der *6. SS=Geb.=Div.* zu prüfen, bezeichnete am *29. 1.* (abgeg. 21.05 Uhr) den Abzug dieser Div. von der 1. Armee im Hinblick auf den zu erwartenden Großangriff gegen die Mosel=Pforte, den Saarbrückener Raum und vielleicht auch gegen die Weißenburger Senke als nicht möglich (auch wegen des großen Zeitbedarfs) sowie andererseits den Angriff zur Vorverlegung der HKL der 19. Armee ohne Zuführung einer weiteren Div. als undurchführbar. Es sei fraglich, ob die 2. Geb.=Div. noch angriffsfähig sei. Es komme darauf an, den Brückenkopf der 19. Armee in seinem jetzigen Frontverlauf zu festigen.

Dazu übermittelte der OB West am *30. 1.* einen Befehl an den OB der Heeresgr. G: es komme darauf an, den Elsaß=Brückenkopf unter allen Umständen zu behaupten und lebensfähig zu erhalten, um deutsches Land dem Zugriff des Feindes zu entziehen und starke Kräfte des Gegners zu binden. Die nötigen Kräfte müßten – da eine Zuführung von anderen Abschnitten nicht möglich sei – durch eine schnelle Schwächung der Gebirgs=Front gewonnen werden.

Am *31. 1.* (23.30 Uhr) schilderte der OB West die angespannte Lage im Oberrhein=Brückenkopf (von der Brückenstelle Breisach sei der Feind nur noch 8 km entfernt; die größte Breite des Kopfes betrage 35 km) und stellte die Frage, ob ein *Halten des Brückenkopfes auf lange Sicht geboten sei* und nicht die Gefahr entstehe, daß die 19. Armee abgeschnitten werde.

Am *1. 2.* wies der OB West darauf hin, daß an der *Front der 1. Armee* kein wirksamer Ausgleich für den Abzug der 10. SS=Pz.=Div. geschaffen werden könne. Er rechnete im Gegensatz zum OKW schon jetzt mit einem feindl. Großangriff über den Orscholz=Riegel gegen die Mosel=Front, für dessen Abwehr nur eine geringe Masse Kräfte zur Verfügung stehe. Die Bedrohung

1 S. 1373: 346. Inf.=Div.

des saarländischen Industriegebiets sah er dagegen noch nicht als unmittelbar bevorstehend an. Es sei abwegig, Aushilfen innerhalb der 1. Armee durch Verschiebung von Abschnitts=Grenzen zu suchen. Die für die Stärkung der Front der 1. Armee nötigen Kräfte könnten nur aus dem *Elsaß* gewonnen werden, über *dessen Aufgabe daher zu entscheiden sei.* Daß hierdurch Feind=kräfte frei würden, sei selbstverständlich; sie würden aber erst in einem ge=wissen zeitlichen Abstand wirksam werden.

Der *Führer* lehnte nach Vortrag des Chefs OKW die Räumung des Vogesen=Brückenkopfes ab und äußerte in diesem Zusammenhang den Wunsch, ein Bild der derzeitigen Rhein=Verteidigung zu bekommen (Aufzeichnung des Chefs WFStab).

Am 1. 2. (23.10 Uhr) wurde dem OB West daraufhin mitgeteilt, daß der *Brückenkopf der 19. Armee zu halten sei.* Die Masse ihrer Verbände sei gegen die feindl. Angriffe im Raum von Colmar und Sennheim–Mühlhausen einzu=setzen, der Frontbogen in den Vogesen nur schwach zu sichern. – Der Führer forderte eine Zusammenstellung über die Ist=Stärke der 19. Armee und eine Karte, aus der die gesamten Sicherungskräfte auf dem östlichen Rheinufer südlich Rastatt zu ersehen seien. (Weitere Teile des Befehls vgl. S. 1363.)

Hierzu meldete am 2. 2. (13.25 Uhr) der OB West, daß es seiner Ansicht nach auf die Dauer unvermeidbar sei, daß die Armee zerschlagen werde. Wenn dies eintrete, würden die Kräfte fehlen, um am Oberrhein eine entsprechende, neue und ausreichende Verteidigung aufzubauen. Der Vogesen=Frontbogen sei zugunsten der Nordfront der Armee schon so geschwächt, daß er nur noch einer Vorfeldstellung gleiche. Es werde sich nicht vermeiden lassen, daß der Feind ihn eindrücke (Weitere Teile der Meldung vgl. S. 1363).

Dem Chef WFStab wurde am 2. 2. durch den Stellv. Chef eine Beurteilung der Lage bei der 19. Armee, verfaßt vom Chef des Gen.=Stabs der Heeresgr. G, vorgelegt: An der Angriffsstelle Colmar stünden einem eigenen, dünnen Schleier 2 feindl. Inf.=Div.en und überlagernd 2 französische Pz.=Div.en und mög=licherweise Teile der 3. alger. Div. gegenüber. Durchbruch an dieser Stelle sei wahrscheinlich. Weitere Schwächung der Gebirgs= und der rechtsrheinischen Front zugunsten Raum Colmar sei nicht mehr möglich.

Der Chef des WFStabs stimmte der Lagebeurteilung zu, stellte aber fest, daß erste Aufgabe der 19. Armee in jedem Falle die Festigung der Abwehr an der Einbruchsstelle sein müsse.

2. 2. (13.00 Uhr): Anruf Gen. Westphal: Feind in *Colmar* eingedrungen, Rückmarschstraße 189., 16. Inf.=Div. gefährdet. Bitte um nochmaligen Führer=vortrag.

Darauf entschied bei der Lage (2. 2.) der Führer auf Grund des Fernschrei=bens des OB West (s. oben) und auf Vorschlag des Chefs des WFStabs, daß die Gebirgs=Front zugunsten des Eckpfeilers so geschwächt werden müsse, daß keine Verbände mehr abgeschnitten werden könnten. Das bedeute die Vor=

bereitung des Zurückgehens auf einen Brückenkopf hinter dem Rhein-Rhone-Kanal, den man endgültig halten müsse, um mit allen Kräften über den Rhein zu kommen. Die endgültige Genehmigung zum Räumen des Brückenkopfes machte der Führer von dem derzeitigen Stand der Rhein-Verteidigung abhängig. Die durch die Räumung frei werdenden Kräfte müßten zum Teil für andere Aufgaben zur Verfügung stehen (Aufzeichnung des Chefs des WFStabs).

2. 2. (22.50 Uhr): Anruf Gen. Westphal: Erneute Bitte um sofortige *Entscheidung über Räumung des Elsaß-Brückenkopfes.* Der Chef des WFStabs stellte fest, daß durch Herausziehen aller Kräfte (einschließlich Artl.) aus der Vogesen-Front die Räumung praktisch bereits angelaufen sei. Entscheidung werde voraussichtlich am 3. 2. fallen; daher sei im Augenblick kein neuer Entschluß nötig.

Am *3. 2.* (11.05 Uhr) meldete Gen. Westphal im Anschluß an dieses Ferngespräch die Linienführung des zunächst vorgesehenen verkleinerten Brückenkopfes und die beabsichtigte spätere Verwendung der freigewordenen Kräfte: 4 Div.en (und zwar die weniger kampfkräftigen) für die Oberrheinfront, 3 für die 1. Armee.

Am *3. 2.* wurde die *Räumung des Elsaß-Brückenkopfes* dem OB West freigegeben.

Am *3. 2.* (19.20 Uhr) teilte Gen. Westphal dem Stellv. Chef WFStab im Anschluß an ein Gespräch mit dem Chef des WFStabs mit, daß er den Sinn der Entscheidung des Führers, *möglichst viele Kräfte vorwärts des Rheines zu binden,* verstanden habe. Die Flanken sollten, wie der Stellv. Chef des WFStabs erläuterte, auf Kosten des vorspringenden Bogens verstärkt werden; doch dürften die hier eingesetzten Vorposten nur bei Feindangriff ausweichen — was ihre Vernichtung bedeute.

Am *5. 2.* wies der Führer bei der Lagebesprechung darauf hin, daß bei der Räumung des Brückenkopfes der 19. Armee jeglicher Verlust von Artl. vermieden, diese also rechtzeitig hinter den Rhein-Rhone-Kanal und später hinter den Rhein zurückgenommen werden müsse. Ein entsprechender Befehl erging an den OB West, der gleichzeitig auf die Notwendigkeit, den *Isteiner Klotz* und den *Kaiserstuhl* gegen feindl. Handstreich zu sichern, hingewiesen wurde.

Am *8. 2.* (18.15 Uhr) meldete der OB West, daß die Brücken und Fährverbindungen des Elsaß-Brückenkopfes unter starkem Artl.-Beschuß lägen, während die Inf. bei längerem Halten aufgesplittert zu werden drohe und den Feind operativ nicht mehr binde. Angesichts des anscheinend begonnenen Abzugs von Feindkräften aus dem Oberelsaß komme es darauf an, so schnell wie möglich Kräfte der 19. Armee in die Weißenburger Senke zu bringen. Der OB West wollte daher, falls kein sofortiger Gegenbefehl ergehe, den *Brückenkopf bis 10. 2. früh räumen.*

Auf Vorschlag des Chefs WFStab genehmigte der Führer am *9. 2.* den Antrag des OB West. Mitbestimmend hierfür sei der Umstand, daß eine Bindung operativer Kräfte bei der geringen eigenen Ausdehnung des Brückenkopfes nicht mehr zutreffe. Um 1.20 Uhr wurde der OB West unterrichtet (Aufzeichnung des Chefs des WFStabs).

Am *10. 2* (0.45 Uhr) meldete der OB West seine Absichten für die *Neugliederung der Befehlsverhältnisse und die Abschnittseinteilung an der Oberrhein-Front bzw. am linken Flügel der 1. Armee*, dazu über den beabsichtigten Kräfteeinsatz: Beim AOK 19 blieben außer den bisherigen Truppen des XVIII. SS-Korps die 198., 708., 16., 189., 159. und 716. Inf.-Div. Die 708., 189. und 716. Inf.-Div (bzw. VGD.) wollte er in der 198., 16. und 159. Inf.-Div. personell aufgehen lassen. Die 2. Geb.-Div. und die 338. Inf.-Div. sollten so schnell wie möglich hinter den linken Flügel der 1. Armee verlegt werden, wo die 2. Geb.-Div. in den Vogesen die 559. Inf.-Div. und die 338. Inf.-Div. die 905. Div. ablösen sollte.

Hierzu wurde dem OB West am *10. 2.* (20.20 Uhr) befohlen, die Auffrischung der 708. und 716. VGD. sowie der 189. Inf..-Div. sei im Wehrkreis V frontnah im und westlich des Schwarzwaldes durchzuführen. Dem Feinde gegenüber müßten die drei Auffrischungs-Div.en als Eingreif-Div.en der 19. Armee erscheinen (vom Führer am 10. 2. angeordnet).

Die Kampfkraft der am Oberrhein eingesetzten Verbände des Heeres sollte durch Einsatz von Volkssturm-Btl.en, für deren Unterbringung, Ausbildung usw. dort günstige Möglichkeiten bestünden, erhöht werden. Im Abschnitt der 19. Armee seien — wie vom OB West bereits beantragt — weitere Volkssturm-Btl.e aufzurufen.

Am 22. 2. wurde dem OB West die Forderung des Führers mitgeteilt, daß die 19. Armee nochmals eindringlich auf die Möglichkeit eines feindl. Angriffs über den Rhein im Abschnitt *Bischweiler—Straßburg* hingewiesen wurde, bei dem auch die Auffrischungs-Div.en einzusetzen seien.

Am *28. 2.* wurde befohlen, die *198. Inf.-Div.* aus der Oberrhein-Front zu lösen und in den Raum Weißenburg zu verlegen. *Ablösung* durch die *553. VGD.*, die in diesem Raum die befohlene Auffrischung durchführen sollte. Die Inf. und die Pioniere dürften nur in der Front eingesetzt werden, wenn ein feindl. Angriff als bevorstehend angenommen werden müsse, die ganze Div. nur bei einem Angriff des Feindes über den Oberrhein.

Die Verteidigungskraft der Oberrhein-Front sei mit allen erdenklichen Aushilfen unermüdlich zu steigern, nicht zuletzt durch eine rastlos betriebene Aufklärungstätigkeit über den Strom hinweg.

### *c) Niederrhein und Niederlande*

Am *9. 2.* übermittelte der OB West einen Befehl an die Heeresgr. H, wonach der Feindeinbruch westlich Kleve von der Heeresgruppe mit eigenen örtlichen Kräften zum Stehen gebracht werden müsse, wobei der *Angelpunkt Kleve unter allen Umständen zu halten sei.* Darüber hinaus sei die örtliche Zurücknahme des linken Flügels der 25. Armee – soweit nötig – vorzubereiten. Hauptschwerpunkt bleibe der Raum beiderseits Venlo–Roermond.

Am *9. 2.* übermittelte der OB West einen weiteren Befehl an die Heeresgr. H, worin er die beantragte *Zurücknahme der Front auf die Linie Rabe=Riegel–Kleve–Kessel–Gennep ablehnte* und verlangte, daß die Truppe die jetzige Linie halte. Hier trete durch Zuführungen von 2/3 der 7. Fsch.=Jg.=Div. außerdem eine erhebliche Verstärkung ein. Die Zurücknahme des vorspringenden Frontbogens von Middelaar habe der Führer genehmigt, die Zurücknahme des äußersten linken Flügels der 25. Armee dagegen abgelehnt.

Am *10. 2.* beantragte der OB West den *Abzug eines Btl.s* von der *Insel Schouwen,* um es der durch den Feindangriff auf den Raum Kleve geschwächten Landfront der 25. Armee zuzuführen. Der Antrag wurde am selben Abend vom Führer im Hinblick auf die Wichtigkeit der Inseln für den Schutz der Seekriegsbasis Holland und für den Einsatz der Kleinkampfmittel gegen den Scheldeverkehr abgelehnt.

Am *10. 2.* (12.30 Uhr) übermittelte der OB West sein Schreiben an den OB der Heeresgr. H, in dem diese auf die unabsehbaren Folgen eines feindl. Durchbruchs an den Rhein und auf die Notwendigkeit, *Kleve um jeden Preis zu behaupten,* hingewiesen wurde. Auch der Anschluß an die 25. Armee müsse unter allen Umständen festgehalten werden.

Auf Grund eines Hinweises des Führers bei der Lage am 10. 2. wurde der OB West in Zusammenhang mit den Feindangriffen im Raum Kleve am 10. 2. (21.05 Uhr) erneut auf die *Möglichkeit* einer *Fallschirmlandung im Raum von Arnheim* hingewiesen. Er solle die getroffenen Abwehrmaßnahmen und die möglichen zusätzlichen Verlegungen von Ersatztruppenteilen und Auffrischungseinheiten der Fallschirmeinheiten, beschleunigte Verlegung der 245. Inf.=Div. nach Holland usw. prüfen.

Am *13. 2.* (20.45 Uhr) übermittelte der Chef des Gen.=Stabs des OB West einen Befehl, wonach die *338. Inf.=Div.* von der Heeresgr. G sofort der Heeresgr. H mit Zielrichtung Geldern zuzuführen sei.

[13. 2. Über die Möglichkeit einer Aufgabe Nordwesthollands vgl. oben S. 1367.]

Am *14. 2.* wurde befohlen, die *gesamte Ersatzorganisation der im Westen eingesetzten Fallschirmverbände* nach *Holland* zu verlegen, um die günstige Unterbringungs= und Ernährungslage auszunutzen und den holländ. Raum dichter zu belegen (Vorschlag des Chefs des WFStabs bei der Lage). Ausgenommen seien schwache Teile in Italien (für die 1. und 4. Fsch.=Jg.=Div.) und im Reich für die 9. Fsch.=Jg.=Div.

Auf Antrag des OB West solle laut Befehl vom 15. 2. die *361. VGD.* nicht im nordostholländ. Raum, sondern im Raum um und südlich Utrecht neu aufgestellt werden. Die Div. bleibe OKW=Res. und stehe dem OB West nur bei feindl. Luftlandungen zur Verfügung.

Auf Grund der Entwicklung der Lage wurde die Auffrischung der Div. in

Frontnähe am *18. 2.* genehmigt; jedoch waren die Inf. und die Pioniere der Div. (abgesehen von Späh- und Stoßtruppunternehmen) nicht in der Front einzusetzen.

(Dem OB des Ersatzheeres, der eine Änderung dieses Befehls erbeten hatte, wurden am *25. 2.* die Gründe für die Verlegung der Div. in Frontnähe mitgeteilt. Reserven aus den nicht angegriffenen Frontabschnitten müßten zur Nährung der Abwehrschlachten abgezogen und hier durch Aushilfen aller Art ersetzt werden.)

Am *19. 2.* wurde befohlen, die *245. Inf.-Div.* (vgl. 10. 2) nicht in Nordholland, sondern ostwärts des Rheins im Raum Bocholt aufzufrischen. Bis zum Eintreffen der Rekruten standen dem OB West Div.-Stab, Nachr.-Abt., Artl., Pz.-Jg. zu Sicherungs-Aufgaben am Rhein zur Verfügung.

Ein Antrag des OB West vom *24. 2.*, auch die Inf. und die Pioniere der Div. zu Abstützungen des Rhein-Abschnitts einzusetzen, wurde am 24. 2. abgelehnt, da sie als Stamm für die Auffrischung der Div. benötigt wurden.

24. 2.: Kampfstärken der 5. und 7. Fsch.-Jg.-Div.: 2017 und 5 671 Mann.

[*26. und 27. 2.:* Über die Zurücknahme des linken Flügels der Heeresgr. H in die Linie Kessel–Nieder-Krüchten vgl.: oben S. 1373.]

[27. 2.: über den Abzug der 346. Inf.-Div. vgl: oben S. 1373.]

Am *28. 2.* erging ein Führerbefehl über die *Verschleierung des Abzugs von Kräften der 25. Armee* durch umfassende Täuschungsmaßnahmen: Zusammenfassung der eingesetzten Truppenteile aller Wehrmachtteile in „Täuschungs-Div.en" (219., 249., 703., 346., 63. Inf.-Div.). Die neuen Truppenbezeichnungen seien im gesamten dienstlichen Schriftverkehr des OB West-Bereichs, auf allen Lagekarten usw. zu führen, die daraus entstehenden Unbequemlichkeiten im dienstlichen Verkehr der betroffenen Truppe in Kauf zu nehmen.

Am *28. 2.* wurden dem OB West zwei Hinweise des Führers übermittelt. Der Raum *ostwärts Den Haag* werde infolge der Wiederaufnahme des V1-Beschusses für den Feind wieder erhöhtes Interesse gewinnen. Die die 346. Inf.-Div. ablösenden Verbände seien daher auf besondere Wachsamkeit hinzuweisen.

Die *Eckpfeiler der feindl. Einbruchsräume ostwärts Saarburg* müßten unbedingt und mit derselben fanatischen Zähigkeit, mit der die Amerikaner Bastogne verteidigten, gehalten werden. Damit bestünden dann günstige Voraussetzungen für den Gegenangriff der 6. SS-Geb.-Div.

### 2. Sonstige Maßnahmen

#### *a) Abgaben an den Osten*

Da Flak-Artl. aus dem Westen nach dem Osten abtransportiert werden sollte, forderte am *30. 1.* der WFStab, der ab 5. 2. mit dem Antreten des Gegners zwischen Venlo und St. Vith und ab 10. 2. mit einer Operation 2. Grades im Raum zwischen Saarlautern und Saargemünd rechnete, daß in diesen beiden Räumen und an den Rheinübergängen der Einsatz der *Flak-Artl.* im bisherigen Umfang erhalten blieb, um die Einwirkung der feindl. Luftwaffe auf den Verlauf der Kämpfe soweit wie möglich herabzusetzen. Der Chef WFStab schlug daraufhin am 1. 2. dem *Führer* vor, 191 Flak=Bttr.en der Reichs=verteidigung und des Westens freizumachen und dem Osten zuzuführen. Der Führer erklärte sein Einverständnis (Aufzeichnung Chef WFStab).

Am *31. 1.* befahl der Führer ferner den Abtransport der 21. Pz.=Div. nach dem Osten; ein entsprechender Befehl erging an den OB West. Er befahl, weiter die Frage zu prüfen, ob im Anschluß daran die *10. SS=Pz.=Div.* für den GenStdH freigemacht werden könne (Aufzeichnung Chef WFStab). – Der OB West wurde gebeten, zu prüfen, unter welchen Voraussetzungen die *10. SS=Pz.=Div.* zur Verwendung im Osten abgegeben werden könne; unabhängig hiervon sei die Div. sofort aus der Front der 1. Armee herauszulösen.

*9. 2.*: Dem OB West wurde bestätigt, daß durch den *Abtransport der 21. Pz.=Div.* die Abgabe der Pz.=Lehr=Div. an den Osten entfalle. Zusätzlich zu den bisher befohlenen Abgaben werde die *10. SS=Pz.=Div.* in den Osten überführt. Der Abtransport der 21. Pz.=Div. und der unmittelbar anschließende der 10. SS=Pz.=Div. sollten Vorrang vor allen Bewegungen im Bereich des OB West haben.

Am 1. 2. wurde der OB West ferner angewiesen, das aus dem Einsatz her=ausgelöste *Gen.=Kdo. XXXIX. Pz.=Korps* in die *Transportbewegung der 21. Pz.=Div.* einzugliedern; es war dem GenStdH für den Osten zur Verfügung zu stellen.

Im Anschluß an ein Ferngespräch des Chefs WFStab mit dem Chef des Gen.=Stabs des OB West meldete dieser am 5. 2., daß die (bei der Heeresgr. B) *bei der Verladung der an den Osten abzugebenden Verbände eingetretenen Verzögerungen* folgende Gründe hatten: Schneeverwehungen und Glatteis, feindl. Jabo=Tätigkeit, stockende Betriebsstoffzuführung, Steckenbleiben der Züge infolge der Luftangriffe, unterbrochene Fernsprechvermittlungen, die das Auffinden der steckengebliebenen Züge bei den zum Teil weit auseinanderge=zogenen SS=Verbänden erschwerten. Ferner hatte sich die plötzliche Abreise des OB der 6. Pz.=Armee ungünstig ausgewirkt, der das Verladen seiner Ver=bände selbst hätte überwachen müssen. Bei den Betriebsstoff=Zuweisungen an die abzugebenden Verbände hatte der OB West in einem solchen Ausmaß ge=holfen, daß dadurch schwere Nachteile für seine eigene Kampfführung (z. B. verspätetes Eintreffen der nötigen Pz.=Abwehr im Hagenauer Raum) entstan=den waren.

An Stelle des Volks=Artl.=Korps 401 wurde am *6. 2.* das *Volks=Artl.=Korps 404* dem GenStdH zur Verfügung gestellt. Auch die VI./VAK. 409 wurde ihm für den Osten überlassen; als Ersatz sollte dem OB West die VI./VAK 408 zugeführt werden.

Außerdem hatte der OB West laut Befehl vom *24. 2.* den *Fest.=Pi.=Stab 14* dem Gen. d. Pi. u. Fest. zum Einsatz in den Sperrzonen zwischen Oder und Elbe zur Verfügung zu stellen.

## *b) Die personelle Lage der Westfront*

(Vgl. auch S. 1380 ff. a) Abgaben an den Osten)

*30. 1.* Im Hinblick auf die bevorstehende Entscheidungsschlacht im Westen forderte der OB West, daß endlich Maßnahmen getroffen würden, um *die immer noch in der Personalzusammensetzung der Wehrmachtteile bestehenden, krassen Unterschiede zu beseitigen.* Im rückwärtigen Gebiet seien immer noch zahlreiche junge Soldaten der Luftwaffe und Kriegsmarine anzutreffen, die unmöglich voll ausgelastet sein könnten. Der OB West bat, eine neue Entscheidung des Führers in dieser grundsätzlichen Frage herbeizuführen.

*1. 2.* In einer Stellungnahme des OB West zu den Zustandsberichten seiner Div.en bemerkte dieser am 1. 2.: *Ausbrennen* einzelner der im Großkampf eingesetzten Verbände, falls Ersatzzuführung nicht sofort erhöht werde, sei unvermeidbar. Die Einrichtung von *Schatten=Rgt.ern* für Neuaufstellungen habe sich bewährt; die Rgt.er müßten aber zu ihren Div.en zurückkehren. Die *Ausbildung des Ersatzes* sei weiterhin ungenügend. *Unterführermangel* sei aus eigenen Mitteln nicht zu beheben. 88 % aller Verluste entfielen auf die Infanterie.

*2. 2.:* Im Nachgang hierzu meldete der OB West dem Chef OKW die Durchschnittsstärken der Inf.=Btl.e des Heeres: Bei der Heeresgruppe B 140 Mann, bei der Heeresgruppe G 200. „Es läßt sich unschwer errechnen, wann bei weiterem Ausbleiben von Ersatz die restliche Kampfkraft der Infanterie zerschlagen ist." Der Chef OKW bemerkte hierzu, daß der OB West mindestens je 1 Div. 1—2 Marsch=Btl.e, d. h. 50—60 Marsch=Btl.e (ohne Genesende) erhalten müsse.

Der OB West bestätigte dem Chef OKW am 2. 2. ein Fernschreiben, in dem dieser mitgeteilt hatte, daß zusätzliche Ersatzzuführungen für den OB West nicht möglich seien. Er wies darauf hin, daß er nicht einmal den „laufenden Ersatz" erhalte. Er bat dringend, ihm wenigstens 10 Marsch=Btl.e Infanterie sofort zuzuführen.

*3. 2.:* Der GenStdH, der OBdE usw. wurden am 3. 2. davon unterrichtet, daß der Führer befohlen habe, dem OB West im Februar 50 Marsch.=Btl.e (Inf.) und 10 Marsch=Btl.e (Pz.=Truppen) zur Verfügung zu stellen; 15 (Inf.=) und 3 (Pz.=Truppen=) Btl.e zum 10. und 18. 2., der Rest zum 25. 2.

Der Chef OKW teilte dem OB West am 5. 2. ergänzend mit, daß beabsichtigt sei, dem Westen unter rücksichtslosem Eingreifen vor allem in die Personalbestände der Luftwaffe und Kriegsmarine *50 Marsch=Btl.e Infanterie und 10 Marsch=Btl.e Pz.=Truppen* zuzuführen; als erste Rate bis zum 10. Febr. 14 Marsch=Btl.e (vgl. auch 13. und 25. 2.).

Dem OB West sollten auf Grund eines weiteren Befehls vom 13. 2. (da die Führerforderung nach 50 Marsch=Btl.en vom OBdE nicht voll erfüllt werden konnte) von den in den Ausbildungseinrichtungen des OBdE in *Dänemark befindlichen Marine=Soldaten* 5 000 Mann sofort und 5 000 weitere zum 25. 2. in Marsch=Btl.en zugeführt werden.

*4. 2.:* Durch den OB West sollten laut Befehl vom 4. 2. im Februar zur Auffrischung bzw. Neuaufstellung herausgezogen werden: die *245. Inf.=Div.* (ohne 2 Artl.=Abt.en), die *Div.=Rahmen* der *85., 708. und von 2 weiteren Inf.=Div.en der 19. Armee* für Neuaufstellungen der Div.=Stab und die Nachr.=Abt. der *48. Inf.=Div.*, ferner für Auffrischungs=Rgt.er 3 Rgt.s=Rahmen aus 3 VGD.en.

*6. 2.:* Aus dem *Auffrischungs=Rgt. der 36. VGD.* wurde dem OB West am 6. 2. sofort ein personell voll aufgefülltes Btl. zum Einsatz im Rahmen der Div. zur Verfügung gestellt. Nach Abschluß der persönlichen und materiellen Auffüllung stehe ihm auch die Masse des Rgt.s zur Verfügung. Dem OB West sollte in der nächsten Dekade des Febr. laut Befehl vom gleichen Tage das *Marsch=Btl. der Nachr.=Tr. N 58* mit rund 450 Mann zugeführt werden.

*8. 2.: Verluste der 19. Armee vom 20. 1.—3. 2.* nach einer Aufstellung vom 8. 2.: Gefallene 527, Verwundete 1 769, Vermißte 2 310, zusammen 4 606 Mann.

Am 8. 2. wurde übermittelt, daß dem OB West im Februar an *Heeres=Truppen zugeführt* werden sollten: Fest.=Stamm=Artl.=Rgt. 3133, Fest.=Stamm=Bttr. 1156 und 1157, Fest.=Stamm=Bttr. 3115 und 3116, leichte Flak=Artl.=Brig. 505 bis 510 sowie an

Pz.=Truppen 5 Fest.=Pak=Kp.en. Die Zuführung könne sich jedoch infolge des Einbruchs in die Produktion erheblich verzögern.

Am *9. 2.* wurde dem OB West mitgeteilt, daß ihm im Februar an Stelle der angekündigten 1800 nur 1250 O. B. und R. O. B. zugeführt werden könnten. Laut Befehl vom 10. 2. sollte der OB West zur *Aufstellung von Auffrischungs=Rgt.ern* Stämme der 16. VGD. sowie der 198. und der 159. Inf.=Div. an den OBdE abgeben. Am 11. 2. wurden für die befohlene, möglichst kurzfristige *Neuaufstellung der 708. OGD. und der 716. und 189. Inf.=Div.* im frontnahen Raum dem OB West Richtlinien übermittelt. Grundlage für eine zeitgerechte Aufstellung sei die Abgabe starker Rahmen (vgl. auch 1. b) Die Preisgabe des Elsasses).

*11. 2.:* Der OB West wurde am 11. 2. gebeten, *unmittelbar durch die Truppe durchgeführte Einziehungsmaßnahmen,* wie sie in einzelnen Fällen vorgekommen waren, zu unterbinden, da sie auf die Dauer zu einer untragbaren Verwirrung der gesamten Ersatzaufbringung führen müßten.

Dem Kdr. der Fs.=Ers.= und Ausb.=Truppen wurde am 11. 2. mitgeteilt, welcher ausgebildete Ersatz den im Bereich des OB West eingesetzten *Fsch.=Jg.=Div.en* zugeführt werden müsse, um ihr Ausbluten zu verhindern (für die 6 Div.en seien insgesamt 10 750 Mann erforderlich).

Am *12. 2.* erging der Befehl, der OB West solle die *Sturmgeschütz=Brig. 243* als Personaleinheit (ohne Lkw.) zur Neuaufstellung in den Bereich des ObdE verlegen.

*13. 2.:* Als *Ersatz für den OB West* (vgl. 5. 2.) waren am 13. 2. im Februar 30 000 Mann vorgesehen, dazu 16 200 Mann Ostarbeiter, russ. Kriegsgefangene usw. Für die Fs.=Jg.=Div.en waren 12 750 Mann angefordert. Die Gesamtsumme des für den *OB West im Februar vorgesehenen Ersatzes* betrug am 16. 2.: 55 250 (einschließlich Fs.=Jg. und Hilfswillige, ohne Genesene). Diese Summe lag über der Forderung des Führers. Hiervon war bei 30 407 Mann die Zuführung durchgeführt bzw. befohlen. Dem OB West wurde am folgenden Tage diese Planung mitgeteilt. Die Verteilung dieses Ersatzes, auch für die Fs.=Jg.=Div., erfolgte allein verantwortlich durch OB West am 20. 2.

*17. 2.:* Da die vom OB West zur Abgabe für Neuaufstellungen vorgesehenen Kräfte der 708., 716. VGD. und 189. Inf.=Div. (vgl. auch 1. a) als Stämme für die vom Führer befohlenen Neuaufstellungen nicht ausreichten, wurde ihm am 17. 2. befohlen, die vom OKW befohlenen Rahmen herauszulösen. Ein Ausgleich sollte durch vermehrten Einsatz des Volkssturms an der Oberrhein=Front erfolgen. Hierzu meldete der OB West am 21. 2. die Stärken der abzugebenden Rahmen.

*22. 2.:* Dem OB West wurde am 22. 2. mitgeteilt, daß ihm auf Grund der Lageentwicklung und der Kräfteabgaben nach dem Osten (vgl. auch 1. c) weder sofort noch in absehbarer Zeit eine Inf.=Div. zugeführt werden könne. Seine Absichten für die *Verteilung des Febr.=Ersatzes* (die Masse solle zur Heeresgr. B: 31 342 Mann einschließlich Hiwis) meldete der OB West am 22. 2.

*23. 2.:* Um die letzten militärischen Möglichkeiten in seinem Bereich ausschöpfen zu können, beantragte am 23. 2. der OB West, ihm *alle Kräfte der Wehrkreise VI, XII und V sofort zu unterstellen.* „Sämtliche Planungen des OKW auf lange Sicht bezüglich Neuaufstellungen, Ersatzausbildung und Ersatzzuführung, Auffrischung usw. können nur durchgeführt werden, wenn es gelingt, jetzt jeden Feindeinbruch zu verhindern." Der WFStab stellte am 24. 2. fest, daß dem OB West über die in jedem Monat zugeführten Marsch=Btl.e hinaus aus den Grenzwehrkreisen ein erheblicher personeller Zuschuß zugute gekommen sei und seinen Forderungen durch Verlegung der noch bestehenden oder wieder aufgestellten Ersatz= und Ausbildungs=Truppenteile weitgehend Rechnung getragen werde. Die beantragte Unterstellung würde das Gesamtsystem der Ersatzgestellung für das Feldheer angreifen (die betr. Wehrkreise stellten 27 % des Ersatzes für den Gesamtbereich). Der OB West wurde daher am gleichen Tage auf die bereits vom OKW erlassenen Befehle verwiesen, die ihm die Möglichkeit weitgehender personeller Ausschöpfung in seinem Bereich boten (vor allem Führerbefehl vom 7. 9. 44, der ihm die Vollmacht gab, alle in seinem Bereich verfügbaren Kampfkräfte und =mittel der Wehrmachtteile und der Waffen=SS sowie der Gliederungen und Verbände außerhalb der Wehrmacht für den Abwehrkampf einzusetzen). Die beantragte Unterstellung der 3 Grenzwehrkreise müsse abgelehnt werden.

Als der OB West am 26. 2. den Antrag wiederholte, entschied der Führer, daß es bei der getroffenen Entscheidung bleibe. Als unmittelbare kurzfristige Hilfe wurden dem OB West aus den *Wehrkreisen V und XII 5 mob.=mäßig vorbereitete Inf.=Btl.e* zur Verwendung als Kampf=Marsch=Btl.e und darüber hinaus 5 000 4—8 Wochen aus=gebildete Soldaten zusätzlich zu dem bisher befohlenen Februar=Ersatz sofort zur Verfügung gestellt. Weiter wurde ihm mitgeteilt, daß sich vom Februar=Ersatz außer den bereits eingetroffenen 12 000 Mann weitere 28 800 Mann (einschl. Fs.=Jg.) in Zuführung befänden. Für beschleunigten Abtransport des Restes (16 800 Mann) würden besondere Maßnahmen ergriffen.

25. 2.: Der WFStab erhob Einspruch gegen einen (ohne seine Beteiligung von der Adjutantur=Wehrm. beim Führer herausgegebenen) Befehl über die *beschleunigte Aufstellung einer Div. im Wehrkreis X* (für die Heeresgr. Weichsel), da die Ausbil=dungskapazität des Ersatzheeres dadurch erneut schwer belastet und die Kräftelage im Bereich der Deutschen Bucht weiter verschlechtert werde. Auch waren dem OB West 2 Div.en aus diesem Raum zugesagt worden (vgl. 1. 2., 15. 2).

*27. 2.:* Der OB West übermittelte am 27. 2. einen an seine Heeresgruppen erlasse=nen Befehl, worin er — da den Sonderwaffen der Pz.=Div.en in der nächsten Zeit kein Material zugeführt werden könne — den *infanteristischen Einsatz von Spezia=listen aller Waffengattungen der Pz.= und Pz.=Gren.=Div.en* bei den Pz.=Grenadieren der betr. Div.en freigab (Ausnahme: Heerestruppen). Die Div.en (einschl. Waffen=SS) seien so umzugliedern, daß größtmögliche Kampfstärken der Pz.=Grenadiere erreicht würden.

*28. 2.:* Da die *reibungslose Zuführung des für den OB West bestimmten Personal=ersatzes* (Marsch=Btl.e usw.) entscheidend für das Durchstehen der Großkämpfe war, wurden am 28. 2. der mit der Zuführung des Personalersatzes betrauten Dienststelle Richtlinien erteilt: Sofortige Bestimmung des Zielorts und der empfangenden Div. durch OB West, unmittelbar anschließende Durchführung des Abtransportes (ohne Rücksicht darauf, ob bei Beginn des Abtransportes die Transportstrecken offen seien), Maßnahmen des ObdE zur sofortigen Umleitung oder Entladung bei Strek=kenstörungen (evtl. Fußmarsch bis zum nächsten Einladebahnhof).

Am 28. 2. erstattete der OB West Meldung über die *Auffrischungsrgt.er der 89. Inf.=Div.* sowie der 9., 340., 560. VGD. Bisher seien die Stämme für die Rgt.er heraus=gelöst. Nach einer Zusammenstellung beliefen sich die zurückgebliebenen Teile der *6. Pz.=Armee* auf 1 492 Mann und 230 Fahrzeuge.

### *c) Die materielle Lage der Westfront*

Am 2. 2. wurde die Zuführung der Sturm=Mörser=Bttr. 1002 zum OB West be=fohlen.

Nach einer Zusammenstellung vom 5. 2. waren an *Panzern, Sturmgeschützen und Pz.=Jg. im Westen* insgesamt einsatzbereit 813 (davon Heeresgr. H: 128, Heeresgr. B: 288, Heeresgr. G: 397). In kurzfristiger Instandsetzung befanden sich insgesamt 269, in langfristiger 420. Laut Befehl vom 6. 2. war zur Verwendung im Bereich des OB West die *schwere Pz.=Abt. (Jagdtiger) 512* mit 31 Jagdtigern aufzustellen. Die 1. Kp. sollte zum 15. 2. fertig werden.

*7. 2.:* Dem Chef WFStab wurde am 7. 2. die Zusammenstellung sämtlicher Panzer und gepanzerter Fahrzeuge im Bereich des OB West vorgelegt (Aufzeichnung Chef WFStab). Der OB West wurde — da ihm in nächster Zeit auf Grund der Gesamt=kriegslage keine Pz. zugeführt werden könnten — gebeten, die im Bereich der Hee=resgr. B vorhandenen, aus *Mangel an Betriebsstoff nicht einzusetzenden 80 Panzer* einzusammeln und wieder der kämpfenden Truppe zuzuführen (vgl. 18. und 26. 2.).

*9. 2.:* Das *I./Pz.=Rgt. 130* (Grafenwöhr) sollte laut Befehl vom 9. 2. beschleunigt aufgefrischt und danach dem OB West zur Eingliederung in die *Pz.=Lehr.=Div.* zuge=führt werden. Der Gen.=Insp. der Pz.=Tr., GenStdH/Op und Org. wurden am 10. 2. gebeten, den 3 im Bereich des OB West befindlichen Div.en, die über keine *Pz.=Jg.=Kp.en* verfügten, diese möglichst bald zuzuführen. Von den 6 weiteren Div.en ohne Pz.=Jg.=Kp.en erhielten 3 die 3 Pz.=Jg.=Kp.en der 363., 79. und 212. VGD.; die beiden übrigen wurden zu Neuaufstellungen in den Bereich des ObdE verlegt.

*10. 2.:* Die geplante *Waffenzuführung* im Februar für OB West (die Durchführung der geplanten Zuführung hing von der Fertigungslage ab) belief sich nach einer Zusammenstellung vom 10. 2. auf 3000 Pistolen, 1000 Masch.-Pistolen 40, 2000 MG. usw. Dazu: Bevorratung der Heeresgruppen und Armeen im Westen mit Werfer-Mun. *Panzer* wurden dem OB West auf Grund der Fertigungslage und der Lage an der Ostfront nur in geringer Zahl zugeführt. (Dagegen waren 800 Panzer mit den Pz.-Verbänden aus dem Westen an die Ostfront abgegeben worden). Zugesagt waren dem OB West 20 Pz.-Jg. 38, die schwere Pz.-Jg.-Abt. 512 (s. oben: 6. 2.) und die I./Pz.-Rgt. 130 der Pz.-Lehr-Div. An *Jagdtigern* befanden sich beim OB West 41, die schwere Pz.-Jg.-Abt. 653 (32 einsatzbereit), dazu in Zuführung die schwere Pz.-Jg.-Abt. 512 (s. oben), deren 1. Kp. voraussichtlich am 22. 2. in Döllersheim verwendungsbereit war (Zusammenstellungen vom 13. und 15. 2.). Am 23. 2. erhielt der OB West die Mitteilung, daß ihm im Februar 6 *Jagdpanther* für die H.-Pz.-Jg.-Abt. 654, 20 Jagdpanzer 38 I ab 15. 2. und weitere 20 gegen Ende des Monats aus der Neufertigung zugewiesen würden. Weitere notwendige Reserven an gepanzerten Fahrzeugen müßten aus dem großen Bestand an nicht einsatzbereiten (einschließlich der von der 6. Pz.-Armee zurückgelassenen 82 Panzer und Sturm-Geschütze) genommen werden (vgl.: 7. 2.).

Die 20 Jagdpanzer stünden ab 28. 2., die weiteren 20 voraussichtlich ab 3. 3. abfahrbereit.

Weitere gepanzerte Fahrzeuge aus der Neufertigung könnten — wie dem OB West am 28. 2. auf einen neuen Antrag hin mitgeteilt wurde — im Februar nicht zur Verfügung gestellt werden. Der OB West wurde nochmals auf die vom Pz.-AOK 6 zurückgelassenen Panzer verwiesen (vgl.: 23. 2.).

*25. 2.:* Dazu *Mun.-Sperrbestände des OB West* nach dem Stand vom 22. 2.

*28. 2.: Geschützverluste der Heeresgr. B* (ohne 6. SS-Pz.-Armee und Fallsch.-Armee) während der Abwehrschlacht betrugen bis 26. 2.: 108 Geschütze, 35 Werfer.

### *d) Stellungsbau*

*5. 2.:* Nachdem der OB West um Einstellung der Arbeiten an der sogen. *Alemannen-Stellung* (Basel—Friedrichshafen) gebeten hatte, da die hierbei eingesetzten 11 000 Arbeitskräfte dringlicher an der Oberrhein-Front gebraucht würden, wurde am 5. 2. dem Antrag stattgegeben.

Am *10. 2.* wurde der OB West angewiesen, alle Maßnahmen zu überprüfen, die zur Herstellung einer *Sperrzone in der Tiefe des Stellungssystems* im Westen befohlen worden waren. Falls noch nicht geschehen, sei in dem noch in eigener Hand befindlichen Gelände feindwärts des Westwalls eine Sperrzone anzulegen mit Schwerpunkt in der *Weißenburger Senke.* Hierzu meldete der Chef Gen.-Stab des OB West am 11. 2., daß der OB West auf Grund der bei den Kämpfen im Raum Hagenau gemachten Erfahrungen bereits mehrere entsprechende Befehle erlassen habe, die im Wortlaut mitgeteilt wurden.

*15. 2.:* Den beteiligten Dienststellen wurde am 15. 2. mitgeteilt, daß der Führer den Ausbau der *„Rhein-Stellung"* befohlen habe. Hierzu sei auf dem Ostufer des Rheins zwischen Emmerich und Karlsruhe ein tiefgegliedertes Stellungssystem mit dem Fluß als HKL und im Anschluß daran eine Sperre in höchstens 30 km Tiefe ostwärts des Rheins auszubauen; die letztere sei zum Schutze des Industriegebietes bis zur Linie Rheine—Münster—Hamm—Hagen—Remscheidt nach Osten auszudehnen. — Der Schwerpunkt des Hauptkampffeldes müsse im Abschnitt zwischen Emmerich und Königswinter liegen. Durchführung durch die Gauleiter, milit. Leitung durch OB West. Der Ausbau weiterer Stellungen ostwärts des Rheins habe zu unterbleiben.

### *e) V 1 und 2*

Am *31. 1.* erging der Befehl, den gesamten Erdeinsatz von *V 1 und V 2* unter Führung des SS-Obergruppenführers *Kammler zusammenzufassen.* Bestimmung der Ziele sollte weiterhin durch OKW nach Entscheidung des Führers erfolgen.

*4. 2.:* Die Bearbeitung der Einsatzfragen V 1 und V 2 ging im WFStab von der Abt. Op (L) wieder auf die Abt. Op (H) über.

*17. 2.:* Die *H.-Flak-Artl.-Abt. (bo.) 317* wurde laut Befehl vom 17. 2. dem OB West nicht zugeführt, da sie zum Schutz der Feuerstellungen V 2 eingesetzt war.

### *f) Einzelmaßnahmen usw.*

*30. 1.:* Auf Antrag Reichsmin. Speer wurden am 30. 1. 2 *Rgt.er der Org. Todt* aus dem Bereich des OB West für die *Sicherung der Rheinbrücken* freigegeben.

*31. 1.:* Bitte an GenStdH/Org., im Hinblick auf das hohe Fehl des OB West an leichten Feldhaubitzen, für das neu aufzustellende *Artl.=Rgt. der 84. Inf.=Div.* 36 leichte F.=H.en zuzuweisen.

*31. 1.:* Der OB West meldete die Stärke und Bewaffnung der *361. VGD.*

Am 2. 2. wurde dem *Führungsstab Deutscher Volkssturm* mitgeteilt, daß der OB West nach Möglichkeit bestrebt sei, die in seinem Bereich an der Front eingesetzten Volks=Sturm=Btl.e wieder *herauszulösen* (insgesamt waren 26 Btl.e eingesetzt, davon 9 mit 5 selbständigen Kp.en).

*3. 2.:* Das unbespannte Artl.=Rgt. der 84. Inf.=Div. wurde auf Grund eines Befehls vom 3. 2. der zur *Führer=Begleit=Div.* aufzustockenden Führer=Begleit=Brig. zugeführt, die nach dem Osten geworfen wurde. ObdE sollte das als Ersatz hierfür aufgestellte Artl.=Rgt. (bespannt) ab 5. 2. als Blitzpfeil=Transport in den Bereich der 1. Fs.=Jg.= Armee zuführen.

*3. 2.:* Die Auflösung des seinerzeit mit Rücksicht auf die Lage geschaffenen Stabes des *Befehlshabers Ostholland* wurde am 3. 2. verfügt. Die einheitliche Vertretung der milit. Belange durch den Wehrm.=Befehlhaber Niederlande wurde damit wiederher= gestellt.

*4. 2.:* Da die derzeitige Sprengstofflage nicht die (an sich erforderliche) Zerstörung aller (möglicherweise durch den Gegner zu verwendenden) *Werke der Maginot=Linie* zuließ, wurde der OB West am 4. 2. angewiesen, nur Anlagen, die für die Kampf= führung des Gegners wichtig werden könnten, zu zerstören.

*1. 2:* Die *Heeres=Artl.=Abt. 880* sollte nicht in das Artl.=Rgt. der 180. Inf.=Div. eingegliedert, sondern mit eigenem Kfz.=Bestand als selbständige Heeres=Artl.=Abt. (teil= bzw. mot.) eingesetzt werden.

*1. 2.:* Die *Herauslösung des Artl.=Rgt.s 184* durch den OB West war bei der der= zeitigen Kampflage nicht möglich und sollte erst erfolgen, wenn die Abwehrschlacht zwischen Rhein und Maas nachließ.

*14. 2.:* *Beweglichmachung von Zusatzgeschützen* im Westen.

*15. 2.:* *Einsatz der leichten Heeres=Flak=Artl.=Brig.en* im Bereich des OB West. Die Brigaden — insgesamt 3 — schützten die Nachschubstraßen gegen Tieffliegeran= griffe (vgl. Abschnitt a): 17. 2.).

*15. 2.:* Der vorübergehende Einsatz von *8 Ausbau= und Ersatz=Btl.en* des Wehr= kreises V aus der Erft=Stellung zur Ablösung der 8. Fs.=Jg.=Div. wurde dem OB West freigegeben.

*16. 2.:* Ausbau von *Schartenständen.*

Am 17. 2. wurde dem OB West mitgeteilt, die vom OB der Heeresgr. B beabsich= tigte *Zusammenfassung von Div.en zu Korpsgruppen* bedürfe in jedem einzelnen Fall der vorherigen Genehmigung des Führers, der verlange, daß das Bild der eigenen Div.en dem Feinde gegenüber unter allen Umständen erhalten bleibe (vgl. auch: 27. 2.).

*18. 2.:* Das der 6. SS=Geb.=Div. „Nord" zugeführte *SS=Pz.=Gren.=Btl. 506* sollte laut Befehl vom 18. 2. aus dem Einsatz herausgelöst und zur Verfügung des Reichs= führer SS ins Heimatkriegsgebiet abtransportiert werden.

*19. 2.:* Der OB West teilte am 19. 2. *feindl. Rundfunk= und Pressemeldungen über den deutschen Widerstand an der Westfront* mit, aus denen hervorging, daß der deutsche Soldat sich tapfer geschlagen habe. Gelegentliche herabsetzende Meldungen stellten nur die übliche Propagandamache zur Hebung der Moral der feindl. Angriffs= truppen dar.

*20. 2.:* Die *ostwärtige Grenze des Befehlsbereichs des OB West* wurde am 20. 2. durch Übernahme des Gaues Baden (soweit im Bereich des Wehrkreises V gelegen) und der Landkreise Calw, Freudenstadt, Horb, Rottweil, Tuttlingen des Gaues Würt= temberg erweitert.

*21. 2.:* Als *Richtlinie für die personelle Auflockerung und Räumung im Westen* wurde den beteiligten Dienststellen am 21. 2. mitgeteilt, daß eine weitere planmäßige Evakuierung der Bevölkerung auch aus der roten und grünen Zone unterbleibe, da jede Bevölkerungsbewegung die Betroffenen schwersten Gefahren und Entbehrungen aussetze und Aufnahmeräume nicht mehr zur Verfügung stünden. Dagegen könne unter Verantwortung des zuständigen Gauleiters und Reichsverteidigungskommissars örtlich unter dem Einfluß unmittelbarer Kampfhandlungen ausgewichen werden. Jede Diffamierung der zurückbleibenden Bevölkerung als Landesverräter sei verboten. Die wehrfähigen Männer und Facharbeiter würden (soweit nicht bereits eingesetzt) von Wehrmacht und Volkssturm erfaßt, auf jeden Fall zurückgeführt.

Am 23. 2. meldete der Gen. der Pioniere beim OB West über die Zerstörung der *Adolf-Hitler-Brücke in Köln* infolge eines Bombentreffers (vgl.: 28. 1.).

*24. 2.*: Einsatz eines *Gren.-Rgt.-Stabes der 708. VGD.* (später 106. Inf.-Div.) im Rahmen der *416. Inf.-Div.*

*25. 2.*: Der Div.-Stab der *716. Inf.-Div.* wurde dem OB West für die 19. Armee bis 31. 3. zur Verfügung gestellt.

Am 27. 2. wurde die vom OB West beantragte Zusammenlegung der 62. VGD. und der 89. Inf.-Div. zur *Korpsgruppe Baring* genehmigt. Sie war nur solange beizubehalten, bis die beiden Divisionen nach Ausbildung des eintreffenden Ersatzes usw. wieder selbständig verwendet werden konnten.

*28. 2.*: *Feindliche und neutrale Pressemeldungen* über die Kämpfe der letzten Tage.

*Die Aktenauszüge ab 1. 3. sind nicht erhalten. Vgl. an ihrer Stelle die Angaben über den „Westen" im „Lagebuch", das bis 18. 4. reicht (s. S. 1135–1251). Aus diesem sind hier folgende Vermerke zu wiederholen:*

*g) Wechsel in der Stellenbesetzung und den Unterstellungen (März–April):*

Am 10. 3. löste der bisherige OB Südwest, *Gen.-Feldm. Kesselring*, den *Gen.-Feldm. v. Rundstedt* als OB West ab. Chef blieb der General Westphal.

Den Befehl über die 5. Pz.[1]-Armee übernahm der *Generaloberst Harpe*.

Am 2. 3. früh übernahm die Heeresgr. G den Befehl über die 7. und die 1. Armee. Die *Front am Oberrhein* wurde dem OB West unmittelbar unterstellt.

Nachdem alle Fallschirmspringer-Einheiten von der unteren Maas abgezogen waren, wurde diese durch Polizei, Lehrgänge usw. besetzt unter dem Befehl des Polizeiführers Niederlande Rauter als *„Korpsgruppe Rauter"*.

Am 15. 3. wurde im Zuge der Täuschung des Gegners unter der 25. Armee die *„Armee-Abt. Kleffel"* gebildet.

Den Befehl über die 25. Armee (ab 9. 4. „Festung Holland") führte der *Generaloberst Blaskowitz*.

Über die *Zeit vom 20. 4. an* (seither Aufspaltung des Wehrmachtführungsstabes in die Führungsstäbe Nord [A] und Süd [B]) vgl. unten im 3. Abschnitt die von den beiden Stäben geführten Kriegstagebücher, die jedoch nur noch wenig über die Westlage zu verzeichnen vermochten:

1. *Kriegstagebuch des Führungsstabes Süd (B)*, geführt von Major d. Res. Prof. P. E. *Schramm* (s. unten S. 1438 ff.),
2. *Kriegstagebuch des Führungsstabes Nord (A)*, geführt von Major i. G. J. *Schultz-Naumann* (s. unten S. 1451 ff.).

1 Ms.: Fallschirm-; bisheriger OB: Gen. v. Manteuffel.

## Anhang

## Überblick über die Ereignisse an der Westfront vom 1. Januar - 9. Mai 1945

Um dem Leser den Überblick über die Ereignisse an der Westfront von Anfang 1945 bis zur Kapitulation zu erleichtern, um insbesondere auch noch die Ereignisse der letzten, nur unvollständig bearbeiteten Wochen zu registrieren, sei hier meine Zusammenstellung der Hauptdaten in: Geschichte des Zweiten Weltkrieges, Sonderausgabe aus „Ploetz, Auszug aus der Geschichte", 2. Aufl., Würzburg 1960, S. 67 f., eingerückt:

*1945, 1. Januar. Beginn eines deutschen Angriffs gegen die Nordfront des Elsasses, ab 6. Januar unterstützt durch Frontalangriff über den Rhein nördlich Straßburg. Nach anfänglichen Erfolgen blieb auch dieser Stoß stecken.*

*12. Januar. Da die Rote Armee die deutsche Ostfront aufgerissen hatte, Abtransport der 6. Panzerarmee von der Westfront nach Ungarn (zur Rückgewinnung von Budapest und zum Schutz der ungarischen Erdölfelder eingesetzt). Damit war das vorübergehend erreichte Gleichgewicht im Westen wieder verlorengegangen. Die letzten deutschen Reserven waren verbraucht.*

*Besetzung des linksrheinischen Deutschlands:*

*8. Februar. Beginn einer britischen Offensive südöstlich von Nimwegen im Reichswald (12. Februar Verlust von Kleve). Die Amerikaner nahmen am 11. Februar Prüm (Operation „Veritable"). Am 27. erreichten die Briten den Rhein nördlich Kalkar. Anfang März besetzten die Amerikaner, die am 23. Februar an der Rur (Roer) zum Großangriff angetreten waren, Mönchen-Gladbach, Neuß, Venlo, am 2. März Trier, 5.–7. Köln (Operation „Lumberjack" und „Grenade").*

*7. März. Den Amerikanern fiel die nur leicht beschädigte Rhein-Brücke bei Remagen in die Hand, die nachträglich einstürzte (17. März). Sie bildeten einen Brückenkopf, der vorübergehend abgeriegelt werden konnte, aber bis zum 22. März eine Breite von 50 km gewonnen hatte.*

*An Stelle von Generalfeldmarschall v. Rundstedt übernahm Generalfeldmarschall Kesselring am 11. März die Führung im Westen. Von rechts nach links waren eingesetzt: Heeresgruppe H (Generaloberst Blaskowitz), Heeresgruppe B (Generalfeldmarschall Model), Heeresgruppe G (SS-Obergruppenführer Hausser).*

*Die an der Mosel vorrückenden Amerikaner nahmen am 22. März Mainz und setzten am 24. März bei Oppenheim über den Rhein. Die durch die Pfalz vorstoßenden Truppen schufen sich weiter südlich einen Brückenkopf.*

*Besetzung des rechtsrheinischen Deutschlands:*

*Da die Heeresgruppe Montgomery, unterstützt durch die Luftlandung starker Kräfte östlich des Rheins (Operation „Varsity"), am 24. März bei Wesel den Übergang über den Fluß erzwang, konnten die Alliierten (nunmehr 85 Divisionen) den Vormarsch in das innere Deutschland auf breiter Front antreten.*

*Süden: Südlich des Mains operierten Amerikaner und die 1. französische Armee. Am 25. März Besetzung von Darmstadt, am 29. März von Mannheim, Wiesbaden und Frankfurt, 11. April von Würzburg, 20. April von Nürnberg, 22. April von Stuttgart, 26. April von Ulm, 30. April von München, 3. Mai von Salzburg. Besetzt wurden anschließend Vorarlberg, Tirol bis zum Brenner (3. Mai), das Salzkammergut, Oberösterreich und Westböhmen bis zur Linie Karlsbad—Budweis—Linz.*

*Mitte: Die Amerikaner bildeten zwei Zangen um das Ruhrgebiet und schlossen 21 (von Hitler auf Widerstand bis zum letzten verpflichtete) Divisionen unter Generalfeldmarschall Model (Heeresgruppe B) ein, der am 18. April seinem Leben ein Ende machte. Der „Ruhrkessel" wurde am 14. April aufgespalten; die letzten Teile ergaben sich am 18. April.*

*Gleichzeitig stießen die Amerikaner, während der Versuch, den Harz durch die improvisierte 11. Armee zu halten, scheiterte, über Hameln—Braunschweig sowie Kassel (4. April) auf die Elbe vor (Magdeburg am 18. April genommen); 19. April Einnahme von Leipzig.*

*Am 25. April erste Berührung mit den Sowjettruppen bei Torgau. Eisenhower lehnte es ab, weiter vorzustoßen, und blieb aus militärischen sowie politischen Erwägungen an der Mulde und Elbe stehen.*

*Norden: Die Briten stießen in das Emsland vor und schnitten die in den Niederlanden stehende deutsche 25. Armee ab. Diese hielt unter Generaloberst Blaskowitz die sogenannte „Festung Holland" bis zur allgemeinen Kapitulation. Die Briten drangen durch Westfalen vor (26. April nach Kampf Einnahme von Bremen), erreichten am 19. April bei Lauenburg die Elbe (2. Mai Einnahme von Lübeck, 3. Mai von Hamburg). Nach Begegnung mit den Sowjettruppen zogen sich die Briten, die Schleswig-Holstein und Westmecklenburg besetzt hatten, aus Mecklenburg wieder zurück.*

## C. Der Südwesten

*Vorbemerkung:* Für Januar und Februar stehen das „Lagebuch" (s. oben S. 976 ff.) und die Auszüge aus den Akten (S. 1389 ff.) zur Verfügung, für März—April nur das „Lagebuch" (S. 1135 ff.).

### I. Die Entwicklung im Januar - Februar

#### 1. Die Dienststellen-Besetzung

Anfang Januar übernahm den Oberbefehl über die Heeresgr. C (OB Südwest) wieder der Gen.-Feldm. Kesselring, dessen Pkw. in der Nacht auf ein

Geschütz aufgefahren war; die Folgen seines Schädelbruches hatte er völlig überwunden. Da der Gen.=Oberst v. Vietinghoff genannt v. Scheel, der ihn vertreten hatte, zeitweise ein Kommando an der Ostfront übernahm, wech=selte die Führung der beiden Armeen mehrmals. Als der Gen.=Feldm. Kessel=ring am 11. März den Befehl über den Westen übernahm, wurde Gen.=Oberst v. Vietinghoff sein Nachfolger. Er blieb es bis zum Schluß. Chef der Heeres=gruppe war in dieser ganzen Zeit der General Röttiger.

Botschafter war ab September 1944 der Botschafter Rahn; neben ihm stand der Höchste SS= und Pol.=Führer Wolff.[1]

## 2. Die allgemeine Lage zu Anfang des Jahres 1945

Die am Ende des Jahres 1944 eingetretene Ruhe an der Apennin= und an der Alpenfront dauerte – von lokalen Kampfhandlungen abgesehen – auch noch 1945 fort; doch mußte damit gerechnet werden, daß der Gegner jederzeit wieder antreten konnte. Da er zahlen= und materialmäßig weit überlegen war und den Apennin an seinem Ostabfalle bereits bis zum Senio umgangen hatte, war bei einem neuen Großangriff das Schlimmste zu befürchten. Es bestand deshalb die Tendenz, die Pz.=Divisionen herauszuziehen und die Fallschirm=Divisionen nach Osten, wo die Gefahr am größten war, zu verschieben.

Schneefall im Januar machte einen Angriff in den Alpen vorerst unmöglich, im Apennin unwahrscheinlich. Diesem Vorteil stand der Nachteil gegenüber, daß das norditalienische Eisenbahnnetz sowie die Po=Brücken dauernd Luftan=griffen ausgesetzt waren, so daß die Nachschubwege immer nur zeit= oder streckenweise funktionierten. Im Dezember 1944 waren 900 größere Störun=gen zu verzeichnen gewesen, von denen am 1. 1. 1945 50 noch nicht beseitigt waren. Die eigene Luftwaffe war völlig unterlegen, und da die wiederholt dringend erbetene Verstärkung derselben sich im großen doch nicht hätte auswirken können, wurde sie jedesmal abgelehnt. Es blieb bei Ergänzungen und nicht ins Gewicht fallenden Zuweisungen. Im Dezember 1944 wurden 38 Abschüsse (meist durch Flak) erzielt; ihnen standen 13 eigene Verluste (meist Aufklärer) gegenüber.

Trotz dieser Schwierigkeiten waren bis zum Anfang des Jahres größere Spannungen in der Versorgung noch nicht aufgetreten. Einen wesentlichen Teil am Verdienst trug der OB Südwest durch die vorbildliche Organisation des Kraftfahrwesens und die rigoros durchgeführten Sparmaßnahmen. Die Maß=nahmen, die sich in Italien bewährt hatten, wurden — so weit es ging – auch an der Westfront ausgewertet.

Bisher wurden monatlich noch 50 000 to Nachschub nach Italien eingeführt. Aus den Umständen ergab sich die Tendenz, den OB Südwest autark zu

1 Die im Januar angelaufenen Verhandlungen wegen einer Sonderkapitulation der Heeresgruppe Südwest wurden dem WFStab erst nach deren Vollzug bekannt; sie haben daher in diesem KTB keinen Niederschlag gefunden und werden deshalb hier nicht einbezogen.

machen. Das vermehrte wiederum den Geldbedarf, der sowieso angespannt war, da das RuK.=Ministerium und andere Dienststellen als Käufer auftraten. Das Preisniveau durfte nicht gefährdet und erst recht nicht eine Inflation bewirkt werden, mit der man in Griechenland Erfahrungen gemacht hatte. Da vielfach keine Möglichkeit mehr bestand, die aufgekauften Güter abzutransportieren, wurde angestrebt, die Programme und die Anforderungen der beteiligten Stellen nach ihrer Dringlichkeit aufeinander abzustimmen und dem OB Südwest den Vorrang einzuräumen. Mit der Erledigung dieser Fragen betraute der Chef OKW das Feld=Wirtschafts=Amt.

Da der Eisenbahnbetrieb nur inselförmig aufrechterhalten werden konnte, beantragte der Militär=Verwaltungschef, SS=Gruppenführer Wächter, der sein Amt vor einigen Monaten angetreten hatte, daß zu den italienischen Provinzverwaltungen deutsche Bevollmächtigte treten sollten. Diesem auch aus sonstigen Erwägungen nahegelegten Vorschlag traten der Reichsführer SS und der WFStab bei.

Steigende Sorge erweckte vom Januar an der Mangel an Kohlen. Am 21. 1. wurde dem OB mitgeteilt, daß er in der nächsten Zeit mit fast völligem Ausfall der Zufuhr aus Deutschland rechnen müsse.

### 3. Feindlage [1]

Am 9. 1. wurden 26⅓ Verbände auf der Gegenseite angenommen, also ungefähr so viel wie am 23. 12. 44. Auch im westlichen Mittelmeer wurde mit keiner Veränderung in der letzten Zeit gerechnet; im östlichen wurden 6, höchstens 8 größere Verbände angenommen.

Nach einer Lagebeurteilung des OB Südwest waren am 9. 1. südlich Bologna nur noch 2 amerikanische Div.en in der Front eingesetzt. Es war die Frage, wo die übrigen geblieben waren; Anhalte für ihren Abtransport nach Frankreich fehlten. Es war daher ins Auge zu fassen, daß sie zu einem neuen Großangriff bereitgestellt wurden. Erwogen wurde, ob dieser etwa gegen den eigenen rechten, zur Zeit schwach besetzten Flügel erfolgen werde; denn in Lucca war die 85. US=Div. geortet worden. Gefangenenaussagen und Beschießungen von See aus durch 10 feindliche Kriegsschiffe ließen sich als Stützen für diese Auffassung anführen. Doch wurde auch für möglich gehalten, daß es sich um die Vorbereitung eines Sonderunternehmens gegen La Spezia handelte.

Als Reserve des Gegners wurden am 12. 1. statt 7 nur noch 5 Div.en angenommen, nämlich eine britische Luftlande=Div. und 4 italienische, denen kein Kampfwert beigemessen wurde. Am folgenden Tage hatte sich ergeben, daß die 30. und die 34. US=Div. in Frontnähe geblieben waren.

Am 18. 1. wurde angenommen, daß den Briten für die Bildung eines neuen Schwerpunktes 3 Inf.= und 2 Pz.=Divisionen zur Verfügung stünden. Da am Ostflügel Italiener und Sicherungskräfte festgestellt waren, wurde dort kein Angriff erwartet.

Am 23. 1. konnten im Einsatz nur noch 22½ Verbände angenommen werden, dazu in der Heeresreserve 9. Die noch in Nordafrika vorhandenen wurden nicht als einsatzfähig angesehen. Hinzugekommen war die aus den USA herangeführte 10. amerik. leichte Div. Ferner war jetzt bei der 8. brit. Armee die neue ital. Div. „Cremona“ festgestellt.

1 Soweit das Folgende in Kleindruck gesetzt ist, beruht es auf den Angaben des „Lagebuches“ (s. S. 976 ff.). Dazu sind auch die folgenden Abschnitte herangezogen.

Bis zum Ende des Februar trat keine wesentliche Veränderung ein. Am 21. 2. wurden angenommen: in und hinter der Front 25²/₃ Verbände, in der Heeresreserve 7, da= von 2 italienische. *Mitte Februar* war festgestellt, daß alle brit. Verbände bis auf die 6. Pz.=Div. (also 1., 4., 46., 56. und 78. Inf.=Div.) aus der Front herausgezogen waren.

Der bei Gibraltar beobachtete Verkehr ergab keine abnormalen Anhalte. Aufklä= rung entlang den ital. Küsten und bei Nizza (zum Teil durch Kleinst=U=Boote durch= geführt) ergab gleichfalls nichts Neues.

Nachdem die Briten Pola und Triest angegriffen hatten (dabei traten Schäden in den Werften und an 1 Torpedo=Boot ein; 2 weitere wurden vernichtet), wies der OBdM am 21. 2. in der Führerlage darauf hin, daß das weitere Verhalten des Geg= ners in diesem Raume beobachtet werden müsse (s. dazu die auch im 5. Abschnitt: „Kampfhandlungen" aufgezählten Maßnahmen; unten S. 1392 ff.).

So riskant eine Operation hier auch sein mochte, so winkte ihr doch als Ergebnis das Greifen hinter die Fronten sowohl des OB Südost als auch des OB Südwest.

Beachtlich war auch, daß in dieser Zeit die bisher in Griechenland angenommene 2. britische Luftlande=Brigade im Raum von Rom auftauchte. Von da an verfügte die 5. LL=Div. über 3 Brigaden. Außerdem waren beim Gegner 2 weitere ital. Div.en fertig geworden. Der OB Südwest sollte dazu Stellung nehmen, ob er mit eigenen Munitionsvorräten ein Unternehmen gegen die in Front eingesetzten feindl. Italiener durchführen könne. Am 23. 2. wurde dem OB mitgeteilt, daß der Führer verstärkte Aktivität gegen die auf der Gegenseite stehenden ital. Div.en wünsche, um deren Moral zu beeinflussen und den Gegner zu zwingen, an deren Stelle eigene Div.en einzusetzen. Der OB Südwest meldete, daß angesichts der Munitionslage die Durch= führung nicht möglich sei. Darauf entschied der Führer am 1. 3., daß das geplante Unternehmen nicht unternommen werden solle.

### 4. Die operative Ausgangslage

Gleich zu Anfang des Jahres ergab sich die Schwierigkeit, den linken Flügel der 10. Armee zu verstärken, um den Vorstoß des Gegners gegen den Coma= cchio=See aufzufangen. Durch die 305. Inf.=Div. wurde die 42. Jg.=Div. freige= macht; ferner wurde die Masse der Panzer sowie der greifbaren Reserven süd= lich des Sees eingesetzt. Die 42. Jg.=Div. übernahm den Abschnitt zwischen der 16. SS=Pz.=Gren.=Div. und der Südspitze des Sees, die 114. Jg.=Div. die Landzunge zwischen See und Meer sowie dessen Ufer. Fernmündlich erklärte der Chef des Gen.=Stabs des OB Südwest am 6. 1., daß er in der Bereinigung der Lage durch Angriff die beste Lösung sehe, daß ein solcher aber undurch= führbar sei, da er nur bei schlechtem Wetter Erfolg verspreche und bei diesem die Panzer an den zu überschreitenden Kanälen hängenbleiben würden. Auch müsse eine Reserve freigehalten werden, da mit einer Aktion gegen den rech= ten Flügel in Richtung La Spezia gerechnet werde.

### 5. Die Kampfhandlungen im Januar—Februar

Januar:

Der Gegner setzte gelegentlich über 1000 Jäger am Tage ein. Dazu kamen dann noch die Angriffe der Bomber (in der Größenordnung von 100—200 Ein= sätzen) sowie die Nachtangriffe. Die Durchschnittseinsätze bewegten sich in den Hunderten.

Als *Anfang Januar* der Gegner sich bis zum Comacchio=See durchgekämpft hatte, wurde die Frage, ob dieser wirklich unpassierbar, also eine Verbesserung der Front eingetreten sei oder ob er mit modernen Mitteln überwunden werden könne, verschieden beurteilt. Die Kriegsmarine hatte keine Kräfte zur Verfügung, um den Schutz des Ufers zu erleichtern. An das Nordufer wurde eine Rgt.s=Gruppe der 36. Pz.=Div. verlegt. Für den Augenblick konnte die Front daher wieder als abgestützt angesehen werden, da Regen und Verschlammung den eigenen Truppen zu Hilfe kamen.

Die Verteidigung des Nordufers übernahm ab 11. 1. das Gen.=Kdo. LXXIII. AK. Rechts schloß an bis Faenza das Gen.=Kdo. LXXV. Pz.=Korps. Dessen Front lehnte sich an den Senio an, verlief also in fast nord=südlicher Richtung, worauf sie entlang dem Apennin=Abfall südlich Bologna nach Westen abbog.

Über die *Lage in der Nord=Adria* und die hier möglichen Gefahren wurde der WFStab am 27. 1. durch einen in diesen Raum entsandten Offizier orientiert. Dieser meldete:

Die Operations=Zone Adriatisches Küstenland sei zur Zeit nicht gefährdet. Gefahr drohe durch Vorschieben des Gegners auf den Dalmatinischen Inseln und durch Abspringen von dort nach Fiume oder durch einen Einbruch auf dem Festland in die zur Zeit noch nicht ausgebaute Südost=Flanke. Dagegen werde ein Stoß in den Golf von Triest nicht erwartet. Wegen günstiger Landungsbedingungen sei der Küstenabschnitt im Westen zwischen Salvora und Cittanova bedroht. Wegen der Verteidigung der norddalmatinischen Inseln hatten die beteiligten Stellen in letzter Zeit mehrfach Fühlung genommen. Die Forderung der Kriegsmarine, sie zu verstärken, sei anerkannt, aber vom OB Südwest aus Kräftemangel abgelehnt worden. Dieser sei gegen jede Kräftezersplitterung und müsse sich auf die Verteidigung an der Küste beschränken. Das Marine=OberKdo. Süd wurde gebeten, zusätzliche Marine=Kräfte auf die Inseln zu legen; Räumung ohne feindlichen Druck komme nicht in Frage. Durch zahlreiche Minensperren sei das Gebiet bereits gut geschützt. Allgemein Sorge bereite die Verteidigung von Pola, dessen Land= und Seefront noch schwach seien.

Die Abwehrbereitschaft an der Küste blieb hinter den Erwartungen zurück. Im Stellungsbau hatte der Oberste Kommissar 120 000 Arbeiter eingesetzt, dazu Org. Todt. Die Stellung Tschitschen=Boden werde bis etwa 15. 2. fertig sein und etwa 2 Div.en aufnehmen können. Die Flankenstellung nach Südosten werde erst erkundet. In der Op.=Zone lagen etwa 35 000 Mann fremder Truppen (Kosaken, Cetnics, Serben und 10. M. A. S., d. h. eine italienische Marine=Formation), die mancherlei Schwierigkeiten verursachten. Die Masse der Bttr.en war nur feldmäßig aufgestellt.

### Februar:

Am 3. 2. wurde dem OB Südwest mitgeteilt, daß ihm die Genehmigung zur *Zurücknahme größerer Frontteile* nicht erteilt werde. Er meldete darauf am

5. 2., daß er dies auch nicht beabsichtige, sondern nur für den Fall eines Großangriffs einige besonders exponierte Frontabschnitte ins Auge fasse: vor allem südlich Lugo sowie südlich und ostwärts des Comacchio=Sees. Dazu erhielt er am 7. 2. die Genehmigung, sofern vorher der Beginn eines Großangriffs erkannt sei.

Wie der OB in der Mitte des Monats die *Lage* beurteilte, ergibt eine Unterlage für einen etwaigen Vortrag beim Führer vom 15. 2.:

Der Feind werde in Kürze versuchen, die Po=Ebene zu erreichen. Er habe eine operative Reserve von 6—7 Div.en bereitgestellt, die sich durch zweitklassige Verbände (Polen, Italiener, Neger) als Stellungstruppe und Zuführung weiterer Div.en verstärken lasse. Die Verwendung derselben sei offen und bleibe bei der eigenen mangelnden Aufklärung ungewiß. Möglich sei ein starker Angriff gegen die Südfront mit Landungen — auch operativen Charakters — gegen die schwach gesicherten Küstenflanken. Dies Bild sei nicht neu, erhalte nur veränderte Bedeutung durch die Veränderung in der eigenen Lage: Besserung des Wetters, Abgabe erprobter Verbände, vor allem Verschärfung des Versorgungsproblems, besonders der Transportlage und der eigenen Beweglichkeit. Innere Krisen infolge von Ernährungsschwierigkeiten und Arbeitslosigkeit könnten weiter erschwerend wirken. Die mot.=Verbände ließen sich nur auf 150 km verschieben; zu operativen Reserven würden daher zwangsläufig die bespannten Inf.=Div.en. Der Faktor „Zeit" könne deshalb bei allen operativen Berechnungen nicht hoch genug eingesetzt werden und verlange daher frühzeitige Entschlußfassung.

Außer Unternehmungen an der Ligurischen Küste sei mit Operationen gegen den Ostflügel der Heeresgruppe, mit Landungen zwischen Piave und Isonzo, zu rechnen, die sich wegen des Wiener Beckens tief auswirken würden. Deshalb müßten dort Kräfte zugeführt werden, die — gering bemessen — 2 bespannte Div.en stark sein müßten und nur aus der 10. Armee gewonnen werden könnten. Deren Schwächung müsse durch eine andere Kampfführung auf dem Ostflügel der Südfront ausgeglichen werden. In zäher Verteidigung müsse der Angriff, mit dem auch bei Landung zu rechnen sei, zum Verbluten und spätestens in der Dschingiskhan=Stellung zum Stehen gebracht werden. Trete diese Entwicklung nicht ein, so würden die Div.en im Adriatischen Küstenland eine Reserve darstellen, mit der der Feind rechnen werde. Der Nachteil des Zeitverlustes bei einer Rückführung in die Südfront stehe in keinem Verhältnis zu dem umgekehrten Versäumnis. Der OB bat den Chef WFStab um Stellungnahme und Mitteilung, ob er Vortrag durch den OB oder seinen Chef für erforderlich halte.

Der *WFStab stimmte dieser Beurteilung im großen* zu, hielt jedoch die Gefahr einer Landung zwischen Piave und Isonzo für zur Zeit nicht so groß, daß die dortige Küste auf Kosten der Südfront verstärkt werden müßte. Der Durchbruch in das Wiener Becken, für den Kräfte und Schiffsraum fehlten, sei schon aus politischen Gründen unwahrscheinlich. Durch einen so exzentri=

schen Stoß könne auch die Südfront nicht unmittelbar eingestürzt werden. Es genügten also vorbereitende Maßnahmen, welche die Südfront nicht schwächten. Daher wurde der Einsatz der 710. Inf.=Div. zwischen Piave und Isonzo und die Verlegung einer Div. in den Raum nordwestlich des Comacchio=Sees vorgeschlagen. Die Schwächung des Adriatischen Küstenlandes könne in Kauf genommen werden, und die Division am See stehe weiterhin als Reserve für die Südfront zur Verfügung und könne noch rechtzeitig an die Adriatische Küste verschoben werden.

Falls der Gegner lande, werde er den Einsturz der Südfront erzielen wollen und daher gegen den Küstenabschnitt zwischen HKL und Po=Mündung stoßen. Ein weiteres Zurückklappen des linken Flügels der 10. Armee würde diese Gefahr nur verstärken. Auch sei der See nicht als vollwertiges Hindernis anzusehen; deshalb würden keine Kräfte eingespart, um die Adriatische Küste zu verstärken.

Entscheidend sei das Versorgungsproblem. Deshalb müßten Entscheidungen des OKW frühzeitig erfolgen. Jedoch sei es nicht erforderlich, schon jetzt Vollmachten für eine hinhaltende Kampfführung am Ostflügel der 10. Armee zu geben.

Dazu wurden Unterlagen für die Besetzung der Adria=Küste zwischen der HKL und Triest angefordert, um die Entscheidung des Führers einzuholen.

Am 22. 2. wurde (dem OB Südwest[1]) übermittelt, daß nach wie vor die am 15. 12. 44 erteilte *Kampfanweisung* gelte:

Da die Kräfte schwächer und die Reserven geringer geworden seien, müsse um so mehr in die Tiefe gegliedert werden, um die vorderste Linie nicht zerschlagen zu lassen. Auch gegen das vorbereitete Absetzen in eine Großkampf=HKL habe der Führer nichts einzuwenden, wenn der feindliche Großangriff rechtzeitig vorausgesehen werde. Eine Genehmigung zur hinhaltenden Kampfführung werde der Führer dagegen niemals geben, da sie im jetzigen Zeitpunkt des Krieges der Ruin der Moral und des Kampfwillens der Truppe sei.

Am 23. 2. erteilte der Chef WFStab dem OB auf seine Beurteilung vom 15. 2. die folgende *Antwort:*

Mit Frühlingsbeginn sei mit erneutem Großangriff der starken, vorwiegend britischen Reserven zu rechnen, sofern diese nicht vorher abgezogen seien, und zwar sicherlich wieder gegen die Mitte und den linken Flügel der 10. Armee. Landungen zwischen Piave und Isonzo seien möglich, aber weniger wahrscheinlich als Umfassungen über See (etwa zwischen der HKL und der Po=Mündung). Wegen der geringen Beweglichkeit müßten die Reserven dort aufgestellt werden, wo man sie voraussichtlich brauchen werde. Der Chef OKW hielt deshalb folgende Verteilung für richtig:

710. Inf.=Div. und die neu aufzustellende Fallsch.=Jg.=Div. schon jetzt zwischen Venedig und Isonzo,

1 Ergänzt.

1 schnelle Div. südostwärts Ferrara (29. Pz.=Gren.=Div.),
1 Inf.=Div. oder die 90. Pz.=Gren.=Div. südostwärts Bologna.

Dispositionen über die Versorgungslage, die entscheidend sei, sollten folgen.

Am 27. 2. wurde befohlen, um einer überholenden Landung am linken Flügel zuvorzukommen, *Sinigallia* zu belegen.

### 6. Veränderung der Kampfstärke

a) *Verluste:*

| | | | |
|---|---|---|---|
| | Im Januar zusammen | | 13 696 Mann |
| davon | tot: | 1299 Mann | |
| | vermißt: | 1417 Mann | |
| | verwundet: | 3232 Mann | |
| | krank: | Rest | |
| | | dafür Ersatz | 5 600 Mann |

b) *Abgaben:*

1. Die *356. Inf.=Div.* wurde auf Grund eines am 14. 1. erteilten Befehls ab 22. 1. nach Ungarn abgegeben (Abfahrt über den Brenner sowie über Tarvis im Tempo 4+4);
2. Die *715. Inf.=Div.* wurde Ende Februar an das Heimatgebiet abgegeben; sie wurde abgelöst durch die 278. Inf.=Div.; Abtransport von Verona aus ab 25. 2.;
3. Die *16. Pz.=Div.* (Befehl zum Abtransport in das Reich am 1. 2., abgeändert in: Ungarn am 5. 2.). Der Abtransport war am 7. 2. bereits angelaufen, wurde dann aber durch Bahnschäden hinausgezögert;
4. ferner Gebirgskompanien an den Westen.

c) *Zugänge:*

Bis 3. 1. traf aus Dänemark die 710. Inf.=Div. ein. Für die 16. Pz.=Div. erhielt der OB Fallsch.=Btl.e aus dem Westen.

Ab Februar wurde versucht, nicht nur die 1. und 4. Fallsch.=Jg.=Div. aufzufüllen, sondern auch noch eine 10. Fallsch.=Jg.=Div. aufzustellen. Am 26. 2. erging die Mitteilung, daß der Führer diese Maßnahme nunmehr befohlen habe. Ende März hatte die Heeresgruppe wiederum 6000 Mann nach Deutschland zur Aufstellung von 2 weiteren Fallsch.=Jg.=Div.en abzugeben.

### 7. Umgruppierungen

Im Januar wurden die 157. Res.=Div. sowie die 1. ital. Inf.=Div. aus der zur Zeit angriffssicheren Alpenfront herausgezogen, um aufgefrischt zu werden.

In der zweiten Hälfte des Januar trat die 157. Res.=Div. an die Stelle der 4. Fallsch.=Jg.=Div., die nach Osten verschoben wurde, um eine Pz.=Div. als Reserve freizumachen. Die 98. Inf.=Div. wurde eingeschoben, um Auffrischun=

gen zu ermöglichen. Die 710. Inf.=Div. wurde durch die 111. Jg.=Div. abgelöst und in das Adriatische Küstengebiet verlegt. Am 31. 1. waren die Verlegungen abgeschlossen.

Im Februar wurde die 278. Inf.=Div. herausgezogen. Nördlich des Comacchio=Sees wurde die 162. (Turk.=)Div. aufgestellt, um eine Frontdivision freizumachen. Im Hinblick auf die nunmehr bevorstehende Schneeschmelze in der Alpenfront wurde die Div. vom hinteren Flügel herangezogen.

Der *Duce* drängte im Januar auf den Einsatz der ital. Div.en, von denen 4 aufgestellt waren. Da die 4. ital. Geb.=Div. und Teile der 2. ital. Inf.=Div. bereits an ruhigen Abschnitten der Hauptfront eingesetzt waren und für Kampffronten nicht in Betracht kamen, wurde keine Veränderung vorgenommen.

Die Amtsgruppe Ausland wurde am 25. 1. angewiesen, den Duce in diesem Sinne zu informieren. Am 5. 2. wurde die inzwischen vorgezogene 1. ital. Div. im Secchio=Tal angegriffen, wobei sie versagte. Am 19. 2. wurde befohlen, die ital. Div.en nicht unter sich zu mischen, wohl aber mit deutschen Verbänden zu durchsetzen, da die letzten Wochen ihren geringen Kampfwert bestätigt hätten.

Am 22. 2. waren in Front eingesetzt (am rechten Flügel beginnend):

1. ital. Div.
4. ital. Div.
dahinter die 148. Inf.=Div.
232. (bodenständige) Inf.=Div.
— — *(Naht)* — —
94. Inf.=Div.
157. Geb.=Div. (am 27. 2. in „8. Geb.=Div." umbenannt)
65. Inf.=Div.
305. Inf.=Div.
— — *(Naht)* — —
1. Fallsch.=Jg.=Div.
334. Inf.=Div.
715. Inf.=Div. (ersetzt durch die 278. Inf.=Div.)
90. Pz.=Gren.=Div.
4. Fallsch.=Jg.=Div.
26. Pz.=Div.
— — *(Naht)* — —
98. Inf.=Div.
362. Inf.=Div.
42. Jg.=Div.
162. (Turk.=)Div.

## II. Die Entwicklung im März - April

(dargestellt allein auf Grund des Lagebuches; vgl S. 1135 ff. und die Vorbemerkung).

### 1. Feindlage

Anfang März wurden als britische Reserven 5 Verbände angenommen (1., 4., 46. und 76. Inf.-Div. sowie eine Pz.-Div.). Operationen gegen den Balkan von Italien aus wurden jetzt nicht mehr als wahrscheinlich angesehen. Anzeichen, daß die Briten Kräfte abzogen, bedurften noch der Bestätigung. Offensichtlich waren — entsprechend der verminderten Bedeutung des italienischen Kriegsschauplatzes — die feindl. Luftwaffen-Kdo.-Stellen bereits vermindert.

Durch Einsatz seiner drei ital. Div.en verstärkte sich der Gegner. Am 9. 3. war erkannt, daß das brit. V. Korps den Abschnitt bis zur Küste übernommen hatte. Die Grenze des polnischen Korps war nach Nordosten verschoben. Unbekannt war der Verbleib der durch die 5. brit. Inf.-Div. abgelösten 2. neuseeländ. Div. und der 5. kanad. Inf.-Div. Angenommen wurde, daß die 8. amerik. Inf.-Div. in den Raum des bei Ancona liegenden US-Korps zurückgezogen worden war.

Bis zum 11. 3. hatten sich die Anzeichen vermehrt, daß der Gegner Italien als Nebenfront behandelte und hier nicht mehr die Entscheidung suchte. Rein engl. Div.en waren weggezogen und in der Front durch 2 indische, 1 (wieder eingesetzte) poln. Div. und 3 ital. Verbände ohne Kampfwert ersetzt worden. Bereits Mitte Februar wurden die 1. brit. Div. in den Vorderen Orient, die 46. brit. Inf.-Div. nach Griechenland verlegt. Die aus Amerika herangeführte 10. amerik. Geb.-Div. wurde nicht aufgespart, sondern in einem für den Großangriff nicht in Betracht kommenden Abschnitt eingesetzt.

In der Adria war nach wie vor mit örtlichen Landungsunternehmen zu rechnen, wobei die polit. Frage eine Rolle spielte; die in Betracht kommenden Kräfte waren begrenzt.

Nach den Feststellungen der Kriegsmarine war der Geleitverkehr seit dem 20. 2. doch nur als normal anzusprechen. Jedoch wurde festgestellt, daß mehr Transporter ausgelaufen als hereingekommen waren. An Landungsbooten waren 30 Schiffe mehr hereingeführt worden.

An der Westfront wurde auf der Feindseite die 1. ital. Div. „Friuli" dem poln. Korps unterstellt. Die Annahme, daß die 5. amerik. Inf.-Div. an der Westküste liege, schien sich nicht zu bestätigen. Abgezogen war seit Februar ferner noch die 14. brit. Div., und zwar gleichfalls nach Griechenland. Dies bestätigte die Ansicht, daß Italien als Nebenkriegsschauplatz zu werten sei; dieser Ansicht hatte sich der OB Südwest jedoch nicht angeschlossen.

Kurz danach wurde noch eine vierte ital. Div. in der Front festgestellt.

Mitte des Monats konnte angenommen werden, daß auch die 56. brit. Inf.-Div. weggezogen worden sei. Die 1. brit. Inf.-Div. war in Kairo, die 4. brit. Inf.-Div. in Griechenland ausgemacht. Bei den Amerikanern waren sowohl die 85. als auch die 88. Inf.-Div. herausgelöst.

Ende März deuteten Reden des General Clark und des Feldmarschall Smuts auf eine in Italien bevorstehende Offensive hin. Ablösungen bei den Amerikanern und Briten paßten zu dieser Ankündigung.

Anfang April wurde der OB darauf hingewiesen, daß die Haltung der Italiener Anlaß zu Argwohn gebe. Neben der 1. amerik. Div. am linken Flügel des Gegners war jetzt an Stelle der 34. Inf.-Div. die 91. amerik. Inf.-Div. aufgetaucht; anschließend waren in Front eingesetzt: die 10. indische Inf.-Div., 2 ital. Verbände und dann die polnischen.

Am *9. 4. begann der lange erwartete Großangriff*. Mitte April war klar, daß die 7. amerik. Div. an die Westfront transportiert worden war. Unklar war, wo sich die 5. kanad. Inf.-Div. aufhielt. Am *16. 4.* bestätigte eine Ansprache des Generals Alexander, daß es sich um die langerwartete Endoffensive handelte. Zwischen der Via Emilia und dem Meer waren nunmehr mindestens 6 Pz.-Brig.en festgestellt.

## 2. Die Kampfhandlungen

Am *3. 3.* begannen Angriffe bei Montresa im Abschnitt der 232. (60.) Div. Zur Abriegelung der bis zu 3 km tiefen Einbrüche wurde die 29. Pz.=Gren.=Div. herangezogen. Gegenstöße riegelten den Gegner am *4. 3.* ab. Am *5. 3.* wurde die HKL in die Bergatello=Stellung zurückgenommen. Am *6. 3.* konnte der Gewinn des Gegners beträchtlich eingeengt werden.

Ende des Monats, der im übrigen ruhig verlief, unternahm der Gegner einzelne Vorstöße im Gebiet des Großen St. Bernhard.

Am *2. 4.* erfolgten stärkere Angriffe mit überholender Landung von Panzern gegen die Landenge am *Comacchio=See*, wodurch die Stäbe ausgeschaltet wurden. Die abgeschnittenen Teile kämpften sich nachts auf eine rückwärtige Linie zurück. Am *3. 4.* durchstieß der Gegner den neuen Sperriegel.

Am *5. 4.*, 6.00 Uhr, setzte starkes Artl.=Feuer an der *Ligurischen Küste* ein; doch erfolgte nur ein örtlicher Angriff. Die Kampftätigkeit am rechten Flügel dauerte an, behielt aber noch ihren örtlichen Umfang, obwohl am *9. 4.* Massa verlorenging.

Um den Comacchio=See nahm die Kampftätigkeit erst vom *7. 4.* an zu.

Am Abend des *9. 4.* setzte dann stärkstes Artl.=Feuer ein, auf das hin der *langerwartete Großangriff* begann. Ihn begleitete eine sofort ansteigende Sabotage= und Partisanentätigkeit. Am *10. 4.* drängte der Gegner nördlich der Via Emilia die eigenen Kräfte auf St. Terno zurück; er überschritt den Senio und landete bei Menata am Comacchio=See. Der Angriffsstreifen hatte eine Breite von 60 km. Im FHQu. bestand am 11. 4. noch Unklarheit darüber, ob der Gegner nur auf Bindung der Kräfte oder auf den Durchbruch zielte. Die Möglichkeit eines Abfalls der Italiener wurde ins Auge gefaßt. Mit Benzin oder Kräften oder Flugzeugen zu helfen, bestand keine Möglichkeit.

Am *12. 4.* war erkannt, daß den Angriff, der durch stärksten Einsatz der Luftwaffe unterstützt wurde, führten: die Polen, die 2. neuseeländische, die 8. indische, die ital. Div. „Cremona" und Teile der 56. brit. Inf.=Div. An diesem Tage schien sich die Lage etwas besser anzusehen; denn die Angriffe an der Ligurischen Küste, deren Abwehr den eigenen Kräften durch Partisanen bei Carrara erschwert wurde, ließen nach, und auf dem linken Flügel kam der Gegner zwar bis an St. Terno heran, aber er erzielte doch keine überraschenden Erfolge mehr. Am 13. 4. drang der Gegner jedoch abermals vor: südlich Imola, in Richtung Massa Lombarda und am Silano. Am 14. 4. ging Imola verloren.

Am *15. 4.* kam zum Großangriff am rechten Flügel, wo der Angriff jetzt seinen lokalbegrenzten Charakter verloren hatte, ein *weiterer Großangriff im Raum von Bologna;* dabei dauerte die Schlacht zwischen Via Emilia und See an. Im gesamt aber hielt die Front noch zusammen.

Am 16. 4. drang der Gegner bis nördlich Carrara vor. Südwestlich und südlich Bologna ging etwas Gelände verloren. An der Via Emilia kam der Gegner bis an Medicina heran und nach Argenta hinein.

*Das Zerreißen der Verteidigungsfront und damit der feindliche Durchbruch waren jetzt nur noch eine Frage von Tagen, wenn nicht Stunden.*

In den *Westalpen* faßten die Franzosen Mitte April ihre drei Div.en zu einer „Armée des Alpes" zusammen.

Am 17. 4. wurde der Einsatz der feindlichen Luftwaffe auf 2000 zwei= und viermotorige Bomber geschätzt. Am rechten Flügel hatte er zunächst nur lokale Erfolge. Dagegen gelang ihm (in Zusammenarbeit mit Partisanen) westlich Bologna das Durchsickern durch die Front. Südlich Bologna erzielte er Einbrüche, bei deren Abwehr sich die 65. Inf.=Div. auszeichnete. Südlich der Via Emilia wurde der Gegner aufgehalten; bei Argenta kam er 2 km voran, obwohl hier schätzungsweise 60 000 Schuß abgegeben wurden.

## 3. Wechsel im Oberbefehl

Am 8. 3. traf der OB, Gen.=Feldm. *Kesselring,* im Führerhauptquartier ein, wo er mit der Führung der *Westfront* beauftragt wurde, nachdem er am 9. 3.

Vortrag gehalten hatte. Den Befehl über die Heeresgr. Südwest übernahm der Generaloberst *v. Vietinghoff* genannt *v. Scheel*.

### 4. Umgruppierungen

Anfang März übernahm die 114. Jg.=Div. den Befehl im rechten und mittleren Abschnitt der 232. Inf.=Div.

Um den 9. 3. wurde die 232. (bodenständige) Div., die sich soeben in der Abwehr bewährt hatte, herausgezogen; bis zum 15. 3. wurde die 334. Inf.=Div. als Heeresgr.=Reserve westlich Bologna aufgestellt.

Um den 12. 3. wurde die 334. Inf.=Div. herausgezogen, die 1. ital. Div. wieder eingesetzt.

In der Mitte des Monats wurde der Antrag des OB, die 162. (Turk=) Div. aufzulösen, genehmigt, dann jedoch wieder rückgängig gemacht.

In der 2. Hälfte des März löste die 334. Inf.=Div. die 29. Pz.=Gren.=Div. heraus, damit diese nördlich Modena aufgefrischt werden konnte.

*Nunmehriger Einsatz* (von rechts nach links):

| | | |
|---|---|---|
| 148. Inf.=Div. | LI. AK. | 10. Armee |
| 1. ital. Div. | | |
| 114. Inf.=Div. | | |
| 334. Inf.=Div. | | |
| 94. Inf.=Div. | XIX. Pz.=Korps | |
| 8. Geb.=Div. | | |
| 65. Inf.=Div. | | |
| 305. Inf.=Div. | | |
| 1. Fallsch.=Jg.=Div. | I. Fallsch.=Jg.=Korps | 14. Armee |
| 278. Inf.=Div. | | |
| 4. Fallsch.=Jg.=Div. | | |
| 26. Pz.=Div. | | |
| 98. Inf.Div. | LXXVI. Pz.=AK. | |
| 362. Inf.=Div. | | |
| 42. Inf.=Div. | | |
| 162. (Turk=) Div. | | |

d. h. 16 Verbände in Front.

### Anhang: Abschluß der Kämpfe in Italien [1]

*Am 21. April Zusammenbruch der Abwehrfront. Panzerkräfte der Alliierten stießen durch eine vorbereitete, aber nicht besetzte Alpenvorland=Stellung in das Gebirge vor und zerrissen dadurch den Zusammenhalt der deutschen Kräfte.*

*Am 29. April unterzeichneten Bevollmächtigte des Generalobersten von Vietinghoff sowie des Höchsten SS= und Polizeiführers in Italien Wolff in*

1 Nach „Geschichte des Zweiten Weltkrieges" (s. oben S. 1388) S. 69 f.

*Caserta einen von der Obersten Führung nicht genehmigten und erst am 2. Mai bekanntgegebenen Waffenstillstand, der auch für den in Ligurien führenden Marschall Graziani galt (nachträglich anerkannt).*

*Am 28. April wurde Mussolini, der vergeblich versuchte, auf Schweizer Boden überzutreten, bei Como von Partisanen erschossen.*

*Die Alliierten stießen über die Lombardei an die Riviera, zum Brenner und nach Kärnten—Steiermark vor.*

## D. Der Südosten

*Vorbemerkung:* Für Januar—Februar stehen das „Lagebuch" (S. 976 ff.) sowie Auszüge aus den Akten (s. das Folgende) zur Verfügung, für März—April nur das Lagebuch (S. 1135 ff.).

### I. Allgemeines

#### 1. Die Ausgangslage

Am 30. 12., 12.10 Uhr, meldete der OB Südost, daß er bisher unter größtem Risiko (z. B. völligem Freimachen der Drina=Front, Unbesetztlassen der Drau=Front) der 2. Pz.=Armee auf dem Nordufer der Drau möglichst viel Kräfte zugeführt habe. Nach der nunmehr befohlenen Abgabe der 1. Geb.=Div. und der 118. Jg.=Div. an die 2. Pz.=Armee sei folgende Gliederung vorgesehen:

1. *Raum Mostar:* 369. Inf.=Div. (für das abgezogene Rgt. der 118. Jg.=Div.), aufgefüllt mit Fest.=Btl.en. Der OB hoffe, mit dieser einen Div. auszukommen; doch stelle sie nur einen Schirm dar mit beiderseits offenen Flanken.
2. *Ostfront:* 181. Inf.=Div. beiderseits Višegrad, 22. Inf.=Div. an die Drina=Front. Fraglich bleibe, ob die 181. Inf.=Div. genüge, da der Feind wohl stark nachdrängen werde. An der entblößten Drina=Front könnten die Banden sich ganz frei bewegen; deshalb müsse sie besetzt werden.
3. *Syrmien=Front:* Zu rechnen sei mit Tito=Div.en und 7 bulgar. Div.en. Befohlen sei der Einsatz der 41. Fest.=Div., um die Teile der 1. Geb.=Div., der 118. Jg.=Div. und der Div. „Handschar" herauszulösen. Eingesetzt seien somit: 7. SS.=Freiw.=Geb.=Div., 41. Fest.=Div. und 117. Jg.=Div., was ein Minimum darstelle.
4. *Drau=Front:* Bisher verfügbar nur die 11. Lw.=Feld=Div. Weite Strecken seien unbesetzt und in den Händen der Banden. Vorgesehen sei zum Freikämpfen und Sichern die 297. Inf.=Div. Die Besetzung sei wegen der Bedrohung über den Fluß dringend erforderlich. Vom Nordwesten komme eine Brigade der 1. Kosaken=Div. heran.
5. *Raum Bihać:* Dieser sei neben der Drina=Front der gefährlichste Druckpunkt. Das XV. Geb.=Korps könne mit seinen stark angeschlagenen Verbänden den Feind nicht aufhalten; daher sei hier der Einsatz der 1. Geb.=Div., von der Teile zur Stelle seien, vorgesehen gewesen. Jetzt müsse statt

dessen die 104. Jg.=Div. beschleunigt herangeführt werden, damit es an dieser operativ wichtigen Stelle nicht zum Rückschlag komme.

6. *Südgrenze Kroatien zwischen Nevesinje und Višegrad:* Keine Kräfte ver=fügbar.

7. *Landesinnere:* Da die wenigen Sich.=Kräfte der kroat. Verbände mit ihrer zweifelhaften Zuverlässigkeit nicht einmal zum Bahn= und Straßenschutz ausreichten, fehlten Kräfte zur Bekämpfung der immer stärker werdenden Bandentätigkeit, selbst für wertvolle Wehrwirtschaftsobjekte wie Bosnisch=Krupa.

8. Irgendwelche *Reserve* nicht mehr vorhanden. Daher seien die vorhande=nen Kräfte als das für den Auftrag (Halten von Kroatien) erforderliche Minimum zu bezeichnen. Dazu kämen die Schwächung durch Herauslösen von Lw.=, Marine= und Pol.=Kräften sowie die wachsende Unzuverlässigkeit der kroat. Verbände. Der OB bat um Entscheidung, ob dessen ungeachtet der Befehl über die Abgabe weiterer Teile bestehen bleibe. Falls dies der Fall sei, müsse nach Ansicht des OB der bisherige Auftrag geändert werden.

Am *3. 1.* gab der *Quartiermeister des WFStabs* dem KTB folgende Orientie=rung über den *Südosten*[1]:

„Auch hier (d. h. im Südosten) bestehen manche Schwierigkeiten, die sich aus der Transportlage ergeben. Das betrifft auch die *Verpflegungslage* der rückmarschieren=den Verbände, bei denen es besonders an Pferdefutter fehlt. Die Munitionslage ist dagegen befriedigend, da die Kampfhandlungen nicht viel verbrauchen.

Innerhalb des WFStabs werden jetzt Erwägungen angestellt, wie die *Befehls=gliederung* im Südosten sein soll, falls nach Abschluß des Rückmarsches die Ent=scheidung dahin fällt, daß auch noch Teile von Kroatien geräumt werden. In diesem Fall erscheinen zwei Heeresgruppen als zuviel; jedoch wird nach wie vor eine als erforderlich angesehen. Für diese soll dann allerdings vorgeschlagen werden, daß sie über den bisherigen Bereich des OB Südost hinaus nach Westen hin das Gebiet bis zum Tagliamento (also einschließlich Adriatisches Küstenland) und nach Norden Südostungarn bis zur Südspitze des Plattensees übernimmt. Für diese Absicht spricht, daß der OB Südwest vom Frühjahr an auch an seiner Westfront gebunden sein wird, ferner, daß eine feindliche Landung in Istrien die Stoßrichtung nach Klagenfurt—Graz und nicht zur Po=Ebene haben wird, schließlich, daß an dem Ge=biet südlich des Plattensees, das wegen des Ölvorkommens für die Gesamtkrieg=führung die größte Bedeutung hat, vor allem der OB Südost und erst in zweiter Linie die Heeresgruppe Süd interessiert sind. Deren Aufgabe wird dann die Ver=teidigung der Wiener Pforte bleiben, die in einer Hand sein muß. Deshalb kommt eine Erweiterung des Bereiches des OB Südost über die Südecke des Plattensees hinaus nicht in Frage."

Am *4. 1.* gab der *1. Gen.=Stabsoffz. des WFStabs* dem KTB folgende Orientierung über den *Südosten*[2] „Der Rückmarsch ist weiterhin ganz gut verlaufen, und der bei *Otok* erzielte Erfolg ist erfreulich. Dagegen muß die Entwicklung südlich der Naht zum Pz.=AOK 2 mit Besorgnis betrachtet werden. Es ist dem Gegner trotz der Strom=verhältnisse gelungen, eine ganze russ. Div. auf das Südufer der Drau herüberzu=führen. – Eine weitere wunde Stelle liegt im Raum von Bihać, wo nicht nur die Banden lebhaft tätig sind, sondern sich auch die Verbände auf der eigenen Seite als nicht völlig zuverlässig erweisen.

Auch im Südosten macht die Versorgungslage große Schwierigkeiten."

1 Aus dem „Lagebuch" (s. S. 985 f.) hier wiederholt, da dort leicht zu übersehen.
2 Ebenso (S. 991 f.).

Am 5. 1. wurde das *Pz.=AOK 2* mit den unterstellten Verbänden mit so=fortiger Wirkung und in jeder Beziehung der Heeresgr. Süd unterstellt, da sie nunmehr stärker an deren Aktionen als denen der Heeresgr. F beteiligt war.

Am 6. 1. erstattete die Heeresgruppe eine Meldung über den *Angriff im Raum Komletinci* zur Verbesserung der HKL, der vollen Erfolg gehabt habe. Grundsätzlich werde Angriff mit weitgesetztem Ziel, um den Auftrag, die Syrmien=Front zu halten, offensiv zu lösen, angestrebt; doch seien nach Prü=fung durch das Gen.=Kdo. XXXIV. AK. die Voraussetzungen dafür nicht ge=geben (fehlende Ausrüstung für beweglichen Winterkrieg, mangelnde Aus=bildung mit Ausnahme der 7. SS=Div. und der zur Zeit gebundenen 117. Jg.=Div., unzureichende Nachrichtenausstattung und Bevorratung, besonders an Munition und Betriebsstoff). Jedoch werde am Angriffsgedanken nach Heran=kommen der 22. Inf.=Div. und Abstellung der genannten Mängel festge=halten.

Am 9. 1. erhielt der OB die Mitteilung, der Führer habe darauf hingewiesen, daß der *Sperrung der Donau* eine entscheidende Bedeutung zukomme und der Fluß im Abschnitt Vukovar—Drau=Mündung unter der Wirkung eigener Waffen gehalten werden müsse, ferner, daß ein vernichtender Schlag gegen die in Syrmien eingesetzte bulgar. Armee von großer milit. und polit. Bedeu=tung sei. Der WFStab bat zu prüfen, ob ein Stoß über die untere Drina (etwa aus dem Raum Loznica–Bjelina) auf Mitrovica und die Unterbrechung der Straßen und Bahnen dorthin möglich sei, sobald die Naht zur 2. Pz.=Armee befestigt sei und Kräfte freigemacht wären, um die bulgar. Armee zu ver=nichten.

Ferner wurde ihm mitgeteilt, daß große Teile der *31. SS=Div. „Lombard"* [1] bereits auf Landmarsch angewiesen seien. Nach Meldung des Generals des Transportwesens beeinträchtige jedoch der E=Transport der Div. die Versor=gungszuführung des OB nicht; diese solle den Vorrang behalten.

Am 10. 1. erhielt der OB die Mitteilung, daß die *Schwierigkeiten beim Nach=schub* voll gewürdigt würden, daß aber die erbetene Entlastung durch die Luft=waffe nur durch massierten Einsatz an Jagdkräften zu erreichen sei, was zur Zeit unmöglich sei. Vorbereitende Maßnahmen zu treffen, sei beim OBdL er=beten worden.

Der OB meldete gleichzeitig, daß von den 12 verfügbaren *Fest.=Inf.=Btl.en* 4 in den Raum Bihać an Stelle der vorher vorgesehenen 1. Geb.=Div. in Marsch gesetzt seien, ein weiteres südlich Serajewo. Die übrigen 6 Btl.e würden gleich=falls benötigt. Der OB glaube, daß zur Zeit eine Abgabe nicht durchführbar sei, werde aber nach Eintreten stabilerer Verhältnisse alle Möglichkeiten prü=fen; zunächst müsse das XV. Geb.=AK. verstärkt werden. (Dazu Notiz vom 11. 1. und Befehl vom 11. 1., daß die Abgabe einer Fest.=Inf.=Brig. an die 2. Pz.=Armee zurückzustellen sei).

1 Die 31. SS=Freiw.=Pz.=Gren.=Div. hieß „Böhmen—Mähren"; die 29. SS=Gren.=Div. hieß „Italien".

## 2. Der Abschluß der Absetzbewegung und die Entwicklung der Lage bis Ende Januar

Am 13. 1., 19.30 Uhr, meldete der OB, daß *die Heeresgr. E* nach der Räu=mung von Griechenland, Bulgarien, Albanien und großen Teilen Jugoslawiens nunmehr *den befohlenen Raum erreicht habe*. Im einzelnen[1]:

Am 13. 1. durchschritten die Nachtruppen den *Drina=Brückenkopf bei Višegrad* und gewannen Anschluß an die Hauptkräfte der Heeresgruppe. *Damit war die Absetzbewegung abgeschlossen,* die Anfang September 1944 mit der Auflockerung und Rückführung der Kräfte in der Ägäis und in Griechenland begann und nach 4½ Monaten ihren Abschluß fand.

Die außergewöhnlichen Leistungen wurden durch folgende Angaben ge=kennzeichnet:

Zurückzulegen war ein zum Teil 1500 km langer Weg mit 20 bis 1400 m hohen Pässen auf schwierigsten Gebirgsstraßen. Die von Kämpfen begleite=ten Märsche begannen in Griechenland bei tropischer Hitze und wurden in Mazedonien bei Herbststürmen, Frost und endlosem Regen und später bei Schnee fortgesetzt. Schwerpunkte der Kämpfe lagen in Mazedonien an der altbulgar. Westgrenze, am Amselfeld bis Priština, in Serbien bei Kragujevac, Kraljevo und Čačak. Dort wurde in stützpunktartig aufgebauter Front in wo=chenlangem Ringen der Ansturm von 3 bulgar. Armeen und einer Pz.=Brig. so=wie von 3 (durch gut bewaffnete Bandenkräfte verstärkten) russ. Div.en gegen die eigenen Hauptverbindungen aufgefangen. Ein weiterer Schwerpunkt lag in Montenegro, wo der Durchbruch des XXI. Geb.=AK. erzwungen werden mußte. Gezählt wurden 20 449 tote Feinde; gefangen wurden 7 075 (davon 5 480 Bul=garen, 164 Russen); erbeutet wurden 25 Panzer usw., 148 Geschütze, 263 Pak, 16 Flak, 117 Granat=Werfer, 117 MG, 58 Pz.=Büchsen, 15 338 Gewehre, 429 Masch.=Pistolen, 49 Flammenwerfer, zahlreiche Munition und Kriegsgerät aller Art. Ferner wurden 131 Flugzeuge abgeschossen. Nirgends fiel wertvolles Gut dem Feind unzerstört in die Hand. Transportkolonnen, Eisenbahn und Luft=waffe sorgten für den Abschub. Von den aus Griechenland mitgeführten Versorgungsgütern wurden trotz laufenden Verbrauchs noch rund 9 000 to nach Kroatien überführt.

An diesen Bewegungen hatten die Pioniere entscheidenden Anteil durch Brückenbau, Instandsetzung der Bahnen und Straßen sowie Sperrmaßnahmen. Gebaut wurden 143 Behelfsstraßenbrücken von einer Gesamtlänge von 2764 m, ferner 2430 m Pontonbrücken sowie 23 Eisenbahn=Brücken bis zu 130 m Länge und 20 km Geleise. Gesprengt wurden 223 Straßenbrücken, 281 Eisenbahn=brücken, 157 Bahnhöfe, 25 Tunnels, 169 Bahndurchlässe, 598 km freie Strecke, 9776 Waggons und Lokomotiven; an Minen wurden 175 000 Stück verlegt.

Abschließend hob der OB das vorbildliche Zusammenarbeiten der 3 Wehr=

1 Ein Auszug auch im „Lagebuch" 14. 1.: Kroatien (s. oben S. 1013; s. dazu S. 812 ff.).

machtteile, den Einsatz der Führer, vor allem die einzigartige Leistung des deutschen Soldaten und dabei besonders der Infanteristen hervor.

Fernmündlich wurde dem OB am 14. 1. mitgeteilt, daß die *Bulgaren* den Befehl erhielten, auf Neusatz zu marschieren, um von Norden auf Vinkovci zu stoßen, und daß die 12. bulgar. Inf.-Div. in Bydan liege, wo sie nicht übersetzen könne.

Am 15. 1. wurde befohlen, das *Gen.-Kdo. des V. SS-Geb.-Korps* sofort in die Untersteiermark zur Verfügung des Reichsführers SS zu verlegen.

Der I c der Heeresgruppe meldete am 19. 1. über *Vorbereitungen* der *Ustascha in der Lika* (Nordwest-Kroatien), um im Falle eines deutschen Abzugs dorthin Einheiten zu verlegen und mit den Briten Fühlung aufzunehmen. Es sei nötig, unter diesen Gesichtspunkten auch die Verbände und national-slowenischen Splittereinheiten und die Cetniks in Istrien zu betrachten. Auf das Hinneigen zu England wurde besonders hingewiesen.

Der Auftrag der Heeresgruppe ging jetzt dahin, den kroatischen Raum zu halten.

Über die Entwicklung der *Lage bis Monatsende* gab der 1. Gen.-Stabsoffz. des WFStabs dem KTB am 29. 1. folgende Orientierung[1]:

„Dem OB Südost ist aufgegeben worden, Ermittlungen anzustellen, wie er sich an der geplanten Vernichtung des russ. Südflügels beteiligen kann. Es wird gedacht an den Vorstoß von 4 Div.en (11. Luftw.-Feld-Div., 297. Inf.-Div., 104. Jg.-Div. und 7. SS-Geb.-Div.) von Esseg nach Norden. Die Bereitstellung dafür kann bis 6. 2. abgeschlossen sein. In diesem Zusammenhang wurde die Frage neu erörtert, ob der kroatische Raum verengert werden solle. Der Führer hat dies abgelehnt, da eine solche Bewegung das Signal für eine gesteigerte Aktivität der Tito-Banden bedeuten werde. Deshalb bleibt es bei dem bisherigen Auftrag zur Verteidigung des kroatischen Raumes. Nur die Zurücknahme des Brückenkopfes von Višegrad ist vom Führer genehmigt worden.

An Einzelheiten ist hervorzuheben, daß die Russen ihre einzige Division, die sie an der Drau-Front eingesetzt hatten, jetzt in den Raum von Dunavöldvar verschoben haben; ferner, daß die Cetnik-Verbände nach Serbien hereinstreben, was auf einen Druck gegen die Tito-Kräfte und dadurch eine Erleichterung für die eigenen Truppen hinausläuft. Der Aufbau der Drina-Front schreitet nur langsam voran, da die 22. Inf.-Div. auf ihrem Marsch aufgehalten wurde. An der Syrmischen Front ist es — zweifellos unter dem Eindruck der dem Feinde bei dem eigenen Vorstoß zugefügten Verluste — zur Zeit ruhig.

Die Heeresgr. F soll bis 31. 1. den Befehl im Südosten an die Heeresgr. E abgeben. Über ihre weitere Verwendung ist noch keine Entscheidung gefallen."

### 3. Kommando-Verhältnisse

Die im Jahre 1944 maßgebliche Regelung, daß die Heeresgruppe F (Gen.-Feldm. Frhr. v. Weichs) von Belgrad aus im ganzen Südosten geführt hatte, während die ihr unterstellte Heeresgruppe E (Gen.-Oberst Löhr) von Saloniki über einen Teilraum den Befehl führte, war überholt, seitdem die Heeresgr. E Saloniki geräumt hatte und sich auf Belgrad zu zurückzog. Am 10. 1. erhielten die Heeresgruppen die Mitteilung, daß der Führer nach Abschluß der Ab-

1 Aus dem „Lagebuch" (s. oben S. 1054).

setzbewegung die Heeresgr. F zu anderer Verwendung herausziehen wolle; die Führung werde dann dem Ober=Kdo. der Heeresgr. E übergeben, auf die dann auch die Bezeichnung „Südost“ übergehe.

Am 23. 1. wurde dem OB mitgeteilt, daß die Heeresgr. F nicht vor dem 31. 1. herausgezogen werden solle.

Am 25. 1. war die Heeresgr. E in der Verlegung nach Agram begriffen. Da dort nunmehr die beiden Heeresgruppen zusammenlagen, drängte Generaloberst Löhr um die Monatswende auf Beendigung dieses Zustandes. Doch zögerte sich die endgültige Entscheidung zunächst noch hin.

Der Gen.=Feldm. v. Weichs wurde zunächst durch den Generaloberst Löhr vertreten, dann durch ihn ersetzt. Nachdem er sich beim Führer abgemeldet hatte, erhielt er kein neues Kommando mehr.

Chef des Stabes der Heeresgr. F war der Gen.=Lt. v. Gyldenfeldt, der im November 1944 den Gen.=Lt. Winter (nunmehr Stellv. Chef WFStab) ersetzt hatte und beim Generalobersten Löhr blieb. Dessen bisheriger Chef, Gen.=Lt. Foertsch, übernahm die Führung der 1. Armee.

Über die noch belassenen Reste des Ober=Kdos. der Heeresgr. F gab der WFStab am 28. 2. folgendes Urteil ab:

Ein völliges Herauslösen sei nicht erforderlich und bei den Erfahrungen des Stabes auch nicht zweckmäßig. Die Erweiterung des Befehlsbereiches bis zur 2. Pz.=Armee habe den Vorteil einheitlicher Führung im ungar. Ölgebiet und an der Naht; jedoch sei die Übernahme des Befehls an einem Teil der Ostfront unerwünscht, andererseits sei auch die Unterstellung Kroatiens unter das OKH nachteilig. Vorgeschlagen wurde deshalb die Abgabe des Befehls nach Beginn der Operation in Ungarn an die Heeresgr. E und Übernahme des Befehls in ganz Ungarn unter Befehl des OKH.

Eine Beauftragung des OB Südost als OB Süd (einschließlich Kroatiens) lenke dessen Bereich in zwei Richtungen. Es würde deshalb vorgeschlagen, die Heeresgruppen C und E dem OKW unmittelbar zu unterstellen und es bei der bisherigen Trennungslinie zu belassen.

Die Übergabe des Befehls von der Heeresgr. F an die Heeresgr. E zog sich bis zum 23. 3., 12.00 Uhr, hin. Generaloberst Löhr übernahm das Kommando am 25. 3.

#### 4. Die Entwicklung der allgemeinen Lage im Februar

Am *9. 2.* gab der *1. Gen.=Stabsoffz.* des WFStabs dem KTB — seine Mitteilungen vom 29. 1. ergänzend (s. S. 1405) — *folgende Orientierung*[1]:

„Nachdem bei Mostar ein eigenes Unternehmen erfolgreich durchgeführt wurde, hat der Gegner, der anscheinend nach Westen abgedrängt wurde, nun seinerseits zu einem Gegenstoß, der die rechte Flanke umholt, angesetzt. Es werde erforderlich sein, Gelände preiszugeben. Inzwischen sei das Unternehmen für das Freikämpfen des Raumes von Virovitica angelaufen, nachdem die beteiligten Truppen gute

1 Aus dem „Lagebuch“ (s. oben S. 1084 f.).

Marschleistungen erzielt hätten. Der Anfang des Unternehmens verlaufe erfolgversprechend. Heute werde voraussichtlich entschieden, daß dies Unternehmen erst am 19. 2. und nicht schon am 15. 2. — wie ursprünglich vorgesehen war — abgeschlossen sein müsse, da die Vorbereitung der weiteren Absichten so viel Zeit erfordere."

Am 6. 2., 20.00 Uhr, erstattete der OB Südost folgende Beurteilung, in die er seine weiteren Absichten einfügte:

*I. Bosnien.*

1. Aufschließen des Feindes bis Goražda und Višegrad, so daß mit neuen Angriffen zu rechnen sei.
2. *Großraum Tuzla:* Bandenschwerpunkt, begünstigt durch die unmittelbare Verbindung mit Serbien; dabei kennzeichnend, daß feindl. Kräfte vor dem Angriff der 22. Div. nicht nach außen (Serbien) herausströmten, sondern nach Westen abrückten. Möglich sei, daß diese Kräfte mit denen im Papuk-Gebirge zusammen operieren wollten, um die Verkehrslinie der Heeresgr. E zu durchschneiden. Vorhanden seien unter einem AOK 7–8 Div.en, die
   a) sich der 22. Div. an der Drina entgegenstellten,
   b) seit Ende Januar Brčka und besonders Bjelina konzentrisch angriffen (dabei seit 20. 1. 1200 tote Feinde),
   c) weitere Verstärkungen heranzogen.
3. An der eigenen Absicht, mit der 22. Inf.-Div. bis Bjelina durchzustoßen (dabei Entlastungsangriff des verstärkten Jg.-Rgt.s 724 von Doboj in Richtung Tuzla) und die Drina-Linie wieder zu schließen, werde festgehalten. Doch sei die Durchführbarkeit zweifelhaft.
4. Aus folgenden Gründen empfehle sich ein Großunternehmen zum Zerschlagen des roten AOK 2 und zum Freikämpfen von Tuzla:
   a) die operative Bedrohung, da diese Gruppe – zusammen mit Angriffen aus Syrmien oder über die Drau – die Front des XXXIV. Korps von Süden aus den Angeln heben könnte oder da ein Vorstoß nach Nordwest (zur Vereinigung mit den Kräften im Papuk-Gebirge) Brod wegnehmen und dadurch das XXXIV., LXXXI. und XXI. Geb.-AK. von ihren Nachschublinien abschneiden würde;
   b) die Kohlenlage in Kroatien, die durch Aushilfen aus dem Reich nicht gemeistert werden könne. Die eigene Förderung sei auf 13 % abgesunken. Durch Wiederaufnahme der Förderung im Tuzlaer Becken ließen sich monatlich 45 000 to erzielen und damit der monatliche Bedarf der Eisenbahnen (40 000 to) decken.
5. Für die Großunternehmen seien 3 Div.en erforderlich, d. h. außer der 22. Inf.-Div. zwei der Div.en aus der Angriffsgruppe gegen Ungarn. Eine Verwendung in Slawonien könne allerdings vordringlicher werden. Jedenfalls sei die baldige Zuführung der 7. SS-Geb.-Div. an den Nordflügel der Drina-Front dringend geboten.

II. *Slawonien.*

1. An der Syrmien- und der Drau-Front herrsche Ruhe. Das Ziel der bulgar. Bewegungen sei nicht bekannt. Eigene Reserven seien nicht vorhanden;

doch könne gehofft werden, mit den vorhandenen Kräften die Fronten zu halten.

2. Die starke rote Kräftegruppe bei Virovitica und südlich stelle eine Verlängerung der russ. Front vor der 2. Pz.-Armee dar; sie könne sowohl nach Südost als auch nach Nordwest aktiv werden. Für diese Möglichkeit (im Zusammenhang mit einer neuen russ. Offensive südlich des Plattensees) sprächen Anzeichen.

3. Die Entwicklung der Lage sei abhängig von dem am 6. 2. beginnenden Unternehmen „Werwolf". Mit der Besetzung von Barcs und der Herstellung einer durchgehenden HKL südlich der Drau (d. h. mit einer Trennung des Feindes) werde gerechnet. Ein Ausweichen des Feindes werde sich wohl nicht verhindern lassen; doch würden die feindl. Absichten erschwert und die eigenen bei der 2. Pz.-Armee erleichtert werden.

4. Nach Abschluß des Unternehmens „Werwolf" werde es notwendig sein, die Drau zu sichern und die verst. Kos.-Div. Kehrt machen zu lassen, damit sie den Feind bei Sisak zerschlage. Im Endziel werde die 297. Inf.-Div. bei Virovitica bleiben müssen, um eine Überflügelung der 2. Pz.-Armee und eine Bedrohung des Ölgebiets zu verhindern und die klar erkennbare Absicht des Feindes, der die rückwärtigen Verbindungen der Heeresgr. E in der Linie Sisak–Časma bzw. Sisak–Papuk-Gebirge abschneiden wolle, zu vereiteln.

III. *Herzegowina.*

Der Vorstoß auf die Narenta-Mündung habe den Zweck, dem Feind die Initiative zu nehmen, voll erreicht. Der Wunsch der Kroaten, bestimmtes Gebiet festzuhalten, sei wegen Mangels an Kräften unerfüllbar. Mit Angriffen gegen den nicht angelehnten Flügel werde gerechnet. Vielleicht werde durch den Vorstoß auch die Küstenbevölkerung zum Kleinkrieg aktiviert.

IV. *Lika.*

1. Die Kämpfe waren abgeflaut. Nach der Schneeschmelze sei mit Wiederaufleben zu rechnen. Möglicherweise sehe der Feind günstige Möglichkeiten im Zusammenwirken mit seinen Verbänden nördlich der Save und lockere deshalb den Raum von Bihać auf. Dies könne bedeuten, daß er an der eigenen Flankenstaffel (XV. Geb.-AK.) vorbeimarschiere und den Raum von Agram unmittelbar bedrohe. Jedenfalls bleibe die Verstärkung des Raumes südlich Agram durch die 104. Jg.-Div. – wie vorgesehen – notwendig.

2. Beachtung verdiene die Tendenz der Ustascha, bei einer Räumung von Kroatien in der Lika eine letzte Zuflucht zu suchen. Das kroat. Oberkdo. habe mehrere Anträge wegen Freikämpfens dieses Gebietes und Munitionierung gestellt. Brit. Zusagen seien deshalb anzunehmen, und eine Landung in Norddalmatien oder in Istrien sei nicht ausgeschlossen. Interalliierte Abmachungen über gemeinsame Vorstöße im Osten und Westen seien hypothetisch, müßten aber im Auge behalten werden. Für diesen Fall stünden die 297. Inf.-Div. und die 114. Jg.-Div. als erste Kräfte zur Verfügung.

Dazu *Stellungnahme des WFStabs am 8. 2.:* Die Beurteilung gehe an den Erfordernissen der Gesamtkriegführung vorbei, da der OB nach wie vor an seinen Antrag, Kroatien zu verteidigen, gebunden sei. Seine wichtigste Aufgabe sei die Mitwirkung an der Operation in Ungarn, wo die Sicherung der Treibstoffbasis wichtiger sei als alle sonstigen Aufgaben in Kroatien. Nachher müßten alle entbehrlichen Teile an die Ostfront geschafft werden. Daraus müßten Folgerungen für eine Rückverlegung der vorderen Linie des OB gezogen werden. Dafür verblieben ihm das XV. AK. mit der 392., der 373. Div. und kroat. Verbände, das XI. Geb.-AK. mit der 369., der 181. Inf.-Div. und kroat. Verbände, das XXXIV. AK. mit der 22., der 41. Inf.-Div., der 117. Jg.-Div. und das Kosaken-Korps für das rückwärtige Gebiet; zusammen also 7 deutsche oder Legionsverbände und die Kosaken. Entscheidend sei, daß die Banden sich nicht bis Bosnisch-Brod so festsetzen könnten, daß die neue Verteidigungslinie nicht gehalten werden könne. Deshalb müsse das XXI. Geb.-AK. zurückgeführt werden (250 km Marsch auf freigekämpfter Straße bis etwa Anfang März). Der kroatische Kohlenbedarf sei aus der Trifail-Kohle wie bisher zu decken.

Am 10. 2. (22.10 Uhr) erhielt der *OB* eine *Mitteilung,* daß es wahrscheinlich nicht möglich sein werde, alle an der Operation *in Ungarn beteiligten Verbände* in seinen Bereich zurückzuführen, und daß deshalb die Unternehmen gegen das Tuzla-Becken und gegen den Raum von Bihać nicht durchgeführt werden könnten. Der OB solle deshalb einen Vorschlag für die Kräfteverteilung nebst Zeitberechnung auf folgender Grundlage einreichen:

1. Neuer Auftrag: Halten des kroatischen Raumes nördlich der allgemeinen Linie Senj—Bihać—Banja Luka—Doboj—Syrmien-Front zum Schutz der Flanken des OB Südwest und der Heeresgr. Süd;
2. Sicherung des südlich angrenzenden Gebietes, solange es für die eigenen Absichten erforderlich sei;
3. Ausscheiden der 297. Inf.-Div., der 11. Lw.-Feld-Div. und der 104. Jg.-Div. nach Ende der Operation; Verbleiben (nach Möglichkeit) der 1. Geb.-Div. und der 7. SS-Geb.-Div.

Der *OB meldete dazu am* 12. 2. (20.05 Uhr):

1. Kräfteverteilung:
   XV. AK. (392. und 373. kroat. Inf.-Div.) im Abschnitt Senj—Bihać—südlich Prijedor;
   XXI. Geb.-AK. (369. kroat., 181. und 22. Inf.-Div.) im Abschnitt Banja Luka—Doboj—Brčka;
   XXXIV. AK. z.b.V. (41. Inf.-Div. und 117. Jg.-Div.) in der Syrmien-Front, zurückverlegt in die Ausgangsstellung.

   Die tiefe Flanke werde dann bis Banja Luka durch kroat. Legionsverbände gesichert werden, die an sich schlecht seien und durch die Preisgabe von halb Kroatien noch schlechter werden würden. Deshalb müßten — wie schon vorgesehen — die 1. Geb.=Div. bereitgestellt und die 104. Jg.=Div. in den Raum von Bihać verlegt werden, wo feindlicher Druck zu erwarten sei. Der Nordflügel des XXXIV. AK. sei zur Zeit bei Vukovar und komme voraussichtlich an die Drau=Mündung. Der neue Donau=Abschnitt könne durch Streckung der 41. Inf.=Div. und der 117. Jg.=Div. nicht besetzt werden. Über Aushilfen s. unten.

2. Die Zeit der materiellen Räumung sei schwer zu veranschlagen, da kroatische Unterlagen nicht eingeholt werden können; die taktische ließe sich in 21 Tagen durchführen.

3. Die Räumung müsse unter der Bedrohung durch 3 große Bandengruppen erfolgen: bei Mostar 4 Div.en, westlich Travnik 2 Div.en, um Tuzla 9 Div.en. Deshalb müsse der Feind vor oder während der Bewegung bei Tuzla geschlagen werden. Das sei aber erst nach der großen Operation möglich, wozu außer der 7. SS=Geb.=Div. noch ein weiterer Verband für 2—3 Wochen erbeten werden müsse. Die 7. SS=Geb.=Div. müsse dann beim OB Südost verbleiben, um das Kohlenrevier von Tuzla zu erhalten; dann ließe sich auch die Donaufront (s. oben) besetzen.

4. Die politische Auswirkung der Räumung sei nicht zu übersehen. Ein Brief des Führers an den Poglavnik oder dessen Besuch im FHQu. werde erforderlich sein. Mit allseitiger Opposition und passivem Widerstand der Ustascha, der kroat. Wehrmacht und der Bevölkerung sei zu rechnen. Das Anlehnungsbedürfnis an die Engländer werde sich erhöhen, falls nicht sogar ein Umschlag in der Lika eintrete.

5. Grundsätzlicher Verzicht auf Zerstörungen empfehle sich.

6. *Zusammenfassung:* Zeitbedarf rund 2 Monate. Kräfteersparnis erst nach Abschluß; nach Angabe der 297. Inf.=Div., der 11. Lw.=Feld=Div. und der 104. Jg.=Div. Andauern des bisherigen risikoreichen Kräftedefizits; dazu starke Bedrohung der Südflanke; Zuführung der 1. Geb.=Div. und der 7. SS=Geb.=Div. seien Voraussetzung für das Halten der neuen HKL, dabei voraussichtlich Einsatz in Front, d. h. keine operative Reserve vorhanden. Inkaufnahme der politischen Folgen; Milderung auf diplomatischem Wege.

Dazu nahm der *WFStab* am 15. 2. wie folgt Stellung: Eine durchlaufende Sicherung der Abwehrfront sei unmöglich; es komme darauf an, die Machtzentren und die wichtigsten Verkehrslinien durch Besetzung der Pässe und bewegliche Kampfführung zu sichern. Dazu seien voll gebirgs=bewegliche Verbände erforderlich. Besetzt müßten werden: die Küste von Fiume bis Senj, die Räume von Bihać, Banja Luka und Doboj sowie die Syrmien=Front. Dafür seien 7 Div.en und 2 weitere für die bewegliche Kampfführung erforderlich, ferner eine weitere (falls dies möglich sei) für den Raum von Tuzla, also 10, dazu die Kosaken=Div. in Slawonien und Sich.=Truppen. Der Kräftebedarf bleibe also weiter groß, könne aber bei den im Frühjahr zu erwartenden Spannungen nicht herabgesetzt werden. Das Freimachen von 3 Div.en müsse Ziel bleiben. Das Risiko sei dann nicht größer als bei den Heeresgruppen im

Osten. Die Entscheidungen (auch über Kroatien) fielen an der Oder und nicht an der Save.

Inzwischen hatte sich die Lage durch den *Zusammenbruch der Front bei Mostar verschoben* (vgl. S. 1414 ff. den Abschnitt: Die Lage bei Mostar). Der *OB ergänzte* daher *seine Meldung* vom 12. 2. am 16. 2. (18.20 Uhr): Durch die Entwicklung der Lage bei Mostar am 13. und 14. 2. habe sich die Grundlage der ersten Meldung verschoben. Die Aufgabe von Mostar und Nevesinje sei nach regelrechtem Zusammenbruch der eigenen Abwehr völlig unplanmäßig erfolgt, wobei sich die 369. kroat. Inf.=Div. aufgelöst und fast sämtliches schwere Gerät und ihre Waffen verloren habe. Daraus seien Folgerungen für die übrigen kroatischen Verbände zu ziehen.

1. Die 369. kroat. Div. sei in der Masse zerschlagen; ob der Feind mit den Resten nördlich Mostar zum Stehen gebracht werde und ein Vorstoß gegen Serajewo abgehalten werden könne, lasse sich noch nicht übersehen. Die ostwärts Serajewo stehende 181. Inf.=Div. sei der schlechteste deutsche Verband der Heeresgr. E. Wenn der Feind sie bei Višegrad angreife (was zu erwarten sei), werde auch dort eine Krise entstehen. Von Süden sei der Gegner bis 9 km an Serajewo herangekommen. Gegen Travnik stoße er seit dem 15. 2. vor; gegen die Nord=Süd=Verbindung bei Zenica werde er bald angreifen.

   Der OB sehe sich einer planmäßigen Operation mit dem Ziel, das XXI. Geb.=AK. zu schlagen[1] und die Herzegowina sowie Südbosnien freizukämpfen, gegenüber. Es zeige sich, daß das zwangsweise an der Südfront eingegangene Risiko zu groß gewesen sei. Falls Serajewo gehalten werden könne, sei zweifelhaft, ob das XXI. Geb.=AK. dann noch stark genug sei, um sich nach Doboj durchzuschlagen, da es von Tuzla aus bedroht werde. Eine Kräfteersparnis trete erst nach dem Absetzen ein. Der OB brauche also nach der Operation in Südungarn 2 Verbände zurück, um dem XXI. Geb.=AK. von Norden entgegenzustoßen und um den Feind bei Tuzla, das auch in Richtung Brod eine Bedrohung bedeute, zu zerschlagen. Junger Einsatz sei für die Absetzbewegung an der Straße Serajewo—Brod unumgänglich.

2. Die 369. kroat. Div. habe zum zweiten Mal völlig versagt, was sich diesmal nicht durch die Unzulänglichkeit des Div.=Kommandeurs erkläre, sondern durch die Mentalität der Legionäre. Das Verhalten der 373. kroat. Inf.=Div. im Dezember 1944 habe dasselbe Bild gezeigt. Feindliche Propaganda wirke sich neben der Gesamtkriegslage aus. Die kroat. Div.en könnten daher nicht (wie am 12. 2. noch vorausgesetzt wurde) an Schwerpunkten eingesetzt werden. Da es sich um eine 250 km breite Front in gut gangbarem Berg= und Hügelgelände handle, genüge die 1. Geb.=Div. nicht. Ohne die 104. Jg.=Div., die 297. Inf.=Div. und die 11. Lw.=Feld=Div. sei es nur möglich, Restkroatien von gewissen Basen aus beweglich zu verteidigen.

1 Im Ms. fehlt: zu schlagen.

Die befohlene Linie könne somit überhaupt nur dann gehalten werden, wenn entweder deutsche Div.en eingeschoben oder so ausreichende operative Reserven zur Verfügung gestellt würden, daß die Lage jeweils wiederhergestellt werden könne. Ferner müßten Kräfte zur Sicherung des Save-Raums zur Verfügung stehen. Mit einem Zuschuß an Sich.-Kräften sei nicht zu rechnen, da die außerhalb der neuen Linie beheimateten kroat. Truppen wegbleiben und Tito zufallen würden.

Zu Ziff. 4 seiner Meldung vom 12. 2. meldete der OB, daß sich auch bei geschicktester Diplomatie außergewöhnliche innenpolitische und wirtschaftliche Komplikationen ergeben würden. Die Bevölkerung wolle heute weniger als je Opfer für das Ustascha-System bringen. Slawonien als das einzige Ernährungs-Überschußgebiet sei fast völlig unbestellt; Restkroatien werde schnell in Not geraten. Die Nordgebiete würden, da sie besser gestellt seien, sich zum Einfall eignen. Daraus sei die Folgerung zu ziehen: ausreichende starke Abwehr in der HKL und genügende Reserven im Innern.

*Zusammenfassung:*

Der Schutz der beiden Nachbarflanken könne mit den vom OKW zugesagten Kräften nicht, mit den bedingungsweise in Aussicht gehaltenen vielleicht sichergestellt werden, wenn

a) die Absetzbewegung gelinge,

b) sich die innere Lage nicht wesentlich verschärfe und

c) große Operationen Titos und der Anglo-Amerikaner ausblieben.

Da keine der drei Voraussetzungen wahrscheinlich sei, schlage der OB vor:

1. Das sofortige Beziehen der endgültig befohlenen Linie mit unverminderten Kräften der Heeresgr. E;
2. Anschließend den Angriff über die Drau. Dabei verweise der OB auf die dortigen Bodenverhältnisse. Ähnliches gelte für den Save-Abschnitt. In den Bergen Bosniens und Slawoniens gebe es keine Schlammperiode. Die Operationen in Kroatien seien also jetzt möglich, die nördlich der Drau nicht. Ob die Gesamtlage diesen Vorschlag zulasse, könne nicht ermessen werden;
3. Endgültiges Belassen der 104. Jg.-Div. und der 297. Inf.-Div. (zusätzlich der 1. Geb.-Div. und der 7. SS-Geb.-Div.) im Bereich des OB Südost. Für den Fall, daß der Angriff gegen Ungarn doch vorher stattfinde, erbitte der OB anschließend die Rückgabe möglichst aller Verbände, zum mindesten der 104. Jg.-Div. und der 297. Inf.-Div. zur Sicherung des Absetzens. Dabei werde das Risiko gelaufen, daß in der Zwischenzeit beim XXI. Geb.-AK. die Krise sich verschärfe und die Südfront ins Gleiten komme, ohne daß sie abgestützt werden könne.

Wie sich dem *WFStab die Entwicklung in den letzten Wochen* darstellte und welche Beurteilung der Lage sich daraus für ihn ergab, legte er in einer Aufzeichnung nieder, die der Chef des WFStabs abzeichnete und dann zu den Akten gab. Sie hatte folgenden Inhalt:

1. 22. 1.: Entschluß des Führers, die 6. Pz.-Armee nach Ungarn zu werfen zum Schutz des kriegsentscheidenden Ölgebietes, um dann im März mit den freigewordenen Kräften einen Schlag im Mittelteil der Ostfront zu führen.
Seit 22. 1. traten folgende Ereignisse ein:
1. Vordringen der Russen bis zum Unterlauf der Oder, Vorbereitungen zum Angriff auf Berlin, Vormarsch gegen die Niederlausitz.
2. Verlust wesentlicher Ernährungsüberschußgebiete und Oberschlesiens.
3. Beginn des Angriffs im Westen.
4. Verzögerung des Aufmarsches in Westungarn.
5. Keine Entlastung durch den Gegenangriff in Pommern.
Deshalb sei zu prüfen, ob der Entschluß vom 22. 1. noch richtig sei.
2. Der 1. Abschnitt der Operation in Ungarn, der Angriff gegen den Gran-Brückenkopf (17. 2. bis wohl 23. 2.), war erfolgreich; die Front werde jetzt 1 Div. sparen. Das Weitere werde nur in Teiloperationen erfolgen können, wobei der Zeitbedarf durch Gegenmaßnahmen wachse. Es seien deshalb 6 Wochen zu veranschlagen, also 1. 3. bis etwa 15. 4. Die Abfahrt könne dann im Tempo 24–30 erfolgen. 9 Div.en (darunter 4–6 Pz.-Div.en) erforderten 450–500 Züge, d. h. 3 Wochen Einladung und 1 Woche Transport. Die neue Operation könne daher erst 3 Wochen nach Ende der in Ungarn durchgeführten erfolgen. Also könne erst frühestens Anfang Mai bei der Heeresgr. Mitte oder Weichsel eine Operation beginnen; inzwischen könnten entscheidende Krisen eintreten, auch werde der OB West Forderungen stellen. Von anderen Fronten seien in dieser Zeit nur noch 3 Div.en (715. Inf.-Div. aus Italien, 169. und 199. Inf.-Div. aus Norwegen) zu erwarten, dazu[1] 9 Neuaufstellungen für Osten und Westen.
3. Falls die Operation in Ungarn gelingen würde, würden bei 25 km Frontbreite 12 Div.en zwischen Drau und Gran in Front und 3 in Reserve erforderlich sein. Der OB Südost sei dann mit seinem Nordflügel an der Drau-Mündung festgelegt. Die drei kroat. Div.en bei Mostar hätten nur den Wert einer Div. Der OB Südost müsse also zahlenmäßig alle Div.en, die er jetzt stelle, bis auf eine zurückerhalten. Von den 15 Div.en für den neuen Raum müßten also 14 aus der Heeresgr. Süd genommen werden; sie besitze 19 (ohne die 6. Pz.-Armee). Für die Mitte der Ostfront würden also ab Anfang Mai frei: von der 6. Pz.-Armee 4, von der Heeresgr. Süd 4, vom OB Südost 1, zus. 9 Div.en.
4. Angeregt wurde folgende Lösung:
Nur Vernichtung des Feindes zwischen Budapest und Vértes-Gebirge unter Heranziehen von 2 Div.en der 2. Pz.-Armee, wofür 3 Wochen anzusetzen seien. Erforderlich blieben dann 16 Div.en. Der OB Südost brauche dann nicht an der Drau-Mündung zu halten. Für die Verteidigung eines Rest-Kroatiens vorwärts der Zvonimir-Linie würden 7 Div.en genügen, für den

1 Ms.: für

Schutz der Südflanke des Ölgebietes und der Heeresgruppen=Naht 3 Div.en. Dafür seien 2 Monate erforderlich; nachher werde sich der Bandendruck erhöhen; aber die Bedrohung der tiefen Flanke bei Bihać vermindere sich. Die 11. Lw.=Feld=Div. könne durch das Kosaken=Korps freigemacht werden. Am 15. 4., also 3 Wochen früher, würden dann zur Verfügung für eine Operation in der Mitte der Ostfront stehen: von der 6. Pz.=Armee 4, von der Heeresgr. Süd 5, vom OB Südost 1, zusammen 10 Div.en.

Vorteil sei Zeitgewinn und dabei doch Schutz des Ölgebietes durch zwei Teilschläge.

(Verlauf der Zvonimir=Stellung: Krivi Put—südlich Ogulin — ostwärts . . . [1]. Gedacht wurde an Halten des Raumes bei Sluin—Petrinja—Časma—Djur=Dje; bei Halten der Drau=Mündung ergab sich als kürzeste Linie die von Bihać über Banja Luka—Doboj nach Brčka.)

Am 27. 2. wurde dem OB Südost von der Kommandantur von Kreta und in der Ost=Ägäis mitgeteilt, daß die *Türkei* ab 1. 3. dem Reich den Krieg erkläre. Nach schwedischen Zeitungsmeldungen aus Ankara betrachteten türkische Kreise die nur symbolische Teilnahme am Kriege für nicht wahrscheinlich. Der Führer halte es für möglich, daß Rhodos auf der Jalta=Konferenz der Türkei zugesprochen werde. Daher sei ein türkischer Angriff gegen die vom Reich besetzten Inseln des Dodekanes möglich.

### 5. Die Krise bei Mostar und ihre Auswirkung

Am *10. 2.* erstattete der *OB* eine *Meldung* über die inzwischen schwierig gewordene Lage bei Mostar: Der Feind wolle die eigenen Kräfte durch beiderseitige Umfassung abschneiden und habe hierzu 10 Brig.en, darunter 1 Pz.=Brig., zu konzentrischem Angriff bereitgestellt. Gleichzeitig werde Nevesinje durch 3 Brig.en bedroht. Die Lage sei wie seinerzeit bei Knin. Die kroat. Verbände seien ohne Kampfwert; selbst die Legionstruppenteile seien dem Gegner nicht gewachsen. Der OB beabsichtige, wenn irgend möglich Mostar zu halten; er habe dazu alle verfügbaren Kräfte des XXI. Geb.=AK. herangezogen, deshalb auch die Schwächung des Abschnitts Goražda und die Aufgabe der rückwärtigen Verbindungen der 22. Inf.=Div. in Kauf genommen. Ein größeres Risiko sei jedoch nicht mehr zulässig. Der OB erbat die Genehmigung zur beweglichen Kampfführung beiderseits Mostar und Handlungsfreiheit, gegebenenfalls Nevesinje preiszugeben. Sonst sei die Gefahr des Verblutens des deutschen Rahmenpersonals, die Auflösung der Legionsverbände und damit des Zusammenbruchs der Front gegeben. Die Behauptung von Nevesinje könne den Verlust des gesamten schweren Geräts bedeuten. Um baldige Entscheidung werde gebeten. Der *WFStab* sprach sich für Zustimmung aus.

Fernmündlich am gleichen Tage (schriftlich am 12. 2.) wurden dem OB die *bewegliche Kampfführung und die Preisgabe von Nevesinje* für den Fall

1 Hier ist ein Wort ausgefallen.

zugestanden, daß der Verlust des schweren Geräts drohe. Die *Aufgabe von Mostar* bedürfe jedoch der Genehmigung des Führers.

Um 18.45 Uhr des 11. 2. meldete der OB fernmündlich, daß die *22. Inf.=Div. an der Drina im Angriff liegengeblieben* war. Der OB beabsichtige Ent= lastungsangriff mit der 2. Rgt.s=Gruppe der 104. Jg.=Div. aus dem Raum Brčka nach Süden. Nach Durchgabe in die Lagebesprechung beim Führer wurde 19.45 Uhr die Genehmigung unter der Voraussetzung erteilt, daß der Versammlungsraum innegehalten werde.

Über die *weitere Entwicklung* meldete der OB am *14. 2.* (13.45 Uhr): Nach Zusammenbruch der Westfront von Mostar infolge starker Angriffe und Auf= lösung bei den kroat. Verbänden sei der Feind auf die beherrschenden Höhen westlich und nördlich Mostar vorgedrungen. Nur noch schwache Teile des deut= schen Rahmenpersonals seien abwehrbereit. Nach anfänglichem Erfolg sei die Aufkl.=Abt. der 117. Jg.=Div. zerschlagen worden. Alle verfügbaren Kräfte seien zum Gegenangriff gegen den in der offenen Nordflanke nach Osten vor= stoßenden Feind (Spitze bei Zandra, 10 km nordostwärts Mostar) zu[1] zer= schlagen und die Unterbindung der Straße nach Serajewo zu verhindern. Der Erfolg sei unsicher, und auch nach der für die Nacht vom 13./14. 2. befohlenen Aufgabe von Nevesinje und dem Heranziehen der dort eingesetzten Kräfte sei keine Wiederherstellung der Lage zu erwarten. Deshalb werde die Genehmi= gung zur Räumung von Mostar erbeten. Dafür sprächen die Verstärkung des Feindes nördlich Mostar, ferner der Einsatz aller verfügbaren Kräfte, das Zu= spätkommen der (im übrigen keine ausreichenden Kräfte besitzenden) Gruppe aus dem beschleunigt geräumten Brückenkopf Višegrad, schließlich die Verschärfung der Lage südlich Serajewo, die Kräfte erfordere, und die Gefahr, daß die Kräfte bei Mostar eingeschlossen und vernichtet werden könn= ten, so daß das XXI. Geb.=AK. dann nicht mehr Angriffe weiter rückwärts auffangen könne. Im Falle der Genehmigung wolle der OB die eigenen Kräfte in die Linie Jablanica (36 km nördlich Mostar) — Konjica über mehrere Zwi= schenstellungen zurücknehmen, die jeweils nur unter Druck geräumt werden sollten.

Über den *Verlust von Mostar* und die sich daraus für die allgemeinen Ab= sichten ergebenden Folgen *meldete der OB am 16. 2.* (vgl. den Abschnitt: Die Entwicklung der allgemeinen Lage im Februar: S. 1411 f.).

*Fernmündlich* teilte der Chef der Heeresgruppe am *gleichen Tage* noch mit: Bei Mostar seien die Dinge wie seinerzeit bei Knin verlaufen. Das deut= sche Rahmenpersonal habe sich ausgezeichnet geschlagen und 2 Rtg.s= und 5 Btl.s=Kommandeure verloren. Nach Weglaufen der Legionssoldaten sei je= doch die Verteidigung nicht mehr zu halten gewesen. Die Folgerung ziehe der OB in seiner neuen Meldung. Der OB sei im Raum von Virovitica gewesen, wo tiefe Verschlammung und Überschwemmungen herrschten. Im Raum von Barcs

1 Wohl ausgefallen: anzusetzen, um ihn zu usw.

bestehe zur Zeit keine Gefahr; aber solche Verhältnisse herrschten natürlich auch im Angriffsraum.

Zur Meldung des OB vom 16. 2. nahm der *WFStab* am *18. 2. Stellung:* Die kroat. Div.en müßten mit deutschen Kräften durchsetzt werden. Trotz Zustimmung zur Auffassung des OB müsse an den bisherigen Planungen festgehalten werden. Vorgeschlagen werde, auf den Einsatz der 7. SS-Geb.-Div. gegen Ungarn zu verzichten und diese Div. schnell in den Raum von Tuzla zurückzuführen, um dort (zusammen mit der 22. Inf.-Div.) die Banden zu schlagen. Die 7. SS-Geb.-Div. könne durch die 1. Kosaken-Div. ersetzt werden.

Am 20. 2. (13.00 Uhr) *ergänzte der OB* die am 16. 2. erstattete *Meldung:*

1. Der Feind setze die Operation zur Vernichtung des XXI. Geb.-AK. planmäßig fort. Frontal von Mostar folge der Feind nur mit Teilen; dagegen drücke er stark gegen die Rückzugsstraße nach Serajewo. Der Aufmarsch gegen die 181. Inf.-Div. stehe vor dem Abschluß. Bei Travnik habe der konzentrische Angriff bereits zum Verlust der Stadt geführt. Deshalb sei das Gren.-Rgt. 359 (181. Inf.-Div.) aus dem Verband der 369. Inf.-Div. herausgelöst worden, um westlich Serajewo als Korpsreserve bereitgestellt zu werden. Ferner sei die 181. Inf.-Div. in die Tiefe zur Sicherung ihrer Nachschubstraße aufgelockert worden. Die schwierige Lage der 22. Inf.-Div. sei durch die Vereinigung mit dem Jg.-Regt. 334 nicht behoben, da dieses beschleunigt herausgezogen werde. Südlich der 22. Inf.-Div. habe der Feind volle Bewegungsfreiheit, da die Div.-Stäbe an Bjelina herangehalten werden müßten.
2. Die weitläufige Aufstellung des XXI. Geb.-AK. gebe dem Feinde Gelegenheit zur Anwendung seines Verfahrens, Stellungen von rückwärts einzustoßen. Das Versagen der Domobranen und der Ustascha nehme zu. Das AK. könne Südbosnien mit den eigenen Kräften nicht halten, sich auch ohne Unterstützung wohl nicht der drohenden Vernichtung entziehen. Die Lage werde sich womöglich schnell entwickeln.
3. Für den Fall der sofortigen Räumung bis zur Linie Bihać—Banja Luka—Doboj—Syrmien-Front werde nach Abgabe der 3 Div.en ein verstärktes Inf.-Rgt. nördlich Serajewo für erforderlich gehalten; dazu biete sich das Inf.-Rgt. 724 (104. Jg.-Div.) an.
4. Solle Südbosnien bis auf weiteres gehalten werden, sei die Zuführung einer voll kampfkräftigen Div. erforderlich; vorgeschlagen werde die der 7. SS-Geb.-Div. oder[1] der 104. Jg.-Div.
5. Auf keinen Fall sei die zersplitterte Aufstellung des XXI. Geb.-AK. länger tragbar. Die Zusammenfassung aller noch vorhandenen Kräfte desselben in enger, brückenkopfähnlicher Stellung in Serajewo sei die einzige Möglichkeit, die Absichten des Feindes zu vereiteln (Westen: Ivan-Sattel, Osten: Romanja-Planina, Norden[2]: gegen Tuzla). Der Zeitpunkt richte sich nach der

1 Ms.: mit
2 Ms.: Süden

Lage, könne aber vielleicht bis zum Abschluß der materiellen Räumung hinausgezögert werden. Andererseits werde die sofortige Ermächtigung dazu erbeten, um bei einer Krise sofort handeln zu können.

6. Von diesem Antrag unberührt blieben die am 12. 2. gemeldeten Forderungen (Kräfte der Ungarn-Operation für Tuzla, Belassen eines Verbandes zum Einsatz beim XV. Geb.-AK.). Um sofortige Entscheidung wurde dringend gebeten.

Am 23. 2. erhielt der *OB* auf die Meldung vom 16. 2. folgende *Weisung:* Aufgabe für die nächste Zeit bleibe es, den *Großraum Serajewo festzuhalten und mit 4 Div.en an der Operation gegen Ungarn teilzunehmen.* Für die weitere Kampfführung in Kroatien habe der Führer befohlen:

1. Die 7. SS-Geb.-Div. scheide aus der Operation aus und stehe dem OB zur Verwendung in Bosnien zur Verfügung.
2. Als Ersatz für sie sei die 1. Kosaken-Div. vorgesehen. Versammlung aller Teile bis 27. 2. Schnelles Nachführen der zur Drau-Sicherung eingesetzten Teile (entsprechend dem Fortschreiten des Angriffs der 2. Pz.-Armee) sei vorzubereiten.
3. Der Großraum Serajewo müsse durch bewegliche Kampfführung beherrscht werden. Agram müsse schon aus politischen Gründen in eigener Hand bleiben. Der OB werde ermächtigt, im Falle einer Krise das XXI. Geb.-AK. in der vorgeschlagenen Brückenkopfstellung zusammenzuziehen.
4. Um Serajewo zu sichern, müßten die Straße und die Bahn Brod—Serajewo ausreichend gesichert werden. Das sei auf die Dauer nur möglich durch Zerschlagen des Feindes bei Tuzla und bei Travnik mit Hilfe aller verfügbaren Div.en (7. SS-Geb.-Div., 22. Inf.-Div., Rgt. „Skanderbeg" bzw. Teile der 181. Inf.-Div.). Mit einer ständig bereitgehaltenen Reserve müßten die neuen Schwerpunkte zerschlagen werden. Der Flankenschutz für die Syrmien-Front müsse durch Halten des Raumes Brčka—Bjelina und durch Angriffe nach Süden gewährleistet werden.
5. Der OB könne mit der Rückführung der 11. Geb.-Div. sowie der 1. Kosaken-Div. nach Kroatien rechnen; 2—3 Div.en (voraussichtlich 11. Lw.-Feld-Div., 104. Jg.-Div. und 297. Inf.-Div.) würden nördlich der Drau verbleiben müssen.

### 6. Die Vorbereitungen zur Unterstützung des Angriffs in Ungarn (Unternehmen „Waldteufel")

Am *20. 1.* (ab 21. 3., 15.30 Uhr) erhielt der OB die Mitteilung, daß der Führer im Rahmen der Gegenmaßnahmen gegen den russ. Angriff gegen das Reichsgebiet nach Bereinigung der Lage bei Budapest eine Operation gegen den russ. Südflügel in Ungarn beabsichtige mit dem Ziel, die südlich Budapest stehenden feindlichen Kräfte zu vernichten. Dazu habe der OB Südost die

Möglichkeit eines Ansatzes von 3–4 Div.en aus dem Raum von Esseg zu prüfen, welche im Zusammenwirken mit der 2. Pz.=Armee und einem Stoß aus Gegend südlich Budapest nach Süden den russ. Südflügel zerschlagen sollten. Der OB solle das Ergebnis mit Zeitberechnung melden unter der Alternative: 1. Kroatien werde nur nördlich der Linie Senj—Bihać—Banja Luka, 2. bisherige Syrmien=Front werde gehalten. Unabhängig davon solle baldigst eine Inf.=Div. in den Raum westlich Virovitica zugeführt werden, um den Schutz der Operation[1] in Südungarn unter allen Umständen zu gewährleisten (Meldung dazu 22. 1.).

Dazu meldete der OB am *22. 1.* (11.30 Uhr): Die befohlene Kräftegruppe könne bestehen aus der 297. Inf.=Div. (vorgesehen gegen Virovitica), der 7. SS=Geb.=Div. (vorgesehen zum Angriff über die Save nach Süden) ohne Teile, die bei Bjelina und Barcs bis zum Eintreffen der 22. Inf.=Div. bleiben müßten, der 104. Jg.=Div. (vorgesehen für das XV. Geb.=AK.; Teile bereits dort) und der 11. Lw.=Feld=Div. (eingesetzt an der Drau und vorgesehen gegen Virovitica), d. h. 2 volle und 2 halbe Inf.=Div.en. Die Zeitberechnung sei abhängig vom Pferdeausfall, dem Wetter, der Einwirkung der Banden, den Brücken; günstigenfalls sei für 2 Div.en der 1. 2., für die beiden anderen der 6. 2. anzunehmen. Es wurde darauf hingewiesen, daß dann an der Drina nur 1 Div. stehe und der Raum von Bihać nicht verstärkt werde, was ein großes Risiko bedeute. Würden diese Div.en sicher zurückkommen, sei es tragbar; wenn nicht, müsse eine Teilräumung erfolgen.

Daran schloß der OB Einzelvorschläge.

Am *23. 1.* (1.30 Uhr) ging an den *OB* folgender *Befehl* ab: Im Rahmen des Angriffs, der im Raum von Budapest gut voranschreite, werde die 2. Pz.=Armee voraussichtlich am 24. 1. zum Angriff nach Osten antreten. Der OB Südost werde beauftragt, beschleunigt alle Vorbereitungen zu treffen, um baldigst mit möglichst starken Kräften über die untere Drau nach Norden vorzustoßen und zusammen mit der 2. Pz.=Armee die feindlichen schwachen und wertmäßig schlechten Kräfte zu vernichten. Der Zeitpunkt sei abhängig vom Anfangserfolg der 2. Pz.=Armee. Der OB sollte dazu Meldung erstatten. Unabhängig davon sollten die 11. Lw.=Feld=Div. und Teile der in Syrmien eingesetzten Verbände so bereitgehalten werden, daß sie im Falle eines Erfolges der 2. Pz.=Armee sogleich nach Norden antreten könnten. Der OB solle sich über die Operationen der 2. Pz.=Armee auf dem laufenden halten. Unabhängig von diesen Aufträgen solle die Befehlsübergabe an die Heeresgr. E zum frühesten Termin vorbereitet werden; jedoch werde die Heeresgr. F nicht vor dem 31. 1. herausgezogen.

Im Anschluß an diesen Befehl wurde am *27. 1.* in einem *Ferngespräch* mit dem Ia des OB Südost festgestellt, daß sich an der gemeldeten Kräftegliederung und dem Zeitpunkt der Angriffsbereitschaft (s. unten) nichts ändere.

1 Ms.: Objektes

Die 7. SS.=Geb.=, Freiw.=[1] und die 11. Lw.=Feld=Div. waren ab 1. 2., die 297. und 104. Jg.=Div. am 6. 2. angriffsbereit.

Auf diesen Befehl hin *meldete der OB am 28. 1.* (12.45 Uhr), daß es zwei Möglichkeiten gebe:

1. Überschreiten der Drau bis Esseg mit der Schwerpunktgruppe und Vorstoß bis zur Linie Baja—Bátaszék unter Abdeckung gegen die russ. Donau=Übergänge (Apatin, Bezdán und Mohács) in der Erwartung, dann auf die Pz.=Kräfte der Armeegruppe Balck zu stoßen. Dazu Vorstoß aus dem Raum Miholjac durch eine zweite, schwächere Kräftegruppe, um den eigenen Angriffskeil nach Westen abzuschirmen und das Vorwärtskommen der 2. Pz.=Armee zu unterstützen.

   Hierzu würden bereitstehen:

   a) bis 31. 1. abends bei Esseg die Masse der 11. Lw.=Feld=Div. und 1 Rgt.s=Gruppe der 7. SS=Geb.=Div., im Abschnitt Miholjac 2 Rgt.s=Gruppen der 297. Inf.=Div. (jedoch ohne ausreichende Artl.);
   b) bis 6. 2. abends bei Esseg die 11. Lw.=Feld=Div., die 7. SS=Geb.=Div. und die 104. Jg.=Div., im Abschnitt Miholjac die 297. Inf.=Div.

2. Entfalle die angriffsweise Mitwirkung der Armeegruppe Balck, so werde diese Operation nur zur Bildung eines tiefen Brückenkopfes und der Vernichtung der feindlichen Flußsicherungen führen; eine Auswirkung auf die Kämpfe westlich Budapest oder bei Kaposvár sei fraglich. Sicher seien Kräfteverschleiß und Mun.=Verbrauch in den anschließenden Abwehrkämpfen. Der OB hielt es in diesem Falle für zweckmäßig, bei Miholjac die Drau zu überschreiten mit dem Ziel, westlich an Fünfkirchen vorbeizustoßen und auf kürzestem Wege die Vereinigung mit den von Nagybajom nach Südosten anzusetzenden Verbänden der 2. Pz.=Armee herzustellen, um den vor dem Südflügel derselben und südlich Barcs stehenden Feind zu vernichten. Fortsetzung des Angriffs sei dann nicht ausgeschlossen.

   Mit Teilkräften könne in beiden Fällen ab 1. 2. angetreten werden. Dadurch ginge das Moment der Überraschung verloren. Die Heeresgr. Süd sei befragt worden. (Dazu Bemerkung des Stellv. Chefs WFStab, daß die Überraschung gewahrt bleiben müsse, und Kräfteberechnung.)

Diese *Meldung ergänzte der OB am 30. 1.* (13.00 Uhr) auf Grund von Mitteilungen der Heeresgr. Süd:

Die Heeresgr. Süd setzte voraus:

1. das Zerschlagen der feindlichen Kräfte zwischen Donau und Vértes=Gebirge (Operation „Konrad III"), das nach Zerschlagen der von Dunaföldvar nach Norden angreifenden feindlichen Verbände erneut aufgenommen werden solle,
2. neue Abzweigung namhafter Kräfte für Stützung der Front nördlich der Donau,

1 So Ms.; wohl Schreibfehler.

3. Zuführung von 2—3 Inf.=Div.en und Auffüllung der 3 zur Zeit bei der Heeresgruppe kämpfenden Pz.=Div.en. Der Zeitpunkt lasse sich nach Ansicht der Heeresgr. Süd nicht festlegen, da er von der Operation gegen Budapest, den Zuführungen und der Lage an der übrigen Front abhinge.

Für den OB Südost ergebe sich daraus, daß die „große Operation" erst wesentlich später durchgeführt werden könne.

Der OB schlug vor, in der Zwischenzeit (wegen des bei der großen sowie der kleinen Operation vorhandenen Nachteils, daß der Feind in die Bjela Gora und das Papuk=Gebirge ausweichen werden) diesen Raum mit 2 Div.en zu säubern im Zusammenwirken mit den bereitstehenden Kräften des LXIX. AK. z.b.V. (Dauer etwa 5 Tage ab 5. 2.). Die anschließende Operation werde dadurch in beiden Fällen leichter werden. Außerdem könne der Fußmarsch nach Norden völlig verschleiert werden.

Der *WFStab* bezeichnete als frühesten Termin den 19. 2. für die Operation zwischen Donau und Vertes=Gebirge und schlug vor, den Antrag auf Zerschlagung des Virovitica=Brückenkopfes zu genehmigen.

Am *30. 1.* (ab 31. 1., 20.00 Uhr) erging an den *OB* die *Mitteilung, der Führer habe entschieden, daß die „große Lösung" vorzusehen sei.* Hierzu seien alle verfügbaren Kräfte aus dem Raum südlich Esseg scharf zusammengefaßt anzusetzen, um (unter Abdeckung der Donau=Übergänge) ausreichende Stoßkraft für die Vereinigung mit der Armeegruppe Balck sicherzustellen. Ein räumlich abgesetzter Ansatz von Kräften aus dem Gebiet von Miholjac entfalle somit. Über die voraufgehende Bereinigung bei Virovitica erfolge noch eine Entscheidung des Führers.

Am 2. 2. wurden beim Generaloberst Löhr als Landeskundigem Nachrichten über die Wetter= und Wegeverhältnisse in Ungarn eingeholt und Namen von Sachverständigen angefordert. Am *6.* 2. erbat der OB die Genehmigung, über die Drau nach Norden aufzuklären; dies wurde am 8. 2. unter Einschränkungen gewährt.

Am *11. 2.* wurde dem OB mitgeteilt, daß *der Führer ein Vordrücken der 2. Pz.=Armee bis etwa zur Linie Barcs—Nagyalád erwäge.* Der OB solle Stellung zu der Frage nehmen, welche *Möglichkeiten für den gleichzeitigen Angriff über die Donau nach Norden* mit der 297. Inf.=Div. und der 7. SS=Geb.=Div. gegeben seien und welche Zeit dies erfordere.

Darauf meldete der OB am 12. 2. (20.05 Uhr): Die Bereitstellung der 297. Inf.=Div. und der 7. SS=Geb.=Div. mit Übersetzgerät sei bis 18. 2. abends durchführbar. Der voraussichtlich stark verteidigte Stützpunkt Barcs solle durch Einsatz ostwärts der Stadt zu Fall gebracht werden. Die Nachsäuberung des „Werwolf"=Kampfraumes müsse unterbrochen werden, so daß der Feind sich wieder festsetzen könne. Eine Überraschung des Feindes nördlich der Drau sei nicht mehr zu erwarten, zumal das Pi=Material nicht getarnt werden könne. Beim Feinde sei mit 5 bulgar. Div.en und den nach Norden durchgebrochenen Bandenkräften zu rechnen, vielleicht noch mit operativen Reserven. Die eige=

nen Kräfte würden daher nachher schwer oder gar nicht mehr herauszulösen sein. Für diese kleine und nachher die große Operation reichten die Mun.= und Betriebsstoffvorräte nicht. Die 297. Inf.=Div. brauche 8 Tage Ruhe, da sie seit Tirana keinen Rasttag mehr gehabt habe.

Dazu Vermerk des Stellv. Chefs WFStab, daß er vorschlage, es bei dem ur= sprünglichen Plan zu belassen, wodurch sich das Problem Barcs von selbst löse.

Die dem *OB* am *14. 2.* erteilte *Antwort* ging dahin, der Führer habe ent= schieden, daß der Angriff bei Barcs entfalle und es bei dem *bisherigen Plan bleibe.* Durch regere Aufklärung usw. sollten an der Drau bis nördlich Viro= vitica Angriffsvorbereitungen vorgetäuscht werden, damit der Gegner bei Barcs Kräfte zusammenziehe und Angriffe über die Drau nach Süden unter= lasse.

Am *16. 2.* wurde dem *OB* auf seine Anfrage hin mitgeteilt, daß als neuer Termin für den Abschluß der Bereitstellung nunmehr der 25. 2. befohlen werde.

Am *17. 2.* machte der *OB* folgende *Vorschläge* zur Abänderung des am 31. 1. erteilten Befehls auf Grund der veränderten Lage und der inzwischen durchgeführten Erkundung:

A. *Angriffsschwerpunkt bei Esseg:* Angriff der 11. Lw.=Feld=Div., gebunden wegen Schlamm und Überschwemmung an die Straße Esseg–Mohács und den Eisenbahndamm, wobei mit feindlicher Tiefenstaffelung zu rechnen sei; dazu Nebenangriff auf Valpovo durch die 297. Inf.=Div. Fortsetzung in Richtung Mohács nach Zusammenschluß der beiden Brückenköpfe durch die 7. SS=Geb.=Div.; dahinter dann die 104. Jg.=Div.

B. *Angriffsschwerpunkt bei Miholjac:* Vorstoß gleichfalls auf Mohács. Be= reitstellung von 3 Div.en hier, 1 bei Valpovo. Vorteile seien bessere Boden= verhältnisse und gute Straßen 8 km nördlich des Flusses; Nachteil da= gegen, daß hier nach beiden Seiten abgeschirmt werden müsse. Der OB sehe im Augenblick den Vorschlag B als den günstigeren an.

Dazu nahm der WFStab dahin Stellung, daß entscheidend das schnelle Erreichen der Höhenstufe nördlich der Drau sei. Deshalb werde dem Vor= schlag zugestimmt. Der Nachteil könne durch den Ansatz einer schwachen Fesselungsgruppe bei Esseg verringert werden.

Hierzu übermittelte der *OB Südost* am nächsten Tage eine Meldung des Komm. Gen.s LXXXXI. AK., wonach der *Drau=Übergang* wegen des über= schwemmten und versumpften Geländes täglich schwerer werde. Bei Esseg sei kein Übergang möglich; bei Valpovo könne nur Infanterie eingesetzt werden. Es bleibe nur der Übergang bei D. Miholjac; die Vorbereitung erfordere aber so viel Zeit, daß mit einer Überraschung kaum zu rechnen sei.

Am *18. 2.* wurde dem OB übermittelt, daß es *beim 25. 2., 24.00 Uhr, bleibe.* Die Angriffsführung nach Vorschlag A oder B solle der OB nach den Gelände= verhältnissen und der Feindlage entscheiden.

Dazu meldete der OB am 20. 2., daß er sich entschlossen habe, den *Angriff mit Schwerpunkt D. Miholjac* in Richtung Mohács zu führen.

Am *21. 2.* erhielt der OB die Mitteilung, daß der Angriff um 48 Stunden verschoben worden sei.

Am *23. 2.* (8.45 Uhr) ergänzte der OB seine *Vorschläge* wie folgt[1]: Als Hauptübergangsstelle seien Miholjac, daneben Valpovo gewählt worden, da bei Esseg Hochwasser sei. Doch solle dort nachher sofort eine Brücke geschlagen werden. Der Straßenzustand sei sehr schlecht. Eingraben sei wegen Grundwassers unmöglich. Der Flankenschutz genüge nicht; Zuführungen seien wegen der Transportlage nicht möglich. Deshalb sei starker Jagdschutz erforderlich, ferner Einsatz von Schlachtfliegern, um die fehlenden schweren Waffen zu ersetzen. Wegen des Geländes könne der Angriff auf alle Fälle nur langsam abrollen. Mit Versorgungsschwierigkeiten sei deshalb zu rechnen.

Dazu Stellungnahme des *WFStabs:* Auch der bulgarische Feind werde nicht viel Munition haben und die feindliche Luftwaffe durch die Angriffe aufgesplittert sein. Beachtlich sei der Hinweis auf die Dauer, was die am 22. 2. vorgelegten Erwägungen verstärke.

Am *24. 2.* meldete der Generaloberst Löhr als Stellvertreter des ins FHQu. gereisten OB Südost, der Termin sei vom 25. 2. auf den 27. 2. verschoben worden, nachdem das Unternehmen „Werwolf" vorzeitig abgebrochen worden sei. Nunmehr habe die Heeresgr. Süd auf Anfrage des OB Südost mitgeteilt, daß sie für den Angriff „Frühlingserwachen" 3 Vorschläge zur Entscheidung vorgelegt habe. Danach komme eine abermalige Verschiebung um 8–9 Tage in Frage.

Die Abgabe einer so starken Kräftegruppe stelle an sich schon den erteilten Auftrag in Frage, was durch die kritische Lage des XXI. Geb.-AK. und das Versagen der kroat. Verbände unterstrichen werde. Das Anwachsen der Tito-Kräfte, die schleichende Verkehrs- und Versorgungskrise und die Zerfallserscheinungen im ganzen kroat. Staatsgefüge könnten raschestens eine in ihren Folgen nicht abzusehende Krise herbeiführen. Er habe deshalb immer wieder fordern müssen, die Teilnahme an der ungar. Operation zurückzustellen, bis die Lage grundlegend geändert sei, was nur in der deckungsarmen Jahreszeit möglich sei. Die Heeresgr. E habe ihr Unternehmen abbrechen und sich bereitstellen müssen, was mit größtem Risiko verbunden sei. Der OB bat deshalb um Abstimmung der Operationen des OB Südost und der Heeresgr. Süd, so daß er so lange operieren könne, wie dies die Operation in Ungarn zulasse.

Darauf wurde dem *OB* am *25. 2.* (13.10 Uhr) mitgeteilt, daß der Termin für die Bereitstellung vom 25. 2. auf den *4. 3. (24.00 Uhr) verschoben* worden sei. Die Zwischenzeit solle zur Instandsetzung der Verbände und Bevorratung benützt werden.

1 Im Ms.: „Am 23. 2. (8.45 Uhr) wurden die Vorschläge an OB wie folgt beantwortet" (offenbar Versehen).

Hierzu erging ein *Führerbefehl* unter dem 25. 2. an den Chef GenStdH, die Heeresgr. Süd und den OB Südost über die *Operation in Ungarn.* Endziel sei die Bereinigung des Raumes zwischen Drau–Donau–Plattensee. Kräfteeinsatz: Heeresgr. Süd mit 2. Pz.-Armee südlich des Plattensees in ostwärtiger, 6. Armee ostwärts des Plattensees in südlicher Richtung und 6. SS-Pz.-Armee zur Abschirmung nach Nordosten. Dazu Kräftegruppe des OB Südost unter dem Pz.-AOK 2 mit 3 Inf.- und 1 Kosaken-Div. über Valpovo–D. Miholjac in Richtung Mohács. Das Antreten befehle die Heeresgr. Süd. Voraussichtlicher *Angriffstag: 5. 3.* Nach Abschluß der Operation seien die 1. Geb.- und die 1. Kosaken-Div. wieder dem OB Südost zuzuführen.

Am 25. 2. begannen die *Besprechungen mit dem Gen.-Feldm. v. Weichs im FHQu.*

Über das Ergebnis teilte der Chef des WFStabs am 26. 2. dem Generaloberst Löhr mit, es sei entschieden worden, daß *im Rahmen der „Großen Operation" zunächst das Unternehmen „Waldteufel"* durchgeführt werde. Der Termin 4. 3. bleibe somit bestehen. Die bisherigen Terminverlegungen seien durch ungewöhnliche Störungen der Eisenbahnen im Reich und das verspätete Herankommen der Verstärkungen erzwungen worden. Das Risiko für Kroatien durch Abzüge von Kräften für das Unternehmen „Waldteufel" sei dem Führer im vollen Umfang bekannt. Es müsse jedoch in Kauf genommen werden. Bis zur Rückführung der Verbände müsse Kroatien in beweglicher Kampfführung gehalten und dazu zunächst der Bedrohung von Serajewo durch Teilschläge der 22. Inf.-Div. und der 7. SS-Geb.-Div. begegnet werden.

Am 2. 3. nahm der nunmehrige OB, *Generaloberst Löhr*, an der *Lagebesprechung des WFStabs* teil; am Nachmittag hielt er dem Führer Vortrag.

Am 5. 3. begann das Unternehmen *„Waldteufel"*.

### 7. Nebenaktionen: Säuberung des Papuk-Gebirges und Angriff in Richtung Tuzla

Am *31. 1.* (ab 1. 2., 2.20 Uhr) erhielt der OB die beantragte Genehmigung, *das Papuk-Gebirge und den Raum Virovitica zu säubern*, durch den Führer, unter der Voraussetzung, daß die eingesetzten Verbände bis spätestens 15. 2. für die Operation im Donau-Drau-Bogen wieder zur Verfügung stünden und die volle Kampfkraft nach kurzfristiger Instandsetzung sichergestellt sei. Zur Beschleunigung sollten Teile aller vier Div.en verwandt werden.

Ferner sei der Führer mit den Absichten im Bereich des XV. Geb.-AK. und der Räumung des Brückenkopfes Goražda einverstanden.

(Die für dies Unternehmen *„Werwolf"* maßgebenden Gründe ergeben sich aus der Lagebeurteilung vom 6. 2. Absatz II; vgl. S. 1406 ff. den Abschnitt: Die Entwicklung der allgemeinen Lage im Februar.)

Zu diesem und dem folgenden Unternehmen wurde am 9. 2. befohlen, daß die 4 für sie vorgesehenen Div.en am 22. 2. voll kampfkräftig südlich der Drau für das gegen Ungarn vorbereitete Unternehmen stehen sollten.

Am *16. 2.* meldete der Chef der Heeresgruppe fernmündlich, die Bereinigung des Papuk-Gebirges verlaufe sehr zufriedenstellend. Falls sie noch 2–3 Tage fortgesetzt werde, könne die Wegnahme der Versorgungslager erwartet werden. Deshalb erbitte der OB Mitteilung, ob es bei dem vorgesehenen Termin für den Angriff gegen Ungarn bleibe.

Mit Rücksicht auf den Hauptangriff wurde das Unternehmen „Werwolf" jedoch *vorzeitig abgebrochen.*

Am *3. 2.* genehmigte der Führer das am 1. 2. beantragte Abdrehen der letzten Rgt.s-Gruppe der 104. Jg.-Div. zum *Angriff mit begrenztem Ziel in Richtung Tuzla;* jedoch müsse das rechtzeitige Eintreffen zum Angriff über die Drau sichergestellt sein.

(Die für dies Unternehmen maßgeblichen Gründe ergeben sich gleichfalls aus der Lagebeurteilung vom 6. 2., Absatz I, 2–4; vgl. S. 1407 den Abschnitt: Die Entwicklung der allgemeinen Lage im Februar.) Vgl. dazu vorstehend über den am 6. 2. erteilten Befehl.

Am *10. 2.* wurde dem OB mitgeteilt, *das Unternehmen gegen Tuzla könne nicht durchgeführt* werden, da von ihm Kräfte abgezogen werden müßten (s. S. 1409: allgemeine Lage).

## II. Die Entwicklung in den Gebieten der Verbündeten

### 1. Kroatien

Am *24. 12. 44* hatte die *kroatische Küstenflottille* versucht, aus Fiume auszulaufen und *zum Gegner überzugehen.* Ein Boot mit dem Flottillenchef war entkommen; die übrigen Boote kehrten um und wurden entwaffnet. Der Poglavnik befahl darauf scharfes Durchgreifen; der Wehrminister Steinfl ordnete das Zusammentreten eines kroat. Kriegsrats an. An den Verhandlungen war auch das Auswärtige Amt beteiligt. Am 5. 1. wurde dem WFStab mitgeteilt, um die Meuterer zu unterdrücken, sehe sich der OBdM zu scharfen Maßnahmen gezwungen (Niederholen der Flagge, Besetzung aller Schiffe, Entwaffnung der Besatzungen, Sicherstellung aller See- und Landkräfte). Er schlug vor, alle Boote unter deutscher Flagge mit deutschen Besatzungen in Dienst zu stellen, die kroat. Marine aufzulösen und eine kroat. Marine-Legion, die in der Nord- und Ostsee einzusetzen sei, als Keimzelle für eine spätere kroat. Marine aufzustellen; aus der kroat. Landmarine seien innerhalb deutscher Verbände Marine-Schutz-Btl.e zu bilden und die Ausbildung der kroat. Offz.-Anwärter und Mannschaften in Deutschland weiterlaufen zu lassen. Das Einverständnis wurde am 7. 1. erteilt. Die offizielle Unterrichtung der kroat. Regierung sollte durch den Mar.-Attaché in Agram erfolgen.

Jedoch wurde erst am 16. 1. dem kroat. Kriegsminister mitgeteilt, welche Absichten von seiten des Reiches verfolgt wurden. Dieser machte am 21. 1. Abänderungsvorschläge (unter anderem Aburteilung nach kroatischen Gesetzen).

Am *24. 1.* stimmte der WFStab der Auffassung des OB.d.M. zu, daß die gerichtliche Erledigung in deutschen Händen bleiben müsse und der Poglavnik auf dem diplomatischen Wege zu bitten sei, sich mit den deutschen Maßnahmen abzufinden. Am 28. 1. teilte das Auswärtige Amt mit, es schließe sich der Auffassung der Wehrmacht an und werde einen entsprechenden Schritt in Agram unternehmen. Die Hauptverhandlung begann am 29. 1.

Am *21. 1.* wurde der Wunsch der kroat. Regierung übermittelt, daß durch den OB Südost ein kroat. *Leibgardekorps* aufgestellt werde. Am 29. 1. nahm der WFStab dahin Stellung, daß dieser Wunsch in Übereinstimmung mit der Auffassung des OB Südost abzulehnen sei, da es sich um eine neue, schwer zu kontrollierende Dienststelle handle, mit deren Hilfe man sich dem deutschen Einfluß entziehen wolle. Da es sich um einen Wunsch des Poglavnik handle, solle der Wunsch nicht direkt abgelehnt werden. Das Auswärtige Amt hatte sich damit einverstanden erklärt; darauf Mitteilung an den OB am 1. 2., daß der Wunsch abgelehnt werde, weil er die vorhandenen Kräfte zersplittere und diese besser für die schon vorhandenen Formationen verwandt würden.

Am *29. 1.* wurde dem OB Südost und dem OB Südwest mitgeteilt, daß die vom OB Südost beantragte Beauftragung des Gauleiters Rainer mit dem Ausbau des *Stellungsabschnittes Karlanj–Karlovac* die Übertragung der Verantwortung an den Obersten Kommissar des Adriatischen Küstenlandes bedeute und den Einsatz Istrischer Kräfte in Istrien bedinge. Dies schwäche Istrien; beides fordere eine zur Zeit nicht erwünschte politische Entscheidung. Der OB sollte kroat. Unterstützung versuchen.

Am *23. 2.* wurde dem OB Südost mitgeteilt, daß die Verbesserung der *Kohlenlage* in Kroatien durch vermehrte Förderung bei Zagorje (zwischen Krapina und Varaždin) möglich sei, und zwar von 7 000 auf 15 000–18 000 to. Der Höhere Feldwirtschafts=Stab Ost bemühe sich bei der kroat. Regierung; Voraussetzung sei die Sicherung des Gebietes und der Kohlenwege.

Nachdem der OB Südost gemeldet hatte, daß mit der Säuberung der *Bauxit=Gruben* im Raume südlich Krupa bis März zu rechnen sei, wurde er am *5. 3.*[1] angewiesen, dann im Benehmen mit RuK den Abtransport der Haldenbestände sicherzustellen. Über die Wiederaufnahme des Betriebes werde später entschieden werden.

Über die Anfang April noch vorhandenen deutsch=kroatischen und die kroatischen Verbände s. „Lagebuch" unter: 5. 4. (s. oben S. 1224).

1 Ms.: 5. 1.

Am *3. 1.* meldete der Bevollm. Gen. der Deutschen Wehrmacht in Ungarn, Gen. d. Inf. v. Greiffenberg, über seine Besprechung mit dem *Staatsführer Szálasi* am gleichen Tage über Neuaufstellungen, Betriebsabgabe und Stellungsbau. Dieser habe bedauert, daß in der Neujahrsrede des Führers keine Aufmunterung für Ungarn enthalten gewesen, dagegen der Zusammenbruch seines Landes zusammen mit Rumänien usw. angeführt worden sei. Er wolle dies gelegentlich dem Führer vortragen und werde bis dahin die erregten Gemüter seiner Umgebung beruhigen. Der Honvéd-Minister war im gleichen Sinne vorstellig.

Am *9. 1.* wurden Einzelheiten über die *provisorische Gegenregierung*, die sich in *Debrecen* unter dem Generaloberst Béla Miklós gebildet hatte, bekannt. Zu seinem Kabinett gehörten: Außenminister Dr. János Gyöngyösy, Innenminister Dr. Ferenc Erdei, Verteidigungs-Minister Gen.-Oberst János Vörös usw. Vertreten waren anti-deutsche Militärs, parteilose Vertreter des offiziellen Lebens, frühere Abgeordnete. Es handelte sich um Angehörige der Demokraten, Kleingrundbesitzer, Bauernpartei, der Sozialdemokraten sowie der Kommunisten. Mit der Bildung der provisorischen Regierung schloß die provisorische National-Versammlung ihre Tätigkeit ab.

Am *17. 1.* gab der Chef OKW den Befehl, *russische Parlamentäre* vor den eigenen Linien abzuweisen. (Die Sowjets hätten wiederholt — zuletzt in Budapest — Parlamentäre entsandt, die unter Mißachtung der internationalen Formen und mit sowjetrussischer Propaganda-Methode zur Kapitulation aufgefordert hätten. Im Falle der Ablehnung hätten sie in lügenhafter Darstellung die deutschen Truppen der Ermordung von Parlamentären beschuldigt).

Am *27. 1.* gab der Führer einen Tagesbefehl an die seit 26. 12. (12.44 Uhr) eingeschlossene *Besatzung von Budapest* unter Führung des SS-Obergruppenführers Pfeffer-Wildenbruch. Schluß: „Die aufs höchste bewährte Besatzung muß weiter Budapest so lange halten, bis die Stunde des Entsatzes gekommen ist."

Am *9. 2.* erstattete der Bevollmächtigte General Meldung über ein ihm am gleichen Tage übergebenes *Handschreiben des Staatsführers* an den Führer mit:

1. Antrag auf baldige Offensive in Ungarn zur Gewinnung einer besseren Ernährungsbasis,
2. Bitte um symbolische Übertragung des Oberbefehls über die deutschen und ungarischen Truppen an den Staatsführer (ohne praktische Änderungen),
3. Beibehaltung seiner Rechte bei den noch aufzustellenden ungarischen Waffen-SS-Verbänden,
4. Aufstellung von neuen Richtlinien für die ungar. Hilfswilligen,
5. Herauslösen ungar. Splittereinheiten aus den deutschen Verbänden,
6. weitere Aufstellung von geschlossenen ungar. Div.en (und nicht nur Rgt.ern) in Deutschland, wie vereinbart,

7. Aufstellung kleinerer ungar. Einheiten in Ungarn selbst und Lieferung des dazu benötigten Kriegsgeräts.

Am gleichen Tage (9. 2.) erließ der Chef OKW im Einvernehmen mit dem Honvéd=Ministerium eine Anordnung über die *Rechts= und Verwaltungsstellung* der der deutschen Wehrmacht unterstellten *ungar. Soldaten, Truppenteile* usw. (beiderseitige Grußpflicht, kein allgemeines Vorgesetztenverhältnis, Vereidigung und Verpflichtung durch die ungar. Dienststellen, Unterstellung unter ungar. Strafrecht usw.).

### 3. Slowakei

Am *6. 1.* wurde der deutsche Befehlshaber in der Slowakei angewiesen, auf Grund der Lage in Ungarn die *Sicherheitsbesatzung der Festung Preßburg* sofort auf die Stärke einer Rgt.s=Gruppe zu bringen.

Zu *Anfang Februar* übernahm der GenStdH die Slowakei bis zum Waag=Tal, also den Raum, der bisher dem BdE unterstand. Zur Sicherung des Raumes Preßburg—Waag stand die 53. Feld=Ausb.=Div. zur Verfügung, für die übrige Slowakei noch Ld.=Schtz.=Btl.e und zuverlässige Osteinheiten usw. Die 14. SS=Div. („Galizien") wurde nach Wien verlegt. Die Gruppe Dirlewanger wurde herausgezogen. Die 8. SS.=Pz.=Gren.=Div. kam nach dem Osten.

Am *5. 2.* wurde dem Deutschen Befehlshaber auf den am 4. 2. gestellten Antrag hin mitgeteilt, daß vom Ausbau einer Sperrlinie Lauenburg—Jablunka=Gebirge abzusehen sei (bei einer Veränderung der Lage war die Zurücknahme der HKL in eine andere Linie beabsichtigt).

## Anhänge

### 1. Politische Ereignisse im Südosten[1]

Am 3. 1. brach die *Türkei* die Beziehungen zu Japan ab; sie begründete diesen Schritt mit dem Ansuchen der USA und Großbritanniens.

In *Athen*, wo Churchill eingegriffen hatte, wurde am 3. 1. unter dem General Plastiras eine liberale Regierung eingesetzt, die den Radikalen keine Konzessionen mehr machen sollte.

Am 18. 1. trat Churchill vor dem Unterhaus für *Tito* auf Kosten von König Peter ein.

Ende des Monats ernannte die UdSSR für *Griechenland* einen Botschafter — eine Maßnahme, die sie ihrerseits den Westmächten für Bulgarien und Rumänien nicht zugestanden hatte.

Am 23. 2. erklärte die *Türkei* dem Reich den Krieg — u. a. ein Ergebnis des Druckes, der auf die Neutralen mit der Drohung ausgeübt wurde, sie nicht zur Konferenz in S. Francisco zuzulassen.

Anfang März bildete *Tito* ein neues Kabinett, in dem er den Vorsitz und das Kriegsministerium übernahm.

Mitte März schickten die Engländer einen diplomatischen Vertreter nach *Albanien* und ersuchten Tito, seine Truppen zurückzuziehen.

1 Zusammengestellt auf Grund des „Lagebuchs" (s. vorstehend S. 976 ff.).

## 2. Der Ablauf der militärischen Ereignisse und das Ende der Kämpfe im Südosten (1. März bis 9. Mai 1945)

*Über die militärischen Ereignisse vom 1. 3.–18. 4. 1945 vgl. das „Lagebuch", Abschnitt: Südosten (s. oben S. 1135 ff.).*

*Den allgemeinen Ablauf und das Ende der Kämpfe im Südosten (1. 3.–9. 5. 1945) faßte ich wie folgt zusammen in: „Geschichte des Zweiten Weltkrieges", Erweiterte Sonderausgabe aus: „Ploetz, Auszug aus der Geschichte", 2. Aufl., Würzburg 1960, S. 77:*

*Obwohl Budapest seit Dezember 1944 eingeschlossen war, vermochte sich die Heeresgruppe Süd (General Wöhler) zusammen mit den Resten der ungarischen Armee zu halten, indem sie sich an den Plattensee und an den Bakonywald anlehnte. Die im Febr./März aus dem Westen herangeführte 6. SS-Panzer-Armee (Sepp Dietrich) konnte die Lage nicht ändern. Auch Gegenangriffe über Waag und Gran nördlich des Donauknies (vom 19.–25. Febr.), durch die der im Jan. gebildete Brückenkopf über den Gran eingedrückt wurde, und Stöße aus dem Raum Stuhlweißenburg auf Dunaföldvar wie von Süden über die Drau (5. März) hatten nur vorübergehende Erfolge. Die in Budapest Eingeschlossenen mußten sich ergeben (in Pest 18. Jan., in Buda 13. Febr.). Ein neuer sowjetischer Angriff zwischen Stuhlweißenburg und Vértes-Gebirge am 16. März leitete den Durchbruch in Richtung Wien und Graz ein (25. März Esztergom-Gran, 26. Neusohl in der Slowakei verloren). Da die deutschen Kräfte ab 22. März vom Plattensee abgedrängt und auf die Westgrenze Ungarns zurückgeworfen wurden, geriet die Heeresgruppe E (OB Südost), die noch Westkroatien hielt, in eine bedrohte Lage, der sie sich jedoch erwehrte. Am 24. März begann beiderseits der Donau ein neuer sowjetischer Angriff (2. April das ungarische Ölgebiet von Nagy Kanizca, 4. April Preßburg und Baden genommen).*

*Nach heftigen Kämpfen ging am 13. April Wien verloren. Nach Westen drangen die Russen (Marschall Malinowski) bis in die Gegend von St. Pölten vor; im Norden bedrohten sie die Heeresgruppe Mitte durch Angriffe bei Brünn.*

*Der Waffenstillstand in Italien (28. April, bekanntgegeben 2. Mai) öffnete den Briten am 8. Mai den Weg nach Kärnten und Steiermark; das Aufgeben des Widerstandes in Bayern machte den Amerikanern und Franzosen den Weg nach Österreich frei. Daher gerieten große Teile der hier zuletzt noch Kämpfenden in anglo-amerikanische Gefangenschaft. Der Oberbefehlshaber der Heeresgruppe Südost (400 000 Mann), Generaloberst Löhr, stellte sich, nach Einleitung der Kapitulation und Besprechung der Lage (6. Mai in Graz) mit Generalfeldmarschall Kesselring, am 15. Mai in Maribor (Marburg) der 3. jugoslawischen Armee als Kriegsgefangener und wurde später (16. Febr. 1947) standrechtlich erschossen.*

*Die Heeresgruppen Süd (600 000 Mann, OB seit 6. April Generaloberst Rendulic) und Mitte (1 200 000 Mann, OB Generalfeldmarschall Schörner) waren*

*Anfang Mai noch kampfkräftig, mußten sich aber, der allgemeinen Lage entsprechend, möglichst schnell zurückziehen, um in den Bereich der Westalliierten zu gelangen. Die Truppen der Heeresgruppe Süd gerieten zum großen Teil in amerikanische Gefangenschaft.*

*Durch die am 7. Mai in Reims unterzeichnete Kapitulation der gesamten Wehrmacht (am 9. Mai in Karlshorst wiederholt), die am 9. Mai, 0.01 Uhr, in Kraft trat, fand auch der Krieg im Südosten sein Ende.*

## E. Der Osten

### I. Eintragungen im „Lagebuch" des WFStabs über die Entwicklung an der Ostfront (Januar - April)

Hier ist abermals (vgl. den 8. Abschnitt des Jahres 1944) darauf hinzuweisen, daß der WFStab in den Lagebesprechungen über die Lage im Osten orientiert wurde, daß aber die Führung beim Generalstab des Heeres lag.

Daher erscheint die Ostfront zwar täglich in meinen im Anschluß an die Lagebesprechung gemachten Aufzeichnungen vom 1. 1.—19. 4. 45 (vgl. oben S. 976 ff.), aber ich hatte nichts über Befehle, Meldungen usw., die die Ostfront betrafen, zu verzeichnen. Doch findet der Leser in den dort eingereihten Mitteilungen des Leiters der Abteilung Op. H im WFStab, Oberst d. G. *Meyer-Detring*, die alle Fronten betrafen, auch einiges über die Lage im Osten:

vgl. zum 4. 1. (S. 992),
zum 29. 1. (S. 1054 f.) [1],
zum 9. 2. (S. 1084).

Für die *Feindlage an der Ostfront* vom 1. 1. bis Mitte April sei verwiesen auf die Eintragungen unter dem 7. 1., 9. 1., 11. 1., 13. 1., 24. 1., 4. 2., 7. 2., 10. 2., 11. 2., 13. 2., 17. 2., 20. 2., 2. 3., 4. 3., 8. 3., 12. 3., 22. 3., 4. 4., 24. 4.

Über *Erfahrungen beim Durchbruch* bei Baranow s.: 19. 1. (S. 1022 f.).

*Gliederung der Ostfront:*[2]

1. *bis 25. 1., 0.00 Uhr,* — *ab 25. 1.*
*Heeresgruppe Mitte* = *Heeresgruppe Nord*
(Generaloberst Reinhardt, dann Generaloberst Rendulic, dann Generaloberst Weiß) — (wie bisher)

*Heeresgruppe Nord* = *Heeresgruppe Kurland*
(Generaloberst Rendulic, bisher OB Norwegen, dann Generaloberst v. Vietinghoff

1 Zu weiteren Aufzeichnungen dieser Art kam es nicht mehr, da mir das der neue Stellv. Chef WFStab untersagte.
2 Fehlerhafte Angaben sind richtiggestellt.

| | | |
|---|---|---|
| *Heeresgruppe Süd* (Generaloberst Frießner, dann General Wöhler) | = | *Heeresgruppe Süd* (wie bisher) |
| *Heeresgruppe A* (Generaloberst Harpe, dann Generaloberst (zuletzt Gen.=Feldm.) Schörner) | = | *Heeresgruppe Mitte* |

2. *Anfang März* (9. 3.):

| | |
|---|---|
| *Heeresgruppe Kurland* (Generaloberst v. Vietinghoff, dann Generaloberst Rendulic, zuletzt Generaloberst Hilpert) | AOK 18 und 16 |
| *Heeresgruppe Nord* (Generaloberst Weiß) (im April aufgelöst) | AOK 4, Armee=Abt. Samland, AOK 2 |
| *Heeresgruppe Weichsel* (Reichsführer SS Himmler, dann Generaloberst Heinrici, zuletzt Generaloberst Student) | AOK 9, Pz.=AOK 3 und Stab Steiner |
| *Heeresgruppe Mitte* (Gen.=Oberst, ab April Gen.=Feldm. Schörner) | Armeegruppe Heinrici (Pz.=AOK 1), AOK 17, Pz.=AOK 4 |
| *Heeresgruppe Süd* (General d. Inf. Wöhler, zuletzt Gen.=Oberst Rendulic) | Pz.=AOK 2, Armeegruppe Balck (AOK 6), SS=Pz.=AOK 6, AOK 8 |

Im *„Lagebuch"* des WFStabs (s. S. 976 ff.) wurden folgende politische Ereignisse und Maßnahmen im Osten verzeichnet:

a) *Das Schicksal Polens.*

Zu Neujahr 1945 gab das Radio Moskau bekannt, daß das *polnische Komitee in Lublin* sich zur Provisorischen Regierung erklärt habe. Das Radio London gab darauf einen Protest der *polnischen Exilregierung* bekannt. Mitte Januar verlegte die Provisorische Regierung ihren Sitz nach Warschau. Da die *Tschechische Regierung* sich für die Provisorische Regierung erklärte, brach die *Exilregierung* die Beziehungen zu ihr Anfang Februar ab. Am 9. 2. forderte die Exilregierung zum Kampf gegen Rußland auf.

Ende März verlangte die *U.d.S.S.R.* die Zulassung der Provisorischen Regierung auf der Konferenz in S. Francisco, was die bereits bestehende Spannung verschärfte.

b) *Neugliederung in Kurland:*

Am 8. 2. wurde eine *Militärverwaltung Kurland* unter dem SS=Gruppenführer Behrends, einem Letten, als Beauftragtem des Reichsführers SS eingerichtet, der militärisch der Heeresgr. Kurland, politisch dem Reichsführer SS unterstellt wurde.

c) *Wlassow-Armee:*

Am 28. 1. ernannte der Führer den General Wlassow zum *OB der russischen Streitkräfte* mit den Befugnissen eines OB. Er erhielt das Recht, Offiziere bis zum Oberstleutnant zu ernennen. General Wlassow hatte auch die Nationalkomitees einspannen wollen; doch war dieser Vorschlag aus Rücksicht auf die Ukrainer abgelehnt worden.

d) Über die *„Konferenz von Jalta"* vgl. oben den Anhang zum I. Teil dieses Abschnitts (S. 1330 f.).

*Aus den Ereignissen an der Ostfront sind die folgenden herauszuheben (nach meiner Zusammenstellung in: „Geschichte des Zweiten Weltkrieges". Erweiterte Sonderausgabe aus: „Ploetz, Auszug aus der Geschichte", 2. Aufl., Würzburg 1960, S. 75—78):*

## II.

## Anhang: Der Ablauf der Ereignisse im großen (Januar-Mai 1945)

### Die Einnahme Ostdeutschlands durch die Rote Armee (Januar - Mai 1945)

*Nach Beginn der Ardennen-Offensive (16. Dezember 1944) drängten die Alliierten die Sowjets, ihre Abwehr im Westen durch einen Angriff im Osten zu unterstützen. Doch zögerten diese die von ihnen vorbereitete Großoffensive hinaus; sie wurde geführt von den Marschällen und Generalen Rokossowski und Tschernjakowski gegen Ostpreußen, Shukow gegen Berlin, Konjew gegen Breslau (links gestaffelt Petrow).*

*1945, 12. Jan. vorm. Der Angriff aus dem bei Baranow (Westgalizien) über die Weichsel gebildeten Brückenkopf brach die deutsche Mittelfront auf und lieferte die noch in Polen besetzten Gebiete der Roten Armee aus (11.—17. Januar Warschau, 19. Januar Lodz und Krakau).*

*Diese Offensive griff auf die anschließenden Fronten über, die sich jetzt in Ostpreußen und Schlesien auf das Reichsgebiet vorschoben (19. Jan. Tilsit und Włocławek, 20. Jan. Allenstein, 25. Jan. Hindenburg in Oberschlesien, 27. Jan. Memel). Durch das Vordringen der Sowjetarmeen im Weichseltal wurde Ostpreußen abgeschnitten. Die 4. Armee setzte am 22. Jan. zum Durchbruch nach Westen an; doch wurde diese Bewegung angehalten, der Oberbefehlshaber der Armee, General Hoßbach, abgesetzt (30. Jan., dafür General Fr. W. Müller). Abgelöst wurden ferner der OB der Heeresgruppe Mitte (jetzt Nord), Generaloberst Reinhardt (26. Jan., ersetzt durch Generaloberst Rendulic) sowie der OB der Heeresgruppe A (jetzt Mitte), Generaloberst Harpe (20. Jan., ersetzt durch Schörner). In der breiten Frontlücke wurde eine neue Behelfsfront aufgebaut durch den Heeresgruppenstab „Weichsel" (ab 26. Jan. Oberbefehlshaber: Himmler).*

Ende Januar durchbrachen die Russen die an der Obra (südlicher Nebenfluß der Warthe) ausgebaute Stellung und erreichten die Oder bei Frankfurt a. d. O. und Küstrin, die als Brückenkopf gehalten wurden. Da die Russen seit Ende Januar ihrerseits Brückenköpfe über die Oder bildeten, war Berlin nunmehr bedroht.

Anfang Februar war das für die Wehrwirtschaft entscheidende oberschlesische Industriegebiet unzerstört in sowjetische Hand gefallen, die Grenze Pommerns überschritten. Die Sowjetrussen standen vor Breslau. Die wichtigsten Städte erhielten Befehl, sich als „Festungen" zu verteidigen, um die feindliche Flut aufzuhalten, vermochten das aber mangels Kräften und Vorbereitung nur vorübergehend (Thorn bis 1. Febr., Posen bis 1. März, Graudenz bis 5. März). Die Zivilbevölkerung versuchte trotz schneidender Kälte einzeln und in Trecks nach Westen zu entfliehen, verstopfte die Straßen und Städte (13./14. Febr. Bombardierung von Dresden), gelangte aber nur zum Teil aus der Gefahrenzone. Die Kriegsmarine beförderte noch Hunderttausende über See nach Westen, doch blieben alle Maßnahmen unzureichend angesichts der Millionenbewegung.

Im Februar konnte der Hauptteil Niederschlesiens links der Oder noch gehalten werden; doch war Breslau vom 15. Febr. an umzingelt. In Ober- und Mittelschlesien gingen am 12. Febr. Bunzlau, am 23./24. März Neiße und Leobschütz verloren. In Breslau begann ein elfwöchiger Kampf um jede Straße und jedes Haus.

Der in Ostpreußen noch verteidigte Raum schrumpfte im März zusammen. Die Rote Armee trennte durch Stoß nach Pommern hinein die noch um Danzig kämpfenden Truppen ab (4. März Bärwalde, 5. März Greifenberg). Sie erreichte die untere Oder und bildete am 13. März über sie einen Brückenkopf. Am 18. März nahm sie Kolberg ein und drang zum Stettiner Haff vor, wurde aber dort durch die Oder aufgehalten. Gdingen (Gotenhafen) ging am 28., das schwer heimgesuchte Danzig am 30. März verloren. Restteile hielten sich noch auf Hela, in der Weichsel-Niederung und im Westteil der Frischen Nehrung bis zur Kapitulation.

In Ostpreußen waren die deutschen Kräfte nach dem nur zum Teil gelungenen Versuch, nach Westen durchzubrechen, in zwei Teile aufgespalten. Die Verteidiger des Brückenkopfs von Heiligenbeil (Reste der 4. Armee) konnten, soweit noch am Leben, über See nach dem Samland abtransportiert werden (25.—29. März). Königsberg kapitulierte am 9. April (Gen. Lasch in contumaciam zum Tode verurteilt).

Die Heeresgruppe Kurland, die schon vor dem Einbruch der Roten Armee in Ostpreußen abgeschnitten worden war, aber alle Angriffe abwies, hielt sich weiter, obwohl sie über See Kräfte abgab und ihren Raum verkleinern mußte (mehrfach Wechsel, zuletzt ab 6. April Generaloberst Hilpert).

*Die Kämpfe auf dem Südflügel und im Südosten*: vgl. den Schluß des Abschnitts D (S. 1428 f.).

*Die letzten Kämpfe der Heeresgruppe Mitte*:

*Abgestützt durch die Gebirgszüge, wurde noch ein stumpfer, bis nach Mähren hineinreichender Keil gehalten; jedoch wurde dieser Anfang Mai von Sachsen sowie von Süden aus in seiner Basis eingedrückt. Außerdem brach am 5. Mai in Prag ein Aufstand aus, der sich auf das Land ausdehnte. Daher konnten sich nur schwächere Teile nach Westen durchkämpfen, wo die Amerikaner bis zur Linie Linz—Budweis—Karlsbad vorrückten. Sie wurden dort entwaffnet; doch lieferten die Amerikaner Teile an die Sowjetunion aus, der die Masse der Heeresgruppe in die Hände fiel. Schörner, der seine Heeresgruppe im Stich ließ und im Flugzeug nach Bayern floh, wurde von den Amerikanern gefangen und der UdSSR ausgeliefert (zurückgekehrt Nov. 1954).*

*Die letzten Kämpfe an der Oderfront*

*Die Sowjettruppen hatten bereits im März Brückenköpfe über die untere Oder gewonnen. Sie traten am 16. April nördlich Küstrin und südlich Frankfurt (Oder) zum Großangriff an. Aus ihren Angriffskeilen bildeten sich zwei Zangen, die Berlin, dessen Vorgelände am 20. April erreicht wurde, umfaßten und sich am 25. zusammenschlossen. Trotz verzweifelter Abwehr, in die Volkssturm und Hitlerjugend hineingeworfen wurden, mußte die Reichshauptstadt am 2. Mai kapitulieren, da der Versuch, sie durch Teile der 9. Armee (General Busse) (denen es gelungen war, aus dem Kessel bei Wendisch Buchholz—Halbe am 26. April auszubrechen) und die improvisierte 12. Armee unter General Wenck (rund 150 000 Mann) freizukämpfen, bei Ferch (bei Potsdam) und Beelitz (südwestlich Berlin) steckengeblieben war.*

*Die weiter nördlich kämpfenden Verbände der im Jan. aufgestellten Heeresgruppe Weichsel (bis März Himmler, dann Generaloberst Heinrici, ab 28. April Student), die aus Vorpommern nach Mecklenburg zurückgeworfen wurden, gerieten in den anglo-amerikanischen Vormarschraum und mußten sich ergeben.*

## F. Der Luft- und Seekrieg

Die Ereignisse des *Luft- und Seekriegs* sind bis 18. 4. 1945 im „Lagebuch" festgehalten (s. oben S. 976 ff.).

Die Ereignisse des *Seekriegs* sind zum Teil — da mit den Kampfhandlungen der West- sowie der Ostfront zusammenhängend — in diesem Abschnitt, B: „Der Westen" und E: „Der Osten" verwertet; einiges findet sich auch in C: „Der Südwesten". Diese Aufsplitterung entspricht der tatsächlichen Lage: es handelte sich in diesem Stadium des Krieges nur noch um lokale Abwehr und gelegentliche Aufklärung sowie um die Fortsetzung des in seiner Auswirkung stark zurückgegangenen U-Boot-Krieges. Seine Wiederbelebung, die sich der OB der Kriegsmarine durch den Einsatz neuer U-Boot-Typen versprach, wurde durch die Kapitulation unmöglich gemacht.

Über den Stand des *U-Boot-Krieges* einen Monat vor dem Ende gibt folgende Zusammenstellung einen Überblick:

Am 8. 4. waren 25 *U-Boote* auf Operation, 37 im Vormarsch, 23 auf der Rückfahrt, 16 neu zum Einsatz, zusammen also 101 Boote in See, darunter eines vom neuen Typ. Im April sollten von diesen 8 große und 7 kleine Boote in Dienst gestellt werden. Auf den neuerdings durchgeführten Einsatz von U-Booten in der Irischen See und unter der englischen Küste hatte der Gegner schnell reagiert, unter anderem mit Wasserbombenteppichen. Da Verluste eintraten, wurde der Kampf wieder von der Küste abgezogen. Um den 8. 4. operierten nur noch einzelne Boote in der Irischen See; 7 waren wieder im Mittelatlantik aufgestellt, einige operierten unter der amerikanischen Küste.

**Anhang: Die Lage Japans Anfang April 1945**

*Ostasien* (6. 4. 45):

Die Russen haben am 5. 4. den 1941 mit Japan abgeschlossenen Nicht-Angriffspakt gekündigt. Die Lage von Japan hat sich in der letzten Zeit bedrohlich gestaltet. Anfang März konzentrierten die Amerikaner auf den Marianen und den Philippinen ihre Kräfte zum Angriff gegen Japan mit Schwerpunkt auf den Inseln Leyte und Guam. Den Japanern stehen dagegen 2 000 Flugzeuge (einschließlich Jäger) zur Verfügung. Ihre Flotte umfaßt noch 6 Schlachtschiffe und 5 Flugzeugträger; jedoch sind diese versteckt und die Mannschaften umgeschult auf die Luftwaffe. Bei den Amerikanern wird gerechnet mit 22 Schlachtschiffen, 14 Flugzeugträgern, 10 Hilfskreuzern, 40 Kreuzern und 50 Zerstörern; bei den Briten in Australien mit 3 Schlachtschiffen, 3 Flugzeugträgern, 3 Hilfskreuzern, 8 Kreuzern und 12 Zerstörern, in Ostindien mit 3 Schlachtschiffen, 4 Trägern usw.

Am *8. 3.* erfolgte ein *Luftangriff auf Tokio,* der der bisher schwerste war. Dabei über 100 000 Tote und 1 Million Obdachlose sowie Vernichtung von 20 % der Stadt. Daneben Angriffe auf Osaka und andere Städte, wodurch 200 Flugzeuge verlorengingen.

Am *1. 4.* erfolgte, unterstützt durch mehrere Schlachtschiffe, eine amerikanische Landung auf der *Insel Okinawa,* die den Seeweg von Japan nach Formosa beherrscht. Da der See- und Luftweg nach Insulinde bereits von den Philippinen aus unterbrochen ist, hat sich die japan. Lage dadurch wesentlich verschlechtert. Es fehlen die Schiffe, um die Verbindung aufrechtzuerhalten; auch ist fraglich, ob eine ausreichende Ölreserve besteht. Die psychologische Wirkung der Luftangriffe ist tief gegangen. In Marinekreisen bestand die Stimmung, mit Rußland zusammenzugehen. Jedoch ist diese Erwartung durch die Kündigung des Vertrages hinfällig geworden.

# 3. Abschnitt
# Die Katastrophe:
# Die Ereignisse vom 20. April - 23. Mai 1945

Inhalt des 3. Abschnitts

## Einleitung

### Übersicht über den Zusammenbruch des „Dritten Reiches"
### (20. April bis 23. Mai 1945)

*Um dem Leser die Übersicht über das in diesem Teil Verzeichnete zu erleichtern, sei eine Übersicht über die Hauptereignisse des letzten Kriegsmonats vorausgeschickt (nach der Zusammenstellung des Herausgebers in: Geschichte des Zweiten Welt=krieges, Sonderausgabe aus „Ploetz, Auszug aus der Geschichte", 2. Aufl., Würzburg 1960, S. 72 f.):*

*Hitler, der während der Ardennen=Offensive einen Gefechtsstand bei Nau=heim bezogen hatte und im Januar in die Reichskanzlei nach Berlin zurückge=kehrt war, bezog deren Bunker. Er beabsichtigte, am 20. April, seinem Ge=burtstag, angesichts der bevorstehenden Abschnürung Norddeutschlands nach Süddeutschland zu fliegen, übertrug dem Großadmiral Dönitz den Befehl im Norden, entschloß sich jedoch am 22. April nach schlechten Nachrichten vom Osten, das Ende in Berlin zu erwarten. Der am 22. begonnene Angriff der 12. Armee (Gen. Wenck) ließ Hitler wieder Hoffnung fassen.*

*Am 23. April entsetzte er Göring, der zum Oberkommando der Luftwaffe in Süddeutschland gefahren war, aller seiner Ämter, da dieser anfragte, ob er auf Grund der Behinderung des Führers als dessen Vertreter handeln dürfe. In der Nacht vom 23. zum 24. April ermächtigte Himmler den schwedi=schen Grafen Folke Bernadotte, den Alliierten die Kapitulation der deutschen Kräfte im Westen anzubieten (ohne Wissen Hitlers). Dies wurde abgelehnt, aber am 28. durch Rundfunk bekanntgegeben.*

*Am gleichen Tage wurde Mussolini, der sich in das Gebirge in Rich=tung Schweizer Grenze geflüchtet hatte, von kommunistischen Partisanen erschossen.*

*In der Nacht vom 28. zum 29. April ließ Hitler sich durch einen Standes=beamten mit Eva Braun trauen und setzte ein Testament auf, durch das er Himmler als Verräter ausschloß, Dönitz zu seinem Nachfolger ernannte und ihm auftrug, wie er sein Kabinett zu bilden habe (s. den „Dokumententeil").*

*Am 30. April erhielt er von Keitel und Jodl, denen er die Leitung des Be=freiungsangriffs übertragen hatte, die Funknachricht, daß dieser gescheitert war. Darauf machte er um 15.30 Uhr seinem Leben durch einen Pistolenschuß ein Ende. Seine Leiche und die der Eva Braun, die gleichzeitig Gift genommen hatte, wurden im Garten der Reichskanzlei mit Benzin übergossen und ver=brannt. In der Reichskanzlei begingen außerdem Selbstmord: Goebbels und seine Familie, die Generale Krebs, Guderians Nachfolger, und Burgdorf, Chef des Heerespersonalamts. Ein Teil der Insassen brach aus, dabei kam Bormann um. Der Rest wurde bei der Kapitulation Berlins am 2. Mai gefangen.*

## Die Regierung Dönitz–von Krosigk (1.–23. Mai 1945)

*Der mit dem Oberbefehl im Norden beauftragte, nach Plön übergesiedelte Großadmiral Dönitz übernahm die Nachfolge, um die Kapitulation zentral zu steuern und dadurch Luftangriffe auf die letzten noch unbeschädigten Städte zu vermeiden. Er beauftragte am 2. Mai mit der Regierungsbildung den Reichsfinanzminister, den Grafen Lutz Schwerin von Krosigk, der die Amtsbezeichnung: „Leitender Minister der geschäftsführenden Reichsregierung" annahm.*

*Der Kultusminister Rust beging Selbstmord; Himmler wurde am 5. Mai aus allen Ämtern entlassen, versuchte unterzutauchen, wurde gefangen und vergiftete sich (Lüneburg, 23. Mai). Die fehlenden Minister wurden durch Staatssekretäre ersetzt.*

### Die Kapitulationen

*Der Oberbefehlshaber Südwest, Generaloberst von Vietinghoff gen. von Scheel, hatte auf eigene Verantwortung am 29. April in Caserta eine am 2. Mai in Kraft tretende Kapitulation seiner Heeresgruppe unterzeichnen lassen. Die Heeresgruppe G (südliche Westfront) tat am 4. Mai dasselbe in Haar (bei München).*

*Der von Dönitz am 2. Mai entsandte nunmehrige Oberbefehlshaber der Kriegsmarine, Generaladmiral von Friedeburg, unterzeichnete am 4. Mai im Hauptquartier Montgomerys bei Lüneburg die Kapitulation der deutschen Kräfte an der britischen Front in den Niederlanden und in Dänemark (in Kraft ab 5. Mai, 8 Uhr) und flog am 5. Mai nach Reims in das Hauptquartier Eisenhowers, der die Gesamtkapitulation verlangte. Zu seiner Unterstützung entsandte Dönitz am 6. Mai den Generalobersten Jodl. Auf seine Bitte um Gewährung einer viertägigen Frist, um das Abfließen der Ostverbände in den anglo-amerikanischen Raum zu ermöglichen, wurden von Eisenhower nur zwei Tage gewährt; im Falle der Weigerung drohte dieser mit völliger, die Flucht aus dem Osten verhindernder Schließung der amerikanischen Front sowie mit weiteren Luftangriffen, bei denen die Abmachung mit den Briten die Amerikaner nicht binde. Darauf unterschrieb Jodl am 7. Mai, 2.41 Uhr, in Reims die Gesamtkapitulation der deutschen Wehrmacht.*

*Am 9. Mai, 0.16 Uhr, wurde dieser Akt im sowjetrussischen Hauptquartier in Berlin-Karlshorst durch Keitel, von Friedeburg und den Generalobersten Stumpff (Vertreter des Gen.-Feldm. Ritter von Greim als OB der Luftwaffe) wiederholt; die Bedingungen waren die gleichen wie in Reims.*

*Am 9. Mai, 0.01 Uhr[1], trat die Gesamtkapitulation in Kraft. In der Zeit vom 1. bis 9. Mai waren noch anderthalb Millionen Soldaten aus dem sowjetrussischen Raum herausgelangt, davon Hunderttausende in der zweitägigen Frist, da Ost- und Westfront sich ganz nahe gekommen*

1 Deutsche Sommerzeit (= 23.01 mitteleurop. Zeit); in Reims war zunächst ins Auge gefaßt: 1.00 Uhr; s. unten S. 1482, 1486; „0.01" wurde gewählt, um Mißverständnisse auszuschließen.

*waren. Dank der zentralen Steuerung war dem Blutvergießen an allen Fronten ein schnelles Ende gemacht, bevor es zu Repressivmaßnahmen gekommen war. Jedoch lieferten die Amerikaner einen Teil der Entkommenen der UdSSR aus.*

*Das Ende der Regierung Dönitz*

*Der Regierung und dem Rest des Oberkommandos der Wehrmacht, die in der Nacht vom 2. zum 3. Mai von Plön nach Mürwik bei Flensburg ausgewichen waren, wurde dort nach der Kapitulation eine Enklave belassen. Jedoch wurde Keitel, an dessen Stelle Jodl trat, am 13. Mai in die Kriegsgefangenschaft geführt. Dönitz erklärte die NSDAP für aufgelöst. Es traf eine anglo-amerikanische Kommission ein, die mit der Regierung verhandelte. Nach Eintreffen einer sowjetischen Kommission vermehrte sich der wechselseitige Verdacht der Verbündeten, daß sie von den Deutschen gegeneinander ausgespielt werden könnten. Durch eine am 23. Mai anrückende britische Panzerbrigade wurden alle in Mürwik Anwesenden gefangengesetzt. Angesichts der schimpflichen Formen, in denen dies vollzogen wurde, gab sich Generaladmiral von Friedeburg den Tod.*

*Dem Großadmiral Dönitz, der vorher zur Alliierten Kommission gerufen worden war, wurde von deren Vorsitzenden erklärt, die Regierung, die auch vorher als solche behandelt, wenn auch nicht anerkannt worden war, habe nunmehr aufgehört zu existieren.*

## A. Kriegstagebuch des Führungsstabs Süd (B), gefangengesetzt Anfang Mai 1945 bei Berchtesgaden (20. April - 1. Mai) (KTB, geführt von *P. E. Schramm*) [1]

*Vorbemerkung* (1948): Die letzten Aufzeichnungen über die Lagebesprechungen sowie die noch nicht abgegebenen Akten des KTB wurden kurz vor der Einnahme Berchtesgadens verbrannt. Jedoch wurden Aktenauszüge sowie eine Aufzeichnung über die Verlegung und die Umgliederung des Stabes von mir gerettet. Sie folgen im originalen Wortlaut, da sich die einzelnen Mosaiksteinchen ohne weiteres Material nicht zu einem Bilde zusammenfügen lassen.

### 1. Verlegung der einen Hälfte des WFStabs am 20. April

Berchtesgaden, 30. 5. 1945.

Ab *20. 4. 1945* Verlegung des WFStabs vom Lager Zossen in die Luftschutzschule Wannsee bei Berlin. Abfahrt etwa ab 15.00 Uhr. Fliegerangriffe gegen die letzten Teile und das Lager selbst; dabei zwei Fahrzeuge ausgefallen [2].

1 Vgl. hier auch Gen.-Feldm. a. D. Albert *Kesselring*, Soldat bis zum letzten Tag, Bonn 1953, S. 388 ff.

2 Wie sich später herausstellte, handelte es sich um deutsche Flugzeuge, deren Besatzungen die deutschen Fahrzeuge für russische gehalten hatten.

In Wannsee Durchführung der bereits vorher vorgesehenen Aufteilung der bereits jetzt nach dem Süden in Marsch zu setzenden Teile und einer Restgruppe, deren Nachführung im Lufttransport – zusammen mit dem Chef des WFStabs – vorgesehen wurde: Op.-Abt. fast ganz, Oberst Krummacher und Major Borchers von I c, Oberst d. G. Poleck und Oberst Hass von Qu.

Abfahrt der ersten Gruppe ab Wannsee 21.00 Uhr in Richtung Jüterbog. Da die Russen bereits zum Lager Jüterbog durchgestoßen waren, Abbiegen in Treuenbrietzen, dessen Ortsausgang nach Wittenberg durch Bombenteppich unpassierbar gemacht war, auf Nebenwegen oder über die Autobahn bei Beelitz. Fahrt über Wittenberg, Riesa, Meißen, Tharandt. Sammeln 21. 4. 1945, 16.00 Uhr, am Fuß des Erzgebirges, wobei sich herausstellte, daß die Masse der Fahrzeuge die Enge hatte passieren können. Weiterfahrt über Teplitz, Brüx, Pilsen, Eisenstein, Passau, Ried, Salzburg nach Berchtesgaden-Strub[1]. *Eintreffen der ersten Wagen in Berchtesgaden am Abend des 23. 4. 1945.*

Unterwegs Aufnahme einer am 21. 4. 45 gefolgten Kolonne, von der zwei Wagen nicht mehr durchkamen.

Am *24. 4. 1945* Eintreffen der ersten Teile einer noch später unter Befehl des Oberst Neumann (IIa) abgeschickten Kolonne, von der die Wagen zum Teil streckenweise bereits durch das Niemandsland fahren mußten. Da die Amerikaner an diesen Tagen keine wesentlichen Anstrengungen machten, über die Mulde vorzustoßen und ihr Panzervorstoß nach Regen die Verbindung von Eisenstein nach Süden nicht sofort abschnitt, gelang die Verlegung ohne wesentliche Einbuße. Sofort anschließend blieb nur noch die Möglichkeit des Luftverkehrs.

Nunmehrige Abteilungen des Stabes: West, Südwest und Südost, Heeresgruppe Süd, Heeresgruppe Mitte.

Am *24. 4. 1945* morgens traf auch der Stellv. Chef des WFStabs, Generalleutnant Winter, in Strub ein, der um 10.00 Uhr die anwesenden Offiziere des WFStabs und des GenStdH. versammelte. Er erklärte ihnen, daß er sie sich alle einsatzmäßig unterstellte. Darauf wurde der Halbstab, nunmehr: *Führungsstab Süd (Führungsstab B)*, neu gegliedert (Chef: Oberst d. G. Thilo).

Entsprechend wurde der Führungsstab A unter dem Chef des WFStabs, der von Wannsee nach Krampnitz und von dort entsprechend der Lage weiter (den Chef OKW begleitend) verlegte, aufgezogen. Die Verbindung wurde durch Funk aufrechterhalten. Der Führungsstab A hatte vorerst auch noch fernmündliche Verbindung mit der Reichskanzlei, in der außer dem Führer verblieben: der Chef des GenStdH, General Krebs, mit engstem Stab, der Chef des Heerespersonalamtes und Chefadjutant, Gen. Burgdorf (mit seinem Adjutant, Oberstlt. Weiss), der Leiter der Parteikanzlei, Reichsleiter Bormann, der Vertreter des Reichsführers SS, SS-Obergruppenführer Fegelein usw.

1 D. h. zu der auf einer Höhe nördlich Berchtesgaden liegenden Kaserne, die dem WFStab auch früher als Quartier gedient hatte.

In seiner Ansprache wies der Stellv. Chef darauf hin, daß die Lage sich inzwischen schnell weiterentwickelt habe. Er unterstelle sich nunmehr als Vertreter des OKW alle im Südraum vorhandenen Kräfte. Erforderlich seien Luftschutzmaßnahmen; vordringlich sei die Auflösung der nicht mehr benötigten Stäbe und das Verbot des Zuzuges in die „Festung Alpen". Alle Kurse usw. seien aufzulösen.

Am *25. 4. 1945* morgens erfolgte ein *Luftangriff*, dem der *„Berghof"* [1] fast ganz zum Opfer fiel. Vernichtet wurden die Landhäuser des Reichsmarschalls, der gleichzeitig mit dem WFStab nach Berchtesgaden umgezogen war, und das des Reichsleiters Bormann. Schaden trug die SS-Kaserne davon. Der feindliche Rundfunk brachte stark übertriebene Meldungen über den angerichteten Schaden und die eingetretenen Menschenverluste, die in Wirklichkeit minimal geblieben waren. Er berichtete dazu fälschlich, daß auch die früher von der Luftwaffe benutzte Villa Geiger und die vom OKW benutzte Kaserne beworfen worden seien. Diese Angabe wurde jedoch anschließend berichtigt und festgestellt, daß es sich um die SS-Kaserne gehandelt habe.

Demnach war eine Wiederholung des Angriffs zu erwarten. Da die Luftschutzanlagen in Strub selbst unzureichend waren und die noch nicht fertiggestellten, jedoch Schutz bietenden Stollen weitab lagen, wurden alle wesentlichen Teile des Führungsstabes B ab *27. 4. 1945* in das *Hotel „Schiffmeister" am Königssee* verlegt.

Am *30. 4. 1945* bezog der OB West, der erneut vor den Amerikanern ausweichen mußte, das Lager Wesseler zwischen Berchtesgaden und Reichenhall.

Unter anderen fanden sich in Berchtesgaden und Umgebung ein: der Chef der Wehrmachtrüstung, General Buhle; der Inspekteur der Panzertruppen, General Thomale; der NSFO Heer, General Ritter v. Hengl; der Vertreter des Chefs des Heerespersonalamtes, General Maisel; der Chef des Wehrmachttransportwesens, General Körner; der mit Unterbringungsfragen beauftragte General Ritter von Geitner usw.[2].

### 2. Ein- und ausgehende Befehle, Meldungen usw. des Führungsstabs B (6. April bis 1. Mai)

6. 4. General von Bötticher: Bericht zur Lage.

15. 4. Unterstellung der deutschen Binnenschiffahrt unter die Kriegsgesetze.

17. 4. Einsatz von Polizeikräften in Kroatien.

21. 4. Übersicht über die Armeen der Heeresgruppe Süd.

24. 4. Meldung des Generalleutnants Winter an den Chef WFStab (Jodl), er sei eingetroffen und habe unter Oberst i. G. Thilo eine einheitliche Operationsabteilung gebildet. Er beantrage die sofortige Ernennung des Generalfeldmarschalls Kesselring zum OB Süd mit Sitz in Strub.

1 D. h. Hitlers Haus.
2 Ferner Dr. *Hayler*, Staatssekretär im Wirtschaftsministerium.

– An die Heeresgruppe Mitte und an den Wehrmachtbefehlshaber Böhmen und Mähren: Einverständnis mit der Rundum-Verteidigung des Brückenkopfes Podiebrad.
– Aufstellung über die Kämpfe in Italien vom 20.–24. 4. 1945.
– Unterstellung der 2. SS-Pz.-Div. (angesetzt durch die Heeresgruppe Süd von St. Pölten in Richtung Passau gegen amerikanische Panzer) ab Linz unter den OB West.
– 23.00 Uhr, Meldung an den Führungsstab A: Geländeverluste in Italien und an der oberen Donau; amerikanische Panzervorstöße in Richtung Passau mit der Gefahr einer Abtrennung des böhmischen Raumes und einer weiteren Aufspaltung des deutschen Machtpotentials. Deshalb werde die 2. SS-Pz.-Div. nach Passau herangeführt und ein Stoß der 11. Pz.-Div. in die feindliche Nordflanke beabsichtigt, falls die Betriebsstofflage dies zulasse.
– und 25. 4.: Befehle zur Auflösung der Abt. Fremde Heere-Ost.

25. 4., 0.05 Uhr: Meldung, daß sich General Winter den Wehrmachtbefehlshaber Böhmen und Mähren, General Toussaint, unterstellte. Dieser habe Alarmzustand wegen eines bevorstehenden Aufstandes verhängt.
– 2.30 Uhr (an 5.35 Uhr): Befehl an den Führungsstab B, die Heeresgruppe Mitte solle nach Bereinigung zwischen Bautzen und Dresden mit möglichst starken Kräften nach Norden angreifen, um den Kampf um Berlin zu entlasten. Der angemeldeten Verschiebung der 2. SS-Pz.-Div. nach Passau habe der Führer nicht zugestimmt. Der Angriff bei Traisen solle unterbleiben, der Frontbogen nördlich Hainfeld zurückgenommen werden, um Panzerkräfte für Brünn freizumachen.
– Ernennung des Obersten Kemmerich zum bevollmächtigten Pi.-Offizier beim Gauleiter von Tirol.
– Berichtigung des Fernschreibens 20062: die Abgabe der 6. Pz.-Div. von der Heeresgruppe Süd zur Heeresgruppe Mitte sei inzwischen befohlen worden.
– Meldung, daß in Übereinstimmung mit Generalfeldmarschall Kesselring die Zuführung der 6. Pz.-Div. nach Trebitsch befohlen worden sei.
– Bitte an den Führungsstab A, alle Befehle für den Südraum nur über den WFStab/Op.-Abt. Süd zu geben. Gen. Winter habe heute in Übereinstimmung mit den Heeresgruppen und Generalfeldmarschall Kesselring befohlen:
a) Inmarschsetzung der 2. SS-Pz.-Div. nach Passau,
b) der 6. Pz.-Div. von der Heeresgruppe Süd zur Heeresgruppe Mitte.
Die Heeresgruppe Süd habe nunmehr Befehl vom Generalmajor Dethleffsen (Chef Op.-Abt. des GenStdH) erhalten, die 10. Fallschirm-Jäger-Div. für den Abtransport nach Norden bereitzuhalten.
– Mitteilung des Admirals z. b. V. beim OB d. M. an Admiral von Puttkamer (Adjutant der Marine beim Führer, zur Zeit auf dem Berghof),

der OB der Kriegsmarine sei in Plön (Vermittlung „Krokodil") zur Vorbereitung der Gesamtführung im Nordraum. Die operative Gesamtführung sei weiter in der Hand des Führers in Berlin. Die Führung der Ost- und Westfront im Nordraum erfolge durch den WFStab von Rheinsberg aus. Gen. Winter habe die Führung im Südraum. Zum obersten Reichsverteidigungskommissar im Nordraum zur einheitlichen Steuerung der gesamten zivilen Fragen sei der Gauleiter Wegner (Oldenburg-Bremen) ernannt.

– 4.00 Uhr: Verbot, Kräfte von Westen an die Ostfront ohne Genehmigung des OKW zu verschieben.

– Erneute Bitte um Entscheidung, ob Generalfeldmarschall Kesselring den Befehl über den gesamten Südraum übernehmen könne.

– Weisung an die Oberbefehlshaber West, Südwest, Südost und die Heeresgruppen Süd und Mitte, alle Meldungen fortan an den WFStab/Op.-Abt. Süd abzusetzen, ferner (soweit unmittelbare Verbindungen vorhanden seien) auch noch an den Chef WFStab/Op.-Abt. Nord oder den Chef GenStdH.

– Bitte an den Reichsführer SS um einen Verbindungsoffizier (bestimmt wurde SS-Sturmbannführer Göhler, vorher Dienststelle SS-Gruppenführer Fegelein, Vertreter des Reichsführers SS beim Führer).

26. 4., 2.30 Uhr: Übermittlung eines Befehls des Führers an den Großadmiral Dönitz vom 25. 4.: Der Kampf um Berlin sei die deutsche Schicksalsschlacht, der gegenüber alle anderen Aufgaben und Fronten von sekundärer Bedeutung seien. Der Großadmiral solle sie – wenn nötig unter Zurückstellung sonstiger Marine-Aufgaben und unter Aufgabe von Stützpunkten – unterstützen. Das Heranführen solle auf dem Luftweg in die Stadt, auf dem See- und Landweg bis an die Front vor Berlin erfolgen. Zusatz des Chefs des GenStdH: Dieser Befehl gelte auch als Grundlage für die Kampfführung an allen anderen Fronten. Vordringlich sei die schnelle Stärkung des linken Flügels der Heeresgruppe Mitte zum Angriff nach Norden.

Zusatz des Wehrmachtführungsstabes B: Die Heeresgruppe Süd solle alle verfügbaren Kräfte schnellstens der Heeresgruppe Mitte zuführen (die 2. SS- Pz.-Div. restlos und sofort nach Bischofswerder).

– Befehl zum unverzüglichen Abfahren der 10. Fallschirm-Jäger-Div. in Richtung Iglau zur Heeresgruppe Mitte. Größte Eile sei geboten.

– 3.00 Uhr: Befehl zum Abdrehen der 2. SS-Pz.-Div. gemäß Entscheidung des Führers nach Iglau.

– Notiz über Vollmachten zur Zerstörung von Brücken.

– Notiz über die Brücken in Passau.

– Meldung des OB West, daß die feindlichen Nachrichten, betreffend Übergabe von Kriegsgefangenenlagern, falsch seien.

— Zwei Stabsbefehle nach Übersiedlung von Strub an den Königssee vom 25. 4. abends.
— Befehl für den Einsatz des RAD.
— Befehl des Chefs OKW[1]: Auf Befehl des Führers sei der GenStdH (Führungsgruppe) dem Chef des WFStabs unterstellt. Damit sei auch die Führung des Ost-Kriegsschauplatzes auf das OKW übergegangen. Dazu wurde befohlen:
1. Führung sämtlicher Heeresverbände im *Nordraum* durch das OKW, einschließlich Heeresgruppe Weichsel, Heeresgruppe Kurland, 12. Armee und AOK Ostpreußen. Aufgaben und Vollmachten des OB d. M. gemäß Befehl des Führers vom 21. 4. auf Befehl des Chefs OKW vom 22. 4.
2. Im *Südraum* Befehle durch den Chef OKW. Zusammenfassung der operativen Führung der Heeresgruppe G, der 19. Armee, des OB Südwest und des OB Südost unter Generalfeldmarschall Kesselring, der in grundsätzlichen Führungsfragen Entscheidungen über das OKW einzuholen habe. Versorgungsführung im Südraum nach Anordnungen des Gen.-Qu. der Wehrmacht.
3. Beauftragung des Stellv. Chefs WFStab mit der restlosen Ausschöpfung aller Möglichkeiten des Südraums, dazu Vorschlag von Befehlen an Partei, Staat und Wehrmacht. Unterstellung aller Außenstellen, der Oberkommandos sowie des Generals Ritter von Geitner (ohne Berührung des sachlichen Weisungsrechts).
4. Erforderlichenfalls Weisungen und Befehle über den Stellv. Chef WFStab, bei Abreißen der Verbindungen Führung durch ihn nach den grundsätzlichen Richtlinien; hierzu notwendige Entscheidungen durch den Generalfeldmarschall Kesselring.
5. Beim OB d. L. und OB d. M. keine Änderung.
Zusatz für den Stellv. Chef: Verbreitung dieses Befehls nur im unbedingt notwendigen Rahmen (Zusatz für Großadmiral Dönitz entsprechend).
— 0.30 Uhr: Notiz über ein Ferngespräch zwischen Gen. Winter und Generalfeldmarschall Schörner. Es sei bei dem Abzug der 2. SS-Pz.-Div. nach Passau belassen worden, da der amerikanische Vorstoß auch für die Heeresgruppe Mitte sehr unangenehm sei. Der Generalfeldmarschall stimmte dieser Auffassung zu.
— Unterstellung des Protektorats unter die Heeresgruppe Mitte.
— Befehl über die Ausschöpfung des Protektorats (dort noch 79 000 Mann).
— 1.00 Uhr: Übermittlung eines um 0.30 Uhr eingegangenen Führerbefehls an den OB West:

1 Vgl. dazu S. 1456 und 1459 KTB des Führungsstabs Nord (I): 24. und 26. 4. sowie Abschnitt III, 5 der „Dokumente".

1. Für die Fortführung der Gesamtoperationen sei dem Führer das OKW verantwortlich.

2. Nach Weisungen (übermittelt durch den beim Führer sich aufhaltenden Chef des GenStdH, Gen. d. Inf. Krebs) führt das OKW:

a) Im Südraum mit Hilfe des Führungsstabes B (Generalleutnant Winter) Heeresgruppen Süd und Mitte, OB Südwest, Südost und West,

b) im Nordraum unmittelbar: Wehrm.-Befehlsh. Norwegen (Geb.-AOK 20), OB Nordwest, 12. Armee, Heeresgruppe Weichsel mit 9. Armee, Armee Ostpreußen, Heeresgruppe Kurland.

3. Die Führungsaufgaben des Führungsstabes A unter Großadmiral Dönitz treten vorerst nicht in Kraft.

4. Hauptaufgabe des OKW bleibe es, die Verbindung mit Berlin wiederherzustellen.

5. Führungsgruppe des GenStdH und des Generalinspekteurs der Panzertruppen nunmehr unter Befehl des OKW; Gen.-Qu. Heer (jetzt Gen.-Qu. Wehrmacht) unter Chef OKW.

6. Befehl für die Luftwaffe solle folgen.

— Änderung des Befehls vom 11. 4. dahin, daß der Wehrmacht-Bevollmächtigte beim deutschen Staatsminister für Böhmen und Mähren taktisch und territorial dem OB der Heeresgruppe Mitte unterstellt werde (als Wehrmachtsbevollmächtigter wie bisher unter dem OKW, Regelung von Unterstellung von Kampfzonen unter den OB der Heeresgruppe Süd je nach Lage und die Oberbefehlshaber der Heeresgruppen.

— 22.00 Uhr: Vorschlag des Stellv. Chefs WFStab an den OB West, die bisherige Trennungslinie zwischen dem OB West und der Heeresgruppe Mitte (Elbe) in die Linie Döbeln—Nossen—Tharandt—Bodenbach—Tetschen zu verlegen. Zum Einsatz bei Dresden stünden das Generalkommando XXXIV. AK. oder LXIX. AK. zur Verfügung, die beim OB Südost freiwürden.

— 3.00 Uhr: Lagebeurteilung vom 25. 4. abends: Weitere Verschärfung in Italien, bei Brünn, Eichstedt und Alm. Gesamturteil: im Hinblick auf die vorhandenen Kräfte sei nichts anderes zu erwarten gewesen. Die Aussichten hingen ab:

1. von der Erhaltung eines gewissen Rüstungspotentials und von der Verbindung zwischen Böhmen und Bayern,

2. von der Fanatisierung des Kampfwillens im Südraum. Dazu seien noch nicht alle Mittel ausgeschöpft. Einheitlicher Oberbefehl durch Generalfeldmarschall Kesselring sehr erwünscht.

— 3.00 Uhr: Übermittlung des Befehls des Führers an die Heeresgruppen Mitte und Süd:

1. Angriff der Heeresgruppe Mitte (nach Bereinigung der Lage zwischen Bautzen und Dresden) nach Norden, um den Kampf um Berlin zu entlasten,

2. Zuführung der 2. SS=Pz.=Div. nach Iglau (nicht Passau),

3. Zurückstellen des Angriffs der Heeresgruppe Süd bei Traisen. Frei=gabe der Räumung des Frontbogens nördlich Hainfeld zum Freimachen von Panzerverbänden für Brünn,

4. Versammlung aller freien Kräfte der Heeresgruppe Süd bei Linz zwecks Einsatz im Protektorat oder an der Nordfront.

27. 4., 1.25 Uhr: Meldung an den Chef des GenStdH, daß der vom Führer befohlene Befehls= und Meldeweg zum Chef WFStab nunmehr in Ord=nung sei. An der West= und Südfront sei die Lage gespannt, sonst je=doch in Ordnung.

2.00 Uhr: Meldung, daß der Führungsstab B durch den Luftangriff nicht betroffen und die feindlichen Nachrichten übertrieben seien. Die Strub=Kaserne sei nicht angegriffen worden. Der Berghof und die Häu=ser Bormann und Göring seien zerstört.

— Meldung, daß der Aufstand in Oberitalien Umsturzcharakter angenom=men habe und die Freiheitsbewegung eine Gegenregierung bildete. Der Duce sei angeblich in deren Händen. Die Verbindung von der Heeres=gruppe zu den unterstellten Kommandobehörden sei abgerissen.

— Befehl zur Auflösung des OB d. Ersatzheeres.

— Befehl an den OB Südwest zum fanatischen Widerstand.

— 21.50 Uhr: Meldung, daß die Lage bei Brünn und bei Mährisch=Ostrau sich verschärft habe. Die Heeresgruppe Mitte habe die Absicht ange=meldet, ab 27. 4. in zwei Nächten mit dem LXXII. und dem XXXXIX. AK. in die Linie Ungarisch=Brod — nördlich Wallklobuk — Javorny=Ge=birge — Bistritz — Motschau zurückzugehen, um zwei Divisionen zum Einsatz bei Brünn oder Mährisch=Ostrau freizumachen.

— Befehl über die nunmehrige Dienststellen=Bezeichnung im Führungs=stab B.

— (durch Kurier) Weisung des OKW für die Kampfführung im Südraum für den Fall, daß die Führung im einzelnen durch den Chef OKW nicht mehr gewährleistet sei[1]: Es komme darauf an, die für die Versorgung wichtigsten Räume festzuhalten, eine Aufteilung in mehrere Kampf=gebiete zu verhindern und durch Angriff nach Norden den Kampf um Berlin zu entlasten. Im einzelnen: die Heeresgruppe Mitte solle mög=lichst starke Kräfte an ihrem linken Flügel zusammenfassen und aus dem Raum nordwestlich Bautzen nach Norden angreifen, um die Ver=bindung mit der 9. und 12. Armee südlich Berlin zu suchen. Hierzu könne im äußersten Notfall die Front der Heeresgruppe auf die böh=mischen Randgebiete (unter Festhalten der Kohlengebiete von Walden=burg und des Industriegebietes von Mährisch=Ostrau) zurückgenommen werden. Der OB West solle den amerikanischen Einbruch in das Pro=tektorat und die Donaugaue verhindern und zwischen dem Bayrischen

1 S. auch unten S. 1460.

Wald und dem Bodensee eine zusammenhängende Front aufbauen und halten. Für den OB Südwest und den OB Südost bleibe es bei den bisherigen Weisungen. Die Heeresgruppe Süd habe durch rücksichtslose Schwächung ihres rechten Flügels und ihrer Mitte die Kräfte zur Stärkung des linken Flügels der 8. Armee und zur Festigung der Front bei Brünn freizumachen.

— Verlängerung der Trennungslinie zwischen den Heeresgruppen Süd und Mitte: Mährisch-Budwitz — Teltsch — Tabor — Strakonitz.

— 20.30 Uhr: Befehl des OB West an den OB der Heeresgruppe G: Der feindliche Durchstoß bis zur Linie Donauwörth — westlich Augsburg — Landsberg — Kaufbeuren — Kempten zwinge zu sofortigen Maßnahmen. Es müsse verhindert werden, daß der Feind von West über München in den eigenen Rücken stoße und sich in den Besitz der Gebirgsausgänge setze. Deshalb müsse die 17. SS-Pz.-Grenadier-Div. beschleunigt in den Raum Landsberg und südlich herangeführt und die Front ostwärts des Lech bis zur Paar-Mündung allmählich in die Linie Paar — Augsburg — Landsberg am Lech — oberer Lech — Lechbrück — südlich Kempten — Ostecke Bodensee zurückgenommen werden. Der Verlauf der Isar — Amper und Glonn — Ammersee — Schongau sei als rückwärtiger Riegel vorzubereiten. Vor allem komme es auf das Sperren und Verteidigen der Gebirgsgänge nach Norden an. Dazu seien alle Kräfte mit Hilfe der Gauleiter heranzuziehen. Für die Verteidigung sollten die RAD-Regimenter zwischen Kochel und Immenstadt herangezogen werden.

— 20.00 Uhr: Antwort des OB West an die Heeresgruppe G, daß *München* nicht als Ortsstützpunkt bestimmt werden solle, da dazu die Kräfte fehlten. Die Stadt sei nur als Stützpunkt im Rahmen der Gesamtverteidigung vorzusehen.

*28. 4.*, 0.30 Uhr: Einspruch gegen Eingriffe in Truppenteile im Protektorat.

— 1.25 Uhr: Meldung des OB West über die Betriebsstofflage nach Verlust des Lagers Neuburg (Restbestand noch für 6 Tage) mit der Bitte um Entscheidung über das Lager Krailling.

— an 2.05 Uhr: Antwort des OB West auf das Schreiben des Führungsstabes B vom 26. 4.: der OB stimme zu, halte aber eine größere Tiefe beim stellv. Generalkommando IV. AK. für geboten, was auch der amerikanisch-russischen Kräfteverteilung entspreche. Es werde deshalb die Unterstellung des LXXXX. AK. mit allen seinen Kräften unter die Heeresgruppe Mitte für erforderlich gehalten (Trennungslinie dann Elbelinie bis Lobositz — Dux — Obernhau — Zschopau — südlich Chemnitz).

— 11.05 Uhr: Meldung des Führungsstabes B, der Rundfunksender Erding sei in den Händen des aufständischen Führers der Dolmetscher-Ersatz-Kompanie. Auf der Welle München würden Aufrufe eines sogenannten *„Bayrischen Befreiungskomitees“* bekanntgegeben sowie angebliche Waffenstillstandsverhandlungen des Generalfeldmarschalls Kesselring, der Generale Westphal und Epp und anderer Persönlichkeiten. Dies sei unwahr. Gegenmaßnahmen seien ergriffen. Zum Kommandanten von München sei der Generalleutnant Hübner ernannt worden.

– 15.30 Uhr: Befehl, sämtliche Truppenteile des Verteidigungsbereiches Berchtesgaden—Salzburg sofort zu alarmieren und marschbereit zu halten und die Aufklärungs-, Ersatz- und Ausbildungsabteilung 7 im Not-Transport sofort nach München in Marsch zu setzen, ferner das SS-Geb.-Jäger-Batl. 6 im Eisenbahn-Transport (dazu Meldungen über die Bewegung der Aufklärungsabteilung).
– 18.30 Uhr: Mitteilung des Chefs des Heerespersonalamtes über die den Oberbefehlshabern übertragenen Befugnisse betr. Beförderungen, Ordensverleihungen usw.
– Befehl für den Befehlshaber Nord der Alpenfestung.
– Bitte an den WFStab A um Genehmigung zum Ausweichen in die Zvonimir-Stellung (bei Agram).
– Notiz über Abtransporte der Kampfgruppe Berchtesgaden. Spitze 29. 4. abends in München eingetroffen.
– 0.15 Uhr: Festlegung einer neuen Trennungslinie zwischen Heeresgruppe Süd und OB West ab 30. 4., 0.00 Uhr: Budweis – Krummau – Reiteschlag – Neufelde – Feuerbach – Ried – Frankenmarkt – Zell – St. Gilgen – Radstadt – Tamsweg – Kartneck.
– Erkundungs- und Ausbaubefehl für die *Kernfestung Alpen:*

1. Auf Befehl des Führers Ausbau, Ausstattung mit Munition und Verpflegung, so daß Verteidigung als Bollwerk und zur Aufnahme der Verbände des OB West, des OB Südwest und des OB Südost sowie der Heeresgruppe Süd möglich.
2. Linienführung Füssen – Allgäuer Alpen – Valluga – Arlberg – Mauders – Stilfser Joch – Ortler – Adamello – nördlich Gardasee – Feltre – Caporetto – Karawanken – Unterdrauburg – „Gunther"-Stellung, von dort über Leoben – Dürrenstein – Windhofen – Steyr – Brückenkopf Salzburg – Tegernsee – Murnau.
Vorgesehen werden sollte zum Schutz von Industriewerken in Steyr und Linz eine Vor-Stellung in der Linie Dürrenstein – Amstetten – Donau bis westlich Linz – Hausruck. Als starke Stützpunkte sollten ausgebaut werden die Räume Berchtesgaden, Salzburg, Innsbruck, Bozen, Villach, Spittal.
3. Trennungslinie.
4. Einsatz.
5. Zivile Leitung durch den Gauleiter Hofer.
6. Durchführung.
7. Dringlichkeit.

— 19.45 Uhr: Befehl für die Zuführung der 9. SS-Pz.-Div. durch die Heeresgruppe Süd zur Heeresgruppe Mitte an den Nordflügel nach Auffüllung mit Ersatz. Dringlichkeit für den Abtransport von der Heeresgruppe Süd: 10. Fallschirm-Jäger-Div., 2. SS-Pz.-Div., 9. SS-Pz.-Div. (Vorrang auch vor Verpflegungszügen).

— Meldung, daß dieser Vorrang eingeräumt sei und dadurch die Bevorratung der Alpenfestung erheblich verzögert werde.

— Freigabe des Entladens[1] der Rheinbrücken zwischen Bregenz und Feldkirch.

— Meldung, daß der OB West die Räumung Istriens genehmigte.

— Auflösung des Stabes des Bevollmächtigten Deutschen Generals in Ungarn.

— Befehl zum Herauslösen der RAD-Angehörigen der Jahrgänge 1926 und 1927 zum Kampfeinsatz.

— Befehl über die Bildung des Führungsstabes B.

— 23.30 Uhr: Festlegung einer neuen Trennungslinie zwischen der Heeresgruppe Mitte und dem OB West ab 30. 4., 0.00 Uhr: Elbeknie bei Lobositz — Dux — Zschopau — Chemnitz — Penig.

— 0.30 Uhr: Mitteilung an die Oberbefehlshaber, daß grundsätzliche Entscheidungen dem Führer vorzulegen seien, und zwar 36 Stunden vorher angemeldet. Bei selbständigen Entscheidungen sei dies eingehend zu begründen.

*28. 4.* *zum 29. 4.:* Befehl zum Abdrehen des für München vorgesehenen Gebirgsjäger-Ersatz-Btl.s 100 und des SS-Btl.s Glasenbach nach Rosenheim zur Sperrung des Inn-Tals. Verstärkung dieser Kampfgruppe bis 1. 5. durch den OB West, da das Inntal industrielle Anlagen von entscheidender Bedeutung berge.

*29. 4.* Anfrage, ob General Thomale gelandet sei (ja).

— 22.10 Uhr: Meldung, daß in München Generalfeldmarschall Kesselring und der vom Stellv. Chef als Kommandant eingesetzte Generalleutnant Hübner für Ordnung sorgten. Über das Vorgehen gegen die Verräter lägen keine Einzelmeldungen vor.

— 12.20 Uhr: Mitteilung an die Oberbefehlshaber, der Führer sei gesund, und es bestehe noch Verbindung mit der Reichskanzlei. Sonstige Nachrichten seien nur Feindpropaganda.

— Befehl für den Ausbau von Nachrichtenverbindungen.

— Verbot, Unterkünfte ohne Befehl zu räumen.

— 0.30 Uhr: Rückfrage beim Chef WFStab, ob die feindliche Nachricht vom Tode des Führers zutreffe.

— Notiz über Mitteilung des Heerespersonalamtes: in den letzten drei Tagen 1000 Offiziere zur 1. und 19. Armee, in der Führerreserve der

1 D. h. von Sprengmitteln.

7. Armee 250 Offiziere; nach München am 29. 4. ein Generalstabsoffizier und 50 Frontoffiziere zugeführt.

- Hinweis der Heeresgruppe Mitte auf die Wichtigkeit der Bahn Mährisch-Ostrau–Friedberg.
- Mitteilung an den Gauleiter Rainer, daß Kärnten nicht geschlossen in den Befehlsbereich des OB Südost genommen werden könne.
- Auszug aus der Tagesmeldung des OB Südwest vom 27. 4. für den Chef WFStab.
- Befehl zum Heranziehen der Heeres-Pz.-Jäger-Abteilung 616 durch die Heeresgruppe Mitte.
- Befehl zum Freihalten von Räumen in den Alpen für Hauptquartiere.
- Meldung, daß der OB West die Führung über den Südwesten und Südosten übernommen habe.
- Einverständnis mit dem Stellungswechsel des stellv. Generalkommandos XVIII. AK.
- Weitergabe der Meldung des OB West, daß von den Münchener Meuterern 200 Mann erschossen bzw. aufgehängt wurden.
  a) Notiz von 15.00 Uhr: Befehl des OB West, beschleunigt Truppen nach München zu führen,
  b) Notiz über den Antrag des OB West von 18.30 Uhr, Truppen nach München zuzuführen, wo Plünderung und Meuterei begonnen hätten.
- ab 20.25 Uhr (an 21.20): Mitteilung des Chefs WFStab, die feindliche Nachricht vom Tode des Führers sei falsch.[1] Eine Fernsprechverbindung zur Reichskanzlei bestehe noch. Der Chef WFStab erwarte Meldung über Durchgreifen gegen die Erdinger Meuterer.
- Unterstellung der Org. Todt-Sonderbauleitung unter den Kommandanten des Verteidigungsbereiches Berchtesgaden.
- (ab Breslau 13.00 Uhr, ab Heeresgruppe Mitte 13.45 Uhr): Meldung, daß eine Entscheidung über einen *Ausbruch aus Breslau* zusammen mit einem Vorstoß der 17. Armee erfolgversprechend oder aber die Zuführung von Waffen dringend sei, da am 27. 4. abends erstmals eine offene Zivilrevolte eingetreten sei. In der Festung seien noch 14 000 Kämpfer, 7 000 Verwundete, 140 000 Zivilisten, meist Frauen und Kinder.

*30. 4.* Brief des Kommandierenden Generals des Wehrkreises XVIII (Salzburg) betreffend Pi-Btl. zur Sperrung des Zirler Berges nebst Antwort des Stellv. Chefs.

1 Hitler machte erst am folgenden Tage (30. 4., 15.30 Uhr) seinem Leben ein Ende. Der Stellvertr. Chef WFStab gab dies am Anfang der Lagebesprechung des Führungsstabes B am 1. 5. morgens offiziell bekannt und sagte dazu einige gequälte Worte. Bewegung war den Teilnehmern nicht anzumerken; wohl alle hatten die Nachricht als Befreiung aus dem Widerstreit zwischen der Gehorsamspflicht und der Einsicht in die hoffnungslose Lage empfunden.

- Notiz über die noch vorhandenen Sender.
- Übermittlung der Entscheidung des Chefs WFStab an die Heeresgruppe Mitte, der Ausbruch aus Breslau könne erfolgen, wenn die Heeresgruppe ihm eine auch nur geringe Chance gebe und Kräfte der Heeresgruppe von außen mithelfen könnten.
- Notiz über feindliche Rundfunkmeldungen und die deutsche Entgegnung betreffend München (angeblich 27 000 Gefangene, Hissen von weißen Fahnen, Unterstützung des Einmarsches durch die Bevölkerung).
- Befehl betreffend Ersatzbataillone der Führer=Grenadier=Div. (Gmünden).
- Notiz über die Lage der Alpenfestung.
- Schematische Kriegsgliederung.
  (vgl. den Schluß dieses Bandes).

1. 5. Befehl über die Zuführung der Heeres=Pz.=Div. Süd zur Heeresgruppe Süd.
- 9.00 Uhr: Meldung an den Führer: General Wenck sei nach Erreichen von Ferch und Beelitz zur Zeit in die Abwehr gedrängt; die 9. Armee habe die Straße Baruth—Zossen nach Westen überschritten; von der Gruppe Holste lägen keine Meldungen vor (dazu Anfrage des Führers, übermittelt um 9.00 Uhr, an den Chef WFStab) [1].
- Befehl für die Zuführung des Lehrregiments „Brandenburg" vom OB Südost zur Heeresgruppe Süd.

*Am 3. 5. 45 wurden die älteren Offiziere, darunter der Kriegstagebuchführer, aus der Wehrmacht entlassen, und der Führungsstab B rüstete sich zur Verlegung in das Gebirge. Er wurde jedoch vor der Durchführung dieses Entschlusses von den vordringenden Amerikanern überrollt, die ihn zunächst noch zur Abwicklung benutzten. Am 6. Mai trat die Kapitulation der Heeresgruppe G in Kraft.*

*Über die Befehle, die dem Führungsstab B der inzwischen nach Mürwik (bei Flensburg) ausgewichene Führungsstab A (Nord) erteilte, vgl. dessen Kriegstagebuch (S. 1451 ff.: Teil B). Dieser wurde am 23. 5. 1945 gefangengesetzt; damit erlosch auch die bereits zum Schattendasein verkümmerte Existenz des Führungsstabs B (Süd).*

1 Wortlaut der Anfrage im KTB des Führungsstabs Nord (s. S. 1466) 29. 4., 23.00 Uhr; Auszug aus der Antwort (S. 1467) 30. 4., 1.00 Uhr. Sie brachte Hitler dazu, den Entschluß zum Selbstmord auszuführen. Hitlers Frage wurde auch von der Seekriegsleitung aufgenommen (29. 4., 19.52 Uhr); danach reproduziert bei K. *Assmann*, Deutsche Schicksalsjahre, Wiesbaden 1950, nach S. 192.— Oben verspätet registriert.

## B. Kriegstagebuch des Führungsstabs Nord (A), gefangengesetzt am 23. Mai 1945 in Mürwik (bei Flensburg)

*Über die Aufspaltung des Wehrmachtführungsstabes in zwei Führungsgruppen orientieren die Vorbemerkungen zum 3. Abschnitt A (S. 1436, 1438 ff.) sowie der I. Teil der „Erläuterungen".*

*Mit der Führung des Kriegstagebuchs der Führungsgruppe Nord (A) wurde beauftragt der Major i. G. Joachim Schultz (dann: Schultz-Naumann, jetzt: München 19, Prinzenstraße 24); vgl. dazu den II. Teil der „Erläuterungen"* [1].

*Vgl. hier auch die Aufzeichnungen, die in dieser Zeit der Adjutant des Großadmirals Dönitz, Kapitänlt. L ü d d e - N e u r a t h machte: Regierung Dönitz. Die letzten Tage des Dritten Reiches, Göttingen 1950, 2. Aufl. 1953 (Göttinger Beiträge zu Gegenwartsfragen II).*

### 1. KTB, geführt von Major i. G. Joachim Schultz (-Naumann) (20. April bis 16. Mai)

*20. April 1945:*

*Führerbefehl an OB Südwest,* daß die Front der Heeresgruppe C nicht unter Eindruck örtlicher Durchbrüche fortgesetzte Absetzbewegungen durchführen darf und Absetzgedanke schärfstens bei allen Kommandeuren zu bekämpfen ist *(Anlage 1)*[2].

Weisung WFStab an OB Südost, daß Fortsetzung der Absetzbewegungen auf Linie: Mündung der Una in die Save—Virovitica nach Westen vorheriger Führergenehmigung bedarf und rechtzeitig zu beantragen ist *(Anlage 2)*.

*Weisung WFStab* für die weitere Kampfführung der 12. Armee, wonach Aufgabe der Armee, durch Einwirkung gegen tiefe Flanken-, Rücken- und Nachschubverbindungen der 9. und 1. amerik. Armee feindliches Vorgehen an und über die Elbe zum Stehen zu bringen und später beiderseits des Harzes nach Osten vorgedrungene Feindkräfte zu vernichten sind. Verteidigungsaufgabe für Mitte und Südflanke der 12. Armee längs der Elbe im Brückenkopf Dessau, Halten des Anschlusses an die 7. Armee in dem Raum zwischen Mulde und Elbe als Ausgangsbasis späterer Operationen; Zurücknahme des Südflügels der 12. Armee bei weiterem Vordringen sowjetischer Kräfte gegen Linie Jüterbog—Torgau auf die Elbe und Versammlung einer starken Reserve hinter dem linken Flügel in Gegend Jüterbog.

Aufgabe OB Nordwest (Armeegruppe Blumentritt): Vordringen der auf Hamburg vorstoßenden feindlichen Kräfte durch Stoß in deren Westflanke aufzuhalten, zähes Festhalten von Brückenköpfen südlich Hamburg, um Einwirkung des Feindes gegen 12. Armee zu verhindern. Besonders wichtig Offen-

1 An einzelnen Stellen, die wegen der knappen Ausdrucksweise beim schnellen Lesen schlecht verständlich sind, wurden die dem Bestreben nach Kürze zum Opfer gefallenen Wörter wieder eingesetzt. Verschreibungen wurden berichtigt; sonst ist am Wortlaut nichts verändert.

2 Diese sowie die im folgenden aufgezählten *Anlagen* konnten vom KTB-Führer nicht hinübergerettet werden.

haltung Brücken Dömitz für Nachführen weiterer Kräfte 12. Armee sowie weitere Verstärkung des XXXVIII. Pz.-Korps (Gruppe Decker).

12. Armee dem OKW/WFStab zunächst unmittelbar unterstellt.

11. Armee dem AOK 12 unterstellt. Trennungslinie zwischen OB Nordwest (Armeegruppe Blumentritt) und 12. Armee Güstrow (GenStdH): Schwerin – Ülzen – Braunschweig (Orte zur 12. Armee). Befehlsübernahme durch AOK 12 über neuen Abschnitt 22. 4. 45, 8.00 Uhr *(Anlage 3)*.

*Befehl WFStab / Op. (M)* an Kommandant Verteidigungsbereich La Rochelle, Verhandlung mit General de Larminat sofort abzubrechen *(Anlage 4)*.

*Befehl Chef OKW*, wonach keine deutschen Städte mehr zu Lazarettstädten erklärt werden dürfen, da dieses zu Schwächemomenten führt *(Anlage 5)*.

*Weisung Chef WFStab* an alle Oberbefehlshaber hinsichtlich Anpassung des Meldewesens an die nunmehr beschleunigte Leistungsfähigkeit operativer Nachrichtenverbindungen *(Anlage 6)*.

*Beauftragung des OB der Kriegsmarine* mit der sofortigen Vorbereitung zur restlosen Ausschöpfung aller personellen und materiellen Möglichkeiten für die Verteidigung des Nordraums in dem Falle einer Unterbrechung der Landverbindung in Mitteldeutschland *(Anlage 7)*.

*Lage* der verschiedenen Fronten am 20. April 1945 *(Anlage 8)*.

Wehrmachtbericht vom 20. April 1945 *(Anlage 9)*.

Die Feindlage, und zwar das Vordringen der Russen bis in die Gegend von Baruth (18 km südlich Zossen), zwang dazu, am frühen Nachmittag das Hauptquartier von Zossen nach W a n n s e e zu verlegen.

Am gleichen Tage erging Befehl, namhafte Teile des OKW, dabei Teile des WFStabs, in den süddeutschen Raum zu verlegen. Es wurde allgemein angenommen, daß in Kürze bei weiterer Verschärfung der Lage um Berlin Gesamtführung der Operationen von Süddeutschland aus erfolgen werde.

Die Verlegung erfolgte vom 20.–22. April[1]. Einige Teile konnten jedoch wegen der sich ständig verschärfenden Feindlage südlich Berlin den süddeutschen Raum im Landmarsch nicht mehr erreichen. Führer der im süddeutschen Raum versammelten Teile wurde Stellv. Chef WFStab, General Winter, der am 22. 4. 45 abends im Pkw. nach Süddeutschland fuhr.

Arbeitsfähig war nur der in Süddeutschland befindliche Teil des Wehrmachtführungsstabes; alle übrigen Dienststellen des OKW waren nicht in der Lage zu arbeiten.

Auf Befehl des Generals Winter wurden die meisten Dienststellen des OKW aufgelöst. In St. Gilgen (Wolfgangsee) befand sich die Attaché-Abteilung mit sämtlichen fremdländischen Mil.-Attachés; auch das Auswärtige Amt lag in der Nähe (Fuschl).

In Lagebesprechung am 3. Mai erklärte General Winter, daß er auf Grund der Feindlage nach *Zell am See* zu verlegen beabsichtige. Die Verlegung wurde

1 Zum folgenden s. genauer das KTB der Führungsgruppe B (Süd), oben S. 1438 ff.

durchgeführt mit der Absicht, eine örtliche Vereinigung in Zell am See mit Feldmarschall Kesselring durchzuführen.[1]

Die zu verlegenden Teile wurden auf Befehl von General Winter von der Kopfzahl 1 500 auf die Zahl 400 gekürzt.

*21. April 1945:*

*Befehl Chef OKW* für Ausbau von Panzersperrlinien und Ortsstützpunkten im Bereich der Wehrkreise X, II und III *(Anlage 2).*[2]

*Fernmündliche Meldung* Chef Gen.=Stab 12. Armee über eigene Lage und Absichten *(Anlage 3).*

*Erläuterungen WFStab/Op. (H)* an Chef Gen.=Stab AOK 12 zu Ziffer 4 der Weisung vom 20. 4. *(Anlage 4).*

*Meldung OB West* über Herstellung neuer Front infolge Ereignisse bei 19. Armee *(Anlage 5).*

*Funkspruch Chef WFStab* an OB West, wonach Führer den Entschluß OB West gemäß Anlage 5 ablehnt. Lage bei Stuttgart ist nicht durch Zurückgehen auf Schwäbische Alb, sondern angriffsweise zu meistern *(Anlage 6).*

Am 21. 4. schoß Russe erstmalig mit einem weittragenden Geschütz in das Zentrum von Berlin hinein. Ein Entscheid über endgültigen Sitz des OKW mit WFStab ist noch nicht gefallen. Die Verlegung der wichtigsten Führungsorgane des WFStabs in den Südraum im Lufttransport wird vorbereitet.

Lage an den verschiedenen Fronten gemäß Lagebericht *(Anlage 7).*

Wehrmachtbericht *(Anlage 8).*

*22. April 1945:*

*Lage an den Fronten* s. Wehrmachtbericht *(Anlage 1).*

Die Bolschewisten erreichten mit ihren Angriffsspitzen südlich Berlin die Linie Treuenbrietzen – Zossen – südlich Königswusterhausen. Weitere Kräfte zur Nährung dieser Angriffe werden nachgeführt.

Ostwärts und nördlich von Berlin schob sich der Feind in schweren Kämpfen bis an die äußere Verteidigungszone der Reichshauptstadt heran.

*Bei AOK 12* besteht der Eindruck, daß an der Elbefront im Raum Havelberg Feind einen „Demarkationslinien=Aufmarsch" durchführt *(Anlage 2).*

Entscheid, ob AOK 12 mit Schwerpunkt an Ost= oder Westfront kämpfen soll, ist noch nicht gefällt.

Am 22. 4. entschließt sich der Führer, für seine Person nicht nach Süden auszuweichen, sondern den Kampf um Berlin persönlich zu führen und in der Reichskanzlei zu bleiben.

Er befiehlt, daß Generalfeldmarschall *Keitel,* Generaloberst *Jodl* und Reichsleiter *Bormann* nach dem Süden fliegen, um dort die Gesamtoperationen weiterzuführen.

1 Zur Durchführung dieses Planes kam es nicht mehr.

2 Anlage 1 angeführt am 22. 4. Diese und die weiteren Anlagen sind bis auf Ausnahmen nicht erhalten.

Die Durchführung dieses Befehls wird von diesen drei Persönlichkeiten ab= gelehnt. Der Führer nimmt sodann den Vorschlag von Generaloberst Jodl an, die gesamte Front gegen die Angelsachsen umzudrehen, die an dieser Front eingesetzten Kräfte in den Kampf um Berlin zu werfen und diese Operation durch das OKW selbst zu führen. Nach dem Lagevortrag Abfahrt von Dahlem nach Krampnitz. Dort gesamter Stab OKW einschließlich der von Wannsee gekommenen Teile WFStab zusammengefaßt.

Am Abend Abfahrt des Generalfeldmarschalls Keitel nach Wiesenburg zur Lagebesprechung bei Stab Korps Köhler.

Bericht des General v. Bötticher zur militärischen und politischen Lage *(Anlage 3)*.

*17.20 Uhr* Befehl an 9. Armee, unter Abdeckung ihres Rückens und ihrer Flanken durch Angriff nach Westen die Verbindung mit 12. Armee herzustellen. Die Haltung der 9. Armee ist dafür entscheidend, daß es gelingt, die in den Verteidigungsring der Stadt Berlin eingebrochenen feindlichen Kräfte abzuschneiden und die Hauptstadt des Reiches wieder freizukämpfen, in der sich der Führer im Vertrauen auf seine Soldaten aufhält.

Fernschreiben 12. Armee, danach Zusammenfassung gesamter Armee im Raum Brandenburg angesichts Lageentwicklung nicht tragbar. Angriffsrichtung bleibt XX. AK. Richtung Ferch.

*19.15 Uhr* trifft Funkspruch an Groß=Admiral Dönitz ein, in welchem der Führer den Kampf um Berlin als „deutsche Schicksalsschlacht" bezeichnet. Demgegenüber alle anderen Aufgaben und Fronten von sekundärer Bedeutung.

Befehl an Großadmiral, diesen Kampf unter Zurückstellung sonstiger Marineaufgaben durch Heranführung von Truppen auf Luftweg in die Stadt, auf See= und Landweg an die vor Berlin kämpfenden Fronten zu unterstützen *(Anlage 5)*.[1]

*19.30 Uhr* Anruf Adjutant des Führers, Major Johannmeyer, aus Reichskanzlei, in welchem er dringend Munition anfordert; außerdem Einfliegen von Marine=Soldaten erwünscht *(Anlage 6)*.

*19.40 Uhr* Ferngespräch Feldmarschall Keitel mit Chef des Stabes Korps Steiner. Der Führer verlangt und erwartet, daß der Durchstoß der 25. Pz.= Gren.=Div. durch das Niederungs= und Engengebiet hindurch vorgetrieben wird und daß alle verfügbaren Kräfte dort nachgeschoben werden. Es ist der ausdrücklichste Wille des Führers, daß hier der Kernpunkt der weiteren Entwicklung der Lage liegt *(Anlage 7)*.

*22.45 Uhr* Gespräch mit General Christian hinsichtlich personeller und materieller Luftversorgung in der Nacht vom 25.–26. 4. für Berlin *(Anlage 8)*.

Lage=Orientierung an General Winter *(Anlage 9)*.

Frontfahrt Generaloberst Jodl zum Korps Steiner und 25. Pz.=Gren.=Div.

1 Hinweis auf Anlage 4 fehlt.

*23. April 1945:*

Weisung an OB West, daß Erklärung Polas zum Verteidigungsbereich aufgehoben und die dort eingesetzten Kräfte zum Schutz von Fiume zur Verfügung gestellt werden *(Anlage 1).*

Weisung an OB West für Kampfführung der 1. und 19. Armee mit dem Ziel, Wiederherstellung einer zusammenhängenden Front, notfalls an der Donau unter Anschluß an Schweizer Grenze.

12. Armee hat Auftrag, unter weitgehender Entblößung der Elbe-Mulde-Verteidigung starke Kräfte zum Stoß in nordostwärtiger Richtung auf Berlin bereitzustellen *(Anlage 2).*

Funkspruch an OB West über Kampfführung bei 19. Armee, wonach für 19. Armee folgende Operations-Idee befohlen worden ist:

„Führung eines Durchbruchangriffs mit zusammengefaßten Kräften oder Kampfführung in der ganzen Tiefe des Kampffeldes gegen die rückwärtigen Verbindungen des Feindes."

Durch Funk Genehmigung an OB Südwest, daß Heeresgruppe hinter Tessin –Po zurückzuführen sei, falls Durchbruch durch die Front nicht mehr abgefangen werden könne. Endziel: ausreichende Kräfte für Besetzung der „Blauen Linie"[1] zu erhalten.

Lage an den Fronten (s. Wehrmachtbericht) *(Anlage 4).*

Die Schlacht um Berlin ist mit voller Heftigkeit entbrannt. In der Linie Beelitz–Trebbin–Teltow–Dahlewitz starke, durch Panzer unterstützte Angriffe aufgefangen.

Nördlich der Reichshauptstadt vergeblicher Versuch der Sowjets, die Havel zu überschreiten.

Nach Besprechung des Gen.-Feldmarschalls Keitel bei Korps Köhler fuhr dieser zur 12. Armee. Eintreffen 23. 4. gegen 1.00 Uhr bei General Wenck in Oberförsterei „Alte Hölle" bei Wiesenburg. Besprechung des Angriffs auf Berlin in Richtung Potsdam und Vereinigung mit 9. Armee.

Gegen 6.00 Uhr bei Div. „Scharnhorst" in Kranepuhl bei Belzig; Besprechung des Angriffs der Div. beiderseits Treuenbrietzen, Richtung Trebbin. Angriff begann gegen 6.00 Uhr.

Anschließend Fahrt zurück nach Krampnitz. Eintreffen dort gegen 10.00 Uhr.

15.00 Uhr Chef OKW, Chef WFStab, Oberstleutnant Brudermüller, Oberstlt. v. John nochmal beim Lagevortrag in der Reichskanzlei.

Nach Rückkunft nach Krampnitz wird sofortiger Abmarsch notwendig, da der Russe den Niendorfer Kanal überschritten hat und mit Panzern nach Süden vorstößt. Nachtmarsch über Nauen-Berge, wo eine Stunde später feindliche Panzer einbrechen, in das Lager Neu-Roofen südwestlich Fürstenberg.

Dort Ankunft 4.00 Uhr früh.

1 D. h. der Voralpen-Stellung.

Feldmarschall Keitel fuhr nach Teilnahme an der Lage in der Reichskanzlei und Rückkehr nach Krampnitz von dort über Brandenburg, Pritzerbe nach Selensdorf zur 12. Armee. Eintreffen dort gegen 23.00 Uhr.

Fernschreiben des Reichsmarschalls *Göring* an den Führer, an Oberst v. Below, Generaloberst Jodl (für den Generalfeldmarschall Keitel) sowie an Reichsminister v. Ribbentrop, worin er sich als Nachfolger des Führers betrachtet. Er sieht diese Nachfolge ab 23. 4. 45, 22.00 Uhr, falls vom Führer keine entgegengesetzte Antwort erfolgt, auf Grund der Lageentwicklung in Berlin als gegeben an. Der Führer verbietet jedoch dem Reichsmarschall in schärfster Form durch Funkspruch jeden Schritt in der angedeuteten Richtung. Feldmarschall Keitel gibt durch Funk an Reichsmarschall Göring Lageorientierung *(Anlage 5)*.

*24. April 1945:*

Lage an den Fronten (s. Wehrmachtbericht u. Lage=Meldung) *(Anlage 1)*.

In der Schlacht um Berlin stießen die Bolschewisten gegen erbitterten eigenen Widerstand bis in die Räume südostwärts Brandenburg, südlich Potsdam, nördlich Königswusterhausen und in die Randgebiete der östlichen und nördlichen Stadtteile vor.

*15.10–15.30 Uhr* Ferngespräch mit Chef AOK 12 *(Anlage 1a)*. 12. Armee erhält *19.45 Uhr* Befehl über Angriffsführung für den Kampf um Berlin. Bei 12. Armee zur Zeit keine geschlossene Abwehrfront vorhanden.

Der Feind wird in einzelnen Kampfgruppen angegriffen, um weiteres Vordringen zu verzögern *(Anlage 2)*.

Befehl der Heeresgr. Weichsel, AOK 11, Kampfkommandant Berlin über Trennungslinie zwischen Heeresgruppe und 12. Armee: Wittstock–Altruppin –Herzberg–Kremmen (alle Orte zu 12. Armee) – Ruppiner Kanal *(Anlage 3)*.

Weisung Chef WFStab an die OB West, Südwest, Mitte, Süd, Südost und Gen.=Lt. Winter, wonach alle verfügbaren Kräfte gegen den bolschewistischen Todfeind einzusetzen sind, wobei große Geländeverluste gegenüber den Anglo=Amerikanern in den Hintergrund zu treten haben, daß jedoch jede Verlegung von Kräften von Westen an die Ostfront der Genehmigung des OKW unterliegt *(Anlage 4)*.

In der *Nacht vom 24./25. 4. 45* unterschreibt der Führer den Befehl über die Aufstellung des Führungsstabes B, über die Befehlsführung des OKW, wonach dessen Hauptaufgabe Fortführung der Gesamtoperation ist, und befiehlt die Zusammenlegung der Stäbe WFStab und GenStdH *(Anlage 5)*[1].

Feldmarschall Keitel trifft gegen *3.00 Uhr* in Klessen (10 km westl. Friesack) bei XXXXI. Pz.=Korps, General Holste, ein. Besprechung des Angriffs auf Berlin in Richtung Nauen.

1 S. den „Dokumententeil" A Nr. 13; s. auch oben S. 1443.

General Holste wies auf besondere Schwierigkeiten der Marschbewegungen infolge Mangels an Fahrzeugen hin. Generaloberst Jodl verbleibt am 24. 4. in Neu=Roofen.

*25. April 1945:*

Lageentwicklung an den Fronten (s. Wehrmachtbericht und Lagemeldung, *Anlage 1*).

Im Kampf um Berlin wird um jeden Fußbreit Boden gerungen. Die Sowjets gewannen die Linie Babelsberg—Zehlendorf—Neukölln. Im ostwärtigen und nördlichen Stadtgebiet heftige Straßenkämpfe. Westlich der Stadt erreichen sowjetische Panzerspitzen den Raum von Nauen und Ketzin. Nordwestlich Oranienburg wird das Nordufer des Ruppiner Kanals gegen starke Angriffe gehalten.

*0.30 Uhr* Ferngespräch mit dem Chef AOK 12, wonach Lage im Raum Treuenbrietzen—Wittenberg sich durch Angriff des Feindes auf breiter Front gegen Niemegk so verschärft hat, daß alle drei zum Angriff zur Verfügung stehenden Div.en des XX. AK. bereits in ihren Bereitstellungsräumen in die Verteidigung gedrängt worden sind. Vorschlag des AOK 12, mit allen 3 Div.en des XX. AK. aus dem Raum über Mulde und Elbe in geschlossenem Block aus dem Raum Niemegk, ostwärts Beltzig vorbei, in Richtung Trebbin zum An=griff anzutreten, genehmigt *(Anlage 2)*.

General Krebs [1] befiehlt im Auftrag des Führers, daß Hauptaufgabe be=schleunigtes Eingreifen am Nordflügel in die Entscheidungsschlacht um Berlin bleibt *(Anlage 3)*.

Im Sinne dieses Befehls hat Armeeabt. Steiner mit 25. Pz.=Gren.=Div. aus Raum nordwestlich Oranienburg gegen die tiefe Flanke des auf Nauen nach Westen vorstoßenden Russen anzugreifen. Kampfgruppe 7. Pz.=Div. wird 25. Pz.=Gren.=Div. unterstellt *(Anlage 4)*.

*26. April 1945:*

Lageentwicklung (Wehrmachtbericht und Lagemeldung, *Anlage 1*).

Der Kampf um Berlin hat sich weiter verschärft. In allen Vorstädten Berlins toben heftigste Straßenkämpfe. Die Reichshauptstadt ist völlig eingeschlossen.

0.25 Uhr trifft Fernschreiben des Führers an Generaloberst Jodl und 12. Armee ein. Schnellste Durchführung aller Entsatzangriffe in den bisher befohlenen Richtungen ist zwingend notwendig. Die 12. Armee hat auf der Linie Beelitz—Ferch anzutreten und unverzüglich den Angriff in ostwärtiger Richtung bis zur Vereinigung mit 9. Armee fortzusetzen.

Die 9. Armee greift auf kürzestem Wege nach Westen an und stellt die Ver=bindung mit der 12. Armee her. Nach Vereinigung der beiden Armeen kommt es darauf an, unter Eindrehen nach Norden die feindlichen Verbände im Süd=

1 Mit der Führung der Geschäfte des Chefs GenStdH beauftragt.

teil von Berlin zu vernichten und eine breite Verbindung mit Berlin herzustellen.

Die nordwestlich Oranienburg vorgehende Angriffsgruppe muß im ersten Durchstoß die Gegend von Bötzow erreichen. Bei Heeresgr. Weichsel ist der Kampf der 3. Pz.=Armee so zu führen, daß eine Verbreiterung des großen feindl. Brückenkopfes verhindert wird *(Anlage 2)*.

3.40 Uhr Befehl Chef WFStab über Luftwaffen=Einsatz am 26. 4. 45 *(Anlage 3)*.

Zu dem um 0.25 Uhr eingegangenen Fernschreiben des Führers meldet Generaloberst Jodl an den Führer: Angriff 9. Armee erfolgversprechend begonnen. XX. AK. wird hoffentlich Nacht 25./26. Richtung Beelitz antreten, um dann – nach Osten einschwenkend – Verbindung mit 9. Armee zu suchen. Korps Holste erkämpft sich Aufmarschraum südlich Havelländisches Luch. III. SS=AK. hat Brückenkopf bis Nordrand Niendorf erkämpft. Erfolg bei Bautzen wird Angriffsfortsetzung nach Norden und Nordwesten ermöglichen. Lage 3. Pz.=Armee nach Eingreifen feindlichen Panzerkorps ostwärts Prenzlau bis zum Zerreißen gespannt. Drohende Gefahr, daß sich Feind in kurzer Zeit in Flanke und Rücken unserer nördlich Berlin stehenden Kräfte ergießt.

Bei Lauenburg droht starker Feindangriff über Elbe in Richtung Lübeck. Um weitere Durchtrennung des Norddeutschen Raumes in Richtung Lübeck zu verhindern und der 3. Pz.=Armee Kräfte zuzuführen, Vorschlag, soviel Truppen in Gegend südostwärts Hamburg aus Raum zwischen Ems und Elbe über See und Land zu befördern, wie transporttechnisch möglich. Entscheid erbeten *(Anlage 4)*.

*8.15 Uhr* Ferngespräch mit General Krebs, worin dieser mitteilt, daß Führer mit Vorschlag Gen.=Oberst Jodl grundsätzlich einverstanden sei *(Anlage 5)*.

In *9.40 Uhr* vom Führer eingegangenem Fernschreiben wird Antrag von Generaloberst Jodl genehmigt.

Mitteilung, daß Führer Großadmiral darum gebeten hat, alles an Hilfe zu schicken, was augenblicklich abzugeben und bewaffnet werden kann. Führer hält es für richtig, den Wert aller Verbände dadurch zu steigern, daß jüngere Soldaten der Kriegsmarine und Luftwaffe die älteren Soldaten aus zweit= und drittklassigen Truppen ablösen.

*11.45 Uhr:* Generaloberst Heinrici beantragt die Einstellung des Angriffs westlich Oranienburg, da kein Erfolg dort zu erwarten sei und 25. Pz.=Gren.=Div. sowie 7. Pz.=Div. bei Prenzlau benötigt würden. Antrag wird abgelehnt, da mit ausdrücklichem Befehl des Führers zum konzentrischen Entsatzangriff auf Berlin zuwiderlaufend *(Anlage 5a)*.

12.20 Uhr Meldung, daß Beweglichmachung der (zur Verstärkung des Angriffs 25. Pz.=Gren.=Div. befohlenen) Kampfgruppe 7. Pz.=Div. aus Transportraummangel nur unerheblich fortgeschritten ist *(Anlage 6)*.

18.25 Uhr Meldung, daß AOK 21 in Wittstock ab 28. 4. früh einsatzbereit ist *(Anlage 7)*.

In zwei Ferngesprächen mit Chef des Stabes AOK 12 wird Einsatz=Rgt.s=Gruppe 199. Inf.=Div. und Ostwest=Bewegung der Zivilbevölkerung an Elbe=Front besprochen *(Anlage 8 und 9)*.

18.00 Uhr letztes Ferngespräch Gen.=Oberst Jodl mit dem Führer persönlich. Anschließend mit General Burgdorf[1] und General Krebs. Der Führer befiehlt, der 9. Armee klarzumachen, daß sie scharf nach Norden mit der 12. Armee eindrehen müsse, um den Kampf um Berlin zu entlasten.

20.30 Uhr Orientierung an Major v. Freytag=Loringhoven in Reichskanzlei. Bei Heeresgr. Weichsel gewinnt Ausweitung des Brückenkopfes operative Bedeutung. Feindliche Panzerspitzen etwa 5–6 km westlich des Randow=Abschnittes. Eingriffsreserven werden hinter die Einbruchsstelle geführt, und zwar zunächst in die Linie Fürstenberg–Neustrelitz–Neubrandenburg. Mit Führung dieser Kräfte wird AOK 21 beauftragt. Angriff bei III. SS=AK. mit 25. Pz.=Gren.=Div. läuft. Bei 9. Armee Angriff des XX. AK. in das Waldgelände südwestlich Beelitz eingedrungen. Straße Brandenburg–Plauen durch Feind von Norden gesperrt. Starker Feinddruck bei Rathenow *(Anlage 10)*.

22.15 Uhr orientiert Ia der Heeresgr. Weichsel: Angriffsspitzen der 9. Armee haben anscheinend Straße Zossen–Baruth überschritten. Erhebliche Verluste durch pausenlose feindliche Luftangriffe. Auf rechtem Flügel 3. Pz.=Armee griff Feind mit etwa 2 Div.en den von verstärkter 25. Pz.=Gren.=Div. gebildeten Brückenkopf südlich des Ruppiner Kanals an. Aussichten, Angriff der Div. erfolgreich fortzusetzen, erscheinen der Heeresgruppe auf Grund neuer Lage noch geringer als vorher.

Randow=Abschnitt stellenweise bis zu 6 km Tiefe durchbrochen *(Anlage 11)*.

Fernschreiben an Heeresgr. Weichsel, AOK 21 (nachrichtlich AOK 12) mit Weisung für erfolgreiche Abwehr des feindlichen Durchbruchs im Raum Prenzlau. AOK 21 wird hierzu der Heeresgr. ab 28. 4. vormittags zugeführt.

Befehl an OB Nordwest und Großadmiral Dönitz über sofortiges Herausziehen von so viel Kräften zwischen Weser und Ems, wie es die Transportlage ermöglicht.

Befehl Generalfeldmarschall Keitel, wonach auch die Führung des östlichen Kriegsschauplatzes auf das OKW übergegangen ist; Einzelheiten über Befehlsführung im Nordraum und im Südraum festgelegt *(Anlage 13[2])*.

Generalfeldmarschall Keitel führte am 26. 4. Frontfahrten im Raum nördlich Berlin durch.

*27. April 1945*

*Lage=Entwicklung* (s. Wehrmachtbericht und Lagemeldung, *Anlage 1a*).

In Berlin wird erbittert um den inneren Verteidigungsring der Stadt gekämpft.

*Meldung AOK „Ostpreußen"* über Lage in Ostpreußen. Hinweis, daß bei

1 Chefadjutant der Wehrmacht bei Hitler und Chef des Heerespersonalamts.

2 Vgl. dazu S. 1456; ferner oben S. 1443: KTB des Führungsstabs Süd (B): 26. 4. und Abschnitt III,5 der „Dokumente".

Nicht=Eintreffen von Munition in kurzer Frist trotz aller Pflichttreue der Wider=stand auf der Nehrung und im Westraum in wenigen Tagen vom Feind ge=brochen wird *(Anlage 1)*.

*Befehl Chef WFStab* an Armee „Ostpreußen", wonach auch nach Verlust Pillau die Aufgabe der Armee „Ostpreußen" Bindung stärkerer Feindkräfte im Osten und Westen des deutschen Raumes und Erhaltung die[1] Voraussetzung für die Versorgung der Heeresgr. „Kurland" sei. Raum um Putziger Nehrung sei daher weiter zu verteidigen *(Anlage 2)*.

*Der Führer befiehlt*, daß dem General d. Pz.=Truppen Wenck Angriffsgruppe Oranienburg unter dem XXXXI. Pz.=Korps (an Stelle von Korps Steiner) unter=stellt wird. Der beim Lagevortrag anwesende Großadmiral Dönitz schildert die Verhältnisse im norddeutschen Raum (Raum A).

*15.00 Uhr* wird klar, daß der Feind die 3. Pz.=Armee bei Prenzlau durch=brochen hat und im Vorstoß auf Lychen–Templin ist. 3. Pz.=Armee hat keine Reserven mehr. So schwer es ist, es bleibt kein anderer Entschluß, als den Angriff Steiner einzustellen, 7. Pz.= und 25. Pz.=Gren.=Div. zum Angriff Rich=tung Templin–Prenzlau in die Südflanke des Gegners anzusetzen.

*Diese Absicht wird um 17.00 Uhr* als Befehl fernmündlich voraus an den Chef III. SS=Pz.=Korps sowie anschließend an AOK 12 und XXXXI. Pz.=Korps übermittelt *(Anlage 3)*.

Anschließend ergeht KR=Blitz=Fernschreiben an Heeresgr. Weichsel, AOK 12 (sowie nachrichtlich III. SS=Pz.=Korps und XXXXI. Pz.=Korps) mit gleichem Befehl, worin es Aufgabe der Heeresgr. Weichsel bleibt, den feindlichen Durch=bruch aufzufangen und Flanke und Rücken der 12. Armee zu decken, damit diese den Angriff südostwärts Berlin fortsetzen kann. Der Angriff westlich Oranienburg ist einzustellen, der Brückenkopf besetzt zu halten.

25. Pz.=Gren.=Div. und 7. Pz.=Div. sind an den Raum Templin zum Angriff gegen die Südflanke des durchgebrochenen Feindes zuzuführen.

Der Heeresgr. Weichsel werden AOK 12 und Inf.=Div. „Schlageter" neu unterstellt *(Anlage 4)*.

Aufruf Chef OKW an Heeresgruppe Weichsel, 9. Armee, 12. Armee, wonach Schlacht um Berlin Höhepunkt erreicht habe und nur bei Vereinigung 9. und 12. Armee (mit Vorstürmen nach Norden und Vorbrechen des verstärkten Korps Steiner auf Tegel) Schlacht um Berlin noch gerettet werden könne *(Anlage 5)*[2].

Weisung Chef WFStab an Chef Führungsstab B für die Kampfführung im Südraum für den Fall, daß unmittelbare Führung im einzelnen durch Chef OKW nicht mehr gewährleistet ist: Festhalten der für Sicherstellung der Ver=sorgung benötigten Räume, Verhinderung einer Aufteilung in mehrere Kampf=gebiete sowie (durch Angriff nach Norden) wirksame Entlastung für den Ent=scheidungskampf in Berlin *(Anlage 6)*.[3]

1 Ms.: der; Text vorher wohl auch in Unordnung.

2 Dieser Aufruf wurde überholt durch den um 17.00 Uhr erlassenen, im KTB schon vorher verzeichneten Befehl.

3 S. auch oben S. 1445 f.

Generalfeldmarschall Keitel besucht am 27. das XXXXI. Pz.=Korps, General Holste, sowie anschließend Kampfkommandant Rathenow.

Besprechung und strikter Befehl, Rathenow unter allen Umständen zu hal= ten. Durchführung scharfer Maßnahmen gegen zurückflutende Truppen, die nach Rathenow zurückgeführt wurden.

*28. April 1945*

*Lageentwicklung* an den Fronten (s. Wehrmachtbericht und Lagemeldung, *Anlage 1*).

Der innere Verteidigungsring um Berlin ist durchbrochen. Der Kampf um den Stadtkern hat begonnen. Die Entsatzangriffe der von Westen, Süden und Norden angreifenden Verbände konnten lediglich im Westen den Feind zu= rückwerfen und Ferch gewinnen.

*1.30 Uhr* Meldung OB Südwest, daß Aufstandbewegung in Italien Umsturz= charakter angenommen hat. Durch Freiheitsbewegung Gegenregierung ge= bildet.

*3.00 Uhr* Gespräch Generalfeldmarschall Keitel mit General Krebs *(Anlage 2)*.

*Frage des Generals Krebs* im Laufe der Orientierung: Am meisten ist der Führer interessiert am Angriff westlich Oranienburg. Wie steht es dort? Kommt Angriff vorwärts? Steiner lehnt der Führer als Befehlshaber dort ab!!! Hat Holste den Befehl dort übernommen? Wenn uns nicht in den näch= sten 36 bis 48 Stunden geholfen wird, dann ist es zu spät!!!

*Antwort Generalfeldmarschall Keitel:*

1. Der Brückenkopf westlich Oranienburg hat noch nicht das Gelände gewon= nen, aus dem mit Panzern erfolgreich angegriffen werden kann, zumal der Feind die Stoßrichtung erkannt hat und den Brückenkopf erneut einzuengen versucht und von 3 Seiten angegriffen hat.
2. Wir haben die im Heranführen befindlichen Teile der 7. Pz.=Div. nach Osten sofort abdrehen müssen, weil der Gegner mit durchgebrochenen Panzern über Templin die rückwärtigen Verbindungen des Korps Steiner stark bedroht und mit weiterem Vordringen den Angriff sowieso zum *Er= liegen bringen wird!!!*

   Wir ziehen die Div. „Schlageter" in den Raum nordwestlich Oranienburg vor!

   Ich fahre heute zu Steiner und werde dann auch den Umfang der feind= lichen Rückenbedrohung erfahren.

*Frage Krebs:*

Warum führt Holste dort nicht? Zu Steiner hat der Führer kein Vertrauen!

*Antwort Generalfeldmarschall Keitel:*

Holste ist am Westflügel seiner weitgespannten Fronten; ich habe ihn noch nicht heranholen können. Im Augenblick ist dort auch gar nichts zu machen, wie die Dinge stehen.

*Krebs:* Der Führer erwartet schnellste Hilfe; es sind nur noch höchstens 48 Stunden Zeit. Wenn bis dahin keine Hilfe kommt, ist es zu spät!! Das läßt der Führer nochmals sagen!!!

*Antwort Generalfeldmarschall Keitel:* Wir werden Wenck[1] und Busse[1] mit äußerster Energie treiben; dort liegen die Aussichten für die Entlastung durch Vorstoß nach Norden.

*Fernsprechverbindung mit Berlin seit 5.00 Uhr abgerissen.*

*Befehl an 12. Armee,* den Raum südlich der Havel zwischen Schwielow=See und Brandenburg zu säubern und Angriff weiterer Feindkräfte nach Süden zu verhindern.

*9. Armee meldet* in Morgenmeldung: Durchbruchsversuch mißglückt. Gepan=zerte Angriffsspitzen gegen ausdrücklichen Befehl anscheinend nach Westen durchgebrochen oder vernichtet. Übrige Angriffsgruppe unter empfindlichen eigenen Verlusten zum Stehen gebracht. Körperlicher und seelischer Zustand von Offizier und Mann sowie die Munitions= und Betriebsstofflage gestatten weder erneuten planmäßigen Durchbruchsangriff noch langes Durchhalten.

...[2] Kessel zusammengedrängten Zivilbevölkerung. Nur durch die von sämt=lichen Generalen getroffenen Maßnahmen ist es gelungen, die Haltung der Truppe bis jetzt zu gewährleisten.

OB 9. Armee meldet: „Haltung und Kampf für 9. Armee bis zum letzten selbstverständlich."

*Befehl an 9. Armee* mit Forderung, auf Grund der Lagenentwicklung in Ber=lin unverzüglich nach Westen zur Vereinigung mit 12. Armee durchzustoßen.

*12.30 Uhr* trifft Befehl aus Reichskanzlei von General Krebs ein. Danach bleibt Aufgabe aller im Gebiet zwischen Elbe und Oder kämpfenden Verbände, den umfassenden Angriff zum Entsatz der Reichshauptstadt mit allen Mitteln und größter Beschleunigung zum erfolgreichen Ende zu bringen. Gegenüber dieser entscheidenden Aufgabe tritt die Bekämpfung des nach Mecklenburg einbrechenden Gegners zurück.

*12.38 Uhr* Befehl an Kampfkommandanten Berlin, über alle Vorgänge in der Reichshauptstadt und in der Reichskanzlei durch Funk zu melden und Befehle an OKW zu übermitteln. Unmittelbare Verbindung mit Reichskanzlei besteht nicht mehr.

*General Winter meldet,* daß Rundfunksender Erding in Händen aufständi=schen Führers der Dolmetscher=Ersatz=Komp. über Welle Reichssender Mün=chen den Aufruf von sogenanntem „Bayerischen Befreiungskomitee" bekannt=gegeben habe. Mißbrauch der Namen Kesselring, Westphal und anderer hoher Persönlichkeiten. Inhalt dieser Aufrufe unwahr. Schärfste Gegenmaßnahmen ergriffen.[3]

1 D. h. die Oberbefehlshaber der 12. und der 9. Armee.
2 Lücke im Ms.
3 S. dazu oben S. 1446 f.

Generalfeldmarschall Keitel auf Gefechtsstand III. SS=Pz.=Korps, dann 5. Jäg.=Div. Er stellt 7. Pz.=Div. und 25. Pz.=Gren.=Div. auf dem Marsch nach Neustrelitz fest. Dadurch erhält OKW Gewißheit, daß Südflügel der 3. Pz.=Armee sich auf dem Rückmarsch befindet. Feldmarschall Keitel trifft anschließend mit Generaloberst Heinrici und General v. Manteuffel bei Usadel zwischen Neubrandenburg und Neustrelitz zusammen.

*Von AOK 9 trifft folgender Funkspruch ein:*

Letzte Möglichkeit der Versorgung ab 16.00 Uhr auf „Platz=Viereck westlich Hermsdorf".

*Generaloberst Jodl befiehlt*, daß in der Nacht vom 28. zum 29. 4. noch einmal 9. Armee mit allen Transportflugzeugen der Heeresgr. Mitte versorgt wird.

*16.30 Uhr* teilt Generalfeldmarschall Keitel mit, daß 7. Pz.=Div. südostwärts Neustrelitz zum Auffangen des feindlichen Durchbruchs aufgebaut wird.

*16.30 Uhr* wieder Sprechverbindung mit Reichskanzlei (General Krebs). Er unterrichtet, daß die Nachrichten Sender München (Erding) über politische Maßnahmen um Kesselring und Westphal falsch sind und von einem aufständischen Führer einer Dolmetscher=Ersatz=Komp. ausgehen. Schärfste Gegenmaßnahmen eingeleitet.

*16.50 Uhr* Gespräch mit Großadmiral *(Anlage 3)*.

Frage Großadmiral, ob feindliche Meldung bekannt ist, daß Reichsführer SS ein Kapitulationsangebot an die Anglo=Amerikaner gemacht hätte und diese nur eine Gesamtkapitulation einschließlich der Sowjets annehmen würden. Antwort: Nachricht hier unbekannt. Wird geklärt und notfalls Gegenerklärung abgegeben.

*17.20 Uhr* Reichsführer SS fernmündlich verständigt:

a) von der Verbindung und der Unterrichtung, die Gen.=Oberst Krebs gegeben hat,
b) von dem Aufruf aus München=Erding,
c) von dem angeblichen Kapitulationsangebot, das Reichsführer SS gemacht haben soll und der Antwort der Angelsachsen.

Reichsführer SS wird Großadmiral Dönitz unterrichten, daß diese Nachricht falsch ist.[1] Möchte keine Gegenerklärung im Rundfunk haben, sondern die Meldung ignorieren.

Von Generaloberst Jodl in der Lage angeordnet:

a) Angriff gegen Südflanke des auf Brandenburg vorstoßenden Feindes mit 2–3 Divisionen und nicht mit einer;
b) Grenze zur 12. Armee bleibt wie bisher;
c) Wehrmachtquartiermeister soll an Auswärtiges Amt herantreten, um über Internat. Rotes Kreuz Serum und Narkotika aus unseren Lagern in Marburg oder aus Schweden nach Dänemark zuzuführen, wo schwerer Mangel für Verwundete und Flüchtlinge einzutreten droht.

1 Die Nachricht war bekanntlich richtig.

*18.30 Uhr* Befehl an General Winter, gegen Aufstand in Italien und Sender Erding mit brutalsten Mitteln einzuschreiten.

*19.15 Uhr* Telefongespräch zwischen Generaloberst Jodl und Generaloberst Heinrici:

*Generaloberst Heinrici meldet*, daß er auf Grund der Entwicklung der Lage im Raum Neubrandenburg–Friedland, wo einzelnen Panzer bis südlich Anklam durchgebrochen sind, gezwungen ist, mit seinem rechten Flügel hinter den Havel=Voßkanal – Verlauf der Havel – zurückzugehen, um Kräfte nach dem Norden in den Einbruchsraum verschieben zu können. Die Division „Schlageter" soll in den Raum Neubrandenburg zum Abbremsen des feindlichen Vorstoßes zugeführt werden.

*Generaloberst Jodl befiehlt*, daß der rechte Flügel, da er nicht angegriffen wird, stehenzubleiben hat, da bei einem weiteren Zurückweichen die Armee Wenck nicht mehr nach Norden durchgezogen werden könne. Die Division „Schlageter" ist nicht den feindlichen Angriffsspitzen vorzulegen, sondern dem XXXXVI. Pz.=Korps zur Verstärkung der Angriffsgruppe und Abdeckung der rechten Flanke zuzuführen.

Generaloberst Heinrici meldet, daß er diesen Befehl nicht ausführen könne, worauf Generaloberst Jodl den Befehl des Feldmarschalls Keitel wiederholt, mit der Angriffsgruppe des XXXXVI. Pz.=Korps in nordostwärtiger Richtung in die Flanke des Gegners anzugreifen. Wenn er diesen Befehl nicht durchführt, hat er persönlich die Verantwortung bis zur letzten Konsequenz dafür zu tragen.

*Zusatz:* Der zur Erkundung in den Raum des III. Pz.=Korps entsandte Major d. G. Friedel meldet, daß sich der rechte Flügel der Heeresgruppe bereits be=fehlsgemäß hinter den Havel=Voß=Kanal in die Linie Liebenwalde–Zehdenick abgesetzt hat und nur noch schwache Sicherungen vorwärts davon im west=lichen Teil der Schorfheide im Kampf waren. Damit sind die klare Befehlsver=weigerung und das selbständige Handeln der Heeresgruppe erwiesen.

Befehl an Führungsstab B (General Winter) und OB West, daß dort, wo Amerikaner Vorgehen einstellt oder Gelände wieder aufgibt, unverzüglich eigene Kräfte herauszuziehen und gegen Ostfront einzusetzen sind.

Weisung an Führungsstäbe, Heeresgruppen und Armeen über Unterbindung der Gerüchtbildung. Durch laufende Orientierung ist das Gefühl ständiger und enger Verbindung zu Oberster Führung sicherzustellen.

Hinweis, daß es nur darauf ankommt, zu gehorchen und Befehl Oberster Führung bis zum letzten durchzuführen.

*23.02 Uhr* Funkspruch an Westfestungen, daß Führer ihrer gedenkt und er=wartet, daß sie auch weiterhin in vorbildlicher soldatischer Haltung ihre Pflicht erfüllen. Jede eigenmächtige Handlung ist zu unterlassen.

*23.30 Uhr* Ablösung Führer und Chef des Gen.=Stabs Heeresgr. Weichsel, Generaloberst Heinrici und General v. Trotha, durch Generalfeldmarschall

Keitel. Sie werden ersetzt durch Generaloberst Student und General Deth=leffsen.

Lage=Beurteilung durch General v. Bötticher am 28. 4. *(Anlage 4).*

*29. April 1945:*

*Lageentwicklung* (s. Wehrmachtbericht und Lagemeldung, *Anlage 1*).

Der Häuserkampf in dem Stadtkern von Berlin tobt Tag und Nacht.

*0.30 Uhr* Gen.=Oberst Jodl fordert bei General Winter umgehende Meldung über Maßnahmen gegen Meuterer Erding an.

*3.40 Uhr* trifft Meldung von General Winter ein, wonach über Welle München Nachricht verbreitet wird, daß Führer gefallen sei.

*5.10 Uhr* an General Winter mitgeteilt, daß Nachricht falsch ist; Fernsprech=verbindung mit Reichskanzlei besteht noch zu dieser Stunde. Generaloberst erwartet Durchführung befohlener Maßnahmen gegen Verrätergesindel in Erding.

*7.35 Uhr* Meldung von General Winter über Lage in München. Verhalten Ritter v. Epp ungeklärt; er wurde dem SD übergeben. Putschender Führer Dolmetscher=Komp. mit seinen Offizieren entkommen. Wirkung der Münchener Ereignisse auf Fronttruppe vereinzelt erkennbar. Schärfstes Durchgreifen sichergestellt.

*11.00 Uhr* Anruf Großadmiral, daß Feind bei Lauenburg Brückenkopf über die Elbe gebildet hat. Er ist der Ansicht, nichts mehr zu Heeresgr. Weichsel und AOK 12 zu ziehen, sondern gegen die Engländer an der Elbe. Er bittet um gemeinsame Zusammenarbeit.

*12.35 Uhr* letztes Gespräch mit Berlin (mit Kampfkommandant General Weidling), nicht mehr mit Reichskanzlei.

*12.37 Uhr* meldet Generaloberst Heinrici, daß er vorübergehend den General v. Manteuffel mit der Übernahme beauftragt habe. General v. Manteuffel meldet, daß er in dieser krisenhaften und entscheidenden Lage nicht die Führung aus der Hand geben könne.

Daraufhin wird von Generalfeldmarschall Keitel General d. Inf. v. Tippelskirch mit der sofortigen Übernahme der Führung der Heeresgr. beauftragt.

*12.50 Uhr* wird der Ballon für RV=Verbindung durch Luftangriff bei Fürstenberg abgeschossen.

*15.30 Uhr* Abfahrt von Försterei über Gefechtsstand 21. Armee: OB Tippelskirch, der zuerst Heeresgr. nicht übernehmen will. Chef OKW hat ihn eindringlichst zu seiner Pflicht ermahnt; Tippelskirch hat die Lage begriffen, er versprach, sich restlos einzusetzen.

*16.00 Uhr* Funklagemeldung an Reichskanzlei:

Von 9. Armee keine Meldung, 12. Armee setzt Druck über Potsdam Richtung Berlin fort. Linker Flügel 12. Armee und rechter Flügel Heeresgr. Weichsel in erfolgreicher Verteidigung. Bei Heeresgr. Weichsel wird versucht, den Feind=

durchbruch in Linie Liebenwalde–Lychen–Neubrandenburg–Anklam–Usedom –Wollin zum Stehen zu bringen.

*19.00 Uhr* Abmarsch von Neuroofen auf Waldwegen nach Dobbin.

*19.31 Uhr* trifft Funkspruch von General Krebs und Reichsleiter Bormann an Feldmarschall Keitel ein. „Danach verbreitet Auslandspresse neuen Verrat. Der Führer erwartet von Ihnen, daß Sie blitzschnell und stahlhart ohne Unterschied durchgreifen." Von Wenck, Schörner und anderen erwartet der Führer, daß diese ihre Treue zu ihm durch schnellsten Entsatz unter Beweis stellen.

*20.28 Uhr* Fernschreiben an Heeresgr. Weichsel fernmündlich voraus: Aufgabe der Heeresgr. Weichsel ist es, unter Festhalten der Süd- und Ostfront den in Richtung Neubrandenburg durchgebrochenen Feind mit allen verfügbaren Kräften anzugreifen und zu schlagen. Meldung über Angriffsführung bis 21.00 Uhr. AOK 21 ist am rechten Flügel der Heeresgr. einzusetzen.

*23.00 Uhr* erhält Generaloberst Jodl in Dobbin folgenden Funkspruch des Führers:

„Es ist mir sofort zu melden:
1. Wo sind die Spitzen von „Wenck"?
2. Wann greifen sie weiter an?
3. Wo ist die 9. Armee?
4. Wohin bricht die 9. Armee durch?
5. Wo sind die Spitzen von „Holste"?

*23.30 Uhr* unterrichtet Ia AOK 12 über die Lage beim AOK 12 und XX. AK. Auf ganzer Front so in Abwehr gedrängt, daß Angriff auf Berlin nicht mehr möglich, zumal auch mit Unterstützung durch Kampfkraft 9. Armee nicht mehr gerechnet werden kann. Bedrohung der tiefen Flanke und des Rückens durch amerikanischen Vorstoß auf Coswig; Unmöglichkeit weiteren Angriffs nach Norden erheblich gewachsen. Antreten der Amerikaner an zahlreichen Stellen gegen Gesamtwestfront auf Grund heutigen Verhaltens wahrscheinlich. AOK erbittet sofortige Entscheidung für weitere Kampfführung.

Die Entscheidung wurde fernmündlich voraus durch Funkspruch wie folgt gefällt:

*An AOK 12:*

Wenn OB 12. Armee in voller Kenntnis seiner heutigen Lage bei XX. AK. eine Fortführung des Angriffs in Richtung Berlin trotz der hohen moralischen und geschichtlichen Verantwortung, die wir dafür tragen, für undurchführbar hält, sind Maßnahmen zum Durchbruch des XX. AK. über die untere Havel nach Norden vorzubereiten. Auffassung hierzu melden. Befehl zur Durchführung folgt daraufhin von hier unter Vorlage beim Führer. gez.: Keitel.

*Befehl* über Verlegung von Kräften aus Raum zwischen Ems und Elbe ostwärts Hamburg *(Anlage 2)*.

Brief des Generals Winter an Generaloberst Jodl mit der Bitte um vorausschauende Orientierung über die Nachfolge des Führers, falls dieser fallen sollte *(Anlage 3)*.

*Lageentwicklung* (s. Wehrmachtbericht und Lagemeldung, *Anlage 1*).

Im heroischen Ringen wird das Zentrum der Reichshauptstadt in erbitterten Häuser= und Straßenkämpfen gehalten.

*0.30 Uhr* Befehl an Heeresgr. Weichsel, daß AOK 12 ab sofort der Heeresgr. unterstellt wird. Das AOK hat den Auftrag, mit XX. AK. und XXXXVII.[1] Pz.=Korps nach Norden durchzubrechen und sich mit XXXXI. Pz.=Korps nördlich des havelländischen Hauptkanals zu vereinigen.

*1.00 Uhr* meldet Generalfeldmarschall Keitel zu dem am 29. 4. 45 (s. S. 1467) eingegangenen Funkspruch des Führers[2],

1. Spitze Wenck liegt südlich Schwielow=See fest.
2. 12. Armee kann daher Angriff auf Berlin nicht fortsetzen.
3. 9. Armee mit Masse eingeschlossen.
4. Korps Holste in die Abwehr gedrängt.

Nach Meldung des Generals Winter über Lage in Festung Breslau Funkspruch an ihn, daß Durchbruch aus Breslau versucht werden kann, wenn Ausbruch auch geringe Chance gibt und Kräfte Heeresgr. Mitte von außen mithelfen können.

*OKW* ist mit beabsichtigter Kampfführung des AOK „Ostpreußen" einverstanden. Schwerpunkt der Verteidigung bleibt Hela. Halten des Weichseltiefs weiter von Bedeutung (*Anlage 2*).

Durch 5 Ordonnanzoffiziere des Wehrmachtführungsstabs wird der Befehl an alle Kommandeure der Nordfront, von[3] der Heeresgr. Weichsel an diese verteilt und mündlich erläutert. Die Gesamtlage erfordert, daß Front unter Ausnutzung der mecklenburgischen Seengebiete unter allen Umständen zum Stehen gebracht wird; nur dann kann 12. Armee[4] aus dem Raum Potsdam—Belzig—Brandenburg gerettet werden.

Generalfeldmarschall Keitel appelliert persönlich und eindringlichst an das Gewissen und an das Ehrgefühl aller Kommandeure, in dieser Lage ihre kameradschaftliche Pflicht zu erfüllen (Einzelheiten *Anlage 3*).

*16.00 Uhr* Lage=Orientierung über Nordraum an General Winter und auch Auftrag, im Raum Süd den Zusammenschluß aller Fronten im großen Ring herzustellen und mit Schwerpunkt im Osten zu halten, um möglichst viel Raum vor dem Bolschewismus zu bewahren. Kampf um politischen Zeitgewinn muß fortgesetzt werden.

*16.30 Uhr* Befehl an Großadmiral Dönitz und Heeresgr. Weichsel, Verteidigungsbereich Swinemünde zu räumen (*Anlage 4*).

1 Ms.: 48.
2 Ein — diesen Wortlaut ergänzender — Auszug aus dem (Hitlers Selbstmord auslösenden) Funkspruch S. 145c im KTB der Führungsgruppe Süd (1. 5., 9.00 Uhr).
3 Ergänzt. 4 Ms.: Div.

*19.00 Uhr* Funk an General Krebs, Reichskanzlei: Lage bei Heeresgr. Süd und Mitte weiter gefestigt. Löhr[1] in geordnetem Absetzen gegen Linie Fiume—Varasdin. In Italien 14. Armee großenteils zerschlagen, 10. Armee im Absetzen hinter Etsch. Feind in Südbayern eingebrochen. Brückenkopfbildung durch Engländer bei Lauenburg.

*19.35 Uhr* Meldung Heeresgr. Weichsel: Feind mit 40 Panzern in Malchin eingedrungen, bei Demmin nach Westen durchgestoßen. XXXXVI. Pz.-Korps ist sofort in Enge Kölpinsee und Malchowsee zurückgenommen; dieser Entschluß durch OKW gebilligt. 25. Pz.-Gren.-Div. ist nach Norden vorgedrungen, um den aus Raum Demmin nach Westen vorgehenden Feind zu schlagen.

*21.15 Uhr* teilt Generalfeldmarschall Keitel an General Krebs Ablösung Gen.-Oberst Heinrici durch Generaloberst Student mit.

*22.15 Uhr* Anruf von Adjutant Großadmiral, Kapt. Lüdde-Neurath, an Adjutant Generaloberst Jodl, Oberstlt. d. G. Brudermüller:

Generalfeldmarschall Keitel und Generaloberst Jodl möchten mit allen Unterlagen der militärischen Führung sobald wie möglich zum Großadmiral kommen. Großadmiral ist vom Führer als Nachfolger bestimmt worden. Durchgabe ist durch Funk erfolgt. Zeitpunkt mitteilen, wann Generalfeldmarschall Keitel und Generaloberst Jodl eintreffen können.

Wortlaut des Funkspruchs: „Anstelle des bisherigen Reichsmarschalls Hermann Göring setzt der Führer den Großadmiral Dönitz als seinen Nachfolger ein. gez. Bormann." Schriftliche Vollmacht unterwegs.

Dieser Funkspruch traf *18.35 Uhr* aus Berlin bei Großadmiral Dönitz ein:

„Großadmiral Dönitz.

An Stelle des bisherigen Reichsmarschalls Göring setzt der Führer Sie, Herr Großadmiral, als seinen Nachfolger ein. Schriftliche Vollmacht unterwegs. Ab sofort sollen Sie sämtliche Maßnahmen verfügen, die sich aus der gegenwärtigen Lage ergeben. Bormann."

*1. Mai 1945*

*Lage an den Fronten* (s. Wehrmachtbericht und Lagemeldung, *Anlage 1*).

Im Stadtkern von Berlin verteidigt sich die tapfere Besatzung auf verengtem Raum in heldenhaftem Ringen gegen die bolschewistische Übermacht. Schwerstes feindl. Artilleriefeuer und rollende Luftangriffe dauern an.

*1.22 Uhr* Funkspruch Großadmiral Dönitz an den Führer.

„F R R Führerhauptquartier:

Mein Führer, meine Treue zu Ihnen wird unabdingbar sein. Ich werde daher weiter alle Versuche unternehmen, um Sie in Berlin zu entsetzen. Wenn das Schicksal mich dennoch zwingt, als der von Ihnen bestimmte Nachfolger das Deutsche Reich zu führen, werde ich diesen Krieg so zu Ende führen, wie es der einmalige Heldenkampf des deutschen Volkes verlangt. Großadmiral Dönitz."

1 Oberbefehlshaber Südost.

*4.30 Uhr Abfahrt* von Dobbin über Wismar in das Hauptquartier des Großadmirals bei Plön.

Gegen *10.00 Uhr* Ankunft in Wismar.

*10.40 Uhr* geht Funkspruch des SS-Gruppenführers Kaltenbrunner an den Führer ein, in welchem er den Zusammenbruch der Italienfront meldet.

*10.53 Uhr* trifft bei Großadmiral Dönitz folgender Funkspruch des Reichsleiters Bormann ein:

„F R R Großadm. Dönitz. Testament in Kraft. Ich werde so rasch als möglich zu Ihnen kommen. Bis dahin meines Erachtens Veröffentlichung zurückstellen. Bormann."

*11.00 Uhr* Lagebesprechung in Wismar.

*12.00 Uhr* Einweisung Generaloberst Student. Anschließend Abfahrt Generalfeldmarschall Keitel und Generaloberst Jodl nach Plön zum Großadmiral.

*15.18 Uhr Funkspruch von Goebbels und Bormann an den Großadmiral:*

„FRR Großadmiral Dönitz

G.Kdos.Chefsache – Nur durch Offizier –

Führer gestern 15.30 verschieden. Testament vom 29. 4. überträgt Ihnen das Amt des Reichspräsidenten, Reichsminister Dr. Goebbels das Amt des Reichskanzlers, Reichsleiter Bormann das Amt des Parteiministers, Reichsminister Seyß-Inquart das Amt des Reichsaußenministers. Das Testament wurde auf Anordnung des Führers an Sie, an Feldmarschall Schörner und zur Sicherstellung für die Öffentlichkeit aus Berlin herausgebracht. Reichsleiter Bormann versucht, noch heute zu Ihnen zu kommen, um Sie über Lage aufzuklären. Form und Zeitpunkt der Bekanntgabe an Öffentlichkeit und Truppe bleibt Ihnen überlassen. Eingang bestätigen. gez.: Goebbels – Bormann."

Nach Besprechung aller schwebenden Fragen beim Großadmiral treffen Feldmarschall Keitel und Generaloberst Jodl gegen *20.00 Uhr* im Hauptquartier OKW in Neustadt (Marinekaserne) ein.

Zwischen Heeresgr. Weichsel und OB Nordwest gilt ab 2. 5., 12.00 Uhr, neue Grenze Travemünde – Schönberg – Zarenthin – Neuhaus – Ülzen (Orte zu Heeresgr. Weichsel) *(Anlage 2)*.

In einem an den Generaloberst gerichteten Brief meldet General Dethleffsen über eine sogenannte Disziplin der Auflösung innerhalb der Truppe *(Anlage 3)*.

*Generaloberst Blaskowitz* meldet, daß Verhandlungen mit alliiertem Oberkommando zur Behebung der Ernährungskrise der Zivilbevölkerung in Holland mit Erfolg abgeschlossen seien.

*Generalfeldmarschall Busch* wird mit der einheitlichen Führung des Kampfes im Nordraum außer Norwegen und Dänemark betraut und von Großadmiral zum OB Nord ernannt *(Anlage 4)*.

Großadmiral Dönitz erläßt nach dem Tode des Führers einen Aufruf an das Deutsche Volk und an die Deutsche Wehrmacht, worin er seine Nachfolge als Staatsoberhaupt und als Oberster Befehlshaber mitteilt. Er betont, daß es seine erste Aufgabe ist, deutsche Menschen vor der Vernichtung durch den vordringenden bolschewistischen Feind zu retten; für dieses Ziel geht der militärische Kampf weiter. Von den deutschen Soldaten verlangt er, daß sie ihre Pflicht tun, da es das Leben ihres Volkes gilt. Der dem Führer geleistete Eid gilt von jetzt ab für den einzelnen Soldaten ohne weiteres für den Großadmiral als den vom Führer eingesetzten Nachfolger.

2. *Mai 1945*

*Lage an den Fronten* (s. Wehrmachtbericht, *Anlage* 1).

An der Spitze der heldenmütigen Verteidiger der Reichshauptstadt ist der Führer gefallen. Von dem Willen beseelt, sein Volk und Europa vor der Vernichtung durch den Bolschewismus zu erretten, hat er sein Leben geopfert. Dieses Vorbild „getreu bis zum Tode" ist für alle Soldaten verpflichtend.

Die Reste der tapferen Besatzung von Berlin kämpfen im Regierungsviertel, in einzelne Kampfgruppen aufgespalten, weiter.

Von *Feldmarschall Kesselring* trifft Meldung ein, daß bisheriger OB Südwest ohne sein Wissen und ohne seine Genehmigung auf Grund der taktischen und politischen Entwicklung in Italien eine Waffenstillstandsverhandlung mit Feldmarschall Alexander abgeschlossen habe. Die Waffenruhe soll mit 2. 5. 45, 12.00 Uhr, eintreten.

Feldmarschall Kesselring teilt Feldmarschall Keitel mit, daß Großadmiral ihn zum Vortrag befohlen habe.

*Gegen 10.00 Uhr* Feldmarschall Keitel nach Plön zum Großadmiral befohlen.

Funkbefehl an Heeresgr. Weichsel, Kampfführung so zu führen, daß möglichst starke Kräfte der Heeresgr. sich in den englischen und amerikanischen Machtbereich westlich der Linie Dömitz–Wismar geordnet zurückkämpfen können. Örtliche Verhandlungsmöglichkeiten mit örtlichen englischen und amerikanischen Befehlshabern können ausgenutzt werden. OB Nordwest kämpft hinhaltend, um Zeitgewinn für Verhandlung des OKW mit den Engländern über den nordwestdeutschen Raum zu erzielen.

*Fernschreiben* an Kampfkommandant Hamburg, OB Nordwest und Gauleiter Kaufmann, daß nicht beabsichtigt ist, Hamburg zu verteidigen. Genehmigung, daß entsprechend englischem Angebot am 3. 5. 45, 8.00 Uhr vormittags, ein Parlamentär entsendet wird.

*Anruf General Dethleffsen* mit Meldung über Erscheinen amerikanischer Panzer vor Schwerin. Rostock von Russen besetzt. Heeresgr. Weichsel beabsichtigt aus Raum Ludwigslust–Parchim durchzubrechen, falls die Amerikaner die Heeresgr. im Kampf gegen den Bolschewisten hindern *(Anlage 2)*.

*13.00 Uhr* fährt Generaloberst Jodl zur Lagebesprechung nach Plön zum Großadmiral.

*13.20 Uhr* Lageorientierung an General Winter mit der Mitteilung, daß unter Ausnutzung eines englischen Angebots zur Schonung der Stadt Hamburg am 3. 5. eine Delegation des OKW unter Führung des OB der Kriegsmarine, Generaladmiral v. Friedeburg, zur Besprechung weitgehender Fragen zum OB der 21. engl. Heeresgr., Feldmarschall Montgomery, entsandt werden wird.

*Besprechungspunkte für Montgomery:* Bestreben, möglichst viele deutsche Soldaten und europäische Menschen vor der Bolschewisierung und der Versklavung zu retten. Daher Rückführung der Heeresgr. Weichsel in angelsächsischen Machtbereich. Bewahrung der im schleswig-holsteinischen Raum zusammengefaßten Menschen vor der Vernichtung und dem Verhungern. Versorgung dieses Raumes mit Sanitätsmaterial. Bewahrung der großen Orte vor Zerstörung durch Bombardement. Darüber hinaus Bestreben, Regelung zu finden, um Mittel- und Nordeuropa vor weiterem Chaos zu bewahren. Vollmacht für Generaladmiral v. Friedeburg *(Anlage 3).*

*3. Mai 1945*

*Lage an den Fronten* (s. Wehrmachtbericht und Lagemeldung, *Anlage 1).*

In der Reichshauptstadt setzen die Reste der tapferen Besatzung immer noch ihren heroischen Widerstand gegen die Bolschewisten fort.

In den frühen Nachmittagsstunden Verlegung des Stabes von Neustadt nach Mürwik.

Um *4.00 Uhr* Generalfeldmarschall Keitel und Generaloberst Jodl von Plön nach Flensburg-Mürwik gefahren.

Großadmiral Dönitz befiehlt, daß Kiel nicht verteidigt wird.

*10.00 Uhr* Besprechung bei Großadmiral in Mürwik.

*11.20 Uhr* Befehl an Kampfkommandant Schleswig, alle verfügbaren Kräfte sofort an den Kaiser-Wilhelm-Kanal hinzuführen, der zu verteidigen ist.

Bei Einholung von Stärkemeldungen und Kampfkraft der am und nördlich des Kaiser-Wilhelm-Kanals befindlichen Truppenteile wird festgestellt, daß im allgemeinen schwere Waffen und zum Teil auch Handwaffen und Panzerkampfmittel nicht in ausreichendem Maße vorhanden sind.

*13.10 Uhr* Befehl an Kampfkommandant Rendsburg, daß Stadt nicht aufgegeben werden darf. Brücken über den Kanal sind nicht zu sprengen, jedoch mit allen Mitteln zu verteidigen.

*13.50 Uhr* Anweisung an Kreisleiter Flensburg, verfügbare Bekleidungs- und Lebensmittel ordnungsgemäß an Zivilbevölkerung auszugeben.

*Mittags* Besprechung mit Gauleiter Terboven und OB Norwegen, General Böhme *(Anlage 2).*

Das Ergebnis der Besprechung wird in einem Fernschreiben an AOK Norwegen abgesetzt. Danach ist OB Norwegen in seiner Eigenschaft als Wehrmachtbefehlshaber berechtigt, sämtliche militärischen Anordnungen an alle Wehrmachtteile und sonstige Organisationen (außer Polizei) zu geben, die er in jetziger Lage für erforderlich hält.

*Oberstlt.d.G. de Maizière* fliegt nach Kurland und Ostpreußen, um dort über Zielsetzung des Großadmirals und Absicht über Abtransport mündlich zu unterrichten.

*14.53 Uhr* Funkspruch an Generalfeldmarschall Kesselring und General Winter. Feldmarschall Kesselring wird ermächtigt, für die Truppen der West=front zwischen Böhmerwald und oberem Inn Waffenstillstand mit 6. amerik. Heeresgr. abzuschließen. Hierbei muß geklärt werden, wie weit Anglo=Ameri=kaner nach Osten vorzugehen beabsichtigen. Dadurch müssen die Voraus=setzungen zu Verhandlungen über die Rettung der Heeresgruppen Löhr, Ren=dulic und Schörner[1] geschaffen werden. 7. Armee ist Schörner zu unterstellen.

*19.30 Uhr* Funkspruch an Armee „Ostpreußen" und Heeresgr. „Kurland". Die veränderte militärische Lage im Reich erfordert den beschleunigten Ab=transport zahlreicher Truppenteile aus den ost= und westpreußischen Räumen sowie aus Kurland.

Die Kampfführung der Armee „Ostpreußen" und der Heeresgr. „Kurland" hat sich dieser Forderung anzupassen.

Von den zurückzuführenden Truppenteilen ist das Personal mit leichten Infanterie=Waffen zu verladen. Alles übrige Material einschließlich Pferden ist zurückzulassen und zu vernichten. Heeresgr. „Kurland" erhält Opera=tionsfreiheit zur Zurücknahme der HKL in vorgesehene Brückenköpfe um die Häfen Libau und Windau.

Kriegsmarine wird nach Ostpreußen und Kurland allen verfügbaren Trans=portraum zuführen *(Anlage 3)*.

*Die Verbindungsaufnahme des Generaladmirals v. Friedeburg* mit Mar=schall Montgomery hat am 3. 5. 45 begonnen.

*4. Mai 1945*

*Lage an den Fronten* (s. Wehrmachtbericht und Lagemeldung, *Anlage 1*).

*Der Kampf um die Reichshauptstadt* ist beendet. In einem einmaligen heroi=schen Ringen haben Truppen aller Wehrmachtteile und Volkssturmeinheiten ihrem Fahneneid getreu bis zum letzten Atemzug Widerstand geleistet und ein Beispiel besten deutschen Soldatentums gegeben.

*9.25 Uhr* Befehl an Kommandant Rügen, Insel nicht zu verteidigen, soviel Menschen abzutransportieren wie möglich, danach die Insel zu übergeben.

*Großadmiral Dönitz* entscheidet sich, das Abkommen mit Montgomery, d. h. Waffenruhe ab 5. 5. 45, 8.00 Uhr deutscher Sommerzeit, auf den gesam=ten norddeutschen Raum auszudehnen und weiterzutreiben. Vorschlag Gene=raloberst Jodl geht dahin, den Trumpf Holland und Norwegen noch nicht aus der Hand zu geben.

*9.30 Uhr* Funk an AOK „Ostpreußen", wonach Einverständnis für weitere Kampfführung aus Abschnitt Hela erteilt wird *(Anlage 2)*.

*11.00 Uhr* erhält General Hoffmann von Generaloberst Jodl Lageorientie=rung, und es wird ihm die Absicht des Großadmirals übermittelt, den Kaiser=Wilhelm=Kanal zu besetzen und zu verteidigen *(Anlage 3)*.

1 D. h. Heeresgruppen Südost, Süd (Ostmark) und Mitte.

*Anschließend* Einweisung General v. Natzmer, der an Stelle General Dethleffsen als Chef Heeresgr. Weichsel bestimmt wurde, über militärische und politische Absichten des Großadmirals.

*11.20 Uhr* Befehl, daß das am Vortage durch Kriegsmarinedienststelle in Kiel entwaffnete Btl. der 264. Inf.-Div. unverzüglich wieder mit allen Waffen auszustatten und sodann nach Holtenau zum Einsatz in Marsch zu setzen ist *(Anlage 4)*.

*Es wird vorgetragen,* daß überall die Rede des Großadmirals so aufgefaßt worden ist, daß jeder Widerstand eingestellt werden soll.

Jede Anfrage an den Stab in diesem Sinne ist schärfstens zurückzuweisen. Der Krieg ist heute noch nicht zu Ende. Militärisch gilt kein anderer Befehl als der des Großadmirals. Der Kaiser-Wilhelm-Kanal ist zu verteidigen. Alle Kräfte sind dorthin zu bringen. Ausnahme: Flensburg (offene Stadt); alle anderen Gerüchte sind falsch und mit Waffengewalt zu bekämpfen *(Anlage 5)*.

*Aus Raum zwischen Ems und Elbe* sind nur noch 7. Fallsch.-Jäg.-Div. und Gen.-Kdo. II. Fallschirm-Korps in Raum nördlich Elbe zu verlegen. Alle übrigen Verlegungen haben zu unterbleiben. Die Abgabe von 3 Rgt.s-Gruppen und eines kampfkräftigen Panzerverbandes aus Dänemark an OB Nordwest entfällt.

*11.30 Uhr* Fernschreiben an Wehrmachtbefehlshaber Norwegen und Dänemark: „Großadmiral fordert Vermeidung von Zwischenfällen, die geeignet sind, gegenüber Westfeind Lage zu verschärfen" *(Anlage 6)*.

Der Luftwaffe wird im Nordraum auf Grund derzeitiger Lage neue Aufgabe übertragen *(Anlage 7)*.

*14.00 Uhr* Äußerung des Großadmirals, an die U-Boote Befehl zu erteilen, vorerst keine Angriffshandlungen mehr vorzunehmen und ungesehen Rückmarsch anzutreten *(Anlage 8)*.

*18.45 Uhr* Fernschreiben an Führungsstab B, daß die Planung, Hauptquartier OKW 1. Staffel und Reichsregierung in Prag unterzubringen, entfällt *(Anlage 9)*.

*19.20 Uhr* meldet Generaladmiral v. Friedeburg an Großadmiral Dönitz: „Bedingungen einschließlich Schiffe in gleichen Zonen unterzeichnet; Waffenruhe ab 8.00 Uhr vormittags, 5. Mai."

*Admiral v. Friedeburg* erbittet Entscheidung, ob Dünkirchen unter gleichen Bedingungen in Waffenstillstand einbezogen wird.

*Über das Zusammentreffen* des Feldmarschalls Montgomery und einer deutschen Delegation des Oberkommandos der Wehrmacht im britischen[1] Hauptquartier der 21. engl. Heeresgr. wird folgender Bericht gegeben:

1. Alle Angehörigen der deutschen Streitkräfte, welche in den Bereich der 21. Armeegruppe von Osten her kommen und wünschen, sich zu ergeben, werden zu Kriegsgefangenen gemacht.

1 Ms.: baktischen.

Von der 21. Armeegruppe kann eine Ausnahme für die Übergabe einer geschlossenen deutschen Armee, die gegen die Russen kämpft, nicht gemacht werden.

2. Eine Erörterung über Zivilbevölkerung ist nicht möglich.
3. Feldmarschall Montgomery verlangt, daß alle deutschen Streitkräfte in Holland, Friesland (einschl. der Inseln und Helgoland), Schleswig und Dänemark ihre Waffen niederlegen und sich ihm bedingungslos ergeben.
4. Er ist bereit, sobald der Übergabe zugestimmt worden ist, über die Art der Besetzung der Gebiete, die Behandlung der Zivilbevölkerung usw. zu verhandeln (diskutieren).

Generaladmiral v. Friedeburg hat zur Zeit keine Vollmacht, einer Übergabe, wie sie unter 3. ausgeführt ist, zuzustimmen. Er wird deshalb zwei Offiziere (Konteradmiral Wagner und Major d. G. Friedel) zum Oberkommando der Wehrmacht entsenden, um die Zustimmung zu erhalten und zurückzubringen. Er bittet Feldmarschall Montgomery, ein Flugzeug für die beiden Offiziere verfügbar zu machen, da die Bewegung über die Straßen zu langsam ist, und bittet fernerhin, daß Admiral v. Friedeburg und General Kinzel in der Zwischenzeit in Feldmarschall Montgomerys Hauptquartier verbleiben.

*22.30 Uhr* Fernschreiben: Wehrmachtbefehlshaber Dänemark wird ermächtigt, Kopenhagen im Angriffsfalle zur offenen Stadt zu erklären.

*23.00 Uhr* Funkspruch an Führungsstab B und Heeresgruppe Mitte, wonach nach vollzogener Kapitulation Feldmarschall Kesselring als OB Süd mit dem Führungsstab B die Führung der Heeresgruppen Mitte, Süd und Südosten übernimmt. Kampfführung so, daß Zeit zur Rettung möglichst großer Teile der deutschen Bevölkerung vor den Sowjets gewonnen wird.

*Der Beginn der Waffenruhe* am 5. 5. 45, 8.00 Uhr, schließt die Einstellung von Schiffsbewegungen aus dem norwegischen in den dänischen Raum ein. Jeder Luftverkehr im Bereich OB Nordwest und Wehrm.-Befehlshaber Dänemark ist zu gleichem Zeitpunkt einzustellen.

*5. Mai 1945*

*Lage an den Fronten* (s. Wehrmachtbericht und Lagemeldung, *Anlage 1*).

Nach Vereinbarung mit dem Oberbefehlshaber der 21. britischen Heeresgruppe, Feldmarschall Montgomery, ist seit heute früh 8.00 Uhr in Holland, in Nordwestdeutschland von der Ems-Mündung bis zur Kieler Förde sowie in Dänemark einschließlich der diesen Gebieten vorgelagerten Inseln Waffenruhe. Hiervon werden auch die gegen England gerichteten Operationen der Kriegsmarine und Handelsmarine aus und nach den Häfen der genannten Räume betroffen.

Diese Waffenruhe wurde nach fast sechsjährigem ehrenvollem Kampf auf Befehl des Großadmirals Dönitz vereinbart, da der Krieg gegen die Westmächte seinen Sinn verloren hat und nur zum Verlust kostbaren deutschen Blutes vor allem durch den Bombenkrieg führt. Der Widerstand gegen die

Sowjets aber wird fortgesetzt, um möglichst viele deutsche Menschen vor dem bolschewistischen Terror zu bewahren. Alle nicht von der Waffenruhe betroffenen Streitkräfte der Wehrmacht setzen den Kampf gegen jeden Angreifer fort.

*0.28 Uhr* meldet General Kinzel in seiner Eigenschaft als deutscher Verbindungsoffizier bei Feldmarschall Montgomery: Engl. Luftlandetruppe, bestehend aus Transportflugzeugen unter Jagdschutz, wird 5. 5. in Kopenhagen gelandet. Unbehinderten Anflug und Landung sicherstellen *(Anlage 2)*.

*Hinsichtlich der Waffenruhe* sind noch verschiedene Fragen zu klären. Es ist entschieden: was von der Luftwaffe noch verlegt werden kann, wird verlegt. Kriegsmarine läßt Bewegungen laufen. Großadmiral wünscht, daß keinerlei Zerstörungen und Schiffsversenkungen vorgenommen werden. Englische Luftlandung wird auf gewünschten Plätzen sichergestellt.

*0.42 Uhr* erbittet General Kinzel Übersendung bevollmächtigten Luftwaffen- und Marine-Offiziers für Nordraum *(Anlage 3)*.

*4.45 Uhr* Meldung General Toussaint aus Prag, daß die Arbeiterschaft weitere Rüstungsfertigung ablehnt und Zivilfertigung leisten will.

*Befehl* über Eintreten der Waffenruhe ab 5. 5., 8.00 Uhr deutscher Sommerzeit, an OB Nordwest, Wehrm.-Befehlshaber Dänemark, OKM und OKL ergangen *(Anlage 4)*.

*4.55 Uhr* Fernschreiben an OB Nordwest, WB Dänemark, OB Niederlande, OKM, OKL und verschiedene Reichsbehörden mit Erläuterung, warum im Nordraum die Waffen niedergelegt werden, jedoch im Osten weitergekämpft wird.

*Anfrage bei General Kinzel,* ob Engländer Bornholm besetzen wollen.

*7.30 Uhr* Funkspruch an General Kinzel zur Übermittlung an Marschall Montgomery und Weiterleitung an Oberstbefehlshaber, General Eisenhower.

*Großadmiral Dönitz hat verfügt:*

Um die aus dem Kriegsausgang sich ergebenden Abwicklungsaufgaben durchzuführen, hat Großadmiral Dönitz beauftragt:

mit der Gesamtleitung (unter Führung der Geschäfte des Reichsaußenministers und des Reichsfinanzministers)

Graf Schwerin von Krosigk,

mit der Wahrnehmung der Geschäfte des Reichsinnen- und des Reichskultusministers

Dr. Stuckart,

mit der Führung der Geschäfte des Reichswirtschafts- u. Produktionsministers

Speer,

mit der Führung der Geschäfte des Reichsministers für Ernährung, Landwirtschaft und Forsten

Backe,

mit der Führung der Geschäfte des Reichsarbeits- und Sozial-Ministers

Seldte,

mit der Führung der Geschäfte des Reichsverkehrs= und Reichspostministers Dr. Dorpmüller.

*An Heeresgr. Kurland* Mitteilung über Eintreten der Waffenruhe mit den Truppen des Feldmarschalls Montgomery.

*Kommandanten Ost=Ägäis und Kreta* von Abschluß der Waffenruhe unterrichtet. Die Kommandanten sind ermächtigt, mit Anglo=Amerikanern Übergabe abzuschließen *(Anlage 5)*.

*General Winter* soll melden, inwieweit Heeresgr. Ostmark Zurückkämpfen des OB Südost unterstützen kann *(Anlage 6)*.

*11.00 Uhr* Mitteilung an Chef Wehrm.=Befehlshaber Dänemark, daß Feldmarschall Montgomery um Entsendung Generaloberst Lindemann oder Chef bis Spätnachmittag zu englischem General Fewing nach Kopenhagen ersucht hat *(Anlage 7)*.

Generaloberst Jodl funkt an Generaladmiral v. Friedeburg, daß er Unterbindung des Vorstoßes anglo=amerikanischer Kräfte aus oberitalienischem Raum in nordostwärtiger Richtung durchzuführen versuchen solle, um dadurch Vernichtung der Heeresgr. Löhr [1] zu verhindern.

*Generaloberst Löhr* meldet, daß Erhaltung des Großdeutschen Reiches nicht mehr möglich und Errichtung eines österreichischen Staates durch die Feinde unabwendbar sei *(Anlage 8)*.

*Mittags* trifft Adjutant Feldmarschall Montgomerys ein. Es wird ihm mitgeteilt, daß im norddeutschen Raum die Menschen und Truppen eng zusammengepreßt sitzen. Wichtigste Aufgabe ist, Ernährung sicherzustellen. Auffassung mitgeteilt, daß wir nur noch das Bestreben haben, unsere deutschen Menschen vor der Vernichtung durch die Russen zu retten. Es sind etwa 8 Millionen Deutsche, die wir vor der Vernichtung der Verschleppung nach Sibirien schützen wollen. Großadmiral hat befohlen, daß die Bedingungen vollkommen loyal durchgeführt werden *(Anlage 9)*.

*13.30 Uhr* trifft Meldung des Generalobersten Lindemann über Brief des Oberbefehlshabers des dänischen Heeres ein, wonach dieser mitteilt, daß er unter Beachtung einer würdigen Form imstande sei, eine vorläufige Kapitulation sämtlicher deutscher Truppen anzunehmen, bis eine endgültige Kapitulation gegenüber den alliierten Großmächten erfolgen kann.

Generaloberst Lindemann hat dem dänischen Oberbefehlshaber geantwortet, daß er den Inhalt seines Briefes insofern als überholt betrachte, als inzwischen von Großadmiral Dönitz mit dem Feldmarschall Montgomery eine Waffenruhe vereinbart worden sei (vgl. oben S. 1474 f.).

*14.24 Uhr* meldet General Kinzel an Generaloberst Jodl, daß Teile der Luftflotte Reich den „Werwolf" vorbereiteten. Es ergeht sofort scharfer Befehl an Luftflotte Reich zwecks Unterbindung dieser Aktion. Großadmiral erläßt grundsätzliches Verbot in dieser Richtung.

1 D. h. der Heeresgr. Südost.

*15.50 Uhr* werden dem OB Nord die Bedingungen für die seit 5. 5. 45, 8.00 Uhr, bestehende Waffenruhe mitgeteilt. Die deutschen Befehlsstellen haben sofort und ohne Widerrede alle Befehle auszuführen, welche durch die alliierten Mächte in jedweder Sache erteilt werden.

*Konteradmiral Wagner und Major d. G. Friedel* kehren mittags aus Hauptquartier Montgomerys zurück und geben Bericht. Major Friedel werden Unterlagen für General Kinzel, Führer des Verbindungsstabes bei Montgomery, zur Übergabe an den Feldmarschall ausgehändigt. Danach hat Großadmiral bereits am 4. Mai um 16.14 Uhr den U=Booten den Befehl gegeben, Kampfhandlungen einzustellen und Rückfahrt anzutreten. Er ist bereit, Festungen am Kanal, der Biscaya und Kanal=Inseln in Waffenruhe einzubeziehen *(Anlage 10)*.

Der Text der Kapitulationsurkunde der gesamten deutschen Streitkräfte in Holland, Nordwestdeutschland (einschließlich aller Inseln) und in Dänemark wird an die im Nordraum stehenden Höheren Kommandobehörden und Reichsdienststellen übersandt *(Anlage 11)*.

*Gegen den Parteimann*, der über Wilhelmshavener Sender am 5. 5. nachmittags laufend zu Aufstand und Widersetzung gegen Waffenstillstand auffordert, ist schon vor Protest des Feldmarschalls Montgomery energisch durchgegriffen worden.

*18.00 Uhr* meldet General Kinzel über Besprechung mit Feldmarschall Montgomery. Danach ist ein Zentralstab unter Führung des Feldmarschall Busch für den gesamten Nordraum einzuteilen. Armeen, Korps, Divisionen usw. werden mit den entsprechenden engl. Kommandobehörden gekoppelt.

Frage der Entwaffnung geregelt. Weitere wichtige Besprechungspunkte hinsichtlich Belassung von Zivilbehörden und Schutz von Zivilpersonen und Verwundeten geregelt.

*Befehl an MOK West*, daß Übertritt über Schweizer Grenze keinesfalls in Frage kommt.

*Die Kapitulationsurkunde* gilt lediglich gegenüber englischen Truppen. Der dänischen Bevölkerung (einschließlich der dänischen Freiheitsbewegung) gegenüber gilt dieser Befehl nicht.

*Feldmarschall Keitel* weist in einem Schreiben an Feldmarschall Busch dessen Vorwurf zurück, daß eine Würdelosigkeit in Form von Unklarheiten bei Bekanntgabe der Friedensbedingungen gezeigt worden sei.

*19.10 Uhr* Unzuständigkeitserklärung zu Vorschlag Generaloberst Löhr, worin dieser bemüht ist, im Verhandlungswege die Ausrottung namhafter Teile des kroatischen Volkes zu verhindern.

*Abends Besprechung* mit Kinzel über Organisation der Verbindung zu Montgomery.

*Abends* hebt *Großadmiral* alle Versenkungsbefehle auf.

*Lageentwicklung* und Wehrmachtbericht *(Anlage 1).*

*1.45 Uhr* meldet Feldmarschall Kesselring, daß befohlener Flug zum Großadmiral nicht möglich sei.

*General Eisenhower* hat Feldmarschall Kesselring mitgeteilt, daß es zwecklos sei, einen Bevollmächtigten zu seinem Hauptquartier zu schicken, falls die dem Feldmarschall Kesselring unterstehenden Kräfte nicht zu gleicher Zeit vor Anglo-Amerikanern und Russen kapitulieren. Da diese Forderung als den Weisungen des Großadmirals entgegenstehend nicht erfüllt werden konnte, hat Feldmarschall Kesselring einen[1] bevollmächtigten Vertreter entsandt *(Anlage 1a).*

*Feldmarschall Kesselring* schlägt vor, Reichsmarschall freizugeben[2]; jedoch auf Befehl Feldmarschall Keitel bleibt es bei der bisherigen Anordnung.

*Vormittags* befiehlt der Großadmiral, daß Generaloberst Jodl in das Hauptquartier Eisenhowers fliegt, um dort je nach Lage auf allen Fronten den Waffenstillstand abzuschließen, unter möglichst großem Zeitgewinn für die Rettung deutscher Menschen aus dem Ostraum.

Der Generaloberst fliegt noch am selben Tage nach Reims.

Morgens gehen Meldungen über das Vordringen der Engländer in den schleswig-holsteinischen Raum ein *(Anlage 2).*

Gauleiter Überreither bittet in einem Funkspruch den Großadmiral Dönitz, durchzusetzen, daß über die Ostmark nur als Bestandteil des Reiches und nicht als selbständiges Gebilde verhandelt wird *(Anlage 3).*

*Infolge Beschlagnahme* des Flugplatzes Flensburg durch englische Truppen ist die Bewegungsfreiheit der dortigen deutschen Kurierflugzeuge unterbunden worden. Um Abstellung wird über den deutschen Verbindungsoffizier beim Feldmarschall Montgomery gebeten *(Anlage 4).*

*General Winter* meldet, daß die Versorgungsreichweiten im Osten nur noch durchschnittlich 14 Tage bis 3 Wochen betragen. Im Alpenraum Ernährungslage bedenklich.

Die Besatzung der Ägäis gibt eine Treueerklärung ab *(Anlage 5).*

Generaloberst Löhr wird mit allen unterstellten Verbänden dem OB West, Generalfeldmarschall Kesselring, ab sofort unmittelbar unterstellt.

*Funkspruch an Feldmarschall Kesselring,* Einzelverhandlungen zu unterlassen, da Generaloberst Jodl als Bevollmächtigter für Gesamtverhandlungen zu Eisenhower unterwegs.

Generaladmiral v. Friedeburg wird gleichfalls unterrichtet, daß Generaloberst Jodl mit Vollmacht des Großadmirals unterwegs sei.

*Feldmarschall Keitel* orientiert durch Funk *14.12 Uhr* Feldmarschall Kesselring, Schörner und General Winter, daß Eisenhower seinem politischen Auf-

1 Muß heißen: keinen.
2 Seiner Ämter entkleidet und gefangengesetzt auf Befehl Hitlers durch ein Kommando der SS.

trag entsprechend anscheinend die Gesamtkapitulation abschließen dürfe. Er ist trotzdem bereit, über Teilkapitulation mit all den Kräften zu verhandeln, die seiner (amerikanischen) Front gegenüberstehen.

Kampfführung[1] im Süden und Südosten daher unverzüglich einleiten.

Jedem Vordringen amerikanischer Truppen nach Osten in das Protektorat und weiter südlich ist keinerlei Widerstand mehr entgegenzusetzen.

Eine Befehlsgliederung und Zusammensetzung von Kommandobehörden im Nordraum wird aufgestellt, um eine Unterlage für Kapitulationsverhandlungen zu besitzen.

Die Ernährungslage im schleswig-holsteinischen Raum wird durch Zuführung der Truppen aus Dänemark besonders schwierig *(Anlage 6)*.

Über die Besprechung des Chefs des Stabes Wehrm.-Befehlsh. Dänemark, Gen.-Major Reinhardt, mit dem englischen General Fewing liegt Notiz vor. Die Engländer dringen auf beschleunigte Räumung, insbesondere der Städte. Nach dem Abzug der deutschen Truppen übernehmen alliierte oder dänische Kräfte die Überwachung der an einzelnen Punkten gesammelten Waffen und des Geräts.

Es ist eindeutig klargestellt, daß die Truppe vor der 21. engl. Heeresgr. und nicht vor den Dänen die Waffen streckt. Beschlagnahme oder Wegnahme von Verpflegung sowie privatem Eigentum ist durch Montgomery verboten. Auch die Russen und Ungarn müssen abmarschieren.[2]

Hinsichtlich der dänischen Grenze werden deutsche Truppen von britischen Truppen weitere Anweisungen erhalten (Einzelheiten s. *Anlage 7*).

Großadmiral ordnet (unter Aufhebung entgegenstehender Befehle) an, daß jede Zerstörung oder Lähmung eines Betriebes ab sofort untersagt wird. Nachrichtenanlagen sind zu erhalten. Die Lager von Ernährungs- und Bedarfsgütern sind nicht mehr zu zerstören *(Anlage 9)*.

*Notizen über Besprechung Generaloberst Jodl mit Generalleutnant Bedell-Smith am 6. 5. nachmittags in Reims.*

1. *Absicht Großadmiral:*
   a) Krieg so rasch wie möglich zu liquidieren.
   b) deutsche Menschen in möglichst großer Zahl dem Deutschtum zu erhalten und sie vor dem Bolschewismus zu retten.
2. Die sofortige Kapitulation stößt auf keinerlei Schwierigkeiten:
   a) Kanalinseln und Atlantikfestungen,
   b) bei den Resten der 7. Armee, die Front gegen die amerikanische 3. Armee haben,
   c) in Norwegen,
   d) auf Kreta, Rhodos und Milos, sofern sie gegenüber englischen oder amerikanischen Truppen stattfindet.

1 Wohl verschrieben; muß heißen: Verhandlungen.
2 D. h. die der deutschen Wehrmacht angegliederten.

3 Anders liegen die Dinge bezüglich der Kapitulation
in Kurland,
an der Weichselmündung,
bei den Heeresgruppen Löhr: 400 000 (Mann stark),
Rendulic: 600 000,
Schörner: 1 200 000.

Eine Kapitulation dieser Armeen liefert nicht nur die Soldaten, sondern auch die Bevölkerung im Schutze dieser Truppen der Sklaverei aus.

Diese Tat kann kein Deutscher von Ehre mit seinem Namen decken. Der Fluch von Millionen würde seinen Namen ächten, und die Geschichte würde ihn als einen Verräter brandmarken.

Aber noch etwas anderes kommt dazu:

Keine Macht der Welt könnte die Truppen der Heeresgruppen Löhr, Rendulic und Schörner zwingen, einem Befehl zum Niederlegen der Waffen nachzukommen, solange sie noch einen Weg nach rückwärts in den von amerikanischen Truppen besetzten Raum freihaben.

Sie werden sich mit dem Mut der Verzweiflung auf alles stürzen, was ihnen den Weg versperrt und letzten Endes geschlossen oder in Gruppen bei Ihnen ankommen.

Wir aber, die wir die Kapitulation unterzeichnet haben und uns verpflich=ten müssen, sie einzuhalten, wir werden als vertragsbrüchig hingestellt und der Vertrag wird als nichtig erklärt werden. Warum, frage ich mich dann, schließen wir überhaupt einen Vertrag?

4 In den uns mitgeteilten Bedingungen der Waffenstreckung steht ausdrück=lich:

a) alle Truppen haben in ihren augenblicklichen Stellungen zu verbleiben,
b) das OKW muß die Garantie übernehmen für die Ausführung aller Befehle.

Die[1] neue Regierung wird mit der Schuld für die Fortführung der Feind=seligkeiten belastet werden.

Aus diesem Dilemma gibt es für uns keinen Weg als den in das Chaos.

Einen Ausweg zu finden und Ihre Hilfe zu erbitten, bin ich hier.

Anschließendes Gespräch ergibt etwa folgendes:

*Bedell=Smith:* Wir hätten ein hohes Spiel gespielt. Der Krieg sei mit dem Übergang über den Rhein verloren gewesen; wir hätten aber immer noch auf die Entzweiung der Verbündeten gerechnet. Das sei nicht eingetreten. Was die Schwierigkeiten beträfe, in denen ich seine Hilfe wolle, so könne er nicht helfen. Er sei als Soldat an seine Befehle gebunden und müsse die Vereinbarungen zwischen den Verbündeten einhalten.

Er verstünde nicht, warum wir uns nicht den Russen ergeben würden; so würden wir doch am besten fahren.

1 Davor fälschlich: c)

*Jodl:* Ich erwiderte, daß selbst, wenn das so wäre, ich jetzt keinen Deutschen davon überzeugen könne. Sie würden, solange sie einen offenen Weg nach Westen sehen, sich unter allen Umständen dorthin durchschlagen; da nütze kein Befehl etwas.

Ich könnte aber sofort einen Befehl erwirken, daß an keiner Front mehr ein Schuß gegen die Westgegner abgegeben werde.

Ich schlage folgendes vor:

Unterzeichnung der Kapitulation nicht durch mich, sondern durch die Oberbefehlshaber der Wehrmachtteile. Diese könnten allerdings erst am 8. 5. hier eintreffen, da Feldmarschall Ritter von Greim erst gesucht oder durch einen Vertreter ersetzt werden müsse.

Dann brauchten wir unter allen Umständen nicht 24, sondern 48 Stunden Zeit, um die Befehle durchzubringen, so daß bei einer Unterzeichnung am 8. 5. nachmittags die Waffenruhe am 10. 5. nachmittags einträte.

*Bedell-Smith:* Einseitige Einstellung der Kampfhandlungen gegen Westgegner sei ganz unmöglich; es gäbe nur eine gemeinsame Kapitulation gegenüber allen Verbündeten. Wenn die Soldaten an der Ostfront den klar gegebenen Befehlen nicht folgten, so könne dafür weder die Regierung noch das OKW verantwortlich gemacht werden. Die in die amerikanischen Linien zurückkommenden deutschen Soldaten würden als Kriegsgefangene behandelt. Bedell-Smith holt anschließend die Entscheidung General Eisenhowers zu diesen Vorschlägen ein. Dieser lehnt rundweg ab und verlangt:

a) Unterzeichnung noch heute,
b) Kapitulation träte unter allen Umständen am 9. 5., 0.00 Uhr, in Kraft,
c) Ich hätte 1/2 Stunde Bedenkzeit für meine Entschließung. Lehne ich ab, so würden die Verhandlungen abgebrochen, und wir könnten dann später mit den Russen allein verhandeln. Der Bombenkrieg würde aufgenommen und die englischen und amerikanischen Linien für alle aus dem Osten kommenden Deutschen dicht gemacht.

Ich erklärte, daß meine Entschließung aus dem Funkspruch zu ersehen sei, den ich jetzt an Feldmarschall Keitel geben würde und dessen Beantwortung ich abwarten müsse, da ich keine Vollmacht zur Unterzeichnung hätte.

*21.41 Uhr* Funkspruch bei Feldmarschall Keitel eingegangen:

„General Eisenhower besteht darauf, daß wir noch heute unterschreiben; anderenfalls werden die alliierten Fronten auch gegenüber denjenigen Personen geschlossen werden, die sich einzeln zu ergeben versuchen, und alle Verhandlungen werden abgebrochen.

Ich sehe keinen anderen Ausweg als Chaos oder Unterzeichnung. Erbitte sofortige drahtlose Bestätigung, ob ich die Vollmacht habe, die Kapitulation zu unterzeichnen.

Die Kapitulation kann dann wirksam werden. Feindseligkeiten werden dann am 9. Mai 1945, 1.00 Uhr nach deutscher Sommerzeit, aufhören."

*20.41 Uhr* 2. Funkspruch.

„Befehle an die, die es angeht, notwendig, so schnell als möglich und freundschaftlichst Richtung auf Frankenstrub zu nehmen." [1]

*Nach Mitternacht* fernmündliche Anfrage bei Major d. G. Friedel, wo Antwort bleibt.

*1.30 Uhr* gibt Major d. G. Friedel folgende Antwort durch:

„Vollmacht zur Unterzeichnung nach mitgeteilten Bedingungen hat Großadmiral Dönitz erteilt. gez. Keitel."

*2.30 Uhr* Unterzeichnung für das Deutsche Oberkommando durch Generaloberst *Jodl*[2].

*Besprechung Generalfeldmarschall Keitel* mit Generalfeldmarschall Busch, General Blumentritt, Generalen Kinzel und Toppe über Gliederung und Einsatz der Verbindungsstäbe zu englischer Heersgruppe und Armeen.

Inhalt der Besprechung s. *Anlage 10.*

*7. Mai 1945* [3]

*Niederschrift* über das Treffen im Hauptquartier General Eisenhowers (*Anlage 1*).

In den Kapitulationsbedingungen übergibt der Unterzeichnende, Generaloberst Jodl, bedingungslos alle Streitkräfte dem Oberkommando der alliierten Expeditions-Streitkräfte und gleichzeitig dem Sowjetischen Oberkommando.

Das Deutsche Oberkommando der Wehrmacht hat sofort Befehl zu erlassen, mit dem 8. 5., 23.00 Uhr mitteleuropäischer Zeit, jede aktive Kampftätigkeit einzustellen.

Die in Reims abgeschlossene Übergabeverhandlung ist nicht als endgültig anzusehen. Sie wird durch einen allgemeinen Kapitulationsvertrag von seiten der Alliierten ersetzt werden. Falls das Deutsche Oberkommando der Wehrmacht oder irgendwelche Streitkräfte unter seinem Befehl nicht entsprechend den Übergabebedingungen handeln, werden Strafmaßnahmen unternommen werden (*Anlage 2*).

*Lage an den Fronten* (Wehrmachtbericht, *Anlage 3*).

*1.25 Uhr* Fernschreiben an Geb.-AOK 20 und Mil.-Attaché Stockholm, wonach OKW sich mit Verpflegungshilfe des schwedischen Roten Kreuzes für Kriegsgefangene in Norwegen einverstanden erklärt.

*1.35 Uhr* Befehl Großadmiral Dönitz an Feldmarschall Kesselring und Gene-

1 D. h. Befehle an die mit Front nach Osten stehenden Verbände, sich beschleunigt nach Westen abzusetzen (s. 7. 5. 45). „Franken" = Deckname für den Eisenbahnzug des WFStabs; Strub (bei Berchtesgaden) = derzeitiges Quartier des Führungsstabs Süd.

2 S. die folgende Anmerkung.

3 Vorstehend (unten 6. 5.) und nachstehend (unter 7. 5.) sind bereits Vorgänge vom 8. 5. verzeichnet.

ral Winter sowie nachrichtlich Heeresgr. Mitte, Ostmark und OB Südost:

„Es gilt, von allen Fronten gegen Ostgegner schnellstens, was möglich, nach Westen zurückzuführen und notfalls durch Sowjets sich durchzuschlagen.

Jede Feindseligkeit gegen Anglo=Amerikaner sofort einstellen und Übergabe an diese durchführen.

Gesamtkapitulation wird heute noch bei Eisenhower unterzeichnet.

Eisenhower hat Jodl Einstellung der Feindseligkeiten zum 9. Mai 1945, 1.00 Uhr deutscher Sommerzeit, zugesagt."

*5.30 Uhr* meldet Generaloberst Jodl, daß Besprechung über Einzelheiten der Kapitulation im Hauptquartier General Eisenhowers am 8. 5., 10.00 Uhr, stattfindet.

*4.59 Uhr* Befehl an Kommandant Ost=Ägäis (mit Richtlinien für Verhandlung mit Anglo=Amerikanern): versuchen, Überführung als Kriegsgefangene in von Westmächten besetzte Reichsgebiete zu erreichen *(Anlage 4)*.

*Generaloberst Jodl* unterzeichnet in Reims die verbindliche Zusage von bestimmten deutschen Abgesandten gegenüber den Alliierten Oberkommandos. Danach sollen der Chef des OKW sowie die Oberbefehlshaber des Heeres, der Marine und der Luftwaffe, ausgestattet mit ordnungsgemäßen Vollmachten, die bedingungslose Kapitulation der deutschen Streitkräfte ratifizieren. Ort und Zeit wird von den Alliierten und den Sowjets festgesetzt werden.

*8.05 Uhr* Meldung von Wehrm.=Befehlsh. Norwegen, General Böhme, daß er das Ersuchen des deutschen Gesandten in Stockholm, sich an schwedisch=norwegischer Grenze zu einer Besprechung mit ihm einzufinden, abgelehnt habe, da sich an seinem grundsätzlichen Auftrag nichts geändert habe *(Anlage 5)*.

Generaloberst Jodl teilt Rückkehr für 14.30 Uhr mit.

OB Nordwest ist für Aufrechterhaltung der Zucht und Ordnung im schleswig=holsteinischen Raum allein verantwortlich. Sämtliche Aufgaben des Reichsführers SS sind erloschen *(Anlage 6)*.

*Für Heeresgr. Kurland* wird Verhandlungsfreiheit mit örtlichen russischen Oberbefehlshabern genehmigt *(Anlage 7)*.

Im Bereich OB Nordwest ist ab sofort offen zu funken *(Anlage 8)*.

Für Sicherstellung der Versorgung der Truppe und Zivilbevölkerung ist auf Forderung der 21. engl. Heeresgr. OB Nordwest verantwortlich *(Anlage 9)*.

Für Befehlsbereich Marine=Oberkommando Ost gelten auf Befehl der Engländer für den militärischen Gruß sofort Grußformen wie vor Einführung des Deutschen Grußes.

Notizen aus Nachtlage *(Anlage 10)*.

Angesichts der Lageentwicklung besteht keine Möglichkeit mehr, das Lettische National=Komitee in eine provisorische Regierung umzuwandeln und zu stützen.

Großadmiral Dönitz wendet sich an die deutsche Bevölkerung in den Westgebieten:

„Ich fordere auf Grund der inzwischen Tatsache gewordenen Waffenruhe alle deutschen Männer und Frauen auf, jede illegale Kampftätigkeit im Werwolf oder anderen Organisationen in den vom Feind besetzten Westgebieten zu unterlassen, da sie nur zum Schaden unseres Volkes führen kann."

*8. Mai 1945*[1]

*Lage an den Fronten* (s. Wehrmachtbericht, *Anlagc 1*).

*1.30 Uhr* Befehl über Einführung des militärischen Grußes.

*2.15 Uhr* Befehl an Kommandanten Ägäis und Kreta, daß sie Befehle von Oberkommando der Alliierten Streitkräfte in Italien erhalten.

*Funkspruch an Montgomery* mit Unterrichtung über Verzögerung in der Übermittlung des Befehls an die in See befindlichen U-Boote über ihr Verhalten gemäß den Kapitulationsbedingungen *(Anlage 2)*.

*General Eisenhower* versichert Generaloberst Jodl in einem Funkspruch, daß wegen der Zustände im Protektorat Nachforschungen angestellt würden *(Anlage 3)*.

Als Verbindungsstab zum Hauptquartier General Eisenhower wird Stab General d. Inf. Fangohr eingesetzt *(Anlage 4)*.

*14.00 Uhr* gibt Stab Eisenhower folgenden Auftrag:

„Verbindungskommando ist am 9. 5. eintreffend zu entsenden. Abtransport mit Lufttransportraum."

*14.05 Uhr* Befehl an Feldmarschall Kesselring, Truppenbewegungen im Rahmen der gegebenen Befehle mit allen Mitteln voranzutreiben und wertvoller deutscher Bevölkerung zu helfen.

Funk an Feldmarschall Kesselring, wonach OB Süd und unterstellte Heeresgruppen ermächtigt werden, selbständige Verhandlungen mit den Sowjets zu führen.

*Befehl an Kommandant Bornholm*, russische Landungsversuche abzuwehren.

*Westfestungen* erhalten Weisung, jede Zerstörung von Schiffen, Fahrzeugen und Gerät sowie Munition aller Art zu unterlassen. Großadmiral verlangt strengste Innehaltung der Kapitulationsbedingungen.

Nach Ablehnung des Durchschleusens von Flüchtlingstransporten über den Kaiser-Wilhelm-Kanal durch Feldmarschall Montgomery wird nochmals versucht, Zugeständnisse für Durchfahrt wenigstens bis Brunsbüttelkoog zu erreichen; dieses Zugeständnis wurde gegeben.

*18.00 Uhr* Befehl, daß Flaggen nur dann in feierlicher Form einzuholen sind, wenn dieses von dem örtlichen Befehlshaber der Alliierten gefordert wird.

*21.00 Uhr* Funkspruch an General Eisenhower, daß Verbindungsstab am 9. 5., 10.00 Uhr, in Flensburg für Lufttransport abmarschbereit steht.

*Durch Rundfunk gibt am 8. 5., 20.00 Uhr, das Oberkommando der Wehrmacht bekannt:*

Ab 9. Mai, 0.00 Uhr, sind auf allen Kriegsschauplätzen, von allen Wehr-

1 S. die Anmerkung 3 auf S. 1482.

machtteilen und von allen bewaffneten Organisationen oder Einzelpersonen die Feindseligkeiten gegen alle bisherigen Gegner einzustellen.

Jede Zerstörung oder Beschädigung von Waffen und Munition, Flugzeugen, Ausrüstung, Geräten jeder Art sowie jede Beschädigung oder Versenkung von Schiffen widerspricht den vom OKW angenommenen und unterzeichneten Bedingungen und ist im Gesamtinteresse des deutschen Volkes mit allen Mitteln zu verhindern.

Diese Bekanntmachung gilt für jeden Mann als Befehl, der auf dem militärischen Dienstwege einen solchen nicht erhalten haben sollte.

Vom 9. 5., 0.00 Uhr, ab ist ferner auf sämtlichen Funklinien aller Wehrmachtteile nur mehr offen zu funken."

*21.35 Uhr* wird Funkspruch von Feldmarschall Kesselring quittiert, der Mitteilung enthält, daß General Eisenhower von Generaloberst Jodl darüber unterrichtet sei, daß möglicherweise Soldaten und einzelne Truppenteile dem Befehl zur Übergabe an die Sowjets nicht Folge leisten und sich zu Alliierten durchschlagen würden.

Alle Vorgesetzten müssen schriftlich eindeutige Befehle zum Stehenbleiben am 9. 5., 0.00 Uhr, veranlassen.

Oberst Meyer-Detring am 7. Mai nachmittags nach Pilsen geflogen, um Befehl zu erläutern.

*22.00 Uhr* Funkspruch von Feldmarschall Kesselring, wonach dieser dem General Eisenhower seinen Standpunkt mitgeteilt hat und die Entsendung eines bevollmächtigten Verbindungsoffiziers des Alliierten Oberkommandos wünscht. Der Frage baldiger Vereinigung der im Nordraum und Südraum befindlichen Teile des OKW kommt in Zukunft entscheidende Bedeutung zu, da sonst keine ausreichende Arbeitsmöglichkeit.

*Befehlshaber der Kanalinseln* meldet Entsendung eines Bevollmächtigten zur Führung der Kapitulationsverhandlungen *(Anlage 5*[1]*)*.

*Am 8. 5. Abruf* der deutschen Delegation unter Führung von Feldmarschall Keitel zur Führung der Kapitulationsverhandlungen nach Berlin. Teilnehmer an der deutschen Delegation *s. Anlage.*

Am 9. 5., 0,16 Uhr, wurden die Kapitulationsbedingungen vom Oberkommando der Deutschen Wehrmacht durch Feldmarschall Keitel, Admiral v. Friedeburg und Generaloberst Stumpff unterzeichnet.

Es unterzeichneten für das Oberkommando der Roten Armee Marschall *Shukow*,
für den Obersten Befehlshaber der alliierten Expeditions-Streitkräfte Luftmarschall *Tedder*.

Als Zeugen waren zugegen und unterzeichneten:
Lattre de Tassigny, Oberstkommandierender der 1. franz. Armee, General

1 Ms.: 5; doch vgl. S. 1484 Mitte.

Spaatz, Kommandierender General der strategischen Luftstreitkräfte der Vereinigten Staaten.

Die Kapitulationsbedingungen lauten:

1. Wir, die hier Unterzeichneten, handelnd in Vollmacht für und im Namen des Oberkommandos der Deutschen Wehrmacht, erklären hiermit die bedingungslose Kapitulation aller am gegenwärtigen Zeitpunkt unter deutschem Befehl stehenden oder von Deutschland beherrschten Streitkräfte auf dem Lande, auf der See und in der Luft gleichzeitig gegenüber dem Obersten Befehlshaber der Alliierten Expeditions-Streitkräfte und dem Oberkommando der Roten Armee.

2. Das Oberkommando der Deutschen Wehrmacht wird unverzüglich allen Behörden der Deutschen Land-, See- und Luftstreitkräfte und allen von Deutschen beherrschten Streitkräften den Befehl geben, die Kampfhandlungen um 23.01 Uhr Mitteleuropäischer Zeit am 8. Mai einzustellen und in den Stellungen zu verbleiben, die sie an diesem Zeitpunkt innehaben und sich vollständig zu entwaffnen, indem sie Waffen und Gerät an die örtlichen alliierten Befehlshaber (beziehungsweise an die von den alliierten Vertretern zu bestimmenden Offiziere) abliefern. Kein Schiff, Boot oder Flugzeug irgendeiner Art darf versenkt werden; noch dürfen Schiffsrümpfe, maschinelle Einrichtungen, Ausrüstungsgegenstände, Maschinen irgendwelcher Art, Waffen, Apparaturen, technische Gegenstände, die Kriegszwecken im allgemeinen dienlich sein können, beschädigt werden.

3. Das Oberkommando der Deutschen Wehrmacht wird unverzüglich den zuständigen Befehlshabern alle von dem Obersten Befehlshaber der Alliierten Expeditions-Streitkräfte und dem Oberkommando der Roten Armee erlassenen zusätzlichen Befehle weitergeben und deren Durchführung sicherstellen.

4. Diese Kapitulationserklärung ist ohne Präjudiz für irgendwelche an ihre Stelle tretenden allgemeinen Kapitulationsbestimmungen, die durch die Vereinten Nationen und in deren Namen Deutschland und der Deutschen Wehrmacht auferlegt werden mögen.

5. Falls das Oberkommando der Deutschen Wehrmacht oder irgendwelche ihm unterstehenden oder von ihm beherrschten Streitkräfte es versäumen sollten, sich gemäß den Bestimmungen dieser Kapitulationserklärung zu verhalten, werden das Oberkommando der Roten Armee und der Oberbefehlshaber der Alliierten Expeditions-Streitkräfte alle diejenigen Straf- und anderen Maßnahmen ergreifen, die sie als zweckmäßig erachten.

6. Diese Erklärung ist in englischer, russischer und deutscher Sprache abgefaßt. Allein maßgebend sind die englische und die russische Fassung.

Unterzeichnet zu Berlin, am 8. Mai 1945

v. Friedeburg   Keitel   Stumpff

für das Oberkommando der Deutschen Wehrmacht." [1]

1 Vgl. dazu auch unten den „Dokumententeil"

Weitere Einzelheiten über Vorgänge und Verlauf der Kapitulationsverhand=lungen s. *Anlage*.

*9. Mai 1945*

*Lage an den Fronten* s. Wehrmachtbericht (der letzte dieses Krieges, *An=lage 1*)[1].

Seit Mitternacht schweigen nun an allen Fronten die Waffen. Auf Befehl des Großadmirals hat die Wehrmacht den aussichtslos gewordenen Kampf einge=stellt. Damit ist das fast sechsjährige heldenhafte Ringen zu Ende. Es hat uns große Siege, aber auch schwere Niederlagen gebracht. Die deutsche Wehrmacht ist am Ende einer gewaltigen Übermacht ehrenvoll unterlegen.

Der deutsche Soldat hat, getreu seinem Eid, im höchsten Einsatz für sein Volk für immer Unvergeßliches geleistet. Die Heimat hat ihn bis zuletzt mit allen Kräften unter schwersten Opfern unterstützt.

Die einmalige Leistung von Front und Heimat wird in einem späteren ge=rechten Urteil der Geschichte ihre endgültige Würdigung finden.

Den Leistungen und Opfern der deutschen Soldaten zu Lande, zu Wasser und in der Luft wird auch der Gegner die Achtung nicht versagen. Jeder Soldat kann deshalb die Waffe aufrecht und stolz aus der Hand legen und in den schwersten Stunden unserer Geschichte tapfer und zuversichtlich an die Ar=beit gehen für das ewige Leben unseres Volkes.

Die Wehrmacht gedenkt in dieser Stunde ihrer vor dem Feind gebliebenen Kameraden.

Die Toten verpflichten zu bedingungsloser Treue, zu Gehorsam und Dis=ziplin gegenüber dem aus zahllosen Wunden blutenden Vaterland.

*In der Nachtlage* wird betont, daß Vereinigung der Nord= und Südstäbe des OKW wegen der in Zukunft anfallenden Arbeiten dringend notwendig sei (*Anlage 2*).

*Aus Kurland* wird durch den zurückgekehrten Verbindungsoffizier die Stim=mung der Truppe als tadellos diszipliniert geschildert (*Anlage 3*).

Rund 230 000 deutsche Menschen befinden sich in Kurland.

*Um Mitternacht* gedenkt der Generaloberst Jodl der Toten dieses Krieges und der um diese Stunde eintretenden Waffenruhe.

*In 4.30 Uhr* aus Hauptquartier Montgomery eintreffendem Funkspruch wird Bewegung deutscher Schiffe durch den Kaiser=Wilhelm=Kanal nach westdeut=schen Häfen verboten.

*Von den Westfestungen und Kanalinseln* gehen Funksprüche mit Treueer=klärungen der Befehlshaber ein (*Anlage 4*)

*An General Eisenhower* ergeht Mitteilung, daß entgegen Ziff. 2 der am 7. 5.[2] unterzeichneten Kapitulationsbedingungen weiter im Bereich der Armee „Ost=

1 Der vollständige Text s. oben S. 1281.
2 Genauer: 8. 5., 2.30 Uhr, bzw. 9. 5., 0.16 Uhr; s. dazu S. 1486.

preußen" Art.=Feuer, Bombenabwürfe und Bordwaffenbeschuß auf dem Weich=selraum liegen. Sofortige Abstellung erbeten.

13.45 Uhr Funk an General Eisenhower mit der Bitte, den Feldmarschall Kesselring zum Vortrag und zur Ausgabe neuer Richtlinien nach Flensburg befehlen zu dürfen.

Feldmarschall Kesselring teilte SS=Oberst=Gruppenführer Dietrich mit, daß die Waffenstillstandsbedingungen auch für die Truppenteile der Waffen=SS verbindlich sind.

Feldmarschall Kesselring erwartet, daß ebenso wie die Gesamtwehrmacht auch die Waffen=SS ein einwandfreies, korrektes Verhalten zeigt.

Die Flugzeuge zur Abholung des Verbindungsstabes Fangohr sind am 9. 5. nicht eingetroffen. Auch das Flugzeug, das einen Offizier mit Unterlagen für das Sowjetische Oberkommando nach Berlin befördern sollte, traf nicht ein.

*Für das OKW* wird die Aufstellung eines Wachbataillons OKW beantragt.

Sonderbestimmungen des Alliierten Oberkommandos für das Deutsche Marineoberkommando *(Anlage 5)*.

*10. Mai 1945*

*AOK „Ostpreußen"* meldet, daß Verhandlungen bezüglich Übergabe auf Hela und westlich der Weichsel mit 3.[1] Armee der 2. weißrussischen Front be=gonnen haben.

*0.05 Uhr* bestätigt Stab Eisenhower, daß von dort aus Mitteilung über Nichterscheinen des deutschen Offiziers mit Unterlagen bei Marschall Shukow ergangen sei, da das angekündigte Flugzeug ausblieb.

*0.50 Uhr* meldet AOK „Ostpreußen" die erfolgte Waffenniederlegung. Eigenwilliges Eingreifen russischer Offiziere und Mannschaften wird ge=meldet.

*4.30 Uhr* meldet Befehlshaber Norwegen, daß die ihm durch alliierten eng=lischen Befehlshaber auferlegten Kapitulationsbedingungen unerträgliche Här=ten enthielten. Um Abstellung wird gebeten *(Anlage 1)*.

*Wehrmachtbefehlshaber Dänemark* meldet Übergriffe der Engländer *(An=lage 2)* und erhebt Einspruch.

Das OKW schließt sich diesem Einspruch voll an und gibt Funkmitteilung an General d. Inf. Fangohr für Alliiertes Hauptquartier General Eisenhower weiter *(Anlage 3)*.

*8.15 Uhr* teilt OKW dem AOK Norwegen die unternommenen Protestschritte mit und macht aufmerksam, daß es notwendig sei, gegen solche Bedingungen an Ort und Stelle zu protestieren *(Anlage 4)*.

Mitteilung an General Winter, daß alle Wirtschafts= und Versorgungsfragen auch für die Zivilbevölkerung *vorläufig* durch die Wehrmacht bearbeitet wür=den. Die Reichsministerien ernennen Bevollmächtigte für den Nord= und Süd=raum.

1 Ms.: 3. oder 13.

OKW arbeitet mit Stab Feldmarschall Busch im Nordraum und Feldmarschall Kesselring im Südraum nach Weisung von Eisenhower.

An alle Oberkommandos und dem OKW unterstellten Dienststellen werden die Zusatzbedingungen zu dem in Berlin unterschriebenen Kapitulationsvertrag mitgeteilt. Sie lauten:

„Alle Behörden der deutschen Land-, See- und Luftstreitkräfte und alle von Deutschland beherrschten Streitkräfte haben sich vollständig zu entwaffnen, indem sie Waffen und Gerät an die örtlich alliierten Befehlshaber bzw. an die von den alliierten Vertretern zu bestimmenden Offiziere abliefern."

*Funkspruch an General Eisenhower*, daß Heeresgruppen Mitte und Süd Befehl des OKW mit Kapitulationsbedingungen erhalten und bestätigt haben. Es steht fest, daß Feldmarschall Schörner die schärfsten Befehle für strikte Durchführung der Kapitulation erlassen hat. Ob ein Teil der Truppe diese Befehle nicht befolgt oder tschechische Aufstandsbewegung die Befolgung der Befehle erschwert hat, ist nicht bekannt, da zur Zeit keine Funkverbindung zur Heeresgr. Mitte, Süd und Südost.

*Aufzeichnung* über die Dienstreise des Oberst d. G. Meyer-Detring zu Feldmarschall Schörner am 8. 5. 45 *(Anlage 6)*.

*18.42 Uhr* Funkspruch von General Eisenhower, daß Flug des Feldmarschalls Kesselring zum OKW nicht genehmigt wird.

General Eisenhower wünscht am 11. Mai zu einer Besprechung in sein Hauptquartier

1. Staatssekretär des Reichspostministeriums[1],
2. den obersten Funkbearbeiter der Luftwaffe,
3. den höchsten Nachrichtenoffizier des OKW.

Dauer der Besprechung voraussichtlich einige Tage.

*23.50 Uhr* Funkspruch an General Eisenhower, wann mit Flugzeugen für Abflug der (von Chef des Stabes von Marschall Shukow geforderten) Verbindungskommission zu rechnen sei. Kommission nach Reims steht weiterhin abmarschbereit. Mitteilung erbeten, wann Abflug aus Flensburg beabsichtigt.

*16.30 Uhr* Funkspruch von Befehlshaber Bornholm, daß russische Besatzungstruppe auf dem Wege nach Bornholm sei.

An Befehlshaber Bornholm Funkspruch, wonach Bornholm ein Teil von Dänemark ist. Bezüglich deutscher Truppe in Dänemark ist eindeutiger Kapitulationsvertrag mit Feldmarschall Montgomery abgeschlossen. Etwa auf russischen Druck abgeschlossener Kapitulationsvertrag mit Russen daher unsererseits als ungültig anzusehen.

Alle weiteren Schritte unterlassen und Entscheidung Alliierten Oberkommandos, die eingeholt ist, abwarten.

Nach Nichtgenehmigung des Fluges Feldmarschall Kesselrings zum OKW

1 Ergänzt durch einige voraufgehende Wörter, die nicht lesbar sind.

wird bei General Eisenhower Genehmigung[1] für Flug des Generals Winter zum OKW ersucht.

Befehl über Neugliederung des OKW *(Anlage 7)*.

Notizen aus der Nachtlage *(Anlage 8)*.

*11. Mai 1945*

*Als letzte Festungskommandanten* melden sich die Kommandanten von St. Nazaire und Lorient ab. Damit haben jetzt alle Westfestungen und Kanalinseln die Durchführung der Kapitulation gemeldet und sich abgemeldet.

*Befehl des Großadmirals* über Verhalten gegenüber der Besatzungsmacht und insbesondere Haltung des deutschen Soldaten wird an die Truppe bekanntgegeben: Wir haben unsere ehemaligen Gegner auf uns zukommen zu lassen und ihnen sodann mit Anstand und Höflichkeit zu begegnen. Wir stehen ohne Flecken an unserer Ehre als Soldaten da und können mit Recht voller Stolz und Würde auftreten. Jeder Soldat bleibt an seinem Platz, bis er von seinem Vorgesetzten weiteren Befehl erhält. Der Zeitpunkt der Entlassung aus dem Wehrdienst hängt von den Entscheidungen der Besatzungsmacht und dem Abtransport ab *(Anlage 1)*.

Alle aus Rügen, Ost- und Westpreußen und Kurland im Bereich OB Nordwest eintreffenden Truppenteile unterstehen mit dem Zeitpunkt ihrer Anlandung dem OB Nordwest *(Anlage 2)*.

*Die Marine-Oberkommandos* Ost und Nord unterstehen mit sofortiger Wirkung wieder dem Oberkommando der Kriegsmarine unmittelbar *(Anlage 3)*.

*AOK „Ostpreußen"* bittet, bei 2. weißrussischer Front zu erwirken, daß auch über den 12. 5. 45 hinaus Funkverbindung zwischen OKW und AOK „Ostpreußen" gewährleistet bleibt.

*16.10 Uhr* Fernschreiben an Stab Fangohr mit der Bitte, Sendungen von Reichssender Flensburg und zwei weiteren fahrbaren Rundfunksendern genehmigen zu lassen.

*16.25 Uhr* Funkspruch von General Winter, worin gemeldet wird, daß er Festlegung der Aufgaben des Stabes Kesselring erhalten habe. Er erbittet grundsätzlich territoriale Abtrennung zwischen Nord- und Südraum.

Alliiertes Hauptquartier hat entschieden, daß Insel Bornholm mit Besatzung zunächst an Sowjetischen Befehlshaber zu übergeben ist (vorbehaltlich der späteren Regelung).

*16.34 Uhr* meldet General Winter, daß Stab Generaloberst Löhr (OB Südost) anscheinend durch Tito festgesetzt ist.

*16.50 Uhr* bittet General Winter durch Funkspruch, Freigabe der seiner Zeit im böhmisch-mährischen Raum vorgesehenen Brot- und Getreidemengen zu erwirken.

*Luftflotte Reich* erhält in Fragen der Demobilmachung ihre Befehle unmittelbar von 2. Tactical Air Force.

1 Wort ergänzt.

*Der Marine* wird mitgeteilt, daß Entscheidung zur grundsätzlichen Regelung der Frage der Flaggen und Hoheitsabzeichen bei Alliierten Oberkommando beantragt sei.

*Anstelle des Wortes „Waffenstillstand"* ist der Ausdruck „Kapitulation" zu setzen. Der Bereich des Oberkommandos der Wehrmacht wird als Sonder=bereich bezeichnet.

*Reichsarbeitsdienst* ist in Frage der Demobilmachung ähnlich zu behandeln wie die Wehrmacht.

Auslandsnachrichten *(Anlage 4)*.

*12. Mai 1945*

*Der Wehrmachtbefehlshaber Norwegen,* General Böhme, hat bei Alliiertem Oberkommando Einspruch erhoben, daß der Führung und Truppe die Zumutung der Entwaffnung bzw. Inhaftierung deutscher Menschen auferlegt worden ist. Zwischen den Angehörigen der (einer verletzenden Ausnahmebehandlung unterstehenden) Organisationen und der Masse der Truppe besteht bezüglich ihrer inneren Einstellung und ihrer Disziplin gegenüber ihren Vorgesetzten kein Unterschied. Um weitere Erschütterung der Truppe und damit unwider=bringliche Disziplinwidrigkeit zu vermeiden, stellte General Böhme den Antrag, von Forderung der Kapitulationsbedingungen (nämlich einen von den Alliier=ten festgelegten Personenkreis durch die Truppe verhaften zu lassen) Abstand zu nehmen.

*Oberstlt. d. G. Friedel* teilt Einzelheiten hinsichtlich des Verkehrs mit Alliier=ten mit *(Anlage 1)*.

*Mit dem englischen Brigade=General* Churcher fand eine Besprechung über interne Angelegenheiten für den Sonderbereich OKW statt *(Anlage 2)*.

*12.15 Uhr* Funkmeldung von OKW=Stab B, wonach Verbleib Heeresgr. Ost=mark und OB Südost ungeklärt *(Anlage 3)*.

*Feldmarschall Busch meldet,* daß er die Verantwortung für die ihm von Feld=marschall Montgomery übertragenen Aufgaben in dem befohlenen Raum nicht übernehmen kann, da er nicht viel Waffengewalt und entsprechenden Einfluß habe.

*Antrag des OKW* für Aufstellung eines Wach=Btl.s OKW (mot) im Rahmen der Ordnungstruppen an Verbindungsstab Kinzel bei 21. engl. Heeresgruppe *(Anlage 4)*.

Aufstellung über Zusammenarbeit der Deutschen mit alliierten Kommando=Behörden *(Anlage 5)*.

*Unterbringungsübersicht* für den Sonderbereich des OKW *(Anlage 6)*.

*Rechtsnatur* und Inhalt der am 8. Mai 1945 erklärten bedingungslosen Kapi=tulation *(Anlage 7)*.

Unsere westlichen Gegner haben immer wieder während des Krieges erklärt und dies auch in den Ansprachen aus Anlaß der Kapitulation ausdrücklich be=stätigt, daß ihr Ziel auf die Wiederherstellung des Rechts in den Beziehungen zwischen den Völkern gerichtet sei. Unsere Gegner werden sich daher — nach= dem mit dem Führer nach ihrer Auffassung der Träger einer rechtswidrigen Gewaltherrschaft entfallen ist — nicht vor der Weltöffentlichkeit dem Vorwurf aussetzen dürfen, nunmehr ihrerseits (trotz Erreichung ihres angeblichen Kriegs= zieles) die gleichen Methoden anzuwenden, zu deren Ausschaltung sie den Krieg überhaupt nur geführt haben wollen.

Auslandsnachrichten (*Anlage 8*).

*13. Mai 1945*

*Norwegen:* Die Marschbewegungen in Norwegen verlaufen planmäßig. Deutsche Truppen sind in Reservaten (120 kleinste Ortschaften) untergebracht worden. Für 13. 5. ist das Einlaufen eines alliierten Verbandes in Oslo ange= kündigt worden. Bisher sind in Norwegen alliierte Truppen in Stärke einer Division eingetroffen.

*Dänemark:* Die Marschbewegungen verlaufen planmäßig. Auf Befehl der Engländer werden deutsche Truppen auf Eiderstedter Halbinsel gesammelt. Bisher 33 700 Mann eingetroffen. Im Kreis Schleswig ist von den Engländern die Brigade „Groß=Deutschland" als Ordnungstruppe eingesetzt worden. Pro= test des Generaloberst Lindemann gegen die Anordnung des englischen Gen.= Major Fewing wurde von diesem loyal beantwortet. Hiernach werden der deut= schen Truppe bezüglich Mitnahme von Fahrrädern, Sanitäts=Fahrzeugen und persönlicher Habe sowie von mot.= und bespannten Fahrzeugen gewisse Zu= geständnisse gemacht (*Anlage 1*).

*Niederlande (AOK 25):* Abwicklungen verlaufen planmäßig. Nachrichten= verbindung von Generaloberst Blaskowitz zu General d. Inf. Straube hat auf Befehl 1. kanad. Armee zu unterbleiben.

*Südraum:* Die dem OB West unterstellten Truppenteile haben Forderungen der Amerikaner erfüllt. Sie werden in Auffanglagern gesammelt. Eine Ord= nungstruppe aus Feldjäger=Kommandos und 100 Mann je Div. von Amerika= nern zugestanden.

Pz.=AOK 2 dem OB West unterstellt.

Triest von Jugoslawen besetzt. Endgültige Regelung des Besitzes von Triest wird bei Friedensverhandlungen festgelegt werden.

*Sowj.=Rußland:* Mit Stab Shukow noch keine Verbindung.

Über Schicksal Oberstlt. d. G. de Maizière bisher nichts bekannt.

*Kurland:* Abtransport der Truppen ist hervorragend diszipliniert (nach über= einstimmenden Meldungen des Heeres und der Marine) durchgeführt worden. Schiffsraum bis zur äußersten Tragfähigkeit ausgenutzt, z. B. auf Schnell= booten bei 23 Mann Besatzung noch zusätzlich 220 Mann befördert; auf M= Booten rund 700 Mann transportiert. Die unbesiegte Truppe rückte nach An= landung zum Teil im Achtungsmarsch in Unterkünfte ein.

*Kanal=Inseln:* Übergabe an Engländer in würdiger Form im Gange.

*10.00 Uhr:* Ministerbesprechung beim Reichsaußenminister. Hierbei durch

Reichsminister Graf Schwerin v. Krosigk Hauptpunkte aus der Auslandspresse (engl. und amerikanisch) bekanntgegeben. Danach sollen vorerst keine deutschen Zeitungen erscheinen.

Ernährungsfrage von den Alliierten als sehr brennend angesehen. Minister Backe hat auf Grund eines Gesprächs mit englischen Sachverständigen den Eindruck, daß die Engländer gut über die deutschen Ernährungsprobleme unterrichtet sind. Organisation der deutschen Ernährungswirtschaft soll nach Aussage der Engländer im wesentlichen erhalten bleiben. Englische Truppen sollen durch eigenen Nachschub, nicht aus dem Lande versorgt werden *(Anlage 2)*.

*10.55 Uhr:* Anruf der alliierten Überwachungskommission, wonach der amerikanische Generalmajor *Rooks* ersucht, daß Großadmiral um 12.00 Uhr und Generalfeldmarschall Keitel um 12.30 Uhr zu ihm auf die „Patria" kommen sollen *(Anlage 3)*.

*12.00 Uhr:* Unterredung zwischen Großadmiral Dönitz und Generalmajor Rooks auf der „Patria".

In dieser Unterredung stellte sich Gen.-Major Rooks als Bevollmächtigter des Oberstkommandierenden General Eisenhower vor, der den Auftrag habe, in Zukunft mit dem Großadmiral zusammenzuarbeiten. Er erklärte dem Großadmiral, daß auf Befehl des alliierten Oberkommandos Generalfeldmarschall *Keitel* mit sofortiger Wirkung seines Postens als Chef OKW enthoben sei und sich als Kriegsgefangener zu betrachten habe. Als Nachfolger des Generalfeldmarschalls Keitel sei auf Befehl Eisenhowers Generaloberst *Jodl* vorübergehend einzusetzen.

General Rooks erklärte weiter, daß er bemüht sei, in ersprießlicher Weise mit dem OKW zusammenzuarbeiten; er sehe sich als Vertreter militärischer Regierungsstellen an. Großadmiral Dönitz wies darauf hin, daß er als Staatsoberhaupt zugleich Oberster Befehlshaber der Wehrmacht sei und sich des OKW zur Ausführung seiner Befehle bediene. Der Großadmiral erklärte ferner, das wichtigste Problem des Augenblicks sei die Lösung der Ernährungsfrage und des Geldumlaufs sowie die Wiederankurbelung der Transportverbindungen. General Rooks teilte die Auffassung des Großadmirals und bestätigte, daß das Alliierte Oberkommando bemüht sei, für diese dringenden Fragen eine Lösung zu finden.

Der Großadmiral machte auf die Einrichtung einer Zentralstelle, von der aus alle Probleme gemeinsam geregelt werden könnten, aufmerksam. General Rooks teilte diese Auffassung und kündigte eine entsprechende Lösung an. Abschließend erkannte General Rooks die Einstellung und die ergriffenen Maßnahmen des Großadmirals als richtig an *(Anlage 4)*.

*12.30 Uhr:* Zusammentreffen Generalfeldmarschalls Keitel mit Generalmajor Rooks auf der „Patria". Gen.-Major Rooks teilte dem Feldmarschall mit, daß er auf Befehl des Generals Eisenhower mit sofortiger Wirkung seines Postens als Chef OKW enthoben sei und sich als Kriegsgefangener zu betrachten habe. Er habe den Auftrag, den Feldmarschall um 14.30 Uhr abzuholen und ihn zum

Flugplatz zwecks Weiterbeförderung zu bringen. Dem Feldmarschall sei es freigestellt, einen Adjutanten, eine Ordonnanz und Gepäck in normalem Umfange mitzunehmen. Gen.=Oberst Jodl sei vorübergehend als Nachfolger bestimmt. Feldmarschall Keitel nahm zu der ihm gemachten Mitteilung keinerlei weitere Stellung, sondern erklärte, daß er selbst die bedingungslose Kapitulation unterschrieben habe und sich über die daraus entstehenden Folgen im klaren gewesen sei *(Anlage 5)*.

*14.30 Uhr:* Besprechung Gen.=Oberst *Jodl* mit Chef der Überwachungskommission beim OKW, Gen.=Major *Rooks*, auf der „Patria". General Rooks erklärte, daß er die Aufgabe habe, die Befehle des OKW zu überprüfen. Er teilte die Dienstenthebung und Gefangennahme des Feldmarschalls Keitel mit sowie die vorläufige Beauftragung des Gen.=Obersten Jodl mit der Führung der Geschäfte des Chefs OKW. Für seine Person und seine Offiziere erbat General Rooks freien Zutritt zu allen Dienststellen des OKW. Ferner wünschte er Regelung des Geschäftsverkehrs mit ihm (d. h. dem Gen.=Obersten Jodl) und seinem Stab.

General Rooks erwartet, daß er sich nur mit den grundsätzlichen Fragen der drei Wehrmachtteile befassen muß. Gen.=Oberst Jodl erwiderte, daß er die Befehle auf Grund der Kapitulationsbedingungen nach bestem Wissen und Gewissen durchführen werde. Er erwähnte ferner, daß die heutigen Verhältnisse nicht mit denen von 1918 zu vergleichen seien, wie es aus den in der „Eclipse"[1] enthaltenen Grundeinstellungen der Engländer anzunehmen sei.

Der Generaloberst erklärte: „Ich werde immer zu Ihnen kommen und Sie bitten, die Vorgänge abzustellen, die geeignet sind, das Unglück des deutschen Volkes noch zu steigern.

Ich werde immer kommen, wenn die Ehre der deutschen Truppen und des deutschen Volkes durch Anordnungen örtlicher Befehlshaber in den Staub getreten wird.

Ich wiederhole nochmals, daß ich meine einzige Pflicht darin sehe, dem deutschen Volke zu helfen, indem ich die hierfür von Ihnen gegebenen, erforderlichen Befehle nach bestem Wissen und Gewissen durchführen werde."

Generaloberst Jodl erbat ferner zwecks Durchführung einer erfolgreichen Arbeit um Klärung wichtiger Organisationsfragen und stellte Einreichung eines Vorschlages in Aussicht.

General Rooks erwartet diesen Vorschlag. Es wurden bei dieser Unterredung noch weitere Einzelheiten behandelt, insbesondere die Frage der Kriegsauszeichnungen und Hoheitsabzeichen an den deutschen Uniformen, die sämtlich das Hakenkreuz tragen. Diese Frage liegt beim alliierten Hauptquartier ebenfalls zur Entscheidung vor.

1 Deckname einer umfassenden alliierten Druckschrift mit Anordnungen für die Zeit nach der Kapitulation, von der den Deutschen ein Exemplar in die Hand gefallen war (s. oben S. 1233; dazu den II. Teil der „Erläuterungen"); s. auch S. 1504.

Abschließend setzte der Generaloberst dem Gen.=Major Rooks nochmals auseinander, daß eine Trennung zwischen OKW und OKH seit 24. 4. nicht mehr vorhanden sei *(Anlage 6)*.

Durch Befehl des Großadmirals Dönitz wird Gen.=Oberst *Jodl* unter Beibehaltung seiner bisherigen Aufgaben mit der Wahrnehmung der Geschäfte des Chefs OKW beauftragt *(Anlage 7)*.

Gen.=Oberst Jodl beabsichtigt, auf Grund seiner Besprechung mit Gen.=Major Rooks folgende Vorschläge einzureichen:

1. Es wird Vorschlag an Alliierte für Einteilung Deutschlands in 3 Räume eingereicht werden:
   a) 21. engl. Heeresgr.: Zusammenarbeit mit Gen.=Feldm. Busch,
   b) 12. amerik. Heeresgr.: Zusammenarbeit mit General Obstfelder (mit Stab OB West),
   c) 6. amerik. Heeresgr.: Zusammenarbeit mit Gen. d. Inf. Schulz (mit Stab Heeresgr. G);
2. Wunsch, Teile des OKW aus Nord= und Südraum zusammenzufassen;
3. Einreichung weiterer Vorschläge mit Wünschen hinsichtlich organisatorischer Gliederung innerhalb des Reichsgebietes wird vorgenommen werden.

Wichtige Auslandsmeldungen *(Anlage 9)*.

*14. Mai 1945*

Der für Norwegen angekündigte englische Flottenverband am 13. 5. in Oslo eingetroffen.

Durch Engländer werden Kriegsgefangenengebiete auf Eiderstedter Halbinsel für Truppen aus Dänemark, auf Oldenburger Halbinsel für Truppen aus dem Osten und bei Cuxhaven für Truppen zwischen Weser und Elbe eingerichtet. Mit Ostpreußen wieder Funkverbindung vorhanden. Räumung von Hela flüssig durchgeführt.

Es kann damit gerechnet werden, daß fast alle Verwundeten aus dem Weichselraum und von Hela abtransportiert worden sind.

Übergabe der Armee „Ostpreußen" an die Russen am 14. 5., 12.00 Uhr, mit insgesamt 150 000 Mann vollzogen.

Aus Kurland meldet Moskau die Gefangennahme von 180 000 Mann.

Aus Südraum keine besonderen Meldungen.

*Marine:* Bisher 14 U=Boote in alliierten Häfen eingelaufen. Rund 40 U=Boote sind noch unterwegs. In Japan befinden sich 5 deutsche und 2 ital. U=Boote.

*Luftwaffe:* Durch alliierte Kommission erfolgte Verfügung über Befehlsverhältnisse der Luftwaffe. Diese sollen so bestehen bleiben.

An die Alliierte Kommission wurde ein Vorschlag über Zusammenarbeit deutscher und alliierter Komandostellen eingereicht, und zwar OKW mit General Eisenhower, OB Nord mit 21. englischer Heeresgr., AOK Norwegen mit alliiertem Befehlshaber in Norwegen, OB West mit 12. amerik. Heeresgr.,

General d. Inf. Schulz mit 6. amerik. Heeresgr., Generaloberst v. Vietinghoff mit 14. alliierter Heeresgr.

Für die Luftwaffe ist ein Vorschlag für Zusammenarbeit noch in Bearbeitung.

Von Chef HNV wird Vorschlag für Nachrichtenwesen eingereicht werden.

Hierbei kommt es darauf an, hinzuweisen, wie wichtig die Wahl eines zentralen Platzes ist, um die Verbindungen sicherzustellen.

Auf zivilem Sektor hat Chef des Stabes der Alliierten Kommission die Staatssekretäre Riecke und Reich zwecks Rücksprache über Ernährungs- und Versorgungsfragen bestellt. Anfänge zur Behebung dieser Schwierigkeiten sind bei Engländern und Amerikanern ersichtlich; besonders die Engländer haben eingesehen, daß eingegriffen werden muß.

Bei der Regierung ergeben sich ebenso wie bei OKW Schwierigkeiten bei Behebung von speziellen Fachfragen, da Masse der Regierungsmitglieder einschließlich Fachreferenten sich in Süddeutschland befindet.

In Österreich ist die Regierung *Renner* gebildet worden, die von Moskau, jedoch nicht von den Westmächten anerkannt worden ist.

Der Entlassungsbefehl des OB Nord ist noch nicht zum Tragen gekommen, da noch nicht von Montgomery genehmigt worden. Auf den Funkspruch des Generals Eisenhower, der Hinweise auf Durchführung der Kapitulationsbedingungen enthält, Antwort Feldmarschalls Keitel, daß die durch die Übergabeverhandlungen vom 8. 5. übernommenen Verpflichtungen in vollem Umfange bekannt seien *(Anlage 1)*.

An den Chef der Überwachungskommission beim OKW wird erneut Antrag auf Freigabe von Rundfunksendern gestellt *(Anlage 2)*.

Die Überwachungskommission antwortet, daß der Antrag zur weiteren Veranlassung an das Hauptquartier weitergegeben worden sei *(Anlage 3)*.

Der Überwachungskommission wird mitgeteilt, daß die geforderte kurzfristige Beibringung von Unterlagen für Vorräte an Verpflegung, Bekleidung usw. im Gebiet des OB Nordwest aus nachrichtentechnischen Gründen nicht möglich sei *(Anlage 4)*.

Der Überwachungskommission werden Unterlagen über Transportwesen übersandt, die nur unvollständig sein können, da dem Wehrmachttransportchef und dem Reichsministerium keine volle Bewegungsfreiheit zustehen. Außerdem ist das gesamte Nachrichtennetz der Reichsbahn noch nicht wieder hergestellt *(Anlage 5)*.

Nachrichtenverbindung zu den dem OKW unterstellten Truppenteilen *(Anlage 6)*.

Auslandsnachrichten *(Anlage 7)*.

Befehl Chef WFStab über den Verkehr mit den Besatzungsmächten.

*15. Mai 1945:*

*Norwegen und OB Nordwest:* Keine besonderen Ereignisse. Lediglich in Hamburg wurde in einem Sammellager kommunistische Propaganda festgestellt. Anschlag von Flugblättern. Stimmung in den Lagern infolge Ungewißheit über künftige Entwicklung zum Teil schlecht *(Anlage 1).*

*Im Südraum:* Verfolgung und Entwaffnung einer deutschen Gruppe durch jugoslawische Verbände. Keine besonderen Ereignisse.

In Tschechoslowakei suchen sich deutsche Truppen weiter der Gefangennahme durch die Sowjets zu entziehen und den Amerikanern zu ergeben. Die Unabhängigkeit der Republik Österreich wurde proklamiert.

*Seit 13. 5. vormittags* erfolgen im Bereich AOK Lindemann laufend Beschlagnahmungen von Lkw und Pkw durch die Engländer. Es wurde Protest erhoben, da dieses Vorgehen den Kapitulationsbedingungen widerspricht *(Anlage 2).*

*Seit 8.30 Uhr* besteht Fernsprechverbindung mit dem Stab Eisenhower.

*Marine:* 11 U-Boote sind in alliierten Häfen eingelaufen. 13 U-Boote noch auf See gemeldet, außerdem 26 Boote in See, die sich noch nicht gemeldet haben.

*Reichsminister Backe* ist zu Eisenhower zwecks Verhandlungen befohlen worden. Die Reichsbahn wurde durch die Besatzungsbehörden übernommen.

Da das *Flaggengesetz von 1935* durch die Amerikaner aufgehoben worden ist, besteht Unklarheit über die augenblicklich gültige Flagge *(Anlage 3).*

*Der Chef der Überwachungskommission* beim OKW befiehlt Beschränkung in der Übermittlung von Befehlen usw. des OKW an untere Dienststellen *(Anlage 4).*

Bei Überwachungskommission wird erneut Freigabe von Rundfunksendern beantragt *(Anlage 5).*

Überwachungskommission antwortet, daß die Genehmigung des Antrages in Erwägung gezogen sei, aber endgültige Nachricht noch nicht vorliege *(Anlage 6).*

Am Nachmittag fand eine Besichtigung von Dienststellen des OKW und der Marine durch den englischen Brigadier *Ford* statt. Keine besonderen Ereignisse *(Anlage 7).*

Die alliierte Überwachungskommission verbietet den Soldaten auf der Straße das Singen. Es wird jetzt nur noch gepfiffen!!! *(Anlage 8).*

*Auf Befehl General Eisenhower* ist Feldmarschall Kesselring am 14. 5. in dessen Hauptquartier abgeflogen. Ob mit Rückkehr zu rechnen ist, ist ungeklärt. Dienstältester OB im Südraum nunmehr Generaloberst *Deßloch (Anlage 9).*

*General Winter* bittet, bei den Sowjets zu erwirken, daß die aus Böhmen für die Ernährung der Zivilbevölkerung vorgesehenen Getreidezüge beschleunigt zugeführt werden *(Anlage 10).*

General Winter meldet Gliederung des OKW Süd *(Anlage 11).*

General Winter beantragt, Stab OB West aus Befehlsführung auszuschalten und der Außenstelle OKW Süd unmittelbar zu unterstellen *(Anlage 12)*.

*Großadmiral Dönitz* befiehlt zur Vermeidung von Zwischenfällen die Entfernung von Bildern führender Persönlichkeiten des 3. Reiches aus den Diensträumen, in denen mit Besuch von Mitgliedern der alliierten Kommission zu rechnen ist. Ebenfalls wird Frage der Grußpflicht und der Orden= und Ehrenzeichen behandelt *(Anlage 13)*.

*Nachrichtenverbindungen (Anlage 14)*.

*Auslandsmeldungen (Anlage 15)*.

*16. Mai 1945*

*Englische Schiffsverbände* in Norwegen eingetroffen. Marschbewegungen verlaufen planmäßig. Bei OB Nord Verhalten der Engländer im allgemeinen korrekt. Bei AOK Lindemann planmäßiges Verlaufen der Marschbewegungen.

*Außer den Sammellagern* auf der Eiderstedter Halbinsel, Oldenburger Halbinsel und bei Cuxhaven sind auf den Nordsee=Inseln Pellworm und Nordstrand sowie in Dithmarschen weitere im Entstehen. Die Sammellager sind praktisch Kriegsgefangenenlager.

*Eine Auflockerung von Truppen* und Flüchtlingen nach Süden über die Elbe ist durch 2. engl. Armee deswegen abgelehnt worden, da der nordwestdeutsche Raum für die aus den zerstörten Gebieten des Ruhrgebietes zu evakuierende Bevölkerung und vielleicht auch für die 20. Armee als notwendig vorbehalten bleiben soll.

*Nach Meldung OB Nord* ist bei den Engländern das Bestreben erkennbar, die meisten Fragen durch örtliche Befehlshaber regeln zu lassen. Einwendungen von Heeresgruppen und Armeen dadurch weitestgehend beschränkt.

*Im südlichen Bereich* sind von den Amerikanern bisher 31 390 aus der Landwirtschaft stammende Volkssturmleute entlassen worden. Die Alliierten haben den Italienern 200 000 deutsche Kriegsgefangene für Wiederaufbauarbeiten zur Verfügung gestellt *(Anlage 1)*.

*Territoriale Untergliederung* der Armeegruppe Müller *(Anlage 2)*.

*Marine:* In der Elbemündung sind mehrere englische Minensuch= und Räumboote eingetroffen. Die Nordsee=Inseln sind besetzt worden bzw. in der Besetzung.

In Oslo wurden 2 deutsche Zerstörer und 1 Torpedoboot außer Dienst gestellt. Seetransporte von Soldaten und Flüchtlingen in Kiel, Neustadt und Wilhelmshaven ausgeschifft. In alliierten Häfen 20 U=Boote eingetroffen. Auf See haben sich 13 U=Boote gemeldet, außerdem in See 41 Boote, zum Teil fraglich. Vermutlich in See, jedoch keine Meldungen vorhanden: 11 Boote.

Hafenbelegung mit U=Booten in ausländischen Häfen: 94 Boote. Für deutsche Häfen folgt Zusammenstellung *(Anlage 3)*.

*In Ministerbesprechung* am 16. Mai wird festgestellt, daß das Reich zur Zeit rechtlich keine Flagge besitzt. Zwischenlösung dringend erforderlich.

Vordringlichste Fragen, die erledigt werden müssen, sind: Ernährung, Verkehr und Finanzierung. Reichsminister Backe wird 17. 5. zurückerwartet. Überwachungskommission wünscht beschleunigte Heranziehung von Vertretern des Verkehrsministeriums zwecks Wiederherstellung des Verkehrs. Vorgesehen Dorpmüller und Ganzenmüller *(Anlage 4)*.

*General Fangohr*, Führer des Verbindungsstabes bei General Eisenhower, meldet, daß Bornholm an Russen übergeben worden ist.

Dem General Fangohr ist anläßlich Besprechung mit General Newins, Chef der Op.-Abteilung im Hauptquartier General Eisenhowers, abschließend erklärt worden:

„Ihr Status und der Ihres Verbindungsstabes ist der von Kriegsgefangenen" *(Anlage 5)*.

Grußbefehl gegenüber Offizieren der Besatzungsmacht *(Anlage 6)*.

*Oberstlt. d. G. de Maizière* berichtet über seine Entsendung in das Hauptquartier der Sowjets, Marschall Shukow. Er ist absolut korrekt behandelt worden. Die Besprechungsfragen beliefen sich auf Erläuterungen zu den mitgebrachten Unterlagen. Alle von Oberstlt. de Maizière zur Sprache gebrachten Fragen blieben unbeantwortet. Über Gliederung des Generalstabes des Heeres und des Wehrmachtführungsstabes wurde Oberstlt. de Maizière in allen Einzelheiten vernommen *(Anlage 7)*.

*Der Chef des Generalstabes OB West* meldet, daß Ausschaltung des Stabes OB West, wie von General Winter vorgeschlagen, sich gerade in dieser schweren Zeit nachteilig auswirken würde *(Anlage 8)*.

Nachrichtenverbindungen *(Anlage 9)*.

Auslandsnachrichten *(Anlage 10)*.

## 2. Ausführungen des Generalobersten Jodl bei den Lagebesprechungen (12. bis 20. Mai), aufgezeichnet von Major i. G. J. Schultz(-Naumann)

12. 5.

Generaloberst J.: Alliierte Delegation muß mit Vorschriften[1] und Denkschriften überschüttet werden.

Es muß ihnen klargemacht werden, daß wir Deutschen das Leben lieben, aber den Tod nicht fürchten.

Bei allen Besprechungen ist herauszustellen: Großadmiral Dönitz als Oberster Befehlshaber der Wehrmacht und nicht als Staatsoberhaupt.

Die Alliierten müssen die großen Organisationsfragen vorgelegt bekommen, an denen sie sich die Zähne auszubeißen haben.

13. 5.

Abgrenzung des amerikanischen–russischen Interessengebietes immer noch nicht bekannt.

1 Gemeint sind die deutschen „Dienstvorschriften".

Reichsminister Backe ist auf Grund von Unterhaltungen mit Engländern der Ansicht, daß diese unser schwieriges Ernährungsproblem erkannt haben.

J.: Alliierte Delegation hat keine Ahnung von unseren deutschen Problemen und von Europa, besonders nicht der amerikanische Hochschulprofessor.

Übersichtskarte mit allen deutschen Grenzen vom 1. 9. 39 sowie tschechischen und österreichischen Grenzen notwendig bzw. Putzgers Schulatlas, um alle Probleme an Hand dieser geographischen Unterlagen mit Alliierten zu besprechen.

J.: Gegenüber Alliierten so auftreten, wie es sich aus der Zwangslage ergibt. Wir haben bedingungslos kapituliert, da wir den Krieg bis zur letzten Phase und Konsequenz geführt haben, wo uns nichts anderes übrig blieb. Reminiszenzen an 1918 haben zu unterbleiben. Aus eigener Kraft können wir uns nicht helfen, nur mit Hilfe von anderen; d. h. das Schwergewicht unseres Handelns muß auf dem politischen Sektor liegen. Die Rolle Deutschlands als Volk inmitten Europas ist noch nicht ausgespielt. Ohne uns können die Probleme nicht gelöst werden. Dieses ferne Ziel immer im Auge behalten.

J.: Gegen alles, was Alliierte an ehrenrührigen Dingen tun, protestieren.

In heutiger Zeit darf es keine deutsche Hand geben, die untätig ist. Alliierte Kommission muß deutsche Probleme erkennen; daher Vorschläge eingereicht von uns, wie organisatorische Gliederung erwünscht.

Alles Wesentliche aus Absprachen mit Alliierten muß interessierten Stellen zur Kenntnis gebracht werden, um Unstimmigkeiten zu unterbinden.

J.: Generalfeldmarschall Keitel ist als Kriegsgefangener weggeflogen worden. Tiefes Mitgefühl erfüllt den Generaloberst, und dies hat auch die Einstellung des Offizierkorps OKW zu sein.

Grund der Gefangennahme wahrscheinlich darin zu suchen, daß Generalfeldmarschall in seiner Eigenschaft als Chef OKW wahrscheinlich den Befehl des Führers hat weitergeben müssen, der Liquidierung der entflohenen gefangenen englischen Offiziere aus Lager „Altburgund" (Schubin[1]) betraf.

Generaloberst hat auf Befehl des Großadmirals und mit Genehmigung Eisenhowers vorläufig Geschäfte übernommen. Generaloberst erwartet von jedem, besonders Offizier, daß er sich in dieser Lage als treuer und anständiger Soldat erweist. – Wer sich nicht als anständig und treu erweist, wer gegebene Befehle bewußt oder unbewußt übertritt, wird sofort einem englischen Gefangenenlager übergeben werden.

Über den Sinn seiner Aufgabe fällte Generaloberst etwa folgenden Ausspruch: „Ich fühle mich berufen, auch die größte Aufgabe zu meistern."

Weiter sagte J. sinngemäß:

„Ich habe 5 Jahre geschwiegen und nur gehorcht und nichts für mich beansprucht, sondern nur gearbeitet. Ich bin gehorsamer Soldat gewesen und habe darin meine Ehre erblickt, den Gehorsam, den ich gelobt habe, zu halten.

1 Bei Sagan (Schlesien).

Alle diejenigen, die versucht haben, mit mexikanischen Gangstermethoden diesen Gehorsam zu brechen, verdienen meine Verachtung" (wahrscheinlich Anspielung 20. 7. 44). „Das Schicksal hätte doch seinen Lauf genommen, daran hätten auch diese Leute nichts geändert. – Ich habe", führte er weiter aus, „in diesen 5 Jahren gearbeitet und geschwiegen, obwohl ich manchmal völlig anderer Meinung war und mir der Unsinn, der befohlen wurde, oft unmöglich erschien.

Seit Frühjahr 42 wußte ich, daß wir den Krieg nicht gewinnen konnten.

Ich will die alten Tugenden, insbesondere die deutsche Generalstabsarbeit, so wie sie früher üblich war, wieder einführen. Ich werde nur nach alten bewährten Grundsätzen handeln."

14. 5.

Nach Ansicht Generaloberst legen Alliierte besonderen Wert auf Abwehr-Unterlagen; sind nicht vorhanden. Wir können nur immer wieder betonen, daß Wehrmacht in entscheidenden Abwehrfragen durch Befehl des Führers ausgeschaltet worden ist. Er übertrug Abwehr dem Reichssicherheitshauptamt, da er zur Wehrmacht nicht das Vertrauen hatte, daß sie Abwehr in seinem Sinne durchführe. Hierin liegt schon ein sehr entlastendes Moment für die Wehrmacht. Überhaupt wird aus vielen Akten sehr viel Entlastendes für die Wehrmacht zu finden sein.

Ausblick für die Zukunft:

Kommende Möglichkeiten der Orientierung, basierend auf Gegensatz zwischen Ost und West.

Ansicht Admiral Bürkner 14. 5. anläßlich Unterhaltung über Unterschriftsleistung unter Kapitulationsvertrag beim Russen am 8./9. 5. 45 in Berlin, daß auch für uns – d. h. beim Russen – eine politische Chance gegeben sei.

15. 5.

Aus einer Tagesmeldung der Informationsabteilung der Reichsregierung vom 12. 5. ist folgender Schlußsatz bemerkenswert: „Bei alledem ergibt sich auf jeden Fall, daß Deutschland schon jetzt, mitten im Stadium seiner totalen Niederlage, bereits wieder ein europäischer Faktor geworden ist. Die Regierung des Großadmirals und ihre – wenn auch noch so bedingte – Anerkennung durch die Alliierten ist der äußere Beleg dafür. Vielleicht liegt darin auch der tiefere Sinn ihrer Existenz, daß sie die Einheit der Reichsgewalt in den Tagen der Auflösung repräsentieren darf und diese Einheit durch die Kapitulation hindurch in die neue Zeit hineinrettet."

Politische Ausführung Generaloberst Jodl: Es wird der Moment kommen, wo wir Russen gegen Anglo-Amerikaner ausspielen werden.

Leider ist uns noch nicht bekannt, was der Russe will.

Der Russe braucht wahrscheinlich zur Verwaltung deutschen Landes kein OKW. Er wird hauptsächlich politische Tendenzen haben.

*Wichtig:* Alle militärisch=politischen Fragen sind sehr heikel. Alle Einsprüche und Beschwerden sind mit dem Völkerrecht zu begründen.

J.: Leider haben wir die Waffe des Rechts in der letzten Zeit nie gebraucht. Wir haben Recht gebrochen – zwar nachdem es uns von Feindseite vorgemacht worden war –, aber wir haben nicht mit dem Recht gearbeitet, wodurch wir unendlich mehr hätten erreichen können als durch Gewalt.

*Tendenz gegenüber Feindmächten:*

Ihr habt den Krieg geführt um des Rechtes willen; deswegen verlangen wir auch eine Behandlung nach dem Recht.

Die Alliierten müssen dauernd mit ihren eigenen Waffen geschlagen werden, d. h. mit dem Völkerrecht. Das Völkerrecht ist unsere Bibel.

J.: „Das Recht ist Grundlage jeder menschlichen Gemeinschaft. Das Recht der Staaten und Völker muß über jedem einzelnen stehen."

Gegenüber Alliierten ist Grenze zu betonen, wo unsere Willfährigkeit gegenüber Kapitulationsvertrag aufhört, d. h. wenn unsere Ehre angegriffen wird. Hierauf in aufgelockerten Gesprächen immer wieder hinweisen. Wenn durch eine Maßnahme der Alliierten (z. B. Abnahme und Verbot der Kriegsauszeichnungen oder dergleichen) unsere Ehre angegriffen wird, dann werden unabsehbare Folgen eintreten; z. B. Waffenabgabe wird gefährdet sein usw.

*Wichtig:* Nicht Engländer im Prinzip verärgern.

Wir wollen darauf hinaus, der Überwachungskommission beizubringen, daß wir korrekt vorgehen. Dadurch allmählich Vertrauen gewinnen. Dann, wenn Boden bereitet, will Großadmiral zu Eisenhower gehen, um mit ihm Zukunftsfragen zu besprechen.

Generaloberst ist der Überzeugung, daß Alliierte zur Zeit keine Emigrantenregierung einsetzen werden.

Warnung des Generalobersten an die Verfechter der vollziehenden Gewalt durch die Wehrmacht, daß er für diese Lösung: Führung der Regierung durch die Wehrmacht, nicht zu haben ist. Denn dann wird Feindseite sagen, daß ja das OKW genüge, um die Regierung zu führen, und dann hat Wehrmacht z. B. die Verantwortung für die Ernährung des deutschen Volkes, die die Wehrmacht unmöglich tragen kann.

Auch ist die Wehrmacht nur auf Teilgebieten der Regierung in der Lage, positive Arbeit zu leisten (z. B. Nachrichten= und Transportwesen); auf sonstigen Gebieten müssen Fachleute arbeiten.

Großadmiral Dönitz von Feindmächten als Staatsoberhaupt praktisch dadurch anerkannt worden, daß die von den Alliierten geforderte Vollmacht für die die Kapitulation unterzeichnenden Persönlichkeiten seine Unterschrift trug und von der Feindseite gebilligt wurde.

J.: Der erste Akt des Wiederaufbaues Deutschlands ist loyalste Erfüllung aller von Alliierten gestellten Aufgaben.

Großadmiral beabsichtigt, Befehl herauszugeben, worin er von den Auswüchsen der KZ=Behandlung abrückt.

Churchill=Rede enthält Hinweis auf Kapitalfehler Hitlers, der im Angriff auf Rußland bestanden hat.

J.: „Ich bin der Überzeugung, wenn wir den Krieg gegen Rußland nicht geführt hätten, hätten wir gewonnen.

Wir haben jedoch den Angriff gegen Rußland nicht geführt, weil wir den Raum haben wollten, sondern weil Tag für Tag der Aufmarsch der Russen gewaltig weiterging und zum Schluß zu ultimativen Forderungen geführt hätte."

Ansicht mancher Leute, daß diese Frage politisch hätte gelöst werden können durch Gespräch mit den Russen (sie hätten abgestritten und sich auf den mit ihnen laufenden Vertrag berufen) oder durch Verbindungsuchen mit dem Engländer (sie hätten uns ausgelacht und gesagt: es kann uns ja gar nichts Besseres passieren, als daß Rußland auch gegen euch ziehen will), wird von Generaloberst Jodl nicht geteilt.

Auch Versuch, mit Molotow ins Gespräch zu kommen, war fehlgeschlagen.

Der Führer hat Krieg gegen Rußland nicht aus irgendeiner politischen Fiktion heraus begonnen, sondern auf Grund der sich aufdrängenden Notwendigkeit.

Der Generalstab des Heeres hatte auch eingesehen, daß dieser Krieg notwendig war. Wir alle und besonders jeder Soldat ist in diesen Krieg gegen Rußland mit einem beklemmenden Gefühl gegangen beim Gedanken an seinen Ausgang. Insbesondere wurde dem Führer und auch dem Generalobersten klar, als die Katastrophe des Winters 41/42 hereinbrach (wohl auch gerade wegen dieses maßlos grimmigen Winters), daß von diesem Kulminationspunkt des beginnenden Jahres 1942 an kein Sieg mehr errungen werden konnte. Der Kulminationspunkt war überschritten, und auch der erneute, anfangs erfolgreiche Versuch des Sommers 42, das Schicksal zu wenden, scheiterte.

Besondere Hinweise:

Erster Akt des Wiederaufbaues Deutschlands ist loyalste Erfüllung aller gestellten Aufgaben.

Frage der Geheimhaltung: Wir haben nichts zu verbergen. Wir haben Operationen angelegt und ausgeführt. Wir haben Treue und Gehorsam gehalten, und wir halten auch jetzt noch jeden, der nicht gehorsam gewesen ist, für einen Verräter.

Bei Verkehr mit Alliierten Abstandnehmen von Ausdruck „Protest", sondern umschreiben, wie z. B. auf Folgen hinweisen, daß dies und jenes passiert, was nicht im Interesse der Alliierten liegen kann.

*16. 5.*

Gedanken des Reichsaußenministers zur Sprachregelung, denen sich Generaloberst voll anschließt, wenn Gespräch der Alliierten auf Nationalsozialismus und dergleichen kommt.

Nach dem Ersten Weltkrieg litten wir Hunger und Not. Ergebnis war Zuwendung zum Nationalsozialismus.

Wenn Ihr, als Alliierte, nach diesem Kriege noch stärkeren Hunger durch Eure Maßnahmen erzielen wollt, dann gibt es eine Reaktion. Folge: Hinwendung zum Kommunismus, und zwar der deutschen Menschen, die noch etwas Schwung besitzen.

Wenn KZ-Lager-Frage angeschnitten wird und wir Deutschen verdammt werden wegen eines Niemöller und einiger getöteter Pfarrer, dann Frage: Warum regt Ihr Alliierten Euch nicht über Rußland auf, wo binnen kurzem 12 000 Patriarchen[1] ums Leben gebracht wurden (von Churchill als größtes Verbrechen bezeichnet).

J.: Vorsicht mit Inhalt aller Schreiben. Immer daran denken: „Feind liest mit".

*17. 5.*

J.: Nie über Dinge reden, für die man nicht zuständig ist. Alle Leute sich erst ansehen, bevor man antwortet. Man kann sonst infolge Harmlosigkeit auf den gerissensten Reporter stoßen, der später in seinem Bericht alles ins Gegenteil umdreht.

Gegenwärtige Regierung ist als Verwaltung (siehe Auslassungen Churchills) zu betrachten.

Nicht mit soldatischer Überwachungskommission überwerfen. Immer daran denken, daß Judentum nur darauf wartet, uns zu schikanieren und zu demütigen.

Absicht, Kommission als Puffer zwischen uns und den jüdischen Gegner einzuschieben.

Wir stehen erst im Anfang einer quälenden Zeit von Monaten und Jahren. Das, was uns in der Zukunft erwartet, wird niederdrückender denn je sein.

Engländer lassen zur Zeit an einigen Stellen nur aus Eigennutz die Zügel etwas lockerer.

*18. 5.*

Abgabe des zur Zeit von den Amerikanern besetzten Gebietes ostwärts des Elbe-Trave-Kanals an die Russen soll in den nächsten Tagen erfolgen. Frage der Zugehörigkeit Lübecks bis jetzt ungeklärt.

*Pol. Lage:*

Lage bei Alliierten so, daß besonders in den Pressepolemiken ein tiefer Haß gegen alles Deutsche festgestellt werden kann.

Grenze nach „Eclipse" tritt daher doch in Kraft.[2]

1 Gemeint: Popen.
2 Dieser Denkschrift der Alliierten (vgl. oben S. 1494, Anm. 1) war eine Karte beigegeben, in der die Abmachungen der Engländer, Amerikaner und Russen über die Einteilung Deutschlands in Zonen eingetragen waren. Bei dem den Franzosen zugedachten Raum stand noch ein Fragezeichen (nach Augenschein; P. E. S.).

Über russisches Verhalten besteht noch keine Klarheit. Es ist wahrscheinlich, daß der Russe das von ihm besetzte Land bald besser geordnet haben wird, als die Besatzungszone der Westmächte durch diese verwaltet wird.

Der Russe wird versuchen – beginnend jetzt schon durch propagandistische Einwirkungen –, möglichst viele deutsche Menschen auf sein Gebiet zu ziehen, bzw. sich geneigt zu machen. Wenn wir diesen Weg beschreiten und zum Russen übergehen, dann kann und wird dies wahrscheinlich den Tod unseres Volkstums zur Folge haben. Denn deutsches Volkstum wird dann nach Ausmerzung der Intelligenzschicht vom Slawentum aufgesogen werden.

Man muß immer wieder darauf hinweisen, daß diese Entwicklung so vor sich gehen kann.

Es besteht kein Zweifel, daß von einem Ende des Krieges keine Rede sein kann, bevor sich die drei großen Mächte nicht einig geworden sind.

Frage: Will der Russe diese Einigung?

Er besitzt zur Zeit eine gewaltige Landmacht gegenüber den Alliierten. Dazu unser gesamtes erbeutetes Material. Diese können ihm nur ihre Luftmacht als überlegenes Instrument entgegensetzen.

Wichtig ist zu wissen: wie stark die Kräfte sind, die an der sogenannten Demarkationslinie aufgezogen sind.

Allen Leuten, die fragen, was weiter wird, kann man nur sagen: abwarten! Aber das eine ist sicher: es geht in den Abgrund, wenn die Engländer und Amerikaner sich weiter so verhalten wie bisher.

Gen.-Oberst Jodl macht nochmals darauf aufmerksam, daß dennoch unser Verhalten korrekt bleiben muß, daß keine Aufzeichnungen gemacht werden dürfen, die nicht eingesehen werden können.

Wir müssen wissen, wie Alliierte in Zukunft handeln. Durch Offiziere muß Beeinflussung der Truppe erfolgen. Allgemeine Auffassung ist weiterzugeben, evtl. durch Flüsterpropaganda.

Die übelste Entwicklung wäre innere Zersetzung.

Die jüngeren Offiziere und auch Truppe zeigen Tendenz nach Osten, und zwar anfangs aus 2 Gründen:

1. Wir wollen sofort an der richtigen Stelle sein, da Russe doch siegen wird;
2. Wir leben auf russischer Seite besser (Anklammerung an ein Phantom).

Zur Zeit beruht Einstellung pro Rußland nur auf geschickter russischer und ungeschickter alliierter Propaganda.

Wir müssen den Soldaten immer wieder sagen: Ihr seid, als der Krieg aus war, Hals über Kopf hinter die englischen und amerikanischen Linien zurückgekehrt. Jetzt wollt ihr nach dem Osten (Propaganda).

Man muß diesen Leuten immer wieder sagen: Seid vorsichtig! Wenn wir uns dem Russen freiwillig in die Arme werfen, dann braucht er später auch keinen Preis dafür zu bezahlen. Wenn wir ihm aber etwas dafür bieten können, gut –, ich kann euch noch diese und jene Freiheit geben.

*Nochmals Parole:* Abwarten und ansehen, wie die Dinge sich entwickeln.

19. 5.

Man darf nicht sagen, daß man speziell östlich oder westlich orientiert sei. Das ist politisch falsch. Man muß zur Zeit auf zwei Schultern tragen und neutral sein.

Wichtig ist es, den Alliierten unauffällig die Unterlagen über die Russen nahezubringen.

Nach letzten Meldungen standen an der russischen Westfront (englisch=amerikanische Demarkationslinie):

| | |
|---|---|
| 64 | Armeen |
| 3 | rumänische Armeen |
| 7 | Pz.=Armeen |
| 491 | Schützen=Div.en |
| 21 | rumänische Div.en |
| 39 | Pz.=Korps |
| 7 | Kav.=Korps |
| 5 | rumänische Kav.=Div.en |
| 151 | selbständige Pz.=Verbände |
| 1 | rumänische Pz.=Div. |

Auf Frage des amerikanischen Luftwaffengenerals Anderson, warum wir nach Rheinübergang der Alliierten nicht Konsequenz gezogen und Schluß gemacht hätten, Antwort Gen.=Oberst Jodl: Politisch war es nicht möglich. Krieg hatte ganz andere Formen als frühere Kriege angenommen. Für unsere Staatsführung blieb kein anderer Weg, als bis zum letzten zu kämpfen. Auch gegnerische Propaganda schuf diese Einstellung.

*Allgemeine Direktiven:* Absolute Neutralität, völlig gleiche Behandlung gegenüber Westmächten und Russen. Nicht geistig oder weltanschaulich Stellung nehmen.

Falsch, sich völlig zu verkaufen ohne Gegengabe.

Wir sind infolge unseres deutschen Volkstums und als Volk der Mitte ein Faktor, mit dem man rechnen muß. Nicht zu früh sich entscheiden, erst dann, wenn es unumgänglich notwendig ist.

Jedoch in diesem Falle auf die Seite treten, die bestimmt siegt und das deutsche Volk erhält.

Ein bürgerliches Leben beginnt nicht mehr nach diesem Kriege. Dazu sind die zu lösenden Probleme zu stark und zwingend.

*Politisch denken,* das muß allen Offizieren eingehämmert werden.

Bei Frage der Kriegsverbrecher § 47 des Militär=Strafgesetzbuches heranziehen: Kann Untergebener verantwortlich gemacht werden, ob er Befehl eines Vorgesetzten befolgt hat oder nicht? Frage, welches Gesetz steht moralisch höher: das Gesetz, im Kriege alles einzusetzen für den Sieg, oder die Einhaltung der Verträge?

Eins steht nach Ansicht Gen.=Oberst Jodl fest: Es ist nichts aus Machtlust geschehen, sondern weil der Führer es für notwendig für den Sieg gehalten hat.

Ist in diesem Falle ein Soldat verpflichtet zu sagen: „Diesen Befehl führe ich nicht aus"?

Jodl ist der Auffassung, daß, solange ein Mensch überzeugt ist, daß sein Vorgesetzter ein sittlich und moralisch einwandfreier Mann ist, der das hohe Ziel verfolgt, seinem Volk den Sieg zu erringen, dann müssen dessen Befehle auch befolgt werden.

Wenn man sagt: nicht die Volksgemeinschaft, sondern die menschliche Gemeinschaft steht über allem, dann muß ich sagen:

Jeder Krieg ist ein Verbrechen gegen die europäische oder völkische oder Menschheitsidee.

Ich kann von mir nur sagen: in dem Augenblick, in welchem ich das Gefühl gehabt hätte, daß an der Spitze des Staates ein Verbrecher steht, so hätte ich im selben Moment die Konsequenzen gezogen.

Aber einem Mann, der loyal die Macht in der Hand hatte und der moralisch und sittlich hochstehend war und alles getan hat, um dem deutschen Volk die Stelle zu erkämpfen, die ihm zusteht, mußte man gehorchen, auch wenn er sich in den Mitteln vergriffen und falsche militärische und politische Entscheidungen getroffen haben mag.

Ich habe unaufhörlich gesehen, daß es keinen Ausweg mehr gab. Außerdem war ich Soldat und hatte zu gehorchen, wie jeder andere auch.

*20. 5.*

Man muß sich auf den Standpunkt stellen, daß die Konventionen gelten und Recht eben Recht bleiben muß. Wir dürfen nicht gezwungen werden, Maßnahmen durchzuführen, die nicht mit dem Recht in Einklang stehen.

Wir haben das Recht, den anderen dauernd das Unrecht nachzuweisen.

*Drei Tage später, am 23. Mai 1945, wurde Großadmiral Dönitz zu der Alliierten Kommission gerufen, die ihm eröffnete, die Deutsche Regierung habe nunmehr aufgehört zu existieren.*

*Die aus Flensburg herangerückte britische Panzer-Brigade setzte alle in Mürwik Ankommenden (Zivil und Militärs) gefangen. Der nunmehrige Oberbefehlshaber der Kriegsmarine, Generaladmiral v. Friedeburg, entzog sich dieser Maßnahme, indem er seinem Leben ein Ende machte.*

*Damit war auch das Oberkommando der Wehrmacht aufgelöst.*

# Anhang

## Die personellen und materiellen Gesamtverluste der deutschen Wehrmacht von Kriegsbeginn bis zum 31. Januar 1945 (ausgezogen aus den Unterlagen des OKW von P. E. Schramm)[1]

### *a) Vorwort (verfaßt 1948)*

Die folgenden Zahlen beziehen sich (soweit nichts anderes angegeben ist) auf den 31. 1. 1945 (Die den Osten betreffenden Zahlen sind wegen Verzögerungen der Meldungen nicht in allen Fällen vollständig). Sie sind entnommen dem am 14. 3. 1945 herausgegebenen Heft der „Beurteilung der personellen und materiellen Rüstungslage der Wehrmacht".

Diese „Beurteilung" wurde monatlich vom Wehrmachtsführungsstab in Form eines fingerdicken Heftes in Querformat (Doppelfolio) herausgegeben und als „Geheime Kommandosache" den zuständigen Stellen zugeleitet, bei der seit Ende 1944 noch durch einen weiteren Aufdruck darauf hingewiesen wurde, daß diese Hefte nur den Offizieren zugänglich gemacht werden dürften, die auf Grund ihrer Stellung zur Einsichtnahme berechtigt waren.

Es hat daher von ihnen nur ein kleiner Kreis Kenntnis erhalten.

Es versteht sich von selbst, daß die Tabellen dieser Hefte so genau und so vollständig angelegt wurden, wie das bei Statistiken dieser Art überhaupt möglich ist. Sollten sich ungenaue Zahlen eingeschlichen haben, so könnte das nur darin seinen Grund haben, daß die zu Grunde liegenden Meldungen ungenau oder unvollständig waren. Insgesamt würde sich dadurch in keinem Falle eine wesentliche Verschiebung des Bildes ergeben. Ich unterstreiche das, da ich gelegentlich auf Zweifel an den Angaben gestoßen bin, die ich nach der Kapitulation über die Höhe der Gesamtverluste machte.

Die Zahlen dieser Hefte zu retuschieren, wäre nicht nur sinnlos gewesen, da der Benutzerkreis denkbar klein gehalten und zu strengster Verschwiegenheit verpflichtet war, sondern das hätte sich auch katastrophal ausgewirkt, da dadurch das ganze Gebäude der statistischen Zahlen ins Wanken gekommen wäre: man bedenke, daß die Zahl der Toten mit der Gesamtzahl der Wehrmachtsangehörigen und diese wieder mit den Zahlen der Noch-Einziehbaren usw. korrespondieren mußten.

Das im April fällige Heft ist meiner Dienststelle nicht mehr zugegangen. Es ist mir daher fraglich, ob es überhaupt noch ausgegeben worden ist. Die dauernden Bombenangriffe auf Berlin einerseits und die steigenden Schwierigkeiten bei der Nachrichtenübermittlung andererseits würden es ausreichend erklären, wenn das Aprilheft bis zum 20. 4., d. h. dem Tage, an dem das OKW seinen Dienstbetrieb in und bei Berlin einstellte, nicht mehr fertiggestellt werden konnte. War dies der Fall, dann stellen die folgenden Zahlen die letzten amtlich zusammengestellten Zahlen der deutschen Wehrmacht dar.

### *b) Erläuterung (verfaßt 1948)*

1. Die Zahl der *Toten* schließt außer den Gefallenen ein: die eines natürlichen Todes gestorbenen und die ihren Verwundungen erlegenen Wehrmachtsangehörigen, ferner die durch Unfälle, Selbstmord, Hinrichtung usw. Geendeten. Sie bezieht sich auf die drei Wehrmachtteile einschließlich der Waffen-SS und schließt auch die Todesfälle im Heimatkriegsgebiet mit ein. Gesondert berechnet sind die Verluste der Freiwilligen-Verbände, d. h. der aus Angehörigen fremder Nationen aufgestellten Verbände. Nicht einbezogen sind die Verluste des Wehrmachtsgefolges, der Organisation Todt, des Reichsarbeitsdienstes usw., die bei den Verlusten der Zivilbevölkerung einzurechnen sind.

1 Diese Zusammenstellung wurde von mir der US-Hist.Division bereits Ende 1945 ausgehändigt (sie beruht auf Auszügen aus der letzten Zusammenstellung, welche noch angefertigt wurde); vgl. dazu den II. Teil der „Erläuterungen".

Hinzugekommen sind noch die Verluste vom 1. 2.—9. 5. 1945, d. h. rund 3 Monate. Berechnet nach dem Monatsdurchschnitt im 2. Halbjahr 1944, müssen sie mit rund 150 000 angesetzt werden; doch ist die tatsächliche Zahl bei der Härte der letzten Kämpfe vermutlich höher gewesen. Die Gesamtzahl aller Toten der deutschen Wehrmacht, die statistisch erfaßt wurden, beträgt also vom ersten bis zum letzten Tage des Krieges *rund 2,15*, die der Gefallenen *rund 1,96 Millionen*. Dazu kommen noch die nicht aus der Gefangenschaft zurückkehrenden Vermißten sowie die Verluste der Zivilbevölkerung.

2. Bei den *Verwundeten* ist zu beachten, daß es sich nur um die in den Lazaretten behandelten Fälle handelt. Leichte Verwundungen, die bei der Truppe ausgeheilt wurden, erscheinen also nicht in der Statistik. Da viele Wehrmachtsangehörige im Laufe des Krieges zwei und mehrmals, einzelne sogar zehnmal und mehr verwundet worden sind, ist die Zahl der verwundeten Wehrmachtsangehörigen also wesentlich niedriger als die Zahl der eingetretenen Verwundungen, d. h. 4,42 Millionen. Jedoch sind noch die Verluste vom 1. 2.—9. 5. 1945 hinzuzuzählen. Das wären nach dem Durchschnitt von 1944 rund 0,45 Millionen Verwundungen, zusammen also rund 4,9 Millionen.

Hinzu kommen noch die verwundet in Feindeshand Gefallenen — eine Zahl, die zweifellos in die Hunderttausende gehen wird.

Es fehlt in der Statistik eine Aufschlüsselung nach der Schwere der Verwundung (Voll=, Halb=Invalidität usw., geminderte Arbeitsfähigkeit, völlige Wiederherstellung). Sie erst ließe erkennen, inwieweit der Volkssubstanz durch weit über 4,9 Millionen Verwundungen ein Dauerschaden zugefügt worden ist.

3. Die Zahl der *Vermißten* setzt sich zusammen aus:
a) den Gefallenen, die nicht von der eigenen Truppe bestattet wurden,
b) den in Feindeshand gefallenen Kriegsgefangenen.

Falls sich die Zahl der am 31. 1. 1945 in den Händen der Alliierten sowie der Sowjetunion befindlichen Kriegsgefangenen feststellen ließe, so könnte durch Subtraktion auch die Zahl derjenigen berechnet werden, die noch zu den 1,81 Millionen, die bis zu diesem Tage fielen, hinzugezählt werden müssen. Ferner muß ein entsprechender Zuschlag zu den für die Zeit vom 1. 2.—9. 5. 1945 angenommenen tödlichen Verlusten (150 000 Mann) gemacht werden.[1]

## 1. Menschen

1. *Tote: durch Feindeinwirkung*

a) im *Monatsdurchschnitt* vom 1. 7.—31. 12. 44:

| | | | | |
|---|---|---|---|---|
| *Heer* (Feld= und Ersatzheer, einschließlich Waffen=SS und Freiwilligen=Verbände, letztere in Klammern) | | | 41 903 | (1 262) |
| davon im Osten | 20 611 | (691) | | |
| davon im Westen | 8 294 | (301) | | |
| verstorben an Verwundungen | 7 541 | (112) | | |
| *Kriegsmarine* | | | 1 975 | (47) |
| *Luftwaffe* | | | 4 595 | (245) |
| *Kriegswehrmacht* | | | 48 473 | (1 554) |

b) im *ganzen* vom 1. 9. 39—31. 1. 45, einschließlich der an Verwundungen Gestorbenen (in Klammern: Freiwilligen=Verbände).

1 Über die personelle Lage in den Wirtschaftszweigen und über die unabkömmlich gestellten Kräfte Deutschlands am Ende des Jahres 1944 gibt einen umfassenden Überblick der „Wehrmachtersatzplan 1945" (OKW/WEA, Chefgr., geheim, 211 Blatt), zugänglich gemacht durch den Film: T—77/Rolle 780 (National Archives, Washington).

| | | |
|---|---|---|
| Heer (Feld= und Ersatzheer, einschließlich Waffen=SS und Freiwilligen=Verbände) | | 1 622 561 (60 780) |
| davon im Osten: | 1 105 987 (41 594) | |
| davon im Nordraum: | 16 639 ( 530) | |
| davon im Südwesten: | 50 481 ( 2 053) | |
| davon im Südosten: | 19 235 ( 741) | |
| davon im Westen: | 107 042 ( 4 542) | |
| Ersatzheer: | 10 467 ( 369) | |
| gestorben an Verwundungen: | 295 659 (10 141) | |
| *Kriegsmarine* | | 48 904 ( 2 475) |
| *Luftwaffe* | | 138 596 ( 9 409) |
| *Kriegswehrmacht* zusammen | | 1 810 061 (72 664)[1] |
| *Weitere Todesfälle* (infolge von Krankheit usw., ferner Unfälle, Selbstmord, Todesurteile) vom 1. 1. 39—31. 1. 45: | | 191 338 (10 643) |
| *zusammen:* | | 2 001 399 (83 307) |

2. *Verwundete und Erkrankte durch Feindeinwirkung:*
(in Klammern: Freiwilligen=Verbände)

a) *im Monatsdurchschnitt* vom 1. 7.—31. 12. 44:

| | | |
|---|---|---|
| *Heer* (einschließlich: wie oben) | | 140 973 (3 600) |
| davon im Osten: | 96 676 (2 463) | |
| davon im Westen: | 28 959 ( 769) | |
| *Kriegsmarine* | | (Angaben fehlen) |
| *Luftwaffe* | | 9 347 ( 283) |
| *Kriegswehrmacht* (ohne Kriegsmarine) | | 150 320 (3 883) |

b) im *ganzen* vom 1. 9. 39—31. 1. 45

| | | |
|---|---|---|
| *Heer* (Feld= und Ersatzheer) | | 4 188 037 (108 206) |
| Feldheer (einschl. wie oben) | 4 145 863 (107 265) | |
| davon im Osten: | 3 498 059 ( 89 655) | |
| davon im Nordraum: | 60 451 ( 1 435) | |
| davon im Südwesten: | 163 602 ( 4 464) | |
| davon im Südosten: | 55 069 ( 1 500) | |
| davon im Westen: | 399 856 ( 9 618) | |
| Ersatzheer | 42 174 ( 941) | |
| *Kriegsmarine* | | 25 259 ( 554) |
| *Luftwaffe* | | 216 579 ( 9 367) |
| *Kriegswehrmacht* | | 4 429 875 (118 127) |

1 Im Westen seit 6. 6. 44: vom Heer 66 321 (2 439)
von der Luftwaffe 11 066 (556).

3. *Vermißte:* (in Klammern: Freiwilligen=Verbände)

a) im *Durchschnitt* vom 1. 7.–31. 12. 44

| | | | |
|---|---|---|---|
| *Heer* (einschließlich wie oben) | | 165 170 | (1 779) |
| davon im Osten: | 89 877 (825) | | |
| davon im Westen: | 62 856 (795) | | |
| *Kriegsmarine* | | 12 797 | (154) |
| *Luftwaffe* | | 9 118 | (263) |
| *Kriegswehrmacht* | | 187 085 | (2 196) |

b) im *gesamt* vom 1. 9. 39–31. 1. 45:

| | | | |
|---|---|---|---|
| *Heer* (einschließlich wie oben) | | 1 646 316 | (27 268) |
| davon im Osten: | 1 018 365 (16 572) | | |
| davon im Nordraum: | 5 157 (144) | | |
| davon im Südwesten: | 194 250 (4 758) | | |
| davon im Südosten: | 14 805 (224) | | |
| davon im Westen: | 409 715 (5 535) | | |
| Ersatzheer | 1 337 (18) | | |
| *Kriegsmarine* | | 100 256 | (2 174) |
| *Luftwaffe* | | 156 132 | (7 816) |
| *Kriegswehrmacht* | | 1 902 704 | (57 258) |
| davon nachgewiesen in anglo=amerikanischer Gefangenschaft: | | 322 807 | (12 258) |

*Gesamtverluste der Wehrmacht*
*vom 1. 9. 39–31. 1. 45*

| Tote: | *Zusammen* | *davon: Heer* | *Kriegsmarine* | *Luftwaffe* | *Freiwilligen=Verbände* |
|---|---|---|---|---|---|
| a) durch Feindeinwirkung: | 1 810 061 | 1 622 561 | 48 904 | 138 596 | 72 664 |
| b) Sonstige: | 191 338 | — | — | — | 10 643 |
| Verwundete: | 4 429 875 | 4 188 037 | 25 259 | 216 579 | 118 127 |
| Vermißte: | 1 902 704 | 1 646 316 | 100 256 | 156 132 | 57 258 |
| *Gesamtverluste*[1]: | 8 333 978 | 7 456 914 | 174 419 | 511 307 | 258 692 |

1 Auf diesen Zahlen beruht mein Aufsatz: Die deutschen Verluste im Zweiten Weltkrieg, in der Wochenzeitschrift: „Die Zeit", 27. Oktober 1949, S. 3 (übernommen von der „Süddeutschen Zeitung", 29./30. Oktober 1949, S. 4; etwas abgeändert auf italienisch in dem Deutschland=Heft der Zeitschrift „Italia", Dezember 1949).

Ich bemühte mich damals, die zuständigen Amtsstellen anzutreiben, daß alle durch den Zweiten Weltkrieg verursachten deutschen Menschenverluste (also Wehrmachtsangehörige und Zivilisten, also auch die durch Bomben Getöteten, die in den Konzentrationslagern Gestorbenen, die aus politischen Gründen zum Tode Verurteilten, die auf der Treckbewegung Umgekommenen, die in der Verschleppung Gestorbenen usw.) so genau wie noch möglich festgestellt würden.

## 2. Tiere

*Pferde* (Bestand am 1. 2. 1945):

| | |
|---|---|
| Feldheer | 936 496 |
| Ersatzheer | 123 610 |
| Luftwaffe | 37 072 |
| Kriegsmarine | 1 556 |
| | 1 398 704 [1] |

(dazu noch sogenannte „Panje=Pferde", d. h. kleine, leichte Pferde, wie sie im Osten und Südosten Europas gezogen werden).

## 3. Material

1. *Kraftfahrzeuge:*

a) *Heer* (Bestand am 1. 1. 1945):

| | |
|---|---|
| Gepanzerte Fahrzeuge (Panzer III–VI) | 5 327 |
| Sturmgeschütze | 3 726 |
| Schützenpanzerwagen | 9 490 |
| Krafträder | 76 762 |
| Personenkraftwagen | 137 848 |
| Lastkraftwagen | 262 728 |
| Zugkraftwagen | 11 491 |
| Raupenschlepper Ost | 8 991 |

b) *Luftwaffe* (Bestand am 15. 1. 1945):

| | |
|---|---|
| Krafträder | 18 388 |
| Personenkraftwagen | 28 326 |
| Lastkraftwagen | 68 577 |
| Zugkraftwagen | 1 946 |
| Raupenschlepper Ost | 310 |

c) *Kriegsmarine* (Bestand am 1. 2. 1945):

| | |
|---|---|
| Krafträder | 3 511 |
| Personenkraftwagen | 5 989 |
| Lastkraftwagen | 8 674 |
| Zugkraftwagen | 161 |
| Raupenschlepper Ost | 496 |

(noch zu S. 1511:)
Trotz der Presseresonanz und vielfach bezeigtem Interesse bin ich damals nicht zum Ziel gelangt. Ich habe vor kurzem einen neuen Versuch unternommen, indem ich eine Rede zum Volkstrauertag mit einem entsprechenden Appell eröffnete: Gedenkrede anläßlich des Volkstrauertages 1959 im Opernhaus zu Hannover von Prof. Dr. Percy Ernst Schramm (Göttingen) (10 S.). Ich weiß von den Schwierigkeiten mancherlei Art, die der Verwirklichung gegenüberstehen, hoffe aber, daß eines Tages doch einmal eine Gesamtzahl errechnet wird, die wenigstens annähernd der der tatsächlichen Kriegsopfer nahekommt.

1 Richtig: 1 098 734.

2. *Verluste der Kriegsmarine von Kriegsbeginn bis Ende Januar 1945*[1]*:*

| | |
|---|---|
| Schlachtschiffe | 3 |
| Kreuzer | 4 |
| Zerstörer | 21 |
| Torpedoboote | 43 |
| Unterseeboote | ? (974)[2] |
| Schnellboote | 84 |
| Hilfskreuzer | 7 |
| Räumboote | 100 |
| Minenboote | 213 |
| Unterseeboot=Jäger | 101 |
| Vorpostenboote | 206 |
| Minenschiffe | 12 |
| Sperrbrecher | 45 |
| Sonstige Schiffe | 647 |

3. *Bestand der Luftwaffe am 1. 2. 1945*
(in Klammern Durchschnittsabgang vom 1. 7.—31. 12. 1944):

| | | |
|---|---|---|
| Nahaufklärer | 434 | (94) |
| Fernaufklärer | 276 | (61) |
| Wetter=Aufklärungsstaffel | 34 | (7) |
| See=Aufklärungsstaffel | 95 | (17) |
| Jagd, einschließlich KG. (3) | 3 379 | (1 402) |
| Nachtjagd | 1 241 | (197) |
| Zerstörer | 42 | (25) |
| Schlacht | 1 055 | (226) |

1 Nach neueren Feststellungen betrugen die Verluste bis zum 8. 5. 1945:

| | | | |
|---|---|---|---|
| Schlachtschiffe | 4 | Hilfskreuzer | 9 |
| Schwere Kreuzer | 5 | Minenschiffe | 35 |
| Leichte Kreuzer | 4 | Sperrbrecher | 66 |
| alte Linienschiffe | 2 | Minenräumschiffe | 3 |
| Zerstörer | 27 | Hilfsminensuchboote | 132 |
| Torpedoboote | 68 | U=Jäger | 137 |
| Geleitboote | 27 | Vorpostenboote | 189 |
| Minensuchboote | 106 | Küsten= und Hafenschutzboote | 278 |
| Räumboote | 185 | Sicherungsboote | 86 |
| Schnellboote | 152 | Hilfs=Geleitfahrzeuge | 21 |
| U=Boote | 968 | sonstige Schiffe, Boote und Fahrzeuge | ca. 200 |
| Fährprähme | ca. 525 | | |

Diese Zahlen geben einen vorläufigen Anhalt. Sie enthalten die bis 1960 nament= lich ermittelten Schiffsverluste. Die vorerst abschließenden Zahlen wird das Werk von Erich *Gröner*, Die deutschen Kriegsschiffe von 1815 bis 1945, München (Leh= mann) 1961 [?] enthalten. — Vgl. dazu oben S. 967.

2 In der „Beurteilung a.a.O." (wohl aus Gründen der Geheimhaltung) nur Frage= zeichen; in Klammern die aus Anm. 1 entnommene Zahl.

| | |
|---|---|
| Nachtschlacht | 517 ( 70) |
| Kampf | 701 ( 182) |
| Flieger=Transportverbände | 505 ( 96) |
| Minensuchstaffel | 86 ( 8) |
| *insgesamt:* | 8 365 (1 295[1]) |
| Abholrückstau am 1. 2. 1945: | 1 156 |

4. *Betriebsstoff* (in 1000 Tonnen)

| | Verbrauch (Januar 1945) | Bestand (Januar 1945) |
|---|---|---|
| Flugvergaserkraftstoff | 41,6 | 109,8 |
| Flugsonderkraftstoff J 2 | 3,7 | 47,0 |
| Flugsonderkraftstoff E 1 | 1,7 | 3,1 |
| Flug D K | 6,2 | 8,0 |
| Kfz.=Vergaserkraftstoff | 78,7 | 97,5 |
| Kfz.=Dieselkraftstoff | 34,9 | 96,0 |
| Schiffs=Dieselkraftstoff | 31,0 | 18,7 |
| Heizöl der Kriegsmarine | 56,6 | 322,0 |

## Anlagen

### 1. Ergänzende Statistik über die personellen Verluste des Heeres (auf Grund der Unterlagen des Generalarztes im OKH), betr. 22. Juni 1941 bis 31. März 1945

*Die folgende Statistik beruht auf einer anderen Grundlage wie die vorauf=gehende, da sie einerseits nicht so weit zurückgreift, andererseits zwei Monate weiter reicht. Sie geht auf Unterlagen des Generalarztes im Oberkommando des Heeres zurück und umfaßt daher nicht die Verluste der Kriegsmarine und der Luftwaffe. Die Zahlen der beiden Statistiken decken sich daher in keiner Sparte, aber sie ergänzen sich.*

*Die zweite Statistik beginnt erst am 22. 6. 1941 (Beginn des Rußland=Krie=ges), umfaßt also nicht die Feldzüge gegen Polen, Norwegen, Frankreich—Belgien—Niederlande, Jugoslawien—Griechenland sowie die Verluste in Nord=afrika bis 21. 6. 1941). Andererseits schließt die Statistik noch die Verluste des Feldheeres vom 1. 2.–31. 3. 1945 ein. Es fehlen in ihr also nur die letzten fünf Wochen (1. 4.–9. 5. 1945).*

*Eine Photographie verdanke ich dem Arbeitskreis für Wehrforschung (Dr. Hümmelchen). Ihr liegt die der Organisationsabteilung I zugeleitete Anferti=gung zugrunde.*

*Das Original der benutzten Photographie liegt bei den Beständen der deut=schen Luftwaffe, die in Maxwell (Alabama, USA) verwahrt werden; ob es inzwischen zurückgegeben wurde, ist mir unbekannt.*

*In die Zahlen hat sich der eine oder andere Fehler eingeschlichen (vgl. die Anmerkung).*

1 Richtig: 2385

(Stempel:) Geheime Kommandosache.

*Der Generalarzt*
*im Oberkommando des Heeres*
*GenStdH/GenQu*
Az.: 1335 O (II b)
KR.: H.A./224/45 g.Kdos.

(Stempel betr.
Eingang bei
Gruppe I)

*HQu/OKH, den 5. April 1945*
19 Ausfertigungen
7. Ausfertigung
(Stempel betr. Eingang bei
GenStdH/Org.=Abt.)

## Personelle Verluste des Feldheeres vom 22. Juni 1941 bis 31. März 1945

*Osten:*

| Armee=Ober=kommandos: | Gefallen | | Verwundet | | Vermißt | | Gesamt | |
|---|---|---|---|---|---|---|---|---|
| | Gesamt | davon Offz.e | Gesamt | davon Offz.e | Gesamt | davon Offz.e | Gesamt | davon Offz.e |
| 2. Pz.=Armee | 2 038 | 61 | 10 648 | 248 | 754 | 79 | 13 450 | 322 |
| 6. Armee | 10 691 | 321 | 45 121 | 1 295 | 56 471 | 146 | 112 283 | 1 762 |
| 6. SS=Pz.=Armee | 1 313 | 40 | 6 529 | 192 | 779 | 6 | 8 621 | 238 |
| 8. Armee | 45 340 | 1 585 | 189 843 | 4 922 | 27 245 | 293 | 262 428 | 6 800 |
| 1. Pz.=Armee | 95 665 | 3 546 | 382 633 | 10 509 | 100 358 | 1 020 | 578 676 | 15 075 |
| 17. Armee | 60 091 | 1 883 | 260 432 | 5 894 | 70 153 | 916 | 390 676 | 8 693 |
| 4. Pz.=Armee | 76 005 | 2 886 | 308 007 | 9 819 | 68 945 | 1 236 | 452 957 | 12 941 |
| 9. Armee | 86 329 | 2 937 | 329 586 | 8 679 | 106 701 | 718 | 522 616 | 12 334 |
| 3. Pz.=Armee | 3 240 | 115 | 14 326 | 420 | 5 888 | 38 | 23 454 | 573 |
| 2. Armee | 66 573 | 2 300 | 270 819 | 7 125 | 50 087 | 655 | 387 479 | 10 179 |
| 4. Armee | 103 264 | 3 330 | 403 191 | 10 087 | 160 741 | 3 598 | 667 696 | 17 015 |
| Samland | 46 545 | 1 415 | 195 348 | 4 483 | 95 497 | 501 | 337 390 | 6 399 |
| 18. Armee | 101 530 | 2 898 | 418 249 | 8 883 | 45 883 | 563 | 563 662 | 12 344 |
| 16. Armee | 96 084 | 2 858 | 374 305 | 8 777 | 30 486 | 414 | 506 875 | 12 049 |
| Sonstige | 7 030 | 192 | 16 220 | 342 | 9 043 | 722 | 32 293 | 656 |
| Verschiedene | 183 078 | 6 216 | 682 495 | 18 057 | 446 244 | 11 022 | 1 311 817 | 35 295 |
| Gesamt | 985 316 | 32 682 | 3 905 772[1] | 98 726 | 1 281 285 | 21 267 | 6 172 373 | 152 675 |

| | | | | | | | | |
|---|---|---|---|---|---|---|---|---|
| Geb.=AOK 20 | 16 369 | 513 | 60 413 | 1 430 | 6 851 | 142 | 83 633 | 2 085 |
| Wehrm.=Befh. Dänemark | 22 | 2 | 96 | 5 | 1 | — | 119 | 7 |
| Gesamt | 16 391 | 515 | 60 509 | 1435 | 6 852 | 142 | 83 752 | 2 092 |

*OB West:*

| | | | | | | | | |
|---|---|---|---|---|---|---|---|---|
| 25. Armee | 276 | 5 | 821 | 17 | 801 | 6 | 1 898 | 28 |
| 1. Fsch.=Jg.= Armee | 4 493 | 112 | 15 438 | 290 | 35 256 | 403 | 55 247 | 805 |
| 15. Armee | 11 349 | 412 | 36 208 | 931 | 93 856 | 1 019 | 141 413 | 2 362 |
| 5. Pz.=Armee | 16 141 | 574 | 55 067 | 1 445 | 83 407 | 979 | 154 615 | 2 998 |
| 7. Armee | 20 362 | 770 | 63 234 | 1 791 | 133 527 | 2 095 | 217 117 | 4 656 |
| 1. Armee | 13 505 | 567 | 47 058 | 1 471 | 67 773 | 1 022 | 121 736 | 3 060 |
| 19. Armee | 8 632 | 182 | 26 171 | 739 | 72 758 | 1 027 | 109 561 | 2 048 |
| Sonstige | 1 870 | 77 | 4 449 | 116 | 7 796 | 53 | 8 115 | 246 |
| 6. Pz.=Armee | 4 091 | 153 | 14 589 | 429 | 6 887 | 159 | 25 661 | 741 |
| Gesamt | 80 719 | 2 552 | 265 195 | 7 229 | 489 449 | 6 763 | 835 363 | 16 944 |

1 Die richtige Addition ergibt 3 907 752.

*OB Südwest:*

| Armee-Ober-kommandos: | Gefallen | | Verwundet | | Vermißt | | Gesamt | |
|---|---|---|---|---|---|---|---|---|
| | Gesamt | davon Offz.e | Gesamt | davon Offz.e | Gesamt | davon Offz.e | Gesamt | davon Offz.e |
| Ligurien | 76 | 5 | 204 | 13 | 70 | 2 | 350 | 20 |
| 14. Armee | 17 145 | 544 | 59 195 | 1 332 | 45 734 | 644 | 121 074 | 2 520 |
| 10. Armee | 20 550 | 1 074 | 106 174 | 375 | 161 736 | 4 672 | 296 460 | 8 821 |
| Sonstige | 1 034 | 42 | 2 998 | 81 | 699 | 8 | 4 731 | 131 |
| Gesamt[1] | 46 805 | 1 665 | 168 571 | 4 501 | 208 239 | 5 326 | 423 615 | 11 492 |

*OB Südost:*

| | | | | | | | | |
|---|---|---|---|---|---|---|---|---|
| Heeresgr. E | 11 489 | 306 | 34 827 | 804 | 11 561 | 144 | 57 877 | 1 254 |
| Sonstige | 8 787 | 288 | 28 271 | 781 | 10 285 | 149 | 47 343 | 1 218 |
| Gesamt | 20 276 | 594 | 63 098 | 1 585 | 21 846 | 293 | 105 220 | 2 472 |

| | | | | | | | | |
|---|---|---|---|---|---|---|---|---|
| Insgesamt | 1 149 507 | 38 408 | 4 463 145 | 113 476 | 2 007 671 | 33 791 | 7 620 323 | 185 675 |

*Verteiler:*

1. Ausfertigung Chef GenStdH
2. Ausfertigung GenQu
3. Ausfertigung Abteilung I
4. u. 5. Ausfertigung H.-P. und 1. Staffel
6. u. 7. Ausfertigung Org.-Abt. I
8. Ausfertigung Op.-Abt. III
9. Ausfertigung Fremde Heere-Ost
10.–14. Ausfertigung Heeressanitätsinspektion
15. Ausfertigung Kriegsverwaltung
16. Ausfertigung Heeresamt
17. Ausfertigung Heeresarzt/I b
18. Ausfertigung KTB
19. Ausfertigung Entwurf

I. A.

Unterschrift: Dr. Wolter (?)

darunter Paraphe: K.

Oberstarzt und Gruppenleiter

**2. Die Auswirkungen des Bombenkrieges auf Gebäude und Wohnraum**

*Es folgen drei Zusammenstellungen über den Umfang der Gebäudeschäden vom*

*1. 11. 1943: 324 331 Gebäude,*
*1. 4. 1944: 444 928 Gebäude,*
*1. 1. 1945: 595 514 Gebäude.*

*Die letzte Zahl war in Wirklichkeit höher. Der diesen Stichtag betreffenden Statistik (bezeichnet: „Anlage 2") ist am Schluß der Vermerk angefügt: „Zu laufender Nummer 1–6, 9–14, 25–34, 36, 39, 49, 51, 53, 54, 56, 60, 65–70 sind infolge Ausbleibens der Berichte die Zahlen nach dem Stande vom 1. 4.*

1 In diesen oder in den voraufgehenden Zahlen kleine Fehler.

*1944 eingetragen worden, so daß der Gesamtschaden erheblich höher sein dürfte."*

*Die Zahl am Ende des Bombenkrieges (9. 5. 1945) liegt natürlich noch höher. Sie läßt sich von der Nachkriegszeit aus erfassen; doch ist zu beachten, daß die Kriegsstatistiken von den Grenzen des „Großdeutschen Reiches" ausgehen.*

*Für die Geschichte des II. Weltkrieges ist festzuhalten, daß die Gebäudeschäden sich in den 18 Monaten vom 1. 11. 1943 bis Ende des Krieges gegenüber den bis dahin registrierten Schäden zum mindesten verdoppelt haben.*

*Diese Statistiken werden ergänzt durch eine Zusammenstellung vom 1. 4. 1944 („Auszugsweise Abschrift" ohne Nummer), in der — gleichfalls auf der „großdeutschen" Grundlage — die Zahlen der zerstörten Wohnungen namhaft gemacht sind. Sie beträgt mehr als das Dreieinhalbfache der zerstörten Gebäude.*

*Photographien aller vier Statistiken verdanke ich dem Bundesarchiv in Koblenz.*

Der Reichsminister des Innern
II a 14 784/241 geh.

*a) Übersicht*
*über den Umfang der Gebäudeschäden und der Umquartierungen nach dem Stand vom 1. November 1943*

| Lfd.Nr. | Höhere Feststellungsbehörde | Zahl der bis zum 1. 11. 1943 zerstörten, schwer beschädigten und noch nicht wieder aufgebauten oder instandgesetzten Wohngebäude | | Zahl der infolge von Umquartierung aus anderen Kreisen umquartierten Personen | |
|---|---|---|---|---|---|
| 1 | Königsberg (Pr.) | 13 | | 54 225 | |
| 2 | Gumbinnen | 262 | | 52 628 | |
| 3 | Allenstein | 6 | | 46 531 | |
| 4 | Zichenau | 2 427 | | 2 907 | |
| | Provinz Ostpreußen | | = 2 708 | | = 156 291 |
| 5 | Potsdam | 4 974 | | 179 538 | |
| 6 | Frankfurt/Oder | — | | 114 133 | |
| 7 | Berlin | 7 125 | | 1 300 | |
| | Brandenburg einschl. Berlin | | = 12 099 | | = 294 971 |
| 8 | Stettin | 828 | | 6 753 | |
| 9 | Köslin | — | | 77 100 | |
| 10 | Schneidemühl | 1 | | 62 477 | |
| | Pommern | | = 829 | | = 146 330 |
| 11 | Oppeln | 63 | | 20 816 | |
| 12 | Kattowitz | — | | 6 810 | |
| | Provinz Oberschlesien | | = 63 | | = 27 626 |
| 13 | Breslau | — | | 50 982 | |
| 14 | Liegnitz | — | | 57 188 | |
| | Provinz Niederschlesien | | = — | | = 108 170 |

| Lfd.Nr. | Höhere Feststellungsbehörde | Zahl der bis zum 1. 11. 1943 zerstörten, schwer beschädigten und noch nicht wieder aufgebauten oder instandgesetzten Wohngebäude | | Zahl der infolge von Umquartierung aus anderen Kreisen umquartierten Personen | |
|---|---|---|---|---|---|
| 15 | Magdeburg | 49 | | 52 575 | |
| 16 | Merseburg | 21 | | 22 829 | |
| 17 | Erfurt | 3 | | 49 700 | |
| | Provinz Sachsen | | = 73 | | = 125 104 |
| 18 | Schleswig | 5 856 | = 5 856 | 118 163 | = 118 163 |
| 19 | Hannover | 8 389 | | 56 796 | |
| 20 | Hildesheim | 129 | | 92 987 | |
| 21 | Lüneburg | 218 | | 53 237 | |
| 22 | Stade | 204 | | 21 047 | |
| 23 | Osnabrück | 686 | | 11 035 | |
| 24 | Aurich | 1 676 | | 3 745 | |
| | Provinz Hannover | | = 11 302 | | = 238 847 |
| 25 | Münster | 5 533 | | 48 057 | |
| 26 | Minden | 96 | | 71 209 | |
| 27 | Arnsberg | 22 355 | | 75 126 | |
| | Provinz Westfalen | | = 27 984 | | = 194 392 |
| 28 | Kassel | 11 712 | | 118 621 | |
| 29 | Wiesbaden | 2 462 | | 45 195 | |
| | Hessen=Nassau | | = 14 174 | | = 163 816 |
| 30 | Koblenz | 103 | | 43 143 | |
| 31 | Düsseldorf | 93 947 | | 36 746 | |
| 32 | Köln | 30 169 | | 40 295 | |
| 33 | Trier | 1 989 | | 13 369 | |
| 34 | Aachen | 3 913 | | 35 045 | |
| 35 | Sigmaringen | — | | 5 983 | |
| | Rheinprovinz | | = 130 121 | | = 174 581 |
| 36 | Reg.=Präs. München | 4 458 | | 117 846 | |
| 37 | „ Regensburg | 16 | | 68 669 | |
| 38 | „ Ansbach | 4 851 | | 80 377 | |
| 39 | „ Würzburg | 433 | | 55 033 | |
| 40 | „ Augsburg | 36 | | 60 000 | |
| | Bayern | | = 9 794 | | = 381 925 |
| 41 | Dresden, Reichsstatthalter | 221 | | 125 626 | |
| 42 | Württemberg | 4 132 | | 151 989 | |
| 43 | Baden | 11 093 | | 178 290 | |
| 44 | Mecklenburg | 2 713 | | 75 336 | |
| 45 | Oldenburg | 3 362 | | 7 085 | |
| 46 | Braunschweig | 125 | | 33 061 | |
| 47 | Bremen | 13 055 | | — | |
| 48 | Schaumburg=Lippe | 3 | | 7 454 | |
| 49 | Westmark | 11 336 | | 37 026 | |
| 50 | Thüringen | 9 | | 112 124 | |
| 51 | Hessen | 2 145 | | 54 729 | |
| 52 | Hamburg | 58 500 | | — | |
| 53 | Braunschweig und Anhalt | 10 | | 7 629 | |
| 54 | Lippe und Schaumburg=Lippe | 15 | | 21 575 | |
| | Länder ohne Bayern | | = 106 719 | | = 811 924 |

| | | | | | |
|---|---|---|---|---|---|
| 55 | Reichsstatth. Wien | — | | — | |
| 56 | „ Kärnten | — | | 10 457 | |
| 57 | „ Niederdonau | 117 | | 30 429 | |
| 58 | „ Oberdonau | — | | 22 795 | |
| 59 | „ Salzburg | 5 | | 7 751 | |
| 60 | „ Steiermark | 3 | | 14 773 | |
| 61 | „ Tirol | 7 | | 11 448 | |
| | Alpen= und Donau=Reichsgaue | | = 132 | | = 97 653 |
| 62 | Reg.=Präs. Aussig | — | | 27 739 | |
| 63 | „ Karlsbad | 24 | | 12 259 | |
| 64 | „ Troppau | — | | 11 234 | |
| | Sudetengau | | = 24 | | = 51 232 |
| 65 | Reg.=Präs. Danzig | 242 | | 14 721 | |
| 66 | „ Marienwerder | 315 | | 12 148 | |
| 67 | „ Bromberg | 255 | | 11 226 | |
| | Danzig=Westpreußen | | = 812 | | = 38 095 |
| 68 | Reg.=Präs. Posen | 54 | | 34 855 | |
| 69 | „ Hohensalza | 838 | | 9 560 | |
| 70 | „ Litzmannstadt | 769 | | 11 316 | |
| | Warthegau | | = 1 661 | | = 55 731 |
| | Insgesamt | | = 324 351 | | = 3 184 851 |

## *b) Übersicht über den Umfang der Gebäudeschäden nach dem Stande vom 1. April 1944*[1]

| 1 | 2 | 3 | | | |
|---|---|---|---|---|---|
| Lfd.Nr. | Höhere Feststellungsbehörde | Es sind zerstört oder schwer beschädigt und noch nicht wieder aufgebaut oder instand gesetzt | | | |
| | | Wohngebäude | gewerbl. Gebäude | öffentl. Gebäude | insgesamt |
| 1 | Königsberg/Pr. | 10 | | 1 | 11 |
| 2 | Gumbinnen | 121 | 7 | | 128 |
| 3 | Allenstein | 7 | | | 7 |
| 4 | Zichenau | 2 405 | 20 | 2 | 2 427 |
| | Provinz Ostpreußen | 2 543 | 27 | 3 | 2 57 |
| 5 | Potsdam | 9 824 | 764 | 65 | 10 653 |
| 6 | Frankfurt/Oder | 28 | 12 | 1 | 41 |
| 7 | Berlin | 30 612 | 2 305 | 1 208 | 34 128 |
| | Brandenburg einschl. Berlin | 40 464 | 3 084 | 1 274 | 44 82 |

1 Die Rubrik dieser Zusammenstellung, in der die Zahlen der bei den Feststellungs=behörden beschäftigten Kräfte vermerkt sind, ist hier als unwesentlich weggelas=sen worden.

| 1 | 2 | 3 | | | | | | | |
|---|---|---|---|---|---|---|---|---|---|
| Lfd.Nr. | Höhere Feststellungsbehörde | Es sind zerstört oder schwer beschädigt und noch nicht wieder aufgebaut oder instand gesetzt | | | | | | | |
| | | Wohngebäude | | gewerbl. Gebäude | | öffentl. Gebäude | | insgesamt | |
| 8 | Stettin | 2 720 | | 1 757 | | 72 | | 4 549 | |
| 9 | Köslin | | | 2 | | | | 2 | |
| 10 | Schneidemühl | 1 | | | | | | 1 | |
| | Pommern | | 2 721 | | 1 759 | | 72 | | 4 552 |
| 11 | Oppeln | 326 | | 1 892 | | — | | 2 218 | |
| 12 | Kattowitz | 190 | | 5 | | 1 | | 196 | |
| | Provinz Oberschlesien | | 516 | | 1 897 | | 1 | | 2 414 |
| 13 | Breslau | | | | | | | | |
| 14 | Liegnitz | 2 | | | | | | 2 | |
| | Provinz Niederschlesien | | 2 | | | | | | 2 |
| 15 | Magdeburg | 838 | | 767 | | 31 | | 1 636 | |
| 16 | Merseburg | 43 | | 112 | | 1 | | 156 | |
| 17 | Erfurt | 139 | | 41 | | 5 | | 185 | |
| | Provinz Sachsen | | 1 020 | | 920 | | 37 | | 1 977 |
| 18 | Schleswig | 7 631 | 7 631 | 609 | 609 | 161 | 161 | 8 401 | 8 401 |
| 19 | Hannover | 8 207 | | 5 488 | | 138 | | 13 833 | |
| 20 | Hildesheim | 43 | | 34 | | | | 77 | |
| 21 | Lüneburg | 254 | | 37 | | 1 | | 292 | |
| 22 | Stade | 229 | | 12 | | 5 | | 246 | |
| 23 | Osnabrück | 1 510 | | 118 | | 26 | | 1 654 | |
| 24 | Aurich | 1 995 | | 421 | | 47 | | 2 463 | |
| | Provinz Hannover | | 12 238 | | 6 110 | | 217 | | 18 565 |
| 25 | Münster | 6 501 | | 600 | | 137 | | 7 238 | |
| 26 | Minden | 310 | | 61 | | 4 | | 375 | |
| 27 | Arnsberg | 15 557 | | 1 222 | | 418 | | 17 197 | |
| | Provinz Westfalen | | 22 368 | | 1 883 | | 559 | | 24 810 |
| 28 | Kassel | 8 293 | | 735 | | 66 | | 9 094 | |
| 29 | Wiesbaden | 15 556 | | 4 098 | | 704 | | 20 358 | |
| | Hessen-Nassau | | 23 849 | | 4 833 | | 770 | | 29 452 |
| 30 | Koblenz | 82 | | 39 | | 2 | | 123 | |
| 31 | Düsseldorf | 106 248 | | 14 663 | | 1 289 | | 122 200 | |
| 32 | Köln | 27 904 | | 2 481 | | 569 | | 30 954 | |
| 33 | Trier | 1 899 | | 22 | | 11 | | 1 932 | |
| 34 | Aachen | 4 155 | | 442 | | 288 | | 4 885 | |
| 35 | Sigmaringen | | | | | | | | |
| | Rheinprovinz | | 140 288 | | 17 647 | | 2 159 | | 160 094 |
| 36 | Reg.-Präs. München | 2 626 | | 33 | | 137 | | 2 796 | |
| 37 | Reg.-Präs. Regensburg | 24 | | 21 | | 1 | | 46 | |
| 38 | Reg.-Präs. Ansbach | 5 330 | | 1 376 | | 223 | | 6 929 | |
| 39 | Reg.-Präs. Würzburg | 1 958 | | 792 | | 66 | | 2 816 | |
| 40 | Reg.-Präs. Augsburg | 4 575 | | 440 | | 92 | | 5 107 | |
| | Bayern | | 14 513 | | 2 662 | | 519 | | 17 694 |

| 1 | 2 | 3 | | | |
|---|---|---|---|---|---|
| Lfd.Nr. | Höhere Feststellungsbehörde | Es sind zerstört oder schwer beschädigt und noch nicht wieder aufgebaut oder instand gesetzt | | | |
| | | Wohngebäude | gewerbl. Gebäude | öffentl. Gebäude | insgesamt |
| 41 | Dresden, Reichsstatthalter | 5 922 | 1 485 | 260 | 7 667 |
| 42 | Württemberg | 9 877 | 3 646 | 554 | 14 077 |
| 43 | Baden | 8 860 | 5 188 | 180 | 14 228 |
| 44 | Mecklenburg | 2 401 | 479 | 64 | 2 944 |
| 45 | Oldenburg | 2 927 | 259 | 21 | 3 207 |
| 46 | Braunschweig | 2 305 | 1 100 | 65 | 3 470 |
| 47 | Bremen | 12 840 | 4 280 | — | 17 120 |
| 48 | Schaumburg=Lippe | 5 | 1 | | 6 |
| 49 | Westmark | 11 374 | 1 802 | 144 | 13 320 |
| 50 | Thüringen | 40 | 25 | 3 | 68 |
| 51 | Hessen | 4 271 | 819 | 118 | 5 208 |
| 52 | Hamburg | 40 429 | 4 163 | 631 | 45 223 |
| 53 | Braunschweig u. Anhalt | 9 | 3 | | 12 |
| 54 | Lippe u. Schaumburg=Lippe | 7 | 2 | | 9 |
| | Länder ohne Bayern | 101 267 | 23 252 | 2 040 | 126 559 |
| 55 | Reichsstatth. Wien | 3 | 1 | | 4 |
| 56 | Reichsstatth. Kärnten | 141 | 32 | 5 | 178 |
| 57 | Reichsstatth. Niederdonau | 97 | 18 | 14 | 129 |
| 58 | Reichsstatth. Oberdonau | 99 | 46 | 2 | 147 |
| 59 | Reichsstatth. Salzburg | 1 | | | 1 |
| 60 | Reichsstatth. Steiermark | 53 | 9 | 1 | 63 |
| 61 | Reichsstatth. Tirol | 126 | 48 | 18 | 192 |
| | Alpen= und Donau= Reichsgaue | 520 | 154 | 40 | 714 |
| | Übertrag: | 369 940 | 64 837 | 7 852 | 442 629 |
| 62 | Reg.=Präs. Aussig | | | | |
| 63 | Reg.=Präs. Karlsbad | 24 | 3 | | 27 |
| 64 | Reg.=Präs. Troppau | | | | |
| | Sudetengau | 24 | 3 | | 27 |
| 65 | Reg.=Präs. Danzig | 242 | | | 242 |
| 66 | Reg.=Präs. Marienwerder | 2 | 4 | | 6 |
| 67 | Reg.=Präs. Bromberg | 241 | 13 | 5 | 259 |
| | Danzig=Westpreußen | 485 | 17 | 5 | 507 |
| 68 | Reg.=Präs. Posen | 49 | | 2 | 51 |
| 69 | Reg.=Präs. Hohensalza | 485 | 288 | 1 | 774 |
| 70 | Reg.=Präs. Litzmannstadt | 940 | | | 940 |
| | Warthegau | 1 474 | 288 | 3 | 1 765 |
| | Insgesamt: | 371 923 | 65 145 | 7 860 | 444 928 |

## c) *Teilübersicht*
## *über die Kriegsschäden an Gebäuden nach dem Stand vom 1. Januar 1945*

*(Der Zusatz über die Unvollständigkeit bereits S. 1516 f.).*

| Ldf. Nr. | Höhere Feststellungsbehörde | Am 1. 1. 1945 waren zerstört oder schwer beschädigt und noch nicht wieder aufgebaut oder instandgesetzt | | | | Stand vom 1. 4. 1944 | Mithin Zunahme |
|---|---|---|---|---|---|---|---|
| | | Wohn-Gebäude | gewerbl. Gebäude | öffentl. Gebäude | insgesamt | insgesamt | um |
| 1 | Königsberg/Pr. | 10 | — | 1 | 11 | 11 | — |
| 2 | Gumbinnen | 121 | 7 | — | 128 | 128 | — |
| 3 | Allenstein | 7 | — | — | 7 | 7 | — |
| 4 | Zichenau | 2 405 | 20 | 2 | 2 427 | 2 427 | — |
| 5 | Potsdam | 9 824 | 764 | 65 | 10 653 | 10 653 | — |
| 6 | Frankfurt/Oder | 28 | 12 | 1 | 41 | 41 | — |
| 7 | Berlin | 42 719 | 3 581 | 2 482 | 48 782 | 34 128 | 14 654 |
| 8 | Stettin | 6 422 | 2 548 | 217 | 9 187 | 4 549 | 4 638 |
| 9 | Köslin | — | 2 | — | 2 | 2 | — |
| 10 | Schneidemühl | 1 | — | — | 1 | 1 | — |
| 11 | Oppeln | 326 | 1 892 | — | 2 218 | 2 217 | — |
| 12 | Kattowitz | 190 | 5 | 1 | 196 | 196 | — |
| 13 | Breslau | — | — | — | — | — | — |
| 14 | Liegnitz | 2 | — | — | 2 | 2 | — |
| 15 | Magdeburg | 2 609 | 957 | 116 | 3 682 | 1 636 | 2 046 |
| 16 | Merseburg | 4 202 | 1 523 | 75 | 5 800 | 156 | 5 644 |
| 17 | Erfurt | 293 | 69 | 13 | 375 | 185 | 190 |
| 18 | Schleswig | 13 618 | 1 134 | 235 | 14 987 | 8 401 | 6 586 |
| 19 | Hannover | 12 041 | 5 373 | 204 | 17 618 | 13 833 | 3 785 |
| 20 | Hildesheim | 166 | 56 | 5 | 227 | 77 | 150 |
| 21 | Lüneburg | 1 271 | 417 | 8 | 1 696 | 292 | 1 404 |
| 22 | Stade | 2 915 | 423 | 48 | 3 386 | 246 | 3 140 |
| 23 | Osnabrück | 6 778 | 577 | 84 | 7 439 | 1 654 | 5 785 |
| 24 | Aurich | 3 891 | 224 | 37 | 4 152 | 2 463 | 1 689 |
| 25 | Münster [1] | 6 501 | 600 | 137 | 7 238 | 7 238 | — |
| 26 | Minden [1] | 310 | 61 | 4 | 375 | 275 | — |
| 27 | Arnsberg [1] | 15 557 | 1 222 | 418 | 17 197 | 17 197 | — |
| 28 | Kassel [1] | 8 293 | 735 | 66 | 9 094 | 9 094 | — |
| 29 | Wiesbaden [1] | 15 556 | 4 098 | 704 | 20 358 | 20 358 | — |
| 30 | Koblenz [1] | 82 | 39 | 2 | 123 | 123 | — |
| 31 | Düsseldorf [1] | 106 248 | 14 663 | 1 289 | 122 200 | 122 200 | — |
| 32 | Köln [1] | 27 904 | 2 481 | 569 | 30 954 | 30 954 | — |
| 33 | Trier [1] | 1 899 | 22 | 11 | 1 932 | 1 932 | — |
| 34 | Aachen [1] | 4 155 | 442 | 288 | 4 885 | 4 885 | — |
| 35 | Sigmaringen | 5 | — | — | 5 | — | 5 |
| 36 | Reg.-Präs. „ München [1] | 2 626 | 33 | 137 | 2 796 | 2 796 | — |
| 37 | „ Regensburg | 476 | 54 | 15 | 545 | 46 | 499 |
| 38 | „ Ansbach | 7 586 | 1 537 | 233 | 9 356 | 6 929 | 2 427 |
| 39 | „ Würzburg | 1 958 | 792 | 66 | 2 816 | 2 816 | — |

1 „Nicht vollständig" (so wohl auch bei Nr. 1—3 zuzusetzen).

| | | | | | | | |
|---|---|---|---|---|---|---|---|
| 40 | Reg.=Präs. Augsburg | 4 303 | 616 | 103 | 5 022 | 5 022 | — |
| 41 | Dresden Reichssth. | 4 741 | 1 705 | 249 | 6 695 | 7 667 | 972 |
| 42 | Württemberg | 26 193 | 8 815 | 1 380 | 36 388 | 14 077 | 22 311 |
| 43 | Baden [1] | 31 513 | 5 706 | 446 | 37 665 | 14 228 | 23 437 |
| 44 | Mecklenburg | 3 335 | 501 | 82 | 3 918 | 2 944 | 974 |
| 45 | Oldenburg | 4 825 | 603 | 63 | 5 491 | 3 207 | 2 284 |
| 46 | Braunschweig | 7 156 | 1 811 | 175 | 9 142 | 3 470 | 5 672 |
| 47 | Bremen | 39 911 | 4 495 | — [2] | 44 406 | 17 120 | 27 286 |
| 48 | Schaumb.=Lippe | 12 | 2 | — | 14 | 6 | 8 |
| 49 | Westmark | 11 374 | 1 802 | 144 | 13 320 | 13 320 | — |
| 50 | Thüringen | 1 076 | 250 | 20 | 1 346 | 68 | 1 278 |
| 51 | Hessen | 4 271 | 819 | 118 | 5 208 | 5 208 | — |
| 52 | Hamburg | 46 194 | 6 400 | 822 | 53 416 | 45 223 | 8 193 |
| 53 | Braunschweig und Anhalt | 9 | 3 | — | 12 | 12 | — |
| 54 | Lippe u. Schaum=burg=Lippe | 7 | 7 | — | 9 | 9 | — |
| 55 | Reichssth. Wien | 5 500 | 300 | 160 | 5 960 | 4 | 5 956 |
| 56 | „ Kärnten | 141 | 32 | 5 | 178 | 178 | — |
| 57 | „ Niederdonau | 1 401 | 187 | 39 | 1 627 | 129 | 1 498 |
| 58 | „ Oberdonau | 1 376 | 42 | 16 | 1 434 | 147 | 1 287 |
| 59 | „ Salzburg | 791 | 103 | 41 | 935 | 1 | 934 |
| 60 | „ Steiermark | 53 | 9 | 1 | 63 | 63 | — |
| 61 | „ Tirol | 335 | 23 | 16 | 374 | 192 | 182 |
| 62 | Reg.=Präs. Aussig | 589 | 240 | 2 | 831 | — | 831 |
| 63 | „ Karlsbad | 104 | 14 | 2 | 120 | 27 | 93 |
| 64 | „ Troppau | 56 [3] | — | — | 56 | — | 56 |
| 65 | „ Danzig | 242 | — | — | 242 | 242 | — |
| 66 | „ Marienwerder | 2 | 4 | — | 6 | 6 | — |
| 67 | „ Bromberg | 241 | 13 | 5 | 259 | 259 | — |
| 68 | „ Posen | 49 | — | 2 | 51 | 51 | — |
| 69 | „ Hohensalza | 485 | 288 | 1 | 774 | 774 | — |
| 70 | „ Litzmannstadt | 940 | — | — | 940 | 940 | — |
| | Reich insgesamt | 506 220 | 81 148 | 11 425 | 598 793 | 444 928 | 153 865 |
| 71 | Landespräs. Brünn | 986 | 105 | 64 | 1 155 | — | 1 155 |
| 72 | „ Prag | 530 | 58 | 13 | 601 | — | 601 |
| | | 507 736 | 81 311 | 11 502 | 600 549 | 444 928 | 155 621 |

*Die auf die Unvollständigkeit hinweisende Schlußnotiz ist bereits oben S. 1516 f. abgedruckt.*

1 „Nicht vollständig".
2 Mitgezählt in der voraufgehenden Rubrik.
3 d. h. sowohl gewerbliche als auch öffentliche Gebäude.

## d) *Übersicht*

*über die Zahl der durch Fliegerangriffe in der Zeit von Kriegsbeginn bis zum 1. April 1944 zerstörten Wohnungen*[1]

Aufgestellt durch den Reichskommissar auf Grund von Berichten der Gau-Wohnungskommissare.

| Lfd. Nr. | Gaue | Zahl der durch Fliegerangriffe zerstörten Wohnungen von Kriegsbeginn bis 1. 4. 1944 |
|---|---|---|
| 1 | Baden | 44 177 |
| 2 | Bayreuth | 34 |
| 3 | Berlin | 308 400 |
| 4 | Danzig-Westpreußen | 266 |
| 5 | Düsseldorf | 214 613 |
| 6 | Essen | 184 890 |
| 7 | Franken | 11 037 |
| 8 | Halle-Merseburg | 21 |
| 9 | Hamburg | 242 778 |
| 10 | Hessen-Nassau | 98 300 |
| 11 | Kärnten | 674 |
| 12 | Köln-Aachen | 186 427 |
| 13 | Kurhessen | 34 821 |
| 14 | Magdeburg-Anhalt | 2 236 |
| 15 | Mainfranken | 1 977 |
| 16 | Mark Brandenburg | 5 371 |
| 17 | Mecklenburg | 8 330 |
| 18 | Moselland | 168 |
| 19 | München—Oberbayern | 11 280 |
| 20 | Niederdonau | 200 |
| 21 | Niederschlesien | — |
| 22 | Oberdonau | 340 |
| 23 | Oberschlesien | — |
| 24 | Osthannover | 567 |
| 25 | Ostpreußen | 954 |
| 26 | Pommern | 12 996 |
| 27 | Sachsen | 31 123 |
| 28 | Salzburg | — |
| 29 | Schleswig-Holstein | 25 415 |
| 30 | Schwaben | 17 281 |
| 31 | Steiermark | 127 |
| 32 | Südhannover—Braunschweig | 4 712 |
| 33 | Sudetenland | 72 |
| 34 | Thüringen | 50 |
| 35 | Tirol—Vorarlberg | 639 |
| 36 | Wartheland | 22 |
| 37 | Weser-Ems | 40 475 |
| 38 | Westfalen-Nord | 10 474 |
| 39 | Westfalen-Süd | 88 757 |
| 40 | Westmark | 18 310 |
| 41 | Wien | — |
| 42 | Württemberg-Hohenzollern | 21 760 |
| | zusammen | 1 630 074 |

1 Den zerstörten Wohnungen waren die Wohnungen gleichzustellen, die so schwer beschädigt waren, daß mit ihrem Ausfall bis zum Ende des Krieges zu rechnen war.

# 4. Abschnitt
# Ausgewählte Dokumente zur Geschichte des II. Weltkrieges in den Jahren 1944/45

Inhalt des 4. Abschnitts

A. Weisungen, Befehle, Aufzeichnungen usw. der Obersten deutschen Führung (Ende 1943 – April 1945)

## B. Auszüge aus den „Niederschriften über Teilnahme des Oberbefehlshabers der Kriegsmarine an den Führerlagen" von der Invasion (6. Juni 1944) bis zur letzten Lagebesprechung, an der er teilnahm (18. April 1945)



## C. Auszüge aus den (nur fragmentarisch erhaltenen) Stenogrammen der „Lage-besprechungen (bzw. Einzelbesprechungen) beim Führer" von der Invasion (6. Juni 1944) bis zum 23. März 1945 (letztes erhaltenes Stenogramm)



## D. Dokumente, Befehle, Kapitulationsurkunden usw. aus dem letzten Vierteljahr des Krieges (11./12. Februar: Konferenz in Jalta — 9. Mai: Einstellung des Kampfes)

## Anhänge: Aufzeichnungen über Hitler, vornehmlich über seine Einstellung und Auswirkung als Oberster Befehlshaber der Wehrmacht, aus der Zeit kurz vor der Katastrophe und nachher (chronologisch geordnet)

## A. Weisungen, Befehle, Aufzeichnungen usw. der Obersten deutschen Führung (Ende 1943 - April 1945)

### Vorbemerkung

*Der Brauch, die Operationen vorausschauend durch „Führerweisungen" zu lenken, fand mit der Weisung 51 vom 3. 11. 1943 ein Ende, in der die Verteilung der vorhandenen Kräfte auf die einzelnen Kriegsschauplätze und die auf ihnen durchzuführende Verteidigung grundsätzlich geregelt wurden. Da sie noch Anfang 1944 gültig war, ist auf sie im 1. Abschnitt wiederholt Bezug genommen; sie ist deshalb auch als Nr. 1 in den Dokumententeil aufgenommen.*

*Daß keine weiteren „Führerweisungen" mehr herausgingen, erklärt sich zu einem Teil dadurch, daß die deutsche Wehrmacht von 1944 an in die Defensive gedrängt wurde, so daß eine vorausschauende Planung nicht mehr möglich war. Andererseits griff Hitler fortan noch intensiver und ständiger in die Führung aller Kriegsschauplätze ein, so daß sich auch aus diesem Grunde die Herausgabe grundlegender „Weisungen" erübrigte.*

*Soweit noch allgemeinere Befehle und Anordnungen herausgingen, erfolgte dies in der Form von*

1. *Führerbefehlen (einzelne numeriert, z. B.: Nr. 11 vom 8. 3. 1944; die meisten nicht numeriert; gezeichnet: Adolf Hitler);*
2. *Operationsbefehlen des OKH (z. T. numeriert, z. B.: Nr. 7 vom 2. 4. 1944; unten S. 1562; gezeichnet: Adolf Hitler);*
3. *Mitteilungen mit den Anfangsworten: „Der Führer hat befohlen" (gezeichnet vom Chef OKW, Chef WFStab oder Stellv. Chef WFStab);*
4. *Befehlen des OKW bzw. Chefs OKW (gezeichnet von Gen.-Feldm. Keitel), des OKW/WFStabs (gezeichnet von demselben oder Generaloberst Jodl);*
5. *Rundbriefen der Nationalsozialistischen Partei, Parteikanzlei (gezeichnet von M. Bormann; z. B. unten S. 1565 ff.);*
6. *in Angelegenheiten, die das Zusammenwirken von Wehrmacht, Partei und Zivilstellen regelten, Befehlen ohne Kopf (gezeichnet von Hitler, M. Bormann und Gen.-Feldm. Keitel, bzw. von Hitler, Reichsminister Dr. Lammers als Chef der Reichskanzlei und Gen.-Feldm. Keitel).*

*Die auf diese verschiedenen Weisen herausgegangenen Befehle und Anordnungen wurden — soweit sie dem Oberbefehlshaber der Kriegsmarine zugingen — von ihm (zusammen mit dessen grundsätzlichen Befehlen) gesondert verwahrt und — zusammen mit den Archivalien der Kriegsmarine — nach der Kapitulation den Engländern übergeben (vgl. darüber den II. Teil der „Erläuterungen").*

*Von diesen Dokumenten ist eine englische Übersetzung angefertigt worden, von der ein Film vorliegt (USA-Department of the Navy, Reel Job No. 161).*

*Der Inhalt ist im Anhang zum III. Teil der „Erläuterungen" aufgezählt.*

*Diese Dokumente sind – soweit sie nicht die Ostfront betreffen – durchweg im Kriegstagebuch des Wehrmachtführungsstabs verwertet. Ist das nicht der Fall, handelt es sich um nichtmilitärische Angelegenheiten oder um solche, die die Operationen auf den Kriegsschauplätzen nur mittelbar berührten.*

*In den Dokumententeil sind daher für das Jahr 1944 aus diesem Bereich nur solche Dokumente aufgenommen, die noch jetzt ein allgemeines Interesse beanspruchen können (Nr. 12, 14, 16, 23). Das Jahr 1945 ist bis zum 28. 2. entsprechend behandelt. Dagegen ist aus den Monaten März bis Mai 1945, in denen der ehemalige Bestand des KTB nicht mehr vollständig ist, um dessen Lücken zu schließen, ein Teil in den Dokumententeil übernommen worden, ein anderer im KTB nachgetragen (in den Anmerkungen kenntlich gemacht).*

*Dieser Bestand ist bereichert worden durch weitere Dokumente, die geeignet sind, das Bild abzurunden. Soweit sie dem Buche unseres Mitarbeiters Dr. Hans-Adolf Jacobsen (1939/1945. Der Zweite Weltkrieg in Chronik und Dokumenten. Darmstadt, Wehr und Wissen Verlagsgesellsch. 1959, 5. Aufl. 1961) entnommen sind, ist das durch den Verweis „Jacobsen a.a.O." mit der Seitenzahl der 1.–4. Aufl. (in Klammern die der 5. Aufl.) kenntlich gemacht. In den übrigen Fällen ist in den Anmerkungen nachgewiesen, woher das Dokument bezogen ist. Ist dieses nicht der Fall, stammt es aus dem Archiv der Kriegsmarine.*

### 1. Führer-Weisung Nr. 51 vom 3. November 1943 betr. die weitere Kampfführung

*Diese Weisung (auch gedruckt von Fr. Ruge, Rommel und die Invasion, Stuttgart 1959, S. 256 ff.) bildet den festen Ausgangspunkt für den 1. Abschnitt, in dem die Kräfteverteilung auf den Kriegsschauplätzen behandelt ist. Denn die Weisung Nr. 51 stellte im Hinblick auf die im Westen zu erwartende Invasion den nunmehrigen Vorrang des Westens gegenüber den anderen Fronten fest. Deshalb ist sie hier aufgenommen, obwohl sie – streng genommen – in den III. Band gehört.*[1]

DER FÜHRER
OKW/WFSt/Op
Nr. 662 656/43 g. Kos., Chefs.

Chefsache!
Nur durch Offiziere!
Führerhauptquartier,
den 3. November 1943
Geheime Kommandosache
3 Ausfertigungen
1. Ausfertigung

*Weisung Nr. 51*

Der harte und verlustreiche Kampf der letzten zweieinhalb Jahre gegen den Bolschewismus hat die Masse unserer militärischen Kräfte und Anstrengungen aufs äußerste beansprucht. Dies entsprach der Größe der Gefahr und der Gesamtlage. Diese hat sich inzwischen geändert. Die Gefahr im Osten ist geblieben, aber eine größere im Westen zeichnet sich ab: die angelsächsische Landung. Im Osten läßt die Größe des Raumes äußersten Falles einen Bodenverlust auch größeren Ausmaßes zu, ohne den deutschen Lebensnerv tödlich zu treffen.

Anders der Westen! Gelingt dem Feind hier ein Einbruch in unsere Verteidigung in breiter Front, so sind die Folgen in kurzer Zeit unabsehbar. Alle Anzeichen sprechen dafür, daß der Feind spätestens im Frühjahr, vielleicht aber schon früher, zum Angriff gegen die Westfront Europas antreten wird.

Ich kann es daher nicht mehr verantworten, daß der Westen zugunsten anderer Kriegsschauplätze weiter geschwächt wird. Ich habe mich daher entschlossen, seine Abwehrkraft zu verstärken, insbesondere dort, von wo aus wir den Fernkampf gegen England beginnen werden. Denn dort muß und wird der Feind angreifen, dort wird – wenn nicht alles täuscht – die entscheidende Landungsschlacht geschlagen werden.

1 Ich benutze eine Photographie der 1. Ausfertigung im Göttinger Archivlager. Die Abweichungen im Abdruck bei Admiral *Ruge* sind sachlich unwesentlich (einige Zeilen fehlen dort).

Mit Fesselungs= und Ablenkungsangriffen an anderen Fronten ist zu rechnen. Aber auch ein Großangriff gegen Dänemark ist nicht ausgeschlossen. Er ist seemännisch schwieriger, aus der Luft weniger wirksam zu unterstützen. Seine politischen und operativen Auswirkungen aber sind beim Gelingen am größten.

Zu Beginn des Kampfes wird die gesamte Angriffskraft des Feindes sich zwangsläufig gegen die Besatzung der Küste richten. Nur stärkster Ausbau, der unter Anspannung aller verfügbaren personellen und materiellen Kräfte der Heimat und der besetzten Gebiete aufs Höchste zu steigern ist, kann in der kurzen, noch voraussichtlich verfügbaren Zeit unsere Abwehr an den Küsten stärken.

Die Dänemark und den besetzten Westgebieten in nächster Zeit zufließenden bodenständigen Waffen (s. Pak, unbewegliche, in die Erde einzugrabende Panzer, Küstenartillerie, Landeabwehrgeschütze, Minen usw.) sind schwerpunktmäßig scharf zusammengefaßt an den bedrohtesten Küstenabschnitten einzusetzen. Es ist in Kauf zu nehmen, daß dabei die Verteidigungskraft weniger bedrohter Abschnitte in nächster Zeit noch nicht verbessert werden kann.

Erzwingt der Feind trotzdem durch Zusammenfassen seiner Kräfte eine Landung, so muß ihn unser mit größter Wucht geführter Gegenangriff treffen. Es kommt darauf an, durch ausreichende und schnelle Zuführung von Kräften und Material und durch intensive Ausbildung die vorhandenen großen Verbände zu hochwertigen, angriffsfähigen und voll beweglichen Eingreifreserven zu machen, die durch Gegenangriff die Ausweitung einer Landung verhindern und den Feind ins Meer zurückwerfen.

Darüber hinaus muß durch genaue, bis ins Einzelne vorbereitete Behelfsmaßnahmen aus den nicht angegriffenen Küstenfronten und aus der Heimat alles mit größter Beschleunigung gegen den gelandeten Feind geworfen werden, was irgendwie einsatzfähig ist.

Luftwaffe und Kriegsmarine müssen den zu erwartenden starken Angriffen aus der Luft und über See mit allen nur greifbaren Kräften in rücksichtslosem Einsatz entgegentreten.

Dazu befehle ich:

A) *Heer:*

1. *Chef Generalstab des Heeres* und *Generalinspekteur der Panzertruppen* legen mir baldigst einen Plan über die Zuteilung von Waffen, Panzern, Sturmgeschützen, Kraftfahrzeugen und Munition innerhalb der nächsten drei Monate für die Westfront und für Dänemark vor, der der neuen Lage Rechnung trägt.

   Hierbei ist zu Grunde zu legen:

   a) Ausreichende Beweglichkeit aller Panzer= und Panzer=Grenadier=Divisionen im Westen und Ausstattung dieser Verbände mit je 93

Pz. IV bzw. Sturmgeschützen und starker Panzerabwehr bis Ende Dezember 1943.
Beschleunigte Umgliederung der 20. Luftwaffen=Feld=Division zu einem kampfkräftigen, beweglichen Eingreifverband unter Zuteilung von Sturmgeschützen bis Ende 1943.
Beschleunigte waffenmäßige Auffüllung der SS=Pz.Gren.Div. „H.J.", der 21. Pz.Div. und der in Jütland eingesetzten Inf.= und Reserve=Divisionen.

b) Weitere Auffüllung der Reserve=Panzer=Divisionen im Westen und Dänemark sowie der Sturmgeschütz=Ausbildungs=Abteilung in Dänemark mit Pz. IV, Sturmgeschützen und s. Pak.
c) Monatliche Zuweisung von 100 s. Pak 40 und s. Pak 43 (davon die Hälfte beweglich), im November und Dezember zusätzlich zu den für die Neuaufstellungen im Westen und Dänemark erforderlichen s. Pak.
d) Zuweisung einer größeren Anzahl von Waffen (dabei etwa 1000 MG) zur Verbesserung der Ausstattung der im Küstenschutz West und Dänemark eingesetzten bodenständigen Divisionen und zur einheitlichen Ausstattung der aus nicht angegriffenen Abschnitten herauszuziehenden Truppenteile.
e) Reichliche Ausstattung der in bedrohten Abschnitten liegenden Verbände mit Panzer=Nahbekämpfungsmitteln.
f) Verbesserung der artilleristischen Kampfkraft und der Panzerab=wehr der in Dänemark liegenden und in den besetzten Westgebieten im Küstenschutz eingesetzten Verbände und Verstärkung der Heeresartillerie.

2. Alle im Westen und in Dänemark liegenden Truppenteile und Ver=bände sowie alle im Westen neuaufzustellenden Panzer=, Sturmgeschütz= und Panzerjägereinheiten dürfen ohne meine Genehmigung nicht für andere Fronten abgezogen werden.
Chef Generalstab des Heeres bzw. Generalinspekteur der Panzertrup=pen melden mir die Beendigung der Ausstattung der Panzer=Abteilun=gen, Sturmgeschütz=Abteilungen, Panzerjäger=Abteilungen und Kom=panien über OKW/WFStab.

3. *Ob. West* legt über das bisherige Maß hinaus kalendermäßig und durch Kriegsspiele und Rahmenübungen das Heranführen von behelfsmäßig angriffsfähig zu machenden Verbänden aus nicht angegriffenen Front=abschnitten fest. Hierbei fordere ich das rücksichtslose Entblößen nicht=bedrohter Abschnitte bis auf geringe Bewachungskräfte. Für Räume, aus denen Reserven abgezogen werden, sind Sicherungs= und Bewa=chungskräfte aus Sicherungs= und Alarmeinheiten bereitzustellen, des=gleichen Baukräfte zum Offenhalten der durch die feindliche Luftwaffe voraussichtlich zerstörten Verkehrswege unter weitgehender Aus=

nutzung der Bevölkerung.

4. Der Befehlshaber der deutschen Truppen in Dänemark trifft in seinem Befehlsbereich Maßnahmen entsprechend Ziffer 3.

5. Chef H Rüst u. BdE stellt aus Lehrtruppen, Lehrgängen, Schulen, Aus= bildungs= und Genesenden=Truppenteilen des Heimatkriegsgebietes Kampfgruppen in Regimentsstärke, Sicherungsbataillone und Bau= Pionier=Bataillone entsprechend Sonderbefehl so bereit, daß sie inner= halb von 48 Stunden nach Aufruf abtransportiert werden können. Darüber hinaus ist weiter verfügbares Personal in Marsch=Bataillone mit den verfügbaren Waffen einzuteilen, um die zu erwartenden hohen Verluste schnell ausgleichen zu können.

B) *Luftwaffe:*

Durch Verstärken der Angriffs= und Abwehrkraft der im Westen und in Dänemark befindlichen Verbände der Luftwaffe ist der neuen Gesamtlage Rechnung zu tragen. Hierbei ist vorzubereiten, daß alle verfügbaren und für den Abwehrkampf geeigneten Kräfte an fliegenden Verbänden und beweglicher Flakartillerie aus der Heimatluftverteidigung, aus Schulen und aus Ausbildungseinheiten des Heimatkriegsgebietes für den Einsatz im Westen und gegebenenfalls in Dänemark freigemacht werden.

Der Ausbau der Bodenorganisation in Südnorwegen, Dänemark, Nordwest= deutschland und im Westen ist so vorzubereiten und zu bevorraten, daß durch größtmögliche Auflockerung die eigenen Verbände bei beginnendem Großkampf den feindlichen Bombenangriffen entzogen sind und die Wirkung der feindlichen Angriffskraft zersplittert wird. Dies trifft besonders für die eigenen Jagdkräfte zu, deren Einsatzmöglichkeit durch zahlreiche Feldflug= plätze erhöht werden muß. Auf beste Tarnung ist besonders zu achten. – Auch hier erwarte ich rücksichtsloses Bereitstellen aller Kräfte unter Ent= blößen weniger bedrohter Gebiete.

C) *Kriegsmarine:*

Die Kriegsmarine bereitet den Einsatz möglichst starker, zum Angriff gegen die feindlichen Landungsflotten geeigneter Seestreitkräfte vor. Die im Ausbau befindlichen Küstenverteidigungsanlagen sind mit größter Be= schleunigung fertigzustellen, die Aufstellung weiterer Küstenbatterien so= wie die Möglichkeit einer Auslegung zusätzlicher Flankensperren ist zu prüfen.

Der Einsatz sämtlicher für den Erdkampf geeigneten Soldaten von Schulen, Lehrgängen und sonstigen Landkommandos ist so vorzubereiten, daß ihre Verwendung im Kampfgebiet feindlicher Landungsoperationen zumindest als Sicherungsverbände in kürzester Frist erfolgen kann.

Bei den Vorbereitungen der Kriegsmarine für die Verstärkung der Ver= teidigung im Westraum ist die gleichzeitige Abwehr von Feindlandungen im norwegischen oder dänischen Raum besonders zu berücksichtigen. Hierbei messe ich der Bereitstellung zahlreicher U-Boote für die nördlichen Seegebiete besondere Bedeutung bei. Eine vorübergehende Schwächung der Atlantik-U-Bootkräfte muß in Kauf genommen werden.

D) *SS:*

Reichsführer SS prüft das Bereitstellen von Kräften der Waffen-SS und Polizei zu Kampf-, Sicherungs- und Bewachungsaufgaben. Aus Ausbildungs-, Ersatz- und Genesendeneinheiten sowie Schulen und sonstigen Einrichtungen im Heimatkriegsgebiet ist die Aufstellung von einsatzfähigen Verbänden für Kampf- und Sicherungsaufgaben vorzubereiten.

E) Die Oberbefehlshaber der Wehrmachtteile, der Reichsführer SS, der Chef des Gen.St.d.H., der OB West, der Chef H Rüst u. BdE und der Generalinspekteur der Panzertruppen sowie der Befehlshaber der deutschen Truppen in Dänemark melden mir bis 15. November die getroffenen und beabsichtigten Maßnahmen.

Ich erwarte, daß in der noch zur Verfügung stehenden Zeit von allen Dienststellen mit höchster Anspannung die Vorbereitungen für die zu erwartende Entscheidungsschlacht im Westen getroffen werden.

Alle Verantwortlichen wachen darüber, daß nicht nutzlos Zeit und Arbeitskraft in Zuständigkeitsfragen vergeudet, sondern Abwehr- und Angriffskraft gefördert werden.

gez. Adolf Hitler

*(daneben die Paraphen)* J(odl), K(eitel)

**2. Unterlagen für einen Vortrag des Gen.-Obersten Jodl, des Chefs WFStab, vor den Reichs- und Gauleitern über die militärische Lage (München, 7. November 1943)** [1]

*Es handelt sich nicht um eine Nieder- oder Nachschrift, sondern um Materialien, die im WFStab für dessen Chef zusammengestellt wurden, wie dieser mehrfach im Kreuzverhör feststellte; vgl.: Der Prozeß gegen die Hauptkriegsverbrecher vor dem Internat. Militärgerichtshof, XV, Nürnberg 1948, S. 333 ff. usw. „In Sachen Jodl" ist das Manuskript also nur mit Vorbehalten zu benutzen.*[2] *Als Dokument für die Lage Ende 1943 bleibt es aufschlußreich und grundlegend; doch ist der Zweck des Entwurfs zu beachten: die Rede sollte den Parteimännern die sich vermindernde Hoffnung auf den „Endsieg" zurückgeben. Da das Dokument das Kriegstagebuch des WFStabs ergänzt, insbesondere den 1. Abschnitt untermauert, wird es im vollen Umfange abgedruckt.*

1 Nach *Jacobsen*, a.a.O., S. 311—34: Nr. 104 (S. 431—54: Nr. 129).
2 Vgl. Jodls Aufzeichnung (Nürnberg 25. 2. 1946) zu diesem Dokument, die unten S. 1712 f. in Anmerkung 1 zum 4. Anhang des „Dokumententeils" abgedruckt ist.

EINLEITUNG

I. Rückblick auf die wichtigsten Fragen der bisheri=gen Entwicklung

II. Der Verrat Italiens, wie er pariert wurde, und seine Folgen

Ergebnis:

III. Die heutige Lage

Betrachtung der einzelnen Kriegsschauplätze und ihre charakteristischen Merkmale:

Finnland
Norwegen
Dänemark, Herzstück der Verbindung nach Norwegen
Frankreich mit Niederlande und Belgien,
das Schlachtfeld des Jahres 44
Italien, die schmale Front mit den tiefen Flanken
Balkan, Bandenkrieg – Versorgung
Osten, Vergleich mit der Westfront 1917/18,

IV. Der Feind – seine Machtmittel und deren Gruppierung,
seine weiteren strategischen Absichten.

V. Die Haltung der Verbündeten und Neutralen

VI. Die Pobleme der deutschen Führung in dieser Lage des Kampfes auf der inneren Linie:

a) Die Verteilung der Kräfte auf dem gesamten Kriegstheater
b) Die Bildung operativer Reserven
c) Der Ausgleich zwischen dem Bedarf an Soldaten und an Rüstungs=arbeitern
d) Die Ausschöpfung der Kraftreserven in den von uns beherrschten Gebieten
Das Problem der Verbündeten und der fremdstämmigen Soldaten
e) Die Überwindung der feindlichen Terrorangriffe aus der Luft
f) Die Wiederaufnahme eines wirksamen U=Boot=Krieges

VII. Die Grundlagen unserer Haltung und unserer Siegeszuversicht:

a) Das deutsche Volk und seine Führung
b) Die deutsche Wehrmacht
c) Die ethische und moralische Grundlage unseres Kampfes
d) Das einheitliche politische und militärische Ziel der Verbündeten, die Rettung vor dem Bolschewismus

e) Die einheitliche politische und militärische Führung
f) Die divergierenden politischen, militärischen, sozialen und wirtschaftlichen Tendenzen unserer Gegner, die moralische Unterlegenheit der Westgegner und die rein materialistischen Grundlagen ihres Kampfes
g) Das Genie an der Spitze der Führung.

*Einleitung*

Reichsleiter Bormann hat mich gebeten, Ihnen heute einen Überblick über die strategische Lage am Anfang des 5. Kriegsjahres zu geben.

Ich habe mich — aber wie ich bekennen muß, nicht ohne Hemmungen — dazu entschlossen, diese nicht leichte Aufgabe zu übernehmen. Man kann ihr mit allgemeinen Redensarten nicht gerecht werden. Man braucht nicht zu sagen, was sein wird, aber man muß offen aussprechen, was ist. Niemand — hat der Führer befohlen — darf mehr wissen und erfahren, als er für seine Aufgabe braucht, aber ich bin mir darüber im klaren, daß Sie, meine Herren, sehr viel brauchen, um Ihrer Aufgabe gerecht zu werden. In Ihren Gauen und Ihrer Bevölkerung konzentriert sich alles, was an feindlicher Propaganda, an Kleinmut, an böswilligen Gerüchten sich im Volke breit zu machen versucht. Landauf, landab schreitet der Teufel der Zersetzung. Alle Feigen suchen nach einem Ausweg oder, wie sie ihn nennen, der politischen Lösung. Sie sagen, man muß verhandeln, solange die Substanz noch vorhanden ist, und mit allen diesen Schlagworten wird Sturm gelaufen gegen das natürliche Empfinden des Volkes, daß es in diesem Kriege nur den Kampf bis zum Letzten gibt. Kapitulation ist das Ende der Nation, ist das Ende Deutschlands. Gegen diese Welle der feindlichen Propaganda und der Feigheit brauchen Sie mehr als Gewalt. Sie brauchen das Wissen über die wirkliche Lage, und deshalb glaube ich es verantworten zu können, Ihnen ein völlig offenes und ungeschminktes Bild über die Lage zu geben. Es ist das keine verbotene Preisgabe von Geheimnissen, sondern das Rüstzeug, das Ihnen vielleicht helfen kann, die Haltung des Volkes zu festigen. Denn dieser Krieg wird nicht nur mit den Waffen entschieden, sondern durch den Widerstandswillen des Gesamt-Volkes. Deutschland ist 1918 nicht an der Front, sondern in der Heimat zerbrochen. Italien war nicht militärisch zerschlagen, sondern moralisch. Es ist im Innern zusammengebrochen. Die Folge ist nicht der erwartete Friede, sondern durch die Feigheit dieser verbrecherischen Verräter ein Los, das tausendmal härter ist, als es die Fortsetzung des Krieges an unserer Seite für das italienische Volk gebracht hätte. Ich darf mich darauf verlassen, daß dort, wo ich mit konkreten Zahlen und Angaben über unsere eigene Kraft spreche, Sie diese Einzelheiten als Ihr Geheimnis betrachten, während alles übrige für die Verwertung innerhalb Ihrer Tätigkeit der Volksführung keiner Beschränkung unterliegt.

## I

Die Notwendigkeit und Zielsetzung dieses Krieges war noch jedermann verständlich, als wir in den Großdeutschen Freiheitskampf eintraten und durch angriffsweise Kriegführung die Gefahr bannten, die uns sowohl von Polen her wie von seiten der Westmächte in so augenfälliger Weise bedroht hat. Auch der Ausgriff in den skandinavischen Raum, zum Mittelmeer und nach Rußland hinein ließ keine Zweifel an der Gesamtführung aufkommen, solange wir erfolgreich waren. Erst mit dem Eintreten ernsterer Rückschläge und zunehmender Verschärfung unserer Gesamtlage begann man, sich im deutschen Volk zu fragen, ob wir uns nicht übernommen und unsere Ziele zu weit gesteckt hätten. Zu dieser Frage Stellung zu nehmen und Ihnen für Ihre eigene Aufklärungstätigkeit einige Gesichtspunkte an die Hand zu geben, ist ein Hauptpunkt meiner heutigen Ausführungen. Ich werde sie in folgende drei Abschnitte gliedern:

I. *Rückblick auf die wichtigsten Fragen der bisherigen Entwicklung;*

II. *Betrachtung der heutigen Lage;*

III. *Grundlagen unseres Vertrauens auf den Endsieg.*

Meiner Stellung als militärischer Berater des Führers entsprechend, beschränke ich mich dabei auf die Probleme meines persönlichen Arbeitsgebietes und bin mir klar darüber, daß damit gegenüber der Vielgestalt dieses Krieges nur eine Seite des Geschehens zum Ausdruck kommt.

### *I. Rückblick*

1. Daß die nationalsozialistische Bewegung und ihr Kampf um die innere Macht die Vorstufe der äußeren Befreiung von den Fesseln des Versailler Diktats bildete, brauche ich in diesem Kreise nicht auszuführen. Es liegt mir jedoch am Herzen, hier auszusprechen, wie alle einsichtigen Berufssoldaten sich darüber im klaren sind, welche bedeutsame Rolle die nationalsozialistische Bewegung für die Wiedererweckung des Wehrwillens, die Pflege der Wehrkraft und die Wiederaufrüstung des deutschen Volkes gespielt hat. Trotz aller in ihr steckenden Werte hätte die kleine Reichswehr diese gewaltige Aufgabe schon aus Mangel an Breitenwirkung nicht zu lösen vermocht. Es ist vielmehr die Synthese beider Kräfte gewesen, die der Führer angestrebt und in so glücklicher Weise verwirklicht hat.
2. Mit der Machtergreifung zeichnete sich zunächst die Rückgewinnung der Wehrhoheit (allgemeine Wehrpflicht, Rheinlandbesetzung) und die Wiederaufrüstung ab, wobei der Schaffung einer neuzeitlichen Panzer- und Luftwaffe besondere Bedeutung zukommt.
3. Der Anschluß Österreichs brachte sodann nicht nur die Erfüllung eines alten nationalen Zieles, sondern wirkte sich neben der Stärkung unserer Wehrkraft zugleich durch eine wesentliche Verbesserung unserer strategischen Lage aus. Während bisher der tschechoslowakische Raum in be-

drohlichster Form nach Deutschland hineinragte (Wespentaille zu Frankreich hin und Luftbasis für die Alliierten, besonders Rußland), war nunmehr die Tschechei ihrerseits in die Zange genommen. Ihre eigene strategische Lage war jetzt so ungünstig geworden, daß sie einem energischen Angriff zum Opfer fallen mußte, bevor wirksame Hilfe von Westen her zu erwarten war.

Diese Hilfemöglichkeit wurde überdies durch den Bau des Westwalls erschwert, der im Gegensatz zur Maginot-Linie keine lebensschwache und resignierende Defensiv-Maßnahme bildete, sondern als Rückendeckung für ein aktive Ostpolitik gedacht war.

4. Die unblutige Lösung des tschechischen Konfliktes im Herbst 1938 und Frühjahr 1939 und die Angliederung der Slowakei rundeten den großdeutschen Raum derart ab, daß nunmehr auch die Möglichkeit bestand, das polnische Problem unter einigermaßen günstigen strategischen Voraussetzungen ins Auge zu fassen.

5. Damit bin ich beim eigentlichen Beginn des jetzigen Krieges angelangt, wobei zunächst die Frage entsteht, ob der Zeitpunkt für die an sich unvermeidbare Auseinandersetzung mit Polen günstig gewählt war. An der Antwort auf diese Frage können um so weniger Zweifel aufkommen, als der immerhin beachtliche Gegner unerwartet schnell zusammengebrochen ist und die ihm befreundeten Westmächte uns zwar den Krieg erklärt und eine zweite Front gebildet, im übrigen aber ihre Möglichkeiten nicht ausgenutzt haben, uns die Initiative aus der Hand zu nehmen. Über den Ablauf des Polenfeldzuges ist nur soviel zu sagen, daß er, was keineswegs sicher war, die hohe Leistungsfähigkeit der jungen großdeutschen Wehrmacht in einem Maße erwiesen hat, das die ganze Welt zum Aufhorchen brachte.

6. Die Hauptauswirkung dieses Erfolges bestand jedoch darin, daß ein östlicher Gegner nun nicht mehr vorhanden war und das Zweifrontenproblem auf Grund der Abmachungen mit Rußland zunächst als erledigt betrachtet werden konnte.

7. Damit verlagerte sich der Schwerpunkt der Kriegführung naturgemäß auf den Westen, wo sich der Schutz des Ruhrgebietes gegenüber einem Einfall der Engländer und Franzosen in Holland[1] als vordringlichste Aufgabe abzeichnete. Noch vor Abschluß des Polenfeldzuges hatte der Führer den Entschluß zum Angriff gegen diesen Feind gefaßt, dessen Ziel nur in der völligen Niederwerfung des Gegners bestehen konnte. Daß dieser Entschluß nicht – wie ursprünglich vorgesehen – noch im Spätherbst des Jahres 1939 zur Durchführung gelangte, war vorwiegend durch Witterungsgründe, z. T. aber durch unsere Rüstungslage bedingt.

1 Muß heißen: Belgien.

8. Inzwischen stellte sich jedoch ein neues und vordringlich zu erledigendes Problem: die Besetzung von Norwegen und Dänemark. Es galt hier einen Kriegsschauplatz zu eröffnen, der zwar außerhalb der engeren Gefahrenzone lag, für unsere Gesamtkriegführung jedoch von doppelter Bedeutung war. Einmal bestand die Gefahr, daß sich England im skandinavischen Raum festsetzte und neben der strategischen Umfassung von Norden her auch unsere so kriegswichtigen Zufuhren an Eisen und Nickel unterband. Zum anderen war es die Erkenntnis der eigenen maritimen Notwendigkeiten, die es erforderten, durch Luft- und Flottenstützpunkte an der norwegischen Küste einen freien Zugang zum Atlantik sicherzustellen. So haben sich auch hier defensive und offensive Erfordernisse zu einer unlösbaren Einheit verbunden.

Ablauf und Ausgang dieses Feldzuges sind bekannt. Er war im wesentlichen so rechtzeitig beendet, daß der Westfeldzug mit dem Einsetzen der günstigen Jahreszeit im Mai 1940 zur Durchführung gelangen konnte.

9. Der durchschlagende Erfolg dieses Feldzuges verbesserte unsere Position in der günstigsten Weise. Wir bekamen nicht nur das französische Rüstungspotential in unsere Hände, das uns im weiteren Verlauf des Krieges wichtige Dienste leisten sollte, sondern vor allem die gesamte Atlantik-Küste mit ihren Kriegshäfen und Flugstützpunkten. Die unmittelbare Bedrohung des englischen Mutterlandes war damit möglich geworden. Hiermit erhebt sich die Frage, ob wir durch eine Landung großen Stiles den Krieg nach England tragen sollten. Ebenso war – im Hinblick auf einen etwaigen Kriegseintritt der Vereinigten Staaten von Amerika – die Besetzung einer Reihe von vorgeschobenen Stützpunkten im Atlantik zu erwägen (z. B. Island und die Azoren, auf die ja inzwischen der Gegner die Hand gelegt hat). Von diesen Inseln aus konnten wir sowohl den Kampf gegen die englischen Zufuhren mit besonderem Nachdruck führen wie auch den europäischen Raum in ähnlicher Weise verteidigen, wie Japan Großostasien auf den weit vorgeschobenen Inseln des Pazifik sichert. In weiser Beschränkung hat der Führer auf diese Zielsetzungen verzichtet. Sie hätten nicht nur in der ersten Durchführung, sondern auch in der laufenden Aufrechterhaltung der Seeverbindungen ein Maß an Kräften beansprucht, dem unsere Marine- und Luftrüstung auf die Dauer nicht gewachsen war.

10. Anstelle dieser Erwägungen ergab sich im Winter 1940 auf 41 eine andere Möglichkeit, England zu bekämpfen. Wenn dies auch rein äußerlich nur in der Form einer Hilfeleistung für unsere italienischen Bundesgenossen in Nordafrika geschah, so ging es doch letzten Endes um die englische Seeherrschaft im Mittelmeer und damit um die schwere Bedrohung der Südflanke des europäischen Kontinents.

In dem Maße, wie sich die Schwäche und das Versagens Italiens offenbarten, wurde Nordafrika immer mehr zu einem deutschen Kriegsschauplatz. Der dadurch notwendige Kräfteeinsatz, der übrigens keineswegs hoch war, schien um so mehr gerechtfertigt, als auf diese Weise starke englische Land-, See- und Luftstreitkräfte sowie erheblicher Seetransportraum fern vom deutschen Lebensraum gebunden werden konnten.

11. Weniger erwünscht war die Notwendigkeit unserer Bundeshilfe auf dem Balkan, die sich aus der Extratour der Italiener gegen Griechenland ergab. Der Angriff, den sie im Oktober 1940 aus Albanien heraus mit völlig unzureichenden Mitteln begannen, widersprach zwar allen Verabredungen, führte letzten Endes aber zu einem Entschluß unsererseits, der auf lange Sicht gesehen früher oder später doch notwendig geworden wäre. Dem geplanten Angriff auf Griechenland von Norden her kam nämlich nicht nur die Rolle einer Bundeshilfe zu. Er mußte verhindern, daß sich die Engländer in Griechenland festsetzten und von dort aus unser rumänisches Ölgebiet bedrohten.

12. Hand in Hand mit dieser Entwicklung verdichtete sich die Erkenntnis der immer näher rückenden Gefahr des bolschewistischen Ostens, die in Deutschland nur zu wenig gesehen worden ist und aus diplomatischen Gründen zunächst[1] bewußt verschwiegen werden mußte. Der Führer selbst hat diese Gefahr jedoch ständig im Auge gehabt und mir bereits während des Westfeldzuges seinen grundlegenden Entschluß mitgeteilt, dieser Gefahr zu Leibe zu rücken, sobald es unsere militärische Lage irgendwie erlaube.

13. Nach dem Zwischenspiel des Umsturzes in Jugoslawien, dem sich daran anschließenden Balkanfeldzug und der Besetzung Kretas wurde dieser Entschluß nun in die Tat umgesetzt. Wenn überhaupt, so mußte er zwangsläufig tief in den russischen Raum hineinführen, was Gefahren mit sich brachte, die in diesem Ausmaße bei den bisherigen Feldzügen noch nicht zum Ausdruck gekommen waren.

14. Obwohl es uns weder im Jahre 1941 noch im Jahre 1942 gelungen ist, die feindliche Streitmacht völlig zu vernichten und damit Rußland auf die Knie zu zwingen, so ist doch als positives Ergebnis zu buchen, daß die bolschewistische Gefahr weit von unseren Grenzen weg verwiesen werden konnte.

Wenn heute angesichts der wiederholten und andauernden Rückschläge des Jahres 1943 immer wieder die Frage auftaucht, ob wir nicht die Stärke des bolschewistischen Gegners grundlegend unterschätzt haben, so mag diese Frage bezüglich der Durchführung einzelner Operationsabschnitte sicher bejaht werden. Auf den Angriffsentschluß im ganzen und das langmöglichste Festhalten an ihm ist dieser Zweifel jedoch nicht zutreffend. Ebenso wie die Politik, so besteht auch die Kriegführung nicht nur aus Rechenexempeln, und es gehört zu den wichtigsten Kriegserfahrungen, daß die richtige Einschätzung des Gegners zum schwersten vom schwe-

1 Ms.: zuletzt.

ren gehört und daß auch dann noch viel Unwägbares übrig bleibt, was sich erst im Kampfe selbst klärt.

Eine Klärung entscheidendster Art ist darin zu erblicken, daß wir durch den Vorstoß in das Dunkel des russischen Raumes nicht nur die personelle Kraft, sondern auch einen technischen Rüstungsstand beim Feinde erkannt haben, die uns erst zur Durchführung des totalen Krieges und zu einer technischen Gegenleistung gezwungen haben, die wir aus eigenem Antrieb kaum hervorgebracht hätten. Man kann nur mit einem gewissen Schaudern daran denken, was geschehen wäre, wenn wir uns gegenüber dieser Gefahr abwartend verhalten hätten und früher oder später von ihr überrannt worden wären.

15. Im Rahmen dieses kurzen Abrisses über das Ausgreifen unserer Strategie wäre nur noch die Besetzung von Tunis zu erwähnen, die als Reaktion auf die Landung anglo-amerikanischer Kräfte an der Nord- und Westküste Französisch-Nordafrikas erfolgt und durch den schnellen Verlust dieser Position wohl in besonderem Maße geeignet ist, Zweifel in die Richtigkeit unserer ausholenden Strategie hervorzurufen.

Alles in allem hat dieser Kampf an der Peripherie ein räumliches Kapital geschaffen, von dem wir heute zehren.

Ich fasse den Ablauf der großen Kampfgeschehnisse bis zum Herbst 1943 nochmals kurz zusammen:

Die beiden ersten Kriegsjahre sahen Deutschland und seine späteren Verbündeten in einem fast beispiellosen Siegeslauf. Die Feldzüge in Polen, Norwegen, Frankreich, in Nordafrika, auf dem Balkan und der Angriff in Rußland bis an den Donez, vor die Tore Moskaus und an den Wolchow schufen für die Verteidigung Europas ein weites Vorfeld und durch die Besetzung und Sicherung reicher Rohstoff- und Ernährungsgebiete die Voraussetzungen für eine Kriegführung auf lange Dauer. Überlegene Führung, besserer Einsatz der modernen Kampfmittel, eine überlegene Luftwaffe und ein selten hoher Kampfwert und Kampfgeist der Truppe gegenüber den in all diesen Elementen schwächeren Gegnern haben zu diesen Erfolgen geführt. In diesem Zeitabschnitt des Krieges, in dem unsere Überlegenheit zu Lande unbestritten war und die zur Luft sogar die hoffnungslose Unterlegenheit zur See wenigstens in den küstennahen Gewässern ausgleichen konnte, blieb uns bei dem letzten Griff nach der Palme des Sieges der Erfolg versagt.

Die Landung in England, bis ins kleinste, aber mit improvisierten Übersetzmitteln vorbereitet, konnte nicht gewagt werden, solange die britische Luftwaffe nicht völlig niedergekämpft war. Das aber gelang ebensowenig wie die restlose Zertrümmerung der sowjetischen Wehrmacht. Spätere Geschlechter werden uns nicht vorwerfen können, daß zur Erreichung dieser kriegsentscheidenden Ziele nicht das äußerste gewagt und an Kraftanstrengungen angesetzt worden wäre.

Aber das Wagnis, die deutsche Luftwaffe im Kampf über England völlig ausbluten zu lassen, konnte in Anbetracht des bevorstehenden Kampfes gegen Sowjetrußland niemand übernehmen.

Im Osten aber setzte die Naturkatastrophe des Winters 1941 selbst dem härtesten Willen ein gebieterisches Halt entgegen.

Das dritte Ziel, Spanien in den Krieg auf unsere Seite zu ziehen und dadurch die Möglichkeit zur Wegnahme von Gibraltar zu schaffen, scheiterte an dem Widerstand des spanischen oder besser jesuitischen Außenministers Serrano Suñer.

Damit wurde klar, daß mit einer schnellen Beendigung des Krieges nicht mehr zu rechnen war, daß er hart und schwer sein und das ganze Volk vor gewaltige Anstrengungen stellen würde. Denn jeder Angriff, der nicht zum Waffenstillstand oder zum Frieden führt, muß notwendigerweise mit der Verteidigung enden — sagt Clausewitz.

Nach den ersten Rückschlägen an der Ostfront und auf dem nordafrikanischen Kriegsschauplatz im Winter 1941 rafften das Reich und seine Verbündeten nochmals alle Kräfte zusammen, um in einem erneuten Ansturm den östlichen Gegner endgültig zu schlagen und die ägyptische Operationsbasis der Engländer zu nehmen. Die große Operation gegen Kaukasien und gegen das Nil-Delta scheiterte aber aus Mangel an Kräften und ausreichender Versorgung. Zum ersten Mal trat im Mittelmeer eine technische und zahlenmäßige Überlegenheit unserer Westgegner in der Luft in Erscheinung. Der sowjetrussischen Führung gelang es, die Front bei Stalingrad und vor dem Kaukasus zum Stehen zu bringen und dann im Winter mit neugeschaffenen starken Reserven die erstarrten und zu weit gedehnten, zum großen Teil von Verbündeten besetzten Fronten an der Wolga und am Don zu durchbrechen. Die aus besten deutschen Verbänden bestehende 6. Armee erlag, ohne genügende Versorgung den eisigen Winterstürmen ausgesetzt, der feindlichen Überlegenheit.

Ebenso vermochten es die Westmächte, in Ägypten eine Konzentration der Kräfte auf der Erde, zur See und in der Luft aufzubringen, die uns vor den Toren Ägyptens aufhielt und nach der Schlacht bei El Alamein zum Rückzug und schließlich nach der Landung starker englisch-amerikanischer Armeen in Französisch-Nordafrika zur Aufgabe der gesamten afrikanischen Position zwang. Wieder fielen beste deutsche Divisionen dem Würgegriff einer überlegenen feindlichen Luftwaffe gegen unseren Nachschub über See zum Opfer, aber nicht ohne einen Zeitgewinn erzielt zu haben, der jenes [1] Opfer wert war.

Die Wehrkraft Deutschlands und seiner Verbündeten war mit dem Ausklang der Winterkämpfe 1942/1943 und nach dem Verlust der afrikanischen Armee außerordentlich angespannt. Es gelang zwar, die 5. Pz.-Armee und die 6. Armee wieder neu aufzustellen, aber 4 verbündete Armeen fielen aus.

Die operativen Reserven im Osten konnten zwar hervorragend ausgerüstet, ihrer Zahl nach aber nicht mehr so vermehrt werden, um irgendwo weitrei-

1 Orig.: jedes.

chende Operationen ins Auge fassen zu können. Verlorengegangen waren die große Beweglichkeit des Heeres und — vom russischen Kriegsschauplatz abgesehen — auch die Überlegenheit in der Luft. Die überlegene wirtschaftliche Stärke unserer Gegner und ihr größeres Menschenreservoir, schwerpunktmäßig gegen Europa zusammengefaßt, machten sich bemerkbar. Das völlige Absinken Italiens auf allen Gebieten und das Fehlen einer nennenswerten Kriegsproduktion bei unseren übrigen Verbündeten konnte auch durch die gewaltigen Anstrengungen Deutschlands nicht ausreichend wettgemacht werden.

Zwangsläufig mußte damit die Initiative an den Gegner übergehen und das Reich und die an seiner Seite kämpfenden europäischen Nationen in die Defensive fallen.

Nachdem die über die europäische Front hinaus nach Süden vorgeschobenen Positionen vom Gegner genommen waren, begann im Juli 1943 der feindliche Angriff im Osten zur Rückgewinnung der verlorenen Gebiete, im Süden gegen die eigentliche Festung Europa, und zwar an ihrer schwächsten Stelle, während bereits vorher die Luftwaffen der Anglo-Amerikaner den Großangriff gegen die Produktionsstätten und die Moral des Volkes in der Heimat begonnen hatten.

Im Fernen Osten hat sich der Kampf Japans ähnlich entwickelt, allerdings mit dem Unterschied, daß die Japaner ihre vorgeschobenen Positionen noch viel weiter vom eigentlichen Mutterland entfernt vorgetrieben hatten und die Angelsachsen dort nicht zu Großangriffen schritten, weil sie ihren Schwerpunkt nach Europa gelegt hatten.

## II

In diesem Stadium des Krieges vollzog sich der italienische Verrat. Er ist Ihnen aus der Darstellung in der Presse im wesentlichen bekannt. Seine Dramatik war aber noch viel größer, als es dort zur Darstellung kommen konnte. Für die Oberste Führung stellte er vielleicht eines der schwersten Probleme dar, die bisher zu meistern waren. Daß die Beseitigung und Verhaftung des Duce nicht anders enden konnte als mit dem Abfall Italiens, war dem Führer vom ersten Augenblick an völlig klar, obwohl manche politisch weniger geschulten Augen eher eine Besserung unserer militärischen Lage im Mittelmeer und unserer Zusammenarbeit mit den Italienern feststellten als vorher.[1] Es gab in dieser Zeit viele Persönlichkeiten, die das Führerhauptquartier in seinen politischen und militärischen Handlungen nicht verstanden; denn diese gingen dahin, die neue Regierung zu stürzen und den Duce zu befreien. Nur ein kleinster Kreis durfte davon wissen. Militärisch aber sollte einstweilen alles geschehen, um den feindlichen Einbruch in die Südfront so weit südlich wie möglich, also auf Sizilien, abzufangen.

Daß der Feind seinen Schwerpunkt weiter im westlichen Mittelmeer zum Ansatz bringen würde, darüber war aus der Verteilung seines Schiffs- und

1 Dieser Satz richtet sich u. a. gegen den OB Südwest, Feld-Marsch. Kesselring.

Landungsraumes nicht der geringste Zweifel. Wo aber würde er die nächste Landung vornehmen? Auf Sardinien, auf Corsika, in Apulien, in Calabrien, oder — wenn die These des Verrates richtig war — warum nicht in Rom oder gar bei Livorno und Genua? Tat er letzteres nicht, so mußte man so viel wie möglich von Italien behaupten, um nicht von vornherein die Basis der feindlichen Luftflotte nahe an die Alpen herankommen zu lassen. Glückte dem Gegner aber eine Landung in Nord-Italien, so waren alle deutschen Verbände in Mittel- und Süditalien verloren. Ferner durfte man keinen Anlaß geben, um den Italienern den moralischen Vorwand für ihren Verrat in die Hand zu spielen oder noch viel weniger durch vorzeitige feindselige Handlungen den Verrat selbst begehen.

Dabei trieften die Verräter vor Freundlichkeit und Treueversicherung und fingen an, manchen unserer Offiziere, die täglich mit ihnen zusammenkamen, den Kopf zu verdrehen und sie an der Verrat-These schwankend zu machen. Das war nicht zu verwundern, denn den deutschen Offizieren schien eine derartige Schurkerei einfach unfaßbar.

Die Situation wurde immer schwieriger. Es war vielleicht das einzige Mal in diesem Kriege, in dem ich mir zeitweise im unklaren war, was man überhaupt dem Führer vorschlagen sollte. Die Maßnahmen, die bei einem *offenkundigen* Verrat zu ergreifen waren, lagen bis ins einzelne fest. Das Stichwort „Achse" löste sie aus. Inzwischen aber lagen all die Divisionen, die der Führer sofort aus dem Westen nach Oberitalien transportieren ließ, dort operativ brach — und das zu einer Zeit, wo die Ostfront, den schwersten Anstürmen ausgesetzt, dringender denn je um Reserven bat.

Was wir inzwischen durch unsere Truppen und durch die angrenzenden Gaue, die wie die Spürhunde hinter den italienischen Machenschaften her waren, an offensichtlichen feindseligen Aktionen und Vorbereitungen erfuhren, ist Ihnen bekannt. Aber alles wurde von den Italienern irgendwie erklärt, als Mißverständnis hingestellt oder entschuldigt.

In dieser unerträglichen Lage gab der Führer seine Zustimmung, durch ein politisches und militärisches Ultimatum, den Knoten zu durchhauen. Da erschien am 7. September vormittags die feindliche Landungsflotte vor Salerno, da flog am 8. September nachmittags die Nachricht von der italienischen Kapitulation durch den Äther. Aber noch im letzten Moment wurde die Handlungsfreiheit der Führung gehemmt. Die Italiener bestritten die Richtigkeit der Funknachricht. Noch konnte das Stichwort nicht gegeben werden, sondern nur der Alarmbefehl für die Truppen, bis dann endlich um 19.15 Uhr dieser ungeheuerlichste Verrat der Geschichte von den italienischen politischen Stellen selbst bestätigt wurde. Was sich nun ereignete, ist ein Drama und eine Tragödie zugleich. All die grotesken Einzelheiten wird erst eine spätere Zeit sammeln und darstellen können. Je mehr die Truppe und die deutsche Führung getäuscht waren, um so stärker war die Reaktion.

Gesamtergebnis:

Beilage.

*Italienische Beute:*

| | | |
|---|---|---|
| Waffen: | Gewehre | 1 255 660 |
| | Maschinengewehre | 38 383 |
| | Geschütze | 9 986 |
| Kraftfahrzeuge | | 15 500 |
| Panzer und Sturmgeschütze | | 970 |
| Kw.=Betriebsstoff (cbm) | | 123 114 |
| Pferde, Maultiere | | 67 600 |
| Flugzeuge: | Frontflugzeuge | 2 867 |
| | sonstige Flugzeuge | 1 686 |
| Schiffe: | Torpedoboote und Zerstörer | 10 |
| | sonstige kleine Kriegsschiffe | 51 |
| Bekleidung für | | 500 000 Mann |

Rohstoff: in sehr viel höheren Mengen, als bei den ständigen wirtschaftlichen Forderungen zu erwarten war.

*Kriegsgefangene bzw. Mil.=Internierte:*

| | | |
|---|---|---|
| Italiener | 547 531, davon | 24 744 Offiziere |
| Briten | 34 160, davon | 2 615 Offiziere |
| Amerikaner | 1 427, davon | 201 Offiziere |

Entwaffnete italienische Divisionen (gesamt):

| | |
|---|---|
| mit Sicherheit entwaffnet | 51 Divisionen |
| wahrscheinlich entwaffnet | 29 Divisionen |
| nicht entwaffnet | 3 Divisionen |

Entwaffnete italienische Divisionen: *Südosten*

| | | | |
|---|---|---|---|
| Entwaffnet: | Rhodos: | Div. Regina | 1 |
| | Kreta: | Div. Siena | 1 |
| | Griechenland: | Div. Cagliari, Piemonte, Forlì, Pinerolo, Casale, Modena, Agui | 7 |
| | Albanien: | Div. Brennero, Arezzo, Parma, Firenze, Puglia, Emilia | 6 |
| | Montenegro: | Div. Perugia, Venezia, Ferrara, Taurinense | 4 |
| | Kroatien: | Div. Murge, Marche, Messina, Bergamo, Zara, Lombardia | 6 |
| | | | 25 |

Noch nicht entwaffnet wurden bisher:

Masse Division Cuneo (Samos) und Division Rè und Macerata (Nordwestkroatien)

Entwaffnete italienische Divisionen: *Süden*

Entwaffnet: Bereich Heeresgr. B:

a) Mit Sicherheit Masse der Divisionen:
Julia, Tridentina, Cuneense, Rovigo, Alpi Graie,
201. Küst.=Div., Ers.=Div. Brennero, Ers.=Div. Firenze,
Ers.=Div. Pistoia, Ers.=Div. Ravenna 10

b) Wahrscheinlich Masse der Divisionen:
206. Küst.=Div., Principe Amadeo Duca d'Aosta,
Cosseria, Trento, Assieta, Livorno, Torino 7

c) Wahrscheinlich Teile der Divisionen:
Veneto, Vicenza, Napoli, Aosta 4

21

Außerdem wurde eine größere Anzahl von Spezialeinheiten, die zu keinem Divisionsverband gehörten, entwaffnet.

Bereich OB Süd:

a) Mit Sicherheit Masse der Divisionen:
221. Küst.=Div., Piave, Grenatiere di Sardegna,
Sassari, Piacenza, Centauro, Ariete,
220. Küst.=Div., 215. Küst.=Div., Ravenna 10

b) Mit Sicherheit Teile der Divisionen:
211. Küst., Mantua, 212. Küst.=Div.,
227. Küst.=Div., 214. Küst.=Div., Picino,
210. Küst.=Div., 209. Küst.=Div.,
222. Küst.=Div., Pasubio, Legnano 11

c) Wahrscheinlich Teile der Divisionen:
Friuli, Cremona, Calabria, 204. Küst.=Div.,
Bari, 205. Küst.=Div., Sabauda 7
(auf Corsika und Sardinien)

28

Entwaffnete italienische Divisionen: *Westen:*

Entwaffnet: mit Sicherheit Masse der Divisionen:
Em. Filiberto, Pusteria, Taro, Lupi di Toscana,
223. Küst.=Div., 224. Küst.=Div.

insgesamt 6 Divisionen

III

Ich möchte nun kurz die charakteristischen Merkmale der einzelnen Kriegsschauplätze darstellen.

Siehe Beilagen: (frei vorgetragen an Hand der Karte)

## *Finnland*

Finnische Front nördlicher Eckpfeiler des europäischen Verteidigungssystems. Äußerster Flügel der Ostfront, zugleich Rückendeckung der norwegischen Front. – Gesamtfrontlänge etwa 1 400 km (= ²/₃ der Gesamtlänge der Ost=front), in weiten Strecken stützpunktartig besetzt.

*Gelände:* Südosten: Wald und Sumpf; Nordosten: baumlose, teils felsige Tundra.

*Witterung:* Im Gesamtbereich sehr unterschiedlich (Temperaturen 1. 11. von plus 8 bis minus 18 Grad!), im Norden lange Polarnacht. Schlammperiode unwesentlich.

*Wehrwirtschaftlich:* Wichtiges Nickelwerk Kolosjoki bei Petsamo (32 % der europäischen Gesamtförderung).

*Gesamteinwohnerzahl:* 3,8 Millionen.

*Operationsmöglichkeiten:*

Durch Unwegsamkeit Operationen großen Stils unmöglich. Leistungsfähige Verkehrswege zum Nähren einer Offensive fehlen (nur eine Bahn in Nord=Süd=Richtung bis Rovaniemi, Stichbahn nach Osten (Kandalakscha) erst im Bau). Nur eine leistungsfähige große Nord=Süd=Straße (Helsinki–Petsamo). Demgegenüber auf russischer Seite leistungsfähige Murmanbahn.

*Kampfführung:* Daher im wesentlichen Stoßtrupptätigkeit und Unternehmen von Jagd=Kommandos, Kampf an den Flanken und um Straßen von beson=derer Bedeutung. – Dennoch infolge Frontausdehnung *starke eigene Kräfte* gebunden (Geb.=AOK 20: 176 800 Mann), bestes Menschenmaterial, der Na=tur des Landes gewachsen. Eigene Divisionen kampfkräftig, voll ausgestattet, friedensmäßig ausgebildet, gute Offiziers=Stellenbesetzung.

Für Lufttätigkeit im allg. sehr ungünstig. Gelände läßt nur wenig Möglich=keiten für Anlage von Flugplätzen zu.

## *Norwegen*

Schutz der Nordwestflanke Europas – Gesamtfrontlänge 2 500 km (entspricht etwa der Ostfront). – Zum Teil nur stützpunktartig besetzt, Inseln zum Teil nicht besetzt.

*Gelände:* Mittel= und Hochgebirgscharakter, von Fjorden und Tälern tief zerschnitten.

*Wehrwirtschaft:* Abtransport schwedischen Erzes über Narvik *(22 % der euro=päischen Gesamtförderung).*

Schwerpunkt des *Nachschubs* liegt auf Seeverkehr. Mehrere gute große und zahlreiche kleine, für Verteilerverkehr geeignete Häfen.

Küstenfeld für feindliche Anlandungen mit begrenztem Ziel geeignet.

*Operationen* im Lande nur mit beschränkten Kräften möglich. Bahn= und Straßennetz sehr weitmaschig, geringe Leistungsfähigkeit, leicht zu sperren (Brücken – Tunnel). Dadurch britische Operationen 1940 (zudem bei Mangel an größeren Häfen) stark behindert.

*Eigene Kräfte* in Norwegen betragen *380 000 Mann.* – Masse der 13 Divisionen im Küstenschutz, zum Teil bodenständig eingesetzt.
In Norwegen *etwa 1 000 Geschütze über 10 cm im Küstenschutz eingesetzt.*
*Eingreifreserven:* 1 Inf.-Div. in Mittelnorwegen, 1 Inf.-Div. und 1 Pz.-Div. in Südnorwegen.
Wirkungsmöglichkeiten *der eigenen Luftwaffe* in hohem Maße abhängig vom Wetter, besonders in Nord-Norwegen.
*Marine:* Wichtige U-Boot-Stützpunkte, Liegeplätze für schwere Seestreitkräfte. Von Sicherung des Seeverkehrs hängt die Versorgung des AOK ab. Durchschnittliche Nachschubleistung im Monat über See: 190 140 BRT.

### *Dänemark*

Schlüsselstellung am Ostsee-Eingang, deren Besitz weiterreichende Feindoperationen sowohl in Richtung Skandinavien als auch in Richtung Deutschland und Einflußnahme auf Ostseeraum ermöglicht.
*Gesamtfrontlänge:* etwa 700 km.
*Gelände:* Für Seelandungen größeren Stils Westküste wenig (Stürme, Brandung), Ostjütland und Inseln besser geeignet (wegen langer Anmarschwege und Abwehrmöglichkeiten jedoch unwahrscheinlich).
Besonders landungsgefährdet: Esbjerg (Westjütland) und Aalborg (Nordwest-Jütland).
Für *Panzer* fast überall befahrbar.
*Luftlandung:* auch außerhalb der sehr gut ausgebauten Flugplätze möglich.
*Küstensicherung* durch Stützpunkte. Küstenverteidigungskräfte: 3 Divisionen von beschränktem Kampfwert. Dazu Eingreifreserven. Verstärkung befohlen. Insgesamt eingesetzte Verbände aller Wehrmachtteile: 106 500 Mann.

### *Westen*

1. *Gelände:*
   *Es sind insgesamt 2 100 km Küstenfront am Kanal und am Atlantik und 500 km am Mittelmeer* – die im Gegensatz zur Küste in Norwegen mit geringen Ausnahmen Landungen mit modernen Mitteln erlauben.
   *Das Innere des Landes bietet keine Schwierigkeit* für den Einsatz aller Verbände einschließlich operativer Panzer-Verbände (Westfeldzug).
   *Gutes Verkehrsnetz (Bahn und Straße hoch entwickelt)* gestattet ein schnelles Verschieben eigener Reserven, kommt aber auch dem Feinde – hat er erst einmal Fuß gefaßt – zugute.
   *Witterung schließt zu keiner Jahreszeit Landungen mit modernen Mitteln restlos aus.* Lediglich im Herbst und Winter erschweren die Stürme eine Großlandung.
2. *Eigene Möglichkeiten:*
   Die geschilderte Lage zwingt dazu, den Gegner möglichst schon vor der Küste abzuwehren und zu zerschlagen. Daher Bau des Atlantikwalles. Aus-

bau seit langem betrieben; jedoch Unmöglichkeit, 2 600 km Küstenfront an allen Stellen mit einem tiefgestaffelten Festungssystem zu befestigen, obgleich Zahl der Anlagen und eingebaute Waffen alles bisher Dagewe=sene einschließlich Westwall und Maginotlinie übersteigen, z. B. *2 692 Ge=schütze vom Kaliber 7,5 cm* bis zu den schwersten Fernkampfbatterien — ohne die Flak und die Artillerie der eingesetzten Divisionen. — Allein 2 354 mittlere und schwere panzerbrechende Waffen — ohne die Ausrüstung der eingesetzten Divisionen. — 8 500 Anlagen im ständigen Ausbau sind der Truppe übergeben. — Insgesamt wurden hier über 5,3 Millionen cbm Be=ton verbaut.

Ein derartiger Festungsgürtel bindet aber auch starke eigene Kräfte. Hierfür sind Festungs=Divisionen eingesetzt, von denen jedoch natur=gemäß nur jeweils ein kleiner Teil zur Wirkung auf den landenden Gegner kommt. Daher sind zur Bildung von Schwerpunkten starke bewegliche und besonders gut ausgerüstete Reserven im Westen unbedingt notwendig. Eine Schwächung dieser im Westen erforderlichen operativen Reserven be=deutet ein Risiko und eine akute Gefahr für die Gesamtlage.

Stärke im Westen: insgesamt 1 370 000 Mann.

### *Italien*

1. *Geländeverhältnisse:*

An der Front Gebirge, zum Teil Hochgebirgscharakter, nur an der West= und vor allem Ostküste weniger schroffes Gelände. Dadurch zum Teil Möglichkeit zum Aussparen von Abschnitten im Hochgebirge, zum Teil aber auch Bedarf an reichlichem Infanterie=Einsatz, um Durchsickern zu verhindern. Querverschiebungen hinter Front sehr erschwert. Gute Mög=lichkeiten, Straßen nachhaltig zu sperren.

Neben diesen Verhältnissen an der Front (Länge der Front rund 150 km) bestimmend für den Einsatz eigener Kräfte die beiderseitigen lan=gen Küsten (Länge: zusammen rund 1 600 km). — Neben Landungen un=mittelbar hinter unserer Front vor allem bedroht die Abschnitte Genua, La Spezia, Rom und die gesamte Ostküste südlich Ravenna.

2. Nächst dem Gelände ist bestimmend für die Kampfverhältnisse in Italien die *Überlegenheit des Gegners* zu Lande, in der Luft und auf dem Meer. Sie erlaubt das methodische Vorgehen ohne Eingehen von Wagnissen, unterstützt durch wiederholte kleinere und größere Landungen unmittel=bar hinter unserer Front. Starker feindlicher Artillerie=Einsatz.

Vollkommene Luftherrschaft. Neben unmittelbarer schwerer Einwirkung auf die Truppe laufende Störung des Verkehrs, namentlich der Eisenbahn, im rückwärtigen Gebiet. Auswirkung auf Truppenbewegungen und Ver=sorgung bis weit in das Hinterland hinein.

Rückwärtige Verbindung des Feindes über das Meer hinweg nahezu un=gestört, da eigene See= und Luftstreitkräfte viel zu gering.

3. *Eigene. Truppen* angesichts dieser Verhältnisse vor ungeheuren Aufgaben. Trotz Bindung von Kräften an den Küsten und im rückwärtigen Gebiet (Gesamtverpflegungsstärke aller Wehrmachtteile mit Gefolge etwas *über 400 000*) – bisher gelungen, feindliches Vorgehen weitgehend zu verzögern und eigene Verluste an Menschen und Material, von der Räumung der Inseln an in niedrigsten Grenzen zu halten. Dieses als Erfolg zu werten, da Gegner, abgesehen von dem Fußfassen in Europa selbst[1], bisher keinen ausschlaggebenden operativen Erfolg erzielen konnte. Jedoch vorerst unmöglich, dem Feind die Handlungsfreiheit zu nehmen, da er sich in nahezu unbeschränktem Maße versorgen und verstärken kann.
*Eigene Luftwaffe* durch Vielseitigkeit der Aufgaben und große Ausdehnung der Kampfräume in schwerer Lage, muß sich auf Bildung von Schwerpunkten beschränken.
*Marine:* abgesehen vom Einsatz einiger U- und Schnellboote, geringe Möglichkeiten der Einwirkung auf den Feind.

4. An den *Küsten Vorbereiten der Verteidigung.*

## Südosten

1. *Bedeutung des Südostens:*

Beherrschung des Balkans als Bestandteil der Festung Europa aus operativen, militärpolitischen und wirtschaftlichen Gründen kriegsentscheidend.
Im Balkan liegen:
50 % der europäischen Gesamterzeugung an Mineralöl,
100 % der europäischen Gesamterzeugung an Chromerz,
60 % der europäischen Gesamterzeugung an Bauxit,
29 % der europäischen Gesamterzeugung an Antimon,
21 % der europäischen Gesamterzeugung an Kupfer.

2. *Operationsmöglichkeiten:*

*Bei der Küstenlänge (mit Kreta und Rhodos) von rund 4 200 km, die der doppelten Entfernung von Leningrad zum Schwarzen Meer entspricht*, ergeben sich bei einem feindl. Angriff für die eigene Truppe folgende Vor- und Nachteile:
*Vorteile:* Zur Küstenverteidigung im allgemeinen nur schwerpunktmäßige Besetzung der Häfen und Flußmündungen erforderlich.
Bei Fortschreiten der Operationen günstige Sperr- und Verteidigungsmöglichkeiten im Gebirge.

*Nachteile:*

Durch dünnes Straßen- und Eisenbahnnetz Versorgungsschwierigkeiten und schlechte Verschiebemöglichkeiten von Reserven.
Starke Luftgefährdung der wenigen, mit vielen Kunstbauten versehenen

1 Orig.: über das F. in E. selbst hinaus.

Gebirgsstraßen und Bahnen (Nach Griechenland nur eine eingleisige Bahn mit einer Leistung von täglich 12 Zügen).
Schwierigkeiten bei der Versorgung der vielen Inseln in der Aegaeis (geringer eigener Frachtraum, Mangel an Kampf-Seestreitkräften – nur einige ital. Torpedoboote, sehr wenig Sicherungsfahrzeuge. Verpflegungsstärke auf Kreta 47 000 Mann, auf Rhodos 8 000 Mann und 30 000 italienische Militärinternierte).

3. *Jetzige Lage*

*Heer:*

In dem von uns besetzten Teil des Balkans herrscht der Kleinkrieg gegen zum Teil gut bewaffnete, von den Angelsachsen unterstützte Banden in einer *Gesamtstärke von rund 140–150 000 Mann.* Die Banden sind alle deutschfeindlich, jedoch untereinander uneinig. Man unterscheidet:

a) *Kroatien und Serbien:*
   aa) Kommunistische Banden unter dem Befehl Titos in Stärke von etwa *90 000 Mann.*
   bb) Cetniks unter dem Befehl von Draža Mihajlović in Stärke von *30 000 Mann.*

b) *Griechenland:*
   Nationalbanden unter dem Befehl *von Zervas in Stärke von 10 000 Mann und etwa 15 000 Mann Kommunisten.*

Zur Abwehr angelsächsischer Angriffe und zur Bandenbekämpfung stehen zur Zeit eigene Kräfte in Stärke von *612 000 Mann zur Verfügung.*
Größere Landungen im Winter unwahrscheinlich; daher Hauptaufgabe dieser Kräfte Bandenbekämpfung mit dem Ziele, im Frühjahr 1944 nach Zerschlagung und Vernichtung größerer Banden möglichst viele Kräfte zur Küstenverteidigung einsetzen zu können.
Von den im Südostraum stehenden Kräften der Verbündeten ist mit Ausnahme der bulgarischen Verbände, deren Einsatz zur Verteidigung Bulgariens erforderlich ist, keine wesentliche Hilfe zu erwarten.

*Luftwaffe:*

Zahlenmäßige Überlegenheit der angelsächsischen Luftwaffe kommt zur Zeit mit Ausnahme des westlichen Balkans, wo sich die feindliche Besetzung Süditaliens bemerkbar macht, infolge der großen Entfernungen der Absprungbasen noch nicht zur Auswirkung.

## O s t e n

*Frontlänge:* 2 100 km (Entfernung Reichsgrenze–Moskau 900 km, bis Ural 2 300 km).

*Gelände:* Flaches Tafelland, Sumpf und Wald im Norden, stark durchschnittenes (Steppenschluchten) im Süden. *Eigenes Kräfteverhältnis läßt infolge*

*Frontlänge durchlaufendes Stellungssystem nach Weltkriegsverhältnissen nicht zu,* zwingt zu stützpunktartiger Besetzung und beweglicher Kampfführung, wobei Flanken- und Rückenbedrohung in Kauf genommen werden müssen. Eigene Verteidigungslinie daher dünn. Möglichkeit zu größerer Schwerpunktbildung sehr erschwert. Gegenüber feindlicher Kräftezusammenfassung örtlich stets unterlegen.

*Russische Infanterie* trotz erkennbarer Verbesserung der Ausbildung im Kampfwert weiter abgesunken; dagegen rasch steigende Erhöhung der Waffenausstattung (automatische und schwere Infanteriewaffen). Großzügiger Neuaufbau der russischen Artillerie. Monatsfertigung 1 200 Geschütze. – *Panzerwaffe:* Bei Kriegsbeginn *21 000, meist leichte und veraltete Panzer.* – Bestand 1. 10. 43: *9 000 modernste schwere Panzer.* Monatsproduktion: 1 700.

*Russische Panzerverluste von Juni 1941 bis Oktober 1943: 52 000.* Schaffung operativer Panzerverbände für weitreichende Aufgaben (Stoß in die Tiefe und umfassende Vernichtung), schwerpunktmäßiger Einsatz.

Bildung von *Spezialeinheiten* in großem Umfange (Pak-Regimenter, Granatwerfer-Regimenter).

*Eisenbahn-Sabotage:*

*Juli 1 560, August 2 121, September 2 000 Streckensprengungen mit großen Auswirkungen auf die Operationen und auf die Räumungstransporte.*

*Bandenkrieg:* Zweck ist die Störung des deutschen Nachschubs, Verhinderung der Landnutzung, Zersetzung landeseigener Verbände, Organisation des bewaffneten Volksaufstandes, Wiederaufbau der Parteiorganisation im besetzten Gebiet.

Trotz hoher Menschenverluste ermöglichten rücksichtslose Ausnutzung aller Tauglichkeitsbestimmungen und äußerste Einschränkung allmähliche *Verstärkung der Roten Armee* (tiefster Stand 1. 12. 1941: *2,3 Mill., heute bisheriger Höchststand 5,5 Mill.);* daneben laufende Ersatzgestellung und Schaffung operativer Winterreserven *(etwa 50 Divisionen).*

*Gesamtstärke der russischen Verbände:*

327 Schützen-Divisionen,
51 Panzer-Divisionen.

*Eigene Stärke im Osten:*

200 deutsche,
10 rumänische,
6 ungarische Divisionen = 4 183 000 Mann.

## IV

Wie sind nun die Machtmittel unserer Gegner zur Zeit verteilt, welche strategischen und operativen Absichten werden sie haben?

| | |
|---|---|
| England<br>Amerika<br>Mittelmeer<br>Ferner Osten | gesonderte Beilagen. |

Es konnte eine Zeit lang darüber Zweifel bestehen, ob der Feind seinen Schwerpunkt nicht nach dem Fernen Osten verlegen würde. Diese Vermutung hat sich nicht bestätigt. Die Masse der einsatzfähigen englisch=amerikanischen Verbände ist ohne Zweifel im *Mittelmeer*. Infolgedessen ist dort auf jeden Fall mit der Fortsetzung der Operationen zu rechnen; offen bleibt nur, in welcher Richtung und in welchem Umfang. Der beobachtete Nachschub, der im Monat durch die Gibraltar=Straße läuft, beträgt etwa 1,8 Millionen Tonnen, von denen annähernd 300 000 to durch den Suezkanal nach dem Fernen Osten gehen. Für das Mittelmeer bleiben demnach etwa 1,5 Mill. to, die sich auf das westliche und östliche Mittelmer verteilen. Das ist nicht viel mehr, als der normale Nachschub erfordert. Mit der Neuzuführung stärkerer Kräfte in das Mittelmeer ist vermutlich nicht zu rechnen.

*Verteilung des amerikanischen Heeres*

| | |
|---|---|
| *Europa:* | 16 Infanterie=Divisionen |
| | 3 Luftlande=Divisionen |
| | 7 gem. Brigaden |
| | 3 Panzer=Divisionen |
| | 3 Panzer=Brigaden |
| *USA:* | 1 Luftlande=Division |
| | 29 Infanterie=Divisionen |
| | 10 Panzer=Divisionen |
| *Pazifik:* | 1 Panzer=Brigade |
| | 2 gem. Brigaden |
| | 14 Infanterie=Divisionen |
| | 2 Mar.=Inf.=Divisionen |

Stärke der in *Großbritannien* für Angriffsoperationen verwendungsfähigen Kräfte:

11 Panzer=Brigaden (davon 1 amerikanische)
2 Luftlande=Divisionen
7 Fallschirmjäger=Bataillone
(davon 3 amerikanische)
40–41 Infanterie=Divisionen
(davon 4–5 amerikanische)
4 selbständige Infanterie=Brigaden
9 Panzer=Divisionen

Davon allein in Südost= und Südengland, in unmittelbarer Nähe der Absatz=häfen, eingesetzt:

8 Panzer=Divisionen
4 Heeres=Panzer=Brigaden
18 Infanterie=Divisionen
2 Infanterie=Brigaden
1 Luftlande=Division.

Außerdem können mit etwa 1 000 2—4=motorigen Transportern etwa 20 000 Mann *Luftlandetruppen* eingesetzt werden.

Der Einsatz an *Fallschirmtruppen* könnte ebenfalls mit etwa 20 000 Mann erfolgen.

Für mindestens 11—12 Infanterie=Divisionen und 1—2 Panzer=Divisionen steht Truppentransport= und Landungsbootraum zur Verfügung.

Die zur Verfügung stehenden Kräfte und Mittel des Feindes sind schon jetzt ausreichend, um zu einer großen, entscheidungsuchenden Operation auf dem Festland antreten zu können. Diese Kräfte und Mittel werden vermutlich in den nächsten Monaten noch verstärkt werden.

*Britische Kräfteverteilung*

| | | |
|---|---|---|
| *Italien:* | 1 Luftlande=Division | |
| | 5 Kommandos | |
| | 10 Infanterie=Divisionen | |
| | 2 Panzer=Divisionen | |
| | 3 Panzer=Brigaden | |
| *Westliches Mittelmeer:* | (Gibraltar: Besatzung etwa 20 000 Mann) | |
| | 2 Panzer=Brigaden | |
| | 1 Luftlande=Division | |
| | 3 Infanterie=Divisionen | |
| | 2 Panzer=Divisionen | |
| *Mittl. Osten und Vorderer Orient:* | 15 Infanterie=Divisionen und 4 polnische Inf.=Div.en | zus. 19 |
| | 4 Infanterie=Brigaden und 2 griech., 1 tschech. 1 jugosl. Brigade | zus. 8 |
| | 5 Panzer=Divisionen | |
| | 5 Panzer=Brigaden | |
| | 1 Fallschirm=Division | |

V

Nach meinen Erfahrungen geht noch eine Sorge durch das Land. Sie betrifft die Haltung unserer Verbündeten und die Angst, daß sich noch weitere, bis=

her neutrale Staaten den Reihen unserer Feinde zugesellen könnten. Damit betrete ich allerdings das heikle Gebiet der Außenpolitik, das nicht meines Amtes ist und über das ich schnell hinweggehen will.

Von den *neutralen Staaten* lieben uns *Schweden und die Schweiz* nicht. Letztere ist umschlossen, sie ist militärisch ungefährlich und wird uns nichts tun. Sie lebt von uns, und wir profitieren von ihr.

Für Schweden gilt nicht dasselbe. Es hat in den letzten Jahren stark gerüstet, besitzt 12–14 Infanterie=Divisionen und 3–4 Panzer=Brigaden (neben einigen Radfahrbrigaden); im ganzen etwa 4 mal 100 000 Mann unter den Waffen. Es schwankt zwischen der Furcht vor dem Bolschewismus und der Hoffnung auf englisch=amerikanische Hilfe. Diese aber ist weit, solange wir im Skagerrak die Verbindung Schwedens mit England abdrosseln.

Im Falle einer gelungenen feindlichen Landung in Norwegen oder in Däne=mark kann Schweden gefährlich werden, vorher nicht.

*Spanien* und *Portugal* haben sich zur Neutralität entschlossen. Die Macht, sich gegen England und Amerika zu wehren, haben sie nicht. Es kommt also nur auf den Willen unserer Westgegner an, in welchem Ausmaße sie diese Neutralität anerkennen. Die jüngsten Ereignisse in Portugal haben das gezeigt.[1] Ich glaube aber nicht, daß es im Interesse der Angelsachsen (weder aus politi=schen noch aus militärischen Gründen) liegt, einen Krieg auf der iberischen Halbinsel zu entfesseln, und der würde bei einem Angriff auf Spanien zweifel=los entstehen. Ob die einfacheren Mittel der politischen Zersetzung, die zur Zeit angewandt werden, zum Erfolg führen, ist zumindest bei Spanien zweifelhaft.

Die *Türkei* hat bisher klare Neutralitätspolitik getrieben. Ihr Ideal wäre ein Ausgleich zwischen England und Deutschland und damit eine zuverlässige Sicherheit gegen ihren traditionellen Feind: Rußland. Je mehr allerdings sich die sowjetische Macht dem Balkan nähert und je mehr sich England zur Er=ringung des Sieges in das politische Schlepptau der Bolschewisten begibt, um so schwieriger wird die Lage der Türkei; denn gegen Sowjetrußland und Eng=land kann sie Neutralität nicht aufrechterhalten. – Ein überraschendes Ein=greifen der Türkei gegen die Achsenmächte ist nicht zu erwarten; ebenso wenig aber die Möglichkeit, daß England die Dardanellen in die Hand Sowjet=Ruß=lands gibt und damit seine erstrebte Sicherheit im Mittelmeer verliert. Aber auch die Besetzung der Dardanellen durch England würden die Sowjets sofort als einen feindlichen Akt betrachten. In diesem hochpolitischen Problem liegt der Schlüssel der zukünftigen Haltung der Türkei. Sie behauptet ihre Neu=tralität durch die divergierenden Interessen Sowjetrußlands und der West=mächte. Expansionsbestrebungen hat sie nicht, auch nicht gegen Bulgarien.

Unsere *Verbündeten* einigt und hält an unserer Seite die Furcht vor dem Bol=schewismus. Das ist begreiflich; denn kein Volk kämpft für ein anderes, son=dern nur für seine Existenz.

1 Portugal hatte am 12. Okt. England auf den Azoren Stützpunkte eingeräumt.

An der inneren, zuverlässigen Haltung *Finnlands* und *Bulgariens* kann kein Zweifel bestehen.

In *Rumänien* sind zwei Welten; die kraftvolle, bündnistreue Politik fußt dort auf zwei Augen.[1] Darüber muß man sich klar sein.

In *Ungarn*, als ein Feudalstaat alten Musters, sind die sozialen Gegensätze noch in stärkster Weise vorhanden. Damit ist dieses Land auch der kommunistischen Idee gegenüber besonders anfällig. Aber in keiner Stadt Europas scheint dies weniger erkannt zu werden als in Budapest. Dort lebt und tanzt eine zersetzte und stark verjudete Gesellschaftsschicht auf einem Vulkan. Im Gegensatz aber zu Italien hat wenigstens die Masse des Offizierkorps diese Gefahr erkannt. Irgendeinen politischen Ausweg für Ungarn gibt es vorerst nicht.

*Japan:* Dort kämpft ein heroisches Volk den Entscheidungskampf um seine Existenz, genau wie wir. Politisch-strategisch gesehen klafft im Fernen Osten eine Lücke in der klaren Festlegung der Fronten. Roosevelt und Churchill wollen die Teilnahme Rußlands am Kampf gegen Japan. Wir würden es, rein militärisch gesehen, begrüßen, wenn die mandschurischen Armeen sich über den Amur oder gegen Wladiwostok in Bewegung setzen würden. Aber in diesem Punkt verstopfen sich beide asiatischen Staaten die Ohren gegen den Sirenengesang aus dem Westen. Die Gründe liegen nicht nur in der zusätzlichen militärischen Belastung, die beide Staaten damit auf sich nehmen müßten, sondern letzten Endes wohl auch in politischen Überlegungen auf lange Sicht. Denn warum sollte Japan den Krieg gegen Rußland beginnen, so lange es sicher ist, daß in Wladiwostok nicht eine amerikanisch-englische Luftbasis entsteht, und wenn sich am fernen Horizont ein Konflikt der Westmächte gegen Sowjetrußland abzeichnet?

## VI

Das glitschige Parkett der Politik verlassend, wende ich mich nun den Problemen zu, vor denen die Oberste Führung heute steht und in der nächsten Zeit stehen wird. Wir kämpfen auf der *inneren Linie*, das heißt, wir sind in der Lage, in viel kürzerer Zeit starke Kräfte von einem Kriegsschauplatz auf den anderen zu werfen als unsere auf der äußeren Linie kämpfenden Gegner. Der geschickten Ausnutzung der inneren Linie verdankten wir im Kriege 1914/1918 unsere großen Erfolge im Osten und in Italien im Jahre 1917. Heute tritt dieser operative Vorteil der inneren Linie nicht in solchem Maße in Erscheinung; denn der Gegner ist augenblicklich an allen Fronten so stark, daß wir trotz der kürzeren Verbindungslinien kaum in der Lage sind, mehr als eine örtliche Überlegenheit zustande zu bringen. Es kann sich ändern, wenn die Angelsachsen sich anschicken, neben Italien noch eine zweite oder dritte Front zu bilden. Zur Zeit ist die schwierigste Aufgabe der Führung, die Kräfte so

1 Hinweis auf den Marschall Antonescu.

auf dem gesamten Kriegstheater zu verteilen, daß wir dort genügend stark sind, wo der Gegner zu weiteren Angriffen ansetzen wird. Dabei ist zu bedenken, daß wir außerstande sind, den Südosten, Finnland oder Norwegen rasch zu verstärken, weil die technischen Voraussetzungen nicht gegeben sind. Wir haben die vorgeschobenen Positionen in Finnland, Norwegen, Dänemark, im Westen, in Italien und im Südosten gewonnen, um den Kern des Reiches überhaupt lebensfähig zu halten. Die Gründe, die uns dazu zwangen, sie zu erobern, zwingen auch dazu, sie gerade jetzt, wo die überlegene Reichweite der feindlichen Luftwaffe dem Zentrum des Reiches schweren Schaden zufügt, zu behaupten. Ohne ein bestimmtes Maß an Kräften geht das nicht. Zuzugeben, daß es an der Ostfront brennt; aber kein Erfolg des Feindes ist dort unmittelbar tödlich, außer die Ausschaltung des rumänischen Ölgebietes. Aber die Führung kann nicht die Augen verschließen, daß das Feuer bereitgehalten ist, um zu irgendeiner Zeit einen Brand im Westen anzufachen, den man, wenn er nicht sofort gelöscht wird, nicht mehr unter Kontrolle bringen kann.

Hier zerren die Fronten unaufhörlich an den Nerven und den Entschließungen des Führers. Stegemann[1] hat das einmal mit den Worten ausgedrückt: „Immer wird im Kriege der Zwiespalt sichtbar: das Schwanken zwischen der Verausgabung und der Sparung der angesammelten Kraft. Das war und ist kein leicht zu ergründendes Problem. Der Krieg mit seinen Unberechenbarkeiten, seiner unfaßbaren Dynamik und seinem Wechselspiel von Glück und Zufall läßt sich nicht von vornherein festlegen. Wer auf einen Schlag alles ausgibt, steht später je nach den Umständen mit leeren Händen da, und wer die angesammelten Kräfte sparsam verwendet, kommt je nach den Umständen nie dazu, die Überlegenheit zu erringen. Nur wer mit diesem Problem fertig wird, beherrscht den Krieg. Es ist aber immer so gewesen, daß, wie man sich auch verhalte, nur äußerste Anstrengung sich lohnt. Das ist der einzige Satz, der im Kriege nie zuschanden geworden ist."

Wo der Gegner zum Entscheidungsschlag ansetzt, wissen wir nicht. Er hat die Absprungbasis Mittelmeer und die Basis England.

Kein Kriegsschauplatz kann unter ein gewisses Maß geschwächt werden. Die äußersten Anstrengungen können also nur darin bestehen, über die notwendige Mindestbesetzung hinaus neue operative Zentralreserven zu schaffen, trotz aller personellen Nöte. Das ist im Gange (Anlage).

Damit erhebt sich aber schon wieder das nächste schwierige Problem, das in jedem Krieg von langer Dauer auftritt: die Wechselwirkung und der Konflikt zwischen dem *Bedarf an Soldaten an der Front und dem Bedarf an Arbeitern in der Heimat*. Noch nie ist es in solcher Schärfe aufgetreten wie in diesem hoch-technisierten Kriege. Dazu einige Zahlen (Anlage).

1 Gemeint ist der Schweizer Militärschriftsteller Hermann *Stegemann* (1870–1945), der im „Berner Bund" vielbeachtete Artikel zum Verlauf des I. Weltkrieges veröffentlicht hatte, 1918–21 eine vierbändige Geschichte desselben herausbrachte und darauf zum Professor in München berufen wurde.

Wie soll nun die Führung entscheiden? Die Front braucht Soldaten, und die Front braucht Waffen. Viele Waffen und um so bessere Waffen, je kostbarer der Mensch als Kämpfer geworden ist.

Wenn hier nicht der Führer an der Spitze stünde, der souverän entscheiden kann und entscheidet, gäbe es Mord und Totschlag. – Eines aber ist sicher: es ist ein Verbrechen, einen wehrfähigen Mann in der Heimat zu beschäftigen, wo er durch eine andere Kraft ersetzt werden kann oder wenn diese Tätigkeit nicht lebensnotwendig ist. Glücklicherweise zeigt sich der Verrat Italiens hier von einer guten Seite. Der Zustrom an Militär-Internierten und Arbeitern aus Italien wird eine erhebliche Erleichterung auf diesem Gebiete bringen.

Aus diesem Dilemma des Menschenmangels heraus entstanden die Gedanken von der stärkeren Ausschöpfung der personellen Kraftreserven in den von uns beherrschten Gebieten. Hier mischt sich Richtiges mit Falschem. Soweit es sich um die Arbeitskräfte handelt, ist, glaube ich, das äußerste geschehen. Wo es noch nicht der Fall ist, schien es politisch günstiger, von Zwangsmaßnahmen abzusehen und dafür Ruhe und wirtschaftliche Leistungen einzutauschen. Ich glaube aber, daß heute der Zeitpunkt gekommen ist, in Dänemark, Holland, Frankreich und Belgien mit rücksichtsloser Energie und Härte die Tausenden von Nichtstuern zu Befestigungsarbeiten zu zwingen, die allen anderen Aufgaben vorangehen. Die notwendigen Befehle hierzu sind erlassen.

Mit größter Vorsicht und Skepsis aber muß man die *Heranziehung fremdländischer Völker als Kämpfer* betrachten. Es gab einmal eine Zeit, da ging beinahe eine Art Psychose von der Ostfront aus mit dem Schlagwort „Rußland kann nur durch Russen besiegt werden". In vielen Köpfen spukte die Idee einer riesigen Wlassow-Armee. Wir haben damals mehr als 160 Bataillone aufgestellt. Die Erfahrungen waren gut, solange wir uns im siegreichen Angriff befanden. Sie wurden schlecht, als sich die Lage änderte und wir zum Ausweichen gezwungen wurden. Heute sind nurmehr rund 100 Ost-Bataillone vorhanden und fast keines mehr im Osten. Eine Kosaken- und eine turkmenische Division sind gerade im Begriff, im Südosten ihre Bewährungsprobe abzulegen. Die Ausschöpfung der estnischen und lettischen Wehrkraft ist ebenso wie die kroatische, muselmanische und mazedonische durch den Reichsführer SS im Gange.

Was aber zur Zeit am schwersten auf der Heimat und in seiner Rückwirkung damit auch auf der Front lastet, das sind die feindlichen *Terrorangriffe aus der Luft* gegen unsere Wohnstätten und damit gegen unsere Frauen und Kinder. Hier hat der Krieg – und man kann es nicht oft genug wiederholen, allein durch die Schuld Englands – Formen angenommen, wie man sie seit den Rassen- und Religionskriegen nicht mehr für möglich hielt.

Diese Terrorangriffe sind in ihrer psychologischen, moralischen und materiellen Wirkung doch so, daß sie abgeschwächt, wenn nicht ganz zum Erliegen gebracht werden müssen. Gewiß haben sie wie jedes schwere Leid auch die eine oder andere gute Wirkung. Vor den Trümmern des eigenen Besitzes verblassen alle sozialen Probleme, jeder Neid und alle kleinlichen Regungen der menschlichen Seele. Damit können wir uns aber nicht trösten. Die Überlastung unserer Luftwaffe und ein technisches Nichtschritthalten mit den Flugzeugen und der elektrischen Ortung unserer Gegner haben uns in diese Lage gebracht. Die Anstrengungen des Führers und des Reichsmarschalls werden auch diese Krise überwinden. Die ersten Ansätze und Auswirkungen sind da. Der großen und starken Bewaffnung der viermotorigen Bomber werden wir die Schnelligkeit und die vernichtende Waffenwirkung auf weite Entfernungen neben anderen technischen Erfindungen gegenüberstellen. Unsere Gegner haben diese Gefahr erkannt und versuchen, ihr durch die Zerstörung der Produktionsstätten zu begegnen. Es genügt, wenn die feindlichen Geschwader mit absoluter Sicherheit bei allen Tages= und Nachangriffen 10—12 % der eingesetzten Flugzeuge verlieren. Das können sie vielleicht materiell ersetzen, aber personell nicht; und vor allem hält die Moral der in der Masse ideenlos und bei den Amerikanern vorwiegend materiell eingestellten Besatzungen dieser Belastung nicht stand. Ich bin fest überzeugt, daß die geschlossenen Geschwaderflüge, die allein durch ihre Bombenteppiche eine so vernichtende Wirkung erzielen konnten, dank unserer neuen Waffen und technischen Fortschritte ihrem Ende entgegengehen werden.

Die größten Hoffnungen aber hatten die militärische Führung und das deutsche Volk auf den *U=Bootkrieg* gesetzt; und das mit Recht; denn im Rahmen der allgemeinen großen, strategischen Defensive, in die wir durch die Entwicklung der Kriegslage mit dem allmählichen Wirksamwerden des überlegenen Kriegspotentials unserer Gegner gezwungen worden sind, ist der U=Bootkrieg als einziger offensiver Sektor der deutschen Kriegführung anzusehen. Auch in seiner Kampftätigkeit sind in den letzten Monaten harte Rückschläge eingetreten, die dazu geführt haben, daß die Erfolge des Tonnage=Krieges die Höhe des feindlichen Handelsschiffsneubaues nicht mehr erreichen konnten. Der Grund für das Absinken der U=Boot=Erfolge ist die mit äußerster Kraft vom Gegner vorwärts getriebene U=Boot=Abwehr, die sich vor allem durch einen sehr starken Luftwaffeneinsatz mit neuartigen, leistungsfähigen Ortungsgeräten und sehr wirksamen Bomben und Unterwasserwaffen auswirkt. Die gegenwärtige Krise im deutschen U=Bootkrieg ist daher eine Folge der feindlichen Luftherrschaft über dem Atlantik. Diese Krise muß und wird überwunden werden. Die außerordentliche Bedeutung des Tonnage=Krieges steht nach wie vor außer Frage. Er ist in der Vergangenheit das größte Hemmnis für alle feindlichen Operationspläne gewesen und bleibt weiterhin die stärkste Bedrohung für die zukünftige Entwicklung, da die laufenden starken Personal= und Material=Transporte für die angelsächsische Kriegführung und die gesamte Versorgung der in Europa eingesetzten Armeen sowie des britischen Mutterlandes allein über See geleitet werden müssen. Der Fortfall der Bedro=

hung durch den Tonnage-Krieg würde mit Sicherheit ein nicht übersehbares Kriegspotential beim Gegner für den Einsatz an anderen Stellen freimachen.

Die eigenen Maßnahmen, um die feindliche Abwehr zu brechen und die Kampfmöglichkeiten des U-Bootes von Grund auf zu verbessern, sind eingeleitet oder in der Entwicklung und werden mit größter Entschlossenheit beschleunigt vorwärtsgetrieben. Es steht zu erwarten, daß sie in absehbarer Zeit zum Erfolg und damit zu einer Überwindung der augenblicklichen Schwäche des U-Bootkrieges führen werden.

Im übrigen hat Ihnen ja der Oberbefehlshaber der Kriegsmarine persönlich vor kurzem nähere Ausführungen über die Gesamtlage im U-Boot-Krieg gemacht.

## VII

### *Grundlagen unseres Vertrauens auf den Endsieg*

Wenn ich zum Schluß meiner Ausführungen unsere Gesamtlage nun nochmals zusammenfassend charakterisieren soll, so muß ich sie in aller Offenheit als schwierig bezeichnen und möchte auch keineswegs verschweigen, daß ich durchaus mit der Möglichkeit weiterer schwerer Krisen rechne. Meine grundsätzliche Haltung diesen Aussichten gegenüber darf ich zunächst mit dem Wort Fontanes[1] kennzeichnen:

> „Große Zeit ist immer nur, wenn's beinah' schief geht, wenn man jeden Augenblick fürchten muß: Jetzt ist alles vorbei. Da zeigt sich's. Courage ist gut, aber Ausdauer ist besser. Ausdauer, das ist die Hauptsache."

Im besonderen aber baut sich unsere Zuversicht auch auf einer Reihe sachlich darzulegender Gesichtspunkte auf. An der Spitze steht die ethische und moralische Grundlage unseres Kampfes, die der Gesamteinstellung des deutschen Volkes das Gepräge gibt und unsere Wehrmacht zu einem unbedingt zuverlässigen Instrument in der Hand ihrer Führung macht. Die Kraft der revolutionären Idee hat nicht nur eine Reihe unvergleichlicher Erfolge ermöglicht, sondern läßt unsere tapferen Truppen auch in der Abwehr wie im planmäßigen Rückzug Leistungen vollbringen, wie sie höchstens noch der Russe, aber sonst kein anderes Volk zuwege brächte und die jede Hoffnung unserer Gegner auf einen militärischen Zusammenbruch in das Gebiet der Utopie verweisen.

Demgegenüber sind die moralischen, politischen und militärischen Tendenzen unserer Gegner keineswegs in sich geschlossen und einheitlich gerichtet. Am deutlichsten kommt dies in der kämpferischen Haltung der Engländer und Amerikaner zum Ausdruck, deren Erfolge in Afrika, auf Sizilien und in Italien nur der Schwäche und dem Verrat unserer italienischen Bundesgenossen zuzuschreiben sind. Wo sie in Kampfberührung mit deutschen Kräften kamen,

1 Theodor *Fontane* legt in seinem Roman „Der Stechlin" (1898) diese Worte dem alten Dubslav v. Stechlin in den Mund (4. Kap.).

haben sie sich durchweg unterlegen gezeigt und nur durch vielfaches Übergewicht der Zahl Vorteile zu erringen vermocht. Ganz besonders deutlich kommt dies führungsmäßig zum Ausdruck; denn nach unseren Begriffen ist es völlig unverständlich, daß die Anglo-Amerikaner, die seit über zwei Jahren von den russischen Bundesgenossen geforderte Bildung einer zweiten Front im Westen vermieden und aus ihren Chancen im Mittelmeer keineswegs das herausgeholt haben, was nach der wirklichen Lage der Dinge nach deutschen Aktivitätsbegriffen herauszuholen war.

Was nun auch kommen möge, so wird jeder weitere Angriff unserer Gegner — sei es im Norden oder Westen, in Italien oder auf dem Balkan — die Einsatzbereitschaft unserer Gegner auf eine schwere Probe stellen. Wir selbst wissen ein Lied von den Versorgungsschwierigkeiten und den damit verbundenen Opfern aus dem Kampf in Nordafrika zu singen. Und eindeutige Nachrichten verschiedenster Art aus dem Lager unserer Gegner beweisen, wie schwer die Umkehr dieser Bedingungen vom Gegner bereits heute empfunden wird.

Meine tiefste Zuversicht gründet sich aber darauf, daß an der Spitze Deutschlands ein Mann steht, der nach seiner ganzen Entwicklung, seinem Wollen und Streben vom Schicksal nur dazu ausersehen sein kann, unser Volk in eine hellere Zukunft zu führen. Allen gegenteiligen Meinungen zum Trotz muß ich hier zum Ausdruck bringen, daß er die Seele nicht nur der politischen, sondern auch der militärischen Kriegführung ist und daß die Kraft seines Willens wie der schöpferische Reichtum seiner Gedanken in strategischer, organisatorischer und rüstungstechnischer Beziehung die ganze deutsche Wehrmacht durchpulst und zusammenhält. Ebenso ist die so wichtige Einheit von politischer und militärischer Führung bei ihm in einer Weise verkörpert, wie es seit Friedrich dem Großen nicht mehr der Fall gewesen war.

Daß keine Führung frei von Fehlern ist, hat der Führer selbst des öfteren ausgesprochen, wie die Kriegsgeschichte — um ein Wort von Schlieffen zu benutzen — überhaupt nur in der Aneinanderreihung von Fehlern besteht und jede Kriegslage naturgemäß nur das Produkt von Fehlern sein kann.

Worauf es ankommt, das ist die stetige Tatbereitschaft, der Wille, sich nie unterkriegen zu lassen und dem Gegner ständig an der Klinge zu bleiben. Daß dem so ist, vermag ich aus vollem Herzen zu versichern.

Was nun die Rolle seiner Mitarbeiter betrifft, so bewahrheitet sich heute wie einst ein wenig bekanntes Wort von Clausewitz: „Der vollkommenste Generalstab mit den richtigsten Ansichten und Grundsätzen bedingt noch nicht die ausgezeichnete Führung einer Armee, wenn die Seele eines großen Feldherrn fehlt."

An uns allen ist es nun, jeden Kleinmut in uns niederzuringen und damit in uns selbst die Grundlage des Vertrauens zu schaffen, aus der allein der Sieg erwachsen kann. Der andere fürchtet sich immer noch ein Stückchen mehr, und ein Krieg ist nur dann verloren, wenn man ihn selbst verloren gibt.

Wie dieser Krieg einmal enden wird, das kann kein Mensch vorhersagen. Was sich in ihm noch alles ereignet an Unsagbarem, wieviele Hoffnungen enttäuscht und wieviele Sorgen sich ins Gegenteil verkehren werden, liegt im Dunkel der Zukunft verborgen. Sicher ist nur, daß wir nie aufhören werden zu kämpfen; denn durch die Weltgeschichte zieht wie ein ehernes Gesetz der Fortschritt und der Aufstieg. In ihm hat Europa geführt und an seiner Spitze Deutschland. Ein Europa unter der Knute amerikanischer Juden und bolschewistischer Kommissare ist undenkbar.

Ich möchte in dieser Stunde nicht mit dem Munde, sondern aus tiefstem Herzen bekennen:

daß unser Vertrauen und unser Glaube an den Führer ein grenzenloser ist,

daß es für uns kein höheres Gesetz gibt und keine heiligere Pflicht, als bis zum letzten Atemzuge für die Freiheit unseres Volkes zu kämpfen,

daß wir alles Weiche und Pflichtvergessene abstoßen wollen,

daß uns alle Drohungen unserer Gegner nur noch härter und entschlossener machen werden,

daß wir uns keiner feigen Hoffnung hingeben, als könnten uns andere vor dem Bolschewismus retten, der alles hinwegfegen wird, wenn Deutschland fällt,

daß wir selbst die Trümmer unserer Heimat bis zur letzten Patrone verteidigen würden, weil es in ihnen tausendmal besser zu leben ist als in der Knechtschaft,

daß wir siegen werden, weil wir siegen müssen — denn sonst hätte die Weltgeschichte ihren Sinn verloren.

## II. 1944

### 1. Operationsbefehl Nr. 7 vom 2. April 1944 betr. die weitere Kampfführung im Osten

*Operationsbefehl Nr. 7*

*Weisung für die weitere Kampfführung der Heeresgruppen A, Süd und Mitte*

1. Die russ. Offensive im Süden der Ostfront hat ihren Höhepunkt überschritten. Der Russe hat seine Verbände abgenutzt und auseinandergezweigt.

   Es ist jetzt der Zeitpunkt gekommen, das russ. Vorgehen endgültig zum Stehen zu bringen.

   Dafür habe ich die verschiedensten Maßnahmen eingeleitet. Es ist nunmehr unter Festhalten der Krim folgende Linie unbedingt zu halten bzw. wiederzugewinnen:

   Dnjestr bis nordostw. Kischinew — Jassy — Targul Neamt — Ostausgänge der Karpaten zwischen Targul Neamt und Kolomea — Tarnopol — Brody — Kowel.

2. *Heeresgruppe A* hat vorläufig die Linie Tiligulskij Liman – Dnjestr bei Dubosari zu halten, bis die Voraussetzungen für eine Versorgung der Krim unabhängig von Odessa geschaffen sind. Die Zurücknahme auf den Dnjestr ist lediglich vorzubereiten. Nach Schließung der zwischen 8. Armee und den Karpaten bestehenden Lücke sind beschleunigt möglichst starke Kräfte des rechten Flügels auf den linken Flügel der Heeresgr. zu verschieben. Die Ostausgänge der Karpaten sind zu sperren. Der Aufmarsch der mobilgemachten rumän. Kräfte muß auch von uns aus mit allen Mitteln vorwärtsgetrieben werden.

Die Eingliederung der rumän. Kräfte hat entsprechend dem Gelände zu erfolgen, so daß an panzergefährdeten Abschnitten in erster Linie deutsche Truppen stehen.

Besonders wichtig ist es, daß die den Rumänen von mir zur Verfügung gestellten schw. Pak so schnell wie möglich herankommen und an die gefährdetsten Stellen gebracht werden. Sie müssen deutsche Besatzungen haben. Es kann hier auf jede Stunde ankommen. Die Heeresgr. ist hierfür voll verantwortlich und hat einen besonderen Stab dafür einzusetzen.

3. Die vornehmlichste Aufgabe der *Heeresgruppe Süd* ist das Freikämpfen der 1. Pz.-Armee aus ihrer Umschließung. Die 1. Pz.-Armee hat ihren Durchbruch weiter in nordwestl. Richtung vorzutreiben.

Aus den vorhandenen und neu eintreffenden Verbänden ist eine starke, durchschlagkräftige Angriffsgruppe im Raum südostw. Lemberg zu bilden, die zum frühestmöglichen Zeitpunkt mit scharf zusammengefaßten Kräften in südostw. Richtung anzutreten hat, um die durchgebrochene Feindgruppe im Raum Stanislau zu vernichten und die Verbindung mit 1. Pz.-Armee wiederherzustellen. Ich bin mit dem Vorschlag des Feldmarschalls von Manstein im großen einverstanden.

Nach Zusammentreffen mit 1. Pz.-Armee ist durch örtliche Vorstöße die anfangs befohlene Linie endgültig zu gewinnen, der Anschluß an Heeresgr. Mitte südl. Kowel herzustellen und eine geschlossene Front aufzubauen. Die aus Ungarn mobilgemachten ungar. Kräfte werden Heeresgr. Süd unterstellt. Auch hier ist es wichtig, sie mit deutschen Verbänden, die ihnen einen Rückhalt geben sollen, zusammen einzusetzen. Scharfe Befehle sind hier notwendig.

4 *Bei Heeresgruppe Mitte* bin ich mit der scharfen Schwerpunktbildung bei Brest voll einverstanden.

Erste Aufgabe der Heeresgr. Mitte ist Freikämpfen von Kowel und Verbindungsaufnahme mit Heeresgr. Süd.

gez.: *Adolf Hitler*

OKH / GenStdH / Op Abt. (I)
Nr. 440 129/44 g.Kos. / Chefs.
2. 4. 1944.

**2. Führerbefehl vom 16. Mai**
**betr. Einsatz der Fernwaffen gegen England ab Mitte Juni**

*(Der Einsatz von V 1 begann in der Nacht vom 12. zum 13. Juni; der Abschuß von V 2 zog sich bis zum 8. September hin.)*

F.H.Qu., den 16. Mai 1944

Oberkommando der Wehrmacht
Nr. 771 574/44 g.K.Chefs. WFStab/Op. (H/Ia) Geh.Kdos./Chefs.
*Bezug:* OKW/WFSt/Op.Nr.663082/43 g.Kdos./Chefs.v.23.12.43

Der Führer hat befohlen:

1. Das *Fernfeuer gegen England ist Mitte* Juni zu eröffnen. Den *genauen Zeitpunkt befiehlt OB West,* der auch mit Hilfe des Gen.=Kdo. LXV.AK. und der Luftflotte 3 das Fernfeuer leitet.
2. Es wirken mit:
   a) Fzg. 76,
   b) Fzg. 76 durch Abwurf von He 111,
   c) Fernkampfartillerie,
   d) Kampfverbände der Luftflotte 3.
3. *Durchführung:*
   a) *Gegen Hauptziel London*
   Nach schlagartiger Feuereröffnung in der Nacht durch Fzg. 76, deren Geräte zusammen mit Bomben (in der Masse Brandbomben) der Kampf=verbände im Ziel ankommen, und durch Feuerüberfälle der Fernkampf=artillerie auf Städte im Wirkungsbereich ist zu einem ununterbrochenen nächtlichen Störungsfeuer auf London überzugehen. Bei einer Wetter=lage, die feindliche Flugtätigkeit ausschließt, wird auch unter Tags ge=schossen werden können. Das Störungsfeuer, durchmischt mit Feuer=schlägen von wechselnder Dauer und Stärke, muß so bemessen sein, daß der Munitionsbestand immer den Anschluß an die Fertigung und die Zuführung behält. Darüber hinaus sind 600 Geräte Fzg. 76 als OKW=Sperrbestand anzusehen, die nur mit Genehmigung OKW ver=schossen werden dürfen.
   b) Der *Übergang auf andere Ziele wird zeitgerecht befohlen.*
4. Die *Mitwirkung der Kampfverbände der Luftwaffe* ist unter Zurückstel=lung anderer Aufgaben wenigstens zu Beginn des Schießens vorzusehen. Der Jagd= und Flakschutz über den Feuerstellungen und Versorgungsanla=gen muß bei Beginn des Feuers aufgebaut und organisiert sein. Alle Vor=bereitungen müssen darauf abgestellt sein, daß die Verkehrsverbindungen zu den Feuerstellungen in stärkstem Maße durch den Gegner angegriffen und zerstört werden.
5. Für die Geheimhaltung gilt die Ziffer 7) des Befehls vom 23. 12. 43 Nr. 663 082/43 g.Kdos./Chefs.

Der Chef des Oberkommandos der Wehrmacht
gez.: *Keitel*

### 3. Rundschreiben der Partei an alle ihre Dienststellen betr. deren Einsatz im Invasionsfall (31. Mai)

*Dieses Schreiben ist aufgenommen, um zu beleuchten, wie stark die Partei in die Reichsverteidigung eingeschaltet war, wie stark dadurch einerseits die Wehrmacht, andererseits die Verwaltung bei ihren Maßnahmen eingeengt wurden (vgl. unten S. 1569 ff.: Nr. 4).*

Nationalsozialistische Deutsche
Arbeiterpartei
Parteikanzlei
Der Leiter der Parteikanzlei

F.H.Qu., den 31. 5. 44
Geheime Reichssache!

*Rundschreiben 123/44 g.Rs.*

*Betr.:* Einsatz der Partei im Invasionsfall.

Die in diesem Rundschreiben mitgeteilten Anweisungen und Anregungen gelten in erster Linie für die Küstengaue, werden aber zur allgemeinen Unterrichtung und Auswertung allen Gauleitern übermittelt.

I.

Die Anglo=Amerikaner sind sich darüber im klaren, daß die angekündigte Invasion nur beim Einsatz stärkster Kräfte und bei Anwendung aller Mittel durchgeführt werden kann. Mit der Absetzung von Luftlandetruppen und Sabotage=Kommandos, mit Aufständen fremdländischer Arbeiter, intensiver Propaganda und mit einer Verstärkung des Luft= und Nervenkrieges auch innerhalb des Reiches muß gerechnet werden. Selbst die bisher vom Luftkrieg unberührten Gaue werden sich daher auf den Invasionsfall einstellen müssen. Das ganze deutsche Volk — insbesondere aber die Partei — muß auf diese Belastungsprobe ideell und materiell vorbereitet sein und im gegebenen Augenblick durch Konzentration aller Kräfte mithelfen, die Pläne des Gegners zu zerschlagen.

II.

In dem reibungslosen Zusammenspiel aller deutschen Abwehrkräfte, in der *Beseitigung aller Zuständigkeitskonflikte* liegt die Gewähr für schnelles, wirkungsvolles Handeln und damit für den Erfolg. Zwei *Führererlasse* über die „Befehlsgewalt in einem Operationsgebiet innerhalb des Reiches" für Partei und staatliche Verwaltung werden die Befugnisse der Gauleiter und Reichsverteidigungskommissare in ihrem Verhältnis zur Wehrmacht bestimmen. Eine allgemeine Regelung der Frage des außerberuflichen Einsatzes ist ebenfalls in Vorbereitung. Unabhängig davon müssen die Gauleiter alle notwendigen Vorbereitungen treffen, um für den Ernstfall gerüstet zu sein.

III.

Da der Grad der Einschaltung der einzelnen Gaue im Falle einer Invasion ein anderer sein wird, können die folgenden Hinweise *nur den Rahmen abgeben für die Maßnahmen, die jeder Gauleiter zu treffen hat:*

1. Die Partei muß gerade im Invasionsfall ihre Befähigung zur *Menschenführung* unter Beweis stellen. Das Vertrauen, das die Bevölkerung in kritischen Situationen ihr entgegenbringt, darf nicht enttäuscht werden. Die Fähigkeit der Partei, im Notfall schnell und sicher zu improvisieren, initiativ zu handeln, muß sich immer wieder bewähren. Zur Erfüllung ihrer Aufgaben ist es notwendig, daß die Hoheitsträger — in den unmittelbar bedrohten Gauen bis zum Kreisleiter abwärts — über die militärischen und zivilen Vorbereitungen, soweit sie Rückwirkungen auf das Aufgabengebiet der Partei haben, unterrichtet sind; um dies zu gewährleisten, wurden entsprechende Schritte unternommen.

2. Die vordringlichste, praktische Aufgabe der Partei ist die Lenkung des außerberuflichen Menscheneinsatzes und damit die *Mobilisierung aller Kräfte im Heimatkriegsgebiet*, um sie in Zusammenarbeit mit den Wehrersatzdienststellen der Wehrmacht oder der Polizei zur Verfügung zu stellen. Wie der Hoheitsträger (Kreisleiter) schon jetzt die Zuweisung der Männer an die Heimatflak steuert, so muß er im I-Falle über die gesamte Reserve an zivilen deutschen Kräften verfügen. Die Parteiformationen müssen durch Vereinbarung des Gauleiters mit dem zuständigen Befehlshaber der Ordnungspolizei alarmbereit und einsatzfähig gemacht werden. Die Wehrertüchtigungslager der HJ müssen als ganze Einheiten dem Gauleiter ebenfalls zur Verfügung stehen. Wegen der Belassung der Ausbilder der Wehrmacht bei diesen Einheiten sind Schritte beim OKW unternommen. Um die Männer der Parteiformationen völkerrechtlich zu sichern, ist ihre Unterweisung in den Bestimmungen der Haager Landkriegsordnung, insbesondere Artikel 1—3, erforderlich. Der Wortlaut dieser Artikel ist beigefügt. In einem Gau sind die Parteiformationen zu ihrer rechtlichen Sicherung auf die Stadt- und Landwacht verpflichtet worden. Auch dagegen ist nichts einzuwenden, vorausgesetzt, daß die Einheiten dadurch nicht der ausschließlichen Verfügungsgewalt der Partei entzogen werden.

Voraussetzung für einen zweckentsprechenden Einsatz der Kampfkräfte im Heimatkriegsgebiet ist die *Beseitigung der Mehrfacheinteilung*. Es muß in allen Gauen erreicht werden, daß jeder Mann tatsächlich nur eine Mob-Beorderung für den überörtlichen Einsatz hat oder daß zumindest Dringlichkeitsstufen geschaffen werden. Dadurch wird auch die sachliche Aufgabenverteilung zwischen Wehrmacht, Polizei und Parteiformationen erleichtert.

In den unmittelbar betroffenen Gauen wird es sich vielleicht als notwendig erweisen, in Sonderfällen *Frauen* zu Hilfsdiensten, u. a. zu Schanz- und Planierungsarbeiten, heranzuziehen. Der Einsatz der Frauen bedarf sorgfältiger, organisatorischer und psychologischer Vorbereitung. Ob und in welchem Umfang Frauen an den Abwehrmaßnahmen beteiligt werden müssen, wird sich aus der jeweiligen Lage ergeben und unterliegt in erster Linie der Entscheidung des im Operationsgebiet zuständigen Wehrmachtbefehlshabers. Auf alle Fälle muß aber sichergestellt werden, daß dort, wo der Einsatz von Frauen erforderlich wird, die Erfassung und die Führung im Einsatz durch die Partei erfolgen.

Das beste Mittel zur totalen Mobilisierung der Gaue sind örtliche Appelle aller Mob=Einheiten des Heimatkriegsgebietes. Damit sollen Einsatzübungen, Ausbildung der Männer an der Waffe, die Überprüfung der Ausrüstung sowie Aufmärsche verbunden werden, um die Stärke der Heimatfront vor dem eigenen Volk und vor den fremdländischen Arbeitskräften zu demonstrieren. Die politisch=propagandistische Beeinflussung dieser Männer durch den Hoheitsträger (Kreisleiter) bei solchen Gelegenheiten ist erwünscht. Die Kreisleiter müssen durch Fühlungnahme mit den zuständigen Befehlshabern dafür sorgen, daß die Führerstellen der nicht=militärischen Abwehrformationen mit zuverlässigen Nationalsozialisten besetzt sind.

Zwecks besserer Bewaffnung und Ausrüstung der Parteiformationen und zwecks Ausstattung einzelner Dienststellen mit Maschinenpistolen sind besondere Maßnahmen eingeleitet.

3. Die evtl. Rückführung von Industrie= und Landwirtschaftsgütern, die Zerstörung kriegswichtiger Anlagen sowie die Rückführung der ausländischen Arbeiter und Gefangenen aus dem Operationsgebiet ist Aufgabe der Wehrmacht bzw. der Polizei. Dagegen ist die Bearbeitung aller Angelegenheiten, die mit einer möglichen *Evakuierung der deutschen Zivilbevölkerung* zusammenhängen, *allein Aufgabe der Partei.*

In welcher Form und in welchem Umfang eine solche Rückführung vor sich gehen soll, kann jetzt noch nicht festgelegt werden. Sie richtet sich nach Art und Maß etwaiger Feindaktionen.

Ist die Evakuierung notwendig, so erfolgt sie zweckmäßigerweise nach folgenden Gruppen: Ausländische Arbeitskräfte und Gefangene, Rüstungsarbeiter, wehrfähige Männer und die Jugend bis zum 14. Lebensjahr abwärts, und zwar nicht vor Invasionsbeginn. Eine vorsorgliche Evakuierung bestimmter Gebiete – soweit sie nicht auf Grund der Luftkriegsmaßnahmen bereits evakuiert sind – würde unnötige Unruhe in die Wirtschaft bringen, während eine totale Evakuierung, wie das Beispiel Frankreichs bewiesen hat, die militärischen Operationen hemmen würde. Die Partei hat aber die Pflicht, schon jetzt nach dem Muster der Luftkriegserfahrung alle Vorbereitungen zur Unterbringung, Verpflegung und Versorgung der evakuierten Bevölkerung zu treffen.

4. Der Feind wird versuchen, sofort alle im Operationsgebiet und im Hinterland ansässigen, staatsfeindlichen und defaitistischen Kräfte zu mobilisieren, um den Einbruch in die moralische Widerstandskraft des deutschen Volkes endlich zu vollziehen. Die Bekämpfung solcher Elemente ist Sache der Polizei. Die Partei kann aber dabei helfen; sie muß außerdem durch *verstärkte propagandistische Tätigkeit* und durch sonstige geeignete Maß=

nahmen unter allen Umständen die Widerstandskraft der Bevölkerung aufrechterhalten.

IV.

Die feindliche Besatzungsmacht wird im Falle einer gelungenen Brückenkopfbildung ihr erstes Augenmerk auf die Zerschlagung der Partei richten. Es ist daher wichtig, rechtzeitig Vorbereitungen für den Abtransport oder die Vernichtung von Akten, Karteien und sonstigen wichtigen Gegenständen aus den Dienststellen der Partei, ihrer Gliederungen und Verbände zu treffen. Grundsatz muß sein, daß in den gefährdeten Gebieten *dem Feind keinerlei Anhaltspunkte über Aufbau und Arbeit der Partei in die Hand fallen.* Außerdem muß die Partei dafür sorgen, daß Sender, Lautsprecheranlagen, Filmvorführgeräte usw. rechtzeitig zurückgeführt werden.

Fällt der Kreisleiter durch Tod oder Verwundung aus, dann muß der am besten geeignete Mann des Kreises für eine Übergangszeit – bis der Gauleiter aus seiner Führerreserve einen neuen Kreisleiter bestimmt hat – die Führung der Partei im Kreise übernehmen. Es wird daher den Gauleitern empfohlen, für den Invasionsfall *vorsorglich einen energischen Parteigenossen zu bestimmen,* der bei Ausfall des Kreisleiters automatisch an seine Stelle tritt.

Bei Unruhen und Aufständen Fremdvölkischer wird die Parteiführerschaft, ausreichende Bewaffnung vorausgesetzt, ihre Pflicht nur erfüllen können, wenn sie sich soldatisch an den Brennpunkten der Ereignisse einsetzt. Bei Gefahr im Verzuge muß der Hoheitsträger die Möglichkeit haben, seine Männer ohne besonderen Auftrag selbständig zum Einsatz zu bringen, bis die Führung durch die Polizei übernommen werden kann. Die Dienststellen der Partei, vor allem die der Gauleiter und Kreisleiter, müssen von Beginn der Invasion an dauernd durch Angehörige der Dienststellen bewacht werden. Die Nachrichtenverbindungen der Partei müssen jederzeit ihren höchsten Wirkungsgrad besitzen.

Da gemäß Führerbefehl im Fall einer feindlichen Landung alle wehrfähigen Männer des Operationsgebietes sofort mit der Waffe einzusetzen sind, bedarf es einer eingehenden Vorplanung, um die führenden Kräfte der Partei freistellen zu lassen.

V.

Die in einigen Gauen bereits getroffenen Vorbereitungen sollen durch diese Richtlinien, auch soweit diese teilweise abweichende Maßnahmen nahelegen, grundsätzlich nicht berührt werden. Es ist jedoch zweckmäßig, soweit möglich eine Angleichung herbeizuführen.

Über die gesammelten Erfahrungen erbitte ich laufend Bericht.

Den *Arbeitsbereichen* und der *Parteiverbindungsstelle Prag* muß die grundsätzliche Linie der Parteikanzlei zum Invasionsproblem bekannt sein, damit sie ihre Abmachungen mit Wehrmacht und Verwaltung danach abstimmen können. Für sie ist eine schematische Anwendung umso weniger am Platze, als die verschieden gelagerten örtlichen Verhältnisse überall Sonderregelungen erfordern werden. gez.: *M. Bormann*

## 4. Befehl des Chefs OKW betr. Vorbereitungen für die Verteidigung des Reiches (19. Juli)

*(vgl. dazu S. 1565 ff.: Nr. 3 über die Einschaltung der Partei)*

Der Chef des Oberkommandos der Wehrmacht
F.H.Qu., den 19. 7. 1944

WFSt/Qu.2/Verw.1/Nb.007715/44 g.Kdos.

*Betr.:* Vorbereitungen für die Verteidigung des Reiches.

Die bisherigen Anordnungen über Vorbereitungen für die Verteidigung der Küsten und Grenzen des Reichs werden nachstehend zusammengefaßt und ergänzt.

Als Grundsatz hat zu gelten, daß die Dienststellen der Wehrmacht sich bei diesen Vorbereitungen ausschließlich auf die rein militärischen Aufgaben zu beschränken haben, während z. B. die Mobilisierung aller Kräfte im Heimatkriegsgebiet, die Menschenführung, insbesondere auch Maßnahmen zur Evakuierung der deutschen Zivilbevölkerung allein Aufgabe der Partei sind. Entsprechende Maßnahmen auf wirtschaftlichem Gebiet fallen den verantwortlichen Obersten Reichsbehörden zu. Die notwendige Zusammenarbeit ist, losgelöst von allen Zuständigkeitsfragen, allein unter dem Gesichtspunkt der höchsten Nutzleistung zu betreiben.

### I.

### *Befehlsgliederung*

1. Die Vorbereitung der Verteidigung des Heimatkriegsgebiets ist hinsichtlich der Maßnahmen des Heeres und allgemeiner Wehrmachtangelegenheiten Aufgabe des Chefs H.Rüst. und B.d.E. und nach seinen Weisungen der Wehrkreisbefehlshaber, für den Bereich von Kriegsmarine und Luftwaffe Aufgabe des OB.d.M. bzw. des OB.d.L.
2. Richtlinien grundsätzlicher Art zur Vorbereitung der Reichsverteidigung ergehen durch OKW/WFStab, zusätzliche Weisungen in allgemeinen Wehrmachtangelegenheiten durch die Dienststellen des OKW, Richtlinien für das Gebiet der Versorgungsführung durch Gen.St.d.H./Gen.-Qu.
3. Die Verantwortlichkeit der Kommandierenden Admirale für Vorbereitung und Durchführung der Verteidigung der Küsten gegen feindliche Landunternehmen gemäß Weisung 40 (Anmerkung 1)[1] bleibt in vollem Umfang bestehen.
4. Die Anordnungen über
   a) Bekämpfung von Fallschirmjägern und Luftlandetruppen im Heimatkriegsgebiet (Anmerkung 2)[1],
   b) Bekämpfung einzelner Fallschirmspringer (Anmerkung 3)[1],
   c) Bekämpfung von Luft- und Flußminen in den Reichswasserstraßen (Anmerkung 4)[1],

1 Die Anmerkungen sind hier weggelassen.

d) Schutz militärischer und kriegswichtiger Bauten und Anlagen (Anmerkung 5)[1].

gelten weiterhin.

5. Soweit Kampfhandlungen in Teile von Wehrkreisen übergreifen, wird durch Einzelbefehl festgelegt werden, welcher Bereich in allen Fragen der Kampfführung *zu Lande* aus der Unterstellung unter Chef H.Rüst. und B.d.E. ausscheidet und Dienststellen des Feldheeres unterstellt wird.

   Derartige Anordnungen sind bereits für das Generalgouvernement und den Wehrkreis I ergangen.

6. Die Verteidigung des Heimatkriegsgebiets stützt sich auf die Bereitschaft aller Kreise der Bevölkerung, die in den Reichsgauen in den Gauleitern und Reichsverteidigungskommissaren ihre Spitze findet. Diese sind durch Rundschreiben des Leiters der Partei-Kanzlei auf ihre besonderen Aufgaben im Rahmen der Reichsverteidigung hingewiesen (Anmerkung 6)[2].

   Die Wehrkreisbefehlshaber haben die Initiative der Gauleiter und Reichsverteidigungskommissare in jeder Weise zu unterstützen und zu fördern, in engstem Einvernehmen mit ihnen die für den Befehlsbereich der Wehrmacht zu treffenden Maßnahmen mit den zivilen Dienststellen abzustimmen, gemeinsame Maßnahmen kalendermäßig vorzubereiten und alle Beteiligten über getroffene Anordnungen der Wehrmacht rechtzeitig zu unterrichten.

## II.

## *Aufgaben*

In die vorbereitenden Maßnahmen zur Verteidigung des Heimatkriegsgebiets sind durch die Wehrkreisbefehlshaber alle in ihrem Befehlsbereich liegenden Kommandobehörden, Truppen, Dienststellen und Einrichtungen der Wehrmacht und der Waffen-SS sowie die von den Gauleitern und den Höheren SS- und Polizeiführern zur Verfügung gestellten zusätzlichen Kräfte einzubeziehen; Kommandobehörden, Truppen, Dienststellen und Einrichtungen der Kriegsmarine und Luftwaffe jedoch nur insoweit, als dadurch die Erfüllung ihrer eigenen Aufgaben (Ziff. I, 1) nicht beeinträchtigt wird.

Die Aufgaben umfassen im wesentlichen:

1. Übersicht über Unterbringung, Stärke, Beweglichkeit und Bewaffnung der zum militärischen Einsatz zur Verfügung stehenden Kräfte.
2. Pläne für Zusammenfassung dieser Kräfte, Befehlsgliederung, Alarmplan, Ausstattungsplan, Transportplan.
3. Päne für Heranziehung und Ausbildung der durch die Hoheitsträger der Partei zur Verfügung gestellten Reserven an zivilen deutschen Kräften.

   Die hierzu bisher für die Küsten und für die besetzten Gebiete geltenden Anordnungen werden auf das gesamte Heimatkriegsgebiet ausgedehnt (Anmerkung 7)[1].

1 Die Anmerkungen sind hier weggelassen. 2 S. oben S. 1565 ff.

4. Freistellung führender Kräfte von Partei und Staat vom Wehrdienst in Zusammenarbeit mit dem Gauleiter und Reichsverteidigungskommissar.
5. Vorbereitungen für Einweisung in vorgesehene Befestigungsarbeiten sowie in sonstige Verteidigungs- und erste Kampfaufgaben.

   Bei Anlage von Befestigungen sind die Wehrkreisbefehlshaber verantwortlich für Linienführung, Einweisung und Art des Ausbaues. *Durchführung* der Bauten wird im allgemeinen den Reichsverteidigungskommissaren als Gauleitern zu überlassen sein.
6. a) Vorbereitungen für Rückführung der Kriegsgefangenen in Zusammenarbeit mit den Reichsverteidigungskommissaren.
   b) Unterrichtung über die Maßnahmen zur Rückführung der ausländischen Arbeiter, die Aufgabe des Reichsführers SS ist.
   c) Unterrichtung über die allein vom Gauleiter vorzubereitenden Maßnahmen zur Evakuierung der deutschen Zivilbevölkerung.
7. a) *Vorbereitung* von Auflockerungs-, Räumungs-, Lähmungs- und Zerstörungsmaßnahmen im *militärischen* Bereich.
   b) Auf *Aufforderung* der Reichsverteidigungskommissare Zusammenarbeit mit diesen in der kalendermäßigen Vorbereitung von Auflockerungs-, Rückführungs-, Lähmungs- und Zerstörungsmaßnahmen im *zivilen* Bereich, die Aufgaben der Reichsverteidigungskommissare nach den Weisungen der Obersten Reichsbehörden sind, sowie Vorbereitung der Unterstützung der Reichsverteidigungskommissare bei etwaiger späterer Durchführung derartiger Maßnahmen.
8. Unterrichtung der Reichsverteidigungskommissare und der Hoheitsträger der Partei — in den unmittelbar bedrohten Gauen bis zum Kreisleiter abwärts — über den Stand der militärischen Vorbereitungen und gegebenenfalls die militärische Lage.
9. Vorbereitungen auf dem Versorgungsgebiet.

## III.

### *Ergänzende Bestimmungen*

1. Vorstehende Richtlinien können nur als Anhalt gelten. In jedem Falle sind aber die Vorbereitungen auf den engsten Personenkreis zu beschränken, um jede unnötige Erregung in der Bevölkerung auszuschließen. Lassen sich Vorbereitungen dieser Art ohne unerwünschte Auswirkung auf die Bevölkerung nicht durchführen, so sind sie zunächst zu unterlassen.[1]
2. Die erforderlichen Durchführungsbestimmungen sind durch die jeweils verantwortlichen obersten Kommandobehörden zu erlassen.

   Soweit diese Bestimmungen Richtlinien von grundsätzlicher Bedeutung enthalten, sind sie vor Erlaß dem OKW/WFStab vorzulegen.
3. Die Bestimmungen dieses Befehls gelten sinngemäß für die Vorbereitung der Verteidigung der Operationszonen Alpenvorland und Adriatisches Kü-

1 Dieser Absatz wurde durch Befehl vom 28. 7. gestrichen.

stenland mit der Maßgabe, daß diejenigen Aufgaben, deren Erfüllung im Heimatkriegsgebiet den Wehrkreisbefehlshabern obliegt, in den Operationszonen durch den Befehlshaber in der Operationszone Alpenvorland bzw. den Befehlshaber in der Operationszone Adriatisches Küstenland nach den Weisungen des OB Südwest wahrzunehmen sind.

gez.: *Keitel*

**5. Schreiben der Feldmarschälle Rommel und v. Kluge an Hitler mit der Aufforderung, einen Waffenstillstand herbeizuführen, da der Krieg verloren sei (15. Juli und 18. August)**

*a) Fernschreiben des Gen.=Feldm.s Rommel, des OB der Heeresgr. B, an Hitler über die Lage an der Invasionsfront in der Normandie (15. Juli)* [1]

*Der Feldmarschall wurde zwei Tage später (17. 7.) bei einem Angriff auf sein Kraftfahrzeug aus der Luft so schwer verletzt, daß er den Befehl abgeben mußte. Am 14. 10. machte er — inzwischen genesen, gedrängt durch die von Hitler zu ihm gesandten Generale Burgdorf und Maisel — bei Herrlingen (Württ.) seinem Leben ein Ende.*

*Die Voraussage, daß der Gegner in Kürze die Invasionsfront durchstoßen und das freie Feld gewinnen werde, bewahrheitete sich.*

*Die Aufforderung, „die Folgerungen" (im 1. Entwurf hatte es geheißen: die politischen F.) „aus dieser Lage unverzüglich zu ziehen", hieß, der Oberste Befehlshaber der Wehrmacht müsse sofort um Waffenstillstand bitten.*

Die Lage an der Front der Normandie wird von Tag zu Tag schwieriger, sie nähert sich einer schweren Krise.

Die eigenen Verluste sind bei der Härte der Kämpfe, dem außergewöhnlich starken Materialeinsatz des Gegners vor allem an Artillerie und Panzern und bei der Wirkung der den Kampfraum unumschränkt beherrschenden feindlichen Luftwaffe derartig hoch, daß die Kampfkraft der Divisionen rasch absinkt. Ersatz aus der Heimat kommt nur sehr spärlich und erreicht bei der

1 Mitgeteilt von (General Dr.) Hans *Speidel*, Invasion 1944. Ein Beitrag zu Rommels und des Reiches Schicksal, Tübingen—Stuttgart 1949, S. 137 f. (danach *Jacobsen*, a.a.O., S. 343: Nr. 110 = 5. Aufl. S. 474: Nr. 137).

Der Verfasser teilt dazu (S. 138 f.) mit: „Das Original dieses Fernschreibens mit den Marginalien des Feldmarschalls mußte bei der späteren Verhaftung des Chefs des Generalstabes der Heeresgruppe B vernichtet werden." Dieser nach dem Attentat vom 20. 7. 1944 verhaftete Chef war niemand anders als H. Speidel selbst, und von ihm stammte also auch der Rommel vorgelegte Entwurf. Mag die verlorene, drei Schreibmaschinenseiten lange, über den OB West (Gen.=Feldm. v. Kluge) geleitete und von ihm gebilligte, als KR=Blitzfernschreiben an Hitler übersandte Denkschrift auch hier und da einen etwas anderen Wortlaut gehabt haben, so ist auf Grund der mitgeteilten Tatsachen gewiß, daß das rekonstruierte Schreiben dem Original so nahe kommt, wie das noch möglich ist. Entscheidend sind der Rahmen und die Grundtendenz; daß diese richtig festgehalten sind, steht außer Zweifel.

schwierigen Transportlage die Front erst nach Wochen. Rund 97 000 Mann an Verlusten, darunter 2 160 Offiziere, unter ihnen 28 Generäle und 354 Kommandeure, also durchschnittlich pro Tag 2 500 bis 3 000 Mann, stehen bis jetzt insgesamt 6 000 Mann Ersatz gegenüber. Auch die materiellen Verluste der eingesetzten Truppen sind außerordentlich hoch und konnten bisher nur in geringem Umfang ersetzt werden, z. B. von 225 Panzern bisher nur 17.

Die neu zugeführten Divisionen sind kampfungewohnt und bei der geringen Ausstattung mit Artillerie, panzerbrechenden Waffen und Panzerbekämpfungsmitteln nicht imstande, feindliche Großangriffe nach mehrstündigem Trommelfeuer und starken Bombenangriffen auf die Dauer erfolgreich abzuwehren. Wie die Kämpfe gezeigt haben, wird bei dem feindlichen Materialeinsatz auch die tapferste Truppe Stück für Stück zerschlagen.

Die Nachschubverhältnisse sind durch die Zerstörungen des Bahnnetzes, die starke Gefährdung der Straßen und Wege bis zu 150 km hinter der Front durch die feindliche Luftwaffe derart schwierig, daß nur das Allernötigste herangebracht werden kann und vor allem mit Artillerie- und Werfermunition äußerst gespart werden muß.

Neue nennenswerte Kräfte können der Front in der Normandie nicht mehr zugeführt werden. Auf der Feindseite fließen Tag für Tag neue Kräfte und Mengen an Kriegsmaterial der Front zu. Der feindliche Nachschub wird von unserer eigenen Luftwaffe nicht gestört. Der feindliche Druck wird immer stärker.

Unter diesen Umständen muß damit gerechnet werden, daß es dem Feind in absehbarer Zeit – 14 Tagen bis 3 Wochen – gelingt, die eigene dünne Front, vor allem bei der 7. Armee, zu durchbrechen und in die Weite des französischen Raumes zu stoßen. Die Folgen werden unübersehbar sein.

Die Truppe kämpft allerorts heldenmütig, jedoch der ungleiche Kampf neigt sich dem Ende entgegen. Ich muß Sie bitten, die Folgerungen aus dieser Lage unverzüglich zu ziehen. Ich fühle mich verpflichtet, als Oberbefehlshaber der Heeresgruppe dies klar auszusprechen.

gez.: *Rommel, Feldmarschall*

*b) Abschiedsschreiben des Gen.-Feldm.s von Kluge, des OB West (gleichzeitig als Nachfolger Rommels auch OB der Heeresgruppe B), an Hitler v. 18. August*[1]

*Der Feldmarschall, der auf Hitlers Befehl am 17. 8. von dem Generalfeldmarschall Model abgelöst worden war und gewärtigen mußte, daß er in die Verfolgung der am Attentat vom 20. 7. irgendwie Beteiligten hineingezogen werden würde, machte auf der Autofahrt in das Heimatkriegsgebiet am folgen-*

1 Abgedruckt bei *Milton Shulman*, Die Niederlage im Westen (Titel der britischen Originalausgabe: The Defeat in the West, London, Secker & Warburg, 1947), ins Deutsche übersetzt von Eberhard *Grotegrothaus*, mit einem Vorwort von *Gerhard Ritter*, Gütersloh, C. Bertelsmann 1949, S. 288–92.

*den Tage (18. 8.) angesichts der Schlachtfelder des Krieges 1870/71 durch Gift seinem Leben ein Ende und wurde als Toter nach Metz gebracht.*

*Vgl. hierzu unten S. 1633 ff. das Stenogramm eines Gespräches Hitlers vom 31. 8. über Kluges Verhalten und Selbstmord und die Ablehnung der von ihm und Gen.-Feldm. Rommel geforderten „politischen Entscheidung" als „kindlich und naiv".*

Mein Führer.

Ihre mir gestern von Feldmarschall Model eingehändigte Entscheidung enthebt mich der Führung des Oberkommandos West und der Heeresgruppe B. Der Grund dafür liegt offensichtlich in dem Fehlschlag des Panzerstoßes nach Avranches, wodurch es unmöglich wurde, das bis zur See hin klaffende Loch zu schließen. Meine als des verantwortlichen Befehlshabers „Schuld" steht damit fest.

Erlauben Sie mir, mein Führer, mit allem Respekt meinen Standpunkt darzulegen. Wenn Sie diese Zeilen erhalten, die ich durch Obergruppenführer Sepp Dietrich übersende, den ich in den schweren Wochen als einen tapferen, unbestechlichen Mann kennen und schätzen lernen sollte, werde ich nicht mehr sein. Ich kann den Vorwurf nicht ertragen, das Schicksal des Westens durch fehlerhafte Strategie besiegelt zu haben, und mich selbst zu verteidigen, fehlen mir alle Mittel. Daraus ziehe ich die Folgerung, und so begebe ich mich selbst dorthin, wo Tausende meiner Kameraden bereits sind. Ich habe den Tod nie gefürchtet. Das Leben hat keinen Sinn mehr für mich; außerdem stehe ich auf der Liste der Kriegsverbrecher, die ausgeliefert werden sollen.

Was die Frage meiner Schuld angeht, so darf ich Folgendes sagen:

1. Die Panzerformationen waren auf Grund der vorausgegangenen Kämpfe an sich viel zu wenig schlagkräftig, um einen Erfolg zu garantieren. Selbst wenn es mir durch eine geschicktere Führung gelungen wäre, ihre Schlagkraft zu erhöhen, sie würden – gewissen von ihnen erzielten Anfangserfolgen zum Trotz – die See niemals erreicht haben. Die einzige Division, die hinsichtlich ihrer Schlagkraft als mehr oder minder normal angesprochen werden konnte, war die 2. Panzerdivision. Ihre Erfolge können jedoch nicht zum Maßstab der Beurteilung der anderen Panzerformationen gemacht werden.

2. Selbst gesetzt den Fall, Avranches hätte erreicht werden können, sicherlich hätte dann das Loch verstopft werden können; die für die Heeresgruppe bestehende Gefahr wäre aber gewißlich nicht abgewandt gewesen, sie wäre höchstens eine Zeitlang hinausgezögert worden. Ein weiterer Durchbruch unserer Panzerformationen nach Norden hin, wie er befohlen war, und ein Eingreifen unserer übrigen Kräfte in den Angriff, um die gesamte Position zu erschüttern, lagen vollkommen außerhalb jeder Möglichkeit. Jeder, der den Zustand kannte, in dem unsere Truppen, vor allem die Infanteriedivisionen, sich befanden, dürfte mir ohne Zögern bescheinigen, daß ich recht habe. Ihr Befehl ging deshalb von Voraussetzungen aus, die gar nicht bestanden. Als ich diesen entscheidenden Befehl las, hatte ich unmittelbar den Eindruck, daß da etwas ver-

langt wurde, das in die Geschichte als eine großartige Operation von höchster Kühnheit eingehen werde, die aber leider in der Praxis unmöglich durchzuführen war, so daß folgerichtig die Schuld auf den verantwortlichen Armeeführer fallen würde.

Ich tat, was ich nur tun konnte, um Ihren Befehl durchzuführen. Ich gebe auch zu, daß es besser gewesen wäre, mit dem Beginn des Angriffs noch einen Tag zu warten. Aber grundsätzlich hätte auch das nichts geändert. Das ist meine unerschütterliche Überzeugung, die ich mit mir ins Grab nehme. Denn die Lage war schon viel zu weit gediehen, als daß es noch irgend etwas gegeben hätte, das sie hätte wenden können. Es standen schon viel zu starke Kräfte in der Südflanke der Heeresgruppe, die — selbst wenn das Loch bei Avranches gestopft worden wäre — sehr leicht aus der Luft hätten versorgt werden können und die weiterhin Unterstützung von den Kräften erhalten hätten, die in die Bretagne eingeströmt waren. Unsere eigene, eigentliche Verteidigungslinie aber war bereits so geschwächt, daß man nicht mehr erwarten konnte, sie würde auch nur die kleinste Zeitspanne noch halten, zumal als nun der Strom neuer anglo-amerikanischer Streitkräfte direkt gegen sie gerichtet wurde und nicht mehr durch das Loch von Avranches nach Süden flutete. Wenn ich, meiner besseren Einsicht zum Trotz, dem Vorschlag des Panzerführers und der 7. Armee, schnell zuzuschlagen, zustimmte, so geschah das, weil wir alle sehr genau die Widerstandskraft der Nordfront dieser Armee kannten und ihr nicht mehr viel zutrauten, auch dann nicht, wenn wir die Entfaltung des Feindes im Süden außer acht ließen. Es ging daher darum, schnell zu handeln, zumal die Luftlage ebenfalls schnelles Handeln forderte. Was die Luftlage anging, von der ein am Tage geführter Kampf fast vollkommen abhängig war, so waren die Aussichten auf den erhofften Erfolg ebenfalls äußerst gering. Und das Barometer stand bis heute unausgesetzt hoch.

Auf Grund dieser Tatsachen beharre ich bei meiner Versicherung, daß es keine Möglichkeiten des Erfolges gab. Im Gegenteil: die befohlenen Angriffe waren dazu angetan, die Gesamtlage der Heeresgruppe entscheidend zu verschlechtern, und so ist es auch gekommen.

Schließlich war das Westheer — unter einem personellen und materiellen Gesichtspunkt gesehen — fast isoliert. Das war das notwendige Ergebnis der verzweifelten Lage im Osten. Vollends das rapide Sinken der Zahl der Panzer und Panzerabwehrwaffen und die ungenügende Versorgung der sogenannten bodenständigen Divisionen mit Werfern führte die Lage herbei (die durch die Verluste in den sogenannten Kesseln noch verzweifelter wurde), vor die wir uns heute gestellt sehen.

Meine gespannten Beziehungen zu dem neuen Chef des Generalstabes (Generaloberst Guderian), der in mir seinen Feind sieht, brachten es mit sich, daß ich nicht an ihn gelangen konnte, und so bestand keine Möglichkeit für mich, die Panzerunterstützung für den Westen zu erhalten, die notwendig gewesen wäre. All das war für die Entwicklung der Gesamtlage entscheidend.

Mein Führer, ich glaube den Anspruch erheben zu können, alles, was in meiner Macht lag, getan zu haben, um die Lage zu meistern. In meinem Begleitbrief zu dem Memorandum des Generalfeldmarschalls Rommel[1], das ich Ihnen übersandte, führte ich bereits aus, wie sich die Lage womöglich entwikkeln werde. Sowohl Rommel wie ich, aber wahrscheinlich alle Befehlshaber hier im Westen, die über Kampferfahrung gegenüber den Anglo-Amerikanern mit ihrer Materialüberlegenheit verfügen, sahen die gegenwärtige Entwicklung voraus. Man hat nicht auf uns gehört. Unsere Ansichten waren nicht von Pessimismus diktiert, sondern einfach durch die Kenntnis der Tatsachen. Ich weiß nicht, ob Generalfeldmarschall Model, der in jeder Hinsicht bewährt ist, die Lage noch wird meistern können. Ich hoffe es von ganzem Herzen. Sollte es aber nicht der Fall sein und sollten Ihre neuen, sehnlichst herbeigewünschten Waffen, vor allem die der Luftwaffe, keinen Erfolg bringen, dann, mein Führer, entschließen Sie sich, den Krieg zu beenden. Das deutsche Volk hat solch unsagbare Leiden erduldet, daß es Zeit ist, diesem Schrecken ein Ende zu setzen.

Es muß Mittel und Wege geben, das Ende herbeizuführen und vor allen Dingen zu verhüten, daß das Reich in die bolschewistische Hölle gerät. Das Verhalten einiger Offiziere, die im Osten in Gefangenschaft gerieten, ist mir stets ein Rätsel gewesen.[2] Mein Führer, ich habe immer Ihre Größe bewundert und Ihre Haltung in diesem gigantischen Kampf und Ihren eisernen Willen, sich selbst und den Nationalsozialismus zu behaupten. Wenn das Schicksal stärker ist als Ihr Wille und als Ihr Genie, so liegt das im Willen der Vorsehung. Sie haben einen ehrenhaften und großen Kampf gekämpft. Dieses Zeugnis wird Ihnen die Geschichte ausstellen. Zeigen Sie sich jetzt auch so groß, dem hoffnungslosen Kampf, falls es notwendig ist, ein Ende zu setzen.

Ich scheide von Ihnen, mein Führer, als einer, der Ihnen in dem Bewußtsein, seine Pflicht bis zum äußersten getan zu haben, näher stand, als Sie das vielleicht erkannt haben.

18. August 1944 Heil, mein Führer!

gez.: von Kluge,
Generalfeldmarschall

**6. Denkschrift der Seekriegsleitung über Rüstungsstand der Seestreitkräfte Anfang November (11. November) mit dem Flottenprogramm vom 11. April 1943 und 1. Januar 1944**

*Da das KTB des WFStabs die Bedeutung der Kriegsmarine nicht erkennen läßt, ist diese Denkschrift, die einen Überblick über das Jahr 1944 bietet, aufgenommen worden. Sie macht deutlich, daß auch die Kräfte der Kriegsmarine sich ständig verringerten.*

1 Vgl. das vorausgehende Fernschreiben (S. 1572 f.: Nr. 5 a).
2 Gemeint ist das „Nationalkomitee Freies Deutschland".

*Eine Photographie des folgenden Dokuments verdanke ich dem Bundesarchiv.*

*Vgl. hierzu S. 1596 f.: Teil B I: 3. 12.: Vortrag des OB.d.M. über die Aussichten des U-Boot-Krieges.*

Seekriegsleitung
B.Nr. 1. Skl. 33 470/44 g.Kdos. Den 11. 11. 1944

*Der Rüstungsstand der Seestreitkräfte, Anfang November 1944.*

Die Entwicklung des Seekrieges machte im Frühjahr 1943 eine Festlegung notwendig, welche Seestreitkräfte für die Lösung der Aufgaben der Kriegsmarine unbedingt erforderlich seien und in welchem Umfange sie daher von der Rüstung gefertigt werden müßten.

Der Führer gab am 11. 4. 43 seine Zustimmung zu den ihm vom OB.d.M. vorgetragenen Absichten und Forderungen (s. Anlage 1[1]).

Um die höchstmögliche Leistung mit der vorhandenen Kapazität zu erzielen, bat der OB.d.M. den Reichsminister für Rüstung und Kriegsproduktion, den gesamten Kriegsschiffbau zu übernehmen. Reichsminister Speer stimmte zu und erhielt als Auftrag am 31. 5. 43 folgenden Befehl des Führers:

„Die Entwicklung des Seekrieges macht ein beschleunigtes Hochziehen des Baues der U-Boote und der leichten Seestreitkräfte zum Sicherungs- und Geleitdienst einschließlich des Geleitdienstes für Wehrmachtnachschub und wehrwirtschaftliche Transporte erforderlich.

Ich befehle daher:

Der U-Boot-Bau ist beschleunigt auf eine Zahl von mindestens 40 U-Booten monatlich hochzuziehen. Dem Anwachsen der U-Boot-Flotte entsprechend ist der Bau leichter Seestreitkräfte zum Sicherungs- und Geleitdienst, einschließlich des Geleitdienstes für Wehrmachtnachschub und wehrwirtschaftliche Transporte, in dem mir am 11. April d. J. vorgetragenen Umfange zu verstärken. Die hierfür erforderlichen Neubau- und Reparaturmöglichkeiten sowie die Ausbildungs-, Versorgungs- und Stützpunktanlagen sind zeitgerecht beschleunigt zu schaffen. Der Reichsminister für Bewaffnung und Munition sorgt für die Zurverfügungstellung der erforderlichen Fertigungs- und Reparaturkapazität und für die zeitgerechte Zuweisung der Rohstoffe, Arbeitskräfte usw. im Rahmen der Sicherung der ihm übertragenen, vordringlichen Rüstungsaufgaben und stellt die sonstigen wehrwirtschaftlichen Voraussetzungen für die reibungslose und fristgerechte Durchführung der Fertigung sicher.

gez. Adolf Hitler."

Mit dem hiermit geschaffenen „Flottenbauprogramm 43" erhielt die Marinerüstung eine neue Grundlage. Diese Grundlage war der allgemeinen Kriegslage entsprechend ein Notprogramm, in dem nur die Streitkräfte vorgesehen

1 S. unten S. 1579 ff.

wurden, die für die Kriegsmarine unbedingt erforderlich und in kurzer Zeit herzustellen sind. Nach Einarbeiten des Hauptausschusses Schiffbau, Abwicklung bzw. Übernahme der bisherigen Baupläne und Durchkonstruktion der neuen U-Boot-Typen wurde am 1. 1. 44 vom Reichsministerium Speer ein Plan für die Durchführung des Flottenbauprogramms aufgestellt( s. Anlage 2 [1]).

Die tatsächliche Ablieferung an Neubauten gegenüber diesem Plan ist in den Schaubildern (Anlage 3—7 [2]) dargestellt. Aus ihnen ergibt sich, daß infolge der Schwierigkeiten auf den Werften, in der Zulieferungsindustrie und in letzter Zeit auch im Verkehrswesen durch Luftangriffe, Rohstoff- und Arbeitermangel die Zusagen mit einziger Ausnahme der U-Boote nicht erfüllt werden konnten. Für die mit beispielhafter Schnelligkeit durchgeführte Konstruktion und Bereitstellung der Kleinkampfmittel waren Zugeständnisse im Weiterbau von Zerstörern notwendig.

Da demgegenüber die Verluste an Seestreitkräften, wie ebenfalls aus den Schaubildern (Anlage 3—7 [2]) hervorgeht, erheblich zugenommen haben, hat in den letzten Monaten ein laufender Kräfteschwund bei den Sicherungsstreitkräften stattgefunden, während die Bereitstellung der offensiven Kampfmittel, vor allem der U-Boote, nicht mit der erhofften Schnelligkeit möglich war. So steht heute die Kriegsmarine erheblich schwächer da, als sie es vor Anlaufen des Flottenbauprogramms, das ja eine Stärkung der Kriegsmarine bringen sollte, gewesen war.

Die Folge waren der bekannte Verzicht auf die dringend notwendige Verstärkung der Sicherungsstreitkräfte und dadurch wieder schwerwiegende Einbußen an Kriegs- und Handelsschiffen. Dabei kann nicht genug betont werden, daß die Einwirkung der feindlichen See- und Luftmacht auf unser Küstenvorfeld in Zukunft noch weiter zunehmen wird, weil sich der Gegner auf unsere Seeverbindungen erheblich mehr konzentrieren kann als früher.

Unsere Sicherungsstreitkräfte sind seit langem auf das äußerste angespannt; trotz tapferen Kampfes und großer Erfahrung sind sie aber nicht in der Lage, gegen den überlegenen Feind die Verluste auf den Seewegen herabzumindern, weil ihre Zahl zu gering ist. Wir brauchen aber die Sicherung durch zahlreiche Fahrzeuge umso mehr, weil unsere Seestreitkräfte fast immer ohne Unterstützung durch die eigene Luftwaffe kämpfen müssen, während unsere Gegner im Einsatz ihrer Luftstreitkräfte aus dem Vollen schöpfen und vor allem durch ihre Luftüberlegenheit unsere Seekriegführung bedrohen.

Die feindliche Luftwaffe stellt dabei neben den Bomben-, Torpedo- und Bordwaffenangriffen eine besondere Gefahr durch die umfangreiche Verminung unserer Seewege und Übungsplätze mit schwer räumbaren Minen dar.

Wenn die Entwicklung durch weiteren Kräfteschwund dahin führen sollte, daß wir unser Küstenvorfeld nicht mehr beherrschen, so steht unsere Kriegführung vor folgenden Gefahren:

1 S. unten S. 1580. 2 Nicht abgedruckt.

1. Die Versorgung und Verteidigung Norwegens ist nicht mehr ausreichend möglich; das Land ist auf die Dauer nicht zu halten.
2. Der Tonnagekrieg, unser wichtigstes und z. Zt. einziges Offensivmittel, wird an der Wurzel getroffen, weil die neuen U=Boote nicht mehr in der Ostsee erprobt und ausgebildet werden können und keine sicheren Aus= und Einlaufwege mehr haben.
3. In der Ostsee wird die Versorgung der Heresgruppe Nord unzulänglich; die russische Seemacht bedroht darüber hinaus die deutsche Ostseeküste durch Landungen.
4. Die Zufuhr von Rohstoffen und Nahrungsmitteln aus Norwegen und Däne= mark wird abgedrosselt, unsere innere Verkehrslage durch Einschränkung des Seeverkehrs an den deutschen Küsten erheblich verschärft.

Diese Gefahren bedrohen die Gesamtkriegführung; es würde notwendig, zusätzlich andere Kräfte einzusetzen, um die bisher durch den Einsatz der Kriegsmarine gelösten Aufgaben zu erfüllen. So müßten z. B. Kräfte der an= deren Wehrmachtteile zur Verstärkung der Küstenverteidigung, vor allem an der jetzt nackten Ostseeküste, eingesetzt werden und bisherige Seetransporte im Küstenraum auf die Landverkehrsmittel verlagert werden.

Die Gesamtlage gibt uns hierfür keine Möglichkeit; sie verlangt vielmehr, daß die Kriegsmarine ihre bisherigen Aufgaben fortführt. Hierfür muß aber an dem Ziel festgehalten werden, das Schiffbauprogramm, das s. Zt. schon als Mindestprogramm unter bewußter Beschränkung auf die allernötigsten Streit= kräfte aufgestellt worden ist und das bisher nur zu einem Bruchteil hat er= füllt werden können, durchzuführen.

*Anlage 1*

*Flottenbauprogramm vom 11. 4. 1943*
*Leichte Seestreitkräfte*

| Typen | Jährlich müssen gebaut werden: |
|---|---|
| Zerstörer | 6 |
| Torpedoboote | 9 oder 18 |
| Schnellboote | 72 |
| Minensuchboote | 74 |
| Räumboote | 72 |
| Vorposten= und Sicherungs=Fahrzeuge | 300 |
| Sperrbrecher | 35 |
| Marine=Fähr=Prähme | 900 |
| Torpedo=Fangboote | 15 |

*Anlage 2*

*Plan des Hauptausschusses Schiffbau vom 1. 1. 1944 für die monatliche Ablieferung des Flottenbauprogramms.*

| Schiffsart | Jan. | Feb. | März | April | Mai | Juni | Juli | Aug. | Sept. | Okt. |
|---|---|---|---|---|---|---|---|---|---|---|
| U=Boote Typ XXI | — | — | — | 3 | 9 | 18 | 27 | 31 | 31 | 33 |
| U=Boote Typ XXII | — | 2 | 6 | 12 | 21 | 21 | 21 | 22 | 20 | 15 |
| Zerstörer | 1 | — | — | — | 1 | — | — | 1 | — | — |
| Torpedo=Boote | — | 1 | — | 1 | — | 1 | — | 1 | — | 3 |
| Minensuchboote 40 | 3 | 2 | 2 | 3 | 2 | 4 | 1 | 1 | 1 | — |
| Minensuchboote 43 | — | — | — | — | 2 | — | — | — | — | 6 |
| Torpedo=Fangboote (alt) | 3 | .3 | 1 | — | — | — | — | — | — | 1 |
| Torpedo=Fangboote (M=Boote) | — | — | — | — | — | — | — | — | 4 | — |
| Sa.=, M= und FT=Boote | 6 | 5 | 3 | 3 | 4 | 4 | 1 | 1 | 5 | 7 |
| Schnellboote | 5 | 5 | 6 | 7 | 10 | 12 | 14 | 18 | 18 | 20 |
| Räumboote | 5 | 4 | 6 | 8 | 6 | 6 | 7 | 7 | 8 | 9 |
| Kriegssperrbrecher | — | — | — | — | — | — | 1 | 1 | 1 | — |
| Mar.=Fährprähme | 34 | 41 | 44 | 44 | 44 | 41 | 40 | 40 | 40 | 40 |
| Kriegsfischkutter | 27 | 29 | 31 | 30 | 28 | 30 | 28 | 30 | 30 | 30 |
| MZ=Boote | | | | 1 | | | | | | |

weitere 11 Boote mit unbestimmten Terminen

# III. 1945

## 1. Führerbefehl „Verbrannte Erde", am 19. März den militärischen und zivilen Stellen übermittelt

### *a) Der Befehl*

Der Führer hat am 19. 3. 1945 nachstehenden Befehl erlassen:
Betr.: Zerstörungsmaßnahmen im Reichsgebiet.

Der Kampf um die Existenz unseres Volkes zwingt auch innerhalb des Reichsgebietes zur Ausnutzung aller Mittel, die die Kampfkraft unseres Feindes schwächen und sein weiteres Vordringen behindern. Alle Möglichkeiten, der Schlagkraft des Feindes unmittelbar oder mittelbar den nachhaltigsten Schaden zuzufügen, müssen ausgenützt werden. Es ist ein Irrtum, zu glauben, nicht zerstörte oder nur kurzfristig gelähmte Verkehrs=, Nachrichten=, Industrie= und Versorgungsanlagen bei der Rückgewinnung verlorener Gebiete für eigene Zwecke wieder in Betrieb nehmen zu können. Der Feind wird bei seinem Rückzug uns nur eine verbrannte Erde zurücklassen und jede Rücksichtnahme auf die Bevölkerung fallenlassen.

Ich befehle daher:

1. Alle militärischen Verkehrs=, Nachrichten=, Industrie= und Versorgungsanlagen sowie Sachwerte innerhalb des Reichsgebietes, die sich der Feind für die Fortsetzung seines Kampfes irgendwie sofort oder in absehbarer Zeit nutzbar machen kann, sind zu zerstören.

2. Verantwortlich für die Durchführung dieser Zerstörungen sind: die militärischen Kommandobehörden für alle militärischen Objekte (einschließlich der Verkehrs- und Nachrichtenanlagen), die Gauleiter und Reichsverteidigungskommissare für alle Industrie- und Versorgungsanlagen sowie sonstige Sachwerte. Den Gauleitern und Reichsverteidigungskommissaren ist bei der Durchführung ihrer Aufgabe durch die Truppe die notwendige Hilfe zu leisten.
3. Dieser Befehl ist schnellstens allen Truppenführern bekanntzugeben. Entgegenstehende Weisungen sind ungültig.

gez. Adolf Hitler.

*b) Einwände des Reichsministers für Rüstung und Kriegsproduktion, Albert Speer, Schreiben an Hitler (29. März)*

*Der Reichsminister für Rüstung und Kriegsproduktion, Albert Speer, der den vorstehenden Befehl durch eine Hitler am Vortage (18. 3.) überreichte Denkschrift aufzuhalten versucht hatte, übersandte ihm am 29. 3. von seinem Ausweichquartier aus folgendes Schreiben*[1]*:*

Mein Führer!

Wenn ich mich noch einmal schriftlich an Sie wende, dann nur, weil ich mündlich nicht in der Lage bin, Ihnen — aus innerer Erregung heraus — meine Gedanken mitzuteilen.

Vorweg muß ich betonen, daß ich stolz und glücklich wäre, wenn ich weiter als Ihr Mitarbeiter für Deutschland mich einsetzen dürfte. Ein auch von Ihnen befohlenes Verlassen meines Postens wäre für mich in dieser entscheidenden Zeit als Fahnenflucht zu werten: dem deutschen Volk und auch meinen getreuen Mitarbeitern gegenüber.

Trotzdem bin ich verpflichtet, Ihnen, ohne Rücksicht auf die Konsequenzen, die dies für meine Person haben kann, hart und ungeschminkt meine innere Einstellung zu den Ereignissen mitzuteilen. Ich habe Ihnen, als einer der wenigen Mitarbeiter, immer offen und ehrlich meine Meinung gesagt und dabei will ich auch bleiben.

Sie haben gestern unterschieden zwischen den realen Erkenntnissen, durch die man zu der Überzeugung kommen kann, daß der Krieg nicht mehr gewonnen werden könnte, und zwischen dem darüber hinaus trotzdem noch vorhandenen Glauben, daß sich alles zum Guten wenden könne. Sie haben an mich die Frage gerichtet, ob ich noch auf die erfolgreiche Weiterführung des Krieges hoffe oder ob mein Glaube durch meine nüchternen Feststellungen auf meinem Fachgebiet erschüttert ist.

Mein Glaube an eine günstige Wendung unseres Schicksals war bis zum 18. März ungebrochen. Alle meine Mitarbeiter und die mir gut gesinnten Poli-

1 Nach *Jacobsen*, a.a.O., S. 377—9: Nr. 129 (5. Aufl. S. 528—30: Nr. 163).

tiker und Soldaten können das bestätigen. Es ist notwendig, daß ich hier etwas weiter aushole:

Ich bin Künstler und als solcher an eine mir völlig fremde und schwierige Aufgabe gestellt worden. Ich habe viel für Deutschland erreicht. Ohne meine Arbeit wäre der Krieg vielleicht 1942/43 verloren gewesen. Ich habe diese Aufgabe nicht mit Fachwissen gemeistert, sondern mit den Eigenschaften, die einem Künstler eigen sein müssen: mit dem Glauben an seine Aufgabe und an den Erfolg, mit dem Instinkt für das Richtige, mit dem Sinn für großzügige Lösungen und mit der inneren Anständigkeit, ohne die ein Künstler keine sauberen Lösungen schaffen kann. Ich glaube an die Zukunft des deutschen Volkes. Ich glaube an eine Vorsehung, die gerecht und unerbittlich ist, und damit glaube ich an Gott.

Es war mir weh ums Herz, als ich in den Siegestagen des Jahres 1940 sah, wie wir in weitesten Kreisen der Führung unsere innere Haltung verloren. Hier war die Zeit, in der wir uns der Vorsehung gegenüber bewähren mußten durch Anstand und durch innere Bescheidenheit. Der Sieg wäre dann bei uns gewesen.

So wurden wir in diesen Monaten vom Schicksal als zu leicht befunden für größte Erfolge. Wir haben durch Bequemlichkeit und Trägheit ein Jahr kostbarer Zeit für Rüstung und Entwicklung vertan und damit die Grundlage dafür gegeben, daß in den entscheidenden Jahren 1944/1945 vieles zu spät kam. Jede Neuerung ein Jahr früher, und unser Schicksal wäre ein anderes. Als ob die Vorsehung uns warnen wollte, so wurden von nun ab alle militärischen Ereignisse von einem Unglück sondergleichen verfolgt. Noch nie haben in einem Krieg die äußeren Umstände, etwa das Wetter, eine so ausschlaggebende und unglückliche Rolle gespielt, wie ausgerechnet in diesem technischsten aller Kriege: der Frost vor Moskau, das Nebelwetter bei Stalingrad und der blaue Himmel über der Winteroffensive 1944 im Westen.

Ich war trotzdem der Überzeugung, daß uns das Schicksal die letzte Konsequenz ersparen und daß es uns eines Tages die Möglichkeiten, unserem Volk die Existenz zu sichern, geben würde. Denn dieses Volk, das in einem geschichtlich einmaligen Heldenmut an der Front und in der Heimat gekämpft hat, kann kein bitteres Ende finden. Diesen inneren Glauben, der es mir ermöglichte, trotz aller äußeren Einflüsse und Erkenntnisse stark zu bleiben und selbst anderen Glauben zu geben, hatte ich unerschütterlich bis vor einigen Tagen.

Als ich Ihnen am 18. März meine Schrift übergab, war ich der festen Überzeugung, daß die Folgerungen, die ich aus der gegenwärtigen Lage zur Erhaltung unserer Volkskraft zog, unbedingt Ihre Billigung finden werden. Denn Sie hatten selbst einmal festgelegt, daß es Aufgabe der Staatsführung ist, ein Volk bei einem verlorenen Krieg vor einem heroischen Ende zu bewahren.

Sie machten mir jedoch am Abend Ausführungen, aus denen, wenn ich Sie nicht mißverstanden habe, klar und eindeutig hervorging: Wenn der Krieg verlorengeht, wird auch das Volk verloren sein. Dieses Schicksal ist unabwendbar. Es sei nicht notwendig, auf die Grundlagen, die das Volk zu seinem primitivsten Weiterleben braucht, Rücksicht zu nehmen. Im Gegenteil sei es besser, selbst diese Dinge zu zerstören. Denn das Volk hätte sich als das schwächere erwiesen, und dem stärkeren Ostvolk gehöre dann ausschließlich die Zukunft. Was nach dem Kampf übrigbleibe, seien ohnehin nur die Minderwertigen; denn die Guten seien gefallen!

Nach diesen Worten war ich zutiefst erschüttert. Und als ich einen Tag später den Zerstörungsbefehl und kurz danach den scharfen Räumungsbefehl las, sah ich darin die ersten Schritte zur Ausführung dieser Absichten.

Ich glaubte bis dahin aus ganzem Herzen an ein gutes Ende dieses Krieges. Ich hoffte, daß nicht nur unsere neuen Waffen und Flugzeuge, sondern vor allem unser fanatisch sich steigernder Glaube an unsere Zukunft das Volk und die Führung zu den letzten Opfern befähigen werden. Ich war damals selbst entschlossen, mit den Segelflugzeugen gegen die russischen Kraftwerke zu fliegen und dort durch persönlichen Einsatz mitzuhelfen, das Schicksal zu wenden und gleichzeitig Beispiel zu geben.

Ich kann aber nicht mehr an den Erfolg unserer guten Sache glauben, wenn wir in diesen entscheidenden Monaten gleichzeitig und planmäßig die Grundlage unseres Volkslebens zerstören. Das ist ein so großes Unrecht unserem Volk gegenüber, daß das Schicksal es mit uns dann nicht mehr gut meinen kann. Das, was Generationen aufgebaut haben, dürfen wir nicht zerstören. Wenn der Feind es tut und damit das deutsche Volk ausrottet, dann soll er die geschichtliche Schuld allein auf sich nehmen. Ich bin der Überzeugung, daß die Vorsehung diese dann strafen wird, da sie sich an diesem tapferen und anständigen Volk vergriffen haben.

Ich kann nur mit innerem Anstand und mit der Überzeugung und dem Glauben an die Zukunft weiter arbeiten, wenn Sie, mein Führer, sich wie bisher zur Erhaltung unserer Volkskraft bekennen. Ich gehe dabei nicht im einzelnen darauf ein, daß Ihr Zerstörungsbefehl vom 19. März 1945 durch voreilige Maßnahmen die letzten industriellen Möglichkeiten nehmen muß und daß sein Bekanntwerden in der Bevölkerung größte Bestürzung auslöst. Das sind alles Dinge, die zwar entscheidend sind, aber an dem Grundsätzlichen vorbeigehen.

Ich bitte Sie daher, nicht selbst am Volk diesen Schritt der Zerstörung zu vollziehen. Wenn Sie sich hierzu in irgendeiner Form entschließen könnten, dann würde ich wieder den Glauben und den Mut haben, um mit größter Energie weiter arbeiten zu können. Sie werden Verständnis dafür aufbringen, was in mir vorgeht. Ich kann mit voller Arbeitskraft nicht wirken und das notwendige Vertrauen nicht ausstrahlen, wenn gleichzeitig mit meiner Aufforderung an die Arbeiter zum höchsten Einsatz die Zerstörung ihrer Lebensbasis von uns vorbereitet wird.

Es ist unsere Pflicht, alle Anstrengungen zu machen, um den Widerstand auf das äußerste zu steigern. Ich möchte dabei nicht fehlen.

Die militärischen Schläge, die Deutschland in den letzten Wochen erhalten hat, sind erschütternd. Es liegt nicht mehr in unserer Hand, wohin sich das Schicksal wendet. Nur eine bessere Vorsehung kann unsere Zukunft noch ändern. Wir können nur noch durch eine starke Haltung und unerschütterlichen Glauben an die ewige Zukunft unseres Volkes dazu beitragen.
Gott schütze Deutschland!

.....

### c) *Zusätzlicher Befehl des OKW (4. April)*

*Am folgenden Tage (30. 3.) ergingen vom OKW „Ausführungsbestimmungen", die praktisch auf die Aufhebung des Befehls vom 19. 3. hinausliefen. Sie wurden am 4. 4. durch den folgenden Befehl ergänzt:*

OKW/WFSt/Qu II Nr. 003132/45 gKdos.
Bezug: 1. OKW/WFSt/Op Qu Nr. 002711/45 gKdos. I., II., III. Ang. vom 19., 23. und 25. 3. 45.
2. OKW/WFSt/Qu 2 (II) Nr. 003090/45 gKdos. vom 30. 3. 45.

Betr.: Zerstörungsmaßnahmen im Reichsgebiet.

Die vom Führer am 30. 3. erlassenen Durchführungsbestimmungen zu seinem Befehl vom 19. 3. über Zerstörungsmaßnahmen im Reichsgebiet geben zu folgenden, ergänzenden Hinweisen für die Wehrmacht Veranlassung:

I.
Grundsatz:

Alle Zerstörungsmaßnahmen im militärischen Bereich sind durch den Führerbefehl vom 19. 3. 45 im Bereich der Rüstung und Kriegsproduktion durch die Durchführungsbestimmungen zu diesem Befehl vom 30. 3. 45 eindeutig geregelt.

II.
Verantwortlichkeit:

1. Die Verantwortlichkeit im zivilen Bereich, insbesondere für Industrie- und Versorgungsbetriebe, ist durch den Führer in der Weise geregelt worden, daß die Gauleiter und Reichsverteidigungskommissare für die Auslösung und Überwachung der Zerstörungsmaßnahmen, die Organe des Reichsministers für Rüstung und Kriegsproduktion für ihre Vorbereitung und Durchführung verantwortlich sind und daß der Reichsminister für Rüstung und Kriegsproduktion insoweit ein Weisungsrecht gegenüber den Gauleitern und Reichsverteidigungskommissaren hat.
2. Für die Zerstörung aller milit. Objekte und Anlagen (z. B. Waffen- und Gerätelager, Flugplätze, wehrmachteigene Betriebe), einschließlich aller Verkehrs- und Nachrichten-Anlagen, ist ausschließlich die Wehrmacht verantwortlich, und zwar:

a) innerhalb der Wehrmacht allgemein das jeweils territorial zuständige Oberkdo. der Heeresgruppe,
b) für marine- und luftwaffeneigentümliche Objekte und Anlagen die jeweils territorial zuständige Kdo.-Behörde der Kriegsmarine bzw. der Luftwaffe.

III.
Sonderbestimmungen:

1. Grundsatz und Verantwortlichkeit für die Zerstörungsmaßnahmen gem. Ziffer I und II gelten auch in der Kampfzone, hier jedoch mit der Einschränkung, daß die Forderungen der unmittelbaren Kampfführung den Vorrang haben vor allen anderen Forderungen und Erwägungen; daher verbleibt es hier bei der übergeordneten Verantwortlichkeit der Wehrmacht für sämtliche Zerstörungsmaßnahmen sowie deren Auslösung durch die Wehrmacht.
2. Für die Auslösung von Zerstörungsmaßnahmen in Anlagen — Betriebsstoffindustrie — gilt die Sonderregelung der Bezugsverfügung vom 23. 3. 45. Die Verantwortlichkeit des zivilen Bereichs für die kalendermäßige Vorbereitung und fachmännische Mitwirkung bei den Zerstörungsmaßnahmen sowie für rechtzeitiges Aufmerksammachen auf gefährdete Betriebe wird dadurch nicht berührt.
3. Für sämtliche „Seehäfen" im Reichsgebiet einschließlich der in ihnen liegenden Schiffswerften gilt die Sonderregelung der Bezugsverfügung vom 25. 3. 45.

IV.
Zusammenarbeit:

Die Wehrmacht ist verpflichtet, in die Verantwortlichkeit des zivilen Bereichs fallende Zerstörungsmaßnahmen mit allen verfügbaren materiellen Hilfen sowie durch enge Zusammenarbeit mit den verantwortlichen zivilen Dienststellen und deren zuverlässige Lageunterrichtung zu unterstützen. Selbständige Eingriffe, vor allem eigenmächtige, durch unkontrollierte Feindmeldungen veranlaßte Zerstörungsmaßnahmen an Industriebetrieben im Hinterland sind der Wehrmacht verboten. Alle entgegenstehenden Befehle und Weisungen werden hierdurch aufgehoben.

Der Chef OKW
gez.: *Keitel*,
Gen.-Feldmarschall

### 2. Führerbefehl über die Anpassung der Befehlsgliederung an die veränderten Verhältnisse (7. April)[1]

Die Entwicklung der Lage im Westen und der Ausfall zahlreicher operativer Nachrichtenverbindungen macht eine Anpassung der Befehlsgliederung auf

1 Vgl. dazu auch unten Nr. 3 (S. 1587 ff.).

dem Westkriegsschauplatz an die veränderten Verhältnisse erforderlich. Ich befehle daher folgende Neugliederung der Befehlsführung im Westen:

1. Dem *Oberkommando der Wehrmacht* werden unmittelbar unterstellt:
der Oberbefehlshaber Nordwest (Oberkommando Heeresgr. H),
das Oberkommando der Heeresgr. B,
der Oberbefehlshaber West,
das Marine=Oberkommando West.

2. Dem *Oberbefehlshaber Nordwest (Oberkommando Heeresgr. H)* werden unterstellt:
   a) der bisherige Befehlsbereich des *Führungsstabes Nordküste.* Zur Füh=rung dieses Befehlsbereiches steht dem Oberbefehlshaber Nordwest das Oberkdo. des Fü=Stabes Nordküste zur Verfügung.
   b) der *Oberbefehlshaber der Niederlande.*
   Ihm unterstehen:
   25. Armee, Wehrmachtbefehlshaber in den Niederlanden, Admiral Nie=derlande, die in den Niederlanden eingesetzten Luftwaffenkräfte. Der Oberbefehlshaber der Niederlande ist mir persönlich für die Verteidi=gung der Festung Holland und die Ausschöpfung aller hierfür erfor=derlichen und verfügbaren Mittel verantwortlich. Zur Durchführung seiner Aufgaben bedient sich der Oberbefehlshaber der Niederlande des Oberkdo.s der 25. Armee.
   Für die Zusammenarbeit des Oberbefehlshabers der Niederlande mit dem Reichskommissar für die besetzten niederländischen Gebiete gelten die Bestimmungen des zusammenfassenden Befehls über Festungen, sobald die Landverbindungen zum Reich unterbrochen sind (siehe An=lage zu Chef OKW/WFSt/Qu 2 (II) Nr. 0850/45 geh. vom 30. 1. 1945).
   c) *Armeegruppe Generaloberst Student,* 1. Fallschirm=Armee.
   d) *Wehrkreis XI.*

3. Dem *Oberkommando der Heeresgr. B* bleiben wie bisher unterstellt: 5. Pz.=Armee, 15. Armee, Armee=Abt. v. Lüttwitz, sämtliche im Heeresgruppen=bereich befindlichen Truppenteile und Soldaten aller Wehrmachtteile.

4. Dem *Oberbefehlshaber West* bleiben unterstellt: das Oberkdo. der Hee=resgr. G mit 1. Armee und 7. Armee, unmittelbar 11. Armee und 19. Armee, außerdem die Wehrkreise V, VII, IX und XIII.

5. *Trennungslinie* zwischen OB Nordwest und OB West: Paderborn–Holz=minden–Salzgitter–Oschersleben–Schönebeck (Orte zu Nordwest).

6. Die Gliederung der im Westen eingesetzten Kräfte der *Luftwaffe* ist der Gliederung des Heeres anzupassen. Hierzu ist je ein entsprechender Kdo.=Stab mit dem OB Nordwest und dem OB West zu koppeln und die Unter=stützung der Heeresgr. B besonders zu regeln. Mein Befehl für die Unter=stellung der zur Unterstützung des Westheeres eingesetzten Flieger= und Flak=Verbände (OKW/WFStab Op/L Nr. 003228/45 g.Kdos. vom 3. 4. 45) gilt sinngemäß für die neue Befehlsregelung. Diese Verbände sind dem=

entsprechend den Oberbefehlshabern Nordwest und West einsatzmäßig zu unterstellen. OKL meldet mir neue Kräftegliederung. Übernahme der neuen Befehlsbereiche ist zu melden.

7. Einzelheiten der *territorialen Befehlsgliederung* (Unterstellung der Wehrkreise) enthält der Befehl „OKW/WFStab Qu 2 Nr. 02147/45 geh. vom 7. 4. 45".
8. Die Übernahme der neuen Befehlsbereiche ist mir zu melden.

gez.: Adolf Hitler
OKW/WFStab Op/H Nr. 003342/45 g.Kdos.

### 3. Führerbefehl betr. Befehlsgliederung im Nord- und Südraum im Falle ihrer Aufspaltung (15. April)

(überliefert im Kriegstagebuch der Kriegsmarine)
(vgl. dazu den vorstehenden Befehl und unten Nr. 5–6, S. 1590 f.[1]).

Dazu: *Aufruf an die Soldaten der deutschen Ostfront* vom gleichen Tage (Nr. 4).

Der Führer hat am 15. 4. folgenden grundsätzlichen Befehl erlassen:

„Für den Fall einer Unterbrechung der Landverbindung in Mitteldeutschland befehle ich:

1. Für denjenigen abgetrennten Raum, in dem ich selbst nicht anwesend bin, führt die gesamten militärischen Operationen ein von mir bestimmter Oberbefehlshaber, dem alle in dem betreffenden Raum eingesetzten Kräfte der drei Wehrmachtteile aller Fronten, der Ersatzwehrmacht, der Waffen-SS, der Polizei und angegliederten Organisationen unterstellt werden.
2. Falls ich mich südlich der unterbrochenen Verbindung befinde, wird als Oberbefehlshaber im nördlichen Raum *Großadmiral Dönitz* bestimmt. Zu ihm tritt ein möglichst klein zu haltender Gen.-Stab d. Heeres (Chef Generalleutnant Kinzel) als Führungsstab. Ihm werden unterstellt:
   a) der Oberbefehlshaber der Heeresgruppe Weichsel für die Führung der Ostfront,
   b) der Oberbefehlshaber Nordwest für die Führung der Westfront,
   c) der Wehrmachtbefehlshaber Dänemark,
   d) der Wehrmachtbefehlshaber Norwegen,

1 Vgl. zur Abrundung (General) Karl *Koller* (†), Der letzte Monat. Die Tagebuchaufzeichnungen des ehem. Chefs des Gen.-Stabes der deutschen Luftwaffe vom 14. 4.–27. 5. 1945, Mannheim 1949; weitere Hinweise auf Lit. und ungedrucktes Material bei W. *Baum*, Der Zusammenbruch der obersten deutschen milit. Führung 1945, in: Wehrwissensch. Rundschau V, 1960, S. 237–66. Vgl. auch E. *Kuby*, Das Ende des Schreckens. Dokumente des Untergangs, Jan.–Mai 1945, München 1945.
Über die 9. Armee vgl. den OB, Theodor *Busse*: Die letzte Schlacht der 9. Armee, in: Wehrwiss. Rundschau V, 1955, S. 145 ff.; über die 12. Armee vgl. H. W. *Ritter*, Armee Wenck. Tatsachenbericht nach Gesprächen mit Gen. a. D. *Wenck*, in: Welt am Sonntag X, Hamburg 1957, Nr. 12ff.

e) der Oberbefehlshaber der Luftflotte Reich für die eingesetzten Luft=waffenkräfte.

3. Falls ich mich nördlich der unterbrochenen Verbindungen befinde, wird als Oberbefehlshaber im südlichen Raum *Generalfeldmarschall Kesselring* be=stimmt. Ihm werden unterstellt:
   a) die Oberbefehlshaber der Heeresgr. Süd und Mitte für die Ostfront,
   b) der Oberbefehlshaber der Heeresgr. G für die Führung der gesamten Westfront,
   c) der Oberbefehlshaber Südost,
   d) der Oberbefehlshaber Südwest,
   e) der Oberbefehlshaber der Luftflotte 6 für die eingesetzten Luftwaffen=streitkräfte.

4. Die für die abgetrennten Räume in 2. und 3. bestimmten Oberbefehlshaber leiten die gesamte Reichsverteidigung in ihrem Raume insoweit selbstän=dig, als sie meine Befehle und Entscheidungen infolge der Nachrichtenlage auch auf dem Funkwege nicht zeitgerecht erreichen. Sie sind mir für die restlose Ausschöpfung des gesamten Kriegspotentials in engster Zusam=menarbeit mit dem eingesetzten obersten Reichsverteidigungskommissar des abgetrennten Raumes persönlich verantwortlich. Im übrigen ändert sich, soweit es die Nachrichtenverbindungslage irgend zuläßt, an der einheit=lichen Führung der Operationen durch mich persönlich gegenüber der bis=her gehandhabten Weise nichts. Insbesondere wird die Pflicht zu laufender Meldeerstattung nicht berührt.

   Das Oberkommando der Luftwaffe und Reichsführer SS als truppen=dienstlicher Vorgesetzter der Waffen=SS sind an den Entscheidungen im Rahmen des nachrichtentechnisch Möglichen zeitgerecht zu beteiligen.

5. Der Oberbefehlshaber eines vorübergehend abgetrennten Raumes bedient sich im übrigen der mit einem Befehl vom 11. 4. 45 eingesetzten Außen=stellen der Versorgungs=, Transport=, Nachrichten=, Rüstungsorganisatio=nen (vgl. OKW/WFStab Org. Qu Nr. 003511/45 gKdos.).

6. Die Hauptquartiere der in Aussicht genommenen Oberbefehlshaber eines abgetrennten Raumes sind im Benehmen mit dem Chef der Wehrmacht=Nachrichtenverbindungen, General der Nachrichtentruppen Praun, und in Anlehnung an den Erlaß Chef OKW 88801/45 g.Kdos. Chefs., II. Ang. vom 12. 4. 45 betr. Errichtung der Außenstellen unverzüglich festzulegen und vorzubereiten.

7. Die Tätigkeit des Oberbefehlshabers eines abgetrennten Raumes beginnt erst auf meinen besonderen Befehl, in dem auch die Unterstellung der ein=zelnen Armeen unter die Heersgruppen geregelt wird.

8. Sinngemäß werde ich für einen abgetrennten Raum einen Obersten Reichs=verteidigungskommissar ernennen, unter dem die gesamten Dienststellen der Partei und des Staates zusammengefaßt werden und der auf engste Zu=

sammenarbeit mit dem Oberbefehlshaber des abgetrennten Raumes angewiesen wird.

9. Durchführungsbestimmungen erläßt der Chef des Oberkommandos der Wehrmacht."

*Der OB.d.M. erhielt folgenden zusätzlichen Befehl:*

Ich beauftrage den Oberbefehlshaber der Kriegsmarine mit der sofortigen Vorbereitung zur restlosen Ausschöpfung aller personellen und materiellen Möglichkeiten für die Verteidigung des Nordraums im Falle einer Unterbrechung der Landverbindung in Mitteldeutschland. Ich erteile ihm die Vollmacht, die für diesen Zweck erforderlichen Befehle an alle Stellen von Staat, Partei und Wehrmacht in diesem Raum zu erteilen.

### 4. Aufruf an die Soldaten der Ostfront (15. April)[1]

*Am gleichen Tage wie Nr. 3 wurde den Oberbefehlshabern der Heeresgruppen im Osten ein geheimer Führerbefehl übermittelt, der sofort bis zu den Kompanien bekanntzugeben war und in den Armeezeitungen, jedoch nicht in der Tagespresse, abgedruckt werden durfte:*[2]

Soldaten der deutschen Ostfront!

Zum letzten Mal ist der jüdisch-bolschewistische Todfeind mit seinen Massen zum Angriff angetreten. Er versucht, Deutschland zu zertrümmern und unser Volk auszurotten. Ihr Soldaten aus dem Osten wißt zu einem hohen Teil bereits selbst, welches Schicksal vor allem den deutschen Frauen, Mädchen und Kindern droht. Während die alten Männer und Kinder ermordet werden, werden Frauen und Mädchen zu Kasernenhuren erniedrigt. Der Rest marschiert nach Sibirien.

Wir haben diesen Stoß vorhergesehen, und es ist seit dem Januar dieses Jahres alles geschehen, um eine starke Front aufzubauen. Eine gewaltige Artillerie empfängt den Feind. Die Ausfälle unserer Infanterie sind durch zahllose neue Einheiten ergänzt. Alarmeinheiten, Neuaufstellungen und Volkssturm verstärken unsere Front. Der Bolschewist wird dieses Mal das alte Schicksal Asiens erleben, d. h. er muß und wird vor der Hauptstadt des Deutschen Reiches verbluten.[3]

Wer in diesem Augenblick seine Pflicht nicht erfüllt, handelt als Verräter an unserem Volk. Das Regiment oder die Division, die ihre Stellung verlassen, benehmen sich so schimpflich, daß sie sich vor den Frauen und Kindern, die in unseren Städten dem Bombenterror standhalten, werden schämen müssen. Achtet vor allem auf die verräterischen wenigen Offiziere und Soldaten, die —

1 Der sowjetische Großangriff begann am 16. 4.

2 Gedruckt auch in: Chronik des Zusammenbruchs, in: Die Gegenwart I, Nr. 10/11, 1946, S. 16 und in: Dokumente der deutschen Politik und Gesch., hg. von *J. Hohlfeld*, Bd. V, Berlin 1954, S. 523 f.

3 Foto: bluten.

um ihr erbärmliches Leben zu sichern — in russischem Solde, vielleicht sogar in deutscher Uniform gegen uns kämpfen werden. Wer euch Befehle zum Rückzug gibt, ohne daß ihr ihn genau kennt, ist sofort festzunehmen und nötigenfalls augenblicklich umzulegen — ganz gleich, welchen Rang er besitzt. Wenn in diesen kommenden Tagen und Wochen jeder Soldat an der Ostfront seine Pflicht erfüllt, wird der letzte Ansturm Asiens zerbrechen, genauso wie am Ende auch der Einbruch unserer Gegner im Westen trotz allem scheitern wird.

Berlin bleibt deutsch, Wien wird wieder deutsch, und Europa wird niemals russisch.

Bildet eine verschworene Gemeinschaft zur Verteidigung nicht des leeren Begriffes eines Vaterlandes, sondern zur Verteidigung eurer Heimat, eurer Frauen, eurer Kinder und damit unserer Zukunft.

In diesen Stunden blickt das ganze deutsche Volk auf euch, meine Ostkämpfer, und hofft nur darauf, daß durch eure Standhaftigkeit, euren Fanatismus, durch eure Waffen und unter eurer Führung der bolschewistische Ansturm in einem Blutbad erstickt. Im Augenblick, in dem das Schicksal den größten Kriegsverbrecher aller Zeiten von dieser Erde weggenommen hat [1], wird sich die Wende dieses Krieges entscheiden.

gez.: Adolf Hitler

### 5. Regelung der Befehlsführung nach der Aufspaltung des deutschen Kriegsschauplatzes in einen Nord- und einen Südraum (25. April)

*Dieser Befehl wurde dem General Koller (Chef des Generalstabs der Luftwaffe) von dem Stellv. Chef WFStab (Südgruppe), General Winter, (beide in Berchtesgaden) am 25. 4., 17.30 Uhr, zur Kenntnis gebracht [2]:*

1. OKW ist mir für die Fortführung der Gesamtoperationen verantwortlich.
2. Es führt nach meinen Weisungen, die ich durch den bei mir befindlichen Chef des Generalstabes des Heeres übermitteln lasse:
   a) im Südraum, mit Hilfe Führungs-Stab B (Winter), die Heeresgruppen Süd und Mitte, den OB Südwest und den OB West;
   b) im Nordraum unmittelbar die WB Norwegen, Dänemark, den OB Nordwest, die 12. Armee, die Heresgruppe Weichsel mit 9. Armee, die Armeen in Ostpreußen und Kurland.
3. Die Führungsaufgabe des Führungsstabes A unter Großadmiral Dönitz tritt vorläufig nicht in Kraft.
4. Hauptaufgabe OKW: Durch Angriff mit allen Kräften und Mitteln und unter größter Beschleunigung von Nordwesten, Südwesten und Süden her

1 Gemeint ist der drei Tage vorher (12. 4.) gestorbene Präsident Franklin D. Roosevelt.

2 Gedruckt bei Karl *Koller*, Der letzte Monat. Die Tagebuchaufzeichnungen des ehem. Chefs des Gen.-Stabs der Luftwaffe vom 14. April bis zum 27. Mai 1945, Mannheim (Norbert Wohlgemuth) 1949, S. 53; vgl. dazu oben die KTB der Führungsstäbe Süd (B) und Nord (A): 25.—26. 4. (S. 1435 ff., 1451 ff.).

eine breite Verbindung mit Berlin wiederherzustellen und damit die Schlacht von Berlin siegreich zu entscheiden.

5. ... Befehl für Führung und Luftwaffe folgt.

Für die Richtigkeit:
gez.: Jodl

### 6. Unterstellung des Generalstabs des Heeres unter das OKW (28. April)

(vgl. dazu oben S. 1585 ff.: Nr. 2, 3 und 5)

Auf Befehl des Führers ist der Generalstab des Heeres (Führungsgruppe) dem Chef des WFStabs unterstellt. Damit ist auch die Führung des Ostkriegsschauplatzes auf das OKW übergegangen. Hierzu befehle ich:

......

1. Im Nordraum werden sämtliche Heeresverbände durch das OKW geführt. Hierzu erhalten auch die Heeresgruppe Weichsel, Heeresgruppe Kurland, 12. Armee und AOK Ostpreußen Befehle unmittelbar durch mich. Die dem OB.d.M. durch den Führerbefehl vom 21. 4. 45 (OKW/WFStab/Qu Nr. 005796/45 g.Kdos.) und seinen Befehl vom 22. 4. 45 (OKW/WFStab/Qu 1 Nr. 003804/45 g.Kdos.) übertragenen Aufgaben und Vollmachten bleiben in vollem Umfange bestehen.

......

5. An der Führung der Kriegsmarine und Luftwaffe durch ihre Oberbefehlshaber ändert sich durch diesen Befehl nichts.

Chef OKW
gez.: Keitel
OKW/WFStab/Qu. Nr. 003857/45 g.Kdos.

### 7. Einstellung der Evakuierungen durch Befehl des Chefs OKW vom 29. April

(aufgenommen bei der Seekriegsleitung: 14.20 Uhr)

1. Im Einvernehmen mit dem Reichsführer SS befehle ich für den deutschen Nordraum:
   a) Bei der Evakuierung der Zivilbevölkerung aus feindbedrohten Gebieten darf keinerlei Zwang ausgeübt werden.
   b) Soweit die Bevölkerung freiwillig ausweichen will, wird diese Bewegung wie bisher durch die Partei geführt und ist von der Wehrmacht in jeder Beziehung zu unterstützen.
   c) Oberkdo. Heeresgr. Weichsel, OB Nordwest und AOK 12 bestimmen für die Flüchtlingstrecks besondere Straßen.
   d) Die Wehrmacht-Ordnungstruppen sind entsprechend anzuweisen.
   e) Großadmiral Dönitz wird gebeten, die Gauleiter und Reichsverteidigungskommissare zu unterrichten.

2. Entsprechende Anordnungen für den Südraum sind — falls notwendig — durch Stellv. Chef WFStab (Gen.=Lt. Winter) bei mir (zu ergänzen: oder) dem Leiter der Parteikanzlei zu beantragen.

Chef OKW
gez.: Keitel

**8. Letzte Befehle gegen Auflösung und Zersetzung (29. April)**

1.

Entwicklung der Lage führt zu zahlreichen Gerüchten und Mutmaßungen gerade bei weitabgesetzten Außenposten (Atlantik=Festungen, Kreta, Rhodos). Hier Sicherstellung des Gefühls ständiger und enger Verbindung zu Oberster Führung durch laufende Orientierung und klare Weisungen mehr denn je not=wendig. Hinweis, daß es nur darauf ankommt, zu gehorchen und Befehle Oberster Führung bis zum letzten durchzuführen, gleichgültig wie der Kampf um Berlin ausgeht.

I. A.:
gez.: Jodl

2.

Gerüchte über Bildung bayrischen Befreiungskomitees[1] und Kapitulations=angebot des Reichsführers Himmler[2] oder Waffenstillstand an Westfront sind Erzeugnisse der Feindagitation. Der Führer befindet sich beim Schicksals=kampf in Berlin. Es ist mehr denn je notwendig, nur Befehle der zuständigen Vorgesetzten anzunehmen, ihnen vorbehaltlos zu gehorchen und die Anord=nungen der Obersten Führung bis zum letzten zu befolgen.

Chef Seekriegsleitung

*Chronologisch schließt hier an der S. 1659 ff. folgende T e i l D : Dokumente, Befehle, Kapitulationsurkunden usw. 11./12. 2.: Konferenz in Jalta — 9. 5.: Einstellung des Kampfes).*

1 Ein solches Komitee hatte sich gebildet und diese Tatsache durch den Rundfunk bekanntgegeben (vgl. oben S. 1446 ff.); doch konnte es durch Gegenmaßnahmen be=seitigt werden.
2 Himmler hatte — was der Rundfunk der Gegner bekanntgab — in der Tat ein solches Angebot gemacht, was Hitler veranlaßte, ihn in seinem politischen Testa=ment (29. 4.; s. unten S. 1668) aus der Partei auszustoßen.

## B. Auszüge aus den »Niederschriften über Teilnahme des Oberbefehlshabers der Kriegsmarine an den Führerlagen« von der Invasion (6. Juni 1944) bis zur letzten Besprechung, an der er teilnahm (18. April 1945)

*Da das Archiv der Kriegsmarine – entgegen dem allgemeinen Vernichtungsbefehl – gemäß der Anordnung des Großadmirals Dönitz nicht verbrannt wurde, liegen auch die Niederschriften vollständig vor, die er – wenn er an einer Lagebesprechung bei Hitler teilgenommen hatte – nach der Rückkehr über die Punkte machte, die er seinem Stabe mitzuteilen hatte (dadurch ergibt sich, daß die Niederschriften nur solche Tatsachen enthalten, deren Kenntnis nicht auf den allerengsten Kreis beschränkt bleiben mußte).*[1]

*Die Niederschriften (vgl. ihr Verzeichnis im 2. Anhang zum III. Teil der „Erläuterungen"; S. 1842) beziehen sich vornehmlich auf Marine=Angelegenheiten; da aber der Einsatz der Kriegsmarine – vornehmlich gegen Ende des Krieges – mit dem des Heeres verknüpft war, enthält sie auch manches, was für dieses wichtig ist.*

*Aus dem 2. Halbjahr 1944 wird von der Landung im Westen an gebracht, was das KTB abrundet. Von Anfang 1945 an werden die Auszüge umfangreicher, da auf diese Weise die im KTB vorhandenen Lücken (s. die „Erläuterungen") zu einem Teil geschlossen werden können. Jedoch ist auch hier nur das Wichtigere berücksichtigt (Photographien stellte mir Dr. H.=A. Jacobsen zur Verfügung).*

*Zugute kommt dem Text, daß Hitler ab Januar 1945 von Berlin aus führte und der Großadmiral daher regelmäßig an der „Führerlage" teilnehmen konnte, da ja dort seine Befehlsstelle war.*

### I. 1944

*16. 6. (auf dem Berghof bei Berchtesgaden), 17.30 Uhr: (Die Westlage nach erfolgter Landung):*

OB. d. M. mit K.=Adm. Voß und 1. Seekriegsleitung zur Besprechung bei Generalfeldmarschall Keitel und Gen.=Oberst Jodl.

Keitel und Jodl sehen Lage als sehr ernst an. Immerhin wird noch Möglichkeit gesehen, mit etwas Glück Brückenkopf zu isolieren. Besondere Chance läge in einem mißglückenden Landungsversuch des Gegners an anderer Stelle. Ob der Gegner den Versuch machen wird, ist fraglich. Als wahrscheinlichster Raum hierfür wird die Küste zwischen Dieppe und Boulogne bzw. Calais und Schelde angesehen. Aus dem in der Nacht 12./13. beginnenden Fernbeschuß von London erhofft man sich einmal eine starke Diversionswirkung auf die

1 Über das KTB der Kriegsmarine vgl. den II. Teil der „Erläuterungen" (S. 1770–72; dort auch über die Niederschriften des Großadmirals).

feindliche Luftwaffe, zum anderen einen Anreiz für den Gegner, zweite Landung im Raum Nordfrankreich anzusetzen (Letztere Gedankengänge kamen auch schon bei der Führerlage zur Sprache). Falls es dem Gegner gelingt, aus dem jetzigen Brückenkopf heraus die operative Freiheit zum Bewegungskrieg in Frankreich zu erringen, ist ganz Frankreich verloren. Nächste Verteidigungsmöglichkeit Maginotlinie bzw. alter Westwall. Feldmarschall Keitel glaubt, daß auch dann noch eine Möglichkeit zur Reichsverteidigung gegeben ist. Gen.-Oberst Jodl läßt diese Frage offen, da vom Ablauf der Dinge und der Zahl der zurückgeführten Truppen abhängig.

Heranführung von Verstärkungen aus dem Osten war in geringem Umfang möglich. Luftwaffenverbände des Ostens für Westkrieg nicht geeignet, da zu geringe Kampferfahrungen gegenüber hochwertigem Westgegner.

*29. 6. (auf dem Berghof bei Berchtesgaden), 20.00 Uhr: (Die Lage im Invasionsraum):*

Nach längeren Einzelbesprechungen, an denen nur die Feldmarschälle v. Rundstedt, Rommel, Keitel und Gen.-Oberst Jodl teilnahmen, faßt *der Führer* vor größerem Kreise seine Auffassung in folgenden Gedankengängen zusammen:

Die erdrückende Luftüberlegenheit des Gegners und das sehr wirksame Eingreifen seiner schweren Schiffsartillerie begrenzen die Möglichkeiten eines eigenen Großangriffs. Man kann Angriffsdaten nicht festlegen, da sie von dem unberechenbaren Herankommen der Truppe und des Nachschubs abhängig sind.

Andererseits dürfen wir es keinesfalls zu einem Bewegungskrieg in Frankreich kommen lassen, da der Gegner uns infolge seiner Luftüberlegenheit und seines Überflusses an Kraftfahrzeugen und Brennstoff an Beweglichkeit bei weitem überlegen ist. Es kommt daher alles darauf an, den Gegner durch Aufbau einer Abschließungsfront im Brückenkopf festzuhalten und ihn im Brükkenkopf durch Ansatz aller Mittel im Kleinkampf zu zermürben und einzuengen. Schwerpunkt des Einsatzes gegen den Nachschub: Minen-, Torpedo- und (FK)-Einsatz durch die Luftwaffe, Minen-, Torpedo- und Kleinkampfmittel-Einsatz durch die Kriegsmarine. Hinweis auf Kreistorpedos der Luftwaffe, die Gegner zwingen, die abgesuchten Räume zu verlassen und ihn damit wieder auf die Minen drücken. Umrüstung von Jägern zu Jagdbombern, insbesondere auch von Strahljägern, die in kurzen schnellen Vorstößen den Kampfraum trotz der feindlichen Luftüberlegenheit überfliegen und angreifen können. Zur Sicherstellung des eigenen Nachschubs Schaffung von einzelnen Flakstraßen, die durch eine große Zahl von Flaknestern gegen Tiefflieger geschützt und von Jägerpatrouillen gesichert werden. Es bedarf einer starken Konzentration des Kraftfahrzeug-Transportraums, auch unter Inkaufnahme von Schwierigkeiten bei den anderen Bedarfsträgern. (Spezialausführungen des Reichsmarschalls, des Gen.-Feldm. Sperrle und des OB.d.M.)

*Der Führer:*

Wir müssen stur wie eine Bulldogge Minen und immer wieder Minen in die Seine=Bucht werfen (entsprechend dem Verfahren des Engländers gegen unser Verkehrsnetz) und auch fast alle Mittel vornehmlich gegen den Nachschub ein=setzen; denn es ist unvergleichlich viel wirkungsvoller, eine ganze Schiffsladung zu versenken, als nachher an Land das ausgeladene Personal und Material ein=zeln bekämpfen zu müssen. Auch die feindlichen Kriegsschiffe müssen be=kämpft werden, insbesondere die Schlachtschiffe. Wenn der Gegner 6–8 Schlachtschiffe in der Seine=Bucht verliert, so hat dies die größten strategischen Auswirkungen. Wie es s. Z. in Norwegen gelungen ist, den feindlichen Nach=schub mit Flugzeugen, U=Booten und Schlachtschiffen zu behindern, so daß der Gegner sich schließlich zur Räumung Norwegens veranlaßt sah, so muß auch hier durch Einsatz aller geeigneten Kampfmittel das gleiche erreicht werden.

*9 7. („Wolfsschanze"), 12.00 Uhr (in verkleinertem Kreis: von der Kriegs=marine nur OB.d.M., von der Ostfront Gen.=Feldm. Model, General Frießner, Gen.=Oberst Ritter v. Greim):*

Thema ist Bereinigung der ernsten Lage in der Mitte der Ostfront. Es steht dabei nicht zur Diskussion, die Heeresgruppe Nord zurückzunehmen, da dies nach den Erfahrungen der Mittelfront (4. Armee) im Sommer ohne stärkste eigene Einbuße nicht möglich ist; denn der Gegner kann jetzt auch außerhalb der Straße im freien Gelände in breiter Front folgen und damit durch Lücken die zurückgehenden Armeen überholen und abschneiden. Außerdem dauert die Zurücknahme der Heeresgr. Nord mit Gerät mindestens 4 Wochen und kommt damit für die gegenwärtige Krise zu spät. Die Lösung wird gesehen in der Zuführung weiterer Divisionen in den Einbruchsraum bis zum 17. 7. Die Führung glaubt, damit den russischen Vorstoß auffangen zu können, ohne daß die Heeresgruppe Nord abgeschnitten wird.

Auf Aufforderung des Führers äußert sich der OB.d.M. über die Folgen eines russischen Durchstoßes an die freie Ostsee. Er weist auf die Bedeutung der Beherrschung der Ostsee durch uns hin als Voraussetzung für die wehrwirt=schaftlich kriegsentscheidende schwedische Erzzufuhr und für den Aufbau der neuen U=Bootwaffe. Die westlichste[1] Stellung, die noch eine Schließung des Finnenbusens zuläßt, ist die Position ostwärts Reval (Nashornsperren). Hier=für ist noch der Besitz der baltischen Inseln von Bedeutung.

Wenn der Gegner allerdings weiter südlich (Litauen, Ostpreußen) zur Ost=see durchstoßen würde, sei die Position am Finnenbusen (einschl. der balti=schen Inseln) wertlos, da dann der Gegner von dort aus den Erzverkehr und die Ausbildungsstätten der U=Bootwaffe aus nächster Nähe bedrohen oder so=gar völlig ausschalten würde. Der Kernpunkt, dem sich alles andere, auch die eventuelle Zurücknahme der Heeresgr. Nord, unterordnen müsse, sei daher die

1 Orig.: westliche.

Verhinderung des Durchstoßes des Russen an die Ostsee. Nach erfolgtem Durchstoß sei eine Versorgung der Heeresgr. Nord und Finnlands über See nicht durchführbar bei der dann herrschenden Flankenbedrohung durch russische Luftwaffe aus Litauen.

*11. 7. (ebd.), 13.00 Uhr:*

Aus der Lagebesprechung und verschiedenen Einzelbesprechungen ergibt sich folgendes Bild über die Lage im Osten:

Die optimistischen Schilderungen der Lage bei Heeresgruppe Mitte und Nord durch die Oberbefehlshaber dieser beiden Heeresgruppen in „Wolfsschanze" am 9. 7. 44 bestätigen sich nicht. Wenn auch die ergriffenen Maßnahmen zur Stabilisierung der Front im Raum der Heeresgruppe Mitte noch die Möglichkeit des Erfolges in sich tragen, so muß doch auch mit der entgegengesetzten Entwicklung gerechnet werden. Es ist demnach notwendig, die entsprechenden Vorüberlegungen für den Fall, daß dem Russen ein Einbruch nach Ostpreußen glückt, zu treffen. Daher ergeht das anliegende Fernschreiben des OB.d.M. (Anl. 1) an Chef Skl.

Nach der Lage frühstückt der OB.d.M. mit dem Führer.

*3. 12. (Berlin), 16.00 Uhr:*

(Ausführungen des Großadmirals Dönitz über die Aussichten des U-Boot-Krieges)[1]:

. . . . . .

2.

Der OB.d.M. legt dem Führer die Meldung des Kptlt. Nollmann vor, der mit seinem Schnorchel-Boot an der Ostküste Schottlands eingesetzt war und auf das positivste über die Erfolgsmöglichkeiten seines Bootes und die Überzeugung seiner Besatzung, daß mit Einführung des Schnorchels die alte Wirksamkeit des U-Bootes wiederhergestellt sei, berichtet.

Bei dieser günstigen Beurteilung der Schnorchel-Boote, die sich auch sonst bestätigt, hat der OB.d.M. keine Sorgen hinsichtlich der Bewährung der neuen U-Boottypen, die für den Unterwasserkampf noch viel bessere Eigenschaften mitbringen. Er sieht in dem Wiederanlaufen des U-Boot-Krieges vielmehr ein „Heimat- und Werftproblem", da der Gegner sich nach den ersten Erfolgen der neuen Boote mit aller Kraft gegen die Auslaufwege, die Bau- und Instandsetzungswerften und die Stützpunkte der U-Boote wenden wird. Während andere Industrien in weniger gefährdete Gebiete verlagert werden können, bleibt die Schiffbauindustrie an die Küste und die großen Häfen gebunden und ist nicht anderweitig zu ersetzen. Der OB.d.M. verweist auf die dem Führer Mitte November vorgelegte Denkschrift über den Rüstungsstand der Seestreitkräfte und betont, daß alles Erdenkliche geschehen müsse, um das Schiffbau-

1 Vgl. hierzu oben A II Nr. 6 (S. 1576 ff.): Denkschrift der Seekriegsleitung betr. Rüstungsstand der Seestreitkräfte (11. 11. 1944).

programm der Kriegsmarine durchzuziehen. Er gibt der Befürchtung Ausdruck, daß Hauptamtsleiter Saur vom Ministerium Speer durch die vom Führer befohlenen zahlreichen Sonderprogramme der anderen Wehrmachtteile so unter Druck gesetzt würde, daß das Schiffbauprogramm leicht zu kurz kommen könne. Dagegen reichten die Druckmittel des OB.d.M. nicht aus, um die Belange der Kriegsmarine sicherzustellen. Er bäte daher den Führer, im gleichen Sinne auf Herrn Saur einzuwirken. Falls in dieser Hinsicht nicht alles geschähe, werde die neue U-Bootwaffe zwangsläufig zu einer großen Fehlinvestierung.

Der *Führer* stimmt den Ausführungen des OB.d.M. zu und stellt entsprechende Schritte von seiner Seite gegenüber Herrn Saur in Aussicht.

## II. 1945

### 1.) Januar

*1. 1., 15.00 Uhr:*

1. ......

d) Bei Vortrag der Transportlage Norwegen–Dänemark äußert sich der OB.d.M. über die starke Feindgefährdung dieses Verkehrs, die z. Z. in einem sich verstärkenden Luftminen- und Flugzeugeinsatz des Gegners besteht, die eines Tages aber auch durch Überwasserstreitkräfte des Gegners erheblich verschärft werden kann. Es hat den Anschein, daß die eigenen Skagerrak-Sperren, die an sich nicht sehr widerstandsfähig sind, doch eine stark abschreckende Wirkung auf den Gegner ausüben. Ihre Verstärkung ist vorgesehen.

......

*2. 1., 17.00 Uhr:*

Bei Vortrag der Ostseelage erläutert der OB.d.M. die angespannte Minenlage in der Ostsee und weist darauf hin, daß die eigenen Kräfte trotz angeordneter Verstärkung nicht ausreichen, um alle Aufgaben gleichzeitig zu bewältigen. So muß das Freiräumen der Übungsgebiete des U.A.K. und der Beschießungsstellungen der Flotte vor Memel nacheinander erfolgen.

.....

*3. 1., 19.00 Uhr:*

Persönliche Unterredung des Führers mit dem OB.d.M. (unter 4 Augen).

Der OB.d.M. gibt dem Führer einen Überblick über den augenblicklichen Stand des Tonnage-Krieges und seine voraussichtliche Entwicklung in nächster Zeit. Wenn man damit rechnet, daß von den 80 je Monat geplanten „Seehunden" nur 50 zum Einsatz kommen, so würden damit 100 Torpedos an den Feind getragen. Das ergibt bei 20 % Treffer eine Versenkungsziffer von etwa 100 000 BRT. Die letzten Meldungen der Schnorchel-U-Boote, ergänzt durch B-Dienst-Erkenntnisse, beweisen, daß auch diese Boote zu Erfolgen fähig sind, und zwar in Gebieten, in denen die deutschen U=Boote seit mehr als 3 Jahren nicht mehr auftreten konnten (Seegebiet Cherbourg, Irische See, Scapa Flow, Peter Head). Umso eher aber wird der Gegner den Eindruck gewinnen, daß die neue deutsche U=Bootoffensive bereits wieder angelaufen ist. Mit starken Gegenmaßnahmen muß daher schon in allernächster Zeit (noch vor dem ersten Auftreten der neuen U=Boottypen) gerechnet werden. Diese werden sich wegen der geringen Bekämpfungsmöglichkeit der U=Boote in See im Hinblick auf ihr Verschwinden von der Wasseroberfläche zwangsläufig gegen die U=Bootstützpunkte und Werften und gegen die Ein= und Auslaufwege der U=Boote richten. Der Angriff auf Hamburg am 31. 12. 44 und die verstärkte Minenoffensive im Raum westliche Ostsee—Skagerrak müssen bereits als Auftakt dafür angesehen werden. Die Sorgen um die Durchführung des neuen U=Bootkrieges liegen also nicht bei den Operationen in See, sondern ausschließlich bei der Bedrohung der Heimatbasis durch die feindliche Luftwaffe. Die in der dem Führer vorgelegten Denkschrift enthaltenen 10 Forderungen werden daher durch alle Überlegungen immer wieder unterstrichen. In diesem Zusammenhang regt der OB.d.M. an, den Einsatz des künstlichen Nebels auf die Gebiete zu konzentrieren, die vom „Bumerang"=Verfahren des Gegners nicht erreicht würden, da dieses Verfahren die Wirkung des Nebels ohnehin ausschalte.

Der *Führer* stimmt den Gedankengängen des OB.d.M. durchaus zu und geht im einzelnen auf die Möglichkeiten der Abhilfe ein. Insbesondere betont er, daß er die Flak=Verstärkung für die Häfen persönlich übernehmen will.
(3. 1., 20.00 Uhr Rückkehr)

*18. 1., 16.00 Uhr:*

. . . . . .

2. Zur Frage des Abtransports von 3 Divisionen (1 Pz.=, 2 Inf.=Div.en) der Heeresgruppe Nord in das Reich meldet der OB.d.M., daß Schiffsraum in ausreichender Menge zur Verfügung steht. Die Transportdauer ist abhängig von der Verladekapazität des Hafens Libau und von der Wetterlage, die jetzt und in nächster Zukunft sehr ungünstig ist (Weststürme). Es ist zu hoffen, daß die Panzerdivision innerhalb von 3 Tagen überführt werden kann.
3. Die Frage des Führers, ob die Truppentransporte von Norwegen nach Dänemark nicht noch beschleunigt werden können, wird vom OB.d.M. verneint. Verzögerungen werden durch die Wetterlage und vor allem durch die Minenlage bedingt. Es ist nicht zu verantworten, daß die Transporte demgegenüber forciert werden, da dies keine Beschleunigung, sondern nur Verluste bringen wird.
4. OB.d.M. gibt einen kurzen Überblick über die Einsatzmöglichkeiten der Kriegsmarine gegen den feindlichen Nachschubverkehr Themse=Antwerpen. Einsatz von Zerstörern und Torpedobooten wäre nur unter größten Verlusten bei geringem Nutzen möglich; er ist daher nicht zu verantwor=

ten, zumal diese Einheiten für Sicherungs= und Kampfaufgaben in anderen Seegebieten nicht zu entbehren sind. Für U=Boot=Einsatz ist das Seegebiet ungünstig. Trotzdem wird demnächst ein VII C=Boot mit Schnorchel in den Kanal gesandt. Die „Seehunde" hatten mit ihrem ersten Einsatz einen ungünstigen Start, da sie in eine nicht erwartete Sturmwetterlage gerieten. Es wurden jedoch wertvolle Erfahrungen gewonnen. Der Einsatz wird lau= fend fortgesetzt. Die übrigen Kleinkampfmittel lassen sich wegen der weiten Entfernung nur als „Sturmwikinger" einsetzen, jedoch auch nur bei ausreichender Wetterlage, da sie sonst das Operationsgebiet überhaupt nicht erreichen können. Trotz dieser Einschränkungen werden weiterhin alle Anstrengungen gemacht, um den feindlichen Nachschub nach Antwer= pen zu schädigen.

. . . . . .

*19. 1., 16.00 Uhr:*

1. Der *Führer* entscheidet, daß im Anschluß an den bereits befohlenen Ab= transport von 3 Divisionen noch 2 weitere Divisionen aus Kurland ins Reich zu überführen sind.

   Der OB.d.M. meldet, daß 9 Dampfer in Libau für die Einschiffung bereit= liegen und das Tempo des Abtransports z. Z. durch den Herantransport der Truppen auf dem Landwege bestimmt wird. Ein Dampfer („Cometa") mit Voraustruppen der 4. Pz.=Div. ist am 19. 1. nachm. in Gotenhafen ein= gelaufen. Ausladung läuft.

2. Chef Gen.=St.d.H. meldet, daß eine Tiger=Abteilung mit MFPen von Memel nach Pillau überführt werden soll. OB.d.M. bemerkt dazu, daß dieser Transport stark wetterabhängig ist (Dampfer können jedoch nicht einge= setzt werden, da Wrack in Einfahrt Memel ihr Einlaufen dort verhindert und entsprechende Dampfer für Panzertransport auch nicht verfügbar sind).

. . . . . .

4. Im Anschluß an die Lage weist der OB.d.M. den Führer auf die entschei= dende Bedeutung des ost= und westpreußischen Raumes für die Seekrieg= führung hin. Sein Verlust würde die Lahmlegung des Seekrieges, insbe= sondere des U=Bootkrieges, bedeuten. Der Führer stimmt diesen Ausfüh= rungen uneingeschränkt zu.

   Die gleiche Frage bespricht der OB.d.M. anschließend mit Chef WFStab, Gen.=Oberst Jodl.

. . . . . .

*20. 1., 16.45 Uhr:*

. . . . . .

a) Zur Frage der Truppentransporte Libau—Gotenhafen meldet der OB.d.M., daß 2 Zerstörer und 10 Schiffe beladen in Libau liegen. Auslaufen abhängig von der Wetterlage (Die später eingehende Nachricht, daß 5 Dampfer aus Libau ausgelaufen sind, wird dem Führer zusätzlich gemeldet.)

b) ......

Der OB.d.M. führt weiter aus, daß von den 4 Säulen der Kriegsmarine: U=Bootwaffe, Sicherungsstreitkräfte, Flak und Küstenartillerie, die drei erstgenannten nicht angetastet werden könnten. Die Küstenartillerie in Holland, Dänemark, Norwegen und in der östlichen Ostsee könne nicht geschwächt werden. Daher bleibt nur die Küste der Deutschen Bucht mit 7 000 Mann übrig. Doch auch hier bestehen Bedenken gegen eine Ent=blößung der Schwerpunkte Helgoland, Borkum und Sylt.

Der *Führer* entscheidet, daß auch auf die Küstenartillerie Rückgriffe nicht erfolgen sollen, da dies nichts bringt.

*21. 2., 16.00 Uhr:*

......

2. Bei Besprechung der Räumung von Memel, die teils über See, teils über die Nehrung erfolgen soll, entscheidet der Führer auf Vorschlag des OB.d.M., daß die Zerstörung des Hafens entgegen den bisher gültigen Befehlen vor=zubereiten und zu gegebener Zeit durchzuführen ist.

   Für die eigenen Stützpunkte an der Danziger Bucht ordnet der OB.d.M. von sich aus an, daß die Zerstörung der Häfen organisatorisch und in bezug auf Bereitstellung des Materials vorbereitet werden soll. Praktische Vorbereitungen sind noch nicht zu treffen. Die befohlenen Maßnahmen sind unauffällig zu treffen und geheimzuhalten.
3. Anhand einer Seekarte der mittleren Ostsee mit eingetragenen grund=minensicheren Seegebieten erläutert der OB.d.M. nochmals die entschei=dende Bedeutung der Danziger Bucht für die Aufrechterhaltung des See=krieges (einzige U=Boot=Übungsgebiete) und betont, daß der Verlust dieses Raumes den U=Boot=Krieg lahmlegen würde.

......

*22. 1., 16.00 Uhr:*

1. OB.d.M. meldet dem Führer zur Frage des Abtransports von Flüchtlingen aus Ostpreußen: Reikosee kann, ohne die laufenden Transportbewegungen zu stören, insgesamt 18 Schiffe im Heimatbereich für den Abtransport zur Verfügung stellen, die jedoch auf die im Ostraum vorhandenen Kohlen=vorräte angewiesen sind. Hier liegt der Engpaß. Die Kohlen reichen für die Transportaufgaben (Heranführung von Divisionen, Versorgung der Hee=resgruppe in Kurland) noch für 3 Wochen, für die Eisenbahn zum Zwecke der Weiterbeförderung der herangeführten Truppen nur noch für 10 Tage, so daß hier voraussichtlich noch ein Ausgleich zu Ungunsten des Seetrans=ports vorgenommen werden muß, da mit einer Zuführung weiterer Koh=len zunächst nicht zu rechnen ist. Da die Heranführung der Divisionen und die Versorgung der Heeresgruppe Kurland, die ohne Nachschub in kürze=ster Zeit zum Erliegen kommen muß, unbedingt den Vorrang haben müs=

sen, bleibt nichts anderes übrig, als auf den Abtransport der Flüchtlinge zu verzichten. Die Kriegsmarine wird im Rahmen des Möglichen versuchen, auf mit Heizöl fahrenden Schiffen, die für die laufenden militärischen Aufgaben im Augenblick nicht benötigt werden, Flüchtlinge abzufahren.

Der Führer stimmt den Ausführungen des OB.d.M. zu und entscheidet, daß die noch vorhandenen Kohlenbestände für die militärischen Aufgaben vorbehalten werden müssen und für den Abtransport von Flüchtlingen nicht eingesetzt werden dürfen.

Der OB.d.M. unterrichtet anschließend den Reichsleiter Bormann über diese Lage und die Entscheidung des Führers und bittet ihn, die betroffenen Gauleiter entsprechend anzuweisen.

(OB.d.M. ordnet an, daß Kreuzer „Emden", sobald er provisorisch fahrklar gemacht ist, für den Flüchtlingstransport einzusetzen ist und daß auch andere Fahrzeuge der Kriegsmarine, die in den Raum westlich der Danziger Bucht verlegt werden, in den Dienst dieser Aufgabe zu stellen sind. Die Schwerpunktaufgaben der Kriegsmarine — Truppentransport, Versorgung, Sicherungsdienst — dürfen jedoch darunter keinesfalls leiden.)

2. Der Führer entscheidet, daß Memel zu räumen ist. Die Truppen sollen in der Masse über die Nehrung abmarschieren; das schwere Gerät soll auf dem Seewege abbefördert werden. Auf den Einwurf des Chefs Gen.=Stab d.H., daß nach Meldung der örtlichen Stellen Vorbereitung und Durchführung der Hafenzerstörung durch die Kriegsmarine etwa 14 Tage in Anspruch nehmen würden, entscheidet der Führer auf Vorschlag des OB.d.M., daß auf die Zerstörung nicht zu warten ist, sondern daß sie nur so weit durchzuführen ist, als die verfügbare Zeit es irgend zuläßt.

......

*23. 1., 16.00 Uhr:*

1. Bei Besprechung der Ostlage stellt der Führer die strategischen Schwerpunkte der Ostfront heraus: An der Spitze stehen das ungarische Ölgebiet und das Ölgebiet im Wiener Becken, da ohne dieses Öl (80 % der Erzeugung) eine weitere Kriegführung nicht mehr möglich ist. An zweiter Stelle folgen der Raum der Danziger Bucht als unentbehrliche Voraussetzung für die Weiterführung des U=Bootkrieges und das oberschlesische Industriegebiet als Wehrwirtschaft= und Kohlenzentrum.
2. Der Führer weist darauf hin, daß die Räumung von Memel schlagartig erfolgen müsse, um Verluste durch den nachdrängenden Russen zu vermeiden. Er bittet den OB.d.M., daß die Kriegsmarine sich darauf einstellt, mit Seestreitkräften zum Schutz der Räumung einzugreifen.
3. Der Vortrag der Erfolge von U=„Dobratz" vor Halifax veranlaßt den OB.d.M., die noch verbesserten Erfolgsaussichten der neuen U=Boottypen gegenüber diesem Schnorchelboot des alten VIIC=Typs herauszustellen. Es ist damit der erneute Beweis erbracht, daß wir mit dem Wechsel auf

die neuen U-Boottypen und mit dem grundsätzlichen Verschwinden des U-Boots von der Wasseroberfläche den richtigen Weg gegangen sind. Der Führer unterstreicht daraufhin von neuem die strategische Bedeutung der Danziger Bucht als Exerzierplatz der U-Bootwaffe für die Gesamtkriegführung.

4. Bei Vortrag der Luftlage betont der OB.d.M. die Bedeutung der Schelde-Verminung durch die Luftwaffe, da durch Minentreffer in dem engen Fahrwasser neben dem unmittelbaren Erfolg beträchtliche Verzögerungen im feindlichen Nachschubverkehr nach Antwerpen entstehen können.

.....

*25. 1., 16.00 Uhr:*

.....

b) Chef WFStab trägt einzelne Punkte aus dem Ergebnis eines Kriegsspiels des Wehrmachtbefehlshabers Dänemark vor. Der OB.d.M. weist bei dieser Gelegenheit auf die Bedeutung von Seeland hin. Durch die Eroberung dieser Insel kann der Engländer bei dem geringsten Einsatz von Landstreitkräften unter Ausnutzung seiner Überlegenheit an Seestreitkräften den größten Nutzen für sich erzielen, da Seeland die Einfahrten zur Ostsee praktisch restlos absperrt und der Verlust von Kopenhagen für uns eine bedeutende politische und prestigemäßige Einbuße bedeutet. Es wird sehr schwer sein, ihm die Insel wieder zu entreißen, wenn er sich einmal auf ihr festgesetzt hat. Wenn ein Nelson oder Lord Fisher die englische Marine führten, würden sie sicher die strategische Bedeutung dieses Raumes erkennen und mit Kühnheit danach handeln. Wenn auch diese Kühnheit des Handelns dem Engländer z. Z. fehlt und die Lage im Westen im Augenblick neue englische Operationen unwahrscheinlich macht, so muß diese Frage doch für spätere Zeit im Auge behalten werden und beim weiteren Ausbau der Verteidigung des dänischen Raumes Berücksichtigung finden. Außerdem ist anzustreben, im Skagerrak und Kattegat stärker zu erscheinen, als es tatsächlich der Fall ist. Die Kriegsmarine hat daher entsprechende Nachrichten in den Nachrichtendienst des Auslandes einfließen lassen. Auch die Verlegung von Kleinkampfmitteln in den dänischen Raum, die nicht geheimbleiben kann, wird im gleichen Sinne wirken.

*28. 1., 16.00 Uhr:*

.....

3. Der OB.d.M. meldet dem Führer, daß Flüchtlingstransporte über See nur insoweit durchgeführt werden können, als die Heranführung von Kampftruppen aus Kurland und Norwegen nicht darunter leidet. Mit dieser Einschränkung geschieht jedoch alles nur irgend mögliche, um Flüchtlinge nach Westen abzutransportieren. Bis zum 28. 1. sind 62 000 Flüchtlinge aus Ost- und Westpreußen über See nach Westen abbefördert worden.

*30. 1., 16.00 Uhr:*

. . . . . .

3. Bei Vortrag der Landzielbeschießungen im Raum von Cranz durch die 2. Kampfgruppe stellt der Führer die Frage, weshalb die beabsichtigte Land=zielbeschießung bei Elbing nicht durchgeführt worden sei. Der OB.d.M. meldet, daß eine Kampfgruppe dafür bereitgestellt sei, daß die Durchfüh=rung jedoch von Heeresseite abgesagt wurde. Chef der Führungsgruppe Gen.=Stab d.H. (Gen.=Lt. Wenck) wird vom Führer beauftragt, die Gründe für diese Absage zu klären.
4. Die Besprechung der Norwegen=Transporte veranlaßt den OB.d.M. zu dem Hinweis, daß die Schwierigkeiten im Skagerrak/Kattegat infolge Wetterlage und feindlichen Mineneinsatzes weiterhin sehr groß sind und daher mit einer Beschleunigung der Truppentransporte (163. Inf.=Div. und folgende) nicht gerechnet werden kann.

. . . . .

*31. 1., 16.00 Uhr:*

. . . . . .

2. Zum Verlust des Passagierschiffes „Wilhelm Gustloff" durch U=Boot=Tor=pedos auf dem Außenweg nördlich der Stolp=Bank führt der OB.d.M. aus, daß bei den umfangreichen Transporten in der Ostsee Verluste von vorn=herein in Rechnung gestellt wurden und daß man es — so schmerzlich der Verlust auch im einzelnen ist — als ein besonderes Glück ansehen muß, wenn bisher nicht mehr Verluste eingetreten sind. Trotzdem muß darauf hingewiesen werden, daß die russischen U=Boote in der Ostsee nur wegen des Fehlens deutscher U=Bootjagd durch Flugzeuge so ungestört auftreten können. Wegen des Mangels an eigenen Sicherungsstreitkräften muß sich die Kriegsmarine auf die unmittelbare Sicherung der Geleite beschränken und kann flächenmäßige U=Bootjagd nur in geringstem Umfange betrei=ben. Das hierfür allein geeignete Mittel ist das mit Ortungsgerät ausge=rüstete Flugzeug, das ja auch auf der Seite unserer Gegner unseren U=Bootkrieg lahmgelegt hat.

   Der Chef des Luftwaffen=Führungsstabes meldet, daß es sowohl an aus=reichend wirkungsvollen Geräten wie an Betriebsstoff für diesen Einsatz fehlt.

   Der Führer unterstreicht die Ausführungen des OB.d.M. und fordert Nachprüfung durch die Luftwaffe, wie hier geholfen werden kann.

. . . . . .

### 2.) Februar

*1. 2., 16.00 Uhr:*

1. Bei Besprechung der Lage in Pommern wird sowohl vom OB.d.M. wie vom Chef d. Gen.=Stabs d. H. und vom Chef OKW auf die strategische Bedeu=

tung des Raumes Stettin—Swinemünde hingewiesen (Häfen, Werften, Hydrierwerk Pölitz, Verbindung mit Pommern—Westpreußen). Auch der Führer ist der Auffassung, daß zur Sicherung dieses Raumes alles nur mögliche geschehen muß. Von der beschleunigten Zuführung des SS-Panzerkorps Steiner aus Kurland, der 4. SS-Pol.-Div. aus dem Westen, der 163. Inf.-Div. aus Norwegen und der Marine-Schützenbrigade aus dem Bereich des MOK Nordsee hängt die weitere Entwicklung in diesem Raume ab.

2. Die im Anschluß an das SS-Korps Steiner aus Kurland heranzutransportierenden Inf.-Divisionen sollen voraussichtlich in Gotenhafen entladen werden und an der Pommernfront zum Einsatz kommen.

......

*2. 2., 16.00 Uhr:*

......

*3. 2., 16.00 Uhr:*

1. Im Zusammenhang mit dem heutigen Luftangriff auf die Berliner Innenstadt äußert der OB.d.M. seine Sorge vor Luftangriffen auf Stettin und Swinemünde, die bei der starken Massierung an Kriegsfahrzeugen, Schiffsraum, Flüchtlingen und Verwundeten äußerst nachteilige Folgen haben müßten. Die Häfen sind entscheidend wichtig für die Truppenzuführungen des Heeres, sowohl als Ausschiffungshafen wie als Stützpunkte und Werfthäfen für die Sicherungsstreitkräfte der Kriegsmarine. Vom strategischen Standpunkt aus muß es als Fehler des Gegners angesehen werden, daß er Berlin statt dieser Häfen angegriffen hat. Es ist anzunehmen, daß hier politische Gründe den Ausschlag gegeben haben.

   Für den Schutz der Seehäfen muß alles Erdenkliche geschehen.

2. OB.d.M. meldet:
   Die Verstopfung Swinemündes mit Flüchtlingen hat sich noch weiter verstärkt. Es befinden sich dort z. Z. etwa 35 000 Flüchtlinge; 22 000 weitere sind nach Swinemünde unterwegs. Abhilfe durch Gauleiter ist dringend.

......

*5. 2., 16.00 Uhr:*

1. Bei Vortrag der Lage der Heeresgruppe Nord bezeichnet der Führer es als die wesentlichste Aufgabe dieser Heeresgruppe, die Lage bei Königsberg und Pillau zu bereinigen und zu sichern, da diese Häfen den Lebensnerv Ostpreußens und der dortigen Kriegführung darstellten. Die Erkämpfung der Westverbindungen nach Danzig müsse demgegenüber zurücktreten.
2. Die Bedeutung von Stettin für die Gesamtkriegführung wird vom Führer nochmals betont herausgestellt. Die Operationen der Heeresgruppe Weichsel sollen dieser Tatsache Rechnung tragen.
3. Der OB.d.M. macht beim Führer nochmals Meldung über die ausschlaggebende Bedeutung ausreichender Dieselöl-Zuteilung für die Weiterführung

des U=Bootkrieges. Chef OKW betont, daß er alles daran setzen würde, um den Bedarf der Kriegsmarine zu decken, damit die 60 im Februar einsatz=bereit werdenden U=Boote zeitgerecht ausgerüstet werden könnten. Der Führer stimmt den Ausführungen des OB.d.M. zu und weist darauf hin, daß dadurch die Richtigkeit der von ihm befohlenen Maßnahmen zur Sicherstellung der Ölgebiete in Ungarn und im Wiener Becken, die zusam=men 80 % unseres jetzigen Ölaufkommens liefern, erneut bewiesen würde. Der moderne Krieg sei vorwiegend ein Wirtschaftskrieg, dessen Forderun=gen bevorzugte Berücksichtigung finden müßten.

. . . . . .

*6. 2., 16.00 Uhr:*

. . . . . .

3. Bei Besprechung der Lage im Raum der Heeresgruppe Weichsel bestätigt der Führer die Entscheidung, daß die beiden jetzt aus Kurland nach Goten=hafen in Überführung begriffenen Divisionen (389. und 281. Inf.=Div.) nicht im Raum Elbing, sondern an der Pommern=Front einzusetzen sind, um einen russischen Durchbruch in Pommern auf alle Fälle zu verhindern. Falls auch Ostpommern und Danzig=Westpreußen von ihren Verbindun=gen nach Westen abgeschnitten würden, so würden die Versorgungsauf=gaben über See nicht mehr zu bewältigen sein.

   Der OB.d.M. meldet dazu, daß alle Mittel der Kriegsmarine und des Reikosee auch jetzt schon eingesetzt und aufs äußerste angespannt seien, so daß zusätzliche Aufgaben größeren Umfangs über unsere Kräfte gehen würden.
4. Der Führer stellt als dringendste Aufgabe der Heeresgruppe Nord heraus, die Verbindung des noch in unserer Hand befindlichen Teils Ostpreußens mit Pillau und Königsberg sowie die Land= und Seeverbindung zwischen die=sen beiden Häfen sicherzustellen, da die jetzige Versorgung über das Haff nur als Notlösung anzusehen ist, die auf die Dauer nicht ausreichen kann. Der OB.d.M. bestätigt, daß die Versorgung Ostpreußens und der Heeres=gruppe Nord nur bei sicherem Besitz der Häfen und des Raumes von Pillau und Königsberg sichergestellt werden kann.

. . . . . .

*9 2., 16.00 Uhr:*

1. Bei Besprechung der Lage bei Heeresgruppe Nord bringt der OB.d.M. zur Sprache, daß eine Versorgung von Königsberg z. Z. auf die Uferstraße an der Südseite des Haffs angewiesen sei. Der Seekanal könne erst wieder benutzt werden, wenn die Südküste von Samland wieder in unserer Hand ist. Der Führer bestätigt, daß die Absicht besteht, diese Voraussetzungen sobald wie möglich zu schaffen.
2. Die Lage im Raum Kleve/Nimwegen veranlaßt den OB.d.M. zu dem er=neuten Hinweis, daß ein weiteres Vordringen des Gegners an den Rhein

den eigenen Kohlentransport auf dem Rhein lahmlegen würde. Der Führer ordnet an, daß das nötige Vorfeld westlich des Rheins unbedingt zu halten sei.

3. Der Führer erkennt die Leistungen der Kriegsmarine beim Transport des III. SS-Pz.-Korps von Libau nach Stettin besonders an und stellt fest, daß dieser Seetransport schneller gelaufen sei als der Landtransport der Westdivisionen nach dem Osten.

......

*11. 2., 17.00 Uhr:*

1. Im Anschluß an den Vortrag der Westlage im Raum Kleve meldet der OB.d.M. dem Führer:

   Seit Aufgehen des Eises auf dem Rhein ist es gelungen, etwa 20 Fahrzeuge mit 9 000 to Kohle von Duisburg auf dem Wege über die Ijssel nach Holland zu bringen. Die nächsten 20 Fahrzeuge mit weiteren 9 000 to Kohle liegen im Hafen Lobit, der von feindl. MG- und Artilleriefeuer bestrichen wird, fest, nachdem es dem Gegner gelungen ist, in diesem Gebiet an den Rhein vorzudringen. In Holland bereitgestellte 20 Schlepper und 160 Kohlentransport-Fahrzeuge mit einem Fassungsvermögen von 38 000 to können aus dem gleichen Grund z. Z. nicht rheinaufwärts gebracht werden. Der Kohlentransport auf dem Rhein ist somit z. Z. stillgelegt.

2. Zum Verlust des Lazarettschiffes „Steuben" meldet der OB.d.M., daß trotz der bedauerlichen Verluste auf die Benutzung der großen Schiffe zum Abtransport von Verwundeten aus dem Osten nicht verzichtet werden kann, da damit die Abtransportmöglichkeit von Verwundeten um etwa 40 000 im Monat sinken würde, während mit den zur Verfügung stehenden kleinen Schiffen insgesamt etwa 17 000 Verwundete im Monat befördert werden können. Es ist richtiger, alle verfügbaren Mittel zum Abtransport von Verwundeten einzusetzen und dabei hin und wieder Verluste in Kauf zu nehmen, als von vornherein auf den Abtransport einer großen Zahl von Verwundeten zu verzichten. Bisher seien immerhin insgesamt etwa 76 000 Verwundete aus dem Ostraum nach dem Westen auf dem Seewege transportiert worden, so daß der Verlust nur einen kleinen Prozentsatz darstelle.

   Der Führer stimmt zu.

......

*14. 2., 16.00 Uhr:*

1. Der Vortrag über die Feststellung verschiedener russischer U-Boote in der Ostsee veranlaßt den Führer zu der Frage, ob die für U-Jagd eingesetzten eigenen Flugzeuge jetzt mit ausreichenden Ortungsgeräten versehen seien. Der Chef des Luftwaffenführungsstabes, Generalmajor Christian, meldet dazu, daß wohl eine ausreichende Zahl von Flugzeugen für diese Aufgabe eingesetzt ist, daß jedoch die Ortungsgeräte, mit denen sie ausgerüstet sind

(Hohentwiel), gegen U=Boote nur unzureichende Leistungen aufweisen. Ein leistungsfähigeres Gerät für diesen Zweck steht noch nicht zur Verfügung. Der OB.d.M. führt aus, daß die Entwicklung von Ortungsgeräten in den letzten Jahren sehr geringe Fortschritte gemacht habe und daß es dringend erforderlich sei, sobald wie möglich ein leistungsfähiges Ortungsgerät, entsprechend dem englischen Rotterdam=Gerät (Berlin=Gerät), für die Frontverwendung zur Verfügung zu haben.

2. Bei Vortrag der Ostlage meldet der OB.d.M., daß der Nachschub für die Heeresgruppe Nord wegen Mangels an Nachschubgut z. Z. sehr gering sei, während die Seetransportmittel erheblich mehr schaffen könnten. Es kommt zu einer Aussprache über diese Frage zwischen dem OB.d.M. und dem Chef Gen.=Stab d. H., in der dieser die Auffassung des OB.d.M. zum Schluß bestätigt. OB.d.M. will mit seinen Ausführungen lediglich nochmals auf die Gefahr einer zu geringen Versorgung der Heeresgruppe Nord hinweisen, die nur durch rechtzeitige Bereitstellung ausreichenden Nachschubs durch das Heer vermieden werden kann.

. . . . . .

*15. 2., 16.00 Uhr:*

1. Der OB.d.M. stellt bei Vortrag der Westlage an den Führer die Frage, ob nicht ein Freikämpfen des linken Rheinufers nordostwärts Kleve möglich sei, um die Kohlenschiffahrt auf dem Rhein wieder aufnehmen zu können. Der Führer erwidert, daß dies nur im Rahmen einer größeren eigenen Angriffsoperation geschehen könne, für die z. Z. in Erwartung der feindlichen Großoffensive ausreichende Kräfte nicht zur Verfügung ständen.

2. Auf Grund von Meldungen über feindliche Landungsabsichten im norwegisch=dänischen Raum fragt der Führer den OB.d.M. nach seiner Beurteilung über das Bevorstehen solcher Landungen. Der OB.d.M. erwidert, daß er im Augenblick die Gefahr feindlicher Landungen im Hinblick auf die jahreszeitlich bedingte Wetterlage und auf die Konzentration aller Feindkräfte an der Landfront im Westen für gering ansehe, zumal der Engländer bisher bewiesen habe, daß er zu kühnen und riskanten Unternehmungen nicht geneigt oder befähigt sei. Die Hauptgefährdung sieht der OB.d.M. weiterhin im Kattegat, an der Ostküste Jütlands und an der Nordküste Seelands. Aus diesem Grunde werde das Minensperrsystem am Westausgang des Skagerraks in den nächsten Tagen erneut durch eine weitere Minensperre verstärkt. Auch seien in Dänemark und Norwegen an verschiedenen Stellen Kleinkampfmittel zum Zwecke der Landungsabwehr disloziert.

3. Der Führer fragt nach dem Stand des Nachschubs für die Heeresgruppen Nord und Kurland. Die von Kpt.z.S. Aßmann vorgetragenen Zahlen ergeben, daß in der Zeit vom 1.–13. 2. für die Heeresgruppe Kurland etwa 13 000 to, für die Heeresgruppe Nord in der Zeit vom 1.–12. 2. etwa 8 000 to Nachschubgut (einschl. Kohlen und Betriebsstoffe) über=

führt worden sind. Der OB.d.M. meldet dazu, daß der verfügbare Schiffsraum erheblich größere Leistungen zulasse, da die im Truppentransport von Osten nach Westen laufenden Schiffe in der Mehrzahl leer zurückliefen. Der Chef des Gen.-Stabs d. H. meldet, daß die geringe Zuführung in dem Mangel an Nachschubgut begründet sei. Der Führer bemängelt, daß die an Kopfzahl stärkere Heeresgruppe Nord, die zudem noch im Großkampf stehe, weniger Nachschubgut erhalten habe als die um 1/3 schwächere Heeresgruppe Kurland, bei der z. Z. Angriffe größeren Ausmaßes nicht zu erwarten seien. Er beauftragt den Chef des Gen.-Stabs d. H., die Nachschubfrage für die beiden Heeresgruppen unter diesem Gesichtspunkt eingehend zu überprüfen.

4. Im Zusammenhang mit den Erfolgen der Nordmeer-U-Boote gegen den PQ-Geleitzug meldet der OB.d.M. dem Führer, daß der Nutzeffekt des U-Bootkrieges (mit 9 000 to im Dezember 1944 und 11 000 to im Januar 1945 je U-Boot im Operationsgebiet) den entsprechenden Erfolgszahlen in den besten Zeiten des U-Bootkrieges gleichkomme; der Gesamterfolg werde z. Z. jedoch durch die geringe Zahl der im Operationsgebiet befindlichen Boote und die langen für den An- und Rückmarsch unter Wasser benötigten Zeiten, die bei den neuen Bootstypen erheblich geringer werden würden, sehr beeinträchtigt. Die Zahl der eingesetzten Boote werde jedoch in den nächsten Monaten beträchtlich ansteigen. Z. Z. seien 237 U-Boote in Vorbereitung für den Fronteinsatz (111 von alten Typen, 84 vom Typ XXI, 42 vom Typ XXIII). Monatlich würden etwa 60 Boote zusätzlich zum Einsatz kommen. Die augenblickliche Gesamtzahl von 450 in Dienst befindlichen U-Booten sei die höchste U-Boot-Zahl, die Deutschland je besessen habe.

. . . . . .

*19. 2., 17.00 Uhr:*

1. Der Führer erwägt, ob das Deutsche Reich nicht aus der Genfer Konvention austreten solle. Da nicht nur die Russen, sondern auch die Westgegner mit ihrem Vorgehen gegen die wehrlose Bevölkerung und die Wohngegenden der Städte sich außerhalb jedes Völkerrechts setzen, erscheine es zweckmäßig, daß wir uns auf den gleichen Standpunkt stellen, um dem Gegner damit zu bekunden, daß wir entschlossen sind, mit allen Mitteln bis zum äußersten um unser Dasein zu kämpfen, und auch die eigene Bevölkerung durch diese Maßnahme zum äußersten Widerstand aufgerufen werde. Der Führer beauftragt den OB.d.M., das Für und Wider dieses Schrittes zu erwägen und baldmöglichst darüber vorzutragen.[1]

. . . . . .

*20. 2., 16.00 Uhr:*

1. Während der Besprechung über die weiteren operativen Entschlüsse für die Heereskriegführung im Osten fordert der Führer den OB.d.M. auf, die

1 Vgl. weiter unten S. 1609: 20. 2., Absatz 2.

Bedeutung der Häfen von Stettin und Swinemünde für die eigene Seekriegführung zu erläutern. Der OB.d.M. führt aus: Stettin und Swinemünde bilden das Rückgrat für die Versorgungsaufgaben der Kriegsmarine in der östlichen Ostsee. Bei ihrem Ausfall sind die Truppen- und Versorgungstransporte in der Ostsee ausschließlich auf die Häfen der westlichen Ostsee beschränkt. Das bedeutet bei den langen Flachwasserwegen und der starken Minengefährdung dieses Raumes etwa eine Verdoppelung der Umlaufzeit, zumal auch die Sicherungsstreitkräfte hierbei erheblich stärker belastet würden. Zudem ist Swinemünde der entscheidende Stützpunkt für die Seestreitkräfte in diesem Raum. Sein Ausfall würde auch die Bekämpfung der Russen in der mittleren und westlichen Ostsee wesentlich beeinträchtigen. Eine Benutzung der Tiefwassergebiete ostwärts Bornholm für die U-Bootausbildung, die dort z. Z. weiterhin betrieben wird, würde ausfallen, so daß die U-Bootwaffe ausschließlich auf die sehr flachen und deswegen für die Ausbildung wenig geeigneten Seegebiete der westlichen Ostsee angewiesen wäre. Der Ausfall der Werften von Stettin und Swinemünde würde eine Einschränkung der ohnehin schon stark verringerten Reparaturkapazität bedeuten; schließlich würde eine starke Massierung der Seekriegsbasis in der westlichen Ostsee eintreten, die diese um so luftempfindlicher machen würde. Zusammenfassend sei also das Halten des Stettiner Raums für die Seekriegführung von größter Bedeutung.

Der Führer stimmt den Ausführungen des OB.d.M. zu und trifft seine Entscheidungen für die operativen Maßnahmen des Heeres in diesem Sinne.

2. Der OB.d.M. unterrichtet den Chef WFStab, Generaloberst Jodl, und den Vertreter des Reichsaußenministers im FHQu., Botschafter Hewel, über seine Auffassung betreffend etwaigen Austritts des Deutschen Reiches aus der Genfer Konvention. Militärisch gesehen lägen für die Seekriegführung keinerlei Gründe für diesen Schritt vor; die Nachteile seien im Gegenteil größer als die Vorteile. Auch allgemein scheine dem OB.d.M. diese Maßnahme keine Vorteile zu bringen. Es sei besser, die für notwendig gehaltenen Maßnahmen ohne Ankündigung zu treffen und nach außen hin auf alle Fälle das Gesicht zu wahren.

Chef WFStab und Botschafter Hewel sind durchaus der gleichen Auffassung.[1]

......

*23. 2., 16.00 Uhr:*

1. Bei Vortrag der Lage bei der Heeresgruppe Weichsel meldet der OB.d.M., daß die Sprengung der von den Russen gebauten Oderbrücken bei Aurich,

1 Vgl. dazu S. 1608: 19. 2. Hitler wurde von dieser Absicht abgebracht, vornehmlich durch Einwände des Gen.-Obersten *Jodl*, der sich dabei auf eine Denkschrift, verfaßt von dem Hptm. d. Res. Dr. *Cartellieri*, stützte.

Vogelsang und Göritz durch Marine=Einsatzkommandos in der Nacht vom 24./25. 2. geplant ist.

. . . . . .

*26. 2., 17.00 Uhr:*

1. Kapitän z. See Aßmann trägt vor, daß erstmalig alle in Oslo bereitgestellten Truppen voll abtransportiert seien und z. Z. ausreichende Truppen zur Ausnutzung des verfügbaren Schiffsraums nicht mehr bereitständen. Auf Befragen des Führers bestätigt der Stellv. Chef WFStab, Gen.=Lt. Winter, diese Tatsache und meldet, daß die geringe Truppenzuführung nach Oslo auf den Kohlenmangel zurückzuführen sei.
2. Auf Grund der Luftbilderkundung der Themse, die einen regen Geleitzug=verkehr festgestellt hat, meldet der OB.d.M., daß hiergegen in erster Linie die in wachsender Zahl anfallenden „Seehunde" eingesetzt werden sollen, von denen im Hinblick auf die jahreszeitlich bedingte Besserung der Wetterlage und auf den höheren Aktionsradius der neuen Serie ab Anfang März erhöhte Erfolge erwartet werden können. In diesem Zusammenhang weist der OB.d.M. auf die hohe Bedeutung hin, die dem Besitz des holländischen Raums für den Einsatz der Kleinkampfmittel zukommt.

. . . . . .

5. Bei Besprechung der weiteren Operationsführung der Heeresgruppe Nord wird die Auffassung der Heeresgruppe vorgetragen, daß der Nachschub für den ostpreußischen Raum südlich des Frischen Haffs über See auf die Dauer nicht sichergestellt werden könne, da bei aufgehendem Eis Schwierigkeiten zu erwarten seien. Auf Grund von inzwischen eingeholten Meldungen des Seetransportchefs und des Seekommandanten Ostpreußen meldet der OB.d.M., daß der Weg von Pillau nach Rosenberg über das Frische Haff jetzt nahezu eisfrei sei und daß durch Eisschiebungen nur kurzfristige Störungen zu erwarten seien, die er hoffe, mit Hilfe der zur Verfügung stehenden Mittel der Kriegsmarine überwinden zu können. (OB.d.M. ordnet an, daß der Seetransportchef nochmals zu einer Meldung aufzufordern ist, 1. inwieweit eine Garantie für die Durchführung des Nachschubs nach Rosenberg, auch bei Eisaufgang, gegeben werden kann, 2. ob und in welcher Zeit eine Jägerdivision mit den verfügbaren Mitteln von Rosenberg über das Haff nach Pillau übergesetzt werden kann.)

. . . . . .

*27. 2., (?) Uhr:*

. . . . . .

3. Zur Frage des Nachschubs für die Heeresgruppe Nord legt der OB.d.M. dem Führer eine Meldung des Seetransportchefs, Konteradmiral Engelhardt, vor und meldet dazu, daß die Kriegsmarine einen täglichen Nachschub von 2 000 to für die 4. Armee auf dem Wege über Pillau—Rosenberg garantieren könne, wobei ungünstigenfalls durch die Eislage kurzfristige Unterbre=

chungen von bis zu 1½ Tagen in Rechnung gestellt werden müssen. Die Versorgung der 4. Armee sei weniger ein Problem des Schiffsraums und der Zuführung als vielmehr der Bereitstellung ausreichender Mengen von Nachschubgut. Auch die Versorgung von Königsberg und Samland sei ohne Schwierigkeit zu lösen, solange Pillau und der Seekanal in unserer Hand seien. Der Chef des Generalstabes d. H. bemerkt dazu, daß eine tägliche Menge von 2 000 to Nachschubgut für die 4. Armee kaum bereitgestellt werden könnte und bestätigt damit die Auffassung des OB.d.M. Der Führer betont abschließend, daß er es aus den vom OB.d.M. angeführten Gründen für die wichtigste Aufgabe der Heeresgruppe Nord hielte, den Besitz von Pillau und die Verbindung von Pillau nach Königsberg sicherzustellen.

. . . . . .

**3.) März**

*1. 3., 16.30 Uhr:*

. . . . . .

2. Eine Bemerkung auf der Karte des Gen.=Stabs d. H. über die Lage bei Heeresgruppe Nord, daß der Nachschubtransport über das Haff durch die Eislage behindert sei, veranlaßt den OB.d.M. zu der Feststellung, daß er diese Bemerkung nicht anerkennen könne. Er führt nochmals aus, daß der Nachschub für die 4. Armee über das Haff, im großen gesehen, sichergestellt werden könne, wobei allerdings mit kurzfristigen Unterbrechungen durch Eisschwierigkeiten gerechnet werden müsse. Der Führer bemerkt dazu, daß in der jetzigen Kriegslage bei jeder Transportbewegung mit Unterbrechungen von vornherein gerechnet werden muß, da ja auch der Landtransport durch Beschädigung von Bahnhöfen und Eisenbahnstrecken jederzeit der Gefahr solcher Unterbrechungen ausgesetzt sei.
3. Anhand einer U=Boot=Karte, die dem Führer von Kapitän z. See Aßmann vorgelegt wird, führt der OB.d.M. aus: Die einseitige Konzentration des U=Boot=Einsatzes im Gebiet der britischen Inseln ist an sich unerwünscht, da sie auch dem Gegner eine Konzentration seiner Abwehrmittel auf kleinem Raum gestattet. Da wir aber mit den alten Booten des Typs VII C wegen ihrer geringen Unterwassergeschwindigkeit nicht in anderen Seeräumen operieren können, kann eine Erweiterung der Operationsgebiete (mit der Möglichkeit der Zersplitterung der feindlichen Abwehr) erst mit Eintreten der neuen Boote des Typs XXI in die Operationen erfolgen. Wenn wir noch im Besitz der Biscaya=Küsten wären, so würden auch die alten Boote des Typs VII C in weiteren Seegebieten, z. B. an der amerikanischen Küste, operieren können. Es besteht der Eindruck, daß der Gegner bisher noch keine grundsätzlich neuen Mittel zur Feststellung und Bekämpfung der U=Boote unter Wasser gefunden hat. Trotzdem muß mit steigenden Verlusten im Raum um England gerechnet werden, da der Gegner alles daransetzen wird, um in seinen Heimatgewässern der U=Boot=Gefahr Herr zu werden, und dieses Ziel bei der Stärke seiner U=Boot=Abwehrmittel mit

der Zeit auch in steigendem Maße erreichen wird. Eine besondere Schwierigkeit für die U=Boot=Führung liegt darin, daß die Boote ihre Erfahrungen erst auf dem Rückmarsch, kurz vor dem Einlaufen oder sogar erst nach dem Einlaufen melden können, so daß die Führung erst sehr spät ein Bild über die im Operationsraum angetroffene Lage gewinnen und die nötigen Folgerungen für den Einsatz daraus ziehen kann.

......

*3. 3., 18.30 Uhr:*

......

3. Die Entwicklung der Lage im Raum Köslin erfordert, daß die 2. Armee über See versorgt werden muß. Der OB.d.M. weist darauf hin, daß die Versorgung schwerpunktmäßig auf die Häfen Gotenhafen und Danzig angewiesen ist, da die kleinen ostpommerschen Häfen nur von kleineren Schiffen angelaufen werden können und die Wetterlage in dieser Jahreszeit das Einlaufen häufig überhaupt unmöglich macht. Der Führer betont dazu die Notwendigkeit, den Raum von Danzig und Gotenhafen als Lebensnerv für die 2. Armee unter allen Umständen zu halten.

......

5. Die Lageentwicklung im linksrheinischen Gebiet veranlaßt den OB.d.M. zu dem Hinweis auf die Wichtigkeit des Dortmund=Ems=Kanals für die Kohlentransporte und sonstige Transportaufgaben des Industriegebietes. Der Führer greift diese Anregung auf und stellt mit Betonung fest, daß das Halten eines breiten Brückenkopfes im Raum Duisburg von entscheidender Bedeutung ist. In diesem Zusammenhang gibt der OB.d.M. dem Führer (unter Vorlage einer Karte der Binnenwasserstraßen) einen Überblick über die Absichten der Kriegsmarine in bezug auf den Kohlentransport auf dem Kanalwege und das Projekt, die gefährdeten Kanalstellen durch Verlegung von Feldbahnen zu umgehen. Er stellt die Notwendigkeit heraus, die gefährdeten Kanalstrecken und die 16 bisher ungeschützten Schleusen des Dortmund=Ems=Kanals ausreichend durch Flak zu sichern. Der Führer erkennt diese Forderung an; Einzelheiten wird die Kriegsmarine unmittelbar an den Lw.=Führungsstab geben.

6. Der Ablauf der Nachschubtransporte über das Frische Haff kommt erneut zur Sprache. Bisher ist es der Kriegsmarine gelungen, trotz der Eisschwierigkeiten das gesamte in Pillau verfügbare Nachschubgut nach Rosenberg zu bringen.

7. Der OB.d.M. meldet dem Führer, daß die Minenlage in der Ostsee ihm z. Z. Sorge macht. Der Gegner macht weitgehenden Gebrauch von Räumerschwerungen, wie VW (Verzögerungswerk) und ZK (Zählkontakt), und ist auf die Tiefsttonzündung übergegangen. Der OB.d.M. hofft jedoch, daß wir auch diese Zündungsart beherrschen werden, da durch eine vorausschauende Maßnahme des Sperrwaffenamtes bereits vor einem Jahr Ge=

räte gegen Tiefsttonminen (Mandolinengerät) in Serienfertigung gegeben wurden, obgleich damals noch keineswegs feststand, daß der Gegner diese Zündungsart verwenden würde.

. . . . . .

*4. 3., 16.00 Uhr:*

1. Durch weitere Fortschritte des Gegners im Raum der Heeresgruppe B(runo) ist der Hafen von Duisburg bedroht. Der OB.d.M. weist nochmals auf die Bedeutung dieses Hafens als Umschlagplatz für die Binnenschiffahrt hin. Von den abzutransportierenden Kohlen wird jedoch nur ein Teil in Duisburg, der größere im Raum Herne/Dortmund umgeschlagen. Die von der Kriegsmarine ins Leben gerufene Kohlentransportaktion auf dem Dortmund-Ems-Kanal ist angelaufen. Die ersten beiden Prähme mit 500 to Kohle sind in Emden eingetroffen; weitere 10 Kähne haben die gefährdete Kanalstrecke nach Norden passiert. Der Chef Lw.-Führungsstab meldet, daß der Dortmund-Ems-Kanal bei Ladbergen durch einen feindlichen Luftangriff erneut beschädigt wurde. Das Ausmaß der Beschädigungen ist noch nicht bekannt. Um so wichtiger ist der geplante Bau der Feldbahnen zur Umgehung dieser Schadensstellen.
2. Der Führer befürchtet überholende Landungen des Gegners an der ital. Adriaküste. Eindeutige Anzeichen dafür liegen noch nicht vor; die Lage muß in dieser Hinsicht jedoch sorgfältig beobachtet werden.

. . . . . .

6. Bei Besprechung der Lage der Heeresgruppe Nord weist der OB.d.M. auf die Wichtigkeit des Haltens der Gebiete südlich des Königsberger Seekanals hin, da von dieser Küste aus der Verkehr im Seekanal erheblich gestört werden und Pillau von der Balga-Halbinsel aus unmittelbar beschossen werden kann.

. . . . . .

*6. 3., 16.00 Uhr:*

. . . . . .

*8. 3., 16.00 Uhr:*

1. Bei Vortrag der Westlage wird von Chef WFStab erwähnt, daß zur Zerstörung der Rheinbrücke bei Remagen, die unversehrt in Feindeshand gefallen ist, 2 Marine-Sprengkommandos eingesetzt sind. Rücksprache beim A.d.K. ergab, daß dort von diesem Einsatz nichts bekannt ist. Klärung der Angelegenheit ist befohlen.

. . . . . .

*9. 3., 17.00 Uhr:*

1. OB.d.M. meldet dem Führer, daß 2 Gruppen Einsatzkommandos für die Sprengung der Rheinbrücke von Remagen vorgesehen sind und so schnell wie möglich antransportiert werden. Es soll versucht werden, die Brückenpfeiler mit je 2 zusammengekoppelten Minen (TMC) zu sprengen. Wann

die Vorbereitungen abgeschlossen sind, läßt sich noch nicht übersehen; sie werden mit allen Mitteln beschleunigt.

......

4. In einem Gespräch mit dem OB.d.M. führt Feldmarschall Kesselring aus, daß der Kriegshafen Pola zur Festung erklärt sei, daß aber die Kräfte, die er für Pola zur Verfügung stellen könne, keinesfalls ausreichen, um Pola bei einem größeren Feindangriff längere Zeit zu halten. Da der Plan besteht, die Hauptkampflinie am Fuße der Halbinsel Istrien vorzusehen, könne er für Pola keine weiteren Kräfte abspalten. Damit würde dem Kapitän zur See Waue, der einen vorzüglichen Eindruck mache, als Festungskommandanten von Pola eine unlösbare Aufgabe gestellt. K. sei auch der Ansicht, daß Pola solange wie möglich in eigener Hand bleiben müsse, um es dem Gegner nicht als Aufmarschhafen vorzeitig zu überlassen, stehe aber auf dem Standpunkt, daß ihm als OB Südwest die Entscheidung über die Räumung von Pola überlassen bleiben müsse. Er werde daher beantragen, daß die Erklärung Polas zum Verteidigungsbereich aufgehoben wird. Der OB.d.M. stimmt dieser Auffassung zu, da es ihm nur darauf ankommt, Pola nicht vorzeitig dem Gegner zu überlassen und ihm damit die Möglichkeit zu geben, seine Landungsvorbereitungen von einem frontnahen Hafen aus zu treffen, während Pola als Absprungplatz für eigene Streitkräfte keine entscheidende Bedeutung hat.

*10. 3., 16.00 Uhr:*

1. Die Möglichkeit eine Landung der Engländer in der Nordadria kommt erneut zur Sprache. Der OB.d.M. äußert seine Ansicht dahin, daß der Engländer im Hinblick auf die gesamtpolitische Lage nach allen Anzeichen bestrebt zu sein scheint, Kräfte zu sparen. Deswegen sind größere, selbständige Landungsoperationen des Engländers weder an der Adria noch in der Deutschen Bucht wahrscheinlich. Anders liegt es bei Holland, an dessen Besetzung der Engländer mit Rücksicht auf die Bedrohung seiner Kanalverbindung großes Interesse haben muß. Der Führer bestätigt die Auffassung des OB.d.M. Nach seiner Ansicht ist auch die Zurückhaltung der Engländer in Jugoslawien, wo sie mit geringem Einsatz uns hätten große Schwierigkeiten bereiten können, nur mit bewußtem englischen Kräftesparen zu erklären.
2. Generaloberst Jodl trägt dem Führer den Antrag des AOK Norwegen vor, aus Versorgungsgründen (in erster Linie Kohle und Betriebsstoff) den nordnorwegischen Raum bis südlich Narvik zu räumen. Der Führer ist der Auffassung, daß eine Räumung Narviks für Schweden möglicherweise den Anstoß bilden könnte, gegen uns in den Krieg einzutreten, da es damit eine sehr leistungsfähige Verbindung zu den Angelsachsen gewinnen würde. Außerdem ist das Gebiet der Lofoten eins der ertragreichsten norwegischen Fischereigebiete, dessen Ausnutzung für unsere Ernährung von Bedeutung

ist. Der Führer lehnt daher eine Räumung dieses Raumes ab, ordnet jedoch die Vorlage von Vorschlägen für die weitere Auflockerung zur Gewinnung von Kräften für den Heimatkriegsschauplatz an. Die Versorgungsschwierigkeiten, insbesondere auch die Kohlenfrage, deren Anspannung vor allem durch die starken Truppentransporte verursacht wird, müssen überwunden werden. Der Führer begründet seine Entscheidung auch damit, daß bei Inbesitznahme des nordnorwegischen Raumes durch den Gegner auch Südnorwegen als unentbehrliche Basis für die U-Bootkriegführung bedroht wird. Zur Kohlenfrage meldet der OB.d.M., daß dieses ein ausschließlich innerdeutsches Transportproblem ist. Es kommt darauf an, die ausreichenden Kohlenmengen in die deutschen Häfen zu liefern. Der Weitertransport mit Seetransportraum ist gesichert. Nach bisherigen Mitteilungen werden im März noch 28 000 to Kohle nach Norwegen zugeführt werden. Die Bestrebungen des OB.d.M., auf dem Kanalwege unter Umgehung der gefährdeten Kanalstrecke bei Ladbergen durch Feldbahnen zusätzliche Kohlenmengen an die Küste zu befördern, sind erfolgversprechend und werden mit Energie fortgesetzt.

......

4. Zur Frage der Flüchtlingstransporte meldet der OB.d.M., daß er den Befehl des Führers zur Ausschiffung von Flüchtlingen in Kopenhagen erbeten hat, um trotz des Ausfalles von Saßnitz und der Wegesperrungen in der westlichen Ostsee die Leistungen nicht absinken zu lassen. Neben der sofortigen Abbeförderung der etwa 50 000 Flüchtlinge aus Kolberg bleibt der Raum Danzig/Gotenhafen weiterhin Schwerpunkt für den Flüchtlingsabtransport.

......

6. Der Vertreter der Luftwaffe, Major Büchs, trägt vor, daß der Lippe-Kanal in der Nähe der Kreuzung mit dem Dortmund-Ems-Kanal bei Datteln auf 80 m Länge aufgerissen und dort ausgelaufen ist. Der OB.d.M. äußert zur Frage der Beseitigung solcher Verkehrsschäden, daß hierzu Volksaufgebot in großem Stil eingesetzt werden muß, genau wie es seit Jahrhunderten bei jedem Deichbruch an der Küste auch in Friedenszeiten schon geschieht. Der Führer stimmt dieser Auffassung durchaus zu und erklärt, daß er für die Beseitigung der Schäden an den Eisenbahnstrecken bereits entsprechende Maßnahmen angeordnet hat (Bereitstellung von etwa 800 000 Arbeitskräften).

......

*12. 3., 16.00 Uhr:*

1. Bei Besprechung der weiteren Operationsführung der Heeresgruppe Weichsel stellt der OB.d.M. erneut die schweren Folgen eines Ausfalls von Stettin für die eigene Kriegführung heraus. Swinemünde reicht nicht aus, um die Aufgaben von Stettin mit zu übernehmen, zumal der Hafen mit seinen engen Verhältnissen (im Gegensatz zu Stettin) keine Auflockerung gestattet (OB.d.M. legt einen Hafenplan von Mitte Februar vor, aus dem

diese Tatsache klar ersichtlich ist, obgleich die Belegung sich seitdem infolge des Ausfalls von Stettin noch erheblich vermehrt hat). Der am 12. 3. erfolgte Luftangriff auf Swinemünde mit mindestens 400 Maschinen beweist, daß der Gegner diese Lage erkannt hat und auszunutzen gewillt ist. Vor dem Angriff waren allein 11 Transporter zur Ausladung in Swinemünde angekommen. Infolgedessen ist es nach Ansicht des OB.d.M. unerläßlich, die untere Oder und die Ostseite des Haffs wieder so weit freizukämpfen, daß der Seeverkehr nach Stettin ungehindert laufen kann. Der Führer beauftragt den Chef der Führungsgruppe des Gen.=Stabs d. H., General Krebs, für diese und weitere Operationsmöglichkeiten Berechnungen anzustellen, auf Grund deren der Führer die weitere Entscheidung treffen will. Nach den vorliegenden Unterlagen sieht der Führer jedoch die Aussichten für eine größere Operation im Sinne des Antrages des OB.d.M. als gering an.

2. Die Lageentwicklung bei der 2. Armee im Raum Westpreußen veranlaßt den OB.d.M. zu dem Hinweis, daß der Besitz der Halbinsel Hela und des Küstenstreifens zwischen Hela und den Stützpunkten Gotenhafen/Danzig für die Ausnutzung dieser Häfen unerläßlich sei. Anläßlich der Meldung des Generals v. Saucken beim Führer nach der Lage wird dieses Thema im gleichen Sinne nochmals eingehend erörtert.

. . . . . .

5. Der OB.d.M. meldet dem Führer auf Grund eines Schlußberichtes über die Unternehmungen der beiden ersten eingesetzten Boote des Typs XXIII, daß sich der Typ im Einsatz gut bewährt hat. Dies ist um so erfreulicher, als die neuen U=Boottypen seinerzeit ohne Erprobungen gleich in die Serie gegeben wurden.

. . . . . .

*13. 3., 16.00 Uhr:*

1. Die weiteren Operationsmöglichkeiten der Heeresgruppe Weichsel werden wiederum besprochen, ohne daß die Berechnungen und Vorschläge des Gen.=Stabs d. H. schon vorliegen. Auf den erneuten Hinweis des OB.d.M. auf die Notwendigkeit, den Oderweg nach Stettin wieder freizukämpfen, und die Unzulänglichkeit Swinemündes als einzigem Hafen in der mittleren Ostsee äußert der Führer seine Ansicht dahin, daß er diese Tatsachen voll anerkennt, aus Gründen der Landkriegführung die dafür erforderliche Operation aber erst zu einem späteren Zeitpunkt vorsehen kann.

. . . . . .

5. Eine Aussprache über den geringen Bereitschaftszustand und Nutzeffekt der neuen Flugzeugtypen gibt dem OB.d.M. Veranlassung, diese Frage bezüglich der U=Boote zu erläutern. Von im Februar 1945 durchschnittlich vorhanden gewesenen 130 Front=U=Booten für den Atlantik=Einsatz waren durchschnittlich 64 in See, wegen des ungünstigen Verhältnisses von Marschzeit zu Operationszeit jedoch nur 17 durchschnittlich im Operationsgebiet. Da der Marsch aus der Heimat in die Operationsgebiete des Kanals und der Irischen See durchschnittlich 24 Tage dauert, während der Marsch

aus den Biscaya-Häfen in die gleichen Gebiete nur etwa 4 Tage in Anspruch nahm, ergeben sich daraus die schweren Folgen des Verlustes der Biscaya-Häfen für die Durchführung des neuen U-Bootkrieges.

. . . . . .

*16. 3., 16.00 Uhr:*

. . . . . .

2. Der Führer hat am 15. 3. angeordnet, daß die Kriegsmarine die Überführung der 169. Inf.-Div. von Norwegen nach Jütland mit allen verfügbaren Mitteln beschleunigen soll. Der OB.d.M. meldet, daß 2 weitere Transporter für diese Aufgabe zugeführt worden sind und auch ausreichend Sicherungsstreitkräfte zur Verfügung stehen, um die Überführung der restlichen Teile dieser Division so schnell wie möglich durchzuführen. Etwa 4/5 der Division befinden sich bereits in Dänemark.
3. Der OB.d.M. meldet dem Führer, daß das erste Boot des Typs XXI in den nächsten Tagen in das Operationsgebiet auslaufen wird. Im April werden 6 weitere Boote dieses Typs folgen. Von den 8–10 (Ende März bis Anfang April einsatzbereit werdenden) Booten des Typs IXC beabsichtigt der OB d.M. eine Gruppe auf den Geleitweg nach Amerika anzusetzen. Nach den Meldungen unserer Boote ist westlich 15 Grad West keine feindliche Luftüberwachung mehr festgestellt worden. Es erscheint deswegen zweckmäßig, in diesem Raum sobald wie möglich aufzutreten, um einerseits zu Überraschungserfolgen zu kommen und andererseits den Gegner zu veranlassen, die augenblicklich vorhandene Konzentration seiner Abwehrmittel in den küstennahen Seegebieten um England zu schwächen.

   Die Erfahrungen der letzten Zeit haben Anhaltspunkte dafür gegeben, daß die eigenen U-Bootverluste wesentlich auf feindliche Minen zurückzuführen sind. Die beste Hilfe dagegen ist das Operieren auf flachem Wasser, da der Gegner mit Rücksicht auf seine Schiffahrt mit Grundminen nicht arbeiten kann und auch Ankertauminen auf flachem Wasser unwahrscheinlich sind. Gleichzeitig bietet flaches Wasser den eigenen Booten den besten Schutz gegen feindliche Ortung. Wenn ein U-Boot in diesem Gebiet allerdings erst einmal vom Gegner erfaßt ist, wird es ihm schwer werden, sich der Bekämpfung durch die feindlichen U-Jagdstreitkräfte zu entziehen.

. . . . . .

5. Der OB.d.M. meldet dem Führer seine Absicht, bei einem etwaigen Verlust von Gotenhafen und Danzig die Häfen nicht restlos zu zerstören, sondern lediglich so wirksam wie möglich zu verblocken. Während sich der Danziger Hafen als Flußhafen ohnehin durch Sprengungen nicht wirksam ausschalten läßt, wird auch in Gotenhafen bei noch so nachhaltigen Sprengungen für die geringen Bedürfnisse des Russen ausreichender Hafenraum übrigbleiben, so daß es zweckmäßiger ist, auf die Sprengung der Haupthäfen ganz zu verzichten und sich auf Verblockung mit starker Verminung zu beschränken. Notwendig ist allerdings, die südlich des Haupthafens von Gotenhafen

liegenden Nebenbecken gründlich zu zerstören. Das gleiche gilt für Pillau und Königsberg. Der Führer stimmt dem Vorschlag zu. Abschließend betont der OB.d.M. nochmals den ausschlaggebenden Wert, den der Besitz der Häfen an der Danziger Bucht für die deutsche Seekriegführung, ebenso für die Landkriegführung, in diesem Raum hat.

. . . . . .

*17. 3., 16.00 Uhr:*

1. Der Chef des Gen.=Stabsd.H. bringt dem OB.d.M. gegenüber zum Ausdruck, daß nach seiner Auffassung der Entschluß des Führers, Kurland zu halten, mit auf die Seekriegslage zurückzuführen ist. Er bittet den OB.d.M., ihn in seinen Bestrebungen, Kurland zu räumen, zu unterstützen. Der OB.d.M. ist zwar der Überzeugung, daß Fragen des Seekrieges für den Entschluß des Führers keine Rolle spielen, sieht sich aber doch veranlaßt, diese Frage klarzustellen. Er meldet dem Führer, daß der Besitz Westpreußens nach wie vor von entscheidender Bedeutung für die Seekriegführung ist, daß die Kriegsmarine jedoch vom reinen Seekriegsstandpunkt kein Interesse am Halten von Kurland hat und die Versorgung Kurlands lediglich eine Belastung für die Kriegsmarine bedeutet. Der Führer bestätigt ausdrücklich die Richtigkeit dieser Auffassung und setzt in längeren Ausführungen auseinander, welche Gründe, die allein auf dem Gebiete des Landkrieges liegen, ihn zu dem Entschluß bewogen haben, Kurland nicht zu räumen. Im Laufe der weiteren Aussprache meldete der OB.d.M. dem Führer auf seine Frage, daß die Kriegsmarine für den Abtransport von 5 Divisionen etwa 5 Wochen benötigen wird und daß nach grober Schätzung je Tag etwa 2 000 Mann, 600 Pferde und 300 Fahrzeuge abtransportiert werden können. Der Führer beauftragt den OB.d.M., diese Angaben nach den augenblicklichen Verhältnissen erneut überprüfen zu lassen.
2. Zur Transportlage Norwegen meldet der OB.d.M., daß in Kürze 3 weitere Schiffe in diese Transportbewegung eingestellt werden, um die Verluste der Transporter „Markobrunner“ und „Tijuka“, die durch Minentreffer beschädigt sind, auszugleichen.

. . . . . .

*18. 3., 16.00 Uhr:*

1. Der Chef WFStab trägt vor, daß der Schwerpunkt der feindlichen Luftaufklärung aus dem Raum Nimwegen nach Nordosten gerichtet war, was zu Rückschlüssen auf die beabsichtigte Angriffsrichtung des Gegners führt. In diesem Zusammenhang meldet der OB.d.M. dem Führer, daß der Gegner im Raum der Deutschen Bucht und im Skagerrak weiterhin Minen mit einer Zeiteinrichtung von 14 Tagen verwendet und daß er die Emsmündung und den Dollart bei seinen Minen=Einsätzen ganz ausgespart hat. Hieraus muß geschlossen werden, daß er sich diese Seegebiete kurzfristig für eigene Bewegungen freihalten will und daß insbesondere in der Ems=Mündung mit der Möglichkeit feindlicher Landungen gerechnet werden muß.

2. Aus amerikanischer Quelle ist bekannt geworden, daß die große Eisenbahn=brücke bei Remagen zusammengebrochen ist, angeblich als Folge früherer Beschädigungen. Der OB.d.M. gibt dem Führer bei dieser Gelegenheit ein Bild über die verschiedenen, unter schwierigsten Umständen erfolgten Ver=suche der Marine=Einsatzkommandos der Kriegsmarine zur Zerstörung dieser Brücke.

3. Der OB.d.M. legt dem Führer als Antwort auf eine am 17. 3. gestellte Frage nach den Abtransportmöglichkeiten aus Kurland folgende Meldung vor:

a) Unter Aufrechterhaltung der augenblicklichen Nachschubaufgaben, des Trup=pentransports aus Norwegen in bisherigem Umfange und der Verwundeten= und Flüchtlingstransporte stehen für Abtransporte aus Kurland zur Verfügung:
28 Schiffe mit 110 729 BRT.

b) Mit diesem Schiffsraum können in einmaligem Umlauf abgefahren werden:
23 250 Mann
4 520 Pferde
3 160 Fahrzeuge.

c) Unter Berücksichtigung zu erwartender Feindeinwirkung und Störungen durch Wetterlage dauert ein Umlauf zwischen Libau und Swinemünde im Durch=schnitt 9 Tage.

d) Die Kapazität von Libau und Swinemünde reicht für diese Transportbewe=gung aus unter der Voraussetzung, daß die Flüchtlings= und Verwundeten=transporte anstelle von Swinemünde in andere Häfen geleitet werden.

e) Voraussetzung ist die Aufrechterhaltung der Kohlenlieferungen für Geleit=streitkräfte, Transporter und Reparaturwerften im bisherigen Umfange.

f) Ungewöhnliche Steigerung der Feindeinwirkung (starke Schiffsverluste, Zer=störung der Häfen) kann im voraus nicht berechnet werden und ist daher in vorstehenden Zahlen nicht berücksichtigt.

Der Führer nimmt diese Meldung entgegen, ohne sich zu diesem Thema noch=mals zu äußern.

......

7. Bei Besprechung der möglichen Feindabsichten im Mittelmeer stellt der OB.d.M. fest, daß die Beobachtungen des feindlichen Schiffsverkehrs durch die Gibraltar=Enge keine eindeutigen Anhaltspunkte ergeben, da nicht be=kannt ist, ob die Truppentransporter neue Truppenteile oder Urlauber be=fördern und ob die Geleitzüge im Mittelmeer verbleiben oder nach Ost=asien weitergehen.

......

*20. 3., 16.00 Uhr:*

1. Der Chef WFStab äußert auf Grund von eingegangenen V=Mann=Meldun=gen die Auffassung, daß mit großer Wahrscheinlichkeit eine kombinierte Luft= und Seelandung des Gegners im Raum der Ems=Mündung demnächst zu erwarten sei. Der Führer ist demgegenüber der Auffassung, daß der Gegner seine Luftlandetruppen näher an der Angriffsfront zur unmittel=baren Unterstützung einer Offensive durch Besetzung von Brücken, Wege=kreuzungen und wichtigen Punkten einsetzen wird und nicht zu einem selb=ständigen strategischen Unternehmen. Der OB.d.M. äußert seine Ansicht dahin, daß die Ems zwar das wahrscheinlichste Ziel einer etwaigen Landung ist, daß aber auch er eine selbständige Landungsoperation großen Stils im

Augenblick nicht für wahrscheinlich hält. Es wird entschieden, daß 2 Divisionen in den Raum der Ems-Mündung verlegt werden. Die 2. Mar.-Inf.-Div. jedoch soll in ihrem jetzigen Aufstellungsraum verbleiben und nach Abschluß der Aufstellung (wie bisher geplant) in den frontnahen Raum hinter der Heeresgr. Weichsel verlegt werden.

. . . . . .

3. Die Heeresgruppe Nord hat gemeldet, daß die Überführung der 4. Armee mit Gerät von Rosenberg nach Pillau in etwa 5 Nächten zu bewerkstelligen ist. Die Stärke der 4. Armee beträgt nach Äußerungen des Führers etwa 150 000 Mann. Der OB.d.M. meldet dazu, daß diese Angaben weit über die Leistungsmöglichkeit der Mittel der Kriegsmarine hinausgehen. Nach vorläufigen Feststellungen können mit ihnen nur etwa 4 000 Mann (ohne Gerät) je Nacht überführt werden. Diese Zahl wird sich durch Zuführung weiterer Mittel auf etwa 7 000 Mann steigern lassen. Genaue Angaben wird der OB.d.M. am 21. 3. melden, sobald die gestellten Rückfragen beantwortet sind (OB.d.M. ordnet an, daß alle verfügbaren MFP aus dem Ostraum umgehend vorsorglich nach Pillau in Marsch gesetzt werden).

. . . . . .

*21. 3., 16.00 Uhr:*

1. Der Führer unterstreicht erneut die Notwendigkeit, die Heeresgr. Nord, insbesondere die 2. Armee, vordringlich ausreichend mit Munition zu versorgen. Der OB.d.M. meldet, daß nach den heutigen Meldungen 1 690 to Munition in Pillau und 454 to in Gotenhafen angekommen sind und weitere 233 to in Gotenhafen erwartet werden. Des weiteren bestätigt der Führer seine Entscheidung vom 20. 3., daß die 4. Armee ihren Brückenkopf halten soll und nicht abtransportiert wird. Dagegen soll alle entbehrliche Artillerie auf dem Wege Rosenberg/Pillau herausgezogen werden. Hierzu äußert der OB.d.M., daß alle entbehrlichen Fährprähme für diese Aufgabe in Pillau zusammengezogen werden.
2. Der OB.d.M. trägt anhand einer Karte die Verteidigung der Ems-Mündung nach See zu vor. Es ergibt sich das Bild, daß die Ems als gut verteidigt angesehen werden kann und ein Landungsversuch in diesem Seegebiet dem Gegner voraussichtlich hohe Verluste kosten wird. Auf eine Frage des Führers meldet der OB.d.M., daß er eine feindliche Landung auf den westfriesischen Inseln von Texel bis Rottum für unwahrscheinlich hält, da hier sehr häufig Brandung steht und die Watten zwischen den Inseln und dem Festland für eine Landung ungünstig sind.

*23. 3., 16.00 Uhr:*

1. Der OB.d.M. meldet dem Führer, daß der Abtransport der 169. Inf.-Div. aus Norwegen im Augenblick nicht mit der erwünschten Beschleunigung durchgeführt werden kann, da in letzter Zeit im Skagerrak 4 große Transporter („Isar", „Markobrunner", „Tijuka", „Mar del Plata") durch Beschä-

digungen ausgefallen sind. Außer dem Fährschiff „Preußen" und dem Dampfer „Inster" werden daher noch 3 weitere Schiffe des Reikosee in diese Transportbewegung eingestellt werden.

. . . . . .

*25. 3., 16.00 Uhr:*

1. Bei Vortrag der Lage im Raum der Heeresgruppe Weichsel weist der OB. d.M. auf die Möglichkeit hin, daß der Russe versuchen kann, über die Dievenow=Stellung nach Swinemünde durchzubrechen und damit diesen für uns unentbehrlichen Hafen auszuschalten. Nach Ansicht des OB.d.M. ist es daher erforderlich, die Verteidigung der Dievenow=Stellung durch Zuführung weiterer Artillerie zu verstärken und auch die Munitionsausstattung, die nach Meldung des örtlichen Befehlshabers zu gering ist, zu erhöhen. OB.d.M. trägt im einzelnen vor, welche Batterien sich nach den Unterlagen der Kriegsmarine z. Z. in der Dievenow=Stellung befinden. Der Führer befiehlt Vorlage einer genauen Artilleriekarte dieses Abschnitts durch den Gen.=Stab d. H. für den 26. 3., um dann seine Entscheidung zu treffen.
2. Die weitere Verkleinerung des Brückenkopfes der 4. Armee in Ostpreußen veranlaßt den OB.d.M. zu der Forderung, daß die Balga=Halbinsel, von der aus Pillau unmittelbar bedroht wird, möglichst lange gehalten werden muß. Der Führer stimmt zu. Er hat entschieden, daß zunächst das überzählige schwere Gerät, insbesondere Artillerie, von Rosenberg nach Pillau abzutransportieren ist und anschließend mit dem Abtransport der Divisionen begonnen werden kann.

. . . . . .

*26. 3., 16.00 Uhr:*

1. Der Führer ordnet an, daß die Besetzung der Stellen der Festungskommandanten im Westraum überprüft werden soll. Er bringt zum Ausdruck, daß für diese Aufgabe in erster Linie Marine=Offiziere vorgesehen werden sollten, da schon viele Festungen, aber noch kein Schiff verlorengegangen sei, ohne bis zum letzten gekämpft zu haben. . . . . .
2. Die Lageentwicklung in Danzig und Gotenhafen macht es erforderlich, alle Mittel einzusetzen, um zunächst vordringlich Verwundete und Flüchtlinge aus diesen Häfen abzuholen und den Abtransport aus Pillau demgegenüber zurückzustellen. Der OB.d.M. trägt diese Auffasung dem Führer vor, der ihr zustimmt (Entsprechender Befehl wird sofort an Seetransportchef übermittelt).
3. Die Erfolge des Russen gegen den Brückenkopf von Rosenberg machen es notwendig, die Truppe ohne schweres Gerät demnächst über das Haff nach Pillau abzutransportieren. Eine Verstärkung der Übersetzmittel ist seitens der Kriegsmarine nicht mehr möglich, da ein Teil der Marinefähr=

prähme für den Pendelverkehr aus Gotenhafen und Danzig eingesetzt werden muß.

. . . . . .

*28. 3., 16.30 Uhr:*

1. Der OB.d.M. gibt dem Führer einen Überblick über die Kohlenlage an der Küste und ihre Rückwirkung auf die Aufgaben der Kriegsmarine. Da seit etwa 8 Tagen keine Kohlen mehr aus dem Ruhrgebiet zugeflossen sind, wird sich in wenigen Tagen eine starke Mangellage ergeben. Während der Bedarf je Tag für Kriegsmarine und Reikosee im Heimatgebiet 6 200 to beträgt, ist nach bisherigen Planungen nur noch mit 900 to täglicher Zulieferung (400 to aus Niederschlesien und 500 to aus dem Ibbenbürener Kohlengebiet) zu rechnen. Diese 900 to Kohlen gestatten lediglich die Aufrechterhaltung des Nachschubs für die Heeresgruppen Kurland und Nord (einschließlich Sicherung und Zuführung der Kohle); für alle übrigen Aufgaben stehen dann keine kohlebrennenden Schiffe mehr zur Verfügung, so daß der Truppen-, Verwundeten- und Flüchtlingstransport auf die vorhandenen Ölschiffe beschränkt werden muß. Das bedeutet eine Verringerung der Leistung um etwa 50 %. Auch die kohleverbrauchenden Sicherungsstreitkräfte in den übrigen Seegebieten müßten stillgelegt werden. Der Chef OKW ist bemüht, die Kohlenlieferungen an die Kriegsmarine zu erhöhen, und stellt eine Lieferung von insgesamt 4 000 to Steinkohlen (2 000 to aus Dänemark, je 1 000 to aus Niederschlesien und Westfalen) und 4 000 to Braunkohlen je Tag in Aussicht. (OB.d.M. beabsichtigt abzuwarten, ob sich diese Absicht verwirklichen läßt, ehe er Befehle zur Stillegung von Sicherungsstreitkräften und Handelsschiffen, die in jedem Falle von einschneidender Bedeutung wäre, anordnet.)

. . . . . .

*30. 3., 16.30 Uhr:*

. . . . . .

4. Bei Vortrag der Westlage wird gemeldet, daß amerikanische Streitkräfte den Dortmund-Ems-Kanal im Raum von Ladbergen erreicht und zum Teil überschritten haben. Der OB.d.M. meldet dazu, daß die Org. Todt die Wiederherstellungsarbeiten an diesem Kanal und den Bau der Feldbahn zur Umgehung der Schadensstelle im Hinblick auf die starken Störungen durch die feindliche Luftwaffe bereits eingestellt hatte.

5. Chef OKW meldet, daß die Abschneidung der Festung Holland bei weiterer ungünstiger Lageentwicklung im Norden der Westfront in Rechnung gestellt werden muß und daß es sich empfiehlt, die Bevorratung dieses Raumes mit Waffen und Munition – falls erforderlich – noch durchzuführen, solange die Landverbindung besteht. In Zusammenhang hiermit meldet der OB.d.M., daß eine Versorgung des holländischen Raumes über See vor

allem eine Kohlenfrage ist. Bei der augenblicklichen Zuspitzung der Kohlenlage an der Küste ist keine Aussicht vorhanden, daß Kohlen für zusätzliche Versorgungsaufgaben freigemacht werden können. Um die nur in beschränktem Maße herankommenden Bunkerkohlen mit dem größten Nutzeffekt einzusetzen, beabsichtigt der OB.d.M., eine Dringlichkeitsfolge für die Aufgaben anzuordnen, für die die verfügbaren Kohlen in erster Linie einzusetzen sind. In erster Dringlichkeit werden das Freihalten der Wege in Ostsee und Skagerrak und der Nachschub zu den Heeresgruppen Kurland und Nord stehen. Als zweite Dringlichkeit beabsichtigt der OB.d.M. die Truppentransporte von Norwegen nach Dänemark einzusetzen. Alle übrigen Aufgaben müssen demgegenüber zurücktreten.

## 4.) April

*1. 4., 16.30 Uhr:*

. . . . . .

2. Im Rahmen des Vortrages der Ostlage kommt erneut die Munitionsversorgung der 2. Armee in Westpreußen zur Sprache. General Krebs ist der Auffassung, daß die ungünstige Lageentwicklung weitgehend durch Munitionsmangel hervorgerufen sei, der u. a. auch durch starke Verzögerung der Seetransporte infolge mehrtägiger Schlechtwetterlage entstanden ist. Der OB.d.M. führt dazu nochmals aus, daß nach seiner Auffassung die bisherige Organisation in Fällen des plötzlichen Entstehens neuer Versorgungsaufgaben zu langsam gearbeitet habe. Das Anlaufenlassen eines neuen Versorgungsstroms über See kostet Zeit. Wenn also durch Abschneiden einer Heeresgruppe von den Landverbindungen eine solche Aufgabe plötzlich entsteht, muß durch rechtzeitiges Umdisponieren und Abdrehen von Versorgungsschiffen aus anderen Aufgaben die Zeit überbrückt werden, bis die neu bereitgestellten Versorgungsgüter für den neuen Versorgungsraum herangebracht sein können. Dies ist nach Ansicht des OB. d.M. bisher im allgemeinen nicht rechtzeitig geschehen. Der Führer stimmt dieser Auffassung des OB.d.M. zu und äußert dazu, daß die Unsicherheiten des Seetransports, die durch Verminung und Wetterlage entstehen, von vornherein in Rechnung gestellt werden müssen, genau wie die Einwirkung feindlicher Luftangriffe beim Landtransport. Nach seiner Überzeugung bestehe bei den Führungsstellen des Heeres eine starke Abneigung, in Brükkenköpfen mit der See im Rücken zu kämpfen, während man bedenken müsse, daß die Angelsachsen fast ihren gesamten Krieg aus Brückenköpfen heraus führen. Dazu komme noch die Neigung der eigenen Führungsstellen, die eigenen Truppen auf engem Raum zusammenzuziehen, ohne zu bedenken, daß der Gegner dadurch im allgemeinen mehr Kräfte freibekommt als man selbst, so daß diese sogenannte „Raumangst" sich auf die Dauer immer zum eigenen Nachteil auswirkt.

. . . . . .

*3. 4., 16.30 Uhr:*

. . . . . .

2. Der Führer richtet an den OB.d.M. die Frage, ob die Kriegsmarine den Nachschub für die Halbinsel Hela sicherstellen könne. Der OB.d.M. erwidert, daß diese Aufgabe — was die Feindeinwirkung anbelangt — voraussichtlich zu schaffen sei, daß aber der Kohlenmangel ernsthafte Sorge bereite.

. . . . . .

*4. 4., 17.00 Uhr:*

1. Der Chef WFStab bittet den Führer um Bestätigung, daß es dem Oberbefehlshaber des Führungsstabs Nordküste, Generalfeldmarschall *Busch*, überlassen bleibt, je nach den Erfordernissen der Lage Kräfte aus dem Raume Emden zur Verteidigung der Weserstellung abzuziehen. Der Führer ist einverstanden. Der OB.d.M. erwähnt dazu, daß von den Alarmeinheiten der Kriegsmarine insgesamt 16 Bataillone in Stärke von 10 000 Mann im Raume Emden und von diesen wiederum 5 starke Bataillone bei Aschendorf südlich Papenburg eingesetzt sind.
2. Der Stellvertr. Chef des Gen.=Stabs d. H., General der Inf. *Krebs*, trägt vor, daß durch die eigenen Truppen in Ost= und Westpreußen insgesamt 193[1] russische Infanterie=Divisionen gebunden werden und dadurch eine beträchtliche Entlastung der übrigen Fronten erreicht wird. Der OB.d.M. weist darauf hin, wie notwendig deswegen das Halten der Halbinsel Hela ist, das dem Gegner die Ausnutzung der Häfen an der Danziger Bucht verwehrt und außerdem die Voraussetzung für den eigenen Nachschub zu den Brückenköpfen Königsberg–Pillau und ostwärts Danzig bildet.

. . . . . .

5. Bei Besprechung der Lage bei Heeresgr. Weichsel im kleinsten Kreise ergibt sich, daß die Überführung der 199. Inf.=Div. aus Norwegen ebenso dringlich ist wie die nunmehr abgeschlossene Überführung der 169. Inf.=Div. (Der OB.d.M. gibt entsprechende Befehle an die beteiligten Stellen der Kriegsmarine).

*7. 4., 17.00 Uhr:*

. . . . . .

2. Auf die Frage des Führers, in welcher Zeit der OB.d.M. glaubt, die 199. Inf.=Div. von Norwegen nach Dänemark überführen zu können, meldet der OB.d.M., daß er für die Überführung der wesentlichsten Teile dieser Division etwa 14 Tage veranschlagt und daß er bereits Befehle zur Beschleunigung dieser Transportbewegung gegeben hat.
3. Der OB.d.M. trägt dem Führer vor, welche Befehle er für die Hafenzerstörung im Reichsgebiet gegeben hat. Er weist darauf hin, daß er aus stra=

1 So im Orig., ein Schreibfehler ist zu vermuten.

tegischen Gründen die Zerstörung der Häfen von Emden, Wilhelmshaven, Wesermünde, Brake, Nordenham und Swinemünde für geboten hält, da sie dem Gegner in unversehrtem Zustand für die weitere Kriegführung von großem Nutzen sein würden. Bei den weiter landeinwärts gelegenen Häfen Bremen und Stettin ist dieser Tatbestand nicht in gleichem Maße gegeben, so daß sich der OB.d.M. bei diesen auf Verblockung und Verminung mit Zerstörung der Kräne und Verladeeinrichtungen (ohne Sprengung der Kaimauern) begnügen will. Für die Häfen von der Elbe bis Greifswald hat der OB.d.M. sich die Entscheidung über das Maß der Zerstörungen noch vorbehalten. Der Führer stimmt dieser Regelung in vollem Umfange zu und weist darauf hin, welch großer Wert der Benutzung von Zeitzünderbomben bei allen Zerstörungsmaßnahmen beizumessen ist. Die Möglichkeiten zur Durchführung dieser Anregung werden von der Kriegsmarine geprüft werden.

. . . . . .

5. Kapt. z. See Aßmann trägt anhand einer U-Boot-Karte den augenblicklichen Stand des U-Boot-Einsatzes vor. Danach befinden sich z. Z. 25 Boote im Operationsgebiet, 37 Boote auf Ausmarsch, 23 Boote auf Rückmarsch, während 16 weitere Boote auslaufbereit in norwegischen Häfen liegen, so daß sich insgesamt die hohe Zahl von 101 eingesetzten Booten ergibt. Der OB.d.M. führt dazu aus: Die seit mehreren Monaten betriebene Konzentration unseres U-Boot-Einsatzes auf die küstennahen Gewässer um England hat auch beim Gegner eine scharfe Konzentration seiner Abwehrmittel in diese Räume bewirkt. Die feindlichen Abwehrstreitkräfte finden zwar unsere U-Boote mit ihren Ortungsgeräten nicht mehr; sobald sich aber ein Boot durch einen Angriff zu erkennen gegeben hat, setzt eine derartige Massenwirkung der Abwehr ein, daß die Boote ihr vielfach zum Opfer fallen. Zur Zeit werden 4 Boote, deren Rückkehr in diesen Tagen zu erwarten war, vermißt. Während die Boote alten Typs sich wegen ihrer geringen Unterwassergeschwindigkeit der Abwehr nicht entziehen können, wenn ihr Aufenthalt durch eine Kampfhandlung einmal bekanntgeworden ist, wird es den Booten neuen Typs möglich sein, das Gefahrengebiet mit hoher Geschwindigkeit schnell zu verlassen und sich damit der Konzentration der feindlichen Abwehr zu entziehen. Als Gegenmaßnahme gegen die geschilderte Abwehrlage beabsichtigt der OB.d.M., die Boote zunächst aus den küstennahen Gebieten herauszuziehen und im freien Ozean unmittelbar westlich der britischen Inseln (Typ VII) bzw. in einer Harke auf dem Großkreis in Richtung auf Amerika (Typ IX) einzusetzen. Er will damit erreichen, daß die Boote durch Überraschungseinsatz in neuen Seegebieten bei geringerer Abwehr zu Erfolgen kommen und andererseits den Gegner dazu zu zwingen, seine Abwehrstreitkräfte ebenfalls wieder aufzulockern und damit die Kampfbedingungen in den küstennahen Seegebieten wieder zu verbessern. Abschließend weist der OB.d.M. darauf hin,

welch große Erfolgsaussichten der U-Bootkrieg jetzt haben würde, wenn wir noch im Besitz der Biscaya-Häfen wären.

. . . . . .

*10. 4., 17.30 Uhr:*

. . . . . .

3. Der Vortrag über die feindlichen Luftangriffe auf die deutschen Häfen und U-Bootwerften veranlaßt den OB.d.M. zu der Feststellung, daß es sich hierbei um die seit langem erwarteten systematischen Angriffe des Gegners auf die Stützpunkte der U-Bootwaffe handelt. Seit dem 30. 3. wurden in Häfen und Werften insgesamt 24 U-Boote vernichtet und 12 weitere beschädigt. Von den gesunkenen U-Booten waren 9 vom Typ XXI, von denen 4 im April auslaufen sollten. Der OB.d.M. meldet weiter, daß auch die Flotte bei diesen Luftangriffen starke Verluste erlitten hat: Kreuzer „Scheer" ist gekentert, Kreuzer „Hipper" in Brand geworfen, „Emden" leichter beschädigt. Für den Einsatz stehen jetzt noch die Kreuzer „Lützow", „Prinz Eugen", „Nürnberg" und das Linienschiff „Schlesien" zur Verfügung. Die Verluste sind in letzter Zeit ausschließlich im Hafen eingetreten, während der Russe bei seinen zahlreichen Angriffen auf Seestreitkräfte in See kaum Erfolge erzielt hat, wie er sich überhaupt im Einsatz seiner Luftstreitkräfte gegen Seeziele als wenig leistungsfähig erwiesen hat. Der Führer erinnert daran, daß auch die früheren Verluste der Kriegsmarine fast ausschließlich durch die feindliche Luftwaffe herbeigeführt worden sind.

*12. 4., 17.00 Uhr:*

1. Vor Beginn der Lage findet eine Besprechung des OB.d.M. beim Führer unter vier Augen statt, in der folgende Fragen besprochen werden:
   a) Der Führer stimmt dem Vorschlag des OB.d.M. zu, daß der OB.d.M. für den Fall, daß die Feindlage ein Verlassen des Berliner Raumes notwendig macht, nach Norddeutschland in die Nähe der Küste verlegt, da seine Aufgaben ausschließlich in diesem Raum liegen.
   b) Der OB.d.M. trägt dem Führer die Frage der Bewaffnung der Soldaten der Kriegsmarine vor für den Fall, daß die schwimmenden Streitkräfte durch Mangel an Betriebsstoffen stillgelegt werden. Insgesamt fehlen der Kriegsmarine Handwaffen für 163 000 Mann. Es ist ein schwieriges Problem, wie man diese Soldaten, denen man keine Waffen zur Verfügung stellen kann, verwenden und welche Befehle man ihnen erteilen soll. Der Führer äußert sich dahin, daß er mit allen Mitteln versuchen will, für die an Land eingesetzten Soldaten die nötigen Waffen bereitzustellen.
2. Der OB.d.M. schildert dem Führer die Transportverhältnisse in Hela und Pillau. Beide Plätze sind zu Schwerpunkten des feindlichen Luftwaffeneinsatzes geworden und liegen außerdem unter feindlichem Artilleriebeschuß.

Die Beladung der Schiffe mußte deswegen bereits zum großen Teil aus den Häfen auf die Reeden verlegt werden. Dies bedeutet, daß der Abtransport von Panzern und Fahrzeugen aller Art aus dem ostpreußischen Raum nicht möglich ist. Der OB.d.M. betont, daß die Gefahren für den Nachschubverkehr nicht in See, sondern in den Häfen liegen. Er hält die Verstärkung des Jagdschutzes für das einzig wirksame Mittel. Der Chef des Gen.=Stabs der Lw. meldet dazu, daß die beiden Flugplätze im Samland (Brüsterort und Neutief) unter feindlichem Artilleriebeschuß liegen. Es sind deswegen ein neuer Flugplatz nördlich von Neuhäuser bei Pillau und ein Absprungplatz auf der Halbinsel Hela im Ausbau. Eine weitere Gruppe von Jägern des Typs Me 109 soll nach Samland verlegt werden, sobald die Aufnahmefähigkeit der Flugplätze dies zuläßt. Der Führer unterstreicht die Forderung des OB.d.M. und die Dringlichkeit der Durchführung.

3. Über die Brennstofflage der Kriegsmarine meldet der OB.d.M.: Nachdem der Gegner bis an die Elbe vorgedrungen ist, sind die Brennstoffzufuhren der Kriegsmarine aus dem süd= und mitteldeutschen Raum zunächst abgeschnitten. Dies bedeutet, daß die Marine auf die bereits jetzt an der Küste vorhandenen Bestände angewiesen ist, falls es nicht gelingt, die Verkehrsverbindung demnächst wieder zu öffnen. Die Folge ist, daß das Auslaufen von U=Booten zu Operationen nur noch bis etwa 20. 4. möglich ist und daß im Laufe des April auch jeder Nachschubverkehr und jede Seefahrt überhaupt aufhören wird. Der OB.d.M. bittet, die Elbebrücken so spät wie militärisch vertretbar zu sprengen, um diesen wichtigen Transportweg nicht für lange Zeit zu sperren. Der Führer stimmt diesem Antrag zu und stellt heraus, daß die Elbe nicht als Verteidigungsstellung, sondern als Lebenslinie für den norddeutschen Raum angesehen werden muß und daß alle Anstrengungen gemacht werden, um sie wieder freizukämpfen.

. . . . . .

*14. 4., 18.00 Uhr:*

1. OB.d.M. bestätigt dem Führer die am 13. 4. durch Admiral FHQu. erstattete Meldung, daß die Überführung der 7. Panzerdivision von Hela nach Swinemünde voraussichtlich in 5 Tagen durchgeführt werden kann. Ob die Geschütze verladen werden können, hängt jeweils von der Wetterlage ab und kann nur von den verantwortlichen Seebefehlshabern an Ort und Stelle entschieden werden.

. . . . . .

4. Der Chef GenStdH meldet, daß es der Kriegsmarine in der Zeit vom 21. 3. bis 10. 4. gelungen ist, 157 270 Verwundete aus dem Ostraum nach Westen zu befördern, und stellt dies als eine ungewöhnliche Leistung dar, die für die Lage des AOK Ostpreußen eine sehr wesentliche Entlastung gebracht hat.

. . . . . .

*16. 4., 17.00 Uhr:*

1. Bei Vortrag der Lage bei der Heeresgr. Weichsel meldet der OB.d.M. dem Führer, daß der Oberbefehlshaber der Heeresgr. Weichsel, Generaloberst Heinrici, sich am 16. 4. mittags bei einem Besuch beim OB.d.M. dahin geäußert habe, daß die Front an der unteren Oder südlich Stettin nur schwach besetzt sei und die dort eingesetzten, aus Alarmeinheiten und Versprengten bestehenden Truppen nur einen geringen Kampfwert haben. Er hielte es deswegen für dringend erforderlich, im Süden der Ostfront – wenn irgend möglich – eine Division herauszulösen und sie dem Frontabschnitt an der unteren Oder zuzuführen, und habe den OB.d.M. gebeten, dies bei der Führerlage zur Sprache zu bringen. Weiter meldet der OB.d.M., daß der Kommandeur der 2. Mar.-Inf.-Div., Generalmajor Bleckwenn, dem OB.d.M. bei einem Frontbesuch am 15. 4. ausdrücklich gemeldet habe, daß im Abschnitt seiner Division jeder russische Angriff abgewiesen werden würde und daß er die beiden benachbarten Divisionen auch für gut halte. Der Führer erwidert, daß die Zuführung einer weiteren Division nicht möglich ist und daß die Kampfkraft der Oderfront dadurch verstärkt werden muß, daß zahlreiche leichte Flakwaffen unmittelbar an den Fluß herangeschoben werden, um jeden Übersetzversuch des Gegners abzuwehren. (Diese Lage veranlaßt den OB.d.M. zu dem Befehl, alle durch Außerdienststellung von Kriegsschiffen und Stillegung von Handelsschiffen frei gewordenen leichten und mittleren Fla.-Waffen beweglich zu machen und mit ihren Offizieren und Bedienungen möglichst in geschlossenen Verbänden mit größter Beschleunigung dem Landkrieg zuzuführen.)
2. Gauleiter Koch hat gemeldet, daß in Pillau ein akuter Mangel an Flak-Munition besteht. Der Chef des Lw.-FStabs meldet, daß sich gewisse Mengen von Flak-Munition in Zuführung befinden und daß vor allem in Warnemünde eine größere Menge zur Einschiffung bereitliegt. Der Führer bittet um Prüfung, ob die Kriegsmarine diese Munition mit einem schnellen Schiff beschleunigt nach Pillau überführen kann. Der OB.d.M. meldet dazu, daß für den Munitionstransport ohnehin schnelle Schiffe im Einsatz sind, daß er jedoch prüfen wird, ob sich darüber hinaus in diesem Falle noch eine Sondermaßnahme ermöglichen läßt.
3. Bei Besprechung der Lage im Raum südlich Ülzen stellt der Führer die Frage, ob die Marine nicht in der Lage sei, für die eigenen dortigen Operationen Truppen zur Verfügung zu stellen. Der OB.d.M. meldet, daß Menschen verfügbar gemacht werden können, daß es aber an Waffen fehlt. Auch die Waffen für die 3 000 Soldaten der Kriegsmarine, die für Panzerbekämpfung im Hinterland der Feindfront zur Verfügung gestellt wurden, seien nur schwer zu beschaffen. Die mit Waffen ausreichend versehenen Alarmeinheiten der Kriegsmarine seien an der Front zwischen Weser und Ems eingesetzt. Auch von der nordfriesischen Küste und der Insel Sylt seien alle irgendwie verfügbaren Truppenteile zur Verteidigung Ostfrieslands

herangeholt. Zu der Gesamtfrage des Stoßes gegen die Verbindungslinien des Gegners äußert sich der OB.d.M. dahin, daß auch jetzt wieder – wie seinerzeit in Frankreich – die Kampfführung des Gegners ein reines Transport- und Nachschubproblem sei, so daß man beim Angriff auf die Nachschublinien die empfindlichste Stelle des Gegners treffen würde.

4. Der OB.d.M. bespricht mit dem Chef OKW, daß der Führungsstab der bevollmächtigten Außenstelle A unter Führung des Generalleutnants Kinzel so schnell wie möglich aufgestellt wird, um die Voraussetzungen für die Führung durch diesen Stab vorsorglich zu schaffen und die übrigen Teilstäbe von vornherein straff zusammenzufassen.

*18. 4., 17.30 Uhr:*

1. Der stellvertretende Oberbefehlshaber der Heeresgr. Kurland, General Hilpert, beantragt bei seinem Vortrag über die Lage in Kurland die Verstärkung der Seestreitkräfte in diesem Raum zur Abwehr von ihm befürchteter Landungsversuche des Gegners an der Ost- und Nordküste der kurländischen Halbinsel. Der OB.d.M. führt dazu aus: Mit Rücksicht auf die akute Brennstoffknappheit und den Mangel an Streitkräften ist die Kriegsmarine gezwungen, eine scharfe Konzentration auf ihre Hauptaufgaben vorzunehmen. Diese bestehen in dem Freihalten der nötigsten Wege in Ostsee und Skagerrak, im Nachschub für die Heeresgr. Kurland und AOK Ostpreußen sowie in den dringendst nötigen Truppen-, Verwundeten- und Flüchtlingstransporten. Es ist der Kriegsmarine daher nicht möglich, weitere Streitkräfte in den Raum Kurland zu verlegen. Vor allem ist die Verlegung einer Kampfgruppe wegen ihres starken Ölverbrauchs ganz ausgeschlossen. Auch die in Kurland stationierten S-Boote müssen schwerpunktmäßig für den Schutz der Nachschubgeleite eingesetzt werden und stehen daher für die Abwehr von Landungen nicht zur Verfügung.
2. Auf Grund des Antrages von General Hilpert, Jagdschutz für die Nachschubgeleite auch von Bornholm aus zu fliegen, meldet der Chef des Lw.-FStabs, daß der Flugplatz von Bornholm nach den bisherigen Meldungen etwa am 10. 5. benutzbar sein würde.

. . . . . .

4. Auf die Meldung, daß der Reichsminister Dr. Goebbels als Gauleiter Berlin 5 kasernierte Volkssturmbataillone für den Einsatz an der Ostfront ostwärts von Berlin zur Verfügung gestellt hat, äußert der Führer, daß er es für untragbar hält, die nur für örtlichen Einsatz vorgesehenen Volkssturm-Einheiten an die Front vorzuführen, während große Zahlen von jungen Soldaten bei Luftwaffe und Kriegsmarine zur Verfügung stehen, die nur aus Mangel an Waffen nicht an der Front eingesetzt werden können. Er ordnet an, daß der Chef des Gen.-Stabs d. H. sich mit Luftwaffe und Kriegsmarine in Verbindung setzt, um die Waffen der zur Verfügung gestellten Volkssturm-Bataillone für junge Soldaten nutzbar zu machen.

5. Zu dem am 18. 4. mittags erfolgten starken Luftangriff von mehreren 100 Maschinen auf Helgoland äußert der OB.d.M., daß dieser Angriff nach seiner Ansicht gegen den U=Boot=Stützpunkt Helgoland gerichtet war, da feindliche Landungsabsichten in der Deutschen Bucht wegen der Entwick=lung der Landlage als unwahrscheinlich angesehen werden müssen und der Luftangriff daher auch nicht als Vorbereitung für eine solche Landung an=gesprochen werden kann.

. . . . . .

6. Der Verlust von mehreren 100 Menschen beim Untergang des Dampfers „Goya" veranlaßt den OB.d.M. zu einem Hinweis auf den außerordentlich geringen Prozentsatz von nur 0,49 % Personalverlusten bei den bisherigen Transporten im Ostraum. Während die schmerzlichen Verluste beim Unter=gang des einzelnen Schiffes stark in Erscheinung treten, würde leicht ver=gessen, daß zu gleicher Zeit eine große Zahl von Schiffen mit zahlreichen Verwundeten und Flüchtlingen an Bord den Ausschiffungshafen sicher er=reichten.

7. Die näheren Meldungen über die Beschädigung des Kreuzers „Lützow" er=geben, daß auch in diesem Falle, wie bei „Tirpitz", wieder der englische Spezialverband von Lancaster=Maschinen mit überschweren Bomben einge=setzt war. Der Angriff fand bei Tage, etwa 17.00 Uhr, statt.

*(Anschließend begab sich Großadmiral Dönitz befehlsgemäß in den Nord=raum, und nachdem am 20. 4. der Wehrmachtführungsstab in zwei Teile zerrissen war, fand keine Lagebesprechung in der bisherigen Form mehr statt.)*

## C. Auszüge aus den (nur fragmentarisch erhaltenen) Stenogrammen der „Lagebesprechungen (bzw. Einzelbesprechungen) beim Führer" von der Invasion (6. Juni 1944) bis zum 23. März 1945 (letztes erhaltenes Stenogramm)

*Über diese Stenogramme vgl. den II. Teil der „Erläuterungen" (S. 1774 f.); ein Verzeichnis der aus der angeführten Zeitspanne erhaltenen Fragmente bietet S. 1842 f.: 3. Anhang zum III. Teil der „Erläuterungen". Stellen, die das in der Einleitung Ausgeführte erhellen, sind bereits in dieser (s. oben S. 1–74) angeführt.*

*Die Stenogramme der normalerweise nur eine halbe Stunde erfordernden „Abendlagen" sind meist wenig ergiebig, da nicht die Chefs, sondern nur Generalstabsoffiziere – gelegentlich auch der Chef der Führungsgruppe im Generalstab des Heeres (vgl. darüber die Aufzeichnung eines Beteiligten; S. 1698 ff.) – Vortrag über die neuesten Meldungen hielten. Die Stenogramme der „Mittagslagen" wären eine Quelle ersten Ranges, wenn sie vollständig vorlägen. Die erhaltenen Fragmente (hergestellt nach angesengten Stenographenblocks) stellen nicht nur einen Bruchteil der einst vorhandenen Niederschriften dar, sondern sind auch vielfach in sich so zerstört, daß sich der Inhalt nur ahnen läßt.*

*Ausgewählt sind hier Abschnitte, die mehr oder minder unzerstört sind und Einsicht in die Art vermitteln, wie Hitler mit den Generalen verkehrte, wie weit er auf Argumente einging und wie er seine Entscheidungen fällte.*

### I. 1944

#### 1.) 18. Juni: Abendlage auf dem Berghof

a) *Gen.-Oberst Jodl,* Chef WFStab (trägt die Lage im Westen vor):

Vorgelegt wird der Befehl, den der OB West auf Grund der gestrigen Weisungen vom Gefechtsstand aus gegeben hat.

(Vorlage.)

Der *Führer:* (nach Prüfung der Vorlage) Das ist noch besser. Man hat hier noch eine weitere Angriffsmöglichkeit.

*Jodl:* Mit den jetzt vorhandenen Kräften wird er (gemeint: der Gegner) beides kaum tun können: sich hier abzudecken – er wird auch mit Gegenangriffen rechnen – und gleichzeitig den Angriff hier heraus führen. Er wird zum mindesten gezwungen, neue Kräfte hineinzuführen.

Der *Führer:* Er braucht die Hälfte seiner verfügbaren Kräfte *hier* hinein.

*Jodl:* Und in dem Westteil, wobei man nicht weiß, ob die 15. (Div.) da herauf ist, die zur amerikanischen Heresgruppe gehört. – Sehr viele sind nicht da. Das hier ist ja weg, mit Ausnahme der 3. engl. Luftlande-Division. Diese amerikanische ist fraglich. Dann ist hier noch die 38. englische (Div.).

Die 2. kanadische Panzer-Div. ist auch fraglich. Eine englische, die auch fraglich ist, — die 54. englische. Die 30. und 10. amerikanische sind fraglich. Dann die 15. englische Garde-Division und eine Luftlande-Division. Aber auch die ist nicht ganz sicher bestätigt. Also das da ist auch schon fraglich — alles, was da war. Aber von *dieser* (mit Hinweis auf die Karte) Gruppe ist noch nichts weg.

Im ganzen 25 Verbände. Da sind aber mit eingerechnet die Brigaden, je zwei Brigaden zu einer Division gerechnet.

Der *Führer:* Deshalb müssen wir jetzt auch anfangen, es zu nähren, und Artillerie-Brigaden hinstellen, eventuell derartige Artillerie-Brigaden mit ... versehen und dadurch Körper (gemeint: kampffähige Einheiten) kriegen. Das sehen wir beim Russen. Er macht seine Front mit Dreckverbänden. Wir sind da zu starr. Diese Verbände muß man aber so aufbauen, daß sie nur aus Kampfkraft bestehen und ganz geringe rückwärtige Dienste besitzen, ganz geringe Etappen haben.

b) *Jodl* (trägt die Lage in Italien vor):

Er (d. h. der OB Südwest) hat nun hier ein Fernschreiben geschickt mit Rücksicht auf die Lage, falls Elba verlorengehen sollte, und auf die Bedrohung dieses Stückes im Rücken dieser Stellung.

Der *Führer:* Die Bedrohung hat er überall, das ist ganz egal. Wenn er hierher geht, besteht die Bedrohung wieder rückwärts, weil er (gemeint: der Gegner) ja von der Insel *hier* hingehen kann. Er ist ja nicht gezwungen, *dahin* zu gehen. Das ist also gar keine Begründung.

*Jodl:* Das einzige ist folgendes ... (legt eine andere Karte vor, erläutert diese und verliest ein Schreiben des OB Südwest, in dem der Verlust von Elba als kurz bevorstehend angekündigt wird. Es schließt): Der Verlust dieser Insel schafft zum mindesten für den Westflügel der Südfront eine neue Lage. Von Elba aus ist dem Feind auch ohne nennenswerte Verstärkung jederzeit eine tiefe Umfassung der 14. Armee durch Anlandung (möglich).

Der *Führer:* Das erklärt er jetzt. Vor ein paar Tagen hat er es nicht gesagt. Da wollte er (d. h. der OB Südwest) die Insel (aufgeben).

*Jodl:* Da wollte er sowieso weiter zurück. Aber jetzt hat er den Befehl zu halten. — — (Größere Lücke) — —

c) (Erörterung zwischen Hitler, Reichsminister Speer und General Buhle[1] über die 15,2 cm Kanonenhaubitze):

Der *Führer:* Seinerzeit im Jahre 38/39 bei der Tschechen-Geschichte ist geaast worden. Wertvollste Kanonen .... sind alle verschrottet worden. Da war ein Einheitsfimmel. Mit knapper Not, daß man die Tschechen-Haubitzen vor dem Verschrotten gerettet hat! Bei der Vorführung wurde die Tschechen-Haubitze als eine monströse Mißgeburt vorgeführt. Dabei war

1 Chef des Heeresstabs beim OKW († 1959).

sie besser als unsere. Leider habe ich damals einen großen Fehler gemacht. Ich hätte damals von vornherein diese Kanone weiterbauen lassen sollen. — — (Lücke) — — Ebenso die 21=cm=Kanone! Die Skoda=Kanone wurde ab=gehalftert, weil die neue deutsche 21 cm=Kanone noch weiter schießen sollte: 33 km, und die Skoda schoß nur 30 km. Aber die war da und war erprobt, es war ein hervorragendes Geschütz, hatte Rundumfeuer, was in dem Falle doch gut ist. Ich brauche nicht mit dem Lafettenschwanz herumzusausen, sondern kann die ganze Richtung dauernd drehen. Es ist gerade für die Küstenverteidigung, für unsere Zwecke ein ausgezeichnetes Geschütz. Be=ster Beweis ist, daß sich alle anderen darum reißen. Die Türken wollen es und auch die Schweden. Die Schweden haben selbst eine ausgezeichnete; aber sie reißen sich um die Kanone. Da war damals ein Riesenauftrag erteilt worden (nämlich von der deutschen Wehrmacht), und irgend jemand, der bis heute noch nicht geklärt ist, hat den Auftrag annulliert. Das war schon während des Krieges. Während des Krieges ist der Auftrag wieder weg gewesen, und es sind viele Monate vergangen. Sonst würden wir heute sicherlich im Besitz von 160 21 cm sein.

### 2.) 31. August: Besprechung des Führers mit Gen.=Lt. Westphal (ab 9. September Chef des Gen.=Stabs des OB West) und Gen.=Lt. Krebs (ab 5. September Chef des Gen.=Stabs der Heeresgruppe B) in der „Wolfsschanze" (Ostpreußen)

(Hitler über den Selbstmord des Gen.=Feldm. v. Kluge, bisher OB der Hee=resgruppe B, von dem er annahm, daß er im Begriffe gestanden habe, Verbin=dung zu den Engländern aufzunehmen[1]): „Der 15. August (vgl. Kessel von Falaise und Landung der Gegner in Südfrankreich) war der schlimmste Tag meines Lebens. Es ist nur einem Zufall zu verdanken, daß dieser Plan nicht zur Ausführung gekommen ist. Die ganzen Maßnahmen der Heeresgruppe lassen sich auch nur unter diesen Voraussetzungen erklären; sonst wären sie völlig unerklärlich.

Der Stab der 7. Armee — das muß ich Ihnen auch sagen — ist nicht in Ord=nung. Sie werden gut tun, General Krebs, wenn Sie sich hier die Leute nehmen, von denen Sie glauben, daß sie völliges Vertrauen verdienen, und daß Sie auch die Forderungen stellen, die notwendig sind, um diesen Stab völlig zu säubern. Es ist leider so, daß Feldmarschall Rommel ein sehr großer, schwungvoller Führer im Erfolg ist, aber ein absoluter Pessimist bei den geringsten Schwierig=keiten". . . . (Ausführungen über Rommel, der bei der Preisgabe von El=Alamain „die Nerven völlig verloren" habe) — — (Lücke) — —, er hat nun das schlimmste getan, was es in einem solchen Falle überhaupt für einen Soldaten geben kann,

1 Vgl. dazu den Abschiedsbrief des Gen.=Feldm.s v. Kluge, den dieser unmittelbar vor seinem Selbstmord (18. 8.) an Hitler schrieb und in dem er einen Waffenstill=stand forderte, oben in Teil A II, 5 b (S. 1574 ff.); über Hitlers falschen Verdacht s. die Einleitung (S. 60 f.).

nach anderen Auswegen gesucht als nach militärischen[1]. Er hat ja auch in Italien damals den Zusammenbruch als ganz nahe bevorstehend vorhergesagt. Er ist bis jetzt nicht eingetreten. Er (d. h. Rommel) ist eigentlich durch die Ereignisse völlig widerlegt worden, und ich bin in meinem Entschluß gerechtfertigt worden, Feldmarschall Kesselring dort[2] zu belassen, in dem ich einen unglaublichen politischen Idealisten gesehen habe, aber auch einen militärischen Optimisten, und ich glaube, daß man militärisch ohne Optimismus überhaupt nicht führen kann. Ich halte Rommel im begrenzten Rahmen für einen außerordentlich kühnen und auch geschickten Führer. Ich halte ihn nicht für einen Steher, und das ist auch die Auffassung aller Herren.

*Keitel:* Ja, das hat sich immer mehr herausgestellt.

Der *Führer:* Solange eine Sache gut (geht), ist (er) himmelhochjauchzend. Wenn die ersten ... — —(Lücke) — —

... Ich habe gleich gesagt: für eine politische Entscheidung ist das noch nicht reif. Daß ich auch in der Lage bin, politische Erfolge zu erzielen, habe ich, glaube ich, in meinem Leben genügend bewiesen. Daß ich eine solche Gelegenheit nicht vorübergehen lassen werde, brauche ich niemand zu erklären. Aber im Moment schwerer militärischer Niederlagen auf einen günstigen politischen Moment zu hoffen, um irgend etwas zu machen, ist natürlich kindlich und naiv. Solche Momente können sich ergeben, wenn man Erfolge hat. Daß ich alles (getan habe), um mit den Engländern zu Rande zu kommen, habe (ich ja) bewiesen (Ausführungen über 1940 und 1939, dann über Koalitionen und seine Aufgabe, die Nerven zu behalten; angeführt in der Einleitung).

(Hätte Hitler die 9. und 10. Pz.=Div. im Westen gehabt, wäre die „Geschichte", d. h. der Durchbruch bei Avranches und die Bildung des Kessels von Falaise, wahrscheinlich überhaupt nicht passiert): Das hat (man aber) unterlassen aus einem — ich muß schon sagen: (verbrecherischen) Drang heraus, hier einen Umsturz[3] herbei(führen), wobei sich die Leute einbildeten, entweder mit (den Engländern) gegen die Russen oder — die zweite, die (Schulenburg)=Richtung — mit den Russen gegen die Engländer (gehen zu) können oder — die dritte, blödeste Richtung — (beide) gegeneinander ausspielen zu können. Geradezu naiv! (Das Urteil) aller Leute, die die Schuldigen jetzt im Prozeß (saal gesehen) haben, geht dahin, das Erschütternde ... — — (Größere Lücke) — — Kampf fortzusetzen, bis die Möglichkeit eines anständigen, für Deutschland tragbaren und auch das Leben der kommenden Geschlechter sichernden Friedens gegeben ist. Dann werde ich ihn schließen. Denn daß dieser Krieg für mich nichts Angenehmes ist, kann sich jeder vorstellen. Ich bin seit 5 Jahren hier von der anderen Welt abgeschieden; ich habe kein Theater besucht, kein Konzert gehört, keinen Film mehr (gesehen.) Ich lebe nur der einzigen Aufgabe, diesen Kampf zu (führen,) weil ich weiß: wenn nicht eine eiserne Willensnatur (da=

1 Vgl. den Brief des Gen.=Feldm.s Rommel vom 15. 7. 1944 (oben S. 1572 f.: Nr. 5 a).
2 D. h. als OB Südwest in Italien.
3 D. h. der Aufstand am 20. 7. 1944.

hinter) sitzt, kann der Kampf nicht gewonnen werden. (Die anschließenden Vorwürfe gegen den Generalstab sind in der Einleitung verwertet; ferner Ausführungen über die schlimme Auswirkung des 20. Juli auf die Verbündeten und die Neutralen, Vorwürfe gegen die Offiziere der Heeresgr. Mitte, Beurteilung der Stäbe im Westen, abermalige Verdammung des Gen.=Feldm. v. Kluge sowie anderer am 20. Juli Beteiligter).

(Der Stab), den Sie, Krebs, übernehmen, ist sicherlich (versaut, darüber) muß man sich klar sein. Ich kann Ihnen nur (sagen: Passen) Sie auf, daß Sie den Laden so schnell wie (möglich säubern), daß Sie hier dem Feldmarschall Model die ... (Lücke): Wir werden uns schlagen, wenn nötig sogar am Rhein. Das ist völlig gleichgültig (ein Beispiel gebe Friedrich d. Gr.; s. die Einleitung).

(Das Schicksal) hätte auch anders laufen können; wenn mein (Leben beendet) worden wäre, wäre es für mich persönlich – das (darf ich sagen) – nur eine Befreiung von Sorgen, schlaflosen (Nächten und einem) schweren Nervenleiden gewesen. Es ist nur (der Bruchteil) einer Sekunde, dann ist man von all dem erlöst (und hat seine) Ruhe und seinen ewigen Frieden. Daß ich am (Leben geblieben) bin, dafür bin ich trotzdem der (Vorsehung dankbar; denn) ich glaube...

(Die Wahrheit über Gen.=Feldm. v. Kluge solle geheimbleiben, um der Wehrmacht keine Schande anzutun.)

### 3.) 1. September: Morgenlage in der „Wolfsschanze" (Ostpreußen)

... (Gen.=Oberst Guderian trägt die Lage in Kurland vor).

Der *Führer:* Guderian, wir brauchen hier irgend(einen Erfolg). Das ist direkt wichtig heute. Das ist ent(scheidend.)

(*Guderian:*) ... gerade heute, mein Führer.

(Der *Führer:* Das ist mir) gänzlich wurst. Man muß (wieder aktiv werden), ......, daß wir wieder das (Gesetz des Handelns an uns bringen.) Und nach wie vor sehe (ich die Möglichkeit eines) Erfolges darin, daß wir tat(sächlich) ... antreten.

(*Guderian:* Ich habe) deswegen zunächst hier ver(boten, daß) ... zu einem Angriff in die russische Bereitstellung ostwärts Stockmannshof eingesetzt wird. Das hat keinen Zweck.

Der *Führer:* Das hat keinen Zweck. Das soll man anlaufen lassen und sehen, was sich dort tut. Wenn die ersticken und selber liegenbleiben, – nach dem Urteil von Schörner ist es so: die (d. h. eigene Infanterie) – das hat mir auch gestern der Kommandeur des Grenadierregiments von der 20. Pz.=Gren.=Div., die jetzt darin gewesen ist, gesagt –, die Infanterie ist schlecht, so miserabel, daß der Mann natürlich irgendwie Kehrt macht, und haben sie keine Panzer, dann hauen sie ab, augenblicklich. Die ist also schlecht. Das mag nicht allgemein gültig sein. Das ist natürlich verschieden. Man hat auch motorisierte Verbände. – – (Lücke) – –

Der *Führer:* Vielleicht kann man doch eine überraschende Sache machen, daß man in den Rücken der ganzen Geschichte hineinkommt und einmal wieder das erreicht, was notwendig ist für die Panzerdivisionen, nämlich freies Gelände, damit sie ihrem Element entsprechend angesetzt werden können. Wenn das gelingen würde, würde dort sowieso eine Entlastung eintreten. Er (d. h. der Russe) würde dann gezwungen sein, sofort von oben Verbände heranzuholen. Sonst hat er nichts hier.

*Guderian:* Wir haben noch etwas: das ist die 6. Pz.-Div., die hinter der Front der 2. Armee liegt.

Der *Führer:* Die würde ich auch, wenn hier eine Sache ist, hierher nehmen.

*Guderian:* Kommt das und bleibt die Sache unten (fest), kann man die 6. auch heraufholen.

Der *Führer:* Dann kann man sie auch noch herauf(holen.)

. . . . . .

Der *Führer:* . . . ist man im Rücken. So haben (wir früher unsere) großen Erfolge erzielt. Wir sind dann zu dem kleinen Operieren übergegangen, aus Mangel an Kräften, aber auch aus Mangel an Phantasie und Selbstvertrauen und aus Mangel an Kenntnissen des Einsatzes der Panzerwaffe, die man eigentlich als einen Rammblock immer auffaßte, dort anzugreifen, wo die größten Pak- und Artilleriefronten stehen.

*Guderian:* Und dann auch noch gesplittert.

Der *Führer:* Sie dort hineinfahren zu lassen!

*Guderian:* Der schlimmste Fehler sind die Zersplitterungen.

Der *Führer:* Während man immer in die weichen Stellen hineinschlagen muß. Denn der Panzer ist nicht dazu da, dort anzugreifen, wo der andere als Stier die Hörner hat, sondern die Weichteile muß man angreifen. Das ist völlig, ich möchte sagen, aus der taktischen Überlegung herausgekommen. — — (Lücke) — —

Der *Führer:* Alles andere ist hier Quatsch; früher kommen wir nicht zu einem wirklichen Angriff, zu einem Großangriff.

*Guderian:* Bis dahin können wir noch 2 Abteilungen machen.

Der *Führer:* Bis dahin kriegen wir die 25 Divisionen!

*Guderian:* Bis dahin sind die Tiger auch fertig, die wir augenblicklich nicht haben.

*Buhle*[1]: Der Tiger II ist im Augenblick nicht (einsatzfähig, da sind noch gewisse Schwierigkeiten.)

. . . . . .

150 und 100, das muß aber alles aus dem Osten — —

*Guderian:* Das muß umgebaut werden, dauert monatelang, und *dies* ist eine Sofortmaßnahme!

*Fegelein:* Das hier ist jetzt im August da. (Vorlage)

1 Vgl. oben S. 1632 Anm. 1.

Er kann kommen auf 150 hier und auf etwa 100 hier, aber das dauert einige Monate.

*Buhle:* Mein Führer, was von diesen Geschützen tatsächlich in den nächsten Wochen bei der Munitionslage (verladebereit) wird, ist schon (vorgesehen für) die 12 Artil(leriekorps) . . . . .

Der *Führer:* Das ist das leichte Infanteriegeschütz?

*Buhle:* Die russische 7,62 Infanterie=Kanonenhaubitze, Schußweite 7 000, aber leider Flachbahngeschoß.

Der *Führer:* Was heißt „Flachbahngeschoß"? Das ist auch ein Steilfeuergeschütz, hat ja eine ganz kleine Ladung. Das ist ja das, was unser Infanteriegeschütz ist, weil es viel weiter schießt.

*Buhle:* Das ist kein Steilfeuergeschütz!

. . . . . .

(Hitler über das OKW):

*Guderian:* Da müßte nur der Reichsmarschall dazu seine Genehmigung geben.

Der *Führer:* Die Genehmigung gebe ich sofort. Wir haben doch schon so eine Art Reichsverteidigungsgeneralstab. Wir haben eine Einrichtung, um die uns alle Staaten der Welt beneidet haben: das Oberkommando der Wehrmacht. Das hat sonst niemand. Das hat sich nur noch nicht herumgesprochen, weil der Generalstab die Geschichte nicht gern sah.

*Keitel:* Schärfstens bekämpft hat!

Der *Führer:* Schärfstens bekämpft hat! Nachdem wir jahrelang bekämpft worden sind wegen dieser Einrichtung.

**4.) 17. September: Abendlage in der „Wolfsschanze" (Ostpreußen)**

. . . . . .

(Oberstlt. Waizenegger trägt die Lage im Osten vor) — — (Lücke) — —:

(Der *Führer:*) 30—40 km. — Es ist wahnsinnig schwer für die Leute, eine Sache, die keinen Erfolg hat, einfach abzubrechen, schwer, das einzusehen. Das ist die alte Erfahrung.

*Keitel:* Ja, dann abzubremsen.

Der *Führer:* Es ist die alte Erfahrung: das verkrampft sich dann.

(Gen.=Oberst Jodl trägt die Lage im Westen vor.)

Der *Führer:* . . . Das Wichtigste ist, daß wir den Rhein hier halten. Wenn er dann hier freigekämpft ist, haben wir bald die großen Kanäle. Das ist das Allerwichtigste, abgesehen davon, daß hier unsere Linie geht; da kann man sich hier anschließen, und das hier haben wir sowieso, da ist die Festung. Wenn man die jedenfalls einmal in der Nähe hat, ist es besser, falls hier etwas (geschieht).

. . . . . .

(Gesandter) *v. Sonnleithner* (berichtet über die Lage in Kroatien): . . . Es ist leider immer so, daß die Leute, die irgendwo sitzen, dieser Lokalpsychose zum Opfer fallen.

Der *Führer:* Genauso ist Kasche[1] ein Phantast!

*Jodl:* Die Leidenschaft gegen die Cetniks braucht er gar nicht aufzurufen. Die ist da insofern, als sie alle zu Tito überlaufen, weil Tito leidenschaftlich gegen die Cetniks kämpft, aber auch gegen uns! Die ist sowieso da, mit Ausnahme der Ustascha. Die machen es nicht, weil sie umgebracht werden, aber die anderen machen es.

Der *Führer:* Das ist ganz richtig. Das ist tatsächlich der Zustand. Das weiß der Kasche nur wieder nicht, daß die alle überlaufen. Der ist der Überzeugung, daß der umgekehrte Strom stattfindet. Kasche sagte doch, die sollten in ungeheuren Massen übergeströmt sein. Wo sind die?

*v. Sonnleithner:* Er hat schon die Zahlen berichtigt.

Der *Führer:* (Von) drüben zu uns!

*v. Sonnleithner:* Kürzlich hat er selbst auch (zugegeben, daß die) umgekehrte Bewegung stattfindet. Er (hat dafür auch eine) Begründung gegeben. Die haben wir noch ...

Der *Führer:* Man muß doch zugeben: ich kann mich (in einer Sache) täuschen um 10 Grad, um 20 Grad, auch um 50 Grad. Wenn man sich einmal um 90 Grad täuscht, geht es schon etwas auseinander. Wenn man sich aber gleich um 180 Grad täuscht, also völlig nach der anderen Seite, – das ist schon eine Meisterleistung.

*v. Sonnleithner:* Bezüglich Kasches, mein Führer, hat Ihnen der Außenminister ferner schon vorgeschlagen, ihn abzulösen, weil der Außenminister meint, daß Kasche ein sehr ordentlicher Mann sei, aber in gewisser Beziehung verrannt.

Der *Führer:* Er ist auch ein ordentlicher Mann. Es ist nur so, daß ordentliche Männer, sowie sie ins Auswärtige Amt hineingeraten, völlig vor die Hunde gehen.

*v. Sonnleithner:* Weil sie den schwierigen Aufträgen nicht gewachsen sind.

Der *Führer:* Kasche war früher ein Draufgänger ersten Ranges.

*v. Sonnleithner:* Mein Führer, der Grund liegt darin, daß die Leute, wenn sie herauskommen, die dortigen Verhältnisse mit theoretischen Maßstäben messen. Das ist natürlich ganz falsch. Das macht Kasche.

Der *Führer:* Nebenan haben unsere Militärs die Lage richtig beurteilt. Er muß das doch jedenfalls objektiv (weitergeben).

*v. Sonnleithner:* Militär war der Glaise-(Horstenau), ... der das schon kennt.[1]

*Keitel:* Nein, Rendulic![3]

*v. Sonnleithner:* Militär war der Glaise-(Horstenau), ... der das schon kennt.[2]

Der *Führer:* Er muß doch wenigstens die beiden Sachen anhören.

*Jodl:* Kasche hat hier betont, es sei grundfalsch, einen Kenner der Verhältnisse dort hinzutun. Niemals dürfe ein ehemaliger Österreicher dorthin.

1 SA-Obergruppenführer und Gesandter in Kroatien.

2 General und Minister a. D. *Glaise v. Horstenau*, der „Deutsche Bevollmächtigte General" in Kroatien.

3 Generaloberst *Rendulic*, gebürtiger Österreicher, hatte bis 25. 6. 1944 im jugoslawischen Raum das Pz.-AOK 2 geführt.

*v. Sonnleithner:* Er meint, daß die voreingenommen sind. Das ist der eine Standpunkt. Aber andererseits kann man sich in die Mentalität dieser Schlawiner nicht hereinfühlen, wenn man sie nicht kennt.

Der *Führer:* Also das habe ich ja immer gesagt! Vor kurzer Zeit hat Neubacher [1] noch gemeldet: Wenn wir die Cetniks bzw. die Mihajlović=Leute nicht sofort bewaffnen mit 50 000 Gewehren, gehen die sofort über und wenden sich gegen uns. Ich habe gleich gesagt: die werden den Teufel tun, die werden mit uns gehen, sonst werden sie umgebracht, wenn man sie . . . entwaffnet. Jetzt sagt er: die kämpfen auf Leben und Tod. – Also der Mann flattert hin und her, das ist schon wirklich staunenswert.

Das kann aber nicht damit zusammenhängen, daß die Leute das von früher her kennen. Das muß doch mit eurem Amt zusammenhängen; denn Neubacher ist doch auch ein alter . . ., der kennt das auch. Der war früher völlig vernünftig. Vor 6 oder 8 Jahren war Neubacher noch ganz normal.

. . . . . .

(Sicherung des FHQu.s auf Grund der Erfahrungen des Attentats am 20. Juli.)

*Buhle* [2]*:* Gleichzeitig sollte die Führer=Grenadierbrigade fertig sein.

Der *Führer:* Die Führer=Grenadierbrigade (müssen) wir jetzt unter allen Umständen hier (d. h. zum Schutz der „Wolfsschanze") behalten.

. . . . . .

Der *Führer:* Die Möglichkeit – wir wollen jetzt nicht mehr leichtfertig sein –, daß sie hier einmal eine ähnliche Schweinerei (d. h. wie am 20. Juli 1944) machen, muß man absolut ins Auge fassen.

*Keitel:* Wir haben ein Bataillon jetzt von ihr.

*Jodl:* Wenn die 349. Inf.=Div. wegkommt, ist natürlich hier in der Gegend nichts mehr. Solange die noch hier ist, – –

Der *Führer:* Es ist hier noch ein SS=Bataillon vom Reichsführer, hier ein Polizeibataillon und das, was wir hier haben; sonst haben wir nichts mehr?

*Keitel:* Hier? – Nein.

. . . . . .

Der *Führer:* Die Sache ist immerhin so gefährlich, daß man sich klar sein muß: wenn hier eine Schweinerei passiert – – hier sitze ich, hier sitzt mein ganzes Oberkommando, hier sitzt der Reichsmarschall, es sitzt hier das OKH, es sitzt hier der Reichsführer SS, es sitzt hier der Reichsaußenminister! Also, das ist der Fang, der sich am meisten lohnt, das ist ganz klar. Ich würde hier ohne weiteres zwei Fallschirmdivisionen riskieren, wenn ich mit einem Schlag die ganze russische Führung in die Hand kriegte.

*Keitel:* Die ganze deutsche Führung!

(Erörterung über die 25. Pz.=Gren.=Div.)

(Der *Führer*:)

1 Gesandter Dr. *Neubacher*, auch ein gebürtiger Österreicher, „Sonderbevollmächtigter des Auswärtigen Amtes für den Südosten".

2 Chef des Heeresstabes.

Man muß jetzt wirklich vorsichtig sein. Wenn eine Viecherei passiert, nützt es hinterher nichts, wenn man sagt: das hat man geahnt, das hat man gewußt! Die Meldungen, die jetzt kommen, darf man nicht auf die leichte Schulter nehmen. Diese Meldungen sind doch sehr bedenklich. Die haben das seinerzeit auch gemeldet. Es kommt einem natürlich, wenn man jetzt zurückblickt, das ganze wie ein Märchen vor. Aber die sagen: der Mann im Hauptquartier ist jetzt gefunden, da brauchen wir uns keine Sorge zu machen, das wird von den deutschen Stellen selber besorgt, der den Führer (beseitigen) wird. Daß sich solche Schweine ... finden, sieht man erst jetzt. Aber jetzt melden ..., (sie) hätten jetzt einen neuen ... (Wir wollen lieber auf Nummer) sicher gehen.

**5.) 28. Dezember: Besprechung mit Gen.-Oberst Blaskowitz[1] in „Adlerhorst" (bei Ziegenberg, westlich Bad Nauheim)**

......

Der *Führer:* Man muß ... damit rechnen, daß wir eine zu lange Abdeckungsfront nicht ertragen können und daß man unter Umständen schon früher auf Ingweiler durchstoßen muß, daß das die äußerste Grenze ist, an die man überhaupt kommt. Man darf auch nicht zuviel Verbände hier zur Abschirmung belassen. Sonst kommt man hier nicht mehr hinein. Dann würde es doch gut sein, wenn man beim Ausgang steht. Dann muß man ein paar Verbände gleich hier herausdrehen, um hier hereinzustoßen. Einen oder ein paar Panzerverbände würde man dann hier durchziehen. Man müßte sehen, daß man dann eine wesentlich engere Umklammerung durchführt. Das wäre nicht das ... (nur noch unverständliche Halbzeilen)....

(Erörterung über die Geheimhaltung des nächsten Angriffsplans.)

Der *Führer:* ...

(Entscheidend ist): Wir müssen so früh hier unten (hinkommen), daß er unter keinen Umständen nach Süden (weg kann). Es darf eins nicht passieren, daß wir ihm in die Rhein-Ebene nachlaufen müssen. Wenn er hier sofort abzubauen beginnt und nach Süden geht, muß man so schnell wie möglich eindrehen, damit er nicht wegkommt. Sonst ist die große Gefahr, daß der Kerl hier heruntergeht. Man weiß noch nicht, inwieweit der Brückenkopf hier tatsächlich Erfolg bekommt und wie tief er wird. Ich habe Himmler gesagt, er soll sich ein paar ganz kleine Kommandos machen, mit ein paar Sturmgeschützen, SPWs und Volkswagen, die er zusammenkratzen kann, und soll sie rücksichtslos zum Sprengen von Brücken vorwärtsjagen. Es ist hier eine Linie, über die wir, wenn es gut geht, nicht gehen. Das würde diese Linie hier sein. Wenn wir hier durchstoßen, so sind wir nördlich von ..., nördlich der Bahn (4½ nur halb lesbare Zeilen) ... Immerhin ist es denkbar, (daß er) sich durch den Forst über Hagenau durchficht und (versucht), nach Straßburg hineinzukommen. Mit dem Schlimmsten (muß) man rechnen. Das würde (dann der) Moment sein,

1 Im Stenogramm fälschlich „v. Bl." genannt; OB der Heeresgr. G bis 20. 9.; abgesetzt, aber am 24. 12. wieder eingesetzt; ab 28. 1. 1945 OB der Heeresgr. H.

der (uns) zwingen könnte (wenn man die Straßen bei Ingweiler . . ., bekommt), daß man so schnell wie möglich mit . . . eindreht.

(Erörterung über die Verwendung der Maginot-Linie durch den Gegner.)

Der *Führer:* . . . (Die Franzosen haben) kein Werk, das von rück(wärts stärker) als 1,60 m ist. Im allgemeinen hat er 1,20 m. Sie (d. h. die Haubitze) schießt aber auf 2 000 m noch 2,40 m mit der Betongranate im allgemeinen durch. Sie hat 250 mm Panzerung. Er (d. h. der Gegner) hat dagegen keine Waffe. Man sieht ja schon, daß er bei den Königstigern mit seinen Waffen nicht zurande kommt. Das ist das Sturmgeschütz, das geeignet ist, die schwersten Hindernisse absolut zu beseitigen. Wenn hier irgendwo gerade in der Maginot-Linie Schwierigkeiten auftreten – er hat ja keine Artillerie in der Maginot-Linie drin, weil die Artillerie von uns seinerzeit herausgenommen wurde. Ich hoffe, daß die paar Batterien, die drin waren, die paar einzelnen Rohre wenigstens von uns zerstört worden sind, daß die Verschlüsse herausgenommen worden sind. In den Türmen hat er nichts drin, soweit die Türme noch da sind. Er kann dann also die Maginot-Linie nach vorn überhaupt nicht verteidigen. Es ist ja eine (Anlage), die im Grunde genommen unter der Erde ist. (Es sind ein paar) Maschinengewehrstände und ein paar Panzer(kuppeln). Aber diese (Werke) sind kaputt. Wir haben (seinerzeit) die elektrischen Einrichtungen, die Entlüftungen . . . elektrischen Maschinen, vor allem . . . (herausgenommen), weil wir sie woanders benötigt (haben), . . . Man kann die Türme . . . nicht heben. Ich (glaube) auch nicht, daß er jetzt in der kurzen Zeit die (Werke) zu beherrschen gelernt hat. Ich halte es nicht für (möglich). (Er setzt) sich also nur in einzelne Zwischenwerke (herein, und) an die kann man dann von rückwärts heran(kommen. Die Dinger) hier eingesetzt, werden meiner Über(zeugung nach) den größten Effekt erzielen. – Wo ist (jetzt) die Abteilung?

. . . . . .

*Keitel:* Es hat einen schweren Kampf gekostet, die Bekleidungsdepots aufzulockern.

Der *Führer:* Der Infanterist ist immer der arme (Teufel. Er muß alles bei) sich tragen. Er hat nur (das, was er bei sich trägt).

. . . . . .

Der *Führer:* Ich habe vorhin mit Frank[1] gespro(chen. Der hat gesagt: Bei der) Marine liegen selbstverständlich (große Bestände. Da hat) jeder Mann drei bis vier Hemden.

*Westphal*[2]*:* Bei uns hat jeder nur eine Garnitur Wäsche.

Der *Führer:* Wenn ich dort überall eine Garnitur wegnehme, würde ich für das Heer mindestens eine bis anderthalb Millionen Garnituren allein an Wäsche bekommen. Damit kann ich selbstverständlich den dringendsten Bedarf sofort befriedigen. – Das ist die eine Maßnahme.

Dann muß aber auch eine andere Maßnahme gemacht werden – das hat er

1 Hans *Frank*, Generalgouverneur in Polen, 1946 in Nürnberg hingerichtet.
2 Vgl. S. 1633.

auch gesagt –: es muß sparsamer mit den Sachen umgegangen werden. Es ist eigenartig: Es findet ein fortgesetzter Ringverkehr statt. In Deutschland machen wir eine Spinnstoffsammlung, und von der Front wandern ununter(brochen Sachen in die) Heimat. Es ist ein fortge(setzter Ringverkehr. Sie können heute) in Zehntausende (oder Hunderttausende von Haushaltungen) hineinkommen, Sie finden (überall Wehrmachtsachen).

(Die Diskussion über diesen Punkt, in die Himmler und Keitel eingreifen, geht weiter.)

. . . . . .

(Blaskowitz erhält Vollmacht zur Durchführung der geplanten Operation.)

Der *Führer:* Ich habe das Gefühl, daß bei der Operation nicht mehr viel passieren kann, wenn sie nicht gleich von vornherein hängenbleibt oder irgendein besonderes Pech dabei ist. Denn der andere (d. h. der Gegner) hat nichts. Hier hat er die paar (Divisionen. Was will er damit machen?) H i e r hat er auch ... hat er sowieso weg(gezogen. Es ist möglich, daß er) plötzlich wieder etwas zurück(holt. Aber es ist ... un)wahrscheinlich, daß er (es tut) ... wir ihn auch noch ... Das kann zu einem ganz (großen Erfolg führen, daß wir unter) Umständen 5 Divisionen (vernichten. Damit ist das eine) Paket[1] weg, und dann kann man sehen, daß man mit einem zweiten Schlag wieder ein Paket heraushebt.

*(v. Rundstedt:* Jedenfalls kann) keine Gefahr daraus (entstehen) ... kann nie eine Ge(fahr für uns daraus werden).

*Himmler:* Das hier bei Hagenau geschieht; da wird ein Brückenkopf von mir gebildet.

Der *Führer:* Das habe ich schon gesagt: mit den Kräften, die Sie haben, vorgehen und sich überall vorsetzen, und wenn es verlorene Haufen[2] sind. Das ist einerlei, die paar Tage halten sie sich am Ende doch, besonders wenn sie ein paar Sturmgeschütze haben. – Noch etwas ist wichtig: Wenn man einen solchen Igel irgendwo bildet, muß man die Sturmgeschütze weit auseinanderziehen und sofort eingraben, soweit man sie eingraben kann, auch wenn sie dann nicht so beweglich sind. Man muß sie igelförmig aufstellen. Aber wenn sie eingegraben sind, sind sie kaum zu fassen. Wenn der 38 T in der Erde steht, günstig aufgebaut, ist er überhaupt nicht zu treffen ... (Lücke).

(Die Erörterung wendet sich dem Potential der Vereinigten Staaten zu):

(Der *Führer:* Es muß) ihnen schlecht gehen. Sonst würden jetzt nicht die großen Neueinziehungen kommen. (Man braucht es sich nur auszurechnen.) Sie haben Luftwaffen(kräfte von 3 Millionen Mann; sie haben eine) Marine von 3 Millionen (Mann. Das sind allein schon 6 Millionen) Mann, die die Ameri(kaner) ... haben, heute wahr(scheinlich schon mehr.) ... (Dann) haben sie in (Ostasien) ... haben sie 40 oder ... (Divisionen).

*Himmler:* Die Amerikaner haben heute bestimmt (noch keine) höhere Einzie=

1 Militärjargon: Kampfgruppe.
2 Aus einem Landsknechtslied in den Militärjargon übernommen.

hung als (10 %) ihrer Bevölkerung. (Es) sind bei 130 Millionen (Menschen) 13 Millionen. Mehr haben sie bestimmt noch nicht.

Der *Führer:* Aber das sind für demokratische Staaten viel. Sie können es auch nicht gegenüber der Industrie machen. Es beginnt ja alles zu klemmen.

*Keitel:* Sie sollen eine Armee von 7 Millionen Mann haben. Dazu 6 Millionen Mann Luftwaffe und Marine — damit kommen also gerade 13 Millionen heraus.

Der *Führer:* Nun haben sie riesige rückwärtige Dienste. Sie haben eine völlig motorisierte Armee. Sie ist ...

(Ihre Lage ist auch alles) anders als glänzend. (Es regt sich jetzt in Amerika die) Kritik an der ganzen (Art der Kriegführung, daß man ..., statt sich auf eine Sache zu konzentrieren, es auf die) ganze Front verteilt ...

(Schluß der Besprechung.)

**6.) 29. Dezember: Besprechung des Führers mit Gen.-Major Thomale, Chef des Stabes des Generalinspekteurs der Panzertruppen, in „Adlerhorst" (bei Ziegenberg)**

......

Der *Führer:* Hoffentlich gelingt das neue Verfahren, daß sie (d. h. die eigenen Panzer) sich ohne Artillerievorbereitung hineinschwindeln. Eine Artillerievorbereitung kann man nicht machen, weil man nur ins Leere schießt. Er (d. h. der Gegner) hat vorn nichts. Aber um so wichtiger würde es selbstverständlich sein, daß die eine schwerste Panzerjägerabteilung hinkommt, die 653te.

*Thomale:* Wegen der Panzerjäger mit der 12,8 habe ich heute mit Westphal[1] gesprochen. Westphal sagte mir, sie hätten Himmel und Hölle in Bewegung gesetzt, um sicherzustellen, daß sie hinkommt.

Der *Führer:* Das ist natürlich das allerwichtigste. Auch in der Zukunft müssen diese Sachen entweder eingesetzt oder herausgezogen werden. Es geht nicht, daß sie so herumlungern. Sind die überhaupt eingesetzt worden?

*Thomale:* Westphal hat gesagt, die eine Kompanie ist nicht eingesetzt worden.

Der *Führer:* Und die zweite?

*Thomale:* Die zweite war noch im Zulauf.

Der *Führer:* Die sind also beide nicht eingesetzt worden?

*Thomale:* Nein, beide nicht eingesetzt.

Der *Führer:* Da kann man nur sagen: Es sind Geisteskranke. Das ist die stärkste Waffe. Wenn der andere mit 10 oder 12 Panzern schwerer Art unsere Befestigungen anläuft, erhebt sich ein Geschrei, daß alles förmlich explodiert. Wenn wir aber die allerschwersten der ganzen Welt mit 24 Stück haben, so werden sie überhaupt nicht eingesetzt.

1 General Westphal, Chef des Gen.-Stabs OB West.

*Buhle*[1]: Die zweite Kompanie war noch nicht da.

Der *Führer:* Hoffentlich werden sie jetzt eingesetzt. Sonst werde ich wild. Buhle, Sie können Westphal sagen, es geht nicht, daß man derartige Spezialwaffen nicht einsetzt, das ist eine Schweinerei. Die Herren haben gar keine Ahnung, was für ein Wert in einer solchen Waffe steckt. Das kommt daher, weil unsere ganze Führung zu wenig technisch denkt. Sie dürfen sich nicht einbilden: weil es nur zwei Kompanien sind. Wir werden von dieser Waffe sowieso nicht 10 000, auch nicht 1 000 machen.

......

Der *Führer:* Das Wichtigste sind aber diese beiden schwersten Panzerjägerkompanien 653.

*Buhle:* Westphal meldet jeden Tag, sie haben schwere Brückensorgen, weil sie da umladen müssen.

Der *Führer:* Es ist aber auch eine Viecherei, daß sie sie nicht wenigstens dort eingesetzt haben. Das kommt daher, weil die Leute von derartigen Spezialwaffen keine Ahnung haben.

......

(Erörterung über technische Fragen, u. a. über Schartenstände.)

Der *Führer:* Das ist ja ein Quatsch, das ist ein Edelquatsch. Genauso gut kann ich jedes Gewehr ablehnen, weil es gegen Splitterwirkung nicht gesichert ist.

......

Der *Führer:* Sie müssen sich klar sein: die vorderste Linie wird in einer Tiefe von 1 000 bis 2 000 m völlig zugedeckt. Da ist bei dieser massierten Artilleriewirkung erfahrungsgemäß eine Pak nicht möglich. Gebe ich sie weiter hinten hin, reicht sie heute mit einer Schußweite von 1 000 m — größer ist ihre Durchschlagswirkung überhaupt nicht, selbst da komme ich jetzt nicht mehr an den „Sherman"[2] heran — nicht mehr aus. Also dann tritt vorn das ein, worüber sie auch wieder jammern, daß nämlich der Panzer auf 30 bis 40 m an die Stände heranfährt und sie kaputtschießt. Also das widerspricht den anderen Sachen. Es ist ganz klar, ich muß überall einen denkbaren Ausgleich suchen. Der denkbare Ausgleich besteht aber eben darin, daß ich in der Tiefe des Kampffeldes immer mehr 8,8-Pak aufbaue, die tatsächlich mit 2 400 m wirkungsvoller Schußweite noch bis vorn hinreicht. Das ist die für die Tiefengliederung. Da haben wir sehr viele von nicht zum Einbau kommenden 8,8 cm aus den Jagdpanthern, die wir nicht in der großen Zahl herausbringen konnten. 80 sollen noch einmal kommen. Die sollen sie dann in der Tiefe gliedern, und mit den anderen sollen sie zunächst die Stände voll machen. Es ist ganz klar, jeder kommt garantiert nicht zum Schuß. Aber die Wahrscheinlichkeit, daß von diesem Ding der eine oder andere zum Schuß kommt, ist größer als die

1 Chef des Heeresstabs, General Buhle.
2 D. h. den amerikanischen Panzer.

Wahrscheinlichkeit, daß sie, wenn sie vorn im Gelände stehen, überhaupt erhalten bleiben. Vor allem saust die Besatzung davon. Die Herren werden mir nichts vormachen. Hier wollen sie mir vormachen, als ob die Besatzung, wenn sie es in 1 000 m stehen haben – wobei sie vorn nicht einwirken können, mit 1 000 m Schußweite schlage ich heute nichts mehr kaputt –, nicht abhauen würde. Die Besatzung haut ab, und die Pak steht mutterseelenallein da. Das ist auch verständlich, weil sie zusammengehauen werden. Da kann man nur antworten: es bleibt dabei, in der Tiefe sollen sie aufstellen, was zusätzlich kommt, vor allem an 8,8. Die weitreichende Pak sollen sie wirklich in die Tiefe hineinbringen. Das ist ihnen sowieso freigestellt. Dazu brauchen sie keine Stände zu bauen. Nachdem die 8,8 cm mit der behelfsmäßigen Kreuzlafette geliefert wird, können sie die in kürzester Frist – ich glaube, es dauert nur eine Nacht oder ein paar Stunden – überall hinstellen. Die sollen sie so völlig vertarnen, daß sie nicht sichtbar sind. Das verhindert am ehesten einen Durchbruch in die Tiefe.

Die seinerzeitigen Auffassungen über Panzersicherheit und Nichtpanzersicherheit des Geländes waren falsch – gegen diesen Irrtum habe ich jahrelang gekämpft –, weil man es nie probiert hat. Das war der Generalstab, der bestimmt hat: hier können Panzer fahren, hier nicht. Ich habe Gelände gesehen, wo ich lachen mußte. Ein Generalstabsoffizier, der bestimmt noch nie einen Panzer gefahren hat, hat bestimmt: hier können keine Panzer fahren. Ich habe gesagt: Wie können Sie das behaupten? Was damals gebaut wurde, war damals schon absolut ungenügend. Das ist nicht geschaffen worden für die gesamte Zahl der Paks, die die Infanteriedivisionen haben sollen, sondern es war damals schon der Gedanke, einen Teil der Paks – – wobei man damals primär nicht mit Luftangriffen rechnete, sondern mit Artillerietrommelfeuer, was sich jetzt doch wieder als sehr lästig herausgestellt hat. Denn wenn Sie die Leute hören, die in der Kampffront vor Aachen sind, so sagen die: es wird alles zusammengetrommelt. Man muß jemand fragen, der von dort kommt. Wer von dort kommt, sagt natürlich, es wird alles zusammengetrommelt. Es sind aber die Festungsspezialisten, die in einem ruhigen Abschnitt stehen, die sagen: hier kann man nicht alles bestreichen; daher muß das weg. Dazu muß ich etwas zusätzlich hinbringen.

Noch eins: früher ist von diesen Spezialisten der sogenannte Pak-Unterstand, die Pak-Remise – nicht Pak-Stand – gebaut worden. Dabei sagte ich den Leuten damals: Bilden Sie sich im Ernstfall ein, daß Sie in einem zusammengetrommelten Gelände im Mannschaftszug eine Pak herausziehen können? Die Herren haben mich angesehen, als ob ich verrückt wäre.

Dazu kommt die Geschichte, daß jetzt diese Stände zertrommelt werden. Zertrommelt werden jetzt alle die Stände, die aus der Erde hoch herausgebaut sind. Was in die Erde verzogen ist, können sie gar nicht zertrommeln. Da kann sich keiner vorsetzen, das kann keiner treffen. Die wirklich in die Erde verzogenen Stände sind nur von der Luftverteidigung gebaut worden, weil die

Luftwaffe in Kitzinger[1] einen Mann genommen hat, der schon im Weltkrieg so etwas gebaut hat.

Ich habe noch im Jahre 1939 einen Krieg für den Flammenwerfer geführt, der von dem General der Pioniere – Förster hat dieses Ingenium geheißen – mit der Motivierung abgelehnt worden war, daß er sich schon im Weltkrieg nicht bewährt habe. Ich sagte: „Wie kommen Sie dazu, Herr General, das zu behaupten?" Er sagte: „Das ist doch bekannt gewesen." Ich sagte: „Wie kommen Sie dazu, so etwas zu sagen? Der Flammenwerfer ist im Weltkrieg eine der wirksamsten Waffen gewesen, die es gegeben hat." Ich habe selber den Dreck mitgemacht, aber der General hat es nicht mitgemacht. Er sagte: „Bei Douaumont hat man es gesehen. Er ist eine Gefahr für die eigenen Leute, aber nicht für den Gegner." Nun ist natürlich Douaumont in die Luft geflogen, weil ein paar Leute mit einer Handgranate Kaffee gekocht haben. Da ist eine losgegangen, dadurch wurde Leuchtmunition in Brand gesteckt, und das griff auf 1600 Liter Flammöl über. Natürlich ist damit Douaumont ausgebrannt. Das kann überall passieren. Mit dem gleichen Recht kann man sagen: Munition ist etwas völlig Überlebtes; haben Sie gehört, es ist wieder ein Munitionszug explodiert. – Das ist der General gewesen, der sich dann wiederum bei Rshew ausgezeichnet hat. Ich habe ihn damals beseitigt. Der hätte eine deutsche Befestigungsanlage nach dem Muster der Maginot-Linie gebaut, mit einem Materialaufwand sondergleichen und überhaupt keine Festung oben. Jetzt kommen diese Leute auf solche Grundsätze, daß sie sagen: die . . . (?) muß heraus. Das ist ja mit der Unterschied des Westwalls zur Maginot-Linie gewesen, wo überhaupt nichts draußen war. Da sind oben zwei Maschinengewehre gewesen, und unten sind 167 Mann zur Bedienung der zwei Maschinengewehre gewesen. Sie haben Aufzüge bedient. Unten waren elektrische Aufzüge, elektrische Bahnen usw. Das war heller Wahnsinn. – Aber von all diesen Leuten ist damals die ganze Sache gebaut worden, oder es wurde jedenfalls von ihnen beeinflußt.

Auch folgendes ist verrückt: bei der Saar ist die Anlage der Stellung überhaupt ein Verbrechen. Statt daß man hinaufging, hat man es unten gebaut. Zunächst hatte man sie hinter Saarbrücken. Dann habe ich verlangt, daß sie vor Saarbrücken kommt. Ich habe aber die Linie selber nicht festgelegt. Ergebnis, daß sie wieder unten im Tal geblieben sind. Und davor ist ein Steilhang von 60, 80 oder 100 m Höhe, der senkrecht heruntergeht, der also wunderbar geignet ist, um hinter dem Steilhang die ganzen Munitionsmagazine und -zuführungen zu machen. Da geht man her und gibt dem anderen die Beobachtung. Da kann ich nur sagen: das ist der deutsche Generalstab unter der Führung des Herrn Beck[2] und später des Herrn Halder[3] gewesen.

. . . . . .

1 General Karl *Kitzinger*, aus der Luftwaffe hervorgegangen, Juli–Okt. 1944 Militärbefehlshaber in Frankreich, dann verantwortlich für den Ausbau der rückwärtigen Stellungen.

2 Generaloberst *Beck*, Chef des Generalstabs des Heeres, am 18. 8. 1938 verabschiedet, am 31. 10. 1938 aus der Wehrmacht entlassen.

3 Generaloberst *Halder*, Chef des Generalstabs des Heeres, 24. 9. 1942 abgesetzt.

Der *Führer:* Das Umorganisieren wird nie ein Ende nehmen. Die Fabrikationsbedingungen in der Heimat ändern sich, der Ausbildungsstand ändert sich, die Führungsfähigkeit ändert sich auch. Das ist auch nichts Neues. Ich habe vor ganz kurzer Zeit in einem Band von Briefen Friedrichs des Großen gelesen. Der schreibt in einem Brief folgendes: „Ich bin einst in den Krieg gezogen" – das war das fünfte Jahr des Siebenjährigen Krieges – „mit der wunderbarsten Armee, die es in Europa gegeben hat; ich habe heute einen Sauhaufen, ich habe keine Führer mehr, meine Generale sind unfähig; die Offiziere sind keine Führer mehr, meine Mannschaften sind miserabel." Es ist ein Urteil vernichtender Art. Trotzdem hat der Mann den Krieg doch durchgehalten.

Im übrigen: wenn man das Werturteil über die russischen Truppen liest, so ist es miserabel. Aber die Leute halten es immerhin durch. Das sind dann wirklich die menschlich ewigen, im tiefsten Grunde die wirklich soldatischen Qualitäten. Denn die soldatischen Qualitäten zeigen sich nicht in einem Spiel auf irgendeinem Sandkasten, sondern die zeigen sich letzten Endes doch in der moralischen Qualität des Durchstehens, in der Zähigkeit und Beharrlichkeit. Das ist überhaupt das Entscheidende bei jedem Erfolg. Genialität ist etwas Irrlichterndes, wenn sie nicht durch Beharrlichkeit und fanatische Zähigkeit untermauert ist. Das ist das Wichtigste, was es im ganzen menschlichen Leben gibt. Leute, die nur Einfälle, Gedanken usw. haben, die aber nicht eine charakterliche Festigkeit und nicht eine Zähigkeit und Beharrlichkeit besitzen, werden es trotz alledem zu nichts bringen. Es sind Glücksritter. Wenn es gut geht, geht es in die Höhe; wenn es schlecht geht, hauen sie sofort herunter und geben sofort alles wieder preis. Damit kann man aber nicht Weltgeschichte machen. Weltgeschichte kann man nur machen, wenn man tatsächlich hinter eine kluge Vernunft, hinter ein lebendiges Gewissen und eine ewige Wachsamkeit doch eine fanatische Beharrlichkeit setzt, eine Glaubensstärke, die einen Menschen zum inneren Streiter werden läßt.

Das fühlt auch der Soldat letzten Endes in kritischen Momenten, daß er eine Führung hat, die diese Qualitäten repräsentiert. Ein Teil hat es nicht gern, das ist der schlechtere Teil. Aber der gute Teil fühlt sich damit identifiziert und darin geborgen, weil er sich doch sagt: Wofür haben wir die ganzen Opfer gebracht? Denn noch einmal so lange, wie der Krieg gedauert hat, dauert er nicht mehr. Das ist ganz sicher. Das kann kein Mensch aushalten, wir nicht, die anderen auch nicht. Es ist nur die Frage, wer es länger aushält. Derjenige muß es länger aushalten, bei dem alles auf dem Spiel steht. Bei uns steht alles auf dem Spiel. Wenn der andere eines Tages sagt: Jetzt haben wir es satt, passiert ihm nichts. Wenn Amerika sagt: Aus, Schluß, wir geben keine Jungens mehr für Europa, passiert nichts; New York bleibt New York, Chicago bleibt Chicago, Detroit bleibt Detroit, San Francisco bleibt San Francisco. Es ändert sich gar nichts. Wenn wir heute sagen würden: Wir haben es satt, wir hören auf – dann hört Deutschland auf zu existieren.

Schluß: 2.10 Uhr.

## 1.) 10. Januar: Mittagslage in „Adlerhorst" (bei Ziegenberg), 17.06 bis 19.15 Uhr

. . . . . .

Der *Führer:* Das eine muß ich überhaupt sagen: der Himmler hat die paar Kleinigkeiten, die er gemacht hat, doch sehr gut gemacht. Er hat alles sehr gut erkundet.

*Jodl:* Der Übergang war gut vorbereitet vom XIV. Korps. Das arbeitet zusammen mit dem Ia der 553. (d. h. VGD.), der sehr gut ist. Der Übergang über den Rhein ist nach Meldung meines Generalstabsoffiziers, der dort war, absolut schulmäßig abgelaufen. Das war wie ein Flußübergang im Frieden, allerdings ohne Widerstand. Aber immerhin, ein Rhein-Übergang ist eine Angelegenheit, bei der man pioniertechnisch schon etwas können muß.

. . . . . .

(Erörterung über Flugzeugtypen):

Der *Führer:* So liegen die Dinge, nicht wahr. Ich sehe eine ungeheure Gefahr. Das kann man nicht auf die leichte Schulter nehmen und sagen: das wird nicht sein, das wird er nicht liefern! Der (d. h. der Amerikaner) liefert es! Die Japaner sehen es heute schon, er fliegt schon auf dieser Riesenentfernung, und in kurzer Zeit fliegt er damit auch bei uns. Die sind schon eingesetzt; da kann ich nicht sagen: das glaube ich nicht. Ich *muß* es glauben! . . . Er hat gar keine Verluste oder nur ganz wenig Verluste . . . Das ist direkt ein Paradeexerzieren, bei strahlendem Sonnenschein! Und mit denen kann er es noch besser und noch ungenierter machen, da ist überhaupt niemand gefährdet, und dann braucht er eines Tages auch keine Jäger mehr; dann ist es möglich, daß er auf die Jäger überhaupt verzichtet. Wenn ich mir vorstelle, daß deutsche Flugzeuge auf der einen Seite sich gegen Jäger wehren sollen, und auf der anderen Seite sollen sie angreifen, dann kommen sie in einen Hagel hinein, und der Effekt ist – ich habe mit einer ganzen Anzahl von Herren gesprochen, die das selber gesehen haben –, daß, wie Bormann[1] von Mecklenburg gesagt hat, das eine Hasenjagd ist und das von unseren Flugzeugen auf die Dauer einfach nicht zu machen ist. Wie das auf die Bevölkerung wirkt, kann man sich denken: die Eindrücke auf die Bevölkerung sind auch verheerend. – Also das ist ein technischer Fehlweg. Im Anfang des Krieges sind doch unsere Jäger den anderen ebenbürtig oder überlegen gewesen.[2]

. . . . . .

Generaloberst *Jodl* (Ost- und Westfront vergleichend): Hier habe ich noch einmal eine Übersicht über die Artillerie, mein Führer.

(Vorlage)

Das sind zunächst einmal die Längen der Front, wenn man die Küste der Nie-

1 Martin *Bormann*, Leiter der Parteikanzlei.
2 So sehr ähnlich in dieser Besprechung nachher noch einmal (s. unten S. 1649).

derlande mitrechnet, 1175 gegen 1800. Bei der Festungsartillerie sind wir verhältnismäßig gut dran mit 1145 Rohren gegenüber 1062 im Osten. Diese stehen aber bei uns zum größten Teil in der Front und an der Küste. Das hier ist eine zweite Sicherungslinie, wo die Festungsbatterien stehen.

Bei der Heeresartillerie ohne Werfer haben wir 51 $^1/_3$ motorisierte Abteilungen gegenüber 94 im Osten. Mit unbeweglichen oder teilbeweglichen sind wir etwas besser dran: 41 gegenüber 18. Das ist die Beobachtungsartillerie. Die ist im Osten sehr viel stärker: 39 Beobachtungsabteilungen gegenüber 13. Auch die Sturmartillerie im Osten ist erheblich stärker mit 31 Abteilungen gegenüber 11.

Der *Führer:* Ja nun, das ist auch noch nicht entscheidend. Entscheidend ist: was wird pro deutschem Schuß im Osten vom Russen verschossen.... Das gibt natürlich ein anderes Bild.

......

Der *Führer:* Wenck kommt heute abend? — Ich kriege immer einen Horror, wenn ich so etwas höre, daß man sich irgendwo absetzen muß, um dann „operieren" zu können. Das kenne ich jetzt seit 2 Jahren; das hat immer verheerend gewirkt.

......

Der *Führer:* Nun interessiert mich der Jäger an sich weniger. Mit den Jägern, wenn sie Tiefangriffe machen, werden wir fertig mit den neueren Abwehrwaffen. Aber die Bomber sind unsere Vernichtung. Wenn man dagegen nicht vorgehen kann und stur einen Weg, von dem erwiesen ist, daß er falsch ist, immer wieder weitergeht, weil die Jäger immer wieder ihre verrückte Auffassung haben — das halte ich nicht für tragbar, und ich sehe hier eine große Gefahr. Deswegen erwähne ich das heute auch. Man muß die Fehlentwicklung einsehen. Es ist so, daß die Luftwaffe in so einem Fall sich auf den Standpunkt stellt ... : das wird nicht so heiß gegessen, wie es gekocht wird, die werden nicht erscheinen! — Das ist nicht der Fall, sondern diese Maschinen werden erscheinen. Es kann auch niemand kommen und sagen: der wird nicht Japan angreifen! Jetzt greift er es doch an, und zwar mit 70 bis 100 Maschinen. Aber aus diesen 70 oder 100 Maschinen werden in kurzer Zeit 200, dann 500, dann 1 000 und 2 000. Er verlagert sich völlig. Er kann das massenweise industriell erzeugen. Und was braucht er denn sonst mehr? Damit kann er alles kaputtmachen. Die Tapferkeit der einzelnen Jäger nützt da nichts, weil sie nicht die ebenbürtigen Maschinen haben ... Man kann auch nicht sagen: 10 to-Bomben hat er (nicht) ..., man hat früher vieles nicht geglaubt ... Daß die 6 000 kg-Bomben und mehr ... hieß es: Das gibt es nicht, ... da haben sie keine Eindringtiefe. Dabei fliegen die heute bis nach ...[1].

1 Bezeichnenderweise so sehr ähnlich bereits zu Beginn dieser Besprechung (siehe S. 1648): ohne Rücksichtnahme auf den Zeitverlust für alle Beteiligten, auch ohne die straffe, den Generalstabsoffizieren anerzogene Gedankenführung griff Hitler auf die Gedanken, die ihn gepackt hatten, zurück und kam in Gefahr, sich zu verlieren, indem er Erfahrungen früherer Jahre anführte und sie mit Vorwürfen gegen die damals Beteiligten verknüpfte; vgl. auch S. 1654—1656.

Seit einem Jahr sind die Probeflüge mit den größten Flugzeugen der Welt im Gange, Riesenflugzeuge, tragen Lasten von 18 to oder 124 voll ausgerüstete Soldaten, Spannweite etwas mehr als 70 m, haben alle Motoren von 2 600 PS. ... Wenn hier erst einmal die ersten 2–300 kommen, die können Bombenteppiche mit 2 000 kg=Bomben legen ... so daß man nicht sagen kann: ran an die Arbeit, das wird wieder hergerichtet! Das geht dann nicht mehr zu machen, denn das ist völlig ausgeschlossen. Und wir bauen kleine Jägerchen mit 2 cm und exerzieren, ob man auf 3 cm gehen soll usw., kurze Kanönchen. Dann muß er auf 50 m heran, und dann bringt er den auch noch nicht einmal um. Das 5 cm=Kaliber ist sowieso das mindeste, was man in meinen Augen heute hier verwenden kann. Ich habe heute mit dem Dings [1] gesprochen: der glaubt, daß man die 5 cm sogar in die (d. h. Me) 262 hineinbringt ... Das ist an sich ja egal. Aber es wäre natürlich ein kolossaler Gewinn, wenn man die gleich hineinbrächte ... dann braucht der Jäger nicht auf 50 m heran, wobei ganz wurscht ist, ... Wenn sie einen Pulk nicht völlig wegrasieren, ist mir das egal, aber wenn sie bei jedem Einflug von jedem Pulk vier Flugzeuge abschießen, so genügt das. Das kann der (d. h. d . Amerikaner) auf die Dauer auch nicht vertragen. So verlieren wir bei jedem Angriff 10, 20 oder 36 Flugzeuge, der andere noch nicht ein Viertel davon, gar nichts zum Teil. Da muß ich wirklich sagen: Das ist natürlich kein Einsatz. Was sollen die Leute machen, wenn sie keine gescheiten Maschinen haben? Man hat hier, ich möchte sagen, am falschen Objekt ... gegen diese Pulks machen?

(Lücke; Antwort Görings) ...

Der *Führer:* Unser Gewinn besteht jetzt darin, daß ich selbstverständlich mit dem Strahlflugzeug unter keinen Umständen eine so große Eindringtiefe erreichen kann wie mit dem normalen Motorjäger.

*Göring:* Vorläufig noch nicht, nein.

Der *Führer:* Ich bin schon froh, wenn wir sie auf 6 Monate oder ein Jahr wegbringen, das ist nur ein Gewinn. Außerdem kann der sie mit Strahljägern nicht begleiten. Er hat sie auch nicht; zur Zeit sind sie jedenfalls nicht da, er kann sie noch nicht begleiten. Also habe ich da noch eine Möglichkeit.

......

Der *Führer:* Das kann man nicht sagen: „Das glaube ich nicht" oder „das interessiert mich nicht" oder „ich glaube nicht, daß er die in großen Massen bringt!" Dann hätte ich auch nicht die lange 8,8 cm einzuführen brauchen. Für die bekannten Panzer genügte die 7,5 und die kurze 8,8 völlig. Aber ich habe damals schon gesagt: man muß weiter vorgeben. Darüber hinaus wollte man mir noch Schwierigkeiten machen mit dem „Tiger" ... weil man nicht weiß, ob der Kerl nicht plötzlich mit einem Panzer kommt, der 250 mm=Panzerung hat.

......

1 Füllwort für den Hitler nicht einfallenden Namen.

Das ist die ewige Erfahrung seit 1 000 Jahren auf technischem Gebiet ... Deshalb wollte ich auch die Sache Reichsminister Speer übergeben. Es ist leider falsch aufgezogen worden ... Es handelt nur vom Kriege, dieses Buch, was da erschienen ist. In Wirklichkeit müßte es aber eine allgemein technische Betrachtung überhaupt aller uns bekannten Kriege sein vom Altertum bis jetzt. Dann würde man sehen, mit wie wenig überlegenen technischen Waffen oft Kriege entschieden worden sind, mit ganz wenigen. Hätte der Hannibal, wie gesagt, statt seiner 7 oder 13 Elefanten, die er insgesamt noch gehabt hat, als er über die Alpen herüberging, oder statt der 11 — das müßten Sie eigentlich wissen — 56 gehabt oder 250, so hätte das letzten Endes genügt, um ihn Italien erobern zu lassen.

......

**2.) ... Januar (Datum fehlt): Lagebesprechung**

......

Der *Führer:* ...... Man muß bedenken, daß es in Amerika eine große Anzahl polnischer Wähler gibt, daß die Polen einen großen Einfluß auf die katholische Geistlichkeit haben und die katholische Geistlichkeit allmählich gegen Roosevelts Christentum loszugehen anfängt. Die Griechen sind orthodox, die haben in Amerika weniger Einfluß. Die geben sie auf. Es ist nun ein Vorschlag von seiten der Amerikaner gemacht worden — das ist zuerst ventiliert worden, ich nehme an, daß es ein Versuchsballon ist. Es ist unglaublich, wenn es wirklich so gemacht würde; die Engländer werden aufzischen und einen Wutanfall kriegen —: Europa wird in eine Reihe von Einflußsphären eingeteilt ...... und zwar nur deswegen, weil sie (d. h. die Amerikaner) Erpressungen vorhaben. Umgekehrt haben ...... (d. h. die Russen) gezögert. Die haben nämlich den neuen Lieferungsvertrag auf Grund des Pacht- und Leihgesetzes nicht unterzeichnet. Das ist also die Erpressung der Amerikaner. Es würde bei den Russen die Frage sein, was ihnen sympathischer ist: am Ende die Lieferungen zu kriegen und dann auf einige Sachen Verzicht zu leisten und wieder wie die Maulesel gegen Deutschland anzurennen, damit sie die anderen entlasten, oder auf Lieferungen zu verzichten, ihre Leute zu behalten und das Zünglein an der Waage in Europa zu spielen. Stalin hat eine Riesenangst vor Deutschland. ......

......

Der *Führer:* Jetzt beginnt sich das allmählich zu rächen, was man vorher nie wahrhaben wollte, nämlich unser Weggehen aus dem Osten. Jetzt hätten wir bereits vielleicht eine Monatsdotierung von 2–3 Millionen Schuß für die Ostfront allein von unseren Werken hier. Damals hat man gesagt: Was hat das für einen Sinn, ein paar Eisengruben! Dabei war die Front kürzer, als sie jetzt ist.

*Guderian:* Sie wird auch jetzt durch jeden Schritt rückwärts in Ungarn länger.

......

Der *Führer:* ...... genialen Gedanken, daß sie sagten: Wir stehen auf Kreta usw. und wir verlieren Königsberg. Das war die Phrase. Daß ich nun nicht zum Vergnügen auf Kreta stand, sondern daß ich auf Kreta stand, um die ganzen Balkanstaaten, die Türkei ...... haben sie unter den Tisch geworfen. Man hat auch nicht eingesehen, daß ich in Petsamo nicht zum Vergnügen stand. Man darf nicht sagen, es geht ohne Nickel auch. Es geht nicht ohne Nickel. Wir haben eine gewisse Zeit bevorraten können. Wir haben immerhin 4–5 Jahre gelebt. Das ist ein Produkt der Flieger, daß wir ohne dem leben können. So gut ist die Sache nicht mehr wie früher.

*Guderian:* Deswegen ist der ungarische Raum so wichtig.

Der *Führer:* Bei mir ist die große Sorge: wir bauen jetzt die Düsentriebwerke (für die Me 262). Wie weit sich dort die Verschlechterung des Materials auswirkt, läßt sich noch nicht übersehen ...... Auswege. Bei dem Motor ist es schon so, daß ein Topf, der 65 % Nickel hat, besser ist als einer, der 10 % Nickel hat. ...... Mit der neuen Elektro-Behandlung (Anmerkung: zur Härtung des Eisens) sind wir auf dem besten Weg. Aber solche epochalen Umwälzungen – der Krieg ist der Vater aller Dinge, man hat im Krieg am meisten erfunden – erfordern Jahre, bis sie von der Erkenntnis zum Experiment, vom Experiment bis zum ersten Exemplar, vom ersten Exemplar bis zur Wirklichkeit kommen.

*Thomale:* Bis zur Serie!

Der *Führer:* Und dann bis zur Serie sowieso. Da vergehen viele Jahre. Das kann man nicht machen. Das ist ganze Katastrophe. Jetzt ist eben das Schlimmste, was uns überhaupt passieren kann, die Vernichtung des deutschen Verkehrswesens. Kohlen haben wir genügend. Aus den Bergwerken wird so viel gefördert, daß die Kohlen nicht abbefördert werden können. ...... Wir haben über 80 000 Waggons mehr. Wir können aber nicht fahren. ......

......

Der *Führer:* ... Das bedeutet, daß wir von 2,9 Millionen to Stahl auf die Hälfte oder unter die Hälfte heruntersinken. Das wirkt sich zunächst primär bei der Munition aus, weil die Munition den kürzesten Umlauf hat. Das sind aber alle die Leute, die mich früher dauernd angegriffen haben wegen meiner „wahnsinnigen" Politik, große Räume zu halten. Für die wäre es sympathischer gewesen, wenn wir gleich im engen Raum geblieben wären. Denkschriften von Herrn Beck[1]! Im luftleeren Raum haben die Leute Krieg führen wollen. In meinen Augen müssen in der Zukunft tatsächlich auch Kurse sein, in denen gelehrt wird, was zum Krieg notwendig ist.

*Guderian:* Die Kriegsakademie!

Der *Führer:* Früher hat man das auch vom Standpunkt der Ernährung beurteilt. Früher wußte man, daß man Armeen nur ernähren kann, wenn man Raum hat. Das ist die ganze Wallenstein-Taktik. Ich habe Kritiken an Wallenstein gelesen, auch von Militärs, die ihm weiß Gott was für Vorwürfe gemacht haben ...... wie ein Heuschreckenschwarm abgefegt haben. Sie konnten nur

1 Generaloberst Ludwig *Beck* (1880–1944), 1934–38 Chef des GenStdH, 18. 8. 1938 wegen seiner warnenden Denkschriften verabschiedet.

eine gewisse Zeit in einem Gebiet bleiben. Seine Operationen sind einfach bedingt worden durch die Notwendigkeit, 50 000 Mann überhaupt zu ernähren. So ein Sandkastenstratege lehnt das hinterher nach 250 Jahren natürlich genial ab und sagt: „*Das* war ein Fehler, der hätte *dahin* marschieren sollen." Der Wallenstein war nicht so blöd, wie ihn ein kleiner Stratege sich vorstellt. Eisenbahnen hat er auch nicht gehabt. Damals war der Lebensraum für die Verpflegung wichtig. Der Lebensraum ist wichtig für die Nachschubversorgung. Man kann nicht im luftleeren Raum Krieg führen, und wenn nicht Deutschland seinen Lebensraum erweitert hätte ......

...... Holland. Diese Dreckstaaten können nur bestehen, weil ein paar europäische Mächte sich nicht über ihr Auffressen einigen können. Wenn diese entscheidende Großmacht Deutschland weg wäre, würden diese Staaten von der Landkarte verschwinden. Das sieht man bei den Ungarn und ...... Ich werde sauwild, wenn sie immer wieder kommen und sagen: Ja nicht verletzen, das trifft die in ihrer Ehre! Die haben gar keine Ehre. Diese Dreckstaaten sind die empfindsamsten, die es auf der Erde gibt. Andere trampeln darauf herum. ......

Der *Führer:* Auf die Dauer kann man ohne Eisenbahnen keine Armee versorgen. Die Engländer haben eine sehr geistreiche Schrift veröffentlicht, die eine Binsenwahrheit ist. Sie sagt: unsere Schwäche in Nordafrika war das Fehlen eines Eisenbahnnetzes. Das ist ganz einfach. Aber es hätte uns auch nichts genützt, da wir keine Luftherrschaft hatten. Eisenbahn plus Luftherrschaft war nötig. Eisenbahn allein nützt nichts.

Aber wenn ich durch irgendeine moderne Maschine in seinen luftgeschützten Raum einbrechen kann — das kann nur durch Schnelligkeit sein — und ihn auf seinen Bahnhöfen treffe —! Der ist viel empfindlicher als wir. Der ist gar nicht vorbereitet. Wir haben durch Jahre hindurch das Elend mitgemacht. Da ist noch eine Schrift von Ganzenmüller [1] gekommen, wie die Reichsbahn improvisiert. Es ist wirklich ein Wunder, was die Leute heute aus dem Handgelenk heraus mit einem Minimum an Arbeitskraft und Arbeitsstunden improvisieren. Das ist schon staunenswert. Man stelle sich vor: nach früheren Auffassungen solche Angriffe eine Woche, und ein Staat wäre lahmgelegt worden. Unsere Luftangriffe auf fremde Eisenbahnen waren geradezu eine Kinderei, und doch haben wir sie in kurzer Zeit lahmgelegt. Die anderen können das auch nicht. Die haben nicht den Trieb dahinter. Es ist niemand da, der die Leute erfaßt. Sie haben gar keine Organisation. Sie haben eine völlige Zersetzung der zivilen Behörden. Das kann man nur in einem Staat, der ganz straff organisiert ist. Der Russe, dieses Schwein, hat es fertiggebracht. Wenn bei uns jemand zu jammern anfängt, kann ich nur sagen, man nehme sich den Russen in seiner Situation in Leningrad.

*Guderian:* Er führt ausgezeichnet. Die Kerls in Ungarn führen gut, sehr schnell.

1 Staatssekretär im Reichsverkehrsministerium.

Der *Führer:* Die Art und Weise, mit der sie diese Krise durchgestanden haben!

*Göring:* Eine Million haben sie verhungern lassen.

*Guderian:* Sie führen sehr energisch, sehr schnell und sehr entschlossen. Es ist allerhand.

. . . . . .

**3.) 23. März: (Berlin, Führerwohnung): Abendlage**

. . . . . .

(Vortrag über die Lage in Ungarn)

Der *Führer:* Auf keinen Fall darf der Anschluß an den See (d. h. den Plattensee) verlorengehen. Wenn er verlorengeht, ist es aus.

. . . . . .

Der *Führer:* Ich will noch einmal eins feststellen: Vor einigen Tagen kam von Breslau die Meldung, der Feind setze die schwersten Mittel ein, denen gegenüber die Stadt bzw. die Festung überhaupt keine entsprechenden Gegenwaffen hat. Nun wird es so dargestellt, als ob das Einbringen von 6 sIG.s (schwere Infanteriegeschütze) den Transport der Munition behindere. Ich verbitte mir das. Die sIG.s werden eingeflogen, und die Munition kommt dazu. Das sind insgesamt nur 6 Maschinen; alles andere transportiert sowieso Munition. Das ist natürlich wieder von der Luftwaffe arrangiert.[1]

(Meldung über Einflug der schweren IG.s in Breslau.)

Der *Führer:* Geben Sie das gleich durch: Unter allen Umständen werden sie eingeflogen. Hanke (Gauleiter) ist kein Panzermann; hat keine Vorstellung, wie ein sIG. überhaupt aussieht. Neulich haben sie gejammert, daß sie keine Waffen besitzen, um sich gegen die schwersten Dinger zu wenden. Darauf habe ich befohlen, daß sofort sIG.s hineinkommen. Wenden Sie (zu v. Below[2]) sich an Ihren Transportchef; er ist mir dafür verantwortlich.

Der *Führer:* Er (d. h. Gen.-Feldm. Kesselring, z. Z. OB West) verlangt hier kampfkräftige Verbände. Es sind mindestens 15 kampfkräftige Verbände verloren gegangen durch das Herausgehen aus dem Westwall, weil man im Freien angeblich besser kämpfen kann. Da sehen Sie die Auswirkung von diesem ganzen Geschwätz. Kesselring kann ja dafür nichts.

. . . . . .

Der *Führer:* Was mich an der Luftwaffe erschüttert, sind die sog. Vermißtenzahlen der Flugzeuge, wo es einfach heißt: vermißt – über dem deutschen Reichsgebiet. Daß sie völlig zerplatzt sind und man gar nichts findet, kann man sich nicht vorstellen. In einigen Tagen müßte man doch Klarheit bekommen. Der Dings[3] hat heute einen bestimmten Verdacht ausgesprochen, ganz unab-

1 Über diese Frage siehe noch einmal unten S. 1655 f.
2 Oberstl. v. Below, Adjutant der Luftwaffe bei Hitler.
3 Füllwort für den Hitler nicht einfallenden Namen.

hängig von mir — das ist aber auch meine Überzeugung —, weil sie gar nichts mehr über solche Dinge berichten, ein völliges Stillschweigen bewahren (gemeint: Verdacht des Überfliegens zum Feind).

. . . . . .

Der *Führer:* Die größte Gefahr sehe ich tatsächlich in dem zweiten Brückenkopf, dem Brückenkopf von Oppenheim.

*Burgdorf*[1]: Weil er auch so schnell das Brückengerät herangehabt hat.

Der *Führer:* Eine Pontonbrücke!

*Hewel*[2]: Da ist der Rhein auch nicht so breit.

Der *Führer:* Gute 250 m! Es braucht bei einer Strombarriere ja nur einer zu schlafen, und es kann ein furchtbares Unglück passieren. Der obere Brückenkopf ist wahrscheinlich überhaupt die Ursache der Rettung von einigen Verbänden unten. Wenn er nicht entstanden wäre und der Gegner mit der ganzen Kraft gleich den Rhein südwärts vorgestoßen wäre, wäre niemand herausgekommen. In dem Moment, wo man aus dem Festungswerk sich einmal herausdrängen läßt, ist es vorbei. Hier hat absolut die Führung jämmerlich gehandelt. Sie hat in die Truppe von oben herunter den Gedanken hineingepumpt, daß man im freien Gelände besser kämpfen kann als hier drin.

. . . . . .

(Meldung über Funksprüche aus Breslau.)

Der *Führer:* Fordern Sie sie (alle bisher eingegangenen Funksprüche) sofort an! Es ist ein Telegramm gekommen, worin er (Gauleiter Hanke) schreibt, daß der Feind jetzt schwerste Waffen anwendet, denen gegenüber sie überhaupt keine Gegenmittel haben. Daraufhin wurden die sIG.s (d. h. schwere Inf.-Geschütze) angefordert. Mit den sIG.s ist nun herumgedoktert worden wie immer in solchen Fällen. Die Heeresgruppe sollte sie stellen. Ich habe aber befohlen, daß es hier von der Zentrale aus geschieht, und ich habe sofort feststellen lassen, ob sIG.s überhaupt da sind. Buhle[3] hat dann erstaunt getan. In Wirklichkeit mußte man sie vom BdE aus stellen. Die Heeresgruppe hat keine sIG.s. Es hat dann eine Ewigkeit gedauert. Dann hieß es, sie gingen in die Maschinen nicht hinein — dann, sie gingen zerlegt hinein — dann auf einmal wieder, man könnte nicht landen. In Wirklichkeit ist es die Abscheu vor dem Landen. Jetzt erklärt man, wenn man die sIG.s hineinbringt, kann man keine Munition hineinbringen. In Wirklichkeit sind es sechs Flugzeuge, sechs Lastensegler. Das andere ist für Munition zur Verfügung. Aber Hanke ist (kein) Panzermann; er hat davon keine Ahnung. Wenn sie wirklich Waffen brauchen, um den Gegner mit Sicherheit aus einzelnen Blöcken[4] herauszuschießen, gibt es natürlich noch bessere Sachen; aber die kann man nicht hinbringen. Es gibt aber keine wirkungsvollere Waffe, die man hinbringen kann, als das sIG. Wenn man jetzt

1 Gen. Burgdorf, Nachfolger des Generals Schmundt als Chefadjutant der Wehrmacht bei Hitler und Chef des Heerespersonalamts.
2 Gesandter Hewel, Vertreter des Auswärtigen Amtes im FHQu.
3 Chef des Heeresstabes, General Buhle.
4 D. h.: Wohnblöcken in Breslau.

allerdings 18 Schuß Munition hineinbringt, ist es eine Schweinerei. Mit 18 Schuß Munition kann man nichts machen, obwohl ein sIG. natürlich mit einem Schuß ein Haus bis in den Keller zusammenschlägt.[1]

......

(Meldung über Vernebelung des Obersalzbergs bei Berchtesgaden; Frage, ob sie eingespart werden darf.)

Der *Führer:* Ja, aber dann ist natürlich alles weg, darüber muß man sich klar sein. Das ist eine der letzten Ausweichen, die wir haben. Dem Bunker geschieht nichts, es handelt sich auch nicht um mein Haus; aber die ganze Anlage wird weg sein. Wenn hier eines Tages Zossen zusammengeschlagen wird, wo gehen wir dann hin? Ein schwerer Angriff auf Zossen, dann ist es weg. Ein großer Teil wird wahrscheinlich jetzt schon weg sein.[2]

*Burgdorf:* Sie sind vollständig arbeitsfähig. Die Häuser sind alle ganz geblieben, und Baracken sind genügend da. Wenn die Baracken aber zerschlagen sind, ist die letzte Möglichkeit weg.

...... (Erörterung über andere Stellen mit Bunkern.)

Der *Führer:* ...... Sicher an sich ist natürlich gar nichts, das ist ganz klar; aber gegen Bomben bis zu 1 000 kg im allgemeinen sicher sind die Bunker hier (Reichskanzlei). Hier kann also ein Teil jederzeit untergebracht werden. Ich kann ja hier noch andere Sachen[3] herauswerfen. Das kann man an sich machen. Da kann ein Teil untergebracht werden. Zossen draußen ist nicht sicher, und zwar nicht deswegen, weil es an sich nicht sicher sein könnte, sondern weil es vom Heer gebaut worden ist, nicht von einer Baufirma. Wenn es die Org. Todt und eine richtige Baufirma gebaut hätten, würden 1 m starke Betonwände so weit halten, daß wenigstens nicht die unter der Erde ohne weiteres durchschlagen werden. Aber ich habe gesehen, daß seitwärts ein Bombe hereingegangen ist und 1 m unter der Erde sofort durchschlagen hat. Nun habe ich auch die Armierung gesehen: außen eine Armierung mit höchstens zwei Schichten und innen eine Armierung auch mit höchstens zwei Schichten. Das ist natürlich ein Witz. Das heißt nur, daß man eben Betonbauten gemacht hat. Die früheren Bauten von Speer sind auch nicht ganz vorzüglich, darüber muß man sich klar sein. Selbst die Bauten hier (Reichskanzlei) sind nur sehr massiv, weil die riesigen Gebäude darüber stehen und weil die Gebäude einen Schutz geben, der an sich ungeheuer ist. Aber ganz sicher ist das nicht. – Die Heeresbauten (Zossen) sind durchgehend Schwindelbauten. Das muß man ganz nüchtern aussprechen. Das haben Leute gemacht, die sich selbst damit betrogen haben. Wenn ein wirklicher, schwerer Bombenteppich darauf kommt, dann werden die Häuser in Zossen alle weggefegt, die ganzen Bauten, die da sind –

1 Diese Frage sehr ähnlich schon einmal erörtert am Anfang der Besprechung (s. oben S. 1654); vgl. dazu oben S. 1649 Anm. 1.

2 Über den Luftangriff auf Zossen am 15. 3. 1945 vgl. unten den II. Teil der „Erläuterungen".

3 D. h. Dienststellen, die in der Reichskanzlei untergebracht waren.

zunächst was über der Erde ist, sowieso, aber auch die beiden Bunker unter der Erde. Sie sind auch schwach. Nun ist überhaupt die Frage: kann das ganze Objekt arbeiten, wenn die ganzen Bauten über der Erde weg sind?

*Burgdorf:* Jawohl, sie können unten arbeiten.

Der *Führer:* Genügt das für den Apparat?

*Burgdorf:* Jawohl, für den engeren Führungsstab, der jetzt schon darin ist.

*de Maizière*[1]: Es ist jetzt schon so, daß weite Teile, soweit die Anlage oben noch nicht wieder instandgesetzt ist, unten arbeiten. Z. B. General Krebs, der Chef der Operationsabteilung, arbeitet an sich unten. Für den Apparat, der jetzt da ist, geht es also, auch wenn die Gebäude über der Erde zerstört sind.

Der *Führer:* Damit muß man natürlich rechnen. Denn sie bekommen ja selbstverständlich die Nachrichten, was nun zerstört ist. Nun fürchte ich auch hier, daß man zum Wegräumen wahrscheinlich genau wie in der Reichskanzlei genialerweise ausländische Arbeiter verwendet haben wird. Dann bekommen sie noch 14 Tage früher durch ihre Organisation die Nachricht, was beschädigt worden ist.

. . . . . .

(Es fällt das Wort: „Die Indische Legion")

Der *Führer:* Die Indische Legion ist ein Witz. Es gibt Inder, die können keine Laus umbringen, die lassen sich lieber auffressen. Die werden auch keinen Engländer umbringen. Die ausgerechnet den Engländern gegenüberzustellen, halte ich für einen Mumpitz. Warum sollen die Inder bei uns tapferer kämpfen, als die Inder unter Boses[2] Führung in Indien selber gekämpft haben! Sie haben indische Verbände unter Boses Führung, um Indien von den Engländern zu befreien, in Burma eingesetzt. Die sind dort wie Schafsleder ausgerissen. Warum sollen sie bei uns tapferer sein? Ich glaube, wenn man die Inder verwenden würde, um Gebetsmühlen zu drehen, oder zu so irgend etwas, wären sie die unermüdlichsten Soldaten der Welt. Aber sie für einen wirklichen Blutkampf anzusetzen, ist lächerlich. — Wie stark sind die Inder? —

Es ist außerdem ein Quatsch. Wenn man einen Überfluß an Waffen hat, kann man sich solche Späße aus propagandistischen Gründen erlauben. Aber wenn man keinen Überfluß an Waffen hat, sind diese Späße propagandistischer Art einfach nicht zu verantworten.

(Weitere Erörterung über nicht-deutsche Verbände.)

Der *Führer:* . . . . . . Ich will nicht behaupten, daß man mit diesen Fremdländischen nichts machen kann. Damit kann man schon etwas machen. Aber man braucht Zeit dazu. Wenn man sie 6 Jahre oder 10 Jahre hat und die Gebiete selber in der eigenen Hand hat wie die alte Monarchie[3], dann werden das natür-

1 Oberstlt. d. G. de M. von der Op.-Abt. des GenStdH.

2 Subhas Chandra *Bose*, 1941—3 als Flüchtling in Deutschland, dann im U-Boot nach Japan gebracht, hatte 1943 von Südostasien aus eine „Indische Nationalarmee" aufzustellen versucht.

3 D. h. die Österreichisch-Ungarische Monarchie mit ihren vielen Fremdvölkern.

lich gute Soldaten. Aber wenn man sie kriegt und die Gebiete irgendwo drüben liegen — warum sollen die dann überhaupt noch kämpfen? Die sind jeder Propaganda zugänglich.

. . . . . .

(Frage betr. Bau von Flugzeugen)

Der *Führer:* Ja. Ich bin nur der Meinung, daß wir gerade zur Bekämpfung der immer steigenden Moskito-Angriffe, die uns hier wenig aufregen, weil wir im tiefen Keller sitzen, die aber für die Bevölkerung sehr unangenehm sind, eben doch schnelle Maschinen brauchen mit einer absolut überlegenen Geschwindigkeit und einer großen Sicherheit, daß sie auch landen können, wenn ein Motor ausfällt. Eine zweimotorige ist da besser als eine einmotorige, das ist gar kein Zweifel. Das ist bei dieser Maschine der Fall, und ich würde sie doch dann dem Tank-Jäger vorziehen.

. . . . . .

Schluß 3.34 Uhr.

*Aus den folgenden Wochen sind keine Stenogramme mehr erhalten.*

## D. Dokumente, Befehle, Kapitulationsurkunden usw. aus dem letzten Vierteljahr des Krieges (11./12. Februar: Konferenz in Jalta — 9. Mai: Einstellung des Kampfes)

*Vgl. auch S. 1528 ff.: A. Weisungen, Befehle, Aufzeichnungen der Obersten deutschen Führung (Ende 1943 — April 1945).*

### 1. Konferenz von Jalta (Krim) von Stalin, Roosevelt und Churchill (4. bis 11. Februar)

a) Geheimabkommen über den Eintritt der Sowjetunion in den Krieg gegen Japan.[1]

Streng geheim.

Übereinkommen.

Die Führer der drei Großmächte — Sowjetunion, Vereinigte Staaten von Amerika und Großbritannien — sind übereingekommen, daß zwei oder drei Monate nach der Übergabe Deutschlands und dem Ende des Krieges in Europa die Sowjetunion in den Krieg gegen Japan auf der Seite der Alliierten unter der Bedingung eintreten soll, daß:

1. der Status quo in der Äußeren Mongolei (der Mongolischen Volksrepublik) erhalten bleibt;
2. die früheren Rechte Rußlands, welche durch den hinterlistigen Angriff Japans im Jahre 1904 verletzt wurden, wiederhergestellt werden sollen, nämlich:
   a) der Südteil Sachalins sowie alle angrenzenden Inseln sollen der Sowjetunion zurückgegeben werden;
   b) der Handelshafen von Dairen soll internationalisiert werden, die überragenden Interessen der Sowjetunion in diesem Hafen sollen geschützt und die Pacht Port Arthurs als Flottenbasis der UdSSR wiederhergestellt werden;
   c) die ostchinesische Eisenbahn und die südmandschurische Eisenbahn, welche einen Ausgang nach Dairen darstellen, sollen gemeinsam durch die Errichtung einer gemeinsamen sowjetisch-chinesischen Gesellschaft betrieben werden, wobei man sich darüber im klaren ist, daß die überragenden Interessen der Sowjetunion geschützt und daß China volle Souveränität in Mandschurien beibehalten soll.
3. Die Kurilen sollen der Sowjetunion übergeben werden.

Es wird festgestellt, daß das Übereinkommen betreffend die Äußere Mongolei und die oben bezeichneten Häfen und Eisenbahnen die Zustimmung

1 Nach *Jacobsen*, a.a.O., S. 374 f.: Nr. 124 (5. Aufl. S. 525 f.: Nr. 161).

des Generalissimus Tschiang Kai-schek erfordert. Auf den Rat Marschall Stalins wird der Präsident Schritte unternehmen, um diese Zustimmung zu erhalten. Die Chefs der drei Großmächte sind übereingekommen, daß diese Ansprüche der Sowjetunion nach der Niederringung Japans unbedingt erfüllt werden müssen. Die Sowjetunion ihrerseits drückt ihre Bereitwilligkeit aus, mit der Nationalregierung Chinas einen Freundschafts- und Bündnispakt zwischen der UdSSR und China zu schließen, um China mit seinen bewaffneten Streitkräften beizustehen und China vom japanischen Joch zu befreien.

11. Februar 1945.

J. Stalin, Franklin D. Roosevelt, Winston S. Churchill.

*b) Erklärung nach Abschluß der Konferenz von Jalta (12. Februar).*[2]

Die folgende Erklärung wird durch den Premierminister von Großbritannien, den Präsidenten der Vereinigten Staaten von Amerika und den Vorsitzenden des Rates der Volkskommissare der Union der Sozialistischen Sowjetrepubliken als Ergebnis der Krimkonferenz abgegeben:

I

Wir haben die militärischen Pläne der drei alliierten Mächte für die endgültige Niederlage des gemeinsamen Feindes beraten und entschieden. Die militärischen Stäbe der drei alliierten Völker haben sich in täglichen Zusammenkünften während der ganzen Konferenz getroffen. Diese Zusammenkünfte waren von jedem Standpunkt aus gesehen äußerst befriedigend und haben eine engere Koordinierung der militärischen Anstrengungen der drei Alliierten zur Folge gehabt als je vorher. Die vollsten Informationen wurden ausgetauscht. Der Zeitpunkt, der Umfang und die Koordinierung neuer und noch kräftigerer Schläge, welche unsere Armeen und Luftstreitkräfte in das Herz Deutschlands von Osten, Westen, Norden und Süden her vortragen werden, wurden restlos beschlossen und im Detail geplant.

Unsere gemeinsamen militärischen Pläne werden erst bei ihrer Ausführung bekanntgegeben werden, aber wir sind überzeugt, daß die sehr enge gemeinsame Zusammenarbeit zwischen den drei Stäben, welche bei dieser Konferenz erreicht wurde, eine Verkürzung des Krieges ergeben wird. Zusammenkünfte der drei Stäbe werden in der Zukunft fortgesetzt werden, wann immer es nötig ist.

Nazi-Deutschland ist zum Untergang verurteilt. Das deutsche Volk wird den Preis seiner Niederlage für sich selbst erhöhen, wenn es versucht, einen hoffnungslosen Widerstand fortzusetzen.

1 Ebd. S. 375–7: Nr. 128 (5. Aufl. S. 526–8: Nr. 162).

## II

## *Die Besetzung und Kontrolle Deutschlands.*

Wir haben uns über eine gemeinsame Politik und Pläne für die Durchführung der Regeln einer bedingungslosen Übergabe, welche wir zusammen Nazi-Deutschland aufzwingen werden, nachdem der deutsche bewaffnete Widerstand restlos gebrochen sein wird, geeinigt. Diese Regeln werden erst bekanntgegeben werden, wenn die endgültige Niederlage Deutschlands erreicht ist. Der angenommene Plan sieht vor, daß die Streitkräfte der drei Mächte je eine separate Zone Deutschlands besetzen werden. Eine koordinierte Administration und Kontrolle wurden im Plan durch eine zentrale Kontrollkommission vorgesehen, welche aus den Oberkommandierenden der drei Mächte mit dem Hauptsitz in Berlin bestehen wird. Es wurde beschlossen, daß Frankreich durch die drei Mächte eingeladen werden soll, falls es dies wünscht, eine Besatzungszone zu übernehmen und als viertes Mitglied der Kontrollkommission teilzunehmen. Die Grenzen der französischen Zone werden durch die vier betreffenden Regierungen durch ihre Vertreter bei der Beratenden Europäischen Kommission bestimmt werden. Es ist unsere unbeugsame Absicht, den deutschen Militarismus und Nazismus zu zerstören und sicherzustellen, daß Deutschland niemals wieder imstande sein wird, den Frieden der Welt zu zerstören. Wir sind entschlossen, alle deutschen bewaffneten Kräfte zu entwaffnen und aufzulösen; für ewige Zeiten den deutschen Generalstab auseinanderzubrechen, welcher des öfteren die Wiederauferstehung des deutschen Militarismus betrieben hat; alle deutsche militärische Ausrüstung fortzuschaffen oder zu zerstören; jede deutsche Industrie, welche für militärische Produktion genützt werden könnte, zu entfernen oder zu kontrollieren; alle Kriegsverbrecher einer gerechten und raschen Bestrafung zuzuführen und eine Wiedergutmachung in Waren für die Zerstörung, welche durch die Deutschen verübt wurde, zu erhalten; die Nazi-Partei, Nazi-Gesetze, -Organisationen und -Einrichtungen auszumerzen; alle Nazi- und militaristischen Einflüsse von den öffentlichen Ämtern und vom kulturellen und wirtschaftlichen Leben des deutschen Volkes zu entfernen und in gemeinsamer Übereinstimmung andere Maßnahmen in Deutschland zu treffen, welche für den künftigen Frieden und die Sicherheit der Welt notwendig sein könnten. Es ist nicht unsere Absicht, das deutsche Volk zu zerstören; aber nur wenn der Nazismus und Militarismus ausgemerzt sein werden, wird es Hoffnung für ein anständiges Leben für die Deutschen und einen Platz für sie in der Gemeinschaft der Völker geben.

## III

## *Wiedergutmachung durch Deutschland.*

Wir haben die Frage des Schadens, welchen Deutschland den alliierten Nationen in diesem Kriege zugefügt hat, überlegt und und haben es als recht befunden, daß Deutschland verpflichtet sei, für diesen Schaden in weitmöglichstem Maße Kompensation in Waren zu leisten. Eine Kommission für Schadenskompensation wird errichtet werden. Die Kommission wird beauftragt werden, die Frage des Ausmaßes und der Methoden für die Kompensation des Schadens, welcher von Deutschland den alliierten Ländern zugefügt wurde, zu beraten. Die Kommission wird in Moskau arbeiten.

IV

*Konferenz der Vereinten Nationen*

Wir sind entschlossen, mit unseren Verbündeten so bald wie möglich eine allgemeine internationale Organisation zur Erhaltung des Friedens und der Sicherheit zu errichten. Wir sind überzeugt, daß dies lebenswichtig ist, sowohl um Angriffe zu vermeiden, als auch um die politischen, ökonomischen und sozialen Ursachen des Krieges durch die enge und ununterbrochene Zusammenarbeit aller friedliebenden Völker aus der Welt zu schaffen.

Die Grundlagen wurden in Dumbarton Oaks gelegt.[1] Über die wichtige Frage der Abstimmungsprozedur jedoch wurde keine Einigung erzielt. Die gegenwärtige Konferenz war imstande, diese Schwierigkeit zu lösen.

Wir sind übereingekommen, daß eine Konferenz der Vereinten Nationen einberufen werde, um sich am 25. April 1945 in San Francisco zu versammeln und die Charta einer solchen Organisation im Sinne der unverbindlichen Besprechungen in Dumbarton Oaks vorzubereiten.

Die Regierung von China und die Provisorische Regierung Frankreichs werden sofort konsultiert und eingeladen werden, die Einladungen zur Konferenz zusammen mit den Regierungen der Vereinigten Staaten, Großbritanniens und der Union der Sozialistischen Sowjetrepubliken ergehen zu lassen. Sobald die Konsultation mit China und Frankreich beendet sein wird, wird der Text der Vorschläge über die Abstimmungsprozedur verlautbart werden.

V

*Deklaration über das befreite Europa*

. . . . . .

### 2. Die Kapitulation der deutschen Streitkräfte in Italien (Caserta, 29. April) [2]

*Die — zunächst noch „geheime" — Kapitulationsurkunde wurde angesichts des an der italienischen Front sich anbahnenden Zusammenbruchs ohne Wissen und Befragen der Obersten Führung von den Bevollmächtigten des Generalobersten v. Vietinghoff gen. v. Scheel (seit März Nachfolger des Gen.-Feldm. Kesselring als OB Südwest) sowie des Höchsten SS- und Polizeiführers in Italien Wolff unterzeichnet und am 2. Mai bekanntgegeben (ab 14.00 Uhr*

1 Hinweis auf die Dumbarton Oaks-Konferenz (bei Washington), beschickt von England, den Vereinigten Staaten und der UdSSR (21. 8—26. 9. 1944), die die Begründung der „Vereinten Nationen" an Stelle des Völkerbundes vorbereitete.

2 Vgl. auch *Jacobsen*, a.a.O., 5. Aufl. S. 533 ff.: Nr. 165. Der englische Text gedruckt auch im Jahrbuch für internat. u. ausländisches öffentl. Recht I, 1948, S. 399 ff., zusammen mit den Anschreiben des britischen OB sowie der Anhänge, in denen die Einzelheiten geregelt wurden.

*in Kraft getreten). Der OB im Südraum, Gen.=Feldm. Kesselring, und die neue Regierung Dönitz erkannten die Kapitulation nachträglich an.*[1]

*a) Dokumentsentwurf für die lokale Kapitulation der deutschen und anderen unter dem Befehl oder der Kontrolle des deutschen Obersten Befehlshabers Südwest stehenden Streitkräfte (29. April)*

1. Der deutsche Oberste Befehlshaber Südwest liefert hiermit alle seinem Befehl oder seiner Kontrolle unterliegenden Land=, See= und Luftstreit=kräfte bedingungslos aus und stellt sich sowie diese Streitkräfte dem Obersten Alliierten Befehlshaber Kriegsschauplatz Mittelmeer bedingungs=los zur Verfügung.

2. Alle dem Befehl oder der Kontrolle des deutschen Obersten Befehlshabers Südwest unterliegenden Streitkräfte werden alle Feindseligkeiten auf dem Lande, zur See und in der Luft um 12.00 Uhr (westeuropäische Zeit) am 2. Mai 1945 einstellen. Der deutsche Oberste Befehlshaber Südwest ver=pflichtet sich, die dazu notwendigen Schritte zu unternehmen.

3. Der deutsche Oberste Befehlshaber Südwest verpflichtet sich, die in den An=hängen[2] A, B und C enthaltenen Befehle sowie irgendwelche weiteren Befehle des Obersten Alliierten Befehlshabers Kriegsschauplatz Mittelmeer auszuführen. Verstöße gegen solche Befehle oder das Nichtausführen der=selben werden nach anerkannten Kriegsregeln und Gesetzen behandelt.

4. Dieses Dokument tritt sofort nach Unterzeichnen in Kraft, und die in den Anhängen[3] A, B und C enthaltenen Befehle treten an dem in § 2 festgesetz=ten Tag und Stunde in Kraft.

5. Dieses Dokument und die angeschlossenen Befehle sind in der englischen und deutschen Sprache abgefaßt. Die englische Fassung ist der authentische Text. Wenn Zweifel über die Bedeutung oder Auslegung auftritt, ist die Entscheidung des Obersten Alliierten Befehlshabers bindend.

*Geheim*

6. Im Falle eines allgemeinen Kapitulationsabkommens, das von den Ver=einten Nationen oder im Namen derselben auferlegt wird und das Deutschland und die gesamten deutschen Streitkräfte betrifft, ist dieses Dokument unabhängig von solchen allgemeinen Kapitulationsabkommen, ohne Einfluß darauf und wird durch solches ersetzt.

1 Über die vorübergehende Ersetzung des OB Südwest durch den General *Schulz*, der dann wieder durch den Chef des Gen.=Stabs des OB Südwest gefangengesetzt wurde, vgl. Albert *Kesselring*, Gen.=Feldm. a. D., Soldat bis zum letzten Tag, Bonn (Athenäum=Verlag) 1953, S. 418 ff.
2 Im engl. Text: Instrument.
3 Vgl. die vorige Anmerkung.

*gez.: Schweinitz*
Victor von Schweinitz,
Oberstleutnant im Generalstab
der Heeresgruppe C
*für:*
*Generaloberst von Vietinghoff=Scheel,*
Oberbefehlshaber Südwest und Ober=
befehlshaber der Heeresgruppe C
*gez.: Wenner*
Eugen Wenner,
SS=Sturmbannführer und Major
der Waffen=SS
*für:*
SS=Obergruppenführer und General
der Waffen=SS *Wolff*, Höchster SS=
und Polizeiführer und Bevollmächtig=
ter General der Deutschen Wehrmacht
in Italien

*gez.: W. D. Morgan*
W. D. Morgan,
Lieutenant General
Chief of Staff
*for:*
Field Marshal, the Honorable
*H. R. L. G. Alexander,*
Supreme Allied Commander
Mediterranean Theatre of Operations

Ort: CASERTA
Datum: 29. April 1945
Stunde: 14.00 Uhr [1]

### *b) Ausführungsbefehl des OB Südwest (1. Mai)*

*In Verfolg der am 29. 4. von den Bevollmächtigten geleisteten Unterschrift gab der an die Stelle des vorübergehend abgesetzten OB Südwest tretende Gen. d. Inf. S c h u l z am 1. Mai folgenden Befehl:*

Der Oberbefehlshaber Südwest
*(Oberkommando Heeresgruppe C)*
Ia Nr. 69/45 g.Kdos.

H.Qu., den 1. Mai 1945
15 Ausfertigungen
1. *Ausfertigung*

*Geheime Kommandosache*

*Betr.:* Erste Maßnahmen bei Inkrafttreten des Waffenstillstandes.

Mit Einstellung aller Feindseligkeiten nach Genehmigung des Herrn Gene=ralfeldmarschalls Kesselring für den Bereich des OB Südwest (Oberkdo. H.=Gr. C) auf dem Lande, zur See und in der Luft am 2. Mai 1945, 14 Uhr (deutscher Zeit) sind folgende Maßnahmen durchzuführen:

1. *Für alle Wehrmachtteile:*
   a) Sämtliche Führer und Kommandeure von Dienststellen, Einheiten und Verbänden der Wehrmacht sind weiterhin für die volle Aufrechterhal=tung von Ruhe, Ordnung und Disziplin verantwortlich. Die Disziplinar=strafbestimmungen bleiben in Kraft.

1 Nach dem englischen Text ausgefüllt.

b) Waffen und Ausrüstungsgegenstände der zusammengefaßten Verbände sind zu sammeln. Sämtliche Offiziere sowie alle Ordnungsorgane (Feld=gendarmerie und G.F.P.) behalten ihre Handwaffen. Die Zerstörung von Waffen und Ausrüstungsgegenständen ist verboten.

c) Alliierte Kriegs= und Bandengefangene, die sich in deutschem Gewahr=sam befinden, genießen weiterhin den Schutz der deutschen Wehrmacht bis zur ihrer Rückgabe.

d) Die weitere Benutzung aller Nachrichtenanlagen wird gestattet, jedoch darf nur noch im Klartext gefunkt werden.

2. *Heer:*

a) Alle Einheiten und Verbände des Heeres sammeln sich nach Eintritt der Waffenruhe in den Räumen, in denen sie sich zu diesem Zeitpunkt be=finden. Sie verbleiben bis zum Eintreffen weiterer Befehle in diesen Räumen.

b) Alle Soldaten sind zunächst ohne Rücksicht ihrer Verbandszugehörig=keit da zu erfassen und zu organisieren, wo sie sich zum Zeitpunkt der Waffenruhe befinden. Die Einheitsführer haben namentliche Listen unter Angabe der Verbandszugehörigkeit aufzustellen.

c) Die Zerstörung von Wirtschafts=, Verkehrs= oder Industrieeinrichtun=gen ist verboten.

d) Sprengstellen und Minenfelder im Gefechts= und rückwärtigen Gebiet sind zu bezeichnen, zu entladen bzw. zu entschärfen.

e) OB Südwest IIa stellt ein Verbindungskommando für das Heer nach den Weisungen des Chefs des Generalstabes zusammen.

3. *Kriegsmarine:*

a) Alle M.O.K. Süd unterstellten Kriegs=, Hilfs= und Handelsschiffe keh=ren mit Eintritt der Waffenruhe in ihre Häfen oder Stützpunkte zurück.

b) U=Boote haben aufzutauchen, bei Nacht unverdunkelt und mit Naviga=tionslichtern zu fahren.

c) Die Beschädigung von Schiffen, Booten und Reparaturanlagen sowie von Waffen und Munition ist verboten.

d) Die Fahnen sind nicht mehr zu hissen.

e) Der Lotsendienst ist wie bisher weiterzuführen.

f) M.O.K. Süd hält ein Verbindungskommando unter einem älteren Stabs=offizier für Abstellung zum Alliierten Oberkommando bereit. Dem Führer des Kommandos ist Vollmacht zu erteilen.
Abruf des Kommandos erfolgt durch OB Südwest.

4. *Luftwaffe:*

a) In der Luft befindliche Flugzeuge landen mit Inkrafttreten der Waffen=ruhe auf ihren Flugplätzen und verbleiben auf dem Boden.

b) Die Startbahnen auf Flugplätzen sind freizumachen.

c) Die Waffen in den Flugzeugen und Sendegeräte sind auszubauen und zu sammeln.

d) Das Personal der Luftwaffe verbleibt in seinen Standorten.

e) Die Flak=Artillerie ist abteilungsweise zusammengefaßt zu versammeln.

f) Komm. General der dt. Luftwaffe hält ein Verbindungskommando un=ter einem älteren Stabsoffizier für Abstellung zum Alliierten Oberkom=mando bereit. Dem Führer des Kommandos ist Vollmacht zu erteilen. Abruf des Kommandos erfolgt durch OB Südwest.

5. *Nichtmilitärische Dienststellen* und Einrichtungen des OB Südwest ver=bleiben an ihren jetzigen Orten. Ihre weitere Verwendung wird befohlen.

gez.: *Schulz*, General der Infanterie.

### 3. Hitlers politisches Testament, aufgesetzt im Bunker der Reichskanzlei (Berlin, 29. April) [1]

*Im Anschluß an seine in der Nacht vom 28. zum 29. 4. vollzogene standes=amtliche Eheschließung mit Eva Braun setzte Hitler ein politisches und ein pri=vates Testament auf. Durch das politische schloß er Göring und Himmler aus der Partei aus und ernannte den Großadmiral Dönitz zu seinem Nach=folger als Staatsoberhaupt und Obersten Befehlshaber der Wehrmacht. Durch eine von ihm bestimmte Zusammensetzung des Reichskabinetts suchte er die=sen auf den von ihm gewünschten Kurs festzulegen. Dann machte er am 30. 4., 15.30 Uhr, seinem Leben ein Ende.*

*Großadmiral Dönitz, durch Funk über den wesentlichen Inhalt des Testa=ments orientiert, trat die Nachfolge an, hielt sich jedoch nicht an die ihm auf=erlegte Ministerliste, zumal er diese erst verspätet zur Kenntnis bekam.*

*Dieses letzte von Hitler aufgesetzte Schriftstück dokumentiert, wie völlig er schließlich die tatsächliche Lage erkannte, wie er aber selbst angesichts des Todes noch Propaganda in die Zukunft zu treiben sich bemühte. Die sprach=lichen Unebenheiten wurden stehengelassen.*

Seit ich 1914 als Freiwilliger meine bescheidene Kraft im ersten, dem Reich aufgezwungenen Weltkrieg einsetzte, sind nunmehr über dreißig Jahre ver=gangen. In diesen drei Jahrzehnten haben mich bei all meinem Denken, Han=deln und Leben nur die Liebe und Treue zu meinem Volk bewegt. Sie gaben mir die Kraft, schwerste Entschlüsse zu fassen, wie sie bisher noch keinem Sterblichen gestellt worden sind. Ich habe meine Zeit, meine Arbeitskraft und meine Gesundheit in diesen drei Jahrzehnten verbraucht. Es ist unwahr, daß ich oder irgend jemand anderes in Deutschland den Krieg im Jahre 1939 ge=wollt habe. Er wurde gewollt und angestiftet ausschließlich von jenen inter=

1 Nach *Jacobsen*, a.a.O., S. 379—82: Nr. 130; 5. Aufl. S. 530—33: Nr. 164; s. auch *W. Lüdde=Neurath*, Regierung Dönitz, Göttingen 1950 (2. Aufl. 1953), S. 128 ff.

nationalen Staatsmännern, die entweder jüdischer Herkunft waren oder für jüdische Interessen arbeiteten. Ich habe zu viele Angebote zur Rüstungsbeschränkung und Rüstungsbegrenzung gemacht, die die Nachwelt nicht auf alle Ewigkeiten wegzuleugnen vermag, als daß die Verantwortung dieses Krieges auf mir lasten könnte. Ich habe weiter nie gewollt, daß nach dem ersten unseligen Weltkrieg ein zweiter gegen England oder gar gegen Amerika entsteht. Es werden Jahrhunderte vergehen, aber aus den Ruinen unserer Städte und Kunstdenkmäler wird sich der Haß gegen das letzten Endes verantwortliche Volk immer wieder erneuern, dem wir das alles zu verdanken haben: dem internationalen Judentum und seinen Helfern. Ich habe noch drei Tage vor Ausbruch des deutsch-polnischen Krieges dem britischen Botschafter in Berlin eine Lösung der deutsch-polnischen Probleme vorgeschlagen – ähnlich der im Falle des Saargebietes unter internationaler Kontrolle. Auch dieses Angebot kann nicht weggeleugnet werden. Es wurde nur verworfen, weil die maßgebenden Kreise der englischen Politik den Krieg wünschten, teils der erhofften Geschäfte wegen, teils getrieben durch eine vom internationalen Judentum veranstaltete Propaganda. Ich habe aber auch keinen Zweifel darüber gelassen, daß, wenn die Völker Europas wieder nur als Aktienpakete dieser internationalen Geld- und Finanzverschwörer angesehen werden, dann auch jenes Volk mit zur Verantwortung gezogen werden wird, das der eigentliche Schuldige an diesem mörderischen Ringen ist: das Judentum!

Ich habe weiter keinen darüber im unklaren gelassen, daß diesmal nicht nur Millionen erwachsener Männer den Tod erleiden und nicht nur Hunderttausende an Frauen und Kindern in den Städten verbrannt und zu Tode bombardiert werden dürfen, ohne daß der eigentlich Schuldige, wenn auch durch humanere Mittel, seine Schuld zu büßen hat.

Nach einem sechsjährigen Kampf, der einst in die Geschichte trotz aller Rückschläge als ruhmvollste und tapferste Bekundung des Lebenswillens eines Volkes eingehen wird, kann ich mich nicht von der Stadt trennen, die die Hauptstadt dieses Reiches ist. Da die Kräfte zu gering sind, um dem feindlichen Ansturm gerade an dieser Stelle noch standzuhalten, der eigene Widerstand aber durch ebenso verblendete wie charakterlose Subjekte allmählich entwertet wird, möchte ich mein Schicksal mit jenem teilen, das Millionen andere auch auf sich genommen haben, indem ich in dieser Stadt bleibe. Außerdem will ich nicht Feinden in die Hände fallen, die zur Belustigung ihrer verhetzten Massen ein neues, von Juden inszeniertes Schauspiel benötigen. Ich habe mich daher entschlossen, in Berlin zu bleiben und dort aus freien Stük-ken in dem Augenblick den Tod zu wählen, in dem ich glaube, daß der Sitz des Führers und Kanzlers selbst nicht mehr gehalten werden kann. Ich sterbe mit freudigem Herzen angesichts der mir bewußten unermeßlichen Taten und Leistungen unserer Soldaten an der Front, unserer Frauen zu Hause, den Leistungen unserer Bauern und Arbeiter und dem in der Geschichte einmaligen Einsatz unserer Jugend, die meinen Namen trägt.

Daß ich ihnen allen meinen aus tiefstem Herzen kommenden Dank ausspreche, ist ebenso selbstverständlich wie mein Wunsch, daß sie deshalb den Kampf unter keinen Umständen aufgeben mögen, sondern, ganz gleich wo immer, ihn gegen die Feinde des Vaterlandes weiterführen, getreu den Bekenntnissen des großen Clausewitz. Aus dem Opfer unserer Soldaten und aus meiner eigenen Verbundenheit mit ihnen bis in den Tod wird in der deutschen Geschichte so oder so einmal wieder der Same aufgehen zur strahlenden Wiedergeburt der nationalsozialistischen Bewegung und damit zur Verwirklichung einer wahren Volksgemeinschaft. Viele tapferste Männer und Frauen haben sich entschlossen, ihr Leben bis zuletzt an das meine zu binden. Ich habe sie gebeten und ihnen endlich befohlen, dies nicht zu tun, sondern am weiteren Kampf der Nation teilzunehmen. Die Führer der Armeen, der Marine und der Luftwaffe bitte ich, mit äußersten Mitteln den Widerstandsgeist unserer Soldaten im nationalsozialistischen Sinne zu verstärken unter dem besonderen Hinweis darauf, daß auch ich selbst als der Gründer und Schöpfer dieser Bewegung den Tod dem feigen Absetzen oder gar einer Kapitulation vorgezogen habe. Möge es dereinst zum Ehrbegriff des deutschen Offiziers gehören – so wie dies in unserer Marine schon der Fall ist –, daß die Übergabe einer Landschaft oder einer Stadt unmöglich ist und daß vor allem die Führer hier mit leuchtendem Beispiel voranzugehen haben in treuester Pflichterfüllung bis in den Tod.

Ich stoße vor meinem Tode den früheren Reichsmarschall *Hermann Göring* aus der Partei aus und entziehe ihm alle Rechte, die sich aus dem Erlaß vom 29. Juni 1941 sowie aus meiner Reichstagserklärung vom 1. September 1939 ergeben könnten. Ich ernenne an Stelle dessen den Großadmiral *Dönitz* zum Reichspräsidenten und Obersten Befehlshaber der Wehrmacht.

Ich stoße vor meinem Tode den früheren Reichsführer SS und Reichsminister des Innern *Heinrich Himmler* aus der Partei sowie allen Staatsämtern aus. Ich ernenne an seiner Stelle den Gauleiter *Karl Hanke* zum Reichsführer SS und Chef der deutschen Polizei und den Gauleiter *Paul Giesler* zum Reichsminister des Innern. Göring und Himmler haben durch geheime Verhandlungen mit dem Feinde, die sie ohne mein Wissen und gegen meinen Willen abhielten, sowie durch den Versuch, entgegen dem Gesetz die Macht im Staate an sich zu reißen, dem Lande und dem gesamten Volk unabsehbaren Schaden zugefügt, gänzlich abgesehen von der Treulosigkeit gegenüber meiner Person.

Um dem deutschen Volk eine aus ehrenhaften Männern zusammengesetzte Regierung zu geben, die die Verpflichtung erfüllt, den Krieg mit allen Mitteln weiter fortzusetzen, ernenne ich als Führer der Nation folgende Mitglieder des neuen Kabinetts: Reichspräsident *Dönitz*, Reichskanzler Dr. *Goebbels*, Parteiminister *Bormann*, Außenminister *Seyß-Inquart*, Innenminister Gauleiter *Giesler*, Kriegsminister *Dönitz*, Oberbefehlshaber des Heeres *Schörner*, der Kriegsmarine *Dönitz*, der Luftwaffe *Greim*, Justiz *Thierack*, Kultus *Scheel*, Propaganda Dr. *Naumann*, Finanz *Schwerin-Krosigk*, Reichsführer SS und Chef der deutschen Polizei Gauleiter *Hanke*, Wirtschaft *Funk*, Landwirtschaft *Backe*, Arbeit

Dr. *Hupfauer*, Rüstung *Saur*, Leiter der DAF und Mitglied des Reichskabinetts Reichsminister *Dr. Ley*.

Obwohl sich eine Anzahl dieser Männer wie *Martin Bormann*, *Dr. Goebbels* usw. einschließlich ihrer Frauen aus freiem Willen zu mir gefunden haben und unter keinen Umständen die Hauptstadt des Reiches verlassen wollten, sondern bereit waren, mit mir unterzugehen, muß ich sie doch bitten, meiner Aufforderung zu gehorchen und in diesem Falle das Interesse der Nation über ihr eigenes Gefühl zu stellen. Sie werden mir durch ihre Arbeit und ihre Treue als Gefährten nach dem Tode ebenso nahestehen, wie ich hoffe, daß mein Geist unter ihnen weilen und sie stets begleiten wird. Mögen sie hart sein, aber niemals ungerecht; mögen sie vor allem nie die Furcht zum Ratgeber ihres Handelns erheben und die Ehre der Nation über alles stellen, was es auf Erden gibt. Mögen sie sich endlich bewußt sein, daß unsere Aufgabe des Ausbaues eines nationalsozialistischen Staates die Arbeit kommender Jahrhunderte darstellt, die jeden einzelnen verpflichtet, immer dem gemeinsamen Interesse zu dienen und seine eigenen Vorteile demgegenüber zurückzustellen. Von allen Deutschen, allen Nationalsozialisten, Männern und Frauen, und allen Soldaten der Wehrmacht verlange ich, daß sie der neuen Regierung und ihrem Präsidenten treu und gehorsam sein werden bis in den Tod. Vor allem verpflichte ich die Führung der Nation und die Gefolgschaft zur peinlichen Einhaltung der Rassegesetze und zum unbarmherzigen Widerstand gegen den Weltvergifter aller Völker, das internationale Judentum.

Gegeben zu Berlin, den 29. April 1945, 4 Uhr. gez.: *Adolf Hitler*

Als Zeugen:
Dr. Joseph Goebbels
Martin Bormann
Wilhelm Burgdorf
Hans Krebs

### 4. Die Kapitulation der deutschen Streitkräfte an der britischen Front, in den Niederlanden und in Dänemark (Hecklingen bei Lüneburg, 4. Mai) mit dazu gehörenden deutschen Befehlen [1]

*Im Hinblick auf die ins Auge gefaßte Kapitulation der im Westen stehenden Kräfte gab der Großadmiral Dönitz, nachdem er die Funktionen des Staatsoberhauptes und Obersten Befehlshabers der Wehrmacht übernommen hatte, sogleich folgenden Befehl heraus (abgesetzt 2. 5., über Funk 21.20 Uhr):*

Geh.Kdos. Der Großadmiral hat befohlen:

1. Hamburg ist nicht zu verteidigen, die Truppe aus der Stadt in den Raum

1 Die Protokolle der Kapitulation in *Berlin* (Gen. *Krebs*, komm. Chef GenStdH, sowie Gen. *Weidling*, Kampfkommandant von Berlin, in der Nacht 1.–2./5.) im Wortlaut in: Poraženie Germanskogo imperializma vo vtoroj mirovoj Vojne. Stati i documentj, hg. von Gen.-Major *Pavlenko*, Moskau 1960, S. 265–78.

nördlich Hamburg abzusetzen und diese Tatsache unverzüglich durch Parlamentär zur Vermeidung der angekündigten Bombardierung der Stadt mitzuteilen.

2. Der Kampf im Gesamtbereich des OB Nordwest ist um Zeitgewinn zu führen. Dabei ist insbesondere ein rasches Durchbrechen auf und über den Kaiser-Wilhelm-Kanal zu verhindern, um der Reichsregierung die Zeit zu verschaffen, mit Montgomery über den nordwestdeutschen Raum zu verhandeln. Der Kaiser Wilhelm-Kanal ist zu diesem Zweck unter einheitlicher Führung mit allen verfügbaren Kräften zu verteidigen, ohne die Übergänge zu unterbrechen oder zu zerstören. Alle aus Dänemark zufließenden Kräfte sind nördlich des Kanals auszuladen und zum Schutze des Kanals einzusetzen. Kiel ist in die Verteidigung des Kaiser Wilhelm-Kanals einzubeziehen und entsprechend zu besetzen. Der weitere Rückstrom von Trecks über den Kaiser Wilhelm-Kanal ist zu verhindern, und diese sind im Raum südlich des Kanals (von den Hauptstraßen abgesetzt) zu verteilen.
3. Die vorgesehene Übernahme des Befehls über die Heeresgr. Weichsel durch Feldmarschall Busch wird vorerst noch ausgesetzt.

I. A.:
gez.: *Jodl*
Generaloberst

*Die Kapitulationsurkunde wurde unterzeichnet von dem Generaladmiral v. F r i e d e b u r g, der von Großadmiral Dönitz am 2. 5. mit ausreichender Vollmacht in das Hauptquartier des Feldmarschalls Montgomery entsandt worden war und am 5. 5. nach Reims geflogen wurde, um im Hauptquartier des Generals E i s e n h o w e r über die Kapitulation der übrigen deutschen Kräfte im Westen zu verhandeln.*

*Die am 4. Mai, 18.30 Uhr, unterzeichnete Kapitulation trat am 5. Mai, 8 Uhr, in Kraft. Sie hatte folgenden Wortlaut*[1]*:*

1. Das Oberkommando der deutschen Wehrmacht erklärt sich einverstanden mit der Übergabe sämtlicher deutscher Streitkräfte in Holland, in Nordwest-Deutschland einschl. der Friesischen Inseln und Helgoland und allen anderen Inseln, in Schleswig-Holstein und in Dänemark an den Oberbefehlshaber der 21. Heeresgruppe. Dieses schließt alle Schiffe in diesen Zonen ein. Diese Streitkräfte haben die Waffen zu strecken und sich bedingungslos zu ergeben.
2. Alle Kampfhandlungen auf dem Lande, zur See und in der Luft durch deutsche Streitkräfte in den vorgenannten Gebieten sind um 8.00 Uhr vormittags doppelte britische Sommerzeit am Sonnabend, dem 5. Mai 1945, einzustellen.

1 Eine fast gleich lautende Übersetzung im Jahrbuch für internationales und ausländisches öffentl. Recht I, Hamburg 1948, S. 184 f. Der Text auch bei W. *Lüdde-Neurath*, Regierung Dönitz, Göttingen 1950, S. 141 f.

3. Die betreffenden deutschen Befehlsstellen haben sofort und ohne Widerrede oder Kommentar alle weiteren Befehle auszuführen, welche durch die alliierten Mächte in jedweder Sache erteilt werden.
4. Ungehorsam in bezug auf Befehle oder Ermangelungen in deren Ausführung werden als Bruch dieser Übergabebedingungen angesehen und werden von den alliierten Mächten laut den anerkannten Rechten und Kriegsgebräuchen behandelt.
5. Diese Übergabebedingungen sind unabhängig von, ohne Vorbehalt auf und werden überholt durch irgendwelche allgem. Übergabebedingungen, welche durch oder im Auftrage der alliierten Mächte gestellt werden in bezug auf Deutschland und die deutschen Streitkräfte im ganzen.
6. Der Wortlaut dieser Kapitulationsurkunde ist in englischer und in deutscher Sprache aufgestellt. Der englische Text ist der maßgebende.
7. Sollten sich irgendwelche Zweifel oder Dispute bezüglich der Auslegung oder Deutung der Übergabebedingungen ergeben, so ist die Entscheidung der Alliierten Mächte die endgültige.

4. Mai 1945, 18.30 Uhr. gez.: *B. L. Montgomery*
gez.: *Friedeburg*
*Kinzel*
*G. Wagner*
*Poleck*
*Friedel*

*Hierzu befahl das OKW ergänzend:*

„Bei der Übergabe ist mit den örtlichen Befehlshabern der 21. engl. Heeresgruppe zu vereinbaren, daß die deutschen Offiziere und ein Teil der deutschen Truppen ihre leichten Waffen behalten, um die erforderlichen Maßnahmen zur Aufrechterhaltung der Manneszucht, Ruhe und Ordnung sicherzustellen. Feldmarschall Montgomery wurde gebeten, diese Zahl auf 10 % der besten Soldaten jeder Kampftruppe und auf alle Offiziere festzusetzen."

*Auf Grund der am 4. 5. unterzeichneten Kapitulation ergingen am 5. 5. folgende — durch KR-Blitz-Funksprüche und Fernschreiben übermittelte — Befehle heraus:*

a)

Ab 5. 5. 45, 8.00 Uhr deutscher Sommerzeit, Waffenruhe gegenüber den Truppen des Feldmarschalls Montgomery. Sie umfaßt alle Verbände des Heeres, der Kriegsmarine, der Luftwaffe und der Waffen-SS im Bereich der Niederlande, Friesland einschl. der West- und Ostfriesischen Inseln und Helgoland, Schleswig-Holstein und Dänemark. Sofort an sämtliche unterstellte Truppen bekanntgeben.

Eingang des Befehls nachprüfen.

Truppe bleibt mit ihren Waffen in Stellung. In See befindliche Transportbewegungen der Kriegsmarine laufen weiter. Keinerlei Zerstörungen, Schiffsversenkungen und Kundgebungen. Sicherung aller Vorräte. Gehorsam und Disziplin mit eiserner Strenge aufrechterhalten. Weitere Befehle folgen.

OKW/WFStab/Nr. 003007/45 g.Kdos.

gez.: *Keitel*

b)

1. Wenn wir in Nordwestdeutschland, Dänemark und Holland die Waffen niederlegen, so geschieht es, weil der Kampf gegen die Westmächte seinen Sinn verloren hat. Im Osten jedoch geht der Kampf weiter, um möglichst viele deutsche Menschen vor der Bolschewisierung und Versklavung zu retten.
2. Jeder Soldat, insbesondere jeder Offizier, hat durch stolze männliche Haltung und Würde dazu beizutragen, daß der Ehrenschild der deutschen Nation auch jetzt nach einem fast sechsjährigen, heroischen und ehrenvollen Kampf, der in der Weltgeschichte seinesgleichen sucht, rein und unantastbar bleibt.

   Nur so können wir vor den Opfern dieses Krieges bestehen und ihr Andenken in Ehren halten.

   Nur so helfen wir der Heimat in dieser schweren Stunde, und nur so allein können wir dem Gegner die Achtung abverlangen, auf die brave und tapfere Soldaten von jeher einen Anspruch hatten.
3. Die Waffen sind erst nach Aufforderung durch den Gegner geordnet und gesammelt niederzulegen.
4. Sämtliche Waffen-, Munitions-, Betriebsstoff-, Verpflegungs- und sonstige Lager und militärische Einrichtungen sind durch Kommandos unter Führung namentlich zu bestimmender Offiziere besonders zu bewachen und gegen Plünderung zu schützen.

   Übergabe an den Gegner erst nach Aufforderung durch diesen.
5. Sichere und schnelle Nachrichtenübermittlung zu allen unterstellten Truppenteilen, Dienststellen und Kommandobehörden muß unbedingt gewährleistet bleiben.
6. Die befohlenen Bewegungen nach Dänemark (Chef OKW/Chefgruppe Nr. 3015/45 g.Kdos. vom 4. 4. 45) laufen weiter.
7. Vorstehender Befehl gilt sinngemäß für die der Wehrmacht angeschlossenen Organisationen (OT u. RAD).

   Für die Weitergabe an diese sorgen die Kommandobehörden.
8. Ich mache die Befehlshaber und Kommandeure aller Dienstgrade für schnelle und gewissenhafte Durchführung dieses Befehls persönlich verantwortlich.

gez.: I. A.: *Keitel*
Generalfeldmarschall
OKW/WFStab Nr. 0010004/45 g.Kdos.

c)

*Funkspruch an Gen. d. Inf. Kinzel (Sonderlinie)*

Zur Mitteilung an Feldmarschall Montgomery und zur schnellsten Übermittlung an Generaladmiral v. Friedeburg für General Eisenhower:

Großadmiral hat bereits am 4. Mai, 16.14 Uhr, U-Booten Befehl gegeben, Kampfhandlungen einzustellen und Rückfahrt anzutreten. Er ist bereit, Festungen am Kanal, der Biscaya und Kanalinseln in Waffenruhe einzubeziehen. Er unterstreicht seine Einstellung, daß Kampf gegen Westen einzustellen ist. Ziel im Westen nur in der friedlichen Arbeit für die Erhaltung der Existenz deutscher Menschen.

gez.: I. A.: *Keitel*
Generalfeldmarschall

d)

An 1. *MOK West (auf Violett 4 über Marinefunk)*
2. *OKM/1. Skl. (durch Kurier)*

Übertritt MOK West auf Schweizer Gebiet kommt keinesfalls in Frage.

Großadmiral hat General Eisenhower Bereitschaft mitgeteilt, Westfestungen in Waffenruhe einzubeziehen. Antwort noch nicht eingegangen.

Sobald Feindlage Führung MOK West nicht mehr ermöglicht und Kapitulation MOK erfordert, geht Führung Westfestungen unmittelbar auf OKW/WFStab über.

Unternehmen 7. 5. gegen St. Mal —Granville ist nicht durchzuführen. Bestätigen, daß entsprechender Befehl an Festungen erteilt.

gez.: I. A.: *Jodl*
OKW/WFStab/Op (M) Nr. 00. . . 1/45 g.Kdos.

e)

Mir wird gemeldet, daß Teile Luftflotte Reich „Werwolf" vorbereiten.

Da Lage gegenüber Westmächten grundlegend geändert, gefährdet jede Aktion dieser Art eigenes Gesamtinteresse auf das schwerste.

Ich ersuche, jegliche Betätigung gegenüber dem anglo-amerikanischen Gegner sofort und gründlich zu unterbinden.

gez.: *Keitel*
Chef/OKW Chefgruppe Nr. 001 0007/45 g.Kdos.

*Am 6. 5. wurden folgende Befehle gegeben:*

f)

Gen.-Oberst Lindemann wird mit allen ihm unterstellten Verbänden des Heeres, der Waffen-SS, der Luftwaffe und allen Organisationen außerhalb der Wehrmacht dem OB Nordwest, Gen.-Feldmarschall Busch, ab sofort als Armee Lindemann unmittelbar unterstellt.

1 Nr. nicht ausgefüllt.

Die Aufgaben des Gen.=Oberst Lindemann als Wehrmachtbefehlshaber gehen hiermit auf den OB Nordwest, Gen.=Feldmarschall Busch, über. Aus=genommen hiervon sind sämtliche Angelegenheiten der Kriegsmarine in Däne=mark, die OKM unmittelbar regelt.

gez.: *Keitel*

OKW/WFStab/Nr. 003021/45 g.Kdos.

g)

1. Führung Westfestungen und Kanalinseln geht hiermit von MOK West unmittelbar auf OKW/WFStab über.
2. Auf Anerbieten Großadmiral, Westfestungen in Waffenruhe einzubezie=hen, bisher noch keine Antwort eingegangen. Es gelten daher vorerst bisherige Kampfanweisungen.
3. Vorgesehenes Unternehmen Kanalinseln 7. 5. gegen St. Malo—Granville ist nicht durchzuführen.

OKW/WFStab/Op (M) Nr. 0010048/45 g.Kdos.

gez.: *Keitel*

h)

Ich ordne unter Aufhebung früherer entgegenstehender Befehle an:

1. Jede Zerstörung oder Lähmung eines Betriebes, gleich welcher Art, der Land= und Wasserstraßen oder von Bahn= und Nachrichtenanlagen ist ab sofort untersagt. Die Vorbereitungen zur Zerstörung und Lähmung sind zu beseitigen. Bei bereits durchgeführten Lähmungen sind die herausge=nommenen Einzelteile wieder in die Betriebe zu verbringen.
2. Maßnahmen zur Erhaltung der Werke, Bahn= und Nachrichtenanlagen sind sofort örtlich zu treffen.
3. Die Lager an Ernährungs= und Bedarfsgütern für Zivilbevölkerung sowie die entsprechenden Wehrmachtlager sind bei Feindannäherung nicht mehr zu zerstören.
4. Diese Anordnung gilt auch im besetzten Norwegen und in Böhmen und Mähren. gez.: *Dönitz*

### 5. Die Kapitulation der in Süddeutschland stehenden deutschen Streitkräfte (5. Mai): Vollmacht des Großadmirals Dönitz

*Die durch die Kapitulation in Italien S. 1662 ff.; in Kraft getreten am 2. 5., 14.00 Uhr) unvermeidlich gewordene Kapitulation der Heeresgruppe G wurde vom OB im Südraum, dem Gen.=Feldm. Kesselring, genehmigt, der den OB der 1. Armee, den Gen. d. Inf. Foertsch, zum Unterhändler bestimmte*[1].

*Seine Vollmacht erteilte der Großadmiral Dönitz am 4. 5. durch folgenden Funkspruch:*

1 Vgl. hierzu *Albert Kesselring*, Gen.=Feldm. a. D., Soldat bis zum letzten Tag, Bonn, (Athenäum=Verlag) 1953, S. 420 f. und D. D. *Eisenhower*, Kreuzzug in Europa, deutsche Übersetzung 1948 (neue Ausg. 1950), S. 468.

An Generalfeldmarschall Kesselring (nachrichtlich Gen.=Lt. Winter): Sie werden ermächtigt, für die Truppen der Westfront zwischen Böhmerwald und oberem Inn Waffenstillstand mit 6. amerikanischer Heeresgruppe abzuschließen. Hierbei muß geklärt werden[1], wie weit Anglo=Amerikaner nach Osten vorzugehen beabsichtigen. Dadurch müssen[2] die Voraussetzungen zu Verhandlungen über die Rettung der Heeresgruppen Löhr, Rendulic und Schörner geschaffen werden. Verhandlungen hierüber bleiben dem Oberkdo. der Wehrmacht vorbehalten.

7. Armee ist Schörner zu unterstellen. Stab Winter muß in den durch Waffenstillstand nicht betroffenen Raum ausweichen.

gez.: Dönitz

*General Foertsch, am 3. 5. von Gen.=Feldm. Kesselring instruiert, setzte am 4. 5. in Haar bei München seine Unterschrift unter die Kapitulation der Heeresgruppe G; die Waffenruhe trat am 6. 5., 14.00 Uhr, in Kraft.*

### 6. Die Kapitulation aller deutschen Streitkräfte[3]

*a) Erste Unterzeichnung im Hauptquartier der Alliierten Expeditions=Streitkräfte (Reims, 7. 5.; abgeschlossen um 2.41 Uhr, in Kraft ab 9. Mai, 0.01 Uhr), mit dazu gehörenden deutschen Befehlen*

*Da der nach Reims geflogene Generaladmiral v. Friedeburg (S. 1669 ff.) auf die Forderung stieß, daß nur eine Gesamtkapitulation in Frage komme, entsandte am 6. Mai der Großadmiral Dönitz mit erweiterter Vollmacht den Chef des WF=Stabs, den Generalobersten Jodl, zu Friedeburgs Unterstützung nach Reims. Jodl mußte jedoch am 7. Mai früh seine Unterschrift unter die geforderte Gesamtkapitulation setzen. Er hatte noch versucht, 4 Tage bis zum Inkrafttreten der Kapitulation zu erwirken, um möglichst vielen Angehörigen der Wehrmacht und zivilen Flüchtlingen die Gelegenheit zu verschaffen, sich auf dem von den Westmächten besetzten Boden in Sicherheit zu bringen; aber es wurden ihm nur 2 Tage zugestanden.*

*Am Vortage der Gesamtkapitulation (6. 5.) sandte der Chef OKW folgenden Funkspruch an den im Südraum befehlenden Gen.=Feldm. Kesselring (zugleich an den OB der Heeresgr. Mitte, Gen.=Feldm. Schörner) sowie an den Chef Führungsgruppe Süd, General Winter:*

Eisenhower scheint, seinem politischen Auftrag entsprechend, nur Gesamtkapitulation abschließen zu dürfen; damit also Kapitulation der den Sowjets

1 Dahinter: Wenn nicht anders Westtruppen.
2 Dahinter: wir (Text auch sonst schlecht übermittelt).
3 Nach dem Jahrbuch für internationales und ausländisches öffentliches Recht I, 1948, S. 185f.

gegenüberstehenden Kräfte an diese. Trotzdem ist er bereit, über Teilkapitulationen mit all den Kräften zu verhandeln, die seiner (amerik.) Front gegenüberstehen.

Kampfführung bei den unterstellten Heeresgruppen Südost, Ostmark und Mitte daher unverzüglich derart einleiten, daß die gegen die Sowjets gerichtete Front so rasch als möglich an den Machtbereich Eisenhowers herangeführt wird mit dem Ziel, ähnlich wie in Mecklenburg, in die amerik. Front aufgesogen zu werden.

Absichten melden. gez.: *Keitel*

OKW / WFStab / Op. Nr. 89020/45 g.Kdos, Chefs

*Die in Reims unterzeichnete Kapitulation hatte folgenden Wortlaut:*

Urkunde über die militärische Kapitulation.

1. Der Unterzeichnete, handelnd im Namen des deutschen Oberkommandos, erklärt hiermit die bedingungslose Kapitulation aller Streitkräfte zu Lande, zu Wasser und in der Luft, welche sich in diesem Augenblick unter deutscher Kontrolle befinden, gegenüber dem Obersten Befehlshaber der Alliierten Expeditionsstreitkräfte und gleichzeitig gegenüber dem Oberkommando der Sowjettruppen.
2. Das deutsche Oberkommando wird sofort an alle deutschen Kommandostellen der Land-, See- und Luftstreitkräfte und an alle unter deutscher Kontrolle stehenden Streitkräfte Befehle erteilen, Kampfhandlungen um 23 Uhr 1 mitteleuropäischer Zeit am 8. Mai[1] einzustellen und in den zu dieser Zeit besetzten Stellungen zu verbleiben. Kein Schiff, kein Fahrzeug oder Flugzeug darf unbrauchbar gemacht, noch darf dem Schiff- oder Flugkörper, dem maschinellen Teil oder der Ausrüstung irgendeine Beschädigung zugefügt werden.
3. Das deutsche Oberkommando wird sich sofort mit den in Betracht kommenden Befehlshabern in Verbindung setzen und die Ausführung irgendwelcher weiteren Anordnungen sicherstellen, die von dem Obersten Befehlshaber der Alliierten Expeditionskräfte und von dem Oberkommando der Sowjettruppen erlassen werden.
4. Die Urkunde militärischer Übergabe präjudiziert nicht ihre Ersetzung durch ein allgemeines Kapitulationsinstrument, das von und im Namen der Vereinten Nationen Deutschland und den deutschen Streitkräften in ihrer Gesamtheit auferlegt wird.
5. Falls das deutsche Oberkommando oder irgendwelche unter seiner Kontrolle stehenden Streitkräfte nicht entsprechend dieser Kapitulationsurkunde handeln, werden der Oberste Befehlshaber der Alliierten Expeditions-

1 Durch einen Übermittlungsfehler war bedingt, daß der Großadmiral zunächst als Termin der Waffenruhe „9. Mai 1945, 01.00 Uhr" durchgab. Das wurde noch am 7. 5. richtiggestellt.

streitkräfte und das Oberkommando der Sowjettruppen die ihnen geeignet erscheinenden Strafmaßnahmen ergreifen oder in anderer Weise vorgehen.

Gezeichnet zu Reims (Frankreich), um 2 Uhr 41 am 7. Tage des Mai 1945.

Im Namen des deutschen Oberkommandos:

*Jodl*

In Gegenwart von:

Im Namen des Obersten Befehlshabers der Alliierten Expeditionsstreitkräfte:

*W. B. Smith*

Im Namen des Oberkommandos der Sowjettruppen:

*Susloparow*

Generalmajor der französischen Armee (Zeuge):

*F. Sevez*

*Auf Grund der in Reims unterzeichneten Kapitulation ergingen am 7. 5. 1945 folgende Befehle:*

a)

Auf Grund der durch die Kapitulation veränderten Lage wird für die weitere Durchführung des Seetransportverkehrs zum Abtransport von Flüchtlingen befohlen:

1. Alle zur Zeit auf Marsch in See befindlichen Schiffe und Fahrzeuge laufen weiter.
2. Mit sofortiger Wirkung kein Auslaufen von Schiffen mehr aus deutschen Häfen, aus dänischen Häfen bis 8. 5., 23.00 Uhr MEZ, nur in Richtung auf deutsche Häfen.
3. Der vom Seetransportchef am 6. 5. erteilte Befehl über Inmarschsetzen von Flüchtlingstransportern aus Norwegen bleibt vorerst bestehen. Ab 8. 5., 23.00 Uhr MEZ, auch aus norwegischen Häfen kein Auslaufen von Schiffen und Fahrzeugen mehr. Weitere Weisungen für den Norwegen-Raum folgen.
4. Die Seetransporte sind nach deutschen Häfen zu leiten. Steuerung nach Anweisung MOK Ost.

gez.: *Keitel*

OKW / WFSt / Op (M) Nr. 0010051/45 g.Kdos.

b)

An Kommandant Ost-Ägäis.

Zusätzlich Entscheidung gem. OKW/WFStab/Op(H)/B Nr. 0010061/45 g.Kdos. vom 6. 5. als Richtlinie für Verhandlungen mit Anglo-Amerikanern: Versuchen, unter Zusicherung, daß nichts an Waffen, Schiffen und sonstigen Einrichtungen zerstört wird, Überführung als Kriegsgefangene in von Westmächten besetztes Reichsgebiet zu erreichen.

gez.: *Keitel*

OKW / WFSt / Op (H) / B Nr. 0010008/45 g.Kdos.

7. 5. 45 01.25 Uhr

c)

An OB Geb.=AOK 20, Gen.d.Geb.=Tr. Böhme.

*Bezug:* Der Großadmiral / OKW / WFSt Nr. 89003/45 g.Kdos., Chefs.

1. Gemäß Anweisung des Obersten Befehlshabers der Alliierten Expeditions=Streitkräfte hat sich der OB der 20. Geb.=Armee (W.=B. Norwegen) für die Übergabe der Verbände des Heeres, der Luftwaffe, der Waffen=SS, der Polizei, des Wehrmachtgefolges, der OT. und der übrigen Organisationen seines Befehlsbereiches bereitzuhalten.

   Ins einzelne gehende Befehle für die Übergabe werden überbracht durch den Befh. des Scottish Command und den Kdr. der 13. Group Royal Air Force als Vertreter ihres Obersten Befehlshabers.

   Diese Kommission wird am Spätnachmittag des 7. 5. oder in der Frühe des 8. 5. nach Norwegen fliegen. Einflug bei Svennor=Feuer. Die Maschinen werden in 300 m Höhe den Oslo=Fjord herauffliegen und rote Leuchtzeichen abschießen. Landung in Fornebu. W.=B. Norwegen stellt Abholung vom Flugplatz Fornebu zu dem vorgesehenen Verhandlungsort sicher.

2. Es wird noch einmal darauf hingewiesen, daß einzig und allein die Kapitulationsbedingungen Gültigkeit haben. Der Gedanke eines Übertretens deutscher Streitkräfte auf schwedisches Gebiet ist daher abzulehnen. Er bedeutet ebenso wie die selbständige Aufnahme von Verhandlungen mit Schweden oder einer anderen neutralen Macht einen Bruch der Kapitulationsbedingungen und wird entsprechend Ziffer 2 der Bezugsverfügung zu den schwersten Folgen für das ganze deutsche Volk führen. Der Übertritt belasteter Einzelpersonen nach Schweden vor dem 9. 5., 0.00 Uhr, braucht nicht verhindert zu werden.

gez.: *Keitel*

OKW / WFSt Nr. 0010063/45 g. Kdos.

d)

Funkspruch an alle.

Nach Einwilligung in die bedingungslose Kapitulation aller deutschen Streitkräfte sind Versenkungen von Schiffen und Zerstörungen von militärischen und nichtmilitärischen Anlagen und Einrichtungen nunmehr im Gesamtbereich der Kriegsmarine unbedingt zu unterlassen. Zuwiderhandlungen bedeuten schweren Verstoß gegen ausdrücklichen Willen Großadmirals und würden schwere Nachteile für deutsches Volk bringen.

Seekriegsleitung

*b) Zweite Unterzeichnung im Hauptquartier der Roten Armee (Berlin-Karlshorst, 9. Mai, 0.16 Uhr)*[1]

*Obwohl der Unterzeichnung ein sowjetischer Bevollmächtigter beigewohnt hatte, verlangte die UdSSR, daß eine — formal präziser gefaßte — Zweitausfertigung der Kapitulationsurkunde in ihrem Bereich unterzeichnet wurde. Dafür wurden nach Berlin geflogen: Gen.-Feldm. Keitel (Chef OKW), Gen.-Adm. v. Friedeburg (für die Kriegsmarine) und Gen.-Oberst Stumpff (an Stelle des Gen.-Feldm.s Ritter v. Greim, seit 23. 4. an Stelle Görings OB der Luftwaffe, aber im Augenblick nicht erreichbar).*

*Die Unterzeichnung zog sich in der Nacht vom 8. zum 9. Mai bis nach Mitternacht hin; die Urkunde weist jedoch noch als Datum den 8. Mai auf, da die Kapitulation ja eine Minute nach Mitternacht (deutsche Sommerzeit) in Kraft trat.*

1. Wir, die hier Unterzeichneten, die wir im Auftrage des Oberkommandos der Deutschen Wehrmacht handeln, übergeben hiermit bedingungslos dem Obersten Befehlshaber der Alliierten Expeditionsstreitkräfte und gleichzeitig dem Oberkommando der Roten Armee alle gegenwärtig unter deutschem Befehl stehenden Streitkräfte zu Lande, zu Wasser und in der Luft.
2. Das Oberkommando der Deutschen Wehrmacht wird unverzüglich allen deutschen Land-, See- und Luftstreitkräften und allen unter deutschem Befehl stehenden Streitkräften den Befehl geben, die Kampfhandlungen um 23.01 Uhr mitteleuropäischer Zeit am 8. Mai 1945 einzustellen, in den Stellungen zu verbleiben, die sie in diesem Zeitpunkt innehaben, und sich vollständig zu entwaffnen, indem sie ihre Waffen und Ausrüstung den örtlichen alliierten Befehlshabern oder den von den Vertretern der Obersten alliierten Militärführungen bestimmten Offizieren übergeben. Kein Schiff, Seefahrzeug oder Flugzeug irgendeiner Art darf zerstört werden, noch dürfen Schiffsrümpfe, maschinelle Einrichtungen oder Geräte, Maschinen irgendwelcher Art, Waffen, Apparaturen und alle technischen Mittel zur Fortsetzung des Krieges im allgemeinen beschädigt werden.
3. Das Oberkommando der Deutschen Wehrmacht wird unverzüglich den zuständigen Befehlshabern alle von dem Obersten Befehlshaber der Alliierten Expeditionsstreitkräfte und dem Oberkommando der Roten Armee erlassenen zusätzlichen Befehle weitergeben und deren Durchführung sicherstellen.
4. Diese Kapitulationserklärung stellt kein Präjudiz für an ihre Stelle tretende allgemeine Kapitulationsbestimmungen dar, die durch die Vereinten Nationen oder in deren Namen festgesetzt werden und Deutschland und die Deutsche Wehrmacht als Ganzes betreffen werden.

1 Nach *Jacobsen*, a.a.O., S. 383/4: Nr. 132 (5. Aufl. S. 538 f.: Nr. 167). Eine andere Übersetzung im Jahrbuch für internationales und ausländisches öffentliches Recht I, Hamburg 1948, S. 186—188.

5. Im Falle, daß das Oberkommando der Deutschen Wehrmacht oder irgendwelche unter seinem Befehl stehenden Streitkräfte es versäumen sollten, sich gemäß den Bestimmungen dieser Kapitulationserklärung zu verhalten, werden der Oberste Befehlshaber der Alliierten Expeditionsstreitkräfte und das Oberkommando der Roten Armee alle diejenigen Straf- und anderen Maßnahmen ergreifen, die sie als zweckmäßig erachten.

6. Diese Erklärung ist in englischer, russischer und deutscher Sprache aufgesetzt. Allein maßgebend sind die englische und die russische Fassung.

Unterzeichnet zu Berlin, am 8. Mai 1945.

gez.: *v. Friedeburg* gez.: *Keitel* gez.: *Stumpff*

für das Oberkommando der Deutschen Wehrmacht

In Gegenwart von:

für den Obersten Befehlshaber
der Alliierten Expeditionsstreitkräfte
gez.: *A. W. Tedder*

für das Oberkommando
der Roten Armee
gez.: *G. Shukow*

Bei der Unterzeichnung waren als Zeugen auch zugegen:

General, Oberstkommandierender
der Ersten Französischen Armee
gez.: *J d. Lattre de Tassigny*

Kommandierender General
der Strategischen Luftstreitkräfte
der Vereinigten Staaten
gez.: *Carl Spaatz*

### 7. Rundfunkansprache des Reichsministers Lutz Graf Schwerin v. Krosigk als „Leitenden Ministers" anläßlich der in Reims unterzeichneten Gesamtkapitulation der deutschen Wehrmacht (Mürwik bei Flensburg, 7. Mai) [1]

*Der Reichsfinanzminister Graf Schwerin v. Krosigk, der mit anderen Mitgliedern der bisherigen Reichsregierung vor der Einschließung Berlins befehlsgemäß nach Norden ausgewichen war, wurde vom Großadmiral Dönitz zum „Leitenden Minister" des von ihm berufenen Rumpfkabinetts ernannt (von dem Titel „Reichskanzler" wurde als in dieser Lage zu hochtrabend abgesehen). Dadurch fiel dem Minister die Aufgabe zu, der deutschen Bevölkerung den Zusammenbruch bekanntzugeben.*

*Am 9. Mai (dem Tage, an dem die Waffenstreckung in Kraft getreten war) wurde zum letztenmal ein Wehrmachtbericht veröffentlicht (abgedruckt oben S. 1280 f.). Es war die letzte Verlautbarung der Regierung Dönitz, nachdem am 8. Mai, 12.30 Uhr, der Großadmiral Dönitz eine letzte, kurze Ansprache[2] an das deutsche Volk über den Sender Flensburg gehalten hatte.*

Deutsche Männer und Frauen!

Das Oberkommando der Wehrmacht hat heute auf Geheiß des Großadmirals Dönitz die bedingungslose Kapitulation aller Truppen erklärt. Als leitender

1 Nach *Jacobsen*, a.a.O., S. 382/3: Nr. 131 (5. Aufl. S. 537 f.: Nr. 166).
2 Wortlaut bei *Lüdde-Naurath*, a.a.O., S. 160 f.

Minister der Reichsregierung, die der Großadmiral zur Abwicklung der Kriegsaufgaben bestellt hat, wende ich mich in diesem tragischen Augenblick unserer Geschichte an das deutsche Volk.

Nach einem fast sechsjährigen heldenmütigen Kampf von unvergleichlicher Härte ist die Kraft Deutschlands der überwältigenden Macht unserer Gegner erlegen. Die Fortsetzung des Krieges hätte nur sinnloses Blutvergießen und unnütze Zerstörung bedeutet. Eine Regierung, die Verantwortungsgefühl vor der Zukunft unseres Volkes besitzt, mußte aus dem Zusammenbruch aller physischen und materiellen Kräfte die Folgerung ziehen und den Gegner um Einstellung der Feindseligkeiten ersuchen.

Es war das vornehmste Ziel des Großadmirals und der ihn unterstützenden Regierung, nach den furchtbaren Opfern, die der Krieg gefordert hat, in seiner letzten Phase das Leben möglichst vieler deutschen Menschen zu erhalten. Daß der Krieg nicht sofort und nicht gleichzeitig im Westen und Osten beendet wurde, erklärt sich allein aus diesem Ziel. Wir verneigen uns in dieser schwersten Stunde des deutschen Volkes und seines Reiches in Ehrfurcht vor den Toten dieses Krieges, deren Opfer unsere höchste Verpflichtung ist. Unsere Anteilnahme und Sorge gilt vor allem den Versehrten, den Hinterbliebenen und allen, denen dieser Kampf Wunden geschlagen hat. Niemand darf sich über die Schwere der Bedingungen hinwegtäuschen, die unsere Gegner dem deutschen Volk auferlegen werden. Es gilt, ihnen ohne jede Phrase klar und nüchtern entgegenzusehen. Niemand kann im Zweifel darüber sein, daß die kommende Zeit für jeden von uns hart sein und auf allen Lebensgebieten Opfer von uns fordern wird. Wir müssen sie auf uns nehmen und loyal zu den Verpflichtungen stehen, die wir übernommen haben. Wir dürfen aber auch nicht verzweifeln und uns einer stummen Resignation hingeben. Wir müssen uns den Weg durch das Dunkel der Zukunft durch drei Sterne erleuchten und führen lassen, die stets das Unterpfand echten deutschen Wesens waren: Einigkeit und Recht und Freiheit.

Aus dem Zusammenbruch der Vergangenheit wollen wir uns eines bewahren und retten: die Einigkeit, den Gedanken der Volksgemeinschaft, die in den Jahren des Krieges in der Frontkameradschaft draußen, in der gegenseitigen Hilfsbereitschaft in allen Nöten daheim ihren schönsten Ausdruck gefunden hat. Wir werden diese Kameradschaft und Hilfsbereitschaft in den kommenden Nöten des Hungers und der Armut ebenso brauchen wie in den Zeiten der Schlachten und der Bombenangriffe. Nur wenn wir uns diese Einigkeit erhalten und nicht wieder in streitende Klassen und Gruppen auseinanderfallen, können wir die künftige harte Zeit überstehen.

Wir müssen das Recht zur Grundlage unseres Volkslebens machen. In unserem Volk soll Gerechtigkeit das oberste Gesetz und die höchste Richtschnur sein. Wir müssen das Recht auch als die Grundlage der Beziehungen zwischen den Völkern aus innerer Überzeugung anerkennen und achten. Die Achtung vor geschlossenen Verträgen soll uns ebenso heilig sein wie das Gefühl der Zu=

sammengehörigkeit unseres Volkes zur europäischen Völkerfamilie, als deren Glied wir alle menschlichen, moralischen und materiellen Kräfte aufbieten wollen, um die furchtbaren Wunden zu heilen, die der Krieg geschlagen hat.

Dann können wir hoffen, daß die Atmosphäre des Hasses, die heute Deutschland in der Welt umgibt, einem Geist der Versöhnung in den Völkern weicht, ohne den eine Gesundung der Welt gar nicht möglich ist, und daß uns die Freiheit wieder winkt, ohne die kein Volk ein erträgliches und würdiges Dasein führen kann.

Wir wollen die Zukunft unseres Volkes in der Besinnung auf die innersten und besten Kräfte des deutschen Wesens sehen, die der Welt unvergängliche Werke und Werte gegeben haben. Wir werden mit dem Stolz auf den Heldenkampf unseres Volkes den Willen verbinden, als Glied der christlich-abendländischen Kultur in redlicher Friedensarbeit einen Beitrag zu liefern, der den besten Traditionen unseres Volkes entspricht.

Möge Gott uns im Unglück nicht verlassen und unser schweres Werk segnen!

### 8. Abschließende Zusammenstellung der Kriegsmarine über die vom 23. Januar bis 8. Mai 1945 aus Libau, Ost- und Westpreußen, Pommern und Mecklenburg abtransportierten Flüchtlinge, Verwundeten und Soldaten (9. Mai)

Die Daten ergeben sich aus der Schlußzeile und einer Lagemeldung der Seekriegsleitung vom 21. 5., in der die Zusammenstellung – im Wortlaut verändert – noch einmal wiederholt wurde. Abschrift der beiden Dokumente machte mir Großadmiral Dönitz zugänglich.

Marineoberkommando Ost
F S

Mürwik, den 9. Mai 1945

*Zusammenstellung Rücktransporte:*

1. *Nach Westen*
aus den Häfen Königsberg, Pillau, Danzig, Gotenhafen und Hela:

| Flüchtlinge: | Verwundete: | Soldaten: |
|---|---|---|
| 679 541 | 345 477 | 181 775 |

insgesamt: 1 025 018 Menschen[1]

2. im *Pendelverkehr* von
Königsberg nach Pillau, von Pillau nach Gotenhafen, von Kahlberg nach Danzig, von Schiewenhorst nach Hela:

| Flüchtlinge: | Verwundete: | Soldaten: |
|---|---|---|
| 494 485 | 154 291 | 79 355 |

insgesamt: 728 131 Menschen

1 Richtig: 1 206 793

3. *Abtransport Pommernküste:*
an: Rügenwaldermünde, Stolpmünde, Kolberg und Swinemünde

| Flüchtlinge: | Verwundete: | Soldaten: |
| --- | --- | --- |
| 136 579 | 10 340 | 35 634 |

insgesamt: 182 553 Menschen

4. *Abtransport Vorpommern=Mecklenburg* (ab 29. 4.):

| Flüchtlinge: | Verwundete: | Soldaten: |
| --- | --- | --- |
| 25 000 | 7 000 | 30 000 |

insgesamt: 62 000 Menschen

5. *Abtransport Libau* (ab 1. 5.):

| | | |
| --- | --- | --- |
| | 7 000 | 18 000 |

insgesamt: 25 000 Menschen

Gesamttransportleistung vom 23. 1. bis 8. 5. 45:
2 022 702 Menschen [1]

1 Richtig: 2 204 477

## Anhänge

# Aufzeichnungen über Hitler, vornehmlich über seine Einstellung und Auswirkung als Oberster Befehlshaber der Wehrmacht, aus der Zeit kurz vor der Katastrophe und nachher (chronologisch geordnet)

### 1. Die Vorgänge im FHQu (Bunker unter der Reichskanzlei in Berlin) am 21. bis 23. April 1945 (Tagebuchaufzeichnungen von General d. Fl. Karl Koller Chef des Gen.=Stabs der Luftwaffe)

*Einen Ersatz für das am 19. 4. wegen der Aufspaltung des WFStabs zunächst ausfallende KTB bieten die privaten Tagebuchaufzeichnungen des Generals d. Flieger Karl Koller, der als Chef des Generalstabs der deutschen Luftwaffe bis zum 23. 4. früh in Berlin blieb[1]. Über die Anlage seines Tagebuchs berichtet der Verfasser:*

*„Ich habe, schon 1938 beginnend, alle Ferngespräche und mündlichen Anordnungen oder Besprechungen im Stenogramm mitgeschrieben. . . .*

*Mein Notizbuch lag immer schreibbereit vor mir, begleitete mich überall, auch zu den Lagevorträgen bei Hitler in der Wolfsschanze, auf dem Berghof, in der Reichskanzlei und im Führerbunker.*

*Meine Aufzeichnungen waren kein Tagebuch im üblichen Sinn, sondern eine chronologische Folge dienstlicher Notizen und waren dementsprechend auch bezeichnet als „Dienstnotizen". Teile davon wurden leider zerstört oder sind verschwunden. Bei einem andern Teil der Unterlagen besteht Hoffnung, den Inhalt noch zu retten. Dagegen sind die Aufzeichnungen vom 14. April bis zum 27. Mai 1945 vollständig."*

*General Koller nahm am 20. April, Hitlers letztem Geburtstag, an der Gratulationscour vor der Lagebesprechung teil. Er erfuhr von Gen.=Feldm. Keitel, daß Hitler sich entschlossen habe, bis zuletzt in Berlin zu bleiben, und fuhr, da die Luftwaffe in der Lagebesprechung durch Göring und den Vertreter des Chefs, den General Christian, vertreten war, in das Hauptquartier des Oberkdo.s der Luftwaffe in Wildpark=Werder (westlich Potsdam), um dringende Arbeiten zu erledigen. Über das weitere geben folgende Aufzeichnungen Auskunft.*

„*21. April:* Verringere meinen bereits sehr geschmälerten Stab des OKL in Werder nochmal von 125 auf 55 Personen.

70 Offiziere, Soldaten und Helferinnen fahren ab (letztes Fahrzeug 1.30 Uhr morgens aus dem Hof) über Brandenburg–Belzig–Wittenberg–Dresden nach Berchtesgaden.

2 Uhr morgens Telefongespräch mit General Krebs (Chef des Generalstabes

1 Vgl. Karl *Koller*, Der letzte Monat. Die Tagebuchaufzeichnungen des ehemaligen Chefs des Gen.=Stabs der Lw. vom 14 April bis zum 27. Mai 1945, Mannheim (Norbert Wohlgemuth Verlag) 1949, S. 19–33. Der Verfasser ist inzwischen verstorben.

des Heeres): Feindlage und gewünschte Schwerpunkte für den Einsatz der Luftwaffe am 21. 4.

1. Schwerpunkt: Russen im Vorgehen von Lübben auf Baruth und Panzerfeind in Jüterbog.

2. Schwerpunkt: Unterstützung des Angriffes der (deutschen) 4. Panzerarmee nordostwärts Bautzen und südlich Spremberg.

Danach Meldungen von 15. Fliegerdivision, Luftwaffenkommando Nord-Ost und Luftwaffenkommando Reich über Nachteinsatz der Fliegerverbände. Aufklärung und Nachtschlacht-Einsatz.

Einsatz ist durch schlechte und ständig zurückgehende Sicht stark behindert. Große Waldbrände bei Baruth, brennende Dörfer; in den Flugzeugen dadurch Rauch- und Feuerblendung, dazu Nieselregen.

Um 2.20 Uhr morgens passiert Göring die Wache, sein Wagen lenkt in den großen Hof ein, die Hupe dröhnt. Gleich darauf bestätigt mir Brauchitsch [1] fernmündlich die Ankunft von ihm. (Ich erfahre später durch Oberstabsarzt Dr. Ondarza, der Göring auf der Fahrt vom Führerbunker durch Berlin begleitete, daß sie sich wegen der Luftangriffe geraume Zeit in verschiedenen öffentlichen Berliner Luftschutzbunkern aufgehalten haben. Dabei sei Göring von der Bevölkerung nicht unfreundlich aufgenommen worden; er selbst habe sich sehr leutselig gegeben und Witze gemacht, vor allem auch über seinen berüchtigten Ausspruch [2], er „wolle Maier heißen, wenn ..." Man sandte sogar Boten aus den Nebenbunkern, um ihn auch dorthin zu bitten. Er ging auch hin und war bei den Berlinern noch durchaus populär.)

Ich bestelle Brauchitsch, daß ich Göring bei seiner Abfahrt vor meinem Dienstgebäude, an dem er ohnehin vorüber muß, sprechen möchte. Ich habe Wichtiges für ihn. Dränge auf Eile, da sonst Passieren der Elbe vor Tagesanbruch nicht mehr möglich.

Meine Uhr zeigt drei. In diesem Augenblick fährt Göring an der Spitze seiner Wagenkolonne in hohem Tempo an meinem Hause vorbei und durch das Tor bei der Hauptwache hinaus. Abgefahren ohne Aussprache und Abschied.

Am frühen Morgen ruft Hitler an. „Wissen Sie, daß Berlin unter Artilleriefeuer liegt? Das Stadtzentrum."

„Nein."

„Hören Sie das nicht?"

„Nein! Ich bin in Wildpark-Werder."

Hitler: „Starke Aufregung in der Stadt über Artillerie-Fernfeuer. Es soll eine Eisenbahnbatterie schweren Kalibers sein. Die Russen sollen eine Eisenbahn-

1 Oberst v. B., Sohn des Feldmarschalls, Adjutant Görings.

2 In einer Rede gleich nach Beginn des Krieges, in der er gesagt hatte, er wolle Lehmann (so richtig) heißen, wenn ein feindliches Flugzeug über Deutschland Bomben abwerfen werde. Daher war zu dem Spottnamen „der Dicke" noch der weitere gekommen: „Lehmann".

brücke über die Oder haben. Die Luftwaffe hat die Batterie sofort auszumachen und zu bekämpfen."

Ich: „Der Feind hat keine Eisenbahnbrücke über die Oder. Vielleicht hat er eine schwere deutsche Batterie nehmen und herumschwenken können. Wahrscheinlich aber handelt es sich um mittlere Kanonen des russischen Feldheeres, mit denen der Feind bereits in die Stadtmitte reichen muß." Längere Debatte, ob Eisenbahnbrücke über die Oder, ob nicht und ob die Artillerie des russischen Feldheeres bis zum Zentrum von Berlin schießen kann.

Er kennt doch die Lage! Soll Krebs [1] ihn doch über die Reichweite der Artillerie aufklären. Hitler bleibt dabei, daß ich die Batterie sofort festzustellen und zu bekämpfen habe.

Wie denkt er sich das? Wer soll auf diesem Schlachtfeld rund um Berlin bis zur Oder hin schnell eine Batterie auskundschaften, von der man noch nicht einmal weiß, in welcher Himmelsrichtung sie steht. Ihm egal; in 10 Minuten will er sicher wissen, wo die Batterie steht.

Da kommt mir ein guter Einfall. Ich rufe den Divisionsgefechtsstand der Flak auf dem Zoo-Bunker an. Der hohe Flakturm ist ein ausgezeichneter Beobachtungspunkt. Meine Anfrage ergibt, daß es sich nur um ein Kaliber von 10–12 cm handelt. Die feuernde russische Batterie ist am Morgen bei Marzahn vor Berlin, von der Flak beobachtet, in Stellung gegangen. Entfernung bis zum Stadtkern etwa 12 Kilometer. Die Flakdivision vom Zoo-Bunker hat mit ihren 12,8 cm Doppel-Geschützen Feuer gegen die Batterie bereits aufgenommen, ebenso gegen Panzerbereitstellungen in gleicher Gegend. Hitler nimmt meine fernmündliche Meldung dieses Tatbestandes ungläubig auf. Dabei könnten sich die Herren vom Führerbunker beim Flakturm Zoo schneller als ich erkundigen; es läge nahe, daß sie sich diese Beobachtungsstelle nutzbar machen.

Bald darauf wieder Hitler persönlich am Apparat. Er will genaue Zahlen über den laufenden Flugzeugeinsatz südlich Berlin. Ich erwidere, derartige Anfragen könnten, weil die Nachrichtenverbindungen zur Truppe nicht mehr so einwandfrei funktionierten, nicht auf Anhieb erledigt werden. Man müsse sich mit den laufenden Morgen- und Abendmeldungen, die automatisch eingingen, begnügen; darauf ist er sehr erbost.

Hernach ruft er weiter an und beanstandet, daß die Strahler gestern nicht aus ihren Plätzen bei Prag gekommen sind.

Ich erkläre, daß die Flugplätze dauernd so von feindlichen Jägern zugedeckt waren, daß die eigenen Flugzeuge bei Gefahr, schon beim Start am Boden zerschossen zu werden, nicht aus den Plätzen kommen konnten. Hitler schimpft. „Dann braucht man auch die Strahler nicht mehr, die Luftwaffe ist überflüssig."

„Bei der ständigen Verengung und Veränderung des Raumes, die Luftwaffe zusammengedrängt in dem kleinen deutschen Verteidigungskessel, geschieht,

1 General *Krebs*, beauftragt mit der Führung der Geschäfte des Chefs des Gen.-Stabs des Heeres, der bei Hitler im Bunker blieb und nach der Kapitulation Berlins durch Selbstmord endete.

was möglich ist. Aber irgendwelche durchschlagenden Erfolge gibt es nicht mehr, und die Luftwaffe liegt in wenigen Tagen völlig tot", antworte ich.

Hitler in seinem Ärger erwähnt einen Brief des Industriellen Röchling [1] (das muß eine ganz alte Sache sein, ich kenne sie gar nicht), und schreit: „Was der alles schreibt, das genügt mir! Man müßte die ganze Luftwaffenführung sofort aufhängen!"

Abends zwischen 20.30 und 21 Uhr ist er wieder am Telefon: „Der Reichsmarschall unterhält in Karinhall [2] eine Privatarmee. Diese sofort auflösen und einsetzen. Er braucht keine Privatarmee."

Ich antworte, daß in Karinhall keine Privatarmee, sondern lediglich die Division „Hermann Göring" gewesen sei, die zur Verfügung der örtlichen Frontführung des Heeres gestanden habe, und daß die meisten Kräfte der Division bereits eingesetzt seien. Hitler bestreitet das, er behauptet vielmehr, über die Anwesenheit starker Kräfte in Karinhall genau informiert zu sein.

Meine Nachforschung ergibt, daß sich bis auf ein einziges Bataillon bereits alle Teile der Division im Kampf befinden. Ich melde das Hitler, er befiehlt: „Das Bataillon unverzüglich SS-Obergruppenführer Steiner [3] unterstellen" und bricht das Gespräch ab.

Wie ich noch überlege, was das nun wieder bedeuten soll, ruft Hitler neuerdings an. „Jeder verfügbare Mann der Luftwaffe im Raum zwischen Berlin und der Küste bis nach Stettin und Hamburg ist zu dem von mir befohlenen Angriff im Nordosten von Berlin heranzuziehen." Auf meine Einwände, daß wir keine kampfgewohnten Truppen stellen könnten, und auf meine Frage, wo der Angriff denn sein soll, folgt keine Antwort; er hat bereits eingehängt.

Ich habe keine Ahnung von solch einem geplanten Angriff, bin auch der Meinung, daß unsere Kräfte zu gering, ein Erfolg daher nicht zu erzielen sei.

In einer Reihe von Telefongesprächen versuche ich Klarheit zu gewinnen. So erfahre ich durch Major Freigang vom Stab General Konrad (Division „Hermann Göring"), Karinhall, daß er gehört habe, daß der Obergruppenführer Steiner einen Angriff führen soll aus dem Raum Eberswalde nach Süden. Bis jetzt soll aber nur Steiner mit einem Offizier in Schönwalde eingetroffen sein. Heeresteile für den Angriff unbekannt.

In eine telefonische Unterredung mit dem Führerbunker, wo ich General Krebs erst 22.30 Uhr erreiche und um genauere Angaben über den geplanten Angriff, zu dem Hitler mich angerufen hatte, bitte, schaltet sich Hitler ein. Plötzlich tönt am Apparat seine erregte Stimme: „Haben Sie noch Zweifel an meinem Befehl? Ich glaube, ich habe mich klar genug ausgedrückt. Alle Kräfte der Luftwaffe im Nordraum, die für den Einsatz auf der Erde verfügbar gemacht werden können, müssen sofort Steiner zugeführt werden. Jeder Kom-

1 *Hermann Röchling* (1872—1955), der führende Industrielle des Saargebiets.
2 Görings mit allem Raffinement ausgebauter, nach seiner ersten Frau genannter Landsitz.
3 Beauftragt mit der Führung des Entlastungsangriffs von Norden aus.

mandeur, der Kräfte zurückhält, hat binnen 5 Stunden sein Leben verwirkt. Das müssen die Kommandeure auch erfahren. Sie selbst haften mir mit Ihrem Kopf, daß der letzte Mann eingesetzt wird."

Dann spricht Krebs: „Alles zum Angriff von Eberswalde nach Süden", und das Gespräch ist zu Ende.

Einzelheiten weiß ich damit immer noch nicht. Weder Versammlungsraum noch genaue Zeit des Angriffes, weder Zubringerstrecke noch andere Details. Auf solche Weise kann man nicht führen.

Ich lasse mich mit dem Chef der Operationsabteilung des Heeres [1] verbinden. Der ist auch noch ohne Kenntnis des Näheren, vermutet Steiner in Oranienburg. Steiner soll ein AOK formieren. Truppen müssen alle erst zugeführt werden. Wenn Verbindung mit Steiner hergestellt und dessen Absichten bekannt sind, soll ich Näheres mitgeteilt erhalten.

Rufe Stab General Konrad und gebe, da Konrad abwesend, Major Freigang Befehl: Das letzte, noch verfügbare Bataillon „Göring" dem Obergruppenführer Steiner zuführen und unterstellen.

„Fahren Sie zu Steiner, sagen Sie ihm, daß ich die Kräfte, die die Luftwaffe auf Befehl des Führers zum Erdeinsatz stellen muß, zuführen lasse. Die Kräfte aus dem ostwärtigen Teil des Nordraumes nach Eberswalde, die Kräfte aus dem westlichen Teil nach Schönwalde. Sagen Sie ihm ausdrücklich, daß diese Truppen improvisiert zusammengefaßt, nur mit Handwaffen und wenigen schweren Waffen ausgerüstet sein werden. Zwar gute Leute und von Offizieren geführt, aber ohne Erdkampferfahrung. Das muß Steiner beim Einsatz berücksichtigen. Große Erfolge kann er mit diesen Truppen nicht erzielen. Halten Sie laufend Verbindung zu Steiner und unterrichten Sie mich in kurzen Abständen über die Entwicklung dort!"

Dann gehen entsprechende Befehle an Luftflotte Reich.

Das Telefon kommt keinen Moment zur Ruhe.

Hitler verlangt Zahlenmeldung über eingesetzte Flugzeuge in der Linie Kottbus—Berlin. Dann wünscht er den Einsatz nur noch in der Durchfahrtslücke südlich Kottbus, fordert Luftversorgung für die deutsche Kampfgruppe Spremberg. Er will Rudel [2] sprechen, der mit seinen Schlachtstaffeln in der Lücke Kottbus eingesetzt werden soll.

General Krebs sucht aus dem Bunker Verbindung zu Himmler, den er nicht erreichen kann. Er teilt mit, daß Hitler nun den Einsatz der Fliegenden Verbände nicht nur in der Lücke Kottbus wünsche, sondern daß alle anderen Ziele genauso zu bekämpfen seien. Weitere Unterrichtung über den befohlenen Angriff Eberswalde kann er nicht geben.

Gespräche nach allen Richtungen. Dabei immer wieder Abänderungen der Anordnungen aus dem Führerbunker. Alle fünf Minuten was Neues! Wie soll da geführt werden, da kann der Satan draus schlau werden.

1 Oberst d. G. Ulrich de Maizière.
2 Oberst Rudel, hochdekorierter Flieger.

Endlich Nachricht vom Chef der Operationsabteilung des Heeres (23.05 Uhr): „Gefechtsstand Steiner, der jetzt AOK 11 heißt: Liebenwerda. Zuzuführende Truppen in den Raum Eberswalde und nördlich, solche von Westen in den Raum Liebenwerda. Südwestlich Berlin sollen russische Panzer durchgebrochen sein, daher Aufbau einer Sperrorganisation an der Havel zwischen Oranienburg–Spandau. Eigene, von Westen kommende Truppen sind darüber zu unterrichten, um irrtümliche Kämpfe zwischen eigenen Truppen zu vermeiden."

Major Dickl meldet die Schußzahlen der russischen Artillerie auf Stadtmitte Berlin im Laufe des Tages, die Hitler vom OKL angefordert hat. Der Flakturm hat 500 Schuß der Russen gezählt, hat selbst 400 Schuß abgefeuert gegen die russische Batterie bei Marzahn und Panzerbereitstellungen.

Der Lufttransportchef meldet 23.30 Uhr, daß nicht bekannt ist, wo sich die deutsche Kampfgruppe Spremberg, die luftversorgt werden soll, tatsächlich befindet, die Operationsabteilung des Heeres weiß das nicht. Schon in der vergangenen Nacht, in der wir Versorgung auf Spremberg abgeworfen haben, soll die Gruppe bereits nicht mehr dort gewesen sein. Falls Feststellung des Verbleibs der Gruppe möglich, besteht gemäß fernmündlicher Rücksprache mit Luftflottenkommando 6 Vereinbarung zwischen Heeresgruppe Mitte und Transportfliegerführer Luftflotte 6, die Versorgung aus dem Protektorat durchzuführen.

Kurz darauf bestätigt mir der Chef der Operationsabteilung des Heeres, daß der Verbleib der Gruppe Spremberg nicht bekannt ist. Daher auch keine Luftversorgung möglich, Hitler wird unterrichtet.

Bekomme Befehl, daß ich oder ein Vertreter von mir morgen ab 10 Uhr den ganzen Tag im Führerbunker zu sein haben.

Ich werde zuerst Generalmajor Christian[1] schicken und ihn dann später ablösen; sich im Bunker nur beschimpfen zu lassen, das kann einer allein nicht den ganzen Tag ertragen.

Um 23.50 Uhr wieder Anruf Hitlers. Er fragt nach den Maßnahmen der Luftwaffe für den Angriff Steiner. Ich berichte darüber. Dabei betone ich, daß es ganz kampfungewohnte Truppen sind, weder für Erdkämpfe ausgebildet noch entsprechend ausgerüstet, dazu ohne schwere Waffen. Er hält mir einen kleinen Vortrag über die Lage und schließt wörtlich: „Sie werden sehen, der Russe erleidet die größte Niederlage, die blutigste Niederlage seiner Geschichte vor den Toren der Stadt Berlin."

Mein Einwurf, daß mir die Lage um Berlin aussichtslos scheint, wird von Hitler übergangen, er wiederholt seine obigen Worte.

Ist so etwas möglich? Glaubt er wirklich noch daran?

22. *April:* Um 1 Uhr morgens Meldungen über Brennstoffmangel bei fliegenden Verbänden. Brennstoffzüge wurden beim Anrollen auf die Flugplätze

1 Chef des Luftwaffenführungsstabs.

wieder einmal von motorisierten SS=Verbänden angehalten und ausgetankt. Dann aber großer Lärm, wenn die fliegenden Verbände, die mit ihrem Brenn=stoff von der Hand in den Mund leben müssen, zum Einsatz nicht da sind.

Aber so ist es schon in Rußland oft geschehen, warum heute wundern?

An Oberstleutnant Groß ergeht um 1.25 Uhr Befehl: „Flugtransportstaffel OKL Flugplatz Staaken ständig alarmbereit für Verlegung!"

Um 4.15 Uhr teilt mir der Kommandant des Luftwaffenhauptquartiers fol=gendes mit: „Die Verteidigung von Berlin ist überraschend hinter die Havel zurückgezogen worden, also auf die andere Seite von Potsdam. Unser Haupt=quartier liegt jetzt außerhalb der Verteidigung und allein, es ist nicht mehr gesichert."

Reizend! Dabei gehen die Russen von Süden gegen Berlin und Potsdam vor, ich aber kann hier mit meinen Leuten nicht fort wegen der Fernsprech= und Funkverbindungen. Mit meinem geringen Personal muß ich trotz des ständig auf Hochtouren laufenden Betriebes auch noch Brücken über die Havel und die Zufahrten nach Wildpark=Werder mit motorisierten Postierungen schüt=zen. An eine wirksame Verteidigung ist dabei natürlich nicht zu denken, es geschieht eigentlich nur, damit uns nicht plötzlich russische Panzer unangemel=det vor der Haustüre stehen. Wenn die Russen drauflosfahren, können sie uns jeden Augenblick auf billige Weise ausheben.

5.30 Uhr, die Nacht ist um. Welch ein Wahnsinn, das alles, und was für ein Schicksal! Jahrelang habe ich mich in einem ewigen, zermürbenden Kleinkrieg gegen Dünkel und Eigensinn, Egoismus und Unvernunft in den eigenen Reihen gewehrt. Umsonst! Und was haben wir nun noch vor uns?

Ich bin scheußlich müde. Wenigstens für eine Stunde muß ich Ruhe haben.

8 Uhr: Meldung von Generaloberst Stumpff[1], daß etwa 12 000 bis 15 000 Mann für den Angriff Steiner an Luftwaffentruppen aufgebracht und auf Kraftwagen zugeführt sind. Bewaffnung mit Handwaffen und MG's. Schwere Waffen fehlen. Ich zweifle, ob Zahlenangaben stimmen und rechtzeitiges Ein=treffen der Verbände überhaupt möglich.

10.15 Uhr: Generalmajor Christian meldet sein Eintreffen im Führerbunker der Reichskanzlei.

11 Uhr: Der Kommandant des Hauptquartiers berichtet: „Südlich Potsdam und Wildpark=Werder noch alles ruhig." Demnach haben wir noch etwas Frist, bis uns die Russen vereinnahmen.

12.30 Uhr: Russische Kräfte sollen auf Brandenburg an der Havel vorsto=ßen. Ob sich dort Kämpfe entwickelt haben, muß erst nachgeprüft werden.

13 Uhr: Christian läßt aus dem Führerbunker bestellen, heute abend sei für uns voraussichtlich größere Bewegungsfreiheit zu erwarten.

Darauf hin ordne ich Abmarsch= und Verlegebereitschaft des Stabes an. Kraftwagen vor den Türen fahrbereit, alle Offiziere in ihren Diensträumen am Telefon, laufende Arbeit inzwischen weiterführen.

1 OB der Luftflotte Reich.

Anfrage (von Below[1]) aus dem Führerbunker, ob ich nicht weiß, was mit dem Angriff Steiner sei. Ich verneine; sofortige Nachforschungen ergeben, daß Steiner mit seinen Vorbereitungen noch nicht fertig ist.

Christian am Apparat. Hitler lasse fragen, ob ich Nachricht vom Angriff Steiner hätte. Ich teile den Inhalt der eben erhaltenen Auskunft mit. Kurz danach erneut Christian, Heer habe gemeldet, daß Truppen Steiners angetreten seien. Meine Meldung müsse falsch sein, Hitler verlange Aufklärung. Gebe die Quellen meiner Unterrichtung bekannt; sie sind einwandfrei.

Wiederum Anruf aus Führerbunker. Heiliger Bimbam, ich kann den Leuten nicht helfen! Ich erwische statt Steiner, Konrad und Freigang, die ich suche, am Telefon einen Hauptmann der Division „Hermann Göring", der soeben bei einem Bataillon war, das am Angriff teilnehmen soll. Er sagt mir, der Angriff habe noch nicht begonnen; wann er beginnen soll, das weiß er nicht. Neuerdings Christian. Auch das Heer meldet jetzt, daß Angriff Steiner nicht angetreten sei. Im Führerbunker große Aufregung, Hitler habe Angriff am Morgen, spätestens am Vormittag erwartet; er wolle sofort Klarheit.

Ich sage: „Nach allen Nachrichten, die ich von der Division ‚Göring' habe, ist Steiner nicht angetreten."

Nach kurzer Frist wieder Christian. Himmler habe Hitler jetzt gemeldet, daß der Angriff Steiner ganz sicher angetreten sei. Die Luftwaffe solle durch Luftaufklärung sofort feststellen, ob das wirklich der Fall sei.

Welche Idee! Erreichte Ziele kann man ausmachen, aber kaum so ein Antreten in Rauch und Dunst ohne genaue Kenntnis der Bereitstellungsräume und Angriffsstreifen.

Außerdem geht es auf der Erde viel schneller festzustellen, ob Steiner denn das Antreten überhaupt schon befohlen hat.

Rufe Karinhall, Division „Göring". Nach einigen Versuchen kommt die Vermittlung durch. Major Freigang, soeben von Steiner zurückgekommen, meldet mir: „Angriff Steiner nicht angetreten, weil Steiner seine Truppen nicht rechtzeitig bereitstellen konnte. Luftwaffenteile sind eingetroffen, aber die Teile von Heer und SS noch nicht herangekommen. Erst um 21 Uhr soll ein Angriff beginnen, jedoch auch erst ein den Hauptangriff vorbereitender Teilangriff. Hauptangriff soll erst morgen sein."

Ich versichere mich durch Rückfragen von der Richtigkeit dieser Meldung.

Dann rufe ich Christian an, unterrichte ihn von diesem Ergebnis zur Meldung an Hitler und füge hinzu:

„Die Meldung von Freigang ist bestimmt zutreffend, er hat bisher nur einwandfreie Meldungen abgegeben."

Ich weiß, Hitler wird rasen. Jetzt ist es aus!

Um 18.15 Uhr rufe ich Christian wieder im Führerbunker an, teile ihm mit, daß ich ihn jetzt ablösen werde. Bisher konnte ich keine Minute von hier fort. Christian erwidert mir jedoch, es sei nicht mehr nötig; er sagt: „Historische

1 Oberst v. Below, Hitlers Luftwaffenadjutant.

Ereignisse gehen vor, die entscheidenden des Krieges überhaupt. Ich kann gleich hier weg und komme sofort zu Ihnen. Ich muß Ihnen eine sehr wichtige Meldung machen."

Nach anderthalb Stunden ist Christian aber noch nicht bei mir. Vom Führerbunker erfahre ich, daß er von dort abgefahren ist.

20.45 Uhr: Christian ist bei mir eingetroffen. Sein Bericht und seine Meldung: „Der Führer ist zusammengebrochen, er sieht den Kampf nun als aussichtslos an. Er will aber aus Berlin nicht heraus, sondern im Bunker bleiben und Berlin verteidigen. Wenn die Russen kommen, will er die Konsequenz ziehen und sich erschießen. Keitel, Jodl, Bormann, Dönitz, Himmler, die beiden letzteren fernmündlich, haben versucht, ihn umzustimmen und zu bewegen, aus Berlin herauszugehen, weil man dort doch nicht mehr führen könnte. Das war alles vergeblich. Der Führer hat seine Akten, Dokumente und Papiere aus seinen Räumen zum Verbrennen auf den Hof hinausbringen lassen. Das geschieht jetzt gerade. Der Außenminister ist auch erschienen, aber Hitler wollte ihn nicht sehen. Er hat sich Goebbels, dessen Frau und die 6 Kinder bestellt, die sitzen nun alle mit ihm im Bunker."

Wozu das? frage ich. Christian antwortet: „Die Kinder werden sie töten, und die Erwachsenen werden Selbstmord begehen."

„Wie", frage ich, „stellt man sich denn das Weitere vor? Was machen die Oberkommandos?" — „Der Führer hat gesagt", gibt Christian zur Auskunft, „er bleibe da, die andern sollen herausgehen aus Berlin, können alle hingehen, wohin sie wollen. Nun will das OKW, Keitel und Jodl, die Führung an sich nehmen, die Truppen an der Elbe herumdrehen und sie gegen den Osten werfen. Das OKW geht aus Berlin heraus, versammelt sich heute Nacht in Krampnitz." Er fügt hinzu: „Mir ist heute in meinem Innern so viel zerbrochen, daß ich es noch gar nicht fassen kann. Die Stimmung in dem Bunker ist erschütternd, ich kann den Eindruck nicht wiedergeben. Und da trinken sich die kleinen Leute in der Umgebung des Führers nun Mut an, auch die Frauen und Mädchen."

Meine Frage, ob noch Befehle für die Luftwaffe gegeben worden seien, verneint Christian.

Ich muß volle Klarheit über die Vorgänge und die Absichten des OKW haben, um zu entscheiden, ob ich selbständig handeln kann, und beschließe, mit Jodl zu sprechen. Mit Christian unterhalte ich mich über die Folgen von Hitlers Entschluß. Er bedeutet praktisch Ausfall der gesamten Reichsregierung, Wegfall der obersten militärischen Führung. Zu frühes Durchsickern dieses Entschlusses kann gefährliche Rückwirkungen an allen Fronten bringen und ein Chaos heraufbeschwören.

Ich sage Christian: „Hitler hat uns in das größte Unglück gebracht, und nun läßt er uns alle sitzen, das ganze Volk läßt er im Stich."

„Als ihm gemeldet wurde, daß sich ein Direktor von Leuna mit seiner Frau in die Luft gesprengt hat und der Oberbürgermeister von Leipzig mit seiner

Familie Selbstmord beging (beides beim Einrücken feindlicher Truppen in diese Orte), hat er zornig geäußert: ‚Sinnlos! Das ist nur ein feiges Drücken vor der Veranwortung. Ich will solche Sachen nicht mehr hören.' Jetzt tut er genau dasselbe.

„Jetzt wäre es seine Pflicht, einen Vertreter in der Reichsführung zu bestellen, der vorläufig die Geschäfte weiterführen kann, und zu seinen Feinden zu gehen, braucht nicht zu den Russen zu sein, sondern zu dem westlichen Gegner, und sich zu stellen: ‚Hier stehe ich, ich kann nicht anders. Ich stehe für mein Volk. Was geschehen ist, habe ich befohlen.' Das wäre besser und größer, als sich im Bunker einzuschließen. Was er jetzt tut, ist der größte Verrat aller Zeiten, der dem deutschen Volke je geschehen ist."

Um 21.20 Uhr spreche ich mit dem Führerbunker, erreiche Below: Frage, ob die Situation so, wie Christian sie mir geschildert hat. „Bleibt er — Sie wissen, wer gemeint ist — dort?"

Below: „Ja, Situation unverändert."

„Befehle für die Luftwaffe?", frage ich.

Below: „Keine Befehle."

Ich weise darauf hin, ich müsse aus Werder heraus, das von den Russen bedroht sei, und frage, ob der Entschluß Hitlers sich nochmals ändern könne?

Below: „Nein, damit ist nicht zu rechnen."

Mittlerweile habe ich bereits ein Gespräch zu Göring angemeldet. Tatsächlich kommt es über eine Richtverbindung über den Thüringer Wald zustande. Am Telefon ist Brauchitsch, die Verständigung schlecht. Ich muß mich außerdem auf knappe Andeutungen beschränken.

„Der, zu dem wir immer hingehen müssen", sage ich, „will da nicht heraus (Brauchitsch hat sofort begriffen). Ich muß hier weg."

„Göring will", übermittelt er mir, „Sie sollen nach hier kommen" (Berchtesgaden).

„Erst muß ich mit Jodl sprechen", sage ich; ehe Brauchitsch antworten kann, ist die Verbindung unterbrochen.

Seit 20.55 Uhr versucht meine Vermittlung, das OKW zu erreichen. An keiner Stelle, weder Berlin-Mitte, noch Dahlem, noch Zossen, noch Krampnitz, weiß man Bescheid; man kriegt nur ahnungslose Vermittlungen an den Apparat. Dann fahre ich nun persönlich während eines Luftangriffes nach Krampnitz. Ein Kradfahrer begleitet mich; im Wagen mit mir ein Oberstleutnant. Trotz des Alarmes benutze ich zur Beschleunigung volles Licht. Wir werden deshalb zweimal von Posten beschossen.

Ich finde Jodl nach längerem Suchen im Block 7 Zimmer 103 der Kaserne Krampnitz. In dem kleinen, nüchternen Zimmer, wo er gerade bei der Befehlsausgabe an Offiziere seines Stabes und des OKH ist, stehen auf den Tischen neben Karten und Papieren ein paar Flaschen Rotwein und Gläser, Reste einer flüchtigen Stärkung.

Jodl und ich gehen in ein Nebengemach, da ich ihn um eine Aussprache unter vier Augen gebeten habe.

*23. April*: Meine Unterredung mit Jodl währt von 0.15 Uhr bis 1 Uhr. Jodl erklärt mir, nach Bekanntgabe der Meldung von Christian an mich, wörtlich:

„Was Christian gemeldet hat, ist richtig. Hitler hat aufgegeben, den Entschluß gefaßt, in Berlin zu bleiben, dort die Verteidigung zu leiten und sich im letzten Augenblick zu erschießen. Er hat gesagt, kämpfen könnte er nicht aus körperlichen Gründen; kämpfen würde er persönlich auch nicht, weil er nicht Gefahr laufen könne, vielleicht verwundet in Feindeshand zu fallen. Wir haben alle nachdrücklich versucht, ihn davon abzubringen, und vorgeschlagen, die Truppen vom Westen nach dem Osten zum Kampf einzusetzen. Dazu hat er gesagt, daß doch alles auseinanderginge; er könnte das nicht, das solle dann der Reichsmarschall machen. Auf eine Bemerkung aus dem Kreise, daß kein Soldat mit dem Reichsmarschall kämpfen würde, hat Hitler gesagt: ‚Was heißt: Kämpfen!, da ist nicht mehr viel zu kämpfen, und wenn's aufs Verhandeln ankommt, das kann der Reichsmarschall besser als ich!' Die letzte Entwicklung der Lage hat ihn stark beeindruckt, er spricht überall von Verrat und Versagen, Korruption in der Führung und bei der Truppe. Auch die SS lüge ihn jetzt an, der Sepp Dietrich[1]; Steiner ist nicht angetreten, und das hat ihm den Rest gegeben."

Ich frage: „Was soll nun geschehen? Besteht Möglichkeit, daß Hitler seinen Entschluß nochmal ändern wird?"

Jodl: „Damit ist nicht zu rechnen. Er hat sich so festgelegt und ist darin so stur, daß eine Änderung seines Entschlusses nicht mehr in Frage kommt. Hitler sagt: ‚Die Truppen kämpfen nicht, die Panzersperren in Berlin sind auf.' Er ist sich auch wohl darüber klar, daß wir in ganz kurzer Zeit keine Munition mehr haben, auch keinen Brennstoff. Er hat das wohl schon länger gesehen, aber vor uns nicht gezeigt. An seinem Geburtstag hat er mir noch gesagt, daß wir kämpfen wollen bis zum letzten. Er hat sich ja auch immer von Gegenangriffen viel größere Erfolge versprochen, als sie mit unseren schwachen Kräften je zu erreichen waren."

Ich wiederhole: „Was soll nun geschehen? Was wird das OKW tun?"

Jodl erwidert: „OKW sammelt hier in Krampnitz, später Ausweichen nach Norden. Wir werden die 12. Armee gegen Osten zum Angriff gegen die linke Flanke der 3. russischen Panzerarmee herumdrehen, ganz gleichgültig, was der Amerikaner daraufhin an der Elbe unternimmt. Vielleicht ist es möglich, den anderen durch eine solche Tat zu beweisen, daß wir nur gegen die Sowjets kämpfen wollen. Keitel ist unterwegs zu Wenck[2], um das Notwendige zu veranlassen. Inzwischen ist der Feind auch bei Vietinghoff[3] durchgebrochen. Ich habe, falls der Durchbruch nicht aufgehalten werden kann, die Zurücknahme

1 SS-Oberstgruppenführer und OB der in Österreich eingesetzten 6. SS-Pz.-Armee, die die auf sie von Hitler gesetzten Erwartungen nicht erfüllt hatte.

2 General *Walther Wenck*, Oberbefehlshaber der (improvisierten) 12. Armee, die Berlin von Südwesten aus freikämpfen sollte.

3 Generaloberst Heinrich von Vietinghoff gen. v. Scheel, Oberbefehlshaber Südwest.

der italienischen Front hinter Tessin und Po befohlen, ohne dem Führer davon zu sagen. Es muß ja gehandelt und befohlen werden."

Wenn die Westfront nach dem Osten herumgeworfen werden soll, müsse — so betone ich — unverzüglich mit dem Westgegner verhandelt werden. Sonst rückt der Westgegner nach, überrollt Stäbe und Nachschubdienste; Führung wird unmöglich gemacht und die Truppe in der doppelgriffigen Zange vernichtet. Ohne Verhandlung mit den Westgegnern ist der Plan undurchführbar. Für die Luftwaffe ist es unmöglich, unter einfacher Ignorierung des Westens nur nach Osten zu kämpfen, wenn der Westgegner weiter in der Luft angreift. Und noch weniger möglich ist es, in dem engen Nordraum nur gegen Osten, im Südteil aber Kampf gegen Ost und West zu führen. Der Luftraum läßt sich nicht teilen oder durch eine Mauer abriegeln.

Wird die Westfront nach Osten gedreht, muß das auf der ganzen Front von der Nordsee bis zu den Alpen geschehen bei gleichzeitiger Verhandlung mit dem Westen.

Jodl bleibt dabei, daß zunächst nur im Norden nach Osten herumgedreht werden soll und daß abzuwarten sei, was daraufhin die Amerikaner tun werden.

(Immer wird auf etwas „gewartet". Der ganze Krieg besteht aus fortlaufenden Kapiteln „zu spät".)

Ich entwickle, daß ich aus Werder heraus muß, im Norden aber kaum noch Nachrichtenverbindungen und somit Führungsmöglichkeiten habe. Überdies müsse ich Göring über die Situation unterrichten. Ich werde daher mit dem Reststab OKL noch in dieser Nacht nach Süden fliegen; Christian werde ich mit mehreren Generalstabsoffizieren als Verbindungskommando zum OKW zurücklassen.

Jodl: „Damit bin ich einverstanden, das ist richtig und das einzige, was Sie im Augenblick tun können. Sie müssen es sogar tun."

Wir besprechen noch Details.

Zusammenfassung der Teile des Stabes OKW im Süden und gemeinsames Verhalten zwischen Heeresverbänden und Luftwaffe.

Nach Schluß der Unterredung gebe ich um 1 Uhr noch von Krampnitz aus durch den Kradfahrer und auch fernmündlich Abmarschbefehl nach Wildpark-Werder. Zum Start der Maschinen muß der Flugplatz Gatow gewählt werden, wohin inzwischen die Transportstaffel verlegt wurde, da einzelnes russisches Artilleriefeuer auch auf Flugplatz Staaken gemeldet worden war.

Wieder zurück ins Hauptquartier, wo ich Christian und Oberst v. Dawans über mein Gespräch mit Jodl und meine Absicht informiere. Oberst v. Dawans, der ebenfalls, aber in einem anderen Flugzeug als ich, nach Süddeutschland fliegt, wird genau informiert und beauftragt, Göring zu melden, falls ich selbst aus irgendeinem Grunde unterwegs ausfallen sollte.

Oberst v. Below im Führerbunker unterrichte ich, daß Unterredung mit Jodl stattgefunden und daß ich abfliege zu Göring.

Kurz vor 3 Uhr, und als ich gerade nach Gatow will, erhalte ich die Nachricht, daß die Russen in Berlin bis zum Alexanderplatz durchgebrochen sein sollen (nachher als falsch erwiesen).

......

### *Anlage*

*Die Vorgänge im Bunker der Reichskanzlei am 22. April*
*(nach Auskünften des Stenographen Dr. Gerhard Herrgesell)*

*Der Stenograph Gerhard Herrgesell, der mit seinen Kollegen die Besprechungen Hitlers festzuhalten hatte (vgl. S. 1631 ff. den Abschnitt C des „Dokumententeils") und am 22. 4. abends die Erlaubnis erhielt, Berlin mit dem letzten noch nach Süddeutschland startenden Flugzeug zu verlassen, gab etwa vierzehn Tage darauf in Berchtesgaden einem Korrespondenten der amerikanischen Wochenzeitschrift „Time" Auskunft über seine Beobachtungen im Führerbunker. Die Zeitschrift brachte die Auskünfte am 21. Mai 1945 (Nr. 21 S. 40 f.). Daß sie richtig wiedergegeben worden sind, bestätigte Herr Dr. Herrgesell später brieflich Frau Luise Jodl; ihr habe ich für den Hinweis auf diesen Artikel zu danken.*

### Adolf Hitler's Last Hours

In Berchtesgaden, last week, Gerhard Herrgesell, stenographer to Germany's Supreme Headquarters Staff, told TIME Correspondent Percival Knauth the story of the last recorded conferences which the Supreme Command held, in a little, bombproof room deep in the earth under the Berlin Chancellery:

"*I must Die Here.*" Said Hergesell: "The decisive briefing which determined the fate of all of us began at 3 o'clock on the afternoon of April 22 and lasted until nearly 8 o'clock that evening. At this briefing Adolf Hitler declared that he wanted to die in Berlin. He repeated this 10 or 20 times in various phrases. He would say: 'I will fall here' or 'I will fall before the Chancellery' or 'I must die here in Berlin'. He reasoned that the cause was irretrievably lost, in complete contrast to his previous attitude, which had always been: 'We will fight to the last tip of the German Reich.'"

„What reasons motivated his change of heart no one knows. He expressed the fact his confidence was shaken. He had lost confidence in the Wehrmacht quite a while ago, saying that he had not gotten true reports, that bad news had been withheld from him. This afternoon he said that he was losing confidence in the Waffen SS, for the first time. He had always counted on the Waffen SS as elite troops which would never fail him. Now he pointed out a series of reports which he declared were false."

This, and the failure of the SS troops to hold the Russians north of Berlin, Herrgesell said, had apparently convinced Hitler that his elite troops had lost heart. "The Führer always maintained that no force, however well trained and equipped, could fight if it lost heart, and now he felt his last reserve was gone."

*Nerve Control.* „During all this time participants in this conference were changing constantly. Hitler himself was generally composed. Every time he really began to get angry or excited, he would quickly get himself under control again. His face was flushed and red, however, and he paced the floor almost constantly, walking back and forth, some times smacking his fist into his hand. But of all the participants at all the conferences, the Führer was generally the one who kept his nerves best under control.

"The really decisive conference took place in late afternoon. It lasted only about 15 minutes. Present were Hitler, Martin Bormann, successor to Hess as the Führer's personal representative, Field Marshal Wilhelm Keitel and Colonel General Alfred Jodl. All others were sent away except the two stenographers."

"Hitler again expressed his determination to stay in Berlin, and said he wanted to die there. He thought it would be the greatest service he could render to the honor of the German nation. In this conference his desire to stay in the Chancellery was violently opposed. Keitel spoke to him in really sharp terms, reminding him that his new attitude was contradictory to his former plans. Bormann supported Keitel no less strongly."

*Out of the Mousetrap.* "Jodl was a quiet man who spoke little, but when he spoke, it was always clearly, frankly and to the point. Now he also came out strongly against Hitler. He declared very firmly that he, personally, would not stay in Berlin; he thought it was mousetrap, and his job was to lead the troops, not stand with a flintlock in his hand defending the city and in the end dying in the rubble of its ruins. When Keitel and Bormann saw that they could not move Hitler to change his mind, they said that in spite of his orders they would also stay. Hitler again ordered them to leave; in ten minutes, he said, the Russians might be before the Chancellery. Keitel and Bormann repeated that they would stay. Keitel added: 'We would never be able to confront our wives and children if we left.'"

"Hitler then said that in two or three days, in a week at the very most, Berlin would be finished and the Chancellery taken. He said that he had considered what would happen after his own death. He gave an order to the other three men – it was not clear to whom he gave it, or whether he actually meant it as an order to one of them specifically. He said: 'You must go to southern Germany, form a government, and Göring will be my successor. Göring wird verhandeln – Göring will negotiate.'"

*Vague and Uncertain.* "Whether this last statement was an order or an prophecy, no one knows. He might have said it in a spirit of resignation, realizing that if Göring were to succeed him, he would undertake negotiations. He might also have meant it as a direct order to negotiate after his death. The Führer was by now rather vague and uncertain, giving no direct orders, apparently preoccupied with the prospect of his own imminent death."

"Jodl interjected that Germany still had some armies capable of action. He mentioned the Central Army Group under Field Marshal Schörner which was disposed south of Berlin in the direction of Dresden, and the Twelfth Army of General Wenck, a newly formed army which was to stand against the Americans on the Elbe. 'Perhaps', said Jodl, 'these armies could change the course of events around Berlin'. Hitler evidenced little interest. He gave no orders, shrugged his shoulders and said: 'You do whatever you want.'"

*Search for Death.* "As to Hitler's death, I don't believe we will ever find a witness who can tell us how it happened. But I don't believe the Führer remained in the cellar. I believe he went out, possibly several times, looking for death to which he was now so completely resigned, and that he may have died by artillery fire. One thing we do know – he was not the last man alive in the Chancellery bunker, because after his death we still received some radio reports from there."

At this point Correspondent Knauth told Herrgesell of reports he had heard from U.S. security officers: that Hitler had been killed by SS Hauptsturmführer Guensche, the Führer's personal adjutant.

Said Herrgesell: "Guensche was a giant of a man and very violent. He would be capable of doing it if he were asked to, or if he thought the time had come to shoot the Führer and then himself. But I don't believe it happened that way. I honestly believe that Hitler sought his death. He was convinced that all was irretrievably lost, that he would trust nobody any more and that he must die."

"During all this time, artillery fire on the Chancellery was increasing and even deep down in the cellar we could feel concussions shaking the building. The conference finally broke up in indecision. I was ordered to leave Berlin with my stenographic reports but my partner was to remain. He pointed out that in that case the reports were valueless, because if he stayed no one would be able to transcribe his records, and without this, mine would be incomplete. Bormann then ordered us both to leave that evening by plane."

"That was the last plane and we were the last people to leave Berlin."

### 2. Aufzeichnungen eines älteren Generalstabsoffiziers, im März/April 1945 öfters Teilnehmer an den Lagebesprechungen im Führerbunker der Reichskanzlei, angefertigt in den ersten Monaten der Kriegsgefangenschaft

*Ich habe dem Verfasser dafür zu danken, daß er mir Einblick in das Manuskript über seine Erlebnisse und Beobachtungen (121 Seiten) gewährte und mir erlaubte, die für diesen Band wichtigen Abschnitte hier abzudrucken. An eine Veröffentlichung des ganzen Textes denkt der Verfasser — jedenfalls zunächst — nicht.*

### Im „Führerbunker" der Reichskanzlei

Hitler hatte, wie allgemein bekannt ist, eine merkwürdige Tageseinteilung. Er schlief meist während der ersten Tagesstunden und über Mittag. Die Lagebesprechung, in der ihm durch den Chef des Wehrmachtführungsstabes, die Chefs der Generalstäbe des Heeres und der Luftwaffe und den Oberbefehlshaber der Kriegsmarine über die Ereignisse der letzten 24 Stunden Meldung erstattet wurde, fand um 16 Uhr statt; an diesen Besprechungen, die im Arbeitsbunker im Garten der Reichskanzlei stattfanden, nahm immer eine große Anzahl von Menschen teil, die z. T. dort wenig zu suchen hatten. Es waren außer Feldmarschall Keitel und den Begleitoffizieren der oben genannten Generale (Oberstleutnant v. John, Major i. G. Freiherr v. Freytag-Loringhoven, Rittmeister Boldt, Major i. G. Büchs, Korvettenkapitän Lüdde-Neurath) im allgemeinen der Reichsmarschall Göring, Reichsleiter Bormann, die Admirale Voß und Wagner, General Burgdorf als Wehrmachtadjutant, Admiral v. Puttkamer und Oberst v. Below (Luftwaffe), der SS-Obergruppenführer Fegelein, der Chef der Operationsabteilung der Luftwaffe, General Christian, zwei bis drei jüngere Offiziere als persönliche Adjutanten Hitlers und mehrere Stenographen, außerdem oft Speer, Himmler, der Gesandte Hewel vom Auswärtigen Amt, gelegentlich auch Goebbels. Der kleine Raum faßte kaum die Menschen die dicht gedrängt um den Kartentisch standen, an dem nur Hitler — und etwas abseits — die Stenographen saßen. Das dauernde Kommen und Gehen Einzelner und im Hintergrund halblaut geführte Gespräche wirkten oft störend, wurden aber selten moniert. Nach Vortrag der Lagemeldungen wurden durch Hitler die operativen Entschlüsse für den nächsten Tag bekanntgegeben. Dabei hielt sich Hitler nur gelegentlich an die Vorschläge der Generale; meist hatte er bereits vor der Lageorientierung eine vorgefaßte Meinung, oder er war wohl schon im Laufe des Vormittags auf Grund der Orientierung durch seine Adjutanten und nach Rücksprache mit Bormann, Burgdorf und Fegelein in seinem Entschluß festgelegt. Gelegentlich entstand, wenn ein unvorhergesehenes Ereignis das Lagebild im letzten Moment verändert hatte, ein wenig gestrafftes Palaver im Arbeitsraum, an dem sich außer den Oberbefehlshabern und Chefs der Generalstäbe auch Bormann eindringlich beteiligte und das meist doch mit einer Bestätigung der bereits festliegenden Entschlüsse endete. Diese wurden im allgemeinen zwischen 18 und 19 Uhr durch die begleitenden Offiziere fernmündlich an die Operationsabteilungen des Oberkommandos der Wehrmacht, des Generalstabs des Heeres, der Kriegsmarine und des Generalstabs der Luftwaffe durchgegeben, bei denen die entsprechenden Befehle bearbeitet und an die Heeresgruppen usw. abgesandt wurden.

Nach Eingang der die Tagesereignisse zusammenfassenden Abendmeldungen fuhr gegen Mitternacht noch einmal der Chef der Führungsgruppe oder der

Chef der Operationsabteilung bzw. ein besonders qualifizierter Offizier dieser Abteilung nach Berlin, um die Tagesabschlußmeldungen Hitler persönlich vorzutragen. Es wurde oft 3 Uhr, bis Hitler die Meldungen entgegennahm.

Hierbei waren nur wenige Herren zugegen.

Die Hin- und Rückfahrt Zossen–Berlin raubte täglich vier bis fünf Stunden Arbeitszeit – eine Folge der räumlichen Aufsplitterung des Führungsapparates, die durch Hitlers Wunsch bedingt war, während der letzten Phase des Krieges die Reichskanzlei nicht zu verlassen. Da man befürchtete, daß die Sowjets durch in der Nähe von Berlin mit Fallschirmen abgesetzte Partisanen versuchen würden, sich in den Besitz von Befehlen der Obersten Führung und von wichtigen militärischen Unterlagen zu setzen, wurden die Kraftfahrzeuge, in denen General Krebs und die vortragenden Offiziere mit den alle Einzelheiten der deutschen Truppengliederung enthaltenden Lagekarten täglich nach Berlin fuhren, durch Begleitfahrzeuge, Kriminalpolizei usw. besonders gesichert. Trotzdem behaupte ich, daß es ein leichtes für die Sowjets gewesen wäre, die Kraftfahrzeuge zu überfallen, da die von der Oder nach Westen marschierenden Trecks der aus Schlesien, Pommern, Posen und der östlichen Mark Brandenburg geflohenen Zivilbevölkerung eine gründliche Kontrolle der Straßen um Berlin nicht mehr möglich machten und zudem – wie sich kurze Zeit später herausstellte – in den höchsten Führungsstäben auch noch nach 5 1/2 Jahren Krieg ein nur geringes Vorstellungsvermögen über die Kampfart des sowjetischen Gegners vorhanden war. Man hatte sich noch nicht daran gewöhnt, daß man nur 80 km hinter der Front saß....

Als ich Ende März zum ersten Mal an der Lagebesprechung teilnahm, empfand ich es bitter, daß ich beim Betreten des im Garten der Reichskanzlei gelegenen Bunkers nicht nur meine Pistole abgeben, sondern mich auch einem zwar korrekt und höflich durchgeführten, aber von mir als unwürdig empfundenen Abtasten meiner Uniform und einer Untersuchung meiner Aktentasche unterziehen mußte – eine Vorsichtsmaßnahme, die nach dem 20. 7. 1944 verständlich erscheinen mochte, aber deutlich zeigte, wie geladen von Mißtrauen die Atmosphäre in der Umgebung des „Führers" war. Diese Atmosphäre zu schildern, vermag ich kaum; man wurde – und es ist, wie ich in Gesprächen mit anderen feststellen konnte, nicht nur mir so gegangen – durch dieses Fluidum von Servilität, Nervosität und Verlogenheit nicht nur seelisch fast erdrückt, sondern man spürte es geradezu in physischem Unwohlsein. Nichts war dort echt außer der Angst; eine Angst in allen Schattierungen – von der Furcht, das Mißfallen des „Führers" hervorzurufen, ihn durch irgendeine unbedachtsame Äußerung zu reizen, bis zur nackten Lebensangst in Erwartung des bevorstehenden Endes des Dramas. Notdürftig wurden noch die äußeren Formen gewahrt; selbst sie schwanden von Mitte April ab. Es war für mich erschütternd zu sehen, wie man in der höchsten Führung Rat- und Hilflosigkeit durch Vorgaukeln eines völlig entstellten Bildes zu übertünchen versuchte, eines Bildes, von dessen Unechtheit jeder

der Anwesenden überzeugt war. Es war kummervoll zu erkennen, mit welch äußerem Gleichmut, ja mit welcher Gleichgültigkeit routinemäßig über den Tod von Tausenden, oft Hunderttausenden entschieden und mit dem Schicksal um Landschaften, Städte und Menschen gewürfelt wurde. Hier war militärische Führungskunst zum Handwerk entartet; eine einstmals vorzüglich funktionierende Maschine, jetzt nur noch stoßweise arbeitend, mit sich festfahrenden Kolben, ächzend mit knallenden Fehlzündungen, lief aus.

Von Verantwortung wurde nicht gesprochen. Ob an die gedacht wurde?

## Hitler

Bevor ich das erste Mal in die Reichskanzlei fuhr, wurde mir von einem Stabsoffizier gesagt, ich müsse darauf gefaßt sein, in Hitler einen völlig anderen Menschen zu sehen, als er mir durch Photos und Film oder etwa von früheren Begegnungen her bekannt sei: einen verbrauchten, alten Mann. Die Wirklichkeit übertraf die Warnung bei weitem. Ich hatte Hitler vorher nur zweimal flüchtig gesehen: bei einem Staatsakt am Ehrenmal der Gefallenen im Jahre 1937 und bei seiner Geburtstagsparade 1939. Der damalige Hitler war in nichts mit dem Wrack eines Menschen zu vergleichen, bei dem ich mich am 25. 3. 1945 meldete und der mir müde eine kraftlose, zitternde Hand entgegenstreckte. Da ich nur dieses Wrack kennenlernte, kann ich mir ein Urteil über den Menschen Hitler nicht erlauben — außer dem, das sich jeder auf Grund seines Verhaltens, seiner Maßnahmen und ihrer furchtbaren Folgen über den Diktator machen kann. Meine kurze Skizzierung hat nur für den Mann Gültigkeit, der wußte, daß er verspielt hatte und nicht mehr die Kraft besaß, das zu verheimlichen. Er bot körperlich ein furchtbares Bild. Er schleppte sich mühsam und schwerfällig, den Oberkörper vorwärts werfend, die Beine nachziehend von seinem Wohnraum in den Besprechungsraum des Bunkers. Ihm fehlte das Gleichgewichtsgefühl; wurde er auf dem kurzen Weg (20 bis 30 Meter) aufgehalten, mußte er sich auf eine der hierfür an beiden Wänden bereitstehenden Bänke setzen oder sich an seinem Gesprächspartner festhalten. Er hatte die Gewalt über den rechten Arm verloren, die rechte Hand zitterte ständig[1]. Das war nicht eine Folge des Attentats vom 20. 7. 1944, sondern war schon — wie mir gesagt wurde — im Winter 1941/42 beobachtet worden. Durch den Schock des Attentats war sogar vorübergehend eine Besserung eingetreten. Mir fiel, als ich Hitler hier im Bunker sah, ein, daß er auf fast allen seinen Bildern aus früheren Jahren mit der linken Hand das Gelenk der rechten umfaßte; es scheint mir daher einleuchtend, daß es sich hier um eine Folge der im Ersten Weltkrieg erlittenen Gasvergiftung handelte. Die Augen waren blutunterlaufen; obgleich alle für ihn bestimmten Schriftstücke mit dreimal vergrößerten Buchstaben auf besonderen „Führerschreibmaschinen" geschrieben waren, konnte er sie nur

1 Es handelte sich um die linke Hand (vgl. auch S. 1722 ff.: Anlage 5).

mit einer scharfen Brille lesen. Aus den Mundwinkeln troff häufig der Speichel – ein Bild des Jammers und des Grausens ...

Geistig war Hitler, verglichen mit seinem körperlichen Verfall, noch frisch. Er zeigte zwar gelegentlich Müdigkeitserscheinungen, bewies aber noch häufig sein bewundernswertes Gedächtnis, mit dem er – vornehmlich was Zahlen und technische Daten anbelangt – seine Umgebung immer wieder verblüffte und seinen Argumenten schwer widerlegbare Überzeugungskraft verlieh.

In frappierendem Gegensatz zu seiner schnellen Auffassungsgabe und der geistigen Schärfe, mit der er in taktischen Fragen aus der Unzahl der ihm vorgetragenen und bei der Verschiedenartigkeit der Quellen oft wiedersprechenden Meldungen das Wesentliche erkannte, mit Spürsinn sich noch kaum abzeichnende Gefahren witterte und auf sie reagierte, stand seine geistige Unbeweglichkeit und Sturheit im Festhalten an dem einmal gesetzten strategischen und politischen Ziel. Er wich von dem Wege, den er sich vorgezeichnet hatte, nicht einen Schritt ab; auch dann nicht, als alle Voraussetzungen, das Ziel jemals zu erreichen, verlorengegangen waren. Er ging diesen Weg, als trüge er Scheuklappen, ohne einmal nach rechts oder links zu sehen. Er erschien mir wie jener uns aus unseren Kinderbilderbüchern bekannte „Hans-guck-in-die-Luft", der den Blick auf ein Phantom in den Wolken gerichtet vorwärts marschierte, ohne zu merken, daß er geradenwegs in einen jäh abstürzenden Abgrund lief [1].

Jeden Versuch, ihm die wahre Situation zu schildern und ihm klarzumachen, daß die Kraft der Truppe erschöpft sei, daß ihr Wert durch die ungeheuren Verluste und die überstürzte, daher unvollkommene Ausbildung des Ersatzes in ständigem Sinken war, daß weder materiell noch personell irgendwelche Reserven vorhanden waren – kurz, daß das militärische Ende unmittelbar bevorstand, lehnte er mit verbissenem Eigensinn ab. Er hatte sich in dem Netz der Lügen, in dem er andere zu fangen versuchte und jahrelang mit Erfolg gefangen hatte, selbst so verstrickt, daß er ihm nicht mehr entkam. Ich gewann den Eindruck, daß er selbst das größte Opfer seiner Lügen geworden war, ja daß sie vielleicht in erster Linie seiner Selbsttäuschung gedient hatten. Er glaubte selbst an die Zahl der Divisionen, die – oft nur aus Stäben bestehend – in Fähnchen auf der Karte kampfkräftige Verbände vortäuschten; er glaubte selbst an die Wunderwaffen, weil er an sie glauben wollte. Er glaubte an den Verrat der militärischen Führer, an ihr schimpfliches Versagen und an die Feigheit der Truppe bei jedem militärischen Mißerfolg, weil er an die Überbeanspruchung der körperlichen und moralischen Kraft der Truppe nicht glauben wollte. Er wollte nichts davon wissen, daß die Voraussetzungen, unter denen infolge der materiellen und zahlenmäßigen Überlegenheit der Gegner der deutsche Soldat 1945 kämpfte, noch ungleich schlechter waren als 1918 – und er wußte davon nichts.

1 Figur in dem 1848 zuerst veröffentlichten „Struwwelpeter", verfaßt von dem Frankfurter Arzt H. *Hofmann-Donner*.

In jedem wohlmeinenden Rat, in jedem Einwand witterte er den Versuch, ihn von seinem unverrückbaren Ziel abzubringen. Er mißtraute jedem — außer sich selbst. Er glaubte niemandem — außer sich selbst und seinen eigenen Lügen. Als ich in der Nacht vom 20. zum 21. 4. Hitler über den Durchbruch der Sowjets bei Kottbus, der zum Zusammenbruch der Ostfront und zur Einschließung Berlins führte, orientieren mußte, war ich mit ihm — es war das einzige Mal — allein zusammen. Hitler hatte sich wenige Stunden vorher entschlossen, das Führerhauptquartier, das OKW und die Generalstäbe des Heeres und der Luftwaffe — mit Ausnahme kleiner Arbeitsstäbe — in die sogenannte „Alpenfestung", d. h. in den Raum um und südlich Berchtesgaden zu verlegen. Diese „Alpenfestung" bestand nur auf dem Papier. Abgesehen von der Anlage einiger Versorgungseinrichtungen war nichts für die Verteidigung dieses „réduit" vorbereitet. Ob Hitler am 20. 4. noch die Absicht gehabt hat, selbst dorthin zu fliegen und sein Ende um einige Tage herauszuschieben, erschien mir fraglich. Der Verlegungsbefehl hatte nun dazu geführt, daß in dieser Nacht alle sonst ihr Interesse an den Lagebesprechungen bekundenden Bewohner der Reichskanzlei mit dem Verpacken und Verladen ihres reichlichen Gepäcks beschäftigt waren. Selbst der Stenograph war nicht erschienen. Es mußte erst eine Sekretärin herangeholt werden, um meinen Vortrag mitzuschreiben. Hitler nahm die Hiobsmeldungen gefaßt entgegen; aber er fand als Erklärung für den sowjetischen Erfolg wieder nur das eine Wort: „Verrat". Die Tatsache, daß kein Zeuge anwesend war, ermutigte mich zu der Frage an Hitler: „Mein Führer, Sie sprechen so viel vom Verrat der militärischen Führung und der Truppe. Glauben Sie, daß wirklich so viel verraten wird?" Hitler sah mich mit einem fast mitleidigen Blick an, als wenn nur ein Tor eine so dumme Frage stellen könne, und sagte: „Die ganzen Mißerfolge im Osten sind nur auf Verrat zurückzuführen." . . . Ich hatte den Eindruck, Hitler spreche aus tiefster Überzeugung . . .

In den letzten Monaten habe ich mir immer wieder die Frage vorgelegt: warum hat Hitler den Kampf auch noch fortgesetzt, als er wissen mußte, daß er ihn verlieren würde und daß jeder Tag des Widerstandes und Aufbäumens gegen ein nicht mehr aufzuhaltendes Schicksal dem deutschen Volk neue unheilbare Wunden schlagen, Vernichtung und Grauen vergrößern würde. Hat er wirklich bis zur letzten Stunde an sich und seine Stärke geglaubt? Vieles spricht dafür, daß er selbst im April 1945 noch nicht aufgegeben hatte und daß ihm seine dem Willen wohl sklavisch unterworfene Phantasie noch Rettungsbalken vorgaukelte, an die er sich festzuklammern bemühte. Er versuchte seiner Umgebung in diesen Tagen immer wieder klarzumachen, die Amerikaner und Engländer würden ihn als den Vorkämpfer westlicher Kultur und Zivilisation gegen die Barbarei des Ostens nicht im Stich lassen (wörtlich!); sie würden einen Waffenstillstand anbieten, damit er den Kampf gegen die Sowjets erfolgreich weiterführen könne; ja, sie würden ihn bei diesem Kampf sogar materiell unterstützen. Als die Nachricht vom Tode Roosevelts[1] bekannt wurde, schlug im „Führerbunker" die Stimmung fast zur Gewißheit um, der Krieg mit dem Westen sei nun beendet. Man erging sich in historischen Reminiszenzen an den Tod der Zarin Elisabeth, der Friedrich II. die Möglichkeit gab, einen unglücklichen Ausgang des Siebenjährigen Krieges zu vermeiden. Die Neigung Hitlers, sich mit Friedrich dem Großen zu vergleichen, mag hier eine Rolle gespielt haben.

Aber fast in dem gleichen Atemzug, in dem Hitler die Hoffnung auf ein Arrangement mit den Westmächten aussprach, gab er Befehle, das Vordringen der Heeresgruppe Montgomerys auf Berlin und die untere Elbe mit allen Mitteln zu verzögern. Erst am 23. 4. gab er sein Einverständnis, daß die beiderseits der Elbe zwischen Dessau und Lauenburg zur Sicherung Berlins gegen den Westen in der Versammlung befindliche 12. Armee unter Verzicht auf Widerstand gegen die Westmächte zum Entsatz von Berlin nach Osten angreifen solle.

Als ich in der Nacht vom 20. zum 21. 4., in der Hitler zu mir über den angeblichen Verrat der 4. Armee gesprochen hatte, gerade den Besprechungsraum im Bunker verlassen wollte, in dem sich dann nur noch Hitler befand, steckte der Gesandte Hewel vom Auswärtigen Amt den Kopf durch die Tür des Raumes und fragte: „Mein Führer, haben Sie für mich noch Befehle?" Als Hitler verneinte, sagte Hewel: „Mein Führer, es ist fünf Sekunden vor 12 Uhr. Wenn Sie mit Politik noch irgendetwas erreichen wollen, dann ist es allerhöchste Zeit." Mit leiser, völlig veränderter Stimme antwortete Hitler, während er langsam, müde und schleppend den Raum verließ: „Politik? Ich mache keine Politik mehr. Das widert mich so an. Wenn ich tot bin, werdet Ihr noch genug Politik machen müssen." In der Stimme klang ein resignierender, das Bewußtsein, verspielt zu haben, erkennen lassender Ton mit, der mich erschauern ließ.

„Ich mache keine Politik mehr" – er hatte seit Jahren keine Politik mehr gemacht. Er hatte alles auf eine Karte gesetzt, die militärische. Hatte ihn die Politik vielleicht schon seit Jahren „angewidert", weil er wußte, welche kümmerliche Rolle er in der Politik gegenüber Churchill, Roosevelt und Stalin spielte, wie er, ein völlig verbrauchter Mann, zum Gespött der Welt werden würde? Graute ihm vor dieser Vorstellung so, daß er nur einen Weg sah, um verhandeln zu können – als militärischer Sieger in einem Glorienschein, der alle Schwächen überdeckte? Empfand dieser Hitler das Mißverhältnis zwischen dem, was er war, und dem, was er sein wollte, so, daß er lieber als der größte Verbrecher aller Zeiten in die Weltgeschichte einzugehen bereit war, als daß man womöglich über ihn lächelte?

Am nächsten Tage hörte ich aus demselben Munde, als Hitler von dem Hissen der weißen Flagge in einigen deutschen Gemeinden bei Annäherung amerikanischer Panzer erfuhr, das Wort: „Das deutsche Volk verdient, wenn

1 Gestorben am 12. April 1945.

es so feige und schwach ist, nichts anderes als einen schmählichen Untergang."

(Es folgen Ausführungen über die Parteigrößen und die an der Lagebesprechung teilnehmenden Generale. Die Bemerkungen über den Generalobersten *Jodl* sind dessen – auf S. 1712 ff. abgedruckten – Aufzeichnungen vorangesetzt.)

### 3. Major d. Res. Prof. Dr. Percy Ernst Schramm über den Unterschied zwischen dem militärischen Denken Hitlers und dem des Generalstabs (Herbst 1945), mit Randnotizen des Generalobersten Jodl (April 1946)

*Die folgenden Seiten entnehme ich einer Denkschrift über die Vorgeschichte der Ardennen-Offensive, die ich im Herbst 1945 als Kriegsgefangener im Auftrag der US-Historical Division auf einem von ihr bewohnten Schloß bei Versailles anfertigte*[1].

*Zur Hand hatte ich dafür meine eigenen, S. 430 ff. im „4. Abschnitt" abgedruckten Aufzeichnungen, die mir von den Amerikanern zur Verfügung gestellten Protokolle über Vernehmungen der beteiligten Generale und Generalstabsoffiziere und vor allem die mündlichen Auskünfte der Chefs der Generalstäbe der drei an der Offensive beteiligten Armeen (6. Pz.-Armee: SS-Brig.-Führer Fritz Kraemer, 5. Pz.-Armee: Gen. Wagener und 7. Armee: General Frhr. v. Gersdorff).*

*Diese Denkschrift konnte ich im Nürnberger Gefängnis durch die Verteidiger dem Gen.-Obersten Jodl zuleiten, der sie mir nach Kenntnisnahme im April 1946 mit einem zustimmenden Vermerk und Randnotizen zurücksandte. Ihren Inhalt erkannte mündlich auch der Oberbefehlshaber der 5. Pz.-Armee, General v. Manteuffel, als zutreffend an. Ich darf deshalb die Denkschrift und daher auch die folgenden Seiten noch als eine „quasi-amtliche", d. h. „sine ira et studio" verfaßte Aufzeichnung in meiner Eigenschaft als Kriegstagebuchführer des OKW/WFStabs bezeichnen. Ich habe sie damals auch noch in der Diktion niedergeschrieben, die ich in dieser Eigenschaft benutzt hatte.*

#### Der Führungsgegensatz zwischen der Obersten Führung und den Kommandostellen des Westens.

Dem Gegensatz, der sich in der Stellungnahme des OB West und der Heeresgruppe B zu dem vom Führer und dem Wehrmachtführungsstab aufgestellten Rahmen[2] zeigt, kommt eine Bedeutung zu, die über den Anlaß weit hinausgreift. Wer diese Tatsache nicht würdigt, verschließt sich den Zugang zu einem tieferen Verständnis.

Am nächsten liegt es, diesen Gegensatz auf die Formel zu bringen, daß sich die Meinung der Fachleute in Widerspruch zu einem Manne setzte, der auf

1 Vgl. dazu unten den II. Teil der „Erläuterungen" (S. 1795 Anm. 1).

2 D. h. der bei der Vorbereitung der Ardennen-Offensive herausgetretene Gegensatz zwischen der von Hitler verlangten „großen Lösung" (Ziel: Antwerpen) und der von den Oberbefehlshabern empfohlenen „kleinen Lösung" (Ziel: zunächst Lüttich).

allen Lebensgebieten und daher auch auf dem militärischen ein Autodidakt war, mochte er auch noch so gute Einfälle haben (daß dies in der Strategie der Fall war, leugneten ja auch die nicht, die Adolf Hitlers militärischer Führung sonst mit scharfer Kritik begegneten). Diese Lösung ist jedoch zu einfach. Denn der Führer hatte sich dank eines ganz ungewöhnlichen Gedächtnisses und auf Grund einer umfangreichen Lektüre sowie ständiger Unterredungen mit Fachleuten nicht nur ein Spezialwissen verschafft, durch das er die Mehrzahl der höheren Offiziere übertraf, sondern ihm stand in Gestalt des Generalobersten Jodl und seines Stabes ein Führungsorgan zur Seite, das seine Mängel – soweit sie auf fehlender Schulung beruhten – ausgleichen konnte.

Der Einwand, daß der Chef des Wehrmachtführungsstabes und seine Offiziere nur die Marionetten des Führers gewesen seien, die seinen Willen blindlings ausgeführt hätten, und daß es sich daher doch um den Gegensatz zwischen den Fachleuten und dem Autodidakten gehandelt habe, ist nicht stichhaltig. Denn Generaloberst Jodl hatte nicht nur die Möglichkeit, seine eigenen Gedanken und seine Bedenken zur Sprache zu bringen, und machte von ihr auch ständig Gebrauch, sondern Adolf Hitler benötigte einen solchen Widerpart, da es seine Art war, militärische Entschlüsse von Wichtigkeit nicht abrupt zu fassen, sondern sie in langen, oft überlangen und über Tage hinausgezogenen Diskussionen durch Rede und Gegenrede zu klären.

Dem aufgezeigten Gegensatz kommt die Formulierung schon näher, die ihn auf die im Laufe des Krieges eingetretene „Frontfremdheit" der Obersten Führung zurückführt. Dieser Gefahr ist ja jeder Stab ausgesetzt; sie beginnt schon bei der Division. Man kann ihr dadurch begegnen, daß die Angehörigen solcher Stäbe nach nicht zu langer Zeit gegen Offiziere von der Front ausgewechselt werden, die auf Grund ihrer Erfahrung sicherstellen, daß nur Befehle gegeben werden, die dem Wechsel der Kriegstechnik, den im Laufe eines Krieges schwerer werdenden Verhältnissen an der Front und dem Zustand der Truppe voll und ganz Rechnung tragen. Außerdem kann diese Gefahr durch häufige Reisen an die Front und durch Rücksprachen mit Offizieren und Mannschaften, die schwere Kämpfe mitgemacht haben, eingeengt werden.

Alle diese Mittel hatte auch die Oberste deutsche Führung angewandt; aber die Vereinigung aller Macht in der Hand des Führers brachte es mit sich, daß er sein Hauptquartier selbst für 2–3 Tage nur unter größten Schwierigkeiten verlassen konnte. Gegen solche Art der Führung galt das gleiche auch für den Generalobersten Jodl. Es wurde deshalb zu dem Aushilfsmittel gegriffen, daß von Zeit zu Zeit, besonders bei Krisen, Generalstabsoffiziere aus dem Wehrmachtführungsstab an die Front geschickt wurden, die anschließend schriftlich und mündlich über die eingesammelten Eindrücke und Erfahrungen berichteten. Andererseits benutzte der Führer die Austeilung von Auszeichnungen und andere Anlässe, um sich von Offizieren und Mannschaften über ihre Erlebnisse im einzelnen berichten zu lassen – mögen manche nicht viel zu Worte gekommen oder in der Feststimmung, in die eine solche Ehrung sie versetzte, in den Fehler verfallen sein, ein zu rosiges Bild zu zeichnen, so gab es doch genügend andere, welche die Gelegenheit benutzten, um frei von der Leber weg von den Schwierigkeiten und Sorgen der Front zu erzählen. Es geschah also, was unter den einmal gegebenen Umständen möglich war, um der Gefahr der Frontfremdheit in der Obersten Führung entgegenzuwirken; aber alles zusammen genommen waren es doch nur Aushilfsmittel, welche die Tatsachen selbst nicht aus der Welt schaffen konnten. Es blieb der unüberbrückbare Gegensatz zwischen denen, die die Dinge am eigenen Leibe erfuhren und sie womöglich mit dem Leben bezahlten, und denen, die sie nur vom Hörensagen und aus Berichten und Statistiken kannten. Und dieser Gegensatz vergrößerte sich dadurch noch, daß die Luftlage über und hinter der Westfront sich ständig verschlechterte, so daß Gegenmaßnahmen des Führerhauptquartiers sehr oft einen Zustand voraussetzten, der in Wirklichkeit bereits überholt war.

Aber dies ist noch nicht das Entscheidende. Man nehme einmal an, Adolf Hitler selbst oder nur der Generaloberst Jodl hätten sich für einige Zeit freimachen können, um die Art, die der Krieg im Westen nunmehr angenommen hatte, an Ort und Stelle zu studieren; man nehme ferner an, sie hätten sich genau so wie die Kommandeure und Befehlshaber im Westen unmittelbar vor Augen geführt, daß die Divisionen trotz ihrer unerschütterten Moral, trotz der erstaunlichen Leistungen, welche auch die überstürzt in die Westfront eingegliederten Verteidiger aufzuweisen hatten, nicht mehr jenen – inzwischen durch Tod und Verwundung gelichteten – Verbänden entsprachen, die einst die Siege erfochten hatten; man stelle sich vor, sie hätten sich davon überzeugt, wie trotz der nach der Statistik geradezu erstaunlichen Nachschubleistungen in der Praxis doch noch überall Lücken in der Ausstattung klafften, Schwierigkeiten über Schwierigkeiten bei der Auffrischung bestanden und hinter der Front sich mehr und mehr eine Verkehrswüste ausdehnte, in der sich höchstens noch in der Nacht oder bei Regenwetter einige wenige Züge bewegten und selbst der Kraftwagenverkehr zu erliegen drohte. Wäre dann der Entschluß der Obersten Führung anders ausgefallen? Hätte sich der Führer dann bei der Planung der Ardennen-Offensive zur „kleinen Lösung“ statt der „großen“ entschlossen?[1]

Die politische Seite der Frage, die zweifellos eine große Rolle spielte, da eine Wendung des Schicksals kaum noch denkbar schien, lassen wir hier ganz beiseite und halten uns nur an die aufgestellte Hypothese. Dann muß die gestellte Frage mit einem klaren „Nein“ beantwortet werden. Und dies Nein führt auf den eigentlichen Gegensatz, um den es sich bei den auseinandergehenden Auffassungen des Führers und der Kommandostellen im Westen handelt. Will man ihn in Begriffe pressen, dann ist es der zwischen *Generalstab*[2] und *Revolutionär.*

1 Vgl. dazu die Einleitung (S. 39, 51 f.).
2 Man darf in diesem Zusammenhang den Ausdruck „Generalstab“ nicht pressen; denn gemeint ist das Denken, wie es jeder höheren militärischen Führung eigen ist (Anm. von 1945).

Es handelt sich bei ihm um eine ganz eigene Art der militärischen Urteilsbildung und Entschlußfassung, die im letzten nicht ohne Inspiration auskommt und insofern den Ausdruck „Kriegskunst" rechtfertigt, aber im Laufe der Zeiten immer mehr einer Wissenschaft angeglichen worden ist.

Die Stärke des deutschen Generalstabes, aus dem die Generalfeldmarschälle von Rundstedt und Model sowie ihre Chefs hervorgegangen waren und dessen Art der General von Manteuffel zum mindesten eng verwandt war, hatte darin bestanden, daß er ganz methodisch auf diesem Weg so weit fortgeschritten war, wie es das letzthin doch unberechenbar bleibende Kriegshandwerk zuließ. Der Generalstab stellte also, wenn der Gedanke einer Offensive aufgetaucht war, zuerst einmal die systematische Gegenprobe an, ob es noch andere Möglichkeiten gab und ob diese besser oder schlechter waren. Dann versenkte er sich in die Gedanken des Gegners, überlegte, was dieser tun werde, und schätzte danach die eigenen Aussichten ab. Wenn dann feststand, daß der Ausgangsgedanke tatsächlich der beste war, dann begann ein Ausprobieren der denkbaren Kräfteverschiebungen auf der Karte, eine möglichst realistische Auswertung der Zustandsberichte über die vorhandenen und die in Aussicht stehenden Verbände, eine höchst nüchterne Berechnung in Kilometern, Bodenhöhen, Flußtiefen, in Tonnen und Kubikmetern, in Eisenbahn- und Lastwagen-Transportraum, ein Auskalkulieren der durch die Artillerie, die Werfer, die Luftwaffe zu erzielenden Wirkung, der zu erwartenden Gegenwirkung durch den Feind und der deshalb noch erforderlichen Kräfte und schließlich ein Abwägen aller der fördernden und hemmenden Faktoren, welche zu erwarten standen — ein Hantieren mit unzähligen Größen, bei denen meist vorher nichts Genaues auszumachen war, die aber dank langer Erfahrung doch mehr oder minder richtig eingeschätzt werden konnten. Für Phantasie und Inspiration war in diesem Arbeitsvorgang kein Platz, und der Glaube und der Wille in der Führung oder in der Truppe waren bei einer so völlig realistischen Einstellung nur zwei Faktoren unter anderen. Die Schlußaufgabe einer solchen Rechnung bestand darin, alle diese Feststellungen auf einen Nenner zu bringen und daraus die Folgerung zu ziehen: mit so und so viel Truppen, mit so und so großen Vorräten, mit so und so starker Unterstützung durch Artillerie und Luftwaffe läßt sich von dem erstrebten Erfolg aller Wahrscheinlichkeit nach so und so viel erreichen.

So war die Arbeit, die der OB West, die Heeresgruppe B und die drei Armeestäbe leisteten, und dies war der Schluß, zu dem sie kamen: der Angriffsraum ist richtig in Aussicht genommen, der Durchbruch wird möglich sein; aber das Ziel ist zu weit gesetzt. Mit den vorhandenen Kräften ist nur die Hälfte des Erstrebten zu erreichen; aber auch sie lohnt es, daß eine Offensive unternommen wird. Führt sie zum Erfolg, dann kann man weiter sehen, eine neue Berechnung anstellen und — wenn sie positiv ausfällt — auch noch die zweite Hälfte in Angriff nehmen.

Adolf Hitler kam nicht nur auf ganz anderem Wege zu seinem Entschluß, sondern stellte auch seine Berechnungen anders an. Er hatte als ehemaliger Gefreiter ein ausgesprochenes Mitgefühl mit dem einfachen Mann, dem „armen Wurm", und sah dank seiner großen Vorstellungskraft die Schwierigkeiten der Kampfvorgänge, obwohl sie sich seit der Zeit seines eigenen Fronteinsatzes so stark gewandelt hatten, plastisch vor sich. Aus den Erfahrungen des Ersten Weltkrieges hatte er vor allem die Grundregel festgehalten, daß man eine Truppe nicht dadurch innerlich unsicher machen dürfe, daß man die Möglichkeit des Ausweichens offen ließ — deshalb sein Widerstreben, wenn ihm nahegelegt wurde, eine Räumung oder das Zurückgehen auf eine neue Linie zu genehmigen. Er war überzeugt, daß — wenn nur ein fester Wille herrsche — die meisten Anträge nicht nötig seien.

Diesen Willen setzte er überall als den positiv beherrschenden Faktor ein. Darin spiegelt sich die Erfahrung wider, die er in der Zeit seines revolutionären Aufstiegs gesammelt hatte. Wäre er durch die generalstabsmäßige Denkschule gegangen, dann hätte er sich auf jeder Stufe berechnen müssen, daß das Erreichen der nächsten unmöglich sei. Dann hätte er den Versuch der Machtergreifung überhaupt nicht unternommen, da er nach nüchterner Rechnung von vornherein aussichtslos war. Als Revolutionär, der er — der Denkart nach — auch im Besitze der Macht geblieben war, sah er es als selbstverständlich an, daß Anfangserfolge die Aussicht auf weitere Erfolge schufen, weil sie die eigenen Reihen anfeuerten und die der Gegner lähmten. Genau so, wie er es in seiner politischen Wirksamkeit getan hatte, sah der Führer es auch bei seiner militärischen Führung als das richtige an, von vornherein die Ziele so weit zu setzen, daß nüchterne Rechner erklärten, sie zu erreichen, sei unmöglich; denn er vertraute darauf, daß die weitere Entwicklung sofort die Geleise des Kalküls überspringen würde, sowie der erste Erfolg erzielt war, und daß dann mit Hilfe der entfachten Energien auf der eigenen, der gelähmten auf der anderen Seite das Unwahrscheinliche doch erreichbar sein werde. Das war das, was er mit dem von ihm so oft angeführten Wort „Fanatismus" meinte und immer von neuem von der Wehrmacht forderte. Ein guter Teil der militärischen Erfolge, die er in den ersten Kriegsjahren davongetragen hatte, waren ja gegen die Vorausberechnungen des Generalstabs erfochten worden, und daraus leitete er vor sich selbst das Recht ab, stets und immer mit dem „Fanatismus", dieser unberechenbaren Größe, als entscheidendem Faktor zu rechnen. Hätte die Bibel ihm etwas zu sagen gehabt, dann wäre es sicher das Wort von dem Glauben, der Berge versetzen kann, gewesen, das am meisten aus seinem Herzen gesprochen war.

Vielleicht ist dies das entscheidende Problem der Obersten deutschen Führung im II. Weltkrieg überhaupt, daß Hitler, gestützt auf seine Anfangserfolge, sagen konnte, er und nicht der Generalstab, der auf Grund seiner Berechnungen seine Ziele weniger weit gesteckt hatte, sei der wahre Realist, der die tatsächliche Entwicklung genauer vorausgesehen hatte, eben weil er das Unberechenbare mit einkalkuliert hatte, daß dann aber die Verhältnisse sich wandelten und der Generalstab wieder die richtigen Berechnungen anstellte.

Es hieße die Dinge zu einfach sehen, wenn man – um dies zu erklären – behauptete, dem Führer seien zurechtgemachte Zahlen vorgelegt worden oder er habe nur das günstig Aussehende zur Kenntnis genommen. Es war vielmehr so, daß Adolf Hitler einen nie eingeschläferten Argwohn gegen die ihm vorgelegten Unterlagen hatte [1]; dank seines stupenden Gedächtnisses vermochte er in ihnen Fehler nachzuweisen, wo selbst so und so viele Sachbearbeiter keine aufgespürt hatten. Er ist daher auch in erschöpfender Weise informiert worden. Dagegen ist die zweite Annahme nicht wegzuleugnen; nur war es nicht so, daß er unbequeme Feststellungen einfach wegwischte – er deutelte vielmehr an ihnen herum, fand Gründe, weshalb sie so nicht stimmen könnten, oder ersann Gegenmaßnahmen, denen er zutraute, daß sie das Negative in das Positive umändern könnten.

Wäre es weiter gut gegangen, so wäre diese Seite seiner Art gar nicht so herausgetreten. Seitdem aber die Entwicklung rückläufig war, erwies sich der „Realist" von einst mehr und mehr als ein Rechner, dessen Rechnungen nicht mehr stimmen wollten. Es wäre verkehrt, ihn deshalb einen Illusionisten zu nennen; denn er blieb nach wie vor auf der Erde stehen: er unterschätze nur die Stärke der Gegner, die er nicht wahrhaben wollte, und er überschätzte die eigenen Kräfte, die er wahrhaben wollte, die aber in diesem Umfang nicht mehr zur Verfügung standen, und kam daher allemal zu Rechnungen, die nicht stimmten.[2] Abgesetzt von der Truppe, legte er sich im besonderen nicht ausreichend Rechenschaft darüber ab, wie abgekämpft sie war und wie aller Fanatismus nicht wettmachen konnte, was ihr an physischer Kraft und Ausrüstung abging.

Zweifellos ist damit viel mehr aus der deutschen Wehrmacht herausgeholt worden, als selbst ihre positivsten Beurteiler geglaubt hätten. Aber ihre Kraft hatte ihre Grenzen, und diese sah Adolf Hitler auch bei der Vorbereitung der Ardennen-Offensive nicht richtig – ihr Verlauf bewies, daß die Oberbefehlshaber sie besser abgeschätzt hatten.[3]

Wenn es über den Gegensatz „große Lösung – kleine Lösung" nicht zu einer Führungskrise kam, so lag das darin begründet, daß die Frage „Antwerpen" vorerst zurückgestellt werden konnte. Die Maas zu gewinnen, war in jedem Falle nötig. Fiel kein Übergang über den Fluß in deutsche Hand, entstand also an seinem Ufer oder schon vorher ein Stopp, konnten die Vertreter der „kleinen Lösung" erwarten, daß sich diese von selbst aufdrängen werde. Gelang das Zurückwerfen des Gegners hinter die Maas und sah man dann klarer in die Gegenmaßnahmen des Feindes hinein, dann erst war der Augenblick

1 Randbemerkung des Generalobersten *Jodl:* „Sehr richtig. J."
2 Dazu am Rande Gen.-Oberst *Jodl:* „Dann ist er eben ein Illusionist".
3 Von demselben unterstrichen; dazu am Rande: „Das möchte ich für die Ard(ennen-)offensive am wenigsten sagen. Es war ein Akt der Verzweiflung, wie der Ausbruch aus einer vom Hunger bedrohten Festung. J(odl). 21. 4. (1946)".

gekommen, den Gegensatz auszutragen. Denn dann ließ sich feststellen —
nicht nur wie bisher nur schätzen —, wieviel eigene Kräfte noch für den auf
Antwerpen zielenden Keil zur Verfügung standen und wieviel die Ameri=
kaner und Briten ihm voraussichtlich noch entgegenwerfen konnten.

Für seine Person kam überdies der Generalfeldmarschall Model der Auffas=
sung des Führers dadurch nahe, daß auch er dazu neigte, das Unmöglichste zu
fordern, um das Größtmögliche zu erreichen. War er gegen „Antwerpen" als
Ziel, so mußte es ihm doch als Parole liegen.

Und die Vertreter der „großen Lösung"?

Kein Zweifel, daß Adolf Hitler die Losung „Antwerpen" nicht nur ausgab,
um die Generale und nachher die Truppe nach vorn zu reißen, sondern tatsäch=
lich in seinem Innersten erwartete, die Verwirklichung werde möglich sein.

Ob der Generaloberst Jodl davon in gleicher Weise überzeugt war oder
ob er sich dem Gedanken des Führers aus dem Grunde anschloß, weil er die
Festlegung eines entfernten Punktes für ratsam hielt, um die drei Armeen
fest auszurichten und sie beim Vordringen von nebensächlichem Geländege=
winn abzuhalten, hat er selbst seinen engsten Mitarbeitern gegenüber nicht
aufgedeckt, geschweige denn zu den Akten gegeben[1] — vertrat er die Auf=
fassung des Führers mit Nuancen, dann hatte er mehr als jeder andere die
Verpflichtung zur Geheimhaltung, um die Einheitlichkeit der Obersten Füh=
rung zu gewährleisten und in der Zielsetzung keine Unsicherheit aufkommen
zu lassen.

Das Führerhauptquartier bestand also auf der „großen Lösung". Aber es
verbiß sich doch nicht in diesen Gedanken. Der Führer behielt sich vielmehr —
wie sich noch ergeben wird — eine andere Ausrichtung der Offensive vor, sowie
die Lage dies verlangen würde. So erklärt es sich auch, daß die Oberste Führung
in dem Augenblick, als sie erkannte, daß der Angriff bereits vor der Maas
steckenblieb, sofort zu einer Form der Initiative überging, die sich sowohl vom
Gedanken der „großen" als auch der „kleinen Lösung" freimachte, nämlich
Teilschläge an den Frontabschnitten vorsah, welche der Feind inzwischen hatte
entblößen müssen, zunächst gegen das nördliche Elsaß, dann an der Saarfront
und so fort — mit dem Grundgedanken, die operativen Reserven des Gegners
aufzuzehren und dadurch neue Großangriffe des Gegners unmöglich zu machen.

Dadurch wurden der Führer und die Oberbefehlshaber über die Unterschiede
im Grundsätzlichen hinweg auch wieder nahegebracht. Dadurch erklärt sich
auch, daß die Frage: „große oder kleine Lösung", die in den nächsten Wochen
von Generalfeldmarschall Model unter Zustimmung des OB West immer wie=
der zur Erörterung gestellt wurde, die Beteiligten doch nicht auseinandertrieb.

Wer sich vom strategischen Gesichtspunkt mit diesem Gegensatz befaßt,
würde gern wissen, wie die Heeresgruppe den von ihr verfolgten Gedanken
der Kesselschlacht im Raum von Aachen aus dem Ansatz für die „große Lö=

1 Generaloberst *Jodl* hat diesen Absatz am Rande angestrichen, aber sich nicht zu
ihm geäußert.

sung" heraus zu verwirklichen gedachte – aber die beiden Männer, auf welche es bei dieser Umwandlung der Zielrichtung in erster Linie angekommen wäre, der Generalfeldmarschall Model und sein Chef, der General Krebs, weilen nicht mehr unter den Lebenden.

### 4. Aufzeichnungen des Generalobersten Jodl, Chef WFStab, über Hitlers Einwirken auf die Kriegführung, diktiert 1946 im Nürnberger Gefängnis

*Diese Betrachtung diktierte Alfred Jodl der Gattin seines Verteidigers während der Untersuchungshaft in die Feder; den letzten Absatz (S. 1721 von: „Aber seine militärischen Ratgeber" bis: „ich kann es nicht") trug er bei einem Besuche nach, den ihm seine Frau abstatten durfte (sie nahm den Zusatz im Stenogramm auf). Diese Unterredung fand nach der Verkündigung des Urteils statt; bei dem Tenor des Zusatzes ist daher die Trotzstimmung in Rechnung zu stellen, die damals in A. Jodl aufwallte.*

*Wer es einmal unternimmt, das Leben Alfred Jodls darzustellen, wird es schwer haben, hinter die Maske zu dringen, die der vom Internationalen Gericht verurteilte und am 16. 10. 1946 durch den Strang hingerichtete Generaloberst trug. Er fühlte sich – wenn ich recht sehe – verpflichtet, sie zu tragen auf Grund des ihm anerzogenen Offiziersethos und des Respekts vor dem Staatsoberhaupt, dessen negative Eigenschaften er besser als andere durchschaute, dessen positive Begabungen er aber – wie diese Seiten beweisen – selbst in der Todeszelle noch anerkannte. Daß Alfred Jodl im Grunde seiner Seele bereits seit dem Winterfeldzug 1941/42, endgültig seit Stalingrad (1942/43), nicht mehr an den „Endsieg" glaubte, erhellt aus den Aussagen, die ich in der Einleitung angeführt habe. Seine Tragik besteht darin, daß er sich moralisch verpflichtet fühlte, das, was er mit dem Verstand voraussah, aus „dienstlichen" Gründen nicht laut werden zu lassen; deshalb trat er allen, die zu derselben Erkenntnis gelangten, mit Schärfe entgegen – dem General Warlimont, d. h. seinem nächsten Mitarbeiter, hat er deshalb auf eine skeptische Bemerkung hin einmal erwidert, er gehöre eigentlich in ein Konzentrationslager*[1].

1 Aufschlußreich ist in dieser Hinsicht eine – von seiner Gattin ins Reine geschriebene und mir dankenswerterweise zur Verfügung gestellte – Aufzeichnung Jodls in der Zeit seiner Gefangenschaft im Nürnberger Gefängnis (25. 2. 1946) zu seinem Vortrag vor den Gauleitern (Ende 1943), die als Dokument L – 172 dem Nürnberger Internat. Gerichtshof vorlag (vgl. S. 1534 ff.: Abschnitt A I Nr. 2 im „Dokumententeil"):

„Ich habe den Eindruck, daß mein Vortrag vom 7. 11. 1943 der Verteidigung besonderes Kopfzerbrechen macht.

*Wie es dazu kam, habe ich schon geschildert.*

Nicht nur ich, sondern Dutzende von Offizieren haben vor diesem Kreis gesprochen – nach meinem Vortrag z. B. noch 2 andere Offiziere –, weil Hitler größten Wert auf ein gegenseitiges Verständnis zwischen Parteiführern und Offizieren legte.

Ich habe ferner schon dargelegt, daß in dem Dokument L – 172 das Kernstück

*Wenn der Biograph Alfred Jodls seine Aufgabe richtig anfaßt, wird er an diesem Einzelschicksal das furchtbare Verhängnis erläutern können, das im II. Weltkrieg die einsichtigen, aber sich zur Loyalität gegenüber dem Staatsoberhaupt und Obersten Befehlshaber der Wehrmacht verpflichtet fühlenden, den Autodidakten durchschauenden und verachtenden, aber von seinem „sechsten Sinn" faszinierten Generalstäbler vor der Welt zu „Mitverantwortlichen" machte.*

*Das Verhältnis, in dem Generaloberst Jodl zu Hitler stand, machen dem Leser Ausführungen deutlich, die der Verfasser der Anlage 2 im Winter 1945/46 (also in einer Zeit, als das Todesurteil noch ungewiß war und der Verfasser nicht durch Äußerungen Dritter beinflußt wurde) niederschrieb*[1]*:*

„Jodl gehörte nicht zu den Menschen, die bei Hitler krochen. Er sagte offen, ungeschminkt und oft in harten Worten seine Meinung. Aber das, was er sagte, kam nicht an. Schon das erste Mal, als ich seinen Vortrag vor Hitler

des r e i n militärischen Vortrages fehlt; nur die Garnierung ist vorhanden. Diese mußte Mut, Zuversicht, Glauben, Einheitlichkeit des Wollens und Handelns zum Ausdruck bringen.

Ich hatte 1914/18 erlebt, wie Front und Heimat, Soldaten und Arbeiter, Staatsführung und Volksführung durch die politischen Parteien sich mehr und mehr in ihrem Denken auseinanderentwickelten, bis endlich der Staat in der Heimat zerbrach und die Wehrmacht mit in die Niederlage und die Revolution riß. Dieses Erlebnis hat so stark in mir nachgewirkt, daß ich es in diesem II. Weltkrieg mir zum Grundsatz machte, alles zu tun, was in meiner Macht lag, jede Spaltung, jede Zersetzungserscheinung, kurz alle Konflikte im Innern, soweit sie die Wehrmacht angingen, zu bekämpfen. Jede derartige Erscheinung im Innern mußte den Nährboden abgeben für die Wirksamkeit feindlicher Propaganda und die Schlagkraft nach außen herabmindern. Diese Gefahren bestanden im Staate Hitlers genauso wie in dem Wilhelms II. Er konnte das ganze Gewicht der historischen Vergangenheit Deutschlands auch nicht abschütteln. An Stelle des Landesfürsten waren Gauleiter getreten; der Rassen- und Religionskampf war durch die Partei selbst entfesselt worden, und an Stelle der Parteigegensätze traten ähnliche Erscheinungen innerhalb der Parteifunktionen auf. Es gab auch hier mehr nationale und mehr sozialistische Richtungen. Der Gegensatz zwischen Wehrmacht und Staatsführung, den es früher nicht gab, war eine Tatsache, und die Streitigkeiten, Eifersüchteleien und Machtkämpfe zwischen den einzelnen Ressorts überstiegen bei weitem das auch früher unvermeidliche Maß. So muß man es verstehen, daß ich in diesem ganzen Krieg nie Kritik übte außer zu wenigen Vertrauten wie Scherff, Schmundt und Hewel und jede Gelegenheit benutzte, für Verständnis und Einigkeit zu wirken. Sie waren die Voraussetzung für den Sieg, für den mitzuarbeiten mir heilige Pflicht war."
gez.: *J(odl).*

Gen. *Scherff* war der Sonderbeauftragte des Führers für die Kriegsgeschichtsschreibung (vgl. den II. Teil der „Erläuterungen"); Gen. *Schmundt* war Hitlers Chefadjutant und Chef des Heerespersonalamts; der Botschafter *Hewel* war der Vertreter des Auswärtigen Amts im FHQu.

1 Vgl. hier auch den Tagebuch-Eintrag von Goebbels (2. 3. 1943) bei H. *Fraenkel*–R. *Manwell*, Goebbels. Eine Biographie, Köln–Berlin 1960, S. 282: „Sehr scharfe Urteile gibt Göring gegen das FHQu. ab. Insbesondere hat es ihm hier Jodl angetan, von dem er mir berichtet, daß er sogar schon dazu übergegangen ist, Witze über den Führer zu machen. Das fehlte noch. Der Führer traut diesen Leuten allzu sehr ..."

hörte, war mir klar, daß sich Jodl über die tatsächliche Lage nicht den geringsten Illusionen hingab. Er sah die Dinge nüchtern und klar. Er gab dem auch unmißverständlich Ausdruck, oft in einer fast zynischen Art, in der er sich gar nicht zu verhehlen bemühte, daß er sich hinsichtlich seines operativen Könnens Hitler überlegen fühlte. Sein Auftreten Hitler gegenüber war sogar gelegentlich schulmeisterlich. Dabei trug er allerdings zur Schau, daß er davon überzeugt sei, tauben Ohren zu predigen. Er ließ sich nichts gefallen. Er stellte Hitler sogar gelegentlich vor die Alternative, sich selbst oder Jodl für einen Idioten zu halten. Aber Hitler nahm diese Alternative nicht an. An ihm prallte alles, was Jodl sagte, reaktionslos ab. Mir wurde erzählt, daß Hitler früher großes Vertrauen zu Jodl und damit auch zum Wehrmachtführungsstab gehabt habe. Als Jodl aber während der Kämpfe im Kaukasus einmal nach einem Besuch bei Feldmarschall List, der nach Auffassung Hitlers versagt hatte, sich für diesen gegen Hitler einsetzte, habe Hitler dieses Vertrauen verloren und seitdem auch jede persönliche Verbindung zum Wehrmachtführungsstab, mit dessen Herren er früher häufig gemeinsam gegessen hatte, aufgegeben. Jodl sei nur deswegen damals nicht abgelöst worden, weil Hitler die Sorge gehabt habe, jeder Nachfolger würde noch ‚unzuverlässiger' sein." [1]

*Alfred Jodl diktierte im Nürnberger Gefängnis das Folgende:*

## Der Einfluß Hitlers auf die Kriegführung

(Eine skizzenhafte Betrachtung Hitlers als Stratege)

Zu den vielen Begriffen, die öfter gebraucht als durchdacht werden, gehört das Wort „Strategie". Fast jeder kennt es, fast jeder spricht es aus, aber viele würden schweigen auf die Frage: Was ist denn Strategie? Die Menschen sprechen von ihr, weil sie wissen oder ahnen, daß der Erfolg oder Mißerfolg der Strategie im Kriege auch über ihr Schicksal entscheidet. Damit geht sie jeden unmittelbar an, steht ihm viel sichtbarer vor Augen als die operativen Probleme der Schlachten. Diese zu beurteilen oder kritisieren, freut sich das Volk, ja selbst das Offizierkorps, soweit es nicht dem Generalstab angehört. Das ist verwunderlich. Ob man frühzeitig mit schwächeren oder später – dafür aber mit stärkeren – Kräften angreife, ob man den Schwerpunkt auf den rechten oder linken Flügel legen sollte, ob man hätte durchbrechen und nicht umfassen oder ob man gar nicht hätte angreifen sollen, ob man Nebenfronten noch mehr hätte schwächen können, ob man sie in der Verteidigung festhalten, zur Festhaltung des Gegners mit angreifen lassen oder gar zurücknehmen sollte hinter einem Schlachtengeländeabschnitt, das alles sind militärische Führungsprobleme, und zwar die operativen, von denen auch der kritiklüsterne Mund lieber schweigt. Denn selbst, um darüber zu reden, braucht man Lagekarten, Angaben über die eigene, über die feindliche Stärke, über den Zustand der

1 Vgl. dazu unten den II. Teil der „Erläuterungen" (S. 1750 f.).

Truppen, ihre Ausrüstung und Bewaffnung und über ihre Ausstattung mit Munition. Doch das sind Geheimnisse, die in den Akten und Karten des Generalstabes verborgen bleiben. Aber selbst, wenn sie später in kriegsgeschichtlichen Darstellungen den Weg in die Öffentlichkeit finden, niemals entzündet sich an ihnen der brennende Streit der öffentlichen Meinung in demselben Maße wie an den strategischen Plänen und Problemen des Krieges. Die Art, wie die Operationen geführt werden, empfindet eben jedermann als eine fachwissenschaftliche Angelegenheit, nicht anders als medizinische Erörterungen über neue Methoden der Chirurgie.

Die schützende Mauer der Geheimwissenschaft ist um die Strategie gezogen, und auf dem unübersichtlich-geheimnisvollen Boden, den sie umschließt, findet sich niemand zu Hause, der nicht in einem arbeitsamen Leben oftmals mit Theorie und Praxis in Hörsälen und Manövern diese verschlungenen Pfade gewandert ist. In der Strategie aber erscheint alles simpel und einfach. Ist es nicht für jeden Laien einleuchtend und selbstverständlich, daß Hitler Rußland nicht hätte angreifen dürfen, weil es stärker war, als wir glaubten, weil wir es deswegen nicht besiegen konnten, sondern von ihm besiegt wurden? Hat nicht die entsetzliche Katastrophe, die über Deutschland hereinbrach, den Beweis dafür schlüssig erbracht? Danach scheint es nicht schwer, sich ein Bild von dem Wesen der Strategie zu machen; aber weniger einfacht ist es, in diesem Bild die Grundstoffe und Farben zu analysieren, die nötig sind, um dieses so einfache und selbstverständlich anmutende Bild in seiner unendlich komplizierten Technik entstehen zu lassen. Clausewitz konnte den Begriff Strategie noch sehr einfach definieren, indem er sagte, Strategie ist die Lehre vom Gebrauch der Schlachten zu dem Zwecke des Krieges. Der Begriff ist geblieben; aber was er umschließt, das hat sich geändert. Seit die Kriege einen immer mehr totalen Charakter anzunehmen begannen, d. h. das gesamte Staatswesen in allen seinen Funktionen und jeden Staatsbürger – welchen Beruf er auch immer hätte –, Männer und Frauen, Greise und Kinder, unerbittlich in ihren Bann zu ziehen, entwickelte sich auch die strategische Führung des Krieges zu einer so universellen Funktion, daß sie (über die rein militärischen Aufgaben hinauswachsend) die gesamte Staatsführung umschloß. Und so sehen wir – in diesem Krieg zum ersten Male –, wie die Begriffe „Strategie" und „Feldherr", die einmal identisch waren, sich trennen; wir sahen keine Soldaten mehr den Krieg in seiner Gesamtheit führen, sondern nur mehr die militärischen Operationen. Roosevelt und Churchill, Hitler, Stalin und Tschiang Kai-schek sind die Strategen dieses Krieges, und – mehr oder weniger auf den Rat von Soldaten hörend, die ihnen zur Seite stehen – greifen sie auch als Feldherren unmittelbar in die militärische Kriegführung ein. Nur in Japan, das mit der Zeit auch hierin nicht Schritt hält, erkämpft sich die militärische Maschinerie auch die politische Macht und führt (in sich gespalten und ohne eine starke politische Hand) den Krieg nicht als ein Mittel der Politik, sondern die Politik als eine Dienerin des Krieges. Über diesen Wandel muß sich der Leser klar sein, bevor wir daran gehen, den Einfluß Hitlers auf den Krieg, auf die Feldzüge und auf die Schlachten näher zu betrachten. Wie notwendig das ist, ergibt sich aus der immer wieder gestellten Frage: Wie war es möglich, daß sich die militärischen Führer und Fachleute Deutschlands von einem Laien und ehemaligen Gefreiten des Ersten Weltkrieges das Rezept des Sieges und der Niederlage vorschreiben ließen? Wer diese Frage stellt, hat sich noch nicht zu der notwendigen Erkenntnis durchgerungen, was Strategie im heutigen Sinn ist. Ich glaube, man muß den Begriff folgendermaßen umreißen: Strategie ist die höchste Führungstätigkeit im Kriege. Sie umfaßt Außen- und Innenpolitik, militärische Operationen und Kriegswirtschaft, Propaganda und Volksführung und muß alle diese kriegswichtigen Elemente in Übereinstimmung bringen für die Zwecke und das politische Ziel des Krieges. Fängt man erst an, den Begriff von Strategie so zu begreifen, dann kann niemand mehr daran zweifeln, daß nicht ein General, sondern nur ein Staatsmann Stratege sein kann, was nicht ausschließt, daß er beides in einer Person vereinigt, wie es in China der Fall war.

Hitler war ein Staatsmann. Er war Diktator. Er war Oberbefehlshaber der Wehrmacht und seit 1941 sogar Oberbefehlshaber des Heeres. Er hat den Krieg entfesselt, er und niemand anders sonst hatte ihn zu führen. Er hat ihn tatsächlich geführt. Hitler war es, der im Frühjahr 1939 die militärischen Vorbereitungen für einen Angriff gegen Polen befahl. Kein Soldat konnte wissen, ob es je zu einem solchen Angriff kommen würde, ob dieser Angriff ein provozierter oder unprovozierter, ein Angriffskrieg oder ein Verteidigungkrieg sein würde; denn auch einen politischen Verteidigungskrieg konnte Deutschland – in seiner zentralen Lage und immer vor dem Zweifrontenproblem stehend – nie anders als militärisch offensiv führen. Als dann die Propagandamaschine zu laufen begann, als der Aufmarsch an der polnischen Grenze befohlen wurde, da waren sich zwar alle führenden Soldaten über das operative Problem, das vor ihnen stand, im klaren, aber das politische, das strategische, blieb ihnen ein verschleiertes Geheimnis. Hatte Hitler nicht selbst zu erkennen gegeben und in seinen Ansprachen geäußert, daß er mit aller Sicherheit erwarte, sich mit dem Westen zu einigen? Stand hinter dem Aufmarsch überhaupt der ernste Wille, Polen anzugreifen, oder war er nur als Druckmittel gedacht, um Polen an den Verhandlungstisch zu bringen wie 1938 die Tschechoslowakei? Mußte diese Hoffnung nicht zur Gewißheit werden, als der für den 26. August befohlene Angriff angehalten wurde? Von den Einzelheiten des politischen Ringens der Großmächte um die Erhaltung des Friedens wußten die Oberbefehlshaber und die Generalstabschefs mit Ausnahme von Göring nichts. Wenn etwas die revolutionären Führungsmethoden Hitlers klar vor Augen führt, so die Tatsache, daß er auch seinem militärischen Arbeitsstab, dem OKW und in ihm dem WFStab, nicht die Rolle eines strategischen Beraters zubilligte. Alle Versuche, die ich in dieser Richtung unternommen habe, scheiterten. Einen Arbeitsstab, der Hitlers Entscheidungen als Stratege umsetzte in Befehle, die er dann als Oberbefehlshaber der Wehrmacht zu geben hatte, das ließ er gelten, das wollte er haben, aber nicht mehr. Daß selbst Männer wie Friedrich der Große ihre eigenen Gedanken und Entschließungen an den oft gegenteiligen ihrer Generale überprüften und kontrollierten, änderte nichts an Hitlers ablehnender Haltung gegenüber jeder Beratung bei den großen Entscheidungen des Krieges. Er wollte keine anderen Auffassungen hören, ja er geriet über sie, sobald sie nur angedeutet wurden, in jähzornige Erregung. Wunderliche und für Soldaten unverständliche Konflikte entwickelten sich aus dieser fast mystischen Überzeugung seiner Unfehlbarkeit als Führer der Nation und des Krieges. Sie im einzelnen in den etwas mehr als einem Dutzend kriegsentscheidenden Entschlüssen dieses Krieges zu betrachten, wäre psychologisch und historisch von großem Reiz, kann aber nicht Aufgabe dieser kurzen Skizze sein. Der Mann, dem es gelang, vor den Augen der meerbeherrschenden englischen Flotte Norwegen zu besetzen, und der mit unterlegenen Kräften in einem Feldzug von 40 Tagen Frankreichs gefürchtete militärische Macht zum Einsturz brachte wie ein Kartenhaus, war seit diesen Erfolgen nicht mehr gewillt, auf militärische Ratgeber zu hören, die vorher vor solchen Überspannungen der militärischen Macht gewarnt hatten. Er verlangte fortan von ihnen nicht mehr als die technischen Unterlagen für seine Entschließungen und den reibungslosen Ablauf der militärischen Apparatur, um diese Entscheidungen in die Tat umzusetzen.

Ganz unabhängig von diesen eigenwilligen diktatorischen Führungsmethoden Hitlers ist die Stellung zu betrachten, die von den obersten militärischen Führern zu den einzelnen Führungsentschlüssen eingenommen wurde. Sie waren verschieden. Einheitliche Ablehnung, einheitliche Zustimmung oder geteilte Meinung wechselten wie in jedem Kriege und unter jedem Regime miteinander ab. Aber immer war es Hitler, dessen rastloser Geist zuerst die Scheinwerfer in das Dunkel der Zukunft leuchten ließ, lange bevor die Augen seiner militärischen Umgebung in diesem Dunkel irgend etwas Greifbares oder Drohendes wahrzunehmen vermochten – mit einer einzigen Ausnahme: der Besetzung von Norwegen. Die Gefahr, die unserer Kriegführung drohte, wenn England sich Stützpunkte in Norwegen sichern und dadurch den einzigen zuverlässigen Ausgang von der Nordsee in den Atlantik blockieren werde, erkannte die Kriegsmarine zuerst. Aber – wie gegen alle nicht von ihm stammenden Gedanken – war Hitler zunächst skeptisch und zurückhaltend, bis er auch hier im Januar 1940 die Initiative an sich riß und die gewagteste Lösung befahl, als an den ernsthaften und bedrohlichen Absichten Englands kein Zweifel mehr sein konnte.

Doch blättern wir weiter in den großen Erinnerungen, die sich später einmal in einem Buch über die Strategie Hitlers formen werden. Da stoßen wir zuerst auf den Entschluß, im Westen anzugreifen. Der Oberbefehlshaber des Heeres [1] wollte es nicht. An der Grenze und im Westwall in der Verteidigung bleiben, den Krieg zum Einschlafen bringen, war sein Wunsch, sein Beitrag zum Frieden, den er hinter militärischen Gründen, insbesondere der unzureichenden

1 D. h. Gen.-Feldm. v. *Brauchitsch*.

Vorbereitung des Heeres für eine solch gigantische Aufgabe, zu verbergen versuchte. Nicht alle führenden Soldaten hatten diese Ansicht und diesen Glauben, aber es war die vorherrschende Meinung des OKH. Hitler befahl den Angriff durch Belgien und Luxemburg, später auch durch Holland. Man muß die Zeit nützen, sagte er; sie hilft keinem automatisch, nur dem, der von ihr einen guten Gebrauch macht. Und er entschloß sich zum Angriff noch im Winter. Alle Generale wehrten sich dagegen, keiner, der nicht warnte. Aber es nützte ihnen nichts. Härter als Hitler erwies sich nur der Wettergott. Er verweigerte die notwendige, klare Frostperiode. Man mußte das trockene Frühjahr abwarten. Der 10. Mai 1940 war richtig gewählt. Hitler setzte seinen Durchbruch über Maubeuge nach Abbeville an. Den Umfassungsgedanken des Generalstabes hatte er durch anfangs vorsichtige, dann immer zähere und unbekümmertere Eingriffe in die operative Führung zu Fall gebracht. Wieder triumphierte Hitlers Wille und siegte sein Glaube.[1]

Zuerst zerbrach die Front; dann brachen Holland, Belgien und Frankreich zusammen. Die Soldaten standen vor einem Wunder; sie staunten noch, als Hitler die Invasion in England vorzubereiten befahl. Acht Wochen vorher hätten sie diesen Befehl als das Hirngespinst eines Wahnsinnigen erklärt. Jetzt gingen sie in gläubigem Eifer an die Arbeit, sorgfältig und gewiß, alle zweifelhaften Improvisationen ausschöpfend. Aber als der September kam, war es nicht gelungen, die englische Luftwaffe niederzuringen. Göring war skeptisch, Raeder warnte, im OKH war man zuversichtlich, Hitler schwankte. Er teilte den Glauben des Heeres, daß England in Kürze niederzuwerfen sei, sobald man festen Fuß auf der Insel gefaßt hätte. Aber ob das gelingen würde, das hing von seemännischen Imponderabilien ab, die ihm fremd waren. Vielleicht war dieser strategische Entschluß der einzige des ganzen Krieges, bei dem sich Hitler beraten ließ. Die Warnungen des OB.d.M. und eine von mir verfaßte Beurteilung der Lage gaben den Ausschlag. Der Versuch, in England zu landen, wurde aufgegeben. Hitler wandte sich dem Mittelmeer zu, um England dort zu schlagen. Aber vorher griff er mit rauher Hand in die Rüstung des Heeres ein, die ihm — allzu träge, bürokratisch und rückständig — ein Dorn im Auge war. „Der Soldat solle kämpfen, das sei seine Aufgabe; alles andere verstünden die zivilen Fachleute besser." Er schuf das Ministerium für Bewaffnung und Munition unter Todt; nur Flugzeug- und Schiffsbau blieben bei der Luftwaffe und bei der Kriegsmarine. Von nun an bestimmte Hitler monatlich Ziel, Richtung und Umfang jeglicher Produktion an Waffen und Munition bis in alle Einzelheiten. Der WFStab hatte ihm nur die genaue Zahl dafür zu liefern, Bestand, Verbrauch und Fertigung im vorigen Monat. Doch damit nicht genug, der erstaunliche technisch-taktische Weitblick Hitlers ließ ihn auch zum Schöpfer einer modernen Bewaffnung des Heeres werden. Sein Verdienst ist es, daß rechtzeitig die 7,5-cm-Panzer-Abwehr-Kanone an die Stelle der 3,7- und

1 Vgl. hierzu die im Vorwort (S. X Anm. 2) aufgezählten Bücher und Aufsätze unseres Mitarbeiters Dr. H. A. *Jacobsen*.

5=cm=Kanone trat, daß die kurzen Kanonen aus den Panzerkampfwagen ver=schwanden und der langen 7,5= und 8,8=cm=Kanone Platz machten. Panther, Tiger und Königstiger entstanden als moderne Tanks aus Hitlers Initiative.

Doch kehren wir zurück zu der chronologischen Reihenfolge der strategischen Entscheidungen. In den militärischen trat eine Atempause ein. Politische Über=legungen standen in der zweiten Hälfte 1940 im Vordergrund. Rumänien bat um deutsche Lehr= und Ausbildungstruppen; Bulgarien schloß sich zögernd und vorsichtig, aber Schritt für Schritt der Achse an. Nur Spanien zeigte die kalte Schulter. Wieweit dabei die Einwirkung von Canaris[1] auf den spanischen Generalissimus[2] eine Rolle gespielt hat, will ich dahingestellt sein lassen. Bitter war für Hitler vor allen Dingen, daß damit sein Plan, mit spanischer Hilfe oder Billigung Gibraltar zu nehmen, aufgegeben werden mußte. Diese militärische Absicht Hitlers hatte die allgemeine Sympathie seiner militärischen Berater, und ich zweifle auch heute nicht an dem Gelingen dieses in allen Einzelheiten sorgfältig durchdachten und vorbereiteten Angriffs gegen diese gewaltige Fel=senfestung.

Aber statt diese strategisch richtige Absicht verwirklichen zu können, sah sich Hitler gezwungen, die Kuckuckseier auszubrüten, die ihm Italien in das Nest der gemeinsamen Kriegführung gelegt hatte. Von sich aus und gegen die ablehnende Haltung des OKH hatte Hitler seinem Freund Mussolini Hilfe in Afrika angeboten. Sie war mit der Begründung, daß Panzer in der Wüste nicht operieren könnten, abgelehnt worden. Dafür griff Mussolini in den letzten Oktobertagen 1940 – gegen alle Vereinbarung, den Balkanfrieden nicht anzu=tasten – Griechenland an. Hitler, der diesen Angriff verhindern wollte, kam um einige Stunden zu spät in Florenz an. Er war wütend, aber der Kriegsgott noch mehr. Dieser war nie ein Freund der Italiener gewesen. Und jetzt wech=selte er sehr schnell den Platz. Englische Panzer trieben die geschlagene Armee Grazianis bis an die Grenze der Cyrenaica zurück, und statt eines schnellen Sieges über die Griechen drohte der Verlust Albaniens und der sich dort nur mühsam haltenden italienischen Divisionen. Größer als der Stolz war jetzt in Rom die Sorge, und die Hilferufe drangen über die Alpen bis in die Reichskanz=lei in Berlin. Hitler entschied: angesichts des modernen weitreichenden Luftkrie=ges müßten wir den Kampf so weit an der Peripherie des Reiches führen wie möglich. Also Hilfe für Afrika durch Rommel und gute, bewegliche Panzertrup=pen. Mit Griechenland wollte er keinen Konflikt, also lehnte er Hilfe in Albanien ab. Aber für das Frühjahr 1941 befahl er, einen Angriff aus Bulgarien gegen Grie=chenland vorzubereiten für den Fall, daß dieser dann doch nötig oder nach einer Landung der Engländer in Griechenland zwangsläufig geführt werden müßte.

Viel Beratung gab es vor diesen Entscheidungen Hitlers nicht. Sie waren lei=der zwangsläufig, so ablehnend rein militärisch gesehen Hitlers Generale auch über dieses Festlegen von Kräften auf ihren Kriegsschauplätzen waren. Denn inzwischen hatte das Gespenst eines riesenhaften russischen Aufmarsches an

1 Admiral Wilhelm C., Leiter des Amtes Ausland/Abwehr. 2 D. h. Franco.

der deutschen und rumänischen Ostgrenze Fleisch und Blut angenommen, und Hitler trug sich mit dem Gedanken, hier das Praevenire zu spielen. Viele Stimmen hat die Welt inzwischen aus dem Nürnberger Prozeß vernommen, die vor diesem Einmarsch gewarnt haben. Alle stimmten darin überein, daß er Hitlers ureigenste Idee war. Beides sind historische Tatsachen. Das Gericht urteilt nach Gut und Böse, die Weltgeschichte nach Richtig und Falsch. Ich will mich hier mit keinem der beiden Urteile befassen, sondern nur feststellen, daß die Gefahr aus dem Osten von allen Soldaten gesehen und die Sorge Hitlers geteilt wurde, von dem einen mehr, von dem andern weniger. Unterschiedlich waren die Meinungen, ob die Gefahr wirklich so akut war und ob sie nicht politisch zu bannen gewesen wäre. Darüber wird man ein späteres Urteil abwarten müssen. Uns interessiert hier nur der Einfluß Hitlers auf die Kriegführung, und dazu ist zu sagen: Der Entschluß zum Feldzug gegen die UdSSR, der Plan Barbarossa, war sein und nur sein Entschluß. Allerdings hat er ihn endgültig erst am 1. 4. 1941 getroffen. Denn um diese Zeit trat ein Ereignis ein, das zwar den Beginn des Angriffs gegen die fast fertig aufmarschierten sowjetischen Kräfte um 4–5 Wochen verzögerte, aber für Hitler doch ein Fanal bedeutete, das ihm die Absicht Stalins offenbarte.

Das war der Militärputsch in Belgrad in der Nacht, die dem Beitritt der gestürzten jugoslawischen Regierung zum Dreimächtepakt folgte.[1] Hitler war außer sich. Er diktierte geradezu seine Entscheidungen den zusammengerufenen Oberbefehlshabern und dem Reichsaußenminister. Er ließ sich auf keine Erörterungen ein, die politische Haltung der jugoslawischen Regierung vorher diplomatisch zu klären. Sie war für ihn im Bunde mit Rußland, bereit, uns in den Rücken zu fallen, wenn wir in Griechenland einmarschierten, und bestrebt, die Verbindung mit den Engländern aufzunehmen, die schon Anfang März im Piräus gelandet waren. Und in der Tat marschierte das jugoslawische Heer sofort an allen Grenzen auf. Am 6. April beginnend, wurde es selbst durch die improvisiert aufmarschierten deutschen Truppen überrannt und verfiel in wenigen Wochen der Auflösung: dieselben Soldaten, die dann – nur notdürftig bekleidet – unter Titos Führung jahrelang einen erbitterten Kleinkrieg führten, bis eine neue kommunistische Armee aus ihnen erstand.

Der Angriff gegen Rußland begann am 22. Juni. Der Zweifrontenkrieg war entfesselt; er konnte nur zum Erfolg führen, wenn es gelang, an einer Front den Gegner vernichtend zu schlagen. Es fehlte nicht viel, aber das Wenige genügte mit der Kältekatastrophe, daß Hitlers Siegeslaufbahn nach einem Kulminationspunkt in die absteigende Bahn überging. Als er sich 1942 dazu entschloß, noch einmal alle Kräfte anzuspannen, um den russischen Koloß doch noch niederzuringen, da stieß er bei seinen militärischen Beratern zwar auf keinen Widerspruch im Grundsätzlichen; aber es gab manche unter ihnen, die den zweiten Großangriff lieber im Norden mit der Wegnahme Leningrads begonnen hätten als in der Richtung auf das Kaspische Meer. Der große Schein=

1 25. März Unterzeichnung; 27. März der Putsch.

erfolg dieses Feldzuges endete mit der Katastrophe am Don und vor Stalingrad. Als dann gegen Ende des Jahres auch Rommel, vor den Toren Ägyptens geschlagen, auf Tripolis zurückfiel, als die Alliierten in Französisch-Nordafrika landeten, da waren sich nicht nur die maßgebenden Soldaten, sondern auch Hitler darüber klar, daß der Kriegsgott sich nun auch von Deutschland abgewandt und in das andere Lager begeben hatte. Hitlers Tätigkeit als Stratege war damit im wesentlichen zu Ende. Mehr und mehr griff er von nun an in die operativen Entscheidungen, oft bis in taktische Einzelheiten ein, um durch seinen unbändigen Willen zu erzwingen — was nach seiner Meinung die Generale nicht begreifen wollten —, daß man stehen oder fallen müsse, daß jeder freiwillige Schritt zurück vom Übel sei. Die Ansichten gehen auseinander, ob er damit das Kriegsende beschleunigt oder verzögert hat. Sicher ist nur eines: einen strategischen Entschluß fand er nicht mehr; aber vielleicht gab es auch keinen mehr.

Kapitulieren konnte er nicht. Auf Verhandlungen ließ sich keiner der Gegner mehr ein, seit sie die bedingungslose Kapitulation als Kriegsziel vereinbart hatten[1]. Was also sollte Hitler tun? Er konnte nur kämpfen bis zum letzten oder den Tod suchen. Er ist zeit seines Lebens ein Kämpfer gewesen, und er wählte das erste. Heroismus oder Wahnsinn, darüber werden die Meinungen der Welt immer auseinandergehen. Konnte er, um seinem Volk unnötige Leiden zu ersparen, nicht früher zum Ende kommen? In der Tat hat Hitler dieser Gedanke in den letzten Tagen seines Lebens bewegt: als er mir am 22. April seinen Entschluß mitteilte, Berlin nicht mehr zu verlassen und dort zu sterben, da setzte er hinzu: „Ich hätte diesen Entschluß, den wichtigsten meines Lebens, schon im November 1944 fassen sollen und das Hauptquartier in Ostpreußen nicht mehr verlassen dürfen."

Aber[2] seine militärischen Ratgeber — hört man noch heute oft sagen — hätten ihm doch früher klarmachen müssen, daß der Krieg verloren sei. Welch ein naiver Gedanke! Früher als irgend ein Mensch in der Welt ahnte und wußte Hitler, daß der Krieg verloren war. Aber kann man ein Reich und ein Volk früher verlorengeben, als sie verloren sind? Ein Mann wie Hitler konnte das nicht. Er hätte im Kampf fallen sollen, statt die Flucht in den Tod zu wählen, sagt man. Er wollte es und hätte es getan, wenn er körperlich noch dazu in der Lage gewesen wäre. So wählte er nicht den leichteren Tod, sondern den sicheren. Gehandelt hat er, wie alle Heroen in der Geschichte gehandelt haben und immer handeln werden.

Er hat sich auf den Trümmern seines Reiches und seiner Hoffnung begraben lassen. Möge ihn deswegen verurteilen, wer mag — ich kann es nicht.

gez.: Alfred Jodl

*Dieses Diktat wird in sowohl sachlicher als auch menschlicher Hinsicht ergänzt durch folgende Briefstelle:*

1 Proklamiert auf der Konferenz in Casablanca (14.—26. Januar 1943).
2 Über den hier beginnenden Nachtrag vgl. die Vorbemerkung (S. 1712).

*Als Jodls Gattin ihm nach der Vernehmung des Gen.=Feldm.s Milch im Hauptprozeß (8. und 11. März 1946) über ihre Einschätzung Hitlers in seine Zelle einen Brief gesandt hatte, antwortete er ihr, daß er ihr in vielem zustimme, in dem einen oder anderen Punkt allerdings abweiche, daß er jedoch aus mehreren Gründen darauf nicht eingehen wolle. Er setzte hinzu:* „Wenn ich lese, wie Frank Thiess[1] nach 1500 Jahren unter Abwendung von der Geschichte zu einem wahren Bild über Justinian zu gelangen versucht, dann muß ich in verstärktem Maße an die Gegenwart denken und mich daran erinnern, wie die Geschichte jenes Mannes, der die Welt in Aufruhr brachte, schon während ihres Ablaufes und zum Teil sogar von ihm selbst gefälscht wurde. Und so ertappe ich mich immer wieder bei dem Gedanken, ob es nicht meine Mission wäre, ohne jede Rücksicht auf meine persönliche Verteidigung nur der Klarstellung der historischen Wahrheit zu dienen. Ich würde es auch tun, wenn nicht zwei Momente dagegen sprächen: Einmal ist das nicht die Hauptaufgabe des Gerichts, das jeden derartigen Versuch mit dem juristischen Begriff ‚unerheblich' beenden kann. Er muß letzten Endes aber auch erfolglos bleiben, weil die Archive der anderen Seite verschlossen sind. Und zweitens frage ich mich: Kenne ich denn diesen Mann überhaupt, an dessen Seite ich lange Jahre ein so dornen= und entsagungsreiches Dasein geführt habe? Hat er nicht auch mit meinem Idealismus gespielt und ihn nur benutzt zu Zwecken, die er in seinem Innersten verbarg? Wer will sich rühmen, einen anderen Menschen zu kennen, wenn er einem nicht die verborgensten Falten seines Herzens geöffnet hat? So weiß ich heute nicht einmal, was *er* gedacht, gewußt und gewollt hat, sondern weiß nur, was *ich* darüber gedacht habe und vermutet habe. Und wenn heute die Umhüllung fällt von einem Bild, in dem man einmal ein Kunstwerk zu sehen hoffte, und man sieht sich dann vor einer teuflischen Entartung, so mögen sich die künftigen Historiker darüber den Kopf zerbrechen, ob das vom Anfang an so war oder ob sich dieses Bild parallel mit den Geschehnissen verwandelte. Manchmal falle ich in den Fehler, der Herkunft die Schuld zu geben, um mich dann wieder zu erinnern, wieviel Bauernsöhnen die Geschichte den Namen der ‚Große' gegeben hat. Das ethische Fundament ist das Entscheidende."

### 5. Aus den Memoiren des Generalobersten Heinz Guderian, Generalinspekteurs der Panzertruppen, beauftragt 21. Juli 1944 bis 28. März 1945 mit der Wahrnehmung der Geschäfte des Chefs des Generalstabs des Heeres: Erfahrungen mit Hitler[2]

Er (Hitler) machte die Nacht zum Tage. Bis lange nach Mitternacht folgte ein Vortrag dem anderen. Die Mahlzeiten – bis zur Katastrophe von Stalingrad noch Ruhepausen im Kreise der Angehörigen des OKW – wurden von da ab

1 Gemeint ist dessen Buch: „Das Reich der Dämonen" (1941), in dem die byzantinische Geschichte sehr frei behandelt ist.

2 Aus: Erinnerungen eines Soldaten, Heidelberg (Verlag Vowinckel) 1957, S. 401/2.

einsam eingenommen. Nur selten lud er sich einen oder zwei Gäste ein. Hastig aß er sein Gemüse oder seine Mehlspeise. Er trank kaltes Wasser oder Malzbier dazu. Nach dem letzten abendlichen Vortrag saß er stundenlang mit den Adjutanten und Sekretärinnen zusammen und redete über seine Pläne bis in den grauenden Morgen. Dann legte er sich zu kurzem Schlummer nieder, aus dem ihn häufig die Besenstöße der Scheuerfrauen an seine Schlafzimmertür gegen 9 Uhr spätestens weckten. Ein übermäßig heißes Bad sollte die erschlafften Lebensgeister wieder wecken. Solange alles gut ging, blieb dieses unstete Leben ohne sichtbare Folgen. Als aber ein Rückschlag auf den anderen folgte und die Nerven nachließen, griff er in zunehmendem Maße zu Drogen; er ließ sich Spritzen geben, um Schlaf zu finden, um wieder munter zu werden, um das Herz zu beruhigen, um es wieder aufzupeitschen; sein Leibarzt Morell gab ihm, was er verlangte, aber der Patient ging sogar oft über die ihm verordneten Dosen hinaus, zumal im Genuß von strychninhaltigen Herzmitteln, und ruinierte mit der Zeit Körper und Geist.

Als ich ihn nach der Stalingrad-Katastrophe zum ersten Male nach 14 Monaten der Trennung wiedersah, bemerkte ich die Veränderung seines Zustandes. Die linke Hand zitterte, die Haltung war gebeugt, der Blick starr, die Augen quollen leicht hervor, sie waren glanzlos; die Wangen zeigten rote Flecken. Seine Erregbarkeit hatte zugenommen. Er verlor leicht jede Haltung in seinem Jähzorn und war dann unberechenbar in seinen Worten und Entschlüssen. Die äußeren Anzeichen einer Erkrankung steigerten sich immer mehr, der täglichen Umgebung infolge Gewöhnung kaum wahrnehmbar. Schließlich, nach dem Attentat vom 20. Juli 1944, zitterte nicht nur die linke Hand, sondern die ganze linke Körperhälfte. Er mußte die rechte Hand auf die linke, das rechte Bein über das linke legen, um im Sitzen das Zittern weniger sichtbar zu machen. Sein Gang wurde schleppend, seine Haltung gebückt, seine Bewegungen zeitlupenartig langsam. Er mußte sich den Stuhl unterschieben lassen, wenn er sich setzen wollte. Sein Geist allerdings blieb rege; aber diese Regsamkeit hatte oft etwas Unheimliches, denn sie war diktiert vom Mißtrauen in die Menschheit, von dem Streben, seine körperliche, seelische, politische und militärische Niederlage zu verbergen. So versuchte er, sich selbst und die Umwelt ständig hierüber zu täuschen, um sein Gebäude aufrecht zu erhalten; denn er wußte, wie es in Wahrheit um ihn und seine Sache bestellt war.

Mit der Zähigkeit des Fanatikers klammerte er sich an den letzten Strohhalm, den er zu erblicken wähnte, um sich und sein Werk dennoch vor dem Untergang zu retten. Seine ganze, gewaltige Willenskraft setzte er an diesen Gedanken, der ihn vollständig beherrschte: „Niemals nachgeben und nie kapitulieren!" Er hatte es so oft gesagt; nun mußte er auch danach handeln.

So siegte in diesem Manne, den das deutsche Volk aus kleinen Anfängen an seine Spitze gewählt hatte, weil es von ihm eine neue soziale Ordnung, einen Aufstieg aus der Niederlage des Ersten Weltkrieges, einen wahren Frieden nach innen und nach außen erhofft hatte, *der Dämon über den Genius.*

Von seinen guten Geistern verlassen, endete er in der völligen Zerstörung seines eigenen Werkes, und ein gutes, anständiges, fleißiges und treues Volk stürzte mit ihm in den Abgrund.

### 6. Aus den Memoiren des Generalfeldmarschalls Erich v. Manstein, 1942 bis 1944 Heeresgruppen=Oberbefehlshaber an der Ostfront: Erfahrungen mit Hitler[1]

*Im Text, den ich hier mit Erlaubnis des Generalfeldmarschalls wieder ab=drucken darf, sind spezielle Ausführungen weggelassen (durch Pünktchen kenntlich gemacht).*

Man kann Hitler in der Rolle eines militärischen Führers gewiß nicht mit dem Schlagwort von dem „Gefreiten des Ersten Weltkrieges" abtun.

Er besaß zweifellos einen gewissen Blick für operative Möglichkeiten, der sich bereits bei seiner Entscheidung für den Plan der Heeresgruppe A im We=sten gezeigt hatte. Einen solchen Blick kann man öfters auch bei militärischen Laien finden. Sonst wüßte die Kriegsgeschichte nicht von so manchem Fürsten oder Prinzen als erfolgreichem Heerführer zu berichten.

Darüber hinaus aber verfügte Hitler über ein erstaunliches Wissen und Ge=dächtnis, wie über schöpferische Phantasie in bezug auf technische Fragen und auf alle Probleme der Rüstung. Er konnte mit einer verblüffenden Kenntnis der Wirkung auch neuer feindlicher Waffen wie mit eigenen und gegnerischen Produktionszahlen aufwarten. Hiervon machte er mit Vorliebe Gebrauch, wenn er von ihm nicht genehmen Erörterungen ablenken wollte. Es unterliegt keinem Zweifel, daß er auf dem Gebiete der Rüstung vieles mit Verständnis und außerordentlicher Energie vorangetrieben hat. Der Glaube an seine Überlegenheit in diesen Fragen hat aber verhängnisvolle Folgen gehabt. Durch seine Eingriffe hat er die stetige und rechtzeitige Weiterentwicklung der Luft=waffe verhindert. Auch auf dem Gebiete der Entwicklung des Raketenantriebs und der Atomwaffe hat er zweifellos hemmend gewirkt.

Das Interesse für alles Technische verleitete Hitler zudem zur Überschät=zung technischer Mittel. So glaubte er z. B., mit einigen Sturmgeschützabteilun=gen oder durch die neuen Tiger=Panzer Lagen wiederherstellen zu können, in denen nur der Einsatz großer Verbände Erfolg versprechen konnte.

Im ganzen gesehen fehlte ihm eben doch das auf Erfahrung beruhende militärische Können, das seine „Intuition" nun einmal nicht ersetzen konnte.

Wenn Hitler, wie gesagt, auch einen gewissen Blick für operative Chancen besaß bzw. diese schnell erfassen konnte, wenn ein anderer sie ihm darbot, so fehlte ihm doch das Urteil über die Vorbedingungen und Möglichkeiten der Durchführung eines operativen Gedankens. Er ermangelte des Verständnisses

1 Aus: Verlorene Siege. Bonn, Athenäum=Verlag, 1955, S. 305—318.

für das Verhältnis, in dem jede operative Zielsetzung und die sich aus ihr ergebende Weiträumigkeit einer Operation zu dem Zeit- und Kräftebedarf stehen müssen. Gar nicht zu sprechen von ihrer Abhängigkeit von den Nachschubmöglichkeiten. Er begriff nicht oder wollte nicht begreifen, daß z. B. jede weitreichende Offensivoperation über die Zahl der für den ersten Angriff erforderlichen Kräfte hinaus einer ständigen Nährung bedarf. . . . . .

Wie auf politischem Gebiet – jedenfalls nach seinen Erfolgen im Jahre 1938 – so fehlte Hitler auch auf dem militärischen Gebiet das Maß für das Erreichbare. Im Herbst 1939 hatte er trotz seiner Geringschätzung der Widerstandskraft Frankreichs zunächst die Möglichkeit eines durchschlagenden Erfolges einer richtig angelegten deutschen Offensive im Westen nicht erkannt. Nachdem dieser Erfolg aber eingetreten war, verlor er den Blick für das Mögliche unter Verhältnissen, die anders lagen. Es fehlte ihm in beiden Fällen die wirkliche strategische bzw. operative Schulung.

So ergriff sein lebhafter Geist wohl jedes lockende Ziel, aber in der Folge mit dem Ergebnis, daß er die deutsche Kraft auf mehrere Ziele zugleich bzw. auf den verschiedensten Kriegsschauplätzen zersplitterte. Die Regel, daß man an der entscheidenden Stelle nicht stark genug sein kann, daß man notfalls auf Nebenfronten verzichten oder ein entsprechendes Risiko durch ihre durchgreifende Schwächung eingehen muß, um das entscheidende Ziel zu erreichen, fand bei ihm kein wirkliches Verständnis. . . . . .

Was nun die operativen Ziele Hitlers – wenigstens im Kampf mit der Sowjetunion – anging, so waren sie weitgehend durch politische und kriegswirtschaftliche Erwägungen bedingt. . . . . .

Sicherlich spielten politische und in der heutigen Zeit besonders kriegswirtschaftliche Fragen bei der strategischen Zielsetzung eine wesentliche Rolle. Was Hitler jedoch übersah, war, daß das Gewinnen, vor allem das Behaupten eines territorialen Zieles, die Überwindung der feindlichen Wehrmacht zur Voraussetzung hat. Solange dieses militärische Ergebnis nicht erreicht ist, bleibt – wie der Kampf gegen die Sowjetunion gezeigt hat – das Gewinnen kriegswirtschaftlich wertvoller Gebiete, also das Erreichen territorialer Ziele, problematisch, ihr Halten auf die Dauer unmöglich. Die Zeiten, in denen man durch den Einsatz der Luftwaffe oder von Fernwaffen die Quellen der feindlichen Rüstung und das gegnerische Transportsystem so hätte zerstören können, daß der feindlichen Wehrmacht die Fortführung des Kampfes unmöglich würde, waren noch nicht gekommen.

So sicher die Strategie die Dienerin der politischen Führung zu sein hat, so darf doch diese das strategische Ziel jedes Krieges, die feindliche militärische Widerstandskraft zu brechen, nicht in dem Maße außer acht lassen, wie dies bei Hitlers operativer Zielsetzung der Fall gewesen ist. Erst der Sieg macht den Weg zum Erreichen politischer und wirtschaftlicher Ziele frei.

Damit komme ich zu dem wohl entscheidenden Faktor, der Hitlers Führung bestimmte: die Überschätzung der Macht des Willens. Seines Willens, der sich nur bis zum jüngsten Grenadier in die Gläubigkeit umzusetzen hätte, um die Richtigkeit seiner Entscheidungen zu bestätigen, den Erfolg seiner Befehle sicherzustellen.

Ein starker Wille ist für den Feldherrn selbstverständlich eine der wesentlichen Voraussetzungen des Sieges. So manche Schlacht ist verlorengegangen, so mancher Erfolg verschenkt worden, weil bei dem Führer im entscheidenden Augenblick der Wille erlahmte.

Der Wille eines Feldherrn zum Sieg, der dessen Seele stark macht, auch schwere Krisen durchzustehen, ist aber etwas anderes, als es der Wille Hitlers war, der letzten Endes dem Glauben an seine „Sendung" entsprang. Ein solcher Glaube führt unweigerlich zur Starrheit wie zu der Meinung, daß der eigene Wille selbst über die Grenzen, die die harte Wirklichkeit vor ihm aufrichtet, hinausgreifen könne; mochten diese Grenzen nun in dem Vorhandensein vielfach überlegener Feindkräfte, in den Bedingungen von Raum und Zeit oder auch nur in der Tatsache liegen, daß ja schließlich auch der Gegner einen Willen besaß.

Die vermutbaren Absichten der feindlichen Führung von vornherein in sein Kalkül einzubeziehen, war Hitler im allgemeinen wenig geneigt in der Überzeugung, daß sein Wille ja schließlich doch triumphieren werde. Ebensowenig war er bereit, selbst die zuverlässigsten Angaben über eine vielleicht vielfache Überlegenheit des Gegners anzuerkennen. Er lehnte sie ab oder bagatellisierte sie durch Behauptungen über Mängel der gegnerischen Verbände, oder er nahm zu endlosen Aufzählungen eigener Produktionszahlen seine Zuflucht.

So schieden gegenüber seinem Willen die wesentlichen Elemente einer „Beurteilung der Lage", aus welcher der Entschluß jedes militärischen Führers hervorgehen muß, mehr oder weniger aus. Damit aber verließ Hitler den Boden der Wirklichkeit.

Das Merkwürdige war nur, daß dieser Überschätzung der Macht des eigenen Willens, diesem Hinweggehen über die möglichen Absichten und Kräfte des Feindes nicht eine entsprechende Kühnheit des Entschlusses entsprach. Hitler, der nach den Erfolgen, die er auf dem Felde der Politik bis 1938 errungen hatte, politisch zum Hasardeur geworden war, scheute auf dem militärischen Gebiet vor dem Risiko zurück. . . . . .

Im Verlauf des Rußlandfeldzuges zeigte sich die Scheu vor dem Risiko auf zweierlei Weise. Einmal . . . in der Ablehnung jeder beweglichen Operationsführung, welche — wie die Dinge nun einmal vom Jahre 1943 ab lagen — nur durch freiwillige, wenn auch vorübergehende Preisgabe eroberter Gebiete zu ermöglichen war. Zum zweiten in der Scheu, Nebenfronten oder Nebenkriegsschauplätze zugunsten der Stelle, an der die Entscheidung fallen mußte, auch auf nicht zu leugnende Gefahren hin zu entblößen.

Dies Ausweichen vor dem Risiko auf militärischem Gebiet mag dreierlei Gründe gehabt haben. Einmal das uneingestandene Gefühl Hitlers, daß ihm das militärische Können fehle, gegebenenfalls mit einem solchen Risiko fertig=

zuwerden. Was er sich in seinem Inneren aber nicht selbst zutrauen mochte, das traute er noch weniger seinen Generalen zu. Zum zweiten die Besorgnis, die jeder Diktator hegen muß, daß etwa eintretende Fehlschläge sein Prestige erschüttern könnten. Wobei im Enderfolg durch die so unvermeidlich entstehenden militärischen Fehler ein um so größerer Prestigeverlust herauszukommen pflegt. Drittens Hitlers in seinem Machttrieb wurzelnde Abneigung, irgend etwas, von dem er einmal Besitz ergriffen hatte, aufzugeben.

Im Zusammenhang mit dem Gesagten muß eine andere Eigenschaft Hitlers erwähnt werden, gegen die während der Zeit, in der ich das Kommando über die Heeresgruppe führte, sowohl sein Generalstabschef, Generaloberst Zeitzler, wie auch ich immer wieder vergeblich anzukämpfen hatten.

Hitler liebte es, jede Entscheidung, die ihm nicht genehm war, um die er aber doch nicht herumkommen konnte, solange wie möglich hinauszuzögern. Dies war jedesmal der Fall, wenn es darum ging, einen nach der Lage vorauszusehenden operativen Erfolg des Gegners durch rechtzeitigen Kräfteeinsatz zu verhindern oder der Ausweitung eines solchen einen Riegel vorzuschieben. Es bedurfte eines tagelangen Kampfes des Generalstabschefs mit Hitler, wenn es sich darum handelte, von zur Zeit weniger bedrohten Frontabschnitten Kräfte für Krisenstellen freizumachen. Meist gab er zu spät und zu wenig – mit dem Ergebnis, daß er in der Folge ein Mehrfaches an Kräften hergeben mußte als es bedurft hätte, die Lage wiederherzustellen, wenn er das anfangs Geforderte sogleich gewährt hätte. . . . . .

Die Überbewertung der Macht des eigenen Willens, eine gewisse Scheu, in beweglicher Operationsführung (zum Beispiel in Gestalt eines Schlagens erst aus der Nachhand, eines „retour offensif") ein Risiko einzugehen, dessen guter Ausgang nicht im voraus zu garantieren war, und Hitlers Abneigung, überhaupt etwas freiwillig aufzugeben, haben, je länger je mehr, seine militärische Führung bestimmt.

Die starre Verteidigung jedes Fußbreits Boden wurde allmählich zum alleinigen Prinzip seiner Führung. Nachdem die deutsche Wehrmacht ihre außerordentlichen Erfolge in den ersten Kriegsjahren durch bewegliche Operationsführung errungen hatte, übernahm also Hitler, als vor Moskau die erste Krise eintrat, von Stalin das Rezept des sturen Haltens jeder Position. Ein Rezept, das die sowjetische Führung im Jahre 1941 so nahe an den Abgrund gebracht hatte, daß sie anläßlich der deutschen Offensive 1942 von ihm abging.

Nachdem aber in jenem Winter 1941 die sowjetische Gegenoffensive schließlich an dem Widerstand unserer Truppen erlahmt war, war Hitler überzeugt, daß allein sein Verbot jedes freiwilligen Ausweichens das deutsche Heer vor dem Schicksal des napoleonischen des Jahres 1812 gerettet habe. In dieser Überzeugung wurde er allerdings durch die Zustimmung seiner Umgebung wie auch mancher Frontbefehlshaber bestärkt. Als es dann im Herbst 1942 nach Festlaufen der deutschen Offensive vor Stalingrad und im Kaukasus zu einer neuen Krise kam, glaubte Hitler wiederum, das Arcanum des Erfolges im starren

Festhalten um jeden Preis gefunden zu haben. Er ist auch in der Folge von dieser Ansicht grundsätzlich nicht mehr abzubringen gewesen.

Nun ist allgemein anerkannt, daß an sich die Verteidigung die stärkere Form des Kampfes ist. Dies trifft aber doch nur zu, wenn sie so wirksam gestaltet werden kann, daß der Gegner sich vor der Abwehrfront im Angriff verblutet. Davon konnte jedoch im Osten keine Rede sein. Die Zahl der verfügbaren deutschen Divisionen reichte nie aus, um eine derartig starke Verteidigung aufzubauen. Dem vielfach überlegenen Gegner blieb es immer möglich, durch Massierung seiner Kräfte an beliebigen Punkten Durchbrüche durch die allzuweit gedehnten Fronten zu erzielen. Mit dem Erfolg, daß dann namhafte deutsche Kräfte der Einkesselung nicht mehr entgehen konnten. Nur in beweglicher Operationsführung hätte die Überlegenheit der deutschen Führung und Truppe zur Geltung gebracht werden und damit schließlich vielleicht das Erlahmen der Kräfte der Sowjetunion erreicht werden können.

...... Wenn Hitler immer stärker auf diesem Prinzip beharrte, so lag dies zutiefst in seinem Charakter begründet. Er war ein Mann, der nur noch den brutalen Kampf bis zum äußersten kannte. Seinem Denken entsprach mehr das Wunschbild vor unseren Linien verblutender feindlicher Massen als das Bild des eleganten Fechters, der auch einmal auszuweichen versteht, um dann um so sicherer den entscheidenden Stoß führen zu können. Dem Begriff der Kriegskunst setzte er letzten Endes den der brutalen Gewalt entgegen, einer Gewalt, deren vollste Wirksamkeit durch die Macht des Willens, der hinter ihr stehe, garantiert werde.

Wenn Hitler so die Macht der Gewalt über die des Geistes stellte, wohl die Tapferkeit des Soldaten, nicht aber in gleichem Maße das Können wertete, so kann es nicht verwundern, daß er, wie der Überbewertung technischer Mittel, so auch der „rage du nombre" verfiel. Er berauschte sich an den Produktionszahlen der deutschen Rüstungsindustrie, die er zweifellos in erstaunlichem Ausmaß in die Höhe getrieben hat (wobei er allerdings gern darüber hinwegging, daß die feindlichen Rüstungszahlen noch weit höher lagen).

Aber er übersah, was daneben an Ausbildung und Können dazu gehört, um eine neue Waffe erst zur vollen Wirksamkeit zu bringen. Ihm genügte es, wenn die neuen Waffen an die Front kamen. Gleichviel, ob die mit ihnen ausgerüsteten Verbände ihren Gebrauch bereits beherrschten oder ob die Waffe überhaupt schon unter kriegsmäßigen Verhältnissen erprobt war.

Im gleichen Sinne befahl Hitler die Aufstellung immer neuer Divisionen. Nun war zweifellos eine Vermehrung der Zahl unserer großen Verbände durchaus erwünscht. Jedoch ihre Aufstellung mußte auf Kosten des Ersatzes der bestehenden Divisionen gehen. Diese bluteten bis zum letzten aus. Die Neuaufstellungen aber hatten infolge ihrer unzureichenden Kampferfahrung zunächst einmal einen überhohen Blutzoll zu zahlen. Die bereits erwähnte Aufstellung von Luftwaffen-Felddivisionen, aber auch immer neuer SS- und schließlich der sogenannten Volks-Grenadier-Divisionen sind die markantesten Beispiele.

Schließlich sei noch erwähnt, daß Hitler zwar stets seine soldatische Einstellung betonte und gern erwähnte, daß er seine militärischen Erfahrungen als Frontsoldat gewonnen habe. In Wahrheit lag seinem innersten Wesen soldatisches Denken und Fühlen fern. Ebenso wie das Gebaren seiner Partei mit preußischem Wesen, auf das sie sich so gern berief, nichts zu tun hatte.

Wohl war Hitler über die Zustände an der Front durch die Berichte der Heeresgruppen, Armeen usw. völlig eindeutig unterrichtet. Er ließ sich auch öfters durch Frontoffiziere unmittelbar mündlich vortragen. Er kannte also nicht nur die Leistungen unserer Truppen, sondern wußte auch von dem, was sie infolge dauernder Überbeanspruchung seit Beginn des Feldzuges gegen die Sowjetunion zu erdulden hatten. Vielleicht ist dieses Wissen mit ein Grund dafür gewesen, daß es im Osten nicht gelungen ist, Hitler an die Front zu bringen. Es war schon schwierig genug, ihn zu einem Besuch bei unserem H.=Gr.=Kdo. zu bewegen; darüber hinaus weiter nach vorn zu fahren, ist ihm niemals in den Sinn gekommen. Vielleicht scheute er die Möglichkeit, daß solche Fahrten seinen Wunschtraum von der Unüberwindlichkeit seines Willens zerstören würden. . . . .

Die vorstehend geschilderten Mängel mußten Hitlers Eignung, die selbstgewählte Rolle des obersten militärischen Führers mit Erfolg zu spielen, erheblich vermindern.

Immerhin wären sie wohl auszugleichen gewesen, wenn er sich bereit gefunden hätte, sich des Rates eines erfahrenen und mitverantwortlichen Generalstabschefs zu bedienen, bzw. wenn er es über sich gebracht hätte, einem solchen wirkliches Vertrauen zu schenken. Brachte Hitler doch für die Rolle eines Feldherrn immerhin auch einige wesentliche Eigenschaften mit: einen starken Willen, Nerven, die selbst in schwersten Krisen standhielten, einen unleugbar scharfen Verstand und, wie gesagt, neben einer gewissen Begabung auf operativem Gebiet, die Fähigkeit, die in der Technik liegenden Möglichkeiten zu erkennen. Hätte er es verstanden, die ihm fehlende Schulung und Erfahrung auf dem militärischen, insbesondere auf dem strategischen bzw. operativen Gebiet, durch das Können seines Generalstabschefs zu ergänzen, so hätte trotz aller erwähnten Mängel doch eine brauchbare militärische Führung zustande kommen können. Aber gerade dazu war Hitler nicht bereit.

Wie er die Macht seines Willens als den ausschlaggebenden Faktor in jeder Hinsicht ansah, so hatten ihn seine politischen Erfolge, aber auch die militärischen Siege der ersten Kriegsjahre, die er sich selbst zuschrieb, das Maß für die Einschätzung der eigenen Fähigkeiten immer mehr verlieren lassen. Die Annahme von Ratschlägen eines mitverantwortlichen Generalstabschefs hätte für ihn nicht mehr eine Ergänzung des eigenen, sondern das Beugen seines Willens vor dem eines anderen bedeutet. Es kam hinzu, daß ihn als Folge seiner Herkunft und seines Werdeganges ein unüberwindbares Mißtrauen gegenüber den militärischen Führern beseelte. Zu deren aus einer anderen Sphäre stammendem Wesen und Denken eröffnete sich ihm kein Zugang. So war er nicht bereit, einen wirklich verantwortlichen militärischen Ratgeber neben sich zu sehen. Er wollte es einem Napoleon gleichtun, der nur Gehilfen und ausführende Organe seines Willens unter sich geduldet hatte; aber er besaß weder dessen militärische Vorbildung noch gar sein militärisches Genie.

Es ist bereits bei der Schilderung des Invasionsplanes gegen Großbritannien dargelegt worden, daß Hitler die oberste militärische Führung so organisiert hatte, daß es keine Stelle gab, die ihn hinsichtlich der Gesamtkriegführung verantwortlich hätte beraten können, die in der Lage gewesen wäre, einen Kriegsplan zu entwerfen. Der Wehrmacht-Führungsstab des OKW, der theoretisch zu einer solchen Aufgabe berufen gewesen wäre, hat in der Praxis nur die Rolle eines militärischen Sekretariats gespielt. Er war dazu da, die Gedanken und Anordnungen Hitlers in die militärische Befehlssprache zu übersetzen.

Es sollte aber noch schlimmer kommen. Mit der Bestimmung Norwegens als OKW-Kriegsschauplatz, auf dem das OKH nichts zu sagen hatte, hatte Hitler die Aufsplitterung auch der Landkriegführung nur eingeleitet. In der Folge wurden nach und nach alle anderen Kriegsschauplätze der geschäftsmäßigen Bearbeitung durch das OKW zugewiesen. Allein für den Ostkriegsschauplatz blieb schließlich das OKH verantwortlich, an dessen Spitze Hitler selbst stand. Der Generalstabschef des Heeres war somit von jeder Einwirkung auf die anderen Kriegsschauplätze ebenso ausgeschaltet wie die Oberbefehlshaber der beiden andern Wehrmachtteile in den Fragen der Gesamtkriegführung. Ersterer hatte nicht den mindesten Einfluß auf die Verteilung der Gesamtkräfte des Heeres auf die verschiedenen Kriegsschauplätze, oft nicht einmal ausreichende Kenntnis, was an Truppen und Material diesen zugeführt wurde. Ein Gegeneinander von Wehrmacht-Führungsstab und Generalstab des Heeres war unter diesen Umständen unausbleiblich. Es gehörte aber wohl zu den Prinzipien Hitlers, ein solches Gegeneinander zu schaffen, damit er allein in allen und jeden Fragen der Ausschlaggebende blieb. Eine solche Fehlorganisation der Obersten militärischen Führung mußte naturgemäß entscheidend zu deren Versagen beitragen.

Die Überschätzung der Macht seines Willens wie seines Könnens hat ferner zur Folge gehabt, daß Hitler immer häufiger versuchte, durch Einzelanordnungen in die Führung der nachgeordneten Kommandobehörden einzugreifen.

Es ist von jeher die besondere Stärke der deutschen militärischen Führung gewesen, daß sie sich auf die Verantwortungsfreudigkeit, die Selbständigkeit, die Initiative der Führer aller Grade stützt und diese Eigenschaften nach Möglichkeit fördert. Daher enthielten die „Weisungen" im Bereich der oberen, die Befehle in dem der mittleren und unteren Führung grundsätzlich für die nachgeordneten Verbände „Aufträge". Die Ausführung dieser Aufträge im einzelnen aber war Sache der Unterführer. Dieser Art der Befehlsführung sind zum wesentlichen Teile die Erfolge des deutschen Heeres zu danken gewesen, die es über seine Gegner davon getragen hat, bei denen Befehle meist das Handeln der Unterführer bis ins einzelne regelten. Nur wenn es im Interesse der

Sache gar nicht anders ging, griff man bei uns in die Befehlsgewalt einer nachgeordneten Kommandobehörde durch eine ins einzelne gehende Anordnung ein.

Hitler dagegen glaubte, von seinem Schreibtisch aus alles weit besser übersehen zu können als die Führer an der Front, obwohl es doch selbstverständlich war, daß auf seiner Lagekarte, die — leider — bis ins Detail ging, vieles bereits überholt sein mußte, ganz abgesehen davon, daß er aus der Ferne gar nicht beurteilen konnte, was an Ort und Stelle zu tun richtig und notwendig war.

Immer mehr hatte er es sich angewöhnt, durch Einzelanordnungen, die gar nicht seine Aufgabe waren, in die Führung der Heeresgruppen, Armeen usw. einzugreifen. . . . . .

Im Gegensatz zu Hitlers Drang zu Einzelanordnungen, die die Führung in der Regel nur behindern und Schaden stiften konnten, stand seine Zurückhaltung, wenn es sich um operative Weisungen auf längere Sicht handelte. Je mehr er das Prinzip des „Haltens um jeden Preis" als das A und O seiner Führungskunst ansah, desto weniger war er bereit, Weisungen auf längere Sicht zu geben, die einer in der Regel voraussehbaren Entwicklung der operativen Lage Rechnung getragen hätten. Daß er bei solcher Führungsmethode schließlich in die Nachhand gegenüber dem Gegner geraten müsse, wollte er nicht einsehen. Sein Mißtrauen verhinderte ihn, durch Weisungen auf längere Sicht seinen Unterführern die Freiheit des Handelns zu geben, die sie vielleicht anders gebrauchen könnten, als ihm vorschwebte. Damit aber entzog er wirklicher Führungskunst mehr oder weniger den Boden. Schließlich konnte selbst ein Heeresgruppen-Kdo. nicht ohne Weisungen der Obersten Führung auskommen, wenigstens nicht, wenn es im Rahmen einer Heeresfront stand und damit an seine Nachbarn gebunden war. . . . . .

Offenbar aber hat Hitler genau gefühlt, wie weit er dem einen oder dem anderen seiner Gesprächspartner gegenüber gehen und wo er sich durch einen — vielleicht oft bewußt gespielten — Wutausbruch einen Einschüchterungserfolg versprechen konnte.

Was meine persönliche Erfahrung im Umgang mit Hitler betrifft, so muß ich sagen, daß er — auch wenn unsere Ansichten einander widersprachen bzw. aufeinanderplatzten — die Form gewahrt und auf sachlicher Ebene geblieben ist. Als er ein einziges Mal mit einer Bemerkung mir gegenüber unsachlich und persönlich wurde, hat er meine recht scharfe Replik schweigend hingenommen.

Hitler verstand es meisterhaft, sich psychologisch auf die Eigenart des jeweiligen Gesprächspartners, den er überzeugen wollte, einzustellen. Zudem wußte er natürlich immer, aus welchem Anlaß bzw. mit welcher Absicht jemand zum Vortrag zu ihm kam. Er konnte daher alle seine Gegenargumente bereithalten.

Seine Fähigkeit, die eigene — echte oder gespielte — Zuversicht auf andere zu übertragen, war außerordentlich; namentlich, wenn Offiziere aus der Front, die

Hitler noch nicht näher kannten, zu ihm kamen. Dann konnte es geschehen, daß der Mann, der ausgegangen war, „um Hitler die Wahrheit über die kritische Lage der Front zu sagen", als ein zur Zuversicht Bekehrter zurückkam.

Bei mancherlei Auseinandersetzungen, die ich als Oberbefehlshaber der Heeresgruppe mit ihm über operative Fragen hatte, war das Eindruckvollste die geradezu unwahrscheinliche Zähigkeit, mit der er seinen Standpunkt verfocht. Es bedurfte fast stets eines stundenlangen Ringens, bis man von ihm das erreichte, was man wollte, oder auch ohne positives Ergebnis, bzw. mit Versprechungen vertröstet, abziehen mußte. Ich habe keinen Menschen kennengelernt, der in einer ähnlichen Diskussion eine auch nur annähernd gleiche Ausdauer und Zähigkeit entwickeln konnte. Handelte es sich bei solchen Auseinandersetzungen zwischen Hitler und einem Frontbefehlshaber immerhin höchstenfalls um mehrere Stunden, so mußte der Generalstabschef, General Zeitzler, oft viele Tage bei jeder „Abendlage" kämpfen, um etwas Notwendiges bei Hitler durchzusetzen. Wir fragten ihn dann immer, bei welcher Runde er in diesem Kampfe angelangt sei.

Dabei waren Hitlers Argumente, auch die rein militärischen, mit denen er seine Auffassung verteidigte, in der Regel nicht einfach von der Hand zu weisen. Zum mindesten waren sie derart, daß man sie nicht ohne weiteres beweiskräftig widerlegen konnte. Handelt es sich doch bei der Erörterung operativer Absichten fast immer um eine Angelegenheit, deren Ausgang niemand mit voller Sicherheit voraussagen kann. Im Kriege ist schließlich nichts sicher.

Wenn Hitler merkte, daß er mit seinen operativen Ansichten keinen Eindruck machte, dann fand er alsbald solche aus dem politischen oder wirtschaftlichen Bereich. Da ihm hier eine Kenntnis der politischen Lage und der wirtschaftlichen Gegebenheiten zu Gebote stand, über die ein Frontbefehlshaber nicht verfügen konnte, waren seine Argumente auf diesem Gebiet meist nicht zu widerlegen. Man konnte letzten Endes nur darauf beharren, daß, wenn Hitler den ihm vorgetragenen Absichten oder Forderungen nicht zustimme, die Dinge militärisch schiefgehen würden, was auf politischem und wirtschaftlichem Gebiet um so schlimmere Folgen zeitigen müsse.

Andererseits zeigte Hitler bei manchen Anlässen durchaus auch die Fähigkeit, zuzuhören, selbst wenn ihm das Vorgetragene nicht paßte, und er konnte dann auch sachlich diskutieren.

Irgendein inneres Verhältnis zwischen dem Diktator, dem Fanatiker, der nur an seine politischen Ziele dachte und in dem Glauben an seine „Sendung" lebte, und den militärischen Führern konnte sich naturgemäß nicht einstellen. Persönliches interessierte Hitler offenbar überhaupt nicht. Er sah in den Menschen lediglich Werkzeuge, die seinen politischen Zielen zu dienen hätten. Kein Band der Treue führte von Hitlers Seite zu den deutschen Soldaten.

Die je länger je mehr zutage tretenden Fehler der deutschen militärischen Führung, die teils in der Persönlichkeit Hitlers begründet lagen, teils die Folge der früher skizzierten völlig unmöglichen Spitzenorganisation der Obersten

Führung waren, legten naturgemäß die Frage nahe, ob und wie diese Verhältnisse zu ändern seien. . . . . .

Ich habe nicht weniger als dreimal versucht, Hitler im Interesse einer vernünftigen Führung des Krieges zu einer Änderung in der Frage des militärischen Oberbefehls zu bewegen. Ich glaube nicht, daß von anderer Seite ihm gegenüber durch einen solchen Vorstoß die Tatsache zum Ausdruck gebracht worden ist, daß seine militärische Führung nicht genüge.

Dabei war es mir klar, daß Hitler niemals bereit sein würde, offiziell den Oberbefehl niederzulegen. Als Diktator hätte er dies auch gar nicht tun können, ohne einen für ihn untragbaren Prestigeverlust zu erleiden. Meines Erachtens kam es daher darauf an zu erreichen, daß Hitler, bei nomineller Beibehaltung des Oberbefehls, sich bereit fand, einem verantwortlichen Generalstabschef praktisch die Führung der militärischen Operationen auf allen Kriegsschauplätzen zu überlassen und für den Ostkriegsschauplatz einen besonderen Oberbefehlshaber zu ernennen. . . . . .

### 7. Aus den Memoiren des Prof. Dr. Carl J. Burckhardt, 1936 bis 1939 tätig als Hoher Kommissar des Völkerbundes in Danzig: Erfahrungen mit Hitler [1]

*Obwohl sich C. Burckhardt nicht mit Hitler als „Feldherr" befaßt, sind hier doch — mit bereitwillig gewährter Erlaubnis des Verfassers — die Hitler betreffenden Seiten seiner Erinnerungen abgedruckt, da sie ihn auf Grund persönlicher Beobachtungen meisterhaft zeichnen.*

Duff Cooper hat Hitler einmal in einer Unterhausrede einen Lügner genannt. Er hat dabei ein Wort gebraucht, das in der englischen Sprache tunlichst vermieden wird. Indem er diese Konvention überschritt, hat er sicher eine der gefährlichsten Eigenschaften des Diktators beim richtigen Namen genannt, richtig, wenn man die Versprechen des Reichskanzlers und ihren oft augenblicklichen Bruch sich vor Augen hält und seine zynische Untreue wahrnimmt. Die paar soeben aus Tausenden von Dokumenten herausgegriffenen Zeugnisse scheinen diesen Eindruck, dieses Urteil sehr deutlich zu machen. Bei genauerem Hinsehen aber möchte es scheinen, daß solch landläufige und gesunde Begriffe wie „Lügner" das Phänomen Hitler nicht völlig zu decken vermögen: „Wenn ich mein Wort gebe, so halte ich es", so erklärt er; ganz kurze Zeit darauf, bisweilen fast am selben Tag, bricht er es bedenkenlos, als ob es sich bei seiner Beteuerung nur um eine konventionelle Floskel gehandelt habe. Beinah möchte man versuchen, anstatt „er lügt" zu sagen, „es lügt aus ihm". Was dieses „es" ist, dies festzustellen, wäre die Aufgabe der psychologischen

1 Aus: Meine Danziger Mission, München (Callwey-Verlag) 1960, S. 267—70 (Vorabdruck dieser Seiten in der Frankfurter Allgemeinen Zeitung, 23. Dez. 1959: Nr. 297, S. 11). Über dieses Buch vgl. meine Besprechung in der Wochenzeitung „Die Zeit" vom 1. Juli 1960 (Nr. 27, S. 8).

Wissenschaft, die sich bis jetzt mit seinem Fall noch nicht wirklich auseinandergesetzt hat.

Ein primitiver, seinen Affekten ausgelieferter, partiell sehr begabter, partiell mit Blindheit geschlagener, ausgesprochen arbeitsscheuer, dabei aber immer wieder heftig tätiger Mensch gelangt durch die Leidenschaften des Kollektivs als Verkörperung des Mythos vom Manne aus dem Volk zu unbeschränkter Macht. Diese Macht, ausgestattet mit den fast unbegrenzten Mitteln des modernen Staates und der Dynamik eines organisatorisch und in bezug auf Arbeitsleistung einzigartigen Volkes, verleiht jeder Reaktion seines Wesens unmeßbare Hebelwirkung. Er ist ein Erniedrigter und Beleidigter; durch jeden seiner Entschlüsse, jede seiner Taten will er etwas wettmachen, will er ein undefinierbares „Gegenüber", einen unsichtbaren, allgegenwärtigen Feind, den er für total verantwortlich hält, in die Knie zwingen und aufs härteste bestrafen. Überall, wo er eine Überlegenheit zu spüren glaubt, erwacht seine Rachsucht; noch gehört diese Überlegenheit jenem „Gegenüber" an, das an allem schuld ist. Er mißtraut allem und jedem, wirft jedem vor, mit seinem Feind in Kontakt zu stehen oder gerade dabei zu sein, zu diesem überzulaufen. Es ist ihm schlechterdings unmöglich, in bezug auf irgendeinen Zeitgenossen, auf irgendwelche Gruppe von Zeitgenossen sich anders zu verhalten als nach dem Grundsatz, der, unheimlich genug, nur einem Gott und keinem Menschen zur Verfügung steht, dem Grundsatz: „Wer nicht für mich ist, ist wider mich." Die Angst vor dem potentiellen Widersacher läßt ihn besinnungslos rasch von Entschluß zu Entschluß, von Tat zu Tat vorwärtsstürzen. Letzten Endes verschafft ihm, wenn er an jenes „Gegenüber" denkt, nur die Ausrottung völlig Ruhe. Wenn er aus einer für ihn bezeichnenden Stimmung heraus nach Anlehnung strebt, nach Identifikation mit einem Vorbild, wenn er sich beispielsweise einem „Marschall Pilsudski seiner eigenen Vorstellung" mit ausgestreckter Hand nähert und deshalb eine ganz neue Politik, nämlich seine deutsch-polnische Entspannungspolitik, beginnt, so tut er dies nicht einzig aus taktischer List, weil er ein bestimmtes Verhalten seines unmittelbaren östlichen Nachbarn für einen beschränkten Zeitraum nötig hat, sondern auch, weil er vorübergehend einer durch den Identifikationsvorgang entstehenden euphorischen Stimmung gehorchte.

Hitler erklärte einmal:

„Das schwierigste Problem, das ich vorfand, war das deutsch-polnische Verhältnis. Es bestand die Gefahr, daß die Vorstellung einer ‚Erbfeindschaft' von unserm wie auch vom polnischen Volk Besitz ergreifen würde, dem wollte ich vorbeugen. Ich weiß genau, daß es mir nicht gelungen wäre, wenn damals Polen eine demokratische Verfassung gehabt hätte. Denn diese Demokratien, die von Friedensphrasen triefen, sind die blutgierigsten Kriegshetzer. In Polen herrschte nun keine Demokratie, sondern ein Mann!"

War nun diese Vision, war dieser eine Mann verschwunden und war diese Stimmung ausgelöscht, dann stand Hitler plötzlich etwas ganz anderem gegenüber, und dieses andere erregte augenblicklich wieder sein abgründiges Mißtrauen. Innerhalb eines Augenblicks konnte er deshalb Treu und Glauben und gegebenes Wort, ja auch die Erinnerung daran und das Unbehagen, das diese Erinnerung hätte auslösen können, wegwischen und in sich selbst ungeschehen machen. Die ungeheuer rasche Strömung und Wandlung von Umständen und Menschen riß ihn beständig mit. Nun waren in infernalem Wechsel seine Versprechen hohl, und seine Eide wurden zu Meineiden, ohne daß er davon auch nur das geringste wußte: die Vorstellung von der Person, an die er seine Beteuerungen gerichtet hatte, war entschwunden. Diese Anlage seines Wesens, die in einer extremen Weise den wechselnden Umständen gehorchte, entsprach oft den Gelegenheiten, die sich boten und die er stets augenblicklich ergriff. In ihm, der vorübergehend so ungewöhnliche Machtfülle besaß, blieb nur ein ganz verschwindendes Maß von Freiheit vorhanden. In dem fast totalen Mangel an Freiheit war er denen, die er beherrschte, sehr nahe. Zwischen ihm und den übermächtigen Umständen wirkte eine bloß mechanische Kraft, der er ebenso sehr unterlag wie alle diejenigen, die er an sich gefesselt hatte. Das deutsche Wort „Verhängnis" ist ein sehr ausdrucksvolles Wort, es vermittelt die Vorstellung von der Serienreaktion, die, einmal begonnen, nicht mehr aufzuhalten ist. Der entfesselte, mechanische Ablauf wirkte widerspruchsvoll durch Hitlers Entschlüsse hindurch; was sich nämlich außerhalb seines Willens vollzog, wurde scheinbar zu einem Akt dieses selben Willens. Merkwürdig waren seine gleichbleibende Vision, die Ziele seines Traumes; von Anfang an hat er immer und in ganz unfaßlicher Weise dasjenige ausgesprochen, was er dann nach vielen Umwegen, Widersprüchen und Finten schließlich auch wirklich getan hat, und es ist nicht ganz abwegig anzunehmen, daß der unersättliche Haß, der in ihm wirkte, im unbewußten Teil seines Wesens mit der verhüllten, aber immer vorhandenen Gewißheit zusammenhing, daß am Ende das furchtbarste Mißlingen stehen werde und ein persönlicher Untergang, wie er ihm dann in der Reichskanzlei am 30. April 1945 bereitet war.

# D. Erläuterungen zu Band I - IV

# Erläuterungen zu Band I - IV

Inhaltsübersicht:

## I. Teil

## Der Wehrmachtführungsstab (WFStab, amtlich: WFSt)



## II. Teil

## Die Führung des Kriegstagebuchs (KTB) im WFStab und die Verhinderung seiner Vernichtung

### A. Anlage und Führung des KTB (im Rahmen der sonstigen Kriegstagebuchführung)

## B. Das Ende des II. Weltkrieges: Wie wurde die Vernichtung des KTB des WFStabs verhindert?



## Anlagen



## III. Teil

## Die erhaltenen und die verlorenen Teile des KTB des WFStabs



## IV. Teil

# I. Teil
# Der Wehrmachtführungsstab

## 1. Aufbau, Ausbau, Kompetenz, Dienstbetrieb [1]

Über den Ursprung des „Wehrmachtführungsstabs", der aus dem bereits im Frieden geschaffenen „Wehrmachtführungsamt" hervorging, hat Helmuth Greiner — der erste Verfasser des in diesem Stabe geführten Kriegstagebuchs — gestützt auf das, was er selbst miterlebte, so klar und übersichtlich berichtet, daß wir nichts besseres tun können, als seine Darlegungen hier zu wiederholen [2]:

„Das Oberkommando der Wehrmacht gliederte sich seit Februar 1938 in das Wehrmachtführungsamt, das am 8. August 1940 in *„Wehrmachtführungsstab"* umbenannt wurde,

das hauptsächlich der Nachrichtengewinnung dienende Amt Ausland/Abwehr,

das Wirtschafts= und Rüstungsamt,

das Allgemeine Wehrmachtamt,

die Wehrmacht=Rechtsabteilung und

die Zentralabteilung.

Von besonderer Wichtigkeit war das *Wehrmachtführungsamt,* wie schon aus seiner Bezeichnung hervorgeht. Es bestand aus den Abteilungen

Landesverteidigung (L),

Wehrmacht=Nachrichtenverbindungen und

Wehrmachtpropaganda.

Seine Leitung übernahm mit Kriegsbeginn Generalmajor Alfred *Jodl* [3], der bis zum November 1938 Chef der Abteilung Landesverteidigung und zugleich mit der Wahrnehmung der Geschäfte des Chefs des Wehrmachtführungsamtes beauftragt gewesen war [4]. Nächst dem Chef des Oberkommandos der Wehrmacht, dem damaligen Generaloberst *Keitel,* war Jodl der Berater Hitlers in allen die oberste Wehrmachtführung angehenden Fragen. Die Abteilung Landesverteidigung war sein Arbeitsstab; zusammengesetzt aus Offizieren aller

1 S. zum Vergleich *W. Hubatsch*, Großes Hauptquartier 1914/18. Zur Gesch. einer deutschen Führungseinrichtung, in: Ostdeutsche Wissenschaft. Jahrbuch des Ostdeutschen Kulturrats V, 1958, S. 422—61.

2 Die Oberste Wehrmachtführung 1939—43, Limes=Verlag, Wiesbaden 1951, S. 7—17. Verändert ist nur — um die Übersichtlichkeit zu vermehren — die Druckanordnung des Textes (mehr Absätze, Sperrdruck usw.). Weggelassen sind die Urteile, die der Verf. über die von ihm Erwähnten fällte, da es sich um seine persönliche, sachlich allerdings beachtlich bleibende Stellungnahme handelt.

3 Befördert am 19. 7. 1940 zum General der Art., am 1. 2. 1944 zum Generalobersten; im folgenden daher zunächst als „General" Jodl bezeichnet.

4 Die Dienststelle des Chefs des Wehrmachtführungsamtes war im Frieden nicht besetzt gewesen.

drei Wehrmachtteile hatte sie die Unterlagen für die Entschlüsse des Obersten Befehlshabers der Wehrmacht zu beschaffen und seine Weisungen für die Kriegführung vorzubereiten und auszuarbeiten. Sie konnte demnach als der eigentliche Führungsstab der Wehrmacht gelten, wuchs aber erst allmählich in diese bedeutende Aufgabe hinein.

Bei Kriegsbeginn nämlich traten zunächst nur Generaloberst Keitel mit seinen beiden Adjutanten und General Jodl mit einem jüngeren Generalstabsoffizier der Abteilung Landesverteidigung zu dem sich bildenden *Führerhauptquartier*. Diesem gehörten weiterhin an:

der Chefadjutant der Wehrmacht beim Führer, Oberst *Schmundt*, und die drei Adjutanten der Wehrmachtteile,

General *Bodenschatz* als Verbindungsoffizier des Oberbefehlshabers der Luftwaffe,

SS-Obergruppenführer *Wolff* als Verbindungsoffizier des Reichsführers SS,

der Adjutant der SA beim Führer, Obergruppenführer *Brückner*,

der Chef der Parteikanzlei *Bormann*,

der Reichspressechef Dr. *Dietrich*,

der Gesandte *Hewel* als Vertreter des Auswärtigen Amtes,

die beiden Leibärzte, Prof. *Morell* und Prof. *Brandt*,

der Reichsbildberichterstatter Professor *Hoffmann* sowie eine kleine SS-Leibwache.

Mit dieser persönlichen Umgebung begab sich Hitler am 3. September 1939 nach den Kriegserklärungen der Westmächte in seinem Sonderzug auf den polnischen Kriegsschauplatz. Kommandant des Führerhauptquartiers war anfangs Gen.-Major *Rommel;* ihm unterstanden das sogenannte Führerbegleitbataillon, ein vollmotorisierter, aus Schützen-, Panzeraufklärungs- und Panzerkompanien zusammengesetzter Verband, und eine motorisierte gemischte Flakabteilung, denen der Schutz Hitlers auf dem Kriegsschauplatz oblag.

Die Abteilung *Landesverteidigung* blieb unter ihrem Chef, Oberst *Warlimont*, in Berlin an ihrem Dienstsitz im Oberkommando der Wehrmacht zurück. Ihre Arbeit gestaltete sich wegen der räumlichen Trennung von der Wehrmachtspitze sehr schwierig und beschränkte sich während des Feldzuges gegen Polen im wesentlichen auf die Zusammenstellung der Meldungen der Wehrmachtteile in einem täglichen Lagebericht für Hitler, der jeden Morgen mit Fernschreiber an den Führerzug durchgegeben wurde, und auf die Herbeischaffung anderer Führungsunterlagen. An der Abfassung der ‚Weisungen für die Kriegführung', in denen Hitler den Oberkommandos der Wehrmachtteile seine Direktiven für die Führung der Operationen im großen gab, und an seinen sonstigen militärischen Anordnungen war sie in dieser Zeit höchstens redigierend beteiligt. Ihre Instruktionen erhielt sie fernmündlich. Oberst Warlimont weilte nur einmal, am 20. September, zu persönlicher Rücksprache mit Generaloberst Keitel und General Jodl im Führerhauptquartier, das sich damals im Kasino-Hotel in Zoppot befand.

Auch die *Oberbefehlshaber der Wehrmachtteile* hielten sich während dieses Feldzuges noch nicht mit ihren Führungsstäben in Hitlers Nähe auf; das Oberkommando des Heeres hatte sein Hauptquartier im Lager *Zossen* bei Berlin, mit Decknamen *„Zeppelin"* genannt, das Oberkommando der Kriegsmarine war in Berlin geblieben, und der Führungsstab der Luftwaffe saß in *„Kurfürst"*, seiner Kriegsunterkunft in der Luftkriegsschule *Wildpark* bei Potsdam.

Am 26. September kehrte Hitler mit seinem Gefolge aus Zoppot nach Berlin in die Neue Reichskanzlei zurück, wo er während des Winters — von einigen kürzeren oder längeren Aufenthalten auf dem ‚Berghof' in Berchtesgaden abgesehen — blieb und von wo aus er auch den Feldzug in Norwegen leitete. In diesen Wintermonaten wurde für die geplante große Offensive gegen die Westmächte mit erheblichem Geldaufwand ein festes Führerhauptquartier in Schloß und Gut *Ziegenberg* westlich von Bad Nauheim vorbereitet, in das nun auch eine kleine, ursprünglich auf 14 Offiziere begrenzte Feldstaffel der Abteilung Landesverteidigung mitgenommen werden sollte, damit der Chef des Wehrmachtführungsamtes nicht mehr von seinem Arbeitsstab getrennt wurde, was sich im Feldzug gegen Polen als so nachteilig erwiesen hatte. Auch die Oberbefehlshaber des Heeres und der Luftwaffe mit ihren Führungsstäben wollte Hitler künftig in seiner Nähe haben, um leichter auf sie einwirken zu können; für sie wurden daher, ebenfalls unter großen Kosten, Hauptquartiere in und bei Gießen eingerichtet. Als aber im zeitigen Frühjahr das Führerhauptquartier in Ziegenberg fertig ausgebaut und mit Betonbunkern und in den Felsen gesprengten Kavernen versehen war, erklärte Hitler zur allgemeinen Überraschung, daß er nicht dorthin ginge, weil ihm der Platz zu weit rückwärts liege. Er wollte stattdessen zunächst einen gleichzeitig für ihn gebauten vorgeschobenen Gefechtsstand in der *Eifel* beziehen. Zwei weitere Gefechtsstände waren in der Pfalz und im Schwarzwald errichtet worden. Der erstgenannte lag auf einer Höhe unmittelbar über Münstereifel und bestand aus mehreren in einer bewaldeten Kuppe gut getarnten Bunkern für Hitler und seine nächste Umgebung. In dem nahegelegenen Dorfe Rodern war ein äußerlich unveränderter, innen aber völlig umgebauter Bauernhof als Unterkunft für die Feldstaffel der Abteilung Landesverteidigung, den Kommandanten des Führerhauptquartiers mit seinem Stabe, einen Teil des Gefolges Hitlers und seine nur aus wenigen SS-Offizieren und Mannschaften bestehende Leibwache vorgesehen.

In diesem ersten ortsfesten Hauptquartier außerhalb Berlins, das den Decknamen *„Felsennest"* trug, traf Hitler am Morgen des 10. Mai 1940, also am Tage des Beginns der Westoffensive, mit seiner Umgebung und der Feldstaffel der Abteilung Landesverteidigung ein, die von jetzt an dauernd zum Führerhauptquartier gehörte. Sie war inzwischen personell vergrößert worden, da sie bei der von Hitler anfangs zugestandenen Zahl von nur 14 Offizieren nicht arbeitsfähig gewesen wäre, und bestand nunmehr aus:

den *Operationsgruppen Heer* mit vier, *Marine* mit einem und *Luftwaffe* mit drei Offizieren des betreffenden Wehrmachtteils,

der *Quartiermeistergruppe* mit zwei Offizieren und einem Heeresbeamten,

der *Nachrichtengruppe* mit vier Offizieren,

dem *Führer des Kriegstagebuches*

und sechs Offizieren und Beamten für den Registrier= und Verwaltungs=dienst.

Dazu kamen noch die *Verbindungsoffiziere* der Abteilung Wehrmacht=Propaganda, der Abteilung Ausland des Amtes Ausland/Abwehr und des Wirtschafts= und Rüstungsamtes, die aber mit einigen Offizieren und Beamten der Feldstaffel selbst aus Platzmangel nicht in Rodern, sondern in Münstereifel untergebracht waren.

Im ganzen zählte sonach der Arbeitsstab des Chefs des Wehrmachtführungsamtes 25 Offiziere und Beamte sowie etwa die doppelte bis dreifache Zahl von Mannschaften: Schreibern, Kartographen, Fernschreibern, Telefonisten und Kraftfahrern.

In Berlin blieben von der Abteilung Landesverteidigung je ein bis zwei Offiziere der genannten Gruppen und die gesamte *Organisationsgruppe* als Standortstaffel zurück, diese Gruppe deshalb, weil ihr Arbeitsgebiet — die Organisation, Gliederung, Bewaffnung und Ausrüstung der Wehrmacht sowie deren Personal= und Materialersatz — enge Fühlung mit den zivilen Obersten Reichsbehörden erforderte.

Der Oberbefehlshaber und der Chef des Generalstabes des Heeres mit ihrem Führungsstab richteten sich am 10. Mai in einem Waldbarackenlager südostwärts Münstereifel, etwa eine halbe Autofahrstunde vom Führerhauptquartier, ein. Auch die Sonderzüge des Oberbefehlshabers der Luftwaffe und seines Führungsstabes wurden in der Nähe abgestellt.

Im ‚Felsennest' blieb Hitler bis zum Beginn des zweiten Abschnitts der Westoffensive, dem deutschen Angriff über Somme und Aisne nach Süden am 5. Juni. Tags darauf siedelte das Führerhauptquartier nach *Bruly de Pesche* über, einem kleinen belgischen, etwa 9 km nordnordwestlich von Rocroi in einer Waldlichtung gelegenen Dorf, das von der Einwohnerschaft geräumt und von der Organisation Todt binnen acht Tagen hergerichtet worden war. Für Hitler war auch hier mitten im Walde ein Betonbunker errichtet; seine Umgebung wohnte in den unscheinbaren Häusern des Dorfes, die Feldstaffel der Abteilung Landesverteidigung in Holzbaracken. Das Oberkommando des Heeres schlug sein Hauptquartier in der Nähe von Chimay auf; der Oberbefehlshaber der Luftwaffe und sein Führungsstab blieben in ihren nach Dinant vorgefahrenen Sonderzügen.

Für den weiteren Fortgang der Offensive war ein drittes Führerhauptquartier im *Forêt de Montagne* südlich von Reims vorgesehen, das aber wegen des raschen Abschlusses des Feldzuges nicht mehr bezogen wurde. Nach dem Waffenstillstand von Compiègne und der Einstellung der Feindseligkeiten am

25. Juni begab sich Hitler mit seiner Umgebung und der Feldstaffel der Abteilung Landesverteidigung nach dem Schwarzwald auf den 1000 m hohen *Kniebis* westlich von Freudenstadt, wo während des Winters ein vorgeschobener Gefechtsstand mit dem Decknamen *„Tannenberg"* gebaut worden war.

Im Mittelpunkt des Tagesablaufs im *Führerhauptquartier* stand von Anfang an der *Lagevortrag,* der regelmäßig in den Mittagsstunden stattfand und bei dem in den ersten beiden Kriegsjahren General Jodl allein Hitler die Lage auf den Kriegsschauplätzen an Hand des von der Abteilung Landesverteidigung allmorgendlich zusammengestellten Lageberichts vortrug. Dabei entwickelte Hitler seine Gedanken über die Fortführung der Operationen, erörterte mit seinen militärischen Mitarbeitern die Maßnahmen, die zu treffen waren, faßte – meist nach langem Hin und Her – seine Entschlüsse und gab Direktiven für die Ausarbeitung seiner Weisungen und Befehle an die Wehrmachtteile. Am Nachmittag hörte er die *Vorträge* der Regierungs- und Parteiinstanzen, und in den späten Abendstunden ließ er sich von General Jodl noch die im Laufe des Tages eingegangenen Meldungen der Wehrmachtteile und deren Abendberichte vortragen.

Die Oberbefehlshaber und die Chefs der Generalstäbe des Heeres und der Luftwaffe empfing Hitler bis zum Beginn des Ostfeldzuges nicht regelmäßig, sondern nur von Fall zu Fall, wie sich die Notwendigkeit ergab, zur Darlegung ihrer Auffassung der Lage und Unterbreitung ihrer Vorschläge oder auch nur zur Entgegennahme seiner Weisungen und Befehle; sonst begnügte er sich mit telefonischen Rücksprachen. Der Oberbefehlshaber der Kriegsmarine hielt ihm etwa alle 14 Tage Vortrag über die Seekriegslage.[1]

In allen strategischen und operativen Fragen wurde mehr und mehr General Alfred *Jodl* der alleinige Berater Hitlers. . . .

Neben General Jodl trat der Chef des Oberkommandos der Wehrmacht, Gen.-Oberst *Keitel,* in allen operativen Angelegenheiten schon sehr bald völlig zurück. Sein eigentliches Arbeitsgebiet wurden die Organisation, Gliederung, Bewaffnung und Ausrüstung der Gesamtwehrmacht, ihr Menschen- und Materialersatz und die Probleme der Kriegswirtschaft . . . Befehlsgewalt über die Wehrmachtteile hatte der am 19. Juli 1940 zum Generalfeldmaschall beförderte Chef OKW nicht; er war deren Oberbefehlshabern vielmehr gleichgestellt und stand in Wirklichkeit hinter ihnen zurück.[2]

Von der unmittelbaren militärischen Umgebung Hitlers spielte noch der Chefadjutant der Wehrmacht, der Oberst und spätere General *Schmundt,* eine

1 Protokolle dieser Marine-Vorträge in: „Fuehrer Conferences on Matters dealing with the German Navy 1939–1944", 8 Bände, US-Office of Naval Intelligence, Washington 1946/47; verkürzte britische Ausgabe: „Fuehrer Conferences on Naval Affairs, 1939–1945", in: Brassey's Naval Annual 1948, London 1948.

2 Vgl. die Erläuterungen *A. Jodls* im Kreuzverhör (4. 6. 1946), in: Der Prozeß gegen die Hauptkriegsverbrecher vor dem Internat. Militärgerichtshof, XV, Nürnberg 1948, S. 342 ff.

besondere Rolle, insofern, als er bei der Besetzung der höheren Führerstellen der Wehrmacht, vornehmlich des Heeres, ein gewichtiges Wort mitsprach und von 1942 an neben seiner Adjutantentätigkeit auch noch das Heerespersonalamt leitete.[1]

Die Offiziere der Abteilung Landesverteidigung hatten sowohl in Berlin wie auch in den Führerhauptquartieren außerhalb der Reichshauptstadt dienstlich im allgemeinen nur mit diesen drei Männern aus dem Gefolge Hitlers zu tun. Ihr Chef, der Oberst und spätere General Walter *Warlimont*[2] ..., erhielt die Unterweisungen für die Arbeiten seiner Abteilung in täglichen längeren Besprechungen von General Jodl und Generalfeldmarschall Keitel, wobei er eingehend über die Motive, Erwägungen und Pläne Hitlers ins Bild gesetzt wurde und seinerseits Anregungen, Vorschläge und abweichende Meinungen in Gestalt von Denkschriften und Lage=Beurteilungen vorbringen konnte, freilich ohne sicher zu sein, daß diese der höchsten Stelle unterbreitet wurden. Mit Hitler selbst kam er in den beiden ersten Jahren des Krieges dienstlich nur in Berührung, wenn er den vorübergehend abwesenden oder erkrankten Chef des Wehrmachtführungsstabes zu vertreten oder über ihm selbst erteilte Sonderaufträge zu berichten hatte. Daß er als der eigentliche Leiter des militärischen Arbeitsstabes des Führers zunächst nicht zu den mittäglichen Lagevorträgen hinzugezogen wurde, lag einerseits daran, daß Hitler eine ausgesprochene Abneigung dagegen hatte, in dem gewohnten Kreise seiner engeren Umgebung neue Gesichter zu sehen, und erklärt sich andererseits aus dem von Anfang an obwaltenden Bestreben des Generals Jodl, den Obersten Befehlshaber der Wehrmacht in allen Fragen der operativen Führung allein zu beraten.

Im Mittelpunkt des *täglichen Arbeitsganges der Abteilung Landesverteidigung* stand ebenfalls eine in den Vormittagsstunden abgehaltene Lage=Besprechung, bei der die Leiter der Operationsgruppen Heer, Marine und Luftwaffe anhand der am vorhergehenden Abend und während der Nacht eingegangenen Meldungen der Wehrmachtteile ausführlich über die Ereignisse auf den Kriegsschauplätzen berichteten und der Leiter der Quartiermeistergruppe sowie die Verbindungsoffiziere der übrigen Ämter und Abteilungen des Oberkommandos der Wehrmacht die in ihrem Bereich vorliegenden Nachrichten vortrugen. Hierdurch wurde die gemeinsame Grundlage für die Arbeiten der verschiedenen Ressorts geschaffen und deren Übereinstimmung sichergestellt. In weiteren eingehenden Besprechungen übermittelte General Warlimont seinen Gruppenleitern die Erwägungen, Pläne und Entschlüsse der Obersten Führung und die Direktiven, nach denen die Weisungen und die sonstigen Befehle entworfen und ausgearbeitet werden sollten.

Mit der Ausweitung des Krieges wuchsen die Arbeit und die Bedeutung der

1 Auch am Schluß des I. Weltkrieges hatte der Chef des Militärkabinetts diese Doppelfunktion innegehabt.

2 Zuletzt Gen. d. Art.; 10. 11. 1938—22. 8. 1939 beauftragt mit der Führung der Geschäfte des Wehrmachtführungsamtes (s. S. 1741), zugleich 10. 11. 1938—31. 12. 1941 Chef der Abt. Landesverteidigung; 1. 1. 1942—6. 9. 1944 Stellv. Chef WFStab.

Abteilung Landesverteidigung, und zwar vornehmlich dadurch, daß Hitler auf einzelnen Kriegsschauplätzen, so in Norwegen, in Afrika und in Finnland, die eingesetzten Heeresverbände sich unmittelbar unterstellte, das Oberkommando des Heeres also ausschaltete und im Westen sowie später im Mittelmeerraum besondere, dem Oberkommando der Wehrmacht direkt unterstehende Oberbefehlshaber zur einheitlichen Führung der dort befindlichen Verbände aller drei Wehrmachtteile einsetzte. Für diese sogenannten *OKW-Kriegsschauplätze* übte die Abteilung Landesverteidigung teilweise auch die Funktionen der Operationsabteilung des Generalstabes des Heeres aus, was eine Vermehrung ihres Personals nötig machte, die sich jedoch in engen Grenzen hielt.

Die erhöhte Bedeutung der Abteilung sollte nun aber auch in ihrer Bezeichnung zum Ausdruck kommen. Sie wurde daher im Dezember 1941 in *Wehrmachtführungsstab* umbenannt und damit endlich auch äußerlich als Arbeitsstab des Generals Jodl gekennzeichnet; ihr Chef, General Warlimont, wurde „Stellvertretender Chef des Wehrmachtführungsstabes" und nahm nun auch regelmäßig an den Lagevorträgen bei Hitler teil. Ihre Operationsgruppen Heer, Marine und Luftwaffe sowie die auch fernerhin in Berlin verbleibende Organisationsgruppe wurden zu Abteilungen erweitert, die bisherige Quartiermeistergruppe zu einer Wehrmacht-Quartiermeister-Abteilung ausgestaltet. An der unmittelbaren Unterstellung der Abteilungen Wehrmacht-Nachrichtenverbindungen und Wehrmacht-Propaganda unter den Chef des Wehrmachtführungsstabes änderte sich nichts" (H. Greiner).

### 2. Die Funktionen und die Struktur des WFStabs

Nach der Verabschiedung des Gen.-Feldm. von Brauchitsch (19. 12. 1941) übernahm Hitler selbst den Oberbefehl des Heeres. Diese Maßnahme wurde zunächst begrüßt, da sie auf eine Vereinfachung der Kommandoverhältnisse hinauszulaufen schien. Sie führte formal zu dem grotesken Zustand, daß die von Hitler als Oberbefehlshaber der Wehrmacht gegebenen Befehle sich auch an ihn als Oberbefehlshaber des Heeres richteten. Sachlich bewirkte sie eine Überbelastung, der kein Mensch gewachsen gewesen wäre.

Allein an der Ostfront unterstanden Hitler 3, ab Juli 1942 4, von November 1942 bis Februar 1943 vorübergehend sogar 5 Oberbefehlshaber mit 4 bzw. 5 Heeresgruppen, dazu 5 Wehrmachtbefehlshaber (nicht gerechnet die Oberbefehlshaber der Kriegsmarine und der Luftwaffe, die ja auch an der Ostfront beteiligt waren).

Warum änderte Hitler diesen Zustand nicht wieder ab?[1] Warum behielt er ihn bis zum Kriegsende bei? Ich entnehme eine klare Antwort auf diese Fragen

1 S. zum Folgenden auch (General a. D. Dr.) *W. Erfurth*, Die Gesch. des deutschen Generalstabes von 1918 bis 1945, Göttingen 1957, 2. Aufl. ebd. 1960 (Studien und Dokumente zur Gesch. des zweiten Weltkrieges I), Kap. 5: Der Generalstab im II. Weltkrieg.

einer ungedruckten Denkschrift, die General Adolf *Heusinger* 1945/46 in der Gefangenschaft aufsetzte[1]:

„Durch die Schaffung eines *Oberbefehlshabers Ost* wäre wenigstens aus vier Stellen eine geworden. Vor allem wäre Hitler auf diese Weise ferngehalten worden von der unmittelbaren Führung der Ostfront mit all ihren Einzelheiten und hätte sich den Kopf freihalten können für die viel wichtigeren Gesamtprobleme der Kriegführung. Auch die Kritik bei etwaigen Fehlschlägen im Osten hätte ihr Opfer nicht in ihm selbst gefunden: er hätte über dem Ganzen gestanden. Aber Hitler wollte diesen Oberbefehlshaber Ost nicht haben. Er hielt keinen seiner Feldmarschälle für geeignet, die Ostfront führen zu können (wie er sich selbst ausgedrückt hat!). Welches Maß an Selbstdünkel und welche Verachtung der von ihm selbst geschaffenen Feldmarschälle liegt in diesen Worten! Doch der tiefere Grund seiner Ablehnung lag an seiner Freude am Feldherrnspielen und auch in der Sorge, keinen zu groß werden zu lassen."

„Wenn also auch diese Möglichkeit der Verbesserung der Spitzengliederung scheiterte, so gab es noch eine letzte: die Verschmelzung von Oberkommando des Heeres und Oberkommando der Wehrmacht, die Zusammenlegung der Stellen des Chefs WFStab und des Chefs GenStdH oder gar des Chefs OKW, Chefs WFStab und Chefs GenStdH. Damit wäre wenigstens eine einheitliche Beratung Hitlers über alle Kriegsschauplätze sichergestellt und vor allem eine Unsumme von Doppelarbeit im OKH und OKW vermieden worden. Denn jeder dieser Stäbe hatte seine eigene Operations-, Organisations-, Zentralabteilung usw. Freilich wäre diese Lösung wohl nur in Verbindung mit der Schaffung eines Oberbefehlshabers Ost möglich gewesen; denn sonst würde die Arbeit für den zu schaffenden gemeinsamen Chef zu groß geworden sein."

„Hitler hat auch diese letzte Lösung abgelehnt. Er wollte eben viele Berater, die er gegeneinander ausspielen konnte. Divide et impera!"

Der Wehrmachtführungsstab, der sich für Hitler aus „Experten", d. h. aus verdächtigen Helfern, zusammensetzte und als ganzes von ihm als eine zweckdienliche Apparatur behandelt wurde, konnte also nur versuchen, gleichsam „hinten herum" seine Auffassung zur Geltung zu bringen.

General v. *Buttlar*, der dem WFStab jahrelang angehörte[2] und diese Erläuterungen kritisch durchsah, bereichert sie durch die folgende Mitteilung:

„Nachdem die operativen Konzeptionen Hitlers, von denen ich noch bei Vorbereitung und Einleitung der Operation „Stalingrad" mehrfach stark beeindruckt wurde, sich in einer Taktik der Sturheit festgerannt hatten, erreichte der tägliche fernmündliche Meinungsaustausch des WFStabs mit den Chefs der Wehrmachtbefehlshaber — zuerst in Italien, dann im Südosten und zuletzt auch im Westen —, daß die Akzentsetzung bei den täglichen Lageberichten und

1 Ich stellte sie sicher und händigte sie dem Verfasser, als wir beide wieder in gesicherter Stellung waren, aus.

2 S. unten S. 1751.

bei der Herstellung der Hitler vorzulegenden Lagekarten so gestaltet wurde, daß der notwendigen Entschlußfassung im Sinne der örtlichen Führung erfolgreich vorgearbeitet werden konnte."

„Ich entsinne mich hierbei besonders an die zahlreichen Gespräche mit dem Chef des Generalstabes (erst des OB Südwest, dann des OB West), des Generals Westphal, in denen notwendig werdende Frontverkürzungen und Verzichte auf von Hitler geforderte Gegenstöße so vorbereitet wurden. Die Stärke der roten feindlichen Angriffspfeile und die dünnen, durchbrochenen blauen Striche des eigenen Frontverlaufs auf den ihm vorgelegten Lagekarten haben visuell die knappen Lageberichte häufig wirksam unterstrichen."

Zu einem Virtuosen in psychologisch gut berechneter, aber von Hitler nicht unmittelbar gespürter Beeinflussung hat sich im Laufe des Krieges der General Jodl entwickelt. Doch scheute dieser in bestimmten Fällen auch nicht davor zurück, ganz offen seine entgegengesetzte Meinung zu vertreten[1].

Da bis zum Ende des Krieges der „Oberste Befehlshaber der Wehrmacht" nicht dazu gebracht werden konnte, die für die operative Führung so verhängnisvolle Machtkonzentration in einer Hand zu ändern, mußten die Konsequenzen in Kauf genommen werden, die sich aus ihr ergaben.

Wichtig ist in diesem Zusammenhang die Regelung, die in bezug auf die sogenannten „Waffengenerale" getroffen wurde, d. h. die dem Generalstab des Heeres angeschlossenen Generale, die Sonderbereiche der Wehrmacht befehligten, nämlich

den Chef des Heeresnachrichtenwesens,
den Chef des Eisenbahnwesens,
den Chef der Pioniere und des Festungswesens,
den Chef des Rüstungswesens.

Sie erhielten Wehrmachtbefugnisse, konnten also sowohl Befehle für alle drei Wehrmachtteile als auch nur für das Heer erlassen; analog zu Hitler selbst gaben sie sich also im ersten Fall selbst Befehle. Im WFStab waren sie durch Verbindungsoffiziere vertreten; ihre Dienststellen blieben jedoch im Quartier des Generalstabs des Heeres, da ja der WFStab beweglich bleiben mußte.

Eine weitere Verschränkung zwischen dem Generalstab des Heeres und dem WFStab ergab sich dadurch, daß jener Hunderte von Offizieren umfaßte und daher nicht verlegt werden konnte, dieser jedoch auch am Schluß aus nicht mehr als rund 50–60 Offizieren und Beamten bestand, so daß er kurzfristig – Hitler folgend – in ein anderes der Führerhauptquartiere umsiedeln konnte. Der WFStab verfügte daher in seinen Abteilungen I a, I c und Qu gar nicht über die Kräfte, um Angelegenheiten zu bearbeiten, die aus der Alltagsroutine herausfielen, und war daher darauf angewiesen, daß die entsprechenden Ab-

1 A. Jodl hat darüber sowie über die „Führerlage", d. h. die Besprechung der Lage, die bei Hitler im Anschluß an die beim WFStab abgehalten wurde, Auskunft erteilt in seinem Kreuzverhör vor dem Internat. Militärgerichtshof (3. 6. 1946); vgl. Der Prozeß gegen die Hauptkriegsverbrecher vor dem Int.Mil.Gerichtshof, XV, Nürnberg, S. 326 ff. — Vgl. dazu auch oben S. 1712 ff.

teilungen der Generalstäbe der drei Wehrmachtteile die Unterlagen, womöglich Entwürfe für die vorgesehenen Befehle, übersandten.

Nicht zum WFStab gehörte der in enger Zusammenarbeit mit ihm stehende, aber dem Chef OKW angegliederte Chef des *Heeresstabes* (ab Anfang 1945: des Heeresstabes und der Heeresrüstung) beim Chef OKW (ab Anfang 1942 bis Ende: Gen. Walter *Buhle*).

Im Führerhauptquartier befand sich ferner ständig der — schon erwähnte — *Chefadjutant der Wehrmacht*, der vom 27. 9. 1942 an auch Chef des bisher dem Chef GenStdH unterstellten Heerespersonalamts war (ab 28. 1. 1938: Oberst, dann General Rudolf *Schmundt*, am 20. 7. 1944 schwer verletzt und am 1. 10. gestorben; ersetzt 1. 8. 1944 durch General Wilhelm *Burgdorf*, in dieser Doppelstellung bis zum Ende).

Die *Abt. Wehrmachtpropaganda*, die in Berlin (zuletzt im Lager Zossen) saß, blieb dem Chef WFStab unterstellt. Das wirkte sich jedoch — abgesehen von laufenden Befehlen und Weisungen, wie sie der Dienstbetrieb erforderte, und den Informationen, die der von der Abt. Prop. entsandte Verbindungsoffizier einsammelte — im wesentlichen nur darin aus, daß der General Jodl, dem Hitler in den letzten Jahren des Krieges die Abfassung des „Wehrmachtberichts" fast ganz überließ, mit dem Bearbeiter desselben (Major Ritter Wilhelm v. *Schramm*) tägliche Fühlung hielt. Auf die Propaganda selbst einzuwirken, kam für General Jodl schon deshalb nicht in Frage, weil Hitler sich in diesem Bereich nicht von Militärs hineinreden ließ.

Das Auswärtige Amt entsandte zur täglichen Lagebesprechung, die unter Leitung des Stellv. Chefs des WFStabs stattfand, einen zu ihm kommandierten Oberst. Andererseits hielt der Chef WFStab persönlich Fühlung mit dem Vertreter des Auswärtigen Amtes im Führerhauptquartier.

Von einer wirklichen Orientierung des WFStabs über die außen- und innenpolitische Lage konnte jedoch nicht die Rede sein. Das hätte ja auch Hitlers Grundprinzip widersprochen, wonach jeder nur so viel wissen durfte, wie er für die Durchführung seiner Aufträge wissen mußte.

Schon aus diesem Grunde ist das Kriegstagebuch des Wehrmachtführungsstabes einseitig militärisch ausgerichtet geblieben.

### 3. Personelles

Anfang September 1942 ergab sich ein neuer Konflikt, weil Hitler sich in seiner Auffassung, was bei der Heeresgruppe A (Gen.-Feldm. List) geschehen müsse, — so legte er es aus — von den Generalen nicht ausreichend unterstützt fand. Am 9. Sept. entschied sich Hitler dahin, daß er den Generalfeldmarschall List zur Niederlegung des Oberbefehls drängte und vorübergehend auch noch die Führung der Heeresgruppe A selbst übernahm. Ferner ersetzte er den Chef des Generalstabs des Heeres, den Generaloberst Halder, am 18. 9. durch den General Zeitzler, der bisher Chef des GenStabs des OB West gewesen war.

Außerdem faßte Hitler ins Auge, sich von General Jodl zu trennen. Doch erwies sich, daß für diesen sich kein geeigneter Ersatzmann finden ließ; er wurde daher nach wenigen Tagen in seine bisherige Stellung zurückgeholt, bekam allerdings noch Monate lang zu spüren, daß Hitler ihm grollte.[1] In diese Vertrauenskrise war auch der General Warlimont hineingezogen worden; doch kam es nicht zu seiner Ablösung (*Greiner* S. 409 ff.).

Der General Jodl, am 1. 2. 1944 zum Generaloberst befördert, verblieb in seiner Stellung bis zum Zusammenbruch. Den General Warlimont entließ Hitler aus seiner Funktion als Stellvertretender Chef des WFStabs, als ihm die Meldung des Gen.=Feldmarschalls Rommel, daß er in der Nacht zum 3. 11. 1942 den Rückzug aus der El=Alamein=Stellung angetreten habe, verspätet zugeleitet worden war. Der den Nachtdienst versehende Major d. Res., der diese Nachricht als bereits bekannt angesehen und sie deshalb nicht sofort vorgelegt hatte, wurde – ohne sich rechtfertigen zu können – degradiert und abgelöst. General Warlimont wurde jedoch nach wenigen Tagen – ebenso wie vorher der General Jodl – zurückgeholt. Hitler hatte zunächst die Absicht, ihn an anderer Stelle zu verwenden, setzte ihn dann jedoch – gegen sein Sträuben – wieder an die alte Stelle, weil sich gleichfalls kein gleichwertiger Ersatzmann hatte finden lassen. Keine Rolle spielte die Einsicht, daß ihm überhaupt kein Verschulden vorzuwerfen war.

Eine Beurlaubung des Generals Warlimont war am 6. 9. 1944 erforderlich, da er am 20. 7. bei dem Attentat auf Hitler Trommelfellverletzungen davongetragen hatte und seither an Gleichgewichtsstörungen litt.[2] Da die Gesundung sich hinzog und der General zur *persona minus grata* geworden war, wurde er bis zum Schlusse des Krieges nicht wieder verwendet.

In die Stellung des Stellv. Chefs WFStab wurde am 8. 11. 1944 der bisherige Chef des Generalstabes der Heeresgruppe F, General August *Winter*, versetzt, der sein neues Amt am 1. 12. antrat.

Die Stellung des 1. Generalstabsoffiziers im WFStab hatte von 1939–41 der Oberst d. G. (dann General) von *Loßberg* inne. Sein Nachfolger wurde am 1. 1. 1942 der Oberst (dann Generalmajor) Horst Frhr. Treusch v. *Buttlar*=Brandenfels, der in der Zeit, als die Stellung des Stellv. Chefs unbesetzt war (6. 9.–1. 12. 1944), dessen Geschäfte wahrnahm[3]. Nachdem er am 15. 11. 1944 ein Truppenkommando erhalten hatte, folgten ihm jüngere Obersten des Generalstabes (*Ziervogel*, dann: *Meyer=Detring*).

Mit Ausnahme des I c, des Obersten *Krummacher*, wurden die meisten der übrigen Offiziere im Laufe der Zeit ausgewechselt, in vielen Fällen sogar mehr=

1 Über den Streit zwischen Hitler und Jodl vgl. diesen im Kreuzverhör (3. 6. 1946): Der Prozeß gegen die Hauptkriegsverbrecher vor dem Internationalen Militärgerichtshof, XV, Nürnberg 1948, S. 331. Zur Frage, ob im Okt. 1942 daran gedacht wurde, Jodl durch den General Paulus zu ersetzen, vgl. *Paulus:* „Ich stehe hier auf Befehl!", Frkf.a. M. 1960, S. 76 f. Anm. 1.

2 Über den politischen Hintergrund der Ablösung vgl. unten S. 1793 Anm. 1.

3 General a. D. v. *Buttlar* (jetzt: Kassel, Rammelsbergstraße 22), mit dem mich immer gute Beziehungen verknüpft haben, hatte die Freundlichkeit, diese Erläuterungen kritisch durchzusehen. Seine Bemerkungen habe ich dankbar aufgenommen und verwertet.

fach. Auch wurden die Stellen vermehrt und den Abteilungsleitern Hilfsoffiziere zugeteilt. Doch stieg die Zahl der Offiziere und Beamten wohl nie über fünfzig bis sechzig[1]. Der WFStab blieb also im Vergleich mit dem Generalstab des Heeres winzig.

Eine Neuerung, von der seit dem Jahre 1944 mehr und mehr Gebrauch gemacht wurde, war die Entsendung befähigter Generalstabsoffiziere an die verschiedensten Fronten, die dort möglichst nicht nur mit Kommandostellen, sondern auch mit Truppenkommandeuren und Einheitsführern Verbindung aufzunehmen hatten und rückhaltlos über ihre Beobachtungen berichten sollten. Davon haben die Beauftragten, meist noch jüngere Offiziere, von denen einer (Major i. G. von Harbou) bei der Inspizierung des Brückenkopfes von Nettuno auf eine Mine fuhr und den Tod fand, umfangreichen Gebrauch gemacht. Ihre ungeschminkten Berichte, die sorgfältig gelesen und auch Hitler vorgelegt wurden, waren durchweg ausgezeichnet und sind deshalb von mir im Kriegstagebuch gebührend berücksichtigt worden.

Diese Maßnahme war Mitursache, daß weitere Offiziere in den WFStab versetzt wurden: auf diese Weise wurde die Vertretung der Entsandten gesichert.

### 4. Verlegungen des Führerhauptquartiers (FHQu)

Über die verschiedenen *Quartiere*, die für Hitler vorbereitet wurden, und ihre Benutzung im ersten Jahre des Krieges ist der Leser bereits durch H. Greiner informiert worden (s. oben S. 1743 ff.).

Von vorübergehenden Aufenthalten auf dem Berghof bei Berchtesgaden abgesehen, führte Hitler den Oberbefehl vom 6. 7. 1940 an von der Reichskanzlei in Berlin aus. Während des Balkan-Feldzuges (11.—25. 4. 1941) befand sich das Führerhauptquartier in dem Führersonderzug, der in Tauchen-Schaueremk (an der Strecke Wiener Neustadt — Fürstenfeld) abgestellt wurde. Den Mai verbrachte Hitler auf dem Berghof (2. Juni: Zusammentreffen mit Mussolini auf dem Brenner). Am 12. Juni kehrte er nach Berlin zurück. Bei Beginn des Rußlandfeldzuges (22. 6.) wurde das Führerhauptquartier in den Forst Görlitz rechts und links der — fortan für den Verkehr gesperrten — Bahnlinie von Rastenburg nach Angerburg verlegt. Hier waren zwei — etwa 1 km voneinander entfernte — Lager (Sperrkreis I und II) hergerichtet, die gemeinsam den Decknamen *„Wolfsschanze"* erhielten[2]. Es handelte sich um eine Reihe von Bunkern mit künstlicher Belüftung, die teils Schlaf-, teils Arbeitsräume enthielten. Sie reichten in Kürze nicht aus, so daß fortlaufend Holzbaracken hinzukamen. Die Verbindung nach Rastenburg sicherten auf der stillgelegten Strecke Dräsinenwagen, die weitere Verbindung mit Berlin ein Paar hin- und herpendelnder Kurierzüge.

1 Am 1. 4. 1943 gehörten zum WFStab (einschl. Chef OKW, Chef WFStab nebst Adjutanten) 44 Offiziere, 3 Ministerial- und Oberregierungsräte, 1 Arzt und 8 Zahlmeister, Sekretäre usw., alles einberechnet nur 56 Köpfe.

2 Plan der „Wolfsschanze" in: 20. Juli 1944, neubearb. von *E. Zimmermann* und H.-A. *Jacobsen*, Bonn 1960, S. 113.

Die „Wolfsschanze“ hat Alfred Jodl vor dem Internationalen Militärgerichtshof so charakterisiert[1]: „Das Führerhauptquartier war eine Mischung zwischen einem Kloster und einem Konzentrationslager. Es war von zahlreichen Drahtzäunen und Stacheldrähten umgeben, durch weit abgesetzte Außenposten an den Zufahrtsstraßen abgesichert. In der Mitte lag der sogenannte Sperrkreis I. Dauerausweise, um diesen Sperrkreis zu betreten, hatte nicht einmal mein Stab, sondern nur der General Warlimont. Jeder Posten mußte jeden Offizier kontrollieren, den er nicht kannte. In dieses Allerheiligste drang von der Außenwelt, außer den Lageberichten, nur sehr wenig.“

Ich bestätige diese Angaben und füge hinzu, daß zu dem Stacheldraht noch mannshohe Palisaden aus Baumstämmen und Erde kamen, da der feuchte Boden die Anlage von Gräben nicht zuließ. Die Bauten im Sperrkreis II, in dem wir untergebracht waren, nahmen mit der Zeit zu; aber es wurde dafür gesorgt, daß dies im Luftbild nicht heraustrat. Bis zum Sperrkreis I war es ja nicht weit. An dessen Eingang stand jedoch ein Wachhaus mit SS-Besatzung, die zunächst bei der Stelle anrief, die man aufsuchen wollte, einen dann in ein Meldebuch eintrug und darauf achtete, daß jeder Besucher sich auch wieder zurückmeldete. Innerhalb des Sperrkreises I war dann nochmal abgeriegelt der Sperrkreis A, in dem Hitler mit den Allergetreuesten hauste; er war abermals gesichert, und in ihn bin ich daher nie vorgedrungen. Dagegen habe ich die beim Eintritt in den Sperrkreis I erforderliche Prozedur oft genug erlebt, die sich auch dann wiederholte, wenn der Wachhabende mich noch vom Vortage her genau in Erinnerung hatte.

Um besser in die Leitung der Operationen eingreifen zu können, wurde das Führerhauptquartier am 16. Juli 1942 nach *Winniza* (Ukraine) verlegt. Es war – ich halte mich wörtlich an H. Greiners Ausführungen (S. 397) – untergebracht in einem kleinen dreieckigen Wäldchen, 15 km nordöstlich des Ortes an der großen Straße nach Schitomir. Hitler mit seiner nächsten Umgebung und die Feldstaffel des Wehrmachtführungsstabes waren dort in Blockhäusern und transportablen Baracken untergebracht. Das Lager führte den Decknamen *„Werwolf“*. Das Hauptquartier des Oberkommandos des Heeres befand sich seit dem 16. Juli in Winniza selbst. Das Führerhauptquartier wurde am 1. 11. in die „Wolfsschanze“ zurückverlegt.

Am 17. 2. 1943 flog Hitler mit den Generalen Jodl und Zeitzler nach Saporoshje, um von dort aus die Operationen im Südteil der Ostfront zu leiten. Da dieser Ort jedoch bereits vom Gegner bedroht wurde, bezog er noch einmal das bereits 1942 benutzte „Werwolf“-Quartier bei Winniza. Am 13. 3. traf er wieder in der „Wolfsschanze“ ein, nachdem er den Rückflug unterbrochen hatte, um mit den Kommandeuren der Heeresgruppe Mitte zu sprechen (Greiner, S. 439 ff.) – es sei an die nach der Kapitulation bekanntgewordene Tatsache erinnert, daß die in das Flugzeug gelegte Bombe wider Erwarten nicht explodierte.

1 Der Prozeß gegen die Hauptkriegsverbrecher vor dem Internationalen Militärgerichtshof, XV, Nürnberg 1948, S. 325.

Bis Ende 1944 führte Hitler abwechselnd von der „Wolfsschanze" und vom Berghof in Berchtesgaden aus. Während kürzerer Zwischenaufenthalte in Berlin und München wurde der Zug des WFStabs auf Bahnhöfen abgestellt. Als im Juli 1944 Ostpreußen unter dem Eindruck der bereits an die Ostgrenze der Provinz vorgestoßenen Roten Armee in Erregung geriet und die Tendenz, zu fliehen, um sich griff, kehrte Hitler noch einmal in die „Wolfsschanze" zurück, da er erwartete, dieses Faktum werde sich herumsprechen und sich beruhigend auswirken. Wenige Zeit nach der Ankunft erfolgte das Attentat des Obersten i. G. Graf Stauffenberg (20. Juli).[1]

Am 20. November 1944 wurde das FHQu nach Berlin verlegt. Denn inzwischen war nicht nur die „Wolfsschanze" bedroht, sondern auch die Vorbereitung der Ardennen-Offensive so weit vorgeschritten, daß Hitler der Westfront näher sein wollte (außerdem spielte noch mit, daß er sich zum zweiten Mal einer leichten Operation am Stimmband unterzog, die abermals zu dem Ergebnis führte, daß es sich um harmlose Knötchen und nicht um Krebs handelte). Der Wehrmachtführungsstab wurde in Berlin-Dahlem untergebracht, wo das (jetzt von der US-Army benutzte) Gebäude des Luftwaffenkommandos zur Verfügung gestellt wurde — eine für Kriegszeiten denkbar ungeeignete Unterbringung, da die aufwendige Anlage nur behelfsmäßig verdunkelt werden konnte und keine ausreichend geschützten Luftschutzräume vorbereitet waren.

Vor Beginn der Ardennen-Offensive (10. 12. 1944) begab sich Hitler in das für den Westfeldzug im Winter 1939/40 ausgebaute, aber nie benutzte Lager bei Ziegenberg, westlich Bad Nauheim (vgl. oben S. 1743); der WFStab wurde gleichzeitig in der Kaserne am Südausgang von Friedberg untergebracht. Nachdem diese Offensive die auf sie gesetzten Hoffnungen nicht erfüllt hatte, kehrte Hitler am 16. 1. 1945 in die Reichskanzlei zurück. Der WFStab wurde am 15.—17. 1. in das Lager „Maybach I" bei Zossen verlegt, in dem zu Beginn des Krieges das OKH untergebracht gewesen war und wo jetzt auch der — aus seinem Quartier in Ostpreußen verdrängte — Generalstab des Heeres im benachbarten Lager „Maybach II" unterkam. Hier standen außer Baracken Steinhäuser zur Verfügung, die außen wie Landhäuser getarnt waren, aber ver-

1 Graf Claus *Schenk v. Stauffenberg*. Dieser hatte vor Hitlers Abreise auf dem Berghof Vortrag gehalten und anschließend am Mittagessen des WFStabs teilgenommen. Ich saß dem Obersten, den ich bisher nur flüchtig kannte, gegenüber und geriet in ein intensives Gespräch mit ihm. Anschließend ging ich mit Walther *Hubatsch* (s. S. 1781 f.) spazieren und berichtete ihm von dem starken Eindruck, den auf mich die gerundete Persönlichkeit, die Aufgeschlossenheit und die Bildung dieses Generalstäblers gemacht hatten, der durch die Last der Dienstgeschäfte nicht — wie so viele andere — zur Maschine geworden war.

Das war wohl jener Besuch auf dem Berghof gewesen, bei dem Graf Stauffenberg zum erstenmal die Möglichkeit des Attentats erkundete — er hatte von ihm abgesehen, weil er nach Möglichkeit auch gleich die wichtigsten Trabanten beseitigen wollte, diese aber an der Besprechung auf dem Berghof nicht teilnahmen. Ist diese Annahme richtig, dann lag die Tasche mit der Bombe damals in Stauffenbergs Auto auf dem Parkplatz — falls er sie nicht in der Nähe unseres Eßtisches abgestellt hatte. Über die Folgen des Attentats in der „Wolfsschanze" für den WFStab s. unten S. 1791 ff.

stärkte Betondächer besaßen und über tief in die Erde herabreichenden Bunkern errichtet waren, also Schutz auch gegen schwere Luftangriffe boten. Hier verblieben beide Stäbe bis zum 20. 4. 1945.

Von der Möglichkeit, das für ihn in Zossen freigehaltene Haus zu beziehen, machte Hitler keinen Gebrauch[1]; er bewohnte weiter die Reichskanzlei, und — nachdem dies zu gefährlich geworden war und das Gebäude Schaden gelitten hatte — zog er sich in den Bunker unter der Reichskanzlei zurück. Der Chef OKW und Chef WFStab saßen in Dahlem.

Diese Dreiteilung erschwerte die Führung, da die bei der Führerlage Vortrag haltenden Offiziere ständig zwischen Zossen und Berlin hin- und herpendeln mußten. Dieser Nachteil wurde nur zu einem Teil durch den Umstand aufgewogen, daß sich im Lager „Zeppelin" die größte Fernsprechvermittlungsstelle der Wehrmacht befand. Daher waren die Fernsprechverbindungen des WFStabs mit den Fronten bis zuletzt gesichert, und bei einem starken Bombenangriff auf das Lager Zossen am 15. 3. 1945[2], bei dem eine Reihe von Holzbauten in Flammen aufging, wurden die Fernsprechverbindungen des Stabes nicht eine Minute unterbunden. Auch bewährten sich die Luftschutzanlagen so gut, daß innerhalb des Lagers trotz starker Belegung nur wenige Tote zu beklagen waren.

### 5. Die Zerlegung des WFStabs in Führungsstab Nord (A) und Süd (B) am Ende des Krieges

Am 20. 4. 1945 erfolgte — über die Einzelheiten berichten die S. 1814 ff.[3] — eine Zweiteilung des Wehrmachtführungsstabes, der an diesem Tage wegen der zu erwartenden Bedrohung des Lagers Zossen in die Luftschutzschule nach Wannsee bei Berlin verlegt wurde (dabei 2 Kraftwagen ausgefallen). Die Masse des Stabes wurde schon am gleichen Abend nach Süden in Marsch gesetzt und erreichte durch den nicht besetzten Schlauch, der noch zwischen der russischen und der amerikanischen Front bestand, in Personen- und Lastkraftfahrzeugen am 23./24. 4. Berchtesgaden (2 weitere Wagen nicht mehr durchgekommen).

Aus den eingetroffenen Teilen bildete der am 24. 4. eingetroffene Stellv. Chef den *Führungsstab Süd (B)*, der fortan mit dem Gen.-Feldm. Kesselring, dem bisherigen Oberbefehlshaber West und nunmehrigen Oberbefehlshaber im Südraum (seit 30. 4. im Lager Wesseler zwischen Berchtesgaden und Reichenhall), die operative Führung in diesem übernahm und die Verbindung mit Berlin durch Flugzeug und Funkverkehr aufrecht erhielt. Am 26. 4. wurde die Führung weiter vereinfacht, indem durch Befehl des Chefs OKW der — gleichfalls auseinandergerissene — Generalstab des Heeres teils dem Führungsstab Nord, teils dem Führungsstab Süd unterstellt wurde.

1 Hitler hielt Zossen für nicht ausreichend luftgeschützt; s. oben S. 1656 f.
2 Über diesen Luftangriff vgl. unten S. 1803 f.
3 Vgl. außerdem S. 1585 ff. („Dokumententeil"): die am 7. 4., 15. 4., 25. 4. und 28. 4. ergangenen Befehle zwecks Umgliederung der Unterstellung.

Vorgesehen worden war am 20. 4., daß sich Hitler anschließend im Flugzeug in den Südraum begeben würde und die Spitzenkräfte des WFStabs, für die gleichsfalls Lufttransport vorbereitet war, ihn begleiten sollten (Chef WFStab: Generaloberst Jodl, Operationsabteilung: fast ganz, I c: Oberst Krummacher mit Major Borchers, Quartiermeisterabteilung: Oberst d. G. Poleck und Oberst Hass). Doch kam Hitler, der am 20. 4. in makabrem Rahmen seinen 56. Geburtstag begangen hatte, unter dem Eindruck, daß die Lage hoffnungslos sei, am 22. 4. zu dem Entschluß, das Ende im Bunker der Berliner Reichskanzlei zu erwarten. Dabei klammerte er sich noch an die vage Hoffnung, daß die 12. Armee (General Wenck), die in Wirklichkeit nur einen Haufen improvisierter Verbände darstellte, Berlin entsetzen könnte. Er befahl deshalb dem Chef OKW (Gen.-Feldm. Keitel) und dem Chef WFStab (Generaloberst Jodl), Berlin zu verlassen und diese Operation von außen zu steuern. Sie führten – erst von Krampnitz bei Berlin, dann – der Lage entsprechend, über Mecklenburg nach Schleswig-Holstein ausweichend – mit Hilfe des Restes des Wehrmachtführungsstabes diesen Auftrag aus (fortan: *Führungsstab Nord = A*). Dieser konnte zunächst noch fernmündlich, dann nur noch durch Funk die Verbindung mit Berlin aufrechterhalten, wo Hitler den Chef des Generalstabs des Heeres, den General Krebs (seit 28. 3. 1945 Nachfolger des Generalobersten Guderian), mit engstem Stab bei sich zurückbehalten hatte.

Als Hitler sich eingestand, daß die Hoffnung auf die 12. Armee eine Illusion gewesen war, erschoß er sich (30. 4. 1945), nachdem er vorher die Nachfolge dem im Nordraum mit der Führung beauftragten Großadmiral *Dönitz* übertragen hatte. Dieser bediente sich als militärischer Organe des Chefs OKW, des Chefs WFStabs und des Führungsstabs Nord (A), die mit ihm nach Mürwik bei Flensburg auswichen.

Die von Dönitz improvisierte Regierung wurde am 23. 5. 1945 gefangengesetzt. Damit war auch der Tätigkeit des Führungsstabs (A) Nord ein Ende bereitet. Über dessen Tätigkeit gibt das – oben S. 1451 ff. abgedruckte Kriegstagebuch Auskunft, mit dessen Führung Ende April der Major i. G. Joachim *Schultz* (jetzt: Schultz-Naumann) beauftragt worden war (vgl. dazu unten S. 1823 f.).

Die Tätigkeit des Führungsstabes B (Süd), der wegen der Gefährdung aus der Luft am 27. 4. an den Königsee (südlich Berchtesgaden) verlegt worden war, hatte schon vorher ein Ende gefunden. Er hatte sich ab 3. 5. zum Ausweichen in die Berge vorbereitet, kam aber nicht mehr zur Ausführung dieser Absicht. Er wurde vorher von den Amerikanern überrollt und gefangengesetzt.

Was wurde aus den kriegsgeschichtlichen Aufzeichnungen, die im WFStab und zuletzt in den Führungsstäben A und B angefertigt wurden? Die Antwort gibt die folgende Erläuterung, die zunächst darzulegen hat, wie die Kriegstagebuchführung bei der Truppe und in den Stäben, im besonderen im Wehrmachtführungsstab, gehandhabt wurde.

## 1. Die deutsche Spitzengliederung: 1939 bis 1945

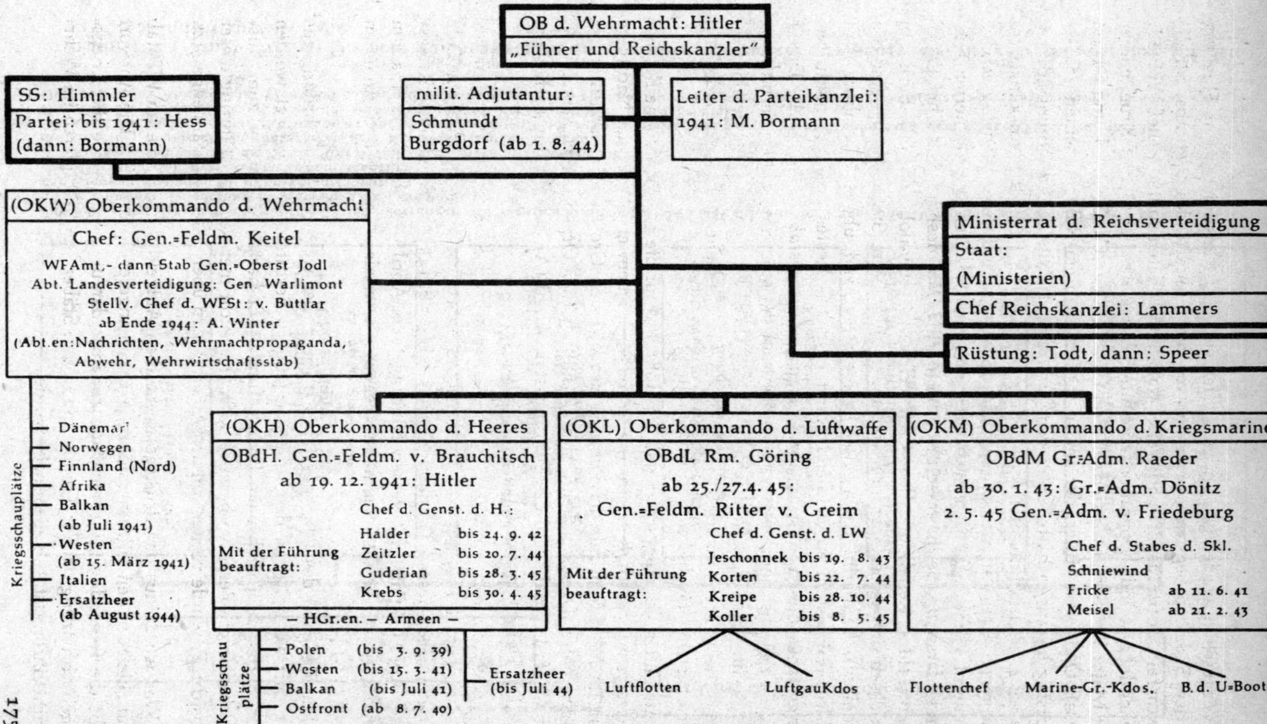


Nach H.=A. *Jacobsen*, 1939/1945. Der Zweite Weltkrieg in Chronik und Dokumenten, Darmstadt 1959, 5. Aufl. 1961 S. 726

## 2. Der Wehrmacht-Führungsstab

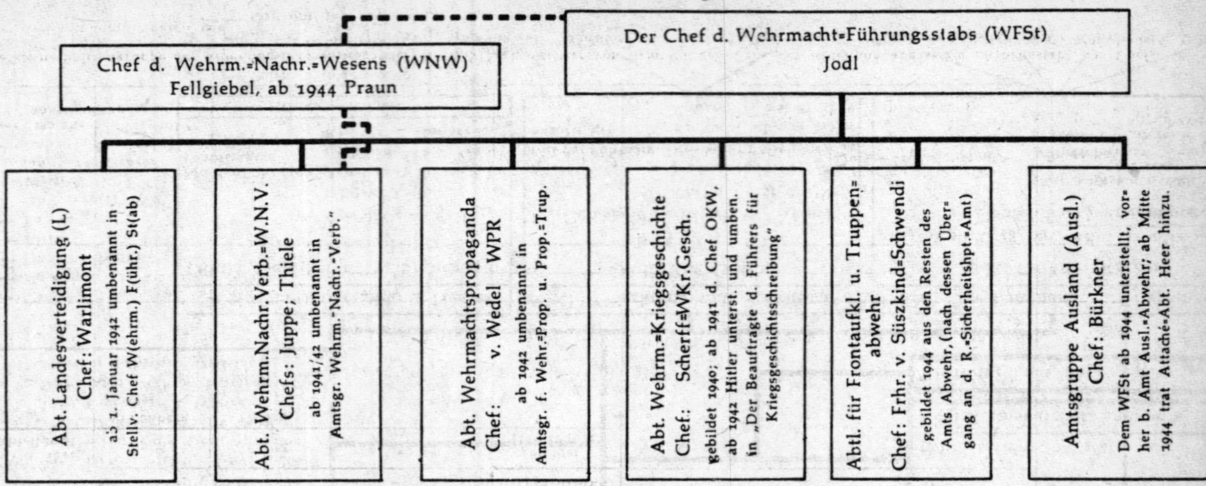


Die Bedeutung der oben angeführten Untergliederungen des Wehrmachtführungsstabes läßt sich aus der Rang= und Disziplinarbefugnis der Chefs bzw. Leiter dieser einzelnen Gliederungen entnehmen. Es entsprachen:
der Gruppenleiter dem Bataillonskommandeur,
der Abteilungschef dem Regimentskommandeur,
der Amtsgruppenchef und der Stellv. Chef WFSt dem Divisionskommandeur,
der Chef des Wehrmachtführungsstabes dem Kommandierenden General.
Der Chef des Wehrmachtnachrichtenwesens war in Personalunion Chef des Heeres=Nachrichtenwesens und unterstand dem Chef WFStab nur fachlich. –
Die Abt. für Frontaufklärung wurde im wesentlichen durch den Chef OKW selbst geleitet.
Die Abt. (bzw. Amtsgruppe) Wehrmachts=Nachrichtenverbindungen erhielt fachliche Weisungen auch vom Chef Wehrmacht=Nachrichtenwesen, ihm war eine Chiffrierstelle angegliedert.

Nach Fritz Frhrn. v. *Siegler*, Die höheren Dienststellen der deutschen Wehrmacht 1933–1945, als Ms. gedruckt vom Inst. für Zeitgesch., München 1953, S. 149.

### 3. Die Abt. Landesverteidigung (1939 bis 31. Dezember 1941), 1. Januar 1942 umbenannt in: Der Stellv. Chef des WFStabs

**Der Chef d. Wehrm.=Führ.=Stabs — Jodl**

**Abteilung Landesverteidigung**

ab 1. 1. 42 „Stellv. Chef Wehrm.=Führ.=Stab": *Warlimont* (bis Sept. 1944)
1 Ordon.Offz.; 1 Führer d. Krgstageb.; 1 Kdt. d. Stabsquartiers; 1 Zahlm.

| Gruppe | I H(eer) | I M(arine) | I L(uftwaffe) | Ic (Feindlage) | II | IV | Gesamtsumme der Offiziere |
|---|---|---|---|---|---|---|---|
| ab 1. 1. 1942 Abteilung | Op/H | Op/M | Op/L | gebildet Herbst 1942 | Organisation | Quartiermeister (siehe unten rechts) | |
| Gruppenleiter bzw.: Abt.Chef | v. Loßberg (bis 1942) Frhr.v.Buttlar (bis Ende 1944) Meyer-Detring | Junge (bis 1942) Assmann (bis 20. 7. 1944 Junge | Weberstedt Frhr. v. Sternburg (bis 1940) Frhr. v. Falkenstein (bis 1942) Wien (bis 1943) Berg (bis 1944) Böhm=Tettelbach | Krum=macher | Schulz, Friedrich (bis 1939) Münch (bis 1943) Bürker (Herbst 1943) Meichssner (bis Juli 1944) Fett | Gaue (bis 1939) Böhme (bis 1940) v. Tippelskirch (bis 1943) Poleck | |
| Zahl d. Offiziere: 1. 9. 1939 | 2–3 | 1 | | | | | |
| Zahl d. Offiziere: ab 1942 43 steigend bis zu | 10–12 | 1 | 2 | | 2 | 3 u. 1 Beamter | 15–20 |
| | | | 2 | 1–2 | 10–12 | 6–8 u. 2 Beamte | etwa 40 |
| Unterteilung | nach Kriegs=schauplätzen zuletzt: Nord West Südwest Südost | keine | keine | keine | Org. I – Führungsfragen<br>Org. II – Frag. pers. Art<br>Org. III – Fragen der mat. Rüstung<br>Org. IV – Wehrm.=Gefolge u. Verb. z. RAD u. Org. Todt<br>Org. V – Statistik | mehrfach geändert, ab 1943<br>Qu 1 – Nachschub und Transportfragen<br>Qu 2 – Allg. Quartier=meister=Fragen<br>Qu 3 – Treibstofffragen<br>Qu=Verw. 1: Fragen rechtl. Einschlages<br>Qu=Verw. 2: Verbind. zu „Ziviler Reichsverteidig." | |

**Quartiermeister**

Nachgeord. Außenst.: (ab 1942)
Heimatstab Übersee
Leitstelle f. Nachschub nach Skandinavien
Leiter: Berling; v. Löbel

Die kleine Spitzengruppe der Abteilung L bzw. des Stellv. Chef WFStab war der von dem übrigen Gros der Abteilung abgesetzte „Arbeitsstab" des Chefs WFStab. Der Abteilungsleiter L und diese Gruppe waren die Verbindungsstelle des Chefs WFStab zu den einzelnen Gruppen bzw. Abteilungen, unbeschadet eines vielfach unmittelbaren Dienstverkehrs. Von den Offizieren waren ein knappes Drittel Generalstäbler.

Nach Fritz Frhrn. v. *Siegler*, a.a.O. S. 150.

# II. Teil
# Die Führung des Kriegstagebuchs (KTB) im WFStab und die Verhinderung seiner Vernichtung

## A. Anlage und Führung des KTB (im Rahmen der sonstigen Kriegstagebuchführung) [1]

Vorangestellt sei die Frage: Wie weit läßt sich der Ablauf eines Krieges in gleichzeitigen, im Auftrag der Führung vollzogenen Aufzeichnungen festhalten? Und zwar: begrenzte Kampfhandlungen, die Ereignisse in größeren Frontabschnitten von der Division bis hinauf zur Heeresgruppe, vor allem der Gesamtablauf, so wie er sich von der Obersten Führung aus darstellt.

Hier handelt es sich um ein teils technisches, teils historiographisches Problem, das mich so wichtig dünkt, daß ich genauer darauf eingehen möchte.[2] Ich beginne deshalb mit einer Skizze, wie das auf der untersten Ebene geschah, steige dann von Stufe zu Stufe hinauf bis zum Wehrmachtführungsstab und versuche zu verdeutlichen, daß auf jeder Stufe die Möglichkeiten einerseits, die Schwierigkeiten andererseits völlig verschieden waren. Durch dieses Vorgehen läßt sich dem Leser auch am leichtesten klarmachen, weshalb das im WFStab geführte Kriegstagebuch so ausgefallen ist, wie es vorliegt.

1 Ich stütze mich im folgenden auf mein Gedächtnis und das früherer Mitarbeiter, auf Angaben von H. *Greiner* und Felix *Hartlaub* sowie auf verschiedene Aufzeichnungen, die ich nach dem Zusammenbruch für die Historical Division der US-Army sowie für die deutschen Verteidiger im Nürnberger Prozeß anfertigte (zum Teil habe ich deren Wortlaut übernommen). Sie sind zusammen mit den Fotokopien meines KTB dem Bundesarchiv übergeben worden.

Über die erhalten gebliebenen Aktenbestände und die Schwierigkeit bei ihrer Benutzung vgl. W. *Mommsen*, Sammlung und Ordnung von historischem Schriftgut aus jüngster Zeit, in der Zeitschrift „Nachrichten für Dokumentationen" II, Heft 3–4, Sept.-Dez. 1951; s. ferner K. *Ruppert*, Heeresarchiv Potsdam 1936 bis 1945, in: Der Archivar III, 1950. Sp. 177–80; B. *Poll*, Vom Schicksal der deutschen Heeresakten und der amtlichen Kriegsgeschichtsschreibung, in: Die Welt als Geschichte XII, 1952, S. 61–68.

Zum Vergleich verweise ich auf die Angaben über die von der US-Army geführten Kriegstagebücher und deren Ausnutzung, in: Federal Records of World War II: Military Agencies. General Service Administration — National Archives and Records Service — The National Archives, Washington (D. C.) 1951, S. 105 f.: Historical Branch (Mil. Lit.); S. 548 f.: Office of Naval History.

2 Das Problem der teils als berechtigt anerkannten, teils verneinten Gegenwartschronistik, die es immer gegeben hat, verfolgt durch die Geschichte bis in die jüngste Vergangenheit Fr. *Ernst*, Zeitgeschehen und Geschichtsschreibung. Eine Skizze, in: Die Welt als Geschichte XVII, 1957, S. 137–189 (das dort angekündigte Buch über dieses Thema liegt mir noch nicht vor).

## I. Die Abfassung von Kriegstagebüchern bei der unteren, mittleren und oberen Führung

### 1. Die Kriegstagebücher der Kompanien usw. und der niederen Stäbe.[1]

Zur Führung von Kriegstagebüchern (fortan: KTB) waren alle Einheiten von der Kompanie, Batterie, Schiff usw. an aufwärts verpflichtet; wurden Teile von ihnen oder Formationen von geringerer Stärke selbständig eingesetzt, galt für sie dasselbe. Die für sie maßgebenden Bestimmungen waren gegenüber den im Ersten Weltkrieg geltenden[2] verbessert, aber doch nicht wesentlich abgeändert worden. Der gültige Befehl nebst Anweisung war gedruckt und sollte vorn in das für das KTB bestimmte Buch mit weißen Blättern eingeklebt werden, das jede Einheit vor dem Ausrücken erhielt. Er wurde im Laufe der ersten Kriegsjahre durch eine neue Fassung ersetzt.

Bei der Kompanie usw. hatte der Kompanieführer selbst das KTB auf vorgedrucktem Formblatt zu führen. Vom Bataillon, von der Artillerieabteilung usw. an aufwärts übertrug der Kommandeur diese Aufgabe seinem Adjutanten oder einem Ordonnanzoffizier; ihm selbst blieb die Verpflichtung, dessen Aufzeichnungen zu überwachen und nachträglich durch seine Unterschrift gutzuheißen. Die Reinschrift war von Zeit zu Zeit durch die vorgesetzte und Einsicht nehmende Dienststelle an die Archive der drei Wehrmachtteile abzugeben. Beizufügen waren im Original oder in Abschrift die wichtigsten Befehle, Meldungen usw., ferner Lagekarten, Gefechtsskizzen usw.

Das Ideal war verwirklicht, wenn jeder Vorgang und jeder Entschluß, dazu jeder einlaufende und jeder ausgehende Befehl und ebenso die eintreffenden Meldungen sofort nach Eingang mit Angabe der Uhrzeit und des Inhalts verzeichnet wurden, dazu der Inhalt der wichtigeren Ferngespräche. In der Wirklichkeit hat sich dies jedoch kaum je durchführen lassen, und je länger der Krieg dauerte, um so mehr entfernte er sich von jenem Ideal. Einmal fehlte es an Papier und Schreibmaterial, dann an einem ruhigen Platz für die Niederschrift, oft an beiden Voraussetzungen. Dazu kam die ständig ansteigende Belastung der Einheitsführer und Kommandeure mit Aufgaben der verschiedensten Art, die Abnahme ihres Interesses am Vollschreiben von Papier und auch die Verminderung der Ausbildung. Kriegstagebücher zu schreiben, wenn „nichts los war", machte ja keine Schwierigkeit; aber das Festgehaltene hat dann für die Nachwelt wenig Interesse. Ging dagegen alles drüber und drunter, bestand die Versuchung, die Redaktion des KTB von Tag zu Tag zu verschieben; und wenn dann das KTB abzuliefern war, wurde es — so gut es noch ging — nachträglich zusammengestoppelt. Das mag in so und so vielen Fällen nicht zutreffen; aber die Benutzer werden gut tun, wenn sie zunächst mit Skepsis an ein Truppen-KTB herangehen.

1 Ich habe in dieser Hinsicht meine Erfahrungen bereits im I. Weltkrieg gesammelt, in dem ich zeitweise das KTB meiner Schwadron führte.

2 Laut Zitat gibt es einen Aufsatz von L. *Otto*, Die Kriegstagebücher im (I.) Weltkrieg; aber es ist mir nicht gelungen, ihn bibliographisch zu erfassen.

In dem sowohl im Osten als auch im Westen so stürmisch verlaufenen Schlußjahr des Krieges ist, soweit ich das übersehe, bei der Truppe das Ausgangssystem mehr oder minder zusammengebrochen. Wenn eine Katastrophe in Sicht kommt, hat die geregelte Geschichtsschreibung ihr Recht verloren.

Von den bei der Truppe geführten Kriegstagebüchern wird ein sehr großer Teil als verloren angesehen werden müssen, sei es, daß sie auf dem Rückwege abhanden kamen, sei es, daß sie verbrannt wurden. Das letztere gilt auch für jene Kriegstagebücher, die bereits abgeliefert waren. Außerdem war ein Teil bereits im Kriege ein Opfer der Flammen geworden, da die Menge der abgelieferten Kriegstagebücher dazu geführt hatte, sie abseits in Baracken zu stapeln. Hier brach ein Brand aus, der zunächst auf Sabotage zurückgeführt, dann aber als Ergebnis grober Fahrlässigkeit erkannt wurde[1].

Diesen Verlust kann die Forschung verschmerzen, wie die nach dem I. Weltkrieg gemachten Erfahrungen zeigen. Damals stauten sich in dem Gebäude des damaligen Reichsarchivs die abgegebenen Akten so, daß wegen ihres Gewichtes Zementpfeiler eingezogen werden mußten, obwohl es sich um ein gutes, modernes Gebäude handelte. Dieses reichte nicht einmal aus; im Garten mußten deshalb große Holzbaracken für die restlichen Akten aufgeschlagen werden. Einen Teil der hier aufgestapelten Bestände hatte gleichfalls ein Brand vernichtet. Doch war — wie sich ergab — dieser Verlust zum großen Teil ohne Belang. Denn nutzbar gemacht wurde dieses Material nur in den Fällen, in denen nachträglich einzelne Verbände dafür Sorge trugen, daß für ihre ehemaligen Angehörigen „Divisions-, Regimentsgeschichten" usw. erschienen. Von diesen ist eine große Anzahl gedruckt worden; aber sie geben normalerweise vom Gesamtgeschehen doch nur einen Bruchteil wieder und sind zudem höchst ungleichwertig verfaßt. Nur im Ausnahmefall fand sich ein Bearbeiter, der sowohl Sachkenntnis als auch historischen Blick besaß; dem Wert, den diese Bücher für die Beteiligten besaßen, entsprach daher oft nicht der kriegsgeschichtliche[2].

Bei der Ausarbeitung des von 1925 an veröffentlichten Weltkriegswerks, das über ein Dutzend Bände umfaßt, also überaus breit angelegt wurde, ist dieses Rohmaterial nur in ganz wenigen Fällen zu Rate gezogen worden. Denn für solche Darstellungen ist normalerweise das KTB einer Division die unterste Aufzeichnung, die noch interessieren kann; was ein Regiment tat bzw. nicht tat, ist im großen Rahmen unwesentlich. Es gibt nur wenig Ausnahmen von dieser

1 Die eingetretenen Verluste werden zum Teil dadurch wieder ausgeglichen, daß Kladden oder Zweitschriften von Interessierten aufbewahrt und auf diese Weise hinübergerettet worden sind. Nach meinen Erfahrungen ist das sogar nicht selten der Fall. Allen, die solche Aufzeichnungen besitzen, ist dringend anzuraten, daß sie diese oder doch Abschriften dem Bundesarchiv in Koblenz überlassen bzw. dem Archiv Gelegenheit geben, die Aufzeichnungen abzufotografieren.

2 Dr. Erich *Murawski* (Oberarchivrat i. R. und ehem. Leiter der Abt. Militärarchiv im Bundesarchiv Koblenz), Truppengeschichten alter und neuer Art, in: Wehrkunde, Jahrg. VIII, 1959 und *Ders.*, Die Divisionsgeschichten aus dem II. Weltkrieg, ebd. Jahrg. VI, 1957, S. 384—390.

Regel, so etwa im Ersten Weltkrieg die Wegnahme der Forts von Lüttich, die Eroberung des Douaumont und des Forts Vaux, also Fälle, in denen es sich um an sich örtlich begrenzte, aber doch für den Feldzug entscheidende Kampfhandlungen drehte.

### 2. Die Kriegstagebücher der mittleren und oberen Führung (Division bis Heeresgruppe)[1]

Für die mittlere Führung galten grundsätzlich dieselben Befehle. Im Laufe des Krieges wurde angeordnet, daß die einzelnen Abteilungen (I c: Feindaufklärung, IV a: Sanitätswesen, IV b: Veterinärwesen, IV c: Intendantur usw.) von Zeit zu Zeit zusammenfassende Berichte über ihre Tätigkeit abliefern sollten; doch bewährte sich dies System nicht, da es für das Festhalten von Daten und Fakten mehr Interesse und Sorgfalt voraussetzte, als normalerweise vorhanden war. Oft wurde erst nach wiederholtem Drängen schnell ein Bericht zusammengeschrieben, der äußerlich den gestellten Anforderungen entsprach, aber inhaltlich mehr oder minder wertlos war.

Bei den Divisonen und Armeekorps führte normalerweise der Erste Ordonnanzoffizier (O1) das KTB. Da diese häufig wechselten, weil ihre Stellung meist mit Anwärtern für die Generalstabslaufbahn besetzt wurde, fiel es daher einmal schlecht, das andere Mal weniger schlecht aus. Wirklich gute Kriegstagebücher werden zu den Ausnahmen gehört haben; denn der O1 hatte viele Obliegenheiten, und wenn er jung und tatenfreudig war, betrachtete er die Belastung mit dem KTB als die Aufgabe, die zuletzt erledigt und möglichst kurz abgetan wurde. An sich war er der geeignete Offizier des Stabes, da er normalerweise mit dem 1. Generalstabsoffizier im gleichen Raume saß und daher alle mündlichen und fernmündlichen Gespräche desselben miterlebte und von ihm jederzeit erfragen konnte, was der General (beim Korps außerdem auch der Chef) befohlen hatte. Dem Gang der Ereignisse konnte er dann besonders gut folgen, wenn sich sein Fernsprechapparat oder der des 1. Generalstabsoffiziers mit dem des Generals (oder des Chefs) gleichschalten ließ, was oft schon deshalb geschah, damit der 1. Generalstabsoffizier sofort über neue Erwägungen und Entschlüsse ins Bild gesetzt wurde. Wo ein Stab sorgfältig vorging, führte daher der mit dem KTB Beauftragte ein Buch, in dem er die wichtigeren Gespräche verzeichnete.

Das Wissen des O1 stieß auf eine Grenze, wenn bei dem General eine Besprechung mit den Kommandeuren oder höheren Vorgesetzten stattfand, zu der er nicht zugezogen wurde; das war meist der Fall, da natürlich der 1. Generalstabsoffizier beteiligt war und der O1 inzwischen dessen Fernsprechapparat

1 Ich vermerke, daß ich im Hinblick auf Divisionen und Korps auf Grund eigener Erfahrungen spreche, da ich von Sept. 1939 bis Anfang 1943 nebenamtlich solche Kriegstagebücher führte. Von dem KTB einer Heeresgruppe habe ich dadurch eine Vorstellung, daß ich 1943 angefordert wurde, um in Thessalonich das KTB des Oberbefehlshabers Südost zu begutachten.

bedienen mußte. Es hing dann von seiner Stellung zum General (bzw. Chef) und dem 1. Generalstabsoffizier ab, ob er den Inhalt der Besprechung in Erfahrung brachte. Am glücklichsten war die Lösung, wenn er auf Grund seiner im Laufe des Tages gemachten Notizen, der auf seinem Tisch angesammelten Befehle und Meldungen am Abend einen Entwurf vorlegte, der vom General, dem Chef oder dem 1. Generalstabsoffizier berichtigt, ergänzt und abschließend gebilligt wurde.

Da jedoch die Stäbe gerade in den Abendstunden mit Arbeit belastet waren, kam es nur in den Fällen zu einer alle Anforderungen erfüllenden Lösung, in denen der Vorgesetzte ein persönliches Interesse daran nahm, daß das KTB gut geführt wurde. Sie bildeten jedoch die Ausnahmen. Bei sehr vielen Stäben wird das KTB erst nachträglich, wenn sich gerade Zeit und Ruhe fand, stoßweise vom O1 nachgeschrieben worden sein, und der zur Unterschrift verpflichtete Vorgesetzte wird sich, wenn er das KTB vor der Abgabe zur Unterschrift vorgelegt erhielt, nur in wenigen Fällen die Mühe gemacht haben, es genau auf seine Richtigkeit und Vollständigkeit hin durchzuarbeiten.

Bei den *Armeen* gab es Offiziere, die haupt- oder halbamtlich mit der Führung des KTB beauftragt waren: verwundete Offiziere, die sich auf diese Weise noch nützlich machen konnten, Reserveoffiziere, die sich durch ihren Zivilberuf oder sonstwie für diese Aufgabe eigneten, usw.

Bei den *Heeresgruppen* fanden die Beamten der Kriegsgeschichtlichen Forschungsanstalt, also fachmäßig ausgebildete Kräfte, Verwendung und, wo solche nicht zur Verfügung standen, Beamte oder Offiziere, denen eine solche Aufgabe anvertraut werden konnte. Da vom Armeekorps an aufwärts die Stäbe über eine eigene Kartendruckabteilung verfügten, waren sie imstande, ihren Anlagebänden gute Skizzen der Gefechtshandlungen und Marschbewegungen beizugeben.

Die Schwierigkeit, die von der Armee an aufwärts bestand, lag darin, daß der KTB-Führer an den Chef des Generalstabs und erst recht an den Befehlshaber der Armee- bzw. Heeresgruppen noch schwerer herankam als der 1. Ordonnanzoffizier an den Divisionskommandeur oder an den Kommandierenden General. Falls er nicht durch seine persönlichen Eigenschaften eine Vertrauensstellung erlangte, blieb er auf das angewiesen, was ihm die Generalstabs- und Ordonnanzoffiziere mitteilten; war der Chef bereit, ihn zu empfangen, mußte er gewärtig sein, daß die vorgesehene Orientierung wieder abgesetzt wurde oder daß er mitten in seiner Befragung abbrechen mußte, weil etwas Wichtigeres dazwischen kam — und vom militärischen Standpunkt war alles wichtiger als das, was einmal die Nachwelt lesen würde.

Natürlich gab es auch hier Ausnahmen, wenn der Chef oder der Armeeführer selbst Wert darauf legten, daß ihre Maßnahmen und deren Voraussetzungen genau festgehalten wurden. Aber auch dann blieb es oft beim guten Willen, weil auf die Befehlshaber und ebenso auf ihre Generalstabsoffiziere so viel einstürmte, daß die persönliche Unterrichtung nur stoßweise und dann nicht vollständig erfolgte. Es war eine Frage der Geschicklichkeit, der menschlichen

Qualifikation und der Fähigkeit, zu spüren, „was los war", ob das KTB die Ereignisse einzufangen vermochte oder nicht.

Dieser Mangel wurde zu einem großen Teil dadurch aufgewogen, daß von der Armee an aufwärts innerhalb des Stabes alles Wichtigere schriftlich fest=gehalten wurde und ein Abdruck an das KTB gelangte. Ein wesentlicher Teil der Tätigkeit des KTB=Führers bestand daher darin, die eingehenden Akten und Karten gut zu ordnen, ihren Inhalt im KTB chronologisch zu vermerken und dafür Sorge zu tragen, daß wirklich alle Abteilungen des Stabes ihre Akten an das KTB abgaben bzw. von vornherein Durchschläge ihres Schrift=verkehrs für dieses vorsahen. Das eine oder andere KTB einer Armee bzw. Heeresgruppe war deshalb nicht mehr als ein kalenderförmig geordneter Aktenauszug.

Das KTB eines höheren Stabes täglich abzuschließen, war schwierig, oft unmöglich. Die einzelnen Abteilungen brauchten die eingegangenen Meldun=gen noch tage=, wenn nicht wochenlang, ebenso die Vortragsnotizen usw. Der Bearbeiter des KTB konnte daher so vorgehen, daß er entweder Nachträge machte, wenn dies Material verspätet bei ihm einlief, oder er stellte seine Arbeit von vorn herein so ab, daß er die Auszüge aus den Akten erst dann begann, wenn er annehmen durfte, daß nun alles Wesentliche bei ihm einge=laufen war.

Wie die der Ideallösung nahekommenden Kriegstagebücher der Heeres=gruppen Mitte und Nord geführt wurden, vermag ich anhand von Aufzeich=nungen darzulegen, die auf meine Bitte die Bearbeiter anfertigten.

Das Kriegstagebuch der *Heeresgruppe Mitte* wurde geführt von Dr. Her=mann *Gackenholz* (jetzt Professor an der Pädagogischen Hochschule in Lüne=burg). Bevor er die Abfassung des KTB übernahm (Mai 1943), hatte es im Stabe keinen fachlich ausgebildeten Sachbearbeiter gegeben; auch war die Stelle des KTB=Führers mehrfach neu besetzt worden. Das KTB der Heeresgruppe bestand daher 1943 im Grunde nur aus einer Sammlung mitstenographierter Ferngesprä=che sowie einiger unsystematisch und lückenhaft zusammengestellter Anlagen (Tagesmeldungen, Befehle u. a. m.). Prof. Gackenholz brachte Erfahrungen mit, die er zunächst bei der Truppe, dann bei der 7. (kriegsgeschichtlichen) Ab=teilung des GenStdH gesammelt hatte. In dieser war er bei der Abfassung eines Überblicks über den „Ostfeldzug 1941" beteiligt gewesen und hatte dadurch Einblick in eine große Anzahl von Kriegstagebüchern erlangt, aus deren Vor=zügen und Nachteilen er sich ein festes Bild geschaffen hatte, wie das KTB eines höheren Stabes geführt sein müsse, um den Ansprüchen der Forschung zu genügen.

Prof. Gackenholz legte sein KTB als täglich geführtes „Tagebuch" an, dem er ein von ihm ausgearbeitetes Schema zugrunde legte: I. *Tagesverlauf* (zu=nächst eine Zusammenfassung der wichtigsten Geschehnisse sowie der opera=tiven Entschlüsse im Gesamtbereich der Heeresgruppe, dann die Vorgänge bei den einzelnen Armeen, der Luftwaffe usw.), II. *Erwägungen, Entschlüsse, Maß=*

*nahmen* (zunächst die I c=Meldung über die Feindlage, dann der Gedanken=austausch mit dem Oberkommando des Heeres bzw. dessen Weisungen und Befehle, schließlich die längs der langen Front der Heeresgruppe jeweils zusam=menhängenden Probleme, also gegebenenfalls über die einzelnen Armee=Ober=kommandos hinausgreifend), III. *Organisation, Bewaffnung, Ausrüstung* (hier nur das Wichtigste, da beim Oberquartiermeister der Heeresgruppe ein eigenes KTB geführt wurde). Am Schluß wurden alle beigefügten Anlagen, auch die im Text nicht erwähnten, verzeichnet (als beliebig herausgegriffenes Beispiel sei vermerkt, daß die Aufzeichnung über den 1. 8. 1944 dreizehn Schreibmaschinenseiten umfaßt).

Prof. Gackenholz arbeitete seinen Entwurf möglichst bereits am nächsten Tage aus, der dann vom I a (dem Ersten Generalstabsoffizier), dem Chef und – in der Zeit, als Gen.=Feldm. Busch Oberbefehlshaber der HGr. Mitte war – auch von diesem abgezeichnet und zur Reinschrift gegeben wurde. Dank dem Ver=ständnis, das der KTB=Führer bei seinen Vorgesetzten fand, gelang es ihm, diesen Modelltyp für das KTB eines höheren Stabes zu verwirklichen. Über die Art, wie er sich die Nachrichten beschaffte, berichtet er wie folgt:

„Ich hörte selbst alle Führungsgespräche von Oberbefehlshaber, Chef und Ia mit und zeichnete sie auf. Außerdem habe ich von Anfang an darauf bestanden, daß ich von dem *gesamten* operativen Schriftverkehr Kenntnis erhielt und daß von *jedem* von der Abt. Ia ausgefertigten Schriftstück für das KTB ein Durchschlag angefertigt wurde. Die Chefs (bis September 1944 Gen. Krebs, dann Gen.=Maj. Heidkämper) und Ia's (zuerst Oberst v. Tresckow, dann der jetzige Gen.=Major Peter von der Groeben, zuletzt Oberstlt. Schindler) haben meine Art, das KTB zu führen, anerkannt und von sich aus unterstützt, indem mich Tresckow regelmäßig täglich, Groeben und Schind=ler von Fall zu Fall über die getroffenen Entscheidungen informierten, soweit sie nicht bereits aus den Ferngesprächen und dem schriftlichen Material erkennbar waren. Auch General Krebs (Chef bis 4. 9. 1944) stand mir jederzeit zu Rück=fragen zur Verfügung, wie er sich seinerseits auch häufig von mir unter=richten oder bei wichtigen Ferngesprächen die Richtigkeit des Gehörten bestätigen ließ. Bei den Abteilungsleiter=Besprechungen wurde ich regelmäßig als Protokoll=führer zugezogen. Gelegentlich hatte ich auch den O 1 zu vertreten. In der Krise des Sommers 1944 übetrug mir der Ia tagelang auch noch die Abfassung der Tagesmel=dung — eine neben dem in dieser Zeit besonders umfangreichen KTB schwer zu be=wältigende Belastung.

Der kleine Kreis der in der Führungsabteilung der Heeresgruppe tätigen Offiziere brachte überhaupt eine enge Zusammenarbeit und eine menschlich vertrauensvolle Atmosphäre, die erst in den letzten Monaten des Krieges beeinträchtigt wurde. Bei der textlichen Abfassung des KTB ist mir im übrigen in der ganzen Zeit von Chef und Ia völlig freie Hand gelassen worden; der von mir täglich vorgelegte Entwurf ist regelmäßig ohne Beanstandungen abgezeichnet worden. Ganz selten wurde ein Ausdruck geändert."[1]

1 Die „Reinschriften" wurden halbjährlich an das Heeresarchiv (Zweigstelle Lieg=nitz) abgeliefert. Die letzte Abgabe (Ende Sept. 1944), die Prof. Gackenholz aus=führte, benutzte er dazu, Durchschläge des „Entwurfs" für die Zeit von Aug. 1943 bis Sept. 1944 bei seiner Frau in Sicherheit zu bringen. Dieser Teil des KTB der Heeresgruppe ist daher erhalten (wenn auch ohne Anlagen). Die übrigen Teile, die bereits abgeliefert waren, werden der Vernichtungsaktion zum Opfer gefallen sein, die General Scherff im Mai 1945 anordnete. Die noch nicht abgelieferten

Da solche Auskünfte für die wissenschaftliche Auswertung von Kriegstage=büchern wichtig sind, lasse ich eine analoge Aufzeichnung folgen, die auf meine Bitte Herr Oberarchivrat Dr. W. *Heinemeyer* (Staatsarchiv in Marburg) als ehemaliger KTB=Führer der *Heeresgruppe Nord* aufstellte. Sie zeigt wieder=um, daß die Möglichkeit für einen wissenschaftlich geschulten Bearbeiter je nach dem Verständnis seiner Vorgesetzten schwankte und die äußeren Schwie=rigkeiten sich im Laufe der Jahre vermehrten, daß aber bei günstiger personel=ler Lage ein objektives Registrieren der Vorgänge bis zum Schluß möglich blieb.

„Im Mai 1941 wurde mir die Führung des KTB der Heeresgruppe Nord über=tragen. Bei meiner Meldung vom OB, Generalfeldmarschall von Leeb, nach den Grundsätzen der künftigen Arbeit befragt, wies ich darauf hin, daß erfahrungsgemäß der Bericht des KTB im Fall von Rückschlägen seinen besonderen Wert erhalte. OB und Chef des Gen.=Stabs, der damalige Gen.=Lt. und spätere General d. Inf. Bren=necke, stimmten meinen Vorschlägen über die Führung des KTB zu. Aufgabe war es, den äußeren Ablauf der Operationen und die Beweggründe, die dazu führten, in dem KTB sichtbar werden zu lassen. Voraussetzung waren: Unmittelbarkeit der Niederschrift und Vollständigkeit. Die Form wurde durch das — wie sich später herausstellte — im wesentlichen für die hohen Kommandobehörden unbrauchbare, vorgedruckte Schema der KTB bestimmt. Inhalt war nicht die verarbeitete Darstel=lung, sondern die Zusammenstellung der Quellen; diese mußte so erfolgen, daß weder im äußeren Ablauf noch bei den getroffenen Entscheidungen und den ihnen zugrunde liegenden Überlegungen Lücken eintraten.

Um diese ideale Vollständigkeit zu erreichen, wurden mir grundsätzlich alle Doku=mente der Führungsabteilung zugänglich gemacht, also auch alle ‚Geheimen Kom=mandosachen' und die ‚Chefsachen, nur durch Offiziere'. Des weiteren erhielt ich Mit=hörapparate, die es mir erlaubten, alle Fernsprüche des OB, des Chefs und des Ersten Generalstabsoffiziers mitzuhören und niederzuschreiben. Über Fahrten zur Truppe oder zu anderen Kommandobehörden bzw. in das Führerhauptquartier sowie über sonstige Gespräche und Verhandlungen, an denen ich nicht teilnahm, erhielt ich Niederschriften oder mündliche Berichte. Auch hier erhielt ich grundsätz=lich alle erforderlichen Auskünfte. Da ich einige Zeit später gleichzeitig persönlicher Ordonanzoffizier des Chefs des Generalstabs wurde und meinen Arbeitsplatz mitsamt meinen ‚Apparaturen' in dessen Arbeitszimmer erhielt, war ich gleichsam im Mittelpunkt aller Entscheidungen und Überlegungen untergebracht. Das unge=wöhnlich kameradschaftliche und freundschaftliche Zusammenleben sowie der auf hohem geistigen Niveau sich bewegende Gedankenaustausch im engsten Kreise der Führungsabteilung sicherten mir alle erforderlichen Informationen. Geradezu einzig=artig aber war es, daß allabendlich nach dem Lagevortrag der OB mich empfing und mir eine Beurteilung der Lage gab, die ich sogleich mitschrieb und in das KTB aufnahm. Durch gelegentliche zusammenfassende Lagebeurteilungen des Chefs des Gen.=Stabs oder auch des Oberquartiermeisters wurde diese noch ergänzt. An diesen

Teile wurden am 1. Mai 1945 in Mecklenburg verbrannt, ohne daß Prof. Gacken=holz davon benachrichtigt wurde.

Den Bericht, den Prof. *Gackenholz* im August 1944 auf Grund seines Kriegs=tagebuchs und der Auskünfte des Chefs sowie des Ia des Generalstabs der Heeresgruppe Mitte über deren Zusammenbruch anfertigte, hat er mit einem Kommentar abgedruckt in der Abteilung: „Dokumentation" der Vierteljahrshefte für Zeitgeschichte III, 1955, S. 317—333: Zum Zusammenbruch der Heresgruppe Mitte im Sommer 1944. Vgl. auch *Ders.*, Der Zusammenbruch der Heeresgruppe Mitte 1944, in: Entscheidungsschlachten des II. Weltkrieges, hg. von H.=A. *Jacob=sen* und J. *Rohwer*, Frankfurt a. M. 1960, S. 445—79.

Beurteilungen ist niemals nachträglich ein Wort geändert worden; auch sind die aufgenommenen Ferngespräche und sonstigen Niederschriften niemals nachträglich korrigiert worden.

Ziel dieser Art, das KTB zu führen, war es also, den Ablauf der Ereignisse unmittelbar genau so festzuhalten, wie wir ihn im Augenblick sahen, und alles wesentliche Quellenmaterial für die künftige Geschichtsschreibung sicherzustellen. Auch wenn das so geführte KTB keine Darstellung bot, so war es doch nach den Grundsätzen der historischen Kritik geführt und durchgearbeitet.

Mitte Januar 1942 endete dieses KTB mit dem Rücktritt des Generalfeldmarschalls von Leeb und der Übernahme eines Armeekorps durch Gen.-Lt. Brennecke. Ich selbst schied kurze Zeit später ebenfalls aus dem Stab der Heeresgruppe Nord aus.

Nach meiner Rückkehr im Juni 1943 versuchte ich erneut, die früheren Grundsätze der Führung des KTB bei der Heeresgruppe Nord zu verwirklichen. Aber dieses war nur teilweise möglich.

Die Entwicklung des Feldzuges in Rußland hatte sich auch hinsichtlich der Führungsaufgaben des Oberkommandos der Heeresgruppe ausgewirkt. Aus einer hohen Kommandobehörde, die sich im wesentlichen auf Weisungen beschränkte, war ein nicht selbständig führender Stab geworden, dessen Arbeitsweise sich nicht wesentlich von derjenigen der unterstellten Armee-Oberkommandos unterschied. Damit war auch der Umfang der einzelnen Führungsaufgaben und der laufenden ‚Geschäfte' wesentlich gewachsen. Das frühere Vertrauensverhältnis zwischen dem Chef des Generalstabs und dem Ersten Generalstabsoffizier gegenüber den unterstellten Offizieren der Führungsabteilung bestand auch weiterhin; doch wirkte sich der häufige Wechsel der Oberbefehlshaber nachdrücklich auf die Führung des KTB aus. Ich war also häufig nicht nur auf die Berichte begleitender Offiziere, sondern auch auf die Mitschrift der Ferngespräche durch die Ordonnanzoffiziere angewiesen, während ich die Gespräche des Chefs und des Ia stets selbst aufnahm oder doch nach meinen Anweisungen sorgfältig mitgeteilt erhielt. Die schriftlichen Unterlagen waren mir auch weiterhin jederzeit vollständig zugänglich.

Bei meiner Meldung im Juni 1943 stimmte der damalige, noch aus der Zeit des Feldmarschalls von Leeb stammende Erste Generalstabsoffizier, Oberst i. G. Herrmann, meiner Ansicht zu, daß die ungünstige Entwicklung und der voraussichtliche Verlust des Krieges das sorgfältige und möglichst lückenlose Zusammenstellen der Quellen noch wesentlich dringlicher mache. Da ich überdies voraussah, daß bei dem zu erwartenden ungünstigen Ausgang des Krieges das eigentliche KTB voraussichtlich von den „Anlagen" und den dazu gehörenden täglichen Lagekarten getrennt werden würde, ging ich sofort dazu über, alle wichtigen Meldungen sowie wichtige Schriftstücke aller Art ebenso wie die Besprechungsniederschriften und Ferngespräche im vollen Wortlaut oder unter geringfügigen Kürzungen in das KTB selbst aufzunehmen: eine überaus zeitraubende Schreibarbeit. Doch hat sich diese Maßnahme nach dem Kriege als richtig erwiesen.

Das Ziel der früheren KTB-Führung blieb auch jetzt unverändert; doch mußte ich auf persönliche Lagebeurteilungen der OB verzichten. Sie wurden durch gelegentliche zusammenfassende Lagebeurteilungen des Chefs und des Ia, wohl auch hin und wieder des Oberquartiermeisters ersetzt. Auch jetzt kam es darauf an, mit wissenschaftlichen Mitteln den jeweiligen Stand der Operationen sowie die zugrunde liegenden Überlegungen unmittelbar festzuhalten. Die Führung des KTB wurde aber vor allem in den Zeiten des Stellungskrieges erschwert, weil sich der Ansatz neuer Entwicklungen nicht leicht übersehen ließ. Stärker noch als früher wurden jetzt von mir die Lagebeurteilungen und Berichte der Abteilung Ic miteinbezogen. Die Fülle des zu verarbeitenden Quellenmaterials war eine weitere Erschwerung. Gleichwohl hielt ich es für richtig, möglichst wenig auszuscheiden, um so einer späteren, vielleicht abweichenden historischen Beurteilung die Unterlagen zu liefern. Vollständigkeit des Quellenmaterials und kritische Verarbeitung desselben wurden von mir auch jetzt angestrebt. Auch ohne eigene Darstellung der Ereignisse, die wesentlich subjektiver hätte sein müssen, sollte lückenlos der Gang der Ereignisse und der zugrunde liegenden Gedankengänge sichtbar werden. Dabei nahm ich ein etwaiges Zuviel des gebotenen Quellenstoffes gern in Kauf, auch wenn die tägliche Arbeit dadurch nicht unwesentlich erschwert wurde.

Das Oberkommando der Heeresgruppe hat neben dem KTB auch gedruckte Operationsatlanten für die Jahre 1941, 1942, 1943 geführt. Die von mir für die Folgezeit ebenfalls erarbeiteten Unterlagen waren vorzeitig an das Heeresarchiv abgegeben worden und sind m. W. bisher verschollen. Bei dem von mir herausgegebenen Band für das Jahr 1943 habe ich neuartige Formen der Darstellung militärischer Operationen entwickelt. Ein knapper Text erläutert die Karten genauer."

Vor der Kapitulation wurde Dr. Heinemeyer von seinem Oberbefehlshaber in das Heimatgebiet zurückgeschickt, um das KTB sicherzustellen. Daher ist das KTB der Heeresgruppe Nord bis März 1945 erhalten geblieben; es liegt jetzt im Bundesarchiv (Koblenz).

### 3. Die Kriegstagebücher der Obersten Führung

#### *a) Der Generalstab des Heeres*

Der *Generalstab des Heeres* hat — im Hinblick auf seine Riesenorganisation — darauf verzichtet, ein alle seine Abteilungen umfassendes KTB zu führen. In der Operations-Abteilung wurde so vorgegangen, daß ein Generalstabsoffizier am Abend die wichtigsten Ereignisse, Befehle usw. kurz zusammenfaßte und dafür Sorge trug, daß die Akten vollständig und chronologisch abgeheftet wurden. Der Generalstab des Heeres beschränkte sich also darauf, der späteren Forschung das Material vollständig und übersichtlich geordnet bereitzustellen und ihr durch erläuternde Notizen den Weg zu weisen.

Diese Akten und Notizen sind der Vernichtung anheimgefallen; und da die beauftragten Offiziere öfters wechselten, gibt es wohl keinen, der längere Zeiträume überschaut.

Einen Ersatz bietet für die Zeit bis zum 24. 9. 1942 das sogenannte *„Halder-Tagebuch"*, d. h. die meist Tag für Tag stenographisch niedergeschriebenen Notizen des Generalobersten Franz *Halder*, der bis 1941 unter dem Gen.-Feldm. von Brauchitsch, dann bis zu seiner abrupten Entlassung (24. 9. 1942) unmittelbar unter Hitler als Chef des Generalstabs des Heeres eine der entscheidenden Figuren war. Der Generaloberst konnte seine Notizen vollständig hinüberretten und diktierte nach der Katastrophe seinen Text, bei dem er sich einer von der normalen abweichenden Kurzschrift bedient hatte, in die Schreibmaschine. Die Reinschrift wurde vervielfältigt, so daß sie bereits vielfach benutzt ist. Jetzt hat Generaloberst Halder dankenswerterweise dem Arbeitskreis für Wehrforschung die Erlaubnis erteilt, sein Tagebuch durch den Druck allgemein zugänglich zu machen. Mit der Bearbeitung wurde unser Mitarbeiter Dr. H.-A. *Jacobsen* betraut.

## b) Die Seekriegsleitung

Über das *Kriegstagebuch der Seekriegsleitung* (Skl) orientiert eine Aufzeichnung, die ich dem Kapitän zur See Otto *Mejer* verdanke. In ihr heißt es [1]:

„Dieses KTB wurde in der Operations-Abteilung der Skl geführt, und zwar nebenamtlich bis August 1941 von I b, von August 1941 bis zum 1. Februar 1945 hauptamtlich von I b kr und dann bis zum Schluß wieder nebenamtlich von I b. Das KTB beschränkte sich nicht auf die Aufzeichnung der rein operativen Angelegenheiten, sondern behandelte daneben alle Überlegungen, Entschlüsse und Maßnahmen, die den Oberbefehlshaber der Kriegsmarine in seiner gleichzeitigen Eigenschaft als Chef der Seekriegsleitung beschäftigten. So wurden neben den operativen Dingen auch die wesentlichen Rüstungs-, Organisations- und Personalwirtschafts-Fragen festgehalten. Das Kriegstagebuch gibt somit gewissermaßen einen umfassenden Rechenschaftsbericht für den Oberbefehlshaber der Kriegsmarine und damit für die ganze Führung der Marine im Kriege selbst.

Das Kriegstagebuch der Skl ist von Anfang an bis zum Schluß ohne jede Einwirkung oder Einflußnahme von außenstehender Seite, insbesondere vom Führerhauptquartier her, geschrieben. Dies war nur möglich, weil der mit der Koordinierung der Kriegsgeschichtsschreibung Beauftragte des Führers (General Scherff) [2], der sich an den Chef der Kriegsgeschichtlichen Abteilung der Kriegsmarine gewandt hatte, sich mit der Erklärung zufrieden gab, daß die Kriegstagebücher der Kommandos nur Rohmaterial enthielten, das später erst in der Kriegsgeschichtlichen Abteilung darstellerisch ausgewertet würde.

Das Kriegstagebuch der Skl beschränkte sich nicht darauf, die einzelnen Erwägungen, Entschlüsse und Darstellungen aufzuzeichnen, sondern wurde im Hinblick auf die spätere geschichtliche Darstellung ergänzt durch eine Sammlung aller wesentlichen Berichte, Meldungen und Befehle, teils im Original, teils in Abschriften. Die gesamte Arbeit gliederte sich daher in verschiedene Hauptteile:

*Teil A* enthielt das eigentliche, laufend geführte Kriegstagebuch, das — täglich in einem durchschnittlichen Umfang von etwa 30 Folio-Seiten Schreibmaschinenschrift hergestellt — vom Chef der Operationsabteilung, vom Chef des Stabes der Seekriegsleitung und vom Oberbefehlshaber der Kriegsmarine gezeichnet wurde. Allgemein gelangten diese Niederschriften am zweiten oder dritten Tage nach dem Berichtsdatum zur Vorlage. Die Blätter wurden in Monatsheften von 800—1000 Seiten in Buchform gebunden und dann der Kriegsgeschichtlichen Abteilung zur Aufbewahrung übergeben. Eine zweite, im Durchschlag hergestellte Ausfertigung verblieb bei der Skl. Weitere Durchschläge wurden nicht gefertigt.

Jeder Tagesbericht wurde eingeleitet mit einer kurzen stichwortartigen Aufzeichnung wichtiger politischer Meldungen aus aller Welt. Gelegentlich wurden hieran Betrachtungen angeknüpft, soweit die Meldungen für die Kriegslage Deutschlands, insbesondere für die Seekriegführung, von Interesse waren.

Es folgte dann ein Abschnitt, in dem gewissermaßen ein Protokoll der täglichen Lagebesprechung beim Oberbefehlshaber oder in dessen Abwesenheit beim Chef des Stabes der Seekriegsleitung niedergelegt wurde. An diesen Lagebesprechungen nahmen neben der Seekriegsleitung auch die Chefs aller übrigen Ämter und Hauptgruppen des Oberkommandos der Kriegsmarine teil. Im nächsten Abschnitt wurden besondere Angelegenheiten aufgeführt. Eine große Rolle spielten hierbei die Befehle und Weisungen aus dem Führerhauptquartier, speziell des OKW, ferner alle die-

1 An einigen Stellen habe ich kleine Verbesserungen angebracht.
2 Über ihn s. unten S. 1772 ff.

jenigen Maßnahmen, die auf dem Gebiet der Marinerüstung, der Organisation, Personal- und Materialbereitstellung und dgl. mehr getroffen wurden.

In dem folgenden Abschnitt wurden, falls besondere Operationen der Seekriegsleitung im Gange waren, diese dargestellt.

Der Schlußabschnitt gab eine Übersicht über den Seekriegsverlauf (nach Kriegsschauplätzen getrennt) auf Grund der Berichte und Meldungen, die der Skl hierüber an dem betreffenden Tage vorlagen. Auch kleinere Operationen wurden in diesem Abschnitt behandelt.

*Teil B* hatte ebenfalls darstellerischen Charakter; und zwar wurden hierin Wochenberichte der Kriegsschauplatzbearbeiter gesammelt, die von diesen — unabhängig von der Prüfung des Kriegstagebuches — auf Grund der bei ihnen durchlaufenden Nachrichten und Berichte hergestellt wurden. In diesem Teil fanden auch Sonderdarstellungen Aufnahme, die über einzelne Operationen in der Seekriegsleitung gefertigt wurden.

Teil B war gegliedert in etwa 15—16 einzelne Bände, deren jeder sich mit einem bestimmten Kriegsschauplatz oder Lande beschäftigte. Im Band B,V fanden alle Berichte Aufnahme, die über den geographischen Rahmen eines einzelnen Bandes hinausgingen.

*Teil C:* In den darstellenden Bänden A und B wurden alle aktenmäßigen Unterlagen, also Berichte, Meldungen und Befehle, im Textteil unter genauer Angabe der Buchnummer zitiert, auch wenn sie — was teilweise geschah — bereits im Wortlaut im Text niedergeschrieben waren. Alle diese Unterlagen wurden in Teil C gesammelt, und zwar wiederum in mehreren Bänden, die nach den verschiedenartigen Materien eingeteilt waren. So erhielt Teil C,IV alle Unterlagen völkerrechtlicher und seekriegsrechtlicher Art. In dieser Materie wurde in dem entsprechenden Referat der Seekriegsleitung eine besondere laufende Darstellung gefertigt, die ebenfalls in Teil C,IV Aufnahme fand.

Ein sehr wichtiger Band war C,VII. Er enthielt die Vorbereitungen für alle Führervorträge des Oberbefehlshabers, die in Abteilung I b zusammengestellt wurden, mit einer ausführlichen Niederschrift über den Verlauf des Vortrages und die dabei getroffenen Entscheidungen, die von Großadmiral Raeder regelmäßig persönlich ausgearbeitet wurden. Admiral Dönitz beschränkte sich, wenn überhaupt, auf entsprechende Angaben an I b.

In Band C,V waren sämtliche Unterlagen des Oberbefehlshabers bzw. der Skl gesammelt, die mit der Führung des U-Bootkrieges zu tun hatten, in Band C,I die entsprechenden Angaben über den Kreuzerkrieg bzw. den Krieg in den außerheimischen Gewässern.

Weitere Bände enthielten die Unterlagen für die einzelnen großen Operationen, wie z.B. ‚Weserübung', ‚Seelöwe', ‚Barbarossa' und die verschiedenen iberischen bzw. atlantischen Planungen.

Ein Band enthielt die Unterlagen für den Marineluftkrieg. Auch Teil B und C wurden — ersterer vollständig, letzterer zum großen Teil — in zweifacher Ausfertigung hergestellt.

*Teil D* enthielt die Sammlung sämtlicher Fernschreiben, Funksprüche und dgl., die bei der Seekriegsleitung einliefen und von ihr ausgingen.

*Teil F* enthielt die Sammlung sonstiger laufender Berichte verschiedener Art, z. B. Wetterberichte, regelmäßige Personalbestandslisten und dergleichen mehr.

Die Teile *D* und *E* wurden nur in einfacher Ausfertigung geführt.

Die sämtlichen Bände von *Teil A* wurden — soweit sie bereits an die Kriegsgeschichtliche Abteilung abgegeben waren — in dem Ausweichquartier Tambach bei Coburg von den Amerikanern beschlagnahmt. Die noch nicht abgegebenen Bände und die sämtlichen Bände der zweiten Ausfertigung von Teil A waren beim Zusammenbruch zunächst in einem Walde bei Plön vergraben worden, wurden aber bald nachher unbeschädigt und vollständig ebenfalls den Amerikanern und Engländern übergeben. Sämtliche Bände wurden in die *Admiralität nach London* verbracht, wo sie von einem Marine-Amtsrat (Pfeiffer) verwaltet werden. Für die US-Marine sind Mikro-Fotokopien sämtlicher Bände angefertigt worden.

Das Kriegstagebuch hat in dem Nürnberger Prozeß gegen die Oberbefehlshaber der Kriegsmarine für die Verteidigung wertvolle Dienste leisten können.

Die *Teile B, D* und *E* sind im Februar 45 vor dem Verlassen des Quartiers der Seekriegsleitung ‚Koralle' bei Bernau durch Verbrennen vernichtet worden. Das gleiche ist mit der zweiten Ausfertigung des *Teiles C* geschehen. Die erste Ausfertigung von C befindet sich ebenfalls in der Admiralität in London." [1]

Wichtig ist, daß auf diese Weise auch Durchschläge der „Führerweisungen" und wichtiger OKW-Befehle [2], ein Teil der täglichen „Lageberichte" des OKW sowie die Protokolle über die Besprechungen der Oberbefehlshaber der Kriegsmarine mit Hitler erhalten geblieben sind [3].

### *c) Kriegsgeschichtliche Aufzeichnungen im Führerhauptquartier*

#### *aa) Die Abt. „Wehrmacht-Kriegsgeschichte" (General Scherff)*

Zu einer seltsamen Institution entwickelte sich die 1940 eingerichtete und dem Chef OKW unterstellte *Abteilung „Wehrmacht Kriegsgeschichte"* (WKr.-Gesch.), die sich Hitler 1942 unmittelbar unterstellte. Bei diesem Anlaß erhielt der Leiter, Oberst d. G. *Scherff*, die Dienstbezeichnung: „Der Beauftragte des Führers für Kriegsgeschichtsschreibung".

Es handelte sich um einen gebildeten, wohlgesinnten Offizier, der für die Verwendung in einer Generalstabsstellung nicht in Betracht kam, da er zu nervös und unentschlossen war. Wie das ja vielfach bei innerlich schwachen Naturen der Fall ist, schaute er in ehrlicher Bewunderung zu Hitler auf und suchte, wo selbst er sich Schattenseiten eingestehen mußte, die Zuflucht beim „Dämonischen", das nun einmal so sein müsse. Scherff hatte mancherlei gelesen und verehrte Stefan George; aber historische Schulung ging ihm ab. Es erübrigt sich zu fragen, durch welchen Zufall er in die Stellung gelangte, die er – im Laufe der Zeit zum General befördert – bis zum Schlusse des Krieges innehatte; denn die Stellenbesetzung des „Dritten Reiches" bietet ja viele Fälle gleicher Art.

Adjutant des Generals Scherff war der Rittm. d. Res. *Scheidt*, der mit einer Dissertation über Goethe promoviert hatte und – wie der Leser noch erfahren

1 Über das Schicksal der Akten der Kriegsmarine vgl. kurz *K. Aßmann*, Deutsche Schicksalsjahre, Wiesbaden 1950, S. 15, ausführlicher *P. Heinsius*, Das Aktenmaterial der Deutschen Kriegsmarine, in: Die Welt als Geschichte XIII, 1953, S. 198–202.

2 Vgl. unten Anhang 1 zum III. Teil der „Erläuterungen", S. 1837–42. – Die wichtigsten oben S. 1530 ff.

3 Vgl. unten S. 1842: Anhang 2. – Auszüge in „Dokumententeil" (S. 1593–1630).

wird — während und nach dem Zusammenbruch bewies, daß er ein Mann ohne Charakter war[1]. Er saß meist in Berlin, wo Scherff eine Reihe wissenschaftlicher Hilfskräfte beschäftigte, um aus der Literatur passende Zitate herauszusuchen, die nach Stichwörtern geordnet wurden. Diese verschafften dem General die Möglichkeit, von Zeit zu Zeit kleine Broschüren zu „Führers Geburtstag" und anderen Anlässen zusammenzustoppeln, die den Eindruck erweckten, als wenn die deutschen Geistesheroen im Unterbewußtsein Hitler schon vorausgeahnt hätten. Zugleich war dies eine Maßnahme des Selbstschutzes: notfalls konnte sich Scherff ja darauf zurückziehen, daß nicht er einen möglicherweise anstößigen Satz niedergeschrieben habe.

Als ich Greiners Nachfolge antrat, hatte der General Scherff wohl zunächst die Besorgnis, ich würde als Historiker vom Fach seinen Kompetenzen abträglich werden. Doch konnte ich ihm klarmachen, daß ich in dieser Hinsicht gar keinen Ehrgeiz besaß, vielmehr anstrebte, nach Schluß des Krieges sobald wie möglich meine Lehrtätigkeit wieder aufzunehmen und zu meinen unterbrochenen Forschungen zurückzukehren. Es entwickelte sich daher zwischen uns ein angenehmes Verhältnis, und auf Spaziergängen und bei Besuchen in seiner Unterkunft erfuhr ich von Scherff manches, was für mich wissenswert war. Ich drängte ihn, doch schon jetzt mit Aufzeichnungen zu beginnen. Doch lehnte er das ab, wobei er sich auf eine chinesische Fabel bezog: ein Kaiser hatte einem Künstler den Auftrag gegeben, einen Hahn zu zeichnen, und dieser hatte sich daraufhin in die Einsamkeit zurückgezogen. Als dem Kaiser die Ausführung seines Befehls zu lange dauerte, schickte er einen Beamten, um festzustellen, wie weit der Künstler gelangt sei. Er fand ihn inmitten unzählbarer Entwürfe, vermißte aber ein Bild, das er dem Kaiser überbringen konnte. Der Künstler, unberührt durch die Vorhaltungen, ergriff einen Tuschstift und zeichnete auf ein leeres Blatt mit einem Strich einen Hahn hin und sagte: „Bring das dem Kaiser!" Erläuternd setzte er hinzu, daß die wahre Kunst im Weglassen bestehe, da nur auf diese Weise sich das Wesentliche verdichten ließe. Aus dieser Geschichte zog Scherff die Folgerung, daß er bei allen „Führer-Lagebesprechungen" dabei sein und Hitler bei jeder sich bietenden Gelegenheit beobachten müsse, um einmal wie sein chinesisches Vorbild den bestaunten Führer mit ganz wenigen, aber das Wesentliche treffenden Zügen für die Ewigkeit festzuhalten.

Ich habe diese Einzelheiten hier gebracht, da sich aus ihnen ergibt, daß mit dem General Scherff, der beim Zusammenbruch den Freitod wählte, wohl ein „Wissensträger" ersten Ranges aus dem Leben schied, daß er aber nie dazu gekommen ist und auch nie dazu gekommen wäre, sein Wissen schriftlich festzuhalten, geschweige denn, daraus ein Buch zu gestalten.

Die Abteilung „Wehrmacht Kriegsgeschichte" war also eine Fehlkonstruk-

1 S. unten S. 1819 ff. — Von Scheidts Aufzeichnungen ist in PS — 1804 erhalten die Studie: „Kriege und Feldzüge 1939—42" (16 Blatt; belanglos, aber linientreu).

tion und ist das bis zum Schluß des Krieges geblieben. Auch Scheidt kam nicht dazu, irgend etwas Tagebuchartiges aufzuzeichnen[1].

Für das „Dritte Reich" bezeichnend war, daß dem General Scherff am 1. Juli 1942 auch noch die Archivverwaltung der Wehrmacht unterstellt wurde[2]; denn mit Archivalien hatte er bisher noch nie zu tun gehabt. Aber diese Funktion ermöglichte es ihm, sich den Anschein großer Amtsbelastung zu geben und dadurch einen neuen Vorwand für die Tatsache zu erlangen, daß er nichts aufschrieb.

*bb) Stenographische Protokolle der „Führer-Lagebesprechungen"*

Ein einigermaßen stichhaltiger Grund für die passive Haltung des „Beauftragten des Führers für Kriegsgeschichtsschreibung" bot sich ihm durch das Faktum an, daß Hitler vom September 1942 an im Anschluß an die Halder-Jodl-Krise (s. oben S. 1750 f.) die von ihm geleiteten Lagebesprechungen von Anfang bis Ende stenographisch aufnehmen ließ. Anlaß dazu hatte gegeben, daß Hitler mehrmals in Erregung versetzt worden war, weil er die Auffassung hegte, einen Befehl gegeben zu haben, der Angegriffene jedoch darauf bestand, daß dies nicht der Fall war – das wird in der Mehrzahl der Fälle wohl dadurch zu erklären sein, daß Hitler die militärische Art, Anordnungen in eine strikte, eindeutige Form zu fassen, abging. Um fortan nachkontrollieren zu können, ob er – so spitzte es sein Argwohn zu – „hintergangen" worden sei, wurden die Protokolle durch die beschäftigungslos gewordenen Reichstagsstenographen angefertigt. Sie wurden in dreifacher Ausfertigung hergestellt, von denen eine der Reichskanzlei ausgehändigt, eine auf dem Berghof deponiert und die dritte dem General Scherff ausgehändigt wurde. Sie waren durch besonderen Geheimhaltungsschutz gesichert; General Scherff hat es daher nie gewagt, mir auch nur eine Probe zugänglich zu machen, obwohl ein Griff genügt hätte und niemand zuschaute. Wenn ich richtig unterrichtet bin, handelte es sich am Schluß des Krieges um rund 200 000 Blatt. Da sich die Führer-Lagebesprechung meist über viele Stunden hinzog und auch noch sonstige Besprechungen stenographisch festgehalten wurden, ist diese Zahl nicht utopisch; denn dieses Verfahren wurde ja durch rund drei Jahre fortgesetzt.

Generaloberst Jodl hat nach dem Zusammenbruch ausgesagt, daß diese Stenogramme „zum Gebrauch gegen uns, nicht für uns" verwahrt wurden[3]. „Uns" heißt: die Experten, die Generalstabsoffiziere. Es liegt kein Grund vor, diese Feststellung in Zweifel zu ziehen.

1 Nach Mitteilung des Generals a. D. *Warlimont* liegt eine tagebuchartige, vom General Scherff oder einer seiner Hilfskräfte stammende Aufzeichnung vor, die das 2. Vierteljahr 1942 umfaßt. Er vermutet, daß es auch noch andere gegeben hat.

2 Scherff trat an die Stelle des Generals d. Art. Fr. v. *Rabenau*, des Verfassers der bekannten Seeckt-Biographie (umgebracht im Konzentrationslager Flossenbürg 12. 4. 1945), und erhielt Weisungsrecht gegenüber den wissenschaftlichen Abteilungen der Kriegsmarine und der Luftwaffe.

3 PS—3694 (Ko — 19 808), Interview Nr. 62 (29. 6. 1945, published 7. 7. 1945), als Schmalfilm u. a. vorhanden im Archivlager Göttingen.

Am Schluß sind alle drei Exemplare vernichtet worden. Jedoch gelang es der US=Army, in Berchtesgaden aus den noch brennenden Haufen angezündeter Wehrmachtakten einige Originalblätter sowie eine Reihe von Stenographen=blocks herauszuholen, die unversehrt oder nur am Rande angesengt waren. Da gleichzeitig die Stenographen in Gefangenschaft gerieten, konnten sie gleich angesetzt werden, um abermals eine Reinschrift anzufertigen. Die auf diese Weise geretteten rund 800 Blatt, die die Zeit vom 1. 12. 1942 bis 23. 3. 1945 umfassen (Fotokopien im Bundesarchiv), sind zum Teil (in englischer Über=setzung) von Felix *Gilbert* veröffentlicht worden [1]. Für die Geschichtsforschung sind sie dadurch jedoch nur unzureichend erschlossen, da der Herausgeber manches beiseite gelassen hat und seine Kommentierung nicht ausreicht. Erfor=derlich ist die Veröffentlichung des vollen Originaltextes mit einer sachkundigen und erschöpfenden Erläuterung [2]. In der Anlage 3 zum III. Teil der „Erläuterun=gen" (s. S. 1842 f.) ist verzeichnet, von welchen Lagebesprechungen bzw. Einzel=besprechungen in der Zeit zwischen der Landung im Westen und dem Kriegs=ende Fragmente vorliegen. Wichtige Stellen sind in der Einleitung ausgewertet; bezeichnende sind im „Dokumententeil" (s. oben S. 1530 ff.) abgedruckt.

Die Reste der stenographischen Protokolle bleiben trotz ihres fragmenta=rischen Charakters eine Quelle ersten Ranges, weil sie erkennen lassen, wie Hitler führte, wie weit er im engsten Kreise andere zu Worte kommen und sich überzeugen ließ oder auf seiner Meinung beharrte, vor allem, wie weit er sich strategische Kenntnisse angeeignet hatte bzw. ein genialer Dilettant ge=blieben ist.[3]

### cc) Das KTB des WFStabs

Für das *Kriegstagebuch des Wehrmachtführungsstabs* ergibt sich aus diesen Feststellungen, daß es nur während einzelner Tage durch gleichzeitige Aufzeich=nungen aus dem Führerhauptquartier ergänzt wird — und das heißt zugleich: kontrolliert werden kann. Dieses KTB ist also, da der Hauptteil der Steno=gramme verbrannt wurde, die Dienststelle des Generals Scherff kaum Schrift=

1 Hitler directs his War. The Secret Records of his Daily Military Conferences, selected and annotated by Felix Gilbert, New York — Oxford 1950 (187 S.); danach ein den 1. 2. 1943: Stalingrad betreffender Abschnitt in: Die Welt als Ge=schichte X, 1957, S. 276—289.

2 General a. D. *Warlimont* teilt mir mit, daß er eine von ihm kommentierte Edition vorbereitet.

3 Für die Kriegführung ergibt sich nur wenig aus den von Hitler am Mittagstisch geführten Unterhaltungen: Hitlers Tischgespräche im Führerhauptquartier, 1941/42, hg. von H. *Picker*, eingeleitet von G. *Ritter*, Bonn 1951 (Französische Ausgabe: 2 Bde., Paris 1952/54; Englische Ausgabe: London 1953; vollständiger als die deutsche Ausgabe).

Soweit ich unterrichtet bin, gibt es noch unveröffentlichte Tischgespräche.

Für die Kriegführung werden auch die „Bormann=Aufzeichnungen" vom Februar sowie 2. April 1945 nichts ab, von denen bisher nur eine französische und eine englische Übersetzung (Paris 1959 und London 1961) vorliegen. Eine deutsche Ausgabe ist geplant. — Vgl. dazu die Einleitung (S. 69 f.).

liches hinterließ und das „Halder-Tagebuch" nur bis September 1942 reicht, die vollständigste Aufzeichnung, die von den damals angefertigten übrig blieb[1].

Über das KTB des WFStabs unterrichtet der folgende Abschnitt genauer.

Eine Quelle von unschätzbarem Wert würden die Tagebücher des Admirals Wilhelm *Canaris* bedeuten (erhängt am 9. 4. 1945 im Konzentrationslager Flossenbürg), der von 1938 bis Februar 1944 Chef des zum OKW gehörenden Amtes Ausland/Abwehr war. Über deren Verbleib brachte die Presse am 14. 2. 1951 folgende Meldung aus München: „Zum Schluß der Beweisaufnahme im Prozeß Huppenkothen hat am Mittwoch der frühere Kriminalkommissar Sonderegger über den Verbleib der Tagebücher des Admirals Canaris ausgesagt, er sei gleich nach dem 20. Juli (1944) von Kaltenbrunner beauftragt worden, nach diesen entscheidenden Unterlagen zu forschen und habe sie kurz darauf von einem Stabsoffizier aus dem Führerhauptquartier in Zossen erhalten. Nach dem Standgericht habe er am 20. April 1945 auf Befehl des Amtschefs, SS-Gruppenführer Müller, von den zwölf (je 80 bis 200 Schreibmaschinenseiten enthaltenden) Bänden im Reichskriminalpolizeiamt Mikrofilme herstellen lassen und sie im Büro Kaltenbrunner abgegeben. Am nächsten Tage habe er persönlich sechs Bände vernichtet und die restlichen sechs, die Reiseberichte von Canaris enthielten, an Huppenkothen weitergegeben, der sie in der Nähe von Zell am See in Österreich vernichtet haben will. Über den weiteren Verbleib der Mikrofilme machten weder Sonderegger noch Huppenkothen eine Aussage."

Dazu teilt mir Herr Vize-Admiral a. D. Leopold *Bürkner* (jetzt Frankfurt a. M., W. vom Rath-Str. 21), der unter Canaris die Abteilung „Ausland" leitete, auf meine Anfrage ergänzend mit, daß nach seiner Erinnerung der Admiral in seinem bewegten Leben immer etwas aufgeschrieben habe, aber sehr vorsichtig gewesen sei. Die Abteilung „Ausland" erhielt erst relativ spät — wohl Anfang 1940 — den Auftrag, laufend Beiträge für das Kriegstagebuch des Amtes „Ausland/Abwehr" zu liefern. Danach wurde bis zum Ausscheiden des Admirals verfahren:

„Meist handelte es sich bei den Beiträgen um Niederschriften über Unterhaltungen mit Gen.-Feldm. Keitel oder Generaloberst Jodl und Mitteilungen besonderer Art aus der ausländischen Presse. — Es darf wohl angenommen werden, daß die drei Abwehrabteilungen in gleicher Weise verfahren und den Löwenanteil geliefert haben.

Über die weitere Behandlung des Kriegstagebuches des Amtes ‚Ausland/Abwehr' ist mir nichts mehr bekannt. Soweit es Admiral Canaris nicht seiner Sekretärin, Fräulein Schwarte, selbst diktiert hat, müßte es wohl eigentlich Generalmajor Oster (umgebracht am 9. April 1945) — geschäftsordnungsmäßig — geführt haben. Später bearbeitete es, zumindest teilweise, der persönliche Adjutant, Oberst d. Luftwaffe Jenke. Über die Zahl der Ausfertigungen weiß ich nichts."

Über den Verbleib des KTB des Amtes „Ausland/Abwehr" vermag Admiral Bürkner keine Angaben zu machen. Das KTB seiner Abteilung „Ausland" hat er Ende 1945 verbrennen müssen, als diese zum Verlassen der Heeresreitschule Krampnitz gezwungen wurde.

Es ist zu hoffen, daß Admiral Canaris nur einen Teil seiner Aufzeichnungen, die er laufend durch beigefügte Dokumente angestützt hatte, in Zossen untergebracht und Sorge getragen hat, daß Abschriften so versteckt waren, daß sie auf alle Fälle dem Zugriff seiner Gegner entzogen blieben.

Das Kriegstagebuch des *Wehrwirtschaftsstabs* führte von Kriegsausbruch an der Oberreg.-Rat Dr. *Tomberg*. Die von ihm im Nov. 1944 abgeschlossene Denkschrift: „Wehrwirtschaftliche Erkenntnisse aus 5 Kriegsjahren" beruht offensichtlich auf dem in dieser Eigenschaft gewonnenen Wissen. Sie liegt vor als Dok. N I — 7859 (161 Blatt) und ist ausgenutzt von Wolfgang *Birkenfeld*, Der synthetische Treibstoff 1933—1945. Ein Beitrag zur nationalsozialistischen Wirtschafts- und Rüstungspolitik noch ungedruckte Diss. Göttingen 1961.

## II. Das Kriegstagebuch des Wehrmachtführungsstabs

### 1. Anfänge und Ausbau (bis Ende 1942)

Wie es zu der Einrichtung der Stelle eines nur mit der Abfassung des Kriegstagebuchs befaßten Beamten und der Ernennung Helmuth Greiners kam, hat dieser selbst berichtet:[1]

„Das Verfahren, das KTB – wie in anderen Stäben – durch einen Gehilfen des 1. Generalstabsoffiziers führen zu lassen, „verbot sich für die Abteilung Landesverteidigung, deren Kriegstagebuch doch tatsächlich dasjenige der Obersten Wehrmachtführung war und als solches hohe Bedeutung als Quelle für die spätere Geschichtsforschung hatte. Bei der Wichtigkeit und dem großen Umfang des in ihm zu verarbeitenden Stoffes konnte es nicht von einem der Generalstabsoffiziere der Abteilung, sozusagen nebenbei, geschrieben werden; vielmehr mußte man damit jemanden betrauen, der sich einzig und allein dieser schwierigen Aufgabe widmete, für sie vorgebildet war und geschichtliches Verantwortungsgefühl besaß. Daher hatte General Jodl noch als Oberst und Chef der Abteilung Landesverteidigung im Jahre 1938 veranlaßt, daß hierzu einer der höheren Wehrmachtbeamten der Kriegsgeschichtlichen Forschungsanstalt des Heeres herangezogen würde, und für das Mobilmachungsjahr 1939/40 war ich bestimmt worden, nachdem ich schon im vorhergegangenen Herbst während der Sudetenkrise in der Abteilung Landesverteidigung zu demselben Zweck Dienst getan hatte".

Anschließend berichtet Greiner, wie er seine Kenntnisse erlangte und sein KTB abfaßte:

„Als Bearbeiter des Kriegstagebuches nahm ich an allen wichtigen Besprechungen innerhalb der Abteilung Landesverteidigung bzw. des Wehrmachtführungsstabes teil und erhielt von allen großen Besprechungen Hitlers die zumeist vom Generalstabsoffizier des General Jodl geführten und von ihm selbst redigierten Protokolle. Darüber hinaus wurde ich fast täglich, meist in den Abendstunden, von General Warlimont noch besonders eingehend und freimütig über die Lage, die Motive und Gedankengänge Hitlers, die Auffassungen seiner Mitarbeiter sowie der Oberkommandos und höheren Kommandobehörden der Wehrmachtteile und die Arbeiten der übrigen Ämter

1 Die Oberste Wehrmachtführung 1939–1943, Wiesbaden (Limes-Verlag) 1951, S. 17 f. Helmut *Greiner* (* 1892, † Wiesbaden 16. 3. 1958), anfangs aktiver Offizier, 1919 als Hauptmann entlassen, trat in die mit der Kriegsgeschichte befaßte Abteilung des Reichsarchivs ein, in der er als einer der Bearbeiter des Werkes: „Der Weltkrieg 1914–18. Die militärischen Operationen zu Lande", I ff., hg. vom Reichsarchiv (1925 ff.), tätig war. Als 1936/37 diese Abteilung aus dem Reichsarchiv herausgelöst und (mit Wirkung vom 1. 10. 1936) in das neubegründete Heeresarchiv Potsdam eingegliedert wurde, trat Greiner, der den Titel eines Ministerialrats erhalten hatte, in dieses über. Dank seiner militärischen Vorbildung und der langen Vertrautheit mit Kriegsakten besaß er für seine neue Aufgabe die bestdenkbare Vorbildung.

und Abteilungen des Oberkommandos der Wehrmacht unterrichtet. Wenn diese Orientierung auch aus dritter Hand erfolgte, was zweifellos ein Nachteil war, aber in den nun einmal gegebenen Umständen begründet lag, so war sie doch dank dem vorzüglichen Gedächtnis und der Gewissenhaftigkeit des Abteilungschefs (d. h. Warlimonts), der ausgesprochenes Verantwortungsgefühl gegenüber der Geschichte besaß, so gründlich, daß sie — in Verbindung mit den erwähnten Protokollen, meiner Teilnahme an den Besprechungen und meiner Einsichtnahme in alle ein= und ausgehenden, mir zugänglich gemachten Schriftstücke — eine erschöpfende und wahrheitsgemäße Führung des Kriegstagebuches ermöglichte. Dieses wurde von mir Tag für Tag nach den Aufzeichnungen, die ich mir beim Lagevortrag, den Besprechungen und der persönlichen Unterrichtung machte, sowie auf Grund der Akten diktiert, wobei der mit der Ausweitung des Krieges ständig anwachsende Stoff eine immer schärfere Beschränkung auf das Wesentlichste nötig machte, und abschnittsweise von General Warlimont, von Zeit zu Zeit auch von General Jodl, auf seine Richtigkeit geprüft. So entstand während der dreiundeinhalb Jahre, in denen ich das Kriegstagebuch führte, eine stattliche Reihe umfangreicher, mit Schreibmaschine geschriebener Bände, denen die wichtigsten Dokumente als Anlagen in besonderen Faszikeln beigegeben waren."

Die fertigen Bände wurden fest gebunden und trugen auf dem roten Deckel einen gelben Streifen, um sie als „Geheime Kommandosache" kenntlich zu machen. Im Jahre 1943 wurden vier von ihnen, meist drei Monate umfassend, abgeliefert. Sie hatten eine durchschnittliche Stärke von rund 300 beschriebenen Seiten; für das ganze Jahr wurden also etwa 1200 Seiten abgeliefert.

Als der Wehrmachtführungsstab noch in Berlin lag, war Greiner als Schreibkraft Fräulein Else Kraatz aus Berlin zugeteilt gewesen. Sie begleitete den Stab auch noch, als er in den Westen, dann in den Osten verlegt wurde. An ihre Stelle trat am 1. 4. 1941 der Gefreite (Ende 1942: Unteroffizier) Dr. phil. Walter *Dietz,* der historisch vorgebildet war und außerdem vorzüglich zu stenographieren verstand[1]. Da die anschwellende Arbeit die Einstellung einer zweiten Hilfskraft erforderlich machte, wurde Greiner im Frühjahr 1942 auch noch der Gefreite Dr. phil. Felix *Hartlaub* zugeteilt, über den der Leser noch mehr erfahren wird (s. unten S. 1815 f.).

Ich übernahm die beiden Doktoren, mußte mich aber damit abfinden, daß Dr. Dietz am Karfreitag 1944 an die Front geschickt und durch eine Stabshelferin (Frl. Ballauf) ersetzt wurde.

Über Einteilung und Durchführung der laufenden Arbeit stellt mir Dr. W. *Dietz* folgende Aufzeichnung zur Verfügung:

1 Geboren in Köln, 4. 1. 1910, 1937 ebenda Dr. phil., jetzt Studienrat in Leverkusen=Schlebusch, von Diergardtstraße 19. — Dr. Dietz fiel 1944 in amerikanische Gefangenschaft und kehrte 1946 in die Heimat zurück. Er hat die folgende Ergänzung beigesteuert, für die ich ihm meinen Dank abstatte.

„Die Arbeit zwischen Hartlaub und mir wurde in der Weise aufgeteilt, daß ich selbst nach wie vor das Diktat von Herrn Greiner entgegennahm, während Hartlaub ihm die Akten, aus denen Greiner die Vorgänge in ihren Fakten und Daten nahm, vorbereitete. Die Schreibarbeit war anfangs nicht allzu umfangreich; denn das unter dem Datum eines Tages stehende Schreibmaschinenmanuskript umfaßte im Durchschnitt 2 bis 3 Seiten. So hatte ich gleichfalls noch eine Menge Zeit zur Vorbereitung der Akten sowie zum Zusammenholen noch benötigter Unterlagen bei den verschiedenen Abteilungen, Ordnen nach dem Sachinhalt, Abheften usw.

Das Diktat bei Herrn Greiner war immer langwierig. Er war überaus gewissenhaft und kritisch bei der Benutzung der Unterlagen und sorgfältig bei der Formulierung. Er hatte ein besonderes Verhältnis zum Wort und setzte es sich zum Ziel, die größtmögliche Kürze bei klarer, aber eleganter Formulierung zu erreichen. Wie oft haben wir hin und her überlegt, wie wir einen Nebensatz durch eine prägnante Formulierung des Hauptsatzes überflüssig machen konnten! Begreiflich, daß selbst bei der Unterstützung durch Hartlaub das Tagebuch immer wieder in Rückstand geriet.

Greiner verlor ferner viel Zeit durch die regelmäßigen Spaziergänge und Unterhaltungen mit General Warlimont und vor allem durch die tägliche Teilnahme an der Lagebesprechung, der sogenannten ‚Kolonne'. Beides war für seine Arbeit unumgänglich. Denn von General Warlimont erhielt er auf diese Weise die Deutung gewisser Vorgänge, nach der er die Akten nach wichtig oder unwichtig abschätzen konnte. Da er nicht ganz gesund war, machte ihm das Spazierengehen mit dem kräftig ausschreitenden General oft körperlich Beschwerden, die er bekämpfte, auf Grund deren er sich aber nachmittags ausgiebig ausruhen mußte.

Das Wort ‚Tagebuch' galt eigentlich — darüber haben wir uns oft unterhalten — nur noch *cum grano salis.* Für das Datum eines zu bearbeitenden ‚Tages', der von der Zeit der Niederschrift oft um Wochen entfernt war, galt immer der an jenem Tage ausgegebene Befehl. Das bedeutete aber, daß alle Vorarbeiten, Untersuchungen, Meldungen usw., die zu dem Befehl führten und die uns aktenmäßig vorlagen, unter Umständen aber auch herbeigeholt oder durch Befragen der Stabsoffiziere ermittelt werden mußten, in die Darstellung dieses Tages einzuarbeiten waren. Ein als Stoßseufzer ausgesprochenes Wort von ihm war öfters: ‚Wir schreiben ja eigentlich gar kein Tagebuch, sondern wir schreiben ja Kriegsgeschichte!' Trotz des Stoßseufzers tat ihm diese Feststellung doch auch wohl; denn Kriegsgeschichte war ja sein Beruf.

Der eigentlichen Darstellung ging jedesmal eine Lagedarstellung vorauf, eine halbe bis eine Seite lang (von Jahr zu Jahr umfangreicher). Daß Herr Greiner diese Lage so kurz darstellen konnte, war ein stilistisches Meisterwerk; denn nie haben wir Formulierungen der Lageberichte, die uns vorlagen, wörtlich wiedergegeben, sondern immer verbessert und gekürzt. Der Text war von zahlreichen Verweisen auf ‚Anlagen' begleitet. Diese wurden auf den bearbeiteten Tag datiert und täglich, von ‚eins' neu beginnend, numeriert und sorgfältig in einem — mit Zeit mehrere Ordner umfassenden — Anlagenband gesammelt, der allerdings nur in einem Exemplar vorlag, während vom ‚Kriegstagebuch' drei Abschriften hergestellt wurden.

Der Kriegstagebuchführer schrieb seinen Text insofern als ‚Entwurf', als erst das Zeichen von General Warlimont ihm den offiziellen Charakter verlieh. Außer dem geschriebenen ‚W' unter dem Tagesabschnitt wies das Tagebuch noch kleinere oder größere Korrekturen auf. General Warlimont hatte das Vertrauen, daß für ihn mit diesen Korrekturen die Sache erledigt sei; denn er verlangte es später nicht mehr zu sehen. Meist betrafen die mit Grünstift vorgenommenen Korrekturen Kleinigkeiten; wir haben sie im Text mit Maschinenschrift verbessert (durch Überkleben oder Zwischenschreiben) und dann das Grüne ausradiert. Manchmal allerdings glaubte Greiner seiner eigenen Sorgfalt mehr als der Kritik des Generals.

Dann sah er in den Akten nach und radierte Warlimonts Grünstift am Rande mit der Bemerkung aus: ‚Das weiß ich besser; was ich geschrieben habe, das stimmt!'

Als wir im Juli 1942 in das nach Winniza vorverlegte Feldquartier des Führerhauptquartiers kamen, mußte Herr Greiner sich für einige Wochen — vielleicht 14 Tage oder 3 Wochen — beurlauben lassen und beauftragte uns, d. h. Hartlaub und mich, das KTB inzwischen für ihn zu führen. Wir haben uns redlich Mühe gegeben, hatten allerdings keinen Erfolg damit; denn Herr Greiner hat es, nachdem er es durchgesehen hatte, nochmals durchgearbeitet. Ich glaube nicht, daß es an mangelnder Qualität gelegen hat, sondern er war eben sehr eigen in der stilistischen Formulierung."

Von den drei Durchschlägen des Kriegstagebuchs verblieb einer beim WFStab. Einer wurde der Abteilung Wehrmacht-Kriegsgeschichte in Berlin übersandt, die auch das einzige Anhangs-Exemplar erhielt. Die beste Ausfertigung wurde dem Gen.-Obersten Jodl vorgelegt.

Da bis in den August 1942 Offiziere des WFStabs zum Mittagessen Hitlers abkommandiert wurden, hat H. Greiner ihn mehrmals zu Gesicht bekommen[1]. Doch fand zwischen ihnen nie ein persönliches Gespräch statt. Anschaulich schilderte mir Greiner, wie unergiebig Hitlers „Tischgespräche" waren: dieser war mit seinen Gedanken im Grunde ganz woanders, und daher entstanden peinliche Minuten allgemeinen Schweigens, bis dann einer der auf ihn eingestellten Trabanten ihm einen „Köder" zuwarf, wie z. B. die Dummheit des Pferdes, das sich vom Menschen gängeln ließ, die Borniertheit der Juristen usw. Dann legte Hitler los; aber wer das mehrmals erlebt hatte, empfand kein Bedürfnis mehr und suchte weiterer Abkommandierung zu entgehen. Das galt im besonderen Maße für Greiner, der Hitler denkbar kritisch gegenübertrat und sich durch die aus der Nähe gemachten Beobachtungen in seiner Grundauffassung nur bestätigt fand.

### 2. Das KTB des WFStabs seit Anfang 1943

H. *Greiner* wurde im März 1943 abgelöst, weil er — worüber noch genauer berichtet werden soll — politisch verdächtigt worden war. Ich trat an seine Stelle und wurde von ihm in der zuvorkommendsten Weise ein paar Wochen lang in meine Aufgabe eingeführt, so daß ich mich nach seiner Abreise meiner Aufgabe gewachsen fühlen durfte[2].

Es sei mir erlaubt, einzuflechten, wie es zu meiner Versetzung in den WFStab gekommen war. General Warlimont, der bis zuletzt engen Kontakt mit H. Greiner gehalten hatte, besorgte, daß ihm ein nach parteipolitischen Gesichtspunkten ausgesuchter Nachfolger zudiktiert würde oder daß der auf Hitler ausgerichtete General Scherff die Gelegenheit benutzte, die Stelle des KTB-Verfassers, der bisher dem Stellv. Chef des WFStabs unterstand, von sich abhängig zu machen. Der Stellv. Chef WFStab griff deshalb den Vorschlag des Generalstabsoffiziers seines Stabes,

1 Über die Aufzeichnungen dieser „Tischgespräche" s. oben S. 1775, Anm. 3.
2 Meine Niederschrift setzt mit dem 1. 1. 1943 ein; doch ist der Anfang noch von H. Greiner kontrolliert worden.

des Oberstleutnants d. G. Julius *Boehncke* (1944 gefallen in Rußland) auf, mich anzufordern. Da dieser als Leutnant in Göttingen gestanden, in meinem Hause verkehrt und das erste Jahr des Krieges demselben Divisionsstab angehört hatte, konnte er über mich genaue Auskunft erteilen; auch wußte er, daß ich seither in verschiedenen Stäben tätig gewesen war, in der Führung von Kriegstagebüchern Erfahrung besaß und für den Winter 1942/43 beurlaubt worden war, um ein Buch fertigzustellen. Er wußte ferner, daß ich meine Wiedereinberufung erwartete. General Warlimont konnte daher einen Kandidaten präsentieren, bevor ein anderer Vorschlag vorlag. Die Versetzung drohte allerdings noch zweimal zu scheitern: Bevor mich der Befehl erreichte, mich in der „Wolfsschanze" einzufinden, erhielt ich vom Heerespersonalamt, das über die Absichten des WFStabs noch nicht informiert worden war, die Order, mich auf der Deutschen Botschaft in Rom zu melden, wo ich erfuhr, daß ich nach Tunis versetzt sei. Der General Warlimont, der zufällig gleichzeitig in Rom eintraf, um mit Mussolini zu verhandeln, hob, als er davon erfuhr, diesen Befehl auf, und ich fuhr am 1. 3. 1943 von Rom nach Ostpreußen. Nach meiner Meldung beim General Jodl erkundigte sich dieser beim General Scherff, wer ich eigentlich sei. Da dieser mit meinem Namen keine Vorstellung verband, fragte er in Berlin an und erhielt u. a. die Antwort, meine Mutter sei Engländerin (ein Fehlschluß aus deren Familien- und meinem Vornamen), wodurch ich als „untragbar" abgestempelt war. Da ich auf Befragen wahrheitsgemäß melden konnte, es handele sich um einen Irrtum (ich trage die Vornamen meiner beiden Großväter; der englische ist motiviert durch die Vorliebe meines Urgroßvaters für England), blieb es bei der Versetzung. Die mir zugefallene Stellung des Kriegstagebuchführers im WFStab habe ich bis zum Schluß des Krieges innegehabt (über die beiden letzten Wochen, in denen der Stab sich in zwei Hälften aufspaltete, s. unten S. 1814 ff.).

Durch die beschränkte Anzahl von Hilfskräften waren Greiners und meiner Tätigkeit von vornherein feste Grenzen gezogen. Denn durch das Sortieren und Abheften der Akten sowie durch die Anfertigung der Reinschriften waren sie so stark ausgelastet, daß die Abfassung des KTB im wesentlichen Greiners und meine Aufgabe blieb.

Da ich im Herbst 1943 einen Sonderauftrag[1] erhielt, der es mir längere Wochen hindurch unmöglich machte, das KTB zu führen, wurde auf meinen Vorschlag als Vertreter in den WFStab der Oberleutnant d. Res. Dozent Dr.

1 Es handelte sich darum, daß dem Minister Dr. *Lammers* als Chef der Reichskanzlei Besorgnisse wegen der Nachfolge Hitlers gekommen waren, da Göring immer mehr in Ungnade fiel und Heß bereits als Gefangener im Tower saß. Hitler hatte ja bei Kriegsbeginn vor dem Reichstag verkündet, daß — in dem Falle, daß nach seinem Tode auch jene beiden die Nachfolge nicht antreten könnten — ein „Senat" den Würdigsten „wählen" sollte. Um diese nebelhaften Begriffe zu konkretisieren, kam Lammers auf den Gedanken, die Geschichte zu befragen, und da einer seiner Räte mit mir seit der Studienzeit verbunden war, wurde ich ausersehen, Beispiele aus der Vergangenheit zusammenzusuchen. In der von mir abgelieferten Denkschrift spielten die Papst- und die Dogenwahl die Hauptrolle, da es sich ja sonst durchweg um Erbgang handelte. Mit Hilfe meines Freundes fertigte ich auch einen — als Anhang beigefügten — Vorschlag an, der auf die Abhaltung einer Konklave mit geheimer Stimmabgabe hinauslief. Wir hatten dabei den Hintergedanken, die Mitwirkung der Partei einzugrenzen und der drohenden Nachfolge Himmlers einen Riegel vorzuschieben. Irgendwelche Folgen hat diese Denkschrift nicht gehabt, da Lammers sich nicht getraute, Hitler zu drängen, daß die offene Frage geklärt würde. Daher fand die US-Army dieses Schriftstück 1945 im Panzerschrank des Chefs der Reichskanzlei (Hist. Div. W 5/47).

phil. *Walther Hubatsch* kommandiert, der mir seit seiner Studienzeit nahestand, sich als Historiker in Göttingen habilitiert hatte und durch seine Kriegsjahre auch die militärischen Voraussetzungen für diese Aufgabe mitbrachte[1].

### 3. Sachliches

Erwünscht wäre gewesen, wenn die einzelnen Abteilungen des WFStabs Aufzeichnungen in zeitlicher Reihenfolge gemacht hätten. Aber dazu waren sie zu schwach besetzt, und die Offiziere wechselten auch so schnell, daß sich eine Methode gar nicht hätte herausbilden können. Einer solchen Lösung hätte auch die Tatsache entgegengestanden, daß es sich bei der Obersten Führung nur zu einem Teil um zeitlich genau fixierbare Vorgänge handelte, meist dagegen um sich lang hinziehende, die kriegsgeschichtlich schwer zu verdichten waren.

Der KTB-Führer konnte also nicht — wie es bei der Kriegsmarine der Fall war — auf Vorarbeiten zurückgreifen oder seinen Arbeitsbereich einengen, weil andere Dienststellen ihm bestimmte Arbeitsbereiche abnahmen. Auch vermochte er den Ereignissen nur mit einem Abstand von etwa zwei Monaten zu folgen, da er die Abgabe der Unterlagen an seine Dienststelle abwarten mußte. So lange, gelegentlich auch noch länger, wurden sie nämlich in den einzelnen Abteilungen benötigt, und vielfach holten sich diese einzelne Akten, die sie benötigten, noch einmal aus dem KTB-Panzerschrank zurück; insofern hatte das KTB die Nebenfunktion, dem WFStab als Archiv für die letzten Monate zu dienen.

Der zeitliche Abstand der Niederschrift bedeutete insofern einen Vorteil, weil sich in der Zwischenzeit oft bereits geklärt hatte, was wichtig und was weniger wichtig war.

Die Verarbeitung der von den Hilfskräften chronologisch abgehefteten Akten, aus denen die „Lageberichte" und anderer Ballast vorweg aussortiert waren, erfolgte in der Weise, daß der Inhalt aller Akten Tag für Tag ausgezogen wurde: und zwar innerhalb eines Tages nach den Kriegsschauplätzen geordnet und jeweils versehen mit kurzen, vorausgeschickten Angaben über die Ereignisse am Vortage, um dem Benutzer zu verdeutlichen, auf Grund welcher Lage die Maßnahmen des folgenden Tages ergriffen worden waren. Es war in steigendem Maße nötig, viele Vor- und Rückverweise anzubringen. Da sich auf diese Weise nur ein Mosaikbild ergab, das verwirrte, wurden schon von H. Greiner und in verstärktem Maße von mir weniger wichtige Maßnahmen, deren Erledigung sich über Tage oder sogar Wochen hinzog, unter dem wichtigsten Datum zusammengezogen. Durch einen Zettelkatalog

1 *W. Hubatsch*, jetzt o. Professor in Bonn und Mitarbeiter dieser Edition, wurde, als ich meinen Auftrag ausgeführt hatte, im WFStab festgehalten und fungierte hier bis zu seiner Erkrankung im Sommer 1944 als Hilfsoffizier des Sachbearbeiters Nord in der Abt.Op.Heer. Er erhielt also Gelegenheit, intensiv in die Oberste Führung hineinzublicken. Über seine Hilfe beim KTB s. unten S. 1831.

mit Stichwörtern wurde es möglich gemacht, bei Anfragen, die zurückliegende Ereignisse betrafen, sofort Auskunft zu geben [1].

Ich hielt — an Greiners Vorgehen anknüpfend — fest, was in der unter der Leitung des Stellv. Chefs WFStab abgehaltenen, jeden Morgen durchgeführten Lagebesprechung vorgebracht wurde, und diktierte anschließend das Wichtigste, wodurch sich Aufzeichnungen von durchschnittlich 4, in Krisenzeiten von 12 und mehr Seiten ergaben. Sie gingen über die im Umdruck vervielfältigten, von mir zur Kontrolle herangezogenen „Lageberichte" und erst recht über den täglichen „Wehrmachtbericht" hinaus, da sie nicht nur die Ereignisse ungeschminkt wiedergaben, sondern auch Angaben über eingeleitete und geplante Maßnahmen machten und den Eindruck festhielten, der sich für den WFStab aus den um 12 Uhr jeden Tages vorliegenden Meldungen über die Gesamtlage ergab.

Diese Aufzeichnungen wurden in dem sogenannten *„Lagebuch"* zusammengeheftet.

In einem weiteren Hefter, der von mir die Bezeichnung *„Merkbuch"* erhielt, vereinigte ich — dies war etwas Neues — das Ergebnis von Befragungen, für die sich der Stellv. Chef WFStab, der 1. Generalstabsoffizier und die Abteilungsleiter zur Verfügung stellten. Diese Unterhaltungen spielten sich in der Form eines „Interviews" ab, für die ich Fragen vorbereitet hatte und in denen ich Auskunft über Zusammenhänge erhielt, die sich aus den Akten nicht erkennen ließen und auch bei der Lagebesprechung — zum Teil aus Gründen der Geheimhaltung — nicht herausgetreten waren. Gleich anschließend arbeitete ich über diese Besprechungen eine Aufzeichnung aus, die dann in Maschinenschrift übertragen wurde. Mein Wunsch, daß der Befragte sie kontrollierte und abzeichnete, sowie mein Bemühen, das KTB auf diese Weise zu ergänzen, fanden an der Tatsache ihre Grenze, daß der Stellv. Chef sowie die Abteilungsleiter so mit Arbeit belastet waren, daß sie sich nur ausnahmsweise dieser Mühe unterziehen konnten. Zeit erübrigten sie meist nur an ruhigeren Tagen; an diesen war dann aber auch nichts besonders Aufschlußreiches zu vermerken.

Ich fügte das auf diese Weise Festgestellte an passenden Stellen in das KTB ein und bezeichnete seine Herkunft durch Verweis auf das „Merkbuch".

Für die zweite Hälfte des Jahres 1943 erhielten meine Unterlagen eine Abrundung, die wohl einmalig bleiben wird und ein bezeichnendes Schlaglicht auf das Verhältnis des „Dritten Reiches" zu seinen „Verbündeten" wirft.

Als nach dem Abfall Italiens unter Leitung des Marschalls Badoglio auf Grund geheimer Vorbereitung Rom schlagartig von deutschen Kräften besetzt wurde, fielen uns Aufzeichnungen in die Hand, die der General Mario *Roatta* als Chef des Generalstabes des italienischen Heeres gemacht hatte, insbesondere solche über seine Verhandlungen mit dem General v. Rintelen als Militärattaché und Deutschem General bei der italienischen Wehrmacht. Ich konnte daher in einzelnen Fällen zu meinen Exzerpten aus den Meldungen und Berichten des Generals v. Rintelen über seine

1 Hartlaub schrieb am 13. 10. 1943 an seine Eltern, er sei gefürchtet wegen seines Zettelkastens, „der sich mehr und mehr als die einzige Möglichkeit erweist, einen inneren Zusammenhang in die unübersehbare Papierflut zu bringen" (S. 207; s. dazu unten S. 1815, Anm. 1).

Verhandlungen mit dem General Roatta — durch Einrücken des Textes gekennzeichnet — vermerken, was dieser über denselben Vorgang aufgezeichnet hatte. Daraus ergab sich u. a., wie weit die Italiener gemerkt hatten, daß die deutsche Wehrmacht sich durch Heranziehen von Kräften und eine geeignete Verteilung im italienischen Raum gegen die Gefahr des Abfalls des Verbündeten sicherte. Für den Führer eines Kriegstagebuches war dies — so darf ich wohl sagen — der ideale, höchste Zuverlässigkeit garantierende Fall: denn das Normale ist ja, daß die eine Seite erst nach langen Jahren erfährt, wie die andere auf die ergriffenen Maßnahmen reagiert hatte.

In Greiners und meinen Aufzeichnungen trat im Laufe der Zeit die Ostfront immer mehr zurück. Das ergab sich durch die Teilung in OKW- und in OKH-Kriegsschauplätze. Da für das Registrieren der Vorgänge an der Ostfront der Generalstab des Heeres in der bereits geschilderten Weise (oben S. 1769) Sorge trug, hatte das KTB des WFStabs nur die OKW-Kriegsschauplätze zu behandeln. Bei der Lagebesprechung des WFStabes wurde zwar täglich an Hand der Karte mit roten und blauen Eintragungen auch die Lage an der Ostfront vorgetragen, so daß H. Greiner und ich darüber Notizen für das KTB machen konnten; aber in den Akten des WFStabs trat sie nur insofern auf, als Wehrmachtangelegenheiten sich auch auf sie erstreckten. Es wäre mir also schon aus diesem Grunde unmöglich gewesen, nach der am 1. 1. 1944 einsetzenden Aufgliederung des Kriegstagebuches in „Ausarbeitungen" über die einzelnen Kriegsschauplätze (s. S. 1785 ff.) auch noch eine über die Ostfront anzufertigen.

Eine Vorstellung von den vom KTB zu verarbeitenden Papiermassen kann sich der Leser machen, wenn er zur Kenntnis nimmt, daß die Zahl der Aktenhefter (normale Foliogröße, Rückenbreite 8 cm), die meine Dienststelle im Laufe des Jahres 1944 an die Archivverwaltung ablieferte, rund 120 betrug (also rund 9,6 Meter). Die Zahl der von der Nachrichtenstelle des WFStabs im Jahre 1944 ausgesandten und eingegangenen Fernschreiben (von denen natürlich nur ein Teil meinen Schreibtisch passierte) wird bei 60 000 gelegen haben. Dazu kamen unzählige Ferngespräche, von denen die wichtigeren in Aktennotizen usw. festgehalten wurden, sowie der schriftliche Verkehr, für den zwischen Berlin und dem Führerhauptquartier ständig Kurieroffiziere hin- und herpendelten.

Die Methode, die anfallenden Fakten chronologisch zu registrieren, führte mehr und mehr zur Unübersichtlichkeit. Sie war in einer Zeit ausgebildet worden, als es sich meist nur um *eine* Front handelte und die den Wehrmachtführungsstab beschäftigenden Fragen noch verhältnismäßig überschaubar blieben. Inzwischen waren wir nicht nur in einen Allfrontenkrieg hineingeraten, sondern auch der Schriftverkehr war ständig angewachsen. Das lag nicht nur daran, daß die Zeiten der Bewegungskriege vorbei waren, sondern auch daran, daß alle Entscheidungen mehr und mehr von Hitler selbst gefällt wurden. Dies wiederum war bedingt einerseits durch den Mangel an einsatzfähigen Verbänden, an Rüstung, an Rohstoffen, weshalb die Entscheidung, wer bevorzugt, wer zurückgestellt werden sollte, der Spitze vorbehalten blieb, andererseits durch Hitlers — mit Argwohn gegen die Experten gepaartem — Willen, alle

Fäden selbst in die Hand zu nehmen. Dadurch wurde wiederum unausweich= lich, daß alle Stellen Hitler die Entscheidung überließen und seine Befehle selbst dort erbaten, wo sie sich früher zu eigenem Entschluß berechtigt gefühlt hatten.

### 4. Umstellung der Verarbeitungsweise auf Berichte, getrennt nach Kriegsschauplätzen („Ausarbeitungen")

Trotz meiner Bemühungen, die von H. Greiner befolgte Methode, die sich aus den Verhältnissen ergeben hatte, zu verfeinern, blieb ich durch das Er= gebnis unbefriedigt. Denn wenn ich auch das Zusammengehörende zusammen= zufassen trachtete, so daß einzelne Rubriken gelegentlich das im Laufe meh= rerer Monate Geschehene behandelten, so war es doch unvermeidlich, daß alle Fäden immer wieder abrissen, weil mich ein neues Tagesdatum zwang, an= schließend über ganz andere Angelegenheiten zu referieren (ich brachte, um die Schattenseite dieser Verarbeitungsweise deutlich zu machen, den Ausdruck „Spaghetti=System" auf, den ich hier einfüge, weil er auch noch dem Leser das Beanstandete sinnfällig machen wird).

Es gelang mir Ende 1943, den General Jodl, dem ich nunmehr unmittelbar unterstellt wurde, zu überzeugen, daß angesichts der gewandelten Kriegslage und mit Rücksicht auf die zu bewältigenden Papiermassen sich ein anderes Ver= fahren empfehle, und ich erhielt die Erlaubnis, ab 1. 1. 1944 das KTB in der von mir vorgeschlagenen Weise zu führen (vgl. dazu die *Anlage 1* zu diesem Abschnitt, unten S. 1827 f.).

Es handelte sich um folgende Neuerungen:

1. Die *Akten* wurden fortan nach Kriegsschauplätzen und Sachgruppen (Luftkrieg, personeller und materieller Ersatz, Verschiebungen zwischen den Kriegsschauplätzen usw.) abgeheftet; innerhalb der so aufgeteilten Stoffge= biete erfolgte die Abheftung natürlich chronologisch. Es versteht sich, daß da= durch die Übersichtlichkeit erhöht und die Verarbeitung wesentlich erleichtert wurde.

2. Auf Grund des so geordneten Rohmaterials fertigte ich Aufzeichnungen an, denen ich den neutralen Ausdruck *„Ausarbeitungen"* gab, um deutlich zu machen, daß es sich noch nicht um Kriegsgeschichte im eigentlichen Sinne handelte.

Meine Aufgabe sah ich darin, das Wesentliche vom Unwesentlichen zu schei= den und das Rohmaterial so zu gliedern, daß es übersichtlich wurde und im Ablauf der Ereignisse die entscheidenden Wendungen heraustraten. Aber der Text hatte sich, soweit er Tatsachen oder Urteile brachte, Satz für Satz auf das „Merkbuch" und die Akten zu stützen, um den dokumentarischen Wert zu ge= währleisten. Bei dieser Arbeit hatte ich darauf zu achten, daß nirgends mein eigenes Urteil sich einmengte und alle Dokumente mit solcher Objektivität aus= gezogen wurden, daß ich einer späteren Erforschung des Kriegsverlaufs nicht vorgriff. Wenn jemand historiographische, womöglich schriftstellerische Maß=

stäbe an die „Ausarbeitungen" legt, würde er also die Funktion, die sie haben sollten, verkennen.

Nachprüfung durch die Sachbearbeiter wurde von mir angestrebt, ließ sich aber wegen deren dienstlicher Belastung meist nicht durchführen.

Das unwichtige Material wurde in Anhänge verwiesen; doch wurde jedes Schriftstück, das in die Aktensammlung des KTB aufgenommen wurde, irgendwo angeführt, da ja nicht vorauszusehen war, ob es nicht nachträglich doch noch Bedeutung erlangte. Insofern stand das KTB von 1944 in bezug auf Vollständigkeit dem voraufgehenden nicht nach.

Diese „Ausarbeitungen" behandelten einerseits die einzelnen Kriegsschauplätze, andererseits in sich abgeschlossene Sonderaktionen. Die mit den Kriegsschauplätzen befaßten „Ausarbeitungen" wurden nach gewisser Zeit, etwa nach einem Vierteljahr, abgeschlossen oder faßten gleich das ganze Jahr zusammen.

Gelegentlich konnte ich – aber nur im Sommer 1944 – Notizen benutzen, die General Warlimont nach Besprechungen unter Leitung Hitlers aufgesetzt hatte, selterner Notizen des Generals Jodl bzw. seines Adjutanten über Befehle, die Hitler gegeben hatte, oder Berichte, die ihm erstattet worden waren und von General Jodl verwahrt wurden.

Da die Abteilungen des WFStabs die Akten vielfach lange benutzten oder die Weiterleitung im Drange der Geschäfte vergaßen, bemühte ich mich nach Fertigstellung meines Entwurfes, die Aktenhefter der Abteilungen „Op H" und „Qu" (d. h. Operationsabt. Heer und Quartiermeisterabteilung) daraufhin durchzusehen, ob sie noch mir unbekannt gebliebenes Material enthielten. War dies der Fall, wurden Auszüge im Entwurf nachgetragen, so daß sie in der Reinschrift enthalten sind. Das KTB kann also den Anspruch erheben, so vollständig zu sein, wie das unter den gegebenen Umständen möglich war.

Vom 23. Jan. 1945 durfte ich das KTB nicht mehr in der von mir eingeführten Weise fortführen. Denn der nunmehrige Stellvertretende Chef des WFStabs, der im Dez. 1944 an die Stelle des Generals Warlimont getreten war, besorgte, daß aus meinen Aufzeichnungen eine Kritik an der Obersten Führung herausgelesen werden könnte, und gab mir daher im Einverständnis mit dem General Scherff den Befehl, mich auf laufende Notizen und das Registrieren des Akteninhalts zu beschränken. Auch stellte er sich selbst nicht mehr zu mündlichen Auskünften zur Verfügung, wie das sein Vorgänger getan hatte. Damit hatte vom Februar 1945 an das „Merkbuch" seinen Abschluß gefunden; denn auch bei den bisher von mir befragten Offizieren durfte ich keine Erkundigungen mehr einziehen.[1]

Ich beschränkte mich daher – ähnlich wie das vor dem 1. 1. 1944 der Fall gewesen war – auf chronologisch aneinandergereihte Exzerpte aus den Akten. Je mehr sich die Lage zuspitzte, um so knapper wurden sie gehalten, um den Ereignissen möglichst nahe zu folgen. Als weiteres Argument kam hinzu,

1 Vgl. den Befehl vom 23. Jan. 1945 (nebst Entwurf) unten S. 1826 ff.

daß ich mit Verlegungen des Stabes rechnen und daher darauf bedacht sein mußte, die nicht mehr benötigten Akten möglichst schnell an die Archivverwaltung abzuliefern, damit die Zahl der mitzunehmenden Aktenhefter möglichst gering blieb.

### 5. Sonderaufgaben

Die Absicht, die einzelnen Kriegsschauplätze getrennt zu bearbeiten, indem ich jeweils etwa drei Monate zusammenfaßte, wurde im Laufe des Jahres mehr als einmal durch besondere Vorgänge durchkreuzt, die aus bestimmten Gründen eine genauere Bearbeitung verlangten, als dem Grundschema entsprach.

a) Die Reihe meiner „Ausarbeitungen" wird durch eine – von F. Hartlaub entworfene – Studie über die *Kräfteverschiebungen* eingeleitet, die *im ersten Vierteljahr 1944* im Hinblick auf die im Westen und Süden zu befürchtenden Landungen und die angespannte Lage an den übrigen Fronten durchgeführt wurden (vgl. KTB 1944, 1. Abschnitt). Ich möchte annehmen, daß mancher Leser sie als instruktiv ansehen wird, da sie den – an der Oberfläche nicht erkennbaren – Zusammenhang aller Fronten deutlich werden läßt. Leider fehlte uns die Zeit, dieser „Ausarbeitung" weitere folgen zu lassen, in denen das Thema durch die folgenden Monate gesondert verfolgt wurde[1]. Denn schon von Januar 1944 an hielten mich weitere „Sonderfälle" in Atem.

b) Der erste Sonderfall begann am *22. Januar 1944* mit der *unerwarteten Landung der Amerikaner bei Nettuno–Anzio (KTB 1944; 2. Abschnitt)*. Daß der Gegner versuchen würde, durch eine überholende Landung die quer durch Süditalien verlaufende Front zum Einsturz zu bringen, war erwartet worden; aber daß sie gerade bei Nettuno erfolgte, bedeutete eine Überraschung. Doch war die Zuführung von Kräften nicht nur aus dem Bereich des OB Südwest, sondern auch aus dem Heimatgebiet und von anderen Kriegsschauplätzen so gut vorbereitet, daß in die zunächst so gut wie verteidigungslose Gefahrenzone sofort Verstärkungen herangeführt werden konnten. Daher wurde um den gelandeten Gegner, der seinen Anfangserfolg langsamer, als anfangs angenommen werden mußte, ausweitete, eine Abwehrfront aufgebaut. Anschließend wurden mit Nachdruck die erforderlichen Vorbereitungen betrieben, um den Brückenkopf des Gegners einzudrücken und ihn ins Meer zurückzuwerfen. Doch ergab sich, daß das Gelände, die Witterung sowie die nicht faßbare schwere Schiffsartillerie des Gegners den Gegenangriff hinauszögerten und dann zum Erliegen brachten. Aber auch die Gelandeten vermochten den begrenzten Raum, den sie gewonnen hattten, nicht auszuweiten; der Gegner mußte also zu dem – im Mai geglückten – Versuch zurückkehren, die Südfront durch frontalen Angriff zurückzuwerfen.

1 Aus den Angaben in den übrigen „Ausarbeitungen" ließe sich die damals nicht geschriebene Fortsetzung noch jetzt herstellen.

Dieses Hin und Her wurde natürlich im Wehrmachtführungsstab mit größter Spannung verfolgt. Denn hier handelte es sich ja um eine Vorwegnahme dessen, was im Westen zu erwarten war – zwar in kleinerem Maßstab, aber doch bereits mit all den Faktoren, die sich auch bei der Invasion auswirken mußten. Ich verzeichnete deshalb alles, was die Landung bei Nettuno betraf, bis in die Einzelheiten und zog in den Bereich der Bearbeitung alles ein, was in meinen Gesichtskreis trat, um die gegen uns und die für uns wirksamen Faktoren dieses „Modellfalles" möglichst vollständig festzuhalten – hätte ich das Kommende vorausgesehen, wäre meine Aufzeichnung wohl weniger ausführlich ausgefallen. Denn rückschauend ist die Bedeutung der Landung bei Nettuno stark zusammengeschrumpft.

c) Die nächste Sonderaufgabe fiel mir im *Februar 1944* dadurch zu, daß mit dem Abfall Ungarns gerechnet werden mußte und deshalb der Plan *„Margarethe I"*, d. h. die Besetzung Ungarns, vorbereitet wurde.

Dieser Vorgang entsprach in manchen Zügen den im Sommer 1943 gegen die Regierung Badoglio vorbereiteten und nach deren Abfall (8. Sept.) schlagartig ausgelösten Gegenmaßnahmen (vgl. Bd. III); sonst hat er in der Kriegsgeschichte wohl nicht seinesgleichen. Denn es handelte sich ja in beiden Fällen um ein Vorgehen gegen Bundesgenossen, mit deren „Verrat" zu rechnen war, die aber offiziell noch immer als Verbündete und Waffenkameraden behandelt wurden.

Im Falle Italiens hatte die Regierung Badoglio mit Teilen der italienischen Wehrmacht ihren Übertritt auf die Gegenseite vollziehen können, und daher bestand auf der deutschen Seite (nach der geglückten Entwaffnung der im eigenen Machtbereich untergebrachten italienischen Verbände) zunächst ein politisches Vakuum, das dann durch eine improvisierte Gegenregierung geschlossen werden konnte und durch den unverhofft wieder auftauchenden Duce eine Art Legitimität erhielt. Diese Ereignisse wiederholten sich im Falle Ungarns nicht, da die Vorbereitungen des Abfalls noch nicht weit gediehen waren und die Regierung Horthy im allerletzten Augenblick Hitlers starkem Druck nachgab. Daher konnte für ein weiteres halbes Jahr ein Zustand herbeigeführt werden, der nach außen hin noch als „Bundesgenossenschaft" stilisiert wurde, aber den Reichsverweser, der eine neue Regierung bilden mußte, sowie die ungarische Wehrmacht mit eisernem Griff vom Hinüberwechseln auf die Gegenseite zurückhielt.

Die Vorbereitung der Besetzung Ungarns war keine rein militärische Angelegenheit; es wurden vielmehr auch solche Tarnunternehmungen vorbereitet, wie sie auf Anregung und Drängen Hitlers seit dem gestellten Überfall auf den Sender in Gleiwitz (31. 8. 1939) üblich geworden waren (im Falle Ungarns das Einsickern von Kräften des Sicherheitsdienstes, der sogleich die politischen Gegner zu verhaften hatte; das Unternehmen „Trojanisches Pferd", d. h. die Einfahrt ordnungsgemäß angemeldeter Militärtransporte von Norden und von Süden aus, die dann kurz vor Budapest durch vorbereitete Streckenspren=

gungen angehalten werden sollten, so daß sofort militärische Kräfte zur Besetzung der Hauptstadt zur Stelle waren u. a. m.).

Ich registrierte die Vorbereitungen, bei denen sich die Grenze zwischen herkömmlicher Kriegführung und den neuen Praktiken verwischt hatte, und verzeichnete die Vorschläge der beteiligten Stellen, die für deren Einstellung sehr bezeichnend bleiben, da sie alle Nuancen vom rücksichtslosen Durchgreifen bis zum vorsichtigen Vorgehen aufwiesen. Rückschauend ist wohl das aufschlußreichste, welche Einfälle Hitler selbst hatte und welche Überlegungen er an die ihm gemachten Vorschläge hängte.

Dem Abdruck dieser auf das Registrieren beschränkten Fassung (vgl. KTB 1944, 3. Abschnitt, B II: „Der Ablauf der Vorgänge im einzelnen" ist noch eine einerseits verkürzte, andererseits nach vorn erweiterte Fassung vorausgeschickt (ebd. I.). Zu ihr kam es auf folgende Weise:

Für die zu erwartende Verhandlung mit dem Reichsverweser v. Horthy bereitete das Auswärtige Amt eine Denkschrift vor, in der alles zusammengetragen war, was von deutscher Seite im diplomatischen Bereich den Ungarn vorgeworfen wurde (darunter die bekanntgewordenen Versuche ungarischer Diplomaten im neutralen Ausland, Verhandlungen mit den Alliierten einzuleiten). Ich erhielt den Auftrag, eine entsprechende Denkschrift anzufertigen, in der zusammengefaßt werden sollte, was im militärischen Sektor den Ungarn vorzuhalten war. Da ich 1941 Ordonnanzoffizier des „Deutschen Generals bei der Kgl. Ungarischen Wehrmacht" gewesen und auch schon in dessen Stab das Kriegstagebuch geführt hatte[1], war ich mit den ungarischen Verhältnissen relativ gut vertraut, und für die laufenden Verhandlungen stand mir ja die erste Fassung nebst deren Unterlagen zur Verfügung.

Das Auswärtige Amt hatte seine Denkschrift Ende Februar fertiggestellt; ich konnte meine am 6. März vorlegen[2]. Der Teil I der „Ausarbeitung" zum „Fall Margarethe" besteht aus

1. einem kurzen Auszug aus der Denkschrift des Auswärtigen Amtes,
2. meiner im wesentlichen unveränderten Denkschrift,
3. einer verkürzten, auf das Wesentliche zugespitzten Bearbeitung meiner Erstfassung: „Überblick über die Ereignisse"[3].

Durch diese Entstehungsgeschichte erklärt sich, daß im I. Teil der sonst im Kriegstagebuch festgehaltene Grundsatz, keine Urteile zu fällen und keine

1 Die Kladde habe ich hinübergerettet. Sie diente bereits meinen Schülern Dr. G. *Brausch* und Dr. A. *Hillgruber* bei ihren der neuesten Geschichte Ungarns gewidmeten Studien. Eine Abschrift besitzt das Bundesarchiv in Koblenz. (Es handelt sich um die Zeit vom 27. 3. bis 25. 7. 1941.)

2 Ob diese Denkschriften für sich erhalten sind, ist mir unbekannt.

3 Da die vollständigere Fassung für den einen oder anderen Benutzer von Wert sein könnte, habe ich auch sie abgedruckt — jedoch in Kleindruck, der dem Leser deutlich macht, wo Teil I und II sich überschneiden (S. 181—210, 210—249).

Vorwürfe gegen irgend jemand zu erheben, durchbrochen ist. Das ist bei der Auswertung dieses Abschnittes zu berücksichtigen — die die Vorwürfe begründenden Fakten selbst beruhen natürlich überall auf Aktenkenntnis.

Daß ich so viel Mühe auf den Fall „Margarethe I" verwandte, erklärt sich dadurch, daß mir der ganze Vorgang bereits damals so gespenstisch-abenteuerlich vorkam, daß ich mir sagte, er werde für die nachfolgende Zeit unbegreifbar sein. Rückschauend möchte ich meinen, daß die Mühe nicht umsonst war; denn dieser Abschnitt läßt erkennen, zu welchen Maßnahmen die diplomatische sowie die militärische Führung — und beides heißt: Hitler — griffen, greifen mußten, um das Abbröckeln der Verbündeten zu verhindern und die drohende Katastrophe hinauszuschieben.

Im Teil II ist einmal auf Grund der Mitteilungen des Stellv. Chefs WFStab, des Generals Warlimont, von dem „politischen Instinkt des Führers" die Rede. Bei dieser Angabe handelt es sich nicht um eine durch Opportunismus bedingte oder zur Abschirmung benutzte Floskel, sondern um eine unbestreitbare Feststellung: in bezug auf das, was seine Gegner unternahmen oder möglicherweise unternehmen könnten, hatte Hitler einen sechsten Sinn, und so verstand er es auch, aus den an sich noch vagen Nachrichten über den geplanten Abfall Ungarns schnell die Konsequenzen zu ziehen und den Reichsverweser v. Horthy durch seine — objektiv genommen — brutalen Gegenmaßnahmen zu zwingen, noch Verbündeter zu bleiben. Andererseits verbot er, den Fall „Margarethe II", d. h. die gewaltsame Besetzung Rumäniens, weiter zu bearbeiten, dessen Vorbereitung gleichzeitig in Angriff genommen worden war, da auch über Verhandlungen rumänischer Diplomaten mit der Gegenseite Nachrichten vorlagen. Denn in einer Aussprache mit dem Marschall Antonescu glaubte er die Gewißheit erlangt zu haben, daß er nicht abfallen werde[1].

d) Eine weitere Aufgabe drängte sich mir auf, als im April 1944 die alliierte Luftwaffe das *rumänische Erdölgebiet* angriff und seit dem 12. Mai die *deutschen Hydrierwerke* starke Bombenschäden davontrugen. Dieser Doppelschlag war im Wehrmachtführungsstab seit langem erwartet worden, aber wirkte sich jetzt noch schlimmer als befürchtet aus; denn die rumänische Produktion sackte ruckartig auf etwa die Hälfte, die deutsche auf etwa zwei Drittel zusammen. Mir war klar, daß hier eine Schlacht gegen uns entschieden war, die an sich schon zur Katastrophe führen konnte und am Vorabend der jetzt nicht mehr zweifelhaften Invasion im Westen zu ihr führen mußte, wenn es dem Gegner — was nach den Erfolgen von Nettuno wahrscheinlich war — gelang zu landen.

1 Vgl. dazu, was F. *Hartlaub* Ende 1944 im KTB in bezug auf Serbien festhielt (6. Abschnitt, s. S. 707): „Der Führer war — wie sich schon öfter gezeigt hatte — auf Grund der in Italien und Ungarn gemachten schlechten Erfahrungen von großem Mißtrauen gegen alle ‚Freunde' erfüllt und grundsätzlich immer weniger zu ihrer Unterstützung und Ausrüstung bereit." — Zu Hitlers „Verratsvorstellungen" s. die Einleitung (bes. S. 70).

In der Lagebesprechung vom 20. 5. 1943 hatte Hitler von sich selbst gesagt, daß er in bezug auf „Verrat" der Alliierten eine gute Nase habe und gewöhnlich imstande sei, schon vorher zu riechen, was geschehen werde; *Gilbert* a.a.O. S. 36.

Ich setzte mich deshalb mit dem Sachbearbeiter, einem Oberstleutnant i. G., in Verbindung, der dem Gen.=Feldm. Keitel unmittelbar zur Hand ging — die Betriebsstoffangelegenheiten waren so ziemlich das einzige Gebiet, in dem der Chef OKW nicht nur Durchgangs= und Ausgleichsstelle war, sondern etwas zu entscheiden hatte. Dieser Offizier, der einer der ganz wenigen in dieser Materie sich auskennenden Experten war, jedoch keine Zeit fand, seine Unter=lagen sachgemäß abzuheften, gab mir die erforderlichen Erläuterungen über die Unterschiede der Treibstoffarten, über die verschiedenen Mengenberechnun=gen usw. und machte mir seine Unterlagen zugänglich, die ich chronologisch sortierte und auszog. Auf diese Weise konnte ein Material ausgewertet werden, das vermutlich restlos verlorengegangen, aber für die Kriegsgeschichte des Jahres 1944 von größter Bedeutung ist: jener Doppelschlag bedeutet rückschau=end ja tatsächlich eine unsichtbar gebliebene Niederlage, die in gewisser Weise noch folgenschwerer war als Stalingrad und Tunis, da sie sich nicht nur auf alle Fronten, sondern auch auf die Luftwaffe auswirkte — eine Niederlage, von der die Öffentlichkeit nichts und selbst die Spitzen der Wehrmacht nur wenig erfuhren.

Ich hatte damals das Glück, mich mit dem Verbindungsoffizier des Feld=Wirtschaftsamtes im WFStab, dem Obersten Dr. Dr. Christian *Krull* (jetzt Syndikus der Industrie= und Handelskammer in Frankfurt a. M.), anzufreun=den, der meine wehrwirtschaftlichen Fragen aus seinem umfassenden Wissen beantwortete und mich mit statistischen Unterlagen über *die für die Wehrwirt=schaft unentbehrlichen Mangelstoffe* versah (Gummi, Nickel, Molybdän, Bauxit, Mangan, Chrom, Wolfram; ferner: Kugellager). Auf diese Weise konnte ich meine Aufzeichnungen zu der als *10. Abschnitt* eingereihten Ausarbeitung ausweiten: *„Der Kampf der feindlichen Luftwaffe gegen die Treibstofferzeu=gung und =verteilung im Rahmen des feindlichen Kampfes gegen die wehr=wirtschaftlich unentbehrlichen Rohstoffe und die Transportwege."* [1]

e) Um Aufzeichnungen besonderer Art handelt es sich bei einem Konvolut mehrerer Niederschriften, die ich *nach dem Attentat des Grafen Stauffenberg (20. Juli 1944)* [2] aufsetzte und zusammenheftete. Es gehört nicht in das Kriegstagebuch, da es nur interne Angelegenheiten des Wehrmachtführungs=stabs behandelt. Doch könnte es für Forschungen, die sich mit der Auswirkung

1 Um Außenstehenden einen Eindruck von dem Kriegstagebuch des WFStabs zu vermitteln, habe ich den Text dieser Ausarbeitung — vom Ballast befreit und sprachlich geglättet — in einer Festschrift veröffentlicht:
Die Treibstoff=Frage vom Herbst 1943 bis Juni 1944 (Landung im Westen) mit Ausblicken auf das Kriegsende im Rahmen des Kampfes gegen die deutsche Versorgung mit Grundstoffen, in: Mensch und Staat in Recht und Geschichte, Festschrift für *Herbert Kraus*, Holzner=Verlag, Kitzingen am Main 1954, S. 394—421. — Einiges über die Treibstofflage im Jahre 1945 findet der Leser unter: 1945. II. Teil, I, 3d: „Treibstoff" (s. oben S. 1317 ff.). Diese Angaben sind in dem ge=nannten Aufsatz berücksichtigt.

2 Über mein Gespräch mit dem Obersten i. G. Graf Stauffenberg kurze Zeit vorher vgl. oben S. 1754 Anm. 1.

der Verschwörung auf die Wehrmacht befassen, aufschlußreich sein. Für diesen Fall seien hier einige Erläuterungen gegeben[1].

Ich machte gleich am 21. 7. morgens Notizen über das, was ich miterlebt und bisher gehört hatte, und ergänzte sie am Abend auf Grund der Nachrichten, die mir der General Warlimont — trotz seiner Verletzung — auf Grund des Augenscheins und des inzwischen Bekanntgewordenen gab (zusammen 14 Seiten). Am 22. 7. machte ich Nachträge auf Grund einer Mitteilung des Chefs OKW, die vor unserer Lagebesprechung verlesen wurde und dann auch den Oberbefehlshabern zuging, und am 25. 7. rekonstruierte ich anhand von Stichworten eine Ansprache, die am 24. 7. abends der Chef WFStab, Generaloberst Jodl (um den Oberkopf einen turbanähnlichen, weißen Verband, da er leicht verletzt war), vor den Offizieren des Stabes gehalten hatte — in diesen beiden Texten ist sozusagen die „amtlich" vertretene Auffassung des Attentats festgehalten[2]. Außerdem benutzte ich Mitteilungen des Obersten d. G. Meichssner, der die bei Potsdam untergebrachte Abt. Organisation des WFStabs leitete, aber oft ins FHQu kam, um auch etwas über die Vorgänge in Berlin aufzuzeichnen (am 27. 7. kurz ergänzt durch Mitteilungen des Obersten Freiherrn v. Süßkind-Schwendi, Ic: Abwehr).

Bei diesen Aufzeichnungen leitete mich zunächst das Motiv, festzuhalten, was ich sah und hörte. Doch kam gleich noch ein weiteres hinzu, das sich aus den sofort einsetzenden Verhaftungen ergab. Denn nach der starken, wenn auch nach außen hin verhüllten Aufregung, die das Attentat bei allen ausgelöst hatte — die Detonation war ja bis zu uns deutlich hörbar gewesen —, verbreitete sich ein von Tag zu Tag zunehmender Schrecken durch die Nachrichten, die auf vielerlei Kanälen zu uns gelangten: Auch der ist beurlaubt, der ist jetzt verdächtig, der ist bereits verhaftet! Die meisten waren uns ja der Persönlichkeit oder wenigstens dem Namen nach

1 Das an „Wehrmacht/Kriegsgeschichte" abgelieferte Exemplar dieser Aufzeichnung (PS—1808 = GB 493) wurde im Nürnberger Hauptprozeß am 6. 6. 1946 dem Generaloberst Jodl vorgelegt, um ihn auf die in seiner Ansprache an die Offiziere des WFStabs gefallene Äußerungen (Nr. 5 in diesem Konvolut) festzulegen. Er erklärte — was den Tatsachen entsprach —, daß er die Niederschrift nie gesehen, auch nicht gewußt hätte, daß über seine Ansprache eine Aufzeichnung gemacht worden sei; er sprach die Vermutung aus, daß sie von mir stamme. In meiner Vernehmung als Zeuge am 8. 6. 46 (Der Prozeß gegen die Hauptkriegsverbrecher vor dem Internat. Militärgerichtshof XV, Nürnberg 1948, S. 653 f.) wurden mir Photographien vorgelegt. Ich bestätigte, daß ich der Verfasser sei, und beantwortete die Frage des Verteidigers nach der Grundlage meiner Aufzeichnung wie folgt: „Die Offiziere des Stabes wurden kurzfristig in unseren Eßraum gerufen. Wir erfuhren, daß der Generaloberst zu seinem Stabe sprechen wolle. Ich habe dann noch den Befehl bekommen, da nicht alle Offiziere sich einfinden konnten, Notizen zu machen, damit auch die anderen Offiziere in die Ausführungen des Generalobersten eingewiesen werden konnten. Ich entsinne mich deutlich, daß ich im Stehen Stichworte aufgeschrieben habe. Es ist also kein Stenogramm: ich kann gar nicht stenographieren. Es war nicht möglich, in der Eile noch einen Stenographen heranzuholen." Ich führte dann noch aus, daß ich „anschließend, vermutlich am nächsten Tage", anhand der Stichworte den Text ausarbeitete, daß es sich also um eine komprimierte Wiedergabe handle und ich nicht sicher sei, ob ich die einzelnen Wendungen richtig wiedergegeben hätte (a.a.O., XV, S. 653 f.).

2 Jodl, der – aus eigenem Antrieb – aus der Kirche ausgetreten und gegen die Katholiken eingenommen war, drückte sich in dieser Hinsicht noch schärfer aus, als von mir festgehalten wurde. Ich fühlte mich berechtigt, seine Vorwürfe abzuschleifen, da in ihnen allzu offensichtlich die noch nachzitternde Erregung mitsprach.
Der Text ist jetzt gedruckt in: 20. Juli 1944. Neubearb. von E. *Zimmermann* und H.-A. *Jacobsen*, hg. von der Bundeszentrale für Heimatdienst, Bonn 1960, S. 185—187.

bekannt. Würden auch Mitglieder unseres Stabes der Verhaftungswelle zum Opfer fallen? Nicht nur die Generale Warlimont[1] und v.Buttlar, sondern auch manche andere Offiziere des Wehrmachtführungsstabs hatten sich im engeren Kreise mehr oder minder kritisch geäußert, da man bisher hatte sicher sein können, nicht denunziert zu werden. Griff die Untersuchung auch auf uns über, dann mußte sich zum mindesten ein Bild von der Haltung des Stabes ergeben, das dem geforderten Zustand in keiner Weise entsprach. Ich verfaßte deshalb meine Aufzeichnungen so, daß sie gegebenenfalls als Alibi dienen konnten, und spitzte z. B. die Ablehnung des Attentats, in die General Warlimonts Mitteilungen ausgelaufen waren, noch zu[2].

Bei dem Konvolut PS—1808 handelt es sich also — was der Benutzer im Auge behalte — im Gegensatz zu den sonstigen Teilen des Kriegstagebuches — teils um bewußt „retouchierte", teils um „offiziöse" Niederschriften.

Meine Vorsorge erwies sich als überflüssig. Im Generalstab des Heeres sowie in den Berliner Zentralstellen war — wie sich schrittweise herausstellte — eine große Anzahl Offiziere beteiligt oder doch eingeweiht gewesen, bei uns keiner außer jenem Obersten Meichssner, der mich über die Vorgänge in und bei Berlin orientiert hatte. Dieser gebildete, von mir sehr geschätzte Offizier, war zwar nicht in die vom Grafen Stauffenberg ausgelöste Aktion hineingezogen worden (was er am 20./21. tat, steht in meiner Aufzeichnung); aber ihm wurde nachgewiesen, daß ihm in einem früheren Stadium der Verschwörung angesonnen worden war, die Durchführung des Attentats zu übernehmen, da er regelmäßig in das FHQu kam. Er hatte das aus grundsätzlichen Motiven abgelehnt, aber nicht gemeldet — was für das Todesurteil genügte. Als der Oberst mir über die Vorgänge in Berlin berichtete, wird er vermutlich bereits damit gerechnet haben, daß dieser Sachverhalt herauskommen und ihm den Hals kosten werde.

Im FHQu kam diese Spannung einige Monate später zum offenen Ausbruch, als der ganz auf Hitler eingeschworene General *Burgdorf*, der den schwer verwundeten General *Schmundt* als Chefadjutant ersetzt hatte, im Gespräch mit jüngeren Generalstabsoffizieren seinem Ressentiment gegen den Generalstab — er hatte die erforderliche Aufnahmeprüfung nicht bestanden — Luft machte. Sie beschwerten sich bei Jodl als ihrem Vorgesetzten, worauf dieser sich zum Abendessen ansagte und dafür sorgte, daß auch Burgdorf, der sonst nie zu uns kam, eingeladen wurde. Der Generaloberst hielt während des Essens eine kurze Ansprache, in der er aus-

1 Laut einer Aktennotiz in der Personalakte des Generals Warlimont (verwahrt im Staatsarchiv Nürnberg) wurde der damalige Adjutant des WFStabs am 31. 8. 1944 im Heerespersonalamt mit der Meldung vorstellig, er sei froh, am 20. Juli nicht im FHQu gewesen zu sein. Er halte General Warlimont für den „Allerschlimmsten"; er sei jedoch so aalglatt, daß ihm nichts passieren könne. Dazu machte einige Wochen später der General Maisel als der mittlerweile aufgerückte Chef der zuständigen Amtsgruppe im Heerespersonalamt den Vermerk: „... erledigt. W. wird abgelöst". — Dieser Maisel, der eng mit dem nunmehrigen Chef des Heerespersonalamts, dem General Burgdorf, verknüpft war, ist der Öffentlichkeit mittlerweile dadurch bekannt geworden, daß er im Oktober 1944 den Generalfeldmarschall Rommel vor die Alternative stellte, Selbstmord zu begehen oder vor ein Kriegsgericht gestellt zu werden.

2 Drei gegen die Verschwörer zunächst vorgebrachten Argumente waren subjektiv echt: 1. der Vorwurf, daß der Graf Stauffenberg nicht davor zurückgeschreckt war, so vorzugehen, daß auch Männer, die eben noch als Kameraden zu ihm gehalten hatten, beim Gelingen des Attentats getötet worden wären, 2. der Vorwurf, daß die Verschwörer „dilettantisch" vorgegangen seien (wozu sachlich in der Tat Anhalte gegeben waren) und 3. der Vorwurf, daß jetzt das Offizierkorps, insbesondere der Generalstab, in eine Lage versetzt sei, die sich noch schwieriger als bisher gestalten mußte.

führte, jeder Teil der Wehrmacht habe seine unentbehrliche Funktion; wer das in Zweifel zöge, versündige sich an ihr, denn jetzt müßten alle zusammenhalten. Jeder Anwesende wußte, worauf sich diese Worte bezogen. Ich studierte das grobschlächtige Gesicht Burgdorfs, aber auf ihm war nichts abzulesen. Es war, als wenn er öffentlich eine Tracht Prügel bezogen hätte, und die Generalstabsoffiziere konnten mit dem Gefühl an ihre Arbeit zurückkehren, daß ihnen volle Genugtuung geleistet worden sei. Burgdorf, der mit Bormann und Fegelein die sogenannte „Bormann=Clique“ bildete, endete durch Selbstmord in oder bei der Reichskanzlei.

Daß die zunächst vorgebrachten Vorwürfe nicht das Wesentliche trafen, kann nur den überraschen, der sich nicht in die Atmosphäre dieser Tage voller Gerüchte und in die mit so viel Persönlichem verknüpfte Erschütterung durch das Geschehene zurückzuversetzen vermag. Mich persönlich krallte gleich am Abend des 20. Juli eiskalt die Einsicht an, daß das Gnadengesuch, das meine Frau zugunsten ihrer zum Tode verurteilten Schwester gestellt hatte, jetzt keine Aussicht mehr habe und der Tod meiner Schwägerin besiegelt war (s. dazu unten S. 1814 f.).

Verletzt wurden durch das Attentat zwei Mitglieder des Wehrmacht=Führungsstabs: der General *Warlimont*, der sich trotz seiner Trommelfellverletzung zunächst noch aufrecht hielt, dann aber an Gleichgewichtsstörungen zu leiden begann, so daß er auch dann, wenn politisch nichts gegen ihn vorgebracht worden wäre, hätte abgelöst werden müssen, ferner der sehr befähigte, allgemein geachtete Kapitän zur See *Aßmann*, der mit schweren Verletzungen an den Händen sofort ins Lazarett gebracht wurde. Schwer mitgenommen war auch der General *Scherff*, der Sonderbeauftragte für die Kriegsgeschichtsschreibung, mit dem ich ja in ständigem Kontakt stand: er fiel monatelang aus. .

Warlimonts Ablösung hatte – wie der Leser bereits erfahren hat – für das Kriegstagebuch die Folge, daß ich es nicht mehr in so ungebundener Weise fortführen durfte wie bisher.

f) Ende 1944 wurde es meine wichtigste Aufgabe, die Vorbereitung der „*Ardennen=Offensive*“, deren Beginn sich schließlich bis zum 16. 12. hinauszögerte, so genau wie möglich festzuhalten. Denn ob ihr nun ein großer Erfolg beschieden war, wie Hitler annahm, ob ein begrenzter, aber doch die eigene Initiative wieder herstellender oder ob sie zu einem Fehlschlag führte, sie mußte so oder so für die gesamte Kriegführung entscheidend werden. Denn für sie wurden alle greifbaren Kräfte gehortet – zu Lasten aller übrigen Fronten, durch deren Warnrufe und Ersatzforderungen sich Hitler nicht aus seinem Konzept bringen ließ, obwohl er gezwungen war, hohe Risiken in Kauf zu nehmen, und in der Vorbereitungszeit Geländeverluste an den übrigen Abschnitten der Westfront unvermeidlich waren.

Die Geheimhaltung dieses Unternehmens ging so weit, daß selbst innerhalb des Wehrmachtführungsstabs nur jeweils die Offiziere eingeweiht wurden, die dienstlich mit den Planungen befaßt waren. Meine Hilfe wurde erforderlich, weil auf die Vorbereitung des Westfeldzuges (1940) zurückgegriffen werden mußte, um ein Bild von den Geländeverhältnissen im Angriffsraum zu gewinnen. Es handelte sich also darum, die 1939/40 angefertigten Gelände=

beurteilungen usw. in das Führerhauptquartier zu schaffen. Sie lagen im Reichskriegsarchiv, das nach Liegnitz ausgelagert war. Damit durch die Anforderung dieser Materialien kein Aufsehen entstand, wurde auf meinen Vorschlag die Fiktion benutzt, ich solle für den Fünf-Jahrestag des Westfeldzuges eine Broschüre mit Bildern der Beteiligten, Plänen usw. verfassen. Ich setzte eine lange Wunschliste auf, und aus Liegnitz traf darauf am 5. Oktober ein Offizier mit vielen Akten ein. Aus ihnen sortierte ich das tatsächlich Erforderliche für die Operationsabteilung aus und schickte dann das übrige nach einiger Zeit als „bereits ausgewertet", tatsächlich jedoch ungelesen, nach Liegnitz zurück[1].

Meine Augen waren daher seit Anfang Oktober auf das Kommende eingestellt, so daß ich imstande war, das Wichtige vom Unwichtigen zu unterscheiden. Unmittelbar vor Beginn der Offensive wurden mir in der Operationsabteilung die nicht für den Aktengang bestimmten Studien, Entwürfe und Pläne sowie jene Akten übergeben, die wegen der Geheimhaltung bisher

1 Es war nicht mehr alles vorhanden, und die benutzten Pläne und Aufzeichnungen waren zum Teil angekohlt, da ja ein Barackenbrand (s. oben S. 1762) die Kriegstagebücher dezimiert hatte.

Als Kriegsgefangener wurde ich 1945 nach Paris geflogen, um mit der in einem Schloß bei Versailles untergebrachten US-Historical Division die Vorgeschichte der Ardennen-Offensive zu bearbeiten. Dorthin wurden ferner die Chefs der Generalstäbe der drei Angriffsarmeen (6. Pz.-Armee: Gen. Kraemer; 5. Pz.-Armee: Gen. Wagener; 7. Armee: General Frhr. v. Gersdorff) sowie einige andere Generale geholt, die mir für mündliche Auskünfte zur Verfügung standen; ferner erhielt ich Einblick in die — sehr ungleichartigen — Aufzeichnungen über Befragungen deutscher Offiziere in Kriegsgefangenschaft. Vornehmlich gestützt auf mein Kriegstagebuch, verfaßte ich eine umfangreiche Denkschrift, von der ein Durchschlag in meiner Hand ist.

Diese „Ausarbeitung" kann sozusagen auch noch als „amtlich" bezeichnet werden; denn der Generaloberst *Jodl* hat sie im Nürnberger Gefängnis noch zur Kenntnis genommen und handschriftlich als den Ablauf der Ereignisse richtig wiedergebend gekennzeichnet; für die Zu- und Rückleitung habe ich seinen Verteidigern zu danken.

Auf meine Bitte hin hat H.-A. *Jacobsen* ins Auge gefaßt, gestützt auf die in der Gefangenschaft entstandene Denkschrift, eine Studie über die „Ardennen-Offensive" zu verfassen, die manches aus der Denkschrift — weil zu sehr ins einzelne gehend — wird weglassen können, andererseits einbauen muß, was inzwischen sonst noch bekanntgeworden ist. Neu zu schreiben ist der Ablauf der Offensive, für die das Kriegstagebuch ja nur den Rahmen bietet. Die Heidelberger Philosophische Fakultät hat 1960 eine Dissertation von *Hermann Jung* über diese Offensive angenommen; vgl. auch Gen. a. D. H. v. *Manteuffel* über sie in: Entscheidungsschlachten des Zweiten Weltkrieges, hg. von H.-A. *Jacobsen* u. J. *Rohwer*, Frankfurt a. M. 1960, S. 527—60.)

Aus jener Denkschrift habe ich im Anhang zum Dokumententeil den Abschnitt übernommen, in dem ich den Denkstil des Generalstabs mit der militärischen Denkart Hitlers konfrontiert habe. Denn er ist noch unter dem Eindruck des Geschehnisses verfaßt und von Gen.-Oberst Jodl sowie Sachkennern, die ihn gelesen haben, als treffend anerkannt worden (s. oben S. 1705—12).

Über die von mir für die Reichskanzlei angefertigte *Denkschrift über das Problem der Nachfolge im Wandel der Geschichte*, die der Reichsminister Dr. *Lammers* angefordert hatte, um für die nicht geklärte Nachfolge Hitlers ein Gesetz ausarbeiten zu können, vgl. oben S. 1781, Anm. 1.

bei der Abt. Op/H zurückgehalten worden waren. Ich ordnete diesen Bestand und erhielt dazu die Erläuterungen des Sachbearbeiters, des Oberstlt. d. G. Ziervogel.

Für die Vorgeschichte der „Ardennen=Offensive" ist für das Kriegstage=buch also alles ausgewertet, was in meiner Reichweite war. Ich verweise be=sonders auf die Anfang Oktober einsetzenden Kräfteberechnungen und die sich daraus ergebenden Maßnahmen zugunsten der drei Angriffsarmeen, die eine feste Grundlage für die Beurteilung der „Ardennen=Offensive" im Rah=men der Gesamtkriegführung abgeben.

g) Eine Nebenarbeit ergab sich aus meiner Bekanntschaft mit dem Oberstlt. i G. *Weiß*, dem Adjutanten des Chefadjutanten und Chefs des Heeresperso=nalamts, General Schmundt. Mit diesem gebildeten und aufgeschlossenen Offizier, der (nach meiner Erinnerung) Schulpforta besucht hatte und — wenn ich richtig unterrichtet bin — zu den Insassen des Bunkers unter der Reichs=kanzlei gehörte, die im Mai 1945 in die Sowjet=Gefangenschaft gerieten, führte ich Gespräche über die Zusammensetzung des Offizierkorps in diesem Kriege sowie in früheren Zeiten. Er versorgte mich darauf mit statistischem Material, auf das gestützt ich eine *Denkschrift über die Zusammensetzung des Offizierkorps im II. Weltkrieg* verfaßte, aus der zu ersehen war, wieviel aktive und wieviel Reserveoffiziere es gab, wieviel Sanitäts= und Veterinär=offiziere, wieviel Intendanten und Zahlmeister mit Offiziersrang usw. Da die mir gelieferten Unterlagen zum Teil auch über die voraufgehenden Jahre Aus=kunft gaben, ließen sich auch Feststellungen über die eingetretenen Verschie=bungen machen.

Es ist wohl damit zu rechnen, daß diese — nicht umfangreiche — Denkschrift verlorengegangen ist. Sollte ein Durchschlag doch noch auftauchen, könnte er für die Forschung über das eigentlich Kriegsgeschichtliche hinaus von Wert sein.

h) In diesem Zusammenhang ist schließlich noch ein ausführlicher Auszug zu nennen, den ich aus dem am 14. 3. 1945 herausgegebenen Heft *„Beurteilung der personellen und materiellen Rüstungslage der Wehrmacht"* machte und hinüberrettete (vgl. den Anhang zu: „1945. 3. Abschnitt: Die Katastrophe"; oben S. 1509 ff.). Wie vor dem Abdruck ausgeführt, handelt es sich aller Wahrscheinlich=keit nach um die letzte Ausfertigung dieser monatlich herausgegebenen Reihe, die durch besonderen Geheimnisschutz vor unbefugter Einsichtnahme gesichert war. Sie hält den Stand vom 31. 1. fest, und zwar so genau und unretouchiert, wie das möglich war.

In diesem Falle handelt es sich nicht um das Zusammenfügen von histori=schem Rohmaterial zu einer „Ausarbeitung", sondern nur um ein längeres Exzerpt aus einem mit Zahlen vollgepfropften Wälzer. Aber so kurz er auch ausgefallen ist, steht er doch — so möchte ich meinen — in bezug auf seine Wichtigkeit an der Spitze der Materialien des Wehrmachtführungsstabs, die gerettet werden konnten.

## 6. Die Nachrichten über die Gegner im KTB des WFStabs

Es mußte das Bestreben des Kriegstagebuches sein, möglichst genau festzuhalten, was jeweils von den Gegnern bekannt war und welche Schlüsse daraus gezogen wurden, d. h. wie die sogenannte „Feindlage" auf die eigenen Entschlüsse einwirkte. War sie richtig, halbrichtig, falsch berechnet? Wurde das auf der Gegenseite Geplante geahnt, mißverstanden oder falsch gedeutet? Das zu klären, bleibt Aufgabe der Forschung; aber ich schulde dem Leser Auskunft darüber, worauf das Wissen des Wehrmachtführungsstabs — und daher auch das des von mir geführten Kriegstagebuchs — eigentlich beruhte. Denn gerade auf diesem Gebiete ist mit falschen Vorstellungen zu rechnen.

Den nicht mit der Materie vertrauten Benutzer dieses Bandes mag es verblüffen, wie genau in allen Abschnitten die Angaben über die Gegner lauten: Mögen sie nun richtig oder falsch gewesen sein, die Oberste Führung konnte — wie der Leser erfährt — fast durchweg mit festen Größen rechnen. Die Annahme eines weitverbreiteten, raffiniert arbeitenden Spionagenetzes liegt nahe. Sie ist grundfalsch. Um diese Behauptung zu rechtfertigen, seien einige Angaben über die Grundlagen unserer Kenntnisse gemacht.

a) Nicht zu meinen Dienstobliegenheiten gehörte die Einsichtnahme in das Material der Abteilung Ic (Feindaufklärung, den Abteilungen G2 in den britischen und den USA-Stäben entsprechend). Aber ich nahm doch von Fall zu Fall Einblick und bekam gelegentlich Wichtiges zu sehen: so z. B. im Mai 1943 die — wie wir heute wissen — sehr geschickt gefälschten Briefe hoher britischer Offiziere, die sich bei der in Spanien angeschwemmten Leiche eines britischen Fliegers gefunden hatten und Vorbereitungen für eine bevorstehende Landung im Mittelmeer erkennen ließen. Wir diskutierten hin und her über die Frage: echt oder falsch, und falls echt: Corsica, Sardinien, Sizilien oder Peloponnes. Bekannt ist, daß Hitler unter dem Eindruck der Briefe Verbände nach Sardinien und nach Südgriechenland verlegte, also — wie sich ergeben sollte — in tote Winkel, so daß sie bei der Abwehr des Angriffs ausfielen[1].

Auf Grund meines Einblicks in das bei der Abt. Ic anfallende Material kann

1 Ich sprach auf diese Angelegenheit gelegentlich den British Resident Officer von Göttingen, den Brigadier A. Kenchington, an, mit dem ich befreundet war. Er hörte sich meinen Bericht schmunzelnd an und berichtete mir anschließend, er habe gerade damals das British Headquarter in dienstlicher Angelegenheit aufgesucht und dort seinen ehemaligen Schüler Strong als G 2 angetroffen; dieser sei gerade mit der Ausstattung der Leiche und der Beschaffung der Briefe befaßt gewesen. Man habe sich von diesem „verrückten" Einfall nicht viel versprochen, aber Strong gewähren lassen. Nachher habe dieser mit Genugtuung verzeichnet, daß er auf diese Weise ohne einen einzigen Schuß nicht unerhebliche deutsche Kräfte aus dem vorgesehenen Angriffsraum entfernte.

Ich vermerke dies, weil kurz nach meinem Gespräch mit Brigadier Kenchington sich die Sensationspresse und anschließend auch der Film der Angelegenheit annahmen, so daß sie in das Zwielicht der Sensationsmache geraten ist. Ich benutze die Gelegenheit zur Feststellung, daß der Kern historisch ist; vgl. oben den 6. Abschnitt: Südost, I. Teil (S. 603) und J. E. *Tashjean*, in: Wehrwiss. Rundschau V, 1961, S. 273—82.

ich feststellen, daß das, was dort durchlief, von denkbar verschiedenem Wert war. Einerseits handelte es sich um sachlich abgefaßte, zuverlässige Nachrichten, andererseits um phantastische oder schlechthin dumme Berichte, wenn nicht einfach Klatsch (so z. B. wohin der König von Italien sein Vermögen in Sicherheit gebracht haben sollte). Gelegentlich handelte es sich auch um Fälschungen, mit denen eine französische Gruppe, die mit Deutschland konspirierte, eine andere bei uns zu diskreditieren trachtete.

Bis gegen Ende des Krieges liefen im WFStab sehr beachtliche Berichte aus England mit sowohl politischem als auch militärischem Inhalt ein, die als Decknamen einen weiblichen Vornamen[1] trugen. Bei anderen Nachrichten war erkennbar, daß die Gegenseite sie bewußt ausgestreut hatte. Das war im besonderen bei der Vorbereitung der Invasion im Westen der Fall. General Jodl ließ Ende 1943 eine etwa zwei Meter lange Karte Europas anfertigen, auf der die als Landeräume in Betracht kommenden Stellen durch gelb ausgefüllte Halbkreise zum Lande hin gekennzeichnet waren: durch deren Größe und die Intensität der Farbe war deutlich gemacht, von welchen Stellen in den Agentennachrichten mehr, von welchen weniger berichtet wurde. Das Ergebnis war, daß die Halbkreise sich mehr oder minder berührten oder sogar überschritten, und zwar von Nordnorwegen bis zur Iberischen Halbinsel — ein vorbildliches Resultat der Verschleierung, das sich dann jedoch auf Grund konkreter Anhalte mehr und mehr auflichtete, je näher der Landetag heranrückte.

Auf unserer Seite hatte vollen Erfolg die Tarnung der Ardennen-Offensive (16. 12. 1944). Als ich in der Kriegsgefangenschaft mit der US-Historical Division in Versailles die Vorgeschichte dieses Unternehmens rekonstruierte, konnte ich die G 2-Berichte einsehen, die General Eisenhower am 2., 9. und 16. 12. früh vorgelegt worden waren. Aus ihnen entnahm ich, daß eine Teilbewegung in Richtung Echternach vorübergehend geahnt, die Vermutung dann aber wieder preisgegeben worden war. Dagegen war aus der im Raume Köln–Düren eingezeichneten Massierung deutscher Kräfte zu entnehmen, daß die von uns über „Agents doubles“ lanzierten Nachrichten (in der Fachsprache „Spielregeln“ genannt) an die Adresse gelangt waren, für die sie der Leiter der Abt. Op/H, General v. Buttlar, erfunden hatte: sie liefen darauf hinaus, daß wir uns in Erwartung eines feindlichen Durchbruchs im Raume Düren–Köln bereitstellten.

Zur Abfassung solcher „Spielregeln“ bedarf es eines Fachmannes, der sich in die operativen Überlegungen des „Empfängers“ hineinzudenken vermag und etwas erfinden muß, was selbst für Experten plausibel klingt. Um die „Richtigkeit“ der von uns ausgestreuten Version zu untermauern, wurden außerdem unter der Verpflichtung zu höchster Geheimhaltung in dem angegebenen Raum Quartiere für höhere Stäbe ausgemacht, die Leistungsfähigkeit des zivilen Telefonnetzes geprüft usw. — alles in der Erwartung, daß die Dienststellen und Privatpersonen, denen eine Belegung drohte, unter dem

1 „Josephine“.

Siegel höchster Verschwiegenheit Dritten Mitteilung machten und so das „Geheimnis" in einem Raum verbreiteten, in dem außer mit Spionen auch mit Fremdarbeitern zu rechnen war.

Ein Erfolg ungewöhnlicher Art war, daß uns im April 1945 [1] ein Exemplar der britischen Geheimakte „Eclipse" im Original in die Hand fiel. Ich lernte sie genau kennen, da ich bei der Übersetzung half. Es handelte sich um eine daumendicke Akte in Folioformat mit bräunlichem Deckel, der — nach Art von Gesetzessammlungen und Briefmarkenalben — so angelegt war, daß Deckblätter an der richtigen Stelle eingeheftet werden konnten [2]. Eingefügt waren u. a. zahlreiche Verordnungen, die nach der Besetzung Deutschlands in Kraft treten sollten; mit bassem Erstaunen ersah ich, wer alles bestimmt war, gefangengesetzt zu werden — in Wirklichkeit waren es nachher noch mehr. Beigefügt war eine Karte mit den vorgesehenen Zonengrenzen [3]; doch war bei dem später den Franzosen zugewiesenen Raum noch ein Fragezeichen hinzugesetzt. In einer Ecke war eine Karte Berlins mit den Sektorengrenzen untergebracht — ich konnte daher meine Schwester, die als Oberin ein Krankenhaus in Babelsberg leitete, darauf vorbereiten, daß dieses in die russische Zone fallen werde.

Wie wir in den Besitz dieser vermutlich in nicht allzuviel Exemplaren hergestellten Mappe gekommen waren, habe ich nicht erfahren. Bekannt dagegen ist geworden, wie wir in den Besitz der Geheimabmachungen der Konferenz von Teheran (28. 11. bis 1. 12. 43) gelangten; denn der „Fall Cicero" hat ja bereits als Filmthema herhalten müssen (der Diener des britischen Botschafters in der Türkei hatte sich einen Nachschlüssel zu dessen Safe besorgt und es ermöglicht, die dort verwahrten Papiere zu kopieren).

In unserem Zusammenhang ist in beiden Fällen nur wichtig, daß Hitler erfuhr, was dem deutschen Volke bevorstand, aber den — sinnlos gewordenen — Widerstand bis zum letzten fortsetzte, obwohl er sich sagen mußte, daß er dadurch das deutsche Schicksal nur noch verschlimmerte.

b) Es hat also im Bereich des Wehrmachtführungsstabs nicht an abenteuerlich-geheimnisvoller Nachrichtenbeschaffung gefehlt. Aber sie blieb doch weitgehend an den Zufall gebunden und hätte nicht ausgereicht, um mein Kriegstagebuch mit den vielen Einzelangaben über die „Feindlage" zu versorgen.

Sie beruhten — wie schon in früheren Kriegen — zu einem großen Teil auf den *Gefangenenvernehmungen*, bei denen ja bereits die Feststellung des Regi-

1 Vgl. mein Lagebuch zum 10. 4. 1945: Westen (oben S. 1233).

2 Die Denkschrift ist zweimal im Kriegstagebuch des Führungsstabs A (Nord) erwähnt: 13. 5. 45, 14.30 Uhr, und Ausführungen des Gen.-Obersten Jodl am 18. 5. Ferner bezog sich dieser vor dem Nürnberger Gerichtshof auf sie — doch war sie den britischen Vertretern offensichtlich unbekannt. — Den Decknamen muß ein Mann mit Bildung erfunden haben; denn er bedeutet: „Verschwinden" (daher auch auf Sonnen- und Mondfinsternisse angewandt) (vgl. oben S. 1494, 1504).

3 Daher wußte die Oberste Führung, an welcher Linie die von der Ostfront zurückgedrängten Verbände vor der Gefahr, in russische Gefangenschaft zu fallen, gesichert waren; in den Tagen vor der Gesamtkapitulation disponierte sie entsprechend.

ments wichtige Schlüsse über Verbleib oder Verlegung der gegenüberstehenden Verbände erlaubte.

Eine sehr viel größere Rolle als im I. Weltkrieg spielte im letzten die *Luftaufklärung*, die nicht nur intensiver betrieben wurde und weiter reichte, sondern auch an Hand sorgfältig ausgewerteter Lichtbilder Feststellungen erlaubte, die dem menschlichen Auge verborgen blieben. Ein einziger Flug über die für Einschiffungen in Betracht kommenden Häfen oder die auf der Gegenseite zur Front führenden Bahnen lieferte ausführlichere — und noch dazu absolut zuverlässige — Nachrichten, als eine ganze Agentengruppe hätte beschaffen können.

Einen *Sonderfall* stellten die regelmäßigen Meldungen einer in Südspanien untergebrachten Stelle über die Schiffe dar, die in das Mittelmeer einfuhren und es verließen. Wir besaßen daher immer einen Überblick über den im Mittelmeer vorhandenen Schiffsraum.

Neu gegenüber dem voraufgehenden Kriege war die sogenannte *„Funkaufklärung"*. Da beide Seiten vor Offensiven den Funkverkehr drosselten oder sogar „Funkstille" befahlen, gab bereits das Schweigen im Äther Anhalte[1]. Wurde gefunkt, war — wenn die Sendestelle aus drei Richtungen angeschnitten werden konnte — deren Platz auszumachen. Wurden mehrere erfaßt, so ließ sich etwa feststellen, daß A, B und C regelmäßig an D funkten und D an A, B und C: dann war klar, daß D die vorgesetzte Stelle war und drei Verbände führte. Kombiniert mit Gefangenenaussagen, ergab das dann ein Bild von der Gliederung der Befehlsverhältnisse in dem betreffenden Frontabschnitt bis weit in das Hinterland hinein, gegebenenfalls auch von deren Veränderungen.

Erst recht ergiebig war die Beobachtung des feindlichen Funkverkehrs natürlich dann, wenn es möglich war, den benutzten *Schlüssel* zu „knacken", d. h. den verschlüsselten Text zu dechiffrieren. Das gelang 1941 den Amerikanern z. B. im Falle des Funkverkehrs der japanischen Regierung mit ihren Unterhändlern in den USA; das hat aber auch der deutschen Regierung zu Einsichten in Geheimnisse der Gegenseite verholfen[2].

1 Vgl. z. B. „Lagebuch" 8. 2. 1945 (Westen): „Die Überwachung des Funknetzes ergibt bei den Amerikanern eindeutig die Schwerpunktbildung bei Düren—Jülich. Da die Briten Funkdisziplin halten, fehlt bei ihnen entsprechende Folgerung."

2 So z. B. zeitweise bei den Lagemeldungen eines US-Verbindungsoffiziers, der der britischen Armee in Nordafrika beigegeben war, der jeden Abend nicht nur über das Geschehene berichtete, sondern auch das am nächsten Tage Beabsichtigte übermittelte; so bei den Berichten des US-Gesandten in Bern, in denen zur Überraschung der deutschen Seite Schreiben Hitlers an Mussolini auftauchten — ein Anzeichen dafür, daß vom italienischen Außenministerium Fäden zur Gegenseite liefen, und daher Anlaß, bei der Abfassung weiterer Führerbriefe diesen Umstand von vornherein in Rechnung zu stellen.

Im militärischen Sektor wurde wichtig, daß der Funkverkehr der jugoslawischen Cetniks, der laufend entschlüsselt wurde, Verbindungen zu lokalen italienischen Kommandostellen erkennen ließ. Um das zu unterbinden, wurde mit dem Wortlaut General Warlimont zu Mussolini geschickt; doch waren — um diesen nicht vor den Kopf zu stoßen — in der Abschrift abfällige Bemerkungen über den Kampfwert der Italiener weggelassen worden.

In bezug auf den Westen kam uns zugute, daß die *Presse* manches erkennen ließ. Ein schlagendes Beispiel für die Einsichten, wieviel auf diese Weise zu gewinnen waren, lieferten die Berichte des Generals Frhrn. v. Boetticher, der als Militär=Attaché in Washington gute sachliche sowie persönliche Einblicke gewonnen und — nach der Kriegserklärung in die Heimat zurückgekehrt — den Auftrag erhalten hatte, dem OKW regelmäßig über die Absichten der Ameri= kaner zu berichten. Ich habe diese Berichte immer mit Spannung studiert, da ich das meiste nachträglich bestätigt fand — aber ich weiß aus des Verfassers Mund, daß er bei der Abfassung nicht eine einzige Agentennachricht, sondern nur Zeitungen und Zeitschriften benutzte. Natürlich machte sich General v. Boetticher, der seine Tätigkeit bis zum Schluß des Krieges fortsetzte, durch seine ungeschminkten Berichte nicht beliebt. Bezeichnend ist, daß an den Rand eines mit einer Kartenskizze versehenen Berichts, der ausführte, wie die Ameri= kaner nach der Rückeroberung Frankreichs in Deutschland einzubrechen ge= dächten, der Gen.=Feldm. Keitel mit seinem violetten Buntschrift schrieb: „So schlimm wird es wohl nicht kommen!"

Die Auswertung der anfallenden Nachrichten war Aufgabe der *Dienststellen „Fremde Heere=West"* und *„Fremde Heere=Ost"* (die unter der Führung des Generals Gehlen, eines Meisters in seinem Fach, stand). Sie werteten mit ge= radezu wissenschaftlicher Akribie das buntscheckige Material aus, indem sie das Falsche vom Echten, das Sichere vom Unsicheren trennten, und wagten dann vorsichtige Prognosen, bei denen sie die sorgfältig studierte Mentalität der Hauptakteure auf der Gegenseite in Rechnung stellten. Es ist bekannt, daß Hitler Gehlens Ergebnisse als Urteil eines Mannes beiseite zu schieben suchte, der ins Irrenhaus gehöre, da sie sich mit seinem Wunschbild nicht vertrugen.

Wie exakt die Abteilung „Fremde Heere=Ost" arbeitete, zeigt die im Lage= buch unter dem 9. 1. 1945 eingetragene Beurteilung der „seit langem" erkann= ten russischen Angriffsabsichten: „Den Hauptschwerpunkt erwartet der GenStdH gegen die Heeresgruppe A mit der Stoßrichtung Baranow=Tschen= stochau." Als voraussichtlicher Angriffstermin ist am 11. 1. die Zeit vom 11.—16. 1. vermerkt. Am 13. 1. sind die ersten Nachrichten über die russische Offensive eingetragen, die am 12. 1. von den Russen aus dem Brückenkopf von Baranow eingeleitet worden war und sie in Kürze bis Oberschlesien gelan= gen ließ. Daß sie erfolgen werde, wo und wann sie erfolgen werde, war also vorher genau erkannt — falsch war nur die Erwartung, daß sie sich noch werde auffangen lassen; aber dafür traf nicht den Generalstab des Heres die Schuld, sondern Hitler, der alle nur greifbaren Reserven für die Westfront gehortet und sie hier in der ohne den erhofften Erfolg gebliebenen Ardennen= Offensive festgelegt hatte.

Als weiteren Beleg dafür, daß die „wissenschaftliche" Erkundung und nicht die „abenteuerlich=zufällige" die wichtigere war, nehme man, was ich im Lagebuch am 20. 3. 1945 über das im Westen zu Erwartende vermerkte. Der Luftwaffen= Führungsstab hatte zusammengestellt, welche Luftlandekräfte der Gegner für die von uns seit längerem erwartete Luftlandung bereitgestellt hatte — für seine sehr genauen Angaben hatte er vermutlich gar keine Spionage=Nachrichten benutzt. Daß die Vorbereitungen sich dem Ende näherten, wurde u. a. daraus geschlossen, daß General Eisenhower eine Parade der amerik. 101. Luftlande=Div. abgenommen hatte — diese Tatsache wird uns durch Funk= oder Pressenachrichten bekanntgeworden sein. Ferner waren durch die Auswertung von Luftbildern Transport= und Lastensegler bei Reims festgestellt worden. Schließlich wurden Rückschlüsse aus dem Raum gezogen, in dem der Gegner Luftaufklärung betrieb. Ich konnte daher mit der Feststellung abschließen: „Im gesamt also ein klares Feindbild". Auf Spionage ging nur die von mir noch angehängte Nachricht zurück: „Nach V(ertrauens)=Mann=Meldung laufen in Südostengland Vorbereitungen zu einer Landung im Raum Holland und Emsmündung an." — In diesem Absatz hat der Leser also alle die Erkenntnisfaktoren beisamen, die ich aufzählte.

Nein! Hinter den detaillierten Angaben meines Kriegstagebuches steckt nicht ein weit gespanntes Netz kühner Spionage, sondern in erster Linie die mühselige, auf langen Erfahrungen fußende und ständig verfeinerte Auswertung unzähliger Einzelfeststellungen.

### 7. Äußere Schwierigkeiten bei der Abfassung des KTB

Vielleicht findet ein sorgfältiger Benutzer meines Kriegstagebuches Flüchtigkeitsfehler, unscharfe Ausdrucksweise und stilistische Mängel, oder er stellt fest, daß dies und das sich hätte besser, ausführlicher oder auch prägnanter darstellen lassen. Bevor er Vorwürfe erhebt, mache er sich die Umstände klar, die meine Niederschrift von 1944 an in steigendem Maße erschwerten:

In der „Wolfsschanze" (Ostpreußen) war das Kriegstagebuch in einer Holzbaracke untergebracht, die mit der Zeit eine Betonschale erhielt — während ihrer Herstellung war es halbdunkel, nach ihrer Fertigstellung zunächst heiß wie in einem Backofen, und die Unterhaltung der Bauarbeiter lenkte ab, weil es sich um redselige, waschechte Sachsen handelte.

Mit der Zeit wuchs ein riesiger Bunker heran, der tief im Sandboden verankert war und trotzdem die Höhe der umgebenden Fichten erreichte. Hierhin retirierten im Alarmfall mein Gehilfe Felix Hartlaub und ich befehlsgemäß mit den herumliegenden Akten. Das übrige blieb im Panzerschrank, der im Falle eines Brandes der Baracke wohl so ins Glühen gekommen wäre, daß wir nichts mehr hätten lesen können — der Befehl, in ihm eine offene Flasche mit Wasser zu verwahren, das bei Hitze verdunsten sollte, wurde wieder zurückgezogen, da er sich als sinnlos erwiesen hatte: der Inhalt eines so gesicherten Panzerschranks klebte nach einem Brande wie mit Pech verschmiert zusammen.

Führte Hitler vom Obersalzberg aus, lag der Wehrmachtführungsstab in der Kaserne Strub oberhalb von Berchtesgaden. Hier war für den Fall eines Luftangriffs Vernebelung vorbereitet; aber sie brauchte nicht ausgelöst zu werden, denn erst im April 1945 kam es zu Luftangriffen.

Für die Tage, in denen der Stab verlegt wurde, stand mir in dem Sonderzug des WFStabs als Büro ein umgebautes Abteil zu, in dem unsere Aktenkisten aufgehäuft wurden, aber so viel Platz blieb, daß ich an einem kleinen Schreibtisch vor dem Fenster bei längerem Halten versuchen konnte, meine Arbeit fortzusetzen.

Prekär wurde die Situation im Dezember 1944. Denn im Zusammenhang mit der Vorbereitung der Ardennen-Offensive wurde der WFStab in das Luftwaffenkommando in Berlin-Dahlem verlegt (jetzt USA-Hauptquartier), wo nur ein primitiver Laufgraben jenseits der Straße als Luftschutz zur Verfügung stand. In ihn verkrochen Felix Hartlaub und ich uns mit den wichtigsten Akten, wenn Luftalarm einsetzte.

Von dort ging es bei Beginn der Ardennen-Offensive in eine Kaserne bei Friedberg, da das Führerhauptquartier näher an den Rhein verlegt wurde. Hier wurden wir oft durch Alarme gestört. Zur Verfügung standen nur die Kellerräume der Kaserne; gestört durch Unterhaltungen und den beim Kartenspiel wohl unvermeidlichen Lärm, zog ich meine Akten aus, da das immer noch besser war als untätiges Herumsitzen oder womöglich Vertiefung in ein Buch — welche Lektüre hätte zu solcher Lage gepaßt?

Friedberg ist nach der Verlegung noch schwer getroffen worden — hoffentlich nicht deshalb, weil der Gegner herausbekommen hatte, daß dorthin der WFStab vorgeschoben worden war. Wir wurden von dort nach Zossen (bei Berlin) in das Lager „Maybach I" verlegt, während in das Lager „Maybach II" der GenStdH kam. Hier waren inzwischen — wie in anderem Zusammenhang schon gestreift wurde — denkbar günstige Unterkünfte entstanden. Es handelte sich um äußerlich ansprechende Häuschen, die in Wirklichkeit durch starke Betonwände und -dächer geschützt waren und einen schon am Morgen bei der Lagebesprechung zum Gähnen zwangen, da sich in den abgeschlossenen Räumen der Sauerstoff schnell verbrauchte. Unter den Häuschen befanden sich ausgedehnte, nach oben durch Panzertüren abgeriegelte Kasematten mit künstlicher Belüftung, elektrischer Beleuchtung und Verbindungsgängen zu den Unterbauten der benachbarten Häuschen, die auch bei starkem Bombenabwurf Sicherheit gewährleisteten.

In einem dieser unterirdischen Räume hatte ich einen Arbeitsplatz, in dem ich auch einen Teil der Akten verwahrte. Aber als minder wichtig, weil nur für das Vergangene zuständig, war ich mit Hartlaub in eine kleine Holzbaracke verwiesen, in der ich mit ihm die laufenden Arbeiten erledigte.

Bei dem bereits vermerkten Luftangriff auf das Lager Zossen am 15. März 1945 wäre es uns beinahe schlecht gegangen; aber nicht nur wir, sondern auch unsere Akten litten keinen Schaden[1].

1 Wir hatten beide den Alarm überhört, da ich als Nachtarbeiter einen Mittagsschlaf hielt und Hartlaub meinem Beispiel folgte. Als um 14.30 Uhr der Bombenabwurf begann, wackelte unsere Baracke so stark, daß ich emporfuhr. Mit schief

Der Angriff erwies sich als weniger folgenreich, als zu befürchten war. Denn das Lager war langgestreckt, und der Gegner hatte es schräg angeflogen, so daß vorher und nachher viele Bomben außerhalb des Lagerbereichs einschlugen, und außerdem sorgte der Sand von Zossen dafür, daß die Explosivkraft der Treffer nicht viel Schaden anrichtete. Im Lager „Maybach I" wurden drei Mann, die in einem Sicherungsloch gehockt hatten, getötet, dazu einige Häftlinge aus Konzentrationslagern in gestreiften Anzügen, die zu irgendwelchen Arbeiten abkommandiert gewesen waren und am Abend starr neben dem Eingang lagen. Zu den Leichtverletzten im Lager „Maybach II" gehörte der General Krebs, der Chef der Op.-Abt. des GenStdH und Stellv. Chef desselben; seine Stabshelferin verlor ein Auge. Die Telefonzentrale „Zeppelin", die wichtigste, die die Wehrmacht besaß, hatte während des Angriffs dank guter Sicherung die Gesprächsvermittlung nicht einen Augenblick zu unterbrechen brauchen[1].

In den folgenden Wochen wurden meine Bemühungen, das Kriegstagebuch des Wehrmachtführungsstabs hinüberzuretten, erst recht gefährdet — darüber berichtet der folgende Abschnitt B 2 (unten S. 1814 ff.).

Das Mitgeteilte dürfte ausreichen, um zu begründen, daß das von mir geführte Kriegstagebuch nicht allen Anforderungen entspricht, die an solche Aufzeichnungen zu stellen wären, wenn sie an einem Schreibtisch hätten niedergeschrieben werden können, dessen Ruhe weder Bomben noch Luftalarme störten, und kein Zeitdruck bestanden hätte.

sitzendem Stahlhelm schoß Hartlaub in mein Zimmer herein und rief: „Bombenangriff, Herr Major!" Das Groteske dieser Situation hat sich mir unauslöschlich eingeprägt; denn das Getöse, das einsetzte, hätte selbst Taubstumme aufgescheucht — aber ich habe es Hartlaub nicht vergessen, daß er zunächst an mich dachte. Wir stürzten ins Freie und warfen uns in eine flache Delle, da das einzige Erdloch in der Nähe bereits von einem Posten ausgefüllt war. Man hörte bereits das Prasseln von Bränden. Fing womöglich der Kiefernwald rings um uns Feuer? Da nicht weit von uns ein hohes Stacheldrahtgitter verlief, war die Möglichkeit, auszuweichen, sehr begrenzt. Daß nicht nur Bomben heruntersausten, sondern auch mit fatalem Zischen die Eisenkanten herabwirbelten, die die Brandbomben zusammengehalten hatten, vermehrte die Peinlichkeit der Lage. Der Himmel verfinsterte sich durch schwarze Rauchschwaden, und das Licht wurde fahl wie bei einer Sonnenfinsternis.

In einem Augenblick, in dem der Angriff nachzulassen schien, stürmten wir in die Baracke zurück und zerrten die Kiste mit den Akten, die ich gerade bearbeitete, in unser flaches Loch. Aber es war unmöglich, im Sprung den sicheren Bunker zu erreichen, wo die übrigen Angehörigen des WFStabs den Angriff überdauerten, ohne von ihm irgendwie erfaßt zu werden. Erst als nach 3/4 Stunden der Angriff nachließ, konnten wir wagen, mit unserer Kiste den nur einige hundert Meter langen Weg zur Panzertür des getarnten Hauses zurückzulegen, die sich erst nach langem Trommeln auftat. Hier stießen wir auf berechtigtes Kopfschütteln: ja, wer den Alarm überhört, muß eben die Folgen tragen! Als ich mir abends über den Kopf strich, merkte ich, daß zwischen den Haaren noch immer Sandkörner steckten — so tief hatte ich mich in die Bodendelle gepreßt.

1 Am 23. 3. 1945, also eine Woche später, erörterte Hitler in der bei ihm abgehaltenen Lagebesprechung die Festigkeit der Bunker in Zossen. Er beurteilte sie skeptisch und zog es deshalb vor, in der Reichskanzlei zu bleiben, deren Bunker durch die Gebäude über ihnen gut abgeschirmt war; s. oben S. 1656 f.

In den Anfangsjahren wurde eins der drei von H. Greiner fertiggestellten Exemplare jeweils Hitler zugeleitet, und dieser hat anscheinend hin und wieder einen Blick hineingeworfen; jedenfalls erfuhr Greiner vom Chefadjutanten, dem Oberst d. G. *Schmundt,* mit dem er auf gutem Fuß stand, daß Hitler sich anerkennend über das KTB geäußert habe. In meiner Zeit erhielt er kein Exemplar mehr; dem entspricht es, daß er nun auch die Redigierung des Wehrmachtberichts dem General Jodl überließ.

Im Jahre 1943 fand General Warlimont noch die Zeit, das KTB vor der Abgabe an „Wehrmacht/Kriegsgeschichte" durchzusehen; bei einem der vier in diesem Jahre abgelieferten Bände konnte dieses erst geschehen, nachdem ich den Text auf Grund der mir von ihm gegebenen Hinweise verbessert hatte. Im Jahre 1944 ist er infolge der steigenden Arbeitslast wohl nur noch anfänglich dazu gekommen, die „Ausarbeitungen" genauer zu überprüfen; in dem einen oder anderen Fall nahm er noch Einsicht, als er infolge seiner Verletzung am 20. Juli Genesungsurlaub erhalten hatte. Sein Nachfolger hat m. W. auch keine Zeit mehr gefunden, sich mit Niederschriften genauer zu beschäftigen.

Wie weit Generaloberst Jodl sich mit dem KTB befaßte, erläuterte er am 5. 6. 1946 im Kreuzverhör. Auf die Frage seines Verteidigers, ob er außer seinen eigenen Tagebüchern auch das amtliche Tagebuch des WFStabs geführt habe, antwortete er: „Nein, das hat immer ein hochwertiger, von mir persönlich bestimmter Fachmann geführt." Er setzte hinzu: „zuletzt der Professor an der Universität Göttingen, Dr. Schramm". Auf die Frage, ob er dieses KTB kontrolliert habe, entgegnete er: „Ich hatte meist nicht die Zeit, sondern ließ es durch General Scherff durchlesen, und wenn der irgend etwas Besonderes gefunden hat, so hat er mich darauf aufmerksam gemacht." Eine Beanstandung ist nie erfolgt. Als im Frühjahr 1945 die Versetzung meiner Hilfskraft, des Dr. Felix Hartlaub, an die Front drohte, sorgte ich dafür, daß der Generaloberst die von diesem verfaßte „Ausarbeitung" über den Südosten zu Gesicht bekam (s. S. 599 ff.: 5. Abschnitt). Er war von dieser so angetan, daß er befahl, Hartlaub als „Schlüsselkraft" im Stab zu belassen.

Als Alfred Jodl in Nürnberg gefangen saß, hat er sich rückschauend einmal höchst anerkennend über das Kriegstagebuch seines Stabes ausgesprochen[2] —

1 Der Prozeß gegen die Hauptkriegsverbrecher vor dem Internat. Militär-Gerichtshof, XV, Nürnberg 1948, S. 420 f.

2 Vgl. PS — 3694 (Ko — 19 808): US Strategic Bombing Survey APO 413: Interview No. 62 (29. 6. 1945, published 7. 7. 1945; 15 Seiten), als Schmalfilm u.a. vorhanden im Archivlager Göttingen.

Jodl gab auf Befragen an, er habe in Mürwik übergeben, was ihm noch zur Hand gewesen sei. "In the South you may find our diary, the ‚OKW-Kriegstagebuch', which is probably the best thing that was written about any war. Having been for a long time in the War Academy and having spent much time looking through the Reich Archives, I felt very strong the lack of a good War Diary from the last war, a diary kept by a real expert. Therefore I called in a man from the Reich Archives (d. h. H. Greiner) at the beginning of this war, and he kept the

als ich das erfuhr, hat mich das überrascht, denn ich entnahm daraus, daß der Generaloberst von dem KTB intensiver Kenntnis genommen hatte, als ich bisher hatte vermuten können.

Ich hatte also — so fasse ich zusammen — das große Glück, bis Ende 1944 uneingeschränkt arbeiten zu können und höchstens solche Abänderungen vornehmen zu müssen, die sachlich begründet waren. Es hat daher für mich nie einen Konflikt gegeben zwischen meiner Einstellung als Historiker und meiner Aufgabe, das „amtliche" KTB des höchsten deutschen Stabes in der Zeit Hitlers zu verfassen.

### 9. Die „Atmosphäre" des Wehrmachtführungsstabs

Mancher Leser, der diese Feststellung gelten läßt und im Text bestätigt findet, daß meine Vorgesetzten mich im wissenschaftlichen Sinne das Kriegstagebuch führen ließen, mag einwenden, daß mich doch die „Nazi-Atmosphäre" des Führerhauptquartiers umgab und ich daher der Gefahr ausgesetzt war, ihre Keime in mich aufzunehmen.

Ich schulde auch darüber dem Leser kurze Aufklärung — um so mehr, als ich vor ihm nicht als eine Art Heiliger dastehen möchte, der einen Miasmen emportreibenden Sumpf ohne Schaden an Leib und Seele durchwandert hat.

Zunächst ist dieses festzustellen: Ein „Führerhauptquartier" im Sinne einer geschlossenen Einheit gab es gar nicht.

Hitler lebte — wie der Leser bereits weiß — mit seiner allernächsten Umgebung im streng abgeschirmten Sperrkreis A der „Wolfsschanze" oder auf dem Berghof über Berchtesgaden. Er zeigte sich dem Wehrmachtführungsstab nie und sandte nicht einmal zu Weihnachten ein paar Geschenke oder zu Neujahr gute Wünsche. Für ihn war der Stab ein Uhrwerk, das Tag und Nacht reibungslos zu funktionieren hatte, zusammengesetzt aus vielen Rädern. Von den zum WFStab gehörenden Offizieren kannte er nur die paar, die bei seiner Lagebesprechung Vortrag hielten; auch von ihnen konnte sich keiner — selbst Jodl nicht — rühmen, ihm irgendwie persönlich verbunden zu sein wie etwa die Parteigrößen, der Arzt Dr. Morell und die nächste Umgebung. Diese Zurückhaltung erklärt sich durch die in Hitler tief verwurzelte Abneigung gegen die Experten, die wähnten, es besser zu wissen und nur Schwierigkeiten — gegen Ende des Krieges zu in steigendem Maße — aufwarfen. Auch witterte er wohl, daß ihr Einblick in die tatsächliche Lage es ihnen unmöglich machte, noch an den „Endsieg" zu glauben. Und wenn — wie gezeigt — der WFStab auch nicht in die Verschwörung des 20. Juli einbezogen gewesen war, so wird der latente

Diary in an exemplary manner. I regret very much that I did not have it in Flensburg with me."

Auf die Frage, ob Abschriften dieses Kriegstagebuches nach Berchtesgaden verlagert wurden, antwortete Jodl: „Yes, and the man in charge, Prof. Schramm, who had them last, was also sent down there. He took with him both copies of the more recent volumes on which he still was working."

Argwohn Hitlers, daß er sich auf den Generalstab und daher auch auf den WFStab nicht völlig verlassen könne, seither doch noch zugenommen haben.

In den ersten Jahren hatte noch der Brauch bestanden, daß ein Offizier, der längere Zeit im WFStab Dienst geleistet hatte und versetzt wurde, zum Abschied einmal an der „Führerlage" teilnehmen durfte. Er war in meiner Zeit bereits abgekommen, da Hitlers Umgebung besorgte, der Betreffende könne gerade einen der berüchtigten, sich im Laufe der Jahre vermehrenden Wutausbrüche Hitlers miterleben und dadurch einen Eindruck von seinem obersten Vorgesetzten erhalten, der dem angestrebten schnurstracks zuwiderlief.

Ich habe daher Hitler nur viermal zu Gesicht bekommen, und das auch nur deshalb, weil ich mich hinter Bekannte steckte, die mir bei besonderen Anlässen Zutritt verschafften (zweimal Ansprachen an Generale, Beisetzung des Generals Dietl und Besuch Mussolinis in Kleßheim). Jedes dieser Male war für mich als Historiker aufschlußreich.

Keitel, der dienstlich nur mit bestimmten Abteilungen des Wehrmachtführungsstabs zu tun hatte, ließ sich bei diesem kaum je blicken. Parteileute erschienen nie, ebensowenig die Presse, zu der allein über das Amt Wehrmacht/Propaganda ein dünner Draht bestand. Eine kurze Zeit stellte die SS einen Verbindungsoffizier; doch wurde er bald wieder versetzt, ohne einen Nachfolger zu erhalten — von „Braun" und „Schwarz" spürte der Stab also nur mittelbar etwas.

Dagegen riß die Kette militärischer Besucher nicht ab: die Oberbefehlshaber und ihre Chefs, die zum Vortrag bestellt waren, benutzten die Gelegenheiten zu Rücksprachen mit den Sachbearbeitern im WFStab. Von Zeit zu Zeit ließen sich der Admiral Canaris, der General Gehlen (Fremde Heere-Ost), der General v. Pfuhlstein („Division Brandenburg") und andere blicken. In guter Erinnerung habe ich die Besuche des ehemaligen Militärattachés in Moskau, des Generals Köstring, behalten, dem die Führung der aus Ostgefangenen aufgestellten Verbände übertragen war; denn sein Adjutant, Rittm. der Res. Herwarth v. Bittenfeld (jetzt Botschafter in London), wartete die Rückkehr seines Generals in meinem Dienstzimmer ab, und dieser ließ sich, wenn er seinen Adjutanten abholte, noch zu einer Unterhaltung gewinnen, in der er aus seinen reichen Erlebnissen berichtete; ich verdanke ihm u. a. Mitteilungen über die Art, wie Enver Pascha den Tod gefunden hat.

Da der Generaloberst Jodl im Sperrkreis I untergebracht war, kam er nur ausnahmsweise in den Sperrkreis II; denn wer ihm etwas vorzutragen hatte, ging natürlich zu ihm hinüber. Ich habe ihn daher nur eine begrenzte Anzahl von Malen gesprochen[1]. Von seiner Wirksamkeit habe ich mir dagegen auf

1 Festgehalten sei ein Gespräch beim Abendessen am 14. 10. 1944. Da es sich um meinen 50. Geburtstag handelte, saß ich Jodl gegenüber, so daß ich die Gelegenheit benutzen konnte, ihn auf die Einmaligkeit der Kunstdenkmäler in dem bereits vom Gegner bedrohten Ravenna aufmerksam zu machen. Er hörte so aufmerksam zu, daß ich fragte, ob ich ihm eine Liste der Kunstschätze, die unbedingt erhalten bleiben müßten, vorlegen dürfe. „Ich bitte darum", war seine Ant-

Grund der Schriftstücke, in deren Abfassung er eingriff, und der Berichte der Offiziere, die mit ihm laufend zu tun hatten, ein klares Bild machen können. Was eigentlich in ihm vorging, hat er wohl niemandem offenbart. Denn die Geheimhaltung war ihm zur zweiten Natur geworden, und er hatte sich auch stets in der Gewalt. In einer Ansprache an Offiziere erklärte er einmal, ein militärischer Führer müsse etwas vom Schauspieler in sich haben — dies Wort hat er an sich selbst wahrgemacht.[1]

Daß im Sperrkreis II außer dem WFStab noch das Taubenschlag-artige „Gästehaus des Führers" und das „Führer-Begleit-Bataillon" (später an die Front entsandt und zur Division ausgebaut) untergebracht waren, spielte für uns keine Rolle. Wir lebten also — abgesehen von den dienstlichen Besuchen — abgeschlossen von der Mitwelt, und insofern wäre Jodls bereits angeführte Kennzeichnung der „Wolfsschanze" als eine Mischung zwischen einem Kloster und einem Konzentrationslager treffend, wenn uns nicht inzwischen über die tatsächlichen Zustände in den KZ's die Augen geöffnet wären.

In Berchtesgaden, wo der Stab bei den Verlegungen in den Süden nördlich der Stadt in der Kaserne Strub untergebracht wurde, war die Absonderung von der Welt nicht so streng, und es war möglich, daß die Ehefrauen sich einige Zeit in einer benachbarten Pension einrichteten oder Einladungen in die Stadt angenommen wurden. Da diese natürlich dazu führten, daß die Gastgeber hören wollten, wie es wirklich stand, habe ich diese Gelegenheiten gemieden. Denn selbst wenn es erlaubt gewesen wäre, so hätte man ja — diese Erfahrung machte ich auf Urlaubstagen im Kreise meiner Familie und unserer Bekannten — die für die Angehörigen des WFStabs klare, aber von den meisten noch nicht realisierte Hoffnungslosigkeit der Lage nicht preiszugeben gewagt, um den Fragenden das Herz nicht noch schwerer zu machen.

Der so abgetrennt arbeitende WFStab bildete in sich keine feste Einheit. Man sah sich bei den Mahlzeiten im „Offiziersheim", d. h. einer anspruchslosen Holzbaracke der „Wolfsschanze", oder in einem Kasernenraum; aber der eine kam früher, der andere später, und jeder hastete davon, sobald er fertig war. Gelegentlich schloß sich abends eine Runde zusammen, die bis in die Nacht ausharrte; und wenn solche zusammenhockten, die sich genau kannten, wurde auch Kritik geübt oder das Regime der „Braunen" mit Spott behandelt. Solche Abende bildeten jedoch die Ausnahme. Überhaupt kann dem WFStab nicht nachgesagt werden, daß er in bezug auf Alkoholkonsum oder etwa besse-

wort; in der Tat sandte er darauf, gestützt auf meine Angaben, ein Fernschreiben an den OB Südwest, den Feldmarschall Kesselring, er solle für die aufgezählten Objekte das Erforderliche veranlassen. Dieser antwortete wendend in hörbar pikiertem Ton, er habe schon von sich aus alles Notwendige getan. Glücklicherweise ist dann ja auch bei der Preisgabe Ravennas kein nennenswerter Verlust eingetreten.

Im Laufe dieser Unterhaltung teilte mir Jodl mit, daß der Feldmarschall Rommel soeben einem „Herzschlag" erlegen sei. Wußte er schon die Wahrheit? Ich habe Grund, dieses zu bezweifeln; aber diese Frage bleibt offen wie so viele andere in der düsteren Geschichte des „III. Reiches".

1 Vgl. dazu oben S. 1712 ff.

re Verpflegung seine Stellung ausgenutzt hätte. Als bezeichnend sei vermerkt, daß im Jahre 1944 den Höhepunkt der Woche der Sonntagnachmittag bildete, weil es dann im Offiziersheim für jeden zwei, drei Tassen echten Kaffee gab; dann wurde die Vergünstigung, echte Kaffeebohnen ausgehändigt zu bekommen, auf die Generalstabsoffiziere eingeengt, die sich nachts wachhalten mußten.

Wie war — so wird der Leser fragen — der WFStab politisch eingestellt? Darauf vermag ich keine Antwort zu geben[1]; denn seine eigentliche Meinung behielt jeder für sich, oder er teilte sie höchstens solchen Kameraden mit, auf die man sich verlassen konnte[2]. Solche Vorsicht griff nach dem Attentat vom 20. 7. 1944 erst recht um sich, und sie wurde sachlich auch durch den Umstand geboten, daß nun der eine oder andere „Gesinnungstreue" in den Stab versetzt wurde. Der Wahrheit wird die Annahme nahekommen, daß von da an sämtliche Auffassungen vom schwärzesten Pessimismus und schroffer Ablehnung des Regimes bis zu gedämpftem Optimismus und noch nicht völlig erschütterter Autoritätsgläubigkeit vertreten waren — angesichts der dem Stab bekannten Lage war wohl niemand so borniert, daß er noch an den Endsieg glaubte und Hitler als den „größten Feldherrn aller Zeiten" ansah.

Insofern bestand für den Verfasser des Kriegstagebuchs wirklich keine Gefahr, daß er durch die ihn umgebende „Atmosphäre" von der Pflicht, dieses möglichst sachlich zu redigieren, abgelenkt worden wäre. Nein: eine das ganze Führerhauptquartier zusammenschließende Gesinnung hat es nicht gegeben, konnte es nicht geben, und der Wehrmachtführungsstab blieb eine von einem höchst nüchternen, illusionsfreien Geist beherrschte Institution, ja wurde das — je mehr sich das Schicksal gegen uns wendete — von Jahr zu Jahr noch mehr. Wenn ihm also Hitler nicht nähertrat, weil er ihm mißtraute, so war das letzten Endes berechtigt[3].

Innerhalb des WFStabs war die Stellung des KTB-Führers insofern angenehm, als er seine Arbeit einrichten konnte, wie er wollte. Er mußte sie nur so

1 Ich weiß bis heute nicht, welcher der Reserveoffiziere der Partei angehörte und welcher nicht, da dieses gar keine Rolle spielte. Noch 1943 wurden in diskreter Weise drei Offiziere versetzt, deren Abstammung oder Heirat mit den Rassegesetzen nicht in Einklang standen.

2 Als bezeichnend vermerke ich eine Autobusfahrt nach Kleßheim, an der Offiziere und Unteroffiziere im gleichen Wagen teilnahmen. Ein junger Oberstleutnant, der das Herz auf dem rechten Fleck hatte, fragte mich in seiner netten, burschikosen Art: „Onkel Schramm, der Krieg ist doch total verloren? Oder machen Sie sich noch Hoffnung?" — worauf ich ihm nur zuflüstern konnte: „Natürlich nein! Aber doch nicht hier! Darüber sprechen wir nachher".

3 Von Jugendlichen ist mir in Diskussionen nach Vorträgen gelegentlich die Frage entgegengehalten worden: „Wenn Ihr so genau Bescheid wußtet, warum hat denn nicht einer von Euch nach Stauffenbergs gescheitertem Versuch Hitler über den Haufen geschossen?" Sie beantwortet sich durch die Feststellung, daß — wie schon ausgeführt — die Mitglieder des Stabes Hitler gar nicht zu Gesicht bekamen oder nur so, daß nicht näher an ihn heranzukommen war. Auch sei daran erinnert, daß nach dem 20. 7. 1944 jeder, der zu Hitler vorgelassen wurde (selbst Feldmarschälle), sich vorher darauf untersuchen lassen mußte, ob er Waffen oder Bomben bei sich führte (vgl. z. B. oben S. 1700).

durchführen, daß er termingerecht etwas vorzulegen hatte. Dazu kam der Druck der ständig zunehmenden Aktenmassen, die zu bewältigen waren, bevor der Panzerschrank überquoll.

Die Arbeit war jedoch auf die Dauer monoton und zugleich beklemmend; im gesamt handelte es sich ja darum, zu registrieren, wie Hitlers „Großdeutsches Reich" seine Bundesgenossen verlor und — ganz auf sich gestellt — auf allen Fronten zurückgedrängt wurde. Die Katastrophe war gewiß; denn keine Überlegung berechtigte noch zu irgendeinem Hoffnungsschimmer — nur ihr Termin stand noch nicht fest. Für diejenigen, die Tag für Tag die ungeschminkten Lagekarten zu Gesicht bekamen, war das einzig Verblüffende, daß die Katastrophe sich noch so lange hinauszog — einige Gründe hat die Einleitung namhaft gemacht.

Mein Mittel, durch diese Zeit hindurchzukommen, war, daß ich mich mit Arbeit betäubte und so lange am Schreibtisch sitzen blieb, bis ich sicher war, sofort einzuschlafen. Ich arbeitete abwechselnd am Kriegstagebuch und an wissenschaftlichen Veröffentlichungen, deren Erscheinen natürlich völlig ungewiß, deren Abfassung aber besser war als Nichtstun oder Nachdenken über die Lage. Dank unserer guten Kurierverbindungen konnte ich mir die Bücher kommen lassen, die ich brauchte. Ich kehrte daher aus dem Kriege mit Manuskripten wissenschaftlicher Bücher heim, die mittlerweile gedruckt worden sind oder noch der Veröffentlichung harren[1].

Der Leidtragende dieser Arbeitswut war mein getreuer Mitarbeiter Dr. Felix Hartlaub, von dem noch die Rede sein wird. Er litt unter dem eisernen Gang des Dienstbetriebs: „Man wird", so schrieb er am 25. 5. 1944 seiner Familie, „immer automatenhafter und kennt nur noch die vorgeschriebenen Regungen und Bewegungen. Unheimlich die Prägekraft einer solchen, nun schon seit vielen Jahren eingespielten Institution . . ." Dazu kam nun noch, daß ich ihn in meine wissenschaftlichen Interessen einspannte. Ich lud ihn abends in mein Zimmer und las ihm vor, was ich geschrieben hatte, um seine Meinung zu hören, die ich zu schätzen wußte[2]. Doch fiel es ihm jedesmal wieder schwer, in mir den Professor und nicht den Major zu sehen. Da seine Gesundheit nicht fest war, bedrückte ihn die Arbeitslast, und er machte sich Luft in den Briefen an seinen Vater, die jetzt gedruckt vorliegen. Aus ihnen entnehme ich, daß ich selbst ihm gegenüber mich nicht offen gab. Das tritt besonders in einem Brief heraus, der auf den 20. Juli 1944 Bezug nimmt und eine Woche vor der Hinrichtung meiner Schwägerin niedergeschrieben ist. Hartlaub berichtet hier,

1 Deutschland und Übersee, Braunschweig 1950, und: Deutschland/England 1815 — 1914 (noch ungedruckt, jedoch vier Kapitel gedruckt in Fest- bzw. Gedächtnisschriften).

2 Hartlaub an seinen Vater (13. 10. 1943): „P(ercy) macht viel Arbeit, ich muß seine ungefähren und noch formlosen Elaborate Zeile für Zeile überarbeiten; trotzdem bekommen wir hier eins nach dem andern reingewürgt. Im übrigen spielt sich alles in sehr erträglichen kollegialen Formen ab, auch mit gelegentlichen fachwissenschaftlichen Exkursen" (vgl. unten S. 1815 Anm. 1 über den Druck dieser Briefe).

daß ich unbeeindruckt durch die Ereignisse wie besessen arbeitete, vorwiegend an meinen eigenen Sachen, seltsam stur und naiv. Ach nein! Ich rechnete ja jeden Tag mit dem Eintreffen der mir seit dem 20. Juli gewissen Nachricht, daß Elisabeth von Thadden einen gewaltsamen Tod gefunden hatte. Jeden Augenblick, während ich ruhig da saß, konnte sie unter die Guillotine gelegt werden! Was vermochte man da anderes zu tun, als eine Maske aufzusetzen und zu arbeiten, zu arbeiten!

Als es zu Ende ging, stöhnte Hartlaub erst recht über meine „zyklopische dienstliche Arbeitswut" und über meinen Eifer, sich um jede technische Einzelheit zu kümmern: „Alles völlig sinnlos, aber für uns denkbar strapaziös ..., der allgemeine große Krach, der nur in laufenden Nervenzusammenbrüchen und Schreikrämpfen bestehen könnte, schien manchmal unmittelbar bevorzustehen. Meine Tätigkeit umspannt nach wie vor alles zwischen schwierigsten, in Rekordzeit herzustellenden Ausarbeitungen und schwitzender Rollkutschertätigkeit. Nebenbei Ausbildung mit Panzerfaust und derartigen Scherzartikeln, die aber vorläufig mehr sinnbildlichen Charakter haben ..."[1] Ja, mochte alles sinnlos, zur Vernichtung bestimmt sein, was man niederschrieb, so hatte es doch den Vorteil, daß wieder ein Tag ausgefüllt war. Und wenn die unberechenbare Fortuna es wollte, blieb das Geschriebene doch erhalten und war später einmal nützlich ...[2]

1 Als ich Ende 1944 wieder einmal Kleist's „Hermannsschlacht" gelesen hatte, war ich auf die Verse gestoßen:
*Eginhardt:* „Doch hier, o Herr, schau her! Das sind die Folgen des Kampfs, den Astolf mit den Römern kämpfte: Ganz Teutoburg siehst Du in Schutt und Asche!"
*Hermann:* „Mag sein! Wir bauen uns ein schön'res auf" (V. 23).
Ich zeigte die Verse Felix Hartlaub; er war wie ich betroffen.
Meine Frau bat ich, mir aus „Wahrheit und Dichtung" die Sätze auszuschreiben, in denen sich Goethe über das Dämonische ausgelassen hat (Anfang des 20. Buches). Als ich den Wortlaut erhielt, schien er mir auf Hitler zu passen und auch wieder nicht zu passen: „Es sind nicht immer die vorzüglichsten Menschen, weder an Geist noch an Talenten, selten durch Herzensgüte sich empfehlend; aber eine ungeheure Kraft geht von ihnen aus, und sie üben eine unglaubliche Gewalt über alle Geschöpfe, ja sogar über die Elemente, und wer kann sagen, wie weit sich eine solche Wirkung erstrecken wird? Alle vereinten sittlichen Kräfte vermögen nichts gegen sie; vergebens, daß der hellere Teil der Menschen sie als Betrogene oder als Betrüger verdächtig machen will — die Masse wird von ihnen angezogen. Selten oder nie finden sich Gleichzeitige ihresgleichen, und sie sind durch nichts zu überwinden als durch das Universum selbst, mit dem sie den Kampf begonnen; und aus solchen Bemerkungen mag wohl jener sonderbare, aber ungeheure Spruch entstanden sein: ‚nemo contra deum nisi deus ipse'". Nein, vom „Dämon Hitler" gab es keine Brücke zum Göttlichen, sondern nur zum Satanischen — das lag zutage, obwohl wir ja nur im militärischen Sektor einen klaren Einblick besaßen.

2 Meiner Frau schrieb ich am 21. 2. 1945, daß ich mich an Dwingers Kriegsroman „Zwischen Rot und Weiß" erinnert fühlte (der die Lebensführung der weißrussischen Offiziere inmitten eines gleichfalls hoffnungslosen Zusammenbruchs schildert): „Ich mache mir also nichts vor und arbeite von früh bis spät, um noch möglichst viel für die Zukunft sicherzustellen." Von meinen Aktenbeständen berichtete ich, daß sie jetzt durch Ablieferung nach erfolgter Bearbeitung so gelichtet seien, daß der Rest sich bewegen lasse.

Hartlaub ist wenige Wochen darauf irgendwo — irgendwann gefallen; niemand weiß Genaueres. Ich blieb am Leben; meine amtlichen und meine privaten Aufzeichnungen rettete ich hinüber. Nach welchen Regeln das Schicksal seine Entscheidungen trifft, bleibt unergründlich.

Die angeführten Briefstellen machen deutlich, daß die Abfassung des Kriegstagebuchs nicht durch die „Atmosphäre" des Wehrmachtführungsstabs gefährdet war, aber die Nerven bis zum letzten strapazierte.

Ich führe das an für den Fall, daß mir ein Benutzer meiner Aufzeichnungen vorwirft, ich hätte es besser machen sollen — daß das von mir Niedergeschriebene hinter dem zurückblieb, was ich mir selbst als Ziel gesetzt hatte, stand mir bereits damals vor Augen.

## B. Das Ende des II. Weltkrieges: Wie wurde die Vernichtung des KTB des WFStabs verhindert?

Über die folgenden Seiten könnte das Horaz-Wort: „Habent sua fata libelli" gesetzt werden. Da es sich um eine Reihe von Glücksfällen und ungewöhnlichen, durch die Zeitläufte bedingten Komplikationen handelt, die für die nachrückende Generation bereits unbegreiflich sein werden und insofern einige bezeichnende Schlaglichter auf die Monate während und nach dem Zusammenbruch werfen, dünkt es **mich** statthaft, darüber Einzelheiten mitzuteilen. Sachlich scheint mir das auch deshalb gerechtfertigt, weil der Leser mit Recht die Frage aufwerfen kann, wieso es möglich war, Aufzeichnungen, die durch besonderen Geheimnisschutz gesichert waren, dem allgemeinen Vernichtungsbefehl zu entziehen.

### 1. Die Greinerschen Aufzeichnungen

Auf Grund mündlicher Mitteilungen des Ministerialrats a. D. *Helmuth Greiner*, der sich nach dem Kriege eine neue Existenz in Wiesbaden aufbaute und dort nach langem Siechtum kurz vor Vollendung seines 06. Lebensjahres am 16. 3. 1958 gestorben ist, vermag ich zu berichten, wie er seine Aufzeichnungen, auf denen Band I und II beruhen, hinübergerettet hat.

*Greiner* verwahrte seine in Stenographie niedergeschriebenen Entwürfe auf und brachte sie auf Dienst- und Urlaubsfahrten in seine Potsdamer Privatwohnung. Hier versteckte er sie unter seinen Kohlenbeständen, und hier beließ er sie auch, als er im März 1943 versetzt wurde. Es war nämlich zu einem Streit zwischen ihm und der Luftschutzwartin gekommen, die sich darauf an den Potsdamer Ortsgruppenleiter der Partei gewandt hatte. Dessen Beschwerde war schließlich zu Bormann gelangt, der bei Hitler den Befehl erreichte, Greiner solle abgelöst werden. Der General Warlimont, mit dem Greiner in engem persönlichen Kontakt gestanden hatte, vermochte seinen langjährigen Mitarbeiter nicht zu halten, da er in politischer Hinsicht gleichfalls suspekt war; aber er konnte bewirken, daß Greiner dem Deutschen General beim Hauptquartier der italienischen Wehrmacht in Rom zur Führung von dessen Kriegstagebuch zugeteilt wurde, also ein Tätigkeit erhielt, die ihn der Aufmerksamkeit der Partei entzog. Gegen Ende des Krieges verschlechterte sich Greiners Gesundheitszustand – es handelte sich um das Lungenleiden, dem er schließlich erlegen ist. Es wurde ihm daher ein Erholungsurlaub in Oberhof (Thüringen) bewilligt. Diese Gelegenheit benutzte Greiner, seine Papiere unter den Kohlen herauszuziehen und sie in Oberhof zu verstecken.

Nach der Katastrophe wurde Greiner von der US=Army gefangengenommen und in das Kriegsgefangenenlager Kreuznach an der Nahe gebracht. Als er hier erfuhr, daß in Kürze die Amerikaner das von ihnen besetzte Thüringen der Roten Armee übergeben würden, meldete er, daß er seine Kriegsaufzeichnungen in Oberhof versteckt habe. Er wurde darauf in eine amerikanische Uniform ohne Abzeichen gesteckt und von einem US=Offizier im Jeep nach Oberhof gefahren. Hier konnte Greiner nicht nur seine Papiere bergen, sondern auch noch seine Frau in Sicherheit bringen. Wir trafen uns in Oberursel (bei Frankfurt) wieder, wo die Amerikaner uns – zusammen mit Spezialisten aus den verschiedensten Dienstbereichen – gefangenhielten. Natürlich war ich freudig überrascht, daß es Greiner auf diese abenteuerliche Weise gelungen war, seine Aufzeichnungen dem Zugriff erst der Nazis, dann der Roten Armee zu entziehen, aber ich machte ihm doch Vorwürfe, daß ihm kein besseres Versteck eingefallen sei als der Kohlenhaufen, der ja bei Haussuchungen erfahrungsgemäß das erste Objekt der Gestapo=Neugier war. Die – gut gemeinten – Vorwürfe waren jedoch nicht überzeugend, da ja alles gut gegangen war.

Nach seiner Entlassung aus der Gefangenschaft hat Greiner alles, was er an Aufzeichnungen besaß, in die Schreibmaschine diktiert. Da sie – wie schon vermerkt – stenographisch festgelegt waren, ist daher die Gewähr gegeben, daß sie richtig gelesen worden sind.

Einen Teil seines Materials hat Helmuth Greiner in ein 1951 erschienenes Buch[1] wörtlich eingebaut; anderes diente als Grundlage seiner Darstellung. Aber das bisher Bekanntgemachte stellt doch nur einen Teil des Erhaltenen dar. Der genaue Sachverhalt wird aus den Vorworten zu Band I und II zu entnehmen sein. Der Verfasser sandte mir ein Exemplar seines Buches „in herzlicher Verbundenheit". Wir waren uns in den Wochen, in denen ich mich mit seiner Hilfe in die von ihm bisher wahrgenommene Funktion einarbeitete, menschlich nahe gekommen und haben diese Beziehung in den Friedensjahren weitergepflegt.

1 Helmuth *Greiner:* Die Oberste Wehrmachtführung 1939–1943. Mit 6 Karten. Limes=Verlag, Wiesbaden 1951 (444 Seiten).

Als ich im März 1943 Helmuth Greiner ablöste, war ich bereits zu der Einsicht gelangt, daß der Krieg nicht mehr zu gewinnen sei. Je weiter er fortschritt, um so mehr beschäftigte mich der Gedanke, wie das KTB hinübergerettet werden könne. Denn auf Grund der militärischen Traditionen war klar, daß im Falle einer Katastrophe der Befehl ergehen würde, alles zu verbrennen; vollends klar war, daß das nationalsozialistische Regime in dieser Hinsicht noch radikaler vorgehen würde als üblich, um der Nachwelt die Belege über seine Wirksamkeit vorzuenthalten und damit einer Anklage vorzubeugen.

Für mich handelte es sich einerseits um die Aufzeichnungen, die ich noch in Händen hatte, andererseits um die, welche bereits in der üblichen Weise nach Fertigstellung der Archivverwaltung ausgehändigt worden waren.

Wegen der bereits abgegebenen Materialien redete ich Ende 1944 dem Hilfsoffizier des Generals Scherff, dem Rittm. d. Res. Dr. Scheidt, zu, rechtzeitig Fürsorge zu treffen, daß im Falle des Zusammenbruchs nicht alles unterging oder bewußt vernichtet wurde. Er sorgte darauf Anfang 1945 dafür, daß die älteren Teile des KTB in Berlin auf Mikrofilme übertragen wurden; aber diese Arbeit konnte nicht zu Ende geführt werden, da eine Bombe die Wasserleitung der photographischen Werkstatt vernichtete [1]

Meine Absicht, meine Aufzeichnungen unter allen Umständen hinüberzuretten, war im Laufe des Jahres 1944 zweimal dadurch in Frage gestellt worden, daß ich in Gefahr kam, meine Stellung zu verlieren.

Das eine Mal handelte es sich darum, daß ich ohne mein Zutun auf eine Liste von Gelehrten gekommen war, die reklamiert werden sollten. Ich lehnte meine Freistellung ab, um meine Absicht durchführen zu können; doch sprach ebenso stark mit, daß diese Aktion von einer SS-Stelle ausging, mit der ich nichts zu tun haben wollte.[2]

Ernster war, daß eine Göttinger Dienststelle mich, meine Frau und eine Reihe von Kollegen dem Sicherheitsdienst als unzuverlässig gemeldet hatte. Die meine Frau und mich betreffenden Absätze gelangten auf den Schreibtisch des Generalobersten Jodl. Er hatte bereits meine Meldungen, daß meine Schwägerin Elisabeth von Thadden vom Volksgericht zum Tode verurteilt, dann, daß sie hingerichtet sei (Berlin-Plötzensee 8. 9. 1944), entgegengenommen, ohne daraus irgendwelche Konsequenzen zu ziehen, und tat auch in diesem Falle nichts. Im Schutze der Uniform bin ich daher bis zum Schluß unangefochten geblieben.

1 Dr. Scheidt sorgte aus eigenem Antrieb dafür, daß die Tagebücher des Generals Jodl sichergestellt wurden. Anstatt sie im Augenblick des Zusammenbruchs noch zu vernichten oder in private Hand zu übergeben, händigte er sie der US-Army aus, so daß Jodl in dem ihm gemachten Prozeß mit Zitaten aus seinen früheren Aufzeichnungen belastet werden konnte.

2 Wenigstens in einer Anmerkung will ich hinzusetzen, was für mich das entscheidende Argument war: als gesundem Mann, dem keine Gesundheitsschwächen ein Recht gaben, „zu Hause zu hocken“, der sich angesichts der zusammengeschmolzenen Zahl der Studenten auch nicht als „unabkömmlich“ betrachten durfte, hätte mir angesichts der meinem Vaterlande drohenden Katastrophe das Gewissen geschlagen, wenn ich nicht mehr im Wehrdienst gestanden hätte. Ich konnte mich als Fünfzigjähriger nicht einer Pflicht entziehen, die in dieser Zeit schließlich sechzehnjährigen Jungen auferlegt wurde.

Meine Frau wurde in Göttingen verhört und mußte bereits Schlimmes befürchten. Aber ihr geschah schließlich nichts — wobei wohl mitsprach, daß die lokalen Stellen sich scheuten, gegen die Gattin eines Offiziers vorzugehen, der „im Führerhauptquartier saß", also wohl ein einflußreicher, oben wohlgelittener Mann sein mußte.

*Einschub:* *Dr. phil. Felix Hartlaub*

Wenn ich nun über die Maßnahmen berichte, die ich ergriff, um die Vernichtung meiner Aufzeichnungen zu verhindern, muß ich meinen Mitarbeiter Hartlaub in das rechte Licht rücken, dem ich voll vertrauen konnte; denn ohne seine stille Unterstützung hätte ich meine vorbeugenden Vorbereitungen nicht so durchführen können, wie das möglich wurde.

Felix Hartlaub (* Bremen 17. 6. 1913) hatte in Berlin mit einer Dissertation über „Don Juan d'Austria und die Schlacht bei Lepanto", die 1940 als Buch erschienen war, promoviert und war zunächst bei der Sichtung der erbeuteten französischen Akten verwandt worden. Über die Abteilung Wehrmacht/Kriegsgeschichte kam er im Frühjahr 1942 in den Wehrmachtführungsstab. Hier rechnete der „Obergefreite" zu den „Schreibern"; in Wirklichkeit war er mir ein wissenschaftlicher Mitarbeiter von großer Sachkenntnis und zudem befähigt, militärische Vorgänge schriftlich festzuhalten. Ich habe nie seine Beförderung beantragt, da das eines Tages seine Versetzung verursacht haben würde; das hätte womöglich auch die leidige Abstammungsfrage aufgerollt, bei der nicht alles „in Ordnung" war. Vor allem hoffte ich auf diese Weise, Hartlaub für die wissenschaftliche Laufbahn zu retten, die er ins Auge gefaßt hatte und zu der ich ihn meinerseits ermunterte.

Als Anfang 1945 die Zurückstellungen von neuem überprüft wurden und mir drohte, daß Felix Hartlaub an die Front versetzt wurde, bewirkte ich, daß das von ihm verfaßte, von mir nur noch überarbeitete Kapitel über die Ereignisse im Südosten (vgl. den 6. Abschnitt) mit einer entsprechenden Erläuterung auf den Schreibtisch des Generalobersten Jodl gelangte. Auf seinen Befehl hin wurde darauf Hartlaub noch einmal als „Schlüsselkraft" zurückgestellt.

Als im März der WFStab nach noch strengeren Maßstäben „durchgekämmt" wurde, war es mir nicht mehr möglich, abermals die Freistellung Hartlaubs zu erwirken. Nach einem Urlaub kam er zu irgendeiner Kampfformation — wie sie hieß, wo sie eingesetzt wurde, ist unbekannt. Der letzte Brief, den die Eltern erhielten, ist datiert: „9. März 1945". Seither fehlt jede Spur von Felix Hartlaub – da er nicht wiederkam, gehört er also zu den vielen, die fielen, um einen längst völlig sinnlos gewordenen Widerstand fortzusetzen.

Inzwischen haben die vom Vater und von der Schwester aus dem Nachlaß herausgegebenen Schriften und Briefe des Toten seinen Namen bekanntgemacht[1]. Sie beweisen scharfe Beobachtungsgabe, aber auch Phantasie. Was

1 Von unten gesehen, Stuttgart (K. F. Koehler) 1950 (156 S.); erweiterte Ausgabe: Im Sperrkreis · Aufzeichnungen aus dem zweiten Weltkrieg, hg. von Geno *Hartlaub*, Hamburg 1955 (Rowohlt Taschenbuch 152; 176 S.); vgl. hier S. 113—76 über seine Zeit im WFStab. Wieder abgedruckt in: Filax *Hartlaub*, Das Gesamtwerk. Dichtungen, Tagebücher, Briefe, Frankfurt (S. Fischer Verlag) 1955, (476 S.). Siehe ferner: Felix Hartlaub in seinen Briefen, hg. von *Erna Krauss* und G. F. *Hartlaub*, Tübingen (R. Wunderlich Verlag, 1958 (348 S.); vgl. hier S. 204—230 über 1943/45.— Als Quelle dürfen Hartlaubs Aufzeichnungen über den WFStab nur mit Vorsicht benutzt werden.

wäre — wenn er am Leben geblieben wäre — aus ihm inzwischen geworden? Vielleicht stände er heute in der ersten Reihe der deutschen Schriftsteller.

Ich hatte Hartlaub darin bestärkt, daß er die freien Stunden zur Vorbereitung einer Habilitationsschrift benutzte. Auf meinen Rat hin hatte er sich mit dem für seine Zeit sowohl im Positiven als auch im Negativen so bezeichnenden Karl Lamprecht (1856—1915) befaßt, da wir für dieses Thema mit Hilfe der Kurieroffiziere die erforderliche Literatur heranschaffen konnten. Andererseits half er mir — wie schon berichtet — bei den historischen Arbeiten, mit denen ich die nicht durch die Abfassung des KTB verschlungenen Stunden ausfüllte. Deshalb betrauere ich in Felix Hartlaub nicht nur einen Mitarbeiter, mit dem mich der Krieg zwei Jahre lang zusammenschmiedete, sondern auch den jüngeren Fachgenossen, der mir die Existenz in einer vom Militärischen völlig mit Beschlag belegten Umgebung erträglicher machte und zu dem ich daher auch eine menschliche Brücke schlug.

Als Ersatz für Felix Hartlaub bekam ich einen gutwilligen Gefreiten, der seines Zeichens Buchhändler war und mir deshalb nicht viel nützte. Ein Unteroffizier, der mir seit 1944 zugeteilt war und selbständig die Kroatien und Rumänien betreffenden Abschnitte bearbeiten sollte, war — obwohl er in Geschichte promoviert hatte — mehr Last als Hilfe, so daß Hartlaub ihn ständig anleiten und ich seine Entwürfe überarbeiten mußte.

### *Fortgang des Berichts*

Als das Ende vorauszusehen war, entwickelte ich dem General Scherff den Plan, ein Exemplar des Kriegstagebuchs in einer Metallkiste im Sand des Zossener Lagers (30 km südlich Berlin) zu vergraben, in dem der WFStab damals untergebracht war. Seit dem schweren Bombenangriff am 15. März 1945 war das ganze Gelände mit tiefen Trichtern im lockeren Sandboden besät; ich zeigte dem General, wie leicht es sein müsse, nachts unbeobachtet eine Kiste in einem solchen Loch zu verscharren und sich an den Bäumen die Lage zu merken. Ich redete stundenlang auf ihn ein und versuchte ihm klarzumachen, daß wir der Nachwelt gegenüber die Verpflichtung hätten, die Unterlagen über die operative Kriegführung hinüberzuretten; gegen die Vernichtung der übrigen Akten erhob ich keinen Einspruch, da mir vor Augen stand, daß sie bei den auf den verschiedensten Wegen angekündigten Kriegsverbrecherprozessen als Anklagematerial benutzt werden konnten. Der General Scherff hörte sich alles an, war aber nicht zu gewinnen und teilte mir überdies am nächsten Tage fernmündlich mit, er habe sich an den Reichsführer SS gewandt und von ihm den Bescheid erhalten, ohne Ausnahme seien alle Akten zu vernichten. Daß Himmler so antworten mußte, war selbstverständlich, so daß nur die Naivität des Generals Scherff erstaunlich bleibt.

Zu seiner Entschuldigung diene, daß er von Natur nicht entschlußfreudig war und seine Lebenskraft durch die schweren Verwundungen an beiden Händen, die er bei dem Attentat am 20. Juli 1944 davongetragen hatte, noch weiter herabgesetzt wurde. Auch war ihm ja die Welt, an die er geglaubt hatte, zerbrochen: er sprach vom „Schicksal“, setzte also ein X an die Stelle von geschichtlichen Zusammenhängen, die zuzugeben er sich nicht traute.

Wie nicht anders zu erwarten, gab Scherff, als das Ende kam, den Befehl zur Vernichtung der Akten an den ihm unterstellten Dienststellen, und dieser wurde ausgeführt. Scherff gelangte nach dem 20. 4. 1945 noch nach Süddeutsch=land und machte, als er von den Amerikanern gefangengenommen und verhört worden war, seinem Leben bei Saalfelden durch Gift ein Ende, da er befürch=tete, noch intensiver ausgefragt zu werden, und er sich nicht mehr die Wider=standskraft zutraute, dort zu schweigen, wo ihm das sein Gewissen vorschrieb.

Da ich auf dem dienstlichen Wege keine Ausnahmeerlaubnis hatte erwirken können, entschloß ich mich, auf eigene Faust zu handeln und meine Aufzeich=nungen hinüberzuretten. Ich konnte dies vor mir verantworten, da sie ja nur operative Vorgänge behandelten, also nicht als Anklagematerial dienen konnten[1].

In der Voraussicht, daß diese Lage sich ergeben werde, hatte ich die Abgabe der abgeschlossenen Manuskripte hinausgezögert oder meine mit Bleistift ge=schriebenen Entwürfe aufbewahrt. Ich hatte daher zwei mehr oder minder voll=ständige Exemplare von allen „Ausarbeitungen", die das Jahr 1944 betrafen, sowie meine Aufzeichnungen aus dem Jahre 1945 zur Hand. Ich brachte sie — sorgfältig getrennt — in zwei normalen, ganz unauffälligen Handkoffern unter, die man notfalls selbst schleppen konnte.

Als die Rote Armee sich Zossen näherte, wurde der WFStab am 20. 4. 1945 nach Wannsee verlagert. Die lange Kolonne wurde von Flugzeugen mit dem Balkenkreuz beworfen, worauf sich das Gerücht verbreitete, es habe sich um russische mit falschen Abzeichen gehandelt. Doch stellte sich heraus, daß es doch deutsche Flieger gewesen waren, die angenommen hatten, daß sich bereits russische Fahrzeuge dort unten bewegten.

Da Hitler den Entschluß gefaßt hatte, Berlin preiszugeben und in den Süd=raum zu fliegen, erhielt der WFStab den Befehl, sich voraus nach Berchtesgaden zu begeben. Da ein Transport mit der Eisenbahn nicht mehr in Frage kam, erfolgte die Verlegung in Personen= und Lastkraftwagen. Zurückgehalten wur=den nur die Spitzenkräfte, die Hitler unentbehrlich waren und mit ihm das Flugzeug benutzen sollten.

Der Landmarsch (angetreten am 20. 4., 21.00 Uhr) war in diesem Augen=blick noch möglich, da der dem Großadmiral Dönitz unterstellte Nordraum und der vom Generalfeldmarschall Kesselring befehligte Südraum noch durch einen schmalen Landstreifen, die sogenannte „Wespentaille", verbunden waren. Mir wurde ein Lastwagen mit Plane zur Verfügung gestellt. In ihm wurden die beiden Handkoffer hinten so untergebracht, daß sie — falls nötig — sofort vom Wagen heruntergerissen werden konnten; auch lag eine Flasche mit Ben=zin bereit, um sie gegebenenfalls zu vernichten — ich hatte beschlossen, sie den

1 Meine Aufzeichnungen sind in der Tat unter diesem Gesichtswinkel geprüft, aber — das ersah ich, als sie mir später wieder vorgelegt wurden — mit dem Vermerk versehen worden, daß sich aus ihnen nichts ergebe. Aus den bereits abgeliefer=ten Teilen ist im Nürnberger Anklagematerial nur ein Eintrag vom 14. 3. 1943 aufgetaucht (Doc. 1786—PS).

Russen auf keinen Fall in die Hände fallen zu lassen. Ich selbst saß neben dem Fahrer, um ihm Weisungen geben zu können.

In Treuenbrietzen wurde uns gemeldet, daß kurz vor uns beim Lager Jüterbog bereits russische Panzer gemeldet seien. Die Kolonne bog deshalb nach Westen aus, worauf sie in der Dunkelheit auseinandergerissen wurde. Bei Morgengrauen gelangten wir nach Wittenberg, wo glücklicherweise die Elbbrücke noch nicht gesprengt war. Wir erwarteten jetzt jeden Augenblick, Amerikaner auftauchen zu sehen (zwei Tage später reichten ihre Spitzen bei Torgau der Roten Armee die Hand); doch hielt sich das US-Oberkommando an die mit ihren Bundesgenossen getroffenen Abreden und blieb an der Mulde stehen. Unsere Kolonne, die sich wieder zusammenfand, konnte daher westlich der Elbe ungestört nach Süden weitereilen und über Meißen–Tharandt das Sudetengebiet erreichen. Der Weg über das Gebirge war rechts und links gesäumt mit ausgebrannten Autos, die Tieffliegern zum Opfer gefallen waren. Da eine Wolkendecke uns schützte, kamen wir jedoch unbehelligt hinüber und gelangten über Cham–Straubing am 24./25. 4. 1945 nach Berchtesgaden, wo wir die von uns bereits bei den früheren Aufenthalten benutzte Kaserne Strub bezogen. Jenseits der Stadt stieg am 25. 4. im strahlenden, windlosen Frühjahrswetter vom Obersalzberg aus senkrecht eine Rauchsäule auf: Hitlers „Berghof", durch Bomben getroffen, wurde in eine Ruine verwandelt.

Da wir damit zu rechnen hatten, daß auch die — kaum durch Luftschutzvorrichtungen gesicherte — Kaserne Opfer eines Bombenangriffs werden würde, zog der Stab in das Hotel am Königssee und die umliegenden Häuser um.

Nachdem Hitlers Tod (30. 4.) bekanntgegeben und das Eintreffen der US-Armee nur noch eine Frage von Tagen oder Stunden war, erfolgte am 3. Mai der von mir vorausgesehene Befehl, alle Akten zu vernichten. Der Adjutant legte mir eine Erklärung vor, in der ich eidesstattlich zu erklären hatte, daß ich den Befehl restlos erfüllt habe. Ich gestehe, daß er mich in eine Gewissensnot versetzte, an die ich zeitlebens denken werde. Denn seine Befolgung hätte alle meine Vorkehrungen zunichte gemacht und zur Beseitigung von Dokumenten geführt, die zu erhalten meine Pflicht als Historiker war. Ich legte mir die Frage vor, ob ich in einem solchen Falle berechtigt sei, einen Meineid zu leisten und mein Gewissen damit zu beruhigen, daß ein solches Regime kein Recht mehr auf wahrheitsgemäße Meldungen habe. Ich entzog mich diesem moralischen Zwiespalt, indem ich die den 1.–20. April betreffenden sowie gleichgültige Akten möglichst sichtbar verbrannte und darüber eine Vernichtungsverhandlung aufsetzte, die der mir befreundete und daher sofort bereite Hauptmann d. Res. *Cartellieri* (jetzt Staatssekretär im Atomministerium) gegenzeichnete[1]. Diese überreichte ich dem Adjutanten zusammen mit einer

1 Dieses Dokument ist — wie ich höre — erhalten in einem Hefter des Führungsstabs Süd mit Befehlen, Meldungen usw. aus der Zeit kurz vor und nach der Kapitulation, der nach dieser der US-Army übergeben wurde und heute daher in Alexandria (Virginia) verwahrt wird.

langen ehrenwörtlichen, sachlich absolut wahren Erklärung, daß ich nie Abschriften für mich gemacht, mir nie ein einziges Dokument angeeignet, nichts nach Göttingen gesandt oder gebracht habe usw. Der Adjutant, bereits durch aktuellere Sorgen beschlagnahmt, gewahrte nicht, daß die entscheidende Erklärung, keine Akten mehr zur Hand zu haben, fehlte, und gab sich zufrieden. Außerdem lieferte ich die nach dem 20. 4. noch angefallenen Akten ab, behielt jedoch die von mir angefertigten Auszüge bei mir [1].

Da der Stab die groteske Absicht faßte, sich in das Gebirge zurückzuziehen, wurde entlassen, wer nicht mehr unmittelbar gebraucht wurde. Darunter fiel auch ich (4. Mai) [2]. Jetzt erwies es sich als vorteilhaft, daß ich meine Akten leicht transportabel und dazu ganz unscheinbar untergebracht hatte. Ich trug den einen Handkoffer zu einem in der Nähe ansässigen Verwandten meiner Frau, dem Landrat a. D. Nikolaus v. Gerlach, der ihn bereitwillig auf dem Dache seines Hauses zwischen anderen Koffern und Hausrat unterstellte. Den anderen brachte ich zu einer mir flüchtig bekannt gewordenen Familie, der ich erklärte, es handele sich um Privateigentum und wissenschaftliche Notizen. Als kurz danach die Amerikaner Berchtesgaden besetzten, gab ich mich der Hoffnung hin, meine Manuskripte so versteckt zu haben, daß ich sie eines Tages würde abholen können. Die angeschlagenen Bekanntmachungen, in denen die Ablieferung aller Dokumente verlangt und auf die Nichtbefolgung dieser Anordnung schwere Strafen gesetzt wurden, fochten mich nicht an.

Diese Erwartung war jedoch trügerisch. Ich hatte zusammen mit einem anderen aus der Wehrmacht entlassenen Major, der wie auch ich Zivilkleidung anlegte, die Betreuung von etwa 20 Stabshelferinnen übernommen, die plötzlich schutzlos dastanden. Wir hatten Proviant für eine gewisse Zeit besorgt und einen abseits gelegenen Hof bezogen [3]. In diesem wurde ich eines Nachmittags durch einen US-Captain aufgescheucht, der nach mir fragte. Er erklärte, ich hätte Dokumente verborgen und der Feldmarschall Kesselring schicke mir den Befehl, sie sofort herauszugeben. Da dieser nichts von meinen Maßnahmen wußte, konnte das nicht stimmen; aber irgend jemand mußte ausgeplaudert haben. Ich entschloß mich blitzschnell, den einen Handkoffer zu opfern, um den anderen zu retten, gab zu, Dokumente bei einem Onkel untergestellt zu haben, und erklärte mich bereit, den Weg zu ihm zu zeigen. Der Captain führte mich zu seinem Jeep, bei dem der Rittm. Scheidt wartete. Ich durfte nicht mit ihm sprechen, aber auch meinerseits hatte ich nicht das Bedürfnis, da ja offen

1 Diese liegen den S. 1438 bis 1450 zugrunde (1945: 3. Abschnitt).

2 Im Entlassungsschein heißt es nach dem alten Schema — da im Dienstbetrieb eine Katastrophe wie die bevorstehende nicht vorgesehen war —, ich sei „aus gesundheitlichen Gründen nach § 24 (3) des Wehrgesetzes in allen Ehren aus dem aktiven Wehrdienst entlassen" worden.

3 Dieser Hof wurde von französischen Soldaten geplündert, die mir eine Maschinenpistole auf die Brust setzten und uns beide zwangen, die den Stabshelferinnen abgenommenen Sachen in den gleichfalls „konfiszierten" Handkoffern zu ihrem Auto zu bringen — was wir bereitwillig taten, da es nicht zu den von uns befürchteten, in dieser Gegend zahlreichen Vergewaltigungen gekommen war.

lag, wer mich in diese Lage gebracht hatte. Der Captain erhielt den Handkoffer und sagte mir, als er mich zurückgebracht hatte, ich werde weiteres hören.

Ich klammerte mich an die Hoffnung, daß ich durch meinen schnellen Entschluß den anderen Handkoffer endgültig in Sicherheit gebracht hätte. Aber ich nehme gleich vorweg, daß diese Erwartung trog. Nach meiner Entlassung aus der Gefangenschaft schickte ich meinen ältesten Sohn nach Berchtesgaden, um den Koffer abzuholen. Er schlug sich auf Kohlenzügen nach Berchtesgaden durch, kam aber mit leeren Händen zurück! Als nämlich die US-Army den ganzen Raum systematisch durchzukämmen begann, weil viele Nazi-Größen in ihn geflüchtet waren und ihre Sachen dort untergestellt hatten, war jener Familie die Sorge gekommen, daß sie durch mein Gepäck Schwierigkeiten bekommen könne. Sie hatte den Handkoffer aufgebrochen und festgestellt, wie gewichtig der Inhalt war. Sie hatte ihn darauf restlos vernichtet! Das war eine in ihrer Lage verständliche Handlung, und mich bedrückte nachträglich der Gedanke, daß ich die Familie möglicherweise in eine schiefe Situation hätte bringen können.

Zu diesem Exemplar des KTB gehörte ein Hefter mit allen Führerweisungen. Doch führte der General Jodl auch eine vollständige Sammlung mit sich, die er bei seiner Gefangennahme den Alliierten aushändigte. Sie sind daher alle bekannt.

Da ich damals das Schicksal dieses Handkoffers nicht voraussehen konnte, betrachtete ich den weiteren Ablauf der Dinge mit Fassung.

Ich wurde am 2. Juli von einem rüden US-Offizier nach Freising abgeholt, von dort am 11. August nach Oberursel gebracht und schließlich nach Versailles geflogen, wo die Historical Division der US-Army einquartiert war. Dieser war nämlich der Inhalt des von mir ausgelieferten Handkoffers zugeleitet worden, und sie hatte sich an die Auswertung desselben gemacht. Sie stand dabei vor der Schwierigkeit, daß sich bei diesem Exemplar meine handschriftlichen Entwürfe befanden, die schwer lesbar waren. Zur Umschrift hatte sie sich den Rittm. Scheidt geholt, der sich durch größte Gefügigkeit bemühte, für sich eine bessere Behandlung zu erlangen, als sie den übrigen Kriegsgefangenen gewährt wurde. Doch war die Historical Division zu der Einsicht gelangt, daß für die Umschrift der Verfasser geeigneter sei, und sie hatte mich deshalb angefordert. Scheidt wurde nach Nürnberg gebracht, wo er sich den Anklägern zur Verfügung stellte und zur Belohnung in dem Sonderhaus für Belastungszeugen untergebracht wurde, deren Insassen besser behandelt wurden als die im „Zeugenflügel" des Gefängnisses Eingesperrten – nach seiner Entlassung hat er dann ein übles Ende gefunden[1]. Ich habe ihn glücklicherweise nie wieder zu Gesicht bekommen.

1 Scheidt bewarb sich beim Aufbau des Bundesverteidigungsministeriums um eine Anstellung in dessen Pressestelle. Da ich durch Zufall davon erfuhr, konnte ich das durch Mitteilungen über seine Persönlichkeit verhindern. Überrascht war ich

Mit Hilfe einer mir zugewiesenen Schreibkraft, der ich mein Manuskript diktieren konnte, fertigte ich von den Teilen meiner Ausarbeitungen, die mir handschriftlich vorlagen, Reinschriften an. Anschließend rekonstruierte ich im Auftrag der Historical Division an Hand meiner „Ausarbeitung" über den Westen und in Zusammenarbeit mit den leitenden Generalstabsoffizieren der drei an der Ardennen-Offensive beteiligten Armeen deren Vorgeschichte.[1]

Nachdem ich als Entlastungszeuge für den Generalobersten Jodl[2] nach Nürnberg gebracht war und dann noch zwei Lager absolviert hatte, kehrte ich Anfang Oktober 1946 nach Göttingen zurück[3].

Nach meiner Rückkehr erhob — obwohl ich unbelastet war — die Britische Militärregierung Einspruch dagegen, daß ich meine Lehrtätigkeit wieder aufnahm. Denn aus meiner militärischen Verwendung, insbesondere aus meiner Anforderung als Entlastungszeuge für Jodl, schloß sie, ich müsse Nationalist und Militarist sein — ein Kurzschluß, der mir sehr verständlich war; denn wie konnte man von außen die seltsame Struktur des III. Reiches, insbesondere die der militärischen Führung, durchschauen, da sie ja auch für die Mehrzahl der Deutschen ein Buch mit sieben Siegeln geblieben war? Trotz der Eingaben der Fakultät mußte ich bis zum Herbst 1948 auf die Wiedereinstellung als Professor warten. Als Gelehrten traf mich das insofern, als kein Verleger im Bundesgebiet etwas von mir drucken durfte, solange mein Schicksal unentschieden war (meine erste Nachkriegspublikation erschien daher in der Sowjetzone, die zweite in der Città del Vaticano). Insofern habe ich ziemlich viel für die Abfassung des KTB bezahlen müssen. Rückschauend ist die Wartezeit ohne Ge-

dann zu hören, daß er in einer anderen, noch wichtigeren Pressestelle Unterschlupf gefunden hatte. Dort war allerdings seines Bleibens nicht lange, da sich herausstellte, daß er sich Rückversicherungen im Osten besorgt hatte. Kurz danach machte dann eine Krankheit seinem Leben ein Ende. — Seine Wohnung in Berlin war m. W. zerstört, die Ehe wurde geschieden. Es ist daher nicht anzunehmen, daß sich in Scheidts Nachlaß noch irgendwelche Materialien von Wert befanden.

1 Über dieses Manuskript und die geplante Drucklegung vgl. oben S. 1795 Anm. 1.

2 Hierzu kam es, weil Jodls Verteidiger, die Professoren Dr. Franz *Exner* und Dr. Hermann *Jahrreiß*, ihm vorgestellt hatten, daß er als Entlastungszeugen nicht nur aktive Offiziere namhaft machen könne. Deshalb verfiel Jodl auf mich, da ich einer der wenigen in seinem Stabe noch tätigen Reserveoffiziere war und auf Grund meiner Tätigkeit ja auch über manches Auskunft zu erteilen vermochte. Ich hatte Jodl persönlich nicht nahegestanden; aber er hatte mich durch sein Verhalten, als ich — wie bereits berichtet — verdächtig geworden war, verpflichtet. Wäre er nicht gewesen oder hätte er sich anders verhalten, hätte mein Leben — das ist das Geringste, was sich sagen läßt — einen anderen Kurs genommen. Ich habe ihm als Entlastungszeuge allerdings nicht helfen können; denn meine Vernehmung vor dem Internationalen Gerichtshof fiel auf den Sonnabend vor Pfingsten (8. Juni), an dem alle Beteiligten von der Absicht beherrscht waren, die laufende Verhandlung möglichst schnell zum Abschluß zu bringen (vgl. das Protokoll der Vernehmung in: Der Prozeß gegen die Hauptkriegsverbrecher vor dem Internationalen Militärgerichtshof, XV, München 1948, S. 648—54; vgl. dazu unten S. 1832).

3 Aus dem Kriegsgefangenenlager Regensburg sandte ich am 26. 8. 1946 nach einer Rundfunknachricht über den Nürnberger Hauptprozeß an den Verteidiger Dr. *Laternser* einen Brief, in dem ich über ihn dem Gericht mitteilte, was mir als KTB-Führer über den Bakterienkrieg bekanntgeworden war. Da dieser Brief als Zeugnis verwandt worden ist und mit dem KTB zusammenhängt, lasse ich ihn als *Anlage 4 b* folgen (S. 1832 f.).

halt jedoch aufgewogen, da ich in ihr neue Bücher vorbereiten konnte. Vor allem: für die 1943/45 erworbenen Kenntnisse und Einsichten war der Preis noch immer gering.

Die Historical Division der US-Army hielt über ihre in Karlsruhe untergebrachte Sektion den Kontakt mit mir in Göttingen aufrecht. Aus unseren Gesprächen ergab sich eine Abrede, über die ich den Leser anschließend zu informieren habe:

Der von der Hist. Division entsandte Offizier legte mir die beiden Aktenhefter vor, in denen meine das Jahr 1945 betreffenden Notizen abgeheftet waren, nämlich das sogenannte „Lagebuch", d. h. meine Aufzeichnungen, die ich bei der täglichen Lagebesprechung unter Leitung des Stellv. Chefs WFStab gemacht hatte, und meine chronologisch aneinandergereihten Auszüge aus den Akten. Denn ich hatte ja – wie in anderem Zusammenhang vermerkt – nicht mehr zusammenhängende „Ausarbeitungen" anfertigen dürfen, sondern hatte mich mit dem Registrieren von Einzelheiten begnügen müssen. Daher fanden sich Benutzer, die nicht eingeweiht waren, in diesem Rohstoff nicht zurecht. Ich schlug der Hist. Division vor, daß ich die mir damals untersagte Arbeit so gut, wie es noch möglich war, nachholen wolle, und erbat mir dafür Photokopien meiner in dem erwähnten Koffer ausgehändigten Aufzeichnungen. Nachdem die zuständigen Stellen diese Abmachung sanktioniert hatten, erhielt ich die Photokopien (sie liegen dem Abdruck zugrunde), und ich fertigte meinerseits in den Monaten April–Juni 1948 ein Schreibmaschinenmanuskript von 485 Blatt an: „Die Deutsche Wehrmacht in der letzten Phase des Krieges (1. 1. 1945 bis 7. 5. 1945)", das ich anschließend der Historical Division überreichte und in Durchschlägen dem Bundesarchiv in Koblenz, dem Institut für Völkerrecht (Abt. Zeitgeschichte) in Göttingen (jetzt: Archivlager, ebd.) und dem Institut für Zeitgeschichte in München übersandte.

Dieses Manuskript liegt dem Teil „1945" in diesem Bande zugrunde. Was aus den Jahren 1944/45 noch fehlte, erlangte ich auf andere Weise. Die freudigste Überraschung war es für mich, festzustellen, daß in den Dokumenten PS–1797/98 mein die Zeit vom 2. 1.–31. 3. 1945 betreffendes „Lagebuch", das in dem Exemplar der US-Army nur unvollständig erhalten blieb, ohne Lücken vorliegt.

Daher bin ich nun imstande, das KTB der Jahre 1944/45 fast vollständig veröffentlichen zu können (über die geringen Teile, die verlorengingen, orientieren S. 1834–36). Der Leser, der mir durch die letzten Abschnitte geduldig gefolgt ist, wird es mir nachempfinden, daß ich jetzt mit Schmunzeln auf alle durchstandenen Schwierigkeiten und Verwicklungen zurückschaue: die Stunden, in denen ich den Gedanken hin- und herwälzte, was ich tun solle, die Augenblicke, in denen mir das Herz klopfte – sie haben sich gelohnt.

### 3. Das KTB der Führungsgruppe Nord (A)

Da am 20. 4. 1945 der Wehrmachtführungsstab – wie schon berichtet (s. oben S. 1755 ff.) – in die beiden Führungsgruppen Nord (A) und Süd (B) aufgespalten wurde, mußten zum Schluß zwei Kriegstagebücher nebeneinander geführt werden. In der Führungsgruppe Nord (A) wurde diese Aufgabe dem Major i. G. Joachim *Schultz* (jetzt: *Schultz-Naumann*) zuerteilt. Dank der Mitteilungen, die er mir bereitwillig machte, vermag ich über seine Tätigkeit folgende Auskunft zu geben:

Major J. Schultz-Naumann, der 1944 sein linkes Bein verloren hatte und sich Anfang 1945 im Warthegau befand, wurde durch die russische Offensive in die allgemeine Flucht hineingerissen. Obwohl noch nicht ausgeheilt, nahm er vorübergehend die Geschäfte des Ia beim Festungskommandanten von Deutsch-Krone wahr. Von dort gelangte er nach Mecklenburg. Er meldete sich beim Heerespersonalamt, da er nur dann in den Besitz einer Prothese gelangen konnte, wenn er Dienst tat. Er wurde in den Wehrmachtführungsstab versetzt und in diesem der Operationsabteilung Heer (West) zugeteilt.

Bei der Aufspaltung des Stabes am 20. 4. 1945 wurde Major Schultz-Naumann von der Führungsgruppe A zum Großadmiral Dönitz entsandt. Als der Stab am 3. 5. in Mürwik eintraf, erhielt er vom Chef der Op.-Abt. Heer den Auftrag, an Stelle des dem Führungsstab Süd (B) zugeteilten Majors d. Res. Schramm die Führung des Kriegstagebuches zu übernehmen und die ab 20. 4. klaffende Lücke nachträglich zu schließen. Zur Durchführung dieser Aufgabe erhielt er wie sein Vorgänger das Recht, an den Lagebesprechungen teilzunehmen und alle Dokumente einzusehen.

Das Kriegstagebuch des Führungsstabes Nord setzt daher am 20. 4. ein. Es reicht bis zum 16. 5., bricht also eine Woche vor dem Tage ab, an dem die Regierung Dönitz und der Führungsstab A gefangengesetzt wurden (23. 5.). Außerdem fertigte J. Schultz-Naumann Aufzeichnungen über Ausführungen an, die Generaloberst Jodl bei den Lagebesprechungen machte. Sie umfassen die Tage vom 12. 5.–20. 5. und sind dem Abdruck des Kriegstagebuches als Anhang angefügt (s. oben S. 1451–1499, 1499–1507).

Es gelang Herrn Schultz-Naumann, der sich als Schwerverwundeter der Gefangennahme entziehen konnte, ein Duplikat seiner Aufzeichnungen hinüberzuretten. Auf sie wurde aufmerksam Jürgen *Thorwald,* der sich durch Bücher über den Zusammenbruch[1] bekanntgemacht hatte und seine Bemühungen, dokumentarische Unterlagen zu gewinnen, fortsetzte. Er brachte 1951 ein Bändchen heraus: *Joachim Schultz,* Die letzten 30 Tage, Steingrüber-Verlag Stuttgart (Dokumente zur Zeitgeschichte, Herausgeber: Jürgen Thorwald; 132 S. mit 3 Karten).

Als ich mich entschloß, das Kriegstagebuch des Wehrmachtführungsstabes zu veröffentlichen, faßte ich natürlich sofort ins Auge, auch die Aufzeichnungen

1 Es begann an der Weichsel, Stuttgart 1950; Das Ende an der Elbe, ebd. 1950. (Der Verfassername ist Pseudonym für: Heinz Bongartz.)

von Herrn J. Schultz-Naumann abzudrucken. Bevor ich seine jetzige Adresse ausgemacht hatte, erhielt ich von ihm infolge einer Pressenotiz einen Brief, in dem er mir von sich aus seine Aufzeichnungen zur Wiederveröffentlichung anbot. Ich wiederhole hier mit Nachdruck den Dank, den ich ihm sofort für diese Bereitwilligkeit aussprach.

Der Wiederabdruck ist auch aus dem Grunde erforderlich, weil jetzt der authentische Text vorgelegt werden kann. Denn der Herausgeber hat das Kriegstagebuch sowie die Aufzeichnungen über die Lagebesprechungen zusammengezogen; auch hat er einzelne Abschnitte oder Sätze weggelassen und dafür Überleitungen eingefügt.

### 4. Sonstige Dokumente und Akten des WFStabs, die wieder aufgetaucht sind

Wie aus der nachfolgenden Erläuterung zu entnehmen ist, sind außer den von H. Greiner und mir geretteten Aufzeichnungen noch weitere der Vernichtung entgangen (das betrifft vor allem das Jahr 1943). Doch ist uns nicht bekannt, wie und wo die US-Army auf diese Teile des KTB gestoßen ist.

Außerdem sind den ehemaligen Gegnern auch noch Teile der Akten des WFStabs in die Hand gefallen. Das eine oder andere Stück wird in unserem Abschnitt „Dokumente" abgedruckt. Ich verweise auf die dort jeweils vorausgeschickten Erläuterungen.

### 5. Das Schicksal der übrigen militärischen Akten

Es sei noch einmal darauf zurückverwiesen, daß 1942 das in Potsdam untergebrachte Heeresarchiv, das 1936/37 aus dem Reichsarchiv ausgegliedert und dem Generalstab des Heeres unterstellt worden war, diesem entzogen wurde [1]. Verantwortlich für das Heeresarchiv war nunmehr General Scherff als „Beauftragter des Führers für die militärische Geschichtsschreibung".

Im Heeresarchiv war eine besondere Abteilung eingerichtet worden, deren Aufgabe es war, die abgelieferten Kriegstagebücher zu übernehmen und karteimäßig zu erfassen, gegebenenfalls auch zu mahnen, wenn die Ablieferung sich hinauszögerte. Das war also die Abteilung, die für die von H. *Greiner* und mir abgelieferten Kriegstagebücher des WFStabs zuständig war.

Die beim GenStdH gebliebene 7. (kriegsgeschichtliche) Abteilung, der die benötigten Kriegstagebücher von General Scherff ausgeliehen wurden, machte sich an die Bearbeitung der letzten Feldzüge. Das war dadurch erschwert, daß 1941 bei einem Barackenbrand Teile der Kriegstagebücher vernichtet worden waren; doch war diese Lücke zu einem Teil durch die Ablieferung von Ersatzbänden geschlossen worden, welche die betroffenen Dienststellen aus Abschriften oder Durchschlägen hergestellt hatten. Aus dieser Tätigkeit der 7. Abt.

1 Karl *Ruppert*, Heeresarchiv Potsdam 1936—1945, in: Der Archivar III, 1950, Sp. 137—180.

sind bloß zwei („nur für den Dienstgebrauch" gedruckte) kurze Übersichten über die Feldzüge in Polen und Norwegen hervorgegangen.

Über die Auslagerung, die wegen des Luftschutzes erforderlich wurde, berichtet Karl *Ruppert* das Folgende:

„Die in der zweiten Hälfte des Jahres 1943 auf den Raum von Berlin verstärkt einsetzenden Luftangriffe machten die Auslagerung von Akten aus dem Heeresarchiv Potsdam notwendig. Die Kriegstagebücher des Zweiten Weltkrieges vom OKH bis zu den Divisionen abwärts wurden deshalb in den Raum von Liegnitz, Stadt und Umgebung, verlegt.[1] Es fanden sich dort geeignete und gesicherte Lagerräume. Aber das Verbleiben der Akten sollte dort nur von kurzer Dauer sein. Mit dem Näherrücken der russischen Streitkräfte mußten für die Kriegsakten Ende 1944 neue Unterbringungsmöglichkeiten gesucht werden. Bei der erneuten Auslagerung verlangte das OKH Unterbringung in ausschließlich heereseigenen Gebäuden. Nach eingehenden Erkundungen fanden sich solche zunächst in Kasernenkellern von Krampnitz, Groß-Glienicke und im Proviantamt in Satzkorn. Hierin gelangten die umfangreichen Bestände um die Jahreswende 1944/45 in Lastkraftwagentransporten. Als die sowjetischen Armeen auf Berlin marschierten, wurden neue Ausweichstellen ermittelt in Oberbayern und im Harz, und zwar in den Kasernen bei Bad Reichenhall, in Kufstein und in Blankenburg am Harz. Daraufhin wurden, bevor die russischen Truppen den großen Ring um Berlin legten, in die Kaserne bei Bad Reichenhall überführt: die Kriegstagebücher der Heeresgruppen, Akten anderer Kommandobehörden (darunter das mittels Flugzeug aus Stalingrad herausgebrachte Kriegstagebuch der Armee Paulus) und wertvolle Bestände der Akten des Heeresarchivs, u. a. auch die Nachlässe von Moltke, Schlieffen, Groener, Seeckt und anderen. Lagerort für die Bestände des Kriegsministeriums, des Chefs des Generalstabes, der Organisationsabteilung und des Generalquartiermeisters (Frieden und Krieg) wurde die Kaserne in Kufstein. In die Schloßkaserne in Blankenburg am Harz konnten die Kriegstagebücher der Armeeoberkommandos, der Generalkommandos, Divisionen und anderer Heeresdienststellen überführt werden. Hierin wurden auch Teile der älteren Aktenbestände ausgelagert.

Bei den auf Berlin durchgeführten Luftangriffen blieb Potsdam verschont. Erst ein Angriff in den Abendstunden des 14. April 1945 traf ausschließlich die Stadt. Hierbei lagen die Gebäude des Heeresarchivs, obwohl am Stadtrand in Waldpotsdam auf dem Brauhausberg gelegen, fast im Zentrum des Angriffs. Das Magazingebäude erhielt mindestens fünf oder sechs Treffer von Fünftonnenbomben. Nach dem Abklingen des Feuers und der Freilegung eines Einganges konnte erst nach Tagen festgestellt werden, daß nur ein Teil der in eisernen Schränken im Erdgeschoß gelagerten Karten gerettet war."

Über die weiteren Schicksale der ausgelagerten Akten berichtet *Bernhard Poll*[2]:

„Nach einer erneuten Auslagerung in Kellern von Kasernen und Proviantämtern in der weiteren Umgebung Potsdams gelang es, die Kriegstagebücher des Zweiten Weltkrieges mit einigen besonders wertvollen anderen Quellen vor der Belagerung Berlins und der Unterbrechung der Verbindungen in zwei Transporten von je 4—6 Eisenbahnwaggons nach W e s t e n bzw. S ü d e n zu evakuieren, und zwar:

u. a. die Kriegstagebücher der Divisionen, der Generalkommandos und der Armeeoberkommandos in die Schloßkaserne in Blankenburg am Harz,

1 Nach Liegnitz siedelte auch die Kriegsgeschichtliche Abteilung (7. Abt.) über.

2 Vom Schicksal der deutschen Heeresakten und der amtlichen Kriegsgeschichtsschreibung, in: Die Welt als Geschichte XII, 1952, S. 61—68; ähnlich *Ruppert*, a.a.O., Sp. 179 f.

die Kriegstagebücher der Heeresgruppen, Nachlässe und ältere Stücke sowie wesentliche Bestände des Kriegsministeriums, des Chefs des Generalstabes, der Organisationsabteilung und des Generalquartiermeisters (Krieg und Frieden) in die Kaserne bei *Bad Reichenhall*.

Von hier ließ der Beauftragte des Führers die Akten der obersten militärischen Behörden weiter in die Kaserne in *Kufstein* verlagern und sodann beide Aktendepots, sowohl das Reichenhaller als auch das Kufsteiner, verbrennen. Von einer Vernichtung auch der älteren Akten und der Nachlässe sah indessen der leitende Beamte in Reichenhall ab. So blieben diese erhalten. Sie befinden sich heute im Nationalarchiv in Washington.[1]

Das *Blankenburger* Depot fiel unversehrt in die Hände der englischen Truppen, die es vor der Räumung der Stadt im Sommer 1945 abtransportierten und nach *London* schafften.

Der Fliegerangriff auf Potsdam am Abend des 14. April 1945 führte fast zu einem Totalverlust der in dem Magazinneubau untergebrachten preußisch-deutschen Heeresakten ... Die Handbibliothek, rund 75 000 Bände zur Geschichte des Ersten Weltkrieges und des Bismarckreiches, war größtenteils ausgelagert. Sie ging (wie auch die Heeresbücherei Berlin) verloren. Der in Potsdam verbliebene Teil wurde ebenso wie die Restakten des II. Weltkrieges von der russischen Besatzungsmacht abgefahren" (a.a.O. S. 66 f.).

Über die Schicksale der *Akten der Kriegsmarine* ist bereits oben S. 1771 f. berichtet worden: Da der Großadmiral Dönitz sich von dem Verbrennungsfieber nicht anstecken ließ, sind die wichtigsten Bestände lückenlos erhalten geblieben. Sie werden zur Zeit noch in London verwahrt.

Auch sonst hat es noch viele besonnene Männer gegeben, die den Vernichtungsbefehl bewußt umgingen oder dafür gesorgt hatten, daß Zweitschriften sichergestellt waren[2]. Andererseits sind — wie bekannt — auch riesige Aktenbestände erhalten geblieben, weil Zeit oder Gelegenheit zu ihrer Vernichtung fehlten. Daher konnten die Anklagen in den Nürnberger Prozessen ja zu einem großen Teil auf den von den Angeklagten geführten Akten aufgebaut werden[3].

## Anlagen

### 1. Umstellungen des WFStab-Kriegstagebuches (Befehlsentwurf Ende 1943 und Weisung vom 23. Jan. 1945).

Für die ab 1. 1. 1944 in Kraft getretene Umstellung des Kriegstagebuches[4] hatte ich am 3. November 1943 den *Entwurf für eine „Dienstanweisung"* vor-

1 Hinzugesetzt sei, daß große Bestände inzwischen zurückgegeben wurden und weitere Rückgaben noch zu erwarten sind.

2 Über die Kriegstagebücher der *Heeresgruppen Nord* und *Mitte* vgl. oben S. 1765 ff.

3 Darüber und über die Sicherstellung der Reste durch die Alliierten, die Sichtung von 1100 Tonnen = rund 30 km Akten durch die US-Staatsanwaltschaft für die Nürnberger Prozesse sowie über die Art und Unterbringung der erbeuteten Akten vgl. *W. Mommsen*, Sammlung und Ordnung von historischem Schriftgut aus jüngster Zeit, in der Zeitschrift „Nachrichten für Dokumentation" II, Heft 3/4, 1951, Sept./Dez.

4 Vgl. oben S. 1785 ff.

gelegt, die im Wortlaut angeführt sei, da die mir erteilte Dienstanweisung m. W. nicht erhalten ist (sie lief im wesentlichen auf das hinaus, was ich vorgeschlagen hatte):

Dienstanweisung für das KTB des WFStabs

1. Um Arbeit einzusparen, die auch durch die Dienststelle des Beauftragten des Führers für die militärische Geschichtsschreibung geleistet wird oder nach dem Kriege nachgeholt werden kann, und um vorzubeugen, daß mit zunehmender Wichtigkeit der OKW-Kriegsschauplätze und dem dadurch vermehrten Aktenanfall eine Vergrößerung der Abteilung notwendig wird, ist die *Tätigkeit des KTB fortan umzustellen.*
2. *Es kommt darauf an,* das KTB hinfort so zu führen,
   a) daß dem *Chef WFStab,* dem *Stellv. Chef WFStab* und dem *Beauftragten des Führers für die Kriegsgeschichtsschreibung* auf Anfordern in Kürze ein Überblick über Hauptfragen der Kriegführung vorgelegt werden kann und Einzelfragen zu beantworten sind,
   b) daß bei einem Wechsel und einer Vertretung in der Leitung einer der *Abteilungen und Gruppen des Wehrmachtführungsstabes* der *neue Leiter bzw. Vertreter* sich an Hand der sein Arbeitsgebiet betreffenden Teile des KTB schnell in die Fragen seines Bereiches einzuarbeiten vermag,
   c) daß Anfragen *anderer Dienststellen* über größere Zusammenhänge und über einzelne Tatsachen sich beantworten lassen,
   d) daß der kriegsgeschichtlichen Forschung vorgearbeitet und eine vorläufige Übersicht über Hauptprobleme der Kriegführung angebahnt wird.
3. Zu diesem Zwecke hat an die Stelle einer kalendermäßigen Anführung des gesamten Materials eine *Aufgliederung nach sachlichen Gesichtspunkten* zu treten, bei der das Unwesentliche späterer Ausarbeitung überlassen bleibt.
4. Diese *Aufgliederung* ist der Entwicklung der Lage anzupassen. Sie erfolgt in Anlehnung an die Kriegsschauplätze; jedoch sind übergreifende Fragen (z. B. Kräfteausgleich zwischen den Kriegschauplätzen, Ausbau des Atlantik-Walles) und in sich geschlossene Vorgänge (z. B. Fall „Gisela" [1]) für sich zu behandeln, ebenso Einzelfragen, die über längere Zeiträume hin ein Rolle spielen (z. B. die Verstärkung bzw. Schwächung des Westens, die Stellungnahme des WFStabs zu den das deutsch-französische Verhältnis betreffenden Fragen).

   An jedem Monatsanfang ist dem Stellv. Chef WFStab eine Übersicht über die zur Zeit befolgte Stoffgliederung vorzulegen, zu welcher der Bevollmächtigte des Führers für die Kriegsgeschichtsschreibung Stellung nimmt.[2]
5. Die einzelnen Stoffgebiete sind in parallel geführten Tätigkeitsberichten zu behandeln, die im Normalfalle am Monatsende, sonst bei Abschluß einer Aktion (z. B. Aufhebung des Ausnahmezustandes in Dänemark am 6. 10.) oder bei einem wichtigen Einschnitt (z. B. Ausgabe des Stichwortes „Achse" am 6. 9.[3] abzuschließen sind.

   Die durch Zurückstellen des Unwesentlichen eingesparte Zeit ist darauf zu verwenden, daß die Niederschrift von einer reinen Aufzählung zu einem Erfassen der Geschehnisse durchstößt. Wo diese zu einer Spannung führen, bei der die Abfolge von Tag zu Tag wichtig ist, kann die bisherige Form der Niederschrift beibehalten werden. Jedoch ist keine Forschung zu betreiben noch eine gefällige Darstellung anzustreben.

1 D. h. der 1942 ins Auge gefaßte Einmarsch in Spanien.
2 Dazu ist es nicht gekommen.
3 D. h. die Entwaffnung des italienischen Heeres (1943).

6. Die an das KTB abgelieferten Akten sind entsprechend abzuheften. Die Lagemeldungen werden wie bisher nach dem Kalender geordnet. Der Rest wird chronologisch unter der Überschrift „Sonstiges" abgeheftet.

7. *Aufgabe des Leiters des KTB* ist es,

   a) die Ordnung der Akten zu überwachen und Einsicht in die Akten des WFStabs zu nehmen, die nicht an das KTB abgeliefert werden, aber für die Tätigkeitsübersichten von Wichtigkeit sind,

   b) sich durch Teilnahme an der täglichen *Lagebesprechung* des Stellv. Chefs WFStab einen Überblick zu verschaffen,

   c) regelmäßig mündliche Erläuterungen des *Chefs WFStab* und des *Stellv. Chefs WFStab* entgegenzunehmen und darauf deren Inhalt schriftlich festzulegen,

   d) ständig mit den *Abteilungsleitern* Fühlung zu halten und deren Mitteilungen gegebenenfalls gleichfalls schriftlich festzuhalten,

   e) auf Grund dieser Unterlagen die Tätigkeitsübersichten zu verfassen.

8. Es sind zu führen:

   a) ein *„Lagebuch"* auf Grund der Lagebesprechung,

   b) ein *„Merkbuch"*, in dem die schriftlichen Aufzeichnungen gemäß Ziffer 7c und d zusammenzufassen sind,

   c) ein *Kalender*, der auf Grund der Tätigkeitsübersichten die wesentlichen Vorgänge auf allen behandelten Gebieten verzeichnet und deren Gleichzeitigkeit erkennen läßt,[1]

   d) eine *Kartothek*, in der außer den Tätigkeitsübersichten auch die Akte „Sonstiges" zu verzetteln ist, so daß jeder größere Vorgang aufzufinden und für später die Anlage eines Registers vorbereitet ist.[2]

9. *Durchführung der Umgliederung.*
   In der bisherigen Form ist das KTB bis zum 31. Dezember 1943 zu bearbeiten. Die Neuordnung ist so vorzubereiten, daß sie ab 1. 1. 1944 in Kraft treten kann. In den Einleitungen zu den ersten Tätigkeitsübersichten ist der Inhalt mit dem des vorausgehenden KTB sinngemäß zu verzahnen.

10. Soweit die früher gegebenen Anordnungen diesen Richtlinien widersprechen, sind sie hierdurch außer Kraft gesetzt.
    3. 11. 1943

## Abermalige Umstellung des WFStab-Kriegstagebuches (s. oben S. 1786)

*Der mir erteilte Befehl, erhalten unter den Akten des Stellv. Chefs WFStab und daher in den Nürnberger Akten (NOKW 932, Filmaufnahme im Staatl. Archivlager Göttingen), hatte folgenden Wortlaut:*

Stellv. Chef
des Wehrmachtsführungsstabes — FHQu., den 23. Januar 1945

### Weisung

### für die Führung des Kriegstagebuchs des Wehrmachtführungsstabes.

1. Aufgabe des mit der Führung des Kriegstagebuchs beauftragten Offiziers ist es, die Arbeit des WFStabs, soweit diese dem Stellv. Chef des WFStabs

1 Zu diesem „Kalender" ist es aus Zeitmangel nicht gekommen; vgl. jedoch den der „Ausarbeitung Italien" (S. 475 ff.) beigefügten Kalender für diesen Kriegsschauplatz sowie unten S. 1853: Nr. 9 (betr. Ende 1942—Anfang 1944).

2 Auch zu der „Kartothek" langten weder Zeit noch Arbeitskräfte.

untersteht, aktenmäßig als Grundlage für die spätere Geschichtsschreibung festzulegen.

2. Hierbei kommt es darauf an, gewissenhaft alle Unterlagen zu sammeln und übersichtlich zu erfassen, die
   a) zeigen, welche Überlegungen im WFStab angestellt wurden und welche Unterlagen dem Chef des WFStabs ausgearbeitet bzw. vorgetragen wurden als Grundlage für dessen Vorschläge bzw. unterrichtende Vorträge an den Führer,
   b) zeigen, welche Befehle, Weisungen und Verfügungen auf Grund der vom Führer gefaßten Entschlüsse durch den WFStab ausgearbeitet worden sind.
3. Es ist **nicht** Aufgabe des Kriegstagebuchs des WFStabs, zu den Führerentschlüssen selbst Stellung zu nehmen. Die Beurteilungen, Erwägungen und Entschlüsse des Führers gehen aus den stenographischen Protokollen hervor, die beim Führer selbst geführt werden.
4. Es ist nicht Aufgabe des Kriegstagebuches des WFStabs, eine Geschichte des Krieges vom Standpunkt der Wehrmachtführung zu schreiben.
5. Einzelanordnungen für die Systematik der Kriegstagebuchführung des WFStabs erläßt der Beauftragte des Führers für die militärische Geschichtsschreibung, Generalmajor Scherff.

gez.: *W(inter)*

Verteiler:
Chef WFStab
Beauftr. d. Führers für die
militärische Geschichtsschreibung,
Generalmajor Scherff
Stellv. Chef WFStab
WFStab/KTB (zu Händen des Major Schramm)

Zu diesem Schreiben befindet sich in den Akten des WFStabs noch ein undatierter Entwurf (Mikrofilm T-77/Rolle 780 der National Archives in Washington, D. C.):

Stellv. Chef WFStab Herrn Major Schramm

In der Anlage gebe ich Ihnen die Ausarbeitung über die Ereignisse im Westen (17. 9. – 16. 12. 44) nach Durchsicht zurück.[1] Ich habe die Ausarbeitung dem Herrn Chef des WFStabs vorgelegt. Gen.-Oberst Jodl hat hierzu wie folgt Stellung genommen:

„Dies ist kein Kriegstagebuch, sondern der Versuch einer kriegsgeschichtlichen Darstellung der Vorgeschichte der Winteroffensive. Diesen Versuch kann man in solchen Ausnahmefällen machen. Aber der Verfasser empfindet selbst die vorhandene Lücke, die er geschlossen haben will. Das kann aber nur ich oder General Winter. Beide haben keine Zeit, jetzt Kriegsgeschichte zu betrei-

1 S. oben S. 385–597.

ben. Deshalb der Grundsatz, im Kriege nur alles gewissenhaft zu sammeln, damit die s p ä t e r e Geschichtsschreibung alle Unterlagen hat".[1]

Diese Stellungnahme, die nichts mit der Anerkennung der sehr gut und mit sehr fleißiger Ausarbeitung der vorliegenden Akten geschriebenen Studie zu tun hat, deckt sich mit meiner Ihnen gegenüber mündlich wiederholt geäußerten Auffassung.

gez.: *W(inter)*

Anlage

Abschrift an Oberst Meyer-Detring

**2. Verzeichnis aller das Jahr 1944 betreffenden „Ausarbeitungen" des WFStabs/KTB, aufgestellt Anfang 1945**

*(kursiv ist hinzugesetzt, um welche Abschnitte in dieser Edition es sich handelt). Zugrunde liegt ein Durchschlag in meinem Besitz.*

1. *Nordraum*

Der nördliche Kriegsschauplatz (Finnland, Norwegen, Dänemark)

a) I. Teil: vom 1. 1.–10. 6. 1944 = *9. Abschnitt, I. Teil (1. 1.–31. 3. im Nachtrag), II. Teil (Anfang).*

II. Teil: vom 10. 6. (Beginn der ersten russ. Offensive gegen die finn. Front) bis 31. 1. 1945 (Abschluß des Rückmarsches des (Geb.-) AOK 20 nach Norwegen) = *9. Abschnitt, II. Teil (Schluß).*

2. *Westen*

a) Die Entwicklung im Westen (1. 1.–31. 3. 44) = *4. Abschnitt, I. Teil.*

b) Die Vorbereitung der Westfront auf die anglo-amerikan. Invasion (1. 4. bis 6. 6.) = *4. Abschnitt, II. Teil.*

c) Die Kämpfe im Westen.

I. Die Westfront von der Landung (6. 6.) bis zur Luftlandung bei Arnheim (17. 9.) und der Aufbau einer neuen Widerstandslinie = *4. Abschnitt, III. Teil.*

II. Die Westfront in der Verteidigung der neuen Widerstandslinie vom 17. 9. bis zum Beginn der eigenen Offensive (16. 12.) (mit einem Abschnitt über die Vorbereitung der Operation „Wacht am Rhein") = *4. Abschnitt, IV. Teil.*

1 Diesen Vermerk hatte der Chef WFStab auf mein Anschreiben vom 9. 1. 1945 (gleichfalls in dem angeführten Film vorhanden) gesetzt, mit dem ich meine Ausarbeitung: Westen 17. 9. – 16. 12. 1944 (s. oben S. 385 ff.) dem Stellv. Chef WFStab zugeleitet hatte. Generaloberst Jodl, dessen Stellungnahme zweifellos durch den Rat des Generals Scherff bedingt worden war, hatte die an ihn weitergeleitete Ausarbeitung am 13. 1. 1945 abgezeichnet. Falls meine Erinnerung richtig ist, habe ich seinen Vermerk nicht zu sehen bekommen und von dem „Entwurf" nichts gehört; ich vermag daher auch nicht zu sagen, weshalb er durch eine andere Fassung ersetzt wurde.

3. *Südwesten*

a) Die Ereignisse in Italien vom 1. 1. bis 31. 3.; *vgl. S. 122 Anm. 2 zum 2. Abschnitt.*

b) Die Kämpfe in dem Brückenkopf Nettuno von der Landung (22. 1.) bis zum 31. 3. = *2. Abschnitt.*

c) Die Kämpfe in Italien vom 31. 3. bis zum Ausweichen in die Apennin-Stellung (31. 8.) = *5. Abschnitt, I.–II. Teil.*

d) Die Verteidigung der Apennin- und der Alpen-Stellung (1. 9.–31. 12.) = *5. Abschnitt, III.–IV. Teil.*

4. *Ungarn*

a) Der Fall „Margarethe" (Überblick über die Ereignisse in Ungarn bis zum 31. 3.) = *3. Abschnitt.*

b) Die Ereignisse in Ungarn von Anfang April bis zum Beginn der Schlacht um Budapest und der endgültigen Legalisierung des polit. Umschwungs (5. 11.) = *7. Abschnitt.*

5 *Rumänien*

Rumänien vom 1. 1. bis zum Abfall (23. 8.) = *6. Abschnitt, 2. Anhang.*

6. *Südosten*

a) Der Südosten in der Zeit vom 1. 1.–31. 3. = *6. Abschnitt, I. Teil.*

b) Der Südosten in der Zeit vom 1. 4.–31. 12. = *6. Abschnitt, II.Teil.*

7. *Sonstiges*

a) Die OKW-Kriegsschauplätze im Rahmen der Gesamtkriegführung vom 1. 1.–31. 3. = *1. Abschnitt.*

b) Der Kampf der feindl. Luftwaffe gegen die Treibstofferzeugung und -verteilung (vom August 1943 bis 6. 6. 44) im Rahmen des feindl. Kampfes gegen die wehrwirtschaftlich unentbehrlichen Rohstoffe und die Transportwege = *10. Abschnitt.*

### 3. Die Verfasser der das Jahr 1944 betreffenden „Ausarbeitungen"

Die „Ausarbeitungen" wurden verfaßt bzw. entworfen von:

1. Dr. *Felix Hartlaub*

der *1. Abschnitt:* Die OKW-Kriegsschauplätze im Rahmen der Gesamtkriegführung (1. 1.–31. 3. 1944),
der *6. Abschnitt:* Der Südosten (1. 1.–31. 12. 1944);

2. Dr. phil. *Fischer:*

Anhänge zum 6. Abschnitt: Kroatien und Rumänien;

3. (Prof.) Dr. *W. Hubatsch:*

*9. Abschnitt:* Der nördliche Kriegsschauplatz (1. 1.–31. 3. 1944): Erweiterung meines Entwurfs (s. Nachtrag); ab 1. 4. von mir verfaßt (bis Anfang Juli 1944 gestützt auf einen Bericht W. Hubatschs).

4. *P. E. Schramm:*

alles übrige (einschl. 1945).

Außerdem lag mir ob, alle Aufzeichnungen nach Fertigstellung kritisch durchzusehen. In die mir vorgelegten Manuskripte brauchte ich bei den von *F. Hartlaub* und *W. Hubatsch* angefertigten nur wenig einzugreifen.

**4. Aussagen des Majors d. Res. Prof. Dr. P. E. Schramm im Nürnberger Hauptprozeß**

auf Grund seiner Einsicht in die dem KTB des WFStabs zugeleiteten Akten.

*a) Aussage vor dem Internationalen Militärgerichtshof (8. 6. 46) auf die Frage des Verteidigers Prof. Dr. Jahrreiss: „Wissen Sie etwas über ein Verbot Hitlers, daß Generale nicht zurücktreten durften?"* [1]

Zeuge: „Ja, ich entsinne mich sehr genau eines Befehls aus der Mitte des Jahres 1944, der noch einmal in sehr schroffer Weise wiederholt, was schon vor meiner Zeit – das muß 1940/1941 gewesen sein – befohlen worden ist. Dieser Befehl umfaßte etwa anderthalb Schreibmaschinenseiten, war in einer sehr wuchtigen Form gefaßt. Sein Inhalt steht mir deutlich vor Augen, weil ich mich mit einigen Kameraden anschließend darüber unterhalten habe. Dieser Befehl lief darauf hinaus, daß jeder Oberbefehlshaber – und entsprechend auch die nachgeordneten Kommandobehörden – das Recht habe, Bedenken gegen Maßnahmen der Obersten Führung vorzubringen, daß er dann aber bedingungslos diesen Befehl auszuführen habe, den er von oben bekommen, also etwas zu tun habe, was gegen seine Absichten ging. Weiter war dazu gesagt, daß es unmöglich wäre, daß daraufhin ein Oberbefehlshaber seinen Rücktritt erkläre. Dies war damit begründet, daß es ja auch nicht dem Unteroffizier im Graben möglich sei, seinem Kompanieführer den Rücktritt zu erklären, wenn er mit dessen Befehlen nicht einverstanden sei."

*b) Mitteilungen über den bakteriologischen und den Gaskrieg*

an den Verteidiger im Nürnberger Hauptprozeß, Dr. *Laternser*, Kriegsgefangenenlager Regensburg 26. 8. 1946 (vgl. dazu oben S. 1821 Anm. 3). Ich benutze eine Fotokopie nach: Nürnberger Staatsarchiv Ce 105 (Generalstab- und OKW-Verteidigung), Kopie im Dokumentenarchiv der Juristischen Fakultät der Universität Heidelberg.

Da der Inhalt dieses Briefes auf den bei der Fertigung des Kriegstagebuches gewonnenen Kenntnissen beruht, sei er hier eingerückt:

*Percy Ernst Schramm, Prof. Dr.* — 26 August 1946
DEF Camp 22
Regensburg — To Dr. Laternser
Cage 6 Baracks 26 — Palace of Justice, Nuernberg

1 Nach: Der Prozeß gegen die Hauptkriegsverbrecher vor dem Internationalen Militärgerichtshof XV, Nürnberg 1948, S. 650; 8. Juni 1946.

Re — Ulmann Statement Concerning Testimony given by Major General Schreiber of the Medical Corps, regarding Bacteriological Warfare.

1. I am familiar with the files of the Wehrmacht Operations Staff dated 1 January 1943 — 20 April 1945: I clearly recall that I received a special envelope containing a document which stated that the Fuehrer had forbidden that preparations of any kind be made for the active conduct of *bacteriological warfare.* Only such research was admitted which served the purpose of being able to take defensive measures, should the enemy undertake such warfare.

This happened in 1943, presumably in the first half of that year.

I believe that this directive was repeated, but I am not quite sure of that. The matter was presumably not handled by our Staff Section, perhaps it was in the Organization Section located in Potsdam-Eiche (therefore the special envelope?). The chief of this section, however, Colonel of the General Staff Meichssner, was one of the victims of 20 July 1944.

If a different directive had been issued at a later date, I would have been the one to get it, and I would have remembered it — just as I recall the above mentioned one which I remember because I said to myself: "Now our science is clear in this respect."

(Page 2 of orig.)

2. The facts concerning *gas warfare are* known to you and the Court respectively. It was never planned to initiate it. The deliberations in the course of the years always led to the conclusion that alone for tactical, material and other reasons it was not advisable to start a gas war. It never got beyond the preperation for the moment when the enemy would change over to it. It is possible that the thought did come up in debate in connection with the destruction of Dresden and the consideration at that time to revoke the Geneva Convention. — I don't know any details; however, if it did come up, it was immediately abandoned again.

3. If you want an *Affidavit* about point 1), may I ask you to inform me through official sources, and also — in case of my transfer — to my private adress: (20) Goettingen (Hannover), Herzbergerlandstrasse 66.

In addition I would to have further information concerning the contents.

4. Did you receive, in the meantime, my War Historical Notes, which I sent to you via the Prison Office. They are square sheets, in chronological order: 1933—45, designated in the letter as material for your plea. If you received them, please to Prof. Kraus [2]; *if not, please complain and keep after it!* Material is *irrecoverable!*

With best regards yours truly
P. E. Schramm

1 Vgl. dazu unten S. 1839 Nr. 29 und 37.

2 Prof. Dr. jur. Herbert *Kraus* (Göttingen), z. Z. Verteidiger in Nürnberg.

# III. Teil

# Die erhaltenen und die verlorenen Teile des KTB des WFStabs

## 1. Erhaltene Teile

I. Helmuth *Greiner* hat (wie er in seinem Buch: Die Oberste Wehrmachtfüh=rung 1939—1943, Wiesbaden 1951, S. 19 noch selbst berichtete) hinüber=gerettet:

1. das *KTB* vom 1. 8. 1940 bis 24. 3. 1941, dazu Bruchstücke der voraus=gehenden Zeit sowie aus der nachfolgenden (die wichtigsten aus der Zeit vom 12. 8. 1942 bis 17. 3. 1943 gedruckt a.a.O., S. 399–441). Dazu bemerkt Greiner a.a.O. S. 19, daß „es sich hauptsächlich um die ur=sprünglichen Fassungen besonders wichtiger Tagebuchstellen handelt, die mit Rücksicht auf Hitler durch abgeschwächte Formulierungen er=setzt werden mußten" (doch bezieht sich diese Bemerkung nur auf einen geringen Teil seiner Aufzeichnungen);
2. Abschriften *einzelner Weisungen und Denkschriften;*
3. einen großen Teil seiner *täglichen Aufzeichnungen*, auf Grund deren er das KTB diktierte, aus der Zeit vom 8. 8. 1940 bis 25. 6. 1941 und vom 12. 8. 1942 bis 17. 3. 1943.

   Die Aufzeichnungen, die die übrige Zeit betrafen, hat Greiner ver=nichtet, nachdem er sie im KTB verwertet hatte.

   Der *Nachlaß Greiner* befindet sich jetzt im Bundesarchiv (Koblenz).

II. Die *US=Army* erbeutete:

das gesamte, in vier Bänden gebundene Tagebuch des Jahres 1943; doch ist der die Monate April, Mai und Juni umfassende Teil zur Zeit nicht fest=stellbar (vgl. S. 1835: 2.) verlorene Teile).

Von diesen Teilen des KTB befinden sich Photographien bzw. Filme im Bundesarchiv (Koblenz), im Staatsarchiv Nürnberg sowie im Staatl. Archiv=lager (Abt. für Zeitgeschichte) in Göttingen und im Institut für Zeitgeschichte in München.

III. *P. E. Schramm* rettete hinüber:

die in Bd. IV abgedruckten, die Jahre 1944/45 betreffenden Teile, deren Aufzählung sich hier erübrigt, da sich ihr Umfang aus dem Inhaltsver=zeichnis dieses Bandes ergibt.

IV. *J. Schultz=Naumann*, Verfasser des beim Führungsstab Nord (A) geführten Tagebuches (vgl. oben S. 1823), rettete hinüber:

1. KTB für die Zeit vom 20. 4. (Einrichtung dieses Stabes) bis 16. 5. 1945 (am Anfang nachträgliche Niederschrift);
2. handschriftliche Niederschrift über die täglichen Lagebesprechungen in Mürwik (bei Flensburg) aus der Zeit vom 12. bis 20. 5. 1945.

Seine Aufzeichnungen, die oben auf Seite 1451–1507 gleichfalls vollständig abgedruckt sind, befinden sich jetzt im Bundesarchiv (Koblenz)[1].

## 2. Verlorene Teile

*1939:* Wie aus dem I. Teil der „Erläuterungen" (oben S. 1742) zu entnehmen ist, war die Abt. Landesverteidigung während des Polenfeldzuges (1939) nur mit der Abfassung von Lageberichten befaßt, die täglich an den Führerzug durchgegeben wurden. Erhalten sind die vom GenStdH verfaßten; vgl. Hermann *Heidegger*, Die Lageberichte des Generalstabs des Heeres als Beitrag zum OKW-Bericht während des Polenfeldzuges 1939, in: Wehrwiss. Rundschau XI (1961), S. 227–30.[2]

*1940/42* (Bd. I–II): Die Zeit für die Abfassung eines die Entscheidungen der Obersten Führung festhaltenden Kriegstagebuches begann erst am 10. Mai 1940, als zu Beginn des Westfeldzuges die Feldstaffel der Abt. Landesverteidigung dem (in das Lager „Felsennest" verlegten) Führerhauptquartier angegliedert wurde. Doch setzen die von H. Greiner geretteten Teile erst am 1. 8. 1940 ein, d. h. nach Abschluß des Westfeldzuges[3].

In Greiners täglichen Aufzeichnungen besteht eine Lücke vom 26. 6. 1941 bis 11. 8. 1942. Erhalten sind sie dann wieder bis 17. 3. 1943. Außerdem ist für die Zeit vom 1. 4.–30. 6. 1942 das KTB selbst in Abschrift vorhanden (Nürnberg-Doc. Nr. PS – 1807).

*1943* (Bd. III): Von dem KTB des Jahres 1943, das in vier starken, je etwa ein Vierteljahr umfassenden Bänden gebunden war, liegen heute vor:

1. 1. – 31. 3. 1943
1. 7. – 31. 8. 1943
1. 9. – 31. 12. 1943.

Auch der fehlende Band ist der US-Army in die Hand gefallen; denn aus ihm wurde ein Abschnitt dem Internationalen Gerichtshof in Nürnberg vorgelegt (Doc. PS–1791). Er ist noch nicht wieder aufgetaucht; doch besteht die Hoffnung, daß das noch einmal geschieht. Ersatz bietet eine von General a. D. W. *Warlimont* im amerikanischen Gewahrsam abgefaßte Ausarbeitung, bei

1 Die letzten, nicht verbrannten (auch die noch nach der Gefangensetzung geführten) Akten des *WFStabs (Führungsstab Süd)* wurden in Berchtesgaden der US-Army übergeben (Prof. Dr. W. *Baum*, Oldenburg, teilt mir mit, daß er sie in Alexandria, Virginia, einsehen konnte und in ihnen auch auf meine Meldung über die Vernichtung meiner Akten stieß; zu dieser vgl. oben S. 1818 f.

Auch der Führungsstab Nord übergab in Mürwik, was noch an Akten in seiner Hand war.

2 Vgl. dazu Nik. von *Vormann*, Der Feldzug in Polen 1939. Die Operationen des Heeres. Weißenburg (Prinz-Eugen-Verlag) 1958 (210 S.).

3 Für die Vorbereitung des Westfeldzuges vgl. die im Vorwort (S. X Anm. 2 und S. XI Anm. 1) angeführten Bücher von H.-A. *Jacobsen* (dort auch seine Veröffentlichungen über die Frage „Dünkirchen").

der er sich auf einschlägige Unterlagen deutscher, amerikanischer und italienischer Herkunft stützen konnte.

*1944:* Eine Übersicht über das einstmals Vorhandene gibt die von mir Anfang 1945 aufgestellte Zusammenstellung meiner „Ausarbeitungen" II. Teil der „Erläuterungen", Anlage 2; oben S. 1830—31).

Danach fehlen nur:

1. *Die Ereignisse in Italien vom 1. 1.—31. 3.*, zu einem Teil ersetzt durch die „Ausarbeitung Nettuno" (vgl. 1944: 2. Abschnitt), die sich mehrmals auf diese Aufzeichnung beruft (ob sie tatsächlich abgeschlossen wurde, ist mir zweifelhaft; vgl. oben S. 122 Anm. 2).
2. *Der nördliche Kriegsschauplatz: 1. 1.—31. 3.* (Erweiterung meiner unten als Nachtrag gebrachten Fassung, durch W. *Hubatsch*).
3. *Griechenland nach der Räumung* (6. Abschnitt, 4. Anhang): eine Studie des OB Südost, Gruppe I c/AO, die dem KTB des WFStabs zwecks Abrundung beigeheftet wurde.

*1945:* Verloren gegangen bzw. verbrannt (vgl. oben S. 1286 ff., 1818 f.) sind — bis auf wenige Ausnahmen — die *Auszüge aus den Akten* vom 1. 3.—20. 4.

Im *„Lagebuch"* fehlen für die Zeit vom 1.—19. 4. die Angaben über den Nordraum, über den Südwesten (Italien) und über Politik. Über die KTB des WFStabs nach seiner Zerlegung in die *Führungsstäbe A (Nord)* und *B (Süd)* vgl. oben S. 1817 ff., 1823 ff. Doch handelte es sich bereits nicht mehr um eine reguläre Kriegstagebuchführung.

Den rund 2 200 Seiten in Schreibmaschinenschrift, die vom 1. 1. 1944 bis zum Schluß des Krieges erhalten sind, steht also ein Verlust gegenüber, den ich auf weniger als 100 Blatt veranschlage — vermutlich ist diese Zahl eher zu hoch als zu niedrig gegriffen.

Die *Lageberichte des WFStabs* sind im Marine-Archiv erhalten geblieben (s. oben S. 1772). Über die in ihm erhaltenen *allgemeinen Befehle* vgl. den folgenden *Anhang* (S. 1837—41).

### 3. Sonstiges

Ergänzend kommen hinzu die *Wehrmachtberichte*, von denen der letzte am 9. 5. 1945 veröffentlicht wurde. Sie sind während des Krieges von der Abteilung Wehrmacht/Propaganda (Gen. v. Wedel) jahrweise wieder abgedruckt worden, erst „für den Dienstgebrauch", dann mit erhöhtem Geheimnisschutz. Die nicht mehr wiederabgedruckten Berichte, d. h. die der Jahre 1944—45, hat jetzt Herr Oberarchivrat a. D. Erich *Murawski* (bisher im Bundesarchiv) vereinigt als Anhang zu seinem Buch: „Der Wehrmachtbericht" (Verlag Harold Boldt, Boppard, im Jahr 1961 zu erwarten).

Die Wehrmachtberichte vom 18. 4. bis 9. 5. 1945 habe ich zur Ergänzung der Kriegstagebücher der Führungsstäbe A (Nord: Schultz-Naumann) und B

(Süd: Schramm) im Anschluß an das „Lagebuch“ (oben S. 1252–81) abgedruckt. Fotokopien stellte mir das Bundesarchiv bereitwillig zur Verfügung; die Vermittlung übernahm das Stadtarchiv Göttingen (Archivdirektor Dr. Nissen). In mehreren Fällen erwies sich als besser die Sammlung, die Dr. Wolfgang *Herda* (Oldenburg, Gartenstraße: Brücke der Nationen) anlegte.

Abschließend verweise ich darauf, daß General a. D. *Walter Warlimont* für die amtliche Kriegsgeschichte der Armee der Vereinigten Staaten von Amerika *Erläuterungen* zu sämtlichen erhalten gebliebenen Kriegstagebüchern und entsprechenden Aufzeichnungen des Wehrm.-Führungsstabs verfaßt hat, die im allgemeinen bis zum Ausscheiden aus seiner Dienststelle als Stellv. Chef des Stabes (September 1944), teilweise auch bis Kriegsende reichen.

Der Umfang ist laut Mitteilung des Verfassers je nach Inhalt und Bedeutung wechselnd; die Kommentare zu jedem Kriegstagebuch sind in einem oder mehreren Bänden zusammengefaßt.

Größtenteils gestützt auf die Kriegstagebücher des Wehrm.-Führungsstabs hat General a. D. Warlimont außerdem für den gleichen Zweck eine große Reihe von anderen kriegsgeschichtlichen Arbeiten verfaßt, als Hauptsache eine umfassende Darstellung der „Kriegführung der Achsenmächte im Mittelmeerraum“.

## Anhänge

### 1. Verzeichnis der im Archiv der Kriegsmarine erhalten gebliebenen Befehle Chef OKW, Chef WFStab usw., gezeichnet von Hitle Chef OKW, Chef WFStab usw.

(vgl. dazu die Vorbemerkung zum „Dokumententeil“; oben S. 1528 ff. In diesen sind übernommen die Nummern 12, 14, 16 und 23; unten durch Sternchen gekennzeichnet).

*a) 1944*

1) 1.1. Fernschreiben: OKW/WSFtab/Op.H (West) Nr. 663 174/43 gKdos. Chefs betr. Unterstellung der *Heeresgr. B* unter den *OB West* („Der Führer hat befohlen ...“, gez. Keitel).

2) 17.1. Fernschreiben: Der Führer, OKW/WFStab/Op. Qu. Nr. 00 545/44 gKdos. betr. *Kampfzonen* im Bereich des *OB West* (gez.: Adolf Hitler).

3) 19.1. Fernschreiben: OKW/WFStab/Op. Nr. 00 606/44 gKdos. betr. *„Festungen“* im Bereich des *OB West* („Der Führer hat befohlen ...“, gez.: Jodl).

4) 19.1. Fernschreiben: OKW/WFStab/Op.Nr. 00 703/44 gKdos. betr. *Vollmacht für OB Südwest* für alle Wehrmacht- und SS-Kräfte in Italien („Der Führer hat befohlen...“, gez.: Jodl).

5) 20.1. Fernschreiben: OKW/WFStab/Qu. 1 (Trsp.) Nr. 00 494/44 Geh. betr. Regelung der *Transportlage in der Ägäis* (ebenso).

6) 28.1. Fernschreiben: OKW/WFStab/Op. Nr. 77 232/44 gKdos. Chefs.: Führerbefehl betr. *Kampfführung in Italien* (gez.: Adolf Hitler).

7) 14.2. Fernschreiben: OKW/WFStab(H) Nr. 77 395/44 gKdos. Chefs betr. *Gegenangriff bei Nettuno* („Der Führer gab folgende Befehle ...", gez.: Jodl).

8) 19.2. Anhang 1 zu 1/Skl. I op 524/44 gKdos. Chefs.: Anweisungen für Operationen der *Seestreitkräfte* im Falle einer feindl. Landung (gez: Dönitz).

9) 3.3. Fernschreiben: OKW/WFStab/Op.H(West) Nr. 001 524/44 gKdos. betr. *Kanalinseln als „Festungen"* („Der Führer hat befohlen ...", gez.: Jodl).

10) 8.3. Führerbefehl Nr. 11, Der Führer, OKH/GenStdH/Op.-Abt. (I) Nr. 2434/44 gKdos. betr. *Kommandanten der befestigten Plätze und Kampfkommandanten* (gez.: Adolf Hitler). – Vgl. auch Nr. 27.

11) 23.3. Fernschreiben Chef OKW Nr. 004 180/44 gKdos. OKW/WFStab/Op. betr. *Zerstörung von Häfen bei Räumungen* (gez.: Keitel).

*12) 2.4. Operationsbefehl Nr. 7 OKH/GenStdH/Op.Abt. (I) Nr. 440/29/44 gKdos./Chefs: Anweisung für die *weitere Kriegführung bei Heeresgruppen A, Süd und Mitte* (gez.: Adolf Hitler) = oben S. 1562–3.

13) 26.4. Fernschreiben OKW/WFStab/Op. Nr. 77 137/44 gKdos. Chefs. betr. *Organisation der Armeegr. G* (gez.: Jodl).

*14) 16.5. Fernschreiben OKW Nr. 771 574/44 gKdos. OKW/WFStab/Op. H (Ia) betr. *Einsatz der V(Fern-)Waffen gegen England* (gez.: Keitel). (Vgl. auch Nr. 61) = oben S. 1564.

15) 27.5. Anhang zu 1/Skl I Op. 1327/44 gKdos. Chefs.: Anweisung für die *Operationen der Seestreitkräfte* (gez.: Dönitz).

*16) 31.5. Rundschreiben 123/44 der Nationalsozialistischen Deutschen Arbeiterpartei, Parteikanzlei, Chef der Parteikanzlei, betr. *Einsatz der Partei im Falle einer Invasion* (gez.: Bormann) = oben S. 1565–8.

17) 12.7. Führerbefehl, OKW/WFStab/Qu. 1 (M) Nr. 004 774/44 gKdos. betr. *erweiterte Vollmachten des OBd.M.* (gez.: Adolf Hitler). – Vgl. auch Nr. 18.

18) 12.7. Fernschreiben Chef OKW/WFStab/Qu. 1 (M) Nr. 004 775/44 gKdos. betr. *Ergänzungen* zu Nr. 17 (gez.: Keitel).

19) 13.7. Führerbefehl betr. *Zusammenarbeit zwischen Partei und Wehrmacht* im Kampfgebiet auf Reichsboden (gez.: Adolf Hitler, M. Bormann, Keitel). – Vgl. auch Nr. 16, 45.

20) 13.7. Führerbefehl betr. *Befehlsgewalt* im Kampfgebiet auf Reichsboden (gez.: Adolf Hitler, Dr. Lammers, Keitel). – Vgl. auch Nr. 16, 46.

21) 15.7. Fernschreiben OKW Nr. 1852/44 gKdos. WFStab/Org. (I) betr. Bildung von *Kampfeinheiten im Heimatgebiet* (gez.: Keitel).

22) 15.7. Fernschreiben OKW/WFStab/Qu. Nr. 008 145/44 gKdos. betr. Regelung der *Befehlsgewalt im Wehrbezirk I* (gez.: Keitel).

*23) 19.7. Fernschreiben Chef OKW/WFStab/Qu.2/Verw. 1 Nr. 007 715/44 gKdos. betr. Vorbereitung für die *Verteidigung des Reichsgebiets* (gez.: Keitel) = oben S. 1569–72.
*Anlage:* Führerbefehl vom 2. 9. 1942 Nr. 003 119/42 gKdos./ WFStab/Qu./Org. (I).

24) 23.7. Führerbefehl, OKW/WFStab/Qu. 2 (Ost) Verw. 1 Nr. 007 984/44 gKdos. betr. Regelung der *Befehlsgewalt im Bereich der Heresgr. Nord* (gez.: Adolf Hitler).

25) 27.7. Führerbefehl, OKW/WFStab/Op. 772 598/44 gKdos., Chefs. betr. *Befestigungen an den Abhängen der Alpen* (gez.: Adolf Hitler). – Vgl. auch Nr. 26, 28.

26) 29.7. *Abänderungen* von Nr. 25, OKW/WFStab/Op. 772 641/44 gKdos. Chefs. („Der Führer hat befohlen ...", gez.: Jodl). – Vgl. auch Nr. 28

27) 1.8. *Ergänzungen* zu Nr. 10, OKH/GenStdH/Op.-Abt. (I) Nr. 7796/44 gKdos. (gez.: Guderian).

28) 3.8. Fernschreiben OKW/WFStab/Op. Nr. 772 679/44 gKdos. Chefs. betr. *Ausführungsbestimmungen* zu Nr. 25–26 (gez.: Keitel).

29) 23.8. Fernschreiben OKH/GenStdH/Gen. d. Mil.-Tr. b. Chef b. GenStdH (Ia) betr. *Vorbereitungen für den Gaskrieg* (d. h. Abänderungen der Tarnnamen) (gez.: Guderian). – Vgl. auch Nr. 37 und oben S. 1833.

30) 24.8. Führerbefehl, Adolf Hitler Nr. 772 965/44 gKdos. Chefs. betr. *Verstärkung der deutschen Westbefestigungen* (gez.: Adolf Hitler).

31) 26.8. Fernschreiben OKW/WFStab/Qu 2 (Ost) Nr. 00 601/44 geh. betr. *Regelung der Verhältnisse in Rumänien* (gez.: Keitel).

32) 29.8. Führerbefehl, Der Führer Nr. 773 051/44 gKdos. Chefs. betr. *Befestigungen in der Deutschen Bucht* (gez.: Adolf Hitler). – Vgl. auch Nr. 33.

33) *Abänderungen* von Nr. 32, OKW/WFStab/Op. Nr. 773 140/44 gKdos. Chefs. (gez.: Jodl).

34) 1.9. Führerbefehl, Der Führer Nr. 773 134/44 gKdos. Chefs. betr. Fertigstellung der *Westwall-Verteidigung* (gez.: Adolf Hitler).

35) 2.9. Fernschreiben Chef OKW, WFStab/Qu. 2 (Süd-Südost) Nr. 06 802/44 geh. betr. Dienstanweisung für den *Kommandanten der Festung Kreta (gez.: Keitel).*
*Anhang:* Führerbefehl vom 6. 6. 44 betr. *dasselbe.*

36) 3.9. Führerbefehl, WFStab/Op. Nr. 773 189/44 gKdos. Chefs. betr. Anweisung für die weitere *Kriegführung durch den OB West* (gez.: Adolf Hitler).

37) 4.9. Fernschreiben OKM/Skl.Adm.Qu.IVLS. 5261/44 Chefs., betr. Vorbereitung für die *Gaskriegführung* (d. h. Änderung der Tarnnamen) (gez.: Machens). – Vgl. oben Nr. 29.

38) 4.9. Fernschreiben OKW/WFStab Nr. 773 222/44 gKdos. Chefs. betr. *Maßnahmen infolge des britischen Panzerdurchbruchs in Richtung Antwerpen* (gez.: Warlimont).

39) 7.9. Führerbefehl OKW/WFStab/Qu. 2 (West) Nr. 0 010 783/44 gKdos. betr. *Befehlsgewalt des OB West* (gez.: Adolf Hitler). – Vgl. auch Nr. 40, 49.

40) 9.9 Führerbefehl OKW/WFStab/Op. Nr. 773 296/44 gKdos. Chefs. betr. *Ergänzungen von Nr. 39* (gez.: Adolf Hitler).

41) 10.9. Fernschreiben OKW/WFStab/Qu. 2 Nr. 06 938/44 geh. betr. *Evakuierungen in den verbündeten und besetzten Ländern* (gez.: Jodl).

42) 12.9. Führerbefehl OKW/WFStab/Op.(H) Nr. 0 011 093/44 gKdos. betr. *Befestigungen im Südosten* (gez.: Adolf Hitler).

43) 16.9. Fernschreiben OKW/WFStab/Op. Nr. 0 011 273/44 gKdos. betr. *fanatische Kampfführung im Westen* („Der Führer hat befohlen . . .", gez.: Jodl). – Vgl. auch Nr. 48.

44) 18.9. Fernschreiben OKW/WFStab/Op. (H) Nr. 0 011 226/44 gKdos. betr. *Befestigungen in der Slowakei* (gez.: Keitel). – Vgl. auch Nr. 54.

45) 19.9. Abänderung von Nr. 19: *Zusammenarbeit von Partei und Wehrmacht* (gez.: Adolf Hitler, M. Bormann, Keitel).

46) 20.9. Abänderung von Nr. 20: *Befehlsgewalt auf dem Reichsboden* (gez.: Adolf Hitler, Dr. Lammers, Keitel).

47) 30.9. Fernschreiben OKW/WFStab/Op.(H) Nr. 0 011 769/44 gKdos. betr. *Befestigungen in der Ems-Rhein-Linie* („Der Führer hat gebilligt . . .", gez.: Jodl).

48) 30.9. Fernschreiben OKW/WFStab/Qu. 2 (West) Nr. 0 011 655/44 gKdos. betr. *Verteidigung im Westen* (Ergänzungen zu Nr. 43) (gez.: Keitel).

49) 30.9. Fernschreiben OKW/WFStab/Qu. 2 (West) Nr. 0 011 700/44 gKdos. betr. *Ergänzungen zu Nr. 39–40* (gez.: Keitel).

50) 8.10. Fernschreiben OKW/WFStab/Op(H) Nr. 0 011 946/44 gKdos. betr. *Befestigungen im Südabschnitt der Westfront* (gez.: Keitel).

51) 19.10. Fernschreiben OKW/WFStab/Qu.2(West) Nr. 0 011 700/44 gKdos. betr. *Befehlsbereich des OB West* (gez.: Keitel).

52) 22.10. Fernschreiben OKW/WFStab/Op(H) Nr. 0 012 398/44 gKdos. betr. *Verteidigung in den Wehrkreisen XVII und XVIII* durch Panzerhindernisse und Feldbefestigungen (gez.: Keitel).

53) 13.11. Fernschreiben Chef OKW/WFStab/Qu. 2 Nr. 0 011 997/44 gKdos. betr. Abänderung der *Grenzen der Wehrbezirke VI, IX, X und XI* (gez.: Keitel).

54) 23.11. Fernschreiben OKW/WFStab/Op(H) Nr. 0 013 790/44 gKdos. betr. *Bau zusätzlicher Befestigungen in der Slowakei* (gez.: Jodl). – Vgl. auch Nr. 44.

55) 28.11. Übermittlung eines Befehls des Reichsführers SS als Befehlshaber des Ersatzheeres betr. den *Volkssturm* vom 23.11., OKW Nr. 3948/44 gKdos., WFStab/Org. (III) (gez.: Schaeder, Oberstlt. d. G., Op.-Abt.). – Vgl. auch Nr. 59.

56) 1.12. Fernschreiben OKW/WFStab/Op. Nr. 0 014 109/44 gKdos. betr. *Einsatz der Versorgungstruppen bei Befestigungen* („Der Führer hat befohlen ...", gez.: Jodl).

57) 5.12. Fernschreiben OKW/WFStab/Op.(H)T Nr. 0 014 267/44 gKdos. betr. *Ausbau von Preßburg* (Slowakei) als *Festung* (gez.: Jodl.).

*b) 1945*

58) 21.1. Führerbefehl, OKW/WFStab/Op(H) Nr. 00 688/45 gKdos. betr. *Verpflichtung der Befehlshaber, eigene Maßnahmen so rechtzeitig zu melden, daß noch Gegenbefehl gegeben werden kann* (gez.: Adolf Hitler).

59) 28.1. Führerbefehl OKW/WFStab/Op.Org. Nr. 00 937/45 gKdos. betr. *Einsatz des Volkssturms* (gez.: Adolf Hitler). – Vgl. auch Nr. 55.

60) 31.1. Fernschreiben OKW/WFStab/Op(H) Nr. 001 009/45 gKdos. betr. *Ausbau von Feldbefestigungen und ihre Besetzung* („Der Führer hat befohlen ...", gez.: Keitel).

61) 31.1. Fernschreiben OKW/WFStab/Op(H) (Ia) Nr. 001 189/45 gKdos. betr. *Unterstellung und Einsatz der V-Waffen* („Auf Befehl des Führers ...", gez.: Jodl). – Vgl. auch Nr. 14.

62) 3.2. Fernschreiben OKW/WFStab/Qu. 2 (I) Nr. 0601/45 geh. betr. *Befehlsregelung in den Niederlanden* (gez.: Keitel).

63) 4.2. Fernschreiben OKW/WFStab/Op(H) Nr. 001 193/45 gKdos. betr. *Stellung der Wehrkreisbefehlshaber zu den Frontbefehlshabern* (gez.: Keitel).

64) 5.2. Fernschreiben OKW/WFStab/Qu. 1 (Transport) Qu. 2 Nr. 0874/45 geh. betr. *Überführung der Evakuierten aus dem Osten nach Dänemark und in das Reich* (gez.: Winter, Stellv. Chef WFStab).

65) 21.2. Fernschreiben OKW/WFStab/Qu. 2 (I) Nr. 001 540/45 gKdos. betr. *Evakuierungen im Westen* (gez.: Keitel).

66) 26.2. Fernschreiben OKW/WFStab/Qu. 2 Nr. 002 005/45 gKdos. betr. *Rückverlegung militärischer Dienststellen aus bedrohten Gebieten in das Reich* (gez.: Keitel).

Die weiteren Dokumente werden hier nicht aufgezählt, da sie – als erwünschte Ergänzung des ab 1.3.45 lückenhaften KTB – im *Dokumententeil* abgedruckt bzw. im KTB (besonders gekennzeichnet) nachgetragen sind.

Ferner ist erhalten eine von Hauptmann d. Res. Dr. *Cartellieri* (jetzt Staatssekretär im Bundesatomministerium) verfaßte Denkschrift vom 21.2.1945 über die „Vor- und Nachteile einer Kündigung der Internationalen Abkommen über die Kriegführung", die zu dem Ergebnis kam, daß die Nachteile die Vorteile bei weitem überwögen. Gen.=Oberst Jodl machte sie sich zu eigen und brachte Hitler von dem Gedanken ab, die Abmachungen des „Roten Kreuzes“ aufzukündigen (Nürnberger Prozeßakten 606—D, als Schmalfilm vorhanden im Archivlager Göttingen).

### 2. Verzeichnis der „Niederschriften über die Besprechungen des OB. d. M. beim Führer“ vom 6. Juni 1944 (Invasion) bis 18. April 1945 (die letzte in Anwesenheit des OB. d. M.)

Der Großadmiral Dönitz nahm nur dann an der Lagebesprechung teil, wenn er in das FHQu kam, und diktierte anschließend nur die Angelegenheiten, die für seinen Stab zu wissen wichtig und zugleich zulässig waren. Soweit es sich um Aufzeichnungen handelt, die für die allgemeine Kriegführung wichtig sind, habe ich sie von der Invasion im Westen an unter den *Dokumenten* eingereiht (S. 1593—1630; dafür lagen mir Photographien des Bundesarchivs vor).

Vorhanden sind Diktate über die Lagebesprechungen am:

*1944* (nach der Invasion): 12. 6.; 29. 6.—1. 7.; 9. 7.; 11.—13. 7.; 20.—21. 7.; 13.—14. 10.; 31. 10.—2. 11.; 28. 11.; 30. 11.; 3. 12.; 10. 12.

*1945: Januar:* 1.—3. 1.; 18. 1.; 19. 1.; 20. 1.; 21. 1.; 22. 1.; 23. 1.; 24.—25. 1.; 28. 1.; 30. 1.; 31. 1.

*Februar:* 1. 2.; 2. 2.; 3. 2.; 5. 2.; 6. 2.; 9. 2.; 11. 2.; 14. 2.; 15. 2.; 19. 2.; 20. 2.; 23. 2.; 26. 2.; 27. 2.

*März:* 1. 3.; 3. 3.; 4. 3.; 6. 3.; 8. 3.; 9. 3.; 10. 3.; 12. 3.; 13. 3.; 16. 3.; 17. 3.; 18. 3.; 20. 3.; 21. 3.; 23. 3.; 25. 3.; 26. 3.; 28. 3.; 30. 3.

*April:* 1. 4.; 3. 4.; 4. 4.; 7. 4.; 10. 4.; 12. 4.; 13. 4.; 16. 4.; 18. 4. (letzte Lagebesprechung alter Art).

Die Zunahme der Niederschriften ab Januar 1945 erklärt sich dadurch, daß von nun an sowohl Hitler als auch der OB.d.M. von Berlin aus führten.

### 3. Verzeichnis der (nur fragmentarisch erhaltenen) Stenogramme der „Lagebesprechungen (bzw. Einzelbesprechungen) beim Führer“ vom 6. Juni 1944 (Invasion) bis 23. März 1945

Über die Anfertigung dieser Stenogramme, ihre Verwahrung, ihre Vernichtung und das Schicksal der nicht vollständig verbrannten Stenogrammhefte vgl. den II. Teil der „Erläuterungen“ (S. 1774 f.). Photographien verdanke ich dem Bundesarchiv (Koblenz).

*1944.*

*18. 6.:* Abendbesprechung (Fragment Nr. 20; 10 Blatt).

*31. 8.:* Besprechung des Führers mit Gen.=Lt. Westphal und Gen.=Lt. Krebs (Fragment Nr. 46; 12 Blatt).

*9. 9.:* Morgenlage (Fragment Nr. 43; 84 Blatt).

*17. 9.:* Abendlage (Fragment ohne Nr.; 53 Blatt).

*28. 12.:* Besprechung des Führers mit Gen.=Oberst Blaskowitz (Fragment ohne Nr.; 29 Blatt).

*29. 12.:* Besprechung des Führers mit Gen.=Major Thomale (Fragment Nr. 30; 31 Blatt).

*1945.*

*9. 1.:* Abendlage (Fragment ohne Nr.; 8 Blatt).

*10. 1.:* Mittagslage (Fragment Nr. 33; 44 Blatt).

*(ohne Datum) Jan.:* Lagebesprechung (Fragment Nr. 31; 10 Blatt).

*24. 2.:* Abendlage (Fragment Nr. 6; 11 Blatt).

*23. 3.:* Abendlage (Fragment Nr. 22 und 23; 37 Blatt).

Ausschnitte, die durch Zerstörungen nicht allzusehr gelitten haben und bezeichnend sind, habe ich unter den *Dokumenten* (S. 1631–58) abgedruckt; andere Stellen sind in der Einleitung verwertet.

# IV. Teil
## Die bei der Herausgabe des KTB befolgten Grundsätze

Ich kann mich hier kurzfassen; denn im Grunde handelt es sich nur um zwei Grundsätze, aus deren Konsequenz sich alles weitere für den Herausgeber und die Bearbeiter ergibt:

*Es wird nichts verändert, und es ist nichts weggelassen worden.*

Da ich nach Abschluß der Drucklegung meine Photokopien dem Bundesarchiv in Koblenz überlassen habe, ist jeder Zweifler in der Lage, nachzukontrollieren, ob dieser Grundsatz bei dem vorliegenden Bande befolgt worden ist [1] (entsprechende Hinweise werden die Bände I–III enthalten).

Das Innehalten der Hauptgrundsätze hat zur Folge, daß manches abgedruckt ist, was mittlerweile völlig belanglos geworden ist. Wir haben es trotzdem nicht gestrichen, weil einerseits Verweise oder Pünktchen den Verdacht wecken könnten, hier werde etwas verschleiert, andererseits die eine oder andere Angabe unter besonderem Gesichtswinkel doch wichtig sein mag. Um jedoch dem Leser, der sich bei Einzelheiten nicht aufhalten will, die Durchsicht solcher Abschnitte zu ersparen, haben wir sie – soweit angängig – in Petitdruck setzen lassen.

Der vollständige Abdruck aller erhaltenen Aufzeichnungen ist auch deshalb erforderlich, um dem Leser ein Urteil darüber zu ermöglichen, wieweit mein Vorgänger Helmuth Greiner der in den Kriegsjahren üblichen, gerade in Hitlers Nähe gepflegten Führerverherrlichung und der ebenso üblichen Verunglimpfung der Gegner Konzessionen gemacht hat. Der Benutzer der von H. Greiner verfaßten Teile wird feststellen, daß der inzwischen verstorbene Verfasser gegen beide Vorwürfe gefeit ist, und auch die von mir stammenden Teile können – so möchte ich meinen – eine Kritik unter diesem Gesichtswinkel bestehen.

Die Hauptgrundsätze bedingten, daß ich selbst an einzelnen Ausdrücken, erst recht an irgendeiner Beurteilung oder Prognose nichts ändern durfte. Das gilt auch für die Fälle, von denen wir heute wissen, daß es sich um Fehlurteile handelt; denn sie gehören mit zum Bilde.

1 Ich habe mich nur – wie schon im Vorwort vermerkt ist – für berechtigt gehalten, die Interpunktion zu verbessern und überlang ausgefallene Sätze durch Benutzung von Punkten, Semikola, Klammern und Bindestrichen übersichtlicher zu machen. Ferner habe ich – wo es mir im Interesse des Lesers zu liegen schien – unvollständige Daten vervollständigt und fehlende hinzugesetzt. Im Hinblick auf ausländische Benutzer habe ich die (für sie wohl oft schwer verständlichen, im Wehrmachtsdeutsch immer stärker eingebürgerten) Composita durch eingefügte Bindestriche leichter lesbar gemacht. Schließlich habe ich die Abkürzungen, deren Verständnis sich bereits zu Ende des Krieges zu einer Art Geheimwissenschaft entwickelt hatte, weitgehend aufgelöst, zum mindesten zu normalisieren getrachtet. Außerdem findet der Leser am Schluß unter den „Wegweisern" ein Verzeichnis der gängigen Abkürzungen mit den Auflösungen (S. 1854 ff.).

Ich war daher auch nicht befugt, stilistisch zu glätten; ich habe nur da, wo — durch eilige Niederschrift oder unachtsame Übertragung in Schreibmaschinen=schrift bedingt — ein Satz aus den Fugen gegangen ist, ihn sinngemäß wieder=hergestellt und die formalen Korrekturen nachgeholt, die ich vorgenommen hätte, wenn mir mehr Zeit bei dem Entwurf bzw. bei der Kontrolle der Rein=schrift zur Verfügung gestanden hätte.

Die Aufzeichnungen sind in dem genormten Deutsch abgefaßt, das sich aus Tradition und Alltagsübung für militärische Aufzeichnungen ergeben hatte. Sie bedienen sich durchweg der in militärischer Diktion üblichen Ausdrucks=weise, sprechen also vom „Führer" einerseits, vom „Feind" andererseits. Je mehr die Fülle dessen, was zu verzeichnen war, zunahm und je mehr die Füh=rung des Kriegstagebuches erschwert wurde, umso weniger konnte auf stili=stische Glätte Wert gelegt werden [1].

Sofern es sich um später umgeschriebene Aufzeichnungen handelt, die nur in stenographischer oder handschriftlicher Niederschrift erhalten blieben, ist darüber am Anfang der betreffenden Abschnitte Rechenschaft abgelegt (über die Umstände, die zu diesem Überlieferungszustand führten, gibt die 2. Erläu=terung Auskunft).

Es ist damit zu rechnen, daß sich bei der Abfassung des Kriegstagebuches manche *Fehler* eingeschlichen haben, und zwar nicht nur *sachliche,* die sich aus dem Zustand des Wissens bzw. Nichtwissens im Augenblick der Niederschrift ergaben, sondern auch um *technische,* die H. Greiner und mir bei der Abfassung der Konzepte unterliefen, die sich bei dem Diktat ergaben oder auf die Schreib=kraft zurückzuführen sind und uns bei der Kontrolle der Reinschrift entgingen. Sachliche Fehler sind natürlich belassen; gelegentlich ist auf sie in einer An=merkung hingewiesen worden. Die Versehen, die sich bei Personen= und Ortsnamen sowie bei Daten und Zahlen eingeschlichen haben, sind dort still=schweigend korrigiert worden, wo der Sachverhalt eindeutig feststeht; wo ein Zweifel geblieben ist, wird darüber in einer Anmerkung Rechenschaft ab=gelegt.

Bei dem *Dokumententeil,* der diesen Band abschließt, wäre es leicht gewesen, ihn doppelt so stark und noch stärker zu machen. Aber ich mußte mir Beschrän=kungen auferlegen, da der bereits bedrohliche Umfang des Gesamtwerkes noch weiter angeschwollen wäre [2].

1 In der von Dr. Felix Hartlaub verfaßten „Ausarbeitung": Der Südosten (vgl. den 2. Abschnitt, II. Teil, D) macht sich außerdem noch die überkomplizierte Diktion geltend, zu der H. Greiner in seinem Bemühen gekommen war, möglichst viel möglichst genau und möglichst knapp auszudrücken. Ich hielt mich für berechtigt, das Lesen dieses Abschnitts durch Benutzung von Klammern, Strichen und ver=stärkter Interpunktion zu erleichtern.

2 Verwiesen sei hier auf die instruktive, jetzt bereits in 5. Auflage vorliegende Zusammenstellung unseres Mitarbeiters *Hans=Adolf Jacobsen:* 1939—1945. Der Zweite Weltkrieg in Chronik und Dokumenten. Darmstadt (Wehr und Wissen Verlagsgesellschaft) 1959 (538 S.; mir zum 65. Geburtstag gewidmet), 5. Aufl. ebd. 1960 (764 S.; d. h. mit anderer Paginierung).

*Literaturübersichten:* Ich verweise auf die „Bücherschau der Weltkriegsbücherei", hg. von der Bibliothek für Zeitgeschichte, Stuttgart 1953 ff. und auf das ausgezeichnete, periodisch erscheinende Literaturverzeichnis von Dr. Thilo *Vogelsang*, das jedem Heft der „Vierteljahrshefte für Zeitgeschichte" mit eigener Seitenzählung beigegeben ist („Bibliographie zur Zeitgeschichte"; bis Jahrgang IX,2: 1961 bereits fast 14 000 Nummern umfassend). Eine Auswahl der wesentlichen Veröffentlichungen bietet das Werk: Entscheidungsschlachten des II. Weltkrieges, hg. von H.-A. *Jacobsen* und J. *Rohwer*, Frankfurt a. M. 1961, S. 561–69. Dankenswert sind auch die Literaturübersichten, die Prof. Dr. Max *Braubach* von 1951 an im „Historischen Jahrbuch der Görresgesellschaft" (Bd. 70 ff.) geboten hat. Ferner sei auf die zahlreichen Einzelrezensionen von Werken zur militärischen Geschichte des II. Weltkrieges hingewiesen, die unser Mitarbeiter W. *Hubatsch* für die „Historische Zeitschrift" schrieb.

# E. Wegweiser

## Inhalt des „Wegweisers"

## 1. Konkordanztabelle für die US-Akten und die KTB-Edition[1]

### A. *Nürnberger Akten*[1]

#### *a) Nach laufenden Signaturen.*

Die in diesem Band gedruckten sowie die in den folgenden Bänden zu druk-kenden Teile des Kriegstagebuches sind durch gesperrte Buchstaben hervorgehoben. In *Kursivschrift* ist hinzugesetzt, wo der Benutzer in diesem Bande die 1944 und 1945 betreffenden Teile des KTB findet.

| | |
|---|---|
| PS — 1780: | Tagebuch Jodl, 4. 1. 37—24. 8. 39. |
| — 1781/2: | Aufzeichnungen, Entwürfe usw. Jodls aus den Jahren 1937–1940. |
| — 1783: | Organisation und Stärke des deutschen Heeres (April—August 40). |
| — 1784/5: | — — — |
| — 1786: | WFStab/KTB 1. 1. — 31. 3. 43. |
| — 1787: | Protokolle über Lagebesprechungen beim Führer 9. 10. 44—14. 2. 45 (vgl. S. 1842 f.). |
| — 1788: | Denkschrift über die Luftwaffe. |
| — 1789: | WFStab/KTB: Kroatien im Jahre 1944 = *6. Abschnitt, 1. Anhang.* |
| — 1790: | WFStab/KTB 1. 9. — 31. 12. 43. |
| — 1791: | WFStab/KTB 1. 4. — 30. 6. 43. |
| — 1792: | WFStab/KTB 1. 7. — 31. 8. 43. |
| — 1793: | WFStab/KTB: Westen 1. 4. — 16. 12. 44 = *4. Abschnitt, II.–IV. Teil.* |
| — 1794: | WFStab/KTB: Italien, Südosten 1. 4. 44 — 31. 12. 44 = *5. Abschnitt, 6. Abschnitt, II. Teil und Anhang 3:* Rumänien (1. Hälfte). |
| — 1795: | WFStab/KTB: Norden 1. 4. — 31. 12. 44 = *7. Abschnitt, II. Teil.* |
| — 1796: | Notizen Major d. G. Deyhle März 1939—Mai 1940. |
| — 1797: | WFStab/KTB: 2. 1. — 6. 3. 45 = *1945,* 1. Abschnitt, I–III. |
| — 1798: | WFStab/KTB: 6. 3. — 31. 3. 45 = *1945,* 1. Abschnitt, III. |
| — 1799: | Sonderakte Hitler (5. 12. 40—22. 8. 41) (über die geretteten Teile des KTB des WFStabs hinausgreifend). |
| — 1800: | Norweg. Bericht über deutsche Maßnahmen in den Jahren 1940/45. |

1 Photographien bzw. Mikrofilme der nachfolgend aufgezählten Nummern befin-den sich — verschieden vollständig — im Bundesarchiv zu Koblenz, im Staats-archiv Nürnberg sowie im Institut für Zeitgeschichte (München) und im Staatl. Archivlager (Abt. Zeitgesch.) in Göttingen.

— 1801/02: Denkschrift Hitlers vom 1. 7. 38 über Festungsanlagen.
— 1803: Notiz Ribbentrops vom 26. 8. 38 über Ungarn.
— 1804[1]: Aufzeichnung des Rittmeisters d. Res. Dr. Scheidt (Gehilfe des Generals Scherff) über „Kriege und Feldzüge 1939–42" (16 Blatt); vgl. oben S. 1773 Anm. 1.
— 1805: W F S t a b / K T B : Dokumente zu 1942[2].
— 1806: W F S t a b / K T B : R u m ä n i e n 4 4 (2. Hälfte) = *6. Abschnitt, 3. Anhang, 2. Hälfte.*
— 1807: W F S t a b / K T B : 1. 4. – 3 0. 6. 4 2 („Jodl–Diary").
— 1808: W F S t a b / K T B : 2 0. – 2 6. 7. 4 4 (Attentat; s. dazu oben S. 1791 ff.).
— 1809: Tagebuch Jodl: 1. 2.–26. 5. 40.
— 1810: Der deutsch-französische Waffenstillstandsvertrag (21./22. 6. 40).
— 1811: Tagebuch Jodl: 13. 10. 39–30. 1. 40.
— 1812/13: Landkarten aus Jodls Besitz.
— 1814: Organisation der NSDAP.

### *b) Chronologisch geordnet*

(im Hinblick auf den Wehrmachtführungsstab)

1. *Tagebücher des Generals Jodl, Chef WFStab:*
   4. 1. 37 – 24. 8. 39: PS – 1780
   13. 10. 39 – 30. 1. 40: – 1811
   1. 2. 40 — 26. 5. 40: – 1809
2. *Notizen des Majors d. G. Deyhle:*
   März 39 – Mai 40: PS – 1796
3. *Kriegstagebuch des Wehrmachtführungsstabes:*
   1942
   1. 4. – 30. 6.: PS – 1807
   1943
   1. 1. – 31. 3.: PS – 1786
   1. 4. – 30. 6.: – 1791
   1. 7. – 31. 8.: – 1792
   1. 9. – 31. 12.: – 1790
   1944
   Westen: PS – 1793 (hier: 4. Abschnitt).

1 Unter dieser Nummer läuft auch ein Verhör Hans Fritzsches durch einen russischen Obersten (12. 9. 1945).

2 Diese 14 Blatt (Mikrofilm PS–11) enthalten: Führerweisung Nr. 45 (23. 7. 42) betr. Fortsetzung der Operation „Braunschweig"; einen Bericht Heeresgr. A an OKH (27. 7. 42), die Fernschreiben OKH/GenStH/Op.-Abt. 1 (31. 7. 42) an Heeresgruppen A und B sowie kurze Auszüge aus den Fernschreiben vom 8. 8.; 9. 8.; 12. 8. und 13. 8. 42.

| | | |
|---|---|---|
| Italien und Südosten: | — 1794 | (hier: 5. und 6. Abschnitt). |
| Kroatien: | — 1789 | (hier: 2. Anhang zum 6. Abschnitt). |
| Rumänien: | — 1794 und — 1806 | (hier: 3. Anhang zum 6. Abschnitt). |
| Norden: | — 1795 | (hier: 9. Abschnitt). |
| Attentat (20. 7.): | — 1808 | (vgl. dazu oben S. 1791 ff.). |
| 1945 | | |
| 2. 1. — 6. 3: | PS 1797 | (vgl. hier: S. 976—1214). |
| 6. 3. — 31. 3.: | — 1798 | |

*B. Akten der Historical Division der US=Army.*

W 5/1: 5 Stück KTB des WFStabs = Bd. ?
W 5/48: KTB des Führungsstabs Süd (B)
vom 20. 4. — 1. 5. 1945 = B. IV, S. 1438—50.

*Anm.:* W 2/8 und W 5/93 enthalten persönliche Akten, Briefe, Kriegstage=bücher usw. des Generals Jodl sowie Führerweisungen und Befehle, Denk=schriften und eine Ansprache des Generals Jodl.

*C. Erbeutete und nach den USA gebrachte Akten*

In den „Guides to German Records microfilmed at Alexandria (Virginia) No. 18: Records of Headquarters, German Armed Forces High Command (Part III), Washington 1960 (The National Archives and Records Service — General Services Administration) sind folgende verfilmte Teile des Kriegs=tagebuches verzeichnet:

1. Roll 780 = OKW/1903 (First Frame 5 507 028) (NB. The original docu=ment, 427 type=written pages, is stated to be at the National Archives; a short extract was used at the Nuremberg War Trial as PS—1786): *KTB: 1. 1.—31. 3. 1943 (vgl. Band III).*
2. Roll 781 = OKW/2020 (First Frame 5 507 461): *KTB: Südost, 1. 4.—31. 12. 1944, mit „Kroatien" und „Rumänien" (vgl. oben den 6. Abschnitt mit dem Anhang 2—3).*
3. Roll 781 = OKW/2021 (First Frame 5 507 786) (handwritten draft, legible, but not easily): *KTB: Der Norden, Jan.=Dez. 1944 (vgl. oben den 9. Ab=schnitt nebst Nachtrag am Schluß dieses Bandes).*
4. Roll 781 = OKW/2022 (First Frame 5 507 989) (handwritten draft, rather fragmented and difficult to read): *KTB: Westen, 4. 1.—17. 9. 1944 (vgl. oben den 4. Abschnitt, II. Teil).*
5. Roll 781 = OKW/2023 (First Frame 5 508 068) (handwritten draft): *KTB: Westen 17. 9.—16. 12. 1944 (vgl. oben den 4. Abschnitt, III. Teil).*

V e r m e r k : Nachdem ich als Kriegsgefangener nach Paris geflogen war, wurden mir Nr. 4—5 ausgehändigt. Ich diktierte einem anderen Kriegsgefange=nen meinen Text in die Schreibmaschine. Auf dessen Reinschrift, von der ich mir einen Durchschlag sicherte, beruht der oben abgedruckte Text.

6. Bei der Drucklegung von Band I wird zu berücksichtigen sein: Roll 869 = OKW 2073 (First Frame 5 616 130): "Photostat of copied document of unknown provenance (copy made by Wehrmacht/Kriegsgeschichte): ‚Notizen zum Kriegstagebuch'; these notes cover the period from end March 1939 to June 1940 and isolate and stress Hitler's own considerations, influence and decision. Original dated October 18, 1940, copy dated April 7, 1941."
7. In Roll 780 (Akten des Stellv. Chefs WFStab) = OKW/185 (First Frame 5 506 809) befinden sich ferner Schriftstücke betr. "the Kriegstagebuch, Major Schramm", and the Ms of a book „Deutschland und Übersee". Bei den erstgenannten wird es sich um die S. 1828 ff. abgedruckten Befehle von Januar 1945 handeln; das zweite betrifft ein Buch, dessen Ms. ich in dienstfreien Stunden fertiggestellt hatte und zu dessen Drucklegung ich die Erlaubnis aller möglichen Dienststellen benötigte (das Auswärtige Amt machte sie davon abhängig, daß ich noch eine anti-englische Tendenz hineinbrächte; das Buch konnte erst 1950 vom Verlag G. Westermann in Braunschweig herausgebracht werden).

In dem mir noch beim Umbruch bekanntwerdenden „Guide No. 28" sind ferner verzeichnet:

8. Roll 277 = H 48/5 (First Frame 6 224 446): Westen 31. 7.–19. 8. (vgl. oben Nr. 4–5).
9. Roll 277 = H 48/6 (First Frame 6 224 636): Übersicht über die Kriegsereignisse von Ende 1942 bis Anfang 1944 (handschriftlich von P. E. *Schramm* verfaßt und in Band III zu berücksichtigen).
10. Roll 277 = H 48/7 (First Frame 6 224 620): „Übersicht über die Akten des WFStabs aus dem Januar–Februar 1945" (Verarbeitet in der Aufzeichnung der S. 1286–1434).

### 2. Auflösung militärischer und anderer Abkürzungen

(Im Hinblick auf ausländische Benutzer sind auch die bei uns gängigen Abkürzungen erläutert):

| | |
|---|---|
| I a | = Erster Generalstabsoffizier (Leiter der Führungsabteilung) |
| I c | = Dritter Generalstabsoffizier (Feindbild) |
| II a | = Adjutant |
| AA(mt) | = Auswärtiges Amt |
| A.d.N. | = Admiral der Nordsee |
| A.d.O. | = Admiral der Ostsee |
| A.Abt. | = Aufklärungsabteilung |
| A-Bombe | = Atombombe |
| Abt. | = Abteilung |
| Abw. | = Abwehr |
| Adm. | = Admiral |

| | |
|---|---|
| A.d.K. | = Admiral der Kleinkampfverbände |
| AEW | = Erdöl verarbeitende Werke |
| Ag. | = Agent |
| AG (Ag.) | = Amtsgruppe |
| A.H.A. | = Allgemeines Heeresamt |
| AHQu | = Armeehauptquartier |
| AK. (A.K.) | = Armeekorps |
| all. | = alliierte |
| A.O.K. | = Armee=Oberkommando |
| A.R. | = Artillerie=Regiment |
| Arm.Abt., bzw. =Gr. | = Armee=Abteilung, bzw. =Gruppe |
| Arko | = Artillerie=Kommandeur |
| Art. | = Artillerie |
| Asto | = Admiralstabsoffizier |
| Aufk(l). | = Aufklärung (Aufkl.=Abt. usw.) |
| Ausb. | = Ausbildung (Ausb.=Rgt. usw.) |
| Ausl. | = Ausland bzw. =ländisch |
| Ausb.=Verb. | = Ausbildungsverband (der Flotte) |
| Ausw.Amt | = Auswärtiges Amt |
| av. | = arbeitsverwendungsfähig |
| AWA | = Allgemeines Wehrmachtsamt |
| **B.** | = Beobachtungs=(stelle, Abt. usw.) |
| Battr. | = Batterie |
| BdE | = Befehlshaber des Ersatzheeres (ab Januar 1945: OB.d.E.) |
| B.d.K. | = Befehlshaber der Kreuzer |
| B.d.S. | = Befehlshaber der Schlachtschiffe |
| B.d.U. | = Befehlshaber der U=Boote |
| bd.kv. | = bedingt kriegsverwendungsfähig |
| Bef. | = Befestigung |
| Befh., Bfh. | = Befehlshaber |
| beh. | = behelfsmäßig |
| besp. | = bespannt |
| Bev(ollm). | = Bevollmächtigter (General usw.) |
| Bf. | = Bombenflugzeuge |
| bo. | = bodenständig |
| Brig. | = Brigade |
| brit. | = britisch |
| BRT | = Bruttoregistertonnen |
| Brüko | = Brückenkolonne |
| BSO | = Befehlshaber der Sicherung der Ostsee |
| BSW | = Befehlshaber der Sicherung der Nordsee |
| Btl. | = Bataillon |

| | |
|---|---|
| Bttr. | = Batterie |
| **C**hef Ausl. | = Chef der Auslandsabt. (im Amt Ausland/ Abwehr des OKW) |
| Chef Gen.St. | = Chef des Generalstabs |
| Chef H Rü(st) u. BdE | = Chef der Heeresrüstung und Befehlshaber des Ersatzheeres |
| Chefs. | = Chefsache |
| **d**.G. | = des Generalstabs |
| dienstl. | = dienstlich |
| dipl. | = diplomatisch |
| Div. | = Division |
| D.M.=Bewegung | = Bewegung des Draža Mihajlović |
| Do | = Dornier(=Flugzeug) |
| d.R. | = der Reserve |
| dt. | = deutsch |
| (**E**) (nach Dienstrang) | = Ergänzungsoffizier |
| E=Art. usw. | = Eisenbahn=Art. usw. |
| Eis.=Art. usw. | = Eisenbahn=Art. usw. |
| Erg. | = Ergänzungs(=Staffel usw.) |
| Ers.=Kp. usw. | = Ersatz=Kompanie usw. |
| E=Transp. | = Eisenbahntransport |
| Exped. | = Expedition(skorps usw.) |
| **F**AD | = Freiwilliger Arbeitsdienst |
| fdl. (feindl.) | = feindlich |
| F.d.M. | = Führer der Minensuchboote |
| F.d.Minsch. | = Führer der Minenschiffe |
| F.d.S. | = Führer der Schnellboote |
| F.d.T. | = Führer der Torpedoboote |
| F.d.U. | = Führer der U=Boote |
| F.d.U.(Ausb.) | = Führer der U=Boot=Ausbildungsflottillen |
| Feldgend. | = Feldgendarmerie |
| Fest.=Btl. usw. | = Festungsbataillon usw. |
| FH | = Feldhaubitze |
| FHA. | = SS=Führungshauptamt |
| FHQu (F.H.Qu.) | = Führerhauptquartier |
| finn. | = finnisch |
| FK | = Feldkommandant(ur) |
| Fl. | = Flottille |
| FLK=Kp. usw. | = Fernlenk=Kompanie usw. |
| Fl.=Korps usw. | = Flieger=Korps usw. |
| Fla=Kp. usw. | = Flugzeugabwehr=Kompanie usw. |

| | |
|---|---|
| Flak | = Flugzeug=Abwehrkanone |
| Flieg. | = Flieger |
| Flott. | = Flottille. |
| Flugz. | = Flugzeug(e) |
| franz(ös.) | = französisch |
| Freg.=Kpt. | = Fregattenkapitän |
| Freiw. | = Freiwillige |
| FRR | = Führerrundruf (vordringlichste Stufe im Funkverkehr) |
| Fs (Fsch.) | = Fallschirm |
| Fs(ch.Jg.)=Div. | = Fallschirm=Jäger=Division usw. |
| F.T. | = Funktelegraphie |
| Fü | = Führung |
| FWA | = Feld=Wirtschaftsamt (s. a.: WStab) |
| FX | = Gleitbombe |
| Fzg. 76 | = Flak=Zielgerät 76 (V 1) |
| G.(d.G., i.G.) | = (Hauptmann usw.) des bzw. im Generalstab |
| gal. | = galizisch (z. B. SS=Div.) |
| GBA | = Generalbevollmächtigter für den Arbeitseinsatz |
| G.D. | = Div., dann Korps „Großdeutschland" |
| Gde. | = Garde (britisch und russisch) |
| Geb.=Div. usw. | = Gebirgs=Division usw. |
| geh. | = geheim |
| gem. | = gemäß (oder: gemischt) |
| Gen.=Adm. | = Generaladmiral |
| Gen.(=Lt.) | = General(=leutnant) |
| Gen.d.Art. bzw. Fl., Inf., Kav. | = General der Artillerie bzw. Flieger, Infanterie, Kavallerie |
| Gen.d.Pi.u.Fest. | = General der Pioniere und Festungen |
| Gen.=Feldm. | = Generalfeldmarschall |
| Gen.=Gouv. (P) | = Generalgouverneur bzw. =ement (Polen) |
| Gen.=Kdo. | = Generalkommando |
| Gen.=Maj. | = Generalmajor |
| Gen.=Oberst | = Generaloberst |
| Gen.=Qu. | = Generalquartiermeister |
| Genes. | = Genesende |
| GenStdH (bzw.L) | = Generalstab des Heeres (bzw. der Luftwaffe) |
| gep. | = gepanzert |
| GFM | = Generalfeldmarschall |
| GFP | = Geheime Feldpolizei |
| GK | = Geheime Kommandosache |
| GKdo. | = Generalkommando |

| | |
|---|---|
| gKdos | = geheime Kommandosache |
| Gr. | = Gruppe(n) (oder: Granate(n)) |
| Gr.Adm. | = Großadmiral |
| Gren. | = Grenadier |
| Gr.=Kdo | = Gruppenkommando |
| G.Rs. | = Geheime Reichssache |
| Gr.W(erf.) | = Granatwerfer |
| **H** | = Heer |
| Hako | = Hafenkommandant |
| H=Battr. usw. | = Heeresbatterie usw. |
| He | = Heinkel (=Flugzeug) |
| „H.G." | = Div., dann Korps: „Hermann Göring" |
| Hgr.(H.Gr.) | = Heeresgruppe |
| Hiwi(s) | = Hilfswillige (der deutschen Verbände, aufgestellt aus Kriegsgefangenen der Roten Armee) |
| HJ | = Hitler=Jugend |
| HKL | = Hauptkampflinie |
| HNW | = Heeres=Nachrichtenwesen |
| Hpt. | = Hauptmann |
| HPA | = Heeres=Personalamt |
| HQu. | = Hauptquartier |
| **i**.A. | = in Aufstellung |
| I.A. | = Im Auftrag |
| I.D. | = Infanterie=Division |
| i.G. | = im Generalstab |
| IMT | = Internationales Militärtribunal (Nürnberg) |
| Inf. | = Infanterie |
| I.R. | = Infanterie=Regiment |
| ital. | = italienisch |
| **J**abo | = Jagdbomber |
| Jafü | = Jagdführer |
| Jg. | = Jäger (=Div. usw.) |
| J.G. | = Jagdgeschwader |
| Ju | = Junkers (=Flugzeuge) |
| **K**.Adm. | = Konteradmiral |
| K(an). | = Kanone |
| Kav. | = Kavallerie |
| kb. | = kriegsbehindert |
| KD. | = Kavallerie=Division |

| | | |
|---|---|---|
| Kdo. | = | Kommando |
| Kdr(eur) | = | Kommandeur |
| Kdr.Gen. | = | Kommandierender General |
| Kdt. | = | Kommandant |
| Kdtr. | = | Kommandantur |
| Kfg. | = | Kriegsgefangene |
| Kfz. | = | Kraftfahrzeug |
| KG | = | Kampfgeschwader, auch: Kampfgruppe |
| KM | = | Kriegsmarine |
| Kol. | = | Kolonne |
| Koluft | = | Kommandeur der Luftwaffe |
| Komp.(Kp.) | = | Kompanie |
| Korück | = | Kommandeur der rückwärtigen Verbindungen |
| Korv.=Kpt. | = | Korvettenkapitän |
| Kos. | = | Kosaken |
| Kp. | = | Kompanie |
| Kpt. (z.S.), Kptlt. | = | Kapitän (zur See), =leutnant |
| KR (Steigerung: KR=Blitz) | = | Bezeichnung für dringende taktische Funk=sprüche (bzw. =schreiben) |
| Krg. | = | Kriegsgefangene |
| K=Sperren | = | Kampfsperren |
| KTB | = | Kriegstagebuch |
| Ktr.Adm. | = | Konteradmiral |
| Kü.Bef. | = | Küstenbefehlshaber |
| Kü.Fl.Gr. | = | Küsten=Fliegergruppe |
| Küst.Div. | = | Küstendivision |
| kv. | = | kriegsverwendungsfähig |
| kw. | = | kriegswichtig |
| Kw=Raum usw. | = | Kraftwagenraum usw. |
| **L** | = | Abt. Landesverteidigung (später: WFStab) |
| Laz. | = | Lazarett |
| LCT | = | Tank landing craft (d. h. Landungsfahrzeug) |
| Ld.Schtz. | = | Landesschützen |
| l.(le) | = | leichte MG. usw. |
| l.F.H. | = | leichte Feldhaubitze |
| Lfl. | = | Luftflotte |
| L.G. | = | Lehrgeschwader |
| Lkw. | = | Lastkraftwagen |
| LL=Div. usw. | = | Luftlande=Division usw. |
| LN=Verb. (usw.) | = | Luftnachrichten=Verband (usw.) |
| Lok. | = | Lokomotive(n) |
| LS. | = | Landesschützen |
| L.S. | = | Lastensegler |

| | |
|---|---|
| LST | = Tank landing ship |
| LT | = Lufttransport (auch: Lufttorpedo) |
| Lt. (Lt.z.S.) | = Leutnant (Lt. zur See) |
| Luftfl. | = Luftflotte |
| L(uft)W. | = Luftwaffe |
| Lw=F(ü)=Stab | = Luftwaffen=Führungsstab |
| M | = Meter |
| m. | = mittlere |
| M(ar.) | = Marine |
| MAS=Boote | = italien. Torpedo=Motorboote |
| M=Boot | = Minensuchboote |
| Me | = Messerschmitt (=Flugzeug) |
| mech. | = mechanisiert |
| MEZ | = Mitteleuropäische Zeit |
| MFP | = Marine=Fährprahm |
| MG. | = Maschinengewehr |
| mil(it). | = militärisch |
| Mil.=Att. | = Militärattaché |
| Mil.=Bef. | = Militärbefehlshaber |
| Min. | = Minister(ium) |
| mob. | = mobil |
| MOK | = Marine=Oberkommando |
| mot. | = motorisiert |
| MPi. | = Maschinenpistole |
| Mun. | = Munition |
| MV | = Marine=Verbindungs= (usw.) |
| n.A. | = neuer Art |
| Nachr. | = Nachrichten |
| Nafü | = Nachrichtenführer |
| N.J.G. | = Nachtjagd=Geschwader |
| no. | = nordostwärts |
| NO | = Nachrichten=Offizier |
| norw. | = norwegisch |
| NSFO | = Nationalsozialistischer Führungs=Offizier |
| NSKK | = Nationalsozialistisches Kraftfahrkorps |
| NW | = Nachrichtenwesen |
| nw. | = nordwestlich |
| OA | = Offiziersanwärter |
| OB | = Oberbefehlshaber |
| OB | = Offiziersbewerber |
| Ob.d.E | = Oberbefehlshaber des Ersatzheeres |
| Ob.d.H. | = Oberbefehlshaber des Heeres |

| | |
|---|---|
| Ob.d.L. | = Oberbefehlshaber der Luftwaffe |
| Ob.d.M. | = Oberbefehlshaber der Kriegsmarine |
| Ob.Kdo | = Oberkommando |
| Oblt., Obstlt. | = Ober= bzw. Oberstleutnant |
| Off.(Offz.) | = Offizier |
| OFK | = Oberfeldkommandant(ur) |
| OKH | = Oberkommando des Heeres |
| OKL | = Oberkommando der Luftwaffe |
| OKM | = Oberkommando der Kriegsmarine |
| OKW | = Oberkommando der Wehrmacht |
| Op.Abt. | = Operationsabteilung |
| OQu. | = Oberquartiermeister |
| Ord.off. | = Ordonnanzoffizier |
| Org.Abt. | = Organisationsabteilung |
| Org.Todt | = Organisation Todt |
| ostw. | = ostwärts (d. h. östlich) |
| O.T. | = Organisation Todt |
| | |
| Pak. | = Panzerabwehrkanone |
| Pi. | = Pioniere |
| Pkw. | = Personenkraftwagen |
| pol. | = politisch |
| Pol. | = Polizei |
| poln. | = polnisch |
| Pr. | = Propaganda |
| PS | = Pferdestärke |
| PS | = (Nürnberger Dokumentenserie) „PS" |
| Pz. | = Panzer |
| Pz.Gr. | = Panzergruppe |
| Pz.=Gr(en). | = Panzer=Grenadier(e) |
| | |
| Qu. | = Quartiermeister(abteilung) |
| | |
| RAD | = Reichsarbeitsdienst |
| Radf. | = Radfahrer |
| RAF | = Royal Air Force |
| RAM | = Reichsaußenminister |
| RdL | = Reichsminister der Luftfahrt |
| Reg. | = Regierung |
| Reg(t). | = Regiment |
| Reikosee | = Reichskommissar für die Seefahrt |
| Res. | = Reserve |
| RF.SS | = Reichsführer SS |

| | | |
|---|---|---|
| RKScheine | = | Reichskassenscheine |
| RM | = | Reichsminister |
| ROB | = | Reserveoffiziersbewerber |
| Rs. | = | Reichssache |
| RSO | = | Reichsbevollmächtigter für den Südosten |
| RuKMin. | = | Reichsministerium für Rüstung und Kriegsproduktion |
| RV=Stationen | = | Radar=Verstärker=Stationen |
| RWM | = | Reichswehrministerium |
| RWM | = | Reichswirtschaftsministerium |
| | | |
| **s.** | = | schwer |
| s. | = | siehe |
| SA | = | „Sturmabteilung" der NSDAP |
| S=Boot (=Flott.) | = | Schnellboot(=flottille) |
| Sch.Brig. | = | Schützenbrigade |
| Schn.Brig. | = | Schnelle Brigade |
| Schtz. | = | Schützen |
| schw. | = | schwer |
| SD | = | Sicherheitsdienst |
| s.FH | = | schwere Feldhaubitze |
| SG. | = | Schlachtgeschwader |
| Sich(Si).= (Regt. usw.) | = | Sicherungs=Div. (Regt. usw.) |
| Skl. | = | Seekriegsleitung (OKM) |
| SM (Sm) | = | Seemeilen |
| so. | = | südostwärts |
| sowj. | = | sowjetisch |
| SPW | = | Schützenpanzerwagen |
| SPW | = | Spezialpersonenwagen |
| SS | = | Schutzstaffel der NSDAP |
| SS=FHA | = | SS=Führungshauptamt |
| St.=Btl. (usw.) | = | Sturm=Bataillon (usw.) |
| Staatl. | = | Staatlich |
| Stb. | = | Stab |
| STCh | = | Seetransportchef |
| Stellv. | = | Stellvertretender (Chef WFStab usw.) |
| St.G. | = | Sturzkampfgeschwader |
| Stuka | = | Sturzkampfflieger |
| Sturmgesch. | = | Sturmgeschütz (=Rgt. usw.) |
| SU | = | Sowjetunion |
| sw. | = | südwestlich |
| | | |
| t (to) | = | Tonne(n) |
| T=Boot | = | Torpedoboot |

| | |
|---|---|
| t=gep. | = teilgepanzert |
| Tle. | = Teile |
| TMC | = Torpedomine Typ C |
| t=mot. | = teilmotorisiert |
| Torp. | = Torpedo(=Boot) |
| Tr. | = Truppe(n) |
| Trsp. | = Transport |
| Tr.Üb.Pl. | = Truppenübungsplatz |
| Turk.Div. | = Turkestanische Division |
| U=Boot | = Unterseeboot |
| Uffz. | = Unteroffizier |
| uk. | = unabkömmlich |
| unbesp. | = unbespannt |
| US | = Untersee(=Boot) |
| VAK | = Volks=Art.=Korps |
| VB | = vorgeschobener Beobachter |
| verst. | = verstärkt |
| Verw. | = Verwundete |
| VGAD. | = Verstärkter Grenzaufsichtsdienst |
| VGD. | = Volks=Grenadier=Division |
| V=Mann usw. | = Vertrauensmann usw. (d. h. Agent) |
| vier(4=)mot.=Bomber | = viermotoriger Bomber |
| VO(ff.) | = Verbindungsoffizier |
| vP | = vorausbefördertes Personal |
| VS | = Verpflegungs= bzw. Versorgungssatz |
| VW | = Verzögerungswerk (Kriegsmarine) |
| V=Waffen | = Vergeltungswaffen (V 1, V 2) |
| W | = Wehrmacht |
| w. | = westlich |
| WB | = Wehrkreisbefehlshaber |
| WBfh. | = Wehrmachtbefehlshaber |
| WBK | = Wehrbezirkskommando |
| Wehrm.=Bef. | = Wehrmachtbefehlshaber |
| Wehrm.=Prop. | = Wehrmacht=Presse= und Propaganda=Amt |
| WFA | = Wehrmacht=Führungsamt (später: =stab) im OKW |
| WFSt(ab) | = Wehrmacht=Führungsstab |
| WiRüAmt | = Wehrwirtschafts= und Rüstungsamt (OKW) |
| W.Kr. | = Wehrkreis (auch: Wehrm.=Kriegsgeschichte) |
| WKW | = Wehrmacht=Kraftfahrwesen |
| WNV | = Wehrmacht=Nachrichtenverbindungen |

| | | |
|---|---|---|
| WPr | = | Wehrmacht=Presse= und Propaganda=Amt |
| WSt(ab) (auch: WiSt) | = | Wirtschaftsstab (s. auch: Feld=Wirtschafts=stab) im OKW |
| WZ | = | Wehrmacht=Zentralamt |
| z.b.V. | = | zur besonderen Verwendung |
| Z.G. | = | Zerstörergeschwader |
| Z.K. | = | Zählkontakt (Kriegsmarine) |

### 3. Militärische Decknamen für Operationspläne usw. und Hauptquartiere [1])

#### 1. *Deckworte für Operationspläne usw.*

| | | |
|---|---|---|
| **A**bwehrschlacht | = | Plan zur Ardennen=Offensive, durchgeführt ab 16. Dez. 1944 (s. a.: „Greif", „Herbstnebel", „Wacht") |
| Achse (anfangs „Alarich" und „Konstantin") | = | Plan zur Entwaffnung der italienischen Streit=kräfte und zur Inbesitznahme der italienischen Flotte, durchgeführt ab 8. Sept. 1943 |
| Aida | = | Vorstoß gegen Ägypten, 1942 |
| Alarich | = | s. Achse |
| Antimon | = | Lieferungen an Rumänien (s. auch: Blei, Oli=venbaum) |
| Anton | = | Einmarsch in Südfrankreich (freie Zone), durch=geführt am 11. Nov. 1942 (siehe auch unter „Attila" b) |
| Attila | = | a) Plan zur Unterstützung der Vichy=Franzo=sen in Nah=Ost usw. 1941, b) Frühe Pläne (Dezember 1940) zur Besetzung der freien Zone in Südfrankreich (Durch=führung siehe „Anton"). |
| **B**arbarossa | = | Feldzugsplan gegen die Sowjetunion ab Spät=herbst 1940, durchgeführt ab 22. Juni 1944 (siehe auch „Fritz") |
| Birke | = | Räumungsplan für Finnland, durchgeführt ab Ende August 1944 |
| Birkhahn | = | Räumung Nordnorwegens (1945) |
| Blau, Fall | = | Operationspläne der Luftwaffe gegen England in den Jahren 1938/39 |
| Blau, Operation | = | Angriffsplan des Nordflügels der Heeresgr. Süd bei Woronesch, durchgeführt ab Juni 1942 (siehe auch „Maus" und „Siegfried") |

1 Mit Ergänzungen wiederholt nach Fritz Frhrn. v. *Siegler*, Die höheren Dienst=stellen der deutschen Wehrmacht 1933—1945, als Ms. gedruckt vom Inst. f. Zeit=gesch., München 1953, S. 106—9.

| | | |
|---|---|---|
| Blaue Linie | = | Vor=Alpen=Stellung |
| Blei | = | Lieferungen für Rumänien (s. auch: Antimon, Olivenbaum) |
| Bodenplatte | = | Angriff der Luftwaffe nach der Ardennen=Offensive (1. 1. 1945) |
| Blume | = | Feindliche Landung in Frankreich (I: an der Kanal=, II: an der Südküste) |
| Braunschweig | = | Operation gegen Stalingrad und den Kaukasus (ab Juli 1942) |
| Büffel=Bewegung | = | Zurücknahme der mittleren Ostfront, 1943 |
| **C**erberus | = | Durchbruch der Schiffe „Bismarck" und „Prinz Eugen" von Brest durch den Kanal in die Nordsee, durchgeführt am 11./12. Februar 1942 |
| **D**onnerschlag | = | Ausbruch der 6. Armee aus Stalingrad (geplant im Dezember 1942) |
| Draufgänger | = | Unternehmen in Montenegro |
| Dschingis=Khan=Stellung | = | Stellung Bologna — Comacchio=See |
| **E**iche | = | Plan, Mussolini wieder in die Macht einzu=setzen (Sommer 1943) |
| Eisenhammer | = | Luftangriffe auf russ. Rüstungszentren |
| **F**elix | = | Gibraltar=Pläne ab zweite Hälfte 1940 |
| Flaschenhals | = | Bezeichnung der Landenge südlich des Ladoga=sees (1941/42) |
| Forelle | = | Feindliche Großlandung im Südosten |
| Freischütz | = | Wegnahme der Insel Lissa (Dalmat. Küste) |
| Fridericus I | = | Angriff gegen die sowjet. Frontvorsprünge süd=westl. Isjum (geplant seit April 1942) |
| Fridericus II | = | Angriff gegen Kupjansk (vorbereitet seit April 1942) |
| Fritz | = | Erster Deckname für die Rußlandpläne 1940 (siehe auch „Barbarossa") |
| **G**elb, Fall | = | Operationsplan gegen die Niederlande, Bel=gien und Luxemburg ab Herbst 1939, durch=geführt ab 10. Mai 40 |
| Gertrud | = | Aufmarsch gegen die Türkei im Falle ihres Anschlusses an die Alliierten (auch: Angriffe der Lw. gegen russ. Elektrizitätswerke) |
| Gisela | = | Plan zur Besetzung von Portugal und Spanien im Sommer 1942 |

Gneisenau=(Goten=)Stellung = s. „Grüne Linie"

Greif = Unternehmen hinter der Front während der Ardennenoffensive, durchgeführt ab 16. Dez. 1944

Grün, Fall = Operationsfall für den Fall eines Zweifrontenkrieges (Schwerpunkt: Tschechoslowakei) ab 1937 bearbeitet (s. auch: Rot=Grün)

Grüne Linie (vorher: Goten=Stellung) = Apennin=Stellung

Gustav = Landung bei Genua

Gustav=Stellung = Front in Süditalien

**H**aifisch = Tarnmaßnahmen im Zusammenhang mit Unternehmen „Barbarossa" (1941)

Hartmut = U=Bootoperation zum Schutz von „Weserübung"

Herbstnebel = Räumung der Po=Ebene (1944). Anfänglich auch Deckname der Ardennen=Offensive („Wacht am Rhein")

Herbstreise = Plan für Ablenkungsmanöver zur Aktion „Seelöwe" (Herbst 1940)

Herbstzeitlose = Angriffsplanung gegen den Nordteil von Stalingrad, durchgeführt Oktober 1942

Herkules = Operationsplan gegen Malta, 1942

**I**da = Landung in Istrien

Isabella = Erweiterter Plan Felix (Canarische, Cap Verdische Inseln, Dakar usw.), 1941/42

**K**amelie = Besetzung von Corsika, 1942

Konstantin (später: Achse) = Eingreifen im Südosten im Falle des Abfalls Italiens, 1943

Kreuzotter = Unternehmen in Griechenland

Kugelblitz = Unternehmen gegen jugoslaw. Partisanen (Dez. 1943)

**L**andbrücke = Bezeichnung des schmalen Zugangs zum Kessel von Demjansk (April 1942 bis Febr. 1943)

Lila = Besetzung von Toulon, Versuch der Wegnahme der französischen Flotte, durchgeführt am 27. Nov. 1942

Ludwig = Landung bei Livorno

**M**aibaum = Unternehmen gegen jugosl. Partisanen (1944)

Maiblume = Auflösung des Unternehmens „Margarethe (s. dieses)

| | |
|---|---|
| Maigewitter | = Unternehmen gegen jugoslaw. Partisanen |
| Marder | = Feindliche Landung in Italien (I: mit begrenz=tem und II: mit ausholendem Ziel) |
| Margarethe I | = Besetzung Ungarns, durchgeführt ab 19. März 1944 |
| Margarethe II | = Besetzung Rumäniens (geplant Januar/Februar 1944, aber sistiert) |
| Marita | = Operation gegen Griechenland, 1940/41; später ausgedehnt auch gegen Jugoslawien, durchge=führt ab 6. April 1941 |
| Maus | = Angriffsplan des Südflügels der Heeresgr. Süd vom Mius gegen den Kaukasus, durchgeführt Juli 1942 (siehe auch Operationen „Blau" und „Siegfried") |
| Merkur | = Angriff gegen Kreta, Mai 1941 |
| Morgenröte | = Angriff gegen den amerik. Brückenkopf bei Nettuno |
| Morgenwind | = Landung auf der Insel Brač (Dalmat. Küste) |
| | |
| **N**agel, Dr. Gustav | = Abwehrpläne in Dänemark/Norwegen gegen „Drohende Gefahr Nord" (d. h. vermutete Pläne der Alliierten ab Anfang 1944) |
| Napfkuchen | = Unternehmen gegen jugoslaw. Partisanen (1943/44) |
| Nibelungen=Marsch | = Rückzug der 114. Jg.=Div. auf dem Balkan |
| Nibelungen=Stellung | = Zwischenstellung auf dem Rückzug im Süd=osten |
| N(ord) | = Erster Name für die Norwegenpläne (siehe: Weserübung) |
| Nordlicht | = a) Angriffspläne gegen Leningrad (AOK 11, von Manstein), Sommer und Herbst 1942 |
| | = b) Rückmarsch auf den Lyngen=Fjord |
| Nordwind | = Angriff gegen das Nordelsaß, durchgeführt ab 31. Dezember 1944 |
| Nürnberg | = Sperrung der Pyrenäen |
| | |
| **O**livenbaum | = Lieferungen an Rumänien (s. auch: Antimon, Blei) |
| Ostgoten=Bewegung | = Verlegung der Heimatverbände in den Osten (1945) |
| Otto, Fall | = Entwurf einer Operationsstudie für den Fall einer Restauration der Monarchie in Öster=reich (1937) |

| | | |
|---|---|---|
| **R**egenbogen | = | Angriff auf alliierten Geleitzug durch „Lützow“ und „Hipper“, durchgeführt am 31. Dez. 1942 |
| Rheinübung | = | Atlantik-Raid von „Bismarck“ und „Prinz Eugen“, durchgeführt 21. bis 27. Mai 1941 |
| Richard | = | Landung bei Rom |
| Richard, Fall | = | Überlegungen für den Einsatz der Kriegsmarine gegen Rotspanien, 1937 |
| Rösselsprung | = | a) Angriff auf alliierte Geleitzüge nach Murmansk/Archangelsk, durchgeführt Juli 1942 |
| | = | b) Angriff auf Tito-Kräfte, durchgeführt Juni 1944 |
| Rot, Fall | = | Aufmarschplan für Zweifrontenkrieg (Schwerpunkt: Frankreich), ab 1935 bearbeitet |
| Rot, Operation | = | Westfeldzug 2. Teil (Juni 1940) |
| Rot-Grün, Fall | = | Kombination beider Fälle (Schwerpunkt zunächst im Südosten), bearbeitet 1937 |
| Rübezahl | = | Unternehmen gegen jugoslaw. Partisanen |
| **S**afari | = | See-Landoperation gegen Dänemark, Plan vom August 1942 |
| Sardine | = | Feindliche Landung in der nördlichen Adria |
| Schneesturm | = | Unternehmen gegen jugoslaw. Partisanen (Ende 1943) |
| Schulung | = | Operative Studie für einen Angriff gegen die Tschechoslowakei (dabei Verteidigung im Westen; 1935) |
| Schwarz | = | a) Planung zur militärischen Besetzung Italiens, 1943 |
| | = | b) Unternehmen gegen jugoslaw. Partisanen (1943) |
| Seelöwe | = | Plan einer Landung in England (Sommer 1940) |
| Semmering-Stellung | = | Kilpisjärvi-Stellung (Norwegen) |
| Siegfried | = | Angriffsplan der Mitte der Heeresgr. Süd, von Charkow gegen Stalingrad, durchgeführt Juli 1942 (siehe auch Operation „Blau“ u. „Maus“) |
| Silberfuchs | = | Aufmarsch gegen Rußland in Finnland, durchgeführt Mai/Juni 1941 |
| Sonnenblume | = | Deutsche Truppen nach Afrika, durchgeführt Jan./Febr. 1941 |
| Sprotte | = | Feindliche Landung in der südlichen Adria |
| Stichling | = | Feindliche Landung in der Ägäis |
| Student | = | Plan zur Wiedereinführung des Faschismus in Italien (Sommer 1943) |

| | | |
|---|---|---|
| Taifun | = | Angriff gegen Moskau (Beginn: 2. Okt. 1941) |
| Tanne | = | Besetzung der Aaland=Inseln |
| Tannenbaum | = | Operationsplan gegen die Schweiz, 1940 |
| Tauern=Stellung | = | Lyngen=Stellung (Norwegen) |
| Theseus | = | Pläne gegen Nordwestafrika, Mitte 1942 (Inseln, Dakar) |
| Treibjagd | = | Unternehmen gegen jugoslaw. Partisanen |
| Trojanisches Pferd | = | Tarnunternehmen im Rahmen des Unternehmens „Margarethe" (s. dieses) zur Besetzung von Budapest |
| Verrat | = | Unternehmen gegen den General Zervas |
| Victor | = | Landung bei Rimini—Venedig |
| Wacht am Rhein | = | Ardennen=Offensive |
| Waldrausch | = | Unternehmen gegen jugosl. Partisanen (1944) |
| Waldteufel | = | Unternehmen gegen jugosl. Partisanen (1945) |
| Weiß, Fall | = | Operationsplan gegen Polen, ab April 1939 bearbeitet, durchgeführt ab 1. Sept. 1939 |
| Weiß I—III | = | Unternehmen gegen jugosl. Partisanen (1943) |
| Werwolf | = | Unternehmen gegen jugosl. Partisanen (1945) |
| Weserübung | = | Skandinavien=Angriff, durchgeführt ab 9. April 1940 („W.=Nord" = Norwegen, „W.=Süd" = Dänemark); siehe auch N(ord) |
| Westgoten=Bewegung | = | Verlegung von Heimatverbänden in den Westen (1945); s. auch: Ostgoten=B. |
| Wilhelm | = | Angriff in Richtung Woltschansk (vorbereitet seit April 1942) |
| Wintergewitter | = | Entsatzvorstoß in Richtung Stalingrad (1942) |
| Wirbelwind | = | Frontbegradigung bei der Heeresgr. Mitte (Pz.=AOK 2), durchgeführt August 1942 |
| Zahnarzt | = | Angriff im Elsaß (Januar 1945) |
| Zitadelle | = | Deutsche Angriffsplanung im Osten bei Kursk, durchgeführt im Juli 1943 |
| Z=Plan | = | Flottenaufrüstungsplan, Ende 1938/Anfang 1939 |

### *b) Decknamen für Hauptquartiere*

| | | |
|---|---|---|
| Adlerhorst | = | FHQu bei Bad Nauheim (Aufenthalt 10. Dez. 1944 bis 15. Jan. 1945: Ardennen=Offensive) |

| | | |
|---|---|---|
| Atlas | = | Befehlszug des Wehrmachtführungsstabs (engere Staffel) |
| Felsennest | = | FHQu in der Wintereifel (Aufenthalt 10. Mai bis 6. Juni 1940) |
| Fritz | = | OKH im Mauerwald bei Angerburg (Ostpreußen), dann: „Mauerwald“ |
| Koralle | = | HQu der Kriegsmarine bei Bernau, nördlich Berlin (ab 21. April 45 kam das HQu nach Plön, ab 1. Mai nach Flensburg=Mürwik) |
| Kurfürst | = | HQu der Luftwaffe bei Wildpark=Werder, südwestlich Berlin |
| Mauerwald | = | HQu des OKH in Ostpreußen in der Nähe von „Wolfsschanze“; s. auch: Fritz |
| Maybach | = | HQu des OKW 1945 bei Berlin (das HQu am 21. April nach Krampnitz, am 24. April nach Neu=Ruppin, am 28. April nach Waren=Dobbin, am 1. Mai nach Wismar und von dort nach Flensburg=Mürwik verlegt): I: = Teil des WFStabs; II: Teil des GenStdH – s. auch: Zeppelin |
| Olga | = | Geplantes HQu des OKW (1945) bei Ohrdruf (Thüringen) |
| Robinson | = | a) OKL in Ostpreußen |
| | = | b) Befehlszug Görings |
| Serail | = | HQu=Süd des OKW (1945) im Raum Reichenhall–Berchtesgaden |
| Steiermark | = | Befehlszug Himmlers |
| Tannenburg | = | FHQu bei Freudenstadt/Schwarzwald (Aufenthalt 25. Juni bis 6. Juli 1940) |
| Werwolf | = | FHQu in einem Wald 15 km nordostwärts von Winniza in der Ukraine (Aufenthalt vom 16. Juli bis 1. Nov. 1942 und vom 17. Febr. bis 13. März 1943) |
| Wolfsschanze | = | FHQu im Görlitzer Wald bei Rastenburg (Ostpreußen). Hauptaufenthaltsort während des gesamten Ostfeldzuges bis zur Räumung am 20. 11. 194 , unterbrochen nur durch Aufenthalt in „Werwolf“ und gelegentliche Aufenthalte in Berlin und im Berghof bei Berchtesgaden |
| Wolfsschlucht I | = | FHQu bei Givet (Bruly de Pesche) (Aufenthalt 6. Juni bis 25. Juni 1940) |

| | | |
|---|---|---|
| Wolfsschlucht II | = | FHQu bei Margival (nahe Soissons), errichtet für die geplante Landung in England (tatsächlicher Aufenthalt nur am 17. Juni 1944) |
| Zeppelin | = | HQu des OKH bei Zossen (südlich Berlin); s. auch Maybach |

(Der mehrfach benutzte Name „Wolf" geht auf einen Deck-, späteren intimen Namen für Hitler zurück.)

#### 4. Dienststellenbesetzung der Obersten deutschen Kommandobehörden

| | |
|---|---|
| *Oberster Befehlshaber der Wehrmacht* (seit 19. 12. 1941 zugleich OB des Heeres): | Adolf Hitler<br>(Selbstmord 30. 4. 1945) |
| Chefadjutant, seit 30. 9. 1942 zugleich Chef des Heeres-Personalamtes: | 28. 1. 1938—20. 7. 1944:<br>Oberst, ab 1. 1. 1942 Gen.-Major, ab 1. 1. 1943 Gen.-Lt., ab 1. 9. 1944 Gen. d.Inf. Schmundt<br>(† 1. 10. 1944 an den Verletzungen des Attentats vom 20. 7.)<br>20. 7. 1944—30. 4. 1945:<br>General d. Inf. Burgdorf (Selbstmord) |
| *Oberkommando der Wehrmacht* (OKW) | |
| Chef des OKW: | 4. 2. 1938—13. 5. 1945:<br>Generaloberst (seit 19. 7. 1940 GFM) Keitel (in Nürnberg zum Tode verurteilt) |
| Dem Chef des OKW unterstellt: | |
| 1. *Wehrmachtführungsamt* (seit 8. 8. 1940: W.-F.-Stab) Chef | April — 9. 9. 1938 und 22. 8. 1939—23. 5. 1945:<br>Oberst, ab 1. 4. 39 Gen.-Maj., ab 19. 7. 40 Gen.d. Artl., ab 1. 2. 1944 Generaloberst Jodl<br>(in Nürnberg zum Tode verurteilt) |
| Stellv.Chef (vorher 10. 11. 1938—31. 12. 1941 Leiter der Abt. Landesverteidigung, gleichzeitig beauftragt bis 22. 8. 1939 mit der Führung des W.-Führungsamts, s. oben) | 1. 1. 1942—6. 9. 1944:<br>Oberst, ab 1. 8. 1940 Gen.-Maj., ab 1. 4. 1942 Gen.-Lt., ab 1. 4. 1944 General d. Artl. Warlimont |

(6. 9.–7. 11./1. 12. 1944 in Vertretung: Oberst, seit 1. 10. 1943 Generalmajor Frhr. v. Buttlar)

8. 11. (1. 12.) 1944 – 3. 5. 1945: Gen.=Lt., ab 1. 5. 1945 General d. Geb.=Tr. (August) Winter

2. *Heeresstab* (befaßt mit Fragen der Neuaufstellungen, der Ausstattung usw.)
Chef (seit 1. 2. 1945 auch: Chef der Wehrmachtrüstung): 15. 2. 42–9. 5. 1945: General d. Inf. Buhle

3. *Feldtransportwesen:*
Wehrmacht= sowie Heerestransportchef (als solcher dem Oberkommando des Heeres unterstellt): 1. 9. 1939–9. 5. 1945: Gen.=Lt., ab 1. 12. 1942 General d. Inf. Gercke

4. *Heeresnachrichtenwesen:*
Chef des Wehrmacht= sowie des Heeresnachrichtenwesens (als solcher dem Oberkommando des Heeres unterstellt): 26. 8. 39– 20. 7. 1944: General d. Nachr.=Tr. Fellgiebel
11. 8. 44–9. 5. 1945: General d. Nachr.=Tr. Praun

*Oberbefehlshaber der drei Wehrmachtteile:*

1. *Oberbefehlshaber des Heeres:* 4. 2. 1938–19. 12. 1941: Gen.=Oberst, ab 19. 7. 1940 GFM von *Brauchitsch*

19. 12. 1941–30. 4. 1945: A. Hitler (s. oben)

Chef des Generalstabs des Heeres: 31. 8. 1938–24. 9. 1942: Gen. d. Artl., ab 19. 7. 1940 Generaloberst *Halder*
24. 9. 1942–20. 7. 1944: Gen. d. Inf., ab 1. 2. 1944 Generaloberst *Zeitzler*
21. 7. 1944–28. 3. 1945 (beauftragt): Generaloberst *Guderian*
29. 3. 1945–30. 4. 1945 (beauftragt): General d. Inf. *Krebs* (Freitod)

| | |
|---|---|
| 2. *Oberbefehlshaber der Kriegsmarine:* | 1. 6. 1935—30. 1. 1943: Admiral, ab 20. 4. 1936 Gen.=Adm., ab 1. 4. 1939 Großadmiral *Raeder*<br>30. 1. 1943—1. 5. 1945: Admiral, ab 30. 1. 1943 Großadmiral *Dönitz*<br>1. 5.—23. 5. 1945 Gen.=Admiral *v. Friedeburg* |
| Chef des Stabes der Seekriegsleitung (ab Mai 1944: Chef der Skl): | Adm. *Schniewind* (Okt. 38–2. Juni 41)<br>Adm. *Fricke* (K.) (2. Juni 1941–21. Februar 1943)<br>Adm. *Meisel* (21. Februar 1943–8. 5. 1945) |
| 3. *Oberbefehlshaber der Luftwaffe:* | 1. 6. 1935—23. 4. 1945: Generaloberst, ab 4. 2. 1938 Generalfeld=, seit 19. 7. 1940 Reichsmarschall *Göring*<br>23./27. 4.—9. 5. 1945: Generaloberst Ritter von *Greim* (ab 27. 4. Gen.=Feldm.) |
| Chef des Generalstabs der Luftwaffe: | 1. 2. 1939—19. 8. 1943: General d. Fl., seit 1. 4. 1942 Generaloberst *Jeschonnek* (Selbstmord)<br>25. 8. 1943—22. 7. 1944: General d. Fl., am 22. 7. 1944 Generaloberst *Korten* († infolge des Attentats vom 20. 7.)<br>1. 8.—19. 9./28. 10. 1944 (beauftragt): General d. Fl. *Kreipe*<br>12. 11. 1944—9. 5. 1945: General d. Fl. *Koller* |
| 4. *Befehlshaber des Ersatzheeres* (seit 7. 1. 45: Oberbefehlshaber)[1]; seit Ende 1939: Chef der Heeresrüstung und Befehlshaber des Ersatzheeres: | 1. 9. 1939—21. 7. 1944: Gen. d. Artl., ab 19. 7. 1940 Generaloberst *Fromm* (hingerichtet)<br>21. 7. 1944—27. 4. 1945: *Himmler* |
| 5. *Reichsführer SS* und Oberbefehlshaber der Waffen=SS: | bis 6. 5. 1945 (Selbstmord 23. 5.): *Himmler* |

1 Vgl. H.=A. *Koch*, Gliederung des Ersatzheeres (Stand etwa Frühjahr 1943), in: Feldgrau 5, 1957, S. 65—68.

Die weitere Stellenbesetzung bis zu den Armeen bei *Fritz Frhrn. v. Siegler*, Die höheren Dienststellen der deutschen Wehrmacht 1933–1945. Im Auftrage des Inst. für Zeitgesch. zusammengestellt und erläutert, München 1953 (als Ms. gedruckt; 156 S.). Sowohl Gliederungen als auch biographische Angaben bietet das in Lieferungen vom Podzun-Verlag herausgegebene, von W. *Keilig* verfaßte Werk: Das deutsche Heer 1939–1945: Gliederung – Einsatz – Stellenbesetzung, Bad Nauheim, Erste Lieferung 1956, und das Parallelbuch von W. *Lohmann* und H. H. *Hildebrand*, Die deutsche Kriegsmarine 1939–1945: Gliederung – Einsatz – Stellenbesetzung, Erste Lieferung 1956.

Über das Schicksal der nicht mehr lebenden Generale, Admirale usw. orientieren J. *Folttmann* und H. *Möller-Witten*, Opfergang der Generale und Admirale und der im gleichen Dienstrang stehenden sonstigen Offiziere und Beamten im Zweiten Weltkrieg, Berlin (Bernard u. Graefe) 1952 (177 S.); 3. Aufl. Frankfurt 1957.

## 5. Die Gliederung des deutschen Heeres in den Jahren 1944/45 (Schematische Übersichten)

Abgedruckt sind hier von den „Schematischen Kriegsgliederungen", die von Zeit zu Zeit auf den jeweiligen Stand gebracht wurden, die Ausfertigungen vom

a) 16. 9. 1944,
b) 26. 11. 1944,
c) 1. 3. 1945.

Photographien stellte bereitwillig das Bundesarchiv in Koblenz (Militärarchiv) zur Verfügung. Die voraufgehende Gliederung stammt vom 26. 12. 1943, gehört also in Band III.

### Erläuterung:

Die *Heeresgruppen* wurden durch Eigennamen oder lateinische Buchstaben bezeichnet (in den Kopfleisten sowie in der 1. Spalte angeführt). Alle lateinischen Ziffern beziehen sich auf *Armeekorps*. Die hinter ihnen folgenden arabischen Ziffern beziehen sich auf *Divisionen*, die vor ihnen stehenden auf *Armeen*.

Soweit Divisionen und Armeekorps gleich hinter den Heeresgruppen bzw. Armeen aufgeführt sind, handelt es sich um Heeresgruppen- bzw. Armee-*Reserven*.

Die *Abkürzungen* sind so aufzulösen: *i*(m) *Abtr*(ansport); *i*(m) *Anm*(marsch); *i*(n) *Aufst*(ellung); *i*(n) *Auffr*(ischung); *i*(n) *Zuf*(ührung); *i*(n) *Wiederaufst*(ellung); *i*(m) *Antr*(ansport) – *bo*(denständig); *z*(ur) *b*(esonderen) *V*(erwendung); *v*(erstärkt) – *K*(omman)*d*(an)*t*; *K*(ampf)-*Gr*(uppe); *M*(asse); *F*(reiwilliger) *A*(rbeitsdienst)*D*(ienst) – *Eins*(atz); *Ers*(atz); *Res*(erve) – *Geb*(irgs-); *Sich*(erungs-); *F*(eld-); *Radf*(ahrer); *St*(urm-); *Fest*(ungs-; auch *F*-); *Kos*(saken); *Pol*(izei).

## a) 16. September 1944

### I. Osten

**Heeresgr. Südukraine** mit III. Pz., 23. Pz.-K.-Gr., 22. SS-Kav.-Div. und LXXII. z.b.V.

<table>
<tr><td rowspan="3">Korps-Gruppe XXIX</td><td colspan="2"></td><td>4. SS-Pol.-Pz.-Gren.</td></tr>
<tr><td colspan="2">IV. ungar.</td><td>4. ungar. Ers.<br>8. ungar. Ers.<br>20. ungar.<br>1. ungar. Pz.</td></tr>
<tr><td colspan="2">VII. ungar.</td><td>4. ungar. Res.<br>12. ungar. Res.<br>Brig. Lakatos</td></tr>
<tr><td rowspan="3">Armee-Gruppe Fretter-Pico (6. Armee)</td><td>2. ungar. Armee</td><td>II. ungar.</td><td>1. ungar. Ers.-Geb.-Brig.<br>2. ungar. Ers.-Geb.-Brig.<br>Spezialverband v. Kessel (Teile 20. Pz.)<br>25. ungar.<br>2. ungar. Pz.<br>7. ungar. Res.<br>9. ungar. Res.</td></tr>
<tr><td colspan="2">Gruppe Siebenbürgen</td><td>8. SS-Kav.-Div. „Florian Geyer"</td></tr>
<tr><td colspan="2">LVII. Pz.</td><td>Gruppe Gen. Winkler<br>4. Geb.<br>Reste 76.<br>Teile 20. Pz.<br>} Gruppe Gen. Breith</td></tr>
<tr><td rowspan="2">8. Armee mit IX. ungar. und 27. ungar. leichte</td><td colspan="2">Gruppe Gen. Abraham</td><td>46.<br>Teile K.-Gr. 20. Pz.<br>2. ungar. Ers.</td></tr>
<tr><td colspan="2">XVII.</td><td>3. Geb.<br>8. Jg.<br>Gruppe Welker</td></tr>
</table>

Heeresgr. Nordukraine mit Teilen 8. Pz. (i. Auffr.)

Stand: 16. September 1944

| | | | | | |
|---|---|---|---|---|---|
| | 1. ungar. Armee mit 2. ungar. Geb.-Brig. | ungar. VI. | 1. ungar. Geb.-Brig.<br>10. ungar. | | |
| | | ungar. III. | 24. ungar.<br>16. ungar. | | |
| | | XXXXIX. Geb. | 100. Jg.<br>101. Jg.<br>13. ungar.<br>6. ungar. | | |
| Armee-Gruppe Gen.-Oberst Heinrici (1. Pz.-Armee) mit 154. Res. (i. Antr.) | | XI. | 168. | 254. | 96. |
| | | XXIV. Pz. | 68.<br>1. Pz. + Ma. 8. Pz.<br>208.<br>357. | 75.<br>} Gruppe Gen.-Lt. Püchler | |
| 17. Armee mit 24. Pz. (i. Antr.) | | XI. SS. | 545. Gren.<br>78. Gren.<br>544. Gren. | | |
| | | LIX. | 359. | 371. | |
| 4. Pz.-Armee | | XXXXVIII. Pz. | 304.<br>16. Pz.<br>97. Jg. | 20. Pz.-Gren. | |
| | | XXXXII. | 1. Ski-Jg.<br>17. Pz.<br>88. | 72. | 291. |
| | | LVI. Pz. | 342. | 253. | 214. |

**Heeresgr. Mitte** mit XXXXVI. Pz.

Stand: 16. September 1944

| | | |
|---|---|---|
| 9. Armee mit II. ungar. Res. und 25. Pz. | VIII. | 17. 45. Gren. Fallsch.-Pz. „Hermann Göring"<br>6. Gren. K.-Abt. E Gren.-Brig. 1132 |
| | Gruppe Gen.-Maj. Sikenius | 5. ungar. Res. |
| | IV. SS. Pz. | Gruppe von dem Bach<br>19. Pz. 3. SS-Pz. „Totenkopf" 5. SS „Wiking"<br>Rest 73. 1. ungar. Kav.-Div. |
| 2. Armee mit Pz.-Brig. 102 und 3. Pz. (i. Antr.) | XX. | 35. 542. Gren.-Brig.1131 + Pz.-Brig. 104<br>5. Pz. 7. |
| | XXIII. | 211. 6. Pz. 541. Gren. 292. |
| | Kav. | 3. Kav.-Brig. 14. 129. 102.<br>4. Kav.-Brig. |
| 4. Armee mit Pz.-Brig. 103 | LV. | 28. Jg. 367. 203. Sich. 562. Gren. |
| | VI. | 286. Sich. 50. Gruppe Danz |
| | XXXXI. Pz. | 299. 558. Gren. 170. |
| | XXVII. | 131. 547. Gren. 561. Gren. |
| | XXVI. | 549. Gren.<br>Gruppe Oberst Schirmer (= Fallsch.-Jg.-Rgt. 16)<br>+ Begl.-Rgt. „Hermann Göring" Kav.-Abt. D<br>1. + Teile 390. Sich.<br>Pz.-Gren.-Brig. von Werthern |
| 3. Pz.-Armee mit 391. Sich., 390. Sich., 212., Gruppe Gen. von Rothkirch | IX. | 69. Kav.-Abt. H 252. |
| | XII. SS | 548. Gren. Pz.-Brig.-Stab 18 + Teile 7. Pz. |
| | XXXX. Pz. | 551. Gren.<br>201. Sich. } Gruppe Gen.-Lt. Decker<br>Ma. 5. Pz. |
| | XXXIX. Pz. | 4. Pz. + Teile 5. Pz. Masse 7. Pz.<br>12. Pz. Pz.-Gren. „Großdeutschland"<br>Gr.-Stab Hirthes |

**Heeresgr. Nord** mit F. A. D. „Nord"

Stand: 16. September 1944

| | | |
|---|---|---|
| 16. Armee | Gruppe Gen. von Keffel | 81. 93. |
| | I. | 281. Sich. 263. 290.<br>Pz.=Verband Oberst v. Lauchert (Pz.=Brig. 101)<br>215. 205. (in Zuf.) |
| | XXXXIII. | 58. 225. 389. |
| 18. Armee mit 23. I.=D. | X. | 24. 132. 14. Pz. 121.<br>329. |
| | L. | 126. 122. 32. |
| | VI. SS=Freiwill. | 19. Waffen=SS=Gren. 218. |
| | XXXVIII. | 83. 21. Lw.=F. 227. |
| | XXVIII. | 31. Gren. 21. 30. 61.<br>12. Lw.=Feld. |
| Armee=Abteilung Narwa (LIV.) | II. | 563. Gren. 87.<br>K.=Gr. 207. Sich. |
| | III. SS=Pz. | Div. z. b. V. 300<br>20. Waffen=Gren.=Div SS (estn. Nr. 1) + Teile 285. Sich.<br>11. SS=Pz.=Gren. „Nordland"<br>4. SS=Brig. „Nederland"<br>5. SS=Brig. „Wallonien"<br>6. SS=Brig. „Langemarck" |
| | | Küstenverteidigung Ost (Stab 2. Flak.=Div.)<br>Küstenverteidigung West |

## II. Norden

Stand: 16. September 1944

| | | |
|---|---|---|
| 20. Geb.-Armee | XVIII. Geb. | 7. Geb. 6. SS-Geb. „Nord"<br>Div. z. b. V. 140 |
| | XXXVI. Geb. | 163. 169. |
| | XIX. Geb. | 6. Geb. + Gren.-Brig. 388<br>2. Geb.<br>210. (bo.)<br>Div.-Gr. „Rossi" (Gren.-Brig. 193, Gren.-Brig. 503) |
| AOK Norwegen (zugleich Wehrm.-Befehlsh.) mit 560. (i.Aufst.) | LXXI. | 230. (bo.) 270. (bo.) 199. |
| | XXXIII. | 14. Lw.-F. 702. 295. (bo.) |
| | LXX. | 280. (bo.) 269. 274. (bo.) 710. |
| Wehrm.-Befehlsh. Dänemark | | 416. 166. Res. 160. Res. 233. Res.-Pz. |

## III. Westen

**Heeresgr. D** (zugleich OB West).

Stand: 16. September 1944

Verbleib unbekannt: II. Fallsch.-Korps<br>LXXXIV.<br>348. (bo.).

Im Antransport: Pz.-Brig. 107, Pz.-Brig. 108 183. Volks.-Gren.

| | | | |
|---|---|---|---|
| Heeresgr. B.<br>mit 319. (bo.);<br>II. SS-Pz.<br>mit<br>9. SS-Pz.<br>„Hohen-staufen",<br>10. SS-Pz.<br>„Frundsberg"<br>(in Auffr.) | 15. Armee mit<br>K.-Gr. 226. (bo.)<br>Teile 59. (bo.)<br>70. (bo.)<br>Teile 245. (bo.) | LXXXIX. | Ma. 245 (bo.) 64. (bo.) |
| | | LXXXVI. | Ma. 59. (bo.) 712. (bo.) |
| | | LXVII. | 711. (bo.) K.-Gr. 346. (bo.)<br>+ Reste 17. Lw.-F + Reste 331.<br>+ Reste 344. (bo.) |
| | 1. Fallsch.-Jg.-Armee | LXXXVIII. | 719. (bo.)<br>85. + Reste 84. und 89.<br>6. Fallsch.-Jg.<br>Div. Nr. 176<br>Reste 353. |
| | 7. Armee<br>mit<br>12. (i. Antr.) | LXXXI. | 275. Reste 49. (bo.)<br>K.-Gr. 116. Pz. + Pz.-Brig. 105<br>K.-Gr. 9. Pz. |
| | | LXXIV. | K.-Gr. 347. (bo.) 3. Fallsch.-Jg.<br>Div. Nr. 526 |
| | | I. SS-Pz. | K.-Gr. 1. SS-Pz. „Adolf Hitler"<br>K.-Gr. 12. SS-Pz. „Hitler-Jugend"<br>K.-Gr. 2. SS-Pz. „Reich"<br>K.-Gr. 2. Pz.<br>Div. Nr. 172 |

Fortsetzung Heeresgruppe D (OB West)

Stand: 16. September 1944

| | | | |
|---|---|---|---|
| | | XXV. | 265. (bo.)<br>Reste 343. (bo.)<br>Reste 2. Fallsch.-Jg.<br>Reste 266. (bo.) |
| Heeresgr. G.<br>mit<br>LVIII. Pz.<br>und<br>30. SS-<br>Waffen-Gren.<br>(russ. Nr. 2) | 1. Armee | LXXX. | 5. Fallsch.-Jg. K.-Gr. Pz.-Lehr<br>48. (bo.) |
| | | LXXXII. | 19. Gren. 36. Gren.<br>559. Gren. |
| | | XIII. SS. | Div. Nr. 462<br>17. SS-Pz.-Gren. „Götz von Berlichingen"<br>3. Pz.-Gren.<br>Teile 15. Pz.-Gren.<br>553. Gren.<br>Pz.-Brig. 106 |
| | 5. Pz.-Armee | XXXXVII. Pz. | Masse 21. Pz.<br>Pz.-Brig. 111<br>Pz.-Brig. 112<br>Pz.-Brig. 113 |
| | 19. Armee | LXVI. | Masse 15. Pz.-Gren.<br>Teile 21. Pz. 16. |
| | | LXIV. | 716. (bo.) + Reste 189. Res. |
| | | IV. Lw.-Feld. | 338. (bo.) 198.<br>159. Res. |
| | | LXXXV.<br>z. b. V. | 11. Pz. |

## IV. Italien

### Heeresgr. C (zugleich OB Südwest)

Stand: 16. September 1944

| | | |
|---|---|---|
| Armee Ligurien (LXXXVIII.) mit Masse 34., 3. Rgt. „Brandenburg“ und ital. SS-Brig. (i. Aufst.) | LXXV. | 157. Res. 5. Geb.<br>148. Res. + Teile 34. |
| | K.-Gr. Sieb | 3. ital. |
| | Korps „Lombardia“ | 232. (bo.) 4. ital. Geb. |
| | Befehlsh. in d. Op.-Zone Adriatisches Küstenland | 188. Res.-Geb. 90. Pz.-Gr. (i. Antr.)<br>237. (bo.) 94. (i. Auffr.). |
| 14. Armee | XIV. Pz. | 16. SS.Pz.-Gren. „Reichsführer SS“<br>42. Jg. 65. |
| | I. Fallsch. | 362. 334. 4. Fallsch.-Jg. |
| 10. Armee | LI. Geb. | 715. 305. „Hoch- u. Deutschmeister“ (44.)<br>114. Jg. |
| | LXXVI. Pz. | 278. 71. 98.<br>26. Pz. 29. Pz.-Gren. 1. Fallsch.-Jg.<br>356. 20. Lw.-Feld |
| | Op.-Zone Venetianisches Küstenland (Korps Witthöft) | 162. (turk.) |
| Bevollm. Gen. der dtsch. Wehrmacht in Ungarn | | |
| | | 18. SS-Pz.-Gr. „Horst Wessel“ (i. Aufst.)<br>Teile 22. SS-Kav.-Div. (i. Aufst.)<br>Waffen-Geb.-Div. SS „Kama“ (Kroat. Nr. 2) (i. Aufst.)<br>Waffen-Geb.-Brig. SS (tart. Nr. 1) (i. Aufst.)<br>Pz.-Brig. 109 (i. Aufst.)<br>Pz.-Brig. 110 (i. Aufst.)<br>247. Volks-Gren. (i. Aufst.)<br>326. Volks-Gren. (i. Aufst.) |

## V. Südosten

### Heeresgr. F (zugleich OB Südost)

Stand: 16. September 1944

| | | |
|---|---|---|
| 2. Pz.=Armee mit Befehlsh. Syrmien (Korück 582) | LXIX. z.b.V. | 1. Kos. Jg.=Res.=Rgt. 1 |
| | XV. Geb. | 264. (bo.) 373. (kroat.) 392. (kroat.) |
| | V. SS=Geb. | 118. Jg. 7. SS=Geb. „Prinz Eugen"<br>369. (kroat.)<br>13. SS=Geb.=Div. „Handschar" (kroat. Nr. 1) |
| Heeresgr. E. | Wehrm.=Befehlsh. Mazedonien | 11. Lw.=F. (in Zuf.)<br>SS=Geb.=Pol.=Regt. 18 (in Zuf.) |
| | XXI. Geb. | 297. 181.<br>21. Waffen=Geb. SS „Skanderbeg" (alb. Nr. 1) (i. Aufst.) |
| | LXXXXI. z. b. V. | F.=Brig. 968 |
| | XXII. Geb. | 104. Jg. F.=Brig. 966 (Cefalonia)<br>F.=Brig. 1017 (Korfu) |
| | LXVIII. | 117. Jg. F.=Div. 41 |
| | Kdt. der Festung Kreta | 22. (i. Abtr.)<br>F.=Div. 133 |
| | Kdt. Ost=Ägäis | Stu.=Div. Rhodos (i. Abtr.)<br>F.=Brig. 939 (Rhodos)<br>F.=Brig. 967 (Cos)<br>F.=Brig. 938 (Leros) |
| Mil.=Befehlsh. Südost | Führungsstab Schneckenburger | 1. Geb.<br>K.=Gr. Fischer<br>(K.=Gr. Weyel + 2. Rgt. „Brandenburg")<br>Gren.=Brig. (mot.) 92<br>SS=Pol.=Rgt. 5 |

## VI. Territoriale Dienststellen

(dahinter in Klammern die vorgesetzte Dienststelle):

Chef der Dtschen Heeresmission Slowakei (GenStH).
Wehrm.-Befehlsh. Dänemark (B.d.E.).
Wehrm.-Befehlsh. Norwegen (OKW).
Dtscher Gen. beim Oberkdo. der finnischen Wehrmacht (OKW).
Wehrkreis-Kdo. im Gen.-Gouvernement (B.d.E.).
Befehlsh. der dtschen Truppen im rückw. Op.-Gebiet der Heeresgr. Südukraine (Hgr. Südukraine).
Bevollm. Gen. der dtschen Wehrmacht in Ungarn (OKW).
Dtscher Befehlsh. im Op.-Gebiet Ostungarn (Bev.Gen. der dtschen Wehrm. in Ungarn).
Dtscher Befehlsh. in Westungarn (Bev. Gen. der deutschen Wehrm. in Ungarn).
Mil.-Befehlsh. Südost (OKW).
Befehlsh. Griechenland (Mil.-Befehlsh. Südost).
Dtscher Bevollm. Gen. in Kroatien (OKW/Mil.-Befehlsh. Südost).
Dtscher Bevollm. Gen. in Albanien (Mil.-Befehlsh. Südost).
Bevollm. Gen. der dtschen Wehrm. in Italien (OKW).
(zugleich Befehlsh. in der Op.-Zone Westalpen) (OB Südwest).
Befehlsh. in der Op.-Zone Alpenvorland (Mil.-Kdtr. 1010) (Bevollm. Gen. in Italien).
Wehrm.-Befehlsh. Niederlande.

## VII. Bei ChefHRüst u. BdE.

LXV. z.b.V.

| | | | | | | | |
|---|---|---|---|---|---|---|---|
| 246. | 363. | 337. | 349. | 256. | | | in Aufstellung |
| 361. | 571. | 340. | 708. | 575. | 577. | | in Aufstellung |
| Volks-Grenadier-Divisionen: | | | | | | | in Aufstellung |
| 35. | 581. | 582. | 576. | 62. | 276. | 583. | in Aufstellung |
| 584. | 585. | 586. | 587. | 588. | | | in Aufstellung |

Führer-Gren.-Brig. (in Aufstellung).
14. Galiz. SS-Freiw. (in Auffrischung).
K.-Gr. 25. Pz.-Gren. (in Wiederaufstellung).
Pz.-Gren. „Feldherrnhalle" (in Wiederaufstellung).
Kampfgr. 18. Pz.-Gren. (in Wiederaufstellung).
1. ital. (in Aufstellung).
2. ital. (in Aufstellung).
26. (in Wiederaufstellung).
18. Lw.-F. (in Auffrischung).
Reste 47. 271. 272. 352. (in Zuführung).

## VIII. Zusammen

218 + 28/2 + 4/3 Divisionen + :
8 Sich.-Divisionen,
1 FAD,
9 1/3 Res.-Divisionen,
29 + 2/2 Ers.-Divisionen,
7 Lw.-Verbände,
28 + 5/2 fremdländische Verbände,
36 + 5/2 Neuaufstellungen und Wiederaufstellungen.

## b) 26. November 1944

### I. Osten

**Heeresgr. Süd** mit 153. F.A.

<table>
<tr><td rowspan="2" colspan="2">3. ungar. Armee mit 25. ungar., VIII. ungar., VII. ungar.</td><td>II. ungar.</td><td>1. ungar. Strom-Brig.<br>Brig. Kesseve + Reste 23. ungar. Res.</td></tr>
<tr><td>LXXII.</td><td>271. V.-Gr. 1. ungar. Kav.-Div.</td></tr>
<tr><td rowspan="4" colspan="2">6. Armee mit IX. SS-Geb.</td><td>VI. ungar.</td><td>20. ungar. 8. ungar. Ers.</td></tr>
<tr><td>Gruppe Gen. Breith (III. Pz.)</td><td>Pz.-Gr. F 22. SS-Kav.-Div.<br>8. SS-Kav.-Div. („Florian Geyer") + 1. ungar. Pz.<br>13. Pz. + 10. ungar. + Reste 12. ungar. Ers.</td></tr>
<tr><td>L VII. Pz.</td><td>K.-Gr. 357 23. Pz.<br>4. SS-Pol.-Pz.-Gren. + 18. SS-Pz.-Gren. „Horst Wessel"<br>46.</td></tr>
<tr><td>IV. Pz.</td><td>1. Pz.<br>76. + Reste 2. ungar. Pz.</td></tr>
<tr><td colspan="2">Armee-Gruppe Gen. Woehler (8. Armee)</td><td>XXIX.</td><td>24. Pz. 8. Jg.<br>15. (v. 1 Rgt.) + Reste 27. ungar. leichte<br>3. Geb.</td></tr>
<tr><td rowspan="2">mit 9. ungar. Geb.-Jg. und IX. ungar.</td><td rowspan="2">1. ungar. Armee mit III. und Rest 6. Brig.</td><td>XVII.</td><td>Gruppe Schütz (15., v. 2 Rgt.er)<br>2. ungar. Ers.<br>24. ungar.<br>1. ungar. Geb.-Brig.</td></tr>
<tr><td>V. ungar.</td><td>16. ungar. 4. Geb.</td></tr>
</table>

**Heeresgr. A**

Stand: 26. November 1944

| | | | |
|---|---|---|---|
| | | Div.-Stab z.b.V. 601 | |
| | | Div.-Stab z.b.V. 602 | |
| | | Div.-Stab z.b.V. 603 | |
| | | Div.-Stab z.b.V. 608 | |
| | | 8. Pz. | |
| | | XXIV. Pz. | |
| | | 16. Pz. | |
| | | 17. Pz. | |
| | | 19. Pz. | |
| | | 20. Pz. | |
| | | 25. Pz. | |
| | XXXXIX. Geb. | 101. Jg. | 100. Jg. |
| 1. Pz.-Armee mit 154. F. A. | Gruppe Gen.-Lt. Thielmann | 254. | 97. Jg. |
| | XI. | 75. | K.-Gr. 168. |
| | | 1. Ski-Jg. | 253. |

Stand: 26. November 1944

| | | |
|---|---|---|
| 17. Armee | XI. SS | 96. 208.<br>545. V.-Gr. 78. V.-Gr. |
| | LIX. | 544. V.-Gr. 359.<br>371. |
| 4. Pz.-Armee | XXXXVIII. Pz. | 304. 68. |
| | XXXXII. | 291. 88.<br>72. 342. |
| | LVI. Pz. | 5. ungar. Res.<br>214. 17. |
| 9. Armee | VIII. | 45. V.-Gr. 6. V.-Gr.<br>251. |
| | XXXXVI. Pz. | 337. V.-Gr. 73. |

**Heeresgr. Mitte** mit 3. Pz., 20. Pz., Führer-Gren.-Brig.

Stand: 26. November 1944

| | | |
|---|---|---|
| | IV. SS-Pz. | 3. SS-Pz. „Totenkopf"<br>5. SS-Pz. „Wiking" |
| 2. Armee mit 6. Pz. | XX. | 542. V.-Gr. 252. 35. |
| | XXIII. | 5. Jg. 7. 299.<br>541. V.-Gr. |
| | XXXXI. Pz. | 129. 292. 14. 102. |
| 4. Armee mit Div.-Stab z.b.V. 605 (K.-Gr. Hauser), 5. Pz., 7. Pz., 18. Pz.-Gren. (i. Aufst.), Pz.-Brig. 102 | LV. | 547. V.-Gr. 562. V.-Gr. |
| | XXVII. | 203. 286. Sich. 131.<br>Gruppe Oberst Hannibal (Pol.) |
| | Kav. | 4. Kav.-Brig. + 3. Kav.-Brig. 558. V.-Gr. |
| | VI. | 170. 367. 50. |
| | XXXIX. Pz. | 28. Jg. 21. |
| | Fallsch.-Pz. „Hermann Göring" | in Frankreich: Pz.-Gr. „Hermann Göring" |
| 3. Pz.-Armee mit 95. (i. Abtrsp. nach Memel) | XXVI. | 61. 549. V.-Gr.<br>349. V.-Gr. 1. 69. |
| | IX. | 56. 561. V.-Gr. 548. V.-Gr. |
| | XXXX. Pz. | 551. V.-Gr.<br>Abschnitt Mitte (Stab Gr.-Rgt. 1113)<br>Abschnitt West (Stab Sich.-Rgt. Pz.-AOK 3) |
| | XXVIII. | Div.-Stab z.b.V. 607<br>Pz.-Gren. „Großdeutschland" 58. |

**Heeresgr. Nord** mit F.A.D. Nord

Stand: 26. November 1944

| | | |
|---|---|---|
| 18. Armee mit Div. z.b.V. 300 und Stab 52. Sich. | I. | 126. 87. K.=Gr. 30 |
| | III. SS=Pz. | 4. SS=Pz.=Gr.=Brig. „Nederland"<br>11. SS=Pz.=Gr. „Nordland" |
| | X. | K.=Gr. 121. 11. 263. |
| | II. | 14. Pz. 32. 4. Pz.<br>K.=Gr. 31. V.=Gr. |
| | Gruppe Gen.=Lt. Tomaschki | 563. V.=Gr. 83.<br>132. 225. |
| 16. Armee | XXXVIII. | 329. 205. 215.<br>290. 12. Pz. |
| | L. | 289. 12. Lw.=Feld 122.<br>24. |
| | VI. SS=Freiw. | 93. 19. Waffen=Gren. SS (Lett. Nr. 2)<br>Gruppe Gen.=Lt. Henze (Stab 21. Lw.=Feld) |
| | XVI. | 281. 227. 81. |
| | XXXXIII. | Stab 207. Sich. z.b.V.<br>Stab 201. Sich.<br>Reste 23.<br>Reste 218. |
| Zur Verfügung des OKH: | | |
| | | 520. V.=Gr. (in Aufstellung)<br>K.=Gr. 10. Pz.=Gr. (in Auffrischung) |

# II. Norden

Stand: 26. November 1944

| | | |
|---|---|---|
| 20. Geb.-Armee mit MG.-Ski-Brig. „Finnland“, Radf.-Aufkl.-Brig. „Norwegen“, 6. SS-Geb. „Nord“ (i. Abtr. nach Dänemark) | XXXVI. Geb. | 169. 230. (bo.)<br>163. + Gr.-Brig. 193 |
| | XIX. Geb. | 2. Geb. 6. Geb.<br>210. (bo.) Gren.-Brig. 388 |
| | XVIII. Geb. | Div.-Gr. K (Div. z.b.V. 140)<br>7. Geb. + Geb.-Jg.-Brig. 139 |
| | LXXI | 270. (bo.) 199.<br>Fest.-Brig. Lofoten |
| AOK. Norwegen (zugl. Wehrm.-Befehlsh. Norwegen) mit Pz.-Brig. „Norwegen“ | XXXIII. | 14. Lw.-Feld 702.<br>295. (bo.) |
| | LXX. | 280. (bo.) 274. (bo.)<br>710. |
| | | Wehrm.-Befehlsh. Dänemark |
| | | 166. Res.<br>160. Res.<br>233. Res.-Pz.<br>560. V.-Gr. (i. Aufst.) |

## III. Westen

### OB West

Stand: 26. November 1944

<table>
<tr><td></td><td></td><td></td><td>Div.=Stab z.b.V. 604<br>62. V.=Gr. (i. Antr.)<br>— —<br>Pz.=AOK 6<br>1. SS=Pz. „Adolf Hitler“<br>2. SS=Pz. „Reich“<br>9. SS=Pz. „Hohenstaufen“<br>12. SS=Pz. „Hitler=Jugend“<br>I. SS=Pz.<br>II. SS=Pz.<br>— —<br>Verbleib unbekannt:<br>462. V.=Gr.<br>49.<br>70. (bo.)</td><td></td></tr>
<tr><td rowspan="4">Heeresgr. H</td><td rowspan="2">15. Armee mit 719. (bo.), 59. (bo.) (i. Abtr.)</td><td>XXX. z.b.V.</td><td>K.=Gr. 346. (bo.)</td><td></td></tr>
<tr><td>LXXXVIII.</td><td>711. (bo.)<br>6. Fallsch.=Jg.</td><td>712. (bo.)</td></tr>
<tr><td rowspan="2">1. Fallsch.=Jg.=Armee mit K.=Gr. 85, LXVIII., 363. V.=Gr.</td><td>II. Fallsch.</td><td>K.=Gr. 84</td><td>190.</td></tr>
<tr><td>LXXXVI.</td><td>7. Fallsch.=Jg. (Erdmann)<br>180.<br>Div. z.b.V. 606</td><td></td></tr>
<tr><td rowspan="3">Heeresgr. B</td><td rowspan="3">5. Pz.=Armee mit 246. V.=Gr., Div. Nr. 526, 10. SS=Pz. „Frundsberg“</td><td>XII. SS</td><td>176.</td><td></td></tr>
<tr><td>XXXXVII. Pz.</td><td>15. Pz.=Gr.<br>183. V.=Gr.</td><td>9. Pz.</td></tr>
<tr><td>LXXXI.</td><td>340. V.=Gr.<br>12. V.=Gr.</td><td>3. Pz.=Gr.<br>47. V.=Gr.</td></tr>
</table>

Stand: 26. November 1944

| | | | |
|---|---|---|---|
| | 7. Armee mit LIII., LXXXV. z.b.V., LVIII. Pz., 2. Pz. (i. Auffr.) 116 Pz., 276. V.=Gr. (i. Antr.), 352. V.=Gr. (i. Antr.), 326. V.=Gr. | LXXIV. | 275. 344. 89.<br>272. V.=Gr. 277. V.=Gr. |
| | | LXVI. | 18. V.=Gr. 26. V.=Gr. |
| | | LXXX. | 353. 212. V.=Gr. |
| Marine=Oberkdo.West mit 319. (bo.) | K.=Gr. 226. (bo.) | XXV. (Festung Lorient) | Reste 265. (bo.) |
| Heeresgr. G | 1. Armee mit LXXXIX., 553. V.=Gr., 245. (bo.), 256. V.=Gr. (i. Antr.) | LXXXII. | 416. 21. Pz.<br>19. V.=Gr. |
| | | XIII. SS | 48. 559. V.=Gr.<br>347. (bo.) 36. V.=Gr.<br>17. SS=Pz.=Gr. „Götz von Berlichingen"<br>11. Pz. |
| | | Höherer Kdr. Vogesen | 361. V.=Gr. } Gruppe Bayerlein<br>Pz.=Lehr. } Gruppe Bayerlein<br>K.=Gr. 25. Pz.=Gr. |
| | 19. Armee | LXIV. | 708. V.=Gr. 716. (bo.) |
| | | LXXXX. | 16. V.=Gr. 269. |
| | | LXIII. | 159. 189.<br>338. 198.<br>30. Waffen=Gren.=Div. SS (russ. Nr. 2)<br>Pz.=Brig. 106 |

## IV. Italien

**Heeresgr. C** (zugleich OB Südwest) mit 115. F.A. (i. Aufst.)

Stand: 26. November 1944

<table>
<tr><td colspan="2">Armee=Gr.<br>Ligurien<br>(LXXXVII.)</td><td>LXXV.</td><td>157. Geb. 5. Geb. 34.<br>2. ital.</td></tr>
<tr><td rowspan="2">mit<br>162.<br>(turk.)<br>(v. 1<br>Rgt.),<br>ital.<br>SS=<br>Brig.<br>(i.<br>Aufst.)</td><td rowspan="2">14.<br>Armee</td><td>Korps<br>Lombardia</td><td>3. ital. Teile 148.<br>Teile 4. ital. Geb.</td></tr>
<tr><td>LI. Geb.</td><td>148. (v. 1 Rgt.) + 4. ital. Geb. (v. 1 Rgt.)<br>232. (bo.)</td></tr>
<tr><td colspan="2" rowspan="4">10. Armee<br>mit<br>90. Pz.=Gr.<br>und 362.</td><td>I. Fallsch.</td><td>94. 16. SS=Pz.=Gren. „Reichsführer SS"<br>4. Fallsch.=Jg.</td></tr>
<tr><td>XIV. Pz.</td><td>65. 29. Pz.=Gr. 42. Jg.<br>1. Fallsch.=Jg. 98. 334.</td></tr>
<tr><td>LXXVI. Pz.</td><td>715. 305.<br>26. Pz. + K.=Gr. 20. Lw.=Feld<br>278. 356.</td></tr>
<tr><td>LXXIII.</td><td>114. Jg.<br>1. Rgt. 162. (turk.)</td></tr>
<tr><td colspan="2"></td><td>LXXXVII.<br>z.b.V.</td><td>71. (i. Abtr. zum OB Südost)<br>188. Res.=Geb.<br>237. (bo).</td></tr>
</table>

## V. Südosten

**Heeresgr. F (zugleich OB Südost)**

Stand: 26. November 1944

| | | |
|---|---|---|
| Heeresgr. E | Kdt.<br>Ost-Ägäis | F.-Brig. 939 (Rhodos)<br>F.-Brig. 968 |
| | Festung Kreta | F.-Div. 133 |
| | V. SS-Geb. | 369. kroat. + 1 Rgt. 118. Jg.<br>Rgt.-Gr. SS „Skanderbeg" |
| | XXI. Geb. | 181. 297.<br>F.-Brig. 1017 F.-Brig. 964 |
| | LXXXXI.<br>z.b.V. | 22. F.-Div. 41<br>F.-Brig. 963 F.-Brig. 966<br>F.-Brig. 967 F.-Brig. 969 |
| | XXXIV.<br>z.b.V. | 7. SS-Geb. „Prinz Eugen"<br>104. Jg.<br>11. Lw.-Feld (im Anmarsch) |
| 2. Pz.-Armee<br>mit<br>XXII. Geb.<br>(in Zuf.) | Gruppe<br>Gen. Kübler | 118. Jg. (v. 1 Rgt.)<br>Befehlsh. Syrmien (Korück 582)<br>SS-Pol.-Geb.-Rgt. 18 ·<br>SS-Pol.-Rgt. 5 |
| | LXVIII. | Pz.-Gren. „Brandenburg"<br>Reste Gren.-Brig. (mot.) 92<br>31. SS-Fallsch.-Gren.<br>„Hoch- und Deutschmeister" (44.)<br>Rgt.-Gr. 13. SS-Geb. „Handschar"<br>1. Geb. + 117. Jg. (in Zuführung) |
| | LXIX. z.b.V. | 1. Kos.<br>Ski-Jg.-Res.-Rgt. 1 |
| | XV. Geb. | 264. (bo.) 373. (kroat.)<br>392. (kroat.) |
| Zur Verfügung des OKW: | | |
| | | 3. Fallsch.-Jg. } (i. Auffr.)<br>5. Fallsch.-Jg. } |

## VI. ChefHRüst und BdE

Stand: 26. November 1944

| Div. | Raum | territorial | organisatorisch |
|---|---|---|---|
| 9. V.=Gr. (in Aufst.) | Oßboel=Esbjerg | Wehrm.=Befehlsh. Dänemark | BdE |
| 79. V.=Gren. (in Aufst.) | Thorn | Wehrkreis XX | BdE |
| 167. V.=Gren. (in Aufst.) | Slowakei | Befehlsh. Slowakei | BdE (Wehrkreis XVII) |
| 257. V.=Gr. (in Aufst.) | Wandern | Wehrkreis III | BdE |
| 182. Res. | Slowakei | Befehlsh. Slowakei | BdE |
| 14. Waffen=Gr. SS (galiz. Nr. 1) (in Aufst.) | Slowakei | Befehlsh. Slowakei | SS=F.=H.=A. |
| 15. Waffen=Gr. SS (lett. Nr. 1) (in Aufst.) | Westpreußen | – | SS=F.=H.=A. |
| 20. Waffen=Gr. SS (estnische Nr. 1) (in Aufst.) | Neuhammer | – | SS=F.=H.=A. |
| 27. SS=Freiw.=Gr. „Langenmarck" (in Umgliederg.) | Lüneburger Heide | – | SS=F.=H.=A. |
| 28. SS=Freiw.=Gr. „Wallonien" (in Umgliederg.) | Südhannover=Braunschweig | – | SS=F.=H.=A. |
| Französ. SS=Brig. (in Aufst.) | Westpreußen | – | SS=F.=H.=A. |
| 211. (in Auffr.) | Gruppe[1] | Wehrkreis XX | BdE |
| 1. ital. | | Wehrkreis V | BdE |

1 Ort bei Graudenz

## VII. Territoriale Dienststellen

Wehrm.=Befehlsh. Dänemark
Wehrm.=Befehlsh. Norwegen
Befehlsh. im Heeresgebiet Gen.=Gouvernement
Dtscher Befehlsh. Slowakei
Befehlsh. der dtschen Truppen im rückw. Gebiet der Heeresgr. Süd
Bevollm. Gen. d. dtschen Wehrmacht in Ungarn
Dtscher Befehlsh. im Op.=Gebiet Ostungarn
Dtscher Bevollm. Gen. in Kroatien
Bevoll. Gen. der dtschen Wehrmacht in Italien
(zugleich Wehrm.=Befehlsh. in der Zone Nordwestalpen)
Befehlsh. Op.=Zone Alpenvorland
Armee=Gruppe Christiansen (Wehrm.=Befehlsh. Niederlande)

## c) 1. März 1945

### I. Osten

**Heeresgr. Süd** Stand: 1. März 1945

| Heeresgruppe | Armee | Armee | Korps | Korps | Divisionen |
|---|---|---|---|---|---|
| Heeresgr. Süd mit 232. Pz., 27. ungar. leichte (i. Auffr.), 153., Div. Szent-Laszló, 44. („Hoch- und Deutschmeister"), 1. SS-Pz. („Adolf Hitler"), 12. SS-Pz. („Hitler-Jugend"), 37. SS-Kav.-Div. (i. Antr.) | 2. Pz.-Armee mit Pz.-Gren.-Brig. 92 | | LXVIII. | | 13. SS-Geb. „Handschar" 71. |
| | | | XXII. | | 1. V.-Geb. 118. Jg. |
| | Armee-Gruppe Balck (6. Armee) | 3. ungar. Armee | II. ungar. | | 20. ungar. |
| | | | III. Pz. | | 25. ungar. 3. Pz.<br>1. Pz. 23. Pz. |
| | | | IV. SS-Pz. | | 356. 5. SS-Pz. „Wiking"<br>3. SS-Pz. „Totenkopf"<br>(+ K.-Gr. 2. ungar. Pz.) |
| | | | | VIII. ungar. | K.-Gr. 1. ungar. Kav.-Div.<br>4. Kav.-Div. |
| | | | Gruppe Harteneck (I. Kav.) | | 6. Pz. 3. Kav.-Div.<br>96. 711. + 23. ungar. |
| | 8. Armee | | Pz.-Korps „Frundsberg" (IV. Pz.) Reste SS-Pz.-Div. „Frundsberg" | | K.-Gr. 211. V.-Gr. + Reste 13. Pz.<br>46. V.-Gr. 357.<br>271. V.-Gr. |
| | | | LXXII. | | Gruppe Kaiser<br>8. Jg. |
| | | | XXIX. | | K.-Gr. 76. 15.<br>Gruppe Gen. Aßmann (101. Jg.) +<br>24. ungar. (+ Teile 5. ungar. Res.) |

Stand: 1. März 1945

| | | | | |
|---|---|---|---|---|
| Heeresgr.<br>Mitte<br>mit<br>Div.-Stab<br>z.b.V.,<br>601.,<br>602.,<br>603.,<br>Ers.-Brig.<br>„Groß-<br>deutschland",<br>31. SS-Freiw.-<br>Gren.-Div.,<br>Pz.-Div.<br>„Jüterbog" | Armeegruppe<br>Heinrici<br>(1.Pz.-Armee)<br>mit<br>154. und<br>18. SS-Pz.-<br>Gren.<br>„Wiking" | XXXXIX.<br>Geb. | | K.-Gr. 320. V.-Gr. 4. Geb.<br>K.-Gr. 78. St.-Div.<br>+ Teile 16. ungar. |
| | | LIX. | | K.-Gr. 544. V.-Gr. 253.<br>K.-Gr. 75. 68. |
| | | XI. | | K.-Gr. 1. Ski-Jg. 97. Jg.<br>K.-Gr. 371. + Teile 18. SS-Pz.-Gr.<br>„Wiking" K.-Gr. 344. |
| | | Korps-Gruppe<br>Schlesien | | K.-Gr. 168. 20. Waff.-SS- (estn. 1) |
| | 17. Armee | VIII. | | 45. V.-Gr. 100. Jg.<br>254. |
| | | XVII. | | 20. Pz. K.-Gr. 19. Pz. K.-Gr. 359. |
| | | Festung<br>Breslau | | Div.-Stab z.b.V. 609<br>Fest.-Kdt. Breslau |
| | | XXXXVIII. | | 208. K.-Gr. 269.<br>K.-Gr. 10. Pz.-Gr. |
| | | Gruppe<br>Nehring<br>(XXIV. Pz.) | LVII.<br>Pz. | Div. Nr. 408 8. Pz.<br>Pz.-Brig. 103 Führer-Begleit-Div. |
| | | | XXXIX.<br>Pz. | K.-Gr. 6. V.-Gren. + Teile 21. Pz.<br>K.-Gr. 17. Pz. Führer-Gren.-Div. |
| | 4. Pz.-Armee<br>mit<br>Festung<br>Glogau<br>und<br>K.-Gr. 16. Pz. | Pz.-K.<br>„Groß-<br>deutschland" | | Div.-Stab z.b.V. 615 Masse 21. Pz.<br>K.-Gr. Pz.-Gren. „Brandenburg"<br>K.-Gr. 1. Fallsch.-Pz. „Hermann<br>Göring" K.-Gr. 20. Pz.-Gren. |
| | | V. | | K.-Gr. 342. K.-Gr. 72.<br>275. |
| | | XXXX. Pz. | | K.-Gr. 25. Pz.<br>Div.-Stab „Matterstock"<br>SS-Brig. Dirlewanger<br>Div.-Stab z.b.V. 608 + 35. SS-<br>Pol.-Gren. Brig. z.b.V. 100 |

## Heeresgr. Nord

Stand: 1. März 1945

| | | | |
|---|---|---|---|
| Heeresgr. Nord | 4. Armee | Kdt. Frische Nehrung | Stab 129. |
| | | XXVI. | 14. 28. Jg.<br>349. (Keets)<br>24. Pz. + Reste 299. |
| | | VI. | K.-Gr. 131. + 10. Radf.-Jg.-Brig.<br>K.-Gr. 541. K.-Gr. 61.<br>18. Pz.-Gren. |
| | | XX. | K.-Gr. 558. K.-Gr. 21.<br>K.-Gr. 102. K.-Gr. 292 + Reste 120. |
| | | XXXXI. Pz. | K.-Gr. Hauser<br>Div.-Stab z.b.V. 605<br>56. K.-Gr. 170. |
| | | Fallsch.-Pz.-K. „Hermann Göring" | 562. V.-Gr. 50.<br>2. Fallsch.-Pz.-Gr. „Herm. Göring"<br>Pz.-Gren. „Großdeutschland" |
| | | Festungs-Kdt. Königsberg | K.-Gr. 69. 367. 561. V.-Gr. |
| | Armee-Abt. Samland [1] mit XXVIII., K.-Gr. 1., 5. Pz. | IX. | Festungs-Kdt. Pillau (Div.-Stab z.b.V. 607)<br>Div.-Stab 548. V.-Gr.<br>58. 93.<br>95. + Reste 286.<br>K.-Gr. 551. V.-Gr. |

1 Orig.: Kurland

## Heeresgr. Kurland

| | | | |
|---|---|---|---|
| Heeresgr. Kurland mit F.A.-Div. Kurland Stab und 201. Sich. | 18. Armee mit Festungs-Kdt. Libau (Festungs-Stab 52. Sich.), K.-Gr. 121., 14. Pz., 12. Pz. | X. | K.-Gr. 126. 87.<br>30. 12. Lw. |
| | | I. | 218. 132. |
| | | L. | 205. 225. 11. |
| | | II. | 263. 563. V.-Gr.<br>K.-Gr. 290. |
| | 16. Armee | XXXVIII. Pz. | 329. 122. |
| | | VI. SS-Freiw. | 24.<br>19. Waff.-Gren.-Div. SS (lett. Nr. 2) |
| | | XVI. | Stab 21. Lw. (Barth)<br>81. Div. z.b.V. 300 |
| | | XXXXIII. | Kdt. Küste (F.K. 186)<br>Gruppe Ost<br>Stab Sich.-Div. z.b.V. 207<br>Gruppe Nord Gruppe Nordwest<br>Festungs-Kdt. Windau<br>Gruppe Südwest |

**Heeresgr. Weichsel**

Stand: 1. März 1945

| | | | |
|---|---|---|---|
| Heeresgr. Weichsel mit 11. Armee, Div.-Stab z.b.V. 610, Masse Pol.-Div. „Schlesien“ | 9. Armee mit 10. SS-Pz. „Frundsberg“ | V. SS-Geb. | Div.-Stab z.b.V. 391<br>32. SS-Pz. „30. Jan.“<br>Div.-Stab Regemer (433. + 463.)<br>Festung Frankfurt |
| | | XI. SS | 712. Pz.-Gr. „Kurmark“<br>25. Pz.-Gren. Festung Küstrin |
| | | CI. | I.-D. Berlin I.-D. Döberitz<br>Div.-Stab z.b.V. 606 |
| | | Korps Oder | 1. Mar.-Schtz.-Div.<br>Gruppe Obern . . . (?) [1]<br>Gruppe Klessek |
| | | Verteid.-Bereich Oder<br>Stellv. II. AK. | 9. Fallsch.-Jg. Gruppe Deneke |
| | 3. Pz.-Armee mit Masse 33.W.-Gren. SS „Charlemagne“, Pz.-Div. „Holstein“ | III. SS-Pz. | 261.<br>11. SS-Freiw.-Gren. „Nordland“<br>28. SS-Freiw.-Gren. „Wallonien“<br>Gren.-Gr. Voigt +<br>27. SS „Langemarck“<br>23. SS-Pz.-Gren. „Nederland“ |
| | | X. SS | 5. Jg. Div.-Stab z.b.V. 402<br>163. |
| | | Kps.-Gruppe Tettau | Eins.-Div. Bärwalde<br>Eins.-Div. Pommerland +<br>Teile 33. SS<br>W.-Gr.-Div. SS (lett. Nr. 1)<br>Reste 15. |
| | 2. Armee mit Stellv. XX., Festung Graudenz, Ers.-Brigd. Fallsch.-Pz. „Hermann Göring“, LV., Reste 203., Reste 549., Masse 547. | VII. Pz. | 4. SS-Pol.-Pz.-Gren. 7. Pz. |
| | | XVIII. Geb. | 32. 215. |
| | | XXXXVI. Pz. | 389. 4. Pz.<br>227. + Sperr-Br. 1 |
| | | XXVII. | K.-Gr. 73. 251. Teile 31. |
| | | XXIII. | 542. V.-Gr. 232. 35.<br>357. 83. 23. |
| | | Kps.-Gruppe v. Rappard | 7. Gruppe Gumpel |

[1] So im Original.

# II. Norden

## 20. Geb.-Armee

Stand: 1. März 1945

<table>
<tr><td rowspan="4">20. Geb.-Armee (Wehrm. Befehlsh. Norwegen) mit Div.-Stab z.b.V. 613, XXXVI. Geb., MG-Ski-Brig. „Finnland“, Pz.-Div. Norwegen</td><td rowspan="2">Armee-Abt. Narvik (XIX. Geb.) mit Radf.-Aufkl.-Brig. Norwegen</td><td></td><td>6. Geb.-Gren.-Brig. 388<br>270. (bo.) Geb.-Gren.-Brig. 193</td></tr>
<tr><td>LXXI.</td><td>230. (bo.)<br>210. (bo.) + Festungs-Brig. Lofoten<br>Div. K.-Gr. (Div. z.b.V. 140) + Geb.-Jg.-Brig. 139 + Gren.-Div. 503<br>7. Geb.</td></tr>
<tr><td rowspan="2"></td><td>XXXIII.</td><td>14. Lw.-Feld 702.<br>295. (bo.) 199.</td></tr>
<tr><td>LXX.</td><td>280. (bo.) 274. (bo.)<br>169. FAD.</td></tr>
<tr><td colspan="4">Wehrm.-Befehlsh. Dänemark</td></tr>
<tr><td>Div.-Stab z.b.V. 614 Nordjütland</td><td></td><td></td><td>166. 160.<br>Reste 233. Pz.</td></tr>
</table>

# III. Westen

## OB West

Stand: 1. März 1945

| | | | | | |
|---|---|---|---|---|---|
| | Heeresgr. H | 25. Armee (Wehrm.-Befehlsh. Niederlande) | XXX. | K.-Gr. 346. (bo.) | |
| | | | LXXXVIII. | Stab 331 | Masse 2. Fallsch.-Jg. |
| | | 1. Fallsch.-Jg.-Armee mit Kdo. Feldt, 15. Pz.-Gr., 180., Pz.-Brig. 106/A | XXXXVII. Pz. | 6. Fallsch.-Jg.<br>84. | 116. Pz. |
| | | | II. Fallsch. | 8. Fallsch.-Jg.<br>Teile 2. Fallsch.-Jg. | 7. Fallsch.-Jg. |
| | | | LXXXVI. | 190. | |
| mit Div. 172., 245. (bo.), 159. | | | LXIII. | Div. 406 + Teile 176. | |
| | Heeresg. B mit 62. V.-Gr. | 15. Armee | XII. SS | Masse 176.<br>338. | 180. V.-Gr.<br>Pz.-Lehr |
| | | | LXXXI. | 11. Pz.<br>363. V.-Gr.<br>Div.-Stab 476 | 59. (bo.)<br>9. Pz. |
| | | | LVIII. Pz. | 3. Pz.-Gr.<br>353. | 12. V.-Gr. |
| | | 5. Pz.-Armee | LXXIV. | 3. Fallsch.-Jg. + 85.<br>272 V.-Gr. | |
| | | | LXVII. | 89. | 277. V.-Gr. |
| | | | Korps-Gr. Botsch | 18. V.-Gr. | 26. V.-Gr. |
| | | | LXVI. | 5. Fallsch.-Jg. | |

Stand: 1. März 1945

| | | | |
|---|---|---|---|
| noch Heeresgr. B | 7. Armee mit 246.V.=Gr./A. | LIII. | K.=Gr. 326. V.=Gr. 167. V.=Gr. 340. V.=Gr. |
| | | XIII. | 79. V.=Gr. + Reste 276. V.=Gr. 2. Pz. 352. V.=Gr. + Reste 9. V.=Gr. |
| | | LXXX. | K.=Gr. 560. V.=Gr. 212. V.=Gr. |
| Heeresgr. G mit 553. V.=Gr. | 1. Armee mit W.=Kr. 526, Div. Reißler | LXXXII. | 256. V.=Gr. 2. Geb. 416. 6. SS=Geb. „Nord" |
| | | LXXXV. | 719. (bo.) 347. (bo.) 559. V.=Gr. |
| | | XIII. SS | 19. V.=Gr. 17. SS=Pz.=Gr. „Götz von Berlichingen" |
| | | LXXXX. | 16. V.=Gr. 16. V.=Gr. 47. V.=Gr. |
| | | LXXXIX. | 257. V.=Gr. Div.=Gr. z.b.V. 905 |
| | 19. Armee | LXIV. | 198. Div.=Nr. 405 |
| | | XVIII. SS | Div. z.b.V. 805 Brig. 1005 |
| | Marine=Ober=kdo. West mit 319. (bo.) und K.=Gr. 226. (bo.) | XXV. Festung Lorient | Reste 265. (bo.) |

## IV. Italien

### OB Südwest

Stand: 1. März 1945

| | | | |
|---|---|---|---|
| mit 155. (i.Aufst.), 29. Pz.Gr., 715. (i. Abtr.) | Armee Ligurien | LXXV. | 5. Geb. 34. |
| | | Korps Lombardia | Festungs=Brig. 134 |
| | 14. Armee mit 114. Jg. (i. Antr.) | LI. Geb. | 148. 232. (bo.) |
| | | XIV. Pz. | 94. 8. Geb. 65. 305. |
| | 10. Armee mit 90. Pz.=Jg. | I. Fallsch. | 1. Fallsch.=Jg. 334. 278. 4. Fallsch.=Jg. |
| | | LXXVI. Pz. | 26. Pz. 98. 362. 42. Jg. 162. (turk.) |
| | | LXXIII. z.b.V. | Alarm=Einheiten |
| | | LXXXXVII. z.b.V. | 710. 188. Geb. 237. (bo.) |

## V. Südosten

### Heeresgr. F (OB Südost)

Stand: 1. März 1945

| | | | |
|---|---|---|---|
| | Heeresgr. E | XV. Geb. | 392. kroat.<br>373. kroat. |
| | | XXI. Geb. | Masse 7. SS-Geb.-Jg. „Prinz Eugen"<br>Festungs-Brig. 964<br>K.-Gr. 369. (kroat.)<br>181.<br>Festungs-Brig. 966<br>Fest.-Brig. 969<br>Fest.-Brig. 1017 |
| | | XXXIV. z.b.V. | 22. + Festungs-Brig. 963<br>Teile 7. SS-Geb.-Jg. „Prinz Eugen"<br>41.<br>117. Jg. |
| | | LXXXXI. z.b.V. | Festungs-Brig. 967<br>104. Jg.<br>11. Lw.<br>297.<br>Div. z.b.V. Fischer |
| | | LXIX. z.b.V. | 1. Kosaken |
| | | Kdt. Ost-Ägäis | Pz.-Gren.-Brig. 939<br>Festungs-Brig. 968 |
| | | Kommandant Kreta | Festungs-Div. Kreta |

| | |
|---|---|
| 600. I.=D.: | Münsingen |
| 48. I.=D.: | Wehrkreis XVII |
| 264. I.=D.: | Dänemark |
| 716. (bo.) I.=D.: | Oberrhein |
| 106. I.=D.: | Oberrhein |
| 189. I.=D.: | Oberrhein |
| ...[1] I.=D.: | Mährisch=Ostrau |

---

| | |
|---|---|
| 14. Waffen SS (ukrain. Nr. 1): | Slowakei |
| 34. Waffen=SS=Brig. „Nederland": | Niederlande |
| 2. Kos.=Div.: | Kroatien |
| 25. Waffen=Gren.=Div. SS (ungar. Nr. 2) | |
| 30. Waffen=SS (Weißruth., auch russ. Nr. 2) | Grafenwöhr |

1 Im (handschriftlich vorliegenden) Original undeutlich.

## 6. Chronik vom 1. Januar 1944 bis 23. Mai 1945, zusammengestellt von Dr. Andreas Hillgruber und Dr. Hans-Adolf Jacobsen

Um dem Benutzer die Übersicht über den Ablauf des Krieges zu erleichtern und den Zusammenhang der Ereignisse auf den verschiedenen Kriegsschauplätzen zu verdeutlichen, lassen wir eine chronologisch angelegte Liste der wichtigsten Daten folgen.

| I. Allgemein: Politik und Kriegführung | a) Westfront |
|---|---|
| 1. 1. Bildung der „United States Strategic Air Forces in Europe" (USSTAF). Besonders schwerer Luftangriff der RAF gegen Berlin (der 9. Großangriff in sechs Wochen). | 1. 1. GFM Rommel übernimmt als OB der H.Gr. B die Führung der 7. und 15. Armee sowie der Kräfte des Wehrm.-Befh. Niederlande unter dem OB West (GFM v. Rundstedt). |
| | 12. 1. OKW-Weisung an den OB West, die Luftwaffe und die Kriegsmarine hinsichtlich einer evtl. alliierten Landung in Portugal und an der Biscaya-Küste. Vorbereitung für eine Sperrung der Pyrenäen („Nürnberg"). |
| 15. 1. Der brit. Kab.-Ausschuß unter Attlee legt einen Plan für die künftige Zoneneinteilung Deutschlands vor (Am 18. 2. stimmt die sowjet. Regierung, am 1. 6. die USA zu). | |
| 31. 1. Landung von 2 US-Divisionen auf Kwajalein (Marschall-Inseln). | |
| 4. 2. Japanische Offensive in Burma. | |
| | 8. 2. Im alliierten Hauptquartier wird der Endplan für die Landung in der Normandie festgelegt („Overlord"). |
| 15. 2. Landung neuseeländischer Truppen auf Neu-Irland. | |
| Febr. Das erste deutsche Schnorchel-U-Boot geht in den Atlantik. | |
| 14.–18. 2. Letzter Versuch einer geführten Gruppen-Operation mit U-Booten und Luftangriffen im Nordatlantik. | 14. 2. Gen. Eisenhower wird offiziell zum OB der alliierten Invasionsstreitkräfte ernannt. |
| 18./19. 2. Landung von 2 US-Div. auf Eniwetok. | |
| | 21./22. 1. Beginn einer bis zum 26./27. 4. andauernden Serie deutscher Luftangriffe gegen Ziele in Süd- und Südostengland, u. a. auch London („Little Blitz"). |
| 23. 2. Beginn der „Weberschiffchentaktik" der US-Luftstreitkräfte: Weiterflug der von England gestarteten Verbände nach dem Bombenabwurf nach Süditalien. | |
| 8. 3. Einnahme von Imphal (burmes.-ind. Grenzgebiet) durch die Japaner. | |
| 15./16. 3. Schwerer Luftangriff auf Stuttgart. | |
| 20. 3. US-Landung auf Emirau (Bismarck-Archipel). | 19./20. 3. Rundstedt und Rommel bei Hitler auf dem Berghof. |
| 22. 3. Nachtangriff der RAF gegen Frankfurt a. M. mit 3000 to. | |
| 23. 3. „Gleichschaltung" Ungarns unter Min.-Präs. Sztójay. | |
| 3.–5. 4. Brit. Träger-Raid gegen das Schlachtschiff „Tirpitz" in Kaa-Fjord. | |

## II. Kriegsschauplatz Europa (Landkrieg)

### b) Südwestfront

3. 1. Beginn der Kämpfe um die Vor=Stellung der „Gustav=Linie".

8.–10. 1. Prozeß in Verona gegen die Mitglieder des ehem. Faschistischen Großen Rates, die am 24. 7. 43 gegen Mussolini stimmten. U. a. Todesurteil gegen Graf Ciano und Marschall de Bono.

15. 1. Abschluß der Kämpfe um die Vor=Stellung der „Gustav=Linie" nach der Einnahme des Monte Santa Croce durch französische Truppen.

22. 1. Landung des VI. US=Korps bei Anzio und Nettuno.

28./29. 1. Auf einer Tagung in Bari stellen sich die im „Komitee der Nationalen Befreiung" (CLN) zusammengeschlossenen Widerstandsgruppen gegen das Regime Badoglio und gegen König Viktor Emanuel III.

15. 2. Zerstörung des Klosters Monte Cassino durch Artillerie und Bomben.

15.–19. 2. Angriff der 4. indischen und der neuseeländischen Div. mit dem – nicht erreichten – Ziel, die Wegnahme von Cassino und der Ruinen des Klosters zu erzwingen.

16. 2., 6.30 Uhr: Beginn des seit Ende Jan. vorbereiteten deutschen Gegenangriffs mit dem Ziel, den alliierten Landekopf bei Anzio=Nettuno zu zerschlagen.

29. 2.–1. 3. Zweiter deutscher Gegenangriff gegen den Landekopf Anzio=Nettuno ohne durchschlagendes Ergebnis.

15.–24. 3. Durchbruchsversuch der 78. brit., 4. ind. und der neuseeländischen Div. bei Cassino bleibt ohne Ergebnis.

### c) Südostfront

23. 2. Ankunft einer sowjetischen Militärmission (General Kornejew) beim Stabe Titos in Bosnien.

26.–28. 2. Besuch Marschall Antonescus bei Hitler in Kleßheim.

12. 3. Hitler gibt den seit dem 28. 2. vorbereiteten Operationsbefehl zur Besetzung Ungarns heraus.

18. 3. Horthy bei Hitler in Kleßheim. Zustimmung zum Einmarsch deutscher Truppen nach Ungarn und zur Neubildung der Regierung unter starkem Druck Hitlers.

19. 3., 4 Uhr: Beginn des Unternehmens „Margarethe I": kampflose Besetzung strategisch wichtiger Punkte in Ungarn durch 4 konzentrisch auf Budapest vorstoßende deutsche Kräftegruppen.

23./24. 3. Besuch Marschall Antonescus in Kleßheim bei Hitler. Einigung über die Haltung gegenüber Ungarn.

5. 4. Beginn der systematischen Bombardierung des rumänischen Erdölgebiets durch amerikanische Bomberverbände von Süditalien aus.

### d) Ost= und Nordfront

4. 1. Die Sowjetarmeen dringen bei Sarny (Wolhynien) erstmals über die sowjetisch=polnische Grenze nach Westen vor.

14. 1. Beginn der sowjetischen Offensive (Leningrad=Front, Wolchow=Front, 2. Baltische Front) gegen die Heeresgruppe Nord. Durchbruch und Rückzug der deutschen Truppen auf den Luga=Abschnitt.

5. 2. Einnahme von Rowno und Luzk durch die Rote Armee.

8. 2. Der Brückenkopf Nikopol (Manganerzgruben) geht verloren.

17. 2. Ausbruch der seit dem 28. 1. eingeschlossenen zwei deutschen Armeekorps aus dem Kessel von Tscherkassy.

18. 2. Rückzug der Heeresgruppe Nord (seit 1. 2. unter GO Model) auf die Linie Narwa – Peipus=See – Pleskau – Opotschka – westl. Newel.

22. 2. Kriwoj Rog (Eisenerzgruben) geht verloren.

4. 3. Beginn der sowjetischen Frühjahrsoffensive gegen die Heeresgruppe Süd bei Schepetowka. Durchbruch und weiter Raumgewinn nach Westen.

13. 3. Nach Ausdehnung der sowjetischen Frühjahrsoffensive auf die Front der Heeresgruppe A (1.–4. Ukrain. Fronten) geht Cherson verloren.

20. 3. Winniza in sowjetischer Hand.

25. 3. Wiederherstellung der seit dem 12. 11. 1943 abgerissenen Verbindung zwischen den Heeresgruppen Süd und Mitte westlich Kowel.

30. 3. Nach der Einnahme von Czernowitz erreicht die sowjetische Offensive die Karpaten. An die Stelle Mansteins tritt GFM Model (jetzt Heeresgruppe Nordukraine), an die Stelle Kleists GO Schörner (jetzt Heeresgruppe Südukraine).

5. 4. Kowel wird von deutschen Truppen entsetzt.

| I. Allgemein: Politik und Kriegführung | a) Westfront |
|---|---|
| | 15. 4. Im Rahmen der strategischen Luftkriegführung der Alliierten rücken Transport- und Verkehrsziele als Vorbereitung für die Invasion an die erste Stelle. |
| | 8. 5. Eisenhower legt den Beginn der Invasion auf den 5. 6. fest. |
| | 12. 5. Befehlsneugliederung im Bereich des OB West tritt in Kraft: neben der H.Gr. B noch die Armee-Gr. G (GO Blaskowitz) mit 1. und 19. Armee unter dem OB West gebildet. |
| | 15. 5. GFM Rommel und Gen. d. Inf. v. Stülpnagel (Militärbefh. Frankreich) planen die Festnahme Hitlers und seine Aburteilung durch ein deutsches Gericht. |
| 17. 4. Beginn einer japanischen Offensive in Südchina zur Wegnahme amerikanischer Flugbasen und zur Herstellung der Landverbindung von Hankow nach Kanton und von dort zur indochinesischen Grenze. | 4. 6. Eisenhower verschiebt die Invasion um 24 Stunden. Rückruf der bereits abgefahrenen Convois. Endgültiger Befehl für 6. 6. um 21.45 Uhr erteilt. |
| 12. 5. Beginn der systematischen Bombardierung der synthetischen Treibstoffwerke in Deutschland durch die 8. USAAF. | 6. 6. Beginn der alliierten Invasion in der Normandie. |
| 9. 6. Regierungsumbildung in Italien: Kabinett Bonomi. | 9. 6. Gegenangriff der Pz.-Gruppe West (Gen. d. Pz. Tr. Geyr v. Schweppenburg) schlägt nicht durch. |
| 10. 6. Waffen-SS zerstört das französische Dorf Oradour (als Vergeltungsmaßnahme). | 10. 6. Ausschaltung des HQu. der Pz.-Gruppe West durch Luftangriff. |
| 12./13. 6. Abschuß der ersten V-1-Geschosse gegen London. | |
| 12.–15. 6. Nach vorbereitenden Luft- und Artillerie-Angriffen Landung des V. amphibischen US-Korps auf Saipan (Marianen). | 18. 6. Bisher 619 000 Soldaten (21. Heeresgruppe [Montgomery] mit 2. brit. und 1. US-Armee), 95 000 Fahrzeuge und 218 000 t Material im Normandie-Brükkenkopf gelandet. |
| 19.–20. 6. Luft-Seeschlacht in der Philippinensee zwischen der japan. Flotte und der US-Task-Force 58. | |
| 21. 6. Nach einem Luftangriff auf Berlin mit 1000 US-Bombern Weiterflug auf Flugplätze bei Poltawa („Weberschiffchentaktik" jetzt auch zwischen England und der UdSSR). | 17. 6. Rundstedt und Rommel bei Hitler in Margival (bei Soissons). |
| 22. 6. Wiederaufnahme der alliierten Offensive gegen Burma nach dem Steckenbleiben des japan. Angriffs bei Imphal. | 18. 6. Amerikanischer Durchbruch bis Barneville an der Westküste von Cotentin. Damit Cherbourg abgeschnitten. |

## II. Kriegsschauplatz Europa (Landkrieg)

### b) Südwestfront

15. 4. Neubildung der Regierung Badoglio unter Einbeziehung des Führers der KP Togliatti.

12. 5. Beginn der entscheidungsuchenden alliierten Großoffensive am Garigliano gegen die 10. deutsche Armee.

18. 5. Im Zuge der eingeleiteten Absetzbewegung wird Cassino aufgegeben.

23. 5. Beginn des alliierten Großangriffs an der Brückenkopf-Front, Durchbruch durch den linken Flügel der 14. Armee.

25. 5. Herstellung der Verbindung zwischen den von der Südfront und den aus dem Brückenkopf vorstoßenden alliierten Kräften bei Terracina. Beginn des allgemeinen deutschen Rückzuges von der Adria bis zum Tyrrhenischen Meer.

31. 5. Durchbruch der Alliierten auf Valmontone.

4. 6. Preisgabe Roms und Rückzug hinter den Tiber ohne Sprengung der Brücken.

17. 6. Räumung der Insel Elba eingeleitet (19. 6. abgeschlossen).

### c) Südostfront

9. 4. Nach Festigung der Front der H.Gr. Südukraine auf der Linie Karpaten – Jassy Kischinew – Dnjestr-Lauf bis zur Mündung Zweiteilung Rumäniens in ein östliches Gebiet unter Militärverwaltung und ein westliches unter Zivilverwaltung.

25. 4. Offizielle Beendigung des Unternehmens „Margarethe I".

5. 5. Die britische Regierung schlägt der sowjetischen eine Aufteilung Südosteuropas in militärische Operationszonen vor.

17. 5. Neubildung der jugoslawischen Exilregierung in London unter Šubašić, um unter Fallenlassen von Mihajlović einen Ausgleich mit Tito herbeizuführen.

18. 5. Britisch-sowjetische Absprache über Operationszonen in Südosteuropa: Rumänien sowjetische, Griechenland britische Operationszone.

25. 5. Deutsches Unternehmen gegen den Hauptstab Titos in Drvar (Unternehmen „Rösselsprung"). Flucht Titos nach Lissa.

7. 6. Sztójay bei Hitler auf dem Berghof.

8. 6. Britisch-sowjetische Absprache über Jugoslawien und Bulgarien: Jugoslawien britische, Bulgarien sowjetische Operationszone.

12. 6. Zustimmung Roosevelts zu den britisch-sowjetischen Absprachen über Operationszonen in Südosteuropa.

16. 6. Besprechung zwischen Šubašić und Tito auf der Insel Lissa.

### d) Ost- und Nordfront

8. 4. Die im Raume Kamenez-Podolsk eingeschlossene 1. Panzer-Armee bricht nach Westen aus und verstärkt die in Galizien aufgebaute neue Front der Heeresgruppe Nordukraine.
Beginn des sowjetischen Großangriffs gegen die seit dem 1. 11. 1943 von allen Landverbindungen abgeschnittene Krim (17. Armee mit 5 deutschen und 7 rum. Divisionen) an der Perekop- und Siwasch-Front.

9. 4. Räumung Odessas durch die deutschen Truppen.

11. 4. Rückzug der 17. deutschen Armee von den Krimfronten auf die Festung Sewastopol.

12. 4. Der finnische Reichstag billigt die Ablehnung der sowjetischen Friedensbedingungen. (Damit sind die seit Febr. laufenden finnisch-sowjetischen Geheimverhandlungen vorerst gescheitert.)

15. 4. Das eingeschlossene Tarnopol wird von den Sowjets eingenommen.

5. 5. Beginn des sowjetischen Großangriffs auf Sewastopol.

7. 5. Einnahme der beherrschenden Sapun-Höhen südöstl. Sewastopol und Durchbruch zur Stadt.

12. 5. Abschluß der Räumung der Krim über See und auf dem Luftwege.

13. 5. An der gesamten Ostfront tritt eine Kampfpause ein.

9. 6. Beginn einer sowjetischen Offensive an der Karelischen Landenge gegen die finnische Armee (Marschall Mannerheim).

20. 6. Einnahme von Wiborg durch die Rote Armee.

22. 6. Beginn des sowjetischen Hauptangriffs gegen die Heeresgruppe Mitte zwischen den Pripjetsümpfen und der Düna mit den Schwerpunkten Witebsk, ostw. Mogilew, Bobruisk.

24.–26. 6. Ribbentrop in Helsinki. Zusage deutscher Hilfe gegen eine persönliche Verpflichtung des Staatspräsidenten Ryti zur Ablehnung jeden Sonderfriedens.

| I. Allgemein: Politik und Kriegführung | | a) Westfront | |
|---|---|---|---|
| | | 26. 6. | Alliierte Einbrüche bei Tilly können mit Mühe aufgefangen werden. |
| | | 29. 6. | Rommel bei Hitler auf dem Berghof. |
| | | 30. 6. | Ende des tagelangen Widerstandes in der Festung Cherbourg. |
| | | 2. 7. | Ablösung Rundstedts als OB West durch GFM v. Kluge. |
| | | 8. 7. | Britischer Großangriff im Raume Caen. |
| | | 9. 7. | Einnahme von Caen durch die Briten. |
| | | 11. 7. | Anerkennung des Französ. „Nationalen Befreiungskomitees" durch die USA. |
| | | 15. 7. | Amerikanischer Großangriff mit dem Ziel, St. Lô einzunehmen. |
| 18. 7. | Rücktritt des Kabinetts Tojo. Neue japan. Regierung unter General Koiso und Admiral Yonai. | 17. 7. | Verwundung Rommels durch einen Tieffliegerangriff. Kluge übernimmt zusätzlich den Oberbefehl über die H.Gr. B. |
| 20. 7. | Attentat gegen Hitler im FHQu. „Wolfsschanze" durch Oberst i. G. Graf v. Stauffenberg. Himmler neuer Befh. des Ersatzheeres, Guderian anstelle Zeitzlers Chef des Gen.St. d. Heeres. Letztes Treffen Hitler-Mussolini. | 20. 7. | Die Amerikaner dringen in St. Lô ein. |
| 21. 7. | US-Landung auf Guam (Marianen). | 25. 7. | Beginn des amerikanischen Großangriffs (1. und 3. US-Armee) bei St. Lô zum Ausbruch aus dem Normandie-Brückenkopf. Bombenteppich von 1500 schweren Bombern. |
| 28. 7. | Erster Einsatz von Me 163 (Raketenjäger) beim Angriff der USAAF gegen Leuna. | 31. 7. | Durchbruch der 3. US-Armee (Patton) nach Avranches. |
| 2. 8. | Die Sowjetunion erkennt das komm. „Lubliner Komitee" (Polen) an. | 2. 8. | Stürmisches Vordringen der Amerikaner von Avranches in die Bretagne, zur Loire und hinter der deutschen Restfront nach Nordosten. |
| 7./8. 8. | Prozeß vor dem „Volksgerichtshof" in Berlin (Freisler) gegen die Männer des 20. Juli. | 6./7. 8. | Gegenangriff der 5. Pz.-Armee (Gen. d. Pz.-Tr. Eberbach) mit 6 Pz.-Div. bei Mortain mit dem Ziel Avranches, das jedoch nicht erreicht wird. |
| | | 15. 8. | Landung der 7. amerik. Armee (3 amerik., 7 franz. Div.) ostwärts Toulon. Rückzug der 19. Armee nach Norden. |
| | | 17. 8. | Einnahme von St. Malo durch die Alliierten. Ablösung v. Kluges als OB West und OB der H.Gr. B durch GFM Model. Rücktritt Lavals mit seinem Gesamtkabinett in Paris. Pétain und seine Umgebung werden von Vichy nach Belfort gebracht. |

## II. Kriegsschauplatz Europa (Landkrieg)

### b) Südwestfront

18. 7. Aufgabe von Ancona durch die 10. Armee.

19. 7. Räumung Livornos durch die 14. Armee.

26. 7. Aufgabe von Pisa.

4. 8. Räumung von Florenz durch die 14. Armee.

15. 8. Nach der Landung der Alliierten in Südfrankreich Bildung einer Westalpenfront etwa auf der Linie der französisch-italienischen Grenze.

### c) Südostfront

21. 7. Horthy läßt Hitler seine Absicht mitteilen, an Stelle der Regierung Sztójay eine Regierung seines Vertrauens zu setzen. Ablehnung dieses Planes durch Hitler.

23. 7. Sowjetischer Durchbruch durch die 1. ung. Armee nördl. der Karpaten. Rückzug der Armee auf die Hunyadi-Linie. Neuer OB General v. Miklós-Dálnoki.

2. 8. Abbruch der diplomatischen Beziehungen der Türkei zu Deutschland.

5./6. 8. Letzter Besuch Marschall Antonescus bei Hitler im FHQu. „Wolfsschanze".

12./13. 8. Treffen Churchill-Tito in Caserta im HQu. General Wilsons, des Alliierten Oberbefehlshabers im Mittelmeerraum.

12.–30. 8. Deutsches Unternehmen gegen die nach Serbien drängenden Verbände Titos.

### d) Ost- und Nordfront

28. 6. Hitler ersetzt GFM Busch durch GFM Model als OB der Heeresgruppe Mitte (zugleich bis zum 15. 7. OB der Heeresgruppe Nordukraine).

29. 6. Nach der Einnahme von Petrosawodsk kommt es zu einer Stabilisierung an der finnisch-sowjetischen Front.

1. 7. Verschärfung der Situation bei der mehrfach durchbrochenen Heeresgruppe Mitte durch den sowjetischen Vorstoß auf die Bahnlinie Baranowicze-Minsk.

3. 7. Einnahme von Minsk.

8. 7. Das eingeschlossene XII. A.K. gibt als letzter der abgeschnittenen Verbände den Kampf auf. Damit sind von den 40 Divisionen der Heeresgruppe Mitte 28 zerschlagen (Verlust von 350 000 Mann).

13. 7. Beginn der sowjetischen Großoffensive gegen die Heeresgruppe Nordukraine.

18. 7. Bialystok in sowjetischer Hand.

27. 7. Einnahme von Lemberg durch die Rote Armee. Der deutsche Rückzug kommt erst an der Weichsel zum Stehen.

28. 7. Einnahme von Brest-Litowsk durch die Sowjets.

1. 8. Beginn des nationalpolnischen Aufstandes in Warschau (OB der polnischen „Heimatarmee" General Graf Bór-Komorowski). Die östlich der Weichsel stehenden sowjetischen Truppen unter Rokossowskij greifen in den Kampf nicht ein.

1. 8. Die Sowjets erreichen bei Tukkum die Rigaer Bucht. Damit ist die Heeresgruppe Nord in Estland und Lettland von den Landverbindungen abgeschnitten.

1. 8. Nach dem Rücktritt Rytis wird Mannerheim finnischer Staatspräsident.

17. 8. GFM Keitel bei Mannerheim, um den drohenden Abfall Finnlands zu verhindern.

## I. Allgemein: Politik und Kriegführung

22.–29. 8. Britischer Träger-Raid gegen die „Tirpitz" im Alta-Fjord.

21. 8.–9. 10. Konferenz von Dumbarton Oaks (bei Washington, D.C.) zwischen den USA, Großbritannien, der UdSSR und China.

23. 8. Umsturz in Rumänien; Verhaftung Antonescus.

4. 9. Finnland stellt den Kampf gegen die Sowjetunion ein.

5. 9. Kriegserklärung der Sowjetunion an Bulgarien.
Die belgische Exilregierung trifft in Brüssel ein.

8. 9. Kriegserklärung Bulgariens an Deutschland.

12. 9. Rumänisch-sowjetischer Waffenstillstand in Moskau unterzeichnet.

12. 9. Das erste Zonenprotokoll von der „Beratenden Europäischen Kommission" festgelegt.

12.–19. 9. 2. Konferenz von Quebec („Octagon") zwischen Churchill und Roosevelt.

16. 9. Himmler-Wlassow-Abkommen: Die „Russische Befreiungsarmee" wird zum Kampf gegen den Bolschewismus aufgerufen.

19. 9. Finnisch-sowjetischer Waffenstillstand in Moskau unterzeichnet.
Die dänische Polizei wird außer Funktion gesetzt.

22. 9. Roosevelt distanziert sich vom „Morgenthau-Plan" (am 15. 9. von ihm und Churchill gebilligt).

25. 9. Hitler befiehlt die Aufstellung des deutschen Volkssturms.

Oktober: Schwere alliierte Luftangriffe auf Duisburg, Essen, Köln, Düsseldorf und Braunschweig.
Rückkehr der griechischen Exilregierung nach Athen.

9. 10.–18. 10. Konferenz in Moskau (Besprechungen Churchills mit Stalin und Harriman).

10.–13. 10. Luftschlacht von Formosa zwischen US-Trägerflotte und japanischer Land-Marineluftwaffe.

14. 10. Erzwungener Freitod des GFM Rommel.

15. 10. Horthy verkündet im ungarischen Rundfunk den Waffenstillstand mit der Sowjetunion; Hitler zwingt ihn zur Zurücknahme.

19. 10. Beginn der Offensive MacArthurs zur Wiedereroberung der Philippinen, Landung auf Leyte.
1000-Bomber-Tagesangriffe der RAF gegen Duisburg und der USAAF gegen Köln.

19. 10. Die von Hitler befohlene Zerstörung Warschaus wird eingeleitet.

23.–26. 10. Schlacht um den Leyte-Golf. Vernichtende Niederlage der japanischen Flotte; erster Kamikaze-Einsatz der japanischen Marineluftwaffe.

23. 10. Alliierte anerkennen die Provisorische französische Regierung de Gaulles.

28. 10. Unterzeichnung des Waffenstillstandes mit Bulgarien in Moskau.

7. 11. Roosevelt zum vierten Mal zum Präsidenten der Vereinigten Staaten gewählt.

10. 12. Französisch-sowjetisches Bündnis in Moskau abgeschlossen (Stalin – de Gaulle).

15. 12. Landung der Amerikaner auf Mindoro (Philippinen).

31. 12. Kriegserklärung der ungar. Gegenregierung an Deutschland.

1. 1. 45 Das kommunistische „Lubliner Komitee" erklärt sich zur Provisorischen Regierung Polens.

3. 2. 1000-Bomber-Angriffe der USAAF gegen Berlin.

4.–11. 2. Konferenz der „Großen Drei" in Jalta (Roosevelt, Stalin, Churchill).

4. 2. US-Truppen besetzen Manila

13./14. 2. Schwerer alliierter Terrorangriff gegen Dresden.

15. 2. Verordnung des Reichsministers der Justiz über die Errichtung von deutschen Standgerichten.

## a) Westfront

19. 8. Zusammentreffen der Spitzen der 1. US-Armee und der 1. kanad. Armee bei Chambois. Damit sind die 7. Armee und Teile der 5. Pz.-Armee im „Kessel von Falaise" eingeschlossen (mehr als 100 000 Mann); darauf z. T. noch ausgebrochen.

22. 8. Einnahme von Toulon.

25. 8. Übergabe von Paris an die Alliierten durch den deutschen Stadtkommandanten, Gen. d. Inf. v. Choltitz. Einzug de Gaulles in die französ. Hauptstadt.

28. 8. Einnahme von Marseille durch die Alliierten.

30. 8. Einnahme von Rouen durch die Alliierten.

3. 9. Einnahme von Brüssel.

4. 9. Einnahme von Antwerpen.

8. 9. Einnahme von Lüttich.

8. 9. Erste V-2-Rakete gegen London abgeschossen.

11. 9. Die 1. US-Armee erreicht die deutsche Grenze nördlich von Trier; westlich Dijon vereinigen sich 3. US-Armee (Normandie) und 7. US-Armee (Südfrankreich).

16. 9. Erster Einsatz der V-1 vom Flugzeug aus.

17. 9. Luftlandungen der Alliierten bei Arnheim und Nimwegen.

3. 10. Zerstörung der Seedeiche von Walcheren durch Luftangriff.

11. 10. Erster deutscher Operationsplan für die Ardennen-Gegenoffensive ausgearbeitet.

21. 10. Amerikanische Truppen besetzen Aachen.

1. 11. Angriff brit.-kanad. Truppen gegen Walcheren (Holland).

10. 11. OKW-Befehl für die Ardennen-Offensive („Wacht am Rhein").

14. 11. Beginn der amerikanisch-französischen Offensive beiderseits der Vogesen.

16. 11. Beginn der Schlacht an der Roer.

22. 11. Französ. Truppen erobern Belfort und Mühlhausen.

23. 11. Verlust von Straßburg.

3. 12. Amerikaner brechen bei Saarlautern in den Westwall ein.

16. 12. Beginn der letzten deutschen Offensive in den Ardennen.

# II. Kriegsschauplatz Europa (Landkrieg)

## b) Südwestfront

30. 8. Die Mitte August von der Heeresgruppe C (außer in der noch nach Süden zurückhängenden Mitte) eingenommene „Grüne Stellung" nördl. Pisa – nördl. Florenz – Pesaro wird an der Adriatischen Küste durch eine Offensive der brit. 8. Armee nach Nordwesten zurückgedrängt. Pesaro in alliierter Hand.

8. 9. Alliierte Angriffe gegen die deutsche „Grüne Stellung" (La Spezia – Apennin – nördl. Rimini).

21. 9. Einnahme von Rimini.

1. 10. US-Armee greift in Richtung Bologna an; der Angriff läuft sich fest.

19. 10. 8. Brit. Armee erobert Cesena.

## c) Südostfront

23. 8. Staatsstreich in Rumänien. Verhaftung Marschall Antonescus. Waffenstillstandsersuchen an die Alliierten. Abbruch der Beziehungen zu Deutschland. Einstellung des Kampfes durch die rumänischen Truppen.

24. 8. Bildung der Regierung Lakatos durch den Reichsverweser v. Horthy. Bekanntgabe erst am 29. 8.

25. 8. Kriegserklärung Rumäniens an Deutschland.

26. 8. Hitler erteilt gleichzeitig mit dem Beginn des Rückzuges aus Südwestfrankreich den Befehl zum Rückzug auf dem Balkan, vorerst zur Räumung Griechenlands durch die Heeresgruppe E (GO Löhr). Der bulgarische Ministerpräsident Bagrianoff erklärt offiziell den „Rückzug Bulgariens aus dem Kriege" und die Neutralität seines Landes. Waffenstillstandsverhandlungen mit Großbritannien und den USA.

30. 8. Landung sowjetischer Truppen in Konstanza. Die in bulgarische Häfen zurückgezogenen deutschen Schiffe werden außerhalb der bulgarischen Hoheitsgewässer versenkt (über 200 Schiffe). Die letzten deutschen Soldaten verlassen Bulgarien.

31. 8. Einzug der Roten Armee in Bukarest.

2. 9. Abtransport der deutschen Truppen von den meisten Ägäischen Inseln.

Anfang Oktober: Kleinere alliierte Einheiten landen auf einigen griechischen Inseln.

3. 10. Räumung Athens.

20. 10. Sowjetische Truppen und Tito-Partisanen besetzen Belgrad.

Ende Oktober: Räumung Albaniens beginnt.

2. 11. Abschluß der Räumung Griechenlands.

## d) Ost- und Nordfront

20. 8. Die Gruppe Strachwitz erreicht Tukkum und stellt die Verbindung zur Heeresgruppe Nord in einem schmalen Schlauch an der Küste der Rigaer Bucht wieder her.
Beginn des Großangriffs der 2. und 3. Ukrainischen Front bei Jassy und Tiraspol gegen die Heeresgruppe Südukraine.

23. 8. Einschließung der 6. deutschen Armee im Raum von Kischinew.

30. 8. Einnahme des Erdölgebiets von Ploesti durch die Sowjets.

31. 8. Einrücken der Roten Armee in Bukarest.
Die finnische Regierung informiert den deutschen Gesandten über den mit der Sowjetunion bestehenden Kontakt zwecks Abschluß eines Waffenstillstandes.

15. 9. Sowjetischer Durchbruch bei Narwa.

16. 9. Einmarsch der 3. ukrainischen Front in Sofia.

16.–23. 9. Räumung Estlands durch die HGr. Nord.

1. 10. Beginn der finnischen Feindseligkeiten gegen die 20. Geb.-Armee.

2. 10. Die polnischen Aufständischen in Warschau kapitulieren.

5. 10. Sowjet. Durchbruch zur Ostsee südl. Riga; Einschließung der HGr. Nord („Kurland").

7. 10. Verbände der Karelischen Front (in Zusammenarbeit mit der Nord-Flotte) gehen zum Angriff auf Petsamo über.

10./11. 11. Erster Einbruch der Sowjets in Ostpreußen.

13. 10. Riga geräumt.

15. 10. Sowjetische Truppen besetzen Petsamo.

22. 10. Truppen der Karelischen Front erreichen norwegisches Grenzgebiet.

23. 10. Sowjets stoßen bis über die Grenze Ostpreußens in Richtung Gumbinnen (3. weißrussische Front) vor.

25. 10. Deutsche Truppen räumen Kirkenes.

27. 10. Sowj. Truppen erreichen die Linie Kirkenes – Nieden – Nautsi.

12. 11. RAF vernichtet das deutsche Schlachtschiff „Tirpitz" (bei Tromsö).

## I. Allgemein: Politik und Kriegführung

20. 1. Die in Debrečen gebildete ungarische Gegenregierung unterzeichnet den Waffenstillstand in Moskau.

19. 2. Landung der US-Truppen auf der Vulcano-Insel Iwojima (damit Beginn des Angriffs gegen Japan).

19. 2. Himmler nimmt Verbindung mit Bernadotte (Schweden) auf.

22. 2. Einsatz von fast 9000 alliierten Flugzeugen gegen deutsche Verkehrsziele.

26. 2. Erlaß Himmlers zur Errichtung von „Sonderstandgerichten zur Bekämpfung von Auflösungserscheinungen".

27. 2. Der stellv. sowjetische Außenminister Wyschinski zwingt in Rumänien den König zur Einsetzung der kommunistisch beherrschten Regierung Groza.

5. 3. Jahrgang 1929 in Deutschland einberufen.

8. 3. In Jugoslawien bildet sich eine Koalitionsregierung unter Tito.

12. 3. Schwerer US-Luftangriff gegen Swinemünde.

19. 3. Hitlers „Nerobefehl" zur Zerstörung aller Anlagen in Deutschland.

27. 3. Argentinien erklärt Deutschland den Krieg.

1. 4. Landung der US-Truppen auf der Insel Okinawa.

5. 4. Die Sowjetunion kündigt den Nichtangriffspakt mit Japan.

12. 4. Tod des amerikanischen Präs. Roosevelt. Sein Nachfolger wird Harry S. Truman.

25. 4. Himmlers Waffenstillstandsangebot v. 23. 4. erreicht London.

27. 4. In Österreich bildet sich eine provis. Regierung unter Renner.

28. 4. Ermordung Mussolinis durch italienische Partisanen.

25. 4.–26. 6. Konferenz von San Francisco (Organisation der Vereinten Nationen).

30. 4. Selbstmord Hitlers in Berlin.

2. 5. Eine neue deutsche Reichsregierung wird unter Dönitz gebildet; Kapitulation von Berlin.

4. 5. Unterzeichnung der Kapitulation im Nordwestraum. Bildung einer provis. Regierung in Dänemark.

7. 5. 2.41 Uhr Unterzeichnung der bedingungslosen Kapitulation der deutschen Wehrmacht in Reims.

9. 5. 0.16 Uhr abermalige Unterzeichnung in Berlin-Karlshorst.

23. 5. Neubildung eines Churchill-Kabinetts ohne Labour-Party. Absetzung und Verhaftung der Dönitz-Regierung (Übernahme der Regierungsgewalt durch die Siegermächte).

23. u. 25. 5. Schwere Brandbombenangriffe gegen Tokyo, am 29. 5. gegen Yokohama.

31. 5. Die norwegische Exilregierung kehrt nach Oslo zurück.

25. 5. Invasionsplan für Japan beschlossen: 1. 11. 45 Kyushi; Sommer 1946 Tokyo-Ebene.

10. 6. Landung australischer Truppen auf Borneo.

26. 6. Gründung der UNO.

2. 7. Tokyo bis auf 200 000 Menschen evakuiert.

16. 7. Erster Atombomben-Versuch in Los Alamos (Neu-Mexiko).

16. 7. Bildung der US-Army Strategic Air Forces (Gen. Spaatz) für den Luftkrieg gegen Japan.

17. 7.–2. 8. Konferenz von Potsdam der „Großen Drei".

26. 7. Wahlsieg der Labour Party in England.

6./9. 8. Atombomben auf Hiroshima und Nagasaki (etwa 100 000 Tote).

8. 8. Kriegserklärung der UdSSR an Japan. Sowjetische Offensive in der Mandschurei und Nordkorea.

10. 8. Kapitulationsangebot Japans.

2. 9. Unterzeichnung der japanischen Kapitulation.

## a) Westfront

18. 12. Die Ardennenoffensive läuft sich bei der 6. SS-Pz.-Armee fest.

26. 12. Die Amerikaner sprengen den Einschließungsring um Bastogne.

3. 1. Beginn der alliierten Gegenoffensive in den Ardennen.

16. 1. Amerikanische und britische Truppen vereinigen sich bei Houffalize.

8. 2. Brit.-kanadische Offensive am Unterrhein.

23. 2. Großoffensive der 1. und 9. US-Armee an der Roer.

7. 3. US-Truppen bilden einen Brückenkopf bei Remagen.

10. 3. GFM Kesselring: OB West.

23. 3. Britische Truppen setzen über den Rhein; Amerikaner stoßen bis Mainz vor.

1. 4. Rheinübergang der Franzosen bei Karlsruhe.

14. 4. US-Truppen spalten den Ruhrkessel (GFM Model).

18. 4. Widerstand im Ruhrkessel eingestellt.

19. 4. 1. US-Armee besetzt Leipzig.

25. 4. Zusammentreffen der amerikanischen und sowjetischen Truppen an der Elbe (Torgau).

26. 4. Britische Truppen nehmen Bremen.

28. 4. 7. US-Armee nimmt Augsburg.

4. 5. Die Kämpfe in Norddeutschland werden eingestellt (Kapitulation gegenüber der HGr. Montgomery bei Lüneburg). Zusammentreffen der US-Truppen aus Süddeutschland und Italien am Brenner.

6. 5. Gen. Eisenhower befiehlt Stopp der US-Operationen in der Tschechoslowakei.

| II. Kriegsschauplatz Europa (Landkrieg) | | |
|---|---|---|
| **b) Südwestfront** | **c) Südostfront** | **d) Ost- und Nordfront** |
| 5. 12. Deutsche Truppen geben Ravenna auf. | | |
| | | 24. 12. Einschließung von Budapest. |
| | 13. 1. Der Rückzug der HGr. E findet seinen vorläufigen Abschluß (in der Linie Mostar – Višegrad – Drina). | 12. 1. Sowjetische Truppen der 1. ukrain. Front treten aus dem Baranow-Brükkenkopf zum Angriff gegen das Reich an. |
| | | 12.–15. 1. Beginn der sowjetischen Großoffensiven der weißrussischen und ukrainischen Fronten. |
| | | 17. 1. Warschau geräumt. |
| | | 19. 1. 1. weißruss. Front erobert Lodz. |
| 8. 3. SS-Gen. Wolff leitet Sonderwaffenstillstands-Verhandlungen im Südwesten ein. | | 22. 1. Allenstein von Roter Armee besetzt. |
| | | 13. 2. Einnahme von Budapest durch die Rote Armee (2. ukrain. Front). |
| | 20. 3. Jugoslawische Partisanen (unter Tito) eröffnen die Offensive gegen die deutschen Linien (Mostar – Višegrad – Drina). | |
| 9. 4. Die 8. brit. Armee eröffnet eine neue Offensive. | | 23. 1.–8. 5. Räumungstransporte aus Ost- und Westpreußen über See; über 2 000 000 Menschen evakuiert, Verluste etwa 1 Prozent. |
| 14. 4. Die 5. US-Armee geht zur Offensive über. | 6. 4. Jugoslaw. Partisanen besetzen Serajewo. | |
| | | 28. 1. Memel geräumt. |
| 21. 4. Einnahme von Bologna. Zusammenbruch der dt. Front in Italien. | 30. 4. Tito-Partisanen erreichen Vororte von Triest. | 26. 2. Sowjetische Truppen brechen in Hinterpommern zur Ostsee durch. |
| 22.–23. 4. Alliierte Truppen stoßen bis zum Po vor. | | 30. 3. Danzig verloren. |
| 27. 4. Beginn der Übergabeverhandlungen in Caserta. | | 9. 4. Königsberg gefallen. |
| | | 13. 4. Einnahme von Wien. |
| 29. 4. OB Südwest unterzeichnet die Kapitulationsbedingungen in Italien (am 2. 5. in Kraft getreten). | | 16. 4. Beginn der sowjet. Offensive (1. weißruss. und 1. ukrain. Front) zur Eroberung von Berlin. |
| | 1. 5. Zusammentreffen der Tito-Partisanen mit alliierten Truppen bei Monfalcone. | 25. 4. Einschließung von Berlin vollendet. |
| | | 28. 4. „Armee" Wenck unternimmt vergeblichen Vorstoß zum Entsatz der Reichshauptstadt Berlin. |
| | 8. 5. Einzug der Tito-Partisanen in Agram. | 2. 5. Kapitulation von Berlin. |
| | | 5. 5. Beginn des tschechischen Aufstandes in Prag. |

# Nachtrag zum 9. Abschnitt
# Der nördliche Kriegsschauplatz

## I. Teil
## vom 1. Januar - 31. März 1944

(nach dem während des Umbruches wieder aufgefundenen Entwurf)

Inhalt des I. Teils

*Von dieser, bei der Drucklegung noch als verloren angesehenen „Ausarbeitung", die oben S. 868 ff. ihren Platz hätte haben müssen, bekam ich während des Umbruchs noch einen Schmalfilm (vgl. dazu den III. Teil der „Erläuterungen": oben S. 1852), der es mir möglich macht, den Text wenigstens noch als Anhang einzureihen (German Records microfilmed at Alexandria, Virginia, Roll 781 = OKW/2021).*

*Auf Blatt 1 handschriftlich die USA-Signatur 77/A 8; bei Blatt 2 mit meiner Beschriftung „Kladde/Nordraum/1. 1.—31. 3. 44, ersetzt durch Ausarbeitung Hubatsch" ein USA-Kalenderblatt vom 24. 1. 1959, darauf handschriftlich wiederholt: „1551 + 1514 — ersetzt durch Ausarbeitung Hubatsch".*

*Der Hefter umfaßt 22 Blatt (z. T. nur halbe Bogen), von mir handschriftlich geschrieben (dazu von mir manche Verbesserungen im Text und Ergänzungen am linken Rand).*

*Es handelt sich also um meinen Entwurf, den (Prof. Dr.) W. Hubatsch, damals Oberleutnant d. Res., auf meine Bitte hin noch überarbeitete und ergänzte, da er als Hilfsoffizier im WFStab/Op. H/Nord diesen Kriegsschauplatz besser als ich übersah. Diese endgültige Fassung ist wohl verloren. Sie enthielt vermutlich auch Angaben über Norwegen und Dänemark; doch können sich diese nur auf Truppenverschiebungen, Ausbau, Versorgung, Kampf gegen die Untergrundbewegungen usw. bezogen haben.*

*Die Zwischentitel sind in dem folgenden Teil erst bei der Drucklegung zugesetzt.*

*In dem Hefter sind die Blätter nicht in der richtigen Reihenfolge angeordnet. Außerdem habe ich s. Z. einige Auszüge nachgetragen; auch sind einzelne Fakten doppelt vermerkt. Bei der Herrichtung des Druckmanuskripts habe ich solche Absätze an die richtige Stelle gesetzt und — wenn doppelt vorhanden — die ausführlichere ausgewählt. Außerdem habe ich für eine straffere Trennung der militärischen von den politischen Nachrichten, die im Hefter noch nicht völlig durchgeführt war, gesorgt. Ferner habe ich die Ausdrucksweise geglättet und so präzisiert, wie ich das vor der Herstellung einer Reinschrift s. Z. getan hätte (z. B. statt „er": der Marschall; statt „ihre Verhandlungen": die Verhandlungen der finn. Regierung mit der Sowjet-Union usw.).*

## Der Finnische Kriegsschauplatz in der Zeit vom 1. Januar bis 31. März 1944

### 1. Die Kriegführung bis 31. März 1944

Von Ende 1943 an erweckten die Einbrüche bei der Heeresgr. Nord Besorgnisse im finnischen Hauptquartier. Am 31. 12. wurde ein Brief des Chefs OKW an den Marschall Mannerheim [1] vorbereitet, in dem diesem die Zurücknahme der Heeresgruppe in Aussicht gestellt wurde. Dieser Brief wurde jedoch nicht abgesandt. Am 14. 1. lief eine Orientierung des deutschen Generals beim Oberkdo. der Finnischen Wehrmacht, Gen. Erfurth [2], ein. Daraufhin wurde der OB des Geb.=AOK.s 20, Gen.=Oberst Dietl [3], dorthin entsandt. Er erhielt am 17. 1. Anweisung, wie er sich zu verhalten hätte. Er wurde beauftragt, den Finnen zu versichern, daß im Falle einer Zurücknahme das Finnische Oberkdo. eingehend in Kenntnis gesetzt werden würde. Am 21. 1. wurde ihm ergänzend eine Unterrichtung über die Gesamtlage übermittelt.

Auf Bitte des Marschalls besuchte ihn am 21. 1. Gen.=Oberst Dietl. Bei dieser Gelegenheit brachte der Marschall in Anwesenheit seines Gen.=Stabs=Chefs, Gen. Heinrichs, seine tiefe Besorgnis über die Entwicklung bei der Heeresgr. Nord zum Ausdruck. Der OB versuchte diese zu beschwichtigen und versicherte entsprechend der ihm erteilten Weisung, daß eine Zurücknahme der Heeresgruppe in die Narwa=Stellung nicht in Frage komme. Anschließend wurde der OB am 22. 1. zum Staatspräsidenten Ryti [4] gebeten, dessen Auffassung wesentlich optimistischer war als die des Marschalls (Meldung vom 22. 1.).

Am 29. 1. teilte der Chef OKW dem Marschall die inzwischen notwendig gewordene Rückverlegung der Heeresgr. Nord in die Linie Peipus=See — Narwa mit. Am 1. 2. übermittelte der Gen. Erfurth die Antwort desselben. Sie ergab, daß der Marschall die Mitteilung ruhig aufgenommen hatte und von den angebotenen deutschen Hilfeleistungen nur insoweit Gebrauch machte, als er bat, daß das Geb.=AOK 20 den Uhtua=Abschnitt am linken finnischen Flügel übernahm. Dieses schlug am 3. 2. vor, diesen Antrag abzulehnen. Es erhielt jedoch am 5. 2. die Antwort, daß diesem Vorschlag nicht entsprochen werden könne.

Der Bitte des Marschalls entsprechend, teilte ihm am 5. 2. der Chef OKW mit, daß das Geb.=AOK 20 den Befehl erhalten habe, den Uhtua=Abschnitt zu übernehmen, doch werde sich die Durchführung etwas hinziehen. Die gewünschten Lieferungen sollten nach Möglichkeit erfüllt werden. Abschließend bat der Gen.=Feldmarsch. Keitel, die von Finnland besetzten Inseln zu verstärken, wie Deutschland das bereits mit Tytärsaari getan habe (Der deutsche General übermittelte seine Antwort am 19. 2.).

Auf Wunsch des Marschalls befahl der Führer am 7. 2. die Zuführung weiterer Flugzeuge; am 9. 2. regelte der Chef OKW die Zuweisung von zusätzlichem Kriegsgerät. Auf eine am 15. 2. in Berlin vorgebrachte Bitte, mehr Betriebsstoff zuzuweisen, wurde dem Deutschen General am 4. 3. mitgeteilt, daß Finnland außer dem bisherigen Monatskontingent von 2500 to noch 1000 to aus den Beständen der Gebirgsarmee erhalten solle; mehr könne wegen der Gesamtlage nicht geliefert werden.

1 S. oben S. 868 Anm. 4.
2 S. ebd. Anm. 3.
3 S. oben S. 869 Anm. 1.
4 S. oben S. 871 Anm. 2.

## 2. Finnlands Verhandlungen mit der Sowjet-Union wegen eines Sonderwaffenstillstands (Febr. - März) und die deutschen Vorbeugungsmaßnahmen

Im Februar verschärfte sich der diplomatische Druck der Gegner auf Finnland. Das Ansinnen des Staatssekretärs Hull[1], Finnland solle aus dem Kriege ausscheiden, wurde von der freien finnischen Presse mit Ausnahme eines sozialistischen Blattes abgelehnt. Doch war am 14. 2. bekannt, daß der frühere finnische Gesandte in Moskau, Paasikivi[2], mit der Gesandtin der Sowjet-Union in Stockholm, Frau Kollontaj, in Fühlung treten wollte.

Wegen der unsicher gewordenen Lage wurde auf Vorschlag des Chefs WFStab am 15. 2. ein neuer Bericht angefordert, und das Geb.-AOK 20 wurde angewiesen, die durch die Weisung 50[3] befohlenen Vorbereitungen zu überprüfen und sich zu äußern, ob die Ablösungsbewegung im Uhtua-Abschnitt anzuhalten sei. Für den Fall eines Kurswechsels befahl der Führer am *16. 2.* die sofortige Besetzung der Aaland-Inseln und der Insel Suursaari (Hogland), wozu die Vorbereitungen sofort getroffen werden sollten. Das Geb.-AOK erstattete seine Meldung am *19. 2.* Es erhielt am gleichen Tage den Auftrag, die Ablösung im Uhtua-Abschnitt weiter durchzuführen.

Am *21. 2.* stellte das Geb.AOK 20 die Tatsachen zusammen, die bei der Durchführung der Führerweisung 50 bekannt sein müßten. Dazu nahm der WFStab am 25. 2. Stellung. Über die Entwicklung der Lage gingen inzwischen Berichte des Gesandten und anderer Stellen ein. Durch die Antwort des Generals Erfurth wurde gewiß, daß eine Sondierung bei der Sowjet-Union erfolgt war, daß die Finnen jedoch nicht bereit waren, einen Frieden unter Bedingungen abzuschließen, die sie den Russen ausliefern würden. Es wurde jedoch von finnischer Seite darauf hingewiesen, daß ein Zurückgehen der Deutschen bis zur Düna für Finnland eine Lage schaffe, die eine eigene Politik notwendig mache.

Für den Fall eines Ausscheidens der Finnen wurde außer der Besetzung der Aaland-Inseln die Frage der Rückführung des Geb.-AOK.s geprüft, die so vorbereitet werden mußte, daß sich aus den Maßnahmen für die Finnen kein Grund zum Ausscheiden ergab. Schiffsraum war bereits dadurch festgelegt, daß die Vorräte nach Norden aufgelockert wurden. Das Geb.-AOK wünschte die Bewegung bis zum Ende der Schlammperiode hinausgezögert; doch hing dies von der Entwicklung der politischen Lage ab. Der Wehrmacht-Befehlshaben Norwegen wurde angewiesen, die Basen im Norden zum Auffangen der Gebirgsarmee beschleunigt auszubauen.

Auf Grund einer längeren, am 18. 2. vorgelegten Notiz ergingen am *26. 2.* an die Wehrmacht-Befehlshaber Dänemark und Norwegen, den GenStdH, den OB.d.M. und den OB.d.L. die Befehle für die Besetzung der Aaland-Inseln und

1 Cordell Hull, 1933—44 Secretary of State der Vereinigten Staaten.
2 S. oben S. 888 ff., 912.
3 Vgl. den 1. Abschnitt (oben S. 101 ff.).

der Insel Suursaari (Hogland) (dazu Meldungen des Wehrm.=Befehlsh. Norwegen vom 3. 3. und des OB.d.L. vom 18. 3.).

Am 27. 2. meldete Gen. Erfurth, daß die Lage noch ungeklärt sei. Die finnische Presse lehnte zwar die inzwischen bekanntgewordenen Bedingungen der Sowjet=Union ab, aber selbst innerhalb der finn. Wehrmacht bestand Neigung zum Friedensschluß. Eine große Anzahl weiterer Berichte beleuchtete das Hin und Her der Anschauungen innerhalb und außerhalb der finnischen Grenze.

Am 29. 2. erstattete der Ministerpräsident[1] in einer geschlossenen Sitzung des Reichstags Bericht über die Lage. Dieser sprach der Regierung sein Vertrauen aus und vertagte sich bis zum 3. 3. Die weitere Behandlung der Berichte übernahm der Außenpolitische Ausschuß. Gleichzeitig gab der Moskauer Rundfunk die Waffenstillstandsbedingungen bekannt, welche die sowjetische Botschafterin in Stockholm, Frau Kollontaj, dem finnischen Vertreter Paasikivi übermittelt hatte:

1. Bruch mit Deutschland und Internierung der deutschen Truppen, gegebenenfalls mit russischer Hilfe,
2. Wiederinkrafttreten des finnisch=russischen Vertrages von 1940,
3. Freilassung aller russischen und alliierten Kriegsgefangenen,
4. Demobilmachung,
5. Leistung von Reparationen,
6. Abtretung des Gebiets von Petsamo.

Am *1. 3.* wurde dem Geb.=AOK aufgetragen, zu melden, welche Teile für den Abtransport über den Bottnischen Meerbusen in Betracht kamen; ferner wurde ihm das Deckwort „Tanne" für die Besetzung der Aaland=Inseln mitgeteilt. Am gleichen Tage gab die finnische Pressestelle die Bedingungen der Russen offiziell bekannt. Sie stimmten mit den bisher bekanntgewordenen im wesentlichen überein (Grenzen von 1940, finnische Demobilmachung, Bruch mit Deutschland, Abtretung von Petsamo usw.). Die finnische Presse bezeichnete sie als unannehmbar.

Am *2. 3.* meldete der Gen. Erfurth, daß der Marschall anscheinend mit der Weiterführung des Krieges an Deutschlands Seite rechne und hierfür alle Vorbereitungen treffe.

An diesem Tage unternahmen die Russen einen Vorstoß im Uhtua=Abschnitt, wo seit dem 20. 2. die Ablösung der 3. finnischen Div. durch Kräfte des Geb.=AOK.s 20 im Gange war (s. oben S. 1918). Am 5. 3. stießen sie erneut in diese von ihnen erkannte Bewegung hinein. Einbrüche wurden vom Geb.=AOK 20 bereinigt. Feindliche Zuführungen wurden festgestellt, so daß nunmehr auch Angriffe im Louhi= und Kandalakscha=Abschnitt möglich waren. Die Zeitung „Exchange" kündigte bereits einen feindlichen Aufmarsch gegen Finnland an.

Am *6. und 7. 3.* fanden im FHQu. Besprechungen des WFStabs mit dem OQu. Norwegen und dem OQu. des Geb.=AOK.s 20 statt (dazu Meldungen vom 10. und 20. 3.).

1 Linkomies; s. oben S. 872 Anm. 1.

Anschließend wurde bekannt, daß Finnland am *8. 3.* geantwortet hatte, die vorgelegten Bedingungen seien in dieser Form nicht annehmbar.

Am *14. 3.* traf die Antwort der Russen ein, die an der Internierung der deutschen Truppen, dem Rückzug an die Grenze von 1940, der Demobilmachung und der Rückgabe der Gefangenen vor Eintritt in Verhandlungen festhielten.

Am gleichen Tage begann, nachdem am 10. 3. die Antwort an die Sowjet-Union entworfen[1] war, eine geschlossene Sitzung des Reichstages, der sich am 29. 2. vertagt hatte. Auf ihr wurde noch keine Entscheidung gefällt. Am 15. 3. billigte der Reichstag einstimmig die Regierungspolitik. Daß die Russen die glatte Annahme ihrer Bedingungen bis zum 18. 3. verlangt hatten, gab den Anstoß, sie abzulehnen. Eine Intervention des Königs von Schweden blieb ohne Erfolg.

Am *21. 3.* gingen offizielle Erklärungen Finnlands und der Sowjet-Union heraus, die das Scheitern der Verhandlungen feststellten.

Am *22. 3.* berichtete Gen. Erfurth in einem Privatbrief an den Chef WFStab über die Stellungnahme des Marschalls und seines Chefs, des Generals Heinrichs.

Zur Vertiefung der Beziehungen regte der finnische Militärattaché einen Besuch des finnischen Gen.-Stabschef im FHQu. an. Am *28. 3.* wurde der General aufgefordert, zu dem Vorschlag dieses Besuches Stellung zu nehmen. Dieser meldete gleichzeitig, daß der finnischen Regierung noch Interpretationen der russischen Forderungen zugehen sollten und diese sich um sie bemühe. Am *29. 3.* ergänzte er diese Mitteilung durch die weitere, daß 2 finnische Delegierte zur Entgegennahme dieser Interpretationen, jedoch nicht zur Verhandlung nach Moskau geflogen seien. Er schlug vor, ihm den Auftrag zu einer Demarche zu erteilen; da jedoch nach inzwischen vorliegenden Nachrichten der neue finnische Schritt keine Änderung der Lage brachte, erübrigte sich diese Maßnahme.

Wenn auch der erste diplomatische Feldzug der Gegner gegen Finnland abgeschlagen war, so bestand auf deutscher Seite doch kein Zweifel darüber, daß der Verbündete auf eine gefährliche Bahn eingebogen war, daß die auf einen Waffenstillstand erpichten Kreise nicht locker lassen und die Feindmächte ihnen in die Hand arbeiten würden. Die Fortsetzung dieses Berichts wird zu vermerken haben, wie diese Bemühungen weiterliefen[2].

### 3. Die Kriegführung im März

Durch diese Auffassung waren die weiteren militärischen Maßnahmen bestimmt. Die Vorbereitungen für den Fall „Tanne" (Besetzung der Aaland-Inseln) waren ja bereits abgeschlossen (s. oben S. 1919). Offengelassen war noch

1 Lesung unsicher.
2 Vgl. im II. Teil das Kap. 1: Fortgang der finnisch-russischen Verhandlungen (April bis Mai) (oben S. 868 ff.).

die Frage, wer nach der Landung den Befehl übernehmen sollte, da sich die Kriegsmarine dagegen sträubte.

Ebenso hatte das Geb.=AOK die Erwägungen über die Durchführung der Weisung 50 zu Ende geführt (s. oben S. 1919). Vorgesehen wurde, — falls noch möglich — Versorgungsgüter und =truppen auf dem Seeweg abzutransportieren. Auf eine Rückfrage des WFStabs hatte das AOK erklärt, daß es alle Truppen für die weitere Kampfführung brauche. Durch Zuweisung von 400 to KW Transportraum würde dem OB die Erfüllung seiner Aufgabe erleichtert. Der Nachschub nach Finnland werde vorläufig eingestellt und stattdessen die weitere Verlagerung nach Norden gefördert. Bereits Mitte März habe sich ergeben, daß die anfangs als sehr groß angesehenen Schwierigkeiten auf dem Gebiet der Versorgung sich meistern ließen.

Die Kämpfe an der finnischen und an der Nordfront waren in der 2. Dekade (des März) wieder abgeklungen. Doch war die Verlegung einer russischen Div. an den Louhi=Abschnitt anzunehmen, und vor dem Kandalakscha=Abschnitt wurden Erd= und Bahnbauten beobachtet. In diesen Maßnahmen war eine militärische Verstärkung des diplomatischen Druckes zu sehen. Auf eine Rückfrage hatte das Geb.=AOK 20 am 19. 3. zu einer Beurteilung der Feindlage gemeldet, daß noch hoher Schnee liege und die Lage deshalb zur Zeit nicht als bedrohlich anzusehen sei.

Nachdem der Marschall einer Bitte des Geb.AOK.s 20 entsprochen und wegen der Lage im Louhi= und im Kandalakscha=Abschnitt noch 2 Btl.e im Uhtua=Abschnitt und eine Kampfgruppe bei Kuusamo beließ, sprach ihm am *16. 3.* der Chef OKW dafür seinen Dank aus. Am *20. 3.* kam der Marschall dem AOK, das einen Angriff erwartete, noch weiter entgegen, was zugleich als ein Anzeichen für die Abkehr von den Verhandlungen mit der Sowjet=Union gewertet wurde.

Auf eine weitere Bitte des Geb.AOK.s verlegte der Marschall — wie der Deutsche General am *25. 3.*, der OB am 26. 3. meledeten — 1 Brigade in den Raum Kemi=Järvi — Jätro=Järvi.

In der letzten Monatsdekade verstärkten sich die Anzeichen für einen bevorstehenden Angriff gegen die Kandalakscha=Front, hinter der der Feind 3 Div.en in Reserve bereitgestellt hatte. Am *28. 3.* wurde der Befehl gegeben, die Stellung zu halten. Für alle Fälle setzte gemäß einem Befehl vom 23. 3. der Wehrmacht=Befehlsh. Norwegen die Aufklärungs=Abt.en nach Ivalo in Marsch[1].

Gegen Ende des Monats wurden auch auf der Fischer=Halbinsel Verstärkungen beobachtet.

1 „in Marsch" ergänzt. Der letzte Satz unsicher, da im Ms. hier mehrere Streichungen.

## Anhang [1]

1. Die *Verpflegungsstärke der Wehrmacht* betrug am 1. 1. 1944:

| | Mann | Pferde |
|---|---|---|
| in Nordfinnland | 98 983 | 11 332 |
| in Mittelfinnland | 119 105 | 21 363 |
| | 218 088 | 32 695 |

Verbraucht wurden monatlich:

| | |
|---|---|
| in Nordfinnland | 27 556 to |
| in Mittelfinnland | 24 316 to |

Die laufende Versorgung des Heeres und der Luftwaffe war gesichert. Die Bevorratung reichte durchweg für mehrere Monate.

2. *Abgegeben* wurden
im Januar:
6. 1. Pz.-Jg.-Abt. 48 und Radf.-Abt. 68 a an Heeresgr. E;
14. 1. eine Reihe von Nachrichten-Einheiten;
(dazu 10. 2., 12. 2.)
17. 1. Flak-Einheiten nach Norwegen.

3. *Zuführungen:*
4. 1. 1 Flak-Abt.

4. *Ablehnung von Anträgen:* 25. 3.

1 Am Rande: „Daten der Unterlagen: 12. 1., 3. 2., 29. 2., 27. 3."

# Register

Um den Umfang des Bandes nicht noch mehr anschwellen zu lassen, sind in das folgende Register nur die im Text vorkommenden *Personennamen* aufgenommen (genauer begründet im Vorwort S. XII f.).

Wer *Namen von Gegenden, Örtlichkeiten und Flüssen* sucht, wird diese mit Hilfe des Gesamtinhaltsverzeichnisses hinter dem Vorwort bzw. an Hand der jeder „Ausarbeitung" vorausgeschickten Spezialübersicht zu finden wissen.

Wer den Schicksalen *einzelner Verbände* nachgeht, orientiere sich an Hand des 4. Wegweisers: „Schematische Übersichten über die Gliederung des Heeres" über deren Unterstellungsverhältnisse. Diesen ist auch zu entnehmen, an welcher Front der betreffende Verband eingesetzt war; damit ist dann der Zugang zu dem in Frage kommenden Abschnitt des KTB gewiesen (S. 1874 ff.).

Bei den *Personennamen* ist — soweit erforderlich — die Kommandostellung (mit Daten) hinzugesetzt. Aus den ebengenannten „Schematischen Übersichten" entnehme der Benutzer, unter wem und an welcher Front die betreffende Kommandostelle eingesetzt war. Für das Weitere ist wiederum auf die Inhaltsverzeichnisse zu verweisen. Wenn unklar, welcher Namensträger mit dem im KTB Angeführten identisch ist, wird die Frage im Register offen gelassen. Biographische Literatur, die die deutschen Generale, Admirale usw. betrifft, ist auf S. 1873 verzeichnet.

## Karten

1 Kriegsschauplatz *„Westen"* (1:4,5 Mill.)

2. Kriegsschauplatz *„Südwesten"*: Italien (1:4 Mill.)

3. Kriegsschauplatz *„Südosten"*: Balkan (1:5 Mill.)

4. Kriegsschauplatz *„Osten"*: Rußland (1:6 Mill.)

5. Kriegsschauplatz *„Norden"*: Finnland–Norwegen–Dänemark (1:6 Mill.)

6. Ungarn: *Angriffsplan für den Fall „Margarethe I"*, März 1944 (nach der Originalkarte, beigefügt der Ausarbeitung: „Der Fall M." = 3. Abschnitt; 1:4 Mill.).

*Um die Übersichtlichkeit nicht zu gefährden, sind nur wichtigere Orte, Flüsse usw. eingetragen.*

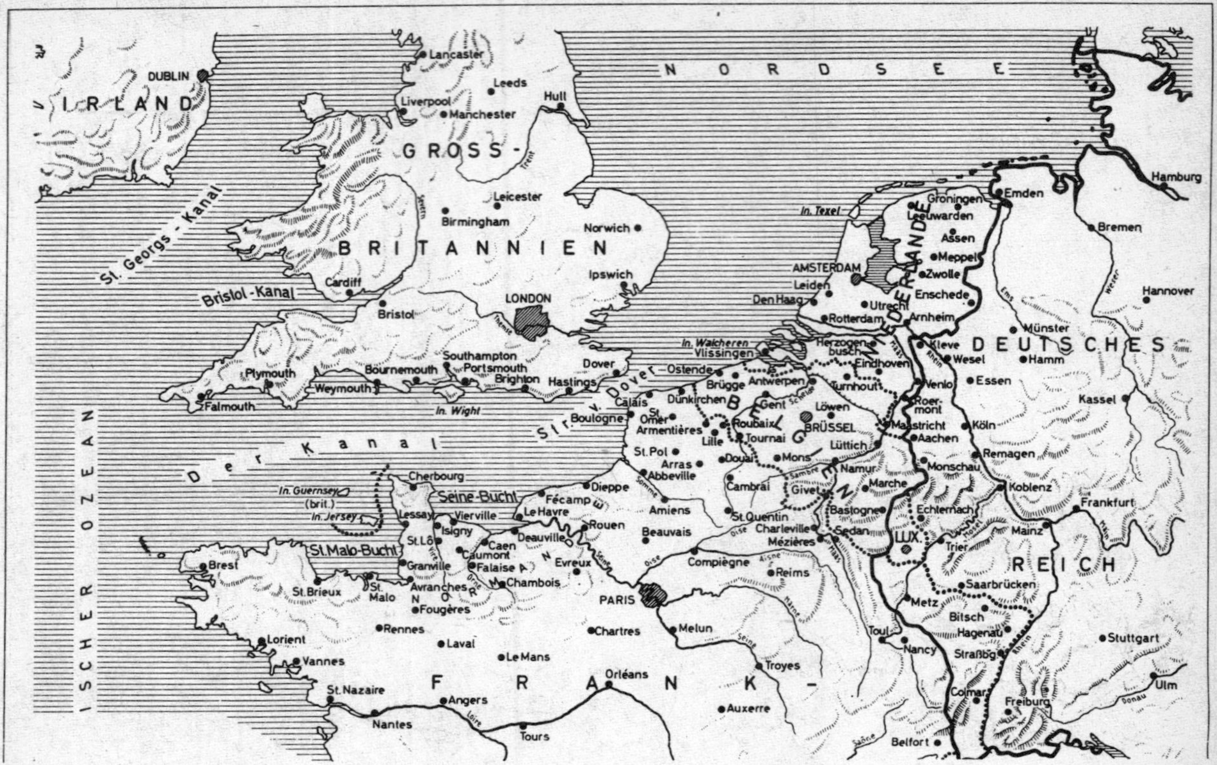
NORDSEE
IRLAND
DUBLIN
GROSS-BRITANNIEN
St. Georgs-Kanal
Bristol-Kanal
Der Kanal
Str. v. Dover
ISCHER OZEAN
Lancaster
Leeds
Hull
Liverpool
Manchester
Trent
Leicester
Birmingham
Severn
Norwich
Ipswich
Cardiff
Bristol
LONDON
Themse
Southampton
Portsmouth
Brighton
Bournemouth
Weymouth
Plymouth
Falmouth
Hastings
Dover
In. Wight
Cherbourg
In. Guernsey (brit.)
In. Jersey
Seine-Bucht
St. Malo-Bucht
Lessay
Vierville
Isigny
St. Lô
Caen
Caumont
Falaise
Chambois
Granville
Avranches
St. Malo
St. Brieux
Brest
Lorient
Vannes
St. Nazaire
Nantes
Loire
Angers
Tours
Le Mans
Laval
Rennes
Fougères
Orne
Vire
NORMANDIE
Deauville
Le Havre
Fécamp
Dieppe
Rouen
Evreux
Seine
PARIS
Chartres
Orléans
FRANK-REICH
Melun
Troyes
Auxerre
Beauvais
Amiens
Somme
Abbeville
St. Pol
Arras
Calais
Boulogne
St. Omer
Armentières
Lille
Dünkirchen
Ostende
Brügge
Gent
Antwerpen
Schelde
Roubaix
Tournai
Douai
Cambrai
St. Quentin
Oise
Compiègne
Aisne
Reims
Marne
Charleville
Mézières
Sedan
Givet
Sambre
Mons
BRÜSSEL
BELGIEN
Löwen
Lüttich
Namur
Marche
Bastogne
LUX.
Echternach
Turnhout
Eindhoven
Herzogenbusch
In. Walcheren
Vlissingen
Den Haag
Leiden
AMSTERDAM
In. Texel
Rotterdam
Utrecht
Arnheim
NIEDERLANDE
Groningen
Leeuwarden
Assen
Meppel
Zwolle
Enschede
Emden
Ems
Bremen
Weser
Hamburg
Hannover
Münster
Hamm
DEUTSCHES REICH
Kleve
Wesel
Rhein
Venlo
Roermont
Maas
Maastricht
Aachen
Essen
Köln
Remagen
Monschau
Koblenz
Kassel
Frankfurt
Main
Mainz
Mosel
Trier
Saarbrücken
Metz
Bitsch
Hagenau
Straßbg.
Colmar
Freiburg
Toul
Nancy
Belfort
Saône
Stuttgart
Ulm
Donau

# 1. Kriegsschauplatz „Westen"

Grenze des deutschen Reiches 1942

0 50 100 150 200 km

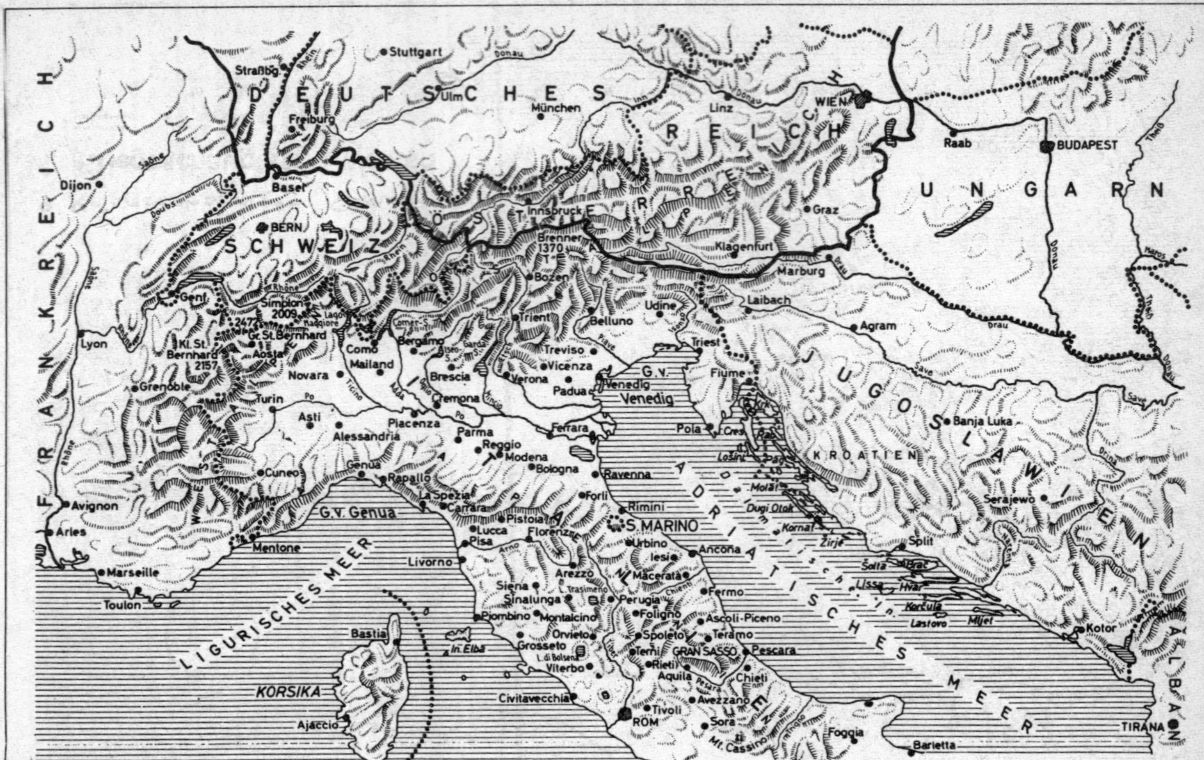

FRANKREICH
DEUTSCHES REICH
SCHWEIZ
UNGARN
JUGOSLAWIEN
KROATIEN
ALBAN
ITALIEN
ADRIATISCHES MEER
LIGURISCHES MEER
KORSIKA
G.v. Genua
G.v. Venedig
Stuttgart
Straßbg.
Ulm
München
Freiburg
Basel
Dijon
BERN
Linz
WIEN
Raab
BUDAPEST
Innsbruck
Graz
Klagenfurt
Marburg
Laibach
Agram
Brenner 1370
Bozen
Genf
Simplon 2009
Gr. St. Bernhard 2473
Kl. St. Bernhard 2157
Aosta
Lyon
Grenoble
Como
Mailand
Bergamo
Brescia
Trient
Belluno
Udine
Triest
Fiume
Novara
Turin
Asti
Alessandria
Piacenza
Cremona
Verona
Vicenza
Treviso
Venedig
Padua
Parma
Reggio
Modena
Bologna
Ferrara
Ravenna
Pola
Banja Luka
Cuneo
Genua
Rapallo
La Spezia
Carrara
Pistoia
Lucca
Pisa
Florenz
Forli
Rimini
S. MARINO
Urbino
Iesi
Ancona
Macerata
Fermo
Avignon
Arles
Marseille
Toulon
Mentone
Livorno
Arezzo
Siena
Sinalunga
Perugia
Foligno
Ascoli-Piceno
Piombino
Montalcino
Orvieto
Spoleto
Teramo
Grosseto
Terni
GRAN SASSO
Pescara
Viterbo
Rieti
Aquila
Chieti
Civitavecchia
Avezzano
Tivoli
ROM
Sora
Mt. Cassino
Foggia
Barletta
Bastia
Ajaccio
In. Elba
Serajewo
Split
Kotor
TIRANA
Cres
Rab
Lošinj
Pag
Molat
Dugi Otok
Kornat
Žirje
Šolta
Brač
Lissa
Hvar
Korčula
Lastovo
Mljet
Rhein
Donau
Inn
Drau
Save
Theiß
Maros
Drina
Rhône
Saône
Doubs
Po
Ticino
Adda
Oglio
Mincio
Piave
Arno
Tiber
Pescara
Lago Maggiore
Comer-S.
Garda-S.
L. Trasimeno
L. di Bolsena

## 2. Kriegsschauplatz „Südwesten" Italien

Grenze des deutschen Reiches 1942

0 50 100 150 200 km

SOWJET-UNION
POLEN
DEUTSCHES REICH
MÄHREN
ÖSTERREICH
SLOWAKEI
UNGARN
RUMÄNIEN
KARPATEN
JUGOSLAWIEN
KROATIEN
BOSNIEN
MONTENEGRO
BULGARIEN
SCHWARZES MEER
Dalmat. In.
Brünn
Wien
Preßburg
Raab
Budapest
Kaschau
Munkacs
Huszt
Tschernowitz
Kischinew
Tiraspol
Odessa
Jassy
Debrecen
Margitta
Großwardein
Klausenburg
Szolnok
Kecskemét
Platten-S.
Nagy Kanizca
Fünfkirchen
Szeged
Arad
Hermannstadt
Kronstadt
Fossani
Focsani
Galatz
Roter-Turm-Paß 352
Temesvar
Caránsebes
Ploesti
Bukarest
Konstanza
Barcs
Mohács
Sombor
Neusatz
Vukovar
Esseg
Bjelovar
Agram
Karlovac
Sisak
Pakrac
Požega
Brod
Dubica
Slunj
Bihać
Banja Luka
Doboj
Brčko
Tuzla
Zvornik
Belgrad
Eisernes Tor
Turnu Severin
Negotin
Bor
Zaječar
Giurgiu
Russe
Lom
Warna
Burgas
Jambol
Sofia
Pirot
Niš
Kragujevac
Paraćin
Slatina
Užice
Kraljevo
Višegrad
Vareš
Travnik
Ključ
Zara
Knin
Sibenik
Sinj
Split
Lasva
Jablanica
Serajewo
Foča
Priboj
Nova Varoš
Raška
Novi Pazar
Leskovac
Mitrovica
Priština
Uroševac
Prizren
Vranje
Kumanovo
Küstendil
Plowdiw
Edirne
Mostar
Gacko
Nikšić
Peć
Trebinje
Dubrovnik
Kotor
Žirje
Šolta
Brač
Lissa
Hvar
Korčula
Lastovo
Mljet
Marbg.
Donau
Drau
Save
Theiß
Maros
Drina
Morava
Pruth
Sereth
Dnjestr
Maritza
Narenta

3. Kriegsschauplatz „Südosten" Balkan

FINNLAND
SCHWEDEN
OSTSEE
Finnischer Meerbusen
ESTLAND
LETTLAND
LITAUEN
SOWJET-
WEISS-RUSSLAND
DEUTSCHES
POLEN
PROT.
WALDAI-HÖHEN
Pripjet-Sümpfe
Ladoga-See
Peipus-See
Ilmen-See
Rigaischer Meerb.
Wirz-S.
N
Göteborg
Malmö
STOCKHOLM
Gotland
Öland
Bornholm
Rügen
HELSINKI
Wiborg (Viipuri)
LENINGRAD
Schlüsselbg.
Puschkin
Tichwin
REVAL
Narwa
Jamburg
Taps
Worms
Dagö
Moon
Ösel
Sworbe
Hapsal
Pernau
Dorpat
Moiseküll
Walk
Luga
Nowgorod
Wolchow
Staraja Russa
Pleskau
Ostrow
Cholm
Lowat
Welikaja
Opotschka
Welikije Luki
Newel
Kalinin
Wolga
Windau
Goldingen
Tukkum
RIGA
Libau
Mitau
Friedrichstadt
Kreuzbg.
Rositten
Düna
Dünaburg
Schaulen
Ponewisch
Memel
Tauroggen
Polozk
Welisch
Witebsk
Stolp
Pillau
Tilsit
Königsberg
Pregel
Danzig
Gumbinnen
Kaunas
WILNA
Kolberg
Elbing
Rastenburg
Allenstein
Suwalki
Stettin
Schneidemühl
Brombg.
Netze
Graudenz
Tannenberg
Grodno
Lida
Njemen
Oder
Thorn
Weichsel
Gnesen
Posen
Warthe
Plozk
Modlin
Narew
Lomza
Ostrow
Bialystok
Bug
Nowogrodek
Baranowitschi
Molodetschno
Borissow
Beresina
Minsk
Sluzk
Bobruisk
Dorogobusch
Smolensk
Dnjepr
Orscha
Kaluga
Rosslawl
Mogilew
Rogatschew
Brijansk
Orel
Gomel
Desna
Kursk
Tschernigow
Glogau
Kalisch
WARSCHAU
Siedlce
Brest-Litowsk
Pinsk
Pripjet
Mosyr
Liegnitz
Breslau
Lodz
Petrikau
Demblin
Radom
Lublin

4. Kriegsschauplatz „Osten": Rußland

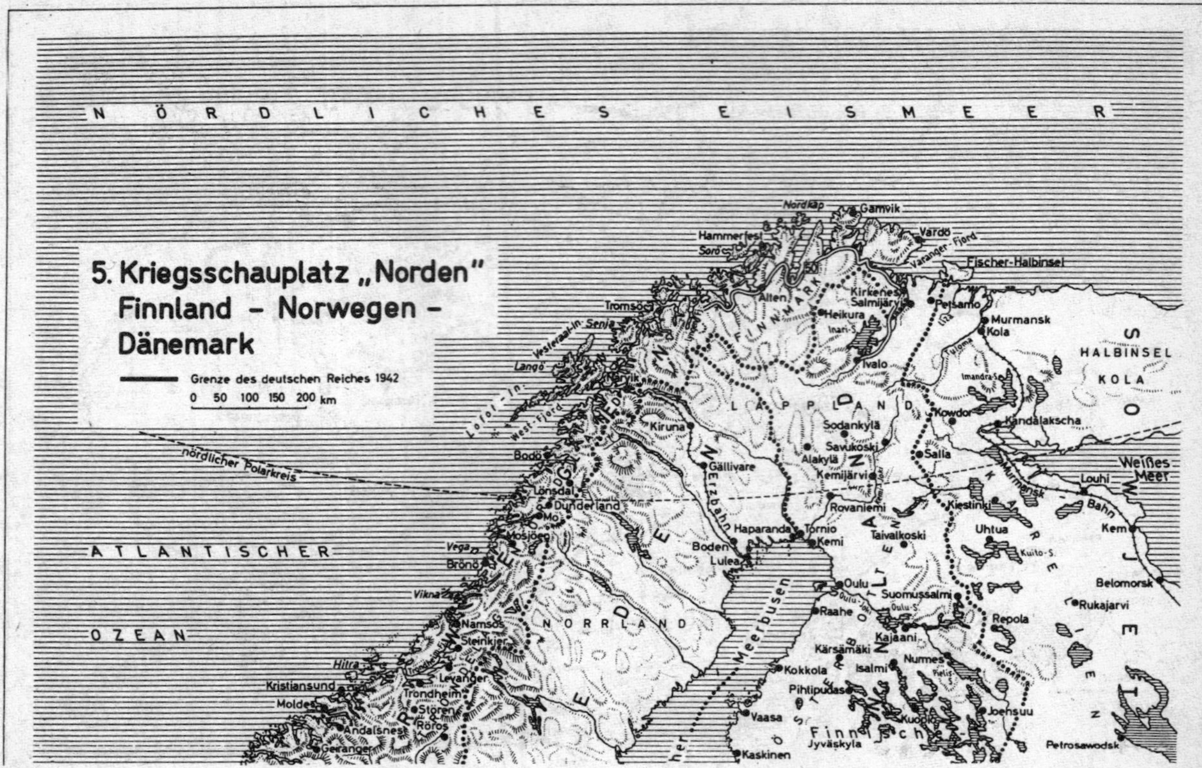

5. Kriegsschauplatz „Norden"
Finnland - Norwegen -
Dänemark
Grenze des deutschen Reiches 1942
0 50 100 150 200 km
NÖRDLICHES EISMEER
ATLANTISCHER
OZEAN
nördlicher Polarkreis
Nordkap
Gamvik
Vardö
Varanger-Fjord
Fischer-Halbinsel
Hammerfest
Sorö
Tromsö
Senja
Vesteraal-In.
Langö
Lofot-In.
West-Fjord
Narvik
Alten
FINNMARK
Kirkenes
Salmijärvi
Petsamo
Heikura
Inari-S.
Ivalo
Murmansk
Kola
Tuloma
Imandra-S.
HALBINSEL
KOLA
LAPPLAND
Kowdor
Kandalakscha
Sodankylä
Savukoski
Alakylä
Salla
Kiruna
Gällivare
Erzbahn
Kemijärvi
Rovaniemi
Weißes Meer
Louhi
Murmansk-Bahn
Kiestinki
Bodö
Lönsdal
Dunderland
Mo
Mosjöen
Vega
Brönö
Vikna
Haparanda
Tornio
Kemi
Boden
Lulea
Taivalkoski
Uhtua
Kuito-S.
Kem
Belomorsk
Rukajarvi
Oulu
Oulu-S.
Suomussalmi
Raahe
Repola
Kajaani
Kärsämäki
Nurmes
Pielis-S.
Kokkola
Isalmi
Pihtipudas
Joensuu
Vaasa
Kuopio
Jyväskyla
Kaskinen
Petrosawodsk
Meerbusen
NORRLAND
Namsos
Steinkjer
Hitra
Levanger
Kristiansund
Trondheim
Molde
Stören
Röros
Andalsnes
Geiranger

NORDSEE
OSTSEE
DÄNEMARK
DEUTSCHES REICH
POLEN
LITAUEN
LETTLAND
ESTLAND
NIEDERLANDE
SVEALAND
GÖTALAND
HEDMARK
HORDALAND
Skagerrak
Kattegat
Deutsche Bucht
Bottnischer
Finn. Meerbusen
Rigaischer Meerb.
Kristiansund
Molde
Trondheim
Stören
Röros
Andalsnes
Geiranger
Lervik
Lillehammer
Hamar
Bergen
Voss
Aurdal
Odda
Eidsvoll
OSLO
Haugesund
Rjukan
Drammen
Horten
Moss
Skien
Larvik
Halden
Stavanger
Egersund
Arendal
Kristiansand
Mandal
Oslo-Fjord
Karlstad
Väner-S.
Uppsala
STOCKHOLM
Göteborg
Kalmar
Karlskrona
Öland
Gotland
Malmö
Bornholm
Aalborg
Viborg
Aarhus
Horsens
Esbjerg
KOPENHGN.
Fünen
Seeland
Apenrade
Flensbg.
Kiel
Cuxhaven
Wilhelmshvn.
Travemünde
Rostock
Rügen
Swinemünde
Stettin
Hamburg
Bremen
Elbe
Hannover
Weser
Ems
Rhein
BERLIN
Oder
Stolp
Danzig
Königsberg
Rastenburg
Posen
Weichsel
WARSCHAU
Memel
Kaunas
WILNA
Njemen
Libau
Windau
RIGA
Düna
Dünabg.
Ösel
Dagö
Pernau
REVAL
Narwa
Wirz-S.
Peipus-See
Pleskau
Welikaja
Luga
Vaasa
Kaskinen
Jyväskylä
Näsi-S.
Tampere
Pori
Turku
Åland-In.
Hämeenlinna
HELSINKI
Lahti
Hamina
Lovtisa
Kotka
Mikkeli
Kuopio
Joensuu
Saima
Wiborg (Viipuri)
Kronstadt
LENINGRAD
Ladoga-S.
Petrosawodsk
Onega-S.
Swir
Wolchow
Tichwin
Ilmen-See
Lowat
Welikije Luki
Witebsk
N

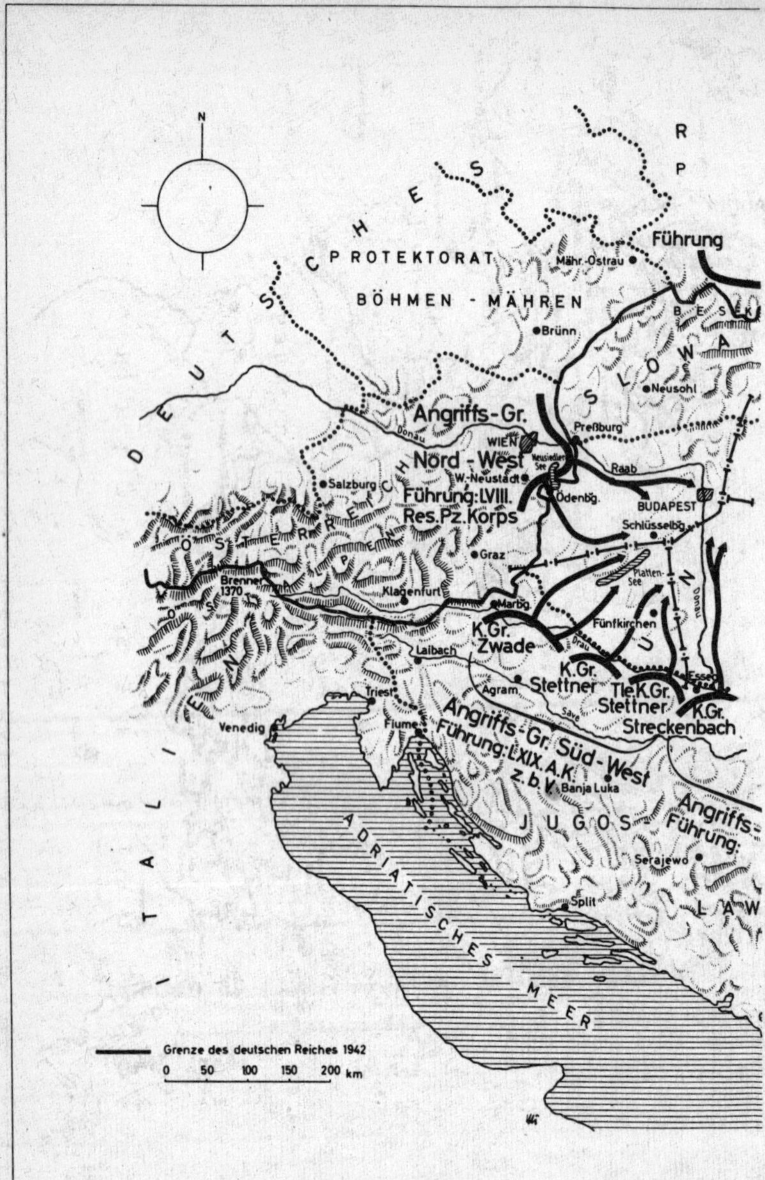

N
DEUTSCHES R
P
PROTEKTORAT
BÖHMEN - MÄHREN
Mähr.-Ostrau
Führung
BESK
SLOWA
Brünn
Neusohl
Angriffs-Gr.
Nord-West
Führung: LVIII. Res.Pz.Korps
Preßburg
WIEN
Donau
Neusiedler See
W.-Neustadt
Raab
BUDAPEST
Salzburg
Ödenbg.
ÖSTERREICH
ALPEN
Schlüsselbg.
Graz
Platten-See
Brenner 1370
Klagenfurt
Marbg.
Donau
Fünfkirchen
UN
K.Gr. Zwade
Drau
Laibach
K.Gr. Stettner
Agram
Tle.K.Gr. Stettner
Esseg
K.Gr. Streckenbach
Triest
Save
Venedig
Fiume
Angriffs-Gr. Süd-West
Führung: LXIX. A.K. z.b.V.
Banja Luka
JUGOS
Angriffs-
Führung:
Serajewo
LAW
Split
ITALIEN
ADRIATISCHES MEER
Grenze des deutschen Reiches 1942
0 50 100 150 200 km

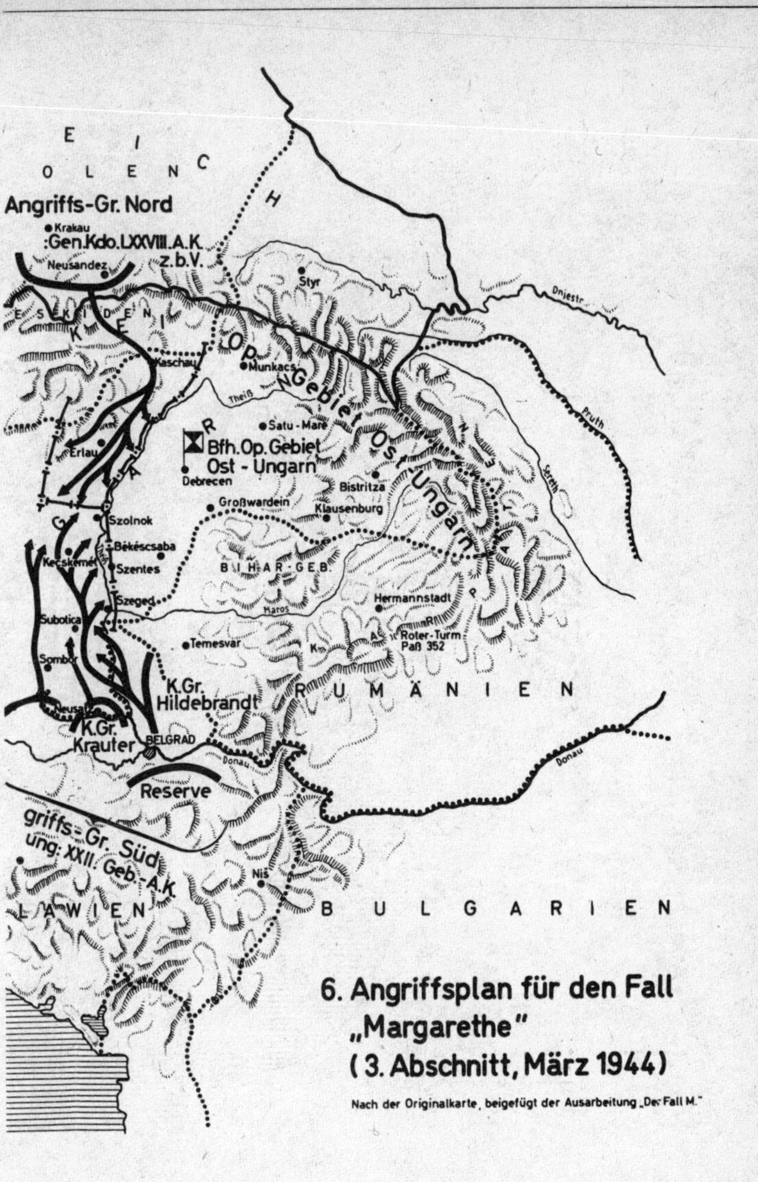


**6. Angriffsplan für den Fall „Margarethe" (3. Abschnitt, März 1944)**

Nach der Originalkarte, beigefügt der Ausarbeitung „Der Fall M."

# Der Krieg in Finnland, Norwegen und Dänemark

## vom 1. Januar – 31. März 1944

Zusammengestellt und erläutert von

ANDREAS HILLGRUBER

Nachtrag zu

## Kriegstagebuch des Oberkommandos der Wehrmacht

(Wehrmachtführungsstab)

**Band IV/1: B · Kriegstagebuch 1944 · 9. Abschnitt, I. Teil**

# Vorwort

Trotz intensiven Nachforschungen in den Archiven der Bundesrepublik und der Vereinigten Staaten war es *P. E. Schramm*, dem Herausgeber des „Kriegstagebuches des Oberkommandos der Wehrmacht (Wehrmachtführungsstab)", seinerzeit nicht möglich gewesen, sämtliche Teile des von *Helmuth Greiner* und ihm geführten Kriegstagebuches wieder aufzufinden und — wie angestrebt — eine vollständige Edition vorzulegen. So fehlte u. a. aus dem — sonst vollständigen — Kriegstagebuch des Jahres 1944 (= Band IV der Edition) der I. Teil (1. Januar — 31. März 1944) der Ausarbeitung „Der nördliche Kriegsschauplatz (Finnland, Norwegen, Dänemark)". Nur ein Entwurf des Kapitels über den finnischen Kriegsschauplatz, der während der Drucklegung aufgefunden wurde, konnte als Nachtrag zum 9. Abschnitt („Der nördliche Kriegsschauplatz", II. Teil: 1. April — 31. Dezember 1944; Bd. IV/1, S. 867—929) am Schluß des zweiten Halbbandes (Bd. IV/2, S. 1916—23) angefügt werden. Die endgültige Fassung wurde als verloren angesehen.

Nun ist unter den aus den USA zurückgeleiteten, jetzt im Bundesarchiv/Militärarchiv in Freiburg i. Br. verwahrten Akten der ehemaligen deutschen Wehrmacht jener Teil des Kriegstagebuches doch noch gefunden worden, registriert unter der Signatur „OKW/2040". Er stellt die auf der Grundlage des vom Kriegstagebuchführer, Major d. Res. *Prof. Dr. P. E. Schramm*, verfaßten Entwurfs (siehe oben) von seinem Mitarbeiter Oberleutnant d. Res. *Dr. W. Hubatsch* aufgezeichnete endgültige Fassung dieses Kriegstagebuchteils dar. Sie wird ergänzt durch Aufzeichnungen *P. E. Schramms* über Mitteilungen, die ihm Major d. G. *Jordan*, Sachbearbeiter Op Nord im Wehrmachtführungsstab, über die Lage im Norden (Norwegen, Finnland, Dänemark) und der vom Wehrmachtführungsstab nach Dänemark entsandte Oberstleutnant d. G. *Ziervogel* über ein vom 3.—4. März 1944 vom Wehrmachtbefehlshaber Dänemark veranstaltetes Kriegsspiel machten. Insgesamt handelt es sich um einen Hefter mit zum Teil nur halb oder zu einem Drittel beschriebenen 66 Blatt DIN A 4; er enthält das maschinengeschriebene Manuskript, das von *Hubatsch* gelegentlich korrigiert oder ergänzt bzw. bei den „Mitteilungen" von *Schramm* handschriftlich verbessert ist. Leider sind wie bei allen Teilen des Kriegstagebuches auch hier die wertvollen Anlagen, die den Text des Kriegstagebuches erst voll erschließen lassen würden, als verloren anzusehen. Daher wurde auf die Wiedergabe der am Manuskriptrande gegebenen Hinweise auf diese Anlagenbände verzichtet, ein Grundsatz, der auch in der Gesamtedition befolgt wurde.

Der Herausgeber der Gesamtedition und Bearbeiter des Bandes IV, *P. E. Schramm*, hat dem Leitenden Historiker des Militärgeschichtlichen Forschungsamtes Freiburg i. Br. die Veröffentlichung dieses nachträglich aufgefundenen Teils des Kriegstagebuches übertragen. Es geht hier vor allem um die finnisch-sowjetischen Sonderfriedensbestrebungen sowie um die Belastung des deutsch-finnischen Verhältnisses in der Folge des Rückzuges der Heeresgruppe Nord von der Front vor Leningrad auf die Linie Narwa-Peipus-See; um diese so wichtige Phase auf dem nördlichen Kriegsschauplatz zu verdeutlichen, wurden im Anhang einige bisher unveröffentlichte Dokumente aus den Aktenbeständen des Bundesarchiv/Militärarchivs mit Fundstellennachweis beigefügt. Die Edition des Nachtrags hält sich im übrigen in allen Einzelheiten an die von *P. E. Schramm* in Band IV, S. XII–XIV und S. 1844–46, dargelegten Grundsätze und drucktechnischen Regelungen.

Herrn Oberstleutnant *Dr. G. Brausch* und Herrn *Dr. G. Meyer*, beide im Militärgeschichtlichen Forschungsamt Freiburg i. Br., gebührt Dank für ihre Mitarbeit. Es ist uns eine besondere Freude, diesen Nachtrag zum „Kriegstagebuch des Oberkommandos der Wehrmacht (Wehrmachtführungsstab)" dem verehrten Lehrer und Herausgeber der Gesamtedition, *P. E. Schramm*, zum 75. Geburtstag am 14. Oktober 1969 vorlegen zu können.

Freiburg i. Br., den 15. Mai 1969 Andreas Hillgruber

# INHALT

## Nachtrag: B. Kriegstagebuch 1944

### 9. Abschnitt

### Der nördliche Kriegsschauplatz (Finnland, Norwegen, Dänemark)

*I. Teil: Vom 1. Januar — 31. März 1944*

### A. Finnland



### B. Norwegen



### C. Dänemark



### D. Anlagen

## E. Dokumenten-Anhang

# A. Finnland

## 1. Kampfverhältnisse in Finnland zu Beginn 1944

Der *Besitz von Nordfinnland* ist wegen der dortigen hochwertigen Nickelvorkommen im Petsamo-Gebiet von kriegsentscheidender Bedeutung. Die Kampfführung ist an Straßen und Bahnen gebunden. Die Ortschaften in Nordfinnland bestehen meistens nur aus wenigen Hütten. Das Gelände (Tundra, Krüppelwald mit Fels, Sümpfe und Seen) vermindert die Marschgeschwindigkeit auf 1 km/Stunde. Die Möglichkeit zur Umgehung ist begrenzt, sie kann nur durch Fernkampftrupps durchgeführt werden. Dabei sind für einen Verwundeten vier Träger notwendig.

Der *Stellungsbau* kann lediglich mit Hilfe von Sprengungen durchgeführt werden. Im Winter werden Schneestellungen angelegt. Der landschaftliche Charakter läßt *nur* den Einsatz von Gebirgstruppen zu. An der „ruhigen" Front des Geb.-AOK 20 verloren die eingesetzten 5 Divisionen im Dezember 1943 410 Mann blutige Verluste, darunter 75 Tote.

Die *Versorgung* muß über die südfinnischen Häfen, im Winter zu einem großen Teil um das Nordkap herum geführt werden. Die mittelfinnischen Bahnen sind wenig leistungsfähig.

Eine *Operation* gegen die Murman-Bahn verspricht wenig Erfolg. Selbst wenn es gelingen sollte, die Bahn abzuschneiden, kann der Gegner sogleich von der Murman-Bahn überlegene Kräfte heranführen. Die Voraussetzung für ein Gelingen der Operation wäre nur durch die Einnahme von Leningrad zu schaffen gewesen.

Für den Fall eines militärischen oder politischen Zusammenbruchs Finnlands würde die Versorgung der 20. Geb.-Armee vom Süden aus unterbunden und die Flanke der Armee aufgerissen sein. Im Hinblick auf diese Möglichkeiten ist die *„Weisung 50"*[1] erlassen worden. Sie sieht vor, Masse des Geb.-AOK 20 im Nordraum zu belassen, um die dortigen Nickelvorkommen weiter ausnutzen zu können.

Ein Abmarsch der Armee nach Nordnorwegen ist vorerst nur über Ivalo möglich. Z. Zt. wird die Lage noch nicht als bedrohlich angesehen, da etwa 150.000 Deutschen 100.000 Russen gegenüberstehen. Ein Abzug deutscher Kräfte ist jedoch aus Transportschwierigkeiten und der zu erwartenden finnischen Einwände wegen nicht beabsichtigt. Die Truppe des Geb.-AOK 20 befindet sich im ausgezeichneten materiellen und personellen Zustand. Jährlich werden 2.000 Un-

1 W. *Hubatsch:* Hitlers Weisungen für die Kriegführung 1939—1945. Frankfurt a. M. 1962, S. 231 (Weisung Nr. 50 für die Vorbereitung der Rückführung des Geb.-AOK 20 nach Nordfinnland und Nordnorwegen vom 28. 9. 1943).

terführer gegen jungen Ersatz ausgetauscht. Ein Austausch mit abgekämpften Divisionen ist wegen der Transportschwierigkeiten nicht durchführbar.

## 2. Versorgungslage Nordfinnland

In den Hauptmunitionsarten ist mit Ausnahme von MPi., MG. und Pak.-Munition das Bevorratungssoll in Nordfinnland erreicht, in Mittelfinnland zum Teil überschritten. Mit Erhöhung der Verpflegungsbevorratung ist zu rechnen. Die Kohleversorgung für den Polarbereich ist bis zum Ende der Heizperiode sichergestellt. Die Vorbereitungen zur Durchführung der „Führerweisung 50" sind weiterhin betrieben worden. Sie werden, der Transportlage entsprechend, die durch ausstehende Reifenlieferungen angespannt ist, fortgesetzt. Aus Beständen in Finnland und Riga sind 2000 Sperrholz-Mannschaftszelte und 600 Sperrholz-Stallzelte in den taktisch erforderlichen Räumen Nord-Norwegens als operative Reserve gelagert. In Ivalo wird ein Verpflegungslager mit einem Bestands-Soll von einem Monatsbedarf für 50 000 Mann und 6000 Pferde vorbereitet. Ein weiterer Versorgungsstützpunkt wird in Gegend Kaamanen errichtet. Am Stand dieser Arbeiten hat sich bis Ende Januar nichts geändert.

*Möglichkeiten zur Gewinnung von Reserven aus Nordfinnland:* die Überlegenheit der eigenen Kräfte gegenüber den Russen in Nordfinnland hat mehrfach zu der Erwägung geführt, von dort Kräfte abzuziehen, da mit einer eigenen Angriffsoperation nicht mehr gerechnet wird. Lediglich die in dieser Beziehung strikt ablehnende Haltung des finnischen Oberkommandos hat bisher dazu geführt, das Geb.-AOK 20 in seiner vollen Höhe in Finnland zu belassen. Die angespannte Personallage und die vermehrte Bedrohung des Südostens führten Anfang Januar 1944 jedoch zu dem Entschluß, die Pz.-Jg.-Abt. 48 und die Radfahr-Abt. 68 in den Bereich des OB Südost zu verlegen. Sie wurden dort als schnelle Abt. 48 und Aufkl.-Abt. 68 auf dem Peloponnes und in Albanien eingesetzt.

Da selbst dieser geringe Kräfteabzug beim finnischen Oberkommando Anstoß erregt hat, ist von einem Abziehen weiterer Verbände abgesehen worden. Um jedoch die verhältnismäßig starke Reserve des Geb.-AOK 20 für die Gesamtkriegsführung nutzbar zu machen, wurde Mitte Januar wenigstens durch Abzug hochwertiger Spezialisten eine Möglichkeit zur Neuaufstellung der dringend erforderlich gewordenen Nachrichten-Abt. gesehen. Für Neuaufstellungen im Bereich des OB West und des Chef H Rüst und BdE befahl das OKW die Abgabe von einer Funk-Kp., 2 Fernfeldkabel- und 2 Fernsprech-Kp.n als Volleinheiten aus dem Bereich des Geb.-AOK 20. Diese Abgabe wurde den Finnen gegenüber als Geräte-Austausch, Kraftfahrzeug-Instandsetzung in der Heimat und Urlaubertransport getarnt. Eine Nachrichten-Kp. wurde jedoch dem XVIII. Geb.-A.K. belassen, als es Anfang Februar den bisher finnischen Uchtua-Abschnitt an der Südflanke der Armee mit übernahm.

Wiederholte schwerwiegende Luftangriffe auf die südnorwegische Rüstungsindustrie führen zu dem Entschluß, am 17. Januar auch den Abzug von Flak (1 schw. Battr., 4 le. Flak-Züge) aus Nordfinnland zu befehlen, ohne daß dadurch der Flak-Schutz von Kolosjoki berührt zu werden braucht.

### 3. Die Rückwirkung der Ereignisse bei H. Gr. Nord auf Finnland

Die Ereignisse an der Ostfront, insbesondere die Kämpfe der 18. Armee, beginnen ihre unmittelbare Einwirkung auf Finnland zu zeitigen. Chef WFStab[1] teilt Gen.-Oberst Dietl[2] vor seiner Abreise in das finnische HQu. mit, daß nach wie vor die Absicht bestünde, die Front um Leningrad zu halten. Bevor Heeresgruppe Nord eine rückwärtige Stellung einnehme, würde das finnische Oberkommando in Kenntnis gesetzt werden. Eine ergänzende Unterrichtung des Gen.-Oberst Dietl über die Gesamtlage folgt am 21. Januar. Die Kriegsentscheidung wird im Ausgang des Kampfes mit[a] den angloamerikanischen Invasionsarmeen gesehen. Der Osten muß deshalb kräftemäßig zurücktreten und diesen Mangel durch bewegliche Kampfführung ausgleichen. Ein Zurückgehen der Heeresgruppe Nord in die Narwa-Stellung ist noch nicht beabsichtigt.

Inzwischen hatten die schweren Kämpfe an der Ostfront im finnischen HQu. Beunruhigungen hervorgerufen. Der Deutsche General beim Oberkommando der finnischen Wehrmacht[3] berichtete über wichtige Besprechungen und Überlegungen in Helsinki. Die Finnen hätten begonnen, sich mit dem Gedanken an einen Frieden vertraut zu machen, der erheblich ungünstiger ausfallen könnte, als man sich bisher vorgestellt habe, habe ein gut unterrichteter finnischer Offz. dem Deutschen General in Helsinki gegenüber geäußert. Nach Auffassung Marschall Mannerheims käme es jedoch darauf an, die eigenen Kräfte zu schonen und die Wehrmacht so stark wie möglich zu machen, um sich beim Endkampf gegebenenfalls auch allein gegen die Bolschewisten zu behaupten und bis zur letzten Patrone zu kämpfen, falls Finnland keinen erträglichen Frieden bekommen könne.

Die auflebende Gefechtstätigkeit an der finnischen Front könnte gleichfalls als Anzeichen für eine feindliche Operation angesehen werden. In der zweiten Monatshälfte verstärkt sich auch der politische Druck auf Finnland, an dem sich die Vereinigten Staaten beteiligen. Es wird berichtet, daß der finnische Außenminister Tanner[4], der zugleich Führer der finnischen Gewerkschaften ist, eine Einladung zu einem amerikanischen Gewerkschaftskongreß annehmen will.

1 Generaloberst Jodl
2 Oberbefehlshaber des Geb.-AOK 20
a Im Original: „in".
3 General d. Inf. Dr. W. Erfurth
4 richtig: der *ehemalige* finnische Außenminister Tanner, da dieser nur vom 1. 12. 1939 — 27. 3. 1940 Außenminister Finnlands war. In der Regierung Linkomies war Tanner, der Führer der finnischen Sozialdemokraten, Finanzminister.

## 4. Deutsche Hilfsmaßnahmen für Finnland

Diese Anzeichen werden vom deutschen Oberkommando aufmerksam verfolgt. Bereits am 31. Dezember 1943 wurde ein Brief des Chef OKW an den Marschall Mannerheim vorbereitet, in dem die Erwägung, zur Kräfteeinsparung an der Ostfront die Heeresgruppe Nord hinter den Peipus-See und die Narwa-Front zurückzunehmen, schon angekündigt ist. Dieser Brief wurde jedoch nicht abgesandt[5]. Nach den starken feindlichen Angriffen bei 18. Armee und der dadurch notwendig gewordenen Zurückführung der Heeresgruppe Nord war am 29. Januar nunmehr eine Mitteilung an den Marschall von Finnland notwendig geworden, der der Chef Gen.St.d.H.[6] zugestimmt hat. Darin wird der Wille der Führung, den feindlichen Vorstoß in der Luga-Stellung aufzufangen, betont und versichert, daß alles geschehen soll, um die finnische Front in ihrer jetzt vermehrt bedrohten Stellung zu verstärken. Die Kräfte des Geb.-AOK 20 sollen in der bisherigen Stärke in Finnland gelassen werden. Marschall Mannerheim hat die Mitteilung des Chef OKW ruhig aufgenommen und in seiner Antwort von dem Angebot einer deutschen Hilfeleistung nur insofern Gebrauch gemacht, als er darum bittet, die Grenze der 20. Geb.-Armee soweit nach Süden zu verlegen, daß der Uchtua-Abschnitt von der Armee mit übernommen wird. Außerdem hat er einen dringenden Bedarf an Kriegsgerät mitgeteilt, um bedenkliche Lücken in der Ausrüstung der finnischen Wehrmacht aufzufüllen. Der Marschall betont, daß diese Vorschläge zur Stützung der finnischen Stellungen auf das Mindestmaß beschränkt sind.

Die 20. Geb.-Armee hat sich am 3. Februar *gegen* den Wunsch des Marschall von Finnland ausgesprochen. Die Übernahme des Uchtua-Abschnittes würde die Front der Armee überdehnen. Der WFStab betont demgegenüber, daß die Forderung des Marschall nach den ihm gemachten Versprechungen nur recht und billig sei und das Geb.-AOK 20 zur Übernahme des Abschnittes Uchtua kräftemäßig in der Lage wäre. Das OKW befiehlt daher am 5. Februar, die Übernahme des ganzen Abschnittes Uchtua durch das Geb.-AOK 20 sofort einzuleiten. Die Erfüllung des Wunsches des Marschall Mannerheim, dem bei Zurücknahme der Heeresgruppe Nord eine Verstärkung der finnischen Front zugesagt ist, wäre die für uns billigste Art der Einlösung unseres Versprechens, da die Bedeutung des finnischen Kriegsschauplatzes im Rahmen der gesamteuropäischen Verteidigung und seine transportmäßig ungünstige Lage ohnehin die Belassung der derzeitigen deutschen Kräfte in Finnland erfordert hätte. Finnland ist demnach in der Lage, die 3. (finn.) Div. herauszulösen. Sie wird als Reserve bereitgehalten und außerdem die finn. Pz.-Div. aus dem Nordabschnitt

5 Gedruckt bei E. Klink: Die deutsch-finnische Zusammenarbeit 1944. In: Beiträge zur Militär- und Kriegsgeschichte, hrsg. vom Militärgeschichtlichen Forschungsamt, Bd 2. Stuttgart 1961, S. 20f. (dort ist dieser Brief allerdings vom 31. 1. 1944 datiert).

6 Gen.-Oberst K. Zeitzler

hinter die Karelische Front herangeführt. Die Finnen haben sich bereit erklärt, 2 Grenz-Jg.Btl.e und 1 Art.-Abt. im Uchtua-Abschnitt zu belassen.

Diese Entscheidung wird am gleichen Tage vom Chef OKW dem Marschall von Finnland mitgeteilt. Zur materiellen Unterstützung der finnischen Wehrmacht ist eine Beschleunigung der vorgesehenen Lieferungen bereits befohlen worden. Im Hinblick auf den für Deutschland lebenswichtigen Seeverkehr in der Ostsee wird der Marschall gebeten, eine Verstärkung der finn. Verteidigung auf den von den Finnen besetzten Ostsee-Inseln erneut zu überprüfen.

Marschall Mannerheim dankte am 19. Februar für das Schreiben des Chef OKW. Die Besetzung der Inseln erscheine ausreichend, lediglich hinsichtlich des Stellungsbaues beständen noch einige Mängel, deren Beseitigung eingeleitet ist.

An Kriegsgerätelieferungen werden in Aussicht genommen:

| | |
|---|---|
| | 30 Me 109 |
| | 12 Nachtjagdflugzeuge Me 110 |
| | 60 7,5 cm Pak 40 |
| monatlich | 12 15,2 cm SFH (r) |
| „ | 8 12,2 cm LFH (r) |
| „ | 4 12,2 cm Kanonen (r) |
| | 14 Pak-Rohre 97/38 mit Verschlüssen |
| | 9 Panzer T 34 |
| | 15 Sturmgeschütze |
| | 1700 Faustpatronen |
| | 300 Ofenrohre (Panzerschreck) |
| | Außerdem Munition, Treibladungen und Zünder. |

Weitere Kriegsgerätlieferungen von Mun., T-Minen und Pulver werden am 11., 12. und 16. 3. befohlen. Um die überdehnte Front der 20. Geb.-Armee nach Übernahme des Uchtua-Abschnittes nicht durch Abgaben noch weiter zu schwächen, hat WFStab an SS-Führungshauptamt die Forderung gestellt, von Abgaben der SS-Geb.-Div. „Nord" vorher erst abzusehen.

Ein Besuch des Reichsministers Speer hat ergeben, daß die Luftschutzeinrichtung des Nickelwerkes Kolosjoki dringender Verbesserung bedürfe. Dem Geb.-AOK 20 wird am 19. 2. befohlen, die erforderlichen Bautruppen zur Verfügung zu stellen.

### 5. Deutsche vorbereitende Maßnahmen für den Fall eines finnischen Kriegsaustritts

Mitte Februar verstärkten sich die Anzeichen für eine unsicher werdende politische Haltung Finnlands. Am 15. Februar schlägt Chef WFStab vor, einen Bericht des Deutschen Generals beim Oberkommando der Finnischen Wehrmacht über die Entwicklung der politischen Lage abzuwarten, bevor Geb.-AOK 20 seinen Abschnitt nach Süden ausdehnt. Der Führer erklärt sich damit einverstanden. Am Tage darauf ordnet der Führer für den Fall einer Kursänderung Finnlands die sofortige Besetzung der Aalands-Inseln und der Insel Suursaari (Hochland) an. Die notwendigen Vorbereitungen hierzu werden durch den Befehl sofort eingeleitet (Unternehmen „Tanne"). Da der Gesamtauftrag *nicht* an die Kriegsmarine gegeben wird (dies erfolgt erst am 4. Juli 1944), gibt Stellv. Chef WFStab am 17. 2. nachstehende Richtlinien für die Bearbeitung des Aalands-Unternehmens:

a) Kräftebedarfsberechnung für infanteristische Besetzung und Küstenartillerie,
b) Vorschläge und Abwägung der verschiedenen Möglichkeiten, diese Kräfte zuzuführen, wobei in jedem Falle die Marine einen gemessenen Anteil zu übernehmen hat,
c) Bereitstellung des Schiffsraumes ist durch Kriegsmarine dementsprechend vorzubereiten.

Infolge der undurchsichtigen Lage in Finnland befiehlt das OKW dem Geb.-AOK 20 und dem W.Bfh. Norwegen die Vorbereitungen gemäß „Führerweisung 50" zu prüfen und zu vervollständigen. Die Anfrage an das Geb.-AOK 20, ob unter diesen Umständen eine vorübergehende Einstellung der Ablösungsbewegungen im Uchtua-Abschnitt geboten erscheint, wird von der Armee verneint, wobei Witterungsgründe mitsprechen. Das OKW erläßt einen entsprechenden Befehl. Zu dem Stand der Vorbereitungen im Fall „Birke" (Durchführung der „Führerweisung 50") meldet die Geb.-Armee am 20. Februar, daß bis Ende Mai nur die einzige Rückmarschstraße Rovaniemi, Ivalo, Skoganvaare zur Verfügung steht. Für Vorbereitungen für den Rückmarsch fehlen Transportraum und Betriebsstoff. Die Versorgungsgüter im Armeebereich können nur zum geringsten Teil abbefördert werden, so daß mit großen Bevorratungsverlusten zu rechnen ist. Das Halten der derzeitigen Stellungen wäre also in jedem Fall bis Ende Mai anzustreben. WFStab untersucht die Möglichkeiten, um die Schwierigkeiten für die 20. Geb.-Armee im Falle eines Ausscheidens Finnlands aus dem Kriege zu beheben. Am 1. März wird das Geb.-AOK 20 zur Meldung aufgefordert, welche für das Halten des Nordraumes nicht unbedingt benötigten Teile der Geb.-Armee bei Durchführung der „Weisung 50" über Häfen des Bottnischen Meerbusens abbefördert werden können. Hierzu meldet das Geb.-AOK im wesentlichen nur Versorgungseinrichtungen, da die Kampftruppen nach Ansicht der Armee sämtlich zum Halten des Nordraumes in Lappland erforderlich sind.

### 6. Finnische Sonderfriedenswünsche

Seit Anfang Februar ist erkennbar, daß Finnland, z. T. unter amerikanischem Druck, politische Verhandlungen mit den Sowjets aufgenommen hat, mit dem Bestreben, einen Sonderfrieden zu erhalten. Im Hinblick auf diese zahlreichen und von verschiedenen Seiten eingehenden Meldungen wird der Deutsche General beim Oberkommando der Finnischen Wehrmacht, Gen.d.Inf. Erfurth, am 15. 2. angewiesen, über Lage und Stimmung im finnischen HQu. dem OKW laufend Bericht zu erstatten und das Geb.-AOK 20 ebenfalls zu unterrichten. Nach Bericht des Deutschen Gesandten in Helsinki[7] hat das amerikanische Memorandum auf die öffentliche Meinung stark gewirkt. Der Gesandte hat bei dem finnischen Außenminister[8] ebenso wie bei dem Staatspräsidenten[9] den Eindruck gewonnen, daß der Kern der angespannten Situation in militärischen Vorgängen liegt und augenscheinlich in deren Beurteilung durch Marschall Mannerheim. Entgegen der Ansicht der Gesandtschaft Helsinki, die am 16. 2. gewisse Beruhigungssymptome zu erkennen glaubte, meldet der deutsche Marine-Attaché[10] am gleichen Tage, daß bei Außenminister und Staatspräsident die Überzeugung Platz greife, daß gegen die hochtechnisierte russische Armee ein finnischer Widerstand nicht mehr möglich sei und sich das Wunder des Winterkrieges nicht wiederholen werde. Der deutsche Militär-Attaché Helsinki[11] hat sich dieser Meinung angeschlossen. Aus den Meldungen des Deutschen Generals beim Oberkommando der Finnischen Wehrmacht geht eindeutig hervor, daß die Finnen eine Sondierung bei den Sowjets vorgenommen haben. Die Verhandlungen laufen durch schwedische Vermittlung. Die russische Luftwaffe hat mehrfache schwere Angriffe auf Helsinki durchgeführt, dabei in einem Fall versehentlich Außenbezirke von Stockholm angegriffen. Am 20. Februar meldet General Erfurth, daß sich nach seinen Unterredungen mit dem finnischen Generalstabschef der Eindruck verstärkte, daß das finnische HQu. fest damit rechne, daß die im Gang befindlichen Besprechungen in Stockholm infolge der Maßlosigkeit der sowjetischen Forderungen ergebnislos verlaufen werden. Immer wieder weist das finnische HQu. jedoch darauf hin, daß das Festhalten an der Narwa-Peipus-Linie von entscheidender Bedeutung sei. Eine Aufgabe Estlands und Lettlands würde das Ausscheiden Finnlands aus dem Kriege notwendig nach sich ziehen müssen. Der finnische Außenminister Ramsay äußerte dem japanischen Gesandten gegenüber: „Die Lage ist ernst. Wir müssen unbedingt auf die Amerikaner Rücksicht nehmen.“ Aus diesen sich teils widersprechenden Äußerungen ergibt sich Ende Februar bei den Dienststellen des Deutschen Generals beim Oberkommando der Finnischen Wehrmacht, bei Kriegsorganisation Finnland des Amtes Ausl./Abw., der Deutschen Gesandtschaft und der Deutschen Militär-Attachés in Helsinki und Stockholm noch *kein* klares Bild über den Stand und die Absichten der finnischen Friedensbedingungen. Am 26. Februar berichtet General Erfurth von einer Unterredung, die er mit dem Chef des finnischen Gen.-Stabes, General Heinrichs, gehabt hat. Gen. Erfurth habe mit

7 Wipert von Blücher
8 Henrik Ramsay
9 Risto Ryti
10 Admiral von Bonin
11 Oberst Kitschm-

größtem Ernst darauf hingewiesen, daß sich die 20. Geb.-Armee niemals internieren lassen würde. Es dürfe nicht zu einer Lage kommen, in der deutsche und finnische Soldaten aufeinander schießen würden. General Heinrichs habe dem entgegen gehalten, daß einem kleinen Volk in dunkler Stunde der Weg zum Frieden nicht abgeschnitten werden dürfe, solange es eine Möglichkeit dafür gibt. Eine Internierung der deutschen Waffenbrüder sei jedoch ganz unmöglich. Kein finnischer Soldat würde seine Waffe gegen einen deutschen Soldaten erheben. Den Vorschlag General Erfurths, daß Marschall Mannerheim in der Reichstagssitzung vom 29. Februar persönlich das Wort ergreifen solle, habe er schweigend entgegengenommen. Der Marine-Attaché Helsinki teilte am 26. 2. die sowjetrussischen Forderungen mit:

a) eine Forderung bezüglich Zusammensetzung der finn. Regierung sei nicht gestellt,
b) die Wiederherstellung der Grenze von März 1940,
c) Demobilisierung der finn. Armee und Schadenersatzfrage soll späteren Vereinbarungen überlassen bleiben,
d) in Finnland befindliche deutsche Truppen werden bis Kriegsende in Finnland interniert,
e) falls Finnland es wünscht, rückt die Rote Armee hierzu zur Hilfeleistung in Finnland ein. Die sowjetrussischen Truppen würden sofort nach Beendigung der militärischen Operationen Finnland verlassen.

Diese Friedensbedingungen werden von dem Deutschen Verbindungsoffizier bei der finn. Luftwaffe[12] am 28. 2. nochmals gemeldet. Der Militär-Attaché Helsinki meldete am 29. 2. eine Äußerung des finn. Kriegsministers Waldén, daß die sowjetrussischen Bedingungen hart und für Finnland unannehmbar seien. Auf Grund dieser Bedingungen gäbe es für Finnland keine Möglichkeit eines Friedens. Der Militär-Attaché Stockholm[13] beurteilt die Lage in einem ergänzenden Fernschreiben vom nächsten Tage dahin, daß Finnland weiter sondiert, ohne einen definitiven Entschluß wegen Waffenstillstand oder Fortführung des Krieges bisher gefaßt zu haben. Die Reichstagssitzung am 29. Februar brachte keine Klärung der Lage, so daß die Situation weiterhin undurchsichtig bleibt. Auch bei Ablehnung der bekanntgewordenen Bedingungen ist mit weiteren Friedensbestrebungen der finnischen Regierung zu rechnen.

Die politische Entwicklung in Finnland wird stark davon abhängen, ob die baltischen Staaten, insbesondere Estland, gegen Rußland gehalten werden könnten. Finnische Regierungskreise hoffen, daß sich Deutschland für eine Änderung der bisherigen Politik in den baltischen Staaten entschließen könne. Eine Selbständigkeitserklärung der baltischen Staaten würde nach finnischer Berechnung 10 Divisionen tapferer Kämpfer für den Abwehrkampf im Baltikum stellen. Der Marschall Mannerheim hat den Oberst Paasonen[14] beauftragt,

12 Major von Nordenskjöld  13 General von Uthmann
14 Oberst Aladar Paasonen war Chef der Aufklärungssektion im finnischen Hauptquartier

mit dem Deutschen Militär-Attaché diese Frage zu besprechen und darauf hinzuweisen, welch ein erheblicher moralischer Erfolg auch für die innere Front in Finnland daraus erwachsen würde. Wenn auch die Wehrfähigen der baltischen Länder dem deutschen Aufruf gefolgt seien, so wären sie jetzt doch nur mit halbem Herzen dabei. Amt Abwehr weist am 3. März Major Paulus an, dem Oberst Paasonen darzulegen, daß seine Erklärung eine politische Angelegenheit sei und daher auf dem Dienstwege nicht weitergereicht werden könne. Dem Oberst Paasonen wurde anheimgestellt, die Erklärung an die hierfür allein zuständige Deutsche Gesandtschaft weiterzuleiten. Im übrigen verstärkt sich der Gesamteindruck, daß gegen die sowjetrussischen Friedensbedingungen im finnischen Volk eine große Opposition bestünde, daß Marschall Mannerheim mit der Weiterführung des Krieges an deutscher Seite rechne und hierfür alle notwendigen Vorbereitungen treffe. Am 4. März meldete der Deutsche General beim Oberkommando der Finnischen Wehrmacht, daß die Schwerpunkte des finnischen Interesses zur Zeit bei Narwa und in Stockholm liegen. Gen. Erfurth verspricht sich von der Bereinigung des feindl. Brückenkopfes südwestl. Narwa eine schnelle Entspannung der Lage.

Eine weitere Meldung des Gen. Erfurth vom 7. März gibt folgenden neuen Gesichtspunkt: eine Friedensmöglichkeit für Finnland bestünde bei den jetzigen Bedingungen nicht, jedoch wären die Grenzen von 1939 und eine Regelung, die der Armee Dietl einen Abzug der deutschen Kräfte entsprechend wünschte [sic][a], eine tragbare Lösung. Die Fortsetzung der Verhandlungen mit Sowjetrußland sei durch Befürchtungen verursacht, daß Estland geräumt werden könne. Dies wird durch Meldung des Militär-Attachés Helsinki vom 8. 3. bestätigt. Aus einer Meldung des GenStdH Attaché-Abt. vom 9. 3. geht hervor, daß die schwedische Regierung sich in die finnisch-sowjetischen Verhandlungen eingeschaltet hat und die Überreichung der finnischen Antwort deshalb noch hinausgezögert ist. Am 9. 3. teilte der Deutsche General beim Oberkommando der Finnischen Wehrmacht mit, daß ihn der finnische Gen.-Stabschef davon verständigt habe, daß die finnische Stellungnahme zu den sowjetrussischen Friedensbedingungen nunmehr weitergegeben wäre. Darin seien sämtliche Punkte der sowjetrussischen Friedensbedingungen als unannehmbar bezeichnet worden. Allerdings hätte die finnische Regierung den Wunsch erkennen lassen, über einzelne Punkte einen Gedankenaustausch mit der sowjetischen Regierung herzustellen, so daß als Folge davon eine Einladung an Finnland, Beauftragte nach Moskau zu schicken, eintreten könnte. Gen. Erfurth hat Gen. Heinrichs mit großem Ernst vorgehalten, daß dieser Weg für Finnland zum Unglück ausschlagen müsse. Die Überreichung der finnischen Antwort meldet am Tage darauf ebenfalls der Mil.-Att. mit der Ergänzung, daß die Sowjetunion gefordert habe, die 20. Geb.-Armee zu internieren, und dazu ihre Hilfe in Aussicht gestellt habe. Über die Sitzung des finnischen Reichstages am 15. März meldet der Deutsche Gene-

a „entsprechend wünschte" scheint auf einem Hörfehler zu beruhen und könnte heißen: „versprechen würde".

ral beim Oberkommando der Finnischen Wehrmacht, daß der finnische Reichstag die Haltung der Regierung einstimmig gutgeheißen habe. Die von Moskau gesetzte Frist zur Beantwortung der Friedensnote läuft am 18. 3. ab. Die finnische Regierung will antworten, daß sie nach wie vor den Frieden erstrebt, aber die sowjetrussischen Punkte nicht ohne Diskussion annehmen könne. Der finnische Außenminister habe dem finn. Gen.-Stabschef gegenüber erklärt, daß die Reichstagsmehrheit den Friedensgedanken nicht endgültig verwirft. Auch Gen. Heinrichs äußerte sich, daß die Regierung mit ihrer Politik doch richtig gehandelt habe. Er drückte allerdings dem Deutschen General gegenüber die Überzeugung aus, daß nun von sowjetrussischer Seite keine Antwort mehr kommen, vielmehr nach Ablauf des Ultimatums der Bombenkrieg gegen die finnischen Städte wieder aufleben würde. Nach Meldung von Ag. Ausland habe die finn. Regierung in ihrer Darstellung der Lage eine ablehnende Haltung zu den Sowjet-Bedingungen zum Ausdruck gebracht, insbesondere habe sich Marschall Mannerheim zu einer Ablehnung entschlossen.

Am 17. März teilte Ag. Ausland mit, daß der König von Schweden[15] eine neue Botschaft an den finn. Staats-Präs. Ryti gerichtet habe, in welcher er die Fortsetzung der Friedensverhandlungen befürwortet. Unter dem Eindruck dieses Telegramms und einer Erklärung Roosevelts solle eine neue Sitzung des finn. Reichstags einberufen werden und die Sowjets um eine Fristverlängerung der Antwort um 10 — 14 Tage gebeten werden. Die außenpolitische Spannung steigt von Tag zu Tag.

In dieser Zeit zeichnet sich deutlich ein sowjetrussischer Aufmarsch vor der Front des Geb.-AOK 20, vor allem im Kandalakscha-Abschnitt, ab. Am 20. März stürzte Marschall Mannerheim infolge Glätte und brach den Arm. Der Unfall wird streng geheim gehalten. Von schwedischer Seite wird erklärt, daß der Brief des Königs Gustav an den Staats-Präs. von Finnland nur an diesen und an den Marschall von Finnland gerichtet gewesen sei. Auf Grund einiger im Ausland verbreiteter Meldungen über einen angeblichen Schritt des Führers beim schwedischen König im Zusammenhang mit der finnischen Frage hat der Führer am 19. März dem Berliner Korrespondenten von „Stockholms Tidingen" eine eindeutige Antwort zur Verfügung gestellt, in der ein derartiger Vermittlungsschritt als falsch zurückgewiesen, die sowjetischen Waffenstillstandsbedingungen als hinterhältig gekennzeichnet und die angloamerikanischen Sympathien für Finnland als praktisch undurchführbar hingestellt werden.

Am 22. 3. hat das finn. Nachrichten-Büro eine offizielle Mitteilung über die finn. Friedenssondierungen veröffentlicht. Darin heißt es u. a., daß die Regierung zu erkennen suchte, unter welchen Voraussetzungen friedliche Beziehungen zwischen Finnland und der Sowjetunion herzustellen waren, die eine ehrenhafte und sichere Freiheit für Finnland zuließen. In einer geschlossenen Reichstagssitzung vom 17. März habe der finn. Min.-Präs. Linkomies den sow-

15 Gustav V.

jetrussischen Vertrag und die Antwort mitgeteilt. Der Reichstag ging nach diesem Bericht und nach einstündiger Debatte am 18. 3. zur Tagesordnung über. Dabei wurde zum Ausdruck gebracht, daß es äußerst wichtig gewesen wäre, von der Sowjetunion eine formelle Auslegung der Waffenstillstandsbedingungen und ihren wörtlichen Inhalt zu erfahren. Da dies nicht möglich war, konnte die finn. Regierung die Feindseligkeiten zu Sowjet-Rußland nicht einstellen, ohne vorher Zusicherungen für Sicherheit, ehrenhafte Selbständigkeit und Freiheit zu erhalten.

Eine entsprechende Erklärung zur finn. Note erfolgte durch das Informationsbüro des sowjetrussischen Außenkommissariats am 21. März.

Der Deutsche General beim Oberkommando der Finnischen Wehrmacht beurteilte am 23. 3. die Stimmung der finnischen Generalität als vorzüglich und sehr zuversichtlich; auch der Marschall habe sich darüber zu seiner Umgebung sehr erfreut geäußert. Der finnische Militär-Attaché hat angeregt, nach Festigung der Lage in Finnland zur Vertiefung der beiderseitigen Zusammenarbeit den finn. Gen.-Stabschef zu einer Rücksprache und Unterrichtung durch Chef OKW und Chef WFStab ins FHQu. einzuladen. Gen. Erfurth wird am 28. 3. hierzu zur Stellungnahme aufgefordert (der Besuch von Gen. Heinrichs ins FHQu. erfolgt am 28. April).

General Erfurth muß jedoch am 28. März melden, daß er durch General Heinrichs dahingehend unterrichtet sei, daß die finnische Regierung Interpretationen zu den sowjetischen Friedensbedingungen entgegengenommen habe. Gen. Erfurth hat den Eindruck gewonnen, daß das finnische HQu. mit schnellem Heranreifen einer Entscheidung rechnet und daß die von dem Deutschen General wiederholt gegebenen Warnungen und Vorhaltungen wohl mit spürbarer Verlegenheit angehört werden, aber eine Umkehr auf dem eingeschlagenen Wege nicht mehr zu erwarten ist.

Gen. Erfurth ergänzte seine Beobachtungen am 1. April dahingehend, daß die USA einen starken Druck auf Rußland zur Milderung der Bedingungen ausgeübt hätten. Ein Erfolg der erneuten Fühlungnahme würde jedoch bezweifelt.

Am 25. März tauchen in der schwedischen und englischen Presse Gerüchte über eine deutsche Besetzung der Aalands-Inseln auf. In Londoner Kreisen vermerkte man hierzu, daß die finnische Regierung mit ihrer langen Verzögerung der Antwort auf die russischen Waffenstillstandsbedingungen diese sehr wichtigen Inseln der Gefahr einer deutschen Besetzung ausgesetzt habe. In Stockholm hat die Nachricht, obwohl bald dementiert, eine starke Spannung in der Öffentlichkeit hervorgerufen, da die Aalands-Inseln in der Hand einer nicht freundschaftlich gesinnten Macht als eine auf Stockholm gerichtete Pistole angesehen würden.

Ag. Ausland meldet am 30. 3., daß die beiden finnischen Unterhändler nach schwedischer Vermittlung am 26. nach Moskau abgefahren seien, um Interpretationen der russischen Bedingungen entgegenzunehmen. Verbesserungen seien jedoch bisher nicht erreicht worden. Da die Sowjets nach wie vor Übergabe des ganzen Petsamo-Gebietes verlangten, sei das deutsche Auswärtige Amt der Auffassung, daß die Verhandlungen ziemlich ergebnislos endigen würden. Eine vom Deutschen Auswärtigen Amt gerichtete Anfrage, ob von Seiten des OKW Erwägungen hinsichtlich der Aalands-Inseln laufen, ist von Stellv. Chef WFStab noch am gleichen Tage an Botschafter Ritter beantwortet worden. Daß die finnischen Delegierten in Moskau keine Milderung der sowjetischen Bedingungen erhalten würden, bestätigt auch General Erfurth am 31. 3. Nach Meldung WFStab Ag. Ausland vom gleichen Tage sei es zu einer scharfen Auseinandersetzung zwischen Marschall Mannerheim und dem General Talvela[16] (Bfh. des Maaselkä-Abschnitts), der als stärkster Mann der finnischen Wehrmacht gelte, gekommen. Eine Reihe Talvela nahestehender Persönlichkeiten der finnischen Wehrmacht seien entschlossen, dem Marschall nicht Folge zu leisten, falls dieser die Zurücknahme des finnischen Heeres auf die Grenze von 1940 befehlen solle.

Am 24. 4. kommt es zum endgültigen Abbruch der sowjetisch-finnischen Verhandlungen, wobei es ausschlaggebend ist, daß Rußlands Forderung auf 6 Mill. Dollar Entschädigung das Leistungsvermögen der finnischen Wirtschaft übersteigt. Außerdem würde das Land durch die geforderten Bedingungen völlig schutzlos werden.

Der OB der 20. Geb.-Armee, Gen.-Oberst Dietl, hatte beantragt, einen Besuch bei Feldmarschall Mannerheim abzustatten, um seinerseits über die milit. Lage zu sondieren. Gen.-Oberst Dietl wird am 2. 4. vom Chef WFStab angewiesen, mit Einverständnis des Führers bei diesem Besuch auf folgende Punkte hinzuweisen: Die erneuten finnischen Verhandlungen mit Moskau stellen nicht nur für den Kampfwillen der finnischen Truppen, sondern auch für die deutschen Truppen eine starke Belastung dar. Deutschland kann es nicht zugemutet werden, Waffen an Finnland zu liefern, wenn es damit rechnen muß, daß diese an den Feind übergeben werden könnten. Außerdem soll der Gen.-Oberst die Gründe für den deutschen Einmarsch in Ungarn[17] richtigstellen.

In der Erwartung, daß sich ein stärkerer Feinddruck gegen die *Karelische Front* richten wird, ist ab 4. 3. die bisherige „Gruppe Landenge" in IV. (finn.) A.K. rechts und III. (finn.) A.K. links aufgeteilt. Beide A.K.s sind dem finn. HQu. direkt unterstellt. Dem IV. A.K. (Gen.-Lt. Laatikainen) sind 18. und 2. (finn.) Div. unterstellt, dem III. (finn.) A.K. (Gen.-Lt. Lilasvuo) sind 15. (finn.) Div. und 19. (finn.) Brig. unterstellt. Die 10. (finn.) Div. ist als Führungsreserve im Stellungsbau eingesetzt, die Kav.-Brigade ist Führungsreserve zum Küstenschutz. Die Zuführung der 3. (finn.) Div. als Führungsreserve auf der Karelischen Landenge ist beabsichtigt.

16 Generalmajor Paavo Talvela war bis zum Februar 1944 Finnischer General beim OKW; er war durch Generalleutnant Hugo Oestermann abgelöst worden, dessen Amt er wiederum am 22. 7. 1944 übernahm und bis zum Waffenstillstand an der finnischen Front innehatte.

17 Am 19. 3. 1944; vgl. hierzu KTB OKW, Bd IV/1, S. 189 ff.

## 7. Maßnahmen des Geb.-AOK 20

Am 8. März hat Geb.-AOK 20 die Gliederung des Uchtua-, Louhi-, und Kandalakscha-Abschnittes gemeldet. Ein unbedingtes Halten dieser Stellungen wird auch im Hinblick auf die unsichere politische Haltung Finnlands für geboten erachtet. Die materielle und personelle Lage der Geb.-Armee muß weiterhin als gut beurteilt werden. Am 6. März ist zur Verstärkung des Flakschutzes die Zuführung einer gemischten Flak-Abt. (4 Battr.n) durch Ob.d.L. befohlen worden, ebenso die Zuführung einer Jagd- und einer Schlachtgruppe. Die Ausstattung mit schw. Pz.-Abwehrkanonen bedarf jedoch noch einer Überprüfung. Angesichts der im Kandalakscha- und Louhi-Abschnitt erkennbaren Angriffsvorbereitungen ist Kommandostab Reichsführer SS gebeten worden, den Austausch von rund 500 Unterführern der SS Geb.-Div. „Nord" auf 3 Monate zu verteilen.

Um eine örtliche Reserve im Kandalakscha-Abschnitt bilden zu können, hat Geb.-AOK 20 über den Deutschen General beim Oberkommando der Finnischen Wehrmacht beantragt, Teile der 3. (finn.) Div. im Uchtua-Abschnitt und in Gegend Kuusamo vorübergehend zu belassen. Marschall Mannerheim hat dieser Bitte entsprochen und 2 Btl.e im Uchtua-Abschnitt und 1 Kampfgruppe bei Kuusamo belassen. Chef OKW übermittelt am 16. 3. dem Marschall Mannerheim hierfür seinen Dank. Am 19. März gibt Geb.-AOK 20 eine umfassende Meldung über die Lage bei der Armee. Der Gegner hat am Uchtua- und Louhi-Abschnitt Verstärkungen herangeführt. Die Armee rechnet mit einer Nordumfassung des XVIII. Geb.-A.K. durch Schi- und winterbewegliche Teilkräfte und hat das Korps angewiesen, sich zum Großkampf zu gliedern. An die Kandalakscha-Front hat der Feind stärkere Kräfte vorgeführt, mindestens 2—3 Div.en. Hier wird der Hauptstoß des Feindes erwartet, vor allem an Bahn und Straße. Der Gegner hat sich vor der Nordoststellung in eine Angriffsausgangsstellung vorgeschoben. Das XXXVI. Geb.-A.K. hat Befehl, eine weitere Überflügelung im Norden zu verhindern. An der Eismeerfront sind grundsätzliche Veränderungen im Feindbild nicht festzustellen. Es ist jedoch möglich, daß der Feind um Murmansk stärkere Kräfte zu einem großangelegten Landungsunternehmen gegen Petsamo und Kirkenes bereithält.

Die hohe Schneelage erschwert zurzeit größere Angriffshandlungen abseits der Straßen. Den Zeitpunkt für eine Winteroperation mit weitgestecktem Ziel hat der Feind nach Ansicht des AOK verpaßt. Da die Armee praktisch jedoch über keine Reserven verfügt, wäre die Zuführung von Marschbtl.en, Panzerkampfwagen und Pz.-Jg.Kp.n erwünscht.

Nachprüfungen bei WFStab ergeben jedoch, daß die Zuführung von Marsch-Btl.en, Panzer IV, Sturmgeschützen oder Panzerabwehrkanonen auf Selbstfahrlafetten nicht möglich ist. Ab 1. April soll die Armee jedoch außer den anteilmäßigen Zuführungen von Panzer-Nahbekämpfungsmitteln monatlich 10 s. Pak 40 mit Zugmitteln erhalten.

Um den Wünschen von Gen.-Oberst Dietl entgegenzukommen, hat Marschall Mannerheim nach Meldung des Deutschen Generals Helsinki vom 25. 3. beschlossen, die 3. (finn.) Brig. (4 Inf.-Btl.e und 1 Inf.-Abt.) in den Raum Kamijärvi — Joutsijärvi zu überführen. Diese Maßnahme ist durch die Bitte von Gen.-Oberst Dietl an Gen. Erfurth veranlaßt worden, an die Finnen heranzutreten, ob nicht noch weitere finn. Kräfte dem Geb.-AOK 20 zur Verfügung gestellt werden könnten. Da das finn. Oberkommando diesem Wunsche sofort und weitgehend entgegengekommen ist, wird dieses Verhalten als eine weitere Festigung der Lage in Finnland gedeutet.

### 8. Maßnahmen des Geb.-AOK 20 für „Birke"

Die gemäß „Führerweisung 50" durchzuführenden Arbeiten waren inzwischen bei der Geb.-Armee weiter fortgesetzt worden. Die Auflockerung der in den südlichen und westlichen Häfen lagernden Bestände läuft planmäßig. Schwierigkeiten macht vor allem der Kraftwagen-Transportraum, von dem zur Zeit 37 % nicht einsatzbereit ist. Das OKW befiehlt daher, aus der Kraftfahrzeugerfassung im Reich dem Geb.-AOK 20 200 to Kw-Transportraum (Lastkraftwagen) und weitere 100 to Lastkraftwagenanhänger sofort, darüberhinaus 100 to Kw-Transportraum (Lastkraftwagen) innerhalb der zweiten Märzhälfte zuzuweisen. Der Abtransport des in den finnischen Häfen lagernden Versorgungsgutes ist schiffsraummäßig ohne weiteres möglich. Skl. und Heimatstab Übersee sollen daher über die von dort abzutransportierenden Versorgungsgüter laufend unterrichtet werden, damit über den vorhandenen Schiffsraum sachgemäß verfügt werden kann. Um den finnischen Wünschen hinsichtlich vermehrter Treibstofflieferung entgegen zu kommen, das OKW jedoch mangels nennenswerter eigener Reserven keine erhöhten Treibstoffmengen zuweisen kann, wird befohlen, daß das AOK Norwegen[a] zu dem bisherigen Kontingent von 2500 to monatlich etwa 1000 to Betriebstoff dem Geb.-AOK 20 abgibt. Eine Besprechung zwischen den OQu. des AOK Norwegen und des Geb.-AOK 20 und einem Vertreter von GenStdH Gen. Qu. ergab, daß ein möglichst später Termin für die Bewegung und hinhaltende Kampfführung des XVIII. und XXXVI. Geb.-A.K. im Falle der Durchführung der „Führerweisung 50" erwünscht sind. Sobald die Häfen eisfrei sind, kann ein Verlust an Versorgungsgütern in Mittel- und Südfinnland durch Abtransport über See vermieden werden. Bei eisfreien Häfen ist auch eine Bevorratung der Aalands-Inseln aus dem Versorgungsbezirk Süd- und Mittel-Finnland möglich. Seetransportmäßig bestehen keine Schwierigkeiten. Am 15. 3. stellt WFStab den Stand der Bearbeitung zur Durchführung der „Führerweisung 50" fest. Folgende Maßnahmen laufen: Ausbau der Versorgungsbasis Nord-Lappland und Bau der Straße Muomio, Skibotten durch W.Bfh. Norwegen, Einrichtung der Versorgungsbasis

a *Im Original irrtümlich: „Geb.-AOK 20"*

Ivalo durch Geb.-AOK 20, Verringerung der Bevorratung des Geb.-AOK 20 auf 2 Monate und Vorbereitung zum Abtransport über die Häfen im Falle der Durchführung der „Führerweisung 50". In diesem Falle wären im Seetransport abzubefördern etwa 16 000 Mann (geschätzt, einschl. Urlauber, Verwundete und Kranke) rund 23 000 to Versorgungsgut (falls nur das Wichtigste abtransportiert werden kann; das gesamte Versorgungsgut beträgt rund 190 000 to). Der Abtransport kann in insgesamt 17 — 20 Tagen durchgeführt werden. Am 20. 3. faßt WFStab den Stand der Vorbereitungen zur Durchführung der „Weisung 50" nochmals zusammen und ergänzt sie im Hinblick auf taktische Fragen: die Rückführung des XVIII. und XXXVI. Geb.-A.K. kann zur Zeit nur über die Eismeerstraße Rovaniemi—Ivalo erfolgen. Als Einladehafen für Versorgungstruppen ist vorerst nur Oulu vorgesehen. Die Flankenbedrohung des XVIII. Geb.-A.K. ist durch Übernahme des Uchtua-Abschnittes geringer geworden. Die vorgesehene Unterstellung der 230. und 270. Inf.-Div. unter Geb.-AOK 20 kann weiterhin bis zur Durchführung der „Weisung 50" zurückgestellt bleiben. Es ist ferner vorgesehen worden, daß die Luftwaffe je nach Lage die Kunstbauten am Swir-Kanal zerstört. Da die erforderlichen Unterlagen bei der Luftwaffe vorhanden sind, wird der Befehl zur Durchführung ebenfalls erst bei Eintreten der „Führerweisung 50" als notwendig erachtet. Die unmittelbare Zusammenarbeit mit den Dienststellen der Kriegsmarine und der Luftwaffe zur Vorbereitung der „Führerweisung 50" ist dem Geb.-AOK 20 am 28. 2. 44 freigegeben worden. Über den Fall „Tanne" ist das Geb.-AOK 20 am 1. 3. 44 ebenfalls unterrichtet worden. Für Versorgungsfragen ergeben sich keine neuen Gesichtspunkte, es wird jedoch vorgeschlagen, den Befehl zum wintersicheren Ausbau der Straße Muonio-Skibotten zu geben. Der Führer ist mit der beabsichtigten Kampfführung im Falle eines feindlichen Angriffs gegen die Front des Geb.-AOK 20 einverstanden. Der Armee wird mitgeteilt, daß sie sich bis zum letzten Mann darüber im klaren sein muß, daß sie ein Vielfaches an Entbehrungen und Blutopfern bringen muß, wenn sie ihre ausgebauten Stellungen preisgibt. Der Führer erwartet, daß die Armee auch diese bevorstehende Belastungsprobe bestehen wird. Um eine bewegliche Reserve der Armee zu schaffen, wird auf Antrag des Geb.-AOK 20 am 23. 3. befohlen, aus dem Bereich des W.Bfh. Norwegen die Aufkl.-Abt. 230 und die Geb.-Aufkl.Abt. 95 zur Verfügung des OKW nach Skoganvarre zu verlegen. Die Bildung des Radfahr-Aufkl.Rgt. „Norwegen", die bis zum 1. 4. ohnehin vorgesehen war, soll beschleunigt werden. Am 27. 3. wird befohlen, das Rgt. sofort nach Ivalo vorzuziehen.

Am 31. 3. befiehlt das OKW dem W.Bfh. Norwegen, eine Riegelstellung zwischen der schwedischen Grenze und dem Lyngenfjord zu erkunden, um bei einem notwendig werdenden Abmarsch der 20. Geb.-Armee aus dem Nordraum eine vorbereitete Rückhaltstellung, die den festen Platz Tromsö und den Flugplatz Bardufoss einschließt, zu haben und damit Narvik zu schützen.

## 9. Vorbereitungen zur Besetzung der Aalands-Inseln (Fall „Tanne")

Um im Falle eines finnischen Ausscheidens aus dem Kriege den Schiffahrtsweg in den Bottnischen Meerbusen und damit die Erzzufuhr aus Schweden aufrecht zu erhalten, hat der Führer befohlen, daß die Aalands-Inseln überraschend von uns besetzt werden (vgl. S. 14). Gleichzeitig wird die Besetzung der Insel Hochland zur Sperrung des Finnenbusens vorgesehen. Es wird damit gerechnet, daß ein finnischer Widerstand nicht stattfindet, daß jedoch gleichzeitig russische Aktionen zu erwarten sind. Bei Gefahr im Verzuge ist die Durchführung eines Luftlande-Unternehmens („Tanne I") geplant. WFStab hat sich bei der Kräfteberechnung auf die Besetzung von Groß-Aaland (Aaland, Lemland, Eckerö, Lumparland und Vardö) beschränkt. Obwohl die Insel eine schnelle Kräfteverschiebung begünstigt, sind durch zahlreiche Fjorde die Ufer sehr unübersichtlich. Unter diesen Gesichtspunkten erscheint ein Mindestbedarf von 6 Btl.en und 1 Artl.-Abt. erforderlich. Als Küsten-Artl. würde 1 Mar.-Artl.-Abt. mit 4 mittleren Battr.n und 8 Heeres-Küsten-Battr.n ausreichen. Dabei ist die Beherrschung eines möglichst großen Teiles der Durchfahrt zwischen Schweden und den Aalands-Inseln zu fordern. An Flak-Art. werden 3 schw. und 2 le. Battr.n benötigt, an Pionier-Kräften 1 Fest.-Pi-Stab und 1 Fest.-Pi-Btl. mit 1 Gesteinsbohr-Kp.

Da im Heimatkriegsgebiet geeignete Heereskräfte nicht vorhanden sind, und Norwegen bereits die 214. Div. abgegeben hat, können die Kräfte trotz der für diesen Bereich geltenden „Führerweisung 51"[18] nur aus Dänemark gewonnen werden. Als Zwischenlösung könnte 1 Div. des Geb.-AOK 20 nach den Inseln überführt werden, die jedoch auf die Dauer als Inselbesatzung zu wertvoll ist. Am geeignetsten erscheint die leicht herauszulösende 416. Inf.Div. (ehemals Sicherungs-Div.) aus Dänemark. Diese Div. verfügt außer 3 Ost-Btl.n nur über 5 Inf.Btl.e, das 6. Btl. wäre von der Kriegsmarine zu stellen. Die Gewinnung von Küstenartillerie und Pionierkräften ist nur aus Norwegen möglich, was im Hinblick auf die Gesamtzahl und den Ausbauzustand der dortigen Batterien erträglich erscheint. Die Flakkräfte müssen voraussichtlich aus dem Heimatkriegsgebiet genommen werden. Am 29. Februar ergeht ein entsprechender Befehl des OKW an Ob.d.M. und Ob.d.L., der der 416. Inf.Div. die Besetzung und Verteidigung der Insel-Gruppe Groß-Aaland zur Aufgabe stellt. W.Bfh. Norwegen stellt 4 Heeres-Küstenbattr.n (davon 2 Battr.n 10,5 cm und 2 Battr.n 15,5 cm Kanonen), 1 Festungs-Pi-Stab, 1 Fest.-Pi-Btl., 1 Gesteinsbohr-Kp. und Personaleinheiten zur Besetzung von 4 finn. Küstenbattr.n auf Aaland. Die Kriegsmarine schützt die Überführung und Versorgung und stellt für die Besetzung der Inseln eine Mar.-Art.-Abt. mit 4 mittleren Battr.n. Die Luftwaffe bereitet ein Luftlande-Unternehmen in Stärke 1 Fallschirm-Jg.Rgt. vor, stellt Luftsicherung, Jagdschutz und Aufklärung und stellt eine gemischte Flak-Abt. für die Besetzung der Insel. Vorbereitung und Durchführung für „Tanne I" regelt Ob.

18 W. Hubatsch, a.a.O., S. 233—237 („Weisung Nr. 51" vom 3. 11. 1943).

d.L., für „Tanne" Ob.d.M. Nach durchgeführter Besetzung ist Kdr. 416. Inf. Div. als Festungskommandant vorgesehen. Ein entsprechender Befehl zur Vorbereitung der Besetzung der Insel Hochland ist am 26. Februar an den GenStdH ergangen. Die derzeitige finn. Besatzung von 1400 Mann und 6 Battr.n macht den Einsatz etwa gleicher deutscher Kräfte notwendig. Am 3. März meldet W.Bfh. Norwegen die von ihm beabsichtigten Abgaben im Fall „Tanne" in dem befohlenen Rahmen. Am 18. März meldet Ob.d.L. die bei „Tanne" und „Tanne I" zur Verfügung stehenden Luftwaffenkräfte. Es sind hierfür die Verbände der Luftflotte 1 vorgesehen, die je nach Gesamtlage durch eine Schlachtgruppe und 1 Jagdgruppe verstärkt werden sollen. Zur Durchführung der Luftlande-Unternehmung werden außerdem Fallschirm-Jg.Rgt. 6 und 5 Transportgruppen bereitgestellt. Op M meldet täglich die zur nautischen Durchführung des Unternehmens wichtige Eislage im Botten- und Finnenbusen sowie eine Vorhersage.

[Die Bereitstellung der von W. B. Dänemark und W. B. Norwegen für den Fall „Tanne" abgegebenen Kräfte wird am 26. 2. befohlen][a].

a *Der in Klammern gesetzte Abschnitt ist im Original handschriftlich gestrichen.*

# B. Die Entwicklung der Lage in Norwegen vom 1. Januar 1944–31. März 1944

## 1. Kampfverhältnisse in Norwegen zu Beginn 1944

Norwegen ist für Deutschland von kriegsentscheidender Bedeutung wegen der Erzvorkommen und der Nickeltransporte aus Petsamo. Für die Sowjets spielt der Nordraum in gleicher Weise eine große Rolle wegen der eisfreien Atlantikhäfen. Bei dem zur Zeit bestehenden Verhältnis im alliierten Lager wird jedoch nicht angenommen, daß die Sowjets eine Offensive gegen Nord-Norwegen antreten werden. Die Angriffsmöglichkeiten im Norden von See her sind beschränkt, und die weitere Kampfführung nach einer Anlandung würde nur an eine einzige Straße gebunden sein, die im Winter nicht schneefrei ist. Auch die Wegnahme von Narvik bedeutet keinen großen operativen Gewinn, da von hier nach Schweden nur die Erzbahn führt, die leicht sehr gründlich zerstört werden kann. Ein weiteres operatives Ziel bietet Drontheim, das jedoch frontal schwierig zu nehmen ist und höchstens durch einen Zangenangriff von Namsos und Andalsnes her aufgebrochen werden kann. Auch der Raum um Bergen bietet keine lockende Möglichkeit für einen Angriff, da die Straßen sehr leicht zu sperren sind, ebenso lassen sich von der Südspitze Norwegens aus größere Operationen nur sehr schwer einleiten. Ein Angriff gegen den Oslo-Fjord setzt, wenn er nicht frontal vorgetragen wird, das schwedische Einverständnis voraus. Eine solche Operation ist aber nur möglich zusammen mit einer Landung in Jütland.

Es wird also lediglich mit einem Stoß gegen Drontheim gerechnet oder von Süden her gegen Oslo, unter gleichzeitiger Wegnahme von Jütland. Während der Stoß gegen Drontheim aufzufangen wäre, kann eine Operation gegen Oslo kriegsentscheidende Bedeutung erlangen. Daneben wird mit kleineren Unternehmungen örtlichen Charakters zu rechnen sein mit dem Ziel, den starken deutschen Schiffsverkehr entlang der norwegischen Küste (täglich 80–90 Schiffe) zu unterbinden.

Die eigenen Kräfte in Norwegen sind verhältnismäßig gering; außer der Besetzung der Häfen hatte sich als Notwendigkeit herausgestellt, einen Sicherungsschleier vor den Schiffahrtsweg zu legen. Dadurch sind die im Norden eingesetzten Divisionen weiträumig aufgegliedert. Einzelne Divisionen haben einen Abschnitt von über 200 km Luftlinie bei sehr wechselnder Kampfstärke (280. Inf.Div. verfügt nur über 2 Btl.e). An der Küste sind 10 Div.en eingesetzt. Zu Beginn 1944 standen noch 3 Verbände in Reserve (Pz.-Div. „Norwegen", 214. Inf.-Div., 196. Inf.-Div.). Der Kampfwert der dort eingesetzten Verbände wird verschieden beurteilt. Der lange kampflose Einsatz ohne die Möglichkeit, Verbände zusammenzufassen, wirkt sich ungünstig auf die Einsatzbereitschaft aus. Die aus Norwegen dem Osten zugeführten Divisionen (25.

Pz.-Div., später 214. Inf.-Div.) haben deshalb sehr schnell versagt. Zum unmittelbaren Küstenschutz sind insgesamt 250 Küstenbatterien, darunter Schwerstbatterien bis zu 40,6 cm Kaliber, eingesetzt.

Die Verteidigung Norwegens ist auf der Annahme aufgebaut, daß Schweden sich neutral verhält. Die schwedische Wehrkraft wird gut beurteilt. Schweden verfügt über 14 Div.en und eine leistungsfähige Rüstungsindustrie, jedoch ist die Panzerwaffe unzureichend. Mit Absichten der schwedischen Wehrmacht gegen Norwegen wird im Augenblick nicht gerechnet.

Die Luftwaffe im Norden ist zur Zeit sehr schwach (Verbände der Luftflotte 5), jedoch ist die Bodenorganisation gut ausgebaut, so daß die Zuführung von starken Verbänden möglich ist.

Im Nordmeer ist durch den Verlust des Schlachtschiffes „Scharnhorst" und die Beschädigung des Schlachtschiffes „Tirpitz" ein neues Machtverhältnis entstanden. Die schwere Gruppe im Norden soll jedoch wiederhergestellt werden, die Instandsetzung der „Tirpitz" wird mit Nachdruck betrieben, und die Verlegung mehrerer Kreuzer nach dem Norden ist vorgesehen.

Die Bevorratung Norwegens ist für 9 Monate befohlen und im wesentlichen durchgeführt. Die Versorgung ist bei Heer, Luftwaffe und Kriegsmarine gesichert.

Eine verschiedene Auslegung über die Befehlsbefugnisse beim Kampf gegen Seeziele und im Küstenvorfeld wird durch OKW mit Hinweis auf die „Führerweisung 40"[1] und die ergänzenden Bestimmungen durch Fernschreiben vom 11. 1. 44 richtig gestellt.

## 2. Verlegung von Verbänden

Ob.d.M. hat die Aufstellung einer Schwerst-Batterie im Oslo-Fjord (3—38 cm Kanonen in Scharten mit 120° Bestreichungswinkel) befohlen. Auf Antrag WB Norwegen wird zur Sicherung der Batterie ein Sicherungs-Btl. (Ohrenkranke) aus dem Bereich Chef H Rüst u. BdE zugeführt.

Infolge der Witterungsverhältnisse haben die gemäß „Führerweisung 50" durchzuführenden Arbeiten keine nennenswerten Fortschritte gemacht. Die Bau Pi-Btl.e 423 und 424 werden umgegliedert, ihre Kolonnen StellungsbauBtl.en in Italien zugeführt. Ende Januar/Anfang Februar bekämpften eigene U-Boote im Nordmeer 2 feindliche Geleitzüge mit Erfolg.

Infolge der Entwicklung der Lage an der Ostfront wird befohlen, die 214. Inf.-Div. sofort dem GenStdH zum Einsatz bei Heeresgruppe Nord zur Verfügung zu stellen. Als Ersatz wird unter Ausnutzung der rücklaufenden Schiffsstaffeln die 89. Inf.-Div. (in Aufstellung im Heimatkriegsgebiet) dem WB Norwegen zugeführt und im Raum Oslo weiter aufgestellt. Für einen Abzug im

1 W. Hubatsch, a.a.O., S. 176—181 („Weisung Nr. 40. Betr. Befehlsbefugnisse an den Küsten" vom 23. 3. 1942).

Fall „Blume" kommt 89. Inf.-Div. nicht vor 15. 4. in Betracht, als Ersatz hierfür wird bis zur Verwendungsbereitschaft der 89. Inf.-Div. die 196. Inf.-Div. vorgesehen. Die letzte (6.) Staffel der 214. Inf.-Div. lief am 19. Februar aus Norwegen aus.

### 3. Verschärfung der Transportlage

Der W. Bfh. Norwegen meldet im wöchentlichen Lagebericht vom 14. Februar einen zunehmenden feindlichen Einsatz von U- und S-Booten sowie von Luftwaffe gegen den eigenen Geleitverkehr, der eine bedrohliche Schwäche der eigenen Luft- und Seestreitkräfte aufzeigt. 20 000 BRT Handelsschiffsraum gingen innerhalb einer Woche durch Totalverlust oder schwere Beschädigungen verloren, außerdem vier weitere Schiffe durch S-Boot-Angriffe bzw. Luftangriffe. Der Reichskommissar für Seeschiffahrt versucht, in persönlich geleiteten Besprechungen eine Beschleunigung der Schiffsreparaturen und der Neubauten in Norwegen herbeizuführen. Am 27. März meldet der W Bfh. Norwegen im wöchentlichen Lagebericht eine weiterhin absinkende Schiffstonnage, so daß sämtliche Bauvorhaben der Wehrmacht und OT empfindliche Verzögerungen erleiden. Besonders empfindlich macht sich der Ausfall von Kühlschiffen bemerkbar. Die Kraftfahrzeuglage ist derart angespannt, daß die gemäß „Führerweisung 50" durchzuführenden Arbeiten darunter empfindlich leiden. Um jedoch sofort 2 Versorgungsstützpunkte in Nord-Norwegen und Zufahrtsstraßen auszubauen, wird vom OKW eine Verlagerung von etwa 10 % der in Norwegen eingesetzten OT-Kräfte mit 400 to Kw Transportraum gefordert. Die OT-Zentrale stimmt am 25. März dieser Forderung zu.

Als Ersatz für den Chef d.Gen.St. beim W.Bfh. Norwegen, Genlt. Bamler, der für andere Verwendung vorgesehen ist, wird Oberst Theilacker, bisher Chef des Gen.-Stabes beim XXVIII. Korps im Osten, nach Norwegen versetzt.

# C. Entwicklung der Lage in Dänemark vom 1.1. – 31.3.1944

## 1. Kampfverhältnisse in Dänemark

In Anbetracht der feindlichen Invasionsvorbereitungen ist auch Dänemark in die Verteidigungszone des Atlantikwalls mit einbezogen und wird entsprechend der „Führerweisung 51" mit Nachdruck zur Abwehr feindlicher Landeunternehmungen hergerichtet.

Die Masse der Verbände steht an der Westküste von Jütland. Hier sind an der Nordspitze die 416. Inf.-Div., an der Westküste die 166. Res. und die 160. Res.-Div. eingesetzt. In Südjütland befindet sich die 361. Inf.-Div. noch in Aufstellung. Als Eingreifreserve stehen in Nordjütland im Raum Aalborg die 20. Lw.-Feld-Div., die zu einer schnellen Radfahr-Brig. (4 Btl.e) umgebildet ist, und die 233. Res.-Pz.-Div. zur Verfügung. Der Wert der Reserve-Verbände schwankt je nach Abgaben von Marsch-Btl.en. Das Stammpersonal ist jedoch gut, so daß ein gewisser Gefechtswert vorhanden ist. Die 233. Res.-Pz.-Div. verfügt über etwa 50 Panzer, davon etwa 20 voll verwendungsfähige.

Mit einer feindlichen Landung an der Westküste von Jütland ist nur im Raum Esbjerg zu rechnen. Eine Landung an der Ostküste, die über mehrere gute Häfen verfügt, oder auf den dänischen Inseln ist unwahrscheinlich, solange Jütland noch im eigenen Besitz ist. Mit einer feindlichen Landung in Nordjütland ist daher nur im Zusammenhang mit einer Landung in Südnorwegen (vgl. Entwicklung der Lage in Norwegen) zu rechnen. Als Ziel des feindlichen Vorstoßes bieten sich die großen dänischen Flugplätze bei Esbjerg und Aalborg sowie der Flugplatz Grove, der einer der größten Flugplätze Europas ist, an. Für die eigene Verteidigung hat der Stützpunkt Hansted an der Nordwestspitze Jütlands eine besondere Bedeutung. Seine 38 cm Batterie, der eine Gegenbatterie in Südnorwegen entspricht, schützt die Skagerrak-Sperre.

Im Falle eines feindlichen Großangriffes gegen Dänemark ist die Zuführung von 2 Gen.Kdo.s mit 4–5 Div. und von Heeres-Art. in Aussicht genommen. (Fall „Hanna"). Für den Fall „Blume" ist dagegen die Abgabe der 361. Div. und 1 Art.-Abt. vorgesehen, da in diesem Falle nicht mehr mit einer Großlandung in Dänemark gerechnet wird. Für den Fall „Falke" (Angriff gegen Norwegen) soll die 20. Lw.-Feld-Div. abgegeben werden und diese nach Norwegen hinübergeführt werden, falls dies noch möglich ist. Die dänischen Inseln werden unter dem Höheren Kommando Kopenhagen von Genesenden-Btl.en besetzt. Der festungsartige Ausbau wird nur an der Westküste Jütlands durchgeführt.

Die Verteidigungskraft Dänemarks hat zwar immer noch Behelfscharakter, der ihr von den Anfängen her anhaftet, hat aber doch in der letzten Zeit eine wesentliche Steigerung erfahren. Die Versorgung in Dänemark ist gesichert.

## 2. Weitere Verstärkung der dänischen Verteidigung

Bei der Neuanlage von Flugplätzen in Dänemark ist nach anfänglichen Unstimmigkeiten im Einvernehmen mit dem Reichsmarschall dahingehend entschieden worden, daß bei Bau und Anlage der Flugplätze den wirtschaftspolitischen Belangen Dänemarks so weit wie möglich Rechnung getragen wird. Hierüber ist zwischen Luftgau-Kdo. XI und dem Reichsbevollmächtigten in Kopenhagen, Dr. Best, Einverständnis erzielt worden.

Von den insgesamt für die dänische Küstenbefestigung zu bauenden 1329 Bauwerken sind Anfang Januar 624 Bauwerke bereits an die Truppe übergeben. Diese Zahl hat sich am 10. März auf 802 Bauwerke erhöht. Außerdem werden Panzermauern, Flächendrahthindernisse, Flammenzäune und Kampfwagenhindernisse weiter ausgebaut. Bis Ende Februar wurden über 300 000 Minen verlegt, davon 100 000 allein im Monat Februar.

Dem WB Dänemark wird am 27. Januar bestätigt, daß die Insel Röm zum Befehlsbereich des MOK Nord gehört, das für die Verteidigung gemäß „Führerweisung 40" verantwortlich ist.

Der Führer hat Prüfung angeordnet, ob eine im Westen freiwerdende schw. Küstenbatterie (4 38 cm mit Doppeltürmen) in Dänemark aufgestellt werden kann. Daraufhin hat Ob.d.M. am 29. 1. 44 die Aufstellung der 38 cm Türme zur Verstärkung der Küstenverteidigung Dänemark im Raum Esbjerg befohlen. Die Montagedauer wird voraussichtlich 12 Monate in Anspruch nehmen.

Im Zusammenhang mit der Besichtigung der Küstenverteidigung Dänemark durch Gen.-Feldmarschall Rommel im Januar 1944 ist auch die Versorgungslage von Dänemark überprüft worden und festgestellt worden, daß hier keine Schwierigkeiten auftreten. Einzelüberprüfungen durch Gen.-Feldmarschall Rommel haben eine Reihe von Änderungen in der Organisation der Küstenverteidigung erforderlich gemacht. Das OKW teilte am 22. 2. dem W.Bfh. Dänemark das Ergebnis dieser Überprüfungen und die daraus zu ziehenden Folgerungen mit. Anfang März werden eine Reihe von Maßnahmen ergriffen, um die Nachrichtenlage in Dänemark zu verbessern.

Um sich einen Einblick in die Führungsverhältnisse in Dänemark zu verschaffen, hatte WFSt den Oberstlt.d.G. Ziervogel vom 3. — 4. 3. zur Teilnahme an einem Planspiel, das von dem W.Bfh. Dänemark, General d. Inf. v. Hanneken, unter Teilnahme der Kdr.e bis zu Btl.s-Kdr.en einschließlich, des Bevollmächtigten des Reiches, der Vertreter des Luftgaues X und des Stellv. Gen.Kdo. X, der Polizei und OT, geleitet wurde, befohlen. Es ist dabei festgestellt worden, daß der W.Bfh. bemüht ist, die bisherigen Besatzungstruppen zu wirklichen Verteidigungsverbänden umzubilden.

## 3. Zustand der Verbände

Die Zuführung von Verbänden in den Bereich WB Dänemark ist jedoch nicht möglich. So muß infolge von Neuaufstellungen auf eine ursprünglich vorgesehene Zuführung von 2 für bodenständigen Einsatz geeigneten Res.-Art.-Abt.en verzichtet werden; im Fall „Hanna" können dem WB Dänemark nur 2 Landessch.-Btl.e (statt 4) zugeführt werden. Die Verlegung von Pi-Ausbildungs-Btl.en muß ebenfalls abgelehnt werden.

Der W.Bfh. hat am 20. Januar um Genehmigung gebeten, die Sturm-Gesch.-Ersatz- und Ausbildungs-Abt. 400 in einsatzfähige und nichteinsatzfähige Teile zu trennen und die Ersatzeinheit in den Raum nördlich Viborg (Jütland) zu verlegen. Dieser Verlegung wird am 22. Januar durch WFSt zugestimmt.

Der Ausbildungszustand der 361. Inf.-Div. ist zufriedenstellend. Ende Januar fehlten jedoch noch Waffen, so daß Verwendungsbereitschaft erst zum 1. Februar erreicht werden konnte.

Die 20. Lw.-Feld-Div. ist im Rahmen des vorhandenen Personals und Materials zu einer Radfahr-Brig. umgegliedert worden. W.Bfh. Dänemark meldet am 7. Januar 1944 die erfolgte Umgliederung. Die Beweglichmachung ist gut fortgeschritten, die Waffenlage zufriedenstellend. Weitergehende Anträge personeller und materieller Art sind geprüft und das Ergebnis dem W.Bfh. Dänemark am 14. Januar mitgeteilt worden.

Die Ausstattung Dänemarks mit schweren Panzerabwehrwaffen, wie sie gemäß „Führerweisung 51" vorgesehen war, ist Anfang Januar 1944 bereits erfüllt. Eine Überprüfung der Panzer-Abwehr durch einen Sonderstab des Gen.-Inspekteurs der Panzertruppen hat jedoch einen weiteren Bedarf von 18 s. Pak. ergeben. Die Frage wird vom Heeresstab geprüft und dahingehend entschieden, daß dem WB Dänemark aus der Neufertigung laufend s.Pak. mit Zugmitteln zugewiesen werden.

WB Dänemark beantragte im Februar zur dichteren Belegung des Landes erneut die Verlegung von 2 Pi-Ausb.Btl.en in seinen Befehlsbereich. Dieser Antrag muß, da die wenigen vorhandenen Btl.e im Heimatkriegsgebiet dringend gebraucht werden, wiederum abgelehnt werden.

Auf Antrag des WB Dänemark auf Änderung der KStN veranlaßt WFStab die Erhöhung der KStN um je 4 Offiziere für jede Res.-Div.

—

Die Lage an der Ostfront erfordert, daß die 361. Inf.-Div. am 10. 3. dem GenStdH unterstellt und an die Ostfront abtransportiert wird. Als Ersatz wird dem WB Dänemark die 363. Inf.-Div., die bisher im Gen.-Gouvernement aufgestellt wurde und bis zum 1. 6. verwendungsbereit sein soll, zugeführt. Da die 363. Inf.-Div. noch große Lücken aufweist und der Ausbildungsstand mangelhaft ist, ist die Verteidigungskraft Dänemarks erheblich geschwächt. Um den besonders gefährdeten Raum Esbjerg nicht zu entblößen, unterstellt WB Dänemark das Luftwaffen-Jg.Rgt. 39 (20. Lw.-Feld-Div.) der 160. Res.-Div., die den bisherigen Abschnitt der 361. Div. mit übernimmt. Das OKW erklärt sich am 14. 3. mit dieser Absicht einverstanden.

Auf Grund der Mitteilung, daß 416. Inf.-Div. für anderweitige Verwendung vorgesehen ist (Fall „Tanne"), hat WB Dänemark eine Umbewaffnung der Art.-Abt.en, Verbesserung der Bewaffnung der 13. Kp.n und Ausbau der Pi-Kp. zu einem Btl. sowie Zuführung von Versorgungstruppen beantragt. Da 416. Inf.-Div. nach Ansicht des WFStabes in ihrer derzeitigen Gliederung für den Einsatz bei „Tanne" genügt, werden die Forderungen abgelehnt, Bereitstellung der Versorgungstruppen wird jedoch geprüft.

### 4. Sabotagetätigkeit

Eine Überprüfung der Frage der Überwachung der dänischen Gewässer gegen Sabotage und illegalen Personenverkehr hat zu einer Abgrenzung der Aufgabengebiete der beteiligten Dienststellen der Kriegsmarine, der SS und der Wasserschutzpolizei geführt. Ein entsprechender Befehl ergeht am 18. 1. an WB Dänemark.

Eine Reihe von Sabotage-Anschlägen, unter denen Vernichtung von Handelsschiffs-Neubauten besonders schwerwiegend sind, hat dazu geführt, daß als Sühnemaßnahmen eine Reihe fingierter Sprengstoffanschläge (Gegensabotage) durchgeführt worden ist.

Da nach Meldung der Kriegsmarine verschiedene Rettungsstationen an der Westküste Jütlands durch Heeresdienststellen für Unterbringungszwecke der Truppe in der HKL beschlagnahmt worden sind, befiehlt das OKW dem WB Dänemark, sofort sämtliche bisher beschlagnahmten Rettungsstationen frei zu geben und weitere Beschlagnahmen zu verhindern.

# D. Anlagen

## 1. Die Lage im Norden

nach Mitteilungen WFSt/Op(H)/Nord, Major d. G. Jordan

A. Norwegen 1. 2. 44 12.00

1. *Operative Fragen*

Für *Deutschland* ist *Norwegen* von entscheidender Bedeutung, weil es aus Norwegen Erz und aus Petsamo, wo 95 % des europäischen Nickelvorkommens vereinigt sind, dieses sonst nicht erreichbare Metall bezieht. Außerdem fließen Deutschland aus Norwegen noch andere wehrwirtschaftlich wichtige Materialien (Schwefelkies u. a. m.) zu. Ferner wird die Wasserkraft Norwegens für die Aluminiumgewinnung ausgenutzt. Für die *Sowjets* spielt der Nordraum eine große Rolle, weil über den eisfreien Hafen von Murmansk Einfuhr nach Rußland zu jeder Jahreszeit möglich ist. Eine Offensive der Sowjets in Richtung Nordnorwegen würde bedeuten, daß die Sowjets über die angloamerikanischen Absichten hinweggehen, die mit einem Auftreten der Sowjets am offenen Meere selbst sich nicht abfinden könnten. Bei dem z. Z. bestehenden Verhältnis ist daher nicht anzunehmen, daß die Sowjets eine Offensive im Nordraum antreten werden. Die *Angloamerikaner* könnten durch einen Vorstoß in den Norden das Kriegsende herbeiführen, sofern es ihnen gelingen würde, Deutschland von den Nickelzufuhren abzuschneiden. Es könnte sie zudem anreizen, daß sie den Russen zuvorkommen würden und über Schweden bis zur Ostsee vorstoßen könnten.

2. *Die gefährdeten Zonen*

Bei dem Aussuchen von Angriffsräumen in Norwegen kommen ganz andere Gesichtspunkte in Betracht als im Osten und in Italien. Der Angreifer hat überall mit Steilküste zu rechnen, aber überall gibt es innerhalb der Schären ruhige Wasserflächen und auch geeignete Möglichkeiten zum Ausbooten. Im Norden sind daher die Straßen und Bahnen entscheidend, da der Angreifer nur dann zum Erfolg kommt, wenn er in den Besitz einer Straße oder Bahn kommt, die ihn von der Küste in das Innere des Landes hineinleitet. Es gibt unter diesem Gesichtspunkt folgende Möglichkeiten:

a) Der Feind kann *ganz im Norden* — angreifen, ist dann aber darauf angewiesen, daß auch die Sowjets in südwestlicher Richtung vorstoßen, um die deutsche Stellung um das Nordkap durch Zangenangriff aus den Angeln zu heben. Dort aber befindet sich nur eine Straße, die im Winter nicht schneefrei ist. (Erst die südlich anschließende, die schon einen weiteren Durchbruch in das Hintergelände voraussetzen würde, ist schneefrei.) Solange die angloamerikanisch-russische Rivalität im Nordraum besteht, ist nicht ernstlich mit dieser Möglichkeit zu rechnen.

b) Eine weitere Möglichkeit liegt in der Wegnahme des *Raums um Narvik*. Aber von hier führt nach Schweden keine Straße, sondern allein die Erzbahn, die über eine Höhe von 1700 m hinwegführt und leicht so gründlich zerstört werden kann, daß sie für sehr lange Zeit ausfällt.

c) Die südlich anschließende Möglichkeit bietet sich bei *Drontheim* an. Da ein Frontalangriff hier schwierig ist, müßte der Gegner versuchen, die Stellung durch Zangengriff von Namsos und von Andalsnes aus aufzubrechen. Von hier aus hätte er dann Bahn- und Straßenverbindung nach Norwegen hinein.

d) Da der *Raum um Bergen* praktisch eine Insel darstellt, weil die Straße nach Oslo eine 10 km breite Fährstelle passiert, ist hier keine lockende Möglichkeit für einen Angriff gegeben. Auch von der *Südspitze Norwegens* aus können größere Operationen schwer eingeleitet werden; denn, wenn hier auch geeignete Anlandemöglichkeiten sind, so führt doch nur eine Hauptstraße, die dicht an der Küste liegt und leicht gesperrt werden kann, nach Oslo hin. Die nächste ernstlich zu erwägende Möglichkeit ist also erst wieder bei *Oslo selbst* gegeben, wobei es möglich ist, daß auch hier der Angriff nicht frontal vorgetragen wird, sondern von den Flanken aus. Wird er von beiden Seiten geführt, so setzt das voraus, daß die Schweden sich mit einer Landung abfinden. Diese Operation ist aber nur möglich zusammen mit einer Landung in Jütland, deren Aufgabe es ist, die dort vorhandenen Flugplätze in der Flanke des angloamerikanischen Vorgehens möglichst bald wegzunehmen.

Praktisch laufen diese Überlegungen also darauf hinaus, daß für großräumige Operationen im Nordraum unter den gegebenen politischen Verhältnissen nur mit einem Stoß gegen den Raum von Drontheim und mit einem Stoß von Süden aus gegen Oslo, der mit der Wegnahme von Jütland verbunden ist, gerechnet zu werden braucht. Der Stoß gegen Drontheim wäre möglicherweise aufzufangen; gelänge der Stoß von Süden aus, bräche die Nordfront zusammen, er wäre also kriegsentscheidend.

Bei den Überlegungen der Angloamerikaner wird von entscheidender Bedeutung sein, daß ihre Luftwaffe gerade noch den Raum von Drontheim und mit Zusatztanks nur noch etwas weiter in das Land hineinreichen kann. Eine Großlandung bedarf also der Unterstützung durch Flugzeugträger, die nicht nur empfindlich gegen die eigene Luftwaffe und U-Boote sind, sondern auch bei stärkerem Seegang ausfallen. Bei der Sicherheitstaktik, die die Angloamerikaner jetzt in Italien wieder als für sich maßgebend gezeigt haben, ist es daher sehr fraglich, ob der Gegner ein solches Risiko eingehen wird.

3. Norwegen selbst weist eine Reihe von *Flugplätzen* auf. Es müßte also das Ziel des Feindes sein, sie möglichst bald in die Hand zu bekommen. Falls

ihm auch nur einer in die Hand fällt, tritt eine wichtige Verschiebung in der Verteidigung Norwegens ein. Die Flugplätze im Innern des Landes fallen durch Nebel oft aus. Gute Flugplätze liegen daher nur an der Küste, und sie sind daher vom Inland aus oft schlecht zu erreichen. Die drei besten liegen ganz im Süden, zwei weitere bei Bergen, aber sie sind nicht so gut. Bei Drontheim kommt ernstlich nur ein einziger in Frage. Diese Objekte spielen also bei der Verteidigung eine wesentliche Rolle, da sie unter allen Umständen in eigener Hand bleiben müssen.

4. Neben Großlandungen ist auch mit der Möglichkeit zu rechnen, daß der Gegner örtliche Unternehmungen veranstaltet, etwa um den deutschen Schiffsverkehr durch die Schären zu unterbinden. Könnte er sich nördlich von Drontheim, wo keine Verlagerung des Nachschubs auf die Eisenbahn möglich ist, festsetzen, so würde er den Verkehr zum Norden und zur 20. Geb.-Armee gefährden. Weiteres Ziel solcher örtlicher Unternehmungen könnten die U-Boot-Basen Bergen und Drontheim sein. Da aber Angriffe mit solchem Ziel auch aus dem Heimatbereich selbst geführt werden können, ist die Möglichkeit nicht sehr groß anzuschlagen, daß der Feind aus diesen Gründen zu solchen Unternehmungen schreitet. Besonders gefährdet sind unter diesem Gesichtspunkt die Flugplätze (s. o.).

5. Nach der Besetzung Norwegens bestand der Gedanke, nur die Häfen zu besetzen und die Inseln vor der Küste als gleichgültig zu behandeln. Da aber das Offenhalten des Seeweges nach Norden notwendig geworden ist, ergab sich daraus, daß die Truppen dazu verwendet wurden, *einen Sicherungsschleier vor den Schiffahrtsweg* zu legen. Daraus hat sich ergeben, daß die im Norden eingesetzten Divisionen zu allergrößten Teilen in Art einer Vorpostenaufstellung aufgegliedert sind, bei der jeder einzelne Teil zu schwach ist, um bei einem energischen Zupacken des Gegners auf die Dauer Widerstand leisten zu können. Einzelne Divisionen haben einen Abschnitt von über 200 km Luftlinie, was bei der Vielzahl von Inseln, Buchten und Vorsprüngen auf das Mehrfache an Kampflinie hinausläuft. Auf diese Weise sind an der Küste 10 Divisionen eingesetzt. 3 Divisionen stehen in Reserve.

6. Der *Kampfwert dieser Verbände* ist bei aller Straffheit, die aufrecht erhalten geblieben ist, eine offene Frage. Es gibt zu denken, daß die 25. Pz.-Div., die von Norwegen aus dem Osten zugeleitet wurde, hier sehr schnell versagt hat. Es kann kein Zweifel sein, daß der lange kampflose Einsatz ohne die Möglichkeit, die Verbände zusammenzufassen, in Verbindung mit den langen Nächten im Winter sich ungünstig auswirken muß. Es ist daher bei einer Division ein personeller Austausch erfolgt. Dagegen ist es nicht möglich gewesen, diese Maßnahme weiter fortzuführen; denn wenn der Aus-

tausch wieder geplant war, tauchte eine Meldung auf, wonach der Norden plötzlich wieder als gefährdet anzusehen war, oder es ergab sich sonst ein Umstand, der einem Austausch entgegenstand. Außerdem hat der Norden zugunsten des Ostens dauernd gutes Menschenmaterial abgeben müssen (im letzten Dreivierteljahr etwa 12 000 Mann). Dafür ist dem Norden Ersatz aus dem Jahrgang 1925 zugewiesen worden. Bei den Offizieren liegt das Alter verhältnismäßig hoch, es fehlt der junge Leutnant. Ferner weisen die Divisionen in Norwegen organisatorische Lücken auf; alle Divisionen sind nur zweigliedrig, zum Teil haben sie nur 1 Pi-Kompanie u. a. m.

7. In Norwegen sind eingesetzt: 190 Heeresküstenbatterien und 60 Marineküstenbatterien, zusammen also *250 Küstenbatterien*. Ihr Wert ist jedoch verschieden. Die Mar.-Küst.-Batterien sind durchweg als gut zu bezeichnen. Die Heeresküstenbatterien sind zu einem guten Teil mit Beutebatterien ausgerüstet. Sie schießen zum Teil zu langsam und sind für die Bekämpfung von Seezielen ungeeignet. Die Aufstellung wird dadurch schwierig, daß das Schanzen ungeheuer erschwert ist. In dem Küstengelände müssen die Geschütze auf Gestein gestellt werden. In den Boden hineinzukommen ist nur durch Sprengung möglich. Der geeignete Einbau ist daher eine Transportraumfrage, denn Beton, Holz, Betriebsstoff, Sprengmittel müssen mühsam herangeschafft werden. Was mit Schiffen herangebracht werden kann, wird aber vor allem durch die Großbauten geschluckt, nämlich die U-Boot-Bunker, die Flugplätze und dann die 4 schwersten Batterien, von denen zwei bei Narvik stehen, eine bei Drontheim und eine bei Bergen. Diese 4 Schwerstbatterien, um die sich der Führer immer besonders gekümmert hat, sind als eine wesentliche Verbesserung der Verteidigungskraft anzusprechen. Es handelt sich zum Teil um 40-cm-Geschütze, die Seeziele bekämpfen können und die jetzt so unter Beton gebracht sind, daß sie den Kampf mit schwersten Seegeschützen aufnehmen können. Zu ihrer Verteidigung ist je 1 Btl. eingesetzt.

8. Die Verteidigung Norwegens ist auf der Annahme aufgebaut, daß *Schweden* sich neutral verhält. Wäre mit einem Angriff Schwedens zu rechnen, dann wäre Norwegen in seiner ganzen Länge nicht zu halten, da die schwedische Grenze bei Narvik nur 20 km, bei Drontheim 40 km von der Westküste abliegt. Da in der letzten Zeit in Schweden die Wehrmachtspitzen mit mehr rechtsgerichteten Männern besetzt worden sind, ist im Augenblick nicht mit solchen Absichten bei der schwedischen Wehrmacht zu rechnen. Wie die schwedische Regierung sich verhält, bleibt völlig abhängig von der Entwicklung der allgemeinen Lage. Deshalb läßt sich auch nicht sagen, wie sich Schweden im Falle einer Landung angloamerikanischer Truppen auf schwedischem Boden verhalten würde, ob dann etwa nur ein scheinbarer oder ein wirklich ernstgemeinter Widerstand geleistet würde. Der Wehrmachtbe-

fehlhaber hat einem Kriegsspiel die Möglichkeit eines Angriffs auf Oslo, dem ein Landen auf schwedischem Boden vorausgegangen ist, zugrunde gelegt. Das Ergebnis hat den Chef WFStab voll befriedigt, und er hat deshalb den Befehl gegeben, für eine solche Lage einen Befehl des OKW auszuarbeiten.

Die schwedische Wehrkraft ist ziemlich hoch einzuschätzen. Der Soldat wird gut beurteilt. Schweden verfügt über etwa 14 Divisionen und über eine leistungsfähige Rüstungsindustrie. Die Luftwaffe soll gut sein, aber es fehlt ihr an Betriebsstoff. Die Panzerwaffe ist völlig unzureichend. Ferner mangelt es Schweden an schwerer Pak. Die Frage, ob man der Gefahr eines schwedischen Angriffs offensiv begegnen könne, ist vor etwa einem Jahr geprüft worden, es hat sich herausgestellt, daß dies nicht möglich ist. Es kommt also darauf an, im Falle eines angloamerikanischen Vorstoßes gegen den Nordraum frühzeitig Erfolge zu erringen, um den nach Westen neigenden Kreisen Schwedens die Lust zu einem Heraustreten aus der Neutralität zu nehmen. Zu unseren Gunsten spricht, daß Schweden sich bewußt ist, welchen starken Gegendruck wir gegen den noch nach Göteborg laufenden Verkehr, der für Schweden lebenswichtig ist, ausüben können.

9. Es ist vom WFStab unter dem Eindruck des Ergebnisses, den die oben angeführten Erwägungen für die Angriffsmöglichkeiten im Nordraum ergeben haben, vorgeschlagen worden, aus Norwegen *Kräfte abzuziehen* (214. Div. oder die Pz.-Div. „Norwegen", die aus Tarnungsgründen so genannt wird, in Wirklichkeit aber nur ein verst.Radf.Rgt. darstellt). Der Führer hat dies immer abgelehnt, da er nicht gewillt ist, ein solches Risiko im Norden zu laufen und weil er die Heereslage in Verbindung mit dem Gesichtspunkt der Kriegsmarine (s. u.) sieht. Nur für den Fall „Blume" ist in Aussicht genommen, aus Norwegen zwei Divisionen wegzuziehen, da dann anzunehmen ist, daß der Gegner nicht gleichzeitig noch eine Großlandung im Norden vornehmen wird. Doch hat der Heimatstab Übersee für diesen Fall darauf hingewiesen, daß es nicht sicher sei, ob der Feind dann nicht mit aller Macht eine Überführung dieser beiden Divisionen über Dänemark stören wird.

10. *Verstärkungen* sind für Norwegen nicht vorgesehen. An s.Pak verfügt Norwegen über 400 Stück. Diese Zahl soll paketweise erhöht werden. Sie stark in die Höhe zu treiben, wird nicht für erforderlich angesehen, da sich aus der Beurteilung Norwegens unter diesem Gesichtspunkt, die vor einiger Zeit der Oberst Michalek im Auftrage des Insp.d.Pz.-Tr. durchgeführt hat, noch einmal die Gewißheit bestätigte, daß es in Norwegen nur sehr geringe Möglichkeiten für eine Entfaltung der *Panzerwaffe* gibt. Im wesentlichen kommt für sie nur der Raum um Stavanger in Betracht, der für Panzer sehr günstig ist, aber (s. o.) keine großen Möglichkeiten zu operativer Entfaltung bietet.

11. Die Schwierigkeiten der *Führung im Norden* sind völlig ungewöhnlich. Der Meldeweg kann, falls der Schiffsweg notwendig ist und Ungunst des Wetters dazu tritt, Wochen dauern. Bis Drontheim können Verschiebungen mit der Bahn vorgenommen werden. Darüber hinaus erfordern sie gleichfalls Wochen und sind, auch wenn es sich um Straßenverschiebungen handelt, von den Schiffsverhältnissen abhängig, da die Straßen streckenweise auf Fährbetrieb angewiesen sind. So wird die Reichsstraße 50 durch 8 Fährstellen unterbrochen, die bis zu 10 km breit sind. Diese Straße wird im Winter schneefrei gehalten bis Lakselv. Dafür sind zum Teil kilometerlange Tunnelbauten und Schneegatter beschafft worden. Von Lakselv aus ist es dann möglich, auf der schneefrei gehaltenen Südstraße die 20. Geb.-Armee zu erreichen.
Für diese Arbeiten ist Holz erforderlich, das im hohen Norden nicht[a] vorhanden ist und deshalb mühsam herangebracht werden muß. Es erfordert bei seiner Sperrigkeit besonders viel Schiffsraum.

12. Im Norden sind noch *1,5 Mill. BRT* eingesetzt. Zuständig hierfür ist militärisch der Heimatstab Übersee, im übrigen der RKS. Der Verkehr wird durch die Schären geführt, wo die Einfahrt an den wichtigen Stellen durch Batterien geschützt ist. Außerdem ist dieser Seeweg durch breite Minengürtel gegen feindl. Vorstöße abgeschirmt. Trotzdem ist es erstaunlich, daß der Feind nicht größere Anstrengungen macht, um den Verkehr nach Norden zu stören. Ungehindert bewegen sich täglich bis zu 80–90 Schiffe auf dieser Fahrt, so daß der bisher aufrecht erhaltene Zustand als vorzüglich bezeichnet werden kann.

13. Die *Luftwaffe* im Norden ist z. Zt. sehr schwach, jedoch ist die Bodenorganisation so ausgebaut und die Bevorratung so durchgeführt, daß deutscherseits Verbände von großer Stärke aufgenommen werden können.

14. Bis zur Wiederherstellung der „Tirpitz", mit der ab April zu rechnen ist, verfügt die Kriegsmarine nicht über die Möglichkeit, ihre größeren Einheiten zum Tragen zu bringen. Dadurch ist es dem Gegner jetzt möglich, wieder Geleite durch das Nordmeer zu führen. Allerdings hat er dabei gerade in der letzten Zeit empfindliche Verluste davongetragen.

15. Die *Bevorratung des Nordens* ist für 9 Monate befohlen und im wesentlichen auch durchgeführt worden. Am schwersten ist es, Baracken zu erstellen und das notwendige Rauhfutter bereitzulegen. Daher ist es auch nicht möglich, im Norden Gebirgstruppen einzusetzen, die für das Gelände am besten geeignet wären, weil die zu ihnen gehörenden Tragtiere zu viel Rauhfutter erfordern würden. Erst recht ist es nicht möglich, motorisierte Ge-

a Im Original: „ist"

birgstruppen in den Norden zu verlegen, weil die Bevorratung mit Betriebsstoff zu viel Schiffsraum erfordern würde.

16. Lange erörtert worden ist die Frage des Baus einer *Eisenbahn* bis nach Kirkenes, für die sich der Führer persönlich besonders interessiert. Es handelt sich hier um ein Projekt, das einen Bahnbau in einem Raum mit Hochgebirgscharakter über 1500 km bedingt. Zur Zeit wird, da die Fertigstellung einer solchen Bahn viele Jahre erfordern würde, nur noch das Projekt des Bahnbaus bis Narvik erwogen. Führt man die Bahn entlang der Reichsstraße 50, dann muß man vier Fährstellen von beträchtlicher Breite in Kauf nehmen. Oder man führt sie entlang der schwedischen Grenze, kommt dann aber auf eine Höhe von 2000 m. Die Entscheidung ist jetzt zugunsten der Küstenstrecke gefallen. In diesem Jahre soll noch die Strecke bis Fauske fertiggestellt werden. Dieses Unternehmen legt einen guten Teil der zur Verfügung stehenden Kräfte und der Baustoffe fest. Zum Bau eingesetzt sind im wesentlichen Kriegsgefangene, von denen sich z. Zt. etwa 40—50 000 in Norwegen befinden.

17. Die *Verwaltung Norwegens* wird durch den Reichskommissar Gauleiter Terboven in Zusammenarbeit mit der norwegischen Regierung des Ministerpräsidenten Quisling geführt. Es gibt zur Zeit in Norwegen keine Operationszonen, so daß der Reichskommissar bis in den hohen Norden zuständig ist. Daß im Ernstfalle Mittel- und Nordnorwegen Operationszone werden muß, ergibt sich aus der Lage. Der Reichskommissar hat im vorigen Jahr versucht, einen eigenen Bereich in Südost-Norwegen auszugliedern, in dem er mit seinen Polizeikräften die Sicherheit aufrecht erhalten und den Kampf gegen Banden durchführen wollte. Der WFStab steht auf dem Standpunkt, daß in diesem Raume die Reservedivisionen die Bekämpfung der möglicherweise auftretenden Banden viel besser durchführen können als die Polizeikräfte des Reichskommissars, die besser im Werkschutz und an der schwedischen Grenze eingesetzt sind, da der Werkschutz schon jetzt zu einem guten Teil durch die Wehrmacht durchgeführt werden muß.

18. Zur Zeit ist die *Sabotage- und Bandentätigkeit* in Norwegen sehr gering. Es handelt sich hier immer um Kräfte, die von außen nach Norwegen eindringen. Die ansässige Bevölkerung macht keine ernstlichen Schwierigkeiten. Im Ernstfall ist jedoch damit zu rechnen, daß große Schwierigkeiten auftreten. Es ist jederzeit möglich, Aktivisten von der Küste aus einsickern zu lassen. Auch ist damit zu rechnen, daß solche Trupps über die schwedische Grenze, die nur ganz notdürftig beobachtet werden kann, eindringen und dann versuchen könnten, die Kriegsgefangenen auf ihre Seite zu ziehen. In diesem Falle wäre auch mit schweren Störungen des Eisenbahnnetzes zu rechnen, das ja ungemein empfindlich ist und so viele Kunstbauten

besitzt, daß eine Sicherung ganz außerhalb des Bereichs der vorhandenen Kräfte liegt. Aus diesem Grunde werden dem W.Bfh. Norwegen auch noch die 4 Eisenbahn-Pi-Kompanien belassen, obwohl sie in Italien und in anderen Räumen dringend erforderlich sind.

B. Finnland 4. 2. 44

1. *Die geographischen Gegebenheiten*

Bei den auf der Karte verzeichneten Orten handelt es sich immer nur um eine oder mehrere Hütten. Mehr Menschen wohnen nur entlang den Bahnen. Es handelt sich um Krüppelwald mit Fels, im Norden um ein Gebiet von Tundra-Charakter, das im Steilhang zur Küste abfällt. In der Mitte breiten sich Sümpfe und Seen aus. Dazwischen zieht sich ein felsiges Mittelgebirge hin. Das bedeutet also, daß nur ein Marschtempo von 1 km/Stunde erzielt werden kann. Außerhalb der Wege sind Tragtiere nicht zu verwenden. Alles muß also auf menschlichen Schultern herangeschafft werden. Krieg läßt sich nur entlang den Bahnen und Straßen führen. Die Möglichkeit zu Umgehungen ist begrenzt. Die Aufstellung von Dauden ist nicht möglich, da Ortschaften an die sich die Verpflegung anschließen könnte, nicht vorhanden sind. Möglich sind daher nur Fernkampftrupps. Dabei ist zu bedenken, daß für einen Verwundeten vier Träger notwendig sind. Es ist also unmöglich, kleinere Kommandos vorzuschicken.

2. *Stellungen*

Es handelt sich im Winter um Schneestellungen, im Sommer ist der Ausbau eigentlicher Stellungen sehr erschwert, da er nur mit Hilfe von Sprengungen durchzuführen ist. Die kurzen Nächte machen es unmöglich, intensive Arbeit zu leisten, denn an einzelnen Stellen liegen sich die Gegner bis auf 100 Meter gegenüber. Obwohl es sich um eine „ruhige Front" handelt, haben die eingesetzten 5 Divisionen im Laufe des Dezember doch 410 Mann Verluste gehabt, darunter 75 Tote. Der Charakter dieser Gegend macht nur den Einsatz von Gebirgstruppen möglich. Das AOK liegt in Rovaniemi, d. h. 500 km abgesetzt von dem einen Flügel, aber dies ist der einzige Ort, von wo aus die verschiedenen Abschnitte erreicht werden können.

3. *Die Versorgung*

Da der Bottnische Meerbusen im Winter zufriert, muß die Versorgung in diesen Monaten über die südfinnischen Häfen geleitet werden. Es ist deshalb notwendig, einen großen Teil der Versorgung im Schiffstransport um das Nordkap herum heranzuführen. Der Feldbahnbau macht große Schwierigkeiten, eine bereits gebaute Strecke ist nach dem Auftauen wieder im Sumpf versunken. Jetzt ist eine Bahn bis Kusano geführt worden. Dadurch ist die Entfernung zur Front von 300 auf 150 km herabgesetzt.

4. *Der Schiffsverkehr*

um das Nordkap muß etwa 300 km über mehr oder weniger offene See geführt werden, ist also dem britischen und russischen Zugriff ausgesetzt. Häfen fehlen, es kommen nur Petsamo und Kirkenes in Betracht. Petsamo liegt nur 10 km von der vom Feinde besetzten Fischerhalbinsel entfernt, kann also eingesehen werden. Im Sommer liegt daher das Schwergewicht auf Kirkenes. Von hier sind es 60 – 100 km bis zur Front. Die Kapazität der Häfen ist gesteigert worden. Schwierig ist es, die Versorgung nach Süden hin aufzulockern, denn das bedeutet, daß die Güter erst von der Front weggefahren werden. Es handelt sich darum, 100 000 Mann auf 9 Monate zu bevorraten und dazu die Verpflegung für die Maultiere der Geb.-Truppen sicherzustellen.

5. *Operationsmöglichkeiten*

Im Jahre 1941 sind überall Vorstöße gegen die Murman-Bahn versucht worden, doch haben sie nur im finnischen Abschnitt Erfolg gehabt. Der Grund liegt darin, daß nur schwache Kräfte eingesetzt werden können, da starke eine zu umfangreiche Versorgung beanspruchen. Außerdem geht der Aufmarsch nur langsam vonstatten, er erfordert 4–6 Wochen. Den Sowjets steht dagegen die elektrifizierte Murman-Bahn mit verschiedenen Stichbahnen zur Verfügung. Selbst wenn es also gelingt, die Bahn abzuschneiden, dann ist der Gegner sogleich imstande, von Norden und Süden überlegene Kräfte heranzuführen, die die eigenen entweder abschneiden oder zum Ausweichen zwingen würden. Deshalb sind die vorbereiteten Unternehmungen „Wiesengrund" (Besetzung der Fischerhalbinsel) und „Lachsfang" (Vorstoß gegen die Bahn im Mittelabschnitt) wieder abgeblasen worden. Bei dem Unternehmen „Wiesengrund" fehlten die erforderlichen Schiffe und die zusätzlich benötigte Division, die nicht zu versorgen war. Das Unternehmen „Lachsfang" konnte nicht durchgeführt werden, da eine zusätzliche Division und Heerestruppen wegen des Vorhabens im Raum von Leningrad nicht zur Verfügung standen. Die Voraussetzung war, daß Leningrad selbst genommen wurde; sie konnte nicht geschaffen werden.

6. *Verhältnis zu Finnland*

Die Finnen erheben (nicht zu Unrecht) den Vorwurf, wir hätten die Zusagen, die wir ihnen gemacht hätten (u. a. die Einnahme von Leningrad) nicht erfüllt. Jetzt müssen die Finnen wegen ihrer Front am Swir besorgt sein. Die politische Krise, die im Oktober ihren Höhepunkt erreicht hatte, kann jetzt als beseitigt angesehen werden. Was aber geschieht, falls die Finnen doch noch auf Verhandlungen eingehen oder falls sie eine Niederlage erleiden? Dann würde die Versorgung der 20. Geb.-Armee von Süden aus unterbunden und die Flanke der Armee aufgerissen sein.

7. Im Hinblick auf diese Möglichkeit ist die *„Weisung 50"* erlassen worden. Erwogen wurde

a) eine Zurückführung über Finnland und über Nordnorwegen,

b) ein Belassen deutscher Kräfte im Nordraum, um das dortige Nickelvorkommen weiter ausnutzen zu können.

Diese zweite Möglichkeit wurde gewählt. Durch die Feststellung des Gen.-Oberst Dietl ergab sich, daß die bei der Weisung mit einbezogene Straße entlang der schwedischen Grenze im Winter nicht schneefrei ist und in diesem Raum gar kein Holz zur Verfügung steht. Ein Abmarsch in diesem Raum ist daher im Laufe des Winters nur über Ivalo möglich.

Dem Geb.-AOK 20 ist nunmehr befohlen worden, den rechten Flügel, auf dem dann eine bis zwei Divisionen genügen, zurückzunehmen, eine Division, falls dies noch möglich ist, nach Süden abfließen zu lassen, eine Div. an der Grenze einzusetzen und 2 Div.en über Ivalo zurückzuführen. Der dafür erforderliche Ausbau ist im Gange und wird bis zum Sommer durchgeführt sein. Die Sicherstellung des erforderlichen Holzes läuft. Zur Zeit ist die Lage nicht als bedrohlich anzusehen, da etwa 150 000 Deutsche 100 000 Russen gegenüberstehen. An einen Abzug deutscher Kräfte wird jedoch nicht gedacht, da dies einerseits schwierig ist, andererseits auf finnische Einwände stoßen würde.

8. Die Forderung, die Marschall Mannerheim auf die Ankündigung der Zurücknahme der H.Gr.Nord, die mit dem Angebot weiterer deutscher Unterstützung verbunden war, gestellt hat, läuft darauf hinaus, daß der Abschnitt Uchtua am rechten Flügel der 20. Geb.-Armee, der früher schon zu dessen Abschnitt gehört hat, wieder von diesem übernommen wird. Diese Forderung, die im Hinblick auf die Lage als sehr gemäßigt zu bezeichnen ist, wird erfüllt werden.

9. *Zustand der Truppe*

Dieser ist als sehr gut zu bezeichnen. Der Gedanke, diese ausgezeichneten Kräfte personell auszutauschen, um sie an anderen Fronten zum Tragen zu bringen, ist wegen der Transportschwierigkeiten nicht durchführbar. Dagegen werden der 20. Geb.-Armee dauernd Unterführer weggenommen (bisher etwa 7000). Jährlich werden jetzt 2000 Unteroffiziere gegen jungen Ersatz ausgetauscht. Von der letzten Quote sind 1300 bereits weggezogen.

gez. Schramm

C. Dänemark 12. 2. 44

1. *Einsatz der eigenen Kräfte*

Nachdem befohlen worden ist, die Verteidigung Dänemarks mit Nachdruck zu verstärken, sind die 6 Divisionen in Dänemark wie folgt eingesetzt worden:

um den Hafen von Esbjerg die 361. Div.,
an der Westküste die 160. und 166. Res.-Div.,
an der Spitze von Jütland die 416. Div.,
an der Ostküste die 20. Lw.-Feld-Div. und die 233. Res.-Pz.-Div.

Der Wert dieser Verbände ist sehr unterschiedlich. Unter ihnen befindet sich nur eine normale Division, nämlich die *361. Div.*, eine Neuaufstellung 21. Welle; von ihr sind bei Esbjerg selbst nur einige Bataillone eingesetzt, die übrigen betreiben noch Ausbildung. Die Aufstellung ist abgeschlossen. Der Wert der *160. und 166. Res.-Div.* ist schwankend, je nach dem Zeitpunkt der letzten Abgabe. Da das Stammpersonal sehr gut und das Menschenmaterial an sich gut ist, ist beiden Divisionen ein gewisser Gefechtswert doch zuzusprechen. Ihre Bewaffnung wird weiter verbessert. Die *416. Div.* ist zwar eine Division des Feldheeres, findet in ihm aber keine Parallele, da es sich von Haus aus um Landesschützeneinheiten handelt. Zu ihr gehören daher ältere Mannschaften; außerdem besteht sie nur aus 2 Regimentern. Die *20. Lw.-Feld-Div.* ist in Wirklichkeit nur eine Radfahr-Brigade, deren innerer Wert dem der übrigen Lw.-Felddivisionen gleichkommt.

Die *233. Res.-Pz.-Div.* ist nach dem Werte wohl der beste Verband, doch trifft auf ihn das Gleiche zu wie auf die beiden Inf.-Res.-Divisionen. Die Bewaffnung ist verhältnismäßig gut (etwa 50 Panzer, davon etwa 20 von vollwertigem Typ). Sie und die 20. Lw.-Feld-Div. bilden die bewegliche Reserve des Befehlshabers Dänemark.

2. *Die Gefährdung Dänemarks*

An der Westküste ist eine Landung erst von Esbjerg an möglich. Nach Süden hin wird sie durch das Wattenmeer unmöglich gemacht. Der Hafen von Esbjerg ist nach Süden hin noch durch das Wattenmeer geschützt, von Westen aus hat er als Zugang eine schmale Rinne. Es ist daher anzunehmen, daß der Feind bei einer Landung in diesem Raum nördlich landen und dann Esbjerg von hinten aus umfassend angreifen wird. Deshalb ist zur Sicherung dieses Hafens hier eine ganze Division eingesetzt und die anschließende Küste durch 2 Divisionen gesichert. Am rechten Flügel der 166. Div. teilt der Ringkjöbing-Fjord die Nordspitze von Jütland derart ab, daß sie praktisch als Insel anzusehen ist. In diesem ganzen Raum gibt es nur noch kleine Fischerhäfen. Der nächste brauchbare Hafen ist daher erst Aalborg in Nordjütland, das wieder für große Schiffe brauchbar ist, außerdem durch drei Flugplätze anlockt. Aber dieser Hafen ist nur von Osten aus zugänglich. Er müßte also schon durch Luftlandekräfte angegriffen werden. Eine Landung an der Ostküste oder auf den dänischen Inseln selbst ist nicht in Rechnung zu stellen, solange Jütland noch im eigenen Besitze ist, da der Feind dann bei der Anfahrt eine lange Flanke böte und seinen Nachschub unseren Luftstreitkräften aussetzte. Mit einer feindlichen Landung in Nordjütland ist praktisch nur zu rechnen im Zusammenhang mit einer Landung in Südnorwegen (s. vorige Aufzeichnung). Das Gelingen eines solchen Doppelstoßes könnte sich kriegsentscheidend auswirken, aber er bedeutet für den Feind sowohl zur See wie in der Luft ein großes Wagnis; deshalb wird zur Zeit nicht mit dieser Möglichkeit gerechnet. Dort, wo kein Wattenmeer vorhanden ist, eignet sich die Küste überall zur Anlandung. Könnte sich der Feind in Nordjütland festsetzen, so wäre wegen der inselförmigen Abtrennung ein Gegenstoß schwer zu führen.

Innerhalb des Landes bieten sich keine Hindernisse an. Überflutungen wie in Holland sind nicht möglich, die Straßen sind überall gut.

3. *Als Ziel feindlicher Vorstöße*
sind besonders die dänischen Flugplätze ins Auge zu fassen: Einer bei Esbjerg, drei bei Aalborg und mitten im Lande der Flugplatz Grove, der einer der größten Flugplätze Europas überhaupt ist.

Für die eigene Verteidigung hat ferner besondere Bedeutung der Stützpunkt Hansted an der Nordwestspitze Jütlands; denn hier ist eine 38-cm-Batterie der Kriegsmarine aufgestellt, der eine Gegenbatterie in Südnorwegen entspricht. Beide können das Skagerrak sperren bis auf eine nicht gedeckte Zwischenzone von 10 km Breite. Diese Batterie wird unterstützt bzw. geschützt durch eine 17-cm-Batterie, eine 10,5-cm-Batterie, 3 7,5-cm-Batterien, Flak und 1 Inf.-Bataillon. Im Stützpunkt Hansted sind also mehrere 1000 Mann zusammengefaßt. Die Batterie ist als besonders luftgefährdet anzusehen. Es ist jedoch nur möglich gewesen, Splitterschutz zu schaffen; ihr Wert ist daher umstritten.

4. An *Heerestruppen* stehen dem W.Bfh. Dänemark zur Verfügung:
   1 Sturmgesch.-Ers.-Abt. von etwa 4000 Mann, aber mit nur 20 Sturmgesch.,
   1 Artl.-Abt. (15 cm) bei Esbjerg,
   5 Ostbataillone, die an der Küste und auf dem Flugplatz Grove eingesetzt sind,
   1 Pi-Ausbildungs- und Ersatz-Rgt., das bei Esbjerg und Fredericia untergebracht ist,
   ferner 1 Marschbtl. und 5 Genesenen-Bataillone auf den Inseln, die lediglich imstande sind, die Ordnung im Lande aufrecht zu erhalten.

An Küstenartillerie gibt es zur Zeit etwa 17 Heeresküstenbatterien mit Beutegeschützen, die jetzt, soweit es möglich ist, verstärkt werden, ferner 10 Marineküstenartl.-Batterien, die zum Teil gut, zum Teil von den Dänen übernommen und ohne großen Wert sind. Es besteht die Absicht, noch größere Geschütze nach Esbjerg zu bringen.

5. Als Verstärkungen bei einem großen Angriff gegen Dänemark ist die Zuführung von 2 Gen.-Kommandos mit 4 – 5 Divisionen und von Heeres-

artillerie in Aussicht genommen, doch ist damit zu rechnen, daß im gegebenen Falle ein Teil der vorgesehenen Verstärkungen bereits anders eingesetzt ist. Diese Zuführungen werden meist aus dem Westen kommen müssen, da die noch im Heimatkriegsgebiet untergebrachten Verbände wohl schon vergeben sein werden. Für den Fall „Blume" ist die *Abgabe* der 361. Div. und einer Artl.-Abt. vorgesehen, da in dem Fall eines Angriffs auf Frankreich nicht mehr mit einer Großlandung in Dänemark gerechnet wird. Für den Fall „Falke" (Angriff gegen Norwegen) soll der Wehrm.Befehlshaber die 20. Lw.-Feld-Div. abgeben, um, falls es noch möglich ist, diese dann noch nach Norwegen hinüberzuführen.

6. Auf Grund der ihm erteilten Befehle und des von Gfm. Rommel vorgelegten Berichts hat der W.Bfh. Dänemark eine größere Anzahl von *Anträgen* vorgelegt, u. a.
   a) Verstärkung seiner *Pi- und Nachr.-Kräfte,* die bisher nicht im ausreichenden Maße vorhanden sind, da die vorhandenen Divisionen ja fast alle nur Behelfsdivisionen sind. Eine Erfüllung dieser Anträge ist jedoch nicht möglich. Käme es zur Landung, würden die zuzuführenden Generalkommandos Pi- und Nachr.-Kräfte mitbringen.
   b) eine Festsetzung der Stärke der Reserve-Divisionen. Doch ist dies nicht möglich, um den Gang der Ausbildung nicht zu stören.
   c) Kräfte für die *Besetzung des Landesinnern,* das nach der Umgruppierung völlig entleert ist, im Hinblick auf die Möglichkeit von Unruhen im Augenblick einer Großlandung. Auch die Erfüllung dieses Antrages ist nicht möglich.

7. In *Kopenhagen* sitzt die Oberfeldkommandantur 398, die den Wehrm.Bfh. jetzt bei dem Bevollmächtigten des Großdeutschen Reiches, Best, vertritt und außerdem territorialer Befehlshaber auf den Inseln ist.

8. Der *festungsähnliche Ausbau* wird nur an der Westküste durchgeführt. Hier sind jetzt 24 000 Zivilisten eingesetzt auf Grund freiwilliger Meldung und einer durch die Dänen selbst gesteuerten Organisation. Sie werden gut bezahlt, und die Arbeit kommt gut voran. In der letzten Zeit sind 120 000 Minen verlegt worden, d. h. doppelt so viel wie in den letzten beiden Jahren, in denen die Rücksicht auf die Bevölkerung im Vordergrunde stand. Jetzt sind alle Friedensrücksichten zurückgestellt worden. Auch die Truppe hat ganz den Anforderungen der Verteidigung in Unterbringung usw. sich anzupassen.

9. Der Bestand an *schwerer Pak* in Dänemark ist in letzter Zeit von etwa 30 auf etwa 80 gesteigert worden.

10. Die *Verteidigungskraft* Dänemarks hat zwar noch *immer den Behelfscharakter, der ihr von ihren Anfängen her anhaftet, aber sie hat doch in der letzten Zeit eine sehr wesentliche Steigerung erfahren.*

gez. Schramm

WFStab/Ktb. 9. 3. 1944

**2. Mitteilungen des vom WFStab nach Dänemark entsandten Oberstlt. d. G. Ziervogel über das am 3.–4. 3. von W.Bfh. Dänemark veranstaltete Spiel**[a]

1. Das schwungvoll durchgeführte und daher anregend wirkende Spiel wurde geleitet von dem W.Bfh., General v. Hanneken. Anwesend waren die Kommandeure herunter bis zu den Btl.n, der Bevollmächtigte des Reiches, Dr. Best, sowie Vertreter des Luftgaues X und des Stellv. Gen.-Kdos. X, der Polizei und der OT. Den Kommandeuren fehlte z. T. die Fähigkeit zu schneller und elastischer Befehlsgebung. Der Eindruck war, je jünger, desto besser.

2. Für den Ernstfall strebt der W.Bfh. die vollziehende Gewalt in seinem ganzen Bereich an. Dagegen will der Bevollmächtigte des Reiches sie auf den Inseln weiter behalten. Für Jütland stellt er einen Chef der Zivilverwaltung beim W.Bfh. ab. Der Höhere SS- und Polizeiführer tritt im Ernstfall sofort zum W.Bfh.

3. Angenommene Lage: Großlandung nördlich Esbjerg von 3 Inf.-Div.en, 1 Pz.-Div. mit einer Luftlande-Div., mit einer Nebenaktion zur Täuschung durch ein Kdo. gegen Lökken (Durch Einladen, betr. Gegenmaßnahmen der Marine, wirkte sich diese Nebenaktion auf den Ausgang nicht aus, da die Gefahr gleich am Anfang als beseitigt angesehen werden konnte)[1]. Im Laufe des Spiels wurde die 160. Res.-Div. als überrollt angesehen, worauf aus allen übrigen Abschnitten die zur Verfügung stehenden Reserven herangeführt wurden. Annahme war, daß von den durch das OKW in Aussicht gestellten Kräftezuführungen nur ein Teil eintraf. Das Ergebnis des Spiels war, daß es an ausreichendem Lkw.-Transportraum fehlt, denn es muß damit gerechnet werden, daß durch Sabotage, Weglaufen der Fahrer usw. 50%, wenn nicht mehr, die Lkw der OT und der dänischen Zivil-Lkw ausfallen werden.

a mit Bemerkungen von Oberstlt. *Ziervogel* und Oberregierungsrat *v. Ihnen*

1 Am 2. Tage landete der Feind je eine weitere Division vor 160. Res.-Div. und auf Fanö. Skalingen wurde mit 2 Btl.en angegriffen (= Bemerkung Oberstlt. *Ziervogel*).

Der W.Bfh. wird einen Antrag an Gen Qu richten. Nach der allgemeinen Lage ist nicht damit zu rechnen, daß diesem entsprochen wird. Ferner ergab sich, daß zu wenig Flak, zu wenig Nachrichtenmittel zur Verfügung stehen und daß die Luftverbände, die zugeführt werden, zu spät eintreffen werden.

4. Es ist jetzt entschieden, daß die 363. Div., die der GenStdH gegen die weniger gut ausgebildete 361. Div. (Gen.-Gouv.) austauschen wollte, in Dänemark verbleibt. Vorgesehen für anderweitige Verwendung ist die 416. Div.[a] Falls diese den Befehl zum Abtransport bekommt, soll ihr Abschnitt (Nordjütland) vorübergehend durch die 20. Luftwaffen-Feld-Div. übernommen werden, dann durch eine der Res.-Div., wobei die zweite einen größeren Abschnitt übernehmen muß. Die Pz.-Res.-Div. ist zur Zeit noch zerstückelt. Sie soll stärker konzentriert werden, doch macht dies wegen der Quartiere und des Übungsgeländes Schwierigkeiten. Abschließend soll dann die 20. Luftwaffen-Felddiv. an der Westküste eingesetzt werden.

5. Dänemark liefert zur Zeit mehr als es kontingentmäßig liefern müßte. Das Bestreben des Reichsbevollmächtigten ist, der Landbevölkerung, soweit angängig, einen Anreiz zur Produktion dadurch zu belassen, daß sie mit ihrem Geld noch Ware kaufen kann. Deshalb versucht er zu verhindern, daß die wenigen kaufbaren Artikel von der Wehrmacht aufgekauft werden. Durch Tausch- und andere Maßnahmen können sich allerdings die Soldaten Lebensmittel eintauschen. In den bäuerlichen Bezirken besteht darin noch ein Überfluß, der heutzutage überrascht.

Obstlt. Ziervogel hat deshalb beim BdE vorgeschlagen, noch weitere Genesenden-Btl. nach Dänemark zu verlegen.

Da der dänische Bauer die Rechte kennt, die ihm die deutsche Militärverwaltung belassen hat, pocht er gegebenenfalls auf sie[1].

Der Bevollmächtigte des Reiches kennt diese Lage und erklärt dazu, daß er gegen eine städtische Bevölkerung oder streikende Arbeiter wohl mit allen Mitteln vorgehen kann, nicht aber gegen eine agrarische.

6. Wirksam gegen die Sabotage ist die Gegensabotage gewesen; denn, wenn natürlich auch bestritten ist, daß sie von uns ausgeht, so sind denen, die es angeht, die Zusammenhänge doch deutlich. Deshalb ist gegenüber Sabotage-Akten die Zustimmung in der Bevölkerung auch geteilt.

7. *Zusammenfassung:*
Der Lebensalterdurchschnitt bei der 416. Div. beträgt 43 Jahre. Der Zustand der übrigen Div. krankt darin, daß sie sowohl Ausbildung treiben sollen als

a *Handschriftl. Zusatz Major Prof. Dr. Schramm:* ***(Aalands-Inseln)***
1 Ja, da *keine* Militärverwaltung. Vorschlag: Aufsichtsverwaltung (= Bemerkung v. Ihnen)

auch am Ausbau der Befestigungen beteiligt sind. Ferner ist im Auge zu behalten, daß sie alle keine Normal-Div. darstellen. Es wird viel gearbeitet, der Einsatz der Zivilarbeiter läuft weiter ohne Schwierigkeiten.

Abschließend ist festzustellen, daß der W.Bfh. dabei ist, den Schwung in seinen Bereich hineinzubringen, der durch die ihm erteilten Befehle von den bisherigen Besatzungstruppen und nunmehrigen Verteidigungsverbänden verlangt wird.

gez. Schramm

# E. Dokumenten-Anhang

## 1.

### *Generaloberst Dietl im finnischen Hauptquartier am 21. Januar 1944*[1]

Geheime Kommandosache — Zum KTB 24. 1. (Anlage 5)

24. Jan. 1944

Anlage 1 zu Oberkommando der 20. Geb.-Armee, Der Oberbefehlshaber, Ia Nr. 95/44 g.Kdos. vom 24. 1. 44.

Aktenvermerk über meinen Besuch im finnischen Hauptquartier

Am 21. Januar 11.15 Uhr hatte mich Marschall Mannerheim um eine Besprechung ersucht. Hierbei war anwesend der finnische Generalstabschef, General Heinrichs. Der Marschall brachte seine tiefe Besorgnis über die Entwicklung der Lage bei der Heeresgruppe Nord zum Ausdruck. Vor allem hatten ihn die Wegnahme von Nowgorod und die Herstellung einer durchlaufenden russischen Front westlich Leningrad beeindruckt. Nach seiner Ansicht sei der deutsche Nordflügel südostwärts Leningrad sehr gefährdet, da für eine Zurücknahme nur ein sehr schlechtes Straßennetz zur Verfügung stehe. Ich beruhigte daraufhin den Marschall im Sinne der Weisungen, die ich vom OKW erhalten hatte, und betonte, daß vorläufig eine Zurücknahme der Heeresgruppe Nord in die Narwa-Stellung nicht in Frage käme.

Ich habe den Eindruck gewonnen, daß Marschall Mannerheim die Gesamtlage der deutschen Ostfront sehr pessimistisch beurteilt. Diese Neigung zu einer ungünstigen Einschätzung der Lage wird durch sein hohes Alter und die noch nicht ganz überwundenen Folgen einer starken Grippe am Anfang des Jahres verstärkt. Es gelang mir, den Marschall etwas günstiger umzustimmen. Er interessierte sich dann vor allem im Laufe der Besprechung für meine Armee. Er erwähnte die erfolgreiche Abwehr des Feindvorstoßes an der Kandalakscha-Front am 20. 1. Dann interessierte er sich mehr für Details. Besonders beeindruckte ihn meine Mitteilung, daß 3 Marsch-Bataillone an meiner Front eingetroffen seien und ich dadurch wieder mehr örtliche Reserven an den Korpsabschnitten gewinnen könne. gez. Dietl

1 Bundesarchiv/Militärarchiv: 58629/2- KTB Geb.-AOK 20, Ia, Anl.Bd, 1. 1. — 31. 1. 1944: Anlage 1 zu Oberkommando der 20. Geb.-Armee, Der Oberbefehlshaber, Ia Nr: 95/44 gKdos., vom 24. 1. 1944.

## 2.

### *Generaloberst Dietl: Aktenvermerke über die Besprechung beim finnischen Staatspräsidenten Ryti am 22. Januar 1944*[1]

Geheime Kommandosache — 24. Jan. 1944

Anlage 2 zu Oberkommando der 20. Geb.-Armee, Der Oberbefehlshaber, Ia Nr. 95/44 g.Kdos. vom 24. 1. 44.

Durch Oberst Paasonen ließ mich der Staatspräsident während meiner Anwesenheit in Mikkeli wissen, daß er mich um eine Unterredung am 22. Januar er-

1 Bundesarchiv/Militärarchiv: 58629/2: KTB Geb.-AOK 20, Ia, Anl.Bd, 1. 1. — 31. 1. 1944: Anlage 2 zu Oberkommando der 20. Geb.-Armee, Der Oberbefehlshaber, Ia Nr: 95/44 gKdos., vom 24. 1. 1944.

suche. Nach Rücksprache mit General Erfurth und dem Deutschen Gesandten von Blücher ging ich auf dieses Ansuchen ein.

Bei der Besprechung erkundigte sich der Staatspräsident zunächst nach der Lage bei meiner Armee und dann nach den jüngsten Vorgängen bei der Heeresgruppe Nord. Ich erteilte dem Staatspräsidenten Auskunft im Sinne der mir vom OKW gegebenen Weisungen. Hierbei zeigte Staatspräsident Ryti eine durchaus ruhige und überlegte Beurteilung der Gesamtlage. Seine Auffassungen waren wesentlich optimistischer als die des Marschalls Mannerheim.

Staatspräsident Ryti sprach dann mit mir über die Frage, ob die Türkei in den jetzigen Krieg eintreten werde oder nicht. Seine Auffassung gab er dahin kund, daß die Türkei alles daransetzen werde, um nicht in den Krieg gezogen zu werden, daß es aber fraglich sei, ob sie bei dem starken Druck der Feindstaaten schließlich nicht doch in den Krieg verwickelt würde. Es kam dann die Sprache auf die zweite Front. Hierbei äußerte der Staatspräsident, daß er persönlich nicht recht an eine baldige englisch-amerikanische Großinvasion glaube. Die in der Feindpresse hierüber erscheinenden zahlreichen Nachrichten sähen zu sehr nach Bluff aus.

Zum Schluß sprach er noch einmal von den starken Feindangriffen bei Witebsk und Newel und gab seine Meinung dahin kund, daß Estland auch bei weiterem Vordringen dort ohne weiteres gehalten werden könne. Ich betonte daraufhin nochmals, daß ein Zurückgehen in die Narwa-Stellung überhaupt noch nicht geplant sei.

Abschließend wünschte er mir und meiner Armee weiterhin alles Gute für das Jahr 1944 und betonte, daß er wisse, daß der linke Flügel im Hohen Norden bestens verteidigt werde.

gez. Dietl

### 3.

### *Kpt. z. S. Assmann, OKW/WFStab/Op M, an Chef 1. Abt. SkL vom 30. Januar 1944*[1]

gKdos. Chefsache, Nur durch Offizier

Betr.: Lage Nordflügel Ostfront am Finnenbusen

Heute Vortrag Oberbefehlshaber Heeresgruppe Nord beim Führer. Mit Rücksicht auf weitgehende Auswirkung weiteren Zurückgehens, besonders für Seelage Ostsee, U-Boot-Krieg, Seeverbindungen nach Finnland, Ölgebiet Estland, hat Führer befohlen, daß Rückverlegung auf Panther-Stellung vorläufig unbedingt zu vermeiden, mit allen verfügbaren Kräften auf jeden Fall Luga-Stellung zu halten ist. Anschluß Luga-Stellung nach Norden an Gruppe Gen. Sponheimer und weiter nördlich an Marine Sicherungen in den Drei-Seen-Engen südlich Kagoria-Bucht (Kopenskoje-See — Glubokoje-See), so daß Luga-Bucht und eigenes Minen-Sperr-System innerhalb eigener Frontlinie.

Führer bat Großadmiral zu übermitteln, daß auch von Marine-Seite alles versucht wird, die z. Z. dort schwachen Heereskräfte zu unterstützen. Soweit möglich, bittet Führer Marine-Sicherungen durch Zuführung weiterer Kräfte zu verstärken und, sobald Lage dort wieder gefestigt, auch bewegliche Küstenbatterien wieder einzusetzen. Führer erbat Prüfung, ob Einsatz Alarmeinheiten Kriegsmarine im Ostgebiet (von Schulen, rückwärtigen Diensten u. a. m.) im bedrohten Gebiet vorübergehend

1 Bundesarchiv/Militärarchiv: III M 1013/3: 1. Skl., KTB, Teil C, Heft 3, Ostsee, Bd 3, Bl. 28: FS Kr, OKW/WFStab/Op M 77263/44 gKdos. Chefs., vom 30. 1. 1944.

möglich. Es soll alles geschehen, um weitere Rückverlegung Front zu vermeiden und jetzige Rückwärtsbewegung zum Stehen zu bringen.

Assmann Kpt. z. S. OKW/WFSt/Op M 77263/44 gKdos. Chefs.

## 4.

### *Generalfeldmarschall Keitel an Marschall Mannerheim vom 6. Februar 1944*[1]

Sehr verehrter Herr Marschall!

Ihrem Wunsche entsprechend habe ich angeordnet, daß Geb.-AOK 20 baldmöglichst den ganzen Abschnitt Uchtua zu übernehmen hat. Da die Kräfte hierzu nur durch Verschiebungen aus Nordfinnland gewonnen werden können, wird die Durchführung dieses Befehls allerdings trotz aller Beschleunigung einige Wochen in Anspruch nehmen. Ihr Angebot, Teile der im Abschnitt Uchtua eingesetzten finn. Truppen auch weiterhin dort zu belassen, das wir gerne annehmen, wird die Übernahme wesentlich erleichtern.

Die von Ihnen angekündigten Wünsche hinsichtlich materieller Unterstützung der finnischen Wehrmacht werden von uns geprüft und im Rahmen der durch die Lage bedingten Möglichkeiten berücksichtigt werden. Eine Beschleunigung bereits vorgesehener Lieferungen habe ich bereits befohlen. Ich glaube, daß diese Maßnahmen eine wesentliche Verstärkung der finnischen Abwehrkraft zur Folge haben und Sie in die Lage versetzen werden, auch einem verstärkten feindlichen Druck standhalten zu können. Abschließend erlaube ich mir, Ihre Aufmerksamkeit noch auf eine Frage zu richten, die uns mit Rücksicht auf den für uns lebenswichtigen Seeverkehr in der Ostsee besonders am Herzen liegt, nämlich die der Besetzung der Inseln im Finnischen Meerbusen. Ihre Bedeutung für die Ausschaltung der russischen Flotte und ihre Gefährdung durch russische Angriffe sind nach der Zurücknahme der Heeresgruppe Nord wesentlich gewachsen. Verlust einer der Inseln könnte schwerwiegende Nachteile zur Folge haben. Hinsichtlich der Insel Tytärsaari ist von uns daher eine beschleunigte Verstärkung eingeleitet worden. Ich wäre Ihnen dankbar, wenn Sie auch die Verteidigung der von den Finnen besetzten Inseln unter diesem Gesichtspunkt erneut überprüfen würden.

Mit der Versicherung meiner vorzüglichen Hochachtung und kameradschaftlichem Gruß

Ihr sehr ergebener
gez. K e i t e l
Generalfeldmarschall
und Chef des Oberkommandos der Wehrmacht

OKW/WFSt/op(H) Nr. 001385/44 gkdos.

1 Bundesarchiv/Militärarchiv: N 257/4: Persönl. Tagebuch General d. Inf. Dr. Erfurth, S. 854f.: FS OKW/WFStab/Op (H) Nr: 001385/44 gKdos., vom 6. 2. 1944, 13.35 Uhr.

## 5.

### *Generaloberst Jodl gleichlautend an Geb.-AOK 20 und an Deutschen General beim Oberkommando der finnischen Wehrmacht vom 6. Februar 1944*[1]

1. Der Wunsch des Marschalls Mannerheim auf Übernahme des Abschnittes Uchtua durch Geb.-AOK 20 stützt sich auf die feste deutsche Zusage, bei Zurücknahme der

1 Bundesarchiv/Militärarchiv: N 257/4: Persönl. Tagebuch General d. Inf. Dr. Erfurth, S. 855f.: FS OKW/WFStab/Op (H) Nr: 001380/44 gKdos., vom 6. 2. 1944.

Heeresgruppe Nord die finnische Front zu verstärken. Seine Ablehnung ist daher nicht möglich, seine Erfüllung dagegen, da die Bedeutung des finnischen Kriegsschauplatzes im Rahmen der gesamteuropäischen Verteidigung und seine transportmäßig ungünstige Lage ohnehin die Belassung der derzeitigen deutschen Kräfte in Finnland erfordert hätte, die für uns billigste Art der Einlösung unseres Versprechens.

2. Den Vorschlag des Geb.-AOK 20, den bisherigen Abschnitt der finn. 3. Div. zu teilen, haben die Finnen mit Rücksicht auf die örtlichen Verhältnisse für unzweckmäßig erklärt und daher angeboten, zwei Grenz-Jäger-Bataillone und nötigenfalls auch eine Art.-Abteilung im Abschnitt Uchtua zu belassen. Das OKW stimmt der finn. Auffassung zu und nimmt das Angebot an.

3. Die Absichten des Geb.-AOK 20 für die Kräftegliederung nach Ablösung der finn. 3. Div. werden im übrigen gebilligt. Durch Übernahme auch des Südteiles des Abschnittes etwa noch erforderlich werdende Änderungen sind zu melden.

4. Die Übernahme des ganzen Abschnittes Uchtua durch Geb.-AOK 20 ist umgehend einzuleiten und so zu beschleunigen, daß wenigstens Teilkräfte der Finnen vor dem bisher vom Geb.AOK 20 vorgesehenen Zeitpunkt frei werden.

I. A. gez. Jodl

## 6.

## *Kräftebedarfsberechnung und Kräftegewinnung des OKW/WFStabes/Op (H) vom 19. Februar 1944 für die Planung einer Besetzung der Aalands-Inseln und der Insel Hochland*[1]

WFSt/Op (H) F.H.Qu., den 19. 2. 1944
*Nr. 77459/44 g.Kdos.Chefs.*
Chefsache nur durch Offizier!

Abschrift!

5 Ausfertigungen
3. Ausfertigung

Betr.: Besetzung der Aalands-Inseln und der Insel Hochland.
1. *Aalands-Inseln:*
A) *Kräftebedarfsberechnung:*

Unter der Voraussetzung, daß der Zweck einer Besetzung der Aalands-Inseln im wesentlichen das Sicherstellen des Schiffahrtsweges in den Bottnischen Meerbusen und damit das Aufrechterhalten der Erzzufuhr aus Schweden ist, kann die Besetzung im wesentlichen auf Groß-Aaland, d. h. Aaland, Lemland, Eckerö, Lumperland und Vardö, beschränkt werden. Diese Gebiete haben in der Nord-Süd- und Ost-West-Richtung eine Ausdehnung von je etwa 50 km. Auf eine Besetzung des Ost-Aaländischen Schärenhofes kann verzichtet werden, da die Unzahl der dort befindlichen Inseln einen derartigen Kräftebedarf haben würde, daß dieser in keinem Verhältnis zu dem durch die Besetzung zu erzielenden Nutzen steht. Die

1 Bundesarchiv/Militärarchiv: III M 1013/3: 1. Skl., KTB, Teil C, Heft 3, Ostsee, Bd 3, Bl. 131—135: WFStab/Op (H) Nr: 77459/44 gKdos. Chefs., vom 19. 2. 1944, 5 Ausfertigungen, 3 Ausf. (unbeglaubigte Abschrift).

Überwachung der Durchfahrten zwischen den Schären muß Aufgabe der Kriegsmarine bleiben. Wenn sich der Gegner auf einzelnen Inseln festsetzt, bedeutet dies keine Gefahr für den eigenen Schiffahrtsweg, da eine artilleristische Einwirkung von dort unmöglich ist, Luftwaffe und Überseestreitkräfte aber Stützpunkte besser auf dem finnischen Festlande (Turku und Hangö) finden, daher auf die Schären nicht angewiesen sind.

Eine Operation des *Russen über See* gegen die Aalands-Inseln stellt für ihn bei der augenblicklichen Lage infolge des eigenen Sperr- und Bewachungssystems ein großes Risiko dar und ist *unwahrscheinlich*. Bleibt Finnland neutral und damit die finnische Küste in *finnischem Besitz*, ist eine *See-Operation* aus den gleichen Gründen ebenfalls *unwahrscheinlich*. Besetzt Rußland die finnische Küste, besonders die Strecke Hangö-Helsinki, erscheint eine russische Landungsoperation gegen die Aalands-Inseln möglich, da der Russe vorher die deutschen Sperren räumen kann.

Ein Luftlandeunternehmen des Feindes gegen die Aalands-Inseln ist schon jetzt möglich. Eine Verbindungsaufnahme mit den Finnen zur Klärung der dabei auftretenden Fragen wäre sehr erwünscht, muß aber aus politischen Gründen unterbleiben.

Die Verteidigung von Groß-Aaland wird erleichtert durch die für Landungen mit Panzereinsatz ungünstigen Uferverhältnisse und das brauchbare Straßennetz nach allen Teilen der Insel, welches schnelle Kräfteverschiebungen begünstigt. Andererseits muß aber berücksichtigt werden, daß die zahlreichen Fjorde die Ufer sehr unübersichtlich machen und daher stärkere Kräfte zu ihrer Überwachung notwendig sind und außerdem im Winter durch das Einfrieren der gesamten Inselwelt Operationen über das Eis jederzeit möglich sind, wobei der Feind auf den zahlreichen Schären sich die notwendigen Stützpunkte jederzeit schaffen kann.

Unter diesen Gesichtspunkten erscheint folgende Mindestbesetzung für erforderlich:

a) *Heerestruppen:*

1 Div. mit mindestens 6 Btl.en, einer bewegl. Art.-Abt. Von diesen Btl.en müssen 2 durch Fahrräder oder sonstige Behelfsmaßnahmen als Reserve beweglich gemacht werden.

b) *Küsten-Artillerie:*

1 Mar.-Art.-Abt. mit 4 mittl. Bttr.n, 8 Heeres-Küst.-Bttr.n Einsatz im einzelnen wäre zu erkunden. Hauptaufgabe: Schaffung gesicherter Zufluchtsplätze für eigene Handelsschiffe, Unterstützung der Küstenverteidigung gegen feindliche Angriffe an den Hauptanlandepunkten, Beherrschen eines möglichst großen Teiles der Durchfahrt zwischen Schweden und den Aalands-Inseln.

c) *Flak-Artillerie:*

3 schwere, 2 leichte Flak.-Bttr.en zum schwerpunktmäßigen Schutz des Flugplatzes bei Mariehamn, dessen ständige Einsatzfähigkeit für die Verteidigung der Inseln von besonderer Wichtigkeit ist.

d) *Pi.-Kräfte:*

1 Fest.-Pi.-Stab, 1 Fest.-Pi.-Btl., eine Gesteinsbohr-Komp. erforderlich, um den schnellen Einbau der Küsten-Artl. zu gewährleisten und die Truppe bei der Anlage der notwendigsten Befestigungen zu unterstützen.

Von der finnischen Wehrmacht sind, soweit bisher bekannt, keine Kräfte auf den Aalands-Inseln eingesetzt. Nachprüfung der Frage ist im Gange.

B) *Kräftegewinnung:*

a) *Infanteristische Kräfte:*

Im Heimatkriegsgebiet sind keine geeigneten Heereskräfte vorhanden. Die 91.I.D. und die noch verfügbaren Teile der 2. Welle BdE(Gren.-Regt.(mot) „G.D.“

und Gren.-Regt. (mot) „Feldherrnhalle") sind für diese Aufgaben nicht geeignet.

Für einen Kräfteabzug von OKW-Kriegsschauplätzen kommt zur Zeit nur Dänemark in Betracht, da Norwegen bereits die 214.I.D. abgegeben hat und nur noch über eine voll einsatzbereite Division als Armeereserve verfügt.

Ggf. kann damit gerechnet werden, daß bei einer entsprechenden Entwicklung der Lage eine Division des Geb.-AOK 20 vorübergehend für die Besetzung vorgesehen werden kann. Es wäre möglich, sie über Oulu abzubefördern und von dort nach den Aalands-Inseln zu überführen. Mit dieser Lösung kann aber nicht sicher gerechnet werden. Sie ist überhaupt als Zwischenlösung anzusehen, da für längere Dauer die voll bewegliche Division des Geb.-AOK 20 als Inselbesatzung zu wertvoll ist.

Am geeignetsten erscheint unter Abwägen aller Möglichkeiten die leicht herauszulösende 416.I.D. (ehemals Sicherungs-Div.) aus Dänemark.

Diese Div. hat zur Zeit nur 5 Inf.-Batl. und einige Ost.-Batl. Da für die Besetzung der Aalands-Inseln 6 Btl.e mindestens notwendig sind, die Ost.-Btl. aber nicht mit auf die Inseln überführt werden können, ist es erforderlich, das 6. Btl. der Div. neu zuzuführen. Hierfür kommt ein von der Kriegsmarine zu stellendes Btl. in Frage.

Der Abschnitt der 416.I.D. in Dänemark muß zunächst durch die 20. Lw.-Feld-Div. übernommen werden. Der Fortfall dieser in Nord-Jütland sehr erwünschten beweglichen Reserve muß solange in Kauf genommen werden, bis durch Verschiebungen in Norwegen, die durch das Zufließen des Geb.-AOK 20 bedingt sein werden, eine Div. zur Überführung nach Dänemark frei wird. Hiermit ist jedoch im Hinblick auf die sehr großen Entfernungen und Ablösungsschwierigkeiten nicht vor 2—3 Monaten zu rechnen.

b) *Küsten-Art. und Pionier-Kräfte:*

Auch hier stehen freie Kräfte zur Zeit nicht zur Verfügung und können auch bei der derzeitigen materiellen und personellen Lage nicht neu aufgestellt werden. Diese Kräfte müssen, da andere OKW-Kriegsschauplätze bei der Gesamtlage für Abzüge nicht in Frage kommen, aus Norwegen entnommen werden. Die damit verbundenen Nachteile für artilleristische Küstenverteidigung und Ausbau sind in Kauf zu nehmen und dürften auch im Hinblick auf die Gesamtzahl der Bttr.n in Norwegen und den Ausbaustand tragbar sein.

Damit die Küsten-Art. rechtzeitig eingesetzt werden kann, ist es notwendig, diese Bttr. schon jetzt in Norwegen abzuziehen und in deutschen Häfen für die Überführung nach den Aalands-Inseln bereitzustellen. Befehlsmäßiger Einsatz (ohne Einbau) der Heeresküsten-Bttr.n bis zum Abtransport erscheint evtl. in Dänemark, wo sie jederzeit schnell griffbereit sind, möglich.

c) *Flak-Kräfte:*

Flak-Kräfte müssen je nach Entscheidung des Ob.d.L., voraussichtlich aus dem Heimatkriegsgebiet genommen werden.

2. *Hochland (Suursaari):*

Von finn. Div.en sind auf den Inseln zur Zeit eingesetzt:

1400 Mann: 750 Inf., 400 Küsten-Art., Rest Flak, Versorgungstruppen usw.

An Küsten-Art. sind vorhanden:

2 Bttr.n 15,2 cm (je 4 Geschütze mit einer Reichweite von 18 km),
1 Bttr. 12 cm (3 Geschütze),
3 Bttr.n 7,5 cm (je 4 Geschütze),
2 Geschütze 12,2 cm.

Der Einsatz etwa gleichstarker deutscher Kräfte ist notwendig.

Mit Bereitstellung der Kräfte und Durchführung der Besetzung ist GenStdH zu beauftragen, da Aufgabe und Versorgung der Inseln in unmittelbarem Zusammenhang mit der Sicherung der Nordflanke der Ostfront steht. Mit den Finnen muß möglichst vereinbart werden, daß sie uns die auf den Inseln befindlichen Waffen überlassen bzw. einer Besetzung und Entwaffnung keinen Widerstand entgegen setzen.

3. Die Frage der Zuführung der Kräfte im Bedarfsfall wird zur Zeit mit der Kriegsmarine geprüft. Es ist nicht zu erwarten, daß hierbei große Schwierigkeiten entstehen werden.

Verteiler:

| | |
|---|---|
| Stellv. Chef | 1. Ausf. |
| Op (H) /Nord | 2. Ausf. |
| Op (M) | 3. Ausf. |
| Op (L) | 4. Ausf. |
| Ktb. | 5. Ausf. |

## 7.

## *Generaloberst Dietl an OKW/WFStab, Generalmajor von Buttlar vom 20. Februar 1944*[1]

4 Ausfertigungen
4. Ausfertigung

20. 2. 1944
Geheime Kommandosache
Chefsache
Nur durch Offizier

*Fernschreiben*

AOK faßt nachstehend nochmals die wesentlichsten Tatsachen zusammen, die bei Durchführung der Führerweisung 50 bekannt sein müssen:

1. AOK verfügt bis Ende Mai nur über die einzige Rückmarschstraße Rovaniemi, Ivalo, Skoganvarre. Auf dieser Straße soll der Abmarsch von 4½ Divisionen, Heerestruppen, Armeetruppen, Luftwaffe, OT (mindestens 120 000 Mann, 22 000 Pferde, 20 000 Kfz.) sowie der gesamte Abschub von lebenswichtigen Versorgungsgütern erfolgen. Ob es gelingt Straße Muonio, Skibotten im Spätwinter doch noch zu öffnen, wird untersucht. Erfolg im wesentlichen abhängig von der Witterung.

2. Vorbereitungen für Rückmarsch nach Nordnorwegen lassen sich in nennenswertem Umfang nicht treffen, da Transportraum, Bau-, Verwaltungs- und Bewachungskräfte, Schneeräumdienste und Betriebstoff hierfür fehlen. Sie sind zur Versorgung der Front restlos ausgelastet.

3. Übernahme Uchtua-Abschnitt ist von keinem entscheidenden Einfluß auf Rückzugsproblem.

4. Bevorratung in jedem Falle verloren, soweit sie in Süd-Finnland liegt. Es handelt sich dabei für den mittelfinnischen Versorgungsraum um:

2 Monate Otto (6400 cbm)
3 Monate Diesel (3100 cbm)
2 Monate Hafer (2400 t)
2 Monate Rauhfutter (6900 t)
2 Monate Kartoffel (4000 t)
Reste (Spitzen) an Mundverpfl., besonders Mehl (8400 t).

1 Bundesarchiv/Militärarchiv: 58629/9—10: KTB Geb.-AOK 20, Ia, Chefsachen, Anl. Bd, 1. 1. — 30. 6. 1944: Geb.-AOK 20, Ia Nr: 19/44 gKdos. Chefs., vom 20. 2. 1944, 4 Ausfertigungen, 4. Ausf.

5. Versorgungsgüter im Armeebereich können nur zu geringsten Teilen abbefördert werden, Verpflegung nur in einem Umfange, der für den Rückmarsch gebraucht wird. Inwieweit wertvollste Teile Armeekraftfahrzeugpark, Zentralersatzteillager, Armeesanitätspark, Armeeveterinärpark, Armeegerätepark, Armeemunitionslager, Armeenachrichtenpark, Armeebekleidungslager usw. abbefördert werden können, hängt von verfügbarer Zeit und Möglichkeit des Bahntransports über Schweden ab.

6. Im Falle starken feindlichen Drucks wird ganzer Transportraum zur Versorgung fechtender Truppe benötigt. Freier Transportraum zur Rückbeförderung von Versorgungsvorräten nach Nordnorwegen außer Bahn durch Schweden dann nicht verfügbar. Es werden also in jedem Falle unersetzliche Vorräte und Einrichtungen der Zerstörung anheimfallen müssen.

7. Rückzug wird ab Ende Mai erleichtert

a) durch Befahrbarkeit aller Straßen, auch in Norwegen,

b) Biwakierungsmöglichkeit für Mann und Pferd,

c) größere Abwehrkraft der zahlreichen Gewässer für Kampf der Nachhuten.

Halten derzeitiger Stellungen bis Ende Mai also in jedem Falle anzustreben.

8. Längere Verteidigung in Nordnorwegen nur möglich, wenn Versorgung über See sichergestellt, was nach Auffassung Marineoberkommando Norwegen nicht gewährleistet.

F. d. R.
gez. Jodl
Generalleutnant u.
Chef des Generalstabes.

Geb.-AOK 20
Ia Nr. 19/44 g.Kdos Chefs. J[a]
gez. Dietl

Verteiler:
1. Ausfertigung: OKW/WFSt.
2. Ausfertigung: Ia
3. Ausfertigung: KTB
4. Ausfertigung: KTB

## 8.

## *Planung des Geb.-AOK 20 für den Fall des Ausscheidens Finnlands aus dem Kriege*[1]

Oberkommando der 20. Geb.-Armee
Ia/Nr. 25/44 gkdos.Chefs.
3 Ausfertigungen
2. Ausfertigung
Betr.: Einweisung in Führerweisung 50

A. H. Qu., d. 29. 2. 44
Geheime Kommandosache
Chefsache
Nur durch Offizier

I.

Für den Fall des Ausscheidens Finnlands aus der Reihe der mit uns kriegführenden Mächte ist durch *Führerweisung 50* der 20. Geb.-Armee aufgegeben, den für uns wehrwirtschaftlich lebenswichtigen Nordraum (Kolosjoki) zu behaupten.

Hierzu hat die Armee die bisherigen Fronten des XVIII. u. XXXVI. Geb.-A.K. aufzugeben, diese Kräfte in den nordfinn. bzw. nordnorw. Raum zurückzuschwenken

a Paraphe: J(odl).

1 Bundesarchiv/Militärarchiv: 58629/9—10: KTB Geb.-AOK 20, Ia, Chefsache, Anl. Bd, 1. 1. — 30. 6. 1944: Oberkommando der 20. Geb.-Armee, Ia/Nr: 25/44 gKdos. Chefs., vom 29. 2. 1944, 3 Ausfertigungen, 3. Ausf. (ohne Unterschrift).

und zum Schutze des Nordraumes eine neue Front aufzubauen und zu halten. Das XIX. Geb.-A.K. wird dabei zunächst seine derzeitigen Fronten behaupten müssen. In Nordnorwegen stehende Kräfte würden zu gegebener Zeit unterstellt werden.

Für den *Sommer* sind nach Durchführung der Absetzbewegung als HKL vorgesehen:

Für das *westliche (XVIII.) Korps* mit nur einer Div. in Front die Gegend Sukavuopio (40 km nordwestl. Karesuando), mit Sicherungen an der Grenze südl. Kautokeino.

Für das *mittlere (XXXVI.) Korps* die Linie Kiwelä — südl. Vuotso — Talkkunapää.

Die Bewegungslinien und Lebensadern bei dieser Sommeroperation sind:

Für XVIII. Geb.-A.K. die Straße Rovaniemi, Muonio, Karesuando, Skibotten und die Nebenstraße über Kolari.

Für XXXVI. Geb.-A.K. die Eismeerstraße bis Ivalo und weiter die Straße Ivalo, Inari, Karasjok, Skoganvarre, Lakselv.

Im Winter ist die westliche Straße über Muonio nicht offen zu halten und zu benutzen. Dadurch bedingt, müßten bei einer Winteroperation alle Kräfte aus Mittelfinnland über die Eismeerstraße abfließen. Ein Korps (gedacht ist an das XVIII.), würde dann in den nordnorw. Raum zurückgeführt werden. Die Grenzsicherungen an der westl. Straße würden von Verbänden in Nordnorwegen übernommen.

Für den Kampf südl. Ivalo ist das XXXVI. Geb.-A.K. vorgesehen.

Für diese Operationen sollen die nötigen Vorbereitungen getroffen werden:

Für Ausbau und Offenhalten der *Straßen*,

für die *Versorgung* bei den Bewegungen und in den neuen Kampfräumen,

für *Unterkünfte*,

für Nachrichtenverbindungen.

Hierbei sind Geb.-AOK 20 und AOK Norwegen auf enge Zusammenarbeit angewiesen.

Alle Vorbereitungen sind unauffällig zu treffen, gegenüber den Finnen ausschließlich mit dem Ausbau der Verbindungswege nach Nordnorwegen zu begründen.

Diese Weisungen sind „Chefsache" und dürfen nur einem scharf begrenzten Kreis von Persönlichkeiten zur Kenntnis kommen.

II.

Auf Grund der Führerweisung 50 sind folgende Überlegungen angestellt, die entscheidend durch die Wegeverbindungen und die Versorgungsmöglichkeiten beeinflußt werden.

Die Armee muß sich, von Süden beginnend, „einrollen".

Die Rückführung der Armee wird im großen in zwei Phasen notwendig werden:

I. Das Absetzen der zwei südl. Korps in den Raum um Rovaniemi,

II. Das Zurückführen aus dem Raum Rovaniemi nach Norden und der Aufbau der neuen Front im Anschluß an den Südflügel des XIX. Geb.-A.K.

Der am weitesten vorgestreckte Finger ist die Kiestinki-Front. Ihr Schicksal hängt entscheidend von der Entwicklung der Lage an der Uchtua-Front ab. Wenn die Uchtua-Front nicht hält (noch ist sie finnisch, und in den nächsten Wochen erfolgt dort die Ablösung durch 7. Geb.-Div.!), wird das Loslösen der Masse der Kräfte des XVIII. Geb.-A.K. vor drohender Umfassung von Süden her rasch und unter starkem frontalem Druck erfolgen müssen.

Klarer werden die Verhältnisse beim XVIII. Geb.-A.K. sein, wenn 7. Geb.-Div. den Uchtua-Abschnitt übernommen haben wird.

Wenn die Uchtua-Front zusammenbricht, müssen die Kräfte aus der Kiestinki-Front sich der Gefahr einer Umfassung über Röhö auf Kananainen und einer Überholung über Juntusranta auf Kuusamo durch beschleunigtes Absetzen in den Raum ostw. Kuusamo entziehen. Angelehnt an das Seengebiet ostw. Kuusamo und mit dem versorgungsmäßigen Rückhalt an Kuusamo wird das Korps etwa in der Linie Poussa —

Määläänvaara günstige Nachhutstellungen finden, unter deren Schutz das weitere Absetzen auf Rovaniemi durchgeführt werden kann.

Nach Übernahme der Uchtua-Front durch 7. Geb.-Div. und bei einheitlicher Befehlsführung über Uchtua- und Kiestinki-Front werden die Kräfte aus der Kiestinki-Front zunächst hinter die Sohjana-Enge zurückgenommen werden können.

Aufgabe des XVIII. Geb.-A.K. ist es dann, sich im Zuge der beiden Straßen in den Raum von Kuusamo abzusetzen, 7. Geb.-Div. über Juntusranta, Masse XVIII. Geb.-A.K. auf dem direkten Wege. 7. Geb.-Div. wird ganz oder mit Teilen im weiteren Verlauf Richtung Taivalkoski — Pudasjürvi nehmen müssen, um einen schnellen Feindvorstoß Richtung Oulu und überholende Verfolgung Richtung Rovaniemi zu verhindern.

Es kommt im weiteren Verlauf darauf an, daß beide Korps etwa gleichzeitig die Linie Simajoki — Autinkyla — Kemijärvi erreichen. Dieser geländestarke „Brückenkopf Rovaniemi" muß längere Zeit durch Nachhuten gehalten werden, um das Abfließen der Masse der Kräfte nach Norden zu garantieren.

Teilkräfte des XXXVI. Geb.-A.K. müssen eine überholende Verfolgung über Savukoski, Pelkosenniemi Richtung Sodankylä an der Eismeerstraße unbedingt verhindern.

Wenn auch das XXXVI. Geb.-A.K. zunächst stehen bleiben muß, so darf es dem Feind aber unten keinen Umständen gelingen, die Masse der Kräfte der Korps festzuhalten und zu schlagen. Bei dieser ganzen Operation kommt es nur darauf an, den operativen Zusammenhang der Verbände zu wahren, sie im übrigen aber mit möglichst geringen Verlusten an Menschen, Pferden und Kriegsgerät aller Art zu der neuen Aufgabe im Norden zurückzubringen.

In der Durchführung des Zurücknehmens der beiden südl. Korps bis in den Brükkenkopf Rovaniemi liegen keine außergewöhnlichen Schwierigkeiten, wenn es gelingt, einen Umfassungsversuch des XVIII. Geb.-A.K. über Röhö oder Juntusranta zu verhindern. Die Straßen sind im allgemeinen gut und leicht zu sperren. Ortschaften und Unterkünfte rückwärtiger Dienste bieten der Truppe auch im Winter einigen Schutz. Geländegängige Seitendeckungen müssen Umfassungen oder Überholungen selbst kleiner bewegl. Feind-Abt. verhindern, weil sonst empfindliche Störungen entstehen können. Achtung auf Winterwege (Eisstraßen)! Zahlreiche Versorgungseinrichtungen im Zuge der Marschstraßen erleichtern die Versorgung.

Inwieweit es gelingt, wenigstens den wertvollsten Inhalt von Versorgungseinrichtungen zu retten, hängt von der Lage, der verfügbaren Zeit und dem verfügbaren Transportraum ab. Was nicht gerettet werden kann, muß vernichtet werden, auch Unterkünfte (bes. im Winter!). Die Truppe muß sich dabei rücksichtslos „gesundmachen", in Bekleidung, Ausrüstung, Munitionierung und Verpflegung.

## III.

*Fortsetzung der Absetzbewegung aus dem Raum Rovaniemi nach Norden und der Aufbau einer neuen Abwehrfront im Anschluß an Südflügel XIX. Geb.-A.K.*

Der neue Auftrag der Armee, den für Deutschland wehrwirtschaftlich lebenswichtigen Nordraum zu behaupten, erfordert vor allem, eine Umfassung des XIX. Geb.-A.K. von Süden zu verhindern. Diese Aufgabe wird einem Korps (wahrscheinlich dem XXXVI.) im Raum südl. Ivalo zufallen.

Im *Sommer* kann XVIII. Geb.-A.K. über Kittilä und Kolari nach NW abmarschieren. Dieser Weg führt freilich in ein Gebiet, in dem keinerlei Versorgungseinrichtungen und kaum mehr Unterkünfte vorhanden sind.

Dem XXXVI. Geb.-A.K. stünde die Eismeerstraße zur Verfügung, die immer einer gewissen Bedrohung von Osten her ausgesetzt ist.

Im *Winter* dagegen müssen beide Korps über die Eismeerstraße zurückgeführt werden. Diese Bewegung wird verkehrstechnisch ungewöhnliche Schwierigkeiten bereiten.

Erwünscht wäre dabei, das XXXVI. Geb.-A.K. als erstes nach Norden abfließen zu lassen, weil es ja im Raum südl. Ivalo eine neue Abwehrfront aufbauen muß. Das wird sich aber kaum ermöglichen lassen, weil ja auch der Brückenkopf Rovaniemi wieder von Süden her eingerollt werden muß unter Abschirmung nach Osten, besonders an der Salla-Straße. Die Seenenge bei Kemijärvi ist die Schlüsselstellung für den Brückenkopf Rovaniemi. Immerhin wird anzustreben sein, wenigstens eine Div. des XXXVI. Geb.-A.K. als erste nach Norden abmarschieren zu lassen.

Es erübrigt sich, jetzt schon Betrachtungen über das Räumen des Brückenkopfes Rovaniemi anzustellen. Wichtig wird sein, daß sich das AOK bewegliche (mot) Kräfte an die Hand stellt, die schnell an gefährdete Punkte geworfen werden und dank ihrer Beweglichkeit wieder den Anschluß an die Hauptkräfte finden können.

Das Zurückkämpfen längs der Eismeerstraße wird keine besonderen Schwierigkeiten bereiten, wenn es gelingt, den Feind von Sodankylä fern zu halten. (Das ist eine ganz entscheidende Aufgabe für das XXXVI. Geb.-A.K.).

Die Truppe findet bei ihren Bewegungen kaum Unterkünfte vor. XIX. Geb.-A.K. muß zunächst möglichst unverändert seine derzeitigen Stellungen halten. Ein Preisgeben der ausgebauten Stellungen erschwert den Abwehrkampf, besonders im Winter, in bedeutendem Maße.

Die Sicherungsfront der Abt. Petsamo und der 2. Geb.-Div. wird einer Stützung bedürfen. Schwerpunkte am Luttojoki und ostw. Kolosjoki. Ein Durchbruch bewegl. russ. Kräfte Richtung Ivalo und Kolosjoki muß unbedingt verhindert werden. Alle Maßnahmen und Erwägungen des XIX. Geb.-A.K. müssen der Grundidee dieser Operation Rechnung tragen — d. i. die Behauptung des Nickelwerkes Kolosjoki.

Der Feind muß von Kolosjoki *fern*gehalten werden.

Die Gliederung zum Kampf in der Endstellung ist weithin von den Versorgungsmöglichkeiten abhängig. Die Brennpunkte der Verteidigung werden beiderseits der Verkehrswege liegen. Zwischen den Korpsfronten werden wie bisher in Lappland große Lücken bleiben. Nicht nur aus Versorgungsgründen, sondern auch aus operativen und taktischen Gründen wird es geboten sein, den Kampf in den Fronten nur mit den nötigen Kräften zu führen und starke Reserven hinter die zu erwartenden Abwehrbrennpunkte zu stellen.

Was nicht zum Kampf gebraucht wird, muß abgeschoben werden in den nordnorw. Raum.

*Durchführung der Verteidigung in Nordlappland.*

Ein Halten der neuen Stellung ist auch längere Zeit möglich, wenn zwei Voraussetzungen erfüllt sind:

a) Die Versorgung Nordnorwegens über See muß sichergestellt bleiben,
b) Der Armee dürfen keine wesentlich stärkeren Kräfte gegenübertreten, als sie bisher vor der Armeefront standen.

*Folgende Punkte seien als wichtigste Ergebnisse der bisherigen Überlegungen noch einmal hervorgehoben:*

1. Das schwierigste Problem ist die dem AOK befohlene *Vorbereitung* dieser operativen Bewegungen,
   a) weil im Winter keine Straßenbauarbeiten größeren Stils durchgeführt werden können,
   b) weil die Mittel der Armee zu Kampf und Versorgung schon jetzt voll ausgelastet sind (Arbeitskräfte, Kraftwagen, Betriebsstoff). Nicht zuletzt durch die Übernahme des Uchtua-Abschnittes durch 7. Geb.-Div. Die vorbereitenden Maßnahmen können nur in bescheidenstem Umfange getätigt werden.

2. Der schwierigste Teil des Absetzens auf Rovaniemi ist das Zurückführen des XVIII. Geb.-A.K. bei drohender Umfassung von Süden und unter starkem frontalen Druck.
3. Der Abmarsch aus dem Brückenkopf Rovaniemi nach Norden ist in jedem Fall eine äußerst schwierige Bewegung. Das Hochziehen auf der Eismeerstraße muß u.U. im Kampf erzwungen werden. Der Raum Ivalo ist ohne das Einschieben eines Korps nicht zu halten.
4. Die Aussichten eines längeren Kampfes in Nordlappland sind günstig, sofern der Feind nicht eine erdrückende Überlegenheit aufbringt, die Versorgung Nordnorwegens über See nicht unterbindet oder gleichzeitig ein groß angelegtes britisch-amerikanisches Landungsunternehmen die Armee nicht auch noch zum Kampf nach Norden und Nordwesten zwingt.

Aus dieser Darstellung einer möglichen Operation und ihrer skizzenhaft aufgezeigten Durchführung ergeben sich Schlußfolgerungen für die Truppe:

a) In der derzeitigen Kampflage dürfen an keiner Stelle mehr Kräfte in Front festgelegt werden als unumgänglich nötig. Jedes Btl., das mehr in Reserve steht und damit frei verfügbar ist, ist von Nutzen.
b) Die gut ausgebauten Wegenetze der Korps müssen zu gründlicher Sperrung vorbereitet werden.
c) Straßen und Wege müssen zur Absetzbewegung erkundet und bekannt sein.
d) Reichlich dotierte und energisch geführte Marsch- und Verkehrsregelungsstäbe müssen kalendermäßig aufgestellt werden.
e) Das Gelände muß in seiner ganzen Tiefe in seiner Bedeutung für die Führung eines hinhaltenden Kampfes bekannt sein.
f) Führer, Unterführer und Truppe müssen in unverfänglicher Form theoretisch und praktisch im hinhaltenden Kampf, in zeitlich begrenzter Verteidigung von Nachhuten und Nachtruppen geschult werden.
g) Notwendig ist eine sinnvolle und unverfängliche *Entrümpelung* der Truppe und klare Trennung der Gesamtausrüstung in Marsch-, Troß- und Depotgepäck, das im gegebenen Fall praktisch der Vernichtung anheimfallen wird.

Verteiler:

| | |
|---|---|
| Ia | 1. Ausfertigung |
| KTB | 2. " |
| KTB | 3. " |

## 9.

### *Hitler hat Vorbereitungen zur Besetzung der Insel Hochland („Tanne") befohlen (28. Februar 1944)*[1]

1/Skl. B.Nr. 641/44 gKdos.Chefs.

Berlin, den 1. März 1944
Geheime Kommandosache!
Chefsache!
Nur durch Offizier!

Fernschreiben an: MOK/Ostsee.

OKW/WFSt Op drahtet mit 77505/44 gKdos.Chefs. (an GenStdH, nachr.: Skl., LwFüStab):

1 Bundesarchiv/Militärarchiv: III M 1013/3: 1. Skl., KTB, Teil C, Heft 3, Ostsee, Bd 3, Bl. 151—153: OKW/WFStab/Op/Nr: 77505/44 gKdos. Chefs., vom 28. 2. 1944 an GenStdHeeres (als Abschrift bei: Skl, B. Nr: 1./Skl, IOp 641/44 II. Ang. gKdos. Chefs. an MOK/Ostsee, vom 1. 3. 1944).

Betrifft: Vorbereitungen zur Besetzung der Insel Hochland.

Der Führer hat befohlen:

1. Ein Ausscheiden Finnlands aus dem Kriege oder sein Zusammenbruch müssen in Rechnung gestellt werden.

2. In diesem Falle ist beabsichtigt, die Aalands-Inseln und die Insel Hochland (Suursaari) überraschend zu besetzen, um hierdurch die Seeverbindung in den Bottnischen Meerbusen zu sichern und die Sperrung des Finnischen Meerbusens aufrecht zu erhalten.

Während die Besetzung der Aalands-Inseln durch OKW/WFSt bearbeitet wird, ist die Besetzung der Insel Hochland durch GenStdH vorzubereiten, da Besetzung und Versorgung der Insel in unmittelbarem Zusammenhang mit der Sicherung der Nordflanke der Ostfront stehen. Die einheitliche politische Grundlage wird zeitgerecht durch OKW gegeben werden. Schon jetzt kann aber als Voraussetzung genommen werden, daß mit einem finnischen Widerstand nicht, wohl aber mit gleichzeitigen russischen Aktionen zur Besetzung der Insel Hochland zu rechnen ist.

3. Die überraschende Besetzung der Insel auf das Stichwort „T a n n e" ist in unmittelbarem Einvernehmen mit Ob.d.L. und Ob.d.M. in allen Einzelheiten vorzubereiten. Die Vorbereitungen müssen sich u. a. erstrecken auf:

a) Festlegen und Bereitstellen der Besatzungskräfte einschließlich Küstenartillerie und Flak und der Schiffe und Geleitstreitkräfte.

b) Festlegen der Einladehäfen.

c) Festlegen und Vorbereitungen der ersten Bevorratung, des Ausbaus und der Verminung der Insel.

d) Luftsicherung während der Landung und Ausladung.

e) ständige Sicherung der Insel und ihrer Versorgung durch leichte Seestreitkräfte im Rahmen der Sicherung des Finnenbusens.

4. Von der finnischen Wehrmacht sind zur Zeit auf der Insel eingesetzt: 1400 Mann: 750 Infanteristen, 400 Küsten-Artilleristen, Rest Flak, Versorgungstruppen usw.

An Küst.-Artl. sind vorhanden:

2 Battr. 15,2 cm (je 4 Gesch.) mit einer Reichweite von 18 km,
1 Battr. 12 cm (3 Gesch.),
3 Battr. 7,5 cm (je 4 Gesch.),
2 Geschütze 12,2 cm.

Der Einsatz etwa gleichstarker deutscher Kräfte ist notwendig. Soweit die Frage nicht vorher grundlegend geregelt werden kann, muß durch örtliche Verhandlungen versucht werden, daß die auf der Insel befindlichen Geschütze und Zubehör durch die Finnen übergeben werden.

5. Bearbeitung der Vorbereitungen ist mit Rücksicht auf die notwendige besondere Geheimhaltung auf einen möglichst kleinen, namentlich zu bestimmenden Personenkreis zu beschränkon. Schriftliche Befehle und Anordnungen unterhalb der Armeeoberkommandos und gleichgeordneter Dienststellen der Luftwaffe und Marine sind verboten.

*Zusatz Skl.:*

1. Vorbereitungen und Durchführung marineseitig durch MOK/Ostsee; dazu mündliche Besprechung mit unterstellten Dienststellen (Adm.-Ostland, F.d.M.Ost). Baldmöglichst Absichten melden.

2. Weisung für Aalands-Inseln gesondert.

3. Zu Ziffer 5. der Weisung:

Mitwisserkreis namentlich melden. OB, C — und A I Gr. Nord/Flotte unterrichten.

Seekriegsleitung
*B.Nr. 1/Skl. I Op 641/44 gKdos.Chefs.*

gKdos.

Fernschreiben an OKW/WFST Op (M)

Zu OKW/WFSt Op 77505/44 gKdos.Chefs.v.28.2.

Bitte bestätigen, daß Kräfte gemäß Ziffer 3. a einschließlich Küstenartillerie und Flak nicht durch Marine zu stellen sind.

Seekriegsleitung
B.Nr. 1./Skl. I Op 641 II. Ang. gKdos.

Verteiler:
Prüf 1 = I a
2 = I b
3 = I Nord,
4 = Chef Skl. Qu.A.
5 = " " " " II
6 = " " " " IV
7 = " " " " VI.

Für die Richtigkeit:
gez.: Unterschrift
Ob.Lt.AMD.

## 10.

### *Hitler hat für den Fall des Ausscheidens Finnlands aus dem Kriege die Besetzung der Aalands-Inseln und der Insel Hochland befohlen (29. Februar 1944)*[1]

1 Skl. B.Nr. 652/44 Chefs. Abschrift! Berlin, den 1. März 44
Marinenachrichtendienst: Kr
g.Kdos. Chefsache nur durch Offizier!

An MOK/Ostsee

*Zur vorläufigen Unterrichtung!*

I. OKW/WFSt. Op (H) drahtet mit Nr. 77583/44 Chefs. vom 29. 2. (an Skl., Lw.-FüStab., nachr. GenStdH):

1. Politische oder militärische Ereignisse können zu einem Ausscheiden Finnlands aus der Front gegen Sowjetrußland führen.
2. Der Führer hat, um den kriegswichtigen Erztransport aus den schwedischen Verschiffungshäfen am Bottnischen Meerbusen weiter sicherzustellen, befohlen, daß die Aalands-Inseln in diesem Falle überraschend von uns besetzt werden. Gleichzeitig ist die Besetzung der Insel Hochland zur Sperrung des Finnenbusens gemäß Sonderweisung vorgesehen. Als Voraussetzung kann angenommen werden, daß mit einem finnischen Widerstand nicht, wohl aber mit gleichzeitigen russ. Aktionen zur Besetzung der Inseln zu rechnen ist, sofern die Eislage es zuläßt.

   Die Besetzung der Aalands-Inseln und der Insel Hochland wird gleichzeitig durchgeführt werden. Die politischen Grundlinien werden zeitgerecht befoh-

1 Bundesarchiv/Militärarchiv: III M 1013/3: 1. Skl., KTB, Teil C, Heft 3, Ostsee, Bd 3, Bl. 155—157: OKW/WFStab/Op (H) Nr: 77583/44, vom 29. 2. 1944 (als Abschrift bei: Skl, B. Nr: 1./Skl., I Op 652/44 gKdos. Chefs. an MOK/Ostsee, vom 1. 3. 1944).

len. Das Unternehmen erhält den Decknamen „Tanne". Bei Gefahr im Verzug ist als — erste — Maßnahme die Durchführung eines Luftlandeunternehmens auf den Aalands-Inseln geplant. Deckname: „Tanne I".

3. Aufgaben:

   A) *Heer*

   Verst. 416. I.D. besetzt zunächst die Inseln Aaland, Lemland, Eckerö, Lumparland und Vardoc und verteidigt sie.

   Hierzu geben ab: (1) W.Bfh. Dänemark 416.I.D. ohne Ost-Btl.

   (2) W.Bfh. Norwegen: 4 Heeres-Küst.Bttr.n (davon 2 Bttr.n 10,5 cm Kan. (F) und 2 Bttr.n 15,5 cm Kan. (F) auf Räderlafetten, 1 Fest.-Pi.-Stab., 1 Fest.-Pi.-Btl., 1 Gesteinsbohr-Kp., Personaleinheiten zur Besetzung von 4 Küsten-Bttr.n (Material ist ggf. von den Finnen zu übernehmen).

   B) *Kriegsmarine*

   Stellt Überführung der Besetzungskräfte sicher und unterstützt Verteidigung und Versorgung der Inseln durch Überwachung des Seegebiets durch leichte Seestreitkräfte und Schutz der Versorgungsschiffe.

   Für die Besetzung der Inseln stellt die Kriegsmarine 1 Mar.-Abt. mit 4 mittl. Bttr.n

   C) *Luftwaffe*

   Bereitet im Fall „Tanne I" ein Luftlandeunternehmen auf der Aalandinsel in Stärke eines Fallsch.-Jg.-Rgt.s vor. Außerdem stellt sie für Schiffsüberführung der Masse der Kräfte Luftsicherung für Überfahrt, Landung und Ausladung sowie Unterstützung der Landungstruppen bei etwaigem Widerstand sicher. Für Besetzung der Insel stellt die Luftwaffe eine gemischte Flak-Abt. zum Schutz des Ausladehafens und des Flugplatzes, sowie die für Besetzung des Flugplatzes [;] für Jagdschutz und Aufklärung über dem Bottnischen Meerbusen und Südfinnland [die] erforderlichen Bodenorganisationen, Jagd- und Aufklärungskräfte.

4. Befehlsführung

   Mit Vorbereitung und Durchführung für „Tanne I" wird Ob.d.L. [,] für „Tanne" Ob.d.M. beauftragt. Über weitere Befehlsführung nach erfolgter Luft- bzw. Küstenlandung folgt Befehl. Nach durchgeführter Besetzung ist Kommandeur 416. I.D. als Festungskommandant vorgesehen.

5. Zur Wahrung der Geheimhaltung sind alle Maßnahmen, soweit sie der Truppe bekannt werden müssen, als Vorbereitungen zu kurzfristiger Verlegung zur Heeresgruppe Nord zu tarnen. Der tatsächliche Zweck der Maßnahmen darf nur einem ganz klein zu haltenden, namentlich von den Oberkommandos festzulegenden Personenkreis bekannt sein, bei Heimatstab Übersee nur Leiter und einem Sachbearbeiter. Es ist verboten, schriftliche Befehle und Anordnungen, die die tatsächlichen Absichten enthalten, unterhalb der AOK's und gleichgeordneten Dienststellen auszugeben.

6. Die erforderlichen Unterlagen (Transportanmeldungen, Bereitstellungsfristen usw.) sind an OKW/WFSt/Heimatstab Übersee zu leiten, der für entsprechende Unterrichtung des OKM/Skl. sorgt.

II. *Zusatz Skl.:*

1. Befehlsführung durch MOK/Ostsee beabsichtigt.
2. Mitwisserkreis und Unterrichtung Gruppe Nord/Flotte durch MOK/Ost wie für Hochland befohlen.
3. Zu Ziffer 3 B): Zu stellende MAA wird durch drei Batterien aus Norwegen und eine Batterie aus niederländ. Raum gebildet, Stab neu aufgestellt. Weiteres über Auswahl der Batterien und Bereitstellungsraum folgt.

4. Durchführung Seetransport nach Art Überführung 214.I.D. Ausladehäfen Mariehamn und Eckerö bzw. Ankerplätze in deren Umgebung. Da keine Anlegestellen, zum Entlöschen pro Schiff etwa 4, insges. 10—12 MFP's oder ähnliche Fahrzeuge erforderlich.
5. Weiteres folgt.

Seekriegsleitung

*B.Nr. 1./Skl. I Op 652/44 g.Kdos.Chefs.*

An Chef Skl. Qu A, Prüf-Nr. 4
Chef Skl. Qu A II, „ „ 5
Chef Skl. Qu A VI. „ „ 7
Chef Skl. Qu A IV, „ „ 6

Zur Kenntnis und weiteren Veranlassung. Skl. Qu A IV. wählt die Batterien für die zu stellende MAA aus und legt die Bereitstellungsräume fest.

Auf die befohlene Tarnung wird besonders hingewiesen. Der Mitwisserkreis ist aktenkundig zu machen.

1./Skl. wird zu einer Sitzung in „Koralle" am 2. 3. auffordern.

Im Auftrage
gez. Wangenheim

Verteiler:
An I b Prüf-Nr. 2
I Nord „ „ 3

## 11.

*Generaloberst Dietl: vorbereitete Notizen zur Besprechung im H.Qu. des Geb.-AOK 20 am 2. März 1944 zur Einweisung in Weisung Nr: 50*[1]

### Teilnehmerliste

| | |
|---|---|
| 1. Generaloberst Dietl | Oberbefehlshaber |
| 2. Oberst i.G. Hölter | Chef des Generalstabes der Armee |
| 3. Generalmajor Wuerst | Armeepionierführer |
| 4. Generalmajor Menny | Armeenachrichtenführer |
| 5. Oberst i.G. Steets | Ia der 20. Geb.-Armee |
| 6. Major i.G. Artmann | Qu. 1 der 20. Geb.-Armee |
| 7. General d. Inf. Eglseer | Kdr. General des XVIII. Geb.-A.K. |
| 8. General d. Inf. Weisenberger | Kdr. General des XXXVI Geb.-A.K. |
| 9. General der Geb.-Truppe Ritter von Hengl | Kdr. General des XIX. Geb.-A.K. |
| 10. General d. Flieger Kammhuber | Chef Luftflotte 5 |
| 11. General d. Flieger Schulz | Kdr. General d. dtsch. Lw. in Finnland |
| 12. Oberst i.G. von Cramon | Chef des Stabes beim Kdr. General der dtsch. Lw. in Finnland |
| 13. Oberstleutnant i.G. Scholz | Vertreter des Fliegerführers Eismeer |
| 14. Hauptmann Forte | O 1/Geb.-AOK 20 |

2 Ausfertigungen
2. Ausfertigung

1 Bundesarchiv/Militärarchiv: 58629/9—10: KTB Geb.-AOK 20, Ia, Chefsachen, Anl. Bd, 1. 1. — 30. 6. 1944: Teilnehmerliste [und vorbereitete Notizen Gen.-Oberst Dietl] für Besprechung am 2. 3. 1944, 2 Ausfertigungen, 2. Ausf. (ohne Unterschrift).

*A. Einleitung.*

Führerweisung 50 vom 28. September 1943

Sie behandelt Gegenmaßnahmen bei ungünstiger Entwicklung der Lage in Finnland (politisch oder militärisch) oder bei Heeresgruppe Nord. Es handelt sich dann darum, die beiden südlichen Korps der Armeefront etwa in Linie Karesuando — Ivalo zurückzubiegen, um den wehrwirtschaftlich lebenswichtigen Nordraum im Anschluß an das XIX. Korps unter allen Umständen zu halten. Vorbereitungen wurden bisher nicht nennenswert getroffen. Grund: Geheimhaltung gegenüber Finnen und eigener Truppe.

Es wurden bisher nur Studien ausgearbeitet, die in großen Zügen die dann notwendigen Bewegungen der Armee behandeln. Einen Auszug aus diesen Studien wird der Chef des Generalstabes bekannt geben.

*B. Schlußbesprechung durch mich.*

1. Bemerkungen zu den Ausführungen des Generalstabschefs.
   Lage des XVIII. Armeekorps am Anfang der Absetzbewegung:
   Es handelt sich darum, frühzeitig die Sofianga-Stellung zu erreichen. Die Lage kann besonders schwierig werden, wenn Uchtua-Abschnitt zusammenbricht. Es muß sich darum handeln, möglichst „ungerupft" die Gegend ostwärts Kuusamo zu erreichen.
   XXXVI. Armeekorps.
   Das Korps darf nicht zu früh weg. Der Weg bis Kemijärvi ist wesentlich kürzer als der des XVIII. Armeekorps. XXXVI. Armeekorps darf sich aber unter keinen Umständen schlagen lassen. Vorstoß des Feindes auf Sodankylä muß unbedingt verhindert werden, um den weiteren Rückzug von Rovaniemi nach Norden auf der Eismeerstraße zu ermöglichen.
   Die ganze Absetzbewegung der Armee kommt nur in einer Notlage[a] in Frage[b]. Gefahr des Abgeschnittenwerdens vom Seeweg durch die Ostsee und später auch durch das Nordmeer entlang der Küste Norwegens. Schwierigkeit der Versorgung in der neuen Bogenstellung. Bedeutung Kolosjoki. Ansicht des Reichsministers Speer.
   Zunächst nur die beiden Südkorps sich überlegen:
   Die Aufgabe der derzeitigen Stellung und die notwendigen Maßnahmen für eine Absetzbewegung.
2. Ablösung der finnischen 3. Division.
   Entgegenkommen des Oberkommandos der Wehrmacht gegen Marschall Mannerheim wegen Entwicklung der Lage bei der Heeresgruppe Nord. Ich habe alles getan, um diese Ablösung zu verhindern, wurde aber abgelehnt.
3. Derzeitige politische Lage. Sonderfrieden. Internierung.
   Ich glaube, daß Finnland nie derartige Bedingungen erhält, daß es von unserer Seite abspringen könnte. Finnland ist kein Italien.
4. Abwehrgliederung für Großkampf.
   Alle Führer müssen immer über Reserven verfügen, selbst wenn die Kräfte der Zahl nach wesentlich geringer geworden sind. Sich immer der Lage anpassen.
   Grundsatz für Großkampf:
   Vordere Linie dünn. In der Tiefe des Hauptkampffeldes starke Kräfte sprungbereit zum Eingreifen halten. Dies gilt vor allem für die Stellung Uchtua.
   Alle Korps nochmals ihre Kräftegliederung nach diesen Gesichtspunkten überprüfen.
5. Zuspitzung der Lage beim XXXVI. Armeekorps.
   Wenn im großen gesehen ein Einzelangriff in Richtung Salla auch unwahr-

a Handschriftlicher Zusatz „Namentlich im Winter".
b Handschriftliche Randbemerkung: „Die Straßen habe ich erkundet".

scheinlich ist, so muß doch mit Feindvorstößen auf Grund des Verhaltens der Russen in letzter Zeit gerechnet werden.
Achtung auf Panzer-Angriffe im Winter und Motorschlitten-Brigade.

6. Wichtigkeit unbedingter Geheimhaltung. Stimmung der Armee.
Unbedingtes Vertrauen in die Führung (kein Stalingrad).
Bei Meckereien und Zersetzungserscheinungen müssen alle Kommandeure rücksichtslos durchgreifen.
Urlaubsfrage außerordentlich wichtig und kann in der Zukunft zu ernsten Schwierigkeiten führen. Daher die noch günstige Urlaubsmöglichkeit rücksichtslos ausnützen. Keine Urlaubseinschränkung. Die Urlauber sind die beste Reserve.
Verlesen von Briefen von Soldaten.
7. Immer überprüfen, wo der Feind im Winter überall angreifen und vorstoßen kann. Die Russen machen immer das Unwahrscheinlichste. Sie sind viel unabhängiger als wir vom Nachschub. Wir können daraus nur lernen und müssen auch unsere Truppe frei von zu großem Nachschub machen.
8. Nachtangriffe werden an der Hauptfront sowohl von Russen wie Deutschen in immer umfangreicherem Maße durchgeführt. Ausnützen mondheller Nächte auch für Panzer.

## 12.

### *Weisung der Seekriegsleitung für die Besetzung der Aalands-Inseln (Unternehmen „Tanne") vom 3. März 1944)*[1]

Seekriegsleitung — Berlin, den 3. 3. 1944
B.Nr.1./Skl. I Op 675/44 g.Kdos.Chefs.
Geheime Kommandosache!
Chefsache! Nur durch Offizier!

| | | |
|---|---|---|
| An | MOK/Ostsee | Prf.Nr. 1 |
| nachr.: | OKW/WFSt.Op (M) | " " 2 |
| | OKW/WFSt.Heimatstab Übersee | " " 3 |
| | Gen.Stabd.Heeres/Op.-Abt. | " „ 4 |
| | Ob.d.L.Lw.FSt. | " " 5 |
| | Gr.Nord/Flotte | " " 6 |

Betr.: Unternehmen „Tanne".

Vorg.: OKW/WFSt.Op (H) 77 583/44 g.Kdos.Chefs. vom 29. 2. 44[a].

Anliegend wird die Weisung der Seekriegsleitung für das Unternehmen „Tanne" übersandt. Das Stichwort „Tanne" wird durch das OKW befohlen werden. MOK/Ost stellt den Operationsplan auf und meldet baldmöglichst Absichten für die Durchführung gemäß anliegender Weisung.

Zur Wahrung der Geheimhaltung sind alle Massnahmen, soweit sie der Truppe bekannt werden müssen, als Vorbereitungen zu kurzfristiger Verlegung zur Heeresgruppe Nord zu tarnen. Der tatsächliche Zweck der Massnahmen darf nur einem ganz klein zu haltenden, namentlich von den Oberkommandos festzulegenden Personen-

1 Bundesarchiv/Militärarchiv: III M 1013/3: 1. Skl., KTB, Teil C, Heft 3, Ostsee, Bd 3, Bl. 165—171: Skl., B. Nr: 1./Skl. I Op 675/44 gKdos. Chefs., vom 3. 3. 1944 an MOK/Ostsee

a *s. oben, S. 64 ff., Dokument Nr. 10.*

kreis bekannt sein, bei Heimatstab Übersee nur Leiter und einem Sachbearbeiter. Es ist verboten, schriftliche Befehle und Anordnungen, die die tatsächlichen Absichten enthalten, unterhalb der AOK's und gleichgeordneten Dienststellen auszugeben.

Der Chef des Stabes der Seekriegsleitung:
gez. Meisel

Für die Richtigkeit:
gez. Unterschrift
Oberleutnant AMD.

Seekriegsleitung
B.Nr.1.Skl.I Op 675/44 g.Kdos.Chefs.

Berlin, den 3. 3. 1944

Weisung für die Besetzung der Aalands-Inseln
(Unternehmen „Tanne")

A) *Feindlage:*

1. Politische oder militärische Ereignisse können zu einem Ausscheiden Finnlands aus dem Kriege gegen Sowjet-Rußland führen.
   Die dadurch entstehenden und dem Unternehmen zu Grunde zu legenden politischen Grundlinien werden zeitgerecht durch das OKW befohlen.
2. Mit finnischem Widerstand wird z. Zt. nicht gerechnet, es muss jedoch auch diese Möglichkeit bei der Planung berücksichtigt werden.
3. Russische Aktionen werden abhängig sein von der Art der Waffenstillstandsbedingungen (vollständige oder teilweise Besetzung Finnlands durch russische Streitkräfte) und von der Eislage.
   a) Bei der augenblicklichen militärischen und Eislage ist ein Ausbruch russischer Streitkräfte aus dem Finnenbusen unwahrscheinlich.
   b) Wird Finnland neutral und bleiben Helsinki und die finnische Küste in finnischem Besitz, so ist eine Operation gegen die Aalands-Inseln für einen russischen Landungsverband ebenfalls schwierig.
   c) Besetzt Rußland die finnische Küste, vor allem Hangö und Helsinki, werden russische Landungsoperationen gegen die Aalands-Inseln möglich und jederzeit durchführbar.
   d) Ein Luftlandeunternehmen durch die Sowjets ist schon jetzt möglich.

B) *Aufgabe:*

Überraschende Besetzung der Aalands-Inseln, dabei zunächst der Insel Aaland Lemland, Eckerö, Lumperland und Vardoe durch Kräfte aller drei Wehrmachtteile.

Die Durchführung wird durch Ausgabe des Stichworts „Tanne" durch das OKW befohlen.

C) *Befehlsführung:*

Operative Führung durch OB Marine-Ob.Kdo.Ostsee, in Befehlsstelle Kiel. Dem MOK/Ostsee werden zur Verfügung gestellt:

a) Für die Führung der Anlandungsverbände: Der Befehlshaber des Ausbildungsverbandes der Flotte.
b) Für die heeresmässige Durchführung der Anlandung: Der Kommandeur der 416. I.D., der nach Durchführung der Besetzung als Festungskommandant vorgesehen ist.
c) Für die Planung, Vorbereitung und Durchführung der Insel-Verteidigung: Der Seekommandant Aalands-Inseln und der Kommandeur der 416. I.D.

D) *Teilnehmende Streitkräfte:*
Siehe Anlage 1.

E) *Durchführung:*

1. *Vorbereitende Maßnahmen:*
Die Wehrmachtbefehlshaber Norwegen und Dänemark sowie der Ob.d.L. sind gebeten, die für die Besetzung vorgesehenen Truppen beschleunigt auszuwählen und in folgenden Räumen zur Verschiffung bereitzustellen:
   a) Die Kräfte des Heeres und der Kriegsmarine aus Norwegen im Raum Oslo.
   b) Die 416. I.D. im Raum Aarhus.
   c) Die durch die Luftwaffe abzugebende gemischte Flakabteilung im Raum Danzig.
   d) Der Stab und eine mittl. Batterie der MAA sind ebenfalls im Raum Danzig bereitzustellen, der Seekommandant Aaland nach Ermessen MOK/Ostsee.
2. *Überführung und Anlandung:*
   a) Bestimmend für die Überführung sind die für die Anlandung vorliegenden militärischen Gegebenheiten. Es ist anzustreben, überraschend möglichst schnell starke Kräfte an Land zu werfen. Anhalt für die zeitliche Folge der Transportstaffeln siehe Anhang 2.
   b) Als Ausladehäfen kommen Mariehamn, Eckerö bzw. Ankerplätze in deren Umgebung in Betracht.
   c) *Transportraum:*
   Die Transportplanungen sind in Zusammenarbeit mit Skl. Qu A VI durchzuführen. Es ist beabsichtigt, zunächst 10 Truppentransporter bereitzustellen. Da keine Anlegestellen für die Truppentransporter vorhanden sind, sind zum Entlöschen der Schiffe etwa 12 MFP oder ähnliche geeignete Fahrzeuge bereitzustellen und rechtzeitig im baltischen Raum zu versammeln. Erschwerung der Anlandung durch die Eislage ist in Rechnung zu stellen, Eisbrecher sind den Transportverbänden zuzuteilen.
3. *Sicherung:*
   a) Als Sicherungs- und Geleitstreitkräfte stehen dem MOK/Ostsee zur Verfügung:
   Die Streitkräfte des BSO und F.d.M./Ost in ihren Bereichen. Die Kreuzer „Prinz Eugen", „Adm. Scheer", die 6. Z-Flottille mit 4 Zerstörern und T 30. Die 2. und 3. T-Flottille (soweit erforderlich und nur im Einverständnis mit Skl.).
   b) Ob.d.L. wird um Luftstreitkräfte für enge Sicherung und Jagdschutz während der Überfahrt und Anlandung, sowie um Unterstützung der Landungstruppen durch Luftkampfstreitkräfte bei etwaigem Widerstand gebeten.

*Nachrichtenbestimmungen:*
Regelt MOK/Ostsee.

1. MOK/Ostsee meldet baldmöglichst Absichten. Dabei sind vorzulegen:
   a) Zeitplan für die Überführung der Transportstaffeln, sowie beabsichtigte Sicherung.
   b) Absichten für die taktische Durchführung der Ausschiffung und Anlandung.
   c) Erste Planung für die Inselverteidigung.
2. Ob.d.L. wird um Unterrichtung über die Absichten gemäß E 3 b gebeten.

Anlage 1 zu B.Nr.1./Skl.I Op 675/44 g.Kdos.Chefs.

1. *Teilnehmende Streitkräfte:*

| Truppenteil: | abzugeben durch: |
|---|---|
| a) *Heer:* | |
| 416. I.D. ohne Ost-Btl. | Wehrm.Befehlsh. Dänemark |
| 4 Heeres-Küsten-Bttr.n | " " Norwegen |
| (davon zwei Bttr.n 10,5 cm. Kan. (F) und zwei Bttr.n 15,5 cm. Kan. (F) auf Räderlafetten) | " " " |
| 1 Fest.Pi.-Stab | " " " |
| 1 Fest.Pi.-Battl. | " " " |
| 1 Gesteinsbohr-Komp. | " " " |
| Personaleinheiten zur Besetzung von 4 Küsten-Bttr.n (Material ggf. von den Finnen zu übernehmen) | " " " |
| b) *Kriegsmarine:* | |
| 1 MAA Stab | Neu aufzustellen |
| 3—15 cm Seeziel-Bttr.n | MOK/Norwegen |
| 1—15 cm " " | Adm.i.d.Niederlanden |
| c) *Luftwaffe:* | |
| 1 gemischte Flak-Abteilung. | |
| Bodenpersonal. | |

Anlage 2 zu B.Nr.1./Skl.I Op 675/44 g.Kdos.Chefs.

2. *Zeitliche Folge der Transportstaffeln:*
1. Staffel: 3 Schiffe, davon 2 nach Mariehamn,
1 nach Eckerö.
X-Tag morgens an Bestimmunghafen.
2. Staffel: 3 Schiffe, wie erste Staffel.
X + 1 Tag morgens an Bestimmungshafen.
3. Staffel: 4 Schiffe, davon 2 nach Mariehamn,
2 nach Eckerö.
X + 2 Tag morgens an Bestimmungshafen.
4. Staffel: 3 Schiffe, wie erste Staffel.
X + 6 Tag morgens an Bestimmungshafen.

## 13.

### *Generaloberst Dietl an Marschall Mannerheim vom 12. März 1944*[1]

Chefsache
Geheime Kommandosache
Nur durch Offizier

12. 3. 1944
3 Ausfertigungen
2. Ausfertigung

1 Bundesarchiv/Militärarchiv: 58629/9—10: KTB Geb.-AOK 20, Ia, Chefsachen, Anl. Bd, 1. 1. — 30. 6. 1944: Geb.-AOK 20, Ia Nr: 55/44 gKdos. Chefs., vom 12. 3. 1944, 3 Ausfertigungen, 2. Ausf.

Fernschreiben

1. An den dtsch. General beim Oberkdo. der finn. Wehrmacht,
General d. Inf. Erfurth.
2. nachr.: An OKW/WFStab, zu Händen Generaloberst Jodl.

Ich bitte, nachstehendes Schreiben dem Marschall von Finnland zu überreichen.

gez. Dietl

Herr Marschall!

Es verdichten sich die Anzeichen, daß die Sowjets einen einheitlichen Angriff gegen meine Armeefront planen und vorbereiten. Den Schwerpunkt des Feindangriffes erwarte ich an Louhi- und Kandalakscha-Front. Ich rechne mit Angriffsbeginn in der zweiten Märzhälfte.

Es ist als sicher anzunehmen, daß Feind im Zuge einer solchen Operation auch die Uchtua-Front angreifen wird, umso mehr, als diese Front ja in einer Rückwärtsstaffelung zur Louhi-Front steht.

Ich lasse, unbeschadet der Dehnung meiner Kräfte, die Ablösung der 3. (finn.) Division in der Uchtua-Front durch 7. Geb.-Div. weiterlaufen. Am empfindlichsten gestreckt werden dadurch die Kräfte beim XVIII. Korps, das jetzt mit 7. Geb.-Div. die Uchtua-Front übernimmt und dem ich an neuen Kräften in die durch Herausziehen der 7. Geb.-Div. entstandene Kräftelücke nur 1 verstärkte Rgt.s-Gruppe zuführen kann. Eine gewisse Schwächung der Abwehrkraft des XVIII. Korps liegt außerdem in der Tatsache, daß 7. Geb.-Div. und die neu zugeführte Kampfgruppe Kräutler in neue Verhältnisse kommen.

Ich richte an Sie, Herr Marschall, daher die gehorsame Bitte, die abgelöste 3. (finn.) Div. vorläufig hinter der Uchtua-Front zu belassen, damit auf der Naht zwischen der finn. Wehrmacht und meiner Armee noch eine Eingreifreserve zur Verfügung steht.

Desgleichen bitte ich, das finn. II./I.R. 14 und finn. selbständige Abt. 8 zunächst in ihren derzeitigen Sicherungsaufgaben unter dem Kdo. des Gen.-Kdo. XVIII. Geb.-A.K. stehen zu lassen, weil sonst das XVIII. Korps hochwertige ski-bewegliche Kampf-Btl.e zu diesen Sicherungsaufgaben einsetzen müßte.
Diese 2 ski-beweglichen deutschen Btl.e werden im Augenblick aber dringend auf dem Nordflügel des XVIII. Korps benötigt zur angriffsweisen Abwehr einer sich abzeichnenden Nordumfassung.

Beide Bitten sind zeitlich begrenzt. Mit Beginn der Tauperiode, also etwa in 4 Wochen, werden sie voraussichtlich hinfällig werden.

Ich richte diese Bitte an Sie, Herr Marschall, weil ich entschlossen bin, in den derzeitigen Stellungen einen Angriff des Feindes anzunehmen und zu bestehen im Interesse unseres gemeinsamen Kampfes und zum Schutze des finnischen Nordraumes.

Mit vorzüglichster Hochachtung und
waffenbrüderlichem Gruß!
gez. Dietl
Generaloberst.

Verteiler:

Abt. Ia Nr. 55/44 gKdos Chefs.

1. Ausfertigung: Marschall gleichz. Ia
2. „ : KTB
3. „ : KTB

## 14.

### *Hitlers Anordnung zur Durchführung des Bahnbaus in Norwegen (22. März 1944)*[1]

Abschrift!

Der Führer F.H.Qu., den 22. März 1944

Ich ordne an:

1. Zur termingemässen Durchführung des Bahnbaus in Norwegen müssen die notwendigen deutschen Führungskräfte und Facharbeiter in der Höhe von 4.000 Mann bevorzugt nach Norwegen zugeführt werden.
2. An Arbeitskräften sind weitere 15.000 sowjetische Kriegsgefangene auf Anfordern der OT durch den Generalbevollmächtigten für den Arbeitseinsatz mit Unterstützung der Wehrmacht fristgerecht bereitzustellen. Das Oberkommando der Wehrmacht befiehlt die für die norwegischen Verhältnisse notwendigen Bewachungskräfte.
3. Zur Einsparung von Transportraum ist die Holzversorgung für die Durchführung des Bahnbaues und der übrigen Bauarbeiten in Norwegen weitgehendst durch Einschlag auf norwegischem Gebiet sicherzustellen.

gez. Adolf Hitler

F. d. R.
gez. Keitel, Feldm.

F. d. R. d. A.
gez. Unterschrift
Oberstlt. d. G.

1 Bundesarchiv/Militärarchiv: OKW/138.2 (OKW/WFStab, 1944/45): Führeranordnung vom 22. 3. 1944 (beglaubigte Abschrift).

## 15.

### *Großadmiral Dönitz: Denkschrift über die Bedeutung der Narwa-Stellung für die Gesamtkriegführung vom 26. März 1944*[1]

Geheime Kommandosache!
Chefsache!
Nur durch Offizier!

Denkschrift des Ob.d.M.

Die Beherrschung der Ostsee ist von kriegsentscheidender Bedeutung, weil:

1. Die Ostsee die einzige leistungsfähige Verkehrsstraße für die Versorgung der Wehrmacht in Finnland und weitgehend auch im Ostland ist.
2. Nur durch den Seetransport von Rohstoffen und sonstigen Gütern für die Kriegswirtschaft durch die Ostsee die Ausnutzung Nordeuropas für die deutsche Kriegsführung möglich ist.
3. Die Ostsee das einzige brauchbare Übungsgebiet für die U-Boote und alle anderen Seestreitkräfte und das einzige Erprobungsgebiet für alle Neubauten ist, ohne das der Seekrieg zum Erliegen kommt.

1 Bundesarchiv/Militärarchiv: III M 1013/3: 1. Skl., KTB, Teil C, Heft 3, Ostsee, Bd 3, Bl. 295—304.

4. Die Seeverbindung durch die Ostsee der einzige Weg für die Zufuhr von Material und Lebensmitteln nach Finnland ist, ohne die dieses Land den Krieg nicht weiterführen kann.

Geht uns die Herrschaft über die Ostsee verloren, so können wir Nordeuropa weder verteidigen noch für uns ausnutzen.

Die Sicherung der Ostsee und ihrer Seeverbindungen ist Aufgabe der Seestreitkräfte der Kriegsmarine und zusätzlich der Luftstreitkräfte in den Gebieten, die die feindliche Luftwaffe zu erreichen vermag.

Durch die Eroberung der baltischen Länder und des größten Teils der Südküste des Finnischen Meebusens im Jahre 1941 wurden die Voraussetzungen geschaffen für das Einschließen der russischen Flotte im innersten Winkel der Ostsee.

Obwohl die Seestreitkräfte des Feindes (Zusammenstellung s. Anl. 1) den in der Ostsee verfügbaren deutschen Streitkräften weit überlegen waren und es heute noch sind, gelang es der Kriegsmarine, der russischen Ostseeflotte die Initiative von Kriegsbeginn [an] völlig zu nehmen und jegliche Auswirkung sowjetischer Überwasserstreitkräfte auf die Ostsee zu verhindern.

Die rasch fortschreitende Absperrung des Finnenbusens durch Minen nahm den Russen schon 1941 die Bewegungsfreiheit; sie haben lediglich mehrfach im Spätherbst 1941 mit größter Gleichgültigkeit gegen Menschen- und Schiffsverluste unsere bei der Räumung Revals so erfolgreichen Juminda-Sperren[2] forciert, um nach Hangö durchzubrechen.

Seitdem sind russische Überwasserstreitkräfte außerhalb unserer Minensperren überhaupt nicht mehr aufgetreten; nur einzelne U-Boote vermochten im Sommer 1942 die unter Aufwand von 13.000 Sperrmitteln ausgelegten Sperriegel zu durchdringen. Sie haben zwar erhebliche Unruhe und Störungen in der Ostsee bis auf die Höhe von Rügen verursacht, aber damals wegen ihres geringen Könnens nur wenig Erfolge erzielen können.

Im Jahre 1943 sind nach Verstärkung des Sperrsystems und Auslegen einer über den ganzen Finnenbusen gelegten doppelten U-Bootsnetzsperre überhaupt keine russischen U-Boote mehr in die Ostsee gelangt. Der Feind hat im Gegenteil 1943 noch mehr U-Boote auf unseren Minen verloren als 1942.

Die Überlegenheit der deutschen Luftwaffe in den ersten Jahren des Ostkrieges zwang den Gegner vollends in die Defensive; er konnte auch die für die Überwachung und Beherrschung des Finnenbusens wichtigen Inseln Hochland und Tütters nicht halten.

Es ist aber der deutschen Kriegführung nicht möglich gewesen, durch Eroberung von Leningrad die Bedrohung der Ostsee durch die Russen endgültig auszuschalten. Der Russe behielt vielmehr in Leningrad/Kronstadt einen guten Stützpunkt und leistungsfähige Werften für Reparatur und Neubau von Seestreitkräften.

Bis jetzt war und ist es ihm aber nicht möglich gewesen, diese Seestreitkräfte praktisch auszubilden und in See einzusetzen, weil er ostwärts des Sperriegels auf der Linie Hochland — Tütters eingeschlossen und dazu in diesem engen Seegebiet mit großenteils flachem Wasser durch Minen behindert ist. Es sind deshalb auch nur kleine Fahrzeuge (Minensucher, Schnellboote, Bewacher) in See aufgetreten.

So blieb die Ostsee ohne Störung durch die russische Ostseeflotte.

Die Versorgung der Wehrmacht durch die ostwärtige und nördliche Ostsee und die notwendigen Truppenverschiebungen konnten planmäßig durchgeführt, Finnland ernährt und der lebenswichtige Seeverkehr für die Kriegswirtschaft zu unserem Vorteil abgewickelt werden.

2 Deutsche Minensperren im Finnischen Meerbusen östlich Reval 1941—44 zwischen Kap Juminda und Kallbada.

Die Zufuhr über See hat in der Ostsee ihre kriegsentscheidende Bedeutung durch das unentbehrliche schwedische Eisenerz. 54 % des Erzbedarfs (Fe-Gehalt) für die deutsche Eisenerzeugung, die Grundlage der Rüstung, stammen aus dem Ausland; 43 % werden allein über See eingeführt und hiervon 3/4 durch die Ostsee.

Darüber hinaus kommt der Einfuhr von Holz und Holzerzeugnissen neben allen anderen Wirtschaftsgütern und der Rückfracht von Kohle und Koks, mit denen wir unsere Einkäufe bezahlen, besondere Bedeutung zu.

In dem eroberten estnischen Ölgebiet wurde die Erzeugung von Mineralöl aus Ölschiefer mit großen Mitteln ausgebaut, weil hier die einzige für uns heute noch erreichbare Möglichkeit zur Verbesserung der Ölversorgung außer der synthetischen Erzeugung besteht.

Die ungestörte, gründliche Ausbildung der U-Boote ist besonders wichtig in der Zeit des Aufbaus einer neuen U-Boot-Waffe, mit der der Tonnagekrieg wieder auf die Beine gebracht werden soll; aber auch für alle anderen Seestreitkräfte ist sie unentbehrlich.

In der augenblicklichen Lage, d. h. wenn die Landfront an der Narwa hält, kann die Kriegsmarine die Absperrung der Kronstadt-Bucht aufrechterhalten; der südliche Teil des großen Sperriegels, der bisher bei Kurgalowo die Küste erreichte, muß zwar weiter westlich neu ausgelegt werden; der Hauptteil der Sperren bleibt aber weiter wirksam.

Auch für die feindlichen Luftstreitkräfte ändern sich die Einsatzmöglichkeiten noch nicht wesentlich.

Weitere Zurücknahme der Landfront nach Westen würde aber eine neue Lage mit einschneidenden Folgen schaffen.

Der Kriegsmarine würde es nicht mehr möglich sein, die effektive Blockade des inneren Finnenbusens aufrechtzuerhalten.

Der *Russe* wird dann die *Bewegungsfreiheit* für seine Seestreitkräfte *wiedergewinnen*, weil wir ihn nicht mehr daran hindern können, unsere Minensperren wegzuräumen. Er kann in der Folge die Versorgung von Hochland und Tütters unterbinden, diese Inseln wegnehmen und die Auswirkungen seiner Seestreitkräfte immer weiter nach Westen vortreiben. Damit gefährdet er in zunehmendem Ausmaß die Flanke der Landfront durch Landungen an der Küste; falls er solche Operationen unternimmt, wird er sie mit derselben Gleichgültigkeit gegen Verluste durchführen, wie er sie bereits bewiesen hat.

Die Kriegsmarine ist überzeugt, daß sie die feindlichen Überwasserstreitkräfte wegen ihrer unzureichenden Ausbildung und ihres geringen Könnens in Schach halten und sie schlagen wird, wenn sie sich aus ihren jetzigen Positionen herauswagen sollten. Wenn der Feind aber die Inseln Hochland und Tütters oder gar den guten Hafen Reval in seine Hand brächte, so würde er in dem dann von ihm beherrschten Finnenbusen die Ausbildungsgelegenheit für seine Streitkräfte gewinnen und die Möglichkeit, in die freie Ostsee vorzudringen.

Der Neuaufbau der Minensperren weiter im Westen ist wegen der dort vorliegenden größeren Wassertiefen z. Zt. nicht möglich, weil das dafür nötige umfangreiche Minenmaterial nicht zur Verfügung steht. Selbst wenn die ganze Produktion an Minen für viele Monate ausschließlich für den Finnenbusen verwandt würde, kann eine solche Sperrung nur noch auf der Länge von Reval erfolgreich sein, weil noch weiter westlich die zu verminende Seestrecke zu lang wird.

Es ist aber ohnehin untragbar, den anderen Kriegsschauplätzen im Norden, im Westraum, im Mittelmeer und im Schwarzen Meer für längere Zeit überhaupt keine Minen zuzuteilen, weil deren dringender Bedarf schon jetzt nicht gedeckt werden kann.

Auch mit vielen Minen ist die effektive Absperrung gegen russische U-Boote bei den größeren Wassertiefen im westlichen Finnenbusen sehr schwierig. Der Russe würde sie bei seiner Hartnäckigkeit wahrscheinlich wenigstens mit einigen Booten ebenso durchbrechen wie 1942, nunmehr aber mit besser ausgebildeten und nicht mehr defensiv eingestellten Besatzungen.

In Finnland ist wiederholt erklärt worden, daß das weitere Durchhalten von der Stabilität der deutschen Nordfront abhängt. Für Finnland bedeutet jedes Zurückweichen der deutschen Nordfront eine Gefährdung seiner Seeverbindung mit dem deutschen Machtbereich, von der die finnische Kampfkraft in entscheidendem Ausmaß abhängt.

Wenn aber der Russe im Finnenbusen so viel Luft bekommt, daß er seine *Seemacht entfalten* und auf die Ostsee wirken lassen kann, so entstehen auch für die deutsche Kriegsführung *entscheidende Folgen*, indem:

a) der lebenswichtige Seeverkehr nach Schweden eingeschränkt bzw. nach Nordschweden (Erzgebiet) unterbunden wird und
b) der deutsche Seekrieg gegen die Angelsachsen, der mit dem U-Bootskrieg steht und fällt, endgültig erlahmt, weil die Bereitstellung der U-Boote und ihre Ausbildung gefährdet wird.

Die Kriegsmarine ist bei ihrer Beanspruchung an den übrigen langen Seefronten nicht in der Lage, die russische Ostseeflotte auf die Dauer allein niederzuhalten.

Daß die Luftwaffe eine entscheidende Änderung an dieser Lage herbeiführen kann, ist unwahrscheinlich, weil sie die nötigen Kräfte nicht zur Verfügung hat[a].

Schließlich würde der Verlust des estnischen Schieferölgebiets einen schweren Rückschlag in der deutschen Mineralölversorgung bringen[b].

*Zusammenfassung:*

Das Aufgeben der Narwa-Stellung bringt entscheidende Nachteile für die ganze Kriegführung, weil durch die Bedrohung der Ostsee:

1. Die Versorgung des Heeres an der Nordfront und seine Flanke an der Küste gefährdet werden.
2. Das Aushalten Finnlands im Kriege in Frage gestellt wird.
3. Die wirtschaftliche Ausnutzung Nordeuropas, besonders die Versorgung der Rüstung mit Eisenerz gefährdet und
4. Der Tonnagekrieg gegen die Angelsachsen schwer bedroht wird.

Es muß deshalb das Ziel der deutschen Kriegführung sein, die Narwa-Stellung unter allen Umständen zu halten.

gez. Dönitz

a *Die beiden letzten Sätze wurden handschriftlich gestrichen.*
b *Dieser Satz sollte gemäß handschriftlichem Verweis an den Absatz angehängt werden, der mit: „In Finnland ist wiederholt erklärt worden. . ." beginnt.*

## 16.

### *Generaloberst Dietl an Marschall Mannerheim vom 26. März 1944*[1]

Geheime Kommandosache! **Fernschreiben** 26. 3. 44

An den Dtsch.General beim Oberkommando der finn. Wehrmacht.

Sehr verehrter Herr General!

Haben Sie herzlichen Dank für ihre Bemühungen um die Bereitstellung der 3.finn. Brig. in meinem Armeebereich.

1 Bundesarchiv/Militärarchiv: 58629/4: KTB Geb.-AOK 20, Ia, Anl.Bd, 1. 3. — 31. 3. 1944: FS, Geb.-AOK 20, Ia Nr: 356/44 gKdos. Chefs., vom 26. 3. 1944, an Dt. Gen. b. ObKdo d. finn. Wehrmacht, 4 Ausfertigungen, 1. Ausf.

Ich bitte Sie, das nachstehende Schreiben dem Marschall von Finnland übermitteln zu wollen.

Heil Hitler!
gez. Dietl

A.H.Qu., 26. 3. 44

Herr Marschall!

Sie haben meiner Bitte, außer der Gruppe S noch weitere finnische Kräfte in meinen Armeebereich zu verlegen, in entgegenkommendster Weise durch die Dislokation der 3.Brig. in den Raum Kemijärvi — Joutsijärvi entsprochen.

Für diese kameradschaftliche Maßnahme danke ich Ihnen, Herr Marschall, tief bewegt.

Ich stehe mit meiner Armee auf dem linken Flügel der finn. Front und bin mir der Aufgabe und Verantwortung, die ich damit auch für Finnland unmittelbar trage, voll bewußt.

Möge unsere unverbrüchliche Waffenkameradschaft ihren Lohn im Endsieg über unseren gemeinsamen Feind finden.

Mit dem Ausdruck meiner vorzüglichsten Hochachtung
und kameradschaftlichem Gruß
bin ich
Ihr Herr Marschall
ergebener gez. Dietl

Verteiler: Geb.-AOK 20/Ia Nr. 356/44 g.Kdos.

| | |
|---|---|
| Anschr.F.S. | 1.Ausf. |
| Ia(Entwurf) | 2. " |
| KTB | 3.—4. " |

## 17.

*Generalfeldmarschall Keitel an Marschall Mannerheim vom 2. April 1944*[1]

Sehr verehrter Herr Marschall! 2. 4. 1944

Mit Genugtuung habe ich aus einer Meldung des Geb.-AOK 20 ersehen, daß Sie der Bitte des Generaloberst Dietl, vorsorglich weitere Kräfte in den Bereich der Armee zu verlegen, durch Zuführung der finn. 3.Brig. bereitwilligst entsprochen haben. Nehmen Sie, Herr Marschall, für Ihren erneuten Beweis bewährter Waffenkameradschaft meinen verbindlichsten Dank entgegen. Ich ersehe daraus, daß Sie auch angesichts der neuen Versuche Ihrer Regierung, die Verhandlungen mit Moskau noch einmal aufzunehmen, auf die Fortsetzung des gemeinsamen Kampfes bedacht sind und hoffe, daß die Haltung und der Kampfwille der finn. Armee durch die trügerischen Hoffnungen auf einen Frieden ohne Vernichtung Finnlands nicht Schaden leiden.

Nach Zurücknahme der Heeresgruppe Nord in die Narwa-Stellung hat sich hier und auch bei der Heeresgruppe Mitte die Lage wesentlich gefestigt. Ich würde es begrüßen, wenn Sie, Herr Marschall, Gelegenheit nehmen würden, durch Entsendung von Offizieren Ihres Stabes in den Abschnitt der Armee-Abteilung Narwa nördlich des Peipus-See selbst ein Bild der dortigen Lage zu gewinnen.

Im Süden der Ostfront sind alle Maßnahmen eingeleitet, um die unter Zusammenfassung der Masse aller verfügbaren Kräfte geführte Offensive der Sowjets aufzufangen. Außer deutschen Verstärkungen marschieren hierzu die ganze rumänische Armee mit 14 Divisionen und weitere 8 ungarische Divisionen auf. Es ist daher zu

1 Bundesarchiv/Militärarchiv: N 257/4: Persönl. Tagebuch General d. Inf. Dr. Erfurth, S. 906: FS OKW/WFStab/Op (H) [Nr: nicht angegeben] g.Kdos., vom 2. 4. 1944.

erwarten, daß es auch dort gelingt, die Front im Laufe der nächsten Zeit zu stabilisieren und im weiteren Verlauf die Initiative wiederzugewinnen.

Mit der Versicherung meiner vorzüglichsten Hochachtung und kameradschaftlichem Gruß

Ihr sehr ergebener
gez. K e i t e l
Generalfeldmarschall.

OKW/WFSt/ Op(H) Nr. . . . Gkdos.

## 18.

### *Marschall Mannerheim an Generalfeldmarschall Keitel vom 4. April 1944*[1]

Sehr geehrter Herr Feldmarschall! 4. 4. 1944

Für Ihr besonders freundschaftliches Anschreiben vom 2. 4. beehre ich mich aufrichtig zu danken. Es war mir eine Freude, durch die Überführung einiger Bataillone nach Lappland die Möglichkeit zu schaffen, meinen Nachbarn und Waffenbruder, den Generaloberst Dietl, nötigenfalls unterstützen zu können. In der neuerlichen Fühlungnahme zwecks Feststellung von Moskaus Absichten sehe ich keine Gefahr für die Moral und die Haltung unserer Wehrmacht. Ich hege, Herr Generalfeldmarschall, das feste Vertrauen, daß die finnische Armee auch weiterhin ihre Pflicht zu erfüllen weiß.

Ihren Vorschlag, Offiziere meines Stabes zu entsenden, um an Ort und Stelle die Verhältnisse bei der Armeeabteilung Narwa zu studieren, nehme ich dankbar an. Ich habe dem Deutschen General bei meinem Oberkommando die Namen der vier Offiziere mitteilen lassen und erwarte von dem Besuche viele Erfahrungen und Anregungen.

Ich hoffe, daß die im Süden der Ostfront eingeleiteten Maßnahmen, um die dortige Front zu stabilisieren, von vollem Erfolg gekrönt und die allgemeine Lage im Osten Europas günstig beeinflussen werden.

Ich möchte es auch bei dieser Gelegenheit nicht unterlassen, meiner Dankbarkeit für die uns geleistete bedeutungsvolle Hilfe durch Lieferungen von Waffen und Munition Ausdruck zu geben.

Ich bitte Sie, Herr Generalfeldmarschall, die Versicherung meiner vorzüglichen Hochachtung und meinen kameradschaftlichen Gruß entgegenzunehmen.

Ihr sehr ergebener
(gez.) Mannerheim
Marschall von Finnland.

1 Bundesarchiv/Militärarchiv: N 257/4: Persönl. Tagebuch General d. Inf. Dr. Erfurth, S. 908 u. 910 [S. 909 ist b. d. Zählung übersprungen]: FS, Mannerheim an Keitel, vom 4. 4. 1944.

## 19.

### *Generaloberst Dietl an Generaloberst Jodl vom 11. April 1944*[1]

Geheime Kommandosache F e r n s c h r e i b e n 11. 4. 1944
Chefsache
Nur durch Offizier

An OKW/Chef WFStab z. Hd. Gen.-Oberst Jodl

Nachr.: Milit. Att. Helsinki.

1 Bundesarchiv/Militärarchiv: 58629/9—10: KTB Geb.-AOK 20, Ia, Chefsachen, Anl. Bd, 1. 1. — 30. 6. 1944: FS, Der OB der 20 Geb.-Armee, Ia Nr: 95/44 gKdos. Chefs.

Feststellungen und Bemerkungen anläßlich meines Besuches beim Deutschen Gesandten in Helsinki und beim Marschall von Finnland.

1. Finnische Reichstagsabgeordnete unterrichten über Ostern ihre Wahlkreise über sowjetische Interpretationen der Friedensbedingungen. Tanner (Sozialdemokrat) glaubt, daß Abgeordnete so am ehesten den wahren Willen des finn. Volkes, nämlich in Tanners Augen Ablehnung der sowjetischen Bedingungen und Bereitschaft zur Fortführung des Kampfes, erfahren werden.

   Gesandter von Blücher ist der Auffassung, daß entscheidende Reichstagssitzung am 12. 4. für uns positiven Verlauf nehmen wird.

2. Ich habe Marschall für Belassen bezw. Neuzuführen finn. Verbände in Bereich meiner Armee gedankt und dabei bewußt betont, daß 20. Geb.-Armee der „linke Flügel der finnischen Gesamtfront" ist.

   Nach Orientierung über Feindlage vor 20. Geb.-Armee und eigene Lage bestand einheitliche Auffassung darüber, daß feindliche Nordumfassung bisheriger Kampffront XXXVI. Geb.-A.K. auf die Dauer nicht tragbar ist. Marschall will aber zu einem etwaigen Bereinigungsangriff keine finnischen Kräfte zur Verfügung stellen. Mit den derzeitigen finn. Kräften in meinem Armeebereich ist demnach also allenfalls für Abwehrkampf zu rechnen.

   Marschall betonte, daß er weitere Kräfte nicht in meinen Armeebereich detachieren könne. Finnen wollen eben immer Blut sparen.

   Marschall sieht Gesamtlage Deutschlands und der mit uns Kriegführenden pessimistisch. Er wird darin bestärkt durch Gen. Heinrichs, der offenbar sehr unter dem Soldatentod seines Sohnes leidet.

   Marschall hat Sorge, daß finnische Front einem sowjetischen Großangriff nicht standhalten wird.

   Der finnische Blick ist auf Narwa gerichtet. Aufgeben der Narwa-Front würde nach meiner Auffassung den z. Zt. noch vorhandenen Abwehrwillen der führenden finnischen Männer und der Nation unterhöhlen, möglicherweise zum Ausscheiden Finnlands aus der Reihe der mit uns kriegführenden Mächte führen.

   Klaren Äußerungen über politische Probleme wich man bewußt aus. Deutsche Maßnahmen, wie sie gegenüber Ungarn notwendig wurden, werden offenbar nur bedingt oder gar nicht verstanden.

   Zusammenfassend habe ich den Eindruck, daß Finnland auf erträgliche sowjetische Bedingungen eingehen würde. Daß Sowjets solche Bedingungen stellen, erscheint mir unwahrscheinlich. Sowjets werden Exempel statuieren, um darzutun, daß sie in europäischen Fragen die erste Stimme haben.

   Trotz allem sehen finnisches Volk und in Sonderheit finnische Wehrmacht in der Sowjetunion den alten russischen Todfeind.

Der O.B. der 20. Geb.-Armee
Ia Nr. 95/44 gKdos. Chefsache[a]

Verteiler:

1. Ausfertigung: OKW/Chef WFSt
zugleich Ia (E)

2. " : KTB

3. " : KTB

a *Im Orig. ist Dietls Unterschrift herausgeschnitten.*

## Auflösung militärischer und anderer Abkürzungen

| | |
|---|---|
| **Ia** | Erster Generalstabsoffizier (Operationen u. a.) |
| Ib | Zweiter Generalstabsoffizier (Versorgung) |
| Ic | Dritter Generalstabsoffizier (Feindbild) |
| 1/Skl. | Erste Abteilung (Operationen) der Seekriegsleitung |
| | |
| **A** | Admiralstabsoffizier, Amt |
| A I Gr. Nord/Flotte | Erster Admiralstabsoffizier Marinegruppenkommando Nord/Flotte |
| Abt. | Abteilung |
| Abw. | Abwehr |
| Adm. | Admiral |
| Adm.-Ostland | Admiral-Ostland |
| Ag. | Amtsgruppe |
| Ag.-Ausland | Amtsgruppe-Ausland (Abwehr) |
| AHQu. | Armeehauptquartier |
| A.K. | Armeekorps |
| AMD | Allgemeiner Marinedienst |
| Ang. | Angelegenheit |
| Anl. | Anlage |
| AOK. | Armeeoberkommando |
| Art.(1) | Artillerie |
| Aufkl. | Aufklärung |
| Ausf. | Ausfertigung |
| Ausl./Abw. | Ausland/Abwehr |
| | |
| **B**attr., Bttr. | Batterie |
| Bttr. 10,5 (15,5) cm Kan. (F) | Batterie 10,5 (15,5) cm Kanonen (französisch) |
| Bd | Band |
| BdE | Befehlshaber des Ersatzheeres |
| Bfh. | Befehlshaber |
| B.Nr: | Briefbuchnummer |
| Brig. | Brigade |
| BRT | Bruttoregistertonnen |
| BSO | Befehlshaber der Sicherung der Ostsee |
| Btl. | Bataillon |

| | |
|---|---|
| C | Chef des Stabes (Kriegsmarine) |
| cbm | Kubikmeter |
| Chef 1.Abt.Skl. | Chef erste Abteilung (Operationen) der Seekriegsleitung |
| Chef Gen.St.d.H. | Chef des Generalstabs des Heeres |
| Chef H.Rüst.u.BdE | Chef der Heeresrüstung und Befehlshaber des Ersatzheeres |
| Chefs. | Chefsache |
| Chef Skl. Qu A | Chef Seekriegsleitung Quartiermeisteramt |
| Chef Skl. Qu A II | Chef Seekriegsleitung Quartiermeisteramt Organisationsabteilung |
| Chef Skl. Qu A IV | Chef Seekriegsabteilung Quartiermeisteramt Kommandoamtsgruppe Küsten- und Luftverteidigung |
| Chef Skl. Qu A VI | Chef Seekriegsabteilung Quartiermeisteramt Schifffahrtsabteilung |
| Chef WFSt(ab) | Chef Wehrmachtführungsstab |
| cm | Zentimeter |
| d. | der, die, das |
| d.G. | des Generalstabes |
| Div. | Division |
| d.Res. | der Reserve |
| dtsch. | deutsch |
| F | Führung, Führer |
| (F) | französisch |
| Fallsch.-Jg.-Rgt. | Fallschirmjäger-Regiment |
| F.d.M./Ost | Führer der Minensuchboote Ost |
| Fe.-Gehalt | Eisengehalt |
| feindl. | feindlich |
| Fest.-Pi.-Stab | Festungspionierstab |
| Fest.-Pi.-Btl. | Festungspionierbataillon |
| FHQu. | Führerhauptquartier |
| finn. | finnisch |
| Flak. | Fliegerabwehrkanone |
| FS | Fernschreiben |
| g. | geheim |
| G | Generalstab |
| Geb.-Div. (-A.K., -AOK) | Gebirgsdivision (Armeekorps, Armeeoberkommando) |
| Gen. | General |
| Gen.d.Inf. (Fl.) | General der Infanterie (Flieger) |
| Gen.-Kommando | Generalkommando |

| | |
|---|---|
| GenQu. | Generalquartiermeister |
| Gen.-Stab | Generalstab |
| GenStdH | Generalstab des Heeres |
| GenStdH/Op.-Abt. | Generalstab des Heeres/Operationsabteilung |
| gez. | gezeichnet |
| Gfm. (GFM) | Generalfeldmarschall |
| gKdos.Chefs. | geheime Kommandosache! Chefsache! |
| gleichz. | gleichzeitig |
| Gr.Nord/Flotte | Gruppenkommando Nord/Flotte |
| Gren.Rgt.(mot) „Feldherrnhalle" | Grenadierregiment (motorisiert) „Feldherrnhalle" |
| Gren.Rgt.(mot) „G.D." | Grenadierregiment (motorisiert) „Großdeutschland" |
| | |
| H | Heer |
| H.Gr. | Heeresgruppe |
| HKL | Hauptkampflinie |
| HQu. | Hauptquartier |
| | |
| I.A. | im Auftrage |
| I.D. | Infanteriedivision |
| Inf. | Infanterie |
| Inf.-Btl. | Infanteriebataillon |
| Insp.d.Pr.-Tr. | Inspekteur der Panzertruppen |
| | |
| Jg. | Jäger |
| Jg.-Btl. | Jägerbataillon |
| | |
| Kav. | Kavallerie |
| Kdr.General | Kommandierender General |
| Kp. | Kompanie |
| Kr. | dringend (Beförderungsstufe von Fernschreiben u. a. m.) |
| KStN | Kriegsstärkenachweisung |
| KTB (Ktb) | Kriegstagebuch |
| Kw.-Transportraum | Kraftwagentransportraum |
| | |
| L(w.) | Luftwaffe |
| l(e.) | leicht |
| le. Flak.-Züge | leichte Fliegerabwehrkanonenzüge |
| LFH(r) | leichte Feldhaubitze (russisch) |
| Lw.-Feld-Div. | Luftwaffenfelddivision |
| Lw.Fü.St(ab) | Luftwaffenführungsstab |

| | |
|---|---|
| **M** | Kriegsmarine, Marine |
| MAA | Marineartellerieabteilung |
| Mar.-Küst.-Batterien | Marineküstenbatterien |
| Me 109 (110) | Messerschmidt 109 (110) |
| MFP | Marinefährprahm |
| MG | Maschinengewehr |
| Mil.-Att. | Militärattaché |
| MOK Nord | Marineoberkommando Nord |
| mot. | motorisiert |
| MPi. | Maschinenpistole |
| Mun. | Munition |
| Mundverpfl. | Mundverpflegung |
| | |
| **N**achr. | Nachrichten, nachrichtlich |
| Nafü. | Nachrichtenführer |
| | |
| **O**1/Geb.-AOK 20 | Erster Ordonnanzoffizier Gebirgsarmeeoberkommando 20 |
| OB (Ob.Bef.) | Oberbefehlshaber |
| Ob.d.L. | Oberbefehlshaber der Luftwaffe |
| Ob.d.M. | Oberbefehlshaber der Kriegsmarine |
| Ob.Lt. | Oberleutnant |
| Offz. | Offizier |
| OKM/Skl. | Oberkommando der Kriegsmarine/Seekriegsleitung |
| OKW | Oberkommando der Wehrmacht |
| OKW/WFStab/Op M | Oberkommando der Wehrmacht/Wehrmachtsführungsstab/Gruppe Operationen Kriegsmarine |
| | |
| Op. | Operationen |
| Op(H) Nord | Abteilung Operationen (Heer) Nord |
| Op(M) | Abteilung Operationen (Kriegsmarine) |
| Op(L) | Abteilung Operationen (Luftwaffe) |
| OT | Organisation Todt |
| OQu. | Oberquartiermeister |
| | |
| **P**ak 40 | Panzerabwehrkanone 40 |
| Pak-Munition | Panzerabwehrkanonenmunition |
| persönl. | Persönlich |
| Pi. | Pionier(e) |
| Pifü. | Pionierführer |
| Pz. | Panzer |
| Pz.-Div. | Panzerdivision |
| Pz.-Jg.-Abt. | Panzerjägerabteilung |

| | |
|---|---|
| Qu. | Quartiermeister |
| (r) | russisch |
| Radf. | Radfahrer |
| Rgt. | Regiment |
| RKS | Reichskommissar für die Seefahrt |
| Rüst. | Rüstung |
| s. | siehe |
| S-Boot | Schnellboot |
| s(chw.) | schwer |
| schw. Battr. | schwere Batterie |
| SFH(r) | schwere Feldhaubitze (russisch) |
| Skl. | Seekriegsleitung |
| Skl.Qu.A IV | Seekriegsleitung Quartiermeisteramt Kommandoamtsgruppe Küsten- und Luftverteidigung |
| Skl.Qu.A VI | Seekriegsleitung Quartiermeisteramt Schiffahrtsabteilung |
| St(ab) | Stab |
| Stellv.Chef. WFStab | Stellvertretender Chef Wehrmachtsführungsstab |
| südwestl. | südwestlich |
| t(o) | Tonne(n) |
| T 30 | Torpedoboot 30 |
| T-Flottille | Torpedobootsflotille |
| T.-Minen | Tretminen |
| Tr. | Truppe(n) |
| u.a. | unter anderem |
| U-Boot | Unterseeboot |
| u.U. | unter Umständen |
| verst. | verstärkt |
| verst.Radf.Rgt. | verstärktes Radfahrregiment |
| W | Wehrmacht |
| W.Bfh. | Wehrmachtbefehlshaber |
| W.Bfh.Norwegen | Wehrmachtbefehlshaber Norwegen |
| WFStab | Wehrmachtführungsstab |
| WFSt/Op(H) Nord | Wehrmachtführungsstab/Abteilung Operationen (Heer) Nord |
| X | X-Tag (Tag des Unternehmens) |
| Z | Zerstörer |
| Z-Flottille | Zerstörerflotille |
| z.T. | zum Teil |

| | |
|---|---|
| „Birke" | Fall Durchführung der „Führerweisung 50" (Räumung Finnlands) 1943/44 |
| „Blume" | Fall feindlicher Großangriff gegen Frankreich 1944 |
| „Falke" | Fall feindlicher Großangriff gegen Norwegen 1944 |
| „Hanna" | Fall feindlicher Großangriff gegen Dänemark 1944 |
| „Koralle" | Stabsquartier des Oberkommandos der Kriegsmarine bei Bernau, nördlich Berlin (bezogen im November 1943 als Ausweichquartier für das ausgebombte Oberkommando der Kriegsmarine am Tirpitzufer in Berlin) |
| „Lachsfang" | Fall deutscher Vorstoß gegen die Murmanbahn im Mittelabschnitt der finnischen Front 1942 |
| „Panther"-Stellung | Von Hitler im August 1943 vorgesehene Dauerabwehrstellung („Ostwall") auf der Linie Finnischer Meerbusen – Narwa – Peipus-See – Welikije Luki – Desna – Dnjepr bis Saporoshje – östlich Berdjansk am Asowschen Meer |
| „Tanne" | Fall deutsche Besetzung der Aalands-Inseln und der Insel Hochland 1944 |
| „Wiesengrund" | Fall deutsche Besetzung der Fischer-Halbinsel 1942 |

# Personenregister

# Der Krieg in Italien und im Heimatkriegsgebiet

vom 1. Januar – 31. März 1944

Zusammengestellt und erläutert von
DONALD S. DETWILER

Nachtrag zu

Kriegstagebuch des Oberkommandos der Wehrmacht
(Wehrmachtführungsstab)
Band IV/1: B – Kriegstagebuch 1944 – 2. Abschnitt, I. Teil
(Die Entwicklung im Südwesten, 1. 1. – 31. 3. 44)
Band IV/1: B – Kriegstagebuch 1944 – Ein Entwurf
(Heimatkriegsgebiet, 1. 1. – 31. 3. 44)

# VORWORT

Als der Göttinger Ordinarius *P. E. Schramm* 1961 das von ihm als Kriegstagebuchführer im Oberkommando der Wehrmacht (Wehrmachtführungsstab) geführte Kriegstagebuch für das Jahr 1944 herausgab, fehlten ihm noch Teile des beim Zusammenbruch überwiegend in amerikanische Hände gefallenen und später nur unvollständig zurückgegebenen Textes, u. a. seine das erste Vierteljahr 1944 betreffenden Ausarbeitungen über die Kriegsschauplätze Skandinaviens und Italiens (bis auf einen Abschnitt über die Kämpfe um den Brückenkopf Anzio-Nettuno). Dank der Hilfsbereitschaft von Herrn *Dr. Howard M. Smyth*, U.S. State Department Historical Office, war es dem Bearbeiter dieses Nachtrags, damals ein Doktorand *Schramms*, möglich, eine Kopie des skizzenhaften Vorentwurfs der fehlenden Skandinavienausarbeitung zu besorgen, die noch am Schluß des schon gedruckten Bandes angefügt werden konnte.[1] Die auf der Grundlage dieses vom Kriegstagebuchführer verfaßten Entwurfs von seinem Kollegen Oberleutnant d. Res. *Doz. Dr. Walther Hubatsch* aufgezeichnete endgültige Fassung der KTB-Ausarbeitung über den Krieg in Skandinavien während des ersten Quartals 1944 ist später unter aus Amerika zurückgeleiteten und im Bundesarchiv/Militärarchiv Freiburg verwahrten Akten aufgefunden worden und 1969 als Nachtrag zum IV. Band des KTB/OKW von *Prof. Dr. Andreas Hillgruber* (damals Freiburg, jetzt Köln) im Auftrag des Arbeitskreises für Wehrforschung für die Veröffentlichung bearbeitet worden.

Obwohl die überwiegende Mehrzahl der nach Kriegsende nach Amerika transportierten deutschen Akten längst zurückgeleitet worden ist, gibt es noch beachtliche Ausnahmen, besonders unter deutschen Akten, die, nachdem sie in verschiedenen U.S.-Dienststellen verwendet worden waren, nicht sogleich wieder an die für die Aufbewahrung zuständigen amerikanischen Stellen abgegeben, sondern als Unterlagen einbehalten und ad acta gelegt worden sind. Auf diese Weise sind die beiden in diesem Nachtragsband veröffentlichten Schriften von den übrigen deutschen Akten abgesondert worden und erst jetzt, unter kürzlich von U.S.-Behörden im amerikanischen Nationalarchiv eingegangenen Aktenbeständen aufgefunden worden.[2]

Bei dem Entwurf über den italienischen Kriegsschauplatz im ersten Vierteljahr 1944 handelt es sich um eine von *Schramm* als verloren angesehene Ausarbeitung, wie er im 2. Abschnitt des 1961 veröffentlichten KTB 1944 erläutert.[3] Über ein Drittel des maschinengeschriebenen Manuskripts ist offensichtlich, nach den Handschriften zu urteilen, von zwei Personen überarbeitet worden: Seite 1–7 von *Schramm* selbst in seiner nicht zu verkennenden Schreibweise, Seite 1–39 von ei-

[1] KTB/OKW, Bd. IV, Frankfurt am Main, 1961, S. 1916–23.

[2] X-987 (Südwesten) & X-989 (Heimatkriegsgebiet), Record Group 242, U.S. National Archives.

[3] KTB/OKW, Bd. IV, S. 122, Anm. 2.

nem Mitarbeiter. Dabei wird es sich wohl um den Obersten *Bernd von Brauchitsch* gehandelt haben. Dies ist jedenfalls die Ansicht des seinerzeitigen Stellvertretenden Chefs des Wehrmachtführungsstabs, General d. Artillerie a. D. *Walter Warlimont,* wie er in einem 1953 für die Historical Division der U.S.-Armee abgefaßten Kommentar zu diesem Entwurf ausführt.[4]

Bei der zweiten nunmehr vorliegenden Schrift, Heimatkriegsgebiet 1. 1. – 31. 3. 44, handelt es sich um ein dreieinhalbseitiges maschinengeschriebenes Manuskript, das ebenfalls von zwei Personen durchgesehen worden ist. Die eine ist unbekannt; bei der anderen handelte es sich offensichtlich, nach dem Sichtvermerk, um Oblt. *Dr. Hubatsch,* dem der Entwurf zur Kenntnisnahme vorgelegt worden war, weil er sich z. T. mit Fragen Skandinavien betreffend befaßte, also dem Gebiet, das ihn als Hilfsoffizier des Sachbearbeiters Nord in der Abt.Op.Heer im Wehrmachtführungsstab beschäftigte.[5] Das Schriftstück, das kaum mehr als eine Aneinanderreihung chronologischer Notizen zum Thema darstellt, trägt keine eigenhändigen Eintragungen des Kriegstagebuchführers, die den Schluß erlauben würden, daß er das Manuskript persönlich durchgesehen hätte. Obwohl Kräfteverlegungen, Rüstungsfragen u. dgl. in anderen Zusammenhängen im KTB 1944–45 ausführlich behandelt werden, ist es wohl nach dem ersten Vierteljahr 1944, d. h. während des letzten Kriegsjahres, zu besonderen Entwürfen bzw. Ausarbeitungen über das Heimatkriegsgebiet überhaupt nicht mehr gekommen.[6] Bei diesem als isoliertes Bruchstück veröffentlichten Rohentwurf handelt es sich also um einen nicht mehr durchgeführten Ansatz.

Da die beiden vorliegenden Ausarbeitungen z. T. überarbeitete Entwürfe sind, werden die stellenweise sehr weitgehenden handschriftlichen Änderungen bzw. Verbesserungen nur dann angegeben, wenn es dem Leser dienlich sein dürfte, z. B. wenn ihm sonst wegen einer Streichung Auskünfte oder Einsichten vorenthalten worden wären. Allerdings werden Änderungen bzw. Verbesserungen, die nachträglich von General *Warlimont* in seinem schon zitierten Kommentar vorgeschlagen worden sind, wenn überhaupt, nur in Anmerkungen vermerkt.

Weil die KTB-Anlagen, die in der Regel auf dem Manuskriptrand angeführt werden, nicht vorhanden sind, wird hier, wie im früheren Nachtragband und z. T. auch in der Gesamtedition, auf die Wiedergabe von Hinweisen verzichtet. Der im In-

[4] Walter Warlimont, OKW Activities, 1 October 43 – September 44: MS C-099, Item (e), Foreign Military Studies, Record Group 338, U.S. National Archives, S. 1.

[5] Mitteilungen an den Bearbeiter, 29. 6. 78 (mündl.) u. 17. 7. 78 (schriftl.).

[6] Das Anfang 1945 aufgestellte Verzeichnis aller das Jahr 1944 betreffenden KTB-Ausarbeitungen erwähnt keine Ausarbeitung über das Heimatkriegsgebiet (KTB/OKW, Bd. IV, S. 1830–32). Lediglich die schwierige Regelung der Befehlsführung im Heimatkriegsgebiet, als dieses am Vorabend des Zusammenbruchs Operationsgebiet wurde, wird im KTB für 1945 behandelt (Band IV, S. 1290–1299).

haltsverzeichnis angeführte Anhang über »Maßnahmen der Badoglio-Regierung« liegt ebenfalls nicht vor. Wie im ersten Nachtragband muß auf Karten verzichtet werden; zur allgemeinen Orientierung mag dem Leser eine Karte des Kriegsschauplatzes »Südwesten« (Italien) im IV. Band der Gesamtedition dienen (Karte 2). Der gleiche Band enthält ein ausführliches Abkürzungsverzeichnis (S. 1853–63).

Mit dem Einverständnis der Mitherausgeber der Gesamtedition hat mir Herr *Prof. Dr. Jürgen Rohwer,* Stuttgart, Präses des Arbeitskreises für Wehrforschung, die Bearbeitung dieses Bandes anvertraut. Ihm und dem Geschäftsführer des Arbeitskreises, Herrn *Dr. Gerhard Hümmelchen,* der mir bei der Redaktion behilflich gewesen ist, bin ich sehr zu Dank verpflichtet. Sonst danke ich Herrn *Robert Wolfe,* Chief, Modern Military Branch, U.S. National Archives, der meine Aufmerksamkeit zuerst auf diese Manuskripte gelenkt hat; Herrn *Prof. Dr. Karl Otmar Freiherr von Aretin,* Darmstadt und Mainz, der mich eingeladen hat, die Bearbeitung im Institut für Europäische Geschichte, Mainz, als Gastgelehrter vorzunehmen; Herrn *Prof. Dr. Hans-Adolf Jacobsen,* Bonn, Herrn *Prof. Dr. Andreas Hillgruber,* Köln, und besonders Herrn *Prof. Dr. Dr. h. c. Walter Hubatsch,* Bonn, für Rat und Auskunft; und dem Deutschen Akademischen Austauschdienst sowie der Forschungsstelle meiner eigenen Universität (Office of Research Development and Administration, Southern Illinois University at Carbondale) für die mir gewährte Unterstützung.

Z. Zt. Mainz, den 20. Juli 1978 Donald S. Detwiler

# Die Entwicklung im Südwesten vom 1. 1. – 31. 3. 1944

*Vorbemerkung*

Die Kämpfe im Brückenkopf von Nettuno sind vom KTB für sich behandelt worden, da sie eine Einheit bilden und die bei ihm gewonnenen Erfahrungen unmittelbare Bedeutung für die anderen Kriegsschauplätze gewonnen haben; soweit sie im Zusammenhang mit den übrigen Kämpfen im Südwestraum stehen, sind sie hier noch einmal – jedoch in möglichst knapper Form – erwähnt worden (vgl. »Die Kämpfe um den Brückenkopf von Nettuno vor der feindlichen Landung (22. 1.) bis zum 31. 3. 1944«[7]).

[Der Zusammenhang der Lage im Südwesten und im Südosten wurde behandelt in der Ausarbeitung über „Die Entwicklung im Südosten vom 1. 1. – 31. 3. 1944«; soweit die damit zusammenhängenden Fragen dort angeschnitten wurden, sind sie hier nur noch gestreift worden.][8]

Die Ereignisse an den Kampffronten, die vom OB Südwest vorgenommenen Umgruppierungen und andere Fragen, deren Bearbeitung Sache des Kriegstagebuches des OB Südwest ist, sind nur soweit berücksichtigt, als es der Zusammenhang erfordert oder der WFSt bei ihnen unmittelbar beteiligt war. Denn das Ziel dieser Ausarbeitung kann nicht eine zusammenhängende Schilderung des Kriegsverlaufs im Südwesten sein, sondern nur der Versuch, die dortige Entwicklung im Rahmen der Gesamtkriegführung vom Standpunkt des WFSt darzustellen.

Die Bedeutung des Südwestens im Rahmen der Gesamtkriegführung und seine Verflechtung mit den benachbarten Kriegsschauplätzen wurde in der Ausarbeitung »Die OKW-Kriegsschaupl. im Rahmen der Gesamtkriegführung« behandelt.[9]

Für die Kampfhandlungen wird verwiesen auf:

a) das »Lagebuch« des WFSt/Ktb (s. unten),
b) die täglichen Lageberichte des WFSt und die ihnen zugrunde liegenden Meldungen sowie die Orientierungen für den Chef WFSt in den Akten des KTB,
c) das wöchentlich herausgegebene Nachrichtenblatt des WFSt (usw.).

Dieser Ausarbeitung liegen zugrunde:

1. Notizen *des Chefs WFSt* vom
   6., 9., 19., 21., 22., 24., 27., 28., 29., 31. Januar, 2., 3., 4., 6., 13., 14., 17., 20. Februar, 4. 6., 20. März (abgeheftet im »Merkbuch« des KTB);
2. Gelegentliche Mitteilungen des *Stellv. Chefs WFSt*, des *Generalmaj. Frh. v. Buttlar*, der *Abt.-Leiter* und *Sachbearbeiter* im WFSt (abgeheftet im »Merkbuch« des KTB);

[7] KTB/OKW, Bd. IV, S. 121–175.
[8] Der in Eckklammern gesetzte Absatz ist im Original handschriftlich gestrichen.
[9] KTB/OKW, Bd. IV, S. 77–120.

3. Auszüge aus dem aufgrund der täglichen Lagebesprechung beim WFSt geführten »*Lagebuch*« (abgeheftet im »Merkbuch« des KTB; Durchschläge im 1. Expl. dieser Ausarbeitung bzw. im 1. Expl. der Ausarbeitung »Nettuno«);
4. die *Akten des KTB* und – soweit dort nicht eingelaufen – Akten der Abt. Op H usw. (vgl. die Sondervermerke);
5. Aufzeichnungen über die Ferngespräche der Abt. Op H mit dem OB Südwest in der Zeit vom 22. 1. – 15. 2.

# Inhalt

## Anlagen

c) Kräfteverteilung Anfang Januar
d) Kräfteverteilung Anfang April
(vgl. dazu die Karten des Brückenkopfes in der Ausarbeitung »Nettuno«).

[3. *Anlageband »Südwest« des KTB*
(darin chronologisch abgeheftet die Duplikate der Notizen zum »Lagebuch«, soweit sie nicht in der Anlage zur Ausarbeitung »Nettuno« zusammengefaßt sind).][10]



[10] Im Original ist der in Eckklammern gedruckte 3. Abschnitt handschriftlich gestrichen. Die unter 2. aufgeführten Karten sind, wie im Vorwort erwähnt, nicht in den Nachtrag aufgenommen worden.

# [I. Die militärischen Ereignisse im Rahmen der Gesamtkriegsführung

1. Rückblick auf das Jahr 1943
2. Die eigenen Kräfte und ihr Einsatz

(die Ausarbeitung dieser Abschnitte
wird vorläufig zurückgestellt)][11]

## 3. **Die Kampfhandlungen vom 1. 1. bis zur Landung bei Nettuno (22. 1.)**

### a) *Die Verteilung der eigenen Kräfte Anfang Januar 1944*

Während des ganzen 1. Vierteljahres behielt die Heeresgruppe C (Gen.Feldm. Kesselring) ihren Gefechtsstand auf dem Monte Soratte (nördl. Roms), das AOK 10 (Gen.Oberst v. Vietinghoff) den ihren in Masa d'Albe bei.

Anfang Januar waren an der *Südfront* eingesetzt:
*rechts:* das Gen.Kdo.XIV.Pz.Korps in Roccasecca mit der 94. Inf.Div., der 15. Pz.Gren.Div., der 44. Div. »Hoch- und Deutschmeister«, der 5. Geb.Div. und dahinter die Pz. (später: Fallschirm-Pz.) Div. »Hermann Göring«;
in der *Mitte* (Hochgebirgsabschnitt) die Korpsgruppe Hauck (Kdo. 305. Inf.Div.); dieser Abschnitt schied vorläufig infolge von Schnee und Vereisung für größere Kampfhandlungen völlig aus;
*links:* das Gen.Kdo. LXXVI. Pz.Korps mit der 334. Inf.Div., 26. Pz.Div., 90. Pz.Gren.Div., 1. Fallschirm-Jg.Div.; hinter dem linken Flügel gestaffelt die 65. Div., die in der 2. Dekade nach Genua abtransportiert und durch die 3. Pz.Gren.Div. ersetzt wurde;
im *Raum von Rom:* das Gen.Kdo. I. Fallschirm-Korps mit der 29. Pz.Gren.Div. und der noch in Aufstellung begriffenen 4. Fallschirm-Jg.Div.;

Nördlich der Linie Orbitello – Civitanova (südlich Ancona) führte die *14. Armee* (Gen.Oberst v. Mackensen), die an Stelle der Heeresgruppe B (Gen.Feldm. Rommel) getreten war und nach der Landung bei Nettuno den Befehl über die Front um den Brückenkopf übernahm (nunmehriger Gefechtsstand in Rom).

In *Norditalien* übernahm darauf den Befehl die *Armeegruppe von Zangen* (Gen.Kdo. XXXVII. A.K.), die das bisherige A.H.Qu. Cela St. Pietro übernahm und beibehielt.

[11] Die in Eckklammern gedruckten Zeilen sind handschriftlich eingetragen.

An der *Ligurischen Küste* waren eingesetzt:
*rechts:* anfangs das Gen.Kdo. LXXXVII. A.K. in Alessandria (später das Gen.Kdo. XXV.A.K. in Parma) mit der 356. Inf.Div. (ohne 1 Rgt.) westlich Genua, der 65. Inf.Div. (zugeführt vom linken Flügel der 10. Armee; s. oben) im Raum von Genua und dem Stab Almers in La Spezia mit den Fest.Btl. 907, 906, 905;
*links:* das Gen.Kdo. LI. Geb.A.K. mit dem Rgt. 870 (356. Inf.Div.) im Raum von Livorno und Teile der 16. SS-Pz.Gren.Div. in Reserve.

Auf *Elba:* Fest.Rgt. 924 mit den Fest-Btl. 902 und 908.

An der *Adriatischen Küste* waren eingesetzt:
*rechts:* das Gen.Kdo. Witthöft (zugleich Befh. im Sicherungs-Gebiet Alpenvorland) in Forli mit dem Fest.Btl. 903 (Ancona), dem Rgt. 925 (Rimini), den in Aufstellung begriffenen 362. Inf.Div. (westl. Ravenna) und 278. Div. (westl. Ferrara), sowie der 188. Res.Geb.Div. (Alpenland).
*links:* Befh. Sicherungsgebiet Adriatisches Küstenland (Gen. Kübler) in Specca mit der (während der 2. Dekade aus dem Südosten zugeführten) 71. Inf.Div., der 162. (Turk) Div. (Laibach), den Polizei-Rgtern. 14 und 19 sowie Teilen der 16. SS-Pz.Gren.Div. (s. oben).[12]

b) *Feindlage*

Bei dem Besuch, den der Chef WFSt am 4. – 5. 1. der Südfront abstattete, wurde ihm vom OB Südwest die Feindlage wie folgt dargestellt: Mit der Fortsetzung des frontalen Angriffs werde gerechnet, jedoch nicht mit Anlandungen von operativem Ausmaß. Dafür spreche u. a., daß Sardinien und Corsica vorerst von der feindlichen Luftwaffe nur gering belegt und die dort vorhandenen Landungsmittel unzureichend seien. Auch sonst wurden noch keine größeren Zusammenziehungen erkannt. Der Schwerpunkt des vorhandenen auf 8–9 Landungsdiv. veranschlagten Landungsraumes wurde in Algier angenommen. Als auffallend wurde der hohe Stand an Seestreitkräften, besonders [am schweren (...)],[13] empfunden. Abgezogene feindliche Schlachtschiffe waren durch französische ersetzt worden. Die Überlegenheit der feindlichen Luftwaffe bestand nach wie vor; sie richtete ihre Angriffe vor allem gegen das eigene Bahnnetz, u. a. gegen die Bahnen zum OB West.

[12] Zur Kräfteverteilung bemerkte Gen. Warlimont in seinem im Vorwort zitierten Kommentar (vgl. Anm. 4): »Nach der Lagenkarte des WFStabs vom 8. Januar war die Abloesung der 65.Inf.Div. durch die 3.Pz.Gren.Div. an diesem Tage bereits im Gange, der Stab der 65.Inf.Div. auch schon bei Genua eingesetzt. Das Armeegruppen Kommando von Zangen bestand aus dem Gen.Kommando LXXXVII. (nicht VII.)A.K. Das Gen.Kommando in Parma fuehrte die Nummer LXXV (nicht XXV). Die 71.Inf.Div. ist in der Lagenkarte vom 8. Januar bereits in Istrien verzeichnet.«

[13] Bei der in Eckklammern gesetzten Stelle handelt es sich um eine Lücke in dem maschinengeschriebenen Text, die wohl wegen der Unleserlichkeit der handschriftlichen Vorlage beim Tippen entstanden ist. Die zwei eingefügten Wörter sind handgeschrieben.

Anschließend an Richtlinien für die Aufklärung im Westen, die am 3. 1. herausgegeben worden waren, wurde auch für den Mittelmeerbereich ein entsprechender Befehl erlassen. Daran schlossen sich am 6. 1. Besprechungen mit den drei Abteilungen von Ausl./Abw. sowie mit dem Abt.Leiter Fremde Heere West. Der WFSt forderte bei dieser Gelegenheit mit Nachdruck, daß der süditalienische Raum viel umfassender als bisher überwacht werden sollte, da sich daraus nicht nur für die feindlichen Absichten im Mittelmeer, sondern auch für die Gesamtkriegsführung der Angloamerikaner wichtigste Anhalte gewinnen lassen müßten. Dabei wurde hervorgehoben, daß in der letzten Zeit – im Gegensatz zu der voraufgehenden – keine Landungsfahrzeuge mehr aus dem Mittelmeer nach England überführt und mehrere hochwertige Verbände aus dem Fronteinsatz zurückgezogen worden waren – Anzeichen, die auf eine neue Landung im Mittelmeerbereich hindeuten konnten.

In den folgenden Tagen ergab sich, daß feindliche Luftstreitkräfte aus dem Mittelmeerraum nach England verlegt wurden. Doch konnte erkannt werden, daß es sich dabei um Verbände handelte, die nur vorübergehend in den Süden verlegt worden waren, oder überhaupt nur um Flugzeuge, die nach einem Angriff auf den Westen weitergeflogen waren und nun zurückkehrten. Eine Veränderung der großen Kräfteverteilung ergab sich also daraus nicht.

Auch die Tatsache, daß Anfang Januar ein größerer Kriegsschiffverband (3 Schlachtschiffe und 1 Flugzeugträger) in das Mittelmeer einfuhr, die anfangs eine neue Lage herbeizuführen schien, ließ diesen Schluß nicht zu, da bald festgestellt werden konnte, daß er das Mittelmeer durch den Suez-Kanal wieder verließ. Die vorbeugenden Maßnahmen, die deswegen im Südostraum ergriffen worden waren, erwiesen sich daher als unnötig.

Die Verstärkung der alliierten Seestreitkräfte durch die zum Feinde übergegangenen ital. Einheiten wirkte sich vorläufig nicht aus; erst recht nicht die ital. U-Boote, von denen auf deutscher Seite nie viel gehalten worden war. Nicht genauer erkennbar war, wie der Feind die 500000 BRT italienischen Handelsschiffsraum ausnutzte, die ihm im Mittelmeer zugefallen waren.

An Kampfwagenlandungsbooten (2–300 BRT) befanden sich Mitte Januar im Mittelmeer etwa 260, davon 80 in Italien, etwa 24 in Malta, zusammen etwa 130 im ital. Raum. Bis zum 20. 1. wurde keine Zuführung neuer derartiger Einheiten in das Mittelmeer erkannt. Der Personalnachschub hielt sich in normalen Grenzen, ebenso die Verlegungen nach England.

In Süditalien wurden Ende Januar 25¾ Verbände angenommen, davon 17¼ in Front, auf Sizilien 2, mit unbekanntem Verbleib 2. Für ein Unternehmen gegen den Balkan kamen 5½, wahrscheinlich sogar nur 3½ Inf.Div. und 1 LL-Div. in Frage. Beachtung verlangte die Verlegung eines Zuaven-Rgt. nach Corsica, wo bereits eine franz. Geb.Div. versammelt war. In Nordafrika war, wie immer deutlicher hervortrat, der Aufbau einer operativen Reserve im Gange, die bald das beherrschende Moment aller den westlichen Mittelmeerraum betr. Erwägungen bilden sollte. Es wurde weiter damit gerechnet, daß 2 poln. Inf.Div. und eine poln. Pz.Div., die aus

Syrien-Palästina nach Ägypten überführt wurden, dort für den Transport nach Italien vorgesehen waren (diese Annahme bestätigte sich im Februar). Anzeichen für eine unmittelbar bevorstehende Großlandung waren bis zum 20. 1. nicht erkannt. Doch wurde sie jederzeit für möglich erachtet. Andererseits war auch der Gedanke, daß der Gegner seine Kräfte stärker gegen den Balkan verlagern könne, nicht ausgeschlossen.

c) *Die Lage an der Südfront und die Kampfhandlungen*

Bei dem Besuch des Chef WFSt (4. – 5. 1.) legte der OB Südwest dar, daß er – um seinen Auftrag zu erfüllen, benötige:

1. 8–9 Div. in Front
2. 2 Pz.Div. als Eingreif-Reserven
3. 2 Pz.Verbände im Raum von Rom
4. 3 Inf.Div. im Raum Genua – Piombino
5. 2 neuaufzustellende Div. für die adriatische Küste
6. 2 Inf.Div. für Istrien

zusammen: 19 – 20 Div., davon 4 mot. Verbände. Vorhanden waren nach Durchführung der befohlenen Abgaben an den Westen 17 Div., davon 4 Pz.- und Pz.Gren.Div. (in seiner Stellungnahme wies der WFSt am 15. 1. darauf hin, daß auch die in Aufstellung begriffene 16. SS-Pz.Gren.Div. und die 4. Fallsch.Jg.Div. sowie die territorial unterstellte 188. Res.Geb.Div. in Tirol mitzuzählen seien, so daß sich die Zahl von 21 Div. ergebe). Der OB betonte, daß weitere Abgaben nicht erfolgen könnten und die Neuaufstellungen in seinem Bereich verbleiben müßten; er legte in diesem Zusammenhang seine Maßnahmen zur Steigerung des Kampfwertes dar. Ferner machte Gfm. Kesselring Ausführungen über die – nur geringen – Seestreitkräfte, die ihm zur Verfügung standen, und die Möglichkeit, die Seelage zu verbessern. Bei der Besprechung wurde außerdem herausgestellt, daß eine Verstärkung der Jagdkräfte und der Flakart. dringend erforderlich sei; sonst sei eine entscheidende Störung der Versorgung zu erwarten. Der OB betonte, daß vom Frühjahr an die Front nur bei wesentlicher Verstärkung zu halten sei und forderte einen vermehrten Einsatz der eigenen Luftwaffe auf Häfen und Städte im rückwärtigen feindlichen Gebiet sowie Verstärkung der Aufklärer und zwar Jäger-Aufklärer.

Hinsichtlich des Stellungsausbaues ergab sich, daß dieser durch Mangel an Arbeitskräften und die Transportlage gehemmt war. Aus diesem Grunde war auch noch nicht mit dem Ausbau der bereits erkundeten C-Linie begonnen worden.

Ähnliches galt auch für die Küstenverteidigung, für die bisher 27 Batl. eingesetzt waren (weitere 19 vorgesehen).

Die Kampfhandlungen an der Südfront waren im Januar dadurch gekennzeichnet, daß sich der Feind vor dem linken Flügel, gegen den er 1943 mit aller Kraft angerannt war, passiv verhielt. Im Hochgebirgsabschnitt machte Schnee größere

Kampfhandlungen ganz unmöglich, daher lag das Schwergewicht bei Cassino und westlich.

Das Jahr begann mit orkanartigen Stürmen und heftigem Schneetreiben. Daher lebte die Kampftätigkeit erst vom 4. 1. an wieder auf. Dabei lag das feindliche Schwergewicht – wie bereits im Dezember – beiderseits der Straße Mignano – Cassino. In der 2. Januarwoche setzte der Gegner den Angriff – wie erwartet worden war – mit neu herangeführten Kräften fort und führte ihn ostwärts und nordostwärts Cassino mit nicht nachlassender Kraft weiter. Trotz zähester Gegenwehr gelang ihm ein örtlicher Geländegewinn von einigen Kilometern. Cassino selbst blieb jedoch fest in eigener Hand.

In der Nacht zum 14. 1. wurde NWN Neapel ein fdl. Schiffsverband gemeldet, worauf der Stellv. Chef WFSt sofort die Unterrichtung des Lw.-Führungsstabs veranlaßte. Er wies bei dieser Gelegenheit auf die gespannte Lage des XIV. Pz.Korps sowie auf die Notwendigkeit eines schnellen Ersatzes der verlorenen Jäger hin.

Am 18. 1. landete der Feind erneut westl. der Garigliano-Mündung, wo er bereits am 30. 12. mit 2 Kp. einen vergeblichen Vorstoß geführt hatte; gleichzeitig griff er die Landfront bei Minturno an. Doch erzielte er dadurch nur geringen Geländegewinn.

Am 19. 1. unterschrieb der Führer einen ihm vom Chef WFSt vorgelegten Befehl über die Kampfführung in der derzeitigen Stellung in Mittelitalien, der verlangte, daß diese Stellung unter allen Umständen gehalten werden solle. Gegenangriffe, die erforderlich würden, seien möglichst in der Dämmerung oder bei einer Wetterlage zu führen, die den Einsatz der feindlichen Luftwaffe ausschließe.

Ferner ordnete der Führer an, daß Kommandeure, die sich für ihre derzeitige Dienststellung als nicht geeignet erwiesen hätten, in der nächst niedrigen Dienststellung verwendet werden sollten. Es wurde in diesen Tagen mit einem neuen Angriff gerechnet und zwar mit Schwerpunkt gegen den rechten Flügel der 10. Armee. Um diesen zu verstärken, wurden – da es keine andere Möglichkeit gab – Kräfte aus dem Raum von Rom abgezogen. Am 18. 1. drängte der Feind der eigenen Absetzbewegung auf diesem Flügel scharf nach. Die 29. Pz.Gren.Div. war im Heranführen begriffen, ebenso die Pz.Jg.Abt. 625. Daher standen rechts und links von Ostia nur noch 2 Btl. Daß hier ein großes Risiko gelaufen wurde, stand den beteiligten Kommandostellen deutlich vor Augen. Denn da die Luftaufklärung in der letzten Zeit lückenhaft gewesen war und der Verbleib der nicht gebundenen feindlichen Kräfte nicht feststand, mußte damit gerechnet werden, daß der Feind überraschend zu einer überholenden Landung ansetzte.[14]

Auf diese Weise erleichterten eigene Maßnahmen noch das Unternehmen, das der Feind inzwischen in Neapel gegen Nettuno vorbereitet hatte und am 22. 1. früh einleitete.

[14] Vgl. Ausarbeitung »Nettuno« (Hinweis in Randvermerk im Original; siehe KTB/OKW, Bd. IV, S. 124–25).

d) *Kräfteverschiebungen*

Am 26. 12. war dem OB Südwest mitgeteilt worden, daß ihm im Zuge der Kräfteverschiebungen auf den OKW-Kriegsschauplätzen ab 25. 1. die 371. Div., ab 1. 2. die 114. Jg.Div., vom OB Südost zugeführt werden sollten. Dafür sollte der OB Südwest ab 20. 1. die Pz.Div. »H. G.« herauslösen und dem OB West zuführen, ferner ab 1. 2. die 90. Pz.Gren.Div. Um den Abtransport sicherzustellen, sollte er diese durch die 71. Div. ablösen, die dann wieder durch die 114. Jg.Div. abgelöst werden sollte.[15]

Wie der OB Südwest dem Chef WFSt am 4. – 5. 1. darlegte, wollte er die 114. Jg.Div. zum Herauslösen der 15. Pz.Gren.Div. benutzen, die von ihm an Stelle der Div. »H. G.« als Eingreifreserve beim XIV. Pz.Korps vorgesehen wurde. Im Zuge dieser Bewegungen sollte ferner die 356. Inf.Div. gegen die 162. (Turk) Div. ausgetauscht werden. Während der Besprechung wurde beschlossen, die 114. Jg.Div. nur bis Istrien zu verlegen und die 15. Pz.Gren.Div. durch die 71. Div. abzulösen. An der Absicht, die 29. und die 90. Pz.Gren.Div. im Raum von Rom zu versammeln, wurde festgehalten.

Entsprechend diesem Plan wurde die 90. Pz.Gren.Div. vom 8. 1. an aus dem Raum von Pescara in den von Rom verlegt, wo sie den Befehl nördlich des Tiber übernahm. Ab 10. 1. wurde die 71. Div., an deren Stelle die 162. (Turk) Div. den Befehl übernahm, von Triest dem AOK 10 zugeführt und dann im Abschnitt des XIV. Pz.Korps eingesetzt. Am 20. 1. begann der Landmarsch der 114. Jg.Div., die nach der bei Nettuno erfolgten Landung gleich gegen den Brückenkopf vorgezogen wurde, aber erst Anfang Februar SO Rom versammelt war.

Der Abtransport der Div. »H. G.« sollte ab 20. 1. einsetzen, nachdem die 71. Div. eingetroffen war. Von der Durchführung wurde jedoch abgesehen, als der Feind am 22. 1. bei Nettuno landete. Am 21. 1. befand sich die Div. im Raum Velletri – Vittoria; sie kam dann zum Einsatz in der Front des Brückenkopfes.

Die Abgaben, die der OB Südwest im Falle von Großlandungen an anderen Fronten zu leisten hatte, waren bereits am 23. 12. festgelegt worden. Dieser Befehl wurde am 7. 1. dahin abgeändert, daß der OB Südwest für den Fall »Forelle« (Südosten) den Abtransport von 2 Verbänden (davon mindestens 1 schn. Verband) vorzubereiten habe, daß jedoch für den Fall »Gertrud« (Bulgarien) die früher vorgesehenen Abgaben zu stellen seien. Darauf meldete der OB Südwest für den Fall die 90.Pz.Gren.Div. und die 114. Jäg.-Div. an. Die Verschiebungen innerhalb des Bereichs des OB Südwest im Falle von Landungen bei 1. Rom, 2. Livorno, 3. Genua, 4. Rimini – Venedig, 5. Istrien regelte der OB Südwest am 12. 1.

Für den Einsatz in der Hochgebirgszone in der Zeit nach der Schneeschmelze stand dem OB Südwest ein hochwertiger Verband in der 5. Geb.Div. zur Verfügung,

[15] Vgl. Kriegstagebuch, 26. 12. 43 (Hinweis im Original; siehe KTB/OKW, Bd. III, S. 1382).

die im November 1943 gegen die an den Osten abgegebene 16. Pz.Div. ausgetauscht worden war, vorerst aber auf dem linken Flügel des XIV. Pz.Korps verwendet wurde.[16]

e) *Ersatz, Versorgung, Eisenbahnlage, Kampfwert*

Die Personalausfälle im Dezember hatten 14373 Mann betragen. Mit den Fehlstellen und den voraussichtlichen weiteren Ausfällen wurde für den 1. 2. ein Fehl von 38516 berechnet, das durch 10000 Genesende und 6½ Marschbtl. auf 16500 verringert werden sollte. Bis zum 19. 1. waren 8581 Mann zugewiesen. Eine neue Berechnung vom 23. 1. ergab ein voraussichtliches Fehl von 21198 Köpfen.

Die Verpflegungsstärken betrugen am 15. 1.

| | | |
|---|---|---|
| AOK 10 | 272000 Mann | 21000 Pferde |
| AOK 14 | 135000 Mann | 26000 Pferde |
| Sonstige Empfänger | 273000 Mann | 13000 Pferde |
| Gesamt: | 680000 Mann | 62000 Pferde [sic] |

An Versorgungszügen trafen in der Zeit vom 1. – 15. 1. 175 Züge, d. h. 11,6 Züge am Tage ein gegenüber 20 Zügen im Vormonat (Soll: 16 Züge). Das Absinken erklärte sich durch die Beschädigungen des mittelitalienischen Bahnnetzes, die die feindliche Luftwaffe nunmehr planmäßig durchführte. Es war daher nötig, die Versorgungsgüter bereits im Raum von Arezzo auf Lkw umzuschlagen. Zur See konnten täglich 5000 to überführt werden, obwohl Schiffsverluste eintraten und die Hafenanlagen gleichfalls von der feindlichen Luftwaffe beschädigt wurden. Trotzdem konnte die Gesamtversorgungslage und die Munitionsversorgung als gesichert bezeichnet werden. Nur die Kw-Betriebsstofflage blieb angespannt. Für die Behebung der Bahnschäden wurden im Januar aus dem Osten einzelne Eis.-Pi-Züge herausgelöst; geprüft wurde, ob noch weitere Eis.-Pioniere im Westen freizumachen waren. Auch wurde erwogen, OT-Kräfte aus der Apennin-Stellung nach Süden zu verschieben. Als Mitte Januar gleichzeitig alle Strecken unterbrochen waren, setzte der OB Südwest 800 to Kolonnenraum ein. Am 20. 1. wurde die Verlegung von je 1 Eis.Bau-Btl. aus dem Westen und Südosten nach Italien befohlen (von der Verlegung eines weiteren aus Norwegen wurde wieder Abstand genommen).

Bei der 5. Geb.Div. wurden von Beginn des Einsatzes bis zum 13. 1. 44 Fälle von Fahnenflucht und unerlaubter Entfernung festgestellt (darunter 23 Steiermärker, sonst verschiedene). Im Bereich des AOK 10 liefen bis 1. 2. außerdem 89 Mann über.

Am 13. 1. erließ der OB Südwest einen (dem WFSt am 15. 1. übermittelten) Be-

[16] Vgl. KTB, 12. 11. 43 (Bd. III, S. 1273–74; Hinweis im Original).

fehl, in dem er feststellte, daß sich eine große Anzahl von Verbänden der 10. Armee ganz hervorragend geschlagen, daß jedoch andere Truppen trotz guter Gefechtsstärke und Waffenausrüstung den Anforderungen nicht entsprochen hätten. Er mache dafür die Führer verantwortlich. Der OB rügte festgestellte Unzulänglichkeiten und teilte mit, welche Maßnahmen er gegebenenfalls ergreifen werde.

f) *Verstärkung der Stellungen*

Mit erhöhtem Nachdruck wurde auf Befehl des Führers der Ausbau des Cassino-Riegels betrieben. Anfang Januar waren hierfür 1000 Mann eingesetzt. Der Führer ließ sich ständig über die erzielten Fortschritte Meldung erstatten. Am 11. 1. stellte der WFSt eine Berechnung über den Artillerieeinsatz, die Panzer-Abwehr und die Minenlage im Cassino-Abschnitt auf.

Am 16. 1. erhielt der OB die Vollmacht, den Einsatz von Lw. Bau-Btlen. im Riegel zu befehlen; ihr baldiger Ersatz durch ital. Bau-Btl. wurde vorgesehen.

In seiner Abschlußmeldung vom 20. 2. meldete der OB Südwest, daß die Planung wegen der Feindeinwirkung und der Transportlage nicht voll innegehalten werden könne. Darüber hinaus wurde auf den verschiedensten Wegen angestrebt, die Abwehrkraft der Front zu stärken u. a. durch Zuweisung von Pak- und Stahlunterständen, MG-Panzernestern, Stahlplatten, Abwehrflammenwerfern und von Beutegeschützen [durch Zuweisung von Baukräften sowie durch Verstärkung der Küstenartillerie].[17]

[g) *Einzelheiten*

Am 13. 1. erklärte der Führer dem Ob.d.L., daß auf die Dauer das in Italien bestehende ungünstige Verhältnis zwischen der eigenen und der feindlichen Luftwaffe untragbar sei.

Als in der Nacht zum 14. 1. NWN Neapel ein feindlicher Schiffsverband gemeldet wurde, ließ der Stellv. Chef WFSt den Luftwaffenführungsstab darüber sowie über die gespannte Lage des XIV. Pz.Korps unterrichten und dabei auf die Bedeutung eines schnellen Ersatzes der verlorenen Jäger hinweisen.

Am 18. 1. wurde dem OB Südwest der Entscheid des Führers mitgeteilt, wonach er, falls die Lage es erforderte, uneingeschränktes Verfügungsrecht über alle im ital. Raum zum Erdkampf geeigneten Kräfte aller Wehrmachtteile und der Waffen-SS erhielt.][18]

[17] Die in Eckklammern gesetzten Wörter sind im Original handschriftlich gestrichen.
[18] Die in Eckklammern gesetzten Absätze sind im Original handschriftlich gestrichen.

h) *Die Seekriegslage*

Nach dem Abfall Italiens war eine ganz wesentliche Verschlechterung der Lage im Mittelmeerbereich eingetreten, da alle größeren ital. Einheiten zum Feinde übergegangen waren. Die eigene Kriegsmarine verfügte zu Anfang des Jahres 1944 nur noch über 2 kampfkräftige Schnellboot- und 2 Räumflottillen. Aus den sonst noch verfügbaren Kriegsfahrzeugen wurden für das Thyrrhenische Meer, die Adria und die Ägäis je eine Torpedoboot-Flottille zusammengestellt; außerdem befanden sich noch einige Geleit- und U-Jagd-Flottillen in Aufstellung.

An der ital. Westküste konnten die Transportanforderungen des Heeres gerade erfüllt werden. Durch den Einsatz behelfsmäßiger Minenleger war es möglich geworden, einen Minenriegel zu schaffen, hinter dessen Schutz der Küstenverkehr weiter durchgeführt werden konnte. An der Westküste war der Kriegsmarine ferner die Besetzung der ital. Beutebatterien übertragen worden. Beim Einsatz dieser Marine- und Heeres-Küstenbatterien wurden Schwerpunkte in den Häfen und an den durch Landungen gefährdeten Küstenabschnitten gebildet. Da die Auswirkungsmöglichkeiten der Kriegsmarine an der Westküste gering waren, hatte sie ihren Schwerpunkt an die Ostküste verlegt und innerhalb der Adria wiederum an die dalmatinische Küste, da hier dringende Transportanforderungen für den Balkan und die Ägäis, u. a. die Versorgung des Pz-AOK 2, zu erfüllen waren. Dabei wurde sie durch den Umstand stark behindert, daß nicht alle Inseln in eigener Hand waren und sie sich nicht nur den Angriffen von feindlichen Zerstörern und S-Booten, sondern auch von Flugzeugen ausgesetzt sah. Dies trat besonders beim Passieren der Straße von Otranto in Erscheinung. Ein beweglicher Einsatz war nur noch für die U-Boote möglich, deren Zahl im Mittelmeer etwa 15–20 betrug. Ihre Aufgaben wechselten nach der allgemeinen Kriegslage. Da in der ersten Dekade des Januar das östliche Mittelmeer als bedroht angesehen wurde, bereitete die Kriegsmarine die Überführung der im westlichen Mittelmeer vorhandenen U-Boote nach dort vor. Doch machte sich hierbei die Schwierigkeit geltend, daß die Durchfahrt durch die tunesisch-sizilianische Enge wie auch durch die Straße von Gibraltar nicht leicht zu bewerkstelligen war und daher nur unter der Leitung erfahrener Kommandanten durchgeführt werden konnte.

Gegen Ende des Monats konnte diese Bedrohung als nicht mehr bestehend angesehen werden; dafür war für die U-Boote eine neue Aufgabe aufgetaucht, da es nun darauf ankam, den feindlichen Nachschubverkehr nach Nettuno anzugreifen.

In der zweiten Hälfte des Januar gelang es einem weiteren U-Boot, in das Mittelmeer einzubrechen. Es bestand der Plan, in jeder Neumondperiode jeweils ein weiteres U-Boot durch die Straße von Gibraltar hereinzuführen.

Vorausgenommen sei hier, daß am 4. 2., als nach der Verzögerung des eigenen Angriffs gegen den Brückenkopf in Nettuno die Westküste der Gefahr weiterer überholender Landungen ausgesetzt schien, der Führer die Verlegung sämtlicher im Mittelmeer verfügbaren U-Boote an die bedrohte Küste befahl. Trotzdem befanden sich noch in der Monatsmitte im Landebereich vor Nettuno nur 2 U-Boote.

Nach Durchbruch eines weiteren U-Bootes bei Gibraltar standen am 20. 2. 17 eigene U-Boote im gesamten Mittelmeer gegenüber etwa 60 feindlichen (vgl. Abschn. 5 unter Feindlage). Die Zahl der vor Nettuno eingesetzten Boote hatte sich Anfang März auf 4 erhöht.

i) *Der Luftkrieg*

Die Luftüberlegenheit der Angloamerikaner, die bereits im Jahre 1943 bestanden hatte und der Hauptgrund ihrer Erfolge war, wirkte sich noch stärker aus, nachdem die süditalienischen Flugplätze, besonders die Luftbasis Foggia, ausgebaut und belegt waren und als dann auch noch Corsica als »Flugzeugmutterschiff« ausgenutzt wurde. Denn auf diese Weise konnte der Gegner nicht nur die Front und ihr Hintergelände bekämpfen, sondern auch das mittelitalienische Verkehrsnetz, die Hafenanlagen an beiden Küsten und den Schiffsverkehr im Tyrrhenischen und Adriatischen Meer.

Die eigenen Flugplätze in Mittelitalien schieden mehr und mehr aus. Da die Lombardei ungünstige Boden- und Klimaverhältnisse aufwies, mußten die eigenen Luftbasen bis nach Nordostitalien und Südfrankreich zurückverlegt werden.

Unter dem Eindruck dieser Verhältnisse erklärte der Führer dem Ob.d.L. am 13. 1., daß auf die Dauer die in Italien bestehende eigene Luftunterlegenheit untragbar sei.

In der Mitte des Januar beurteilte der Ob.d.L. die Lage dahin, daß der Feind versuche, die deutsche Luftwaffe in Mittelitalien abzunutzen und auszuschalten. Im Westen rechnete der Ob.d.L. mit der gleichen Absicht. Außerdem nahm er an, daß der Feind seine Verbände für kommende Operationen einweisen wolle.

Zu Beginn der dritten Monatsdekade verlegte die Luftwaffe aus dem Südosten zwei Gruppen in den Bereich des OB Südwest, die zum Einsatz gegen Schiffsziele geeignet waren.

Eine neue Lage ergab sich für die Luftwaffe, als der Feind am 22. 1. bei Nettuno landete. Gleich am selben Abend sprach der Führer fernmündlich mit dem Reichsmarschall und forderte von ihm den Einsatz aller irgend verfügbaren Kräfte zur Bekämpfung der Ausladungen.

### 4. **Die Landung bei Nettuno (22. 1.), die Gegenmaßnahmen und die Auswirkung auf die Südfront bis Mitte Februar**

a) *Die Landung und die Abriegelung des Brückenkopfes durch neu herangeführte und aus dem Bereich des OB Südwest zusammengezogenen Kräfte (Zusammenfassung der besonderen Ausarbeitung über die Kämpfe im Brückenkopf vor Nettuno)*

Am 22. 1. früh landeten die Briten und Amerikaner völlig überraschend im Raum von Anzio, der im Gegensatz zu dem rechts und links anschließenden Gelände nicht durch Ansumpfungen hatte unpassierbar gemacht werden können und in den Vortagen fast völlig entblößt worden war, um den rechten Flügel der 10. Armee zu verstärken (s. Abschn. 3c). Daher wurde dem Feind zunächst so gut wie kein wirksamer Widerstand geleistet. Bis zur ersten Nacht war erkannt, daß es sich um eine Landung auf etwa 35 km Breite handelte, die anscheinend durch 2 Inf.Div., 1 Pz.Div. sowie Spezialeinheiten vorgenommen war.

Der *OB Südwest,* der am 12. 1. die im Fall einer Großlandung in seinem Bereich vorzunehmenden Verschiebungen neu geregelt hatte, entschloß sich sofort, den linken Flügel der Nordfront rücksichtslos zu entblößen. Er befahl der *10. Armee,* sich sofort zur 14. Armee in Marsch zu setzen: die 3. Pz.Gren.Div. (ohne 1 Rgt), ferner die Pz.Abt. 26 und die Pz.Abt. der Div. »H. G.«, 2 Kp. Pz.Jg.Abt. 525 und 3 Heeres-Art.Abt., die auf dem Marsch zum rechten Flügel begriffen waren. Außerdem wurden heranbefohlen: 2 Fallschirm-Jg.Btl. der 1. Fallschirm-Jg.Div., 2 Einsatzgruppen der noch in Aufstellung begriffenen 4. Fallschirm-Jg.Div., 1 Fest.Bau-Btl., 1 Pi-Btl. und 2 Ost-Btl., die in dem Senger-Riegel eingesetzt waren. Ferner wurden alle Transporte der 71. Inf.Div., die gerade nach Süden gefahren wurde, von den unterbrochenen Eisenbahnstrecken auf Lkw-Kolonnen umgeschlagen und zum Landekopf geführt.

Aus *Norditalien* wurden in Marsch gesetzt: 1 Kampfgruppe des SS-Pz.Gren.Rgt. 35, Füs.Btl. 356, die gesamte 65. Inf.Div., 2 Rgt.-Gruppen der 362. Inf.Div., die Vorausabt. der soeben aus dem Südosten in Italien eintreffenden 114. Jg.Div., 1 verst. Abt. der noch in Aufstellung begriffenen 16. SS-Pz.Gren.Div. aus dem Raum von Laibach, 1 Rgt. Gruppe der 356. Inf.Div. aus der Küstenverteidigung vom Raum um Genua sowie alle verfügbaren Alarmeinheiten.

Als *Heeresgruppenreserve* wurde die 26. Pz.Div. aus der Südfront herausgezogen und bei Avezzano bereitgestellt. Als Ausgleich für die fehlende Artillerie wurden 9 schw. Flak-Abt. im Erdkampf eingesetzt; 4 von ihnen trafen bereits am 22. 1. ein.

Den Befehl vor Nettuno übernahm das bisher im Raum von Rom führende Gen.Kdo. I. Fallschirm-Korps mit den Stäben der 3. Pz.Gren.Div. und der Fallsch.Pz.Div. »H. G.«.

Das Heranführen der Verbände verzögerte sich infolge der feindlichen Lufttätigkeit sowie des Glatteises und des Nebels.

Der OB Südwest nahm an, daß der Gegner in der Nacht seine Verbände ordnen und dann am 23. 1. auf Rom vorstoßen werde; er rechnete daher bis zum Eintreffen der Verstärkungen mit ernsten Krisen. Das I. Fallschirm-Jg.Korps erhielt den Befehl, die vorhandenen Kräfte südl. Rom scharf zusammenzufassen, den Raum zwischen Tiber, Albaner Bergen und Sezze zu behaupten und unter allen Umständen die Einwirkung des Feindes auf die Straße Frosinone – Rom zu verhindern. Ein Gegenangriff wurde für den Augenblick ins Auge gefaßt, in dem die eigenen Kräfte seine Führung erlauben würden.

Da durch die Entblößung der Südfront die Verteidigung in der bisherigen Linie in Frage gestellt war, faßte der OB Südwest ins Auge, rechts auf den »Führer« später »Senger«-Riegel bei Cassino, links auf die Foro-Stellung zurückzugehen. Dies stellte er dem LXXVI. Pz.Korps frei; dagegen sollte der Garigliano-Abschnitt nur auf schärfsten Druck des Feindes geräumt werden.

Gleichzeitig mit den Gegenmaßnahmen des OB Südwest waren die des *WFSt* angelaufen. Dieser hatte bereits am 20. 12. 43 die Abgaben geregelt, welche von den einzelnen Kriegsschauplätzen im Falle von Großlandungen zu leisten waren; dabei war eine Landung an der ital. Westküste unter dem Stichwort »Marder I« vorgesehen worden. Im Sinne dieses Befehls wurden am 22. 1. in Marsch gesetzt:

1. vom *OB Südost* die Art.Abt. 602 und die II./51;
2. vom *Chef H Rüst und BdE* das Gen.Kdo. LXXV. A.K., das Gren.Rgt. 1026, die verst. Pz.Gren.Rgter. 1027 und 1028, Art.- und das Nebelwerfer-Lehr-Rgt.;
3. vom *OB West* die bisher in Südfrankreich eingesetzte 715. Div. und die I/Pz.Rgt. 4.

Der Ob.d.L. unterstellte der Luftflotte 2:

1. I. und III./KG. 1 (Ju 88), bisher im Südosten;
2. I. und III./KG. 26 (LT-Verbände), II/KG. 100 (Do 217) und II/KG. 40 (He 177) in Südfrankreich.

Da durch die seit dem 20. 12. vorgenommenen Kräfteverschiebungen einige ursprünglich für den Fall »Marder I« vorgesehenen Verbände nicht mehr in Betracht kamen, andererseits Rücksicht auf die Entwicklung im Osten genommen werden mußte, wurden dem OB Südwest nicht so viel Kräfte zugeteilt, wie es im Dezember geplant worden war. Wenn nicht andere Aushilfen ergriffen wurden, dann sprach dabei die Erwägung mit, daß eine Landung so dicht hinter der eigenen Front nicht so ernst angesehen wurde wie eine Landung weiter nördlich, mit der bisher gerechnet worden war.

Die große Überraschung bestand darin, daß der Feind sich im neuen Brückenkopf während der nächsten Tage erst einmal ruhig verhielt. Daher konnte rings um ihn herum ohne Gegendruck eine Abriegelungsfront aufgebaut werden. Ferner war erstaunlich, daß die angloam. Luftwaffe nicht gleichzeitig ihre Angriffe auf das ital. Eisenbahnnetz steigerte. Daher war es möglich, die aus Norditalien, dem Reich, dem Westen und Südosten heranbefohlenen Kräfte schneller und reibungsloser in ihren Einsatzraum heranzuführen, als das anfänglich erwartet wurde.

Am 26. 1. früh wurde dem OB Südwest der Befehl des Führers übermittelt, den feindlichen Angriff, der voraussichtlich dem eigenen zuvorkommen werde, in möglichst panzersicherem oder überhöhendem Gelände aufzufangen und zu zerschlagen. Bis dahin solle der Brückenkopf abgeriegelt und der Landestreifen mit Sperrfeuer belegt werden.

Für den eigenen Angriff sei Wetter zu wählen, das für die feindliche Luftwaffe ungünstig sei. Er solle unter stärkster Zusammenfassung der Artillerie und der Infanterie – zunächst abgesetzt von der Wirkung der feindlichen Küstenartillerie – mit dem Ziel geführt werden, ein Stück des feindlichen Landekopfes nach dem anderen herauszubrechen und den Feind dann ins Meer zu werfen.

An diesem Tage wurden auf der Feindseite angenommen: 3 brit. und 2 amerik. Inf.Div., dazu vielleicht 1 amerik. Pz.Div., Teile einer LL-Div., 1 Fallschirm-Jg.Abt. und kleinere Einheiten.

b) *Die Auswirkung auf die allgemeine Kriegslage*

Mochte die Landung auch in einem örtlich begrenzten Rahmen und nur mit einem Teil der dem Feinde zur Verfügung stehenden Kräfte vollzogen sein, so war doch sofort klar, daß es sich um eine im Rahmen der Gesamtkriegsführung wichtige und für die weiteren gegnerischen Pläne aufschlußreiche Maßnahme handelte.

Am 24. 1. trug der Chef WFSt dem Führer die Ansicht vor, daß die Alliierten die Deutschen durch verschiedene Operationen an der Peripherie des Kriegstheaters zwingen wollten, ihre Kräfte abzuziehen und zu zersplittern, um dann am Kanal zum entscheidenden Schlage auszuholen. Denkbar seien in diesem Zusammenhang 1. eine Operation gegen eine der Inseln in der Ägäis, 2. eine Landung in Portugal oder Spanien oder 3. im Raum von Bordeaux. Die Landung von Nettuno gehöre in gleicher Weise zu einer derartigen Vorbereitung der die Entscheidung suchenden Invasion.

Der Stellv. Chef, der am 22. 1. aus dem Südosten zurückgekehrt war, stellte am 26. 1. fest, daß die neuen Ereignisse in Italien auch die Lage auf dem Balkan eng berührten; vor allem dadurch, daß Kräfte, welche die Angloamerikaner auch gegen den Südosten hätten einsetzen können, nun auch im Südwesten gebunden waren.

Am 27. 1. vertrat der Chef WFSt in einem Vortrag beim Führer die Auffassung, daß nunmehr ein Abspringen des Gegners von Süditalien nach dem Balkan unwahrscheinlich geworden sei. Daher müßten die dort angesetzten deutschen Kräfte nach Südosten umgruppiert werden, um bei einem Eintritt der Türkei in den Krieg oder bei einem feindlichen Angriff gegen die Ägäis zur Verfügung zu stehen. Der Führer billigte diese Ansicht.

Am 28. 1. trug der Chef WFSt nach, daß durch die Nachrichten über die Verlegung von zwei weiteren kampferfahrenen brit. Div.en nach England der Angriff über die Adria noch unwahrscheinlicher geworden sei.

Da es sich bei der dem Feinde geglückten Landung nicht um eine örtliche Angelegenheit handelte, sondern um den ersten, wenn auch kleinen Versuch, an einer der besetzten Küsten den Invasionskampf einzuleiten, wurde der Gegenangriff nicht nur geführt, um die Bedrohung der 10. Armee aufzuheben, sondern auch, um einen Erfolg zu erzielen, der abschreckend auf weitere fdl. Angriffe dieser Art wirken sollte. Auch mit Rücksicht auf die Stimmung der Truppe und der Heimat war es nach den andauernden Rückschlägen wichtig, einen militärischen Erfolg zu erzielen. Der Führer äußerte deshalb wiederholt seine Ansicht, daß der Brückenkopf um jeden Preis bereinigt werden müsse.

Daher wurden dem OB Südwest an Kräften zur Verfügung gestellt, was freigemacht werden konnte. Dagegen wurde – obwohl diese Frage wiederholt angeschnitten und geprüft wurde – davon abgesehen, ihm weitere größere Verbände zuzuführen. Denn dafür wären im wesentlichen nur die Reserven des OB West in Betracht gekommen, und damit würde die deutsche Führung das getan haben, was als Hauptziel des Gegners vorausgesetzt werden mußte.

Auffallend war die geringe Aktivität, welche die Angloamerikaner im Brückenkopf bis zum Monatsende erkennen ließen. Es wurde deshalb damit gerechnet, daß der Feind noch die Bildung weiterer Brückenköpfe im Schilde führte, um weitere eigene Kräfte zu binden bzw. von anderen Fronten abzuziehen. In Betracht gezogen wurden außerhalb Italiens weiterhin die Ägäis, die franz. Mittelmeerküste, die Biscaya-Küste südlich der Gironde; [außerdem wurde die Möglichkeit ins Auge gefaßt, daß der Feind die aufgrund der Luft-, Transport- und Bandenlage für ihn günstige Situation an der dalmatinischen Küste im Raum von Jara ausnutzen könnte.][19]

Innerhalb des ital. Raumes brachte der 31. 1. eine Klärung der feindlichen Absichten.

c) *Die Vorbereitung des eigenen Gegenangriffes und ihre Unterbrechung durch den fdl. Angriff vom 30. – 31. 1.*

Die Voraussetzungen für den von Anfang an ins Auge gefaßten Gegenangriff verbesserten sich von Tag zu Tag, da der Feind weiterhin auf die Initiative verzichtete und die eigenen Verstärkungen herankamen. Am 27. 1. konnte er daher für den 30. 1. in Aussicht genommen werden, doch wurde gleich eine Verschiebung um 3–4 Tage in Rechnung gestellt. Ein Befehl des Führers an den OB Südwest hob die für die Gesamtlage entscheidende Bedeutung des »Kampfes um Rom« hervor. Mit der Landung habe die Invasion in Europa begonnen, die Absicht des Feindes sei, starke deutsche Kräfte zu fesseln und zu verbrauchen sowie Erfahrungen für die zukünftigen Operationen zu sammeln. Jeder Soldat der 14. Armee müsse sich über die Wichtigkeit des Kampfes im klaren sein und dementsprechend kämpfen.[20]

Die Erwägungen, wo der Angriff angesetzt werden sollte, führten zur Wahl des Raumes ostw. der Straße nach Nettuno – Anzio. Am 28. 1. meldete der OB seine Absichten und die vorgesehene Gliederung. In einer Stellungnahme schlug der WFSt vor, dem OB noch einen weiteren Verband zuzuführen. Jedoch lehnten sowohl der Chef als auch der Stellv. Chef diese Anregung ab.

Am 30. 1. übermittelte der OB seinen Befehl für den Angriff, der inzwischen – wie vorausgesehen worden war – noch hatte hinausgeschoben werden müssen. Nach Kenntnisnahme wies ihn der Chef WFSt noch einmal auf den Befehl des Führers hin, den Angriff nicht konzentrisch, sondern als Durchbruch auf schmaler Front von

[19] Im Original ist der in Eckklammern gesetzte Satzteil handschriftlich gestrichen.

Nord nach Süd zu führen. Anschließend teilte er dem OB noch mit, daß ihm auch noch eine bisher noch nicht eingesetzte Pz.-Fernlenk-Abt. sowie die Sturm-Pz.-Kp. des BdE zugeführt werden würden.

Diese Absichten kamen vorerst nicht zur Auswirkung, da der Gegner seinerseits am 30. 1. mit 3 Div. zum Angriff antrat. Es gelang ihm, bis Aprilia durchzustoßen, wo er mit letzten Reserven aufgefangen wurde. Bei Cisterna gelangte er nur bis zum Ortsrand, worauf er auf die ursprüngliche HKL zurückgeworfen wurde. Am 31. 1. setzte er den Angriff fort, der zu einer weiteren Ausbeulung der Nordostfront führte, gab dann aber den Versuch, die Abriegelung zu sprengen, auf. Am 1. 2. gelang es ihm nur noch, die Einbruchsstelle etwas zu erweitern.

Da bei der Abwehr die einzigen verfügbaren voll kampfkräftigen Verbände, nämlich die 715. Inf.Div. und die 26. Pz.Div., hatten eingesetzt werden müssen, war die Absicht, selbst anzugreifen, vorerst unmöglich gemacht. Am Abend des 31. 1. wies der OB Südwest darauf hin, daß ein gegenseitiges Abringen der Kräfte eintreten werde. Ob dann die eigenen Kräfte noch ausreichen würden, um den Feind ins Meer zu werfen, sei fraglich. Im Laufe dieses Abwehrkampfes könnten sich günstige Gelegenheiten ergeben, um an irgendeiner anderen Stelle anzugreifen. Diese sollte ausgenutzt werden.

Der Führer verlangte wiederholt, daß der Brückenkopf um jeden Preis bereinigt werde. Gelinge dies, dann werde die Möglichkeit einer Landung an anderer Stelle bedeutend herabsinken. Dazu komme noch die politische Auswirkung nach den Rückschlägen des Jahres 1943. Er wiederholte seine Forderung der Schwerpunktbildung mit Panzern und Artillerie, um den Feind zunächst westl. der Straße Nettuno – Aprilia zu zerschlagen und dann nach Westen oder Südwesten einzudrehen.

Um die Panzerverbände einheitlich zusammenzufassen, stellte der Gen.Inspekteur der Panzertruppen am 1. 2. den Pz.Rgt.Stab 69 zur Verfügung. Außerdem wurde dem OB Südwest noch die Sturm-Pz.Kp. St. Pölten zugewiesen.

Die Gegenstöße, die gleich vom 1. 2. an geführt wurden, um die nördl. Aprilia entstandene Ausbuchtung der Front zu beseitigen, führten erst in der Nacht zum 4.

[20] Für Hitlers sogenannten »Kampf-um-Rom-Befehl«, siehe Walther Hubatsch (Hrsg.), Hitlers Weisungen für die Kriegführung, 1939–1945. Dokumente des Oberkommandos der Wehrmacht. Frankfurt am Main, 1962, Nr. 52, S. 241–42. Über diesen Befehl schrieb General Warlimont in seinem schon mehrfach zitierten Kommentar: »... Hier findet man in der Tat die eigene Sprache des Diktators«, und fügt in einer Anmerkung hinzu: »Es ist beachtenswert, dasz auch im Kopfzeichen dieses Schriftstuecks eine bearbeitende Stelle des WFStabs nicht genannt ist...« Und weiter: »... hier wird gleich in den ersten Worten das Fanal aufgerichtet, dasz es bei der kommenden Schlacht um Besitz und Schicksal Roms gehe; hier sind auch die uebrigen Gruende verzeichnet, die dem Gegenangriff auf Nettuno ein besonderes Gepraege verleihen sollten. So starke Wendungen waren noch zu keiner der fast ununterbrochenen Reihe der Schlachten dieser Zeit im Osten von Hitler aufgeboten worden. Keine dieser Operationen noch hatte als die schicksalhafte ›Stunde der Entscheidung‹ gegolten. Der Gegenangriff auf Nettuno, derart herausgehoben, rueckte damit in eine Stufe der Bedeutung ein, wie sie, an sich betrachtet, weder dem Nebenkriegschauplatz Italien noch dem taktischen Ereignis zukam...« (Warlimont, a.a.O., S. 30–31.)

2. zum Ziel. Es konnte ein Kessel gebildet werden, aus dem bei der Ausräumung rund 1000 Gefangene herausgeholt wurden.

Da es bis zum 5. 2. gelang, vorerst eine der beiden aus dem Westen herangezogenen Eis.Battr. und bald darauf auch noch die andere in Stellung zu bringen, konnte jetzt auch der Artillerie-Fernkampf gegen den Ausladebereich des Gegners, der bisher nur dem Angriff mit Bomben, Minen und Torpedos ausgesetzt gewesen war, aufgenommen werden. Um die Wirkung zu verstärken, erhielt der OB West den Befehl, noch zwei 17 cm Battr. nach Rom abzutransportieren. Bis zum 8. 2. waren außer den beiden Eis.Geschützen (K 5) insgesamt 6 17 cm Battr. eingesetzt. Häufig beobachtete Brände und Explosionen bewiesen, daß sie dem Gegner starken Schaden zufügten; darüber hinaus kann kein Zweifel sein, daß dies Fernfeuer die Nerven des Gegners anspannte und dessen Führung in ihren Entschlüssen einengte.

Dieser Verbesserung der Abwehr stand die Tatsache gegenüber, daß die Absicht, den Feind ins Meer zu werfen und in der Zwischenzeit stückweise Gelände aus dem Landekopf herauszubrechen, nicht durchgeführt werden konnte, da dazu vorerst die Kräfte nicht ausreichten. In der – unten noch ausführlicher zu behandelnden – am 4. 2. übermittelten Beurteilung der Lage wies der OB Südwest darauf hin, daß nur ein Teil der eingesetzten Verbände hohen Kampfwert besitze und als voll angriffsfähig bezeichnet werden könne; auch seien die eilig herangeführten Verbände stark gemischt und noch nicht ausreichend zusammengefaßt. Dies wolle er jetzt abstellen; gleichzeitig solle noch ein Austausch von Kräften zwischen der 10. und 14. Armee vorgenommen werden; doch müsse er um einen weiteren hochwertigen Verband, womöglich eine Pz.-Div., bitten; denn die 114. Jg.Div. treffe zwar allmählich ein, aber bei der noch mindestens 8–10 Tage offensiv zu führenden Abwehr würden wegen der Abnutzung die Kräfte zu einem anschließenden Angriff nicht mehr ausreichen.

Diese Anforderung konnte aus den bereits dargelegten Erwägungen heraus nicht in vollem Umfang erfüllt werden; jedoch wurde am 5. 2. das besonders starke und als hochwertig angesehene Inf.Lehr-Rgt. aufgerufen. Die 9. SS-Pz.Div. erhielt nur den Befehl zur sofortigen Transportbereitschaft, um im Falle einer weiteren Landung sofort von Südfrankreich nach Norditalien verlegt zu werden.

Am 6. 2. meldete der OB der 14. Armee bei seinem Vortrag im FHQu, daß der eigene Angriff von dem Eintreffen der neuen Kräfte abhinge, also frühestens zwischen dem 12. und 15. 2. unternommen werden könne. Wegen des Geländes sei es nur möglich, ihn beiderseits der Straße Aprilia – Anzio zu führen. Der Führer wies bei dieser Gelegenheit noch einmal auf den politischen und militärischen Wert eines Erfolges hin und befahl von neuem, den Angriff nur bei schlechter Wetterlage zu beginnen.

Die Zwischenzeit wurde benutzt, um durch einen Angriff auf Aprilia die Ausgangsstellung zu verbessern. Er begann am 7. 2. und wurde in den Nächten zum 8. und 9. 2. fortgeführt. Am Vormittag des 9. 2. gelang die Wegnahme des Ortes, am 10. 3. die des Bahnhofs; dabei wurden rund 3700 Gefangene gemacht.

In seiner Meldung über die weitere Kampfführung, die der OB Südwest am 9. 2.

abends absandte, teilte er mit, daß das Inf.-Lehr-Rgt. nicht vor dem 15. 2. südl. Rom versammelt sein könne und daß bis dahin auch 20 Tiger der Tiger-Abt. 508 das Gefechtsfeld erreicht haben würden. Die letzten Teile der Abt. würden dagegen erst am 20. 2., die Pz.Pi.Kp.en 816 und 830 nicht vor dem 24. 2. eintreffen. Da der Feind sich laufend verstärke und seine Abwehr inzwischen verbessere, könne jedoch nicht mehr so lange mit dem eigenen Angriff gewartet werden. Auch im Hinblick auf die Mondverhältnisse und die Entlastung, die der 10. Armee gebracht werden müsse, habe er diesen daher auf den 16. 2. festgesetzt. Für den Angriff würden 41 zum Kampf voll geeignete Btl. sowie 25 bedingt geeignete, zusammen also 66 Btl. zur Verfügung stehen. Auf der Feindseite seien 46 anzunehmen, von denen ¼ als angeschlagen gelten könne. 38 leichten und 9 schwersten Battr. würden auf der Feindseite die Schiffsart., 24 schwere und 90 le. Battr. gegenüber stehen. Die Artillerie-Überlegenheit des Gegners werde auf der eigenen Seite durch das größere Kaliber sowie den Einsatz von 32 schw. Flak-Battr. und 68 Werfern ausgeglichen. Gegenüber 270 Panzern (davon 90 Sturmgeschütze) und rund 150 schw. Pak verfüge der Feind über etwa 350–400 Panzer und 70 schw., 105 mittl. Geschütze. Aufgrund des noch durchgeführten Austausches zwischen den Armeen könnten zum Angriff eingesetzt werden: die 65. Inf.Div. (ohne 1 verst. Rgt.), die 114. Jg.Div., die 715. Inf.Div., die 3. Pz.Gren.Div. (ohne 1 verst. Rgt.), die 29. Pz.Gren.Div., die 26. Pz.Div., die Fallsch.-Pz.Div. »H. G.«, 2–3 Btl. von der 4. Fallsch.Jg.Div., das Inf.-Lehr-Rgt. und das Gren.Rgt. 1028.

Gegenüber der Meldung des OB der 14. Armee habe der OB Südwest eine noch weitere Verengung des Angriffsstreifens angeordnet.

In der Nacht zum 12. 2. übermittelte der Chef WFSt dem OB das Einverständnis des Führers; jedoch bleibe schlechtes Wetter für die Wahl des X-Tages entscheidend. Der OB wurde angewiesen, die Tiger so anzusetzen, daß keine Massenverluste eintreten könnten.

Die Angriffsvorbereitungen konnten planmäßig zu Ende geführt werden. Am 15. 2. legte der OB Südwest den abschließenden Befehl für die Kampfführung vor. (Die feindliche Presse schwankte in ihren Mitteilungen und Prognosen entsprechend dem Wechsel der Lage. Vor dem feindlichen Angriff (31. 1.) erhoben sich Stimmen gegen die »Konsolidierung des Brückenkopfes«, die als vorläufiges Ziel bekannt gegeben worden war; es wurde zum Ausdruck gebracht, daß ein schnelleres Vorgehen erwartet werde. Das Scheitern des Angriffs brachte dann einen Stimmungsrückschlag. Zeitweise wurde Zweckpessimismus getrieben, um bei Eintreten einer schlechten Wendung vorbereitet zu haben und bei einer guten den Erfolg erst recht unterstreichen zu können. Im Laufe der nächsten Wochen ergab sich jedoch auch für den Gläubigsten, daß der Brückenkopf weder die Front der 10. Armee aus den Angeln gehoben noch den Weg nach Rom geöffnet hatte. In der Mitte des Februar war daher die Rede davon, die Landung habe den Erfolg gehabt, deutsche Reserven aus dem Westen und Südosten abzuziehen und die Krise, die bestanden hätte, sei jetzt überwunden. Nach Beginn des deutschen Angriffs gegen Nettuno wurden – offensichtlich wieder mit tendenziöser Übertreibung – Besorgnisse geäußert; es war die Rede davon, daß der Glaube an die Möglichkeit einer Invasion erschüttert werden könne.)

d) *Die gleichzeitigen Kampfhandlungen im Bereich der 10. Armee*

Gleichzeitig mit dem Ausbau des Landekopfes setzte der Feind im Februar seine Angriffe gegen die Südfront fort. Obwohl die eigene Front durch Herausziehen aller Kräfte, die für die Abschnürung des Brückenkopfes freigemacht werden konnten, bis zum Zerreißen gedehnt war, wurde der Gegner im wesentlichen abgewiesen. Minturno ging in diesen Kämpfen allerdings verloren. Bei Versuchen, südlich und bei Cassino überzusetzen, erlitt der Feind größere Verluste. Bis zum Ende Januar hatte er in diesem Raum schließlich doch einen begrenzten Geländegewinn erzielt. An der ganzen Nordfront fanden während des Januar dagegen nur örtlich begrenzte Kampfhandlungen statt.

Gleichlaufend mit dem Bestreben, dem Landekopf Luft zu verschaffen, führte der Feind nun seit der Monatswende seine Angriffe gegen den Abschnitt nördlich Cassino fort, um dort einen Durchbruch zu erzwingen, der ihm die Cassino-Ebene öffnete. Dazu setzte er eine besonders starke Artillerie ein, führte auch laufend Reserven heran. Trotzdem wurden alle Angriffe abgewehrt. Diese Kämpfe dauerten bis zur Monatsmitte an. Bei diesen Kämpfen ging durch feindliche Bomben und Artillerie-Feuer die Abtei von Monte Cassino, Mauer um Mauer, zu Grunde – eine Tatsache, die der Feind am 14. 2. selbst zugab. Am 15. 2. wurde die Abtei dann völlig zerstört. Der Abt, der mit deutscher Hilfe in Sicherheit gebracht worden war, gab eine Erklärung ab, wonach das Kloster bis zuletzt nicht in die deutsche Verteidigung eingegliedert war, und entzog damit den feindlichen Tendenzmeldungen, die das Vorgehen der Amerikaner rechtfertigen sollten, den Boden. Dem OB wurde am 16. 2. der Befehl des Führers übermittelt, seinerseits als verantwortlicher OB in einer öffentlichen Erklärung, deren Inhalt ihm übermittelt wurde, Stellung zu nehmen. Sie wurde am 17. 2. veröffentlicht.

Dieser Abwehrerfolg wurde erzielt, obgleich die 10. Armee zu Gunsten der 14. Armee soweit geschwächt wurde, wie es nur irgend angängig war. Daß die Front trotzdem gehalten wurde, war das Verdienst der 90. Pz.Gren.Div. und der 44. Div. »Hoch- und Deutschmeister«, die dem Feind den Einbruch im Raum von Cassino verwehrten. Wäre es dem Gegner gelungen, hier Fuß zu fassen und sich weiter vorzuarbeiten, dann wäre dadurch die Stellung am Rapido und letzthin auch die mit so viel Mühe vorbereitete Riegelstellung von Cassino aus den Angeln gehoben worden.

Die feindlichen Pressenachrichten versuchten am Ende der ersten Februarwoche den Eindruck zu erwecken, als wenn die 8. brit. Armee demnächst im Adria-Abschnitt zur Offensive übergehen würde. Da jedoch gleichzeitig festgestellt wurde, daß die dort vor kurzem bereit gestellten neuseeländischen Div.en dem alliierten linken Flügel zugeführt wurden, brauchte im Nordabschnitt der 10. Armee höchstens mit Fesselungsangriffen gerechnet zu werden.

e) *Die Beurteilung der neuen Lage und die sich aus ihr ergebenden Entschlüsse*

Bis zum feindlichen Gegenangriff an der Nordfront von Nettuno hatte auf deutscher Seite Unklarheit über die weiteren Absichten des Gegners bestanden, da seine operative Untätigkeit in der auf die Landung folgenden Woche mehr als eine Deutung zuließ. Nunmehr war klargestellt, daß der Gegner hierbei nur seine alte Taktik des »unbedingt Sichergehens« befolgt und – genau so wie im ersten Weltkrieg und wie in Nordafrika – den Angriff systematisch vorbereitet hatte. Dafür hatte er allerdings so viel Zeit gebraucht, daß die Deutschen dasselbe tun konnten. Deshalb schlug der angloamerikanische Angriff nicht mehr durch; aber er schob doch den eigenen Gegenangriff[21] hinaus, auf den sich nun der Feind – wiederum in systematischer Einrichtung der Verteidigung – einrichtete, und band starke Kräfte.

[Währenddessen blieb die durch die Abgaben geschwächte und zum Zerreißen gedehnte Front der 10. Armee dem unverminderten Druck des Feindes ausgesetzt.][22]

Am 3. 2. regte der Führer an, die 1. Fallschirm-Jg.Div., die am linken Flügel der 10. Armee eingesetzt war, falls sie herausgelöst werden könne, der Front um den Brückenkopf zuzuführen, um dort einen weiteren Verband von höchstem Wert zur Verfügung zu haben. Vorgesehen wurde, in diesem Falle die 114. Jg.Div. an der adriatischen Küste anzusetzen und die ursprünglich für die Ablösung der 1. Fallschirm-Jg.Div. vorgesehenen Verbände dem Raum von Cassino zuzuführen.

Am gleichen Tage kam der WFSt in einer Kurzbeurteilung der Lage, die sich nunmehr ergeben hatte, zu der Feststellung, daß neue feindliche Angriffe an der Südfront durch ihre Stoßrichtung in den Rücken der Cassinostellung sich in kürzester Zeit für die gesamte Kampfführung sehr ungünstig auswirken könnten. Aus den Mitteln der 10. Armee könnten die Kräfte bei Cassino nicht weiter vermehrt werden. Falls nicht rechtzeitig Neue herangeführt würden, müsse es bei Fortdauer der Angriffe zu einer Krise kommen, denn bei den entstehenden Verlusten müsse die Widerstandskraft der eingesetzten Div.en zum Erliegen kommen. Gelinge dem Feind der Durchbruch bei Cassino, werde eine nachhaltige Verteidigung der 10. Armee fraglich, woraus sich dann die Notwendigkeit einer hinhaltenden Kampfführung ergeben würde. Daher müsse man zu dem Schluß kommen, daß die 10. Armee mit ihren derzeitigen Kräften ihre Aufgabe zwar noch eine begrenzte Zeit erfüllen könne, dann aber verstärkt werden oder einen anderen Kampfauftrag erhalten müsse.

Die Entwicklung im Brückenkopf bezeichnete der WFSt als unbefriedigend. Die operative Lage dränge zu schnellerem Handeln. Der Antransport der neuen Kräfte sei überraschend schnell und verhältnismäßig reibungslos vor sich gegangen; warum

[21] Im Original ist *Angriff* handschriftlich in *Gegenangriff* geändert, eine Änderung, die Gen. Warlimont in seinem Kommentar mit der Bemerkung beurteilt, daß es sich doch um einen Angriff (und keinen Gegenangriff) gehandelt habe.

[22] Im Original ist dieser in Eckklammern gesetzte Absatz handschriftlich gestrichen.

sich jetzt der eigene operative Einsatz verzögere, könne vom WFSt aus nicht übersehen werden. Bei Fortführung der bisherigen Methode der schrittweisen Verengung sei ein großer Erfolg nicht zu erwarten. Vom OB Südwest müsse jetzt eine Entscheidung gefordert werden, ob er es für möglich halte, den Brückenkopf zu bereinigen, bevor eine Krise bei der 10. Armee auftrete oder nicht. In diesem Falle müßten dem OB die notwendigen Mittel gegeben oder die Kampfführung in Italien geändert werden.

Diese Notiz wurde dem Chef WFSt nicht vorgelegt, da noch Unterlagen beschafft werden sollten und inzwischen der OB Südwest von sich aus Stellung nahm.

Am 4. 2. früh legte nämlich der OB Südwest eine Beurteilung der Lage in seinem gesamten Bereich vor (s. o.). Er ging davon aus, daß der Feind die Front der 10. Armee durchbrechen und in ihren Rücken stoßen wolle, um die Kräfte der Heeresgruppe zu vernichten und sich in den Besitz Mittelitaliens zu setzen. Außerdem habe er aufgrund des bereitliegenden Schiffsraumes und seiner Reserven noch die Möglichkeit, Anlandungen von operativem Ausmaß durchzuführen, z. B. bei Civitavecchia und nördlich. Größere Anlandungen an der adriatischen Küste seien dagegen weniger wahrscheinlich.

Bei der 10. Armee liege der Schwerpunkt seit Mitte Januar im Abschnitt des XIV. Pz.Korps. Dort habe der Feind anfangs den linken und später den rechten Flügel des Korps aus den Angeln heben wollen, doch seien beide Versuche gescheitert. Nunmehr wolle der Feind den Cassino-Block herausbrechen, um sich dadurch den Weg nach Rom zu öffnen. Dazu habe er eine vielfache Überlegenheit vereinigt, auf der eigenen Seite sei dagegen die Lage durch das Abziehen von Kräften nach Nettuno auf das äußerste gespannt. Es bestehe nur noch die Möglichkeit, vom linken Flügel der 10. Armee Kräfte zur Abstützung heranzuziehen. Nur eine rasch zugeführte, hochwertige Truppe könne die Lage bei Cassino noch festigen. Der OB Südwest habe sich daher entschlossen, die 1. Fallschirm-Jg.Div. im Cassinoblock einzusetzen (also anders als es der Führer am Vortage ins Auge gefaßt hatte) und an ihrer Stelle die stark der Auffrischung bedürftige 90. Pz.Gren.Div. an die adriatische Küste zu verlegen. Die Schwächung des linken Flügels und die Gefahr, daß dort ein örtlicher Rückschlag eintrete, müsse in Kauf genommen werden, denn es sei damit zu rechnen, daß auch die brit. 8. Armee von neuem angreife. Erleichtert wurde dieser Entschluß dadurch, daß ein Ausweichen auf die inzwischen gut ausgebaute Foro-Stellung jetzt keine wesentlichen Nachteile mehr mit sich bringe. Komme die 1. Fallschirm-Jg.Div. noch rechtzeitig zum Einsatz, so sei bei den starken Verlusten, die auch der Feind erlitten habe, die Lage in der »Gertrud«-Stellung[23] für längere Zeit als gefestigt anzusehen. Wenn das geschehen sei, solle die Div. im Raum von Rom oder wieder am linken Armeeflügel eingesetzt werden.

Im Raum der 14. Armee sei die Abriegelung gelungen, allerdings mit Verbänden, die z. T. keinen hohen Wert besäßen. Dem eigenen Gegenangriff sei ein feindlicher Angriff zuvor gekommen. Die Armee müsse daher zunächst den Feind abwehren

[23] Nach Warlimont mußte es hier nicht »*Gertrud*«-, sondern »*Gustav*«-Stellung heißen.

und allmählich einengen (über die Einzelheiten vgl. die Ausarbeitung »Nettuno«). Für einen Angriff sei eine weitere hochwertige, möglichst Pz.Div., erforderlich, denn im übrigen Italien verfüge der OB nur noch über 2 Inf.-, 1 Turk-Div. und die in Aufstellung begriffene 278. Inf.Div. Eine weitere Anlandung operativen Ausmaßes sei dem Feinde jederzeit möglich. Auf die Dauer könne in diesem Falle keine Abwehr geleistet werden. Die Zuführung eines neuen Verbandes werde daher auch der Abstützung der langen Seeflanken zugute kommen.

In seinen Bemerkungen zu dieser Lagebeurteilung stimmte der WFSt am 4. 2. der Forderung des OB, ihm eine weitere Div. zuzuweisen, an sich zu. Da dies jedoch nicht möglich war, schlug er als Aushilfe vor, durch die bisher in Istrien eingesetzte 162. (Turk) Div. die 356. Inf.Div. aus der Verteidigung der Ligurischen Küste herauszulösen, was insofern sich mit den Absichten des OB begegne, als dieser die Turk-Div. sowieso den zersetzenden Einflüssen des slowenischen Raumes nicht länger aussetzen wollte. Für diesen Teil habe der OB als Ersatz in Istrien einen Stab, 5–6 Btl. und 1 Art.Abt. gefordert. Der WFSt zählte die Möglichkeiten zur Deckung auf, u. a. die Zuführung des Inf.-Lehr-Rgts.; er schlug dann vor, nach Istrien die für den Fall »Marder« vorgesehenen Landesschützen-Btl. aus dem Bereich des OB West zu verlegen, aus der 188. Res.Geb.Div. in Tirol eine Kampfgruppe und 1 Art.Abt. zu bilden und außerdem noch die Hochgebirgsschule Mittenwald und 3 Magenkranken-Btl. hinzuzunehmen. Der WFSt trat dabei dafür ein, das Inf.Lehr-Rgt. in der Heimat zu belassen, da es die letzte Reserve sei, die ohne größeren Eingriff in das Ersatzwesen aufgerufen werden könne. Die Entscheidung fiel jedoch dahin, daß dies Rgt. am 5. 2. zur Verstärkung der Front vor Nettuno aufgerufen und damit die Hauptforderung des OB Südwest in einem begrenzten Umfang erfüllt wurde.

Am 7. 2. wurden der OB West, der Chef H Rüst und BdE und das SS Führungshauptamt wegen der Möglichkeit der ihnen zugedachten Abgaben für Istrien vorgewarnt. Die Unterbringung der 188. Res.Geb.Div. in Istrien wurde am gleichen Tage befohlen. Dagegen lehnte der Chef WFSt den Vorschlag, die 162. (Turk) Div. im Raum von Genua einzusetzen, ab, da er es für ungewiß hielt, ob dieser Verband den Anforderungen gewachsen sein würde, falls in diesem Abschnitt eine Landung erfolge. Daher wurde nur die Verlegung der Div. vorbereitet (sie wurde ab 8. 3. dann doch in den Raum von Livorno abgefahren, um dort die 278. Div. abzulösen; die Verlegung der 3 Btl. von Magenkranken wurde dem OB Südwest am 1. 3. mitgeteilt; s. unten: März).

Der Austausch der abgekämpften 90. Pz.Gren.Div. gegen die 1. Fallschirm-Jg.Div. wurde, wie es vom OB Südwest vorgesehen war, durchgeführt, da inzwischen der Gedanke des Führers, daß die Front um den Brückenkopf durch einen hochwertigen Verband verstärkt werden müsse, durch das Heranziehen des Inf.-Lehr-Rgt. erfüllt worden war.

Die Verlegung der 188. Res.Geb.Div. von Tirol nach Istrien zog sich noch bis in den März hin, da zunächst die der Volksliste III angehörigen Mannschaften der Div. abgegeben werden mußten (vgl. unten Abschn. 6b).

### f) *Maßnahmen gegen weitere überholende Landungen*

Wie schon wiederholt erwähnt, lag der Gedanke nahe, daß der Gegner nach dem bei Nettuno mit Erfolg durchgeführten Rezept mit Hilfe seiner in Italien bereitgestellten, aber noch nicht gebundenen Kräfte weitere überholende Landungen vornehmen könnte, die – solange die operative Reserve in Nordafrika nicht hinzugezogen wurde – bei der Zahl der in Betracht kommenden Verbände zwar nur begrenzten Umfang haben konnten, aber doch die Gefahr mit sich brachten, daß dadurch die letzten noch verschiebbaren eigenen Truppen gefesselt und die rückwärtigen Verbindungen noch stärker gefährdet würden, als dies schon der Fall war.

Diese Lage wurde nur insofern erleichtert, als seit langem die vor allem gefährdete Westküste auf weiten Strecken durch Ansumpfungen für Landungen ausschied. Nördlich von Nettuno hätte der Gegner erst bei Ostia die nächste Landegelegenheit gefunden; aber hier stand ihm nach rechts und links nur noch ein so schmaler Landstreifen zur Verfügung, daß dieser Raum für ihn wenig anziehend sein mußte. Als ernstlich bedroht war daher erst wieder der Bereich von Civitavecchia oder auch der anschließende von Orbitello anzusehen. Noch weiter nördlich anzugreifen, hätte für den Feind einen langen Seetransport mit offener rechter Flanke bedeutet, denn in Corsica waren noch nicht soviel Kräfte bereitgestellt, daß von dort aus die ligurische Küste als bedroht angesehen werden konnte.

Für den Fall einer weiteren Landung nördlich Nettuno, die trotzdem jederzeit erwartet werden mußte, sollten – so wurde in der Führerlage am 3. 2. festgelegt – alle in Norditalien noch zur Verfügung stehenden Verbände an die neue Landestelle zugeführt werden, da von einer endgültigen Bereinigung aller im Rücken der 10. Armee befindlichen Landungsstellen das Halten der Südfront abhängig war.

Unter diesem Gesichtspunkt trug der Chef WFSt dem Führer erneut die von ihm bisher abgelehnte Möglichkeit, die 9. SS-Pz.Div. nach Italien zu verlegen, vor. Er regte an, sie zum Küstenschutz bei Civitavecchia einzusetzen und dadurch die 362. Inf.Div. für den Kampf bei Nettuno frei zu machen.

Der Führer brachte seine früheren Bedenken gegen den Antransport zum Ausdruck und wünschte Vortrag über den Zeitbedarf zum Antransport. Auf die Meldung, daß 8–9 Tage erforderlich seien, erklärte sich der Führer für den Fall einer weiteren Landung in Italien einverstanden. Darauf wurden die erforderlichen Transportvorbereitungen getroffen. Durch diese Lösung wurde die Möglichkeit offen behalten, die Div. auch in Südfrankreich einzusetzen, falls der Feind mit seiner nordafrikanischen Gruppe diese Küste angreifen sollte.

Die am 9. 2. an der Ost- und Westküste durchgeführte Aufklärung ergab keine Anhalte für eine neue feindliche Landung. Um trotzdem der Gefahr an der Ostküste, wo keine Ansumpfungen den Feind behinderten, zu verringern, setzte der OB Südwest ein Rgt. der 361.[24] Inf.Div. im Raum von Pescara ein und staffelte weitere Einheiten hinter seinem linken Flügel.

[24] Nach Warlimont nicht die *361.*, sondern die *362.* Inf.Div.

Die Besorgnis, daß der Feind durch eine neue Landung oder durch einen Erfolg an der Südfront den geplanten eigenen Angriff bei Nettuno unmöglich machen könne, blieb bis zu dessen Einleitung bestehen, [obwohl die Abt. Ic darauf hinweisen konnte, daß der Feind nunmehr alle seine kampferprobten Verbände im Brückenkopf und an der Südfront eingesetzt hatte.][25]

g) *Die Absicht eines Vorstoßes an der Südfront nach Bereinigung des Brückenkopfes*

Im Zuge der Vorbereitungen des eigenen Angriffes waren bereits frühzeitig Überlegungen angestellt worden, wie im Falle des Gelingens der eigene Erfolg auszunutzen sei. Schon am 31. 1. äußerte der Führer seine Absicht, dann mit den freigewordenen Verbänden auf dem rechten Flügel der 10. Armee hinter dem Abschnitt der 94. Inf.Div. aufzumarschieren, um dort durch einen Stoß über Minturno nach Südosten die gegnerische Front zum Einsturz zu bringen.

Am 9. 2. meldete der OB Südwest in Zusammenhang mit seinen Absichten für den Kampf gegen den Brückenkopf, daß er für den Fall der Vernichtung desselben einen möglichst sogleich anschließenden Angriff des linken Flügels der 10. Armee gegen die brit. 8. Armee vorbereite. Dafür wollte er die 26. Pz.Div., die 3. und 29. Pz.Gren.Div. und stärkere Teile der Heerestruppen der 10. Armee zuführen. Er bat um Entscheidung, ob er auch mit der Fallschirm-Pz.Div. »H.G.« rechnen könne. Ergänzend meldete der OB in der Nacht zum 11. 2., daß ein Vorstoß über den Trigno geplant sei und – wenn möglich – eine Fortsetzung des Angriffs mit Panzerkräften bei[26] Foggia, um die feindliche Luftbasis zu stören. Als Anlaufzeit wurden von ihm 10–14 Tage vorausgesetzt. Vor Beginn dieser Operation wollte der OB noch 4–5 Tage nach Zerschlagen des Landekopfes mit der 29. Pz.Gren.Div., 1 verst. Rgt. Gruppe der 3. Pz.Gren.Div., der 26. Pz.Div. sowie zusammengefaßten Aufklärungsabteilungen einen Teilschlag gegen den linken Flügel der amerik. 5. Armee[27] führen. In seiner Meldung stellte der OB die sich ergebenden Vor- und Nachteile zusammen. Dieser Vorschlag fand nicht die Billigung des Führers, der einen Vorstoß im Bereich des XIV. Pz.Korps gegen den Volturno-Abschnitt geführt haben wollte. Der WFSt bezeichnete in seiner Stellungnahme vom 10. 2. die Angriffsabsicht an sich als richtig, schlug jedoch vor, das Nähere von der Entwicklung der Lage nach der Bereinigung abhängig zu machen und insbesondere zu prüfen, ob der Angriff nicht besser im Bereich des jetzigen Großkampfes – etwa im Abschnitt der 94. Div. – geführt würde.

Da der OB Südwest selbst ins FHQu kam, fand er – nachdem er am 12. 2. Unter-

[25] Der in Eckklammern gesetzte Abschluß des Satzes ist im Original handschriftlich gestrichen.

[26] Nach Warlimont nicht *bei,* sondern *bis* Foggia.

[27] Im Original: irrtümlicherweise *brit.* statt *amerik.* 5. Armee.

lagen für den Ansatz des Angriffes übermittelt hatte (in den Akten Op H) – am 13. 2. Gelegenheit, dem Führer die Möglichkeiten für den Gegenschlag persönlich vorzutragen:

*a) Fall Süd* (Angriff auf dem rechten Flügel der 10. Armee): zuführen durch die 26. Pz.Div., die 29. Pz.Gren.Div. und die 71. Inf.Div. (32 Btl., 28 leichte, 21 schwere, 10 Werfer-Batt., 60 Sturmgeschütze). Dieser Fall biete den Vorteil eines schnellen Aufmarsches der Kräfte nach der Bereinigung des Brückenkopfes. Beginn X + 4 Tage. Außerdem böte sich eine gute Versorgungsmöglichkeit auf den Bahnen und auf der Straße über Frosinone.

*b) Fall Nord* (Angriff auf dem linken Flügel der 10. Armee): zuführen mit 2 Angriffsgruppen: nördliche Gruppe an der Küste mit 90. Pz.Gren.Div. und 715. Inf.Div.; südliche Gruppe aus dem Raum Guardiagrele heraus mit 26. Pz.Div., 3. und 29. Pz.Gren.Div. (60 Btl., 51 leichte, 42 schwere, 10 Werfer-Batt., 210 Panzer und Sturmgeschütze). Die Vorbereitungen könnten 8 – 10 Tage nach Bereinigung des Landekopfes beginnen. Hier bestehe der Vorteil, daß der Feind in seinem Abschnitt nicht besonders stark und kampferprobt sei (2 ind., 1 kanad. Div.). Ein Nachteil bestehe in den langen Anmarschwegen für die Panzerteile und in der schwierigen Versorgungslage; denn es stehe nur die Straße von Pescara entlang der Küste zur Verfügung.

*c) Fall Mitte:* Angriff im Raum Cassino, und zwar der Hauptstoß von Norden aus der Front der 5. Geb.Div. heraus; vorher ein Angriff der 1. Fallschirm-Jg.Div. aus Cassino, der nach Süden durch Vordrücken der 15. Pz.Gren.Div. abzuschirmen sei (94 z. T. schwache Btl., 74 leichte, 53 schwere, 20 Werfer-Batt., 220 Panzer und Sturmgeschütze, 35 Hornissen). Gelänge dieser Angriff, so sei die Gefahr eines Durchbruches durch die Ebene von Cassino in Richtung auf[28] Frosinone ausgeschaltet. Ein Nachteil bestehe darin, daß der Gegner die Möglichkeit habe, in das Gebirge ostwärts des Garigliano auszuweichen.

Der *Führer* entschied, daß zunächst als »Tempo I« der Fall Süd, und als »Tempo II« der Fall Mitte vorbereitet werden solle, da selbst ein frontales Ausweichen des Gegners im Raum Cassino einen Erfolg bedeute; denn die Cassino-Stellung könne dann richtig ausgebaut werden.

Als Zeitplan für den Angriff gegen den Brückenkopf wurde festgelegt: Angriffstag 16. 2.; 4 Uhr Fesselungsangriff bei der 4. Fallschirm-Jg.Div. und der Div. »H.G.«, 6 – 6.30 Uhr Beginn des Hauptangriffes. Der OB Südwest meldete dazu, daß die Munitionsbevorratung für 2 Angriffstage durchgeführt sei.

Am 14. 2. meldete der Lw.Führungsstab die Verstärkungen, die für den Fall »Morgenröte« (d.h.: Angriff auf den rechten Flügel der 10. Armee) vorgesehen wurden. Die Durchführung dieses Angriffs entfiel, da die Bereinigung des Brückenkopfes nicht gelang.

Am 10. 2. schwebten außerdem Erwägungen darüber, welche Verbände wieder

[28] Im Original: *bei* statt *auf* Frosinone.

zurückgezogen werden sollten, falls die Bereinigung bei Nettuno gelingen sollte. Ins Auge gefaßt wurde, die Pz.Div. »H.G.« zurückzuziehen, um sie wieder aufzufüllen und dem Chef H Rüst u. BdE die Lehrtruppen wieder zurückzugeben. Die Frage, ob die 715. Div. dem OB West zurückgegeben werden sollte, wurde noch offen gelassen. Da die Bereinigung nicht gelang, entfielen diese Absichten von selbst.

Ferner wurde berechnet, in welcher Zeit aus dem Bereich des OB Südost die 1. Geb.Div. herausgezogen werden könnte, also zu spät, um in den bevorstehenden Kampf noch eingreifen zu können (über den Fortgang der diese Div. betreffenden Erwägungen s. unten Abschnitt 6d).

h) *Verlegungen und Zuführungen von der Landung (22. 1. bis Mitte Februar)*

An Ersatz wurden im Januar 9500 Mann zugewiesen.

Für die Einzelheiten der am 22. 1. durch das Stichwort »Marder« befohlenen Zuführungen in den Bereich des OB Südwest und die von ihm gleichzeitig innerhalb seines Bereichs durchgeführten Verschiebungen wird auf die Ausarbeitung »Nettuno« verwiesen. Zu den bereits vor der Landung eingeleiteten Bewegungen (vgl. Abschn. 3 c) ist zu vermerken, daß am 31. 1. die 71. Div. in den Raum südl. Rom abfloß und die aus dem Südosten herausgeführte 114. Jg.Div. bis auf 3 Btl. und 1 Art.Abt. den Raum Fiume erreicht hatte.[29]

Durch die Landung entfiel die gleichfalls bereits vorgesehene Abgabe der Pz.Div. »H.G.« und der 90. Pz.Gren.Div.: diese blieb in der Cassino-Front, und die Div. »H.G.« wurde in den Kampf um den Brückenkopf hineingezogen. Von Ende Januar wurden noch folgende Zuführungen befohlen:

am 31. 1.: 1 Eis.-Pz.Zug,
am 1. 2.: Pz.-Rgts.Stab 69, Sturm-Pz.Kp. St. Pölten,
am 3. 2.: 2 Batt. der 14-cm-Kan.Abt. 763,
am 5. 2.: das Inf.Lehr-Rgt., Abt.Stab der Pz.Abt. 216,
am 10. 2.: Pz.Abt. (Tiger) 508, Pz.Pi-Kp. (Goliath) 811, 813.

Die vom OB West abgegebenen 2 17 cm Batt. waren am 10. 3.[30] in Pisa eingetroffen und kamen in den nächsten Tagen zum Einsatz vor Nettuno.

Die Verlegungen in Istrien sowie die Erwägungen über das Heranziehen der 9. SS-Pz.Div. und der 1. Geb.Div. sind bereits behandelt worden.

[29] Das richtige Datum für die Bewegungen der 71. Inf.Div. und 114. Jg.Div., nach Warlimont, ist d. *21. 1.* statt d. *31. 1. 44.*

[30] Statt *10. 3.* muß es hier, nach Warlimont, »zweifellos ›*10. Februar*‹ heißen.«

i) *Der Luftkrieg*

Am 22. 1. hatte – wie bereits erwähnt – der Führer vom Ob.d.L. den Einsatz aller verfügbaren Kräfte gegen den Brückenkopf in Nettuno gefordert. Der Luftflotte 2 wurden die beiden in Südfrankreich untergebrachten Flieger-Divisionen unterstellt, außerdem gehörten zu ihr die beiden Gruppen, deren Verlegung aus dem Südosten nach Norditalien gerade vor der Landung befohlen worden war (s. oben). Dem Feinde wurde diese Verlegung schnell bekannt: er griff die Plätze dieser Gruppen bereits vor dem Monatsende an. Die Flugplätze um Rom blieben trotz der feindlichen Angriffe weiterhin belegt. Am 24. 1. gingen beim Anflug aus Südfrankreich 18 eigene Flugzeuge durch Angriff von Corsica aus verloren.[31] Deshalb wurde die Verlegung derjenigen Verbände, deren Einsatz im italienischen Raum beabsichtigt war, in der Po-Ebene beabsichtigt, obwohl dort atmosphärische Nachteile bestanden. Jedoch wurde diese Absicht nicht durchgeführt.

Durch verschiedene Maßnahmen wurde die Schlagkraft der eigenen Luftwaffe erhöht: unterstützt wurde die Luftflotte 2 durch die Zuweisung von Italienern und zwar von 20 000 Mann bis 31. 1., von insgesamt 42 000 bis voraussichtlich Ende Februar.

Erwogen wurde, ob die Flugplätze in Mittelitalien durch Zuweisung von Flak besser gesichert werden könnten. Da es nicht angängig schien, Flak von kriegswichtigen Werken, wie z. B. der Kugellagerfabrik in Oberitalien, abzuziehen, trat die Frage auf, ob Kräfte aus der Reichsverteidigung abgezogen werden könnten. Der Führer war jedoch der Ansicht, daß er diese zur Zeit nicht schwächen könne.

Am 28. 1. verfügte die Luftflotte 2 über 200 Jagdflugzeuge. Durch weitere Zuweisungen war zum Monatsende mit 300 zu rechnen. Außerdem wurden der Luftflotte noch 45 Schlachtflugzeuge zugeteilt. Am 30. 1. wurde dem Lw. Führungsstab befohlen, die für Februar vorgesehenen Zuführungen von Nachschubflugzeugen bereits zum Monatsbeginn zuzuweisen. Da die Bodenorganisation für die Aufnahme weiterer Verbände nicht leistungsfähig genug war, vertrat der Lw. Führungsstab den Standpunkt, stattdessen die in Italien befindlichen Verbände auf ihrem Stand zu halten. Er erhielt am 31. 1. entsprechenden Befehl.

Die Verluste im Monat Januar betrugen: 187 feindliche, 206 eigene.

## 5. **Die Kämpfe in der zweiten Februarhälfte**

### a) *Die eigenen Angriffe gegen den Brückenkopf (Zusammenfassung)*

Der eigene Gegenangriff, der bereits für Ende Januar/Anfang Februar vorgesehen, dann aber hinausgeschoben worden war, weil am 30. – 31. 1. ein Angriff des

[31] Im Original: *Corsina* statt *Corsica*.

Gegners in die Vorbereitungen hineinstieß und dann erst das Herankommen von Verstärkungen, vor allem der Antransport des Inf.-Lehr-Rgt. abgewartet werden mußte, begann – wie vorgesehen – am 16. 2. 6.30 Uhr. Nach anfänglichen Erfolgen blieb die Schwerpunktgruppe 2,5 km südl. Aprilia vor der feindlichen HKL liegen. Dadurch entstand ein Knick in der Front, der in der folgenden Nacht begradigt werden sollte, um das Flankenfeuer auszuschalten. Doch gelang dies nicht. Am 17. 2. erzielte die Westgruppe Geländegewinn. Am Nachmittag stieß das Pz.Gren.Rgt. 29 an der Straße Aprilia-Anzio weiter vor. Am 18. 2. trat die Schwerpunktgruppe zu neuem Angriff an. Die Pz.Verbände erreichten die Gegend hart nördlich der Straße Campo di Carne und auch die Ostgruppe kam voran. Am Nachmittag blieb der Angriff jedoch im feindlichen Artillerie-Feuer liegen. Am 19. 2. traten die Angriffsverbände wiederum an und erreichten um 7 Uhr das vor ihnen liegende Höhengelände, dann aber wurde der Angriff wiederum durch Artilleriefeuer zum Stehen gebracht. Durch einen Rückschlag bei der 114. Jg.Div. trat bei der Ostgruppe sogar eine vorübergehende Krise ein. Es stellte sich heraus, daß der Feind sich an und vor dem beherrschenden Damm der Straße Campo di Carne erheblich verstärkt und die zahlreichen Häusergruppen als Stützpunkte ausgenutzt hatte. Der Einsatz der eigenen Panzer war fast unmöglich geworden, und der Verkehr nach vorn war durch die feindliche Artillerie und die Jabo-Angriffe auf ein Mindestmaß eingeschränkt.

Der OB kam daher zu dem Entschluß, den Angriff einzustellen. Am 19. 2. 14.30 Uhr wurde ihm das Einverständnis des Führers mitgeteilt. Dieser billigte auch die Absicht, die Pz. Kräfte nach Osten umzugruppieren, um an einer weiteren Stelle einen tiefen Keil in die feindliche HKL hineinzutreiben. Doch sollte der OB bemüht bleiben, durch zusammengefaßtes Artilleriefeuer und angriffskräftige Stoßtrupps ein Stück aus der Hauptfront herauszuschlagen und dann seitwärts aufzurollen.

In der Nacht zum 20. 2. meldete der OB seine Beurteilung der nunmehr entstandenen Lage. Eine rasche Bereinigung sei nunmehr nicht zu erwarten. Doch sei sich der OB klar, daß der Feind früher oder später ins Meer geworfen werden müsse, da sonst die Lage der 10. Armee auf die Dauer unmöglich werde. Auf lange Sicht sei es auch nicht möglich, kräfte- und versorgungsmäßig den Kampf an 2 Fronten zu führen. Da der Feind anscheinend laufend Kräfte von Süditalien nachführe, habe die 10. Armee den Befehl erhalten, den Feind durch Vorstöße an zahlreichen Stellen zu fesseln und zwar mit Schwerpunkt im Bereich des XIV. Pz.Korps. Den Angriff gegen den Brückenkopf an der alten Stelle fortzusetzen, böte keine Aussicht auf durchschlagenden Erfolg. Deshalb solle die 14. Armee im Angriffsbereich jetzt ihre Flanken durchstoßen und die Ostgruppe derart nach Osten verlängern, daß sie nicht mehr auf die Stärke des Feindes stoße; dazu seien alle Nebenfronten rücksichtslos zu entblößen. Bei planmäßiger Durchführung dieser Umgruppierungen könne der Angriff am 21. 1. fortgesetzt werden. Wegen der feindlichen Artillerie sei es erforderlich, künftig auf breiterer Front anzugreifen und die Stoßgruppe in beweglicher Kampfführung rasch auf weiche Stellen anzusetzen. Am 20. 2. erließ der OB einen Befehl, in dem u. a. die Täuschungsmaßnahmen geregelt wurden, die dem Feind das neue Angriffsziel verschleiern sollten. Am 22. 2. meldete er, wie er den neuen Angriff zu führen gedachte. Diese Absichten fanden nicht die Billigung des Führers, weil nach dessen Auffassung der Angriff zu dicht an dem bisherigen Schwerpunkt angesetzt war und deshalb ein ähnlicher Ablauf zu erwarten stand; auch würde es zu lange bis zum neuen Angriff dauern. Der Führer wies deshalb auf die Ostfront des Brückenkopfes hin, vor allem auf den Raum zwischen Isola Bella – Borgo Podgora. Der OB Südwest teilte darauf mit, daß die [...][32] Absicht bereits aufgegeben sei und jetzt die Ostfront erkundet würde. Am 23. 2. abends meldete er seine neue Absicht: er wollte, da ein Angriff an der Ostfront wegen des Geländes nicht möglich war, im Raum westlich Cisterna bis zur allgemeinen Linie Cle. Campomorto – Borgo Podgora angreifen (über seine in diesem Zusammenhang vorgebrachte, jedoch nicht erfüllte Bitte, ihm die 1. Geb.Div. zuzuführen, s. unten).

Am 25. 2. begannen Täuschungsvorstöße, die Angriffsvorbereitungen rechts vom alten Schwerpunkt vorspiegeln sollten. Gleichzeitig wurden Vorstöße gegen die Südfront eingeleitet. Da die Ausräumung eines hinter der eigenen Front entstandenen Kessels, bei der die 26. Pz.Div. eingesetzt werden mußte, mehr Zeit als vorgesehen beanspruchte, war es nötig, den Angriff bis zum 28. 2. hinauszuschieben. Schlechtes Wetter und tiefer Schlamm, der das Gelände außerhalb der Straßen für Panzer unbefahrbar machte, zwangen dazu, den X-Tag noch weiter zu verschieben. Die Täuschungsmaßnahmen liefen inzwischen weiter. Am linken Armeeflügel wurde die HKL in Richtung auf den Mussolini-Kanal vorgetrieben. Am 28. 2. besserte sich das Wetter. Da durch längeres Zuwarten sich das Kräfteverhältnis nur verschlechtern konnte, wurde darauf der Angriff auf den 29. 2. festgesetzt. Für ihn wurden bereitgestellt: die 362. Inf.Div., die 26. Pz.Div. und die Fallschirm-Pz.Div. »H. G.« (1 Rgt.Gr.). Das Ziel war, möglichst in einem Zuge unter Einsatz starker Panzerspitzen auf allen hierfür geeigneten Wegen Brückenköpfe über die Aztura im Abschnitt Cle. Campomorto, 1,5 km südl. Borgo Motello, zu gewinnen. Zur Täuschung des Feindes über die Breite des Angriffs sollten Teile der 715. Inf.Div. SO Cle. Rangone – Borgo Podgora angreifen, die Reste der Div. dann der Angriffsgruppe nachgeführt werden. Den Schutz der Westflanke hatte die 114. Jg.Div. zu übernehmen. Zur Verfügung der Armee wurde die 29. Pz.Gren-Div. südl. der Albaner Berge versammelt.

Am 29. 2. war die feindliche Abwehr auf dem rechten Flügel sehr stark; die eigenen Ablenkungsmanöver hatten aber Erfolg gehabt. Im eigentlichen Angriffsbereich wurden die Truppen schon bald durch das schwierige Gelände, die feindlichen Minenfelder und das Artilleriefeuer zum Halten gebracht. Der Div. »H. G.« gelang die Einnahme von Isola Bella und an der Westfront drangen die eigenen Truppen bis zum Mussolini-Kanal vor; aber der angestrebte Erfolg blieb doch aus, obwohl die eigene Artillerie mit etwa 20000 Schuß ungefähr die Höhe des feindlichen Verschusses erreichte.

[32] Wahrscheinlich lautete das im Original fehlende Wort, vermutet Warlimont, »ursprüngliche«.

Am 1. 3. wurde der Angriff durch die 114. Jg.Div., die 362. Inf.Div. und die 26. Pz.Div. noch einmal aufgenommen; aber nach Anfangserfolgen traten wieder Rückschläge ein. Abermals erwies sich das Angriffsgelände als große Behinderung. Am Abend befahl daher der OB Südwest, den Angriff einzustellen und den Kampf nur noch mit starken Stoßtrupps fortzusetzen.

In seiner Meldung führte der OB Südwest an, daß die beiderseitige Abnutzung sich die Waage halte, ebenso die Behinderung durch das schlechte Wetter, das voraussichtlich erst Mitte März Besserung verspreche. Dann sei aber auch mit erhöhtem Einsatz der feindlichen Luftwaffe zu rechnen. Bis dahin könne der Gegner seine Stellungen weiter verstärken.

Als Gründe für den unbefriedigenden Verlauf der Kämpfe führte der OB an, daß bereits bei den nicht kampferfahrenen Verbänden leicht Rückschläge eintraten, daß der Stand der Ausbildung unterschiedlich sei, die Führer z. T. nicht genügten und das Zusammenwirken der Waffen nicht so, wie es erforderlich sei, funktioniert habe. Außerdem habe bei einzelnen Verbänden die Angriffsfreudigkeit wesentlich nachgelassen; durch die Überlegenheit des Feindes in der Luft und mit Material auf der Erde sei eine Überbewertung desselben eingetreten.

Der OB Südwest faßte seine Beurteilung dahin zusammen, daß der Brückenkopf mit den vorhandenen Kräften nicht bereinigt werden könne und eine weitere Einengung die Truppe weiter auslauge. Dies würde eine ernste Gefährdung des südwestlichen Kriegsschauplatzes bedeuten; denn die Front der 10. Armee sei schon zum Zerreißen dünn gespannt und die jetzige Schwächung der Küstenfront könne nur vorübergehend in Kauf genommen werden. Nach den ihm befohlenen Abgaben blieben gegen Nettuno nur noch 6 Div.en, und diese bedürften alle der Auffrischung und z. T. auch noch der Ausbildung. Der OB forderte deshalb noch 2 kampferprobte Verbände, um den Brückenkopf bereinigen zu können. Bei der Mittagslage äußerte sich der Führer am 2. 3. dahin, daß an der Absicht, den Brückenkopf zu bereinigen, unbedingt festgehalten werden müsse. Außer den Maßnahmen, die der OB vorgeschlagen habe, komme es jetzt darauf an, durch ein Zusammenwirken der schwersten Waffen aller drei Wehrmachtteile den feindlichen Nachschub allmählich zu unterbinden.

b) *Fortgang der Kämpfe an der Südfront*

Da der Brückenkopf nicht bereinigt werden konnte, entfiel auch der Plan, am rechten Flügel der 10. Armee mit den freigewordenen Kräften einen Gegenschlag zu führen. Daher blieb die Initiative beim Feinde, der nicht locker ließ, um Cassino in seine Hand zu bringen.

Seinen Höhepunkt erreichte der feindliche Angriff in den Tagen vom 17. – 19. 2. Die Kämpfe waren wechselvoll und überaus hart. Lange umstritten wurde der Bahnhof Cassino. Gelände, das vorübergehend verloren ging, wurde in schwungvollem Gegenangriff zurückgewonnen. Darauf flaute die feindliche Angriffstätigkeit wieder ab. Gleichzeitig mit diesen Kämpfen hatte der Feind südw. Mignano seine Versuche, eine seit längerer Zeit bestehende Einbruchs[...][33] zu erweitern, wieder aufgenommen. Nachdem die Angriffe durch mehrere Tage abgewiesen worden waren, gingen die eigenen Div.en zum Gegenangriff über und zwangen den Gegner zur Freigabe eines für ihn wichtigen Höhengeländes.

c) *Ersatz, Versorgung, Eisenbahnlage, Kampfwert von der Landung (22. 1.) bis Ende Februar*

Die *Verluste im Januar* betrugen nur 10500 (Annahme: 15000). Am 1. 2. wurde der Ersatz im Februar fernmündlich zwischen dem Stellv. Chef WFSt und dem Chef des Gen.St.d.O.B. Südwest besprochen. Der Führer befahl, daß die Verbände im Südwesten während der derzeitigen schweren Kämpfe personell und materiell besonders gestützt werden sollten (Stand von 2a: b 77, 42, b 81).

Die Verluste im Februar beliefen sich auf 23079 Mann, davon 535 Offiziere, nämlich gefallen: 4146, verwundet 13970, vermißt 4963. Dazu kamen außer 21656 Fehlstellen noch 21901 *Abgänge* durch Krankheit. Zugewiesen wurden dem Gen.St.d.H. 10700 Mann, als Genesende kehrten zurück 28467, zusammen 39167. Die Abgänge wurden also bis auf etwa 6000 Mann gedeckt. Bereitgestellt waren 7200 Mann.

Am 2. 2. übermittelte Gen. Westphal fernmündlich die Wünsche des OB Südwest, die Be-Abt.en die Eis.-Art. und sonstige Art., die Zuführung von dringend benötigten Pionieren, von Munition, Ersatz und Verbänden betrafen.

*Ende Januar* betrug die Verpflegungsstärke der Heeresgruppe: 765000 Mann und 67000 Pferde. In der 2. Monatshälfte trafen 231 Züge ein, d. h. 14,5 Zug am Tag gegenüber 11,6 in der ersten Monatshälfte und einem Soll von 16. Diese Leistung war bemerkenswert. Denn durch die planmäßig gegen das mittelital. E-Netz geführten Angriffe wurde der Transport in steigendem Maße erschwert. Die Hauptstrecke Florenz – Rom war nur bis südl. Arezzo befahrbar; die Umleitungsstrecken waren ebenfalls größtenteils gesperrt. In den letzten Januartagen trat eine geringe Besserung ein. Zur Beschleunigung der Streckenarbeiten wurden 2 Eis.Bau Pi.Btl.e und 1 Eis.Bau-Pi.-Kp. aus dem Westen und Südosten nach Italien verlegt. In Oberitalien blieb die feindliche Einwirkung vorerst noch gering, jedoch waren die nicht zu [...] Küstenstrecke [...][34] Genua und der Zulauf über Mordane gesperrt. Trotz der Truppenzuführungen blieb der Zugzulauf ausreichend.

An der Tyrrhenischen Küste wurden rund 13000, an der adriatischen rund 2000 to auf dem Wasserwege herangeführt. Der Kfz.-Raum betrug 11700 to; dazu wurden noch 5000 to aus der Wirtschaft hereingezogen.

[33] Lücke im Original; möglicherweise: Einbruchs*stelle*.

[34] Lücken im Original.

Infolge der Kämpfe stieg der Verbrauch an Munition und Betriebsstoff bedeutend. Wegen der Transportschwierigkeiten konnte der Bedarf des Heeres nicht voll gedeckt werden. Anfang Februar hatte sich die Munitionslage auf einzelnen Gebieten gebessert, auf anderen verschlechtert. Die Betriebslage war gleich geblieben (8 Verbrauchssätze im gesamten Bereich des OB Südwest, mit dem Zulauf 10).

*Mitte Februar* war die Verpflegungsstärke die gleiche geblieben. An Zügen waren 349 eingetroffen gegenüber 231 in der 2. Januarhälfte, d. h. 23 Züge am Tag gegenüber einem Soll von 16. Da der Feind seine Zerstörungen im Eisenbahnnetz inzwischen fortgesetzt hatte, war diese Leistung noch beachtenswerter als die der voraufgehenden Wochen.

Der Seetransport (13 700 to im Westen, 5000 to im Osten) wurde durch häufige Fliegerangriffe gestört, da der Flakschutz völlig ungenügend war. Der Kfz-Transportraum stieg auf 12 580 to. Die Gesamtversorgungslage war unverändert, weitere Spannungen waren trotz der Behinderungen nicht zu erwarten.

*Ende Februar* betrug die Verpflegungsstärke 2000 Mann weniger und 12 000 Pferde mehr. An Zügen waren 206 eingetroffen, d. h. 14,7 am Tage. Über See wurden im Westen 4800 to, im Osten 3500 to Wehrmachtgut transportiert. Der Ausbau der Westhäfen war inzwischen gut fortgeschritten und der Aufbau eines Flakschutzes eingeleitet. Der KW-Transportraum betrug weiterhin 12 506 to. Die Gesamtversorgungslage des Heeres könnte daher als unverändert bezeichnet werden. Trotz des hohen Verbrauchs konnte die Bevorratung im wesentlichen auf der Höhe des Vormonats gehalten werden. Auch bei den beiden anderen Wehrmachtsteilen ergaben sich keine besonderen Schwierigkeiten.

Die Panzer-Ausstattung der Pz.-Verbände wurde, soweit es möglich war, ergänzt und verstärkt (über die angestrebte Pz.-Gliederung vgl. die Aufstellung [...][35]). Auf den Befehl des Führers, daß die Verbände im Südwesten personell und materiell besonders gestützt werden sollten (s. oben), legte der OB Südwest seine Anforderungen an Panzern und Sturmgeschützen vor, die am 1. 2. an den Gen.Insp. der Pz.-Truppe weitergeleitet wurden. Der 90. Pz.Gren.Div. wurde 1 Kp. mit Ferdinandpanzern und 42 Sturmgeschütze zugeführt.

Für den *Hochgebirgsabschnitt* wurden dafür besonders geeignete Einheiten herangezogen. Aufstellung von 2 Hochgeb.Pi-Kp.en im Januar.

Am 20. 2. nahm der OB zusammenfassend Stellung zu den Zustandsberichten vom 1. 2. Er bezeichnete [...][36] und Haltung der Truppe als weiterhin gut. Zahlreiche Truppenteile hatten sich hervorragend geschlagen; doch seien Zeichen von Abspannung nicht zu übersehen.

Über eine Fahrt zum OB West in der Zeit vom 14. 1. – 4. 2. erstattete der Oberstlt.d.G. Moll am 25. 2. einen zusammenfassenden Bericht.

[35] Lücke im Original.
[36] Ibid.

d) *Die Entwicklung der Feindlage im Mittelmeerraum während des Monats Februar und die dadurch bedingten Verschiebungen*

Am 30. 1. waren im Mittelmeer 38½ einsatzfähige Verbände angenommen sowie 24 für Besetzung oder in Aufstellung. Am 8. 2. wurde mit noch 2 weiteren einsatzfähigen Div.en gerechnet, am 17. 2. mit 47¾ einsatzfähigen und 19 weiteren Verbänden, am 28. 2. mit 48⅓ bzw. 18. Die Fertigstellung neuer Verbände betraf vor allem die operative Reserve in Nordafrika, mit der deshalb in verstärktem Maße zu rechnen war. Um so bemerkenswerter war, daß der Gegner sie nicht anbrach, um den Brückenkopf bei Nettuno zu nähren, vielmehr – wie bereits im Januar erwartet wurde – 3 poln. Div. aus Ägypten herauszog, die er in einem ruhigen Abschnitt der Südfront einsetzte, um andere Kräfte freizumachen.

Der Wert der Reserven in Nordafrika wurde nicht unterschätzt, da es sich zum Teil um inzwischen aufgefrischte brit. und amerik. Tunis-Div.en und zur Hälfte um franz. Verbände handelte. Soweit algerische und marokkanische Einheiten an der Front der 10. Armee bereits eingesetzt waren, hatte sich ergeben, daß sie einen beachtlichen Kampfwert besaßen.

Gegen die poln. Verbände befahl der Führer am 14. 2. bereits vor ihrem Auftauchen an der Front die Vorbereitung propagandistischer Einwirkung, um sie zum Überlaufen zu bewegen. Nachdem um die Monatsmitte die Polen an der Front auftauchten, leitete der Reichsführer SS ein Sonderunternehmen ein, bei dem ein polnischer General verwendet wurde.

Nach den von Abt. Fremde Heere am 16. 2. vorgelegten Unterlagen war im Mittelmeerraum mit folgenden Angriffsmöglichkeiten zu rechnen:

1. überholende Landungen und Angriffe gegen die schon bestehenden Fronten in Italien, wofür im Süden noch 8–10 Einheiten zur Verfügung ständen;
2. im östl. Mittelmeer noch ein Vorstoß gegen Rhodos, da der Anschluß der Türkei an die Alliierten zur Zeit nicht wahrscheinlich war;
3. Vorstoß gegen Lyon und bzw. oder Toulon von Nordafrika her mit den nordafrikanischen Verbänden (zus. 16) und die beiden auf Corsica[37] eingesetzten Div.en sowie den feindlichen Lw.-Gruppen (etwa 20) auf Corsica und Sardinien.

Am 17. 2. trug der Chef WFSt dem Führer seine Auffassung der Feindlage vor. Er nahm in Nordafrika 18–21 Div.en (davon 12 vollkampfkräftig) und im westl. Mittelmeer die schwere Kriegsschiffsgruppe sowie die Masse des feindlichen Landungsschiffsraumes an und wies darauf hin, daß die Luftbasis Corsica in der letzten Zeit planmäßig und stetig aufgefüllt worden sei und der Feind in den letzten Tagen vor allem die Eisenbahnquerverbindung Oberitalien – Südfrankreich angegriffen habe. Er schloß daraus auf den Plan einer größeren Operation im westl. Mittelmeer und

[37] Im Original: *Corrice* statt *Corsica*.

zwar gegen die südfranzösische Küste, die in der Reichweite der in Corsica eingesetzten Jäger lag und dessen geringer Ausbau dem Gegner bekannt sein mußte. Ziel dieses Angriffes würde Bindung der Reserven im Westen als Vorbereitung des Angriffs am Kanal sein. Aufgrund dieser Lage und des gerade von Stellv. Chef WFSt vorgelegten Berichts über seine Reise nach Südfrankreich schlug der Chef WFSt eine Reihe von Kräfteverschiebungen vor, von denen die folgenden den ital. Raum betrafen:

> Verlegung der für den Fall einer 2. Landung in Italien bereitgehaltenen *9 SS Pz.Div.* als Reserve zur 19. Armee,
> später Verlegung, der *Pz.Div. »H. G.«* in den Raum nördlich Rennes, der 4. Fallschirm-Jg.Div. als Reserve hinter die 19. Armee,
> der *1. Geb.Div.* zum OB Südwest, ferner Bereitstellung der 100. Jg.Div. zur Verschiebung in den Südwesten oder nach Südfrankreich.

Ferner wies der Chef WFSt darauf hin, daß die Mont Cenis-Bahn auf ital. und franz. Boden gut gesichert sein müsse.

Der Führer stimmte diesen Vorschlägen zu.

Am 20. 2. befahl der Führer, daß die 1. Geb.Div. zunächst an der Bahn sammeln, den Befehl zum Abtransport jedoch noch nicht gegeben werden sollte. Der Chef WFSt ordnete darauf an, daß rascher Abtransport jederzeit möglich sein müsse (die Div. wurde im März für die Besetzung Ungarns bereitgestellt und kam daher für den Südwesten nicht mehr in Frage).

In seiner Meldung vom 23. 2. über die in der Front um den Brückenkopf geplanten Maßnahmen bat der OB um beschleunigte Zuführung der 1. Geb.Div. aus dem Südosten, da er sie bis Nettuno und dann ab Ende März im Mittelabschnitt der 10. Armee einsetzen wollte. Der WFSt machte dagegen geltend, daß die Div. nicht vor dem 15. 3. eintreffen könne und für Flachland ungeeignet sei. Er schlug deshalb vor, die Div. sofort dem AOK 10 zuzuführen und von diesem eine Div. zum AOK 14 zu ziehen.

Am 3. 3. bestätigte der Führer seinen Entschluß, dem OB Südwest keine neuen Kräfte – auch nicht die 1. Geb.Div. – zuzuführen. Dieser sollte für den Hochgebirgsabschnitt nunmehr die 114. Jg.Div. vorsehen.

*Anhang: die eigene und die feindliche U-Boot-Lage*

An feindlichen U-Booten wurden Mitte Februar im Mittelmeer etwa 60 angenommen, darunter 10 ehemals italienische. Da der Feind sich in der Adria auf S-Boote stützen konnte, wurden von ihm dort nur noch 1–2 U-Boote eingesetzt. Das Wirkungsfeld lag daher vor allem im Raum von Genua und Marseille und in der Ägäis. Jedoch war, da ²/₃ der vorhandenen U-Boote einsatzbereit sein mußten, der tatsächliche Einsatz verhältnismäßig gering.

## 6. **Die Ereignisse des Monats März**

### a) *Die Entwicklung der Feindlage im Mittelmeerraum während des Monats März*

Am 28. 2. waren im Mittelmeer $48\frac{1}{3}$ kampfkräftige und 18 weitere Verbände angenommen worden. Am 23. 3. wurde, da inzwischen mit 4 angeschlagenen Verbänden gerechnet werden konnte, $43\frac{2}{3}$–$46\frac{2}{3}$ bzw. 17 Verbände vorausgesetzt.

In einer Lagebesprechung vom 9. 3. wurde davon ausgegangen, daß die Kräfte in Süditalien durch Zufluß von 1 brit. und 3 poln. Div.en aus dem östl. Mittelmeer die feindlichen Kräfte auf $21\frac{3}{4}$ Verbände in Front und $6\frac{2}{3}$ dahinter angestiegen seien. Da von diesen ein Teil aufgefrischt werden mußte, kamen für überholende Landungen nur 4 Verbände in Betracht. Diese reichten nur für begrenzte Unternehmungen aus und für diese kam nach weiteren Anzeichen vor allem die Westküste in Frage. Die Besatzung von Corsica war inzwischen durch eine weitere Div. verstärkt worden, betrug jetzt aber $2\frac{1}{3}$ Verbände. Bemerkenswert war dort noch der verstärkte Ausbau von Flugplätzen und die Einführung einer verschärften Zensur. In Nordafrika wurde das Zusammenziehen einsatzbereiter Kräfte im Raum Algier-Oran festgestellt ($17\frac{2}{3}$ Verbände, davon $8\frac{2}{3}$ französische); doch war damit zu rechnen, daß sich im gesamten westl. Mittelmeer (einschl. Sizilien) $28\frac{1}{4}$ Verbände befanden.

Im östl. Mittelmeer war die weitere Schwächung der Kräfte in Syrien – Palästina zu Gunsten von Ägypten beachtenswert. Es war damit zu rechnen, daß von dort weitere Kräfte nach Süditalien überführt würden. Für die Gesamtlage war vor allem aufschlußreich, daß kampferfahrene angloamerikanische Verbände aus dem Mittelmeer nach England verlegt und durch andere ersetzt wurden. Denn daraus ergab sich ein wichtiger Anhalt für die Vorbereitung einer 2. Front. Aus den Feststellungen über den feindlichen Landungsfahrzeugraum im westl. Mittelmeer ergab sich, daß dort mit einer unmittelbar bevorstehenden Landung noch nicht zu rechnen war. Zu ihrer Unterstützung kamen von den 8 im Mittelmeer anzunehmenden Schlachtschiffen nur 3 in Frage, ferner 3 Hilfsflugzeugträger. Beachtlich war die große Anzahl [...][38] Seestreitkräfte im Mittelmeer, deren Schwerpunkt gleichfalls an der westl. Küste lag (24 Kreuzer, 80 Zerstörer, 70 U-Boote). An Handelsschiffraum waren am 11. 3. erkannt: in Oran 320000, in Neapel (wahrscheinlich, weil dort gerade ein Geleit eingelaufen war) 310000 BRT.[39]

Aus[40] Feststellungen über die Dislozierung, die der Feind mit seinen 3 Wehrmachtteilen vornahm, konnten 2 Möglichkeiten erschlossen werden:
1. eine Operation gegen Norditalien
2. eine Großlandung zwischen Marseille und San Rafael vor dem Golf von Lion.

[38] Lücke im Original, möglicherweise *leichter*.
[39] Im Original: *31000*.
[40] Im Original: *Um* statt *Aus*.

WFSt/Ic und die Abt. Fremde Heere West hielten diese für die wahrscheinlichere. Die Erwartung, daß der Feind im ostw. Mittelmeer ein größeres Unternehmen durchführen könne, wurde als noch weniger wahrscheinlich als bisher angesehen.

Ein Besuch, den der brit. OB, Gen. Wilson[41], um den 22. – 24. 3. in Kairo abstattete, wurde in der feindlichen Presse mit Besprechungen über die spätere Verwaltung des Balkans in Zusammenhang gebracht.

Für die Seekriegslage war einschneidend, daß Präsident Roosevelt nicht nur die Öffentlichkeit, sondern auch seinen Marineminister und die Briten mit der Erklärung überraschte, daß ein Teil der ital. Flotte, nämlich 2 Schlachtschiffe und 3–4 Kreuzer, an die Sowjets abgetreten werden sollten. Der Führer hielt den Einsatz dieser Seestreitkräfte im Raum von Murmansk für das wahrscheinlichste. Am 11. 3. war bekannt, daß die Sowjets einen nordafrikanischen Hafen für die ihnen zuzuteilenden Schiffe verlangt hatten, und daß die Angelegenheit, die mittlerweile viel Aufsehen erregt hatte, von Roosevelt als noch nicht entschieden bezeichnet worden war. Es wurde davon gesprochen, es komme auch die Überlassung von angloamerik. Einheiten an Stelle der italienischen in Frage. Am 12. 3. erklärte der Marschall Badoglio als Haupt der ital. Gegenregierung, die Schiffe würden den Russen nicht überlassen, sondern nur zur Operationsverwendung überlassen. Am 20. 3. kam der Führer erneut auf seine Auffassung zurück und wies darauf hin, daß nunmehr auch mit Landeunternehmen an der nordfinnischen Front gerechnet werden müsse.

Die feindliche Presse kündigte Anfang März eine neue Offensive des Generals Alexander an. Sie begann am 15. 3. gegen Cassino. Nach Beginn dieses Angriffs sprach sie vom Beginn einer Gegenoffensive in Italien; diese blieb jedoch vorerst aus.

In der letzten März-Dekade tauchten im Landekopf zwei neue Div.en auf und zwar wieder solche, die nicht der nordafrikanischen Reserve entnommen waren. Deren Verwendung blieb also nach wie vor offen, und an der Front von Nettuno mußte mit der Absicht des Feindes, sein [...][42] wieder anzugreifen, gerechnet werden. Daß der Feind seine Kräfte vor der 10. Armee zu Gunsten von Nettuno geschwächt hatte, warf auch auf diese Front ein Licht.

Die Kriegsmarine meldete dazu, daß außerhalb des Landekopfes nach den starken Überführungen von Landeschiffsraum in den britischen Heimatbereich noch 120–140 Landungsboote sowie 60 Schiffe anzunehmen seien, also ein Schiffsraum, mit dem sich sehr große Unternehmungen nur schwer durchführen ließen.

[41] Im Original: *Wiliam* statt *Wilson*. (Es handelte sich dabei um General Sir Henry Maitland Wilson, der im Januar 1944 General Eisenhower als OB der Alliierten Streitkräfte im Mittelmeer-Kriegsschauplatz abgelöst hatte.)

[42] Lücke im Original.

### b) *Verlegungen, Abgaben und Zuführungen im Bereich des OB Südwest*

Bei seinem Vortrag im FHQu wies der Chef d. Gen.St. des OB Südwest am 2. 3. darauf hin, daß die Kräfte der 10. Armee außerordentlich angespannt seien. Nach der Schneeschmelze reiche der im Hochgebirge z.Zt. allein eingesetzte Sperrverband Bode nicht mehr aus; dorthin müßte ein Hochgeb.-Verband und Heeresartillerie zugeführt werden. Falls die 1. Geb.Div. zugeführt werde, plane der OB Südwest, die 29. und 90. Pz.Gren.Div. als Reserve hinter den Flügeln der 10. Armee zu staffeln. Für die Fortführung des Kampfes gegen den Brückenkopf bezeichnete Gen. Westphal 6 Div.en als erforderlich (s. »Nettuno«). Für den Schutz der Westküste waren vorgesehen: die 356. Div., die Fest.Brig. Almers, die 16. SS-Pz.Gren.Div. und die 92. Div.; für die der Ostküste und Istrien: die 278. Div., die 188. Res.Geb.Div. und die 162. (Turk)-Div. Würde die 16. SS-Pz.Gren.Div. von Livorno vorübergehend weggezogen (für die Besetzung Ungarns), müsse sie dort [...][43] werden. Als Ersatz sei das Inf.Lehr-Rgt. nur kurze Zeit ausreichend.

Im Gesamt bezeichnete der Chef des Gen.St. die Bereinigung des Brückenkopfes als möglich, falls 2 Verbände zugeführt würden. Am 3. 3. entschied der Führer, wie bereits erwähnt, daß dem OB Südwest keine neuen Verbände zugeführt werden sollten und daß er an Stelle der 1. Geb.Div. die 114. Jg.Div. für den Hochgebirgsabschnitt vorzusehen habe. Dagegen sollte er schw. Artillerie und Flak für den Kampf gegen den Brückenkopf erhalten. Abzugeben waren die Fernlenk-Abt. 301 sowie die Stämme für die Fallschirm-Jg.Div.en. Das Inf.Lehr-Rgt. konnte 2, der OB Südwest noch eine [...][44] als Reserve erhalten. Die Div. »H.G.« sollte im Raum von Livorno versammelt werden, um dort in der Küstensicherung neu aufgestellt zu werden. Ferner billigte der Führer den Ausbau der C-Stellung in der vorgesehenen Linienführung.

Ein entsprechender zusammenfassender Befehl erging am 4. 3.. Durch ihn erhielt der OB die Weisung, die derzeitige Stellung der 10. Armee weiter zu verteidigen und ihr die dafür benötigten Mittel aus dem Bereich des AOK 14 zuzuführen. Ferner solle an der Absicht, den Brückenkopf zu bereinigen, festgehalten werden. Durch ständige Angriffe der Fern-Artillerie, der Luftwaffe und der Kriegsmarine solle dem Gegner das Anlanden und der Aufenthalt im Brückenkopf erschwert und jede Gelegenheit zu seiner Verengung ausgenutzt werden. Das Inf.Lehr-Rgt. sei zur Verfügung der Heeresgruppe zu halten; bei der 10. Armee dürfe es nicht eingesetzt werden. Außerdem wurden noch am 3. 3. die bereits vor der Landung bei Nettuno vorgesehenen, aber zurückgestellten Abgaben der *1. Fallschirm-Jg.Div.* für die neu aufzustellende 3. Fallschirm-Jg.Div. geregelt.

Am gleichen Tage wurde befohlen, daß die *Fallschirm-Pz.Div. »H.G.«*, deren

[43] Das im Original fehlende Wort dürfte, schreibt Warlimont, *ersetzt* sein.

[44] Für diese Lücke im Original schlägt Warlimont, allerdings nur mit Fragezeichen, *Ost-Bataillione* vor.

Verlegung in den Bereich des OB West Anfang Februar vorgesehen worden war, im Raum von Livorno aufgefrischt werden sollte; die I/Pz.Rgt. »H. G.« sollte am 18. 3. in den Westen verlegt werden, um auf Panther umgestellt zu werden. Jedoch wurde dieser Befehl am 22. 3. wegen Planungsänderung rückgängig gemacht.[45]

Der OB West erhielt Weisung, die in seinem Bereich liegenden Teile nach Italien in Marsch zu setzen. Der Gen.St.d.H. wurde am 6. 3. verständigt und gefragt, wann das Material für die Div., das inzwischen von Gen.St.d.H. anderweitig eingesetzt worden war, geliefert werden könne. Anträge des Ob.d.L. zu Gunsten der Div. wurden am 7. 3. genehmigt. Am 8. 3. waren die bisher eingesetzten Reste der Div., deren Abschnitt durch die 26. Pz.Div. übernommen wurde, bereits abgefahren; die Spitze der Zuführungen hatte am 8. 3. Kufstein erreicht.

Am 8. 3. lief der Austausch der *162. (Turk) Div.* an. Vorerst wurde im Abschnitt Livorno 1 Rgt. der Turk-Div. eingesetzt. Durch diese Maßnahme entsprach der OB Südwest einer Forderung des WFSt, der die Div. aus Italien wegverlegt haben wollte (s. oben).

Am 9. 3. wurde dem OB Südwest die am 4. 2. vom WFSt vorgeschlagene Verlegung von 3 Btl. aus Magenkranken nach Istrien mitgeteilt und ihm befohlen, sofort die beim AOK 14 eingesetzte Kradsch. Kp. und die Pz.Jg.Kp. der *16. SS-Pz.Gren.Div.*, die für den Einmarsch in Ungarn bereitgestellt wurde, abzutransportieren. Am 16. 3. meldete dieser, daß die Maßnahme beschleunigt durchgeführt werde.

Die Pz.-(Fernlenk)-Abt. 301 war bis 18. 3. abtransportiert. Schon im Februar vorgesehen war die Verlegung der *188. Res.Geb.Div.* aus dem Alpenland in den adriatischen Küstenverband (s. oben). Da jedoch erst ein großer Teil wegen Zugehörigkeit zur Volksliste III ausgesondert werden mußte, zog sich die Durchführung bis Anfang März hin.

An *Reserven* wurden bis Mitte März bereitgestellt: als[46] Armeereserve des AOK 14 bei Velletri und ostwärts die 26. Pz.Div., als die des AOK 10 die 90. Pz.Gren.Div., als Reserve der Armeegruppe v. Zangen die Div. »H. G.«. An der Li-

[45] Über die ungewöhnliche Rücksichtnahme, die auf die Fallschirm-Pz.-Div. »Hermann Göring« genommen werden mußte, schreibt Warlimont (a. a. O., S. 73): »Einen breiten Raum nimmt ... die Verlegung und Auffrischung der Pz.Div. Herm. Goering ein ... Sie findet hier besondere Erwaehnung, weil die im Kriegstagebuch angefuehrten Befehle und Gegenbefehle um diese Division ein Musterbeispiel dafuer darstellen, wie ihr ›Inhaber‹, der Reichsmarschall Goering, und seine Beauftragten dauernd ihren Einflusz auf diesen Verband geltend machten und auf diese Weise auch eine ihnen miszliebige Verwendung der Division zu unterbinden trachteten. Ob ihre damalige Zurueckhaltung in Italien auch letzten Endes in solchen Gruenden ihre Ursache hatte, kann vom Verfasser nur vermutet werden.«

[46] Im Original: *die* statt *als*.

gurischen Küste, an der jetzt das LXXV. A.K. führte, wurde bis zur Monatsmitte 1 weiteres Rgt. eingesetzt.

Die Küste wurde nunmehr verteidigt bei Genua durch die 356. Div., bei La Spezia durch 3 Festungs-Btle., anschließend nach Süden durch die 162. (Turk) Div. Damit standen nun im Raum von Livorno, den der OB Südwest als vor allem gefährdet ansah, die 162. Div. und die Pz.Div. »H. G.« als Reserve bereit. Diese Maßnahme ging allerdings auf Kosten von Istrien, da die dort noch vorhandenen Kräfte für eine wirkliche Befriedung des Landes zu schwach waren.

Am 22. 3. forderte der Führer aufgrund neuer Nachrichten, die einen bevorstehenden Angriff im Raum von Civitavecchia für den 26. 3. ankündigten, eine Verstärkung der dortigen Küstenartillerie. Bis zum 28. 3. war die 162. (Turk) Div. in ihren neuen Raum abgefahren; entsprechend ging die Verlegung der 188. Res.Geb.Div. nach Istrien voran. Der Feind erkannte anschließend, daß der Raum von La Spezia verstärkt wurde; neue Meldungen sprachen jedenfalls von seiner Absicht, gegen die Tiber-Mündung vorstoßen zu wollen. Der OB Südwest prüfte daraufhin, ob er seine operativen Reserven mehr nach Rom hin verlegen solle.

Ende März wurde die *29. Pz.Gren.-Div.,* die bisher Heeresgr. Reserve war, als Armeereserve in den Raum bei den Albaner Seen verlegt.

(Abgabe der Pz.Pi-Kp. (Goliath) 813 an den OB West am 20. 3. s. Anl. b 176.) Die *Pionierkräfte* des OB Südwest konnten nicht in dem von ihm gewünschten Maße verstärkt werden. Zum Ausbau des Riegels wurde ihm der Pi-Stab Rothe zugewiesen. Dessen Auftrag wurde am 5. 3. bis 1. 7. verlängert. Gleichzeitig mußte jedoch der mündlich gestellte Antrag des OB Südwest, ihm noch 2 Pi-Rgt.Stäbe zuzuweisen, abgewiesen werden, da der Gen.d.Pi keine Stäbe freimachen konnte. Der OB Südwest, der über 2 Höh. Pi Führer, 3 Pi-Rgt.Stäbe, 1 Pi-Rgt.Stab z.b.V. und 1 Stellungsbau-Stab verfügte, wurde darauf hingewiesen, für die C-Stellung die nach Ausbau des Cassinoriegels freiwerdenden Pi-Stäbe einzusetzen. Aus dem gleichen Grunde wurde ein Antrag vom 1. 3. wegen Zuführung eines Fest-Pi.Rgt. mit 3 Abschnittsgruppen abgelehnt. Der OB Südwest wurde auf Aushilfsmaßnahmen hingewiesen.

An *Luftstreitkräften* wurden dem OB Südwest keine weiteren Kräfte zugeführt. Die Unterstellung der 2. Flieger-Div. in Südfrankreich, die über 4 LT-Gruppen und 1 Do 217-Gruppe zum Kampf gegen Geleite an der nordafrikanischen Küste verfügte, blieb bestehen. Bei der Aufklärung war die Luftflotte zuständig für die westital. Inseln (Corsica, Sardinien, Sizilien). Die Überwachung der Adria wurde von ihr gemeinsam mit den Luftkräften des OB Südost durchgeführt.

Bei den *Flak-Kräften* bestand die Schwierigkeit darin, daß die improvisierte Abriegelung des Brückenkopfes es nötig gemacht hatte, eine größere Anzahl von Flak-Batt. im Erdkampf einzusetzen, die dann in ihm gebunden blieben.

Als Anfang März eine Auflockerung der Kräfte erfolgte, wies der OB Südwest darauf hin, daß durch die Abgabe von 5 Flak-Abt. (14 schw. Batt.) im Raum von Nettuno eine solche Schwächung eingetreten sei, daß er die Abgabe von 2 weiteren Abt. für den Schutz von Flugplätzen in Mittelitalien abgelehnt habe. Da er noch 2

Abt. für den Einmarsch in Ungarn abgeben mußte, bat er um Entscheidung des WFSt. Dieser schlug am 12. 3. vor, Kräfte aus dem Flakschutz von Turin (z. Zt. 12 schw. Batt.) und von Nettuno (nur 3 Batt.) heranzuziehen, da der Schutz der Flugplätze im Hinblick auf die Front unumgänglich war. Nach Nettuno wurde stattdessen eine 12,8 cm Flak-Batt. in den Raum Viterbo herangezogen.

In Istrien wurden Mitte März weitere Spezialbatt.[47]

c) *Die Kampfhandlungen des Monats März*

Bis Anfang März war durch Regenschauer und Schneefälle das Gelände so aufgeweicht, daß im Raum von Nettuno größere Kampfhandlungen von keiner Seite aus durchzuführen waren. Auch an der Südfront ereignete sich aus dem gleichen Grunde nichts Wesentliches. Erst am 11. 3. kam es zu Vorstößen im Raum nördl. Cassino, die abgewiesen wurden. Der Feind führte am 15. 3. als Einleitung seines Erdangriffes einen Luftangriff auf Cassino mit 7–800 Kampfflugzeugen durch, der den bisher stärksten Einsatz darstellte. Aus den feindlichen Nachrichten ergab sich nachher, daß der Gegner erwartet hatte, daraufhin mehr oder minder kampflos einen völlig zermahlenen Kampfraum besetzen zu können. Aber seine durch Panzer stark unterstützte Inf. erlebte eine blutige Enttäuschung, denn aus den Kellern, Höhlen und Bombentrichtern erhob sich die eigene Infanterie mit ihren schweren Waffen und gebot ihr Halt. Nur an 2 Stellen gelang es einzelnen Panzern, in den Ort einzudringen. Der Hauptruhm bei dieser Abwehr, die zu den größten Taten dieses Krieges gehört, gebührt der 1. Fallschirm-Jg.Div. Am 14. 3. erhielt der OB Südwest eine Weisung für die Kampfführung in seinem Bereich, in der die in dem Verlegungsbefehl vom 3. 3. gegebenen Richtlinien (s. oben) ergänzt wurden.

Dem OB wurde befohlen, an der angriffsweisen Kampfführung im Raum von Nettuno mit allen Mitteln festzuhalten; die Initiative dürfe nicht aus der Hand gegeben werden. Es komme darauf an, den Feind durch fortgesetzte, vorzüglich vorbereitete örtliche Angriffe mit begrenztem Ziel immer wieder zusammenzuschnüren und seine Ausladungen und Versorgungszentren zu zerschlagen.

Die Front der 10. Armee müsse gehalten werden. Die dafür unbedingt benötigten Kräfte seien ihr aus dem Bereich des AOK 14 zuzuführen. Hinter den Flügeln der Armee sollten baldmöglichst schnelle Verbände aufgestellt werden.

Außerdem gab dieser Befehl aufgrund der in den Vortagen vom Führer durchgeführten Befragungen von Kommandeuren aus der Nettunofront Richtlinien für die zukünftige Angriffstaktik, die sich nunmehr nach den Grundsätzen der Angriffsschlacht von 1918 richten sollte.

[47] Als Abschluß dieses unvollständigen Satzes schlägt Warlimont vor: »... als Kuestenbatterien eingesetzt.«

Dem OB wurde mitgeteilt, welche Batterien ihm zu diesem Zwecke zugewiesen wurden (über die Munitionierung s. unter: Versorgung). Am 16. 3., als die Schlacht um Cassino ihren Höhepunkt erreichte, verlangte der Führer, daß bei Cassino ein Flak-Schwerpunkt gebildet werden solle. Bisher standen auf dem rechten Flügel 23, auf dem linken Flügel 15 schwere Batterien, die Zuführung von weiteren wurde daraufhin sofort geprüft. Was bei Cassino vom Gegner nicht im ersten Schwunge erreicht worden war, versuchte der Gegner nun durch weitere Massierung seiner Luftwaffe, Artillerie und Infanterie zu erreichen. Laufend setzte er weitere Reserven ein. Das einzige, was er als Ergebnis buchen konnte, waren örtliche Einbrüche im Ost- und Nordteil der Stadt und die Besetzung des südl. des Ortes gelegenen Bahnhofes. Sein eigentliches Ziel, der Durchbruch in die Cassino-Ebene, gelang ihm jedoch nicht.

Am 18. 3. griff die eigene Luftwaffe mit 142 Einsätzen in den Kampf ein, was der Truppe eine dankbar begrüßte Entlastung brachte. Am 24. 3. setzte der Feind zu neuem Großangriff an. Wiederum wurde Cassino gehalten, obwohl der Gegner seine ganze Materialüberlegenheit zur Geltung brachte. Der Hauptruhm bei dieser Abwehr fiel weiterhin der 1. Fallschirm-Jg.Div. zu. Am 26. 3. gelang es eigenen Stoßtrupps, dem Gegner im Ostteil der Stadt wieder einige Häuserblocks wegzunehmen und dadurch die eigenen Stellungen zu verbessern; kleinere Unternehmungen im Nordteil führten zu demselben Ergebnis. Darauf stellte der Gegner seinen Großangriff ein.

Im Bereich des Brückenkopfes blieben die Kämpfe während des ganzen Monats auf örtliche Unternehmungen beschränkt.

d) *Ersatz, Versorgung, Munitionierung im Monat März*

Ende März beliefen sich die Fehlstellen auf 16173 gegenüber 22968 am 1. 3. Das Absinken erklärte sich durch den Rückgang der Erkrankungen.

Die März-Zuweisung an Marsch-Btl. und Kompanien betrug 9066 Mann.

Am 1. 4. waren in Italien 10 Ost-Btl. vorhanden. Der erste Versuch, sie in der Front einzusetzen, wurde erst im April gemacht.

Bis zum *15. 3.* blieb die Verpflegungsstärke im wesentlichen gleich, nämlich 763000 Mann und 83000 Pferde. An Versorgungszügen trafen ein 269 Züge, d. h. 18 am Tage gegenüber 14,7 in der 2. Februarhälfte und einem neuen Soll von 21 (bisher 18). An der Westküste wurden über See wieder rund 5000 to, an der Ostküste 3500 to transportiert. Trotz der schw. Flak wurde der Ausbau von St. Stefano durch Luftangriffe vorübergehend gestört, an der Ostküste nahmen die Angriffe zu. Der vorhandene Kw-Transportraum belief sich auf 13403 to. Durch die [...][48]

[48] Lücke im Original.

Transportlage und den geringen Kampfverbrauch wurde eine geringe Erhöhung der Munitions- und Betriebsstoff-Bestände beim Heer erreicht.

Am *31. 3.* betrug die Verpflegungsstärke 789000 Mann und 82000 Pferde. Eingetroffen waren 270 Züge, d. h. 17 Züge am Tag gegenüber 18 in der ersten Monatshälfte und einem Soll von 21 Zügen. An der Westküste wurden 4700 to, an der Ostküste 900 to über See befördert, also weniger bzw. nur 1/4 gegenüber der 1. Monatshälfte. Verloren gingen 4 MFP und 7 [...][49] 2 Motorsegler. Livorno mußte als Umschlagsplatz vorübergehend aufgegeben werden. An der Ostküste bemühte sich das OKM um die beschleunigte Fertigstellung von MFP und Großmotorseglern. Der Kw-Transportraum betrug 13403 to. Da der Kampfverbrauch gering war, erhöhten sich die Munitions- und Betriebsstoffbestände des Heeres geringfügig. Auch bei den beiden anderen Wehrmachtteilen war am Schluß des 1. Vierteljahres die Versorgungslage als gesichert anzusehen. Da in den Adria-Häfen in der ersten Märzhälfte 2 Dampfer und 7 Motorsegler verloren gingen und sich die Gefahr abzeichnete, daß die Schiffahrt in diesem Raum zum Erliegen kommen könnte, wurden am 24. 3. das OKM und der Ob.d.L. aufgefordert, den Ausbau des Flakschutzes zu prüfen.

Zur Behebung der angespannten Eisenbahnlage wurde am 28. 3. die Verlegung eines Eisenbahn-Pi-Btl. aus dem Westen nach Italien befohlen. Gleichzeitig wurde der am 25. 3. vom OB West gestellte Antrag, ihm Brücken- und Straßenbau-Pi-Btl. zuzuweisen, abgelehnt, da ein Abziehen aus dem Osten nicht möglich schien.

Die vordringliche Aufgabe der Versorgung bestand im März im Herbeischaffen ausreichender Munitionsbestände.

Am 6. 3. wies der Führer noch einmal darauf hin, daß der Eisenbahn- und Lkw-Transportraum bis zur äußersten Grenze für die Bevorratung mit Munition (einschl. Flak-[...][50] ausgenutzt werden müsse und daß ein ausreichender Vorrat an Brennstoff sicherzustellen sei; das Absinken der Verpflegungsbestände könne in Kauf genommen werden.

Am 8. 3. war die 10 cm-Munition auf 60 Schuß je Rohr abgesunken, d. h. auf 90 Schuß für die einsatzbereiten Rohre. Durch den eingeleiteten Zufluß konnte diese Zahl wieder auf 250 Schuß je Rohr gesteigert werden. Außerdem beschaffte der Heeresstab 23000 Schuß; 8000 wurden aus dem Westen herangeführt, was 800 Schuß je Rohr (1200 für die einsatzbereiten) bedeutete. An 17 cm Munition wurden 5000 Schuß herangeschafft, was eine Steigerung um die Hälfte bedeutete. An K 5 Munition waren bereits 144 Schuß zugewiesen worden; weitere K 5 Munition wurde aus dem Westen herangezogen.

In der Weisung für die weitere Kampfführung vom 14. 3., die den Übergang zu der Großkampftaktik von 1918 vorschrieb, wurde dem OB Südwest mitgeteilt, daß er außer zahlreichen Batterien noch 168 Schuß K 5 Munition und 5600 Schuß 10 cm

[49] Ibid.
[50] Ibid.

K 18 erhalten solle. Auf die Weisung für die neue Kampfführung meldete der OB Südwest eine entsprechende Munitions-Anforderung an, jedoch war eine erhöhte Zuweisung nicht mehr notwendig, da der Zulauf bereits ausreichend war. Da Einsparungen vorgenommen worden waren, standen für die schweren Kaliber bereits über 4 Ausstattungen zur Verfügung. Denn selbst in den schwersten Kampftagen hatte der Höchstverbrauch nur 1/3 Ausstattung betragen. Das eigentliche Problem bei der Munitionierung lag daher nicht hier, sondern in der Transportlage.

Am 16. 3. waren bereits 500 je le. und schw. Feldhaubitze, 400 je 10-cm-Geschütz, 150 Schuß je 17-cm-Geschütz vorhanden. Da täglich nur etwa 15 bzw. 4 bzw. 7 Schuß abgefeuert wurden, war also bereits eine große Bevorratung erreicht.

Den Anforderungen des OB Südwest konnte auf einzelnen Gebieten voll, auf anderen nicht ganz entsprochen werden. Am 24. 3. forderte der WFSt/Abt. Qu eine Verlagerung der Heeresgruppenbestände nach vorn und eine gewisse Drosselung des Verbrauchs an sonstigen Frontabschnitten. Am Schluß des 1. Vierteljahres war die Forderung des OB Südwest auf 3 bzw. 4 Ausstattungen für das AOK 14 außer bei ung.- und 21 cm Nebelwerfer-Munition voll erfüllt. Es war nur fraglich, ob die zeitgerechte Zuführung möglich war, da durch Luftangriffe inzwischen auch in Norditalien eine gespannte Transportlage entstanden war.

## 7. Kräfteverteilung und Lage im Befehlsbereich des OB Südwest Ende März 1944

Anfang April waren eingesetzt:

1. gegen den *Brückenkopf von Nettuno:* das AOK 14 (Rom[51]) mit dem Gen.Kdo. I. Fallschirm-Jg.Korps rechts und dem Gen.Kdo. LXXVI. AK links: 4 Fallschirm-Jg.Div., der 65. Inf.Div., der 3. Pz.Gren.Div., der 362. u. 715. Inf.Div. und im Raum von Rom mit Teilen der 29. Pz.Gren.Div.;
2. an der *Südfront* das AOK 10 (Messa d'Albe) mit:
   *rechts* dem Gen.Kdo. XIV. Pz.Korps (Frosinone): 94. und 71. Inf.Div., 15 Pz.Gren.Div., 1 Fallsch.Jg.Div., 44. Inf.Div., 5. Geb.Div.
   in der *Mitte* mit dem Sperrverband Oberst Bode (Teile der 305. Inf.Div. sowie der 114. Jg.Div.),
   *links* mit dem Gen.Kdos. LI. A.K.: 334. und 305. Inf.Div., dahinter Ost- und Fest.Btle.
3. in *Norditalien:* die *Armeegruppe von Zangen* (Geha s. Pietro).
   a) an der *ligurischen* Küste: das Gen.Kdo. LXXV. A.K. (Parma) mit der 356. Inf.Div. im Raum von Genua, dem Stab Almers mit den Fest.Btl. 207, 906

[51] Diese im Original fehlende Angabe des Standorts des AOK 14 ist von Warlimont aufgrund der ihm zur Verfügung stehenden Lagekarten des WFStabs maßgebend angegeben und deshalb hier eingetragen worden.

und 905 im Raum von La Spezia und der 162. (Turk) Div. im Raum von Livorno, dahinter in Reserve die Fallschirm Pz.Div. »H. G.« (ohne die im Raum von Bologna eingesetzte Aufkl. Abt.);

b) an der *adriatischen* Küste: rechts der Bfh. der Operationszone Alpenvorland (Gen. Witthöft), südl. Forli, mit dem Fest.Btl. 903 im Raum von Ancona, dem Rgt. 994 (278. Inf.Div.) im Raum von Rimini;[52] links der Befh. der Operationszone Adriatisches Küstenland (Gen. Kübler[53]) in [Spessa nördlich Cormons[54]] mit der 188. Res.Geb.Div. und der noch in Aufstellung begriffenen 278. Inf.Div. (ohne 1 Rgt.).

Daß demgegenüber im gesamten Mittelmeerraum Anfang März 43⅔–46⅔ feindliche Verbände angenommen werden mußten, ist bereits in anderem Zusammenhang festgestellt worden. Davon war ein starker Teil – und zwar vor allem der kampferprobte – an der ital. Südfront und im Brückenkopf von Nettuno gebunden. Aber der OB Südwest war doch in allen seinen Entschlüssen durch die Tatsache bestimmt, daß der Gegner mit seinen Reserven auf dem ital. Festland jederzeit zu neuen überholenden Landungen ausholen konnte, denen er aus seinem eigenen Bereich nur mit schwachen Kräften entgegenzustreben vermochte. Außerdem war von Monat zu Monat mit der Möglichkeit zu rechnen, daß der Gegner seine operative Reserve in Nordafrika zu einer Großlandung im westlichen Mittelmeer einsetzte. Fand sie – was vorerst wahrscheinlicher schien – an der südfranz. Küste statt, dann war dadurch doch auch der Bereich des OB Südwest betroffen. Denn gelang es dem Gegner, sich dort festzusetzen, dann verlängerte sich die sowieso schon übermäßig lange rechte Flanke noch weiter, und es wurde fraglich, ob noch Verschiebungen zwischen dem Südwesten und Westen möglich waren. Es mußte aber auch damit gerechnet werden, daß der Gegner seinen Stoß gegen die ligurische Küste richtete, und dann fiel die Aufgabe, den Gegner abzuweisen, dem OB Südwest selbst zu.

Solche Großlandungen waren für den Gegner möglich, seitdem er sich in Corsica eine Luftbasis eingerichtet hatte, denn von diesem festen »Flugzeugträger« aus konnte er sowohl Unternehmungen gegen die südfranzösische als auch gegen die ligurische Küste mit Jagdschutz unternehmen. Außerdem erlaubte ihm der Besitz der Insel die Bereitstellung von Verbänden, um sie in kurzem Sprunge auf das Festland hinüberzuwerfen. Bis Ende März waren jedoch noch keine vollen 3 Div. und nur sehr geringer Landefahrzeugraum auf der Insel festgestellt, so daß angenommen werden konnte, daß die feindlichen Unternehmungen noch im Zustand der Vorbereitungen waren.

Im Herbst 1943 hatte der Gedanke im Vordergrund gestanden, daß der Feind in Süditalien nach dem Balkan hinübersetzen könnte, um hier die Möglichkeiten auszunutzen, die sich dort für ihn durch den Zusammenbruch der ital. Verteidigung und

[52] Im Original: *Brindisi* statt *Rimini*.
[53] Im Original: *Kütler* statt *Kübler*.
[54] Angabe von Warlimont wie in Anm. 51.

das Anschwellen der Aufstandsbewegung ergaben. Sich dieser zu bedienen, bedeutete allerdings für die Angloamerikaner keine reine Freude, da Tito Mihailovic den Rang ablief und die Kommunisten so sehr das Übergewicht bekamen, daß Unterführer der Mihailovic-Regierung anfingen, mit den Deutschen zusammenzuarbeiten. Die angloamerikanische Politik scheute sich nicht, aus diesen Gelegenheiten die Folgerungen zu ziehen und nun auf die Karte Titos zu setzen. Alliierte Kommunisten fanden sich bei ihnen ein, Vertreter Titos suchten ein angloamerikanisches Lager auf, und die Banden wurden in steigendem Maße von Süditalien aus versorgt. Dies geschah einmal auf dem Luftwege, dann aber auch über die der Dalmatinischen Küste vorgelagerten Inseln. Als Hauptstützpunkt wurde die Insel Lissa (Vis) erkoren, auf der Ende März sowohl britische als auch amerikanische Kommandos und Dienststellen saßen. Von dieser Insel aus wurden die aus Süditalien herangeführten Vorräte an die nur lückenhaft besetzte Küste herangeschafft und dann auf sogenannten »Versorgungskanälen« – zum Teil im Rucksack – in das Innere geschleppt.

Die Darstellung der deutschen Gegenmaßnahmen gehört in die Ausarbeitung über den Südosten. Hier genügt die Feststellung, daß es zwar gelang, Tito eine Reihe empfindlicher Schläge zu versetzen und ihn durch Säuberungen an der Küste sowie das Verstopfen seiner Kanäle zur Umlagerung seiner Versorgung zu zwingen, daß es jedoch der Mangel an Schiffsraum und anderen Faktoren unmöglich machte, dem Feind die Insel Lissa wieder wegzunehmen.

Der OB Südwest mußte aber auch seine sehr lange und nur ganz unzureichend gesicherte linke Flanke ständig im Auge behalten und in Rechnung stellen, daß genau so wie im Westen auch im Südosten eine Wendung einsetzen konnte, die die Verteidigung von Italien erschwerte.

Unter diesem Gesichtspunkt bedeutete vor allem das Adriatische Küstenland einen Punkt der Sorge. Hier waren die Verhältnisse dadurch erschwert, daß die slowenische und die kroatische Bevölkerung gegen die ital. Verwaltung eingestellt gewesen war und diese Feindschaft nun auf die Deutschen als die Bundesgenossen der Italiener übertrug. Soweit sie sich nicht versprach, durch die Deutschen die Italiener loszuwerden oder einfach auf die Aufrechterhaltung von Ruhe und Ordnung bedacht war, fand daher die Aufstandsbewegung in Italien und den umliegenden Gebieten einen besonders günstigen Nährboden. Während im übrigen Italien die Bandenbewegung in einem Umfang blieb, der selbst gegenüber Südfrankreich noch als gering zu bezeichnen war, blieb sie im Adriatischen Küstengebiet dauernd so rege, daß dadurch nicht nur SS- und Pol.-Kräfte, sondern auch milit. Verbände gefesselt wurden. In der großen Lage gab es also eine ganze Reihe von Möglichkeiten, durch welche die Verteidigung Italiens erschwert wurde oder jeden Augenblick erschwert werden konnte.

In Italien selbst war es dem OB Südwest gelungen, den Feind nach seiner überraschenden Landung aufzufangen und an der Südfront einen Durchbruchsversuch zu vereiteln. Jedoch hatte es sich bei zwei eigenen Großangriffen als unmöglich herausgestellt, den Feind aus dem Brückenkopf wieder herauszuwerfen. Das Wetter und das Gelände waren dem Feinde zugute gekommen und durch eine Massierung seiner Artillerie, die noch von See aus durch die kaum bekämpfbaren schweren Schiffsgeschütze verstärkt wurde, hatte er eine Abwehrkraft zusammengestellt, gegen die die eigenen Verbände trotz sehr starker Artillerieunterstützung vergeblich Sturm liefen. Die eigentliche Überlegenheit des Feindes, die sich sowohl bei seinen Angriffen als auch bei seiner Abwehr auswirkte, lag jedoch in der Stärke seiner Luftwaffe. Sie war der eigenen nicht nur zahlenmäßig weit überlegen, sondern hatte auch den großen Vorteil, daß sie im weiten Bogen von Corsica über die anderen Inseln und Süditalien bei Foggia bereitgestellt werden konnte. Selbst wenn die deutsche Luftwaffe viel stärker gewesen wäre, als es der Fall war, so hätte sie doch die Nachteile nicht aufheben können, die durch die stiefelförmige Gestalt der Halbinsel, die gebirgige Natur Mittelitaliens und die atmosphärischen Verhältnisse in der Lombardei gegeben waren. Dazu kam, daß die Flugplätze in Mittelitalien von der feindlichen Luftwaffe gleichsam belagert waren und die Luftstreitkräfte, die dem OB Südwest in Südfrankreich [...][55], bei ihrem Anflug an Corsica vorbeifliegen mußten, wo sie ihre Flanken den dort untergebrachten Jagdverbänden boten. Daß der [...][56] Schwerpunkt bis Nordostitalien zurückverlegt wurde, reichte nicht aus, um sie den feindlichen Luftangriffen zu entziehen.

Ein weiterer Nachteil war, daß das Gegenmittel, die Plätze durch Flak zu sichern, nicht in dem erforderlichen Maße angewandt werden konnte. Denn zahlreiche Flakbatterien hatten im Erdkampf eingesetzt werden müssen, um Löcher in der Front zu stopfen, und eine Reihe von ital. Industriebetrieben war für die Wehrwirtschaft so wichtig, daß die Städte nicht weiter entblößt werden konnten.

Angesichts dieser Lage regte der OB Südwest immer von neuem an, seine Erd- und Luftstreitkräfte zu verstärken. Aber seine Bitten mußten – soweit sie nicht durch Aushilfsmaßnahmen erfüllt werden konnten – immer wieder abgeschlagen werden. Nach den Zuführungen, die auf die Landung hin erfolgten, erhielt er nur noch für die Angriffe bei Nettuno die dafür als erforderlich angesehenen Kräfte und dann – nach der Umstellung der Angriffstaktik auf die Grundsätze von 1918 – im März die Artillerie-Verstärkung, die zur Durchführung eines solchen Großkampfes benötigt wurde.

Die höchste Führung verkannte natürlich nicht, daß durch die Zuführung von ein oder womöglich mehreren Verbänden die Lage im Bereich des OB Südwest wesentlich verbessert werden konnte. Aber für sie blieb die Überlegung maßgebend, daß es vor allem darauf ankommen müsse, die Reserven beisammen zu halten, um die vom Feinde angekündigte Invasion aufzufangen, und daß sie der feindlichen Führung nur entgegenkäme, wenn sie noch mehr deutsche Kräfte in Italien festlegte als die Alliierten dies bereits durch die Zermürbung der ital. Widerstandskraft erzwungen hatten. Eine Bestätigung für die Richtigkeit dieser Auffassung konnte aus jenen

[55] Lücke im Original.
[56] Ibid.

Pressestimmen entnommen werden, die nach dem Versagen des Vorstoßes aus dem Brückenkopf die angloamerikanische Öffentlichkeit mit dem – sachlich unrichtigen – Hinweis vertrösteten, daß es gelungen sei, starke deutsche Reserven von anderen Fronten wegzuziehen.

Wie sich die Gesamtlage in Italien – von der Feindseite aus gesehen – ausnahm, läßt sich vorerst nur erraten. Bei nüchternem Vergleich des Zustandes vom 31. 3. mit dem vom 1. 1. 1944 mußte sich der Gegner eingestehen, daß er trotz seiner großen Anstrengungen wenig und vor allem nichts Entscheidendes erreicht hatte. Operativ hatten sich sowohl die Landung a's die Durchbruchsversuche als ein völliger Fehlschlag erwiesen. Die Aussicht, eine durch die Landung geschwächte Front angreifen zu können, hatte vertagt werden müssen. Sowohl im Brückenkopf als auch an der Südfront hatte sich die feindliche Offensive erst einmal festgefahren. Personell und materiell waren starke Kräfte gebunden; und zusammen wirkten beide Fronten wie eine große [...],[57] die dauernd Soldaten und Material aussaugte und dadurch andere Fronten schwächte.

Noch höher ist vielleicht der Eindruck einzuschätzen, den die Gegner aus der Erfahrung zogen, daß zur Abwehr entschlossene Infanterie auch durch den stärksten Einsatz von Panzern, Artillerie und Luftwaffe nicht aus einer günstigen Stellung herauszubringen war. Aus den fdl. [...][58] ergab sich, daß die naheliegenden Folgerungen, die sich daraus für eine Landung im Westen ergaben, auch vom Gegner gezogen wurden.

Daß der Gegner überhaupt Erfolge erzielen konnte, hatte er allein seiner Luftwaffe zuzuschreiben, der die eigene nicht mit gleichwertigen Kräften entgegentreten konnte. Dort, wo es ihr gelang, der eigenen Infanterie die schweren Waffen zu zerschlagen, konnte sie sie zurückdrängen.

[57] Ibid.
[58] Ibid.

# II. Die Aufgaben im rückwärtigen Gebiet des OB Südwest

## 1. Der Kampf um die Verkehrsverbindungen

Bereits das Jahr 1943 hatte im Mittelmeerraum im Zeichen des Kampfes um die Aufrechterhaltung des Nachschubs gestanden. Daß Tunis nicht gehalten werden konnte, hatte in erster Linie seinen Grund darin gehabt, daß es angesichts der feindlichen Überlegenheit in der Luft und auf dem Wasser nicht möglich gewesen war, die Verbände in Afrika so zu versorgen, wie es zur Fortführung des Kampfes erforderlich gewesen wäre.

Schon damals war der Gegner dazu übergegangen, systematisch die wichtigsten Nachschubstellen zu schädigen und womöglich lahmzulegen. Da Sizilien über wenige Häfen und ein nur dünnes Eisenbahnnetz verfügte, kamen ihm die geographischen Gegebenheiten entgegen. Das war auch der Fall, als er in Sizilien landete und die deutsche Abwehr nun über die kalabrische Küstenstraße und -bahnen versorgt werden mußte. Vor allem bot die Straße von Messina der feindlichen Luftwaffe und leichten Seestreitkräften eine einmalig günstige Gelegenheit, die deutschen Nachschubstränge zu treffen. Wider alles Erwarten gelang es dann nicht nur, die deutschen Verbände aus Sizilien und Kalabrien zurückzuziehen, sondern auch noch die bisher auf Sardinien und Corsica eingesetzten Truppen, die sich nach dem Verrat Italiens dort nicht mehr halten konnten, auf das Festland zurückzuholen, ohne daß es dem Gegner gelang, größere Einheiten abzuschneiden.

Durch diese Preisgabe hatte sich die deutsche Führung aus einer Daumenschraube befreit, deren Druck immer schwerer geworden war. Denn nun besaß der Feind nicht mehr die Möglichkeit, durch eine Bekämpfung des deutschen Nachschubs über See die Front ins Wanken zu bringen. Die Kriegsmarine behielt nur noch die Aufgabe, längs der Ligurischen und der Adriatischen Küste den Schiffsverkehr in einem möglichst großen Umfang aufrecht zu erhalten, um das italienische Eisenbahnnetz zu entlasten. Die Erfüllung dieses Auftrages war nicht leicht, da der Gegner von Corsica und Foggia aus beide Küsten ständig überwachen und ihn auch durch leichte Seestreitkräfte auf dem Wasser angreifen konnte. Durch Minenriegel wurde der Verkehr an der Westküste, soweit es ging, abgeschirmt. Ferner wurden die kleineren Häfen ausgebaut, um die größeren zu entlasten; doch waren auch sie ständig ansteigenden feindlichen Luftangriffen ausgesetzt. Trotz dieser Schwierigkeiten erzielte die Kriegsmarine doch noch immer Transportleistungen, die eine nicht unerhebliche Entlastung der Bahnen darstellte (ihre Höhe ist in den vorausgehenden Abschnitten jeweils verzeichnet worden).

Dies war um so notwendiger, als der Gegner nach der Stabilisierung der Südfront dazu überging, nun das ital. Eisenbahnnetz systematisch aus der Luft anzugreifen. Wiederum kamen ihm dabei die geographischen Gegebenheiten entgegen: das mittelitalienische Eisenbahnnetz schließt drei größere Nord-Südstrecken ein, nämlich die Hauptstrecke Florenz – Orte – Rom und die beiden Küstenstrecken, die durch zahlreiche Kunstbauten ganz besonders empfindlich gegen Luftangriffe sind, und außerdem nur noch eine begrenzte Anzahl von Nebenbahnen, die Umleitungen erlauben. Dem Gegner war es also leicht gemacht, den eigenen Eisenbahnnachschub zu stören.

Im ersten Vierteljahr 1944 nahm der Kampf gegen die mittelital. Bahnen von Monat zu Monat zu. Bereits im Januar war der Eisenbahnverkehr nach Rom tageweise ganz unterbunden. Es war daher nötig, den Verkehr frühzeitig auf KW-Transport umzuschlagen, was wiederum ein sehr unerwünschtes Anschwellen des Betriebsstoffbedarfs bedingte. Trotzdem war es Ende Januar möglich, die Zuführungen zur Abschließung des Brückenkopfes flüssiger heranzubringen als das bei der Einleitung dieser Bewegungen erwartet werden konnte. Selbst die schweren Eisenbahngeschütze, die aus dem Westen herangezogen wurden, erreichten ihren Bestimmungsort, ohne daß eine wesentliche Verzögerung eintrat. Den Angloamerikanern war es also nicht gelungen, ihrem Vorstoß gegen Rom durch die Bekämpfung der deutschen Nachschubwege eine spürbare Entlastung zu bringen.

Im Februar und erst recht im März nahmen die vom Feind angerichteten Zerstörungen in den Bahnanlagen ständig zu. Er dehnte seine Angriffe nunmehr auch systematisch auf Norditalien aus; vor allem waren es Bologna und Verona als die zwei für die Durchfahrt unentbehrlichen Zentralpunkte, die Angriffe auf sich zogen. Trotzdem gelang es dem Gegner nicht, den Eisenbahnverkehr lahmzulegen. Durch Einsatz zahlreicher Baueinheiten und ziviler Kräfte unter deutschem Personal und durch Zuführung von Spezialeinheiten von anderen Kriegsschauplätzen war es immer wieder möglich, die Schäden zu beseitigen und selbst größere Objekte, die getroffen worden waren, wieder behelfsmäßig in Stand zu setzen. Außerdem wurde der KW-Transportraum des OB Südwest auf einer Höhe gehalten, die eine umfangreiche Verlagerung auf den Straßennachschub ermöglichte (s. die oben genannte [...][59] zahlen). Eine solche Störung des Gegners aus der Luft war von den Deutschen im Westfeldzug und dann vor allem im Osten durchgeführt worden. Aber das russische Eisenbahnnetz mit seiner geringen Anzahl von Kunstbauten und seinen weitraumigen Bahnhofsanlagen bot der deutschen Luftwaffe nicht die Vorteile, die die Angloamerikaner in Mittelitalien vorfanden.

Hinzu kam noch, daß auch der Straßennachschub wegen des hügeligen und bergigen Geländes an wenige Straßen gebunden war und die Möglichkeit, ihn bei überraschendem Angriff schnell auf freiem Felde auseinanderzutreiben, sich meist nicht anbot. Das machte sich besonders in den frontnahen Räumen sehr ungünstig bemerkbar. Selbst wenn es gelungen war, den Nachschub bis in die Höhe der Divisionen vorzubringen, blieb die noch schwerere Aufgabe, ihn bis nach vorn zu schaffen. Das galt auch für das ebene Gebiet, in dem Brückenkopf, wo Bodeneinschnitte tiefe Gräben und Verschlammung den Verkehr auf wenigen ungeschützten Nachschub-

[59] Ibid.

straßen [...].[60] Und hier störte die feindliche Luftwaffe durch unaufhörliche Angriffe, so daß in den Hauptkampfgebieten der Nachschub sich in den Nachtstunden zusammendrängen mußte. Aber auch in diesen wurde er noch mittels Leuchtschießen aufgespürt und angegriffen. So stellte sich das Grundproblem, das im Jahre 1943 die Kampfführung im Mittelmeerraum beherrscht hatte, von neuem – nur war es vom Wasser auf das Land verlagert worden. Gegenüber den Kämpfen von Nettuno und an der Südfront erlangte es eine solche Bedeutung, daß man von einer dritten Front in der Luft sprechen darf, gegen die der OB Südwest anzukämpfen hatte. War er vor Nettuno dem Gegner bestenfalls gewachsen, an der Südfront ihm unterlegen, so hatte er an dieser Front dem Feinde so gut wie gar nichts entgegenzusetzen. Die Gründe, weshalb ihm nicht die Luftwaffen- und Flakkräfte an die Hand gegeben werden konnten, um diese operative Umfassung aus der Luft aufzuheben, sind bereits dargelegt worden. Insofern bedeutete der Kampf in Italien ein neues Kapitel in der Kriegsgeschichte, denn eine so systematische Bekämpfung des Nachschubs auf den Eisenbahnen und Straßen, die schließlich selbst das alleinfahrende Kfz. bedrohte, hatte es bisher noch nicht gegeben. Erst von April an übertrug der Gegner diese Taktik auch auf den Westen.

Bei dem, was im Bereich des OB Südwest geleistet wurde, darf deshalb die Aufrechterhaltung des Nachschubs nicht vergessen werden. Sie brachte zuwege, daß die Kampfführung zwar erschwert blieb, aber ihre Entschlußfreiheit behielt.

## 2. *Die Maßnahmen zur Verbesserung der Küstenverteidigung und gegen überholende Landungen sowie der Ausbau rückwärtiger Stellungen*

Anfang April betrug die Frontlänge 250 km, nämlich 195 km beim AOK 10, 54 km beim AOK 14. Die Küsten waren im Westen 250 km, im Osten 800 km lang; die Länge der C-Linie betrug 815 km, die der Apennin-Stellung 300 km, der Alpenstellung 1000 km. Bei Einnahme der C-Stellung verringerte sich die Küstenlänge auf 660 bzw. 700 km, bei einem Zurückgehen in die Apennin-Stellung auf 270 bzw. 590 km.[61]

Für den Ausbau der C-Linie waren 9141 Mann, davon 2383 Deutsche, eingesetzt. Kräfte der OT wurden nicht verwandt, da es sich zunächst nur um einen feldmäßigen Stellungsbau handelte. Die OT wurde nur in Küsten-Abschnitten eingesetzt, in denen es sich um festungsmäßige Anlagen handelte. Von den ital. Baueinheiten liefen erfahrungsgemäß erst einmal ein Drittel weg; der Rest erwies sich als

[60] Ibid.
[61] Nach Warlimont dürften hier »einige grobe Uebertragungsfehler unterlaufen« sein; er schreibt (a. a. O., S. 78): »Die Laenge der italienischen Westkueste im Ruecken der deutschen Stellungen duerfte mit 750, nicht 250 km, einigermaszen richtig angegeben sein; die Ausdehnung der C-Linie andrerseits betrug wahrscheinlich nur rund 215, nicht 815 km.«

brauchbar, solange Bewachung und Betreuung erfolgte. Bei den Maßnahmen, die für die Verteidigung und die Vorbereitung eines Rückzuges erforderlich waren, wurde das militärisch Mögliche versucht, um die ital. Kunstdenkmäler zu schonen.

Die Anfrage des OB Südwest vom 4. 2., welche Zerstörungen in Rom im Falle des Zurückweichens durchgeführt werden dürften, wurde auf Befehl des Führers am 8. 2. dahin beantwortet, daß die Tiberbrücken trotz ihrer militärischen Bedeutung wegen ihres kunsthistorischen Wertes nicht gesprengt werden dürften.

Am 10. 3. befahl der Führer, daß eine Belegung von Florenz durch irgendwelche Dienststellen der Wehrmacht zu unterlassen sei.[62]

62 »Auf die von Hitler selbst fruehzeitig getroffenen Anordnungen, um Rom und Florenz vor Zerstoerungen zu bewahren,« schreibt Warlimont (a. a. O., S. 79–80), »darf angesichts der weit und gern verbreiteten gegenteiligen Behauptungen besonders verwiesen werden. Der Verfasser erinnert sich auch daran, dasz insbesondere die Durchfuehrung des Befehls, Florenz von allen Truppenteilen und Dienststellen der Wehrmacht frei zu machen und zu halten, von oberster Stelle selbst mit aeuszerstem Nachdruck ueberprueft und durchgesetzt worden ist.«

# III. Die Entwicklung in Italien außerhalb des Kampfgebietes

## 1. Der Ausbau der Militärverwaltung

Nach dem ital. Verrat hatte das Ausw. Amt den Anspruch vertreten, daß der Bev. des Großdeutschen Reiches, der Gesandte (später Botschafter) Rahn, die Führung in allen Italien betreffenden Fragen haben müsse, also eine Stellung nach Art eines Zivilgouverneurs haben solle. Demgegenüber vertrat das OKW den Standpunkt, daß in Italien Krieg geführt werde und dementsprechend verfahren werden müsse. Am 17. 9. 43 entschied der Führer in diesem Sinne. Es wurde darauf eine Militärverwaltung unter einem Bev. General (Gen. Toussaint) errichtet. Im ganzen deutschbesetzten Gebiet wurden Kommandanturen eingesetzt, die im Stande sein sollten, im Falle eines Versagens der ital. Regierung die Verwaltung zu übernehmen. Sie erhielten die Bezeichnung »Kriegs-«, nicht »Feldkommandanturen«.

Naturgemäß ergaben sich Schwierigkeiten in der Abgrenzung zwischen dem Reichsbevollmächtigten und dem Bev. General. Der Botschafter forderte Beteiligung bei allen Fragen, die irgendwie politischen Charakter hatten. Auf Befehl des Chefs OKW erging jedoch eine entsprechende Dienstanweisung an den General nicht; vielmehr wurde der Führerbefehl vom 17. 9. 43 als ausreichende Grundlage angesehen. Die Mehrzahl der Vertreter der Obersten Reichsbehörden schlossen sich dem Standpunkt der Militärverwaltung in der Erkenntnis an, daß sie sonst in der Luft hängen würden. Nur das Reichsministerium Speer wünschte, daß sein Vertreter in Italien weder dem Botschafter noch dem General unterstellt sei, da seine Aufgaben an erster Stelle stehen und er deshalb im Falle eines Konfliktes in der Lage sein müsse, seine Forderungen den anderen Stellen gegenüber durchzusetzen.

Am 3. 1. meldete der Bev. General, der am 23. 12. den vom OKW verlangten Entwurf für seine Dienstanweisung vorgelegt hatte, daß der derzeitige Chef der Militärverwaltung ihm seine bevorstehende Ablösung mitgeteilt hatte. Der Grund lege letzten Endes darin, daß dessen Aufgabe unter den gegebenen Verhältnissen unlösbar sei. Der General schloß daran eine Darlegung der Schritte an, die ihm erforderlich schienen. Über die strittigen Fragen hielt der Gen. Toussaint darauf persönlich Vortrag im FHQu.

Der Führer sprach sich erneut für den Fortbestand der Mil. Verwaltung aus und gab eindeutig zu erkennen, daß er den General weiter als Bev. General in Italien verwandt haben wollte. Dieser fuhr am 11. 1. nach Berlin weiter, um die Frage des neuen Verwaltungschefs voranzutreiben und eine Regelung mit dem Reichsminister Speer und anschließend mit dem Botschafter Rahn herbeizuführen (der erste Chef war nach Paris versetzt; dann hatte der Reichsminister Speer den zweiten vorgeschlagen; der dritte stammte aus der Mil. Verwaltung in Dänemark; nunmehr wurde ein vierter, der z. Zt. in der Verwaltung des Gen.Gouvernements verwandt wird, ausersehen, doch wurde diese Absicht wieder fallen gelassen).

Zu Beginn der 3. Januar-Dekade wurde als neuer Mil. Verwaltungschef der Staatssekretär a. D. Landfried in Aussicht genommen, der sich daraufhin zur Orientierung nach Italien begab. Das OKW war vorher nicht gefragt worden; doch erklärte der Chef OKW, daß er keine Bedenken gegen den ihm persönlich bekannten Staatssekretär habe; er wünsche nur, daß dieser vor seiner Ernennung in das FHQu komme.

Die Schwierigkeiten im Verhältnis zum Reichsministerium für Rüstung und Kriegsindustrie glaubte Gen. Toussaint in seiner Aussprache mit dem Reichsminister ausgeräumt zu haben; doch zeigte sich, daß diese Annahme verfrüht war, denn die Stellen innerhalb des Ministeriums waren sich noch nicht einig.

Auch die Ernennung des neuen Mil. Verwaltungschefs zog sich hin, da der Staatssekretär a. D. Landfried einen Autounfall erlitt. Nach seiner Gesundung übernahm er Mitte Februar die Geschäfte des Mil. Verwaltungschefs. Nun traten die Unklarheiten heraus, die wider Erwarten doch noch in seinem Verhältnis zum Reichsministerium für Rüstung und Kriegsproduktion bestanden. Daher zog sich seine Anerkennung durch das OKW noch bis in den März hinein hin. Dagegen gelang es, eine Formel zu finden, die das Verhältnis des Bev. Deutschen Generals zum Botschafter Rahn regelte. In seinem Verhältnis zu dem Reorganisator der Polizei, dem SS-Obergruppenführer Wolff, ergaben sich überhaupt keine Schwierigkeiten.

Die Militärverwaltung spielte sich gut ein, arbeitete auch gut mit dem ital. Präfekten zusammen und konnte als die sicherste Stütze der ital. Regierung bezeichnet werden.

Die Frage des *Mil.Attachés* wurde auf folgende Weise gelöst:

Anfang Januar wurde ins Auge gefaßt, wieder einen Deutschen Mil.Attaché bei der ital. Regierung zu ernennen, u. a. als Gegengewicht gegen den japanischen Mil.Attaché, der die ganze Zeit über seine Funktionen beibehalten hatte. Für diese Stellung wurde aufgrund seiner Erfahrungen der früher beim Deutschen Mil.Attaché in Rom tätige Oberst von Waldenburg ausersehen. Er wurde in der Folgezeit zum Chef des Stabes beim Bev. General ernannt und, nachdem sich die Geschäfte eingespielt hatten und seine diplomatischen Kenntnisse nicht mehr erforderlich waren, im Februar durch den Oberst Haas abgelöst.

## 2. Die Operationszonen und -gebiete

a) Um die Volksdeutschen in Tirol sicherzustellen und das Minoritätengebiet in Norditalien dem Einfluß der ital. Regierung zu entziehen, waren bereits 1943 die Operationszonen »Alpenvorland« (d. h. Tirol) und »Adriatisches Küstenland« unter Obersten Kommissaren eingerichtet worden. Als solche wurden die Gauleiter Hofer-Tirol und Dr. Rainer-Steiermark bestellt. Da sie unmittelbar dem Führer unterstellt wurden, sahen sich sowohl die Parteikanzlei als auch die Reichskanzlei und das Ausw. Amt als zuständig an. Die Militär-Belange wurden im Alpenvorland durch den Gen. Witthöft, der von Forli[63] aus die an der Adriatischen Küste eingesetzten Truppen führte, im Küstengebiet durch den General Kübler als Wehrmachtbefehlshaber, die dem OB Südwest unterstanden, wahrgenommen. Sie erhielten am 3. 1. die Bezeichnung Bfh. in der Operationszone Adriatisches Küstenland bzw. Alpenvorland bzw. Operationszone Nordwest-Alpen (s. unten). Die Umbildung des Stabes des Bfh. Alpenvorland in ein bodenständiges Gen.Kdo., die der OB Südwest erneut beantragte, wurde am 17. 1. erneut abgelehnt.

Da sich dadurch unklare Verhältnisse und Reibungen ergaben, entsandte der WFSt Ende Februar den Hptm. Dr. Cartellieri, um sich an Ort und Stelle ein Bild der Verhältnisse zu verschaffen. Dieser erstattete seinen Reisebericht am 20. 3., der nicht nur eine klare Unterlage schaffte, sondern auch zu einer engen Zusammenarbeit mit den Gauleitern führte.

b) Zu diesen Zonen kam um die Jahreswende noch die Operationszone *»Nordwestalpen«* an der schweiz.-franz. Nordgrenze,[64] die eine durchschnittliche Tiefe von 50 km erhielt. Im Gegensatz zu den anderen Zonen wurde hier kein Oberster Kommissar eingesetzt. Vielmehr wurde sie in der gleichen Weise verwaltet wie das Gebiet, für das der Bev. General in Italien zuständig war. Der OB Südwest wurde lediglich berechtigt, militärische Maßnahmen zu verlangen, die der Bev. General dann durchzuführen hatte. Befehlshaber in der Operationszone wurde der OB der 14. Armee. Am 7. 1. wurde angeordnet, daß es aus politischen Gründen nicht erwünscht sei, die Bildung dieser Operationszone bekannt zu geben.

c) Im Zuge der Landung bei Nettuno wurde das Operationsgebiet des AOK 10 so erweitert, daß auch Rom dazu gehörte. Der Antrag des OB Südwest, den Küstenbereich – genauso wie in Frankreich – zum Operationsgebiet zu erklären, wurde abgelehnt; jedoch wurde diese Maßnahme für den Fall einer Landung vorgesehen.

### 3. **Die Zusammenarbeit mit der ital. Regierung**

Zu Anfang 1944 war der Aufbau der eigenen Verwaltungsorgane im Rahmen der Kommandanturen so weit gediehen, daß die Übernahme der Verwaltung jederzeit möglich war.

Es zeigte sich immer wieder, daß die ital. Verwaltung ihren Aufgaben, die naturgemäß dauernd schwieriger wurden, nicht gewachsen war, obwohl sich unter den Präfekten einige befähigte Männer befanden und die Zusammenarbeit sich einspielte. Es mehrten sich deshalb die Fälle, daß deutsche Unterstützung erbeten oder auf deutsche Anregungen eingegangen wurde. Gelegentlich wurden die deutschen Absichten durch überraschend erlassene Gesetze der ital. Regierung gestört, so z. B. im

[63] Im Original: *Foli* statt *Forli*.

[64] Obwohl hier keine Lücke im Manuskript besteht, schreibt Warlimont, daß das Wort *Italiens* auf *Nordgrenze* folgen mußte.

Februar durch eine 30%ige Lohnerhöhung. Ungünstig machte sich ferner die durch das häufige Auswechseln von Ministern und Präfekten bewirkte Unstetigkeit der ital. Verwaltung bemerkbar. Es war festzustellen, daß die Italiener den Aufbau eines sozialistischen Staates beabsichtigten, daß dies aber nur eine programmatische Forderung darstellte, mit der sich keine konkreten Gedankeninhalte verbanden.

Den deutschen Dienststellen wurde am 9. 1. eine Kritik am Faschismus untersagt (der Chef der Reichskanzlei erließ eine entsprechende Verfügung am 6. 3.).

Sorge bereitete das Schicksal der ital. Währung. Das Ausw. Amt sah den Anlaß dazu u. a. in Ankäufen der Wehrmacht. Darauf wurde der Chef AWA Anfang Januar mit einer Überprüfung beauftragt. Die ital. Regierung erließ im Februar zwei durchgreifende Steuergesetze, durch die eine 20%ige Abgabe auf Kriegslieferungen und auf Grunderwerb gelegt wurde.

Der Wiederaufbau der faschistischen Partei kam nur ganz langsam voran. Von dem ursprünglichen Mitgliederbestand wurde nur ein Zehntel, stellenweise nur 2–3 v. H. in der Partei gelassen.

Gegen die Mitglieder des Großen Faschistischen Rats, die am Sturz des Duce mitgewirkt hatten, leitete die Regierung ein kriegsgerichtliches Verfahren ein, das zu einer Reihe von Todesurteilen und Gefängnisstrafen führte. Soweit die Verurteilten in der Hand der Regierung waren, wurden die Todesurteile am 11. 1. früh in Verona vollstreckt; erschossen wurden u.a. der frühere Außenminister Graf Ciano und der Marschall de Bono.

Den Wiederaufbau der ital. Polizei leitete der Höchste SS- und Pol. Führer, SS-Obergruppenführer und Gen.Oberst der Polizei Wolff. Da die Carabinieris sich mehr und mehr als unzuverlässig erwiesen, mußten sie zum größten Teil entwaffnet werden.

Auf dem flachen Lande wurden Landwirtschaftsführer eingesetzt, die zum Teil aus dem Osten herangeholt wurden und sich erst an die ganz anders gearteten ital. Verhältnisse gewöhnen mußten.

Die Ausnutzung der ital. Industrie für die Wehrwirtschaft wurde durch Einschaltung des Reichsministeriums für Rüstung und Kriegsindustrie gesichert. Nicht kriegswichtige Industriezweige wurden durch Drosselung der Rohstoffe zum Erliegen gebracht.

Die Gefahr von Streiks trat immer wieder auf. Bis in den Februar konnten sie immer wieder abgebogen werden, wobei sich das geschickte Eingreifen des SS-Brig.Führers Zimmermann bemerkbar machte. Dann brach Anfang März – unter kommunistischem Einfluß aber im wesentlichen durch wirtschaftliche Motive bestimmt – ein großer Streik in Mailand aus (48000 Arbeiter). 300 Rädelsführer wurden sofort verhaftet. Außer in Mailand wurden auch in Turin SS- und Polizeikräfte eingesetzt und den Streikenden ein Ultimatum gesetzt, widrigenfalls sie nach Deutschland abtransportiert werden sollten. In Ligurien brach die Bewegung schnell zusammen. Am 5. 3. wurden die Mailänder Großbetriebe besetzt, 200 Geiseln festgenommen und die Lohnzahlung eingestellt. Darauf nahm die Zahl der Arbeitswilligen wieder zu. Der Führer befahl am 7. 3., 20 v.H. der Streikenden dem

Reichsführer SS zu überweisen (um den Unterschied zwischen freiwilligem und zwangsweisem Transport nicht zu verwischen, geschah die Überweisung an den Reichsführer SS und den GBA). Bis zum 9. 3. waren 1000 Mann zwangsweise nach Deutschland abgefahren, 500 weitere bereitgestellt. An diesem Tage hielten der Botschafter Rahn und der SS-Obergruppenführer Wolff dem Führer Vortrag. Darauf sah der Führer von dem Abtransport von 20 v. H. ab, verlangte jedoch den aller Rädelsführer, da er in den Streiks eine schwere Gefahr für den Fall einer Landung sah; er bezeichnete sie deshalb als die Vorbereitung für eine feindliche Mobilmachung.

Das OKW unterstützte diese Maßnahmen insofern, als es den General Toussaint beauftragte, die erforderlichen Kräfte zu stellen, da die des Reichsführers nicht ausreichten (in Unkenntnis dieses Zusammenhanges wandten sich der Botschafter und der SS Obergruppenführer gegen das Eingreifen des OKW).

Da ein ital. Gesetz erlassen wurde, das die[65] Wehrmacht dem Wehrdienst gleichsetzte, war eine Grundlage für Einziehungen gegeben, um die erforderlichen Arbeitskräfte zu beschaffen. Daneben lief eine Aktion des GBA an, um ital. Arbeitskräfte für die deutsche Rüstungsindustrie zu gewinnen.

Im März wurde geplant, um die Ernährungsschwierigkeiten in Rom zu vermindern, 1 Million Einwohner nach Norden zu verschieben. Diese Gelegenheit wollte der GBA benutzen, um Arbeitskräfte herauszuziehen. Wie bei der Eisenbahn- und Straßenlage zu erwarten stand, blieb diese Aktion in den Anfängen stecken: nur einige Tausend konnten abtransportiert werden.

### 4. **Die Aufstellung italienischer Verbände**

Nach der Wiedereinsetzung der faschistischen Regierung hatte sich diese der Hoffnung hingegeben, bald wieder eine ital. Wehrmacht aufstellen zu können, und deshalb um die deutsche Unterstützung gebeten. Das OKW sah jedoch diese Bestrebungen als wenig aussichtsreich an und war daher nur bereit, die Aufstellung von 4 ital. Div. zu fördern und auch dies nur auf nicht-ital. Boden und unter deutscher Führung nach deutschem Muster. Zur Besprechung der Einzelheiten traf am 9. 10. 1943 der ital. Kriegsminister, Marschall Graziani, im FHQu ein.

Die laufenden Fragen besprach der Chef WFSt am 4. – 5. 1. bei seinem Besuch im H.Qu des OB Südwest. Darauf wurde die Frage der Vereidigung und Unterstellung wie folgt geregelt:

Vereidigung auf den Führer: bei den Hilfswilligen und den ital. Teileinheiten innerhalb der deutschen Wehrmacht, auf den Duce: bei den selbständigen ital. Ein-

[65] Obwohl hier keine Lücke im Manuskript besteht, schlägt Warlimont vor dem Wort *Wehrmacht* folgenden Einschub vor: *Arbeitsleistung für die.*

heiten und Verbänden; entsprechend Unterstellung unter deutsche bzw. ital. Bestimmungen.

Im Januar konnte festgestellt werden, daß die Aufstellung der 4 Div. planmäßig weiterlief. In diesem Monat erfolgte die Zuweisung von Rekruten für 1 Div. Besuche ital. Offiziere im Auftrag des Marschall Graziani wurden zugelassen.

Für einen Einsatz an der Front kamen diese neuen Verbände bis zum 31. 3. noch gar nicht in Frage. Dies galt nur für einige Spezialeinheiten.

Im Januar gab es eine ital. Jagdgruppe; beim Einsatz bewährte sie sich. Eine Lufttorpedo-Gruppe war noch in der Aufstellung begriffen. Sie erlitt gleich bei ihrem Einsatz am 10. 3. starke Verluste, hatte aber Erfolge. Ferner wurde noch eine zweite Jagdgruppe aufgestellt, die sich gleichfalls auszeichnete.

Auf die Landung bei Nettuno hin drängte der Duce, ital. SS-Miliz-Btl. einzusetzen. Doch waren diese noch nicht so gefestigt, daß dies in Frage kam. Der Reichsführer SS sprach sich dagegen aus und wünschte auch nicht die Verwendung der Bezeichnung »SS« für sie, da sie zu schlecht seien. Der OB Südwest äußerte sich gleichfalls sehr kritisch über den Zustand des Btl. »Nembo«.

Anfang Februar ergab sich, daß die etwa 650 Mann starke ital. Fallschirm-Jg.Formation, die aus den Btl. »Nembo« und »Dabundo« und Freiwilligen des XI. Fliegerkorps gebildet worden war, noch nicht als verwendungsfähig anzusehen war.

Einheiten der ital. Kriegsmarine kamen zuerst am 20. 2. zum Einsatz: 3 ital. Sturmboote torpedierten einen feindlichen Zerstörer und versenkten eine Korvette.

Anfang März wurde das ital. Mar.Btl. »Barbarigo« bei der 715. Inf.Div. eingesetzt.

Sehr schlecht waren die Erfahrungen, die mit den ital. Helfereinheiten hinter der Front und an der Küste gemacht wurden.

Aus einer vom OB Südwest am 18. 2. vorgelegten Zusammenstellung ergab sich, daß in der Zeit vom 15. 12. – 5. 2. 10506 Mann aus den aufgestellten Küsten Festungsbtln., Stellungsbau-Btl. und den in Rom [...][66] stellungspflichten Rekruten fahnenflüchtig geworden und nur 426 zurückgekehrt waren, d. h. 26 v. H. der aufgestellten Einheiten. Der OB Süd/West war daraufhin erneut an den Marschall Graziani und den Gen.St.d.ital.Heeres herangetreten, um eine schärfere Durchführung der bisher zwar herausgegebenen, aber fast nie angewandten Bestimmungen durchzusetzen. Soweit Fahnenflüchtige ergriffen wurden, wurden sie durch deutsche Kriegsgerichte abgeurteilt (bisher 15 Todesurteile).

### 5. Die Behandlung der ital. Mil.Internierten

Da nur ein geringer Teil der ehemaligen ital. Wehrmacht für den Wiederaufbau in Betracht kam, blieb die Mehrzahl in der Stellung von »Militär-Internierten«, die ih-

[66] Lücke im Original.

nen nach der Wiedereinsetzung der faschistischen Regierung an Stelle der Kriegsgefangenschaft zugestanden worden war. Es wurde angestrebt, sie möglichst schnell und zahlreich in die Rüstungsindustrie einzugliedern.

Die grundsätzliche Einstufung wurde am 23. 1. geregelt. Schwierig war vor allem der Abtransport der zahlreichen Mil. Internierten im Südosten, da sie zum guten Teil auf den Inseln saßen und auch, wenn sie das Festland erreicht hatten, noch das Eisenbahnproblem zu lösen war. Im Januar erklärte sich der Chef OKW damit einverstanden, daß 6000 Mil. Internierte bis Februar 1944 beim Lw. Kdo. Südost verblieben. Dagegen sollten die restlichen 10000 abtransportiert werden. Es wurde genehmigt, daß bis zur Höhe von 10000 Mann Ersatz von den ägäischen Inseln abgeflogen wurde.

Anfang Februar erhielt der OB Südost die Genehmigung, 4000 Mil. Internierte für eigene Verwendung von den Ägäischen Inseln abzutransportieren, um sie in Piräus, in der Adria und im Schwarzen Meer zu Arbeitsbtl. zusammenzustellen.

Im Februar wurde eine Kommission der beteiligten Dienststellen in den Südosten entsandt, um die sich völlig widersprechenden Zahlen zu klären und auf baldigen Abtransport zu drängen. Durch Einsatz von See- und Lufttransportraum gelang es dann, die Mil. Internierten, die auf die Dauer für die Versorgung der Inseln eine schwere Belastung darstellten, abzutransportieren. Allerdings traten dabei größere Verluste ein.[67]

## 6. Die Bandentätigkeit und Sabotage, ihre Bekämpfung

Zur Bildung von Banden war es gleich nach dem italienischen Verrat gekommen. An ihnen beteiligten sich einerseits angloamerikanische Kriegsgefangene, die sich befreit hatten, zu Badoglio neigende Angehörige der ital. Wehrmacht und sonstige Elemente, die antideutsch eingestellt waren oder die Gelegenheit benutzten, um im Trüben zu fischen.

Der Hauptherd, nämlich Istrien, der hätte gefährlich werden können, da es sich hier um slowenisch-kroatische, also zu Tito neigende Elemente handelte, konnte noch im Herbst gesäubert werden; aber Istrien blieb doch ein Gebiet, das dauernd militärisch gesichert bleiben mußte und auch weiterhin unsicher blieb.

Demgegenüber bedeuteten die Banden, die im mittelitalienischen Bergland und an verschiedenen Stellen Norditaliens auftauchten, keine wesentliche Gefahr. Sie konnten, wo es Not tat, vernichtet werden.

[67] »Bei der Beurteilung des harten Schicksals der italienischen ›Militaer-Internierten‹..., die bei Rueckkehr in ihr Heimatland wahrscheinlich in groszer Zahl zu den Banden uebergegangen waeren,« schreibt Warlimont (a. a. O., S. 85), »duerfen die militaerischen Notwendigkeiten auf deutscher Seite nicht uebersehen werden.« (Der Bearbeiter darf den Leser darauf aufmerksam machen, daß es sich hierbei um Verschleppungen und Erschießungen handelte, also um eines der dunkelsten Kapitel der Geschichte des deutschen Heeres.)

*Im einzelnen:* Nach der Landung von Nettuno meldete der OB Südwest am 10. 3., daß das dortige Küstengebiet bereits [...][68] gewesen sei und daß in der weiteren Umgebung die Landung von den deutschfeindlichen und antifaschistischen Kreisen begrüßt worden war, im übrigen aus Sorge vor kommunistischem Terror und Unterbrechung der Lebensmittelzufuhr mit Sorge aufgenommen worden sei. Durch rasches Zugreifen des SD in Rom seien die Widerstandsbewegung und die Königstreue und die kommunistische Richtung so nachhaltig getroffen worden, daß vorerst größere Gewalt- und Sabotageakte unterblieben seien. In Mittelitalien habe sich die Bandentätigkeit nicht verstärkt. In Norditalien und Istrien (wo gerade deutsche Kräfte weggezogen waren) habe sie sich jedoch verstärkt. Die Masse der Bevölkerung stehe der Landung jedoch gleichgültig und teilnahmslos gegenüber. In Rom und den größeren Städten verhalte sich die Bevölkerung zurückhaltend, auf dem Lande teilweise freundlich und entgegenkommend. Wenn sich zeitweise in einzelnen Gegenden auch unerwünschte Zustände ergäben, so ließen sich die entstandenen Schwierigkeiten doch nie mit denen vergleichen, die im Osten und Südosten durch die Banden geschaffen wurden. Anfang März wurde im Apennin eine Bande bekämpft, bei der sich Briten und Jugoslawen befanden. Für die Bekämpfung der Banden erfolgte am 21. 3. eine größere Kfz- und Krad-Zuweisung.

In Istrien befanden sich nach Meldung des OB Südwest vom 11. 3. 3 ständige Bandenverbände in Höhe von etwa 10–15000 Mann, die ständig durch Absetzen angloamerikanischer sowie sowjetischer Instrukteure und Kommissare ferner durch Zuzug kroatischer Banden alliiert wurden. Die zur Befriedung zur Verfügung stehenden Kräfte reichten demgegenüber nicht aus. Der Gauleiter Rainer bat als Oberster Kommissar der Operationszone um Ablösung der 162. (Turk) Div. durch eine deutsche Div. und die Zuführung einer weiteren. Sie wurde darauf nach Italien verlegt und an ihrer Stelle die 188. Res.Geb.Div. eingesetzt (s. oben: Verlegungen). Der Chef WFSt teilte dem Gauleiter diese Maßnahmen und die weiteren Absichten mit.[69] Über die Bandenlage im Alpenlande während der ersten Märzhälfte berichtete der Reichsführer SS, daß es sich in Oberitalien um Banden von oft 100–500 Mann handle, so daß weite Gebiete von ihnen beherrscht wurden. Insgesamt wurden 2–3000 Mann angenommen. Auch in der Untersteiermark hatte sich die Band-

[68] Lücke im Original; hier schlägt Warlimont das Wort *verseucht* vor.

[69] Über politische Schwierigkeiten der Wehrmacht bei der Bekämpfung der Partisanenbanden schreibt Warlimont (a.a.O., S. 83–84): »...Der Befehlshaber im ›Adriatischen Kuestengebiet‹, General Kuebler, [war] durch das Uebergewicht parteipolitischer Einfluesse und den Anspruch der Polizei auf die Fuehrung in der Bekaempfung der Banden stark behindert in seinen Bemuehungen, die Kuesten Istriens zu sichern und das Hinterland mit militaerischen Mitteln zu befrieden. Auch die Einschaltung des ›Obersten Kommissars‹ der Zone, also des ›Gauleiters‹ in den militaerischen Dienstweg..., die hier vom Chef des WFStabs vielleicht besser als Warnzeichen fuer das immer weitere Vordringen der Partei in den militaerischen Befehlsbereich haette verstanden werden sollen, trug nicht zur Klaerung und Ordnung der Verhaeltnisse bei. Die Lage in Istrien blieb staendig unruhig und unbefriedigend...«

entätigkeit verstärkt. In Kärnten sowie im Miestal war die Lage gleichfalls ernst. In der Provinz Laibach lebte der Widerstand, der zeitweise durch das Unternehmen »Wolkenbruch« niedergeschlagen worden war, wieder auf.

Größere Sabotageakte waren in Italien verhältnismäßig selten.

In Rom wurden am 23. 3. Bomben auf eine geschlossen marschierende Pol.Kp. geworfen, wodurch größere Verluste eintraten. Darauf wurde befohlen, Märsche durch Städte nur gesichert und aufgelockert durchzuführen. Zur Sühne wurden 328 Italiener erschossen.

Am 12. 1. wurden die vom OB West vorgeschlagenen Maßnahmen zur Erfassung und Buchführung [sic] der flüchtigen ital. Soldaten in Südfrankreich, deren Schätzung zwischen einigen Hunderten und einigen Tausend schwankte, genehmigt.

Die Behandlung ital. Gefangener, die in geschlossenen ital. Formationen oder im Rahmen angloamerikanischer Verbände mit den Alliierten gekämpft hatten, wurde am 4. 2. geregelt.

# Stellenbesetzung

| | | |
|---|---|---|
| 1. *Ob. Südwest:* | Gen.Feldm. Kesselring | |
| | Chef d. Stabes: | Gen.Lt. Westphal |
| | Ia: | Oberst i. G. Beelitz |
| 2. *Südfront:* | Gen.Oberst v. Vietinghoff | |
| *AOK 10:* | gen. v. Scheel | |
| | Chef d. Stabes: | Gen.Maj. Wentzell |
| | Ia: | Oberst i. G. Berlin |
| *XIV. Pz.Korps:* | | Gen.Lt. v. Senger u. Etterlin |
| *LXXVI. Pz.Korps:* (nach d. Landung zu AOK 14) | | Gen.d.Pz.Tr. Herr |
| Ersetzt durch: *LI. Geb.A.K.:* | | Gen.d.Geb.Tr. Feurstein |
| 3. *Brückenkopf:* | | |
| *AOK 14:* | Gen.Oberst v. Mackensen | |
| | Chef d. Stabes: | Oberst i. G. Hauser |
| | Ia: | Obstlt. i. G. Boehncke |
| *I. Fallsch.Jäg.Korps:* | | Gen.d.Fl. Schlemm |
| *LXXVI. Pz.Korps:* | | (s. oben) |
| 4. *Norditalien:* | | |
| *Armeegruppe v. Zangen:* (nach d. Landung an die Stelle des AOK 14 getreten) | | Gen.d.Inf. v. Zangen (Kdr.Gen.d.LXXXVII.A.K.) |
| a) *Westküste:* | | |
| *LXXXVII.A.K.:* | | (s. oben) |
| *LI.Geb.A.K.:* (nach d. Landung abgegeben an AOK 14) | | (s. oben) |
| *LXXV.A.K.:* (nach d. Landung neu zugeführt) | | Gen.d.Inf. Dostler |
| b) *Ostküste:* | | |
| *Korps Witthöft:* (zugl. Befh.Sich.Geb. Alpen-Vorl., später Op-Zone Alpen-Vorland) | | Gen.d.Inf. Witthöft |
| Befh.Sich.Geb. (später Op-Zone) Adriat. Küstenland: | | Gen.d.Geb.Tr. Kübler |
| 5. *Bev.Gen.d.dt.Wehrm. i.Italien:* | Gen.d.Inf. Toussaint | |
| | Chef d. Stabes: | Oberst v. Waldenburg (dann Oberst i. G. Haas) |

# Heimatkriegsgebiet

**Bereitstellung und Verschiebung von Verbänden**
**Verlegung von Divisions-Rahmen aus dem Osten**

Die Verlegung von Divisions-Rahmen für Neuaufstellungen für Divisionen der 21. und 22. Welle ist Anfang Januar abgeschlossen. Es sind aus dem Osten verlegt: Rahmen 38. I.D. (vorgesehen für 276. I.D. im Bereich O.B. West), Rahmen 333. I.D. (vorgesehen für 278. I.D. im Bereich O.B. Südwest), Rahmen 355. I.D. (vorgesehen für Aufstellung einer I.D. im General-Gouvernement). Ende März sind weitere Divisions-Rahmen der 9. Pz.Div. und 16. Pz.Gren.Div. in Stärke von je 4–5000 Mann in den Bereich O.B. West erfolgt. Die Ablösung der 10. Pz.Gren.Div. ist ebenfalls vorgesehen, jedoch wegen Kampflage nicht möglich.[70]

Am 11. 1. wird befohlen, daß aus dem Bereich des Chef H Rüst u BdE, im Fall feindlicher Großlandungen, die Kampfgruppen der drei im Heimatkriegsgebiet und in Aufstellung befindlichen Divisionen in die bedrohten Räume zuzuführen sind.

Zur Führung von vier auf weitem Raum operierenden selbst. Rgts.-Gruppen, die für besondere Fälle (vgl. Akte »Margarethe«) im Heimatkriegsgebiet bereitgestellt sind, ist das Gen.Kdo. LXXV.A.K. Anfang Januar 1944 aufgestellt worden. Zum Kommandierenden General ist der General der Inf. Dostler vorgesehen. Das Gen.Kdo. soll ferner die Aufgabe haben, Eingreifreserven aus dem Bereich des BdE im Fall einer Großlandung in Dänemark und im Westen zu führen und steht daneben für Aufstellung und Bewachung der Kampfgruppen aus dem Ersatzheer zur Verfügung.

Die Gewinnung von Nachrichten-Kräften, die bei der Aufstellung des Gen. Kdo. z.b.V. LXXV bereits Schwierigkeiten gemacht hat, führt infolge Aufstellung weiterer Stäbe (Gen. Kdo. LXVII.A.K., Gen. Kdo. LXIX.A.K., Gen. Kdo. LXXV.A.K., Festungs-Div. 41, Pz.Gr. Kdo. West) zu einschneidenden Maßnahmen. Für einen Teil der Verbände wird auf Aufstellung der Korps-Nachrichten-Abt. verzichtet, weitere Kräfte werden aus Abgaben des Geb. AOK 20 gewonnen.

Am 14. 1. hat WFSt befohlen, welche Verbände bei einer feindlichen Großlandung aus dem Heimatkriegsgebiet nach Dänemark (Fall »Hanna«), nach dem Westen (Fall »Blume«), nach Italien (Fall »Marder«), nach dem Südostraum (Fall »Forelle«) und nach Bulgarien (Fall »Gertrud«) zuzuführen sind. Ein ähnlicher Befehl ergeht an Reichsführer-SS/SS-Führungshauptamt am 22. 1.

Am 25. 1. meldet Op.d.L. seine Absichten für Zuführung von Flieger- und Flakkräften in den vorgesehenen Fällen einer Großlandung. Diese Absichten werden aufgrund neuer Meldungen am 31. 1. erweitert bzw. geändert. WFSt hat daher am 2.

[70] Über Neuaufstellungen im Rahmen der Behandlung der OKW-Kriegsschauplätze in der Gesamt-Kriegführung, s. Teil 1d des 1. Abschnitts des Kriegstagebuchs für 1944 (KTB/OKW, Bd. IV, S. 85–86).

2. grundsätzlich befohlen, daß ins einzelne gehende Bearbeitung der vorgesehenen und vorbereiteten Kräfteverschiebungen bei feindlichen Großlandungen nicht mehr stattfinden soll, da die Lageentwicklung häufige Änderungen dieser Pläne mit sich bringt. Die Zuführung in den Fällen »Falke« (feindliche Großlandung in Norwegen), »Hanna«, »Blume«, »Marder«, »Forelle«, »Gertrud« sollen jetzt nach Lage befohlen werden, wobei die bisher vorgesehenen Stärken voraussichtlich nicht immer erreicht werden können.

Über den Einsatz von Land-Marineteilen der Kriegsmarine zu Sicherungsaufgaben im Fall von feindlicher Großlandung hat der Führer am 24. 3. befohlen, daß die Ersatz- und Ausbildungseinheiten der Kriegsmarine außerhalb ihrer Unterkunftsräume nur auf Befehl des Führers eingesetzt werden dürfen, um den Erfordernissen der weiteren Seekriegsführung zu entsprechen.

An Heerestruppen wurden im Januar 44 eine Reihe von Art.Abt. fertig, von denen eine (Art.Abt. mot. 998 22 cm Mörser) dem O.B. Südwest, zwei andere (Art.Abt. t.-mot. 998 und 993 mit 12,2 cm Haubitzen bzw. Kanonen russ.) dem O.B. West zugeführt sind. Eine weitere Abt. (s. Art.-Abt. 997 12,2 cm Haubitzen) wird W.Bfh. Dänemark zugeführt. Es ist erwogen, für den O.B. Südost eine Sturmgeschütz-Abt. aus dem Bereich des O.B. Südwest zuzuführen. Da im Westen als einzige verfügbare Sturmgeschütz-Abt. nur die Lehr-Abt. vorhanden ist, ist der Abtransport nicht möglich. Es ist jedoch vorgesehen, die Zuführung der Fernlenk-Abt. 301 durchzuführen (vgl. »Margarethe«?).

Am 21. 3. gibt WFSt Richtlinien für die Verwendung der O.T. im Fall einer feindlichen Großlandung. Die Aufgaben der O.T. bleiben:

1. Verteidigung der Unterkünfte und Lager
2. Bewachung ausländischer Arbeiter und des Räumgutes
3. Aufstellung von Baueinheiten für Instandsetzungsarbeiten an Straßen, Bahnen, Brücken usw.

**Heimatkriegsgebiet – Rüstung**

Am 2. 2. hat der Führer eine Verdreifachung des Nebelwerfer-Kdos. befohlen, das sich jetzt mit 4 Rgter. in Aufstellung befindet und das nur auf seine Anordnungen zur Bildung operativer Schwerpunktbildung eingesetzt werden darf. (Notiz für Ktb von Gen. Oberst Jodl).

Der Führer ist der Ansicht, daß die Pak der Art. gegeben werden muß, mindestens für je Abt. eine Battr. Das Mitführen der s.Pak wird dadurch erleichtert, da die Art. über mehr Zugmittel verfügt als die Inf. Auch bilden die Feuerstellungen der Art. dadurch Stützpunkte hinter dem Hauptkampffeld, in denen feindliche Panzerangriffe zum Stehen kommen. Gleichzeitig können die Pak-Geschütze als Art. verwendet werden. (Notiz für Ktb von Chef WFSt 27. 1.)

Der Führer hat angeregt, einen Panzer zu konstruieren, der äußerlich dem Panzer »Goliath« einer Fernlenk-Abt. gleichsieht, jedoch durch Mannschaften besetzt wird. Solche Panzer sind als 2. oder 3. Welle, mit Mannschaften besetzt, im Rahmen eines Einsatzes einer Fernlenk-Abt., einzusetzen. Durch die Besetzung der feindlichen Stellungen durch die vorausgegangenen Fernlenk-Panzer mit Sprengladungen, müßte durch die nachfolgenden Panzer mit Mannschaften eine Besetzung der feindlichen Gräben und Vernichtung der Besatzung unschwer möglich sein.

Das Oberkommando der Marine meldet am 18. 3. die zum Schutze des Kaiser-Wilhelm Kanals und der Brücken eingesetzten Kräfte der Flak-Verteidigung und der Kanalwacht-Abt.[71]

Übersicht WFSt über die Einsetzung deutscher Küsten-Battr. (insgesamt 1177 Battr.).

Der Chef OKW teilt am 31. 1. dem Reichsprotektor Böhmen und Mähren, Staatsminister Frank, mit, daß die Entwicklung an der Ostfront und in Ungarn die Möglichkeiten ausschließe, die tschechische Regierungstruppe abzulösen, da kein Ersatz gestellt werden kann. Chef OKW schlägt dagegen vor, aus den im Protektorat untergebrachten reichsdeutschen Truppen schwächere Einheiten in die von der Regierungstruppe besetzten deutschen Sicherungsabschnitte einzustreuen.

Am 29. 3. trägt der Bv.Trsp.O. Skandinavien[72] die Gründe vor, die für die Beibehaltung des Heimatstabes Übersee wenigstens für den Skandinavienraum sprechen. Der Heimatstab Übersee wird in den Heimatstab Skandinavien umgewandelt und behält im Nordraum die gleichen Aufgaben wie vorher.[73]

71 Im Original: *Kanalwach-Abt.* statt *Kanalwacht-Abt.*

72 Der Bevollmächtigte Transportoffizier Skandinavien war der spätere Ministerpräsident Schleswig-Holsteins, Theodor Steltzer, der seine seinerzeitige »eigentümliche Stellung« in seinen Memoiren beschreibt (Sechzig Jahre Zeitgenosse, München, 1966).

73 Unterhalb der letzten Zeile befindet sich, wie im Vorwort erwähnt, der Sichtvermerk von Dr. Walther Hubatsch (ein handgeschriebenes *Hu*).

# Auflösung militärischer und anderer Abkürzungen

| | |
|---|---|
| Ia | Erster Generalstabsoffizier (Operationen u.a.) |
| Ib | Zweiter Generalstabsoffizier (Versorgung) |
| Ic | Dritter Generalstabsoffizier (Feindbild) |
| 1/Skl. | Erste Abteilung (Operationen) der Seekriegsleitung |
| | |
| A | Admiralstabsoffizier, Amt |
| A1Gr. Nord/Flotte | Erster Admiralstabsoffizier Marinegruppenkommando Nord/Flotte |
| Abt. | Abteilung |
| Abw. | Abwehr |
| Adm. | Admiral |
| Adm.-Ostland | Admiral-Ostland |
| Ag. | Amtsgruppe |
| Ag.-Ausland | Amtsgruppe-Ausland (Abwehr) |
| AHQu. | Armeehauptquartier |
| A.K. | Armeekorps |
| AMD | Allgemeiner Marinedienst |
| Ang. | Angelegenheit |
| Anl. | Anlage |
| AOK. | Armeeoberkommando |
| Art.(1) | Artillerie |
| Aufkl. | Aufklärung |
| Ausf. | Ausfertigung |
| Ausl./Abw. | Ausland/Abwehr |
| | |
| Battr., Bttr. | Batterie |
| Bttr. 10,5 (15,5) cm Kan. (F) | Batterie 10,5 (15,5) cm Kanonen (französisch) |
| Bd | Band |
| BdE | Befehlshaber des Ersatzheeres |
| Bfh. | Befehlshaber |
| B.Nr: | Briefbuchnummer |
| Brig. | Brigade |
| BRT | Bruttoregistertonnen |
| BSO | Befehlshaber der Sicherung der Ostsee |
| Btl. | Bataillon |
| | |
| C | Chef des Stabes (Kriegsmarine) |
| cbm | Kubikmeter |
| Chef 1.Abt.Skl. | Chef erste Abteilung (Operationen) der Seekriegsleitung |

| | |
|---|---|
| Chef Gen.St.d.H. | Chef des Generalstabs des Heeres |
| Chef H.Rüst.u.BdE | Chef der Heeresrüstung und Befehlshaber des Ersatzheeres |
| Chefs. | Chefsache |
| Chef Skl. Qu A | Chef Seekriegsleitung Quartiermeisteramt |
| Chef Skl. Qu A II | Chef Seekriegsleitung Quartiermeisteramt Organisationsabteilung |
| Chef Skl. Qu A IV | Chef Seekriegsabteilung Quartiermeisteramt Kommandoamtsgruppe Küsten- und Luftverteidigung |
| Chef Skl. Qu A VI | Chef Seekriegsabteilung Quartiermeisteramt Schiffahrtsabteilung |
| Chef WFSt(ab) | Chef Wehrmachtsführungsstab |
| cm | Zentimeter |
| | |
| d. | der, die, das |
| d.G. | des Generalstabes |
| Div. | Division |
| d.Res. | der Reserve |
| dtsch. | deutsch |
| | |
| F | Führung, Führer |
| (F) | französisch |
| Fallsch.-Jg.-Rgt. | Fallschirmjäger-Regiment |
| F.d.M./Ost | Führer der Minensuchboote Ost |
| Fe.-Gehalt | Eisengehalt |
| feindl. | feindlich |
| Fest.-Pi.-Stab | Festungspionierstab |
| Fest.-Pi.-Btl. | Festungspionierbataillon |
| FHQu. | Führerhauptquartier |
| finn. | finnisch |
| Flak. | Fliegerabwehrkanone |
| FS | Fernschreiben |
| | |
| g. | geheim |
| G | Generalstab |
| Geb.-Div.(-A.K., -AOK) | Gebirgsdivision (Armeekorps, Armeeoberkommando) |
| Gen. | General |
| Gen.d.Inf.(Fl.) | General der Infanterie (Flieger) |
| Gen.-Kommando | Generalkommando |
| GenQu. | Generalquartiermeister |
| Gen.-Stab | Generalstab |
| GenStdH | Generalstab des Heeres |

| | |
|---|---|
| GenStdH/Op.-Abt. | Generalstab des Heeres/Operationsabteilung |
| gez. | gezeichnet |
| Gfm. (GFM) | Generalfeldmarschall |
| gKdos.Chefs. | geheime Kommandosache! Chefsache! |
| gleichz. | gleichzeitig |
| Gr.Nord/Flotte | Gruppenkommando Nord/Flotte |
| Gren.Rgt.(mot) »Feldherrnhalle« | Grenadierregiment (motorisiert) »Feldherrnhalle« |
| Gren.Rgt.(mot) »G.D.« | Grenadierregiment (motorisiert) »Großdeutschland« |
| | |
| H | Heer |
| H.Gr. | Heeresgruppe |
| HKL | Hauptkampflinie |
| HQu. | Hauptquartier |
| | |
| I.A. | im Auftrage |
| I.D. | Infanteriedivision |
| Inf. | Infanterie |
| Inf.-Btl. | Infanteriebataillon |
| Insp.d.Pr.-Tr. | Inspekteur der Panzertruppen |
| | |
| Jg. | Jäger |
| Jg.-Btl. | Jägerbataillon |
| | |
| Kav. | Kavallerie |
| Kdr.General | Kommandierender General |
| Kp. | Kompanie |
| Kr. | dringend (Beförderungsstufe von Fernschreiben u.a.m.) |
| KStN | Kriegsstärkenachweisung |
| KTB (Ktb) | Kriegstagebuch |
| Kw.-Transportraum | Kraftwagentransportraum |
| | |
| L(w.) | Luftwaffe |
| l(e.) | leicht |
| le. Flak.-Züge | leichte Fliegerabwehrkanonenzüge |
| LFH(r) | leichte Feldhaubitze (russisch) |
| Lw.-Feld-Div. | Luftwaffenfelddivision |
| Lw.Fü.St(ab) | Luftwaffenführungsstab |
| | |
| M | Kriegsmarine, Marine |
| MAA | Marineartillerieabteilung |

| | |
|---|---|
| Mar.-Küst.-Batterien | Marineküstenbatterien |
| Me 109 (110) | Messerschmidt 109 (110) |
| MFP | Marinefährprahm |
| MG | Maschinengewehr |
| Mil.-Att. | Militärattaché |
| MOK Nord | Marineoberkommando Nord |
| mot. | motorisiert |
| MPi. | Maschinenpistole |
| Mun. | Munition |
| Mundverpfl. | Mundverpflegung |
| Nachr. | Nachrichten, nachrichtlich |
| Nafü. | Nachrichtenführer |
| O1/Geb.-AOK 20 | Erster Ordonnanzoffizier Gebirgsarmeeoberkommando 20 |
| OB (Ob.Bef.) | Oberbefehlshaber |
| Ob.d.L. | Oberbefehlshaber der Luftwaffe |
| Ob.d.M. | Oberbefehlshaber der Kriegsmarine |
| Ob.Lt. | Oberleutnant |
| Offz. | Offizier |
| OKM/Skl. | Oberkommando der Kriegsmarine/Seekriegsleitung |
| OKW | Oberkommando der Wehrmacht |
| OKW/WFStab/Op M | Oberkommando der Wehrmacht/Wehrmachtsführungsstab/Gruppe Operationen Kriegsmarine |
| Op. | Operationen |
| Op(H) Nord | Abteilung Operationen (Heer) Nord |
| Op(M) | Abteilung Operationen (Kriegsmarine) |
| Op(L) | Abteilung Operationen (Luftwaffe) |
| OT | Organisation Todt |
| OQu. | Oberquartiermeister |
| Pak 40 | Panzerabwehrkanone 40 |
| Pak-Munition | Panzerabwehrkanonenmunition |
| persönl. | Persönlich |
| Pi. | Pionier(e) |
| Pifü. | Pionierführer |
| Pz. | Panzer |
| Pz.-Div. | Panzerdivision |
| Pz.-Jg.-Abt. | Panzerjägerabteilung |
| Qu. | Quartiermeister |

| | |
|---|---|
| (r) | russisch |
| Radf. | Radfahrer |
| Rgt. | Regiment |
| RKS | Reichskommissar für die Seefahrt |
| Rüst. | Rüstung |
| | |
| s. | siehe |
| S-Boot | Schnellboot |
| s(chw.) | schwer |
| schw. Battr. | schwere Batterie |
| SFH(r) | schwere Haubitze (russisch) |
| Skl. | Seekriegsleitung |
| Skl.Qu.A IV | Seekriegsleitung Quartiermeisteramt Kommandoamtsgruppe Küsten- und Luftverteidigung |
| Skl.Qu.A VI | Seekriegsleitung Quartiermeisteramt Schiffahrtsabteilung |
| St(ab) | Stab |
| Stellv.Chef. WFStab | Stellvertretender Chef Wehrmachtsführungsstab |
| südwestl. | südwestlich |
| | |
| t(o) | Tonne(n) |
| T 30 | Torpedoboot 30 |
| T-Flottille | Torpedobootsflottille |
| T.-Minen | Tretminen |
| Tr. | Truppe(n) |
| | |
| u.a. | unter anderem |
| U-Boot | Unterseeboot |
| u.U. | unter Umständen |
| | |
| verst. | verstärkt |
| verst.Radf.Rgt. | verstärktes Radfahrregiment |
| | |
| W | Wehrmacht |
| W.Bfh. | Wehrmachtbefehlshaber |
| W.Bfh.Norwegen | Wehrmachtbefehlshaber Norwegen |
| WFStab | Wehrmachtführungsstab |
| WFSt/Op(H) Nord | Wehrmachtführungsstab/Abt. Operationen (Heer) Nord |
| | |
| X | X-Tag (Tag des Unternehmens) |
| | |
| Z | Zerstörer |
| Z-Flottille | Zerstörerflottille |
| z.T. | zum Teil |

# Personenregister